行 政 法

（第五版）

ADMINISTRATIVE
LAW TREATISE
Fifth Edition

（第一卷）

[美] 理查德 ·J· 皮尔斯（Richard J. Pierce, Jr.）／著
苏苗罕／译

中国人民大学出版社
· 北京 ·

中译本前言

很荣幸拙著已由苏苗罕博士译成中文，并在中国出版。衷心希望本书的中文译本能够帮助中国学者、教授、学生和律师们更好地了解美国的公法体系。

Richard J. Pierce，Jr.

序　言

在我的职业生涯中，最荣幸的时刻莫过于受 Kenneth Culp Davis 教授之邀负责他所著的《行政法》(Administrative Law Treatise) 的第三版以及之后各版的撰写工作。我一人撰写了《行政法》第三版、第四版和第五版，不过这些版本都是对 Davis 教授独自撰写的《行政法》第二版的修订版本。

Davis 教授堪称"美国行政法之父"。他在 1951 年出版的作品将这一领域的知识融会贯通，整合成具有内在一致性的知识体系，解释了行政法在现代政府中所扮演的核心角色。这部作品也直接奠定了他在 1958 年出版的《行政法》第一版、1978—1984 年间出版并增补的第二版、1993 年出版的第三版、2002 年出版的第四版以及呈现在读者诸君面前的第五版之基础。我还将继续每年出版本书的增补本。

Davis 教授的学术活动并不局限于《行政法》的写作。他还出版了多部专著，发表了一百余篇论文，对行政国家中提出的每一个问题都进行了细致分析。我要特别感谢他的两部作品，即他在 1969 年出版的《裁量正义》[1] 一书，以及 1942 年在《哈佛法律评论》发表的《行政程序中的证据问题研究》。[2] 在《裁量正义》一书中，Davis 教授讨论并分析了行政法上的一项主要问题——对国会出于需要赋予行政机关的裁量权，如何加以限制和引导。在《行政程序中的证据问题研究》这篇论文中，Davis 教授首次提出并阐释了立法性事实 (legislative facts) 和裁决性事实 (adjudicative facts) 的区分。这一区分如今已经成为对行政机关裁决争议和发布规则时所采用之程序进行的大部分思考的基础。我已经将 Davis 教授之作品中所体现的杰出洞见吸收并融会贯穿于《行政法》第五版之中。

在本书第五版中，我整合和分析了本书第四版出版之后，截至最高法院 2008—2009 xv
司法年度和《联邦判例集（第三系列）》(Federal Reporter Third) 第 564 卷出版以来，行政法在立法、行政和司法方面取得的重要发展。自本书第四版出版之后的这些年里，行政法领域的许多最基本的原则都继续存在争论。最高法院的许多判决，对于当事人在哪些情形下有权申请对行政行为进行司法审查，法院在审查行政机关对其实施的法律所作解释时可以采取的进路，以及国会要求法院对所有行政行为适用的武断和恣意标准之具体含义，都是以 5∶4 的票数作出的。很多时候，我会对最高法院所审理的众多争议问题提出我的观点。不过，我会尽力在法律的实然状态与应然状态之间作出明晰的区分。

Richard J. Pierce, Jr.
2009 年 10 月 xvi

---

① K. Davis, *Discretionary Justice: A Preliminary Inquiry* (1969).（该书中文译本，可见［美］肯尼斯·卡尔普·戴维斯：《裁量正义：一个初步的考察》，毕洪海译，北京，商务印书馆，2009。——译者注）

② Davis, "An Approach to Problems of Evidence in the Administrative Process", 55 *Harv. L. Rev.* 364 (1942).

目　录

第一卷

1　行政过程 …… 3
2　哲学和宪法基础 …… 39
3　法律解释与行政法 …… 127
4　调查 …… 215
5　《信息自由法》与其他开放政府立法 …… 261
6　规则 …… 315
7　规则制定程序 …… 431
8　裁决的法定要求 …… 543

第二卷

9　正当程序 …… 571
10　证据 …… 703
11　裁决的司法审查 …… 753
12　行政迟延 …… 813
13　禁反言、溯及既往、既判力和间接禁反言 …… 845
14　首先管辖权 …… 891
15　穷尽［行政救济］、最终性和成熟性 …… 933

第三卷

16　原告资格 …… 1075
17　裁量与可审查性 …… 1197
18　救济措施 …… 1283
19　政府及其雇员的侵权责任 …… 1351
附录 …… 1453
附录 A　美利坚合众国宪法 …… 1454
附录 B　［联邦］行政程序法 …… 1464
附录 C　联邦咨询委员会法 …… 1509
附录 D　司法平等法 …… 1515
附录 E　联邦侵权求偿法 …… 1520
附录 F　国家环境政策法 …… 1528
附录 G　文书工作削减法 …… 1532
案例 …… 1549
主要参考文献 …… 1647
术语索引 …… 1663
译者后记 …… 1707

细目

Contents

第一卷

1 行政过程 …… 3

§1.1 何为行政法 …… 3

§1.2 何为行政机关 …… 4

§1.3 行政行为的数量 …… 9

§1.4 到1946年的历史发展 …… 10

§1.5 1946—1970年间的历史发展 …… 18

§1.6 20世纪70年代的历史发展 …… 24

§1.7 20世纪80年代和90年代初的历史发展 …… 25

§1.8 21世纪的行政法 …… 32

§1.9 本书的主要观点 …… 36

2 哲学和宪法基础 …… 39

§2.1 分权的政治理论 …… 39

§2.2 什么不是权力分立 …… 41

§2.3 权力分立：某些现实 …… 42

§2.4 作为制衡捷径的权力分立 …… 44

§2.5 权力分立与独立行政机关 …… 64

§2.6 不授权原则 …… 82

§2.7 转授权问题 …… 102

§2.8 行政机关的裁决权 …… 108

§2.9 行政机关不默认巡回法院的判决 …… 119

§2.10 权力分立和分治政府 …… 123

3 法律解释与行政法 …… 127

§3.1 1984年以前的法律规则 …… 127

§3.2 Chevron 两步法 …… 129
§3.3 Chevron 原则的观念基础 …… 131
§3.4 Chevron 案、一致性和连贯性 …… 135
§3.5 Chevron 原则的范围 …… 139
§3.6 最高法院对 Chevron 原则的适用 …… 172

4 调查 …… 215

§4.1 行政调查权的历史概述 …… 215
§4.2 《联邦宪法》第四修正案对传票的限制 …… 221
§4.3 《联邦宪法》第四修正案对检查的限制 …… 226
§4.4 《联邦宪法》第四修正案对获取银行记录的限制 …… 238
§4.5 过度宽泛或者增加负担的要求 …… 241
§4.6 《联邦宪法》第五修正案的限制 …… 244
§4.7 组织的记录 …… 246
§4.8 由第三方保管的记录 …… 249
§4.9 “未被迫行事者”的个人记录 …… 250
§4.10 豁免之后的被迫作证 …… 253
§4.11 按照要求保留的记录 …… 255
§4.12 强制报告 …… 257

5 《信息自由法》与其他开放政府立法 …… 261

§5.1 开放政府立法概述 …… 261
§5.2 《信息自由法》概述 …… 263
§5.3 向任何人作出的披露 …… 265
§5.4 公开的时机 …… 268
§5.5 获取信息的成本 …… 271
§5.6 什么是行政记录? …… 273
§5.7 豁免条款一：国家安全 …… 276
§5.8 豁免条款二：内部人事规则 …… 278
§5.9 豁免条款三：其他法律规定免除公开的信息 …… 279
§5.10 豁免条款四：商业秘密 …… 282
§5.11 豁免条款五：行政机关间和行政机关内部的备忘录 …… 285
§5.12 豁免条款六：个人隐私 …… 291
§5.13 豁免条款七：执法记录 …… 295
§5.14 豁免条款八：金融机构的记录 …… 300
§5.15 豁免条款九：油井数据 …… 301
§5.16 反信息公开诉讼 …… 301
§5.17 《隐私法》 …… 303
§5.18 《阳光下的政府法》 …… 305
§5.19 《联邦咨询委员会法》 …… 308

6 规则 …… 315

§6.1 何为规则 …… 315

§6.2 行政机关发布规则的权力 …… 320
§6.3 规则与政策声明之间的区分 …… 328
§6.4 立法性规则与解释性规则之间的区分 …… 338
§6.5 实体性规则与程序性规则的区分 …… 364
§6.6 立法性规则的拘束力 …… 368
§6.7 溯及既往的规则 …… 375
§6.8 规则与规则制定的众多优点 …… 386
§6.9 何时行政机关需要按照规则行事？ …… 391
§6.10 对规则制定的请愿 …… 402
§6.11 行政机关对规则的解释 …… 407

7 规则制定程序 …… 431

§7.1 概述 …… 431
§7.2 正式规则制定程序与非正式规则制定的区分 …… 434
§7.3 充分告知 …… 441
§7.4 评议、依据与目的的说明，与武断和恣意之间的关系 …… 457
§7.5 通过规则制定解决事实争议 …… 484
§7.6 规则制定中的单方沟通 …… 496
§7.7 国会有时提出额外的程序要求 …… 501
§7.8 法院可以要求额外的程序吗？ …… 507
§7.9 规则制定的行政控制 …… 511
§7.10 规则制定程序的豁免事项 …… 516
§7.11 行政机关为何不愿意采用规则制定方式 …… 524
§7.12 如何鼓励行政机关采用规则制定 …… 527
§7.13 发回重新处理而不撤销，及重新处理时发布的临时性规则 …… 530
§7.14 协商式规则制定 …… 537
§7.15 司法审查的诉讼时效 …… 540

8 裁决的法定要求 …… 543

§8.1 什么是裁决？ …… 543
§8.2 何时行政机关应当提供口头举证式听证？ …… 544
§8.3 解决事实争议时才要求口头举证式听证 …… 553
§8.4 裁决程序中的单方沟通 …… 554
§8.5 何时行政机关必须提供事实认定和理由？ …… 557
§8.6 机构决定对个人决定 …… 562

第二卷

9 正当程序 …… 571

§9.1 正当程序的意义 …… 571
§9.2 正当程序原则是适用于个体化决定 …… 572

§ 9.3 正当程序的简要历史概述 …… 577
§ 9.4 正当程序所保护的利益 …… 586
§ 9.5 什么是正当程序? …… 619
§ 9.6 暂时性的权利剥夺 …… 647
§ 9.7 改进正当程序的判决的方式 …… 652
§ 9.8 中立裁决者 …… 653
§ 9.9 职能分离 …… 680
§ 9.10 对司法型裁决模式的正当程序限制 …… 690
§ 9.11 正当程序和行政机关对传闻证据的使用 …… 698
§ 9.12 正当程序和律师费限制 …… 700

10 证据 …… 703

§ 10.1 两套证据法体系 …… 703
§ 10.2 《联邦证据规则》是为陪审团审理而设计 …… 704
§ 10.3 《行政程序法》为行政机关而设计 …… 708
§ 10.4 行政机关对传闻证据的依赖 …… 714
§ 10.5 立法性事实的证明 …… 724
§ 10.6 司法认知和行政认知 …… 730
§ 10.7 证明责任 …… 745

11 裁决的司法审查 …… 753

§ 11.1 概述 …… 753
§ 11.2 实质性证据标准 …… 754
§ 11.3 立法机关和司法机关偏离实质性证据标准 …… 779
§ 11.4 武断恣意标准 …… 785
§ 11.5 未作解释的偏离先例 …… 797
§ 11.6 案卷规则 …… 805
§ 11.7 司法审查的诉讼时效 …… 810

12 行政迟延 …… 813

§ 12.1 行政迟延概述 …… 813
§ 12.2 迟延的原因 …… 815
§ 12.3 行政迟延的法律救济 …… 818
§ 12.4 行政迟延的政治性补救 …… 841
§ 12.5 法院在减少行政迟延中的潜在作用 …… 842

13 禁反言、溯及既往、既判力和间接禁反言 …… 845

§ 13.1 衡平禁反言 …… 845
§ 13.2 溯及既往 …… 860
§ 13.3 既判力 …… 866
§ 13.4 间接禁反言 …… 878
§ 13.5 围绕法律争点的针对政府的间接禁反言原则 …… 886

14 首先管辖权 …… 891

§14.1 首先管辖权的一般效力 …… 891
§14.2 与法定管辖权的关系 …… 909
§14.3 与 Chevron 原则的关系 …… 914
§14.4 与联邦制的关系 …… 916
§14.5 与反垄断法的关系 …… 923
§14.6 与迟延的关系 …… 929

15 穷尽［行政救济］、最终性和成熟性 …… 933

§15.1 三项原则的概述 …… 933
§15.2 穷尽原则的主要内容 …… 935
§15.3 法定的穷尽行政救济义务 …… 951
§15.4 与实质审查的关系 …… 971
§15.5 宪法权利的例外 …… 974
§15.6 穷尽行政救济原则的豁免 …… 978
§15.7 未获承认的例外 …… 981
§15.8 未向行政机关提出的争议 …… 984
§15.9 §1983 案件中的穷尽原则适用 …… 993
§15.10 穷尽行政救济原则与行政迟延 …… 999
§15.11 最终行政行为 …… 1003
§15.12 成熟性原则的主要内容 …… 1023
§15.13 对法律的执行前审查 …… 1032
§15.14 对规则的执行前审查 …… 1041
§15.15 非正式行为 …… 1058
§15.16 行政项目 …… 1066
§15.17 三项原则的融合 …… 1070

第三卷

16 原告资格 …… 1075

§16.1 初步概览 …… 1075
§16.2 历史变迁 …… 1079
§16.3 现代的两部制标准 …… 1084
§16.4 损害的性质 …… 1087
§16.5 因果关系和可救济性（Redressability） …… 1127
§16.6 为了确定因果关系而举行的举证式听证 …… 1152
§16.7 普通法上的原告资格与法定的原告资格 …… 1156
§16.8 法律对于该标准所有两项内容具有的重要性 …… 1158
§16.9 解读法律的不同方式 …… 1162
§16.10 参与行政程序的当事人资格（standing） …… 1174

§16.11 行政法上广泛可得的原告资格的重要性 …… 1178
§16.12 团体主张其成员之利益的原告资格的重要性 …… 1181
§16.13 主张他人权利的原告资格 …… 1185
§16.14 原告资格与联邦制 …… 1187
§16.15 政府官员和行政机关的原告资格 …… 1189

17 裁量与可审查性 …… 1197

§17.1 裁量问题 …… 1197
§17.2 司法审查作为潜在的解决方案 …… 1202
§17.3 构成问题之一部分的司法审查 …… 1204
§17.4 其他解决方案 …… 1211
§17.5 可审查性的判例法之历史演变 …… 1215
§17.6 可审查性的推定 …… 1221
§17.7 这一推定的部分侵蚀（Partial Erosion） …… 1231
§17.8 可审查性推定 vs. 对司法审查的法定限制 …… 1263
§17.9 涉及宪法权利时的可审查性推定 …… 1273

18 救济措施 …… 1283

§18.1 对联邦行政行为的法定审查 …… 1283
§18.2 巡回上诉法院的审查 vs 地区法院的审查 …… 1287
§18.3 管辖地 …… 1301
§18.4 确认救济和禁令救济 …… 1303
§18.5 私人诉权 …… 1312
§18.6 主权豁免和对联邦政府的损害赔偿诉讼 …… 1338
§18.7 联邦法院对州行政行为的审查 …… 1343

19 政府及其雇员的侵权责任 …… 1351

§19.1 概述 …… 1351
§19.2 从政府雇员到政府的责任转移 …… 1353
§19.3 政府雇员的豁免范围 …… 1358
§19.4 《联邦侵权求偿法》 …… 1389
§19.5 Bivens 诉讼 …… 1419
§19.6 §1983 诉讼 …… 1428
§19.7 公共侵权法的过度混乱与复杂 …… 1446

附录 …… 1453

附录 A 美利坚合众国宪法 …… 1454
附录 B ［联邦］行政程序法 …… 1464
附录 C 联邦咨询委员会法 …… 1520
附录 D 司法平等法 …… 1526
附录 E 联邦侵权求偿法 …… 1531
附录 F 国家环境政策法 …… 1539

附录 G 文书工作削减法 …… 1543
案例 …… 1561
主要参考文献 …… 1659
术语索引 …… 1675
译者后记 …… 1719

第一卷

1 行政过程

§1.1 何为行政法

□ Friendly* 法官的定义

Friendly法官曾经对行政法作出过一个特别精辟的定义："行政法包括政府所作出的与公民相关的各种行为，也包括公民所作出的与政府相关的各种行为，但是不包括刑法适用相关的事项，或者留给私人民事诉讼处理的事项，政府只是作为拥有执法权的公正裁判机构而参与其中。"① Friendly法官的定义可能存在外延过窄的问题，它完全排除了刑法适用相关的事项，这是不合适的。检察官和警察至少有一部分属于行政法调整的范畴。②

□ 关注程序和机构

出于本书的目的，我准备从以下两个方面对Friendly法官所作定义进行限定。首先，本书只分析政府决策的过程。本书将要讨论政府决策过程中的机构参与者——行政机关、国会、总统和法院——之间的关系。本书不讨论政府决策的实体问题，例如行政机关何时 1
必须授权提高收费标准或批准发放残疾人社会保障补助。只是在对读者理解程序适用的实体情境来说是必要的时候，本书才会涉及实体问题。

□ 关注联邦法

其次，本书主要关注联邦行政法。本书无力论述调整50个州以及数千地方政府的行政决定的内容广泛、形态各异的法律体系。在相当程度上，这一法律体系借用了联邦行政法的内容，也深受联邦行政法的影响。但是，其变化如此之大，对其进行直接的类比是有

---

* Henry Jacob Friendly (1903—1986)，曾任联邦第二巡回区上诉法院法官。——译者注

① Henry J. Friendly, "New Trends in Administrative Law", 6 *Md. Bar J.*, No. 3, p. 9 (1974).

② 参见本书第17章、第19章以及K. Davis, *Police Discretion* (1975)。

风险的。但是，本书也的确会讨论有关联邦宪法和法律对州及地方行政决定的限制。

□ 制定和实施法律的行政程序

即使存在上述两项限定，行政法仍是一片广袤的田野，它适用于数百家联邦行政机关。联邦行政机关对个人权利纠纷所作裁决在数量上要远远超过联邦法院。它们所创制的约束性行为规则也要比国会更多。联邦行政机关也是在最广泛意义上履行“实施”（administer）法律的工作。他们从事调查、执行、说服、政治化、花费、雇用、解雇、缔约、收集信息和传播信息等工作。本书将对行政机关制定和实施法律的过程进行描述。

□《行政程序法》

1946 年制定的《行政程序法》（the Administrative Procedure Act）[1] 调整联邦行政机关绝大多数的行政决定。作为一部存在多年的一般性法律，《行政程序法》已经体现出许多基本法的特征。正如《谢尔曼法》为反垄断法奠定了基本框架一样，《行政程序法》为联邦行政法的建立奠定了法律框架。与《谢尔曼法》和《联邦宪法》相似，《行政程序法》也使用了众多弹性的术语，允许法院在不同时期修改司法部门所作具有约束力的法律解释以努力改进行政决定的程序。在本书的行文始终，我将会频繁引用《行政程序法》的相关规定。为了便利读者的阅读，本书附录中收录了《行政程序法》全文。

□ 有关实体法的一点提醒

本书所论述的不仅仅是司法裁判中行政法相关的内容。多数讨论的案例都涉及司法机关将行政组织法（administrative organic act）[*]，如《清洁空气法》，适用于特定的行政行为，如二氧化硫排放限制规则。许多案例讨论的实体结果已经不再是现行有效的法律（good law），要么因为国会已经修改了行政组织法，要么因为行政机关已经修改了其政
2 策。我对具体案例问题的关注点仅仅是其行政法的成分，因此我并未论述可能会改变行政机关或复审法院（reviewing courts）对纠纷的裁决结果的行政组织法或行政政策的修订情况。

§ 1.2 何为行政机关

□《行政程序法》对行政机关的定义

《行政程序法》只适用于“行政机关”。为了能够适用于多数情况，《行政程序法》§ 551（1）对“行政机关”作了这样的界定：

“行政机关”，是指联邦政府机构（authority），不论其是否设在另一行政机关内部或者接受另一行政机关的监督，但它不包括——（A）国会；（B）美国联邦法院；（C）美国领地或属地

---

[*] 在美国，行政组织法是指国会通过的设立行政机关并确定其职责的法律。——译者注

[1] 5 U.S.C. §§ 551—583，701—706，801—808，3105，3344，6362，7562.

的政府；(D) 哥伦比亚特区政府；或者，除适用本编§552的规定以外，不包括——(E) 由纠纷各方当事人的代表或由纠纷各方当事人所在组织的代表组成的以解决纠纷的机关；(F) 军事法庭 (courts martial)* 和军事委员会；(G) 在战时战区或占领地的军事当局；(H) 根据《美国法典》第12编§1738、§1739、§1743和§1744；第41编第2章，第50编附录§1622、§1884、§§1891—1902，以及§1641 (b) (2) 规定行使职权的机关……

□《信息自由法》所下的更广的定义

需要注意的是，A项至D项的排除规定适用于《行政程序法》的所有立法目的，而E项至H项的排除规定则仅在基于§552规定之外的其他目的时方可适用。§552也就是所谓的《信息自由法》，它是要求行政机关向公众提供信息的法律。①《信息自由法》(§552 (e)) 中对行政机关另有定义：

根据本节的立法目的，本节所称"行政机关"和本编§551 (1) 的界定一样，包括任何内阁行政部门 (executive department)、政府公司 (Government corporation)、政府控制的公司 (Government controlled corporation)，或者政府行政分支（包括总统办公机构）设立的其他机构，或者任何独立规制机关。

§552 (e) 的立法史表明，国会希望对"行政机关"采用更广的定义，以期实现《信息自由法》而非《行政程序法》的立法目的。国会参众两院及两院联席协调委员会 (Conference Committee)** 的印刷品和报告中均认为§552 (e) 的定义是出于《信息自由法》的目的而"有所扩张"的。《隐私法》和《阳光法》(the Sunshine Act) 也采用了《信息自由法》对行政机关的定义。② 3

尽管《信息自由法》对行政机关所下的定义在范围上比《行政程序法》基于其他目的对行政机关所下的定义更广，但是它还是排除了许多政府实体机构。例如在 Armstrong v. Executive Office of the President③ 案中，合议庭部分法官认为国家安全委员会 (the National Security Council) 不是《信息自由法》或者《联邦记录法》(the Federal Records Act) 意义上的行政机关。类似的，在 Sweetland v. Walters④ 案中，法院判定总统的行政官邸 (the Executive Residence) 和总统私人助理不是《信息自由法》意义上的行政机关。

第三起案件的推理显示了划定边界过程的艰难。在 Dong v. Smithsonian Institution⑤ 案中，哥伦比亚特区巡回法院判定史密森尼学会 (the Smithsonian Institution)*** 不是《隐私法》(the Privacy Act) 意义上的行政机关。法院的理由是，该学会不是"行政分支

---

* 在美国，军事法庭是对违反《统一军事司法法典》(Uniform Code of Military Justice)，特别是军队人员违反该法典的案件行使审判权而召集的法庭，它不属于根据《联邦宪法》第3条的规定而设立的联邦法院。军事法庭分为三种形式，按其级别由低到高排列依次为：简易 (summary) 军事法庭、特别 (special) 军事法庭和一般 (general) 军事法庭。军事法庭适用《军事法庭手册》(the Manual for Courts-Martial) 中规定的程序和证据规则。——译者注

** 两院联席协调委员会的成员来自国会两院，是为了避免参众两院的重复审议而设立，通常扮演调查及协调国会内部事务的角色。——译者注

*** 史密森尼学会，成立于1846年，资金源于英国科学家詹姆斯·史密森 (James Smithson) 对美国的遗赠。该机构是美国一系列博物馆和研究机构的集合组织，囊括19座博物馆、9家研究中心、美术馆和国家动物园。它是美国唯一一所由美国政府资助、半官方性质的第三部门博物馆机构，同时也是全球最大的博物馆系统和研究联合体。——译者注

① 参见本书第5章。

② 参见§5.17和§5.18。

③ 90 F. 3d 553 (D. C. Cir. 1996)，参见§5.2的讨论。

④ 60 F. 3d 852 (D. C. Cir. 1995)，参见§5.2的讨论。

⑤ 125 F. 3d 877 (D. C. Cir. 1997)，参见§5.2和§5.17的讨论。

内部的机构”（establishment in the executive branch），因为它不是设在行政分支内部。法院指出，该学会的执行委员会成员包括国会议员和国会任命的人员，如果该学会行使任何行政权，这种人员组成会导致其违宪。法院的理由还包括该学会之所以不是“联邦政府的机构”，是因为它无权行使任何政府权力。法院认识到该学会“与联邦政府存在密切联系”，但是断定它还不足以满足《隐私法》（以及《信息自由法》）对行政机关所下的定义。

□ 作出最终决定的权力

在确定某一实体机构是否为《行政程序法》意义上的行政机关时，在其定义中最为重要的词汇当属“职权”。许多法院均遵循 James Freedman 的建议，即适用“行政机关”这一术语的最首要任务在于“确定行政权行使的重心所在”[①]。哥伦比亚特区巡回法院在确定“政府合同审查委员会地区委员会”（Regional Board of Renegotiation Board）[*] 属于行政机关时就适用了 Freedman 的标准。[②] 在 Renegotiation Board v. Grumman Aircraft Engineering Corp. [③] 案中，最高法院推翻了哥伦比亚特区巡回法院的判决。最高法院强调指出：“地区委员会绝对无权作出最后的处置决定。”最高法院的推理表明了其本身也在寻找“行政权行使的重心所在”。与巡回法院不同，最高法院将缺乏作出最后处置决定的权力作为
4 有力证据证明地区委员会不是行政权行使的重心。政府合同审查委员会委员会是行政机关，因为它拥有作出最后处置决定的权力。[④]

许多其他法院确定是否适用《行政程序法》§551（1）的定义，则是根据该机构是否有权作出具有约束力的行为来判断。[⑤]

对这一定义的具体排除规定也可能是重要的。在 Washington Legal Foundation v. United States Sentencing Commission[⑥] 案中，哥伦比亚特区巡回法院判定美国量刑委员会（United States Sentencing Commission）[**] 不是行政机关。因为国会是将量刑委员会作为司法分支内部的行政机关而设立的，因此它属于《行政程序法》规定的“联邦法院”的排除规定范围。

在 Clardy v. Levi[⑦] 案中，第九巡回法院判定，监狱管理局（the Bureau of Prisons）

---

* 政府合同审查委员会，按照《1951 年合同审查法（the Renegotiation Act of 1951）》的授权，负责审查供应商在一年内从其应受审查的（renegotiable）合同和分包合同中所获得总利润，以便确定该利润是否过度。该法所适用的合同和分包合同是指与国防部、陆军、海军、空军、总务局、国家航空航天管理局、联邦航空管理局和原子能委员会签订的合同。政府合同审查委员会有权根据若干法定因素，消除政府合同中存在的过度利润问题。——译者注

** 美国量刑委员会是根据《1984 年综合犯罪控制法》（the Comprehensive Crime Control Act of 1984）的规定，在政府司法分支内设立的独立机关，其主要职责包括起草量刑指南，研究量刑指南对于刑事司法体系的影响，并向国会提出有关刑法和量刑程序的改革建议等。——译者注

① James Freedman, “Administrative Procedure and the Control of Foreign Direct Investment”, 119 *U. Pa. L. Rev.* 1, 419 (1970).

② Grumman Aircraft Engineering Corp. v. Renegotiation Board, 482 F. 2d 710 (D. C. Cir. 1973).

③ 421 U. S. 168 (1975).

④ Renegotiation Board v. Bannercraft Clothing Co., 418 U. S. 1, 16 (1974).

⑤ Rushforth v. Council of Economic Advisors, 762 F. 2d 1038 (D. C. Cir. 1985)（总统经济顾问委员会不属于行政机关，因为其无权采取具有法律约束力的行为，如规制或对项目提供资金）；Illinois Institute for Continuing Legal Education v. Department of Labor, 545 F. Supp. 1229 (N. D. Ill. 1982)（候任总统的交接团队不属于行政机关，因为其无权执行政府职能）；Souci v. David, 448 F. 2d 1067 (D. C. Cir. 1971)（总统办公机构内设的科学技术办公室属于行政机关，因为其在行使政府职能时拥有实质性的独立职权）。

⑥ 17 F. 3d 1446 (D. C. Cir. 1994).

⑦ 545 F. 2d 1241, 1246 (9th Cir. 1976).

不是行政机关，其理由是"《行政程序法》起草过程时国会并未将囚犯管教问题考虑在内"。该法院的判决推理是不充分的。《行政程序法》起草时并未考虑任何特定问题。这是一部旨在为众多政府问题的法律适用提供弹性程序框架的基本法律。在 Ramer v. Saxbe[1]案中，哥伦比亚特区巡回法院所作的相反判决则更为合理。[2]

□ 行政机关内部的行政机关

《行政程序法》§551（1）对行政机关所作的定义中包含了设在另一行政机关内部或受其他行政机关监督的行政机关。联邦政府复杂的结构引发了有关行政机关内部的行政机关和行政机关的分支机构之间区别的诸多争议。通常争议的结论取决于其性质发生争议的实体机构所享有的自治程度的大小。例如美国移民归化局（the Immigration & Naturalization Service）尽管设在司法部内，但它仍是独立行政机关。[3] 相比之下，无论国家精神卫生研究院（the National Institute of Mental Health）内设的"初步审查小组"，还是行政机关雇员，都不能被认为是行政机关。[4] 他们的职能是提供行动建议，并不具有作出决定的权力。 5

□ 政府控制的公司

"政府控制的公司"一词，是1974年为了实现《信息自由法》的立法目的而补充规定的，它常常需要法院根据政府对该实体的控制程度而划定定义的界限。一家实体机构，即使其得到了大量的联邦资金，在财务上对联邦政府负责，并受到政府某种程度的控制，也不能算是政府控制的公司。认定"政府控制的公司"的前提是，该实体机构必须承担政府职能，有联邦批准的章程（charter），或者其日常活动接受联邦的监督。[5]

□ 基于其他目的的行政机关

重要的是要记住，有的实体机构可能基于某些目的属于行政机关，但是不能基于其他目的成为行政机关。在 Lebron v. National Railroad Passenger Corp.[6]案中，八位大法官提供的多数意见认为，即使美国国家铁路客运公司（Amtrak）* 并不是《行政程序法》和其他调整行政行为的法律意义上的行政机关，但是对于确定其行为是否合宪的目的来说，美国全国铁路客运公司属于政府的行政机关。

在 Chicago School of Automotive Transmissions v. Accreditation Alliance of Career

---

* 美国国家铁路客运公司（National Railroad Passenger Corporation），常用商标为 Amtrak，是美国创立于1971年5月1日的一家长途和城际铁路客运公司。Amtrak 是由英文美国（America）和铁轨（track）组成的混成词。——译者注

① 522 F. 2d 695，697（D. C. Cir. 1975）.

② 另可见 White v. Henman，977 F. 2d 291（7th Cir. 1992）。

③ Blackwell College of Business v. Attorney General，454 F. 2d 928，933（D. C. Cir. 1971）.

④ Washington Research Project，Inc. v. Department of HEW，504 F. 2d 238，248（D. C. Cir. 1974），*cert. denied*，421 U. S. 963（1975）；International Paper Co. v. FPC，438 F. 2d 1349（2d Cir. 1971）.

⑤ Unt v. Aerospace Corporation，765 F. 2d 1250（9th Cir. 1985）（航天公司（Aerospace Corporation）不是行政机关）；Ehm v. Nation Railroad Passenger Corp. 732 F. 2d 1250（5th Cir.），*cert. denied*，469 U. S. 982（1984）（美国国家铁路客运公司（Amtrak）不是行政机关）；Railway Labor Executives Ass'n v. Consolidated Rail Corp.，580 F. Supp. 777（D. D. C. 1984）（美国联合铁路公司（Conrail）不是行政机关）；Rocap v. Indiek，539 F. 2d 174，177（D. C. Cir. 1976）（联邦住房贷款银行（Federal Home Loan Bank）属于行政机关，但是向联邦投保的存贷款机构不属于行政机关）。

⑥ 513 U. S. 574（1995）.

Schools & Colleges[1]案中，第七巡回法院认为由联邦政府认可的认证机构（accreditating agencies）的行为受联邦行政法原则的调整，而不是受州合同法原则的调整。法院的理由是这类认证机构具备了多项行政机关的特征，履行了联邦行政机关的职能，例如，它们决定学校是否有资格获得联邦资金。这一判决的实效在于要求法院尊重认证机构对其规则所作的合理解释。[2]

□ 总统不是《行政程序法》规定的行政机关

在 Franklin v. Massachusetts[3]案中，最高法院认为总统不是行政机关。《行政程序法》对行政机关的定义既没有明确包括总统，也没有明确排除总统。出于对分权的尊重，
6 在法律用语没有明确规定司法审查的情况下，最高法院不愿意通过适用《行政程序法》使总统的决定接受司法审查。在 Dalton v. Specter[4]案中，最高法院重申了 Franklin 案的判决，即总统的行为根据《行政程序法》的规定是不受审查的，因为总统不是行政机关。

但是，我们并不能由此认为总统的行为永远不受司法审查。在 Corus Group PLC v. International Trade Commission[5]案中，联邦巡回区上诉法院的合议庭对于《1974 年贸易法》是否授权对根据该法规定关税（duties or tariffs）的总统行为进行司法审查的问题产生了分歧。多数意见认为，该法并未授权对总统行为进行司法审查，但是持不同意见的法官认为该法授权对总统行为进行司法审查，理由是其授权对“联邦政府……或者其官员”以及“行政机关”的行为进行审查。[6]

在 Chamber of Commerce v. Reich[7]案中，哥伦比亚特区巡回法院认为，即使总统不是《行政程序法》意义上的行政机关，总统行政命令也需要接受非法定审查（nonstatutory review）。[8]

在 Meyer v. Bush[9]案中，哥伦比亚特区巡回法院合议庭以 2∶1 多数判定，总统放松规制任务小组（the President's Task Force on Regulatory Relief）不属于《信息自由法》意义上的行政机关。判决书中的两种意见都非常值得一读，它们有助于人们理解总统为了帮助自己控制官僚体系而建立非法定的制度框架时引发的争议。

在 Missouri *ex rel*. Garstang v. Department of Interior[10]案中，第八巡回法院认为，密苏里河自然资源委员会（the Missouri River Natural Resources Committee）不是《信息自由法》所调整的行政机关。密苏里河自然资源委员会的成员是来自 7 个州的渔业和野生动物行政机关。密苏里河自然资源委员会和内政部建立了合作关系，并且这种合作关系已经写入了谅解备忘录。根据谅解备忘录，内政部为密苏里河自然资源委员会的全职协调员提供资金支持。协调员根据运营的需要，向密苏里河自然资源委员会的执行委员会报告工

---

① 44 F. 3d 447 (7th Cir. 1994).

② 参见§6.11。

③ 112 S. Ct. 2767 (1992).

④ 511 U. S. 462 (1994)，参见§17.8 的讨论。

⑤ 352 F. 3d 1351 (Fed. Cir. 2003).

⑥ 参见§15.11 对法院所涉及的另一项有趣的议题的讨论。

⑦ 74 F. 3d 1322, *reh'g en banc denied*, 83 F. 3d 442 (D. C. Cir. 1996).

⑧ 有关总统决定需要接受非法定的司法审查的有说服力的主张，可以参见 Jonathan R. Siegel, “Suing the President: Nonstatutory Review Revisited”, 97 *Colum. L. Rev.* 1612 (1997). 参见§17.7 的讨论。

⑨ 981 F. 2d 1288 (D. C. Cir. 1993).

⑩ 297 F. 3d 745 (8th Cir. 2002).

作，但是根据行政的需要，向内政部报告工作。法院认为，密苏里河自然资源委员会不属于联邦行政机关，其理由是联邦政府并未参与密苏里河自然资源委员会的“广泛、详细和实际上每日进行的监督工作”。法院指出，联邦资源的提供和资金支持并不足以让该组织成为联邦行政机关。法院接着认为，密苏里河自然资源委员会的记录不属于行政机关记 7
录，因为密苏里河自然资源委员会不是行政机关，并且其记录是独立于内政部的记录而保存的。①

§1.3 行政行为的数量

□ 规模和范围的增长

在美国历史上的每个时期，联邦行政活动的规模和范围都有所增加。20 世纪 30 年代在联邦行政活动中占据主导地位的独立规制机构——州际商业委员会（ICC）、民用航空委员会（CAB）、联邦通信委员会（FCC）、联邦动力委员会（FPC）、联邦贸易委员会（FTC）、证券交易委员会（SEC）和国家劳动关系委员会（NLRB）——其重要性已经相对有所下降。国家新设立了数十家行政机关来履行新使命，如减少种族歧视、保护健康和安全、保护环境和向个人分配各种各样的政府福利。

□ 工作量的增加

除了某些领域经济性规制有所减少之外，联邦行政机关的工作量一直在增加。行政机关可以用于履行使命的资源并没有随着工作量同步增长；实际上，这些资源还有所减少。无论是规制机构，还是大规模行政裁决机构（mass justice agencies）*，执行不断扩张的政府项目的人员数目却比以前少了。②

□ 法院的规模和工作量的增加

联邦法院系统也承受了类似的压力。联邦法院研究委员会（the Federal Court Study Committee）** 发布的 1990 年度报告中就记录了日趋严重的工作负担问题。例如，平均每名巡回法院法官每年需要审理 382 件案件。某种程度上，通过增加联邦法院法官的数量，联邦法院的工作负担问题已经有所缓解。但是，这一解决方案也产生了新的问题。八百余名联邦法院法官每年要判决数以万计的案件，最高法院保持联邦法律和规章的一致性和逻辑连贯性的能力已经接近甚至超出了其极限。

---

* 该词通常用于指称进行大量福利案件裁决的行政机关，例如社会保障局、退伍军人事务部等。——译者注

** 联邦法院研究委员会是国会 1988 年立法设立的临时性委员会，由 15 名委员组成，负责研究联邦法院所存在的案件积压、拖延、成本和扩张等问题。该委员会在 1990 年向国会、总统和首席大法官等提交了专门的研究报告。——译者注

① 参见§5.6 的讨论。

② 参见 Light，“The True Size of Government (1999)；Pierce，Judicial Review of Agency Actions in a Period of Diminishing Agency Resources”，49 *Admin. L. Rev.* 61 (1998)。

□ 对于行政法学原理的影响

行政机关和司法机关的工作负担不断增加，行政机关和司法机关的资源日益捉襟见肘，这些不可避免会对行政法学原理产生影响。复审法院也许不得不容忍降低准确度和扩大行政机关在决定程序中的裁量权。有评论家已经指出了行政法学原理的变迁，并将其部
8 分归因于管理联邦官僚机构的难度日渐增加。①

§ 1.4 到 1946 年的历史发展

□ 1789 年设立的首家联邦行政机关

第一家联邦行政机关是依据 1789 年 7 月 31 日所颁布的法律设立的，它负责进口商品"应缴纳关税的估算"，并履行其他相关的义务。第二家被赋予裁决和规则制定权的联邦行政机关，是由总统根据 1789 年 9 月 29 日颁布的法律设立的，负责"根据总统指示的规定"为"在最近的战争中受伤或者致残的病人"提供军人年金（military pensions）。从那时起至今，国会陆续出台法律设立新的行政机关，并赋予其各项权力。

□ 早期不承认行政法

事实上，早在"行政法"这一名词产生之前，行政法已经存在了。在 1897 年，Frank J. Goodnow 在其《比较行政法》* 中宣称："英美两国未能认识到行政法实际上业已成熟，不是因为在这些国家不存在这一法律部门，而是出于英国学者未能划分出这一法律部门的众所皆知的原因。因为……行政法一直存在于英国，同样存在于美国。"而在英国，早在 1908 年，Maitland 在其《英国宪法史》② 中指出，"我们如果翻阅现代王座法庭的案件报告，就会发现其中大半的案件都与行政法规则相关"。在 1911 年，Ernst Freund 写作出了行政法的案例教材。** 但是，正如 Frankfurter 大法官所指出的，Goodnow 和 Freund 的作品"长期以来没有得到律师和法官们应有的注意"③。

□ 行政法的增长历史

要对美国行政法的早期发展有更多的了解，我们就需要从杰出的法律和社会历史学

---

* Frank J. Goodnow, *Comparative Administrative Law* 6-7.（该书中文版见［美］古德诺：《比较行政法》，白作霖转译，北京，中国政法大学出版社，2006。——译者注）

** Ernst Freund, *Cases on Administrative Law* (1911). ——译者注

① Strauss, "One Hundred Fifty Cases Per Year: Some Implications of the Supreme Court's Limited Resources for Judicial Review of Agency Action", 87 *Colum. L. Rev.* 1093 (1987).

② *Constitutional History of England* 505-506.

③ Felix Frankfurter, "The Task of Administrative Law", 75 *U. Pa. L. Rev.* 614, 616 (1927).

家，如 James Willard Hurst* 等处寻求帮助。以下是摘录 Hurst 所著的《美国的法律与社会秩序》① 的一段论述：

如果以一条曲线来描绘美国法律发展的历史，我们可以看到这条曲线一开始是适度但却有相当数量的水平线，然后从 19 世纪 30 年代到 80 年代间出现大幅增长，表现为一段增幅明显的抛物线，然后进入上升通道，一直到 20 世纪 70 年代都没有表现出下降的迹象……从 19 世纪 80 年代以来，除了 1905—1915 年间为最为明显的起飞阶段外，法律中 9
规制性内容之重要性明显提升，立法的数量大幅增加，这一重心的转移带来了与有组织的关系相关的新的法律类型。法律关注焦点从授权有组织的行动转向注入更多的公共管理或者对公共事务的监督，并且为确定和执行公共政策提供可以采用的专门化手段。这种事务转向的标志是设立现代联邦或州行政机关的法律；而其典型只是命令雇主提供安全工作场所的工厂安全法转向通过行政规则制定和检查加以实施的法律……美国的法律史，一开始对行政权持不信任的态度并因而加以谨慎限制，只规定粗糙的行政机制……直到 19 世纪最后的 25 年里，立法程序，尤其是在各州都是粗糙的。立法者经验不足，也缺乏指导其工作的先例；会期短暂；立法者在公共政策制定方面是兼职的外行；而常设委员会的发展非常缓慢。在我们描绘的图表上，直到 90 年代，我们都看不出总统办公机构（the Executive Office of the President）或行政机关对于法律体系的发展作出的贡献……如果对 1905—1915 年这 10 年里行政机关对法律体系之发展所作出的重要贡献绘制一张图表，我们就可以看到总统办公厅或独立行政机关被赋予了大量的规则制定、规则执行和裁决的权力。……事实上，到 20 世纪中叶，行政立法的曲线也开始高于国会立法的曲线：到 50 年代因为政府日益增加的服务职能而为商业性顾客和个人提供服务的律师，就需要更多地转而求助于行政规则汇编，而不是国会立法汇编以确定其处理事务的法律框架。

□ 19 世纪的行政法

Jerry Mashaw 对 19 世纪美国行政法历史的系统研究有力地促进了我们对行政法早期演变的理解。直到最近，19 世纪的行政法都是不为研究者所知的。法院很少在 19 世纪介入行政决策过程，因此司法判决不能被用作为行政决策过程提供观察窗口。大多数重要的记录只是以手写形式存在于档案馆中。近年来，档案馆开始将手写记录转化为更加容易识别的电脑输入的格式。在众多耶鲁法学院学生的帮助之下，Mashaw 挖掘了这种新的数据来源，为首次系统论述 19 世纪的行政法提供素材。他已经将其研究成果分为四篇论文连载于《耶鲁法律杂志》(*Yale Law Journal*) 115—118 卷中。** 10

Mashaw 的论述要求我们对行政法历史的理解作出多处修正。他发现，国会在整个 19 世纪设立了许多行政机关，并赋予他们采取现代行政机关所行使的各种行为的权力，包括

---

* James Willard Hurst (1910—1997)，威斯康星大学麦迪逊分校法学院教授，被视为美国法律史研究的泰斗。他在 1956 年出版的名著《法律和 19 世纪美国自由的条件》是美国法律史学界公认的经典之作。——译者注

** "Recovering American Administrative Law: Federalist Foundations, 1787—1801", 115 *Yale L. J.* 1256 (2006); "Reluctant Nationalists: Federal Administration and Administration Law in the Republican Era, 1801—1829", 116 *Yale L. J.* 1636 (2007); "Administration and 'The Democracy': Administration law from Jackson to Lincoln, 1829—1861", 117 *Yale L. J.* 1568 (2008); "Federal Administration and Administrative Law in the Gilded Age", 118 *Yale L. J.* 1362 (2010).（作者后来将论文汇集出版，参见 Jerry Mashaw, Creating the Administrative Constitution: The Lost One Hundred Years of American Administrative Law (2012)，中译本参见《创设行政宪制：被遗忘的美国行政法百年史（1787—1887）》，中国政法大学出版社 2016 年版。）——译者注

① James Willard Hurst, *Law and Social Order in the United States* (1977), pp. 35-41.

发布具有法律约束力的规则，将权力转授给行政机关雇员并配套发布限制这些雇员裁量权的指导性文件，以对个人权利纠纷的裁决。他发现，行政机关在政府中的地位存在众多差异——国会使部分行政机关成为内阁部门的组成部分同时也设立了其他行政机关作为独立于任何内阁部门存在的行政机关。国会很少规定行政机关发布规则或者裁决纠纷所需的程序。行政机关对于他们在行政程序上的选择有着几乎完全的裁量权。许多行政机关采取了类似于我们今天所讲的书面听证形式的非正式程序来裁决纠纷，采用非正式地征求外部意见而不是请求公众对制定规则发表评议意见。

19 世纪时期大多数行政机关的决定是不受司法审查的。当事人反对行政机关对纠纷裁决或者发布规则的决定的，可以申请执行职务令，但是这种令状只能用于针对非裁量性的行政行为。那时对裁量权的定义广泛，可以包括任何行政机关具有任何程度裁量权的任何决定，因此绝大多数的行政机关的决定都属于行政机关不受司法审查的裁量范围。

质疑行政行为的主要方式是通过侵权或者财产的普通法诉讼，寻求行政机关雇员个人的赔偿。有的法律向履行某些行政机关职能的政府雇员赋予了有限形式的豁免权，但是今天存在的并在本书第 19 章中描述的一般性豁免权原则并不存在于 19 世纪。因此，在大多数案件中，雇员对于要求损害赔偿的普通法诉讼所能提起的唯一抗辩就是他主张已经适当履行了法定的义务。如果州法院的陪审团认定雇员的行为已经超出了其法律规定义务的范围，它就会判决雇员作出损害赔偿。

□ 蒸汽轮船安全委员会

Mashaw 对蒸汽轮船安全委员会（Steamship Safety Commission）的论述尤其具有启发意义。在 19 世纪 20 年代和 30 年代，许多蒸汽轮船发生爆炸，夺去了很多人的生命。在为了解决这一问题尝试了众多方法而未能如愿之后，国会在 1852 年制定了《蒸汽轮船安全法》（the Steamship Safety Act of 1852）。该法直接和详细地规定了一些规制要求，但是它将许多综合运用制定规则和对具体纠纷进行裁决的手段解决问题的重要政策决定权授
11 予蒸汽轮船安全委员会。该委员会有权发布具有法律约束力的规则，除了要求说明理由之外，无须遵守法定的程序。它也有权裁决诸如发放或者撤销轮船运输经营许可证之类的纠纷，除了说明理由的要求之外，无须遵守任何法律所规定的程序。无论是其规则，还是其裁决纠纷的决定，都不需要接受司法审查。

在成立之后几个月内，该委员会就通过非正式程序发布了诸多规则，并对许多纠纷进行裁决取得了突出的成果。在成立的第一年里，该委员会所减少的蒸汽轮船的爆炸次数、爆炸致死人数以及爆炸导致的财产损失就达到了 80%。据 Mashaw 的研究发现，该委员会没有雇佣任何律师，其工作人员完全是由蒸汽机安全方面的专家组成。

Mashaw 对蒸汽轮船安全委员会的研究，提出了一些重要的问题，它们涉及的是我们现行的行政法体系相对于 19 世纪存在的行政法体系而言所具有的相对效益。在他更早时候对国家公路安全管理局所作的深入研究中，Mashaw 发现该行政机关已经能够将公路事故死亡人数减少大约 10%。但是，他也发现，这一改进可以归因于该行政机关花了 22 年才完成制定的一项规则，并且他发现该行政机关已经基本放弃了制定规则的做法，因为通过通告评议程序制定规则是一个负担很重而且漫长的过程，所制定的规则也需要接受执行前的司法审查。① 如果允许现代行政机关不用经过通告评议程序就制定规则，所制定的规

---

① J. Mashaw & D. Harfst, *The Struggle For Auto Safety* (1990).

则也不需要接受执行前的司法审查，将有多少生命得到挽救？最终得到的健康和安全的收益，是否可以证明因为取消通告评议程序和减少法院的作用而在一定程度上牺牲行政程序的公平性是合理的？

□ 对行政法增长的说明

Peter Strauss 对《1893 年联邦铁路安全电器法》（the Federal Railway Safety Appliances Act of 1893）和《1966 年国家交通与机动车安全法》（the National Traffic and Motor Vehicle Safety Act of 1966）进行了比较，揭示了在立法方法上发生的这一历史性变化。[①] 在这两部法律中的制定过程中，国会的反应都是基于一项共同的认识，即当时主要的交通方式是不安全的。但是，国会在 1966 年所作出的反应迥异于它在 1893 年时的反 12
应。在制定《联邦铁路安全电器法》的过程中，国会讨论和解决了涉及铁路安全的主要政策问题，然后在法律中规定了详细的安全规则。时隔七十多年后，国会在通过《国家交通与机动车安全法》时，则没有讨论和解决一项涉及安全的重大政策问题，相反，国会只是在法律中以宽泛的文字规定了一般性指南，而授权行政机关细化汽车安全规定。政府干预的范围和程度以及现代社会的复杂性，凡此种种结合在一起使得立法机关无法通过立法来解决大多数的政策性争议。

□ 早期美国律师协会主席对行政法的承认

1916 年，Elihu Root 以美国律师协会主席的身份发表的一次讲演，准确地预见到了将近一个世纪后的情景：

有一个特别的法律部门，其发展已然呈现出明显的不可阻挡之势。我们正在开始创造全新的行政法体系，它在机制、救济和必要保障等方面与法院强制执行特定法律的传统规制方式存在相当的差别……我们所处环境的需要已经推动这一方法的广泛应用……对于这些行政机关来说，传统的禁止立法权授出原则几乎完全退出这一阵地，缴械投降了。但是，这些试验不会停止。无论我们是否在理论上支持这一做法，它们会一如既往，继续开拓，因为这类行政机关为保护权利，限制违法行为，在新的社会和产业条件下我们已经无法和上一代一样通过立法机关和法院传统而简单的程序成功实现这一点。[②]

在对其见解的阐释中，Elihu Root 的远见也许要相比律师协会的其他领导超前一代甚至更多。与此同时，他也表达了重要的告诫之语：

如果我们要维持有限权力的政府，就必须对这些行政机关的规制权本身加以规制……必须明确规定公民针对行政机关的权利。尽管行政法体系现在仍处于襁褓阶段，粗糙和不尽完善，但是发展行政法体系是大势所趋。

□ 美国律师协会对行政法的反对

不幸的是，律师界的领袖们大多不愿听从这一明智的忠告。对行政权日益扩张的不满情绪也在逐渐滋生。人们希望采取一切有效手段以消灭行政机关——援引分权理论来反对 13

---

① Peter L. Strauss, "Legislative Theory and the Rule of Law: Some Comments on Rubin", 89 *Colum. L. Rev.* 427, 428-430 (1989).

② 41 A. B. A. R. 355, 368-369 (1916).

立法权、司法权和行政权的结合，或者援引禁止立法权授出原则来避免向行政机关授权，或者在立法上要求对行政行为重新（de novo）展开司法审查。律师界对于行政程序的对抗显然日益加剧了。但是，国会和各州的立法机关正确地扩张了行政权。而律师界有时却会继续试图削弱行政权，例如支持对行政机关的决策过程适用更为精细、昂贵和费时的程序。国家要求建立高效和有效的官僚体系，而律师界希望持续增加程序要求，这两者之间不可避免地会出现张力。

□ 反对官僚制度的运动

在 Hewart 勋爵 1929 年出版的著作《新专制主义》（*The New Despotism*）中对这一担忧的突出强调和情绪性的表述就赢得了英国众多法律人的赞同。但是，英国部长权力委员会调查之后指出“如果采取正确的预警措施的话，公众的恐惧是毫无理由的。”① 美国前司法部长 James M. Beck 在其 1932 年出版的《我们的官僚制仙境》（*Our Wonderland of Bureaucracy*）中也指出：“山姆大叔* 尚未从对官僚治国的梦想中醒悟，却又在各州疯狂的社会主义实验中绕了更多弯路。也许终有一日，他会从这个不理性的梦想中幡然醒悟，回归往日对政府的理解，正如《美国宪法》中所巧妙界定的那样。”② Beck 的著作学术价值或许差强人意，但是却可能已成为有效的政治读物。这种反官僚机构的口号已经得到各方的欢迎。

□ 早期的行政法学

当时的学术正在转向对特定程序进行深入研究，其中尤其具有价值的学术成果包括：Patterson，*The Insurance Commissioner in the United States*（1927）；Henderson，*The Federal Trade Commission*（1924）；Sharfman，*The Interstate Commerce Commission*（1931—1937，五卷本）；Dodd，*Administration of Workman's Compensation*（1936）。

□ 新政

后来，罗斯福新政开始，随之出现了许多新的行政机关。国家复兴局（National Recovery Administration）规制着经济生活的方方面面。在一些公司法律顾问看来，证券交易委员会成立之后，除非冒着背负重大个人债务的风险，否则不可能发行或者销售公司证券。对于许多律师来说，国家劳动关系委员会（National Labor Relations Board）对所有问题的裁决似乎都对雇主不利，它是通过干预确保劳工组织者对雇主的斗争能够获胜；尽管这些雇主仅仅是希望过着安宁的生活，确保其雇员能够在没有外部干预的情况下满意。还有众多其他行政机关相继涌现，开始对各种行业实施规制。如果说新政之前对官僚机构
14 的抵触情绪远未达到临界点，这时需要警惕的理由则已经成倍增加了。

□ 对新政的反对

对行政程序持反对意见者通常很少关注一项观点，即行政机关正在执行着具有建设性

---

* 山姆大叔（Uncle Sam）是美国的绰号和拟人化形象。——译者注

① Cmd. 4060 (1932).

② Beck, *Our Wonderland of Bureaucracy* ix (1932).

的项目。他们中间许多人并不关心投资者是否在第一次的证券交易中得到免受欺诈的有效保护，或者工人是否正在议约力实现平等的环境下享受到什么；事实上，对国家劳动关系委员会怀有的敌意中就包含了这样一种信念，即工人在谈判中已经被赋予优先地位。对于多数法律人来说，这些行政机关，尤其是证券交易委员会和国家劳动关系委员会，正在成为迅速摧毁自由的令人生厌的政治理念的象征。

□ 美国律师协会对行政法的反对

美国律师协会在 1933 年任命了一个行政法特别委员会，该委员会在 1934 年开始发布一系列年度报告："联邦政府的司法分支正在迅速而且严重地遭到削弱……本委员会自然而然地断定，具有司法特征的争议裁决应当重新纳入司法体系之中。"① 在 1936 年，该委员会建议在美国设立行政法院。该委员会认为："最根本的恶在于：（1）司法权与行政权或者立法权之间的结合；（2）行政法官（administrative judges）任期缺乏保障的事实；（3）对行政行为缺乏有效的独立审查或者司法控制。"② 到了 1938 年，该委员会时任主席为 Roscoe Pound*，该委员会在报告中指出了行政机关的"十大倾向"：不经听证即作出决定；偏听偏信；根据未经举证的证据作出决定；基于预先形成的观点或者偏见作出决定；等等。③

□ 对美国律师协会报告的驳斥

著名学者 Louis Jaffe 教授对 Pound 委员会的研究报告进行了有力驳斥。他列举了法院拒绝给予听证机会的一些案件，并且指出："就我个人而言，并不将这些例子视为证明了法院未经听证即作出裁判的倾向，但是这些证据是可以与 Pound 委员会所列举的例子相提并论的。"④

□ 1937 年总统委员会的报告

1937 年，总统行政管理委员会（the President's Committee on Administrative Management）发布了一份研究报告，其中指出："委员会……构成了政府中没有顶头上司的'第四分支'，无意间已经成为行政机关不负责任和权力缺乏协调等问题的渊薮……"⑤ 富兰克林·D·罗斯福（Franklin D. Roosevelt）总统将该报告提交国会时赞扬了这份报告："我认真全面地阅读了这份报告，相信这是一份在相当长时期内都具有重要意义的伟大文件……设立独立规制委员会，由其同时承担行政和司法职能，这种做法将带来成为政府第 15
四分支的威胁，而这是没有得到宪法批准的。"⑥ 时至今日，有关"独立规制委员会"成为政府中的"没有顶头上司的'第四分支'"的担忧仍然存在。⑦

---

* 罗斯科·庞德（Roscoe Pound，1870—1964）是美国 20 世纪著名法学家，1916—1937 年间担任哈佛大学法学院院长，1946—1948 年间曾受聘担任南京国民政府的司法行政部顾问和教育部顾问。——译者注

① 59 A. B. A. R. 539，549（1934）.

② 61 A. B. A. R. 720（1936）.

③ 63 A. B. A. R. 331，346（1938）.

④ Louis Jaffe，"Incentives and Investigation in Administrative Law"，52 *Harv. L. Rev.* 1201，1234（1939）.

⑤ Report 39-40.

⑥ Id. at iii-v.

⑦ 参见§2.5。（相关的中文讨论，可参见宋华琳：《美国行政法上的独立规制机构》，载《清华法学》，2009（6）。——译者注）

□ 辩论忽视了行政法的必要性

在 20 世纪 30 年代，争议主要存在于积极政府的支持者和反对者之间。反对者将行政程序视为他们需要攻击的目标。而支持者则符合需要地将政府工具限于对他们的实体政府来说不可或缺的范围。几十年后的今天再回顾这段历史，我们会发现双方都在某种程度上犯了过度强调规制的错误。对于政府的日常事务——收税、开展外交、维持军事设施（military establishment），执行法律、投递邮件、管理公共土地，为了公共利益的目的而使用公共资金，以及维持农业部、商业部和劳工部等部门的工作以扩大三大传统选民集团的利益等来说，行政程序是不可或缺的。当时几乎没有人认识到，规制程序在重要性上远不及那些与规制关系不大或者完全没有关系的部分行政程序。

□ 承认需要行政法

20 世纪 30 年代时，人们可能需要的是对行政程序作为实施人民的代表所选择的任何政府政策的政府工具所具有的优缺点进行公正的评价。某些必要的职能，除了国会在立法分支中提供的机制和法院在司法分支中所提供的机制之外，是否还需要其他机制？后来担任首席大法官的 Stone 大法官在 1936 年作出了如下评价：

> 我国的普通法最令人瞩目的变化，也许当推最近的时代发生的行政法的兴起……20 年前在美国律师协会的会议上所发表的讲演，即讨论新行政机关的出现，使人想起普通法法官所表现出的对衡平法（equity）的不信任……只要这些对逝去岁月的怀旧可以鼓舞我们继续亟须的改革，它们注定会遭遇与 Coke 法官[*]和他的同事们在扩大衡平法范围的道路上所设置的障碍相同的命运……（行政法）更容易获得承认的时代已经到来，它将承认行政机关所设计出来的程序已经在基本不受法院强制干预的情况下实现其理想（保护个人权利和正义的普通法理想），并且行政机关已经制定了它们所关心的专门经验的评价标准，
> 16 而这些标准，法院实际上本来也可以制定，只是制定速度更慢而且难度更大。①

Jerry Mashaw 教授经过对现代行政机关所作的系统研究也得出了类似的结论。②

□ 司法部长委员会

也许是注意到了 Stone 大法官的睿智评论，罗斯福总统在 1939 年要求司法部长成立一个委员会负责研究“在行政法领域中程序改革的必要性”。这个委员会由一批杰出的执业律师、法官和教授们组成，以学术的方式履行其职责。该委员会积极探求真相。在 Walter Gellhorn[**] 领导和 Kenneth Culp Davis 的有力协助之下——两人后来均成为最著名

---

* Coke 法官（Sir Edwards Coke，1552—1634），英国历史上最著名的法官和法学家之一，1628 年权利请愿书的起草人之一，在捍卫普通法，反对教会和王室特权方面功勋卓著。——译者注

** Walter Gellhorn（1906—1995），曾任哥伦比亚大学法学院教授、美国法学院协会（the Association of American Law Schools）主席、美国行政会议执委会委员等职。他在 1940—1941 年间作为司法部长行政程序委员会的研究主管（director）而组织的研究，成为美国《1946 年行政程序法》的重要基础。著有 *Administrative Law: Cases and Comments*（1941）等。——译者注

① Stone，“The Common Law in the United States”，50 *Harv. L. Rev.* 5，16-18（1936）.

② J. Mashaw & D. Harfst，*The Struggle for Auto Safety*（1990）；J. Mashaw，*Bureaucratic Justice: Managing Social Security Disability Claims*（1983）.

的行政法学家——委员会的工作人员访问了行政官员，行政机关的下属单位以及曾经与行政机关对簿公堂的执业律师。委员会对每一家行政机关都撰写了详细的专论，再将其试拟稿提交给行政机关，然后委员会和行政机关讨论了所提出的问题。接着，委员会举行公开听证会，征集有关程序的描述和对专论的批评方面的意见。最后，委员会撰写了详细的报告，该报告连同其附录总计 474 页。这份报告，以及作为其基础的专论，至今仍是联邦行政程序相关信息的重要资料。[①] 司法部长委员会的报告对国会制定《行政程序法》的过程起到了指导作用。

□《沃尔特—洛根法案》

就在司法部长委员会开展调查期间，美国律师协会也将自己起草的《沃尔特—洛根法案》（Walter-Logan Bill）提交到国会。James M. Landis[*] 认为这一法案“将会肢解行政法程序，使其支离破碎”[②]。该法案的支持者似乎充分意识到了它所具有的破坏性，因为他们已经将所渴望保护的行政机关列入法案规定的适用除外之列。这份法案在国会两院都获得通过，但是遭到总统的否决。

□《行政程序法》的通过

在某些问题上，司法部长委员会的报告同时提供了多数意见和少数意见，双方都建议
立法。在 1941 年度的国会会议上，按规定提交新的法律草案和举行新的听证会时，议员 17
们提出了多部体现这些建议的法案。政府与美国律师协会这两股力量最后达成了妥协，其
结果便是 1946 年国会两院一致通过的立法，即《行政程序法》。[③]《行政程序法》的最终文
本集中反映了三位主要起草者——Walter Gellhorn，Carl McFarlan[**] 和 Dean Acheson[***]
的智慧。

□ 根据司法部长委员会报告所作的妥协

这部法律的主要效应是满足了实施改革、改进和强化行政程序、增强行政程序一致性以及坚持对行政行为司法审查的基本限制等一系列政治意愿。美国律师协会起初试图削弱行政法的活力。但是，美国律师协会显然会对《行政程序法》感到满意，即使这部法律并未将什么权力重新交还给法院，没有实质性地增加司法审查，保留了行政机关的裁决制

---

* James M. Landis（1899—1964），曾任证券交易委员会主席（1935—1937 年）和哈佛大学法学院院长（1938—1946 年）。参见 Donald A. Ritchie，*James M. Landis：Dean of the Regulators*（Harvard University Press，1980）。——译者注

** Carl McFarlan，曾在 1937—1939 年间担任富兰克林·罗斯福政府助理司法部长（Assistant Attorney General）。在 20 世纪 40 年代，他是美国律师协会立法与行政法分部的活跃成员，帮助起草了美国《行政程序法》。后来，他又参加了胡佛委员会和总统行政程序会议。——译者注

*** 迪恩·阿奇逊（Dean Acheson）（1893—1971），曾任杜鲁门政府国务卿（1949—1953 年），在设计美国冷战时期外交政策中扮演了核心作用，帮助设计马歇尔计划，并在杜鲁门主义和北大西洋公约组织的设立中发挥了重要作用。1939—1940 年间，他领导了负责研究联邦行政机关运作的委员会。——译者注

① 参见 Attorney General's Committee on Administrative Procedure，*Administrative Procedure in Government Agencies*，Sen. Doc. No. 8，77th Cong.，1st Sess. 55-59（1941）。

② James Landis，“Crucial Issues in Administrative Law”，53 *Harv. L. Rev.* 1077，1102（1940）.

③ 现为 5 U. S. C. §§551-559，701-706，1305，3344，6362，7562。

度，改进而不是削弱或者束缚行政程序，而且总体上确保试图进一步束缚行政权的努力不太可能会成功。《行政程序法》主要反映的就是司法部长委员会的理由。

□《行政程序法》的政治史

在《激烈的妥协：新政政治中产生的〈行政程序法〉》① 一文中，George Shepherd 首次系统描述了《行政程序法》的政治史。这一资料翔实的作品，表明《行政程序法》的通过是在激烈的党派斗争和意识形态的辩论中产生的，双方都屡次指控对方试图建立共产主义政权或者法西斯政府。Shepherd 对《行政程序法》历史的论述，将一群聪明的律师和法学家经过理性审议制定《行政程序法》的传统图景置于更广，也更为现实的背景之中。这一审议的过程，只是在持续 10 年的激烈政治辩论已经陷入僵局之后才真正发生，让双方领导人寻求智者协助，让双方可以在相当迟疑和担心的情况下达成妥协。

§1.5 1946—1970 年间的历史发展

□ 巩固

在《行政程序法》通过之后，美国行政法步入一段风平浪静的发展阶段。司法机关对《行政程序法》的解释通常对该法的立法目的抱有同情的心理，而该法的中间立场也似乎使先前对立双方得到满足。法院坚持不懈地对行政法进行着细微的改良。法律发展的步伐
18 有所放缓。第一届胡佛（Hoover）委员会* 在详细调查的基础上完成了《规制委员会任务小组（the Task Force on Regulatory Commissions）1949 年度报告》，但是它并未对行政裁决、规则制定和相关活动提出激进的改革建议："独立规制委员会是一类有用和理想的行政机关……"② 率先对这一领域进行学术研究的当推 Davis 教授所著的《行政法》。③ 1953 年，总统行政程序会议成立，其宗旨是深入调查"某些行政裁决和规则制定行为中发生的不必要的迟延、花费和卷帙浩繁的记录"这一较为集中的主题。1955 年，总统行政程序会议发表研究报告，该报告结论持平而有助益，除了涉及听证官员等疑难问题的内容之外，大多数内容并无争议。

□ 胡佛委员会

在《行政程序法》通过之后，率先打破平静的是第二届胡佛委员会** 的任务小组在

---

* 第一届胡佛委员会（the first Hoover Commission，1947—1949）是以美国前总统胡佛为首的临时性顾问组织。1947 年，杜鲁门总统任命胡佛担任胡佛委员会成员，选举他为主席，改组执行部门成立的初衷是精简第二次世界大战后的美国政府。然而，该委员会却提出大幅度增加总统行政办公厅的管理能力。该委员会 72%的建议被采纳，包括《1949 年重组法》及 1953 年成立的卫生、教育与福利部。——译者注

** 这里是指司法部长。司法部长被认为是美国政府首席法律顾问，负责替美国政府处理法律事务及对美国司法行政部门进行监督。——译者注

① Shepherd，"Fierce Compromise：The Administrative Procedure Act Emerges from New Deal Politics"，90 *Nw. U. L. Rev.* 1557 (1996).

② Commission on Organization of the Executive Branch of the Government，*Task Force Report on Regulatory Commissions*，viii (1949).

③ Kenneth Culp Davis，*Administrative Law* (1951).

1955年所发表的报告。该报告体现了一直以来对行政程序持有的不信任态度。第51号建议文提出要建立行政法院，分设税收、贸易和劳工法庭，其中贸易法庭可以接管当时由联邦贸易委员会（FTC）、州际商业委员会（ICC）、联邦通信委员会（FCC）、民用航空委员会（CAB）、美国联邦储备委员会（FRB）、联邦动力委员会（FPC）以及内政部和农业部内设司局负责的裁决。但是，对于新设法院是取代所提到的行政机关，还是取代复审法院的角色，这份报告则语焉不详。

胡佛委员会本身拒绝采纳其任务小组所提出的全面性的建议；由12名委员组成的委员会中仅有3名委员会对修改《行政程序法》的建议给予了无条件的支持，而6名委员则指出："我们没有投票支持这一建议，原因是其可能产生的结果，并且可能增加政府开支。"① 州际商业委员会执业律师协会（the ICC Practitioners' Association）组织了一个百人委员会，对任务小组所提出的几乎每一项建议都进行了详细的批驳。②

□ 行政程序司法化的意图

司法部长 Herbert Brownell 对任务小组所提出的修改《行政程序法》的建议发表了如下评论：

这些修改将会大幅度地推进行政程序的"司法化"，给政府的效率、效能带来灾难性的结果……这些建议不仅不明智、不可行，而且成本高昂，因而应予抛弃……一言以蔽之，根据我对胡佛委员会及其任务小组这些建议的研究，这份报告内容稀松平常，远不足以实现胡佛委员会所追求的公务处理中的经济、效率和更优服务等目的，确切地说，这些 19
建议会适得其反。③

□ 美国律师协会对（行政程序）司法化的支持

这位保守政府中首席法律官员* 的立场会让任务小组的建议前途黯淡。但是，美国律师协会法律服务和程序特别委员会此时开始介入。在1956年，该特别委员会建议制定新的"行政程序法典"（Code of Administrative Procedure），采纳了任务小组提出的部分建议，而抛弃或者搁置了其余建议。该特别委员会所提出的建议众多而且很复杂；兹摘录其要点如下：

（1）禁止裁决官员对技术顾问或者助手进行不做记录的意见征询；

（2）主持收集证据的行政机关成员或者听证委员应当不得参加对最初决定的行政复审；

（3）要求大多数裁决案件中证据规则"应当尽可能地遵循联邦地区法院不实行陪审团审理的民事案件中的标准"；

（4）主持官员所作出的事实认定是最终性的（final），除非行政机关认为根据记录整体来看是显然错误的；

（5）对"每一项无法在任何法院得到充分救济的最终行政行为"的司法审查；

---

* 此处是指司法部长。——译者注

① *Report on Legal Service and Procedure*, *Commission on Organization of the Executive Branch of the Government* 95 (1955).

② 23 ICC Prac. J., Nov. 1955, §§ II, at pp. 1-110.

③ Letter printed in 23 ICC Prac. J. 195-201 (1955).

（6）就对事实认定进行的司法审查而言，以“明显错误”规则取代“实质性证据”规则。①

□ 美国律师协会对司法化的持续支持

一直到20世纪60年代，美国律师协会都在坚持推动通过“行政程序法典”。1964年，参议院司法委员会行政实践和程序小组委员会（Subcommittee on Administrative Practice and Procedure）充分研究了美国律师协会提出的法典建议稿。这份法典建议稿事实上早已是胡佛委员会特别小组所提建议进行稀释后的版本了。该小组委员会在第88届国会S. 1663号法案中更是进一步淡化了该法典建议稿的内容。美国律师协会和参议院的行政实践和程序小组委员会的成员都没有与行政机关共同起草法律草案，而每一家作出回应的行政机关都是持敌对的态度。即使这部草案中包括了诸多行政机关所欢迎的条款，但是这种敌对态度还是可以理解的。这部法律草案中仍然包含了大量的由胡佛委员会特别小组所
20 提出并由美国律师协会所坚持的极端条款。

□ 美国律师协会对于陪审团初审证据规则的支持

甚至迟至1964年时，美国律师协会仍然顽固坚持规定行政机关的证据规则“应当尽可能地遵循”联邦地区法院中不实行陪审团审理的民事案件证据规则。② 但是，这不过是毫无意义的同语反复。③ 例如，与证据排除规则的可能性相关的问题中有十分之九涉及传闻证据；人们如何能够知道传闻证据是否适用于“不实行陪审团审理的民事案件”呢？即便是如 Wigmore* 和 Moore** 等法学专论（treatise）的作者也并不知道其答案。④ 事实上，某些初审法官会接受看起来可靠的证据，另外一些初审法官则会像在陪审团审理的案件中一样遵循传闻证据排除规则，更有一些初审法官则采取中间立场。⑤ 美国律师协会的法典建议稿将会意味着：（1）适用陪审团审理规则；（2）模仿那些偏离陪审团审理规则最远的法官；（3）允许行政机关的调查人员像联邦法官那样行事，即有的遵循陪审团审理规则，有的则拒绝遵循这些规则，而有的则采取中间立场。美国律师协会的法典建议稿并未对这些问题给出答案。

□ 美国律师协会支持普遍的司法审查

在所有观点中最为极端的，也是1964年的国会听证会中来自美国律师协会的证人尤

---

* John Wigmore（1863—1943），美国法学家、证据法专家，1901—1929年间任美国西北大学法学院院长。其代表作是 *Treatise on the Anglo-American System of Evidence in Trials at Common Law*（1904—05），该书也被称为 *Wigmore on Evidence*。——译者注

** James William Moore（1905—1994），曾任耶鲁大学法学院教授，破产法、民事程序领域的专家。其代表作有 *Moore's Bankruptcy Manual*（1939）；*Debtors' and Creditors' Rights: Case and Materials*（with Vern Countryman, 1947）；*Moore's Federal Practice*（1948）。——译者注

① 参见24 ICC Prac. J. 259-301（1956）。

② 参见 Hearings, Subcommittee on Administrative Practice and Procedure, Committee on the Judiciary, United States Senate, 88th Cong. 2d Sess. on S. 1663, at p. 62（1964）。

③ 参见第10章。

④ 参见 I Wigmore, *Evidence* 201, 171, 172（3d ed. 1940）；5 Moore, *Federal Practice* 1328（2d ed. 1951）。

⑤ 参见第10章。

为赞赏的[1]，则是删除《行政程序法》§10的引导性条款（即现在的§701），“除非行政行为是依法行使其行政裁量……”美国律师协会试图删除的这一“例外”条款使法院无法审查行政机关的裁量权滥用，如总统或国务卿制定外交政策，总统拒绝赦免，总统任命X而非Y为官员、免除内阁官员的职务，司令对国内军官所下的各种命令，提薪、分配工作或者配置秘书等各类人事管理活动，国防部长关闭军事设施，以及其他众多从未具备可审查性的以及不适合接受司法审查的决定。[2]

□ 对独立行政机关的攻击

正当美国律师协会致力于推动出台“行政程序法典”之时，Louis J. Hector在1959年辞去了民用航空委员会（CAB）委员的职务，他的辞职声明引燃了长期郁积的反行政机关的情绪：

> 独立规制委员会现在并不具备为了促进公共利益的目标而对国家支柱产业实施规制的
> 能力……民用航空委员会是一个受自身结构和程序局限的人为产物。它无力制定清晰的政
> 策，也不能制定合理、全面的计划。它不能给发生争议的当事人提供确实公正的听证机 21
> 会……其结果是我们国家至今缺乏有效的全国性交通政策……考虑到这些组织性的错误
> (organic faults)，我谨提出下列建议：（1）将政策制定、规划和管理的权限从民用航空委
> 员会转移到诸如商务部、联邦航空管理局（FAA）或者新设的交通部之类的行政机关；
> （2）将司法性质和上诉性质的权力从民用航空委员会转移到真正的行政法院；（3）将其进
> 行调查和提出指控的权力转移到诸如司法部之类的行政机关。[3]

Hector备忘录的内容成为众多对规制机构进行攻击的焦点，到1963年，联邦通信委员会主席Newton Minow也提出了类似的建议。

□ 对独立行政机关的辩护

到了1965年，在其辞去证券交易委员会主席一职后不久，William L. Cary对Hector和Minow的建议提出了强有力的反对意见。[4]根据自己担任证券交易委员会主席的经验，Cary指出裁决官员需要对规则制定以及证券交易委员会的其他非正式工作，如注册声明的处理、答复咨询信件的要求等有所了解。他系统地驳斥了Hector和Minow的论断。[5]

□ 兰迪斯报告

同样，在美国律师协会推动其建议的程序法典时，James M. Landis作为总统调查规制机构的特别助理，也在1960年年底提交了一份研究报告。[6]他的主要观点是，要维持行政程序的原样，但是要持续加以改进和强化。报告对行政程序作出了正确的判断，即“没

---

① The 1964 hearings, 88th Cong., 2d Sess. on S. 1963, at p. 62.

② 参见第17章。

③ 有关Hector的书信和备忘录，参见Hector, “Problems of the CAB and the Independent Regulatory Commissions”, 69 *Yale L. J.* 931 (1960)。

④ 参见Cary, *Why I Oppose the Divorce of the Judicial Function from Federal Regulatory Agencies* (1967)。

⑤ 另可参见Auerbach, “Some Thoughts on the Hector Memorandum”, 1969 *Wis. L. Rev.* 183; Kintner, “The Current Ordeal of the Administrative Process: In Reply to Mr. Hector”, 69 *Yale L. J.* 965 (1960)。

⑥ 参见Committee Print, Subcommittee on Administrative Practice and Procedure, Senate Committee on the Judiciary, Dec. 1960。

有一个人或者一群人可以在短时间内把握繁杂的行政程序，并且提出合理确定的法典。这是一个需要由持续关注每时每刻都在变化的行政程序的人们逐条逐年加以解决的问题”。[①] 但是，作为进一步审议的基础，兰迪斯报告（Landis Report）在其中最不保守的段落中提出了这样的积极论断：

> 如果规制机构在诸如价格等众多领域中的判断，事实上是商业判断而非根据法律理论
> 22 作出的判断，那么其技术并不依靠询问和交叉询问等繁琐程序，而是基于产业界诚实的商业判断，这些技术可能在处理规制机构所面对的大量相同问题时具有一定的价值。[②]

□ 建设性建议

这份报告提出了有关程序迟延、成本、人事、伦理、政策协调以及规制机构对于国会的关系等方面的建议。而且，这份报告还排除了 Louis J. Hector 在辞去民用航空委员会主席一职时所提的建议，即航空业规制的政策应该由政府内阁部门决定，其裁决权应该转移给行政法院：“这里可以提出的解决方案不是将这些职能转移给政府内阁部门，而是采纳和设计更适合解决所面对的问题的程序。”[③] 兰迪斯报告认为，规制机构之所以不能制定全面的政策，是因为“缺乏勇敢和有想象力的思考”[④]，但是该报告提出了一套部分解决方案的建议，这也可能是其最为重要的具体建议，即机构改革计划应该进一步将决策权下放给下属官员。后来，四项类似的计划获得采纳。

□ 强化总统控制的建议

被总统拒绝的一项重要建议是在总统办公机构中设立新的机构负责协调各规制机构的政策规划，“协助总统履行确保这些规制机构负责的确保法律有效实施的职责”[⑤]。总统只是要求每家独立规制机构每月向他提交详细的报告。[⑥] 后来几任总统实施了 Landis 院长提出的建议。[⑦]

□ 临时性的行政会议

在 1953 年成立，1955 年提交报告的“总统行政程序会议”，局限于“某些裁决和规则制定程序中发生的不必要的迟延、费用和文书记录”。1961 年，根据一项总统行政命令成立了新的临时性行政会议：“行政会议的目的应当是……改进现存的行政程序”。其主要考虑是因为行政机关本身本来应该拥有自己的组织，包括来自外部的少数委员，共同协作解
23 决行政程序的问题。该行政会议的委员 88 名，其中 53 人来自公务员队伍。主席是哥伦比亚特区上诉法院 E. Barrett Prettyman 法官，他曾任总统行政程序会议的主席。行政会议的执委会（the Council）除了主席外，还有 10 位执委，其中仅有 3 人来自公务员队伍，4

---

① Id. at 16.

② Id. at 17.

③ Id. at 19.

④ Id. at 23.

⑤ Id. at 86.

⑥ 对于《Landis 报告》的深入和有价值的分析，参见 McFarland，“Landis' Report: The Voice of One Crying in the Wilderness”，47 *Va. L. Rev.* 373（1961）。

⑦ 参见§2.6 和§7.9。

位执业律师，3 位教授。除了提出 30 项具体建议之外，该临时性行政会议最重要的贡献是它所审议的研究和报告。这些研究和报告的主持起草者均来自学术界。

临时性行政会议提出的 30 项建议如果都能得到采纳，本来可以发挥深远的影响，可是该行政会议后来被撤销，而建议被采纳的记录也有瑕疵。这些建议，有的被提交给总统，有的被提交给国会，还有的则被提交给规制机构。临时行政会议最为重要的建议当推设立常设性的行政会议，国会接受了这项建议。①

□ 常设的行政会议

1964 年，国会通过了《行政会议法》（the Administrative Conference Act）。② 该法规定，为了收集和安排信息的相互交流，行政会议（the Administrative Conference of the United States）的委员人数不超过 91 人，不少于 75 人，包括由总统任命的任期 5 年的全职主席，每家规制机构和内阁部门各派代表 1 名，以及律师协会代表、行政法或者政府研究领域的学者以及其他对于联邦行政程序有特别研究和经验者。

□ 行政会议的作用

该法通过 3 年半之后，即 1968 年，行政会议主席就职，82 名委员也获得任命，大约 3/5 是政府公务员，其余则是政府之外的执业律师和教授。而 10 名委员组成的执委会则是由来自政府内部和外部的人员平分秋色。承担主要工作的行政会议各委员会顾问，则几乎全部是大学法学教授。通常的办公流程分为以下几个步骤：由顾问研究，委员会审议，执委会批准或修改，最后由行政会议全体会议决定。

行政会议提出了众多内容丰富和很有价值的建议和报告。但是，行政会议在让国会采纳其建议方面的成就则远未达到令人印象深刻的地步。对于规制机构施加压力所取得的成就则要大得多，但是他们很少是以白纸黑字的形式表现出来的，所以也无法进行精确的衡 24
量。即便如此，了解行政会议活动的人都认为其工作是有价值的，有的甚至认为其工作是极其重要的。令人费解的是，国会在 1995 年撤销了行政会议。*

□ 修改《行政程序法》的建议

到了 1970 年，美国律师协会已经放弃了呼吁制定行政程序法典的努力，转而建议修改《行政程序法》，这一工作相比之下没有那么野心勃勃，而思考也更为深入细致。美国律师协会提交的建议在 1973 年系统性地获得了行政会议的通过。在这 12 项建议中，行政会议同意或者基本同意了其中 5 项建议，否决了 5 项，不支持的有 1 项，使美国律师协会的代表同意该立法为不必要的有 1 项。③

---

* 美国行政会议在经历 15 年的“休眠期”之后，2010 年获得国会拨款重新设立。有关该机构历史与现状，及其在美国行政法发展中发挥的作用，参见苏苗罕：《行政程序改革的顶层机构研究——以美国行政会议为例》，载《华东政法大学学报》，2012（3）。——译者注

① 参见 Nathanson，“Looking Backward，2000—1963；A Personal View of the Administrative Conference，1961—1962”，16 *Admin. L. Rev.* 33（1963）。

② 5 U. S. C. §§571-575.

③ 参见 3 Recommendations and Reports of the Administrative Conference（1973—1974）53-63，567-609。

□《信息自由法》的通过

1966 年，国会颁布了《信息自由法》，对《行政程序法》进行了最为重要的一次修订，取代了之前的 § 552（到了 1974 年，§ 552 再次被修订）。《信息自由法》对行政来说意义非凡，它提出的信息披露要求产生了一系列重要的影响。①

§ 1.6　20 世纪 70 年代的历史发展

□ 这一年代的概况

20 世纪 70 年代出现了一些重要的发展，其中最突出的是：（1）规则制定大量涌现；（2）对非正式和不受审查的裁量行为的担忧与日俱增；（3）随着《信息自由法》的通过，行政机关的行为发生了诸多变化；（4）国会在 1976 年立法修改了《行政程序法》§ 702 和 § 703，废除了主权豁免的规定；（5）司法创造性的显著增强。

□ 规则制定重要性的凸现

规则制定在 20 世纪 70 年代成为规制的主要形式。大约从 1965 年起一系列新的立法都特别强调规则制定。例如《职业安全与健康法》（the Occupational Safety and Health Act）、《消费品安全法》（the Consumer Product Safety Act）、《联邦贸易委员会改进法》（the Federal Trade Commission Improvement Act）以及环境保护局、医疗财务管理局（the Health Care Financing Administration）* 所实施的一系列法律。除了新的立法，行政机关本身开始比过去更多得多地采用规则制定来制定政策，相应地通过裁决行为制定政策
25 的比例在下降。而法院也在众多方面鼓励更多采用规则制定程序；United States v. Florida East Coast Railway Co. ② 案将下级法院推动的变革加以固定，允许在法律要求“听证”的全国性规则制定行为中采用通告—评议程序。而在 Vermont Yankee Nuclear Power Corp. v. Natural Resource Defense Council③ 案中，最高法院的判决也禁止增加行政机关在规则制定中所需要遵守的程序，从而鼓励行政机关采用规则制定程序。但是，由于用词较为宽泛，这一判决引发较多争议。在 70 年代，由于如此之多的新问题被发现，法院受理的与规则制定程序相关的案件，其增加数量在比例上要高于行政机关采用规则制定程序的增加数量。这些新问题既涉及规则制定程序，也涉及规则制定的司法审查。

□ 关注非正式行为

20 世纪 70 年代发生的第二项重大变化是更多关注非正式和不受审查的裁量行为，这

---

* 医疗财务管理局成立于 1977 年，2001 年改组为联邦医疗保险和医疗补助服务中心（the Centers for Medicare and Medicaid Services）。——译者注

① 参见第 5 章。

② 410 U. S. 224 (1973).

③ 439 U. S. 519 (1978).

些行为在行政程序中比例超过 90%，但是长期以来被人们所忽视。这一方面的法律发展并不明显，但是美国行政会议的许多研究都涉及这一领域，行政机关根据这些研究改进了它们的程序。

□《信息自由法》的影响

1967 年生效的《信息自由法》已经对行政机关的活动和态度产生了深刻影响。许多行政机关一开始都不愿意遵守这一法律，但是，1974 年国会对《信息自由法》所作的修订很大程度上消除了对这部法律的抵制，该修正案明确指出国会将会更为重视并且对违反该法的官员和政府官员采取惩戒措施。数千项判决意见对该法的解释和适用，也构成了对行政行为司法审查的重要组成部分。

□ 取消司法权的管辖权限制

到了 1976 年，国会修订了《行政程序法》§702 和§703，规定联邦政府[*]也可以作为被告，在寻求金钱赔偿之外的救济、诉称行政机关或者官员以公务身份或者以法定职权名义作为或者不作为的诉讼中可以判决联邦政府败诉。这一法律修正案除了金钱赔偿救济这一例外，已经扫清了一切主权豁免的残余。[①]

□ 对独立行政机关的再次攻击

20 世纪 70 年代期间再次出现了反对独立行政机关的潮流，但是这一努力终告失败。“行政组织的总统咨询委员会”（the President's Advisory Council on Executive Organization），人们也以其主席 Roy L. Ash 之名称之为“Ash 委员会”（the Ash Council）指出“独立行政机关就其行为向国会抑或总统的问责度而言都是不够的”，建议六家行政机关（州际商业委员会、民用航空委员会、联邦海事委员会、证券交易委员会和联邦动力委员会）的职权需要转移到直属总统的各位行政主管（administrators）手中。行政会议投票一致反对该项建议。 26

§1.7　20 世纪 80 年代和 90 年代初的历史发展

□ 对行政法合法性的新质疑

20 世纪 80 年代和 90 年代初对于行政法的发展来说是令人振奋的一段时期。为了回应人们对行政国家合法性再次提出的质疑，最高法院裁决了一系列重大的结构性问题：国会可以授权行政机关制定立法性规则以解决根本性的政策议题吗？国会可以设立直接受立法分支管辖的行政机关吗？国会可以设立独立于总统的行政机关吗？行政机关可以行使传统

---

* 此处原文为美利坚合众国（the United States），但因为实际上联邦政府就是合众国的代表。此处译为联邦政府。下文视行文习惯亦作如此处理。——译者注

① 参见第 18 章。

上由《联邦宪法》第 3 条规定的法院（Article Ⅲ Courts）所行使的裁决权吗？行政机关行使多种职能，符合权力分立的原则吗？行政法顶住了这些强烈的质疑。事实上，经过十年对行政法合宪性的仔细审查后，90 年代时的行政程序比起 80 年代时更为强大了。

调和行政法和宪政民主的努力

新政时期行政机关之所以出现爆炸性增长，是因为这是处在尊重技术统治而司法机关不信任政治机构的环境之中。20 世纪 30 年代对行政程序合法性的攻击，因为一系列司法判决试图借助当时盛行的对政治机构的不信任，调和行政国家与宪法之间的矛盾而遭到挫败。因此，例如在支持联邦贸易委员会的程序时，最高法院强烈赞同国会的观点，即联邦贸易委员会“不会受制于政府中的任何人，而只服从合众国人民”①。这段法官附带意见*显然是一派胡言。政府只存在三大分支，而任何行政机关都需要遵从于这三大分支的某种组合。如何确定行政机关与三大分支之间可以允许的关系范围这一问题依然存在，只是得到部分解决。

承认政策制定是政治性的

在接下来的几十年里，法官和学者发现原先对行政程序的理解存在一项重大缺陷。然而，精通技术问题对于解决国会授权行政机关的政策问题来说至关重要，政策制定既是也应当是高度政治性的过程。制定有关空气质量的国家政策，就可以很好地说明技术分析与政治选择之间的关系。技术官僚可以对在不同空气质量条件下因为肺病失去生命的人数进行合理的估计；但是，在空气质量水平区间的某一点上，对公共健康和经济发展这些具有内在矛盾的目标进行权衡的决定则是实用主义的政治决定。在民主体制下，这一决定必须
27 是由可以实施政治问责的政府机构来作出的。

国会和总统的主导作用

借助主导众多行政机关议程的政策制定程序这一全新的观察视角，法院开始设法处理行政机关在政府结构中所处位置这一根本性问题。就行政机关参与政策制定而言，它们必须在政治上对人民负责。但是，人民只能通过他们选举的代表进行对话。这表明立法和行政分支在指导行政机关政策制定以及对行政机关所制定或者实施的政策负责中所起到的主导作用。但是，控制行政机关政策制定的权力，应当如何在政府两大政治上可问责的部门之间进行配置呢？对于这两大部门之间在政策制定上的分工，《联邦宪法》是否有相应的限制呢？在行政机关制定政策的程序中，司法部门可以扮演的合理角色又是什么？最高法院在 20 世纪 80 年代和 90 年代初开始解决这些问题，主要是借助于权力分立原则，或者是更为建设性和精确的分权制衡原则。但是，即便如此，确定政府三大分支在行政机关政策制定中可以扮演的合理角色，这一过程还远未完结。②

---

* 法官附带意见（dicta），是指在作出判决的过程中法官所作的陈述，它并非为判决所必需，或者超出特定情形并与某种观点相关，或者制定某种就目前目的而言并非十分必要的规则。尽管法官附带意见可能具有一定的说服价值，但对其他的法院没有约束力。——译者注

① Humphrey's Executor v. United States, 295 U. S. 602, 625 (1935).

② 参见第 2 章。

□ 对广泛的权力授出的新质疑

20 世纪 80 年代刚开始，人们就再次质疑国会将广泛的政策制定权授予行政机关的合法性。在 Industrial Union Department v. American Petroleum Institute① 案中，Rehnquist 大法官在其撰写的协同意见* 中主张《职业安全和健康法》（the Occupational Safety & Health Act）将立法权授予行政机关是违宪的。在 American Textile Manufacturers Institute v. Donovan② 案中，Burger 首席大法官在其不同意见中与 Rehnquist 大法官持有相同的意见。在他们看来，《职业安全和健康法》存在致命的缺陷，因为国会将“制定根本性政策决定”的权力授予“无法实施政治问责的行政官僚”。

但是，Rehnquist 和 Burger 两位大法官的观点并未占据上风。自 1981 年以来没有一位大法官坚持这样的主张。相反，最高法院一致支持了四次对于行政机关在诸如税收、刑法和司法判断领域的广泛授权。③ 其解释也许是，最高法院认识到行政官僚是通过与可以实施政治问责的总统之间的联系达到向人民负责的。

□ 更多地主张总统控制

过去的八位总统都已经承认他们需要通过发布一系列日益雄心勃勃的行政命令，确认通过控制行政机关所实施的规则制定行为以实现对行政机关的政策制定行为负责。在 Chevron U. S. A. v. Natural Resource Defense Council，Inc. ④ 案中，最高法院实现了总统对行政机关政策制定行为控制的合法化： 28

已经获得国会授权承担政策制定责任的行政机关，可以在国会授权的范围内，合理地依赖已有的行政机关对明智政策的看法来传达其判断。当行政机关并不需要直接对人民负责时，而是直接对政府首脑负责时，政府首脑这一政府的政治部门就完全适合于作出这类政策选择……⑤

有些学者认为总统可以而且应当将这种控制延伸适用于独立行政机关的规则制定行为，但是迄今为止尚未有总统愿意承担明确努力控制独立行政机关的规则制定而带来的政治风险。⑥

□ 对国会控制方法的限制

在两起重要案件的判决中，最高法院承认，立法分支通过立法之外的手段来控制行政

---

* 协同意见（concurring opinion），是指一名或少数法官的单独意见，同意多数法官作出的判决，但对判决依据提出不同理由。——译者注

① 448 U. S. 607 (1980).

② 452 U. S. 490 (1981).

③ 参见§2.6。

④ 467 U. S. 837，865-866 (1984). (Chevron U. S. A.，即雪佛龙公司，是世界最大的跨国能源公司之一，总部位于美国加利福尼亚州 San Ramon 市。部分中文文献将其译为谢弗林、谢弗朗。——译者注)

⑤ 另可参见 Sierra Club v. Costle，657 F. 2d 298 (D. C. Cir. 1981)（对行政裁决中禁止与白宫单方接触和在行政规则制定中可以与总统单方接触之间进行了区分）。

⑥ 参见 Strauss & Sunstein，“The Role of the President and OMB in Informal Rulemaking”，38 *Admin. L. Rev.* 181 (1986)。

机关的政策决定，存在明显的局限。在 Chadha v. Immigration & Naturalization Service① 案中，最高法院认为，支持赋予参议院或者众议院否决行政机关所实施的行为的法律规定违反了《联邦宪法》中“两院审议及送呈条款”（Bicameralism Clause and Presentment Clause）。立法否决条款由国会中的一院来行使规制权，实际上僭越了另一院的权力以及总统的否决权。在 Bowsher v. Synar② 案中，最高法院适用了 Chadha 案判决宣示的原则，认定将规制权授予国会的助手——总审计长（the Comptroller General）* 的做法违宪。

□ 只能通过立法的国会控制

在这两个具有里程碑意义的判决中，最高法院明确了一项基本原则，即国会只能通过立法程序制定政策，并且需要遵守两院审议及呈送和可能的总统否决等结构性的保障。就国会没有通过立法程序制定政策，而是将政策制定权授予行政机关而言，Chevron 案认为总统可以借助与行政机关的政策制定者之间的联系而对其政策决定实施间接控制。但是，Chadha 案、Bowsher 案和 Chevron 案的判决仍然没有解决众多重要问题。例如，国会能将政策制定权授予“独立”行政机关吗？如果答案是肯定的，那么“独立”的含义是什
29 么？它意味着总统可以对独立行政机关的政策选择不加干预？如果答案是肯定的，那么谁来对独立行政机关所选择的政策接受政治问责？

□ 独立行政机关得到支持

在 Morrison v. Olson③ 案中，最高法院回答了上述问题，支持了《政府伦理法》（the Ethics in Government Act）中独立检察官 ** 条款的合宪性。Morrison 案的判决区分了 Bowsher 案认为违宪的将权力授予国会的机关，以及合宪的将权力授予独立行政机关。但是最高法院强调独立检察官可以由总统基于“合理事由”（for cause）予以免职，并且需要遵守司法部的政策。七位大法官出具的多数意见则几乎明确地指出，国会可以将权力授予独立行政机关，但是表达了对独立的新理解，即让总统对独立行政机关的政策制定实施某种程度的控制。④

□ 对于行政机关裁决权的攻击

最高法院还在两起案件的判决中试图阐释国会将解决私人权利纠纷的权力授予美国《联邦宪法》第 3 条规定之外的裁判机构时存在的限制。在 Northern Pipeline Construction Company v. Marathon Pipeline Company⑤ 案中，最高法院裁定国会试图将之前由州法院

---

* 总审计长是美国国会内设的政府问责局（the Government Accountability Office，前身为政府审计署）的首长，负责审计财政部、管理和预算局编制的财政报告。——译者注

** 独立检察官（independent counsel），又称特别检察官（special prosecutor），是由《1978 年政府伦理法》设立的职位，负责根据国会或者司法部长的指示，专职调查联邦政府和全国性总统竞选机构中的现任或者曾任特定高级职位者的舞弊行为。该制度于 1999 年被废止。——译者注

① 462 U. S. 919 (1983).

② 478 U. S. 718 (1986).

③ 487 U. S. 654 (1988).

④ 参见 § 2.5。

⑤ 458 U. S. 50 (1982).

法官裁决的契约纠纷转移给非《联邦宪法》第3条规定的破产法院法官管辖的做法是违宪的。四位大法官出具的复数意见*，再加上两位大法官的协同意见，指出立法将解决私法纠纷的权力授出是对司法权的违宪授出。由于在 Northern Pipeline 案中缺乏多数意见，以及复数意见和协同意见所采取的解释进路的差别，我们难以确定 Northern Pipeline 案中所认可的司法权授出的宪法限制的具体范围。但是，对于授予许多行政机关的裁决权的合宪性方面，这件判例留下了范围不定的阴影。众多现代联邦行政机关所履行的职能，都可以被定性为是对私人权利相关的纠纷解决。

□ 行政机关的裁决权得到支持

在 Commodity Future Trading Commission v. Schor① 案中，最高法院基本消除了上述阴影。商品期货交易委员会（Commodity Future Trading Commission）颁布了一项规则，规定在寻求违反该委员会的规章时的恢复补偿的行政案件中，该委员会有权裁决依据州普通法所提出的反诉。Schor 认为商品期货交易委员会对这类私法争议进行裁决是违宪的。如果最高法院坚持 Northern Pipeline 案中复数意见所反映的僵化的推理，它几乎就会裁定商品期货交易委员会声称有权裁决依据州普通法所提出之反诉的做法是违宪的，因为作为 30
《联邦宪法》第3条规定的法院之外的裁判机构不能试图行使专属于司法部门的权力。这种判决意见将会对国会授予行政机关众多裁决权的合宪性投下更大的阴影。在 Schor 案中，六位大法官出具的多数意见抛弃了 Northern Pipeline 案复数意见所采用的形式主义进路，但是却支持商品期货交易委员会宣称拥有裁决普通法争议之权力的合法性。Schor 案判决多数意见中所反映的对行政机关行使“司法”权这一问题上所持的实用主义和灵活的进路，允许国会享有充分的裁量权将裁决权授予行政机关。②

□ 政策决定的司法审查

最高法院也开始重新处理在审查行政机关对政策议题的决定时法院扮演的合理角色问题。先前对行政行为的司法审查的思考大都是建立在新政时期的预设前提基础之上的，即行政机关的决定是由政治中立的技术官僚通过某种价值中立的分析程序作出的。一旦最高法院意识到行政机关的决定是高度政治性的，并且对总统对这些决定的控制加以合法化，它就需要应对行政国家背景下政策制定程序中法院扮演何种合理角色的问题。它试图要解决建立在行政机关政策制定程序的全新理解基础之上产生的问题而首先采取的两项努力已经产生了重大的争议。

□ 对行政机关的法律解释的司法审查

在 Chevron U. S. A. v. Natural Resource Defense Council③ 案中，对授权行政机关行使规制权的法律条款，行政机关对此所作的解释，最高法院确立了新的司法审查两步推理方法。第一步根本就具有争议性：如果“国会已经直接规定了讼争的问题，法院和行政机关

---

* 复数意见（plurality opinion），是指未达到多数的法官提供的判决意见。——译者注

① 478 U. S. 833 (1986).

② 另可参见 Thomas v. Union Carbide Agricultural Products Co.，473 U. S. 568 (1985)。参见§2.8。

③ 467 U. S. 837 (1984).

就必须实施国会明确表达的意图"[1]。换句话来说，如果法律上的文字表明国会已经解决了法院所面对的解释性问题相关的政策问题，法院的职责就是实施国会而非行政机关的政策决定。

□ 行政机关消除法律模糊性的权力

Chevron 标准第二步则更具有争议性。在"国会并未直接提及争议中的问题"时，如果行政机关对法律的解释是"合理"的话，复审法院就需要予以确认。[2] 以字面含义来解释，Chevron 标准第二步是让复审法院不要试图解释法律中将权力授予行政机关的含糊文字。如果法律规定含糊，而国会也没有解决所出现的政策问题，行政机关就是依据时任总
31 统的政治理念解决这一政策问题的合适机构。复审法院在政策制定程序中保留一定的角色，但是其角色应限于确保行政机关对政策问题的解决是"合理的"[3]。

□ 有关 Chevron 原则的争议

Chevron 标准第二步已经在法官和学者中间引发了巨大争议。[4] Chevron 案的判决是由大法官们以一致意见作出的，最高法院已经在大约两百份判决中适用了 Chevron 原则。但是，大法官们对 Chevron 原则的含义并没有共同的理解。在讨论 Chevron 原则的众多案件中所作出的多份判决意见，表明在审查模糊法律条文的行政解释时，对法院可以选择的合适进路，大法官们是存在分歧的。[5]

□ 说明决定理由的义务

另外一起体现最高法院开始重新界定复审法院在行政机关政策制定过程中的合适角色的重要案件，则是 Motor Vehicle Manufacturers Ass'n v. State Farm Mutual Automobile Insurance Co. [6] 案。最高法院判定行政机关为了避免其政策选择因为被认定恣意和武断而被推翻，必须对决定理由作出说明，并且考虑其采纳不同的政策选择。

---

① Id. at 842-843.

② Id. at 843.

③ 参见第 3 章。

④ Chevron 原则的支持者所发表的具有代表性的观点，参见 Peter L. Strauss，"One Hundred Fifty Cases Per Year: Some Implication of the Supreme Court's Limited Resources for Judicial Review of Agency Action"，87 *Colum. L. Rev.* 1093（1087）；Kenneth W. Starr，"Judicial Review in the Post-Chevron Era"，3 *Yale L. Rev.* 283（1986）；Richard J. Pierce，Jr.，"The Role of Constitutional and Political Theory in Administrative Law"，64 *Tex. L. Rev.* 469（1985）；Jerry L. Mashaw，"Prodelegation: Why Administrators Should Make Political Decisions"，1 *J. L. Econ. & Org.* 81（1985）。Chevron 原则的反对者所发表的具有代表性的观点，参见 Cass R. Sunstein，"Constitutionalism After the New Deal"，101 *Harv. L. Rev.* 421（1987）；Stephen G. Breyer，"Judicial Review of Question of Law and Policy"，38 *Admin. L. Rev.* 363（1986）。

⑤ 例可参见 K. Mart v. Cartier，486 U. S. 281（1988）；NLRB v. United States Food and Commercial Workers Union，484 U. S. 112（1987）；INS v. Cardoza-Fonseca，480 U. S. 421（1987）。参见第 3 章。迄今为止讨论 Chevron 原则所提出之诸多问题的最优秀研究成果是 Robert A. Anthony，"Which Agency Interpretation Should Bind Citizens and Courts?"，7 *Yale J. on Reg.* 1（1990）。

⑥ 463 U. S. 29（1983）.

□ 有关 State Farm 的争议

与 Chevron 原则一样，State Farm 案也引发了诸多争议。有些学者充满热情地将其称为“‘清除’严重分析错误和行政行为违法动机的一种手段”①。有的则更进一步，坚持认为以司法权保障行政机关政策制定程序的合理性，正是权力分立的宪法原则所要求的。②但是，其他人则认为 State Farm 案对于法院和行政机关所提出的要求，已经超出了它们在制度框架内可以提供的限度。他们表示担心适用 State Farm 标准可能会导致行政国家中的 32
政策僵局，并进而让行政机关明显减少通过制定规则来解决政策纠纷。③ 围绕 State Farm 案所产生的争议，大多数都可以归因于各巡回法院解释和适用行政机关对说明决定理由要求所存在的广泛差异。为了支持行政机关的政策决定，要如何说明理由才是充分的？深入的实证研究表明，这一问题的答案常常取决于审查该决定的法官所持有的政治和意识形态的信念。④

□ 行政法的合法化

20 世纪 80 年代末发生的一起案件，其判决标志着法院更加承认行政机关在我们的政府体系中的合法化和重要性。在 Mistretta v. Unites Sates⑤ 案中，八位大法官出具的多数意见认为，国会可以授权行政机关颁布指南，限制联邦法官对被判违反联邦刑法的罪犯个人量刑时的裁量权。

□ 向法院起诉

20 世纪 90 年代，对于向法院起诉产生了重大的争议。在 Lujan v. Defenders of Wildlife⑥ 案中，最高法院的多数意见首次认为，对于国会可以允许哪些人申请法院审查行政行为或者申请法院强制执行行政机关实施的法律或规则，《联邦宪法》第 3 条作了限制。该案缺乏多数意见的判决意见，使得我们难以对其进行解释。⑦ 在 Steel Co. v. Citizens for a Better Environment⑧ 案中，六位大法官出具的多数意见根据《联邦宪法》第 3 条认定授予申请强制执行行政规则的当事人资格（standing）的法律规定违宪。Defenders of Wildlife 案和 Steel Co. 案表明了一个明确的可能性，即最高法院将会按照对《联邦宪法》第 3

---

① Cass R. Sunstein, “Constitutionalism after the New Deal”, 101 *Harv. L. Rev.* 421, 469 (1987).

② Sidney A. Shapiro & Richard E. Levy, *Heightened Scrutiny of the Fourth Branch: Separation of Powers and the Requirement of Adequate Reasons for Agency Decisions*, 1987 *Duke L. J.* 387 (1987).

③ Richard J. Pierce, Jr., “Two Problems in Administrative Law: Political Polarity on the District of Columbia Circuit and Judicial Deterrence of Agency Rulemaking”, 1988 Duke L. J. 300; Jerry L. Mashaw & David L. Harfst, “Regulation and Legal Culture: The Case of Motor Vehicle Safety”, 4 *Yale J. Reg.* 257 (1987); Stephen G. Breyer, “Judicial Review of Questions of Law and Policy”, 38 *Admin. L. Rev.* 363 (1986).

④ 例可参见 Richard L. Resevz, “Environmental Regulation, Ideology, and the D. C. Circuit”, 83 *Va. L. Rev.* 1717 (1997)。参见 § 7.4。

⑤ 488 U. S. 1361 (1989).

⑥ 497 U. S. 871 (1992).

⑦ 参见 Richard J. Pierce, Jr., “Lujan v. Defenders of Wildlife: Standing as a Judicially Imposed Limit on Legislative Power”, 42 *Duke L. J.* 1170 (1993)。

⑧ 523 U. S. 83 (1998).

条的扩张性解释，严格限制有权在行政案件中向法院起诉的个人的类型。

但是，到了 90 年代末，大量向法院起诉的威胁已经明显降低了。在 FEC v. Akins[①] 案和 Friends of the Earth v. Laidlaw Environmental Services[②] 案中，分别有六位和七位大
33 法官强调联邦法院应当对国会授权在行政法案件中向法院起诉的决定给予实质性的尊重。[③]

□ 规制改革的辩论

在 20 世纪 90 年代中期，对于是否需要通过各种不同方式修改《行政程序法》以实施"规制改革"，国会展开了一场激烈的辩论。有些改革的建议已经产生了积极的作用，但是国会考虑立法的主要法案将会对行政机关施加新的毁灭性的程序负担。最后，这些规定严格的改革法案以微弱少数票未获通过，国会只是制定了一些相对温和的立法。[④] 国会修订了《行政程序法》，规定了国会在审查行政规则时适用的程序；修订了《规制灵活度法》（the Regulatory Flexibility Act），要求行政机关审查拟议规则对小型实体的潜在影响并要求法院强制执行这些要求。[⑤]

§ 1.8　21 世纪的行政法

在 21 世纪的前 10 年里，行政法领域并没有发生革命性的变化。这一时期，对于民主价值在塑造和适用行政法原则中具有的相对重要性，学术界和司法界进行了热烈的辩论；本书也对这一时期出现的许多渐进性的变化作了描述。

□ 有关民主价值之作用的辩论

围绕民主价值和制度在行政国家中扮演的合理作用而进行的辩论是复杂和千头万绪的。这些辩论涉及的主题包括如何理解"单一制行政"（unitary executive）的概念，如何最好地裁决国会和总统之间冲突，以及如何管理法院通过将行政机关的活动限制在法定边界之内而使自己成为国家政策主要制定者的风险。小布什总统多次提出的主张——总统作为三军统帅的权力不受法律限制——也使有关民主价值在行政国家中的合理作用的辩论更加复杂。

□ Massachusetts v. EPA 案作为辩论的例子

34 每项行政法原则都能引发关于民主价值在行政决策过程中之合理作用的辩论。最高法

---

① 524 U. S. 11 (1998).

② 528 U. S. 167 (2000).

③ 参见第 16 章。

④ 参见 Daniel Cohen, "S. 981, the Regulatory Improvement Act of 1998: The Most Recent Attempt to Develop a Solution in Search of a Problem", 50 *Admin. L. Rev.* 699 (1998)。

⑤ 参见 § 7. 1。

院在 Massachusetts v. EPA[1] 案中作出的判决意见，就部分说明了在涉及各种行政法原则的情况时，民主制度和价值如何以多种方式体现自身的重要性。

在该案中，多家环境保护团体、州和地方政府提出规则制定请愿，要求环境保护局对美国销售新汽车的温室气体（二氧化碳）排放设定限值。环境保护局基于下列两项理由拒绝了这一请愿：(1) 环境保护局无权对二氧化碳的排放进行规制，因为它不是“污染物”；(2) 即使二氧化碳属于污染物，环境保护局也拒绝在此时对新汽车的排放设定限值。环境保护局认为当时对二氧化碳排放设定限值并没有意义，因为美国新汽车排放只占二氧化碳排放总量的很小一部分，而且要有效解决全球变暖问题，需要对主要国家的所有排放源采取协调和全面的国际行动。

大法官们在裁决三项争点时形成了 5∶4 的分歧。多数意见认为，(1) 原告之一，即马萨诸塞州，具有原告资格，可以申请法院审查拒绝规则制定之请愿的决定；(2) 环境保护局有权规制二氧化碳的排放，因为它属于“污染物”；(3) 环境保护局作出不对汽车二氧化碳排放实施规制的决定是武断和恣意的。四名大法官对所有这三项争点都持不同意见。

□ 原告资格和有关民主价值的辩论

最高法院在 Massachusetts 案中所讨论的这三项争点，以复杂的方式反映了围绕行政国家中民主制度和价值之合理作用所展开的辩论。多数意见肯定了马萨诸塞州对行政决定起诉的原告资格，这可能会通过允许各州在反对在政治上可以问责的总统作出的政治决定时，通过适用弹性的原则以拒绝总统作出的政策选择，在抵制这一政策决定中获得政治上不可问责的法官和大法官的帮助。不仅如此，在全球变暖问题上，我们至少可以怀疑参加多数意见并且赋予马萨诸塞州以原告资格的大法官们最关心的是马萨诸塞州的立场而非总统的立场，而认为马萨诸塞州缺乏原告资格的大法官们最关心的是总统的立场而非马萨诸塞州的立场。 35

当然，赋予马萨诸塞州申请法院审查行政机关的政策决定的原告资格，只有在法院适用的审查原则允许法官可以拒绝行政机关的政策选择，但是所采用的是违反宪法或者立法机关通过宪法规定的立法程序作出的政策决定存在冲突之外的理由，才会影响对民主价值的追求。因此，Massachusetts 案中有关原告资格的判决的实效相当程度上取决于法院在审查行政机关的政策决定时所适用的方法。

行政法案件中的原告资格争议几乎总是对于有关民主价值在行政法国家中的合理作用的辩论有所启发，但是它们的实效则根据争议发生的具体背景而有所不同。有的原告资格案件要求最高法院确定支持赋予“任何公民”以原告资格的法律，在适用于具体争议时是否合宪。大多数的环境规制性法律都有这样的公民诉讼条款。在两起案件中，多数的大法官判定此类赋予原告资格的法律条款适用上违宪，这使得在许多情况下许多公民诉讼条款是无效的。[2] 当然，这些判决的实效是削弱民主制机构——国会——的权力，而增强政治上不可问责的法官和大法官的权力。

不仅如此，原告资格案件中的司法判决模式，以及法官和大法官在裁决原告资格争议时所采用的推理存在的不一致性，使得我们可以由此推导出法官和大法官在相当程度上受

---

① 127 S. Ct. 1438 (2007).

② Steel Co. v. Citizens for a Better Environment, 524U. S. 83 (1998); Lujan v. Defenders of Wildlife, 497 U. S. 871 (1992).

到其个人的政治和意识形态偏好的影响。保守派的大法官通常会判定银行具备原告资格，环境保护团体和工会不具有原告资格，而自由派的大法官通常判定环境保护团体和工会具备原告资格，银行却不具备原告资格，这似乎不只是一种巧合。①

□ 法律解释和有关民主价值的辩论

让大法官们在 Massachusetts 案中产生分歧的法律解释问题，对于有关民主价值和制度在行政国家中的合理作用的辩论会产生甚至更为明显的启发。大法官们对于《清洁空气法》中的“污染物”一词的含义存在意见分歧时，他们也是在对 Chevron 原则的适用结果
36 存在不同意见。正如本书第 3 章所详细讨论的，Chevron 案中最高法院要求复审法院对行政机关对自己所实施的法律所作的解释适用两步法标准。第一步，如果行政行为所依据的法律解释是与法律中所反映的明确的国会决定不一致的，法院需要推翻该行政行为。第二步，法院需要支持对行政机关所实施的法律中的模糊条款作出的任何合理解释。最高法院提出的尊重性的 Chevron 原则明显是基于政治问责性的原则。最高法院对政治上不可问责的法院与政治上可以通过总统向人民负责的行政机关进行了对比。

Chevron 案中最高法院承认了一项现实，即对法律中模糊条款的解释要求某些机构作出政策决定，并且它根据每个机构的相对政治问责度，对履行这一职能的机构确立了等级次序。最高法院将国会排在首位，因为它是直接对人民负责的。最高法院将行政机关排在第二位，理由是它们是通过受民选总统领导而间接性地向人民负责。最高法院将法院排在最后一位，因为司法机关是政治问责度最低的政府分支。

众多法官、大法官和学者从各种学理形式（doctrinal forms）出发，就 Chevron 原则以及民主价值和制度在行政国家中的合理作用展开了辩论。最高法院的大法官们在 21 世纪的前几年里已经在作出的 6 项判决中对 Chevron 尊重的合理范围——法院需要对哪些类型的行政解释给予 Chevron 尊重——展开了辩论。② Chevron 原则的适用范围越是广泛，则最高法院让民主价值和制度可以发挥的作用也就越大。

大法官们还对适用 Chevron 标准的合理方法——在确定国会是否已经解决了法院所受理的争议时，法院可以在多大程度上适用许多可能的法律解释工具——进行了很多辩论。③有的时候，在探究国会对某一问题的答案，而国会实际上并未作出回答时，法院采取了如此极端的方法，以至于它们适用 Chevron 原则第一步的努力看上去只是稍作掩饰的司法性政策决定。如果对最高法院适用 Chevron 原则的情况进行实证研究，我们显然可以发现大法官们有时候忍不住会将实际上反映了大法官自身政策偏好的决定归因于国会。与所采纳的解释与大法官们的政策偏好存在冲突时相比，行政机关所采纳的解释与大法官们的政策
37 偏好不谋而合时，大法官们对行政机关给予尊重的频率要高得多。④

□ 武断和恣意标准与有关民主价值的辩论

Massachusetts 案中的多数意见认为，环境保护局作出的拒绝制定规则的决定是武断

---

① 参见 Pierce，“Is Standing Law or Politics?”，77 *N. C. L. Rev.* 1741 (1999)。有关原告资格的司法判决，详细讨论见本书第 16 章。

② 对于这些判决的讨论，参见本书 § 3.5。

③ 对于相关案件的讨论，参见本书 § 3.6。

④ 例可参见 Miles & Sunstein，“Do Judges Make Regulatory Policy? An Empirical Investigation of Chevron”，73 *U. Chi. L. Rev.* 823 (2006)。

和恣意的，而四名持不同意见的大法官则认为这一决定是合理的。正如本书第 7 章和第 11 章所详细讨论的，武断和恣意标准适用于所有行政行为，并且已经被解释为要求行政机关为所作出的任何行为提供充分的理由说明。要求行政机关对所作决定提供理由说明的义务，这项由法院强制执行的看似无伤大雅和没有争议的义务，对于有关民主价值和制度在行政国家中的合理作用的辩论具有重大的启发。

与不同意行政决定的法官或者大法官相比，同意行政决定的法官或者大法官认定行政机关的决定理由是充分的比例要高得多。大量实证研究表明，法官常常采用武断和恣意标准否定由政治上可问责的行政机关所作出的政策决定。①

□ 第 13422 号总统行政命令和有关民主价值的辩论

除了 Massachusetts 案中表现的方式之外，有关民主价值的辩论还表现为其他诸多方式。小布什总统在 2007 年发布的第 13422 号总统行政命令就说明了这一辩论的另一种发生方式。第 13422 号总统行政命令要求每家行政机关指定一名规制政策官员（Regulatory Policy Officer），由其审批所有重要的行政行为。规制政策官员必须是通过政治任命程序任命的，并且必须与设在白宫的管理和预算局进行协调。第 13422 号总统行政命令的文本和制定背景表明，许多规制政策官员不会是行政首长，而更可能会是推定为行政首长的下属，可以直接向白宫报告工作，并且有权应白宫的要求否决行政首长的决定。

第 13422 号总统行政命令提出的让行政机关的决定程序接受总统控制的新方法，提出了一系列严重的问题，甚至许多相信总统应当能够对行政机关的政策制定过程施加重要影响的学者也是持这种看法。长期以来，人们已经接受这样的观点，即如果国会已经授权总统之外的其他个人或者机构作出某项决定，则总统不能直接作出该决定。总统可以通过诸如任命和免职的权力等强有力的手段对行政机关的政策制定施加影响。总统可以让具有相同政策偏好的个人和很可能尊重总统之偏好的个人担任该行使决策权的职位，并且总统常 38
常可以公开或者暗示地威胁免除决定者职务的方式，说服不同意总统政策偏好的行政机关决策者实施总统的政策，尽管其持有不同的观点。②

但是，总统实施控制的方法也要受到一些重要的政治限制。总统如果担心公众可能会支持决策官员，而且/或者他难以说服参议院批准他的提名人选代替他免职的决策者，他就可能不会愿意承担纷纷扰扰的决策官员辞职或者遭免职的争议引发的政治代价。第 13422 号总统行政命令中提出的总统控制机制，可能是为了规避对总统控制行政决定过程的权力的政治限制而提出的一种令人不安的方式。奥巴马总统在上台之后几天之内就撤销了第 13422 号总统行政命令。③

---

① 例可参见 Miles & Sunstein, "The Real World of Arbitrariness Review", 75 *U. Chi. L. Rev.* 761 (2008)（发现共和党背景和民主党背景的巡回法院法官在投票模式上存在 30%的差异）; Revesz, "Environmental Regulation, Ideology, and the D. C. Circuit", 83 *Va. L. Rev.* 1717 (1997)（发现共和党背景的法官采用武断和恣意标准否定环境保护局行为的频次是民主党背景的法官的 4 倍）。

② 有关任命或者免除行政机关决定者职务的权力的讨论，参见第 2 章。

③ 有关这一问题的深刻讨论，参见 Peter L. Strauss, "Overseer or 'The Decider'? The President in Administrative Law", 75 *Geo. Wash. L. Rev.* 696 (2007)。

§1.9　本书的主要观点

□ 不全面分析所有案件

联邦法院每年审理上万起行政法案件。本书并不打算逐一全面论述法院对如此庞杂的行政法体系增添的众多经常相互冲突的细节。相反，本书在所讨论的案件方面是有高度选择性的。有的案件之所以被收录在内，是因为它们宣示了涉及重大问题的主导性法律规范；而有的案件被收录在内，则是判决理由中的推理原理具有在将来具备主导性的潜力；还有的案件之所以被收录在内，是因为其在行政法的历史演变中处于重要的转折点或者是可以作为原则适用方式的特别好的（或糟糕的）示例。

□ 实体内容的不可知论

本书在实体内容上采纳了不可知论。我以赞同的态度所讨论的许多案件，所维持的实体政策在我看来是考虑欠妥的。这些判决之所以值得赞扬，是在于它们在程度和制度层面上是正确的。在代议制民主制度下，人民及其民选代表必须拥有犯错和实施考虑欠妥的政
39 策的自由。从这一角度来说，任何政策，只要是根据宪法上合适的机构通过合适决策程序所制定的，就都是“好的”。换句话说，在本书中，对于制度和程序方面价值的考量要胜过对实体价值的考量。

□ 关注程序

从两个方面来说，本书是程序取向的。首先，John Hart Ely 认为政治程序是“大写的程序”（process writ large），而司法程序属于“小写的程序”（process writ small）①。当某一项决定是适宜采用政治程序时，我们的政治体制就首先需要遵守“立法至上”（legislative supremacy）的原则。除了少数违反《联邦宪法》的法律，通过立法程序所表达的国会意志，所有的政府机构都应当遵守。如果国会已经将政策制定权授予行政机关，行政机关就需要承担起通过法定程序制定相关政策决定的责任。行政机关由于它们与需要接受政治问责的总统之间存在的联系，而需要对其所制定的政策接受政治问责。司法机关在政治程序中的角色在于在宪法规定的限度内约束所有需要接受政治问责的机构，并且在法定限度内约束行政机关和总统。

□ 司法程序对政治程序

相比之下，司法程序的定义则涉及公平对待个人。当行政机关对个人权利进行裁决时，正当程序条款要求行政机关至少提供通知和进行某种听证的机会。在处于上风的最高

---

① John Hart Ely, *Democracy and Distrust* 87 (1980).

法院判决中，宪法所要求的听证，其性质和时机根据三步权衡标准的结果而有所差异。[①]需要接受政治问责的机构，如国会或者行政机关，可以在宪法要求的适用于裁决争议的最低限度的程序上增加相关要求。

□ 政治程序与司法程序的区分

要在受大写的程序调整的纠纷和受小写的程序调整的纠纷之间进行区分，确实有些困难。本书采纳了最高法院在下列案例中所作的区分并在此基础上进行了发展：Londoner v. Denver[②] 案和 Bi-Metallic Investment Co. v. State Board of Equalization[③] 案。裁决程序适用于"基于个体的原因"对个体产生影响的政府决定。相比之下，政治程序则适用于基于与个体无关的理由影响"很多人"的政府决定。[④]

□ 立法性事实和裁决性事实的区分

在 1958 年出版的本书第一版中，Davis 教授曾经建议在裁决性事实和立法性事实之间进行类似的区分：

> 裁决性事实通常回答的是谁做了什么，何时、何地，如何、为何发生，以及有何动机或者企图；裁决性事实通常是在有陪审团审理的案件中由陪审团负责裁判的那类事实。立法性事实通常并不关注直接当事人，而是关注可以帮助裁判机构决定法律、政策和裁量权问题的一般性事实。 40

这种政治程序和司法程序的区分标准已经深深植根于法律之中，并且与 Londoner 案和 Bi-Metallic 案所提出的区分标准和 John Hart Ely 院长的区分标准相互补充。考虑到程序在广义上可以包含大写的程序和小写的程序，因而本书讨论的议题也完全属于程序的范畴。 41

---

① 参见第 9 章。

② 210 U.S. 373 (1908).

③ 239 U.S. 441 (1915).

④ 参见 § 9.2。

2 哲学和宪法基础

§2.1 分权的政治理论

频繁依据权力分立原则

行政程序的批评家们常常质疑大量行政行为的合宪性，认为它们违反了分权原则。《联邦宪法》将所有权力分为三大分支，禁止对权力进行重新配置或者混合，这一观点已经被用于支持下列论断，即行政机关不能裁决重大的政策争议，发布具有拘束力的行为规则，裁决涉及私人权利的纠纷，或者裁决私人个体之间的纠纷。[①] 权力分立原则也可以同时用于支持法院不能审查行政机关的政策决定和法院必须审查所有的行政机关的政策决定这两种不同的观点。[②] 作为一项含义如此广泛和弹性的原则，权力分立原则在宪法条文和 43
历史中得到的支持之少令人印象深刻。

公认的政治理论

权力分立的政治理论有着深刻和令人印象深刻的历史根基。它可以从亚里士多德（Aristotle）、柏拉图（Plato）、西塞罗（Cicero）、马基雅维利（Machiavelli）、哈林顿（Harrington）、洛克（Locke）、孟德斯鸠（Montesquieu）等人处得到支持，他们都普遍认同这样一种信念，即政府权力如果集中于某一个人或者某一团体，就势必会导致暴政。但是，这一理论极其难以得到实践，因为同意的结果就是共同分享的信念。

---

① 参见§2.6和§2.8。

② 对比 Lujan v. Defenders of Wildlife，504 U.S. 555（1992）的复数意见（将在§16.8进行讨论）和 Sidney A. Shapiro & Richard E. Levy，“Heightened Scrutiny of the Fourth Branch: Separation of Powers and the Requirement of Adequate Reasons for Agency Decisions”，1987 *Duke L. J.* 387（1987）。

□ 有关形式、目的与效果的分歧

William Gwyn 曾经在其著作中对在《联邦宪法》颁布之前的权力分立的主要哲学理论进行了经典的分析。[1] 他区分了五种版本的权力分立观念，每一种都是旨在推进不同而且常常是不一致的目标。[2]《联邦宪法》的起草者频繁地引述权力分立的概念，但是这些引述并不代表他们对于这一理论的任何特定版本达成一致。立宪者的一致意见体现在麦迪逊（Madison）在《联邦党人文集》（*Federalist*）[*] 第 47 篇中的论述："［权力分立］不过是，如果政府某一部门的所有权力由掌握另一部门所有权力的同一些人所行使，自由宪法的基本原则就将被颠覆。"

□《联邦宪法》中并无权力分立条款

如果说立宪者决定在《联邦宪法》中纳入独立的权力分立的要求，那么可以说这一决定是以隐晦而非明白的方式表达的。《联邦宪法》第 1 至 3 条确立了政府的三大分支，但是对于它们各自的权力则表述不多。它们的权力从功能上看常常是相互重叠的。例如，总统有权进行条约谈判，但是他必须经过参议院的批准和专属于众议院的为了实施条约而进行拨款的立法动议。立宪者们两次拒绝了在《联邦宪法》中增加一条权力分立条款的提案。[3]

□ 没有支持权力分立的历史材料

法律史学家们尚未能发现证据证明立宪者试图在《联邦宪法》中纳入某些大家所共同认同的权力分立的表述。Forest MacDonald 研究的结论是"权力分立的原则在起草宪法的过程中显然已经被抛弃了"[4]。Gerhard Casper 质疑是否存在可以被抛弃的原则："考虑到
44 在 18 世纪最后 25 年里这些讨论的状态，以及 1776 年后制定的各州宪法，'纯粹'的权力分立原则只不过是一种政治学分析或者法律建构。"[5] Gerhard Casper 所作的细致研究反复涉及政府结构、政府三大分支的独立需要以及各自权力的制衡需要。"但是，特别缺乏的是任何可能会被认为是内在的和基本被大家接受的有关权力分立的观点。"[6]

□ 法院经常采用不存在的原则

如果立宪者拒绝采纳任何大家所接受的权力分立的表述，我们就难以解释为什么在数

---

* 该书中文版可参见［美］汉密尔顿、杰伊、麦迪逊：《联邦党人文集》，程逢如、在汉、舒逊译，北京，商务印书馆，1980；或者［美］汉密尔顿、杰伊、麦迪逊：《联邦论》，尹宣译，南京，译林出版社，2010。——译者注

① William Gwyn, *The Meaning of Separation of Powers* (1965).

② Id. at 127-128.

③ Gerhard Casper, "An Essay in Separation of Powers: Some Early Versions and Practices", 30 *Wm. & Mary L. Rev.* 211, 221 (1989).

④ F. MacDonald, *Novos Ordo Seclorum*: *The Intellectual Origins of the Constitution* 258 (1985).

⑤ Gerhard Casper, "An Essay in Separation of Powers: Some Early Versions and Practices", 30 *Wm. & Mary L. Rev.* at 224.

⑥ Id. at 220.

十个案件中最高法院都援引权力分立来支持其判决。这里也许可以作两种解释：其一，某些大法官显然沉迷于一个错误的信念，即《联邦宪法》包含了权力分立的要求；其二，大法官们有时出于便利以“权力分立”这一术语指代《联邦宪法》中授权某一政府分支限制另一政府分支权力的各项条款。这两种做法导致最高法院在其判决意见中往往使用随意而引人误解的文字。但是，最高法院的判决意见大多数作为对《联邦宪法》所规定三大分支权力的结构性制约来说，还是值得为之辩护的。

§2.2 什么不是权力分立

□ 最高法院引人误解的描述

权力分立已经完全不是最高法院昔日所经常解释的含义。最高法院曾在1881年指出：

> 我们都相信美国成文宪法体制的一项主要优点就是政府受托行使的所有权力被划分为三大分支——行政分支、立法分支和司法分支。所有这些分支分别适合行使职能应当被配置在公务员构成的各个机构之中，而这一体制要达到完善的程度，就需要区别和划分这些部门的界限应当是宽泛而清晰的。而这一体制的成功运作，其关键还在于任何这些分支中被托付权力的个人不应被允许僭越已托付给其他人的权力，但是每个人都应当根据其组织法被限制在行使适合于其自身分支而非其他分支的权力。① 45

最高法院接着认为国会各委员会不应行使调查权，因为这些职能是专属于司法部门的。② 当然，这一判决意见早已失去其可行性了。③

最高法院在Kilbourn案中所下的断言并不能得到《联邦宪法》的文本或者其历史的支持。它们并不符合政府从1789年至今任何时期的处事方式。区分三大部门的界限现在不是，也从来不是“宽泛而清晰的”。许多官员都行使着多种职能——有的是司法权，有的是立法权，而有的是行政权，更有一些是难以定性的权力。国会委员会则常常开展司法式的调查。

在1935年的Humphrey's Executor v. United States④案中，最高法院指出：“维持政府整体区分为三大分支的根本必要性在于避免政府的某个分支对其他分支产生控制性或者压迫性的影响，无论是直接的或者是间接的，这一点已经被经常强调，几乎不受质疑。”这一论述完全不符合现实。政府各个分支在日常工作中都要对其他部门施加“压迫性的影响”；实际上，《联邦宪法》的设计初衷就是要让每个分支都受到这种压迫性的影响。总统在立法程序中的角色使其可以通过呈送条款和否决权对国会施加压迫性影响。参议院在批准内阁官员提名过程中也可以对行政分支的具体构成产生压迫性影响。而众议院在税收立法方面的专属性权力则使其可以对行政分支产生压迫性的影响。

更为晚近的，在Bowsher v. Synar⑤案中，五位大法官出具的多数意见判定，开支权

---

① Kilbourn v. Thompson, 103 U.S. 168, 190-191 (1881).

② Id. 193.

③ 参见McGrain v. Gaugherty, 273 U.S. 134 (1927)。

④ 295 U.S. 602, 629-630 (1935).

⑤ 478 U.S. 714 (1986).

(spending power) 属于行政权。 这一论断不符合《联邦宪法》的文本、历史及其实践。[1]《联邦宪法》并未将开支权配置给哪一个接受政治问责的政府分支。与其他权力一样，开支权也是由立法分支和行政分支分享的。

□ 推理经常不充分，但是结论通常可以成立

幸运的是，许多最高法院判决意见中的压倒性和不太精确的文字并未产生多大的实际危害。这些判决意见常常是采取了不太充分的推理，但却能够得出正当的结论。Humphrey's Executor 案和 Bowsher 案中的许多段落就可以说明这一普遍的现象。而在其他案件中，不充分的推理得出的结论是站不住脚，但是其判决意见很快就被瓦解。Kil-
46 bourn 案就是一个绝佳的范例。[2]

§2.3　权力分立：某些现实

□ 行政机关作出大多数重大的政策决定

如果立法权意味着根据对重大政策议题的一致意见制定行为规则以约束任何人的权力，那么许多行政机关都在以颁布"立法性规则"的形式行使着立法权。[3] 在 American Textile Manufactures Institute, Inc. v. Donovan[4]（棉尘案）中获得肯定的行政行为，就是国会授予行政机关"立法权"的数以千计的例子之一。国会要求必须保护工人"尽可能"免受棉尘等危害。无论是法律还是其立法史中都未对"可能"这一词提供指引。国会授权可以由总统"无理由"免职的行政官员承担调整所有雇主行为的立法性规则。行政分支所颁布的调整棉尘的立法性规则，其预计成本将达到 27 亿美元。由于仅有模糊而未加界定的文字"可能"作为国会的指引，这一规则及其所反映的基本政策决定并非来自国会，而来自行政机关。

□ 行政机关制定绝大多数的规则

行政机关，包括纯粹的行政分支内部的行政机关和独立的行政机关，几乎每天都在根据行政政策，决定制定立法性规则。这两种类型的行政机关都在每项法律条文可以想象的意义限度内执行着法律。行政机关所裁决的纠纷也远比所有联邦法院的总和还要多得多——这一职能贴上"司法"的标签更为适宜。这些权力通常被集中到单一的行政机关，而同一个个人——内阁部长、行政主管（Administrator）* 或者委员/专员（Commissio-

---

* 该词有时也译作"局长"（如总务局局长）、"主任"（如信息与规制事务办公室主任）。——译者注

① 参见 L. Fisher, *Presidential Spending Power* (1975)。

② 另可参见 Lujan v. Defenders of Wildlife, 112 S. Ct. 2130 (1992)（权力分立限制了国会赋予对行政行为进行司法审查的原告资格的能力）。参见§16.16 以下内容。

③ 参见第 6 章。

④ 452 U.S. 490 (1981).

ners)* ——对行政机关的众多职能承担责任。

□ 行政机关裁决绝大多数的纠纷

以下两个例子可以说明当下政府结构的现实。卫生和社会服务部（the Department of Health and Human Services），是行政分支内部的行政机关，其首长是总统内阁的成员，可以由总统“任意”（at will）解除职务。卫生和社会服务部履行着大量的行政职能。但是，根据国会的授权，卫生和社会服务部也拥有大量“立法性”和“司法性”职能。它所制定的规则在《联邦规章汇编》（the Code of Federal Regulations）第42编和第45编中所占篇幅超过3 000页，所雇用1 000名行政法官（administrative law Judges）**（与联邦地区法院法官总数相当）每年裁决案件数量超过32万件（超过联邦地区法院法官每年所裁决民事案件的总数）。所有三类职能都是属于一人，即卫生和社会服务部部长。 47

□ 各种职能经常混合在一家行政机关

联邦能源监管委员会（FERC）是一家由五名委员领导的“独立”行政机关。与卫生和社会服务部一样，联邦能源监管委员会也行使着包括调查和公诉在内的大量“行政”职能。它所制定的规则在《联邦规章汇编》第18编中篇幅多达3 000页。1987年，联邦能源监管委员会在几乎没有得到国会任何指导的情况下颁布了一项立法性规则，完全改变了天然气产业的结构，在天然气产业的参与者之间重新配置了数十亿美元的资金。① 联邦能源监管委员会还每年裁决数百起纠纷，所处理的相互冲突的权利请求涉及数亿美元资金。所有这三类职能都是由五位任职固定年限的委员承担。

□ 现有政府结构与权力分立原则并不一致

根据卫生和社会服务部与联邦能源监管委员会这些例子，我们显然可以对权力分立原则得出下列三点观察结论：（1）行政机关所拥有的立法权、行政权和司法权是混合的；（2）集中或者区分三类权力的决定主要是根据便利和效率作出的；（3）如果由单一的政府机构集中行使三类权力是违宪的，那么政府整体结构必须进行根本性的变革。新的政府结构之效率可能会相比现在要低得多。当然，这并不必然会妨碍《联邦宪法》所要求的政府机构改革。最高法院常常指出权力分立的目的“不是促进效率”②。相反，“法律或者程序如果违宪，即使它是高效便利的，有利于促进履行职能，仅此也不能挽救它的命运”③。

□ 第一届国会的权力融合

抽象地讲，政府当前的整体结构可能是违宪的。在过去两个世纪里，国会也许已经日渐偏离了立宪者们的原意。无论如何，立宪者们主导的第一届国会不太可能误解立宪者的

---

* 该词有时也译为“局长”（如社会保障局局长、国内税务局局长）。——译者注

** 该词有时也译为“行政法法官”，以区别于不具有独立性的 administrative judges。参见王静：《美国行政法法官制度研究》，北京，国家行政学院出版社，2009。——译者注

① FERC Order 500，52 Fed. Reg. 30，344（1987）.

② Myers v. Unites States，272 U. S. 52（1926）.

③ Bowsher v. Synar，478 U. S. 714，736（1986）.

原意。但是，国会在其第一个会期内就开始对政府三大分支的权力进行大量的调和。它授权法院行使立法权，“制定和确立所有从事商业活动所必需的规则”[1]。国会还通过规定
48 “根据合众国总统的规定”提供军人年金[2]，并且授权任何合适的人员“根据总统制定的规则或条例”与印第安部落进行交易等[3]，赋予总统以立法权。

Jerry Mashaw 对 19 世纪美国行政法的历史进行全面研究之后，得出了如下结论：

> 早期的国会赋予总统和其他人以广泛的政策制定权，将政策制定、执法和裁决的权力都合并交给相同的行政机关，在内阁部门之外创设了各种行政机构，规定了某些行政官员直接向国会本身负责，向法院分配了“非司法性的职能”[4]。

□ 立宪者们并未划分权力

Gerhard Gasper 对立宪者们实施新宪法的早期行为所作的研究，表明他们致力于仔细调和不同权力以协调行使难以归类的众多不同职能。[5] 在 1789 年全年持续的一场争论，即新设的财政部之权力性质以及政府三大分支对财政部所集中的权力如何控制等，尤为明显地体现了这一努力。这场争论的所有参与者，包括麦迪逊（Madison），都承认国会所设立的财政部是难以简单归类的。财政部的职能有的是行政权，有的则“带有司法性质”，还有的职能履行则是为了支持立法职能。国会讨论了允许政府三大分支维持控制这个首次出现的权力混合体的各种手段，最后达成了一个模糊的控制结构，即授权总统和国会对财政部官员作出有关事项的约束性指令。麦迪逊肯定认识到有必要对总统解除财政部所属主计官（the Comptroller）职务的权力加以限制，因为根据主计官承担的多种职责，更适合让他免受总统的全权控制。主计官的职责，包括调查和裁决针对政府提出的权利请求，以及批准国库的支出拨付。麦迪逊在这场争论中将这些职责的特征描述为行政权、司法权，兼
49 具行政权和司法权特征的权力，以及既非行政权亦非司法权的权力。

§2.4 作为制衡捷径的权力分立

对权力分立争议解决的合理司法途径所作的最好论述，是在 Public Citizen v. U. S. Department of Justice[6] 案三位大法官发表的协同意见。该案中，对于司法部秘密征求美国律师协会联邦司法体系常设委员会有关总统准备提名联邦法院法官候选人资格的建议这一常规做法，公共市民组织（Public Citizen）[*] 提出了质疑。而根据《联邦咨询委员会法》的规定[7]，所有向行政机关提供建议的委员会都必须公开举行会议，并且公开它们

---

* 公共市民组织，是一家非营利性质的消费者权益组织，由美国消费者运动之父 Ralph Nader 在 1971 年成立。该组织最著名的一句口号是：“企业们在首都哥伦比亚特区有游说者，人民也需要有倡议者（advocates）。”——译者注

① 1 Stat. 83.

② 1 Stat. 95.

③ 1 Stat. 137.

④ Mashaw, “Recovering Administrative Law: Federalist Foundations, 1787—1801”, 115 *Yale L. J.* 1256, 1268 (2006).

⑤ Gasper, “An Essay in Separation of Powers: Some Early Version and Practices”, 30 *Wm. & Mary L. Rev.* 211, 238-242 (1989).

⑥ 491 U. S. 440 (1980).

⑦ The Federal Advisory Committee Act, 5 U. S. C. App. §§1 et seq.

所提出的建议。司法部基于下列两点理由对它的做法进行了辩护：（1）《联邦咨询委员会法》并不适用；（2）如果该法适用，该法也是违反宪法的，因为如此适用该法律，将会妨碍《联邦宪法》第 2 条第 2 款第 2 项（Article Ⅱ，§2，cl. 2）所明确授予总统提名联邦法官的专属性权力。

□ 各分支不是“相互分离和独特的”

在 Public Citizen 案中，五位大法官所提供的多数意见认为没有必要讨论宪法问题；他们认为《联邦咨询委员会法》并不适用于美国律师协会的常设委员会。三位大法官在协同意见中则认定这一法律可以适用，但是因为侵犯了总统提名法官的权力而构成违宪。Kennedy 大法官在其协同意见中解释了最高法院在裁决权力分立争议中的作用：

这并不是说政府三大分支都必须完全清楚地分离，因为这并非立宪者们所确立的制衡结构……但是我们无权更改《联邦宪法》确实划定的权力界限；事实上，我们的权力是在特定案件中防止其他政府分支更改这些界限。[1]

这一论述虽然简短，但是蕴含着深刻的哲理。Kennedy 大法官认识到，尽管立宪者们拒绝任何权力分立的原则，但是他们实际上受到了权力分立理论的影响。为了避免因为个人或者机构权力集中导致的专制风险，立宪者们建立了政府内部每个个人或者机构的权力相互制衡的复杂体系。最高法院有责任实施立宪者们在《联邦宪法》中所纳入的结构性制 50
衡体系。最高法院常常已经使用了表达出与 Kennedy 大法官的描述并不一致的角色的表述。但是，最高法院在其至今依然适用的权力分立判决中所宣示的法律与 Kennedy 大法官的描述却是完全一致的。在晚近发生的一些权力分立案件中存在缺陷的推理很少得出有缺陷的结论。

□ 任命权

《联邦宪法》明确地限制了任命官员的权力。最高法院已经在若干案件中强制执行了这些限制规定。在 Buckley v. Valeo[2] 案中，最高法院以一致意见判定，国会决定将重要的规制权赋予由总统、众议院、参议院分别任命两人组成的联邦选举委员会（Federal Election Commission）*，这是违宪的。最高法院将“权力分立原则”描述为“《联邦宪法》的核心”，雄辩地阐述了孟德斯鸠的权力分立理论。[3] 但是，最高法院接着认识到《联邦宪法》绝不是设想将政府三大关键分支完全相互分离。[4] 最高法院在 Buckley 案中聚焦《联邦宪法》任命条款中的明白和决定性的文字，通过引用《联邦宪法》具体规定，确定了权力分立原则的内涵。[5]

《联邦宪法》第 2 条第 2 款第 2 项中赋予总统以提名“合众国官员”的专属性权力，同时允许国会授权“总统个人、法院，或者是各部门的首长”任命“次级官员”（inferior

---

* 联邦选举委员会是国会于 1975 年建立的一家独立规制机构，负责管理选举改革工作，包括限制竞选捐款、推动竞选捐款公开化以及监督总统选举的公共集资。——译者注

① 491 U. S. at 487.

② 424 U. S. 1 (1976).

③ Id. at 119-120.

④ Id. at 121.

⑤ Id. at 124.

officers）*。最高法院认为，联邦选举委员会的成员要么是“次级官员”，要么是“官员”，因为他们行使着规则制定和裁决等重要权力，而且也因为他们不受国会或者行政分支的日常监督。最高法院将这一机关的权力性质兼具行政权、立法权和司法权的特点。它所拥有的权力“通常是根据国会的立法由独立规制机构或者行政分支中的某个政府部门所行使的那种权力”①。

□ 独立检察官是“次级官员”

在 Morrison v. Olson② 案中，七位大法官出具的多数意见认为，独立检察官是可以由法院任命的次级官员。国会设置独立检察官这一职位是为了负责调查行政分支，包括总统在内的高级官员的刑事犯罪行为，并在可能的情况下提出公诉。如果在初步调查之后，司
51 法部长确定存在“合理理由相信有必要采取进一步的调查或者公诉行动”，他需要向由三名法官组成的特别法庭提出申请，并接着任命一位独立检察官。

多数意见根据独立检察官办公室的四点特征支持其判决意见，即独立检察官是次级官员，而非普通官员。首先，独立检察官的职权有限。她只能对她获得授权进行调查的活动中以某种形式参与的个人进行调查，并在可能的情况下提出公诉。其次，独立检察官所拥有的职权在时间上也是临时性的。她并无确定任期年限，但是一旦她完成了所接受的调查和指控任务，其任期就结束了。再次，独立检察官并无政策制定权。与之相反，她按照法律规定需要“尽可能地”遵守司法部的政策。最后，司法部长可以“基于合理事由”解除独立检察官的职务。③

□ 任命独立检察官不是司法权

法官在任命独立检察官时，是在行使《联邦宪法》第 2 条所规定的任命权，而非《联邦宪法》第 3 条所规定的司法权。④ 法官这么做时，也不受司法行为规范的约束。法官在遴选独立检察官时可以裁量决定咨询他人，包括议员的意见。

□ 特别初审法官是“次级官员”

在 Freytag v. Commissioner of Internal Revenue⑤ 案中，最高法院以一致意见判定，美国税务法院“特别初审法官”（special trial judge）是可以由税务法院首席法官任命的“次级官员”。但是，大法官们在判决意见的每一步推理过程中都存在分歧。次级官员只能

---

* 《联邦宪法》第 2 条第 2 款第 2 项规定：“……总统应提名大使、公使、领事、最高法院法官及所有其他联邦官员，依参议院之建议及同意后任命之；其任命不在本宪法规定而另行以法律规定者，亦同。但国会认为适当时，得以法律将次级官员之任命，授予总统、法院或各部门的首长。”依据此一规定，联邦官员（officer）分为主要官员（principal officer）与次级官员（inferior officer）两类，主要官员由总统提名经参议院同意后任命；次级官员得由国会立法授权总统个人、法院或各部门的首长任命 。——译者注

① Id. at 138-141.

② 487 U. S. 654 (1988).

③ 笔者会在§2.5 中论述 Scalia 大法官的判决意见，因为他论述的问题范围已经超出任命条款问题。

④ In re Charge of Judicial Misconduct or Disability, 39 F. 3d 374 (D. C. Cir. 1994).

⑤ 501 U. S. 868 (1991).

由总统、法院或者政府部门的首长任命。[①] 五位大法官认为，税务法院不是政府部门而是法院。四位大法官认为，税务法院不是法院而是政府部门。如果最高法院要在其他情形下完全采用 Freytag 案的多数意见或者协同意见的推理，那么联邦政府将需要进行重大改组。

□ 何为税务法院?

1924 年，国会设立了税收上诉委员会（the Board of Tax Appeals），作为行政分支内的一家独立行政机关。1942 年，国会将其更名为美国税务法院（Tax Court of the United States），但是保留了行政分支内部独立行政机关的地位。1969 年，国会指定其为“《联邦 52
宪法》第 1 条所规定的法院”（Article Ⅰ Court），但是没有对其组成人员或者职能进行实质改革，并且将其留在行政分支中。税务法院承担裁决有关联邦税收债务纠纷的唯一职能。税务法院法官是由总统经咨询参议院意见并经参议院批准任命的，任期 15 年。

□ 何为政府部门?

最高法院多数意见认为，税务法院不是“政府部门”（department），理由是：（1）它不是内阁层级的政府部门；（2）其唯一职能是裁决。多数意见表达的观点是，任命条款的目的是严格限制可能的任命权集中。基于这一理由，多数意见强烈建议，除非它是内阁层级的行政机关，否则没有一家行政机关可以作为“政府部门”。考虑到大量存在的非内阁层级的行政机关，宽泛地采纳这一推理将会要求或者扩大总统的内阁范围以包括数以百计的其他行政机关，或者由总统直接任命在非内阁层级的行政机关任职的数千名“次级官员”。

但是，多数意见所想指的含义应该不是它的判决意见文字所表明的内容，因为它特别否认了脚注 4 所列 5 家非内阁层级的行政机关地位相关的意见。也许，多数意见所作出的税务法院不属于“政府部门”的结论，相反是基于它的观察——税务法院只行使裁决权；它没有倡导（advocate）、执行或者发布实体规则的权力。但是，即使以更严格的方式对多数意见进行解释，它也表明现在的行政机关中有许多不属于“政府部门”，它的首长不能任命“次级官员”。例如，职业安全和健康审查委员会（OSHRC）和矿山安全和健康审查委员会（MSHRC）就只行使裁决权。

□ 何为“法院”?

多数意见接着认定，尽管税务法院是设在行政分支内部而非司法分支内部，它的法官没有终身任职保障，总统也可以基于合理事由解除其职务，但是它属于“法院”（court of law）。之所以得出这样的结论，理由是“税务法院行使司法权，而非总统权、立法权或者行政权”。同样可以得出的结论是，还有众多其他行政机关，包括职业安全和健康审查委员会、矿山安全和健康审查委员会，都是行使司法权的“法院”。简而言之，Freytag 案多数意见是难以解释的，因为按照其推理，行政国家需要进行重大的结构再造。

相比之下，协同意见所依据的推理则是完全与当前的政府结构相一致的——除了倒数

---

① Article Ⅱ §2, cl. 2.

53 第二段的关键例外。协同意见认定，税务法院不是法院，因为它不是《联邦宪法》第 3 条规定的法院，其法官也缺乏对于《联邦宪法》第 3 条规定法官所享有的宪法保障。“与任何其他行政委员会一样，这类裁判机构行使的是合众国的行政权，而非司法权。”持协同意见的大法官们认为，税务法院是一家政府部门，因为它是“在行政分支的组织结构中直接隶属于总统的”行政机关。

持协同意见的大法官们根据现行政府结构的通常宪法解释，表达了他们的不同观点，质疑“独立”行政机关的合法性。持协同意见的大法官们表达的观点是立宪者们试图通过将任命权集中在总统及其直接任命对象手中而限制国会干预任命过程。根据这一协同意见，“独立”行政机关——通过限制总统的免职权，而使其首长免受总统全权的控制（plenary presidential control）——提供了国会对“次级官员”的任命进行控制的机会，这是不符合立宪者们的意图的。①

□ 军事法庭法官是“官员”或者“次级官员”

在 Weiss v. United States② 案中，最高法院需要判断以下几个问题：（1）拥有特定决定/裁决权（decision-making power）的个人是“法官”、“主要官员”还是“次级官员”；（2）任命这些个人时所适用的程序是否是可以允许的；（3）个人缺乏固定任期保障，是否是宪法上所允许的。具体的争议是“军事法官”是否可以履行与《联邦宪法》的任命权条款和正当程序条款一致的法律所授予的职责。但是，最高法院的推理也许大致可以适用于基本类似的某些类型的决策者，例如行政法官。

军事法官不仅主持军事法庭（court martials）的工作，同时，还以三位法官组成合议庭的形式对军事法庭的事实认定和法律结论进行重新审查（de novo review）。所有军事法官都是（少尉以上军衔的）军官，因此他们担任的最初职位都是经过总统提名和参议院批准的任命程序。各军种的军法署署长（Judge Advocate General）* 后来任命了若干获授军衔的军官（commissioned officers）担任军事法官。在职权上，军事法官任职年限并不固定，相反完全取决于军法署署长的喜好。接受过军事法庭判决的原告们认为，将听审刑事案件的司法权赋予这些军事法官，同时违反了《联邦宪法》的任命条款和正当程序条款。最高法院驳回了这两项主张。但是，四位大法官出具的三份协同意见，使得我们更难以确
54 定该案判决支持的是哪些原则。

□ 初次任命是充分的

五位大法官出具的多数意见认定，经过总统提名和参议院批准程序作出的对于军事官员的初次任命，足以授权一些军事官员履行军事法庭所分配的职责，而无须通过《联邦宪法》任命条款所允许的程序再次任命这些官员担任这样的职务。多数意见通过两项相关的理由得出了这一结论：（1）军事法官的职务是与军事官员的职务“密切相关的”；（2）传统上军事官员已经在执行军事司法体系方面扮演了重要角色，包括司法角色。多数意见基

---

* 美国各军种内设有军法署署长一职，其领导的下属官员为军法官（judge advocate），为军队指挥官提供法律咨询服务，在军事法庭开庭时可以履行辩护或者指控职能。经验丰富的军法官也可以由署长任命出任军事法庭或者调查法院的军事法官。——译者注

① 参见§2.5。

② 510 U.S. 163 (1994).

于传统和历史，对非军事司法体系（civilian justice system）与军事司法体系进行了区分。

□ 正当程序原则并不要求固定任期保障

原告认为，让军事法官对刑事案件进行裁判有违正当程序，因为军事法官并无固定任职期限。多数意见一开始就指出，个人可以履行司法职能而没有享受《联邦宪法》第3条对联邦法官所要求的终身任期保障。[需要指出的是，相反的判断将会使得行政司法和大多数州的法院司法（judicial justice）体系都归于无效。] 多数意见接着转向另一项问题，即正当程序是否要求履行裁决权的官员担任固定任期，哪怕再短的任期，以便满足裁判者中立性的需要。[①] 多数意见认定，任期不固定的军事法官可以履行司法职能同时符合正当程序的要求，因为：（1）当国会就军事问题进行立法时，法院对国会给予高度尊重；（2）《军事司法统一法典》（the Uniform Code of Military Justice）对裁决独立性的保障，足以消除对裁决者缺乏任期保障的担心。

□ 对于官员身份持续存在的不确定性

在一份详尽而充满思辨的协同意见中，Souter大法官表达了如下观点，即只要军事法官属于“次级官员”，任命军事法官的方法就是符合宪法的。他指出，军队中受委任的官员是“次级官员”，虽然他们是经过适用于“主要官员”的程序而任命的。因此，次级官员的任命不足以让他们行使只适合于主要官员的职责。Souter大法官既承认主要官员和次级官员之间没有明确的界限，也承认难以将军事法官划入其中任何一类，他对国会就这一值得讨论的定性问题所作的决定表示尊重。Souter大法官将其把军事法官定性为次级官员的观点和最高法院在Freytag案中将税务法院法官可以任命次级官员的判决意见进行了调和。他采用了多种不同的推理路径。具体可能是：（1）税务法院法官也是“次级官员”， 55
但是次级官员可以任命其他“次级官员”；（2）税务法院法官是主要官员，即使军事法官是次级官员，因为税务法院法官有固定任职期限，并且只能基于合理事由而被免职。Souter大法官在他的判决意见的这部分内容中采用的这种模棱两可、来回变换的文字，充分表明了这一重要法律领域依然存在的不确定性。

持协同意见的Scalia大法官和Thomas大法官在某些方面对多数意见的推理提出了不同意见。关于任命条款的问题，他们强调对分配官员从事任何与其初次任命时的职责紧密相关的新职责时设定严格要求，以免可能出现规避官员任命程序的问题。在正当程序问题上，他们指出：（1）现在赋予军队成员的保障本身是合宪的，因为他们超过了正当程序条款通过时这些权利所获得的保障；（2）在非军事刑事司法体系中，正当程序要求持续一定时间的任期的结构性保障。

□ 海岸警卫队法官是“次级官员”

在Ryder v. United States[②] 案中，最高法院推翻了海岸警卫队军事审查法院（the

---

① 参见§9.8。

② 515 U.S. 177 (1995).

Coast Guard Court of Military Review）* 作出的有罪判决。最高法院认为，军事法官是必须由总统、法院或者内阁部门首长任命的次级官员。因为作出该案判决的三位法官中有两位是交通部总法律顾问所任命的文官，所以海岸警卫队军事审查法院的构成是违宪的。最高法院拒绝适用事实上的（de facto）官员原则以支持海岸警卫队军事审查法院判决的有效性（validity），因为：（1）原告已经及时对该裁判机构的合宪性提出了质疑；（2）在这种情况下，适用事实上的官员原则，将使当事人不敢质疑裁判机构人员构成的合宪性；（3）如果拒绝适用事实上的官员原则，最高法院只需要对 7～10 起案件进行重新审理。

最高法院在 Weiss 案和 Ryder 案中的判决意见引发了一项新的争议，该争议后来在 Edmond v. United States[①] 案中得到解决。在 Weiss 案和 Ryder 案发生之前，交通部长任命了海岸警卫队刑事上诉法院（the Coast Guard Court of Criminal Appeals）的文职成员。有罪判决得到该法院支持的七个人随后主张其有罪判决是无效的，因为交通部长按照法律和宪法都无权任命该法院的文职成员。在支持了该部长的法定权力之后，最高法院以一致
56 意见判定，部长依照宪法拥有任命法官的权力，因为他们属于“次级官员”，而不是“官员”。最高法院承认，它尚未“明确提出区分主要官员和次级官员的排他性标准”，而该案讼争的官员行使了“代表合众国的重要权力”。但是，最高法院指出，“重要权力”的行使是区分官员和非官员的标准，而不是区分主要官员和次级官员的标准。出于后者这一目的，最高法院宣布了一项简单的标准：“‘次级官员’是在一定程度上受到总统经咨询参议院意见后提名并获参议院批准的其他官员所指导或者监督的官员”。最高法院接着认为，按照这一标准，海岸警卫队刑事上诉法院的法官符合次级官员的条件。最高法院指出，两家机构在一定程度上对这些法官的工作进行了指导和监督。首先，武装部队上诉法院（the Court of Appeals for the Armed Forces），其法官是主要官员，可以对海岸警卫队刑事上诉法院的判决进行有限审查。武装部队上诉法院对其中两类案件的审查是强制性的，而对其他案件的审查则是裁量性的。其次，海岸警卫队军法署署长也是主要官员，有权基于一定理由免除海岸警卫队刑事上诉法院法官的职务，而条件仅仅是不能以免职或者威胁免职来影响任何案件的审理结果。

Souter 大法官撰写的协同意见再次表达了他的担心，即最高法院还不能前后一致地表述一项可以区分主要官员和次级官员的单一标准，他也相信最高法院必须在评估所有相关的事实和背景后才能在特定的案件中适用这一区分标准。他怀疑多数意见中所指的监督或者指示关系是否足以支持判定海岸警卫队刑事上诉法院的法官属于次级官员。为了说明他的观点，他指出美国首席政府律师“很可能会是主要官员，尽管在法律上他的级别低于司法部长”，而且“联邦地区法官不可能是次级官员，因为上诉审查权并不是针对其个人的，而是仅针对他们作出的判决”。

□ 公众公司会计监督委员会的成员是“次级官员”

在《2002 年萨班斯·奥克斯利法》（the Sarbanes-Oxley Act of 2002）中，国会创设了一个新的行政机关，即公众公司会计监督委员会（the Public Company Accounting Oversight Board），授权其规制公共会计师事务所，可以对公共会计师事务所实施登记管
57 理、制定对它们适用的审计和伦理标准，并且开展检查和调查并对违法行为作出制裁。国

---

* 海岸警卫队军事审查法院，现已更名为海岸警卫队刑事上诉法院（the Coast Guard Court of Criminal Appeals）。该法院是根据《军事司法统一法典》设立的，是海岸警卫队刑事案件的中级上诉法院。——译者注

① 520 U. S. 651 (1997).

会授权证券交易委员会的5名委员任命公众公司会计监督委员会的5名委员。只有在公众公司会计监督委员会的委员属于次级官员并且证券交易委员会的委员属于内阁部门的首长时，这一任命权的配置才是合宪的。

在 Free Enterprise Fund v. PCAOB① 案中，哥伦比亚特区巡回法院合议庭的两名法官组成的多数派判定公众公司会计监督委员会（PCAOB）的委员是次级官员，可以由证券交易委员会的委员任命。合议庭的3名法官一致认为总统和公众公司会计监督委员会之间的法律联系是独特的，因此，该案提出了若干没有判决先例的争点（issues of first impression）。多数意见认为，公众公司会计监督委员会的委员是次级官员，因为他们可以被证券交易委员会的委员以合理事由免除职务，并且证券交易委员会有权审查并且可能否定公众公司会计监督委员会发布的所有规则、命令和制裁决定。多数意见也认为，证券交易委员会的委员在《联邦宪法》任命条款目的意义上而言可以构成"内阁部门的首长"，因为证券交易委员会就是"类似内阁部门"的行政机关。

持不同意见的法官认为，公众公司会计监督委员会的委员不是次级官员，因为法律对于总统免除这些委员的职务的权力作出了极其严格的限制。公众公司会计监督委员会的委员只能由证券交易委员会的委员基于合理事由予以免职，法律还对"合理事由"作了狭义的界定，要求证券交易委员会举行举证式听证以确定是否存在免除公众公司会计监督委员会委员职务的合理事由。因此，证券交易委员会委员难以免除公众公司会计监督委员会委员的职务，而且证券交易委员会委员本身也只能由总统基于合理事由予以免职。他也质疑证券交易委员会的委员是否负荷任命条款目的意义上的内阁部门首长，因为与证券交易委员会的主席不同，这些委员只能由总统基于合理事由予以免职，而且证券交易委员会也不是一个内阁部门。

□ 行政机关上诉委员会的委员是"次级官员"

在 Pennsylvania v. Department of Health and Human Services② 案中，第三巡回法院首先认定卫生和社会服务部上诉* 委员会的委员是"次级官员"，然后认为对他们的任命符合《联邦宪法》规定的方式。首先，法院认定这些委员是官员而非雇员，因为他们行使着广泛的裁量权。法院认定，这些委员虽然任期没有限制，并且行使着超出卫生和社会服务部部长控制的法定权力，但是他们是"次级官员"而非"主要官员"。为了支持这一结论，法院指出了这些委员具有的若干特征：（1）部长可以出于"不可接受的表现或者事由"而免除委员的职务；（2）委员无权到法院起诉免职决定；（3）部长有权剥夺委员会的 58
绝大多数权限；（4）委员会少数独立的法定权力也受法律和规则的严格限制。最后，法院认定，部长通过行使一般性的法定权限任命委员以协助其履行职责是符合任命条款的；部长的任命在缺乏具体法律授权的情况下也是有效的。

□ 行政法官属于雇员

在 Landry v. FDIC③ 案中，哥伦比亚特区巡回法院两位法官出具的多数意见认为，各

---

* 此处的上诉，原文为 appeal，本书翻译时不区分行政领域和司法领域，具体性质需视上下文确定。——译者注

① 537 F. 3d 667 (D. C. Cir. 2008).

② 80 F. 3d 796 (3d Cir. 1996).

③ 204 F. 3d 1125 (D. C. Cir. 2000).

银行业规制机关（banking agencies）* 所雇用的行政法官属于“雇员”而非“次级官员”。联邦存款保险公司以一纸命令解除了一名负责银行业规制官员的职务，并禁止其继续参与联邦投保的存款机构的工作，这名官员对这一命令的有效性提出了质疑，理由是举行听证并提供初步决定的行政法官在接受任命时是违反宪法的。被处以行业禁入的银行业规制官员主张，行政法官是“次级官员”，只能由“政府部门的首长”任命，而银行业规制机关不是“政府部门”，因此其“首长”没有任命“次级官员”的权力。多数意见一开始承认：“‘纯粹的’雇员和次级官员之间的界限是不清楚的。”它认定，最高法院在 Freytag 案中的判决意见是最有帮助的权威意见。在 Freytag 案中，最高法院认为，税务法院的特别初审法官（special trial judges）是次级官员。Landry 案多数意见承认，行政法官和特别初审法官具有众多共同特征，最高法院据此认定特别初审法官属于次级官员。但是，Landry 案多数意见对 Freytag 案判决意见进行了解释，强调特别初审法官具有不同于行政法官的两项特征。首先，特别初审法官在某些类型的案件中会作出最终决定，而银行业规制机关总是有权将案件中的最终决定提交行政法官审理。其次，即使是特别初审法官的决定不是最终的时候，税收法院也需要尊重特别初审法官所作的事实认定，而银行业规制机关总是有权作出自己的事实认定。持不同意见的法官认为行政法官属于次级官员。

这份多数意见推理充分，并且很可能是在这一模糊的法律地带得出了正确的结论。但是，即使多数意见是正确的，其推理也表明了对国会或者行政机关提升行政法官决定效力的权力施加的严重制约。偶尔情况下，国会会在立法时赋予某些行政法官在特定类型的案件中作出最终决定的权力，或者限制行政机关作出与行政法官在特定类型案件中所作事实认定不一致的事实认定。事实上，《沿海与港口工人补偿法》（the Longshore and Harbor Workers Act）要求行政机关接受行政法官的事实认定，如果它们得到了实质
59 性证据的支持。[①] 这两种做法都可能使行政法官成为只能由内阁部门首长任命的次级官员。我们甚至可以想象，这两种改变都可能使行政法官成为只能由总统提名并经参议员批准的“官员”。

□ 呈交、否决和两院制

最高法院也强制执行《联邦宪法》的明文规定——法律只能以两院决议通过，并呈交总统签署，总统也可以否决法律。在 INS v. Chadha[②] 案中，最高法院认为国会之前在将近两百部向行政机关授权的法律中所纳入的对行政行为的立法否决制度是违反宪法的。Chadha 持学生签证到了美国。当他因为签证到期需要被遣送回国时，他提出暂缓遣返的申请。按照国会的授权，根据移民法官认为 Chadha 如果被遣返回国将会遭受“极端迫害”的意见，司法部长撤销了遣返 Chadha 的决定。但是在 8 U. S. C. § 1254（c）（2）中，规定“如果参议院或者众议院通过不支持取消遣返决定的决议……司法部长应当据此遣返该外国人……”众议院通过一项决议否决了对 Chadha 的取消遣返决定，但是没有说明理由，Chadha 于是到法院起诉，质疑国会一院单独通过决议否决行政行为之做

---

* 由于美国银行体系发展的历史原因，联邦政府存在多家银行业规制机关，包括联邦存款保险公司（FDIC）、联邦储备系统（FR）、货币监理署（OCC）和国家信用社管理局（NCUA）以及储蓄机构监管办公室（OTS）。不过，储蓄机构监管办公室已经被《2010 年 Dodd - Frank 华尔街改革和消费者保护法》所撤销，其职权划归其他银行业规制机关。——译者注

① 例可参见 Marine Power & Equipment v. Department of Labor，203 F. 3d 644（9th Cir. 2000）。

② 462 U. S. 919（1983）.

法违宪。

最高法院本来可以严格采用 Powell 大法官在协同意见中的推理方法来裁判 Chadha 案。[①] 因为立法机关的决议武断地单独针对 Chadha 案进行严厉对待，这就可能违反了《联邦宪法》第 1 条第 9 款第 3 项的"禁止通过剥夺公民权的法案条款"(Bill of Attainder Clause)。六位大法官提供的多数意见中则选择了在宽泛推理的基础上撰写了判决意见，其推理如此宽泛，以至于预示着最高法院后来作出的认定立法否决权违反《联邦宪法》的一系列判决。[②]

□ 国会立法否决权违宪

Chadha 案的多数意见指出权力分立不仅仅是"抽象的概括"，并试图借助其他在宪法文本和历史中具有深厚根基的更为具体的宪法原则，以确定这一原则的内涵。根据多数意见，国会中一院否决的宪法缺陷存在于对可能提出的否决所需要遵守《联邦宪法》上的两院审议和呈送总统的要求，要试图回避这一要求对立法程序带来的结构性保障，同时又试图允许国会的一院所实施的行动拥有与法律相同的拘束力效果。 60

一院否决的做法回避了《联邦宪法》第 1 条第 1 款的规定——立法权属于国会两院，以及《联邦宪法》第 1 条第 7 款的规定——每一部法律在成为法律之前必须呈送总统，可能会遭到总统的否决。[③] 立宪者们之所以在《联邦宪法》中明确纳入这些规定，是为了以此作为一种手段让政府中任何一个需要在政治上接受问责的机构——众议院、参议院和总统——能够保护公众免受政府的单一机构行为冲动的风险，或者追求公众中特定群体利益的风险。[④] 因此，Chadha 案多数意见的依据是《联邦宪法》所明确包含的制约体系，而非任何抽象的权力分立原则。

□ 立法否决权造成的损害

在最高法院对 Chadha 案作出判决之前，研究者已经收集了一系列证据证明，立法否决制度恰恰是在导致立宪者们当初通过规定两院审议和呈送条款以及总统否决之可能性等要求所要避免的风险。立法否决制度的潜在威胁是增强了行政机关决策程序中某些群体的权力。特殊利益的代表可以利用立法否决的威胁，以寻求行政机关在国会一院中特意安插的一名或多名议员的支持，以此促进他们的利益。[⑤] 如果没有两院审议和总统否决等制度保障，行政机关就无力对抗那些只俘获了一院中有意安插的部分议员的群体。

---

① Id. at 959-967.

② 例可参见 Process Gas Consumers Group v. Consumers Energy Council, 463 U. S. 1216 (1983)。

③ Id. at 945-946.

④ 参见 Cass R. Sunstein, "Constitutionalism After the New Deal", 101 *Harv. L. Rev.* 421, 496 (1987); Stephen G. Breyer, "The Legislative Veto After Chadha", 72 *Geo. L. J.* 785 (1984)。

⑤ 参见 Richard J. Pierce, Jr., "The Role of Constitutional and Political Theory in Administrative Law", 64 *Tex. L. Rev.* 469, 483-484 (1985); Harold H. Bruff & Ernest Gellhorn, "Congressional Control of Administrative Regulations: A Study of Legislative Vetoes", 90 *Harv. L. Rev.* 1369, 1412-1414, 1417 (1977)。

□《联邦宪法》禁止在国会中设立行政机关

在 Bowsher v. Synar[①] 案中，对于国会授权总审计长（the Comptroller General）预先估算每年预算赤字，以便要求总统根据事先规定的法定方案减少联邦开支的权力，七位大法官认为这一授权违宪。五位法官提供的多数意见认为这一机制之所以违宪，其理由有三：一是总审计长的法定职责属于行政权的一部分；二是既然国会可以“基于合理事由”免除总审计长的职务，相应地也就可以控制其行为；三是法律不应将“行政权”授予“立
61 法”分支的代理人。

□ 国会对总审计长进行控制的权力

Bowsher 案多数意见在下列两个方面存在问题。首先，正如 White 大法官在其不同意见中所提出的，国会通过威胁动用免职权来控制总审计长的能力并不总是明显的。既然这一权力只能以通过联合决议的形式行使，免职决定只可能在满足两院审议和呈送要求的一系列举动之后才能作出。但是，国会和总审计长都一直认为总审计长是国会的代理人，多数意见中所列举的给人留下深刻印象的大量论据也证明了这一点。[②] 对于总统拥有否决免除总审计长职务的正式权力与国会长期以来坚持总审计长是国会代理人的信念之间存在的明显冲突，Peter Strauss 进行了调和。[③] 他将相关问题重新表述为国会是否以牺牲政府其他分支为代价扩张自身权力，从而“损害美国政府的平衡”[④]。在《联邦党人文集》第 49、71 和 73 篇中，汉密尔顿（Hamilton）和麦迪逊承认立法分支具有僭越另外两个政府分支之权力的倾向，并将《联邦宪法》所规定的政府结构特点总结为抑制这一倾向的手段。Strauss 对自己所提出的问题给出的肯定答案，其依据不仅是国会的免职权，还是总审计长、国会和总统等之间的一整套关系。[⑤]

□ 国会中的行政机关与独立行政机关之间的对比

总审计长的任期为 15 年，总统无权以任何理由免除其职务。总审计长的任期超长，而且不受任何总统免职权的约束，这导致总统和总审计长之间的联系要远远弱于总统与任何一位任期较短、总统可以“基于合理事由”免职的“独立行政机关”成员之间的联系。总统在当选之后几个月内，就能对“独立行政机关”所履行的众多职能实施高度控制。相比之下，国会对总审计长一职规定了异乎寻常的 15 年超长任期，并且自己保留了启动免职程序的权力。在这种情况下，要想让总审计长抵制国会免除其职务的决议，而寄希望于
62 总统可能对免职决议实施否决权，这显然是不切实际的。总审计长能否保持 15 年的任期稳定性，需要取决于立法分支的意愿。

---

① 478 U. S. 714 (1986).

② 478 U. S. at 730-732.

③ Peter L. Strauss, “Formal and Functional Approaches to Separation of Powers Questions—A Foolish Inconsistency? ”, 72 *Cornell L. Rev.* 488 (1987).

④ Id. at 520.

⑤ Peter L. Strauss, “Formal and Functional Approaches to Separation of Powers Questions—A Foolish Inconsistency? ”, 72 *Cornell L. Rev.* 520-521 (1987).

□ 如果总审计长不是国会的代理人，将会怎样？

White 大法官的基本主张是，总审计长不是国会的代理人，因为解除总审计长职务的难度如此之大，以至于国会不可能解除它所不满意的总审计长职务。[1] 如果多数意见也接受对总审计长职位保障的这种定性，它本来可以根据不同的理由认定对总审计长授权的法律是违宪的。总审计长接着就会成为任期 15 年，任何人不得以任何理由解除其职务的官员。对于这样一位官员赋予重大权力，显然会违反《联邦宪法》第 2 条第 3 款的规定："［总统］应当切实保障法律得到忠实执行……"[2] 即使是 White 大法官承认，国会不能将"政策制定的裁量权"赋予除了"政府首脑或者其代理人之外的"任何人。他本来也会支持将估算具有约束力的预算赤字的权力赋予总审计长，因为他相信预算赤字的估算过程不需要行使任何政策裁量权。[3]

□ 权力的实体定性并不奏效

Bowsher 案多数意见的推理所存在的第二个问题则更为根本。多数意见支持根据定义解决权力分配的纠纷：总审计长所履行的职能是"行政权"的一部分，不能由立法分支行使。但是，《联邦宪法》并未对大多数行政权和立法权作出实体区分。政府的多数职能并不能轻易地加以归类。除了明确赋予并且由总统专属行使的一些权力，如"官员"的提名和条约的谈判，我们想不出有任何其他权力是只能由总统行使而不能由立法分支行使的。Bowsher 案就是能够说明立法权和行政权重叠的一个很好的例子。国会无疑拥有可以拘束总统并且可以要求压缩开支的预估预算赤字的权力，只要遵守相应的立法程序即可。因此，Bowsher 案中存在的宪法缺陷并不在于将"行政"职能分配给了立法分支的官员。

□ 国会只能通过立法程序采取行动

Stevens 大法官和 Marshall 大法官的协同意见解决了这一案件的争议，但在推理过程中回避了给权力打上"行政权"或者"立法权"的标签这一不可能完成的任务。相反，他们更关注《联邦宪法》规定的立法行为必须遵循的程序："国会……准备制定约束全国的政策时，必须遵守《联邦宪法》第 1 条规定的程序，即两院审议并呈送总统。"[4] 根据这一 63
推理，当且仅当国会遵守《联邦宪法》对立法行为所明确要求的程序时，国会或者其代理人所通过的任何具有约束力的行为才能属于"立法行为"。如果剥离多数意见中不合适的部分语句，Bowsher 案判决意见并不取决于司法机关确立某种版本的权力分立原则。Bowsher 案代表的是完全基于《联邦宪法》第 1 条的明确要求，而且是对 Chadha 案判决的一种合乎逻辑的延伸。

在 Metropolitan Washington Airports Authority v. Citizens for the Abatement of Aircraft Noise[5] 案中，六位大法官出具的多数意见采纳了 Bowsher 案协同意见的推理，小心

---

① 478 U. S. at 767-785.

② 参见 § 2.5。

③ Id. at 763-764.

④ 478 U. S. at 737.

⑤ 501 U. S. 252 (1991).

翼翼地回避了 Bowsher 案多数意见中所采用的定义式进路（definitional approach）。当国会将对国家机场（National Airport）* 的控制权转移给地区性机构时，它还限定必须设立具有充分权力的审查委员会（Review Board）。该委员会的九名委员必须是国会特定委员会的成员，并且必须是从国会所提供的名单上选择。法院判定评审委员会的这一构成是违宪的，但是有三位大法官提出了不同意见。多数意见同时以 Chadha 案和 Bowsher 案判决作为其推理依据。重要的是，多数意见在结论中指出没有必要将该委员会的权力界定为立法权或者行政权。“如果其权力属于行政权，《联邦宪法》并不会允许由国会的内部机构行使。如果权力属于立法权，国会在行使这一权力时必须符合《联邦宪法》第 1 条第 7 款所规定的两院审议和呈送要求。”而三位持不同意见的大法官则认为该委员会的结构是合宪的，其原因有三：（1）该委员会同时得到了立法分支和行政分支的支持；（2）该委员会实际上是弗吉尼亚州和马里兰州的行政机关；（3）国会是根据《联邦宪法》的财产权条款所赋予的广泛权力设立了该委员会。

□ 国会不能任命行政机关中的非正式官员

在 FEC v. NRA Political Victory Fund① 案中，哥伦比亚特区巡回法院裁决了三项重要的结构性问题。首先，它拓展了 Buckley v. Valeo② 案和 Bowsher v. Synar③ 案的判决意见，将其适用于合议制决策机构的非正式（ex officio）成员。国会通过法律规定，国务卿和众议院执事 ** 担任联邦选举委员会（FEC）的非正式成员。联邦选举委员会认为，国会可以让其代理人成为合议制决策机构的当然成员，因为他们对于决策过程没有影响。哥伦比亚特区巡回法院认为这一主张潜在地具有不可成立的特点，而驳回了这一主张。国会明
64 显希望其代理人对决策过程施加影响，甚至即使他们在场而不发言也可能会达到这样的效果。

□ 任命权的法律限制不具有可司法性

其次，原告认为，限制从单一政党中提名任命合议制机构的多数成员，这一标准对任命权的法定限制构成对总统提名“主要官员”之权力的违宪限制；法院认定这一主张不具有可司法性（justiciable）***。法院认定，我们不可能确定法律规定是否实际上构成了对总统任命权的限制。它指出，许多总统都认为他们不受这些法律条款约束，但是没有哪位总统选择了以违反这些规定的方式作出决定。法院认为，总统很可能是因为政治限制，而非法律限制而遵守了这些规定。既然参议院可以出于任何理由拒绝批准总统的提名，如果参议员已经表明了不批准多数成员来自同一政党时，让总统提名来自同一政党的人员担任合议制机构多数成员就是不够慎重和徒劳的。在法官附带意见中，法院表明只有在不太可

---

* 国家机场，即罗纳德·里根国家机场（Ronald Reagan National Airport），建于 1941 年，位于邻近首都哥伦比亚特区的弗吉尼亚州阿灵顿市。——译者注

** 众议院执事（the Clerk），负责保管公开记录、准备文案、并督导其他院内职员。众议院执事也在国会每次选举众议院议长时担任主持。——译者注

*** 可司法性，也可以译为“可受法院裁判的”，或者“可以司法方式处理的”，是指某项争议可经由司法机关加以适当裁决。——译者注

① 6 F. 3d 821 (D. C. Cir. 1993), *cert. dismissed*, 513 U. S. 88 (1994).

② 424 U. S. 1 (1976).

③ 478 U. S. 714 (1986).

能发生的场合，即总统提名，参议院批准了同一政党的人员出任合议制机构多数成员的时候，这一问题才具有可司法性。

□ 独立行政机关可以强制执行法律

再次，哥伦比亚特区巡回法院驳回了原告的主张，即赋予联邦选举委员会这样一家“独立”行政机关以强制执行法律的权力，妨碍了总统“切实保障法律得到忠实执行”的职责。[①] 原告试图将该案与 Morrison v. Olson[②] 案进行区分，理由是总统并不享有基于任何理由免除联邦选举委员会成员的权力。哥伦比亚特区巡回法院拒绝了这一主张，理由是它相信法律对免职未作任何规定，可以被解释为至少允许总统基于合理事由免除委员的职务，甚至允许总统任意解除委员的职务。最高法院最初在 NRA 案中颁发了调卷令。但是，最高法院最后驳回了原告的请求，认定联邦选举委员会无权申请调卷令。[③]

□ 模棱两可的巡回法院判决意见

在 Willy v. Administrative Review Board[④] 案中，第五巡回法院提出了一份奇怪的判决意见，解释和适用了任命条款。劳工部长设立了行政审查委员会，对举报人案件发布最后决定。行政审查委员会由三名成员组成，他们都是由劳工部长任命，也都可以由劳工部
长免除职务。Willy 提出了申诉，认为其是因为举报行为，即出具一份认定其雇主已经违 65
反了若干环境法律的审计报告，而被其雇主所解雇的。在举行听证会后，一位行政法官得出的结论是 Willy 并不是因为举报行为而被解雇。在案件申诉程序中，劳工部长不同意这一意见，认为 Willy 确实是因为举报而被解雇的。在对部长的决定提出的申诉案件中，行政审查委员会推翻了部长的结论，断定 Willy 不是因为举报行为而被解雇的。Willy 于是对行政审查委员会的决定提出申诉，理由是该决定违宪，因为在设立行政审查委员会和任命其委员的过程中存在两项致命缺陷。

Willy 认为，委员的任命是无效的，因为国会并未授权部长设立行政审查委员会或者任命其委员。法院认定国会并不是必须明白地授权设立类似行政审查委员会的机构，或者授权部长任命其委员。相反，国会在《1950 年机构改组法》赋予内阁官员广泛的权力，对于设立类似行政审查委员会的机构和任命其委员来说所足够的。相反，Willy 认为，宪法并未允许部长任命行政审查委员会委员并赋予其作出推翻部长决定的最后决定的权力。最高法院认为，任命是有效的，因为 Willy 承认行政审查委员会委员可以是次级官员，国会可以授权部长来任命次级官员。Willy 承认行政审查委员会委员是次级官员而不是官员，这是无法解释的。如果他之前主张行政审查委员会委员是官员，我相信他可以胜诉。我们很难说某位官员是次级官员，当他有权作出最后决定，包括决定推翻部长的决定。如果 Willy 在主张行政审查委员会委员是官员，而不是次级官员方面占得上风，他就可以在其质疑行政审查委员会合宪性的两项理由中都占得上风，因为官员只能由总统任命，并接受参议院的批准。

---

① 参见§2.5。

② 487 U.S. 654 (1988).

③ 参见§2.5。

④ 423 F.3d 483 (5th Cir. 2005).

□ 代位诉讼条款不违反任命条款

在 Riley v. St. Luke's Episcopal Hospital[①] 案中，第五巡回法院十一位法官坚持的多数意见认为，《反欺骗政府法》（False Claims Act）的代位诉讼（qui tam）条款既不违反任命条款，也不违反维护（take care）条款。[②] 代位诉讼条款并不违反任命条款，因为代位诉讼的案件告发人并不是联邦政府的官员。他们与政府之间没有持续存在或者形式化的关系。代位诉讼条款并不违反维护条款，因为“对于行政分支提出公诉和控制诉讼的权
66 力，代位诉讼的案件告发人实施的干预力度是非常微弱的……”

□ 国会不能撤销总统的最终决定

在 Dysart v. United States[③] 案中，联邦巡回区上诉法院认为，和联邦政府的其他官员一样，海军上将可以也只能由总统任命，即使他已经经历了法律规定的作为晋升海军上将的前提条件的所有步骤。该法律详细规定了海军上尉（captain）可以晋升为海军上将（admiral）的方式。法律规定，在晋升程序中的每项规定步骤中作为有利决定对象的个人“应当得到晋升”。申诉人在每项步骤中都是有利决定的对象，并在晋升名单之中，这是晋升程序的最后步骤之一。总统将其名字从晋升名单中删除，拒绝在名单上列在他后面的人已经得到晋升之后 6 个月内对其晋升。申诉人认为，他已经依法得到了晋升，或者，作为替代，总统应当将他晋升。最高法院拒绝了所有这两项主张。最高法院的结论是，晋升立法并不旨在限制总统任命程序，因为它规定任命“是由总统通过并且经过参议院的建议和同意后作出的”。法院也承认，如果该法律的目的是要限制任命程序，则它将是违宪的：

《联邦宪法》规定的程序允许总统在选择是否任命官员时拥有完全的裁量权。法律没有也不能通过规定自动的任命来修改这一程序。

…………

在晋升为海军少将（rear admiral）时，最后的公共任命行为是由“海军将官管理和分配事务特别助理”（the Special Assistant for Flag Officer Management and Distribution）代表总统签署和颁发任命状。

…………

还没有证据表明，这种任命状已经签署和颁发。

…………

总统决定不任命，这是不受法院审查的裁量行为。

□ 对《行政程序法》修订的国会审查条款

在 1996 年，国会通过了《国会审查法》（the Congressional Review Act）[④]，创设了新版的立法否决权制度。[⑤] 只要国会行使这一新版的立法否决权，对其合宪性的质疑就几乎

---

① 252 F. 3d 749 (5th Cir. *en banc* 2001).

② 另可见 U. S. *ex rel*. Stone v. Rockwell International Corp.，282 F. 3d 787 (10th Cir. 2002)。

③ 369 F. 3d 1303 (Fed. Cir. 2004).

④ Subtitle E of Public Law 104-121.

⑤ 参见本书附录 B 中对于《行政程序法》的修正案内容。有关该修正案的内容讨论，参见 § 7.1。

是肯定会出现的。但是，这一质疑并不会成功，因为国会可以主要通过否决的联合决议(joint resolution of disapproval）并将其呈送总统就可以否决一项重要规则，当然国会的决议 67
也可能遭到总统的否决。否决行政规则的这种程序避免了过去最高法院在 Chadha 案中认为违宪的旧版的立法否决权中存在的合宪性缺陷，并且使得否决程序难以与法律的制定程序相互区分。[1] 但是，新版的否决机制所具备的这些特征也使其无法有效发挥作用。国会很少能够成功地说服总统签署否决行政规则的联合决议或者推翻总统对该联合决议的否决。

□ 逐项否决* 被判违宪

1996 年，国会制定了《逐项否决法》（the Line Item Veto Act）。该法授权总统“删除”已由参众两院通过并签署为法律的涉及税收和拨款的法律中的特定条款。在 Raines v. Byrd[2] 案中，七位大法官出具的多数意见认为，国会议员缺乏原告资格，无权申请司法机关对该法的合宪性作出判断。这一判决意见很大程度上受到了权力分立考量的影响。最高法院强调了当司法机关被要求对其余两大政府分支之间的纠纷或者有关对其他政府分支的权力的宪法限制的纠纷进行裁决时保持警惕和克制的需要。大法官们承认，如果有私方当事人是某项法律条款的受益者，而总统“删除了”该条款，他们将会有机会在将来应私方当事人的请求对这种纠纷进行实质审查。

在 Clinton v. New York[3] 案中，当事人因为总统“删除”法律中的拨款和税收条款而丧失了受益机会，根据当事人的要求，最高法院讨论了与《逐项否决法》合宪性有关的纠纷实质问题。最高法院对于一群原告的诉讼资格问题形成了 7：2 的分歧。[4] 六位大法官出具的多数意见认为，该法违反了《联邦宪法》第 1 条的规定，试图授权总统单方面废除或者修改法律而没有遵循《联邦宪法》第 1 条所规定的法律订立、废止和修订的程序。多数意见强调了该法律的形式效果，但是淡化了该法律的功能效果。正如持不同意见的大法官们所指出的，国会如果决定要做的话，它完全可以重新立法，授权总统采取行动，作出与多数意见认定违宪的决定在功能上难以区分的新决定。这种用词虽有变化，但是功能上难 68
以区分的法律是难以对其合宪性提出质疑的。

□ 多数意见采用形式主义

多数意见的推理非常简明，甚至具有一定的欺骗性。《联邦宪法》第 1 条规定只能通过两院决定，呈交总统，总统可能否决，以及国会可能推翻否决等程序来立法。《逐项否决法》授权总统所采用的程序与《联邦宪法》第 1 条所规定的对已经根据该条规定的程序有效制定的法律条文进行修改的程序并不一致。因此，《逐项否决法》是违宪的。

多数意见不得不对时间跨度超过一个世纪的众多判例进行了区别，在这些判例中最高法院一直支持赋予总统拒绝使用拨付资金和设定或者中止税法条款的宽泛的法律授权。它主要采用抽象的形式推理来区别所有这些案件。因此，这份多数意见在最重要段落中作了如下论述：

---

* 逐项否决权，是指仅否决法案中的一些条文，而允许法案的其他条文获得通过。——译者注

① 参见 Breyer，“The Legislative Veto after Chadha”，72 *Geo. L. J.* 785 (1984)。

② 521 U. S. 811 (1997)，参见 § 16.15 的讨论。

③ 524 U. S. 417 (1998).

④ 参见 § 16.4 和 § 16.5 的讨论。

据说《逐项否决法》所授予的只不过是与决定拨付资金使用类似的裁量权。但是，这部法律和所有其他已有的法律之间最关键的区别在于，这部法律赋予了总统修改合理通过的法律条文的单方权力。

正如§2.6所论述的，多数意见也以与最高法院过去60年里在不授权原则领域所有判决不同的方式，对某些更早的不授权原则相关判例进行了描述。

□ 不同意见强调了效果

三位持不同意见的大法官撰写了两份判决意见，指出多数意见未能理解这部法律的实体效果。Scalia大法官有效地指出了基本问题所在：

就政治性的程度而言，赋予行政分支的"立法"权，国会授权总统删除开支条款，与国会授权总统裁量决定特定项目的开支之间丝毫没有区分的必要。后者早在建国之初就已存在……这种拨款的合宪性问题从未受到质疑。

Breyer大法官通过建构一部假定其功能上与总统已经"删除"的法律条文功能相当的
69 法律，阐释了Scalia大法官的观点。该讼争的法律条款赋予纽约医院（New York Hospitals）以特定的税收优惠（tax benefits）。Breyer大法官假设的法律修订内容中规定纽约医院有权享受税收优惠：

但是，如果假定总统作出x、y和z等决定（假定x、y和z是《逐项否决法》所要求的同样的决定），他可能防止刚才所提到的法律条款生效……无论个人对所假定的法律想说什么……从英文的角度讲，总有一件事情是人们所不能说的。人们不能说，总统如果"防止"所认为的文字"产生法律效力"……就是取消或者修订了特定的假设性法律。相反，总统是行使了法律明确赋予他的权力。他是执行了法律，而不是废止了法律。

□ 多数意见受到文字的困扰

正如持不同意见的大法官所指出的，多数意见是受到了该法律采用的令人误解的文字——"否决"和"删除"——所误导。事实上，这部法律仅仅是授权总统拒绝适用特定拨付资金，拒绝让特定的税法条款生效。在Field v. Clark[①]案中，最高法院支持了赋予总统裁量权的类似规定。数百年来，国会赋予总统更广泛的决定开支的裁量权而并未引发任何合宪性的担心。[②] 这部法律所引发的唯一宪法争议是关于对不授权原则的遵守。由于不授权原则允许国会向总统授权，只要总统行使权力是受"明确性原则"（intelligible principle）调整，并且由于《逐项否决法》将这些原则适用于总统行使国会授予的权力，该法就应当得到支持。[③] 任何情况下，如果国会采用Breyer所建议的文字重新立法，最高法院将会要么给予支持，要么推翻数十件先例。

□ 总统可以作为民事诉讼的主体

联邦法院裁决过其他几项涉及总统权力和豁免权的重要争议。在Clinton v. Jones[④]案

---

① 143 U. S. 649 (1982).

② 参见Richard J. Pierce, Jr.，"Political Accountability and Delegated Power: A Response to Professor Lowi"，36 *Am. U. L. Rev.* 391，405-407 (1987)；Louis Fisher，*Presidential Spending Power* (1975)。

③ 参见§2.6。

④ 520 U. S. 681，参见§19.3的讨论。

中，最高法院认为，当在任总统因非公务行为受到指控时，权力分立原则并不排除联邦地区法院裁决针对在任总统所提起的私人损害赔偿诉讼。但是，最高法院并未明确联邦法院是否可以“迫使总统在任何具体的时间或者地点出席”的问题。最高法院推定“可以在其 70
繁忙的日程安排允许的情况下选择一个时间在白宫内收集……”总统的证词。

□ 总统拥有广泛的沟通特权

哥伦比亚特区巡回法院依据权力分立原则作出了扩大总统沟通特权（communications privilege）范围的判决。① 独立检察官办公室在调查对前农业部长 Epsy 被指控的罪行时向白宫发出传票，要求提供与总统为了确定是否需要解除 Epsy 部长职务的目的而开展内部调查时所准备的材料。白宫拒绝提供 84 份文件，它们或者是属于审议过程特权范畴（the deliberative process privilege）②，或者是属于总统沟通特权范畴。法院认定，拒绝提供的这些材料中有的是不属于审议过程特权，但是属于总统沟通特权所保护的。这两项特权在以下四个重要方面存在区别：（1）总统沟通特权只适用于与总统决定有关的材料，而审议过程特权适用于任何行政分支内的官员所作决定有关的材料；（2）审议过程特权只包含决定之前的材料，而总统沟通特权同时包括最终的和决定前的材料；（3）总统沟通特权涵盖文件的实际内容，而审议过程特权则不是；（4）都可以通过证明存在现实需要而排除这两项特权，但是排除总统沟通特权的难度相对更高。

在一份论证详细而充满思辨的判决意见中，法院强调了为总统提供真诚的咨询意见和帮助总统决策而开展全面的调查的需要，它将总统沟通特权范围扩大到总统从不关心这种沟通是由总统顾问亲自作出，还是应总统顾问要求为了协助总统决定是否行使“核心和不可授出的总统权”，例如是否接触内阁级别官员职务的决定。法院也认为，可以在满足包括两部分内容组成的“特定需要标准”时，排除总统沟通特权：

> 当事人要想排除总统特权的主张，必须证明：首先，每一组独立的传票要求提供的材料很可能包含了重要证据；其次，这一证据无法在其他地方以应有的审慎（due diligence）取得。第一项构成要件……表明，所要收集的证据必须被认为是与案件审理之核心争点直接相关的……第二项构成要件［表明］……必须努力确定是否可以在其他地方取得充分的 71
> 证据，支持签发传票者必须准备报告其所采取努力的细节，并解释为什么仍然需要取得属于总统特权范围的证据。

在 Cheney v. United States District Court for the District of Columbia③ 案中，七位大法官坚持的多数意见认为，当副总统向法院申请执行令命令地区法院撤销或者改变对副总统提出的在民事诉讼中提交证据的俄要求时，巡回法院必须受理执行职务令的申请，并且考虑权力分立的问题。最高法院指出，巡回法院必须考虑副总统的主张，即证据开示令可能构成严重侵犯总统获取咨询意见和“保护行政分支不因恶意诉讼而影响其全力履行其宪法赋予的职责”的过程。判决意见的语气表明，自从最高法院在 Clinton v. Jones④ 案中提出了极其幼稚的判决意见后，大法官们已经深刻了解了民事诉讼可能给总统带来的影响。在该判决意见中，最高法院预计这起让克林顿（Clinton）的总统任期成为跛脚，并导致启动弹劾 Clinton 总统程序的 Paula Jones 案件“基本不可能在克林顿总统的任期中占据任何

---

① 参见一起秘密审理的案件（In re Sealed Case），121 F. 3d 729 and 116 F. 3d 550（D. C. Cir. 1997）。

② 参见§5.11。

③ 124 S. Ct. 2576（2004）.

④ 520 U. S. 681（1997）.

重要的部分”。

□ 国会不能改变最终判决

联邦法院也根据《联邦宪法》对国会或者行政机关改变司法判决的权力进行限制。在 Plaut v. Spendthrift Farm[①] 案中，最高法院认为，《联邦宪法》第 3 条禁止国会立法，对联邦法院的一项最终判决进行程序重开（reopen）。三位大法官也认为，该禁止性规则只适用于主要针对某一个人或者小团体的法律。

□ 原则适用于行政机关

在 Saco River Cellular v. FCC[②] 案中，哥伦比亚特区巡回法院阐明了在某些情况下的法律规则，即法院可以，也必须适用后来制定的法院影响已经作出司法判决的争议结果。在 1989 年，联邦通信委员会（FCC）批准了 PortCell 的申请，允许其提供蜂窝电话服务，尽管 PortCell 提交的申请中存在可信度的缺陷。哥伦比亚特区巡回法院以该决定武断和恣意（arbitrary and capricious）为由，将该案件发回联邦通信委员会重新处理。在发回重新处理的过程中，联邦通信委员会签发了裁决令，该裁决令拒绝了 PortCell 的申请，而批准了 Northeast Cellular 的竞争性申请。当事人向联邦通信委员会提出的重新审议这些裁决
72 令的申请在 1995 年尚未结束，这时国会通过了《文书工作削减法》的修正案。该修正案规定，任何人不得因为未能提交未经管理和预算局（OMB）批准的表格而受到处罚；任何人在行政机关受理的案件程序尚未终结，或者对于违法行政行为的司法审查期间，可以随时提出违反该禁止性规定的问题。PortCell 随后提出了复议（reconsideration）申请，其中主张《文书工作削减法》的修正案要求联邦通信委员会撤销之前的裁决令，并批准 PortCell 原先的申请。联邦通信委员会犹豫之下同意了。Northeast 和另一家竞争性的申请人对联邦通信委员会的这项裁决令提出上诉。他们主张，适用《文书工作削减法》的修正案将会违反权力分立原则。哥伦比亚特区巡回法院支持联邦通信委员会对《文书工作削减法》修正案的适用，并将该案与 Plaut 案相互区分。联邦通信委员会有权适用《文书工作削减法》的修正案以改变本案的结论，因为哥伦比亚特区巡回法院之前发布过有关行政机关遵守《文书工作削减法》修正案的最终判决。事实上，它只是判定联邦通信委员会之前的决定存在武断和恣意的问题而发回重新处理。不仅如此，联邦通信委员会需要遵守《文书工作削减法》的修正案，因为该修正案提到该法律适用于 PortCell 提交首次复议申请时尚未终结的案件。

□ 国会可以从行政分支收回权力

在 Biodiversity Associations v. Cables[③] 案中，第十巡回法院作出了支持某部法律的判决，该法推翻了法院批准的环境纠纷的和解方案，将其中的条款代之以可以适用于国家森林中树木砍伐的一系列详细指南。法院认为，该法并未僭越行政权的领域。相反，国会只是从行政分支那里收回了过去授出的权力。法院也支持了这部法律的有效性，无论其超越

① 514 U. S. 211 (1995).
② 133 F. 3d 25 (D. C. Cir. 1998).
③ 357 F. 3d 1152 (10th Cir. 2004).

了一起诉讼的和解协议，还是超越了一起诉讼的司法处理。国会总是保留着撤销或者修改公权利的权力，协议的当事人或者法院都不能阻止国会行使该权力。

□ 行政机关不能推翻终局判决

在 Town of Deerfield v. FCC[1] 案中，第二巡回法院有机会解决一项不同寻常的争议。该案判决意见也许可以转述如下：行政机关不能通过行使裁决权的方式更改联邦法院判决的结果。联邦通信委员会发布了一项优先于地方分区规划条例（zoning ordinance）的规则，该地方分区规划条例限制在联邦通信委员会的规则所规定的特定情形下架设卫星天线（satellite dishes）。联邦通信委员会指出其愿意对指控特定规划条例违反其规则的投诉进行裁决，但条件是该投诉已经穷尽了其他救济途径。Deerfield 镇发布了限制在某些情况下架设卫星天线的条例。Carino 先生申请架设卫星天线的建筑许可证。Deerfield 镇分区规划 73
委员会拒绝了他的申请，理由是他的申请违反了分区规划条例的规定。Carino 先生随后向州法院申请对该决定进行司法审查，认为联邦通信委员会规则优先于该镇的分区规划条例。州法院认为，该分区规划条例是与联邦通信委员会的规则相互一致的。Carino 先生于是到联邦法院提起 § 1983 诉讼，指控 Deerfield 镇已经侵犯了联邦政府赋予他的权利。[2] 联邦法院适用了间接禁反言原则（collateral estoppel）*，判定优先适用** 问题已经在州法院得到充分审理并形成了最后的判决。在按照联邦通信委员会的规则穷尽所有救济手段之后，Carino 先生向联邦通信委员会投诉。联邦通信委员会裁决认定，其规则优先于 Deerfield 镇的条例。第二巡回法院依据《联邦宪法》推翻了联邦通信委员会的裁决令。该法院认为行政机关不能发布推翻此前联邦法院作出的判决，或者与该判决结果不一致的裁决令。因为，这么做会让法院判决成为只具有咨询性质的意见，而这是《联邦宪法》第 3 条的“案件或者争议条款”要求所禁止的。

第二巡回法院的推理适合于所受理的这起不同寻常的案件：行政机关不得发布裁决令推翻联邦法院对具体纠纷作出的裁判结果。[3] 但是，我们不能错误地将该判决意见解释为代表更广泛的立场，例如联邦法院已经作出的判决中包含了对行政机关所实施的法律或者行政规则的解释，则行政机关不能发布与其不一致的行政规则。法院有时会在裁判私方当事人之间的纠纷时对行政机关所执行的法律或者行政规则规定的模糊之处进行建构性的解释（construction）。如果行政机关后来对行政机关所实施的法律或者行政规则作出了不同的建构性解释，则该解释只要是合理的，也对法院具有拘束力。[4]

□ 联邦法官可以是引渡裁决官

在 LoDuca v. United States[5] 案中，第二巡回法院裁决了质疑引渡立法合宪性问题提

---

* 间接禁反言，指作为前诉和后诉审理对象的诉讼请求虽然不同，但对当事人在前诉中所充分争执辩论过的涉案事实争点，法院作出判断后产生的一种不准当事人在牵连性后诉中对该争点再行争执或异议的法律拘束力。——译者注

** 优先适用（preemption），也译作“先占”，是指在某些全国性问题上联邦法优先于州法的原则，在某一特定领域州法优先于地方法的原则。——译者注

[1] 992 F. 2d 420 (2d Cir. 1993).

[2] 参见 § 19.6 对 § 1983 的各种选项的讨论。

[3] 参见 § 13.4。

[4] 参见 § 3.5、§ 6.11、§ 13.5 和 § 14.4。

[5] 93 F. 3d 1100 (2d Cir. 1996).

出的一系列质疑。该案中法律要求政府在试图引渡该个人时候，可以对外籍在逃犯提出指
控。该指控可以提交“引渡裁决官”（extradition officers），具体定义包括联邦法院的大法
官、法官或者治安法官，或者司法程序和审判结果作为记录保存并且具有一般司法管辖权
的州法院的任何法官。如果引渡裁决官认定该逃犯是可以引渡的，国务卿可以，但是并非
必须引渡该难民。LoDuca 主张该法律违宪，理由有三：（1）它授权行政分支中的官员
（如国务卿）更改法院的命令，从而违反了权力分立原则；（2）如果引渡裁决官不行使司
74 法权，该法律因为要求法官行使超出司法性质的职能而违反了权力分立；（3）如果引渡裁
决官是行使非司法性质的职能的，他们没有按照《联邦宪法》的任命条款要求的方式任命
他们担任非司法性质的职务。法院驳回了质疑该法律的合宪性提出的所有诉讼。法院认
为：（1）引渡裁决官并不行使《联邦宪法》第 3 条规定的司法职能，因为他们是以独立法
官而非法院的名义履行职务；（2）引渡裁决官可以履行其超出司法性质的（extrajudicial）
职能，因为他们是作为个人作出决定，并且该职能并不危害司法机关的完整性；（3）法官
的初次任命（initial appointments）足以允许他们承担引渡裁决官的职能，因为引渡裁决
官的角色是与担任法官的初次任命是“密切相关的”。

§ 2.5　权力分立与独立行政机关

□ 1789 年设立的第一家独立行政机关

独立行政机关早在美国开国初期就在政府中扮演着举足轻重的作用。首届国会在 1789 年设立了第一家独立行政机关。它规定了财政部内设的主计长（comptroller）职位，并且通过限制总统免除主计长职务的权力，而使主计长摆脱了总统的全权控制。[1]

□ 对独立行政机关的多次攻击

到了 20 世纪，人们开始对独立行政机关的合宪性展开深入辩论。1937 年所发表的总统行政管理委员会的报告更是将对独立行政机关的攻击推向高潮，该报告将独立行政机关定性为政府“没有顶头上司的第四分支”[2]。到了 20 世纪 80 年代，对独立行政机关的攻击卷土重来，并且在三位联邦地区法院法官出具的判决意见中达到高潮，其中明确认为所有独立行政机关都是违宪的。[3] 但是，80 年代末，最高法院两度重申独立行政机关的合宪性。到了 90 年代，最高法院四位大法官提出的协同意见再次使独立行政机关的合法性蒙上了一层阴影。[4]

□ 独立行政机关的特征

考虑到独立行政机关历史悠久而又颇具争议，对于独立行政机关的定义缺乏共识确实

① 参见 § 2.3 的讨论。

② 参见 § 1.4 的讨论。

③ Synar v. Untied States, 626 F. Supp. 1374 (D. D. C.), *aff'd sub nom*. Bowsher v. Synar, 478 U. S. 714 (1986).

④ 参见 Freytag v. Commissioner of Internal Revenue, 501 U. S. 868 (1991)。

令人意外。“独立”一词是指行政机关在一个或者多个方面隔离于总统的控制。这种隔离 75
可以采取多种形式。独立行政机关常常是设在行政分支之外，但是也有一些独立行政机关，如联邦能源监管委员会，是设在内阁部门之内。大多数独立行政机关是由多名委员组成的合议机构领导，同时立法对属于同一党派的委员人数作了限制。[①] 这一共同特征虽然并不是关键性的，但它往往会削弱控制行政决定的实际权力。

独立行政机关有别于其他行政机关的最鲜明的特征是，立法上存在对总统免除机关首长（或者委员）的权力的限制。每起存在独立行政机关合宪性问题的案件焦点都在这一特征。每起案件中的问题是，对于总统免职权的限制是否违反了《联邦宪法》第 2 条第 3 款的规定，即“［总统］应当保障法律得到忠实履行”。如果行政机关的首长可以由总统“任意”免职，那么将其称之为“独立”行政机关，这除了容易让人误解之外别无好处。但是，国会有时会采取这种奇怪的做法。例如，能源研究与开发管理局（the Energy Research and Development Administration）的局长是根据总统意愿任命的，国会仍然称之为“独立”行政机关。[②]

□ 独立性的优点和缺点

独立行政机关的优缺点都来自同一个原因：免受总统的政治偏好影响。免受政治偏好的影响，在行政裁决行为情况下是最为理想的。没有人愿意让总统或者任何其他人根据利害相关人的政治信念或者党派归属来控制纠纷裁决的结果。

一旦离开裁决的情境，行政机关独立性的理由就不那么充分了。但是，行政机关独立性的理由也并非完全消失。例如，在规则制定情境下，使行政机关的决策者免受潜在的总统压力影响，也许有助于增强作为规则制定前提的科学分析的公正性。至少这会减少规则的批评者所感受到的不信任水平。联邦储备委员会的独立性则是基于另一项理由。联邦储备委员会的委员如果需要按照总统的意志行事，就会在大选前夕屈服于总统的压力而增加货币供应，这种政策尽管带来短期的繁荣，却是以国家的经济健康发展作为其长期代价的。

独立性的缺陷在行政机关的政策制定/规则制定的情境中表现得尤为突出。如果行政
机关有权作出政策决定，而且确实能够独立于总统，它所作出的政策决定就会缺乏明确的 76
政治问责以及由此带来的合宪性的渊源。而且，政府如果是由数以百计的完全独立的行政机关所组成，并且每家行政机关都有着各自的目标和使命，其政策冲突、缺乏协调的问题就会非常严重。

而对行政裁决行为来说，行政机关独立性的缺陷会少一些，但是并非完全没有。有些行政机关完全是以行政裁决的形式制定政策。而且，裁决型行政机关的首长需要就其保持不同决定之间的一致性、资源配置的决定——例如应当如何在数以千计甚至数以十万计的裁决案件中分配行政机关的稀缺资源——向他人负责。

□ 优点和缺点难以证实

现在试图评估独立性的优缺点会遇到两大难题。首先，独立性的优缺点都难以证实。

---

① 在§2.4讨论的 FEC v. NRA Political Victory Fund，6 F.3d 821（D.C.Cir.1993）中，哥伦比亚特区巡回法院认为，对总统任命权的限制是不可诉的。

② 88 Stat.1233（1974）.

行政分支中的行政机关由总统自主任命的人员担任首长，每年需要裁决数十万起裁决案件。但是，并无证据能够证明总统影响了任何一起案件的结果。独立行政机关每年要作出数百项政策决定。但是，也很少有证据能够证明比起行政分支的众多决定来说，独立行政机关作出的这些决定造成了更多冲突或者更为缺乏协调。事实上，大量证据表明独立行政机关作出的政策决定有着与总统相同的政策偏好。[①] 这种立场上的一致性并不令人惊奇，因为新任总统所任命的人选通常是为了在就任后几个月的时间内控制独立行政机关的决策过程。[②]

□ 国会决定的依据难以确定

其次，国会对于是否让行政机关在任何事务上保持独立，甚至并不是以大致根据对其地位的优缺点的理论评估作出决定。影响国会决定的最大单一因素是其这样的确信，即独立行政机关很可能更在意国会议员表达的偏好。当然，总统通常将这一趋势视为一项缺点，因此行政机关的地位常常难以达成一致，最后需要国会和总统之间达成妥协。

□ 总统的免职权：Myers 案

最高法院首次试图裁决独立行政机关的合法性问题是在 Myers v. United States[③] 案。在该案中，最高法院认为《联邦宪法》并未赋予国会要求总统在免除邮政局局长职务之前
77 需要向参议院征求建议并且获得其批准的权力。起初，Myers 案被广泛解释为标志着国会不能以任何方式限制总统免除承担行政职责的官员职务的权力。因此，Myers 案中判决意见被认为预示着排除了设立独立行政机关的可能性。根据后来的一些案件判决，如今不能再将 Myers 案解释为拥有广泛的含义。Myers 案可以比较容易与后来的案件判决相互调和，只要指出 Myers 案中对总统免除官员职务权的做法违宪的观点同样赋予国会一定程度的免除官员职务的权力。这又允许国会实施对官员的非法定的控制权。这样看来，作为一起认为国会只能通过立法程序控制政策制定的案件，Myers 案可以很好地与 Chadha 案和 Bowsher 案取得一致。[④]

□ Humphrey's Executor 案

最高法院第二次试图对独立行政机关的合法性问题作出裁决是在 Humphrey's Executor v. United States[⑤] 案。罗斯福总统免除了 Humphrey 所担任的联邦贸易委员会委员一职，理由是"无论是在政策层面，还是在联邦贸易委员会的管理层面，我们都有意见分歧"。问题是，法律将总统解除联邦贸易委员会委员的权力限于"低效、玩忽职守或者渎职"等情形，是否合宪。最高法院对此以一致意见给出了肯定的回答。

---

① 参见 Nathaniel Beck，"Elections and the Fed：Is There a Political Monetary Cycle?"，31 *Am. J. Pol. Sci.* 194 (1987)。

② Peter L. Strauss，"The Place of Agencies in Government：Separation of Power and the Fourth Branch"，84 *Colum. L. Rev.* 573，641-643 (1984).

③ 272 U. S. 52 (1926).

④ 参见§2.4。

⑤ 295 U. S. 602 (1935).

□ 对 Humphrey's Executor 案的解释

Humphrey's Executor 案的判决意见一经公布，就引发众多不同的解释。一方面，最高法院指出，联邦贸易委员会“除了服从合众国人民之外，不必服从政府中的任何人”[①]。由于判决使用的这一宽泛用语，众多评论家对 Humphrey's Executor 案的理解是，作为政府没有顶头上司的第四分支，独立行政机关不必接受《联邦宪法》确认的政府三大分支的问责，因此独立行政机关的概念是合法的。这种宽泛解释即使在 1935 年也是错误的；这起案件在今天当然也不能被解释为体现了这样一项原则。

□ Humphrey's Executor 案的历史背景

最高法院作出 Humphrey's Executor 案判决时所处的历史背景，可以极其有效地帮助我们从法院的判决意见中总结出一项经受得起时间检验的原则。第一，最高法院是在与罗斯福总统的斗争达到高潮时作出这一判决的——这一天也正是最高法院根据授权原则判定《国家工业复兴法》违宪的日子。[②] 当时，最高法院非常担心总统的权力，于是进行了前所未有的，但是也是短暂的努力，试图限制总统的权力。最高法院对总统权采取如此苛刻的要求，从历史上看可谓空前绝后。

□ 从职能角度对 Humphrey's Executor 案的解释

第二，最高法院作出 Humphrey's Executor 案判决时，联邦贸易委员会还没有承担政策制定的职能。正如最高法院所强调的，联邦贸易委员会的唯一职能就是对个人争议作出裁决，向国会提供信息和建议。[③] 因此，最高法院没有必要讨论总统是否可以对行政机关政策制定职能实施适度的控制。Humphrey's Executor 认为只有国会可以限制总统对那些主要职能与法院或者国会非常相似的政策制定者行使某种形式的控制——如免职。

□ 没有对免职理由的含义作出判决

第三，罗斯福总统并未声称他根据法律所允许的理由而免除 Humphrey 的职务。他也没有质疑法律所规定的总统免职事由的范围。就行政首长承担重要的政策制定职能这一背景而言，行政机关首长拒绝遵守总统行政命令或者拒绝将行政机关的政策与总统所制定的国家政策相互协调可以被认为属于“玩忽职守”，即法律中所规定的一项免职事由。 78

□ 与后来判决的调和

第四，此后的一系列法院判决，与 Humphrey's Executor 案所确立的政府无顶头上司的第四分支这一宽泛解释并不一致。而且，事实上总统实质性地控制着“独立”行政机关所行使的众多职能。

---

① 295 U. S. at 625.

② 参见 Schechter Poultry Corp. v. United States，295 U. S. 495（1935）。

③ 295 U. S. at 628.

□ 有些附带意见显然是错误的

第五，法学家和学者们不经意地引用 Humphrey's Executor 案时所赋予该案的特别宽泛的内涵，会产生重大的宪政危机。行政机关不必成为政府三大分支的一部分，但是它所行使的每一项职能都需要受到政府的某一分支或者多个分支的控制。行政机关不能也实际上并不拥有“独立于”政府的立法、司法和行政分支的权力。

□ 功能解释

Strauss 教授主张，根据上下文的解释，Humphrey's Executor 案的判决是支持对在行政法上所提出的权力分立的争议采取功能主义的进路。[1] 按照这一进路，如果国会能够禁止自身介入行政机关一致地行使的准司法性职能，国会就可以禁止总统介入行政机关的准司法性职能。但是国会不能禁止总统对行政机关政策制定发挥着重要作用——无论行政机关是在行政分支内部，还是“独立的”。关键的问题是行政机关所履行职能的性质，以及总统免除行政机关首长职务时所提供的理由，而不是出于政策制定之外的某些目的而将行
79 政机关定性为“独立的”。

□ Wiener v. United Sates 案

在 Wiener v. Unites States[2] 案中，最高法院再次试图界定独立行政机关概念外延。艾森豪威尔（Eisenhower）总统试图解除战争赔偿委员会（the War Claims Commission）[*] 的一名委员的职务，理由是他更希望“任用自己挑选的人选”。最高法院判定总统在没有合理事由的情况下不能免除行政机关首长的职务，因为该委员会行使的是“依法裁决”的权力。

□ 功能解释

Wiener 案的立场完全符合 Strauss 教授建议的、Humphrey's Executor 案中的功能主义进路。考虑到使裁决行为的决策者免受可能的政治影响之重要性，国会有权限制总统免除这些决策者的职务的权限，即只授权有理由的免除职务。

□ 法律上没有明确的免职限制

但是，Wiener 案的立场容易引发困扰，因为国会并未明确限制总统免除战争赔偿委员会委员职务的权力。法院也从未认为裁决行为的决定者必须受到总统“基于合理事由”免职权的限制。这种判决意见需要对政府结构进行革命性的变革，因为由总统“任意”任

---

* 美国战争赔偿委员会是《1948 年战争赔偿法》（the War Claims Act of 1948）设立的，负责对第二次世界大战期间的美国战争犯和被拘禁的平民提出的赔偿请求进行裁决并支付赔偿。——译者注

① Peter L. Strauss, “The Place of Agencies in Government: Separation of Powers and the Fourth Branch”, 84 *Colum. L. Rev.* 573, 639-650 (1985).

② 357 U.S. 349 (1958).

命的人担任首长的行政机关每年都需要裁决数十万起纠纷。例如，社会保障局每年裁决的案件就远远要超过所有其他行政机关的总和。

在 Wiener 案中，最高法院认定国会默示地试图限制总统的免职权。最高法院指出“对委员会的任期限制（法定的年限）体现为所规定的委员任期，国会并未规定委员的免职。”[①] 法院接着指出，“就我们所讨论的案件而言，要得出有关总统免职权的结论的最可靠因素当推国会授予战争赔偿委员会的职权的性质。”[②] 在指出委员会的唯一职权是裁决之后，法院认为国会默示地将总统免职权限于总统提出充分的免职理由的情形。现代法院不太可能将国会的沉默解释为对总统免职权的默示限制，特别是该行政机关具有政策制定的权力时。[③]

20 世纪 80 年代对独立行政机关的新一轮攻击

在 Humphrey's Executor 案和 Wiener 案之后，一直到 80 年代都无人认真质疑过独立行政机关的合宪性。在 Synar v. United States[④] 案中，哥伦比亚特区联邦地区法院的三位法官认为国会将权力授予总审计长是违宪的。在这一案件的判决意见中所使用的宽泛的推理是一份判定所有独立行政机关违宪的判决的前兆。在 Bowsher v. Synar[⑤] 案中，最高法 80
院支持了地区法院的判决，尽管其推理要远比地区法院的推理更为狭窄。最高法院只是认为国会不能将权力授予直接依赖于国会的行政机关。

最高法院认为独立行政机关是合宪的

事实上，大法官们不厌其烦地强调 Bowsher 案中的判决主旨并未怀疑国会向独立行政机关授权的合法性。Bowsher 案中大法官们出具的四份判决意见都特别区分了独立行政机关与国会机关之间的区别，从而明确地指出国会可以向独立行政机关授权。[⑥]

Morrison v. Olson 案：独立行政机关是合宪的

在 Morrison v. Olson[⑦] 案中，最高法院反驳了对独立行政机关合宪性再次提出的质疑。Morrison 案涉及的是《政府伦理法》中独立检察官规定的合宪性。[⑧] 该法要求司法部长对行政分支的成员涉嫌违反联邦刑法的行为实施初步调查。如果司法部长“有合理理由认为有必要进行深入调查”，他必须将这一事实报告交给由三位法官组成的特别法庭，并

---

① 357 U. S. at 350.

② Id. at 353.

③ 例可参见 § 2.4 讨论的 FEC v. NRA Political Victory Fund, 6 F. 3d 821 (D. C. Cir. 1993)（认为国会的沉默，可能会使得总统可以随意免除官员的职务）。

④ 626 F. Supp. 1374 (D. D. C. 1986).

⑤ 478 U. S. 714 (1986).

⑥ Id. at 725 n. 4（多数意见）；id. at 746 n. 11 (Stevens 大法官和 Marshall 大法官的协同意见)；id. at 760-763 (White 大法官的不同意见)；id. at 777 (Blackmun 大法官的不同意见). 有关大法官们有意区别独立机关与国会机关的进一步论据，参见 Schwartz，“An Administrative Law ‘Might Have Been’ —Chief Justice Burger's Bowsher v. Synar Draft”, 42 *Admin. L. Rev.* 221 (1990)。

⑦ 487 U. S. 654 (1988).

⑧ 28 U. S. C. § § 49, 591-49, 598.

且申请任命一位独立检察官。特别法庭“应当确定”独立检察官的管辖权限，而独立检察官有充分的权限“行使司法部的所有调查、指控职能和权力”。只能在基于合理事由的情形时，“司法部长才能亲自”免除独立检察官的职务。“除非条件不可行”，否则独立检察官必须遵守司法部的政策规定。

□“官员”区别于“次级官员”

在一份由七位大法官出具的多数意见中，最高法院驳回了对独立检察官规定违反权力分立规定的质疑。首先，最高法院认为独立检察官不是《联邦宪法》第 11 条规定的由总统任命的“合众国官员”。相反，独立检察官是“次级官员”[①]。《联邦宪法》第 2 条授权国会将任命次级官员的权力授予总统、法院或者行政分支的首长。独立检察官是次级官员，
81 因为他们缺乏任何政策制定权，必须遵守司法部的政策规定，履行权力的范围和时间也仅限于对特定指控展开调查和提起公诉。[②]

□ 国会可以限制总统免除检察官职务的权力

其次，在 Morrison 案中，最高法院判定，国会可以对总统免除独立检察官职务的权限进行限制，规定独立检察官的职务仅在基于合理事由时方可免除。多数意见承认分配给独立检察官的调查和指控的职能内在地属于行政权。[③] 但是，多数意见认为，将总统控制这些职能行使限制在调查和指控行政分支官员的违法行为，“并不足以剥夺总统对独立检察官的控制权，以至于会妨碍总统确保法律得到忠实执行的宪法职责”[④]。这份多数意见中并未使用之前众多判决意见中所采用的论述权力分立之重要性的文字。最高法院对其在 Myers 案、Chadha 案和 Bowsher 案等案件中的判决意见进行了区分，其理由是“本案并不涉及国会任何试图扩张自身权限而缩小行政分支权限的努力”[⑤]。

□ 国会限制总统权力之限度的可能需要

Scalia 大法官在 Morrison 案中发表了激情洋溢的不同意见。他批评多数意见将先前用于确立国会限制总统权限之合理范围的原则“弃如敝屣”，而“甚至没有试图确立一项替代的标准——具有可司法性的标准”[⑥]。Scalia 大法官的不同意见提出了一些非常重要且值得深入讨论的问题。

Scalia 大法官指责 Morrison 案对可以允许的政府结构提供的图景并不完整，这一点是很难反驳的。对于国会限制总统控制行政分支官员之权力，判决意见并未指出任何具有可司法性的限度标准。特别是，法院还没有指出哪类行政官员是必须由总统“任意”免职，或者对于那些只有在“基于合理事由”的情况下才能免除官员职务的，哪些情况可以构成

---

① Id. at 671.

② 参见§2.4。

③ 不同观点，参见 United States v. Williams，112 S. Ct. 1735 (1992)（认为大陪审团是一个独立机构，独立于政府的三大分支中的任何一个分支）。

④ 487 U. S. at 693.

⑤ Id. at 686，694.

⑥ Id. at 711，725.

充分“事由”。国会限制总统控制行政分支官员之权力，缺乏可司法性的限度标准，Scalia 大法官因此担心国会可能阉割总统权力，这是有道理的。[①] 文本和史实尽管并不足以支持 82
立宪者们采纳权力分立规则的观点，却能够充分支持更为温和的观点，即立宪者们试图确立强势的“独任制行政”[②]。如果最高法院没有以某种方式对其权限进行限制，国会可以挫败这一企图。

□“纯行政性的”权力标准不可行

Scalia 大法官试图将某些权力定性为“纯行政性的”（purely executive），以确立一项具有可司法性的标准。这一努力并不能提供多大期望。他认为调查和指控是属于“历来而且无论何地”都是由受总统全权控制的官员行使的职能，但是这一观点事实上并不准确。[③] 由只在“基于合理事由”的情况下才能被免职的官员担任首长的“独立”行政机关早已行使着调查和指控这两项职能。更广泛地说，Scalia 大法官提出的确定“纯行政性的”的历史标准并不太可能适用于“历来而且无论何地”专属总统行使的众多职能。即使是在最重要的总统权——外交权领域，总统也是在某种程度上与国会分享权力的。杰斐逊（Jefferson）在 1790 年就认识到，总统所拥有的进行条约谈判这一看似无可争辩的权力实际上受到参议院的批准权和众议院的拨款权的制约。[④]

□ 政策制定作为潜在的限制

探求具有可司法性的标准的过程，可以首先从最为重要的原则开始。立宪者们试图缔造宪政民主政体。独立的司法机关所享有的权力是确保需要在政治上接受问责的两大政府分支在宪法所规定的权限范围内行事，但是政策决定需要由在政治上接受问责的官员和机构作出。政治和政策的概念本身是纠缠不清的。事实上，他们都有着语义学上的共同渊源。根据《牛津英语辞典》（*the Oxford English Dictionary*），政策（policy）和政治（politics）出自同一个希腊文—拉丁文词根，并且常常被用作同义词。[⑤] 可以肯定的是，立宪者们希望所有的政策决定，除了那些附属于根据宪法、法律或者普通法裁决案件程序的政策决定之外，由政治上接受问责的部门来制定。

□ 对国会权力的程序限制

但是，立宪者们并未试图从实体上在两大政治上需要接受问责的部门之间分配政策制定权。他们已经认识到这是一项不可能完成的任务。相反，在两大政治上需要接受问责的 83
分支之间的分工是程序性的。根据 Jackson 大法官对这一关系的解释，当国会根据两院审议及呈送总统接受可能的否决等要求制定政策时，其政策偏好可以约束总统和国民。[⑥] 当

---

① 487 U. S. at 712, 728-729.

② 参见 Hamilton 在《联邦党人文集》(Federalist) 第 69～73 篇中的详尽论述。

③ 参见 Note, “Is Prosecution a Core Executive Function?”, 99 *Yale L. J.* 1069 (1990)。

④ 参见 Gasper, “An Essay in Separation of Powers: Some Early Versions and Practices”, 30 *Wm. & Mary L. Rev.* 211, 243-249, 256-257 (1989)。另可参见 Monaghan, “The Protective Power of the Presidency”, 93 *Colum. L. Rev.* 1 (1993)。

⑤ Ⅶ OED 1070-1074 (1909).

⑥ 参见 Youngstown Sheet & Tube Co. v. Sawyer, 343 U. S. 579, 635-638 (1952)。

国会将政策制定权授予总统或者其代理人，明确尊重总统的背景下，总统制定政策的权限仅仅受到宪法中可以由司法机关执行的权限的限制。

政策决定应由政治上可以问责的机构作出

一旦人们接受政策制定由两大政治上需要接受问责的分支共同行使，并且这两大分支在政策制定上的分工更多的是程序性的而非实体性的，Scalia 大法官所探求的具有可司法性的标准就变得明显了。政策制定职能只能由可以接受政治问责的个人或者机构来承担。如果国会将制定政策的权力授予总统之外的其他人，则该个人就必须接受总统的控制。根据这一原则，我们可以得出如下两大推论。

违反总统政策指令可以构成免职理由

第一项推论，同时承担政策制定职责和裁决程序中重要角色的官员可以由总统“基于合理事由”免职，但是“（合理）事由”必须包括未能遵守总统或者其代理人制定的任何有效的政策决定。这一结论可以回应 Scalia 大法官所表达的有关独立检察官权力的两点忧虑。他们可能会因为向其他国家的官员签发传票造成（事实上已经造成）美国与各国关系紧张，也可能会为了使指控成立而决定让国家安全资料遭受泄密风险。① 根据这里所建议的标准，总统或者司法部长可以制定有关向外国官员签发传票或者访问国家安全数据的政策，从而回避上述风险。这些政策是所有官员，包括独立检察官，都必须遵守的，并且可以由司法机关强制执行。

如果总统试图解除某位独立检察官的职务，对总统免除独立检察官职务的“基于合理事由”的限制是可以由司法机关强制执行的，因为独立检察官密切跟踪行政官员的违法行为，这明显属于“基于合理事由”限制的理由；但是如果总统因为独立检察官违反了总统或者其代理人所制定的普遍适用的政策规定而试图免除独立检察官的职务时，则并不能由司法机关强制执行。这一推论同样回答了一项聚讼纷纭的问题，即总统是否可以发布约束“独立行政机关”的政策指南。事实上，只要国会尚未通过立法程序发布一项不同的政策指令，总统就可以发布他的政策指令。因此，举例来说，联邦贸易委员会的委员可以因为
84 没有考虑某项规则的成本和效益问题而被免职，但是不能因为他对案件所作的裁决而被免职。

要求免职说明理由是正当的

第二项推论解决的是哪位官员必须由总统“任意”免职的相关问题。最显然的答案是那些只承担政策制定职能的官员。但是，这是似是而非的，因为并不存在可以由总统“基于合理事由”免职的纯粹的政策制定官员和可以由总统“任意”免职的纯政策制定官员之间的功能性区别。他们都可能因为自身的作为而遭总统免职，所以都需要接受总统的全权控制。但是，这两类官员之间存在一点重要的差别，即总统需要明确免职的“事由”。在许多情况下，这一要求并不会产生问题。事实上，这一要求可以被视为是确保行政分支的行为政治上负责的重要辅助措施，即强迫总统——行政分支中唯一直接向选民负责的官

① 487 U. S. at 708.

员——在行政分支内部因为政策偏好的巨大差别而产生明显冲突的少数场合，对免除官员的职务承担个人责任。

□ 某种情况下的保密需要作为对“基于合理事由”要求的限制

但是，在某些情形下，要求总统说明免职的“事由”可能会带来严重的负面影响。负责外交或者国防政策制定的官员就可以提供最明显的例证。要求总统公开表明对负责政策制定的官员不满，将会损害与外国的外交关系或者国家安全。总统不应被迫在损害国家安全和免除某位坚持推行总统不同意的政策的官员之间作出抉择。立宪者们承认在这些情形下存在的保密的需要。[1] 在众多涉及外交或者国防的背景，总统认为保密的需要超过对公众负责的价值时，最高法院所作出的尊重行政分支的判决中类似地承认了保密的需要。[2]

对可以由总统“任意”免职的负责政策制定的官员和需要根据总统规定的免职“事由”免职的负责政策制定的官员，两者之间的区别，在官员负责制定政策同时又需要保密的情形下就凸显了。例如，国防部长、卫生和社会服务部长之间就体现了这一区别。这第 85
二点推论回应的是 Scalia 大法官在 Morrison 案中所提出的另一个问题：“如果是只负责很小一部分外交事务的特别助理国务卿，又将如何？”[3] 由于官员行使着政策制定权，而且要求总统明确免职“事由”将会引发严重的外交或者国家安全的担心，这里假设的助理国务卿就需要由总统“任意”免职。

□ 表明政策制定作为对国会限制总统权之限度的案件

最高法院从未认为政策制定是约束国会限制总统控制行政分支官员的“具有可司法性的标准”。但是，最高法院从来没有拒绝适用这一标准，它所作出的众多判决意见都带有可以作为这一立场之先兆的推理。要试图跟踪了解最高法院对政策制定的态度，首先需要了解的是最高法院在 Londoner v. Denver[4] 案和 Bi-Metallic Investment Co. v. State Board of Equalization[5] 案中所划的界限。在 Londoner 案中，最高法院认为不动产所有人没有获得正当程序的保障，因为市政府拒绝给予其听证的机会以允许他为了特别税收评估的目的而质疑地产价值评估结果。当该市政府后来拒绝给予听证机会以允许质疑应税不动产的全面上调的评估结果时，不动产所有人转而根据正当程序条款向法院起诉这一拒绝听证的决定。Holmes 大法官认为正当程序条款并不适用于类似 Bi-Metallic 案的情形：

> 当行为规则适用于多数人时，要想每个人都能在规则制定过程中有机会表达意见是不现实的。《联邦宪法》并不要求所有公共决定是在市民会议上或者全体公众的大会上作出的。在州权力范围制定的一般法律都是在影响个人的人身或者财产，有时甚至达到毁灭性的程度而没有给予听证机会的情形下得到通过的……[6]

John Ely 认为 Londoner 案和 Bi-Metallic 案之间的区别就是“小写的程序”（process

---

① 参见 Jay 和 Hamilton 在《联邦党人文集》(Federalist) 第 64、70 和 75 篇中的讨论。

② 例可参见 Webster v. Roe，486 U. S. 592，600 (1988)；Department of Navy v. Egan，484 U. S. 518，527 (1987)；United States v. Curtiss-Wright Export Co.，299 U. S. 304，320 (1936)。

③ 487 U. S. at 726.

④ 210 U. S. 373 (1908).

⑤ 239 U. S. 441 (1915).

⑥ 239 U. S. at 445.

writ small）与“大写的程序”（process writ large）之间的差别。[1] 前者，正如 Londoner 案所表明的，是宪法所要求的在政府单独对某一个人根据所争议的该个人的事实特征采取不利行为时所需遵守的司法式的程序。而后者，正如 Bi-Metallic 案所表明的，则是根据对立法性事实的考虑而作出影响多数人的决定时宪法所要求的合理程序，也是符合民主制度
86 下可问责的政治程序。最高法院继续引用这一区分，频繁地将其称为裁决与政策制定之间的差别。[2] 但涉及政策制定时，最高法院并不适用“小写的程序”而是适用了“大写的程序”——根据代议制民主的原则作出的决定。

在 Elrod v. Burns[3] 案中，最高法院重新将政策制定作为重要的宪法特征（constitutional distinction）的依据。问题在于完全依赖政治信仰或者所属党派，根据政治背景解雇（patronage dismissal）公共雇员是否合宪。三位大法官的复数意见认为，大批解雇公共雇员是违宪的。但是，复数意见在其判决意见中排除了所有负责政策制定的公共雇员。复数意见的理由是希望确保民选官员或者是选民们所偏好的政策得到实施的愿望，对于民主制的根本原则来说是如此重要，以至于可以消除因为根据政治背景的解雇（patronage-based dismissal）所引起的违反《联邦宪法》第一修正案的担心。[4] 最高法院将其在 Elord 案中的主张扩张适用于 Rutan v. Republican Party of Illinois[5] 案中所涉及的雇用、调任和升迁等情形。

Elrod 案复数意见承认它所划的界限在某些案件中并不容易确定，于是提出了确定这一界限需要考虑的四项因素：（1）责任的广度；（2）裁量的范围；（3）政府雇员是否制定规划；（4）政府雇员是否向民选官员提供咨询意见。[6] 两位大法官在协同意见里表述所支持的原则过程中，强调了这份复数意见确定的界限：“不承担政策制定职能、不承担保密义务的政府雇员”，不能仅仅因为他的政治信仰的问题而被解雇。[7] 这一同样适合于作为“具有可司法性的标准”，用于确定国会限制总统对行政分支官员控制的限度。如果他们的职责完全属于政策制定，其职责也体现了保密的需要，则他们可以由总统“任意”免职。如果他们的职责并不包括政策制定，则他们可以免受总统的任何控制，除非出于日常的管理权而免职或者因为任何雇员的表现不佳而给予纪律处分。如果他们的职责同时包括政策制定和裁决，其中所适用的“小写的程序”表明了免受外部影响的“独立性”之好处，国
87 会可以通过“基于合理事由”的要求限制总统的免职权，但是“合理事由”必须被解释为包括未能遵守总统或者其代理人制定的有效政策指南。

在 1980—1981 年间有关职业安全与健康管理局（the Occupational Safety and Health Administration）的多起案件的判决意见，更进一步说明正在出现根据政策制定的“具有可司法性的标准”。工作场所有毒物质暴露水平的法定规制标准就是一件充满模糊和误导性的作品。[8] 职业安全与健康管理局以这一标准作为重要依据，颁布了两项涉及苯案和棉屑案的争议颇多和成本高昂的规则。在 Industrial Union Department v. American Petrole-

---

① J. Ely, *Democracy and Distrust* 87 (1980).（小写的程序，也被译为小程序，通常是指解决个体纠纷的程序公正；大写的程序，也被译为大程序，则是确保人民广泛参与政府统治和资源分配过程的程序。——译者注）

② 例可参见 Minnesota Board of Community Colleges v. Knight 465 U. S. 271，285（1985）和 Vermont Yankee Nuclear Power Corp. v. NRDC 435 U. S. 519，542（1978）。

③ 427 U. S. 347（1976）.

④ Id. at 367，372.

⑤ 497 U. S. 62（1990）.

⑥ 427 U. S. at 368.

⑦ Id. at 375.

⑧ 参见 29 U. S. C. § § 652（8），655（b）（5）（1982）。

um Institute[1]案（苯案）和 American Textile Manufactures Institute Inc. v. Donovan[2]案（棉屑案）中，大法官们在审查这些规则后提出了多份不同的判决意见。就当前的目的而言，我们有必要只去关注这些判决意见中讨论在缺乏标准情况下国会权力授出问题的部分。Rehnquist 大法官则将先前的行将失效的禁止国会在缺乏标准情况下作出权力授出的宪法性规定，作为其在苯案[3]中提出协同意见的依据。而在苯案中参与提出复数意见的四位大法官明显受到了 Rehnquist 大法官的推理影响，因为他们指出，他们之所以作出本来会受到质疑的对模糊的法定标准的解释，部分原因在于他们相信相反的解释可能会违反不授权原则。[4] 在棉屑案中，Burger 首席大法官根据不授权原则加入了 Rehnquist 大法官提出的不同意见。[5]

就当前的目的而言，有趣之处在于两项基于授权原则所作出的判决意见中的推理。用 Rehnquist 大法官的话来说，“法院应当再次承担起保证国会不会将社会政策的重要选择授权给政治上缺乏回应性的官僚”[6]。Rehnquist 大法官推定职业安全与健康管理局的局长是“政治上缺乏回应性的官僚”，这一点是不确切的。相反，他需要向总统负责，有充分理由可以认为苯案中受到质疑的政策决定是与总统的政策偏好相一致。但是，Rehnquist 大法官所宣示的原则是无懈可击的。在我们政府的民主形式中，不能授权政治上缺乏回应性的官僚作出重要的政治决定。由此可以推断，负责政策制定的官员在履行职责时需要接受总统的控制。

在 Chevron v. Natural Resource Defense Council[7]案中，最高法院以一致意见作出的
判决意见接受了这一推理。在该案中，最高法院推翻了上诉法院对一项模糊的法律条文的 88
解释，而肯定了行政机关对这一法律条文的解释。尽管这一判决并未正式裁决任何宪法争议，但是最高法院的推理反映了有关政府的合理结构和政府机构的合理角色的一般原则：

> 法官……并不是政府两大政治性分支的一部分……相反，已经由国会授予政策制定职责的行政机关可以在授权的限度内合理借助执政当局对明智政策的看法以解释其所作出的判断。尽管行政机关并不是直接对人民负责的，而是对政府首脑负责的，这对负责作出这些政策选择的政府中的政治性分支来说也是完全合适的……[8]

从这一推理中，我们也可以比较容易得出最高法院的主张，即国会不能将政策制定权授予不受总统控制的个人。

哥伦比亚特区巡回法院在 1981 年曾经作出了一份富有思想的判决意见，其中采用了与最高法院几年在 Chevron 案所作出的判决意见相类似的推理。Sierra Club v. Costle[9]案讼争的问题是，哥伦比亚特区巡回法院是否将其先前宣示的禁止在裁决行为中单方沟通的规定扩张适用于规则制定。在 Sierra Club 案中引发争议的单方沟通行为，有许多涉及白宫涉嫌实施了威胁说服（heavy-handed arm-twisting）。哥伦比亚特区巡回法院的判决意见是值得注意的，因为它深入分析了行政行为的不同类型，以及行政机关政策制定和政治问责之间的联系。

---

[1] 448 U. S. 607 (1980).
[2] U. S. 490 (1981).
[3] 448 U. S. at 687.
[4] Id. at 646.
[5] 452 U. S. at 543.
[6] 448 U. S. at 686.
[7] 467 U. S. 837 (1984).
[8] Id. at 865-866.
[9] 657 F. 2d 298 (D. C. Cir. 1981).

在 Sierra Club 案中，哥伦比亚特区巡回法院首先指出，由于被诉行政行为涉及影响众多人的政策问题，正当程序条款并不能作为潜在的程序约束的法律渊源加以适用。[1] 哥伦比亚特区巡回法院随后转而讨论该案中以政策议题为焦点的单方沟通为什么是完全符合民主政府体制的：

在我们的政府体制中，非民选官员承担一般性政策制定职能，其合法性在很大程度上依赖于公开性、可接近性和这些官员对于公众之需要和观念的服从性，公众既是最终权威
89 来源，也是其命令对象。[2]

为了促进民主体制内行政机关政策制定的合理化和合法化，哥伦比亚特区巡回法院强调了鼓励行政分支内部广泛分享观点的重要性：

总统控制和监督行政机关政策制定的权力来源于宪法的规定；这种控制的优点可以体现在行政规则制定的实践中。例如，这里所涉及的规章需要对成本、环境和能源等因素进行仔细权衡。它们也对国家经济政策产生广泛的影响。如果关键的政策制定者相互隔离或者与政府首脑相互隔离，我们的政府体制势必无法有效或者合理地运行。[3]

与最高法院在 Elrod 案和 Chevron 案中的推理相同，哥伦比亚特区巡回法院在 Sierra Club 案中的推理支持以下主张，即基于民主的基本观念，政府所有未经立法程序的政策制定行为都必须接受总统的控制。

最高法院晚近作出的有关权力分立的判决包含的法官附带意见，预示着作为 Scalia 大法官所寻求的“具有可司法性的（justiciable）标准”的政策制定。Bowsher 案的多数意见明显赞成地区法院的判决，即授权国会具备“合理事由”时免除总审计长的职务，是“实实在在服从于”国会。[4] 这表明可以由总统“基于合理事由”免职的官员将会在重要的方面屈从于总统。政策制定就是体现对于拥有免职权的政治实体最为合乎逻辑的情形。

Bowsher 案中 White 大法官提供的不同意见中包含的法官附带意见，最强烈地预示着政策制定作为未来的“具有可司法性的标准”。在论证了总审计长所履行的职责很大程度上是机械的之后，White 大法官指出了负责政策制定的官员的特征所在：

诚然，如果预算削减机制需要主管官员行使大量的政策制定裁量权，有人也许会主张在创设这类裁量权的同时，国会根据《联邦宪法》第 2 条规定有一定义务赋予政府首脑或者其代理人以裁量权。[5]

Rehnquist 首席大法官在 Morrison 案多数意见中使用了类似的判词，预示着基于官员
90 政策制定职能而作出的判决。这份判决意见的四个独立组成部分也持同样的观点。在这份判决意见的开端，多数意见提到，“除非存在不可能的情形”，否则独立检察官有义务遵守司法部的政策。[6] 这份多数意见还援引了授权总统“基于合理事由”免职的法律条款。[7] 再过几页后，这份多数意见强调了特别公诉人没有权力“为政府或者行政部门制定政策……”[8] 相反，“这部法律明确规定在政策问题上，上诉人需要尽可能地遵守司法部的政策”[9]。

---

[1] Id. at 400.
[2] Id. at 400-401.
[3] Id. at 406.
[4] 478 U. S. at 727 n. 5.
[5] 478 U. S. at 763-764.
[6] 487 U. S. 662.
[7] Id. at 663.
[8] Id. at 671.
[9] Id. at 672.

在后面的长篇大论中，这份多数意见以公开的方式归纳了最高法院在先前的Humphrey's Executor案中所持主张的特征。[1] 多数意见强调了行使裁决权的官员与国会的一项观点——“独立于行政部门的程度，例如基于合理事由而免职的标准，是官员合理作为所必需的”——之间的功能上的联系。[2] 多数意见接着指出独立检察官“缺乏政策制定权”[3]。最后，在总结性的讨论部分，多数意见第四次将“基于合理事由”免职权和总统制定约束独立检察官的政策的权力联系在一起：

不仅如此，该法的确规定了司法部长监督或者控制由独立检察官所行使的公诉权的若干手段。最为重要的是，司法部长保留着“基于合理事由”免除检察官职务的权力，我们已经断定这一权力为行政分支提供了确保法律由独立检察官“忠实履行”的根本可能性……该法要求检察官遵守司法部的政策，除非事实上不可能做到这一点……这些特征也给了行政分支控制独立检察官的充分手段，从而确保总统能够履行宪法规定的职责。[4]

Scalia大法官担心最高法院还没有确立判断国会限制总统权力之限度的“司法机关可以执行的标准”，其原因只能是这样一件事实，即最高法院还没有碰到一件需要宣示这样一项标准的案件。当最高法院面对这样做的必要性时，也马上就有证据能够表明最高法院将会确立一项建立在政策制定基础之上的标准。当《联邦宪法》所允许的政府结构之关键 91
部件得以补充完整时，我们也就能在权力分立条件下各得其所。对政府每一部门所设定权力限制的范围将会同时遵守下列三项标准：（1）在民主体制下，政策决定必须由政府中接受问责的机构作出；（2）行使权力的程序必须与立宪者的意图——裁决行为的小写的程序和政策制定的大写的程序——相符；（3）要与立宪者的意图相符，政治性部门有着建构政府、分配权力以维持政府高效有效运行的裁量权。

□ 独立行政机关在Mistretta案中再次得到肯定

在Mistretta v. United States[5] 案中，最高法院结合该案的特殊背景再次论述了独立行政机关的合法性问题。《1984年犯罪综合控制法》（Comprehensive Crime Control Act of 1984）[6] 设立了量刑委员会（the Sentencing Commission）。国会相信对被指控犯有联邦罪行的个人的判决在判决刑期的长短、确定刑期时所考虑的因素，刑期与罪行轻重之间的合比例性等方面都存在太大的差别。国会设立量刑委员会，是为了减少量刑方面存在的难以接受的、未加说明的差别。量刑委员会获得授权制定指南，从以下两个方面拘束联邦法院：“规定限制司法裁判裁量权的百分比，要求法院对超出指南中规定幅度的量刑作出解释。”

量刑委员会是在司法分支内部的“独立”行政机关。该委员会的七名委员必须由总统提名，由参议院批准任命。七名委员中有三名是在任的联邦法院法官。七名委员都只能由总统“基于合理事由”予以免职。这种在政府结构内部的权力、构成和位置（placement）的特殊组合给量刑委员会带来了权力分立相关的宪法问题。上诉人认为量刑委员会设在司法分支内部与其所拥有的在“案件或者争议”之外发布一般规则的权力以及总统免除委员职务的权力不相符。相反，如果委员会是因为宪法上的目的而设在司法部门内部，其组成

---

[1] Id. at 685-692.

[2] Id. at 691 n. 30.

[3] Id. at 691.

[4] Id. at 696.

[5] 488 U. S. 361 (1989).

[6] 98 Stat. 1837.

中包括三位在任法官以及拥有的控制所有法官的裁量权的权力，也会引发了另一系列结构性问题。

在Mistretta案中，八位大法官提供的多数意见肯定了量刑委员会的合法性。多数意
92 见首先重点否定了所谓《联邦宪法》确立了独立存在的权力分立要求的说法。“立宪者并未要求——事实上拒绝了——政府的三大分支必须完全截然分离的观念。”[1] 多数意见接着援引了Madison的一段著名的论述，即权力分立只要求同一个人不行使分属两大分支的“所有权力”[2]。多数意见接着将权力分立要求等同于《联邦宪法》中明确规定的权力制衡体系。“立宪者们在三足鼎立的联邦政府结构中建立了一套自我实施的防止一个分支以牺牲另一分支为代价僭越或者扩权的保障机制。”[3] 立宪者们所设计的政府结构是“对各个政府分支赋予某种程度上相互重叠的职权，相互依存的义务和独立性……”[4]

面对所受理的具体争议，最高法院判定法律规定将量刑委员会设在司法部门内部并不具有宪法层面的重要性，因为量刑委员会不是法院，不行使司法权，不向司法部门的成员负责。[5] 量刑委员会与任何其他“独立行政机关”并无差别。[6] 量刑委员会可以行使制定政策的权力，在实体规则中反映其政治判断，因为它需要向政府的两大政治分支负责。[7] 量刑委员会“完全向国会负责，国会只要认为合适，可以撤销或者修改量刑指南中的任何甚至所有内容”[8]。它需要向总统负责，因为“委员需要受到总统的有限免职权约束”[9]。

国会要求量刑委员会中必须包含三位法官，这一点并未增强司法分支的权力，因为这些法官并不是在履行司法的职能。[10] 相反，赋予总统“基于合理事由”解除这些法官担任量刑委员会委员职能的权力，并不会妨碍他们的独立性，因为总统并未获得剥夺他们司法职能的权力。[11]

□ 独立性的重新定义

在Morrison案和Mistretta案之后，对“独立”机关的合宪性再无疑问。但是，最高法院已经通过其推理程序重新界定了独立性的概念。独立于总统是一个程度问题，因为所有行政机关的首长至少需要由总统提名，可以由总统“基于合理事由”免职。但是最高法院还没有界定“合理事由”，其推理表明总统可以通过“基于合理事由”的免职权对独立
93 行政机关的政策制定实施间接控制。

□ 独立行政机关的合法性在Freytag案中遭到质疑

但是，在Freytag v. Commissioner of Internal Revenue[12] 案中，四位大法官提供的复

---

① 488 U. S. at 380.
② Id. at 381.
③ Id.
④ Id.
⑤ Id. at 384-385，393.
⑥ Id. at 393.
⑦ Id. at 393-395.
⑧ Id. at 393-394.
⑨ Id. at 394.
⑩ Id. at 404.
⑪ Id. at 410-411.
⑫ 111 S. Ct. 2631，2660-2661 (1991).

数意见表明对独立行政机关的概念仍然存在不满。复数意见批评了最高法院在Humphrey's Executor案中的判决意见违法地削减了总统对于行政分支的问责度和责任，以及创设了“没有顶头上司的第四分支”。这表明最高法院应当推翻Humphrey's Executor案的判决，而不是“为了弥补Humphrey's Executor案的后果而对宪法的其他部分进行调整……”

□ 独立行政机关不能申请调卷令

在FEC v. NRC Political Victors Fund[①]案中，最高法院驳回了联邦选举委员会申请调卷令的请求，从而拒绝裁决哥伦比亚特区巡回法院在该案中所提到的问题。[②] 七位大法官认为联邦选举委员会没有申请调卷令的法定权力。国会在该法律的一处条款中规定联邦选举委员会有权“提起……任何民事诉讼或者对其提起上诉，以强制执行”该法的任何条款……而在另一条款中，国会明确授权联邦选举委员会在更为狭义的案件类型中“向最高法院申请调卷令”。多数意见得出的推论是国会采用“上诉”（appeal）一词，只是允许联邦选举委员会就地区法院的判决向巡回法院提起上诉，而没有授权联邦选举委员会申请调卷令。因此，多数意见认定，28 U. S. C. §518（a）规定，除了那些国会明确授权联邦选举委员会申请调卷令的少数类型案件之外，司法部长和首席政府律师（the Solicitor General）拥有针对巡回法院在所有案件中作出不利于联邦选举委员会的判决中申请调卷令的专属性权力。

最高法院不愿意独立行政机关在法律条款没有明确赋予申请调卷令的权力时候认为其拥有这一权力。最高法院只要自己愿意，本来可以很容易撰写一份判决意见，判定联邦选举委员会拥有申请调卷令的权力。正如多数意见和不同意见都指出的，最高法院已经对联邦选举委员会所提出的申请作出判决，并未质疑联邦选举委员会提出申请的权力，政策上也有充分理由支持赋予联邦选举委员会相对于总统及其雇员、司法部长和首席政府律师拥有较高程度的独立性。联邦选举委员会的法定职权常常使其处于与总统及其政党存在冲突的位置。不仅如此，正如Stevens大法官在其不同意见中所指出的，这部法律的立法史有充分的证据表明，国会希望联邦选举委员会能够自由、独立地进行诉讼，并且“上诉”这一关键词之模糊程度足以支持包含向最高法院“上诉”的解释。通过判定独立行政机关无 94
权申请调卷令，最高法院间接地增强了总统对独立行政机关的控制力度。

□ 法院不能裁决行政分支和独立行政机关之间的争议

在Director, OWCP v. Newport News Shipbuilding & Dry Dock Co.[③]案中，最高法院首次判定行政分支内的行政机关［劳工部工人赔偿项目办公室（the Office of Workers Compensation Programs)］缺乏对独立行政机关［福利审查委员会（the Benefits Review Board)］所作决定申请司法审查的原告资格。虽然这一判决是基于对两部法律［《行政程序法》和《码头和港口工人赔偿法》（LHWCA)］所作的解释，但是多数意见的部分推理表明大法官们受到了宪法考量的影响。多数意见的推理是相反的判决会“让处理不同政府分支之间或者行政机关内部的政策争议成为联邦法院的日常工作”——这是非常不合适的

① 513 U. S. 88 (1994).
② 参见§2.4的讨论。
③ 514 U. S. 122 (1995)，参见§16.15的讨论。

角色。我们至少可以说，政府行政分支内部的行政机关和独立行政机关之间的政策争议是否适合司法裁决，取决于总统是否有权裁决这类争议，也就是说，总统是否有权要求独立行政机关以符合总统偏好的政策之方式裁决政策争议。最高法院的判决拒绝裁判政府行政分支内部的行政机关与独立行政机关之间的争议，表明了最高法院相信总统有权裁决这类争议。

□ 政府首脑可以基于政见不同而解除官员职务

在 Pievsky v. Ridge① 案中，第三巡回法院所发表的精彩的判决意见讨论了最高法院未曾明确讨论过的一项重要问题。最高法院的判决意见强烈表明，总统有权解除“独立”行政机关参与政策制定的成员职务，理由是总统与该成员在政策意见上存在分歧，但是最高法院从未明确裁决这一问题。② 在 Pievsky 案中，第三巡回法院将最高法院的判决意见解释为，即使作出该判决意见时的案情对应的是第三巡回法院与这一重要联邦宪法问题相关的推理的法官附带意见，也应当得出这一结论。

Pievsky 案中所提出的问题是，在特拉华河港务局（the Delaware River Port Authority）一名委员的任期届满之前，宾夕法尼亚州州长是否可以在没有合理事由的情况下解除其职务。特拉华河港口管理局获得授权的依据是一部根据“州际协议条款”制定的联邦法
95 律。该法律规定，这些委员分别由新泽西州和宾夕法尼亚州的州长任命，任期五年。宾夕法尼亚州州长在 Pievsky 任期届满前解除了他的职务，但是没有说明解除职务的合理事由，也没有说明解除职务的决定可能基于政策观点不同的情况。Pievsky 对该解除职务决定的合法性提出了质疑。在支持州长没有合理事由且任期届满之前解除职务的权力的过程中，法院指出自己只是在解释法律。但是，所有法院解释和适用的先例，都来自质疑总统试图解除独立行政机关成员职务的合宪性的情境。第三巡回法院指出，最高法院支持对总统解除独立行政机关成员职务的权力存在法律限制的案件，所出自的情境都是行政机关履行大量裁决职能或者支持立法分支的职能。没有一起案件是在行政机关拥有大量政策制定职能的情境下发生的。法院认定，特拉华河港口管理局主要实施政策制定。在这一情境下，第三巡回法院认为，《宾夕法尼亚州宪法》的“忠实执行”条款，允许宾夕法尼亚州州长在特拉华河港务局的委员任期届满之前不经说明理由而解除其职务。

□ 官员任期届满之后，总统可以无须说明合理事由而解除其职务

在 Swan v. Cliton③ 案中，哥伦比亚特区巡回法院裁决了另一项重要的解除职务相关的争议。Swan 在国家信用社管理局（the National Credit Union Administration）* 的委员会担任了 5 年的委员职务。国家信用社管理局所实施的法律规定，委员会委员“可以在其任期届满之后继续担任委员，直到其继任者已经获得提名并且符合条件。”Clinton 总统在 Swan 的任期届满之后解除了他的职务，并且行使其休会任命条款（recess appointment

---

* 国家信用社管理局成立于 1970 年，是一家独立的联邦行政机关，负责联邦信用社的规制、颁证和监督工作，负责运营和管理国家信用社股份保险基金（the National Credit Union Share Insurance Fund（NCUSIF））。——译者注

① 98 F. 3d 730 (3d Cir. 1996).

② 参见 Pierce, “Morrison v. Olson, Separation of Powers, and the Structure of Government”, 1988 *Sup. Ct. Rev.* 1。

③ 100 F. 3d 973 (D. C. Cir. 1996).

clause）所规定的权力，提名了一位替补委员。Swan 质疑总统所作出的解除职务决定，理由是按照该法律的规定，该继任者并不“符合”任职条件，因为他的提名尚未获得参议院的批准，这是该法律和《联邦宪法》的任命权条款所要求的。法院认为，总统有权在委员任期结束之后无须说明合理事由，并在提名的替补委员获得参议院批准之前解除国家信用社管理局的委员职务。

哥伦比亚特区巡回法院首先指出，总统本来有权无须说明合理事由而解除委员职务，即使是在其法定任期届满之前。法院指出，法律中并未包含国会希望限制总统免职权的“明确”意图的“肯定证据”，例如明确的“合理事由”限制。但是，法院在辩论过程中（arguendo）推定，在委员任期届满之前，总统无权未经说明合理事由而解除委员的职务。 96
不过，法院认为，总统可以解除超期“留任”（holdover）委员的职务，部分原因是对该法所作的相反解释本来完全可以让参议院通过拒绝批准总统提名人员替代留任委员，而排除总统在一段不决定的期间内解除委员职务。最高法院一贯认为，国会不能在解除合众国官员职务的过程中发挥任何作用。[①]

有关行政规则和总统指令（directive）之间关系的讨论，参见 Dehainaut v. Pena[②] 案和 Chen Zhou Chai v. Carroll[③] 案。

□ 哥伦比亚特区巡回法院支持了对总统免职权的特别广泛的限制

在 Free Enterprise Fund v. Public Company Accounting Oversight Board[④] 案中，哥伦比亚特区巡回法院合议庭的两名法官构成的多数派支持了对总统免职权作出的最严格限制，它比任何法院已经判决支持的限制都更为严格。这部设立了公众公司会计监督委员会（Public Company Accounting Oversight Board）的法律规定，该委员会只能由证券交易委员会的委员举行举证式听证之后，认定存在法律规定的特定事由之一后才能免除公众公司会计监督委员会的委员职务。因为证券交易委员会的委员只能由总统基于合理事由免职，这一免职权只能由本身在一定上不受总统免职权影响的官员行使。持不同意见的法官撰写了一份很有说服力的判决意见，对判决支持对总统免职权作出史无前例限制的法律条款的多数意见提出了批评。

□ 总统可以对独立行政机关发布具有拘束力的政策指令吗?

在 Building and Construction Trades Department v. Allbaugh[⑤] 案中，哥伦比亚特区巡回法院支持了第 13202 号行政命令，小布什（Bush）总统在该行政命令中命令“任何为建设项目发放拨款、提供财政支持，或者签订合作协议的行政机关”不得“要求或者禁止供应商……与一个或一个以上的劳工组织签订协议或者遵守与其订立的协议……”这一观点并未明确地讨论独立行政机关，但是法院采纳了意味着更可能支持将该行政命令适用于独立行政机关的更强版本的（strong version）的独任制行政机关（unitary executive）理论。法院认为，委任条款（vesting clause）和忠实执行条款（faithful execution clause）赋予

① 参见§2.4。
② 32 F. 3d 1066 (7th Cir. 1994)，参见§6.11 的讨论。
③ 48 F. 3d 1331 (4th Cir. 1995)，参见§6.3 的讨论。
④ 537 F. 3d 667 (D. C. Cir. 2008)，参见§2.4 的讨论。
⑤ 295 F. 3d 28 (D. C. Cir. 2002).

总统“对执行法律的整体行政控制权”和“频繁地要求总统对其下属提供支持或者进行监督”。法院指出，“那些官员负有在法律所允许的范围内落实总统指示的职责”。但是，最后一点提示（the last caveat），加上行政命令中仅在“法律所允许的范围内”适用的明确
97 定性（express qualification），让法院可以在以后的案件中自由地认定行政命令不能合法地适用于独立行政机关。

□ 对免职权结合具体情境的分析

免除行政官员职务的权力是一项强有力的工具，总统可以借此说服行政官员按照总统的政策偏好行事。事实上，即使总统从未威胁免职某官员职务的时候，免职权仍然是很强有力的。所有的官员都知道总统可以免除他们的职务，因此即使他们并不认同总统的政策偏好，他们也往往会根据总统的政策偏好行事。

但是，总统并不总是能够成功说服官员按照他的政策偏好行事，即使总统可以任意免除该官员的职务。免除一位官员的职务，常常会给总统带来高昂的政治成本。受欢迎的官员辞职或者遭免职，或者因为官员与总统的政见不和而免除该官员的职务，而民众更可能认同官员的意见时，这些过程中引发的争议，可以给总统带来非常高昂的政治成本。如果总统有理由担心国会可能会不愿意批准总统提名的接任人选，而利用批准总统提名人选的听证会程序使总统难堪时，免职决定的政治成本是特别高的。当行政官员对某项政策有更强烈的感受，并且如果总统采取免除该官员职务的极端措施很可能会对总统带来高昂的政治成本时，总统常常会选择退让，默许行政官员的政策偏好。

总统只有一项手段可以迫使行政官员根据总统的政策偏好行事，那就是明示或者默示地威胁免除行政官员的职务。对于免职权行使的唯一有意义的限制是政治性的。对于免职权所作的政治性限制是对社会有利的。它们提供了一项手段，让选民可以保持总统的政治问责度。[①]

§ 2.6　不授权原则

□ 立法权不得授出

《联邦宪法》第 1 条规定，“立法权，全属合众国的国会”。最高法院已经将这一条文
98 解释为既是对国会的授权，也是禁止国会将立法权授予其他任何机构。“国会不得授出立法权，这是一项得到普遍认同的原则……”[②]“国会的立法权不得授出，这一点当然是明确的。”[③]

---

① 参见 Pierce, “Saving the Unitary Executive Theory from Those Who Would Distort and Abuse It”, 12 *University of Pennsylvania Journal of Constitutional Law* 593 (2009)。

② Field v. Clark, 143 U. S. 649, 692 (1892).

③ United States v. Shreveport Grain & Elevator Co., 287 U. S. 77, 85 (1932).

□ 第一届国会授出了立法权

最高法院在将《联邦宪法》第 1 条对国会的授权规定解释为对国会将立法权授出的内在限制这一点上，很可能是从一开始就犯了错误。第一届国会就将立法权授予法院，授权它们为了在相关法院有序开展工作而制定所有必要的规则。[1] 国会将立法权授予总统，授权其颁发“根据总统规定的规则或者条例”与印第安部落开展贸易的许可证。[2] Jerry Mashaw 已经在其对 19 世纪美国行政法历史的全面研究中，记录了国会作出的制定立法性规则的许多其他授权。[3]

在 Whitman v. American Trucking Co. [4] 案中，Stevens 大法官和 Souter 大法官在协同意见中明确同意了本书的观点。在 Loving v. United States[5] 案中，Scalia 大法官和 O'Connor 大法官在协同意见中利用重新定性（recharacterization）的方法得出了类似的结论。他们直接将任何由国会授予行政分支的权力定性为行政权（Executive power）。Eric Posner 和 Adrian Vermeule 也在其研究和论证俱佳的论文中得出了相同的结论。[6]

□ 最高法院拒绝执行不授权原则

除了 1935 年判决的两起案件之外，最高法院还从未实施经常宣称的禁止国会授出立法权原则。最高法院也越来越为坦诚地承认自己无力对国会将立法权授予合适的机构施加有效的限制。“我们的法理已经受到实践理解的推动，即在我们这个日益复杂，充满变化和更加技术化的社会中，如果不能根据宽泛的一般指令授出权力，国会肯定无法有效履行职责。”[7] “不授权原则不能阻止国会获得需要与其协调工作的其他政府分支的帮助。”[8]

□ 国会通常会授出广泛的权力

国会经常授权行政机关以制定约束所有公民的行为规则的形式，作出重大政策决定。当国会对一家行政机关授权时，通常会同时规定实体标准。这些法定标准可以属于以下四类情况之一：有意义的标准、传统的空洞的标准、一系列未经分级的决定目标和相互矛盾 99
的标准。

□ 法律标准的种类：精确标准

有意义的实体标准反映了国会针对某一机关制定和实施的政策决定。这类标准可以在

---

[1] 1 Stat. 83.

[2] 1 Stat. 137.

[3] Jerry Mashaw 的研究成果连载于《耶鲁法律杂志》(*the Yale Law Journal*) 第 115—118 卷。

[4] 531 U. S. 457，488 (2001).

[5] 517 U. S. 748 (1996).

[6] Posner & Vermeule，“Interring the Nondelegation Doctrine”，69 *U. Chi. L. Rev.* 1721 (2002).

[7] Mistretta v. United States，488 U. S. 361，372 (1989).

[8] Id. at 372.

具体程度上差别很大，仍然可以作为对行政机关裁量的可以由司法机关强制执行的标准。例如，一个极端是根据《天然气政策法》（the Natural Gas Policy Act）第一编对联邦能源监管委员会设定了这样一项要求，即从特定气井产出的天然气价格需要符合对法定的基础价格按照详细的公式计算出来的价格上限要求。[①] 国会在希望行政机关行使其授予的权力作出的行为方面并未留下多少疑问。国会相当精确地解决了一系列政策问题，其方式是向复审法院提供了便捷的手段，以便协助国会确保行政机关只能按照国会选择的政策行事。

□ 宽泛标准

国会有时以更宽泛的条文反映其政策决定。同一部法律中所规定的确定管道是否收回天然气收购成本时所适用的"欺诈和滥用"标准就是一项绝佳的示例。[②] 这一标准中所包含的每个单词都可以得出多种合理解释，所以行政机关在适用这一标准时可以享有一定程度的裁量权。但是，对于国会所选定文字的弹性程度上有着实际的限度，复审法院可以将行政机关的裁量权行使限定在国会所确定的政策边界之内。

□ 没有意义的标准

但是，许多法定标准从字面上看是没有意义的。传统的空洞的实体标准至少是从 1887 年起就已经存在，当时国会首次要求州际商业委员会对铁路运输制定"公正合理"（just and reasonable）的价格（rate）。[③] 这种无处不在的"公正合理"标准，或者与其相近的"公共便利与必要"标准，也已经出现在数十部规制性的法律中。行政机关、法院以及评论家们为了给这些标准提供内涵而花费了数以万计的页数篇幅——但是都徒劳无功。人们也援引权威的先例来支持这些标准的任何可能想到的解释。

《1938 年天然气法》（the Natural Gas Act of 1938）[④] 可以成为说明传统的空洞标准的绝佳范例。该法规定要求联邦能源监管委员会制定天然气管道可以收取的"公正合理"价格，但是"公正合理"描述了行政机关可以解释的任何结果。它并不能要求使用任何特定的公式或者方法。[⑤] 任何价格只要处于"合理区间"就可以满足要求。[⑥] 为了满足这一标准，可以采取一部制定价、两部制定价、三部制定价，基于平均成本、边际成本、历史成本、预期未来成本、单一企业成本、标准成本、国家成本、地区成本或者各种非成本因素定价，甚至是竞争性结构的市场作用定价。简而言之，"公正合理"标准使得联邦能源监管委员会只要能够对其政策选择作出解释，它就可以制定任何规制政策。

100

《1978 年天然气政策法》（the Natural Gas Policy Act of 1978）通过之时发生的一件事可以帮助解释类似"公正合理"标准的"正确行事（do right）"标准。国会认为它需要授权从州内管道向州际管道出售天然气，不过要由联邦能源监管委员会对销售价格作出规定，立法机关对于联邦能源监管委员会在规制这些天然气销售价格中可以采用的标准没有办法提出反对意见。国会审议并拒绝适用此前 40 年内一直适用《天然气法》中的"公正

① 15 U.S.C. § 3312 (1987).
② 15 U.S.C. § 3431 (c) (2) (1982).
③ 24 Stat. 379.
④ 15 U.S.C. § § 717 et seq.
⑤ FPC v. Hope Natural Gas, 320 U.S. 591 (1944).
⑥ The Permian Basin Rate Cases, 390 U.S. 747 (1968).

合理”标准。倾向于采取温和价格规制的议员之所以反对，是因为许多适用公正合理标准的法院判决都是允许行政机关制定人为的低水平价格。倾向于采取严格的价格规制方式的议员之所以反对，是因为许多其他法院的判决允许价格上涨。因为立法机关无法对一项实际标准达成一致，同时也因为每个人都反对对传统的空洞的标准的某些解释，他们可以制定新的空洞的标准而避免陷入僵局。于是，在《天然气政策法》中就出现了“公正衡平”(just and equitable) 标准。[1] 当需要适用新的空洞的“公正衡平”标准时，法院参考过去的“公正合理”标准对新标准进行定义；只要法院认为价格如果“合理”，就是符合“公正衡平”标准的。[2]

□ 未分级的法律目标

尽管国会继续采用传统的空洞的标准，但是它已经越来越多地转而采用其他两类标准——一系列未分级的决定目标和相互矛盾的标准。许多最近制定的法律只是规定一系列引导行政机关行为的决定因素或者目标。在 1973 年至 1981 年间调整原油和成品油的定价和分配的《1973 年紧急石油分配法》(the Emergency Petroleum Allocation Act of 1973)，
就是说明这一类型标准的绝佳范例。该法规定行政机关应当“尽可能”“规定”下列因素： 101
(1) 保护公共健康、安全和福利；(2) 维持所有公共服务；(3) 维持农业经营；(4) 维护经济上合理而且竞争性的石油行业；(5) 保护所有炼油厂的生产能力得到利用；(6) 原油和成品油的公平分配；(7) 保持燃料的勘探和生产；(8) 经济效率；(9) 尽量不妨碍市场机制的作用。[3] 国会明确表示它已经考虑每项同等重要的因素，行政机关需要在个案中权衡这些因素来行使其裁量权。没有什么行为不会促进这一标准中所列举的某些目标的实现——但是同时会妨碍其他目标的实现。不足为奇的是，行政机关从未因为未能符合该法所规定的实体标准而被推翻其决定。

具有不一致性的标准

最后一种对于国会越来越有吸引力的实体标准是天然具有不一致性的标准。《1970 年职业安全与健康法》(the Occupational Safety and Health Act of 1970)[4] 就是提供这种标准的丰富源泉。当劳工部长发布有关有毒有害物质的健康标准时，他必须遵守两项实体标准：首先，《职业安全与健康法》§3 (8) 授权只能在“为了提供安全或者健康的就业所必需或者合适的”时候发布健康标准。[5] 其次，§6 (b) (5) 要求部长“制定的标准是尽可能地建立在最佳可得证据的基础上，最为充分地确保所有劳工免受严重的健康危害……”[6] 如果对这两项标准合并考虑的话，其中都充满了含糊其辞的文字，每项规定都表明行政机关在解决劳工的健康风险和国家的经济成本之间的冲突问题上左右为难。“合理必要或者合适”这些字眼表明行政机关必须在评估成本、风险和收益的过程中行使其判断权。“最为充分地确保……所有员工免受［严重的健康危害］”，表明行政机关必须不计代价地追求健康和安全。“在可能的范围内”明显地弱化了“最为充分地确保”等字眼的语气，但是究竟是在多大范围、以何种方式体现仍然是未解之谜。

---

① §311 of the Natural Gas Policy Act, 15 U.S.C. §3371 (b) (C) (ii) (1982).

② Mustang Energy Corp. v. FERC, 859 F.2d 1447, 1453 (10th Cir. 1988).

③ 15 U.S.C. §753 (b) (1) (1987).

④ OSHA, 29 U.S.C. §§651-678 (1982).

⑤ 29 U.S.C. §652 (8).

⑥ 29 U.S.C. §655 (b) (5).

□ 法院对授权合法化的努力

在过去的两个世纪里，国会已经将重大的政策制定权授予行政机关。首届国会授权“主管官员”（superintendents）“根据总统所制定的规则和条例”颁发与印第安部落开展贸易的许可证。[1] 在过去的两个世纪里，最高法院艰难地在常规的国会做法和其反复强调
102 的观念——《联邦宪法》第 1 条禁止国会将立法权授出——之间进行调和。

□ 行政机关作为仅仅是事实调查人

最高法院最初的努力是在 Brig Aurora[2] 案中对宽泛的授权行为予以合法化。国会已经授权总统在法国和英国“停止侵犯合众国的贸易中立”时取消针对他们的贸易禁运措施。法院拒绝认为国会将立法权授予总统是违宪的，它认为总统只是扮演了事实调查人* 的作用。最高法院批准了这一立法，因为总统的权力仅限于当发生“指定的偶发事件”（named contingency）时采取国会规定的特定行为。

但是，国会负责所有政策决定，只把在适用国会政策时事实认定的工作留给行政机关，这一假想（fiction）业已证明无法让众多的国会授权行为得以合法化。最高法院在遇到的第一起适用“指定的偶发事件”标准将会要求认定法律违宪的案件中放弃了这一标准。在 Buttfield v. Stranahan[3] 案中，最高法院判决支持了授权财政部长制定进口茶叶的纯度、适合度和品质统一标准的法律。因为“指定的偶发事件”标准无法延伸适用于对规则制定行为的授权，最高法院改而采用了“多项标准”测试标准（“standards” test）。根据这一测试标准，如果其制定的多项标准足以限制行政机关裁量权的范围，国会可以将立法权授出。

□ 次要政策制定与清楚原则

在 United States v. Grimaud[4] 案中，最高法院将广泛的授权合理化为仅仅是授权行政机关“填补细节内容”。只要国会已经作出重大政策决定，它就可以将次要的（interstitial）政策决定授权给行政机关。正如 Brig Aurora 案中所提出的指定偶发事件标准一样，Grimaud 案所提出的次要标准，只是在适用该标准不致要求最高法院判定法律违宪时才能成立。在 Mahler v. Eby[5] 案中，最高法院认可了一部赋予总统驱逐不受欢迎的外国人的广泛权力的法律。由于法律中规定的标准是如此模糊，以至于不能允许最高法院支持其只授权进行次要政策决定，最高法院又提出了一项新的标准：如果对行政机关授权的法律确定了一项指导权力行使的“明确性原则”，这部法律就可以得到支持。[6] 不过，最高法院所支

---

* 事实调查人（finder of fact），是指就某一特定事件、情况或争议进行调查、取证的人员，或者认定事实的人员。——译者注

① 1 Stat. 137.

② 11 U. S. 382（1813）.

③ 192 U. S. 470（1904）.

④ 220 U. S. 506，517（1911）.

⑤ 264 U. S. 32（1924）.

⑥ J. W. Hampton v. United States，276 U. S. 394，409（1928）.

持的许多法律甚至都不能满足这一标准。[1] 事实上，这些泛在的“公正合理”标准和“公共便利与需要”标准除了告诉行政机关“正确行事”（do right）之外并未提供其他信息。 103

□ 最高法院认为授权违宪

最高法院只在两起案件中认为对行政机关的授权构成违宪。这两起案件的判决都是在1935年作出的，均涉及同一部法律中所作的授权。这些判决如果放在他们的特殊历史背景下就能得到最好的理解。首先，遭受质疑的法律——《国家工业复兴法》（the National Industrial Recovery Act），是罗斯福总统为挽救国家脱离大萧条而实施的革命性计划中最激进的部分。从整体上来看，《国家工业复兴法》授予行政机关以大量的权力；从效果上来看，它授权对几乎所有经济部门实施卡特尔化（cartelization）*。其次，《国家工业复兴法》所创设的许多权力被授予私人公民团体，这些团体与它们得到授权实施规制的市场存在经济的利害关系。再次，1935年时最高法院对总统通过大规模政府干预实施的经济复兴计划持高度怀疑的态度。这一年也是司法部门与政治上接受问责的政府分支之间对抗最为激烈的时期。

□ Panama Refining 案

Panama Refining Co. v. Ryan[2] 案认定《国家工业复兴法》§9（c）无效。这一条文授权总统禁止在州际贸易中运输“热油”（违反州法而生产的石油）。最高法院并未在§9（c）中发现任何标准，而该法第1编中对政策的总体说明并不充分。这些说明包含了以下文字，如“消除不公平的竞争做法”和“保护自然资源”。这里的授权非常有限；按照这一说明，总统只是获得授权决定“是否”、“何时”，而没有规定“什么”。

□ 判决意见中引人误解的表述

Panama 案判决无法与在其前后所作出的判决取得一致。这一点用两项有些不相干的因素来解释是最容易的——（1）这部法律的其他条文导致“授权混乱”；（2）生产商究竟违反了哪项法律条文以致承担刑事责任，也并不容易确定。石油公司的代理律师告诉最高法院，只有在“行政主管的裤兜里”才能找到有关规定，而政府律师则向最高法院承认有关规定尚未公布。那时，《联邦公报法》（Federal Register Act）尚未颁布。

□ Schechter Poultry 案

A. L. A. Schechter Poultry Corp. v. United States[3] 案涉及美国历史上最大规模的国会授权。就法律中所采用的表达政策的文字而言，这些标准与 Panama 案中的标准——《国

---

* 卡特尔是水平方向上的一种联合形式，指生产同类商品的企业，通过划分销售市场，规定商品产量、价格、专利权的交换以及雇佣劳动力的条件等协定所建立的垄断联合。——译者注

① 例可参见 McKinley v. Untied States，249 U. S. 397（1919）；Intermountain Rate Cases，234 U. S. 476（1914）；St. Louis I. M. & S. R. Co. v. Taylor，210 U. S. 281（1980）。

② 293 U. S. 388（1935）.

③ 295 U. S. 495（1935）.

家工业复兴法》第1编中的表述——如出一辙。但是，这部法律的授权不仅仅是确定是否和何时特定条款应当生效的微薄权力；其授权还包括批准调整所有属于联邦管辖范围的行
104 业的详细规定。不是所有这些标准的模糊性而是授权的范围，是 Schechter 案区别于其他案件的特征所在。最高法院的判决意见将主要篇幅集中在有关标准的讨论上，但是最高法院还是宣布“考虑到条文的宽泛性以及所规定的少数限制的性质，总统在批准或者制定规定，从而为政府制定全国适用的贸易和工业法律方面的裁量权，是几乎不受限制。”[①] 这部法律中规定的标准——“消除不公平的竞争做法，促进最充分地利用现有的行业生产能力……以及……复兴行业……”很可能要比《州际商业法》（the Interstate Commerce Act）中规定的许多标准——“促进公共利益”、“公正合理”——含义要明确得多。但是《州际商业法》是规定对交通运输业实施规制的一部法律，其中的模糊标准引导着相对较小的权力的行使，要求这些权力必须服从于该法的框架要求。即使是其中规定的价格管制的重要权力，也因为《国家工业复兴法》的授权而变得相形见绌，《国家工业复兴法》规定了确定所有贸易和行业的价格，以及制定和批准调整所有商业做法的综合性的行为规则。

□ Panama 案和 Schechter 案没有得到遵循

我们还需注意的是最高法院在 Panama 案和 Schechter 案中所使用的引人误解的用语。这两起案件的判决并不能反映今天的法律。当下级法院认真对待这些判决意见时，这一点表现得更为明显。例如，在这两起案件之后，联邦地区法院的三位法官在一起案件中判定授权无效，理由是“我们没有能够发现在该法中有可以被认为与主题相关的政策声明或者行为标准……”[②] 联邦地区法院所采取的立场正是最高法院在 Panama 案和 Schechter 案中的判决意见，最高法院却推翻了下级法院的判决！[③]

□ 向私人主体授权

在开始讨论不授权原则的消亡历史的其余部分之前，有三个重要情境是值得注意的，在这些情境中不授权原则的某些变型仍然继续有效。首先，在 Carter v. Carter Coal[④] 案中，最高法院认为将权力授予私人主体是违宪的。最高法院接着对国会将规制权授予私人主体设定了重要的限制。[⑤]

□ 司法机关对宽泛授权的限制

其次，在 Kent v. Dulles[⑥] 案中，最高法院部分借助不授权原则作为依据，判定司法机关可以限缩宽泛授权范围。国会授予国务卿颁发或者拒绝颁发护照的广泛权力。法院将这
105 一法定授权解释为不包括基于申请者的政治信仰拒绝颁发护照的权力。国会很可能当初并

---

① 285 U. S. at 541-542.

② Mallonee v. Fahey, 68 F. Supp. 418, 420 (S. D. Calif. 1946).

③ Fahey v. Mallonee, 332 U. S. 245 (1947).

④ 298 U. S. 238 (1936).

⑤ 这项复杂的主题将会在§9.8进行讨论。

⑥ 357 U. S. 116 (1958).

未打算这样限制国务卿的裁量权。相反，为了避免确定根据申请者的政治信仰拒绝颁发护照是否违反《联邦宪法》第一修正案的需要，最高法院施加了这一限制。当宽泛的解释将会导致与宪法上对于政府权力的限制发生冲突时，最高法院很可能会继续对宽泛授权进行限缩解释。有些法院将限缩解释的方法扩张适用于那些唯一的宪法争议就是授权特别宽泛本身的案件。例如，在 International Union v. OSHA[1] 案中，法院认为国会有意要求行政机关运用成本效益分析方法，因为行政机关所要求的对这部法律的其他解释，其结果将是赋予其不受限制的裁量权。

□ 对独立行政机关的宽泛授权

再次，完全可以想象的是，许多大法官对于独立行政机关合法性的不满情绪将会导致最高法院适用不授权原则，从而认定那些试图将宽泛的政策制定权授予“独立”行政机关的法律无效。[2] 但是，迄今为止，最高法院尚未采取如此立场，而许多独立行政机关还在行使着重大的政策制定权。

□ 众多宽泛的授权得到了支持

在 Schechter 案和 Panama Refining 案之后的众多案件中，最高法院都支持了宽泛的授权。[3] 自从 1935 年以来，最高法院再也没有认定法律授权违宪。

在 Amalgamated Meat Cutters v. Connally[4] 案中，三位法官提供的判决意见可以很好地说明已经得到支持的特别宽泛的授权，以及法院可以用于支持宽泛授权的诸多技术。在《1970 年经济稳定化法》(the Economic Stabilization Act of 1970)[5] 中，国会授权总统为了稳定物价、租金、工资和薪酬，“防止整体性的不平等，采取必要的调节措施”。如果缺乏法定标准的引导，我们难以想象比这更为宽泛的授权了。即便如此，法院仍然支持了这部法律。

该联邦地区法院依赖具有一定不确定性的以下六项法定特征以避免认定法律违宪，公平地讲，至少该法院的某些推理可以说是富有想象力的：(1) 这部法律只是在有限的时间段内适用。(国会后来延长了法律的实施期限。)(2) 通过要求行政机关使用程序性保障措施，个人可以保护自己免受恣意行为的危害。(法律几乎没有规定程序性保障措施。) 106
(3) 根据这部法律，行政机关的行为可能需要接受司法审查。(最高法院几乎肯定了根据这部法律所采取的所有数千项行为。)(4) 这部法律所提出的避免“整体性的不平等”反映了国会采纳“公正衡平”标准的决定。(“公正衡平”并不能称得上是标准，国会并未采纳这一标准。)(5) 行政机关和复审法院可以适用行政机关在实施战时紧急价格管制时所

---

① 938 F. 2d 1310 (D. C. Cir. 1991).

② 参见§2.5 的讨论。

③ 例可参见 Zemel v. Rusk, 381 U. S. 1 (1965)(对颁发护照的宽泛授权获得批准，因为在对外交事务进行立法时，国会“出于需要必须用粗线条的方式加以规定”); Yakus v. United States, 321 U. S. 414 (1944)(广泛授权规制价格和工资，作为“战时紧急措施”而得到批准); National Broadcasting Co. v. United States, 319 U. S. 190 (1943)(联邦通讯委员会为了促进“公共利益、便利或者需要”而对广播业实施规制); United States v. Rock Royal Co-operative, 307 U. S. 533 (1939)(农业部长为了“公共利益”的需要而对牛奶价格实施规制); FPC v. Hope Natural Gas Co. 320 U. S. 591 (1944)(联邦动力委员会确定“公正合理的”价格的权力)。

④ 357 F. Supp. 737 (D. D. C. 1971).

⑤ 84 Stat. 799.

运用的标准来推导出新的和平时期价格管制的适用标准。（无论行政机关还是复审法院都没有提到战时价格管制时所适用的标准。）（6）国会在制定国家安全和外交关系相关立法时，肯定会出现漏洞。（如果和平时期的价格管制对这些领域有影响，我们就难以想象会存在不产生影响的政府项目。）

□ 20 世纪 70 年代对不授权原则重新产生的兴趣

在 Schechter 案和 Panama Refining 案之后的 40 年里，各级法院始终拒绝适用不授权原则，评论家们认为这一原则已经被宣告死亡。但是，到了 70 年代，人们又开始对这一原则开始感兴趣。众多杰出的学者和法官对于行政机关所拥有的广泛裁量权非常忧虑，于是他们敦促复兴这一原则。[①] 这些批评家看到，国会越来越倾向于将大多数政策决定授权给行政机关，这已经成为我们根据民主原则建构政府体系的一项重大缺陷。通过拒绝作出大多数政策决定，国会正在放弃其作为最需要接受政治问责的政府分支而承担的责任。而且，通过将大多数裁量权授予行政机关，国会正在将公民放置在相对于那些控制他们命运的行政机关更加不利的地位。在批评家们看来，要解决这一严重的问题，唯一的办法就是由司法机关强制执行有效禁止国会授出缺乏标准的权力。

在 1980 年和 1981 年作出的两起案件判决表明，有些大法官与这些批评家们一样也是非常不满意宽泛地将权力授予行政机关。这两起案件都涉及对《职业安全与健康法》的解释，该法授权对职业性健康危险进行规制。法定标准是由一系列含混和相互冲突的文字组
107 成的。最为重要的一组措词是要求行政机关"在可行的（feasible）范围内"对职业健康危险进行规制。但是，这部法律并未对用词含糊的"可行的"一词作出解释。

在 Industrial Union Department v. American Petroleum Institute[②]（苯案）中，四位大法官提供的复数意见认为除非行政机关发现有证据表明先前的环境存在"重大风险"，否则法律中排除了任何基于健康的规制。而四位提出不同意见的大法官则认为复数意见的解释是"与法律或者国会的意图毫无联系的人为虚构的结果"[③]。在 American Textile Manufacturers Institute v. Donovan[④]（棉屑案）中，五位大法官提供的多数意见认为行政机关可以自由制定以健康为基础的规则，而甚至没有试图表明规则的收益与其成本之间存在合理的关联。多数意见将其解释建立在缺乏定义的法律用词"可能"的基础之上。三位大法官提出不同意见，因为他们对这部法律解释为需要付出一定努力来说明成本和收益之间的关系。

在上述两起案件中，有些大法官是以不授权原则为依据。在苯案中，因为其他大法官是 4∶4，Rehnquist 大法官的协同意见发挥了决定性的作用。但是，Rehnquist 大法官并未同意复数意见对这部法律的解释。相反，他发现了实体标准是"立法上的海市蜃楼，有的人能够看到而其他人则看不到，它是以旁观者所希望的形式呈现"[⑤]。Rehnquist 大法官本来可以认为这部法律违宪，因为国会违法地授权劳工部长作出"关键"政策决定——

---

① 例可参见 Aranson, Gellhorn & Robinson, "A Theory of Legislative Delegation", 68 *Connell L. Rev.* 1, 7-17 (1982); J. Ely, *Democracy and Distrust* 132-134 (1980); J. Freeman, *Crisis and Legitimacy: The Administrative Process and American Government* 93-94 (1978); McGowan, "Congress, Court, and Control of Delegated Power", 77 *Colum. L. Rev.* 1119 (1977); T. Lowi, *The End of Liberalism: The Second Republic of the United States* 93 (1969)。

② 448 U. S. 607 (1980).

③ 448 U. S. at 690.

④ 452 U. S. 490 (1981).

⑤ 448 U. S. at 681.

"确定在相对安全度的连续体中间划出一条界线"①。Rehnquist 大法官呼吁复兴不授权原则。"最高法院应当再次承担起职责，确保国会不会没有必要地将社会政策的重要选择授权给政治上缺乏回应性的行政官僚。"②

□ 司法机关对宽泛授权的限制

四位大法官在苯案中提供的复数意见明显地发现 Rehnquist 大法官的呼吁是有说服力的。他们对《职业安全与健康法》所作的勉强的解释，部分根据是他们相信，除非这部法律要求行政机关在颁布基于健康的规则之前认定存在"重大风险"，否则该法律将会是违宪的。③

在棉屑案中，Burger 首席大法官和 Rehnquist 大法官提出了不同意见，理由是这部法律构成了违宪的授权。他们主张国会之所以选择使用"在可行的范围内"这一措词，因为国会议员们对于如何权衡工人健康和安全与经济问题完全不可能达成一致意见。④ 这一法律中的措辞之所以对于大多数的国会议员来说可以接受，其原因是这一措辞并不包含大家一致认同的含义。 108

□ 宽泛授权再次得到支持

苯案和棉屑案的判决预示着最高法院日益依赖于某些版本的不授权原则。但是，自从这些案件判决之后的十年里，只有一位大法官，也就是 Scalia 大法官，在 Mistretta v. United States⑤ 案中所提出的不同意见适用了这一原则。Scalia 大法官的不同意见甚至强调了他对于独立行政机关合法性的焦虑。⑥ 最高法院在三起案件中以 9∶0 和 8∶1 的票数肯定了宽泛授权。⑦ 在所有这五起案件中，Rehnquist 大法官——在苯案和棉屑案中对复兴不授权原则的最重要支持者——加入了拒绝适用这一原则的多数意见。

我们无法知道大法官们为什么这么快就放弃了他们在苯案和棉屑案中所表达出的对复兴不授权原则的兴趣。他们并未对他们的立场改变作出任何理由说明。但是，我们还是可以在这些案件的判决意见中以及在其后的判决意见中所使用的文字上找到差别。大法官们已经放弃了他们对实施不授权原则的短暂的兴趣，其理由有三：首先，他们已经认识到要制定"具有可司法性的标准"允许法官区分合宪的授权与违宪的授权，其难度非常之大。其次，他们已经对立法程序采取了更为灵活的视角。再次，大法官们也相比过去较少担心将权力宽泛地授予行政机关，因为他们现在认识到这些行政机关是需要在政治上接受问责的政府机构。

---

① Id. at 675, 687.

② 448 U. S. at 686.

③ 448 U. S. at 646.

④ 452 U. S. at 546.

⑤ 448 U. S. 361, 413 (1989)（行政机关拥有的制定可以约束法院的量刑指南的权力）。

⑥ 参见§2.5。

⑦ Whitman v. American Trucking Assns., 121 S. Ct. 675 (2001)（环境保护局制定空气质量标准的权力）；Loving v. United States, 517 U. S. 748 (1996)（总统决定何时军事法庭应该判决死刑的权力）；Touby v. United States, 500 U. S. 500 (1991)（司法部长通过确定"管制物质"而决定犯罪构成要件的权力）；Skinner v. Mid-America Pipeline Co., 490 U. S. 212 (1989)（交通部长确定税收归宿（incidence of a tax）和水平）；Mistretta v. United States, 488 U. S. 361 (1989)（行政机关制定约束法院的量刑指南的权力）。

如果最高法院开始认为法律是在缺乏标准的条件下将权力授出，因而认定其违宪，它
109 就不得不需要在相对精确性的连续体中选择特定位置划出充分标准和不充分标准之间的界线。所有这些大法官认识到行政机关必须有权作出政策决定。国会在其所制定的所有需要由行政机关实施的法律中授权行政机关作出政策决定。

□ 授权原则不具有可司法性

在苯案和棉屑案中，Rehnquist 大法官和 Burger 首席大法官提供了一些信息，说明他们会在哪里划出这条关键的界线。“在可能的范围内”这一用语并不是具有足够精确度的标准，因为它允许劳工部长解决“重大”（major）、“重要”（important）或者“根本”（fundamental）的社会政策问题——以《职业安全和健康法》为例，就是劳工部长需要划出界线的相对安全的连续体。这一用语表明国会可以授权制定“次要”的政策决定而不是被认为属于“重大”、“重要”或者“根本”的政策决定。而且，这表明任何精确度和“可能”一样或者更逊一些的标准都可以被认为是违宪的。

划定这一界线的努力，其意义是惊人的。不少行政机关经常制定可以被认为是“重大”、“重要”或者“根本性”的政策决定。例如，在 1985 年，联邦能源监管委员会作出了一项“革命性的”政策决定，以竞争取代规制作为控制天然气趸售价格的主要方式。[①]不少行政机关在行使职权时是根据包含精确度低于“可行的”标准的法律。诸如“公共利益”、“正当合理”、“公正公平”和“公共便利和需要”等空洞标准充斥于《美国法典》。美国首届国会即授权总统颁布确定与印第安部落的贸易条款相关的规则。[②] 在 1789 年，这一规定一般认为包括了制定“重大”政策决定的权力。

Rehnquist 大法官在苯案中所用的其他文字，提出了区分合法授权和不合法授权的另一条可能的路径。Rehnquist 大法官对基于“内在需要”作出的没有标准的授权和缺乏政治意愿而作出的缺乏标准的授权进行了区分。[③] Rehnquist 也许受到了 Carl McGowan 法官所撰写的一篇支持根据这一基础进行区分的论文的影响。[④] 法官们要区分对基于“内在的需要”作出的没有标准的授权和缺乏政治意愿而作出的没有标准的授权，必须对立法程序有独到的理解。事实上，他们对于立法程序的理解程度要远远超过任何当前研究该程序的
110 学者的理解程度。

□ 对宽泛授权的解释：预见性和知识的不足

任何赋予一家行政机关以广泛的政策制定权的立法决定，都可以参考立法行为的三种理论进行解释。首先，立法者可以完全以公共利益为动机。但是，议员不是全知全能，也不是先知先觉的。他们没有能力理解政府每年必须作出的数以千计的政策决定之意义。即便他们在制定某一领域的法律时，能够全面掌握这一领域，但是在立法时正确的决定在经历短暂的一段时期后也可能会转变成可怕的错误。世界日新月异，我们对世界的理解也在迅速变化。考虑到认知方面的局限，国会明智地选择将大多数的政策决定交给那些可以对

---

① 参见 Associated Gas Distributors v. FERC，824 F. 2d 981（D. C. Cir. 1987）。

② 1 Stat. 137.

③ 448 U. S. at 675-676，684-685.

④ Carl McGowan，“Congress，Court，and Control of Delegated Power”，77 *Colum. L. Rev.* 1119，1128-1130 (1977).

新发展和其专业领域的新认识作出迅速反应的专家机构。

授权的公共利益理论有着深厚的历史根基。其支持者包括 Woodrow Wilson 教授（后来担任美国总统）。① 国会试图使授权精确化的努力所导致的各种灾难性结果，也支持了授权的公共利益理论的持续发展。②

□ 集体性机构没有能力作出决定

立法行为的第二项理论常常被称为“社会选择”理论。这一理论同样有着深刻的基础。在 1785 年，马奎斯·孔多塞（Marquis de Condorcet）* 指出，对于三个选项存在截然不同的意见时，多数议决规则并不能得出稳定的选择。③ 现代学者已经拓展了 Condorcet 的研究成果。在一类重要的案件中，多名成员组成的团体不违反公正和多数议决规则就无法在各种政策选项中作出选择。④ 在这些情形下，国会只能在不确定的结果（将广泛的权力授予行政机关）和由有权确定相互冲突的选项之投票顺序的少数人要求的确定的结果之间作出选择。⑤

□ 议员的自私利益

有关立法行为的第三项理论，就是所谓的“公共选择”理论。这一理论是建立在更为愤世嫉俗的行为假定基础之上的。坚持公共选择理论的学者认为，立法行为的基础是议员试图扩大其自身利益，包括获得再选连任，而不是为了扩大公共利益的目的。⑥ 其结果是， 111
议员并不愿意解决大多数政策争议，因为他们知道与其投票支持任何一种政策选项的，需要牺牲更多的选民支持，不如将政策决定权授予行政机关行使。在没有明确标准的情况下对行政机关授权，议员可以得到双倍回报，因为他们可以在行政案件中充当监察专员的角色，调和所有选民的好恶。大家所熟知的监察专员作用也允许他们放大自己的宣传能力。公共选择理论得到了那些表明立法程序中惊人变化的数据支持。国会议员们如今平均每天在立法事务上投入的时间是 11 分钟。他们将自己以及助理的大多数时间都用于服务选

---

* 孔多塞（1743—1794），是 18 世纪法国启蒙运动时期最杰出的代表之一，同时也是一位数学家和哲学家。他亲身参加了 1789 年爆发的法国大革命。他是法兰西第一共和国的重要奠基人，并起草了吉伦特宪法。他也是法国革命领导人中为数不多的几个公开主张女性应该拥有与男子相同的财产权、投票权、工作权以及接受公共教育权的人之一。——译者注

① 参见 Woodrow Wilson，“The Study of Administration”，2 *Pol. Sci. Q.* 197（1897）。

② 参见§17.1 和 Pierce，“Political Accountability and Delegated Power：A Response to Professor Lowi”，36 *Am. U. L. Rev.* 391，402-407（1987）。

③ Marquis de Condorcet，*Essaisur L'Application de L'Analyse a la Probilite des Decision Residues a la Pluralite des Voix*（1785）.

④ A. Sen，*Collective Choice and Social Welfare*（1970）；D. Black，*The Theory of Committees and Elections*（1958）；K. Arrow，*Social Choice and Individual Values*（1951）.

⑤ 参见 Pierce，“The Role of the Judiciary in Implementing an Agency Theory of Government”，64 *N. Y. U. L. Rev.* 1239，1244-1247（1989）。

⑥ 参见 Marcey，“Promoting Public Regarding Legislation Through Statutory Interpretation：An Interest Group Model”，86 *Colum. L. Rev.* 223，230（1986）；D. Mueller，*Public Choice*（1979）；Stigler，“The Theory of Economic Regulation”，2 *Bell J. Econ. & Mgt. Sci.* 3（1971）。

民——相当于监察专员的角色。[1]

□ 不能确定国会为何在特定法律中作出宽泛授权

我们可以推测，Rehnquist 大法官会通过引用公共利益理论或者社会选择理论将任何宽泛的授权解释为具有内在的必要性，从而是合宪的。他可以通过应用公共选择理论将任何宽泛的授权解释为缺乏政治意愿，从而是违宪的。于是问题便是确定哪一项授权可以归因于所有这三种理论。但是，考虑到我们目前对立法程序只有初步的理解，这一问题是无法得到解决的。多数立法，甚至可以说是所有立法，都是众多动机、个人之间互动以及集体决策的产物。许多立法不愿意基于化约论* 的行为假定进行简单的分类。[2]

最高法院看起来绝无能力确定一项合理的标准来履行其判断对行政机关的授权是否合宪的职责。如果宽泛的授权有着如 Rehnquist 大法官在苯案和棉屑案中所描述的效果的话，认识到这一点也许会令人不安。我们可以再来回想一下他对立法程序的描述。国会通过“授权政治上缺乏回应性的行政官僚作出重要的社会政策选择”，放弃了其自身的责任。如果行政机关不是政治上可问责的机构，Rehnquist 大法官对将政策制定权宽泛地授予行
112 政机关的指责中提出了我们的民主制政体中存在的一项重大缺陷。但是，自从苯案和棉屑案之后，最高法院已经承认行政机关也是政治上可问责的政府机构。

□ 行政机关是政治上可问责的

在 Chevron v. Natural Resource Defense Council[3] 案中，大法官们一致承认行政机关是政治上可问责的。最高法院承认总统对行政机关的政策决定在政治上负责，根据这一理由，最高法院支持了行政机关对政策问题的决定。《清洁空气法》（the Clean Air Act）要求任何企业提出建立或者修改一座新污染“源”时都需要经过复杂的“新污染源审查”程序。法律上对于污染源的定义在有一个重要方面是模糊不清的。这个词可以指每台燃烧设备，也可以指整座工厂。环境保护局最初将这一词解释为每台燃烧设备。其结果是，工厂想要增加、更换或者改进每台燃烧设备时都需要经历既耗费金钱又耗费时间的行政程序。环境保护局在其所制定的规则中修改了实施《清洁空气法》的办法，这一规则就是 Chevron 案的争议焦点。环境保护局决定将每座工厂认定为一个污染源。这一决定意义深远。它允许和鼓励企业增加、更换或者改进燃烧设备，只要该企业的所有行为能够产生有利于环境的净效果。因此，例如某家企业只要能够同时减少其他燃烧设备所产生的污染并且所减少的排放量刚好抵消甚至超过新燃烧设备所产生的排放量，它就可以新增一台排放污染气体的燃烧设备而无须申请批准。

Chevron 案所涉及的政策决定对于空气质量规制具有“重大”、“重要”和“根本性”的意义。而且，这一问题也是国会在通过《清洁空气法》时所熟知的。国会只是选择了回

---

* 化约论（reductionist），是一种哲学思想，认为复杂的系统、事务、现象可以通过将其化解为各部分之组合的方法，加以理解和描述。——译者注

[1] 参见 *Can Government Govern*?（J. Chubb & P. Peterson eds. 1989）；M. Malbin，*Unelected Representatives* 243-244（1980）。

[2] 参见 Mashaw，“The Economics of Politics and the Understanding of Public Law”，65 *Chi.-Kent L. Rev.* 123（1989）。

[3] 467 U. S. 837（1984）. 详见本书第 3 章的论述。

避这一问题。最高法院可以轻易地认为该法违反宪法，因为其将制定“重要”政策决定的权力授出而缺乏相应的政治意愿。没有一位大法官敦促作出这样的结论。

□ 最高法院承认行政机关是政治上可问责的

最高法院一致承认行政国家合法性具有坚实的宪法基础，基于这一理由维持了行政机关的政策决定：

已经由国会授予政策决定权的行政机关，在授权的限度内，可以合理地依照现任政府对明智政策的观点来作出判断。但是，当行政机关不是直接对人民负责时，行政首脑是，且完全适合于作为政府的政治性分支来作出这样的政策决定——解决相互冲突而国会有意 113
或者无意地留给该法的执法机关来根据日常现实情况作出决定的利益之争。[①]

在 Chevron 案中，最高法院也毫不含糊地拒绝了 Rehnquist 大法官在苯案中提出的建议，即法院应该通过确定国会作出政策制定权的广泛授权的原因来区分合宪授权和违宪授权：

也许（国会）有意地认为行政首长更容易在这一层次中取得平衡，认为那些具有专业能力和承担执法责任的行政机关可以更好地做到这一点；也许国会只是并未在这一层次上考虑这一问题，也许国会无法在这一问题的两个方面达成一致，而对这一问题持不同观点者也决定遵守行政机关所制定的方案。出于司法的目的，会发生什么样的结果并不重要。[②]

这两段论述虽然简短，但是却蕴含了丰富的哲理。在第二段中，最高法院承认其不能确定国会为什么作出某项具体的授权。理论上似是而非的解释有很多种，但是法院只能做到具体列举，并需要在每项解释前加上“也许”的修饰词。最高法院不是试图完成不可能的任务，而是命令法官忽视有关立法动机方面这些难缠的问题。

第一段的内容甚至更为复杂。行政机关是政治上可问责的，因为总统需要对行政机关的行为承担政治上的责任。例如，作出 Chevron 案中所涉及的政策决定的环保局局长或者作出苯案和棉屑案中所涉及的政策决定的劳工部长，都是无可辩解的。他们受总统任命，根据总统的意志从事。他们都不是如 Rehnquist 大法官在苯案中对劳工部长所作的定性，即“政治上缺乏回应性的官僚”。

□ 总统实施政策控制

总统们已经认识到他们需要对行政机关的政策决定负责，并且开始对这些政策决定进行越来越多的控制。过去的八位总统都曾发布总统行政命令（Executive Orders），试图增加控制行政规则制定的总统权。1981 年出台的第 12291 号总统行政命令要求行政分支中的每家行政机关都对拟订的重要规则进行规制影响分析。每家行政机关都需要在规则出台前向总统办公机构内设的管理和预算局提交拟制定的规则和影响分析报告。管理和预算局可 114
以咨询规则制定机关的意见，要求规则制定机关征询其他行政机关的意见，以及要求规则制定机关考虑更多的数据和观点。管理和预算局和规则制定机关之间的争议由副总统担任主席的竞争力委员会（the Council on Competitiveness）裁决。1985 年出台的第 12948 号总统行政命令更进一步要求，每一家行政机关在开始一项重大的新政策方案时通报管理和

---

① Id. at 865-866.

② Id. at 865（加着重号）。

预算局，从而允许管理和预算局，以及每位总统所任命的这些行政首长能够从一开始就对政策制定程序产生重要的影响。1993 年出台的第 12866 号总统行政命令取代了第 12291 号总统行政命令，但是其相当一部分篇幅是重述第 12291 号总统行政命令的内容，增加了管理和预算局审查的时限，以及审查过程中某些沟通行为需要向公众公开的要求。[1]

□ 独立行政机关的问题

运用 Chevron 案的推理方法来证明“独立”行政机关的政策决定的合宪法性，其难度要大于将这一推理应用于环境保护局局长或者劳工部长。如果“独立”行政机关确实出于各种目标独立于总统的控制，则 Chevron 案的推理就无法应用。总统对人民承担政治责任会与完全独立于总统的行政机关的政治责任不相干。有权制定政策决定的真正的独立行政机关会成为那些批评家们所经常谴责的“没有顶头上司的第四分支”。

□ 政策制定行政机关都不是完全独立于总统的

但是，“独立”行政机关只是相对独立于总统。[2] 独立行政机关中的最后决策者是也必须是由总统所任命的。总统不能任意撤换他们，但是他可以基于合理事由撤换他们。而合理事由几乎肯定会包括拒绝遵守总统宣布的政策，尽管最高法院还从未直接解决过这一问题。

直到 1993 年，没有一位总统曾试图对独立行政机关的规则制定/政策制定实施系统的控制。于是，独立行政机关过去可以豁免于第 12291 号行政命令和第 12498 号行政命令所确立的总统控制机制相关要求。人们反复向总统建议说他们有宪法上赋予的权力对独立行政机关的政策制定实施控制，并且敦促总统将其总统控制机制扩张适用于独立行政机关。[3]

在 1993 年之前，历任总统都不愿意将其对控制一般行政机关政策制定的系统方法扩张适用于独立行政机关，没有一位总统愿意因为这样的举动增加政治上的成本。总统们担
115 心国会议员会对总统试图对独立行政机关的政策制定建立正式控制方法而火冒三丈。总统们决定不将正式控制手段适用于独立行政机关，其动因无疑也是因为每位总统都承认他们可以通过不太正式的或者不太系统化的控制方式也能够对独立行政机关的政策制定实施重要的影响。所有独立行政机关的首长都是由总统任命的。他们往往拥有相同的政策偏好。而且，他们通常会尊重总统，也很可能会在重大的政策争议方面尊重总统的意见。总统和行政机关的首长可以在规则制定程序中自由地对具有利害关系的问题进行沟通，而行政机关的首长也可以在通过规则制定程序制定裁量性的政策决定时自由地考虑总统的观点。[4] 最终，克林顿总统在 1993 年将独立行政机关纳入第 12866 号行政命令的适用范围，宣告对独立行政机关实施系统性的控制。简而言之，“独立”行政机关并不是那么独立于政治上可问责的分支，他们的政策决定缺乏宪法上的合法性。

---

① §7.9.

② 参见§2.5 的讨论。

③ 参见 Strauss & Sunstein，“The Role of the President and OMB in Informal Rulemaking”，38 *Admin. L. Rev.* 181 (1986)；U. S. Department of Justice，*Memorandum for Honorable David Stockman* (Feb. 12，1981)。

④ Sierra Club v. Costle，657 F. 2d 298 400-406 (D. C. Cir. 1981)；Verkuil，“Jawboning Administrative Agencies: Ex Parte Contracts by the White House”，80 *Colum. L. Rev.* 943 (1980).

□ 宽泛授权得到支持

自1989年以来，最高法院支持了五项宽泛的授权决定，一项是对独立行政机关的授权，两项是对一般行政机关，一项是对司法部长，一项是对总统。在Mistretta v. United States[1]案中，八位大法官出具的多数意见认为，国会立法授权针对任何被判定犯有联邦罪行者的量刑问题制定约束性的指南是合宪的。这项授权的对象是一家新设的独立行政机关，即量刑委员会。[2] 多数意见维持了这一授权，理由是国会已经在量刑委员会需要适用的法定标准中规定了“明确性原则”（intelligible principle）[3]。多数意见指出，最高法院已经根据其在1935年所作的两项判决前后出台的宽泛的标准，支持了所有的授权决定。[4] 在一个脚注中，多数意见描述了最高法院最近的做法：“最近这些年里，我们对不授权原则的适用已经被限于……对那些可能被认为是违宪的法定授权进行限缩解释。”[5]

□ 行政机关可以实施对法官的政策控制

Mistretta案件的多数意见明确地承认了国会有权将“对政策问题作出判断”的权力授出。法院承认国会有足够智慧决定授权一家专业的行政机关实施Mistretta案所涉及的特定的政策制定职能。“为各类罪犯所犯下的数百种罪行确定与之相适应的刑罚，实际上正是特别适合于授权给专业机构处理的、复杂的、需要耗费大量精力的任务。”[6] 116

□ 对独立行政机关的宽泛授权受到质疑

Mistretta案中只有Scalia大法官持不同意见。他认为“违宪授权原则”是“对民主政体至关重要的原则”[7]。他并未对这一判断给出解释的理由。他也没有试图驳斥Chevron案作出一致意见的推理，即国会将政策制定权授权给行政机关，这是符合宪政民主的，因为总统可以对人民在政治上负责。

Scalia大法官将法院始终拒绝适用不授权原则的原因归结为一点，即难以适用不授权原则：

> 一旦承认没有一部法律是完全精确的，事实也确乎如此，某些判断，甚至某些涉及政策考量的判断，就必须留给执法的官员以及适用法律的法官来作出。如此一来，对于违宪授权的争论，就不再是涉及原则的问题，而是涉及程度的问题了……我们几乎从未感受到有资格事后批评国会将政策判断留给那些法律执行者或者适用者的程度是否合理了。我们一定纳闷，当我们反复地在各种条件下支持“公共利益”标准时，究竟什么样的法定标准会过于模糊而难以通过司法审查呢？[8]

Scalia大法官接着表示赞同多数意见的结论，即法律反映了一项足够明智的原则，从

---

① 488 U.S. 361 (1989).

② 有关量刑委员会的讨论，详见§2.5。

③ Id. at 372.

④ Id. at 373.

⑤ Id. at 374 n. 7.

⑥ Id. at 379.

⑦ Id. at 415.

⑧ Id. at 415-416.

而可以反驳根据不授权原则而提出的攻击。① 不仅如此，他还认为授权是违宪的，因为该行政机关的唯一职责是实施国会所赋予的立法权。②

如果以 Scalia 大法官的整篇不同意见作为背景，他对违法授权的讨论不过是换种方式表达其长期坚持的信念，即独立行政机关缺乏合宪性。③ 在一个脚注中，Scalia 大法官作了一点区分，这也更明确地表达了他对 Mistretta 案中所涉及授权的真正反对态度：

> 只要行政机关受总统控制而总统拥有与规则制定相关的权力，行政机关当然可以天生
> 117 就只拥有规则制定权。在这些情况下，规则制定最终是附属于总统的行政权的。④

□ 征税权的授权得到了支持

在 Skinner v. Mid-America Pipeline Co. ⑤ 案中，最高法院以一致意见支持了对于一家行政机关的宽泛授权。国会授权交通部长计算和征收针对所有管道经营者的税收。交通部准备征收一项总额与促进管道安全的各项法律的总执行成本相当的税收。交通部长可以根据“体积—英里数、英里数、收入或者上述项目的合理组合”来确定可以对每家企业征收的税收。最高法院以一致意见同意了这一宽泛地将征税权授予行政机关的决定。最高法院并未找到证据支持这样一种主张，即《联邦宪法》要求，“当国会根据其征税权，将裁量性的权力授予行政分支时，适用不同的和更严格的不授权原则”⑥。

□ 界定犯罪行为的授权得到了支持

1991 年，最高法院支持了一项授权司法部长界定犯罪行为的决定。⑦ 国会授权司法部长确定某项毒品是否具有危险性，从而确定持有或者销售危险毒品属于犯罪行为。司法部长可以临时性地作出这样的决定，而不必遵守通告评议程序，如果他认为这么做是“避免对公共安全的迫切威胁所必需的”。这一决定并不需要接受执法前的司法审查程序（pre-enforcement judicial review），但是被告可以在刑事程序中，以对其有效性提出质疑作为抗辩。最高法院一致支持了对司法部长的授权决定，以及其将该权力转授权给缉毒局（the Drug Enforcement Administration）的做法。最高法院没有明确回答相比国会在非刑事案件的背景下作出授权时所需遵守的“明确性原则”，授权界定犯罪行为需要“国会更高程度的明确性”。最高法院的结论是，无论在何种情况下，所涉及的法律都可以满足这样一种要求。两位大法官附议了多数意见，其理由是他们认识到，在刑事案件中被告质疑行政行为有效性的能力对于最高法院的立场来说是至关重要的。

□ 确定死刑相关因素的授权得到了支持

在 Loving v. United States⑧ 案中，最高法院一致支持授权总统决定军事法庭对犯有谋

---

① Id. at 416.

② Id. at 420.

③ 参见§2.5。

④ Id. at 418 n. 2.

⑤ 490 U. S. 212 (1989).

⑥ Id. 222-223.

⑦ Touby v. United States 500 U. S. 160 (1991).

⑧ 517 U. S. 748 (1996).

杀罪的军人判处死刑时需要确定的重要因素。该案中最高法院的判决意见包含了同样可以适用于军事司法这一特定情境之外的论述和推理。例如，最高法院指出，授权原则“并不意味着只有国会可以制定具有预期效力的规则。让国会承担所有联邦制定工作的负担会让国会无力应付更为紧迫的问题，从而损害立宪者们所设计的可以操作的全国性政府结构。” 118
最高法院也宣称“并不存在一项可以禁止国会授权其他分支确定犯罪刑罚的绝对规则。”最高法院将其晚近的不授权原则总结为“没有例外地支持以笼统文字表述的标准作出的授权”。最高法院赞扬了立法分支和行政分支在确定适合判处死刑的情形方面进行的合作。最高法院赞扬了总统通过规则制定的方式行使国会授予的权力。[1]

在一份单独的协同意见中，Scalia 和 O'Connor 两位大法官再次以有趣的方式描述了不授权原则的特点，这也大体适用于军事司法之外的情形。他们批评最高法院提到（referring to）“对立法权的合法授权”的做法是不准确的。在他们看来：

立法权是不可授出的……国会所做的是将职权分配给行政机关；当行政机关履行所承担的职责时，它并不是作为国会的“代表”，而是作为人民的代理人。某种程度上所分配的职责可以是如此广泛和不加约束的，以至于国会事实上已经将其立法权授出；但是直到授权过度之前，所存在的不是“合法”授权，而是根本没有授权。

但是，在试图将至少一部分 Loving 案的推理适用于军事司法之外时，需要特别谨慎。无论是最高法院的判决意见还是若干协同意见，都强调了独特的军事司法情形的重要性（例如，总司令的独立权限，国会在命令军事事务上给予的高度尊重，总统在军事司法体系中发挥作用的历史和传统）。至少最高法院推理中一部分是受到了那些独特因素的影响——其适用法律中有关“明确性原则”的要求，将该权力授予总统：“也许有关如何选择重要因素的更为明确的指导，是对这一领域缺乏独立权限的新设实体机关授权时所必需的。”

最后，最高法院以一致意见支持《清洁空气法》§109（b）的授权是符合《联邦宪法》的。[2] 该条法律规定要求环保局制定“保护公众健康所必需的”并“留有足够的安全空间”的环境空气质量标准。最高法院的结论是法定标准并未将立法权授出，因为它规定了一项“明确性原则”。在一份协同意见中，Thomas 大法官指出可能存在某些规定了明确 119
性原则，但是仍然违宪的法定标准。在另一份协同意见中，Stevens 大法官和 Souter 大法官认为，最高法院应该承认现实，即国会经常性地允许将“立法权”授予行政机关。他们表示赞同本书第三版中的下列论述：

如果立法权意味着根据重大政策议题的决定而制定约束每个人的行为规则的权力，众多行政机关常常通过颁布它们明确宣称的“立法性规则”行使着立法权。

□ 对一宗旧案的奇怪讨论

在 Clinton v. New York[3] 案中，六位大法官所出具的多数意见认为，《逐项否决法》是违反宪法的。多数意见强调该判决完全是基于这样的结论，即该法违反了《联邦宪法》第 1 条，并且违反了不授权原则。但是，在其判决意见中，多数意见非常罕见地归纳了其过去的一起不授权原则相关案件的特征，以试图进行区分。在 Field v. Clark[4] 案中，最高

① 参见§6.8。
② Whitman v. American Trucking Assns.，121 S. Ct. 903（2001）.
③ 524 U. S. 417（1998）. 参见§2.4 的讨论。
④ 143 U. S. 649（1892）.

法院支持国会授权总统暂停某些进口关税的豁免规定的实施，如果他认为其他国家正在征收“相互不平等的、不合理的”关税。多数意见从两个方面对 Field 案的判决进行了区分。首先，它指出，授权决定是发生在对外关系中，而在这一领域中最高法院是特别接受总统权的实践的。其次，它也强调指出，Field 案中所涉及的法律并未将裁量权授给总统。它只不过是要求总统采取一项具体行动，如果他“确定存在特定事实的话……”

最高法院确实曾经说过它们在 Field 案中所归结的问题。在作出 Field 案的判决时，最高法院使用了假设的“指名的意外事件”（named contingency）标准来适用不授权原则。但是，后来在 Buttfield v. Stranahan① 案中，最高法院放弃了这一标准。自从 1928 年以来，最高法院采用“明确性原则”标准适用不授权原则。② 这一标准特别宽泛。它授权国会将广泛的决策权授予总统，只要其在授权的同时制定调整总统行使所获授权的裁量权的包含“明确性原则”要求的实体标准。近年来，最高法院已经一致支持在与外交事务无关
120 的领域，包括纯粹国内的税收事务，授予总统特别广泛的权力。③

Breyer 大法官在一份判决书中代表三位提出不同意见的大法官，表达了如下观点，即《逐项否决法》所提出的唯一一项重大宪政问题是被认为违反了不授权原则，而该法并未违反这一原则。Breyer 大法官一开始就指出，最高法院已经认为只有两部法律因为不授权原则而违反宪法。在 Panama Refining Co. v. Ryan④ 案中，最高法院发现，所涉及的法律“没有包含任何法律上可以操作的条款”。在 A. L. A. Schechter Poultry Corp. v. United States⑤ 案中，法律将广泛的权力授予公民个人而不是政府行政分支的官员。而在其他所有案件中，最高法院已经支持将广泛的权力赋予行政部门，理由是该授权是受“明确性原则”调整的。

Breyer 大法官认定该法体现了限制总统权的“明确性原则”。总统可以防止“新的直接开支项目”或“有限的税收优惠”发生法律效力或者实效，如果总统断定其行为可以“减少联邦预算赤字……不会损害任何实质的政府职能，也……不会损害国家利益”。Breyer 大法官承认这些标准是宽泛的。他同样承认，与最高法院以前支持的许多其他授权决定不同，法定标准并不会被通过发布规则的方式受到潜在的限缩，而实施所被授予的权力时作出的行为也不接受司法审查。尽管如此，他仍然认为授权是合法的，理由有五点：（1）该法所针对的是联邦预算可能出现赤字之类的裁量问题；（2）并不能轻易地从该问题中得出明显更为确定的标准；（3）在征税和开支中，广泛授权是有历史和先例可循的；（4）所授予的权力只适用于一小部分征税和开支决定，其在“联邦收入和拨款中所占的比例微不足道”；（5）该权力仅限于负有政治责任的总统行使。

□ 下级法院通常支持宽泛授权

在最高法院作出的判例之后，联邦巡回法院也经常支持广泛的授权。在 Milk Industry Foundation v. Glickman⑥ 案中，最高法院认为国会可以授权行政机关批准根据合约条款所签署的州际协议，只要国会规定了“明确性原则”来调整行政机关的裁量行为。最高法院

① 192 U. S. 470 (1904).

② 参见 J. W. Hampton v. United States，276 U. S. 394，409 (1928)。

③ 例可参见 Skinner v. Mid-American Pipeline Co.，490 U. S. 212 (1989)。

④ 293 U. S. 388 (1935).

⑤ 295 U. S. 495 (1935).

⑥ 132 F. 3d 1467 (D. C. Cir. 1998).

认为，法定标准——要求找到“具有突出重要性的公共利益”——符合“明确性原则”的要求。 121

在 Freedom to Travel Campaign v. Newcomb[1] 案中，第九巡回法院拒绝了这样一项主张，即国会立法授权总统在确定“符合国家利益”时决定延长已经实施的经济禁运措施构成违宪。考虑到许多先前坚持“公共利益”的决定过于宽泛，法院质疑了它们是否可以为一项以“符合国家利益”标准来看过于宽泛的决定辩护。不管怎样，法院发现国会对总统授权时的外交关系背景是决定性的：“外交关系背景下所受到的尊重程度如此之高，以至于在国内关系背景下不合适的授权在外交领域也可能是有效的。”

□ 不授权的主张可能提供策略上的优势

尽管认为那些法律违反了不授权原则的主张永远不会占据上风，但它们有时可以改善原告以其他理由推翻行政决定的前景。因此，举例来说，第三巡回法院就断定国家劳动关系委员会缺乏“明确的国会指导”，可以作为对该机关在支持国会本来应该作出的“重大政策决定”时采用的推理进行“严格司法审查”的理由。[2] 122

□ 向国际机构授权的现象日益增多而且具有争议性

在 Natural Resources Defense Council v. EPA[3] 案中，哥伦比亚特区巡回法院遇到了一项棘手的争议。原告认为，环境保护局违反了《清洁空气法》中要求其遵守《蒙特利尔议定书》(the Montreal Protocol) 的规定。这一违反法律的指控的提出，是因为违反了批准该议定书之后而订立的实施协议 (post-ratification agreement)。法院认定，认为缔约国在批准该条约之后而缔结的协议构成国内法目的上的“法律”将会引发严重的宪法争议。国会是否可以将立法权授予国际组织，这一点并不明确。哥伦比亚特区巡回法院指出，最高法院还未能就合理解决这一问题达成一致。哥伦比亚特区巡回法院认定它要根据回避宪法判断原则 (avoidance canon) 以避免需要解决这一棘手的争议。哥伦比亚特区巡回法院将该议定书解释为仅仅是一份“表示同意的协议 (agreement to agree)”，不能作为国内法强制执行。向国际组织授权已经变得日益普遍。这一现象已经引发了大量的争议。[4]

□ 向私人实体的授权得到了支持

在 Pittston Co. v. United States[5] 案中，第四巡回法院支持了相对少见的对私人实体的授权。原告认为，国会将实施《煤炭工业退休人员健康福利法》(the Coal Industry Retiree Health Benefits Act) 的权力授予“联合基金”(the Combined Fund) ——一家国会为了实施这部法律所要求的某些职能而设立的私人实体，这违反了不授权原则。第四巡回法院承认最高法院已经将政府权力授予私人实体定性为“最令人厌恶的立法权授出形式”。

---

① 82 F. 3d 1431 (9th Cir. 1996).

② Bro-Tech Corp. v. NLRB, 105 F. 3d 890 (3d Cir. 1997).

③ 464 F. 3d 1 (D. C. Cir. 2006).

④ Ed Swain 对向国际组织授权的合宪性问题相关的丰富多彩的文献进行了分析。参见 Swain，“The Constitutionality of International Delegations”, 104 *Colum. L. Rev.* 1492 (2004)。

⑤ 368 F. 3d 385 (4th Cir. 2004).

但是，第四巡回法院也认定，国会可以将仅仅是执行性质的（ministerial）或者咨询性质的职能授予私人实体。法院认定，国会授予联合基金的大多数职能是部长性质的。国会要求该基金向指定的当事人收集一定数量的保费（premiums），并将所获得的经费以一定数量分配给指定的当事人。由于这些指定既不是在法律本身之中，也不是由社会保障委员所作出的，法院认定，该基金的收缴和分配职能是部长性质的。法院根据相当不同的依据，即金钱投资“基本上不是属于政府性质的”，支持了国会授权该基金将收取的金钱用于
123 投资。

§2.7　转授权问题

□ 转授权的需要

转授权，是指权力从行政机关的首长转移至其下属。1933 年，州际商业委员会 Joseph B. Eastman 委员在国会委员会作证时就论述了转授权的需要：“完善的组织原则要求首长能够关注更为重大和重要的政策及其实践的问题，同时他们的时间需要尽可能地从考虑琐碎平常的细节问题中解脱出来。”① 一开始，联邦法院并不接受 Eastman 式的意见。但是，联邦法院逐渐认识到转授权决定中所体现的智慧，并反映在它们的判决之中。Jerry Mashaw 对 19 世纪美国行政法历史的研究成果②，记录了 19 世纪众多情况下发生的转授权。法院没有对这些授权问题作出判决，因为行政机关直到 19 世纪末才开始接受司法审查范围。

□ 起初的司法怀疑主义让步于现实和国会行动

在大约七十年里，最高法院有关转授权的决定反映的是对政府实际需要的严重误解。在 1887 年，最高法院认为，法律要求总统在军官接受军事法庭审判之后，批准免除其职务的规定，意味着总统必须行使其个人判断。③ 最高法院从未推翻 Runkle 案的判决，尽管通过推定行使个人判断权④，或者自由地将要求总统行动的法律解释为不要求个人行动⑤，以及声明“显然总统的所有职能不可能都由其亲自作出”⑥，它发现围绕该判决，还存在多种方式。国会最后承认，法院未能充分应付这一问题，在 1950 年制定的一部法律中授权总统再将总统所享有的职权或者必须经过其批准或者同意才能行使的职权授权给任何行政部门中的内阁部门或机关的首长，或者任何需要经过参议院建议和同意后才能任命的官员来行使。⑦ 这一授权并不适用，如果法律正面禁止授权或者明确指定了可以接受授权的官

① Hearing on H. R. 4732, before House Committee on Interstate and Foreign Commerce, 72d Cong., 2d Sess. 7 (1933).

② Jerry Mashaw 的研究成果连载于《耶鲁法律杂志》第 115—118 卷。

③ Runkle v. United States, 122 U. S. 543 (1887).

④ United States v. Page, 137 U. S. 673 (1891).

⑤ United States *ex rel*. French v. Weeks, 259 U. S. 326 (1922).

⑥ United States v. Chemical Foundation, 272 U. S. 1, 13 (1926).

⑦ 3 U. S. C. §§301-303.

员；总统授权是否合法的问题仍是案件裁决的焦点问题。[1] 124

除了总统的转授权情形之外，最高法院在转授权问题上作出的最极端的判决是在 Cudahy Packing Co. v. Holland[2] 案。在这份判决书中，最高法院认为，工资工时管理局局长(Wage-Hour Administrator)* 不能将签发传票的权力转授权给地方主任。最高法院没有提到，但是注意到《联邦民事诉讼规则》(Federal Rules of Civil Procedure) §45 (a) 规定联邦地区法院的工作人员“应当”根据一方当事人的申请签发有关证人和“签字封印的书证”的传票。最高法院认为传票权是“具有压迫性力量的权力”[3]。在 Fleming v. Mohawk Wrecking & Lumber Co. [4] 案中，最高法院有机会推翻 Cudahy 案的判决，但是它选择了将两者加以区分。虽然最高法院从未推翻 Cudahy 案，但是自从 1958 年在 NLRB v. Duval Jewelry Co. [5] 案和 Lewis v. NLRB[6] 案中对 Cudahy 案持尊重态度之后，最高法院就再没有引用过该案的判决。既然最高法院不再采用 Cudahy 案，其下级法院也不再遵循这一判例。如，NLRB v. John S. Barnes Corp. [7] 案、NLRB v. Anchor Rome Mills, Inc. [8] 案、Freeman v. Brown Bors. Harriman & Co. [9] 案和 United States v. Marshall Durbin & Co. [10] 案等案件判决中都提到了“Cudahy 案判决的销蚀”。最高法院在 1952 年作出的一份判决对 Cudahy 案判决的态度则存在泾渭之别。最高法院支持司法部长根据一部规定他“可以裁量决定”暂停驱逐出境程序的法律作出的授权。[11]

□ Kennedy 总统强调了转授权的需要

Kennedy 总统 1961 年 4 月 3 日致国会的声明，对有关转授权的各家观点产生了深刻的影响：

要减少我们规制机关现存的迟延现象，就需要在顶层消除毫无意义的劳动……如果不必要、不重要的细节占据了行政机关成员过多的时间和精力，阻碍其充分迅速地思考更为重要的问题……其补救的方法就是更广泛地授权给一小部分行政机关领导成员 (members) 或者雇员组成的委员会，赋予其决定以及听证官员的决定相当程度的终局效力，而对真正重要的问题则保留由行政机关领导成员集体决定。如果行政机关仍然保留着对所有类似决定的裁量性的审查权——要么由行政机关主动决定进行审查，要么在当事人向行政机关提出诉愿，表明所涉及的问题如此重要，以至于需要由行政机关在最高层次上作出决 125
定时，可以由行政机关行使审查权——此种授权就不会构成放弃责任的行为。[12]

---

* 工资工时管理局局长领导劳工部内设的工资工时管理局 (Wage and Hour Division)，负责实施《1938 年公平劳动基准法》(the Fair Labor Standards Act of 1938)、《1963 年同工同酬法》(the Equal Pay Act of 1963) 和《1993 年家庭和医疗休假法》(the Family and Medical Leave Act of 1993) 等法律。——译者注

① Updegraff v. Talbott, 221 F. 2d 342 (4th Cir. 1955); Sima v. United States, 96 F. Supp. 932 (Ct. Cl. 1951).

② 315 U. S. 357 (1942).

③ 315 U. S. at 363.

④ 331 U. S. 111 (1947).

⑤ 357 U. S. 1 (1958).

⑥ 357 U. S. 10 (1958).

⑦ 178 F. 2d 156, 159 (7th Cir. 1949).

⑧ 192 F. 2d 447 (5th Cir. 1952).

⑨ 250 F. Supp. 32 (S. D. N. Y), *aff'd*, 357 F. 2d 741, *cert. denied*, 384 U. S. 933 (1966)

⑩ 363 F. 2d 1 (5th Cir. 1966).

⑪ Jay v. Boyd, 351 U. S. 345, 351 (1956).

⑫ 107 Cong. Rec. 5847, 5849 (1961).

□ 国会批准了转授权

Kennedy 总统所表达的观点已经占据上风。国会支持转授权的观点在 20 世纪 60 年代制定的三部法律中得到了体现。① 在这十年里所作出的判例都支持了过去可能会被认为无效的转授权行为。②

自从 60 年代以来，转授权在政府日常运作中已经司空见惯。当事人不再对寻常的转授权提出挑战。也许，对于普通的转授权问题，最为重要的现代案例是 FTC v. Gibson③ 案。该案中，第五巡回法院轻而易举地判定联邦贸易委员会（FTC）可以将签发传票的权力转授给新奥尔良地区办公室的助理检察官（assistant attorney）。

当有人向平等就业机会委员会（EEOC）提出指控，该委员会可以为了确定是否存在证明指控真实的合理事由而展开调查，然后该委员会可以尝试调解，但是如果调解失败，则向法院提起民事诉讼。在 EEOC v. Raymond Metal Products Co. ④ 案中，第四巡回法院支持了授权地区办公室主任确定是否存在合理的事由和是否批准和解协议。第四巡回法院指出，该地区办公室主任在一年里有 9 035 次确认存在合理事由，又有 5 198 次否认存在合理事由。在 EEOC v. Laclede Gas Co. ⑤ 案中，第八巡回法院就遵循了 Raymond 案判决意见中所谓的"富有见地的分析"。

□ 国会可以禁止转授权

当国会已经批准转授权或者当法律对于这一问题没有明文规定时，法院就会允许转授权。但是，国会可以禁止或者限制转授权。有时，国会选择这么做，原因是它认为该职能如此重要，以至于只能由高级别的官员来行使该职能。例如，1968 年通过的 18 U. S. C. § 245，就规定了一项威胁选民罪，其中规定：

126 只有在司法部部长或者副部长签字证明所提出的公诉是符合公共利益的，也是维护重要的正义所必需之时，才可以提出公诉；这种证明权是不允许授出的。

□ 对法律进行解释的案例

最高法院适用了一条类似规定。《1968 年综合犯罪控制和街道安全法》（the Omnibus Crime Control and Safe Streets Act of 1968）⑥ 规定了申请法院批准对电话实施监听的程序，授权"司法部长或者司法部长特别指定的助理司法部长"批准向法官提出（实施监听的）申请。⑦ 司法部长将该权力授予了助理司法部长，最高法院认为该授权是与国会立法

---

① 49 U. S. C. § 7（5）（ICC）；47 U. S. C. § 155（d）（FCC）；15 U. S. C. § 78d-1（SEC).

② United States Health Club v. Major，292 F. 2d 665（3d Cir.），*cert. denied*，368 U. S. 896（1961）；United States Vio-Genics Corp. v. Christenberry，173 F. Supp. 645（S. D. N. Y.），aff'd，278 F. 2d 561（2d Cir. 1960）；Parker v. Summer-field，265 F. 2d 359（D. C. Cir. 1959）. 但是，Borg-Johnson Electronics，Inc. v. Christenberry，169F. Supp. 746（S. D. N. Y. 1959），则认为授权举行听证的决定无效。

③ 460 F. 2d 605（5th Cir. 1972).

④ 530 F. 2d 590（4th Cir. 1976).

⑤ 530 F. 2d 281（8th Cir. 1976).

⑥ 18 U. S. C. § § 2510-2520.

⑦ 18 U. S. C. § 2516（1).

时要限制授权给助理司法部长的本意背道而驰的。[1] 最高法院没有发现“禁止授权的明文规定”，但是它指出“从文字上看，这部法律的本意是为了限制司法部长或者其任何可能指定的助理司法部长行使该权力”[2]。最高法院也分析了该法的立法目的和立法史。国会已经否决了一部法律草案，而该法律草案的内容是要授权司法部长授权任何司法部官员来批准申请。最高法院对于授权问题所持立场是一致的，但是在其他几个问题上存在着诸多分歧。

Giordano 案法院判决意见中的法官附带意见可能值得我们重视的。政府认为对助理司法部长授权是得到 28 U. S. C. § 510 的支持的，该条法律规定：“司法部长可以随时作出这类规定，只要他认为可以授权司法部的任何其他官员、雇员或者行政机关行使司法部长的职权。”法院的回答是“作为一项一般性命题，这一主张是无可指责的”[3]。唯一可以反对这一主张的理由是特定的法律限制了这一授权。

提到 § 2516（1），第七巡回法院判定：“在这些法律或者案例中并无依据表明司法部长必须作出一个完全独立的‘近因’（probable cause）决定，或者他不能依赖其下属提炼总结向其提出的申请或者向他提供有关申请是否合理的建议。”[4]

有一部法律规定，除非“司法部长经过调查证明”州法院缺乏管辖权或者缺乏能够满足未成年人需要的项目，否则禁止在联邦法院指控未成年人。但是，法律对于司法部长的授权只字未提。在 Untied States v. Cuomo[5] 案中，第五巡回法院拒绝认为法律禁止司法部 127
长将证明的权力授出，它与 Giordano 案进行了区别，理由是 Giordano 案中法律明确涉及了授权的问题，但是在本案中法律对授权问题只字未提。

有一部法律，即 28 U. S. C. § 515（a），授权“司法部长特别指定的检察官”“实施任何法律程序”。而代理职务的助理司法部长所指定的检察官可以实施这样的法律程序吗？这一问题的答案是 § 515（a）可以被解释为权力的赋予而非权力的限制。如果司法部长已经将权力授予代理职务的司法部长助理，则代理职务的助理司法部长可以行使司法部长的权力，因为 28 U. S. C. § 510 规定“司法部长只要认为合适，可以规定授权……任何其他官员行使司法部长的权力”[6]。

Giordano 案中的法律规则，或者该案的判决意见要求司法部长或者其特别指定的助理司法部长亲自审查为电话监听辩护的事实吗？或者说，对这些事实的评价可以委托他人进行吗？在 United States v. Turner[7] 案中，第九巡回法院认为，Giordano 案中所提到的法律或者该案中的判决意见，并不一定要求“司法部长或者特定指定的司法部长助理亲自审查所指控的为电话监听辩护的事实，或者构成近因的事实，并在这类审查的基础上作出必须采取窃听措施的判断”。在 United States v. McCoy[8] 案中，第五巡回法院则持相反意见，也没有引用 Turner 案的判决意见。代理司法部长指定了助理司法部长 Petersen，法院认

---

① United States v. Giordano, 416 U. S. 505 (1974).

② 416 U. S. at 514.

③ 416 U. S. at 514.

④ United States v. United States Department of Probation and Parole, 536 F. 2d 179, 184 (7th Cir. 1976).

⑤ 525 F. 2d 1285, 1287-1288 (5th Cir. 1976).

⑥ In re Persico, 522 F. 2d 41 (2d Cir. 1975); United States v. Wrigley, 520 F. 2d 362 (8th Cir.), *cert. denied*, 423 U. S. 987 (1975); DiGirlomo v. United States, 520 F. 2d 372 (8th Cir.), *cert. denied*, 423 U. S. 1033 (1975); United States v. Agrusa, 520 F. 2d 370 (8th Cir. 1975); United States v. Cravero, 545 F. 2d 406 (5th Cir. 1976), *cert. denied*, 430 U. S. 983 (1977).

⑦ United States v. Turner, 528 F. 2d 143, 151 (9th Cir.), *cert. denied sub nom.* Lewis v. United States, 423 U. S. 996 (1975).

⑧ United States v. McCoy, 539 F. 2d 1050, 1054 (5th Cir. 1976), *cert. denied*, 431 U. S. 919 (1977).

为“Petersen 的个人判断当然是必需的”。法院接着说代理司法部长当然可以借助助理司法部长来作出决定。

在 Dysart v. United States① 案中，联邦巡回区上诉法院认为，总统可以授出任命军事
128 官员的权力，并且尽管缺乏任何正式的授权，考虑到规定军事官员任命程序的法律条文，即 3 U. S. C. § 302，总统已经在签发任命信的过程中，将任命程序中采取最后措施的权力授出：

本章不得被视为限制或者剥夺总统任何已有或者隐含的授权他人履行总统依法拥有的职责的权力；在官员被推定已经根据总统授权或者指示作出行为时，本章也不得被视为要求在任何情况下获得明确的授权。

在 Willy v. Administrative Review Board② 案中，第五巡回法院认为，《1950 年机构重组法》（the 1950 Reorganization Act）对劳工部长作出了充分授权，允许其设立行政审查委员会对被规制者的雇员指控他们因为举报雇主而被解雇的案件作出最后的裁决，并且授权劳工部长任命次级官员（inferior officers）担任该委员会的成员。

□ 对行政机关以外的授权受到质疑

在 Shook v. District of Columbia Financial Responsibility and Management Assistance Authority③ 案中，哥伦比亚特区巡回法院判定，［哥伦比亚特区财政］管制委员会（the Control Board）*（国会设立旨在恢复哥伦比亚特区政府秩序的机构）有权“接管教育委员会的部分或者全部权力”，包括有权授权监督机构负责学校的日常管理，但是管制委员会无权将“执行权或者政策制定权”授予所谓托管委员会（Board of Trustees）的新设委员会。法院并未在这部法律中发现国会希望授权民选产生的教育委员会或者所任命的管制委员会将该市的学校管理权转授权给其选择的委员会。法院指出，管制委员会也许可以用合法的方式推进明确的目标，设立咨询委员会，由其向管制委员会或者监督机构提供行动和政策的建议。而在脚注 6 中，法院对它过去常常支持的向下属的转授权和向“外部主体”的转授权之间进行了区分。

在 Halverson v. Slater④ 案中，哥伦比亚特区巡回法院判定，交通部长根据《1960 年五大湖区引航法》（the Great Lakes Pilotage Act of 1960）将某些特定的权力授予圣劳伦斯航道开发公司（the Saint Lawrence Seaway Development Corporation）的企图是无效的。法院通过分析两部规定交通部长转授权的法律，解决了有关法律调整范围和相互关系
129 的争议。一部法律的规定赋予部长将权力转授给任何官员或者雇员的广泛裁量权。而另一部法律的规定授权部长将有关船舶和船员的任何权力转授给任何海岸警卫队的官员或者雇员。法院认定在行使职权时作出的第二类授权自然会限制部长在有关船舶和船员的职权等背景下本来所享有的转授权的权力。因此，法院认为部长只能将这些所涉及的权力和职权

---

* 哥伦比亚特区财政管制委员会（the District of Columbia Financial Control Board），正式名称为哥伦比亚特区财政责任和管理援助机构（the District of Columbia Financial Responsibility and Management Assistance Authority），是国会根据《1995 年哥伦比亚特区财政责任和管理援助法》（the District of Columbia Financial Responsibility and Management Assistance Act of 1995）设立的由五名委员组成的委员会，负责监督哥伦比亚特区的财政状况，可以有权作出推翻哥伦比亚特区市长和市政委员会决定的权力。该管制委员会于 2001 年 9 月 30 日，哥伦比亚特区政府连续第四年实现预算平衡后终止活动。——译者注

① 369 F. 3d 1303 (Fed. Cir. 2004)，参见 § 2.4 的讨论。

② 423 F. 3d 483 (5th Cir. 2005).

③ 132 F. 3d 775 (D. C. Cir. 1998).

④ 129 F. 3d 180 (D. C. Cir. 1997).

转授权给海岸警卫队。

在 Perot v. FEC[①] 案中，哥伦比亚特区巡回法院驳回了这样一项主张，即联邦选举委员会（FEC）因为授权一家私人实体——总统辩论委员会（the Commission on Presidential Debates）——而构成违宪。联邦选举委员会发布了一项规则，规定符合条件的非营利组织可以组织总统竞选候选人辩论，如果他们使用“预先确定的客观标准”来确定谁可以参与辩论。总统辩论委员会安排了这样一场辩论，但是排除了 Perot 参加。法院赞同这样一项一般性的命题，即行政机关不能将权力授予私人主体，但是它的结论是联邦选举委员会并未这么做。相反，联邦选举委员会做了所有规制机构应该做的事——它规定了调整私人主体行为的规则。

□ 在行政机关内部的转授权通常是可以接受的

在 United States v. Mango[②] 案中，第二巡回法院将该案与 Shook 案和 Halverson 案进行了区分，支持了转授权行为。《清洁水法》（the Clean Water Act）授权国防部长通过首席工程师发放某些类型的排污许可证。国防部长发布了一项规则，将该权力转授权给地区办公室的工程师。原告认为该法明确限制国防部长将权力转授给首席工程师。法院适用了 Chevron 原则，认为该法律并未明确排除国防部长作出限于工程兵内部的转授权。法院区分了 Shook 案和 Halverson 案，理由有两点：首先，这些案件中所涉及的法律“涉及一些比谁来履行所争议的活动更为具体的问题”。其次，国防部长是在同一行政机关内部进行转授权，而不是转授权给外部的其他行政机关。法院的结论是，调整所有这类内部转授权的规则，相比对外部的转授权来说可以更为宽松。最后，法院也认定国防部长对于这部法律中的模糊规定所作的解释是合理的，因为工程兵每年需要处理的排污许可申请有11 000份之多，这一工作量显然是首席工程师无法亲力亲为的。

当国会明确允许联邦行政机关将其权力转授权给该行政机关的分支机构（subdivision），这一分支机构就取代了行政机关的角色，分支机构的决定有权得到和行政机关的 130
决定相同程度的尊重。[③]

□ 联邦行政机关不能向州政府转授权

在 United States Telecommunications Ass'n v. FCC[④] 案这起标志性的案件中，哥伦比亚特区巡回法院判定联邦通信委员会（FCC）将作出规制性决定（regulatory decisions）的权力转授权给州行政机关。法院对其判决推理作了简要的概括：

当法律将权力授予联邦政府官员或者行政机关时，推定可以由获得授权者再转授权给下属的联邦政府官员或者行政机关，除非有肯定性证据证明国会具有相反意图……但是，这些判例承认对下属的转授权和对外部主体的转授权之间存在一项重要的区别。除非证明国会有相反意图，否则转授权是有效的，这一推定只适用于前者。对外部主体的转授权不能适用此种推定。实际上，按照法律规则，强烈建议除非有肯定性证据证明国会有授权的意图，否则推定不宜对外部主体转授权……

① 97 F. 3d 553 (D. C. Cir. 1996).
② 199 F. 3d 85 (2d Cir. 1999).
③ Indiana Bell Tel. Co. v. McCarty, 362 F. 3d 378 (7th Cir. 2004).
④ 359 F. 3d 554 (D. C. Cir. 2004).

这一区别是完全明智的。当行政机关对下属作出授权时，其责任以及问责性显然仍在该行政机关之内。但是，当行政机关对外部主体作出授权时，问责的界限可能变得模糊，影响对政府决策的民主制约……不仅如此，对外部主体作出的授权还会增加的风险是这些主体具有与行政机关不同的视野和视角……并且因此可能追求与行政机关目标和作为基础的法律规定不一致的目标……

本案中转授权的对象是各州的规制委员会而非私人主体，这一事实并不影响上述分析。

但是，在 Fund for Animals v. Kempthorne[①] 案中，哥伦比亚特区巡回法院支持了对州行政机关的一项授权。《候鸟保护条约法》（the Migratory Birds Treaty Act）对任何人可能危害候鸟或者其栖息地的情形进行了严格限制。《候鸟保护条约法》授权内政部批准行使本来可能违反该法的行为，但是需要接受该行政机关的管理。针对有关鸬鹚（cormorants）对农作物和水产养殖造成严重损害的抱怨，内政部发布了一项命令，允许各州负责渔业和野生生物管理的行政机关设立减少鸬鹚造成损害的项目，准许第三方在该命令中所详细描述的情形下捕杀鸬鹚。哥伦比亚特区巡回法院驳回了一项对该命令提起的诉讼，理
131 由是内政部向各州行政机关授予管理职权是违法的。法院承认向行政机关授予裁量权权力是有问题的，但是它支持了该案讼争的这项授权，因为内政部所授予的这项裁量权受到了内政部所发布之命令规定的诸多条件的严格限制，并且内政部依然保留了限制该裁量权之行使的权力。

§2.8　行政机关的裁决权

□ 行政机关裁决的纠纷多于法院

联邦行政机关所裁决的关系个人权利的案件要远远多于比联邦法院裁决的同类型案件。数十家行政机关行使着大量的裁决职能。仅社会保障局每年就裁决超过 280 000 起案件，这一数字要超过所有联邦法院裁决案件数量的 10 倍。国会早在 1789 年即开始授权行政机关裁决案件——授权财政部总审计师（Comptroller of the Treasury）裁决所有针对财政部提出的请求。麦迪逊认为这一职能“具有司法性”[②]。

□ 行政机关裁决的优势

行政机关的裁决相比司法机关的裁决具有巨大的优越性。首先，行政机关裁决所需费用要少得多。例如，社会保障局裁决残疾人案件所需费用仅占其预算的 3.7%。[③] 相比之下，法院裁决侵权案件需要花费其所获收入的 50%。[④] 其次，行政机关所作裁决常常就准确性和一致性而言能够得到更好的结论。[⑤] 最后，行政机关裁决也帮助不堪重负的联邦法

---

① 538 F. 3d 124 (D. C. Cir. 2008).

② 12 *The Papers of James Madison* 265 (C. Hobson & R. Rutland eds. 1989).

③ SSA 1989 Annual Report at 30.

④ J. Kakalik & N. Pace, *Costs and Compensation Paid in Tort Litigation* ix-x (1986).

⑤ 参见 J. Mashaw, *Bureaucratic Justice: Managing Social Security Disability Claims* (1983)。

院减轻了负担。事实上，负责裁决占所有涉及个人权利纠纷不到10%的联邦法院正在面临如何管理与日俱增的案件数量的严峻问题。[①]

□ 对行政机关裁决的合宪性的质疑

尽管行政机关裁决具有巨大的优势，而且其实践也已经持续了两个世纪，但是仍然有人对于某种重要纠纷的行政裁决是否符合《联邦宪法》提出质疑。因为人们很容易根据《联邦宪法》第 3 条、第六修正案和第七修正案规定的行政机关的裁决权而提出挑战，最高法院已经试图回答两个一般性的问题。《联邦宪法》第 3 条在什么情况下要求裁决必须 132
由有固定任期保障的联邦法官负责裁决？第六修正案或者第七修正案在什么情况下要求案件必须由陪审团进行审判？最高法院在试图确立稳定、合理的调整这些领域的纠纷的标准方面已经遭遇到难题。

□ 支持裁决权的判决

最高法院已经支持了众多授权行政机关裁决的法律。国会可以授权行政机关裁决有关外国人的案件[②]、不合理阻碍航行的案件[③]、一战期间的征兵令[④]等。最高法院支持对铁路规制[⑤]、煤炭价格管制[⑥]实施行政机关裁决。

在 Crowell v. Benson 案[⑦]中，最高法院确认了国会针对海事工人作出的以行政机关裁决的工人补偿法替代法院裁决的侵权法的决定。最高法院的理由是对行政机关的事实调查和理由采取尊重的司法审查，只要允许司法介入裁决体系中，就足以保障《联邦宪法》第 3 条和将裁决职权分配给行政机关所蕴含的正当程序价值。联邦法院研究委员会也在 1990 年建议对铁路作出类似的调整。

在 RFC v. Banker Trust Co.[⑧]案中，最高法院支持了州际商业委员会在铁路重组中规定所涉及的成本和提供的服务，包括律师费的最高允许额的权力。法院本来将要在州际商业委员会确定的最高限额以内确定允许额。一位当事人认为："根据《联邦宪法》第 3 条第 1 款的规定，合众国的司法权专属于法院，私人权利的事务不得交由行政机关进行审判。"最高法院首先判定行政机关有证据支持的事实调查结果不应受妨碍，并且宣布："除了对于原告来说这类审查是由我们所解释的法律所规定的之外，与针对破产地产提出的请求一样，本案所涉及的这类请求为何不能以国会规定的机制和方式进行争讼，其理由为何 133
尚不明了。"[⑨]

---

① *Report of the Federal Court Study Committee* (1990).

② Zokonaite v. Wolf, 226 U. S. 272 (1912), Turner v. Williams, 194 U. S. 279 (1904).

③ Monongahela Bridge Co. v. United States 216 U. S. 177 (1910).

④ Arver v. United States, 245 U. S. 366 (1918).

⑤ Shields v. Utah Idaho Cent. R. Co., 305 U. S. 177 (1938).

⑥ Sunshine Anthracite Coal Co. v. Adkins, 310 U. S. 381 (1940). 在该案中，最高法院强调指出："并不存在无效的司法权的授权。否则，如果坚持这样的观点，美国行政法的发展将至少倒退半个世纪。"310 U. S. 400 (1940).

⑦ 285 U. S. 22 (1932).

⑧ 318 U. S. 163 (1943).

⑨ 318 U. S. at 170.

□ Northern Pipeline 案对行政裁决的合法性提出了质疑

但是，在 Northern Pipeline Co. v. Marathon Pipeline Co.①案中，最高法院的推理则是对许多行政机关裁决的合法性提出了质疑。在制定一部复杂的新破产法时，对于破产机构作为合同一方当事人的情况，国会修改了合同的实体法。执行这部新法律的过程要对涉及破产机构的合同采取两个步骤的处理：（1）根据州法对合同进行解释；（2）修改当事人的权利，以反映国会重新建构破产领域债权人与债务人关系的方法。不足为奇的是，国会将这些关系密切的任务分配给了同一家机关，即新设了《联邦宪法》第1条所规定的专门法院——破产法院，而将所有涉及破产机构的案件集中交给破产法院来审理。

最高法院认为这部破产法是违宪的，理由是该法授权非《联邦宪法》第3条所规定的法官来裁决合同纠纷。四位大法官所出具的复数意见，采用了以下正式和确定的推理：（1）只有《联邦宪法》第3条规定的裁判机构可以行使"司法权"；（2）《联邦宪法》第3条规定之外的裁判机构（Non-Article Ⅲ tribunal），包括行政机关可以裁决"公权利"（public rights）纠纷，而"私权利""本质上是司法性的"；（3）所有涉及私人权利的合同纠纷都在司法执行的普通法中能够找到独立的先例的源头。② 两位大法官在判决中提供了附同意见，但是对于复数意见的宽度提出了保留。③ 三位大法官提出了不同意见，认为复数意见的推理"推翻了"许多法院先前作出的支持国会授予《联邦宪法》第3条规定之外的裁判机构裁决个人之间争议之权力的判决。④

□ Northern Pipeline 案的不确定的意义

在 Northern Pipeline 案中，我们可以明白地发现提出附同意见和不同意见的大法官们所保持的忧虑。复数意见中所提出的标准有可能支持认为许多行政机关裁决违宪的看法。这样的结论将会迫使现在的政府机构进行大规模重组，而无法得到《联邦宪法》第3条的模糊文字规定或者权力分立的历史渊源的支持。⑤

几乎现在行政机关行使的所有裁决纠纷的权力都可以找到先前法院所执行的普通法先例。被引用最多的例子就是在职业场所领域几乎普遍地以行政机关裁决的工人补偿计划替
134 代司法机关执行的侵权法。但是，其他例子也是存在的。司法机关承认的医生服务报销（reimbursement）请求权在许多情况下已经被联邦医疗保险（Medicare）计划中行政机关实施的报销制度所替代。铁路公司和运输公司之间的价格争议是由远在州际商业委员会之前就对这些争议承担专属性管辖权的法院进行裁决。事实上，共同承运人的普通法规则已经存在了很多个世纪，才被行政机关所实施的经济性规制所取代。⑥ 甚至环境规制也可以

---

① 458 U. S. 50 (1982).

② Id. at 68-72.

③ Id. at 90.

④ Id. at 90.

⑤ 参见 Fallon，"On Legislative Courts，Administrative Agencies and Article Ⅲ"，101 *Harv. L. Rev.* (1988)。

⑥ 参见 Arizona Grocery Co. v. Atchinson，Topeka & Santa Fe Ry.，284 U. S. 370，384-385 (1932)。另可参见 Adler，"Business Jurisprudence"，28 *Harv. L. Rev.* 135 (1914)。

在有关妨害（nuisance）* 的普通法诉讼中找到明确的历史先例。

□ 私权利对公权利

每一项这些先前就存在的司法机关执行的私人权利都被行政机关所执行的规制体制所替代，其原因在于先前的普通法权利体系其实施效果不尽如人意。在 Northern Pipeline 案之前的每起案件中，最高法院都会欢迎国会作出的减轻法院在制度上无法承担的一系列任务的决定。最高法院在国会将先前的“私权利”重新界定为“公权利”并将完全通过行政程序来执行时采取了默认的态度，只要国会在保护受行政机关行为影响的私方当事人的正当程序权利方面规定了足够的保障措施。①

在 Northern Pipeline 案中，最高法院首次试图对一类不连续的永远无法重新界定为“公权利”从而也永远不会由行政机关裁决的“私权利”进行界定。最高法院将这类“私权利”界定为在具有普通法先例的权利，其范围足以包括大多数现在由行政机关裁决的纠纷。幸运的是，Northern Pipeline 案的复数意见所提出的这项标准很快就被推翻了。

□ 国会可以将私权利转化为公权利

在 Thomas v. Union Carbide Agricultural Products Co. ② 案中，五位大法官出具的多数意见推翻了一项根据《联邦宪法》第 3 条对国会有关个人之间的争议需要接受有拘束力的裁决的要求所提出的质疑。多数意见中提到了这一事实，即 Northern Pipeline 案的复数意见中所宣告的公权利和私权利的划分，“并不能推导出最高法院的多数意见”③。多数意见还提到了最高法院将会遇到的若干具有相当难度的例子，如果最高法院希望将这种区分应用于现在由行政机关来解决的各种各样的纠纷，其中有许多是涉及将权利确认为某人所有而非其他人所有的情形。④ 最后，多数意见将公权利这一术语进行了重新界定：公权利原则反映的只是一种实用主义的思路，即当国会选择了“可能是由行政分支或者立法分支进行最后决定的”准司法性的问题解决方法时，也就降低了僭越司法权的危险。⑤ 对于公权利的这种功能式定义表明，国会有权从实体上施加影响的任何纠纷——这是一种看来是开放性的类型——可以由《联邦宪法》第 3 条规定之外的裁判机构进行裁决。事实上，Union Carbide 案就其在私权利的行政裁决的默认方面超越了 Crowell 案。在 Crowell 案中，最高法院依赖立法授权将尊重型的司法审查作为对《联邦宪法》第 3 条和正当程序价值的保障。Union Carbide 案所支持的裁决制度并未规定司法审查。 135

□ 裁决权在 Schor 案中得到支持

在 Commodity Futures Trading Commission v. Schor⑥ 案中，七位大法官出具的多数

---

* 妨害，一般指一个人在使用其财产——通常与对土地的占用有关——时的不合理、不正当或不合法的行为，或法律规定的其他不法行为，损害或妨碍社会公众共同享有的人身或财产权利，或者妨碍他人使用土地或享受与土地有关的权利。——译者注

① 参见 Monaghan，“Constitutional Fact Review”，85 *Colum. L. Rev.* 229，254-257（1985）。

② 473 U. S. 568（1985）.

③ Id. at 585-586.

④ Id. at 587-589.

⑤ Id. at 589.

⑥ 478 U. S. 835（1986）.

意见再次拒绝适用 Northern Pipeline 案中所提出的标准。Schor 案涉及的是一项规定行政机关对普通法上的反诉进行裁决的规则的合宪性问题，即一方当事人向行政机关提出申请，要求根据对期货经纪人违反商品期货交易委员会（CFTC）规则的指控获得补偿。如果法院适用了 Northern Pipeline 案中提出的标准，那么在 Schor 案中毫无疑问会认为商品期货交易委员会的规则是违宪的，因为商品期货交易委员会所试图裁决的反诉，是之前已经存在并且长期为法院所承认和执行的普通法权利所引发的。在 Schor 案中，有两位大法官就在不同意见中得出了这一结论。①

在 Schor 案中，七位大法官出具的多数意见采取了与 Northern Pipeline 案复数意见中完全不同的进路。这一多数意见是以在具体情境中确定争议点开始的：

对于一项特定的国会将裁决权授予《联邦宪法》第 3 条规定之外的裁判机构的决定，其合宪性必须是参考作为《联邦宪法》第 3 条规定要求之基础的立法目的来进行评估。而且，这一分析的指导原则是“在实践上关注实体而非在原理上依赖形式类型，应当构成适用《联邦宪法》第 3 条的依据”②。

接着，多数意见根据下列两点理由支持了商品期货交易委员会对于“私权利”裁决的合宪性：（1）商品期货交易委员会的管辖权并不影响宪政框架下的司法独立性；（2）Schor 也通过申请对同一组交易的补偿，默示地同意商品期货交易委员会行使对普通法上反诉的管辖权。③

□ 实用主义标准

在判断商品期货交易委员会对一组特定的私人权利进行裁决的权力是否威胁了独立司
136 法机关的作用时，多数意见考察了各种因素，包括“司法权的核心要素”保留给《联邦宪法》第 3 条规定的法院的程度，以及相反，《联邦宪法》第 3 条规定之外的裁判机构行使通常只有《联邦宪法》第 3 条所规定的法院才拥有的管辖权和权力的程度，接受裁决权的来源和重要性，以及可能使国会偏离《联邦宪法》第 3 条规定要求的担心。④

下面这段文字反映了最高法院对这次调查所持的实用主义的态度：

如果我们认为立法机关不会允许在选择当事人的时候对基于普通法提起的反诉只作如此有限的承认，显然我们将会“挫败立法的一项非常明显的意图，即特别适合于由受特别委派的行政机关审查和确定的一类事实问题提供提供迅速、持续、专业和费用低廉的处理方法”⑤。

多数意见将 Schor 案与 Bowsher v. Synar⑥ 案进行了区别对待，认为权力制衡的宪政体制受到了 Bowsher 案中被认为违宪的授权的威胁：

与 Bowsher 案不同，这一案件并未提到扩张国会权力而牺牲另一个政府分支的利益。相反，本案中所体现的权力分立的问题是，国会不合理地削弱了司法机关的作用而没有明显地扩张其自身的权力。⑦

---

① Id. at 859.

② Id. at 847-848.

③ Id. at 848-850.

④ Id. at 851.

⑤ Id. at 856.

⑥ 478 U. S. 714（1986），参见本书 § 2.8 的讨论。

⑦ 478 U. S. at 856-857.

□ Schor 案中的不完全分析

无论是 Schor 案多数意见所得出的结论，还是其对分权/制衡问题的处理都是站得住脚的。但是，该案的判决意见是不完整的。多数意见在一开始就指出，《联邦宪法》第 3 条体现的立法目的有二：其一是维护独立司法在宪政框架下的作用，其二是诉讼当事人“要求不受其他政府分支潜在控制的法官来裁决其诉讼请求的权利”[1]。

□ 行政机关是否可以在只获得当事人同意时进行裁决？

最高法院深入并且实用主义地分析了第一项目的，断定国会的体制并不会对独立司法的作用构成威胁。多数意见对于《联邦宪法》第 3 条第 2 项目的之分析，则只是限于认定 Schor 通过向商品期货交易委员会提起寻求赔偿的请求而“放弃了”他的权利。判决的不 137
同意见基于以下两个方面对这一点提出了批评。首先，这个“弃权”“更多是虚幻的而不是真实的”，因为诉讼当事人“即使有，也是很少”会不去寻求“便捷有效”的寻求商品期货交易委员会赔偿的救济。其次，多数意见的推理提到弃权，对于持不同意见的法官来说，不过是在权衡利弊后作出的，并且是在以后的案件中很可能会抛弃的决定。[2] 事实上，最高法院之前就曾经在 Union Carbide 案中支持了裁决制度而没有借助这一“弃权理论”。

□ 正当程序作为行政裁决合法性的替代标准

不同意见的批评理由似乎是非常充分的，但是相比多数意见中的不是很有力的“弃权”理论，Paul Verkuil 已经提供了一项论理充分的替代解释。[3] 对涉及私权利纠纷的行政裁决可能会损害当事人拥有的由不受政治部门控制的裁判机构来裁判相关请求的权利，Verkuil 的分析对任何这样的担心作出了回应。Verkuil 主张将正当程序条款适用于行政裁决，在日常活动中体现《行政程序法》和大多数的行政机关组织法（agency organic Acts）中反映的正当程序原则，促进《联邦宪法》第 3 条所规定的重要目的，即确保诉讼当事人的权利不会在缺乏充分独立性的裁判机构受到裁决的侵害。对于商品期货交易委员会和许多其他行政机关来说，行政裁决具有的确保公平公正对待私人权利的众多特征包括：由无偏私的决定者进行听审的权利；由《联邦宪法》第 3 条规定的法院审查行政决定的事实和法律依据；行政机关内部的调查、指控和裁决职能的分工；要求行政机关遵循其自身规则的权利；要求行政机关对其未遵循先前案例中所宣誓的原则说明理由。[4] 当 Verkuil 从个人权利的视角所作出的分析被引入对 Schor 案多数意见所作的制度分析时，为了服务于公共目的，允许国会授权专门行政机关对私权利进行裁决，就显得非常迫切了。[5]

---

① Id. at 850.

② Id. at 865-866.

③ Paul Verkuil, “Separation of Powers, The Rule of Law and the Idea of Independence”, 30 *Wm. & Mary L. Rev.* 301, 316-317 (1988).

④ 参见本书第 8 章、第 9 章和第 11 章。

⑤ 另可参见 Monaghan, “Marbury and the Administrative State”, 83 *Colum. L. Rev.* 1 (1983)。

□ 行政机关可以裁决罚款问题

自 1911 年以来，联邦法院的判例已经表明行政官员可以获得授权发布规章，而且违反规章的行为还是可以治罪的。① “自受理了 Grimaud 案以来，最高法院的观点在六十年
138 里都没有丝毫的动摇。”②

最高法院的早期判例支持了作出罚款决定并且规定罚款数额的行政权。其中最突出的案例应该是 Passavant v. United States③ 案，该案中最高法院允许在关税之外加收罚款，“而不管它们是该叫做额外的关税还是罚款”。后来，最高法院又支持了行政机关对轮船公司处以法定的罚款的权力。④ 最高法院指出：“法律上的正当程序原则要求行政官员，而不是要求法院在任何案件中负责确定罚款决定的事实依据。”⑤

即使在国会授权行政机关作出罚款决定的权力是明确的时候，判断国会是否行使了这一权力仍然存在困难。第二巡回法院在解释一项不太明确的法律规定时，认为联邦贸易委员会未经陪审团审理程序不能对违反之前发布的并且得到司法支持之命令的行为作出行政罚款决定。⑥

□ 罚款纠纷不要求陪审团审理

当人们质疑行政机关的裁决权侵犯了《联邦宪法》第六修正案和第十一修正案所规定的获得陪审团审理的权利时，最高法院多次支持了行政机关的裁决权。在 Atlas Roofing Co. v. Occupational Safety and Health Review Commission⑦ 案中，最高法院以一致意见判定国会可以授权行政机关在没有陪审团审理的情况下对违反《职业安全与健康法》规定的行为进行事实调查，处以最高达到 1 万美元的罚款。在这一案件中，调查人员发现违反行为时，责令雇主在合理的期间内纠正违反行为，并且基于裁量权作出最高可达 1 万美元的罚款。雇主有权要求职业安全和健康审查委员会（the Occupational Safety and Health Review Commission）进行举证式听证。但是，雇主无权要求由陪审团作出裁决。在一起案件中罚款数额最初为 7 500 美元，后减至 5 000 美元，而在另一起案件中罚款数额则是 600 美元。最高法院认为：

> 至少在某些案件中争议涉及的是“公权利”，例如，政府基于其主权起诉执行由国会基于其立法权所制定的法律中创设的公权利。《联邦宪法》第七修正案并未禁止国会对与陪审团制度不能兼容的行政裁判机构赋予查找事实和作出初步裁决的权力。

《联邦宪法》第七修正案仅限于“基于普通法提起的诉讼”，而 Atlas 案中法院系统地
139 利用先前案件的判决将这类诉讼与“公权利”诉讼相互区别。法院讨论了涉及税收罚款、租金、工人补偿以及拖欠工资的案件作为“公权利”的例子，并且总结道：“当国会创设

---

① United States v. Grimaud, 220 U. S. 506 (1911).

② Walter Gellhorn, "Administrative Prescription and Imposition of Penalties", 1970 *Wash. U. L. Q.* 265, 266. 另可参见本书 § 2.6 讨论的 Touby v. United States, 500 U. S. 160 (1991)。

③ 220 U. S. 506 (1911).

④ Elting v. North German Lloyd, 287 U. S. 324 (1932); Sabaudo Societa Anonima Per Asioni v. Elting, 287 U. S. 329 (1932).

⑤ 287 U. S. at 334-335.

⑥ United States v. J. B. Williams Co., 498 F. 2d 414 (2d Cir. 1974).

⑦ 430 U. S. 442 (1977).

新的‘公权利’，可以将这些权利的裁决委派给与陪审制度不兼容的行政机关……”最高法院将该案与另一起案件进行了区分，后者的判决认为《联邦宪法》第七修正案可以适用于根据《1968 年民权法》的住宅歧视条款提起并由地区法院审理的私权利损害赔偿诉讼。Atlas 案中，最高法院认定：“《联邦宪法》第七修正案从来不是准备设立陪审团，作为民事案件中查找事实的唯一机制。”但是，最高法院也指出，该案的判决主旨仅限于“可以强制实施的公权利”，“纯粹私法性质的侵权、合同、不动产，以及各种其他的案件是完全不涉及的”。

□ 国会可以以法定权利取代普通法权利

Atlas 案涉及的是一个广阔的领域。根据其推理，在以这样的方式作出授权之后，至少是如果国会以有一定意义的方式修改先前的普通法权利，国会所授予的裁决职能将不再涉及“普通法”。如果国会准备制定有关机动车事故的无过错责任制度，并且授权一家行政机关负责实施，那么这家行政机关所实施的这部法律就不再是“普通法”。即使案件的标的属于法院所说的“私法性质的侵权、合同、不动产和各种其他的案件”，按照国会的意志，它也可能涉及的是制定法而非普通法，并且如果国会修改了普通法权利，相应地也可以授权给行政机关裁决。（但是在 Curtis v. Leother[1] 案中，最高法院认为，如果在损害赔偿的民事诉讼中运用了司法机制，则根据《联邦宪法》第七修正案需要适用陪审团程序。）

□ 行政罚款与刑事罚金

在 Helvering v. Mitchell[2] 案中，最高法院根据国会对实施罚款程序所作的规定，对行政罚款（civil penalties）* 和刑事罚款进行了区分。最高法院的推理是：“国会对征收额外的 50%罚款规定了独特的民事诉讼程序，明确表明它的意图是施加行政罚款而非刑事罚金。”[3] 根据这一推理，行政机关所实施的任何金钱性惩罚的制度都是适用民事诉讼程序，从而可以规避《联邦宪法》第六修正案所规定的“接受陪审团审理之权利”的要求。

□ 最高法院在 Coit 案中质疑行政裁决的合法性

最高法院对 1989 年的三起案件的判决意见，使人开始怀疑最高法院的办法是否能够持续灵活地处理《联邦宪法》和国会授予行政机关以裁决权的决定之间的冲突。第一份判决意见提出的是《联邦宪法》第 3 条的问题。第二份判决意见提出的是关于《联邦宪法》第七修正案的问题。第三份判决意见提出的是关于《联邦宪法》第六修正案的问题。这些判决没有一份直接涉及行政裁决权的宪法允许的范围问题，但是从这些判决意见中的某些推理也许可以预见未来行政裁决权的允许范围方面的一些变革。 140

---

* 此处意译为“行政罚款”，也有直译为“民事罚款”，但是事实上它与美国民事诉讼中的民事惩罚性赔偿不同，而与我国法律中的行政罚款更为接近。美国为普通法系国家，在司法体系中没有单独的行政诉讼类型，此处的“民事”（civil）是在与“刑事”（criminal）相对的意义上使用的。有关美国行政罚款制度的研究，参见苏苗罕：《美国联邦政府监管中的行政罚款制度研究》，载《环球法律评论》，2012（3）。——译者注

[1] 415 U. S. 189 (1974).

[2] 303 U. S. 391 (1938).

[3] 303 U. S. 402.

在 Coit Independent Joint Venture v. Federal Savings & Loan Insurance Corp. ① 案中，最高法院判定，联邦储蓄和贷款保险公司（FSLIC）* 无权裁决债权人针对违约的存款和贷款机构提出的权利请求。该案的唯一一项判决主旨是国会并未将这样的裁决权授予联邦储蓄和贷款保险公司。支持这一判决主旨的一些推理是令人困惑的，但是：

我们未必能得出 Coit 的主张，即联邦储蓄和贷款保险公司作出的裁决只能根据《行政程序法》的规定进行司法审查，将会违反《联邦宪法》第 3 条的规定……但是，我们注意到，Coit 提出的高利贷和违反信托义务问题，和合同纠纷一样，涉及“私权利”，属于通常保留给《联邦宪法》第 3 条规定的法院裁决之核心事务……法院采纳了对这些法律的一个解释……这引起了重大的宪法疑难问题。在我们看来，可以也应当对那些法律所作出的解释，可以也应当能够解决这些困难。②

这段论述表明最高法院可能会回到了它在 Northern Pipeline 案采纳而在 Thomas 案和 Schor 案中抛弃的推理。③

□ 私权利只能通过陪审团程序作出裁决

在 Granfinanciera v. Nordberg④ 案中，六位大法官出具的多数意见认为，当破产信托人准备收回一笔欺诈性的转移资金时，根据《联邦宪法》第七修正案要求，需要由陪审团进行审判。⑤ 多数意见判定，即使国会将这类纠纷的裁决权授予《联邦宪法》第 1 条所规定的破产法官，破产法官的审理无须经过陪审团，将此作为法定破产诉讼的“核心程序”，该案也应当判决要求由陪审团进行审判。多数意见的理由是，只要纠纷涉及的是“公权利”，就可以由非《联邦宪法》第 3 条规定的裁决者裁决所受理的纠纷，而无须经过陪审团审理的程序。⑥ 如果纠纷涉及“私权利”，就需要提供陪审团审理。多数意见拒绝解决这样一个问题，即《联邦宪法》第 3 条规定之外的裁判机构——《联邦宪法》第 1 条所规定的法院或者行政机关——是否有权采取陪审团审理的程序来解决“私权利”纠纷。⑦

□ 何为私权利？

在界定涉及“私权利”的破产案中欺诈性转移资金纠纷时，多数意见回到了 Northern Pipeline 案所采纳的测试标准，尽管 Thomas 案和 Schor 案已经抛弃了这一测试标准。⑧ 最

---

* 联邦储蓄和贷款保险公司是根据《1934 年国家住房法》（the National Housing Act of 1934）设立的，负责为住房储蓄和贷款中的存款提供保险的机构。1935 年，美国又成立了联邦存款保险公司（the Federal Deposit Insurance Corporation）负责对商业银行的存款提供保险。20 世纪 80 年代，联邦存款和贷款保险公司失去偿付能力，根据《1989 年金融机构改革、恢复和执行法》（the Financial Institutions Reform, Recovery, and Enforcement Act of 1989）被撤销，其存款和贷款保险的债务由联邦存款保险公司继承。——译者注

① 489 U. S. 561 (1989).

② Id. at 578-579.

③ 对于 Coit 案中这些问题的精彩分析，可参见 Baxter，“Life in the Administrative Track: Administrative Adjudication of Claims Against Savings Institution Receiverships”，1988 *Duke L. J.* 422。

④ 492 U. S. 33 (1989).

⑤ 另可参见 Chauffers, Teamsters, & Helpers v. Terry, 494 U. S. 558 (1990)（雇员认为工会违反了公平代表的义务而要求返还工会费时，有权要求由陪审团进行审判）。

⑥ 492 U. S. at 50-53.

⑦ Id. at 50, 64.

⑧ 492 U. S. at 54-56.

高法院在该案中认为纠纷的特征是涉及“私权利”，因为该纠纷是基于州普通法所产生 141
的。[①] 国会已经将既存的普通法权利转化为联邦的法定权利，并且将其裁决权赋予同样的非宪法第3条所规定的，不实行陪审团审理的裁判机构，负责解决数以百计的涉及不足以规避《联邦宪法》第七修正案所规定的获得陪审团审理权利的破产实体的其他各类纠纷。国会并未创设新的诉因，也没有创设“普通法所未曾出现”的救济途径。[②] 多数意见认定，国会可以将私权利纠纷的初步裁决权授予行政机关或者其他不实行陪审团审理的裁判机构，只要这种裁决是“公法规制体制的有机组成部分”[③]。在这样的情形下，多数意见就推理得出这些私权利已经转化成为公权利的结论。

Scalia 大法官的协同判决意见包含了比多数意见更为极端的推理。他认为，“有关公权利的事项”必须至少是在政府和其他人之间所产生的。[④] 根据这一推理，所有的行政裁决中有相当一部分比例是违宪的。根据 Scalia 大法官的推理强加给了法院的一长串传统的行政职能目录，包括公用事业费率决定和劳工补偿制度。

三位持不同意见的大法官援引了被多数意见所默示推翻了的若干判决。[⑤] 他们指责多数意见，特别是忽视和默示地抛弃了过去最高法院用于保持行政机关裁决权的标准。[⑥] 例如，在 Atlas Roofing 案中，最高法院支持了对一组纠纷适用无陪审团的裁决程序，指出国会已经将这一任务交给“与陪审团程序不能相容的特别裁判机构（行政机关）”[⑦]。在 Granfinanciera 案中持不同意见的大法官们敦促最高法院回到尊重国会决定的立场上来，即某些类型的纠纷最好还是由专门的行政机关而不是普通的法官和陪审团来进行裁决。

□ Granfinanciera 案后的不确定性

在 Granfinanciera 案后，最高法院可以从这些选项中选择一种。它可以将多数意见的推理加以拓展，使行政机关对若干类型纠纷的裁决无效，因为这些行政机关长久以来已经在没有陪审团的条件下解决了纠纷。同样，它还可以再进一步，接受 Scalia 大法官在协同意见中所采用的推理。它可以试图限制 Granfinanciera 案中多数意见所宣布采用的标准。例如，它可以开始决定国会在普通法权利或救济的问题上需要进行多大程度的法律改革还能将过去的一项“私权”改变为一项“公权”。或者它也可以回到持不同意见的大法官们所敦促采用的一项实用主义的标准，大法官们在 Atlas Roofing 和 Schor 案中以一致意见采纳了这项标准。最高法院将会面对大量的任务，如果它不回到持不同意见的大法官们所
敦促采用的这项实用主义的标准。 142

最高法院应当停止采用 Granfinanciera 案中多数意见所采用的推理，而回到尊重过去对于国会有关若干类型的裁决最好由行政机关负责的决定。在 Granfinanciera 案中，多数意见为最高法院未来可能采取的行动留下了一道口子，至少对于有关行政机关的案件来说是如此。既然 Granfinanciera 案没有解决行政裁决的问题，那么最高法院可以通过认为行政裁决本身是“普通法所未知的”一项救济而作出区分。

---

① 492 U. S. at 54-56.

② Id. at 60.

③ Id. at 55.

④ Id. at 65.

⑤ Id. at 71-90.

⑥ Id. at 76，80-81.

⑦ 430 U. S. at 450.

□ 何为刑事罚金?

给某些类型的行政裁决投下阴影的是 1989 年作出的 United States v. Halper① 案最终判决意见。最高法院依据“禁止双重危险条款”（the Double Jeopardy Clause）认为“行政罚款”违反了《联邦宪法》，因为它“惩罚了”个人。最高法院的理由是，任何罚款如果超过补偿政府之必要限度，都构成了双重危险意义上的“惩罚”。

□ Halper 案后的不确定性

Halper 案并未直接适用于行政裁决。最高法院仅仅是基于双重危险目的，对惩罚作了新的定义，并且它也希望将该案与 Helvering v. Mitchell② 案进行区分，而不是推翻该案。尽管如此，法院的判决推理仍然会对行政机关产生重要影响，即如何面对根据《联邦宪法》第六修正案所赋予的在刑事诉讼中接受陪审团审理的权利而质疑行政机关对其处以“行政罚款”的权力。在 Halper 案中，最高法院的讨论将最高法院在 Mitchell 案中的判决意见降低到（relegated）准宪法性的地位。该案仍然保留了这样的可能性，即最高法院可能会将 Halper 案的特征扩张适用到《联邦宪法》第六修正案的情形——任何超过补偿政府之限度的“行政罚款”都成了《联邦宪法》第六修正案规定意义上的“刑事追诉”。最高法院很快将会对 Halper 案作出的扩张解释感到后悔。对政府造成的损害，是通过处以行政罚款进行补偿得出成立的基础，最高法院需要确定该损害的性质和范围。而该损害可能会表现为许多形式，其中大部分都是很难进行定量分析的。同时，如果行政机关面对基于《联邦宪法》第六修正案提出的质疑，被要求在每起行政罚款案件中对政府成本加以说明，规制体制的有效性也会大打折扣。

□ 最高法院在 Hudson 案中推翻了 Halper 案原则

在 Hudson v. United States③ 案中，最高法院推翻了原审判决，并且拒绝承认 United States v. Halper④ 案所采用的分析方法。在 Halper 案中，最高法院宣布了一项新的、部分定量性质的，同时明显更为严格的，用于确定一项“行政”罚款何时实际上构成了禁止双重危险条款所规定的“刑事”罚金。在 Hudson 案中，五位大法官出具的多数意见认为 Halper 案所提出的标准是欠考虑的，也是不可行的。它宣布重新回到 Kennedy
143 v. Mendoza-Martinez⑤ 案所宣布的七因素标准。但是，多数意见强调，立法意图始终是其判断的出发点，“只有最明确的证据足以推翻立法意图，才可以将名为民事救济的措施改变为刑事罚金”。在将该标准适用于 Hundson 案中涉及的制裁措施——罚款和取消律师资格时，多数意见认为“赋予行政机关这项权力，构成了国会试图规定民事制裁的表面证据”。这段文字表明最高法院已经改变了过去采用的推理方法。在 Halper 案中，最高法院指出行政机关如果作出属于刑事性质的“制裁”，将是违法的。在 Hudson 案中，最高法

---

① 490 U. S. 435 (1989).
② 303 U. S. 391 (1938).
③ 522 U. S. 93 (1997).
④ 490 U. S. 435 (1989).
⑤ 372 U. S. 144 (1963).

院指出任何行政机关所处以的制裁措施都不能是刑事性质的。

四位大法官在协同意见中对于多数意见中的含义表达了不同程度的关切。每位大法官都指出“最明确的证据”标准应该会比其名称具有更多的含义。提出协同意见的大法官们对于越来越多的授权和处以各种不同种类的、严重的、推定性的民事制裁措施这一趋势表达了忧虑。

□ Hundson 案适用于行政机关

Hundson 案之后，第十一巡回法院旋即将该案宣布的标准适用于一起具有明显行政法意义的案件。在 Cole v. Department of Agriculture[①] 案中，第十一巡回法院驳回了有关行政机关对曾因同一行为在刑事案件中认罪的个人处以民事制裁违反禁止双重危险条款的指控。第十一巡回法院认为民事制裁不属于“禁止双重危险条款”中所指的刑事制裁。第十一巡回法院在判决书的开头引用了 Hudson 案判决中的文字，即法院指出授权行政机关处以制裁“构成了国会旨在提供民事制裁的表面证据”。第十一巡回法院接着判定上诉方并未满足“最明确证据”标准，从而无法推翻有关该制裁具有民事性质的表面结论，即使“该制裁并不促进传统的惩罚目的，如威慑……”

□ 对行政机关裁决私权利的继续质疑

在 Bank One v. Midwest Bank and Trust Co.[②] 案中，最高法院提到了它并不愿意将一部法律解释为授权行政机关对私人权利主张进行裁决。最高法院将《促进资金流通法》(the Expedited Funds Availability Act) 解释为赋予联邦法院对存款机构之间的纠纷进行裁决的专属性权力，即使该法律明确指示联邦储备委员会发布调整该类纠纷的规则。这部法律并未“明确赋予联邦储备委员会以裁决权，也没有规定解决私人纠纷的相关程序”。 144

§2.9 行政机关不默认巡回法院的判决

□ 行政机关是否必须默认（acquiesce）巡回法院的判决?

行政机关在案件被提交到法院的时候，就需要按照复审法院的判决行事。在所有未来的案件中，即使行政机关相信最高法院所作的判决是错误的，行政机关也必须使其行为符合判决的要求。即使行政机关相信巡回法院的判决是错误的，行政机关的立场最终在其他 145
巡回法院或者最高法院被证明是正确的，行政机关也必须在所有未来的案件中使自己的行为符合巡回法院的判决吗? 如果行政机关按照要求必须默认巡回法院的判决，它也必须在所有未来的案件中这么做，或者只是在巡回法院中出现的或者很可能会在该巡回法院中接受复审的时候这么做? 这些问题一直以来都没有明确的答案。在 20 世纪 80 年代有关社会保障残疾人福利相关的案件中，这些问题引发了巨大的争议。

---

① 133 F. 3d 803 (11th Cir. 1998).

② 516 U. S. 264 (1996).

□ 尚未解决的有关行政机关不默认的争议

在 1980 年，国会要求社会保障局对之前被确定为残疾的个人状况进行复查，并对已经康复的个人中止残疾人福利待遇。社会保障局试图通过根据个人是否现在是残疾的医学证明作出认定的程序来实施这一要求。社会保障局认为，如果他们根据合理的程序认定残疾人补助金的领受人并不是残疾的，并且这种事实认定具有充分证据支持，社会保障局就有权取消该个人作为残疾人补助金的合格领受人的资格。

在两件重要的判例中，第九巡回法院都强烈反对社会保障局对其权力的解释，并且推翻了行政机关作出的若干认定不符合资格的决定。在 Finnegan v. Matthews[1] 案中，第九巡回法院认为，通过修改《社会保障法》，规定“只要持续性地处于残疾的状态”，接受州残疾人补助金的个人有资格获得联邦残疾人补助金，国会希望社会保障局受到之前各州所作的残疾状态认定的约束。因此，如果一个人之前被一家州行政机关认定为残疾，社会保障局只有在根据充分证据认定他自州行政机关的决定作出以来身体状况已经发生重大改善时，才能认为他不再符合领取残疾人补助金的资格。根据这一解释，社会保障局认定他现在不具有残疾状态，本身可能毫无法律效力。

类似的，在 Patti v. Schweiker[2] 案中，第九巡回法院认为社会保障局在某一特定时间点所作出的残疾认定产生了持续处于残疾状态的推定，只有在有证据表明情况发生重大改变时才能推翻。因此，如果某个人之前被社会保障局认定为属于残疾状态，行政机关后来认定他不是残疾的，即使得到实质性证据的支持，也不足以使他失去继续领取残疾人补助金的资格。

社会保障局对这两项法院判决作出了回应，指出第九巡回法院在 Finnegan 案和 Patti
146 案这两起案件中推翻了两项关于领取补助金不适格的决定，尽管它会遵守这些判决的要求，但是它并不认为自己需要在所有其他有关领取补助金资格的决定中遵守这些判决。它认为第九巡回法院的判决是错误百出的，接着宣布任何被认定不是残疾的个人都不符合领取残疾补助金的资格，即使之前的州政府或者联邦政府调查认定他属于残疾，社会保障局也没有证据表明他的身体状况已经发生实质性的改善。社会保障局的立场是它不得不修改程序以符合最高法院的判决，但是它并不需要修改其程序以符合巡回法院的判决。在涉及巡回法院或者地区法院的案件时，社会保障局的立场是它所要做的只是符合在法院所受理的特定案件中遵守法院的要求。

社会保障局默认了第九巡回法院在 Patti 案和 Finnegan 案的判决，其结果是在 Lopez v. Heckler[3] 案中，第九巡回区一位地区法院法官在一起集团诉讼中责令社会保障局将第九巡回区中被该局中止领取残疾补助金资格的个人重新认定为具备资格。地区法院并未对其所作的命令作出解释，但是简单地提到权力分立、正当程序以及 Marbury v. Madison[4] 案。在 Lopez v. Heckler[5] 案中，第九巡回法院维持了地区法院的裁定。与地区法院一样，除了泛泛地提及社会保障局不默认政策的违宪性之外，巡回法院并未对地区法院的裁定进行更多的解释。

---

① 641 F. 2d 1340 (9th Cir. 1981).

② 669 F. 2d 582 (9th Cir. 1982).

③ 572 F. Supp. 26 (S. D. Cal. 1983).

④ 5 U. S. (1Cranch) 137 (1803).

⑤ 713 F. 2d 1432 (9th Cir. 1983).

社会保障局接着从分派到第九巡回法院的 Rehnquist 大法官处获准中止执行地区法院的裁定。① Rehnquist 大法官批准中止执行地区法院的裁定，其依据主要是一项宪法原则，即地区法院和第九巡回法院必须依靠权力分立作为其命令的基础。通过引用最高法院在 FCC v. Pottsville Broadcasting Co. ② 案的判决意见，他指出了上级法院控制下级法院决定的宽泛权力和法院控制行政机关行使国会所赋予的权力的有限的控制权之间的根本差异。他也指出了最高法院反复强调的一项原则，即复审法院必须允许行政机关自由作出所有初步决定，而为了确定这些决定是否属于国会和宪法所确定的边界之内时才需要接受司法审查。在 Rehnquist 大法官看来，地区法院的命令对专属行政机关拥有的初始管辖权的数以千计的纠纷进行裁决，超出了司法部门拥有的有限的宪法性权力。但是，最高法院从来没有讨论过不默认争议的实质问题（merits），因为国会通过修改法律明确其决定的标准使其诉因消失（moot）。 147

□ 不默认的做法非常普遍

许多行政机关已经开始按照惯例不再默认它们反对的巡回法院判决。③ 这一惯例已经在若干巡回法院的判决中遭到谴责，但是最高法院还没有对这一惯例的合法性作出处理。对于这一问题的最好的学术化处理是广泛地主张行政机关不需要默认巡回法院的判决。④

□ 选择性的不默认是可以辩护的

行政机关不默认它们反对的巡回法院的判决，这一做法可以得到下列考量因素的支持：第一，巡回法院常常会在解释法律时出现错误。第二，巡回法院之间也常常对同一部法律作出不同解释。第三，最高法院常常会推翻巡回法院对于行政机关所实施的法律的解释。第四，在引发争议的首起案件中，最高法院不可能解决所有与合理解释法律有关的争议。第五，行政机关在一家巡回法院中败诉之后，还会继续在其他巡回法院中对法律解释方面的争议进行争讼，最高法院在裁决这一争议之前就出现多家巡回法院的判决意见，从而让最高法院能够从这一程序中受益。第六，要求行政机关对在该巡回区内发生的所有案件的巡回法院判决都持默认态度，将会对全国性的规制性法律和社会福利性法律的统一实施造成不利影响。

Peter Strauss 反复指出，最近与长期以来行政机关不默认巡回法院判决意见的做法相关的激烈争论，是联邦司法体系规模扩大、分类增加所导致问题的一种病理性反映。每年有大约八百名持有各种意识形态的法官对数以万计的行政案件作出判决，这使得最高法院无法保持不同巡回区之间法院判决的一致性。⑤ 正如 Strauss 所指出的，对于行政机关就自己所实施的法律作出的解释，最高法院在司法审查时采取了更高尊重程度的处理方式，

---

① 463 U. S. 1328 (1983).

② 309 U. S. 134 (1940).

③ 例可参见 IRS Action on Decision 1983-051 (Dec. 8, 1983)（明确拒绝遵守巡回法院的判决）；North Carolina v. FERC, 584 F. 2d 1003 (D. C. Cir. 1978)（指出行政机关拒绝遵循巡回法院对某一事项的判决，直到有另外一家巡回法院也以同样方式处理）。

④ Estreicher & Revesz, "Nonacquiescence by Federal Agencies", 98 *Yale L. J.* 679 (1989).

⑤ 参见 Peter Strauss, "One Hundred Fifty Cases per Year: Some Implications of the Supreme Court's Limited Resources for Judicial Review of Agency Action", 87 *Colum. L. Rev.* 1093 (1987)。

从而缩小了问题的范围。如果 Patti 和 Finnegan 案是在最高法院对 Chevron v. NRDC[①] 案
148 作出判决之后由第九巡回法院受理的，行政机关不默认的问题也许根本就不会发生，因为巡回法院很可能会确认行政机关对含义模糊的法律文字所作的解释。[②]

□ 不默认的现实理由

第七巡回法院对一起案件全席审理后所作的判决意见，可以很好地说明行政机关为什么不应当自动地默认巡回法院判决，以及行政机关为什么不能被迫默认巡回法院对法律所作的解释。在 Atchison, Topeka & Santa Fe Ry. v. Pena[③] 案中，第七巡回法院判定，行政机关在另一家巡回法院的坚持要求之下作出的一项法律解释是不合法的。第七巡回法院和第九巡回法院在对该法的解释方面存在不同。于是，第七巡回法院推翻了行政机关采纳第九巡回法院之解释的决定。三位法官出具的协同意见中给出的理由包括：（1）行政机关对于巡回法院判决有是否保持默认的裁量权；（2）如果行政机关保持默认，而这种默认的态度对于私人利益不会产生不利影响，行政机关的决定就是决定性的（dispositive）；（3）如果行政机关默认了，其默认态度会对私人利益产生不利影响，则第二家复审法院并不需要对其他巡回法院所采纳的法律解释保持尊重；（4）通过对已经由其他巡回法院解释的某部法律的含义进行独立判断，而不是对其他巡回法院所采纳的解释予以尊重，巡回法院可以促进最高法院的利益，即确定不同巡回法院之间的冲突所在，并在认为在法律解释方面存在充分协调一致的需要时解决这些冲突。

在 Independent Petroleum Ass'n v. Babbitt[④] 案中，哥伦比亚特区巡回法院的判决意见解释了行政机关为什么不愿意默认巡回法院的判决，除非它们相信自己可以接受判决意见中的推理，或者它们不可能从别的巡回法院或者最高法院获得更有利的判决。矿产管理局（the Minerals Management Service）发布了一项决定，认定联邦石油天然气资源的承租人在与购买人就违约纠纷进行和解后所得到的补偿款中有一部分属于权益金（royalties）。两位法官出具的多数意见判定，行政机关的决定是恣意的，违反了行政机关以类似方法处理类似案件的原则。[⑤] 行政机关默认了巡回法院此前针对不同争议作出的一项判决，但是法院所依据的推理与行政机关在本案中的推理并不一致，行政机关因此犯下了致命的错误。法院强调，只有在让法院确信在本案中的行为是与巡回法院在行政机关所默认的先前的判
149 决中的推理是相互一致时，行政机关的行为才是有效的。但是，行政机关并没有让法院的多数法官确信它们的推理是一致的。显然，行政机关如果没有默认另外一家巡回法院之前作出的判决意见，它本可以在哥伦比亚特区巡回法院的这起案件中胜诉。就 Independent Petroleum Ass'n 案所讨论的这一问题而言，行政机关作出的默认巡回法院的决定是不明智的，使得财政部损失了数十亿美元的权益金。

□ 大多数巡回法院支持行政机关不默认的权利

在 Virginia Society of Human Life v. FEC[⑥] 案中，第四巡回法院的司法判决承认了行

---

① 467 U. S. 837 (1984).

② 参见§3.2。

③ 44 F. 3d 437 (7th Cir. 1994).

④ 92 F. 3d 1248 (D. C. Cir. 1996).

⑤ 参见§11.5。

⑥ 263 F. 3d 379 (4th Cir. 2001).

政机关拒绝沉默的权力。该法院缩小了地区法院所签发的禁令规定的范围。地区法院认定行政机关的一项规则是违宪的，并且签发了全国性的禁令，禁止行政机关强制执行该规则。巡回法院赞成该规则是违宪的，但是认为地区法院签发全国性禁令的决定滥用了裁量权。巡回法院判定，适用范围如此之广的禁令不是对于胜诉方提供救济所必需的，并且全国性禁令也与巡回法院的判决仅对该司法巡回区具有拘束力的原则不一致。巡回法院承认，行政机关必须可以是自由的，"如果它选择在尚未对该规则是否合宪作出裁决的司法巡回区推进其立场"。巡回法院强调，"相反的政策会'通过冻结对具体问题的第一次最终决定而实质性地阻碍该重要的法律问题的发展'…… [并且] 会剥夺最高法院从若干上诉法院的判决中获益"。

在 National Organization of Veterans Advocates v. Secretary of Veterans Affairs① 案中，联邦巡回区上诉法院对于行政机关就争议再次起诉的权利表现出了类似的尊重。巡回法院驳回了原告的主张，即行政机关需要遵守退伍军人事务上诉法院（the Court of Appeals for Veterans Claims）作出的判决。巡回法院指出，尽管法院的最终判决对"按照既判力（res judicata）原则的特定争议的当事人具有拘束力"，并且通过适用遵循先例的原则而对法院产生拘束力，但它并不会在以后的案件中拘束当事人。该案当事人，包括行政机关，"至少在该争议在最高级别［法院］还没有得到解决时"仍然可以自由地在其他法院再次起诉。

哥伦比亚特区巡回法院在一份判决中加入了支持行政机关拒绝沉默权的合唱团，并在 Holland v. National Mining Ass'n② 案中支持行政机关对这一争议重新起诉。最初，行政机关对其实施的某部法律所包含术语作出了解释。第十一巡回法院推翻了行政机关对这一术语所作的解释，认为该术语具有不同的含义，责成行政机关停止继续适用它对该术语所 150
作的解释。

该行政机关后来在解决另一起纠纷的过程中采用了第十一巡回法院对该术语的解释。该争议的一方当事人寻求对该行政机关在该案件中的行为进行司法审查，理由是该行政机关在解决争议的过程中所采用的第十一巡回法院对该术语所作的解释是错误的，并且该行政机关原先的解释是正确的。该行政机关提出动议要求驳回原告的审查请求，理由是既判力原则以及原告提出的救济请求将使行政机关面对相互矛盾的法院命令。哥伦比亚特区巡回法院驳回了行政机关的主张。它承认，第十一巡回法院的判决不能，也没有适用于不属于第十一巡回法院审理案件之当事人的私人主体。因此，哥伦比亚特区巡回法院认定，它可以签发与第十一巡回法院禁令相对立的禁令。这样的禁令不会让行政机关面对相互矛盾的判决，因为它们适用于不同的私人主体。哥伦比亚特区巡回法院的解释是，"允许一家巡回法院的法律解释排除（foreclose）另一家巡回法院对该问题依据《行政程序法》进行审查，将会迫使巡回法院之间的分歧接受最高法院的审查"。

§ 2.10 权力分立和分治政府

□ 分治政府增加了分权的争议

在 20 世纪 80 年代和 90 年代期间，最高法院需要解决的权力分立争议比历史上任何

① 260 F. 3d 1365 (Fed. Cir. 2001).
② 309 F. 3d 808 (D. C. Cir. 2002).

时期都要多。许多公法学者和政治学者对于政府各分支内部产生的争议爆炸性增长提供了各种混乱的解释。[①]

我们国家所建立的独特政体——各个政府分支可以相互制约——在建国后的前 170 年间运作良好，因为在大多数的时期，政治上需要接受问责的两大政府分支都是受同一家政党所控制的。这一点具有重大的积极意义。如果人民认为“政府”做得不好，他们可以要
151 求控制这两个政府分支的政党对其不良表现负责，并且将对这两个政府分支的控制权在下一届总统任期内都转移给另一个政党。在特定的时期内由同一家政党控制行政和立法分支，也比较容易最小化政府各分支之间的冲突，并且产生政府分支间合作与协调的强烈激励。

随着过去四十年里政党的权力下降，我们可以料想未来会持续存在分治政府（divided government）。而对于长期存在分治政府的预期，会对政治体制和公法体制产生明显的消极影响。

□ 分治政府产生的负面影响

首先，选民将更难以确定哪个政府分支、政党或者民选的官员个人需要对政府运作中存在的问题负责。反之，政客个人则将更容易逃避其自身行为的责任。总统抱怨国会，国会也抱怨总统。选民就会感到迷惑而无所适从了。

其次，长期存在分治政府的预期，在传统的立法和行政分支之间发生机构间对抗之外，再增加了一层党派之争。立宪者们设计政府结构的原先目的是要让两大政治上需要接受问责的政府分支通力合作以解决共同的目标和关切。而长期存在分治政府的预期，则可能反而让每个政府分支都有反对的强烈激励，最后削弱另一政府分支的政策目标。

无论最高法院是如何解决两大政治上接受问责的政府分支间的纠纷，每个政府分支都有着一些阻挠另一政府分支目标的天然权力。这里说明众多可能性中的其中两种：一是国会可以拒绝批准总统提名的重要官员的决定，让他的政策协调使命几乎无法实现；二是如果总统不同意国会的目标，他也可以提名一些无所作为的人员担任国会授权实施这些目标的机构首长，让国会目标落空。

□ 修改宪法的潜在需要

如果这一问题存在，它就超出了司法分支的裁决权限。宪政体制委员会（the Committee on Constitutional System）已经提出了若干可能的建议，试图通过改变国会规则、法律以及选择的时序和时机等方法解决分治政府所存在问题。[②] 如果分治政府的现象持续存在，而且确实像众多学者所预测的那样问题百出，我们就需要认真考虑这些建议。此外，无论选举结果还是民意调查都显示，公民更愿意出现分治政府。相比专制的风险，我
152 们显然更愿意接受两派陷入僵局的风险。

---

① 例可参见 Sundquist, “The Question Is Clear, and Party Government Is the Answer”, 30 *Wm. & Mary L. Rev.* 425 (1989); Cutler, “Party Government Under the American Constitution”, 134 *U. Pa. L. Rev.* 25 (1985)。

② *A Bicentennial Analysis of the American Political Structure* (1987).

□ 分治政府也有好处

但是，2000—2006 年间一致政府（unified government）的痛苦经历表明，《联邦宪法》的立宪者们可能要比制宪两百周年纪念委员会（the Bicentennial Committee）和本书作者更为明智。在这几年里，小布什总统领导联邦政府行政分支，而共和党人则控制着联邦政府立法分支。小布什总统以秘密的方式作出了数量上前所未有之多的重要行为，并且所主张的权力也超过了其任何一位前任，包括在某些情况下与法律存在冲突的权力。不过，共和党人控制的国会几乎没有对行政分支实施任何监督，确定总统的所作所为，更不必说质疑他无视法定的命令和禁止规定的行为。 153

3

法律解释与行政法

§3.1　1984 年以前的法律规则

□ 法律的核心作用

行政机关作出的每项决定都需要以它负责实施的一部或者多部法律条文作为依据。行政机关负责实施的每部法律都存在着模糊之处。我们不可能做到在立法之前就具有足够的精确度和预见性以解决法律实施过程中可能出现的数以百计的问题。不同的法律，甚至同一部法律内部对于不同问题的规定，条文的精确程度也存在千差万别。国会有时会满足于使用极为宽泛的文字，例如基于“公共利益”进行规制，或者确保价格“公正合理”。

□ 法院判决的两句话

在赋予行政机关所实施的法律的含义方面，两家机构发挥着重要的作用。其中，行政机关可以采取通过一项规则或者对一起案件作出裁决，赋予其负责实施的法律以含义，而法院再对行政行为进行审查。本书第二版曾经对 1984 年以前法律存在的不如意之处作出过简明扼要和准确的描述：“最高法院……在某些案件中代之以自己的判断，在其他案件中则是采用合理性标准，而没有对是什么原因驱使他们作出这样的选择提供任何指引。”[1]“这就使得审查范围一直不可预测，因为这一原因导致诉讼量一直相当庞大。最高法院 20
世纪可能已经审理判决了超过 500 件关于这一主题的案件。”[2] 155

□ 对最高法院不一致的方法进行妥协的努力

各个巡回法院经常发现和指责最高法院 1984 年以前为了确定行政机关所执行的法律

① Kenneth C. Davis, *Administrative Law Treatise* (Second Edition), Vol. V, at 375.

② Id. at 370.

中存在的模糊术语而分配各机构职责时存在不一致而未加解释。① 有的巡回法院试图解释它们为什么在某些案件中尊重行政机关的意见，而在另外一些案件中又以自己对法律的解释替代行政机关的意见。一些行政法大家试图根据在数以千计的法院判决意见中发现的一长串各种因素对巡回法院的判决作出解释。② 尽管这些努力令人尊敬，但是基于一项简单的理由，它们是注定要失败的。那就是，在 1984 年以前，在这一领域的许多判决中，最高法院不愿意保持判决之间的一致性，或者是不愿意对判决之间存在的不一致性作出解释。

□ 1984 年之前的判决有时依然重要

1984 年，最高法院改变了对行政机关就所实施法律的解释的司法审查方法。③ 但是，这一新方法仅仅适用于裁决行为或者立法性规则中所采用的解释。④ 我之所以在本书 § 6.4 中讨论 1984 年之前的与行政机关实施的法律的解释有关的法院判决，是因为当行政机关根据解释性规则行事的时候，这些法院的判决仍然是非常重要的。基于现在的目的，涉及同一家行政机关、同一部法律的两份法院判决足以说明在 20 世纪前 80 年里并存着两种相互不一致的案件思路（lines of cases）。

□ 表明合理的行政解释所受尊重的案例

在 NLRB v. Hearst Publications⑤ 案中，最高法院确认了国家劳动关系委员会（NLRB）的一项决定——将《国家劳动关系法》中的“雇员”（employee）一词解释为包括报童，尽管报童出于许多其他的原因被认为是具有独立合约员工（independent contractor）的特征。最高法院尊重了行政机关的意见，认为行政机关对其需要执行的法律所作的解释，如果“具有合理的法律依据”，就必须得到认可。⑥ 在 Hearst 案中，最高法院批评了巡回法院根据自己对该问题的独立考察推翻了行政机关的解释。最高法院的结论是根据联邦劳动关系的目的，界定“雇员”的使命“已经基本上被赋予国会所设立的负责实施该法律的行政机关”。最高法院还指出了将这一使命主要赋予该行政机关的诸多优点：

> 实施法律的日常经验会让该行政机关熟悉不同产业之劳动关系中存在的各种情况和背
> 156 景，熟悉劳动者对自我组织和集体行动的能力和需要，熟悉集体协商制度能否适应和平解
> 决劳资纠纷的需要。⑦

□ 在许多案例中适用的尊重方法

最高法院直到 1983 年都在每年受理的数十起案件中确定行政机关的主要职责时都采

---

① 例如，Hi-Craft Clothing Co. v. NLRB, 660 F.2d 910 (3d Cir. 1981); Pittston Stevedoring Corp. v. Dellaventura, 544 F.2d 35 (2d Cir. 1976)。

② Woodward & Levin, *In Defense of Deference: Judicial Review of Agency Action*, 31 Admin. L. Rev. 329 (1979).

③ 参见 § 3.2。

④ 参见 § 3.5。

⑤ 322 U.S. 111 (1944).

⑥ Id. at 131.

⑦ Id. at 130.

用了尊重性的“合理法律依据”标准的某种变型。[①]

□ 在许多案件中也采用了替代判断

在 NLRB v. Bell Aerospace[②] 案中，最高法院所做的正是它之前常常要求巡回法院不要去做的事。在确定买家是否属于联邦劳动关系目的上的“雇员”的过程中，最高法院忽略了行政机关对该法律的解释，而代之以法院对该法律的独立解释。直到 1983 年为止，最高法院每年都在数十起案件中采用这样的方法。[③]

§3.2 Chevron 两步法

□ Chevron 标准

在 Chevron v. Natural Resources Defense Council[④] 案中，最高法院宣告放弃过去对待行政机关解释所实施法律的做法。最高法院提出了所有行政机关对他们所实施的法律进行 157
解释时可以适用的两步法：

当法院审查行政机关对其所实施的法律所作的解释时，它需要面对两个问题。第一个问题总是国会是否已经对于发生争议的这一问题作出明确规定。如果国会的意图非常明确，这个事情就算结束了。和行政机关一样，法院必须遵守国会清楚表达的意图。但是，如果法院认为国会并未明确地涉及案件中争议的问题，法院并不是简单地直接适用自己对法律的解释，这一点只有在不存在行政解释的情况下才是必要的。相反，如果法律对特定问题未作规定或者规定含混不清，法院需要回答的问题，就是行政机关提供的答案是否是基于对法律的合理解释。[⑤]

Chevron 案是行政法发展史上最为重要的判例之一。该案被引用和适用的次数要超过最高法院历史上的其他任何一件判例。Chevron 案件值得我们进行细致的分析。

□ Chevron 案的背景情况

Chevron 案中唯一的争点就是对《清洁空气法》（the Clean Air Act）[⑥] 中“（污染）

---

① 例如，Bonanno Linen Service v. NLRB, 454 U. S. 404, 413 (1982)（行政机关对于法律的解释除非是恣意的或者与法律相违背，否则都必须得到认可）；INS v. Wang, 450 U. S. 139, 145 (1981)（行政机关有权对法律术语进行限缩解释，如果他们认为这么做是明智的）；Ford Motor Co. v. NLRB, 441 U. S. 488, 495 (1979)（行政机关的解释必须得到认可，因为它并不是对法律作出了不合理或者不符合原理的解释）；SEC v. Chenery, 332 U. S. 194, 207-208 (1947)（“所采纳的这一原则的智慧并不是我们关切的问题……法律条文非常宽泛，以至于我们无法推翻委员会的判断，除非它在这些事项上显然构成了裁量权滥用”）；Gray v. Powell, 314 U. S. 402, 413 (1941)（行政机关的解释必须得到认可，除非它的解释是“与国会赋予该委员会的使命毫无关联，以至于事实上无法成为合理判断”）。

② 416 U. S. 267 (1974).

③ 例如，Dirks v. SEC, 463 U. S. 646 (1983)；SEC v. Sloan, 436 U. S. 103 (1978)；Northeast Marine Terminal v. Caputo, 432 U. S. 249 (1977)；Office Employees v. NLRB, 353 U. S. 313 (1957)；Davies Warehouse Co. v. Bowles, 321 U. S. 144 (1944)。

④ 467 U. S. 837 (1984).

⑤ Id. at 842-843.

⑥ 91 Stat. 685.

源”一词的合理解释。该法要求任何企业准备新建大型的空气污染源时都需要经过严格的“新污染源审查”程序。环境保护局（EPA）最初对污染源所作的定义，使得几乎工厂的任何重大扩建或者改建，例如增加一座锅炉，都需要接受审查程序。1981年，环境保护局将对污染源的定义改为整座工厂。根据这一更为宽泛的定义，企业只有在对工厂进行任何扩建、拆除、改建方案，其净效果会是增加排放，并超过一定的限额时，才需要接受审查程序。于是，企业可以通过在对工厂扩建增加排放的同时通过对同一工厂进行改建减少相应数量的排放而避免审查程序。对于法律术语的定义所作的这一修改，是环境保护局引入“泡泡概念”（bubble concept）之决定的一部分，其目的是只要工厂对于空气质量的总体影响不会因为这些决定而受到不利影响，就赋予企业管理层对影响空气质量的特定决定拥有更大控制权。

针对环境保护局对污染源所下的新定义，自然资源保护协会（NRDC）* 在哥伦比亚
158 特区巡回法院提出诉讼。巡回法院发现，该法的文字规定和立法史并未表明国会对于什么是“污染源”的结论性意见。① 但是，巡回法院推翻了环境保护局的新定义，理由是环境保护局修改了其之前的政策而没有说明这一改变会对空气质量造成的影响。②

□ 消除法律中的模糊是一项政策决定

最高法院以一致意见推翻了巡回法院的判决，肯定了环境保护局对“污染源”的新定义。最高法院断定该法的文字规定和立法史表明，国会并未作出可以成为在“污染源”的这两种含义之间进行选择之基础的政策决定。③ 因此，环境保护局对定义的选择，体现的是在国会授权其进行政策决定的领域所作的一个纯粹的政策决定。

□ 行政机关而非法院应当作出政策决定

最高法院告诫巡回法院不要作处于争议之中的政策决定。它强调法官“不是政府的政治性分支的组成部分”，也“没有类似选民的支持者”④。当国会还没有自己作出政策决定，但是已经授权一家行政机关作出这一决定时，该行政机关可以“合理地采用现任政府对于明智政策的认识来作为其判断的理由”⑤。用最高法院的话来说，就是：

当行政机关不是直接对人民负责时，政府首脑是，而且也是完全适合于为政府的政治分支作出这样的政策选择——解决那些国会本身要么疏忽而没有解决的利益竞争，要么是有意留给负责执行该法律的行政机关根据日常现实来解决利益竞争。⑥

在 Chevron 案中，最高法院仔细地讨论了国会法律授权行政机关，与对行政机关通过明确立法中所使用的模糊文字的含义的过程作出的政策决定进行司法审查之间的关系：

行政机关实施国会所创设的……势必需要制定政策和制定规则来填补国会明确或者不明确地留下空白的项目……如果国会明确地留下了一项空白留待行政机关填补，就等于对

---

* 自然资源保护协会是1970年成立的独立的非营利性国际环境保护组织，由四百多位律师、科学家和政策研究专家组成，拥有超过130万名会员与网络积极行动者。参见 http://www.nrdc.org/。——译者注

① 685 F. 2d at 723.

② 685 F. 2d at 720，727-728.

③ 467 U. S. at 864.

④ Id. at 865-866.

⑤ Id. at 865.

⑥ Id. at 865-866.

行政机关作出明确授权，让其通过制定规章来阐明特定规定的含义。这样的立法性规则具有压倒性的分量，除非它是武断、恣意或者明显违反法律的规定。有时立法基于特定问题而对任一机关作出默示的授权，而不是明确的授权。在这种情况下，法院不能用它对法律条文的解释替代行政机关所作的合理解释。 159

行政部门对法律授权其执行的法定计划所作的解释，我们历来承认要给予相当的权重，而对行政解释的尊重原则也一直被最高法院奉为圭臬，无论该决定是关系条文的含义还是法律的调整范围涉及协调相互冲突的政策，而对于在特定情境下的法定政策效力的充分理解，则依赖于对于受行政机关规章调整的事项的一般认知。[①]

Chevron 案中最高法院对法律解释过程的重新理解（reconceptualization），相比 Chevron 案之前的年代里司法决策过程中普遍存在的前后不一致和僵化的定性（characterization）来说是一个巨大的进步。

§3.3 Chevron 原则的观念基础

□ 法院必须强制执行国会作出的政策决定

要理解 Chevron 案的判决，我们需要接受法院过去常常否认的一个事实。涉及确定法律条文含义的许多问题，不能被定性为法律问题。如果国会已经在立法的过程中解决了政策争议，行政机关或者法院就能够，而且是必须采纳国会的决议。国会制定了与该政策争议相关的"法律"，而行政机关或者法院的工作就是要寻找和适用该"法律"。这就是 Chevron 两步法中第一步所需要调整的情形：

首先，也是总会遇到的问题是，国会是否已经直接提到了发生争议的这一问题。如果国会的意图非常清楚，那么问题就到此为止；和行政机关一样，法院必须尊重国会清楚表达的意愿。[②]

□ 对模糊的法律用语赋予含义不是在解释法律问题

但是，国会在立法时无法也未能解决所有的政策争议。出于各种原因，例如，缺乏专业能力、时间紧张、缺乏预见，或者集体决策中固有的问题等，国会对许多政策问题是保持开放的。当国会制定了一件没有解决根据该法律事后发生的政策争议的法律，有些机构就必须解决该争议。承担这一职责的机构不是在进行法律解释（statutory interpretation），而是在进行法律的建构性解释（statutory construction）。* 它也不是在解决一项"法律"问题。相反，它是在解决一项政策问题。这是 Chevron 两步法中的第二步所调整的情形： 160

但是，如果最高法院认定国会并未提到发生争议的这一问题，最高法院不会就像在不存在行政解释的情形时所需要的那样直接施加自己对该法律的建构性解释。相反，如果法律对发生争议的这一问题未作规定或者用语模棱两可，法院所需要面对的问题就是行政机关的解答是否是建立在对法律进行的可以允许的解释基础之上的。

---

* Interpretation 一般被认为是遵循原意的文义解释；construction 则被认为是涉及法律效果的解释。——译者注

① Id. at 843-844.

② 467 U. S. at 842.

换句话来说，属于在国会对行政机关所授予权力的范围内的政策争议，需要由行政机关而非法院负责解决。根据 Chevron 原则的指示，法院和行政机关就需要根据国会是否已经解决了这一争议，对政策争议与法律问题进行区分。

□ 消除模糊是政策制定

在 Pauly v. Bethenergy Mines，Inc. ① 案中，最高法院明确承认解决行政机关实施的法律中的模糊问题涉及政策制定：

正如 Chevron 原则本身所显示的，解决法律文本中的模糊性，更多的属于政策问题而非法律问题……当国会通过明确授权或者在法律框架中嵌入解释性的空间时，它就已经将政策制定权授予行政机关了，而对行政机关政策制定的司法审查范围是有限的。

□ 法院有时也在制定政策

正如 Chevron 案中最高法院所承认的，法院常常必须对政策争议作出裁决。有关普通法判决制作的整个制度，就是建立在司法决策基础之上的，只受到遵循先例观念和通过法律推理过程所确立的原则的限制。当法院所审理的案件根据的法律并未解决相关的问题，法院也会参与政策制定。根据《谢尔曼反托拉斯法》（the Sherman Antitrust Act）§1② 作出的司法判决，就揭示了以法律解释为名进行司法决策的普遍做法。该法仅仅规定了“每份合同……限制了贸易……被宣布违法”。国会将数十项需要确定的政策决定，即哪些合同构成了对贸易的违法限制，哪些没有，留给了法院。法律中所使用的简略文字，在该政策制定的过程中几乎不能提供任何指引。正如任何有关反托拉斯法的案例教材或者专论所显示的，随着法官对于明智的社会经济政策的看法在《谢尔曼法》的实施历史中发生的
161 变化，法院已经数十次地修改了这个国家的反垄断政策。③

□ 司法机关制定政策可以是合适的

在 Chevron 案中，最高法院并未批评法院通过普通法的制作判决过程或者通过对司法执行的法律进行司法解释（judicial construction）进行政策制定。联邦法院必须解决所有其受理的“案件或争议”（cases or controversies）。当没有可适用的法律，或者可以适用的司法机关执行的法律并未合理地解决法院所面对的争议之时，法官们就必须作出解决这些争议所必需的政策决定。

□ 司法机关制定政策不应取代行政机关制定政策

但是，Chevron 案中最高法院确实批评并且认为当国会的意图是将政策制定权授予行政机关时，以司法机关的政策偏好替代行政机关的政策偏好的做法是违法的。当国会制定

---

① 501 U. S. 680 (1991).

② The Sherman Antitrust Act，15 U. S. C. §1.

③ 在 State Oil Co. v. Khan，522 U. S. 3 (1997) 中，最高法院承认了这一现实（国会“希望法院利用其普通法传统使法律所规定的宽泛的要求能够成形”，因此最高法院的判决承认并“根据不断变化的形式和实践积累中所吸取的教训”进行调整）。

一部由行政机关负责执行的法律时，它已经将所有根据该法而产生的而国会又没有解决的所有政策争议都委任给行政机关来解决。Chevron 案中最高法院作出的支持政策制定权的机构间配置的推理，是建立在政治问责的基础上，而政治问责对于民主政府的观念来说是核心价值：

法官……不是政府任何一个政治性分支的组成部分。相比之下，行政机关得到了国会的授权负责政策制定，就需要在授权的范围内，合理依赖在位政府对于明智政策的看法来作为其判断的理由。尽管行政机关不是直接对人民负责，但政府首脑是直接对人民负责的，因此让政府这个政治性分支来做这样的政策选择是完全合适的……[1]

□ 对 Chevron 案的批评

最高法院在 Chevron 案中的判决意见已经遭到各种理由提出的批评。某些批评家认为，Chevron 原则既违反了《行政程序法》§706 的法定要求——“复审法院应当决定所有的法律相关问题”，也违反了 Marbury v. Madison[2] 案中的著名宣告——“需要强调的是，阐明法律是什么，这是司法审查的范围与职责”[3]。对 Chevron 案的这一批评所依据的基础是对于这一问题不准确的概括以及对 Marbury 案的误读。一旦行政机关或者法院认为 Chevron 原则第一步并不能适用，因为国会并未解决处于争议之中的问题，该争议就是政 162
策问题而不是法律问题。与审理 Chevron 案时的最高法院一样，审理 Marbury 案时的最高法院认识到政策问题需要由政治上接受问责的政府分支来负责解决。

□ 对 Marbury 案和 Chevron 案的调和

Marbury 案中的问题是最高法院是否可以迫使国务卿向经过总统提名和参议院批准担任治安法官的个人提供委任状（commissions）。有部法律明确要求国务卿对任何被任命为联邦政府官员（Officer of the United States）的个人提供委任状。最高法院在主张其负有解释和适用该法律的职责时，强调了这部法律所设定的这项义务具有的清楚和明确的性质：在特定的义务是法律所设定时，很明显的是认为个人利益受到损害的个人有权诉诸国家的法律来寻求救济。[4]

Marbury 案的最高法院仔细区分出法律并未对行政机关设定一项“具体职责”的情形：

法院的权力只是根据个人的权利作出判决，而不是去探究行政机关，或者行政机关官员是如何在他们拥有裁量权的情况下履行其职责的。根据宪法和法律，应当交给行政部门解决的问题，永远不能交给法院解决。[5]

Marbury 案中所提出的区别与 Chevron 案提出的区别刚好是完全一致的。在第一步中，最高法院确定法律是否对行政机关设定了“特定的职责”。如果答案是的话，需要强调的是，法院的职责就是强制执行该职责。而如果国会并未设定这样的“特定职责”，而

---

① 467 U. S. at 865-866.

② 5 U. S. (1 Cranch) 137, 177 (1803).

③ 参见 Sunstein, *Judicial Review of Administrative Action in a Conservative Era*, 39 Admin. L. Rev. 353, 366, 371 (1987)；Breyer, *Judicial Review of Questions of Law and Policy*, 38 Admin. L. Rev. 363, 372-382 (1986)。

④ 5 U. S. (1Cranch) at 166.

⑤ Id. at 170.

是赋予行政官员一定的裁量权，那么“法院就永远不能作出”这样的决定。相反，需要由在政治上负责的政府首脑的政策制定指引下的官员来作出决定。

□ Chevron 案增加了总统权力

对 Chevron 案的其他批评，则更多的是在功能意义而非形式意义上的。① Cynthia Farina 指出，立宪者认为政府的立法分支最可能成为专制和党派主义的源头。因此，《联邦宪法》中对潜在的权力滥用和机构膨胀的结构性制约手段，其设计初衷就是要约束国会的权力，例如两院制、法案呈送总统时可能遭受否决，以及总统专享提名官员和法官的权
163 力。由于立宪者们在邦联条例下对于强势的行政权缺乏体验，他们较少担心来自行政部门的专制和权力滥用的风险。但是，Farina 接着指出，在 Chevron 案后，行政分支拥有比过去大得多的权力。Farina 表达了这样的关切，即新得到赋权（empowerment）的行政分支现在更容易出现专制、滥用权力和机构膨胀的危险。但是，她也强调，行政分支现在并未与立法分支一样受到强有力的结构性制约。

对于 Farina 对 Chevron 案所作的深刻批评，我们可以作出两点回应。首先，正如对 Marbury 案进行仔细研究时所显示的，Chevron 案只是恢复了立宪者们原来所设想的机构职责的分配。立宪者们并没有要让法官拥有国会已经授予行政分支的政策制定权。其次，Chevron 案仍然是让立法分支保留着制约行政分支的所有权力。授权行政机关实施政策制定的初步决定是国会作出的决定。如果国会不信任行政机关，国会可以在立法中运用更为准确的文字对行政分支进行授权。而且，如果国会不同意某项具体的行政机关的政策决定，它可以通过修改该决定的法律依据来推翻这一决定。

□ Chevron 案鼓励国会解决更多的政策争议

Chevron 原则第一步承认并赋予立法优先的效力。国会可以在第一步而不是第二步中对相关争议采取立法行动。而且，Chevron 案拥有鼓励国会通过立法来解决更多政策争议的效果。传统上在两大政治上可问责的部门之间会展开机构间斗争，一旦国会知道它如果没有用法律方式解决这些争议，行政机关就有权解决国会所授权的这些争议，这让国会有着强烈的激励尽可能多地解决各类政策争议。这一激励已经对立法程序产生了影响。1990 年修订的《清洁空气法》（the Clean Air Act）②，篇幅超过 700 页。它们反映了国会解决了数以百计的政策争议。只要最高法院坚持立法优先的原则，正如其在 Chevron 案中所作的那样，我们就可以依靠国会制约行政部门的权力。

□ Chevron 案允许行政机关改变政策

Chevron 案的判决依据是，最高法院认为阐明模糊的法律条文的含义属于政策制定。
164 行政机关可以改变其赋予模糊的法律条文的含义，当该含义根据 Chevron 原则第二步已经得到承认时。行政机关只要宣称该政策属于国会所允许的范围之内，采用国会授权其制定

---

① 其中最好的论述是 Farina, “Statutory Interpretation and the Balance of Power in the Administrative State”, 89 *Colum. L. Rev.* 452 (1989)。

② 42 U. S. C. § § 7402-7671g.

约束性政策所需的程序，并且对其政策改变解释理由，总是可以随意改变其政策。① 因此，回到 Chevron 案中的这一具体问题，环境保护局可以对污染源作出更具限制性的定义，如果它断定 Chevron 案中获得肯定的这一解释会导致空气质量出现不可接受的恶化。最高法院明确地在 Smiley v. Citibank② 案中明确地承认了 Chevron 原则的这一效力：

当然，仅仅是行政解释与行政机关先前的立场相矛盾，这并不是致命的缺陷。突然改变而不加解释……或者是不考虑对先前解释的正当信赖……可能是武断、恣意或者是构成裁量权的滥用……但是，如果能够避免这些缺陷的话，这种改变就不是无效的，因为 Chevron 案全部要旨就在于将法律中的模糊性所提供的裁量权交给实施该法律的行政机关。

在 National Cable & Telecommunications Ass'n v. Brand X Internet Services③ 案中，最高法院发表的重要判决意见重申了对 Chevron 标准这一效力的认识。最高法院判定，支持对行政机关对其所实施法律作出的合理解释，并不排除行政机关改变主意而作出不同的合理解释。最高法院作了如下解释：

只有在法院判定其司法解释来自法律的明确规定，并且因此没有留下行政裁量的空间时，法院对法律所作的司法解释才能优于（trumps）本来有权获得 Chevron 尊重的行政解 165
释。这一原则是从 Chevron 原则本身推导而来的。Chevron 原则明确了："一项推定，即当国会在计划由行政机关实施的法律中留下模糊空间时，国会明白这一模糊之处会首先由行政机关来解决，并且希望行政机关（而非法院）行使这一模糊条款所允许的任何程度的裁量权。"不过，正如巡回上诉法院所推定的，它可以允许一项司法先例阻止行政机关对模糊的法律进行解释，这会允许法院的解释推翻行政机关的解释。Chevron 原则的前提是由行政机关而非法院弥补法律的空白。更好的法律规则是要求先例中所包含的司法解释要遵守同样严格的 Chevron 原则第一步标准，而这一标准是法院在一张白纸上审查行政机关的解释时所适用的：只有一项司法先例判定法律明确阻止了行政机关的解释，并且因而法律并不包含由行政机关填补的空白，取代了一项相互冲突的解释。（引文出处省略）

§3.4 Chevron 案、一致性和连贯性

□ 司法机关对法律解释会产生不一致

除了最高法院以外，各级政府的全面增长已经限制了最高法院在赋予国家法律的含义时保持一致性和连贯性的能力。数十家联邦行政机关每年都要作出数千项政策决定。这些决定现在都可能接受八百多名联邦法院法官的审查，而这些法官在意识形态和政策偏好上存在千差万别。在 Chevron 案之前，那些政策决定中有相当比例是被定性为法律解释争议，交给复审法院作为法律问题加以解决。复审法院常常得出不一致的结论，从而给依法负责执行国家法律的行政机关造成了巨大的麻烦。

为了消化其大量增加的工作量，联邦司法机关急速扩张，随之而来，声称赋予行政机

① Motor Vehicle Manufacturers Ass'n v. State Farm Automobile Insurance Co., 463 U.S. 29 (1983)，参见§7.4 的讨论；Atchison, Topeka & Sante Fe Ry. v. Wichita Board of Trade, 412 U.S. 800 (1973)，参见§11.5 的讨论。

② 517 U.S. 735, 742 (1996).

③ 545 U.S. 967 (2005)，参见§3.5 的讨论。

关所执行法律以约束性含义的相互不一致的法院判决也在增加。不同巡回法院之间的判决冲突在加剧，许多巡回法院都在保持保持巡回法院内部判决的一致性方面遭遇严重的问题。[1]

司法部门只有一种手段可以解决联邦法院判决之间的不一致问题——由最高法院作出判决。但是，正如 Peter Strauss 所指出的，最高法院是职能不能扩张的政府机构。[2] 最高法院不可能解决所有下级联邦法院之间的冲突。就这一点而言，我们可以看到 White 大法官在 1989 年提出了 69 份不同意见，反对签发调卷令以解决不同巡回法院之间的冲突。而
166 这已经是 Chevron 案判决后的第五个年头了。如果没有最高法院在 Chevron 案所作的判决，留到 1989 年这一年悬而未决的冲突数量无疑会比实际多得多。

□ Chevron 原则增强了一致性

Chevron 原则有效减少了对行政机关负责实施的全国性法律所作解释中存在的不一致问题。其效果是排除了法官们通过将行政机关的政策决定错误定性为对法律问题的解决方案，而对行政机关的政策决定进行事后评论。自从 Chevron 案后，法官们也不能再将那些国会并未作出的决定归因于国会。如果国会并未解决一项政策争议，那它仍然是需要由行政机关来解决的政策争议，而不是由带着不同政策视角的法官来解决。

后 Chevron 时代已经出现了有力的证据可以证明 Chevron 案正在减少对行政机关所执行的全国性法律的解释方面存在的不一致性问题。在 Chevron 案的第二年，对行政行为的推翻和发回重新处理的比例从 29.1%减少到了 18.7%，而因为法律解释存在的错误而被推翻或者发回重新处理的数量减少了 39%。[3] 而且，由首席政府律师（solicitor general）* 提出的调卷令申请在 Chevron 案件后的五年里从 60 件减少到了 30 件：Richard Stewart，时任负责公共土地和自然资源事务的助理司法部长（Assistant Attorney General），将这一现象主要归功于 Chevron 案所带来的不同巡回法院之间的严重冲突数量的减少。

□ 最高法院承认一致性的重要意义

最高法院承认行政机关可以在增强一致性和通贯性方面扮演关键性的作用。在 Brown v. Pro Football, Inc. [4] 案中，八名大法官出具的多数意见强调了一致性和通贯性在美国法律制度中的重要意义。这一问题是反垄断法的劳动关系豁免是否适用于阻止法院根据反垄断法审查雇主们在与雇员之间的集体谈判陷入僵局时为了实施他们的最后出价条款而订立的协议。多数意见判定反垄断法的劳动关系豁免适用于该案的案情。多数意见对其判决主

---

* 首席政府律师，是指定代表美国联邦政府在最高法院应诉的官员，负责确定政府应诉的法律意见。此外，首席政府律师办公室还在涉及联邦政府感兴趣的重大问题的案件中递交“法庭之友”法律意见书。对于美国政府在联邦地区法院或者巡回法院败诉的案件，首席政府律师办公室也负责审查后决定是否提起上诉。——译者注

① 参见 Note，“The Politics of En banc Review”，102 *Harv. L. Rev.* 864，879-881（1989）；Pierce，“Two Problems in Administrative Law：Political Polarity on the D. C. Circuit and Judicial Deterrence of Agency Rulemaking”，1988 *Duke L. J.* 300。

② Peter Strauss，“One Hundred Fifty Case Per Year：Some Implications of the Supreme Court's Limited Resources for Judicial Review of Agency Action”，87 *Colum. L. Rev.* 1093（1987）.

③ Schuck & Elliott，“To the Chevron Station：An Empirical Study of Federal Administrative Law”，1990 *Duke L. J.* 984，1031-1033.

④ 518 U. S. 231（1996）.

旨进行了解释，在对比分析法院和行政机关的特征时强调了行政机关的一些比较优势：

> 我们承认……原则上说，审查反垄断案件的法院可能试图亲自评估特定类型的雇主意见，在集体谈判的需要能够证明其正当性时，认定这些意见是“合理的”（从而是合法的）。但是，任何此类评估体现的是由许多不同的非专业的法官和陪审员“编织”的详细规则网络，而非劳动委员会（labor committee）这家专业的行政机构所强制执行的劳动规则体系。劳动法赋予劳动委员会而非审查反垄断案件的法院监督集体谈判过程的首位管辖 167
> 权。劳动法的目的之一是取消审理反垄断案件的法院通过适用反垄断法决定对社会或者经济有利的集体谈判政策之内容的权力。

这一推理为Chevron尊重提供了强有力的支持。

□ 巡回法院承认Chevron原则和一致性之间的关系

有些巡回法院已经明确承认了Chevron原则与法律适用的全国统一之目的之间的关系。在Aguirre v. INS[①]案中，第二巡回法院以法律适用的全国统一和Chevron尊重与法律适用的全国统一之间的关系为依据，推翻了一项先例。第二巡回法院之前在Jenkins v. INS[②]案中推翻了移民和归化局（INS）对该案讼争的法律条款所作的解释。移民和归化局宣布了它的不默许Jenkins案的目的，相反要在除第二巡回法院所受理的案件之外的所有其他案件中适用其解释。正如第二巡回法院对这一情形所作的描述，移民和归化局的意见“造成在我们长期以来对各巡回法院先例的尊重……与我们避免对根据移民法处于类似情况的外国人作出差别处理的考虑之间产生紧张关系”。第二巡回法院承认它会适用遵循先例原则，并且再次驳回行政机关的解释。但是，相反，第二巡回法院决定行使其裁量权，（在得到曾经作出Jenkins案判决的法官的同意之后）推翻Jenkins案，并且支持了行政机关对该案所作的解释。因为第二巡回法院“认定在本案中法律适用的全国统一之利益要超过我们对巡回法院先例的坚持”，因为“该法律条款是可以辩论的”。

□ Chevron原则尚未消除所有的不一致性

Chevron原则减少了对全国性法律的解释存在的不一致性。但是，法官和大法官们对于他们就行政机关所实施的法律作出的解释仍然存在差别。在某些案件中，他们依然愿意以自己对法律的解释取代行政机关对法律的解释。不仅如此，法官和大法官们所作解释的不同，主要反映了每位法官和大法官个人的政治或者意识形态视角的不同。Thomas Miles和Cass Sunstein在2006年所完成的一份研究，记录了法官和大法官们甚至是在促进一致性的Chevron标准的情况下根据其个人确信决定行政法的法律解释的不幸趋势。[③] 两位作者的研究结论相当重要，值得在此进行大段引用：

> 最简单的一点发现是关于最高法院和上诉法院的，Chevron框架的适用很大程度上受 168
> 到了法官自身确信的影响。无论Chevron原则如何表述，数据表明大法官们的意识形态预先立场（predispositions）和他们认定行政机关判断有效的概率之间存在很强的关联。最保守的大法官们投票支持被打上保守标签的行政解释，相比投票支持被贴上自由标签的行政

---

① 79 F. 3d 315 (2d. Cir. 1996).

② 32 F. 3d 11 (2d Cir. 1994).

③ Thomas Miles & Cass Sunstein, “Do Judges Make Regulatory Policy? An Empirical Investigation of Chevron”, 73 *Chicago Law Review* 823 (2006).

解释，其概率要高 30%。相比之下，更为自由的大法官们投票支持被打上自由标签的行政解释，相比投票支持被打上保守标签的行政解释，其概率要高 27%。不仅如此，最高法院中的最保守的大法官们根据 Chevron 框架认定克林顿政府的行政解释有效的概率，相比认定布什父子两任政府行政解释有效的概率要低 19%。如果根据 Chevron 框架作出的司法判决是以粗糙的政治术语加以评估的话，大法官们的投票模型与传统上对根据政治见解对大法官进行的分类是相一致的——这是一个明显的信号，表明 Chevron 框架并不具有其原本被假定具有的规训作用。

同时考虑一个突出的事实：Breyer 大法官是最高法院中对支持扩大解读（strong reading）Chevron 原则提出了最为有力的批评、实践中却给予行政解释尊重程度最高的大法官，而 Scalia 大法官是最高法院中 Chevron 原则最雄辩的狂热支持者，实践中却是给予行政解释尊重程度最低的大法官。

在上诉法院内部，投票模型也表明政治观点对行政机关法律解释的司法审查具有很强的影响。当司法判决是自由的时候，平均来说，民主党任命的法官……认定行政机关法律解释有效的概率要比共和党任命的法官高出大约 14%。但是，当行政机关的决定是保守的，这一模型也刚好相反，平均来说，民主党任命的法官认定行政机关的决定有效的概率要比共和党任命的法官低 19%。

Miles 和 Sunstein 所作的研究具有重要意义。其为他们的研究结论提供了有力的支持，即在涉及行政机关实施的法律解释方面，Chevron 原则并未消除联邦法院法官和大法官们的个人观点对司法判决模型的影响。但是，需要指出的是，Miles 和 Sunstein 所作的研究也符合更为温和的主张，即 Chevron 原则的适用已经弱化了联邦法院法官和大法官们在行政机关对其所实施的法律进行解释的相关政策制定过程中可以发挥的作用。对其他政治性背景下的司法判决的研究也表明，法官和大法官的政治偏好所具有的影响，相比 Miles 和
169 Sunstein 研究司法机关适用 Chevron 原则时所发现的影响要强大得多。①

□ 司法机关对法律的解释会产生不连贯性

在 Chevron 案之前，对于行政机关表现为法律解释的政策决定的司法审查也带来了比相互矛盾更为棘手的问题。来自规模庞大、意识形态各异、分权化的联邦司法体系的决定模式，经常造成阐释行政机关所实施法律的含义时存在缺乏连贯性的问题。②

□ 解释不连贯性

负责实施一部法律的行政机关，通常都必须作出几十项政策决定。此类政策决定多数都是采取了对国会未加界定的法律文本进行阐释的形式。行政机关承担的工作是要选择一种可以推进其法定目标的政策组合。某些政策可以与其他一些政策能够相互协调，但却并不能与所有其他政策相互协调。

经济性规制可以提供很好的例子用于说明解释连贯性的重要意义。一家负责确保价格

---

① 例如，Cass Sunstein，David Schkade and Lisa Ellman，"Ideological Voting on Federal Courts of Appeals：A Preliminary Investigation"，90 *Virginia Law Review* 301（2004）；Richard Revesz，"Environmental Regulation，Ideology，and the D. C. Circuit"，83 *Virginia Law Review* 1717（1997）。

② 对这一概念的详细解释，可以参见 Moglen & Pierce，"Sunstein's New Canons：Choosing the Fictions of Statutory Interpretation"，57 *U. Chi. L. Rev.* 1203，1239-1243（1990）。

“公正合理（just and reasonable）”的行政机关可以选择要么实行平均历史成本定价，要么允许更大的价格灵活度，可以超过平均历史成本但实行一定的最高限价。这两种选择中的任何一种都不是天生就有缺陷的。同一家行政机关可以选择通过下列两种方式中的一种来推进其立法目标，即通过严格限制市场准入，或者鼓励市场进入而只需要接受最低限度的约束，例如，不存在不可接受的环境损害。但是，行政机关不可能通过利用这些政策的所有组合来推进法定目标。例如，价格灵活度和严重的规制性准入壁垒，就是相互无法兼容的政策，会导致灾难性的后果。

在 Chevron 案之前，分权化的联邦司法体系对于行政机关的许多政策决定所进行的审查，会带来不连贯性。假定一家行政机关已经作出了两项政策决定，即采用灵活的定价法和允许宽松的市场准入，而且这些政策决定是由不同的法院来进行审查的。一家法院可能会将“公正合理的”标准解释为允许灵活的定价法，而另一家法院则可能会将同样模糊的“公共便利与需要”标准解释为需要行政机关严格限制市场准入。其结果将是规制政策的 170
组合存在不连贯的问题，严重地削弱行政机关推进其法定目标的能力。

□ Chevron 原则减少不连贯性

在 Chevron 案之后，法院贸然参与不连贯的决策模式，影响行政机关实施其负责执行法律的努力，这种风险已经有所减少。例如，在上面所举的例子中，每家法院都会认定国会没有解决所出现的这一问题，而且，因此行政机关可以在国会所留下的开放的各种政策范围内进行选择。国会对于宽泛的法律用语——例如“公正合理”和“公共便利与需要”——的选择，授权行政机关可以裁量选择灵活的定价法和宽松的市场准入。

§ 3.5　Chevron 原则的范围

联邦法院讨论过与 Chevron 尊重原则适用情形相关的八项重要问题：（1）Chevron 原则是否适用于行政机关以任何形式或者以某种特定的形式对法律所作的解释？（2）当行政机关所采用的法律解释会影响其管辖权时，是否可以适用 Chevron 原则？（3）当行政机关的法律解释具有超越各州法律的效果时，是否可以适用 Chevron 原则？（4）当行政机关对其并不负责执行的法律进行解释，是否可以适用 Chevron 原则？（5）当一部法律是由两家以上的行政机关负责实施的时候，对该法律的解释是否可以适用 Chevron 原则？（6）对于行政机关实施的法律，行政机关采纳了司法机关的解释时，是否可以适用 Chevron 原则？（7）Chevron 原则是否适用于联邦巡回区上诉法院？（8）Chevron 原则是否适用于国内税务局？在本节，我会根据上述列举的顺序逐一对这些范围问题进行讨论。

□ 行政机关采取多种形式解释法律

行政机关通过各种不同的程序和形式解释它们所负责执行的法律。可能的形式包括立法性规则、裁决、解释性规则、政策声明、手册（manuals）、指南（guidelines）、工作人员指引（staff instructions）、意见函（opinion letters）以及诉讼立场（litigating posi-

tions）等。Chevron 案的发生背景就是立法性规则。① 最高法院从那时起就将 Chevron 原
171 则适用于裁决中所宣示的法律解释。② 但是，令人费解的是，第七巡回法院拒绝将 Chevron 原则适用于行政裁决中所宣示的法律解释。③

□ 直到 2000 年之前的不确定性

直到 2000 年，对以所有其他形式宣示的法律解释适用 Chevron 原则的判例法，其特点是不同巡回法院之间普遍存在矛盾，以及最高法院意见也存在不确定性。许多巡回法院的判决意见认为，Chevron 原则只适用于立法性规则或者裁决中宣示的法律解释。④ 也有大约相同数量的判决意见认为，Chevron 原则适用各种不太正式的形式中所宣示的法律解释。⑤ 而最高法院的判决意见则是模糊而不能提供帮助的。⑥

□ Christensen 案表明 Chevron 原则只适用于立法性规则和裁决

自 2000 年以来，最高法院已经作出了超过 12 项判决，试图阐释清楚 Chevron 原则的范围。遗憾的是，从这些判决意见中，我们唯一能够认定的是大法官们对 Chevron 原则范围的观点存在明显差异。

在 Christensen v. Harris County⑦ 案中，最高法院首次尝试阐释清楚 Chevron 原则的范围。五位大法官出具的多数意见指出，Chevron 尊重适用于“正式裁决或者通告评议式
172 的规则制定”。但是，多数意见也指出，“Chevron 尊重”并不适用于“意见函”、“不具有法律强制力的政策声明、行政手册和执法指南”。多数意见指出，对这些类型宣示的解释只适用 Skidmore v. Swift & Co. ⑧ 案中所描述的程度稍弱的尊重。多数意见于是拒绝了行政机关在一封意见函中所宣示的法律解释，理由是行政机关对其法律解释的说明“不具有说服力”。Souter 大法官也参与出具了多数意见，但是他也撰写了一份简单的协同意见，在其中指出，如果行政机关制定一份立法性规则，采纳的是多数意见所否定的法律解释，

---

① 有关立法性规则的讨论，参见本书第 6 章和第 7 章。

② 例如，Aucielo Iron Works v. NLRB，517 U. S. 81（1996）；NLRB v. Town & Country Electric.，516 U. S. 85（1995）；De Bartolo Corp. v. Florida Gulf Coast Building & Construction Trades Council，485 U. S. 568（1988）。

③ 例可参见 Bob Evans Farm v. NLRB，163 F. 3d 1012（7th Cir. 1998）（Chevron 案只适用于某些裁决中所宣示的法律解释）；DiCenso v. Cisneros，96 F. 3d 1004（7th Cir. 1996）（两位法官所提供的多数意见就认为，Chevron 原则并不适用于裁决行为）。

④ 例可参见 Massachusetts v. FDIC，102 F. 3d 615（1st Cir. 1996）；Mission Group Kansas v. Riley，146 F. 3d 775（10th Cir. 1998）；Fristoe v. Thompson，144 F. 3d 627（10th Cir. 1998）；Bankers Life and Casualty Co. v. United States，142 F. 3d 973（7th Cir. 1998）；Southern Ute Indian Tribe v. Amoco Production Co.，119 F. 3d 816（10th Cir. 1997）；Jacks v. Crabtree，114 F. 3d 983（9th Cir. 1997）；Central Midwest Interstate Low-Level Radioactive Waste Commission v. Pena，113 F. 3d 1468（7th Cir. 1997）。

⑤ 例可参见 Harris v. H&W Contracting Co.，102 F. 3d 516（11th Cir. 1996）；Your Home Visiting Nurse Services v. Secretary of Health and Human Services，132 F. 3d 1135（6th Cir. 1997）；National Wildlife Federation v. Browner，127 F. 3d 1126（D. C. Cir. 1997）；Herman v. Nationsbank Trust Co.，126 F. 3d 1354（11th Cir. 1997）；Venegas v. Henman，126 F. 3d 760（5th Cir. 1997）；Appalachian States Low-Level Radioactive Waste Commission v. Pena，126 F. 3d193（3d Cir. 1997）；Appalachian States Low-Level Radioactive Waste Commission v. O'Leary，93 F. 3d 103（3d Cir. 1996）。

⑥ 例可参见 Reno v. Koray，515 U. S. 50（1995）（解释性规则有权得到“一定的尊重”）；Stutson v. United States，516 U. S. 193（1996）（提到 Chevron 尊重是否适合于解释性规则，存在“不确定性”）。

⑦ 529 U. S. 576（2000）.

⑧ 323 U. S. 134（1944），参见 § 6. 4 的讨论。

多数意见并不必然阻止该立法性规则产生合法效力。Souter 大法官的协同意见表明，关于 Chevron 尊重适用于行政机关对其所实施的法律进行的解释，这一司法判决具有潜在的由诉讼结果决定的效应（outcome-determinative effect）。

在 Christensen 案中，对于 Chevron 原则适用范围的问题，九位大法官分成了 5∶3∶1 的三派阵营。五位大法官出具的多数意见清楚地指出，Chevron 原则仅仅适用于正式裁决和立法性规则，而不适用于意见函、解释性规则或者政策声明。多数意见对这一立场的解释是，意见函、解释性规则和政策声明都缺乏法律强制力。这份多数意见对于在非正式裁决中发布的裁决令之地位只字未提。假定在多数意见的立场基础之上，和正式裁决一样，非正式裁决中宣示的法律解释，也应当适用 Chevron 尊重，因为在非正式裁决中发布的裁决令同样“具有法律的强制力”[①]。该案的多数意见引用了本书第三版 § 3.5 的内容来支持其主张，即 Chevron 尊重仅仅适用于裁决和立法性规则中所采用的法律解释。这一节描述并且明确同意 Anthony 教授对于 Chevron 尊重的适用范围的分析。[②] 因此，我们可以公平地认为，即最高法院采纳了 Anthony 教授对这一问题的分析。

Anthony 教授讨论的起点是国会对行政机关的授权。行政机关只拥有国会所授予它的权力。当一项行政机关的政策决定根据 Chevron 原则第二步得到确认时，法院已经允许行政机关宣告一项既约束法院也约束所有公民的政策。我们可以得出这样的公允结论，即任何一家有权颁布立法性规则的行政机关，当行政机关选择通过利用其立法性规则制定权行事时，国会将这一权力授予该行政机关。这一结论来自对立法性规则的定义，即具有法律强制力和法律效力的规则。[③] Anthony 教授接着指出，既然国会并未授权任何一家行政机 173 关通过信函、手册、指南或者简报（briefs）等形式作出约束法院和公民的政策决定，那么对于行政机关以未获国会授权的形式宣示的政策决定，法院也不应通过适用 Chevron 原则第二步来允许其对公民或者法院产生拘束力。对于多数意见的部分内容，即认为 Chevron 尊重只适用于裁决和立法性规则中的决定，Scalia 大法官提出了不同意见。不过讽刺的是，他又赞成该多数意见中的其他部分内容，因为他认定行政解释是“不合理的”，即使它是适合得到 Chevron 尊重。Scalia 大法官认为，Skidmore 尊重是完全被 Chevron 尊重所取代的过时货。他认为，以任何形式，包括意见函、政策声明、解释性规则或者行政机关的简报等形式通过的法律解释，只要其体现了行政机关对于产生争议的事务所作的公平和经过深思熟虑的判断，都适合获得 Chevron 尊重。Scalia 大法官指出只有三种情形不能适用 Chevron 原则：（1）法律规定含义明确；（2）行政机关的主管人员没有作出解释；或者（3）任何这类解释，“在其不能代表专业的行政机关的正式立场的意义上而言”，都不是“权威性”的。

而其他三位大法官的观点更难以确定。判决意见由 Breyer 大法官执笔，Stevens 大法官和 Ginsburg 大法官参与。Breyer 大法官在判决意见中首先指出：“行政机关规定在简报或者信函中的立场，是‘具有权威性’的行政机关的观点，值得受到 Chevron 尊重，就这一点而言，Scalia 大法官可能是对的。”因此，与 Breyer 大法官持相当观点的这三位大法官显然相信，除了正式裁决程序中作出的裁决令和立法性规则之外的行政机关文件，包括行政机关的意见函和简报等，也是适用 Chevron 尊重的。但是，Breyer 大法官接着指出，Chevron 原则在某些情形中是不适用的，“例如当有人怀疑国会是否已经确实想将解释性权力授予行政机关……”他明确提及了 Martin v. Occupational Safety and Health Review

---

① 参见第 8 章。但是，在 United States v. Mead Corp.，121 S. Ct. 2164（2001）案中则又有所不同。

② Robert A. Anthony，“Which Agency Interpretations Should Bind Citizens and Courts”，7 *Yale J. Reg.* 1（1990）.

③ 参见 United States v. Storer Broadcasting Co.，351 U. S. 192（1956），参见 § 6.6 的讨论。

Commission① 案，该案中最高法院拒绝对该委员会给予 Chevron 尊重，理由是最高法院认定国会并未将对《职业安全与健康法》（the Occupational Safety and Health Act）中的模糊规定进行的权威解释中所固有的制定政策决定的权力授予该委员会。在这类情形下，
174 Breyer 大法官认为即使 Chevron 尊重不合适，Skidmore 尊重还是合适的。Breyer 大法官认为 Skidmore 案的特征就在于授权法院“特别注意专业行政机关在体现‘专门经验’的领域表达的观点”。他将 Chevron 案的特征归纳为“为尊重特定行政机关的决定，亦即国会已经授权该行政机关行使作出那些决定的法律权力，提供额外的、单独的法律理由”。最后，Breyer 大法官认为，本来应该适用 Chevron 尊重或者 Skidomore 尊重支持存在争议的行政解释。

□ Chevron 尊重和 Skidmore 尊重之间的区别

正如所有这些大法官所承认的，Chevron 尊重和 Skidmore 尊重无论是在来源还是在强度方面都是存在差别的。Skidmore 案中最高法院简要地描述了当行政机关并未行使国会授予的通过约束法院的法律解释时，行政机关的法律解释所适合的尊重的性质：

> 我们认为……行政首长的……解释……尽管根据他们的职权不会约束法院，确实构成了有经验的机构（a body of experience）和在了解事实基础上所作的判断，法院和诉讼当事人将其作为指导是合乎情理的。这个判断的权重，将会取决于其考虑过程中证明的彻底性、推理的有效性，与前后判断之间的一致性，以及如果缺乏控制力时，所有可以增加说服力的其他因素。②

适用 Chevron 尊重原则而非 Skidmore 尊重原则，是可以决定诉讼结果的（outcome-determinative）。法院先前认为在解释性规则或者政策声明中宣示的行政解释“不具有说服力”而予以拒绝，后来又认为在立法性规则所宣示的相同的行政解释是“合理的”而予以支持，这类情形就可以说明决定适用哪一种形式的尊重原则的重要性。③

□ Mead 案判决意见：Chevron 原则适用于某些非正式裁决

Christensen 案中最高法院没有讨论这样一个重要问题，即 Chevron 尊重是否适用于在解决非正式裁决——这也是最主要类型的联邦行政行为类型——中所宣示的法律解释。在 United States v. Mead Corp. ④ 案中，八位大法官所出具的多数意见认为，在非正式裁
175 决中所宣示的法律解释，部分，但不是全部有权得到 Chevron 尊重。最高法院判定，在海关（the Customs Service）所发布的关税分类裁定书（tariff classification ruling letters）* 无权得到 Chevron 尊重。最高法院宽泛地说明了它的主张：

> 我们认为，当国会一般性地授权行政机关制定具有法律强制力的规则，而行政机关要求得到 Chevron 尊重的法律解释也是在行使该权力的过程中颁布的，则行政机关对于特定

---

* 根据财政部的规定，美国海关有权设定进口关税（import duties and tariffs）。海岸入关口岸可以签发“关税分类裁定书”，规定各批进口货物应适用的关税税率。——译者注

① 499 U. S. 144（1991）.

② 323 U. S. 134，140.

③ 例可参见 Schisler v. Sullivan，3F. 3d 563（2d Cir. 1993）；Satellite Broadcasting & Communications Ass'n v. Oman，17 F. 3d 344（11th Cir. 1994）。本书 § 6.4 对 Skidmore 尊重进行了更详细的讨论。

④ 121 S. Ct. 2164（2001）.

法律条文的实施是符合 Chevron 尊重的条件的。这种权力的授予可以表现为多种形式，如行政机关的实施裁决或者通告评议式规则制定，或者通过国会希望的其他类似表现形式。

最高法院指出，我们适用了 Chevron 尊重的案件中“绝大多数都是审查了通告评议式的规则制定或者正式裁决行为的结果”。最高法院承认：“当不需要这种行政形式，也没有人能够提供这种行政形式的时候，我们已经发现了采取 Chevron 尊重的理由。”但是，最高法院拒绝对分类裁定书给予 Chevron 尊重，理由是：（1）没有证据表明国会希望授权行政机关发布具有法律强制力的关税分类裁定；（2）这种裁定很少说明理由，不影响第三方，也没有先例效果；（3）分散各地的 46 家办公室每年都要发布 1 万—1.5 万件裁定。不过，最高法院认为，这些裁定有权获得 Skidmore 尊重。

Mead 案之后，我们可以知道只有立法性规则和正式裁决总是有权得到 Chevron 尊重，而相对不太正式的宣告，诸如解释性规则和非正式裁决，是否有权得到 Chevron 尊重，则没有定数。相对不太正式的宣告可以得到的尊重程度，似乎取决于司法机关适用明显开放式的一长串符合认定特定类型的行政机关宣告具有法律效力的“相当于国会意图的其他指示”的因素的适用结果。Scalia 大法官撰写了不同意见，其中重复了他在 Christensen 案中的不同意见，指出 Chevron 尊重应当适用于任何行政机关的宣告，包括海关的分类裁定。Scalia 大法官批评 Mead 案多数意见所宣告的标准“非常不精确”，“实际上是开放式 176
(open-ended)”，“完全是松散的”。他预测 Mead 标准会给最高法院和下级法院的判决带来长年的困扰。Lisa Bressman 对数十起 Mead 案件之后的巡回法院判决意见所作的分析，确认了 Scalia 大法官的担忧。Bressman 找到了 Mead 案导致在 Chevron 尊重适用范围上的大量不一致和缺乏明确性的三种不同的方式。[①]

在 Edelman v. Lynchburg College[②] 案中，大法官们对 Chevron 尊重问题的范围产生了分歧。最高法院支持了就业机会平等委员会（EEOC）的一项规则，该规则对《民权法》第七编两条规定进行了解释。[③] 按照 Christensen 和 Mead 原则来看，就业机会平等委员会规则应当享受的尊重程序完全是不清楚的。就业机会平等委员会缺乏发布解释《民权法》的解释性规则的权力，而且该规则发布之初并未经过通告评议程序。

七位大法官出具的多数意见指出，Chevron 尊重“并不必然意味着要求行政机关行使明确的通告评议程序式的规则制定权”。但是，多数意见接着指出，“此处没有解决任何尊重问题的必要”，因为就业机会平等委员会规则中对法律所作解释，是“即使我们从零开始该法律解释，我们也会采纳的意见”。在一条脚注中，多数意见补充指出，如果就业机会平等委员会对法律作出相反的解释，多数意见也会支持就业机会平等委员会，或者是适用 Chevron 尊重，或者是适用 Skidmore 尊重。

两位大法官撰写了协同意见，他们不同意多数意见所青睐的法律解释，但是指出他们会在 Chevron 尊重的意义上认为该解释是“合理的”行政解释从而予以支持。持协同意见的大法官认为，Chevron 原则适用于该规则，理由有二：其一，它是程序性规则，平等就业机会委员会有权发布实施《民权法》的程序性规则。其二，就业机会平等委员会通过采用通告评议程序已经重新发布了这项规则，虽然它最初发布规则时没有采用这一程序。

---

① Lisa Bressman, “How Mead Has Muddles Judicial Review of Agency Action”, 58 *Vanderbilt Law Review* 1443 (2005).

② 122 S. Ct. 1145 (2002).

③ 参见§3.6 的讨论。

□ Barnhart 案中令人混淆的法官附带意见

在 Barnhart v. Walton[①] 案中，最高法院在本来直截了当的判决意见中包含了两段令人混淆的法官附带意见，进一步加剧了何种类型的行政机关的宣告可以有权得到 Chevron 尊重的问题的不确定性。最高法院支持了社会保障局的规则，该规则将“残疾”定义为导
177 致至少无法从事工作达 12 个月的状况。[②] 该规则显然是有权得到 Chevron 尊重的，因为它是经过通告评议程序制定的立法性规则。但是，八位大法官提供的多数意见补充了两段法官附带意见，其中多数意见认为，社会保障局的解释本来就该得到 Chevron 尊重，即使社会保障局只是通过在其发布立法性规则之前所采用的“更为非正式的”手段，如社会保障裁定（Social Security Ruling），指导各州裁决者的手册或者信函等形式。多数意见指出，虽然 Christensen 原则建议只有立法性规则可以享受 Chevron 尊重，但是 Mead 案“否定了这一建议”。多数意见因此推理认为，Chevron 尊重应当适用于行政机关解释，即使行政机关并未在立法性规则中宣告该解释，因为：

法律问题的次要（interstitial）性质、行政机关的相关专业能力，这一问题对于执行法律的重要意义，行政管理的复杂性，以及行政机关对于这一问题已经进行的长期认真研究……

Scalia 大法官撰写了协同意见，其中批评多数意见存在的问题：在判决意见中包含这两段不必要的（gratuitous）判词；没有解释为什么社会保障局之前所采用更为非正式的宣布解释的手段“足够权威”以符合获得 Chevron 尊重的条件；以及试图复活前 Chevron 时代的“无政府主义（anachronism）”和“遗迹”，即法律只存在唯一正确的解释。

最为有趣的案件是 Clackamas Gastroenterology Associates v. Wells[③] 案，但是该案中的两种判决意见引发的争议比它所解决的更多。和大多数规制性的法律一样，《美国残疾人法》（the Americans with Disabilities Act）只适用于超过特定雇员人数的企业。和大多数这类立法一样，《美国残疾人法》并未提供明确的“雇员”定义，从而将对这一术语进行定义的任务留给了一些行政机关和法院。平等就业机会委员会（EEOC）为了确定何时可以构成《美国残疾人法》意义上的雇员采用了六因素标准。平等就业机会委员会是从普通法案例中推导出这一标准的，并且在《合规手册》（Compliance Manual）中宣布了这一标准。第九巡回法院驳回了平等就业机会委员会对于“雇员”的解释，以及根据其他巡回法院所采用的“经济现实”而作出的解释。相反，第九巡回法院采纳的是旨在赋予“《美国残疾人法》宽泛目的”以最大效力而对“雇员”的解释。

七位大法官支持了平等就业机会委员会对于“雇员”的解释，但是，我们难以判断多数意见是否，或者在多大程度上受到了对于行政机关的尊重的影响。多数意见首先指出最
178 高法院高度尊重建立在普通法判例基础上提出的对“雇员”的解释。它接着指出，政府还没有主张平等就业机会委员会的解释有权得到 Chevron 尊重，因为“政策声明、行政机关手册和执法指南”无权获得 Chevron 尊重。多数意见引用了 Christensen 案以支持其说法，但是忽略了 Mead 案中的矛盾的用语和推理。多数意见接着引用了 Skidmore 案，并指出“平等就业机会委员会关注普通法上的控制的基石（touchstone of control）”是有说服力的。持不同意见的大法官们同意多数意见的看法，即“雇员”的定义应当是建立在普通法

① 122 S. Ct. 1265 (2002).

② 参见§3.6 的讨论。

③ 123 S. Ct. 1673 (2003).

的基础之上，但是持不同意见的大法官们认为，第九巡回法院的标准相比平等就业机会委员会提出的标准能够更好地反映普通法的精神。

Clackamas 案中虽然提出但并未能解答的问题包括：最高法院何时可以通过适用结构性的 Christensen 标准而不是开放性的 Mead 标准确定 Chevron 标准的范围？对于“雇员”的解释，如果行政机关是通过通告评议的规则制定程序作出的解释，并在其中对于政策考量相关的决定说明了理由，如果有的话，会有多少大法官支持行政机关对“雇员”作出与普通法上不同的解释？或者，如果普通法是行政机关对“雇员”这一缺乏定义的模糊术语进行解释的唯一合理或者可以允许的“基石”，相同的问题可能或者不可能是什么？最后，考虑到众多对于“雇员”的解释可以援引数以千计的法院已经使用该术语的判例来提供支持，最高法院是否会支持行政机关对“雇员”所作出的多种解释，如果这些解释采用了普通法作为其解释的基石，或者最高法院是否反而会努力通过采纳或者支持仅仅是一种这样的解释而努力促进解释的一致性？

□ Myer 案模糊了 Chevron 尊重和 Skidmore 尊重之间的界限

在 Meyer v. Holley[①] 案中，最高法院继续模糊处理了两种类型的尊重。在判决驳回第九巡回法院对《公平住房法》（the Fair Housing Act）所作之奇怪解释的过程中，最高法院指出巡回法院的解释与住房和城市发展部的解释不一致。最高法院接着指出：“通常我们会尊重负责执行该法律的行政机关对该法律所作出的解释。”最高法院同时引用了 Chevron 案和 Skidmore 案以支持这一一般结论，这两起案件所描述的尊重原则是相互通用的。

□ Kefeller 案阐释了不同尊重原则之间的区别

在 Washington Department of Social Services v. Kefeller[②] 案中，最高法院的判决意见对于三种类型的尊重提供了富有帮助的说明。最高法院推翻了华盛顿州最高法院的判决，该判决对《社会保障法》的一项条款作出了与社会保障局所作解释相反的解释。最高法院 179
一开始就批评了华盛顿州最高法院未能适用行政法的一般原则：

> 州法院的分析不仅没有对［社会保障局］局长（Commissioner）的规定给予尊重，还忽略了有关行政规则制定和解释的法律原则。

最高法院接着提到了社会保障局所制定的，与州法院所采纳的法律解释并不一致的立法性规则、解释性规则和对立法性规则的解释。最高法院在提到社会保障局的立法性规则时，援引了 Chevron 案以支持其主张，即“我们需要尊重”这些规章。它在提到社会保障局的解释性规则时，援引了 Skidmore 案，并指出：“当这些行政解释不属于正式规则制定程序的产物时，它们绝不能值得尊重……”当法院提到社会保障局对其立法性规则的解释时，它援引了 Auer v. Robbins[③] 案以支持其以下观点，即“局长对其制定的规章所作的解释是非常明智的，本来应当给予尊重……”最高法院在 Auer 案中援引和适用了注明的 Seminole Rock 标准。[④]

---

① 123 S. Ct. 824 (2003).

② 123 S. Ct. 1017 (2003).

③ 519 U. S. 452 (1997).

④ 参见§6.11。

□ Cline 案中更多的混乱

在 General Dynamics Land Systems v. Cline① 案中，最高法院进一步加剧了其在 Chevron 原则适用范围上的混乱程度。八位大法官成功地对行政机关所实施的法律的含义进行了辩论，并且回避了 Chevron 原则的适用，尽管对于所有大法官来说，Chevron 原则显然已经得到适用。该案涉及的问题是《反就业年龄歧视法》（the Age Discrimination in Employment Act）是否适用于企业歧视年轻工人而偏爱年老工人的情形。六位大法官的多数意见认为，该法律并不适用于这种歧视。多数意见“发现没有必要区分 Skidmore 尊重和 Chevron 尊重，因为平等就业机会委员会……显然是错误的［将该法解释为可以适用］”。两位大法官“同意最高法院的意见，即我们没有必要讨论 Chevron 尊重是否……适用”，因为“平等就业机会委员会的解释是与对该法律所作的最佳解释相互一致的”。两位大法官认为相对来说，行政机关的解释不是不合理的。在单独提供的不同意见中，Scalia 大法官将行政机关的解释定性为“合理的”，并且指出他“会尊重行政机关的权威结论”。多数意见从未解释为什么多数意见对 Chevron 尊重的可适用性存在质疑，并且该份不同意见解释了为什么 Chevron 尊重显然适用——该行政机关的解释是同时宣布在立法性规则和裁决中的。

□ Alaska 案中更多的混乱

180 在 Alaska Department of Environmental Conversation v. EPA② 案中，大法官们讨论了 Skidmore 尊重在本来应该适用 Chevron 尊重的该案中的适用效力。环境保护局在一项裁决案件中发布了一项命令，其中将《清洁空气法》（the Clean Air Act）解释为授权环境保护局审查州行政机关对于特定技术是否有条件作为最佳可得控制技术作出判断。四位持不同意见的大法官作为对多数意见的补充，认定 Chevron 尊重并不适用，但是接着批评多数意见提供的判决意见是“充斥着 Chevron 尊重式的表述”。这一辩论是建立在错误的前提基础上的。最高法院长期以来认为，Chevron 尊重适用于案件裁决中所采纳的法律解释。因此，一旦环境保护局在裁决命令中采纳了本案讼争的这种解释，该解释需要接受司法审查，最高法院的先例要求最高法院对这一解释适用 Chevron 尊重，即使这一解释最初是在其内部指导性文件中宣布的。

□ Smith 案增加了不一致性

在 Smith v. City of Jackson③ 案中，最高法院又对与其并不一致的 Chevron 原则适用范围的法律理论进行了补充。大法官们分成了 4∶1∶3 三派，判定《反就业年龄歧视法》（the Age Discrimination in Employment Act）支持基于“差别性影响标准”（disparate impact）提出的主张。四位大法官提出的复数意见依据一项解释原则（canon of construction）和一项根据不同法律作出判决的先例，认定该法支持基于“差别性影响标准”提出的主张。复数意见还补充指出，作为一项表面上看来属于事后之见（afterthought），负责

---

① 124 S. Ct. 1236 (2004).

② 124 S. Ct. 983 (2004)，参见 § 11.4 和 § 18.7 的讨论。

③ 125 S. Ct. 1536 (2005).

起草该法律和在最初几年负责解释该法的劳工部，与现在负责实施该法律的平等就业机会委员会，都一致将该法解释为支持这种主张。三位大法官对这部法律的含义存在不同意见。他们主要依据法律文本的牵强（strained）解释和立法史来支持他们对该法律作出相反的解释。三位大法官最后认为，该行政机关从未对相关法律条款作出实际解释，因此并不存在最高法院需要尊重的行政机关的解释。我不理解最高法院的意图，因为该行政机关显然已经在超过 20 年的时间里将该法解释为支持基于“差别性影响标准”提出的主张。只有 Scalia 大法官在单独撰写的协同意见书中以逻辑一贯的方式讨论了 Chevron 尊重的问题。他指出，这部法律是模糊的，负责执行该法律的行政机关采用通告评议的规则制定程序采纳了对该法律的解释，支持承认基于“差别性影响标准”提出的主张。因此，他最后 181
总结道：“这绝对属于对行政解释的尊重的典型案件。”

□ Brand X 案中令人可喜的厘清

在 National Cable & Telecommunication Ass'n v. Brand X Internet Services① 案中，六位大法官的多数意见解决了若干与 Chevron 尊重的适用范围和效力有关的重要问题。但是，大法官们在多份判决意见中进行的不必要的辩论，说明了大法官对于众多问题的观点还存在明显的差异。最高法院所面对的问题是是否需要支持联邦通信委员会在通告评议式的规则制定程序中所作的判断，即宽带有限网络服务不是“电信服务”，相反只是《1934 年电信法》（经 1996 年修订）所规定的——“信息服务”。巡回法院已经推翻了联邦通信委员会对该法律的解释，理由是该解释与一项巡回法院的先例不一致。在推理充分的判决中，多数意见推翻了巡回法院的判决，支持了行政机关的解释。

Brand X 案的多数意见宣布和适用了两项原则。首先，多数意见认为，Chevron 尊重优于（trumps）遵循先例原则，当司法先例只是支持行政机关的解释是合理的，或者宣布法院所青睐的对行政机关实施的法律的解释，在这个过程中法院没有尊重行政机关的解释。由于本案中巡回法院的先例属于第二类，多数意见认为，巡回法院本来应该采用两步骤的 Chevron 标准而非行政机关的先例。多数意见对这一判决提供了精到的解释：

只要之前的法院判决认为，其解释来自对法律中明确术语的解释，因而没有留下行政裁量的空间，法院之前对法律所作的司法解释就优先于本来有权得到 Chevron 尊重的行政解释。这一原则来自 Chevron 原则本身。Chevron 确立了“一项推定，即国会当它在旨在由某一行政机关实施的法律中留下了模糊空间时，理解到这一模糊问题将会首先和主要由行政机关解决，并且希望由行政机关（而不是法院）掌握该模糊性所允许的一定程度的裁量权”。但是，允许司法先例阻止行政机关对模糊的法律进行解释，正如上诉法院所假定它可以的，则会允许法院的解释推翻行政机关的解释。Chevron 原则的前提是它是支持行政机关而非法院填补法律漏洞的。更好的规则是，如果法院在一片空白的基础上对行政解释进行审查，先例中包含的司法解释将需要符合同等要求严格程度的 Chevron 第一步的标准：只有在司法先例认定法律明确地排除了行政机关的解释，从而不存在需要行政机关填 182
补的任何漏洞，才能取代相互冲突的解释。[引用省略]

正如我在下文以一定的详细程度进行解释的，Brand X 案的多数意见的判决和推理是与 Chevron 原则、Chevron 原则的宪法基础、最高法院的判决，以及大多数巡回法院的判

① 125 S. Ct. 2688 (2005).

决相一致的。[①]

其次，Brand X 案多数意见重申了一项原则，即法院必须尊重行政机关对其执行的法律中的模糊条款所作的合理解释，即使行政机关在不同时间所采纳的解释之间是不一致的。正如多数意见所指出的，这正是在 Chevron 案中所遇到的情形：Chevron 案中最高法院支持了环境保护局对“排放源”的解释，尽管环境保护局之前采纳的是不同的解释。Brand X 案多数意见解释了 Chevron 原则和行政机关不一致性之间的关系：

行政机关不一致性不是拒绝分析行政机关基于 Chevron 原则框架所作解释的理由。未作解释的不一致性，最多算是根据《行政程序法》判定该解释是武断和恣意地改变行政机关惯例的理由。[②]

换句话来说，司法机关可以存在未加解释的不一致性为依据，通过适用 Chevron 原则第二步，或者通过适用 State Farm 案所宣布的武断和恣意标准达到相同的效果，以行政机关的解释“不合理”为由而否定行政机关的解释，但是法院必须支持行政机关对于其所执行的法律中模糊用语的本来合理的解释，如果行政机关已经对解释上的变化提供了充分的说明。[③]

在宣布和适用了这些重要的原则之后，Brand X 案多数意见接着认为，“电信服务”这一法定术语足够模糊，以使联邦通信委员会可以作出宽带有线服务不属于电信服务的解释，并且联邦通信委员会为其解释提供了充分的理由作为支持，因此联邦通信委员会的解
183 释是合理的。[④]

Scalia 大法官代表三位大法官撰写了不同意见。不同意见的主要内容是说明其所做出的结论——联邦通信委员会所作解释应当通过适用 Chevron 原则第一步而予以否定，因为该解释与法律所使用的平常文字并不一致。[⑤] 但是，Scalia 大法官也利用其撰写不同意见的机会回顾了与 Breyer 大法官之间就 Chevron 原则适用范围展开的辩论，并批评了多数意见对 Chevron 原则和遵循先例原则之间关系所作的描述。

Scalia 大法官对 Souter 大法官在 Mead 案中发表的判决意见提出了尖锐的批评。他认为这一判决意见“令人混淆”，并且“明显限制了本来有条件享受 Chevron 尊重的行政行为的类型……”他接着认为，Mead 案正好引发了 Brand X 案中多数意见所要试图以其解决遵循先例与 Chevron 原则之间冲突的方法来解决的问题。

Breyer 大法官单独撰写了一份判决意见，在其中，他试图为 Mead 案中法院的判决意见提供辩护，并且表达了与 Scalia 大法官对该案件判决意见效果的定性不同的意见。Breyer 大法官认为，Mead 案并未减少可以受到 Chevron 尊重的行政行为类型。他引用了 Mead 案之前的法院判决意见，将其定性为证明了“正式规则制定程序的存在，对于赋予行政机关对法律的解释以 Chevron 尊重而言既非必要条件也非充分条件”。在 Mead 案之前有数十起案件说明了通告评议式的规则制定程序并非 Chevron 尊重的必要前提条件。最高法院一直对行政机关在正式裁决过程中所采纳的法律解释予以 Chevron 尊重，最高法院也经常对行政机关在诸如非正式裁决中发布的命令和解释性规则等不太正式的文件中所采纳的法律解释予以 Chevron 尊重。但是，Breyer 大法官错误地声称最高法院已经在其所判决的案件中判定或者建议，行政机关采用正式规则制定程序，不足以要求法院适用 Chev-

① Pierce, “Reconciling Chevron and Stare Decisis”, 85 *Geo. L. J.* 2225 (1996).

② 参见 Motor Vehicle Ass'n of United States, Inc. v. State Farm Mut. Automobile Ins. Co., 463 U. S. 29, 46-57, 103 S. Ct. 2856, 77 L. Ed. 2d 443 (1983)。

③ 参见§7.4 和§11.5 的讨论。

④ 参见§3.6、§7.4 和§11.6 的讨论。

⑤ 参见§3.6 的讨论。

ron 尊重。事实上，没有最高法院所作的判决意见可以支持这一说法。Breyer 大法官试图以一项“参看（Cf.）”注解为其观点提供支持，但是他所引用的这一判决意见并不支持他引用这一案件所要支持的观点。

正如我前面所指出的，我基本赞成 Scalia 大法官对于最高法院在 Mead 案中所宣布的令人混淆和没有固定答案的标准提出的批评。但是，在 Brand X 案中，Scalia 大法官在其不同意见中夸大了 Mead 标准的影响，对 Brand X 案中多数意见就因为 Chevron 原则和遵循先例原则之间关系引发的问题所提出的推理充分的解决方案进行了错位的和混乱的批评。 184

Scalia 大法官认为，Mead 案引发了遵循先例原则和 Chevron 原则之间的潜在冲突，这正是 Brand X 案多数意见所解决的。因此，他认为，司法先例和 Chevron 尊重之间的潜在冲突是“[最高法院] 自寻的麻烦”，因为如果联邦法院对于所有行政机关的法律解释都予以 Chevron 尊重，就不会出现这样的冲突。这并不符合实际。正如我曾经详细讨论的，即使联邦法院会对所有 Chevron 案之后发生的行政机关的法律解释给予 Chevron 尊重，联邦法院也需要应对数以百计的可以归入在 Chevron 尊重和司法先例之间存在冲突的四种类型的案件——Chevron 案之前的案件；因为负责的行政机关还没有对这一用语作出任何解释，联邦法院别无选择只能对行政机关所执行的法律中的模糊用语作出自己的解释的案件；联邦法院认为行政机关的解释是合理的而予以支持，但是行政机关后来采纳了另一项不一致的解释的案件；法院在模糊的判决意见中支持行政机关解释的案件，在该判决意见中无法判断法院是尊重了行政机关的解释，还是相反作出了独立的判断，即该法律明确地指向行政机关认为它所具有的含义。[1]

一旦你发现 Scalia 大法官对 Mead 标准的定性存在夸张的性质，你就能够轻易地找到他对 Brand X 案多数意见解决司法先例和 Chevron 尊重之间冲突的方式所提出的批评意见中存在的缺陷。例如，Scalia 大法官认为，Brand X 案多数意见判定法院在面对不一致的司法先例时必须适用 Chevron 尊重标准，除非该司法先例中包含的判决意见是法律明确地排除了的行政机关的解释，否则该判决意见“不只是奇怪的。它很可能是违宪的，[因为它授权行政机关推翻（overrule）法院（的解释）]”。这一批评是建立在对 Chevron 原则的误解基础之上的。当法院认为行政机关的解释是合理的而予以支持时，法院并不是判定该法律只能支持行政机关的解释。因此，行政机关并不是“推翻”法院，如果行政机关后来采纳了一种不一致的解释，而法院同样认为是合理的而予以支持。类似的，如果法院在完全没有必要的情况下对于行政机关所实施的法律作出了自己的解释，因为负责实施该法律的行政机关还没有通过对该条款的解释，法院也没有断定该法律只能支持法院的解释。因此，如果行政机关后来采纳了一项不一致的解释，而支持行政机关后来所作完全相反的解释的判决与司法先例并不一致，行政机关并不是“推翻”法院的解释。即使最高法院采纳 Scalia 大法官所主张的对 Chevron 原则范围的广义理解，法院需要裁决的这类涉及在 Brand X 案多数意见所讨论的 Chevron 原则和遵循先例原则之间关系的争议也会达到数百件之多。Brand X 案多数意见中所描述的这些争议的解决方法，是与《联邦宪法》和 Chevron 案判决意见本身所反映的司法和行政的相互关系完全一致的。 185

□ 最高法院重申了 Chevron 案和 Brand X 案的判决

在 United States v. Eurodif[2] 案中，最高法院以一致意见重申了对 Chevron 案、Smi-

---

① Pierce, *Reconciling Chevron and Stare Decisis*, 85 Geo. L. J. 2225 (1996).

② 129 S. Ct. 878 (2009).

ley 案和 Brand X 案判决的较强形式（strong versions）的解读，很好地说明了所有这三份判决的意义。反倾销立法适用于货物交易，但是不适用于服务交易。一家外国企业认为，它在一家美国企业出售浓缩铀以换取非浓缩铀和现金时，是在向美国企业出售该法豁免的铀浓缩服务。政府之前已经接受了对类似交易的此种定性，并且国际贸易法院和联邦巡回区上诉法院都已经支持了对该法所作的这种解释。但是，在 Eurodif 案中，商务部认定这种类型的交易是货物交易而非服务交易。商务部指出，这些交易涉及物权从买家到卖家的转移，并且外国企业所出售的浓缩铀和美国企业向外国企业提供的同一批铀。商务部认定，对于确定其法定管辖权的目的而言，将这种交易定性为服务交易是它所不愿意接受的法律假设（legal fiction）。国际贸易法院和联邦巡回区上诉法院都推翻了商务部的观点，一部分依据是商务部需要遵守之前的先例判决，在这些先例判决中两家法院都支持了商务部作出的存在不一致的解释；另一部分依据则是该法明确将这类交易归入豁免的服务交易。

最高法院以一致意见推翻了巡回法院的判决。最高法院判定该法在是否可以适用于这类交易的问题上存在模糊性，按照 Chevron 原则，巡回法院需要支持商务部对该法所作出的合理解释。最高法院接着引用了 Smiely 案的判决作为支持，认定法院必须支持行政机关对模糊的法律条款所作的合理解释，即使行政机关之前作出了相反的解释，并且引用了 Brand X 案的判决作为支持，认定法院过去作出的判决支持行政机关对模糊的法律条款所
186 作相反解释，并不能约束行政机关或者法院。行政机关依然可以自由地作出不同的解释，只要新的行政解释是合理的，并且行政机关对为何改变解释作出理由说明。

□ 最高法院在 Beck 案中对法庭之友意见书适用 Chevron 原则

在 Beck v. Pace International Union① 案中，最高法院一致作出的判决中对于行政机关只是在法庭之友意见书（amicus brief）* 中陈述的对法律解释给予了 Chevron 尊重。联邦退休金担保公司（the Pension Benefit Guaranty Corporation）对《雇员退休收入保障法》（ERISA）作出了一项解释，该解释认为退休年金计划的合并不是终止退休年金计划的一种可以允许的方法。最高法院以一致意见判定支持该解释，因为它是“合理的”，并且是“对该法律可以允许的解释”。被告在其法律意见书中主张，退休退休金担保公司的解释无权得到 Chevron 尊重，因为该解释只是在法庭之友意见书中采纳的，但是最高法院以沉默的方式（sub silentio）驳回了这一主张。

□ Coke 案：Chevron 原则适用于通告评议式的规则制定

在 Long Island Care at Home v. Coke② 案中，大法官们一致认为，至少有一种情形中是可以适用 Chevron 原则的：

如果行政规则规定了重要的个人权利和义务，行政机关充分和直接地关注这一问题，行政机关采用了通告评议程序通过一项规则，所制定的规则属于法律上所授予职权的范围

---

* 法院在审理案件的过程中，允许当事人以外的个人或组织利用自己的专门知识，就与案件有关的事实或法律问题进行论证并作出书面论证意见书，即“法庭之友意见书”，向法官提供尚未知悉的证据事实及与法律问题有关的信息，以帮助法院作出公正的裁决。——译者注

① 127 S. Ct. 2310 (2007).

② 127 S. Ct. 2339 (2007).

之内，并且该规则本身是合理的，这时法院通常会推定国会希望法院能够尊重行政机关的判断。

□ Coeur Alaska 案说明了大法官之间持续存在的分歧

在 Coeur Alaska v. Southeast Alaska Conservation Council[1] 案中，大法官们对该案存在的尊重问题所采取的四种不同进路，说明了他们在 Chevron 原则的范围和意义问题上持续存在的分歧。

□ Chevron 原则适用于管辖权问题

从最高法院的判决模式来判断，比较清楚的是，Chevron 原则可以适用于在行政机关采纳了对其所执行法律的管辖权规定的解释的案件。最高法院在许多这类案件中适用了 Chevron 尊重。[2] 但是，最高法院从未确定地认为，Chevron 原则适用于管辖权争议。在 Mississippi Power & Light Co. v. Mississippi[3] 案中，三位持不同意见的大法官主张 Chevron 原则并不适用于管辖权争议；一位大法官则在协同意见中持相反意见；而多数意见则忽略了这一争论，对管辖权争议适用了 Chevron 原则。 187

大多数的巡回法院效仿最高法院，对管辖权争议适用了 Chevron 原则，不过没有明确地提到这一问题。[4] 但是，巡回法院也会偶尔明确地提到这一问题。例如，第七巡回法院的一个合议庭就认为 Chevron 尊重并不适用于行政机关对于确立其管辖范围的法律条文的解释。[5] 这一结论是值得质疑的，理由有二：其一，尽管最高法院还从来没有明确地主张 Chevron 尊重适用于管辖权争议，但是它已经经常对这类争议适用 Chevron 尊重。其二，如果法院希望对管辖权和非管辖权争议进行区分的话，它们势必会经常遭遇棘手的定性问题。任何一位优秀的律师都可以提出似是而非的观点，认为大多数的关于行政机关所执行的法律中的模糊文字相关的争议，都是属于管辖权争议。第七巡回法院在 United Transportation Union 案中提出的观点就证明了这一问题。在断定 Chevron 尊重不适用于管辖权争议之后，巡回法院接着确实将 Chevron 尊重适用于该案所涉及的争议，因为行政机关所解释的法律条文只是对“权力”（authority）的范围，而非“管辖权（jurisdiction）”的范围构成了影响。

在 Northern Steel Supply Co. v. Secretary of Labor[6] 案中，第七巡回法院重申了其怪异的立场，即 Chevron 原则并不适用于管辖权争议。第七巡回法院承认，其他巡回法院不同意这一观点，但是它重申了这一观点，原因是“最高法院还没有对这一问题作出确定的裁决”。

---

① 129 S. Ct. 2458 (2009)，详细讨论参见§3.6。

② 例可参见 Coeur Alaska v. Southeast Alaska Conservation Council，129 S. Ct. 2458 (2009)；United States v. Eurodif，129 S. Ct. 878 (2009)；FDA v. Brown & Williamson Tobacco Corp.，529 U. S. 120 (2000)；United States v. Riverside Bayview Homes，474 U. S. 121 (1985)。

③ 487 U. S. 357 (1988).

④ 例可参见 Cavert Acquisition Co. v. NLRB，83 F. 3d 598 (3d Cir. 1996) （支持对“雇员”的解释）；Alaska v. Babbitt，72 F. 3d 698 (9th Cir. 1995)（支持对“公共土地”的解释）。

⑤ United Transportation Union v. Surface Transportation Board，183 F. 3d 606 (7th Cir. 1999).

⑥ 294 F. 3d 844 (7th Cir. 2002).

□ 联邦行政机关的行为可以优先于州法

最高法院多次判定，联邦行政机关可以优先于（preempt）各州的法律、规则或者普通法原则。① 在 City of New York v. FCC② 案中，最高法院对准据法作了简要的概括：

> 联邦行政机关在国会授权范围内作出的行为，可以优先于各州的规定，因此不能强制执行与联邦法律不相一致的各州和地方的法律。

它接着认为，Chevron 尊重适用于行政机关试图优先于各州法律的立法性规则或者裁
188 决。最高法院在这种情形中经常适用 Chevron 原则。在 Smiley v. Citibank③ 案中，大法官们以一致意见作出的判决意见就提供了很好的例子。货币监理官（the Comptroller of the Currency）在一份立法性规则中将“利息”这一模糊的法律术语解释为包括滞纳金（late-payment fees），从而优先于 49 个州的反高利贷法（usury laws）而适用，最高法院支持了这一立法性规则。

□ Medtronic Ⅰ：一件疑难案件让大法官产生分歧

最高法院经常在这一领域遇到疑难问题，不论优先于州法适用的行政行为应当获得何种程度和类型的尊重。在 Medtronic，Inc. v. Lohr④ 案（Medtronic Ⅰ案）中，面对如何裁决一项疑难的优先适用争议，大法官们分成了 5∶4 两派。最高法院所面对的问题是《1976 年医疗器械修正案》是否优先于一起州普通法侵权诉讼。《1976 年医疗器械修正案》（the Medical Device Amendments of 1976）对《食品、药品和化妆品法》（the Food，Drug，and Cosmetic Act）进行了修订，规定食品药品管理局（the Food and Drug Administration）有权批准与市场上已有的医疗器械“具有实质相当性的”任何新医疗器械。在该侵权诉讼中，原告指控食品药品管理局根据该法批准的一种医疗器械存在缺陷造成了损害。《1976 年医疗器械修正案》明确规定其效力要优先于任何与食品药品管理局规定的“要求”不同或者作出新增规定的州政府的“要求”。大法官们比较容易地达成了一致意见，判定食品药品管理局通过适用“实质相当性”标准作出批准的决定并不优先于州侵权诉讼。通过适用该标准作出批准的决定并不意味着食品药品管理局作出了任何有关医疗器械是安全或者有效的判断，也并不表明食品药品管理局规定适用于医疗器械的“要求”可能会与州普通法提出的“要求”发生冲突。

但是，大法官们对于另一项争点产生了分歧。有的时候，食品药品管理局批准医疗器械时采用的程序是认定可以“合理保证”医疗器械是“安全和有效的”。在这种情况下，食品药品管理局会对医疗器械的标识和用途规定“要求”。还有的时候，医疗器械的上市不需要得到食品药品管理局的预先批准，但是医疗器械需要遵守食品药品管理局规定适用于所有医疗器械的“一般性管理规定”（general controls），或者食品药品管理局规定适用于特定医疗器械的“特殊管理规定”（special controls）。很多时候侵权诉讼要求获得赔偿的理由是与要求食品药品管理局认定医疗器械是安全有效的而作出批准决定、食品药品管

---

① 例可参见 Geier v. American v. Shanklin，529 U. S. 347（2000）；United States v. Locke，529 U. S. 89（2000）；Medtronic，Inc. v. Lohr，518 U. S. 470（1996）；City of New York v. FCC，486 U. S. 57（1988）。

② 486 U. S. 63-64 (1988).

③ 517 U. S. 735 (1996).

④ 518 U. S. 470 (1996).

理局制定的适用于任何获批医疗器械的标识和用途规则、食品药品管理局的“一般性管理规定”或者“特殊管理规定”之间是存在冲突的。下级法院在解决此类争议时已经遭遇了巨大的困难。 189

《1976 年医疗器械修正案》明确规定其适用优先于州或者地方政府制定的“与本章规定适用于医疗器械的任何要求不同或者有新增规定的”任何有关医疗器械安全性或者有效性的要求。《1976 年医疗器械修正案》也规定，如果食品药品管理局确定州或者地方政府的要求要严于食品药品管理局规定的要求，并且州政府作出的要求“是出于地方实际情况的迫切需要”，则允许食品药品管理局发布规则对任何州或者地方政府的要求豁免适用该法的优先适用规定。《1976 年医疗器械修正案》也授权食品药品管理局制定实施该法的立法性规则。

□ 联邦行政规则可以确定优先适用效力的范围

食品药品管理局颁布了大量的规则，在其中描述了它认为在哪些情况下州政府规定的“要求”是或者不是与该局规定的“要求”“有所不同或者增加”。五位大法官出具的多数意见引用了 Chevron 案件中的观点，即“法律中的模糊——国会在法律规定的范围内对于行政机关所作的授权——对行政机关对法律的观点给予实质性权重（substantial weight）提供了‘坚实的基础’”。这份多数意见中提到了《医疗器械修正案》的以下几项特征来支持这一说法：（1）我们难以确定哪项州政府规定的要求与食品药品管理局规定的“要求”“有所不同或者有所增加”；（2）食品药品管理局所规定的要求，就可能成为构成优先适用的启动条件；（3）国会授权食品药品管理局制定规则实施《医疗器械修正案》；（4）国会授权食品药品管理局制定规则，对州政府规定的“要求”豁免食品药品管理局规定的“要求”所具有的优先适用效力；（5）对食品药品管理局来说，最适合由它初步确定自己是否规定了一项“要求”，它所规定的“要求”的性质和范围，以及州政府规定的要求是否与任何食品药品管理局规定的“要求”存在矛盾。

Breyer 大法官撰写了一份协同意见，扩展了多数意见有关尊重问题的讨论。他指出《医疗器械修正案》中的优先适用条款（preemption provision）在范围上是“高度模糊的”，而且其范围还取决于食品药品管理局所设定的“要求”。“因此，对于哪些联邦的要求优先于哪些州的要求，以及它们可以如何做到等来说，国会必然已经试图想让法院在别处寻求帮助。”他认为，就这一方面而言，Chevron 尊重尤其适合于这一情形，不仅仅是因为法律规定的模糊，而因为食品药品管理局对于法院来说拥有许多比较机构优势（comparative institutional advantages）：

> 食品药品管理局全权负责执行《医疗器械修正案》……其责任意味着在了解事实基础之上的行政介入，并且因此除了对州政府规定的要求是否（或者在何种程度上）可能妨碍联邦政府规定的要求有着理解之外，对州政府规定的要求和联邦政府规定的要求可能产生的影响有着特别的理解……食品药品管理局可以将这些理解转化为与其众多规则相配套的 190
> 具体化的优先适用效力意图……除了行使国会明确授予的权力，对州政府规定的要求豁免适用优先适用效力之外，它也可以通过“规定条文（regulations）、序言（preambles）、解释性说明以及评议的回应”等形式对外公布这些意图。

四位大法官所提供的协同意见和不同意见对多数意见对于食品药品管理局规则所给予的尊重程度表达反对。要对这份判断意见进行解释是有些难度的，但是这份判决意见主要讨论了这些规则的一项特征。食品药品管理局的这些规则似乎表明，只有在联邦和州的要求都是“具体的”并且两者发生直接冲突的情况下，联邦的“要求”才优先于州的“要求”。持不同意见的大法官们指出，该法律并未提到“具体性”，因此他们否定了食品药品管理局之规则的这项特征，认为它是“与该法的平常含义不一致的”。

巡回法院通常会对具有优先适用效力的行政行为适用 Chevron 原则。① 第九巡回法院在 Henry 案中对于 Chevron 原则和具有优先适用效力的行政行为之间的关系作了简要的描述：

在国会已经对行政机关授权，行政机关的解释不违反法律，以及行政机关的专业能力对于确定优先适用问题具有重要意义的时候，行政机关对于其规定的优先效应的解释，有权得到尊重。

□ 联邦行政规则可以默示地优先于州法律

在颁布规则的时候，行政机关通常并不明确地涉及优先适用问题。其结果是，法院常常必须确定行政规则是否内在需要优先于一项州的法律规定、规则或者普通法原则。最高法院在 2000 年所作出的两起案件判决，提供了确定联邦规则是否内在地优先于州法律的一个法律框架。

在 United States v. Locke② 案中，最高法院一直重申其之前的判例，认为行政规则可以优先于州的法律。它还对行政规则与优先争议之间的关系提供了有益的解释。在 Exxon Valdez 大灾难* 发生之前，国会和华盛顿州的立法机构都立法授权发布油轮安全性的规制规则。海岸警卫队（the Coast Guard）和华盛顿州海事安全局（the Washington Office of Marine Safety）都发布了多项规则。国际独立油轮船东协会（the International Association of Independent Tanker Owners）和美国联邦政府都主张各种联邦法律和海岸警卫队
191 的规则的效力优先于华盛顿州的规则。最高法院解决了四起这样的纠纷，而将其他案件发回下级法院根据最高法院已经宣布和适用的分析框架来解决纠纷。

□ 领域优先和冲突优先的区别

最高法院将这部联邦法律分为两大部分。它判定调整油轮的“设计、建造、改装（alteration）、维修、保养、操作（operation）、配备设备（equipping）、人员资格（personnel qualification）以及人员配备（manning）”等事项的第 2 编，是属于“领域优先”（field preemption）的例子。国会的原意是只有海岸警卫队可以规制属于第 2 编规定范围内的事项，因此任何州对于该事项进行的规制都是优先适用该联邦法律的规定。但是，最高法院认定，调整油轮的一般适航性及其船员的第一编，则是属于“冲突优先”（conflict preemption）的例子。国会的原意是各州保留其在这一领域实施规制的权力，除非州的规制与联邦规制发生冲突或者联邦行政机关的决定认定那种类型的规制是不合适的。因此，就一项州的规则因为优先适用第 1 编内容而受到质疑时，“相关的调查……是海岸警卫队是否已经自行颁布了有关这一主题的要求，或者已经决定根本就不应该设定这类要求”。海岸警卫队的规则在解决有关第 2 编是否优先于州的规则方面发挥了更为微妙的作用。海岸

---

* 1989 年 3 月 24 日，埃克森公司瓦尔迪兹号（Exxon Valdez）油轮搁浅并泄出 26.7 万桶共 1 100 万加仑的石油，油污进入阿拉斯加威廉王子海峡。——译者注

① 例可参见 Hawkins v. Leslie's Pool Mart，184 F. 3d 244（3d Cir. 1999）；Industrial Truck Ass'n v. Henry，125 F. 3d 1305（9th Cir. 1997）；Brannan v. United Student Aid Funds，94 F. 3d 1260（9th Cir. 1996）。

② 592 U. S. 89（2000），参见§6.5 的讨论。

警卫队的规则有助于进一步阐释清楚第 2 编规定的调整对象，并因而需要遵守领域优先的要求。

在 Sprietsma v. Mercury Marine[1] 案中，尽管最高法院认定海岸警卫队在该案中决定不发布规则以调整州责任规则（state liability rule）所解决的安全风险时，并不优先于州责任规则，但是最高法院再次指出，行政机关可以通过发布与州法存在冲突的规则而优先于州法。

在 Geier v. American Honda Motor Co.[2] 案中，最高法院对于如何解决行政机关的优先争议分成为 5∶4 两派。多数意见认为，在 1987 年适用于消极约束（passive restraints）的国家公路交通安全管理局（the National Highway Traffic Safety Administration）的规则，优先于一起州内针对汽车制造商的侵权诉讼，理由是被告在 1987 年有义务为汽车配备气囊。该规则要求汽车制造商根据规定的时间表安装消极约束装置——气囊或者是汽车座位保险带。法官们在若干重要问题上都有不同意见，但是我们有必要从他们有着一致观点的问题开始描述。

首先，全体大法官断定，法律中的优先适用条款本身并不能优先于任何州内的侵权诉讼理由。明确规定的优先条款只是在州的“安全标准”与联邦标准并不完全一致时才优先适用。当“安全标准”可能容易被解释为包括由侵权法设定的义务时，全体大法官都断定 192
不能对该案所涉及的法律问题作此种解释，理由是该法本身也包括了单独的保留条款（savings clause），可以保留州侵权诉讼。其次，全体大法官也同意，如果不考虑保留条款的存在，国家公路交通安全管理局至少可以发布与州侵权诉讼理由相冲突的规则而在效力上优先于某些州侵权诉讼理由。但是，对于本案中国家公路交通安全管理局的规则是否在效力上优先于州侵权诉讼理由，以及更宽泛地，在哪些情况下，在有法律条文支持保留州的侵权诉讼理由时，有关行政规则的效力优先于州侵权诉讼理由，大法官们存在意见分歧。

□ 行政机关可以确定州侵权理论与联邦法律相冲突

多数意见采取了下列推理过程来支持其结论，即规则优先于侵权诉讼：（1）保留条款并不排除行政机关或者法院以州侵权诉讼理由中寻求设定的义务与联邦行政规则存在“实际冲突”为由，认定联邦行政规则优先于州侵权诉讼理由；（2）有关优先适用的法律规则中的“实际冲突”部分内容包括“不可能”同时遵守这两项义务，以及遵守州的规则会使联邦规则“目的落空”；（3）国家公路交通安全管理局的目的是要借助所包含的消极约束规则，试图包括允许汽车制造商在多种消极约束的选项中选择和允许他们逐步引入消极约束机制；（4）通过州侵权诉讼设定马上在所有小汽车内安装气囊的义务，可能会导致这一目的的落空。

不同意见则采取了如下推理过程：（1）法律中规定的保留条款，使得主张联邦行政规则优先于州侵权诉讼理由的当事人需要承担“特别负担”（special burden）；（2）只有在无法同时遵守联邦行政规则和州侵权法上的义务，或者行政机关在通过通告评议程序制定的立法性规则中明确地优先于州侵权诉讼理由时，才能满足该负担的要求；（3）同时遵守州侵权法上的义务和联邦行政规则是可能的，因为联邦行政规则允许汽车制造商马上在所有

---

① 123 S. Ct. 518（2002），参见§6.6 的讨论。

② 529 U. S. 861（2000）.

汽车上安装气囊；（4）无论是联邦行政规则，还是其评论（commentary），都没有指出该规则优先于任何州的侵权诉讼理由；（5）冲突优先中的“目的落空”部分过于空泛而缺乏定数，以至于可以适用于任何行政规则；（6）州侵权法上的义务无论如何都不会让行政规则的目的落空，因为行政机关的主要目的是要鼓励更广泛地使用气囊。

□ 行政机关必须明确论述优先适用问题吗？

从行政法的角度来看，这场大法官们之间的争论，最有趣也是最重要的部分是讨论联邦制与通过通告评议程序的规则制定之间的关系。持不同意见的大法官详细论证了法院不
193 会愿意认为，联邦行政规则优先于州侵权诉讼理由，除非行政机关明确地在通过通告评议程序制定的规则中优先于州侵权法上的义务，或者确实无法同时遵守联邦行政规则和州侵权法上的义务。多数意见对此进行了足够的思考，即州侵权法上的义务将会使得联邦行政规则的一项或更多的明确规定的目的落空。持不同意见的大法官在以宪法中所反映的价值来引导他们的主张上更胜一筹。他们指出：“与国会不同，行政机关显然并不是为了代表各州的利益而设立的……”然后，他们将通过通告评议程序的规则制定视为“连接各州和联邦行政机关的政治责任空白地带的程序性桥梁”。在持不同意见的大法官们看来，行政机关应当为了“确保各州能够与联邦行政机关……通过通告评议程序……事前（ex ante）就优先适用问题进行对话”而需要在一定的具体程度上表明其优先适用的意图。

但是，持不同意见的大法官们也指出在程序方面存在严重的实际问题。联邦行政机关事前寻找确定每个州的法律就会非常困难，或者普通法原则也会与拟议的行政规则发生冲突，而要区分什么该做，什么不该做，将会使拟议的行政规则之目的落空。就州侵权法而言，考虑到州侵权法动态发展和无法预测的特点，这一任务确实是无法实现的。于是，尽管持不同意见的大法官们所敦促采取的程序在理论上是可行的，多数意见还是很明智地拒绝了这一建议。这一程序是不容易得到切实实施的。

□ Watters 案中的“泥潭”

在 Watters v. Wachovia Bank① 案中，存在严重分歧的大法官们出具了两份判决意见，使得对具有优先于州法效力的规则适用 Chevron 原则的法律问题变得一团糟。最高法院所面对的问题是货币监理官发布的一项规则的有效性，在该规则中，货币监理官声称州对于全国性银行营业分支机构的规制权，类似于州对这些银行本身的规制，为了避免这些营业分支机构承担重复和可能的相互冲突的规制要求负担，联邦的规章应当优先。四家巡回法院都在审理这一问题时适用了 Chevron 原则，认为该规则是对法律的合理解释而予以支持。每家巡回法院都认定，货币监理官对银行分支机构而非银行本身的专属性规制权，法律规定语焉不详。

五位大法官的多数意见认为，该法律本身优先于各州制定的对全国性银行营业分支机
194 构适用的规章，即使该法律对这一问题未作规定。考虑到多数意见解决这一问题的方法，该判决最后指出，“对于规章应当给予的尊重程度是一项学术问题”。多数意见也指出：“我们不必考虑不同意见中所详细论述的赋予行政机关优先性的职权（preemptive authority）可能具有的危险。”通过这种奇怪的路数，多数意见成功地完全回避了该案中这一核

① 127 S. Ct. 1559 (2007).

心争议的解决。

三位持不同意见的大法官提到了 Chevron 问题，但是其讨论的方式如此过于远离先例和现实，以至于本来对未来可以产生惊人的启示（startling future implications）。在详细论证法律本身并未解决这一问题之后，持不同意见的大法官们指出：

在我看来，本案中最为紧迫的问题是国会授予货币监理官的职权在适用于营业分支机构时，是否可以优先于主权州的法律，以及如果是的话，该职权是否在本案中得到了正确的行使。

持不同意见的大法官们接着对于为什么对上述问题给出了否定的答案进行了详细的论证。在论证的过程中，不同意见给出了众多与常识和先例之间存在龃龉的说法。

例如，不同意见认为，最高法院从未对优先于州法的行政规则给予 Chevron 尊重。最高法院接着试图解释它从未按下列三种方式判决的众多案件：（1）行政机关具有明确的优先于州法的职权；（2）行政机关因为所制定的规则与州法存在冲突而认定其规则具有优先效力；（3）最高法院因为行政机关所拥有更多的专业能力而给予尊重，但是持不同意见的大法官认为，最高法院给予行政机关的尊重是程度上低于 Chevron 尊重的、一定程度上未明确的尊重（unspecified respect）。

不同意见也声称，“授权作出或者规制行为的规则与赋予规制豁免权的规则之间存在巨大的明显差异”。正如最高法院在过去所多次承认的，其差别既不是“明显的”，也不是“巨大的”。联邦政府的规制机构经常发现，它们如果不优先于州的规章就无法履行其法定职责。事实上，正如持不同意见的大法官们在脚注 24 中所承认的，最高法院经常性地支持优先于州法的行政机关的规则，其依据是根据行政机关的判断，州规制要求与联邦规制要求存在冲突，施加了重复、繁重和可能相互冲突的要求。

□ Medtronic Ⅱ案：联邦行政机关的行为可以在效力上优于州侵权法

在 Riegel v. Medtronic[①] 案（Medtronic Ⅱ）案中，大法官们一致判定食品药品管理法对《食品、药品和化妆品法》中的优先适用条款所作的解释可以排除州侵权法，如果原告索赔的理由与食品药品管理局批准药品或者其标签要求不一致的，只能获得 Skidmore 尊重，因为这一解释是在法庭之友法律意见书中所采纳的。八名大法官出具的多数意见接着同意了食品药品管理局的解释，但是没有对其赋予任何尊重。多数意见认为，“该法本身已经对讼争的这一问题作出了明确规定”。但是，在这份判决意见的另一部分中，多数方重复了他们在过去的判决意见中所陈述的观点，即最高法院对讼争的这一条款所作的解释时“在一定程度上实质性地了解食品药品管理局制定的规章……”要对上述说法进行调和是有难度的。一名持不同意见的大法官认为，食品药品管理局在其法庭之友法律意见书中所宣布的解释，根据 Skidmore 原则，无权得到任何尊重，因为它不仅与行政机关先前的解释之间存在不一致，而且也与国会的意图之间存在不一致。 195

□ Chevron 原则并不适用于联邦对各州拨款的条件

在 Virginia Department of Education v. Riley[②] 案中，全席审理的第四巡回法院在解释

① 128 S. Ct. 999 (2008).

② 106 F. 3d 559 (4th Cir. *en banc* 1997).

Chevron 原则和联邦对州的拨款条件之间的关系进行了很好的解释。联邦政府对各州取得联邦教育资金设定的条件是必须符合《残疾人教育法》（the Individuals with Disabilities Education Act）的规定。教育部撤回了拨付弗吉尼亚州的教育资金，理由是教育部认定弗吉尼亚州没有遵守教育部对《残疾人教育法》的解释。该案判决的多数意见拒绝在这一情形下对行政机关解释《残疾人教育法》给予 Chevron 尊重，理由是根据可以适用于向各州拨款的联邦条件的宪法原则。最高法院认为，《联邦宪法》第十修正案允许国会对各州获取联邦资金的资格限定条件为州同意放弃部分传统的州权力，但只能是在国会对该条件作了“明确”的规定时。它接着指出，联邦行政机关不能对模糊的法律条文通过一项其效果是要求各州接受联邦法律在州接受拨款时没有“明确”规定条件的新解释。

□ Chevron 原则只适用于行政机关实施的法律

只有在行政机关通过了对它所实施的法律的解释的时候，Chevron 原则才能适用。对于 Chevron 原则的适用范围的限制来源于这一判决的依据；那就是，法院必须尊重行政机关对它所执行的法律中的模糊规定所作的合理解释，因为国会明确或者默示地将解决所有因为这部法律所引起的争议的职责赋予了该行政机关。[1] Chevron 原则并不适用于由司法
196 机关执行的法律。[2] 国会显然并未赋予任何行政机关以解决在实施由司法机关执行的法律过程中引发的政策争议的职责。从这一原则中可以顺理成章地得出许多推论。

在大多数情况下，国会会将一部规制性法律的所有重要职能授予一家行政机关。例如，联邦通信委员会和联邦能源监管委员会都负责根据他们所实施的法律制定规则和进行裁决。在这种普遍的情形下，法院必须对行政机关在立法性规则和纠纷的裁决中所通过的法律解释给予 Chevron 尊重。

在 Gonzales v. Oregon[3] 案中，最高法院对 Chevron 尊重的范围产生了 6∶3 的分歧。司法部长在所发布的一份解释性规则中解释了《受管制物质法》（the Controlled Substance Act）以禁止医生所开处方中包含受规制的药品以协助病人实施自杀。多数意见拒绝对这一解释给予 Chevron 尊重，并推翻了这一规则。持不同意见的大法官则认为应该对该解释给予尊重，并认为它是合理的，应予支持。这些大法官们之间进行的辩论，与司法部长宣布解释的方式并无联系。正如不同意见中所指出的：

> 最高法院并不对司法部长的观点——不存在所指控的程序缺陷，例如在颁布该指令之前没有经过通告评议式规则制定程序，从而使得 Chevron 尊重在这里不能适用——进行争论。

相反，多数意见采用了最高法院长期以来所采用的判决标准来划定 Chevron 尊重的边界。多数意见认定，国会并未赋予司法部长对《受管制物质法》条文进行解释的权力。多数意见认定该法并未规定司法部长可以通过发布规则的方式，全权负责实施和解释该法。多数意见认定，国会只赋予司法部长以解释该法的有限权力，并且“该法律的设计”和“《受管制物质法》的结构”也与国会授权司法部长解释他试图解释的条款的决定之间存在矛盾。持不同意见的大法官则认为，国会已经授权司法部长解释该法的任何条款。多数意

---

① 参见§3.3。

② 例可参见 Contractor's Sand & Gravel v. Federal Mine Safety & Health Review Commission，199 F.3d 1335，1339（D.C.Cir.2000）。

③ 546 U.S.243（2006）.

见确实对司法部长的解释适用了 Skidmore 尊重，但是以没有说服力为由推翻了这一解释。最高法院自己阐释和适用 Christensen 和 Mead 原则的意图，也验证了 Scalia 大法官的担心。

□ Chevron 尊重不适用于只有裁决职责的行政机关

但是，在有些情况下，国会实施法律的职责在两家行政机关中进行分工。一家行政机关有权制定规则，启动裁决程序，而另一家行政机关则只负责纠纷的裁决。这常常被称为 197
“分割执法模式”（split enforcement model）。国会已经对职业场所安全和矿井安全等若干领域采取了这一模式。[①] 在这种情况下，联邦法院认为，国会试图将政策制定权授予规则制定的行政机关，从而当两家行政机关的法律解释相互冲突时，法院对规则制定机关作出的法律解释，而非裁决机关作出的法律解释给予 Chevron 尊重。[②]

最高法院还没有直接地讨论这一问题，但是其对相关问题的推理明显表明它与巡回法院持有相同的观点。因此，在 Martin v. OSHRC[③] 案中，最高法院主张其必须对规则制定机关为了实施法律而颁布的规则中的解释给予 Chevron 尊重，同时提到了规则制定机关相对更高的“政策制定的专业能力”。在 Chevron 案之前的一起案件判决意见中，最高法院指出裁决机关“不是一家政策制定机关，因而无权获得法院的特别尊重”[④]。

□ Chevron 原则并不适用于多家行政机关联合实施的法律

有时候，国会会制定一部法律而由多家行政机关实施。在这种情况下，联邦法院不愿意对任何一家行政机关的法律解释予以 Chevron 尊重，很可能是因为不可能尊重每家行政机关的存在相互冲突可能的法律解释，也不可能得出结论认为国会的目的是给予任何一家行政机关根据该法制定政策决定的权力。[⑤] 而在其他情况下，法律的规定更不明确，这时不同行政机关所通过的法律解释之间就存在发生冲突的可能。哥伦比亚特区巡回法院和第九巡回法院已经主张法院不应尊重一家行政机关对其所实施的法律进行的解释，如果其解释可能会与另一家行政机关对其所实施的法律进行的解释发生冲突。[⑥] 但是，最高法院在
法官附带意见中指出，对 B 行政机关就 A 行政机关所实施的法律所作解释给予尊重也可 198
能是合适的，如果国会是根据 B 行政机关的要求增加该法律规定，并对 A 行政机关的管辖权进行了限制。[⑦]

当国会授权多家行政机关实施一部法律时，行政机关可以联合作出解释，从而有权获

---

① 参见 Johnson，“The Split Enforcement Model：Some Conclusions form the OSHA and MSHA Experiences”，39 *Admin. L. Rev.* 315（1987）。

② 例可参见 Energy West Mining Co. v. MSHRC，40 F. 3d 457（D. C. Cir. 1994）；Elliott Coal Mining Co. v. Director，OWCP，17 F. 3d 616（3d Cir. 1994）；Director，OWCP v. General Dynamics Corp.，982 F. 2d 790（2d Cir. 1992）；United Steelworkers v. Schuylkill Metals Corp. 828 F. 2d 314（5th Cir. 1987）。

③ 499 U. S. 144（1991）.

④ Potomac Electric Power Co. v. Director，OWCP，449 U. S. 268，278 n. 18（1980）.

⑤ 例可参见 Salleh v. Christopher，85 F. 3d 689（D. C. Cir. 1996）；Rapaport v. Department of Treasury，59 F. 3d 212（D. C. Cir. 1995）；1185 Avenue of the Americas Associates v. RTC，22 F. 3d 494（2d Cir. 1994）。

⑥ Association of Civilian Technicians v. FLRA，200 F. 3d 590（9th Cir. 2000）；United Parcel Service v. NLRB，92 F. 3d 1221（D. C. Cir. 1991）.

⑦ Auer v. Robbins，519 U. S. 465，479 n. 14（1997）.

得 Chevron 尊重。因此，五名大法官适用了 Chevron 原则，认定环境保护局和内政部通过订立备忘录形式对它们共同实施的法律条款所作的解释是合理的而予以支持。[①]

□ Chevron 原则不适用于其他行政机关实施的法律

有的时候，一家行政机关所作的法律解释会妨碍另一家行政机关行使其管辖权。在这种情况下，该行政机关的解释无权获得 Chevron 尊重。在 Hoffman Plastic Compounds v. NLRB[②] 案中，大法官们对于 Chevron 原则的适用范围问题形成了 5∶4 的两派。国家劳动关系委员会（NLRB）向作为不公平劳动关系受害者的非法移民支付拖欠工资（back pay）。多数意见承认最高法院长期以来尊重国家劳动关系委员会对救济方式的选择。但是，在本案中，最高法院推翻了国家劳动关系委员会的选择，因为它们认定所选择的救济方式"僭越了不属于国家劳动关系委员会执行范围的联邦法律或者政策"。多数意见认定，国家劳动关系委员会的救济方式是与移民立法相互冲突的，因为那些法律使得救济的受益人无法获得他们没有实施犯罪行为情况下的工作报酬。四位持不同意见的大法官们认为，国家劳动关系委员会成功地证明了其观点，即移民立法并不会使国家劳动关系委员会的救济方式变得违法。持不同意见的大法官指出："负责强制执行移民立法的司法部长，已经告诉我们国家劳动关系委员会所作的决定是正确的。"持不同意见的大法官认为："国家劳动关系委员会的立场，至少是合乎情理的。因此，它也是合法的。Chevron 原则……"因为司法部长只是在法律意见书（brief）中宣布他对于移民立法的解释，四位持不同意见的大法官是在表达这样的观点，即至少法律意见书中的部分解释是有权获得 Chevron 尊重的。

在 Chao v. Mallard Bay Drilling[③] 案中，最高法院裁决了另一项有关 Chevron 原则适用范围的问题。该案中，职业安全和健康管理局（OSHA）认为原告在操作驳船时违反了职业安全和健康管理局的规则从而对其开出罚单。原告主张《职业安全和健康法》§4（b）（1）赋予海岸警卫队对于驳船上作业的工人安全有着专属管辖权。最高法院驳回了这一主张。§4（b）（1）规定：

199 本法不得适用于雇员的工作条件，如果其他联邦行政机关……行使法定权力规定或者强制执行影响职业安全和健康的标准或者规章。

最高法院承认，海岸警卫队如果愿意的话，它对于驳船上的工作条件具有法定的规制权。但是，最高法院认定职业安全和健康管理局仍然具有对这些工作条件进行规制的权力，因为海岸警卫队还没有"行使"根据《职业安全和健康法》（OSH Act）§4（b）（1）的规定对驳船工作条件的规制权。最高法院认定，海岸警卫队只有在它"确定性地对本案讼争的工作条件实施规制……［或者］宣称对［驳船］工作条件具有全面的规制权时"，才能取代职业安全和健康管理局成为驳船工作条件的规制者。

□ Chevron 原则不适用于州行政机关的解释

Chevron 尊重显然不适用于州行政机关对联邦行政机关所实施的法律进行的解释，而

---

① National Ass'n of Home Builders v. Defenders of Wildlife，127 S. Ct. 2518（2007）.

② 122 S. Ct. 1275（2002）.

③ 122 S. Ct. 738（2002）.

且若干法院也是这样判决的。[①] 在 Bellsouth Telecommunications v. Sanford[②] 案中，第四巡回法院判定州委员会对联邦法律的解释，在接受联邦法院审查时有权获得 Skidmore 尊重。

□ Chevron 并不适用于行政机关对法院判决意见的解释

有时一家行政机关通过了对其所实施的法律的解释，而没有独立判断该解释适合于促进该行政机关执行该法律的目的。相反，该行政机关采纳这一法律解释，是因为它将司法判决意见解释为要求行政机关采纳该法律解释。在这种情况下，复审法院并不对行政机关的法律解释给予 Chevron 尊重，因为行政机关并未作出政策决定，而且法院至少在解释司法判决意见方面与行政机关是一样优秀的。[③] 不仅如此，巡回法院也完全可以持与其他巡回法院不同的意见，无论行政机关是否默认该判决。[④]

类似的，对于行政机关认定某部法律只支持一种解释的结论，法院也不给予 Chevron 尊重。在 Arizona v. Thompson[⑤] 案中，哥伦比亚特区巡回法院指出，Chevron 尊重只适用于行政机关行使其自己的判断，而不是行政机关认为法律要求特定结论的确信。[⑥] 200

□ Chevron 原则适用于所有法院

Chevron 尊重所具有的广泛的、基于宪法的理由使得其可以对任何审查行政机关对自己所执行的法律所作解释的法院适用。尽管如此，对于 Chevron 原则，存在两股抵制的力量——联邦巡回区上诉法院（the Federal Circuit）和某些解决税收争议的法院。

□ Chevron 原则适用于联邦巡回区上诉法院

联邦巡回区上诉法院要远比其他巡回法院更不愿意适用 Chevron 尊重。它在这一领域所发表的判决意见也表明，它对 Chevron 原则的基础，以及因此对 Chevron 原则的适用范围存在严重误解。因此，例如，直到 1999 年，在商品符合海关所作的两种分类的任何一种时，联邦巡回区上诉法院一直认为 Chevron 原则并不适用于海关的分类决定。[⑦] 联邦巡回区上诉法院根据调整对海关决定进行司法审查的法律规定中的文字，支持了它的不适用 Chevron 原则的观点。该规定要求国际贸易法院（the Court of International Court）“作出正确的司法审查决定”。这一要求完全符合 Chevron 尊重。最高法院创设 Chevron 原则也

---

① 例可参见 GTE South v. Morrison，199 F. 3d 733（4th Cir. 1999）；Orthopaedic Hospital v. Belshe，103 F. 3d 1491（9th Cir. 1997）。不同观点，参见 Smith v. Babcock，19 F. 3d 257（6th Cir. 1994）。

② 494 F. 3d 439 (4th Cir. 2007).

③ 例可参见 Akins v. FEC，101 F. 3d 771（D. C. Cir. *en banc* 1996）；Blackburn v. Reich，79 F. 3d 1375（4th Cir. 1996）。

④ 参见 Atchison，Topeka & Santa Fe Ry. v. Pena，44 F. 3d 437（7th Cir. *en banc* 1994），*aff'd on other grounds*，516 U. S. 152（1996）。

⑤ 281 F. 3d 248 (D. C. Cir. 2002).

⑥ 另可参见 Secretary of Labor v. National Cement Co.，494 F. 3d 1066 (D. C. Cir. 2007)（“总之，这两项相关的法律术语都存在模糊之处，并且部长将其解释为具有平常含义是错误的。在存在这种模糊性时，‘行政机关有责任不仅仅依据其对法律用语的分析’——‘行政机关利用其经验和技能来考虑所涉及的各种相互冲突的利益’”）。

⑦ 例可参见 Haggar Apparel Co. v. United States，127 F. 3d 1460（Fed. Cir. 1997）；Universal Electronics v. United States，112 F. 3d 481（Fed. Cir. 1997）。

是促进实现若干宪法基本原则的适用。[1] 当法律中有关海关的分类决定的表述模糊时，各项优先性的宪法原则（overriding principles）只能通过适用 Chevron 两步法才能推进。于是，对海关决定进行审查的唯一“正确”决定，就是对该行政机关予以适当的尊重。

在 United States v. Haggar Apparel Co. [2] 案中，最高法院以一致意见判定，海关在一项规章（regulation）中通过了一项解释时，联邦巡回区上诉法院必须对海关对其所实施的法律所作解释给予 Chevron 尊重。联邦巡回区上诉法院已经断定对海关的这些规章不适用尊重，因为这些规章只适用于海关的官员。最高法院没有发现证据表明国会或者行政机关的目的是让该规章具有如此不同寻常之狭窄的目的、范围和效果。联邦巡回区上诉法院也断定 Chevron 尊重是不合适的，因为国际贸易法院根据法律要求在确定海关对货物的适
201 当分类决定时，需要“作出正确的审查决定”。最高法院指出，对行政机关的尊重，并非不符合作出正确决定的要求；相反，这是作出正确决定的一种手段。更宽泛地说，该判决意见传达的信息是，法院必须适用行政法上的一般原则，除非有充分证据表明国会的目的是不采用这些原则。[3]

□ Chevron 原则适用于国内税务局

有些法院判定 Chevron 原则仅仅适用于国内税务局根据立法机关明确授权发布的规则，而不适用于根据行政机关规则制定的一般性权力发布的规则。[4] 但是，在 Tate & Lyle v. Commissioner[5] 案论证充分的判决意见中，第三巡回法院明确拒绝了这一观点，最高法院也在 Atlantic Mutual Insurance Co. v. Commissioner[6] 案中以一致意见对国内税务局的法律解释适用 Chevron 原则。[7]

在 Bankers Life and Casualty Co. v. United States[8] 案中，第七巡回法院的判决意见对 Chevron 原则适用于国内税务局就《国内税收法典》（the Internal Revenue Code）所作解释，进行了迄今为止最为精彩的讨论。第七巡回法院首先指出，国内税务局以四种方式对《国内税收法典》进行了解释：

（1）根据国会所作的具体指示而发布的规定；（2）根据国内税务局解释税收法律的一般性权力发布的规定；（3）税收裁定（revenue rulings）；（4）私人信件裁定（private letter ruling）* 。

---

* 国内税务局发出的私人信件裁定（Private Letter Ruling）是回答纳税人提出的问题的，这些问题通常是与一些将要从事的交易有关。私人信件裁定只适用于质询该裁定的纳税人，并不要求国内税务局在与其他纳税人打交道时坚持相同的立场。如果国内税务局确信，私人信件裁定中述及的交易可能对纳税人有普遍性的重要意义，它可能会公布一项税收裁定。——译者注

① 参见 § 3.3。另可参见 Pierce，“Reconsiling Chevron and Stare Decisis”，85 *Geo. L. J.* 2225（1997）。

② 526 U.S. 380（1999）.

③ 另可参见 Dickinson v. Zurko，527 U.S. 150（1999），参见 § 11.2 的讨论（驳回了联邦巡回区上诉法院的判决，理由是其对一类行政行为拒绝适用实质性证据标准或者武断恣意标准）。

④ 参见 Coverdale，“Court Review of Tax Regulations and Revenue Rulings in the Chevron Era”，64 *Geo. Wash. L. Rev.* 35（1995）一文讨论的案例。

⑤ 87 F.3d 99（3d Cir. 1996）.

⑥ 523 U.S. 382（1998）.

⑦ 另可参见 ABC Rentals of San Antonio v. Commissioner，142 F.3d 1200（10th Cir. 1998）（财政部通过通告评议的规则制定程序所通过的规定就有权得到 Chevron 尊重，但是国内税务局的裁定则不能得到 Chevron 尊重）；Redlark v. Commissioner，141 F.3d 936（9th Cir. 1998）（Chevron 尊重适用于财政部的规定）。

⑧ 142 F.3d 973（7th Cir. 1998）.

第七巡回法院接着讨论了许多相互冲突的巡回法院判决意见，涉及在每一种那些形式（formats）中宣布的法律解释适合于一定程度的尊重。第七巡回法院认为，采用通告评议程序，提供了对不同形式进行区分的最合情理的手段。在此基础上，第七巡回法院认为Chevron尊重适合于根据一般或者具体的权限所发布的规定，但是不适合于税收裁定和私人信件裁定。第七巡回法院在Bankers Life案中所作的区分，与最高法院后来在Christensen v. Harris County案[①]中所作的区分是完全一致的。

□ 可以作为说明的巡回法院的判决意见

各巡回法院也在艰难地将最高法院对Chevron原则适用范围所作的日益混乱的判决适用于各种类型的行政机关的宣告。在FEC v. National Rifle Ass'n[②]案中，哥伦比亚特区巡回法院认为，联邦选举委员会（FEC）提供的近因判断和咨询意见有权获得Chevron尊重，因为它们具有与正式裁决类似的特征。 202

在Matz v. Household International Tax Reduction Investment Plan[③]案中，第七巡回法院认为Chevron尊重不适用于法律意见书、税务裁定（Revenue Ruling），或者手册（Manual）。类似的，在Klinedinst v. Swift Investments[④]案中，法院认为Chevron尊重不适用于手册（Handbook）。这两份法院的判决和推理，都与最高法院后来在Barnhart v. Walton[⑤]案的法官附带意见之间存在不一致。

在Teambank v. McClure[⑥]案中，第八巡回法院认为，货币监理署（the Office of the Controller of the Currency）作出的非正式裁决有权获得Chevron尊重。在Nationsbank v. Variable Annuity Life Insurance Co.[⑦]案中，最高法院指出，无论最高法院关于Chevron原则适用范围的更为晚近的判决所指为何，最高法院明确地判定货币监理署的非正式是有权获得Chevron尊重的。

在Pesquera Mares Australes Ltda v. United States[⑧]案中，法院认为商务部做出的反倾销决定有权得到Chevron尊重。联邦巡回区上诉法院指出，"Mead案中所划出的界限并不十分清晰"。法院认定，商务部的反倾销案件相比海关署的分类决定，更接近于货币监理署的非正式裁决。反倾销案是"相对正式的"，由行政机关的专人受理，是自我执行的（self-executing），并且具有先例效力。

各级法院有时会对适用于行政决定的三种形式的尊重产生混淆。行政机关对于法律的解释可以有权要么获得Chevron尊重，要么获得强度要弱得多的Skdimore尊重。行政机关对于行政规则的解释总是有权获得Seminole Rock尊重——基本上相当于Chevron尊重。[⑨] 在U. S. Freightways Corps. v. Commissioner of Internal Revenue[⑩]案和Navarro

① 529 U. S. 576 (2000). 在本节开头有讨论。
② 254 F. 3d 173 (D. C. Cir. 2001).
③ 265 F. 3d 572 (7th Cir. 2001).
④ 260 F. 3d 1251 (11th Cir. 2001).
⑤ 122 S. Ct. 1265 (2002)，参见本节上文的讨论。
⑥ 279 F. 3d 614 (8th Cir. 2001).
⑦ 513 U. S. 251 (1995).
⑧ 266 F. 3d 1371 (Fed. Cir. 2001).
⑨ 参见§6.11。
⑩ 270 F. 3d 1137 (7th Cir. 2001).

v. Pfizer Corp. [①] 案中，第一巡回法院首先指出它们只适合得到 Skidmore 尊重而非 Chevron 尊重，并驳回了行政机关的解释。但是，这两起案件都是涉及对行政机关自己制定规则的解释，因此其解释应该有权得到 Seminole Rock 尊重，而非程度更弱的 Skidmore 尊重。

在 Sierra Club-Black Hills Grove v. Forest Service[②] 案中，两位法官出具的多数意见
203 认为，当行政机关试图对两部可能存在冲突的法律进行协调时，并不适用 Chevron 尊重。这一判决意见是值得质疑的，因为正如持不同意见的法官所指出的，这两部法律是由同一家行政机关负责执行的，对所提出的同一问题的规定都是模糊的。

在 Independent Petroleum Ass'n v. Dewitt[③] 案中，哥伦比亚特区巡回法院认为，行政机关在立法性规则中所宣布的对法律的解释有权获得 Chevron 尊重，即使该行政机关所采纳的解释是更偏向于它自己的金钱利益。

在 Nation v. Department of Health & Human Services[④] 案中，第九巡回法院的合议庭对于 Chevron 尊重是否可以适用及其适用范围问题产生了分歧。在该案中，卫生和社会服务部部长在拒绝一家印第安人部落的资助申请的信函中，对《印第安人自决和教育援助法》（the Indian Self-Determination and Education Assistance Act）作出了一项解释。多数意见认为，行政机关的解释有权获得 Chevron 尊重，即使：（1）行政机关的解释会与法院本来采用对模糊的法律应作有利于印第安人的解释方法而得出的解释存在冲突；（2）行政机关的解释是在信函而非规则或者正式意见中宣布的；（3）所讼争的法律基本上是由两家行政机关共同执行的。持不同意见的法官在上述第 1 项和第 3 项问题上与多数意见相左。

在 Chao v. Russell P. Le Frois Builder[⑤] 案中，第二巡回法院认为只是在诉讼过程中宣布的意见有权获得 Skidmore 尊重，但是无权获得 Chevron 尊重。

同一项法律解释的问题迄今为止已经引发七项巡回法院的判决。《不动产交割程序法》（the Real Estate Settlement Procedure Act）规定按揭公司（mortgage company）向按揭经纪人（mortgage broker）支付介绍费（referral fee）是违法的。其问题是“超额利率分享机制（yield spread premiums）”，也就是说，按揭公司愿意提供贷款的最低利率和按揭经纪人所协商的利率之间的差额，是否属于违法的介绍费。在 1998 年判决的 Culpepper v. Inland Mortgage Corp. [⑥] 案中，第十一巡回法院认为这属于违法的介绍费。住房和城市发展部后来发布了一项政策声明，指出这一差额并不违法。在 2001 年判决的 Culpepper v. Inland Mortgage Corp. [⑦] 案中，第十一巡回法院重审了其此前的判决意见，并驳回了住房和城市发展部的政策声明已经推翻其判决意见的主张。住房和城市发展部随后再次发布新的政策声明，更明确地拒绝了第十一巡回法院所采纳的对法律的解释。后来，在 Glover v. Standard Federal Bank[⑧] 案中，第八巡回法院不同意第十一巡回法院的意见，而支持了
204 住房和城市发展部的解释。第八巡回法院认定，住房和城市发展部的政策声明还不够正式，所以无权获得 Chevron 尊重，但是它们有权得到 Seminole Rock 尊重，因为它们是对

① 261 F. 3d 90 (1st Cir. 2001).

② 259 F. 3d 1281 (10th Cir. 2001).

③ 279 F. 3d 1036 (D. C. Cir. 2002).

④ 285 F. 3d 864 (9th Cir. 2002).

⑤ 291 F. 3d 219 (2d Cir. 2002).

⑥ 132 F. 3d 692, reh'g denied 144 F. 3d 717 (11th Cir. 1998).

⑦ 253 F. 3d 1327 (11th Cir. 2001).

⑧ 283 F. 3d 953 (8th Cir. 2002).

住房和城市发展部模糊的立法性规则所作的解释。在 Schultz v. Banc One Mortgage Corp. [1] 案中，第九巡回法院意见存在分歧的合议庭支持了住房和城市发展部的解释。多数意见认为，政策声明有权获得 Chevron 尊重，一方面是因为住房和城市发展部的规则将政策声明定义为规则，另一方面是如果不是国会要求住房和城市发展部在 90 日内解决这一问题，住房和城市发展部本来会采用通告评议的规则制定程序采纳这一解释。持不同意见的法官们则认为，没有必要判断行政机关的解释需要得到多大程度的尊重，因为该解释是与国会的明确意图不一致的。后来在 Heimmermann v. First Union Mortgage Corp. [2] 案中，第十一巡回法院推翻了此前的判决，支持了住房和城市发展部的解释。该案中，第十巡回法院将最高法院在 Barnhart v. Walton[3] 案中所作出的干预性的判决（intervening decision）解释为要求法院尊重住房和城市发展部的政策声明。

后来，在 Krzalic v. Republic Title Co. [4] 案中，第七巡回法院不同意第八、第九和第十一巡回法院的判决。多数意见对最高法院有关 Chevron 尊重的令人混淆的判决进行了详细的论证。它接着认定，行政机关的解释即使有权得到 Chevron 尊重也是不被允许的，因为它既与法律的平常用语不一致，也是不合理的。多数意见补充指出，它不相信 Chevron 尊重应当适用于仅仅是一项政策声明。持协同意见的法官和多数意见一样，批评最高法院有关 Chevron 尊重的适用范围相关的令人混淆的判决，并认为，当存在争议的解释问题出现在民事诉讼（civil action）而非行政案件（administrative proceedings）之中时，Chevron 原则应当仅适用于立法性规则中所采纳的解释。

在 Holland v. National Mining Ass'n[5] 案中，哥伦比亚特区巡回法院撰写了一份充满思辨精神的判决意见。该案中，社会保障局对于“报销（reimbursement）”的解释，采取了与《1992 年煤炭行业退休人员健康福利法》（the Coal Industry Retiree Health Benefit Act of 1992）所使用该词相同的解释。第十一巡回法院驳回了社会保障局的解释，要求社会保障局采用不同的解释。社会保障局于是采纳了第十一巡回法院的解释并将其适用于全国范围。又有一位原告后来申请对社会保障局的新解释进行审查。哥伦比亚特区巡回法院认为“报销”一词是模糊的，然后判定既不能支持也不能否定社会保障局的新解释。哥伦比亚特区巡回法院认为，如果社会保障局只是因为迫于第十一巡回法院判决意见的压力而采纳了这一解释，那么哥伦比亚特区巡回法院就不能对该新解释给予 Chevron 尊重。 205
Chevron 尊重只适合于行政机关通过说明理由的决策程序所采纳的解释。法院将该案件发回社会保障局重新处理，以便判断社会保障局是否是自愿采纳第十一巡回法院所作的解释，或者相反继续相信其最初的解释可以产生最佳的结果。对于上述两种方法的任何一种，法院明确指出，只有在行政机关因为该解释而受好评，并且对于为何认为该解释是“合理的”说明了理由时，法院才能够支持该解释。

在 New York, New York LLC v. NLRB[6] 案中，哥伦比亚特区巡回法院撰写了类似的判决意见。国家劳动关系委员会（NLRB）根据最高法院判决意见中的解释而通过了一项法律的解释。哥伦比亚特区巡回法院认定，最高法院判决意见对于存在争议的问题是模糊的，判定 Chevron 尊重并不适用于行政机关对法院判决意见所作的解释。哥伦比亚特区巡

① 292 F. 3d 1004 (9th Cir. 2002).

② 305 F. 3d 1257 (11th Cir. 2002).

③ 535 U. S. 212. (2002).

④ 314 F. 3d 875 (7th Cir. 2002).

⑤ 309 F. 3d 808 (D. C. Cir. 2002)，参见§2.9 和§§13.3-13.5 的讨论。

⑥ 313 F. 3d 585 (D. C. Cir. 2002).

回法院将该案发回国家劳动关系委员会重新处理，以便国家劳动关系委员会能够确定需要基于政策的理由采纳何种解释，并对其就解释所作的选择进行说明。

在 Wells Fargo Bank v. FDIC[1] 案中，对于描述行政机关就一类兼并案件的法律处理意见的信函中所包含的咨询意见，哥伦比亚特区巡回法“怀疑”适用 Chevron 尊重。哥伦比亚特区巡回法院接着通过适用 Skidmore 尊重支持了行政机关的解释。

在 Community Health Center v. Wilson-Coker[2] 案中，第二巡回法院效仿了最高法院的明显示范，模糊了不同类型的尊重之间的界限。第二巡回法院被要求对行政机关就法律所做的解释进行审查，该解释体现在一项规则的序言、该行政机关区域办公室批准州规划的决定，以及法庭之友意见书（*amicus* brief）中。法院支持了行政机关的解释。在讨论了最高法院对于 Chevron 尊重适用范围相关的令人混淆的判决意见之后，法院认定“我们不需要确定我们所给予的尊重的确切分量”，而且“各种可能的尊重标准开始趋同”。

在 Wilderness Society v. Fish & Wildlife Service[3] 案中，第九巡回法院的合议庭多数意见很好地适用了有关 Chevron 适用范围的令人混乱的判例法。该案涉及的问题是，对行政机关签发特别使用许可证（special use permit）的决定中所作出的法律解释，应当给予多大程度的尊重。多数意见判定应当适用 Chevron 尊重，并作了如下解释：

206 依据可以适用于行政决定的尊重程度的确定标准，我们认定 Chevron 尊重标准适用于渔业和野生生物局（Fish & Wildlife Service）许可这一项目的决定。首先，国会已经无可置疑地赋予该局管理 Kenai 荒原（Wilderness）的权力，包括发布允许在该保护区内批准可以相容的用途的（compatible uses）规定。其次，该许可证的签发是在向公众提供了对为该项目所准备的环境评估报告（EA）进行评议的机会之后。再次，许可该项目的决定是与该局制定的《保护区最终规划》（the Final Plan for the Refuge）相一致的，该规则本身无疑应当享受 Chevron 尊重。最终规划可以类比为一项规则；国会明确要求起草该规划，并且该局必须在起草该规划的时候遵循通告评议的规则制定程序。最后，该许可证的颁发是在遵循了《国家环境政策法》（NEPA）程序之后。虽然该许可证不是一项规则，《国家环境政策法》规定了“促进……公正和审议的相对正式的行政程序”。

但是，多数意见接着“两边下注”（hedged its bets），指出它本来就会支持行政机关的解释，即使它认定该行政机关的决定只有权享受 Skidmore 尊重。多数意见的判决意见中对其判定该案讼争的法律规定模糊，行政机关的解释是合理的，并提供了详细的理由论证。持不同意见的法官认为，行政机关的解释与该法律的“清楚的文字规定”不一致。

在 Wilderness Society v. Fish & Wildlife Service[4] 案中，第九巡回法院全席审理后推翻了合议庭的判决，并代之以新的判决意见。该法院在全席审理时采用了另一种推理的路径以支持其推翻行政机关的解释。首先，它的理由是《荒原法》（the Wilderness Act）明确地禁止了具有促进商业利益的目的或者影响的活动，尽管该活动具有多种目的和影响，并且该行政机关的解释（interpretation）可以得到 Chevron 尊重。其次，即使该法律是模糊的，行政机关的建构性解释（construction）也不能得到 Chevron 尊重，因为它“不属于一般来说对于在类似情况下的其他人而言具有法律效力的法律解释”。被推翻的合议庭判决论证要远远优于取代它的全席审理的判决意见。具体而言，在颁发许可证的过程中所采纳的解释显然对于当事人具有法律的效力，并且该解释与在裁决案件的过程中行政机关

---

[1] 310 F. 3d 202 (D. C. Cir. 2002).

[2] 311 F. 3d 132 (2d Cir. 2002).

[3] 316 F. 3d 913 (9th Cir. 2003).

[4] 353 F. 3d 1051 (9th Cir. 2003).

所采纳的解释一样，对于处于类似境地的第三方当事人来说具有相同的影响——行政机关需要或者在以后的案件中适用这一解释，或者对改变其解释作出说明。[①]

在 Collins v. National Transportation Safety Board[②] 案中，哥伦比亚特区巡回法院很好地解决了不同形式之尊重的范围和效力这一特别疑难的问题。海岸警卫队和国家交通安全委员会（NTSB）在裁决相同纠纷的过程中对于《国际海上避碰规则》（the International Regulations for Preventing Collision at Sea）的最重要的一项条款作了相互矛盾的解释。 207
该条规定要求操纵船舶者在存在碰撞威胁时鸣响5声汽笛。海岸警卫队将该条解释为在任何情况下都需要发出警示信号，而国家交通安全委员会则令人费解地将其解释为，控制船舶者并不需要在确定其他船舶没有采取足够措施避免碰撞时发生警示信号。在判断海岸警卫队或者国家交通安全委员会的解释是否需要获得尊重，以及如果应当获得尊重，应当给予何种尊重时，法院讨论了若干复杂的因素。首先，法院认定，该案所讼争的条款是在条约而非法律之中，是无足轻重的，因为法院之前已经确定条约解释应当"遵循调整法律解释相似的指导原则的指导"。其次，法院认定，在海岸警卫队和国家交通安全委员会两者之间，海岸警卫队的解释应当获得尊重，因为海岸警卫队负责实施该条约，而国家交通安全委员会的职责则仅限于审查海岸警卫队实施该条约的情况。法院将其类比为最高法院的一项判决，即劳工部对于职业安全和健康管理局的解释应当获得尊重，而非职业安全和健康审查委员会的解释应当获得尊重。最后，法院提到了最为疑难的背景因素——该条约分别由海岸警卫队、海军（涉及海军船舶）和各州海事委员会（涉及各州发证的领航员（pilot））实施。法院承认其之前的先例认为，当法律由若干行政机关分别负责实施时，Chevron 尊重不适用于任何行政机关对法律的解释。但是，法院也承认，为了实施这部旨在避免海上碰撞的条约，解释上的一致性是特别关键的——船长（vessel master）和领航员需要在可能发生碰撞的情形中知道对方会采取何种措施。法院接着推理指出，"考虑到海岸警卫队在海事安全和确定执行许可和惩戒程序的最高效方式上具有的专业能力"，海岸警卫队对于该条约所作的解释至少应当享有 Skidmore 尊重。它接着支持了海岸警卫队的解释，因为它认定海岸警卫队所提供的理由说明是有说服力的。

在 Butterbaugh v. Department of Justice[③] 案中，联邦巡回区上诉法院的合议庭裁决 Chevron 尊重适用范围的争议时产生了分歧。功绩制保障委员会（the Merit Systems Protection Board）在裁决一起纠纷的过程中采纳了对军人休假（military leave）法律的一项 208
条款的解释。多数意见承认，该条款"很容易得出多种解释"，但是它推翻了行政机关的解释，因为它认定这一解释不能享受 Chevron 尊重，并且该行政机关的理由说明也不具有说服力。多数意见认定，该解释不能享受 Chevron 尊重，理由是它是规定在作为其前身的行政机关"公布或者未公布的……意见中"。多数意见认为，这些意见属于最高法院在 Mead 案中认为无权享受 Chevron 尊重的"政策声明、行政机关手册和执法指南"的例子。持不同意见的法官引用了 Barnhart v. Walton[④] 案以支持其观点，即作为前身的行政机关所发布的众多详细的意见是有权享受 Chevron 尊重的。

在 Mead 案中，最高法院认为，关税分类裁定（customs classification decisions）无权享受 Chevron 尊重。在 Rubie's Costume Company v. United States[⑤] 案中，联邦巡回区上

① 参见§11.5。
② 351 F.3d 1246 (D.C.Cir. 2003).
③ 336 F.3d 1332 (Fed. Cir. 2003).
④ 535 U.S. 212 (2002).
⑤ 337 F.3d 1350 (Fed. Cir. 2003).

诉法院认为，关税分类裁定无权获得 Chevron 尊重，即使这些裁定是经过通告评议程序之后发布的，但是合议庭多数意见通过适用 Skidmore 尊重支持了这一分类裁定。

在 Hospital Corp. of America v. Commissioner① 案中，第六巡回法院同意税务法院的意见，即国内税务局根据财政部长的一般性规则制定权，但是没有经过通告评议程序而发布的临时性规章有权获得 Chevron 尊重，因为该规章“是在财政部经过仔细审议之后集中地作出的（arrived at centrally）”。这一意见从一个方面来说是令人混淆的。法院将该规章称作是解释性的，但是接着指出该规章是“和 Chevron 案中的规章一样都是属于解释性的”。当然，Chevron 案中的规章不是解释性的，而是立法性的。

在 Davis v. EPA② 案中，第九巡回法院认为，环境保护局在拒绝某州提出的豁免适用《清洁空气法》申请的非正式裁决中所发布的决定中所采纳的一项法律解释。第九巡回法院引用了最高法院在 Barnhart v. Walton③ 案中的判词：

> 法律问题的次要（interstitial）性质、行政机关的相关专业能力，该问题对于实施法律的重要意义，实施的复杂性和行政机关在很长一段时间内对该问题所作的仔细审议，这些因素都表明，Chevron 尊重可以为观察本案所讼争的行政解释的合法性问题提供合适的
> 209 法律分析视角。

在 Alfaro v. Commissioner④ 案中，第五巡回法院对一项未经通告评议程序而发布的规则给予了 Chevron 尊重。法院根据 Mead 原则驳回了纳税人的主张，因为在该法院在后来的 Barnhart 案判决意见中所确定的因素更倾向于适用 Chevron 尊重。

在 Sears v. Principi⑤ 案中，联邦巡回区上诉法院认为，退伍军人福利立法中的规定要求退伍军人事务部（VA）向退伍军人发放该案讼争的福利，与向退伍军人事务部所作出的不利于退伍军人的法律解释给予 Chevron 尊重之间存在矛盾。

在 Brownlee v. Dyncorp. ⑥ 案中，联邦巡回区上诉法院认为，《联邦采购规章》（the Federal Acquisition Regulations）“正是最高法院在 Chevron 案及此后案件中已经认为应当给予尊重的这类规章”。

在 Indiana Bell Tel. Co. v. McCarty⑦ 案中，第七巡回法院认为，如果国会明确允许行政机关将其决策权转授权给其内设部门（subdivision），则该行政机关内设部门所采纳的法律解释有权获得 Chevron 尊重。

在 Coke v. Long Island Care at Home⑧ 案中，第二巡回法院拒绝对一项经过通告评议程序发布的法律解释给予 Chevron 尊重，因为该法院错误地将该规则认定为解释性规则而非立法性规则。

在 Olson v. Federal Mine Safety and Health Review Commission⑨ 案中，虽然矿山安全和健康管理局是主要负责该法的实施，但是第十巡回法院仍然对矿山安全和健康审查委员会（MSHRC）就《矿山安全和健康法》所作的解释给予了 Chevron 尊重，因为该管理局没有通过该案讼争的法律条款的解释，并且尊重矿山安全和健康审查委员会的解释有助

---

① 348 F. 3d 136 (6th Cir. 2003).
② 348 F. 3d 772 (9th Cir. 2003).
③ 535 U. S. 212 (2002).
④ 349 F. 3d 225 (5th Cir. 2003).
⑤ 349 F. 3d 1326 (Fed. Cir. 2003).
⑥ 349 F. 3d 1343 (Fed. Cir. 2003).
⑦ 362 F. 3d 378 (7th Cir. 2004).
⑧ 376 F. 3d 118 (2d Cir. 2004)，参见§6.4 的批评。
⑨ 381 F. 3d 1007 (10th Cir. 2005).

于促进解释的一致性。

在 Kruse v. Wells Fargo Home Mortgage[1] 案中，第二巡回法院在确定是否对住房和城市发展部发布的政策声明给予 Chevron 尊重时混合采用了 Chevron 尊重和 Skidmore 尊重。法院依据的因素有四项：国会授予住房和城市发展部制定具有法律效力的规则和政策声明的权力；行政机关在很长一段时间内仔细分析了这一问题；住房和城市发展部具有相关的专业能力；其他巡回法院已经得出了相同的结论。

在 Mylan Laboratories v. Thompson[2] 案中，哥伦比亚特区巡回法院对于在致被规制者的一份信函中所采纳的解释给予了 Chevron 尊重。该法院在作出判决时引用了 Barnhart 210
案中所宣布的多因素标准作为其依据。

在最高法院对 Brand X 案作出判决之前不久，联邦巡回区上诉法院的判决意见很好地预见了该判决，并将其判决框架适用于 Tunik v. Merit Systems Protection Board[3] 案中。5 U. S. C. § 7521 赋予功绩制保障委员会（Merit Systems Protection Board）针对行政法官以下具体的不利决定拥有管辖权："免职、停职、降级、减薪，或者不超过 30 天的无薪假(furlough)"。在 1985 年发布的一份意见中，功绩制保障委员会将 § 7521 解释为适用于各种可能影响其决策独立性的针对行政法官的不利决定，例如将一名行政法官排除在正常的案件轮流分配序列之外。联邦巡回区上诉法院在两份判决中同意了功绩制保障委员会的解释。但是，在 2003 年，功绩制保障委员会推翻了其 1985 年的意见，宣布了对 § 7521 的新解释，该解释将功绩制保障委员会的管辖权限定于 § 7521 中所明确列举的行为。联邦巡回区上诉法院接着需要确定它是否需要适用其先例，并以功绩制保障委员会的新解释与先例不一致而予以推翻。但是，联邦巡回区上诉法院认定其先例使它可以对功绩制保障委员会的新解释自由适用 Chevron 尊重，并在该解释是合理之时判决予以支持。法院指出，它对先例进行解释的任务是艰巨的，因为没有一项先例明确地采纳并适用了 Chevron 的决定框架。但是，法院在其两份判决意见中详细分析了其论证，并认定它不能断定该法律只能支持功绩制委员会在 1985 年所作的解释。相反，法院已经尊重了功绩制保障委员会在 1985 年所作的解释，并且认定该解释是合理，而将该解释采纳为己所用。这使得法院可以自由支持功绩制保障委员会的新解释，只要该新解释是合理的。法院后来以完全独立的理由，即该行政机关不能在裁决案件时发布的决定中修改或者撤销一项立法性规则，推翻了行政机关所作的新解释。[4]

在 Lin v. Department of Justice[5] 案中，第二巡回法院认为，移民法官在获得移民上诉委员会（the Board of Immigration Appeal）简易程序维持的一项意见中所宣布的法律解释不能获得 Chevron 尊重。法院对于这一判决提供了两点有力的理由。其一，二百多名移民法官"缺乏发布约束未来的当事人或者约束移民上诉委员会的决定的司法权"。其二，"当移民上诉委员会简易程序批准了移民法官的决定时，移民上诉委员会所批准的只是在决定中所达成的结果；它并不必然意味着同意该决定的所有推理"。第九巡回法院同意第二巡 211
回法院在 Miranda Alvarado v. Gonzales[6] 案中所作的判决。第九巡回法院指出，它视"行政行为的先例价值是判断 Chevron 尊重是否合适的关键因素"，虽然它只是增加了"可以

① 383 F. 3d 49 (2d Cir. 2004).
② 389 F. 3d 1272 (D. C. Cir. 2004).
③ 407 F. 3d 1326 (Fed. Cir. 2005).
④ 参见 § 6.4、§ 6.6 和 § 7.10 的讨论。
⑤ 416 F. 3d 184 (2d Cir. 2005).
⑥ 441 F. 3d 750 (9th Cir. 2006).

凸显我们结论的移民法官决定的数量而已”。

在 Metrophones v. Global Crossing① 案中，第九巡回法院很好地适用了 Brand X 案的判决框架。法院认为行政机关的解释是合理的，而予以支持，尽管该解释与该法院在 2004 年的一份巡回法院先例所采纳的解释之间存在差异。法院认定，其 2004 年所作判决并不优于 Chevron 尊重，因为它并不认为 2004 年所采纳的解释是对该法律所作唯一言之成理的解释。

在 Alaska Department of Health and Social Services v. Center for Medicare and Medicaid Services② 案中，第九巡回法院认为，Chevron 尊重应当适用于联邦医疗保险和医疗补助服务中心（Centers for Medicare and Medicaid Services）所作否决州行政机关拟议的联邦医疗补助项目的州实施规划之修改草案中采纳的法律解释，因为：

这里，正式行政程序使该州有机会申请复议、陈述其主张、在正式听证上发表意见、获得说明理由的各级审查的决定，并提交这些决定的例外理由（submit exceptions to those decisions）。这些公正和审议的标志显然能够证明国会希望［联邦医疗保险和医疗补助服务中心］主任的最终决定具有法律效力。

在 Southern Utah Wilderness Alliance v. Bureau of Land Management③ 案中，第十巡回法院认为，土地管理局（BLM）对于跨越联邦土地之路权的认定无权获得 Chevron 尊重，因为国会并未赋予土地管理局以作出具有法律效力的这类认定的权力。法院也拒绝对非正式的政策声明和意见信函（opinion letters）给予 Chevron 尊重。

在 Shikles v. Sprint/ United Management Co. ④ 案中，第十巡回法院拒绝对在法庭之友意见书中宣布的法律解释给予尊重。

在 American Bar Ass'n v. FTC⑤ 案中，哥伦比亚特区巡回法院拒绝对联邦贸易委员会（FTC）对“金融机构”一词所作解释予以 Chevron 尊重，尽管联邦贸易委员会是在立法性规则中宣布该项解释的。这项解释规定，如果律师事务所提供金融服务，例如税收规划和纳税申报准备服务（tax preparation services），则该律师事务所属于“金融机构”。法院
212 为了支持其判决所提出的部分论证理由是成立的，但是有一部分则是不能成立的。法院指出，法律中模糊之处的存在，不能证明尊重的合理性，如果该法律中包含众多详细而具体的规定。哥伦比亚特区巡回法院引用了最高法院在 FDA v. Brown & Williamson Tobacco⑥ 案中的判决意见来支持其观点，但是在 Brown & Williamson 案中，最高法院明确指出它会在该案中适用 Chevron 尊重。在 Brown & Williamson 案中，最高法院之所以驳回了食品药品管理局（FDA）的法律解释，是因为它认定该法律解释与其所解释的法律之间存在矛盾。最高法院没有什么判决意见可以支持这一不确定的（dubious）立场，即 Chevron 尊重不适用于行政机关对该法律中模糊条款的解释，因为该法律还有其他许多条款是详细而具体的。事实上，许多法律都会夹杂着详细而具体的条款和广泛而模糊的条款。

在 Cleveland National Air Show v. Department of Transportation⑦ 案中，第六巡回法院认为，Chevron 尊重适用于联邦航空管理局（FAA）的拒绝给予豁免禁飞区的决定。

---

① 423 F. 3d 1056 (9th Cir. 2005).

② 424 F. 3d 931 (9th Cir. 2005).

③ 425 F. 3d 735 (10th Cir. 2005).

④ 426 F. 3d 1304 (10th Cir. 2005).

⑤ 430 F. 3d 457 (D. C. Cir. 2005).

⑥ 529 U. S. 120 (2000).

⑦ 430 F. 3d 757 (6th Cir. 2005).

在 Wachovia Bank v. Watters[1] 案中，第六巡回法院认为，Chevron 尊重适用于行政机关所作出的在法律规定有优先条款的地方优先于州法的决定，并且所要解决的问题是该行政机关是否是在其法律权限之内行事。[2]

在 Boston Edison Co. v. FERC[3] 案中，第一巡回法院认为，行政机关对属于其管辖权范围之内的合同的解释可以适用准 Chevron 尊重。

在 Dominion Energy Brayton Point v. Johnson[4] 案中，第一巡回法院在推理过程中以 Chevron 案和 Brand X 案为依据，推翻了一项长期存在的先例。在 Seacoast Anti-Pollution League v. Costle[5] 案中，第一巡回法院认为一项要求行政机关在启动裁决程序之前举行“听证”的法律解释是模糊的。法院接着宣布了一项推定，即“听证”这一模糊的术语，在用于裁决情境时是指口头举证式听证。在 Dominion 案中，第一巡回法院面对的这项行政规则规定，法律上的“听证”要求可以通过提供书面交换资料和观点的机会而得以满足。第一巡回法院支持了这项规则，并抛弃了在 Seacoast 案中所作出的推定。第一巡回法院认定，综合考 213
虑 Chevron 原则和 Brand X 原则，这一推定是不能成立的，并且行政规则中所宣布的这一相反的解释是对行政机关所执行法律中模糊规定的合理解释，因而需要予以支持。

在 Miranda Alvarado v. Gonzales[6] 案中，第九巡回法院认为，移民上诉委员会（BIA）在裁决程序中所采纳的法律解释有权获得 Chevron 尊重，各移民法官个人所采纳的法律解释，得到 BIA 支持，但是没有提供意见或者没有先例效力的，则不能获得 Chevron 尊重。

在 In re UAL Corp.（Pilots Pension Plan Termination）[7] 案中，第七巡回法院认为，虽然联邦退休金担保公司在规则或者裁决中所采纳的法律解释有权获得 Chevron 尊重，但是联邦退休金担保公司在诉讼过程中希望法庭采纳的解释则无权获得 Chevron 尊重。

在 American Federation of Government Employees v. Nicholson[8] 案和 AFGE，Local 2152 v. Principi[9] 案中，哥伦比亚特区巡回法院和第九巡回法院产生了分歧。相关的法律条款授权退伍军人事务部（VA）“判断”一项问题是否属于与医疗业者（healthcare workers）的集体协商协议的范围。哥伦比亚特区巡回法院认为，退伍军人事务部对于一份集体协商协议的解释，当它是在作出这一判断的过程中作出的时候，可以享受 Chevron 尊重。第九巡回法院则认为，这种解释只能和在意见信函（opinion letter）中所表达的解释一样有权获得 Skidmore 尊重。哥伦比亚特区巡回法院的主张更为合理。该案所讼争的退伍军人事务部的行为是解决裁决类争议的决定而非单纯的意见信函。

在 Northwest Ecosystem Alliance v. Fish & Wildlife Service[10] 案中，第九巡回法院认为，一份根据《濒危物种法》（the Endangered Species Act）的独特种群分区（distinct population segment）政策中所采纳的法律解释应当有权获得 Chevron 尊重，因为通过独

---

[1] 431 F. 3d 556 (6th Cir. 2005).

[2] 另可参见 National City Bank of Indiana v. Turnbaugh, 463 F. 3d 325 (4th Cir. 2006); Wachovia Bank v. Burke, 414 F. 3d 305 (2d Cir. 2005)。不同意见参见本节上文讨论的 Watters v. Wachovia Bank, 127 S. Ct. 1559 (2007)（同意巡回法院的意见，但是没有适用 Chevron 尊重）。

[3] 441 F. 3d 10 (1st Cir. 2006).

[4] 443 F. 3d 12 (1st Cir. 2006).

[5] 572 F. 2d 872 (1st Cir. 1978).

[6] 449 F. 3d 915 (9th Cir. 2006).

[7] 468 F. 3d 444 (7th Cir. 2006).

[8] 475 F. 3d 341 (D. C. Cir. 2007).

[9] 464 F. 3d 1049 (9th Cir. 2006).

[10] 475 F. 3d 1136 (9th Cir. 2007).

特种群分区政策的程序与通告评议式规则制定程序是难以区分的，并且独特种群分区政策具有法律约束力。

在 Swallows Holding v. Commissioner of Internal Revenue[①] 案中，第三巡回法院认为，当行政机关采用通告评议程序发布解释性规则时，则该解释性规则中所宣布的法律解释有权获得 Chevron 尊重。

在 Old Dominion Electricity Coop. v. FERC[②] 案中，哥伦比亚特区巡回法院认为，行政机关对其所批准的电价所作的解释有权获得“类似 Chevron”的尊重。

§ 3.6 最高法院对 Chevron 原则的适用

□ 本节的框架

本节的讨论按照下列四个步骤进行：（1）为了提供适用 Chevron 原则的框架和建立
214 Chevron 原则与其他行政法原则之间的联系，对 Chevron 两步法进行讨论和分析；（2）描述和解释最高法院和各个巡回法院在适用 Chevron 原则时采取的各种不同的一般方法进行描述和解释；（3）Chevron 尊重与“传统的法律解释工具”的司法适用之间的冲突进行详细讨论；（4）提出调和明显的冲突的方法。在本节的通篇讨论中，我将用司法判决意见来说明法院在适用 Chevron 原则是采取哪些方式。但是，重要的是要承认，判例法的体系过于庞大，以至于难以同时进行全面、完全准确和容易处理的（tractable）讨论。最高法院适用了 Chevron 原则的判例远远超过百起，而各个巡回法院自 1984 年以来也已经在数以千计的案件中适用了 Chevron 原则。

□ Chevron 第一步和第二步

任何剖析 Chevron 原则的尝试都必须以最高法院对 Chevron 两步法的描述作为起点，它是法院在适用 Chevron 原则时必须采用的：

> 当法院审查行政机关对其所实施的法律所作的解释时，法院面对的是两个问题。第一个问题，总是国会是否已经刚好直接提到发生争议的这个问题。如果国会的意图非常清楚，那么问题就到此结束；和行政机关一样，法院必须遵守国会明确表达的意愿。但是，如果法院确定国会并未直接提到发生争议的这个问题，法院并不能正如在缺乏行政解释的时候所需要的那样，简单地直接适用它自己对法律的解释。相反，如果法律对这一具体问题保持沉默或者规定模糊，对于法院来说，问题就是行政机关的答案是否基于对法律的可以接受的解释。[③]

□ Chevron 第一步主要关注模糊性

法院适用 Chevron 第一步时的任务就是确定行政机关所执行的法律相关用语是否存在

---

① 515 F. 3d 162 (3d Cir. 2008).

② 518 F. 3d 43 (D. C. Cir. 2008).

③ Id. at 842-843.

存在模糊之处。更确切地说，法院的工作就是要确定法律中相关问题模糊的范围是否宽泛到足以包括行政机关的解释。所有法律用语都包含着一定程度的模糊性。对于法院来说，其问题就是行政机关对法律用语的解释是否是在相关法律用语可以合理具有的含义范围之内。

法律用语可以具有足够的模糊性，以至于对其进行多种行政解释而不是案件中特定的这种行政解释。INS v. Cardoza-Fonseca[1] 案可以很好地说明这一重要问题。大法官们将该案作为对 Chevron 原则含义的其他方面进行辩论的手段（vehicle）。我会在本节的后文中 215
讨论这一重要的辩论。但是，九位大法官一致认为，尽管法律用语是模糊的，但它并不支持该案中的行政解释。

直到 1980 年，只有在"如果遭受迫害的可能性大于免于迫害的可能性"时，外国人才有权寻求庇护（asylum）。在 1980 年，国会修改了法律，允许外国人如果"有充分理由担心遭受迫害"也可以得到庇护。移民归化局（INS）的结论是第二个短语的含义与第一个短语一样。最高法院承担这一短语可以支持许多种解释，但是它认为自己不能支持移民归化局所作出的这种解释。第一个短语建立了一个完全客观的标准，只能通过证明在迫害的可能性要比不受到迫害的可能性更大的时候才能满足要求。第二个短语所建立的标准则是混合了主观和客观的要素。这一标准，在外国人不能满足第一个短语所建立的标准的情况下，在某些时候显然也能得到满足。于是，举例来说，外国人可以面对少于 50%的受到迫害的风险，但是仍然面对着受到迫害的可能性如此之大，以至于他"有着充分的理由担心受到迫害"。即使我掉下悬崖的概率只有 30%，我仍然可以说"有着充分的理由担心"摔下悬崖。不仅如此，如果新的标准与过去的标准有着同样的含义，国会在法律中增加第二项标准，所增加的困难就完全没有意义。

Cardoza-Fonseca 案属于典型的 Chevron 第一步推翻（reversal）。最高法院认定国会已经"直接提到了案件中的这一问题"。国会已经"明确表达了它的意图"，即建立区别于原有标准的申请庇护的第二项标准。最高法院的决定也可以被概括为 Chevron 第二步推翻——行政机关的解释不是"可以接受的法律解释"。有的时候，各个巡回法院会将类似的判决概括为第二步推翻。[2] 但是，如果是建立在法院的结论——国会通过增加不能吸纳行政解释的文字，特别地拒绝了行政解释——的基础上，将任何驳回看作是第一步推翻，就会具有更大的意义。

□ 确定模糊性

在确定法律用语的模糊程度足以支持一种行政解释时，法院通常采用两种方法。首先，它常常借助字典来确定一个文字所可能拥有的语义范围。于是，举例来说，因为包含在一些经典字典对"要求"所下的定义，最高法院认为，"要求"可以意味着"有用的或者合适的"，以及"不可或缺的或必需的"[3]。 216

采用这一方法来确定法律用语的模糊范围，有着许多优点。字典的作者往往是对这一用语的语义非常精通的专家。而且，我们都可以查阅字典，所以它们提供一个简单、可以预测的方法，让各个政府机构——国会、行政机关和法院——可以相互沟通，与被规制者

---

[1] 480 U. S. 421 (1987).

[2] 例可参见 Conlon v. Department of Labor, 76 F. 3d 271 (9th Cir. 1996)。

[3] National R. Passenger Corp. v. Boston & Maine Corp., 503 U. S. 407, 418 (1992).

进行沟通，也可以与行政机关所实施之法律的受益者之间进行沟通。[1]

不幸的是，最高法院有时会拒绝采用这一确定文字含义范围的常识性的方法。于是，举例来说，最高法院就推翻了行政机关对于“修改”（modified）的解释，即使该解释属于八部常用字典所作的定义。[2]

其次，最高法院常常采用已有的司法机关对于法律用语的解释作为确定法律用语可以包含的语义范围的证据。于是，举例来说，在 Smiley v. Citibank[3] 案中，最高法院以一致意见采用了如下推理作为依据认定“利息”可以包含滞纳金：

根据加利福尼亚州最高法院的判决意见的两点分歧意见……根据新泽西州最高法院的判决意见，它们之间产生的冲突，促使我们受理本案，我们将难以真正地声称“利息”一词……对于本案中的这一点而言是明确的。

这种确定法律用语之语义的可接受范围的方法，也具有很大意义。如果法院已经将法律术语解释为具有特定的含义，则该含义很可能是落在该术语可能具有的语义范围之内的。不幸的是，最高法院有时也拒绝确定法律中模糊问题的这种常识性方法。于是，例如，在 Sutton v. United Air Lines[4] 案中，七位大法官出具的多数意见推翻了行政机关对“残疾”的解释，即使有九家巡回法院已经同意了这种解释。

□ Chevron 第二步主要关注合理性

Chevron 第二步则问的是另一项不同的问题：

但是，如果法院确定国会还没有解决本案所讼争的问题，最高法院不能像在缺乏行政解释的情况下所必需的那样，直接适用自己对该法律的解释。相反，如果法律对于该具体
217 问题保持沉默或者规定模糊，法院所面对的问题就是行政机关的答案是否基于对法律所作的可以接受的解释。

于是，法院在适用 Chevron 第二步时的任务就是确定行政机关的解释是否“可以接受”（permissible）。这意味着什么？它不可能仅指一项司法结论，即行政解释是落在法律用语可以在抽象的语言学层面上可以支持的语义范围之内的。如果是这么解释的话，则第二步将与第一步具有相同的含义。

Chevron 第二步的含义，如果阅读法院判决全文的话是非常显而易见的。在另外一段重要的论述中，最高法院对第二步作了如下表述：

一旦法院认定……国会确实并未对许可项目适用“污染泡”（bubble）概念的意图，国会所面对的问题是……行政官员认为在特定的项目情况下是合适的，对于国会来说是否合理。[5]

在这一段中，最高法院特别提醒读者，对于模糊的法律用语，行政机关在若干种符合情理的解释中进行选择，这属于政策决定，只要是“合理的”，这样的政策决定就必须得到支持。

---

[1] 参见 Schauer，“Statutory Construction and the Coordinating Function of Plain Meaning”，1991 *Sup. Ct. Rev.* 231。

[2] MCI Telecommunications Corp. v. AT&T Corp.，512 U. S. 218，227（1994）. 另可参见 Mississippi Poultry Ass'n v. Madigan，31 F. 3d 293（5th Cir. 1994）（推翻了行政机关对于“相同”[same] 即“至少相当于”的解释，即使这一解释采用了七部有名的字典中对“相同”所作的解释）。

[3] 517 U. S. 735（1996）.

[4] 527 U. S. 471（1999）.

[5] 467 U. S. at 845.

□ Chevron 第二步是 State Farm 原则

在 Chevron 案判决的前一年，最高法院宣布了确定行政机关的政策决定属于“合理”而非“武断恣意”的标准。在 Motor Vehicle Manufacturers Ass'n v. State Farm Mutual Automobile Insurance Co.[1] 案中，最高法院认为，只有在行政机关通过“说明理由的决定”程序后作出决定时，该行政机关的政策决定才是“合理的”，而非“武断恣意的”。最高法院在描述该程序时，提到了行政决定程序中存在的各种类型的疏漏和缺陷，以此为理由判定该决定程序以及最终决定“不合理”：

通常来说，如果行政机关已经依赖国会不曾准备考虑的因素，完全没有考虑该问题的重要方面，为与行政机关所收集的证据相反的决定所提供的解释，或者是如此不合情理，以至于无法仅仅归结为观点或者行政专长的结果不同，那么行政机关（政策决定）将属于武断和恣意的。[2] 218

Chevron 第二步显然就是 State Farm 案所体现的原则。最高法院从未明确作出过此种判决，但是它已经在许多判例中以这样的方式适用了 Chevron 第二步。在 Animal Legal Defense Fund v. Glickman[3] 案中，哥伦比亚特区巡回法院赞同并引用了本书第三版 1998 年增补本中的一段话：

Chevron 第二步与 State Farm 原则之间是完全重叠的……采用了在 Chevron 第二步意义上的对法律所作“不合理”解释的规则，就是在 State Farm 案的意义上来说属于“武断恣意的”。

因此，在适用 Chevron 第二步的时候，法院的任务就是要确定：（1）行政机关是否充分讨论了符合情理的各种不同解释；（2）行政机关是否充分地讨论了法律解释与立法目标之间的关系；（3）行政机关是否充分讨论了法律解释和法律的框架结构，包括在该法中相关用语出现的背景；（4）就该法律解释所涉及的事实性断言（predicates），行政机关是否充分讨论了法律解释与可以取得的数据。

许多巡回法院的判决意见反映了适用 Chevron 第二步和 State Farm 原则的实用主义进路。National Mining Ass'n v. EPA[4] 案的判决意见可以充分说明了这一普遍的做法。哥伦比亚特区巡回法院对一份采纳了对法律术语——“主要［污染］源”分为三部分的定义的规则。法院认为该定义中的两个部分是合理的，而第三个部分则是不合理的。当法院断定法律解释中的两部分内容是合理的，它说行政机关“合理地对这一术语进行了定义”，也就是说，它采取了 State Farm 原则要求说明理由的决定程序。相反，当它断定法律解释的第三部分是不合理的时候，法院所采用的文字表明它的结论是建立在行政机关没有能够采取说明理由的决定程序：“如果这一行政部门……是否确保那些控制手段有效时所必需的……环境保护局当然没有做到那样，没有指出其考虑因素能够支持其认为该法律解释是合理的主张。”

在 Detroit/Wayne County Port Authority v. ICC[5] 案中，判决意见也合并了 Chevron 第二步和 State Farm 原则，简化了决定程序。哥伦比亚特区巡回法院支持了行政机关对

---

① 463 U. S. 29 (1983)，参见§7.4 的讨论。
② 463 U. S. at 43.
③ 204 F. 3d 229，234 (D. C. Cir. 2000).
④ 59 F. 3d 1351 (D. C. Cir. 1995).
⑤ 59 F. 3d 1314 (D. C. Cir. 1995).

219 “延长”（extension）和“增加”（addition）等法律术语的解释，即排除了铁路线重新规划线路，因为行政机关提供了一份“说明理由的分析”来支持其解释。

其他许多判决意见也表明了同样简单、实用主义的进路。在 Cincinnati Bell Telephone Co. v. FCC[①] 案中，第六巡回法院拒绝了行政机关在一项规则中所包含的解释，因为“在记录中并不存在对于该规则的支持证据”，而且该解释是“武断的决定程序的产物”。类似的，在 Consumer Federation of America v. Department of Health & Human Services[②] 案中，哥伦比亚特区巡回法院认为行政机关的能力测试规则（proficiency testing rules）违反了法律规定的“在可行的范围内，根据正常的工作条件下开展”的要求，因为行政机关并未充分解释它规定的试用期工资（testing rate）为何不足最高计日工资（work rate）的一半。相反，在 Environment Defense Fund v. EPA[③] 案中，哥伦比亚特区巡回法院支持了大量对模糊的法律用语的行政解释，因为它认定行政机关已经对他们为何选择了被诉的法律解释作出了充分解释。

在 Republican National Committee v. FEC[④] 案中，多数意见显示，哥伦比亚特区巡回法院试图区分 Chevron 第二步意义上的合理性与 State Farm 原则意义上的合理性，结果导致了不必要的混淆。法院提到了该规则所吸纳的两项法律解释的合理性问题，认定其中一项法律解释是合理的，而另一项则是不合理的。法院首先适用了 Chevron 第二步，将这一任务描述为追问“委员会的解释……在法律用语、立法史和政策等方面是否是合理的”。法院接着又适用了 State Farm 原则，将这一任务描述为“确定委员会的新规定是否是建立在说明理由的分析基础之上的”。它试图对这两项任务进行区分：“根据 Chevron 原则可以接受的法律解释，在 State Farm 原则看来并不一定是合理的。”对这两者之间存在的假定的（putative）区别，法院认为：“我们可以确定，尽管法律没有禁止，但是本案中的行政行为是武断和恣意的，因为行政机关还没有考虑相关因素，或者没有清楚说明任何它所作选择的理由。”

该判决意见所描述的分析路径造成了不必要的混淆。如果法院“确定任何行政行为是‘为法律所禁止’”，它可以通过适用 Chevron 第一步来推翻。如果法院确定某项行政行为没有为法律所禁止，法院则可以考虑该解释“根据法律规定的各项政策来看是否具有合理性”。这就是 Chevron 第二步。但是，法院需要在提到这一问题时所拥有的唯一依据是行
220 政机关对采纳这一受争议的解释的说明。因此，在讨论合理性问题时，法院有必要考察行政机关为了支持其解释所提供的理由是否充分。那就是 State Farm 原则。在适用中，这两项原则是难以进行区分的。将 Chevron 第二步和 State Farm 原则作为对模糊法律用语所作之解释的有效性（validity）适用的两项单独的标准，是无济于事的。在 Republican National Committee 案中的原告律师承认了这一现实。法院认为原告根据 State Farm 原则提出的主张“与它们根据 Chevron 原则所提出的主张相互呼应”。即使让律师在法律意见书（briefs）* 中专设两节论述“行政机关的法律解释是不合理的”和“行政机关的法律解释是武断和恣意的”，也是无济于事的，因为这两节中的主张必然是相同的。

---

* 简述案件事实、争议点及当事人辩论意见的法律文件，通常在上诉审中使用，但初审法官要求提供法律意见书时，也可以在初审中使用（称为 trial brief）。——译者注

① 69 F. 3d 752 (6th Cir. 1995).

② 83 F. 3d 1497 (D. C. Cir. 1996).

③ 82 F. 3d 451 (D. C. Cir. 1996).

④ 76 F. 3d 400 (D. C. Cir. 1996).

□ 巡回法院前后一致地适用了 Chevron 原则

各巡回法院已经在认真对待 Chevron 原则。尽管法官们并不总是在具体的案件中同意其含义和效果，但是他们几乎无一例外地适用 Chevron 两步法的分析框架来解决行政机关对其实施法律所作的解释是否可接受的争议。大多数巡回法院法官为坚持 Chevron 原则所付出的勤勉努力，已经通过将政策制定的职能配置给在政治上可问责的机构，以及减少之前对行政机关对其所实施法律的解释进行司法审查所存在的不一致和不连贯的程度，取得了有益的效果。因此，例如，Revesz 教授对哥伦比亚特区巡回法院的 250 起案件判决进行了全面统计分析，发现即使是法官们在适用其他原则时持有不同政治和意识形态观点的决定领域，哥伦比亚特区巡回法院在适用 Chevron 原则时体现出了明显的一致性和可预测性。[①]

遗憾的是，更多最近的研究发现巡回法院已经不再按照它们起初对 Chevron 案判决意见的反应以前后一致的方式适用 Chevron 原则。[②] 各巡回法院之所以适用 Chevron 原则的一致性有所降低，无疑在很多大程度上可以归因于最高法院适用 Chevron 原则的不良记录。

□ 最高法院没有前后一致地适用 Chevron 原则

最高法院在适用 Chevron 原则方面还没有表现出相当的一致性和勤勉。自 Chevron 案件以来，最高法院在一百多起案件的判决中讨论行政机关对其所实施法律的解释。它有时
赋予 Chevron 原则较强的效力，有时又忽略了 Chevron 原则，有时又以奇怪而又矛盾的方 221
式对待 Chevron 标准。[③] 最高法院如果继续延续这种判决的模式，就可能会使 Chevron 案之前普遍存在的情形重演——分配不同机构承担对行政机关所实施的法律进行解释的职责时，普遍存在矛盾而未作说明。最高法院的判决如果重新回到过去无法预测的模式，各个巡回法院将会无从选择，只好听从最高法院的领导。最高法院然后就会需要解决大量增加的巡回法院间的冲突，而行政机关也会在法院解释行政机关所实施法律的含义方面，在不一致性和不一贯性方面也会有显著的增加。

Tom Merrill 教授曾经在 1994 年发表了一份研究报告，内容是关于最高法院审查行政机关对其所实施法律的解释的问题。[④] 其研究结论令人意外。在 1981—1992 年间，他发现存在三点趋势：

（1）为了确定立法机构原意的意图主义（intentionalism）（即依赖各种手段，包括立法目的和立法史），其获得采用的频率显著减少；

（2）为了推导出法律用语的客观含义的文本主义（textualism）（即依赖字典中的定义、解释的标准、文法和句读的规则），其获得采用的频率显著增加；

---

① 参见 Revesz，"Environmental Regulation，Ideology，and the D. C. Circuit"，83 *Va. L. Rev.* 1717（1997），§7.4 也有讨论。另可参见 Kerr，"Shedding Light on Chevron：An Empirical Study of the Chevron Doctrine in the U. S. Courts of Appeals"，15 *Yale J. Reg.* 160（1998）。

② 例可参见 Miles & Sunstein，"Judges Make Regulatory Policy：An Empirical Investigation of Chevron"，73 *Chicago L. Rev.* 823（2006），§3.4 也有讨论。

③ 对于在 Chevron 案后最高法院审查行政机关对其所实施法律的解释，相关的悲观评论，参见 Merrill，"Judicial Deference to Agency Precedent"，101 *Yale L. J.* 969，980（1992）。

④ Merrill，"Textualism and the Future of the Chevron Doctrine"，72 *Wash. U. L. Q.* 351（1994）.

（3）对行政机关的解释所赋予的尊重程度出现轻微的下降。

正如 Merrill 所指出的，第三点趋势并不是前两点趋势的必然结果。它是有些大法官显然更为青睐的特别积极和具有创造性的文本主义形式的作用结果，例如通过有选择地关注句读规则、解释标准和字典定义的特定组合，从复杂的文本中梳理出具体含义的巧妙方法。用 Merrill 的话来说，“实际上，采取文本主义的解释者并未发现与含义建构性解释（construct）相似的法律含义。”他们很可能会在尊重其他机构所得出的含义时遭遇一定的困难。[①] 其他学者对最高法院在其他时间的判决模式所作的研究也得出了与 Merrill 类似的结论。[②]

更多晚近的研究已经发现了 Chevron 原则遭到忽略、打折扣和歪曲理解日益增加的趋
222 势。[③] Bressman 教授所作的实证研究佐证了许多学者所持有的观点，即最高法院在 Chevron 原则适用范围问题上的令人混淆和前后不一致的判决意见，已经减少了 Chevron 原则可能产生的好处。

□ 最高法院判决前后不一致的理由

我们不可能确切地知道最高法院为什么有时适用 Chevron 标准的方式与最高法院最初对这一标准的描述相一致，而有时所适用的 Chevron 标准又有所扭曲——以其自己对明智政策观点的判断取代该案中负责制定该政策的行政机关的判断。对于最高法院不同判断之间存在的不一致，我们至少可以有以下三种合理解释。首先，最高法院所判决的案件一般来说要比巡回法院所判决的案件更为疑难。任何法院要是必须对大量的疑难案件适用一项原则，要保持原则的一致性当然会更为困难。其次，相比各巡回法院，最高法院对于适用尊重性的 Chevron 进路的需要要少一些。Chevron 进路的主要优点是，往往会减少多家巡回法院审查行政机关对同一部或者功能相互关联的法律所作的解释时不可避免地会出现的不一致和不一贯的程度。[④] 在最高法院层次并不存在这一优点。最高法院的解释可能是错误的、误导的，或者是从制度上来说是不合适的，但是它本身不会产生不一致性。

最后一种对最高法院不一致性的合理解释是令人难堪的。在有的情况下，大法官对于存在争议的政策问题持有如此强烈的观点，以至于他们忍不住作出他们过去讽刺巡回法院法官们所做的事——他们以政治上不接受问责的机构的政策偏好取代政治上需要接受问责的机构的政策偏好。对大法官投票模式的实证研究表明，当行政机关是由与大法官相同政党的总统所控制的时候，大法官会更容易尊重行政机关的法律解释。[⑤] 对于最高法院适用 Chevron 原则时存在的矛盾，这种解释较好地符合了更为广泛的司法行为理论，这也得到数十份政治学家的研究成果的支持——在具有重大意识形态意义的案件上，巡回法院法官

---

① Id. at 372.

② 参见 Pierce，“The Supreme Court's New Hypertextualism：A Prescription for Cacophony and Incoherence in the Administrative State”，95 *Colum. L. Rev.* 749（1995）。

③ 例可参见“Searching for Chevron in Muddy Watters：The Roberts Court and Judicial Review of Agency Regulations”，60 *Admin. L. Rev.* 229（2008）；Jellum，“Chevron's Demise：A Survey of Chevron from Infancy to Senescence”，59 *Admin. L. Rev.* 725（2007）；Bressman，“How Mead Has Muddled Judicial Review of Agency Action”，58 *Vand. L. Rev.* 1443（2005）。

④ 参见§3.4。

⑤ 例可参见 Cohen & Spitzer，“Solving the Chevron Puzzle”，*Law & Contemp. Probs.*，Spring 1994，p. 65。

和最高法院大法官所发布的判决会通常反映出他们的意识形态偏好。[①] 223

□ 有选择地使用 Chevron 原则

最高法院在 Chevron 案件之后所作出的一小部分案件判决，反映了它在保持对 Chevron 原则的适用和解释方面的一致性问题上遭遇的困难。有时候，最高法院在以一致意见出具的判决意见中表述 Chevron 原则和忠实适用该原则。[②] 有时候，最高法院在对于行政机关所实施的法律中的模糊用语赋予什么含义时，又会存在分歧，但是每一派的大法官们都根据与 Chevron 原则，或者任何对于尊重政治上接受问责的机构的观念无关的推理来采纳不同的解释。[③] 有时候，最高法院又是以另一种方式产生分歧：有的大法官适用 Chevron 原则，而有的大法官则忽略了 Chevron 原则。[④] 还有的时候，一位或者多位大法官明确表达了对 Chevron 原则的含义和范围的观点，而其他大法官则直接忽略了这些观点的表达。[⑤]

INS v. Cardoza-Fonseca 案[⑥]就表明了大法官们可能会在适用 Chevron 原则方面采用完全不相同的进路。在 1980 年，国会修改了《移民与国籍法》(the Immigration and Nationality Act)，规定了本来可能会遣返的外国人通过获得庇护许可，可以避免被遣返的可能性，在这一过程中可以适用的两项标准。在判决具体的案件时，移民归化管理局认为，第二项标准与第一项标准完全相同。最高法院以一致意见推翻了行政机关的观点。这一结论完全与 Chevron 原则相互一致。行政机关的解释是“法律的平常条文”是不一致的。[⑦]

但是，在法官附带意见中，Cardoza-Fonseca 案多数意见以一种令人混淆的方式描述了 Chevron 原则：

问题……纯粹是一个法院需要作出决定的法律解释的问题。采用传统的法律解释的手段，我们已经认定国会并未想让这两项标准完全相同的意图……在类似“具有充分依据”(well-founded) 的术语中，显然存在一些模糊性，只能通过个案到个案的裁决过程来赋予其具体的含义。在这一过程中……法院必须尊重行政机关的解释。参见 Chevron 案……[⑧] 224

Scalia 大法官发现这一判决主文如此令人不满，以至于他起草了一份协同意见，而不是加入到多数意见中。他同意多数意见的结论，即法律用语与行政机关的解释不相一致，但是他指责多数意见中包含了对于 Chevron 原则含义的“肤浅的讨论”[⑨]。在 Scalia 大法官看来，多数意见采取的“进路将会使得尊重原则成为绝望的原则，让法院只有在无法对讼争的法律作出解释时才适用尊重原则。这不是对 Chevron 原则的解释而是阉割”[⑩]。

---

① 参见 Cross, *Political Science and the Other Legal Realism: A Case of Unfortunate Interdisciplinary Ignorance*, 92 Nw. U. L. Rev. 251 (1997); Shapiro & Levy, *Judicial Incentives and Indeterminacy in Substantive Review of Administrative Decisions*, 44 Duke L. J. 1051 (1995)。

② 例如，Smiley v. Citibank, 517 U. S. 735 (1996); United States v. Riverside Bayview Homes, Inc., 474 U. S. 121 (1984); Chemical Manufacturers Ass'n v. Natural Resources Defense Council, 470 U. S. 116 (1985)。

③ 例如，Sullivan v. Stroop, 496 U. S. 478 (1990)。

④ 例如，Dole v. United Steelworkers, 494 U. S. 26 (1990)。

⑤ 例如，NLRB v. United Food & Commercial Workers, 484 U. S. 112 (1987)。

⑥ 480 U. S. 421 (1987).

⑦ 参见本节上文的讨论。

⑧ Id. at 446-448.

⑨ Id. at 453-454.

⑩ Id. at 454.

在 Union of Concerned Scientists v. NRC[1] 案中，哥伦比亚特区巡回法院的一个合议庭更是加剧了 Cardoza-Fonseca 案法官附带意见所带来的混淆。[2] 合议庭的多数成员拒绝对在立法性规则制定程序中所采用的行政机关的法律解释适用 Chevron 原则。他们将 Cardoza-Fonseca 案中的多数意见的法官附带意见解释为将 Chevron 原则局限于在通过个案裁决过程中所通过的行政机关的法律解释。[3]

无论 Cardoza-Fonseca 案的多数意见含义为何，它肯定不是打算宣布一项给予行政裁决相比行政规则更高的尊重的标准。如果行政机关的政策决定是通过立法性规则制定程序完成的，对其予以尊重的情形常常是程度最强的。[4] 而且，最高法院已经推翻了 Cardoza-Fonseca 案中的行政解释（裁决行为），并且重新肯定了 Chevron 案中的行政解释（一项规则制定行为）。因此，Cardoza-Fonseca 原则将成为宣布尊重裁决而不是规则制定的原则的一项不同寻常的工具。

在 NLRB v. United Food & Commercial Workers[5] 案中，最高法院收回了 Cardoza-Fonseca 案中奇怪的附带意见，否决了哥伦比亚特区巡回法院在 Union of Concerned Scientists 案附带意见中所作的解释。但是，在 United Food & Commercial Workers 案的两份判决意见中的推理，使得解释判决的过程更加复杂。最高法院一致意见肯定了 NLRB 对于其所执行法律的解释。它认定国会并未解决案件中涉及的问题，因此，行政机关的合理解释必须根据 Chevron 第二步得到肯定。[6] 但是，最高法院以一致意见作出的一份判决意见中也引用了 Cardoza-Fonseca 案，并且将这两起案件视作宣布了同样一项原则。[7] 四位大
225 法官撰写了一份单独的协同意见，其中批评了 Cardoza-Fonseca 案的法官附带意见，坚持认为最高法院在 Food & Commercial Workers 案中的判决意见反映了持续和活力保持不变的 Chevron 标准，特定批评巡回法院在 Union of Concerned Scientists 案中的判决意见是错误的。[8] 由于其他五位大法官甚至都不愿意承认 Chevron 原则和 Cardoza-Fonseca 原则之间的差别，我们就不可能从 Food & Commercial Workers 案中确定大法官们在有关 Chevron 原则含义方面的意见不一致的程度和性质。

□ Chevron 原则和行政机关管辖权

在 Mississippi Power & Light Co. v. Mississippi[9] 案中，最高法院对 Chevron 原则的范围和含义所发表的一系列判决意见则是没有帮助作用的。四位大法官参与了有关 Chevron 原则的热烈的辩论，而四位大法官则根本没有提及 Chevron 原则或者其他四位大法官之间所进行的辩论。Scalia 大法官提出了协同意见，其中他主张 Chevron 第二步适用于行政机关对其所实施的法律管辖权规定的解释。[10] 事实上，在 United States v. Riverside Bay-

---

① 824 F. 2d 108 (D. C. Cir. 1987).

② 824 F. 2d 108 (D. C. Cir. 1987).

③ Id. at 113.

④ 参见§6.8。

⑤ 484 U. S. 112 (1987).

⑥ Id. at 125-128.

⑦ Id. at 123.

⑧ Id. at 133-134.

⑨ 487 U. S. 354 (1988).

⑩ Id. at 377-383.

view Homes 案[①]中，最高法院以一致意见判定对 Chevron 原则赋予这一效力。三位大法官参加的不同意见中主张 Chevron 原则并不适用于管辖权争议。[②] 五位大法官提出大多数意见中肯定了行政机关对这部法律所作的解释，但是并未提及 Chevron 原则、尊重或者有关 Chevron 原则对行政机关对所实施法律的管辖权规定作出的解释之适用性的重要辩论。

□ Chevron 原则和“法律解释的传统工具”

在 K-Mart Corp. v. Cartier Corp. [③] 案中，最高法院更是进一步加剧了 Chevron 原则的混乱程度。该案没有多数意见。相反，该案冗长的判决书中包含了若干份由两位大法官出具的复数意见。Kennedy 大法官在一份相对简单的判决意见中投下了决定性的一票。

K-Mart 案第一份复数意见显然是从 Chevron 标准出发的。该复数意见引用了 Cardoza-Fonseca 案支持其主张，即法院在审查行政机关对其所实施法律的解释时，必须使用“传统的法律解释工具”[④]。于是，这个第一份复数意见开始对立法目的和立法史进行详细的论证。当其肯定了行政机关的解释时，这份判决意见更多的是基于大法官们对明智政策的见解而不是对行政机关观点的尊重。

K-Mart 案第二份复数意见主张适用原有的效力更强版本的 Chevron 标准。在审查行政机关对其所实施的法律的解释后，它没有引用 Cardoza-Fonseca 案中的论述，即法院必须使用“传统的法律解释工具”。但是，第二份复数意见推翻了该行政机关的意见，指责第一份复数意见采纳了一项“为了拯救一项规章而甚至损害法律核心”解释。[⑤] 让我们更 226
难以解释 K-Mart 案判决的是，在 Cardoza-Fonseca 案和 United Food & Commercial Workers 案中敦促坚持更强度尊重标准的几位大法官，在 K-Mart 案中则是签署了第二份复数意见并且敦促拒绝行政机关的解释；而在 K-Mart 第一份复数意见上签字的大法官投票判决维持该案讼争的行政规章，则是适用了 Cardoza-Fonseca 案所宣布的较低尊重强度的标准。

□ 较弱形式的 Chevron 原则的例子

在 Dole v. United Steelmakers[⑥] 案中，最高法院的多数意见则在推翻行政机关的解释时几乎忽略了 Chevron 原则。管理和预算局（Office of Management and Budget）行使了《文书工作削减法》（PRA）[⑦] 所赋予的职权，修改了一份要求雇主收集、保存和报告雇员数据的规章中的若干规定。七位大法官出具的多数意见推翻了该项行政决定，理由是《文书工作削减法》授权管理和预算局削减文书工作，只能针对强制向行政机关报告的情形而非行政机关要求的向第三方报告的情形。多数意见并未适用 Chevron 标准。其推理并不符合 Chevron 标准。多数意见也没有断定行政机关对法律的解读是不受允许的。它只是断定行政机关的解释不是“最顺理成章的”。多数意见只在该判决意见中的最后一段文字引用

---

① 474 U. S. 121 (1985).

② 487 U. S. at 383-391.

③ 486 U. S. 281 (1988).

④ Id. at 300.

⑤ Id. at 320.

⑥ 494 U. S. 26 (1990).

⑦ The Paperwork Reduction Act (PRA), 44 U. S. C. § § 3501 et. seq.

了一次 Chevron 标准。

在 Dole 案中的两位持不同意见的大法官提到和适用了 Chevron 标准。他们主张管理和预算局将法律术语“报告要求”和“保存记录要求”解释为包括行政机关要求企业向第三方提供、保存报告或记录的做法是不合理的。持不同意见的大法官们也提到了管理和预算局一贯的、先前从未受到质疑的以这一方式解释其职权的做法。持不同意见的大法官指出，管理和预算局的解释符合《文书工作削减法》首先提到的立法目的：“削减个人、小企业、州和地方政府以及其他个人所承担的联邦文书负担。”

□ 较强形式的 Chevron 原则的例子

最高法院在 Dole 案、Cardoza-Fonseca 案和 K-Mart 案中所作的这些令人混淆的判决意见表明它可能正在削弱 Chevron 标准的效力。在 Pension Benefit Guaranty Corp. v. LTV Corp. ① 案中，八位大法官出具的多数意见则是提出相反的结论。联邦年金福利担保公司
227 (PBGC)* 采纳了这样一项政策，即如果企业建立了破产后“后续”(follow-on) 计划，则恢复向企业提供因为破产程序而中断的年金计划中的债务。联邦年金福利担保公司的政策具有巨大的影响。它允许联邦年金福利担保公司对因为破产程序而终止的数十亿美元年金计划债务在各个企业间进行重新配置。联邦年金福利担保公司实施的法律并未明确授权它只要企业设立后续计划，就可以恢复年金福利计划债务 (plan liabilities)。但是，八位大法官出具的多数意见肯定了行政机关的做法。它一开头就完全引用了 Chevron 标准。紧接着，多数意见以更强的形式重述了这一标准：

> 我们的任务，是要确定任何国会想要避免恢复决定的企图是建立在所存在的连续性的养老保险计划，以及如果这一答案是否定的话，联邦年金福利担保公司的政策是否是建立在对于该法律所作的合理的解释基础之上的。②

由于多数意见认定国会还没有禁止行政机关所通过的这一政策，最高法院肯定了该政策是对于法律所作的合理解释。LTV 案的法院广泛考察了巡回法院所依赖的立法史，认为其不足以表明“明确的国会意图”以排除行政机关通过对该法律所作的这一解释。

□ 使用何种“工具”的分歧

大法官们在 Cardoza-Fonseca 案、United Food & Commercial Workers 案和 K-Mart 案之间展开的令人混淆的辩论，主要集中在“传统的法律解释工具”这一短语上。这一问题的根源是面对众多可以使用的“传统的法律解释工具”，当一种或者多种解释工具表明对于含义模糊的行政机关实施的法律进行特定的解释时，法院究竟应当使用哪一种解释工具，在这一问题上大法官们尚未达成一致意见。并不存在简单的一套“传统的法律解释工具”。相反，存在着众多这样的工具。其结果是，法官可以通过适用不同的工具，或者甚至以不同的方式适用同样的工具，作出存在巨大差别的各种解释。

---

* 联邦年金福利担保公司，是美国联邦政府根据《1974 年退休雇员收入保障法》(the Employee Retirement Income Security Act of 1974) 设立的，旨在鼓励私人自愿性的年金计划，并确保及时支付年金收益。——译者注

① 496 U. S. 633 (1990).

② Id. at 648.

□ 国会的目的

最高法院判决的一个具有代表性的例子可以表明，大法官们对于合适的“传统的法律解释工具”的不同见解。在 K-Mart 案中，两份复数意见都支持采纳一项对于 1930 年《关税法》(Tariff Act) 的解释，依据是国会在制定该法律时候的立法目的。Hart 和 Sack 共同撰写的著名的未正式出版的著作——《法律过程》①，对这种传统的法律解释工具作出了最深刻的论述。他们敦促法官采纳具有促进法官归结于国会的公共目的的效果的法律解释。这种目的解释方法的缺点在阅读 K-Mart 案的判决意见时表露无遗。大法官们采纳了 228
不同的法律解释，原因是他们将不同的目的归结于国会，赋予相互冲突的法律解释以不同的效果。国会制定法律，很少是为了促进单一的目的，法律解释很少有着单一的明显的效果。因此，根据促进立法目的而进行的法律解释是具有高度的不确定和不可预知性的过程。

□ 解释原则

Public Citizen v. Department of Justice② 案的判决意见中显示了其他三种“传统的法律解释工具——解释原则 (canons of construction)、立法史和法律用语的普通含义 (plain meaning)”。对于美国律师协会司法事务常设委员会 (Standing Committee on the Judiciary) 是否属于《联邦咨询委员会法》意义上的咨询委员会，大法官们分成了 5∶3 两派。③即使法律中的文字适用于美国律师协会下设的委员会，多数意见仍然认为这部法律并不适用，理由有二。首先，多数意见适用了传统的解释原则，即对法律的解释应当避免荒谬的结论，避免产生宪政的困境。④ 其次，多数意见中引用了立法史的部分摘录，表明国会并未指出这些法律用语要表达的含义。⑤

Karl Llewellyn 在对这一主题的经典论述中指出了传统的法律解释所采取的原则式进路 (canonical approach) 存在的不足。⑥ 他指出，如果将每项原则与另一项迫使作出相反结论的原则并列时，原则式进路就会存在不确定性和不可预测性。

□ 对于解释原则含义的分歧

即使各位大法官就可适用的原则达成一致意见时，他们也经常在特定案件中不能对这项原则的效力达成一致意见。Rust v. Sullivan 案⑦就能够很好地证明这个问题。九位大法官均同意：“如果可行的话，需要对一部法律进行解释，以免其结论构成违宪，以及对结论产生重大质疑。”但是，对行政机关对法律的解释是否产生了“会引致我们推定国会并

---

① 对于传统的法律解释工具的最好阐释，可以参见一部著名的未正式出版的著作，即 Hart & Sack, *The Legal Process* 1148-1179 (tent. Ed. 1958)。

② 491 U. S. 440 (1989).

③ 5 U. S. C. App. §§ 1 et seq.

④ Id. at 452-455, 465-467.

⑤ Id. at 455-465.

⑥ Llewellyn, “Remarks on the Theory of Appellate Decision and the Rules or Canons About How Statutes Are to Be Construed”, 3 *Vand. L. Rev.* 395 (1950).

⑦ 500 U. S. 173 (1991).

未打算允许”行政规则中所作的解释的“某种严重和可疑的宪政难题”，大法官们分成5：4的两派。

□ 立法史

Public Citizen 案中所借助的第二种工具则是这部法律的立法史材料，它已经被批评为
229 不合法、不确定和结果导向的。[①] 随着对于传统的法律解释工具的批评日渐增多，借助立法史材料是缺乏合法性的，因为立法史通常由国会工作人员写成，而不是由国会决议通过。说其不确定，则是因为在重要法律的卷帙浩繁的立法史中，对许多问题的论述是相互矛盾的。法院希望通过利用立法史来确定国会意图，往往最终的结果却是对立法机关意图产生重大误解。[②] 说其结果导向，是因为法官们通常只引用那些符合其个人政策偏好的部分。[③]

□ 法律的平常含义

在 Public Citizen 案中持不同意见的三位大法官，批评多数意见在采纳法律解释的过程中借助了解释原则和立法史。[④] 持不同意见的大法官指控多数意见使用了传统工具“以个人好恶取代国会意图”[⑤]。持不同意见的大法官接着采用了他们偏好的“传统的法律解释工具”。根据持不同意见的大法官的说法，“法律的平常用语”（the plain language）同时提供了起点和终点。[⑥] 实际上，持不同意见的大法官采取了极端的见解，即“平常含义规则”是权力分立的宪法原则所要求的。[⑦]

但是，“平常含义规则”的缺点也是众所周知的。[⑧] 文字的含义很大程度上来自它们所使用的语境。实际上，大法官们对法律中所使用的文字的“平常含义”会产生分歧。[⑨] 仅仅适用“平常含义规则”可以让法院处理很多简单的案件，但是，在许多案件中则是留下
230 了不确定的空间，而且还可能导致法院在许多其他案件中发生严重的偏差。但是，最高法院越来越为依赖平常含义规则。[⑩]

---

① 例可参见 United States v. Taylor，487 U. S. 326，344-346（1988）（Scalia 大法官的协同意见）；ACLU v. FCC，823 F. 2d 1554，1583（D. C. Cir. 1987）（Starr 法官的不同意见）；*Judges and Legislators：Toward Institutional Comity* 170-175（R. Katzmann ed. 1988）。

② 参见 Vermeule，“Legislative History and the Limits of Judicial Competence：The Untold Story of Holy Trinity Church”，50 *Stan. L. Rev.* 1833（1998）。

③ 有关使用立法史的精彩讨论，参见 Breyer，“On the Uses of Legislative History in Interpreting Statutes”，65 *U. S. C. L. Rev.* 845（1992）；Wald，“The Sizzling Sleeper：The Use of Legislative History in Construing Statutes in the 1988—89 Term of the Supreme Court”，39 *Am. U. L. Rev.* 277（1990）。

④ 491 U. S. at 470-479.

⑤ Id. at 479.

⑥ Id. at 469.

⑦ Id. at 468-469.

⑧ 参见 Herz，“Judicial Textualism Meets Congressional Micromanagement：A Potential Collision in Clean Air Act Interpretation”，16 *Harv. Env. L. Rev.* 175（1992）；Frank，“Words and Music：Some Remarks on Statutory Interpretation”，47 *Colum. L. Rev.* 1259，1263-1264（1947）。

⑨ 例如，Sullivan v. Stroop，496 U. S. 478（1990）。

⑩ 参见 Schauer，“Statutory Construction and the Coordinating Function of Plain Meaning”，1991 *Supreme Court Rev.* 231。

最高法院用以确定法律用语的“平常含义”的方法并不具有前后一致性。因此，例如，最高法院曾经指出，行政机关可以从单词的词典定义中选择任何一种解释。① 但是，仅仅两年以后，最高法院就推翻了行政机关对某单词的解释，尽管有八部词典对于该单词的定义是与行政机关的解释相符的。②

□ Chevron 原则与遵循先例的协调

在 Lechmere v. NLRB③ 案中，最高法院采用了另一种解释工具。六位大法官提出的多数意见拒绝适用 Chevron 尊重，理由是他们判定是遵循先例优先于 Chevron 尊重。根据这一推理，行政机关采纳一项法律中模糊用语之合理解释的裁量权，受到任何 Chevron 案之前的司法机关对这一用语解释的约束。考虑到在大量 Chevron 案之前的案件判决意见中，法院采纳了对行政机关实施的法律中模糊用语的解释，Lechmere 案提出的对于 Chevron 尊重原则的例外具有重要的实践意义。但是，同样是在 Chevron 案之前的判决意见，法院已经注意采纳确定性法律用语的司法解释，以及只是确认行政机关的解释是“合理的”或者“可允许的”的两者之间的区别。④

□ 最高法院先例胜过 Chevron 原则

Chevron 原则与遵循先例之间的关系重要而又复杂。最高法院一直以来都坚持认为最高法院的先例胜过（trump）Chevron 尊重。⑤ 各巡回法院也效仿最高法院，认为最高法院的判决胜过 Chevron 尊重。⑥ 但是，只有在最高法院判定某部法律只包含了一种含义时，最高法院的先例判决才能胜过 Chevron 原则。⑦ 231

□ Chevron 原则胜过巡回法院先例

最高法院并未对巡回法院的先例给予类似的重视。它多次推翻巡回法院的先例，支持与巡回法院的先例不一致的行政解释。⑧ 它也曾批评一家巡回法院遵循了巡回法院的先例，而不是对于与巡回法院的先例冲突的行政解释给予 Chevron 尊重。⑨ 这种对于最高法院和巡回法院的先例采取差别待遇的做法是有道理的。它反映了对国家法律的解释保持前后一致性之价值的承认，也反映了在最高法院层次上遵循先例的独特价值。⑩

---

① National Railroad Passenger Corp. v. Boston & Maine Corp. 503 U. S. 407 (1992).

② MCI Telecommunications Corp. v. AT&T Corp., 512 U. S. 218, 227 (1994).

③ 502 U. S. 527 (1992).

④ 有关承认和应用这一区分技术的一份优秀的判决意见，参见 NLRB v. Viola Industries Elevator Div., Inc., 979 F. 2d 1384 (10th Cir. *en banc* 1992)（支持作为行政机关对于法律的合理解释，尽管两份最高法院的判决意见已经支持行政机关的先前解释是合理的）。

⑤ 例可参见 Neal v. United States, 516 U. S. 284 (1996); Maislin Industries v. Primary Steel, 497 U. S. 116 (1990); Golden State Transit Corp. v. Los Angeles, 493 U. S. 105 (1989)。

⑥ 例可参见 Chamber of Commerce v. Reich, 74 F. 3d 1322, *aff'd* 83 F. 3d 439 (D. C. Cir. 1996)。

⑦ 参见 National Cable & Telecommunications Ass'n v. Brand X, 545 U. S. 967 (2005)，本节下文有详细讨论。

⑧ 例可参见 Sutton v. United Air Lines, 527 U. S. 471 (1999); Central Bank of Denver v. First Interstate Bank, 511 U. S. 164 (1994)。

⑨ INS v. Aguirre-Aguirre, 526 U. S. 415 (1999).

⑩ 参见 Pierce, "Reconciling Chevron and Stare Decisis", 85 *Geo. L. J.* 2225 (1997)。

□ 对先例的深入分析可以消除明显冲突

总体而言，巡回法院已经很好地将 Chevron 原则与遵循先例进行了整合。首先，他们已经承认 Chevron 原则与先前的司法判决意见之间存在的明显冲突，常常会因为对于司法判决意见进行深入分析而消失。如果最高法院仅仅是支持在先的行政解释是合理的，尽管与新的行政解释并不一致，在先的司法判决和对于新解释给予 Chevron 尊重之间并不存在冲突。根据定义，一部模糊的法律可以有多种合理的解释。在 NLRB v. Viola Industries① 案中，第十巡回法院解释了 Chevron 原则与遵循先例之间的这部分关系。在 Viola 案中接受审查的命令中，国家劳动关系委员会（NLRB）对《国家劳动关系法》（NLRA）所作的解释与 Chevron 案之前的巡回法院先例并不一致。但那时，经过对巡回法院先例的仔细分析，最高法院认定并不存在冲突。第十巡回法院的理由是那些司法判决的依据并不清楚。具体来说，最高法院不能从阅读在先的巡回法院判决意见中确定它们是否依据对法律的独立的司法解释，或者是依据一项认为行政解释是合理的司法判断。

这些巡回法院的先例引用并依赖在 Chevron 案之前最高法院作出的一项先例判决。但是，这一先例也是难以解释的。最高法院适用了当时已经存在的行政解释，该行政解释与 Viola 案中涉及的对于私人主体之间的争议的新行政解释并不一致。最高法院并未指出它的判决是否是依据一项司法判断，即法律只能允许该种行政解释，或者行政解释是合理的。但是，最高法院的这项先例引用并依据了最高法院之前作出的一项先例判决。第十巡
232 回法院仔细分析了这一判决意见，断定它所依据的最高法院的判断是行政解释是“合理的”，而不是依据一项独立的司法判断，即法律只能允许该行政机关的解释。

第十巡回法院一经认定没有一项巡回法院或者最高法院的先例是依据一项司法判断——法律只能接受与 Viola 案涉及的行政解释不一致的解释——而作出，它便认定在遵循先例和 Chevron 原则之间并不存在冲突。因此，第十巡回法院需要通过适用 Chevron 两步检验法审查 Viola 案涉及的行政解释。第十巡回法院的判断是法律用语足够模糊以支持新的行政解释以及新的行政解释是“合理的”，在这一意义上，行政机关已经为其判决提供了充分的解释以根据对在先解释的重新评估改变其对法律的解释，据此第十巡回法院支持了这项新的行政解释。

□ Chevron 原则胜过巡回法院先例

当行政解释与巡回法院的先例存在冲突时，巡回法院也效仿最高法院对行政解释适用 Chevron 尊重。若干说理充分的判决意见说明和解释了解决遵循先例和 Chevron 原则的冲突的方法的依据。在 Chemical Waste Management v. EPA② 案中，哥伦比亚特区巡回法院被申请审查一项行政规则，该规则采纳了对法律术语“公共听证”（public hearing）的解释。行政机关的结论是可以通过提供书面交换资料和意见机会满足提供这种听证的要求。对于这一术语的解释与在 Chevron 案之前的先例将“公共听证”解释为口头举证式听证存在冲突。既然最高法院推翻了与 Chemical Waste Management 案涉及的解释一致的行政解释，巡回法院的先例只能被解释为对法律作出的司法解释。因此，哥伦比亚特区巡回法院

---

① 979 F. 2d 1384 (10th Cir. *en banc* 1992).

② 873 F. 2d 1477 (D. C. Cir. 1989).

不能以消除遵循先例和 Chevron 原则的冲突的方式对巡回法院先例进行定性。

哥伦比亚特区巡回法院将颁布新行政规则作为重新审查在 Chevron 案之前的巡回法院先例的合适工具。哥伦比亚特区巡回法院认为它需要推翻与 Chevron 原则不一致的巡回法院先例。它认为巡回法院先例对于哥伦比亚特区巡回法院自己对于行政机关实施的、用语模糊的法律所作的解释，构成了不可接受的司法干预（imposition）。哥伦比亚特区巡回法院接着支持行政解释是“合理的”，而推翻了巡回法院的先例。在 Chemical Waste Management 案中，合议庭的判决是事实上一致的全席判决，因为合议庭将起草的判决意见分发给了巡回法院的所有成员，征求他们的同意后再发布判决。在 Dominion Brayton Point 233
v. Johnson[①] 案中，第一巡回法院效仿了哥伦比亚特区巡回法院的做法。

在 Schisler v. Sullivan[②] 案中，第二巡回法院的判决意见相比哥伦比亚特区巡回法院在 Chemical Waste Management 案中的判决走得更远了一步。在 Schisler 案中，第二巡回法院审查了卫生和社会服务部发布的一项立法性规则，该规则宣布了个人是否属于《社会保障法》（the Social Security Act）意义上的残疾人的认定标准。该规则中宣布的标准与四件巡回法院的先例存在矛盾。其中两件先例是在 Chevron 案之前作出的，而其他两件先例是在 Chevron 案之后作出的。

在 Chevron 案之前作出的巡回法院先例是司法干预法律解释的典型例子，这也是 Chevron 原则希望禁止的。巡回法院在 Chevron 案之后作出的两份案件判决继续遵循这些先例。最高法院最初拒绝根据 Chevron 原则对那些先例进行重新考虑，因为行政机关并未以有权获得 Chevron 尊重的形式宣布其相反的解释。而在此前的判例中，健康和公众服务部已经以解释性规则的形式宣布了它的解释。[③]

在 Schisler 案中，第二巡回法院对解释性规则中所采纳的行政解释应当获得的适度尊重，与通过通告评议程序后颁布的立法性规则中包含的相同解释应当获得的更为高度的尊重之间进行了区分。第二巡回法院认为，它需要对立法性规则中采纳的行政解释给予 Chevron 尊重。第二巡回法院接着认为，卫生和社会服务部规则中包含的解释是对模糊的法律所作的“合理”解释。在得出这一结论时，行政机关利用通告评议程序认真考虑采纳各种不同的法律解释，以及行政机关为了支持它所选择的解释而提供的理由，对第二巡回法院产生了影响。第二巡回法院认为，“因为这些规定是有效的，他们对于法院也有约束力。任何其他结论都可能会导致混乱……”第二巡回法院所指的“混乱”是行政法官此前所面对的来自健康和公众服务部和各种巡回法院的不一致、约束性的指令的情形。

在 Aguirre v. INS[④] 案中，第二巡回法院的判决意见所反映的主题变化，与 Schisler 案和 Chemical Waste Management 案的判决意见类似。原告要求第二巡回法院对移民归化局（INS）所作决定进行审查，该决定的依据是与巡回法院先例不一致的对相关法律的行政解释。先例案件中的判决意见是在 Chevron 案很久以后发布的，而先例判决意见中的理由也 234
无疑表明第二巡回法院已经裁决了法律问题。先例判决意见表明，其所采纳的法律解释是按照“明确的”法律的“平常含义”所不得不作出的。因此，第二巡回法院面对的是，宣布在 Chevron 原则意义上将法律解释作为法律规则的巡回法院先例，与行政机关对法律所作的新解释这两者之间存在的明显冲突。对先例的定性或者再定性（recharacterization）并不能消除这一冲突。

---

① 443 F. 3d 12 (1st Cir. 2006).

② 3 F. 3d 563 (2d Cir. 1993).

③ 参见§3.5。

④ 29 F. 3d 315 (2d Cir. 1996).

但是，第二巡回法院支持了行政解释。第二巡回法院指出，移民归化局已经宣告其目的不是默许其他巡回法院的先例中包含的法律解释。第二巡回法院也承认，最高法院不太可能迅速解决巡回法院的解释和行政解释之间的冲突。因此，第二巡回法院将这一情形描述为创造了“在我们过去对巡回法院先例的尊重……和我们经常表达的避免根据移民法律对处于类似境地的外国人采取完全不同的待遇这两者之间的紧张关系”。

第二巡回法院将最高法院解决遵循先例和 Chevron 原则之间冲突的判决解释为支持 Chevron 尊重“不能强迫法院接受（forgo）遵循先例的原则”。但是，第二巡回法院指出，那些判决意见并不能阻止法院：

具体的案件如今是否要求对法律作出修正的解读，对此作出独立判决……“这里的问题不是法院是否采纳行政机关裁决的指引，而是他们是否为了获得满意的法律解释而自愿地接受这些指引。”[①]

第二巡回法院认定，采纳一项新的法律解释的行政机关的决定，加上缺乏巡回法院先例所创造的全国统一性，为其重新考虑该先例提供了正当化理由。经过重新考虑，第二巡回法院认为，“法律问题（statutory point）基本上是可以辩论的”和行政解释是合理的。在得到作出先例案件裁决的合议庭成员的同意，以及第二巡回法院其他法官的默许之后，第二巡回法院推翻了这项巡回法院先例，而支持了行政解释。

□ 最高法院在 Brand X 案中厘清了 Chevron 原则与遵循先例原则之间的关系

在 National Cable & Telecommunications Ass'n v. Brand X Internet Services[②] 案中，
235 最高法院对于遵循先例原则与 Chevron 原则之间的关系作出了有益的厘清。六位大法官多数意见支持了联邦通信委员会的决定，即宽带有线拨号互联网服务（broadband cable modem internet service）属于“信息服务”，但是不属于“电信服务”。所有这九位大法官都同意宽带有线拨号互联网服务包含了作为其所提供服务组成内容的电信服务，但是对于在所提供的服务中包含了电信服务，这一点是否使得所提供的服务变成了电信服务，大法官们则存在不同意见。持不同意见的大法官表达的观点是“有线拨号服务中的电信成分（component）保留了如此充分的独立特征，以至于其必须被视为”是作为所提供之服务的组成部分。多数意见认为，法律上对电信服务所下的定义足够模糊，以至于可以允许联邦通信委员会认定有线拨号服务不属于电信服务，即使其包含了电信服务的成分。

Brand X 案中的多数意见讨论了可能对众多未来的案件具有广泛意义的三项重要问题。首先，多数意见认为，Chevron 尊重优先于遵循先例原则，除非司法先例得出的结论是法律明确排除了行政机关所采纳的法律解释。最高法院的结论和推理与 Pierce 教授的《Chevron 原则和遵循先例之间的协调》一文[③]中的推理与建议完全一致。其次，最高法院重申了其一点意见，即行政机关对模糊的法律条款所作解释存在的不一致性并不能作为法院不对行政机关最新解释给予 Chevron 尊重的理由。再次，多数意见明确表明，Chevron 标准的第二步是可以与武断和恣意标准，以及 Motor Vehicle Mfrs. Ass'n v. State Farm Mutual Automobile Ins. Co.[④] 案中所宣布的行政决定附理由说明义务相互共存的。多数意见在讨论过程中同时引用了 Chevron 案和 State Farm 案，认定行政机关对于该法律所作的

---

① Id. at 317.

② 545 U.S. 967 (2005)，详细讨论参见 § 3.5。

③ Pierce, "Reconciling Chevron and Stare Decisis", 85 *Geo. L. J.* 2225 (1996).

④ 463 U.S. 29 (1987).

解释是合理的，因为行政机关充分地解释了为什么它选择这一解释，并且为何改变了这一解释。

□ 最高法院重申了较强形式的 Chevron 原则和 Brand X 原则

在 United States v. Eurodif[1] 案中，最高法院在判决意见中以一致意见重申了对 Chevron 案、Smiley 案和 Brand X 案判决的较强形式（strong versions）的解读，这很好地说明了所有这三份判决的意义。反倾销立法适用于货物交易，但是不适用于服务交易。一家外国企业认为，它在向一家美国企业出售浓缩铀以换取非浓缩铀和现金时，是在向美国企业出售该法豁免的铀浓缩服务。政府之前已经接受了对类似交易的此种定性，并且国际贸 236
易法院和联邦巡回区上诉法院都已经支持了对该法所作的这种解释。但是，在 Eurodif 案中，商务部认定这种交易属于货物交易而非服务交易。商务部指出，这些交易涉及物权从买家到卖家的转移，并且外国企业所出售的浓缩铀和美国企业向外国企业提供的是同一批铀。商务部认定，对于确定其法定管辖权的目的而言，将这种交易定性为服务交易是它所不愿意接受的法律拟制（legal fiction）。国际贸易法院和联邦巡回区上诉法院都推翻了商务部的观点，一部分依据是商务部需要遵守之前的先例判决，在这些先例判决中两家法院都支持了商务部作出的存在不一致的解释；另一部分依据则是该法明确将这类交易归入豁免的服务交易。

最高法院以一致意见推翻了巡回法院的判决。最高法院判定该法在是否可以适用于这类交易的问题上存在模糊性，按照 Chevron 原则，巡回法院需要支持商务部对该法所作出的合理解释。最高法院接着引用了 Smiely 案的判决作为支持，认定法院必须支持行政机关对模糊的法律条款所作的合理解释，即使行政机关之前作出了相反的解释，并且引用了 Brand X 案的判决作为支持，认定法院过去作出的判决支持行政机关对模糊的法律条款所作相反解释，并不能约束行政机关或者法院。行政机关依然可以自由地作出不同的解释，只要新的行政解释是合理的，并且行政机关对为何改变解释作出理由说明。

□ 程度较强的 Chevron 尊重将会减少不确定性

最高法院大法官界定和适用“传统的法律解释工具”采用众多不同的方式，上文对此进行的讨论有助于凸显大法官围绕 Chevron 原则的含义展开的、迄今尚未终结的辩论所具有的重要意义。如果复审法院在适用 Chevron 第一步的过程中自由采用它们所选择的“传统的法律解释的工具”的各种组合，很少有案件能够到达 Chevron 第二步。正是“传统工具”的不确定性，赋予法官以通过法律解释的过程作出政策决定的裁量权。Chevron 原则的目的是要将政策制定权交给国会作出授权的政治上可以问责的行政机关，而不是政治上不受问责的法官们。最高法院应当以简单的、常识性的术语对 Chevron 第一步进行重述。如果复审法院相信国会排除了行政机关所作出的政策决定，或者作出与行政决定不一致的政策决定，最高法院应当作为法律问题加以推翻。如果国会并未作出 237
这样的决定，复审法院应当避开任何法律解释的努力，并确认行政机关的政策决定，如果它是合理的话。

---

① 129 S. Ct. 878 (2009).

□ 协调 Chevron 原则和“法律解释的传统工具”的努力

要对 Chevron 原则与最高法院偶尔地宣称法院在适用 Chevron 第一步时必须利用“法律解释的传统工具”之间进行协调，这是一项具有挑战性的任务。要消除试图对这两者进行协调的一项可能的方法是很容易的。正如一家巡回法院所指出的，让法院“穷尽法律解释的传统工具”肯定是不合适的。[①] 正如 Scalia 大法官在 Cardoza-Fonseca 案的协同意见中所指出的，如果法院采取了这一进路，Chevron 原则就不复存在了。无论该法律可能有多么模糊，都必须对“传统工具”进行设计以允许法官采纳对法律所作的解释。

□ 法院应当只使用某些简单的工具

因此，法院的任务肯定是使用若干种“传统工具”，但是究竟应该使用哪些工具，以及应该如何使用特定的某种工具呢？Adrian Vermeule 对回答这些难题提供了有效的初步框架。[②] 他指出，每种法律解释工具都是非常不完美、不确定的，很可能会产生不精确的结果。他也指出，许多这些工具的司法适用需要耗费大量的时间和精力，任何试图对一项具体的解释问题使用所有这些工具，都将要求付出与任何可能的效益——提高解释性问题获得正确答案的概率——不成比例的大量时间和精力。因此，Vermeule 开出的药方是保持解释工作的简洁性。法官们可以选择一个相对容易使用的工具，并前后一致地加以使用。无论在解释司法机关负责实施的法律时会出现哪些优劣之处，Vermeule 所建议的方法特别适合于在 Chevron 式的案件中使用。根据定义，法院在适用 Chevron 原则时的任务不是解决法律中存在的各个模糊之处，而只是确定有哪些模糊之处以及它们的范围。

□ 法院应当采用文字的平常含义

在法院适用 Chevron 第一步时，应当使用的少数简单工具中最有力的可选项目应该平常含义规则。Fred Schauer 充分证明了主要依赖术语的字典定义来解释法律用语的可能性。[③] 最高法院应当前后一致地适用其在 National Railroad Passenger Corp. 案中所宣布的规则——任何有名望的字典收录的法律术语的定义都是在该术语所能接受的含义范围之内
238 的。最高法院应当抛弃自己在 MCI 案中所采取的进路——法院可以从各种字典的定义中选择司法机关所偏好的定义。这一进路违背了平常含义规则的宗旨，让各种政府机构难以清楚、可预测地进行相互交流或者与公众进行沟通。它也因为允许政治上不接受问责的法官通过在普遍接受的对文字的各种字典定义中进行选择的过程作出政策决定，而违反了 Chevron 原则的宗旨。

□ 法院应当只适用回避宪法判断原则

各级法院在适用 Chevron 第一步时应当少使用解释原则。这些原则数量过多，存在不确定性，在这一背景下适用容易产生冲突。任何法官可以使用对这些规则的选择性依赖作

---

① Halverson v. Slater，129 F. 3d 180 (D. C. Cir. 1997).

② Vermeule，“Interpretive Choice”，75 *N.Y.U.L.Rev.* 74 (2000).

③ Schauer，“Statutory Construction and the Coordinating Function of Plain Meaning”，1991 *Sup. Ct. Rev.* 231.

为以法官所偏好的决定取代行政机关的政策决定的手段。法院在适用 Chevron 原则时应当遵循的一项原则是“回避宪法判断原则”（the constitutional avoidance canon）——法院不应支持产生严重的合宪性问题的，行政机关对于模糊的法律用语的解释。这一规则在行政机关执行法律背景下的正当性的强度和在司法机关实施法律的背景之下是一样的。因此，例如，哥伦比亚特区巡回法院有理由拒绝采纳行政机关对模糊法律用语所作的一项解释，因为该行政机关的解释将会引发严重的违反第一修正案的质疑。[1] 当然，法官和大法官们很可能会在一些案件中对该规则的适用上存在差异。[2] 联邦法院应当适用回避宪法判断原则以胜过 Chevron 尊重，除非行政解释会引发严重的宪法问题。[3]

联邦法院不应该在适用 Chevron 第二步时使用立法史。立法史如果能在法律解释过程中能占有一席之地，那就是在对模糊法律用语进行解释时作为辅助手段。[4] 但是，Chevron 原则在行政机关实施的法律背景中将该任务交给了行政机关。考虑到立法史的广泛、不确定和具有内在冲突的性质，如果法官获准在适用 Chevron 原则的过程中使用立法史的话，那么任何法官都可以选择性地借助立法史作为以其对明智政策的看法取代行政机 239
关的见解。

□ 法院应该只在适用 Chevron 第二步时采用立法目的解释

最后，在适用 Chevron 第一步时，联邦法院也不能采用 Hart & Sacks 案中目的性的法律解释方法。这种目的性方法在适用 Chevron 第二步时占据主导地位。为了说服法院接受其解释是“可以被接受”或者是“合理的”，而不是“武断和恣意的”，行政机关必须解释为什么它相信自己所选择的解释符合该讼争法律的目的。

□ 作为说明的最高法院适用 Chevron 原则的判例

接下来按照时间顺序对 2002 年至 2009 年间最高法院适用 Chevron 原则的情况进行的描述，可以说明最高法院适用 Chevron 原则的方式是富于变化的。

在 National Cable & Telecommunication Ass'n v. Gulf Power Co. [5] 案中，六位大法官的多数意见支持了联邦通信委员会的结论，即“与有线电视系统的连接（attachment）”包括有线电视公司为了提供高速互联网连接服务而作的连接。多数意见认为，联邦通信委员会的解释“是我们对于发现存在模糊之处的法律所能做的最佳解读”。即便不是如此，多数意见推理道：

> 但是，如果法律存在模糊之处，联邦通信委员会的解读只要属于合理解释，就应当被接受。依据 Chevron 原则……被告……必须证明…… 联邦通信委员会的解释是不合理的。他们并未做到这一点。

两位大法官在撰写的协同意见书和不同意见书中认为法律条款是模糊的，联邦通信委

---

① Chamber of Commerce v. FEC, 69 F. 3d 600 (D. C. Cir. 1995)

② 例可参见 Solid Waste Agency of Northern Cook County v. Army Corps of Engineers, 121 S. Ct. 675 (2001)（行政解释是否因为僭越各州传统上具有的权力而引发严重的违宪风险，大法官们对此问题分成了 5：4 的两派）。

③ 参见 National Mining Ass'n v. Kempthorne, 512 F. 3d 702 (D. C. Cir. 2008)（“我们不会接受行政机关对法律所作的解释，如果它提出了严重的宪制障碍……但是我们一定不要在一提到出现宪法问题的可能性时就放弃 Chevron 尊重：必须进行仔细的论证”）。

④ Breyer, *On the Uses of Legislative History in Interpreting Statutes*, 65 U. S. C. L. Rev. 845 (1992).

⑤ 122 S. Ct. 782 (2002)，参见 § 7. 4 的讨论。

员会并未充分说明其采纳法律解释的理由。这两位大法官建议："将案件发回联邦通信委员会重新处理，并指令要求该委员会明确说明其对混合了（commingled）有线电视服务和高速互联网接入的连接的费率规制的具体法律依据。"

在 Barnhart v. Sigmon Coal Co. ① 案中，六位大法官的多数意见以 Chevron 第一步为依据驳回了行政机关的解释，理由是该解释与法律中明确的文本并不一致。该法律要求社会保障局局长将不再营业的煤炭公司中的每位煤炭行业退休工人安置到仍在营业的公司，"或者任何相关的个人"。按照该法律的要求，行政机关需要按照以下顺序进行安置：(1) 作为 1978 年协议的当事人（signatory），并且最近雇佣该退休工人至少长达两年时间
240 的公司；(2) 作为 1978 年协议的当事人，并且最近雇佣该退休工人持续任何一段时间的公司；(3) 作为 1978 年协议的当事人，并且在 1978 年之前雇佣该退休工人持续时间最长的公司。局长将一群退休工人安置至本来符合上述第 3 项安置条件的已歇业公司的利益继承人（a successor in interest）[*]。多数意见认为，该安置决定是无效的，因为："从法律条文来看，《煤炭法》（the Coal Act）不允许社会保障局局长将福利受益人安置至协议当事人之经营者的利益继承人"［原文标注着重号］。多数意见最后指出："在法律规定明确的情境下，我们不需要期待尊重行政机关的解释。"

三位持不同意见的大法官认为，多数意见认为明确的法律条文所要求的解释是荒谬的。持不同意见的大法官指出，该法律特别授权局长将退休工人安置到曾经雇佣该退休工人的已停业公司相关的公司利益的继承人。考虑到国会明确地决定将相关公司的继承人考虑在内，不同意见认为，如果将继承人排除在公司本身之外，将会对国会来说没有意义。持不同意见的大法官们指出，局长最初的解释已经得到了以后若干位局长的支持，"尽管行政部门的控制权发生了转移"。持不同意见的大法官们接着将这一事实与 Chevron 原则相联系：

> 我们之前已经重视这样的事实，即"在新政府上台之后"，行政机关认为，法律"术语应当获得"与之前"相同的定义"。Chevron 原则……

这是对 Chevron 原则很令人奇怪的适用。最高法院以 Chevron 原则提到了这一事实，但是最高法院将其视为平衡锤（makeweight）[**]，而非对最高法院的判决有任何效力的事实。

在 Wisconsin Department of Health & Family Services v. Blumer② 案中，六位大法官支持了 Wisconsin 对《联邦医疗补助法》（the Medicaid Act）中防止配偶致贫（anti-spousal impoverishment）条款的解释和适用方法。该案所讼争的条款及其多种解释非常复杂，以至于无法在一本《行政法》中进行有效的归纳。但是，多数意见认为，如果不考虑 Wisconsin 对实施复杂的一组法律条款的选择方法相关争议的合理性，有的段落对于当
241 前的目的来说是重要的。这些段落既讨论了法院应当尊重联邦行政机关的情形，也讨论了最高法院对同时赋予各州和联邦行政机关以解释权的众多法律进行解释的态度。

多数意见描述了解释和实施各州已经通过的法律的解释和实施方面的相互冲突的方法（competing methods）。多数意见基于以下四点理由支持了 Wisconsin 的方法：(1) 法律文

---

* 利益继承人，是指继承他人所有权或财产控制权的人。其条件是与原始权利人一样继续保留同样的权利而在所有权上不作改变，并且仅有形式改变而不涉及其实质。就公司而言，通常指法定继受，例如改变公司名称但保持其相同财产。——译者注

** 平衡锤，在这里是用来比喻补缺之无价值的事物。——译者注

① 534 U. S. 438 (2002).

② 122 S. Ct. 962 (2002).

字的“平常含义”没有排除 Wisconsin 的方法；（2）从整体上看，Wisconsin 的设计没有排除这一方法；（3）法律设计“为 Wisconsin 的方法的可允许性提供了肯定的支持”；（4）卫生和社会服务部（HHS）部长已经采纳这一立场，即“联邦政府应当让各州来决定要采用何种选择方案”。部长只是在一封意见信函、一份政策备忘录和一份规则草案中采纳了这一立场，但是多数意见认为“部长的立场在审议时值得尊重”。多数意见没有引用 Chevron 案，但是除了提到需要尊重专业性、复杂性和广泛的法定命令（mandate）之外，它引用了适用 Chevron 原则的案件。

多数意见并未“确定地解决”其他州所选择的不同方法是否可以被允许的问题，因为该案并没有提出这一问题。但是，多数意见指出，“Wisconsin 和联邦政府都敦促为各州留下余地是联邦医疗补助的一项特征”。接着，多数意见在更广泛的意义上讨论了合作式联邦主义法律的问题：

当对采取这种框架的其他法律进行解释时，我们从未犹豫为各州留下各种选择的空间，至少是负有监督之责的联邦行政机关已经认定这种选择空间是符合立法目的的。

持不同意见的大法官们认为，Wisconsin 所采纳的解释是与明确的法律之“平常含义”相互矛盾的。不同意见也认为，部长的立场不能获得尊重，既是因为它如此缺乏理由说明以至于缺乏“说服力”，也是因为部长对这一问题所采取的立场是前后不一致的。

在 New York v. FERC[1] 案中，六位大法官支持了联邦能源监管委员会（FERC）的决定——拒绝对一类交易主张专属管辖权，理由是联邦能源监管委员会认定，声称具有专属管辖权是不“必要的”，这种主张会引发“众多疑难的管辖权问题”。三位持不同意见的大法官则认为联邦能源监管委员会的决定是武断和恣意的，因而应当予以驳回，理由是：（1）联邦能源监管委员会得出了主张专属管辖权是没有必要的，但是没有提供充分的理由 242
说明；（2）联邦能源监管委员会并未充分地说明为什么它认为法律在管辖权问题上是模糊的；（3）法律明确了赋予联邦能源监管委员会对于任何情况下就本案讼争的这类交易具有专属管辖权。

在 Edelman v. Lynchburg College[2] 案中，最高法院以一致意见支持了平等就业机会委员会（EEOC）的一项规则，该规则对《1964 年民权法》的两项条文进行解释以允许依据该法提出投诉的当事人能够在法定的提交投诉期限经过之后对其投诉书补充法律上所要求的宣誓。但是，最高法院在支持该规则的理由上产生了分歧。七位大法官出具的多数意见认为，平等就业机会委员会根据《民权法》发布的实体性规则不能获得 Chevron 尊重，因为国会并未赋予平等就业机会委员会实施该法实体性条款的权力。但是，多数意见认为，“在这里没有必要解决任何涉及尊重的问题”，因为平等就业机会委员会的解释是合理的，并且该解释属于“即使我们从头开始解释该法律”，多数意见也会采纳平等就业机会委员会的解释。两位持不同意见的大法官不同意多数意见所作出的平等就业机会委员会的解释是正确的结论，但是他们认为该解释是“可以允许的”。不同意见认为应该对该规则给予 Chevron 尊重，部分因为平等就业机会委员会有权发布程序性规则以实施《民权法》，部分因为平等就业机会委员会经过通告评议程序重新确认了这项规则，尽管该规则最初是在未经通告评议程序的情况下通过的。

在 Ragsdale v. Wolverine World Wide[3] 案中，大法官们形成了 5：4 两派。多数意见以内容不合理并且存在武断和恣意的问题，而驳回了劳工部的一项规则，该规则对《家庭

---

① 122 S. Ct. 1012 (2002)，参见§7.4 的讨论。

② 122 S. Ct. 1145 (2002)，参见§3.5 的讨论。

③ 122 S. Ct. 1155 (2002)，参见§7.4 的讨论。

和医疗假法》（the Families and Medical Leave Act）解释为要求雇主给予雇员法律所要求的额外的12周的假期，如果雇主最初给雇员放假时没有告知雇员该假期是根据《家庭和医疗假法》的要求。多数意见认为，劳工部的规则与《家庭和医疗假法》的“补救性设计”不一致。四位持不同意见的大法官则认为该规则是合理的，并不构成武断和恣意，应当予以支持，因为劳工部已经为支持该规则提供了充分的理由说明。

在 Department of Housing and Urban Development v. Rucker[1] 案中，最高法院以一致意见支持了住房和城市发展部（HUD）的一项规则，该规则要求所有公共住房租赁协议中必须规定当租户家庭成员或者客人实施了与毒品有关的犯罪活动，即使该租户并不知
243 情，也有权将租户驱逐。最高法院判定该规则是 42 U.S.C. §1437（1）（b）明确的条文所要求的。第九巡回法院全席审理后判定该规则是无效的，首先是因为该法律存在模糊之处；其次则是根据立法史、适用回避宪法判断原则，以及适用要求法院避免得出荒谬结果的解释原则。最高法院则认为，所有这些解释工具都没有发挥作用的空间，因为“国会已经直接地提到了本案中所讼争的问题，Chevron……”最高法院也反对第九巡回法院对立法史所作的解释及其得出的结论——住房和城市发展部对法律的解释会引发严重宪法争议，并且会产生荒谬的结果。

在 Barnhart v. Walton[2] 案中，最高法院以一致意见支持了社会保障局的规则，该规则将法律上对于“残疾”的定义解释为需要提供功能障碍如此严重，已经维持了至少12个月的证明。最高法院认定，该法律的用语是模糊的，行政机关的解释处于“行政机关合法的解释权范围之内。参见 Chevron……”在判词中，大法官们对 Chevron 尊重的范围和效力进行了辩论。[3]

在 Verizon Communications v. FCC[4] 案中，七位大法官支持了联邦通信委员会（FCC）的一项规则，该规则中联邦通信委员会将千变万化的“成本”一词解释为假设运营一个结构安排高效的（efficiently structured）新的本地电话网络所需要的成本。多数意见认定，该术语之模糊足以支持众多计算和评估成本的方法，行政机关已经提供了足以支持其定价方法选择的理由。一位大法官撰写了长篇不同意见，认为联邦通信委员会没有充分说明它为什么选择了该规则所反映的这一具体方法。[5]

在 SEC v. Landford[6] 案中，最高法院以一致意见支持了证券交易委员会（SEC）对法律用语的解释，该解释禁止“与任何证券交易相关的”欺诈行为包括经纪人未经授权从客户账户中出售证券，或者将收益挪用的情形。最高法院指出：

> 在正式裁决的情境下对§10（b）的模糊条文进行的解释，如果内容合理的话有权获得尊重，参见……Mead 案……基于以下理由，我们认为该规则是合理的。
>
> …………
>
> 244 骗局（the scheme to defraud）和销售证券相互吻合，足以证明这一点。

在 Chevron v. Echazabal[7] 案中，最高法院以一致意见支持了平等就业机会委员会的规则，该规则创设了一项可以对投诉适用的抗辩理由，即当残疾人所寻求的工作有害健康

① 122 S. Ct. 1230 (2002).
② 122 S. Ct. 1265 (2002)，参见§3.5的讨论。
③ 参见§3.5的讨论。
④ 122 S. Ct. 1646 (2002)，参见§7.4的讨论。
⑤ 参见§7.4的讨论。
⑥ 122 S. Ct. 1899 (2002).
⑦ 122 S. Ct. 2045 (2002).

时，雇主可以拒绝雇用残疾人。最高法院认定，该法律的用语是模糊的，行政机关已经为其所选择的解释提供了充分的理由说明：

> 由于国会尚未对于工人自身健康的威胁进行详细说明，行政规章可以根据 Chevron 原则主张坚持依照该规则……只要资格标准是“与工作相关并且符合经营需要”的法律抗辩理由，是有实际意义的……［对于可能违反］职业安全和健康管理局的担心的关注就足以表明，该规章是有权继续存在的。

在 Yellow Transportation v. Michigan① 案中，八位大法官的多数意见支持了州际商业委员会在经过通告评议程序后发布的规则中所宣布的对《1991 年多式联运效率法》（the Intermodal Transportation Efficiency Act of 1991）的模糊规定的解释。最高法院也推翻了密歇根州最高法院的所作出的驳回州际商业委员会解释的一份判决。多数意见对其为何不同意州法院的结论——该法律的平常文字与州际商业委员会的解释不一致——进行了说明。最高法院接着支持了州际商业委员会的解释：“因为法律中存在模糊之处，并且行政机关的解释是合理的，其解释必须得到尊重。参见 Chevron……”提出协同意见的大法官则支持州际商业委员会的规则，认为它行使了“制定收费体系（fee system）”的职权，但是没有制造“对州际商业的负担”。

在 Meyer v. Holley② 案中，最高法院一致推翻了一家巡回法院所作出的采纳了对于《公平住房法》（the Fair Housing Act）奇怪解释的判决。在推理过程中，最高法院提到了尊重与巡回法院解释不一致的行政解释的需要。但是，我们不可能知道最高法院给予该行政机关解释的尊重程度，因为它同时引用了 Chevron 案和 Skidmore 案。

在 Washington Department of Social Service v. Keffeler③ 案中，最高法院以一致意见支持了行政机关的解释，推翻了州法院所作出的驳回该行政机关解释的判决。最高法院批评州法院未能尊重行政机关，然后对行政机关对法律或者立法性规则所作解释可以适用的三种类型的尊重进行了说明。 245

在 Pharmaceutical Research and Manufacturers of America v. Walsh④ 案中，最高法院在解决与行政机关实施的法律含义和意义有关的争议时区分了五种解决方法。地区法院禁止州实施处方药退款计划（rebate program），理由是该法院认定州的计划构成了执行联邦医疗补助计划的“障碍”，从而应当优先遵守联邦医疗补助的法律规定。巡回法院否定和推翻了地区法院的判决。六位大法官出具的多数意见支持了巡回法院的意见，但是提出了在推理上存在复杂差别的多种意见。出具多数意见的所有这六位大法官都同意卫生和公众服务部（HHS）部长有权批准或不批准州的计划，只需要接受综合适用 Chevron 标准和武断恣意标准的尊重性的审查（deferential review）。三位持不同意见的大法官则认为应该支持地区法院的禁令。他们的观点是地区法院有足够的证据支持其判断，即州计划给联邦医疗补助计划增加了负担但是无助于任何联邦医疗补助计划目标的实现。令人惊奇的是，三位持不同意见的大法官没有提及卫生和公众服务部部长批准或者不批准州计划可能产生的影响，虽然《联邦医疗补助法》（the Medicaid Act）明确赋予卫生和公众服务部部长批准或者不批准此类州计划的权力。

在 Barnhart v. Thomas⑤ 案中，最高法院以一致意见作出的判决适用了与其最初描述

---

① 123 S. Ct. 371 (2002).

② 123 S. Ct. 824 (2003).

③ 123 S. Ct. 1017 (2003).

④ 123 S. Ct. 1855 (2003).

⑤ 124 S. Ct. 376 (2003).

的 Chevron 标准相互一致的更强意义上的 Chevron 尊重。在一项立法性规则中，社会保障局将残疾立法解释为要求行政法官在申请人如果仍然能够完成其之前的工作时，将申请人判定为不属于残疾人，而无须判断该工作还是否存在于经济体之中。最高法院支持了社会保障局的解释，认为它"至少是对法律文本的合理解释……"第三巡回法院推翻了社会保障局的解释，因为它将会带来荒谬的结果，但是最高法院指出，第三巡回法院本身为该解释找到了一项言之成理的理由："申请人完成其之前工作的生理或者心理状态，将会'在众多案件中'作为申请人从事确实存在于国民经济之中的某些工作的有效和高效的行政替代标准（administrative proxy）。"第三巡回法院拒绝了这种替代标准的理由，因为它所产生的结论"并不总是正确，并且……在某些案件中可能是不正确的"。最高法院一致推翻了这种推理，因为它"将会使得行政机关所采用的大量程序失效。概括就会带来不精确。
246 几乎每项法律……规则都会在具体情况的适用上存在不完美。"最高法院最后对法院应当如何适用 Chevron 原则进行了精彩的总结：

正确的 Chevron 探寻不是行政机关的解释是否可以在某些情况下产生不让人满意的结果（正如在本案中两种解释可能产生的结果），而是在考虑到存在不同选择方案时，行政机关的解释是否是合理的。在本案中，社会保障局所作出的权威的解释当然能够满足这一标准。

令人奇怪的是，在 SEC v. Edwards① 案中，最高法院以一致意见支持了行政机关的解释，但是对于显然可以适用 Chevron 尊重的情况，却没有引用 Chevron 尊重或者任何其他形式的尊重。证券交易委员会（SEC）对于提供"投资合同"但是没有遵守适用于这些合同的规则的个人提出了执法诉讼。第十一巡回法院作出了有利于个人的判决，认为规定固定回报率的合同不能构成投资合同。最高法院推翻了这一判决，认为第十一巡回法院的解释既不符合法律的目的，也不符合最高法院的先例。最高法院补充道："不足为奇的是，证券交易委员会已经在正式裁决中……先后一致地采取了［与第十一巡回法院］相反的立场。"最高法院为什么在 Chevron 原则显然适用于正式裁决的过程中所采纳的解释时，忽略了 Chevron 原则呢？也许最高法院想要说的是，它并不需要对证券交易委员会的解释给予任何尊重，因为该法律在这一问题上并不存在模糊之处。如果是这样的话，最高法院能够这么指出的话就好了。

在 General Dynamics Land Systems v. Cline② 案中，八位大法官强烈反对一部法律的含义，以至于所有这八位大法官都认为其不存在模糊之处。平等就业机会委员会（EEOC）将《就业年龄歧视法》（the Age Discrimination in Employment Act）解释为适用于对年轻者不利而有利于年长者的歧视。六位大法官出具的多数意见驳回了平等就业机会委员会的解释。多数意见发现没有必要判断行政机关的解释应当获得 Chevron 尊重还是力度相对更弱一些的 Skidmore 尊重，因为它认定该法律无疑并不保护年轻者免受对年长者有利的歧视。两位持不同意见的大法官同意了多数意见的结论，即该法律是不模糊的，但是他们认为该法是明确保护年轻者免受对年长者有利的歧视。只有 Scalia 大法官指出，鉴于八位大法官的分歧，显然可以得出——该法律是存在模糊之处的。他认为应该适用 Chevron 原则
247 并且认定该行政机关的解释是合理的，从而支持平等就业机会委员会的解释。

在经历了 Edwards 案和 General Dynamics 案这两起完全回避适用 Chevron 原则的案件之后，最高法院在 Household Credit Services v. Pfennig 案③中再度采取了适用更强意义

① 124 S. Ct. 892 (2004).

② 124 S. Ct. 1236 (2004)，参见§3.5 的讨论。

③ 124 S. Ct. 1741 (2004).

(strong version) 的 Chevron 原则的做法。最高法院以一致意见支持了美国联邦储备委员会的一项规则，该规则将“融资收费（finance charge)”解释为与《信贷真实法》(the Truth in Lending Act) 中所使用的该术语具有相同的含义，排除了因为超过信贷额度 (credit limit) 而收取的费用。最高法院一开始判定，国会没有对“融资收费”进行定义，并且国会没有“提到本案讼争的这一问题。”它接着支持了行政机关推理过程的合理性以及解释的理解性：

> 只有在消费者超过其信贷额度时才会收取超额费（over-limit fee）……所以我们完全可以合理地将超额费定性为不是在消费者的信贷额度之上提高信用而收取的费用，而是违反了信贷协议的罚款。

最高法院最后批评巡回法院忽略了最高法院对法官们的申斥：上诉法院忽略了我们的警告——“法官应当注意避免以自己的填补间隙的立法取代［委员会的］立法。”

在 National Cable & Telecommunication Ass'n v. Brand X Internet Services[1] 案中，六位大法官的多数意见支持了联邦通信委员会的决定，即宽带有线拨号互联网服务 (broadband cable modem internet service) 属于“信息服务”，但是不属于“电信服务”。所有这九位大法官都同意宽带有线拨号互联网服务包含了作为其所提供服务组成内容的电信服务，但是在所提供的服务中包含了电信服务，这一点是否使得所提供的服务变成了电信服务，大法官们对此则存在不同意见。持不同意见的大法官表达的观点是“有线拨号服务中的电信成分 (component) 保留了如此充分的独立特征，以至于其必须被视为”是作为所提供之服务的组成部分。多数意见认为，法律上对电信服务所下的定义足够模糊，以至于可以允许联邦通信委员会认定有线拨号服务不属于电信服务，即使其包含了电信服务的成分。

Brand X 案中的多数意见讨论了可能对众多未来的案件具有广泛意义的三项重要问题。首先，多数意见认为，Chevron 尊重优先于遵循先例原则，除非司法先例得出的结论是法律明确了排除了行政机关所采纳的法律解释。最高法院判决的结论和推理与 Pierce 教 248
授的《Chevron 原则和遵循先例之间的协调》一文[2]中的推理与建议完全一致。其次，最高法院重申了其一点意见，即行政机关对模糊的法律条款所作解释存在不一致性并不能成为法院不对行政机关最新解释给予 Chevron 尊重的理由。再次，多数意见明确表明，Chevron 标准的第二步可以与武断和恣意标准，以及 Motor Vehicle Mfrs. Ass'n v. State Farm Mutual Automobile Ins. Co. [3] 案中所宣布的决定附理由说明义务相互共存。多数意见在讨论过程中同时引用了 Chevron 案和 State Farm 案，认定行政机关对于该法律所作的解释是合理的，因为行政机关充分地解释了为什么它选择这一解释，并且为何改变了这一解释。

在 Smith v. City of Jackson[4] 案中，四位大法官的复数意见认为前后一致的行政机关对该案讼争的法律条款的解释显然是对一项判决意见的事后之见，该判决意见主要以解释原则和根据不同法律判决的先例作为依据认定该条款所具有的含义和行政解释是一致的。三位大法官不同意有关该法律的含义。他们综合运用对法律文本和立法史的分析得出了相反的解释。三位大法官表达的观点是行政机关从未对该案讼争的条款作出解释，因此也就没有法院需要尊重的行政机关的解释。在单独出具的协同意见中，Scalia 大法官表达了这

---

[1] 125 S. Ct. 2688 (2005)，参见 § 3.5 的讨论。

[2] Pierce, “Reconciling Chevron and Stare Decisis”, 85 *Geo. L. J.* 2225 (1996).

[3] 463 U. S. 29 (1987).

[4] 544 U. S. 778 (2005)，参见 § 3.5 的讨论。

样的观点："这绝对是一起尊重行政机关解释的典型案例。"

在 Bates v. Dow Agrosciences① 案中，最高法院以一致意见判定《联邦杀虫剂、杀菌剂和灭鼠剂法》（the Federal Insecticide，Fungicide，and Rodenticide Act）并不能优先于一起州侵权诉讼，该诉讼中原告指控被告的产品存在缺陷，因为尽管该产品的标识（label）声称安全有效，可以适用于所有土壤，但是该产品的使用导致土壤的 pH 值达到 7 甚至更高，对农作物造成了损害。《联邦杀虫剂、杀菌剂和灭鼠剂法》中有一项条款禁止各州作出与环境保护局所规定的标识要求"更多或者不同的"标识要求。巡回法院认为，《联邦杀虫剂、杀菌剂和灭鼠剂法》优先于州侵权诉讼，因为原告胜诉的效果就是要求被告修改环境保护局所批准的标识要求。最高法院推翻了这一判决，理由是大法官们认定原告对其案件提出的理论与环境保护局对产品标识要求所作的决定之间并不矛盾。最高法院
249 引用了一份环境保护局的通告，该通告指出："环境保护局批准杀虫剂并不能反映任何杀虫剂是有效的或者不会损害农作物或者导致其他财产损害的判断。" Breyer 大法官单独撰写了一份协同意见，"强调了最高法院主张的实际意义，即各州法律上的要求必须'对照'环境保护局制定的'对［该法规定的］"错误标识"（misbranding）标准加以具体化的'相关规章"。他提到了最高法院在 Medtronic v. Lohr② 案中对行政决定和宣告可能具有的优先效应（preemptive effect）所作的讨论。

最高法院在 Bates 案中所解决的争议有一项特征是非同寻常的。即使最高法院已用了环境保护局（EPA）的决定和宣告作为其判决的部分依据，最高法院实际上采纳了政府在法庭之友意见书中所主张的解释不一致的法律解释。最高法院完全不清楚环境保护局已经采纳了司法部首席政府律师（Solicitor General）敦请法院采纳的法律解释，而相当清楚的是环境保护局所作的决定是与基于对该法律的相反解释而提出的纠纷解决方案。最高法院尊重了环境保护局所作的决定和宣告，但是没有尊重司法部首席政府律师的立场。

在 Gonzales v. Oregon③ 案中，六位大法官出具的多数意见认为，Chevron 尊重并不适用于司法部长在一项解释性规则中所采纳的法律解释，因为国会并未授权司法部长对该案讼争的条款进行解释。三位持不同意见的大法官则认为国会已经授予司法部长对该案讼争的条款进行解释的权力，因此应该适用 Chevron 尊重。

在 S. D. Warren Co. v. Maine Board of Environmental Protection④ 案中，最高法院以一致意见认为，《清洁水法》（the Clean Water Act）中的"排放"（discharge）一词包含了水电站大坝的放水（release）。最高法院主要借助字典上的定义和最高法院自身此前对该词的运用，但是它也指出，环境保护局和联邦能源监管委员会已经在使用"排放"一词时将放水包括在内。最高法院认定："因为无论是环境保护局还是联邦能源监管委员会都没有正式作出定义，或甚至是说明行政机关的推理，所表达的这些理解并不能要求获得本院的尊重。［引用 Chevron 案］……但是，即便如此，行政机关在这种方式上对'排放'一词的用法确认了我们对该词的字典定义的理解。"

在 Rapanos v. U. S. ⑤ 案中，最高法院对工程兵团（the Corps of the Engineers）是否
250 可以对"美国水域"（waters of the United States）作出与《清洁水法》中的用法相同的解释。对于最高法院所发布的多项复杂的判决意见，尽管我们有很多其他理由认为它们是非

① 544 U. S. 431 (2005).

② 518 U. S. 470 (1996)，参见 § 3.5 的讨论。

③ § 3.5 讨论的 126 S. Ct. 904 (2006)。

④ 126 S. Ct. 1843 (2006).

⑤ 126 S. Ct. 2208 (2006).

常重要的，但是这些判决意见其实对如何适用 Chevron 原则的方式并没有作出多少说明。两家被规制者对工程兵团 30 年前所发布的一项规则中的解释提出了质疑。该规则将美国水域解释为适用于邻近可航行水域的湿地，包括只是间歇性的溪流（streams），以及由人为工事与可航行水域相隔离的湿地。

四位持不同意见的大法官对该术语的解释称为是“行政分支（the Executive）对于法律条款所作解释的典型范例。参见 Chevron……”不同意见也提到了这样一件事实，即工程兵团的解释是长期存在的，国会也默认该解释的存在而拒绝推翻该解释。但是，我们并不完全清楚为什么这些因素对于持不同意见的大法官们得出结论来说是重要的。

四位大法官出具的复数意见则同意适用 Chevron 原则，并同意以下观点：“美国水域在某些方面上来讲是模糊的。”复数意见认定：“但是，模糊之处的范围并不见得可以推广到暴雨下水道和干涸的沟渠是否属于‘水域’的问题，因此并不支持工程兵团的解释。”复数意见依据字典的定义来支持其结论，即“水域”不能延伸到将存在间歇性水流的溪流或者这样一些湿地，它并不存在“与‘美国水域’的水体之间有连续的水面连接，以至于没有办法清楚划分‘水域’和湿地……”持不同意见的大法官们将相同的字典定义解释为将工程兵团的解释包含在对该术语的一系列可以允许的解释之内。复数意见也提到了回避宪法判断原则和联邦主义/清楚表述原则（clear statement canon），虽然我们不清楚究竟那一条原则对于得出复数意见的结论来说是重要的。复数意见基于一项完全正确的理由对不同意见提出了批评。不同意见认为，法院应当尊重工程兵团对“邻近”一词的解释。复数意见则指出，“邻近”一词并不是该法律中所使用的术语，而是在此前最高法院判决意见中所使用的术语。因此，行政机关对该术语的解释不适用尊重。

Kennedy 大法官撰写的一份协同意见，如今已成为“法律”，因为其他大法官分成了 4∶4的两派。和其他八位大法官的判决意见一样，Kennedy 大法官多次提到了尊重行政机关所作出的合理的法律解释的需要。但是，和复数意见与不同意见一样，Kennedy 大法官对法律术语的解释与工程兵团的解释之间的并无多少联系。Kennedy 大法官的解释则是，　251
只有在“湿地和可航行水域……之间存在明显连接（significant nexus）”时才能适用该法定术语。但是，工程兵团从未采用过“明显连接”标准。最高法院在先前的判决意见中提到了“明显连接”的需要。因此，Kennedy 大法官的解释与工程兵团的解释之间甚少联系，即使有的话，并且其推理和结论反映出对行政机关的尊重程度还不如对不同意见或者协同意见的尊重程度。

Roberts 首席大法官在复数意见上签字，但是他也单独撰写了一份协同意见。他批评工程兵团没有完成 2003 年开始的一项规则的制定工作，该规则草案建议，根据当时发生不久的最高法院在 Rapanos 案中驳回了过于宽泛的相同定义，而对本案讼争的法律术语采取全新的、更为狭义的解释。首席大法官引用了 Chevron 案，并且指出：“考虑到国会在《清洁水法》中所使用的宽泛，有的模糊，但是绝非清楚限定的术语；工程兵团和环境保护局在确定其职权外部边界的若干概念时，应该享有充分的操作空间。”首席大法官的意见表明，他可能会不愿支持复数意见所适用的定义性的限制（definitional limits），而愿意接受较少限制性的限制，如果工程兵团或者环境保护局能够在新规则中采用这些限制的话。

Breyer 大法官在四位大法官出具的不同意见上签字，但是他也单独撰写了一份不同意见。Breyer 大法官指出，Kennedy 大法官的标准的适用难度太高，Kennedy 大法官已经“保持了工程兵团权力……不受影响。行政机关可以制定对该术语进行定义的规章……而法院必须赋予这些规章以合理的尊重。Chevron……”Breyer 大法官接着敦促工程兵团“迅速”按照 Kennedy 大法官的意见制定一项新的规则，以避免各级法院“作出各种临时性的判决，而导致科学问题转化为法律问题的风险”。因此，Roberts 首席大法官和 Breyer

大法官可能意见是一致的，虽然 Roberts 首席大法官是在复数意见上签字，而 Breyer 大法官是在不同意见上签字。

在 Burlington Northern & Santa Fe Ry. Co. v. White① 案中，八位大法官出具的多数意见认为，《民权法》第 7 编的报复条款（retaliation provision）授权要求所实施的报复行为（retaliatory actions）“损害程度达到了劝阻有理性的工人作出或者支持歧视指控的程度”的雇主恢复原状，即使该报复行为与工作场所无关。多数意见既没有引用 Chevron 案，也没有引用 Skidmore 案，但是多次引用了平等就业机会委员会手册中所包含的报复
252 条款以支持其解释。

在 Watters v. Wachovia Bank② 案中，五位大法官出具的多数意见认定，对优先于州法的行政行为需要给予多大程度的尊重，这是“一项学术问题”，因为多数意见认定，该法律本身优先于州法，而三位持不同意见的大法官则首次提出了这样的担心，即在什么样的情况下行政行为可以优先于州法，以及行政机关的决定如果应当获得尊重的话，应该是多大程度的尊重。

在 National Ass'n of Home Builders v. Defenders of Wildlife③ 案中，大法官们对于一项有关 Chevron 原则的争议形成了 5∶4 的两派。《清洁水法》要求，如果州政府能够满足 9 项要求，则环境保护局将许可权转移给州。《濒危物种法》要求任何联邦行政机关在作出可能对濒危物种不利的任何决定之前必须征求鱼类和野生生物管理局（the Fish & Wildlife Service）的意见，并且如果鱼类和野生生物管理局认定存在不利影响时停止采取该行动。所有这九位大法官都认定这种所导致的情形是“相互冲突的各种‘应当’（shalls）的问题”。如果环境保护局拒绝向满足 9 项《清洁水法》规定标准的州转移许可权，因为鱼类和野生生物管理局认为这种权力转移将会对濒危物种构成不利影响，环境保护局就违反了《清洁水法》。但是，如果环境保护局是在鱼类和野生生物管理局认定会对濒危物种构成不利影响之后作出这种权力转移，环境保护局就违反了《濒危物种法》。

为了调和这种冲突，环境保护局与鱼类和野生生物管理局共同发布了一项规则，其中将两部法律解释为要求环境保护局只对裁量性决定（discretionary action）征求鱼类和野生生物管理局的意见。环境保护局起初将亚利桑那州有关转移《清洁水法》规定的许可权的申请转给鱼类和野生生物管理局，鱼类和野生生物管理局初步判断这种权力转移会对濒危物种构成不利影响。在经过部门间的征求意见程序之后，鱼类和野生生物管理局收回了最初的判断，而是认为这种权力转移不会对濒危物种构成不利影响。环境保护局随后将《清洁水法》的许可权转移给了亚利桑那州。第九巡回法院全席审理认为，环境保护局的决定是武断和恣意的，指控环境保护局的推理存在不一致。第九巡回法院接着认为《濒危物种法》要求环境保护局征求鱼类和野生生物管理局的意见，并且在鱼类和野生生物管理局最初断定这种权力转移会危害濒危物种时拒绝转移该许可权。

五位大法官出具的多数意见首先申斥了第九巡回法院，批评它在认定行政机关的决定是武断和恣意的，然后自行裁决了争议而不是将争议发回行政机关重新处理。④ 多数意见接着推翻了第九巡回法院的判断，即环境保护局的行为是武断和恣意的。⑤ 多数意见接着
253 转向法律解释的问题。它认定，两部法律发生了冲突，并且该法律上的冲突对于 Chevron

① 126 S. Ct. 2405 (2006).

② 127 S. Ct. 1559 (2007)，参见 § 3.5 的讨论。

③ 127 S. Ct. 2518 (2007).

④ 参见 § 18.1 的讨论。

⑤ 参见 § 11.4 的讨论。

原则的适用目的来说与存在模糊性相同。多数意见接着适用了 Chevron 原则，并认为环境保护局/鱼类和野生生物管理局在经过通告评议程序后共同制定的规则中对相互冲突的法律所作的解释是合理的，从而予以支持。多数意见接着支持了环境保护局对该规则的解释，认为该解释是合理的。[①]

四位持不同意见的大法官在每项问题上都不同意多数意见的观点。持不同意见的大法官认为，基于以下四点理由应该推翻行政机关对这两部法律的解释：（1）行政机关的解释不是由负责执行该法律的行政机关所采纳的，因此不能享受 Chevron 尊重；（2）该解释与法律所使用的文字不一致；（3）该解释与最高法院之前对该法律所作的解释不一致；（4）调和这两部法律之间存在的明显冲突，可以有更好的方法。不同意见在上述这些理由上都是缺乏说服力的。首先，Chevron 原则显然可以适用，因为该解释是在两家行政机关共同发布的立法性规则中采用的。其次，两部法律的平常含义与行政解释之间的矛盾程度并不高于不同意见所建议的另外两种解释；正如不同意见所承认的，两部法律相互矛盾，因此不是这部法律，就是另外一部法律与任何一项行政机关的解释相互矛盾。再次，最高法院在先前的判决意见中所作出的不一致的解释，按照最高法院在 Brand X 案中所提供的精彩理由并不构成遵循先例（stare decisis）。最后，持不同意见的大法官所建议的另外两种解释法律的方式不过是言之成理（plausible）的选项；Chevron 原则要求法院支持合理的行政解释，即使不需要在政治上接受问责的法官更青睐其他言之成理的解释。

在 Environmental Defense v. Duke Energy Corp.[②] 案中，八位大法官出具的多数意见认为，行政机关可以合理地对同一部法律中同一术语采用不同的解释。

在 Massachusetts v. EPA[③] 案中，五位大法官出具的多数意见认为，《清洁空气法》明确地授权和要求环境保护局只要认定汽车排放的二氧化碳加剧（contribute to）气候变化，就可以对其进行规制。《清洁空气法》规定，环境保护局“应当”规制“任何类型的……新机动车导致的空气污染，如果根据环境保护局的判断……合理地……预期这些导致或者加剧的空气污染会危害公众健康或者福利”。它将“空气污染物”定义为“任何空气污染媒介……包括……排放进入大气的任何物理、化学……物质”。 254

四位持不同意见的大法官引用了 Chevron 案，认为环境保护局可以对该法进行合理解释：（1）以使其可以推迟作出需要启动规制义务的“判断”；（2）将二氧化碳排除在“空气污染介质”之外；（3）将“空气污染物”限定于主要发生在“接近地球表面的”问题。

在 Global Crossing Telecommunications v. Metrophones Communication[④] 案中，七位大法官出具的多数意见引用了 Chevron 案，并认为联邦通信委员会已经对“不合理实践（unreasonable practice）”这一法律术语合理解释为包括了服务提供商拒绝支付联邦通信委员会已经在一项规则中所命令的向付费电话（payphone）经营者的赔偿。一位大法官提出了不同意见，理由是该制定法只是针对违反该法律才授权作出赔偿判决，而不是针对违反依据该法律所制定的规则。另一位大法官提出的不同意见，其依据则是未能向付费电话经营者支付赔偿，不能满足服务提供商的实践资格。

在 Zuni Public School District No. 89 v. Department of Education[⑤] 案中，最高法院需要应付统计指南之解释的疑难问题。《联邦影响援助法》（the Federal Impact Aid Act）要

---

① 参见 § 6.11 的讨论。

② 127 S. Ct. 1423 (2007).

③ 127 S. Ct. 1438 (2007).

④ 127 S. Ct. 1513 (2007).

⑤ 127 S. Ct. 1534 (2007).

求能源部在全州范围内“均衡开支（equalize expenditures）”，但是“忽略”“学生开支……占这些开支的比例超过 95%或者低于 5%……”的学区。在长达三十年的时间里，能源部已经根据每个学区的学生数量以及该学区平均每个学生的开支规模而“忽略了”这些学区。五位大法官出具的多数意见引用了 Chevron 案，认为能源部的解释是合理的。多数意见首先承认原告“最强烈的主张来自该法律的字面含义”。但是，多数意见接着讨论了基于政策的理由，即为什么“国会希望让部长在我们之前自由使用计算方法……”四位持不同意见的大法官认为，能源部的解释与该法律平常文字不一致，批评了多数意见“将法官所设想的立法意图凌驾于明白的法律文本之上”。

《公平劳动基准法》（the Fair Labor Standards Act）对提供陪伴服务（companionship services）的个人豁免适用工资和工时规则，但是该豁免是否适用于受雇于他人的而非陪伴服务对象的个人则并不清楚。在 Long Island Care at Home v. Coke[①] 案中，最高法院以一致意见支持了劳工部的一项规则，该规则将法律上的豁免规定解释为包括提供陪伴服务但是由第三方支付报酬的个人。最高法院指出，“当行政机关合理地填补了［法律文字中
255 的］漏洞，并且根据其他可以适用的［例如程序性］要求，法院认为该结论是具有法律约束力的而予以接受。”最高法院对这一解释给予了 Chevron 尊重，虽然它是在标注为“解释性”的规则中所采用的。最高法院认定，该规则所采纳的解释有权获得尊重，因为它填补了法律文字中的“漏洞”，行政机关“完全关注存在争议的事项”，该主题“涉及的是行政机关具有专业优势的事务”，行政机关“发布通告……提出规章草案……接收公众评议意见，并且……根据评议意见发布最终的规章”。行政机关也尊重了该规则中的解释，即使其与法律的文字并不一致，因为：（1）采纳这一不一致的规则中的解释将会“导致严重的问题”；（2）不一致的规则是属于更为一般性的；（3）即使行政机关在过去是以不一致的方式对规则进行解释，其最近的解释并未产生不公平的意外，因为它是经过通告评议程序采纳的；（4）行政机关已经在一份有权获得尊重的法律意见书中将该规则解释为优于不一致的规则。

在 Riegel v. Medtronic[②] 案中，大法官以一致意见认定食品药品管理局对于《食品、药品和化妆品法》（the Food, Drug and Cosmetics Act）中的优先条款解释为优先于州侵权法，原告的索赔理由与食品药品管理局批准药品不一致，或者其标签只有权获得 Skidmore 尊重，因为该解释是法庭之友意见书所采纳的。八位大法官的多数意见接着赞同了食品药品管理局的解释，但是没有对食品药品管理局给予任何尊重。多数意见表达了这样的观点，即“该法律本身显然是针对本案中所讼争的问题。”但是，在其判决意见的另外部分内容中，多数意见重复了它在之前的判决意见中所作表述——最高法院“以基本上按照食品药品管理局规章……规定的方式”对该案讼争的条款作出解释。我们难以对这些表述进行调和。一位持不同意见的大法官认为，行政机关在其法庭之友意见书中所宣布的解释根据 Skidmore 原则并不能获得任何尊重，因为它既不符合行政机关之前的解释，也不符合国会的意图。

在 Federal Express Corp. v. Holowecki[③] 案中，七位大法官首先认为，行政机关的解释只有权获得 Skidmore 尊重，因为它只是在一份合规手册中宣布的，然后支持了行政机关的解释，部分原因是它反映了“法院和诉讼当事人可能合理凭借的经验体系和知情判
256 断”。多数意见承认，行政机关对于法律术语的解释随着时间推移出现了不一致的情况，

① 127 S. Ct. 2339 (2007).
② 128 S. Ct. 999 (2008).
③ 128 S. Ct. 1147 (2008).

但是多数意见也指出，考虑到行政机关处理的案件众多，这些是不可避免的，也不足以剥夺行政机关享受所有司法尊重。两位持不同意见的大法官则认为应该推翻行政机关的解释，因为行政机关的解释随着时间推移出现了不一致，而且行政机关的解释本身也是不合理的。具有讽刺意味的是，两位建议推翻行政解释的大法官适用的是 Chevron 尊重，而非强度更弱的 Skidmore 尊重。

在 Dada v. Mukasey① 案中，最高法院对《1996 年非法移民改革和移民责任法》（the Illegal Immigration Reform and Immigration Responsibility Act of 1996）两项条款的含义产生了 5∶4 的分歧。该法中有一项条款授权外国人在被要求离境之后申请重新开始处理拒绝入境案件，而另一项条款则规定在 60 天内同意这类离境要求而自愿离境。如果一个外国人被命令离境，提交了申请要求重新开始程序，同意自愿离境，然后在移民上诉委员会已经根据申请重新启动程序之前撤回自愿离境协议，并且在该外国人必须自愿离境的 60 天期限结束之前，就会发生什么情况呢？

五位大法官认为："为了确保对于自愿离境对象重新启动程序，外国人必须被允许在离境期限到期之前单方面地撤回自愿离境申请，而无论重开程序动议的基础合理性如何"［加注着重号］。支持这一结论的推理是缺乏说服力的。法律没有对这类问题作出规定。复数意见第一部分的结论也与复数意见后面部分的推理不相一致。因此，例如，在该判决意见的后面部分中，复数意见指出，"所采纳的规章必须是为了以不同方式解决这一两难境地"。这一表述是内在地与复数意见更早的结论，即该法律只能支持一种解释的结论不相一致。复数意见也提到了一份规则草案，该草案允许外国人在特定情况下撤回自愿离境协议。附属意见指出，规则草案不是具有约束力的，但是"值得认真考量"。复数意见接着依据规则草案作为其得出结论——行政机关可以，并且应当允许这种撤回——的部分理由。该判决意见的这部分内容也是内在地与该判决意见的之前部分——其中复数意见认定法律"必须"解释为允许撤回——不相一致。对于多数意见对待规则草案的处理方式的定性也是没有意义的。规则草案只能是面对未来适用的。显然，复数意见只是对他所喜欢的规则草案的部分内容给予了"认真考量"。我赞同不同意见的批评，即复数意见中的推理 257
将"行政法学理论置于……混乱的退化状态"。这本来应该是一起简单的案件，可以一致决定适用 Chevron 原则，判定法律对于所提出的问题来说规定是模糊的，然后根据 Chevron 原则支持行政机关的合理解释。

在 Meacham v. Knolls Atomic Power Laboratory② 案中，六位大法官出具的多数意见判定，《反就业年龄歧视法》（the Age Discrimination in Employment Act）将有关基于合理因素而非年龄的肯定性诉讼抗辩相关的说服责任分配给了雇主，也就是说，如果陪审团认定雇主所采取的行动对于年长的雇员来说具有不成比例的不利影响，除非雇主说服陪审团相信这一做法具有年龄之外的合理依据，否则陪审团必须由法官引导判定雇主已经实施了违法的歧视行为。多数意见依据的是这一事实，即国会已经将年龄之外的合理因素作为正面抗辩（affirmative defense），以及"长久以来的惯例"，即正面抗辩者承担说服责任。多数意见发现"没有必要"从平等就业机会委员会的规则中寻找指导，并且这些规则中根本就没有明确的答案。一位持协同意见的大法官则认为：（1）该法律对这一问题的规定是模糊的；（2）平等就业机会委员会已经要求雇主承担说服责任；（3）行政机关的解释应当作为合理解释而得到支持。一位大法官没有参加这一案件的审理，而另一位大法官基于别

① 128 S. Ct. 2307 (2008).
② 128 S. Ct. 2395 (2008).

的理由提出了不同意见。

在 Kentucky Retirement Systems v. EEOC[①] 案中，最高法院对于《反就业年龄歧视法》在不同的情境下的解释形成了 5∶4 的分歧。多数意见依据的是六项考虑因素以支持其结论，即退休计划的一项条款具有的效果，即在因为残疾的因素而提前退休时，年轻工人可以获得比年长工人更多的退休金，这一效果并不违反《反就业年龄歧视法》。四位持不同意见的大法官抱怨多数意见忽略了法律中的文字，并提出了这样的观点，即受到质疑的退休计划中的条款明显违反了《反就业年龄歧视法》，因为它构成了基于年龄因素的歧视。

平等就业机会委员会将《反就业年龄歧视法》解释为持不同意见的大法官所认为应当赋予的含义，该含义与多数意见的解释正好相反。不同意见提到了平等就业机会委员会对《反就业年龄歧视法》所作的解释，但是没有表示如果有的话，需要给予平等就业机会委员会的解释以多大程度的尊重。多数意见拒绝尊重平等就业机会委员会有关这一问题的规
258 则，因为多数意见的结论是该规则没有解决这一问题。多数意见拒绝尊重平等就业机会委员会对这一规则的解释，因为它认定该规则只是鹦鹉学舌般地照抄法律条文，从而剥夺了行政机关赢得对行政机关解释之尊重的方式对规则进行解释的权力。[②] 最后，多数意见拒绝平等就业机会委员会在合规手册中所包含的解释。多数意见引用了 Christensen 案以支持其结论，即合规手册中的解释只有权享受 Skidmore 尊重，而不能享受 Chevron 尊重。多数意见接着认定，该解释缺乏赢得 Skidmore 尊重所需要的“说服力”。

在 Morgan Stanley Capital Group v. Public Utility District[③] 案中，五位大法官出具的多数意见讨论了适用 Chevron 原则的可能性，但是最后判定不能适用 Chevron 原则，因为最高法院之前对该案讼争的法律作出了解释，因此本案中最高法院也需要对该法律作出相同的具体解释。如果不详细描述这一来龙去脉，我们就无法理解该复杂案件。其逻辑出发点是最高法院在 FPC v. Sierra Pacific Power Co. [④] 案中的判决，该案中最高法院将《联邦动力法》（the Federal Power Act）解释为创设了一项推定，即任何经过自由协商订立的购电合同所规定的价格都是属于《联邦动力法》所要求的“公平合理的”，从而是合法的。最高法院接着认为，联邦动力委员会（FPC，即现在的联邦能源监管委员会）不能修改该合同中规定的价格，除非它认定合约价格严重损害了公共利益。

Morgan Stanley 案中最高法院所裁决的纠纷是发生在 2001 年加利福尼亚州电力市场危机之时。[⑤] 在现货价格上涨超过 5 倍之后，有的公用事业公司采取的办法是签订固定价格的长期合约，以避免未来出现更高的现货市场价格。几乎就在它们签订了这些长期合约之后不久，现货价格回落到合约价格之下，这些公用事业公司便向联邦能源监管委员会申请要求降低合约价格，以便允许它们避免因为失策的缔约决定而导致的后果。联邦能源监管委员会最初适用了 Sierra 原则，拒绝了公用事业公司的申请。第九巡回法院则推翻了联邦能源监管委员会的决定，理由是它认为不应适用 Sierra 原则，因为只有在联邦能源监管委员会作出最初决定认为合约价格是正当合理的，而一当事人后来对于合约价格的合法性提出质疑的时候才能适用 Sierra 原则。联邦能源监管委员会在发回重新处理的时候改变了主意。它接受并适用了第九巡回法院对于 Sierra 原则的解释，但是它认定 Sierra 原则可以

---

① 128 S. Ct. 2361 (2008).

② 参见§6.11 对反鹦鹉学舌原则的讨论。

③ 128 S. Ct. 2733 (2008).

④ 350 U.S. 348 (1956).

⑤ 参见 Pierce, “How Will the California Debacle Affect Energy Deregulation?” 54 *Admin. L. Rev.* 389 (2002)。

适用于该原则，因为联邦能源监管委员会通过授权卖方在竞争性的批发市场中以不受规制的价格订立合同，事实上已经判定合约价格是正当合理的。第九巡回法院再次驳回联邦能 259
源监管委员会的决定，理由是它认为联邦能源监管委员会授权进行不受规制的批发交易（unregulated wholesale）并不能符合作为批准合约价格的条件。案件送到最高法院时，联邦能源监管委员会再次改变其主意，主张第九巡回法院对 Sierra 原则的解释是错误的，而联邦能源监管委员会最初对于 Sierra 原则的解释是正确的。

在这起复杂的案件中，最高法院的多数意见指出：

> 本案中联邦能源监管委员会的决定同意第九巡回法院的前提，即该委员会必须有最初的机会在不包含 Mobile-Sierra 原则推定的情况下对合同进行审查，但是坚持认为基于市场定价的授权可以构成初步审查。但是，在本案审理过程中，联邦能源监管委员会改变了这一基调，认为并不存在这样的前提条件——或者至少联邦能源监管委员会可以合理地得出这一结论，从而 Chevron 尊重是合适的……如果行政机关在法庭上所提出的理由与其决定意见中所提出的理由不一致，我们不会支持行政机关的裁量性决定。[①] 但是，联邦能源监管委员会是幸运的：Chenery 原则并不适用于本案，因为我们认定该委员会，根据我们在 Sierra 案中的判决，需要在对本案讼争的契约进行评估时候适用 Mobile-Sierra 推定。联邦能源监管委员会为必要的结论提供了不同的理由，这并不能构成推翻其裁定的缘由："发回重新处理将是消极和没有必要的手续。Chenery 原则并不要求我们将对行政决定的司法审查转变成为一场乒乓球比赛。"

两位持不同意见的大法官认为，最高法院应该适用 Chevron 原则，支持联邦能源监管委员会在接受审查的决定中所采纳的对 Sierra 原则和《联邦动力法》的解释，也就是说，第九巡回法院对于 Sierra 原则的解释。持不同意见的大法官指出，最高法院最初在 Sierra 案中所解释的法律用语，以及第九巡回法院和联邦能源监管委员会在本案中所解释的对象，都是同一个非常模糊的术语"正当合理的"。持不同意见的大法官认为，多数意见作出了一项政策决定而不是相反地支持行政机关的合理政策决定，这是与 Chevron 原则不一致的。

我对 Morgan 案判决持有非常矛盾的心理。作为一名能源市场监管领域的专家，我完全同意多数意见的看法。但是，作为一名行政法学者，我又完全同意持不同意见的大法官的看法。国会在《1935 年联邦动力法》中使用"正当合理的"这一术语时，当然没有作出 Morgan 案中的这一决定。持多数意见的大法官将其作为一项政策问题作出了这一
判决。 260

在 United States v. Eurodif[②] 案中，最高法院在判决意见中以一致意见重申了对 Chevron 案、Smiley 案和 Brand X 案判决的较强形式（strong versions）的解读，很好地说明了所有这三份判决的意义。反倾销立法适用于货物交易，但是不适用于服务交易。一家外国企业认为，它在一家美国企业出售浓缩铀以换取非浓缩铀和现金时，是在向美国企业出售该法豁免的铀浓缩服务。政府之前已经接受了对类似交易的此种定性，并且国际贸易法院和联邦巡回区上诉法院都支持了对该法所作的这种解释。但是，在 Eurodif 案中，商务部认定这种类型的交易是货物交易而非服务交易。商务部指出，这些交易涉及物权从买家到卖家的转移，并且外国企业所出售的浓缩铀和美国企业向外国企业提供的同一批铀。商务部认定，对于确定其法定管辖权的目的而言，将这种交易定性为服务交易是它所不愿意

---

① 参见 SEC v. Chenery Corp.，318 U.S. 80 (1943)。

② 129 S. Ct. 878 (2009).

接受的法律拟制（legal fiction）。国际贸易法院和联邦巡回区上诉法院都推翻了商务部的观点，一部分依据是商务部需要遵守之前的先例判决，在这些先例判决中两家法院都支持了商务部作出的存在不一致的解释；另一部分依据则是该法明确将这类交易归入豁免的服务交易。

最高法院以一致意见推翻了巡回法院的判决。最高法院判定该法在是否可以适用于这类交易的问题上存在模糊性，按照 Chevron 原则，巡回法院需要支持商务部对该法所作出的合理解释。最高法院接着引用了 Smiely 案的判决作为支持，认定法院必须支持行政机关对模糊的法律条款所作的合理解释，即使行政机关之前作出了相反的解释，并且引用了 Brand X 案的判决作为支持，认定法院过去作出的判决支持行政机关对模糊的法律条款所作相反解释，并不能约束行政机关或者法院。行政机关依然可以自由地作出不同的解释，只要新的行政解释是合理的，并且行政机关对为何改变解释作出理由说明。

□ 2009 年的若干判例说明大法官之间依然存在分歧

在 Carciera v. Salazar① 案中，最高法院推翻了巡回法院的判决，该巡回法院判定某部法律存在模糊，然后适用了 Chevron 原则支持了行政机关所作的解释。《印第安人机构重组法》（the Indian Reorganization Act）授权内政部获取土地并为了“印第安人”的利益而委托他人管理，并且将“印第安人”定义为“现在（now）属于联邦政府管理的任何得
261 到承认的部落之成员的印第安人”。问题在于“现在”是指该法在 1934 年制定的日期，还是内政部长对土地设定托管的时间。巡回法院判定“现在”是模糊的，认为行政机关将其解释为行政机关指定权力的时间是合理的，从而判决予以支持。

大法官们达成一致意见的唯一一点是该案不适用 Chevron 原则。五名大法官出具的多数意见判定行政机关的解释不能获得 Chevron 尊重，因为“现在”一词明显是指《印第安人机构重组法》制定的时间。多数意见接着推翻了内政部长的决定，该决定为某部落设定土地托管，但该部落在 1934 年并不获得承认属于联邦管辖范围。

Breyer 大法官撰写了一份协同意见，其中他反对多数意见的结论，即该法从语义考察上来说在讼争的这一问题上是明确的，但是基于另外的两项理由同意多数意见判定推翻内政部的决定和巡回法院的判决。首先，他认为，Chevron 原则并不适用于所有行政机关实施的法律中的模糊条款，并且解释问题如此重要，以至于法院应当将其作为法律问题加以裁决。其次，他认为，该法的立法史表明国会意图采纳多数意见中所反映的“现在”的含义。

Souter 大法官和 Ginsburg 大法官加入了不同意见，他们首先表示同意 Breyer 大法官的其他观点，但是他们反对的理由是部落只需要在 1934 年接受联邦管辖即可，而无须在 1934 年获得承认。Souter 大法官和 Ginsburg 大法官认为应当将该案发回内政部重新处理，以允许其决定该部落是否在 1934 年属于联邦管辖范围，即使它当时没有得到承认。Stevens 大法官单独撰写了一份不同意见，认为国会显然意图授权内政部长为印第安人的利益而设定土地托管，而不管印第安人部落是否或者何时得到承认属于联邦管辖范围。

在 Negusie v. Holder② 案中，大法官们就 Chevron 尊重是否适用于一项行政解释而形成了 6∶3 的两派分歧。《移民和归化法》（the Immigration and Naturalization Act）规定，

① 129 S. Ct. 1058 (2009).

② 129 S. Ct. 1159 (2009).

外国人如果参加了任何形式的本来可以使该外国人具备寻求庇护资格的迫害行为，则该外国人就被取消申请庇护的资格。该法并没有涉及外国人在被迫实施迫害行为的情况下是否被取消申请庇护的资格。行政机关将最高法院的一份判决意见解释为要求行政机关必须对该法解释为对参与实施迫害行为的个人取消申请庇护的资格，即便此人是被胁迫参与的。 262

六名大法官出具的多数意见首先认定法律存在模糊之处，并且行政机关的解释有权获得 Chevron 尊重。多数意见接着推翻了行政机关的解释，因为它错误解释了它所依据的最高法院的判决意见。既然最高法院的判决意见留下的问题是开放的，行政机关对于如何处理是有裁量权的。多数意见决定将该案发回行政机关重新处理，以允许其行使可以获得 Chevron 尊重的解释裁量权。

Stevens 大法官和 Breyer 大法官对于 Chevron 原则的适用提出了不同意见。他们认为，Chevron 原则并没有允许法院尊重对行政机关实施的法律所作出的所有合理解释，而只是允许法院尊重行政机关通过解释填补缺漏或者对实施问题适用模糊性的法律用语。除此之外，他们认为解释性问题“纯粹属于由法院作出决定的法律建构性解释（construction）的问题”。Stevens 大法官和 Breyer 大法官认为应当作为法律问题，判定只是因为被胁迫而参与实施迫害行为的个人不用被取消申请庇护的资格。Thomas 大法官所持不同意见的依据是国会已经明确规定对任何参与实施迫害行为的个人取消申请庇护资格，即使该个人是被胁迫而这么做的。

在 Wyeth v. Levine① 案中，大法官们出具的多份判决意见可以说明他们对于联邦行政机关的行为可以优先于州侵权法的问题仍然存在分歧。五名大法官出具的多数意见判定食品药品管理局批准药品标签的行为并没有优先于以所获批准的药品标签内容不充分而提起的州侵权诉讼。多数意见是我们难以解释的。其中有的段落表明多数意见并不愿意考虑行政行为优先于州侵权诉讼，除非法行政机关所解释的法律包含了明确的优先适用条款；而其他一些段落则表明，如果行政机关作出试图优先于州侵权法的行为，多数意见并不愿意对行政机关的行为赋予多少尊重。但是，多数意见的其他段落表明，多数派对于规制性的优先适用问题有着更为细致的观点，并且仍然可能接受某些主张，即行政机关的行为在某些情况下已经合法地优先于州侵权诉讼，即使行政机关所实施的法律并没有包含明确的优先适用条款。

因此，例如多数意见拒绝了被告的主张，即它不能同时遵守州侵权法和食品药品管理局的规则时，主要依据的是食品药品管理局的规则，多数意见将其解释为允许被告无须首先获得食品药品管理局的批准就可以更改其药品标签。除此之外，多数意见认为食品药品 263
管理局在批准药品标签时并没有涉及侵权案件中所讼争的风险，以此为依据驳回这样一项主张，即采纳州侵权诉讼的理论会阻碍食品药品管理局的规制目的之实现。这些段落表明如果将食品药品管理局的规则解释为尽管州侵权诉讼中法院认定需要向原告告知风险，仍然不允许更改药品标签，或者如果多数意见将食品药品管理局批准药品标签的决定解释为它反映了食品药品管理局认定该标签已经充分告知原告该案讼争的风险，多数意见可能会得出不同的结论。持不同意见的大法官的观点则是主要依据他们对食品药品管理局规则——允许药品生产商未经食品药品管理局批准即更改其药品标签——作出的不同解释，以及对食品药品管理局在州侵权诉讼中法院认定食品标签存在不充分性问题时发布的命令作出的不同解释。持不同意见的大法官将食品药品管理局的规则解释为不允许生产商未经首先获得食品药品管理局的批准而自行修改在州侵权诉讼中法院认定存在不充分性的标

① 129 S. Ct. 1187 (2009).

签，并且将食品药品管理局作出的批准州侵权诉讼中法院认定存在缺陷的标签解释为直接面对和处理可能存在的不充分性问题。多数意见也承认，“具有法律效力的行政规章可以优先于相互抵触的州政府的要求”，并且批评行政机关只是在一项规则的序言中声称其批准药品标签的行为优先于州侵权法，而该规则制定的过程并没有经过通告评议程序。多数意见指出，“考虑到这一程序缺陷，食品药品管理局对州法的观点，本质上是可以的”。这些段落表明，如果行政机关主张的是根据规则的条文，或者规则所包含的依据和目的声明，并且行政机关制定该规则和声明具有优先适用效力，已经经过通告评议程序，所以它批准药品标签的决定具有优先适用的效力，多数意见本来可以得出不同的结论。不仅如此，Breyer 大法官尽管加入了多数意见，他也单独撰写了一份协同意见，在其中承认“州侵权法有时候会妨碍食品药品管理局要求是药品标签包含特定警示和指示之目的的实现”，并且食品药品管理局“可能会寻求在规定，例如，何时标签要求是作为上限还是下限，的合法具体的规章中体现这些判断”。

在 Entergy Corp. v. Riverkeeper[1] 案中，大法官们出具的多份判决意见说明，国会对某一逻辑上与一类决定相关的因素未作规定时，行政机关可以从中得出哪些合理推论，大
264 法官们内部仍然存在分歧。对在确定点排放源标准是否反映了在确定“能够使不利环境影响最小化的最佳可得技术”时是否允许环境保护局对成本进行考量的问题，《清洁水法》§316（b）未作规定。在最高法院所审查的这项规则中，环境保护局允许以两种方式考虑成本问题。首先，考虑到以新技术改造已有设施的成本将会非常之高，它拒绝对已有设施应用一种为了新设备而采用的技术。其次，它允许根据各个场地情况的不同而对它所要求的技术进行修改，如果业主能够证明“合规成本将会显著高于收益……”

六名大法官出具的多数意见支持了这项规则，判定对国会不对是否允许环境保护局考虑成本问题作出规定，环境保护局可以对此作出解释。多数意见认定“最佳可得技术”是模糊的。它可以是指该技术在获得最大减排效果的意义上是“最佳的”，或者是在以最低单位成本产出好的结果这一意义上是“最佳的”。

Breyer 大法官加入了多数意见，但是他也单独撰写了一份协同意见。他在一个重要方面做了比多数意见更深刻的分析，指出“绝对禁止考虑成本将会带来非理性的结果”。但是，他本来应该将该规则发回重新处理，因为他认定环境保护局对为什么改变了过去的批准修改技术的标准所作的理由说明——从原告必须证明技术成本与其收益“完全不成比例”，改为原告必须证明技术成本是“明显高于”收益。

三位大法官持不同意见。在他们看来，《清洁水法》的框架和立法史表明国会意图对这一问题不作规定而禁止或者至少严格限制环境保护局对成本进行考虑。

在 Coeur Alaska v. Southeast Alaska Conservation Council[2] 案中，多份判决意见的存在反映了对尊重问题争议存在四种不同的进路。六名大法官出具的多数意见支持了环境保护局和工程兵团作出的决定，即（1）《清洁水法》授权工程兵团而非环境保护局来颁发采矿废物排放许可证；（2）环境保护局的绩效标准并不适用于一开始向湖泊排放采矿废物的行为，而只适用于后来将水排入下游溪流的行为。

多数意见似乎首先认定《清洁水法》解决了管辖权问题，没有任何尊重一家行政机关的需要。但是，多数意见随后补充道：“如果在这一点问题上存在模糊之处，环境保护局
265 自己的规章就可以加以解决。”在这段文字中，多数意见似乎对环境保护局的解释给予

---

[1] 129 S. Ct. 1498 (2009).

[2] 129 S. Ct. 2458 (2009).

Chevron 尊重但是却没有引用 Chevron。多数意见接着承认，关于环境保护局的规则之含义还存在着争议。多数意见接着引用了 Auer 案作为支持，判决接受环境保护局对其自己制定的规则所作的解释。

多数意见判定《清洁水法》在第二项问题上是模糊的。它引用了 Chevron 原则作为支持，认为最高法院应当尊重环境保护局对《清洁水法》的解释，如果环境保护局已在一项规则中解决了这一问题。但是，多数意见认定环境保护局的规则也是模糊的。多数意见接着参考了环境保护局为了解决《清洁水法》及其规则中存在的模糊之处而制作的备忘录。多数意见援引了 Mead 案，认定它不能对环境保护局的备忘录给予 Chevron 尊重。但是，多数意见接着援引了 Auer 案，判决支持了环境保护局的备忘录中所包含的对模糊规则所作的合理解释。

Breyer 大法官加入了多数意见，但是他也单独撰写了一份协同意见，它反映了他试图融合多项尊重原则并使其边界模糊化。他多处使用了“又及”（Cf）引注，同时引用了 Chevron 案和 Auer 案来支持其观点：“环境保护局可能合理地将法律和可以适用的规章解读为允许利用这些材料……某些类似的情境‘填补空白’”。

Scalia 大法官也加入了多数意见，但是他拒绝对环境保护局的备忘录给予 Chevron 尊重。他继续对 Mead 原则提出反对意见，并且再次指责 Mead 原则是混乱和非理性的原则。

三位持不同意见的大法官没有援引任何类型的尊重原则。他们认为：“将美国的水域用作有害采矿废物的‘沉淀池’……完全违反了《清洁水法》的文本、框架和目的。”

在 Cuomo v. The Clearing House Ass'n [①]案中，大法官们对于法律的模糊性问题形成了 5∶4 的分歧。《国民银行法》（National Bank Act）赋予货币监理官有关国民银行的排他性“查视权”（visitorial powers）。货币监理官在经过通告评议程序后制定的规章中对“查视权”作了宽泛的界定，包括了州针对国民银行强制执行任何法律。多数意见承认可以对该规则适用 Chevron 尊重，并且“查视权”是模糊的。但是，多数意见判定，查视权可以被解释为只包括各种类型的行政管理措施（administrative controls）而非执法行为。它对执法行为和行政管理措施进行了区分，执法行为是州执法人员试图利用法院来强制银行执行州法，而非州政府试图对银行采取行政管理措施。多数意见依据的是“从该法制定以来的证据，大量我们自己受理的案件，以及适用普通的建构性解释原则”。四名持不同 266
意见的大法官认为，“查视权”具有足够的广泛性和模糊性，可以支持货币监理官作出的解释。持不同意见的大法官也认为，根据最高法院在 Brand X 案所作的解释，多数意见所引用的先例判决并没有禁止货币监理官采纳不同的解释。

□ 作为说明的巡回法院的判决意见

解释并适用 Chevron 原则的巡回法院的判决意见不胜枚举，以至于无法全面地进行讨论，但是只有少数具有值得讨论的重要意义。

在 Bank of America v. FDIC[②]案中，第十一巡回法院很好地解释了 Chevron 原则第一步和 SEC v. Chenery Corp. [③]案中所宣布的重要原则之间的关系——行政机关只能以正如其所做的决定的理由中所陈述的依据为其决定辩护。在一项规则的序言中，联邦存款保险公司（FDIC）认为该法律是存在模糊之处的。联邦存款保险公司后来试图在法庭上对其

① 129 S. Ct. 2710 (2009).

② 244 F. 3d 1309 (11th Cir. 2001).

③ 318 U. S. 80 (1943).

规则辩护，声称该法律是模糊的，但是主张它已经为支持其解释提供了充分的理由。第十一巡回法院支持了这一规则，并对 Chenery 原则和 Chevron 原则第一步之间的关系进行了说明：

花旗银行（Bank of America）认为存在的问题是，虽然联邦存款保险公司对该法律所提出的新解释确实似乎是事后（post-hoc）或者诉讼之后提出的，并且与该行政机关在其规章的序言中所采取的立场并不一致，这些特征对于根据 Chevron 原则第一步分析——该法律是否是模糊的——来说并不具有法律上的意义。无论是 Chenery 原则还是其子原则都不能支持这样一种观点，即 Chenery 案禁止事后提出理由的规则，应当适用于行政机关为了适用 Chevron 原则第一步分析而提供的主张。对法律用语进行解释，这是法院的职责，法院应当判断法律中是否存在模糊之处，而无须考虑行政机关之前的，或者现在的解释。

在 National Organization of Veterans Advocates v. Secretary of Veterans Affairs[1] 案中，法院认为，行政机关可以自由地采纳已经被其他法院驳回的法律解释或者为其提供辩护。最高法院也指出：

不仅如此，甚至当事人在作出先前判决的同一家法院对法律解释的问题再次进行诉讼
267 也是合理的，只要原先的判决是建立在根据 Chevron 原则而尊重行政机关对该法律所作解释的基础之上的……并且行政机关已经改变了其解释。

在 Michigan v. EPA[2] 案中，哥伦比亚特区巡回法院进行了含糊的论证。哥伦比亚特区巡回法院认为，Chevron 原则并不适用于一部包含模糊的国会授权的法律。这一判决与最高法院对尊重行政机关对法律中模糊的管辖权条款所作解释的众多判决意见之间并不一致。

在 Hill v. Norton[3] 案中，哥伦比亚特区巡回法院提出了一份论证充分的判决意见，说明了基于 Chevron 原则第一步作出的推翻判决和基于 Chevron 原则第二步作出的推翻判决之间存在的功能性差别。内政部长发布了一项规则，将疣鼻天鹅（mute swans）排除在《候鸟保护条约法》（the Migratory Birds Treaty Act）的法律保护范围之外。法院指出，该法明确将天鹅规定在内，而疣鼻天鹅也属于天鹅。因此，该规则似乎是与该法律的平常含义相互矛盾。但是，法院也指出，疣鼻天鹅具有极强的破坏性，并不是原先就生活在北美的。在这些情况下，法院不愿意使得行政机关不可能将疣鼻天鹅排除在该法保护范围之外。法院认为，该规则之所以无效，根据的是 Chevron 原则第二步——因为行政机关没有充分地说明为什么疣鼻天鹅不属于该法律所指的“天鹅”，而不是 Chevron 原则第一步——因为行政机关的解释是与该法律存在不一致。这一判决让行政机关可以自由地在发回重新处理的过程中解释为什么该法律不保护疣鼻天鹅。

在 Nation v. Department of Health & Human Services[4] 案中，第九巡回法院合议庭的两位法官出具的多数意见认为，即使存在下列情形，法院也必须适用 Chevron 原则：（1）如果法院按照有利于印第安人的解释方法进行解释会得出不同的解释；（2）行政机关的解释是在拒绝提供资金支持申请的信函中宣布的；（3）该案所讼争的法律是由两家行政机关共同执行的。持不同意见的法官对于第一点和第三点存在不同意见。

在 U. S. Air Tour Ass'n v. FAA[5] 案中，哥伦比亚特区巡回法院认为，法院基于认为

① §2.9 讨论的 260 F. 3d 1365 (Fed. Cir. 2001)。

② 268 F. 3d 1075 (D. C. Cir. 2001).

③ 275 F. 3d 98 (D. C. Cir. 2001).

④ 285 F. 3d 864 (9th Cir. 2002)，参见§3.5 的讨论。

⑤ 298 F. 3d 997 (D. C. Cir. 2002)，参见§7.4 的讨论。

行政机关的解释是合理的而判决支持，并不能排除行政机关在之后通过与之不一致的新解释，只要该行政机关对其为何改变立场作出说明。

在 Davis v. Southern Energy Homes① 案中，第十一巡回法院较为少见地基于 Chevron 原则第二步的分析推翻了行政机关对于存在模糊的法律所作的解释。联邦贸易委员会对于《马格纳森—莫斯保证法案》（Magnuson-Moss Warranty Act）作出一项解释，该解释禁止 268
对基于该法产生的纠纷进行裁决。法院承认该法对于这一问题的规定是模糊的，但是认为该解释是不可允许的从而予以推翻，因为行政解释时所依据的推理与最高法院最近的判决意见中的推理不一致。

哥伦比亚特区巡回法院在 2003—2004 司法年度作出的在两份论证充分的判决意见中说明了 Chevron 原则和回避宪法判断原则之间的关系。在 AFL-CIO v. FEC② 案中，法院判决联邦选举委员会（FEC）的一项规则无效，该规则将选举相关立法解释为只要其对指控违法案件完成调查，就允许向公众公开其调查案卷。法院首先认定该法律是存在模糊的。但是，它接着适用了 Chevron 原则第二步，认为行政机关的解释是不合理的，因为它造成严重的合宪性争议。法院引用了最高法院的判决意见，这些判决意见认为强制披露政治派系关系（political affiliations）和活动可能会违反《联邦宪法》第一修正案。在 Flynn v. R. C. Tile③ 案中，法院支持了食品药品管理局（FDA）所作出的一项法律解释，该解释的效力是使得食品添加剂的销售商不得对其产品提出任何特定主张（claims）。法院承认，回避宪法判断原则可能会胜过（trump）Chevron 尊重。但是，法院补充指出：

> 如果过度适用回避宪法判断原则，其结果往往会……没有必要地扩大了宪法上禁止的范围。因此，在实践中，这一原则的适用要求存在出现违宪的较高可能性，或者至少存在突出的宪法原则上的棘手问题……我们认为 Whitaker 基于《联邦宪法》第一修正案提出的反对意见并不是如此具有说服力，以至于要求我们放弃 Chevron 尊重，或者对 Chevron 尊重进行一定的限定。④

在 Paralyzed Veterans v. Secretary of Veterans Affairs⑤ 案中，联邦巡回区上诉法院在判断退伍军人事务部规则中多处修改的有效性时讨论了若干重要问题。合议庭成员对于两项问题达成了一致意见：（1）“行政机关可以修改对法律条款所作的解释，即使该条款没有作任何改动，只要行政机构已经说明这种修改的理由并且该解释与作为其基础的法律之间并不存在冲突”；（2）解释中的一处修改是“无效的，仅仅因为该行政机关的结论缺乏直接的支持证据。我们常常可以看到的是现有的统计数据并不能解决规制争议（regulatory issue），并且行政机关必须随后在从所记录中的事实和概率得出政策结论时进行判断”。合议庭成员之后对于该案讼争的法律解释中的该处具体修改的有效性问题产生了分歧。多 269
数意见适用 Chevron 尊重，并且认为该新解释是有效的。持不同意见的法官则认为，新解释是不合理的，因为国会在重新制定该法律已经默示地采纳了之前的解释，而且行政机关并未“说明新解释是合理的，符合……国会意图的理由”。

在 PDK Laboratories v. DEA⑥ 案中提出的论证充分的判决意见中，哥伦比亚特区巡

---

① 305 F. 3d 1268 (11th Cir. 2002).

② 333 F. 3d 168 (D. C. Cir. 2003).

③ 353 F. 3d 953 (D. C. Cir. 2004).

④ 另可参见 National Mining Ass'n v. Kempthorne, 512 F. 3d 702 (D. C. Cir. 2008)（“我们不会在如果行政机关的法律解释提出了严重的宪法疑难问题时，就屈从于行政机关对法律的解释……但是我们在仅仅提到可能出现宪法争议时放弃 Chevron 尊重；这种说法必须是认真的”）。

⑤ 345 F. 3d 1334 (Fed. Cir. 2003)，参见§11.5 的讨论。

⑥ 362 F. 3d 786 (D. C. Cir. 2004).

回法院认为，当行政机关认为它所采纳的解释是出于法律平常含义的要求这一观点是错误的时候，法院不能通过适用 Chevron 尊重支持行政机关的解释。如果法院认定该法律可能具有多种含义，包括行政机关已经赋予的这种含义，只有在行政机关首先承认法律存在模糊之处，然后依据“政策考量或者属于行政机关专业能力范围之内的其他事务”来支持行政机关的解释时，法院才能支持行政机关的解释。哥伦比亚特区巡回法院的判决意见，逻辑上是从最高法院在 SEC v. Chenery[①] 案中的判决意见——法院可以只是根据行政机关所说明的依据来支持行政机关的决定——推导而来的。[②]

在 Horn v. Thoratec Corp. [③] 案中，第三巡回法院认为，食品药品管理局（FDA）通过对医疗器械的安全性进行评估的严格程序对某种医疗所作出的批准决定，优先于原告指控该产品存在设计缺陷的州侵权诉讼（state tort action）。第三巡回法院在该案中采用了 Medtronic I 案[④]中的法官附带意见——该案中最高法院指出了对州侵权诉讼中原告的索赔理由与联邦行政机关在裁决规章优先适用问题争议中的决定和推理进行对比分析的重要意义——这已经成为涉及规制的联邦优先适用问题之案件的普遍现象。

三家巡回法院对同一项规则适用 Chevron 原则，却得出了三种不同的结论。这些案件中所讼争的法律条款是 U. S. C. § 1255（a）：“获假释进入美国的……外国人的地位……可
270 以由司法部长，在其裁量范围内，根据它可以规定的条件……加以调整。”这些案件中所讼争的规章是 8C. F. R. § 1255：“任何处于递解程序的新到外国人（any arriving alien）无权申请调整其法律地位……”在 Succar v. Ashcroft[⑤] 案中，第一巡回法院通过适用 Chevron 第一步分析认定该规则无效。法院的理由是，虽然法律赋予了司法部长对是否批准调整法律地位的申请的裁量权，但是该法律并未赋予司法部长以拒绝接受获释外国人提出的调整法律地位的申请。在 Mouelle v. Gonzales[⑥] 案中，与第一巡回法院的意见不同，第八巡回法院认为该法律赋予司法部长确定他会接受获释外国人提出的调整法律地位之申请的裁量权，并且认为该规则是对法律进行的合理解释而予以支持。在 Zheng v. Gonzales[⑦] 案中，第三巡回法院的意见和第一巡回法院和第八巡回法院的意见均有所不同。第三巡回法院认为，该法律赋予了司法部长以发布规则规定获释外国人提交申请调整法律地位的条件，但是第三巡回法院适用了 Chevron 第二步，并以此得出该规则中所作的解释是不合理的从而是无效的。第三巡回法院认定，国会希望赋予众多获释者申请调整法律地位的权利，但是该规则几乎排除了所有获释者提交此类申请，因为几乎所有的获释者都是处于递解程序之中。

在 PDK Laboratories v. DEA[⑧] 案，哥伦比亚特区巡回法院对于 Chevron 第二步提供了有益的阐释。在判决认定行政机关所解释的法律条款存在模糊之处后，法院支持了行政机关依据此后的法律作为其对该模糊条款进行解释的部分依据。该法院提出了其之前曾经在一些案件中劝诫行政机关不要“依据《禁止非法转用和贩运化学品法》（CDTA）之后

---

① 332 U. S. 194 (1947).

② 另可参见 Secretary of Labor v. National Cement Co.，494 F. 3d 1066 (D. C. Cir. 2007)（“总之，这两项相关的法律术语都存在模糊之处，并且部长将其解释为具有平常含义是错误的。在存在这种模糊性时，‘行政机关有责任不仅仅依据其对法律用语的分析’——‘行政机关利用其经验和技能来考虑所涉及的各种相互冲突的利益’”）。

③ 376 F. 3d 163 (3d Cir. 2004).

④ Medtronic v. Lohr，518 U. S. 470 (1996)，参见 § 3. 5 的讨论。

⑤ 394 F. 3d 8 (1st Cir. 2005).

⑥ 416 F. 3d 923 (8th Cir. 2005).

⑦ 422 F. 3d 98 (3d Cir. 2005).

⑧ 438 F. 3d 1184 (D. C. Cir. 2006).

制定的法律来阐释《禁止非法转用和贩运化学品法》的平常含义，理由是以国会后来的观点作为推导国会此前意图的依据是有风险的”。法院进行了精彩的推理，对这些案件进行了区分：

但是，在本案中，副局长出于不同目的在该法出台后采取了立法行动，也就是说帮助她在对国会授权她所领导的行政机关负责实施的法律可以作出的若干言之成理的解释中进行选择。在根据授权解决法律上的模糊问题时，行政机关可以，并且应当考虑各种广泛的不同来源的政策意见，包括公民个人、产业集团、非政府组织、法律评论家以及最有可能的国会。 271

在 Teva Pharmaceuticals v. FDA（Teva Ⅲ）[1] 案中，哥伦比亚特区巡回法院对于 Chevron 第二步又一次作出有益的阐释。该案是第三次起诉到该法院。在 Teva Ⅰ案中，法院适用 Chevron 第二步，并以此为依据判定行政机关对于模糊的法律条款作出的最初解释是武断和恣意的，因为行政机关在其意图说明其选择法律解释时没有充分考虑重要的因素。在 Teva Ⅰ案发回重新处理时，该行政机关重新通过了最初解释，但是并未对其解释提供多少新的支持性理由。在 Teva Ⅱ案中，法院再次驳回了行政机关的最初解释，理由是行政机关仍然没有为支持其解释提供足够的理由。在 Teva Ⅱ案发回重新处理的过程中，该行政机关采纳了与最初解释刚好相反的新解释。该行政机关的说明是，它将 Teva Ⅰ案和 Teva Ⅱ案解释为作为法律问题而驳回了最初解释，并且要求其采纳相反的解释。在 Teva Ⅲ案中，法院指出，该行政机关严重误解了它在 Teva Ⅰ案和 Teva Ⅱ案中所作的判决。因为该行政机关对该法律所作的新解释是建立在该行政机关的错误理解之上，即它需要采纳该解释，因此法院认为该新解释是武断和恣意的从而予以驳回。法院第三次将该案发回重新处理，允许行政机关通过一份它有能力并且愿意根据在解释过程中所涉及的相互冲突的利益而作出说明的法律解释。

在 McNamee v. Department of Treasury[2] 案中，第二巡回法院撰写了一份有趣而论证充分的判决意见。原告主张法院不应尊重在已有的一项规则中所包含的法律解释，因为行政机关已经提议要对该规则进行修订。法院驳回了这一主张：

McNamee 的主张——国内税务局已经提议制定新的规章，该规章草案将肯定会使得有限责任公司（LLC）的单一所有人不需要对该有限责任公司未缴纳的人头税（payroll tax）负责，这一事实意味着现有的规章是错误的——是毫不相关的。首先，不用说的是，拟议制定规章并不代表该行政机关已经考虑法律的解释，并且行政机关有权在它认为最为合理的观点上有定论之前考虑其他不同的解释。

不仅如此，“如果行政机关充分解释了改变政策的理由，修改就不是让其失效，因为 Chevron 原则的全部意义在于让实施法律的行政机关行使该法律的模糊之处所留下的裁量权”，并且允许行政机关“持续地考虑其政策的不同的解释和智慧……例如，根据现实状况的变化作出回应”。 272

在本案中，国内税务局解释了它在 2005 年 10 月提议修订该规章时为了回应行政上的困难……

截至本案判决作出之时仍未获通过的拟议的修订内容，不能为认定现行规章不合理提供依据。

在 Texas v. United States[3] 案中，第五巡回法院的合议庭体现了对 Chevron 原则的缺

---

[1] 441 F. 3d 1 (D. C. Cir. 2006).

[2] 488 F. 3d 100 (2d Cir. 2007).

[3] 497 F. 3d 491 (5th Cir. 2007).

乏理解。多数意见表达的观点是该法中存在的模糊之处并不足以证明适用 Chevron 尊重的合理性。该判决意见认为，法律必须同时包括一项明确的授权，让行政机关填补该法律的含义相关的漏洞。对于 Chevron 原则的这种观点并不符合 Chevron 案判决意见本身的表述。在 Chevron 案判决意见的第 843～844 页中，最高法院指出，行政机关有权解决法律中存在的模糊问题，或者国会已经将该权力授权行政机关，或者这种授权是默示在该法律的模糊表述之中的。第五巡回法院也许只有一位法官误解了 Chevron 原则。无论是持不同意见的法官，还是持协同意见的法官都表达了与多数意见对 Chevron 原则的解释不同的
273 观点。

4 调查

§4.1 行政调查权的历史概述

□ 法律和宪法限制之间的关系

本章将论述的是行政机关的调查权。在这一领域，有些法律规则依据的是制定法。国会越来越多地将广泛的调查权赋予行政机关，国会常常需要对这些制定法作出解释。但是，调整行政机关调查权的许多法律规则是依据《联邦宪法》第四修正案和第五修正案。国会往往赋予行政机关以全面的法定权力，而将《联邦宪法》的规定作为对于行政机关调查权的主要限制。即使是在法院将国会立法解释为将调查权赋予行政机关时，他们的解释也是很大程度上受到了当时根据《联邦宪法》第四修正案和第五修正案而占据上风的法律规则的影响。但是，本章并不准备讨论适用《联邦宪法》第四修正案和第五修正案的卷帙浩繁的各种司法判决。这个任务更适合宪法学或者刑事程序的教科书来完成。本章所要承担的是难度稍低的一项任务，即对具体涉及行政调查权的《联邦宪法》第四修正案和第五修正案的问题进行论述。 275

□ 大多数信息都是自愿提供的

行政调查权的法律问题涉及强迫私人主体向行政机关提供信息。但是，重要的是要记住，行政机关从私人主体处获得的几乎所有信息都是私人主体自愿提供的。在裁决和规则制定中，无论正式的还是非正式的，私人主体自愿地告诉有关他们自己的事实，而且他们通常是在没有受到强迫的情况下回答问卷的。众多法律规定了报告制度，并以罚金作为威胁，但是罚金很少规定在突出的位置。在提交给国内税务局（the Internal Revenue Service）的税收申报表（tax return），以及给证券交易委员会的上市申请表（registration statement）中存在庞大的信息流，正如通过按照规定向行政机关提交的报告中的信息流一样。

□ 大多数行政机关拥有广泛的法定权力

大多数行政机关拥有广泛的强制报告的权力。早在1887年成立州际商业委员会时，国会就授权行政机关“从此类公共承运人获取让［州际商业］委员会履行职责，实现其设立目标所需的充分和详尽的信息”，以及“根据本法的目的，要求［通过传票］证人出庭作证，出具所有与任何所调查的事项相关的书籍、文件、价目表（tariff）、合同、协议以及档案”[1]。当最高法院认为州际商业委员会不能为了建议立法的目的而开展调查[2]，国会修改了法律[3]，最高法院又更进一步指出：“也许完全真实的是从事州际商业活动的承运人的活动和开支可能并没有什么私人的或者需要保密的。”[4]

广受引用的《1914年联邦贸易委员会法》[5]授权“收集、整理有关信息，并随时调查任何公司的组织、营业、行为、通常做法和管理”，同时规定了若干例外，“通过一般命令或者特别命令，要求公司……按照委员会所作规定，向委员会申报年度或者特别报告，或者书面回答具体问题，并且根据委员会的要求向其提供与组织、营业、行为、通常做法和管理等相关的信息”。

这部法律和其他类似法律已经付诸实施并且没有遭遇多少诉讼，除了早期发生的FTC v. American Tobacco Co.[6]案之类的案件。如果以较广的视角来看，所发生的是根据这些
276 法律运作的规制机构已经基本上获得了它们向私人主体所要求的信息。合理调查的障碍在Oklahoma Press Publishing Co. v. Walling[7]案中消失。如今为了制定规则、决定政策、提出立法建议，以及对各个领域进行解释等目的，行政机关需要进行调查，以便弄明白究竟是否应该做点什么，以及如果是的话，应该做什么。

□《文书工作削减法》

因为行政机关的法定权力很广泛，发生争议的问题往往是符合宪法的。但是，国会已经对与行政机关要求保存记录和报告的权力设定了一项重要的法律限制。《文书工作削减法》（the Paperwork Reduction Act）[8]授权管理和预算局确保行政机关不会作出过多或者重复的保存记录和报告的要求。行政机关未经管理和预算局批准不能新设定这类要求。

□ 政府权力增长

在一百多年里，反对政府调查的宪法保护已经日渐式微。从另一角度来看，政府获取信息的权力已经日渐增多。一些发展发生在1880年至1930年间，但是，最为显著的发展则是发生在20世纪40年代。40年代开始的这一趋势已经延续至今。

---

① 24 Stat. 379, 383 (1887).
② Harriman v. ICC, 211 U.S. 407 (1908).
③ 36 Stat. 539, 511 (1910).
④ Smith v. ICC, 245 U.S. 33, 43 (1917).
⑤ 38 Stat. 721, 17 U.S.C. § 46.
⑥ 264 U.S. 298 (1924).
⑦ 327 U.S. 186 (1946).
⑧ 44 U.S.C. §§ 3501 et seq.

□ 宪法限制已经式微

观察这一基本变化的较好的起点是最高法院在 Kilbourn v. Thompson[1] 案中的态度。最高法院认为，众议院不能强制执行由国会委员会在调查过程中签发的传票，宣称国会两院均无权拥有“对于公民私人事务进行调查的一般性权力”[2]。最高法院指出：“我们的观点是……授权开展调查的……决议超越了……宪法规定的权力；因此，委员会并未要求 Kilbourn 超出他自愿选择讲述的范围之外作为证人作证……”[3] 将近半个世纪之后，最高法院的观点则基本上是相反的：“我们的观点是调查权——以及执行该权力的过程——是其立法职能的一项关键和合适的配套。”[4]

□ 早期限制行政权的案件

在 19 世纪末，基本的观点是“未经司法程序，或者在司法程序中，干预和强制披露个人的私人事务和文件……是违背英国人和美国人的本性的”[5]。最高法院在 1908 年指出，州际商业委员会为了提出立法建议的目的而进行调查时不能使用传票，因为“要求作证的 277
权力仅限于……调查具体违法的案件”[6]。如果州际商业委员会为了决定规制政策而需要信息，它根本无权获取该信息。

当联邦贸易委员会根据一项参议院的决议所开展的一般调查中试图强迫制作记录时，最高法院直截了当地拒绝了联邦贸易委员会的企图。下级法院驳回联邦贸易委员会所谓立场，即委员会可以“在任何它根据自身判断，认为这类检查可以为其正在针对某些经济或商业问题开展的调查提供有价值的信息的时候，或者是在它没有理由相信违法行为已经发生的时候”检查文件。最高法院维持了下级法院的判决。最高法院甚至指出，这样的权力将会是“超出国会可以授权的任何权力”[7]。

1919 年，众议院要求联邦贸易委员会对生活成本进行调查。上诉法院肯定了禁止强制执行联邦贸易委员会要求信息的命令的禁令*，一部分原因是钢铁和煤炭企业超出了国会规制州际商业的权力，另一部分原因则是缺乏违法的指控。[8] 该案在最高法院辩论了两次。最后，在 1927 年，即授权进行该调查的 8 年后，最高法院指出，法律上的救济是充分的，该法案本应被抛弃，因为不符合衡平正义。[9]

1940 年之前发生的有关行政调查权的最典型案例也许当属 FTC v. American Tobacco Co.[10] 案。联邦贸易委员会在根据参议院的决议开展调查时，命令公司提供所有在 1921 年

---

* 禁令，是指以法院命令的形式要求当事人作出或者不作某种行为的衡平法上的救济方式。——译者注

① 103 U.S. 168 (1881).

② 103 U.S. at 190.

③ Id at 196.

④ McGrain v. Daugherty, 273 U.S. 135, 174 (1927). 参见 Landis, “Constitutional Limitations on the Congressional Power of Investigation”, 40 *Harv. L. Rev.* 153 (1926); McGeary, *The Developments of Congressional Investigative Power* (1940)。

⑤ In re Pacific Railway Commission, 32 F. 2d 241, 251 (C.C.N.D. Cal. 1887)

⑥ Harriman v. ICC, 211 U.S. 407, 419-420 (1908).

⑦ FTC v. Baltimore Grain Co., 284 F. 886, 888, 890 (D. Md. 1992), *aff'd*, 267 U.S. 586 (1924).

⑧ FTC v. Claire Furnace Co., 285 F. 936 (D.C. Cir. 1923).

⑨ 274 U.S. 160 (1927).

⑩ 264 U.S. 298 (1924).

与其经纪人客户之间的所有收发信件和电报，并且向另一家公司也发布了基本类似的命令。最高法院拒绝强制执行该传票，强调联邦贸易委员会主张拥有“不受限制的获取通信文件的权力”可能违反了法律的规定。Holmes 大法官代表持一致意见的法院指出：

> 任何尊重《联邦宪法》第四修正案的精神和文本的人，都不会愿意相信国会准备授权
> 278 其下属的机构践踏我们所有的传统而跳入火坑……指导对私人文件进行蓄意盘查（fishing expedition）* 确定是否存在揭露犯罪证据的可能……允许为了希望能够找出点什么而彻底搜查所有通信记录，无论相关的还是不相关的，这是与正义的首要原则相悖的。[①]

即使是在 1936 年，即使是为了在很可能发生违法行为而需要采取执法行动而签发传票时，最高法院仍然认为应当拒绝强制执行该传票。[②]《证券法》（the Securities Act）授权证券交易委员会（SEC）“为了在该委员会看来为了强制执行该法律而必须和适当的所有调查”而签发传票。Jonesmann 提交了一份上市登记表，后来又撤回了该申请表。证券交易委员会拒绝撤回上市申请表的要求，签发了要求提供在上市申请表中可能存在虚假陈述材料的传票。最高法院认为证券交易委员会不能阻止撤回上市申请表，并且认为：“显然，进一步的调查要求将会演变成无例外地遭受法院谴责的……‘蓄意盘查’……”[③]

□ 早期的案件超出了《联邦宪法》的字面含义

因为国会支持所要求的披露的意愿，各种保护文件免受政府调查的法院意见都需要拥有宪法上的依据。除了宽泛和模糊的分权原则，该宪法依据要么是禁止“无理由的搜查和逮捕”的第四修正案，要么是禁止强迫任何人“在刑事诉讼中自证其罪”的第五修正案。第四修正案的文字完全可以合理地得出结论，即要求提供文件的传票既非搜查也非逮捕。而“在刑事诉讼中”需要解释为包括行政调查和立法调查。而违背个人意愿检查其文件，需要被理解为强迫其“自证其罪”。在 Boyd v. United States[④] 案这一典型案件中，最高法院认为，第四修正案禁止“任何强行和强制性地勒索其自己的证言或者其私人文件，以用于指控其罪行或者没收其财物的证据”[⑤]。最高法院后来确认了“责令提供账簿和文件，可能构成第四修正案所指的无理由的搜查和逮捕”[⑥]。这起 Boyd 案的判决意见还对第五修正
279 案进行了超越其字面含义的解释，“我们进一步认为，责令提供私人账簿和文件……是在强迫其进行第五修正案意义上的自证其罪”[⑦]。

总的来说，1940 年之前发生的案件，其判决意见的效力就是保护企业免受行政机关针对商业记录的有效调查。对于规制项目来说所需要的这类有意义的调查是“与正义的首要原则相悖的”，企业可以免遭官僚的窥探。《联邦宪法》就是一座保护自由企业免受政府干预的堡垒。

□ 重要行政机关需要信息

但是，从另一角度来看，《联邦宪法》也让那些努力践行众议院之意愿的人感到很沮

---

* 蓄意盘查，是指以搜罗挖掘不利于某人的证据为目的的调查行动。——译者注

① 264 U. S. at 305-306.

② Jones v. SEC, 298 U. S. 1 (1936).

③ 298 U. S. at 26.

④ 116 U. S. 616 (1886).

⑤ 116 U. S. at 630.

⑥ Hale v. Henkel, 201 U. S. 43, 76 (1906).

⑦ 116 U. S. at 634-635.

丧。是否对这些计划进行立法是一个民主意愿的问题，而这些计划也已经得到立法。国会授权进行规制。但是，规制不可能是明智的，除非规制者获得了只有受规制的企业才能提供的信息。

□ 第二次世界大战的作用

直到 1949 年，要么是积极政府需要收缩或者消亡，要么是努力推行国会立法的计划的人需要获得有效推行计划所需的信息。但是，积极政府不可能收缩，国会给了它们压倒性的支持，战争变得一触即发。当战争来临时，政府的职能得到了急剧扩张。战时生产委员会（the War Production Board）需要对有限的工业产品进行分配，价格管理办公室（the Office of Price Administration）承担了一项不可能完成的任务，即对所有价格和租金设定了上限限制。无论是战时的行政机关，还是和平年代的行政机关，除非它们可以撬开受规制主体严密的缝隙获取必不可缺的信息，否则它们都不能完成国会所赋予的使命。

□ 消除限制的判例

最高法院的首次行动是没有错的，但是在当时并未得到多少注意。下级法院出具判决意见认为，“无论该企业是否为公用事业，无论是否实现存在可以相信存在违法行为的高概率的原因”，行政机关都可以检查书籍和记录，最高法院拒绝对该案签发调卷令。① 最高法院拒绝签发调卷令的决定不可能与其四年前的声明相符，该声明中，最高法院认为：“委员会在没有任何指控的情况下所实施的一般性的、不确定的调查，对于我们的宪法和法律来说是所闻所未闻的；这样的调查会对公民的权利造成毁灭性打击，并导致我们无法容忍的专制。”②

□ Endicott Johnson 案

最高法院在 1943 年往前迈出了一大步。劳工部长根据《Walsh-Healey 法》签发了一份传票，要求一家公司提供其特定工厂的工资表。该法规定，政府合同不能授予违反最低工资要求的企业。该企业拒绝遵守该传票，劳工部长向地区法院申请强制执行，声称“有 280
理由相信”该案中的雇员是在履行特定政府合同中所雇用的。公司拒绝承认该工资表是“与委托给劳工部长的任何事项决定相关的”。地区法院受理了该案件，对该法和合同是否调整讼争的这些雇员以及工厂的问题进行了裁判，但是最高法院认为地区法院这么做是错误的。③ 最高法院认为，调整范围的问题属于劳工部长决定的事项，而不是地区法院决定的事项：“地区法院自身也没有得到授权决定调整范围的问题。通过传票所要获取的证据不是显然对于劳工部长依照本法履行职责的任何合法目的来说没有资格的，或者是不相关的，地区法院的职责确实是责令提供这些证据供劳工部长研究。”④ Endicott Johnson 案判决意见的精神与最高法院在 1940 年之前对于相关问题发表的判决意见刚好截然相反。

---

① Fleming v. Montgomery Ward & Co. 114 F. 2d 384，390（7th Cir.），*cert. denied*，311 U. S. 690（1940）.

② Jones v. SEC，298 U. S. 1，27（1936），*quoting* In re Pacific Ry. Commission，32 F. 241，263（C. C. N. D. Cal. 1887）.

③ Endicott Johnson Corp. v. Perkins，317 U. S. 501（1943）.

④ 317 U. S. at 509.

□ Oklahoma Press 案

正如最高法院在 Oklahoma Press Publishing Co. v. Walling[1] 案中所阐明的，Endicott Johnson 案的判决意见有着普遍适用性。除了该案所涉及的法律不是《Walsh-Healey 法》而不是《公平劳动基准法》之外，后者的判决意见基本上是 Endicott Johnson 案判决意见的重复。Rutledge 大法官撰写了一篇至今仍然颇具权威的详尽的司法论文，这篇文章推翻了 1940 年之前发生的许多主要案件的判决意见。最高法院指出：

对于依据第五修正案提出的反对意见的简要回答，就是这些案件中的记录并未提出实际的搜查或者逮捕的问题，而是只提出了究竟法院是否有效地作出了提供特定的记录的命令的问题；而且也没有充分证据表明有正当理由可以对其置之不理。[2]

与 American Tobacco 案中大法官们一致谴责“蓄意盘查”相反，Oklahoma Press 案中大法官们则指出：“传票的目的正是……查找和获取证据，不是要证明一项未决的指控或者投诉，而是行政首长认为因此发现的事实可以证明该指控或者投诉是正当的之时，允许行政首长开展调查。”[3] 最高法院认为，对于根据传票提供的公司记录和文件，第五修正案“没有通过禁止自我入罪条款为其提供保护”[4]。最高法院指出，如果调查是该行政机关得到法律授权的而且所规定的事项也是相关的，第四修正案“充其量不过是防止仅仅通过
281 在需要‘具体描述的’事项上保持过度不确定或者宽泛性的方式滥用权力的手段。保护的精要在于条文中所表达的要求，即所要求的披露不应是不合理的”[5]。

在下级法院不相信最高法院在 Oklahoma Press 案判决意见的部分观点时，最高法院在过去的十年甚至更长的时间里自由地签发调卷令，推翻了 Oklahoma Press 案中的权威。旧法建立的根基如此之深，以至于需要相当充分地发挥最高法院的权威才能消除旧法的影响。

□ Molton Salt 案

20 世纪 40 年代发生的革命性发展在 United States v. Morton Salt Co. [6] 案中达到顶点，该案中联邦贸易委员会为了强制执行一项法院命令，要求在指定日期后提供“有关销售价格、条款和条件的完整说明”。最高法院对这项要求作出了回应，认为联邦贸易委员会在实施“蓄意盘查”，指出：

我们假定这一要求确实如此……我们不能隐瞒这样的事实，有时候，特别是在早期行政裁判机构的时代，法院被说服对行政过程刻上司法的限制。各级法院不能采取非法调查(go fishing)，任何其他人同样不能采取非法调查……即使有人认为本案中获取信息的要求不过是因为官方的好奇心所致，尽管如此执法的行政机关有着合法的权力满足自己的要求，即公司行为是符合法律和公共利益的要求的。

---

① 327 U. S. 186 (1946).

② 327 U. S. at 195.

③ 327 U. S. at 201.

④ 327. U. S. at 208.

⑤ Id. at 209.

⑥ 338 U. S. 632，641，642，652 (1950).

□ Andresen 案

行政调查权的宪法原则在 20 世纪 40 年代发生转变之后，这些变化的整合又持续了将近二十年。在 70 年代，法律再次开始向前推进。这次发展的方向仍与 40 年代相同，但是没有那么激烈和革命性。最高法院更是采取进一步的行动打破过去宪法对政府调查的限制。[①] 最高法院认为，扣押个人的官方记录，包括他所作的证明其罪行的陈述，并未侵害反对自证其罪的特权。Andresen 案宣告了这样一项原则，即如果"搜查所针对的个人不需要在证明罪行的证据中协助提供查找、制作或者证实"，就不构成违反第五修正案。[②] 自从 70 年代以来，对于调整行政机关获取信息的基本法律原则，最高法院并未作出重要的改变。 282

□ 法律变革建立在广泛的哲学变化基础之上

最高法院对行政调查适用《联邦宪法》第四修正案和第五修正案的判决中的主要变化显然是因为大法官们对政府哲学的重大变化。但是，最高法院很少承认这一事实。相反，大法官们撰写的大多数判决意见，好像他们只是在适用之前的先例。他们对于先前的判决意见中精心选取了若干片段，而忽略了与他们现在的判决意见不一致的大段论述。

如果最高法院能够坦诚承认自己所推动的法律变革，并且就观点上发生重大变化的理由作出解释，它本来可以为这个国家作出更大的贡献。这些理由相对来说比较容易从最高法院判决所反映的观点的其他重大变化的性质中推导而出。在 19 世纪末和 20 世纪初，大法官们将政府调查看作是只有在不同寻常的情况下才需要容忍的恶。他们也只承认中央政府（the national government）的有限作用。到了 1940 年，最高法院已经吸收了选民的主流政治观点，以及国会和总统所表现出的观点。最高法院已经接受了积极政府的观念，以及政府干预创造更好结果的可能。它也已经默认全国政府的远比过去广泛的作用。一旦最高法院接受了国家层面存在有益的积极政府的可能性，它也就别无选择只能默认联邦行政机关行使广泛的调查权了。

§4.2 《联邦宪法》第四修正案对传票的限制

□ Oklahoma Press 案支持了广泛的调查权

在 Oklahoma Press Publishing Co. v. Walling[③] 案中，Rutledge 大法官取消了对行政机关的调查权的诸多限制。Oklahoma Press 案的主要问题是在面对执行要求提供记录的传票时，法院是否应该首先使自己确信，被要求提供信息的相对人是否属于该行政机关所执行的法律的调整范围。最高法院认为，地区法院缺乏确定法律调整范围的权力。它认为，地区法院甚至缺乏通过要求部长首先作出并宣布有关调整范围问题的决定以控制部长的程序

① Andresen v. State of Maryland, 427 U. S. 463 (1976). 这起案件就是 20 世纪 70 年代司法判决的典型。
② 427 U. S. at 474.
③ 327 U. S. 186 (1946).

283 的权力。最高法院总结了它之前在 Endicott Johnson Corp. v. Perkins ① 案中的意见，即唯一的检验标准是所要求的证据是否“不是对部长任何合法目的来说显然没有权利或者不相关”。

Endicott Johnson 案和 Oklahoma Press 案表明，部长可以强迫披露有关工厂中所支付工资数额的信息，部长或者复审法院可能后来发现这些工厂是超出部长的管辖权的。即使是表明很可能存在的调整范围也是不需要的；最高法院拒绝了持不同意见的大法官的观点，即强制执行的法院“应当首先使自己确信存在合理根据（probable cause）* 可以支持部长的观点——该法调整涉及的这些工厂”②。

□ 宽泛的签发传票的权力得到支持

国内税务局（IRS）调查纳税申报过程中的欺诈性造假行为，不需要依据符合合理根据的事物。③ 国内税务局要求 Powell 作证，并提供其担任董事长的这家公司的营利记录。他拒绝了，理由是这些营利已经经过检查，并且除非存在欺诈，三年的追诉时效也排除了税收评估（assessment）。国内税务局向地区法院申请强制执行，认为它确定需要对这些记录进行进一步检查，并且其官员“有理由怀疑纳税人通过欺诈的方法夸大其成本，对其 1958 年和 1959 年的营利进行造假。”但是，国内税务局拒绝提供其怀疑存在欺诈的依据。最高法院认为：

> 政府不需要提供怀疑欺诈的合理根据，除非纳税人提出了重大问题，即断言不仅仅是重新检查的事实和对普通税收义务的追诉时效已经经过，法院强制执行行政传唤的命令将会构成对司法程序的滥用。④

法律规定，国内税务局对纳税人账目实施检查之后，除非发现“有进行额外检查的需要”，否则不得重复检查。最高法院查阅了该法的立法史后，认为：“我们并不将必要性等同于规定合理根据或者类似概念的条款所考虑的问题。”最高法院接着作出了宽泛的归纳：“该法在类似情形中涉及其他行政机关时拒绝合理根据的要求，更是说明了对这部法律的这一观点是正确的。”⑤ 最高法院接着指出：

> 和我们一样在解决法律时，[国内税务局] 局长在申请强制执行其命令时不需要满足
> 284 合理根据，无论是在 3 年的普通纳税义务追诉时效期满之前还是之后。他必须证明调查将会根据合法的目的进行，调查将会与目的相关，所要求的信息还不属于局长已经拥有的，并且遵守了法典所要求的行政步骤——特别是，“部长或者其代理人”在调查后已经确定进一步检查是必需的，并且书面通知纳税人该效果。这并不会让纳税人在命令强制执行之前有权申请举行的对抗式听证失去意义。

□ 行政机关的处罚权

在 1894 年，最高法院认为，行政机关“基于我们的政府体制，按照法律正当程序的

---

* 合理根据，指极有可能是确实的根据，其可信程度大于怀疑但小于确切无误。从合理调查所获知的明白无误的事实，足以使明智而谨慎的人相信刑事案件的被控人犯有被指控的罪名，或民事案件中存有诉讼根据。——译者注

① 317 U. S. 501 (1943).

② 317 U. S. at 517.

③ United States v. Powell, 379 U. S. 48 (1964).

④ Id. at 51.

⑤ Id. at 57.

要求，不能获得通过罚款或者监禁的判决强迫顺从其命令的权力”[1]。我们难以了解这个宽泛的判决意见是否是良好的，因为国会还没有对其加以检验。国会已经不愿授权任何行政机关对藐视命令的行为进行惩罚，因此即使最高法院愿意支持这种行为，也不会产生这个问题。[2] Friendly 大法官指出：“国会可能仔细考虑长期的挫败记录，以及较少限制的分权的现代观念，不可能让其能够明智地授权至少部分行政机关强制执行传票而无须在每起案件中诉诸法院。”[3]

在 Reisman v. Caplin[4] 案中，最高法院阐明了强制执行传票（subpoena）或者国内税务局传唤（summons）的程序。纳税人针对国内税务局及其会计师提出了确认判决救济和禁令救济的申请，宣称国内税务局签发给会计师要求提供纳税记录的传唤命令是无效的。最高法院认为“得到传唤的这两个当事人以及受披露影响的当事人会在地区法院出庭或者参加诉讼，并对这些传唤令提出质疑”，同样的规则也适用于听证官。最高法院指出强制执行诉讼是一项对抗式程序，“为质疑传唤令提供司法判断，为证人提供充分保护”，在税收强制执行程序中，听证官“没有强制执行权，也没有施加处罚的权力”，不能对到法院就传唤令提出真诚质疑的人施加任何惩罚，“证人也可以基于任何合理的理由对传唤令提出质疑”。最高法院总结道：“国会所规定的救济没有造成任何不公，也没有造成违宪无效的后果。” 285

□ 20 世纪 70 年代以来，法律一直未变

司法机关强制执行行政机关的传票中可以适用的基本法律框架仍然保持和 40 年代到 70 年代之间最高法院的各项里程碑式判决所重塑后的模样。自 70 年代以来，最高法院很少发布这一领域的判决。少数的几个案件判决也只是将已有的支持行政机关的法律框架适用于新的案情。因此，例如，最高法院一直认为，不管大学根据保密和保护学术自由的需要提出什么反对意见，大学都必须遵守平等就业机会委员会（EEOC）在反就业歧视案件中提出的要求提供教职决定的传票。[5]

这个法律框架使得任何私人主体都难以在强制执行传票的纠纷中获胜。行政机关必须获得法律授权签发传票，但是法院对签发传票的法律授权作了宽泛解释。[6] 所希望获得的材料必须是与行政机关管辖范围内的合法目的相关的，但是该要求也是以可以被允许的方式加以解释的。行政机关只需要证明材料与一些似是而非的行政调查之间存在“可能的关联”[7]。希望抵制强制执行行政机关的传票的当事人，只有在该传票引发该讼争法律或者所寻求的材料性质所独有的法律或者宪法层面的质疑之时，才会对胜诉有现实的期待。[8] 当

---

① ICC v. Brimson, 154 U. S. 485 (1894).

② 各州法院经常支持授权行政机关惩罚藐视命令的行为；参见 Note, 35 *Colum. L. Rev.* 578 (1935) 中对已往案件的总结。

③ Federal Maritime Commission v. New York Terminal Conference, 374 F. 2d 424, 436 n. 2 (2d Cir. 1967).

④ 375 U. S. 440 (1964).

⑤ University of Pennsylvania v. Equal Employment Opportunity Commission, 493 U. S. 182 (1990).

⑥ 例可参见 United States v. Exxon Corp., 628 F. 2d 70 (D. C. Cir. 1980), *cert. denied*, 446 U. S. 964 (1980)（只要有对行政机关签发传票的宽泛授权，就足以保证根据任何该行政机关所实施的法律签发传票）。

⑦ FTC v. Texaco, Inc., 555 F. 2d 862 (D. C. Cir.), *cert. denied*, 431 U. S. 974 (1977).

⑧ 例可参见 Equal Employment Opportunity Commission v. Lutheran Social Services, 186 F. 3d 959 (D. C. Cir. 1999)（拒绝强制执行要求获取属于律师—客户关系特权范围的材料的传票）；一起秘密审理的案件（In re Sealed Case), 121 F. 3d 729 (D. C. Cir. 1997)（拒绝强制执行要求获取属于总统通信特权范围的材料的传票）。

事人有时候能够成功说服法院，使其相信传票设定了不合理的负担，但是得到的救济仅限于法院要求行政机关缩小传票的范围或者更明确地限定所要获取的材料。[①]

□ 可以解释现代方法的判例

20世纪90年代判决的有些案件则证明了要成功阻止行政机关强制执行传票的努力将
286 遭遇的巨大困难。在 United States v. Sturm, Ruger & Co. [②] 案中，第一巡回法院审理的是职业安全和健康管理局（OSHA）签发的传票——要求获得一家企业工作场所受指控存在的人体工程学风险（ergonomics hazards）相关的各种文件。职业安全和健康管理局认为它有权签发该传票，依据是调整可能存在的违反该法一般义务条款的行为：雇主必须提供"就业以及消除公认风险（recognized hazards）的工作场所"。该企业则主张，该传票越权，因为并不存在符合"公认风险"条件的"人体工程学风险"。最高法院草草应付了这一主张：

我们已经反复告诫，有关行政机关规制的实体权力范围的问题，不属于传票强制执行程序所要解决的……只要行政机关所宣称的权力不是假冒的，程序合理的传票就必须得到强制执行。

在 United States v. Construction Projects Research, Inc. [③] 案中，第二巡回法院解释了行政机关签发传票的权力范围。有家核设施运营商的承包商，其雇员向核能监管委员会（the Nuclear Regulatory Commission）举报其雇主存在不安全的做法。企业解雇了该雇员。雇员向劳工部提出申诉，指控其雇主违反了《能源机构重组法》（the Energy Reorganization Act）中的内部举报人保护的规定。在该程序还未终结时，核能监管委员会签发传票要求雇主提供与解雇该雇员有关的记录。企业指控核能监管委员会的传票越权，理由有二：（1）劳工部对于实施举报人保护规定有着专属管辖权；（2）核能监管委员会并未声称所签发的传票是为了调查任何违反该传票的行为。法院驳回了企业的主张。法院认为，核能监管委员会在调查该事件以确定企业实施的行为所涉及的与雇员的关系是否可能会对核安全构成不利影响。法院也指出，传票不一定要与调查可能违反核能监管委员会规则的行为相关，因为核能监管委员会可以利用调查中所获得的信息用于有效的其他更广的目的（例如决定是否应该发布新的规则，以调整核设施承包商及其雇员之间的关系，因为这种关系可能会对核安全产生潜在影响）。

在 FTC v. Invention Submission Corp. [④] 案中，哥伦比亚特区巡回法院认为，行政机关可以仅仅为了确定提起预想的与企业进行的诉讼的成本有效性，而签发传票要求获取公
287 司的财务记录。法院后来从三方面对这一判决主旨进行了限定。在 RTC v. Walde[⑤] 案中，哥伦比亚特区巡回法院认为第四修正案要求行政机关具有"明确的怀疑"，即相对人实施了违法行为，在这之后才能为了同样的目的签发传票要求获取个人财务记录。[⑥] 在 RTC v. Thornton[⑦] 案中，最高法院认为行政机关仅仅为了该目的而签发传票要求获取公司财务

① 例可参见 United States v. Theodore, 479 F. 2d 749 (4th Cir. 1973)（认为国内税务局要求获得该企业在超过3年的时间里就纳税申报准备相关的记录，这种要求过于"模糊"和"增加负担"）。参见§4.5。

② 84 F. 3d 1 (1st Cir. 1996).

③ 73 F. 3d 464 (2d Cir. 1996).

④ 965 F. 2d 1086 (D. C. Cir. 1992), *cert. denied*, 507 U. S. 910 (1993).

⑤ 18 F. 3d 943 (D. C. Cir, 1994).

⑥ 另可见 In re McVane, 44 F. 3d 1127 (2d. Cir. 1995).

⑦ 41 F. 3d 1545 (D. C. Cir. 1994).

记录的权力，在该行政机关提起诉讼时终止。在一起秘密审理的案件（In re Sealed Case）[①] 中，最高法院认为，行政机关不能通过签发传票的方法要求获取用于调查“尚未掌握的其他违法行为”的个人财务记录。

在 Doe v. United States[②] 案中，第六巡回法院驳回了对于强制执行一项传票的若干反对意见，该传票要求一位医生提供多卷与行政调查有关的记录，以便判断该医生是否实施了构成犯罪的医疗欺诈行为（criminal health care fraud）。该法院首先总结了最高法院对于强制执行传票的标准。行政机关不需要提出证明相对人违法的近因（probable cause）。它只需要证明所要求的材料与合法目的之间存在合理关联。不仅如此，最高法院已经以高度尊重的排除法形式表述了合理关联标准：当“所要求的证据不是显然没有证据能力或者与任何合法目的无关的”，传票就应当得到强制执行。第六巡回法院认定，所有要求的证据都符合这一标准。它接着指出，法院也必须“将所要求的材料对于调查的相关性，与提供该材料的负担之间进行权衡”，但是它认定众多所要求材料每一份的相关性都超过提供证据的负担。第六巡回法院指出，它愿意仔细审查遵守行政传票的要求造成过多负担的主张，条件是只有在相对人试图与行政机关进行合理的调整（reasonable accommodation）而没有成功，并且提出了具体证据支持其认为负担过重的主张。

在 Equal Employment Opportunity Commission v. Dillon Cos.[③] 案中，第十巡回法院出具了一份类似的判决意见，驳回了相对人的反对意见，并且强制执行了行政机关的传票。法院指出，最高法院已经将相关性限制定性为“不是特别限制性的”，并且认为行政机关可以签发传票，要求提供任何在纠纷中“可能有助于说明指控情况（the allegations）”的信息。

在 United States v. American Target Advertising[④] 案中，第四巡回法院强制执行了一份传票，尽管被调查人提出了言之成理的主张，即指控其违反的这项规则是无效的，并且 288
该调查是出于政治敌意而启动的。法院拒绝审查该规则无效的主张，因为强制执行传票的程序“其设计在性质上是简易的”，并且任何对合理性的考虑都会阻碍“对可能的违法活动的快速调查”。法院拒绝审查被调查人所提出的该调查是出于恶意而启动的主张，也拒绝允许被调查人进行证据开示以支持其主张。被调查人提出了无可置疑的证据来证明其活动已经激怒了总统和参议院中有权势的参议员，但是法院发现这些证据远不足以证明行政机关的行为是出于恶意的。

在 FTC v. Ken Roberts Co.[⑤] 案中，哥伦比亚特区巡回法院强制执行了一份传票，即使私方当事人认为，行政机关对其正在调查的行为没有管辖权。法院指出，“除了少数的例外……强制执行传票的诉讼并不是对行政机关是否拥有调查权的分歧进行诉讼的合理平台。”

在 Equal Employment Opportunity Commission v. Karuk Tribe Housing Authority[⑥] 案中，第九巡回法院遇到了一种“少数的例外”。法院拒绝强制执行行政机关针对一家印第安人部落签发的传票，因为在法律问题上，作为传票基础的纠纷显然超越了平等就业机会委员会（EEOC）的管辖权。该纠纷发生在该部落和部落的一名成员之间，而部落和部

---

① 42 F. 3d 1412 (D. C. Cir. 1994).

② 253 F. 3d 256 (6th Cir. 2001).

③ 310 F. 3d 1271 (10th Cir. 2002).

④ 257 F. 3d 348 (4th Cir. 2001).

⑤ 276 F. 3d 583 (D. C. Cir. 2001).

⑥ 260 F. 3d 1071 (9th Cir. 2001).

落成员之间的关系具有部落主权的属性，平等就业机会委员会无权进行规制。法院指出："该部落对于平等就业机会委员会的传票提出的质疑……属于在强制执行阶段进行判断的时机已经成熟的有限案件类型。"它只是引发了超出行政机关专业能力的纯粹的法律问题。不仅如此，强制执行该传票，将会导致对部落主权造成无法弥补的损害。

在 NLRB v. Chapa de Indian Health Program，Inc.[①] 案中，第九巡回法院将该案与 Karuk 案进行了区分，并且强制执行了针对一家部落组织签发的传票。法院首先指出，强制执行阶段对于传票提出管辖权异议适用的标准是，行政机关是否"显然缺乏"管辖权。法院认为，国家劳动关系委员会（NLRB）并未对于该案讼争的争议显然缺乏管辖权，因为（1）《国家劳动关系法》并未规定是否适用于印第安部落；（2）最高法院曾经判决认为一部没有对是否适用于印第安部落作出规定的一般性法律，除非存在三种情况之一，否则可以适用于印第安部落；（3）这三种情况中没有一种是显然存在的；特别是，部落组织内
289 部的劳动关系并非显然属于与自治有关的内部活动。

在 NLRB v. American Medical Response[②] 案中，第二巡回法院支持了地区法院签发的传票，驳回了有关传票所要求的信息与行政机关所管辖的任何事务无关的反对意见。第二巡回法院指出，法院在接受申请要求强制执行行政机关的传票时"可以对相关性进行宽泛的解释"，并且法院必须尊重"行政机关对相关性的评价，只要不是明显错误的，就必须接受"。

§ 4.3　《联邦宪法》第四修正案对检查的限制

□ 未经批准的检查：Frank 案

第四修正案出台的背景是依靠令状的支持进入殖民者的房屋搜查走私物品。在这种情况下，"合理根据"意味着相信存在犯罪行为的理由。电线错接、破布油腻、鼠患猖獗，或者工作场所不安全，可能不属于犯罪行为，而对于迫切需要的检查来说，包括不是根据合理根据实施的常规检查，如果要求符合第四修正案的要求，将是困难的。

自从 1959 年以来，最高法院已经对众多涉及将第四修正案适用于入室检查的案件作出了裁判。在 Frank v. Maryland[③] 案中，最高法院支持了对拒绝正在寻找老鼠来源的检查官员进入私人住所作出的罚款 20 美元的决定。尽管五位大法官针对未经批准的检查的有效性出具的多数意见已经被推翻，但是 Frank 案中多数意见的法律推理仍然是有效的。Frankfurter 大法官认为"对社区健康的保护"应当优先，因为对于怀疑存在公害问题有着有效的理由，检查的要求是在白天作出的，检查官员并未试图以武力手段进入，"为了社会的普遍福利，而不是作为执行刑法之手段"的无证检查，"在我们国家的历史上早有先例"。在超过一个半世纪的时间里，根据市镇条例的规定已经实施了数以千计的检查，城市中"拥挤的人口"使得这一需要更加迫切。多数意见中的结论是："考虑到这类检查的悠久历史和当前需要，我们不能说马里兰州政府（Maryland）在这里对上诉人的自由所提出的受到严格限制的要求已经剥夺了他享有的法律上的正当程序。"

---

① 316 F. 3d 995 (9th Cir. 2003).

② 438 F. 3d 188 (2d Cir. 2006).

③ 359 U. S. 360 (1959).

四位在 Frank 案中持不同意见的大法官则不认同这一立场，即检查证必须依据的是有理由相信该住所存在违法行为的合理根据：

在涉及健康和安全考虑的地方，可以为存在实施检查的“合理根据”的结论提供正当基础的事实，显然是不同于那些可以为已经实施刑事检查的地方得到同样结论提供正当基 290
础的事实。经验可能表明，对特定设施实施经常性的检查的需要，而没有进一步表明相信存在对公众构成威胁的标准条件，正在得到坚持。在特定情况下经过一段时间而没有实施检查，可能本身就表明给予检查证是正当的。第四修正案所提出的“合理根据”这一标准，可以将所要寻求的搜查的性质纳入考虑范围。[①]

在 Camara v. Municipal Court of the City and County of San Francisco 案[②]和 See v. City of Seattle[③] 案中，最高法院以 6∶3 的多数明确地推翻了 Frank 案所确立的原则。最高法院在 Camara 案的判决意见中将该问题大致作为重新检查“行政检查计划，按照目前得到授权并且实施的，是否违反第四修正案所确立的权利”加以论述。[④] 一位公寓的住客拒绝接受未经批准的搜查，两天后再次拒绝，16 天后第三次拒绝。该检查的目的是要强制执行为了居住目的限制房屋底层的用途。最高法院指出，尽管制定“对具体案件决定的可行的指南，是一项多少年来让最高法院的大法官们分歧依旧的艰巨任务”，所遵循的主导原则一直是“除非在做了仔细分类的特定类型的案件中，未经合理同意对私人住所进行搜查是‘不合理的’，除非行政机关得到有效的检查证的授权”[⑤]。提到“在有的城市，揭发违法只是带来行政合规令（administrative compliance order)”，最高法院明确指出第四修正案不仅限于“个人被怀疑犯罪”的情形。

最高法院在审查 Camara 案时，指出中立的地方法官（magistrate),“无须重新评估行政机关实施区域检查的基本决定”，就可以决定强制执行是否需要对住所进行检查，以及检查官员是否需要在其职权范围内行事。最高法院指出，让住客遵守官员在这一领域的裁量权，“确切地说是侵入私人住所的裁量权，我们一直以来都用一项要求对其加以限制，即公正的当事人可以证明搜查行为是出于正当的需要”[⑥]。最高法院因此认为在入室检查中需要“检查证程序”（the warrant procedure)。而对于消防、住房和卫生标准要求常规、系统化的检查的看法，最高法院所作的回应是问题不在于检查，而在于无证检查。 291

□ 区域检查得到支持

尽管 Camara 案判决意见的第一部分认为，第四修正案的要求对未经同意的搜查必须有“搜查证程序”，第二部分则逆转了这一方向。最高法院明确否定了这样的看法，即“只有在检查官员掌握高度可能的证据表明特定住所存在违反所强制执行的法典的行为之时，才能签发检查证”[⑦]。第二部分论述的核心是“那些熟悉这一领域的人一致同意，寻求普遍遵守市政法典规定的最低标准的唯一有效方法，就是对所有建筑物（structures）进行常规定期的检查”[⑧]。经过背景调查发现“除了权衡搜查的需要与搜查所造成的干预之

① Id. at 383.
② 387 U. S. 523 (1967).
③ 387 U. S. 541 (1967).
④ 387 U. S. at 525.
⑤ 387 U. S. at 528-529.
⑥ Id. at 532-533.
⑦ Id. at 534.
⑧ Id. at 535-536.

外，不可能存在现成的确定合理性的标准”[1]，最高法院认为，区域检查出于三点理由可以是合理的：（1）它们“拥有获得司法和公众接受的悠久历史”；（2）“任何其他技术能否获得希望得到的结果是值得怀疑的”；（3）这类检查“对于城市居民隐私权的侵犯相对有限”[2]。在认为区域检查是可能的时候，最高法院指出，“大多数公民都允许对其住房进行无证检查”，“作为一个实际问题，考虑到第四修正案要求在检查证中明确所要搜查的住所，检查证很可能通常是只有在入室遭到拒绝之后才能申请，除非有公民投诉或者有其他合理理由可以寻求立即进入”[3]。在使用“区域检查”（area inspections）时，最高法院所指的肯定是根据检查证授权对一个区域中各种建筑物进行的检查。最高法院宣称：

> 如果特定住所满足了实施区域检查的法律或者行政标准，则必然存在签发检查证的“合理根据”。此类标准……不会必然依赖于对特定住所的具体认知……之所以设计令状程序，就是为了保证搜查私人住所的决定，可以因为有合理的政府利益而得以正当化。但是，合理性仍然是决定性标准。如果有效的公共利益为所设想的干预提供了正当化基础，那么就存在高度可能的理由来签发得到合理限制的搜查证。[4]

那么，合理根据仍然是需要的，但是这并不意味着有高度可能的理由相信一座建筑物
292 存在违法的行为。合理根据并不需要与具体的住所相关，但是，可能需要与有关某一区域的理由相关——为在该区域“进行常规定期检查”提供正当化的理由。最高法院显然要求具有合理根据，但是它并未要求存在高度可能发生违法的高度可能性；它是在签发令状时要求具有发生违法的合理根据。[5]

法院在 Frank 案中支持了对住户所处的刑罚，而在 Camara 案中宣告了刑罚的无效。但是，对于最为重要的方面来说，这两起案件的结论则是一样的：第四修正案并不要求在中立的执法官面前出示确信已经存在违法的合理根据，从而无须同意即可实施检查。现实的结果是，95％甚至更高比例的住户都会同意实施检查。[6]

□ 对可适用法律规则的总结

从 Camara 案中可以总结出下述的法律规则：（1）除非发生紧急状况，否则未经取得检查证，不得对住所实施检查。（2）检查证的签发可以是在缺乏相信存在违法行为的合理根据的情况下，但是不能没有“签发检查证的合理根据”。（3）根据《联邦宪法》第四修正案，根据“签发检查证的合理根据”签发的搜查证而实施的区域搜查是合理的。（4）实施区域检查的立法或者行政标准不必依赖对特定不动产的具体了解。（5）检查证必须规定所要搜查的不动产，但是不必取决于确认要求对不动产实施检查的政府计划之外的任何事项，即该检查是有合理的政府利益作为正当性基础，并且检查官是得到授权的。

□ 对于商业场所实施检查所需的检查证：See 案

See v. City of Seattle[7] 案在两个重要的方面有别于 Camara 案：（1）该案涉及的是仓

---

① Id. at 536-537.

② Id. at 537.

③ Id. at 539-540.

④ Id. at 538-539.

⑤ Id. at 535.

⑥ 参见 Rothstein，“OSHA Inspections After Marshall v. Barlow's，Inc.”，1979 *Duke L. J.* 63，132 n. 84。

⑦ 387 U. S. 541 (1967).

库而不是公寓。(2) 批准检查的市镇条例要狭窄得多。Camara 案中，条例授权“该市的各部门或者机构的雇员……在合理的时候进入任何建筑物……以执行市镇条例所赋予的职责……”在 See 案中，市镇条例则授权消防局长“进入除了住所内部之外的所有建筑物和场所，只要为了确认和整改火灾隐患的需要……”See 案中存在争议的是拒绝对仓库进行无证检查“被处以 100 美元的罚款”。最高法院指出：“本案所涉及的唯一问题是 Camara 原则是否适用于对于非私人住所用途的商业场所实施的类似检查……商人，和住户一样，具有从事自己的商业活动而防止官员不合理地进入他的私人性质的商业场所的宪法权利。”① 消防局长在进入上锁的仓库之前必须获得检查证。 293

□ 检查证可以授权进行广泛的检查

最高法院在支持将消防局长进入仓库的行为定性为“不合理”之时既未说明事实，也没有说明理由，尽管最高法院已经考虑了所有的事实和情形，并且一致认定：

> 显然，为了确保生命财产安全，常规（routine）检查是必需的。对商业场所实施日常检查的需要，考虑到签发检查证不能以通常的方式得以证明，其重要性是要超过这些场所所涉及的隐私利益的。②

奇怪的是，最高法院的理由是，因为获得公司记录的传票不能由实施现场检查的官员所签发和强制执行，因为公司可以在接受处罚之前对这些传票的合理性申请司法审查，“我们发现这种观点是站不住脚的，即称之为‘推定性搜查’（constructive search）的传票……是需要遵守第四修正案的限制，但是第四修正案并不适用于对商业场所的实际搜查和检查”③。最高法院并未提及《联邦宪法》第四修正案对“人员、住房、文件和效果”（persons，houses，papers and effects）的限制，它也没有提及商业“文件”可能得到保护，即使商业性场所可能不被认为是“住房”。最高法院在最后一段补充了一则警示：

> 不管怎样，我们并未承认相比私人住房，商业场所在更多的情况下接受检查是不合理的，我们也并不质疑对项目实施许可之类得到广泛接受的规制技术，它们要求在开始营业或者销售一种产品之前接受检查。

Clark 大法官在获得 Harlan 大法官和 Stewart 大法官支持的判决意见中提出了对于 Camara 案和 See 案的不同意见。他反对“完全与《联邦宪法》第四修正案标准无关的新潮的‘搜查证’制度”，指出：“最高法院裁定存在合理根据，‘如果实施区域检查的合理的立法或者行政标准在涉及具体的住所时是得到满足的’”，并且宣称在定期进行的区域检查中，“‘合理根据将会’……出现在任何一起案件中……这只能是强调了这种判决意见的荒谬性。”④ 他并未对 Camara 案中的公寓和 See 案中的仓库之间作出区分。 294

□ 不要求确信存在违反行为的合理根据

在 Frank 案、Camara 案和 See 案中最为重要的问题是大法官们达成一致意见的问题，即检查是否可以在没有首先出示确信存在违法行为的合理根据的情况下进行的。所有的大法官都对这一问题作出了肯定的答复。没有一位大法官宣称，根据确信存在违法行为的合

---

① 387 U. S. at 542，543.

② City of Seattle v. See，67 Wash. 2d 475，408 P. 2d 262，268 (1996).

③ 387 U. S. at 545.

④ 387 U. S. at 547，553，554.

理根据而实施的检查需要检查证。Frank 案和 Camara 案得出其结论时采取的是两种不同的进路。哪种进路更佳，理由是什么？Frank 案采取的进路是（a）更符合《联邦宪法》第四修正案的条文和历史，（b）产生更符合实际的制度。

□ Frank 案的推理优于 Camara 案和 See 案的推理

《联邦宪法》第四修正案禁止“不合理的搜查”。Frank 案判决意见只是解释了“不合理”一词以允许当立法上确立的计划要求这类搜查时，可以无须检查证即在合理时机以合理方式实施日常搜查。Camara 案判决意见对于未经同意的搜查无一例外地要求检查证（除非是不涉及这些情形的紧急状态）。该判决意见的主要弱点是偏离了长期以来所坚持的“合理根据”的含义。第四修正案规定“除非具有合理根据，否则不得签发检查证……”宪法制定者们显然是在刑法的意义上考虑该问题；他们并未考虑为了要求遵守有关卫生、鼠患、电线架线有关的措施而非获取指控犯罪证据所设计的检查。

Frankfurter 大法官在 Frank 案中对于历史的考察充分支持了他的观点，即“这是关于确保免受为了获取用于刑事指控的证据或者没收财产而进行的搜查的权利的问题，这些正是为了获得基本自由的伟大斗争所要争取的”[1]。在 Camara 案之前，合理根据总是意味着相信存在违法行为的合理根据。Camara 案的判决意见通过将该含义转化为“签发搜查证所需的合理根据”，对其原始含义进行了勉强的解释（strain original meaning）。[2]

当另一个达成同样判决的依据是同样好的甚至更好的，采取偏离传统含义的解释可能是受欢迎的。在这个例子上，Frank 案的分析是更好的，不是因为它回避了偏离“合理根据”的习惯含义，而是因为它同样提出了更为现实可行的答案。现实的问题是：Camara 案所要求的检查证制度，其得失是什么？

对于公寓的住户来说，他们得到的好处为零或者接近于零。当检查官希望在合理时间进入时，根据 Frank 案的原则，住户需要在允许进入和甘冒受罚的风险之间作出抉择。根
295 据 Camara 案的原则，他可以说“无检查证不得进入”，然后有时间纠正或者隐瞒问题，但是根据 Camara 案的原则，他需要允许持区域检查证者进入，他无权要求由中立第三方决定是否存在可以确信他违法的合理根据。

类似的，按照 Camara 案所确立的检查证制度，住户损失也是轻微的。无论住户何时拒绝进入，检查官必须获得区域检查证。当地方执法官知道项目是有效的，也需要进行检查，他可以自动地签发检查证以对任何具体的场所进行检查。如果 95%的检查是得到同意的，则损失关系到与 5%的那部分人；要么该项目会受到这 5%的影响，要么纳税人就需要缴纳更多的税收以支持雇用更多的检查官。事实研究（factual studies）可以填补该损失的范围。如果在 Frank 案所确立的检查证制度下，一个项目是由 100 名检查官来执行的，那么，在 Camara 案所确立的检查证制度下，则需要 105 名检查官来执行，问题在于住户或者经理所获得的 5%的收益是否可以抵消对于纳税人的 5%的损失。对于该问题的答案，可以通过收集事实来找到；很可能该问题的答案是否定的。

如果执法官务实并且明白，检查官是有权的，而且该项目需要实施区域检查，他会签发一系列检查证给该检查官，允许他填写所要检查的地址。这样的制度很可能满足 Camara 案确立的要求；但是能取得的成就则很少甚至为零。除非偶尔有住户可以从 Camara 制

[1] 359 U. S. at 365.

[2] 387 U. S. at 539.

度中获得在 Frank 制度下无法获得的某种程度的保护，Camara 制度造成的不便是足以起决定性作用的。可以明确的是，住户从来不会获得确定高度可能的违法的保护，他可能获得保护至多是执法官的决定，即检查官是得到授权的，该项目需要实施检查。

怀疑 Camara 案判决之合理性的所有理由，都完全适用于 See 案判决，而且，See 案判决有其自身独特的缺陷。两个问题是需要讨论的：在消防局长所关心的唯一的检查理由就是防止火灾的情况下，商业仓库的所有人是否有涉及仓库状况的“隐私”权？仓库是否受第四修正案的文字“住房”所调整？这两个问题是相互关联的，我们一起展开讨论。

□ 商业企业的隐私利益微弱

第四修正案的主要目的——包括历史目的和今天的现实目的——就是保护“隐私权”。隐私中的利益是可以变化的；它们可以是任何程度的强或弱——或者是没有。个人拥有公司所没有的隐私利益，包括身体、住房、卧室和个人日记。隐私利益更多的是涉及人身性 296
的（personal）。公司主要的隐私利益存在于其文件之中，也就是其部分信息的保密性；但是其大多数的信息是公开的或者准公开的。商业机构的场所可能是向公众开放的，部分开放部分私密，或者完全私密，但是即使是企业执行官的办公室，其隐私也更多地体现于文件、口头文字中，而非桌椅、灯具和电线架线等。也许执行官对于电线的架线并无隐私利益。即使他有，该利益也是相当微弱的。

至于场所，强度最高的隐私是与住所有关，而非商业机构有关的。最典型的案例，如涉及住所的 Entick v. Carrington① 案，对于《联邦宪法》第四修正案的背景来说具有重大的意义。殖民者们对于辅助令状的使用感到憎恶的是他们被用于侵入私人住房；如果该令状仅仅被用于商业场所，美国独立革命的历史也许就会是另外一幅场景了。

在 See 案之前，《联邦宪法》第四修正案已经适用于公司，例如 Go-Bart Co. v. United States② 案、Silverthorne Lumber Co. v. United States③ 案。但是，这些案件都涉及公司的账目和文件，而不涉及其场所或者设备。假设上锁的商业仓库所有人在保护仓库不让主要关心防火的消防局长看到其内部结构，我们如果试图衡量这一问题上所拥有的隐私利益，可能会考虑这类隐私利益究竟是否存在，如果存在的话，该利益是否过于轻微以至于不足以享受宪法保障。当然，即使这一利益应该得到宪法保障，接下来的问题也是消防的公共利益是否更为重要。

按照《联邦宪法》第四修正案的规定，反对不合理搜查的宪法保障适用于“个人、住房、文件和效果”。这里的“住房”一词通常来说并不包括工厂、矿井、商店、办公室或者仓库，但是“文件”一词意味着这些场所中的文件是得到保护的。对于现实后果的评估也支持了这一区分。将仓库的物理结构，包括电线架线和油腻的破布，视为不属于隐私概念的范围，而对于“文件”给予保护将会是非常实际的。尽管最高法院持上述意见，但人们可能会怀疑 See 先生的“隐私”是否因为消防局长对仓库部分存在火灾隐患的零部件进行检查而遭到侵犯。这样的检查远不足以与对住所的侵犯等量齐观。

在 See 案中，对于防止 See 免受消防局长不合理搜查的两种可能方法选择：（1）允许 See 拒绝无证搜查；（2）允许 See 在针对其拒绝行为加以处罚的程序中宣称不合理作为抗 297
辩。在第二种情形中，See 所面临的不利局面并不重要；See 被认定违法并处以 100 美元

---

① 19 Howell's State Trial 1029 (1765).

② 282 U. S. 298 (1921).

③ 251 U. S. 385 (1920).

罚款，中止执行（suspended）。第一种情形中，对于公众的不利影响可能是实质性的。消防局长是否已经检查了仓库，并不会显示在法律报告中。对于所有那些出现在法律报告中的内容来说，仓库可能已经因为存在消防局长本来可以责令整改的消防隐患而最终付之一炬，城市一隅也可能因之被夷为平地。

□ 对于受规制企业的例外：Colonnade Catering 案

在 Colonnade Catering Corp. v. United States[1] 案中，最高法院以一致意见认为，“在《联邦宪法》第四修正案出台之前就已存在的对酒精行业进行规制的悠久历史”，使 See 案无法适用于为了确定白酒瓶是否已经重新灌装或者更换而进行的各种搜查行为。“国会拥有广泛的权力根据酒类立法，为了应对它认为即将发生的恶而设计这类检查权。”[2] 最高法院在法律解释问题上发生了分歧。

□ 突击检查的实效（efficacy）

第二巡回法院在 Colonnade 案中的判决意见值得特别关注，因为它天才般地找到一种方法，可以对为了强制执行规制性法律需要而进行的无证检查提供正当理由，而无须推翻 Camara 案和 See 案。最高法院推翻了第二巡回法院的判决有关法律解释的内容，但是维持了有关宪法问题的内容。与最高法院的判决意见不同，Mansfield 法官的判决意见涉及了一项广泛的问题，即强制执行具体规制要求的官员是否可以获得授权在合理的时候实施无证检查。该判决意见将 Camara 案和 See 案中的“任意巡逻”的检查官权力与酒精检查官的“受到仔细界定和限定的”权力之间进行了对比，局限于酒精酿造厂的事项以及营业时间。检查证可以帮助实现限定 Camara 案和 See 案中的搜查范围的目的，但是检查证“并无助于保护酒精经营者所拥有的《联邦宪法》第四修正案确定的权利”。关键段落如下：

> 我们在这里并不讨论市镇法典所授权的这类“区域”或者“一般”搜查，但是没有必要利用检查证机制作为确立防止根据此类法典可能出现的针对未经取得检查证的侵犯的保护标准。这里，符合检查资格的区域是明确和严格限定的；目的是相关的；范围是有限的；所有这些问题都是将要检查的营业场所的经营者所明确了解的。因此，没有什么结果可以通过由执法官的个别化的审查实现。在正确行使其裁量权时，执法官将会被迫签发一
> 298 份检查证作为理所当然之事，重复法律上已经授权的有限权力。简而言之，这里所考虑的法律就相当于检查证。[3]

第二巡回法院接着表明“突击的成分”对于实现检查目的来说具有重要意义，因为经营者如果接到检查的警告肯定会迅速清除违法灌装的酒瓶。在场所检查的问题上，Mansfield 法官的方法也许会比最高法院的判决意见更具洞察力，也可能成为未来之法或者甚至是当下之法。

最高法院本来应该采纳 Mansfield 法官的进路。采纳这种进路，不仅涉及对 Camara 案和 See 案的解释，它还涉及在某种程度上推翻了这两个判例。Mansfield 法官的判决意见直接与 White 大法官的关键判词相反，后者是“主导性的原则，有历史和当前的经历作为正当理由，已经一直得到遵循；除了在某些得到仔细界定的案件类型中，没有获得合适

---

[1] 397 U. S. 72 (1970).

[2] 397 U. S. at 76.

[3] 410 F. 2d at 202.

的同意对私人不动产进行的搜查是‘不合理的’，除非它已经获得有效搜查证的授权”[1]。Mansfield 法官的判决意见，其价值在于其坚定地展示了这句话为何需要作出退让的理由。

□ Biswell 案

在 United States v. Biswell[2] 案中，最高法院将 Colonnade 原则适用于枪支经销商：

> 联邦对州际枪支运输的规制，其历史不如政府对烈酒行业的管制来得悠久，但是严格监控枪支运输，对于联邦防控犯罪，帮助各州规制境内枪支运输无疑具有核心意义。这里涉及巨大的利益，检查是规制计划的关键部分，因为它可以确保武器是以可追溯的方式通过常规渠道分销的，从而防止向不良分子销售，并且侦查特定武器的源头。[3]

□ Biswell 案的推理应当广泛适用

从上述引用的文字来看，Biswell 案只是将烈酒案例扩展到武器。但是，该案判决意见的其他部分具有更重大的意义。最高法院指出，在 See 案中，搜查证/检查证可以提供一定程度的保护隐私权的措施，而且对检查制度的实效也不构成重大威胁。最高法院对 Biswell 案中涉及的侦查制度进行了比较：

> 这里，如果检查要有效发挥作用并且成为可信的威慑力量，未经通报，甚至是频繁使用的检查是不可或缺的。在这种情境下，搜查证的前提条件可以轻易地使检查制度无法发挥功效；如果要在时间、范围和频率等方面保持灵活度，搜查证所提供的保护是可以忽略的。[4] 299

最高法院所作出的这一评论——在进行武器检查时，搜查证制度所提供的保护是可以忽略的——具有广泛的意义，因为它可以适用于任何有限的检查的相对人。这种保护可以忽略，其理由并不必然与检查的对象相关；其理由与一项平常的事实相关，即治安官可以做的事情并没有太多的效用。只要实施检查不需要通过证明存在高度可能性的违法来证明确其正当性，所需要的保护可以由法律或者条例来提供，并没有什么需要留给治安官来做的。

最高法院在 Biswell 案中所表达的两种更为重要的思想，也可以适用于其他地方的：“当一位商人选择从事受到全面规制的行业，并取得了联邦政府的许可，他需要明白他的商业记录、武器和弹药需要受到有效的检查。”这种默示同意理论可以适用于任何一种商业活动。任何选择雇用员工的人在这么做的时候也是明白职业安全和健康管理局检查官会检查健康和安全的措施吗？Biswell 案中法院的第二点意见也是容易得到普遍适用的。“我们可以轻易地得出结论，和本案中一样，如果规制机构的检查促进更急迫的联邦利益，滥用和威胁隐私权的可能性缺乏令人印象深刻的维度（dimensions），就可以在法律明确授权的情况下无须搜查证而实施检查。”和默示同意理论一样，这种利益权衡方法可以适用于任何规制领域。职业安全和健康管理局的检查是否推进了急迫的联邦利益，他们对于隐私的威胁“不具有令人印象深刻的维度”？

官员在未经同意的情况下进入一家药店，提取了有关麻醉药品（narcotics）相关的处

---

① 387 U. S. at 528-529.
② 406 U. S. 311 (1972).
③ 406 U. S. at 316.
④ 406 U. S. at 316.

方和记录。在 Friendly 法官所提供的判决意见中，第二巡回法院作出了与 Mansfield 法官在 Colonnade 案中类似的分析。最高法院认为，“如果法律明确规定检查仅限于根据公共利益的需要接受全面规制的行业的商业记录和产品”，则该检查可以在未经取得搜查证的情况下实施。①

□ 最高法院拒绝将规制例外扩张适用于职业安全：Barlow 案

最高法院以 5∶3 的多数票判定，根据《职业安全和健康法》的规定，检查官需要获得搜查证才能对职业场所实施检查，但是搜查证的发放不需要基于“在刑法意义上的”合理根据。② White 大法官的判决意见是建立在他在 Camara 案和 See 案等案件中所作判决意见的基础之上的。Barlow 案实现的明显发展是最高法院拒绝将 Colonnade 案和 Biswell 案
300 等案件中的原则从烈酒和武器行业的对象扩张适用于职业场所健康和安全的对象。

1970 年制定的《职业安全和健康法》规定：

为了实现本法规定的目的，部长在向负责的所有人、经营者或者代理人提供合适的证件之前，有权——

（1）在没有迟延的情况以及在合理的时间里，进入任何雇员开展工作的职业场所……

（2）在正常的工作时间和其他合理的时间内，在合理的限制内，以及以合理的方式，对此类雇佣活动的场所……进行检查……③

Barlow 案中涉及的主要问题是，未经同意对职业场所实施的检查是否可以在未经取得搜查证的情况下实施，这是一个关键问题，因为政府的项目要求对营业场所开展未经事先通报的检查。国会在职业安全和健康管理局的立法史中强调了未经事先通报的检查的重要性：

为了建立有效的全国性的职业场所安全和健康的制度，政府官员有必要取得进入权以便验证任何所调整的雇佣机构的安全和健康状况以及守法状况。④

Barlow 先生拒绝职业安全和健康管理局的检查官查看他的车间，部长向地区法院申请强制进入的命令后获得法院批准。Barlow 后来从由三位法官组成的法庭那里申请到了禁令，这份禁令的发放理由是“职业安全和健康管理局试图授权对该法所调整的商业机构进行无证检查的规定，是违宪的”⑤。最高法院确认了这份禁令，理由是“该法就其支持在无证检查或者类似情形而言，是违宪的”。

□ 并不要求存在刑法意义上的合理根据

Barlow 案中法院所要求的制度核心体现在下列这段论述之中：

不需要具有刑法意义上的合理根据。因为诸如此类的行政搜查的目的，可以证明发放搜查证的正当性的合理根据，可能不仅是根据已有违法行为的具体证据，也可以是表明
301 “实施检查的合理的立法或者行政标准，就具体涉及某一特定机构而言是满足的”。Camara

---

① United States *ex rel*. Terraciano v. Montanye, 193 F. 2D 682, 685 (2d Cir.), *cert. denied*, 419 U. S. 875 (1974).

② Marshall v. Barlow’s, Inc., 436 U. S. (1978).

③ 29U. S. C. § 657 (a).

④ Sen. Rep. No. 91-1282, 1970 U. S. Code Cong. Serv. & Admin. News 5177, 5187.

⑤ Barlow’s, Inc. v. Usery, 424 F. Supp. 437, 422 (D. Idaho 1976).

案中，搜查证表明，职业安全和健康管理局选择一家具体的企业作为搜查对象，其依据是从中立的渠道，例如在特定区域内不同行业之间的雇员的分布情况，以及在任何这一区域中的较小部分中开展搜查的适宜次数等，推导出来的为了实施该法而制定的总体行政计划，可以保护雇主基于《联邦宪法》第四修正案所拥有的权利。我们怀疑将执法的精力消耗在获取这类搜查证之中超越了可以掌控的比例。

□ 对 Barlow 推理的批评

与不需要搜查证的检查制度相比，其结果产生的制度：(a) 并不明显地阻挠检查官的工作，(b) 并不明显地袒护雇主。法院的要求和在无证检查情况下可以作为的空间，二者之间的实际差别如此轻微，以至于可以忽略不计。但是，Barlow 案中最高法院否定了无证检查，因为这里存在着“几乎不受限制的裁量权”。最高法院的推理是：

相比之下，搜查证可以提供中立的官员所作的保证，即检查根据《联邦宪法》的规定是合理的，是得到法律授权的，也符合一项包含具体的中立标准的行政计划。而且，搜查证在当时告诉所有权人搜查的范围和目标，如果超越这些限制，检查官就不能继续作为。

Stevens 大法官分析了上述案件中三位大法官所引用的不同意见中涉及法庭记录中的四项要求中的每一项内容。持不同意见的大法官表明，要获得搜查证，“在帮助根据已有的执法计划所提供的保护方式上没有太多的增益。在这种情况下，搜查证本质上是一种手续。”

要求获得搜查证，但不是“刑法意义上的合理根据”，这些要求难以与该法或者《联邦宪法》第四修正案相互协调。职业安全和健康管理局的执法是借助于行政罚款，而不是刑法。《联邦宪法》第四修正案的用语是明白无误的，“除非基于合理根据，不得签发搜查证”。最高法院并未试图解释其判决是如何可以满足这些文字的要求。持不同意见的大法官相当令人信服地指出该判决不符合这些文字的要求。

□ 两类判例

在 Barlow 案之后，无证检查是否符合宪法的问题，是受到两类案件的调整的。Barlow 案、Camara 案以及 See 案中法院均认为搜查证是需要的，如果一家行政机关拥有广泛的规制权。Biswell 案和 Colonnade 案允许无证检查，如果行政机关拥有的规制权比较有限，涉及的是某种历史上接受广泛规制的行业。有时我们可以轻易地对行政机关的管辖权进行划分，即是在界限的这一侧还是另一侧，但是有时法院必须作出精确的划分。 302

在 GM Leasing Corp. v. United States① 案中，最高法院对《国内税务法典》(the Internal Revenue Code) 的模糊用语进行了解释，排除了其参与无证检查的资格。最高法院对于这部法律的解释，受到了其有关第四修正案的审判的重大影响。最高法院将该案的推理区别于 Biswell 和 Barlow 案的推理，因为后两起案件所涉及的是对受到高度规制的活动中自愿参与者的住所的检查。

□ 规制例外适用于矿山

在 Donovan v. Dewey② 案中，最高法院根据《联邦矿山安全和健康法》(Federal Mine

① 429 U. S. 388 (1977).
② 452 U. S. 594 (1981).

Safety and Health Act）的规定支持了无证检查。最高法院与 Barlow 案进行了区分，理由是职业安全和健康管理局（OSHA）的调整范围更广。因为《联邦矿山安全和健康法》仅仅适用于矿山这一传统上受到高度规制的行业，最高法院适用了 Colonnade 案和 Biswell 案的原则，而不是 Barlow 案、Camara 案以及 See 案的原则。但是，最高法院在 Donovan 案中的多数理由是足够宽泛以推翻 Barlow 案的结论的。

□ 受规制企业的界限是模糊的

最高法院最后会承认其正在试图划定的界限是建立在一个脆弱的基础之上，在保护隐私权利方面并没有实际的价值。但是，最高法院继续试图在可允许的无证检查和不可允许的无证检查之间划定可以抗辩的界限。在 New York v. Burger① 案中，最高法院以 6：3 的多数票支持了纽约州的一部立法，该法授权对废旧汽车堆积场实施无证检查。多数意见适用了 Donovan 案、Colonnnade 案和 Biswell 案，而不是 Barlow 案、Camara 案和 See 案的原则，因为废旧汽车堆积场是“受到密切规制的行业”，即使对该行业的规制只是晚近才出现的事情。正如持不同意见的大法官们所指出的，Donovan 案中多数意见的推理可以用于为任何行业的无证检查提供正当理由。

□ 飞行检查（aerial inspections）不是搜查

在某些情况下，检查根本不能构成“搜查”，理由是最高法院认定该检查是在没有进入任何私人场所的情况下实施的。《联邦宪法》第四修正案保护私人财产所有人的住所“庭园”（curtilage）隐私不受政府的干预。它并未规定保护“开放场所”，也就是说，可以为公众所观察到的场所。对于商业背景下的隐私，态度和技术的持续变化缩小了《联邦宪法》第四修正案所保护的“庭园”的范围，并扩张了不受保护的“开放场所”的范围。

在 Air Pollution Variance Board v. Western Alfalfa Corp. ② 案中，最高法院认为，该
303 案中的行政机关检查官在观测违反空气质量规制规定的证据时是处在不受《联邦宪法》第四修正案保护的“开放场所”。检查官在未经企业同意进入其室外的场所时，看到了缕缕烟雾。检查官没有被告知“他正处在公众不得进入的场所”。

在 Dow Chemical Co. v. United States③ 案中，大法官们存在明显的分歧，但该判决扩大了“开放场所”原则的适用范围。在 Dow 拒绝环境保护局检查一处 2 000 英亩场地的许可后，环境保护局雇用了一名商业航拍师飞临该场地上空进行拍照。这些照片揭露了一些肉眼无法识别的细节。但是，最高法院多数意见认为，行政机关的行为是属于“开放场地”原则的范围。最高法院在刑事法律领域也扩张适用了这一原则。④

□ 福利领受人默示地同意接受检查

最高法院部分根据默示同意的理论，在 Donovan 案、Colonnade 案，以及 Biswell 案

---

① 482 U. S. 691 (1987).

② 416 U. S. 861 (1974).

③ 476 U. S. 227 (1986).

④ Florida v. Riley，488 U. S. 455 (1989)；United States v. Dunn，480 U. S. 294 (1987)；California v. Ciraolo，476 U. S. 207 (1986).

等案件中承认了对于受到高度规制的商业场所的无证检查。最高法院的理由是，自愿从事受到高度规制的行业的人，知道自己正在放弃某些隐私权的保护措施以求获得从事该行业的特权作为回报。法院将默示同意理论扩张适用于福利计划受益者的居住场所。在 Wyman v. James[1] 案中，最高法院以 6：3 判决认定，对有抚养儿童家庭的补助福利计划（the Aid to Families of Dependent Children program）的受益者在接受救济时无权寻求《联邦宪法》第四修正案或者第十四修正案的保护，或者拒绝同意社会调查员（caseworkers）根据纽约州法律的授权进行“家访”。

法律要求“家访”获得同意，但是规定“如果不给予许可，官员可以……中止公共救助……”一座住宅必须“满足通常的健康和体面的标准”。James 女士愿意回答提问，但是拒绝让人进入她的住宅。最高法院指出：“我们这里所涉及的不是任何在《联邦宪法》第四修正案意义上的搜查……家访并不属于第四修正案禁止的范畴……因为它并未沦落到不合理的水平。”[2] 最高法院认为，“受抚养的孩子的需要是首要的”，为了保障税收得到合理使用而采取适度的手段并不是不合理的，慈善的提供者有权利知道他们的资金是如何得到使用的，而家访正是“福利管理的核心”，更强调隐私，禁止强行进入住宅，或者假借其他名义进入住宅，或者在工作时间以外进行访问，或者窥探住宅等行为，James 女士并未提出任何涉及不合理的侵犯的投诉，家访也许已经成为确保符合资格的必需措施，家访“由经过一定培训的社会工作者实施，他们的主要目的正是，或者应该是福利，而不是指 304
控福利救济的受益者”，社会工作者“是患难者的知己”，家访“不是刑事调查”，搜查证程序“将会为强制进入提供理由，并且其执行时间不会如家访那样事先作出限定”，根据合理根据而实施搜查证程序，“对于看望家中儿童，确保儿童正在家中并且收到获准享受的福利救济来说”“是不合时宜的”[3]。最高法院认为，James 女士“有‘权利’拒绝家访，但是其后果是中止救济”[4]。

Douglas 大法官在不同意见中指出：“核心的问题是政府是否通过施舍的力量而获得了‘收买’宪法所保障权利的权力。”他还问道：“仅仅因为她依赖政府的施舍，就可以让对其住宅进行无证搜查变得‘合理’?”多数意见默示地对这个问题给出了肯定的答案。

□ 现代案件一般判决支持搜查行为

在 Riverdale Mills Corp. v. Pimpare[5] 案中，第一巡回法院认为，环境保护局官员从一家企业土地上的沙井（manhole）底下的下水道中获得的废水采样并不侵犯该企业依据《联邦宪法》第四修正案所拥有的权利，因为这并不构成“搜查”。第一巡回法院认为，该企业对于下水道中的水没有隐私权的合理期待，即使这些废水仍然处于该企业的土地上，因为这些水会从沙井盖向下流到公共的下水道中，并且是可追溯的。

在 Wedgewood Village Pharmacy v. United States[6] 案中，第三巡回法院支持了搜查的有效性（validity），驳回了认为搜查超越行政机关法定权限和违反企业正当程序权利的反对意见。食品药品管理局（FDA）获得了一份针对一家药店的经营和记录的搜查证。该药

[1] 400 U. S. 309 (1971).
[2] 400 U. S. at 317, 318.
[3] 400 U. S. at 318-324.
[4] Id. at 524.
[5] 392 F. 3d 55 (1st Cir. 2004).
[6] 421 F. 3d 263 (3d Cir. 2005).

店申请撤销（move to quash）该搜查证，巡回法院支持了地区法院作出的拒绝其撤销申请的决定。《食品、药品和化妆品法》（the Food, Drug and Cosmetics Act）授权食品药品管理局对“任何……生产……药品的……企业”的营业场所和记录进行搜查。但是，该法对“在其……零售药品的……常规业务活动中没有……生产……或者合成（compound）……药品的药店”豁免适用。Wedgewood 主张属于药店豁免适用规定的范围之内。法院首先针对搜查营业场所的情形驳回了药店的主张，因为该豁免仅仅适用于记录。法院接着对于搜查记录的情形驳回了药店的主张，理由是食品药品管理局和负责签发搜查证的治安法官（the magistrate）合理地根据 Wedgewood 的合成药品的数量作为 Wedgewood 的经营活动
305 已经超出豁免规定范围的情况证据。Wedgewood 还主张，食品药品管理局申请搜查证的单方程序违反了正当程序。第三巡回法院指出，此前已经有三家巡回法院判定，药品规制的水平如此之高，以至于营业场所和记录的所有人没有隐私权的期待，从而无证搜查并不违反《联邦宪法》第四修正案。但是，第三巡回法院认为没有必要讨论这一问题，因为它认定 Wedgewood 在提出撤销搜查证申请的情境下有机会对搜查的有效性提出争议，已经足够满足任何情况下的正当程序要求。

在 Trinity Marine Products v. Chao[①] 案中，第五巡回法院判定职业安全和健康管理局可以通过合理的强制手段（reasonable force）单方执行一份行政搜查证，对企业拒绝接受获得行政搜查证批准的检查，不需要启动藐视法庭罪诉讼程序（contempt proceeding）。法院拒绝了一项主张，即申请行政搜查证适用的是要求更低的合理根据标准，因此在强制执行该搜查证时提高要求的做法是不合理的。法院指出，企业确信搜查属于违宪时，可以寻求提起 Bivens 诉讼。[②]

在 U. S. v. M/V Sanctuary[③] 案中，第四巡回法院支持了一项联邦地区法院的判决，在该判决中，地区法院向环境保护局签发了行政检查证，允许其对机动船进行检查，同时签发了一份临时性令状，在环境保护局采取搜查行为之前禁止机动船移动。第四巡回法院判定数据采样分析已经证明该机动船的油漆中所含有的受《有毒物质法》（the Toxic Substances Act）调整的物质已经足以支持认定该机动船是存放受规制物质的场所，而这属于环境保护局检查权的法定适用范围。

§4.4　《联邦宪法》第四修正案对获取银行记录的限制

□ 银行客户没有对隐私权的期待

支票、存款单、财务报告、月度报告以及任何与银行打交道的人的其他记录，都无权享受《联邦宪法》第四修正案的保障，因为与银行打交道的人对于这些记录“没有正当的‘隐私权期待’”。支票不属于秘密通信，而是在商业交易中所使用的沟通工具。所获得的
306 所有这些文件，包括财务报告、存款单，只含有自愿提供给银行，以及在正常商业过程中披露给银行职员的信息。国会在制定《银行保密法》（the Bank Secrecy Act）时就推定，对于保存在银行记录中的信息缺乏任何隐私权的正当期待，该法所表明的目的是要求保存

---

① 512 F. 3d 198 (5th Cir. 2007).

② 有关 Bivens 诉讼的讨论，参见§19.5。

③ 540 F. 3d 295 (4th Cir. 2008).

银行记录，因为它们“在刑事、税收和规制调查和诉讼中具有相当高程度的作用”①。

在 Miller 案中，法院对两家银行签发了传票，要求提供在四个月的期限内以个人名义开立的“所有账户记录，亦即存款、支票、贷款或者其他”。银行工作人员自愿提供了配合，但是在一起刑事案件中提出隐藏（suppress）这些记录的动议时，问题就产生了。最高法院拒绝了一种主张，即在《银行保密法》已经规定了保存记录的要求时签发这样一份传票，其结果将会违反《联邦宪法》第四修正案。最高法院认为，即使《银行保密法》要求银行保存这些记录，“这里并不涉及存款人基于《联邦宪法》第四修正案而享有的利益问题”，因为在制定《银行保密法》之前，“人们根深蒂固的观念是……国内税务局针对作为第三人的银行签发的传票，并不侵犯受到调查的存款人基于《联邦宪法》第四修正案所享有的权利”②。

《1970 年银行保密法》要求银行保存国际和本国的交易记录，并根据有关规定向财政部长报告。这部法律对于记录保存和报告的要求方面是相当全面的，但是有关规定将所要求报告的国内交易仅限于涉及“金额超过 1 万美元的交易”。这部法律的某些内容在 California Bankers Ass'n v. Shultz③ 案中被裁定合宪，但是最高法院并未涉及一些重大的宪法问题。

在一个没有明确界定的但是很关键的领域，大法官们以 5∶4 多数票支持银行记录相关的隐私权保护。该案中，财政部长通过规定将国内交易需要报告的范围限定于涉及“金额超过 1 万美元的交易”。最高法院表明，无论在哪一方面，它们都不是在抽象地审核这部法律的有效性，而是在审核由财政部的规定缩小了范围的这部法律的有效性。六位大法官加入了最高法院的判决意见，三位大法官提出了不同意见，Powell 大法官起草了协同意见，并且得到了 Blackmun 大法官的支持。Powell 大法官的意见因此代表了多数的立场，当三位提出不同意见的大法官也加入的话。该判决意见断言：

如果发展到极致的话，显然得到了这部法律的开放语言的授权的这些报告，触及一个人的私人事务的私密领域。财务交易会透露个人的活动、结社和信仰。在某种程度上，政 307
府对于这些领域的侵犯将会牵连到隐私权的正当期待。而且，在法定计划允许不经过司法程序的情况下获取这些信息的时候，正如这里的情形，权力滥用的可能性尤为突出。④

因此，多数意见所持的观点是，该法如果发展到极致的话，可能“在某种程度上”是违反宪法的。

□ 对 California Bankers 案的概括

最高法院判定：（1）这些规定中的保存记录的要求“没有侵犯《联邦宪法》第四修正案保障的存款人的任何权利”；（2）美国公民自由联盟（the American Civil Liberties Union）所持的与第一修正案有关的观点是“尚不具备诉讼时机的成熟性”，因为任何按照规定需要保存的记录并未被披露；（3）针对国际财务交易的报告要求并未侵犯第四修正案，因为收入报告可能是需要的，个人入境或者离境时可能被要求检查其携带财物；（4）有关国内财务交易的报告规定并未对作为交易一方当事人的银行设定不合理的要求；（5）“既然他们并未证明他们的交易时需要报告的”，那么存款人原告缺乏原告资格质疑国

① United States v. Miller, 425 U. S. 435, 442-443 (1976).

② 425 U. S. 576 (1925), *aff'g* 295 F. 142 (S. D. Ala. 1924).

③ 416 U. S. 21 (1974).

④ 416 U. S. at 78-79.

内财务交易报告要求[①]；（6）存款人原告根据《联邦宪法》第五修正案针对国际财务交易报告要求提出的质疑是“时机尚未成熟的”，因为原告并未指控任何这样的信息将会导致对他们构成歧视；（7）美国公民自由联盟对于国内国际财务交易报告要求中的第五修正案保障的利益的影响并未提出具体的争议，因为它并未指控该报告制度涉及异常庞大的国内资金交易或者国际商业交易中的规律性，或者管理外国的账户。

最高法院并未提到国内报告要求是否符合《联邦宪法》第四修正案和第五修正案的规定。但是，基于以下三点理由，这种忽略可能是无足轻重的：贯穿该案的判决意见，最高法院潜在的态度表明了这种实际的确定性，即最高法院将会支持对“金额超过 1 万美元的交易”的报告要求；后来的 Miller 案回应了第四修正案的问题；最重要的问题是保存记录要求的有效性，其原因在于 Marshall 大法官在该案不同意见中所作的富有助益的评论中引出的现实性：

> 这一问题的基本事实是该法规定的保存记录的要求适合于普遍存在的政府机关和执法
> 308 官员通过非正式途径获取银行记录的制度。如果这些客户现在不根据《联邦宪法》第四修正案提出诉求，以后就再没有机会提出这些诉求了，因为一旦被记录下来，现在通过非正式途径获取银行记录的若干机构的任何人员就可以轻易地查阅他们的支票，而无须经过司法程序，也无须证明任何合理根据。[②]

□ 国内税务局广泛的传票得到支持

United States v. Bisceglia[③] 案进一步明确了法律规则发展方向的范围。最高法院支持了国内税务局向银行签发无名氏（John Doe）* 式的传票，要求提供账簿和记录以证明谁在日益恶化的账单（bills）中两次各存入了 2 万美元。银行拒绝遵守这一传票，上诉法院经过深入分析该法律之前的解释，认为该法推定国内税务局在程序开始之前已经确定了纳税人的身份。[④] 最高法院判决的重要性在于它改变了由上诉法院所总结的，以及 Stewart 大法官撰写并由 Douglas 大法官加入的不同意见中更为简要地提及的大量法律规则。26 U. S. C. § 7602 规定：

> 为了确认任何纳税申报表（tax return）的正确性，作出一项之前没有人进行过的纳税申报，确定任何人缴纳国内税收的责任……财政部长……有权传唤……任何人，如果他们持有记录纳税义务的营业有关记录的账簿，要求他们提供与这类调查有关的……这类账簿……

最高法院认为，即使没有确定调查针对的具体个人，该调查可能或者不能导致认定谁负有纳税义务，这些传票必须得到执行。最高法院特别指出，“调查权……不是仅限于在传统意义上，存在可以相信存在违反税收规定的合理根据的情形……”这部法律的立法目的不是指控而是调查。虽然这类调查毫无疑问会涉及一些侵犯隐私权的问题，但是它们对于自行申报制度（self-reporting system）来说是至关重要的，而且这些替代措施很可能会

---

* John Doe 是在法律诉讼中因为不能确认真实身份或者出于保密的原因，而对案件当事人采用的虚构的名字。——译者注

① 416 U. S. at 68.

② 416 U. S. at 96-97.

③ 420 U. S. 141 (1975).

④ 486 F. 2d 706 (6th Cir 1973).

涉及更不容易让人接受的对住宅、商业和记录的侵犯。①

最高法院认为，传票“只能通过法院强制执行”，根据该传票是否“寻求与正当的调查目的相关的信息”的判断。最高法院强调指出：“国会已经通过将法院放在政府和收到传票的相对人中间，而提供了防止武断和恣意行为的保护措施。”② 这里所呈现的或者讨论 309
的唯一问题是一个法律解释的问题，但是最高法院不会在未对它认为重大的宪法问题作出裁判之前命令强制执行该传票。最高法院通过提出下列理由为其解释提供了正当基础：“国内税务局的传票只能通过法院得到强制执行，这一规定提供了实质性的保障。”③

Blackmun 大法官和 Powell 大法官在协同意见中强调指出，该传票“是根据一项真实的调查而签发的。国内税务局并未实施一般性问题的研究；它的职责不是探究性的”。但是，奇怪的是，这两位大法官补充道：“我们不需要在本案中判断，在没有特定的纳税人或者身份确定的纳税人团体受到调查时，国内税务局是否有签发无名氏式传票的法定职权。”没有身份确定的纳税人和纳税人团体受到调查。

□ 对银行记录拥有的有限隐私权

Miller 案、California Bankers 案和 Bisceglia 案等案的判决意见合在一起分析，是相当有说服力的。个人某种程度上依然对银行交易记录拥有隐私权，因此私人不能查看别人的记录，但是这种隐私权保护从来都不是针对银行的雇员，并且现在针对政府官员的保护范围也正在急剧缩减。官员可能在众多情况下可以获取任何乃至所有银行记录，这种说法几乎但并非完全合理；持不同意见的三位大法官的观点，与 California Bankers 案提出协同意见的两位大法官的观点相互结合，可能还具有一些潜力。但是，即使是那样也是不太可能的。最高法院对国会的一段说法留下了深刻的印象：“国会发现，由受保银行保存的充分记录，在刑事、税收以及规制调查和诉讼程序中具有很高的价值。”④

§4.5 过度宽泛或者增加负担的要求

□ 早期对于“蓄意盘查”的谴责

联邦法院继续保护行政调查的对象免受过度宽泛或者增加负担的行政要求的影响。但是，在过去 70 年间，这种保护的范围已经急剧地缩小。在 1924 年，最高法院一致并且热烈地谴责：“为了搜集犯罪证据而对私人文件进行蓄意盘查（fishing expeditions）……这种做法允许通过所有通信对象的记录进行搜查，无论相关还是不相关，只是希望能翻出点什么问题，这种方式是与正义的首要原则相悖的。”⑤ 当时所谓的“蓄意盘查”是被禁止 310
的，大量的判例法对该概念进行了界定，直到 Oklahoma Press Publishing Co. v. Walling⑥

① 420 U. S. at 146.
② 420 U. S. at 151.
③ 420 U. S. at 146.
④ 12 U. S. C. § 1829b.
⑤ FTC v. American Tobacco Co., 264 U. S. 298, 306 (1924).
⑥ 327 U. S. 186 (1946).

案才抛弃了这一禁令。

□ Morton Salt 案中解除了对“蓄意盘查”的禁令

最高法院当时撰写的判决意见认可了“蓄意盘查”的做法。[1] 最高法院指出，该委员会实施了“‘蓄意盘查’以研究是否能够查找到有罪证据”。最高法院的回应是：

为了支持这一观点，我们将假定事实确是如此。我们必须承认这样一件事实，即有时候，特别是在联邦行政裁判机构的早期历史上，法院被说服对行政程序施加司法限制。法院不能从事蓄意盘查，那么其他人也都不可以。行政调查在五彩缤纷、令人怀旧的标语——“不得实施蓄意盘查”之前只能退却。许多晚近的观点也持更容忍的态度……即使一个人将本案中提供信息的要求视作不过是出于官员的好奇心，执法的行政机关也仍然有着正当的权利让自己相信公司的行为是符合法律的要求和公共利益的需要的。[2]

□ 过度广泛或者不相关

但是，传票或者其他要求提供信息的要求仍然可能会因为过度宽泛或者不相关而不具有有效性：

当然，政府对公司事务的干预可能如此广泛，而与正在合理调查的事务之间如此缺乏关联，以至于超出了调查权的范围……但是，如果行政机关是在自己的权限范围内开展调查，所提的要求不是太过于不确定，所要求的信息具有合理关联，则该要求就是充分的。[3]

拥有调查权的行政机关所开展的调查在范围上会尽可能广泛，以便可以合理发现合适的问题，但是，对信息的要求必须是与调查相关的，不能超过合理的需要。一项调查的广泛程度是由调查官员所确定的。传票或者对文件的搜查在范围上可能过广，但是，其检验标准是与特定目的是否具有相关性，而这个目的正是由调查官员所确定的。

□ 司法机关尊重行政机关的广泛性和相关性判断

最高法院在 1957 年推翻了第九巡回法院的两项判决，为相关的法律规则定下了基调。民用航空委员会（CAB）的一位检查官在调查中签发传票，要求调取“该公司所有的或者与该公司相关的实际上的所有记录、账簿和文件”，第九巡回法院认为，民用航空委员会
311 必须证明每一项目的相关性：“为了让该传票得到强制执行，传票所要求的每份文件是否相关，该材料是否属于必须由法院裁判的司法问题（judicial question）。”最高法院仅仅引用了这些判例而推翻了该判决。[4] 在另外一起案件中，第九巡回法院指出：“既然民用航空委员会要求获得具有积极性质的救济，该机关有责任正面证明其在这领域行动的法定权利。”最高法院仅仅引用了相关判例而推翻了该判决。[5]

---

① United States v. Morton Salt Co., 338 U. S. 632 (1950).

② 338 U. S. at 641-643, 652.

③ 338 U. S. at 652.

④ CAB v. Hermann, 353 U. S. 322 (1957).

⑤ FTC v. Crafts, 355 U. S. 9 (1957).

□ 司法进路的变型

对于何为有关的，以及不是过度广泛的行政调查来说，Adams v. FTC[①] 案的判决意见作了精彩而全面的论述。最高法院在该案中总结道："总的来说，联邦法院基本上一致认为，如果调查具备下列特点，则传票可以满足强制执行的要求：(1) 处于行政机关的权限之内；(2) 所提出的要求不是过分不确定的；(3) 信息具有合理相关性。"[②]

□ 撤销行政机关传票的判例

即使是在法律表面上允许行政机关查阅"所保存或者需要保存的"所有记录，行政机关也可能需要证明"具有合理的调查目的"[③]。第七巡回法院并未试图在法律或者其立法史中寻找具有合理调查目的的要求，但是它发现在第四修正案的判例法中存在这一要求。在对判例法进行讨论之后，第七巡回法院总结道：

总而言之，这些判决都明确调查要求必须是具有合理的确定性，与某些合理调查目的之间存在合理的相关性。委员会没有引用判例，我们也没有发现一个判例是认为任何法律已经赋予任何行政机关以一般性搜查证的权力。这样一部法律至少会引发严重的有关第四修正案的问题。[④]

United States v. Coopers & Lybrand[⑤] 案是个具有启发意义的例子，该案的判决意见认为所要求查阅的记录与国内税务局调查无关。国内税务局向 Coopers & Lybrand 和会计师们签发了一份传票，要求获得证明其审计计划和缴税记录（tax pool）分析文件的记录。审计计划是由 Coopers & Lybrand 为了对 Johns Manville 的记录进行审计而制定的总体计划，而缴税记录分析文件已经由 Johns Manville 的员工制作以评估 Johns Manville 未来的所得税期间的或有债务（contingent liabilities）。Coopers & Lybrand 制作了 Johns Manville 在 1971 年和 1972 年的纳税申报记录，但是之后未再继续，而该传票是在 1974 年签发的。无论是审计计划还是纳税记录分析文件，都没用被用于准备 1971 年和 1972 年的纳税申报。第十巡回法院认为："国内税务局认为，该文件属于 § 7602 传票的范围，因为这可能会显示税收欺诈，因为这可能会显示重大的税收债务，也因为这可能对于显示或者证明雇员在提交纳税申报时的心理状态而言是相关的。"第十巡回法院拒绝了这种相关性的 312
说法，因为"我们难以确定哪些公司记录不属于 § 7602 传票的范围，如果这项标准能够支持任何可能证明税收欺诈或者税收债务的记录的制作"。至于审计计划，第十巡回法院认为，国内税务局希望获得它，"不仅可以作为一项索引，还可以作为理解（以及作为）促进产生应纳税金计算表（workpapers）的审计的连贯性、秩序和逻辑顺序的指导性文件"。第十巡回法院拒绝强制执行该要求审计计划的传票，理由是"仅仅是出于便利并不足以让一项文件变成需要根据国内税务局的传票提供"。

---

① Adams v. FTC, 296 F. 2d 861 (8th Cir. 1961), *cert. denied*, 369 U. S. 864 (1962).

② 296 F. 2d at 866.

③ CAB v. United Airlines, Inc., 542 F. 2d 394 (7th Cir. 1976).

④ 542 F. 2d at 399.

⑤ 500 F. 2d 615 (10th Cir. 1977).

□ 支持广泛传票的判例

相比之下，对于当前流行的司法态度来说更为典型的是，EEOC v. University of New Mexico[1] 案支持了一份要求获得记录的相当广泛的传票。该传票是要求提供该校工程学院截至 1973 年 5 月 14 日的所有教职员工的人事档案。该大学认为，这些记录不是必需的，因为免除一个案件正在接受调查的人之职务的理由已经得到充分的证明。平等就业机会委员会（EEOC）则主张，它必须获得比较数据以观察雇主是如何对待处境相同，但人种、性别或者民族出身不同的人的。第十巡回法院根据该理由强制执行了该传票。在 University of Pennsylvania v. EEOC[2] 案中，最高法院所持有的观点是与第十巡回法院所表达的观点是一致的，最高法院以一致意见维持了平等就业机会委员会内容广泛的传票，并且拒绝采纳根据学术自由的主张而拥有的符合条件的特权。

国内税务局曾经向一家银行签发传票，要求该银行提供所处理的 32 家指定信托基金的全部记录，以及所有信托基金的随机样本。第五巡回法院只是要求“这样一种调查结果，即对正在经营的信托基金的诚信审计以及所寻求的材料是与调查相关的”[3]。

§ 4.6 《联邦宪法》第五修正案的限制

《联邦宪法》第五修正案规定，“任何人不得……在刑事案件中被迫作对自己案件不利的证人……”这里的“在刑事案件中”，可以被解释为：“任何程序，无论是刑事的还是民事的，无论是行政的还是司法的，无论是调查性的还是裁决性的……它可以保护任何披露，如果其证人可以合理担心被用于刑事指控或者可以导致其他可能被如此使用的其他证据。”[4] 而该特权适用于民事案件的法律则可以追溯至 United States v. Saline Bank[5] 案。

313

“作证”，如果按照字面意义解释的话，可能是指观察所发生的事件，或者所存在的事物，然后以口头或者书面的形式讲述所观察到的事物。但是，法院长久以来对这些词汇赋予了广泛得多的含义。在一起具有奠基意义的案件，即 Boyd v. United States[6] 案中，最高法院指出：“我们已经无法感受扣留一个人的私人书籍或者文件，并作为对其不利的证据，是与强迫其做对自己不利的案件证人之间有着本质差别。”根据 Boyd 案，一个人可能会因为持有他人所制作的文件而成为对自己不利的证人，如果这些文件是在未经他同意的情况下作为不利证据使用的。但是，Boyd 案的解释在 Andresen v. State of Maryland[7] 案

---

① 504 F. 2d 1296 (10th Cir. 1974).

② 493 U. S. 182 (1990)，参见§4.2 的讨论。

③ United States v. Sun First National Bank, 510 F. 2d 1107 (5th Cir. 1975). 有关更为晚近的司法意见的代表性样本，参见§4.2 结尾部分讨论的判例。

④ Application of Gault, 387 U. S. 1, 47-48 (1967)，采纳了 White 大法官在 Murphy v. Waterfront Commission 378 U. S. 52, 94 (1964) 中撰写的协同意见中的文字。这里的“任何程序”这句话已经被 Kastigar v. United States, 406 U. S. 441, 444 (1972)；Maness v. Meyers, 419 U. S. 449, 464 (1975)；以及 Maness 案判决意见中所提到的其他案件所引用。

⑤ 26 U. S. (1Pet.) 100 (1828).

⑥ 116 U. S. 616, 633 (1886).

⑦ 427 U. S. 463 (1976).

中作出了很大退让。

□ 减少《联邦宪法》第五修正案的保障的趋势

对于“在任何刑事案件”和“作证”的自由（liberal）解释，为20世纪50年代的一项笼统概括，即反对自我归罪的条款（self-incrimination provision），“为了支持所要保障的权利，必须对其加以自由解释”①。但是，法律规则的发展，更特别是在40年代和70年代，显然是对有效的政府调查“有利的自由解释”。

这一趋势一直持续，已经发展到取消了以需要承认第五修正案的精神为前提的法律解释的原则。在不同情境下裁判的两起案件中，法院认为，个人可以因为虚假地否认过错行为，包括违法行为而受到惩罚。在Brogan v. United States② 案中，七位大法官出具的多数意见中认为，根据18 U. S. C. §1001的规定，虚假地否认政府调查官作出的刑事行为的指控是一种犯罪行为。其规定：

无论何人，在联邦政府的任何内阁部门或者行政机关的管辖权范围内的事务上明知或者故意地……作出任何虚假的……陈述……应当……被处以五年以下的监禁…… 314

大多数的下级法院长久以来都将18 U. S. C. §1001解释为不适用于“为了开脱罪责的否认”（exculpatory no），也就是说，单纯向政府的调查官虚假地否认刑事行为的指控。多数意见根据这部法律的平常含义作为其废弃开脱罪责的否认原则（the exculpatory no doctrine）的理由。“不是的”（No）是一项“陈述”，如果向政府调查官虚假地作出的话，是受该法调整的。案件原告认为，对该法所作的一种解释，即对单纯开脱罪责的否认行为入罪化，将会违反宪法第五修正案的“精神”，将个人置于“承认罪行、保持沉默或者虚假地否认罪行的‘残酷的三难困境（trilemma）’”。多数意见不认为这种三难困境，或者对作出第三种选择的人实施惩罚中存在残酷的因素。

两位提出不同意见的大法官承认“虚假否认的行为，正好属于18 U. S. C. §1001的没有限制的法律条文所调整的范围”。但是，他们认为不应如此解释该项法律条文，一方面是因为国会并未让每一个作出开脱罪责的否认者被定罪，另一方则是因为“法院应该对已经延续几十年的司法界或者律师界的几乎一致的理解表现出更大的尊重……”两位出具协同意见的大法官敦促国会考虑修改法律以将单纯的开脱罪责的否认排除在其调整范围之外。他们特别担心这样的一些情况，即调查官在非正式的、非拘押的情况下询问嫌疑人是否犯下罪行，而嫌疑人并未意识到自己所享有的沉默权，或者仅仅虚假地否认其罪行可能造成的刑事后果。

另一起在不同情境下引出类似问题的案件，也引出一份全体法官意见一致的判决意见。在LaChance v. Erikson③ 案中，最高法院认为，在针对雇员违法行为的指控进行调查时，联邦行政机关可以对作出虚假陈述的雇员采取对其不利的行动。最高法院指出，雇员可以行使其基于宪法第五修正案所享有的权利以对可以让其遭受刑事指控的问题保持沉默，但是行政机关随后可以自由地从雇员在过错行为调查程序中的沉默中推导出对其不利的结论。

---

① Hoffman v. United States, 341 U. S. 479, 486 (1951)，引用了 Quinn v. United States, 349 U. S. 155, 162 (1955)。

② 522 U. S. 398 (1998).

③ 522 U. S. 262 (1998).

□ 围绕反对自我归罪特权的六种方式

围绕反对自我归罪的特权，已经有六种主要的方法可以将这种保护分解为与强制提供记录相关的更小的不同领域。本书后面 6 节将会介绍对减少与记录有关的保护的六种方法。这六种方法分别是：（1）公司和其他组织的记录，即使是包括三位合伙人组成的合伙组织，无权享有该项特权。（2）个人记录，如果是由他人所持有的，也可能被否认享有该
315 项特权。（3）个人如果“没有被强迫作出任何行为”，则其记录可以被采用。（4）被赋予豁免权（immunity）的个人可以被迫作为对自己不利的证人。（5）按照要求保存的记录是不在特权保护范围之外的。（6）强制的报告制度通常是被允许的。

§4.7　组织的记录

□《联邦宪法》第五修正案并不适用于公司

将公司排除在反对自我归罪的特权之外，不仅重要，也很有趣。《联邦宪法》第五修正案的原文是：“任何人不得被迫……作不利自己的证言，也不得未经正当法律程序被剥夺生命、自由或者财产。”自 Santa Clara County v. Southern Pacific R. Co.[①] 案以来，这句话中的“个人”一词已经为了适用正当法律程序的目的而适用于公司。尽管并未重复使用“个人”一词，而只是使用了一次，这词本身并不为了反对自我归罪的目的而将公司包括在内。

至关重要的推理出现在 Hale v. Henkel[②] 案，该案中最高法院提到了《联邦宪法》第五修正案：“《联邦宪法》第五修正案仅适用于被迫在任何刑事案件中作对自己不利的证言的个人，如果他不能支持第三人的这项特权，他当然也就不能支持一家公司的这项特权。”这种推理是充分的，如果一个人处于证人的地位，并且主张公司的反对自我归罪的特权。但是，公司的理论是，它的言行是通过其代理人完成的，因此可以说，公司不能被强迫作不利自己的证言，这一点既是真实的，也是符合逻辑的。但是，最高法院也指出：

> 个人可能享有作为公民的宪法权利。他有权自行其是……他并没有对国家或者其邻居负有泄露其事务的义务，或者敞开其门户接受调查的义务，只要这么做容易让他自我归罪……另一方面，公司也是州政府创设的产物……立法机关也有着保留的权力，可以调查公司的合同以查明公司是否超越其权限。对于已经向某公司颁发执照赋予特定特许权（franchises）的州政府，如果我们认为它不能……要求提供公司的账簿或者文件……我们也不能认为这有什么异常。[③]

但是，如果公司是由州颁发执照，而调查是由联邦政府实施的，又会如何呢？最高法
316 院给出了一个更为巧妙而非令人信服的答案：“虽然州政府已经通过州的法律将特定的特许权赋予该公司，根据这种双重主权，各级政府掌握着同等的权利以调查其自己的法律是

---

① 118 U.S. 394 (1886).
② 201 U.S. 43, 70 (1906).
③ 201 U.S. at 74-75.

否得到尊重。”[①]

□ 公司官员不享有特权

若干年后，在 Wilson v. United States[②] 案中，最高法院甚至更为明白地指出，公司“不能根据反对自我归罪特权的理由拒绝提供（记录）”。最高法院补充指出，公司官员不能以公司记录可能会让官员自身遭受归罪风险的理由而拒绝提供这些记录：

在这类案件中判决的核心理由是，基于其自身特征以及所适用的法律规则，这些账簿和文件被认为需要接受行政机关的严格检查，公司的管理人没有特权来拒绝提供，尽管这些账簿或者文件从内容来看往往会让他们被归罪。在履行管理职责时，他已经接受了允许检查的附随义务。[③]

另一种论述 Wilson 案结论的方式是这样的：官员可能被迫违背自己的意愿而披露可能让自己归罪的记录；A 所享有的反对自我归罪的特权使 A 免于披露可以让自己归罪的记录但是并不能让 A 阻止披露同样可能让 A 归罪的 B 公司的记录。这种结论必须以政策为基础而不是以逻辑为基础，因为，如果披露记录属于作证，那么从逻辑上就可以推出 A 是被迫作不利自己的证言，无论这些记录是 A 的，还是 B 公司的或者 C 的。无论人们对这种推理过程是如何看待的，这一原则已经自 1911 年以来得到牢固确立，无论是公司或者公司官员都没有有关公司记录的反对自我归罪的特权。[④]

□ 非法人性质的组织不享有特权

1944 年判决的 United States v. White[⑤] 案，则认为无论是非法人性质的（unincorporated）工会或是其官员，对于工会的记录都没有反对自我归罪的特权。该案的判决意见宽泛，足以适用于所有组织，无论是法人性质的，还是非法人性质的。Hale 案和 Wilson 案的主要理由已经被一扫而空：

州对公司颁发执照，并对他们拥有巡查的权力，这一事实为证明政府对公司账簿和记录的调查更提供了便利的正当化理由……但是，对于特定类型的组织来说缺乏这样的事 317
实，并不能减少让对其活动的合理规定有效的公共需要（public necessity），也没有对这样的组织赋予反对自我归罪的纯粹的个人特权。[⑥]

这段话推翻了过去将公司排除在该特权范围之外的界限，但是又没有确立新的界限。最高法院接着肯定地指出了该判决的动机性理由——通过事后认识，最高法院已经感受到它本应将该理由作为 1906 年的 Hale 案和 1911 年的 Wilson 案的判决依据：

基本上，随着反对自我归罪的特权正被限定于其历史性功能，即只保护自然人免受通过他自己的证言或者个人记录而强制性归罪的历史性功能，联邦政府和州政府强制执行其法律的权力就内在地产生了一项必要的权力，即强迫提供任何公司的记录的权力，无论该

---

① 201 U. S. at 75.

② 221 U. S. 361, 382 (1911).

③ 221 U. S. at 381-382.

④ 例如，Essgee Co. of China v. United States, 262 U. S. 151 (1923); United States v. Bausch & Lomb Optical Co., 321 U. S. 707, 726-727 (1944)。

⑤ 322 U. S. 694 (1944).

⑥ 322 U. S. at 700.

公司是法人性质的，还是非法人性质的。[1]

□ 商业记录非个人记录

关键的词汇是“个人记录”。公司或者工会的记录都不属于个人记录。个体企业家的商业记录属于商业记录，而不是“个人记录”，这段论述开辟了一条道路，即可以认定所有商业记录，无论是个人的，还是组织的，都不受这项特权的保护。但是，“个人”一词本来已经与文件的所有权相联系，最高法院也已经指出：“这项特权所保护的文件以及效力必须是主张享有这项特权的个人的私有财产，或者至少是处于其私人能力掌控范围之内的。”[2] 这段文字后来被最高法院认为共产党的一个支部官员对于该党记录不享有特权时所引用。[3]

□ 合伙组织不享有特权

这种逐步削减该特权范围的稳定发展的趋势的下一步走向就是从大型组织发展到小型组织。如果是有三位合伙人的律师事务所呢？对于这一问题的法律规定一直是存在疑问的，直到 Bellis v. United States[4] 案的判决出现，在这样的律师事务所中的合伙人不能引用这种特权作为自己拒绝遵守传票要求提供合伙组织的财务记录的理由。法院认为，律师事务所“确实存在一个明确的机构身份，独立于其各个合伙人个人”，这“代表了一种为了延续律师事务所的执业行为而建立的正式的制度安排……（它）以合伙组织的名义开立
318 账户，以律师事务所的名称作为其信笺抬头，并且整体上以独立的机构身份与第三方进行联系。它雇用了 6 个人……”法院也强调指出，合伙人“以代表人的身份……”持有记录，“它们属于合伙组织的财产……”法院作出了对未来有潜在帮助的评论：“这可能是一起有所不同的案件，如果它涉及的是小型的家庭式的合伙组织……或者……在合伙人之间存在其他之前就存在的关系。”[5]

□ 对法律规则的概括

简而言之，自从 1906 年以来的发展趋势是稳步地削减组织反对自我归罪特权的范围。最高法院在每一个发展阶段中所使用的理由都在后来的案件判决意见中被抛弃。但是，人们很少提到的一项基本理由是，White 案判决意见中所提到的，即联邦政府和州政府对于信息的需要要求将该特权限制在“自然人”有关“个人记录”的方面。[6] 最为漫长的三个阶段是在 1906 年否认公司的特权，在 1944 年否认工会的特权，以及在 1974 年否认由三人组成的合伙组织的特权。尽管在 1974 年的案件判决意见中，最高法院宣称“该特权适用于独资经营者（sole proprietor）的商业记录”[7]，下一步的发展阶段会是将个人的特权

---

① 322 U. S. at 700-701.

② 322 U. S. at 699.

③ Rogers v. United States, 340 U. S. 367, 372 (1951).

④ 417 U. S. 85 (1951).

⑤ 417 U. S. at 101.

⑥ 322 U. S. 700-701.

⑦ 417 U. S. at 87-88.

限制于个人记录，并与商业记录进行区分。实际上，这一点已经实现，但是是在 Andresen v. State of Maryland① 案中通过其他的方式实现的。

□ 现代的案件允许对商业记录进行搜查

在 Wedgewood Village Pharmacy v. United States② 案中，第三巡回法院支持了对一家企业记录进行搜查的有效性，该企业主张自己属于食品药品管理局对制药企业的记录进行搜查的“药店”豁免规定范围之内。法院指出，药店除外规定是否可以适用，取决于该企业所实施的任何“合成”是否仅仅是该企业零售业务中所附带的。因此，法院发现，食品药品管理局可以合理地依据企业的合成药品的明显的数量作为确定企业超出药店豁免规定范围的情况证据。企业也主张，食品药品管理局利用单方程序从治安法官那里申请获得了搜查证，这也侵犯了企业的正当程序权利。其他巡回法院之前也判定食品药品管理局在对涉及药品经营的企业的营业场所和记录进行搜查之前甚至不需要申请搜查证。但是，第三巡回法院认为它并不需要讨论这一问题，因为食品药品管理局在本案中确实取得了搜查证，企业也确实有充分的机会在申请撤销搜查证的程序中质疑搜查证的有效性。 319

§4.8 由第三方保管的记录

□ 反对自我归罪的特权并不适用于由第三方保管的记录

如果 A 的记录是在 B 的手中，A 对于这些记录没有反对自我归罪的特权。A 不可能“被迫作对自己不利的证言”，但是 B 可能会被迫作不利 A 的证言，B 可能会被迫提供对 A 不利的记录。对于这一主题来说最明显的案例就是 Couch v. United States③ 案，该案中法院认为该特权并不适用于在纳税人的会计师手中所掌握的纳税记录。最高法院指出，反对自我归罪的特权，

具有私密和个人的性质。它尊重个人情感和思想的私密的内部空间，禁止国家侵入而导致自我归罪。历史上，这项特权是来源于国家对犯罪嫌疑人个人实施的刑讯，以及国家倾向寻求强迫从个人自己口中取得归罪的证据的便利……重要的是再次强调《联邦宪法》第五修正案规定的特权是一项个人特权：它基本上是与个人，而不是与可能让他归罪的性质相互联系……我们面对的这起案件中，对于刑事被告的个人强迫的要素是不存在的。④

最高法院在 Couch 案中也驳回了这样一个论点，即这种记录受到会计师—客户关系的保护：

尽管就其本身而言并非控制性的，我们注意到，根据联邦法律并不存在会计师—客户的保密特权，在联邦法院的判例中也并不承认州创设的特权……对于在刑事调查或者指控中涉及的与所得税申报的相关记录也并不存在此类特权的正当性基础……原告寻求在特定的情况下，即基本取决于自行诚实申报才能维持的制度下存在披露义务时，扩大反对自我

---

① 427 U. S. 463 (1976)，参见§4.9 的讨论。

② 421 F. 3d 263 (3d Cir. 2005)，参见§4.3 的讨论。

③ 409 U. S. 322 (1973).

④ 409 U. S. at 327-329.

归罪的宪法保障范围。相应的，本案中的原告不能合理地主张，无论是出于《联邦宪法》第四修正案的目的，还是出于《联邦宪法》第五修正案的目的，存在对受保护的隐私或者
320 保密性的期待。①

Brennan 大法官在协同意见中指出："我赞同判决意见中法院的立场，即这并未确立一项本身违法规则（per se rule)，无论何时所争议的文件不在主张该项特权的人手中时，可以推翻《联邦宪法》第五修正案的主张……"但是，最高法院并未对其判决意见设定这样的限制。如果 A 将 A 的文件交给 B 保管，那么最高法院在 Couch 案判决意见中所表达的观点并未表明，B 不可能被迫遵守提供文件的传票要求。Marshall 大法官在其不同意见中所发表的意见很可能是正确的："多数意见创设了一条明确的界限，即原告的宪法权利并未因为强制执行提供不在她掌握的文件的传票而受到侵犯。"②

□ 保管，而不是所有，这是决定性的

Couch 案的判决与 Boyd v. United States③ 案的基本观点并不一致，后者认为"任何强制……索取一个人的……私人文件以用于对其定罪"违反了《联邦宪法》第四修正案和第五修正案。这些文件的所有权属于纳税人，而不是会计师，法院直接对这一事实进行了处理，从而取消了 Boyd 案以所有权作为判断标准的规则。最高法院强调指出，传票是针对会计师发出的，"他，而不是纳税人，是唯一被迫行事的人"④。只要 A 的记录在 B 手中，不管 B 是谁，都可以适用这一基本的观察。即使是如此，最高法院的判决意见中仍有一句话为各种例外留下了一个口子："然而，情况仍然可能是推定性的占有如此明确，或者放弃占有是如此短暂和无足轻重，以至于使得对于被告的人身强制实质上是完全无缺的。"⑤

□ 保管人不需要通知文件的所有者

在 SEC v. Jerry T. O'Brien, Inc. ⑥ 案中，最高法院判决意见的实际效力是将被调查者排除在提出任何要求提供对第三方占有的文件提出抗议的范围之外。最高法院判定，当行政机关要求提供第三人占有的该被调查者的文件时，行政机关甚至不需要通知被调查者。

§4.9 "未被迫行事者"的个人记录

□ 反对自我归罪特权适用于证言而非文件

1976 年发生的两起案件确立了全新的基础，让最高法院可以据以建立进一步限制有

---

① 409 U. S. at 335-336.
② 409 U. S. at 344.
③ 116 U. S. 616, 630 (1886).
④ 409 U. S. at 329.
⑤ 409 U. S. at 333.
⑥ 467 U. S. 735 (1984).

关记录的反对自我归罪的特权的逻辑框架。在 Fisher v. United States[①] 案中，最高法院认 321
为会计师的工作文件，无论是在纳税人的律师手中，还是在纳税人手中，都不属于纳税人的反对自我归罪的特权范围之内。最高法院首先认为，针对律师要求强制执行该要求记录的传票“不会‘强迫’纳税人做任何事情——当然也不会强迫他去做对自己不利的‘证人’”[②]。最高法院接着论述道：

这里，纳税人仍然拥有他们曾经拥有的任何特权，可以不被强迫作不利自己的证言，不必被迫提供他们所占有的私人文件……法院从来没有基于任何理由，包括个人隐私，将《联邦宪法》第五修正案适用于本来适当的获得物（acquisition）或者使用在法院看来并不涉及强迫某种程度上的自我归罪的作证。[③]

最高法院接着指出，这些文件，客户已经转移给律师以寻求帮助，“如果不能通过传票从客户那里取得，根据律师—客户特权的理由也不能通过针对客户签发的传票来取得”[④]。最高法院因此涉及这样一个问题，即纳税人手上的这些文件是受到反对自我归罪的特权保护的。它认为“该特权只保护个人免于因他自己的作证而被定罪”[⑤]，纳税人出具会计师工作文件的行为是“纳税人唯一被迫作出的行为——本身并不涉及因作证而归罪（testimonial incrimination）”[⑥]。在裁定强制纳税人提供会计师工作文件并不违反《联邦宪法》第五修正案时，最高法院宣称：“《联邦宪法》第五修正案是否能够保护纳税人免于提供他自己占有的自己的纳税记录并不是这里所涉及的问题；因为所要求提供的文件不是他的‘私人文件’。”[⑦]

在错综复杂的 Fisher 案的判决意见中，最为重要的因素是简要的评论“该特权只保护个人免受因他自己的作证而被定罪”[⑧]。在前面的一页里，当它提到《联邦宪法》第五修正案“并不单独禁止强制提供任何种类的归罪证据，但是只是在被告被迫作出可以归罪的证言式的对话（testimonial communications）”时，最高法院对证言（testimonial）一词以斜体表示。如果“作证”是指在宣誓的情况下回答提问，那么起源于 1886 年的 Boyd 案，对
记录的制作适用《联邦宪法》第五修正案的规则将告终结。但是，这种含义与最高法院对 322
于“私人文件”的保留[⑨]并不一致，它也与最高法院在后来的 Andersen 案中的推定不一致。无论 Fisher 案是否废除了《联邦宪法》第五修正案对记录的保护，它显然为这种观点留下了空间。最高法院几乎直接根据 Fisher 案而要求不得强迫纳税人“做任何事情”。

□ 特权并不适用于商业记录

在 Andresen v. State of Maryland[⑩] 案中，在一次根据合法的搜查证实施的对个人办公室展开的搜查中查获的可以归罪的文件，可以被转化为对个人不利的证据而不违反反对自我归罪的特权，因为“作为搜查之对象的个人，不必在归罪证据的开示（discovery）、提

---

① 425 U. S. 391 (1976).
② 425 U. S. at 397.
③ Id. at 398, 399.
④ Id. at 405.
⑤ Id. at 409.
⑥ Id. at 411.
⑦ Id. at 414.
⑧ Id. at 409.
⑨ Id. at 414.
⑩ 427 U. S. 463 (1976).

供或者验证（authentication）中提供辅助”[1]。最高法院也认为，搜查证根据《联邦宪法》第四修正案的规定并不算过于宽泛。

与 Fisher 案的判决意见不同，Andersen 案对于《联邦宪法》第五修正案的观点是相当简单的：“没有被责令做任何事的人”，也不能“被责令……作对自己不利的证言”。1976 年的这两份判决书（Fisher 案和 Andersen 案）都支持这一观点。但是，从表面来看，这种观点看起来是如此明显，以至于诉讼的必要性是不可思议的。事实上，在过去的 90 年间法律是另外一副样子的，因为最高法院在 Boyd v. United States[2] 案中指出，《联邦宪法》第四修正案延伸适用于“任何强制……索取个人的……私人文件以用于对其定罪的证据……”最高法院在 Andersen 案中根据 Boyd 案所用的文字表述抛弃了这样一种说法，即“我们不能想象获取一个人的私人账簿和文件以作为定罪证据，与强迫他作对自己不利的证言之间有实质的差别”[3]。最高法院在 1976 年非常明显地认为，个人的文件如果是被合法获取的，不属于“被迫……作证……”最高法院在 Fisher 案中花费了三四页的篇幅论述 Boyd 案中的原则，指出：

> Boyd 案中的若干明示或者默示的宣告并未经受住时间的考验……在某种程度上……反对强迫提供私人文件的规则是出于这样一种观点，即获取或者以传票要求提供“单纯的证据”，包括文件，违反了《联邦宪法》第四修正案，从而也违背了《联邦宪法》第五修正案……这一规则的基石已经被日渐销蚀。

□ 反对自我归罪的特权适用于个人记录吗？

不仅没有被迫做任何事的人不是“被迫作证”，而且反对自我归罪的特权还只涉及“证言性质的沟通”[4]。这两项观点共同将《联邦宪法》第五修正案对于记录的保护减少到
323 几乎荡然无存的程度。最高法院小心谨慎地将 Andersen 案的判决意见限制于“商业记录”，但是，在第 465、471、472、475 和 477 页重复了这一词组。最高法院可能最终寄希望于 1944 年在 White 案判决意见中所讲的将该特权限制于“作证或者个人记录”[5]。但是，如果该特权仅限于“作证言论”，商业记录和个人记录之间的差别就可能并不能发挥什么作用。

□ 对传票的回应中“作证”成分是受保护的

在 United States v. Hubbell[6] 案中，最高法院阐述了对传票的回应中“作证”成分的范围。六位大法官出具的多数意见认为，政府不能指控个人，当“需要对他提出指控所需的证据链”中的一个关键“联系”是他根据用词宽泛的传票的要求提供了 13 120 页的文件。他的回应不仅包括之前就存在的文件，还包括默示的作证，即这些文件是存在的，而且是真实的。多数意见认为，被告必须利用“他自己的思想内容”（the contents of his own mind）来确定对传票作出回应的文件，在程度上相当于他被要求回答这些文件是否存

① Id. at 474.

② 116 U. S. 616, 630 (1886).

③ 116 U. S. at 616.

④ 425 U. S. at 409.

⑤ 322 U. S. at 700-701.

⑥ 530 U. S. 27 (2000).

在的问题。多数意见基于下述理由将该案与Fisher案进行了区分：

政府已经知道这些文件是掌握在律师手中，可以从制作这些文件的会计师那里确认其是否存在和真实。

一位大法官在简短的判决意见中表达了不同意见。两位大法官出具的协同意见则表达了他们愿意重新考虑更广的一个问题，即除了被迫作证之外，《联邦宪法》第五修正案是否适用于被迫提供文件和其他证据。

§4.10 豁免之后的被迫作证

□ 抵消特权的豁免

尽管《联邦宪法》第五修正案规定"任何人……不得在刑事案件中被迫作对己不利的证言"，一个人可能是这样被迫的，根据这些判决意见，如果他得以豁免对其使用所被迫提供的对其不利的证据，也豁免使用由这类证据直接或者间接派生而来的证据。《1893年强制作证法》(the Compulsory Testimony Act of 1893) 规定：

任何人不得以可能因这些证据被定罪……为由而被免除……在州际商业委员会……作证或者提供文件，或者服从委员会的传票的义务……但是，任何人不得因为他可以在指定 324
的委员会或者按照委员会的传票规定而作证或者提供证据、材料等有关的任何交易、事务而被指控或者判处任何刑罚或者没收财产。[①]

□ 利用豁免取代了追诉豁免

这一规定的效力持续了77年。但是，它已经被《1970年有组织犯罪控制法》[②] 所废止。这部一般性的立法以"利用"(use) 豁免取代"追诉"(transaction) 豁免。这部法律适用于法院、大陪审团、行政机关、国会众议院和参议院，或者国会各委员会和各分委员会。在《有组织犯罪控制法》通过之前，"正在施行的联邦豁免立法已经超过五十部"[③]。

《1970年有组织犯罪控制法》适用于"在合众国的行政机关……处理的或者附属的(before or ancillary to) 诉讼程序"作证或者提供其他信息。这里所指的是所有行政机关。主持程序的官员可能会命令证人作证或者提供其他信息，"但是根据该命令被迫提供的证言或者其他信息（或者从这类证言或者其他信息直接或者间接派生而来的）不得在刑事案件中用于对证人不利的用途，除非指控作伪证、作虚假陈述，或者不遵守该命令"[④]。

□ 豁免只需要适用于刑事指控

推动这部法律在1970年通过的历史发展历程可以有助于解释其效力。最高法院在1892年判定一部豁免立法是违宪的，因为它未能提供完整的豁免。最高法院宣称："就符

---

① 27 Stat. 443 (1893).

② 84 Stat. 931, the Organized Crime Control Act, 18 U.S.C. §§6001-6005.

③ Kastigar v. United States, 406 U.S. 441, 447 (1972).

④ 18 U.S.C. §6002.

合宪法的规定而言，一部法律如果是有效的，必须对未来可能发生的因违反该问题相关的违法行为受到的指控提供绝对豁免。”[1] 国会在 1893 年作出回应，即赋予绝对豁免，最高法院随后在 Brown v. Walker[2] 案支持了这部法律。最高法院指出，《联邦宪法》第五修正案不得“按照字面含义进行解释，允许证人拒绝披露任何可能导致定罪、耻辱或者受到不利评价的事实”[3]。最高法院宣称：“证言往往导致在公众评价中对证人降低评价，这一事实并不能使其豁免披露的义务……宪法特权的设计，不是为了帮助证人证明他的品质正
325 确，而是为了保护其免于被迫提供证明对其所提的刑事指控的证据。”[4] 而对于该法没有保护证人免于在州法院遭受指控，所以违反了《联邦宪法》第五修正案的看法，最高法院的回应是该豁免“本意是一般性的，可以适用于指控所提出的任何时候、任何法院”[5]。四位大法官提出了不同意见。

后来的 Heike v. United States[6] 案、McCarthy v. Arndstein[7] 案和 Ullmann v. United States[8] 案沿袭了 Brown 案的观点。在 Ullmann 案中，最高法院拒绝了一项有关国家安全犯罪的观点，即“联邦和州行政机关以及一般公众施加的剥夺资格（disability）的影响——例如失业、被工会开除、州注册和调查立法、护照资格，以及一般公众责难——如此具有压迫性，以至于可以认为这部法律并未赋予……真正的豁免”。这部分判决意见很可能超越了 Brown 案的范围；最高法院也认为，该法按照宪法要求对州法院中的刑事指控赋予了豁免。

□ 利用豁免与追诉豁免的比较

被其他众多法律所沿用的《1893 年强制作证法》规定了追诉豁免，也就是说，无论证人证言是否被用于该指控，获得豁免的证人不能因为任何其证言的内容而遭到追诉。自从 1892 年的 Counselman 判决以来，所有的最高法院判决涉及的都是追诉豁免。1970 年的法律允许了利用豁免。利用豁免的范围要远远小于追诉豁免。赋予利用豁免，仅仅禁止在传票程序中直接或者间接地使用证人的证言。获得豁免的证人仍然可能会因为作为他的证言对象的追诉而遭到指控，只要在该指控中所使用的任何证据是独立于所豁免的证言。但是，哥伦比亚特区巡回法院已经确立了难以满足的独立性的证明责任。[9]

□ Kastigar 案中所支持的利用豁免

Kastigar v. United States[10] 案涉及利用豁免是否符合宪法的问题。最高法院认为：

法律明确规定禁止在任何刑事案件中使用“根据命令强制提供的证言或者其他信息

---

[1] Counselman v. Hitchcock，142 U. S. 547，586 (1892).

[2] 161 U. S. 591 (1896).

[3] 161 U. S. at 591.

[4] Id. at 595.

[5] Id. at 608.

[6] 227 U. S. 131，142 (1912).

[7] 266 U. S. 34，42 (1924).

[8] 350 U. S. 422 (1956).

[9] 参见 United States v. Poindexter，951 F. 2d 369 (D. C. Cir. 1991)。另可参见§4.9 讨论的 United States v. Hubbell，530 U. S. 27 (2000)。

[10] 406 U. S. 441 (1972).

(或者任何从此类证言或者其他信息直接或者间接派生而来的信息)",这是符合《联邦宪法》第五修正案的标准的。我们认为,这种用途或者派生用途的豁免是与反对自我归罪的特权共存的(coextensive),因而是足以强制对特权的主张作证。豁免的赋予必须提供可以与特权所提供的相当的保护,但是并不需要是范围更广的。[①] 326

尽管 Kastigar 案涉及大陪审团审理,但是其判决意见在 Zicarelli v. New Jersey State Commission of Investigation[②] 案中被适用于一家行政机关。

□ 默示的豁免

一个人如果被迫提供定罪证据,可能享有免于在针对他的指控中使用该证据的豁免,即使没有一部豁免立法。在 Murphy v. Waterfront Commission 案[③]中,一位证人依据州法享有豁免,但是被迫作证,最高法院裁定该证人不能在没有联邦法规定的豁免的情况下被迫作证。最高法院附带指出:"为了实施这一宪法规则……联邦政府必须被禁止使用任何被迫作出的证言或者其派生的材料。"[④] Murphy 案中的这段评论可以成为利用豁免的基础,即使在缺乏豁免立法的情况下。但是,法律制度的发展已经使得这类司法制度发展变得没有必要了。

§4.11 按照要求保留的记录

□ 反对自我归罪的特权并不适用于按照要求保留的记录

反对自我归罪的特权并不适用于法律或者规章所要求的记录,即使是在"作证"包含提供记录时。这一原则排除了 Wilson v. United States[⑤] 案首先出现的所要求的记录:

但是,对定罪证据的保管,本身并不能保护保管人免于受到强制提供。关于这些文件的性质以及他们的能力(capacity)的问题仍然是存在的……于是,在涉及由公职人员制作或者保管公共记录和官方文件的时候,实际占有或者合法保管的事实不能让官员有正当理由抵制检查,即使该记录是由官员自己作出的,将会提供他的渎职犯罪的证据。如果他已经贪污了公款,制作了虚假的账目,他不能将他的官方记录密封,并以反对自我归罪的特权为理由阻止公诉机关获得这些记录。

没有人会质疑这些评论的正确性,但是最高法院接着指出:

该原则不仅适用于公共机构中的公共材料,还适用于按照法律要求需要保留以保证有合适的交易信息,这些交易信息可以作为政府规制的对象,限制措施的强制执行制度已经 327
有效建立。在这里,为了私人文件而存在的特权就不能得以维持。

最高法院认为,私人文件一旦被要求保管,就变成了公共文件。最高法院接着补充指出,"账目和文件"的保管人……"需要按照行政机关的要求接受检查……不能拥有特权

① 406 U.S. at 453.
② 406 U.S. 472 (1972).
③ 378 U.S. 52 (1964).
④ 378 U.S. at 79.
⑤ 221 U.S. 361, 380 (1911).

拒绝提供证据，尽管这些证据的内容往往会让他被定罪”①。

□ 得到广泛适用的原则

在 Wilson 案之后，这一制度的发展主要是与公用事业有关，在当时，公用事业被认为区别于其他行业，理由是在法院看来，它们“受到公共利益的影响”。最高法院明显同意而引用了州际商业委员会的意见，即“在从事州际商业的承运人的活动和开支中，不可能有任何私人或者保密的内容”②。最高法院后来引用 Smith 案的判决，说道：“仅仅是从事一项不限于州内线路和正在按照公司进行组织的商业活动这一事实，并不能让个人的事务公共化，正如铁路公司的事务现在可能做的这样。”③

因为如今各行各业都受到公共利益的影响，无论立法机构选择在多大的程度上去做，国会都可以使得其他行业的事务成为与铁路公司一样的“公共”事务。价格管理办公室（the Office of Price Administration）在第二次世界大战期间为绝大多数的行业确定了各种价格。所收取价格的记录是否因为按照要求必须保存而变成“公共”的呢？最高法院以 5∶4 的多数票认为，它们是，因而并不适用反对自我归罪的特权。④

□ 按照要求的记录是公共记录

在一起刑事案件中，水果和农产品的批发商，在按照传票要求提供证据的时候，主张根据《强制作证法》拥有豁免权；他的法律顾问已经咨询了他是否被赋予豁免权，主持的官员主张作为一个法律问题，他享有免于制作需要保存的记录的豁免权。最高法院宣称：“为了依法取得作为政府规制合理对象的合适的交易信息，并且有效建立限制措施的执法
328 制度而保存的记录，不能享有针对私人文件的特权。”⑤

Frankfurter 大法官在不同意见中精确地论述了主旨意见：

今天最高法院判定，当国会规定有限的政府目的、可以通过合理的制裁措施加以强制执行时，某些记录是由私人个人而非公司加以保存，在日常用语属于私人事务而非政府业务时，国会也就将这类记录排除在宪法规定的反对自我归罪、搜查和扣押的特权保护范围之外了。⑥

他也指出：

如果记录仅仅是因为按照法律要求需要保存，而根据这一事实（ipso facto），这些记录就成为了公共记录，那么我们实际上就成为“透明人”了。几乎每一部重要的公法——更不必说州和地方立法——都设定了记录保存条款，除了记录保存的要求，就是要求提交报告的各种各样的规定……国会在成立初期就开始以这样的立法。自 1789 年以来，每一届国会都在增加规定记录保存和报告的要求。⑦

Jackson 大法官在不同意见中诉诸了反证和归谬法（reductio ad absurdum）：

---

① 221 U. S. at 382.
② Smith v. ICC, 245 U. S. 33, 43 (1917).
③ FTC v. American Tobacco Co., 264 U. S. 298, 305 (1924).
④ Shapiro v. United States, 335 U. S. 1 (1948).
⑤ 335 U. S. at 33.
⑥ 355 U. S. at 36.
⑦ 335 U. S. at 51.

> 毫无疑问，如果每位公民按照要求需要保存一份日记，以此随时随地证明他是和谁在一起，想要干什么，这将简化所有刑事法律的强制执行。今天的判决……促成和便利了这种不测之祸（eventuality）。[1]

□ Shapiro 推理令人不安的广度

Jackson 大法官的评论是无可辩驳的。如果最高法院坚守 Shapiro 案的判决，将其适用于所有的情形，反对自我归罪的特权可能会荡然无存：每个人可能都需要制作一份有关他的犯罪行为的记录，并按照政府官员的要求提交。实际上，即使是 Shapiro 案本身，Shapiro 先生被要求保存一份有关他的违法行为的记录，并且提供该记录；他显然是被要求“做对己不利的证人”，这正是《联邦宪法》第五修正案所要禁止的。

§4.12 强制报告

□ 有关强制报告犯罪行为的相互冲突的判例

政府可以在不违反《联邦宪法》第五修正案的情况下，要求一个人报告可能构成导致
他被指控和定罪的证据链中一环的信息？最高法院已经就此问题作出回应，但是其答案是 329
复杂的，既是肯定的又是否定的。最高法院的判决意见中有一段明确论述了这一问题的重要性：

> 一个有组织的社会对其组成的成员施加了许多负担。它要求申报个人所得税；它要求消费产品的生产商和经销商提交生产工艺和产品成分、雇员工资、工时和工作条件的信息报告。在公开市场上借债的人或者公开发行证券的人必须提交各种各样的信息报告；工业企业必须定期报告向我们的水体和大气排放的污染物的数量和成分。类似的例子数不胜数。[2]

□ 个人可以被要求报告其犯罪行为

是否可以因为贩卖私酒者（bootlegger）在禁酒期内故意拒绝依照《国内税收法典》要求申报各项所得而对其定罪？在 United States v. Sullivan[3] 案中，最高法院一致认为是可以定罪的。第四巡回法院则一致持相反意见，其判决意见也是符合逻辑并很有说服力的。第四巡回法院指出，法律要求“在宣誓的情况下具体表明各项所得的纳税申报”，各项规章也要求纳税人“表明经营的类型”，提交纳税申报表的人是“证人”，“在宣誓的情况下提交的书面报告……是证人的证言，如果他们披露了犯罪的行为，相当于自我归罪”。第四巡回法院据此认定：“如果进行纳税申报将会暴露被告在犯罪行为中所获得的收入时……《联邦宪法》第五修正案为针对自然人……未能提交纳税申报的指控提供了充分的抗辩理由……”

---

① 335 U.S. at 71.

② Byers v. California, 402 U.S. 424, 427-428 (1971).

③ 274 U.S. 259 (1927).

Holmes 大法官驳回了第四巡回法院的推理，用一个完整的段落来论述这一宪法问题：

> 我们认为，在判定这种行为违宪的判决中，过度强调了《联邦宪法》第五修正案的保障。如果所规定的纳税申报单要求回答，被告本来按照特权可以免于回答，那么他本来可以在纳税申报单中提出反对意见，但是不能据此拒绝作出任何申报。我们不需要确定他可以拒绝披露什么内容，如果可以的话。大多数的收入项目并不会招来投诉。要说因为一个人已经实施了犯罪行为，《联邦宪法》第五修正案就允许他拒绝说明收入总额，这肯定是
> 330 对《联邦宪法》第五修正案的极端适用，如果说不是过分适用的话。但是，如果被告愿意检验这一问题或者任何其他问题，他本来应该在纳税申报中检验这一问题，从而可以继续下去。他不能通过自己声明如果在政府留下空白的地方留下任何文字都会使他陷入法律的危险境地，而给整件事情划出一条边界……在本案中，被告甚至并未作出声明，他直接拒绝进行纳税申报。

从 Holmes 大法官为意见一致的大法官们所起草的判决意见中，我们可以总结出这样的观点：将拒绝披露其自身犯罪行为的人送入监狱，"过度强调了"《联邦宪法》第五修正案的保障。《联邦宪法》第五修正案规定，"任何人……不得被迫……作对己不利的证人"。最高法院指出，犯有罪行的人可以被强迫在所得税纳税申报单中说明他已经犯下的罪行。Sullivan 案中法院将《联邦宪法》第五修正案的文字理解延伸到了极致，以避免出现违法收入逃避纳税的不良后果。

□ 可以根据强制报告的内容对个人提起指控

如果纳税人在知道 Sullivan 案判决后，决定屈服于这种强制，披露他的违法收入，可能会因为他的违法行为而遭到指控并定罪，那么所披露的结果是否会作为证据？根据 Garner v. United States① 案中法院的一致意见，对上述问题的答案是肯定的。根据 Garner 案的判决意见，如果纳税人声称对于他的纳税申报享有特权，"国内税务局本来可以以以下一种或者两种方式处理。首先，国内税务局可以根据 § 7203 的规定对 Garner 提出刑事指控"，该条法律规定"任何人按照要求提交纳税申报，故意没有进行这样的纳税申报，应当被处以罚款或者监禁……"；"其次，国内税务局还可以寻求以行政的方式完成 Garner 的纳税，传唤纳税人到案，提交证据或者作证……如果 Garner 接受传唤时在其主张中坚持，国内税务局本来可以在地区法院起诉寻求强制执行，让 Garner 面对法院的藐视法庭罪指控的威胁"②。

最高法院并未说明纳税人是否可以因为未能进行纳税申报而根据 § 7203 被定罪，如果纳税人在纳税申报时主张反对自我归罪的特权，或者如果纳税人报告了所有的事实，除了有关他声称享有反对自我归罪特权的指定收入的来源。最高法院驳回了该案的调卷令申请。第七巡回法院认定一个人提交了"纳税申报单"记载了他的姓名、地址、社会保障号，以及拒绝根据《联邦宪法》第五修正案作出回应的声明，那么他所提交的并非《国内
331 税收法典》意义上的纳税申报单。③ 第七巡回法院认为，纳税人并未有效地主张《联邦宪法》第五修正案的特权，但它并未回答根据《联邦宪法》第五修正案拒绝回答特定的问题是否构成违反 § 7203 的行为。

---

① 424 U. S. 648 (1976).

② 424 U. S. 651, 652.

③ United States v. Jordan, 508 F. 2d 750 (7th Cir.), *cert. denied*, 423 U. S. 842 (1975).

□ 不能要求个人报告他的犯罪行为

尽管有了 Sullivan 案和 Shapiro 案的判决意见，但是在 Albertson v. Subversive Activities Control Board[①] 案中，《颠覆行为控制法》（the Subversive Activities Control Act）要求注册声明中承认共产党员的身份，被认为是违反了反对自我归罪的特权。要对 Albertson 案和其他案件进行协调，这一点是困难的。[②]

□ 对这些判例的识别

类似的，这一特权是在因为拒绝根据联邦博彩税（the Federal Waging Tax）立法和《国家枪支法》（the National Firearm Act）的规定登记而受到指控时可以作为很好的抗辩理由。在三起案件的判决意见中[③]，最高法院仔细地与 Shapiro 案进行了区分。最高法院在 Grosso 案的判决意见中指出：

> 这一原则的前提，正如其在 Shapiro 案中所描述的，显然有三：首先，联邦政府的调查目的应当本质上是规制性的；其次，信息是通过要求被规制者常规性地保存某种类型的记录的方式来获得；最后，这些记录本身必须已经具有"公共的面向"，使得它们至少可以与公共文件相类比。[④]

在 Haynes 案中最高法院认为《国家枪支法》违反宪法之后，国会对这部法律进行了修改，为枪支转让人设定了报告的义务，接收了过去由受转让人承担的这一责任，受转让人可能构成未经登记持有枪支罪。新法律要求受转让人提供他的指纹和照片，但是，该信息将使其合法而不是非法持有枪支。最高法院此后认为，经过修订的这部法律并未违反《联邦宪法》第五修正案的反对自我归罪条款。[⑤] 最高法院驳斥了受披露的事实可能被用于按照州法提起的指控的观点，理由是：

> 司法部首席政府律师（the Solicitor General）给我们的建议是，国内税务局控制的信息，作为实践惯例，不能提供给州或者其他联邦当局，并且在法律上是不能在刑事程序中 332
> 作为与先前或者同时发生的违法行为的证据。[⑥]

最高法院曾经支持在交通违法和交通肇事造成财产损失时，司机违反法律所规定的应该停在事故现场并向这些财产的负责管理人员告知他的姓名和地址的要求而作出的有罪判决。[⑦] 加利福尼亚州最高法院认为类似上述规定的法律无效，但是插入了司法创设的对所要求的披露的用途限制要求。最高法院认为，"在法律规定和特权之间并不存在冲突"[⑧]。最高法院在判决时形成了 5∶4 的分歧，只有四位大法官加入了复数意见。

Burger 首席大法官在复数意见中认为可以根据这些报告要求进行指控，但是他认为：

---

① 382 U.S. 70 (1965).

② 参见 J. Mansfield, "The Albertson Case: Conflict Between the Privilege Against Self-Incrimination and the Government's Need for Information", 1966 *S. Ct. Rev.* 103。

③ Marchetti v. United States, 390 U.S. 39 (1968); Grosso v. United States, 390 U.S. 62 (1968); Haynes v. United States, 390 U.S. 85 (1968).

④ 390 U.S. at 67-68.

⑤ United States v. Freed, 401 U.S. 601 (1971).

⑥ 401 U.S. at 605-606.

⑦ California v. Byers, 402 U.S. 424 (1971).

⑧ 402 U.S. 427.

“在我们看来，仅仅是被定罪的可能性，还不足以压倒支持类似本案被诉法律所要求的披露的强势政策。”[1] 即使这一评论是判决意见的重要依靠，在记录显示定罪的事实时，这里关于“仅仅是被定罪的可能性”的讨论是值得质疑的。最高法院依据 Sullivan 案，宣告“机动车事故有关的披露本身并未造成在 Marchetti 案、Grosso 案和 Haynes 案中所涉及的自我归罪的重大风险”。Byers 案的复数意见认为，强制要求收回血液样本，要求个人套上短衫，站在嫌犯指认队列，或者讲述规定的言词，这些并不能构成侵犯特权。“宪法上并没有规定拒绝所得税申报的权利，也没有规定为了避免卷入法律纷争而逃离事故现场的权利。”[2]

□ 个人强迫个人选择以刑事处罚或者行政罚款结案

在 United States v. Ward[3] 案中，最高法院认为，根据需要行政机关报告的事实处以“行政罚款”并不违反《联邦宪法》第五修正案，即使被规制者没有按照要求进行报告，将会受到刑事处罚。换句话来说，根据 Ward 案的原则，可以强迫个人在下列两种选项中作出选择：（1）提交所要求的报告，并交纳“行政罚款”；（2）拒绝提交报告，并受到刑
333 事处罚。

---

① Id at 428.

② Id at 434.

③ 448 U. S. 242 (1980).

5 《信息自由法》与其他开放政府立法

§5.1 开放政府立法概述

□ 四部一般性法律

调整政府信息政策的主要是四部一般性法律，同时还有散见于数十部适用于具体信息类型的其他法律。这四部一般性法律分别是：（1）《信息自由法》（the Freedom of Information Act）①；（2）《隐私法》（the Privacy Act）②；（3）《阳光下的政府法》（the Government in the Sunshine Act）③；（4）《联邦咨询委员会法》（the Federal Advisory Committee Act）。④ 本书在附录 B 中收录了《信息自由法》、《隐私法》和《阳光下的政府法》；在附录 C 中收录了《联邦咨询委员会法》。 335

□ 更多具体的法律渊源

本章将对政府信息政策的主要问题进行描述和讨论。本章并未试图对主题进行全面和细致的论述。仅以《信息自由法》为例，联邦法院就已经作出过数以千计的案件判决。要对政府信息的可获得性的有关法律进行全面的分析，本身就需要几卷的专论篇幅才能完成。实际上，这样的教材也已经存在，即 J. O'Reilly 所著的《联邦信息公开》。⑤ 这是一本经常更新的多卷本的专著。司法部每年发布《信息自由法》的案例列表。还有其他许多不

---

① 5 U. S. C. § 552.

② 5 U. S. C. § 552A.

③ 5 U. S. C. § 552b.

④ 5 U. S. C. App. I.

⑤ J. O'Reilly, *Federal Information Disclosure* (Shepards/Mcgraw-Hill, 2000).

太全面，但是信息同样充实的书籍论述这一重要的法律领域。美国公民自由联盟基金会（the American Civil Liberties Union Foundation）每年发布的《联邦信息自由法和隐私法相关诉讼》（Litigation Under the Federal Freedom of Information Act and Privacy Act），同样值得关注，因为它将这一法律领域的日益增多的大量案例进行了很好的整理。

□ 强制性的信息公开允许豁免（exemptions）

这四部一般性法律紧密联系，共同致力于促进同一个广泛的目标——开放政府。如果作为一个整体来解读的话，它们对于大量的各种类型的行政机关的数据和通信强制向公众公开，也需要遵守一系列具体的豁免规定，目的是为了允许行政机关在信息公开可能会导致对于公共或者私人利益造成严重损害时避免公开。这些法律往往使用同样的语言表述。例如《阳光下的政府法》关于会议公开的某些豁免条款，几乎是照抄了《信息自由法》中的豁免条款。法院在处理这一部法律中的问题时，有时会正确地借助另一部法律的立法史以及法院对类似问题的解释。[1]

□ 与其他法律的关系

这四部一般性法律还以复杂的方式和其他法律存在相互交错的关系。最高法院的两起案件判决可以说明这种交错关系的重要意义。在 Department of Justice v. Julian[2] 案中，六位大法官的多数意见认为联邦囚犯有权获得审前调查报告的复本。如果仅仅依照《信息自由法》的规定，可对此不公开。但多数意见适用了《信息自由法》之后颁布的《假释法》（the Parole Act），判定《信息自由法》不再将审前调查报告作为免除公开的事由，因为
336 《假释法》对其公开提出了要求。其他三位持反对意见的大法官的正确之处在于认定《信息自由法》没有授权公开，但没能认识到之后制定的法律的效力。

有时候对这四部一般性法律产生的争议，不仅会受到之前颁布法律的影响，也会受到此后颁布法律的影响。Chrysler Corp. v. Brown[3] 案就说明了这一点。在该案中，Chrysler 公司诉称，行政机关意图将该公司提交给行政机关的公共信息向该公司的一名提出申请的成员披露。Chrysler 公司认为该信息属于“商业秘密”，应属于《信息自由法》的豁免事由。最高法院推翻了若干下级法院作出的错误裁判，认为“例外规定使得行政机关有积极义务去阻止发布所申请信息的结论……并不能得到法律的语言、逻辑和历史的支持”[4]。根据该案的判决意见，行政机关不可能因为披露了法律免除强制公开的信息而违反了《信息自由法》。但是，在 Chrysler 案中，最高法院还认为其他法律也可能会，禁止行政机关公开已为《信息自由法》免除事项规定所包容的信息。法院引用了《商业秘密法》[5]，该法认为行政机关的雇员“在未获法律批准的范围”内披露特定类型信息将构成犯罪；也引用了《行政程序法》§706 的规定，该法要求司法机关推翻“不符合法律规定的”行政行为。[6]

---

① 例如 Duffin v. Carlson，636 F. 2d 709，711（D. C. Cir. 1980）（《隐私法》的解释要依赖于对《信息自由法》的解释）；Jordan v. Department of Justice，591 F. 2d 753，770（D. C. Cir. 1978）（《阳光下的政府法》要有赖于对信息自由法的解释）。

② 486 U. S. 108（1980）.

③ 441 U. S. 281（1979）.

④ Id at 291.

⑤ Trade Secrets Act，18 U. S. C. §1905.

⑥ §5. 16 将对 Chrysler 案进行详细的讨论。

§5.2 《信息自由法》概述

□ 规则必须公布

《信息自由法》[①] 要求行政机关以三种方式之一公开信息。§552（a）（1）要求行政机关在《联邦公报》（the Federal Register）上公布某些类型的信息。必须公开的信息包括可以获取信息的机关中央办公室和地方办公室，获取信息的方法、行政机关的运作方式，所有的正式和非正式的程序、程序规则、实体性规则、一般政策声明，以及具有普遍适用性的解释。任何人不得因为没有按照要求在《联邦公报》上公开的信息而受到不利影响，除非个人就这一问题得到切实和实际的告知。

在 Kennecott Utah Copper Corp. v. Department of Interior[②] 案中，哥伦比亚特区巡回法院解决了一起有关《信息自由法》和《联邦公报法》（the Federal Register Act）关系的有趣争议。在老布什政府执政的最后一天，内政部将一部新的主要规则送交联邦公报办公 337
室（OFR），要求将其作为最终规则来公布。但当克林顿政府就任的第二天，在联邦公报办公室印发这部规则之前，内政部又要求向联邦公报办公室收回这部规则，内政部之后又重新开启了对这部规则的评论程序，并颁布了一部内容具有实质差别的规则。Kennecott 主张，按照《信息自由法》和《联邦公报法》的规定，联邦公报办公室需要公布所持有的已被违法撤回的这部规则。法院首先判决认为，即便《信息自由法》要求这样的公布，但法院也未获授权要求将一部规则公布在《联邦公报》上。对不公布规则的唯一可以由司法机关实施的制裁，是§552（a）（1）的规定，即除非相对人确实被告知这部规则，否则不得受这部规则的“不利影响”。法院继而认为，作为对内政部送交联邦公报办公室这部规则三天后又作出退还这部规则请求的回应，联邦公报办公室退还而不是公布这个规则时，其做法符合对《联邦公报法》的合理解释。联邦公报办公室有部规则，在收到规则和发布之间有三天的保密处理期。法院最后认为，联邦公报办公室制定的规则要求联邦公报办公室“立即”将规则转交给政府印务局（GPO）以便对规则加以校勘，并和行政机关协作以纠正错误的规定，这是对《联邦公报法》作出的合理解释。

□ 裁决性决定和员工手册必须公开

根据§552（a）（2）的规定，行政机关必须“让公众查阅和复制”所有裁决案件的最终意见，因为范围有限、内容特点而不需要在《联邦公报》上公布的政策声明和解释，以及对公众产生影响的员工手册和对员工的指示。§552（a）（5）还补充要求由多成员组成的行政机构制作每一成员在每次会议的最后表决记录，并提供公众查询。与根据§552（a）（1）规定需要公布的材料类似，根据§552（a）（2）中规定需要提供公众查询的信息，如果公众实际上未能及时得到通知的话，不能以此让任何人受不利于己的影响。§552（a）还规定了一项非常实际的要求，即§552（a）（2）所调整的材料，不能用于对

① 5 U.S.C. §552.

② 88 F.3d 1191 (D.C. Cir. 1996).

公众作出不利的决定，除非行政机关已经制作了索引。这一规定极大地促进了行政机关对
338 其管辖范围内的通常是卷帙浩繁的最终意见。

□ 存在于记录中的信息必须根据申请公开

§552（a）（3）则可以解释数量庞大的数以千计的解决《信息自由法》的争议的法院判决意见。该法规定：

除了按本分节（1）、（2）两款规定可以公开的记录以外，每家机关在收到要求提供记录的申请时，必须对任何人迅速提供他所需要的记录，但公众的申请必须（A）合理的说明所需要的记录；（B）符合行政机关公布规则中规定的时间、地点、费用（如果有的话）和应遵守的程序。

所有三项内容都要适用九项例外，本章将对这些例外进行逐一讨论。[①]

Washington Legal Foundation v. Sentencing Commission[②] 案的判决意见所彰显的是，即使没有《信息自由法》，法院也可以推动某些政府文件向公众公开。量刑委员会（the Sentencing Commission）不受《信息自由法》调整，因为它不在《信息自由法》界定的"行政机关（agency）"范围之内。[③] Washington Legal Foundation 援引普通法上获取"公共记录"的权利，寻求获取量刑委员会诸多记录的副本。哥伦比亚特区巡回法院承认这种普通法上权利的存在，但它认为 Washington Legal Foundation 所申请的记录并不属于普通法权利范围。法院指出，该权利的边界不太清晰。在对确定权利边界的诸多替代基准加以评判之后，法院对这项权利边界作出了如下描述，这可能是任何联邦法院的判决意见中对这项权利边界所作的最清晰描述：

相应的，我们的结论是，作为联邦普通法上的事务，"公共记录"，是指根据在公共利益和政府利益之间的权衡，公众有权获得的文件——宽泛理解的话，是政府为了铭记或记录任何机关的行为、决定、声明或者其他具有重要法律意义的事务，而创设和保存的政府文件。

□ "9·11 恐怖袭击事件"对《信息自由法》的影响

2001 年 9 月 11 日发生的针对美国的恐怖袭击事件对信息法律和政策产生了巨大的影响。国会针对《信息自由法》中的信息披露义务创设了新的豁免规定。新的豁免规定适用于"出于分析、警告、相互依存性研究、恢复、重建或者其他信息目的……而自愿提交给相关联邦行政机关的关键基础设施信息"[④]。42 U.S.C. §5195c 对关键基础设施（critical
339 infrastructure）对了广泛的定义，但是新设立的国土安全部（the Department of Homeland Security）是该法调整的唯一一家行政机关。国会不是将这一豁免事由独立于《信息自由法》之外存在的新豁免事由，而是将其视为《信息自由法》豁免事由三[⑤]规定的允许行政机关不对外披露信息的"其他法律"。

"9·11 事件"还在其他方面对联邦信息政策带来了深刻的影响。小布什总统签署多

① 参见§1.2 中有关法院用来确定一家实体是否属于《信息自由法》立法目的所指的"行政机关"的判断标准。
② 89 F.3d 897 (D.C. Cir. 1996).
③ 参见§1.2。
④ 6 U.S.C. §131.
⑤ 相关讨论，参见§5.9。

项总统行政命令，指示行政机关增加适用《信息自由法》的其他豁免事由规定。行政机关如果看到任何可能被恐怖主义分子利用的风险，就特别不愿意将信息提供给公众。不仅如此，许多行政机关从它们的网站和公共信息查阅室，以及作为公共档案托管方的图书馆上撤除了大量的信息。①

但是，小布什政府在"9・11 事件"发生之后对《信息自由法》所持的敌视态度，已经在 2007 年激起了国会的消极反应。在 Pub. L. 110-175 中，国会对《信息自由法》作了修订，其中要求每家行政机关报告其对信息公开申请作出回复的平均时间，增加了到法院起诉要求行政机关回应信息公开申请的当事人可以由行政机关赔偿律师费的情形，要求每家行政机关对每项超过 10 天仍未作出回复的信息公开申请案分配跟踪号，在行政机关违反法定回复期限要求时，除特殊情况下，禁止行政机关作出对信息公开申请人收取检索成本。

奥巴马总统在上任之后的几天内，推翻了小布什总统的信息公开政策。小布什总统要求行政机关消除所有疑问以避免信息公开，而奥巴马总统则要求行政机关消除所有疑问以促进信息公开。

§5.3 向任何人作出的披露

□ 必须向任何人披露信息

需要强调的是§552（a）（3）中的"任何人"。不属于《信息自由法》豁免条款规定的任何文件，都要向任何人公开，无论申请人是试图揭露不称职或者腐败行为的调查记者，还是试图确定某一部分政府职能怎样运作的市民，试图起诉行政机关的当事人，试图 340
确认政府特工（agent）或线人（informant）* 的罪犯，试图取得竞争对手的贸易秘密的公司，或者是国外政府间谍的代理人。事实上，《信息自由法》经常被所有这些团体或者更多团体的成员使用，无论出于为善或为恶的初衷。这个现实使得对《信息自由法》的豁免条款加以解释的司法判决，更凸显出其意义所在。错误地拒绝强制信息公开，将阻碍开放政府这一立法目标的实现。反之，要求信息公开的错误司法判决，也将损害至关重要的其他政府利益。无论是申请人的身份，还是他的申请理由，都不是适用信息公开法时所需考虑的相关因素。对于这项重要原则，只有一项例外。对于用户的收费，根据所申请的信息目的不同，可能会有明显差异。②

□ 法院对"任何人"标准存在的疑虑

最高法院对有权获得信息的"公众"的范围没有限制表达了忧虑。在 Renegotiation

---

* 线人，指检举或告发他人者，尤指秘密向警方提供有关犯罪情况或信息的人，有时可以此换取一定报偿或某种特别待遇。——译者注

① 《信息自由法》的实践和政策发生的这些变化，相关描述可以参见 Uhl，"The Freedom of Information Act Post 9/11: Balancing the Public's Right to Know, Critical Infrastructure and Homeland Security"，53 *Am. U. L. Rev.* 261 (2003)。

② 参见§5.5。

Board v. Banner Craft[1] 案中，最高法院认为“《信息自由法》强调的当然是公开，但它是面向公众的公开……而不是面向谈判中自利的承包商的公开”。类似的，在 NLRB v. Sears，Roebuck Co. [2] 案中，最高法院指出，“该法的根本目的在于，让公众获知行政机关的行为，而非让诉讼当事人从中获益”。在 NLRB v. Robbins Tire & Rubber Co. [3] 案中，最高法院表达了同样的关注，指出“信息自由法无意成为私人发现信息的工具”。在更为晚近的时候，Blaumun 大法官对于批准向商业征信公司（ commercial reporting company）披露数百件的地区法院的税收案件的判决意见中持不同意见。他抱怨道，提出申请的企业是“商业企业”，而且它的申请“几乎都是严重滥用了《信息自由法》”[4]。他将这些疑虑归咎于多数意见：“我还感觉到，我相信不是没有理由的，在本案中所造成的结果，多数意见的这一部分显然是缺乏热情的。”[5]

尽管最高法院对该法涉及的范围，对申请人的身份和动机常有疑虑，但是最高法院从未因此拒绝向“任何人”披露信息。法院不断地赋予国会决定以效力，即只要不属于豁免条款的内容，都必须向“任何人”公开，而无论申请人的动机为何。但是，下级法
341 院有时会拒绝实施国会作出的向任何人公开的这项决定。[6] 这些判决都与法律文本的表述相悖。

□ 向具有私利的个人公开，常常也有助于公共目的的实现

大多数根据《信息自由法》申请信息公开的人都是受到自身利益的驱动。但是，命令向自利的个人公开信息，常常也会促进实现《信息自由法》的公共性目的——增强开放政府。法院所常常表达的对“任何人”标准的忧虑是，严重低估了公众获取政府信息的困难和向公共开放信息的重要意义。Department of Justice v. Tax Analysts[7] 案中所解决的争议，为信息公开的实际问题和重要性提供了很好的例证。

司法部税务司（the Tax Division）拥有所有税务案件的司法判决副本。公众要想看到这些，只能去分散在各地的数十家联邦法院的诸多案件卷宗中去寻找。Tax analysts，一家提供报税服务的商业企业，曾经向联邦法院申请查阅这些判决，约 25%的联邦法院拒绝了它的申请（《信息自由法》不适用于法院）。八位大法官提供的多数意见认为，行政机关持有的司法意见是“行政机关的记录”，必须公开。

Blackmun 大法官在 Tax Analysts 案中持不同意见。他认为作为一家“商业企业”，Tax Analysts “完全是滥用了《信息自由法》”。他认为：“申请者所要求的和法院所允许的，对于公众了解政府运作可谓殊无助益。”[8] 这个观点反映出他低估了任何公众试图想要了解法院在每年未见诸报端的成百上千件判决书中是如何解释税法的时候所碰到的困难。

---

[1] 415 U. S. 1，22 (1974).

[2] 421 U. S. 132，143 (1975).

[3] 437 U. S. 214，242 (1978).

[4] Department of Justice v. Tax Analyst，492 U. S. 136，156 (1989).

[5] Id at 157.

[6] 例如，Doyle v. Department of Justice ，668 F. 2d 1365 (D. C. Cir. 1981)，*cert. denied*，455 U. S. 1002 (1982)（不对受到逮捕令的人公开）；McClelland v. Andrus，606 F. 2d 1278，1285 (D. C. Cir. 1979)（法院拒绝公开，因为申请者并非作为公众成员的身份……而是以个人的身份来申请公开报告）。

[7] 492 U. S. 136 (1989).

[8] Id at 156-157.

几乎每个人都需要这些信息来进行退税。公众只能通过会计师、律师、纳税申报准备*企业和申报指南的作者得知这些信息。反过来，这些中间人都依赖于商业报告机构。

□ 如无《信息自由法》，许多行政机关的法律规则实际上无法获取

在 Tax Analysts 案的判决之前，未见诸报端的司法判决中所包含的信息，公众甚至最富足和能获得最好咨询的纳税人也是无法获取的。没有哪位律师、会计师，哪家征信企业（reporting firms）或者哪位申报指南的作者能够很及时地搜罗所有这些未见诸报端的司法判决。但是，这些司法判决包含了许多有关税务系统运行的法律规则。在 Tax Analysts 案之前，这些法律规则是只有国内税务局和司法部才能查阅的“秘密法”。在 Tax Analysts 案后，所有纳税者可以知晓这些法律规则。Tax analysts 获得这些司法判决后，编辑出版案件摘要，将全文卖给商业数据库，然后这些数据库的订户——学者、律师和会计师—— 342
通过撰写税法方面的著作和论文，以及给客户提供的建议，使公众广泛知晓这些信息。Blackmun 大法官的错误之处在于，他相信 Tax Analysts 对公众知晓政府运作无益。相反，法院在 Tax Analysts 案中对《信息自由法》的强制执行极大地促进了公众对税法的理解。事实上，Tax Analysts 在促进公众了解政府行为的过程中获得了丰厚利润。这仅仅反映了实际存在的信息市场。在市场经济制度中，实质上，每位公众成员都通过促进自身利益来服务大众。

对“任何人”公开的法定要求，限制了法院使用可以促进衡平目标的方法来实施《信息自由法》的裁量权。因此，例如，在 20 世纪 70 年代和 80 年代，许多法院在决定是否要求行政机构公开本来免予公开的信息时，都将申请人个人的特定需求作为考虑因素。①但是，最高法院默示地否定了这种做法，在两件判决意见中强调了对“任何人”公开的需要。② 巡回法院准确地阐释了这些判决的意见，排除了一家法院在决定是否公开信息时考虑申请者的特别利益。③

联邦法院有时试图裁定选择性地公开，但面对有关“任何人”的要求，任何这样的尝试都注定会失败。在 Audubon Society v. Forest Service④ 案中，第十巡回法院的判决意见阐述了可理解的允许选择性公开的趋势。奥杜邦学会（Audubon Society）** 请求林业局（Forest Service）公布濒危的斑点猫头鹰（spotted owls）巢穴的分布情况。行政机关拒绝了公开申请，因为担心有些人会利用地图来实施伤害猫头鹰的行为。法院拒绝了行政机关没有说服力的主张，即这些地图属于《信息自由法》豁免条款二⑤的范畴，认为行政机关

---

* 在一年结束后税务局会发表格给个人或公司申报所得税，如果没有收到的话，纳税人应该主动索取表格，然后纳税人填写妥当之后把表格寄回税务局，就叫做纳税申报（tax return）。而从收到表格开始，到填写表格和准备寄回给税务局，这些就叫纳税申报准备（tax return preparation）。——译者注

** 奥杜邦学会是美国一家非营利性质的民间环保组织，创立于 1886 年，在全美各地设有众多分支机构，经常组织观鸟等与野生动物保护有关的野外活动。该组织命名是为了纪念美国鸟类学家、博物学家和画家 John James Audubon。——译者注

① 我们可以比较一下 Getman v. NLRB, 450 F. 2d 670 (D. C. Cir. 1971)（承认了学术研究的价值，从而命令向学者公开信息）和 Wine Hobby USA v. IRS, 502 F. 2d 133 (3d Cir. 1974)（拒绝命令公开类似信息，因为该信息公开申请只是为了“私人的商业开发”）的区别。

② 参见 Department of Defense v. FLRA, 510 U. S. 487 (1994) 和 Department of Justice v. Reporters Committee for Freedom of Press, 489 U. S. 749 (1989)，参见 § 5. 12 的讨论。

③ 例可参见 Oregon Natural Desert Ass'n v. Bibles, 83 F. 3d 1168 (9th Cir. 1996)。

④ 104 F. 3d 1201 (10th Cir. 1997).

⑤ 参见 § 5. 8。

343 按照要求需要向奥杜邦学会提供地图。法院接着指出，地区法院已经命令当事人达成协议，禁止奥杜邦学会将地图提供给他人。地区法院和当事人都担心有人会利用地图来寻找和猎杀猫头鹰。法院质疑这样的限制条件是否符合《信息自由法》，但是法院并未审查保密条件，因为奥杜邦学会并未质疑它的有效性。当然，保密性基本上不会有任何效力，因为行政机关必须向任何信息公开申请人提供地图。在 Maricopa Audubon Society v. Forest Service[1] 案中，第九巡回法院审理了一项几乎完全相同的争议，认为《信息自由法》禁止选择性地公开信息。

§5.4 公开的时机

□ 信息公开的法定期限

大部分行政机关最初对《信息公开法》的态度都是拒不执行；他们常常阻碍申请，无休止地拖延回复。国会在 1974 年通过一系列的法律修订回应了这个问题。其中，法律修正案中新增的条款（A）（6）（A）要求行政机关收到申请后，应在 10 个工作日内作出决定；对拒绝申请决定提起的上诉，应在 20 个工作日内作出上诉决定。国会授权行政机关在“特殊情况下”可以延长 10 天期限。例如，需要在地区办公室查找记录，需要查找大量的记录，或者需要征询其他行政机关的意见。1974 年修正案还授权法院延长行政机关的期限，如果政府能证明例外情形存在，而且行政机关能证明它已经尽到了“应尽的审慎义务”。

□ 行政机关常常未能满足期限要求

国会明显地低估了《信息自由法》的实施会给行政机构增加的负担。行政机关很少能够遵守《信息自由法》的期限要求。由于法院往往会给看起来在及时处理信息公开申请，并且诚信从事的行政机关延长时限，申请者只有在认为行政机关在故意拖延，或者对所要求的信息有紧急需要时，才会采取行动要求行政机构遵守法定期限。对于这一实施方法，只有一个替代方案，那就是法院可以严格执行法定期限，从而给向法院起诉的申请者带来相对于未向法院起诉的申请人的事实上的优先权。不过这一替代方案并不怎么吸引人，也没有得到法律的认可。

在 Open America v. Watergate Special Prosecution Force[2] 案中，哥伦比亚特区巡回法
344 院首次遭遇这一问题。原告要求司法部长和联邦调查局局长公开所有关于 Patrick Gray 在水门事件中扮演角色的文件。在收到该信息公开申请的当日，联邦调查局有 5 137 份信息公开申请正在处理。因此，联邦调查局在超过 20 天后才给予答复。因为同样的原因，上诉被驳回，然后地区法院发布命令，强制联邦调查局遵守时限要求或者立即驳回原告的申请。政府随后在上诉法院寻求立即暂停执行地区法院的命令。

---

① 108 F. 3d 1082 (9th Cir. 1997).

② 547 F. 2d 605 (D. C. Cir. 1976).

□ 国会低估了行政机关的负担

哥伦比亚特区巡回法院面临的部分问题在于，国会错误估算了行政机关的负担。众议院委员会在 1974 年估算，《信息自由法》的修正案使行政机关每年新增成本 5 万美元，在随后的五年里，每年新增成本 10 万美元。联邦调查局的一位官员在法庭上的书面陈述中列出执行《信息自由法》的成本：1974 年为 16 万美元，1975 年为 46.2 万美元，1976 年估计为 267.5 万美元；1977 年和 1976 年差不多，另外需要再加上实施《隐私法》的成本为 72.5 万美元。

哥伦比亚特区巡回法院认定联邦调查局尽到了“应有的审慎义务”。它将所有申请分为疑难和简单两种类型；Open America 提出的申请属于疑难类型，因为 L. Patrick Gray 这一名字并未被收录在 5 800 万张主题和个人的索引卡片中，需要检索的资料有 3.8 万页。处理信息公开申请的团队还有 33 个项目正在执行，这些项目都是更早时候所启动的。联邦调查局总部有 191 名雇员专门处理依据《信息自由法》提出的申请。

□ 司法审查并不会让申请人得到优先处理

因为起诉者并未说明紧急的原因，法院只处理一个问题，即记录的申请者是否可以通过到法院起诉而优先得到处理。法院认为，国会的意图是只有在“出现一些特别的需要或者紧急情况时，可将申请提前到该机构之前收到的其他申请前处理”时，才让法院给予申请者优先权。[①]

□ 平衡检验：特殊情况、应有的审慎和迫切需要

Leventhal 法官撰写了赞成结论而非他所称“法官附带意见”的协同意见：

> 多数意见的法官附带意见考虑的是将国会所要求的证明责任倒置的计划。政府不再需要查明属于特殊情况的情形；相反，原告需要证明“切实的需要和紧急的原因”……这个在我看来，是对我们所解释的这节规定的前提的明显背离。这种做法并不能得到法律语言的支持，而且事实上，看起来也和《信息自由法》1974 年修正案的整个救济目标（remedial thrust）相冲突。[②]

Leventhal 法官本来会对此案发回重申，以便确定被告是否有权根据高度可能存在的例外情形而得到 § 552（a）（6）（c）规定的救济。他说，申请量出乎意料的激增与缺乏训 345
练有素的人员，“可能”满足政府证明在短期内存在例外情形的责任。他最为反对的是，多数意见推定联邦调查局相当长一段时间内都不能满足期限要求。

在 Exner v. FBI 案[③]中，第九巡回法院遇到了这一问题。该案判决：“在 Leventhal 大法官提出协同意见的基础上，我们接受并同意（Open America 案中的）多数意见。……我们认为信息申请人的起诉可以（但并非必须）使这些申请人得到优先处理，也就是说，创设一个优先权，特别是在联邦法院命令的情况下。”该案决定发回重申，以便确定联邦调查局是否已经承担了证明例外情形以及应有的审慎的责任。

---

① 547 F. 2d at 615.

② 547 F. 2d at 617.

③ 542 F. 2d 1121 (9th Cir 1976).

虽然第九巡回法院同意 Leventhal 法官的观点，但是，如果采取中间立场则更为现实，也更加符合法律的规定。它强调了（a）（6）（c）规定其中一句话的一个词："如果政府能够证明特殊情况的存在，且行政机关正在尽到应有的审慎以处理申请，法院可以保留管辖权，并允许行政机关延长时间来完成对记录的审查。"这句话中"可以"（may）一词意味着法院对延长行政机关的审查时间有裁量权。法院会考虑紧急性以及其他相关情形，以决定是否延长时间。这种中间立场，与 Open America 案中多数人意见不同，认为如果原告不能证明紧急理由的存在，法院可以选择采取这两种方法中的一种。这一立场区别于 Leventhal大法官的观点之处在于：它并不拒绝考虑原告的紧急性以及例外情形、行政机关应有的审慎。中间立场认为，法院在审查行政机关不遵守法定时限时，需要考虑三项变量：（1）行政机关的例外情形的程度；（2）行政机关的审慎程度；（3）原告的紧急性，但是如果前两点中的任何一点都相当薄弱，法院可以不必考虑第三点。

法院如果确信自己正在与一家执拗的行政机关打交道，那么法院并不是无能为力的。在 Payne Enterprise，Inc. v. United States[1] 案中，哥伦比亚特区巡回法院授权地区法院在确定"行政机关拒绝提供信息，证明它故意拖延公开信息的政策或者习惯，或者其他一些未遵守《信息自由法》规定的行为时，可以'考虑禁令救济的合理性'"[2]。

所有的行政机关中都存在拖延回复信息公开申请的问题，而且这一问题普遍日益恶
346 化。所有的巡回法院都采用了哥伦比亚特区巡回法院在 Open America 案中的推理和判决意见。但是，法院经常对许多行政机关的极度拖延感觉无奈。在 Fiduccia v. Department of Justice[3] 案中，第九巡回法院的判决意见可以说明这个问题。原告在 1986 年向联邦调查局申请信息公开，联邦调查局直到 1999 年也未处理，并且声称信息公开申请队列是如此之长，以至于不可能在 2001 年前完成。第九巡回法院同意 Open America 案中的推理和判决意见，并且不愿意同意原告"插队"。第九巡回法院继而抱怨道："但是，等待处理的申请队列实在是太长了……国会只给行政机构 20 天时间，而不是 20 年来完成信息自由的申请。"第九巡回法院认识到问题的根本在于国会拒绝给联邦调查局和其他行政机构提供充足的资源来及时满足信息公开申请。第九巡回法院敦促联邦调查局"告知国会"，说明它需要更多资源来遵守《信息自由法》，或者通过法律修正案允许行政机关有更多的时间。理论上，这是一个很好的建议，但是没有成功的可能。国会已经表态，在几十年内都不愿意向行政机关提供更多的资源，也不会修订《信息自由法》对期限的规定。这里的难题不在于缺乏对此问题的认识，而在于缺乏解决此问题的政治意愿。

行政机关处理信息公开申请存在的系统性拖延是更宽泛问题的一部分。国会常常给行政机关分配一系列困难的任务，伴随这些任务的还有苛刻的政策决定程序，拒绝提供给行政机关完成所有这些任务所需的资源，并强加给行政机关各种不切实际的法定完成期限。其结果就是行政机关的系统性拖延，而行政机关和法院都无法有效处理。[4]

□《信息自由法》修订规定在某些情况下需要加快回复速度

在 1996 年，"为了（1）在申请获得记录的当事人提出迫切需要的时候；（2）在行政机关所确定的其他情形中，加快处理要求记录的申请"，国会对《信息自由法》进行了修

① 837 F. 2d 486 (D. C. Cir. 1988).

② Id at 491.

③ 185 F. 3d 1035 (9th Cir 1999).

④ 我在本书第 12 章讨论这个更加广泛的问题。

订。该修正案将"迫切需要"定义为以下情形："（I）如果……未能在加速处理的基础上获得所申请的记录……可能会合理地预期个人的生活安全遭受急迫的威胁；或者（II）涉及主要负责传播信息者所提出的申请，迫切需要告诉公众有关实际或者被诉的联邦政府活动的。"

□ 拒绝加速回复申请的决定是可以审查的

在 Al-Fayed v. CIA① 案中，哥伦比亚特区巡回法院认为，行政机关拒绝批准加速处理的申请，可以由地区法院进行重新审理的审查（de novo review），但是法院支持了中央情 347
报局（CIA）拒绝批准加速处理的决定。申请人是一家英国杂志《笨拙》* 的所有人。所申请的记录内容是美国政府窃听戴安娜王妃（Princess Diana）与其 1997 年死亡有关的电话记录，以及 1998 年美国拒绝了解戴安娜王妃死亡相关信息的线人（informant）入境的信息。哥伦比亚特区巡回法院认为该申请人没有表明加速处理的"迫切需要"，因为他没有表明存在"告知公众"有关指控事件的"急迫性"。法院指出，该申请是在所指控的事件发生（如果它确实发生的话）之后两年或者三年才提出的，并且申请人的指控并不是"对于美国公众来说具有现实紧迫性的事务"。

§ 5.5 获取信息的成本

□ 行政收费获得批准

事实证明，行政机关遵守《信息自由法》的成本要远远高于国会原先估算的金额。这项成本估算每年是 5 000 万美元到 2 亿美元，是国会最初估算额的 10 万倍。而遵守信息公开申请的行政收费（user charges）** 的估算是有争议的，国会已经几次修订法律来试图为评估费用提供满意的框架。② 国会试图同时满足两项诉求。《信息自由法》的用户抱怨说，各个行政机关的收费差异太大，显失公平，有些行政机关对基于公共目的提出的信息公开申请收费很高。此外，许多行政机关抱怨说，它们的收费只能弥补信息公开申请产生的支出中的一小部分。例如，联邦食品药品管理局（FDA）对信息公开申请人收取的费用，只能抵消它为此支出的费用的大约 10%。

□ 收费取决于申请人的类型

国会试图通过细化根据不同的用户类型测算的不同的费用，以及要求管理和预算局颁布各行政机关必须用来确立新的统一收费价目表，以增强不同行政机关之间收费的统一

---

* 《笨拙》(*Punch*) 杂志，英国政治漫画类杂志。——译者注

** 行政收费，在美国也常被称为 user fees，是指根据政府所提供的产品或者服务而向用户（即相对人）收取的费用。相关研究，可以参见苏苗罕：《美国联邦政府行政收费的法律规范研究》，载《行政法学研究》，2013（4）。——译者注

① 254 F. 3d 300 (D. C. Cir. 2001).

② 最近的几次修正案包含在 1986 年《信息自由改革法》(the Freedom of Information Reform Act) 中。

性。国会也试图通过根据申请人的目的将其分成 4 类，并分别以不同的方法计算每一类申
348 请人的收费，以此来促进收费的公平。“商业用途的申请人”必须支付“全部的检索、审查文件是否可以公开，以及复制所申请的记录的直接成本”。“审查文件是否可以公开”的成本可能是占了相当比例（substantial）。在 OSHA Data v. Department of Labor[1] 案中，第三巡回法院认为行政机关可以向商业用途的申请人收取大约 170 万美元的费用，以便通知提供这些信息的企业有人对这些信息提出申请的事实，并对企业提出的这些信息属于商业秘密属于免除公开范围的主张进行审查。“教育和非商业的科学机构的申请人”和“作为新闻媒体代表的申请人”应当交纳“检索和复制记录的合理的直接成本……除了前 100 页的复制费和前 2 小时的检索费免费之外”。直接成本包括小时工资以及行政机关雇员的福利，但是不包括行政机关管理费用（overhead costs）。

□ 如果是出于公共利益的需要，可以免费

如果文件的公开是出于公共利益的需要，行政机关应该免除或者减少收费。行政机关有较大的裁量权来决定何时公开可以符合公共利益的需要。[2] 仅仅是因为申请者经济贫困这一原因，还不足以要求行政机关免除或者减少公开费用的。[3]

在 Judicial Watch v. Rossoti[4] 案中，哥伦比亚特区巡回法院认为，国内税务局（IRS）需要向公共利益团体给予费用减免。《信息自由法》§ 552（a）（4）（A）（iii）要求对能够证明以下情形的申请人减免费用：“信息披露符合公共利益的需要”。法院认为需要给予费用减免，因为该信息——前局长与和国内税务局有业务往来的公司的关系、该局长所获得的利益冲突豁免的记录——的披露，很可能会对公众理解政府的运作具有重要帮助，因为原告描述了九种可以使公众获得之前无法获得的信息的方式。

□ 允许由政府承担的律师费

《信息自由法》规定，在行政机关拒绝提供文件，申请人明显比行政机关更占理时，法院“可以”对行政机关收取“合理的律师费”。在 Fenster v. Brown[5] 案中，哥伦比亚特区巡回法院宣布了四项标准，以此来判断是否行使评估律师费的裁量权：（1）可以通过案
349 件给公众带来的利益大小，如果有的话；（2）原告的商业利益；（3）原告在所申请公开的记录中的利益性质；（4）行政机关拒绝公开文件是否有合理的法律基础。当行政机关“自愿”提供它之前拒绝的文件时，原告可能可以收回自己支出的律师费。判断标准是法院的行为是否导致行政机关提供信息。[6] 各巡回法院在无律师代理的诉讼中原告是否可以获得“律师费”补偿问题上存在分歧。[7] 最高法院拒绝受理这种冲突。[8] 国会在 2007 年再次修

---

① 220 F. 3d 153 (3d Cir. 2000).

② 参见 Lybarger v. Cardwell，577 F. 2d 764（1st Cir. 1978）。

③ Ely v. Postal Service，753 F. 2d 163 (D. C. Cir. 1985).

④ 326 F. 3d 1309 (D. C. Cir. 2003).

⑤ 617 F. 2d 740 (D. C. Cir. 1979).

⑥ 例可参见 Exner v. FBI，612 F. 2d 1202（9th Cir 1980）；Nationalwide Building Maintenance，Inc. v. Sampson，559 F. 2d 704 (D. C. Cir. 1977)。

⑦ 参见 Duncan v. Poythress，777 F. 2d 1508，1511 n. 8（11th Cir. 1985）中收集的案例。

⑧ 参见 Falcone v. IRS，466 U. S. 908（1984）案中 White 大法官的意见，他反对作出拒绝调卷令申请的决定。

订了《信息自由法》，为原告收回律师费提供了更多便利。①

§5.6 什么是行政记录？

□ 制作的信息或者保存的信息

《信息自由法》要求行政机关公开不属于豁免条款的“行政记录”。最高法院在三件判例中给“行政记录”下了定义。②

行政机关必须将所需材料作为行政机关记录制作或者保存。③ 考虑到行政机关从其他来源得到的大量材料，然后加以保存，这部分的司法定义是非常广泛的。行政记录还可以包括法院的文件。④ 第九巡回法院先前作出的相反判决是不正确的。⑤

□ 控制的标准

为了符合行政记录的条件，材料必须在被申请时处于行政机关的“控制”（control）之下。所谓的“控制”，最高法院的解释是：通过履行其职责的合法行为，材料已经处于行政机关的控制范围。⑥ 这个定义中的“控制”，排除了行政机关雇员的个人材料，即使它们是由行政机关保管的。⑦ 它同样排除了行政机关有权获得但是尚未获得的材料，以及行政机关一度占有但是没有保存的材料。⑧ 这个“控制”标准同样排除了从国会获得的文件， 350
如果国会清晰地表明对文件保留单方控制权。⑨

□ 行政机关的检索范围必须包括在申请提出之日后获得文件

在 Public Citizen v. Department of State⑩ 案中，哥伦比亚特区巡回法院认定行政机关的一项政策无效，该政策规定拒绝检索申请人来信申请获得特定类型信息的日期之后生成的文件。法院认为，行政机关也许能够证明这样一项政策的正当性，但是最后判定，行政机关将要面对没有截止期限政策（cut-off date policy）的行政噩梦，行政机关提出的这一未经证实的主张不足以支持其政策的。

---

① 参见§5.2中的讨论。

② Department of Justice v. Tax Analysts, 492 U.S. 136 (1989); Forsham v. Harris, 445 U.S. 169 (1980); Kissinger v. Reporters Committee for Freedom of Press, 445 U.S. 136 (1980). 我在本书§1.2中讨论了对《信息自由法》目的意义上的“行政机关”定义。

③ Tax Analysts, 492 U.S. at 144; Forsham, 445 U.S. at 182.

④ Tax Analysts, 492 U.S. at 146.

⑤ 参见 Warth v. Department of Justice, 595 F. 2d 521 (9th Cir. 1979)。

⑥ Tax Analysts, 492 U.S. at 145.

⑦ Kissinger, 445 U.S. at 157; BNA v. Department of Justice, 742 F. 2d 1484 (D.C. Cir. 1984).

⑧ Forsham, 445 U.S. at 185; Kissinger, 445 U.S. at 150-151; International Brotherhood v. National Mediation Board, 712 F. 2d 1495 (D.C. Cir. 1983).

⑨ 参见 Paisley v. CIA, 712 F. 2d 686 (D.C. Cir. 1983), *modified*, 724 F. 2d 201 (1984); Goland v. CIA, 607 F. 2d 339 (D.C. Cir. 1978)。

⑩ 276 F. 3d 634 (D.C. Cir. 2002).

□ 白宫不是行政机关

在 Judicial Watch v. Department of Energy① 案中，哥伦比亚特区巡回法院认为，能源部（DOE）雇员在借调到白宫的国家能源政策起草小组（the National Energy Policy Development Group）期间所制作的记录不属于《信息自由法》规定目的意义上的“行政记录”。国家能源政策起草小组不是《信息自由法》制定目的意义上的行政机关②，而且借调人员在制作记录的时候从实践目的上看属于国家能源政策起草小组的雇员。法院指出：

> 行政机关经常会将雇员借调到白宫工作一段时间或者从事特定的任务，并且当该做法并不是基于法律的强制时，法院不适合对这一做法设定负担。

在 United We Stand v. IRS③ 案中，哥伦比亚特区巡回法院就解决一项重要的问题产生了分歧：一项文件何时构成国会记录而非行政记录？一家国会委员会向国内税务局（IRS）发送了一封信函，要求国内税务局收集一些信息并向该委员会报告。该信函明确指出，这是一份国会文件，国内税务局不能披露。哥伦比亚特区巡回法院的两位法官出具的多数意见认为，国内税务局对国会委员会的答复属于行政记录，除了该报告中披露国会要求的部分内容之外，必须根据基于《信息自由法》提出的申请进行披露。该多数意见所依据的事实是行政机关动用了行政资源制作这一文件，行政机关保留了文件复本，国会委员会发送的信函只是声称它属于国会记录，但并未声称行政机关的答复属于国会记录。持不
351 同意见的法官则认为，行政机关的答复属于国会记录，从而不受《信息自由法》调整。他依据的事实是，行政机关对这份文件整体缺乏专属性的控制权，行政机关只保留了一份该文件的复本，除了为了答复国会委员会之外从未将该文件用于其他目的。

□ 州际的委员会不是行政机关

在 Missouri *ex rel* Garstang v. Department of Interior④ 案中，第八巡回法院认为密苏里河自然资源委员会（Missouri River Natural Resources Committee）的记录不属于行政记录，因为虽然密苏里河自然资源委员会负责行政记录的协调员的工资由内政部支付，但是该委员会不是联邦行政机关，其记录的存放也是独立于内政部的档案系统（a filing system）。法院也认为，密苏里河自然资源委员会向联邦林业局（the Forest Service）提出的建议属于行政记录，因为林业局在行使其法定职责时采用了这一建议。

□ 即使申请人可以从其他渠道获得记录，行政机关也必须向申请人披露记录

公众可以通过其他途径获悉材料，这不会使这些材料失去需要适用强制公开的“行政记录”的地位。如果行政机关让申请者去其他来源获取它所持有的材料，而不是将这些材料提供给申请者，行政机关就是在“不合理拒绝公开”行政记录。⑤ 但是，最高法院也希望，当人们更容易从其他途径获取材料时，“常识”会引导大多数人从那些途径获取公开

① 412 F. 3d 125 (D. C. Cir. 2005).

② 参见§1.2。

③ 359 F. 3d 595 (D. C. Cir. 2004).

④ 297 F. 3d 745 (8th Cir. 2002)，参见§1.2 的讨论。

⑤ Tax Analysts, 492 U. S. at 149-150.

的材料。[①]

□ 电子记录属于记录

在 Armstrong v. Executive Office of the President[②] 案，哥伦比亚特区巡回法院的判决意见中指出，出于《联邦公报法》的目的，电子通信（邮件）是“行政记录”，与信件和备忘录没有差别。这个判决有许多重要的含义。电子邮件符合成为行政记录的条件，因此不能删除，除非这种删除符合《联邦公报法》、美国国家档案馆馆长（the Archivist of the United States）的规则以及各行政机关的记录规则。打印和保留电子邮件的纸质版并不足以满足该法的要求，因为纸质版经常会省略掉许多重要的信息，例如日期和发件人、收件人的身份。不属于信息公开豁免条款的邮件必须根据《信息自由法》的要求予以公开。[③]

在 Consumer Federation of America v. Department of Agriculture[④] 案中，哥伦比亚特区巡回法院努力回应一项具有挑战性的任务，即将书面记录时代采纳的标准适用于电子化记录时代的新环境。该案讼争的问题是六家行政机关所保存的电子化的预约日历是否属于 352
《信息自由法》所指的行政记录。法院适用了一项多部制标准（multi-part test），该标准是于 1984 年在以书面形式保存预约日历的背景之下被采纳的。该标准要求考虑“设立、地址/占有、控制和用途”。所有这六份日历都是由行政机关雇员所制作，并存放在行政机关。所有六份日历也存放在行政机关的计算机系统之中，因此，出于需要也处于系统管理员的控制之下。但是这六份日历各自面对的用户不同。其中五份是分发给行政机关工作人员，以便他们了解官员的行踪和时间安排，而第六份日历则是只发给官员的秘书。法院发现这种区分是决定性的（dispositive）。它认为，广泛散发的五份日历属于行政记录，而只发给官员秘书的日历则不是。持协同意见的法官讽刺了多数意见没有解释需要多大的散发范围才能使预约日历成为行政记录，或者为什么散发范围的广泛程度应该成为决定性的因素。

□ 获取记录的普通法

一些文件即使不属于《信息自由法》所指的“行政记录”，公众仍然有权获得。在 Washington Legal Foundation v. U. S. Sentencing Commission[⑤] 案中，哥伦比亚特区巡回法院首先认为所申请的文件不是行政记录，因为量刑委员会（the Sentencing Commission）不是行政机关。[⑥] 哥伦比亚特区巡回法院然后判定，文件适用于普通法上的对公共记录的公众知情权。哥伦比亚特区巡回法院要求地区法院决定所申请文件是否属于普通法原理所指的“公共记录”，如果是，公众要求信息公开的公共利益是否足够超过政府对文件保密的利益。[⑦]

---

① Tax Analysts, 492 U. S. at 146 n. 5.

② 1 F. 3d 1274 (D. C. Cir. 1993).

③ 有关对在电子通讯时代保存记录的需要带来的复杂问题的深入讨论，参见 Schrag, “Working Papers as Federal Records: The Need for New Legislation to the Preserve the History of National Policy”, 46 *Admin. L. Rev.* 95 (1994)。

④ 455 F. 3d 283 (D. C. Cir. 2006).

⑤ 17 F. 3d 1446 (D. C. Cir. 1994).

⑥ 参见§ 1.2 的讨论。

⑦ 另可参见 Washington Legal Foundation v. Sentencing Commn. 89 F. 3d 897 (D. C. Cir. 1996)。

§ 5.7 豁免条款一：国家安全

□ 要求定密

1974 年以前，《信息自由法》将"为了国防或外交政策的利益，总统的行政命令特别要求保密的……事项"免除公开。在 1973 年的 EPA v. Mink[①]案中，最高法院判决文件免除公开，因为它们属于"根据第 10501 号行政命令"定密了的文件。第 10501 号行政命令
353 授权各内阁部门、行政机关和其他行政单位对特定的文件进行定密。这个决定没有对"特定"一词赋予任何效力。更重要的是，最高法院取消了对文件定密合理性的司法审查。它同样禁止对文件免除公开部分的司法隔离（segregation）："公开的豁免条款并不允许我们对这些文件进行密室审查（in camera review），以过滤掉所谓的'非涉密部分'。"[②]

□ 要求"合理定密"

国会在 1974 年将最高法院的有关判决意见——总统行政命令可以授予行政机关广泛定密权——纳入法律。可是，国会对判决意见进行了修正，认为不能仅仅是对文件进行定密，还应该是"合理定密"。国会授权最高法院进行它曾经否定的密室审查，在 § 552（a）（4）（B）中规定"法院可以对这些行政机关的文件内容进行密室审查，以决定这些文件或者其中的一部分是否可以根据分节（b）所规定的豁免条款免予公开。行政机关有义务配合此行为。"国会也修改了 Mink 案的判决意见，在 § 552（b）的结尾增加一句规定："任何行政记录中可以合理分割的部分内容，都应当在删除根据本分节规定免予公开的内容之后，提供给任何此类记录的申请人。"

□ 允许密室审查

两院联席协调委员会（the Conference Committee）的解释是，法院"将会对行政机关就争议所涉文件的定密性质细节提供的宣誓书（affidavit）* 赋予实质性的权重"，而且第一项豁免条款只能适用于"符合此类总统行政命令规定的程序和实体标准，经过合理定密的"文件。[③] 两院协商委员会还解释道，该法案修正了已有的法律，允许法院裁定决定进行密室审查。密室审查不必是自动适用的，在许多情形下只是必要和合适的。在法院命令进行密室审查之前，政府应该有机会通过作证或者宣誓书来证明文件明显免予公开。根据这部法律，政府仍然负有证明责任。

---

* 宣誓书，也译作宣誓陈述书，是指当事人自愿作出的对事实的书面陈述，并须在有权主持宣誓的官员面前作出宣誓或者代替宣誓的确认以保证其内容的真实性。——译者注

① 410 U. S. 73 (1973).

② 410 U. S. at 81.

③ Joint Committee Print at 229.

□ 法官通常会尊重

大多数法官不愿意过度行使国会 1974 年法律修正案中赋予的一项权力，即对行政机关拒绝提供定密材料的决定进行审查。在 1980 年 Halperin v. CIA[①] 案中，哥伦比亚特区巡回法院表明了主流态度："在典型的涉及国防安全的信息公开案件中，法官缺乏必要的专业知识来事后评判这些行政机关的观点。"

□ 详细的宣誓书

在 Military Audit Project v. Casey[②] 案中，详细的宣誓书足以排除为了对非属豁免范围的材料进行分割的目的而进行的密室审查。可是，在 Allen v. CIA[③] 案中，决定性的宣誓书不足以达成此目的。 354

□ 在公开之时的定密

对文件公开的同时而非早些时候所作出的定密决定，决定了哪些文件可以根据 § 552 (b)（1）免予公开。[④] 在收到信息公开申请的两年后对文件进行的定密，可能是有拘束力的（controlling）。[⑤]

□ 与《国家环境政策法》的关系

在《国家环境政策法》（the National Environmental Policy Act）是否要求海军公开核武器弹药储存设施的环境影响评价报告的问题上，在 Weinberger v. Catholic Action of Hawaii[⑥] 案中，最高法院认为《信息自由法》规定的豁免条款一允许行政机关拒绝公开此报告。一份协同意见认为，海军必须制作一份环境影响评价报告，该报告可能在根据保护定密信息的需要的程度上免予公开。

□ 与豁免条款三的关系

《1947 年国家安全法》的一项条款规定——中央情报局局长必须负责保护情报来源和方法免受未经许可的公开——这是根据豁免条款三的规定拒绝公开的条款，而且研究人员的身份免予公开，因为他们提供给中央情报局的信息涉及它的情报职能。[⑦]

---

① 629 F. 2d 144, 148 (D. C. Cir. 1980).

② 656 F. 2d 724 (D. C. Cir. 1981).

③ 636 F. 2d 1287 (D. C. Cir. 1980).

④ Lesar v. Department of Justice, 636 F. 2d 472 (D. C. Cir. 1980).

⑤ Pacheco v. FBI, 470 F. Supp. 1091, 1105 (D. Puerto Rico, 1979). 另可参见 Afshar v. Department of State, 702 F. 2d 1125 (D. C. Cir. 1983)。

⑥ 454 U. S. 139 (1981).

⑦ CIA v. Sims, 471 U. S. 159 (1985).

□ 之前的公众可获得性是不相关的

之前向公众公开的信息可能出于国防或者外交的利益而保密。这并不意味着其他此类信息因为公众已经知道了而必须公开。哥伦比亚特区巡回法院说明了若干原因，包括“权威来源作出的正式承认，可能会成为对国家安全造成损害的新信息……”①

§5.8 豁免条款二：内部人事规则

□ 并非所有的内部规则都属于豁免范围

《信息自由法》规定的豁免条款二所适用的行政记录，是纯粹关于机关内部人员的规则和习惯。参议院解释：“豁免条款二只涉及行政机关内部人员规则和习惯。例如职员车库的使用、食堂规则、病假政策以及类似的其他情况。”② 这个解释完全忠实于法律解释的文字。但是，众议院委员会试图改变法院规范的含义：“只与行政机关内部人员规则和习惯有关的事务：机关的活动规则、指导方针和政府调查或者检查的程序手册等都可以免予公开……”③

355

□ 经过修订的记录是可得的

在 Air Force v. Rose④ 案中，最高法院拒绝了众议院通过插入相矛盾的立法史来修正法律用语的企图。某法律评论的学生编辑想要获得在空军学院（Air Force Academy）《荣誉和伦理规范阅读材料》（Honor and Ethics Code Reading Files）中收录的对学员纪律处分的听证记录和案件摘要。学校拒绝公开这些信息，虽然复印件已经在公告栏上张贴，并且已经分发给学院全体教员和行政人员。最高法院判决空军（Air Force）必须提供案件摘要。最高法院授权空军可以根据《信息自由法》规定的豁免条款五的规定，删除有关个人背景情况证明和身份确认的信息（personal reference and identifying information）。在 Rose 案的裁决过程中，最高法院拒绝依据众议院报告，因为参议院报告中对豁免条款二所作的更为狭义的描述更加符合立法意图。⑤ 最高法院补充认为，案件摘要不仅仅具有内部重要性，而是“切实和重要的公共利益”。

□ 法律修订后增加了执法指南

Rose 案在拒绝国会众参两院改变明确的法律用语的含义方面当然是正确的。但是，豁免条款二的正确的狭义解释产生了一个问题。《信息自由法》在最初制定的时候，对于

① Afshar v. Department of State, 702 F. 2d 1125, 1130 (D. C. Cir. 1983).

② S. Rep. 8.

③ H. R. Rep. 10.

④ 425 U. S. 352 (1976).

⑤ Id at 365-367.

罪犯可以用来降低被侦查和处罚之风险的行政材料，并未规定直接的豁免条款。例如，每个人都有权获得国内税务局的审计指南，根据指南，纳税人可以以最小的被侦查的风险来夸大各种税前扣除（deductions）的程度。当法院收到对这种材料的公开申请时，一些法院的回应是通过对创造性推理的使用来解释豁免条款二，以广泛地适用于公开"内部的……习惯"而不是"内部人事的……习惯"。不同法院在坚持国会的用语，还是为了进一步降低罪犯的成功率的政策目标而修正国会语言之间产生分歧。这一争论在大多数巡回法院的众多案件中都发生过。[1] 在《1986年信息自由法修正案》中，国会消除了法院在帮助罪犯还是扭曲豁免条款二的原意之间进行抉择的必要。该法在豁免条款七中增加"执法调查指南或者公诉指南，如果能合理预期到指南的公开会造成规避法律的风险的话"[2]。

□ 评估标准属于豁免条款

各法院将豁免条款二解释为允许拒绝公开用于人事评估的标准。虽然这些材料的公开 356
有利于公众，但是它们会带来重大的风险。雇员或者候选人可能会误用他们对保密准则的理解。各法院接受了行政机关将此比作考试前公开考试答案的类比。[3]

§5.9 豁免条款三：其他法律规定免除公开的信息

□ 要求拒绝公开或者建立拒绝公开标准的法律

最初制定的时候，《信息自由法》规定的豁免条款三包含了"法律……特别规定免予公开的文件"。许多法律授权行政机关裁量决定具体的信息是否需要公开。如果一家行政机关行使这样的法律权力，并且决定不公开特定信息，该信息是否就是"法律特别规定的免予公开的信息"？在 FAA v. Robertson[4] 案中，最高法院适用了这项规定。《联邦航空法》[5] 规定，无论何时，根据该法对信息公开或者保留提出书面反对意见，"只要通过他们的判断，认为公开对这些人的利益有害且不会促进公共利益，董事会或者管理者就应该命令拒绝公开这些文件。"最高法院认为法律根据豁免条款三授权不公开。

国会通过立法推翻了 Robertson 案。在《1976年阳光下的政府法》中，国会对《信息自由法》修改为：（b）本节规定不适用于下列事务——……（3）法律规定免除公开的部分（除了本编§552b 规定之外），如果该法（A）要求拒绝将这些事务公之于众，并且对于这个问题未留有裁量空间；或者（B）对拒绝公开制定了特别的标准，或者指出拒绝公开的特定类型的事务。《信息自由法》豁免条款三的规定与数十部法律以复杂的方式相互影响。有些值得注意的法院判决阐释了在这类复杂案件中的典型的司法推理程序。

---

① Crooker v. BATF，631 F. 2d 653（9th Cir. 1980），以及 Jordan v. Department of Justice，591 F. 2d 753（D. C. Cir. 1978）可以很好地说明这个问题。

② 参见§5.13。

③ 参见 Kaganove v. EPA，856 F. 2d 884（7th Cir. 1988）；National Treasury Employees Union v. Customs Service，802 F. 2d 525（D. C. Cir. 1986）。

④ FAA v. Robertson，422 U. S. 255（1975）.

⑤ The Federal Aviation Act，49 U. S. C. §1504.

□《关键基础设施法》(Critical Infrastructure Act)

正如§5.2所讨论的，国会对“9·11事件”作出的回应是允许拒绝公开自愿向国土
357 安全部提供的有关关键基础设施的信息。[①]

□《专利法》

《专利法》(the Patent Act)规定：“专利局必须对专利申请保密，除非为了执行国会立法的需要或者在由专利局局长决定的特殊情况下，才可公开专利申请。”[②] 1976年Irons v. Gottschalk[③]案中，哥伦比亚特区巡回法院认为§122并不符合条件A，因为它授予了公开文件的广泛裁量权，但是§122在条件B的范围内，因为它指的是拒绝公开的特别类型的事物。

□《出口管理法》

《出口管理法》(the Export Administration Act)禁止在具体情况下公开，“除非行政长官认为拒绝公开有违国家利益”。该法既没有消除裁量权，也没有制定特定的标准，因此并不能认定为§552(b)(3)的规定。[④]

□《消费品安全法》

《消费品安全法》(the Consumer Product Safety Act)对有关消费品的信息公开有特别的程序要求。但是委员会决定根据《信息自由法》，在收到信息公开申请时，不需要使用《消费品安全法》所要求的特别程序。最高法院在审核立法史之后，拒绝了《消费品安全法》在委员会主动公开信息和依申请公开信息之间划分界限的观点。最高法院维持了对不适用特别程序的信息公开的禁令。[⑤]

□《国家安全法》

在CIA v. Sims[⑥]案中，中央情报局(CIA)资助了一项有关洗脑的研究计划，将子项目承包给大学、研究组织和其他单位。中央情报局拒绝公开这些组织的名称，因此引发了一场诉讼。在这场诉讼中，中央情报局引用了《信息自由法》豁免条款三作为抗辩理由。《国家安全法》(the National Security Act)[⑦]要求保护“情报来源和方法”，最高法院认为这符合豁免条款三所指的拒绝公开的法律。最高法院进一步认定，该法只保护“包含情报

---

① 这一豁免条款被编为6 U.S.C. §131。

② 35 U.S.C. §122.

③ 548 F.2d 992 (D.C.Cir.1976).

④ American Jewish Congress v. Kreps, 574 F.2d 624 (D.C.Cir.1978).

⑤ Consumer Product Safety Commission v. GTE Sylvania, Inc., 447 U.S.102 (1980).

⑥ 471 U.S.159 (1985).

⑦ §102(d)(3).

来源和方法，或者公开会揭露本应受保护信息”的文件。[1] 既然中央情报局是从研究者手上获得信息，研究者的身份就可以成为免予公开的“来源”。

在 Bassiouni v. CIA[2] 案中，第七巡回法院认为，中央情报局（CIA）从来不需要提供列举可以回复申请要求的文件的 Vaughn 索引（Vaughn Index），即使这些文件都是未定密的，因为这种目录可能会帮助外国情报机构了解中央情报局调查的渠道和方法。 358

□《国内税收法典》

虽然《国内税收法典》（the Internal Revenue Code）规定对纳税申报单和“纳税申报信息”实行保密，但是 Haskell 修正案[3]认为“纳税申报信息”并不包含不能联系或者识别特定纳税人“表格内的”数据。最高法院认为，依据 Haskell 修正案，纯粹的对可识别信息的编辑将不会避免材料成为“纳税申报信息”[4]。最高法院认为，在纳税申报信息中删除身份信息并不会使其失去 § 6103（b）规定的保护。

在 Tax Analysts v. IRS[5] 案中，哥伦比亚特区巡回法院撰写了一份推理严密的判决意见来支持它的判决，即现场服务咨询备忘录（Field Service Advice Memoranda）不能免除 26 U. S. C. § 6103 所要求的公开。现场服务咨询备忘录由国内税务局的首席法律顾问发布，为派出机构工作人员提供指导。法院开始认为它需要根据 Chevron 原则尊重国内税务局对 26 U. S. C. § 6103 的解释。[6] 行政机关对《信息自由法》的解释不受尊重，因为《信息自由法》不是只由一家行政机关来执行。可是，法院之所以对国内税务局的解释予以尊重，是因为该法律条款只由国内税务局执行。哥伦比亚特区巡回法院甚至在按照 Chevron 原则的要求对该规定以尊重的姿态进行审查之后，认定不会支持国内税务局对 26 U. S. C. § 6103 作出的免除现场服务咨询备忘录公开义务的解释。哥伦比亚特区巡回法院认为，26 U. S. C. § 6103 只能将包含在现场服务咨询备忘录内的特定纳税人的信息免除公开。它不能免除“法律解释……或者根据这些解释得出的法律结论……”（的公开义务）。

□《联邦贸易委员会法》

《联邦贸易委员会法》 § 21（f）规定，对联邦贸易委员会在调查过程中得到的材料免予公开，无论材料是相对人按照强制性程序的要求提供的，还是相对人在强制性程序中自愿提供的。在 A. Michael's Piano, Inc v. FTC[7] 案中，第二巡回法院将该法解释为，将相对人在行政调查过程中受行政机关签发传票权力的影响，根据行政机关的要求而自愿提供的材料免予公开。考虑到联邦贸易委员会签发传票的权力非常广泛[8]，这个判决的实际影响是只要（材料的）提供者首先从行政机构得到提供材料的要求，那么就可以将调查中自愿提供给联邦贸易委员会的所有材料免予公开。在缺乏类似《联邦贸易委员会法》 § 21（f）的条款时，在调查中自愿提供给行政机关的材料不受《联邦贸易委员会法》的调整，

---

① Id at 168.

② 392 F. 3d 244 (7th Cir. 2004).

③ The Haskell amendment, 26 U. S. C. § 6103 (b) (2).

④ Church of Scientology v. IRS, 484 U. S. 9 (1987).

⑤ 117 F. 3d 607 (D. C. Cir. 1997)，参见 § 5. 11 的讨论。

⑥ 参见 § § 3. 4-3. 6。

⑦ 18 F. 3d 138 (2d Cir. 1994).

⑧ 参见第 4 章。

可能需要根据《信息自由法》的规定公开。[①]

□《核能设施安全委员会法》

《核能设施安全委员会法》（Nuclear Facilities Safety Board Act）要求能源部长或者总
359 统在收到特定信息“之后”公开。[②] 在 NRDC v. Defense Nuclear Facilities Board[③] 案中，两位法官出具的多数意见认为，该法授权行政机关拒绝公开信息，直到指定的事件发生。该案中持不同意见的法官认为，该法并不符合《信息自由法》豁免条款三规定的条件，因为它并未明确授权行政机关拒绝公开任何信息。这一争议涉及《阳光下的政府法》豁免条款三的范围，但是三位法官都同意《信息自由法》豁免条款三具有同样的适用范围。

□《联邦刑事诉讼规则》

在 Lopez v. Department of Justice[④] 案中，哥伦比亚特区巡回法院认为，《联邦刑事诉讼规则》（the Federal Rules of Criminal Procedure Rule）6（e）将所有大陪审团传票的签发日期、大陪审团传唤犯人出庭协助调查的要求，大陪审团证人发布作证后述职（post-testimony debriefing）的日期纳入豁免披露的范围，但它并未将所有监督大陪审团调查的检察官所进行的初步访谈整体性地纳入豁免披露的范围。

□ 拨款法附加条款（appropriations rider）的效力

在 City of Chicago v. Department of Treasury[⑤] 案中，第七巡回法院认为，在拨款相关法律规定排除行政机关将拨款资金用于提供特定类型信息的条款，并不能豁免披露这些信息的义务。行政机关仍然负有法定义务披露这些信息，只要申请人支付所有披露的费用。

§ 5.10　豁免条款四：商业秘密

□ 商业秘密或者保密的商业信息

《信息自由法》豁免条款四的范围包括“商业秘密以及私人向政府提供的并享受特权保护或者保密的商业或金融信息”。大多数法院将该项豁免条款解释为包含相互不同，但又有重叠的两类信息：（1）商业秘密；（2）从私人处获得的并享受特权保护或者保密的商业或者金融信息。如果信息不属于第一类信息，则必须满足第二类信息的全部三项标准。[⑥]

---

① 例可参见 In re Steinhardt Partners，9 F. 3d 230（2d Cir. 1993），参见 § 5.10 的讨论。

② 42 U. S. C. § § 2286d（a）and（g）（3）.

③ 969 F. 2d 1248（D. C. Cir. 1992）.

④ 393 F. 3d 1345（D. C. Cir. 2005）.

⑤ 384 F. 3d 429（7th Cir. 2004）.

⑥ Sharyland Water Supply Corp. v. Block，755 F. 2d 397（5th Cir.）*cert. denied*，471 U. S. 1137（1985）；Getman v. NLRB，450 F. 2d 670（D. C. Cir. 1971）.

如果信息不是商业秘密，也不是商业或者金融信息，则不属于豁免条款四所指的信息。[①] 360

□ 政府制作的信息不属于豁免范围

只有“从私人处取得的信息”才属于豁免条款四的范畴。这里的“私人”（person）包括各类实体，例如公司和外国政府，但是政府制作的信息不是“私人提供的”[②]。

□ 保密的标准

要纳入豁免条款四的范畴，信息还必须具有证据特权（evidentiary privilege）或者保密（confidential）性质。要满足保密的要求，信息必须满足两项条件：（1）提交信息的人不会，也还没有向公众公开过这类信息；（2）信息的公开会（a）引起竞争性的损害（competitive harm）或者（b）造成对政府计划的阻碍。[③] 政府计划有时会由于信息公开而受到损害，因为公开有可能损害政府以后准确、及时地获得完整信息的能力。[④] 在涉及是否属于豁免条款的判断时，只有行政机关对保密性的承诺并不足以认定该信息属于豁免条款的定性。[⑤]

□ 自愿提供信息的保密性推定

在 Critical Mass Energy Project v. NRC[⑥] 案中，哥伦比亚巡回法院的全席判决修改了它之前在 National Parks 案所作的判决。七位法官提供的多数意见认为向政府提供的信息是免除公开的文件，如果：（1）向政府自愿提供的信息；（2）该信息提供者属于并不经常向公众提供信息的一类信息提供者。多数意见认为，要求行政机关公开此类信息会损害政府的利益，因为人们将不会再自愿向政府提交此类信息。四位持不同意见的法官则认为：（1）多数意见对惯例的依赖，会鼓励受规制企业养成只将很少量信息公之于众的习惯；（2）自愿提供的信息和按照要求提供的信息之间的主要区别很虚幻，因为行政机关经常有权将自愿项目变成强制项目；（3）同样的区分会鼓励行政机关为了避免根据《信息自由法》的要求公开而依赖自愿的报告制度；（4）这些效力，综合在一起将极大拓展豁免条款 361
四的适用范围。

但是，正如下面两个例子所证明的，哥伦比亚特区巡回法院确立的标准可以让行政机

---

① American Airlines, Inc. v. National Mediation Board, 588 F. 2d 1184 (8th Cir. 1978); Brockway v. Department of Air Force, 518 F. 2d 1184 (8th Cir. 1975); Washington Research Project, Inc. v. Department of HEW, 504 F. 2d 238 (D. C. Cir. 1974), *cert. denied*, 421 U. S. 963 (1975); Getman v. NLRB, 450 F. 2d 670 (D. C. Cir. 1971).

② Stone v. Export-Import Bank, 552 F. 2d 132 (5th Cir. 1977), *cert. denied*, 434 U. S. 1012 (1978); Grumman Aircraft Engineering Corp. v. Renegotiation Board, 425 F. 2d 578 (D. C. Cir. 1970).

③ Continental Stock Transfer and Trust Co. v. SEC, 566 F. 2d 373 (2d Cir. 1977); Union Oil Co. v. FPC, 542 F. 2d 1036 (9th Cir. 1976); National Parks and Conservation Ass'n v. Morton, 478 F. 2d 765 (D. C. Cir. 1974).

④ Critical Mass Energy Project v. NRC, 830 F. 2d 278 (D. C. Cir. 1987); 9 to 5 Organization for Women Office Workers v. Board of Governors of the Federal Reserve System, 721 F. 2d 1 (1st Cir. 1983).

⑤ Petkas v. Staats. 501 F. 2d 887 (D. C. Cir. 1974); Ackerley v. Ley, 420 F. 2d 1336 (D. C. Cir. 1969).

⑥ 975 F. 2d 871 (D. C. Cir. 1992).

关享有一定的裁量权以决定是否公开自愿提供的信息。在 Public Citizen Research Group v. FDA[1] 案中，两位法官提供的多数意见认为，食品药品管理局（FDA）可以根据豁免条款四拒绝公开被规制者提供的商业秘密信息，甚至在申请信息公开的公民认为信息公开能降低公众的健康风险时。多数意见认为，正如最高法院所解释的，《信息自由法》中的公共利益标准仅指公众知晓政府所作所为的利益，而不是更加广泛的公共利益的定义。持不同意见的法官则认为多数意见过于武断地得出这样的结论，即永远不可能以对公众健康的担忧为依据作出责令行政机关公开贸易秘密的司法判决。

不过，在 Bartholdi Cable Co. v. FCC[2] 案中，哥伦比亚特区巡回法院判定联邦通信委员会（FCC）在公开可能被认为是商业秘密的信息时并未武断行事。在存在竞争的许可程序中，反对发放许可证的当事人声称，申请人在两种情况下违反了规制性的禁止性规定。申请人承认存在这些违法行为，并且说明相信还可能存在无心的其他违法行为。申请人进行内部调查后形成了详细的报告，结论认为还存在其他违法行为。报告包含关于顾客、雇员失误和管理缺陷的大量资料和分析。申请人将该报告呈送联邦通信委员会，并且要求它将此作为商业秘密和人事的保密信息[3]免予公开。联邦通信委员会根据一项规则拒绝了该请求，该规则认为如果公开的利益超过保密的利益，可以授权行政机关公开商业秘密。联邦通信委员会认为信息公开在这种情况下是正当的，部分原因在于大多数报告中的信息已经发布，另一部分原因则在于信息直接证实申请人对于从事他所申请许可的服务行业的适格性。法院发现这一推理是有说服力的。

在 Critical Mass Energy Project v. Nuclear Regulatory Commission[4] 案中，哥伦比亚特区巡回法院全席审理，区别了在自愿的基础上或者强制的基础上向行政机关提供的秘密
362 性财务或者商业信息。如果信息是自愿提供的，如果反对披露的当事人证明该信息是保密的，也就是说，不是自动披露的，并且在公共领域并不存在完全一致的信息，那么就可以豁免披露。如果信息是根据强制要求而提供的，披露可能会导致下列情形，则可以豁免披露："（1）损害政府未来获取信息的能力；（2）对信息提供者的竞争地位构成实质性损害。"当行政机关和提供信息的个人都相信该信息提供是强制性的，而不是因为行政机关缺乏强制要求提供信息的权力时，这时应该适用哪项标准呢？在 Center for Auto Safety v. NHTSA[5] 案中，法院认为，该信息需要遵守的是可以适用于自愿提供的信息的标准，如果该信息是根据一项法律上存在缺陷但是推定（putatively）具有强制性的提供信息的要求而提供的。

第二巡回法院与哥伦比亚特区巡回法院持有不同的看法。它认为自愿对证券交易委员会（SEC）公开本来可以属于工作成果特权（work-product privilege）范畴的信息，至少如果信息是在调查过程中对行政机关公开的，行政机关也未同意对通信保密时，就放弃了在之后的与私方当事人的诉讼中的特权。法院指出，它并不是试图创造一项本身违法规则（per se rule），不同巡回法院之间甚至在所解决的特定问题方面存在分歧。法院强调指出，私方当事人在进行通信时与行政机关存在对抗性关系，而且私方当事人也希望能从自愿向行政机关提供信息中获得回报。

---

① 185 F. 3d 898 (D. C. Cir. 1999).

② 114 F. 3d 274 (D. C. Cir. 1997).

③ 参见 § 5.12。

④ 975 F. 2d 871 (D. C. Cir. *en banc* 1992).

⑤ 244 F. 3d 144 (D. C. Cir. 2001).

在 Inner City Press v. Board of Governors of Federal Reserve System[①] 案中，第二巡回法院排除了两个重要的问题。原告申请获得两家银行在兼并申请书上所显示的次贷机构（subprime lenders）名单。法院认为，所申请的目录属于豁免条款四的范畴，因为披露这些信息将会损害政府未来获得这些信息的能力。政府驳回了原告的主张，即存在行政机关未行使要求提供这些信息的事实，应当可以推定这些信息的披露不会损害政府获得信息的能力。法院认为，这种推定将会不适当地妨碍行政机关裁量选择是否行使其要求提供这些信息的权力还是相反，主要依赖企业自愿提供。法院也担心减少对提交行政机关的秘密信息的保护，将会鼓励被规制者只提供最低限度的信息。因此，法院认为，行政机关必须同 363
时掌握和行使强迫提供信息的权力，以使信息提供具有强制性，从而使得所提供的信息可能向公众公开。法院也认为，申请本来可能属于豁免条款四范围之信息的个人有义务证明所申请的具体信息是可以在其他渠道获得的，以便说明该信息并不属于豁免条款四的范围，因为它是可以公开取得的。

□ 商业秘密的含义

侵权法意义上的"商业秘密"的含义已经成为成百上千份司法判决的主题。《侵权法重述》（the Restatement of Tort Law）采纳了更为广义的"商业秘密"的定义："个人在商业活动中使用的，并且使其较之于不知道或者未使用这些信息的竞争对手产生优势的任何方案、模式、策略或者信息的汇编。"联邦法院在豁免条款四的争议处理中参考了这个定义。[②] 可是，在 Public Citizen Health Research Group v. FDA[③] 案中，哥伦比亚特区巡回法院特别拒绝了《侵权法重述》的广泛定义，而更倾向于采纳为了实现《信息自由法》的目的采取的更加严格的定义。[④]

§ 5.11 豁免条款五：行政机关间和行政机关内部的备忘录

□ 参考证据开示规则

豁免条款五适用于"依法不能在私方当事人与行政机关的诉讼中提供给私方当事人的，行政机关之间或者行政机关内部的备忘录或者信函"。该项豁免条款的用语让法院参考详细的证据开示规则。国会在为了《信息自由法》的目的选择了这样的参考规定时，并未进行过清晰的思考。许多类型的信息可否开示，部分取决于由其他当事人所显示的需要程度。然而，《信息自由法》要求向"任何人"提供信息，而且豁免条款五并未授权法院对申请人根据其相对的需要程度进行区分。 364

---

① 463 F. 3d 239 (2d Cir. 2006).

② 例可参见 Washington Research Project, Inc. v. HEW, 504 F. 2d 238, 245 n. 8 (D. C. Cir. 1974), *cert. denied*, 421 U. S. 693 (1975)。

③ 704 F. 2d 1280 (D. C. Cir. 1983).

④ 另可参见 McGarity & Shapiro, "The Trade Secret Status of Health and Safety Information: Reforming Agency Disclosure Policies", 93 *Harv. L. Rev.* 837 (1980)。相反观点，参见 Kewanee Oil Co. v. Bicron Corp., 416 U. S. 470 (1974)（在判决认为专利法并不能优于商业秘密法时，带着明显同意的立场引用了《侵权法重述》的定义）。

目的是要避免公开审议过程

联邦法院已经试图按照法律的要求通过参考证据开示规则，解决豁免条款五调整的争议。但是，既然证据开示规则本质上不能解决所有的争议，法院把重点放在了豁免条款五的目的上。国会希望对行政机关在决定作出之间的审议免予公开，是为了鼓励“对法律和政策问题进行坦诚的讨论”[①]。但是，国会并未打算对事实性材料免予公开，或者允许行政机关建立一套秘密法体系。因此，豁免条款五包括了作为行政机关审议过程之一部分或者可能会泄露其内容的作出决定之前的通信，但是排除了事实性材料，描述行政机关所采纳的有效法律和政策的内容，以及作出决定之后对决定内容进行的解释。

事实性材料不能免予公开

最高法院在第一次适用豁免条款五时参考了证据开示规则。在 EPA v. Mink[②] 案中，最高法院判定，“保密性的行政机关内部的咨询意见”和“审议备忘录”是免予公开的，而可以从这些沟通记录（communications）中分离出来的“事实性材料”则不能免予公开。[③] 它借助之前为了证据开示目的而确立区分标准的法律，承认了国会将证据开示规则纳入豁免条款五之中的意图。但是，最高法院也承认，在《信息自由法》的情境中适用证据规则是有难度的，它提出警示，即证据开示规则应当只有“通过大致的类比”才能运用。[④]

来自顾问的通信可以免予公开

行政机关为了辅助其决策审议而获取的来自外部顾问的通信，属于根据豁免条款五免予公开的行政机关间或者行政机关内部的备忘录。[⑤] 但是，来自试图促进自身利益而不是行政机关利益的外部当事人的通信，则不属于免予公开的行政机关间或者行政机关内部的备忘录。[⑥]

最后的观点不能免于公开

在 NLRB v. Sears，Roebuck & Co. [⑦] 案中，最高法院区分了“最终意见”中的推理和建议采取进一步的行政行为的备忘录中的推理。当国家劳动关系委员会（NLRB）总法律顾问办公室出具了一份备忘录解释为何不对一宗不当劳动行为提起公诉时，这是不能免予公开的“最终意见”。最终意见体现了行政机关的“有效的法律和政策”，而这是任何公众都有权知道的。相比之下，解释提起公诉决定的备忘录则属于豁免条款五的范畴。在这一
365 典型案例中，这类备忘录并未提及“有效的法律和政策”，因为国家劳动关系委员会本身将会在对案件作出决定时确定“有效的法律和政策”。不仅如此，解释公诉决定的备忘录，

---

① S. Rep. No. 813，89th Cong.，1st Sess. 9 (1965).

② 410 U. S. 73 (1973).

③ Id. at 86-91.

④ Id. at 86.

⑤ Lead Industries Ass.，Inc. v. OSHA，610 F. 2d 70 (2d Cir. 1979)；Wu v. National Endowment of Humanities，460 F. 2d 1030 (5th Cir.)，*cert. denied*，410 U. S. 926 (1972)；Soucie v. David，448 F. 2d 1067，1078 n. 44 (D. C. Cir. 1971).

⑥ Department of Interior v. Klamath Water Users Protective Ass'n 69 USLM 4166 (2001).

⑦ 421 U. S. 132 (1975).

刚好也属于律师工作成果免予证据开示的范围。

□ 决定前的备忘录可以免予公开

在 Renegotiation Board v. Grumman Aircraft Engineering Corp.①案中，最高法院进一步发展了它在 Sears 案中确立的区分标准。地区重新谈判委员会（Regional Board of Renegotiation）制作的建议决定的备忘录可以免予公开，因为地区委员会“完全缺乏决策职权……使得它们无法成为‘最终意见’”。《信息自由法》对“在作出决定前为了辅助行政机关决策者作出决定后准备的备忘录，与详细列明已经作出的行政决定的理由的决定后的备忘录之间进行了区分，前者可以免于公开，而后者则不能免予公开”②。

□ 作为这些区别之例证的判例

两份巡回法院的判决意见有助于证明不能免予公开的最终决定和能够免予公开的决定前的备忘录之间的区别。在 Tax Analysts v. IRS③案中，哥伦比亚特区巡回法院认为，现场服务咨询备忘录（the Field Service Advice Memoranda）不能基于审议过程特权而免予公开。现场服务咨询备忘录是由国内税务局首席法律顾问发布的，作为现场服务员工（field personnel）的指南的来源。它们不具有约束力，但是它们“是高度相关，也基本得到遵守的。”法院的推理是：

> 现场服务咨询备忘录……代表了国内税务局首席法律顾问的观点，公众只能通过了解国内税务局首席法律顾问对法律的理解而得到启发。

哥伦比亚特区巡回法院也认为，如果现场服务咨询备忘录是为了预期可能发生的诉讼而准备，则该备忘录不属于律师—客户特权的范围，但是属于工作成果特权的范围。

在 A. Michael's Piano, Inc. v. FTC④案中，第二巡回法院认为行政机关在调查的过程中所准备的若干文件免予公开。法院认为，这些文件属于律师工作成果特权和审议过程特权的范围，部分原因在于调查程序尚未终结。

□ 豁免条款吸收了一些证据开示特权

在 Federal Market Committee v. Merrill⑤案中，最高法院允许推迟公开联邦公开市场委员会对联邦储备委员会的账户经理所发出的指示。即使是这些指示是“当下”属于《信息自由法》的规定需要公开的，最高法院认为，豁免条款五允许推迟公开，因为立即公开将会“明显损害政府的货币功能或者商业利益……”最高法院将其类比为《联邦民事诉讼 366
证据规则》⑥对于保密的商业信息的保护。但是，在作出该判决意见时，最高法院指出，豁免条款五并不能必然吸收所有民事证据开示特权。这份判决意见提到了律师—客户特权、工作成果特权，以及保密商业信息特权，将其作为明确纳入豁免条款五的特权。

---

① 421 U.S. 168 (1975).

② Id. at 184.

③ 117 F.3d 607 (D.C. Cir. 1997)，参见§5.9的讨论。

④ 18 F.3d 138 (2d Cir. 1994).

⑤ 443 U.S. 340 (1979).

⑥ Fed. Rule Civ. Proc. 26 (c) (7).

□ 证据开示中“按照习惯公开的信息”不属于豁免条款

在 FTC v. Grolier[①] 案中，最高法院再次试图艰难地对豁免条款五与证据开示之间进行类比。在证据开示的情境里，工作成果特权可以通过证明存在迫切的需要而排除适用。这一特权的这种性质并不能很好地适合《信息自由法》的要求，即非免除公开的信息需要向“任何人”公开。最高法院通过主张豁免条款五吸收了极端版本的工作成果特权而解决了这一问题。最高法院也借助立法史，即豁免条款五只将在证据开示程序中需要“按照习惯公开的”备忘录排除在外。[②]

□ 整合各种特权

在 United States v. Weber Aircraft Corp.[③] 案中，最高法院认为豁免条款五整合了长期以来所确立的在证据开示中免除向空难安全调查官作证义务的特权。这一特权的成立基础是政府为了采取纠正措施需要从这些证人那里获得坦诚的陈述。最高法院指出，豁免条款五更可能被认为吸收了“公认的”特权，而不是吸收了“全新的”或者“被认为不太受到普遍接受的”特权。[④]

□ 最高法院扩大了行政特权的范围

在 Cheney v. United States District Court for the District of Columbia[⑤] 案中，最高法院创设了新的某种程度上比行政特权范围更广的事实上的（de facto）特权。地区法院发布了证据开示命令，要求副总统提供有关数家公共利益组织认为属于咨询委员会的一个工作小组相关的信息。副总统认为，这种证据开示过程会破坏权力分立，但是地区法院认定总统可以声称行政特权回避任何证据开示命令所带来的宪法问题。副总统基于对破坏权力分立原则的担心，向地区法院申请了执行职务令，但是巡回法院认定行政分支可以以主张行政特权的形式寻求另外的救济。七位大法官出具的多数意见推翻了这一判决，并将其发回重新处理，指令巡回法院受理签发执行职务令的申请并在审议是否发布该令状时考虑权
367 力分立的问题。最高法院指令巡回法院考虑“公共利益需要相互平等的政府分支‘为总统保密的权力提供与司法的公正执行相一致的最大限度的保障’……并且承认保护行政分支免受恶意诉讼的干扰以便努力履行其宪法职责的高度必要性”。

□ 政府律师的特权范围

由于独立检察官对于行政分支内部发生的违法行为所开展的调查而引发的两起案件的判决有助于明确律师—客户特权，总统通信特权，以及审议过程特权的范围。事实上，在

---

① 462 U. S. 19 (1983).

② Id. at 25-28.

③ 465. U. S. 792 (1984).

④ Id. at 801.

⑤ 124 S. Ct. 2576 (2004)，参见§2.4 和§5.19 的讨论。

Lindsay[1] 案中，一个存在内部分歧的合议庭解决了若干有关豁免条款五、律师—客户特权，以及在联邦大陪审团面前作证等相互关系的问题。哥伦比亚特区巡回法院首先宣告了法官们所同意的三项原则——豁免条款五承认和吸收了律师—客户特权；该特权通常适用于政府律师；该特权只能适用于为了获得法律咨询或者法律服务而进行的通信，而不是为了其他目的而进行的通信。

多数意见接着认为，当政府律师，而不是私人律师，被要求向联邦大陪审团提供所指控的有关行政分支内部犯罪行为作证时，该特权并不适用。多数意见的理由是，所有政府雇员都负有向联邦大陪审团提供此类证据的首要义务。多数意见还认为：（1）为了准备弹劾程序而进行的沟通，其目的是获取政治建议而不是法律建议；（2）“共同利益”（common interest）原则并不能对同时与政府律师和私人律师进行的沟通提供保护；但是（3）在总统让政府律师充当与私人律师联系的中介时，该特权确实能够保护与政府律师之间的沟通。审理案件的合议庭的一位成员在特权与在联邦大陪审团前作证之间关系相关问题上持不同意见。持不同意见的法官，其理由是多数意见对于这一问题所达成的决议，将会对行政分支的官员和政府律师之间的沟通产生寒蝉效应（chilling effect），而这会对行政分支的运作绩效产生负面影响。

事实上，在 In re Sealed[2] 案中，哥伦比亚特区巡回法院在对 84 份文件适用审议过程特权与总统沟通特权时，对这两种特权进行了区分。该案的判决意见对于讨论总统沟通特权的范围来说尤为重要，但是它也包括了与之构成对比的审议过程特权的有用的描述。 368

在 Judicial Watch v. Department of Justice[3] 案中，哥伦比亚特区巡回法院合议庭两位法官出具的多数意见认为，与大赦程序相关的建议和其他文件，是受总统沟通特权的保护，如果，并且只有在这些建议和文件是在由总统办公机构接收，但是从未发送总统办公机构的大赦申请相关文件，则只能适用范围更窄和程度更弱的审议程序特权。多数意见的理由是总统办公机构从未收到过的沟通文件不太可能会暴露总统的审议过程。持不同意见的法官则认为总统沟通特权应当适用于为了大赦决策程序之目的而准备的所有文件，因为大赦权是不可转授的，并且保护所有这类文件免受披露将会有助于促进确保总统获得坦诚和知情的建议（informed advice）的目标。

□ 其他法律的相关性

在 Julian v. Department of Justice[4] 案中，最高法院承认了 Grolier 原则的一项例外，即豁免条款五只排除会在证据开示程序中“通常公开的（routinely disclosed）”备忘录。最高法院认为，审前报告必须向法院的对象公开，即使这些报告时只在特定情况下可以向第三方提供。该判决意见是基于后来立法的《假释法》（the Parole Act）的基础之上，国会在该法中表明了它的意图，即审前报告的对象有权获取这些报告。[5]

□ 法院所适用的常规标准和程序

巡回法院已经提出了两项可以用于解决豁免条款五有关的众多争议的简单标准，以及

① 158 F. 3d 1263 (D. C. Cir. 1998).
② 116 F. 3d 550 (D. C. Cir. 1997)，更详细的讨论，参见§2.4。
③ 265 F. 3d 125 (D. C. Cir. 2004).
④ 486 U. S. 108 (1988).
⑤ 参见§5.1 的讨论。

适用这些标准的常规程序。事实性材料必须公开，但是咨询和建议必须免予公开。[1] 而且，“决定前的备忘录享有特权保护，而决定后的备忘录则不是”[2]。当行政机关主张备忘录作为决定前审议过程的一部分而免予公开时，法院应当要求对免予公开的这些文件或者文件的各个片段列出条目的索引，并且详细说明免予公开的理由。这些文件随后就需要接受密室审查，以确定哪些内容是免予公开的，哪些不能免予公开，并识别本应免予公开的文件中的事实性材料，对其加以分割和公开，而不会泄露行政机关的审议过程。[3]

□ 标准可能难以适用

但是，在一些重要的情境中，这些标准说来容易适用起来难。有时，公开事实性材
369 料，甚或是文件的索引而不同时向申请人提供就审议程序进行推论的基础，这是有难度的。在 Wolfe v. Department of Health and Human Services[4] 案中，哥伦比亚特区巡回法院全席审理后以 7：5 的票数作出的判决可以说明这一问题。食品药品管理局所实施的规则制定需要受到卫生和社会服务部（Department of Health and Human Services）、管理和预算局的审查，然后食品药品管理局才能公布拟议规则或者最终规则。这个审查程序是过去七位总统为了获得对行政机关的政策制定权有更大的控制权，增强行政机关间政策制定协调性而作出努力的一部分。Wolfe 作为一家公共利益促进组负责人，申请获得包含在行政机关之间传输的每份协议的标题，以及行政机关之间传输的日期的行政记录。Wolfe 的目的是查找食品药品管理局决策程序迟延的源头，以及在任何时间点上是哪一位决策者在考虑政策草案，以便影响这些决策者，并敦促他们加快处理。

七位法官提供的多数意见认为，这一信息属于豁免条款五的范围，因为它可以允许 Wolfe 在有关审议过程的时间安排和行政机关员工在决定作出之前在审议过程中所采取的立场。持不同意见的法官则认为应该判决责令公开信息。他们表达了两点观点：（1）所申请的信息太无足轻重，以至于无法得出有关审议过程实体内容的结论；（2）豁免条款五，仅仅保护实体过程，而不保护仅仅是行政机关正在审议的对象，或者是审议过程的时间安排。

在 Wood v. FBI[5] 案中，第二巡回法院认为，司法部的律师建议司法部不要对联邦调查局（FBI）探员提起公诉，这份备忘录（memo）可以作为决定之前的备忘录（pre decisional memo）而得以豁免。即使司法部按照该备忘录所建议的作出了相应的决定，我们也没有证据能够表明司法部已经采纳了该备忘录中的推理。

在 Horowitz v. Peace Corps[6] 案中，哥伦比亚特区巡回法院认为，一份概括了对一起指控性侵犯的案件进行的调查结果的备忘录，属于可以豁免披露的决定前的备忘录，直到被调查者在了解到该备忘录的存在及内容之后辞职时，该备忘录才丧失该法律地位。

在 National Council of La Raza v. DOJ[7] 案中，第二巡回法院认为，当司法部长引用法律顾问办公室（OLC）的备忘录作为宣布政策和法律解释修改的依据时，该备忘录即丧失

---

① Mead Data Central，Inc. v. Air Force，566 F. 2d 242，256 (D. C. Cir. 1977).

② Bristol Myers v. FTC，598 F. 2d 18，23 (D. C. Cir. 1978).

③ Vaughn v. Rosen，484 F. 2d 820 (D. C. Cir. 1973)，*cert. denied*，415 U. S. 977 (1974).

④ 839 F. 2d 768 (D. C. Cir. 1988).

⑤ 432 F. 3d 78 (2d Cir. 2005).

⑥ 428 F. 3d 271 (D. C. Cir. 2005).

⑦ 411 F. 3d 350 (2d Cir. 2005).

了作为决定前的备忘录的法律地位。法院指出，当司法部长同时采纳了其结论并引用其推理时，该备忘录便丧失了其法律地位。在本案中，司法部“多次使用该……［备忘录］以 370
向行政机关之外的人保证其政策是合法的，并鼓励各州及地方当局采取司法部所希望的行动”。

在 Judicial Watch v. Department of Energy① 案中，哥伦比亚特区巡回法院认为，该备忘录并未丧失决定前备忘录的法律地位，因为它涉及一家并不符合《信息自由法》立法目的的实体机构的决策。因此，涉及白宫决策的备忘录可以属于该豁免条款的范围。

在 Tax Analysts v. International Revenue Service 案②中，哥伦比亚特区巡回法院提供了一份论证充分的判决意见。Tax Analysts 向国内税务局（IRS）同时申请公开“法律备忘录”（Legal Memoranda）和“技术援助备忘录”（Technical Assistance memoranda）。法院认为，所有的法律备忘录都属于豁免公开的决定前的文件，因为它们“是由下级法律顾问起草并为上级决策者所用的”。法院也认定，有的技术援助备忘录是豁免公开的决定前文件，因为它们反映了决策者之间的争论。这些技术援助备忘录包含了诸如“我相信”、“我建议”和“该表格应当”等词组。但是，法院认为，其他技术援助备忘录不属于豁免公开的文件，因为它们是用诸如“财政部的意见是……”的文字对行政机关的立场进行表述的。

在 Casad v. Department of Health and Human Services③ 案中，第十巡回法院认为，对科学审评小组对国家老龄化研究所（the National Institute of Aging）拨款草案所作评估的摘要说明属于可以豁免公开的决定前文件。法院承认，科学审评小组的评估是资助程序的重要考虑因素，因此，审评小组评估拨款草案的摘要说明只有在不太可能发生的情况下，即国家老龄化研究所自行采纳该说明的时候，才能作为不能豁免公开的决定文件。

§5.12 豁免条款六：个人隐私

□ 需要对公共利益和隐私利益进行权衡

豁免条款六调整“人事、医疗文件和其公开将构成对于个人隐私的明显无正当理由的侵犯（unwarranted invasion）的类似文件”。这项豁免条款与其他除豁免条款七（C）项之外的各项豁免条款的区别之处在于，它要求司法机关对于公开中的公共利益和个人的隐私利益之间进行权衡。对于“个人隐私”的侵犯可能成为也可能未成为“明显无正当理由的”侵犯，取决于侵犯的程度和公开可以促进的公共价值。 371

□ 经修订过的文件（redacted files）必须公开

最高法院在其首次针对该豁免条款所作的判决意见中承认和适用了豁免条款六所要求的权衡标准。④ 最高法院认为，为了学术研究的目的而申请获得的空军学院荣誉守则纪律

① 412 F. 3d 125 (D. C. Cir. 2005)，参见§5.6 的讨论。

② 294 F. 3d 71 (D. C. Cir. 2002).

③ 301 F. 3d 1247 (10th Cir. 2002).

④ Air Force v. Rose, 425 U. S. 352, 373 (1976).

处分听证的案件摘要，是不属于免予公开的。最高法院认为，“构成对个人隐私的无正当理由的侵犯”标准适用于所有文件，包括“人事和医疗文件”，拒绝了政府认为所有人事和医疗文件本身免予公开的观点。最高法院已经一再重申了它的意见，即豁免条款六要求权衡标准。①

□ 对公共利益的狭义解释

在 Department of Justice v. Reporters Committee for Freedom of Press② 案中，最高法院认为，与信息公开申请唯一相关的公共利益是“显著地促进公众对于政府的运行和活动的理解”。Reporters Committee 案涉及豁免条款七，但是它同样适用于豁免条款六，正如法院在若干年后所表明的。

在 Department of Defense v. FLRA③ 案中，最高法院消除了巡回法院之间的分歧，认为行政机关既不需要，也不得向集体协商代理人公开雇员的家庭地址。最高法院采用了四步骤推理过程。首先，它指出，《隐私法》禁止公开任何侵犯个人隐私利益的信息。④ 工会申请获得那些没有选择向工会提供家庭地址的雇员的家庭地址，最高法院认定，如果公开这些信息将会侵犯雇员的隐私利益。其次，最高法院指出，《信息自由法》只在公共利益提供正当理由的情况下才允许侵犯个人隐私。再次，最高法院重申了它在 Reporters Committee 案中的意见，即《信息自由法》唯一承认的公共利益是“显著地促进公众对于政府的运行和活动的理解”。最高法院拒绝认为国会具有下列意图，即为了《信息自由法》的目的而扩大公共利益的概念，使其包括促进联邦部门的集体协商中的公共利益，这是国会在制定联邦服务劳工管理立法⑤时为了其他目的而承认的。最后，最高法院将《信息自由法》中“向任何人公开”的要求及其在 Reporters Committee 案中的判决意见解释为排除
372 法院在确定侵犯隐私是否正当时考虑申请信息的目的。这与许多巡回法院之前所采取的考虑申请人的特定化利益的方法是不一致的。⑥ 巡回法院已经根据 Reporters Commission 案和 FLRA 案而放弃了这一方法。⑦ 更概括地说，各法院已经认识到，相比许多先前的巡回法院判决，最高法院在 Reporters Commission 案和 FLRA 案中的判决意见通过赋予隐私以更高的价值而对公开中的公共利益以较低的价值，引发了人们对许多巡回法院先例判决之持续有效性的怀疑。⑧

□ 侵犯隐私的程度规则

只有在一次短暂的例外情形中，巡回法院采用了确实按照强调国会和最高法院对于信息中的公共利益与因信息公开而导致的个人隐私的侵犯之间的权衡的方式，适用豁免条款六。许多案件根据信息是“个人的”、“亲密的”、“令人难堪的”，或者是“污名化的”程

---

① 例如，Department of State v. Ray，502 U. S. 64 (1991)。

② 489 U. S. 749 (1989).

③ 510 U. S. 487 (1994).

④ 参见 § 5. 17。

⑤ The Federal Service Labor-Management Relations Statute，5 U. S. C. § 7101 (a).

⑥ 例可参见 Getman v. NLRB，450 F. 2d 670 (D. C. Cir. 1971)（部分以科研项目的预期价值作为批准向学者公开个人信息的理由）。

⑦ 例可参见 Oregon Natural Desert Ass'n v. Bibles，83 F. 3d 1168 (9th Cir. 1996)。

⑧ 参见 Sheet Metal Workers International Ass'n v. Department of Veteran Affairs，135 F. 3d 891 (3d Cir. 1998)。

度而划分界限。[①] 由于豁免条款六只为“个人隐私”提供有限制的免予公开，它并不扩张适用于有关公司或者行业协会的信息。[②]

□ 公共利益可以通过私人动机推进

出于纯粹的个人利益推动而提出的申请，常常可以促进理解政府活动中的公共利益。Columbia Packing Co. v. Department of Agriculture[③] 案可以说明这种情形。该案中，企业被判定贿赂联邦肉类检查官，而这是根据其违法行为而启动的行政程序的主题。该企业申 373
请公开被判犯有重罪的两位曾任检查官的人事记录。法院强制公开了雇员有关考核和晋升的记录，但是不涉及医疗记录和收入。该企业申请信息公开的明显自利动机并不符合其资格；这将不符合与《信息自由法》的“任何人”的要求。该企业提出的申请促进了在保证适度侵犯个人利益提供正当理由所必需的程度上的公共利益，因为公众有需要去发现雇员是否引诱企业实施不当行为，以及行政机关对其雇员的不当行为是否有任何程度的诙罚性。

□ 标准是信息的个人性质

有一段时间，哥伦比亚特区巡回法院对一项重要的情形放弃了利益权衡标准。哥伦比亚特区巡回法院认为，当所申请的信息是来自“人事”文件和“医疗”文件之外的众多文件时，不一定要进行利益权衡。哥伦比亚特区巡回法院对豁免条款六中的“类似文件”解释为仅指包含与人事文件和医疗文件一样在“性质上高度个人化或者亲密的”信息的文件。根据这一理由，哥伦比亚特区巡回法院认为，公开伊朗境内特定个人是否持有美国护照，这不属于豁免条款六的范围。[④] 哥伦比亚特区巡回法院的推理过程中不再强调所申请信息来自的文件之性质，而再次强调了所申请信息的“个人的”性质。它指出，“个人的”是针对可能导致对个人造成损害的信息。

□ 适用权衡标准的案件

在 Multi AG Media v. Department of Agriculture[⑤] 案中，哥伦比亚特区巡回法院合议庭的两位法官判定，披露农业部维护的 13 个大型数据库信息，涉及的公共利益要超过对个人隐私利益可能导致的损害。该数据库和相关的地区提供了获得农业部补贴的数千家农

---

① 例如，Campaign for Family Farms v. Glickman，200 F. 3d 1180 (8th Cir. 2000)（在要求终结强制性农业营销计划的请愿书上签名的个人名字是免予公开的，因为他们关心促进秘密投票中的尊严）；Painting Industry of Hawaii Market Recovery Fund v. Development of Air Force，26 F. 3d 1479 (9th Cir. 1994)（政府供应商的雇员工资信息免予公开）；Simpson v. Vance，648 F. 2d 10 (7th Cir. 1980)（政府雇员的一般传记数据不能免予公开，但是婚姻状况和配偶的名字免予公开）；Sims v. CIA，642 F. 2d 562 (D. C. Cir. 1980)（行政机关供应商的字号不能免予公开）；Rural Housing Alliance v. Department of Agriculture，498 F. 2d 562 (D. C. Cir. 1974)（诸如福利救济接受 [welfare receipts]、父子关系 [paternity] 和酒精消费等事务的个人化信息不能免予公开）。

② Sims v. CIA，642 F. 2d 562，572 n. 47 (D. C. Cir. 1980)；National Parks & Conservation Ass'n v. Kleppe，547 F. 2d 673，685 n. 44 (D. C. Cir. 1976).

③ 563 F. 2d 495 (1st Cir. 1977).

④ Washington Post Co. v. Department of State，647 F. 2d 197 (D. C. Cir. 1981). 最高法院推翻了这一判决。Department of State v. Washington Post Co.，456 U. S. 595 (1982)。

⑤ 515 F. 3d 1224 (D. C. Cir. 2008).

场的有关农业实践、土壤、农作物和牲畜信息。多数意见认定，这些信息的披露将会侵犯农场主的隐私利益，因为它使得公众成员能够由此推论每家农场的价值。但是，多数意见也认为，披露信息中的公共利益要大于对隐私的侵犯，因为公众参阅信息可以使得公众能够以有效高效的方式确定农业部是否在履行其有关实施农业补贴项目的职责。持不同意见
374 的法官则认为，多数意见高估了信息对于公众的价值，低估了因为信息披露可能导致对隐私利益的侵害程度。

在 News-Press v. Department of Homeland Security① 案中，第十一巡回法院认为，披露联邦应急管理局（FEMA）飓风灾难相关救助的所有受益人的地址，这一行为涉及的公共利益超过它所导致的对个人隐私的侵犯，但是披露救助受益人的姓名时的公共利益并未超过对个人隐私的侵犯结果。法院认为，公众可以通过政府救助受益人的地址而得到救助，因为这些信息将允许报纸对风暴走向图和救助受益人的地址图进行对比以允许公众对联邦应急管理局针对受到严重风暴损害的地区提供定向救助的效率和有效性得出相关推论。相比之下，法院认为，披露救助受益人的姓名信息则存在较少的公共利益，而因为这些披露将会导致更大的个人隐私的侵犯结果。

在 Wood v. FBI② 案中，第二巡回法院认为，被调查者的姓名和其他可识别信息是属于豁免条款六的范畴。法院认为，行政调查文件类似于人事和医疗档案；披露作为被调查者或者证人的政府雇员的姓名和其他可识别信息将会对公众理解行政机关如何履行其法定职责并无多大帮助。

在 Horowitz v. Peace Corps③ 案中，哥伦比亚特区巡回法院认为，所指控受到和平队（Peace Corps）雇员性骚扰案件受害人拥有明确的避免披露其姓名和其他可识别信息的隐私利益，这种披露不会增进公共利益，因为没有可信的证据可以支持行政机关在调查该事项时实施了不良行为。

在 Forest Guardians v. FEMA④ 案中，第十巡回法院认为，显示联邦应急管理局（FEMA）承保的地产位置的电子地图是可以豁免公开的，因为电子文件包括了详细的信息，如果与其他可以公开获取的信息结合分析，将使得识别具体地产所有人成为可能，而披露电子文件不会促进公共利益，因为联邦应急管理局所披露的纸版地图也包含了解联邦
375 应急管理局在实施其保险项目的具体内容所需要的信息。

在 Judicial Watch v. Department of Justice⑤ 案中，哥伦比亚特区巡回法院认为，披露"有关大赦申请人及其家庭和所犯罪行的……非公共的、个人信息"将会构成显然无正当理由的（unwarranted）对个人隐私的侵犯。

在 Office of the Capital Collateral Counsel v. Department of Justice⑥ 案中，第十一巡回法院认为，10 份文件是可以依据豁免条款六免予公开的。这些文件反映了一位前联邦助理检察官（Assistant United States Attorney）对于其所犯过错，以及对她、她的家庭和事业所造成的影响的个人考虑。法院认定，这些内容是与考虑政府作为的公共利益无关的，并且披露该信息"将会构成侵犯……与涉及公共利益不成比例的过于广泛的隐私"。

① 489 F. 3d 1173 (11th Cir. 2007).

② 432 F. 3d 78 (2d Cir. 2005).

③ 428 F. 3d 271 (D. C. Cir. 2005).

④ 410 F. 3d 1214 (10th Cir. 2005).

⑤ 365 F. 3d 1108 (D. C. Cir. 2004)，参见 § 5. 11 的讨论。

⑥ 331 F. 3d 799 (11th Cir. 2003).

在 Lakin Law Firm v. Federal Trade Commission[①] 案中，第七巡回法院认为，个人投诉其收费“被强加入”信用卡账单、电话账单或者按揭报告（mortgage statements）的，联邦贸易委员会（FTC）不需要披露投诉人的姓名和地址信息。法院指出，个人可识别信息通常情况下是免予披露的，并且认定原告并未指出通过披露这些信息可以促进的公共利益。

在 National Ass'n of Home Builders v. Norton[②] 案中，哥伦比亚特区巡回法院认为，披露观察濒危物种的地点信息不属于豁免范围，因为它可能导致或者加剧对隐私权的侵犯。法院承认，这种观察（sighting）所在地点的披露有可能导致鸟兽观察家侵犯（trespass）发现现场所处的私人地产，从而构成无正当理由的对隐私权的侵犯。但是，法院认定，这种“对侵犯隐私权的推测可能性”要小于披露行为促进的公共利益。理由是在披露发现地点的信息中存在公共利益，因为这些信息可以允许公众了解行政机关是如何利用这些发现的。

§5.13 豁免条款七：执法记录

□ 众多问题与法律修正案

《信息自由法》中没有一个条款能够像豁免条款七这样产生如此之多的问题和争议。在最初所通过的时候，这项豁免条款在通过之初，适用于“除了依法可以向私方当事人提 376
供的程度之外，为了执法的目的而汇编的调查文件”。各法院对最初的豁免条款规定进行了广义解释，因为“调查文件”在《信息自由法》制定之前是很少向私方当事人提供的。国会作出的反应则是在 1974 年对《信息自由法》进行修订时明显地缩小了豁免条款七的范围。缩小范围，在形式上采取的是只在“提供相关记录”会导致六种形式的具体损害中的一种时，才能对调查文件免予公开。1974 年的法律修正案具有明显减少 1974 年之前有关豁免条款七的司法判决的先例价值的效力。最高法院在 1975 年承认了这一目的和效力。[③]

□ 违法者的滥用

1974 年规定的豁免条款七产生了另外的新问题。违法者开始广泛利用《信息自由法》以便（1）查找敌对证人以便恐吓、胁迫和贿赂；（2）寻找告发者和代理人并将其杀害；（3）研究调查方法、执法和公诉的指南，以减少其行为被侦查、逮捕、公诉或者定罪的概率。法律授权的试图减少这些法律滥用行为的方法，被证明是不充分的。有组织犯罪的打手可以从各种背景信息中寻找告密者，而无论行政机关从其文件中删除了多少“可以识别的特征”，犯罪高手可以从研究结案多年的案件材料中翻找到众多有价值的启示。

---

① 352 F. 3d 1122 (7th Cir. 2003).

② 309 F. 3d 26 (D. C. Cir. 2002).

③ NLRB v. Sears, Roebuck & Co., 421 U. S. 132, 164 n. 29 (1975).

□ 为了减少滥用而对法律进行的修订

一再发生的违法者滥用《信息自由法》的丑闻，加上人们对于毒品滥用的日益担忧，产生了对国会的巨大压力，要求其通过扩大豁免条款七的范围而缩小《信息自由法》的适用范围。国会对于这一压力的回应是在 1986 年再次进行了一次重大的法律修正。经过 1974 年和 1986 年的法律修正，如今豁免条款七的规定文字很长、内容详细而又复杂：

（7）为了执法的目的而汇编的记录或者信息，但是条件仅限于如果提供这些执法记录或者信息，

（A）可以合理预期将会干扰执法程序；

（B）会剥夺个人获得公平听审或者公正裁决的权利；

（C）可以合理预期会构成对个人隐私的无正当理由的侵犯；

（D）可以合理预期会公开保密来源的身份，包括以保密为条件而提供信息的州、地方或者外国行政机关或者当局，或者任何私人机构，以及在刑事调查过程中由刑事执法机构
377 汇编的记录或者信息，或者是由行政机关实施合法的国家安全情报调查，其信息是由保密来源提供的；

（E）会公开执法调查或者公诉的技术和程序，或者会公开执法调查或者公诉的指南，如果这种公开可以被合理预期产生规避法律的风险，或者

（F）可以合理预期会使任何个人的生命或者身体安全受到威胁；

（c）（1）无论何时，所提出的信息公开申请涉及分节（b）（7）（A）所描述的记录，并且

（A）调查或者案件程序可能涉及触犯刑律的行为；

（B）有理由相信（i）调查或者案件程序的对象没有意识到其案件待决的情况；（ii）公开这些记录的存在，可以被合理预期干扰执法程序，行政机关可能，只有在该条件继续存在的时候，对于这些记录不要求遵守本节规定的要求。

（2）无论何时，刑事执法机构以线人的名字或者个人身份识别特征建立的线人记录，被第三人以线人的名字或者个人特征为条件提出信息公开申请，行政机关可以对这些记录不要求遵守本节规定的要求，除非该线人作为告发人的地位已经得到正式确认。

（3）无论何时，所提出的信息公开申请涉及获取联邦调查局所建立的有关外国情报或者反情报工作，或者国际反恐怖主义的记录，以及该记录的存在属于分节（b）（1）所规定的定密信息，联邦调查局可以不要求这些记录遵守本节的规定，只要这些记录的存在仍然是定密信息。

□ 1986 年法律修正案的总体影响

1986 年所作的法律修修并未让 1986 年之前法院所作的判决作为先例的价值产生问题。相反，它们已经产生了以下整体情形：（1）任何通过适用豁免条款七而合理拒绝信息公开的 1986 年之前的司法判决仍然是良法；但是（2）任何对基于豁免条款七提出的主张，合理地允许公开的司法判决，则需要仔细分析以确定其推理是否符合因为 1986 年的法律修正案而产生的众多变化。这些法律修正案产生了很多变化，将豁免条款七的范围扩大到某
378 种不确定的程度。例如，国会在豁免条款七的（A）、（C）、（D）、（E）和（F）中将“会”（would）代之以“可以合理预期的”。其结果是，行政机关不再需要让法院确信一项公开决定“会”干扰执法程序，或者公开保密来源的身份。行政机关只需要证明，“可以合理

预期”信息公开会产生某种问题而让不公开信息具有正当理由。

□ 标准：通过调查取得的信息

纳入豁免条款七的前提条件（threshold requirement）是确定通过调查获得的信息是用于执法目的。这一要求在1986年法律修订之后继续存在。[①] 在一些巡回法院，当执法机关主张对调查文件免除公开时，这项前提条件是自动满足的。[②] 哥伦比亚特区巡回法院拒绝了对这项前提条件采用这种本身违法（per se）方法。它会考虑所有调查和合法的执法目的之间缺乏联系的所有看法，但是支持公开者在证明缺乏联系方面承担很重的证明责任。[③] 调查可以是为了刑事、民事或者行政执法调查的目的。[④] 根据1986年法律修正案的规定，“执法和公诉的指南”是明确规定免予公开的，如果我们“可以合理预期公开这些信息会产生规避法律的风险”。这一修正案是将哥伦比亚特区巡回法院在Crooker v. BATF[⑤] 案中的全席判决纳入法律之中。

□ 最高法院尊重行政机关

最高法院已经对五起涉及豁免条款七的案件作出判决。在这五起案件中，四起是行政机关胜诉的。在NLRB v. Sears, Roebuck & Co.[⑥] 案中，最高法院认为，符合免予公开地位的文件，并不会因为行政机关在其需要公开的案件“最终意见”中引用了这些文件而失去免予公开的地位。最高法院显然没有受到这样一种现实的困扰，即有些以这些奇特方式起草的“最终意见”对于公众来说难以理解的现实。如果作出相反的判决意见，则会产生这样的有益的效力，即要求行政机关以让公众能够充分理解的方式撰写“最终意见”。

在FBI v. Abramson[⑦] 案中，最高法院认为，最初为了执法目的而收集的信息，仍然免予公开，即使该信息被转用于或者归纳在一份并非为了执法目的而生成的文件之中。在Abramson案中，以5：4的多数意见作出的判决扩展了1986年法律修正之前的豁免条款七的规定，但是，1986年法律修正案已经将Abramson案的判决意见纳入法律之中了。[⑧] 379

□ 拒绝公开证人证言

在NLRB v. Robbins Tire & Rubber Co.[⑨] 案中，最高法院的判决意见同时包含了狭义和广义两种意见。狭义的意见是基于对潜在的威胁证人行为的担心，允许国家劳动关系委员会（NLRB）在召开听证会之前拒绝公开在不当劳动行为案件中的拟议证人的证言的信息。广义的意见则是基于有些信息的公开很可能“干扰执法程序”，而允许法院批准行

---

① King v. Department of Justice, 830 F. 2d 210 (D. C. Cir. 1987).

② Kuehnert v. FBI, 620 F. 2d 662 (8th Cir. 1980); Irons v. Bell, 596 F. 2d 468 (1st Cir. 1979).

③ Keys v. Department of Justice, 830 F. 2d 337 (D. C. Cir. 1987).

④ Pope v. United States, 599 F. 2d 1383 (5th Cir 1979); Title Guarantee Co. v. NLRB, 534 F. 2d 484 (2d Cir. 1976).

⑤ 679 F. 2d 1051 (D. C. Cir. 1981).

⑥ 421 U. S. 132, 166-167 (1975).

⑦ 465 U. S. 615 (1982).

⑧ 参见 S. Rep. No. 221, 98th Cong. 1st Sess. 23 (1983)。

⑨ 437 U. S. 214 (1978).

政机关的一般性决定——对于为了特定类型的执法程序而收集的特定类型的信息总是免予公开。

□ 与隐私的关系

联邦调查局收集了超过 2 400 万人的罪犯身份记录。在 Department of Justice v. Reporters Committee for Freedom of the Press[1] 案中，最高法院认为这些记录可以免予公开，理由是提供这些记录“可以被合理预期构成对个人隐私的无正当理由的侵犯”。该份判决基于以下三点理由是值得关注的。首先，最高法院延续了在 Robbins 案所提出的免予公开决定的一般方法。其次，最高法院认为，即使记录中的大部分信息是理论上可以在县法院或者警察局向公众提供的，这些记录仍然是免予公开的。最高法院强调了公众获取联邦计算机记录中所存储的海量个人数据而产生的潜在威胁。再次，最高法院认为，《信息自由法》承认的信息公开涉及唯一“公共利益”是获取信息“明显有助于公众对政府运行或者活动的理解”的利益。最高法院重申了对公共利益的狭义界定，并将其适用于 Department of Defense v. FLRA[2] 案中豁免条款六的情形中。因为豁免条款七适用于“可以被合理预期构成对个人隐私的无正当理由的侵犯”的信息，而豁免条款六则适用于“会构成对个人隐私明显无正当理由的侵犯”的信息，豁免条款七“相比豁免条款六提供了更高程度的保护”[3]。

在 DOJ v. Landano[4] 案中，最高法院拒绝了司法部的观点，即应当推定所有联邦调查局的刑事调查来源（sources）属于保密信息。最高法院认定，这样的推定会过于宽泛，因为“联邦调查局是从各种各样的个人或者机构来源处收集信息”，而且“通信……范围涉及从极端敏感的通信到日常通信”。但是，最高法院指出，它会愿意接受支持对更狭义的
380 保密性的推定的各种主张。“很可能会存在其他一般性的情形，从中可以推出默示着保密性的保证……我们同意犯罪的性质可能是相关的……因此刑事调查来源（sources）与犯罪之间的联系也可能是相关的。”

在 National Archives and Records Administration v. Favish[5] 案中，最高法院在判定可以不予公开 Vincent Foster——克林顿总统副总法律顾问（deputy counsel）——的尸体照片时，以一致意见从若干方面阐释了豁免条款七的范围。首先，最高法院指出，豁免条款七的用词导致其对隐私利益的保护相比豁免条款六程度更高。其次，最高法院认为：“《信息自由法》承认死者家属对其亲人的死亡现场的影像拥有个人隐私权。”最后，最高法院承认，虽然通常的规则是公民没有必要为根据《信息自由法》申请信息提供任何理由，但是当信息披露会侵犯隐私利益时，公民必须说明理由。公民“必须表明所要推进的公共利益是一项具体的利益……［并且该］信息很可能会促进这一利益”。对于试图申请公开尸体照片的情境，申请人需要“出示证据，证明有正当理由让理性的人相信……负责任的政府官员［可能］”在调查个人死因时“犯有过错或者其他不合理的行为”。最高法院认为，申请人没有提供任何这类证据，它拒绝“忽略这样的事实，即对于 Foster 问题的 5 份不同调查得出了相同的结论［Foster 死于自杀］”。

---

① 489 U. S. 749 (1989).

② 510 U. S. 487 (1994)，参见 § 5.12 的讨论。

③ Sheet Metal Workers International Ass'n v. Department of Veterans Affairs, 135 F. 3d 891 (3d Cir. 1998).

④ 508 U. S. 165 (1993).

⑤ 124 S. Ct. 1570 (2004).

□ 豁免条款的使用范围可以帮助解决宪法争议

在 Commonwealth of Puerto Rico v. United States[1] 案中，第一巡回法院以执法豁免事由的存在和范围作为指导，驳回了 Puerto Rico 基于《联邦宪法》提出的要求获得联邦调查局探员在 Puerto Rico 活动的相关信息。Puerto Rico 指出，它需要该信息以便对联邦调查局探员被指控的罪行进行调查，但是当联邦政府在 2008 年 4 月 3 日指控 Puerto Rico 总督犯有贪污罪时，这一请求的背景变得更为清晰。采用豁免条款七作为指导，第十一巡回法院认为，普通法上的保留（withholding）执法信息的特权适用于“执法技术和程序”。

□ 对信息披露中的公共利益与隐私和执法进行权衡的案例

在 Boyd v. Criminal Division of Department of Justice[2] 案中，哥伦比亚特区巡回法院认为，豁免条款七（A）适用于为了指控被告/信息申请人而汇编的执法案卷，因为它的披露将会妨碍正在进行的与被告/申请人有关的个人相关的调查。法院也认为，豁免条款 381
七（C）适用于有关告发人的信息，因为这一信息的披露将会侵犯告发人的隐私，并且因为被告/申请人只提出了政府违法的未经证实的主张而没有排除侵犯个人隐私主张所需的违法的“有意义的证据式的展示”（meaningful evidentiary showing）。

在 Carpenter v. Department of Justice[3] 案中，第一巡回法院认为，第三方所提供的有关一宗刑事调查案件的信息是受豁免条款七（C）保护的。法院认为，出于执法目的而向行政机关提供信息的个人拥有隐私利益，这是最重要的，披露这类信息不会有助于公共利益，因为它不会告诉公众任何有关政府决定的内容。在该案的判词中，法院认为，行政机关与第三方线人进行沟通的有关文件可能需要向公众公开，如果申请人可以提供充分证据支持其主张，即行政机关在使用第三方所提供的信息的方式上存在不当之处。

在 Schrecker v. Department of Justice[4] 案中，哥伦比亚特区巡回法院认为，司法部有充分理由拒绝披露在两起麦卡锡（McCarthy）时代* 的调查中作为证人、线人或者调查官员的姓名和其他可识别信息，因为这些个人是有合理的可能性依然健在的。法院承认，这些个人有强烈的利益确保其当年的参与依旧保持秘密，并且这些信息的披露在试图评估行政机关履行其职责的情况方面并不时特别有价值。法院认为，虽然时间的推移并不能减少个人的隐私利益，但是个人的逝世会减少隐私利益。

在 Center for National Security Studies v. Department of Justice[5] 案中，哥伦比亚特区巡回法院合议庭的两位法官出具的多数意见认为，司法部可以拒绝披露任何在“9·11 袭击”之后拘留（detain）的人员的信息，包括其人员名单及律师名单。法院首先认为，该

---

* 麦卡锡时代，即麦卡锡主义盛行的 20 世纪 50 年代。在 1950 年，美国参议员麦卡锡指控共产党人控制了国务院。这种责难和调查很快地扩散并影响数以千计的人们。自由派人士、学院教授、演艺家、新闻工作者、职员和其他人士都受到怀疑。1954 年后麦卡锡主义逐渐衰落。在促使麦卡锡主义衰落中的各种因素有共和党政府的执政、1953 年朝鲜战争的结束、1954 年参议院对麦卡锡违背参议员行为的谴责。此外，1955—1958 年间，美国最高法院通过了一系列有助于保护受指责同情共产党人的人权的决定。——译者注

① 490 F. 3d 50 (1st Cir. 2007).

② 475 F. 3d 381 (D. C. Cir. 2007).

③ 470 F. 3d 434 (1st Cir. 2006).

④ 349 F. 3d 657 (D. C. Cir. 2003).

⑤ 331 F. 3d 918 (D. C. Cir. 2003).

名单是为了执法目的而汇编的。它接着认定，司法部所提出的“基地组织”（the al Qaeda）可能会利用被拘留者名单“勾画调查过程，并据此制订阻止行动计划”的担心是合理的。最后，法院认定，司法部担心基地组织可能利用律师名单作为汇编“被拘留者名单，
382 以及因此带来的所有危险”的一种简易方法。持不同意见的法官抱怨多数意见不该接受政府的“模糊、解释不充分的说法”，应该承认“了解政府是否在应对袭击过程中侵犯了它在反恐调查中所拘留了的数百人的宪法权利……”

在 Jefferson v. Department of Justice① 案中，哥伦比亚特区巡回法院的合议庭存在分歧。该案讼争的问题是司法部职业责任办公室（Office of Professional Responsibility）汇编的所有报告和提交给职业责任办公室的所有报告是否“都是为了执法目的而汇编的”。多数意见认定，这类报告中只有一部分是为了执法目的而汇编的，因为职业责任办公室也汇编有关政府雇员职责履行情况的报告。持不同意见的法官则具有说服力地指出，职业责任办公室汇编和收到的所有报告必然属于为了执法目的而汇编的，因为职业责任办公室的唯一职责就是执法，广义上包括内部规则和行为标准的强制执行。

§5.14 豁免条款八：金融机构的记录

□ 宽泛的豁免条款

豁免条款八是《信息自由法》目前最为宽泛的一项豁免条款。它调整所有“在任何负责规制或者监督金融机构的行政机关所制作的，或者代表其制作的，或者供其使用的检查、运行或者现况报告（condition reports）中包含的或者相关的”事务。各法院已经忠实于国会的意图，将豁免条款八解释为包括了在规制金融机构的过程中所汇编的所有信息，包括已经破产的金融机构，或者与在《信息自由法》通过之时并不存在的金融制度等相关的。②

□ 该豁免条款应当被限缩

对于在规制金融机构的过程中收集的所有信息，如果赋予其空白的免予公开的豁免权，其正当性是极其薄弱的。国会担心，让银行和其他金融机构的财务状况相关的任何数据对公众公开，将会动摇公众对金融机构的信心，也会损害对于这些机构的规制的有效
383 性。20 世纪 80 年代的存贷款危机和 2008 年的全球金融危机表明，拒绝对公众公开所有金融机构及其规制的信息会产生反作用的效力。豁免条款八进行重大修改的时机已经成熟。美国可以只能通过更有效的规制和/或降低政府存款保险的水平，为其金融机构打好牢固的基础。所有这些行为将会要求提高金融机构及其规制的数据向公众公开的水平。这场存贷款危机，很好地显示出允许规制处于完全秘密的条件可能导致的危险。

---

① 284 F.3d 172 (D.C. Cir. 2002).

② Gregory v. FDIC, 631 F.2d 896 (D.C. Cir. 1980); Consumers Union v. Heimann, 589 F.2d 531 (D.C. Cir. 1978).

§5.15 豁免条款九：油井数据

□ 多余的豁免条款

豁免条款九调整“关于油井的，包括地图在内的地质或者地理的信息和数据”。这一条款很少成为诉讼的对象，其目的和范围也不清楚。特别的是，我们难以设想应当根据豁免条款九拒绝公开的信息不是同样作为“商业秘密”而受豁免条款四的调整。豁免条款九可能只服务于有限的目的，即让法院对于这样的现实更加敏感，即大量的地质和地理信息应当基于与“商业秘密”总体上应当得到保护的同样理由受到保护而免予向公众公开；获取地质和地理信息的成本相当高昂，如果政府将该信息向竞争者公开，将会明显地降低信息对于企业的价值，从而会减少企业投资获取这些信息的激励。[①]

§5.16 反信息公开诉讼

□《信息自由法》从未禁止信息公开，但是其他法律可能禁止信息公开

《信息自由法》从未禁止信息公开；它只是对于某些信息豁免强制向公众公开。但是，许多其他法律基于良好公共政策的理由，限制行政机关发布豁免信息的裁量权。这些法律中最为重要的是《商业秘密法》（the Trade Secret Act）[②]，该法规定联邦雇员“以法律未准许的任何方式或者任何程度”公开商业秘密的行为都构成一种犯罪。

□《商业秘密法》

在 Chrysler Corp. v. Brown[③] 案中，最高法院确立了确定《信息自由法》与限制或者禁止信息公开的法律之间的关系的基本框架。企业不能依据《信息自由法》申请针对信息公开的禁令，因为《信息自由法》从未禁止信息公开。企业不能依据《商业秘密法》申请禁令，因为刑法并未创设私人诉权（private right of action）。但是，如果企业可以证明信息公开“不符合法律的规定”，企业可以根据 28 U. S. C. §1331 的规定提起诉讼，根据《行政程序法》§706 的规定申请针对信息公开的禁令救济。不仅根据《信息自由法》豁免条款四的规定作为“商业秘密”免予强制公开，而且属于 18 U. S. C. §1905 所指的“商业秘密”在《行政程序法》的意义上是“不符合法律的规定”，除非公开是在 18 U. S. C. §1905 的意义上“得到法律授权的”。在 Chrysler 案中主张公开“商业秘密”的行政机关主张，有一部规章规定在符合公共利益和不会阻碍履行行政职能时允许公开，因 384

---

① 参见 Superior Oil Co. v. FERC，563 F. 2d 191（5th Cir. 1977）；Pennzoil Co. v. FRC，534 F. 2d 627（5th Cir. 1976）。

② 18 U. S. C. §1905.

③ 441 U. S. 281（1979）.

此它这么做是“得到法律授权的”的。最高法院承认，行政机关自己制定的规章可以满足18 U. S. C. §1905的“得到法律授权”的标准，但是它认为，这部特定的规章是不足以完成这一目的的。之所以说，这部规章是不充分的，其理由有二：（1）行政机关的规章与国会授权该行政机关的立法权之间缺乏联系；（2）这部规章只是解释性的规章，而不是立法性的规章。[①] 一部行政规则可以在该规则其实体和程序有效，并且属于国会授予该行政机关的职权范围之内时，授权公开商业秘密。[②]

□《信息自由法》授权公开非属豁免范围的信息

各巡回法院已经解决了最高法院在Chrysler案中没有完全阐述清楚的一个问题。除非所申请公开的信息符合《信息自由法》中豁免条款的规定，否则不能因为根据《行政程序法》§706和18 U. S. C. §1905的规定“不符合法律规定”而禁止该信息的公开，因为《信息自由法》本身就是对于非属豁免范围的信息进行公开的充分的法律授权。当然，18 U. S. C. §1905所调整的大多数信息，同样属于《信息自由法》豁免条款四的调整范围。[③]

□ 行政规则可以禁止公开属于豁免条款的信息

虽然《信息自由法》并未禁止公开受豁免条款调整的信息，但是行政规则可以禁止公
385 开受豁免条款调整的信息。[④]

□ 通知保密信息的提交人的程序

政府行政分支在第12600号总统行政命令中填补了解决反信息公开争议的框架中的空白。这份行政命令要求，在有人依据《信息自由法》申请公开相关记录时，所有行政机关必须建立告知提交“保密信息”者的程序。这部行政命令和据此制定的众多行政规则，建立了确保所提交的信息为了告知的目的而作为“保密信息”加以对待的具体程序。典型的行政规定要求在信息公开之前告知信息提交人，如果信息提交人遵守行政规定中所规定的程序。重要的是利用这个机会获得对可能公开的信息的提前通知，以及试图禁止信息公开的机会。政府通常不能因为错误公开信息而被追诉，因为这是行使裁量性的职权。[⑤]

国会已经特别授权某些行政机关在特定情况下向竞争对手公开商业秘密信息，例如，申请人为了获得杀虫剂的批准而提交的健康和安全数据。但是，在这类情况中，政府必须提供补偿以避免构成对财产的违宪征收。[⑥]

---

① 参见第6章对立法性规则和解释性规则之间重要区别所作的讨论。

② Bartholdi Cable Co. v. FCC，114 F. 3d 274 (D. C. Cir. 1997).

③ 参见CNA Financial Corp. v. Donovan，830 F. 2d 1132（D. C. Cir. 1987），*cert. denied*，485 U. S. 977（1988）；General Electric Corp. v. NRC，750 F. 2d 1394（7th Cir. 1984）；9 to 5 Organization v. Board of Governors，721 F. 2d I（1st Cir. 1983）；General Motors v. Marshall，654 F. 2d 294（4th Cir. 1981）。

④ 例可参见Campaign for Family Farm v. Glickman，200 F. 3d 1180（8th Cir. 2000）（认定该行政规则禁止了公开任何属于豁免条款六的信息）。

⑤ 参见§19. 4和Crumpton v. Stone，59 F. 3d 1400（D. C. Cir. 1995）。

⑥ 参见 Thomas v. Union Carbide Co.，473 U. S. 568（1985）；Ruckelshaus v. Monsanto Co.，467 U. S. 986（1984）。

§5.17 《隐私法》

□ 公开个人记录的限制

《隐私法》① 限制了行政机关公开某些类型信息的权力。该法只适用于"个人记录"(records maintained on individuals),而不适用于公司或者其他组织。② 此外,该法只适用于作为"记录系统"——根据定义,只包括"一组记录,其中的信息可以根据个人姓名,或者根据某些可识别号码、标识或者特别分配给个人的其他可识别信息进行检索"——之一部分所保存的记录。不能以这种方式检索的信息,则不属于该法的调整范围。③ 386

□ 强制向个人公开

除了限制特定记录的公开之外,该法还涉及众多相关议题。它限制行政机关收集和保存个人信息的权力;它为了增强该法中所调整的记录中的信息之准确性而提供了各种机制;它规定将所该法所调整的记录向该记录相关的个人强制公开。但是,对于这一强制公开制度,存在一种重要的例外,即针对"基于对民事诉讼或者案件程序的合理预期而汇编的信息"。法院不会强制执行该公开义务,除非个人已经穷尽了各种行政救济途径。④

□《隐私法》内容概要

对§552a的内容概要可以提供一个有益的分析视角。分节(a)对术语进行界定。分节(b)禁止公开信息,除非属于11种特定情形。这些情形包括"常规使用"和"向在履行职责时需要该记录的其他雇员公开"⑤。分节(c)要求行政机关建立准确的信息公开记录表(accounting)。分节(d)允许个人申请查阅有关他的信息,允许他申请对该记录进行更正,允许他对拒绝更正的决定申请行政复议,使他有权提交对拒绝更正决定的反对理由的报告,要求行政机关在任何公开的时候通知所产生争议的部分,但是拒绝个人查阅"基于对民事诉讼或者案件程序的合理预期而汇编的信息"。

分节(e)对行政机关设定了如下义务:(1)保存只是为了实现法律或者行政命令所要求的目的所需要的记录;(2)当信息可能是不利的时候,尽最大可能直接从个人获得信息;(3)当行政机关从个人处获得信息时,向个人告知其权利、公开是强制的还是自愿的、信息使用的目的、信息将用于哪些常规用途,以及如果不提供该信息将会造成的影响;(4)在《联邦公报》上刊登对该记录系统的说明,包括9种具体的事实;(5)准确和

---

① 5 U.S.C. §552a.

② Dresser Industries, Inc. v. United States, 596 F. 2d 1231 (5th Cir. 1979), *cert. denied*, 444 U.S. 1044 (1980); Cell Associates, Inc. v. National Institutes of Health, 579 F. 2d 1155 (9th Cir. 1978).

③ Olberding v. Department of Defense, 709 F. 2d 621 (8th Cir. 1983); Grachow v. Customs Service, 504 F. Supp. 632 (D.D.C. 1980).

④ 参见§15.3和Taylor v. Treasury Dept. 127 F. 3d 47O (5th Cir. 1997)。

⑤ 参见Mount v. Postal Service, 29 F. 3d 531 (6th Cir. 1996)。

公平地保存记录；（6）在传播记录时，努力确保其准确性；（7）尽量不记录行使宪法第一修正案权利的行为，除非法律或者个人明确授权，或者属于经过授权的执法活动的一部分；（8）尽可能通知个人，当任何有关他的记录按照强制法律程序而公开时；（9）为任何保存记录体系的人制定行为规则；（10）为记录的安全和保密性制定防范措施；（11）在
387 《联邦公报》上公布该系统中的信息的新用途或者计划用途，并向有关个人提供机会提交书面诉求。分节（f）要求行政机关为记录系统制定规则。

□ 得到批准的民事救济

分节（g）规定了各种民事救济。如果行政机关拒绝更正其记录，拒绝遵守个人查阅其记录的要求，不能保存准确和公正的记录，或者不能遵守《隐私法》的其他规定或者任何规则，以至于对个人造成负面影响，个人可以向地区法院起诉行政机关。法院可以命令行政机关更正该记录，也可以对起诉合众国起诉所产生的合理律师费和其他诉讼成本进行核算。法院可以禁止行政机关拒绝公开记录，重新决定该事务，也可以对该记录进行密室审查，让行政机关负担证明其行为合理性的责任，法院可以对起诉合众国产生的律师费和其他诉讼开支进行估算。法院可以判决赔偿实际损失，但是不少于 1 000 美元，也可以判决支付诉讼开支和律师费，如果行政机关是有意或者故意行事的。诉讼可以在 2 年内提出，或者如果行政机关是故意作虚假陈述的，则在发现虚假陈述的事实之日起 2 年内提出。

在 Doe v. Chao[1] 案中，六位大法官出具的多数意见认为，个人只有在能够证明实际损害的情况下才能要求就违反《隐私法》的行为获得损害赔偿。

在 Hutchinson v. CIA[2] 案中，哥伦比亚特区巡回法院认为，个人不能因为违反《隐私法》而要求损害赔偿，因为她不能证明该违法——未能对其个人档案中加入纠正性的表述——是其被解雇的近因（a proximate cause of her dismissal）。

□ 与《信息自由法》的关系

起初，各巡回法院对于《隐私法》对信息公开的限制和《信息自由法》规定的公开义务之间的关系存在分歧。第五巡回法院和第七巡回法院认为，《隐私法》强制不得公开《信息自由法》要求公开的信息。[3] 哥伦比亚特区巡回法院和第三巡回法院则认为，《信息自由法》要求公开任何不属于《信息自由法》豁免条款规定范围的信息，包括《隐私法》所规定不公开的信息。[4] 国会对于这一冲突，在 1984 年对《隐私法》的修正案中，作出了倾向于公开不属于《信息自由法》豁免条款规定的信息的解决方法：“行政机关不得凭借本节规定（§552a）中的任何豁免条款，拒绝向个人公开任何本来根据《信息自由法》§552 的规定可以向这些个人提供查阅的信息。”

---

① 124 S. Ct. 1204 (2004).

② 393 F. 3d 226 (D. C. Cir. 2004).

③ Painer v. FBI, 615 F. 2d 689 (5th Cir. 1980); Terkel v. Kelly, 599 F. 2d 214 (7th Cir. 1979), *cert. denied*, 444 U. S. 1031 (1980).

④ Porter v. Department of Justice, 718 F. 2d 787 (3d Cir. 1983); Greentree v. Customs Service, 674 F. 2d 74 (D. C. Cir. 1982).

在 McCready v. Nichoson[①] 案中，哥伦比亚特区巡回法院裁决了若干与《隐私法》有关的重要问题。法院指出，虽然《隐私法》将“记录”宽泛地定义为任何描述个人的事 388
物，但它对“记录系统”作了限制性的定义，即只针对行政机关根据个人姓名检索记录的系统。法院认为，《隐私法》的部分条款创设了基于“记录”的存在而产生一类诉因，即记录是否属于“记录系统”的一部分，虽然其他条款只有在记录是保存在记录系统内时才创设诉因。法院指出，《隐私法》中所作的这种区分是很容易理解的，因为它使得行政机关只需要维护准确的个人记录，对这些记录中存在的不准确之处进行纠正而无论其是否属于记录系统的组成部分，而行政机关则只有在这些记录因为属于记录系统的组成部分而易于检索时才需要向个人提供查阅其记录的机会。法院也指出，局外人利用行政机关计算机记录的搜索功能来检索个人信息的能力，与行政机关拥有“记录系统”之间并无关联，因为《隐私法》对“记录系统”所作的定义要求以行政机关，而非局外人，可以根据姓名检索记录作为行政机关拥有“记录系统”的前提条件。这一判决是值得质疑的。如果局外人可以根据姓名检索个人记录，行政机关也同样可以做。我怀疑几乎所有行政机关的网站检索功能都可以为每家行政机关提供根据姓名检索个人记录的功能，从而产生一种技术性制度（technological regime），在这一制度之下，每家行政机关现在都拥有正如《隐私法》所规定的“记录系统”。

在 Jacobs v. National Drug Intelligence Center[②] 案中，第五巡回法院认为，行政机关在向媒体泄露暗示原告实施洗钱活动的报告执行摘要时违反了《隐私法》。纳入《隐私法》保障范围的信息，必须是保存在记录系统之中，并且可以通过输入个人姓名的方式检索的。该报告执行摘要本身并不是这种记录系统的组成部分，但它包含了从该系统中检索并摘录的信息。法院认为，这足以将执行摘要纳入《隐私法》的保护范围。法院也驳回了政府提出的一项主张，即《隐私法》只保护以书面形式（hard copy form）保存的记录。

在 Horowitz v. Peace Corps[③] 案中，哥伦比亚特区巡回法院认为，个人无权获得有关他被指控的性骚扰行为的调查报告初稿复本，因为该报告并不属于记录系统。显然，该报告初稿只由一名行政机关雇员负责保存，但是可以在行政机关的电子邮件档案系统中通过输入个人姓名的方式检索，因为曾经有一份是通过电子邮件发送的，该行政机关的电子邮件记录是可以通过输入电子邮件中包含的个人姓名的方式进行检索的。在一项脚注中，法 389
院指出，它不是在判断行政机关的电子邮件系统是否符合适用《隐私法》目的意义上的记录系统的条件。我觉得如果该记录中的信息可以通过输入电子邮件中引用的（referenced）的个人姓名方式检索，法院应该就此作出判断。

§5.18 《阳光下的政府法》

□ 合议制机构必须会议公开

《阳光下的政府法》（the Government in the Sunshine Act）[④] 调整范围仅限于“由两

① 465 F. 3d 1 (D. C. Cir. 2006).

② 423 F. 3d 512 (5th Cir. 2005).

③ 428 F. 3d 271 (D. C. Cir. 2005).

④ 5 U. S. C. §552a.

名以上，多数经参议院咨询或者批准程序后由总统任命的个人成员组成的合议制机构领导的，或者任何分支机构经授权代表行政机关行事的”行政机关。该法的关键条款是§552（b）：“除非符合本节规定，（行政机关的）成员不得共同采取行动或者处理行政机关的事务。除非有分节（c）所规定的情形，行政机关的每次会议的任何一部分都应当开放接受公众观察。”

□ 要求公开通告

§552（e）（1）也对由合议制机构领导的行政机关产生重要的影响：“对于每次会议，行政机关应当至少提前一周向公众公布会议的时间、地点和主题，以及会议是否向公众公开……”这一规定的效力确实非凡。例如，我们可以试想一下，由五名委员领导的一家行政机关。一名委员在另一名委员的办公室逗留讨论行政机关必须在不久的将来解决的棘手难题。如果第三名委员也试图加入该讨论，这三位委员就违反了《阳光下的政府法》。三名以上委员只有在他们的会议之前至少提前一周发布公告，才能进行口头交流。换句话说，《阳光下的政府法》使得在领导行政机关的合议制机构中不可能实现共治（collegiality）。

□ 例外规定

§552（c）对§552（b）的第二款规定了10项例外条款，这些例外条款可以适用于“行政机关会议的任何部分”。在这10项例外条款中，第1、2、3、4、7和8项是与《信息自由法》相应的豁免条款的规定是完全一致的。《信息自由法》豁免条款六调整“人事和医疗文件，以及其公开可能构成对个人隐私的明显无正当理由的侵犯的类似文件”，《阳光下的政府法》例外条款六调整“具有个人性质的信息，将其公开会构成对个人隐私的明显无正当理由的侵犯”。《阳光下的政府法》的其他三项例外规定在《信息自由法》中没有
390 对应条款，而《信息自由法》的豁免条款五和豁免条款九在《阳光下的政府法》中也没有对应条款。《阳光下的政府法》对于第三项例外条款的规定形式不同于《信息自由法》豁免条款三的规定，它对该豁免条款进行了修正以符合《阳光下的政府法》的例外条款，从而在立法上优先于行政首长。①

□ 记录

§552（f）要求对不向公众开放的某些会议议程进行记录，并向公众开放这些会议记录，“除非行政机关确定这类讨论或者作证的一项或多项内容包含了可能根据§552（c）拒绝公开的信息”。因此，《阳光下的政府法》在要求记录公开方面与《信息自由法》是存在重叠之处的。但是，不太可能因此产生冲突，因为§552（k）规定：

> 此处并不扩大或者限制个人根据本编§552的规定所享有的权利，除非在§552（c）中规定的这些豁免条款应当调整根据§552规定提出的要求复制或者检查§552（f）所规定的这些记录脚本、会议记录和会议纪要的任何申请。

---

① FAA v. Robertson，422 U.S. 255（1975）. 参见§5.9。

□ 申请国际会议

在 FCC v. ITT World Communications, Inc.[①]案中，最高法院对《阳光下的政府法》的法律用语进行扩张解释以避免对美国行政机关与其他国家协调政策制定的能力造成不利影响。为了促进共同规划电信设施，联邦通信委员会（FCC）7 名委员中的 3 名参加了与欧盟和加拿大同行举行的“征询程序”会议。3 名委员不是联邦通信委员会的法定人数，但是，他们是电信委员会（the Telecommunication Committee）的法定人数，而联邦通信委员会已经批准电信委员会代表联邦通信委员会采取行动。因此，这 3 名委员也拥有有效的政策制定权。然而，最高法院认为，这些会议并不属于《阳光下的政府法》意义上的“会议”，因为“在征询程序会议上，电信委员会并未考虑或者采取行动处理公共运营商认证（common carrier certification）的申请——它唯一得到正式授权的职能……”[②] 最高法院对于该法适用范围以及 ITT 中的会议范围所采取的狭义的、过度技术化（hypertechnical）的解释，几乎可以肯定是受到了它的确信的影响，即如果为了这些目的的所有会议都需要向公众公开的话，那么外国行政机关不会愿意与美国行政机关着手协调政策制定。

□ 一般性政策审议的会议

多名委员组成的行政机关常常召开会议讨论豁免适用《阳光下的政府法》中公开会议要求的事务。然而，行政机关的讨论也几乎不可避免地会触及非属豁免范围的事务。哥伦比亚特区巡回法院就曾在一份全席判决中指出，行政机关可以举行闭门会议讨论其参与民事诉讼的问题，因为这一主题是特别规定在《阳光下的政府法》第 10 项豁免条款中的，即使该会议也涉及“一般性政策审议”[③]。 391

□《阳光下的政府法》适用范围与《信息自由法》不一致

作为《阳光下的政府法》基础的广泛的政策目标，与《信息自由法》的广泛目标是完全一致的——开放政府。然而，《阳光下的政府法》与《信息自由法》代表了广泛目标与其他重要目标之间进行权衡的两个极端。《信息自由法》豁免条款五调整部门间和部门内部的备忘录。其目的是让行政机关在决定前的审议过程中的通信免受公众评头论足，以便鼓励坦诚布公的辩论和审议。[④] 然而，《阳光下的政府法》要求公开披露合议制机构领导的行政机关的各位成员在决定前的审议过程。在这个重要的情形中，《阳光下的政府法》产生了国会在其他情形中通过在《信息自由法》中规定豁免条款五所试图避免的不利影响。

□《阳光下的政府法》的负面影响

受《阳光下的政府法》的影响，合议制行政机关的委员之间的会议是不经常举行的；这些行政机关经常通过在没有事先审议的情况下进行概念性投票（notional voting）作出

---

① 466 U.S. 463 (1984).

② Id. at 473.

③ Clark-Cowlitz Joint Operating Agency v. FERC, 798 F. 2d 499 (D. C. Cir. 1986).

④ 参见§5.11。

重要决定；公开会议上的沟通也常常由于公众在场而遭到扭曲。委员们不愿意表达他们的真实想法，因为担心暴露他们对于事实、政策和法律问题的无知或者不确定性。他们试图通过不自然的、造作的讨论掩盖他们的不确定性，这极大地阻碍了观点的坦诚交流，而这正是合议制机构高质量决定所不可或缺的。

奇怪的是，将合议制行政机关单独列出，规定一种类型的公共曝光，这不可避免地损害了它们以有效和充分知情的方式行事的能力。毫无疑问，《阳光下的政府法》已经产生了这样的效果。例如，在 Brown v. Board of Education[①] 案中如果大法官们事先被要求在 Brown 案之前只能在公开会议上进行长达十年之久的辩论，那么最高法院就非常不可能作出一致、大胆的判决。我们很容易得出愤世嫉俗的推论，即国会是为了让合议制行政机关成为跛脚鸭而制定了《阳光下的政府法》。无论国会当初的意图为何，《阳光下的政府法》显然已经产生了这样的效果。

在 Electric Power Supply Ass'n v. FERC[②] 案中，哥伦比亚特区巡回法院认为，允许在正式案件程序中单方沟通的两项规则违反了《阳光下的政府法》。该法对《行政程序法》增加规定了 § 557（d）（1）（A）。该项法律条文规定，当沟通涉及案件程序的合理性，并且是在“行政机关之外的利害关系人”之间进行时，禁止在正式裁决和正式规则中进行单方沟通。法院判定无效的该规则试图允许联邦能源监管委员会（FERC）使用私人市场监
392 督员（private market monitors）来监督地区电力市场与联邦能源监管委员会决策者之间的沟通，包括可能对正在进行的正式裁决的实质问题进行的沟通。法院驳回了联邦能源监管委员会的主张，即私人市场监督员功能上相当于行政机关的工作人员。法院判决的不足之处在于其得出的结论，即市场监督员是“利害关系人”。法院引用了一些先例来支持其结论，但是我们也可以有理由认为，“利害关系人”应当被解释为只包括与案件结果存在一定金钱或者财产利益的个人或者企业。

§ 5.19 《联邦咨询委员会法》

□ 目标：平衡性和公开会议

《联邦咨询委员会法》（the Federal Advisory Committee Act）[③] 的制定是出于以下两点忧虑的推动：（1）行政机关过多地受到咨询委员会的影响；（2）许多咨询委员会在分析视角和代表的利益等方面还没有得到充分平衡。国会对于第二点担心所作出的回应是，要求“咨询委员会根据所代表的观点进行公正平衡”，并且建立多种机制以确保这种平衡。国会对于第一点担心所作的回应是要求所有的咨询委员会会议向公众开放，并制作会议记录，并要求公开咨询委员会所持有的所有文件。《联邦咨询委员会法》的开放会议要求，是遵守与《阳光下的政府法》开放会议要求的相同的豁免条款，而《联邦咨询委员会法》的文件公开要求则遵守与《信息自由法》中的公开义务的相同豁免条款。

---

① 347 U. S. 483 (1954).

② 391 F. 3d 1255 (D. C. Cir. 2004).

③ 5 U. S. C. Appendix I.

□《联邦咨询委员会法》的不利影响

《联邦咨询委员会法》当然已经成功地减少了咨询委员会对于行政机关决策的影响。因为开放会议和信息公开的要求，行政机关大幅减少了对咨询委员会的利用。但是，行政机关的政策制定很可能已经受到《联邦咨询委员会法》的冲击。行政机关的工作人员很可 393
能并不掌握他们每年所要作出的数百项政策决定所需的知识和智慧。他们必须高度依赖外部渠道（outside sources）。《联邦咨询委员会法》让行政机关自由地从各种各样的外部渠道获取咨询意见，而这些外部渠道中大多具有倾向于某一特定政策的独特的偏见。但是，《联邦咨询委员会法》使得行政机关非常难以从经过特别遴选以丰富行政机关的分析视角的外部专家所组成的委员会那里去获取咨询意见。

□ 何时咨询委员会为行政机关所“设立”并“利用”

任何一个团队如果是由行政机关“设立”和“利用”的，按照《联邦咨询委员会法》的规定，就可以成为一家咨询委员会。但是，正如下列这些案件所显示的，这一标准是很难适用的。在 Byrd v. EPA① 案中，哥伦比亚特区巡回法院合议庭在环境保护局（EPA）是否“设立”和“利用”了同行评审小组（peer review panel），从而使得其成为受《联邦咨询委员会法》所调整的咨询委员会的问题上产生分歧。环境保护局与一位顾问签约，由其组织一位同行审查小组为环境保护局将来更新有关苯的致癌效应的报告提供咨询意见。多数意见认为，环境保护局并未“成立”和“利用”该小组，因为环境保护局并未实际管理或者控制该小组，而且环境保护局并未完全控制选择其成员的过程。持不同意见的法官表达了这样的观点，即该小组是咨询委员会，因为环境保护局“建议利用一个专家小组，提交了一份建议成员名单……对于最后的成员组成保留了否决权，并制定专家小组的议程。”

在 Animal Legal Defense Fund v. Shalala② 案中，哥伦比亚特区巡回法院认为，国家科学院（National Academy of Sciences）颁布实验室动物的护理与使用指南的一个委员会是受《联邦咨询委员会法》调整的咨询委员会。法院的理由是，该委员会是由卫生和社会服务部所“利用的”，因为卫生和社会服务部的批准前提就是要符合该指南，而且该委员会是由“准公共实体”——国家科学院所设立的。

在 California Forestry Ass'n v. Forest Service③ 案中，哥伦比亚特区巡回法院认为，内华达山峦生态系统项目（the Sierra Nevada Ecosystem Project）是咨询委员会。内华达山峦生态系统项目的成立目的是要研究内华达山峦生态系统。其工作成果同时为国会和林业局（the Forest Service）所使用。法院认为，这种得到共同利用的委员会也要遵守《联邦咨询委员会法》，除非行政机关利用该委员会是在国会利用“之后并且选择性的”。

在 Aluminum Co. of America v. National Marine Fisheries Service④ 案中，第九巡回法院存在分歧的合议庭认为，该案中两个委员会不是《联邦咨询委员会法》意义上的咨询委员会。这两个委员会的设立是为了保护濒危蛇河（Snake River）大马哈鱼的替代方式提供 394

① 174 F. 3d 239 (D. C. Cir. 1999).
② 104 F. 3d 424 (D. C. Cir. 1997).
③ 102 F. 3d 609 (D. C. Cir. 1996).
④ 92 F. 2d 902 (9th Cir. 1996).

建议。它们是由联邦水生鱼类管理局（the National Marine Fisheries Service）根据一项法院命令所设立的，该法院命令要求联邦水生鱼类管理局“重新启动”与对行政机关的保护大马哈鱼的行动的充分性提出挑战的私人团体的“咨询程序”。多数意见的理由是这两个委员会不是由联邦水生鱼类管理局所“设立的”，相反是由诉讼当事人所设立的，而且这两个委员会不需要受行政机关的控制。持不同意见的法官认为，这两个委员会是联邦水生鱼类管理局为了对其提供咨询意见而“设立的”，要求行政机关设立咨询委员会的法院命令与确定这两个委员会是《联邦咨询委员会法》意义上的咨询委员会的判决之间是不相关的。

在 Judicial Watch v. Hillary Rodham Clinton[1] 案中，哥伦比亚特区巡回法院认为，为了持有、管理和投资资金以帮助支付克里顿总统伉俪的律师在与总统的行政职责不相关的诉讼程序所引发的法律费用而由 9 名成员组成的基金会（trust）不属于咨询委员会，因为该基金会并未提供与任何政府政策相关的建议。

□ 政府雇员的委员会属于豁免范围

在 Association of American Physicians & Surgeons，Inc. v. Hillary Clinton[2] 案中，哥伦比亚特区巡回法院讨论了解释《联邦咨询委员会法》的若干重要问题。《联邦咨询委员会法》豁免适用于“任何完全由联邦政府的全职官员或者雇员组成的委员会”[3]。总统设立了国家医疗改革任务小组，以便就该议题向他提供咨询意见。政府的立场是该任务小组完全是由全职的政府雇员所组成的，只有一个例外，即其主席是总统的配偶。两位法官提供的多数意见认为，该委员会不是咨询委员会，因为总统配偶是联邦政府的官员或者雇员。多数意见通过建构性解释的规则（the cancn of construction），即要求法院以避免解决严重的法律合宪性问题之需要的方式对用语模糊的法律进行解释，从而支持了对该法进行的具有紧张关系的解释。多数意见认定，对《联邦咨询委员会法》所作的解释如果将总统获取保密性的咨询意见排除在外，将会围绕 United States v. Nixon[4] 案所承认的总统行政特权之范围产生严重的宪法问题。持不同意见的法官认为《联邦咨询委员会法》显然适用于该任务小组，使其不得私下开会或者向总统提供保密的咨询意见。他本来会认为《联邦咨询委员会法》适用于该任务小组是违宪的。

哥伦比亚特区巡回法院还裁决了若干有关将《联邦咨询委员会法》适用于定期开会与
395 任务小组及其成员进行沟通的更大的工作组和分工作组的若干问题。虽然哥伦比亚特区巡回法院最终认定，它缺乏足够的信息以解决国家医疗改革任务小组所提出的这些问题，但它的判决意见要求将该问题交还地区法院法官来解决，包括对每个问题可能有用的指南。首先，哥伦比亚特区巡回法院认定，如果工作组的形式和组织结构使得它成为咨询委员会，而工作组就本身而言向国家医疗改革任务小组提供咨询意见，它属于咨询委员会，因为国家医疗改革任务小组属于联邦政府的一部分。其次，哥伦比亚特区巡回法院指出，该工作组是否属于咨询委员会，这个问题部分取决于它是作为工作组提供咨询意见，还是作为工作组的个人成员提供咨询意见。再次，哥伦比亚特区巡回法院指出，该工作组中的 40 名“政府特别雇员”是否属于《联邦咨询委员会法》意义上的政府雇员，取决于其与政府之间雇佣关系的具体内容，例如，工作延续时间是持续的还是断断续续的等等。最后，哥

---

① 76 F. 3d 1232 (D. C. Cir. 1996).

② 997 F. 2d 898 (D. C. Cir. 1993).

③ 5 U. S. C. § 3 (2) (iii) App. 2.

④ 418 U. S. 683 (1974).

伦比亚特区巡回法院认定，“顾问”是否可能成为咨询委员会的成员，取决于他出席会议的规律性以及他参与角色的性质。

在 Miccosukee Tribe of Indians of Florida v. Southern Everglades Restoration Alliance[1] 案中，第十一巡回法院认为，南部沼泽地恢复联盟（Southern Everglades Restoration Alliance）属于咨询委员会。南部沼泽地恢复联盟由来自若干联邦和州行政机关的代表组成。它是为了获得有关恢复沼泽地的可能方式的相关建议而由联邦行政机关所组成的。第十一巡回法院认定，南部沼泽地恢复联盟符合“咨询委员会”法律定义上所使用的文字的字面含义，并且驳回了地区法院的结论，即国会并没有打算将没有政府成员的委员会包含在《联邦咨询委员会法》的适用范围之内。对违反《联邦咨询委员会法》的惩罚《联邦咨询委员会法》并未告诉法院在确定行政机关已经违反该法时应该怎么做，而不同法院在愿意施加何种惩罚方面也存在明显差异。在 Alabama-Tombigbee Rivers Coalition v. Department of Interior[2] 案中，第十一巡回法院对违反《联邦咨询委员会法》的行为处以了极其严厉的惩罚。第十一巡回法院认定，该行政机关违反了《联邦咨询委员会法》，因为它要求一群科学家研究被认为受到联邦项目损害的物种的状况并提出报告，但是没有要求这些科学家公开举行会议。第十一巡回法院禁止行政机关对这些研究和报告的任何利用，因为它们是受到违反《联邦咨询委员会法》之行为的“玷污”。第十一巡回法院认定，该禁令救济是“确保未来遵守《联邦咨询委员会法》的明文要求”的唯一方法。

在 California Forestry Ass'n v. Forest Service[3] 案中，哥伦比亚特区巡回法院拒绝采纳禁止使用咨询委员会所制作的报告这种严苛的禁令救济方法。哥伦比亚特区巡回法院的 396
理由是，签发这样的禁令，将要求行政机关花费数百万美元用于重复研究，这是与《联邦咨询委员会法》所规定的“减少浪费性开支”的目的相悖的。哥伦比亚特区巡回法院并未排除这种可能性，即它可能会在它认为如果不签发禁令将会“导致《联邦咨询委员会法》成为摆设”时签发禁令。

□ 对总统咨询委员会的适用

在 Public Citizen v. Department of Justice[4] 案中，最高法院在一个重要的背景下对《联邦咨询委员会法》进行了解释。五位大法官提供的多数意见认为，《联邦咨询委员会法》并不适用于美国律师协会（ABA）联邦司法常设委员会就其作为向司法部提供有关总统考虑潜在的司法提名的咨询意见的常规渠道。在 Public Citizen 案中，多数意见在对《联邦咨询委员会法》的结构与该法的用语和立法史之间进行协调方面经历了巨大的困难。国会显然试图调整“总统咨询委员会”，“通过正式或者非正式的手段，通过合同或者其他安排，以及使用了联邦资金……”等组织起来的团体。[5] 多数意见高度依赖法院应当避免荒谬的结果，以及避免产生严重的合宪性问题的法律解释规则。三位持不同意见的大法官判定可以适用《联邦咨询委员会法》，但是如果这样适用则是违宪的，因为它妨碍了总统提名法官的权力。

---

① 304 F. 3d 1076 (11th Cir. 2002).

② 26 F. 3d 1103 (11th Cir. 1994).

③ 102 F. 3d 609 (D. C. Cir. 1996).

④ 491 U. S. 440 (1989).

⑤ Id. at 461.

在 Cheney v. United States District Court for the District of Columbia[1] 案中，最高法院讨论了但是并未完全解决有关《联邦咨询委员会法》（FACA）含义和适用范围的问题。公共利益组织提出投诉，认为副总统所组织的一家咨询小组应当遵守《联邦咨询委员会法》。该小组的正式成员都是联邦政府雇员，因此可以豁免适用《联邦咨询委员会法》，但是原告认为，该小组也包括了 Association of Physicians & Surgeons v. Clinton[2] 案中哥伦比亚特区巡回法院所提出的“事实上成员”原则意义上的成员。地区法院向副总统签发了要求提供材料的证据开示裁定，法院认为这将有助于帮助其判断该小组是否包含作为该咨询委员会事实上成员的来自私人部门的个人（Private individual）。副总统向巡回法院申请执行职务令，以求推翻或者缩小地区法院证据开示命令的范围，但是巡回法院拒绝签发这一令状。最高法院推翻了这一裁定，发回重新审理并指令要求巡回法院处理执行职务令的
397 申请并在判断是否签发执行职务令时考虑权力分立的问题。多数意见并未解决有关《联邦咨询委员会法》的范围和含义的任何问题，但是其强调了需要保护总统获取建议所需的程序保密性和保护行政分支免于不合理负担，这表明最高法院不太可能会接受类似事实上成员原则的原则。在协同意见中，Stevens 大法官更有针对性地表达了对于这一原则的怀疑。他指出该原则是“新颖的”，并且补充了一项脚注：

有的书面问答（interrogatories）或者当面问答（depositions）也许已经确定……是否有任何非政府雇员投票表决……该委员会报告初稿中的建议。在我看来，只有这种性质的实体性参与才足以为将非政府雇员归类为事实上的委员会成员提供正当理由。

在发回重新处理时，全席审理的哥伦比亚特区巡回法院将《联邦咨询委员会法》解释为只有在主席赋予各委员在委员会决策中拥有一票，或者对委员会的决定有否决权时，这个人才能成为咨询委员会的成员。法院指出，如果它将《联邦咨询委员会法》解释为允许法院利用其他标准支持个人属于总统办公机构内部设立的委员会成员的结论，它将引发严重的权力分立问题，因而受此影响作出这一解释。法院根据需要排除了在 Association of Physicians & Surgeons 案中提出的“事实上成员”的原则。

□ 根据《联邦咨询委员会法》作出的决定的可审查性

在 Colorado Environmental Coalition v. Wenker[3] 案中，第十巡回法院解决了根据《联邦咨询委员会法》作出的三类决定的可审查性的争议。首先，存在争议的合议庭多数成员认为，一项规则规定任何提名担任咨询委员会委员都必须附带提供推荐信，行政机关违反该规则的行为是不可审查的。由于该规则并未明确规定行政机关必须赋予这些信函以怎样的权重，也没有限制行政机关对这些信函的信息收集，多数意见认为该规则的目的只是协助行政机关的决策程序，并不是希望向个人提供程序性的福利。其次，第十巡回法院也不同意第五巡回法院的看法，认为《联邦咨询委员会法》§5（b）（3）并未创设具有可司法性的标准。该条试图禁止咨询委员会“受到任命权或者任何特殊利益的不当影响……”法
398 院指出，咨询委员会不可避免地受到任命权和众多特殊利益的“影响”，并认定法院无法区分必不可少的合理影响和受禁止的“不适当影响”。最后，第十巡回法院同意哥伦比亚

① 124 S. Ct. 2576（2004），参见§2.4和§5.11。

② 997 F. 2d 898 (D. C. Cir. 1993).

③ 353 F. 3d 1221（10th Cir. 2004).

特区巡回法院、第五巡回法院和第十一巡回法院的意见，认为至少对于土地管理局（BLM）的规则中已经具体化的条款而言，《联邦咨询委员会法》§5（b）（2）并未规定具有可司法性的标准。§5（b）（2）要求咨询委员会的成员组成“就所代表的观点和所履行的职责而言是基本平衡的”。可以适用的土地管理局规则列举了必须在咨询委员会中得到代表的利益集团，并要求咨询委员会的组成符合这些规则中所描述的三种代表模型中的一种。 399

6 规则

§6.1 何为规则

许多重要的实体性或者程序性意义来自这样一个判断，即某项行政行为属于《行政程序法》意义上的“规则”。最重要的一类规则，即立法性规则，具有与法律相同的拘束力。除了规定的例外情形外，这种类型的“规则”只能在经过《行政程序法》§553 所规定的程序之后才能颁布，即发布拟议规则的通告，收到对拟议规则的评议并进行考量，然后颁布包含意见和目的说明的最终规则。①

正如 Frederik Schauer 所指出的，我们使用“规则”一词通常指代众多不同的现象。②即使将讨论背景限定在正式的法律用语层面，“规则”也具有超过一种的含义。众人皆知，法律可以创设行为“规则”。然而，我们也通常将裁决纠纷时所宣告的原则称为“规则”，401
例如，雪莱案规则（the Rule in Shelley's Case）* 。即使是一项裁决（adjudication）或者一系列裁决，也可以确立一项与法律规则的效力非常相似的原则，《行政程序法》对规则和裁决进行了明确的区分。这种区分同时具有实体和程序的意义。不幸的是，《行政程序法》中的定义也是不能让人满意的。

□《行政程序法》中的定义没有帮助

《行政程序法》§551（7）将“裁决”定义为“作出一项命令（order）的行政过程”。

---

* 该规则系限制财产权过分分割的一项规则。它是一种合并规则，即在一定的条件下将条件继受权与终身土地利益合并为完全所有权的转让。如转让条款中给甲终身所有权，若继受权属于甲的后裔，或甲享有的是限制性继承所有，则甲本人变成继受权的所有人。由于甲既拥有该地的终身所有权又拥有其继受权，因此，甲便拥有该地的完全所有权。——译者注

① 参见第 7 章。

② Schauer, "A Brief Note on the Logic of Rules, With Special Reference to Bowen v. Georgetown University Hospital", 42 *Admin. L. Rev.* 447 (1990). 有关“规则”可以采取的众多形式的讨论，参见本书 §17.3。亦可参见 Strauss, "The Rulemaking Continuum", 41 *Duke L. J.* 1463 (1992)。

《行政程序法》§551（6）将“命令”定义为“行政机关在一件除规则制定以外但是包含许可的事务中所作最终处分的全部或者一部分，无论其采取肯定、否定，禁止还是宣告的形式”。这种定义在区分裁决和规则制定的区分时毫无帮助，因为如果该定义不使用“除规则制定以外（other than rulemaking)”的术语，对裁决的定义将会包含规则制定。

□ 定义过于宽泛

《行政程序法》§551（5）将“规则制定”定义为“制定、修改或者取消一部规则的行政过程”。§551（4）将“规则”定义为“行政机关旨在实施、解释或者实践行政机关的要求而具有一般或者特殊适用性、未来效力的说明……”该定义面临两大重大问题。首先，正如哥伦比亚特区巡回法院所指出的，《行政程序法》对“规则”的定义，如果按照字面理解的话，范围宽泛，几乎足以包含行政机关在任何情况中所作的任何说明。[①]

□“具有特定适用性的”规则

其次，在《行政程序法》对“规则”的定义明确包含了“具有特定适用性”的规则，这也是让人混淆的。许多人都将规则理解为广泛适用于不特定的个人，而将“裁决”中所发布的命令理解为指向裁决中的特定当事人。§551（4）的立法史对增加这句话作了解释：“特别地对法律用语进行修改，从而既然具有‘一般’适用性的规则，也包含‘特定’适用性的规则，这是避免争议和确保调整针对特定个人（named persons）的规则制定所必需的。”[②] 但是，这种解释是让人疑窦丛生的，因为行政机关很少利用规则制定以针对“特定个人”，我们也难以想象这样一副场景，即规则制定将会是针对“特定个人”所独有的问题的更佳的处理程序。但是，这里的“或者具有特殊适用性”的短语，确实有助于解决一个一再发生的问题。规则可以适用于在规则发布之时仅由单个人所构成的不特定群体(generic class)，例如1990年发布的适用于最高法院所有女性大法官的一份“规则”。联
402 邦法院接受了行政机关的做法，即将这种规则定性为《行政程序法》意义上的“规则”[③]。当然，在某些情境中，行政机关可能受正当程序条款的要求所迫而采用了比通告评议的规则制定程序还要复杂的程序以颁布实际上只挑选出一人进行不利待遇的“规则”[④]。

□ 建议的定义

迄今为止还没有人提出一项能够完全令人满意的“规则”定义。两位早期的行政法学者所提出的两项定义只是和任何后来的建议一样成功把握了概念的含义，而它不能满足任何其他目的。规则制定，是指“颁布规定，或者作出决定，该决定是针对有指示但无指定名字的，或者非特定个人或者情形的”[⑤]。“立法与裁决相互区别之处在于，前者在抽象意

---

① 参见 Center for Auto Safety v. NHTSA，710 F. 2d 842，846 (D. C. Cir. 1983)；Batterton v. Marshall，648 F. 2d 694，700 (D. C. Cir. 1980)。

② House Report，p. 283 n. 1.

③ Anaconda Co. v. Ruckelshaus，482 F. 2d 1301 (10th Cir. 1973).

④ 参见本书第9章。

⑤ Fuchs，“Procedure in Administrative Rulemaking”，52 *Harv. L. Rev.* 259，265 (1938).

义上影响个人权利，并且必须适用于进一步的程序，任何特定个人的法律立场才会确定地受到影响；而裁决则是在个人的权能范围内对个人发挥具体作用 。”[1]

□ 不能对规则进行定义，很少引发问题

尽管区分规则制定和裁决存在困难，《行政程序法》的定义也不尽如人意，但是行政机关和法院在实践中还是很少碰到困难。行政机关很少为了宣告具有一般适用性的规则之外的目的采用规则制定，法院也很少对行政机关对于一个程序定性为规则制定还是裁决作出不同的处理。行政机关和法院都受到最高法院在 20 世纪初期为了正当程序的目的所划分的司法程序和政治程序的界限的指导。

在 Londoner v. Denver[2] 案中，最高法院认为，当城市政府拒绝对地产所有人质疑个别化的地产税（property tax）评估程序提供听证权利时，地产所有人被剥夺了正当程序权利。在 Bi-Metallic Investment Co. v. State Board of Equalization[3] 案中，地产所有人引用了 Londoner 案，以此支持其基于正当程序权利起诉同一市政府拒绝赋予其听证权的行为从而允许他对地产税的全面上涨提出质疑。最高法院在 Bi-Metallic 案中驳回了正当程序权利的诉求，并将该案区别于 Londoner 案，认为 Londoner 案“涉及相对较少的个人，他们受到特别大的影响，每个案件都基于单独的原因”。相比之下，在 Bi-Metallic 案中，“行为规则不是只适用于少数人”；它并未挑选出任何个人并根据每个人所特有的事实判断作出不利处理。最高法院接着借助 Londoner/Bi-Metallic 案的区分来确定何时正当程序条款要求举行裁决性听证。[4] 通过确定行政机关的“规则”属于 Bi-Metallic 案而不是 Londoner 403
案所调整的纠纷类型，法院常常感到容易默认行政机关将其行为定性为“规则”，因为适用于规则制定的通告评议程序超出了宪法所要求的用于 Bi-Metallic 原则的范围的程序。[5]

□ 巡回法院的判决意见

在 Sugar Cane Growers Cooperative of Florida v. Veneman[6] 案中，哥伦比亚特区巡回法院认为，农业部发布了一项项目实施通告，其中宣布可以适用于 2001 年糖类作物（sugar crop）的实物支付（payment-in-kind）项目，这一通告实际上构成了一项“规则”。实物支付项目规定了符合政府采购要求的糖的数量，符合投标要求的生产商，投标限制、投标程序，以及对参加企业未来种植数量超过 2001 年产量时的制裁条款。法院指出：“如果以规则之外的‘任何其他名称’来称呼这［一通告］，将是非常荒谬的。”

在 Paralyzed Veterans of American v. Secretary of Veterans Affairs[7] 案中，联邦巡回区上诉法院认为，退伍军人事务部总法律顾问所发布的一项意见不属于规则。退伍军人上诉委员会主席针对该委员会所受理的两起案件中的两项问题征求总法律顾问的意见。法院

---

① J. Dickinson，*Administrative Justice and the Supremacy of Law* 2 (1927).

② 210 U. S. 373 (1908).

③ 239 U. S. 331 (1915).

④ 例如 Minnesota State Board for Community Colleges v. Knight，465 U. S. 271，285 (1984)；Vermont Yankee Nuclear Power Corp. v. NRDC，435 U. S. 519，542 (1978) ；United State v. Florida East Coast Railway，410 U. S. 224，246 (1973)。

⑤ 参见第 9 章。

⑥ 289 F. 3d 89 (D. C. Cir. 2002).

⑦ 308 F. 3d 1262 (Fed. Cir. 2002).

认为，总法律顾问解决了这两项问题的备忘录不是一项规则，相反是“该部裁决退伍军人请求权的行政准司法程序的一部分”。

在 National Ass'n of Homebuilders v. Army Corps of Engineers① 案中，哥伦比亚特区巡回法院认为，陆军工程兵团批准的全国性许可证（national wide permit）——规定在一定条件下有些人可以排放疏浚吹填材料而无须获得单独许可证的——属于一项规则，而非裁决程序中发布的命令，因此陆军工程兵团必须在签发全国性许可证之前遵守《规制灵活度法》（the Regulatory Flexibility Act）。② 这一判决是模棱两可的。至少法院的推理内部并不一致。陆军工程兵团认为，全国性许可证不能成为规则，因为它们不是通过通告评议程序发布的。法院的回应则是通告评议程序只用于立法性规则。法院接着指出，全国性许
404 可证不是立法性规则，因为立法性规则是“授予权力、设定义务，或者产生其他重要影响的规则”。

但是，在该判决意见的下一段落中，哥伦比亚特区巡回法院指出，全国性许可证“授予权力、设定义务，或者对私人利益产生其他重要影响”。这两段话不可能都是正确的。法院接着只是用采纳行政机关将全国性许可证定性为“裁决［案件］”中发布的“命令”，而非“规则”，对有关全国性许可证的影响和未经过通告评议程序的结论进行了调和。

在 Qwest Services Corp. v. FCC③ 案中，哥伦比亚特区巡回法院判定，行政机关可以对一开始作为规则制定的程序进行分叉处理（bifurcate a proceeding），在裁决过程中通过发布确认裁决（declaratory order）解决该程序中出现的部分问题。法院指出，行政机关可以裁量决定在裁决案件过程中宣布宽泛的行为规则。行政机关对程序分叉处理的决定是回避禁止发布溯及既往的规则④的好办法。

在 Association of Irritated Residents v. EPA⑤ 案中，哥伦比亚特区巡回法院合议庭的两位法官支持了环境保护局和众多动物饲养业者（operators of animal feeding operations）达成的同意协议（consent agreements）* 是不受审查的行使公诉裁量权的行为。在每项协议中，动物饲养业者同意支付罚款但是没有承认它违反了任何法律或者规则，允许环境保护局对其排放进行监督，对动物饲养业者排放的测量方法开展的研究提供资助，以此作为换取环境保护局同意不在两年内对动物饲养业者提起公诉的条件。这些协议的签订是受极端的困难所迫，环境保护局已经努力测量动物饲养业者的排放量以确定他们是否违反了任何三部环境法律中的一部。多数意见认为，环境保护局决定与所有动物饲养业者达成完全一致的同意协议，并不构成未经通告评议程序制定的立法性规则，因为行政机关并未对任何企业豁免法律或者规制性规则的适用，而只是同意在同意协议的两年有效期内推迟对每家动物饲养业者提起公诉。多数意见认为，每份同意协议都属于环境保护局的执法裁量范围，每一份协议根据 Heckler v. Chaney⑥ 案都是属于不受审查的。持不同意见的法官则认为，与每家动物饲养业者签订内容完全一致的同意协议，构成了发布程序上无效的立法性规则，因为环境保护局事实上已经以未经授权的对违法排放的征税制度代替了法律上授权

---

* 双方当事人为了解决一项争议而签订的协议。——译者注

① 417 F. 3d 1272 (D. C. Cir. 2005).

② 有关《规制灵活度法》规定的讨论，参见 § 7.4。

③ 509 F. 3d 531 (D. C. Cir. 2007).

④ 参见 § 6.7 的讨论。

⑤ 494 F. 3d 1027 (D. C. Cir. 2007).

⑥ 470 U. S. 821 (1985).

的强制执行三部环境法的方法。 405

□ 规则类型

《行政程序法》将规则划分为若干类型。在 § 551 中对“规则”和“规则制定”作出界定之后，《行政程序法》在 § 553 中描述了规则制定程序。在制定一份规则时，行政机关必须完成三步走：发布拟议规则制定的通告；受到对拟议规则的评论并进行考虑，发布整合了对依据和目的的说明的最终规则。正如法院所解释和实施的，三步走已经变得非常漫长和耗费资源了。① 行政机关在颁布一份主要规则，就必须投入数年时间和数万工时（staff hours）。

□ 豁免适用的规则

§ 553（b）（A）对若干类型的规则豁免适用规则制定程序。这些豁免条款调整的范围包含一般性的政策声明、解释性规则、程序性规则、行政机关“有合理理由”不经过规则制定程序而发布的规则，以及适用于特殊主题（subject matter）（例如“军事或者外交”）的规则。②

□ 立法性规则

不属于上述任何豁免条款所规定范围的规则，就是传统上所指的“立法性规则”，以此区别于各种类型的豁免规则，并且体现它们所具有的较强的法律效力。立法性规则具有与法律等同的效力。③ 它们约束公众成员、行政机关以及法院。立法性规则可以超越州法的效力，违反立法性规则将使个人受到民事或者刑事处罚。

□ 定性纠纷

围绕规则的合理定性，产生了大量的诉讼。行政机关每年没有遵守三步走的规则制定程序而颁布了数万件规则。它们将这些规则定性为属于豁免类型中的一种，例如，政策声明、解释性规则或者程序性规则。每年，受到不利影响的当事人因为行政机关对规则的定性问题而提起的诉讼达到 100 件甚至更多。如果原告能够让法院确信，该规则属于立法性规则，而不是属于豁免条款规定范围的规则，规则可以没有法律效力。这样的“规则”常常被称作是程序上无效的规则，或者是“伪造的”规则。

□ 行政机关在各种规则类型之间的选择

在描述法院用来区分各种规则类型的复杂的法律体系之前，我们有必要将这一重要的纠纷类型放在行政机关发布各种类型规则的典型的行为方式的背景之中。行政机关通常会发布数百页篇幅的立法性规则，描述其所实施的规制或者福利计划的边界，包括其基本的

---

① 有关该程序的详细论述，参见 § 7.1 至 § 7.6。

② 我会在本书 § 7.10 中讨论合理理由的豁免以及客体豁免，在 § 6.3、§ 6.4 和 § 6.5 中分别讨论适用于政策声明、解释性规则和程序性规则的豁免条款。

③ 参见 § 6.6 的讨论。

406 决策标准。它接着以数千页的政策声明和解释性规则补充这些立法性规则，说明立法性规则未明确解决的大量细节问题。行政机关给它们的政策声明和解释性规则贴上了各种各样的标签，例如“指南”、“合规政策”、“手册”（handbook）、“操作手册”（manual）、“项目说明”以及“行动传达书”（action transmittal）。这些标签在法律上并不重要。对于《行政程序法》的立法目的来说，任何行政机关的宣告都具有一定的法律效力，这并不是裁决程序中发布的命令，它是某些类型的规则，而任何规则必须被定性为立法性规则、解释性规则、程序性规则或者政策声明。

有时，行政机关别无选择，只能以立法性规则来解决某一问题。[①] 但是，在大多数情况下，行政机关可以选择以立法性规则、解释性规则或者政策声明来解决问题。从行政机关的角度来看，这种在不同规则类型之间的选择是一种权衡的过程。立法性规则相比解释性规则或者政策声明，有更强的法律效力。然而，立法性规则常常需要投入多年时间和众多的工时之后才能发布。[②] 不是任何行政机关都有可能采用这种漫长和昂贵的发布立法性规则的程序，以确定和细致地解决在实施规制或者福利计划过程中产生的每一个问题。在Shalala v. Guernsey Memorial Hospital[③] 案中，最高法院描述了行政机关在各种规则类型中进行选择的过程产生的典型结果。医疗服务融资管理局（the Health Care Financing Administration）发布了长达620页的立法性规则，描述了它在确定根据联邦医疗保险项目（medicare program）补偿医疗服务提供者的金额时所用的复杂方法的基本内容。医疗服务融资管理局又用长达数千页篇幅的解释性规则、政策声明来补充立法性规则，以更为明确、具体和详细的方式规定众多问题。

□ 通过裁决发布规则

大多数行政机关还可以用另一种方式发布“规则”，即可以在解决特定的裁决性纠纷的过程中宣布一部新“规则”或者决定标准。联邦法院在宣告立法性规则与解释性规则或者政策声明之间的区分标准时，必须考虑这种替代方案的可能性。如果法院的判决使得行政机关很难发布解释性规则或者政策声明，行政机关将会要么被迫在使用漫长和昂贵的通告评议程序以发布立法性规则，要么使用裁决程序以宣布“规则”。在很多情况下，它们不愿意发布任何类型的规则，相反会借助裁决程序作为它们所使用的“规则”的主要渊
407 源。对于受规制和福利计划影响的公众成员会造成许多不利影响，也会对国家的政治和行政结构的健康造成不利影响。[④]

§6.2 行政机关发布规则的权力

行政机关拥有发布解释性规则、政策声明、程序性规则以实施其所负责执行的法律的固有权力。[⑤] 但是，行政机关只能通过发布立法性规则以创设具有法律拘束力的实体规则。

---

① 参见§6.9。
② 参见§7.4。
③ 514 U.S. 87 (1995)，参见§6.9的讨论。
④ 参见§6.8。
⑤ 参见 Skidmore v. Swift & Co.，323 U.S. 134 (1944)。

行政机关只有也仅在国会已经赋予其该权力的限度内拥有发布立法性规则的权力。[①]

□ 行政机关发布立法性规则的权力

许多法律明确地赋予或者不赋予发布立法性规则的权力。但是，有些法律的用词则是模棱两可。例如，1973 年时存在的《联邦贸易委员会法》（FTCA）就是一个绝佳示例。联邦贸易委员会主张《联邦贸易委员会法》已经赋予其发布立法性规则的权力，在 National Petroleum Refiners Ass'n v. FTC[②] 案中，哥伦比亚特区巡回法院支持了这一解释。该法包含了一项授权联邦贸易委员会（FTC）发布规则的条款，但是该项条款存在的背景是它只授权发布程序性规则，联邦贸易委员会在认为该项条款授权其制定立法性规则之前的几十年里也是这么解释的。在经过对规则和规则制定程序的众多优点的长时间讨论之后，哥伦比亚特区巡回法院认为，该法授权联邦贸易委员会发布立法性规则。哥伦比亚特区巡回法院指出，它的"职责……倾向于一种能够让法律设计更为有效的解释……"[③] 国会通过修改该法同意了哥伦比亚特区巡回法院的判决，但是该修正案也使得联邦贸易委员会极其难以制定立法性规则。[④]

□ 确定行政机关是否有权发布规则的其他方式

National Petroleum Refiners 案判决的陈年老调（vintage），法院日益采取更为正式、实证主义（positivist）的推理，以及晚近出现的更多讨论这一问题的判决，这些因素使得我们现在有必要对哥伦比亚特区巡回法院过去所采取的进路进行一番质疑。Kathryn Watts 和 Thomas Merrill 合作撰写的一份论证充分的文章中批评了哥伦比亚特区巡回法院的判决意见，认为在国会试图赋予行政机关发布立法性规则时，国会一直是在行政机关所实施的法律中包含了授权行政机关对违反行政规则的实体作出处罚，并且此种法律条款的 408
缺失本应促使哥伦比亚特区巡回法院认定联邦贸易委员会缺乏制定立法性规则的权力。[⑤] 法律部分由行政机关实施，部分由法院实施国会制定的法律，其实施常常主要依靠行政机关，部分依靠法院。因此，例如，行政机关实施的法律，赋予私人诉权的，要求法院在一定程度上介入对法律某些条款的解释和适用。[⑥] 这类法律经常会引发有关行政机关和法院之间权力分配的难题，例如，行政机关在大多数情况下负责实施法律的多数条款，是否可以制定在所有情况下的该法律的所有条款相关的立法性规则？法院在解决这类纠纷方面还没有一贯的做法。

□ 对行政规则制定权进行宽泛解释的判例

最高法院在 1973 年同一天内作出的三份判决，可以为我们提供一种司法进路的例子。

---

① 参见 United State v. Storer Broadcasting Co.，351 U.S. 192 (1956)；National Broadcasting Co. v. United States，319 U.S. 190 (1943)。

② 482 F. 2d 672 (D.C. Cir. 1973)，*cert. denied*，415 U.S. 591 (1974).

③ Id. at 689.

④ 参见 § 7.7 的讨论。

⑤ Kathryn Watts & Thomas Merrill，"Agency Rules with the Force of Law：The Original Convention"，116 *Harv. L. Rev.* 467 (2002).

⑥ 有关私人诉权的详细讨论，参见 § 19.6。

《食品、药品和化妆品法》（the Food，Drug，and Cosmetic Act）的 1962 年修正案要求食品药品管理局对于已经上市的“新药”撤回上市许可，如果食品药品管理局在进行听证后发现并没有实质性证据支持该药物功效的结论。该修正案要求食品药品管理局在两年内完成这项规模宏伟的任务。食品药品管理局在实施该修正案的努力中遇到了两大难题。首先，生产商不可避免地要求对药物功效问题举行举证式听证（evidentiary hearing）。食品药品管理局缺乏足够资源对它认为无效的每年数千种药物一一举行听证。其次，食品药品管理局撤回上市许可的权力仅限于“新药”。该修正案对新药所下的定义排除了“一般认为安全和有效的”药物。生产商认为，它们的药物中许多都不是“新药”，因为它们是“一般认为安全和有效的”，而且，食品药品管理局无权对此类药物启动撤回上市许可的程序，除非联邦法院已经认定该种药物不是“一般认为安全和有效的”。食品药品管理局缺乏足够资源以有效参与数以千计的，会产生这类法律解释的司法程序。

食品药品管理局试图通过发布立法性规则解释这类问题。该规则主要是对两个法律术语——“药物功效的实质性证据”和“一般认为安全和有效的”进行界定，参考了同样细致的对药物功效进行科学研究的一系列标准。如果该规则是有效的，食品药品管理局可以
409 用它作为依据对还没有经过这类科学研究的数千种药物撤回上市许可，而无须经过对药物功效的举证式听证或者说服联邦地区法院相信该药物不是“一般认为安全和有效的”。

药物生产商对食品药品管理局之规则的有效性提出质疑。生产商们承认，这部法律赋予食品药品管理局发布立法性规则的权力。但是，他们认为，该案讼争的这项规则在三个方面超越了食品药品管理局的职权：

（1）食品药品管理局不能以排除生产商根据该法所赋予的有关药物功效的举证式听证的方式对药物功效性的实质性证据进行界定；

（2）即使食品药品管理局可以这么界定药物功效的实质性证据，其定义也不能适用于区分新药和旧药的法律术语——“一般认为安全和有效的”，因为该术语显然是指向药物功效的声誉；

（3）只有法院可以通过适用管辖权标准——“一般认为安全和有效的”，以判断一种药物是新药还是旧药。

第四巡回法院对所有这些问题都得出了对食品药品管理局不利的裁判，认为该规则因为其制定目的而无效。该巡回法院判定，除了其他问题以外，食品药品管理局在试图通过制定规则对国会试图让法院来界定和适用的一项法律术语进行界定，超越了其职权。[①] 该巡回法院通过主要借助对该法中每个相关术语赋予具体、字面含义的努力这样一种解释方法，对食品药品管理局的规则制定权进行了限定解释。

最高法院以一致意见推翻了该巡回法院的判决，而全面支持了食品药品管理局的立场。[②] 最高法院对食品药品管理局的规则制定权进行了宽泛解释，在该法中的模糊用语解释时主要关注各种不同解释的实际后果。最高法院之所以这么做，是因为它认为允许单一、专业的行政机关发布广泛的规则，对一部复杂的规制性立法中的所有相互关联的条款
410 进行解释，具有重大的职能优势。这三份判决意见中每一个段落都体现了这种实用主义的方法：

---

① Bentex Pharmaceuticals，Inc. v. Richardson，463 F. 2d 363（4th Cir. 1972）；USV Pharmaceutical Corporation v. Richardson，461 F. 2d 223（4th Cir. 1972）；Hynson，Westcott & Dunning，Inc. v. Richardson，461 F. 2d 215（4th Cir. 1972）.

② USV Pharmaceutical Corp. v. Weiberger，412 U. S. 655（1973）；Weiberger v. Bentex Pharmaceuticals，Inc.，412 U. S. 645（1973）；Weiberger v. Hynson，Westcott & Dunning，Inc.，412 U. S. 609（1973）.

我们的任务……根据立法政策和目的……赋予该法“可能的最为和谐、全面的含义”①。

在确认和解释作为法律问题的基础之情形时，通过初步求助于在专业化、通过经验积累获得认识，以及更为灵活的程序而比法院更适合处理的行政机关，以确保法律赋予特定行政机关的对行业进行规制的统一性和一贯性……②

但是，缓慢、笨拙的（逐案裁决）方法显然不能满足需要。我们不认为国会会有这种自我挫败（self-defeating）的目的。③

在 Lopez v. Davis④ 案中，六位大法官出具的多数意见认为，行政机关发布的规则可以确定性和无条件地（categorically）解决某些问题，即使法律设想的是一系列个体化的决定（individualized determinations）。该法规定，如果因非暴力犯罪而被定罪的犯人完成毒品治疗项目（drug treatment program），监狱管理局（the Bureau of Prisons）“可以”对犯人最多减少一年刑期。该规则完全地剥夺了任何之前因为暴力犯罪而被定罪的犯人或者因持有危险武器而被定罪的犯人享受减刑待遇的资格。被该规则剥夺减刑资格的犯人认为，该规则是无效的，因为国会原来设想的是监狱管理局会在逐案审查的基础上决定一名犯人是否符合减刑的资格，并且国会默示地禁止了监狱管理局在决定每起案件时考虑其定罪前的行为。多数意见驳回了所有这两项主张。它的理由是监狱管理局可以发布规则，根据它认为犯人被定罪前的行为表明他们对社会构成特殊风险的看法而完全地排除某些类型的犯人提前释放的资格。多数意见提出下列一般性结论：

即使是法定的计划要求具体化的决定……决策者有权采用规则制定程序解决若干具有 411
普遍适用性的问题，除非国会明确表达了保留这一职权的意图……Lopez 所要求的这一方法——对每年数以千计的案件进行逐案决定……可能导致偏袒（favoritism）、一盘散沙（disunity）和不一致。监狱管理局不需要对可以通过一次规则制定程序公正高效地加以明确的问题持续地重新审查（revisit）。

三位持不同意见的大法官则认为，监狱管理局需要逐案审查作出是否符合资格的决定，不能完全地排除考虑任何符合法律上的资格标准的犯人。但是，即使是持不同意见的大法官也承认，监狱管理局可以发布规则，规定比法律上的资格标准更加严格的具有约束力的标准。持不同意见的大法官提出下列一般性结论：

如果最高法院今天认定该案讼争的规则无效，其判决并不会排除监狱管理局通过对减刑申请适用于的统一的审查标准。该判决也不必然排除监狱管理局对于某些定罪后的标准赋予决定性的（dispositive）权重，或者对定罪前的标准赋予准决定性的权重。

在 Arrington v. Daniels⑤ 案中，第九巡回法院认为，最高法院在 Lopez 案中所判决的临时性规则的最终版本是武断和恣意的。监狱管理局试图支持完全地排除犯有暴力犯罪的犯人的资格，理由有二：这类犯人会比其他类型的犯人对公共安全构成更大的威胁，以及适用资格标准时需要具有统一性。第九巡回法院认定，第一项理由并不能从记录中得到支持，而第二项标准是不充分的。第九巡回法院试图与 Lopez 案加以区分，但是其判决和推理与 Lopez 案多数意见的判决和推理相互矛盾。

各个巡回法院已经在对另一项监狱管理局的规则提出质疑的案件中对 Lopez 案的含义

---

① 412 U. S. at 631.

② 412 U. S. at 654.

③ 412 U. S. at 665.

④ 531 U. S. 230 (2001).

⑤ 516 F. 3d 1106 (9th Cir. 2008).

和适用范围进行了讨论。法律规定，监狱管理局为了监禁犯人，“可以指定任何可得的刑罚或者矫正机构（penal or correctional facility）”。该法律列举了监狱管理局在作出犯人安置（placement）决定时需要考虑的五项因素。在发布这项受到质疑的规则之前，监狱管理局经常将犯人转移到“社区监禁场所”（community confinement），也就是一种中途之家（a halfway house），执行其最后的 6 个月刑期。如果刑期是 6 个月或者不足 6 个月，则犯人经常在看守所度过整个刑期。监狱管理局停止了这种做法，发布规则规定所有犯人除非
412 在另外的监所设施度过 90%刑期之后才能转入看守所。除非已经度过 90%的刑期，就没有资格转入看守所，犯人们对这一规则提出了质疑，理由和 Lopez 质疑减刑规则相同。第一巡回法院在 Muniz v. Sabol① 案基于 Lopez 案中的解释支持了这一规则。另外四家巡回法院判定该规则无效，但是在每起案件中合议庭意见都存在分歧。②

□ 对行政机关规则制定权进行狭义解释的案件

在 Adams Fruit Co. v. Barrett③ 案中，最高法院在解释行政机关的规则制定权的范围时，采取了相当吝啬的方法。Adams Fruit 案是为了强制执行《移民和季节性农业工人保护法》（the Migrant and Seasonal Agricultural Worker Protection Act）的一项条款的私人诉讼。《移民和季节性农业工人保护法》§1841（b）（A）授权劳工部（the Department of Labor）发布调整雇主为农业雇员提供的安全交通的规则。《移民和季节性农业工人保护法》§1854 授权农业雇员针对其雇主提起私人诉讼，要求获得因为违反《移民和季节性农业工人保护法》或者劳工部为了实施该法而发布的规则而应承担的损害赔偿。雇主 Adam Fruit 公司认为，它不必根据《移民和季节性农业工人保护法》承担责任，因为 Barrett 有权根据佛罗里达州的工人补偿立法获得赔偿。按照劳工部已经发布的一部规则，如果雇员可以根据州内的工人补偿立法获得补偿，雇员就不能再基于《移民和季节性农业工人保护法》提起的私人诉讼中寻求获得损害赔偿。最高法院认为，尽管 Barrett 可以根据州内的工人补偿立法和劳工部的规则获得损害赔偿，但是 Barrett 还是有权根据《移民和季节性农业工人保护法》寻求损害赔偿。最高法院认为，《移民和季节性农业工人保护法》的“平常含义”排除了 Adams Fruit 所要求并且在劳工部的规则中所采纳的法律解释。最高法院也推理指出，对于《移民和季节性农业工人保护法》的私人诉权条款，“征询行政解释是不合适的”，因为国会默示地授权法院解释该项条款，规定“当他们依据该法所享有的权利受到侵犯时，受害的农业工人可以直接向联邦法院起诉”。Adam Fruit 案的判决意见和理由在许多方面都是值得质疑的。这一判决意见反映了巡回法院在食品药品管理局（FDA）诸案中所采取的方法，而不是最高法院在那些案件中所采取的方法。

最高法院认为，劳工部的规则是越权的（ultra vires），理由有二：其一，它认定，尽管劳工部表明自己有权发布规则以实施《移民和季节性农业工人保护法》§1841，但是国会通过赋予法院对根据《移民和季节性农业工人保护法》§1854 提起的私人诉讼的管辖
413 权，默示地赋予法院对《移民和季节性农业工人保护法》§1854 进行解释的专属性权力。最高法院通过引用在《移民和季节性农业工人保护法》§1841（d）中所包含的有限赋予规则制定权，而支持了这一结论。最高法院忽略了与劳工部是否有权发布规则实施《移民

---

① 517 F. 2d 29 (1st Cir. 2008).

② Wedelstedt v. Wiley, 477 F. 3d 1160 (10th Cir. 2007); Levine v. Apker, 455 F. 3d 71 (2d Cir. 2006); Fults v. Sanders, 442 F. 3d 1088 (8th Cir. 2006); Woodall v. Bureau of Prisons, 432 F. 3d 235 (3d Cir. 2005).

③ 494 U. S. 638 (1990).

和季节性农业工人保护法》§1854 有关的该法另外两项条款。《移民和季节性农业工人保护法》§1861 规定劳工部有权"根据实施本章规定的需要发布规则或者规章……"这里所指的"本章"同时包括§1841 和§1861。因此，最高法院的判决主旨，即国会默示地排除了劳工部为了实施§1854 而发布规则的权力，与明确授权劳工部发布§1861 中规定的此类规则之间是自相矛盾的。而且，§1854 授权针对"违反本章或者根据本章而制定的任何规定"提起私人诉讼，在 Adams Fruit 案中的私人诉讼就是基于违反了劳工部的规则。最高法院认定，"征询行政机关对于§1854 的解释是不合适的"，当§1854 是通过参考吸收了劳工部的规则的时候，以及所讼争的根据§1854 提起的诉讼，是基于违反了劳工部的规则的时候，这一规定就存在漏洞（hollow ring)。

其次，最高法院认定，在 Adams Fruit 案中存在争议的劳工部规则，其制定是为了实施《移民和季节性农业工人保护法》§1854，而不是§1841 的规定。这一结论充其量是可以质疑的。§1841（b）（1）对运送雇员的农业雇主规定了三项要求。雇主必须：(1）遵守劳工部的安全交通规则；(2）确保驾驶员有操作的驾照；(3）有实际有效的保单投保雇主对于所运送雇员受伤所应承担的责任。但是，§1841（c）取消了§1841（b）(1)（c）所设定的责任保险要求，如果雇主提供给雇员的工人补偿范围适用于雇员在由雇主运送过程中所遭受的伤害。劳工部的规则禁止有资格享受工人补偿的雇员申请获得根据§1854 所享有的损害赔偿，这看起来是通过明确责任、责任保险和工人补偿范围（workers' compensation coverage）之间的关系实施§1841 的规定。

在§1841 中，国会明确地规定如果雇员获得的工人补偿在范围上相当于强制责任保险，那么该雇主可以免除投保责任保险的法定义务，从而将责任保险和工人补偿保险联系在一起。劳工部得出一条符合逻辑的推论，即国会构想的是工人补偿保险和潜在的过错责任之间的更广泛的联系，也就是说，农业雇主和州可以通过协议以无过错工人补偿的确定性替代寻求基于过错的诉因的权利。每个州都在很早以前就认定，向雇员提供确定、迅 414
速、费用低廉的无过错工伤补偿保险而非侵权法所提供的冗长、有风险、昂贵的基于过错的诉因，可以促进雇员的私人利益和职业安全的公共利益。但是，许多州不愿意将这种更优的救济途径提供给农业雇员，从而造成了不幸的后果。

农业是美国最为危险的职业。工人补偿立法提高了雇主改进安全状况的激励。正如 DOL 所解释的，《移民和季节性农业工人保护法》授权劳工部提供激励，规定如果雇主和州采取措施让农业雇员可以获得判给工人补偿金，就可以让雇主豁免可能的过错责任，从而让这种非常有益的法律制度惠及农业雇员。国会对于 Adams Fruit 案中法院判决的反应，表明劳工部对于《移民和季节性农业工人保护法》的解释是合理的。1992 年，国会修改了《移民和季节性农业工人保护法》，从立法上推翻了 Adams Fruit 案的判决，明确否认有资格获得判给州工人补偿金的任何人有权行使§1854 规定的诉权。

从最现实的角度来看，劳工部制定的规则是为了实施§1841 和§1854。与法律条款授权私人诉讼以强制执行行政机关实施的立法的情形一样，§1854 在很多方面与《移民和季节性农业工人保护法》的其他条款关系密切，包括§1841。首先，§1854 允许对违反为了实施§1841 而制定的劳工部的规则的行为提起诉讼。其次，§1854 谈到了责任问题，而§1841（b）和§1841（c）谈到了关系密切的责任标准、强制责任保险和工人补偿保险等问题。再次，因为劳工部按照法律要求，应当同时保护工业雇员的安全和避免对农业雇主设定过度的负担，它就不能忽略大量证据可以证明以工人补偿制度替代过错责任制度能够最为有效地促进这两项目标。

□ 行政机关应当有权发布适用于私人诉权的规则

§1841 和 §1854 之间存在的密切的功能联系，可以大致加以归纳。在规制性立法中的私人诉讼条款通常以各种方式与其他法律中的条款互动，使得授权一家机构界定与私人诉权范围有关的法律术语是更为可取的。[1] 不仅如此，国会通常在规制性立法中包含有一
415 个条款，赋予行政机关足够宽泛的规则制定权，以支持法院的判决意见，即行政机关有权发布法院必须在解决涉及法律解释的私人纠纷中适用的规则。《移民和季节性农业工人保护法》§1961 授权行政机关发布规则以实施《移民和季节性农业工人保护法》所有条款，包括私人诉权条款。除了 Adams Fruit 案这一例外之外，最高法院一直将这类条款解释为赋予行政机关以广泛的权力，使得行政机关可以发布在私人诉讼中对法院有拘束力的规则，只要该规则能够在采取尊重态度的司法审查中不会被推翻。

□ 可以质疑的 Kelley 案判决意见

在 Kelley v. EPA[2] 案中，哥伦比亚特区巡回法院存在分歧的合议庭以 Adams Fruit 案作为依据，判决环境保护局（EPA）的一项主要规则无效。《综合性环境反应、补偿和责任法》（the Comprehensive Environmental Response，Compensation，and Liability Act）是一部复杂的立法，该法旨在清理美国境内数千处危险废弃物处理场（hazardous waste disposal sites）。环境保护局是负责实施《综合性环境反应、补偿和责任法》的主要部门。环境保护局有权确定处理场，确认“潜在责任主体”（Potential Responsible Parties），并且确定所需要的清理该处理场的工作的性质。然后，环境保护局在两种救济手段中选择一种。在有些情况下，它给“潜在责任主体”一定的时间同意签署承担清理处理场责任的协议。如果“潜在责任主体”不愿意签署该协议，则环境保护局承担该项工作，并要求“潜在责任主体”承担该清理工作的费用。环境保护局所采取的许多对“潜在责任主体”不利的行为都得到处理（settled），但是“潜在责任主体”可以通过反对环境保护局认为它属于责任主体的观点而寻求完全避免这一责任，还可以通过证明环境保护局关于该清理处理场工作范围的决定是武断和恣意的，以试图减少其责任金额。复审法院对环境保护局根据《综合性环境反应、补偿和责任法》所采取的行动赋予与大多数行政机关一样的高度尊重。

在《综合性环境反应、补偿和责任法》的实施过程中，法院还可以扮演另外一种角色。该法 §107 授权任何承担了清理费用的人，包括环境保护局提起私人诉讼以从任何其他责任主体那里得到公平的责任分摊。每年法院所受理的根据《综合性环境反应、补偿和责任法》提出的责任分摊诉讼（contribution actions）就多达数百起。

《综合性环境反应、补偿和责任法》的实施结果让人失望。该法通过 10 年后，《综合性环境反应、补偿和责任法》所规定的处理场得到清理的不足 1%，虽然该法的实施成本总数已经高达数百亿美元之巨。大量的实施成本是体现为律师费，只有一小部分被用于清理处理场。[3]

《综合性环境反应、补偿和责任法》的实施结果让人失望，很大程度上要归因于根据

---

① 参见 Pierce，“Agency Authority to Define the Scope of Private Rights of Action”，48 *Admin. L. Rev.* 1 (1996)。

② 15 F. 3d 1100 (D. C. Cir. 1994)。

③ 参见 Action &Dixon，“Superfund and Transaction Costs (1992)；Elliott，Superfund: EPA Success，National Debacle”，6 *Nat. Res. & Env't* 11 (Winter 1992)。

该法§107所提起的私人诉讼而引发昂贵、漫长和复杂的诉讼。法院在那些案件中已经发 416
布了数十份模糊、矛盾的判决意见。特别是，不同法院对“所有者或者运营者”（owner or operator）这一术语作出了完全不同的解释。① 这一术语在《综合性环境反应、补偿和责任法》中出于不同目的而多次出现。各法院对这一术语所作的解释相互矛盾，已经大幅增加了该法的实施成本，使得处理该法相关的案件更加困难，导致每个处理场都面临漫长、复杂的诉讼。司法机关所作的存在众多矛盾的解释，让人们不愿意购买处理场的股份或者向该处理场的所有人或者运营者发放贷款，也使得我们更难以清理处理场。

对于司法判决意见中存在的众多矛盾和难以解释之处而导致的严重问题，环境保护局作出了回应，试图启动规则制定程序对“所有者或者运营者”这一术语进行解释。《综合性环境反应、补偿和责任法》§115赋予环境保护局“颁布为了实施本分章的条款所必需的任何规定”的权力。§115所指的该分章包括了定义“所有者或者运营者”的条款和授权私人责任诉讼的条款，以及许多其他为了各种其他目的而使用“所有者或者运营者”这一术语的条款。在征询所有利害关系人的评论并进行考虑之后，环境保护局发布了一份规则，其制定目的是为了满足《综合性环境反应、补偿和责任法》的所有目的，包括私人责任的确定，而对“所有者或者运营者”进行界定。该规则详细涉及了由于先前法院划分豁免债权人和所有者之间界限的努力所引起的所有疑难问题，以及在行政机关和法院试图划定所有者和其他法律规定豁免责任的各类主体之间的界限而引发的众多问题。

哥伦比亚特区巡回法院的合议庭中两位法官提供的多数意见认为，环境保护局无权基于《综合性环境反应、补偿和责任法》中由司法机关负责实施的责任条款的目的，而通过制定立法性规则或者解释型规则对“所有者或者运营者”进行界定。多数意见援引了Adams Fruit案以支持其观点。多数意见的理由是，国会赋予法院裁决《综合性环境反应、补偿和责任法》责任纠纷的职责，已经默示地授权法院为了《综合性环境反应、补偿和责任法》之责任归结的目的而对“所有者或者运营者”进行界定。这一推理内容宽泛，足以适用于所有其他既在适用《综合性环境反应、补偿和责任法》之责任条款的司法判决，也在环境保护局实施《综合性环境反应、补偿和责任法》的程序中具有法律效力的法律术语。《综合性环境反应、补偿和责任法》所使用的大多数法律术语，在这两种情况下都具
有意义。而且，这一推理内容宽泛，足以包含几乎所有赋予私人诉权的其他规制性立法， 417
如果法院在解决私人诉讼时必须适用该条款的话。

在Kelly案中持不同意见的法官将该案与Adams Fruit案进行了区分。这两起案件至少可以基于以下两点理由进行区分。首先，环境保护局在实施《综合性环境反应、补偿和责任法》的过程中界定和适用“所有者或者运营者”，只能基于独立于该法的私人诉权条款的众多目的。相反，我们至少可以说，Adams Fruit案中讼争的劳工部的规则，其目的只是对根据《移民和季节性农业工人保护法》提起私人诉讼的条件进行界定。其次，最高法院在Adams Fruit案中对劳工部的规则制定权范围所作的讨论，属于法官附带意见。因为最高法院认定劳工部对《移民和季节性农业工人保护法》的解释与该法的“平常含义”不一致而拒绝采纳该解释，最高法院本来应该得出同样的结论，即使最高法院认定劳工部拥有发布规则的法定职权，可以以符合该法规定的方式对私人诉权的范围进行界定。

Kelly案中持不同意见的法官并没有选择只是说Adams Fruit案是判决错误，推理不充分的，而是选择对Adams Fruit案和Kelly案多数意见进行了最为精确的概况。这两起

---

① 参见Howard & Gerard，“Lender Liability Under CERCLA: Sorting Out the Mixed Signals”，64 *S. Cal. L. Rev.* 1187 (1991)。

案件的推理和判决意见，与最高法院在 1973 年判决的 FDA（食品药品管理局）三案（trilogy）和更为晚近的众多其他私人诉权案件中的推理和判决意见之间是不一致的。[①] 如果一部法律是主要由行政机关所实施，而部分是由法院通过裁决私人诉权案件加以实施的，并且法律赋予该行政机关广泛的规则制定权，那么我们应当认为该行政机关有权发布立法性规则，基于各种目的对这部法律的所有条款，包括私人诉权，进行解释。唯有如此，这样的法律之实施才能实现让人容忍的统一性、一致性和交易成本得到实施。[②] 除了在思虑不周的 Adams Fruit 案之外，最高法院已经在解决这一问题的每起案件中承认了这一现实。

在 Massachusetts v. Blackstone Valley Electric Co. [③] 案中，第一巡回法院承认了行政规则在私人诉权案件中具有的极端重要性。马萨诸塞州（Massachusetts）根据《综合性环境反应、补偿和责任法》提起了私人诉讼，要求分摊有害物质，也就是被告企业所产生的氰化物的清理费用。按照在《综合性环境反应、补偿和责任法》之实施规则所规定的定义，该企业提出抗辩，认为它们所排放的物质并不符合“氰化物”的定义，因此也不符合
418 “有毒物质”的定义。地区法院认为，在缺乏专家证言的情况下，它无法判断构成氰化物的物质是否属于该规则对“有毒物质”的定义范围。一些杰出的专家为这一议题提供了有强有力支持的、但是前后不一致的不同观点。地区法院的法官作出了支持 Massachusetts 案的判决。第一巡回法院撤销了该判决，指令再审，要求按照首先管辖权（primary jurisdiction）原则将该问题交给环境保护局来解决。[④] 第一巡回法院认定它不可能通过适用环境保护局的规则来判断该物质是否属于氰化物，因为科学家对这一问题的观点也不一致。第一巡回法院批评环境保护局未能发布规则，对公众提供该物质是还是不是“有毒物质”的明确提示。需要指出的是，Blackstone 案中的推理和判决意见与哥伦比亚特区巡回法院在 Kelly 案中的判决意见和推理存在内在的矛盾。

联邦法院应当抛弃 Kelly 案和 Adams Fruit 案中的推理和判决意见，转而采纳 Blackstone 案和“食品药品管理局（FDA）三案”，以及许多其他有关强制执行由行政机关实施之法律的私人诉权案件中的推理和判决意见。[⑤]

§ 6.3 规则与政策声明之间的区分

□ 四点差别：程序、拘束力、可审查性以及尊重程度

立法性规则和政策声明之间存在四点主要差别。其一，除了特定的情形，行政机关不能未经通告评议程序即颁布立法性规则；相比之下，《行政程序法》§ 553（b）特别对一般性政策声明豁免了通告评议程序的要求。其二，有效的立法性规则具有与法律相同的拘束力；一般性政策声明不具有对公众和法院的拘束力。一般性政策声明也不能由司法机关

---

① 例可参见 § 19.6 讨论的 Wright v. City of Roanoke Redevelopment Housing Authority，479 U.S. 418，432 (1987)。

② 参见 Pierce，*Agency Authority to Define the Scope of Private Rights of Action*，48 Admin. L. Rev. 1 (1996)。

③ 67 F. 3d 981 (1st Cir. 1995).

④ 参见第 14 章。

⑤ 参见 § 19.6。

针对行政机关强制执行的。[①] 其三，许多立法性规则在适用于具体情况之前可能需要接受司法审查；大多数政策声明则抽象地说是不需要接受司法审查的。这第三点区别属于一般性结论，存在两点例外：有些立法性规则直到适用于具体情况时才具有可审查性（reviewable）*，而有的一般性政策声明则具有可审查性。对于规则和政策声明是否具有可审查性，需要根据成熟性、穷尽性和最终性等一系列复杂的原则确定。[②] 其四，法院赋予立法 419
性规则相比政策声明更高程度的尊重。立法性规则如果是“合理的”，法院就必须予以支持；政策声明则只有在被认为是“有说服力的”时，法院才会赋予其效力。[③]

□ 对公众有拘束力的政策声明属于规则

很多规则属于一般性政策声明的事实，例如“作为一个政策问题，行政机关已经认定所有被规制者必须……”因此要在“规则”和“一般性政策声明”之间进行区分是一件非常复杂的任务。为了确定行政机关必须适用的程序，以及为了适用成熟性、最终性以及穷尽性原则以判断一份政策声明是否具有可审查性，法院根据政策声明是否对于公众具有拘束力，对规则和政策声明进行了区分。因此，对私人主体具有拘束力的一般性政策声明，从程序的目的和司法审查的目的上来看属于规则而非一般性的政策声明。

□“拘束力”标准

联邦法院有时在适用“拘束力”的区分标准时遇到了困难。造成这个困难的原因通常是行政机关在表示它希望它的政策声明具有的效力时所选择使用的语言。行政机关有时在一段文字中以命令式的语句表达它所希望该声明具有的效力，例如“被规制者必须（must）”，但是在另一段文字中又以倾向性的语言表达其希望的效力，例如“被规制者应该（should）”。行政机关的声明之所以存在模糊，常常是因为它态度草率和优柔寡断。有时，行政机关之所以使用了模糊和不一致的用语，是因为它没有注意对文字的选择，或者说是不确定是否需要让其声明具有拘束力。因为草率和优柔寡断而导致的模棱两可，很容易让法院判断行政机关的意图时出现误判。为了消除模糊问题，法院除了根据行政机关所提供的不完整、缺乏定论的证据，别无选择。

行政机关的声明存在的模糊，有时是出于策略性目的而有意设置的。行政机关可能希望发布一份具有拘束力的政策声明，而无须遵守对立法性规则适用的通告评议程序，也回避法院通常对立法性规则进行的“刨根问底和仔细的”司法审查。为了达到这种不正当的策略性目标，行政机关可能故意使用模棱两可和前后不一致的文字，以希望被规制者能够认为其声明具有拘束力，同时希望法院将该声明定性为一般性政策声明，而免受司法审查、豁免通告评议程序要求。 420

“拘束力”标准的美妙之处在于它能够挫败行政机关为了实现不正当策略性目标而采用模糊战术的企图。法院可以将用词模糊的声明解释为具有拘束力，或者不具有拘束力，而行政机关则不能再左右逢源。如果法院认定，行政机关的声明在某种重要方面是具有拘

---

* 具有可审查性，也可以译为“可受（司法）审查的”。——译者注

① Rinaldi v. United States, 434 U. S. 22 (1977); United States v. Alameda Gateway, Ltd., 213 F. 3d 1161 (9th Cir. 2000).

② 参见第 15 章的讨论。

③ 参见 Christensen v. Harris County, 529 U. S. 576 (2000)，在§3.5 和§6.4 中有更详尽的讨论。

束力的，它就会认为该声明是一部“规则”，必须通过采用规则制定程序才能颁布，还可能和任何其他规则一样可能接受司法审查。反之，如果法院认为该声明是一般性政策声明，法院就不会允许行政机关赋予其声明针对公众的拘束力。

□ 作为例证的案件

Pacific Gas & Electric Co. v. FPC[1] 案可以“拘束力”标准的绝佳例证。联邦动力委员会（the Federal Power Commission）发布了一份一般性政策声明，描述了在天然气短缺时在不同消费者之间分配天然气的优先次序表（priority schedule）。联邦动力委员会明确否认了这些拘束力会约束任何人的意图。但是，政策声明的有些段落的文字向不“遵守”这份非拘束性的政策声明的被规制者传达了隐藏的威胁。这份政策声明的文字充斥着各种冲突，让法院费尽心思；法院最后决定相信联邦动力委员会对拘束力的明确否认，尽管声明的若干段落中包含了其企图具有拘束力的强烈暗示的文字。但是，同时，法院强调指出，联邦动力委员会不能以任何赋予拘束力的方式使用它的声明。

□ 规则和政策声明具有不同效力

Pacific Gas & Electric 案的判决意见准确地归纳了“规则”和“一般性政策声明”的区别：

> 一般性政策声明，既非规则制定行为的产物，亦非裁决行为的产物；它既非规则，亦非先例，而只是对公众所作的，行政机关希望在未来的规则制定或者裁决中实施的政策的宣告。一般性政策声明，类似新闻发布会，预言未来的规则制定，或者宣告行政机关希望在将来的裁决行为中遵循的做法。[2]

哥伦比亚特区巡回法院还对实体性规则与政策声明进行了区分：

> 正确通过的实体性规则，确立了具有法律效力的行为标准……另一方面，一般性政策声明，并未制定“拘束力的规范”。对于它所要解决的问题或者权利，它并不是具有最终
> 421 确定性的。行政机关不能适用或者借助一般性政策声明作为法律规则，因为一般性政策声明只是宣告了行政机关希望确立为政策的事项。政策声明宣告的是行政机关未来的试验性意图（tentative intentions）。[3]

□ 行政机关的意图是决定性的

哥伦比亚特区巡回法院强调了行政机关自己对其意图的定性的重要性：

> 行政机关自己对特定命令的定性常常会在某种程度上体现这种声明的性质。行政机关明确的目的可以是确立不在具体案件中接受挑战的具有拘束力的法律规则。另一方面，行政机关可以仅仅是想要发表一份政策指南，而该政策指南在最终适用于未来的案件之前会受到全面的质疑。当行政机关在随后的程序中指出，它不仅会彻底研究政府对于特定案件的事实的适用性，还将彻底研究作为政策本身之基础的有效性，然后行政机关想将这种命

---

① 506 F. 2d 33 (D. C. Cir. 1974).

② 506 F. 2d at 38.

③ 506 F. 2d at 38.

令作为一般性政策声明对待。[①]

□ 区分的意义

Pacific Gas & Electric 案判决认为该案中联邦动力委员会的声明属于不具有拘束力的一般性政策声明，该判决具有三个方面的法律意义：(1) 联邦动力委员会并未因为拒绝适用通告评议程序而存在程序错误；(2) 该声明的司法审查时机尚未成熟；(3) 联邦动力委员会不能在以后的程序中赋予该声明以实体效力，而不允许当事人质疑该声明的有效性。如果 Pacific Gas & Electric 案中哥伦比亚特区巡回法院选择相信该声明中显示联邦动力委员会试图以某种方式赋予其声明以拘束力的表述，而不管该声明中存在不一致的段落表述，即否认任何试图赋予该声明以拘束力，法院本来可能会认为该声明是"立法性规则"或者试图成为"立法性规则"。这样的判决意见就会让法院基于程序无效的理由而撤销该规则，因为联邦动力委员会并未遵守通告评议程序。如果联邦动力委员会已经使用了通告评议程序，认为该声明属于"规则"的判决意见，就会具有另外两项意义：(1) 法院会更可能认为行政声明立刻接受司法审查的时机已经"成熟"；(2) 假定法院认可这份行政声明，就可以允许联邦动力委员会赋予其在以后的案件中具有拘束力，而无须考虑在该声明试图具有拘束力的意义上对该声明提出的诉讼。 422

□ 政策声明具有信息价值

因为"一般性政策声明"可能对公众不具有拘束力，可能容易得出这种声明根本不具有效力的结论。但是，正如 Pacific Gas & Electric 案中哥伦比亚特区巡回法院所承认的，不具有拘束力的一般性政策声明具有多种效力：

作为一种信息提供机制，一般性政策声明鼓励在行政机关的政策实际应用于具体情况之前公开传播。因此，行政机关的初步看法没有保持秘密，而是很好地在实际应用之前就公开了。不仅如此，一般性政策声明的公布可以便利受规制行业作好长远规划，在关系国计民生的领域实现统一。[②]

□ 政策声明可能具有微妙的强制性

一般性政策声明也可能具有其他值得质疑的效力。它们如果没有被视为"规则"，就不能对公众具有正式的拘束力，但是单纯的一般性政策声明可能通过更微妙而不是正式的方式产生强制性效力。就行政机关对于一类被规制者或者福利受益人拥有重要的裁量权而言，很多人很可能是"自愿""遵守"行政机关对其所倾向的政策作出的"非拘束性"声明。在联邦动力委员会发布 Pacific Gas & Electric 案中所讼争的一般性政策声明之后几个月内，大多数受规制的管网企业提议和实施了反映联邦动力委员会倾向的优先政策的降价方案（curtailment tariffs），联邦动力委员会批准了这些降价方案。但是，联邦法院否决了联邦动力委员会的决定，认为其是武断和恣意的，缺乏实质性证据的支持。在这些案件中行政机关并未提供足以支持这些决定的证据或者推理。[③] 行政机关很快放弃了这种不受

---

① 506 F. 2d at 39.

② 506 F. 2d at 38.

③ 例可参见 Arkansas Power & Light Co. v. FPC，503 F. 2d 844 (5th Cir. 1975)。

允许的对政策声明的运用。

□ 意图拘束的标准

联邦法院在数十起案件中讨论了有关“属于规则”的拘束性的政策声明和“不属于规则”的非拘束性的政策声明之间的区别。[①] 每起案件发生争议的根源都是一样的：行政机关用来表达其意图的文字存在模糊之处或者内在冲突。在每起案件中，法院都运用了同样
423 的方法：确定行政机关是否具有让其声明对公众具有拘束力的真实意图。在每起案件中，都只有两种可能的结局：如果法院认定行政机关意图让其声明在某些方面具有拘束力，法院参考适用于任何其他规则的同样的实体或者程序标准对该声明进行审查。如果法院认定行政机关意图让其声明不具有任何拘束力，法院则宣布该声明不具有拘束力。法院通过这种方式对规则和一般性政策声明加以区分，可以鼓励行政机关在描述其政策声明希望达到的效果时避免采用存在模糊和内在冲突的文字，也给法院提供了机会去明确确实存在模糊的行政机关声明具有的效力。

□ 与拘束行政机关雇员的声明有关的争议

有些巡回法院的判决意见反映了对“拘束力”规则的严重误解。在Community Nutrition Institute v. Young[②] 案中，哥伦比亚特区巡回法院认为，试图拘束行政机关雇员，减少其对案件提起公诉的裁量权的一份政策声明，属于必须通过通告评议程序才能制定的立法性规则。[③] 存在不受限制的行政裁量权，这是美国行政法体系重大的问题根源。[④]（我们）应当鼓励行政机关限制其裁量权，以及其雇员的裁量权。（我们）也应当鼓励行政机关公开它对雇员的裁量权所施加的限制，以便被规制者、福利受益人、国会以及白宫能够注意到这些限制。Community Nutrition 案的判决恰恰产生了相反的效果。如果行政机关只有通过昂贵和耗时的通告评议程序，才能制定限制其雇员的裁量权的政策，它们就会很少选择去限制负责执法和公诉职责的行政机关雇员拥有的裁量权。因此，Community Nutrition 案的判决不可避免地会产生这样一种行政法体系，即其中数以万计的行政机关雇员拥有几乎不受限制的裁量权，而无论是受到影响的公众，还是政治上可以问责的政府官员都无法预测其雇员的行为，或者了解行政机关将会试图实施怎样的
424 政策。[⑤]

---

① 例如，Troy Corp. v. Browner，120 F. 3d 277 (D. C. Cir. 1997)；American Portland Cement Alliance v. EPA，101 F. 3d 772 (D. C. Cir. 1996)；Patients for Customized Care v. Shalala，56 F. 3d 592 (5th Cir. 1995)；Amrep Corp. v. FTC，768 F. 2d 1171 (10th Cir. 1985)，*cert. denied*，475 U. S. 1034 (1986)；Smith v. Russellville Production Credit Ass'n，777 F. 2d 1544 (11th Cir. 1985)；Texaco，Inc. v. FPC，412 F. 2d 740 (3d Cir. 1969)；Airport Commission v. CAB，300 F. 2d 185 (4th Cir. 1962)。

② 818 F. 2d 943 (D. C. Cir. 1987).

③ 另可参见 United States Telephone Ass'n v. FCC，28 F. 3d 1232 (D. C. Cir. 1994)（行政机关的处罚金额表（agency's schedule of penalties）属于行政规则而非政策声明，因为行政机关在绝大多数案件中都按照该金额表实施罚款）中，Community Nutrition 案的判决意见及其效力会在 § 17. 3 中详细讨论。该项判决如果得到普遍遵守的话，会对行政机关产生强烈的激励。

④ 参见第 17 章的讨论。

⑤ 参见 Thomas，“Prosecutorial Discretion and Agency Self-Regulation”，44 *Admin. L. Rev.* 131 (1992)。

□ 一份论证充分的判决意见

在 Professionals and Patients for Customized Care v. Shalala[①] 案中，第五巡回法院作了一项特别有益的工作，说明、解释和适用了区分立法性规则和政策声明的标准。在该案中，食品药品管理局遇到了一个问题。食品药品管理局的规则规定，药师（pharmacist）只需要遵守州的规制就可以参与“配制”（compounding）药物，但是他们只有在遵守众多食品药品管理局的规则之后才能“生产”（manufacturing）药物。食品药品管理局发现，很多药师增加了它们“配制”药物的范围和性质，以至于它们实际上参与了所有复杂药物的生产。针对这一问题，食品药品管理局发布了一份政策声明，其中描述了它在判断不受规制的“配制”业务是否超越限度而变成“生产”业务时所采用的 9 项因素。原告认为，该政策声明实际上是一部程序上无效的立法性规则。法院没有采纳这种看法。

第五巡回法院认识到，食品药品管理局的检查官经常运用在这份政策声明中所描述的 9 项因素，但是它发现这一事实“并不是特别有证明力的（probative）”。第五巡回法院提出了一个修辞性的问题：“如果行政机关的雇员不能以该政策声明作为指南，那么行政机关的这份政策声明究竟还能有什么用?”第五巡回法院也注意到，食品药品管理局经常将该政策声明连同警告信一起封装后寄给它认为实施了生产药品业务的药师。但是，第五巡回法院认为，这一事实与其作为政策声明的性质是相符的，因为行政机关无论是在政策声明还是在警告信中明确了“它保留开展个别调查，研究在所列因素之外的其他因素”[②]。第五巡回法院承认，这项政策声明限制了食品药品管理局及其雇员的裁量权。但是，它也发现，这种裁量权的限制是值得称赞的，而非致命的缺陷：

> [该政策声明] 已经“引导了”（channeled）食品药品管理局的执法裁量权——通过帮助判断药师是否参与了传统的配制或者药物生产的业务而提供指南，填补了过去的空白。但是，所有的政策声明都在一定程度上引导裁量权——实际上，这正是他们的目的。更具说服力的问题是 [该政策声明] 是否如此具有限制性，以至于有效地消除了食品药品管理局的大部分裁量权，如果不是全部的话。我们不能将其 [该政策声明] 解读为如此具有限制性……总之，[该政策声明] 并未“划定界限”，即一旦划定，就可以取消该行政机关的所有裁量权。[③] 425

□ 与具有实际拘束力的声明有关的争议

在 Pacific Gas & Electric Co. 案中，哥伦比亚特区巡回法院所宣告和适用的标准，重点在于行政机关的声明是否具有法律上的拘束力。有的巡回法院判决意见已将“具有法律拘束力”（legally binding）标准替换为“具有实际拘束力”（practically binding）标准。Appalachian Power v. EPA[④] 案就是这一进路的例子。哥伦比亚特区巡回法院认为该案中讼争的政策声明实际上是程序上无效的立法性规则。该政策声明意图修改一部既有的立法

① 56 F. 3d 592 (5th Cir. 1995).

② 另可参见 Rapp v. Office of Thrift Supervision, 52 F. 3d 1510 (10th Cir. 1995)（行政机关拥有处以与政策声明中所列金额表不一致的罚款的裁量权）。

③ 56 F. 3d at 600-601.

④ 208 F. 3d 1015 (D. C. Cir. 2000).

性规则。行政机关只能通过通告评议程序才能修改一部立法性规则。[1] 但是，在 Appalachian Power 案中，哥伦比亚特区巡回法院提出了一条颇有问题的标准：

如果行政机关在作出行为时将在机关本部所颁布的文件视为在这一领域有控制力的，以类似对待立法性规则的方式对待该文件，其执法行为是以该文件中所制定的政策或者解释为依据，并且让私人主体或者州审批机构相信，除非它们遵守这份文件的条款，否则行政机关会宣告批文无效，那么行政机关的文件从各种实际目的上来看就是"有拘束力的"[2]。

该项"具有实际拘束力"的标准太过宽泛。行政机关在适用政策声明时应当将其视为"对这一领域具有控制力"。政策声明促进了两项有价值的目标。它们限制了行政机关雇员的裁量权，而且它们让受影响的公众和行政机关的雇员了解这些限制的性质。这些并不是缺陷。相反，如果行政机关只能经过冗长和昂贵的通告评议程序才能制定政策声明，这些具有社会价值的属性就会丧失。只要行政机关本身已经保留了违反该政策声明的裁量权，它就没有确立"有拘束力的规范"。

"具有实际拘束力"标准也是极其难以适用的。仅仅证明行政机关的一线执法人员（field personnel）总是适用该声明，或者该行政机关本身通常会适用该声明，当然不能满足这一标准。所有政策声明都应该具有这些效力。唯一能够满足这一标准的证据，是证明行政机关总是适用该政策声明，不愿意考虑认为政策声明总体上考虑欠周全，或者不能适用于行政机关所处理的各种案件的主张或者证据。但是，这类证据也是足以证明该声明是
426 "具有法律上的拘束力的"。

联邦法院应当一贯地适用在 Pacific Gas & Electric Co. 案中所宣告和适用的法律上的拘束力标准。这一标准是容易适用的。一旦法院认为，所讼争的声明是一项政策声明，它就不能"对它所讨论的这些问题或者权利具有最终的决定性"，"行政机关不能将其作为法律规则"，就像 Pacific Gas & Electric Co. 案中法院所作判决一样。因此，如果行政机关后来试图以被禁止的方式，例如将其作为禁止州实施计划或者一项许可申请，法院就完全可以认为行政机关的行为是不合法的。

□ 解释规则的政策声明可以对法院具有拘束力

在 Williams v. United States[3] 案中，七位大法官提供的多数意见判定，一份一般性政策声明确实在一个重要的情况中对法院具有拘束力。当行政机关发布一份政策声明对一部立法性规则进行解释和说明时，"对可适用的规则的含义来说，该政策声明就是权威性指南"[4]。该争议的产生背景是量刑委员会（the Sentencing Commission）发布了一份政策声明对其量刑指南作了说明。最高法院接着将该指南等同于立法性规则："因此，该指南就相当于联邦行政机关所发布的立法性规则。"[5] 最高法院也说明了当它将一份政策声明定性为是对一部立法性规则的含义的"权威性指南"时具有什么意义。只要"行政机关对其自己的规定的解释并不违反宪法或者联邦立法，它就必须被赋予决定性的权重，除非它显然

① 参见§6.4。

② 参见 Robert A. Anthony, "Interpretative Rules, Policy Statements, Guidances, Manuals, and the Like—Should Federal Agencies Use Them to Bind the Public?", 41 *Duke L. J.* 1311, 1328-1329 (1992) 以及该文中引用的案例。

③ 503 U. S. 193 (1992).

④ 参见§6.11。

⑤ Stinson v. United States, 508 U. S. 36 (1993).

是错误的，或者不符合该规定”。众多巡回法院已经对 Stinson 案与其他案件进行区分，认为如果某项政策声明并未对立法规则作出解释，则该政策声明并不拘束法院。在这种情况下，该项政策声明对于法院来说只具有潜在的说服力。[①]

□ 管理和预算局的审查适用于重大的政策声明

2007 年 1 月 18 日，小布什总统签发第 13422 号总统行政命令，对第 12866 号总统行政命令进行修订，规定同等程度上适用于指导性文件和立法性规则。正如本书 § 7.9 所详细描述的，第 12866 号总统行政命令要求行政机关对任何重大的立法性规则实施成本效益分析，要求行政机关将这些规则在发布规则之前提交管理和预算局审查，并授权管理和预算局在审查重大行政规则时采取各种行动。这次修订还涉及重大指导文件的所有要求。绝大多数的指导文件就是《行政程序法》中所规定的政策声明。这次修订将重大指导文件定 427
义为，除了其他要求外，每年施加的成本超过 1 亿美元、与其他行政机关的决定相互冲突，对赋权项目（entitlements programs）的预算影响产生重要改变，或者引发新的法律或者政策问题的文件。

□ 作为说明的巡回法院的判决意见

在 Center for Auto Safety v. NHTSA[②] 案中，哥伦比亚特区巡回法院作出了一项论证充分的判决意见。该法院认为，1998 年的一份规定区域性召回的题为“政策指南”的文件属于有效的政策声明而非程序上无效的立法性规则。哥伦比亚特区巡回法院指出，虽然该文件表达了行政机关对于区域性召回的合法性的看法，但是它没有提出任何命令或者要求，在执法行动中约束行政机关，或者为执法行动提供安全港。不仅如此，它是由一位缺乏发布拘束性规则之权力的官员发布的。哥伦比亚特区巡回法院也驳回了原告的主张，即该文件会产生后果，所以属于一项规则。要成为一项规则，一份文件必须产生法律上的后果，而不仅仅是现实后果。

在 Animal Legal Defense Fund v. Veneman[③] 案中，第九巡回法院作出了一项存在严重缺陷的判决意见。第九巡回法院认为，行政机关作出的不采纳纯粹裁量性、非拘束性的政策声明的决定是可以接受司法审查的。我们很难说该从哪里开始批评这一判决意见。这一判决意见中的几乎每句话都是明确的法律不一致。不改变法律现状的行政行为是不受司法审查的，除非该行政机关依法需要采取改变法律现状的行动。[④] 在这起案件中，哥伦比亚特区巡回法院之前已经认为，行政机关已经履行其所有的法定义务。持不同意见的法官对这份漏洞百出的多数意见提出了有力的批评。

在 Wilderness Society v. Norton[⑤] 案中，哥伦比亚特区巡回法院作出的论证充分的判决意见认为国家公园管理局（National Park Service）一份题为“管理政策”的手册属于

---

① United States v. Hill, 48 F. 3d 228 (7th Cir. 1995); United States v. Mathena, 23 F. 3d 1099 (6th Cir. 1994); United States v. Anderson, 15 F. 3d 278 (2d Cir. 1994); United States v. Levi, 2 F. 3d 842 (8th Cir. 1993); United States v. Hooker, 993 F. 2d 898 (D. C. Cir. 1993).

② 452 F. 3d 798 (D. C. Cir. 2006).

③ 469 F. 3d 826 (9th Cir. 2006).

④ 参见 Heckler v. Chaney, 470 U. S. 821 (1985)。

⑤ 434 F. 3d 584 (D. C. Cir. 2006).

政策声明而非立法性规则。哥伦比亚特区巡回法院提出两项补充性的疑问——行政机关是否设定了任何义务，行政机关是否为自己保留了裁量权（left itself discretion）。哥伦比亚特区巡回法院承认，该手册包含了一些强制性表述，但是认定国家公园管理局的“上层行政主管（top administrators）”为自己保留了不受限制的裁量权，可以按照他们认为合适的方式作出决定，并且设定或者重新设定管理优先次序。

在 National Ass'n of Homebuilders v. Norton[1] 案中，哥伦比亚特区巡回法院撰写了一份论证充分的判决意见，其中它认为，通过调查确定一片土地上是否包含了濒危物种的协议，属于政策声明而非立法性规则。该法院指出，该协议并不包含任何命令式的表述，
428 相反，它采用了“建议”之类的文字，并且规定不符合该协议的调查是可以接受的。法院似乎放弃了其思虑欠周（ill-considered）的“实际性拘束效果”标准。法院指出，它已经经常承认这一标准，但是它指出该标准仅仅在“行政行为的实际效果是……对当事人的法律义务的特定改变”时才是适用的。法院指出：“诸如如果行政机关决定寻求强制执行时需要在行政听证中为自己辩护等实际后果，是不足以让行政机关的行为纳入我们的范围的。”法院也认为，该协议对土地所有者或者地方政府施加了压迫性的效果，或者限制行政机关的裁量权的主张是缺乏证据支持的。

在 South Dakota v. Ubbelohde[2] 案中，第八巡回法院作出了一项显然与行政法基本原则不一致的判决意见。法院审查了 3 份地区法院的判决——其中 2 份判决禁止工程兵团从内布拉斯加州上游水库向密苏里河泄洪，1 份强制工程兵团维持内布拉斯加州全境密苏里河的特定流量。法院承认，工程兵团不可能同时遵守所有这 3 份判决。法院推翻了禁止工程兵团从上游水库泄洪的禁令，并且肯定了要求工程兵团维持内布拉斯加州全境［密苏里河］水流的禁令。法院认定，工程兵团需要根据《密苏里河干流水库系统水库规制手册》（the Missouri River Main Stem Reservoir System Reservoir Regulation Manual）保持内布拉斯加州全境密苏里河的流量。工程兵团认为，该手册只是一份不具有约束性的一般性政策声明，但是法院认为它是具有约束力的立法性规则。法院接着认为，该立法性规则对工程兵团具有约束力，即使其发布时未经过通告评议程序。这种观点在法律上是说不通的（legal impossibility）。如果该规则是假定的（putative）立法性规则，它在程序上也是无效的，不能对任何人产生拘束力。这份论证拙劣的判决意见，只是若干法院在这一高度政治性的争议上作出的论证拙劣的诸多司法判决的冰山一角。

在 Croplife America v. EPA[3] 案中，哥伦比亚特区巡回法院裁决一项疑难争议时作出了一份站得住脚的判决意见。法院认为，该案中的新闻稿实际上是一份如果不经过通告评议程序就无法合法发布的立法性规则。环境保护局直到发布该新闻稿，在决定杀虫剂在食品中的残留量是否构成不可接受的健康风险的时候，研究了第三方提供的杀虫剂对健康影
429 响的研究报告。在其新闻稿中，环境保护局宣布它“不会在其规则制定（regulatory decisionmaking）时考虑或者利用任何此类人体研究（human studies）……”环境保护局声称该新闻稿只是一份政策声明，其行政法官可以裁量决定考虑来自人体研究的数据。法院驳回了这些主张，理由是新闻稿宣布了显然拘束环境保护局行政法官的空白禁止条款（blanket prohibition）。

在 General Electrics v. EPA[4] 案中，哥伦比亚特区巡回法院认为，行政机关定性为指

---

① 415 F. 3d 8 (D. C. Cir. 2005).

② 330 F. 3d 1014 (8th Cir. 2003).

③ 329 F. 3d 876 (D. C. Cir. 2003).

④ 290 F. 3d 377 (D. C. Cir. 2002).

导文件的，实际上是立法性规则。因此，该指导文件程序上是无效的，因为发布时没有经过通告评议程序。该指导文件描述了被规制者为了符合两项现有的行政规则而开展风险评估的两种方式。环境保护局认为，该指导文件是指导文件，因为它并没有打算让其具有约束力，也没有将其作为具有拘束力的规则加以适用。法院驳回了这一主张，理由是该文件在某些段落中采用了类似“必须”（must）的字眼，因而传达了这样的信息——“在审查申请时，环境保护局并不接受考虑除该文件所规定之外的其他方法”。

哥伦比亚特区巡回法院在本案和其他众多类似案件中所传达的信息是很清楚的。行政机关必须采用类似“通常来说，规制者应当（should）”而非“必须（must）”的表述，行政机关必须总是加上一些毫无意义的样板文字，例如：“我们仍然完全会考虑其他风险评估方法对于这一任务来说是足够的主张。”如果行政机关不太可能最终认定某一选择方案对于这一任务来说是足够的，行政机关必须接着愿意权衡各自利弊来考虑任何建议的其他方案。对于实施一项规制项目来说，这看起来是明显不充分或者具有误导性的方法，但是这正是哥伦比亚特区巡回法院提出的区分立法性规则和政策声明的适得其反的方式所要求的方法。

在 Interstate Natural Gas Ass’n v. FERC① 案中，哥伦比亚特区巡回法院认为一项宣告是一项有效的政策声明，该宣告要求天然气管道价格要对管道使用的峰谷时段进行区分。法院指出，联邦能源监管委员会（FERC）已经否认了任何让其声明具有拘束力的意图，不愿意使用类似“必须”等字眼，也没有以使其成为刚性的拘束性规范的方式适用其政策。法院指出，联邦能源监管委员会将其宣告定性为政策声明，“付出了一定代价……在适用该政策时，联邦能源监管委员会将不能单纯坚持其遵守自己规则的义务”。这一重要的提醒，提出了一条区分政策声明和规则的更好的方法：直接接受行政机关将该文件定 430
性为政策声明，然后要求行政机关在所有其选择适用该政策的案件中支持该政策的有效性和可适用性。这是哥伦比亚特区巡回法院自 1987 年以来所适用并取得巨大成功的区分规则和政策声明的方法。在 Pacific Gas & Electric Co. v. FPC② 案中，哥伦比亚特区巡回法院提出了“法律拘束力”标准。它所产生的效果要远胜于哥伦比亚特区巡回法院在近年所适用的“实际拘束力”标准的效果。③

最近的三份判决意见可以很好地说明适用“法律拘束力”标准的结果。在 Consolidated Edision Co. of New York v. FERC④ 案中，原告认为，行政机关在裁决一起案件时应当适用其在 1999 年政策声明中所宣布的政策而非 1995 年的政策声明中所宣布的政策。法院驳回了这一主张。它指出，既然政策声明并不具有“法律效力”，只要行政机关给出合理说明，行政机关就不需要适用该政策声明。行政机关对其适用 1995 年的政策声明而非 1999 年的政策声明作出了说明，因为该案已经因为推定是适用了 1995 年的政策声明而在此基础上举行了听证，如果再根据 1999 年政策声明所宣布的框架重新听证，将会导致明显的迟延与不便。法院认为这一说明是充分的。法院将其与立法性规则的效力进行了对比：

> 如果行政机关采纳一项反映“法律”变化的新规则，我们推定该新规则将会得到溯及既往的适用。于是，行政机关可以通过适用这项新的实体性规则来裁决正在处理的这起案

---

① 285 F. 3d 19 (D. C. Cir. 2002).

② 506 F. 2d 33 (D. C. Cir. 1974)，参见本书第三版 § 6. 2 的讨论。

③ 有关该标准及其效果的详细描述，参见 William Funk，“When Is a ‘Rule’ a Regulation? Marking a Clear Line Between Nonlegislative Rules and Legislative Rules”，54 *Admin. L. Rev.* 659 (2002)。

④ 315 F. 3d 316 (D. C. Cir. 2003).

件，只要符合通知要求和致人损害的信赖（detrimental reliance）* 的考量。

在 Farrell v. Department of Interior[1] 案中，联邦巡回区上诉法院说明了“法律拘束力标准”的另一种效果。一位公园警察局的官员申请审查对他与同事之间进行匿名传播诽谤、淫秽、种族主义和同性恋的通信所作的处罚。该官员声称，降级（demotion）的处罚是违法的，因为它不符合公园警察局的处罚基准。法院驳回了这一主张，因为该表格是政
431 策声明而不是规则。政策声明既不约束公众，也不约束行政机关，除非行政机关表明愿意接受政策声明的约束。当然，法院接着指出，行政机关必须在每起案件中说明其适用或者拒绝适用政策声明的决定之理由。行政机关不能单纯地依赖政策声明的部分内容来支持其决定，而如果该政策声明改为立法性规则时则可以。

在 Brehmer v. FAA[2] 案中，联邦巡回区上诉法院作出类似的判决意见。原告——空中交通管制员（air traffic controller）认为联邦航空管理局（FAA）因为其在工作中犯下构成安全隐患的行为而解除其职务的决定是违法的，因为这一决定是与联邦航空管理局依据再培训纠正而非纪律处分来对待操作失误的“一贯政策”（settled policy）是相互冲突的。联邦巡回区上诉法院驳回了这一主张，指出：

> 政策只是……它不是……行政机关需要在任何案件中不管面对什么具体情况都需要遵守的基本规则（black letter rule）。

联邦巡回区上诉法院认定，该行政机关对于在空中交通管制员三次犯下重大操作失误之后解除其职务，而非提供再培训的决定，提供了充分的理由。

§6.4　立法性规则与解释性规则之间的区分

□ 本节内容概要

本节首先对立法性规则和解释性规则的区别进行总体描述，然后将对下列两类判例进行详细讨论：（1）可以说明两类规则的不同效力，以及法院认为的两者之间差别程度的判例；（2）法院为了确定行政机关认为的解释性规则是否实际上属于程序无效的立法性规则，而对立法性规则和解释性规则作出区分的判例。

□ 具有类似法律拘束力的立法性规则

立法性规则和解释性规则之间存在四大差别。首先，立法性规则具有与法律相同的拘束力。它可以拘束公众、行政机关，甚至法院，从这个意义上讲，只要立法性规则代表了行政权的有效运用，法院必须予以支持。相比之下，解释性规则对法院或者公众来说不具
432 有拘束力。而且，解释性规则不是司法机关可以针对行政机关强制执行的规则。[3] 法院可以选择对行政机关在一部解释性规则中所采取的立场赋予拘束力，但是这是法院通过其法

---

* 致人损害的信赖，是指由于一方当事人对他人的行为或陈述产生信赖，从而导致自己处于不利地位的，则该种信赖即属不利益的信赖。——译者注

① 314 F. 3d 584 (Fed. Cir. 2002).

② 294 F. 3d 1344 (Fed. Cir. 2002).

③ 参见§17.7讨论的 Rinaldi v. United States，434 U. S. 22 (1977)。

律解释的程序赋予其拘束性的法律效力；行政机关的解释性规则只具有潜在的说服效力，即让法院承认该行政机关的解释是正确的。

□ 立法性规则要求适用通告评议程序

其次，除了两项具体的例外情形之外，《行政程序法》§553要求行政机关在制定立法性规则时必须遵循通告评议程序。相比之下，解释性规则是特别地豁免适用通告评议程序的。《行政程序法》§553在字面上并未使用“立法性规则”这一术语。相反，《行政程序法》§553要求对所有规则都适用通告评议程序，除非作出特别的豁免规定，例如解释性规则或者程序性规则。但是，按照《行政程序法》制定前的习惯做法，或者《行政程序法》的立法史，法院普遍认为，这一文字对立法性规则和解释性规则进行了区分。[①]

□ 立法性规则制定权必须由国会赋予

再次，只有在国会对行政机关作出授权时，行政机关才有权发布具有拘束力的立法性规则。[②] 相比之下，任何行政机关都有发布解释性规则的固有权力。[③] 因为解释性规则无权拘束公众，而只有潜在的对法院的说服力，也因为解释性规则的发布为公众提供了很有帮助的指导，联邦法院通常认为，行政机关有权发布解释性规则，即使是在国会并未规定这种权力时。

□ 可以创设权利义务的立法性规则

最后，立法性规则可以在法律规定之外为公众设定特定义务，只要该规则是在法律赋予该行政机关的规则制定权范围之内的。相比之下，解释性规则不能在超出通过法律解释可以合理地归结于国会的范围之外对公民设定义务。

□ 许多立法性规则对法律进行解释

对于区分立法性规则和解释性规则的任务来说，“解释性规则”这一标签有时是导致混淆的根源。许多立法性规则“解释”法律用语，宣告行政机关对于其负责执行的法律的解释。承担解释性功能的规则是立法性规则而不是解释性规则，如果行政机关有颁布立法性规则的法定职权，而且行政机关也行使了该权力。当然，有的立法性规则远不只是对法律的解释。有的立法性规则也通过行使法律所赋予的立法权设定了新的义务。 433

□ Chevron 案：对立法性规则的尊重

在 Chevron v. Natural Resources Defense Council[④] 案中，最高法院的判决意见提到了

---

① 参见 Attorney General's Committee on Administrative Procedure Report 99-100 (1941)。

② 参见 United States v. Storer Broadcasting Co.，351 U.S. 192 (1956)；National Broadcasting Co. v. United States，319 U.S. 190 (1943)；National Petroleum Refiners Ass'n v. FTC，482 F. 2d 672，*cert. denied*，415 U.S. 951 (1974)。

③ 参见 Skidmore v. Swift & Co.，323 U.S. 134 (1944)。

④ 467 U.S. 837 (1984).

区分立法性规则和解释性规则可能产生的重要意义。正如本书第 3 章中所详细讨论的，Chevron 案中所宣告的这项标准，赋予行政机关通过解释模糊的法律用语，制定具有拘束力的政策决定的权力：

> 当法院审查行政机关对其所实施的法律作出的解释时，它需要面对两大问题：首先，也是无法回避的是，国会是否直接地提到了所讼争的这个确切的问题。如果国会的意图很明确，问题就到此为止；和行政机关一样，法院必须承认国会所明确表达的意图。但是，如果法院认为国会并未直接提到所讼争的这个问题，法院并未简单地对该法律作出自己的解释，如同没有行政机关的解释时所需要的那样。相反，如果法院对这一具体问题的态度是沉默的，或者模糊的，对于法院来说，问题就是行政机关的回答是否依据的是对法律所作的可以允许的解释。

按照 Chevron 案，行政机关对于其负责实施的法律规定的解释对于法律是有拘束力的，如果它属于“可以允许的法律解释”。除非国会已经以与行政机关的解释不一致的方式“明确地”提到了“同一问题”，否则行政机关的解释就属于“可以允许的解释”。

□ Chevron 标准并不适用于所有的解释性规则

Chevron 标准是在司法机关确认立法性规则的背景中宣告的。Robert Anthony 提出了具有说服力的观点，即高度尊重的 Chevron 标准适用于立法性规则，而不是解释性规则。① Anthony 提出这一观点，其理由有三点：（1）在 Chevron 案判决中，最高法院提出，立法性规性规则具有拘束力，而解释性规则没有拘束力；（2）行政机关在行使立法权时，需要有制度合法性（institutional legitimacy）的源头；（3）Chevron 案判决中的下面这段论述：

> 行政机关实施国会创设的……项目，势必需要制定政策和规则以填补国会明确或者默
> 434 示地留下的空白……如果国会明确地留下了行政机关需要填补的空白，那么就存在明确的授权，让行政机关通过制定规章，解释清楚法律中的具体条文。这种立法性规则被赋予决定性权重，除非它们是武断、恣意或者明显与法律相悖的。有时，法律作出的对行政机关的授权是默示的而不是明确的。在这种情况下，法院不能以自己对法律规定的解释取代行政首长所作出的合理解释。②

Anthony 提出了具有说服力的观点，即根据这段文字所要求的国会授权必须是由授权行政机关颁布立法性规则的法律条款所组成的。举例来说，如果国会在法律中使用一个术语，然后规定“行政机关可以通过立法性规则制定程序对该术语加以界定”，该授权是明确的；如果国会在法律中使用模糊的文字，并且对行政机关作出颁布立法性规则以实施该法的一般性授权，则该授权是默示的。但是，如果没有上述向行政机关授予立法权的方法，行政机关就不能行使立法权以发布拘束公众和法院的规则，因为国会还没有赋予行政机关这一重要的权力。

根据这一观点，我们就可以得出这样的推论，即因为国会的法律授权而拥有立法性规则制定权的行政机关，只能以国会授权的方式行使其立法权。国会已经授权许多行政机关通过《行政程序法》§553 规定的通告评议程序制定具有拘束力的规则。但是，无论国会还是法院都早已承认，根据《行政程序法》§553 豁免通告评议程序要求的“解释性规则”，对于公众或者法院并不具有拘束力。因此，Chevron 标准并不适用于解释性规则。

---

① Robert Anthony, “Which Agency Interpretation Should Bind Citizens and Courts?”, 7 *Yale J. Reg.* 1 (1990).

② 476 U. S. at 842-844.

在 Christensen v. Harris County[①] 案中，最高法院采纳了 Anthony 的意见，判定 Chevron 标准适用于立法性规则，但是不适用于解释性规则或者政策声明。最高法院指出，解释性规则和政策声明只能得到司法机关在 Skidmore v. Swift & Co.[②] 案中所宣告的强度弱得多的尊重。

本书第三版认为，最高法院应当采取 Anthony 建议的进路，而最高法院也以本书第三版作为依据之一作出了 Christensen 案的判决。因此，尽管有些尴尬，但是我还是必须承认我对于 Anthony 的进路抱有非常严重的担心。正如我以一定篇幅所作的论述，最高法院不愿意对解释性规则中所宣布的法律解释适用 Chevron 标准，而行政机关也往往需要经历较长的时间才能通过制定立法性规则宣布一项法律解释，这就会造成一种奇怪的不正常现象——每位总统必须实施其前任而非自己所偏好的政策。[③] 435

为了避免这种不幸的反民主的结果，我确信 Scalia 大法官在 Christensen 案中所发表的不同意见，要比 Christensen 案多数意见所采纳的 Anthony 的进路更为合理。Scalia 大法官认为应当对任何表明行政机关"对争议问题作出的公正和经过深思熟虑的判断"给予 Chevron 尊重，而无论该解释是在立法性规则中提出，还是以解释性规则之类不太正式的形式发布的。

尽管最高法院还没有采纳 Scalia 大法官的进路，但它似乎对 Anthony 的进路抱有和我一样的担心。正如 § 3.5 所作的讨论，最高法院已经在 Christensen 案之后作出的几项判决意见中认为 Chevron 尊重至少适用于某些解释性规则。[④] 因此，尽管所有立法性规则都有权获得 Chevron 尊重，但是只有一些解释性规则有权获得 Chevron 尊重。但是，解释性规则中没有获得 Chevron 尊重的，获得了最高法院在 Skidmore v. Swift & Co.[⑤] 案中描述和适用的程度较弱的尊重。

□ 立法性规则与法律相似

立法性规则的拘束性效力和解释性规则的非拘束性效力之间的区别，在最高法院的判决意见和国会的实践中具有深厚的传统。许多 20 世纪早期的法院判决承认，行政机关有权发布具有法律拘束力的规则，只要国会已经赋予行政机关以此种权力。在一些著名例子中，有一些叙述可以作为这个问题的例证：

> 这家法院最近作出的许多判决明确，一家政府部门受托负责法律的实施，在为此制定的规章中提到国会立法的实施并且作了合理调整，如果它与明确的法律条款之间不存在冲突，就具有法律的效力。[⑥] 436
>
> 这些规章是负责实施法律的政府部门所起草的。所制定的规则是合理的，并未有损于所解释的法律条款的文字和精神。如果推翻这一解释，就很可能会产生不便，并且导致不公平……这已经成为确定的规则，即对于一部模糊和令人存疑的法律来说，除非出于重要的理由，否则受托负责该法实施的官员，对其作出的实践解释不会受到妨碍。[⑦]

---

① 529 U. S. 576 (2000)，参见 § 3.5 的讨论。

② 323 U. S. 134 (1944)，本节下文有讨论。

③ 参见 Pierce，"Democratizing the Administrative State"，48 *William & Mary L. Rev.* 559 (2006)。

④ Barnhart v. Walton，535 U，S. 212 (2002)；Edelman v. Lynchburg College，535 U. S. 106；United States v. Mead，533 U. S. 218 (2001).

⑤ 323 U. S. 134 (1944).

⑥ Maryland Casualty Co. v. United States，251 U. S. 342，349 (1920).

⑦ Brewster v. Gage，280 U. S. 327，336 (1930).

这些规章是根据明确的授权而制定的……除非存在不合理或者与法律不一致之处，否则这些规章是有效的。[1] 法律只规定，“公司”（corporation）这一术语应当包括“联合体”（association），而没有再作进一步的界定，财政部得到授权在行政解释的可允许边界内为了实施该法而制定相应的规则。[2]

类似地，国会早已承认行政机关颁布具有拘束力的规则的权力。早在 1928 年，参议院财政委员会在考虑有关附属公司（affiliated corporations）的综合纳税申报（consolidated return）的条款时，就指出：“委员会相信，试图通过立法规定各种各样详细而复杂的规定，以适应各种纷繁复杂的情况，这是不现实的。相应的，国内税务局局长授权制定调整这些立法性规定。”[3] 众议院筹款委员会（the House Ways and Means Committee）也在同年的报告中指出：“现行法律并无条文规定，在公司在联营期间向联营公司收购财产之后的联营期确定依据规则……这些交易……是如此多样而且复杂，法律无法规定一个确定的普遍适用规则，从而有必要授权国内税务局局长制定立法性的规定。”[4] 该委员会还在 1954 年指出：“自 1928 年的《岁入法》（the Revenue Act）之后，部长负责制定立法性的
437 规定，对附属公司进行综合纳税申报提供详细的规则。”[5]

早在半个世纪之前，最高法院就通过判决确立了区分具有拘束力的立法性规则、具有潜在说服力但不具有拘束力的解释性规则的标准。这项区分标准，可以通过 1936 年和 1944 年的两起案件进行很好的说明。

□ 司法机关对于立法性规则的尊重

在 American Telephone & Telegraph Co. v. United States[6] 案中，联邦通信委员会根据法律的规定，即“该委员会可以，在其裁量范围内，规定任何、所有的账号形式”，规定了统一的电话公司账号系统。电话公司对这项联邦通信委员会的规则提出挑战，最高法院对审查范围论述如下：

> 法院不能随意以自己的裁量取代行政官员在自己的行政权范围内所作的裁量。所规定的账号系统看上去是不明智的、增加负担的，或者劣后于其他系统的，这并不足以证明行政官员超越了所涉及的行为领域。错误或者不明智，并不等同于滥用。所作命令的内容必须看起来是“如此不符合正确会计系统的基本原则”，以至于已经成为奇思异想而非实施判断。[7]

当然，对于法院和立法性规则之间关系的现代表述则是出现在 Chevron 案[8]的判决意见，但是，该表述与 AT&T 案的表述并无二致。最高法院对 AT&T 案中所讼争的立法性规则赋予拘束力，因为，国会已经赋予行政机关颁布立法性规则的权力，而且行政机关已经在国会所规定的法律边界内行使了这项权力。

---

① Fawcus Machine Co. v. United States, 282 U. S. 375, 378 (1931).

② Morrissey v. Commissioner, 296 U. S. 344, 354-355 (1935).

③ Sen. Rep. No. 960, 70th Cong., 1st Sess. 15 (1928)(标注着重号)。

④ House Rep. No. 2, 70th Cong., 1st Sess. 19-20 (1928)(标注着重号)。

⑤ House Rep., Revenue Code of 1954, 3 U. S. Code & Admin. News 4113 (1954)(标注着重号)。

⑥ 299 U. S. 232 (1936).

⑦ 299 U. S. at 236-237.

⑧ 详见本书第 3 章的论述。

□ 对解释性规则较低程度的尊重

相比之下，Skidmore v. Swift & Co.[①] 案涉及的则是对一家行政机关所发布的规则的质疑，法律并没有授权该行政机关制定立法性规则。国会在制定《1938 年公平劳动基准法》（the Fair Labor Standards Act of 1938）时，明确拒绝赋予工资工时管理司司长制定立法性规则的权力。但是，尽管国会拒绝赋予该司长制定立法性规则的权力，但是国会赋予该司长实施该法律的权力，他需要对该法相关条文含义的问题作出判断，以便确定如何实施这部法律。他开始以自称"解释性公告"（interpretative bulletins）的形式宣布他对法律所作的解释。当在解释性公告中所回答的问题被提到最高法院面前时，最高法院在 438
Skidmore 案的判决意见中指出：

国会并未利用行政机关的力量进行事实调查，并对特定的情形是否属于该法调整范围之内作出初步的判断。相反，该法将该职责赋予法院……但是，法律确实设立了工资工时管理司司长的职位……他已经在解释性公告和非正式的裁定（ruling）中提出了自己对该法适用于不同情形的过程时的理解。对于该机构在代表公共利益实施法律的过程中如何寻求适用法律的问题，它们为雇主和雇员提供了实际的指南。[②]

最高法院接着采纳了工资工时管理司司长的解释，因为该解释是有说服力的：

我们认为，工资工时管理司司长作出的这些裁定、解释或者基于该法的意见，尽管就其权威性而言对于法院没有控制性，但它确实构成了一个经验和知情判断的体系，法院或者诉讼当事人可以合理地作为指引。这些判断在特定案件中的权重将会取决于其在考量时是否彻底，推理是否有效，是否符合之前或者之后所作的宣告，以及使其具有说服力——如果缺乏拘束力的话——的各种因素。[③]

□ 对立法性规则进行解释的解释性规则可能具有拘束力

但是，解释性规则在一项重要的情形中可能会具有拘束力。在 Stinson v. United States[④] 案中，最高法院认为，解释性规则在对立法性规则进行说明或者解释时可以拘束联邦法院，除非该解释性规则内容与立法性规则存在矛盾、违反《联邦宪法》或者联邦法律，或者显然存在错误。该案争议发生的背景是量刑委员会为了解释《量刑指南》的含义而发布的"评论"（commentary），但是最高法院将《量刑指南》类比为行政机关的立法性规则，而将"评论"类比为解释性规则。但是，考虑到最高法院在众多的案件中对于解释立法性规则的解释性规则认定的效力较低，不太清楚的是，最高法院是否确实指的是它在 Stinson 案中的意见。[⑤]

□ 法院可以赋予解释性规则以拘束力

Skidmore 案的判决意见具有非常广泛的意义。拥有裁量权，但是未获得制定立法性

① 323 U.S. 134 (1944).
② 323 U.S. at 138.
③ 323 U.S. at 140.
④ 508 U.S. 36 (1993).
⑤ 参见§6.11。

规则授权的行政首长可以说明，他会如何行使其裁量，而其结果就是解释性规则，对于规则，如果法院被说服的话，法院可能会赋予其法律效力。但是，因为立法机构并未赋予该
439 行政首长以立法权，这些规则对法院没有拘束力；法院可以自由选择否定在该解释性规则中所反映的判断。

□ 司法机关对这种区别的持续承认

最高法院继续承认 AT&T 案和 Skidmore 案中所划的界限。实际上，一直以来，最高法院总是倾向于将这种界限划得更为明确。1976 年和 1977 年所作出的两起案件的判决就反映了这一点。Batterton v. Francis① 案的判决意见的开头两句话定下了基调："本案……涉及根据规则制定权的授权……所颁布的规章的有效性……案件的焦点是该规定是否属于部长法定职权的合理行使。"这些文字显然表明，该规定是立法性而非解释性的；如果它是解释性的，最高法院就不会提到"有效性"，而可能会说问题在于对法律作了何种解释。该案中法律，即 42 U.S.C. § 607（a）规定，受抚养的小孩"因为父亲失业（根据部长所规定的标准）而失去了父母的支持或者照顾"。

□ 立法性规则对法院有拘束力

卫生、教育和福利部（HEW）的部长发布了一份规定，授权各州裁量决定适用"抚养儿童家庭援助—失业父亲"（AFDC-UF）项目的失业。这一规定的有效性受到了质疑。在判决意见的第 424 至 426 页，最高法院以宽泛和有帮助的术语论述了立法性规则和解释性规则的界限。它指出，"我们需要裁判的实际争点不是法律术语应当如何加以解释，而是部长的规定是否合理"。接着，最高法院解释了这一理论②：

通常，对于法律术语的解释被赋予重要的而非决定性的意义。这就是最高法院所采取的进路，例如法院在考虑《社会保障法》（the Social Security Act）第 11 编中的"工资"（wage）一词含义是否包含支付拖欠工资时所采取的进路。③

但是，与该法第 11 编使用的法律术语不同，国会在 § 407（a）中授权部长为了确定"抚养儿童家庭援助—失业父亲"项目资格的目的，制定标准明确何为"失业"。在这种情况下，国会将解释该法律术语的首位责任托付给了部长而非法院。在履行该职责时，部长制定了具有法律效力的规章。法院不能仅仅因为自己会对法律作出不同解释而随意撤销这些规定。④ 因此，作为该案争点的该规章，应当获得的不应是较低程度的尊重或者权重。
440 只有在部长超出其法定权限或者该规章是"武断、恣意，滥用裁量，或者不符合法律"，才能撤销该规章。⑤

□ 所获授权的重要性

最高法院用斜体字标注了"授权"（delegated）一词，这也是全案分析过程的关键。

---

① 432 U.S. 416 (1977).

② 432 U.S. at 425.

③ Social Security Board v. Nierotko，327 U.S. 358，369 (1946).

④ American Telephone & Telegraph Co. v. United States，299 U.S. 232，235-237 (1936).

⑤ 5 U.S.C. § § 706 (2) (A)，(C).

没有这一授权，该规章就可能变成解释性规则。因为该规章是根据该授权所颁布的，它具有“法律效力”，并且它“有权获得的不应是较低程度的尊重或者权重”。在脚注 9 中，最高法院就有关“立法性或者实体性规章”问题，引用了《司法部长行政程序法手册》（Attorney General's Manual on the APA）。最高法院接着指出：“相比之下，法院不需要赋予解释性规定以效力。根据诸如时机、行政机关的立场一致性，以及专业性质等因素，行政机关的解释被赋予了不同程度的尊重。”

□ 解释性规则可以对法院有说服力

在 General Electric Co. v. Gillbert[1] 案中，案件的争点是公司为雇员制定的针对病人和事故救济（accident benefit）的残障计划是否违反了《民权法》（the Civil Rights Act）禁止通过排除孕妇福利的方式实施性别歧视的规定。最高法院首先认为，这不属于法律解释的问题。接着它论述了公平就业机会委员会（the Equal Employment Opportunity Commission）的“指南”的效力问题，即这些福利应当适用于因为怀孕而致残的人士。最高法院观察到：

国会并没有在《美国法典》第 7 编的法律条文中授权公平就业机会委员会根据本编规定颁布规则或者规定……但是，这并不意味着，公平就业机会委员会的指南无权在确定立法意图时被作为考量因素……但是，这并不意味着，相比那些国会已经宣告应当具有法律效力的行政规定……或者对于根据授权法律可以本身作为归责依据的规定来说，法院可以对这些指南赋予更低程度的权重。[2]

最高法院接着引用了 Skidmore 案判决意见：

在 Skidmore v. Swift & Co.[3] 案中，最高法院对解释性规则（例如公平就业机会委员会指南）的作用作了最为全面的论述。在该案中，最高法院指出：

我们认为，尽管由于权限的原因，行政首长根据本法作出的裁决、解释和意见，对法院不具有拘束力，但它们确实构成了经验体系和知情判断，法院以及诉讼当事人可以合理地将其作为指引。在具体个案中的这类判断的权重，将会取决于是否有其进行彻底考量的 441
证据，其推理是否有效，与前后的宣告是否一致，以及所有赋予其说服力——如果缺乏控制力的话——的各种因素。

最高法院接着认定，“如果根据 Skidmore 案所阐释的标准进行判断”，“公平就业机会委员会指南并不能得到较高评价”[4]，因为它不是同时期的解释，它显然与该行政机关之前的立场相矛盾，最高法院在过去已经拒绝遵循与该行政机关之前的宣告相冲突的指南，而且该法的立法史也与指南相冲突。

□ 法院适用的两种形式的尊重标准

法院对于立法性规则和解释性规则的效力的讨论，已经陷入混乱，两者之间的界限已经模糊，因为存在一种广泛的趋势，即从“尊重”的角度论述对行政规则的司法审查。经常问到的问题是：法院是否应该尊重某行政机关的规则？当确切地问到这一问题时，就产

---

[1] 429 U. S. 125 (1976).

[2] 429 U. S. at 141.

[3] 323 U. S. 134, 140 (1944).

[4] Id. at 143.

生这样一个混乱的问题：是的，法院应该既尊重立法性规则，也尊重解释性规则。产生混乱的根源在于，所谓的“尊重”是在两种不同的意义上指向立法性规则和解释性规则的。

最高法院在诸如 AT&T 案、Batterton 案和 Chevron 案等案件的判决意见中提到了立法性规则的有效性，要求在规则对于公众和法院具有拘束力的意义上对行政机关的规则予以司法尊重，除非该规则是基于对行政机关实施的法律所作解释不被允许，或者其推理过程存在严重的缺陷。[①] 就现有的目的而言，我们完全可以说，对立法性规则的司法尊重是一种强形式的尊重，原因在于这样的事实，即该行政机关正在行使国会所赋予的立法权，并且使用了国会基于这一目的所授权的程序。

最高法院讨论解释性规则之司法审查的案件判决意见，如 Skidmore 案和 General Electric 案中，鼓励法院尊重行政机关在这些规则中所采纳的立场和解释。但是，按照 Skidmore 案赋予解释性规则的尊重程度，明显要弱于 Chevron 案确立的尊重程度，因为两者属于完全不同的渊源。Skidmore 尊重不是基于对行政机关宣告（agency pronouncement）的制度合法性（institutional legitimacy）；解释性规则不具有拘束力，因为国会并未授权任何行政机关发布具有拘束力的解释性规则。Skidmore 尊重完全是基于常识。法院应当考虑采纳行政机关解释性规则中所采取的立场，因为我们有理由相信行政机关的立
442 场通常是明确和正确的。

□ 为什么解释性规则经常能够说服法院

行政机关经常在发布涉及某一问题的解释性规则之前，对该问题进行深入的研究。行政机关经常仔细地考虑了该问题各种可能的解决方案与其所实施的法律的用语和立法史之间的关系。行政机关的立场可能反映了对于这一问题的各种解决方案与行政机关可以用于实施法律的资源的深入思考。从所有这些方面来说，行政机关相对于法院来说具有独特优势，因为其日常的工作就是履行其法定职责。即使解释性规则并不具有拘束力，法院如果不认真考虑行政机关在解释性规则中所表达的观点，将是非常愚蠢的。这是 Skidmore 案所要传达的信息。但是，正如 General Electric 案所表明的，法院可以认真考虑解释性规则，但是拒绝采纳行政机关在规则中所采取的立场，因为行政机关未能说服法院相信它的立场是正确的。

□ 解释性规则的拘束力来自国会或者法院

当法院支持该规则或者采纳该规则所采取的立场时，这时解释性规则会被认为具有拘束力。但是，这并不是一条思考解释性规则的有用的方法，因为该规则本身从未对公众具有拘束力。支持和适用解释性规则的司法判决，可能具有下列两种可能的意义中的其中一种。首先，法院可能支持该规则，因为行政机关说服法院相信它在解释性规则中所采取的立场是解释行政机关所实施的法律条文的唯一正确的方法。当基于这一推理予以肯定时，行为规则的渊源就是国会，而法院的唯一职能就是借助行政机关可能提供的有价值的辅助，确定国会的意图。其次，国会可能支持该规则，因为它相信该案所讼争的法律条文可以支持一种以上的含义，而行政机关在解释性规则中所采纳的含义就是符合法律条文的多

---

① 本书第 3 章深入讨论了“不被允许的解释”（impermissible construction）。本书 § 7.4 则讨论了“存在严重缺陷的推理过程”标准。

种含义之一，并且法院被说服该行政机关已经选择了一种“好的”解释。如果基于这一推理作出的维持判决，具有拘束力的行为规则之渊源就是法院，受国会对法律用语的选择的引导，并经由行政机关提供的有说服力的辅助。

□ 与说服力相关的因素

Skidmore 案的判决意见表明，解释性规则所得到的尊重，完全是基于它所具有的潜在说服力。该判决意见也确认了与该说服力程度相关的若干因素：

我们认为，尽管由于权限的原因，行政首长根据本法作出的……解释，对法院不具有拘束力，但它们确实构成了经验体系和知情判断，法院以及诉讼当事人可以合理地作为指引。在具体个案中的这类判断的权重，将会取决于是否有其进行彻底考量的证据，其推理 443
是否有效，与前后的宣告是否一致，以及所有赋予其说服力——如果缺乏控制力的话——的各种因素。[①]

最高法院提到了赋予行政机关的声明以“说服力”的各种因素。有一些例子足以证明，没有哪项因素是决定性的，也没有一个公式可以包含法院认为具有相关性的众多因素或者赋予各项因素的权重。

□ 同时期的和长期存在的解释

早在 1827 年，在解释北卡罗来纳州 1782 年制定的一部法律时，最高法院宣布：“在解释存在疑问和含义模糊的法律时，对于依照法律行事并且被指定将其规定付诸实施的人，有权得到非常高度的尊重。”[②] 自此以后，最高法院已经对行政首长作出的同时期的法律解释给予相应的权重。Cardozo 大法官在 1933 年代表最高法院指出：“行政惯例，如果前后一致，基本上没有受到质疑，如果调整范围是不确定和充满疑问的，除非基于非常令人信服的理由，不会被推翻……行政惯例，当它涉及负责开动机器，负责让未经试验的零部件有效顺利运转的人作出的同时期的法律解释时，具有独特的权重。”[③] 最高法院后来赞同地引用了 Cardozo 大法官的意见并且进行了补充：“相对于财政部先前的长期存在的和前后一贯的解释，它对于应该如何解释法律而提出的更为晚近的和特别的主张是不能成立的。”[④] 当两项因素并存时，最高法院指出：“因此（在本案中）就存在负责实施法律的行政机关对该法所作的同时期的和长期延续的解释。”[⑤]

但是，最高法院在不同意一项解释时，放弃了长期存在的同时期的法律解释：

当最高法院已经宣布，对某一政府部门对其自身的授权立法所作的解释，特别是同时期的解释时，法院将赋予更高程度的权重……这只是这一解释等号的唯一输入。当行政首长参与起草和直接在委员会召开的听证会上向国会说明观点时，其影响被赋予最主要的权重……在这些情形中，缺乏任何迹象表明国会与负责的政府部门存在不同意见，如果行政 444
解释能够增强作为立法基础的总体目的和政策，法院应该按照有利于行政解释的方式解决

① 323 U. S. at 140.

② Edward's Lessee v. Darby, 25 U. S. (12 Wheat.) 206, 210 (1827).

③ Norwegian Nitrogen Co. v. United States, 288 U. S. 294, 315 (1933).

④ United States v. Leslie Salt Co., 350 U. S. 383, 396 (1956).

⑤ Mazer v. Stein, 347 U. S. 201, 213 (1956).

任何模糊问题……但是，最高法院不能放弃对国会所使用的法律条文进行解释的最终责任……①

□ 国会重新立法的效力

最高法院也重视行政机关对法律作出解释之后，国会重新立法的意义：

这类长期存在的行政解释可以获得较高的权重，特别是在像本案中一样，国会已经重新修订了这部法律而保持该做法不变。这样一段行政解释和国会默认的历史可能会为表面上不符合要求的法律条文增加注释或者限定。②

最高法院有时似乎对于在行政解释之后的法律再制定赋予接近拘束力的意义。最高法院在 1908 年宣称“国会重新立法而没有改变该法律的长期延续的行政解释，就说明国会采纳了这类解释”③。最高法院常常作出某种程度上相类似的表述。④ 这类表述显然是不合理的，因为国会的委员会或者小组委员会在考虑重新立法时，可能了解，也可能不了解重要的解释；他们不可能同意自己完全不了解的事项。⑤

在 Massachusetts Trustees of Eastern Gas & Fuel Associates v. United States⑥ 案中，Harlan 大法官在代表持一致意见的最高法院撰写的判决意见中对行政解释之后的重新立法（reenactment）工作的效力进行了特别有助益的论述：

海事委员会前后一致的解释应当获得一定程度的权重……国会连续地扩展该委员会的职权……当然不是决定性的，特别是在国会未曾谨慎地致力于解决无效的问题时……但是，他们确实在一定程度上强化了该委员会的结论……显然，这些“解释性辅助”（inter-
445 pretative aids）既不是单独的，也不是联合的，可以推出确认该委员会的行为是否明显地违反了该法的要求……但是，他们是与我们所相信的有关法律框架的最为合理的观点相一致，并且提供支持的。

最高法院有时并不承认重新立法的效力。“当法律是明白的，随后的重新立法并不构成采纳其行政解释。”⑦ 最高法院承认，重新立法规则“在表述上表现为各种各样的不完全一致的术语”⑧。

□ 对解释的辅助作用

对解释的辅助是否以及在何种程度上可以进入司法动机（judicial motivation），这一关键问题很可能无法准确表述。也许它们可以在撰写判决意见而非作出判决方面发挥更大的作用，或者有时候在其他因素在各个方向上平均用力时起到决定性作用。这些辅助常常

---

① Zuber v. Allen, 389 U. S. 168 (1969).

② Saxbe v. Bustos, 419 U. S. 65, 74 (1974).

③ United States v. Cerecedo Hermanos, 209 U. S. 337, 339 (1908).

④ United States v. Dakota Montana Oil Co., 288 U. S. 459, 466 (1933); Commissioner v. Flowers, 326 U. S. 465, 469 (1946); Corn Products Refining Co. v. Commissioner, 350 U. S. 46, 53 (1955).

⑤ 参见 Eskridge, “Overriding Supreme Court Statutory Interpretation Decisions”, 101 *Yale L. J.* 331 (1991)。

⑥ 377 U. S. 235, 241 (1964).

⑦ Biddle v. Commissioner, 302 U. S. 573, 582 (1938).

⑧ Helvering v. Griffiths, 318 U. S. 371, 396 (1943)（在一个长篇的脚注里，法院引用了若干与之前的法院判决意见并不一致的摘录片段）。

支持基于其他理由作出的判决，例如在 Griggs v. Duke Power Co.[①] 案中，最高法院指出，公平就业机会委员会指南“有权获得高度尊重”，并且补充道：“因为本法及其立法史支持委员会所作的解释，这就提供了很好的理由将这些指南作为表达国会意愿看待。”如果法院自身的解释是其他方式的话，对于这些指南，最高法院究竟应该给予多大程度的“尊重”？一个答案是，但是并非必然是唯一的答案，那就是在 Espinoza v. Farah Manufacturing Co. Inc.[②] 案中，最高法院采用了它自己的解释，指出该公平就业机会委员会指南“无疑享有高度的尊重……但是，正如本案，在指南的适用将会与国会不愿达成存在争议的劳动行为的明显意图存在冲突时，这种尊重必然是有限的。”

□ 对 Skidmore 标准的晚近适用

正如 § 3.5 中所详细讨论的，最高法院在 1984 年的 Chevron 案判决意见中让 Skidmore 标准变为过时，但是又在 2001 年和 2002 年的 Christensen 案和 Mead 案判决意见中重新复活了 Skidmore 标准。在这些判决意见中，最高法院认为，虽然所有的立法性规则都有权获得 Chevron 尊重，但是至少有的解释性规则仅有权得到 Skidmore 尊重程度的审查。Kristin Hickman 和 Matthew Krueger 发表了对于巡回法院判决适用 Skidmore 标准的 450 起案件所进行的重要实证研究。[③] 他们发现，各巡回法院在其中 75%的案件中采用的是“滑尺”（sliding scale）方法，而非“独立判断”的方法。各巡回法院在适用“滑尺” 446
方法的案件中，其中 60%是支持行政机关的，而在适用“独立判断”方法的案件中 50%是支持行政机关的。

□ 巡回法院的判决有时忽略了立法性规则和解释性规则之间的界限

在诸如 Skidmore 案、AT&T 案、General Electronic 案以及 Batterton 案等案件中，最高法院对立法性规则和解释性规则划定了清晰的界限。但是，要说法院在决定规则的效力之前先仔细对规则进行分类，则是误导人的。法院有时会完全跳过对规则进行分类的步骤，如果规则看起来与法律目的相一致就支持，如果与法律目的不一致就予以撤销。有时候，它们将立法性规则视作解释性规则，有时候它们又将解释性规则视作具有拘束力的立法性规则。[④] 这种类型的判决已经只能归因于人类的弱点以及日益增加的法官的工作负担。在许多这类案件中，结论是对的，尽管推理过程是不完整的，或者是有缺陷的。

□ 巡回法院的判决有时模糊了 Chevron 尊重和 Skidmore 尊重之间的界限

正如 Lisa Bressman 所指出的，最高法院在 Christensen 案和 Mead 案中所作出的判决造成了这样一种环境，即巡回法院常常在判决中模糊了 Chevron 尊重和 Skidmore 尊重的

① 401 U. S. 424，433-434 (1971).

② 414 U. S. 86，94 (1973).

③ Kristin Hickman and Matthew Krueger，“In Search of the Modern Skidmore Standard，” 107 *Colum. L. Rev.* 1235 (2007).

④ 例可参见 Wisconsin Dept. of Health & Human Services v. Bowen，799 F. 2d 391，397-398 (7th Cir. 1986)（对解释性规则适用 Chevron 尊重）；Lewis-Mota v. Secretary of Labor，469 F. 2d 478 (2d Cir. 1972)（而在地区法院认为该行政机关缺乏权力制定立法性规则之时，没有先确定行政机关是否有权发布立法性规则，就将规则作为立法性规则对待）。

界限。①

□ 区分立法性规则和解释性规则的异常优秀的巡回法院判决意见

联邦法院每年都要审理数十起需要区分立法性规则和解释性规则的案件。所有这些案件中都存在着很高的风险。如果行政机关发布了一部立法性规则，声称是解释性的，没有采用通告评议程序，它所发布的实际上就是程序无效的立法性规则。

有些巡回法院的判决意见对立法性规则和解释性规则之间的区分是非常清晰和论理充分的。②

第七巡回法院在 Davila 案中的推理是体现了划定界限之认真的典范。第七巡回法院引
447 用和采纳了本书第二版中所敦促的标准：

当行政机关是在根据法律授权通过规则制定法律规范时，该规则就是立法性规则；当行政机关在发布规则时不是在行使这种授权的权力时，该规则就是解释性规则。当行政机关并没有获得授权通过规则立法，它所发布的规则必然是解释性规则；当行政机关有这类委托的权力，该规则就是解释性规则，除非它意图是行使被授予的权力。③

Davila 案中法院指出，本案中制定规则的行政机关有权发布立法性规则。在这种情形下，为了确定该规则是立法性规则还是解释性规则，法院必须确定行政机关的意图。在判定该规则属于解释性规则的过程中，法院集中在若干因素：（1）行政机关将该规则定性为解释性④；（2）行政机关主要依赖其对法律的条文和立法史的分析作为规则的基础⑤；（3）规则并未独立创设新的法律、权利或者义务，相反将该法律本身公平地解释为创设了权利和义务而在规则中作出更详细和清楚的描述。⑥

□ 法院已经尽力划分界限

但是，联邦法院在划分立法性规则和解释性规则之间界限的努力中遭遇了巨大的困难。它们将这种界限描述为“模糊的”、“脆弱的”、“变模糊的”、“令人困惑”和“令人如坠云里”⑦。

□ American Mining Congress 标准

经过数十年的法院划定立法性规则和解释性规则的不太成功的努力，在 1993 年的 A-

---

① Bressman, “How Mead Has Muddled Judicial Review of Agency Action”, 58 *Vanderbilt L. Rev.* 1443 (2005).

② 例如，Metropolitan School District of Wayne v. Davila, 969 F. 2d 485 (7th Cir. 1992)；Friedrich v. HHS, 894 F. 2d 829, 834-835 (6th Cir. 1990)；United Technologies Corp. v. EPA, 821 F. 2d 714 (D. C. Cir. 1987)；General Motors Corp. v. Ruckleshaus, 742 F. 2d 1561 (D. C. Cir. 1984) (en banc), *cert. denied*, 471 U. S. 1074 (1985)；Production Tool v. Employment and Training Administration, 699 F. 2d 1161 (7th Cir. 1982)。

③ 969 F. 2d at 490.

④ Id. at 489-490.

⑤ Id. at 490-492.

⑥ Id. at 489-493.

⑦ American Hospital Ass'n v. Bowen, 834 F. 2d 1037, 1046 (D. C. Cir. 1987)；Community Nutrition Institute v. Young, 818 F. 2d 943, 946 (D. C. Cir. 1987)；Chisholm v. FCC, 538 F. 2d 341, 393 (D. C. Cir. 1976)；Noel v. Chapman 508 F. 2d 1023, 1030 (2d Cir. 1975).

merican Mining Congress v. Mine Safety & Health Administration① 案中，哥伦比亚特区巡回法院的判决意见采取了一种全新的方法。《矿业安全和健康法》（the Mine Safety and Health Act）要求每个矿业经营者“按照（劳工）部长……合理的要求……提交报告”。矿业安全和健康管理局（the Mine Safety and Health Administration）发布了立法性规则，要求矿业经营者报告发生在矿上的“每起……职业病例”。这些规则要求矿业经营者对于每例肺炎病例一经确诊即行报告。几年后，矿业安全和健康管理局发现，矿业经营者们在确定肺病何时已经“确诊”为“肺炎”时适用的标准存在巨大差别。矿业安全和健康管理局通过发布解释性规则将肺炎的确诊标准加以具体化，以解决这一问题。该解释性规则参考了国际通用的胸透 X 光十二步分类法。因此，胸透结果为 1/0 或者更高将可以符合确诊 448
肺炎的条件。美国矿业联合会（the American Mining Congress）* 认为，X 光诊断规则属于程序无效的立法性规则，因为矿山安全和健康管理局没有经过通告评议程序就发布这一规则。

哥伦比亚特区巡回法院由一位杰出的行政法学者撰写了推理细致的判决意见，驳回了美国矿业联合会的主张，判定该规则属于解释性规则。哥伦比亚巡回法院首先指出，区分立法性规则和解释性规则的过程具有极其混乱的特征。基于这一混乱，哥伦比亚巡回法院决定以第一位原则开始入手。哥伦比亚巡回法院首先引用了 1947 年的《司法部长行政程序法手册》中对立法性规则和解释性规则所下的定义。最高法院已经在诸多案件中采用了该司法部长手册。该手册将立法性规则或者实体性规则定义为“具有法律拘束力或者效力的规则”。它将解释性规则界定为“为了告知公众行政机关对其所实施的法律或者规则的解释……而发布的……规则”。

哥伦比亚巡回法院接着综合了建立在手册基础上的推理和建立在解释该手册所划定界限的司法判决基础上的推理。由于规则只有在具有“法律效力”之时，才是立法性规则，则只有在国会已经赋予该行政机关以制定“具有法律效力”的规则之权时，一部规则才能成为立法性规则。因此，法院所面对的关键问题是行政机关是否意图发布具有“法律效力”的规则。如果行政机关说它是在制定具有法律效力的规则，法院完全可以采纳行政机关的表述。行政机关在这种情况下并没有对其意图作虚伪陈述的激励。那么，只有在国会赋予该行政机关以发布这类规则的权力，而且行政机关已经采用了通告评议程序之时，它所制定的规则才可能是有效的。

但是，如果相反，行政机关说它只是在发布一部解释性规则，法院是不适合简单接受行政机关之定性的。在这种情况下，行政机关具有将立法性规则虚假定性为解释性规则以回避《行政程序法》的规则制定程序的激励。因此，法院必须试图确定某假定的规则实际上是程序无效的立法性规则，还是确定该规则如果有效，是否实际上具有“法律效力”。法院接着开始确定规则，如果有效，势必具有“法律效力”的情形。

□ 规则何时具有“法律效力”?

首先，哥伦比亚巡回法院认为，对于支持执法行为的关键规则，势必需要具有“法律效力”。例如，矿山安全和健康管理局制定的规则——要求职业病例（包括肺炎）一经确诊，矿业经营者必须立即报告——必然是立法性规则。如果没有这些规则，矿业经营者没 449

* 美国矿业联合会（the American Mining Congress，1897 年成立）和国家煤炭协会（the National Coal Association，1917 年成立）于 1995 年合并为国家矿业协会（the National Mining Association）。——译者注

① 995 F. 2d 1106 (D. C. Cir. 1993).

有任何报告职业病例的义务，矿山安全和健康管理局也没有针对未能报告肺炎病例而对矿业经营者采取执法行为的依据。因此，这些规则显然具有“法律效力”。但是，法院认定，X光诊断法在这种情况下并不具有法律效力。即使没有这种规则，矿山安全和健康管理局也可以根据国际通用的诊断肺炎的标准，针对矿业经营者对胸透X光检查得分1/0甚至更高的病例没有及时报告的行为，启动执法行为。已有的要求矿业经营者报告任何经确诊的肺炎病例的立法性规则，已经足以支持这类执法行为。该规则创设了报告肺炎的确诊病例的义务。胸透X光规则只是明确了触发该义务的具体情形。

其次，哥伦比亚巡回法院认定，行政机关在《联邦规章汇编》上发布规则之时，具有制定具有法律效力的规则的意图。法院得出这一结论的依据是，只有在该规则具有“普遍适用性和法律效力”之时，法律才允许在《联邦规章汇编》中发布规则。

再次，如果行政机关明确表明它是在行使其立法权，则其行政规则是立法性规则。如果行政机关希望以具有法律效力的方式适用该规则，行政机关必须在发布这种规则时采用规定的程序。哥伦比亚巡回法院指出，对于行政机关在后续的案件中适用立法性规则和解释性规则的意图，法院作出了不同反应。哥伦比亚巡回法院必须赋予立法性规则以法律效力，除非该立法性规则与法律之间存在不一致。赋予立法性规则以这种强大的效力是合适的，因为立法性规则是在经过通告评议程序之后发布的。因此，反对所适用的规则的当事人，已经有充分的机会质疑该规则的依据，行政机关也已经被要求在法院中对该规则的依据辩护。相比之下，当行政机关希望在以后的案件中适用解释性规则，法院将会考虑该规则适用于执法行动中是否是合理、明智或者正当的。

因此，规则在接受司法审查时，行政机关支持该规则的理由是否充分这一问题是不能逃避审查的。就立法性规则而言，行政机关必须准备在审查该规则的程序中为其推理过程的充分性辩护。① 而对于解释性规则，行政机关必须在每次准备适用该规则时为支持该规
450 则的说理充分性提供辩护。

□ 解释性规则不能修改立法性规则

最后，如果一项规则与之前的立法性规则不一致，该规则必须具有法律效力。因为之前的立法性规则具有法律效力，它只能通过另外一部具有法律效力的规则才能修改。因此，任何修改立法性规则的规则，必然是立法性规则。

在解释这一标准时，哥伦比亚巡回法院提出了两条重要的区分界限。首先，仅仅对之前的立法性规则进行分类或者具体化的规则，不一定是立法性规则。行政机关通过消除立法性规则中的模糊性而进行解释时，不一定是在行使立法权。其次，与之前的解释性规则不一致的规则不一定是立法性规则。哥伦比亚巡回法院以两种方式解释了这一重要的原则。通过正式的法律推理，法院指出，解释性规则不具有法律效力。这从逻辑上就可以推出，行政机关不需要发布具有法律效力的规则以修改或者撤销解释性规则。通过基于政策的推理，法院指出，要求行政机关使用通告评议程序以修改解释性规则，会使得行政机关根本不愿意发布解释性规则。行政机关会不愿意发布解释性规则，由于需要通过通告评议程序才能纠正解释性规则中的错误，它们需要在这些年里忍受错误的解释性规则的后果。这会对受行政机关实施的法律和规则影响的公众带来不利的影响。如果没有解释性规则，公众将被迫揣测行政机关会如何解释它所实施的法律和立法性规则中存在的众多模糊

① 参见§7.4。

规定。

哥伦比亚巡回法院接着在一段话中总结了区分立法性规则和解释性规则的标准：

相应的，就协调我们所面对的所有案件而言，我们认为这几乎完全取决于所称的解释性规则是否具有“法律效力”，要确认这个问题的答案，最好先询问以下若干问题：(1) 如果没有这一规则，执法行动，或者行政机关提供福利或者确保义务履行的行动就会缺乏充分的法律依据；(2) 行政机关是否已经在《联邦规章汇编》中刊登该规则；(3) 行动机关是否明确动用了它的立法权；(4) 该规则是否有效修改了之前的立法性规则。如果所有这些问题的答案都是肯定的，则该规则就属于立法性规则，而非解释性规则。

由于X光诊断规则并不符合上述定性为立法性规则的标准，哥伦比亚巡回法院认为，它是解释性规则。 451

在该判决意见的另外一部分内容中，哥伦比亚巡回法院提到了不是作为本案争点的一项重要标准。行政规则有时是极其模糊和开放性的。立法性规则解决不了多少重大的问题。行政机关于是使用解释性规则来作出所有重大决定，并为虚无的立法性规则注入实质性内容。哥伦比亚巡回法院引用了哥伦比亚特区巡回法院之前的一项判决意见，即United States v. Piccotto[①]案，以说明这一不被允许的做法。在Piccotto案中，公园管理局（the Park Service）发布了一项立法性规则，其中规定了可以适用于它所发布的一组许可证的特定条件。该规则还规定，许可证可以“包含其他合理条件”。该行政机关接着发布了一项解释性规则，其中声称对于在立法性规则中规定的一系列具体条件之外增加规定一项具体的强制性“合理条件”。哥伦比亚巡回法院认为，行政机关不能将立法性规则中的开放性的词组“其他合理条件”“解释”为强加一项具体条件。

许多法院认为，行政机关不能使用公园管理局所试图使用的策略。[②] 第十巡回法院在Mission Group案的判决意见中为否定这种利用解释性规则的想法提供了很好的说明。《行政程序法》规定的规则制定程序，其目的是让行政机关能够利用精心设计的程序将模糊的法定标准转化为合理清晰的规则体系。如果法院承认行政机关对于虚无或者开放性的立法性规则的解释的效力，它们就会纵容行政机关以规章的模糊代替立法的模糊，这是“对《行政程序法》的……藐视”。

□ 解释性规则不能解释开放性的立法性规则

这一标准有时是难以适用的。要适用这一标准，法院需要对不同程度的模糊性进行区分。要想制定立法性规则，而又完全避免任何可能的模糊性或者内在的不一致性，这是不可能的。然而，行政机关不能被允许以如此宽泛的方式，以至于很容易接受非常宽泛的解释，来起草立法性规则。最高法院在1994年和1995年发布的两起案件的判决说明了这种司法机关划定界限过程的困难。[③] 在每起案件中，五位大法官支持了行政机关在按照尽可能的期望，通过立法性规则制定程序来解决重大问题的基础上制定的解释性规则，尽管立法性规则中包含了重大的模糊性问题，行政机关通过发布解释性规则来解决这一问题。四 452
位持不同意见的大法官则认为行政机关希望解释的立法性规则过于模糊，以至于无法支持

① 875 F. 3d 345 (D. C. Cir. 1989).

② 例如，Pearson v. Shalala，164 F. 3d 650 (D. C. Cir. 1999)；Mission Group Kansas v. Riley，146 F. 3d 775 (10th Cir. 1998)。

③ Shalala v. Guernsey Memorial Hospital，514 U. S. 87 (1995)，参见§6.9的讨论；Thomas Jefferson University v. Shalala，512 U. S. 504 (1994)，参见§6.1的讨论。

详细得多的解释性规则。

Guernsey 案和 Thomas Jefferson 案的这些判决意见表明，在这种难以定论的案件中难以使用这一标准。但是，这一困难并不是拒绝使用这一标准的充分理由。正如在 American Mining Congress 案中法院所承认的，对于行政机关试图综合采用模糊或者开放性的立法性规则和详细的解释性规则以规避《行政程序法》的规则制定程序的做法，法院应该继续认定无效。

在 Gonzales v. Oregon[①] 案中，六位大法官出具的多数意见适用了这一原则，并且称之为“反鹦鹉学舌的原则（antiparroting canon）”。如果一家行政机关所制定的立法性规则只是像鹦鹉学舌一样照搬了法律条文，法院不会对解释立法性规则的解释性规则给予尊重。但是适用反鹦鹉学舌原则可能是有难度的，因为没有一项行政规则会逐字“鹦鹉学舌般照抄”法律条文。Gonzales 案中讼争的立法性规则就在一定程度上与法律条文存在差别，至少对法律条文补充了一些少量的优化。这项规则对法律作了足够的补充，以至于持不同意见的大法官认为它并没有只是“鹦鹉学舌般照抄”法律条文。[②]

□ 是否在《联邦规章汇编》上刊登并不重要

哥伦比亚巡回法院在 1994 年的一起案件判决意见中在原先的标准清单中删除了一项标准。在 Health Insurance Ass'n of America，Inc. v. Shalala[③] 案中，撰写 American Mining Congress 案判决意见的法官撰写了该案的判决意见，指出是否在《联邦规章汇编》上刊登规则，不过是“行政机关意图的零星证据”[④]。法院对于删除这一标准提出了两项有力的理由。首先，解释性规则即使不具有“法律拘束力”（the force of law），也可以作为具有“法律效力”（legal effect）的规则，而满足在《联邦规章汇编》上刊登的条件。一部规则可以具有多种“法律效力”。所有解释性规则至少有一个重要的“法律效力”。它们让可能受影响的公众知道行政机关对法律或者立法性规则所作的解释。因此，解释性规则是有资格刊登在《联邦规章汇编》上的。其次，许多行政机关都遵循在《联邦规章汇编》上刊登重要的解释性规则之惯例。这一惯例是有社会效益的，因为它允许受影响的社会公众更方便地查阅行政机关的最重要的规则，无论这些规则是立法性规则还是解释性规则。哥伦比亚巡回法院提出了合理的关切，即之前建议的，规则在《联邦规章汇编》上刊登，仅此足以将规则定性为立法性规则，这会使行政机关不愿意继续在《联邦规章汇编》上刊登特
453 别重要的解释性规则。

□ 非常优秀的四部制标准

如果进行修订以反映最高法院在 Gonzales 案中所承认的反鹦鹉学舌的原则，同时删除在《联邦规章汇编》上刊登的标准，American Mining Congress 案提出的区分立法性规则和解释性规则的标准清单应当如下：

（1）如果没有这一规则，执法行动、行政机关提供福利或者确保义务履行的行动就会

---

① 126 S. Ct. 904 (2006)，参见 § 3.5 和 § 3.6 的讨论。

② 有关 Gonzales 案的详细讨论，参见 § 6.11。

③ 23 F. 3d 412 (D. C. Cir. 1994).

④ 另可参见 ANR Pipeline Co. v. FERC, 205 F. 3d 403 (D. C. Cir. 2000)（在《联邦规章汇编》上刊登，并不能让政策声明变成立法性规则）。

缺乏充分的法律依据；

（2）行政机关认为是解释性规则的，则考察该立法性规则是否过于模糊或者开放性，以至于支持认定为解释性规则；

（3）行动机关是否明确动用了它所拥有的立法权；

（4）该规则是否有效修改了之前的立法性规则。如果所有这些问题的答案都是肯定的，那么该规则就属于立法性规则，而非解释性规则。

American Mining Congress 案所宣布的这四项标准，对法院在过去用于区分立法性规则和解释性规则的令人混淆的和前后不一致的令人为难的诸多方法作了明显改进。而且，American Mining Congress 案中，哥伦比亚特区巡回法院为其所宣布的每项标准都提供了充分的推理。不足为奇的是，American Mining Congress 案的判决意见得到了该巡回法院以及其他六家巡回法院的遵守。①

□ Paralyzed Veteran 标准

不幸的是，American Mining Congress 原则并不是有些巡回法院区分立法性规则和解释性规则时适用的唯一标准。在 Paralyzed Veterans of America v. D. C. Arena② 案中，哥伦比亚特区巡回法院的另一合议庭改变了 American Mining Congress 案的其中一项标准。American Mining Congress 标准认为，一部规则如果"有效地修改了之前的立法性规则"，则它也成为立法性规则。Paralyzed Veteran 案中，哥伦比亚特区巡回法院则指出，一部规则如果修改了行政机关之前的对立法性规则的解释，即解释性规则，它也是立法性规则。在 American Mining Congress 案中，哥伦比亚特区巡回法院否定了这种看法。其结果导致 454
的原理变化具有巨大的实际影响。在 Paralyzed Veterans 案之前，行政机关通常通过发布解释性规则，修改其对立法性规则的解释。而在 Paralyzed Veterans 案之后，行政机关只能通过通告评议程序发布立法性规则的方式改变这种解释了。

Paralyzed Veterans 案的事实使得其成为宣告原理上这一重大变革的不同寻常的机制。司法部已经采纳了建筑和交通障碍排除委员会（the Architectural and Transportation Barriers Compliance Board）为了实施《美国残疾人法》（the Americans with Disabilities Act）第 3 编的规定而发布的一部立法性规则，将其作为自己的立法性规则。该规则规定，体育场所的所有人必须为坐轮椅的残疾人提供"与普通大众相当的入场费和视线（lines of sights）"的选择。若干年后，司法部发布了一部解释性规则，其中将"相当的视线"解释为包括了提供高于站立观众的良好视野的座位安排。

新建的哥伦比亚特区体育馆（D. C. Arena）* 的所有人认为，该解释性规则基于若干理由是无效的。哥伦比亚巡回法院首先认为"相当的视线"是容易被解读为要求具有高于站立观众的视野的座位安排。它接着认为，司法部已经修改了对立法性规则的解释，这是哥伦比亚特区体育馆提出的"最有说服力的主张"。哥伦比亚巡回法院否定了司法部有关

---

* 这家体育馆原名 MCI Center，2006 年更名为 Verizon Center。——译者注

① 例如，Warder v. Shalala，149 F. 3d 73（1st Cir. 1998）；Mission Group Kansas v. Riley，146 F. 3d 775（10th Cir. 1998）；Truckers United for Safety v. Federal Highway Administration，139 F. 3d 934（D. C. Cir. 1998）；Aulenback v. Federal Highway Administration，103 F. 3d 156（D. C Cir. 1997）；Appalachian States Low-Level Radioactive Waste Commission v. Oleary，93 F. 3d 103（3d Cir. 1996）；Hoctor v. Department of Agriculture，82 F. 3d 165（7th Cir. 1996）；Chen Zhou Chai v. Carroll，48 F. 3d 1331（4th Cir. 1995）；New York City Employees' Retirement System v. SEC，45 F. 3d 7（2d Cir. 1995）。

② 117 F. 3d 579（D. C. Cir. 1997）.

行政机关可以通过发布解释性规则随意修改立法性规则的说法。但是，哥伦比亚巡回法院接着支持了该解释性规则，理由是它认定司法部还没有采纳对该立法性规则的之前不一致的解释。因此，在 Paralyzed Veterans 案中所宣布的重大的原则变化（change in doctrine）属于法官附带意见。

从另一理由来说，Paralyzed Veterans 案也是宣告了这一原则变化的奇特案件。哥伦比亚特区巡回法院可以通过与 American Mining Congress 案宣告的标准完全一致的两项理由中的任何一项，轻易地否定该案中涉及的解释性规则。建筑和交通障碍排除委员会在发布司法部所采纳的规则时，明确指出该规则完全不涉及高于站立观众的视线的问题。建筑和交通障碍排除委员会表达了希望在以后的规则制定程序中解决这一问题。因此，法院本来可以认定该解释性规则是无效的，因为其意图修改解释性规则而不遵循规则制定程序。第三巡回法院就采用了这一推理来判定该规则无效。[①] 第三巡回法院适用了被广为接受的一项原则，即“行政机关不得通过赋予立法性规则以不同于原先含义的其他含义的过程来
455 对立法性规则进行溯及既往的修改”[②]。第三巡回法院本来也可以判定该解释性规则无效，因为是对立法性规则所作的“不合理的”解释。要求司法部采纳对建筑和交通障碍排除委员会的规则的解释，这是不合理的，因为它与在该规则发布时建筑和交通障碍排除委员会对该规则的定性并不一致，特别是可能受影响的公众有充分理由相信该委员会关于其会在未来的规则制定程序中解决站立观众的问题。

因此，在 Paralyzed Veterans 案中所宣布的重大的原理变化，是在支持本应基于其他理由而被推翻的解释性规则的判决意见中包含的附带意见。但是，哥伦比亚特区巡回法院已经在其他若干案件中适用了 Paralyzed Veterans 标准。[③] 其他巡回法院没有再采纳 Paralyzed Veterans 标准。第三巡回法院曾经在一起案件的判决意见中适用该标准，但是该案判决意见后来被撤销，并且被有充分推理的判决意见所代替。[④]

□ 应当抛弃 Paralyzed Veterans 标准

随着越来越多的巡回法院在上述标准之间选择站队，巡回法院对于这一问题的立场上的分歧也在加剧。在 Shell Offshore v. Babbitt 案[⑤]中，第五巡回法院采纳了 Paralyzed Veterans 标准而加入了哥伦比亚特区巡回法院的阵营，而联邦巡回区上诉法院则在 National Organization of Veterans Advocates v. Secretary of Veterans Affairs[⑥] 案中采纳了 American Mining Conference 标准，从而加入了第一、第二、第三、第四、第七、第九和第十巡回法院的阵营。第三巡回法院内部对于这一重要问题目前也存在分歧。[⑦]

最高法院应该解决各行政机关几乎每天都在引发的这一重要问题上的判决意见存在的分歧。但是，其他巡回法院有充分理由拒绝采纳 Paralyzed Veterans 标准。它与《行政程序法》的规定不一致，不能得到先例的支持，而且与数十个先例存在矛盾，会导致严重的

---

① Caruso v. Blockbuster-Sony Music Entertainment Center，193 F. 3d 730，737 (3d Cir. 1999).

② 引用了本书第三版的观点。

③ 例如，Amax Land Co. v. Quarterman，181 F. 3d 1356 (D. C. Cir. 1999)；Alaska Professional Hunter Ass'n v. FAA，177 F. 3d 1030 (D. C. Cir. 1999)；Syncor International Corp. v. Shalala，127 F. 3d 90 (D. C. Cir. 1997)。

④ Caruso，174 F. 3d 166，175，*vacated*，193 F. 3d 730 (3d Cir. 1999).

⑤ 238 F. 3d 622 (5th Cir. 2001).

⑥ 260 F. 3d 1365 (Fed. Cir. 2001).

⑦ 对比 SBC v. FCC，414 F. 3d 486 (3d Cir. 2005)（适用 Paralyzed Veterans 标准）和 Appalachian States low-Level Radioactive Waste Commission v. O'Leary，93 F. 3d 103 (3d Cir. 1996)（适用了 American Mining Conference 标准）。

后果，例如会使行政机关不愿意发布解释性规则，反而会鼓励它们完全依靠临时性的裁决以采纳对法律和立法性规则中的模糊条文的解释。* 456

在 Transportation Workers Union v. Transportation Security Administration① 案中，哥伦比亚特区巡回法院所作出耐人寻味的判决意见中提出了一项有趣的问题。在“9・11事件”发生之后，国会赋予新设的交通安全管理局（the Transportation Security Administration）执行禁止机场雇佣曾被定罪的人员的法律禁止规定。但是，该法律并未对定罪作出定义。交通安全管理局 2004 年发布了一项指南（解释性规则），其中规定定罪包括辩诉交易后延迟的管辖权（deferred jurisdiction after a guilty plea）。交通行业工会（Transportation Workers Union）试图质疑该指南违反了哥伦比亚特区巡回法院的禁止行政机关在解释性规则中修改法律上的解释而未经过通告评议程序。交通行业工会认为，被雇主在阅读了 2004 年版指南之后解雇的工人拥有原告资格，而工会则拥有派生性的原告资格。法院认为，该联盟缺乏原告资格，因为它不能证明发布受到质疑的这份指南会对其成员带来损害。法院认定，2004 年版指南的所有相关内容都是与 2004 年版指南完全一致的，因此，即使交通安全管理局没有发布 2004 年版指南，该成员本来也会遭到解雇。②

在更早的若干判决意见中，哥伦比亚特区巡回法院认为，行政机关不能未经发布立法性规则就改变法律或者立法性规则中的解释。哥伦比亚特区巡回法院认为行政机关违反了它所提出的原则，这段描述耐人寻味。正如我在本书和其他地方所详细说明的，这种判决显然是错误的。行政机关可以通过发布一项新的解释性规则修改或者撤销已有的解释性规则。③ 但是，在 TWU 案的判决意见中，哥伦比亚特区巡回法院对于这一原则作出了如下新的定性：

> 该工会承认，2003 年版和 2004 年版的指南是解释性的。相反，该工会根据一系列案件，认定，即使是在两项解释性规则之间，行政机关不能在没有经过事前的通告和评议程序就来回折腾。

如果这样定性的话，哥伦比亚特区巡回法院的原则显然违反了最高法院的警告，即法院不能要求行政机关采用行政规则、法律或者《联邦宪法》所要求之外的程序。④ 没有一项行政规则、法律或者《联邦宪法》的规定可以合理地要求行政机关在发布解释性规则时 457
实施通告评议程序。

□ 哥伦比亚特区巡回法院放弃了 Paralyzed Veterans 标准

在 Devon Energy Corp. v. Kempthorne⑤ 案中，哥伦比亚特区巡回法院对该案与 Paralyzed Veterans 案进行区分的方式表明，法院在 Paralyzed Veterans 案中所宣布的标准很少会被适用，即使有的话。哥伦比亚特区巡回法院认为，只有在行政机关之前的解释是以对该行政机关具有法律拘束力的形式作出的，Paralyzed Veterans 标准才能阻止行政机关修改对一项模糊规则所作的解释。

---

* 参见 Pierce, *Distinguishing Legislative Rules from Interpretative Rules*, 52 Admin. L. Rev. 547 (2000).（这篇论文的中文译本，参见［美］理查德・皮尔斯著，宋华琳译：《立法性规则和解释性规则的区别》，载《公法研究》，第 2 辑，北京，商务印书馆，2004。——译者注）

① 492 F. 3d 471 (D. C. Cir. 2007).

② 有关原告资格问题，参见§16.5 的讨论。

③ 参见 Pierce, *Distinguishing Legislative Rules from Interpretative Rules*, 52 Admin. L. Rev. 547 (2000)。

④ 参见 Vermont Yankee Nuclear Power Corp. v. NRDC, 435 U. S. 519 (1978)，详见本书第七章的讨论。

⑤ 551 F. 3d 1030 (D. C. Cir. 2008).

□ Hoctor 标准

一家巡回法院所作判决意见中宣告的另一项标准是值得讨论的。在 Hoctor v. Department of Agriculture[1] 案中，第七巡回法院提出了一项有趣的多面向的（multifaceted）判决意见。该案争点是，要求巨型猫科动物（例如狮子、豹子和老虎）必须用至少 8 英尺高的栅栏围护，这项规则是一项有效的解释性规则，还是相反，因为没有经过通告评议程序而制定，是无效的立法性规则。法院首先承认了“不为解释性过程增加繁琐的手续的负担”的重要性。它解释道，任何行政机关宣布自己对法律的解释，都会因为让公众可以知道有关行政机关的意见而造福公众。它接着认定，宣布 8 英尺高的栅栏的要求，不可能是一部解释法律或者立法性规则的解释性规则，因为法律当中没有规定任何围护（enclosure）要求，调整“结构强度”（structural strength）或者围护的有效的立法性规则，也没有规定任何类型的栅栏高度要求。

第七巡回法院本来可以在 Hoctor 案中基于这一点结束其判决意见。但是，它选择了提出和解决一项额外的假设性的问题。假定行政机关之前已经发布了一项有效的立法性规则，其中以非定量的概念（例如，足够的高度）规定了栅栏高度要求。这种对于巨型猫科动物作出定性规定的规则，是否因此符合有效的解释性规则的要求？法院认为，这一规则不会满足要求，因为，将不确定概念标准转化为必然存在武断性的定量标准，当然属于立法过程。但是，法院接着通过将其与“在定量标准普遍存在的科学领域”发布的规则相互区分，对这一推理进行了定性分析。在这一背景下，“将普遍规范转化为某一数字的规则，将会具有作为解释性规则的正当性”。

□ Hoctor 标准应当被否定

第七巡回法院的看法——将口头的命令转化为定量的命令不可能成为解释性规则——似乎是值得怀疑的。这是解释性规则所发布的最为普遍和具有社会价值的功能。法院试图
458 将这里的 8 英尺栅栏规则区别于涉及应用科学知识的规则，也是不能奏效的。8 英尺栅栏规则无疑是应用生物学知识的结果（例如，行政机关内的生物学家判断认为，狮子、老虎或者豹子可以跨越 7 英尺高的栅栏，但是不能跨越 8 英尺高的栅栏）。

关于 Hoctor 标准的缺点，我们可以通过考虑如何在法院所描述的有定性解释或者无定性解释的假设性情境中采取执法行为来说明。法院假定存在一种情况，法律或者是立法性规则规定了狮子、老虎或者豹子的围场必须有“足够高度”的栅栏。假定有人在 7 英尺的栅栏做成的笼子里养了一只豹子，行政机关也没有制定对该标准进行定量的解释性规则。豹子发生逃逸并咬死了一名小孩。行政机关针对该个人采取执法行为，指控他违反了“足够高度”标准。行政机关显然可以在不存在该解释性规则的情况下仍然采取该行为。如果行政机关可以证明豹子能够跨越 7 英尺高的栅栏，任何养豹子的人都应该了解到这一特点，那么它就可以胜诉。行政机关通过让生物学家作证，或者通过引用众多有关豹子的文献来证明这一立场，可以很容易证明所有这两项观点。豹子是有名的跳跃高手。现在我们再来设想一下，如果有一项解释性规则规定，对豹子来说，“足够高度”是指 8 英尺。行政机关可以采取同样的执法行为。只有在法院发现其解释性规则是合理和有说服力时，

---

① 82 F. 3d 165 (7th Cir. 1996).

行政机关才会胜诉。为了满足这一义务，行政机关需要引用研究豹子的生物学者的作品。

这只是关于两个假设情形的一个差别。在前一个情形中，任何养豹子的人必须努力猜想行政机关（或者也可能是在侵权诉讼中的陪审团）会如何解释“足够高度”，例如，7英尺、8英尺，抑或是9英尺？这一过程将会是非常困难和危险的。如果被规制者错误地相信7英尺就足够了，他们将会让公众承受危险，公众自己还会遭受执法罚款或者侵权赔偿。如果他们错误相信需要有9英尺高，他们就会承担不必要的成本。而在后一情形中，解释性规则要求每一个人——行政机关工作人员、被规制者、福利受益者、调查记者，总统、国会议员，或者普通大众——预先确切地了解行政机关认为的围护一只豹子的“充分”的栅栏高度。[①] 解释性规则只具有这些对社会的积极影响。适用 Hoctor 案附带意见中所建议的这一标准，将会因为告诉行政机关必须采用成本高昂、负担沉重和时间冗长的通告评议程序才能发布规则，而吓阻行政机关发布对社会有益的规则。[②] 459

□ 其他巡回法院的判决意见

在 Yale-New Haven Hospital v. Leavitt[③] 案中，第二巡回法院的合议庭多数成员所作出的判决意见反映了对调整解释性规则的法律规范的一种误解。该法院认为，该案讼争的解释性规则是武断和恣意的，因为行政机关并未为该规则提供充分的同期的（contemporaneous）的说明。多数意见拒绝接受行政机关在规则发布之后呈交法院的理由说明。第二巡回法院指出：“行政机关在记录中说明理由的义务强度上要弱于解释性规则。”这一说法是错误的。行政机关没有义务提供任何同期的理由说明。正如最高法院在 PBGC v. LTV Corp.[④] 案中所判决的，在一个有关非正式裁决的类似背景中，行政机关不需要对其决定提供同期的理由说明，但是如果行政机关没有提供同期理由说明的话，法院可以要求其提供充分的事后的理由说明，从而允许法院对该决定适用武断和恣意标准。持协同意见的法官准确论述了可以适用的原则。

在 Coalition for Common Sense in Government Procurement v. Secretary of Veterans Affairs[⑤] 案中，联邦巡回区上诉法院认为，“Dear Manufacturers”信函术语是实体性（立法性）规则而非一项命令（order）或者解释性规则。如果是这样的话，该规则是无效的，因为行政机关并未遵守《行政程序法》所规定的发布立法性规则的程序要求。这一纠纷的细节非常复杂。在发布该“信函”之前，行政机关已经对通过若干项目采购的处方药适用了一系列价格控制方法。该信函宣布将在该信发布之日起实施价格控制措施，要求生产商对于在该信函发布之日后超过所购买药品价格上限收取的任何价格予以退款。法院认定该信函并不属于命令，因为它不是在裁决过程中发布的。法院认为，该信函是程序上无效的立法性规则而不是获得豁免的解释性规则，因为它所设立的退款制度——要求生产商向之前不实行价格控制方法时的数亿美元的药品销售给予退款——改变了已有的法律。法院强调，该信函/规则“试图在政府之外产生拘束力”，对于生产商只具有向后发生的效力（prospective effects）。

---

① 参见§6.8。

② 参见§7.4。

③ 470 F. 3d 71 (2d Cir. 2006).

④ 496 U. S. 633 (1990).

⑤ 464 F. 3d 1306 (Fed. Cir. 2006).

在 Visiting Nurse Ass'n Gregoria Auffant v. Thompson① 案中，第一巡回法院认为，CMS 可以在调整联邦医疗保险（Medicare）项目中医疗服务提供者的成本报销相关的立
460 法性规则中使用一般性文字，然后采用解释性规则以描述报销的详细前提，只要解释性规则并不与法律或者立法性规则之间相互矛盾。

在 Hemp Industries Ass'n v. Drug Enforcement Administration② 案中，第九巡回法院提供了一份论证充分的判决意见。缉毒局（DEA）发布规则禁止销售大麻的所有天然异构体（tetrahydrocannabinols），包括在大麻籽和油中所发现的。缉毒局认为，它不需要采用通告评议程序，因为该规则是解释性规则。法院认为，该规则是程序上无效的立法性规则。第九巡回法院采纳并适用了哥伦比亚特区巡回法院在 American Mining Congress v. Mine Safety and Health Administration③ 案中所宣布的一项优秀标准。根据这一标准，如果一项规则具备以下特征，就是立法性规则而非解释性规则：（1）不存在该规则时，执法就缺乏充分的法律依据；（2）行政机关已经明确地提到了其一般性的立法史；或者（3）该规则有效地修改了已有的立法性规则。法院认定该规则属于解释性规则，因为这是与先前的立法性规则——其中，缉毒局仅将合成“异构体”列为禁止物质——并不一致。当然，它从逻辑上可以得出，该规则也是立法性规则，因为如果没有该规则，而仅有之前的立法性规则，缉毒局就会缺乏充分依据对销售包含自然存在的异构体的大麻籽和油采取执法行动。

立法性规则相比解释性规则具有更大的法律效力。例如，立法性规则拥有拘束性的法律效力，而解释性规则则没有。这一区分也是 United States v. Lee④ 案中决定结果的决定性因素。该案被告要求重新进行刑事初审，理由是司法部违反了其死刑协议（death penalty protocol）。法院认为，该协议并不拘束行政机关或者创设任何为第三方强制执行的权利，因为这是一项解释性规则而非立法性规则。

正如本节上文和 § 3.5 所讨论的，以立法性规则宣布的法律解释总是有权获得 Chevron 尊重，而许多以解释性规则形式宣布的法律解释只有权获得程度较弱的 Skidmore 尊重。正如在 Matz v. Household International Tax Reduction Plan⑤ 案中第七巡回法院所指出的，Chevron 尊重和 Skidmore 尊重之间的差别可以是由诉讼结果决定的。第七巡回法
461 院在其之前的一份判决意见⑥中，支持了国内税务局的一份手册和某些税收裁定中所采纳的法律解释。法院指出，它不同意行政机关的解释，但是它不得不根据 Chevron 尊重认为该解释是“合理的”而予以支持。最高法院撤销了第七巡回法院的判决，将该案发回重新处理并要求根据 Mead 案的原则进行重新考虑。在发回重新处理的过程中，第七巡回法院认为，国内税务局的解释只有权获得 Chevron 尊重。法院随后以国内税务局的解释“缺乏说服力”而予以推翻。

在 U. S. Freight-ways Corp. v. Commissioner of Internal Revenue⑦ 案中，第七巡回法院混淆了解释性规则应当享受的不同类型的尊重。第七巡回法院认为，该解释性规则有权获得 Skidmore 尊重而不是 Chevron 尊重。法院接着推翻了该规则中所宣布的解释，理由

---

① 447 F. 3d 68 (1st Cir. 2006).

② 333 F. 3d 1082 (9th Cir. 2003).

③ 995 F. 2d 1106 (D. C. Cir. 1993).

④ 274 F. 3d 485 (8th Cir. 2001).

⑤ 265 F. 3d 572 (7th Cir. 2001).

⑥ 227 F. 3d 971 (7th Cir. 2000).

⑦ 270 F. 3d 1137 (7th Cir. 2001).

是法院认为行政机关的解释不是“具有说服力的”。但是，该解释性规则对一项立法性规则进行了解释，因此它应当获得 Seminole Rock 尊重而非 Chevron 尊重或者 Skidmore 尊重。因为 Seminole Rock 尊重与 Chevron 尊重具有相同强度，并且强度远大于 Skidmore 尊重，如果法院适用了正确类型的尊重，法院很可能应该支持行政机关的解释。[①]

第二巡回法院和第四巡回法院分别作出的两份判决意见反映了对立法性规则和解释性规则之区别存在的严重误解。在 Coke v. Long Island Care at Home[②] 案中，第二巡回法院认为，这一经过通告评议程序通过的规则属于解释性规则，因为该行政机关将该规则以“解释”的标题收入《联邦规章汇编》。类似的，在 Walton v. Greenbrier Ford, Inc.[③] 案中，第四巡回法院认为另外一项经过通告评议程序制定的规则属于解释性规则，因为该规则对一项法律条款作出了解释。一项规则对法律条款作出解释，这一事实并不意味着该规则就是解释性规则。很多情况下，甚至是绝大多数情况下，立法性规则也是对法律作出解释。对于这一问题的最好例证也许是在最高法院的标志性案件 Chevron 案中所讼争的规则。Chevron 案中的规则无疑属于立法性规则，尽管它是对法律用词“排放源”（source）进行了解释。第二巡回法院和第四巡回法院认为是解释性的规则，几乎肯定属于立法性规则。当行政机关有权发布解释法律条款的立法性规则时，判断规则是立法性规则还是解释性规则的出发点是行政机关的意图。[④] 当行政机关采用费时耗力的通告评议程序发布规则 462
时，它几乎肯定是为了发布立法性规则。

在 Long Island Care at Home v. Coke[⑤] 案中，最高法院以一致意见推翻了第二巡回法院的判决。最高法院判定，如果行政机关采用了通告评议程序，并且将该规则作为具有拘束力的规则对待，则即使该规则被贴上“解释”的标签也是具有法律拘束力的规则，并且有权获得 Chevron 尊重。

在 Erringer v. Thompson[⑥] 案中，第九巡回法院撰写了一份论证特别充分的判决意见。法院认为，卫生和社会服务部发布的《项目严正性手册》（Program Integrity Manual）中包含的作出地方给付判定（Local Coverage Determinations）的标准属于解释性规则，从而是有效的，即使它们没有经过通告评议程序。法院适用了 American Mining Congress 案中宣布的立法性规则和解释性规则的区分标准。它认为，这些规则属于解释性规则，即使它们修改了之前的解释性规则，因为它们并未意图修改之前的解释性规则。法院也认定，这些规则是解释性规则，即使它们约束执行联邦医疗保险项目的供应商（contractor），因为这些供应商不是“行政机关之外的裁判机构”（tribunals outside the agency）。

在 Dismas Charities v. Department of Justice[⑦] 案中，第六巡回法院得出的结论是正确的，但是它的判决意见中包含了大量标题错误和引人误解的判词。18 U. S. C. § 3621（b）赋予了监狱管理局将犯人分配到“任何可得的满足健康和居住标准的刑罚或者矫正设施……”的裁量权。直到 2002 年，监狱管理局在很多情况下将该法律解释为将犯人分配到社会矫正中心。在 2002 年，司法部法律顾问办公室（the Office of Legal Counsel）发布了一项法律意见，认为该法律限制了将犯人分配到社区矫正中心的裁量权。监狱管理局在

---

① 参见§6.11。
② 376 F. 3d 118 (2d Cir. 2004).
③ 370 F. 3d 446 (4th Cir. 2004).
④ 例可参见 American Mining Congress v. Mine Safety & Health Administration, 995 F. 2d 1106, 1109 (D. C. Cir. 1993)。
⑤ 127 S. Ct. 2339 (2007).
⑥ 371 F. 3d 625 (9th Cir. 2004).
⑦ 401 F. 3d 666 (6th Cir. 2005).

向联邦法官出具的一份备忘录中对法律顾问办公室作出了回应，宣布监狱管理局将在法律顾问办公室的意见中认定监狱管理局具有裁量权的有限情形下将犯人分配到社区矫正中心。一家拥有和经营社区矫正中心的组织认为，该备忘录是程序上无效的立法性规则，因为监狱管理局并未通过通告评议程序发布。法院认为，该规则是解释性规则，可以豁免适用通告评议程序。法院支持这一判决的初步推理是合理的。法院认为，该备忘录并未“创设法律”；相反，它“澄清或者解释了现有的法律或者规章”。法院接下来在判词中则是误入歧途，指出解释性规则是完全依据法律分析，而依据必要的政策分析制定的规则则是立
463 法性规则。事实上，任何类型的规则——解释性规则或者立法性规则——很少完全依据法律分析。由于绝大多数的行政机关实施的法律条款和行政机关发布的立法性规则都或者明示或者默示地赋予行政机关一定程序的裁量权，大多数类型的规则都是基于法律分析和政策分析的某种组合。建立在法律和/或者政策分析的任何组合的基础之上的规则可以是立法性规则，也可以是解释性规则，具体取决于其是否创设了新的法律，或者解释，或者阐释清楚了现有的法律。

在 Central Texas Telephone Cooperative v. FCC① 案中，哥伦比亚特区巡回法院撰写了一份论证特别充分的判决意见。为了解决各种情形下的号码可携带性问题，联邦通信委员会（FCC）发布的一项规则意图对法律条款和立法性规则的条款进行解释。电信服务供应商对该规则不满，认为该规则是无效的，因为根据《规制灵活度法》（the Regulatory Flexibility Act）的要求行政机关发布的立法性规则有可能对小型实体构成影响时，而联邦通信委员会没有按照该法的要求发布小企业影响报告（small business impact statement）。法院认为，行政机关不需要发布影响报告，因为该规则属于解释性规则。法院很好地说明并适用了这一标准，对立法性规则和解释性规则进行了区分。法院指出：“如果第二项规则否定之前的立法性规则，则第二项规则一定是对第一项的修订；并且，对立法性规则的修订当然必须本身是立法性的。”法院也指出，解释性规则必须解释某些内容，可以是法律，也可以是立法性规则。但是，法院认定，该案讼争的规则是解释性规则，因为它并未意图与之前存在的立法性规则相矛盾，而只是为了解释该规则。和绝大多数的解释性规则一样，法院所支持的这项规则也是同时依据了法律分析和政策分析。该法院也发现了法院在试图对立法性规则和解释性规则进行区分时所犯下的一些最为普遍的错误。因此，例如，法院指出，尽管解释性规则必然解释法律或者立法性规则，许多立法性规则也在解释法律。它也指出，解释性规则可能会产生实质性的影响，并且会通过将模糊命令转化为“描述清晰的权利或者义务”。

在 Tunik v. Merit System Protection Board② 案中，联邦巡回区上诉法院撰写了一份论证充分的判决意见。法院认为，行政机关不能在裁决程序中修改立法性规则，因为行政机关本身也需要接受自身制定的立法性规则的约束。持有不同意见的法官则认为，在行政机
464 关有理由认定讼争的立法性规则与法律条款并不一致时，对这一一般性规则本来应当宣布和适用一项例外。

在 Sprint Corp. v. FCC③ 案中，哥伦比亚特区巡回法院认为，该案假定的一项解释性规则实际上是程序上无效的立法性规则。法院认为，该案讼争的规则是只能经过通告评议程序才能发布的立法性规则，因为行政机关已经改变了“游戏规则”，要求某些类型的被规制者对象承担额外的义务。行政机关承认，它是在“修改完善”其之前发布的立法性规

---

① 402 F. 3d 205 (D. C. Cir. 2005).

② 407 F. 3d 1326 (Fed. Cir. 2005).

③ 315 F. 3d 369 (D. C. Cir. 2003).

则。该案的判决意见还包含了一项有帮助的讨论，法院将该案与同一行政机关之前发布的规则进行了区分，以此说明对这一立法性规则的阐释（clarification）也可以通过解释性规则合法地实现目的。

在 Safari Aviation v. Garvey① 案中，第九巡回法院认为，对于一项立法性规则中最低飞行高度要求所作的一系列豁免规定，属于有效的解释性规则，因为该立法性规则中明确地允许根据行政机关对具体情况的考虑而对最低飞行高度要求作出不同的规定。

在 Air Transportation Ass'n v. FAA② 案中，哥伦比亚特区巡回法院认为该案中的一份信函是有效的解释性规则，因为它所宣布的对已有的一项立法性规则所作的解释是“基本上围绕”（fairly encompassed）该规则进行的。该立法性规则明确规定了航空公司应当给予航班机组成员的休息时间，参考了预期的飞行时间和乘车时间（taxi-in time）。该信函对该规则进行解释时参考了特定航班在飞行日当天实际状况下的预期飞行时间，而非日程表上排定的航班飞行和乘车时间。

在 Gunderson v. Hood③ 案中，监狱管理局发布的一项立法性规则否定了对任何因持有“爆炸物”而被定罪的犯人的减刑资格。监狱管理局后来发布了一项解释性规则，在规定不符合减刑资格的罪名目录中增加了某些人携带弹药的违法行为。Gunderson 认为，假定的解释性规则实际上是程序上无效的立法性规则，因为它将已有立法性规则的内容，在携带爆炸物之外增加了携带弹药。第九巡回法院驳回了这一主张。它认定，该解释性规则并非与立法性规则不一致，因为“爆炸物”一词是模糊的，可以包括“弹药”。因此，该解释性规则只是阐释了立法性规则的适用范围。

在 Maximum Home Health Care v. Shalala④ 案中，第六巡回法院以相反方式处理类似争议时采用了同样的标准。卫生和社会服务部发布的一项立法性规则中指出，家庭医疗服 465
务提供者所带来的成本“实质性地超出市场价值”时，将拒绝报销其成本。它接着发布了一项解释性规则，规定家庭医疗服务提供者只有在通过竞争性招标或者与之相当的程序购买商品或者服务时，才可以被认为是谨慎的买家（a prudent buyer）。第六巡回法院认为，该谨慎买家规则是程序上无效的立法性规则，而不是有效的解释性规则，因为竞争性招标的要求是与已有的立法性规则中所规定的实质性超出标准不一致的。第六巡回法院认为，行政机关只能通过发布立法性规则的方式设定竞争性招标的要求，因为它对家庭医疗服务提供者明显增加了新的负担。

在 Chao v. Rothermel⑤ 案中，第三巡回法院认为，《煤矿健康检查程序手册》（the Coal Mine Health Inspection Procedure Handbook）中包含的体检指南是解释性规则，可以在未经通告评议程序的情况下发布。法院认为，该指南“规定了矿山安全和健康管理局检查员判断是否符合现行强制性健康标准……时所需要遵守的程序”。该指南“并未改变现行的健康标准，也没有对矿山经营者增加额外的负担……”不仅如此，该指南并未想要让该机构雇员之外的所有人使用。

在 Reno-Sparks Indian Colony v. EPA⑥ 案中，第九巡回法院认为，环境保护局（EPA）为了实施《清洁空气法》而明确规定内华达州存在 254 个独立的基准区域（base-

---

① 300 F. 3d 1144 (9th Cir. 2002).

② 291 F. 3d 49 (D. C. Cir. 2002).

③ 268 F. 3d 1149 (9th Cir. 2001).

④ 272 F. 3d 318 (6th Cir. 2001).

⑤ 327 F. 3d 223 (3d Cir. 2003).

⑥ 336 F. 3d 899 (9th Cir. 2003).

line areas）的规则是有效的解释性规则。法院认为，该规则并未改变已有的实体性法律，虽然它承认已有的立法性规则起草质量不佳并且令人混淆。当然，该解释的其中一项有价值的目的是阐释立法性规则。

§6.5 实体性规则与程序性规则的区分

□ 程序性规则豁免通告评议程序

《行政程序法》§553 规定“有关行政机关组织、程序或者实践的规则”豁免适用通告评议程序。这项豁免规定要求行政机关和法院对于程序性规则和实体性规则加以区分。
466 有很多规定是容易分类的，例如，规定对投诉作出回复的时间的规则是程序性规则，而对被规制者设定新的拘束性义务的规则是实体性规则。不幸的是，还有很多规则很容易同时具有两种特征。例如，在 Pennsylvania v. United States[1] 案中，创设可以推翻之推定的规则被认为是程序性规则，但是，我们同样可以轻易写出同样可辩护的判决意见将这种规则定性为实体性规则。

□ 区分程序和实体通常是困难的

最高法院对 Erie Railroad v. Tompkins[2] 案的判决作出之后，我们需要对实体性规则和程序性规则进行区分，以便确定州或者联邦法律是否调整因为多元管辖权而起诉到联邦法院的案件中所引发的众多问题。正如有关联邦法院的专著所详细论述的，最高法院关于划分这一界限的努力已经产生了众多不一致和不尽如人意的判决意见。在 Hanna v. Plumer[3] 案中，最高法院坦诚地承认这是一个不可能完成的任务，“有些事务尽管处于实体和程序之间的不确定地带，但是归类到这两类中的任何一类都是合理的”。对于行政法来说，这一任务并不比联邦法院来得容易。这两起案件都挑战了这种分类，可以轻易地定性为实体性规则，或者定性为程序性规则。

尽管最高法院当然有很多判决意见出于 Erie 案的目的区分实体性规则和程序性规则，也可以用于类比分析的目的，但是最高法院直接论述这一问题的判例法非常少。最高法院还从未发布一份适用《行政程序法》§553 所规定的程序性豁免规定的判决意见。它曾经维持了两起地区法院的判决，即前面讨论过的 Pennsylvania 案和 National Motor Freight Traffic Ass'n v. United States[4] 案。在 National Motor Freight 案中，地区法院判定，一部首次批准汽车运输商（motor carriers）可以为承运人支付补偿的非正式方法的规则属于实体性规则，从而不能豁免通告评议程序的要求。地区法院承认，该规则既可以定性为实体性规则，也可以定性为程序性规则：相比法律的其他内容，这里并不存在更多的“实体性”和“程序性”的特征——并未确定指向正确的结论，也没有真正地推进这一研究。[5]

---

① 361 F. Supp. 208 (M. D. Pa.), *aff'd*, 414 U. S. 1017 (1973).

② 304 U. S. 64 (1938).

③ 380 U. S. 460, 472 (1965).

④ 286 F. Supp. 90 (D. D. C. 1967), *aff'd*, 393 U. S. 18 (1968).

⑤ 286 F. Supp. At 96.

由于该规则客观地说可以作出任何一种定性，也因为它对于实体性权利有着重要的影响，法院为了适用《行政程序法》§553的目的而选择将其定性为“实体性”规则。

□ 一项明智的方法

地区法院在National Motor Freight案中采用的推理，表明了法院出于适用《行政程序法》§553的目的，在需要将一部规则定性为实体性规则或者程序性规则时，可以，有 467
时也确实在采用的一项明智的方法。如果这种定性基本上是可以辩论的，法院会考虑要求它们对该规则进行定性的目的——究竟行政机关是否可以在没有事先向公众通告，没有接收和考虑来自受影响公众的评议的情况下发布该规则。在明确了这些标签选择的目的和意义之后，法院接着对该规则进行分析，看它对实体权利的影响如此重大，以至于应当只能在通告评议程序之后才能通过。如果它得出了这一结论，法院就会通过给该规则贴上“实体性”的标签而解决难以分析的定性问题。

在Pickus v. United States Board of Parole[①]案中，哥伦比亚特区巡回法院的判决意见体现了这一方法。该案所涉及的规则对于如何计算囚犯何时可以获得假释的问题，提出了一个比较机械的公式。该规则在其规定了作出一类决定时的程序这一意义上是“程序性”的。但是，法院认为，该规则属于实体性规则，因为它对实体权利有着直接和重大的影响。

□ 论证不充分的判决意见

但是，Pickus案和National Motor Freight案证明了功能意义的分类方法所具有灵活性应当受到一定的限制。在法院根据讼争的规则具有明显的重要性或者效力而自由地将该规则贴上“实体性”的标签之前，该规则至少应当处于实体性规则和程序性规则的灰色地带。毕竟，即使是一项确定提交法律意见的期限的规则，也可以对于没有按照期限要求提交的当事人的实体权利产生毁灭性的影响。在Air Transport Ass'n v. DOT[②]案中，哥伦比亚特区巡回法院就跨越了司法裁量权的边界。该案所涉及的规则规定了启动行政罚款案件的程序。它们规定了通告、和解程序、证据开示、对抗式听证，以及行政上诉。哥伦比亚特区巡回法院认为，该规则属于“实体性”规则，理由是“能够影响个人利用行政裁决权的规则不是”程序性规则。[③] 这一有些绝对性的论述肯定的。这会包括提交材料的截止期之类的纯粹的程序性规则。事实上，按照Air Transport案的推理，整部《联邦民事诉讼规则》(the Federal Rules of Civil Procedure)都是“实体性”规则。

□ 论证充分的判决意见

哥伦比亚特区巡回法院在更为晚近的四起案件中作出的判决意见，对程序性规则和实体性规则进行了更好的区分。在Chamber of Commerce v. Department of Labor[④]案中，哥伦比亚特区巡回法院认为职业安全和健康管理局的一项“指令”(directive)属于实体性规

---

① 507 F. 2d 1107 (D. C. Cir. 1974).

② 900 F. 2d 369 (D. C. Cir. 1990).

③ 900 F. 2d at 378.

④ 174 F. 3d 206 (D. C. Cir. 1999).

则。该指令规定，1.25 万家雇主都需要接受全面检查，除非其制定了包含该指令所规定内容的“合作式合规项目”（Cooperative Compliance Program）。至少一项“合作式合规项
468 目”的部分内容是超出已有法律对雇主所设定的义务的。职业安全和健康管理局主张该指令是可以豁免通告评议程序要求的程序性规则，而非因为没有遵守通告评议程序而无效的准实体性规则，法院驳回了这一主张。法院的理由是，该指令利用全面检查迫使雇主接受新的义务，从而对雇主设定了新的实体性义务。

在 James v. Hurson Associates v. Glickman[1] 案中，一项行政规则删除了一种食品标签报批方法，即加速面谈程序；哥伦比亚特区巡回法院判定该规则属于程序性规则。哥伦比亚特区巡回法院指出，该规则并未改变任何实体标准；它只是删除了一项程序。法院指出，一项纯粹的程序性规则不能被定性为实体性规则，即使它具有对被规制者施加了重担的效果。

在 National Whistleblower Center v. NRC[2] 案中，哥伦比亚特区巡回法院判定核能监管委员会可以在一份政策声明中宣告修改免于追究违反申报期限的事由标准。认为行政机关以“不可避免的和极端的情形”标准替换“合理事由”标准，这属于程序性规则，因为它“只是修改了强制执行申报期限的标准”。但是，法院承认，除非行政机关向当事人提供了及时的变更通知，否则这种程序性变更不能约束当事人。

在 JEM Broadcasting Co. v. FCC[3] 案中，联邦通信委员会（FCC）的一项规则意图拒绝 FM 许可证的不完善或者不完整的申请，但是没有为行政机关在处理申请过程中所发现的错误提供任何纠正的机会；哥伦比亚特区巡回法院认为该项规则属于程序性规则而非实体性规则。哥伦比亚特区巡回法院判定，该规则本身并未“变更当事人的权利或者利益”。

□ 程序性规则可以是有拘束力的

在 American Farm Lines v. Black Ball Freight Service[4] 案中，最高法院指出，程序性规则如果赋予当事人以一项有价值的程序性权利，则它可以对行政机关产生拘束力，但是如果它只是帮助行政机关确立按部就班处理事务的方法，则不能对行政机关产生拘束力。最高法院在 2005 年对税务法院适用了这一原则。

在 Ballard v. Commissioner of Internal Revenue[5] 案中，七位大法官出具的多数意见认为，税务法院的一项做法是违法的，因为它与税务法院的程序规则不一致。正如最高法院多数意见所解释的，税务法院规则要求该法院在将案件分配给一位特别初审法官时，需要
469 出具两份判决意见——一份是特别初审法官的判决意见，包括初审法官的事实认定和结论；一份是普通税务法院法官的判决意见，规定其是否接受特别法官的事实认定和结论。税务法院相反所采取的做法是经过特别法官和普通法官的合作之后只发布一份判决。多数意见认为，这种做法是违法的，因为它不符合税务法院的程序规则。多数意见承认税务法院本来完全可以采用它明显更青睐的这种做法，只要它对该规则进行修改，以便和该做法取得一致。持不同意见的两位大法官则认为，该做法是与税务法院对其规则的合理解释相互一致的。

---

① 229 F. 3d 277 (D. C. Cir. 2000).

② 208 F. 3d 256 (D. C. Cir. 2000).

③ 22 F. 3d 320，326 (D. C. Cir. 1994).

④ 397 U. S. 532 (1970).

⑤ 125 S. Ct. 1270 (2005).

□ 可以作为例证的巡回法院的判决意见

在 S. P. A. & JCM v. United States① 案中，联邦巡回区上诉法院认为，原告不能以违反程序规则作为依据质疑行政行为的有效性，而不证明该违法对原告带来了实质性的伤害(prejudice)。法院承认，对方当事人没有遵守在特定时间之前给予原告通知的要求，并未给原告带来实质性的伤害，因为原告在 17 天后同时收到了实际和推定的通知（actual and constructive notice)，并且根据原告在接收该程序性规则所要求的通知时经历的超出 17 天之外的迟延天数，行政机关同意了原告提出的要求额外时间以便对该通知作出回复的要求。

在 Combs v. Commissioner of Social Security② 案中，第九巡回法院全席审理认为，改变行政机关作为裁决依据之推定的规则是程序性规则而非实体性规则，因此可以适用于在该规则发布时尚在处理过程中的案件。

在 Battle v. FAA③ 案中，哥伦比亚特区巡回法院承认，行政机关必须遵守其自身的程序性规则，但是法院认定行政机关实施行为的目的实际上是强制执行其规则，而不是违反其规则。

在最近的两项判决意见中，联邦法院认为行政规则是程序性的，不是针对行政机关强制执行的。在 Colorado Environmental Coalition v. Wenker④ 案中，第十巡回法院的合议庭多数意见认为，要求每位咨询委员会委员的任命都需要附有推荐信（letter of reference)的规则是程序性规则。它接着认为，该规则并未约束行政机关，因为它并未打算赋予当事人以重要的程序性权利，而是相反，只是为了帮助行政机关确立办理公务的规范方法(orderly method)。在 Lowry v. Barnhart⑤ 案中，第九巡回法院认为，规定针对行政法官 470
偏见的投诉处理流程的规则并不拘束行政机关，因为该规则是程序性规则。第十巡回法院对待这一问题的做法是正确的，但是第九巡回法院的分析是不正确的。American Farm Lines v. Black Ball Freight Serv. ⑥ 案就要求区分以下两种规则：一是对当事人赋予重要的程序权利而需要拘束行政机关的规则；另一个则是只希望帮助行政机关确立处理公务的规范方法而并不拘束行政机关的规则。

在 Public Citizen v. Department of State⑦ 案中，国务院发布基于《信息自由法》的申请（以下简称信息公开申请）日期截止规则属于程序性规则。该规则宣布了行政机关拒绝查找在信息公开申请之日后生成的信息。法院指出，它已经改变了有关时间问题的实体性规则和程序性规则之区分的方法。它放弃了将规则认定为实体性规则的已有方法，如果它对当事人产生实质性的影响，因为它承认，许多纯粹的程序性规则也会具有实质性的影响。法院如今只有在规则“包含了实体性的价值判断”时认定其为实体性规则。国务院的日期截止规则适用于所有信息公开申请，因此它并不反映实体价值判断。法院接着认为该规则没有正当理由而加以推翻。⑧

---

① 463 F. 3d 1345 (Fed. Cir. 2006).
② 459 F. 3d 640 (6th Cir. *en banc* 2006)，参见§6.7 的讨论。
③ 393 F. 3d 1330 (D. C. Cir. 2005).
④ 353 F. 3d 1221 (10th Cir. 2004)，参见§5.10、§6.6 和§17.7 的讨论。
⑤ 329 F. 3d 1019 (9th Cir. 2003).
⑥ 397 U. S. 532 (1970).
⑦ 276 F. 3d 634 (D. C. Cir. 2002).
⑧ 参见§5.2 的讨论。

还有数十起法院判决对于各种难以划分的行政规则适用了这种程序性规则和实体性规则的区分方法。这些判决构成的法律规则体系，缺乏系统规律而难以准确概括。考虑到这一努力固有的难度，实体性规则和程序性规则之间的界限很可能还会继续维持模糊的状态。

§6.6 立法性规则的拘束力

□ 立法性规则对已经通过规则解决的事务，取消了裁决之需要

本书§3.5和§6.4描述了立法性规则拘束法院的重要意义。它们也对公民及其行政机关本身具有拘束力。通过听证解决争议事务，这本是当事人的权利，立法性规则可以具有消除这一权利的效力。规则可以通过重新界定实体性权利的性质，使得该权利不再取决于对这些实施问题的解决，从而产生这种效果。事实上，这可能也是立法性规则的唯一重
471 要的效力。许多行政机关都为了这一目的而经常制定立法性规则。[①] 正如最高法院在Hynson案中所承认的，行政机关如果不通过发布制定立法性规则而消除举行数以千计的听证会的需要，常常就“无法履行其法定职责”[②]。

□ 立法性规则可以取消举行裁决性听证的理由

在United States v. Storer Broadcasting[③]案中，最高法院的判决意见体现了立法性规则的这种效果。在Storer案中所适用的规则发布之前，一项广播行业的许可证的申请人有权要求举行听证以解决与该许可证的发放是否符合“公共便利与必需”标准相关的大量事实性问题。联邦通信委员会发布了一项立法性规则，其中规定，作为一项政策问题，对于已经拥有规定的最大数量的许可证的企业或者个人，另外发放许可证是不符合公共便利与必需标准的。当Storer申请另外发放一份许可证时，但是它在申请书中承认它已经拥有了该项规则所允许的最大数量的许可证，但是要求举行听证以审议与许可程序相关的所有其他事实问题，联邦通信委员会拒绝了它的申请，并且拒绝了它提出的听证申请。法院确认了这一点，理由是再举行一次听证完全是没有意义的浪费之举，因为具有拘束力的立法性规则排除了许可证的发放，而无论其他事实问题是如何解决的。

□ 立法性规则对行政机关具有拘束力

立法性规则同样对发布该规则的行政机关具有拘束力。这方面最有说服力的依据就是

---

① 例可参见Heckler v. Campbell，461 U. S. 458 (1983)（行政机关为了确定在美国的国民经济行业中求职的可能性而对“网络”[grid]进行界定，消除了在许多社会保障的残疾人案件中对这一问题进行争讼的必要性）；Weinberger v. Hynson，Westcott & Dunning，412 U. S. 609 (1973)（行政机关规定支持认定药物有效性的最低程度的可接受证据，消除了在证据很可能不足以证明该规则中所描述的客观标准的时候举行听证的需要）。

② 412 U. S. at 621.

③ 351 U. S. 192 (1956).

United States v. Nixon[1] 案。司法部长明确授予特别检察官（Special Prosecutor）对抗行政特权的权力。最高法院认为："只要该项规定是现存有效的，它就具有法律的效力……事实上，只要拘束行政特权的该项规定仍然有效，合众国作为实行三权分立的主权国家，就必定要尊重和执行该项规定。"最高法院在判决的脚注 8 中引用了该项规定，并且引用了它所实施的法律。司法部长在发布该项规定时是在行使已经获得的授权，因此该规定是立法性规则。最高法院引用了 United States *ex rel*. Accardi v. Shaughnessy[2] 案，该案判决认为，司法部长的一份类似的规定剥夺了他行使根据本规定所赋予的裁量权，尽管他可以通过修改该规定恢复他的权力。最高法院还引用了 Service v. Dulles[3] 案和 Vitarelli v. Seaton[4] 案，两案的判决意见均认为，内阁官员需要受到他们所发布的规定的约束。

立法性规则还可能让政府根据《联邦侵权求偿法》（the Federal Tort Claims Act）承担责任。如果行政机关所发布的规则要求它以一定的方式行事，而行政机关违反了该规则，并且该违反行为导致个人遭受损失，政府就需要承担责任。[5] 472

立法性规则应当拘束其发布机关，这一观念具有深厚的基础。早在 1923 年，Brandeis 大法官举了若干案例以支持最高法院的一致意见："我们可以假定，一个正在接受调查而可能被驱逐出境的人，在法律上是有权坚持要求遵守部长依法发布的规则。"[6] 在 Bridges v. Wixon 案[7]判决中，最高法院引用了这句话，并且指出"我们坚持这一原则"。在 Yellin v. United States[8] 案中，该原则被适用于一个国会委员会。

在 Tunik v. Merit Systems Protection Board[9] 案中，联邦巡回区上诉法院认为，行政机关不能在裁决案件时发布与规则不一致的意见而修改立法性规则，因为立法性规则对于颁布机构是有约束力的，除非并且直到行政机关采用通告评议程序撤销或者修改该规则。持不同意见的法官认为，行政机关如果能够准确地认为立法性规则是与法律不一致的，可以与立法性规则不一致的方式作出决定。

□ 对未规定有价值权利的程序性规则适用的例外

在 American Farm Lines v. Black Ball Freight Service[10] 案中，对于程序性规则可以对制定该规则的行政机关产生拘束力的原则，最高法院宣布和适用了一项例外。最高法院允许州际商业委员会（ICC）违反强制性的和具体的程序规则，理由是它们"仅仅是辅助行政机关独立行使裁量权"。该规则要求为了帮助临时性经营权申请而发布的声明中"必须包含"11 项信息。当申请人未能提供其中两项信息时，由三位法官组成的合议庭以此作为理由之一撤销了该行政机关批准经营的决定。最高法院以 6∶3 推翻了该项判决。对于行政机关具有违反自己发布的立法性规则的裁量权的观点来说，这一判决并不是可靠的判例法。非常多的判决与这一立法并不一致。最高法院将 American Farm Lines 案的判决限

---

① 418 U. S. 683，694-696 (1974).

② 347 U. S. 260 (1954).

③ 354 U. S. 363，388 (1957).

④ 359 U. S. 535 (1959).

⑤ 例可参见 Hines v. United States，60 F. 3d 1442 (9th Cir. 1995)。参见 § 19. 4。

⑥ Bilokumsky v. Tod，263 U. S. 149，155 (1923).

⑦ 326 U. S. 135，153 (1945). 另可参见 Chapman v. Sheridan-Wyoming Coal Co.，338 U. S. 621，629 (1950)。

⑧ 374 U. S. 109 (1963).

⑨ 407 F. 3d 1326 (Fed. Cir. 2005).

⑩ 397 U. S. 532 (1970).

473 定于没有对当事人赋予程序性权利的程序性规则。[①] 为了避免州际商业委员会在 American Farm Lines 案中所遭遇的问题，行政机关经常在其制定的规则中明确规定允许个人基于合理理由豁免遵守特定规则的要求。

在最近的两份判决中，联邦法院认为两份行政机关的程序性规则并不拘束行政机关。在 Colorado Environmental Coalition v. Wenker[②] 案中，第十巡回法院合议庭多数认为，要求每位咨询委员会委员任命必须附有一份推荐信要求的规则并不拘束行政机关。法院首先认定，该规则是程序性的，接着认定它只是为了帮助行政机关确立处理公务的规范方法，并未对当事人赋予重要的程序权利。在 Lowry v. Barnhart[③] 案中，第九巡回法院认为，该规则规定了对行政机关行政法官的偏见所提出投诉的具体审议程序的规则，并不拘束行政机关。法院的推理是，该规则之所以不拘束行政机关，是因为它是程序性规则。第十巡回法院的判决框架是正确的，而第九巡回法院的推理则是错误的。American Farm Lines v. Black Ball Freight Serv. [④] 案要求法院对下列两类规则进行区分：（1）当事人赋予重要的程序权利而需要拘束行政机关的规则；（2）只是希望帮助行政机关确立处理公务的规范方法而并不拘束行政机关的规则。

□ 非立法性规则并不拘束行政机关

还有一类“规则”是在裁决程序中产生的。当行政机关遵守其自身的先例时，我们可以说它拥有一项规则。无论行政机关是否在其裁决意见中进行一般化的表述（generalizes），它所总结的内容即通常所谓的“规则”。但是，这类规则可能会被随意推翻，而且这种推翻行为往往是溯及既往的。因此，根据行政机关的先例所制定的规则并不是通常都会拘束行政机关，因为就像法院一样，行政机关可以推翻其先例，并且对推翻旧规则的案件事实溯及既往地适用一项新“规则”，只要行政机关对其决定作出充分的理由说明。[⑤]

通常来说，解释性规则并不拘束行政机关。例如，在 Carpenter v. United States[⑥] 案中，财政部发布了《美国海外公民纳税指南》（Tax Guide for U. S. Citizens Abroad）。第五巡回法院认为，即使纳税人已经遵循了该指南，国内税务局偏离该指南：“对于那些纳税人事实上依靠他所接受的法律和财政部文件的权威解释，我们表示……同情。但是，尽
474 管如此，是国会和法院，而非财政部有权宣布特定情形的准据法。”[⑦]

在 NLRB v. Monsanto Chemical Co. [⑧] 案，联邦求偿法院的判决作了更为明白的表述：“非正式出版物以至税务裁定（revenue rulings），只是作为对纳税人的指南，纳税人要相信它的话就要后果自负，这一点是法律的基本常识。”有一位纳税人相信了财政部“作为对新立法的指南”而发布的《出口商手册》（A Handbook of Exporters）。法院并未否认对

---

① 参见 New Mexico Ranchers Ass'n v. ICC，702 F. 2d 227，230（D. C. Cir. 1983）；Doe v. Department of Justice，753 F. 2d 1092，1100（D. C. Cir. 1985）。

② 353 F. 3d 1221（10th Cir. 2004），参见 § 5. 19、§ 6. 5 和 § 17. 7 的讨论。

③ 329 F. 3d 1019（9th Cir. 2003）.

④ 397 U. S. 532（1970）.

⑤ 参见 § 11. 5 讨论的 Atchison，Thpeka & Santa Fe R. v. Wichita Board of Trade，412 U. S. 800（1973）。

⑥ 495 F. 2d 175（5th Cir. 1974）.

⑦ Id. at 184. 另可见 Western Radio Services Co. v. Espy，79 F. 3d 896（9th Cir. 1996）；United States v. American Production Industries，58 F. 3d 404（9th Cir. 1995）；Jackson v. Culinary School of Washington，27 F. 3d 573（D. C. Cir. 1994）；United States v. Fitch Oil Co. 676 F. 2d 673（TECA 1982）。

⑧ Caterpillar Tractor Co. v. United States，589 F. 2d 1040，1043（Ct. C1. 1978）.

1972 年纳税年度来说，该手册“只是相关的依据”。法院所遵循的这部规定直到 1977 年才发布。纳税人要依赖国内税务局的文件必须后果自负，这一观念得到了 Dixon v. United States① 案的有力支持。

在 Modern Plastics Corp. v. McCulloch② 案中，一家联邦地区法院认为，国家劳动关系委员会（NLRB）刊登在《联邦规章汇编》中的《程序说明》（Statement of Procedure）在听证前的调查程序中对于地区主管（Regional Director）具有拘束力，但是上诉法院推翻了这一判决，理由是：“程序说明只是对于委员会工作人员的指南；它并不能合理地构成在每个案件的具体形式的听证前调查中拘束委员会的标准。”

类似的，在 NLRB v. Monsanto Chemical Co. ③ 案中，第八巡回法院拒绝了这样的主张，即国家劳动关系委员会不能放松其程序规则的时间规定：“事前为了有序处理工作而通过的程序规则，在面对具体个案正义结果的需要时，是否放松或者修改其程序规则，这永远属于法院或者行政机关的裁量范围。”

在 Sullivan v. United States④ 案中，最高法院认为，司法部发布的对于联邦检察官（U. S. attorney）的程序指引“只是该部的扫尾条款（housekeeping provision）。”最高法院支持了联邦检察官作出的违反该指引的决定。

在 United States v. Lee⑤ 案中，第八巡回法院重申和适用了一项原则，即解释性规则并不拘束行政机关，也不对第三方赋予权利。类似地，在 Farrell v. Department of Interior⑥ 案和 Brehmer v. FAA⑦ 案中，联邦巡回区上诉法院重申了政策声明并不拘束行政机关的原则。相比之下，在 Lindsay v. United States⑧ 案中，联邦巡回区上诉法院认为，行政机关受其程序性规则拘束，行政机关违反推定的强制性程序性规则，构成了对本来不受司法审查的行政行为进行审查的依据。 475

在 Wilderness Society v. Norton⑨ 案中，哥伦比亚特区巡回法院拒绝对国家公园管理局（the National Park Service）执行其所颁布的题为“管理政策”（Management Policies）的手册中部分内容包含的要求，因为法院认定该手册是非拘束性的政策声明，而非具有法律拘束力的立法性规则。

□ 如果宪法要求，解释性规则可以拘束行政机关

偶尔出现的一些要求行政机关接受其自己发布的解释性规则之约束的判例，可以根据宪法的依据加以解释。其中最著名的判例是最高法院在 Morton v. Ruiz 案⑩中发表的一致意见。最高法院认为，印第安事务管理局（the Bureau of Indian Affairs）受到一份内部操作手册中声明的政策，即行政机关规定的福利资格标准（benefit eligibility criteria）将会

① 381 U. S. 68 (1965). 另可参见 Office of Personnel Management v. Richmond, 496 U. S. 414 (1990)（政府并未被禁止反言从而不得以与政府雇员所提供的错误建议不符的方式行事）。一般性论述，参见第 13 章。

② 400 F. 2d 14, 19 (6th Cir. 1968).

③ 205 F. 2d 763, 764 (8th Cir. 1953).

④ 348 U. S. 170 (1954).

⑤ 274 F. 3d 485 (8th Cir. 2001)，参见§6.4 的讨论。

⑥ 314 F. 3d 584 (Fed. Cir. 2002).

⑦ 294 F. 3d 1344 (Fed. Cir. 2002).

⑧ 295 F. 3d 1252 (Fed. Cir. 2002)，参见§17.7 的讨论。

⑨ 434 F. 3d 584 (D. C. Cir. 2006)，参见§6.3 的讨论。

⑩ 415 U. S. 199, 233-235 (1974).

刊登于《联邦公报》（Federal Register）的约束。尽管法院没有使用宪法推理以支持其判决，但该案引发了人们非常担心印第安事务管理局在实施福利计划时向美国的原住民居民充分告知所适用的限制性标准这一程序的根本公正性。印第安事务管理局拒绝向那些离开保留地的原住民居民提供一般性的扶助福利。显然，印第安事务管理局所实施的立法允许其采纳这样的标准，但是它并未在《联邦公报》上刊登这一标准。Ruiz离开了保留地，但是并没有意识到印第安事务管理局的限制性标准。当他后来申请福利时，印第安事务管理局根据未发表的资格标准而拒绝了他的申请。最高法院推翻了印第安事务管理局的决定，理由是它未能遵循在内部操作手册规定的“规则”，即所有资格标准将会刊登在《联邦公报》上。

Ruiz案并未遵循这样一项原则，即行政机关需要接受其自身制定的非立法性规则的约束。这一点可以根据其事实背景进行很好的理解。印第安事务管理局的行为在Ruiz案中造成的不公正后果，是反映美国原住民居民与合众国之间存在的特殊信托（special trust）关系的很有说服力的例子。

在Ruiz案之后，有关规则的拘束力问题通常是与性质上究竟属于立法性规则还是解释性规则并不明朗的程序性规则相关的。在Whelan v. United States[1]案、Doe v. Hampton[2]案、Gulf States Manufacturers, Inc. v. NLRB[3]案、Mazaleski v. Treusdell[4]案、Paige v. Harris[5]案中，这些规则被推定为立法性规则，尽管其并不具有立法性规则
476 的特征。

法院赋予非立法性规则以针对行政机关的拘束力的其他案件也激起了严肃的宪法讨论。United States v. Caceres[6]案涉及一份国内税务局规则的效力，该规则要求行政官员记录某些谈话记录之前获得司法部长的批准，更多地与排除性规则（exclusionary rule）相关，而不是作为特定行政规则的效力相关。类似的，United States v. Leahey[7]案承认了国内税务局的一份新闻通讯稿（news release）的拘束力，该通讯稿指出税务官必须给纳税人以类似Miranda警告的说明。[8]

□ 违反规则可能构成犯罪

在United States v. Mitchell[9]案中，两位法官出具的多数意见指出，立法性规则可以成为“法律规则”，如果制定法中的援引条款使得“明知而向美国进口……任何违反法律的商品”是一种罪行。而持不同意见的法官承认立法性规则有可能成为法律中所指的“法

---

① 529 F. 2d 1000, 1003 (Ct. Cl. 1976)（实体性规则，显然没有刊登在《联邦公报》上）。

② 566 F. 2d 265, 281 (D. C. Cir. 1977)（没有刊登在《联邦公报》上的人事手册（Personal Manual）“可以是具有拘束力的，如果这是委员会的目的”）。

③ 579 F. 2d 1298, 1308-1309 (5th Cir. 1978)（规则对委员会具有拘束力，尽管案卷并未显示是否已经刊登在《联邦公报》上）。

④ 562 F. 2d 701, 717-719 (D. C. Cir. 1977)（违反人事手册的程序被要求退回行政机关重新处理；法院并未说明这些规则是否刊登在《联邦公报》上）。

⑤ 584 F. 2d 178, 184-185 (7th Cir. 1978)（行政机关必须遵守自己的规定，即使其是具有拘束力还是仅有提示性的效力并不清楚）。

⑥ 440 U. S. 741 (1979).

⑦ 434 F. 2d 7 (1st Cir. 1970).

⑧ 434 F. 2d at 10. 另可参见 United States v. Heffner, 420 F. 2d 809 (4th Cir. 1969)。

⑨ 39 F. 3d 465 (4th Cir. 1994).

律”，但是他适用了从宽规则（rule of lenity）* 加以解释，从这部法律的模糊条文中推导出，国会的意图中并未认为这里的“法律”包括立法性规则。

在 United States v. Guthrie[①] 案中，第十一巡回法院支持了原告违反了两部联邦法律的有罪判决。一部法律规定，“猎取”（take）已经由联邦行政机关通过规则确定属于濒危的物种属于一种联邦法上的罪行。另一部法律规定，任何买卖“违反任何州规定而猎取、加工、运输或者销售的”物种的行为属于联邦法上的罪行。因此，实际上对原告的有罪判决的依据是违反了一部联邦规则和一部州规则。

□ 立法性规则可以优先于州法律

最高法院已经多次并且一致意见认为，立法性规则可以优先于州法律。[②] 法院在判决立法性规则是否优先于州法律时所适用的各种复杂的法律，将会在 § 3.5 中得到详细论述。法官们有时在解释性规则是否优先于州法律的问题上存在分歧。[③] 这些争论是不必要 477
的。因为解释性规则只有在法院认为其“有说服力”时才是有效的，如果法院支持认为解释性规则可以优先于州法律，那是国会已经取代了该州法律。[④]

在 Sprietsma v. Mercury Marine[⑤] 案中，最高法院以一致意见作出的判决意见，对联邦行政机关不发布调整潜在的安全隐患的规则的规定是否优先于（preempt）各州通过普通法上的侵权原则适用对风险默示进行规制的权力这一问题作出了有益的解释。《联邦船舶安全法》（the Federal Boat Safety Act）授权海岸警卫队制定有关船舶安全的规则。海岸警卫队已经发布了众多此类规则，但是它明确地拒绝发布有关螺旋桨（propellers）安全的规则。被告认为，海岸警卫队作出的不发布调整螺旋桨安全的规则优先排除了一州对一事故——该事故据称是因为被告没有为其螺旋桨安装防护装置——适用普通法上的侵权原则。最高法院承认，行政机关不发布规则的决定可以优先于各州对同一活动实施规制的权力。但是，最高法院指出，在这些案件中行政机关已经决定不发布调整这些活动的规则，因为行政机关认定最好不对所讼争的这些活动实施规制。相比之下，海岸警卫队决定不发布有关螺旋桨安全的规则，就是基于海岸警卫队的结论，即现有的数据并不能满足联邦规制的“严格标准”的要求：

海岸警卫队并未采取进一步的措施以判断，作为一项政策问题，各州及其政治性的分支不应对螺旋桨防护装置作出任何形式的规定，它很显然并未认为螺旋桨防护装置是不安全的而予以拒绝。

在 Wells Fargo Bank v. James[⑥] 案中，第五巡回法院认为，联邦行政机关在其所获授权的范围内发布的一项立法性规则可以优先于各州与该规则存在冲突的法律。

---

* 从宽规则，是指当对刑事法律的理解存在疑问时，应当作有利于被告人的解释，除非有证据证明立法意图与此相反。——译者注

① 50 F. 3d 936 (11th Cir. 1995).

② 例如，United States v. Locke，529 U. S. 89 (2000)；City of New York v. FCC，486 U. S. 57 (1988)。

③ 例可参见 Elizabeth Blackwell Health Center v. Knoll，61 F. 3d 170 (3d Cir. 1995)（多数意见肯定了立法性规则优先于州法律，而不同意见则否认了这一点）。

④ 参见 § 6. 4。

⑤ 537 U. S. 51 (2002).

⑥ 321 F. 3d 488 (5th Cir. 2003).

□ 行政机关必须允许规则的豁免吗?

最高法院已经在法官附带意见中指出，行政机关必须提供一种程序，可以让当事人有机会豁免适用某项规则。① 但是，最高法院从未如此判定，而且它已经判决支持了并未提
478 供任何豁免机会的规则。② 大多数的行政规则提供了某种获得豁免的机制。申请豁免适用的当事人常常对拒绝其申请的行政决定申请审查。这些程序已经导致不同法院作出了不同的反应。

□ 论证不清的判决意见

在 Rauenhorst v. Department of Transportation③ 案中，第八巡回法院并没有很好地解决规则豁免的争议。该法院认为，行政机关需要提供听证以回应豁免的申请，并且需要“提供分别进行的，单独设计的对规则的豁免”。对于豁免规则申请的这种方法，取消了规则所具有的任何优势。④ 第八巡回法院显然相信，该案所讼争的规则已经是过时的了，但是对于一项过时的规则的唯一补救方法是规则制定的请愿。⑤

□ 论证充分的判决意见

在 Bellsouth Corp. v. FCC⑥ 案中，哥伦比亚特区巡回法院则很好地解释了法院在回应拒绝规则豁免的行政决定中的合理角色。联邦通信委员会的一份规则将单个商用移动广播服务的提供商可以控制的频率限制在 45 兆赫。原告申请豁免适用该规则，行政机关拒绝了他的申请。哥伦比亚特区巡回法院在判决书开篇指出，行政机关必须在下列情形时，对于豁免规则的申请给予“严格审查”（hard look）：（1）申请人准备提供的新服务是与作为该规则基础的政策不尽相同的；（2）豁免申请“表述清晰并附有资料支持。”哥伦比亚特区巡回法院接着指出，行政机关不需要提供长篇大论以应对每项申请，而只要提供充分的理由说明以让法院确定行政机关为何拒绝申请。哥伦比亚特区巡回法院也承认，行政机关可以有理由坚持在拒绝豁免规则方面执行严格的政策。法院会支持这样一种政策，如果法院已经提供了言之成理的理由来支持这种政策。行政机关拒绝豁免的申请，只有在申请人“承担了沉重的证明责任”以证明行政机关的拒绝理由是“如此微不足道，以至于其拒绝的决定构成了裁量权滥用”之时，才会被复审法院否定。⑦

在 New York v. FCC⑧ 案中，第二巡回法院采纳和适用了哥伦比亚特区巡回法院在对拒绝适用立法性规则中豁免规定的决定进行司法审查时所采取的合理进路：“要求豁免的申请人承担沉重的负担……去证明行政机关拒绝批准豁免的理由是如此微不足道，以至于

---

① U. S. v. Storer Broadcasting Co., 351 U. S. 192 (1956); FPC v. Texaco, Inc., 377 U. S. 33 (1964).

② 例可参见 FCC v. WNCN Listeners Guild，450 U. S. 582 (1981)。

③ 95 F. 3d 715 (8th Cir. 1996).

④ 参见§6.8。

⑤ 参见§6.10。

⑥ 162 F. 3d 1215 (D. C. Cir. 1999).

⑦ 另可参见 Tribune Co. v. FCC，133 F. 3d 61 (D. C. Cir. 1998)（豁免申请实际上构成了对该规则的广泛质疑(broad-based challenge)时，应当被拒绝；唯一合理的补救之策是提出规则制定的请愿）。参见§6.10。

⑧ 267 F. 3d 91 (2d Cir. 2001).

使得其拒绝决定成为裁量权的滥用。”法院支持了联邦通信委员会（FCC）拒绝纽约州（New York）提出的豁免适用联邦通信委员会规则的申请，该规则规定当新的地区代码取代已有的地区代码时，所有号码都需要实行10位数字拨号。法院对于拒绝豁免该规则的 479
申请采取了高度尊重的审查方法，反映了法院承认如果行政机关对于豁免规则的申请过于开放，则该规则将失去大量价值。[①]

§6.7 溯及既往的规则

□ 国会可以制定溯及既往的法律

在开始讨论行政机关制定溯及既往的规则的权力相关的法律之前，有必要概要介绍一下其他机构制定具有溯及既往效力（以下简称溯及力）的法律的权力的情形，以此作为讨论该问题的背景。国会只要明确表达其意图，就可以制定溯及既往的法律。[②] 各州的立法机关同样可以制定溯及既往的法律。[③]《联邦宪法》对事后立法（ex post facto）的限制规定仅仅适用于刑法领域。[④]

□ 在某些领域，国会经常制定溯及既往的法律

国会不仅可以制定溯及既往的法律，事实上它还经常在行政机关所主导的许多领域这么做。在对于市场交易具有重要影响的税收或者规制性法律领域，几乎每次法律修改都是溯及至国会委员会首次公开考虑修改该法律之日起生效的。国会在税收和规制性法律领域采用这种普遍的溯及既往立法的做法，是有着充分的理由的：它明白提议在未来对影响某一类交易的法律进行修订，将会明显地扭曲这些交易的短期模式。如果所提议的法律修订被认为是对于当事人不利的，他们会马上加速从事这类交易。如果所提议的法律修订被认为是有利的，当事人会马上推迟从事这类交易。所导致的短期的交易扭曲现象，可以在市场上产生严重的资源错置（dislocation）问题。

□ 法院制定溯及既往的规则

联邦法院也常常参与制定溯及既往的规则。这也是法院在审理案件的过程中宣布和适用一项新的普通法规则时所发生的。法学院的案例书和美国案例报告充满了作为法院所制 480
定的溯及既往立法的判决意见。通过法院裁决进行溯及既往立法的司法惯例并不仅限于普通法。法院每次改变其赋予法律或者宪法条款的含义，并对所受理的案件适用新的含义

---

① 另可参见 BDPCS v. FCC, 351 F. 3d 1177 (D. C. Cir. 2003)。

② 例可参见 United States v. Carlton, 512 U. S. 26 (1994); Rivers v. Roadway Express, 511 U. S. 298 (1994); Landgraf v. USI Firm Products, 511 U. S. 244 (1994); Pension Benefit Guarantee Corp. v. R. A. Gray & Co., 467 U. S. 717 (1984); Welch v. Henry, 305 U. S. 134 (1938); Graham v. Goodcell, 282 U. S. 409 (1931); Baltimore & Susquehanna R. v. Nesbitt, 51 U. S. 395 (1851)。

③ 例可参见 General Motors Corp. v. Romein, 503 U. S. 181 (1992)。参见 Hochman, "The Supreme Court and the Constitutionality of Retroactive Legislation", 73 *Harv. L. Rev.* 692 (1960)。

④ Satterlee v. Mathewson, 27 U. S. 380 (1829); Calder v. Bull, 3 U. S. 386 (1798).

时，都是在进行溯及既往的立法。要观察这种常见做法的众多例子，只需要翻看任何一本反垄断法的案例教材。最高法院以平均每年一次的频率对《谢尔曼反垄断法》（the Sherman Antitrust Act）的含义进行溯及既往的变更。最高法院长期以来承认一种传统说法的虚构的性质，即法官们只有在“寻找”法律而不是造法。[①] 在某些特定情形中，最高法院可能会选择新发布一项只针对未来的法律规则；但是，除了这些特定情形之外，法院的规则创制通常都是溯及既往的。

□ 行政机关通过裁决创设溯及既往的规则

当然，接下来的就是拥有裁决权的行政机关可以复制法院的做法从事溯及既往的立法。行政机关可以在裁决纠纷的意见中宣布一项新“规则”，并将该“规则”溯及适用于当事人。最高法院一直支持这种做法。[②] 偶尔情况下，法院认为，行政机关不能将其在裁决案件过程中宣布的新“规则”溯及适用，但是，对于这种效力的判决意见是建立在适用为了筛除溯及适用不具有正当理由和不公正的案件而设计的多步骤权衡标准（balancing test）的基础之上的。[③]

□ 直到 1988 年，行政机关都在从事溯及既往的规则制定

直到 1988 年，行政机关制定溯及既往的规则时，无论该“规则”是在裁决案件的过程中宣布的，还是在采用规则制定程序的过程中宣布的，都是适用相同的法律规则。行政机关可以赋予一项立法性规则以拘束力，除非法院认定溯及力不具有合法性目的并且是不公正的。确定行政机关是否可以让某项立法性规则具有溯及力时适用的权衡标准和在溯及既往地适用于在裁决案件过程中宣布的“规则”时适用的权衡标准，两者是类似的。[④] 最
481 高法院通常适用同样的标准以确定州法律溯及力是否符合宪法。[⑤] 在一起案件中，最高法院要求一家行政机关发布规则并赋予其溯及力。[⑥]

□ Georgetown 案推定行政机关不能制定溯及既往的规则

这一法律体系在 Bowen v. Georgetown University Hospital[⑦] 案中已经发生了根本性的变化。在该案中，最高法院以一致意见判定，卫生和社会服务部无权制定溯及既往的规则来实施《联邦医疗保险法》（the Medicare Act）。在作出判决的过程中，最高法院提出了一项新的标准，该标准具有排除绝大多数行政机关制定具有溯及力的立法性规则的效力。

卫生和社会服务部所发布规则规定的是医疗服务机构在向参加联邦医疗保险计划的病

---

① 例可参见 Linkletter v. Walker，381 U. S. 618 (1965)。

② 例如 SEC v. Chenery Corp. ，318 U. S. 80 (1943)。

③ 例可参见 NLRB v. Majestic Weaving Co. ，355 F. 2d 854，861 (2d Cir. 1966)；Leedom v. International Brotherhood of Electrical Workers，278 F. 2d 237，243 (D. C. Cir. 1960)；NLRB v. Guy F. Atkinson Co. ，195 F. 2d 141 (9th Cir. 1952)。

④ 例可参见 Citizens to Save Spencer Cty. v. EPA，600 F. 2d 844，879-881 (D. C. Cir. 1979)；Anderson，Clayton & Co. v. United States，562 F. 2d 972 (5th Cir. 1977)，*cert. denied*，436 U. S. 944 (1978)。

⑤ 例可参见 General Motors Corp. v. Romein，503 U. S. 181 (1992)。

⑥ Addison v. Holly Hill Fruit Products，Inc. 322 U. S. 607 (1944).

⑦ 488 U. S. 204 (1988).

人（Medicare patients）提供服务后如何报销费用的依据。起初，卫生和社会服务部发布的报销规则在 1981 年 Georgetown 案中因为没有履行通告评议程序而受到质疑。该规则被推翻，理由是卫生和社会服务部目的是要制定一部立法性规则，而没有遵守《行政程序法》§553 所要求的通告评议程序。① 卫生和社会服务部接着发布了一则拟议规则制定通告，其中提出在遵守适当的程序后重新发布该规则。卫生和社会服务部在 1984 年提出的规则草案与原先的规则一样规定了 1981 年的生效日期。在收到评议意见后，卫生和社会服务部发布了拟议规则，规定的是 1981 年的生效日期。

Georgetown 案对这份规则的溯及力提出了质疑，地区法院认为该规则的溯及力无效。地区法院适用了传统的权衡标准，认为就该案所讼争的特定规则而言，其溯及力没有正当理由，也是不公平的。地区法院这份未公布的判决意见很好地说明了对立法性规则和在裁决案件中所宣告的“规则”适用相同的权衡标准的司法惯例。该案所依据的是一起质疑在裁决程序中所宣告的规则的“溯及力”的案件。② 哥伦比亚特区巡回法院在一份令人捉摸不透的判决意见中，根据若干不同的理由肯定了地区法院的判决。③

最高法院判定卫生和社会服务部的规则溯及力无效的判决意见，所依据的是一套完全不同的推理过程。它首先指出了一个完美的主张，即行政机关只是在国会授予该项权力的限度内发布立法性规则。但是，它接着跳跃性地得出了一项惊人的主张：“法律中对于制定立法性规则的授权，通常不能被理解为包含了发布溯及既往的规则的权力，除非国会以明白的术语授予了该项权力。”④ 最高法院接着强调指出，如果没有“明确”授予溯及既往的规则制定权，即使是“行政机关提出了一些进行溯及既往的规则制定的实体理由……” 482
法院也不应支持行政机关让立法性规则具有溯及力的意图。⑤

□ 不加限制地授予规则制定的权力并不批准制定溯及既往的规则的权力

在 Georgetown 案中所采纳的解释规则——表面上不加限制地授权规则制定，并不包括授权制定溯及既往的规则，除非国会明确地表达这样的意图——是建立在一项默示的推定基础之上的。只有在能够公平地从表面上不加限制的规则制定的授权中推导出国会只是批准发布面向未来效力的规则，这才符合国会的真实意图。表面上不受限制的规则制定的授权可以支持认定国会目的是只要行政机关认定溯及力对于推进某些立法目的来说是重要的，就授权发布溯及既往的规则。这么做同样容易，甚至具有更强的逻辑基础。这样的推论符合另外一项解释规则——对于规则制定的充分授权，可以被认为是包含了制定溯及既往的规则的权力，除非国会明白禁止行政机关制定溯及既往的规则。解释规则的选择在大多数案件中都是决定性的，因为国会很少在授予规则制定权的时候对溯及力问题作出说明。

□ 对 Georgetown 案的批评意见

国会看起来很可能不会在授予行政机关表面上不加限制的规则制定权时，准备将行政

---

① §6.4.

② Retail, Wholesale and Department Store Union v. NLRB, 466 F. 2d 380 (D. C. Cir. 1972). 参见§13.2。

③ 812 F. 2d 750 (D. C. Cir. 1987).

④ 488 U. S. at 208.

⑤ Id. at 208-209.

机关的规则制定权仅限制于面向未来的效力。在 Georgetown 案中，最高法院以下面这一评论支持其解释规则："法律不偏爱溯及既往。"① 对溯及既往的法律规范所作的这一评论存在过度简单化的问题。国会至少在税收和规制性法律这两个重要领域中经常进行溯及既往的立法。在这些法律在法院受到质疑的少数情形中，法院也通常会肯定这样的做法。国会赋予这些法律以溯及力时所通常采用的理由，同样适用于行政规则。规则制定程序通常需要经过漫长的时间才能完成。如果行政机关提议只进行面向未来的规则修订，当事人会对这项提议要么加速其行为，要么是推迟其行为，以求最大限度地从未来的变化中获利。而且，提议只进行面向未来的规则修订，总是会让那些可能会受到影响的部分公众以不同寻常的强烈激励去推迟规则制定程序。为了避免这种不利影响，行政机关经常提议制定规则，并溯及至规则制定通告发布之日起生效。在这种情况下，最终规则具有的溯及力很少
483 会产生不公平，因为所有可能受到影响的公众都得到了拟议规则修订的通告，并且在拟议规则修订的通告中也表明了拟议的生效日期。②

在缺乏证据支持的情况下，在 Georgetown 案中最高法院认为国会并不希望授予行政机关制定具有溯及力的规则的权力。但是，在少数的一些涉及溯及力问题的法律条款中，国会对国内税务局规则的效力作了如下表述："如果有的话，部长可以规定在多大程度上任何涉及国内税务法律的裁定或者规定应当只针对未来适用。"③ 在没有"明确"授予国内税务局以颁布溯及既往的规则的权力，国会确立了法律上的一项推定，即所有国内税务局的规则都是溯及既往，除非行政机关明确作出相反规定。这个听起来就不像国会通常推定行政机关只有制定面向未来的规则的权力，而这似乎不像是国会的做法。相反，这表明，国会推定行政机关有权根据一般性的规则制定的授权以发布具有溯及力的规则，除非国会明确否定行政机关拥有该项权力。

Scalia 大法官在 Georgetown 案中撰写了协同意见，其说理比多数意见走得更远。他断定《行政程序法》禁止任何行政机关制定溯及既往的规则。他的根据是《行政程序法》对"规则"（rule）的定义中的"和未来效力"（and future effect）这一短语。④ 这并不是这部法律所要表达的。"和未来效力"这一短语只是表明，规则必须具有未来效力。因此，行政机关不能发布一项只有溯及力的规则。《行政程序法》并未禁止任何行政机关发布同时具有未来效力和溯及力的规则。

□ Georgetown 案的不利影响

如果 Georgetown 案继续有效，它将产生严重的不利影响。至少有些行政机关在一些情况下就认定，溯及既往的规则制定对于推进某些重要目的来说至关重要。在这种情况下，Georgetown 案要求行政机关在牺牲溯及力的优点而制定只具有未来效力的立法性规则，或者通过裁决程序进行具有溯及力的"规则制定"之间进行选择。⑤ 因此，Georgetown 案的影响是迫使行政机关在希望发布一项溯及既往的规则时，仅仅通过裁决程序创

---

① Id. at 208.

② 例可参见 American Public Gas Ass'n v. FPC, 567 F. 2d 1016 (D. C. Cir.), *cert. denied*, 435 U. S. 907 (1977); Shell Oil Co. v. FPC, 520 F. 2d 1061 (5th Cir. 1975), *cert. denied*, 426 U. S. 941 (1976)（当溯及力特征对于避免市场上的天然气囤积现象至关重要时，肯定了调整天然气价格的具有溯及力的规则）。

③ 26 U. S. C. § 7805 (b).

④ 488 U. S. at 216.

⑤ Id. at 220-221.

设“规则”。考虑到规则制定程序作为“规则”渊源的巨大优势，这将是一个悲剧性的影响。[①] 巡回法院也将 Georgetown 案解释为具有这样的效力。[②] 484

Georgetown 案的解释规则对于避免行政规则不公平的溯及力来说完全没有必要，这种认识更是加深了其悲剧性的影响。为了限制溯及既往的规则制定，联邦法院已经适用了对行政机关要求溯及力的理由与任何因为溯及力可能带来的不公平的困难进行权衡的标准。在 Georgetown 案中所讼争的规则的溯及力，很可能是不正当和不公平的，但是在最高法院在 Georgetown 案中所宣布的这一极端方法之前，地区法院已经通过适用这个权衡标准得出了那个结论，并且认定其溯及力特征无效。[③]

□ 对 Georgetown 案的几种可能的解释

最高法院并没有必要赋予其在 Georgetown 案中的判决意见以这种不幸的效力。它本来可以对其反对溯及既往的规则制定的推定以两种方式进行解释和适用以避免意料之外的效力。首先，最高法院可以要求行政机关援引具体的法律立法目的以证明溯及既往的规则制定的正当性。这种方法可以赋予已有的司法标准更强的威力，让溯及既往只有在得到证明的情况下才允许存在。当国会并未涉及制定溯及既往的规则的权力时，这种解释规则也可以建立在公平地推论国会的意图基础之上——国会的目的是，只有在并且按照要求能够推进特定的法律目的的限度内授权制定这些规则。其次，最高法院可以基于反对溯及既往的规则的推定，对溯及既往进行重新界定，判定该推定仅适用于生效日期早于行政机关的拟议规则制定通告的行政规则。这种方法可以回应溯及既往的规则的公平性问题，因为它让当事人从行政机关首次发布拟议规则通告之日起受到规则拘束，并无不公平的问题。对于最高法院反对溯及既往的立法的推定，这两种解释方法相互结合可以很好地发挥作用，从而筛除产生不公平的溯及力和缺乏正当理由的规则，同时允许行政机关为所产生的溯及力是正当和公平的规则进行辩护。

□ Smiley 案推翻了 Georgetown 案了吗？

在 Smiley v. Citibank[④] 案中，最高法院以一致意见通过的判决意见中，推翻或者至少明显限制了 Georgetown 案的判决主旨。但是，最高法院以如何随便的方式讨论溯及力的问题，我们很难明白这一判决究竟具有多少重要性。加利福尼亚州和新泽西州的居民向州法院提起诉讼，指控银行向他们收取的信用卡账户的滞纳金（late payments）违反州法律的规定。银行辩称，滞纳金符合《国民银行法》（the National Bank Act）意义上的“利息”（interest）。该法规定，银行所收取的“利息”的合法性，需要根据银行设立地所在州的法律来确定。这两家银行（实际上，几乎所有银行）都是在南达科他州设立的。与其他州不同，南达科他州对银行可以收取的利息没有限制。加州最高法院认为滞纳金就是“利息”。新泽西州最高法院认为不是“利息”。 485

---

① 参见§6.8。

② 例可参见 Health Insurance Ass'n of America，23 F. 3d 1154（D. C. Cir. 1992）；Motion Picture Ass'n v. Oman，969 F. 2d 1154（D. C. Cir. 1992）。另可参见 Catholic Social Services v. Shalala，12 F. 3d 1123（D. C. Cir. 1994）（当规则只有一些溯及力特征，并且可以与规则的其余部分相互分离的话，法院应当只判定具有溯及力的部分无效）。

③ 有关这一标准的讨论，参见§13.2。

④ 517 U. S. 735（1996），参见§3.6 的讨论。

在该案中讼争的交易发生之后很久，而且在两州最高法院公布其判决意见后，货币监理官（the Comptroller of the Currency）发布了一项立法性规则，在这项规则中他认定滞纳金属于“利息”。在这项规则发布之前，该行政机关对于这一问题的答案存在反复。最高法院通过适用 Chevron 两步法支持了该行政机关的解释。①最高法院认定，“利息”一词的含义是模糊的，而该行政机关对“利息”的解释是“合理的”。

最高法院明确赋予该项规则以溯及力，这与 Georgetown 案中所采纳的解释规则相反。最高法院在判决意见中没有提到 Georgetown 案或者溯及力的问题。对这一问题的唯一一处讨论是在脚注 3 中：

> 案件原告在其答辩的法律意见书（reply brief）最后一页的四行脚注文字中提出，但是没有在法庭口头陈述中继续提出这样一点问题，即在涉及先前交易的本案中尊重该项规定，将会使得这项规定产生溯及力，违反了……Georgetown 案确立的原则……这一点可能是具有实质意义的，如果该项规定替代了之前的行政机关所作的解释——正如我们所讨论到的，并未发生这样的情形。但是，在法院所处理的交易是发生在还没有明确的行政解释的时候，忽视行政机关对这部法律的含义所作权威性的处理，就是荒谬的。

对于何时可以赋予规则溯及力的问题，法院的推理过程体现了受人欢迎、实用主义的解决进路。但是，和判决主旨一样，Smiley 案的脚注 3 中的理由与 Georgetown 案完全不
486 一致。事实上，它是对 Georgetown 案之前调整溯及力规则的法律只作了很少的归纳。

□ 一项规则何时构成溯及既往的规则？

在 Regions Hospital v. Shalala②案中，最高法院认定一项规则是有效的，未构成溯及既往的规则。该案所涉及的 1989 年发布的一项规则授权卫生和社会服务部部长对 1984 年的提供医学研究生教育的机构所产生的费用进行审计，以便确定可以用于未来几年内以及仍然需要接受部长已经制定的规则调整的年份里，这些费用的补偿额度的“合理”成本的基准水平（baseline level）；按照部长已经制定的规则，部长可以在三年内对教育提供机构所产生合理的成本的先前估算结果“作出程序重新开始的决定”。对于这一问题的法律解释，大法官们形成 6∶3 的两派分歧。原告也认为，这项规则构成了不合理的溯及力。多数意见驳回了这种主张：

> 这是一项我们无须继续坚持的主张……一项规定“不是仅仅因为它的实施需要依赖先前的事实，就构成溯及既往”。……这项规则要求适用在成本发生时已经生效的报销规则。这项规则的目的是要正确适用这些原则，而不是适用任何新的报销原则……由于重新审计而经过调整的合理的成本数据，将会只用于计算当年和未来年度的报销额度。

联邦法院已经通过划出细微的界限调和了 Georgetown 案的效力。一项规则具有“首要”溯及力，因而是无效的，除非采纳该规则是事前无法预见的。而事前可以预见的规则则具有“次要”（secondary）溯及力。如果内容本身以及其溯及力特征是合理的，该规则就是有效的。③

在行政机关认定它必须发布一项溯及既往的规则的通常情况下，按照 Georgetown 案的判决意见，行政机关只能在以下三种次优方案中进行选择，以替代发布立法性规则的通告评议程序。其一，正如在 Georgetown 案中最高法院所承认的，多数行政机关可以宣布

---

① 参见§3.6 的讨论。

② 522 U.S. 448 (1998).

③ 例可参见 U.S. Airwaves v. FCC，232 F.3d 227 (D.C. Cir. 2000)。

一项新“规则”，并将其溯及适用于裁决纠纷的过程，从而剥夺受规制者、福利受益人和普通公众在规则和规则制定中的众多优势。①

其二，在多数情况下，行政机关可以发布解释性规则，而不是立法性规则。多数法院认为，解释性规则可以是溯及既往的，因为根据定义，解释性规则不应设定新义务。② 487

其三，行政机关可以试图依据合理事由（good cause）豁免通告评议程序要求，为其立即发布立法性规则辩护。③ 根据 Georgetown 案判决，这一规则不能是溯及既往的，但是至少行政机关可以无须经历冗长的规则制定程序之后，即发布规则并使之生效。

□ Georgetown 案之后巡回法院审理的溯及性争议

在 Levy v. Sterling Holding Co. ④ 案中，第三巡回法院判定新规则具有的溯及力并不违法，因为它只是对先前的一项规则进行了阐释。但是，这一阐释足以构成规则修改，从而改变法院对争议的审理结果。

在 Negrete-Rodriguez v. Mukasey⑤ 案中，第七巡回法院判定，行政机关可以在裁决案件时自由宣布一项新原则，并对这一新原则溯及适用，只要溯及适用不会对个人的合理信赖利益构成不当妨碍。

在 Rodriguez v. Peake⑥ 案中，联邦巡回区上诉法院判定，退伍军人上诉委员会（the Board of Veterans Appeals）可以适用一项规则的 2000 年的修订内容以拒绝当事人提出的福利申请。在行政机关对该规则作出修订时，该申请案仍未处理完毕。法院采用了三部制标准。首先，它认定该项新规则的修订既非不可预见的，也不是根本性的。法院认为，该法律和之前的规则都是足够模糊的，法院已经将该新规则认为是对法律和旧规则的合理解释而予以支持。其次，法院认定不利于申请人的决定并不是根据旧规则作出的。再次，法院认定，申请人得到了公平的通知，即行政机关可能采纳新规则中所反映的法律解释，而没有该行政机关将会采纳对他有利的解释的“确定期待”（settled expectations）。

在 Qwest Service Corp. v. FCC⑦ 案中，哥伦比亚特区巡回法院支持了行政机关可以回避禁止发布溯及性立法性规则之负面影响的聪明方法。该案中，行政机关启动规则制定程序，试图对若干问题进行考虑。但是，一旦它意识到只能对所制定的规则赋予将来效力（prospective effect），它就对该程序进行分叉处理（bifurcated），并且颁布了一项解决众多问题的确认裁决。法院支持了一项确认裁决，认为它是在裁决程序中可以作出的裁决。

在 Bellsouth Telecommunications v. Southeast Telephone & PSC of Kentucky⑧ 案中，第六巡回法院的论证充分的判决意见中回答了这一重要而疑难的问题。该案中，一家竞争 488
性本地交换运营商（Competitive Local Exchange Carrier）向 Kentucky PSC 递交使用一家

① 参见§6.8。

② 例可参见 Farmers Telephone Co. v. FCC，184 F. 3d 1241（10th Cir. 1999）；Appalachian States Low-Level Radioactive Waste Commission v. O'Leary，93 F. 3d 103（3d Cir. 1996）；Cowen v. Bank Untied of Texas，70 F. 3d 937（7th Cir. 1995）. 不同观点，参见 Health Insurance Ass'n of America v. Shalala，23 F. 3d 412（D. C. Cir. 1994）（对行政机关允许使用的溯及性解释性规则进行了限制）。

③ 参见§7.10。

④ 544 F. 3d 493（3d Cir. 2008）.

⑤ 518 F. 3d 497（7th Cir. 2008）.

⑥ 511 F. 3d 1147（Fed. Cir. 2008）.

⑦ 509 F. 3d 531（D. C. Cir. 2007）.

⑧ 462 F. 3d 650（6th Cir. 2006）.

本地交换运营商的服务申请，条件是根据该本地交换运营商与其他当事人之间已经签订的合同执行。但是，就在 Kentucky PSC 要对竞争性本地交换运营商的申请作出决定之前，联邦通信委员会（FCC）以“全有全无”（all-or-nothing）规则取代了过去的“挑挑拣拣”（pick-and-choose）的规则。第六巡回法院一开始就认定，州行政机关必须在作决定时适用生效的联邦行政规则，除非联邦行政规则具有不被允许的溯及力。法院接着认为，联邦通信委员会的全优全无规则在适用于竞争性本地交换运营商的申请时，并非不被允许的溯及性规则，因为竞争性本地交换运营商并没有权利要求对它自己适用提交申请时存在的规则。法院强调指出，联邦通信委员会在规定之前的挑挑拣拣规则时就是作为针对本地交换运营商适用的有条件的义务，而非赋予竞争性本地交换运营商的无条件的权利。第六巡回法院在 Global NAPs v. Verizon New England[①] 案中就同意了第一巡回法院的判决和推理。

在 AT&T v. FCC[②] 案中，哥伦比亚特区巡回法院裁决一项溯及既往争议时作出了一项很好的判决。联邦通信委员会（FCC）在裁决案件的过程中发布的一项命令中认定，AT&T 在使用增强型预付呼叫卡（enhanced prepaid calling card）时需要支付普遍服务费用，因为这些卡属于电信服务而非信息服务。AT&T 承认该命令具有向后发生的效力，但是认为联邦通信委员会的命令不能溯及适用于在该命令发布之前 AT&T 使用该卡而未支付的 1.6 亿美元。法院驳回了 AT&T 的主张。它接着认定，对这一命令溯及适用并未构成明显的不公正，因为它并未构成 AT&T 所认为的对其造成损害的、对明确的现行法律的修改。相反，它体现的是“适应新形势的新政策”。

在 Combs v. Commissioner of Social Security[③] 案中，第六巡回法院认为社会保障局（SSA）不能将从残疾目录中删除肥胖症的规则适用于该新规则发布之前提交的残疾福利申请，因为这项新规则“对其结束制定之前发生的事件赋予了新的法律后果”。第六巡回法院全席审理后由八位法官出具的多数意见推翻了合议庭的意见。[④] 多数意见认为，社会保障局可以对在规则发布之时尚未处理完毕的申请适用删除肥胖症的规则，因为该规则仅
489 仅是取消了规范裁决残疾人争议的程序的一项假定。因此，该规则所适用的相关行为不是申请的提交，而是对因申请之提交而引发的争议的裁决。另外六位法官则认为应该坚持合议庭判决意见中的判决主旨和推理。

在 Marrie v. SEC[⑤] 案中，哥伦比亚特区巡回法院认为，证券交易委员会（SEC）不能将经过修订的 102（e）规则溯及既往地适用于在规则修订之前发生的行为。该规则禁止在证券交易委员会管辖权的范围内的注册会计师和其他专业人士作出不合理的职业行为。该规则在修订之前规定，对于因疏忽违反职业标准的指控可以提出善意抗辩，并且对行政机关惩戒行为疏忽的职业人士的努力提出了严格的实质性（materiality）要求。该规则的修订取消了善意抗辩，放宽了实质性要求。法院认为，证券交易委员会不能对规则修订前发生的行为适用修订后的规则，因为该修订内容“规定了新的法律后果和新的法律义务”。

在 Kankamalage v. INS[⑥] 案中，第九巡回法院认为，要求拒绝对因犯有特定严重罪行而被定罪的申请人提出的庇护申请的规则不能溯及地适用于要求对在该规则发布之前的有罪判决而拒绝申请。法院认为，行政机关具有在该新规则使得拒绝申请变为强制性之前，

① 396 F. 3d 16 (1st Cir. 2005).

② 454 F. 3d 329 (D. C. Cir. 2006).

③ 400 F. 3d 353 (6th Cir. 2005).

④ Combs v. Commissioner of Social Security, 459 F. 3d 640 (6th Cir. *en banc* 2006).

⑤ 374 F. 3d 1196 (D. C. Cir. 2004).

⑥ 335 F. 3d 858 (9th Cir. 2003).

虽然批准庇护申请只是裁量性决定，但这一新规则仍然是不合理地“对已经成为过去的交易（transaction）或者考虑附加了新的障碍”。

在 Disabled Americans v. Secretary of Veterans Affairs[1] 案中，联邦巡回区上诉法院作出了论证充分的判决意见，认为退伍军人事务部不能对未决案件适用新规则。在该行政机关发布这项新规则之前，行政机关的上诉委员会需要在因为各种原因需要收集新证据时，将案件发回具有初次管辖权的行政机关重新处理。该新规则授权上诉委员会在这类情况下自己接受或者收集新证据，而不是将案件发回具有初次管辖权的行政机关重新处理。法院认定退伍军人事务部将会对在新规则发布之前未决案件适用这一规则，因为该规则并未改变当事人的实体权利或者创设新的义务和责任；它只是改变了行政机关内部有权履行特定职责的机构。

历史上很少有规则能够比为了实施《美国残疾人法》（the American with Disabilities Act）而发布的模糊、起草质量拙劣的“视线”（line of sight）规则引发更多的混乱和诉讼。在 United States v. Cinemark USA[2] 案中，第六巡回法院撰写了一份混乱、令人混淆 490
的判决意见，其中对有关规则适用的复杂溯及力争议作出了裁决。该规则要求任何体育场式的剧院的拥有者或者经营者提供“拥有与普通公众相当的视线”的残疾人坐席。负有实施和强制执行《美国残疾人法》职责的若干行政机关均在不同时期发布了各种对该规则的解释。其中司法部授权州行政机关提供让设施所有者获得该设施符合《美国残疾人法》要求的州证书的条件。Cinemark 向 Texas 提出申请并获得该证书，证明其剧院符合该视线规则。后来，司法部对 Cinemark 起诉，指控其违反视线规则。与此同时，建筑交通障碍合规委员会（the Architectural and Transportation Barriers Compliance Board）发布了一份拟议规则制定通告，其中承认视线规则存在众多相互冲突的解释，并提出制定一份新的、更为详细的、具体化的规则版本，并且将会采纳司法部对 Cinemark 的起诉书中所采纳的争论立场。但是，当司法部起诉 Cinemark 时，这一规则制定的程序尚未完成。第六巡回法院支持了司法部对于视线规则的解释，认为它是符合该规则平常含义的要求，这一判决与第五巡回法院意见相左，但是与第九巡回法院意见相同。第六巡回法院接着认为，按照《美国残疾人法》的要求获得州颁发的设施证书，只是产生它们确实符合的可以推翻的假定，而司法部已经推翻这一假定。但是，法院接着承认，如果溯及地对 Cinemark 设定这一沉重、昂贵的救济性质的负担，将是不公平的。它拒绝判定“任何救济都必须具有往后效力以符合正当程序的要求”，但是它指出，“作为一个衡平法院，地区法院可以考虑政府之前作出的关于 Cinemark 的建议和陈述，或者法院合理信赖的建议和陈述”。

在 United States v. Hoyts Cinemas Corp.[3] 案中，第一巡回法院努力处理了另一起有关不同版本的“视线”规则之溯及力的疑难和令人混淆的争议。政府对于一位剧院所有者提起诉讼，指控被告在 1993 年的视线规则发布之后所建设的大约五百家剧院违反了这一规则。政府的理论是包含体育场风格坐席（stadium style seating）的剧院不能满足视线规则要求，除非在体育场区域设置带轮椅坐席。第一巡回法院拒绝了政府将这一规则作出的 491
要求在体育场区域设置带扶手坐席的本身违法（per se）解释，但是认定政府可以合理地将该规则解释为根据剧场的非体育场区域带扶手坐席可以看到的视线而决定在某些情况下在体育场区域要求设置轮椅坐席。[4] 第一巡回法院接着承认，在案件发回重新处理时，地

---

[1] 327 F. 3d 1339 (Fed. Cir. 2003).

[2] 348 F. 3d 569 (6th Cir. 2003).

[3] 380 F. 3d 558 (1st Cir. 2004).

[4] 参见 § 6.11 的讨论。

区法院裁决许多剧院的问题时需要处理疑难的溯及力问题。第一巡回法院为了这一目的而提供了有趣的一般性指导：

正当程序可以主要基于缺乏公平警告的理由，而提供最低限度的保障。但是，我们认为，衡平法上的原则赋予地区法院更大的空间拒绝或者限制溯及力。例如，根据衡平法，法院不仅可以考虑警告的水平，还可以考虑政府的懒散或者令人误解的建议，以及避免事倍而功半。

…………

4.33.3 标准是否包含多个角度的问题无疑是模糊的，司法部也没有及时制定规章提供更为明确的指导，并且……法院的不同结论已经损害了可预见性。

在 United States v. AMC Entertainment① 案中，第九巡回法院判定，剧场的建设在先，剧场所有人没有任何理由相信行政机关会对规则作出这样的解释，因此根据正当程序原则，政府不得要求剧场所有人为了满足行政机关对规则的解释而进行费用高昂的改造。

在 Consolidated Edison Co. of New York v. FERC② 案中，哥伦比亚特区巡回法院对于梳理若干疑难的溯及力问题作出了很好的贡献。联邦能源监管委员会（FERC）在 1995 年发布了一份有关天然气管道价格的政策声明。联邦能源监管委员会接着举行了一次有关天然气管道价格的听证会，在这次听证会上适用了它在 1995 年所宣布的原则。联邦能源监管委员会对该案件作出了决定，但是虽然由于当事人提出再次举行听证，该案件仍未处理完毕，行政机关重新发布了一份适用于天然气管道价格的 1999 年版的政策声明。在重新举行听证会的命令中，联邦能源监管委员会接着适用了 1995 年版的政策声明，而不是其 1999 年版的政策声明。原告认为，联邦能源监管委员会应当适用的是 1999 年版的政策声明，因为当该新版的政策声明发布之时，行政机关尚未对该案件处理完毕。法院驳回了这
492 一主张，并且认定：

当行政机关发布不具有拘束力的政策声明而仅仅表示行政机关将会如何处理将来的案件时，没有法律原则要求对未决案件适用这一新的政策声明。

哥伦比亚特区巡回法院接着指出，行政机关可以对未决案件适用或者不适用新的政策声明，只要行政机关对决定采取哪种方式作出理由说明。因为行政机关对拒绝适用 1999 年的政策声明说明了理由——例如这种适用将会导致迟延和不便——法院就支持了这一决定。在区分调整立法性规则适用的法律原则基础上，法院指出，立法性规则具有法律效力，推定可以适用于未决案件，如果当事人对于新规则得到了充分的告知，并且遵守旧规则并未对其不利。

在 Stone v. Hamilton③ 案中，第七巡回法院不得不尽力处理另一项疑难的溯及力问题。直到 1996 年，各州都不得通过减少未来分配的方式回收过度支付（recouping overpayments）的食品券。各州可以自由采用其他的回收方式，但是它们很少这么做，因为大多数这种企图当如果施行会对典型的免于判断的福利受益人（typical judgment-proof beneficiary）不利时，都将是徒劳的。1996 年，国会对法律进行了修订，要求各州通过减少未来分配以回收过度支付的食品券。无论是法律的修订，还是农业部实施该法律修订的规则，都没有提到该修正案是否适用于 1996 年之前发生的过度支付的问题。当印第安纳州试图回收其在 1988 年所作出的过度支付时，法院不得不回答这一问题。第七巡回法院首先指出，最高法院在 Georgetown 案中的判决意见禁止行政机关发布具有溯及力的立法性

---

① 549 F. 3d 760 (9th Cir. 2008).

② 315 F. 3d 316 (D. C. Cir. 2003)，参见§6.3 的讨论。

③ 308 F. 3d 751 (7th Cir. 2002).

规则，除非是在不太可能发生的情形中，即国会明确授权行政机关发布具有溯及力的立法性规则。接下来，第七巡回法院势必需要判断各州是否以违法的溯及性方式适用了法律的修正案。最高法院认为，下列情形中，法律具有违法的溯及效力：

关于过去的交易或者考虑，［法律］剥夺或者损害已有的法律赋予的既有权利，或者创设了新的义务，设定了新的职责，或者增加了新的障碍。

第七巡回法院在将该标准适用于本案讼争的法律修订时遇到了困难。在 1996 年之前，过度支付的受益人理论上需要对其价值负责，但是各州被禁止使用这一唯一有效的回收过度支付的手段。法院认为，该法律修订并不适用于 1996 年之前的过度支付，因为受益人 493
已经相信他们有很大的可能性是不需要对过度支付承担责任的。

在 National Mining Ass'n v. Department of Labor① 案中，哥伦比亚特区巡回法院裁决了另一起疑难的溯及力争议。劳工部发布了一系列调整裁决案件的新规则用于判断矿工是否有权利根据《黑肺病福利法（尘肺病福利法）》（the Black Lung Benefits Act）获得赔偿。原告认为，这些新规则违法地具有溯及力，因为它适用于未决案件，从而对于规则发布"之前的事件赋予了新的法律后果。"行政机关认为，它可以合法地对未决案件适用新规则，因为新规则并未修改法律；它们只是将依据该法所作的法院判决进行编纂以阐释已有的法律。哥伦比亚特区巡回法院指出，尽管每项规则都是法院判决的编纂，在有的案件中，行政机关编纂了一家巡回法院的判决，而忽略或者放弃了另一家巡回法院所作的相反的判决。哥伦比亚特区巡回法院认为，行政机关可以将任何编纂符合任何其他法院判决的某家法院判决的新规则适用于未决案件。但是，哥伦比亚特区巡回法院认为，行政机关不可以将任何编纂不符合任何其他法院判决的某家法院判决的新规则适用于未决案件。哥伦比亚特区巡回法院认定，这类规则"改变了法律图景（the legal landscape）"，因而是违法地溯及既往的。

在 John v. 1-800-Flowers. com② 案中，第七巡回法院认为，联邦通信委员会不能将其在 1997 年制定的禁止囤积电话号码的规则适用于 1982 年和 1986 年间发生的行为。

在 Clay v. Johnson③ 案中，第七巡回法院认为，地区法院需要赋予一项立法性规则以对一宗交易当事人的拘束力，即使该交易是在规则发布之前发生的，因为该规则不是溯及性的。第七巡回法院认为，在该规则发布之前法律是没有定论的，因此该规则是"一项阐释性质的规则"而非溯及性规则。第七巡回法院指出，它尊重"行政机关所表达的意图，该规定是阐释性质的，除非对该规章或者法律之前的解释必须适用于之前的交易，即使行政机关已经在拟议规则制定程序中对这一问题采取了不一致的立场"。

在 Celltronix Telemetry v. FCC④ 案中，哥伦比亚特区巡回法院认为，该案中的立法性规则可以适用于之前发放的一份许可证，因为该规则的适用仅涉及"次级溯及力"（secondary retroactivity）。1994 年，原告获得了许可证。几年后，行政机关颁布了一项新的 494
"宽限期"（grace period）规则，要求任何像原告一样的相对人在未及时支付许可证的费用时从三种不具有吸引力的选项中作出选择。原告没有及时支持许可证费用，不得不选择了放弃其许可证，随后寻求司法审查，理由是联邦通信委员会（FCC）违法地赋予该宽限期规则以溯及力。法院支持了该规则的适用。它认定该规则并非具有违法的溯及力，因为它并未对过去的行为"改变过去的法律后果"。未及时支付费用是发生在联邦通信委员会发

① 292 F. 3d 849 (D. C. Cir. 2002).
② 284 F. 3d 807 (7th Cir. 2002).
③ 264 F. 3d 744 (7th Cir. 2001).
④ 272 F. 3d 585 (D. C. Cir. 2001).

布该项新的宽限期规则之后。虽然该规则是在许可证修改之后发布的，但是这只构成“次级溯及力”。一项立法性规则如果“无论在实体内容方面，还是在被赋予溯及力方面”都是合理的，则该规则可以拥有次级溯及力。法院认为，新的宽限期规则在这两个方面都是合理的。

Georgetown 案禁止大多数行政机关发布具有溯及力的立法性规则，但是，如果行政机关可以为其溯及既往地适用其规则的决定提供正当的理由，行政机关也可以将裁决作为宣布具有溯及力的一般性行为规则的手段。在 Verizon Telephone Co. v. FCC[1] 案和 Power Co. of America v. FERC[2] 案中，哥伦比亚特区巡回法院支持了溯及既往地适用在裁决案件时所宣布的规则。在这两起案件中，哥伦比亚特区巡回法院都承认，它已经适用了各种各样的标准以判断行政机关溯及既往地适用其规则是否是合法的。在这两起案件中，哥伦比亚特区巡回法院也认定，它并不需要解决其先例之间的冲突，因为，行政机关溯及既往地适用其规则的决定，根据其过去所适用的标准来看都是可以允许的。

§ 6.8 规则与规则制定的众多优点

多数行政机关可以采取和法院一样的方式制定“规则”——在一宗裁决案件中宣告决定的广泛理由，并将该案件的“规则”在随后的案件中作为先例适用。但是，和法院不同，行政机关可以有规则制定的工具作为替代选项。行政机关可以提出规则草案，向所有有利害关系的公众成员征求意见，对意见进行考量后发布最终规则，以及有关其依据和目
495 的的说明。[3] 通过这种程序的规则在形式和效力上与法律非常相似，而规则制定程序也与法律制定程序相似。

很多年以来，评论家、法官和大法官们已经一致表明规则制定程序的优点要超过以逐案裁决的方式制定“规则”的过程。[4] 曾经有几年，Douglas 和 Harlan 大法官试图说服最高法院多数大法官承认规则制定的巨大优势，要求行政机关只能通过规则制定程序才能发布具有普遍适用的“规则”[5]。最高法院也持续批评拒绝制定规则的行政机关。[6]

□ 通过规则制定程序可以产生更高质量的规则

评论家已经发现，作为产生普遍适用的规则的来源，规则制定程序至少有 9 项优于裁决程序的优点。首先，我们可以期待相比裁决程序，规则制定程序可以产生更高质量的规则。当行政机关在裁决具体纠纷的过程中宣布一项“规则”之时，它所面对的只有具体纠

---

① 269 F. 3d 1098 (D. C. Cir. 2001).

② 245 F. 3d 839 (D. C. Cir. 2001).

③ 参见第 7 章。

④ 例可参见 Bernstein, “The NLRB's Adjudication-Rule Making Dilemma Under the Administrative Procedure Act”, 79 *Yale L. J.* 571 (1970); Shapiro, “The Choice of Rulemaking and Adjudication in the Development of Administrative Policy” 78 *Harv. L. Rev.* 921 (1965)。

⑤ 例可参见 NLRB v. Wyman-Gordon Co., 394 U. S. 759, 777-778 (1969) (Douglas 大法官持不同意见); id. at 781-782 (Harlan 大法官持不同意见); California v. Lo-Vaca Gathering Co., 379 U. S. 366, 376-377 (1965) (Harlan 大法官持不同意见)。

⑥ 参见 Allentown Mack Sales and Service, Inc. v. NLRB, 522 U. S. 359 (1998)。

纷的当事人以及当事人所提供的证据。从传统来看，这些证据主要或者完全集中在与这些当事人以及联系相关的具体的历史性事实。行政机关作为其规则基础的事实模式（factual pattern）可能是可以高度概括性的，或者是完全与众不同的。行政机关根本不知道所面对的事实模式适用于100%、50%或者1%的具有表面可类比性的法律关系或者事件。其他共同模式可能提示的是完全不同的规则。而且，制定一般性行为规则的过程不应主要依据具体历史实施的解决之上。规则的主要目的是要影响未来的行为或者为裁决案件提供合理、清晰、客观的标准。因此，规则应当是建立在与那些目标相关的证据之上。准备颁布一项规则的行政机关，应当寻找类似下列问题的答案：我们如何可以引导受被规制者或者福利受益人的未来行为，以实现法定的职责？接触特定的有毒物质和不良的健康影响之间存在何种一般联系？裁决行为很少针对这些问题提出重要、高质量的证据。 496

相比之下，所有可能受到影响的公众在规则制定过程中获得参与机会。行政机关拟议规则制定通告所确立的参考框架（frame of reference），例如“我们考虑通过下列规则作为推进特定立法目的的手段”，邀请参与者提供与规则的前瞻性、工具性目的相关的评议。当事人自然有激励去解决与各种事实模式的普遍性（generalizability）、影响行为的各种手段、实施替代规则等相关的问题。类似的，当事人也有激励在其提交的评议中包括解决下列问题的研究和专家宣誓书（affidavits of experts）：（1）各种事实模式发生的频率；（2）各种规则影响行为可能具有的有效性；（3）各种规则的合规成本；（4）在不同的事实背景中实施或者强制执行不同规则中内在的实践问题。这一过程所产生的规则几乎肯定会在工具意义上优于任何在裁决具体纠纷的过程中产生的任何“规则”。

□ 规则制定强化政治问责度

规则制定程序的第二项优点来自行政机关通过规则制定程序作出的政策决定，可以增强其政治问责度。在行政机关通过规则制定程序作出具有拘束力的政策决定之前，它必须公开发布拟议规则的通告。拟议规则制定的通告让反对或者支持规则草案的公民可以提醒总统或者国会议员该草案的存在，并向政治上可问责的官员表达他们对行政机关议案的看法。反过来，这也使得总统或者国会议员能够向行政机关表达他们对于拟议政策决定的看法，通过行政监督或者国会监督的程序以影响行政机关对于政策争议的解决。[①] 相比之下，对于行政机关解决一项具体裁决纠纷时宣布政策决定的情形，行政机关准备作出这项决定时通常并不事先告知总统和国会，那么政治上可以问责的官员也无法影响行政机关的政策决定。

□ 效率优势

规则制定程序的第三项优点涉及广义的效率。规则制定消除了参与需要花费大量成本和精力以解决立法型事实的裁决型听证会；与在裁决具体纠纷的过程中宣布“规则”相比，规则制定消除了对重复发生的问题再次争讼的需要，因此通过规则制定程序制定的规则更容易得到强制执行和实施，成本也更低。所有这三项优点是相关的，可以参考一起有关规则制定程序的具体争议而加以说明。 497

---

① 参见 McCubbins, Noll & Weingast, “Administrative Procedures as Instrument of Political Control”, 3 *J. L. Econ. & Org.* 243 (1987)。

□ 作为说明的案件

在 National Petroleum Refiners Ass'n v. FTC[1] 案中，哥伦比亚特区巡回法院认为，联邦贸易委员会（FTC）有权发布立法性规则，禁止在未标注汽油辛烷值的情况下销售汽油。如果我们将联邦贸易委员会通过裁决程序确立和实施这样的“规则”与通过规则制定程序确立和实施辛烷值标注规则进行比较，将会颇受启发。联邦贸易委员会负责实施的法律要求它禁止“商业上的不公平或者欺骗性的行为或者惯例”。我们可以假定联邦贸易委员会不会禁止销售未标注辛烷值的汽油，除非有初步理由怀疑这种做法是“欺骗性的”或者是“不公平的”。它的理由通常会包括消费者投诉和这种做法的实际影响的研究。

□ 避免对立法性事实问题举行裁决型听证

如果行政机关相信这种做法是不公平的，它必须借助某种平台支持其确信。如果它选择通过裁决型决定程序禁止这种做法，它就必须首先对特定的销售商，比如 Harry's Texaco 提起诉讼。它需要在每个相关的领域里，例如经济学、化学、市场营销、化学工程和石油工程等出示专家证据，以此证明该做法是“欺骗性的”或者“不公平的”。被挑选出来作为被告的零售商也可以组织相当规模的专家加以反驳。每一方都需要对另一方的专家进行交叉询问。这种判断 Harry's Texaco 销售未标注辛烷值汽油的做法是否构成“欺骗性”做法的程序，很可能需要经历数年才能终结。例如，食品药品管理局（FDA）曾经为了回答什么是花生酱的问题，而召开历时十年的口头举证式听证会。[2]

□ 避免重复听证

假定行政机关经过这一冗长的程序，认定 Harry's Texaco 销售未标注辛烷值的汽油构成了欺骗性做法。如果行政机关相信其结论是可以普遍适用于所有汽车零售行为，正如看
498 起来很可能如此，它可能努力强调其结论的适用广度，宣布一项假定的“Harry 案件规则”，也就是说，任何人向公众零售没有标注辛烷值的汽油构成了欺骗性做法。但是，这一“规则”并不具有与立法性规则相同的拘束力；它只拘束 Harry's Texaco。如果 Joe's Amoco 决定不遵守“Harry 案件规则”，它可以迫使行政机关提供相同的证据，对同样的反对证据进行交叉质证，正如 Harry 案中举证和交叉质证一样。这一程序非常浪费资源，因为“Harry 案件规则”不太可能是建立在 Harry 所独有的事实基础之上。相反，它是建立在汽油、内燃机，以及对汽油零售来说相同的消费者一般特征的基础之上。

但是，Joe's Amoco，以及成千上万的其他汽油零售商，可能会有很强的激励让行政机关在每起案件中提交证据而不是遵守“Harry 案件规则”。毕竟，行政机关可能会在 Harry 案件决定和 Joe 案件决定之间相隔的漫长过程中改变主意；“Harry 案件规则”可能结果隐含了可以适用于 Joe 的例外；Joe 的辩护律师也许可以在行政机关的证据中找到 Harry 的辩护律师所没有发现的缺陷；而且，至少在从“Harry 案件规则”宣布到 Joe 案

---

① 482 F. 2d 672 (D. C. Cir. 1973), *cert. denied*, 415 U. S. 951 (1974).

② 参见 Hamilton, "Procedures for Adoption of Rules of General Applicability: The Need for Procedural Innovation in Administrative Rulemaking", 60 *Cal. L. Rev.* 1276, 1287—1288 (1972)。另可参见 Pierce, "The Choice Between Adjudicating and Rulemaking for Formulating and Implementing Energy Policy", 31 *Hastings L. J.* 1 (1979)。

件决定出台之间的数年里，Joe 可以继续销售未标注辛烷值的汽油。最后，行政机关可能通过这一程序确立了有效的“规则”，但是这一程序很可能需要花费数年时间，并使行政机关为了处理这种欺骗性做法而倾注大量的资源。

如果行政机关转而采用规则制定程序，它首先需要发布拟议规则制定通告，在通告中描述其议案及其理由。它需要向公众提供议案所依据的研究报告或者其他专家证据。然后，感兴趣的公众可以针对行政机关的议案提出评议。最有价值的评议将会远远超出律师的主张。这些评议意见会包括各种领域的研究报告和专家宣誓书，支持行政机关的观点，反驳其观点，或者批评行政机关的研究报告，以及针对行政机关的草案提出更有效或者较少侵犯性的替代方案。行政机关接着发布最终的规则，以及根据所收到的评议而通过该规则的理由。

□ 立法性规则更容易得到执行

行政机关现在所制定的这项规则很可能对所有汽油零售商立即生效，而无须任何其他迟延或者耗费行政机关的资源。从理论上讲，行政机关只能通过裁决案件来执行其规则。但是，裁决程序只涉及两项问题：(1) 被告是否实施了销售汽油的行为？(2) 它是否标注 499
了辛烷值？这些问题很容易就可以在简短的听证会中得到解决，因此每位汽油零售商也就有着直接的激励去遵守这项规则。行政机关的执法工作只是根据消费者针对偶尔出现的违法行为的投诉进行花费较少的现场调查。

□ 公平的优点

规则制定的第四项优点则涉及广义的公平。立法性规则为受影响的当事人提供了更清楚的允许行为和禁止行为的事先通告；它们避免了通过裁决行为宣告和适用“规则”的非常分散和临时性的影响；它们减少了实施规制项目或者福利项目的不同决定之间出现不一致的概率和范围；而且他们也允许所有可能受影响的公众获得参与制定会对他们产生影响的规则的过程。在这里，我们同样可以用 National Petroleum Refiners 案中所争讼的辛烷值标注规则来说明所有这四种效力。

□ 更优的规则通告

公民应当能够了解哪些行为是行政规则允许的，哪些是禁止的。然而，正如所有法律人在法学院的第一周里所发现的，我们常常难以说清楚在裁决纠纷中的决定意见中所宣告的“规则”。即使行政机关所要强调的是假定的“Harry 案件规则”的广泛依据，它也会感到必须讨论案件中所提出的具体的证据和主张。读者永远不可能确定该规则是否适用于每家汽油零售商或者相反，是与 Harry 案件中独有的一件或者更多事实相联系的。即使在这方面判决书的意见是非常清楚的，零售商（或者消费者）在确定符合该“规则”的具体行为时很可能要经历更大的困难。汽油辛烷值标注需要印多大规格？辛烷值标注应当贴在何处？在确定辛烷值的若干方法中应当采用哪一种？立法性规则可以为这类问题提供清晰的答案，从而增强行政程序的公平性。

□ 规则的同步适用

如果行政机关试图通过裁决程序确立一项规则，它必须从具体案例入手。因此，假定Harry在有关他的案件命令一经发布，必须立即标注其销售汽油的辛烷值。Joe和其他可能的众多零售商就可能在接下来的数年或者数十年里从中获利而由Harry承担代价，直到有一天行政机关完成一宗涉及Joe的裁决程序，或者完成了如此众多的涉及其他零售商的裁决程序，以至于Joe最后必须认识到“Harry案件规则”也对Joe适用。在这中间的许多年里，Harry可能因为Joe的不公平的商业做法已经遭受数百万美元的损失。因此，行
500 政机关一经通过裁决程序发布“规则”，对该规则的不公平的适用问题就会随之而来。[①] 通过裁决程序宣布一项规则所导致的效力上的不可避免的不公平现象，也使得可能造成更加严重的不公平。行政机关可以根据政治偏好或者个人敌意而选择性地提出公诉，而法院也无力发现或者阻止这样的诉讼过程。制定禁止这种做法的立法性规则，可以回避这种不公平的源头。

□ 减少裁量和提高各决定之间的一致性

在缺乏规则的情况下，行政机关及其雇员通常在解释和适用规制性质的或者公共福利性质的立法方面存在广泛的裁量权。因此，处于类似情形中的个人就会成为众多分散的行政行为的对象。因此，例如，联邦贸易委员会的执法官员可能会在缺乏辛烷值标注规则的时候对于汽油销售有着各种不同的看法。规则可以帮助实现减少行政官员的裁量权和减少决定之间不一致性的重要目的。最高法院已经多次承认了规则作为限制裁量手段的价值。[②]

政府问责局（GAO）对联邦医疗保险（Medicare）决策程序的研究已经提出了有关行政规则价值的新的有力证据。政府问责局发现，在71项最为常用和昂贵的、本来有可能由统一的全国性联邦医疗保险项目覆盖的服务中，其中58项服务的批准报销和拒绝报销的比率问题在不同区域之间存在重大的不一致性。[③] 政府问责局认定，增加制定（涉及联邦医疗保险报销的）资格规则，是最有希望解决这一问题的方法。

□ 广泛的公共参与

最后，规则制定允许所有可能受到影响的公众有机会参与影响他们利益和他们必须遵守的规则的制定程序，有助于增强公平性。相比之下，当行政机关（或者法院）在裁决具体纠纷过程中宣布一项可以普遍适用的规则，只有纠纷当事人在塑造该“规则”的过程中发挥作用，即使它最终会影响数以千计的没有机会参与规则制定过程的受被规制者或者福
501 利受益人。

---

① 例可参见Moog Industries v. FTC，355 U. S. 411（1958）（在针对一家企业的诉讼中拒绝干预联邦贸易委员会质疑一种普遍做法的决定，尽管这种逐一起诉相互竞争的企业存在明显的不公平）。

② 例可参见Loving v. United States，517 U. S. 748（1996）；Sandin v. Conner，515 U. S. 472（1995）。

③ *Inconsistent Denial Rates for Medical Necessity across Six Carriers*, Testimony of Elenor Chelimsky Before the Subcommittee on Regulation, Business Opportunities, and Technology, of the House Committee on Small Business（Mar. 29, 1994）.

§ 6.9 何时行政机关需要按照规则行事?

□ 国会有时要求制定规则

许多行政机关实施的法律授权行政机关发布规则和裁决案件，而留给行政机关裁量选择任何一种它更希望的规则制定或者裁决的组合。但是，有时候国会明确要求行政机关通过发布一项立法性规则以解决某些争议。例如，《清洁空气法》（the Clean Air Act）和《联邦医疗保险法》（the Medicare Act）分别要求环保局和医疗服务融资管理局（HCFA）在立法性规则中解决很多问题。国会常常在要求制定规则的同时规定发布该规则的法定期限。行政机关很少有能力在适用的法定期限前发布规则。但是，制定规则的法定的期限经过，并不意味着剥夺了行政机关采取行动的权力。[1]

□ 法院强制执行制定规则的要求

联邦法院会强制执行以立法性规则解决问题的要求。但是，这类争议常常并不容易解决。没有一家行政机关会完全依赖立法性规则来明确、确定和详细地解决每项问题。因此，问题常常就变成行政机关是否已经采取足够行动以满足法定要求。最高法院大法官们在 Shalala v. Guernsey Memorial Hospital[2] 案中回答这一问题时投票结果是 4∶5。

联邦医疗保险立法要求卫生和社会服务部根据通过通告评议程序制定的立法性规则所规定的方法向服务提供者提供补偿。卫生和社会服务部已经发布了 620 页的立法性规则，规定了决定服务提供者在各种情况下应当得到的补偿额度的各种复杂方法的基本特征。但是，补偿方法的许多重要特征并未在立法性规则中清楚和详细地作出描述。五位大法官认为，卫生和社会服务部已经遵守了通过发布立法性规则，描述补偿方法的基本特征，并以解释性规则描述补偿方法的众多“细节”而符合法定义务。四位持不同意见的大法官同意多数意见的一般推理——卫生和社会服务部可以采用解释性规则使立法性规则中所规定的补偿方法的细节更加血肉丰满——但是他们不同意多数意见适用这一一般推理的方式。持不同意见的大法官认为卫生和社会服务部没有遵守其法定义务。卫生和社会服务部认为， 502
仅仅是它的立法性规则不能确定地解决 Guernsey 案中所提出的成本计算/理赔（recovery）时间确定问题。就这一主张而言，在接受这一立场的有效性的同时，持不同意见的大法官表达了这样的观点，即这一问题太过重要，以至于不能在立法性规则中加以忽视。持不同意见的大法官们也认为，卫生和社会服务部没有经过通告评议程序即违法地修改了立法性规则，而且行政机关对其立法规则的解释也不符合那些立法性规则的。[3]

各巡回法院承认，需要根据立法性规则行事的行政机关必须具有通过其他手段对其立法性规则进行具体化和阐释清楚的裁量权。因此，例如，在 Minnesota v. Centers for

---

① 例可参见 Brock v. Pierce Country，476 U. S. 253 (1986)；Southwestern Bell Telephone Co. v. FCC，138 F. 3d 746 (8th Cir. 1998)。有关行政机关未能在法定期限前采取行动所产生的许多困难的问题，详细讨论参见 § 12.3。

② 514 U. S. 87 (1995).

③ 参见 § 6.4 和 § 6.11 的讨论。

Medicare and Medicaid Services① 案中，第八巡回法院判定，行政机关可以改变其审议州规划草案的方法，而无须发布新的立法性规则，只要这些改变与现有的规则并无不一致："《行政程序法》并未要求规则的所有具体适用只能通过进一步的、更为准确的规则而非裁决的途径进行演进。"

□ 在缺乏法定要求时，司法机关不愿意要求制定规则

考虑到相对于裁决，以规则制定程序作为创设普遍适用的规则的潜在渊源具有巨大优势，不足为奇的是许多法院已经试图迫使行政机关利用规则制定作为其制定"规则"的唯一机制。在联邦层面，在法律要求只能依赖规则制定的通常情形之外，所有这样的努力都已经失败。在 SEC v. Chenery Corp. ② 案中，Murphy 大法官在为多数方撰写的判词中对这一失灵作了很好的解释：

> 与法院不同，证券交易委员会确实有能力通过行使其规则制定权向将来发生效力的新的法律规则，因此证券交易委员会并没有充足的理由依靠临时性的裁决程序以在《控股公司法》（the Holding Company Act）的框架内制定新的行为标准。填补这部法律的缝隙的任务，应该尽可能通过可以在将来适用的准立法性的规则制定程序来完成。但是，对于这一效力的任何僵化的要求，将会使得行政程序缺乏弹性，不能应对所产生的众多专业化的问题。并非对于一部法律的有效执行至关重要的每项原则都可以或者应该立法制定出一部一般性的规则。某些原则需要等待其自身的发展，而其他原则则必须进行调整以适应具体的、无法预见的情形……
>
> 问题可能会出现在行政机关事先没有遇见的情形中，尽管没有相关的一般性规则，但
> 503 是这些问题还是必须得到解决。行政机关也可能缺乏对具体问题的足够经验，以将其试验性的判断固化为强有力而快速的规则。所产生的问题也可能具有如此高的专业性和多变性，以至于不可能控制在一般性规则的框架之内。在那些情形下，如果行政程序需要保持有效性的话，行政机关必须保留逐案解决这一问题的权力。因此可以确定存在着法定标准逐案演化的具体场景。在一般性规则和具体的临时性诉讼之间如何选择，主要取决于行政机关在充分信息条件下所作的裁决。
>
> ……这种行为可能具有溯及力，这并不必然会对其效力产生致命的伤害。每个没有先例的案件都具有溯及力，无论新原则是由法院宣布的，还是由行政机关所宣布的。但是，这种溯及力必须得到制衡，以避免产生违背立法设计或者法定或者衡平原则的结果……

□ 行政机关不愿意通过规则制定程序采取行动的理由

只对理解法律现状感兴趣的读者，只要阅读 Murphy 大法官 1947 年在 Chenery 案的判决意见就足够了。他所撰写的判词得到各项判决的遵循而具有同样的效力。联邦法院不能要求行政机关只能通过规则制定程序制定"规则"，因为有时候一家行政机关有足够的理由回避规则制定程序而更喜欢通过案件裁决逐步发展"规则"，因为联邦法院所处的境地无法很好地区分哪些是适合规则制定程序的情形，哪些是适合规则逐步进化的情形。有时，行政机关对于它是否足够了解情况以发布一般适用的规则缺乏信心。它可能对于其是

---

① 495 F. 3d 991 (8th Cir. 2007).

② 332 U. S. 194, 202-203 (1947).

否理解规则可能适用的众多情形缺乏信心。它可能害怕过度包容性的规则可能会导致受被规制者或者福利受益人提出不必要的诉讼。它可能担心内容不够包容的规则会允许受被规制者或者福利受益人通过利用行政规则尚未遇见的规则漏洞而实施与规则所禁止的行为同样有害的行为。行政机关可能会担心仅有通告评议程序不足以让它理解规则的所有重要意义。它可能愿意尊重发布一般适用规则的努力，直到它通过实施不同情形下的一系列裁决程序进行了自学。或者行政机关可能会断定合理的规则也太过来源于具有广泛差异的事实背景，以致无法在任何时候在概括性的依据中进行描述。

所有这些都是行政机关可能选择不依赖规则制定程序作为解决重复发生的争议的完全言之成理的好理由。最高法院有理由同情那些选择不制定普遍适用的行为规则的行为。最高法院自身的“规则制定”历史可以提供很多例子证明宣布一项可以适用于众多不同事实 504
模式的努力可能伴随的风险。Oliver Wendell Holmes 大法官就是需要清晰的规则以指导行为的坚定支持者。[①] 在一起以一致意见作出判决的案件中，Holmes 大法官撰写的判决意见，对在 20 世纪初最为频繁重演并引发事故的行为模式适用了这一方法。他宣布了一项规则，汽车司机必须在铁道路口停车并观察左右的车况再继续通过路口，即使司机需要离开汽车以获得更好的视野。[②] 七年后，最高法院以一致意见，同时也带有明显的尴尬，收回了“一停二看三听”的规则。[③] 一切又回到了“根据情况采取合理行为”的方法，因为“一停二看三听”的规则的七年实施经历已经表明，横穿铁道的情形存在太多变化，以至于无法适用一条清晰客观的行为规则。

当然，从 Murphy 大法官在 Chenergy 案中的推理并不能得出行政机关总是应当回避采用规则制定程序。Murphy 大法官明确承认了规则制定程序的优点，敦促行政机关在任何可能的时候采用规则制定。最高法院拒绝迫使行政机关采用规则制定程序，部分是因为它认识到规则制定有时候是不明智的，部分是因为它认识到法院所处的情形不足以确定何时规则制定是不合适的。对于特定领域的规制具有专业能力的行政机关，相比复审法院来说在作出这一复杂的判断上拥有巨大的优势。

□ 行政机关应当更多地使用规则制定

如今法律依然一如 Murphy 大法官描述的情形，他的理由很可能无法得到满意的答案。但是，有些法官和大法官已经努力要求采用规则制定程序，因为他们意识到很多行政机关可以也应当采用规则制定程序但是没有这么做，为此而感到非常沮丧。Murphy 大法官所列的规避规则制定程序或者尊重规则制定程序的一系列充分的理由，并不是唯一的可能的理由汇总。Merton Bernstein 曾经对于国家劳动关系委员会臭名昭著的拒绝行使规则制定权提出了不太善意的解释。[④] Bernstein 有力地指出，国家劳动关系委员会不愿意采用规则制定程序以制定一般性规则，其原因是在规则制定程序中明显的政策制定的主导作用，会让行政机关更容易受到国会议员的批评。如果国家劳动关系委员会意识到它是在解决一项政策争议，它就会遭到某些势力强大的选民团体和某些强势的议员团体的尖锐批评。而通过否认自己在制定政策，或者将政策决定掩藏在自己签发的长篇命令之中，国家 505

① 参见 O. Holmes, *The Common Law* 110-111, 120-124 (1881)。

② Baltimore & Ohio R. R. v. Goodman, 275 U. S. 66 (1927).

③ Pokora v. Wabash Ry., 282 U. S. 98 (1934).

④ Bernstein, "The NLRB's Adjudication-Rule Making Dilemma Under the Administrative Procedure Act", 79 *Yale L. J.* 571 (1970).

劳动关系委员会就可以减少被指责的可能性。国家劳动关系委员会的裁决因为被视为让议员们不满的政策决定而遭受指责，它可以通过不诚实地否认该命令反映政策决定而作出回应。国家劳动关系委员会可以声称它不过是解决了当事人双方之间一宗复杂的事实纠纷。国家劳动关系委员会的几乎完全依赖裁决程序作为规则的唯一渊源，其结果就是产生了§6.8中所描述的四种类型的不公平性、本节中所描述的三种类型的低效率、更低品质的政策决定，以及政治合法性存在疑问的政策决定。最高法院在 Allentown Mack Sales and Service，Inc. v. NLRB[1] 案中严厉批评了国家劳动关系委员会的这种做法。

法院最好能够对行政机关拒绝使用规则制定程序是出于合理还是无理的理由的各种情况进行区分。到目前为止，最高法院还不愿授权法官们承担这一艰巨的任务。在 Chenery 案之后，这一问题在 NLRB v. Wyman-Gordon Co. 案[2]中再一次上诉到了最高法院。

□ Wyman-Gordon 案中的混乱和纷争

要追溯 Wyman-Gordon 案的历史，首先我们需要讨论下国家劳动关系委员会在此前一起案件——Excelsior 案中所发布的命令。Excelsior 案涉及一家工会投诉两次不成功的工会选择中的程序问题。在每起案件中，该工会都提申请具有选举资格的雇员姓名和地址的名单，但是遭到了雇主的拒绝。在 Excelsior 案中，国家劳动关系委员会宣布了一项新“规则”。它宣布出于基本公平的要求，工会在选举前提出申请的，雇主必须向工会提供名单。但是，国家劳动关系委员会拒绝基于基本公平的理由在 Excelsior 案中适用 Excelsior “规则”。国家劳动关系委员会认为，因为没有按照 Excelsior “规则”的要求提供名单而惩罚 Excelsior，这是不公平的，因为雇主没有理由相信自己有义务这么做，直到国家劳动关系委员会在 Excelsior 案中宣布这项新“规则”。

在 Excelsior 案后不久，Wyman-Gordon 案就成为了工会选举争议的对象。该工会向雇主申请获得符合选举资格的雇员姓名和地址的名单，而 Wyman-Gordon 拒绝提供这一名单。工会向国家劳动关系委员会投诉，国家劳动关系委员会责令 Wyman-Gordon 提供这一名单，并引用了 Excelsior 案中的这项规则。Wyman-Gordon 对该命令提出上诉，理由是国家劳动关系委员会在试图创设一条具有拘束力的立法性规则而没有遵守《行政程序法》所规定的通告评议程序。

最高法院在这一案件上的观点分成了三派。四位大法官提出的复数意见（plurality）接受了 Wyman-Gordon 90%的主张。这四位大法官特别指出，《行政程序法》的规则制定
506 程序“不能通过在裁决程序中制定规则而回避规则制定程序。国家劳动关系委员会没有理由以自己发明的规则制定程序取代法定的要求”[3]。这四位大法官表明，国家劳动关系委员会在裁决程序中本来可以决定雇主必须提供该名单，但是它并未这么做；它准备制定一项规则，也就是说行使“准立法权”[4]。因此，在这四位大法官看来，需要采取规则制定程序。复数意见接着认为，Wyman-Gordon 必须提供工会所申请的名单，因为国家劳动关系委员会要求 Wyman-Gordon 这么做，“无疑是有效的”[5]。

---

① 522 U. S. 359 (1998)，参见§11.2和§11.3的讨论。

② 394 U. S. 759 (1969).

③ 394 U. S. 764.

④ Id. at 765.

⑤ Id. at 766.

□ 理解该案的判决意见

Wyman-Gordon 案中的复数意见是难以解释的，因为认为该命令是有效的结论可以让所有之前关于规则制定必要性的推理变得毫无意义。如果行政机关可以使用裁决程序中宣布的一项“规则”作为要求所有其他人实施符合该“规则”的行为的有效命令的唯一依据，这样的“规则”就拥有了与通过通告评议程序发布的《行政程序法》意义上的规则一样的效力。但是，Wyman-Gordon 案中的复数意见并不是完全像其表面看来的毫无用处。复数意见的关键在于无论是否存在 Excelsior 案中所宣布的“规则”，向 Wyman-Gordon 发布的命令总是有效的。Excelsior“规则”的有效性并不取决于任何所争议的重要事实（material fact）的解决。行政机关在 Excelsior 案中宣布“规则”，完全是因为它符合行政机关对于公平选举程序的理解。国家劳动关系委员会本来可以在 Wyman-Gordon 案中首次宣布和适用 Excelsior“规则”。

□ 规则制定程序中宣布的规则取决于裁决程序中宣布的规则

Excelsior“规则”的特征在一项重要方面区别于裁决程序中宣布的“规则”以及通过通告评议程序发布的具有约束力的立法性规则。一项《行政程序法》意义上的规则，可以在未来的案件中以拘束所有公民和行政机关的方式解决带有立法性事实的物理事实争议（controverted material issues）。事实上，立法性规则通常具有这一效力，并且是为了消除在裁决程序中对这类事实争议进行争讼之必要的目的。[①]

相比之下，行政机关不能将在之前的裁决案件中所宣布的“规则”适用于未来的案件，如果该“规则”是以对后来的案件中争议的事实为基础的。在 Shell Oil Co. v. FERC[②] 案中，第五巡回法院的判决意见说明了对在裁决程序中宣布的依赖特定事实的规则所赋予的效力的重要限制。联邦能源监管委员会在一起裁决程序中宣布了一项“规则”，即通过 507
侧钻（sidetrack）方法（利用已经存在的井筒，并以一定角度从该井筒上钻孔）开钻的天然气井不符合享受更加优惠的规制待遇的目的意义上的“新井”定义。当联邦能源监管委员会后来在一起裁决案件中对 Shell 适用这一“规则”时，法院认为联邦能源监管委员会不能在没有向 Shell 提供在听证会上对该“规则”的事实依据进行争论的机会而适用该规则。法院在判决书中承认，联邦能源监管委员会本来可以对 Shell 适用这一规则，如果它已经通过通告评议程序制定一项立法性规则。

即使是在 Wyman-Gordon 案的复数意见所默示的立法性规则和裁决性“规则”之间存在的重要区别，事实仍然是复数意见允许行政机关或者通过规则制定程序，或者通过裁决程序发布“规则”。在一些重要情形中，通过规则制定程序通过的规则可以比在裁决程序中宣布的“规则”具有更强的效力，但是它们都可以作为一类“规则”，正如该术语在法律上所通常理解的。

三位大法官在 Wyman-Gordon 案中加入了协同意见。持协同意见的这些大法官对于复数意见中批评国家劳动关系委员会试图规避《行政程序法》规则制定程序的指责提出了不同看法。他们本来可以确定国家劳动关系委员会提出的 Excelsior“规则”是“其所受理

---

① 例可参见 Heckler v. Campbell，461 U. S. 458（1983）；Weinberger v. Hynson，Westcott & Dunning，412 U. S. 609（1973）；United States v. Storer Broadcasting 351 U. S. 192（1956）。参见§6.6和§7.5。

② 707 F. 2d 230（5th Cir. 1983）.

的特定案件裁决的合法的附带产物”。当然，这一推理明确承认了行政机关完全通过裁决程序制定新“规则”的合法性。

两位大法官在 Wyman-Gordon 案中表达了不同意见。他们完全同意复数意见的推理，即国家劳动关系委员会试图违法规避《行政程序法》规定的规则制定程序。这些持不同意见的大法官们发现，复数意见认为尽管国家劳动关系委员会违法规避了规则制定程序，但是它所作出的命令是有效的，这种说法是不合逻辑的。但是，即使是持不同意见的大法官也承认，就像法院一样，行政机关可以在裁决案件的命令中宣布一项“规则”，并且将在以后案件中将该“规则”作为先例。

但是，他们提出了反对意见，认为国家劳动关系委员会并未在 Excelsior 案中遵循通常的司法惯例，因为它没有在宣布该“规则”的裁决案件中适用该项“规则”。但是，持不同意见的大法官们并未试图对他们的建议（限制行政机关通过裁决程序进行“规则制定”），与最高法院在众多案件采用的惯例（在众多案件在案件裁决中宣布一项新“规则”
508 和拒绝溯及既往地适用该“规则”）进行调和。① 如果联邦法院可以以这种方式制定“规则”，行政机关应当拥有通过裁决程序实施类似的“规则制定”的裁量权。

Wyman-Gordon 案中大法官们的立场分歧为有关该案件的意义留下了大量的混淆的空间。有的读者可以将复数意见的最后几段文字与协同意见相互组合以支持这样的结论，即七位大法官认为，行政机关必须拥有完全的自由去通过规则制定或者裁决程序来创设新的“规则”。有的读者也可以将复数意见的前面 90%的内容和不同意见中相组合以支持这样的结论，即六位大法官相信，行政机关只能按照《行政程序法》所要求的通告评议程序制定规则。最高法院在 1974 年重新审查这类争议时消除了这一模棱两可的问题。

□ Bell Aerospace 案中的解决方法：司法尊重

国家劳动关系委员会在裁决一起纠纷时对其“规则”进行了重大修改，首次宣布承担管理任务的人员也可以是“雇员”。第二巡回法院驳回了这一决定，理由是劳工政策如此重要的通用性（generic）变革，应当通过规则制定程序而非裁决程序实现。② Friendly 法官将 Wyman-Gordon 案中的复数意见和不同意见解释为可以证明“大多数的大法官”赞成“当国家劳动关系委员会提议改变劳资双方所遵守的长期存在且反复适用的政策之时，要求采用规则制定程序的要求尤其充分”③。

□ 行政机关可以通过裁决程序制定规则

最高法院以一致意见推翻了第二巡回法院的判决。④ 五位大法官出具的多数意见认为，国家劳动关系委员会从实体上看不能将管理人员归类为雇员。接着最高法院转入规则制定的问题：“问题不在于国家劳动关系委员会是否本来应当诉诸规则制定……相反，现在的问题是，如果国家劳动关系委员会认为，按照最高法院的判决意见，这些买家不属于该法所规定的‘承担管理任务的雇员’，国家劳动关系委员会是否需要启动规则制定程序。”⑤

---

① 例可参见 United States v. Peltier，422 U. S. 531 (1975)；Linkletter v. Walker，381 U. S. 618 (1965)。

② Bell Aerospace Co. v. NLRB，475 F. 2d 485 (2d Cir. 1973).

③ 475 F. 2d at 496-497.

④ NLRB v. Bell Aerospace Co.，416 U. S. 267 (1974).

⑤ 416 U. S. at 291-292.

最高法院接着遵循了 Chenery II 案，认定规则制定和裁决程序之间的选择“主要存在于行政机关获得充分信息之后的裁量之中”①。最高法院作了如下总结：

> Chenergy II 案和 Wyman-Gordon 案中的判决意见表明，国家劳动关系委员会并非不能在裁决案件中宣布新的原则，规则制定和裁决程序之间的选择首先存在于国家劳动关系委员会的裁量。虽然还可能存在一些情形，国家劳动关系委员会依赖裁决程序将会相当于 509 滥用裁量权或者违反本法的规定，但是在本案中并没有什么可以支持这一结论……值得怀疑的是，任何可能得出的概括性标准，产生的不仅仅是边际效用。国家劳动关系委员会因此有理由谨慎推进以逐案处理的方式制定其标准……国家劳动关系委员会所作出的裁决程序最能满足目的的需要，应当得到最大限度的尊重。②

自 Bell Aerospace 案以来，最高法院甚至还没有在任何一份判决书中承认法院可以限制行政机关在规则制定和裁决程序之间的选择。最高法院也没有承认任何内容可以被模糊地称为“滥用裁量”而作为推翻行政机关依赖裁决程序作为宣布“规则”之手段的决定的可能依据。因此，最高法院在 Bell Aerospace 案中对于规则制定—裁决程序问题一致提出的判决意见，加上其继续依赖 Chenergy 案判词及其对 Wyman-Gordon 案的解释，必须被视为完全拒绝任何司法机关限制行政机关通过裁决程序制定“规则”的企图。

□ 理解 Ruiz 案

最高法院在 Bell Aerospace 案之前两个月以一致意见作出的一份判决，有时也被引用来支持这样的立场，即行政机关只能通过通告评议程序宣布“规则”。在 Morton v. Ruiz③案中，最高法院指出：“行政机关执行国会设立和拨款支持的项目的权力必然要求通过制定政策和制定规则来填补任何国会默示或者明示留下的空白。”印第安事务管理局（BIA）通过其裁决案件的程序确立了一项“规则”，即美国原住民居民除非生活在保留地内，否则无权享受特别为他们提供的一般性的福利利益（general welfare benefits）。印第安事务管理局从未在《联邦公报》上公布这项规则；这项裁决只能在印第安事务管理局办公室的文件中才能查到。Ruiz 没有意识到印第安事务管理局的“规则”而离开了保留地，生活陷入困难之后申请福利救济。当印第安事务管理局根据它的“规则”而拒绝福利申请时，最高法院以一致意见推翻了这项决定。最高法院认为：

> 部长有意选择不将这项极其重要的影响生活困难的印第安人权利的要求作为立法性规则，剥夺了本来国会希望赋予福利受益人的权利而使其失去效力。④ 510

Ruiz 案中这一宽泛的说法——除非通过立法式的规则制定程序确立的，否则“规则”是“无效的”——在最高法院在 Ruiz 案之前或者之后受理的任何其他案件的多数意见中并没有提到。而且，这一说法也是与其他案件，包括 Ruiz 案之后两个月判决的 Bell Aerospace 案的判决意见直接矛盾的。最高法院在 Bell Aerospace 案中并未提到 Ruiz 案，它也从来没有引用 Ruiz 案来支持这样的立法，即“规则”只有在作为立法性规则制定程序的产物时才是有效的。

---

① Id. at 293，引用了 332 U. S. at 203。

② Id. at 294.

③ 415 U. S. 199，231 (1974).

④ 415 U. S. at 236.

Ruiz 案的宽泛解释不是法律规则

我们只要花上几分钟时间来思考就可以得出这样的结论，即 Ruiz 案的宽泛解释不是，也不可能是法律规则。如果印第安事务管理局（或者其他行政机关）发布一项有关资格要求的立法性规则，但是提出了该规则没有回答的一个问题，那么将会产生什么后果。印第安事务管理局是否可以通过裁决程序回答这一问题？Ruiz 案中的说法——除了立法性规则，其他都是无效的——表明了印第安事务管理局不能通过裁决程序回答这一问题，但是常识、每家法院和行政机关的通常惯例表明，这一问题的答案应该是肯定的。任何个人或者机构都没有足够的智慧在实施一项规制制度或者政府福利制度时在问题出现之前确定地找到问题所在并给予回答。

Ruiz 案的合宪性解释

Ruiz 案的结论很可能无法通过基于任何单独的法律原理的分析来提供满意的解释。它可能最好被解释为最高法院为了服务正义的直觉而牺牲了智识严密性（intellectual rigor）的一则判例。Ruiz，作为一位贫困的美国原住民居民，是历史上被美国政府牺牲了的弱势群体中的一员。印第安事务管理局所通过的"规则"是非常苛刻的。它所采用的程序对于 Ruiz 来说显然是不公的。他不可能了解到他因为离开了保留地而被取消了福利。最高法院没有提到正当程序，而且它要基于这一理由撰写一份分析有理有据的判决书来支持推翻 BIA 的决定也是有困难的。[1] 尽管如此，正当程序的问题在 Ruiz 案中依然是比较突出的。该案的结论很可能也受到了美国政府与原住民居民之间特殊关系的信托（fiduciary）性质的影响。

巡回法院判决误解了 Ruiz 案

有些巡回法院的判决意见强迫行政机关在没有法律要求的情况下通过规则制定程序采取行动。它们具有这样一些共同的特征：（1）它们引用 Ruiz 案支持它无法支持的立场；（2）对最高法院在 Bell Aerospace 案中模糊提到的"滥用裁量"充实了大量内容；（3）它们依赖的推理与最高法院在 Chenery 和 Bell Aerospace 案中的推理不一致。（4）它们对行政裁量宣布的限制，如果适用于所有行政机关会带来灾难性的后果（havoc）。总之，这些
511 案件是错误的判决，不应再被遵循。

在 Ford Motor Co. v. FTC[2] 案中，第九巡回法院推翻了联邦贸易委员会（FTC）针对一项不公平和欺骗行动的商业做法发布的停止终止令（order to cease and desist）*。法院的判决意见是基于这样的立场，"行政机关如果要修改法律和确立具有普遍适用性的规则，就必须采用规则制定程序。"这一立场并不是最高法院判决中所支持的；相反，它是直接与这些判决相矛盾，也与所有法院和行政机关的通常做法不一致。Ford 案中法院受到下列三项因素的影响：（1）该案讼争的这一做法在业内很普遍；（2）仅仅针对单个市场主体

* 行政机关或法院禁止个人或企业继续某一特定行为的命令，如联邦贸易委员会可以命令某一企业停止为其产品作虚假广告或虚假商标等不正当竞争行为。也有译为"禁止令""停止并终止令。"——译者注

① 参见第 9 章。

② 673 F. 2d 1008 (9th Cir. 1981), *cert. denied*, 459 U. S. 999 (1982).

提起诉讼不公平；（3）行政机关已经开始对同一事项启动规则制定程序。但是，如果读了该行政机关的组织法，我们就更容易理解和接受行政机关这项看来很奇怪的采用裁决程序的决定。国会已经对联邦贸易委员会的规则制定设定了这么多繁琐费事的程序要求，以至于该行政机关基本上抛弃了这一做法。[1] 因此，国会而非行政机关必须为联邦贸易委员会主要采用裁决程序完成其法定职责这一可以理解的决定所带来的无效率和不公平负责。

有两份法院判决意见根据同一部法律要求采用规则制定程序。在 Curry v. Block[2] 案和 Matzke v. Block[3] 案中，第十一巡回法院和第十巡回法院认为，“必须采用规则制定程序”规定农业部长在何种情况下可以推迟偿还农民住房管理局（the Farmers Home Administration）的贷款本金和利益。该法律既没有要求规则制定程序，也没有规定顺延。它只是规定：“部长可以在借款人提出申请的情况下，批准顺延偿还任何大额贷款的本金和利息。”[4] 这些判决只能被理解为地区法院显示出对本地区非常强势的利益集团的成员的同情。[5]

但是，有大量的巡回法院适用了 Chenery 案和 Bell Aerospace 案的判决主旨。因此，例如，在 West Virginia v. Thompson[6] 案中，第四巡回法院驳回了 West Virginia 的主张，即卫生和社会服务部不能采用裁决确立各州申请批准豁免（hardship waivers）适用法律要求——各州首先从联邦医疗保险（Medicare）受益人的不动产回收联邦医疗保险成本的标准。第四巡回法院适用了 Chenery II 案中的判决主旨，即规则制定和裁决之间的选择“主要属于行政机关知情的（informed）裁量权”。类似的，在 Qwest Services Corp. v. FCC[7]
案中，哥伦比亚特区巡回法院认为，联邦通信委员会（FCC）可以对其一开始作为规则制 512
定的程序分为两部分处理（bifurcate），并发布宣告性裁决来宣布广泛的行为规则。该法院指出，最高法院已经反复认为，行政机关可以在裁决案件时宣布普遍适用的行为规则。

□ 在某些情形下按照正当程序可能需要制定规则

还有零星的一些下级法院所提出要求规则制定程序的判决意见，不能仅仅作为错误的异常值（erroneous outliers）而被驳回。一个例子就是 Holmes v. New York City Housing Authority[8] 案。在该案中，纽约市住房管理局（the New York City Housing Authority）收到了 9 万人对 1 万套住房提出的申请。法院判决中关键的一句话是：“正当程序要求，对申请人进行的筛选必须是根据‘可以确认的标准’（ascertainable standard）。”[9] 纽约市住房管理局不是对这些申请按照时间先后或者以任何其他系统性的方式进行处理，这些申请在两年后就会自动失效，许多申请甚至从未进入审查阶段，不符合资格的决定也没有告知申请人，决定也没有得到理由的支持。

另一项例子是 White v. Roughton[10] 案。该案中，一件普通城镇援助项目的行政主管

---

① 参见§7.7。

② 738 F. 2d 1556 (11th Cir. 1984).

③ 732 F. 2d 799 (10th Cir. 1984).

④ 7 U. S. C. §1981a.

⑤ 另可参见 First Bancorporation v. Board of Governors，728 F. 2d 434 (10th Cir. 1984)。

⑥ 475 F. 3d 204 (4th Cir. 2007).

⑦ 509 F. 3d 531 (D. C. Cir. 2007)，参见§6.1 和§6.7 的讨论。

⑧ 398 F. 2d 262，265 (2d Cir. 1968).

⑨ 398 F. 2d 265.

⑩ 530 F. 2d 750 (7th Cir. 1976).

（administrator）“对于援助的接受资格和发放金额没有公开标准”。对于原告接受的援助被终止或者拒绝的问题，第七巡回法院指出：

被告 Roughton 作为一个普通援助项目的行政主管，有责任按照确保申请资格公平和一致性的要求管理该项目。申请的公平和一致性，要求 Roughton 制定书面标准和规定。在地区法院就初步禁令召开听证会上，被告 Roughton 承认他和他的工作人员根据他们自己未公开的个人标准确定是否符合资格要求……这种程序几乎赋予了 Roughton 及其工作人员不受限制的裁量权，这显然违反正当程序的要求。①

在发回重审的判决中，第七巡回法院建议地区法院“应当关注制定普通援助的申请资格和发放金额的书面标准”②。

Baker-Chaput v. Cammett③ 案的判决，也与 Roughton 案一样，认为，正当程序要求州普通福利项目的管理者需要事先制定指导决定的标准：

是否批准他或者她所申请的救济，这一决定完全处于被告不受限制和不受指导的裁量
513 之中……在没有标准的情况下管理普通援助，将饥寒交迫、穷困潦倒者置于管理者的一时兴致之下……我裁定确立书面的、客观和可以确认的标准是正当程序基础性的和内在的组成部分。④

正当程序显然要求进行公平的裁决，而公平的裁决要求当事人得到充分告知的可以确认的标准作出的决定。⑤ 这些原则在涉及刑事案件⑥、刑期长短⑦、其他种类的刑罚⑧和可能导致无法行使宪法权利的规制限制⑨时尤其重要。

可以确认的标准和充分告知等正当程序要求，在适用于其他裁决案件时则力度较弱。有时它们会支持要求行政机关实施规则制定程序的司法命令。但是，如果要将这些情形描述为正当程序要求采用规则制定程序的情形则是有风险的。在有些情况下，法律本身就足以作为标准和告知的形式。即使是法律不够充分的时候，为了满足正当程序的要求，行政机关也可以通过立法性规则制定程序之外的手段，例如通过解释性规则或者可以公开查阅、附决定理由说明的裁决案件的决定。

□ 可以公开查阅的附理由说明的决定可以代替规则

需要指出的是，根据正当程序的理由设定规则制定程序要求，这样的案件大多发生在州和地方行政机关作出决定的场合。不仅如此，各州的法院也比联邦法院更愿意施加强制性的规则制定程序的要求。⑩ 这一现象可以归因于联邦行政机关与州、地方行政机关之间存在两点基本区别。第一点区别是绝大多数的联邦行政机关通常会向当事人告知它们的决定所依据的标准。即使是联邦行政机关选择不采用立法式规则制定程序来实现目的，它也

① 530 F. 2d at 753-754.

② Id. at 755.

③ 406 F. Supp. 1134 (D. N. H 1976).

④ 406 F. Supp. at 1139-1140.

⑤ 参见第 9 章。

⑥ 例如 Papachristou v. City of Jacksonville，405 U. S. 156，170 (1972)。

⑦ 例如 Franklin v. Shields，569 F. 2d 784 (4th Cir. 1977)，*cert. denied*，435 U. S. 1003 (1978)。

⑧ 例如 Soglin v. Kauffman，418 F. 2d 163，167 (7th Cir. 1969)。

⑨ 例如 Morales v. Schmidt，489 F. 2d 1335 (7th Cir. 1973)，494 F. 2d 85 (7th Cir. *en banc* 1974)。

⑩ 例可参见 Sun Ray Drive-In Dairy，Inc. v. Oregon Liquor Control Commission，16 Or. App. 63，517 P. 2d 289 (1973)。

几乎必然会采用其他方式以实现这一目的。例如，国家劳动关系委员会（NLRB）在所有的裁决案件中都会公开书面的裁决意见，包括事实认定和裁决理由。相比之下，对于 514
州和地方行政机关来说则有更大差异。许多州和地方行政机关裁决案件通常都不附加事实认定或者理由说明。即使是在提供事实认定和裁决理由的时候，公众通常也无法查阅它们的裁决命令。当行政机关根据用词宽泛的法律而作出裁决时，行政机关没有通过制定规则限制其裁量权，我们不可能确定行政机关是在适用什么标准。第二点区别是与第一点区别相关的。我们有更多的理由可以担心州和地方行政机关不受公开、有拘束力的标准限制的情况下作出的决定，是滋生普遍的政府腐败的温床。地方行政决定有着非常悠久的腐败历史。相比之下，联邦行政决定中的腐败则只是偶尔发生，相对更为少见。

在 Lightfoot v. District of Columbia① 案中，哥伦比亚特区巡回法院驳回了这样一项主张，即正当程序原则要求行政机关制定规则。地区法院根据两项相对年代较老的巡回法院的判决意见，支持了其判决，即执行福利计划的行政机关不能根据行政机关事先在立法性规则中所宣布之外的依据作出拒绝福利的决定。这些年代较老的案件是依据正当程序的要求作出的。② 哥伦比亚特区巡回法院推翻了地区法院的判决。哥伦比亚特区巡回法院承认，行政机关未能对拒绝福利的决定说明任何理由，可能违反了正当程序。但是，哥伦比亚特区巡回法院引用了行政机关的许多裁决意见，在这些裁决意见中，行政机关在裁决具体争议的过程中宣布了标准，然后认定“没有明显的正当程序要求……可以建立在这样的观念基础之上，即行政机关必须通过规则制定而非逐案裁决确立……［调整福利争议裁决的］标准”。持协同意见的法官则认为还应为此判决增加一项理由。他指出，最高法院从未认为对于批准福利而非中止福利的决定适用正当程序。③

拒绝通过规则制定程序颁布“规则”的联邦行政机关，受到服务于与立法性规则一些目的相同的其他原则的限制，尽管并不是同等有效。这些原则是在对法律的解释的过程中形成的，例如，如果行政机关没有遵守这一原则，其行为就可以被认为是属于《行政程序法》§706（2）（A）规定的“武断和恣意”而被推翻。但是，至少在某些情形中，在缺乏支持这一原则的准据法条款时，有些原则可以从正当程序条款中推导而来。 515

□ 对争议点的告知和对不遵守先例的解释义务

行政机关必须对裁决程序的当事人充分告知当事人必须解决的争议点。因此，Port Terminal Railroad Ass'n v. United States④ 案中，第五巡回法院推翻了以当事人“不知道可以预期在听证会上得到什么”为理由而拒绝再次举行听证会的决定。而且，在 Atchison，Topeka，& Santa Fe R. v. Wichita Board of Trade⑤ 案中，最高法院判定，行政机关在裁决过程中没有遵守过去的先例，必须告知和解释这一改变的理由。⑥

---

① 448 F. 3d 392 (D. C. Cir. 2006).

② 参见 White v. Roughton，530 F. 2d 750 (7th Cir. 1976) 和 Holmes v. New York City Housing Authority，398 F. 2d 265 (2d Cir. 1968)。

③ 对于这一尚未得到解决的重要问题的讨论，参见§9.4。

④ 551 F. 2d 1336，1345 (5th Cir. 1977).

⑤ 412 U. S. 800，808 (1973).

⑥ 参见第 13 章和第 17 章。

§6.10 对规则制定的请愿

□《行政程序法》规定的请愿权

《行政程序法》§553（e）规定："各行政机关均应给予利害关系人以针对规则的发布、修改和废除提出请愿（petition）的权利。"但是，这一规定并不适用于§553（a）规定豁免通告评议程序要求的那一类规则：涉及行政机关的内部管理或者人事、公共财产、贷款、拨款、福利、合同、军事或者外交事务的规则。即使假定涉及所有这些主题的规则应当豁免通告评议程序的要求[1]，也并没有明显理由可以让行政机关豁免接受针对有关规则发布、修改和废除所提出请愿的义务。

□ 调整请愿事项的行政规则

许多行政机关为了落实§553（e）所规定的请愿权已经制定了相应规则，有的行政机关需要遵守在其组织法中所规定的更为详细的请愿权条款。[2]

□ 行政机关作出的拒绝请愿的决定是可审查的

在 Massachusetts v. EPA[3] 案中，五位大法官出具的多数意见认为，行政机关作出的拒绝规则制定的请愿之决定是可以接受司法审查的。多数意见依据的是哥伦比亚特区巡回法院在 20 世纪 80 年代所出具的两份判决意见中所宣布的理由："相比非执法（nonenforcement）的决定，行政机关拒绝启动规则制定程序的决定是相对不太频繁发生的，更容易涉及法律分析，而非事实分析，需要遵守特殊的手续要求，包括公开说明理由。"四位大法官对于若干其他问题提出了不同意见，但是没有拒绝规则制定的请愿之决定是否可
516 以接受司法审查的问题。[4] 多数意见指出，应当适用对武断和恣意标准的"极其有限的"和"高度尊重的"版本来进行这种司法审查。多数意见接着适用了武断和恣意标准的既非有限，也非尊重的版本。[5]

□ 行政机关必须答复

在最低限度上，根据规则制定的请愿权，提出请愿的当事人有权获得对于请愿是否合理的回应。当行政机关草率地"拒绝"了一项请愿，法院可以驳回行政机关的"拒绝决

---

① 参见§7.11。

② 对于有关请愿权的行政规则、涉及具体行政机关的法律中的请愿权条款以及规则制定请愿相关的一系列复杂的法律规则和程序，相关的深入讨论可以参见 Luneburg，"Petitioning Federal Agencies for Rulemaking：An Overview of Administrative and Judicial Practice and Some Recommendation for Improvement"，1988 *Wis. L. Rev.* 1。

③ 127 S. Ct. 1438 (2007).

④ 参见§§3.6、§16.4 和§16.5 的讨论。

⑤ 参见§7.4 的讨论。

定”，指示行政机关在合理性审查的基础上拒绝该请愿，并且在行政机关认为这是这是合理的做法时说明这样做的理由。[1] 此外，如果行政机关对于拒绝一项针对规则制定的请愿给出了合理的理由，法院通常会支持行政机关的决定。[2] 拒绝启动规则制定程序的合理理由可以包括行政机关决定通过裁决程序解决在请愿书中所指出的问题。[3] 之所以如此，是因为法院极其不愿意干预行政机关采用裁决程序而非规则制定程序的决定。[4]

□ 过时规则的问题

一部在发布时有效合理的规则，随着时间的推移可能会变得过时，或者是因为情势变更，或者是因为我们对作为规则制定之基础的现象和关系的理解发生了变化。针对这一问题，有的法院采取的对策是允许请愿者质疑施行已久的规则的有效性，判定发布时有效的规则随着时间的推移已经变得武断和恣意。[5]

□ 针对规则制定的请愿是过时规则的唯一救济手段

在 Auer v. Robbins[6] 案中，最高法院以一致意见推翻了上述做法，判定对于规则制定的请愿，是对过时规则唯一可以采用的救济手段。劳工部长曾经发布了一项规则规定了确定豁免适用《公平劳动基准法》（FLSA）的雇员类型的标准。很多年后，国会修订了《公平劳动基准法》，使其同时调整公共部门的雇员和私人部门的雇员。在涉及对公共部门雇员适用该规则的案件中，圣路易斯市警察局（St. Louis Police Department）认为，在国会将该法适用范围扩大到调整公共部门雇员时，该规则已经变得武断和恣意了。最高法院承认，该规则“提出了”涉及公共部门雇员时“需要劳工部长认真考虑的独特问题”。但是，最高法院认为，当事人只能首先请求行政机关修订该规则——通过根据《行政程序法》 517
§553（e）提出规则制定的请愿——然后针对行政机关对其请愿所作回应提请司法审查，才能要求法院对行政机关未能根据情况变化而修订规则是否构成武断和恣意进行审议。

在 RSR Corp. v. EPA[7] 案中，哥伦比亚特区巡回法院的判决似乎从逻辑上可以从最高法院在 Auer 案中所作判决推导而来，尽管哥伦比亚特区巡回法院的判决是在 Auer 案之前作出的。环境保护局颁布了一项实施《综合环境反应、赔偿和责任法》（the Comprehensive Environmental Response，Compensation and Liability Act）的规则。该法只授权在发布该规则的 90 天内提出审查该规则的请愿。RSR 在这一期间经过之后寻求对该规则进行审查，理由是“新的研究”已经削弱了这一规则的依据。哥伦比亚特区巡回法院判定：“RSR 提出‘新的研究’主张的合理场合就是在规则制定的请愿。”

□ 司法审查范围有限和采取尊重的立场

哥伦比亚特区巡回法院认为，行政机关拒绝规则制定的请愿需要接受司法审查，但是

---

① National Organization for the Reform of Marijuana Laws v. Ingersoll，497 F. 2d 854 (D. C. Cir. 1974).

② 例可参见 Nader v. FAA，440 F. 2d 292 (D. C. Cir. 1971)。

③ 参见 Arkansas Power & Light Co. v. ICC，725 F. 2d 716，723 (D. C. Cir. 1982)。

④ 参见§6.9。

⑤ 例如，Gamboa v. Rubin，80 F. 3d 1338 (9th Cir. 1996)。

⑥ 519 U. S. 452 (1997).

⑦ 102 F. 3d 1266 (D. C. Cir. 1997).

审查范围“极其有限”[1]。《司法部长行政程序法手册》也指出：“行政机关无论是拒绝接受请愿……还是拒绝进行公开的规则制定程序，都需要接受司法审查。”[2]《行政程序法》的立法史并没有与这一论述构成直接矛盾，但是建议一定程度的司法介入。参议院司法委员会指出：“通过请愿的方式提请行政机关注意的事实或者考量，可能会因此要求行政机关采取行动以防止规则继续有效或者在司法审查中败诉。”[3]

哥伦比亚特区巡回法院在 WWHT 案判决的后半部分论述——对拒绝请愿之决定的司法审查范围“极其有限”——是完全可以理解的。对规则制定的请愿要求行政机关，在事实上将其稀缺的资源在相当大程度上投入到解决一项具体问题的特定方式上。行政机关可以拥有若干合理的理解来拒绝采取这种行动，法院则不适合对行政机关经常提出的这些理由进行评估。这些理由包括行政机关认为鉴于对该问题的现有理解水平，更适合通过裁决程序解决这一问题，或者考虑到行政机关试图解决的众多其他问题的性质，该问题并未达到足够重要的程度使其可以投入相当多的稀缺资源。法院很少会有足够的信息对行政机关根据这种理由作出的决定提出事后质疑。[4] 法院通常只审理请愿和行政机关拒绝请愿的决
518 定。它很少有能力确定行政机关所拥有的资源或者确定行政机关所选择投入稀缺资源的其他问题相比请愿中所提出的问题是更为重要或者不太重要。

□ 行政机关拒绝发布规则的决定是可以审查的

当行政机关根据请愿要求启动规则制定程序，但是拒绝发布请愿者所敦促的规则时，对于该行政决定进行司法审查的障碍更少一些。行政机关已经主动地将大量稀缺资源投入到考虑是否发布建议规则的过程之中，而规则制定过程中形成的记录也让法院更有能力实施有效的审查。各巡回法院经常审查这种情况下不发布规则的决定，但是它们也适用尊重的审查标准。[5] 哥伦比亚特区巡回法院就认为，经过规则制定程序之后作出的不发布规则的决定，其审查标准的尊重程度是“尽管不是非常高，但也是实质性的”[6]。之所以对于这种行政决定给予高度尊重，是出于下列因素的考虑：（1）可能有大量的不同规则可以代表行政机关对属于其管辖职责范围内的问题所作出的合理回应；（2）行政机关可以通过发布规则之外的其他手段，如加强执法和裁决来合理地解决这一问题；（3）法院不适合对行政机关在各种潜在的替代规则之间所作的选择或者在规则与其他潜在的问题解决方式之间所作的选择提出事后批评；（4）即使是法律中所规定的强制性的条文也很少是如此明确和详细，以至于可以被解释为要求行政机关以具体的方式对某一问题作出回应。在这种环境下，司法机关很少推翻行政机关所作出的拒绝发布规则的决定。[7]

□ 作为例证的审查拒绝请愿决定的判决

在 Columbia Falls Aluminum Co. v. EPA[8] 案中，哥伦比亚特区巡回法院所作的判决，

---

① WWHT v. FCC，656 F. 2d 807，818 (D. C. Cir. 1981).

② Attorney General's Manual at 39 (1949).

③ Sen. Doc. No. 248，79th Cong.，2d Sess. 201-202 (1946).

④ 参见 § 17.7。

⑤ 例可参见 NRDC v. SEC，606 F. 2d 1031 (D. C. Cir. 1979)。

⑥ Consumer Federation v. Consumer Product Safety Commission，990 F. 2d 1298，1305 (D. C. Cir. 1993).

⑦ 少数的例外，参见 American Horse Protection Ass'n v. Lyng，812 F. 2d 1 (D. C. Cir. 1987)（推翻了行政机关拒绝发布禁止故意伤害表演马匹的规则的决定，理由是行政机关没有进行附理由说明的决定）。

⑧ 139 F. 3d 914 (D. C. Cir. 1998).

为法院审查撤销规则的请愿提供了有益的法律蓝图。环境保护局（EPA）在 1996 年发布了一项规则，其中规定根据“毒性特征浸出程序”（the Toxicity Characteristic Leaching Procedure）将废锅衬（spent potliner）列为有毒物质，限制了处理该物质的法定方法。随后，请愿者提出请愿要求修改该规则，将废锅衬从该名单上剔除并停止适用“毒性特征浸出程序”。环境保护局拒绝了这一请愿。哥伦比亚特区巡回法院首先界定了审查这一遭拒的请愿时应当审议的记录范围。法院否定了行政机关所提出的主张，即应审议记录范围应 519
仅限于它在发布最初规则之时所掌握的记录。法院认为，它应当审议在行政机关发布了成为修订请愿对象的规则之后该行政机关形成的或者取得的材料。法院接着认为，环境保护局持续适用“毒性特征浸出程序”是武断和恣意的，因为请愿者已经提交材料证明“毒性特征浸出程序”并不能提供准确的预测，环境保护局也没有对这一材料作出充分的回应，或者对继续采用“毒性特征浸出程序”提出其他令人满意的理由。法院强调指出，一项模型并不必然“完全适合于每一起应用的情形”，但是环境保护局已经承认，对于其所利用目的而言，“毒性特征浸出程序”“不是一个好模型”。

在 American Lung Ass'n v. EPA① 案中，哥伦比亚特区巡回法院推翻了环境保护局（EPA）的一项拒绝请愿的决定，该决定中请愿者要求环境保护局修改调整二氧化硫的大气质量标准。考虑到（1）现行的标准未能保护 41 500 名哮喘病人的健康，以及（2）法律要求大气标准必须“足以保护公众健康”，法院认定行政机关没有充分解释拒绝请愿的理由。

在 O'Keefe's, Inc. v. Consumer Product Safety Commission② 案中，第九巡回法院的判决意见阐释了 Auer 案判决所要求的程序。1977 年，消费者产品安全委员会（the Consumer Product Safety Commission）发布了适用于玻璃门而非陶瓷门的一项规则。1992 年，O'Keefe's 提出请愿，要求消费者产品安全委员会修订 1977 年发布的规则将其适用于陶瓷门。O'Keefe's 认为，技术的变革，市面上出售的产品种类的变化以及新的研究表明需要拓宽该规则的适用范围。消费者产品安全委员会拒绝了这一规则制定的请愿，O'Keefe's 认为该拒绝决定是武断和恣意的。两位法官撰写的多数意见支持了消费者产品安全委员会的决定。多数意见指出，消费者产品安全委员会需要考虑自其第一次发布该规则以来的新发展和新数据，但是这并不是要求它“为了对制定规则的要求作出回应而开展彻底的研究或者修改其数据收集系统”。多数意见认为，消费者产品安全委员会已经对其拒绝请愿的决定作出了充分的解释。持不同意见的法官则认为消费者产品安全委员会没有对该决定作出充分解释。

在 Maier v. EPA③ 案中，第十巡回法院指出，“在行政机关拒绝启动规则制定程序的情形中，实质性的谨慎要求给予特别广泛的尊重（substantial prudential concerns counsel particularly broad deference）”。但是，法院接着指出，“我们不会在面对新的信息时盲目支持行政机关拒绝启动规则制定程序的决定”。两位法官出具的多数意见认为，行政机关 520
拒绝根据可得技术的变革而修改该规则，符合法律的规定，也得到充分的理由说明所支持的。

在 Legal Environmental Assistance Foundation v. EPA④ 案中，第十一巡回法院推翻了行政机关所作出的拒绝修订规则的决定。请愿者要求行政机关撤销对 Alabama 地下注入

① 134 F. 3d 388 (D. C. Cir. 1998).

② 92 F. 3d 940 (9th Cir. 1996).

③ 114 F. 3d 1032 (10th Cir. 1997).

④ 118 F. 3d 1467 (11th Cir. 1997).

控制项目（underground injection program）的批准决定。这一项目没有规制“水力压裂法”（hydraulic fracturing）——一种向油气洞穴注入液体以提高油气采收率的作业方法。请愿者认为，“水力压裂法”就是一种“地下注入”，而《安全饮用水法》（the Safe Drinking Water Act）要求环境保护局确保所有形式的“地下注入”都接受规制。环境保护局拒绝了这一请愿，理由是“水力压裂法”不属于“地下注入”。法院推翻了这一决定，理由是“水力压裂法”属于“地下注入”的平常含义的范围。

在 Professional Pilots Federation v. FAA① 案中，哥伦比亚特区巡回法院的法官们在行政机关拒绝一项请愿的问题上产生了分歧。联邦航空管理局（FAA）很早就已经颁布了一项禁止 60 岁以上者担任商业飞行员的规则。飞行员联盟提出请愿要求修改或者废止这一规则。他们提出这一请愿的支持证据是适用于该规则的法律环境发生了变化——《禁止雇佣中的年龄歧视法》（the Age Discrimination in Employment Act）的颁布——而且根据一份新发表的研究报告，可以质疑联邦航空管理局制定该规则之理由的有效性。联邦航空管理局拒绝了这一请愿。法院首先针对行政机关给予各种理由拒绝启动规则制定程序的决定所应给予的尊重程度提出了可能具有重要意义的划分。法院指出，联邦航空管理局的决定是建立在“不适合采取司法解决路径”的“现实主义考量”，如资源配置的考虑等基础之上，它将会适用“对于行政机关拒绝启动规则制定程序的决定……给予更高程度的尊重标准”。但是，当行政机关的决定是建立在“对现有规则的合理性考虑”基础之上时，法院认定，它只应给予该行政机关的决定以“我们在行政机关通过实施法律的规则时所给予的通常——相当的尊重……”法院认为，《禁止雇佣中的年龄歧视法》“没有实质性地限制”规制机构的权力；它适用于雇主而非规制者。多数意见接着认为，行政机关已经提供了充分的理由说明以支持保持这一规则的决定。持不同意见的法官则认为，该行政行为是武断和恣意的，因为行政机关没有提出充分的理由说明以支持其决定。

在 Radio-Television News Directors Ass'n v. FCC② 案中，哥伦比亚特区巡回法院将行政机关所作出的拒绝要求废止两项规则的请愿的决定发回重新处理而没有判决撤销
521 (remanded without vacation)。法院判定，行政机关没有对拒绝废止两项规则提供充分的解释。在 1987 年，联邦通信委员会（FCC）宣布其不再执行公平原则（fairness doctrine）——该原则要求每项获得广播业许可者提供合理机会以表达与获得许可者不同的观点。联邦通信委员会认定，该原则已经不再有助于公共利益的实现，不再能够与第一修正案的原则相协调。考虑到联邦通信委员会关于公平原则的推理和结论，请愿者提出了规则制定的请愿，要求联邦通信委员会撤销两项规则——个人攻击（personal attack）规则和政治评论（political editorial）规则。每项规则的结构安排方式都是类似于公平原则；每项规则都要求获得许可者提供表达与其不同观点的机会。联邦通信委员会同意了该请愿，并启动规则制定程序以决定是否需要撤销这些规则。在拟议规则制定的通告中，联邦通信委员会指出：“请愿者……已经提出了具有很强说服力的案例……表明规则已经不再有助于公共利益的实现。”但是，许多年后，联邦通信委员会以 2∶2 的表决票决定不废止该规则。在认定票数相同的情况下的法律效力是保持现状，联邦通信委员会所作出的废止公平原则并不自动地要求废止这两项规则之后，法院接着考虑了该行政机关是否已经对其不废止两项规则的决定提供了充分的理由说明。法院的结论是没有。法院的理由是，行政机关一旦“根据这些规则不符合公共利益的要求而启动规则制定程序……”它对于不废止规则的决定就负有“解释的义务”。

---

① 118 F. 3d 758 (D. C. Cir. 1997).

② 184 F. 3d 872 (D. C. Cir. 1999).

在 Skubel v. Fuoroli[①] 案中，第二巡回法院严重误解了请愿者提出规则制定请愿所服务的目的基础，判决等待行政机关对该请愿采取行动，并以此作为审查既有规则的前提条件。法院认为，该规则将可以报销的家庭健康服务（home health services）限制于上门提供的服务（services provided at home）是武断和恣意的。法院承认："原告未能穷尽所有行政救济手段，因为他们从未向卫生和社会服务部请愿要求规则制定。"但是，法院接着免除了请愿者提交该请愿的要求，理由是这样的请愿也是徒劳的。法院接着认定，行政机关没有提供足够的理由说明以支持其保持现有的规则。这些司法机关的行为削弱了要求规则制定的请愿作为对既有规则进行审查的前提条件的目的。要求规则制定的请愿本来可以给行政机关一个对请愿者所指控的该规则理由不充分的主张作出充分回应的机会。如果不向行政机关提供这样一个机会，法院是不适合对行政机关拒绝修订规则的理由是否充分作出评价的。 522

在 EMR Network v. FCC[②] 案中，哥伦比亚特区巡回法院支持了拒绝启动规则制定程序的行政命令。原告声称需要制定新的规则，因为最近发表的研究报告表明联邦通信委员会（FCC）之前制定的适用于广播频率辐射导致的健康风险的规则是不充分的。哥伦比亚特区巡回法院首先指出，行政机关拒绝启动规则制定程序的决定只有在"极少数的、最为迫切的情形下"才能够被推翻。但是，它接着指出，该请愿提出了"推翻行政机关拒绝启动规则制定程序的决定之一项最为有力的潜在依据——'之前对于这一问题的决定的重大事实基础……已经不复存在'"。但是，哥伦比亚特区巡回法院在最后支持了行政机关拒绝启动规则制定程序的决定，理由是法院发现："[原告所提交的这些研究报告中] 并未说明什么是如此明显证明作用的风险，以至于需要质疑该委员会保持密切关注之立场的决定。"

在 Fox Television Stations v. FCC[③] 案中，哥伦比亚特区巡回法院认为，联邦通信委员会（FCC）维持存在已久的两项所有权限制规则的决定是武断和恣意的。在《1996 年电信法》（the Telecommunications Act of 1996）§202（h）中，国会要求联邦通信委员会每两年对其所有权规则进行审查。联邦通信委员会审查了这两项规则——全国性电视台所有权规则和有线/广播交叉持有规则——并以 3∶2 的票数决定继续维持这两项规则。法院认定，联邦通信委员会未能证明这两项规则是推进有关竞争或者多样化的目标所必需的合理理由。法院将第一项规则发回联邦通信委员会要求其进一步考虑，但是它撤销了第二项规则，理由是它认定联邦通信委员会将会无法证明保留这一规则的正当理由。[④] 法院认为，行政机关维持其规则的决定是可以接受司法审查的决定，即使没有人请愿要求行政机关启动规则制定程序以废止或者修订该规则。法院的理由是提交这样的请愿，将会是徒劳的，因为联邦通信委员会已经刚刚在根据《1996 年电信法》§202（h）而进行的程序中决定维持其规则。

§6.11 行政机关对规则的解释

□ 对行政解释的尊重取决于具体情形

联邦法院在两种情形下被要求确定行政机关的解释是否需要得到支持，对这两种情形

---

① 113 F. 3d 330 (2d Cir. 1997).

② 391 F. 3d 269 (D. C. Cir. 2004).

③ 280 F. 3d 1027 (D. C. Cir. 2002).

④ 参见§7.13。

加以区分是十分重要的。在不涉及处罚的案件（nonpenalty cases）中，法院对行政机关就条文模糊的规则所作的解释给予了相当的尊重。但是在处罚案件中，法院给予的尊重程度
523 低得多。司法机关的这种两分法是符合正当程序原则要求的。政府不能对实施了不可能事先知道违法的行为进行处罚。接下来我会先讨论在非处罚案件中可以适用于行政解释的法律，然后接着讨论适用于处罚案件的相当不同的法律原则。

□ 非处罚案件中的高度尊重

最高法院在 1945 年就司法机关对规则的解释确立了基本原则：

这涉及对行政规章的解释，因此法院必须参考行政机关对该规章的解释以确定文字含义是否存在疑问。国会的意图或者宪法的原则在就不同解释之间进行选择时是相关的。但是，最终的标准是行政机关的解释，它们具有压倒性的权重，除非它们是完全错误的或者与规定不一致……在这种情况下，唯一的问题是发现《第 188 号最高限价规定》（Maximum Price Regulation No. 188）特定部分的含义。因此，我们唯一的工具就是规章中的平常文字和［物价管理局（Office of Price Administration）］局长的任何相关解释。[①]

□ 除非显然错误，否则具有决定性

关键的观点是，行政机关的解释除非显然是错误的，或者与规定不一致，否则就是决定性的。最高法院在 Seminole 案中的判决意见中对于规定的文字作出了自己的解释，然后指出“对于这一解释的任何质疑……是可以被排除的，因为它参考了行政机关的解释……”[②] 它接着引用了局长所发布的一份公告、局长向国会提交的一份报告，以及局长所作的有关他的观点已经在向咨询者所提供的不计其数的解释中一直坚持的声明。

最高法院继续遵守 Seminole 案的判决，并对行政机关就自己的规定所作的解释给予
524 决定性的权重，如果没有充分的理由不这么做。[③]

在 Federal Express Corp. v. Holowecki[④] 案中，七位大法官出具的多数意见支持了平等就业机会委员会（EEOC）对“指控（charge）”的解释，该词同时用于一部法律和一项规则，平等就业机会委员会将其解释为当事人要求作出某种决定的申报材料的行为（a filing）。该案的判决意见并非清晰（clarity）的典范。多数意见在一处指出它尊重行政机关的合理解释，但是后面又说它会同意行政机关的解释，即使它没有对行政机关的解释给予尊重。它也指出，行政机关的解释是一致的，但是它后来又承认行政机关是“不稳定的”（uneven），并且它发现行政机关的不一致之处是可以理解的。持不同意见的大法官表达的观点是：“指控必须意味着，在最低限度上，客观地指出试图启动行政机关执法程序之意图的书面材料。”

---

① Bowles v. Seminole Rock Co.，325 U.S. 410，413-414 (1945).

② Id. at 417.

③ 例如 Auer v. Robbins，519 U.S. 452 (1997)；North Haven Board of Education v. Bell，456 U.S. 512，538 n. 29 (1982)；Ford Motor Co. v. Milhollin，444 U.S. 555，565-567 (1980)；United States v. Larionoff，431 U.S. 864，872-873 (1977)；United States v. Chicago，400 U.S. 810 (1970)；INS v. Stanisic，395 U.S. 62，72 (1969)；Thorpe v. Housing Authority，393 U.S. 268，276 (1969)；Udall v. Tallman，380 U.S. 1，4 (1965)。

④ 128 S. Ct. 1147 (2008).

在 Riegel v. Medtronic[1] 案中，七位大法官出具的多数意见认为，食品药品管理局的一项规则没有使一般性的侵权法上的注意义务排除在对州要求的优先范围（pre-emption）之外，这是与食品药品管理局的要求不一致的。多数意见指出，行政机关并未如此解释其规则，并且指出“行政机关对其自身规则的解读，有权获得实质性的尊重”。持不同意见的大法官并未明确地讨论这一问题，但是他们高度关注这样的事实，即行政机关已经在过去对其法律和规则通过了不同的解释。

在 Coeur Alaska v. Southeast Alaska Conservation Council[2] 案中，多份判决意见的存在反映了对尊重问题争议存在四种不同的进路。六名大法官出具的多数意见支持了环境保护局和工程兵团作出的决定，即（1）《清洁水法》授权工程兵团而非环境保护局来颁发采矿废物排放许可证；（2）环境保护局的绩效标准并不适用于一开始向湖泊排放采矿废物的行为，而只适用于后来将水排入下游溪流的行为。

多数意见似乎首先认定《清洁水法》解决了管辖权问题，没有任何尊重一家行政机关的需要。但是，多数意见随后补充道：“如果在这一点问题上存在模糊之处，环境保护局自己的规章就可以加以解决。”在这段文字中，多数意见似乎对环境保护局的解释给予 Chevron 尊重但是却没有引用 Chevron。多数意见接着承认，关于环境保护局的规则之含义还存在着争议。多数意见接着引用了 Auer 案作为支持，判决接受环境保护局对其自己制定的规则所作的解释。

多数意见判定《清洁水法》在第二项问题上是模糊的。它引用了 Chevron 原则作为支持，认为最高法院应当尊重环境保护局对《清洁水法》的解释，如果环境保护局已在一项
规则中解决了这一问题。但是，多数意见认定，环境保护局的规则也是模糊的。多数意见 525
接着参考了环境保护局为了解决《清洁水法》及其规则中存在的模糊之处而制作的备忘录。多数意见援引了 Mead 案，认定它不能对环境保护局的备忘录给予 Chevron 尊重。但是，多数意见接着援引了 Auer 案，判决支持了环境保护局的备忘录中所包含的对模糊规则所作的合理解释。

Breyer 大法官加入了多数意见，但是他也单独撰写了一份协同意见，它反映了他试图融合多项尊重原则并使其边界模糊化。他多处使用了“又及”（Cf）引注，同时引用了 Chevron 案和 Auer 案来支持其观点：“环境保护局可能合理地将法律和可以适用的规章解读为允许利用这些材料……某些类似的情境‘填补空白’”。

Scalia 大法官也加入了多数意见，但是他拒绝对环境保护局的备忘录给予 Chevron 尊重。他继续对 Mead 原则提出反对意见，并且再次指责 Mead 原则是混乱和非理性的原则。

三位持不同意见的大法官没有援引任何类型的尊重原则。他们认为：“将美国的水域用作有害采矿废物的‘沉淀池’……完全违反了《清洁水法》的文本、框架和目的。”

在 Cuomo v. The Clearing House Ass'n[3] 案中，五名大法官出具的多数意见拒绝行政机关对一项规则所作的解释，该规则将具有广泛的联邦适用优先效力，因为多数意见认定这一解释与法律和规则都不一致。

在许多案件中，法院通常会对行政机关对模糊规则所作的解释给予实质性尊重，而判

---

① 128 S. Ct. 999 (2008).

② 129 S. Ct. 2458 (2009).

③ 129 S. Ct. 2710 (2009)，更详细的讨论参见§3.6。

决支持行政解释。① 当然，如果法院认定行政机关对规则的解释与规则文本不一致或者该
526 解释不合理，联邦法院也会经常拒绝接受行政机关的解释。②

在 Gonzales v. Oregon③ 案中，六位大法官出具的多数意见宣布了一项“反鹦鹉学舌的原则（antiparroting canon）”。根据这一原则，当行政规则不过是照搬了法律中可以适用的文字时，法院需要对行政机关对行政规则的解释给予 Seminole Rock（或者 Auer）尊重。多数意见通过将 Auer 尊重区别于行政机关对简单照搬法律文字的规则所作解释的一种情形，而对这一原则作出了说明：

在 Auer 案中，这些基础性的规章为部长负责强制执行的法律计划（statutory scheme）赋予具体内容，并且反映了劳工部长期以来所获得的有关《公平劳动基准法》的大量经验和专业能力。这里，另一方面，基础性的规章不过是重复了一遍法律中的条文。该解释性规则所使用的文字来自国会而非该行政机关，该法律和规章的几乎相同（near equivalence）为政府要求获得 Auer 尊重提供了假象。

…………

简而言之，鹦鹉学舌式的规章之存在并不能改变这样的事实，即这里所面临的问题不是规章的含义而是法律的含义。当不是使用专业能力和经验以制定一项规章，而只是对法律文字改换一下文字表述时，行政机关并不掌握解释自己文字的特别权威。

三位持不同意见的大法官对于反鹦鹉学舌原则的存在和依据提出了质疑：

首先，对于 Auer 规则的任何此类例外是否存在都是值得存疑的。最高法院没有引用任何权威依据支持例外，因为它本身就是不存在的。相反，我们在 Auer 案中以一致意见作出的判决意见表明用词宽泛的规章并不比用词狭义的规章获得更少的尊重。“要求部长对其自己的规章进行严格解释的规则将会没有任何实际意义，因为部长可以随意根据其愿望而对这些规章作出用词宽泛的规定，只需要遵守法律上所设定的限制。”（这段引文出自最高法院在 Auer 案中的判决意见，未标注持不同意见者添加的着重号。）

持不同意见的大法官正确地提出，最高法院之前作出的任何判决意见中都未曾对反鹦
527 鹉学舌原则作过清晰的表述。但是正如本书 § 6.4 所讨论的，若干巡回法院在 20 世纪 90 年代采纳了反鹦鹉学舌原则；它们已经在众多案件中适用了这一原则；并且它们已经为这一原则提供了很少的说明。这一原则的政策依据也是易于理解的。《行政程序法》的制定是为了鼓励行政机关通过发布立法性规则，对其执行的法律中宽泛文字予以阐释和具体化。行政机关不应被鼓励通过发布仅仅是照搬法律文字的立法性规则而回避《行政程序法》的规定，然后完全借助对这些规则发布解释性规则来对行政机关所执行的法律中的要求予以阐释和具体化。正如第十巡回法院在 Mission Group v. Riley④ 案中所说明的，如果

---

① 例可参见 Visiting Nurses Ass'n v. Bullen，93 F. 3d 997（1st Cir. 1996），Birt v. Surface Transportation Board，90 F. 3d 580（D. C. Cir. 1996）；In re Transcon Lines，89 F. 3d 559（9th Cir. 1996）；United States v. Yuzary，55 F. 3d 47（2d Cir. 1995）；SSM Rehabilitation Institute v. Shalala，68 F. 3d 266（8th Cir. 1995）（当面对两种言之成理的解释时，法院必须支持行政机关所作的解释）；Consarc Corp. v. Treasury Dept.，71 F. 3d 909（D. C. Cir. 1995）（行政机关对规则的解释甚至比其对自己所实施的法律所作的解释更值得尊重）。

② 例可参见 Norfolk Southern Railway v. Shanklin，529 U. S. 344（2000）；CMC Electric，Inc. v. OSHA，221 F. 3d 861（6th Cir. 2000）（判定行政解释不合理，而拒绝接受）；Albemarle Corp. v. Herman，221 F. 3d 782（5th Cir. 2000）（判定行政解释与规则文本不符，而拒绝接受）；Clean Ocean Action v. York，57 F. 3d（3d Cir. 1995）；Director，OWCP v. Eastern Coal Corp.，54 F. 3d 141（3d Cir. 1995）（规则文本，而非行政机关未明确表达的意图，决定着对规则的解释）。

③ 126 S. Ct. 904（2006），参见 § 3.5 和 § 3.6 的讨论。

④ 146 F. 3d 775（10th Cir. 1998）.

法院尊重行政机关对开放式的（open-ended）行政规则的解释，它们会孤立行政机关以规章中的模糊性取代法律上的模糊性，从而“藐视了《行政程序法》的存在”。

尽管最高法院之前没有宣布过反鹦鹉学舌规则，但是这项规则的宣布仍是有迹可循的。在 Shalala v. Guernsey Memorial Hospital[1] 案和 Thomas Jefferson University v. Shalala[2] 案中，行政机关都通过发布立法性规则对法律中的要求进行了一定程度的阐释，但是在其立法性规则中对于法律解释的大多数细节仍然悬而未决，相反需要根据行政机关对其相对用词宽泛的规则所作的解释。在所有这两起案件中，对于行政机关是否已经在其立法性规则中取得了足够的进展或者相反留下了太多重要问题需要由对其规则的解释来解决，大法官们形成了 5∶4 的分歧。在这两起案件中大法官之间的辩论表明了反鹦鹉学舌原则的重大局限。行政机关从未通过发布立法性规则解决所有重要的解释性问题。这是不可能的。另一方面，行政机关也很少发布单纯照搬法律相关文字的立法性规则。所有的立法性规则都在一定程度上增加了法律文字的清晰和具体化。每起案件中的问题都是行政机关是否进行了足够的阐释和具体化以避免司法机关认定其规则不过是单纯地照搬其试图阐释的法律。大法官们在 Gonzales 案中回答这一问题时形成了 6∶3 的分歧。

Gonzales 案的多数意见承认，行政机关试图解释的这一规则绝对不是一项照搬法律条文的规则。它阐释了法律中的众多模糊之处的部分内容。但是，多数意见指出：“政府并未表明其解释带来法律文字和规章中的文字之间的任何差别……该部规章……对于本案中的核心问题很少或者没有提供指示。”因此，为了避免其规则被认定为照搬法律文字的规 528
则，说服法院对其就该规则所作的解释给予 Auer 尊重，行政机关必须说明该规则中的某些文字与法律中的类似文字存在差别，并且至少是符合行政机关对该规则的解释的。持不同意见的大法官则认为，该规则不是照搬法律文字的规则，因为它“通过对未作定义的法律术语的可能的三种解释中选择了最后和最为狭义的解释”，“明显地阐释了本来模糊的法律条文的含义”。

□ 大法官之间的争议？

在所有这三起作为反鹦鹉学舌规则产生之先兆的案件中，大法官们都产生了分歧。在 Thomas Jefferson University v. Shalala[3] 案中，五位大法官支持了卫生和社会服务部部长在其《联邦医疗保险报销规则》（Medicare Reimbursement Rule）中反再分配原则（antiredistribution principle）的解释。卫生和社会服务部调整联邦医疗保险的规则，允许服务提供者报销在经批准的医疗教育项目中产生的部分开支。批准这类报销的该规则中包含了反映反再分配原则的一句话：“本项目不希望因为教育机构或者单位的成本再分配给病人看护机构或者单位而导致开支增加。”托马斯·杰斐逊大学（Thomas Jefferson University）既提供老年医疗服务，也提供医学教育。它直到 1985 年才开始就医疗教育活动中工资部分寻求报销。这一年，它对其教育活动的非工资部分开支寻求报销。卫生和社会服务部拒绝报销这些开支，理由是这些开支之前已经由托马斯-杰斐逊大学的教育单位承担，因此如果报销这些开支将会违背“反再分配原则”。判决多数意见支持了卫生和社会服务部的决定。多数意见认为，法院对于行政机关的解释需要给予实质性的尊重，只有在“根据规定的平常文字或者部长在宣布该规定时表达意图的其他标志，不得不采取另外的解

---

① 514 U. S. 87 (1995).

② 512 U. S. 504 (1994).

③ 512 U. S. 504 (1994).

读”时，才能拒绝采用这一解释。

四位持不同意见的大法官则认为行政机关对其规则的解释因为与规则的平常含义之间存在矛盾而需要推翻。他们发现，有关反再分配原则的表述过于模糊，以至于无法作为拒绝报销的依据。持不同意见的大法官在 Thomas Jefferson 案中所表现出来的行政惯例进行了广泛而深入的批评。规则本应发挥的功能是阐释清楚行政机关所实施的法律中模糊、相互冲突和模糊的文字。但是，本案所争讼的卫生和社会服务部的规则只是将法律中的模糊
529 变成规章中的模糊，公众只有这些规则在每起案件中得到适用后才能确认行政规则的含义，行政机关却可以拥有不受限制的裁量权，根据情况（ad hoc）和在行动发生之后很久才确定可以适用于具体行为的实际规则。

在 Director，OWCP v. Greenwich Collieries[①] 案中，六位大法官拒绝了劳工部对其自身规则的解释。该规则规定：“国会希望，在因为尘肺病导致全部或者部分丧失劳动能力或者死亡时，原告应享有所有存在合理怀疑的福利。”劳工部长期以来将其规则解释为在尘肺病例中，当证据表明存在与重要事实有关的“真实怀疑”时，由被告承担所举证据缺乏说服力的风险。多数意见认定，该规则过于模糊，以至于无法支持行政机关的解释。三位持不同意见的大法官发现，行政机关对该规则的解释是合理的，认为它有权获得实质性的尊重。我们难以，如果不是不可能的话，对 Greenwich 案的多数意见和 Thomas Jefferson 案的多数意见进行调和。

在 Shalala v. Guernsey Memorial Hospital[②] 案中，大法官们也形成了 5：4 的两派。卫生和社会服务部部长发布了一项立法性规则，要求医院在对成本进行会计核算时遵守“普遍接受的会计准则”（generally accepted accounting principle）。卫生和社会服务部后来拒绝拒绝报销一家医院根据卫生和社会服务部后来拒绝报销一家医院根据“普遍接受的会计准则”计算的成本。卫生和社会服务部将其规则解释为不需要根据“普遍接受的会计准则”进行报销，而是根据其用词宽泛的禁止交叉补贴、仅限对特定年份中实际发生的成本进行报销的规则。卫生和社会服务部对这些规则解释为排除了在这些情形中根据“普遍接受的会计准则”提出的报销要求。

五位大法官认为，卫生和社会服务部对其规则所作解释是“合理的”并予以支持。多数意见的理由是：（1）卫生和社会服务部的规则吸收了“普遍接受的会计准则”，这么做只是出于会计核算的目的而非报销的目的；（2）其他两部卫生和社会服务部的规则适用于报销；（3）卫生和社会服务部对这些规则进行了合理解释以按照与“普遍接受的会计准则”不一致的方式进行报销。四位持不同意见的大法官则认为，卫生和社会服务部发布出于会计核算目的和报销目的而适用“普遍接受的会计准则”的立法性规则，对自身构成拘束作用。持不同意见的大法官也认为，卫生和社会服务部未能履行其发布立法性规则规定
530 报销方法的立法性规则的义务，而未经通告评议程序违法地修改了立法性规则。[③]

□ 即使“诉讼立场”（litigating positions）有时也有权获得尊重

行政机关的解释何时会因为“仅仅是诉讼立场”而不能得到尊重，对于这一反复出现的问题，有四份判决意见提供了有益的指导。在 National Wildlife Federation v. Browner[④]

---

① 512 U.S. 267 (1994)，参见 § 10.7 的讨论。

② 514 U.S. 87 (1995).

③ 参见 § 6.9 的讨论。

④ 127 F.3d 1126 (D.C. Cir. 1997).

案中，哥伦比亚特区巡回法院支持了对一份条文模糊的规则的合理解释，尽管该解释不是包含在解释性规则之中，也不是在行政机关裁决纠纷的决定之中，而是出现在诉讼过程之中。法院对于如何对待“仅仅是诉讼立场”提供了很少的解释：

确实“行政机关‘诉讼立场’无权受到尊重，当它们只是上诉律师对于行政机关行为事后的合理化，并在复审法院中首次提出”……之所以对于行政机关律师的观点不愿给予尊重，是出于两点担心。首先，上诉律师的解释不可能反映行政机关本身的观点……其次，很可能的情况是“只在诉讼中确立的立场可能是匆忙提出的，或者是迫于特殊的压力”，并不是行政机关审议程序的结果……但是，正如最高法院最近所确定的，对于诉讼过程中所提出的解释给予尊重仍然是合理的，只要该解释能够反映“行政机关就这一问题的公平和审议后的结果”。

哥伦比亚特区巡回法院认定，行政机关在该诉讼中所提出的解释是“经过审议后的观点”。请愿者并未证明能够表明行政机关在其他案件中提出了不同的解释，而法院认定行政机关的一份手册中默示地反映了行政机关所提出的这一解释。

类似的，在 Bradberry v. Director, Office of Worker's Compensation① 案中，第十一巡回法院对行政机关不是在解释性规则或者政策声明中采纳而是在行政机关的法律意见书中提出的解释给予了尊重。第十一巡回法院认定，行政机关已经“长期坚持”在该法律意见中所提出的解释，并且在许多案件中一致地坚持这一诉讼立场。

在 Bigelow v. Department of Defense② 案中，哥伦比亚特区巡回法院对这一问题产生了分歧。多数意见尊重该行政机关在法律意见中所提出的解释。持不同意见的法官则认为不应给予尊重，因为他发现有证据显示在该法律意见中所提出的解释不是行政机关“公平且经过审议后得出的观点”。

最后，在 Long Island Care at Home v. Coke③ 案中，最高法院以一致意见判定，法院需要对行政机关对一项规则的解释给予 Auer 尊重，即使两项规则的文字存在冲突，行政机关在一段时间里采纳了不同的解释，并且该解释是在法律意见书中作出的，只要该解释 531
“反映了行政机关对存在争议的这一问题进行了公正和认真考虑之后作出的判断”。

□ 只对实施规则的行政机关给予尊重

对于行政机关就其他行政机关的规则所作的解释，法院通常并不给予尊重。但是，在 Amerada Hess Pipeline Corp. v. FERC④ 案中，哥伦比亚特区巡回法院宣告了一项对这一做法的重要例外并作出了解释。当国会已经将实施法律的职责从第一家行政机关重新转移到了第二家行政机时，法院需要对第二家行政机关就第一家行政机关的规则所作解释予以尊重。在这种情况下，“法院不再有面对相互冲突的解释的危险”，而第二家行政机关“在涉及转移的职权方面，刚好处在与先前的行政机关相同的位置上”。

□ 尊重的理由

大多数行政机关对其自己制定的规章所作的解释往往会被法院赋予有力的效力，这是

---

① 117 F. 3d 1366 (11th Cir. 1997).
② 217 F. 3d 875 (D. C. Cir. 2000).
③ 127 S. Ct. 2339 (2007)，参见§3.5、§3.6和§6.4。
④ 117 F. 3d 596 (D. C. Cir. 1997).

建立在常识的基础之上的。行政机关通常更有能力确定发布规则之时的目的，而考虑行政机关发布规则的目的，对规则的解释具有最重要的意义。在机构的角度上来说，法院对于解决这类关键性的问题存在明显的劣势。但是，法院不会简单地给行政机关的解释充当橡皮图章。在众多案件中，有一些就否定了行政机关对立法性规则的解释，体现了法院为什么有时候拒绝采纳行政机关对其自身制定规则的解释的重要理由。

□ 肯定行政解释的案件

在有的判决意见中，法院支持了行政机关就行政规则所作的解释，它们有助于说明此类行政解释有权获得较高程度的尊重。在 Minnesota v. Centers for Medicare and Medicaid Services① 案中，行政机关在审查州规划草案时适用比其规则明确要求的更为严格的方法，第八巡回法院认为，行政机关的行为方式是符合规则的要求的，因为它并没有以不符合其规则要求的方式行事。

在 Smith v. Nicholson② 案中，联邦巡回区上诉法院驳回了退伍军人上诉法院的判决，因为它没有对退伍军人事务部对它的一项规则所作解释给予合理的尊重。该案讼争的这项规则规定："单个疾病单元（disease entity）引发的残疾……都会被分别进行打分。"该规则接着将耳鸣列为一个疾病单元，在计分时算 10%。当残疾人福利申请人要求因为两耳存在耳鸣而要求得到 20%的计分，退伍军人事务部驳回了这一主张，认为耳鸣只是一个疾病单元。退伍军人上诉委员会驳回了退伍军人事务部的决定，理由是它将该规则解释为对每只耳朵所存在的耳鸣分别计算 10%。联邦上诉法院认定，该规则是模糊的，退伍军人事务部有权对这一模糊规则适用自己的解释。

在 Excel Corp. v. Department of Agriculture③ 案中，第十巡回法院撰写了一份论证充
532 分的判决意见，支持了行政机关对其规则所作的解释。农业部的一项规则要求肉类加工厂（meat packers）向养猪场（hog producers）披露肉类加工厂"所使用的分级制（grading）"。该案中肉类加工厂改变了计算猪肉中精肉比例的计算公式而没有向养猪场披露这一新公式。农业部发布了停止终止令（cease and desist order），要求肉类加工厂披露这一新公式。法院支持了对这一农业部作为发布停止终止令之依据的规则的解释。法院认为，"所使用的分级制"是模糊的，农业部的解释"既不存在明显的错误，也不与规章的用语相矛盾"。

在 Humanoids Group v. Rogan④ 案中，第四巡回法院在支持行政机关对规则的解释的过程中适用了正确的标准。法院指出，因为行政机关不是在解释法律，所以它的解释既不能得到 Chevron 尊重，也不能得到 Skidmore 尊重。因为该行政机关是在解释它的一项规则，所以其解释应该得到 Auer 尊重（在 Auer v. Robbins⑤ 案中，最高法院适用了 Skidmore 尊重。出于那些我不能理解的理由，许多法院如今都将 Skidmore 尊重称为 Auer 尊重）。法院重复了 Auer/Skidmore 尊重的标准：行政机关的解释是"具有决定性作用的，除非存在明显的错误或者与规章之间存在不一致之处"。法院接着指出，该案中讼争的行政机关的规章是模糊的；它可以支持行政机关的解释；行政机关的解释代表了 Auer 尊重

---

① 495 F. 3d 991 (8th Cir. 2007).

② 451 F. 3d 1344 (Fed. Cir. 2006).

③ 397 F. 3d 1285 (10th Cir. 2005).

④ 375 F. 3d 301 (4th Cir. 2004).

⑤ 519 U. S. 452, 461 (1997).

所要求的“公正和经过考虑的判断”。

在 District Memorial Hospital of Southwestern North Carolina v. Thompson① 案中，第四巡回法院撰写了一份论证充分的判决意见，支持了行政机关对规则的解释。该规则规定：

病人天数（patient days）只包括可以归入实行［医疗保险］预付制度（prospective payment system）的医院区域的天数。

医院将该规则解释为在计算病人天数时，允许将可报销的医疗活动发生的医院地理区域内的所有床位计算在内。行政机关将该规则解释为仅指实际用于所报销医疗活动的床位。法院认为，“区域”一词是模糊的。经过查阅字典上的定义，法院认定，该区域可以是指医院所主张的地理区域，或者是行政机关所主张的手术或者医疗活动区域（an area of operation or activity）。因为行政机关的解释是对该规则的“合理解释”，法院判决予以支持。

在 Tozzi v. Department of Health & Human Services② 案中，哥伦比亚特区巡回法院在支持行政机关对规则的解释过程中适用了正确的标准。该规则在一系列缩格书写的段落 533（indented paragraphs）中描述了两种规定的物质类型（regulatory categories of substances）。在这些缩格书写的段落之后，在一个未缩格书写的段落中又描述了证据标准。原告认为，这些证据标准只适用于第二类物质，而法院支持了行政机关的解释，即这些标准适用于所有这两类物质。法院承认，Seminole Rock 尊重要求法院对行政机关的解释给予“控制性的权重……［除非］根据该规章的平常含义或者部长在规章颁布时表达的意图不得不作出另外的解读”。法院没有发现“标明最后一段只适用于［第二种］类型物质的文本证据”，也没有发现行政机关最初希望该规章只适用于第二种类型物质的证据。

卫生和社会服务部为了实施《联邦医疗保险法》（the Medicare Act）制定了规则。行政机关对该规则所作的解释引出了四份巡回法院的判决意见和一次巡回法院的内部意见分歧。该规则对于住院护理（inpatient nursing care）的“新供应商（new provider）”规定了特别优惠的待遇。它将“新供应商”定义为“作为根据现在和之前的所有权结构，获得联邦医疗保险认证资格不满三年的……新一类提供商而运营的住院服务供应商”。因为这一规则与各州对护理设施的规章之间的关系，该规则的适用引发了经常性的解释问题。许多州都要求住院护理设施为经营的每张床位取得所需证书（Certificate of Need）。因为这类所需证书并不容易获得，希望开办住院护理设施的企业常常发现从现有设施的所有者手里购买所需证书更有优势。当一家企业采取了这一措施并开办了从所其他方面来讲都属于“新的”住院护理设施，它是否属于“新供应商”，即使它所采用的所需证书是从已有的供应商处购得的？

在 Paragon Health Network v. Thompson③ 案中，第七巡回法院很好地回答了这一问题。法院已开始解释了为什么 Seminole Rock 尊重适用于这一纠纷，并且指出 Seminole Rock 尊重“类似于” Chevron 尊重。法院接着分析了该规则的用语，并认定“新供应商”的含义是模糊的。法院仔细地对其结论作出了说明：

当然，如果构成熟练护理机构的各种组成要素，在它们从未曾属于另一设施的组成部分的意义上来说都是新的，那么我们就不得不将该熟练护理机构称为“新供应商”。相反地，如果一家护理机构没有改变其任何组成要素，它无疑还是相同的供应商而非新供应 534

① 364 F. 3d 513 (4th Cir. 2004).

② 271 F. 3d 301 (D. C. Cir. 2001).

③ 251 F. 3d 1141 (7th Cir. 2001).

商。在两种极端情况之间划出界线的难度，正是导致该规章中“供应商”一词含义模糊的原因所在。

法院接着认定行政机关可以将“新供应商”解释为排除了依靠已有的“所需证书”进行经营的设施，并且如果考虑到“新供应商”规则和住院护理市场运作的方式，这样的解释也是合理的。第一巡回法院在 South Shore Hospital v. Thompson[1] 案撰写了一份类似的判决意见，同意了第七巡回法院的意见，而第九巡回法院在 Providence Health System-Washington v. Thompson[2] 案中也赞成第七巡回法院和第一巡回法院的意见。

在 Maryland General Hospital v. Thompson[3] 案中，第四巡回法院存在分歧的合议庭所作的判决意见不同意第一、第九和第七巡回法院。该案中多数意见承认行政机关的解释“当针对熟练护理设施的现实而考虑时，很可能是合理的。”但是，它驳回了行政机关的解释，理由是它认为这一解释不符合“供应商”的“通常含义”。多数意见没有引用任何权威来支持其结论，即“供应商”具有一种“通常含义”，与行政机关的解释具有内在的不一致性。如果法院依靠这一术语的“通常”或者“平常”含义，它就应该引用权威的参考资料，如字典来支持其定性。持不同意见的法官撰写了一份类似于第一、第九和第七巡回法院的判决意见。

对于联邦汽车运输安全管理局（Federal Motor Carrier Safety Administration）所制定的一项规则的行政解释，也引出了两项巡回法院的判决意见，但是目前为止这些法院是意见一致的。该规则要求汽车运输企业“对出勤记录和它所雇佣的司机的所有支持材料保存6个月时间……”在决定拒绝对一家运输企业的“附条件”安全评级予以升级的时候，联邦汽车运输安全管理局将该规则解释为要求运输企业保存每位司机的过路费发票材料，以便行政机关的调查官员可以将这些材料与运输企业保存的每位司机的出勤记录进行对比。在 A. D. Transport Express v. United States[4] 案中，第六巡回法院认为该解释是合理的而予以支持。法院承认，原告作出的相反解释也是合理的，但是指出行政机关的解释“并不需要是唯一的合理解释，我们才能够对其予以维持”。

联邦汽车运输安全管理局（FMCSA）在决定向一家运输企业给予“附条件”安全评
535 级时也对该规则作出相同方式的解释。在 Darrell Andrews Trucking v. FMCSA[5] 案中，哥伦比亚特区巡回法院支持了这一解释。哥伦比亚特区巡回法院在该案中不得不解决第二项问题。因为对企业给予“附条件”安全评级至少可以算是一种处罚，联邦汽车运输安全管理局不能对原告适用对该规则的这种解释，而没有对原告的讼争行为违反规则时给予充分的告知。法院认为，联邦汽车运输安全管理局已经对原告提供了充分的告知，即已经通过审计和执法官员的通信中告知它的保留过路费发票的方法已经违反了规则。

在 Rain & Hail Insurance Service v. Federal Crop Ins. Corp.[6] 案中，第八巡回法院认为，法院必须尊重农业部合同上诉委员会（Department of Agriculture Board of Contract Appeals）对联邦农作物保险公司的 Manager's Bulletin 所作的解释，因为农业部合同上诉委员会对于农作物再保险领域的“复杂……情况”拥有“独特的专业能力”。法院也认为，它必须尊重作为其解决争议之基础的农业部合同上诉委员会对合同的解释，除非农业部合

---

① 308 F. 3d 91 (1st Cir. 2002).

② 353 F. 3d 661 (9th Cir. 2003).

③ 308 F. 3d 340 (4th Cir. 2002).

④ 290 F. 3d 761 (6th Cir. 2002).

⑤ 296 F. 3d 1120 (D. C. Cir. 2002).

⑥ 426 F. 3d 976 (8th Cir. 2005).

同上诉委员会的解释是武断和恣意的。它接着认定，农业部合同上诉委员会的解释是武断和恣意的，因为它不符合该合同中所使用的一个术语的平常含义。

在 Air Transport Association v. FAA[①] 案中，哥伦比亚特区巡回法院认为，联邦航空管理局对其强制性的航班机组休息规则作出了合理的解释，将预期的飞行和乘车（taxi-in）时间解释为参考飞行日的实际状况而非日程表上安排的时间。法院认定这一解释是属于规则文本的“合理范围之内的”。

在 Wells Fargo Bank v. James[②] 案中，在行政机关的解释具有优先于一部州法律时，第五巡回法院支持了行政机关对立法性规则的解释。法院指出：“行政机关对其作决定时所依据的法律作出的解释是受到尊重的，而对其自己的规章所作的解释得到更高程度的尊重。”法院接着指出：“因此，当……规章对于存在冲突的这一问题规定模糊之时，行政机关对其自己规章所作的解释就是决定性的，除非它是明显错误的。”法院引用了 Auer v. Robbins[③] 案，而后者又适用了 Seminole Rock 标准。

在 MCImetro Access Transmission Services v. Bellsouth Telecommunications[④] 案中，第四巡回法院认为，一家州行政机关对联邦行政机关的规则所作的解释不能得到尊重，但是联邦行政机关的分支机构对该规则所作的解释，在联邦行政机关已经将决定权授权给其分支机构时，则可以受到尊重。 536

在 Zurich American Insurance v. Whittier Properties[⑤] 案中，第九巡回法院认为，即使行政机关的解释只是在法庭之友意见书中所宣布的，行政机关对其自己的规则所作的解释是决定性的，除非该解释存在明显的错误或者与该规则不一致。[⑥]

在 Community Hospital of Monterey Peninsula v. Thompson[⑦] 案中，第九巡回法院认为行政机关对规则的解释是合理的而予以支持，并在其判决意见中包含了可能会对其他案件也具有重要意义的脚注：“正如我们对最高法院在 Shalala v. Guernsey Memorial Hospital[⑧] 案所提出的教导的理解，部长可以强制执行一项要求——该要求符合，并且属于合理实施其规章和手册的要求而没有能够直接或者间接地指出设定积极的合规义务的具体规定或者手册中的条款。”

□ 否定行政解释的案件

联邦法院出于合理的理由对行政机关就行政规则所作的解释给予尊重，但是正如以下案件所显示的，法院并不只是充当橡皮图章的角色，一律肯定所有此类解释。在 Jicarrilla Apache Tribe v. FERC[⑨] 案中，第十巡回法院重复了高度尊重的 Siminole 标准，但是推翻了行政机关的解释。行政机关在其规则中有意地使用了一个普通法术语。最高法院指出：“行政解释如果不是建立在特定领域的专业能力基础之上……而是建立在一般的普通法原

---

① 291 F. 3d 49 (D. C. Cir. 2002)，参见§6.4 的讨论。

② 321 F. 3d 488 (5th Cir. 2003).

③ 519 U. S. 452 (1997).

④ 352 F. 3d 872 (4th Cir. 2003).

⑤ 356 F. 3d 1132 (9th Cir. 2004).

⑥ 另可参见 United States v. Cinemark USA，348 F. 3d 569 (6th Cir. 2003)。

⑦ 323 F. 3d 782 (9th Cir. 2003).

⑧ 514 U. S. 87 (1995).

⑨ 578 F. 2d 289 (10th Cir. 1978).

则基础之上，就不需要给予高度尊重。”[①] 司法机关在 Jicarrilla 案中否定了行政机关的解释，基于以下两点理由是可以成立的：首先，正如法院所指出的，行政机关在其规则中决定采用普通法术语，这就取消了行政机关通常在确定规则含义上所具有的比较优势。在确定普通法术语的含义方面，法院相比行政机关要更胜一筹。其次，行政机关采用普通法术语来确定其规则的内容，也是告诉利益相关的当事人在行为时要遵守该术语的普通法上的含义。如果允许行政机关在解释该规则时采用的参照系与行政机关之前提醒当事人注意的不同，这是不公平的。这种规则的告知效应，至少部分构成了 Siminole 案中法院采用“规定的平常文字”的基础。如果对规则的解释与行政机关在立法性规则中所采用的文字不一致，它就不能满足公民应当就行为是否允许获得充分告知的要求。

537 第二个可以作为例证的案件是 Standard Oil Co. v. DOE[②] 案。能源部发布了一份有关两类成本和炼化企业可以对某些石油产品制定的最高价格之间的可以允许的联系。该规则对于在这两种成本类型中，炼化企业可以收回成本的次序语焉不详。对该规则的两种合理解释之间造成的差别是每年炼化企业收入总计 13 亿美元和相应的消费价格。在该规定已经生效一年左右之后，几家国会委员会举行了曝光度颇高的几次听证会，在这些听证会上国会议员们抨击行政机关所制定的规则允许炼化企业向消费者“多收取”13 亿美元。能源部随后发布了对其最初规定的“解释”，宣称它所颁布的规定历来要求炼化企业对此成本回收的次序安排能够做到向消费者收取最低的价格。行政机关同时修订了它的立法性规则，从而让该规则能够达到这样的效果。

□ 解释不能修改立法性规则的含义

Standard Oil 案中法院推翻了能源部的解释，主要依据是该解释发布所处的情形令人怀疑，而且多项行政文件表明行政机关在公众提出此种批评之前已经对该规定作出相反的解释。在某种意义上，Standard Oil 案说明了与 Jicarrilla 案相同的一般问题。行政机关不得通过不诚实地解释规则，使其具有与原先不同的含义的过程而溯及既往地改变立法性规则。在 Caruso v. Blockbuster-Sony Entertainment Centre[③] 案中，第三巡回法院引用了这句话，并将其所表达的原则作为判定行政机关对规则所作解释无效的依据。但是，这一一般原则并不容易适用于用词模糊的规则。Standard Oil 和 Blockbuster 如果没有提出决定性证据以证明行政机关的解释是不诚实的修正行为（revisionism），他们就不可能在诉讼中获胜。

在 Via Christi Regional Medical Center v. Leavitt[④] 案中，第十巡回法院驳回了行政机关对其一项立法性规则所作的解释。该规则禁止对两家或者更多的关联企业合并之后的资产进行重新评估。行政机关将该规则解释为禁止对合并前不存在关联但是因为合并而产生关联的企业进行资产重新评估。法院认为，这一解释与该规则的平常含义不一致。

在 Safe Air for Everyone v. EPA[⑤] 案中，第九巡回法院认为，环境保护局（EPA）对其规则所作的解释在不同寻常的情境下得出了不同寻常的后果，是不可接受的。《清洁空
538 气法》（the Clean Air Act）的两项条款禁止环境保护局批准将会增加空气污染的州实施规

① Id. at 292-293.

② 453 F. Supp. 203, *aff'd*, 596 F. 2d 1029 (TECA 1978).

③ 193 F. 3d 730 (3rd Cir. 1999).

④ 509 F. 3d 1259 (10th Cir. 2007).

⑤ 475 F. 3d 1096 (9th Cir. 2007).

划（State Implementations Plans）的修订。环境保护局批准了爱达荷州实施规划的修订，允许在某些情况下对农作物秸秆在田间焚烧。原告质疑这一批准决定不符合《清洁空气法》的规定。第九巡回法院认定，它不需要讨论这一问题，因为批准这一修订的决定是武断和恣意的。在批准这一修订的决定中，环境保护局指出这并不会增加空气污染，因为之前的州实施规划也在某些情况下允许田间焚烧。法院驳回了环境保护局对州实施规划的解释，理由是州实施规划显然禁止所有的田间焚烧。既然环境保护局所说明的决定理由是不可接受的，第九巡回法院适用了 SEC v. Chenery[1] 案中所宣布的原则，并以之为依据判定行政机关的决定是武断和恣意的。

在 Sacks v. Office of Foreign Assets Control[2] 案中，第九巡回法院驳回了外国资产管制办公室（Office of Foreign Assets Control）对一项规则的解释，理由是其不符合该规则的平常含义。该规则规定，如果一个人没有按照该规则的要求支付罚款，“这一案件将会移送司法部，由后者决定采取合理行动，通过联邦地区法院的民事诉讼收缴罚款”。当外国资产管制办公室试图采取行政征收措施时，法院驳回了其对该规则的解释，理由是“应当（shall）”的意思就是“应当”。

在 Utah Environmental Congress v. Bosworth[3] 案中，第十巡回法院采用存在缺陷的推理得出了一项错误的结论。在 2001 年，美国林业局发布的一项立法性规则对一项关键问题作了模糊规定。第十巡回法院在 2004 年作出的一项判决意见中采纳了对该模糊规则的解释。行政机关后来又通过了一项解释性规则，其中对于存在模糊之处的 2000 年的规则作出了与其之前的法院判决意见中所采纳的解释不同的解释。第十巡回法院认为，应该适用该法院之前的解释，而不是行政机关的解释，因为解释性规则并不具有约束力。如果考虑最高法院在 National Cable and Telecommunications Ass'n v. Brand X Internet Services[4] 案推理和判决的话，第十巡回法院的推理中存在的缺陷是显而易见的。第十巡回法院认为，司法机关对行政机关所实施的法律作出的解释，只有在法院认定它所采纳的解释是对该法律的唯一可以接受的解释时才能构成遵循先例（stare decisis）。相反，当法院认定，它所采纳的解释是两种以上可以接受的解释中的一种，对于行政机关的相反解释给予 Chevron 尊重，就会胜过遵循先例原则，并且法院必须支持行政机关的合理解释，即使法 539
院认为自己所做的解释优于行政机关的解释。以此类推，法院对行政规则的解释，只有在法院认定该解释是该规则的唯一可以接受的解释时，才能构成遵循先例。当法院只是认定其解释比言之成理的其他替代解释更可取时，Seminole Rock 尊重就会胜过遵循先例原则，法院必须支持行政机关的解释。

在 Alaska Trojan Partnership v. Gutierrez[5] 案中，第九巡回法院驳回了国家海洋鱼类管理局（the National Marine Fisheries Service）内部的裁决机构通过的对该局制定的一项规则的解释，理由是该解释与对该规则的整体解读不一致。法院认定，尽管该规则没有对该术语作出所解释的定义，它以与行政机关的解释具有内在不一致性的方式对其他术语作出了定义。

各级法院有时会对适用于行政决定的三种形式的尊重产生混淆。行政机关对于法律的解释可以有权要么获得 Chevron 尊重，要么获得强度要弱得多的 Skdimore 尊重。行政机

---

① 318 U. S. 80 (1943)（行政决定只能根据行政机关所说明的理由得到支持）。

② 466 F. 3d 764 (9th Cir. 2006).

③ 421 F. 3d 1105 (10th Cir. 2005).

④ 125 S. Ct. 2688 (2005).

⑤ 425 F. 3d 620 (9th Cir. 2005).

关对于行政规则的解释总是有权获得 Seminole Rock 尊重——基本上相当于 Chevron 尊重。[①] 在 U. S. Freightways Corps. v. Commissioner of Internal Revenue[②] 案和 Navarro v. Pfizer Corp. [③] 案中，第一巡回法院首先指出它们只适合得到 Skidmore 尊重而非 Chevron 尊重，并驳回了行政机关的解释。但是，这两起案件都是涉及对行政机关自己制定规则的解释，因此其解释应该有权得到 Seminole Rock 尊重，而非程度更弱的 Skidmore 尊重。

在 Shell Offshore v. Babbitt[④] 案中，第五巡回法院犯下了另一种方式的错误。矿产管理局（Minerals Management Service）要求石油天然气生产商/运输商证明其“实际运输成本”以作为在计算应上交政府的矿产资源权益金（royalty）时从毛收入中扣除运输成本的前提条件。但是，该规则规定了一项例外，即如果生产商/运输商在“能源监管委员会所批准的运输系统中支付了运费（tariff）”。直到 1993 年，矿产管理局都将这一例外解释为适用于生产商/运输商向联邦能源监管委员会缴纳的任何运费。但是，矿产管理局发现，有的生产商缴纳了可以适用于运输系统的运费，但是这些运输系统是不受联邦能源监管委员会管辖的，因为它们是收集系统（gathering systems）而非管道。考虑到这一点，矿产管理局修改了对这一例外的解释，将其解释为只有在生产商/运输商从联邦能源监管委员会获得对它缴纳运费的运输系统拥有管辖权的认定时才能适用这一例外。法院承认，这一
540 新解释符合该规则的用语，如果矿产管理局当初就采纳的话也应该是有效的。但是，法院认为，这一新解释是无效的，因为行政机关不能未经通告评议程序而改变对规则的解释。这一判决是错误的。[⑤]

即使在法院适用了正确的审查标准时，法官也可能会对于该标准的适用结果产生分歧。在 Lal v. INS[⑥] 案中，第九巡回法院的合议庭就出现了分歧。通常情况下，本来因为遭受迫害而取得申请庇护资格的外国人，如果本国情况发生变化，致使他不再具有担心迫害的充分理由时，就失去了申请庇护的资格。但是，移民归化局（INS）的一项规则承认了一项基于人道主义的例外规定，可以适用于“已经提出了因为过去迫害的严重性而导致的……不愿意回到自己国家的迫切理由的”外国人。Lal 家族在斐济遭受严重迫害，但是移民归化局认定他们不属于例外规定的范围，因为他们并未因为过去遭受迫害而导致“持续性的残疾”。多数意见认定，该解释不符合规则的平常含义，并且该解释是“不合理的，因为，如果一个人因为好运而从受伤中完全恢复，而另外一个人没有，该解释就构成了对遭受迫害的两位申请人的差别对待”。

持不同意见的法官认为，移民归化局对该规则的解释与该规则不一致，法院本来应该尊重移民归化局就“迫切理由”这一模糊和未作界定的标准所作的解释，即包括持续性的残疾。持不同意见的法官提出的法律理由本来更为有力，但是案件事实更能为多数意见提供解释。我们难以认定，有的人在他和他的家庭成员被多数意见所描述的方式遭受迫害时，没有“因为过去迫害的严重性而导致的……不愿意回到自己国家的迫切理由”：

Jaswant Lal 和他的家庭成员在斐济因为 Lal 先生的政见和宗教信仰而遭受了严重的迫

---

① 参见§6.11。

② 270 F. 3d 1137 (7th Cir. 2001).

③ 261 F. 3d 90 (1st Cir. 2001).

④ 238 F. 3d 622 (5th Cir. 2001).

⑤ 相关理由参见 Pierce, “Distinguishing Legislative Rules From Interpretative Rules”, 52 *Admin. L. Rev.* 547 (2000)。另可参见§6.4 的讨论。

⑥ 255 F. 3d 998 (9th Cir. 2001).

害。他们的问题开始于20世纪80年代末，当时Lal属于斐济劳动党——一家由大多数斐济印度血统的印第教人士组成的合法的、非暴力的组织——的重要成员。Lal先生担任斐济劳动党一地方支部秘书（branch secretary）。在1987年的竞选准备过程中，Lal先生被该党派去在其地区分发海报，组织活动。在选举日时，他负责提供交通服务。 541

劳动党在1987年竞选活动中取得了成功，赢得了国会的大多数议席。斐济军方，受斐济原住民的代表所控制，反对选举结果，并在1987年5月发动政变。军方接着开始对已经为劳动党赢得选举胜利而出力的人进行恐吓。

在政变之后，Lal被以枪指头带离住处。他被投入拘留所而被军方关押了3天时间。他的追捕者（captors）鞭打并虐待了他，并说明这是为了报复他为劳动党所做的工作。Lal被剥掉衣服，并被对着嘴巴撒尿，被刀割，被烟头烫。3天时间里不得吃东西，也不得喝水。当他要求吃面包时，军人们却明知他信奉印度教不愿吃肉而给他肉以侮辱他。当Lal先生还在关押期间，斐济士兵到了他家，偷走金钱和珠宝，并威胁其妻儿。

在他被释放之后不久，斐济士兵再次回到Lal先生的家并对Lal夫人实施了性侵犯。Lal先生被迫在枪口之下旁观。士兵们在离开之前，告诉Lal一家，“像他们这种人”在斐济是不受欢迎的，会在街头用枪打死。Lal一家知道，这句话是针对的是具有印度血统的斐济人。

在随后的四年里，Lal先生再次被政府关押——至少三次。每次士兵们都持枪强迫其离开家里。他的房子两次被政府纵火，并遭受大量的损失。Lal的家受到了持续的监视。有一次，Lal的印度庙因为士兵们指控他在庙内举行政治性会议而遭洗劫。士兵们强迫Lal先生吃肉，告诉他和他的教友们必须成为基督教徒，并且说他们在这个国家是不受欢迎的。在焚烧庙内的经书，破坏印度教塑像之后，士兵们警告这些教友必须要么离开斐济，要么一死。Lal的儿子被嘲笑辱骂，因为其种族和宗教的原因而被一家著名的学校拒收。

Lal一家在1987年、1988年和1990年都曾试图逃离斐济，但是每次都在机场检查口（checkpoint）被持枪押送回家，因为他们一家已经上了黑名单。1991年，Lal先生最后一次遭受拘押。在24小时的拘押期间，他受到了士兵的折磨和殴打。在寻找逃离方式时，Lal一家利用了一个漏洞：一处多次扣留Lal一家的机场检查口被撤销了。Lal先生和夫人于是持美国签证，与儿子一同到了美国，希望能够永远逃离迫害。 542

在Legal Environmental Assistance Foundation v. EPA[1]案中，第十一巡回法院在驳回行政机关的解释时适用了正确的标准。环境保护局的一项规则，规定一个井“如果是为了提高石油天然气的采收率而注入液体”，则归入二类井（Class Ⅱ well）。有的井被用于“水力压裂处理”（hydraulic fracturing）。环境保护局将水力压裂处理描述为“注入液体……以提高甲烷气体的采收率的过程”，但是环境保护局认定用于水力压裂处理的井不是二类井。法院推翻了这一解释，理由是“用于注入水力压裂处理的液体的井，完全符合二类井的定义”。

□ 未作说明的不一致胜过尊重原则

在Western States Petroleum Ass'n v. EPA[2]案中，法院拒绝尊重行政机关对其自己

① 276 F. 3d 1253 (11th Cir. 2001).

② 87 F. 3d 280 (9th Cir. 1996).

规则的解释，即使法院承认该解释是言之成理的，因为行政机关已经在不同的案件中采用了不同的解释而没有说明作出不同解释的理由。[①]

□ 处罚案件中的尊重程度较低

根据解释性问题出现在处罚案件中还是在非处罚案件的不同，法院对于行政机关就规则所作解释给予的尊重程度也会有所不同。在处罚案件中，当行政规则并未告知个人或者企业讼争行为构成违反规则的行为时，法院不会对行政机关对模糊规则所作解释给予实质性尊重。基于正当程序的考量，在缺乏事先告知该行为违法的情况下，任何人不应因为实施该行为而受惩罚，即使只是行政罚款，因此这种区分是完全合情合理的。因此这种区分也是完全合情合理的。[②] 当然，该告知并不一定提供明确禁止该讼争行为的立法性规则。充分的事先告知要求，也可以采用解释性规则、政策声明或者警告信等其他方式满足，通过这些方式说明它认为讼争行为属于违反立法性规则的警告信等方式。以下的判决意见可以说明了这一进路。

在 United States v. Lanier[③] 案中，最高法院论述了事先告知要求作为对个人违反法律规则要求而实施处罚之前提的确定性程度问题。在该案中，最高法院所面对的问题是对于违反最高法院所面对的问题是对违反 18 U. S. C. §242 的规定而剥夺他人“宪法权利或者法律权利”的个人作出有罪判决并以司法意见（judicial opinions）形式提供的事先告知所需的具体程度。尽管案件发生的背景不同，这一争点类似于行政机关在对违反规则的行为规定行政罚款责任时，必须以何种具体程度就行政规则含义提
543 供告知。最高法院强调指出，“公平警告标准”既适用于民事责任的情形，也适用于刑事责任的情形，并且在这两种情形中其含义是一样的。最高法院在民事案件和刑事案件中互换使用地（interchangeably）援引它的这些判决意见。在这两种案件中，被告都需要得到的事先告知必须足以“确保被告合理地预期其行为何时会导致责任……通过只有在［所违反］规则的边界足够清晰时规定责任问题，以确保理性的［人］可以明白他的所作所为已经违反了［规则］的要求”。不幸的是，最高法院的判决意见，对于在行政机关试图对违反行政规则的行为实施处罚时确定法院应当如何适用“公平警告标准”帮助甚微。最高法院指出：“明确的警告标准［不］指向每个案例中单一的充分的具体程度。”它批评一家巡回法院对“明确的警告标准”采纳了过分苛刻的理解采纳了过分苛刻的理解，它还对司法意见是否符合该标准提供了一些有帮助的指导。[④] 但是，这些指导难以推广到涉及行政规则含义的“公平警告”的情形。

在 Star Wireless v. FCC[⑤] 案中，哥伦比亚特区巡回法院驳回了一项主张，即行政机关不能在执法程序中使用其对一项规则的解释，理由是行政机关的这一解释在该案讼争的行为发生之时并非“可以确定的”。法院认定，该行政机关已经在若干指导性文件中对其解释作出了充分的预先告知。

---

① 参见§11.5。

② 参见§9.5。

③ 520 U. S. 259 (1997)，参见§19.3 的讨论。

④ 参见§19.3 的讨论。

⑤ 522 F. 3d 469 (D. C. Cir. 2008).

在 Plateau Mining Group v. Federal Mine Safety and Health Review Commission① 案中，第十巡回法院解决众多疑难问题时撰写了一份论证细致和充分的判决意见。矿山安全和健康管理局（MSHA）对于一位违反通风规则而导致爆炸的矿主开出了罚单。行政法官作出了有利于该行政机关的认定，而矿山安全和健康管理局以 2：2 支持了这一决定。矿山安全和健康管理局承认该矿的通风系统符合矿山安全和健康管理局之前批准的通风计划的要求。但是，它认为，矿主即使遵守了这一获批的规则，也可能会违反规则，因为“矿井通风是动态的过程”，需要矿主基于对其矿井中随时变化的情况的更充分的理解而作出调整。矿山安全和健康管理局为了落实“谨慎经营者（prudent operator）”标准而采纳了该案讼争的规则中的解释，以及更广义上包括所有它所制定的规则。正如法院所解释的：

但是，对于经营者违反规定而言，它必须得到有关问题的告知——也就是，必须证明 544
“熟悉矿业和该标准之保护目的的具备合理谨慎义务的个人”必须意识到“该标准的具体禁止性规定或者积极作为的要求”。在本案中，持赞成意见的委员们（the affirming commissioners）将该标准表达为合理谨慎的人是否“本来就改注意到 Plateau 的排放瓦斯系统未能按照该标准的要求控制和持续稀释和推动采空区释放的瓦斯气体混合物离开作业区。”并且持不同意见的委员也采纳实际上相同的标准：“按照部长的规定，Plateau 是否注意到，其排放瓦斯系统是违法的，因为它没有推动和稀释采空区（gob area）的瓦斯。”

矿主认为，矿山安全和健康管理局对该案讼争的规则所作的解释不应得到尊重，因为该规则违反了最高法院在 Gonzales 案中所宣布的反鹦鹉学舌原则。在详细考察了该规则的历史和该规则与法律之间的差别之后，法院驳回了这一主张：

虽然该法律和在其基础上制定的规章的用词相当接近，但是，它们之间的差别，作为本案争议的核心问题，体现了行政机关的“专业能力和经验”，使得适用 Auer 尊重是合适的。实际上，1992 年这部规章颁布时所附的评论明显地证明了经验和专业能力的运用。该规章中去掉了“消除……危害性”的字眼，也承认了不可能让瓦斯气体混合物完全没有危害。这一规章因而缓解了法律上用语的僵化和不切实际的问题。但是，与此同时，部长和委员会对规章的解释都说明了该规章并不完全抵消原来的法律上的要求——事实上，没有一部新的强制性的安全标准可以减少矿主根据已有标准所提供的保护，而将其仅仅限制为一位合理谨慎的个人应该知道的对于安全来说可能和需要的要求。

在支持了行政机关对该规则所作的解释之后，法院转而对行政法官对该解释与行政法官的事实认定——合理谨慎的经营者应该检测到通风系统中的缺陷，并且对通风系统进行改造以避免爆炸的发生——相关的证据进行了详细的分析。法院认为，行政法官的事实认定并不能得到实质性证据的支持。

在 United States v. Lachman② 案中，第一巡回法院支持了行政机关对一项规则所作的
解释，并且认为，该行政机关已经为该解释提供了公平告知，因而它可以将该解释用于认 545
定被告“明知地”违反该规则的依据。法院承认，该规则存在模糊之处，并且它本来可以支持被告的解释，但是它认定行政机关的解释更为符合法律的目的。法院也指出，行政机关曾经采纳了与被告的解释相一致的对该规则的内部解释，并且在公开的研讨会上宣布了与被告解释相一致的解释。法院认定，这些解释不是法院需要予以尊重的解释类型。因此，法院认为，政府已经对其解释提供了公平告知，它支持给予这一解释对被告作出的有罪认定。这一案件的推理和结果往好里说是可以存疑的。当行政机关对一项模糊规则所宣

① 519 F. 3d 1176 (10th Cir. 2008).

② 387 F. 3d 42 (1st Cir. 2004).

布的解释使得个人的行为合法时，该行政机关不得根据相反的解释作出有罪认定。

在 Marrie v. SEC[1] 案中，哥伦比亚特区巡回法院认为，行政机关不能以溯及既往地适用经过修订的规则作为处罚依据，因为被告实施该讼争行为时的现行有效的规则并未提供该讼争行为违法的充分告知。法院指出："对于相对人的裁判标准提供公平告知，这是行政机关的一项基本义务……"它认定，现行的规则并未提供公平告知，因为它允许修订后的规则所允许的善意抗辩（good faith defense），包括了修订后的规定所放松的实质要求（materiality requirement）。

在 United States v. Hoyts Cinemas Corp. [2] 案中，第一巡回法院面对的是司法部不断推出对其规则——要求剧院所有者提供与健康人坐席的"视线"相当的残疾人坐席——所作的不一致的解释而引发的问题。司法部对这一规则通过了一项新解释，要求残疾人坐席能够提供与健康人坐席相当视角，并且所有剧院的观众席区域（stadium area）都设有残疾人坐席。它接着根据这一解释，要求在该新解释出台之前建设的 500 家剧院的所有者对其剧院进行改造以符合新解释的要求。法院支持了新解释中要求提供相当的视角的部分要
546 求。它认定该规则是模糊的，而这一解释是合理的。但是，法院驳回了新解释中要求在每家剧院的体育场区域设置残疾人坐席的部分要求。它认定，该解释的这部分内容是该规则发布时"不能合理预期到的"，属于对该规则的"不符合常规的解读。"法院认定，该规则可能作出一种解释，即要求在某些剧院根据其他区域残疾人坐席的视角，在体育场区域设置残疾人坐席。巡回法院接着对地区法院提供了适用规则之新解释的建议，其适用方式可能需要付出大量合规成本：

正当程序可以基于缺乏公平警告的理由［对需要付出巨额成本］提供最低限度的保障，但是我们认为衡平法原则可以为地区法院提供更大的控制减少或者限制溯及适用。例如，根据衡平法，法院不仅可以考虑警告的水平，还可以考虑政府的懒散或者令人误解的建议，以及避免"播下龙种，收获跳蚤"的问题。

…………

4.33.3 标准是否包含不同角度的问题无疑是模糊的，司法部也没有及时提供更为明确的指导，并且……各法院得出的不同结论已经损害了可预见性。[3]

在 Advanta USA v. Chao[4] 案中，第八巡回法院采用值得质疑的推理得出了本来可以容易基于其他理由得到辩护的结论。劳工部对 Advanta 开出罚单，理由是其违反了要求雇主为每个手工劳动者 1/4 英里步行距离之内提供临时厕所和洗手设施的规则要求。Advanta 承认它没有符合该规则要求，但是它认为自己属于该规则所规定的一项例外情形，即因为地形的原因导致其无法遵守这一要求。一位行政法官驳回了 Advanta 的主张，并指出 Advanta 是可以（feasible）遵守该规则的。法院认为该规则是模糊的，但是认为劳工部的解释是不合理的而予以驳回。考虑到该规则的模糊性，行政机关对模糊规则的解释享受较
547 高程度的尊重，以及行政法官所作出没有争议的事实认定，这一推理充其量是可以存疑的。法院本来可以通过作出这样一份判决意见达到同样的结果，即首先通过对行政机关对

---

① 374 F. 3d 1196 (D. C. Cir. 2004)，参见 § 6.7 的讨论。

② 380 F. 3d 558 (1st Cir. 2004).

③ 另可参见 United States v. AMC Entertainment，549 F. 3d 760 (9th Cir. 2008)（剧场的建设在先，剧场所有人没有任何理由相信行政机关会对规则作出这样的解释，因此根据正当程序原则，政府不得要求剧场所有人为了满足行政机关对规则的解释而进行费用高昂的改造）；United States v. Cinemark，348 F. 3d 569 (6th Cir. 2003)，参见 § 6.7 的讨论。

④ 350 F. 3d 726 (8th Cir. 2003).

行政规则所作解释适用合理的尊重标准以支持行政机关的规则，然后认为行政机关不能适用该解释作为对 Advanta 的处罚依据，因为行政机关没有对 Advanta 的行为违法提供充分的事先告知。

在 Tierdael Construction Co. v. OSHRC① 案中，第十巡回法院在解决类似争议的过程中适用了正确的决策框架。法院首先驳回了原告提出的主张，即它没有违反消除石棉规则（asbestos removal rule），因为它是在室外一条的管道上而非室内作业。法院支持了行政机关对该规则的解释为适用于在管道上的室外作业。它接着转向另一项问题，即职业安全和健康管理局对该规则的解释的适用，是否因为没有提供行为已经违法的充分告知而侵犯了原告的正当程序权利。法院以原告的经理层雇员的证言为支持，得出了原告已经得到了其行为违法的充分告知。

在 Nyeholt v. Secretary of Veterans Affairs② 案中，联邦巡回区上诉法院指出，与处罚程序中所采纳的对规则的解释相关的"公平告知"要求并不适用于调整福利资格的规则。

在 KPMG v. SEC③ 案中，哥伦比亚特区巡回法院认定行政机关没有为其对规则的解释提供充分的告知以证明其处罚的合理性。证券交易委员会（SEC）采纳了独立注册会计师协会（the Association of Independent Certified Public Accountants）的《职业行为规范》（the Code of Professional Conduct）。该行为规范的 § 302 禁止成员在实施审计时实行风险取酬制。证券交易委员会认定，毕马威（KPMG）与两家企业建立的一套复杂的关系违反了 § 302。法院认为，证券交易委员会不应处罚毕马威的行为，因为证券交易委员会没有为其在该案件中所采纳的解释提供公平的告知。法院承认容易从该规则得出证券交易委员会的解释，但是它将这一解释定性为"不自然的（strained）"，并且指出，无论是证券交易委员会还是独立注册会计师协会之前都没有采纳过这类解释。对于这一判决，我存在疑问的是有关法院没有讨论的一项问题。我不能理解证券交易委员会在该案中所作出的唯一决定——签发停止终止令——符合作为未经公平告知该讼争行为违法就不能作出的"处罚"的条件。 548

在 Trinity Marine Nashville v. Occupational Safety and Health Review Commission④ 案中，第五巡回法院驳回了行政机关的两项解释。一项规则规定："不得使用破损或者磨损（worn or frayed）的电缆。"职业安全和健康管理局将该规则解释为禁止使用破损或者磨损的电缆，即使这些电缆已经经过维修恢复到之前的绝缘状态。法院认为这一解释是不合理的而予以驳回，部分理由是它不符合调整电缆维修方式的规则的规定。第二项规则规定必须用于潮湿地点的电箱（electricity boxes）的类型。职业安全和健康管理局以原告违反该规则而对其作出处罚，其所依据的对该规则的解释与职业安全和健康管理局两年前发送给该企业的解释并不一致。法院认为，职业安全和健康管理局不能采用对该规则的新解释作为依据对原告作出处罚，因为原告在实施了行政机关想要处罚的行为时并未得到有关该解释的公平告知。

在 Beaver Plant Operations v. Herman⑤ 案中，第一巡回法院认定职业安全和健康管理局（OSHA）的一部规则可以得出两种不同解释。最高法院认定职业安全和健康管理局的

---

① 340 F. 3d 1110 (10th Cir. 2003).

② 298 F. 3d 1350 (Fed. Cir. 2002).

③ 289 F. 3d 109 (D. C. Cir. 2002).

④ 275 F. 3d 423 (5th Cir. 2001).

⑤ 223 F. 3d 25 (1st Cir. 2000).

解释是合理有效的，但是它也认为职业安全和健康管理局不能在处罚案件中采用这一解释，因为企业在实施该案讼争的行为之时未就该行政解释获得告知。一直到一年后企业实施了职业安全和健康管理局试图处罚的这一行为，职业安全和健康管理局都没有公布这部使企业的行为变成违法的解释。

在 Trinity Broadcasting v. FCC[1] 案中，哥伦比亚特区巡回法院拒绝允许行政机关适用其对一部模糊的规则进行的合理解释作为施加严厉处罚——拒绝批准广播许可证的续期——的依据。法院认定行政机关采纳并作为处罚依据的解释在讼争行为发生之时并不是“可以确定地查明的”。

在 Walker Stone Co. v. Secretary of Labor[2] 案中，第十巡回法院认为一部规则的模糊程度足以支持行政机关的解释，但是这部规则也足够明确地为被规制者提供了支持对违反该规则进行处罚的充分的告知。该规则要求一座矿山的经营者在“维修或者维护（repairs and maintenance)”时要关闭任何设备的电源。有位雇员在挪移堵塞碎石机的石块时，因为碎石机突然启动而被石块砸伤。行政机关指控矿山经营者违反了该规则。经营者提出的抗辩理由则是挪移堵塞石块不属于“维修或者维护”。行政法官同意矿山经营者的意见，
549 但是行政机关推翻了行政法官的意见，作出了行政罚款的决定。法院认为，“维修或者维护”是模棱两可的，行政解释将挪移堵塞石块包含在内是合理的。法院接着认为，该规则为被规制者提供了有关其调整范围的合理告知，从而对违反规则的行为作出处罚的决定是正当的。法院强调了允许行政机关强制执行一般规则的需要：

本院认为……这些规则不能具体地规定无法穷尽列举的雇主必须面对的各种情形，如果要求规定太过具体，我们就留下了漏洞，让规则本来所针对的行为仍然不受规则的调整。

第十巡回法院也指出，行政机关很早以来就已经将疏通机器纳入规则适用范围，矿山经营者应当熟悉行政机关对矿山安全规则的解释。

在 Stillwater Mining Co. v. MSHRC[3] 案中，第九巡回法院采用类似推理支持了对违反另一部矿山安全规则行为处以行政罚款的决定。该规则禁止使用超过设计功率的“设备”。矿山经营者因为连接斜道端口（chute gate）的螺栓脱落时大量矿石从陡峭的斜道上滑落而遭到处罚。

在 United States v. Chrysler Crop. [4] 案中，哥伦比亚特区巡回法院将一项产品召回命令定性为执行充分告知要求而施加的处罚命令。《国家交通和机动车安全法》（the National Traffic and Motor Vehicle Safety Act）授权国家公路安全管理局（NHTSA）在机动车存在安全相关缺陷或者机动车未能遵守规定的安全标准时可以发布召回命令。在 1996 年，国家公路安全管理局责令 Chrysler（克莱斯勒）召回了 919.1 万辆 1995 年款的汽车，理由是他们没有遵守车座安全带组装锚具（assembly anchorage）标准。国家公路安全管理局并未声称汽车存在安全相关缺陷。法院认为，产品“召回是足够严厉的惩罚，可以触发告知的义务”。法院认为，国家公路安全管理局对执行标准所作的相互冲突、有时令人误解的解释并未为 Chrysler 公司提供充分的告知，即其锚具组装不符合标准要求。

在 Rock of Ages Corp. v. Secretary of Labor[5] 案中，第二巡回法院支持了对违反两项

---

① 211 F. 3d 618 (D. C. Cir. 2000).

② 156 F. 3d 1076 (10th Cir. 1998).

③ 142 F. 3d 1179 (9th Cir. 1998).

④ 158 F. 3d 1350 (D. C. Cir. 1998).

⑤ 170 F. 3d 148 (2d Cir. 1999).

模棱两可的 OSHA 规则所作的民事处罚决定。法院认为，这些规则提供了有关禁止行为的充分告知。在其中一项规则中，法院指出，谨慎的矿山经营者应该明白该规则将会根据 550
指定法的目的而进行解释。而对于另外一项规则，法院认定该规则的序言对其适用范围提供了充分的告知。

在 United States v. Apex Oil Co.① 案中，第九巡回法院推翻了对违反该规则所作的有罪判决。该规则禁止排放"石油"，包括"石油残余物"而有罪判决所针对的行为包括"排放船舶经历四轮清洗之后残留（在若干油箱中）的'污垢'"。法院承认，"污垢"可以合理解释为"石油残余物"。但是，它也认为，对"石油残余物"的解释将"污垢"排除在外，也是"同样合理的"。在这种情况下，法院认为，被告未能就该行政机关对支持有罪判决的规则所作的解释提供充分告知，而从宽解释原则（rule of lenity）要求对该规则的解释将"污垢"排除在定义之外。法院也受到了这一事实的影响，即讼争行为是很多经验丰富的船舶船长普通公开地实施的行为。即讼争行为是很多经验丰富的船舶船长普遍公开地实施的行为。它指责行政机关未能"以普通公众能够理解的文字"划清合法行为与违法行为的界限。

United States v. Hoechst Celanese Corp.② 案的多数意见和不同意见，充分讨论了行政机关对模糊的规则所作解释，在何种情况下满足对企业充分告知的要求，从而支持对违反该规则的行为实施处罚。但是，多数意见也认为，依据正当程序，需要排除对 1989 年前发生的行为所处的处罚，因为直到 1989 年 Hoechst 才被充分告知其行为违反了规则。持不同意见的法官则认为，Hoechst 从未被告知行政机关的解释足以证明施加处罚的正当性。

该案讼争的规则调整使用苯的企业行为。Hoechst 承认，如果该规则对它适用的话，它是违反该规则的。但是，该规则豁免适用于每年苯的使用量不足 1 000 兆克（megagram）的企业。Hoechst 声称它属于豁免适用范围。Hoechst 在其经营活动中经常对所使用的苯进行循环使用。Hoechst 将"使用"（uses）解释为"消耗"（consumes）。由于它每年净消耗量不足 1 000 兆克，因此，它主张得到豁免。环境保护局（EPA）则对"使用"作了更宽泛的解释，包含了每年企业内流通的苯的数量。根据这一解释，Hoechst 则无权享受豁免。法院认定，环境保护局的解释符合字典的定义，既合理也符合立法目的。因此，法院指出它会在除处罚案件之外的任何情况下支持该解释。但是，法院接着认 551
定，在 1989 年之前，Hoechst 并未得到环境保护局解释的公平告知。法院认定无论是其规则还是在其序言中都存在模糊之处。不仅如此，一家州行政机关曾在致 Hoechst 的信中指出 Hoechst 是可以豁免适用该规则的。该州行政机关也将该信抄送一份给联邦政府环境保护局，环境保护局也没有采取任何行动。但是，多数意见也认为，Hoechst 在 1989 年得到了环境保护局解释的公平告知。环境保护局地区办公室向 Hoechst 发送的信中告知了行政解释的情况。环境保护局在后来的信件中也重申了这一解释，Hoechst 的一份人事会议的记录表明，Hoechst 明白环境保护局的解释。持不同意见的法官认为，Hoechst 从未得到公平告知，因为环境保护局的不同时间和不同地区办公室所作解释之间存在不一致。

在 Upton v. SEC③ 案中，第二巡回法院推翻了一家行政机关对违反某项行政规则的个人予以谴责（censure）的命令。法院默示地承认了规则的表述足够宽泛以至于可以支持行政机关对该规则解释以将被处罚行为纳入其中，它承认，复审法院需要对行政机关就规则

---

① 132 F. 3d 1287 (9th Cir. 1997).

② 128 F. 3d 216 (4th Cir. 1997).

③ 75 F. 3d 92 (2d Cir. 1996).

所作解释给予实质性的尊重。但是，它根据以下推理推翻了这一命令：“我们不能尊重证券交易委员会对其规则所作的解释，如果这么做会让个人没有得到违反规定的公平告知而受到处罚……这一原则尽管力度较弱，但是它依旧适用，即使是存在争议的规则只规定了民事处罚而非刑事处罚。”法院强调指出，直到在个人实施了行政机关试图惩罚的行为之后，行政机关发布一项包含该解释的解释性规则，它才围绕该行为作出对该规则的解释。我们可以公平地得出这样的推论，即如果行政机关在讼争行为发生之前发布解释性规则的话，法院将会支持这一谴责令。

在 S. G. Loewendick & Sons v. Reich[①] 案中，哥伦比亚特区巡回法院推翻了一项对违反规则的行为处以罚款的命令。相关的规则在是否适用于这些事实上是复杂和混乱的。企业如果允许雇员爬上吊车上悬吊的翻斗车，除非该翻斗车在该行政机关的规则中符合作为载人平台的条件。行政机关的规则中对于存在争议的定义根本语焉不详。法院推翻了该命令，理由是该规则并未提供禁止该行为的充分告知。事实上，法院认定，行政机关此前对
552 该规则的解释可能已经误导企业相信其行为是符合规则规定的。但是，基于下列两点理由，这一判决意见是难以解释的：首先，行政机关的合规官（compliance officer）已经在企业实施该行为之前向企业提供咨询意见，指出该行为是违反规则要求的。这一警告可以满足充分告知的要求。其次，法院在其判决意见中也有一处指出，行政机关的解释是“与规则的平常文字含义相悖”。如果事情确实如此，无论是否存在告知的问题，该解释都是无效的。

在 Culbertson v. Department of Agriculture[②] 案中，第十巡回法院推翻了对个人违反《牛传染性疾病防治法》（the Contagious Cattle Disease Act）之规定“运输”牛的行为施加民事惩罚的命令。一项规则将“运输”解释为包含“协助、引诱或者导致［牛］被运输的”个人。这个人向牛的主人提出如何销售其牛的建议，向潜在买家展示牛，并协商销售价格。法院认定，将该规则适用于此种情况并对个人施加处罚，是对该规则进行了过度扩展性的解释。

在 United States v. Trident Seafoods[③] 案中，第三巡回法院存在分歧的合议庭修改了施加行政罚款的命令。在该案中，企业承认它没有在清理工地上的石棉之前通知行政机关而违反了规则的规定。行政机关认定其实施了“持续的违法行为”而对其实施了行政罚款。该企业认为，它应当只需要支付针对“一次违法”的较少金额的罚款。多数意见认为，企业的主张是有说服力的。法院认定，行政机关对持续违法和一次违法进行界定的规则，对是否适用于讼争的违法行为语焉不详。但是，法院没有尊重行政机关的解释，理由是：“当私人主体违反规则需要接受民事或者刑事制裁时，该规则不能被解释为包含行政机关试图规定但是未作表述的行为。”持不同意见的法官则认为，该法律本身将这种行为定义为持续性违法。

在 General Electric Co. v. EPA[④] 案中，哥伦比亚特区巡回法院支持了行政机关对其规则所作的解释，但是推翻了对行政机关所解释的违反规则行为实施罚款的命令。在是否适用于讼争行为这一问题上，相关规则极其复杂。法院认定，无论是行政机关的解释，还是企业的解释都是言之成理的。它尊重行政机关而支持了行政机关的解释。但是，它接着推翻了行政机关的命令，理由是行政机关没有向企业充分告知其解释，从而未能满足在对企

---

① 70 F. 3d 1291 (D. C. Cir. 1995).

② 69 F. 3d 465 (10th Cir. 1995).

③ 60 F. 3d 556 (3d Cir. 1995).

④ 53 F. 3d 1324 (D. C. Cir. 1995).

业实施惩罚之前的正当程序的要求。判决意见中对行政机关以何种方式满足告知要求进行了详细和深入的讨论。 553

□ 法院对行政规则的解释无权获得尊重

在 Environmental Defense v. Duke Energy Corp. ① 案中，最高法院以一致意见判定，一家下级法院对一项行政规则所作的解释是不可接受的。最高法院很少会质疑司法机关对于行政规则所作的解释，而非行政机关对规则所作的解释是否是可以接受的。出现这一解释问题的不太常见的背景情况也要求最高法院解决这一问题。第四巡回法院已经作出解释的这一规则是为了实施《清洁空气法》(the Clean Air Act) 中需要遵守特殊管辖权规定的一个条款而制定的。为了实施《清洁空气法》这一条款而制定的规则只能由哥伦比亚特区巡回法院进行排他性的司法审查，并且只有在审查请求在规则发布之日起 60 日内提出。第四巡回法院试图对讼争的该规则解释为排除环境保护局在一项执法程序中占据上风。因此，最高法院只有在第四巡回法院的解释是可以接受的时候才可以支持第四巡回法院的判决意见。相反，如果第四巡回法院在事实上认定该规则无效，它的决定已经超越了管辖权。

该案涉及的《清洁空气法》的条文将污染者对污染源的“改造”(modification) 解释为“增加此类污染源……排放的空气污染物数量的……任何物理变化”。该案讼争的环境保护局规则将“排放的净增加”解释为“任何实际排放量的增加”，然后将“实际排放量”解释为“该单位实际上排放污染物的、以每年吨数标记的平均速度……”第四巡回法院将该规则解释为是指该设施只有在增加了每小时的排放速度时才是增加了排放量。最高法院一致认为，第四巡回法院的解释是不可接受的，因为这“是对所使用文字的太过简单的解释”，例如，在“排放的净增加”的定义中参考每年排放量。最高法院也认为，行政机关官员的两封信函中所包含的与第四巡回法院解释相一致的简单的结论性说明，不足以支持对该规则作出与其使用文字不一致的解释。

法院对法院规则的解释有权获得尊重在 Ballard v. Commissioner of Internal Revenue② 案中，七位大法官出具的多数意见驳回了税务法院对其一项程序规则所作的解释。当税务法院将案件分配给特别初审法官 (special trial judge) 时，其规则规定特别初审法官“应当向首席法官提交一份报告，包括事实认定和法律意见……首席法官将会将案件分配给税务法院的一位法官……”得到案件分配的普通法官“可以采纳特别初审法官的报告，或者部分或者完全地进行修改或者驳回该报告”。税务法院将该规则解释为授权使用一种程序以不公开特别初审法官的报告，而唯一公开的判决意见实际上就是特别法官和普通法官之 554
间的合作程序的结果。多数意见认为，税务法官的做法与该规则的文字不一致；它妨碍了税务法院决策程序的透明化；它阻碍了“对税务法院的判决进行充分知情的审查”。因此，例如，上诉法院的法官不能确定普通法官是否尊重了特别法官的事实认定，而这正是另一项税务法院规则的规定所要求的。多数意见也认为税务法院的规则是独特的 (idiosyncratic)，指出它不同于行政机关根据《行政程序法》对待行政法官的意见的方式，也不同于联邦地区法官对待治安法官、特别主事官 (special masters) 和破产法官的意见的方式。两位大法官对于这一判决的依据提出了不同意见，认为尽管税务法院不是一家行政机关，但是税务法院的解释是“合理的”，有权获得 Seminole Rock 尊重。 555

---

① 127 S. Ct. 1423 (2007).

② 125 S. Ct. 1270 (2005)，参见 § 6.5 的讨论。

7 规则制定程序

§7.1 概述

□ 规则制定的三种程序

《行政程序法》§553 规定了三种不同的发布规则的程序。首先，解释性规则、程序规则和§7.10 中所规定的一系列具体例外的规则，除了发布规则并在《联邦公报》上刊登之外，可以不同遵守任何法定的程序。其次，具有实体性质的立法性规则，除非是特别规定属于适用除外范围的，只能依照以下三项步骤发布规则：(1) 发布拟议规则的公开通告；(2) 接受和考虑所有感兴趣者提交的评议意见；(3) 发布规则，包括有关规则制定依据和目的的说明。发布具有实体影响的立法性规则所需要的通告评议程序，通常也被认为正式的规则制定程序。第三种程序则是通常所谓的正式规则制定。与非正式规则制定程序 557
一样，它以提交拟议规则制定通告开始，以发布最终的规则结束。但是，在这两个步骤之间，行政机关必须举行正式的口头举证式听证（oral evidentiary hearing），该听证非常类似于司法机关裁决个人争议时所举行的口头举证式听证。

最重要和最有趣的程序是非正式规则制定程序。正式规则制定程序用得越来越少了。除了少数例外，行政机关必须采用非正式规则制定程序来发布具有拘束力和实体效力的规则。非正式规则制定程序已经经历了若干重大的演变阶段。事实上，随着法律制度继续在试验并从过去的错误中吸取教训，演变的进程仍在继续。

□ 规则制定程序的变化

规则制定程序的重大变革至少来自三大独立的来源：首先，国会已经通过在《行政程序法》§553 中规定三步走的程序和制定针对具体行政机关的立法要求某些行政机关在一些情况下采用额外的程序而对规则制定程序产生影响。[①] 其次，法院也通过普通法推理增

① 参见§7.7。

加新的程序要求而影响规则制定程序，直到最高法院在 Vermont Yankee Nuclear Power Corp. v. Natural Resources Defense Council[1] 案中对这一程序提出反对意见。最后，法院继续通过对《行政程序法》的弹性文字重新解释以影响规则制定程序。

□《行政程序法》解释中的变化

规则制定程序的第三个来源经常看起来类似于普通法推理。法院经常赋予《行政程序法》中文字以不同于国会原意的含义，法院对含义的选择是建立在法院对何为好程序，何为坏程序的理解基础之上的。但是，通过对《行政程序法》进行创造性的解释而补充程序的过程，在下列两个方面来看，与 Vermont Yankee 案中所禁止的补充程序的普通法依据是不同的。首先，通过对模糊的法律条文进行解释以推进司法机关理解的良好政策，这种司法决策的过程具有一段令人肃然起敬的历史。有的法官可能会否认参与这种过程，并且指责这么做的其他法官，但是只要法官是人，而文字又具有多义性，这种做法就很可能会继续存在。其次，法官在通过对《行政程序法》进行创造性解释的过程实施其对良好程序的理解方面也比普通法的推理具有较小的裁量权。大多数文字都是模棱两可的，但是很少有文字是没有含义的。法院已经对《行政程序法》§553 的弹性文字尽力延展以努力改进
558 规则制定程序，但是法院仍然受到这些文字弹性程序的限制。

对《行政程序法》弹性文字进行司法解释，已经为规则制定程序带来的改变，将是革命性的，如果它们不是一天或者一年之内施加的影响，而是持续数十年的逐渐影响。《行政程序法》中导致规则制定程序发生最大变化的文字不是在 §553，而是在 §706 所使用的“武断”和“恣意”：“复审法院应当……裁定……被认为……武断、恣意的……行政行为……违法”。

□“武断和恣意”的含义变化

在 1935 年，最高法院对武断和恣意的定义允许行政机关在没有任何事实认定、理由说明或者记录支持的情况下支持立法性规则。行政机关的律师只需要提供一些理论上可以成立的理由来支持规则的正当性。[2]“武断”和“恣意”这两个词汇在很多重要的情形中保留了这一含义，例如确定对不同个人进行差别化处理，但是并未影响其基本权利或者是根据令人怀疑的特征归类（categories of characteristics）的法律的合宪性。但是正如《行政程序法》中所使用的，“武断和恣意”这一术语已经产生了非常不同的含义。为了避免司法机关认定规则武断或者恣意而推翻该规则的风险，行政机关必须对评议中的所有重要内容作出回应，陈述其制定规则的事实依据，通过将事实依据与规则制定记录中的某些内容相互联系以提供支持，对其解决争议提供理由说明，将其事实发现和推理与法律认为相关的决定性因素相互联系，对拒绝与规则所采纳的方案不同的其他合理的替代方案提供理由说明。当然，仅仅是“武断”和“恣意”这些弹性的术语并不会导致所有上述结果。相反，法院已经对《行政程序法》中的若干关键性术语逐一作出解释，部分是根据赋予其他术语的含义。因此，现在的非正式规则制定程序就是法院赋予“通告”、“评议”、“依据和目的的说明”和“武断”与“恣意”的含义，每一术语与法律中存在的其他术语相关的含

---

① 435 U. S. 519 (1978). 参见 §7.8。

② 参见 Pacific States Box & Basket Co. v. White, 296 U. S. 176, 186 (1935)。

义，以及法院赋予其他术语的含义所产生的复杂的产物。①

□ 无害错误的含义

《行政程序法》§706 指示复审法院“考虑……偏见性错误规则”。在 Shinseki v. Sanders② 案中，六位大法官发表的多数意见将这一条款解释为要求法院在对行政行为进行审查时，与最高法院长期以来对地区法院在民事案件中所犯错误一样适用相同含义的无害错误规则（harmless error rule）。多数意见否定了联邦巡回区上诉法院提出的原则，即要求退伍军人事务部证明错误没有造成损害，并且指示法院要求“寻求推翻行政行为的当事人……说明错误裁决造成损害的理由”，除非法院能够根据案情认定这一错误显然已 559
经造成了损害。三名持不同意见的大法官反对多数派作出的对退伍军人事务部适用无害错误规则的判决，因为“退伍军人事务部本身有义务帮助申请人起草其申请文书，这一点几乎不同于其他所有行政机关。”反对意见中的推理表明，对于除退伍军人事务部之外的行政机关作出的行政决定，持反对意见的大法官和多数派的意见是一致的。最高法院受理的这起案件涉及的是行政裁决，但是判决意见中的推理和结论似乎同样适用于在规则制定程序中犯下的错误，例如，对于行政机关在规则最终文本中包含的某些条款没有给予充分通告。

□《国会审查法》

1996 年，国会对《行政程序法》进行了修订，增设一章“国会审查”（Congressional Review）。③ 自 1996 年 3 月 29 日起，所有“重要规则”必须在行政机关提交国会两院和总审计长各一份复本、与规则相关的简要的总体说明，以及各种其他文件（例如，该规则的任何成本效益分析）之后 60 日后才能生效。在这 60 日的期间内，国会可以通过否决的联合决议来否决该规则，但是该决议需要呈交总统，总统可以否决该决议。④

该修正案不太可能会产生任何重要的影响。英国议会长期以来就拥有类似的权力，但是没有对行政机关的规则制定产生明显的效力。⑤ 美国这部法律也很可能会产生相同的（不存在的）效力。国会只能通过与通过法律相同的程序——两院审查并呈交总统——才能否决规则。国会在该修正案出台五年内才否决一项规则。这项规则是在克林顿（Clinton）总统执政的最后几天内发布的，而在小布什（Bush）总统执政的最初几天内被否决。这是否决的企图能够变成成功实现的唯一可能的场景——在一届总统任期临近结束时发布，在不同意该规则的新总统上台之初遭到否决。

这项修正案只是在两个方面改变了法律的先前状态（legal status quo ante）。它有可能会推迟一部规则本来可能的生效日期，确立了通过否决规则的联合决议案的特殊、加速程序，消除了该决议的反对者采用诸如阻挠议事规则（filibuster）* 或者提出修正案等策略

---

* 阻扰议事规则，是指用拖延战术阻挠立法工作，特别是在议会发表冗长演讲以消耗时间。——译者注

① 参见 §7.4。

② 129 S. Ct. 1696 (2009).

③ 参见本书附录 B。

④ 有关该修正案合宪性的讨论，参见 §2.4。

⑤ 参见 Beatson, “Legislative Control of Administrative Rulemaking: Lessons from the British Experience?” 12 *Cornell Intl. L. J.* 199 (1979)。

560 以阻止联合决议案通过的可能性。“重要规则”这一关键术语被宽泛地定义为包括每年对经济的影响达到 1 亿美元以上的，或者可能导致“成本或者价格重大上涨”或者“对竞争力、就业、投资、生产效率和创新带来显著的负面影响”或者影响国际竞争力的任何规则。是否符合该修正案并不受司法审查。

□《规制灵活度法》的修订

1996 年，国会也修订了《规制灵活度法》（the Regulatory Flexibility Act），对行政机关在制定影响“小型实体”（small entities）的规则所需遵守的程序增加了新的要求。相比《行政程序法》的修正案，《规制灵活度法》的修正案对于行政机关的规则制定具有更重大的影响。但是，我们难以预测这些影响的性质，只能简单地预测这一修正案将会增加规则制定的成本以及完成规则制定程序所需的时间。该修正案的最为重要的一项条文，使得任何“小型实体”可以要求司法机关审查是否符合《规制灵活度法》。而在这次法律修正之前，《规制灵活度法》的任何程序要求都是不受司法审查的。[①] 该修正案也在原先的《规制灵活度法》的基础上增加了很多新的程序要求，例如扩充了对行政机关尽量减少有关规则对小型实体之负面影响所作努力的描述要求，适用于职业安全和健康管理局、环境保护局实施的规则制定特殊程序，以及适用于国内税务局发布解释性规则所需的特殊程序。[②]

§ 7.2 正式规则制定程序与非正式规则制定的区分

□ 正式规则制定程序

《行政程序法》§ 553 规定了通告评议程序，即所谓的非正式规则制定程序，规定了若干适用该程序的若干规则类型。然后，在 § 553（c）的结尾，作了这样的规定：“当法
561 律要求在提供行政机关听证的机会之后基于记录（on the record）制定规则时，适用本编第 556 节和第 557 节，不适用本节规定。”《行政程序法》§ 556 和 § 557 规定了行政机关在正式裁决中必须采用的程序——非常类似于司法初审的程序。因此，§ 553（c）的最后一句话的效力，就是创设了一种不同的规则制定程序，即行政机关必须举行完全的举证式听证，而不是征求对其拟议规则的书面评议之后才能发布最终的规则。这一程序，通常也被称为正式规则制定。

□“基于记录”的含义

与行政机关必须采用正式规则制定的情形有关的重要的司法判决，只能在集中关注两

---

① 有关最初的《规制灵活度法》的分析，包括“小型实体”的定义，参见 Paul Verkuil，“A Critical Guide to the Regulatory Flexibility Act”，1982 *Duke L. J.* 213。

② 有关《规制灵活度法》修订的更详细讨论，参见 Sargentich，“The Small Business Regulatory Enforcement Fairness Act”，49 *Admin. L. Rev.* 123（1997）；Pierce，“Small is Not Beautiful：The Case Against Special Regulatory Treatment of Small Firms”，50 *Admin. L. Rev.* 537（1997）. 有关对修正后的《规制灵活度法》的解释和适用相关的案例，参见 § 7.4。

项情境事实（contextual facts）基础之上才能得以理解。首先，确定行政机关是否必须采用正式规则制定的关键性的《行政程序法》文字，即“基于记录”（on the record）词不达意。通过通告评议程序实施的规则制定产生记录，复审法院要求行政机关在非正式规则制定中参考该程序所产生的记录支持其决定。[①] 因此，按照字面含义的理解，非正式的通告评议程序的规则制定就是“基于记录”的规则制定程序。但是，对于§553（c）最后一句话中所使用的术语“基于记录”不能作这样的理解。相反，“基于记录”必须是被理解为是根据其职能界定的专门术语。国会在§553（c）中采用“基于记录”，是指行政机关需要采用§556和§557所描述的程序，即正式、口头举证式听证。因此，从功能意义出发并结合情境进行理解，“基于记录”是指根据通过采用正式、口头举证式听证形成的记录。

□ 正式规则制定不可行

影响有关行政机关必须采用正式规则制定的情形的司法判决的第二项情境事实，是正式规则制定就是不可行的有力证据。正式规则制定的最为臭名昭著的例子，就是食品药品管理局为了解决“花生酱”是否需要包括90%的花生或者只需要包括87%的花生的问题而采用该程序。[②] 这一程序花了9年时间才告终结。许多规则制定要比仅仅是定义花生酱的努力复杂得多。它们通常涉及数十项困难而有争议的事实和政策问题。而且，通常规则制定程序中还会有不同视角的数十个当事人参与。如果采用正式的裁决式规则制定程序，我们就根本不可能及时地完成重要规则的制定。[③] 562

□ 行政机关何时必须采用正式规则制定

Wirtz v. Baldor Electric 案[④]为确定行政机关是否必须采用正式规则制定程序提供了部分法律框架。《Walsh-Healey 法》（the Walsh-Healey Act）要求劳工部长确定不同职业的“最低工资”（prevailing minimum wage），以便确定企业是否可以成为联邦政府的供应商。劳工部试图通过评议程序执行该法律的规定。它通过问卷程序收集了数据，根据调查结果提出拟议规则并征求公众评议，在考虑收到评议基础上发布了最终规则。

□ 需要口头作证和交叉询问

法院推翻了该规则，理由是劳工部拒绝允许当事人提交与调查结果相矛盾的口头证据和对准备问卷调查表和计算调查结果的人员进行交叉询问。《Walsh-Healey 法》规定，行政机关必须只能在“提供听证机会之后基于记录”发布工资确认规则。这正是国会在《行政程序法》§553（c）的最后一句话中所使用的、用于行政机关必须采用正式规则制定程序，包括就主要事实（material fact）举行口头举证式听证会的情形的文字。法院本该认

---

① 参见§7.4。

② 参见 Corn Products Co. v. FDA, 427 F. 2d 511 (3d Cir.), *cert. denied*, 400 U. S. 957 (1970)。

③ 有学者按照时间先后顺序研究了一些行政机关采用这一程序的灾难性后果，参见 Hamilton, “Rulemaking on a Record by the Food and Drug Administration”, 50 *Tex. L. Rev.* 1132 (1972) 和 Hamilton, “Procedures for Adoption of Rules of General Applicability: The Need for Procedural Innovation in Administrative Rulemaking”, 60 *Cal. L. Rev.* 1276 (1972)。另可参见 Pierce, “The Choice Between Adjudicating and Rulemaking for Formulating and Implementing Energy Policy”, 31 *Hastings L. J.* 1 (1979)。

④ 337 F. 2d 518 (D. C. Cir. 1964).

定交叉询问不是“全面真实地披露事实所需要的”和行政机关根据《行政程序法》§556（d）允许“以书面形式提交……证据”的决定并未损害原告的利益，从而支持该规则。但是，法院认定，行政机关的程序确实损害了原告的利益，并且不符合全面真实披露事实的要求。

□ 正式规则制定的效力

法院一经作出 Baldor Electric 案的判决，劳工部就放弃了所有通过规则制定实施《Walsh-Healey 法》的努力。这是要求行政机关只能通过正式规则制定发布规则带来的几乎普遍的结果——行政机关放弃任何发布规则的努力。[1] 每位经验丰富的游说人士都知道
563 “基于记录”这一词组会产生这样的效力。只有在它不愿意让行政机关能够制定规则但是希望能够宣称行政机关有权力发布规则时，国会才会使用这一术语。

□ Florida East Coast 案的重要性

在 United States v. Florida East Coast Ry.[2] 案中，最高法院简要总结了确定行政机关何时必须使用正式规则制定的法律框架。[3] 州际商业委员会（the Interstate Commerce Commission）采用了通告评议程序发布了一项规则要求所有铁路公司都需要为该铁路公司所持有但属于其他铁路公司所有的空载车皮（unloaded freight car）交纳每日限额费（per diem charge）。这一规则的目的是消除每年在丰收季节粮食产区出现的车皮短缺问题。

该法律授权州际商业委员会在“举行听证”，“考虑全国层面的这列车皮所有权和其他影响全国性的车皮供应充足性的因素”后发布规则。Florida East Coast 认为，州际商业委员会需要采用正式的规则制定，包括口头举证式听证，理由是：（1）该法律要求“听证”；（2）该法律要求解决存在争议的有关各类车皮所有权和分配模式的事实问题；（3）该规则对于 Florida East Coast 有着严重的负面影响。

□ “听证”并不是指正式规则制定

六位大法官的多数意见驳回了 Florida East Coast 的主张，支持州际商业委员会采用通告评议程序。多数意见认为，“听证”一词足够宽泛，以至于完全借助书面评议也能满足要求，这样的书面“听证”足以解决州际商业委员会需要考虑的存在争议的事实问题。多数意见对“经听证”（after hearing）和“经听证后基于记录”（on the record after hearing）进行了区分，指出后面这一词组是国会在《行政程序法》§553（c）中描述设定采用正式规则制定的义务所需要的法律文字时所使用的专门术语。

□ “听证”可以是指书面评议

Florida East Coast 案的判决意见表明，对于法律中“听证”一词要求行政机关“经听

---

① 参见 Merrill & Collier, “Like Mother Used to Make, An Analysis of FDA Food Standards of Identity”, 74 *Colum. L. Rev.* 561 (1974)。

② 410 U.S. 224 (1973).

③ 另可参见 United States v. Allegheny-Ludlum Steel Corp., 406 U.S. 742 (1972)。

证”解决事实问题之含义，法院的认识发生了重大变化。尽管最高法院之前的许多判决意见对于这类听证的细节语焉不详，但是他们设想的是口头提交证据和对证人进行交叉询问的机会。[①] 在 Florida East Coast 案后，仅仅是“听证”一词已经不再具有这样的具体含义。至少在一些重要的场合，它可以指称观点的交流。为了确立口头举证式听证的必要性，法律必须规定得更加具体。它必须要么采用§553（c）中的专门术语——“经听证后基于记录”，或者是在条文中明确包含口头举证式听证。 564

□ 与正当程序原则的关系

两位大法官在 Florida East Coast 案中提出了不同意见。我们很难判断不同意见，以及来自多数意见的回应，是否是基于对法律中的“听证”一词所作的不同解释，或者是基于对《联邦宪法》正当程序条款进行解释和适用的不同方式。不同意见以及多数意见对不同意见所作回应中所引用的判例都是涉及正当程序的判例。持不同意见的大法官认为，“听证”一词在法律中用于要求行政机关解决存在争议的事实问题和行政行为对一些企业施加了重大而不成比例的负担时，必须是指带有交叉质询环节的口头听证。

□ Londoner 案/Bi-Metallic 案的区分

多数意见对于不同意见的回应是引用了最高法院在 Londoner v. Denver[②] 案和 Bi-Metallic Investment Co. v. State Board of Equalization[③] 案中所作的区分。[④] 在 Londoner 案中，最高法院认为，不动产所有权人在质疑为了根据评估价征收而对其不动产所进行的价格评估时，享有举行口头听证的正当程序权利。在 Bi-Metallic 案中，最高法院认为，不动产所有权人在对不动产税的全面（across-the-board）上调提出质疑并不享有任何类型的听证的正当程序权利。Bi-Metallic 案中法院与 Londoner 案进行了区分，理由是 Londoner 案涉及的一些人“都受到各个单项理由特别突出的影响”。

□ 立法性事实并不要求正式听证

Florida East Coast 案中多数意见认定州际商业委员会每日限额规则是受 Bi-Metallic 原则而非 Londoner 原则调整。该规则可能会对某些铁路公司产生特别重大的影响，但是该规则不是基于“若干单项理由”。州际商业委员会为了发布其规则而解决的存在争议的事实问题不是对个人来说独有的裁决性事实——司法初审中通常陪审团通常解决的谁、什么、哪里和何时的问题。相反，它们属于立法性事实——构成通过法律之依据的这类事实，例如每年发生车皮供应短缺的原因、哪类车皮在丰收季节最为紧缺，如何鼓励铁路公司将空车皮迅速还给所有权人等。[⑤] 最高法院认定，当事人通过提交评议参与的单纯书面

---

① 例可参见 Morgan v. United States，304 U. S. 1（1938）；Ohio Bell Tel. Co. v. PUC，301 U. S. 292（1936）；ICC v. Louisville & Nashville R. R.，227 U. S. 88（1913）。

② 210 U. S. 373（1908）.

③ 239 U. S. 331（1915）.

④ 参见§9.2。

⑤ 参见 Davis，“An Approach to Problems of Evidence in the Administrative Process”，55 *Harv. L. Rev.* 364（1942）。参见§10.5。

听证，是完全适合于解决这类存在争议的事实问题。

□ Florida East Coast 案的影响

在 Florida East Coast 案之后，要说服法院要求行政机关采用正式规则制定，或者在规则制定过程中提供机会提交口头证据，或者对反对证据进行交叉询问变得特别困难。只有在符合下列条件时，法院才会这么做：（1）法律要求行政机关“经提供听证机会后基于记录”制定规则；（2）法律明确要求行政机关在规则制定过程中提供口头举证式听证；
565 （3）规则制定提出了对于个人所独有的存在争议的、重大的裁决性事实问题，并且该规则剥夺了“正当程序条款”所指的个人生命、自由或财产。即使是某一规则制定程序涉及第三种情况，行政机关也只有在适用 Mathews v. Eldridge[①] 案所宣布的三步骤权衡法后不得不这么做的时候才必须在发布规则前提供口头举证式听证。

□ 作为例证的天然气案件

根据《天然气法》（the Natural Gas Act）作出的司法判决充分说明了在 Florida East Coast 案中最高法院判决所提出的举行口头举证式听证的需要问题上，司法态度已经发生了转变。《天然气法》授权联邦动力委员会（the Federal Power Commission，联邦能源监管委员会（FERC）的前身）“经听证”制定价格。它接着授权法院对这些价格进行审查以确定行政机关的事实认定是否受到“实质性证据”的支持。但是，在 Florida East Coast 案中，“经听证”一词和司法审查的“实质性证据”标准都被认为是要求举行口头举证式听证。因此，例如，在 FPC v. Natural Gas Pipeline Co.[②] 案中，最高法院推定《天然气法》要求在所有价格案件中举行口头举证式听证。最高法院指出：“联邦动力委员会作出命令的第一项前提条件就是它必须事先经过听证和调查。”最高法院接着强调指出：“各公司享有充分的机会提供其证据，无论是直接证据还是反驳证据，以及对每位证人进行交叉询问的充分机会。”

17 年后，最高法院批评这一程序带来了“近乎没完没了的听证”[③]。一份总统委托的研究将联邦动力委员会称为一场灾难。[④] 联邦动力委员会在 6 年内完成了 10 起案件；它所累积的数千起待处理的案件将要花费数十年的时间才能清理完毕，如果它继续采用最高法院在 1942 年推定它需要采用的程序。口头举证式听证所推动出现的广泛存在的这类规定导致的灾难，推动最高法院在 Florida East Coast 案中作出了革命性的判决意见。Florida East Coast 案后有关基于《天然气法》举行“听证”的要求，与 1942 年最高法院在 Natural Gas Pipeline 案中的判决意见构成了鲜明的对比。

在 Phillips Petroleum Corp. v. FPC[⑤] 案中，第十巡回法院支持了一项根据通告评议程序而无须口头听证程序制定价格的规则。法院引用了 Florida East Coast 案，认为无论法律是否要求举行听证，《行政程序法》都不要求听审（trial）。为了制定新天然气的全国性
566 价格，联邦动力委员会发布了拟议规则制定的通告，发送给所有大型的天然气生产商，在

---

① 424 U. S. 319 (1976). 参见§9.5。

② 315 U. S. 575, 583 (1942).

③ Atlantic Refining Co. v. New York, 360 U. S. 378, 389 (1959).

④ J. Landis, *Report to the President Elect* (1960).

⑤ 475 F. 2d 842 (10 th Cir. 1973), *cert. denied*, 414 U. S. 1146 (1974).

规则制定通告中提供了联邦动力委员会的成本研究报告，接受经宣誓的书面评议，接受任何当事人愿意提交的书面证据式数据，提供反驳的机会，举行了公开的会议，最后举行了为期两天的口头听证会。在支持这一程序时，法院指出，原告“未能证明口头、裁决式程序是充分公平披露事实所必需的”[1]。生产商销售天然气的全国性价格，可以通过通告评议程序而无须经过交叉询问或者经提交书面证据者宣誓进行询问的程序制定。[2] 这一判决意见论证严密、作出判决的法官们意见一致，而且具有高度权威。法院讨论了之前的权威意见，即“听审的程序”（the procedures of trial）不是必需的。它明确指出，《天然气法》中实质性证据的要求并不是“要求遵守该程序”，但是“通过提交书面评议，可以满足实质性证据的标准”[3]。

□ Florida East Coast 案的广泛影响

Florida East Coast 案所实现的司法观点的转变，可以应用于所有行政机关和所有行政机关在立法性事实的解决基础上制定规则的情境。《电信法》（the Communication Act）授权美国联邦通信委员会在“提供听证机会后”要求运营商提供电信服务。美国联邦通信委员会在提供书面评议、口头主张和书面反驳机会之后命令运营商提供这些服务。第三巡回法院根据 Florida East Coast 案判定口头举证式听证是不必要的。[4] 法院指出，行政机关曾经认为举证式听证是合适的，仅仅是这一事实并不能够阻止其在不断变化的或者新的情况要求采用不同的方法时通过新的政策……非证据式的规则制定允许在决策程序中的广泛参与，使得行政机关能够在重要的政策领域达成统一的计划……总的来说，重要的事实问题的存在要求行政机关举行举证式听证……尽管这些可以确定解决的［事实争议］（“裁决性事实”）应当接受举证式听证，而不适合于举证式解决方案（evidentiary resolution）的事实（“立法性事实”）显然并不要求适用裁决程序。[5] 567

《清洁空气法》（the Clean Air Act）1970 年的修正案要求各州制定的污染防治计划提交环境保护局（EPA）批准或者否决。第三巡回法院拒绝要求对环境保护局审批州计划适用“裁决式听证”，发回要求采用“有限的立法式听证”重新处理，包括书面评议和口头陈述，但是不包括交叉询问。[6] 在涉及同一项目的另一起案件中，“规则”只适用于一家公司的事实，以及法律要求听证笔录的事实，并不足以证明进行听审的正当性。[7]“裁决式听证会会带来没有休止的程序。这会带来没有休止的迟延。”[8]

---

① Shell Oil Co. v. FPC, 520 F. 2d 1061 (5th Cir. 1975), *cert. denied* sub nom. California Co. v. FPC, 426 U. S. 941 (1976).

② American Public Gas Ass'n v. FPC, 567 F. 2d 1016, 1064-1067 (D. C. Cir.), *cert. denied*, 435 U. S. 907 (1977).

③ Id. at 1067.

④ Bell Telephone Co. of Pennsylvania v. FCC, 503 F. 2d 1250 (3d Cir. 1974), *cert. denied*, 422 U. S. 1026 (1975).

⑤ 503 F. 2d at 1265, 1267, 1268.

⑥ Duquesne Light Co. v. EPA, 481 F. 2d 1, 5-6 (3d Cir. 1973). 另可参见 Buckeye Power, Inc. v. EPA, 481 F. 2d 162 (6th Cir. 1973), *cert. denied*, 425 U. S. 934 (1976).

⑦ Anaconda Co. v. Ruckelshaus, 482 F. 2d 1301 (10th Cir. 1973).

⑧ 482 F. 2d at 1307. 另可参见 Quivira Mining Co. v. NRC, 866 F. 2d 1246, 1261 (10th Cir. 1989)（对于只影响一家企业，并且基于对诸如铀尾矿［uranium mill tailings］对健康的影响和遵守该规则的成本等存在争议的事实问题而制定的规则，无论是法律上“听证”的要求，还是正当程序条款都不要求采用超出通告评议的程序）；Hercules, Inc. v. EPA, 598 F. 2d 91 (D. C. Cir. 1978)（对于根据对一种污染物质的有害影响的考虑基础上制定的、只影响一家企业的规则，法院作出了相同的判决）。

即使是要求举行“完全听证”的法律，也可以通过通告评议程序满足其要求。在RCA Global Communication Inc. v. FCC① 案中，第二巡回法院仅以一句话给出了判决主旨：

相应的，我们认为，在面对未来改变电报分配公式（formula for the distribution of telegraph traffic）的过程中，这一改变会涉及很多当事人，同时也是基于复杂的经济考量，特别适合书面证据，通过未来三年内进行的“通告评议程序”，并由详细的统计研究，以及每位受到直接影响的当事人所提交的书面证据，可以满足“完全听证”的要求。

□ 错误的判决

但是，并不是所有的法院都捕捉到和理解最高法院在 Florida East Coast 案中所释放的信息。Independent Bankers Ass'n of Georgia v. Board of Governors of the Federal Reserve System② 案的判决意见就与 Florida East Coast 案默示的基本态度不相一致，该案判定一家银行家协会（association of bankers）有权要求举行“举证式听证”以确定允许银
568 行控股公司新设立的子公司参与按揭贷款业务（mortgage banking）的公共福利是否超过其不利影响。该法的立法史要求“提供听证机会”，但是没有提到举证式听证；法院要求举行具有“裁决特征”的听证，强调了 Florida East Coast 案的“基本的立法性”，认为：“在一项具体申请中隐含的‘公共福利’和‘不利影响’之间权衡的决定，本质上具有裁决的特征。”③ 法院认为“公共福利”和“不利影响”是“裁决性事实”④。法院认定，对于市场力量的过度集中和竞争的减弱的问题需要进行听审。⑤ 该案一份协同意见强调指出，任何裁决式听证将会“揭示”这些问题的正确答案。

□“阐释”立法性事实并不要求听审

听审程序有助于“阐释”任何立法性事实、政策或者裁量性质的问题，这并不意味着听审是必经程序。大约 8 000 页的听审笔录可能已经阐释清楚花生酱应当包含 90％的花生酱还是应当包含 87％的花生酱，但是对于这一问题的听审是毫无意义的（nonsensical）。金融服务市场的特征，并不比花生酱、化学物质或者铀尾矿的特征更具有裁决性事实的性质。这些事实问题无一要求举行举证式听证。⑥ 第七巡回法院已经认定行政机关可以在规则制定中无须经过口头举证式听证裁决“反垄断事实”问题。⑦

在 United States Steel Corp. v. Train⑧ 案中，第七巡回法院将法律中的“公开听证的机会”等文字解释为《行政程序法》§554 所规定的口头裁决程序适用于污水排放许可程序。法院不仅脱离了最高法院在 Florida East Coast 案中的推理，而且脱离了几乎所有其

① 559 F. 2d 881 (2d Cir. 1977).

② 516 F. 2d 1206 (D. C. Cir. 1975).

③ 516 F. 2d at 1218.

④ Id. at 1215.

⑤ Id. at 1226.

⑥ 参见 Quivira Mining Co. v. NRC，866 F. 2d 1246，1261 (10th Cir. 1989)；Hercules，Inc. v. EPA，598 F. 2d 91，118 (D. C. Cir. 1978)。

⑦ United Airlines v. CAB，766 F. 2d 1109，1116-1120 (7th Cir. 1985). 另可参见 Kennecott Copper v. EPA，684 F. 2d 1007，1020 n. 23 (D. C. Cir. 1982)（行政机关可以没有允许交叉质证，而采用一位经济学家所提供的证据）。

⑧ 556 F. 2d 822 (7th Cir. 1977).

他相关的法律。[1]

§ 7.3　充分告知

□ 规则必须向公众公开

四种类型的通告要求可以适用于规则和规则制定。首先，为了让这些规则生效，行政机关必须允许公众查阅所有这些规则。这一要求所依据的原则是所有可能受到影响的公众成员都应当就他们必须遵守的规则得到告知。《行政程序法》§ 552（a）（1）要求每家行政机关在《联邦公报》上刊登"程序规则……普遍适用的实体性规则……一般性政策声明或者普遍适用的解释……以及……历次修正、修订或者废止的决定。"该分节进一步规定："除非人们已经被切实和及时地告知相关条款，否则不能以任何方式被要求诉诸或者受到本应规定在《联邦公报》而未刊登的事务的不利影响。"如果政策声明或者解释不是"具有普遍适用性"，行政机关不需要在《联邦公报》上刊登，但是行政机关必须至少使其"允许公众检查和复印"[2]。 569

在 United States v. Ventura-Melendez[3] 案中，第一巡回法院支持认定被告违反了他们被捕之后才公布的规则。法院认定，海岸警卫队的工作人员曾经试图阻止被告进入安全警戒区域，被告通过海岸警卫队工作人员的行为和沟通已经实际上获得了该规则的告知。

□ 在 30 日内公布规则

其次，行政机关必须"在规则生效日期至少 30 日前……公布实体性规则，除非（1）该实体性规则内容涉及批准或者承认豁免规定或者取消限制；（2）属于解释性规则或者政策声明；或者（3）实体性规则是行政机关根据发现或者表述的合理事由（good cause）而在其他情形下规定的"[4]。这一预先通告要求的目的是允许可能受到影响的公众有充分的时间使自己的行为符合新的拘束性的实体性规则。30 日的期间要求是法定的最低要求。有时由于规则的性质，无法合理期待当事人仅仅在 30 日内使其行为符合规则要求。在这种情况下，法院可以认定行政机关所允许的时间是"武断"和"恣意"的，从而要求行政机关将规则生效日期推迟到法定最短期间之后的某一日期。[5] 本书 § 7.10 会讨论"合理事由"的例外。

□ 拟议规则制定的通告

第三项和第四项通告要求则是来自相同的法律条文，服务于类似的目的。当行政机关

---

① 另可参见 American Bancorporation v. Board of Governors，509 F. 2d 29（8th Cir. 1974）。

② 《行政程序法》§ 552（a）（1）。

③ 321 F. 3d 230（1st Cir. 2003）.

④ 《行政程序法》§ 553（d）。

⑤ 例如 National Ass'n of Independent Television Producers and Distributors v. FCC，502 F. 2d 249，254-255（2d Cir. 1974）（仅留给广播业主 8 个月时间规划新的节目，这一时间要求太短，不合情理）。

提议通过一项实体性质的立法性规则，而不是可以豁免适用通告评议程序的规则时，行政
570 机关必须就下列事项提供通告：（1）拟议制定规则的目的；（2）拟议制定规则的依据。这些通告要求的目的是让存在利害关系的公众有机会以有意义的方式对行政机关的提案进行评议。这两项要求都出自《行政程序法》§553（b）：

> 拟议规则制定的一般通告应当刊登在《联邦公报》上，除非其针对的对象是确定名字的，或者亲自参与的或者已经根据法律得到实际告知的。通告内容应当包括：
>
> （1）公开的规则制定程序的时间、地点和性质的说明；
>
> （2）引述拟议制定该规则的法定职权；
>
> （3）拟议规则的条款或者实体内容，或者对所涉及主题和问题的描述。

□ 通告必须合理地告知相关问题

在陈述这一分节规定时，参议院委员会指出："行政机关的通告必须足以公平地告知所涉及问题的利害关系人，从而使他们能够提供与之相关的数据和主张作为回应。"① 众议院委员会也指出：

> 通告必须公平地告知所涉及问题的利害关系人，从而使他们能够提出相关的数据或者主张。规定法定职权的要求必须有针对性地满足。立法向行政机关授予权力的一般性的法律条文中的问题说明，不能作为符合该节规定的情形。在公开程序之前，行政机关进行这类非公开的研究或者调查，从而使它们能够归纳问题，或者在何种场合为了公开的程序目的而发布拟议或者试行的规则。摘要或者报告也可以作为辅助征求公众评议或者建议的手段而加以公布。②

□ 与评议的关系

《司法部长行政程序法手册》指出："每家行政机关都应当在安排规则制定的时间表时确保有足够的时间让利害关系人有机会参与规则制定程序，并且确保最后在理想的生效日期之前至少30日公布最终的规则。"③ 该手册也指出："通告……明确规定将要采用的程序，即正式或者非正式的听证，提交书面说明而提供或者不提供口头主张的机会等。在可能的情况下，行政机关必须在§553（b）要求的通告中说明拟议规则本身或者该规则的实体
571 内容。"此外，行政机关，如果它希望的话，可以发布更加概括性的"对涉及的主题或者问题的说明……通告必须具有足够的信息量以确保利害关系人有机会参与规则制定程序"。

□ 技术信息的通告

行政机关很少会在其通告中忽略充分的技术信息，亦即时间、地点、程序性质和法定职权。但是，如果行政机关确实忽略了提供这些信息，而且该忽略对当事人提供有意义的评议造成了不利影响，复审法院将会判定规则无效。④

---

① Sen. Doc. No. 248, 79th Cong. 2d Sess. 200 (1946).

② Id. at 258.

③ Id. at 29.

④ 例如Global Van Lines v. ICC, 714 F. 2d 1290 (5th Cir. 1983)（因为通告中没有包括法定职权的内容而导致规则被判无效）。

□ 实际告知的效力

当事人如果确实被告知行政机关拟议规则若干方面的内容，他将没有资格根据公开通告没有披露拟议规则的这方面内容而质疑该规则的有效性，即使如果没有确实得到告知的当事人提起诉讼的话，公开通告的这一不足将足以法院判定该规则无效。[①] 之所以得出这一结论，是因为存在"除非人们……得到确实告知"这一法律条款，而且一般来说，除非程序性错误对当事人造成了不利影响，否则当事人缺乏对程序性错误提出起诉的资格。无害错误原则适用于提供充分告知的义务。[②]

□ 对通告充分性的质疑

对于行政机关拟议规则制定的通告充分性的大量质疑，可以归入下列两大类型：(1) 拟议决定和最终决定之间的差别如此巨大以至于受最终决定影响的当事人不可能了解行政机关正在研究最终决定的一项或者一项以上的关键内容；(2) 行政机关所采用的支持其最终决定的数据，利害关系人直到行政机关宣布最终决定时才了解。这两项主张都是基于相同的推理：除非当事人了解到行政机关正在研究的问题，否则他们不可能提出有意义的评议意见。但是，我会分别对这两种类型的主张进行分析，因为法律上对于第一类主张的支持相比法律对于第二类主张的支持更加清楚和明确。

□ 修改规则草案的效力

第一类主张可能出现在（事实上经常发生）最终规则包括的某一要求在某些方面区别于规则草案中的类似要求或者包括了规则草案中根本不包括的一项要求。但是，在存在这种差异的时候，并不是每次都能认定通告不充分。行政机关甚至不需要在拟议规则制定通告中提供任何版本的规则草案。§553 (b) 特别授权行政机关提供"对所涉及主题和问题 572
的说明"。只要该说明公平地预示着最终规则中包括的某类要求，它必须被认为是足以允许提出有意义评议的通告。不仅如此，§553 (c) 中所规定的评议机会，是设想这些评议经常会说服行政机关修改最初的规则草案或者采纳其他替代性的方案。如果行政机关每次决定根据第一轮的评议进行修改，就需要发布第二次通告，并且提供机会再次征求评议，规则制定程序将会没完没了。

□ 实用主义的标准

对于因为拟议规则和最终规则之间存在差异而认为行政机关的通告不够充分的主张，法院采取了实用主义的进路。之所以难以提出一般标准，是因为任何这类特定争议的解决，都特别取决于争议的具体特征、差异的程度和重要性程度。对于规则制定通告充分性的问题，我在这里只能描述处于这一高度主观判断性的界限（judgmental line）两个方面的两起案件，并对众多其他案件中选择若干进行摘要介绍。

---

① 例如，Texaco, Inc. v. FEA, 531 F. 2d 1071, 1082 (TECA), *cert. denied*, 426 U. S. 941 (1976)。

② First American Discount Corp. v. CFTC, 222 F. 3d 1008 (D. C. Cir. 2000).

□ 判定通告不充分的案件

在 Wagner Electric Corp. v. Volpe① 案中，第三巡回法院受理的是对交通部拟议修改转向指示灯（turn signals）和危险警示闪光灯（hazard warning flashers）测试标准的通告充分性提出的质疑。交通部发布的通告简短，只提到了它可能取消一项确定转向灯和闪光灯最大可允许错误值的标准。它的最终规则取消了这一标准，但是也降低了适用于转向灯和闪光灯的绩效标准和耐用性标准。法院认为，行政机关的通告未能向消费者团体和州行政机关充分提醒该行政机关将会降低绩效标准和耐用性标准。其结果是，该行政机关没有为这些团体提供充分的机会，就行政机关最终规则中所反映的决定可能带来的不利影响提交评议意见。

□ 判定通告充分的案件

South Terminal Corp. v. EPA② 案则体现的是这条界限的另一方面。原告要求法院审查环境保护局（EPA）发布的实施 Boston 市区交通控制规划的最终规则。该规划旨在减少 Boston 市区机动车污染物排放水平。最终规划中包括了立法冻结和最终削减路面停车，对建设新的停车设施实施监管，在众多街道划上公交和小轿车停泊线路以及机动车排放控制等。South Terminal Corp. 对这一最终规划提出了质疑，理由是它与通告中所描述的规
573 划差别如此之大，以至于环境保护局并未对其实际通过的规则提供充分的告知和评议的机会。第一巡回法院承认，环境保护局在很多方面对最初的规则草案进行了修改；环境保护局删除了若干内容同时增加了一些新的内容。法院指出，通告评议程序的预期目的正是要达到这样的结果——根据重要的评议意见进行修改。只要对于有关该行政机关研究的规制限制的一般性质，可能受到影响的公众已经得到公平的警告，行政机关也愿意考虑对这些限制研究功能上的替代方案，法院就可以认定公众已经得到充分的提示以了解规则制定中可能涉及的利害问题。

□ 对上述案件的对比

Wagner Electric 案体现的原则是行政机关所发布的最终规则不能对拟议规则制定通告中没有提醒其正在研究修改的领域进行修改。South Terminal 案则认为，行政机关的最终规则可以与拟议规则通告中所包含的规则草案存在重大差别，只要行政机关的通告公平地告知公众最后发生的一般类型的修改的可能性。如果行政机关担心它在最终规则中所要作出的修改会超出通告的范围，从而使其最终规则可能根据 Wagner Electric 案处于被推翻的危险之中，它唯一可以采取的安全措施就是发布第二次拟议规则通告，反映其计划修改的性质，并提供对第二次规则草案提出评议的机会。

□“自然延伸”和“充分预示”标准

法院经常会认为通告是充分的，即使最终的规则反映了对规则草案进行的实质性修

① 466 F. 2d 1013 (3d Cir. 1972).

② 504 F. 2d 646 (1st Cir. 1974).

改，如果法院认定最终规则是对原先的规则草案的“自然延伸”（logical outgrowth）。[1]

法院常常也采用另外一项标准——通告是否“充分预示了”（sufficiently foreshadowed）最终规则中的内容。[2] 但是，这些标准并没有什么差别。相反，从功能角度看，它们是换种方式提出同样的问题。Phillip Kannan 讨论了采用自然延伸标准的案件，并且提出了行政机关尽量减少不符合这一标准的风险的方法。[3] 574

□“自然延伸”标准难以适用

但是，“自然延伸”标准难以适用。事实上，一个很好的例子就是 Wagner Electric 案中所撤销的规则，相比 South Terminal 案中所支持的规则更符合“自然延伸”的特征。环境保护局在 Shell Oil Co. v. EPA[4] 案中也揭示了这一标准的不可预测性。该案中，哥伦比亚特区巡回法院推翻了在十多年的时间里作为环境保护局规制有毒废弃物之依据的两项规则。这些规则的草案计划规制的是有毒废弃物，但是最终规则规制的则是混合物，包括有毒废弃物和有毒废弃物的残留物。环境保护局主张，自己一直试图对混合物和残留物进行规制，并且评议者本应根据最初的规则草案作出这样的理解，哥伦比亚特区巡回法院认为这一主张不具有说服力。Shell 案的判决意见要求太高。众多法院本来应该支持环境保护局的主张，因为对混合物和残留物的规制属于有毒废弃物规制规则草案的“自然延伸”。

□ 哥伦比亚特区巡回法院提出的高要求的标准

哥伦比亚特区巡回法院继续采用它所理解的“自然延伸”标准，结果经常基于通告不充分的理由而宣告规则无效。在 Kooritzky v. Reich 案[5]中，法院宣告劳工部（DOL）发布的一项规则无效，该规则取消了之前的一项做法，即允许准备雇用外国人的雇主在劳工证（labor certificate）上列名的外国人无法到岗的时候另找其他外国人来顶替（substitute）。法院认定，拟议规则制定通告没有任何迹象显示行政机关正在研究修改人员顶替的做法。特区巡回法院推翻了这一规则，理由是哥伦比亚特区巡回法院有关移民律师协会很清楚地明白劳工部正在研究修改顶替做法的发现是没有事实支持的。哥伦比亚特区巡回法院拒绝讨论这样一项问题，即受影响的团体（affected community）声名远播是否可以充分取代在通告中注明这一问题的需要。

哥伦比亚特区巡回法院在 Horsehead Resource Development Co. v. Browner[6] 案中以通告不充分为由宣告另一项规则无效。该案中环境保护局发布的规则根据《资源保护与恢

---

① 例可参见 Natural Resources Defense Council v. Thomas，838 F. 2d 1224，1242（D. C. Cir. 1988）（这一结果的“萌芽”存在于最初的规则草案）；Natural Resources Defense Council v. EPA，824 F. 2d 1258，1283（1st Cir. 1987）（规则草案表达了这样的担心，即“也许”行政机关需要作出它最后所作的决定）；BASF Wyandotte Crop. v. Costle，598 F. 2d 637，642（1st Cir. 1979），*cert. denied* sub nom. Eli Lilly & Co. v. Costle，441 U. S. 1096（1980）（可以通过“逐案仔细研究”回答问题）。

② 例可参见 National Mining Ass'n v. Mine Safety & Health Administration，116 F. 3d 520（D. C. Cir. 1997）；Horsehead Resource Development Co. v. Browner，16 F. 3d 1246（D. C. Cir. 1994）。

③ Kannan，“The Logical Outgrowth Doctrine in Rulemaking”，48 *Admin. L. Rev.* 213（1996）.

④ 950 F. 2d 741（D. C. Cir. 1991）.

⑤ 17 F. 3d 1509（D. C. Cir. 1994）.

⑥ 16 F. 3d 1246（D. C. Cir. 1994）.

复法》（the Resource Conservation and Recovery Act）的规定[①]对有害废弃物作为燃料使用实施规制。最终规则包含了限制以有害废弃物作为燃料的炉窑的一氧化碳和总烃（total hydrocarbons）混合排放量。法院承认，环境保护局已经对于最终规则的每一项单独的部分给予通告，包括它可能限制一氧化碳或者总烃的排放。但是，法院认定，环境保护局的
575 通告不充分，理由是环境保护局没有充分预示将在最终规则中同时包括这两项物质的排放限制。[②]

这一判决是值得质疑的。它不切实际地希望每家行政机关都能在发布拟议规则制定通告时预见能够满足规则制定目的的规则内容的组成。经验丰富的规则制定程序的参与者知道，描述一项以上标准的拟议规则制定通告很可能会演变成为包含多种内容的规则。法院本来值得质疑的判决可能是受到了它对规则合理性的明显怀疑的影响。对于行政机关借助“纯粹猜想”来支持它的两部分内容的排放标准是可以实现的结论，法院也据此认为该规则是武断和恣意的。

在 American Water Works Ass'n v. EPA[③] 案中，哥伦比亚特区巡回法院废除了环境保护局（EPA）对《安全饮用水法》（the Safe Drinking Water Act）中“控制”（control）一词进行定义的一项规则条文。该规则所下的定义要求公共供水系统承担起控制第三方所有的管道中水质的责任，如果该系统有权取代或者修理该管线或者有权制定适用于该管线的标准。法院认定，环境保护局并未在其拟议规则通告中充分预示采用这样一项宽泛的定义的可能性。环境保护局在其通告中多次提到了“控制”这一关键概念，并对系统运营商涉及第三方所有的管线的法定职权范围征求评议意见，但是它在通告中提及“控制”是作为所有权的同义词。在这种情况下，法院认定被规制者合理地推定环境保护局并未计划采纳对“控制”的广义定义。

在 National Mining Ass'n v. Mine Safety & Health Administration[④] 案中，哥伦比亚特区巡回法院推翻了一项复杂、涉及多方面内容的规则中的一项条文，理由是拟议规则制定通告并未充分预示可能采纳这一条文。最终规则通过要求以固定间隔时间进行换班前检查而修改了要求每次换班前 3 小时对矿山进行检查的传统做法。法院认定，通告并未提示行政机关正在研究对规则的这一方面进行修改。法院认为，原告的主张——如果他知道行政机关正在研究这样的修改时，本来可以劝说行政机关不要改变所需检查的时间安排——是合理的。法院承认有一位或者更多位提出评议的人已经敦促进行这样的修改，而原告也是知道规则草案的。但是，法院判定，知道提出评议者敦促对规则进行特定的修改，“并
576 不能取代来自行政机关的通告”。

□ 其他可作例证的案件

在 Long Island Care at Home v. Coke[⑤] 案中，最高法院一致推翻了巡回法院的判决，认为通告是充分的。该通告建议修改一项规则，但是最后的决定是不作修改。最高法院指出：“我们不明白为什么不能合理预见这种可能性（撤回建议）。”

---

① 42 U. S. C. § 6924 (q).

② 16 F. 3d at 1267-1268.

③ 40 F. 3d 1266，1274-1275 (D. C. Cir. 1994) .

④ 116 F. 3d 520 (D. C. Cir. 1997).

⑤ 127 S. Ct. 2339 (2007)，参见 § 3. 5、§ 3. 6、§ 6. 4 和 § 6. 11。

在 Council of Commuter Organizations v. Gorsuch① 案中，第二巡回法院判定，如果规则提示了可能的结果，规则也可以作出与草案相反的规定。在 United Steelworkers v. Marshall② 案中，哥伦比亚特区巡回法院判定，如果最终规则的严格程度是规则草案的两倍，通告也可以是充分的。在 Natural Resources Defense Council，Inc. v. SEC③ 案中，地区法院判定，证券交易委员会（SEC）发布的一项规则制定通告被判定"显然不充分"，理由是该委员会未能告知公众拟议规则的目的是要满足《国家环境政策法》（the National Environmental Policy Act）的要求。在 American Frozen Food Institute v. Train④ 案中，哥伦比亚特区巡回发言判定通告不充分，原因是最初的通告只确认了三种污染物，而最终规则又增加了第四种污染物。

在 Logansport Broadcasting Corp. v. United States⑤ 案中，当联邦通信委员会（FCC）根据一项总体规划（master plan）对超过 1 000 个电视频道进行分配时，一位反对者宣称联邦通信委员会抛弃了在规则制定之前所宣布的"优先顺序"；该说法一部分内容是 VHF 频道被分配给了较大的城市，但是，这一考虑因素并未体现在所公布的优先顺序中。法院驳回了这种说法，指出《行政程序法》"只要求事先的通告包含'所涉及主题和问题的描述'……显然联邦通信委员会在决定考虑某些额外因素时不需要从头开始这一程序"。

在 District of Columbia v. Train⑥ 案中，环境保护局有关交通控制规定的通告并未提到自行车，但是最后的规定设置了 60 英里长的自行车道，并规定了在可以容纳 50 辆以上机动车的停车点设置自行车存放设施的要求。法院指出，自行车运动爱好者在对这些规定进行听证的过程中推动作出这些规定。它认为，通告中所提到的各种形式的交通"足以告诉各方当事人行政机关可能根据听证中所提出的评议意见作出决定"，指出当事人有权在规定颁布之后提出评议意见，但是并未这么做。类似的，在 Forester v. Consumer Product Safety Commission⑦ 案中，有关儿童自行车的规则草案的公布，被认为是对于最终适用于所有自行车的规则来说是充分的，但是这一判决也是基于一项临时性的通告。 577

在 Exxon Corp. v. FEA⑧ 案中，一项规则制定的通告"完全未能提示"一项关键的主题，但是法院发现"对于所有参与者来说，联邦能源管理局（the Federal Energy Administration）特别关注如何处理"这一主题，法院"认定这构成了实际的通告"，有关这一主题的规则也是有效的。

在 Wilson & Co. v. United States⑨ 案中，《联邦公报》中的一项通告被认为并未就主题和问题进行说明，但是联邦通信委员会提到"比较理想的是在单一的程序中确定所有适用于私人线路服务和频道的所有价目表的合法性"，通告中包括了"将要调查的问题：是否在当时有效的价格中存在不合理的歧视或者优惠、不合理的价格，联邦通信委员会是否需要规定新的价格"。第七巡回法院判定："该通告向所有利害关系人充分告知了联邦通信委员会准备就 AT&T 和 Western Union 的私人线路价格、运营商价格的合法性以及是否可能规定新的价格进行一般性调查。正如原告所指出的，该通告不是以立法授权的一般性

① 683 F. 2d 648 (2d Cir. 1982).
② 647 F. 2d 1189 (D. C. Cir. 1980), *cert. denied*, 435 U. S. 913 (1981).
③ 389 F. Supp. 689, 700 (D. D. C. 1974).
④ 539 F. 2d 107, 135 (D. C. Cir. 1976).
⑤ 210 F. 2d 24, 28 (D. C. Cir. 1954).
⑥ 521 F. 2d 971, 997 (D. C. Cir. 1975).
⑦ 559 F. 2d 774, 787 (D. C. Cir. 1977).
⑧ 398 F. Supp. 865, 880-881 (D. D. C. 1975).
⑨ 335 F. 2d 788, 795 (7th Cir. 1964).

法律条文对相关问题作出的说明。它是以联邦通信委员会当时可能达到的具体程度进行说明的。”法院认为该通告是充分的，并且支持了临时性的价格上调和一项会计命令。

在 Mt. Mansfield Television, Inc. v. FCC[①] 案中，第二巡回法院判定一项只限于黄金时段访问，而未提及离网（off-network）和剧情片限制的规则之通知是充分的，因为这些限制“是隐含在黄金时段访问规则的目的之中的附属的禁止性规定”。法院命令“各方当事人……有充分机会就规则的这些方面内容提出评议……”

在许多案件中，联邦法院认为行政机关不能通过主张它已经根据评议所包含的建议作出回应而在最终规则中进行重大修改。行政机关不能“从评议意见中自我引导出通告(bootstrap notice)”[②]。但是在有些案件中，联邦法院允许这种的自我引导努力，显然是因为它们相信规则制定中的大多数参与者都意识到评议意见中所提出的建议，并且意识到行政机关正在研究是否采纳这一建议。[③] 这一认识在众多案件中具有深厚的根基。许多聪明的规则制定程序的当事人会密切关注其他当事人所提交的评议，订阅对行政机关正在认真研究的各种建议进行报道的各种各样的新闻简报。

578

在 New Mexico v. EPA[④] 案中，哥伦比亚特区巡回法院支持了一项规则，驳回了认为通告不充分的主张。原告认为，最终规则的一些内容没有得到充分通告，因为“在公众提交评议之后和管理和预算局、能源部进行的讨论，诱使环境保护局作出了草案与最终规则之间的修改”。法院重申了它在 Sierra Club v. Costle[⑤] 案中所宣布的重要原则。特别是，法院重申了以下原则：（1）与白宫和其他行政机关之间的沟通是可以被允许的，即使它们会影响行政机关的决定，“只要行政机关可以满足通过引用它所拥有的记录证明规则的正当性”；（2）行政机关只有在这些沟通包括“行政机关在最终的规则中采用的额外数据，或者其他人没有机会进行评议的……额外数据”，才需要为这些沟通提供通告。

在 Ass'n of American Railroads v. Department of Transportation[⑥] 案中，哥伦比亚特区巡回法院认为，联邦铁路管理局（the Federal Railroad Administration）在其通告中充分预示将制定使桥梁工人安全的某些内容接受职业安全和健康管理局（OSHA）规制而非联邦铁路管理局规制的最终规则。尽管联邦铁路管理局要建议让桥梁工人安全的所有内容接受联邦铁路管理局的专属性规制，但是它也指出可能会与职业安全和健康管理局之间存在管辖权重叠的问题，它也将这一问题确定为需要在规则制定中加以解决的问题。尽管这一通告明确地提到了管辖权问题，持协同意见的法官认为，联邦铁路管理局将自然延伸标准拉伸到了“几乎强度极限”的地步。[⑦]

在 Simms v. NHTSA[⑧] 案中，第六巡回法院认为，行政机关充分地预示将在最终规则中包含它缺乏通过原告所敦促的通过安全规则的法定职权。行政机关的拟议规则制定通告讨论了所敦促的这类规则的可能的“不合理性”。法院据此认为，提到规则的不合理性，

---

① 422 F. 2d 470, 488-489 (2d Cir. 1971).

② 例如，National Mining Ass'n v. Mine Safety & Health Administration, 116 F. 3d 520 (D. C. Cir. 1997); Fertilizer Institute v. EPA, 935 F. 2d 1303, 1312 (D. C. Cir. 1991); American Federation of Labor v. Denovan, 757 F. 2d 330, 340 (D. C. Cir. 1985)。

③ 例如，City of Stoughton v. EPA, 858 F. 2d 747, 753 (D. C. Cir. 1988); NRDC v. Thomas, 838 F. 2d 1224, 1242-1243 (D. C. Cir. 1988)。

④ 114 F. 3d 290 (D. C. Cir. 1997).

⑤ 657 F. 2d 298 (D. C. Cir. 1981)，参见§2.5、§2.6、§7.6和§7.9的讨论。

⑥ 38 F. 3d 582, 588-589 (D. C. Cir. 1994).

⑦ Id. at 589-590.

⑧ 45 F. 3d 999 (6th Cir. 1995).

这就预示着可能的结论是规则超出了行政机关的权限。

在 Career College Ass'n v. Riley[①] 案中，哥伦比亚特区巡回法院认为，行政机关的规则为了确定非学期制的假期学校学生的联邦补助资格而将一周定义为五天的授课日程，是 579
对拟议规则制定通告的自然延伸，该通告提到了一周一天课程的资格要求，而通告也提到有可能通过不同的要求以避免对一周一天课程的资格要求的可能滥用。

在 Omnipoint Corp. v. FCC[②] 案中，哥伦比亚特区巡回法院认为，当最终规则是规则草案和行政机关进行修改的现有规则之间的妥协版本时，最终规则是对规则草案的"自然延伸"。

在 National Electrical Manufacturers Ass'n v. EPA[③] 案中，哥伦比亚特区巡回法院驳回了这样一种主张，即行政机关的拟议规则制定通告误导原告相信行政机关不会对受污染的土壤适用其标准的有害物质处理限制规定。该通告强调了行政机关确立不同限制规定的意图，但是它提到可能不得不适用其标准限制规定，如果它不能及时设计出可以期待的限制规定。

在 Natural Resources Defense Council v. EPA[④] 案中，第九巡回法院以实用主义的方式很好地运用了不充分通告标准。环境保护局通过规则制定程序决定是否批准污染物排放的一般许可证。最终许可证与拟议规则制定通告中所描述的许可证存在不同。环境保护局认为，通告充分预示最终规则的内容，但是法院驳回了这一主张。法院指出，"申请司法审查的原告……首次提出了有关……"从建议的许可证到最终的许可证之间的"改变的若干问题"。法院认定："这些问题正是本来应该首先向环境保护局提出的评议意见，但是可以理解的是，因为通告不充分的原因而没有实现。"

在 Sprint Corp. v. FCC[⑤] 案中，哥伦比亚特区巡回法院认为一项通告不充分。联邦通信委员会（FCC）认为，该规则是其共同运营商局（Common Carrier Bureau）所发布通告的"自然延伸"（logical outgrowth）。法院认为，该通告不充分，是因为该局根据联邦通信委员会的规则没有权力发布拟议规则制定通告，并且该通告没有刊登在《联邦公报》上。

在 Alto Dairy v. Veneman[⑥] 案中，第七巡回法院撰写了一份论证特别充分的判决意见，支持了通告的充分性。最终规则禁止威斯康星州乳制品农场主为了农业部所管理的复杂的卡特尔协议中规定的牛奶定价之目的而与中西部的农场主联合经营。法院认为，通告中所包含的一长串建议足以提醒原告可能的后果，即使这对于局外人来说是"官样文章"。 580
法院指出：

> 规则制定程序的目的不只是通过投票的方式通过或者否决程序开始之前所提出的具体建议，而是根据这一程序中所提出的证据和主张对建议进行提炼、修改和补充。如果每项修改都需要举行进一步的听证，并在通告中规定修改的内容，行政机关就会讨厌对最初的建议进行修改，而规则制定程序价值也会被打折扣。

在 Louisiana Land Bank v. Farm Credit Administration[⑦] 案中，哥伦比亚特区巡回法

① 74 F. 3d 1265 (D. C. Cir. 1996).
② 78 F. 3d 620 (D. C. Cir. 1996).
③ 99 F. 3d 1170 (D. C. Cir. 1996).
④ 279 F. 3d 1180 (9th Cir. 2002).
⑤ 315 F. 3d 369 (D. C. Cir. 2003).
⑥ 336 F. 3d 560 (7th Cir. 2003).
⑦ 336 F. 3d 1075 (D. C. Cir. 2003).

院支持了通告的充分性。最终规则取消了参加农业信用贷款的地理限制。草案本该将该决定和若干其他最终规则中所未包含的决定放在一起规定。法院认定最终规则是“对建议的自然延伸——实际上是一个自然分支”。

在 Environmental Defense Center v. EPA① 案中，第九巡回法院支持了通告的充分性。该通告描述了若干替代的建议，但是没有一项与最终规则中所采纳的完全一致。法院认定，通告中所描述的这些替代建议与最终规则中所采纳的决定之间存在充分的相似性，以至于原告本该预期到行政机关可能在最终规则中采纳这一具体的要求。

在 Northeast Maryland Waste Disposal Authority v. EPA② 案中，哥伦比亚特区巡回法院支持了通告的充分性：

我们认定，最终出台的 2000 年规则——只是将规则草案中的三种类型合并为两类——属于规则草案的自然延伸。环境保护局通过宣布它建议区分耐火单位（refractory units）和非耐火单位（nonrefractory units），邀请公众对这一区分的正反双方都提出意见。因此，通过发布该通告，如果反对意见超过支持意见，这一区分可能就要放弃。

在 International Union，United Mine Workers of America v. Mine Safety and Health Administration③ 案中，哥伦比亚特区巡回法院判定拟议规则制定通告不充分。法院认定，包含了最高空气速度上限（maximum air velocity cap）的最终规则不是没有包含上限规定
581 的规则草案的自然延伸，因为通告的序言中没有提请注意缺乏任何上限规定建议，也没有提到最终规则规定上限的可能性。

在 Environmental Integrity Project v. EPA④ 案中，哥伦比亚特区巡回法院认为另一份拟议规则制定通告是不充分的。法院认定：“无论‘自然延伸’可能包含什么，它肯定不包括行政机关决定抛弃建议的解释，而采纳相反的解释。”

在 Manufactured Housing Institute v. EPA⑤ 案中，第四巡回法院驳回了对于通告充分性的质疑。移动式住房（mobile homes）* 的生产商认为通告不充分，因为最终规则对公寓而非移动式住房公园适用禁止性规定，虽然该通告并未提出这种区分的建议。法院驳回了这一主张，理由是通告中提到了这一区分的可能性，有的当事人提出的评议意见讨论了这种可能性。

在 Covad Communications v. FCC⑥ 案中，哥伦比亚特区巡回法院驳回了对通告充分性提出的质疑。该通告指出，除了其他内容之外，行政机关计划针对法院之前的一项判决中所提出的一系列问题——该判决认为该规则的之前版本是武断和恣意的——作出回应。因为最终规则已经回答了法院向行政机关所提出的并且行政机关承诺回答的问题，法院认定最终规则是行政机关以发布通告开始的决策程序的自然延伸。

□ 对规则草案所依据的数据和研究的通告

第二类可以用于支持认定拟议规则制定通告不充分的说法的主张，最能够用 Portland

---

* 移动式住房和房车不同，它虽然也能移动，但一般固定聚集在一个地方，成为一个社区，只不过房子是先在工厂造好，再运来安装，省钱又快速。——译者注

① 344 F. 3d 832 (9th Cir. 2003).

② 358 F. 3d 936 (D. C. Cir. 2004).

③ 407 F. 3d 1250 (D. C. Cir. 2005).

④ 425 F. 3d 992 (D. C. Cir. 2005).

⑤ 467 F. 3d 391 (4th Cir. 2006).

⑥ 450 F. 3d 528 (D. C. Cir. 2006).

Cement Ass'n v. Ruckelshaus[1]案加以说明。该案中，环境保护局提议为水泥厂制定静态源标准。在与拟议规则制定通告同时公开的材料中，环境保护局指出，只有它的草案是"建立在环境保护局和/或供应商所实施的静态源检测基础之上的"[2]。

环境保护局直到对规则草案提交评议意见的期间已经经过才披露检测及其所采用的方法学的细节，环境保护局不顾产业界的反对通过了拟议的标准。当检测方法学的说明最终向水泥行业的利害关系人公开时，产业界聘用的一位顾问工程师在对环境保护局的检测方法学进行了详细批评，指出因为采样技术的严重缺陷，其结论存在"严重错误"[3]。由于环境保护局已经颁布了该规则，工程师的分析和结论就被提交给了复审法院而非环境保护护局。 582

□ 可以广泛适用的原则

哥伦比亚特区巡回法院将案件发回环境保护局重新处理以回应该工程师的指责，但是环境保护局只是选择重申其原来的规则而将工程师的评议意见补充到审查记录之中。法院推翻了这一决定并发回重新处理，判定：

> 我们发现，在制定本案讼争的标准时采用的决策程序中存在的重要缺陷就是，原告不能一开始就及时获得构成所采纳的排放控制水平之部分依据的现有工厂的检测结论和程序，而且行政机关后来不愿意对涉及检测方法学的合法性问题作出回应。[4]

哥伦比亚特区巡回法院以具有普遍适用的广泛原则论述了其决定的依据："根据不充分的数据，或者根据在相当程度上只有行政机关才了解的数据来制定规则，这是与规则制定程序的目的不相符的。"[5]

□ 扩大的通告原则（expanded notice doctrine）的持续有效性

在 Vermont Yankee Nuclear Power Corp. v. NRDC[6]案中，最高法院提出了 Portland Cerment 原则——行政机关机关就其拟议在规则制定中使用的数据向公众提供的通告要求——的持续有效性问题。在 Vermont Yankee 案中，最高法院认为，法官缺乏权力要求行政机关采用比法律或者宪法要求更高的规则制定程序。《行政程序法》§553（b）并未明确要求就行政机关准备采用的数据提供通告。

□ 这一原则的法律依据

我们不可能确定 Portland Cement 原则与 Vermont Yankee 原则是否一致，因为最高法院从未讨论过这一问题。但是，Portland Cement 原则是建立在对《行政程序法》§553 的符合逻辑的解释的基础之上；它应该能够经受住根据 Vermont Yankee 原则提出的质疑。《行政程序法》§553（b）所要求的通告目的是允许可能的利害关系人能够根据《行政程

---

① 486 F. 2d 375 (D. C. Cir. 1973).
② Id. at 392.
③ Id. at 393.
④ Id. at 392.
⑤ Id. at 393.
⑥ 435 U. S. 519 (1978).

序法》§553（c）提出有意义的评议批评（或者支持）行政机关的草案。如果考虑采用《行政程序法》§553所要求的程序的后果以及从对《行政程序法》§553（b）的立法史的话，其目的是清楚的。但是，我们不可能针对建立在特定数据基础之上的拟议决定提出对它来说至关重要的有意义的评议，除非这些数据在提交评议的时候就已经提供公众查阅。对数据的分析可能会暴露测量、采样、方法学或者同级有效性等方面的重大问题。考虑这些批评，也很可能会让行政机关对其草案进行改进。因为如果不能查阅这些数据，就
583 不可能提出这样的批评，查阅这些可能支持拟议规则的数据对于就规则提出评议的权利来说是至关重要的，从而也是《行政程序法》§553（b）所要求的通告的一部分。

□ 对这一原则的限制

Portland Cement 原则的要求，即行政机关对其拟议规则之前提的实施提供通告的要求，必须受到一定的限制。通过考虑假定的为了减少酸雨导致的损害而减少二氧化硫排放量而制定的规则来说明这个设定限制的需要问题。这样的提议必然是建立在数以千计的涉及化学、地质、植物、鱼类生物学、流行病学和数十种其他学科知识的书籍、文章和研究报告的基础之上。行政机关甚至不可能提供作为拟议规则之前提的科研成果的文献目录。不仅如此，可能受影响的公众也不需要这样一份文献目录来提交批评（或者支持）行政机关建议方案的有意义的评议。他们应当假定行政机关的建议是建立在与其相关的领域的公开文献基础之上的，并且应当参考这些文献来形成其评议意见。

Portland Cement 原则的事实表明可以有多种方法对该原则进行限制。行政机关试图通过主要引用只能由行政机关查阅、直到最终规定公布之后才公开的研究报告来证明其最终规则的实体合理性，而原告能够说服法院他本来可以提出有关该研究报告的严重问题，如果他注意到该研究报告的话。简单地来说，就是：（1）行政机关采用研究报告作为证明其规则有效性的核心依据；（2）评议者未能及时查阅到研究报告；（3）评议者本来可以提出有关该研究报告的严重问题，如果他能够及时查阅得到的话。

□ 行政机关依赖研究报告作为标准

随着事实模式发生的一些变化，这种情形变得不太迫切。行政机关如果没有试图引用未公开的研究报告以支持其最终规则，显然不需要对潜在的评议者公开该研究报告。因此，Portland Cement 原则应当仅限于行政机关事实上为了支持其最终规则而采用的研究报告。适用 Portland Cement 原则的案例都符合对该原则适用范围的这一限制。但是，复
584 审法院可以要求行政机关对规则制定记录补充行政机关所占有的与该规则前提相矛盾的文件，然后采用这些文件来支持认定规则属于武断和恣意的判决。[①]

行政机关不应被要求事先披露它可能引用作为最终规则依据部分的所有公开的研究报告和其他科研成果。为了说明这一点，我们可以回到假定的有关二氧化硫和酸雨控制的拟议规则的情形。假设评议者认为，二氧化硫不会导致酸雨，行政机关引用了标准的化学教科书作为回应。该规则不能仅仅因为行政机关没有在接受评议时及时披露它准备采用教科书的观点而被判定无效。因为在提交评议之时所有公众都能够查阅教科书，而且在提交评议之时它与规则草案之间的关联性也是显而易见的，行政机关不应被要求对评议者忽略了

---

① 例如，Kent City. v. EPA，963 F. 2d 391 (D. C. Cir. 1992)。

教科书的内容和关联性而承担责任。

□ 作为标准的"缺乏公布"

这一假设案例表明，Portland Cement 案的通告要求可能仅限于行政机关所采用的未公开的数据来源。根据这一限制，行政机关可以自由地采用任何公开的来源，如书籍、专论和已发表的行政机关的研究报告，而无须事先披露它准备采用的材料的发表来源。法院迄今还未对这一原则作出这样的限制。有的法院宣告行政机关的规则无效，理由是行政机关没有及时披露它准备采用公开出版的数据的意图。例如，在 United States v. Nova Scotia Food Products Crop.[①] 案中，第二巡回法院认定食品药品管理局颁布的有关白鲑（whitefish）烹饪时间和温度的最低要求的规则无效，因为食品药品管理局参考了它没有在拟议规则制定通告中提到的研究报告。即使是所有这些研究报告在征求评议之前已经发表，Nova Scotia 坚持它不可能预测到食品药品管理局会依据这些研究报告，如果事先知道食品药品管理局想要依据这些研究报告的话，它本来可以对研究报告的有效性提出质疑。

□ 选择不同限制的问题

法院试图要求行政机关通告提供其作为依据的已公开信息，而对于许多规则草案来说，可以公开查阅的相关数据来源浩如烟海，这会带来一项重大问题。这类数据来源的数量常常会达到数以百计的规模。行政机关不能预期在这些数据来源中，哪些是需要作为依据的，直到它在评议中看到的各种主张。然后，如果没有行政机关试图作为依据的数据来源的通告，评议者也会遇到类似的问题。面对需要作出选的数以百计的公开数据来源，评议者不能对所有可能的相关数据来源提出批评，而且有的数据来源可能是模糊的和有效性 585
存在疑问的。

□ 作为标准的对研究报告进行辩论的能力

当行政机关依据之前未公开的研究报告来源时，除非原告可以说服法院相信如果他能够及时接触到该研究报告来源时，他本来可以对所引用研究报告的结论提出质疑，否则法院不能判定该行政机关的规则无效。这一标准是可以从一项一般原则——当事人不能对程序瑕疵提出质疑，除非他能够证明他的利益在某种程度上因该程序瑕疵而受到不利影响——自然得出的结论。法院采纳了这一标准。

在 Personal Watercraft Industry Ass'n v. Department of Commerce[②] 案中，哥伦比亚特区巡回法院认为行政机关不需要对其所委托实施而在提交评议期间经过之后才收到的研究报告提供征求评议的机会，即使行政机关将该研究报告作为其最终规则内容的依据。法院指出，"行政机关可以为了回应评议意见提出一些新的信息，并且采用这些信息而无须让程序重新开始，除非可以证明存在侵害（prejudice）"。原告没有主张该研究报告是错误的，也未能表明他本来可以采取行动劝说行政机关不要采用这份研究报告，因此法院认定

---

① 568 F. 2d 240 (2d Cir. 1977).

② 48 F. 3d 540 (D. C. Cir. 1995).

原告未能证明他因为缺乏机会对研究报告提出评议意见而利益受到损害。

□ 对原则的其他限制

许多法院日渐意识到，适用要求行政机关及时公开研究报告和其他数据来源接受评议意见的原则可能会给行政机关带来极其沉重的负担。考虑到规则制定程序正在进行时相关研究报告的持续可得性，行政机关经常不可能符合该原则的最严格版本的要求，并且要求规则是根据最新的和最有说服力的相关数据而制定。法院已经设计若干手段以便让提供充分通告的义务符合规则制定程序的现实。

在 American Coke and Coal Chemicals Institute① 案中，哥伦比亚特区巡回法院所作出的论证充分的判决意见中说明了司法决策的这一趋势。原告主张，环境保护局的通告是不
586 充分的，因为环境保护局采用了它在发布通告时还没有的数据来源（source of data），以及在发布通告时已有的数据来源，但是只是在规则制定过程中才承认是特别有用的。法院驳回了这些主张，理由有两点：（1）如果行政机关明确了“它准备选择的数据标准，以及正在考虑的各种数据来源的范围”，它就不需要对每一项数据来源作出通告；（2）只有在能够证明行政机关未能及时披露其数据来源而致使其利益受损时，例如，证明该行政机关所采用的数据是不准确的，或者该行政机关计算错误时，原告才能占据上风（prevail）。

类似的，在 Kern County Farm Bureau v. Allen② 案中，第九巡回法院驳回了一项主张，即行政机关的通告是不充分的，因为它未能及时披露它在最终规则中所采用的三份研究报告供公众提出评议意见。法院认为，行政机关应当被鼓励采用这些新出现的研究报告“而无须担心新的评议期间要求”。它也指出，如果这些研究报告是“补充性数据，在通告评议期间内无法获得的，扩大和肯定拟议规则制定通告中所包含的信息，解决了已有数据中的缺陷，只要未显示导致损害”，行政机关可以采用这些新出现的研究报告。法院区分了三种情形：对于新研究报告是得出重要结论的唯一依据，原告能够在新出现的研究报告中找出严重缺陷，以及行政机关恶意隐瞒它后来采纳的研究报告。

□ 写入《清洁空气法》

国会曾经在 1977 年试图将 Portland Cement 原则写入一部法律，并对该原则的范围作出限制。在对《清洁空气法》进行修订时，国会要求环境保护局在其拟议规则制定通告中包括“对下列问题的摘要介绍：（A）规则草案所依据的事实数据；（B）获取数据和分析数据时所采用的方法学；（C）作为规则草案基础的重大法律解释或者政策考量”。国会也要求环境保护局公开“规则草案已经公布之后得到并且环境保护局局长认为对于规则制定具有重要关联性（central relevance）的所有文件”③。

即使国会只是依据特定法律在规则制定的情形中为了特定目的而采用了“重要关联性”，在联邦法院必须在其他情形中确定 Portland Cement 原则的合理范围时，该术语可能证明是有用的。行政机关不应认为其为了提供评议的目的而确定和及时披露对于一项行政
587 机关的规则草案来说具有“重要关联性”的数据来源存在的难度过大。

① 452 F. 3d 930 (D. C. Cir. 2006).
② 450 F. 3d 1072 (9th Cir. 2006).
③ 42 U. S. C. § 7607 (d).

□ 可以作为例证的案件

Portland Cement 原则在很多案件中都得到遵循，尽管披露数据来源的义务仍然模糊不清。在评议期间结束之后提交的数据可以得到考虑，条件是公众意识到该数据问题并且原告对这一问题作出反应。① 但是，当研究报告没有披露供公众审查的时候，规则就被认为是无效的。② 行政机关必须根据可以评议的情况修改其计算结果而不向公众提供质疑该修改的机会。③ 该标准是，新的研究报告是否能够提供关键性的新的认识。④

在 Connecticut Light and Power Co. v. NRC⑤ 案中，“行政机关如果未能及时披露规则草案的技术依据部分的内容以便公众提出有意义的评议意见，它就存在着严重的程序错误”。但是，哥伦比亚特区巡回法院认为，没有充分引用可以获得的研究报告并不构成致命的程序错误，因为技术背景在过去五年已经成为大量对抗性对话的主题。

在 FMC Corp. v. Train⑥ 案中，环境保护局在提交审理开始时的法律意见书（opening briefs）29 天后在规则制定记录中加入了“初步经济分析”。第四巡回法院认为，通告和“进展文件”（Development Document）中没有提到这一分析，因此产业界“没有机会对该文件的结论提出评议”，该文件“不能被认为是证明这些规定合理性的记录的构成内容”。

在 Synthetic Organic Chemical Manufacturers Ass'n v. Brennan⑦ 案中，第三巡回法院判定一则通告不充分，理由是通告的发布是在一家咨询委员会提交该报告之前，使得当事人没有足够的时间在取得这份报告之后提出评议意见。

在 Solite Corp. v. EPA⑧ 案中，哥伦比亚特区巡回法院判定一则包含新的数据和分析的补充通告不充分，理由是其是在规则颁布之前一天才收到该通告。

在 Ober v. EPA⑨ 案中，第九巡回法院将环境保护局作出的批准空气颗粒物［污染防治］的《亚利桑那州实施规划》（SIP）的决定发回重新处理。环境保护局收到并依据 300 页的 Arizona 州在评议期后提交的证明其拒绝若干防治措施正当性的文件。法院认为，在该决定中有三项因素是重要的：（1）评议期之后提交的文件对于环境保护局批准该州实施规划来说是“关键性的”；（2）直到环境保护局在其最终依据这些文件作出的决定发布之后，原告才了解这些文件的提交；（3）原告已经证明这些文件中某些信息的准确性是存在争议的。 588

在 American Medical Ass'n v. Reno⑩ 案中，哥伦比亚特区巡回法院将缉毒局（the Drug Enforcement Administration）的一项规则发回重新处理，但是没有撤销该规则，理由是缉毒局没有向利害关系人提供有关规则草案的充分告知。该规则大幅提高了管制物质处理者必须向缉毒局缴纳的费用以便为“［管制物质］流失控制项目”（diversion control program）提供资金。缉毒局的拟议规则制定通告中并未说明这一项目新预算的构成或者解释为什么它相信每一部分内容都可以归属于这一项目。法院认定，这一疏漏的效力是让

---

① Air Pollution Control Dist. v. EPA, 739 F. 2d 1071 (6th Cir. 1984).

② Aqua Slide 'N' Dive Corp. v. Consumer Product Safety Commission, 569 F. 2d 831, 842 (5th Cir. 1978).

③ Air Transport Ass'n v. CAB, 732 F. 2d 219 (D. C. Cir. 1984).

④ Community Nutrition Institute v. Block, 749 F. 2d 50, 58 (D. C. Cir. 1984).

⑤ 673 F. 2d 525, 531 (D. C. Cir.), *cert. denied*, 459 U. S. 835 (1982).

⑥ 539 F. 2d 973, 979 n. 7 (4th Cir. 1976).

⑦ 506 F. 2d 385, 388 (3d Cir. 1974), *cert. denied*, 420 U. S. 973 (1975).

⑧ 952 F. 2d 473, 499-500 (D. C. Cir. 1991).

⑨ 84 F. 3d 304 (9th Cir. 1996).

⑩ 57 F. 3d 1129 (D. C. Cir. 1995).

管制物质的处理业者无法提出质疑将每部分成本归属于该项目的合法性的评议意见。在一段有趣和富有思想的文字中，法院认定，该问题必须经过通告评议程序，即使这一问题的解决属于行政机关依法裁量的内容。[①] 法院指出，该通告评议程序对于利害关系人来说是有价值的，即使无法对该规则的实体内容寻求司法审查，因为它给当事人提供了向行政机关提供可能具有说服力的主张的机会。法院拒绝撤销该规则，而是将该程序结果发回重新处理，因为撤销将会为行政机关增加困难，并且因为规则所规定的费用，与经过重新处理后发布的规则很可能要规定的费用相比不会完全不恰当。

在 Idaho Farm Bureau Federation v. Babbitt[②] 案中，第九巡回法院判决发回重新处理，而非撤销一则列举濒危物种的规则。在该规则中所包含的制定依据和目的的说明中，行政机关大量引用了没有提供评议的一份研究报告。原告提出，他们如果能够及时得到这一报告，他们本来可以提请行政机关注意其中包含的可能的错误。但是，法院拒绝撤销该规则而是发回重新处理，因为它担心一个濒危物种可能灭绝。对于该案中所提出的另一项问题，法院判定行政机关未能向县政府提供法律所规定的通告构成了无害错误，因为该县政府在提交有意的评议时显然意识到了这一规则草案。

在 Building Industry Ass'n of Superior California v. Norton[③] 案中，哥伦比亚特区巡回
589 法院混淆了两种类型通告的缺陷。为了支持发布濒危物种名单的新规则，鱼类和野生生物管理局（the Fish and Wildlife Service）主要依据了一份之前没有公开接受评议的研究报告。法院认为，行政机关未能将该研究报告公开接受评议不是致命的程序错误，因为最终规则是对规则草案和评议过程的自然延伸。自然延伸标准并不适用于行政机关未能将研究报告公开接受评议的情形。但是，法院本来可以得出同样的结论，如果它能够适用正确的标准。行政机关采用未经公开接受评议的研究报告，适用无害错误规则。因此，只有当原告能够提出言之成理的主张，说明如果行政机关当初将研究报告公开接受评议的话，它本来可以证明该研究报告的缺陷和不足之处时，才是致命的程序缺陷。

在 Riverkeeper v. EPA[④] 案中，第二巡回法院认为，根据《清洁水法》而制定规则的通告是不充分的。最终规则有一项条款规定，证明特定设施的合规成本超过了行政机关估算的通用合规成本时，允许设施所有者获得变通执行本来应该适用的一般性规则。在最终规则中，环境保护局包含了环境保护局用于估算通用合规成本的各种不同指定设施的预计合规成本。法院认为，这一通告是不充分的，因为它没有明确具体设施的估算价格，从而排除了对估算成本发表评议意见的机会。法院驳回了环境保护局的主张，即该通告中足以确定该机关建议的合规成本计算方法，理由是法院认定，环境保护局对指定设施的实际估算值在确定成本之间差异是否符合［变通执行］要求时扮演关键性作用。这一案件中实际混合了规则中可能存在的两种类型缺陷。即使法院适用自然延伸标准，该通告的主要缺陷也是行政机关未能披露它建议采用作为最终规则中的估算成本的依据的具体数据。

在 Chamber of Commerce v. SEC[⑤] 案中，哥伦比亚特区巡回法院认定一项通告是不充分的。该法院强调指出，行政机关所采用的记录之外的数据是行政机关支持作出重要成本估算的基本假定的唯一数据来源。法院也认定，原告因为未能对记录之外的数据来源提出评议意见而利益受损。法院指出，原告可以通过证明“对这一关键数据发表意见本来是有

---

① 参见§17.7的讨论。
② 58 F. 3d 1392 (9th Cir. 1995).
③ 247 F. 3d 1271 (D. C. Cir. 2001).
④ 475 F. 3d 83 (2d Cir. 2007).
⑤ 443 F. 3d 890 (D. C. Cir. 2006).

用的”，证实因为未能对研究报告或者其他数据来源发表评议意见而遭受损害。原告不需要表明其评议意见本来可以说服行政机关得出不同结论才能证实损害的存在。对损害的这 590
一定义与符合最高法院以程序损害作为原告资格依据的方法是相互一致的。[①]

在 West Virgina v. EPA[②] 案中，哥伦比亚特区巡回法院明确指出，无害错误规则（harmless error rule）适用于对行政机关在发布规则时所采用材料提供评议机会的义务。在认定行政机关犯了未对在规则制定记录中补充的材料提供评议意见的错误后，法院认为这一错误是无害的，因为原告未能证明“如果不出现这一错误，该规则将会发生明显改变的实质性的可能性”。

在 American Radio Relay League v. FCC 案[③]中，哥伦比亚特区巡回法院的合议庭成员展开了一场重要的广泛讨论。多数意见认为，拟议规则制定通告是不充分的，因为行政机关没有提供作为该规则制定之部分依据的 5 份工作人员研究报告的未删改版。多数意见认真地在众多方面为其判决进行了限定。法院指出，行政机关承认，这些研究报告是规则依据的“基石”，它对这些研究报告的修订部分进行的密室审查使其确信这些部分的内容很可能会影响行政机关声称这些研究报告所支持的结论。一位持不同意见的法官认为，要求行政机关及时披露其在规则制定中所依据的研究报告和其他数据来源的这一由来已久的原则并不能得到《行政程序法》的支持，也不符合最高法院在 Vermont Yankee Nuclear Power Corp. v. NRDC[④] 案中判决意见的支持。这名持不同意见的法官采用了 Beerman 和 Lawson 合写的一篇论文的推理。[⑤] 多数意见认为，这一原则既符合《行政程序法》的规定，也符合 Vermont Yankee 案的判决意见。它采用的是 Pierce 一篇论文的推理。[⑥]

在 Owner-Operater Independent Driver's Ass'n v. FMCSA[⑦] 案中，哥伦比亚特区巡回法院认为通告不充分，因为行政机关没有及时将准备用来建构其操作人员疲劳模型（operator-fatigue model）的方法论说明征求意见。法院强调指出，该模型及其依据的方法论是“全新的”，是“用于支持该行政机关观点的最为关键的事实材料之一”。

除了要求刊登拟议规则制定通告之外，《行政程序法》还要求在《联邦公报》中刊登最终规则的通告。《行政程序法》§552（a）（1）规定：“除了个人已经就其中的条款得到 591
实际和及时的通告之外，个人无论如何不得被要求遵守本该刊登在《联邦公报》中而没有刊登的事项，或者受其不利影响。”

§7.4 评议、依据与目的的说明，与武断和恣意之间的关系

□ 制定依据和目的的说明

《行政程序法》§553（c）要求行政机关“在所通过的规则中包含对制定依据和目的的

① 参见§16.4。

② 362 F. 3d 861 (D. C. Cir. 2004).

③ 524 F. 3d 227 (D. C. Cir. 2008).

④ 435 U. S. 519 (1978).

⑤ Beerman & Lawson, “Reprocessing Vermont Yankee”, 75 *Geo. Wash. L. Rev.* 856 (2007).

⑥ Richard J. Pierce, Jr., “Waiting for Vermont Yankee III, Iv and V: A Response to Beerman and Lawson”, 75 *Geo. Wash. L. Rev.* 902 (2007).

⑦ 494 F. 3d 188 (D. C. Cir. 2007).

简要总体说明”。如果法院对这一条文按照字面含义进行解释，行政机关可能会习惯性地在规则前言中引用该规则的法律依据，例如“根据《天然气法》§5 和§16，我们所享有的职权”，以及引用该规则的法律认可的目的，例如“为了保护消费者不受天然气公司的可能的剥削”等，以满足提供制定依据和目的说明的要求。

□ 立法史

《行政程序法》§553（c）的立法史表明，国会希望行政机关不满足于这种对规则的纯粹正式层面的解释。委员会报告在文字中表明了讨论规则的事实依据的某些义务，以及将事实基础与符合一项或者更多的法定目的的一系列预期效力加以联系的论证过程，描述了所要求行动的范围。“行政机关必须分析和研究所有提交的相关事务。对所发布的规则制定依据和目的的说明，不应仅涉及所提交的数据，还应对该规则的实际依据和目的进行合理充分的解释。”[①] “所发布规则的‘依据和目的’说明会根据不同的规则而有所不同，但是在任何情况下，都应当是对完整的事实和法律依据，以及所要追求的一项或者多项目标的充分解释。”[②]

□ 说明必须不仅限于“简要”和“总体性”

自从国会通过了《行政程序法》§553（c）以来的几十年里，法院逐渐对于国会在委员会报告中描述制定依据和目的的说明的文字——该说明必须“以合理的充分性”“作出解释”和“对完整的事实和法律依据作出充分解释”——给予了更高的重视，而对法律本
592 身所包含的文字——说明必须是“简要”和“总体性”——的重视程度却有所降低。事实上，法院有时强调，考虑到司法审查的实际和复审法院的需要，行政机关不应对法定的目标“简要”和“总体性”进行字面理解。[③]

□ 说明必须是长而详细

如今没有一家法院会支持只有“对制定依据和目的作出简要总体说明”的重大行政规则。为了能够合理地预期获得法院对重大规则的肯定，行政机关必须以详细的说明来表述规则制定的依据和目的，经常长达数百页，其中行政机关会提到任何事实基础的证据性依据，解释从事实基础和规则预期效力到每项法定目标或者行政机关需要推进或者考虑的目的的推理方法，对规则草案所提评议意见中包括的所有重要批评作出回应，解释为什么拒绝了至少部分最为言之成理的对所通过规则的替代方案。[④] 未能满足上述司法机关所提出的对“制定依据和目的的简要总体说明”的要求，已经成为司法机关推翻行政规则的最常见理由。[⑤]

---

① Sen. Doc. No. 248, 79th Cong., 2d Sess. 201, 259 (1946).

② Sen. Doc. No. 248, 79th Cong., 2d Sess. 20 (1946).

③ Automotive Parts Ass'n v. Boyd, 407 F. 2d 330, 338 (D. C. Cir. 1968).

④ 例可参见 American Gas Ass'n v. FERC, (TECA 1979), *cert. denied*, 446 U. S. 937 (1980); National Tire Dealers & Retreaders v. Binegar, 491 F. 2d 31 (D. C. Cir. 1974)。

⑤ Pierce, "The Role of the Judiciary in Implementing an Agency Theory of Government", 64 *N. Y. U. L. Rev.* 1239, 1263-1265 (1989); Shapiro & Levy, "Heightened Scrutiny of the Fourth Branch: Separation of Powers and the Requirement of Adequate Reasons for Agency Decisions", 1987 *Duke L. J.* 387, 422-425; Wald, "The Contribution of the D. C. Circuit to Administrative Law", 40 *Admin. L. Rev.* 507, 528 (1988).

□"武断"和"恣意"的原意

对于《行政程序法》§553（c）所要求的制定依据和目的的说明，司法机关作出极高要求的定义，这可以被理解为是数十年来司法机关对《行政程序法》相关条文充实具体含义的努力之产物。§706（2）（A）迫使法院"对'武断'和'恣意'的行政决定判定违法或者撤销"。武断和恣意标准可以是指很多情形，取决于它所使用的具体情境。例如，在一些重要的情境中，最高法院已经判定行政决定如果有可能根据任何言之成理的事实状态推进合法的目的，该行政决定就是合理的，从而不是武断和恣意的。[①] 这种版本的武断 593
和恣意标准，除了要求具有足够创造力的法律人对基于貌似合理的事实类型而制定的规则提出貌似合理的正当性论证之外，几乎对行政机关没有提出任何要求。

□ 基于程序的新含义

但是，在涉及非正式规则制定时，法院所提出的武断和恣意标准则是受到了《行政程序法》§553要求的规则制定程序的重大影响。行政机关只能根据下列三步走的程序发布立法性规则——首先发布拟议规则通告，然后接收和研究所收到的评议意见，最后是发布包含制定依据和目的说明的最终规则。这一强制性的程序步骤产生了法院应当为了对行政规则实施司法审查而对《行政程序法》中所使用的关键术语进行解释的两点推论。

□ 推理的充分性

首先，制定依据和目的说明的法律要求表明，武断和恣意标准应当集中在制定依据和目的说明中的推理是否充分的问题上。行政规则在多大程度上（how well）是紧密围绕行政机关所试图实施的法律中所使用的文字？就行政机关的推理取决于某类事实的存在而言，行政机关在多大程度上支持了它对这类事实存在的确信？

□ 对评议意见的考虑

其次，行政机关接受和研究所收到的评议意见，这一法律上的要求表明，规则制定依据和目的说明的范围和详细程度应当部分取决于评议意见的范围和详细程度。如果一项评议意见详细批评了行政规则草案的某些特征，或者行政规则草案的事实基础，行政机关在最终规则中保留了这些特征，而没有在制定依据和目的说明中包含相对详细的对批评意见的回应，那么复审法院很可能会认为该制定依据和目的说明不充分，该规则是武断和恣意的，从而判定该规则违法。类似的，如果评议意见对规则草案提出了详细的批评，并且提出了要消除对规则草案批评源头的对规则草案的建议替代方案，行政机关采纳规则草案作为最终规则，而没有对评议意见中所建议的替代方案作出回应，法院很可能就会认定制定依据和目的说明是不充分的，而该规则是武断和恣意的。因此，法院对"制定依据和目的的简要总体性说明"进行的扩充解释看来是符合逻辑的，如果法律中使用的这一术语也迫

---

① 例可参见 Allied Stores v. Bowers，358 U. S. 522，530（1959）（根据《联邦宪法》第十四修正案支持州法律不受攻击）；Pacific States Box & Basket Co. v. White，296 U. S. 176（1935）（根据《联邦宪法》第十四修正案支持州行政规章不受攻击）。

594 使行政机关在发布最终规则之前接受和研究对规则草案的评议意见，并且迫使法院撤销“武断”和“恣意”的规则。

□ 执行前审查的效力

使法院通过对规则司法审查的高要求的进路中最为重要的一个步骤就是最高法院在 Abbott Laboratories，Inc. v. Gardner① 案中给出的判决意见。在 Abbott 案中，最高法院对采纳了司法审查成熟性标准，这一标准的效力是可以对大多数立法性规则进行执行前的司法审查。正如 Paul Verkuil 所预测的，随着时间的推移，法院如果可以进行执行前（pre-enforcement review），将会激励复审法院对行政机关提出越来越高的要求，要求它们以体现对数据争议、政策考量和合理替代方案进行深入研究的卷帙浩繁的记录来支持其制定的规则。② 自 1995 年以后，法院已经减少对规则制定采用执行前的审查。③ 有趣的是，我们可以看到该原则的变迁是否对与法院审查规则的方式产生了影响。

□ 详细说明要求给规则制定带来负担

但是，司法机关所设定的要求，即作出详细的制定依据和目的说明以支持每项规则，已经产生了三大严重问题。首先，在典型的重大规则制定过程中，它对行政机关紧张的人力资源提出了大量的实践要求。当行政机关提出一项新的重大规则草案，它通常会从数以百计的当事人那里收到长达数万页的评议意见。④ 那些评议意见通常会提出数百项问题，包括质疑规则草案的事实基础的众多详细的研究报告，并且提出数十项对规则草案的替代方案。事实上，在一次重大规则制定的过程中，环境保护局花了数百页的篇幅来解释它是在拟议规则制定通告发布后收到超过 100 项研究报告和超过 10 万条评议意见，如何在研究的基础之上解决了数百项问题。⑤ 行政机关可能需要数年的时间和数十万的人次小时数（person-hours）来查找、分析和回应所有评议意见中所包含的批评及建议的替代方案，以便让法院能够认为是充分的，避免法院认定其规则是武断和恣意的。

其次，越来越多的有力证据表明，法院在适用武断和恣意标准的方式是选择性的，法
595 官们经常会在基于政治或者意识形态的原因不同意讼争的规则时，在行政机关的推理中找到错误和疏漏。1995 年发布的一份研究报告显示，在所审查的规则中，法院只对其中 30%采用了武断和恣意标准。许多法院在决定支持这一规则时无视这一标准的存在，并且只有在决定推翻这一规则时才适用这一标准。⑥ 1997 年发表的一份研究报告提供了甚至更具有矛盾性的结论。Revesz 教授分析了哥伦比亚特区巡回法院 250 份判决多元分析的结论。⑦ 他发现合议庭的政治构成大致可以作为对合议庭适用武断和恣意标准结果的最佳预测因素。因此，例如，共和党背景的法官推翻了他们所不喜欢的规则中的 89%；而民主

---

① 387 U.S. 158 (1967).

② Verkuil, *Judicial Review of Informal Rulemaking*, 60 Va. L. Rev. 185 (1974).

③ 参见 § 15.4。

④ 参见 Breyer, *Judicial Review of Questions of Law and Policy*, 38 Admin. L. Rev. 363, 393 (1986); Costle, *Brave New Chemical: The Future Regulatory History of Phlogiston*, 33 Admin. L. Rev. 195, 199 (1981)。

⑤ Pierce, *The Inherent Limits on Judicial Control of Agency Discretion*, 52 Admin. L. Rev. 63 (2000).

⑥ Shapiro & Levy, *Judicial Incentives and Indeterminacy in Substantive Review of Administrative Decisions*, 44 Duke L. J. 1051, 1066-1068 (1995).

⑦ Revesz, *Environmental Regulation, Ideology, and the D. C. Circuit*, 83 Va. L. Rev. 1717 (1997).

党背景的法官则支持了他们所认同的规则中的92%。

□ 与《行政程序法》不一致的详细说明

对于行政机关的制定依据和目的说明所适用的武断和恣意标准，当前的司法方法所存在的第三点问题是正式的。我们难以准确地判断国会要求在每项最终规则中增加“制定依据和目的的简要总体说明”时究竟是出于什么意图，但是司法机关频繁地要求对所有决策因素、事实争议、政策基础设想（policy-base objections）和建议替代方案进行全景式分析，已经超出了对于国会意图的任何可以设想的解释。[①] 法院已经以自己提出的“详细”和“百科全书式的”等修饰词取代了法律中的“简要”和“综合性”等修饰语。

□ 规则制定的记录

复审法院现在的进路，从另外一个方面来说也与国会的意图不同。今天国会允许行政机关只引用规则制定记录中的材料来支持其规则的有效性。这些记录包括行政机关的拟议规则制定通告、行政机关打算采用的任何研究报告和其他来源，对规则草案提出的评议意见和包括制定依据和目的说明的最终规则。[②] 但是，国会并未要求行政机关在非正式规则制定过程中准备一套“记录”；国会当然不是试图排除行政机关研究或者采用该记录之外的材料。《司法部长行政程序法手册》准确反映了对于《行政程序法》§553的最初理解：“完全清楚的是……§4（b）［现为§553（c）］并未要求规则制定只能完全依据在非正式 596
规则制定过程中所形成的任何‘记录’[③]。相应的，除了在§7和§8［现为§556和§557］规定的正式规则制定程序之外，行政机关可以自由地根据其档案中的材料以及行政机关的知识和经验，加上公开的规则制定程序中所形成的材料来制定规则。”[④] 直到1967年，对行政规则在执行前进行司法审查都是很罕见的。规则是在发生执行决定的情境中受到审查，法院主要借助执行决定中所形成的记录来进行审查。[⑤]

□ 最高法院的态度

近年来，最高法院开始在确定其对行政机关所设定的义务范围问题上更加强调法律文字的重要性。[⑥] 在某种意义上，最高法院可能已经开始遏制巡回法院采纳对《行政程序法》§553（c）中“制定依据和目的的简要总体说明”的扩张解释而对行政机关施加特别高的要求。

□ 要求有记录

与制定依据和目的说明的所需范围相关的法律规则，都来自数以百计的上诉法院的判

---

① Shapiro，“APA：Past，Present，Future”，72 *Va. L. Rev.* 447，453-454（1986）.

② Pedersen，“Formal Records and Informal Rulemaking”，85 *Yale L. J.* 38（1975）.

③ Senate Hearings（1941）p. 444.

④ Attorney General's Manual on the APA（1947），at 31.

⑤ 参见§15.14。

⑥ Vermont Yankee Nuclear Power Corp. v. NRDC，435 U. S. 519（1978）（法院不能强迫行政机关采用比法律和宪法要求的更高的程序）。另可参见第3章。

决意见。但是，也有一些最高法院的判决意见与这一主题相关。在 Camp v. Pitts① 案中，最高法院认为，对非正式行政行为的司法审查应当建立在已有的行政记录的基础之上。当行政机关对其决定提供了同时性的解释时（正如它如果按照《行政程序法》§553（c）行事时所必需的），行政行为的有效性取决于行政机关对其行为所作解释的充分性。

在 Camp 案判决主旨中，我们可以自然地推导出行政行为所支持的理由说明不充分时，法院应当判定该行为是武断和恣意的从而予以撤销。Camp 案不涉及规则制定，不过法院通常将其判决主旨适用于非正式规则制定。但是，行政机关对其行为所作解释需要具有什么内容，法院才能判定该解释是充分的，或者该解释具有什么样的性质，法院才能判定该解释是不充分的，Camp 案对这些问题只字未提。

□ State Farm 标准

在 Motor Vehicle Manufacturers Ass'n v. State Farm Mutual Automobile Insurance Co. ② 案中，最高法院判定制定依据和目的说明不充分。它认定行政机关废止（rescission）之前所颁布的一项规则的决定是武断和恣意的，从而予以撤销。被废止的规则本来要求摩
597 托车生产商在规定日期后在所生产的摩托车中安装两种被动限制（passive restraints）——气囊或者自动座位安全带中的其中一种。这项被废止的规则制定的前提是行政机关的预测：（1）生产商会在其生产的汽车中一半安装自动座位安全带，一半安装气囊；（2）这两种设备会带来大致相同的安全的积极效果；（3）如果这些预计效果成为现实，该规则将会带来每年大约可以挽救 12 000 条生命。

该规则的废止是发生在规则颁布数年之后，并且在里根（Reagan）总统当选之后，里根总统的竞选基础之一就是承诺取消不必要的政府规制。这项废止决定是基于下列预测：（1）新的证据表明，生产商很可能会几乎全部选择安装自动座位安全带而不是安装气囊的方式来满足法律要求；（2）自动座位安全带很可能只比手动的座位安全带相比多 5%的使用频率；（3）如果这些预期效果成为现实，该规则很可能会付出大量成本而只挽救了少量生命。

□ 未能考虑替代方案

最高法院认为这一废止决定是武断和恣意的，从而决定撤销该决定，理由是制定依据和目的说明中存在两点缺陷。大法官们一致认为该说明是有缺陷的，因为行政机关根本没有考虑过修改该规则以允许通过只使用气囊满足法律要求的替代方案。根据行政机关自己的研究，这一替代方案本来可以每年有效地挽救 12 000 条生命。最高法院指出，行政机关本来可以对其拒绝考虑这一替代方案作出充分的解释，但是它不能直接无视这一明显的替代方案。

□ 未能充分地考虑数据

大法官们在另一起案件中对于制定依据和目的说明的不充分性，则形成了 5∶4 的两

---

① 411 U.S. 138 (1973).

② 463 U.S. 29 (1983).

派意见。行政机关所作决定的理由是，考虑到座位安全带可以被解开的容易程度和大多数人拒绝使用手动座位安全带这一事实所表明的普遍存在的对于使用安全带的逆反心理，自动座位安全带的使用率很可能只增加5%。但是，规则制定记录中有两份研究报告显示，自动座位安全带很可能增加50%的使用率；也就是说，一般不愿意使用手动座位安全带的人也会拒绝解开自动座位安全带。行政机关之所以低估这些研究结论，是因为所研究的条件，与该规则本来要创设的条件之间存在根本差别，也就是说，这些研究报告所研究的自动座位安全带，其解开难度要高得多。五位大法官认定，考虑到这些研究报告表明会增加50%的使用率，行政机关支持其预测座位安全带使用率只增加5%的推理是不充分的。四位大法官对这一问题发表了不同意见。他们认定，考虑到预测车主未来行为的难度，以及 598
所研究的条件差异和该规则所产生的实际条件之间的差别，行政机关的推理是充分的。九位大法官一致认为，这一问题非常接近于充分推理和不充分推理两者的边界。

□ 对充分推理要求的归纳

State Farm 案中，最高法院归纳了为了支持或者避免规则武断和恣意的结论，制定依据和目的说明在内容上的要求：

通常来说，如果行政机关采用国会并未打算考虑的因素，完全未能考虑问题的某一重要方面，对决定所作解释与行政机关所面对的证据相悖，或者是如此不合情理（implausible），以至于无法归因于观点不同或者行政机关专业能力的结果，它所制定的行政规则将是武断和恣意的。[①]

□ 推理要求的正当性基础

正如 State Farm 案中所提出和运用的，这一要求只对行政机关设定了最为轻微的解释义务。不仅如此，对行政机关设定这样的负担，本来可以产生重要的效益。我们难以看到法院如何履行要求行政机关在法定边界内从事的责任，而不要求行政机关就其行为、法律中的决定标准和它们对有关自己行为效果进行预测所依据的数据之间的关系进行解释。

□ 推理不充分，可能意味着违反法律

在 State Farm 案中决定遭受质疑的行政机关，国会本来已经要求它发布规则，以合理的成本提高汽车安全性。当行政机关"完全没有考虑"根据其自己的研究结论可以挽救12 000 条生命的替代性规则时，我们就有理由担心行政机关的行为方式是不符合法律要求的。我们可以从这类事实中得出这样的推论，即行政机关拒绝对替代方案予以置评，是因为它本来将不得不得出这样的结论，即行政机关所实施的法律中的决定标准要求采用这一替代方案。行政机关可能能够反驳这一推论，解释它拒绝采用这一明显的替代方案的原因，例如气囊价格过高，或者当消费者可以通过扣上座位安全带实现同样的安全程度时，消费者很可能会对被迫购买昂贵的气囊不满，但是我们要求行政机关对其拒绝这种表面看来很有吸引力的替代方案进行说明理由是有意义的。

类似的，如果法院有责任确保行政机关的规则在法律的限度之内，法院必须承担起一

① 463 U. S. at 43.

599 定责任，对行政机关就规则效果所作预测和该预测所依据的数据之间的关系进行评估。如果唯一可得的数据显示，座位安全带的使用率可以提高 50%，行政机关需要对其所作出的只增加 5%的预测作出解释，以反驳行政机关的行为方式不符合法律中所规定决定标准的推论。

□ 充分推理要求增加了大量负担

但是，State Farm 案对于决定附理由说明的要求，看起来是不同于行政机关在考虑发布重大规则时的考虑。行政机关知道，它必须以某种方式讨论所有明显和表面看来吸引人的替代方案、所有法律上的决策因素、所有评议意见中提出的重大批评，该问题的所有重要方面，以及有关规则效果的预测和与这些预测相关的数据之间的关系。它也知道，对于每项类似问题所进行的讨论都必须是"充分的"。但是，行政机关不能预先知道它必须讨论哪个替代方案，必须讨论哪项数据，或者让复审法院认为满足决定附理由说明充分需要对任何期待方案、内容方面、批评或者数据进行何种程度的讨论。

在司法审查之前，总是有数以百计的替代方案、争议问题和数据纠纷是法院认为行政机关必须在其制定依据和目的说明中加以解决的。不仅如此，State Farm 案对于任何满足决定附理由说明的义务所需的讨论程度未置一词。任何行政机关都可能以某种详细程度对一项争议问题进行讨论，但是仍然因为被认为对该争议问题没有充分考虑而被推翻。[①]

□ 理由说明要求的不利影响

行政机关为了避免司法机关推翻其制定的规则而必须在制定依据和目的说明中满足决定附理由说明的开放性的要求，对其行为产生了一系列负面影响。它大幅增加了行政机关
600 在单项规则制定中所需投入的稀缺的人力资源和花费的时间；有的行政机关断定他们不可能在 10 年以内的时间里发布一项重大规则。反过来，这也减少了所有行政机关的规则制定的频率，甚至导致某些行政机关完全抛弃了规则制定。[②] 为了恢复规则制定作为行政机关政策制定重要机制的活力，最高法院将需要对实施附加理由说明的决策义务的范围设定限制。在 American Radio Relay League v. FCC[③] 案中，哥伦比亚特区巡回法院的一名法官批评了对规则制定适用武断和恣意标准，理由是它们造成过重的负担，而且也不符合《行政程序法》的规定。

---

① 例可参见 AFL-CIO v. OSHA，965 F. 2d 962 (11th Cir. 1992)（行政机关必须对 428 种化学物质所构成的风险提出量化分析结论，并且对数十家行业中每一家都分析事实规则的经济可行性）；International Ladies Garment Workers Union v. Donovan，722 F. 2d 795 (D. C. Cir. 1983)（行政机关没有充分解释其预测是基于一组数据而非另一组数据的原因）；Mobil Oil Co. v. DOE，610 F. 2d 796，801 (TECA 1979)，*cert. denied*，446 U. S. 937 (1980)（行政机关必须"客观"分析每项法定的决策因素）；Scenic Hudson Preservation Conference v. FPC，354 F. 2d 608，612 (2d Cir. 1965)，*cert. denied*，394 U. S. 941 (1966)（行政机关必须"充分研究"所提出的每项争点）。

② 参见 Pierce，"Seven Ways to Deossify Agency Rulemaking"，47 *Admin. L. Rev.* 59 (1995)；Carnegie Commission on Science，Technology，and Government，*Risk and the Environment*：*Improving Regulatory Decisionmaking* 56-57，100-101 (1993)；Pierce，"The Unintended Effects of Judicial Review of Agency Rules：How Federal Courts Have Contributed to the Electricity Crisis of the 1990s"，43 *Admin. L. Rev.* 7 (1990)；J. Mendeloff，*The Dilemma of Toxic Substance Regulation* 7-16 (1988)；Mashaw & Harfst，"Regulation and Legal Culture：The Case of Motor Vehicle Safety"，4 *Yale J. Reg.* 257 (1987)。

③ 524 F. 3d 227 (D. C. Cir. 2008).

□ 对要求范围作出限制的案件

在 FCC v. Fox Television Stations[①] 案中，最高法院对 State Farm 原则在重要情境中的要求作出了重要限制。五名大法官出具的多数意见判定行政机关的政策上的变更是充分的。在作出这一判决意见的过程中，多数意见对行政决定的附理由说明要求设定了两项重要的限制，这是与大多数巡回法院之前的做法不一致的。首先，多数意见判定，行政机关在修改其政策时并不承担更高的决定理由说明义务：

我们发现，《行政程序法》和最高法院先前的判决意见都不能为所有行政变更接受更全面的审查提供依据。《行政程序法》并没有规定此种更高的标准。我们在 State Farm 案中所作出的判决意见既没有判定，也没有默示每项构成政策变更的行政行为必须采用比初次制定政策时所要求的更为实质性的理由来证明其正当性。

…………

可以确定的是，行政机关为其行为提供理由说明，这一要求通常要求行政机关表示出它意识到它正在改变观点。例如，行政机关不得以沉默的方式停止执行先前的政策或者直接忽略尚未被废止的规则。当然，行政机关必须证明有采用新政策的合理理由。但是，它不需要向法院证明采用新政策的理由要优于旧政策的理由；如果新政策是合法的，有合理 601
理由的支持，以及行政机关相信新政策更好，充分显示出有意识的政策变更，这就够了。这意味着行政机关并不总是需要提供比制定全新的政策时更详细的理由。有的时候，——例如，制定新政策所依据的事实认定与作为旧政策基础的事实认定存在矛盾；或者旧政策产生了无法回避的重大的信赖利益——行政机关必须提供更详细的理由说明。忽略这类问题将是武断和恣意的。在这类案件中，不是仅仅政策变更这一事实要求进一步的说明理由，而是旧政策所依据或者产生的事实或者情形的忽略要求说明理由。

其次，多数意见判定，在行政行为可能与《联邦宪法》之间存在冲突时，行政机关并不承担更高程度的说明理由义务：

广播业者的主张反复提到了《联邦宪法》第一修正案。如果他们是想要求我们对可能影响宪法上的自由权的行政行为适用更为严格的武断和恣意标准进行审查，我们拒绝这种请求。所谓回避宪法问题的原则是一种解释工具，要求对模糊的法律条文进行回避严重合宪性疑问的解释。我们知道没有先例判决可以适用于限制行政行为的范围。《行政程序法》允许法院撤销"武断或者恣意的"行政行为，在同一节条文中，单独规定了撤销"违法的"[②] 行政行为，这当然包括了违宪行为。我们认为，这是合宪性对行政行为审查产生影响的唯一情形。如果本案中联邦通信委员会的行为在通常意义上并不构成武断或者恣意，它就能够满足《行政程序法》规定的"武断（或者）恣意"标准；其合宪性是需要在宪法诉讼中讨论的单独问题。

四位持不同意见的大法官认为行政机关对其行为的理由说明是不充分的，并且表明他们不同意多数意见对 State Farm 原则施加的限制。

在 Pension Benefit Guaranty Corp.(PBGC) v. LTV Corp. [③] 案中，最高法院朝着限制 State Farm 原则的方向迈出了更轻微的一步。该案涉及的是在非正式裁决情境下的决定附理由说明的义务，但是最高法院的推理同样适用于非正式规则制定。联邦退休金担保公司 602

---

① 129 S. Ct. 1800 (2009).

② 5 U. S. C. § 706 (2) (A).

③ 496 U. S. 633 (1990).

（PBGC）负责实施《1974年雇员退休收入保障法》（the Employee Retirement Income Security Act of 1974）。LTV在根据联邦破产法律实施重整的过程中停止了退休年金计划，联邦退休金担保公司命令恢复该退休年金计划。巡回法院认为，联邦退休金担保公司的行为是武断和恣意的，理由是联邦退休金担保公司没有考虑其决定与联邦相关破产法和劳工法中所规定的目标和政策之间的关系。既然联邦退休金担保公司的决定显然会对《雇员退休收入保障法》和这些联邦法律领域产生明显的影响，巡回法院认为，联邦退休金担保公司有义务在决定采取行动之前对所有这三个方面的内容进行考虑。

□ 行政机关不需要考虑相关的法律

最高法院基于以下两点理由推翻了巡回法院的判决。首先，最高法院认为，《雇员退休收入保障法》的“平常用语”明确地要求联邦退休金担保公司只需要考虑《雇员退休收入保障法》的政策和目标。最高法院推翻巡回法院的判决所依据的第二点理由则要宽泛得多：

> 即使是国会给联邦退休金担保公司的指令并没有如此清晰，我们也不能完全确信上诉法院的判决主旨作为行政法的一般原则是否是有道理的。联邦退休金担保公司指出了如果联邦法院要求每家行政机关明确解释从联邦法律而非行政机关的授权法中推导而来的公共政策，将会产生的一些问题。首先，大量联邦法律可以被认为是包含了不胜枚举的政策。如果只要复审法院能够指向一可能相关但是没有明确考虑到的法律上的政策，行政机关的决定就可能被推翻，那么大量的行政机关的决定将可能会被司法机关认定无效。

将行政机关实施决定附理由说明的义务适用范围限定于行政机关授权法中所规定的政策和目标，这一宽泛、实用主义的依据可能预示着未来对该义务进行的进一步限制。LTV案中最高法院对法律“平常用语”的强调可能会对限制《行政程序法》§553（c）所要求的制定依据和目的说明的司法上可以强制执行的范围和细节提供又一正当化的理由。法律条文的“平常用语”之要求对制定依据和目的的“简要的总体”说明；相比之下，各巡回法院经常推翻包含了长篇大论的制定依据和目的说明的行政规则，理由是该说明不能反映对某些争议问题、决策因素、替代方案和数据争议的“充分”考虑。

□ 行政机关不需要考虑相关的问题

在Mobil Oil Exploration v. United Distribution Co.[①]案中，最高法院进一步简化了实
603 施决定附理由说明义务可以允许的范围。最高法院认为，决定在一项规则中解决某一问题的行政机关内部需要在相同的规则制定程序中解决相关的问题，即使它解决某一问题的意图增加了类似问题的严重性。最高法院在引用Vermont Yankee案之后一致认定，行政机关拥有一次解决一项问题的裁量权。

□ 法院不能根据后来的发展认定规则武断和恣意

有的法院认定颁布时有效的规则变得武断和恣意，理由是后来的发展使得该规则过时。[②] 最高法院以一致意见否决了这一做法，判定如果认为规则过时而质疑其持续有效性，

---

① 498 U.S. 211 (1991).

② 例可参见Gamboa v. Rubin, 80 F.3d 1338 (9th Cir. 1996)。

唯一的方法是提出规则制定的请愿。[1]

□ 最高法院对 State Farm 原则的适用

最高法院对若干起规则制定的案件适用了武断和恣意标准。如果放在一起分析，这些案件说明了：（1）最高法院仍然坚持适用其在 State Farm 案中所宣布的这一标准——除非行政机关对其决定理由作出说明，否则该决定就是武断和恣意的；（2）State Farm 原则是极富弹性的——大法官们在很多案件中在行政机关是否为了支持其决定作出了充分理由说明的问题上存在分歧；（3）行政机关是否符合 State Farm 原则意义上的说明决定理由，经常是和 Chevron v. Natural Resources Defense Council[2] 案中所宣布标准第二步——行政机关对其所实施的法律中的模糊条款所作的解释是否合理——相吻合。[3]

在 AT&T Corp. v. Iowa Utilities Board[4] 案中，最高法院适用了实施决定附理由说明的义务。该案判决意见的重要性在于，它是最高法院少数确实实施这一原则的案件之一。联邦通信委员会（FCC）发布了实施 1996 年《电信法》的本地竞争条款。按照最高法院的解释，该法授权联邦通信委员会通过要求本地交换运营商（Local Exchange Carriers）向第三方提供接入本地交换运营商用于提供本地服务的“网络元件”（network elements）以实现本地电话服务的有效竞争。最高法院首先就一项重大的管辖权争议作出裁决。它认定联邦通信委员会而非各州规制机构有权确定接入的可以允许的条件。[5] 最高法院接着处理了其他争议问题。

原告对接入规则的五项特征提出质疑：（1）在必须提供接入的“网络元件”范围中包
括了呼叫人身份显示功能而非设施；（2）将所有“网络元件”纳入接入要求的范围；
（3）未能要求本地服务市场的新进入厂商拥有任何自己的设备；（4）禁止将已经捆绑的网
络元件分拆后租给第三方；（5）本地交换运营商向任何第三方出租单一网络元件的租金不 604
得高于本地交换运营商向其他人出租多项网络元件时的租金。最高法院一致支持联邦通信
委员会接入规则中除第二项特征之外的所有内容。最高法院对上述第 1、3、4 和 5 项问题
的讨论相对简单。最高法院强调了法律术语的字典定义和法律与规则之间的语言一致性。
它在有些问题上尊重联邦通信委员会更高的专业能力，例如“联邦通信委员会的方法是否
会显著阻碍协商……显然是属于联邦通信委员会专业能力的范围之内的，也是显然超出我
们的知识范围的”。

七位大法官出具的多数意见撤销了规则的第 2 项特征性内容，并将其发回联邦通信委员会重新处理——联邦通信委员会将所有“网络元件”纳入接入要求的范围。多数意见首先指出，该法指示联邦通信委员会要求对于本地服务提供所“必要”且如果缺少接入将会“影响”第三方提供本地服务能力的网络元件提供接入。多数意见接着指出，“必要”和“影响”可以被解释为试图将反垄断法中的“关键设施（essential facilities）”原则纳入法律之中。该原则只适用于自然垄断设施和功能。但是，多数意见认为，没有必要对这一问题作出裁决。相反，它批评联邦通信委员会未能“对‘必要’和‘影响’标准赋予一定的实体内容”。多数意见以一定的篇幅讨论了联邦通信委员会推理中的缺陷，以及联邦通信

---

① 参见 Auer v. Robbins，519 U. S. 452 (1997)，参见§6. 10 的详细讨论。

② 467 U. S. 837 (1984).

③ 参见§3. 6。

④ 525 U. S. 366 (1999).

⑤ 参见§3. 6 的讨论。

委员会可以合理界定和适用“必要”和“影响”的途径。最高法院接着撤销了该规则的部分内容，并将这一问题发回联邦通信委员会，要求其根据最高法院的判决意见采取进一步的行动。

Breyer 大法官撰写了协调意见，其中，他以一定篇幅对联邦通信委员会所选择的定价方法，以及联邦通信委员会为了支持这一方法所作理由说明的充分性进行了批评。其他大法官并未涉及这一问题，显然是因为巡回法院还没有涉及这一问题。

在 National Cable & Telecommunications Ass'n v. Gulf Power Co.① 案中，六位大法官多数意见支持了联邦通信委员会的结论，即同时提供高速互联网接入和有线电视接入的电缆附挂（cable attachments）是《1996 年电信法》（the Telecommunications Act of 1996）§224（b）所使用的“线杆附挂”（pole attachments）一词含义相同。多数意见也认为（held in the alternative），联邦通信委员会对该法的解释是“对法律所作出的最佳解读”，并且属于 Chevron 原则意义上的“合理”解释。该法将线杆附挂定义为“任何有线
605 电视系统的附挂”。多数意见同意联邦通信委员会的观点，即双重用途的互联网和有线电视附挂符合这一定义，因为即使它用于提供高速互联网接入，它也确实是“通过”有线电视的附挂。

两位持不同意见的大法官认定，该法的用语模糊足以支持行政机关的解释，但是行政机关的解释并不合理，因为行政机关没有充分说明其解释的依据。持不同意见的大法官认为应该将该规则发回联邦通信委员会重新处理，要求其说明互联网接入的连接属于电缆附挂的理由。在持不同意见的大法官看来，该企业作为有线电视公司而实施的附挂并不必然会使该附挂成为电缆附挂。从功能角度对这一术语进行定义会更有实际意义。持不同意见的大法官们指出，提供互联网接入的双重用途附挂可以“构成有线电视服务或者电信服务，或者两者都不是”。因为这些定性中每一种都具有不同的规制意义，持不同意见的大法官们认为，联邦通信委员会有义务从上述三种可能中作出选择，并说明其选择的理由。

在 New York v. FERC② 案中，六位大法官出具的多数意见支持了联邦能源监管委员会（FERC）作出的将与电力零售服务捆绑的输电服务排除在开放接入批发输电价格（open access wholesale transmission tariff）之外的决定。多数意见发现，联邦能源监管委员会为了支持其决定而提供的两点理由是充分的——（1）还不能认定价格范围的这种扩张并不必然是补救导致设立这种价格的问题所必需的；（2）将已捆绑的零售服务部分纳入联邦规制范围，会引发“众多疑难的管辖权问题”，而它们又是联邦能源监管委员会认为尚没有必要解决的。多数意见指出，联邦能源监管委员会本该有义务将电价范围扩大到包括用于提供捆绑的零售服务的输电服务，如果它发现在该市场中存在“不当歧视”。但是，在没有作出这样的事实认定的情况下，多数意见认定联邦能源监管委员会作出了“法律上所允许的政策选择”。

三位大法官提出了不同意见。持不同意见的大法官指责联邦能源监管委员会没有说明为什么规制与零售服务捆绑的输电服务对于补救批发市场中的不当歧视而言是不必要的。持不同意见的大法官们也发现，联邦能源监管委员会提到疑难的管辖权问题“完全不能让人满意”，因为法律显然将管辖权授予了联邦能源监管委员会，并且联邦能源监管委员会有时也主张这样的管辖权。持不同意见的大法官们认为应该将该规则发回联邦能源监管委员会重新处理，并要求其解决管辖权问题，说明作出决定的理由，并且说明为什么将与零

---

① 122 S. Ct. 782 (2002).

② 122 S. Ct. 1012 (2002).

售服务捆绑的输电服务不需要纳入该规则的适用范围。 606

在 Ragsdale v. Wloverine World Wide① 案中，五位大法官驳回了一项规则，该规则中劳工部将《家庭和医疗休假法》（the Family and Medical Leaves Act）解释为要求雇主批准雇员的假期请求而没有告知雇员其批准的假期是根据《家庭和医疗休假法》所要求的时候，雇主应当另外向雇员提供 12 周的法定假期。该多数意见引用了 Chevron 案，指出“部长所作出的判断，即特定的规章属于该法律要求范围之内，应当被赋予相当的权重(considerable weight)”。但是，多数意见驳回了这一规则，理由是该规则“武断、恣意，或者显然与法律相反”，并且属于“不合理的选择”，因为它是“与《家庭和医疗休假法》全面的补救机制不相容”。四位持不同意见的大法官认为，该规则根据 Chevron 原则是有效的，因为行政机关“合理地认定具体到人的告知是实施《家庭和医疗休假法》的条款所必需的”。在描述了行政机关为了支持其规则而说明的理由之后，不同意见总结如下：“考虑到这些原因，部长的决定……并不是武断和恣意的。”最高法院后来又将 State Farm 原则和 Chevron 第二步的问题混为一谈：“只要部长的判断是合理的……我们就必须尊重。我相信它是合理的。”

在 Verizon Communications v. FCC② 案中，七位大法官出具的多数意见支持了联邦通信委员会（FCC）将“千变万化的”术语“成本”解释为与《1996 年电信法》§252（d）（1）所使用这一词相同的含义。多数意见指出，行政机关和法院长期以来为了定价的目的而采用众多不同的成本计算方法。它认定联邦通信委员会对方法论的选择“处于根据 Chevron 原则应予尊重的合理解释的区间之内”。多数意见认定，联邦通信委员会的方法论是合理的，因为联邦通信委员会已经说明了：（1）为什么它选择了这一方法；（2）为什么它预期这一方法能够推进法定的目标；（3）为什么它不接受这一方法的不同批评；（4）为什么它不采纳若干其他的方法。

Verizon 案的多数意见在认定行政机关对法律上的术语“成本”所作的解释按照 Chevron 原则第二步的意义上讲是合理的时，应用了 State Farm 原则所要求的说明理由的决定标准。但是，在脚注 20 中，多数意见对 State Farm 原则是否完全适用提出质疑。在该脚注中，多数意见对不同意见作出了回应：“虽然 Breyer 大法官没有……Chevron 尊重的适宜性，他采用了……State Farm 原则……认为联邦通信委员会的选择……与该法放松规制的目的之间并不具有‘合理联系’。”多数意见接着认为，State Farm 原则只有在行政机关“改变常规”时才能适用。但是，多数原则接着指出，联邦通信委员会的规则即使“根据 Breyer 大法官自己用的术语”也过关了。脚注 20 引出了一项棘手的难题：State 607 Farm 案中所宣布的行政说明决定理由的义务只在行政机关改变常规时才适用吗？这当然不是下级法院对这一判决意见所作解释的方式。各巡回法院在数百起行政机关并未改变常规的案件中适用了 State Farm 原则。如果最高法院试图如此限制 State Farm 原则所规定义务的适用范围，就需要采用比注解中的法官附带意见更为确定的途径。

Breyer 大法官在 Verizon 案中的不同意见从下列两个相互关联的方面来看是很奇怪的。首先，这很可能是任何法院所发布的任何判决意见中所包含的 State Farm 原则的尊重程度最低、要求最高的一次适用了。Breyer 大法官承认，行政机关为了辩护其就方法论所做选择提供了六点理由，但是 Breyer 大法官接着对他为什么对这六点理由都不同意作出了说明。其次，特别令人惊奇的是 Breyer 大法官认为应该适用一种极端版本的 State Farm 原则。在 1986 年，时任哈佛大学法学院教授的 Breyer 所撰写的一篇论文③荣获当年的美

---

① 122 S. Ct. 1155 (2002).

② 122 S. Ct. 1646 (2002).

③ Breyer, "Judicial Review of Questions of Law and Policy", 38 *Admin. L. Rev.* 363 (1986).

国律师协会最佳行政法学研究奖 * 。Breyer 教授对 State Farm 案中最高法院的判决意见作出了苛刻而雄辩的批评。他解释了为什么法院没有资格事后批评行政机关的政策决定，并且描述了法院试图承担其不适合承担的任务而产生的诸多问题。Breyer 大法官也许需要阅读和留意自己担任教授时所提出的精彩建议。

在 Chevron v. Echazabal 案[1]中，最高法院以一致意见支持了一项平等就业机会委员会（EEOC）的规则，该规则将“表明与所涉及的位置的工作相关的，并且……与业务必要性相互一致的”工作要求界定为包括工作申请人的可能会因为履行其工作而危害其自身健康的残疾。《美国残疾人法》（the Americans with Disabilities Act）对这一法定的拒绝雇佣残疾人的理由所下定义明确包含了将会危害其他人的残疾，但是并未明确包括将会危害申请人自身的残疾。巡回法院适用了“明示其一排除其他”（expressio unius）原则，以此作为依据判定该规则无效，因为法律默示地禁止该规则所试图创设的辩护理由。

最高法院花了几页的篇幅说明了为什么没有适用明示其一排除其他原则。其推理支持了最高法院的判决，即该法律在 Chevron 原则第一步的意义上来讲是模糊的，并且引入了最高法院对于 Chevron 原则第二步的讨论：

因为国会还没有对工人自身健康的威胁作出事无巨细的规定，行政机关的规章只要它
608 搞明白法定资格标准的抗辩，即“与工作相关并且符合业务需要”…… 它就可以根据 Chevron 的规则而要求得到坚持。

最高法院接着花了数页篇幅说明它考虑了行政机关基于政策所提出的采纳法律解释是合理的理由。

在 National Cable & Telecommunications Ass'n v. Brand X Internet Services[2] 案中，七位大法官出具的多数意见支持了一项行政机关的规则，在该规则中联邦通信委员会认定宽带电缆调制解调器互联网服务不属于电信服务。多数意见在讨论过程中交替引用了 State Farm 原则和 Chevron 原则第二步，认定行政机关对于《电信法》（the Telecommunications Act）的解释是合理的，而不是武断和恣意的。

在 Massachusetts v. EPA[3] 案中，最高法院对于行政机关拒绝规则制定请愿的决定是否适用武断和恣意标准形成了 5 ∶ 4 的分歧。环保组织向环境保护局（EPA）提出请愿，要求其启动对机动车温室气体（CO_2）实施规制的规则制定程序。环境保护局基于两点理由拒绝了这一请愿：（1）它缺乏对温室气体实施规制的权力；（2）它拒绝行使任何基于政策理由可能拥有的权力。大法官们在三项问题上形成了 5 ∶ 4 的分歧。五位大法官出具的多数意见认为，马萨诸塞州（Massachusetts）具有申请对这一决定进行司法审查的原告资格[4]，环境保护局有权对机动车温室气体排放实施规制[5]，以及环境保护局决定不对这些排放实施规制，是武断和恣意的。多数意见认为，可以适用于行政机关决定拒绝规则制定请愿的武断和恣意标准的范围是“极其有限”和“高度尊重的”。多数意见也承认，环境保护局“详细说明了”它为什么推迟规制机动车温室气体排放的决定。环境保护局对其推迟决定提出了六点言之成理的政策理由。多数意见承认，它“既没有专业能力，也没有权

---

* 美国律师协会行政法与规制实践部每年评选行政法学研究奖，从上一年度发表的行政法论文或者专著中遴选出最具理论创新或者对实务有突出贡献者。除了 Breyer 大法官之外，Cass Sunstein、Jerry Mashaw、Thomas Merrill、Jody Freeman 等教授曾荣获这一奖项。——译者注

① 122 S. Ct. 2045 (2002).

② 125 S. Ct. 2688 (2005)，参见 § 3.5 和 § 3.6 的详细讨论。

③ 127 S. Ct. 1438 (2007).

④ 参见第 16 章的讨论。

⑤ 参见 § 3.6 的讨论。

威对这些政策判断作出评判”。但是，它发现环境保护局对于推迟规制的政策理由的讨论“偏离了法律文本”。该法律规定，“[环境保护局] 局长应当通过规章规定……对任何根据他的判断会导致，或者加剧空气污染，并且可以合理预期会危害公众健康和福利的来自任何……新的机动车……所排放的任何空气污染物所适用的标准”。根据该多数意见，法律所使用的文字限制了环境保护局考虑温室气体是否导致或者加剧全球变暖的裁量权。因为 609
环境保护局拒绝对机动车温室气体排放实施规制的理由中，没有一项是停留在这类排放不会导致或者加剧全球变暖的结论，多数意见认定环境保护局所作的理由说明在法律上看是不充分的，因此其决定是武断和恣意的。

持不同意见的大法官表达的观点则是该法律并未禁止环境保护局裁量决定现在不“处理”因果关系问题而留待以后解决，并且法律上的沉默不应被解释为禁止行政机关考虑诸如该决定对于其他项目和对外政策——环境保护局在该案中所采纳的——影响等因素。

□ 行政机关是否可以考虑国会没有指出的因素

哥伦比亚特区巡回法院在一系列的判决意见明确了常被误解的一项重要问题的法律规则。在 State Farm 案中，最高法院指出：“通常来说，如果行政机关采用的是国会没有意图考虑的因素，行政规则将会被认为是武断和恣意的……”这段论述可以被解释为禁止行政机关考虑某一因素，除非国会明确指令国会考虑这一因素。或者，它可以被解释为禁止行政机关考虑某一因素，除非国会明确禁止行政机关考虑这一因素。Jerry Mashaw 和 David Harfst 曾经解释了为什么法院应当采纳第二种解释。基本上来说，国会总是要求行政机关努力推进一系列远远超出法律所能容纳的社会目标。[1] 哥伦比亚特区巡回法院采纳了 Mashaw 和 Harfst 所倡导的这种解释。

在 Warren v. EPA[2] 案中，美国汽油炼化企业质疑一项规则的效力，该规则修改了用新配方汽油替代传统汽油以减少空气污染的规制项目的实施方法。实施这一项目的最初规则主要采用每家炼化企业传统汽油在基准期间（baseline period）所产生的污染量。但是，对于进口外国汽油的情形，单独的基准期间就不再可行，因为无论是外国的炼化企业还是政府都没有确定基准期间所需的数据。外国汽油的进口商被分配一个通用的基准期间，该基准期间通常在条件上不如国内炼化企业各自的基准期间优惠。一年以后，世界贸易组织认为，该规则对进口的歧视违反了《关税贸易总协定》（GATT）。环境保护局根据这一意见，对该规则进行了修订，代之以新的事实方法，以消除对进口商的歧视。但是，这一新 610
的实施方法在减少空气污染方面，至少在一定程度上不如原先的方法有效。

国内炼化企业认为，新的规则是武断和恣意的，因为环境保护局在制定该信规则的时候已经考虑了国际法和国际贸易的因素，而作为准据法的法律指出清洁空气是该法律的唯一目标。哥伦比亚特区巡回法院驳回了这一说法，指出：“我们通常不愿意从国会的沉默中推导出排除行政机关考虑法律中所列举因素之外的因素。”法院接着对拒绝在该案中得出这样的推论给出了很少的理由说明。法院指出，无论是在法律用语还是立法史都表明这是在追求清洁空气和追求防止汽油市场动荡之间妥协的产物。法院也引用两百年来最高法院的判决指示下级法院对国内法律进行解释的方法应当避免违反美国作为缔约国的国际协议。

---

① J. Mashaw & D. Harfst, *The Struggle for Auto Safety* ch. 10 (1990).

② 159 F. 3d 616 (D. C. Cir. 1998).

Grand Canyon Air Tour Coalition v. FAA[1] 案的判决意见与 Warren 案类似。国会制定的一部法律要求联邦航空管理局（FAA）限制飞跃大峡谷的航班数量。在拖延很多年之后，联邦航空管理局发布一项规则，其中规定将逐步限制，但是不会禁止这种飞行。大峡谷基金会（the Grand Canyon Trust）认为该规则无效，因为联邦航空管理局考虑了飞行旅游行业，而法律只提到了促进自然宁静。法院驳回了这一主张。它没有发现在法律中表明国会希望禁止联邦航空管理局考虑飞行旅游经营者的利益的证据，但是发现有确切证据表明国会希望允许联邦航空管理局考虑这些利益，例如，法律只要求"实质性地恢复自然宁静"，而不是完全恢复，法院要求联邦航空管理局制定规划来管理飞跃大峡谷的空中交通，这也表明一定量的航班将会继续。

在 Michigan v. EPA[2] 案中，哥伦比亚特区巡回法院再次适用了这一重要原则。两位法官出具的多数意见指出，环境保护局可以在考虑一州中的排放"明显地导致另一州的……空气质量不达标（nonattainment）"。不仅如此，法院还认为行政机关可以在适用任
611 何法律标准时考虑成本因素，除非法律中包含了不要考虑成本的"明确的国会意图"[3]。

但是，法律没有明确提及决定因素，是否排除行政机关对这一因素的考虑？对于这项重要的问题，最高法院可能与哥伦比亚特区巡回法院之间存在意见分歧。在 Massachusetts v. EPA[4] 案中，以及 National Ass'n of Homebuilders v. Defenders of Wildlife[5] 案中，两个成员构成存在较大差别的五名大法官构成的多数派似乎否定了行政机关参考逻辑上言之成理的决定因素的合法性，因为这些因素不是所讼争的法律中明确提到的因素。在 Massachusetts 案中，尽管学术界存在广泛的共识，即只有通过协调的、全球性的排放限制才能有效应对全球变暖问题，但是多数意见还是否定了环境保护局以制定应对全球变暖的综合性全国性政策的需要和与其他国家就全球变暖减缓措施为由推迟根据《清洁空气法》启动对美国新汽车设定温室气体排放限值的规则制定程序，因为《清洁空气法》并没有明确授权环境保护局考虑这些因素。在 National Ass'n of Homebuilders 案中，多数派在法官附带意见中指出，环境保护局在决定是否将《清洁水法》规定的许可权转移给州时，将对濒危物种的不利影响作为一项因素，将会构成未经授权而废除了《清洁水法》的一项条款，该条款列举了其他九项因素，但是并没有明确授权环境保护局考虑每项许可权转移决定对濒危物种的不利影响，即使《濒危物种法》似乎要求进行此类考虑。

但是，大法官们很可能只是没有将注意力集中到这一问题。如果你合并统计 Massachusetts 案和 National Ass'n of Homebuilders 案的投票情况，对于行政机关可以考虑国会没有提到的因素的主张，已经有九位大法官否定这一主张，但是也有八位大法官接受了这一主张，这对于九人组成的最高法院来说是一个非常奇怪的划分组合。不仅如此，LTV Corp. v. PBGC[6] 案，INS v. Yang[7] 案和 Lopez v. Davis[8] 案中，所有九位大法官似乎都接

---

① 154 F. 3d 455 (D. C. Cir. 1998).

② 213 F. 3d 663 (D. C. Cir. 2000).

③ 另可见 Allied Local & Regional Manufacturers Caucus v. EPA, 215 F. 3d 61, 78 (D. C. Cir. 2000)（法律中列举五项因素并不能排除其他行政机关考虑其他的两项因素）；不同观点，参见 Whitman v. American Trucking Ass'n , 121 S. Ct. 903 (2001)（对法律用语和情境的阐释排除了环境保护局在制定空气质量标准［ambient air standards］时考虑成本）。

④ 127 S. Ct. 1438 (2007)，参见本节上文和§3.6 的讨论。

⑤ 127 S. Ct. 2518 (2007)，参见§3.6 的讨论。

⑥ 496 U. S. 633, 647-52 (1990).

⑦ 531 U. S. 230, 242 (2001).

⑧ 531 U. S. 230 (2001).

受了这一主张。

最高法院应当尽快以清楚和连贯性的方式解决这一问题，以便消除判决意见中存在的不一致性，并且为下级法院提供必要的指引。[①] 612

□ State Farm 原则的立法扩张

1996 年，国会修订了《规制灵活度法》(the Regulatory Flexibility Act)，增加行政机关在制定影响“小型实体”(small entity) 的规则时应当采用的程序。[②] 经过修订，《规制灵活度法》的效力包括从立法上对 State Farm 标准进行了扩张，使其包括了考虑规则对于“小型实体”的影响的义务。

第一巡回法院解释和适用了对《规制灵活度法》所作修订的判决意见，表明它并不会对规则制定程序或者对于这一过程的司法审查产生重大的影响。[③] 在所有这两起案件中，法院认为，该修正案中要求将是否遵守《规制灵活度法》需要接受司法审查的规定是溯及地得以适用，但是其中改变行政机关义务的性质和范围的规定并未溯及适用。在 Southwestern Pennsylvania 案中，第三巡回法院之所以选择判定原告不能对《规制灵活度法》的争议问题申请审查，是因为原告并未向行政机关提出过这一问题，而行政机关已经通过在决定中加入简短论述——拒绝向原告放宽规制要求——并未对小型实体施加新的义务。在 Associated Fisheries 案中，法院判定行政机关符合《规制灵活度法》的规定。判决意见中的若干段落证明了对于行政机关遵守《规制灵活度法》的高度尊重的姿态。法院认定《规制灵活度法》并未“要求行政机关采取实体性措施，而是对不太繁重的选项给予了考虑……”行政机关需要采用“特定的发表方式”，“只要它对法律所要求的每一项具体内容都经常了有意义的、容易理解的分析……”但是，尽管《规制灵活度法》要求行政机关“确保［小型实体的］参与，但是参与的方法和方式则是主要留给［行政机关的］健全的裁量权”。

在 Alenco Communications v. FCC[④] 案中，第五巡回法院赞同采取这种轻度干预(light-handed)、尊重的进路。它认为，行政机关之需要作出“实施《规制灵活度法》要求的合理真诚的努力”。 613

在 Ranchers Cattleman Action Legal Fund United Stockgrowers of America v. DOA[⑤] 案中，第九巡回法院同意其他巡回法院的意见，即《规制灵活度法》是“纯粹程序性的”，“行政机关只是必须证明为了符合这些要求而付出了合理善意(good faith)的努力”。

□ 违反 State Farm 原则的救济

联邦法院开始采取新的规则制定审查方法，以便有可能减少规则制定障碍，恢复行政机关依靠规则和规则制定作为制定政策之主要方法的能力。在过去，巡回法院只要认定行

---

① 参见 Pierce, “What Factors Can an Agency Consider in Making a Decision”? 2009 *Michigan State L. Rev.* 67 (2009)。

② 参见§7.1 的讨论。

③ 参见 Associated Fisheries of Maine v. Daley, 127 F. 3d 104 (1st Cir. 1997); Southwestern Pennsylvania Growth Alliance v. Browner, 121 F. 3d 106 (3d Cir. 1997)。

④ 201 F. 3d 608 (5th Cir. 2000).

⑤ 415 F. 3d 1078 (9th Cir. 2005).

政机关没有“充分地”讨论某一重要问题，对于评议意见中有充分证据支持的主张作出回应，或者解释为什么选择某一选项而非另一选项，它就以该规则是武断和恣意的理由撤销该规则。偶尔情况下，法院会拒绝在这种情况下撤销规则，而让该规则暂时发挥效力。这一救济方法使得行政机关有机会重新处理以纠正法院所发现的不充分性，而不用发生经常具有破坏性的撤销规则的影响，也不用要求行政机关从头开始规则制定的程序。但是，法院采用发回重新处理而非撤销的救济手段，只是发生在相对不太常见的情形。[①]

□ 撤销规则的不利影响

但是，除非情况特殊，法院认定行政机关未能在规则制定过程中充分考虑某一问题，通常会导致规则的撤销。这种救济手段的选择对于行政机关采用规则制定以解决重大政策纠纷构成了强有力的吓阻因素。许多规则制定程序提出了数十项疑难的问题。俯身法院，在高明的原告律师帮助之下，几乎总是能够找到一项或者更多的行政机关在制定依据和目的说明中未能充分说明的问题。而行政机关则是在多年努力制定重大规则而因为在制定依据和目的说明中未能充分说明众多问题中的其中一项而被法院判决撤销其规则之后而士气
614 受挫。[②]

□ 撤销规则与 Georgetown 案之间的关系

在 Bowen v. Georgetown University Hospital[③] 案之后，司法机关传统上采取的撤销规则这一救济手段对行政机关采用规则制定的激励产生了更坏的影响。Georgetown 案具有禁止大多数行政机关发布任何具有溯及力的规则的效力。在 Georgetown 案之后的法律环境中，司法机关撤销行政机关的规则，常常会将行政机关置于这样的境地，即行政机关在无力执行任何本来打算调整某一重要领域，现在被撤销的规则，而且在司法判决撤销该规则和发回重新处理后，纠正法院在被撤销的规则中所包含的制定依据和目的的说明中发现的缺陷并通过新规则需要经历漫长的等待。

□ 法院开始发回重新处理但不撤销

联邦法院已经逐渐地开始放弃过去在大多数发现行政机关违反了实施决定附理由说明义务后撤销该规则的做法。它们现在远比过去愿意采用发回重新处理但不撤销（remand without vacation）的替代救济方法。这让行政机关能够纠正法院所发现的理由说明中的缺陷而又不致产生缺乏有效规则的期间的问题。

---

① 参见 International Union，UMW v. FMSHA，920 F. 2d 960 (D. C. Cir. 1990)（虽然行政机关未能充分讨论某一问题，但是允许豁免适用安全规则，以发回重新处理并临时性维持其效力，这里的豁免命令没有明显的实体缺陷，也没有理由相信允许豁免以临时性维持其效力会对安全构成不利影响）；Maryland People's Counsel v. FERC，768 F. 2d 450 (D. C. Cir. 1985)（尽管行政机关未能充分说明支持其规则的理由，但是允许维持规则效力并发回重新处理，在这里规则按照其自己的规定将在几个月内到期失效，而行政机关也已经开始新的规则制定程序，并且很可能会通过一项不同的规则）。

② Pierce，“The Unintended Effects of Judicial Review of Agency Rules：How Federal Courts Contributed to the Electricity Crisis of the 1990s”，43 *Admin. L. Rev.* 7 (1990)；Mashaw & Harfst，“Regulation and Legal Culture：The Case of Motor Vehicle Safety”，4 *Yale J. Reg.* 257 (1987).

③ 488 U. S. 204 (1988)，参见§6. 7 的讨论。

□ 适用于救济选择的两部制标准

在 Allied Signal, Inc. v. NRC① 案中，哥伦比亚特区巡回法院选择了发回重新处理但不撤销的救济。它在该案中也论述了它现在用来确定是否在认定行政机关没有充分说明某一重要问题时撤销该规则的标准。法院对救济手段的选择取决于“命令所存在缺陷的严重程度（以及因此对行政机关是否作出了正确选择的怀疑程度）和撤销该规则的破坏性影响”。在 Allied Signal 案中，法院选择发回重新处理但不撤销的救济，因为它认定：(1) 至少存在该委员会在发回重新处理的过程中证实其立场的高度的可能性；(2) 撤销的后果可能是非常具有破坏性的。② 其他巡回法院也效仿哥伦比亚特区巡回法院的做法，在选择司法上的救济手段方面采取这种新的方法。③

□ 作为例证的巡回案件

联邦法院对规则制定适用 State Farm 标准案件多达数百起案件，以下论述的案件可以作为例证。在 Fishermen's Dock Cooperative, Inc. v. Brown④ 案中，第四巡回法院作出的 615
富有思想的判决意见，针对行政规则是否适用以及如何适用武断和恣意标准提供了特别好的解释。商业性捕鱼企业（commercial fishermen）寻求地区法院审查商务部规定的夏季比目鱼（flounder）捕捞配额规则。行政机关已经为支持这一规则而准备了大量的记录。地区法院采取了一种超常规的步骤，命令对该规则的有效性举行举证式听证。⑤ 在对有关估计特定鱼种补充（recruitment）的各种统计方法，听取了为期 3 天的相互冲突的专家作证之后，地区法院认定该行政机关所采用的方法不能提供法律上要求的“最佳可得的科学信息”。地区法院认定该规则武断和恣意而予以撤销。

第四巡回法院不同意地区法院所采取的这种侵犯性的、非尊重式的进路。它推翻了地区法院的判决，支持该规则。巡回法院批评地区法院误解了不确定条件下决策的性质，也误解了法院审查这类决策的合理角色。第四巡回法院对这一重要问题的精彩论述值得广泛的引用：

> 地区法院正确地指出 81%概率的具体选择……在某种意义上是武断的。但是，从法律术语上讲，选择 59%概率［原告要求，并得到地区法院采纳］也会是如此的……选择多大程度的保证（assurance）而投入，这必须是留给法律授权的决策者合理行使的裁量范围。而且，这种选择不可避免地会包含一定程度的武断……行政机关只能涉及不确定条件下行使裁量权所天然存在的这种武断，而不能涉及法律所谴责的那种武断。

在讨论一系列案件之后，第四巡回法院接着指出：“这些案件实际上要求行政机关作出它这里所作出的决定——那也就是，对其决定的方法说明理由而不要假装该决定包含超出所能获得的数据内在具有的不确定性之外的一定程度的合理性。”

在 Associated Fisheries of Maine v. Daley⑥ 案中，第一巡回法院作出了类似的说理充

---

① 988 F. 2d 146 (Allied 1993).

② Id. at 151.

③ 参见§17.3 中涉及这一重要问题的案例的讨论。

④ 75 F. 3d 164 (4th Cir. 1996).

⑤ 参见§11.6。

⑥ 127 F. 3d 104 (1st Cir. 1997).

分的判决意见。该判决支持了一项经过修订的规则，该规则制定目的是要应对美国东北海
616 岸外水域中底栖鱼（groundfish）储量“持续恶化的状况”。法院对行政机关和复审法院各自的角色进行了精彩的总结：

在仔细审查相关记录之后，我们不能认定部长行使裁量权的方式是不合理、粗心和反复无常的。当行政机关面对相互冲突的科学观点并从中作出选择之时，其决定不能被定性为武断和恣意……行政决策不是一门精确的科学，司法审查必须承认在不确定条件下行使裁量权内在具有的一定程度的武断性。

在 Strickland v. Commissioner，Maine Department of Human Services① 案中，法院支持了一项规则，该规则禁止自我雇佣的个人为了确定领取食品券的资格而将固定资产折旧作为计算收入时计入“成本”。法院在论述其判决作出程序时强调了对行政机关决策程序的尊重：“这一考虑涉及对行政机关作用的较高尊重程度。行政机关没有必要在起草规则时以最佳或者最符合逻辑的方式服务于法律的需要；它只需要从对法律的可允许的解释中合理推导出规则。”② “在缺乏有意义的指控时，我们有义务接受部长……仅从表面上理解（at face value）……对于改变所提供的理由说明。当行政机关以言之成理的方式对修订一项组织间液规则（interstitial rule）提供了符合原理的依据时，法官就不能对其视而不见。”③

在 Troy Corp. v. Browner④ 案中，哥伦比亚特区巡回法院支持了环境保护局的一项规则，该规则将 286 种化学物质补充进入《应急规划和社区知情权法》（the Emergency Planning and Community Act）规定的有毒物质公开目录（the Toxic Release Inventory）。法院认为环境保护局采取的根据该法确定毒性认定方法——包括在低毒性化学物质的案件中决定只考虑暴露（exposure）* 问题——是合理的，因而予以支持。法院对行政机关的进路和它的进路总结如下：

环境保护局对于每一种备选的化学物质采取了基于记录的数据审查。尽管我们可以说某些对化学物质进行的逐项审查是“简略”和“粗线条的”，但这并不必然是贬义的。法律标准……是严格的，并不要求其证据是连篇累牍的，特别是并不要求有连篇累牍的记录。

但是，法院认为因为环境保护局采用的是“基本上没有材料支持的检测……”所以环
617 境保护局对一种化学物质的认定是武断和恣意的。但是，在发回重新处理的过程中，行政机关提供了法院认为是充分的额外证据和理由说明。⑤

在 National Mining Ass'n v. Mine Safety & Health Administration⑥ 案中，哥伦比亚特区巡回法院支持了调整矿山安全的复杂、涉及多方面内容的新规则。除了对一项问题的例外，法院认定行政机关已经充分回应了对于规则草案所提出的具体质疑，并以充分的明确性证明了该规则的正当性。但是，法院对一项问题发回重新处理，要求进一步研究，理由是行政机关没有在通告中充分预示规则的这一内容。

---

* 化学物质的暴露，是指化学物质在确定期间内以特定频率到达一个靶生物、系统或者（亚）种群的浓度或总量。——译者注

① 48 F. 3d 12 (1st Cir. 1995).

② Id. at 17.

③ Id. at 20.

④ 129 F. 3d 1290 (D. C. Cir. 1997).

⑤ 参见 Troy Corp. v. Browner，129 F. 3d 1290 (D. C. Cir. 1997)。

⑥ 116 F. 3d 520 (D. C. Cir. 1997).

在 Huls America v. Browner[1] 案中，哥伦比亚特区巡回法院支持了环境保护局的一项规则，该规则拒绝从有害物质名单中删除某一物质。环境保护局作出这一决定完全是基于有关该物质的毒性分析的数据，并且拒绝对该物质的物理和化学特性进行研究。法院的结论是，这是法律所允许的主观判断（judgment call），并且行政机关已经作出了充分解释。法院承认，在得出作为规则制定依据的毒性评估时，环境保护局采取了高度不确定的推断程序（process of extrapolation）。但是，法院支持环境保护局采取这一程序，理由是行政机关并不能获得更好的数据，法院对行政机关“在其专业范围内评估科学数据”时应当给予“极其高度的尊重”。

在 USA Group Loan Services v. Riley[2] 案中，第七巡回法院支持了一项教育部的规则，该规则规定助学贷款服务机构（student loan services）对违约贷款负责，如果教育部不能从学生那里收回贷款，并且该违约可以归因于服务机构（servicer）违反了规则、法律或者合同。教育部制定该规则的依据是需要通过鼓励贷款服务机构尽量减少导致违约的错误从而减少大规模的助学贷款违约。贷款服务机构认为，该规则将会不合理地增加它们的成本，并且该规则是武断和恣意的，因为教育部并未开展研究以确定该规则的成本。法院对这一主张的回应是论述了第七巡回法院对此类主张所采取的特别明智的方法：

> 服务机构有着每一项机会自行开展研究，并将研究结果提交部长研究。它们并未这么做，我们也已经在别处警告过，当某一行业以需要有说服力的数据作为支持依据来反对规制时，他们最好去获取并提交这些数据。

在 Alliance Against IFQs v. Brown[3] 案中，第九巡回法院支持了一项规则，该规则规
定了捕捞裸盖鱼（sablefish）和太平洋大比目鱼（Pacific halibut）的配额。法院指出，法 618
律要求行政机关在设定该配额时，要推进若干相互并不一致的目标。法院认为，行政机关
已经充分解释了它所作出的各项决定为何推进了其中一些目标，但是牺牲了其他目标。

在 Radio Ass'n v. Department of Transportation[4] 案中，第六巡回法院采用了类似的推理来支持行政机关的规则。该案中行政机关改变了之前的决定，发布规则禁止在商业车辆中使用雷达探测器。行政机关承认它未能证明雷达探测器的这种用途与事故发生率之间的关系。它的结论是在商业车辆上使用雷达探测器和事故严重程度之间很可能存在联系，但它也承认，即使是这一联系也会受到相当程度的不确定性的影响。它也承认了其他若干问题与它作出发布规则的决定之间的联系存在的不确定性。法院认定，正如行政机关坦诚地承认和论述所存在的与该规则实施依据相关的重大不确定性所表明的那样，它实施了附理由说明的决定。该行政机关的组织法要求它对每项规则实施成本效益分析。该行政机关在制定规则时进行了成本效益分析，但是承认它的估计是不全面和不精确的，因为在决策过程中内在地存在着各种来源的不确定性。法院认定，在这些情况下所进行的成本效益分析是充分的。

在 Florida Manufactured Housing Ass'n v. Cisneros[5] 案中，第十一巡回法院支持了住房和城市发展部（HUD）的一项规则，该规则是在一场飓风摧毁了影响区域内 97%的此类住房之后，大幅提高了对于已建住房适用的结构严密性标准（structural integrity standards）。法院认定，住房和城市发展部已经充分考虑了规则的成本和有关成本效益的数据

① 83 F. 3d 445 (D. C. Cir. 1996).
② 82 F. 3d 708 (7th Cir. 1996).
③ 84 F. 3d 343 (9th Cir. 1996).
④ 47 F. 3d 794 (6th Cir. 1995).
⑤ 53 F. 3d 1565 (11th Cir. 1995).

争议，住房和城市发展部已经“在尽可能的范围内”征求了一家咨询委员会的意见后汇集了法律上的要求。法院指出，武断和恣意标准赋予上诉法院的是最低限度的推翻规则的依据。

在 Ass'n of Public-Safety Communications Officials v. FCC[1] 案中，哥伦比亚特区巡回法院支持了联邦通信委员会的一项规则，该规则撤销了过去发布的一项规则。这种废止的效力是新指定的应急技术波段（emergent technology bands）的公共安全占有人（public safety occupants）迁移到其他频谱。法院认定，行政机关已经对撤销的决定提供了“附理由说明的解释”。法院对于满足无法实现的特定标准和以合理方式面对无法避免的不确定
619 性之间进行了重要的区分：“对于从联邦通信委员会角度来看这些结论是否反映了无懈可击的分析，联邦通信委员会已经根据各项研究和在规则制定过程中提交的评议意见充分地进行了有理由说明的分析。”

在 Personal Watercraft Industry Ass'n v. Department of Commerce[2] 案中，哥伦比亚特区巡回法院认为，行政机关没有义务考虑在评议期间经过之后提交的评议意见。法院也驳回了原告的主张，即该规则是武断和恣意的，因为它会规制一种危害来源而不规制其他危害来源。用法院的话来说：“行政机关经常在程度问题上发生争吵（contends with matters of degree）。规则……并不能仅仅因为它们未能对被认为可能产生任何类型的问题的事物进行规制而被认为是武断的。”[3] 法院接着认为，行政机关对于制定依据和目的所作的两个段落的说明足以驳斥原告有关该规则是武断和恣意的观点。判决意见中这部分的推理证明了对于国会在《行政程序法》§553 中描述规则所必须附带提供的说明的用语的全新（也是很少见的）尊重：“第一段讲的是‘依据’，第二段讲的是‘目的’。该说明是‘简要’和‘总体性的’。”[4]

在 Simms v. NHTSA[5] 案中，第六巡回法院支持了国家公路交通安全管理局（NHTSA）发布某一类型规则的决定，但是该规则不是原告所希望的那种类型。国家公路交通安全管理局的解释是它的决定主要基于实用主义的考虑，例如原告所要求的那类规则将会产生若干无法解决的技术问题并且阻碍规则的实施。法院认定，国家公路交通安全管理局已经“在对这一问题的首要考虑和最终决定之间采取了合理的路径”[6]。

在 United States v. Guthrie[7] 案中，第十一巡回法院支持了一项规则，该规则根据 8 本爬行动物学（herpetology）教科书的论述将一种乌龟列入濒危物种名单。法院也认为，原告未能提出证据以在违反该规则的刑事诉讼中指控该规则的依据。

在 Fox Television Stations v. FCC[8] 案中，哥伦比亚特区巡回法院认为，联邦通信委员会（FCC）没有对其保留限制电视台所有权的两项规则的决定提供充分的支持。法院认定，联邦通信委员会还没有说明为什么这些规则促进了竞争或者多元化的目标，或者它为什么改变了其有关该规则之需要的意见。哥伦比亚特区巡回法院将其中一项规则发回重新处理并要求进一步考虑，因为它相信联邦通信委员会可能能够为其保留该规则的决定提供
620 令人满意的说明，但是它撤销了另一项规则，因为它相信联邦通信委员会很可能无法为其

---

① 76 F. 3d 395 (D. C. Cir. 1996).
② 48 F. 3d 540 (D. C. Cir. 1995).
③ Id. at 544.
④ Id. at 545.
⑤ 45 F. 3d 999 (6th Cir. 1995).
⑥ Id. at 1009.
⑦ 50 F. 3d 936 (11th Cir. 1995).
⑧ 280 F. 3d 1027 (D. C. Cir. 2002)，参见 §6.10。

保留该规则的决定提供充分的辩护。

在 Worldcom v. FCC① 案中，哥伦比亚特区巡回法院很好地处理了有关行政机关所说明的理由是否对于政策决定来说是充分的争议。在决定何时本地电信市场具有充分竞争从而有理由允许在位企业拥有更大的定价灵活度，联邦通信委员会（FCC）将在位企业的营业区域中竞争者的设备的搭配（collocation）程度作为确定在位企业所面临竞争程度的指标。哥伦比亚特区巡回法院认定，联邦通信委员会在选择以搭配程度作为确定竞争程度的指标时，已经履行了说明决定理由的义务。联邦通信委员会承认，［设备］搭配程度不是确定竞争程度的理想衡量方法，但是它解释了为什么这比起替代的衡量方法更好。竞争者也认为，联邦通信委员会本该收集更多的有关竞争存在相关的数据，但是法院认为，联邦通信委员会的调查努力是充分的："允许其他人迫使联邦通信委员会开展更多的调查，将很可能给利害关系人造成迟延。"哥伦比亚特区巡回法院也支持了行政机关在作出政策决定时采纳承认不确定的预测结论。

正如第九巡回法院在 Brower v. Evans② 案中所说明的，国会可以更改说明决定理由制义务的性质与范围。在 1999 年，内政部发布了一份报告，其结论是它无法认定大型袋网捕鱼法* 是否对于海豚储量具有负面影响。行政机关认为，虽然它不能作出存在负面影响的事实认定，但在大型袋网中所捕获的金枪鱼可以打上"海豚安全"（dolphin safe）的标签**。一家环保组织对于行政机关的推理和所采纳的数据都提出了质疑。行政机关的报告几乎可以肯定地说本来是应该能够经受住通过适用说明决定理由的普通义务的审查，但是法院推翻了行政机关的决定，因为行政机关未能遵守明确规定的法定要求。该法律要求行政机关通过根据具体类型的研究所得出的数据而在特定的日期之前以这种或者那种方式作出事实认定。行政机关既没有实施强制性的研究，也没有在法定期限之前作出强制性的事实认定。

国会对于说明决定理由的义务作出的更具争议的修改，使得第四巡回法院合议庭在 McDaniels v. United States③ 案中产生了分歧。在《1999 年政府拨款法》（the 1999 Ap- 621
propriations Act）中，国会指示农业部长以公平公正的方式分配农业灾害救助资金。农业部长发布了一项规则，规定毛收入超过 250 万美元的个人享受任何救灾资金的资格。有的因为其毛收入而无法享受救灾资金资格的农场主对该规则提出质疑，认为它是武断和恣意的。多数意见支持了该规则，即使行政机关还没有为该规则说明任何理由。多数意见指出，国会已经不仅豁免该规则制定适用通告评议程序，而且明确规定行政机关没有必要为其资格标准作出说明。多数意见认为，在这种情况下适用于该规则的唯一版本的武断和恣意标准就是，如果有任何合理的理由可以支持该规则，法院就必须支持该规则。因为行政机关可能本来认为毛收入是简单、统一和客观的标准，可以避免分配该资金中存在的行政迟延，法院从中找到了一项决定的依据。持不同意见的法官认为，法院不能为行政机关不遵守说明决定理由的义务开脱，因为该义务是"行政法的基本观念"。持不同意见的法官的定性是准确的，但是说明决定理由的义务是国会所创设的"基本观念"，因此国会也可以修改或者废除该观念。在《行政程序法》制定之前，对行政规则的审查需要适用极高尊

---

* 一种捕鱼用的拖成袋子形状以包围捕鱼器的大拖网。——译者注

** 这一标签，是指金枪鱼是按照"海豚安全"标准捕捉的。整个捕鱼旅途中禁止包围海豚或其他海洋哺乳动物，防止海豚意外死亡。——译者注

① 238 F. 3d 449 (D. C. Cir. 2001).

② 257 F. 3d 1058 (9th Cir. 2001).

③ 300 F. 3d 407 (4th Cir. 2002).

重程度版本的武断和恣意标准，这就不需要行政机关对发布规则说明任何理由。[①]

在 U. S. Air Tour Ass'n v. FAA[②] 案中，哥伦比亚特区巡回法院支持行政机关为了支持其规则所提供的推理大多数是充分的，但是它将案件发回重新处理，因为它发现行政机关的推理部分的其他内容不充分。在 1987 年，国会制定的一部法律中要求联邦航空管理局（FAA）发布规则，限制飞越大峡谷（the Great Canyon）的航班，以便恢复该峡谷的“自然宁静”。在 Grand Canyon Air Tour Ass'n v. FAA[③] 案中，哥伦比亚特区巡回法院支持了联邦航空管理局为了实施该法律而发布的最初规则（initial rule）。在 2000 年，联邦航空管理局又发布了一项规则，新增了航班限制，对最初规则中的标准内容作了部分修改。航空旅游协会（the Air Tour Association）认为，新规则中的更加严格的标准是违法的，因为它不符合法院支持最初规则的判决意见。哥伦比亚特区巡回法院驳回了这一主张，指出法院支持行政决定的判决并不是将行政决定“固化”（fix in stone）。行政机关可以“以合理的分析”为“改变常规”证明合理性。哥伦比亚特区巡回法院认定，行政机关
622 已经提供了合理的分析，足以支持设定额外的限制。但是，哥伦比亚特区巡回法院认定，行政机关为了支持其决定采用“年均每天”的分贝水平，而不是“任何给定日期”的分贝水平作为评估招引水平的标准和在为了确定满足法律标准所需的航班限制时，将非旅游航空器发出的噪音排除在外，这些决定的理由并不充分。

在 Safari Aviation v. Garvey[④] 案中，第九巡回法院支持了限制航空旅游航班的另一规则的充分性。联邦航空管理局发布了一项临时性的应急规则，限制了 1994 年飞越夏威夷的航空旅游航班，但是没有首先经过通告评议程序。在 Hawaii Helicopter Operators Ass'n v. FAA[⑤] 案中，第九巡回法院支持了这项规则。联邦航空管理局然后采用通告评议程序试图让这一临时性规则成为最终规则。第九巡回法院驳回了原告的主张，即最终规则是武断和恣意的，因为行政机关并未充分地考虑所提交的评议意见。第九巡回法院指出：（1）行政机关只需要对“重要的评议意见”作出回应；（2）争议最大的问题是 1 500 英尺最低高度要求；（3）联邦航空管理局已经对这一问题的评议意见提供了说明理由的回应。联邦航空管理局也承认，它“忽略了”四家组织提出的评议意见，但是法院认为该错误是无害的，因为这些评议意见只是提出了联邦航空管理局之前已经解决的问题。

在 Louisiana Federal Land Bank v. Farm Credit Administration[⑥] 案中，哥伦比亚特区巡回法院认为，该规则是武断和恣意的，因为行政机关对于一项认为行政机关没有作出该决定之权力的评议意见根本没有作出回应，并且其最终所采取的决定将会妨碍实现所实施的法律所强调的目标。哥伦比亚特区巡回法院指出，行政机关必须回应那些“如果是真实的……将会要求修改规则草案的评议意见”。

在 Prometheus Radio Project v. FCC[⑦] 案中，第三巡回法院合议庭中两位法官出具的多数意见认为，联邦通信委员会（FCC）作出的撤销或者修改其四项现行规则的决定是武断和恣意的。合议庭成员花费 116 页篇幅特别详细地讨论了联邦通信委员会对四项规则作出撤销或者重大修改的决定理由作出的说明是否充分的问题。Prometheus 案中的判决意

---

① 例可参见 Pacific States Box & Basket Co. v. White，296 U. S. 126 (1935)。

② 298 F. 3d 997 (D. C. Cir. 2002).

③ 154 F. 3d 455 (D. C. Cir. 1998).

④ 300 F. 3d 1144 (9th Cir. 2002).

⑤ 51 F. 3d 212 (9th Cir. 1995).

⑥ 336 F. 3d 1075 (D. C. Cir. 2003).

⑦ 373 F. 3d 372 (3d Cir. 2004).

见，加上 Sinclair Broadcasting Group v. FCC① 案和 Fox Television Stations v. FCC② 案的判决意见，充分说明具有不同政治和意识形态偏好的法官们可以如何利用说明决定理由这一特别弹性的义务使行政机关两头吃亏。 623

国会在 1996 年制定了一部法律，其中要求联邦通信委员会评估这些案件中所讼争的规则的持续必要性和可欲性。在评估之后，存在意见分歧的联邦通信委员会在 1998 年决定保留这些规则。三位来自民主党的联邦通信委员会委员投票支持保留这些规则，而另外两位来自共和党的委员则投票撤销这些规则。哥伦比亚特区巡回法院在 Sinclair 案和 Fox 案中支持了这些决定的部分内容，但是驳回了这些决定的大多数重要内容，并将其发回重新处理，理由是联邦通信委员会并未充分说明支持保留这些规则的决定的理由。在发回重新处理的过程中，委员之间存在分歧意见的联邦通信委员会决定撤销这些规则或者对规则进行大幅修订。这次，三位来自共和党的委员会投票撤销这些规则，而来自民主党的两位委员则投票保留这些规则。这次，第三巡回法院合议庭推翻并发回重审查这些撤销或者修订这些规则的决定，依据是联邦通信委员会并未为这些决定提供充分的理由。理论上讲，哥伦比亚特区巡回法院和第三巡回法院的判决是相互一致的。理论上讲，联邦通信委员会可以决定保留这些规则或者撤销这些规则，这些决定中任何一项决定都可以得到任何一家法院的支持，只要行政机关为支持任何一项决定而提供了充分的理由。但是，只有幼稚的读者在阅读所有这些判决意见之后还会坚持那些确信。我非常明白，无论联邦通信委员会为了支持这些决定而提出了什么样的理由，驳回了联邦通信委员会保留这些规则之决定的哥伦比亚特区巡回法院的法官们都不会支持这些决定；而驳回了联邦通信委员会撤销这些规则之决定的第三巡回法院的法官们也不会支持那些决定，无论联邦通信委员会为支持这些决定提出了什么样的理由。

在 Citizens Awareness Network v. United States③ 案中，第一巡回法院认为，核能监管委员会已经为其作出的在许可程序中取消证据开示和限制交叉质证的决定提供了充分的理由。第一巡回法院注意到，"在程序的王国中……行政机关被假定拥有特殊的能力，相应的，遵守严格程度较低的解释标准"。

在 Heartland Regional Medical Center v. Leavitt 案④中，哥伦比亚特区巡回法院发布了一份有趣的判决意见，该判决意见也有助于理解司法判决撤销某项规则的某一条款的效力。哥伦比亚特区巡回法院作出这一判决的依据是法院认定，行政机关的决定是武断和恣意的，因为行政机关没有对其撤销规则中的条款的理由作出充分说明。卫生和社会服务部发布了一项规则，其中对"唯一的社区医院（sole community hospital）"定义为包括了医院为一个农村地区提供服务的要求。在 1998 年的一份判决中，一家地区法院判定，"农村地区要求"（rural area requirement）是武断和恣意的，因为卫生和社会服务部还没有为这 624
一要求提供充分的理由说明。

在发回重新处理的过程中，卫生和社会服务部在为农村地区要求提供了额外的说明之后，重新发布了一项规则，其中包括农村地区的要求。Heartland 起诉要求强制执行地区法院的命令，理由是法院已经撤销了农村地区要求，而卫生和社会服务部重新发布包含该内容的规则违反了法院的命令。哥伦比亚特区巡回法院驳回了这一主张，认为它误解了法院的命令。在这项命令中，法院因为行政机关没有充分说明规则的依据，而裁定驳回了该

① 284 F. 3d 148 (D. C. Cir. 2002).

② 280 F. 3d 1027 (D. C. Cir. 2002).

③ 391 F. 3d 338 (1st Cir. 2004).

④ 415 F. 3d 24 (D. C. Cir. 2005).

规则或者其中这一要求。在这种情况下，行政机关拥有补充说明理由后重新发布规则的裁量权。因此，卫生和社会服务部的行为是完全符合地区法院命令的。如果 Heartland 相信，所补充的解释仍然不充分，其救济方法就是寻求对重新发布的规则进行审查，并且认为该规则是武断和恣意的。

在 Ranchers Cattleman Action Legal Fund United Stock-growers of America v. DOA①案中，第九巡回法院推翻了地区法院所作出的一项命令，该命令临时性地禁止行政机关实施一项规则。地区法院已经发布了一项有关农业部规则的临时性禁令，该规则允许在审查进口可能带来的疯牛病风险之后重新进口加拿大生产的牛肉。地区法院认定，原告所提出该规则从六个方面来看是武断和恣意的主张很可能更在理。巡回法院认定，地区法院已经前后一致地、违法地以自己的判断取代行政机关的判断，相信原告的专家而不相信行政机关的专家，并且拒绝给予行政机关合理的尊重。巡回法院也认定，行政机关已经为其决定提供了充分的说明。

在 Timken U. S. Corp. v. United States② 案中，联邦巡回区上诉法院认为，State Farm 原则要求行政机关只考虑法律中的决定性因素的说服是站不住脚的。如果我们考虑到最高法院在 PBGC v. LTV Corp. ③ 案中认为 State Farm 原则并不要求行政机关考虑国会在行政机关所实施的法律之外的其他法律中认为是重要的因素，那么联邦巡回区上诉法院的结论至多也是模糊的（dubious at best）。

在 Advocates for Highway and Auto Safety v. Federal Motor Carrier Safety Administration④ 案中，哥伦比亚特区巡回法院认为，一项规定了卡车司机培训项目的规则是武断和恣意的。行政机关开展了一项研究，结论是对新上路的卡车司机的上路指导（on the
625 road instruction），对于提高公路交通安全至关重要。行政机关后来发布了一项规则，其中在规定的培训新卡车司机指定课程中并没有包括上路指导。法院认定，行政机关通过一项规则而未说明决定理由，这是与记录，包括行政机关自己的研究报告完全不符的，因此其决定是武断和恣意的。

在 Safe Air for Everyone v. EPA⑤ 案中，第九巡回法院适用了 SEC v. Chenery⑥ 案所宣布的原则——行政机关的决定只能根据行政机关所说明的理由而获得支持——而判定一项规则武断和恣意。行政机关颁布的新规则允许在某些情况下露天燃烧农作物秸秆，它所说明的依据是州实施规划（the State Implementation Plan）已经允许在某些情况下露天焚烧。法院认为，这一推理不足以支持该规则，因为它认定州实施计划不能被解释为允许露天焚烧。⑦

在 Yale-New Haven Hospital v. Leavitt⑧ 案中，第二巡回法院判定一项解释性规则无效，因为法院认定行政机关对该规则所提供的同步理由说明是不充分的，并且复审法院不能也不应该考虑行政机关在解释性规则发布之后起草和提交给法院的理由说明。该判决是建立在对适用于解释性规则的法律的严重误解基础之上的。正如最高法院已经在 PBGC

① 415 F. 3d 1078 (9th Cir. 2005).

② 421 F. 3d 1350 (Fed. Cir. 2005).

③ 496 US. 633 (1990).

④ 429 F. 3d 1136 (D. C. Cir. 2005).

⑤ 475 F. 3d 1096 (9th Cir. 2007).

⑥ 318 U. S. 80 (1943).

⑦ 参见§6.11 的讨论。

⑧ 470 F. 3d 71 (2d Cir. 2006).

v. LTV Corp. [①] 案针对非正式裁决的背景所作的判决，法院不能因为行政机关未能对其决定提供同步说明而推翻行政机关的决定；和解释性规则一样，法律并不要求行政机关提供同步说明。相反，当法院被要求对这类行政机关的决定进行审查时，法院应当要求行政机关提供的事后说明足以允许法院对行政决定适用武断和恣意标准。该案的协同意见也对准据法提供了精到的说明。

在 Covad Communications Co. v. FCC[②] 案中，哥伦比亚特区巡回法院将 Chevron 标准第二步等同于 State Farm 标准，然后支持了联邦通信委员会（FCC）制定的一项规则，因为联邦通信委员会已经对围绕规则草案所收到的提出认真和有充分证据支持的批评的所有评议意见作出了充分的回应，因此，最终规则不是武断和恣意的。

在 Chamber of Commerce v. SEC[③] 案中，哥伦比亚特区巡回法院认为一项规则是武断和恣意的，因为行政机关将记录之外的数据来源作为确定该规则重要内容的主要依据。 626

在 Biological Diversity v. NHTSA[④] 案中，第九巡回法院对于一项行政规则采取了决然不尊重的态度。第九巡回法院基于五点理由认为，国家公路交通安全管理局（NHTSA）规定新的企业平均燃油经济性（CAFE）标准的规则是武断和恣意的。

在 National Mining Ass'n v. Kempthorne[⑤] 案中，哥伦比亚特区巡回法院将 Chevron 标准第二步与武断和恣意标准混为一谈。在认定行政机关所提供的“细致和有理由的”长达 72 页篇幅的说明足以说服法院相信它所采纳的法律解释是合理的之后，哥伦比亚特区巡回法院指出，考虑到这一主张和 Chevron 标准第二步之间的重叠关系，它并不需要详细讨论［规则是否构成］武断和恣意的主张。

在 American Radio Relay League v. FCC[⑥] 案中，哥伦比亚特区巡回法院合议庭成员展开了重要的宽泛讨论。多数意见认为一项规则是武断和恣意的，依据多数意见认定行政机关没有对其决定的一项依据作出充分的说明。持不同意见的法官所提供的判决意见中则不同意该结论，他对过去数十年里法院审查行政规则时所采纳的一般方法进行了有充分证据支持和富有思想的批评：

在适用了 State Farm 原则之后，多数意见将该规则发回重新处理，要求联邦通信委员会作出进一步说明。虽然我承认，State Farm 原则所提出的说明决定理由的要求有时候更接近于艺术而非科学，更接近于“变脸罗夏（Rorschach）”[*] 而非法治，我并不同意多数意见，即联邦通信委员会需要在本案中作出更多的说明。

§706 规定，如果行政规则“武断、恣意，滥用裁量权，或者其他不符合法律的情形”，法院可以判决撤销该规则。根据 §706 规则所开展的审查是“范围有限的”，并且“法院并不是以其判决取代行政机关的判断”。复审法院“如果行政机关是合理的，依据对相关因素的考虑，属于法律授权行政机关的范围之内的，则不能判定撤销该规则”。因此，“如果我们可以合理地察觉行政机关的路径”，我们必须“支持一项没有达到理想的清晰程度的决定”。

根据我的判断，联邦通信委员会在本案中的说明是充分的。联邦通信委员会为了预测

---

* 罗夏，全称罗夏墨迹测验，是由瑞士精神科医生、精神病学家罗夏（Hermann Rorschach）创立，国外有时称罗夏墨迹（Inkblot）测验。罗夏墨迹测验是最著名的投射法人格测验，由 10 张经过精心制作的墨迹图构成，让被试者通过观察这些墨迹图，建立起自己的想象世界，在无拘束的情景显露出其个性特征的一种个性测试方法。——译者注

① 496 U. S. 633 (1990).

② 450 F. 3d 528 (D. C. Cir. 2006).

③ 443 F. 3d 890 (D. C. Cir. 2006).

④ 508 F. 3d 508 (9th Cir. 2007).

⑤ 512 F. 3d 702 (D. C. Cir. 2008).

⑥ 524 F. 3d 227 (D. C. Cir. 2008)，参见§7.3 的讨论。

宽带对于电力线的干扰而对外推因素（extrapolation factor）* 所作的选择是需要运用联邦通信委员会的专业能力和政策裁量的高度技术性判断。联邦通信委员会在两项命令中合理地指出，提交评议意见者所提交的证据是相互冲突的，在重新审查的过程中所提交的新
627 证据不足以认定需要作出修改，它于是继续（直到现在）坚持其由来已久的有关电力线宽带技术的外推因素。这一理由说明是有意义的。而且，State Farm 原则并不要求多少字数；简短的说明也可以是有理由的说明。

…………

我分别讨论的两项问题推动进行更广的观察。在合理的案件或者争议中，法院必须时刻警惕以确保行政机关遵守设定实体和程序义务的法定的平常含义。但是，值得重述的是，《行政程序法》§553 只是要求通告提供"对所涉及主题和问题的描述"，利害关系人提出评议意见的时间；以及对规则的"制定依据和目的"的"简要的一般性说明"。法院已经逐步将《行政程序法》的程序要求扩大到远远超出其文本规定。而且，法院同时还将 State Farm 案宣布的"范围有限的"基于《行政程序法》§706 的武断和恣意审查标准变成了要求程度要高得多的标准。经过加强的武断和恣意标准是不可避免地（如果不是内在地）具有不可预测性的——以至于，有的时候，法院基于武断和恣意标准所进行的审查本身也显得有些武断和恣意。

随着时间的推移，这些决定并列的两种模式逐渐将规则制定——无论是规制性的，还是放松规制性的规则制定——从《行政程序法》所预期的简单和快速的做法改造成为费力，无休无止的程序。司法机关所创造的障碍过程可以使政府行政分支的行政机关无法对在其权力范围内不断变化或者涌现出的问题，例如消费者的宽带接入，作出迅速和有效的回应，或者无法让行政分支对于手头的议题所采取的方法进行的政策或者理念变化成为现实。这一趋势还没有达到和管辖权问题一样良性的程度，并且对于联邦政府的运行以及联邦规制或者放松规制的对象继续产生重要的实践影响。[引用忽略]

§7.5　通过规则制定解决事实争议

□ 最初并不要求事实支持

大多数实体性规则都是建立在推定存在某种类型的事实的基础之上。对于行政机关通过非正式规则制定程序通过一项规则所必须提供的事实或者证据支持的范围，《行政程序法》§553 没有涉及。Pacific States Box & Basket Co. v. White① 案可以作为例子说明《行
628 政程序法》制定之前的理解。在该案中，最高法院判定，如果该规则是与任何基于可以设想的事实类型的可以允许的行政机关目标存在合理的联系，它就必须得到支持。

□ 过去复审法院需要寻找事实

国会之所以拒绝对行政机关设定任何要求其提供支持规则的事实依据的义务，其原因

* 在数学中，外推是指从已知数据的孤点集合中构建新的数据的方法。与内插类似，但其所得的结果意义更小，而且更加受不确定性影响。在市场学中，这种方法被用来预测未来产业走向。——译者注

① 296 U.S. 176, 186 (1935).

是国会推定复审法院会全面负责寻找任何存在争议的事实。参议院有关《行政程序法》的审议报告中指出："当……利害关系人在诉讼过程中声称，未经行政听证（不需要在此类听证之后发布）发布的规则是无效的，他必须提供证明这种无效所依据的事实。"[1] 众议院委员会也作了同样的论述，并补充指出："简而言之，当法律并不要求在提供行政听证并且完全根据听证记录制定规则或者发布命令时，与任何相关法律问题相关的事实必须由复审法院根据有关此类规则或者命令的有效性或者适用性重新审理和确定——因为确定任何相关法律问题所需的事实必须根据某处的记录作出判断，如果国会没有规定行政机关必须这么做，那么该记录就必须在法院中制作。"[2]

□ 现在行政机关必须为事实提供支持

如今的法律已经既不是法院在 1935 年所认为的那样，也不是国会在 1946 年所推定的样子。Motor Vehicle Manufactures Ass'n v. State Farm Mutual Insurance Co. [3] 案中，法院认为行政机关必须为规则提供一定程度的事实性和证据性支持——"如果行政机关……为其决定所提供的解释与行政机关所面对的证据相悖，那么行政机关的规则将是武断和恣意的。"在 Camp v. Pitts[4] 案中，法院认为："司法审查的焦点应当是已经存在的行政记录，而不是复审法院中首次提出的某些新记录。"今天的关键问题是行政机关必须为规则提供怎样程度的事实和证据支持。不同的法院对于这一问题产生了巨大的分歧。

□ 立法性事实的定义

要评价法院应当在多大程度上要求行政机关为其规则提供事实依据这一争议的意义，需要承认在规则制定程序占据主导地位的事实纠纷的性质。在颁布一项规则时，行政机关很少需要解决有关裁决性事实的争议。裁决性事实是在法院审理过程中由陪审团裁决的一种具体的历史性事实——谁、什么、哪里、何时、为何。有关规则事实依据的争议，几乎不可避免地涉及立法性事实。立法性事实，是所有法律机构（立法机关、法院和行政机关）作为法律规则之依据的一般性事实。[5] 立法机关和法院不需要对作为法律规则依据的 629
事实提供任何证据式支持。法院经常要求行政机关为作为行政规则依据的立法性事实提供一定的证据支持，但是法院必须承认立法性事实不容易受到通常支持裁决性事实所需的那类证据证明（evidentiary proof）的影响。

□ 立法性事实的例子

最高法院一份判决意见中所提到的例子可以说明在规则制定过程主导的事实纠纷的性质。在 Industrial Union Dept. v. American Petroleum Institute[6]（苯案）中，最高法院对职业安全和健康管理局的一项规则进行了审查，该规则将工作场所周边环境中可以允许的

---

① Sen. Doc. No. 248，79th Cong.，2d Sess. 214（1946）.

② Id. at 279-280.

③ 463 U. S. 29，43（1983）.

④ 411 U. S. 138，142（1973）.

⑤ 有关这一重要区分的更详细论述，参见第 10 章。

⑥ 448 U. S. 607（1980），详细讨论参见§2.6。

苯浓度上限从 10ppm（百万分之一单位）减少到 1ppm。该案最为出名的是四位大法官的复数意见中饱受非议的观点，即如果职业安全和健康管理局不能首先作出一项门槛性质的决定，即已有的标准对雇员来说构成了危害的“明显风险”，那么根据法律的规定，职业安全和健康管理局不得重新制定调整工作场所中有毒物质的健康标准。但是，从现在的目的来看，判决意见的价值在于对职业安全和健康管理局所采用的证据的详细讨论，以及其对支持认为有毒物质在过去的可允许的最高暴露水平之下构成明显风险的判断所需的事实支持的性质的描述。在总结了行政机关所考虑的卷帙浩繁的证据之后，最高法院强调指出：“职业安全和健康管理局不需要以任何接近科学确定型的材料来支持其结论……行政机关可以在解释有关致癌物质时自由采用保守的推定，冒着犯下过度保护而非保护不足的错误的风险。”①

□ 不要求科学确定性

苯案中法院的判词同意基于缺乏科学确定性的事实支持基础上制定的规则，对于在广泛的并且不断扩大到有毒物质规制领域中规则制定保持活力所不可或缺的。但是，它的价值远远超出这一领域，因为大多数规则必然是建立在高度不完美的对于各种复杂关系的认识基础之上的。在职业安全和健康管理局发布这项在苯案中遭受质疑的规则之时，可以获得的科学证据表明，接触苯会导致白血病。和几乎所有的有毒物质规制案件一样，苯案中遇到的棘手问题是确定可以适用于苯的剂量—反应曲线图的形状，例如，总体中多少比例的人如果经常暴露在 10ppm、9ppm、8ppm 等浓度的苯的环境之中很可能会得上白血病？

□ 证据证明经常是不可能的

对于因为长期接触苯浓度水平达到 10ppm 而导致白血病的数量，只有一种方法可以
630 确定其科学确定性。在操作规范的科学实验中，具有代表性的样本人群需要在 30 年甚至更长的时间里接触这一苯浓度水平。确定剂量—反应曲线图形状的这一方法，从道德或者伦理的基础上看是完全做不到的。不仅如此，它还只能在数十年后才能给出一个答案。

□ 证据内在地具有不可穷尽性

职业安全和健康管理局掌握了两种类型的有关苯与白血病相互关系的证据——流行病学研究和动物研究。虽然流行病学研究显示接触苯与白血病的发生之间存在明显的关联关系，但是由于三点原因这些研究作为剂量—反应曲线的证据的用处有限。首先，这些研究不能在接近于实验室实验的条件下开展。流行病学家永远不可能获得对所研究样本总体（population）的足够信息以筛除可以解释白血病例中所观察到差别的部分原因的其他特征和生活经历方面的差别。其次，缺乏有关样本总体特征和接触水平的充分数据，也限制了流行病学家在较低剂量水平之下发现剂量—反应关系的能力。这些研究报告试图说明超过 10ppm 的接触水平下的特定相互关系，但是没有一份研究是建立在充分数据的基础上来揭示在 10ppm 或者更低接触水平下的剂量—反应关系的存在、不存在或者范围。最后，还没有科学上有效的通用方法从曲线一端若干数据点中解释出剂量—反应曲线。即使是这些

---

① Id. at 657.

数据点是确定已知的，事实上从未如此，这些数据点是与线形的（linear）或者亚线性的（sublinear），而且具有非常大的坡度（slopes）差异的曲线一致。因此，对于一项在一定水平上有害的物质的安全接触水平相关的规则来说，安全流行病学数据几乎总是带来该规则的事实依据是否存在的不确定性。

□ 结论必然是基于未经证实的推定

职业安全和健康管理局所掌握的另一类数据是对各种类型的接触苯的动物进行实验室研究的结论。在没有规定充其量是模糊的一系列假定条件下，行政机关不能根据动物研究报告确定人类剂量—反应曲线的相关部分的走向。在这一过程中，唯一的确定性是我们能否确定，没有一组假定的关系是能够证明对于所有，甚至是主要的物质来说也是精确的。[①]

要从动物研究报告中推导出人类的剂量—反应曲线，需要初步假定该物质对动物和人类带来了同样方式和同等程度的影响。这一假定对于一部分物质和一部分动物来说确实如此，但是并非对于所有物质和所有动物都是如此。即使初步假定证明对于特定物质和动物种类来说是正确的，行政机关仍然必须作出其他假定从动物研究报告中建构剂量—反应曲线。我们不可能研究对动物长期接触低剂量水平的物质的影响。这种研究需要花费数十年的时间，并且会超出适合作为研究对象的大多数动物的自然寿命。动物研究报告需要建立在对大剂量物质的短期接触基础之上。这要求行政机关从曲线的上端的若干点所构成的数据库中作出推断。在进行这一操作的过程中没有科学上有效的方法，因为剂量—反应曲线的形状和坡度在不同物质之间差异巨大。 631

□ 最高法院低估了证明的难度

苯案中最高法院对于行政机关和法院如何解决有关从不充分的数据中推断出剂量—反应曲线这一一再发生的问题并未给出多少指导。最高法院确定了正确的基调，强调指出行政机关对其决定的支持可以是完全缺乏"科学确定性"，"可以建立在保守的假定基础之上"。但是，苯案中最高法院低估了这一任务的艰巨性。事实上，最高法院推翻了通常由负有保护健康之责的行政机关所作决定的复杂性质的一项存在严重缺陷的理解。

□ 最高法院误解了风险评估的性质

最高法院利用一项例子来说明它对两种风险——风险如此突出以至于制定昂贵的规则是合理的和风险如此轻微以至于没有理由制定昂贵的规则——之间进行区分的概念：

有些风险显然是可以接受的，而其他有些风险显然是不可接受的。例如，如果一个人因为饮用加氯的水后罹患癌症而死的概率是十亿分之一，这一风险显然是不能认为重大的。此外，如果经常吸入含有2%苯的汽油蒸汽可能致命的概率是千分之一，那么有理性的人就很有可能会认为这一风险是重大的，并且采取减少或者消除的合理措施。

最高法院原来以为是简单的这一问题，事实上是非常困难的。假定的摄入水分的风险，很可能是要高于假定的吸入气体的风险。为了确定每一风险的范围，毒理学家（toxi-

---

① 参见 Ames & Gold，"Too Many Rodent Carcinogens：Mitogenesis Increases Mutagenesis"，249 *Science* 970（1990）。

cologist）要么会提出大量的可以质疑的假设，或者是获取远比最高法院所规定的多得多的数据。接触每一种风险的样本总体的规模是多大？相关样本总体饮用水的范围是怎样的？有多少人在 5 年、10 年、20 年等等时间段里“习惯性地吸入”汽油蒸汽？可以适用
632 于水中致癌物质（carcinogen）的剂量—反应曲线的形状是怎样的？适用于包含 2%苯的汽油蒸汽的剂量—反应曲线的形状又是怎样的？科学家们能做的只是对于每一项这样的关键性问题估计答案，这往往会存在大量的不确定性。法院不应对行政机关苛求比科学家所能提供的更好的事实支持。在苯案中法院试图区分高风险物质和低风险物质，这种明显的无知应当被作为对负责审查在科学方法学的复杂应用基础上制定的行政规则的法官提出的一次警示。技术上一无所知的法官如果试图解决他们并不理解的争议，或者要求行政机关“寻找”没有一位科学家可以找到的事实，就可能会酿成灾难性的后果。

□ 立法性事实的证据要求为行政机关带来了负担

即使是苯案中最高法院承认，行政机关可以用缺乏科学确定性的数据支持一项规则，最高法院对行政机关所施加的负担如此之重，以至于职业安全和健康管理局很少能够发布减少工作场所有毒物质接触水平的规则。Tom McGarity 曾经分析了苯案复数意见所要求的“重大风险”要求和职业安全和健康管理局在制定调整有毒物质接触的规则方面令人失望的无能之间的关系。① 经过二十多年的在试图发布针对具体物质的单项规则遭受的挫折之后，职业安全和健康管理局尝试了一项新的方法。在《空气污染物标准》（Air Contaminants Standard）② 中，职业安全和健康管理局发布了一项对 428 种有毒物质设定接触上限的规则。巡回法院在 AFL-CLO v. OSHA③ 中撤销了这一规则。法院认为，职业安全和健康管理局（OSHA）为了制定这一项规则必须在其规定的接触上限对健康水平构成的风险进行量化。但是，在该规则配套的制定依据和目的说明中，职业安全和健康管理局解释了为什么科学不确定性以及有限的行政机关资源使得它无法对 428 种有毒物质得出这样的结论。

□ 司法方法的各种变型

联邦法院已经审查了数以百计的基于存在争议、并且内在地具有不可知性的立法性事实而制定的行政规则。在这些案件判决意见中所体现的司法态度跨越很长一段谱系：从要求行政机关证明无法证实或者证伪的立法性事实这类不现实的要求，到对行政机关坦然承认与规则所作选择相关的立法性事实是高度不确定而在规则中采取的默认。处于这一谱系两端的若干例子可以说明司法态度的范围。

□ 法院判决意见要求过高不切实际的例子

International Ladies Garment Workers Union v. Donovan④ 案中就涉及对一项劳工部的规则提起的诉讼，该规则允许针织外衣行业（knitted outerwear industry）雇用一些人

---

① T. McGarity, *Reinventing Rationality: The Role of Regulatory Analysis in the Federal Bureaucracy* (1991).

② 54 Fed. Reg. 2332 (1989).

③ 965 F. 2d 962 (11th Cir. 1992).

④ 722 F. 2d 795 (D. C. Cir. 1983), *cert. denied*, 469 U. S. 820 (1984).

在家完成某些工作。国际妇女服装工人工会（ILGWU）对行政机关的决定提出诉讼，理由是允许在家工作会让雇主规避最低工资法，因为在家工作的情况下是很难执行该法律的。行政机关的回应是它所掌握的执法技术足以让它针对在家工作者的雇主执行最低工资法。有关执法准确性的证据是相互矛盾的。行政机关采用两份研究报告认定，对于在家工作者的雇主和对于限制在家工作者的雇主来说，违反最低工资法的行为发生概率是一样的。[①] 但是，有一些州执法官员提交了宣誓书，指控在家工作者经常只能拿到低于最低工资标准的报酬。哥伦比亚特区巡回法院坦然承认，"实情是只存在有限数量的可靠数据（hard data）"，它所面对的是"处于行政机关裁量和技术能力范围之内的"预测性判断。[②] 然而，法院推翻了行政机关的规则，理由是"行政记录中包含了能够显示在家工作者所得报酬低于最低工资的实质性证据"[③]。 633

ILGWU 案中的判决意见表明，对于在确定和审查规则的实施依据过程法院和行政机关的相互关系存在严重误解。当事实/证据问题的性质是"只存在有限数量的可靠数据"，并且该数据是模糊不清的，复审法院应当尊重行政机关对这一问题采取的解决方案。只要有实质性证据可以支持行政机关的判断，并且考虑了偏离行政机关判断的证据，是否存在可以支持相关的判断的实质性证据是完全不相关的。在有关其自身执行技术的未来准确性的预测性判断情形中，行政机关所完成的两份研究报告表明其执法努力很可能会变得有效，这些研究报告足以让有理性的人能够像行政机关一样作出预测性判断。一旦法院得出这样的结论，它在审查行政机关事实结论方面的有限作用就完成了。

在 National Welfare Rights Organization v. Mathews[④] 案中，哥伦比亚特区巡回法院判定卫生、教育和福利部（the Department of Health, Education and Welfare）的规则无效，理由是卫生、教育和福利部"必须提供更为准确的事实认定和相关因素的说明"。该规则规定，对于若干项目，包括对有（未成年）子女家庭的补助（Aid to Families of Dependent Children）的州规划，必须允许人数在四人以内的家庭"保留"（为他们自己保留）住房的合理价值、结婚和订婚戒指、传家宝（heirlooms）、零售市场价格1 200美元或者更低的汽车，以及市场价不超过2 250美元"经过行政机关批准用于就业或者回归社会， 634
实施计划所必需的合理价值的设备和材料"。

哥伦比亚特区巡回法院认定，"通告以及之后的规则颁布未能提供对该规则进行合理审查所必需的事实方面客观的支持"[⑤]。法院指出："无论是通告……还是部长对评议意见的回应……都未能考虑这些判断的基础……卫生、教育和福利部必须对事实认定（findings）和相关因素提供更加准确的描述。"[⑥] 法院在判决意见中引用了 Wright 法官（他也是合议庭成员）的一篇文章，其中指出最终规则"应当配有一篇说明，该说明通过引用[最初的草案和所提交的评议意见]形成的行政记录中的部分内容，不仅论证规则正当性，而且解释规范和实证前提的说明"。法院认定该规则是无效的，因为"规则的颁布一直未能清楚地表达作为部长决定之基础的事实判断"[⑦]。

卫生、教育和福利部部长确实在《联邦公报》[⑧] 中解释了规则的制定依据和目的：

---

① Id. at 819 n. 48.

② Id. at 821, 827.

③ Id. at 827.

④ 533 F. 2d 637 (D. C. Cir. 1976).

⑤ 533 F. 2d 646.

⑥ Id. at 648-649.

⑦ Id. at 649.

⑧ 40 Fed. Reg. 30963.

> ……为了确保继续对有（未成年）子女家庭的补助受益人和工作的大众之间进行适度区分……为了只向确实有需要者提供援助……为了将拥有充分价值的资产从而不再是真正有需要者排除在联邦支持的有（未成年）子女家庭的补助受益对象之外……为了通过确保依赖公共援助者不再保留相比社区中众多非福利项目受益人的公众所拥有的更多的资产而促进公众对福利制度的信心……为了在福利受益人处理就业所需的基本的个人财产，同时避免他们获得或者维持不必要或者奢侈的财产而让公众承担代价之间达到合理的平衡……为了确保在全民勒紧裤腰带的时期，公共资金不会用于补贴并非真正有需要的人，或者那些因为购买背负沉重抵押购买的商品而陷入贫困者。

这一制定依据和目的的说明足以表明可以以一定数额作为资源限制。没有人能够证明该限制数目刚好就是 2 250 美元。准确数目的选择因此不得不是武断的。但是，法院要求“对事实认定和相关因素提供更加准确的描述”是与现实不符的。《行政程序法》并未在§553 中要求“事实认定”，立法者显然是明智地只规定了“制定依据和目的……简要总
635 体说明”。“总体”一词在这一情境中是特别灵活的。法院要求“更为准确的”事实认定是与法律中所使用的“总体”一词不一致的。而且法院提出的“事实认定”的要求也是与《行政程序法》在§557 而非§553 中所要求的“事实认定”不一致的。

复审法院在判决中以缺乏充分的事实支持而判定规则武断和恣意的第三起有启发意义的案件是 National Nutritional Foods Ass'n v. Mathews[①] 案。该案中食品药品管理局发布的规章对超出作为“药品”的剂量的维生素 A 和维生素 D 进行了区分，从而限制它们作为处方药销售。第二巡回法院承认有三点理由可以支持食品药品管理局的规章：(1) 食品药品管理局局长认定“上限对于所有已知的营养需要来说是足够的”；(2) 食品药品管理局局长认定“没有证据能够证明维生素 A 和维生素 D 的食品价值或者营养用途处于较高水平”；(3)“食品药品管理局局长指出，之所以归入药品这一分类，还有一点理由就是普遍存在向医疗用户（therapeutic users）推销该产品的现象”[②]。上诉法院认定该规章武断和恣意。法律对“药品”的定义包含了“目的是用于诊断、治愈（cure）、缓解、治疗（treatment）和预防人类或者其他动物的疾病……”

第二巡回法院指出，“主要争点”是广泛用于疾病治疗或者预防，以及与生产商或者供应商无关的人们的推销，是否可以足以符合这一定义。法院认定答案是否定的：“但是，没有证据能够支持食品药品管理局局长的结论，即按照规定的处方和用量等要求销售时，这些维生素的医疗用途超过其作为营养添加剂的用途，以至于表明这些产品是用于缓解和治愈疾病的客观意图。这一说法与有关食品药品管理局的规章是武断和恣意的而且不符合法律规定的指控之间并不矛盾。”[③] 法院没有解释为什么意图必须是“客观的”，也没有解释为什么一种物质不能被意图用于预防或者治疗疾病，即使该物质同样甚至更为广泛地用于其他一些目的。法院也指出，规定的用量要求是根据更高用量下可能发生的毒性效果而确定的，而不是因为更高用量的消费“几乎排他性地用于医疗目的”。在这一观察结论中，法院并未解释为什么更高用量的消费必须是“几乎排他性地”用于医疗目的；根据法律上的定义，如果一种商品的目的是用于疾病的治疗或者预防，它就可以是药品，而没有要求目的是“几乎排他性地”用于上述用途。法律上的定义甚至不要求其主要用途是治疗或者
636 预防疾病。

从判决书的脚注 8 中，我们可以看出法院的判决是极端技术性的。地区法院根据“食

---

① 557 F. 2d 325 (2d Cir. 1977).

② Id. at 332.

③ Id. at 336.

品药品管理局局长的经验"支持其作出的"普遍存在的为了医疗目的进行的推销"的事实认定。上诉法院则不同意这一理由，在脚注中写道："当根据经验规定提供规章的事实依据时，经验必须作为行政记录的一部分，从而让有效的司法审查成为可能……本案提到的食品药品管理局局长的经验并未纳入行政记录，从而也不能为局长作出的结论——[高剂量的维生素]客观目的是用于医疗用途——提供事实支持。"《行政程序法》并不要求行政机关将它们的"经验"写入行政记录。国会将这类决定授权行政机关，主要是为了获得将所有时间和精力投入专业领域的行政机关经验的效益。

还有许多巡回法院作出的判决意见是与 ILGWU 案、NWRO 案和 National Nutritional Foods 案相类似的。还有许多判决意见中，法院在审查规则的事实依据时承认了试图确定众多立法性事实过程中内在的不确定性以及行政机关获准在这些不确定性的条件下作出政策决定的必要性。

□ 对现实主义的法院判决意见的说明

在 Worldcom v. FCC① 案中，哥伦比亚特区巡回法院支持了行政机关采用一项衡量实际竞争强度不太完美的指标，支持了行政机关不进行额外事实调查的决定，也支持了行政机关部分根据不确定的预测性结论的决定。

在 National Wildlife Federation v. EPA② 案中，哥伦比亚特区巡回法院对于行政机关作出一系列复杂估计和预测的努力给予了适度的尊重。无论是被规制者，还是环保团体都质疑环境保护局调整某些类型纸浆和纸张生产企业排放废水的规则中众多内容的有效性。哥伦比亚特区巡回法院驳回了所有这些质疑。因此，例如，哥伦比亚特区巡回法院支持了环境保护局的成本估算，认为它是"在合理估算的广义区间之内的"。它"考虑到在规章颁布过程中经常遇到的经济分析的复杂性"，而适用了高度尊重标准。哥伦比亚特区巡回法院也驳回了对于行政机关估算规则的其他替代方案将会产生的破产概率时所采用的模型：

> 我们只有在该模型与所适用的数据特征之间没有合理联系时，才能否定行政机关对科学模型的选择。

在 Chamber of Commerce v. SEC③ 案中，哥伦比亚特区巡回法院对于行政机关在制定
规则时从现有证据推理得出最后结论的过程提出了三点重要意见。原告对于证券交易委员 637
会（SEC）的一项规则提出了质疑，该规则要求所有共同基金董事会要由至少 75%的独立董事组成。原告认为，这一规则是武断和恣意的，因为：（1）证券交易委员会并未开展实证研究以判断共同基金董事会主要由独立董事组成时是否表现要好于其他共同基金；（2）证券交易委员会拒绝采纳其中一位原告所提交的作出相反结论的研究报告；（3）证券交易委员会并未对遵守该规则的成本进行估算。法院驳回了第一点主张，理由是："行政机关没有必要——事实上也不可能——将其每一项决定建立在实证数据的基础之上；根据这一问题的性质，行政机关可能有权基于有根据的推测（informed conjecture）进行一般性分析。"法院驳回了第二点主张，理由是证券交易委员会合理地得出结论认为因为方法论上的缺陷，该研究报告是没有说服力的。但是，法院接受了第三点主张，理由是证券交易委员会根据法律的规定有义务"尽力就其拟议制定规则的经济影响作出判断"。

---

① 238 F. 3d 449 (D. C. Cir. 2001).

② 286 F. 3d 554 (D. C. Cir. 2002).

③ 412 F. 3d 133 (D. C. Cir. 2005).

在 New York v. EPA① 案中，哥伦比亚特区巡回法院在支持环境保护局的一项规则的过程中，对于行政机关在制定规则时从现有证据推理得出最后结论的过程提出了一点重要意见。该规则为了确定老旧设施之所有者实施的改造是否增加了该设施的排放，而规定了10年的回顾期（look-back period）：

> 目前而言，环境保护局的预测性判断足以获得尊重。不完整的数据不会使行政决定变得武断和恣意，因为可得的数据也经常并不能解决一项规制问题，行政机关必须从事实和可能性得出政策结论时行使一定的判断……记录中间的证据也可能会支持其他结论，这一事实也不能……阻止我们认定［行政机关的］决定是合理的，并且得到记录的支持。

在 Rancher Cattleman Action Legal Fund United Stock-growers of America v. DOA② 案中，第九巡回法院推翻了地区法院的判决，批评地区法院的法官屡次事后批评行政机关的判断，并接受原告所聘请专家的科学判断而非行政机关专家的科学判断。第九巡回法院提醒道："正如本案一样，在行政决定涉及高度技术性的专业能力时，对于主管的联邦行
638 政机关有根据的裁量给予尊重，是特别合理的。"③

在 American Public Communications Council v. FCC④ 案中，哥伦比亚特区巡回法院支持了一份定价的规则，虽然这些价格的制度是依据一系列行政机关承认存在很高程度不确定性的估计而作出的。法院是这样解释的：

> 我们不能要求行政机关对无论是工作人员还是评论家都没有办法提供准确性的问题作出准确的预测性判断。

哥伦比亚特区巡回法院常常说，它们必须"必须尊重行政机关根据不完美的科学信息，而非……开展完美的研究而作出决定"⑤。

在 Cellnet Communications v. FCC⑥ 案中，第六巡回法院强调指出，行政机关的预测性判断有权获得高度的尊重。该案中，联邦通信委员会（FCC）发布了一项规则，其中扩大了对无线移动服务（wireless mobile services）转售的禁止规定，但是宣布该禁止规定会在5年内取消。联邦通信委员会对该规则作出的5年期的"日落条款"规定，是根据对不断演进的电信市场的分析和5年内手机服务市场会变得具有竞争性的确信。Cellnet 质疑这一确信是武断和恣意的，缺乏行政记录的支持。法院依据以下理由支持了行政机关的判断：

> 考虑到联邦通信委员会的判断是预测性的，它不是必然能得到行政记录的验证。众所周知，根据武断和恣意这一审查标准，行政机关在其裁量和专业能力领域内所作的预测性判断有权得到特别的尊重性审查。

在 Fisherman's Dock Cooperative，Inc. v. Brown⑦ 案中，第四巡回法院支持行政机关利用规则制定来确定规定特定鱼种捕捞配额的事实基础。该判决意见中对行政机关对于内

---

① 413 F. 3d 3（D. C. Cir. 2005）.

② 415 F. 3d 1078（9th Cir. 1078）.

③ 另可参见 Colorado Wild；Heartwood v. Forest Service，435 F. 3d 1204，1214（10th Cir. 2006）（"在涉及相互冲突的专家意见的事务上，我们通常会对行政机关的专家的合理意见给予尊重"）。

④ 215 F. 3d 51（D. C. Cir. 2000）.

⑤ Allied Local AND Regional Manufactures Caucus v. EPA，215 F. 3d 61，71（D. C. Cir. 2000）；Sierra Club v. EPA，167 F. 3d 658，662（D. C. Cir. 1999）；American Iran & Steel Industry v. EPA，115 F. 3d 979，1004（D. C. Cir. 1997）.

⑥ 149 F. 3d 429（6th Cir. 1998）.

⑦ 75 F. 3d 164（4th Cir. 1996）.

在不确定的事实所作估计予以尊重的必要性进行了精彩的分析。①

在 NRDC v. EPA② 案中，第四巡回法院对于行政机关就一项复杂的科学事实问题所提出的解决方案给予适度尊重。环境保护局批准了一项州水质标准，该标准中将二恶英（dioxin）的生物浓缩系数（bioconcentration factor）确定为 5 000。法院承认最近的一些科学研究表明，需要将生物浓缩系数确定在 5 000 以上，但是它承认环境保护局的推理——科学证据并不是结论性的，生物浓缩系数定为 5 000 仍然"在科学上可以辩护的范围之内。我们只是不合适对行政专家所作的技术决定进行事后质疑"③。 639

在 Ethyl Corp. v. EPA④ 案中，哥伦比亚特区巡回法院全席审理后以 5∶4 支持了一项规则，该规则对汽油中的含铅量进行了限制。在 Ethyl 案中，法院所作出的五份判决意见篇幅长达 118 页。这里所作的简单论述只涉及一项问题的核心，即出于健康的考虑而削减汽油的含铅量是否必须得到含铅汽油对健康造成不利影响的科学证据的支持。在一篇长达 55 页的判决意见（还有 10 页的附录）中，法院代表支持该判决意见的五位法官判定：

环境保护局局长必须应用其专业能力从存在怀疑，但并未得到完全证实的事实之间的联系、事实之间的趋势、有缺陷的数据、尚未被认可为"事实"的初步的数据等中间推导出结论。我们相信这样得出的结论——风险评估——如果合理的话，可以构成按照《清洁空气法》§211 中的"将会损害"条文制定的健康相关规章的依据。⑤

Ethyl 案中法院根据 Amoco Oil Co. v. Environmental Protection Agency⑥ 案，判定"在……这些规章的内容取决于政策选择、风险评估，或者有关科学知识前沿问题的预测时，我们可以要求充分说明理由并作出解释，但是不能要求与案件裁决类似的那种'事实认定'"⑦。

McKinnon 法官在 Ethyl 案的不同意见中指出，"和多数意见所作的解释的不同，这部法律并没有授予，例如基于不存在的数据基础（nonexistent data base）之上，制定规则的权力"⑧。在 McKinnon 法官所引用的多数意见的那一页中并未提到"不存在的数据基础"。Wilkey 法官代表三位法官撰写的不同意见在第二部分中指出，"在环境保护局局长可以规定这里所涉及的规定之前，他必须认定汽车尾气排放的铅本身或者仅此即足以导致人体内 640
铅蓄积量的明显增加，并且这种明显增加会构成严重的健康危害"⑨。Wilkey 法官接着指出："所有真正的风险评估都是建立在事实而非其他基础之上的。"

Wilkey 法官如果认为风险评估应当建立在任何可得的相关因素的基础之上，那显然是正确的。可能任何一项重要的政府行为（除非是在紧急状态之下）都不应当建立在尚未考虑可得事实的事实假定基础之上。Ethyl 案中五位法官出具的多数意见也同意这一观点。但是，这并非法院所要处理的问题。问题是在没有一份科学研究报告回答了关键的事实问

---

① 对该判决意见的详细讨论，参见§7.4。另可参见§7.1 和§7.4 中对 Associated Fisheries of Maine v. Daley，127 F. 3d 104 (1st Cir. 1997) 的讨论。

② 16 F. 3d 1395 (4th Cir. 1993).

③ Id. at 1404. 另可参见§7.4 中讨论的 Troy Corp. v. Browner，120 F. 3d 277 (D. C. Cir. 1997)（毒性判断"确切地说，属于法院不能事后质疑的技术性和科学性的判断"）。

④ 541 F. 2d 1 (D. C. Cir.)，*cert. denied*，426 U. S. 941 (1976).

⑤ 541 F. 2d at 28.

⑥ 501 F. 2d 722，740-741 (D. C. Cir. 1974).

⑦ 541 F. 2d at 23.

⑧ Id. at 70.

⑨ Id. at 95.

题时，法院应当怎么办。科学研究报告显示存在含铅汽油与严重的健康危害之间的联系，但是它们不足以确定性地证实这种关系的存在和范围。

风险评估应当建立在可得的事实基础之上，但是所需要的主要事实常常是不可得的。如果要作风险评估，它不能是根据不可得的事实依据。它可以是建立在可得的这类事实和对没有科学答案的问题所作的合理判断基础之上吗？法院多数意见对这一问题给出了肯定的答案，但是 Wilkey 法官和赞成其意见的法官们并未涉及这一问题。“所有真正的风险评估都是建立在事实而非其他的基础之上”，这一评论并未涉及法院所面对的这一问题。

Wilkey 法官的立场，即环境保护局局长除非认定“含铅量的明显增加……导致明显的健康风险”，否则不能要求削减汽油中的含铅量，没有对科学上不能支持这一事实认定作出回应。问题在于：如果再过 50 年也很可能没有类似的科学的事实认定，在这一段时间里应该对其含铅汽油采取什么行动呢？相比基于科学确定型的事实认定而言，更少的证据是否可以支持一项规则？多数意见的回答是肯定的。而法律也毋庸置疑就是多数意见所认为的。这必须如此，否则的话，如果科学未能回答关键的事实问题，政府将会被剥夺了规则制定这一非常需要的手段。

□ 最高法院要求对科技和预测性判断给予尊重

有两份判决意见表明，最高法院有着与 Ethyl 案中五位法官出具的多数意见所陈述和引用的相同的理念（philosophy）。在 Baltimore Gas & Electric Co. v. Natural Resources Defense Council，Inc. ① 案中，最高法院的判决意见中强调了司法机关对行政机关就内在的不确定的科学事实所提出之解决方案给予实质性尊重的必要性。核能监管委员会（the Nuclear Regulatory Commission）发布了一项规则，规定许可委员会在决定是否需要像特定的核能电厂发放许可时，应当假定核能废弃物的永久性存储对于环境不会产生重大的不
641 利影响。哥伦比亚特区巡回法院否定了该规则，理由是核能监管委员会有关不存在负面的环境影响的“事实认定”是武断和恣意的。最高法院以一致意见推翻了哥伦比亚特区巡回法院的判决，支持了核能监管委员会的规则。核能监管委员会明确承认，它所作出的没有负面影响的推定存在不确定性，因为可能存在找不到合适的永久性的存储场址的风险，也存在可能因为水进入场址而导致放射性物质流出的风险。核能监管委员会直面这些不确定性，认定它们不足以影响单个核电厂许可程序的结果。最高法院判定，核能监管委员会已经准确地履行了国会的要求——它分析了与政策决定相关的不确定风险，然后作出了直面这些风险的决定。用最高法院的话来说：

> 对这些根本性的政策问题的解决，属于……国会以及国会所授权的行政机关的职权范围……复审法院必须记住该委员会是在其特殊的专业能力领域之内，在科学的前沿进行预测。在对这类科学判断而非简单的事实认定进行审查时，一般来说法院必须给予最高程度的尊重。②

在 Federal Communications Commission v. WNCN Listeners Guild③ 案中，原告要求最高法院宣告联邦通信委员会的一项规则无效，该规则规定了联邦通信委员会准备在许可证续期和转让情形中考虑许可证持有人的娱乐节目格式（entertainment format）。联邦通

① 462 U.S. 87 (1983).

② 462 U.S. at 97，103.

③ 450 U.S. 582 (1981).

信委员会的规则是建立在它的事实认定基础上，即相比行政机关在许可程序中所作的主观判断，市场可以更有效地满足观众对于各种娱乐的兴趣。最高法院对这一事实认定予以尊重，理由是如果复审法院干涉行政机关“对未来的公共利益存在的方向预测”是不合适的，并且“在行政记录中包含对联邦通信委员会判断的全面的事实支持，是不可能也是不必要的”①。

□ 法院提出不切实际的高要求的案件与最高法院的判决意见是不一致的

最高法院一直要求对行政机关在事实存在不确定性的通常情况下就立法性事实所作的“事实认定”给予尊重。巡回法院有时候效仿最高法院的做法，引用 BG&E 和 WNCN 之类的案件，但是巡回法院有时会否定行政机关根据内在不确定的事实基础而作出的决定。当巡回法院采取后面这种做法时，它所依据的是 State Farm 案中最高法院的判决意见。该判决意见代表的意见是行政机关必须解释其所作的预测，即当唯一可得的研究报告表明该 642
设施改变了 50%的汽车乘客的行为，新提供的安全设施将会改变不足 5%的汽车乘客的行为。② 最高法院以 5 ∶ 4 通过了这一意见，全体九位大法官将其视为难分对错的问题（a close issue）。State Farm 原则并不能支持那些根据行政机关未能充分“证实”规则事实基础之存在而推翻行政规则的数十份巡回法院的判决。

□“实质性证据”对“武断和恣意”

这些涉及规则事实基础的司法审查的案件，大多数判决都是根据《行政程序法》§706（2）（A）规定的“武断和恣意”标准作出的。《行政程序法》§706（2）（E）规定的“实质性证据”只适用于必须经过《行政程序法》§556 和 §557 规定的正式规则制定程序制定的规则。行政机关很少采用正式规则制定程序。③ 但是，有的行政机关据以从事的组织法（organic statutes）要求复审法院对于所有行政机关的行为适用“实质性证据”标准，包括根据《行政程序法》§553 所规定的非正式的通告评议程序而制定的规则。这类奇怪的法律规定已经迫使法院确定实质性证据标准是否对行政机关提出了相比武断和恣意标准来说更高的要求。判例法为这一问题提供了三种答案。

□“武断和恣意”标准“更为宽松”

在若干情形中，最高法院指出，相比实质性证据标准，武断和恣意标准对规则提出的事实支持的要求更低一些。例如，在 American Paper Institute v. American Electric Power Service Corp. ④ 案中，最高法院认为武断和恣意标准相比实质性证据标准来说“更为宽松”⑤。但是，我们很难知晓作出这些论述有什么意义。最高法院从未解释过这两项标准之间存在何种差别，而且最高法院适用这两项标准的方式上没有明显差异。

---

① Id. at 596.

② 参见§7.4。

③ 参见§7.2。

④ 461 U.S. 402 (1983).

⑤ Id. at 412 n. 7.

□ 这些标准真的有差别吗？

有的巡回法院认为，这两项标准是完全一致的。①

□ 差别是“情境性的”？

643 第三种观点则混合了最高法院的观点中的正式的准确性，以及司法审查过程的现实。在 Aman v. FAA② 案中，法院对此进行了精彩的论述：

要肯定的是，行政机关的判断必须拥有一些证据基础，以免被判定“武断和恣意”。除非在特定的具体案件中，否则很可能无法精确地说明“某些”（some）和“实质性”（substantial）之间的差别……但是，这种差别可能更多地取决于具体情境的而不是显而易见地表现出来的，正如本案所表明的，相比其他案件，有的案件可能所表现的差异更为明显。

§7.6 规则制定中的单方沟通

□《行政程序法》只对正式规则制定程序规定禁止

《行政程序法》§551（14）规定“单方沟通”是指在所有当事人没有得到合理的事前通告的情况下，就相关问题进行的不体现在公开记录中的口头或者书面的沟通，但是它并不包括申请提供本分章所调整的任何问题或者程序有关的进展报告。《行政程序法》对于单方沟通作出的唯一一处限制是在§557（d）（1）。该规定仅限于“基于记录”的程序，根据§557（a）的规定，这又取决于§554（a）和§553（c）的规定。《行政程序法》并未对只受§553调整的非正式规则制定中的单方沟通提出限制。

□ 哥伦比亚特区巡回法院对非正式规则制定提出禁止

尽管《行政程序法》中有着明文的规定，但在 Home Box Office，Inc. v. FCC③ 案中，哥伦比亚特区巡回法院的合议庭还是判定非正式规则制定中的单方沟通违法。法院的判决依据是《联邦宪法》的正当程序条款。但是，HBO 案中该规则涉及广泛的政策议题，而不是对具体权利的裁决，因此基于正当程序的分析并不能支持该判决。④

---

① 例如，Central States Enter.，Inc. v. ICC，780 F. 2d 664，674 n. 10 (7th Cir. 1985)；Association of Data Processing Service Org. v. Board of Governors，745 F. 2d 677 (D. C. Cir. 1984)；Pacific Legal Foundation v. DOT，593 F. 2d 1338，1343 n. 5 (D. C. Cir.)，*cert. denied*，444 U. S. 830 (1979)；Associated Industries v. DOL，487 F. 2d 342，349-350 (2d Cir. 1973). 但是，不同的判决意见参见 Corrosion Proof Fittings v. EPA，947 F. 2d 1201，1213-1214 (5th Cir. 1991)（实质性证据标准“更为严格”，“对行政机关提出了更大的负担”）。

② 856 F. 2d 946，950 n. 3 (7th Cir. 1988).

③ 567 F. 2d 9 (D. C. Cir. 1977).

④ Bi-Metallic Investment Co. v. State Board of Equalization，239 U. S. 441，445 (1915)（正当程序并不适用于仅适用于针对众多人数的适用的行为规则）。参见§9.2。

□ 判决意见中的缺陷

在 HBO 案中，哥伦比亚特区巡回法院指出："有的当事人……寻求与各位委员或者委员会的工作人员进行接触，目的是要单方并且秘密地讨论本案所讨论规则的合理性。"法院要求获得"一系列所有单方陈述的材料"，收到了 60 页篇幅的材料显示"存在几乎涉及本案中所有当事人的普遍的单方沟通"。法院担忧"规则的最后形成……可能是存在争论的产业力量之间的妥协，而不是根据《通信法》（the Communications Act）赋予各位委员 644
的根据公共利益需要进行的裁量"，并且发现"精致的公开讨论"可能已经"成了一种伪装"。法院的推理不仅肤浅而且幼稚。[可以设想一下] 国会在公开的委员会听证和大会辩论中对一部法案进行审议，如果选民在投票之前与某些国会议员进行交流，法院会将公开讨论称为伪装吗？或者选民和政策制定者之间的广泛沟通是民主的精髓吗？立宪者们想要禁止还是鼓励利益观点各有不同的公民团体之间达成的妥协？这些问题是不证自明的。因此，HBO 案中的判决主旨是站不住脚的。

□ 哥伦比亚特区巡回法院承认错误

HBO 案的判决主旨也是短命的。在同一年年末，在 Action for Children's Television（ACT）v. FCC① 案中，同一巡回法院另一合议庭不仅抛弃了 HBO 原则，而且以激烈言辞对 HBO 原则进行了抨击，认为"它显然背离了广为人们所接受的是用于非正式规则制定程序的法律"。ACT 寻求联邦通信委员会制定规则以提高儿童节目质量。联邦通信委员会邀请公众对 ACT 的方案发表评议意见，收到了超过 10 万份评议意见。为了反对这些建议，实施有限的自我规制的国家广播业主协会（the National Association of Broadcasters），私下与联邦通信委员会主席接触。联邦通信委员会最后拒绝发布 ACT 所建议的规则。法院在一份细致和坚定的判决意见中驳回了 ACT 对这一程序提出的质疑。法院认定，通过规定了漫长的期限允许提交书面评议意见，举行了为期 6 天的非正式的小组讨论和口头答辩过程，并且"对所采取行动的持续（extended）解释"，联邦通信委员会已经满足了《行政程序法》§553 规定的要求。ACT 案中法院将 HBO 原则限制于私方当事人"为了具有特定价值的特权（privilege）而进行竞争"的情形，换句话来说，也就是传统的裁决性程序。为了支持这一观点，法院引用了 Sangamon Valley Television Corp. v. United States② 案的判决，该案涉及的是争夺同一广播业许可证的相互竞争的申请人。从任何一个角度来看，ACT 案的判决意见都是稳当的。

□ 哥伦比亚特区巡回法院承认与政治上可以问责的官员进行单方沟通的作用

涉及非正式规则制定中单方沟通的最重要的判决意见是 Sierra Club v. Costle③ 案。Wald 法官的判决意见体现了很多超越单方沟通议题的深邃的智慧。在对一项调整电厂二氧化硫排放的新规则作出决定的过程中，环境保护局的决策官员与煤炭行业、电厂的代表，参众两院若干议员和来自白宫、能源部（DOE）、管理和预算局（OMB）、经济顾问 645

---

① 564 F. 2d 458, 475 (D. C. Cir. 1977).

② 269 F. 2d 221 (D. C. Cir. 1959).

③ 657 F. 2d 298, 400-410 (D. C. Cir. 1981).

委员会（CEA）、环境质量委员会（CEQ）、科技政策办公室（Office of Science and Technological Policy）和工资与价格稳定委员会（Council on Wage and Price Stability）的政府官员密集召开了一系列会议。若干环境保护组织认为，该规则因为单方沟通而存在违法的瑕疵。它们认为，该规则是部分通过在所有这些会议中发生的"政治高压"（political arm-twisting）的方式形成的。对于这些会议的密集同步报道所展现的场面完全符合所使用的"政治高压"一词。出于各种原因，总统、其他行政部门的官员，以及国会的众多议员敦促环境保护局通过它最后通过的这项规则。

哥伦比亚特区巡回法院认为，环境保护局已经遵守了与这些会议相关的唯一义务——将"与规则制定具有重要关联性的"任何沟通体现在公开的记录之中。这一义务是由《清洁空气法》[①] 作为对之前的一项 Portland Cement Ass'n v. Ruckelshaus[②] 案的司法判决订入法律而明确对环境保护局规定的。Portland Cement 案中法院认为行政机关必须及时向公众公开在评议意见中的潜在的批评，行政机关采用作为规则制定依据的任何研究报告或者数据汇编。[③] Sierra Club 案中法院认为，环境保护局将任何它在会议上收到的书面材料和所收到的任何口头沟通信息的摘要放在行政记录之中，只要这些沟通涉及规则制定所依据的"信息或者数据"，从而符合了这一义务的要求。

□ 只在正式规则制定程序中禁止单方沟通

哥伦比亚特区法院驳回了有关单方沟通是违法的主张。该法院指出，《行政程序法》只禁止在正式裁决和正式规则制定程序中出现单方沟通。它接着指出，最高法院所作出的判决，即法院不能强迫行政机关采用超出法律或者宪法所要求的程序。[④] 最后，它也指出，根据正当程序条款推导出的禁止单方沟通规定只适用于对个人权利的裁决，而不适用于 Sierra Club 案中所讼争的广泛的政策争议。

□ 对一些议题的单方沟通有助于实现有价值的目的

但是，Wald 法官的推理在满足认定单方沟通是法律所允许的需要之外更进了一步。她解释了在为了解决一项政策争议而进行规则制定的背景下，为什么单方沟通是很需要的，甚至可能是宪法所保护的。她对规则制定程序的性质及其对我们宪政民主体制之间关
646 系的广泛讨论，完全可以作为讨论现代政府的上佳之作。[⑤] Wald 法官一开始讨论了与公众成员进行的沟通：

政治合法性

按照我们的政体，非民选产生的官员们所实施的一般性政策制定的合法性，很大程度上取决于这些官员面对作为其职权的终极来源和命令的最终对象的公众时所具有的需要和想法所保持的开放性（openness）、可及性（accessibility）和顺从（amenability）。由于我们参与的司法过程所具有的性质，法院不受这些压力的影响；但是我们必须避免从简单的

---

① Clean Air Act, 42 U. S. C. § 760 (4) (B) (d) (5).

② 486 F. 2d 375 (D. C. Cir. 1973).

③ 参见 § 7. 3。

④ Vermont Yankee Nuclear Power Corp. v. NRDC, 435 U. S. 519 (1978).

⑤ Verkuil, "Jawboning Administrative Agencies, Ex Parte Contacts by the White House", 80 *Colum. L. Rev.* 943 (1980).

情感出发对所有面对面的游说努力斜眼相待，无论它们发生在什么的场合，而仅仅因为我们认为在司法的背景中这些行为是不合适的。不仅如此，与受规制的产业、其他存在利害关系的团体以及公众进行的持续接触，对于规制有效性的重要意义是不能被低估的。非正式的接触可以让行政机关能够获得对于其执行的项目所急需的支持，通过帮助被规制者预测和制定未来的计划而减少未来的执法要求，促进向行政机关提供它们所需要的信息。在允许与规则制定者进行单方沟通的过程中，我们可能会产生这样的危险，即"一份向公众和本院提供的行政记录，一份供委员会使用的行政记录"。但是，根据《清洁空气法》所规定的程序，"所颁布的规则不得基于（部分或者全部）任何未收入案卷的信息或者数据……"因此，环境保护局必须完全根据其汇编并向公众公开的行政记录证明其规则制定程序的正当性。

Wald 法官接着讨论与总统和其他行政部门官员的单方沟通：

政府行政分支内部的沟通

本院承认，总统和白宫工作人员具有对行政规则与［总统］政府政策（Administration policy）之间的一致性进行监督的基本需要。总统和他的白宫顾问们当然必须经常必须在规定制定过程中得到全面和经常的通报，并且他们对于政策制定的意见也需要得到考虑。《联邦宪法》所规定的行政权，毕竟不是分享的——它完全属于总统。制宪会议审议并否决了"多元行政"（plural executive），或者是总统加上各州委员会的想法。相反，为了获得在单一渠道上进行问责的优势，国父们选择了宁愿冒着将权力置于一人之手而内在具有的暴政风险。为了确保总统对行政分支的控制和监督，《联邦宪法》——以及司法机关对其所作的解释——赋予总统以任命和免职的权力，以及动用行政特权保护咨询秘密的权力。就环境保护局这一个案而言，总统的职权是清晰的，因为环境保护局从未被认为是 647
"独立行政机关"，而一直是被认为属于行政分支的组成部分。

总统控制和监督行政部门政策制定的职权来源于宪法的规定；这种控制的可欲性，从行政规则制定的实践现实看是明显的。诸如本案所涉及的规则，需要对成本、环境和能源等方面的因素进行仔细的权衡。它们同样对于全国性的经济政策具有广泛的意义。如果关键性的行政部门政策制定者相互隔离，也与政府首脑（总统）相互隔离，那么我们的政体就无法有效或者合理地运行。单一任务的行政机关对于复杂的规制问题并不总是可以提供答案。工作负担沉重的行政主管全天 24 小时都要面对认真而热情的工作人员了解其他行政机关以及白宫中的政策制定者的主张和想法的需要。

但是，我们承认，在一些例子中将总统或者其工作人员和其他行政部门官员或者规则制定者之间的对话收入案卷，可能是确保正当程序所必需的。例如，当这种对话直接关系到裁决或者准裁决程序的结果时，这一点就是成立的；在这些情形中并未控制个人权利的内在的行政权。当类似本案中所涉及的法律明确要求规则制定所依据的关键的"信息或者数据"必须收入案卷之时，收入案卷也是必需的。但是，在没有国会作出更多要求的时候，我们认为，在本案中环境保护局没有将总统和环境保护局官员之间在评议期结束之后进行的面对面的政策交流收入案卷并不违法，因为环境保护局没有试图根据这次会议中提出的任何"信息或者数据"来制定规则。当总统本人直接参与与行政部门官员的口头沟通时，《联邦宪法》第 2 条的考虑——加上 Vermont Yankee 案提出的结构——要求法院在要求行政机关作出法律已经规定的部分之外的信息披露方面保持特别的谨慎。

在有的情况下强调披露单方沟通之需要的完全依据记录进行的审查（full-record review），其目的并不要求法院知晓每位白宫联系人的细节，包括在本案中非正式规则制定背景中的涉及总统的细节。毕竟，这里所发布的任何规则，无论是否得到白宫的协助，都必须在规则制定记录中包含必需的事实支持，并且根据这一特定的法律，环境保护局局长不能部分或者全部以行政记录中所未包含的“信息或者数据”作为规则制定的依据，无论其来自什么渠道。法院将会监督所有这些要求，但是并不需要全知全能才能有效履行其职责。当然，未经披露的总统鞭策总是可能指向实际上依据行政记录得出的结论，但是又与
648 如果没有总统干预下本来可能出现的结果有所不同。在这种情况下，我们确实可以说政治过程以法院无法监督的某种方式影响结果。但是，我们并不相信国会希望将非正式规则制定程序转变成高深的技术统治性质的程序，不受对总统权存在的政治考虑的影响。总之，我们认定，在评议期结束之后召开的行政部门内部的会议，以及未能将一次有总统参与的这类会议记录收入案卷，既不违反《清洁空气法》的程序要求，也不违反正当程序要求。

最后，Wald 法官讨论了与来自立法分支的议员进行的沟通：

与政府立法分支的沟通

美国人民正确地预见到了他们的民选代表会对我们的法律执行情况表达出我们的喜好和厌恶之情。我们相信，国会议员们在行政机关面前积极代表其选民的利益，参与非正式的、一般性的政策性规则制定，这是完全合理的，只要议员个人不会破坏法律中所表达的国会整体的意图，也不会损害所依据的程序规则。当议员们的评议意见集中在规则草案的实体内容上时——我们没有实质性的证据能够让我们相信 Byrd 参议员在这里没有这么做——我们相信行政机关会对来自议会的压力和来自其他渠道的压力之间进行平衡。我们相信，否则的话就会剥夺了行政机关获得合法的信息来源，并使几乎所有产生争议的规则制定的有效性产生疑问……

□ 最高法院与哥伦比亚特区巡回法院持有相同观点

Wald 法官在 Sierra Club 案的判决意见中详细解释了行政机关通过规则制定程序制定政策的法律、政治和宪法框架。最高法院从未利用机会以 Sierra Club 案中所体现的认真和细节对这一关键性的关系进行描述。但是，最高法院在 Chevron v. NRDC 案①中作了更为简练的描述，与 Wald 法官所作的深入分析完全一致：

法官……不属于任何政治性的政府分支的组成部分……相比之下，由于国会授予政策制定职责的行政机关可以在授权的限度内，合理地采用现任政府对于明智政策的看法来说明它所作出的判断。虽然行政机关不是直接接受人民问责，政府首脑是，并且这一政治性
649 的政府分支也完全适合于作出此类政策选择……②

□ 法院适用 Sierra Club 原则

联邦法院继续适用 Sierra Club 案中所宣布的重要原则。在 New Mexico v. EPA③ 案中，法院重申了 Sierra Club 案中的重要意见，认为行政机关与管理和预算局进行讨论是可以允许的，即使他们推动了行政规则的改变，只要行政机关可以证明其规则“完全依据所掌握的记录”而制定的。

在 Radio Ass'n v. Department of Transportation④ 案中，第六巡回法院认为，行政机关并非因为议会提出的要求通过该规则的压力而留下了不被允许的污点。这一压力是以拨

---

① 467 U. S. 837 (1984).

② 467 U. S. at 865-866.

③ 114 F. 3d 290 (D. C. Cir. 1997).

④ 47 F. 3d 794 (6th Cir. 1995).

款法案之附款（rider）形式出现的，在该拨款法案中国会指示行政机关开始对这一主题制定规则，而一份参议院拨款法案中国会指示行政机关对该主题制定规则，并且参议院拨款委员会的报告中对于行政机关之前所作的不对该主题制定规则的决定背后的智慧提出质疑。法院的理由是，国会的压力必须是“突出的”才能构成规则制定程序的缺陷，而行政机关已经对于该规则的合理性依据（meritocratic basis）作出了说明驳斥了这一不合理压力中的观点。

类似的，在 Strickland v. Commissioner，Maine Department of Human Services[①] 案中，第一巡回法院认为，该规则并未因为国会的压力而留下了不合理的污点。该案中国会压力的表现的形式是一份国会两院联席协调委员会报告（Conference Committee Report）中所作的非拘束性说明，该报告希望行政机关发布它最后发布的这类规则。法院对于行政机关将该说明作为非拘束性的国会劝告而非命令的做法表示满意。在这一情况下，行政机关可以支持该规则，而只要说明该规则的合理依据与对法律的合理解释相一致以驳斥不合理压力中的主张。法院对于民主体制下行政机关和民选官员之间的关系补充了一点有意义的提示：“在我们的三分制的政体制度下，不同分支之间的沟通和合作并非需要不惜一切代价才能避免的可怕疾病；相反，它是经过检验证明了的提高政治机构健康状况的手段。”[②]

§7.7 国会有时提出额外的程序要求

□《国家环境政策法》、《规制灵活度法》和无资金保障施令

国会已经对《行政程序法》§553 中所提出的通告——评议——制定依据和目的的说明这一顺序增加了各种各样程序要求。在《行政程序法》这一法律上并未作出修改。但是，国会已经在三类规则制定程序中增加了额外的通用性的程序要求。《国家环境政策法》 650
(the National Environmental Policy Act)[③] 中要求行政机关作出对于环境产生明显影响的联邦行政决定时，必须制作环境影响报告（environment impact statement）。[④]

《规制灵活度法》(the Regulatory Flexibility Act)[⑤] 要求行政机关描述规则草案和最终规则对于小企业的影响，并探索负担较小的选择方案。[⑥] 1996 年修订《规制灵活度法》时扩大了所规定的要求，并要求法院强制执行这些要求。[⑦]

最后，《1995 年无资金保障施令改革法》（the Unfunded Mandates Reform Act of 1995)[⑧] 要求行政机关对于任何包含每年对于州、地方和部落政府或者私人部门的实施成本超过 1 亿美元的规则草案或者最终规则制作影响评估的说明。这一说明必须包括范围广

---

① 48 F. 3d 12 (1st Cir. 1995).

② Id. at 20.

③ 42 U. S. C. §§ 4321 et seq.

④ 例可参见 Strycker's Bay Neighborhood Council v. Karlen，444 U. S. 223 (1980)。参见 D. Mandelker，*NEPA Law and Litigation* (1984)。

⑤ 5 U. S. C. §§ 601 et seq.

⑥ Paul Verkuil，“A Critical Guide to the Regulatory Flexibility Act (RFA)”，1982 *Duke L. J.* 213.

⑦ 参见§7.1 和§7.9 中的讨论。

⑧ Pub. L. No. 104-4，109 Stat. 48.

泛的各种评估，例如成本、收益、不成比例的地理影响（geographic effects），咨询州或者地方官员的意见，并研究各种可能的方案。[①] 行政机关必须选择成本最低、最具成本有效性的或者负担最轻的选择方案，除非这种决定将会与另一部法律的规定不一致，或者行政机关对于它为何选择了不同的方案作出了解释。[②] 但是，法院是否会在执行这些要求过程中扮演重要的角色并不清楚，理由如下：（1）如果行政机关认为要做到精确的评估并不具有合理的可行性，它具有“独有的裁量权”决定不进行这些评估；（2）只有通过适用《行政程序法》§706（1）[③]，才能进行审查；（3）审查必须在规则颁布后180日内提供；（4）行政机关未遵守该法律要求的唯一补救方法就是发布命令要求行政机关进行该法律所要求的评估。法院可以因为行政机关未能遵守该法律的要求而判定该规则无效。

□ 具体的法律与一般程序之间的关系

其他的法律修订，从其使用的术语上看，都适用于单一的行政机关。有些特别针对一家行政机关提出的程序要求，可能是从《行政程序法》的一般性用语中推导而来的。事实上，在有的情况下，国会决定迫使一家行政机关采用一项具体的程序，是基于国会将之前法院对于《行政程序法》的弹性的用语所作解释订入法律的意图。在这种情况下，我们至少可以说，所有行政机关必须采用这种程序以符合《行政程序法》的要求，即使国会只是
651 特别地要求一家行政机关采用这种程序。在描述国会在具体的法律中要求的一些额外程序的过程中，我们会确定可以认为适用于所有行政机关的额外程序作为对《行政程序法》更为一般性的用语的解释。

□ 可以作为例证的具体法律

众多法律对《行政程序法》§553规定的程序进行了补充。出于论述的便利，我应当强调六部主要的法律：《1970年职业安全和健康法》[④]、《1972年消费品安全法》[⑤]、《1974年联邦贸易委员会改进法》[⑥]、《1976年有毒物质控制法》[⑦]、《1977年能源部组织法》[⑧] 和《1977年清洁空气法修正案》[⑨]。

□ 具体的法律存在广泛差别

Hamilton教授在1972年发表的一篇论文中论述了在正式程序和非正式程序中营造某种中间地带的想法。[⑩] 他在第1315页论述道：“这些法定的程序条款的混乱程度达到了令

---

① 2 U. S. C. §1532.

② 2 U. S. C. §1535.

③ 有关《行政程序法》§706（1）的讨论，参见§12.3。

④ The Occupational Safety and Health Act of 1970，29 U. S. C. §651.

⑤ The Consumer Product Safety Act of 1972，15 U. S. C. §2051.

⑥ The Federal Trade Commission Improvement Act of 1974，15 U. S. C. §57a.

⑦ The Toxic Substances Control Act of 1976，15 U. S. C. §2601.

⑧ The Department of Energy Organization Act of 1977，42 U. S. C. §7101.

⑨ The Clean Air Act Amendments of 1977，42 U. S. C. §7401.

⑩ Hamilton，“Procedures for the Adoption of Rules of General Applicability”，60 *Cal. L. Rev.* 1276，1313-1330 (1972).

人难以置信的地步……突出的是，只有相对少数的一些近年制定的法律中，国会才授予广泛的规则制定权而没有施加某种额外的程序要求。”这类条款中最普遍的是涉及征求意见、咨询委员会或者口头听证。除了《行政程序法》所允许的提交书面评议意见之外，这六部法律都允许口头表达意见或者公开听证。就对于规则制定程序的成本和难度造成的影响而言，最为重要的额外程序要求是要求行政机关允许交叉质证。要求行政机关允许交叉质证的两部法律是中间这两部法律，即《1974 年联邦贸易委员会改进法》和《1976 年有毒物质控制法》。

□ 要求举行有限的口头举证式听证

关于交叉质证，《有毒物质控制法》基本上是《联邦贸易委员会改进法》在 15 U. S. C. § 57a (c) 中所规定内容的翻版：

(1) 按照本分节 (2) 款的规定，利害关系人有权——

(A) 口头或者书面（或者同时包括两者）的形式陈述其观点，并且

(B) 如果委员会确定存在需要解决的重要事实的争议，提交反驳意见并与下列人员进行［或者根据 (2) (B)］交叉质证

(i) 委员会认为合适的人，和

(ii) 委员会认为需要对这类问题进行充分真实披露的人。 652

(2) 委员会可以在这类听证会中规定规则或者作出程序相关的裁决以避免不必要的成本或者迟延。这类规则或者裁决可以包括：

(A) 对每位利害关系人的口头陈述规定合理的时间限制；

(B) 对根据 (1) 款的要求有权参与由委员会代表该利害关系人进行交叉质证者规定的要求：

(i) 以委员会认为合理的方式；并且

(ii) 以委员会认为要对主要事实 (material fact) 进行充分和真实披露所必需的方式。

□ 对于立法性事实不要求听证

对于“关于主要事实的争议”这一词组的字面解释，将会产生一个荒谬的结论。几乎每一项规则都是建立在大量的存在争议的立法性事实的基础之上的。允许对每一件事实进行交叉质证，将会造成时间的巨大浪费。事实上，这将会把非正式规则制定变成正式规则制定。这又会接着诱使行政机关放弃规则制定。① 国会在会议报告 (Conference Report) 中指出只有涉及“相对于立法性事实的具体事实的争议”以缩小了交叉质证的可能范围才需要进行交叉质证，试图避免这一结果。② 联邦贸易委员会已经将这一关键性的资格要求纳入其程序规则之中。③

□ 行政法官错误适用了有限听证要求

不幸的是，行政法官们没有能够，或者不愿意区分裁决性事实和立法性事实。1976

① 参见 § 7.2。

② 120 Cong. Rec. H 12061.

③ 16 C. F. R. §§ 7-1. 20.

年对一项有关私立职业和家庭补习学校（Proprietary Vocational and Home Study Schools）的广告、披露、无条件撤销合同（Cooling-off）和退款要求的行业规制规则（trade regulation rule）草案举行的公开听证进行了 28 天。第一位证人是“对假日学校……有过深入研究的学者”。主持的官员指出：“不允许当事人根据法律或者规则的若干技术性解释来看最有效率的方式对这名证人提出质询，这是一个明显的浪费……无论这些学者是如何看待这样一种技术的，它只有一种优点，也就是说它确实有效。”

行政法官认为不受限制的对于立法性事实问题的交叉质证在规则制定程序中“有效”的说法是奇怪的。这一程序在食品药品管理局实施的花生酱规则制定过程中是否“有效”？规则已经发布，因此人们可以说花生酱规则制定的程序“有效”，理由是我们有可能通过采用这一程序发布规则。但是，在更为重要的意义上，该程序并不有效，因为它要求投入
653 如此漫长的时间和大量的资源，以至于行政机关如果必须采用这一程序的话，它很少会试图发布规则。

□ 大多数规则制定只涉及立法性事实

行政法官本来不应该在这种情况下允许交叉质证，因为它只涉及存在争议的立法性事实问题。该委员会在发布规则草案时所提供的“说明”[①] 表明了这些事实问题的性质：

> 联邦贸易委员会有理由相信假期学校的消费者并未得到在职业培训领域作出明智选择所必需的完全和充分的主要事实信息……私立职业学校（proprietary schools）所实施的某些商业或者营销做法阻碍了消费者作出知情决定的能力……这些做法导致消费者购买他们本没有真正兴趣的课程和他们并未充分准确理解的课程……裁决本身并不足以为了指导消费者和学校经营者而制定界定清楚的执法标准。

□ 有限的口头听证并未奏效

国会关于有限的口头听证的试验已经失败。联邦贸易委员会未能说服其自己的行政法官们将交叉质证限定于取决于对裁决性事实之裁决基础之上的规则。不仅如此，联邦贸易委员会因为担心复审法院会经历类似的混淆，已经允许进行实际上不加限制的口头质证。这又会进一步大幅增加规则制定程序的成本和迟延，以至于联邦贸易委员会几乎放弃以规则制定作为其规制工具使用。[②]

□ 法院错误适用了有限听证的要求

行政机关有关法院可能反应的担心是有着坚实基础的。在 Corrosion Proof Fittings v. EPA[③] 案中，第五巡回法院撤销了一份根据《有毒物质控制法》制定的规则，其中一点理由是行政机关不应该限制口头质证。行政机关已经“允许对大多数但是不是所有的证人进行实质性的口头质证”。即使行政机关对交叉质证加以了限制，这一程序也已经需要 12 年。但是，法院推翻了这一规则，认为“环境保护局本应向所有……重要的证人提供充分

---

① 40 Fed. Reg. 21，048（1975）.

② 参见 Boyer，“Report on the Trade Regulation Rulemaking Procedures of the Federal Trade Commission”，1979 *ACUS Ann. Rep.* 41。

③ 947 F. 2d 1201，1211（5th Cir. 1991）.

的交叉质证机会”。

□ 有些法律要求有事实认定和理由说明

虽然这些法律中只有两部规定了严格的交叉质证要求，六部法律均规定了某些更为轻微的程序要求，对《行政程序法》中关于非正式规则制定的一般程序提出了补充。对于正式规则制定，国会在§557（c）中要求“有关行政记录所体现的事实、法律和裁量等重要 654
问题的事实认定和结论，以及制订理由或者依据”。对于非正式规则制定，国会将§553中的平行要求限定于“对……制定依据和目的的简要总体说明”。但是，国会在这六部具体的法律中均要求提供事实认定和理由。

职业安全和健康管理局要求，当部长颁布任何标准或者制定任何规则时，“在《联邦公报》中刊登这类决定的理由说明”[①]，并且要求在国家一致性标准（national consensus standard）与规则之间存在差别时，“对所通过的规则能够比国家一致性标准更好地实现本章规定的目的的理由作出说明”。

《消费品安全法》[②] 规定：“委员会不得颁布消费品安全规则，除非它认定（并在规则中包含这些事实认定）——（A）该规则（包括生效日期）是消除或者减少与该产品相关的不合理的伤害风险所合理需要的；（B）规则符合公共利益的需要；（C）在规则颁布某产品属于受禁止的危险产品时，没有一项本章所规定的可行的消费品安全标准可以充分地保护公众免受该产品相关的不合理的伤害风险。”[③]

《联邦贸易委员会改进法》[④] 规定：“委员会根据15 U.S.C.§57（a）（1）（B）的规定，在颁布规则时所同时发布的制定依据和目的的说明，应当包括（A）本规则所规定的行为或者做法的普遍性的说明；（B）对于行为或者做法构成不公平或者欺骗性的方式或者情境的说明；（C）对规则的经济影响，包括对小企业和消费者的影响的说明。”

《有毒物质控制法》[⑤] 要求一类主要的规则类型对物质对于健康的影响、环境影响、不同用途的收益和替代物质的可得性，以及该规则可以合理确认的经济后果作出说明。

《能源部组织法》对于事实认定和理由则采用了不同的想法；它要求“对重要的评议意见、批评和评议期间内提出的替代方案作出回应性的说明”[⑥]。这一想法在《清洁空气法》[⑦] 中得到保留并得以扩大：规则发布时必须同时附有“从规则草案到颁布的最终规则之间所作任何重大修改的理由说明”和“对于评议期内以口头或者书面形式陈述的每一条重要的评议意见、批评意见和新数据作出的回应”。 655

□ 与《行政程序法》规定要求的联系

这些具体的法律所提出的要求，与通过通告评议程序制定的规则所要求的“制定依据和目的说明”要求之间究竟有多大程度的差别是不确定的。对于《行政程序法》§553所

---

① 29 U.S.C.§655（e）.

② 15 U.S.C.§2058（c）（2）.

③ 另可参见§2057对受禁止的危险产品的规定。

④ 15 U.S.C.§57a（d）（1）.

⑤ 15 U.S.C.§2605（c）（1）.

⑥ 42 U.S.C.§7191（d）.

⑦ 42 U.S.C.§7607（d）（6）.

规定的“制定依据和目的说明”进行解释的有些更为极端的司法判决，实际上远远超出了任何一部此种法律所规定的具体要求。[①]

□ 对拟议规则制定通告内容的规定

这些法律中以一定的详细程序规定了所要求的拟议规则制定通告的适用范围。《能源部组织法》[②] 规定，拟议规则制定通告“应当附有任何拟议规则、规章或者命令的支持证据、制定需要和可能影响等相关的研究、分析和其他可得信息的说明”。类似的，《清洁空气法》规定，规则草案应当附有对制定依据和目的的说明，应当“规定或者归纳和引用任何科学评审委员会（the Scientific Review Committee）……和国家科学院（the National Academy of Science）相关的事实认定、建议和评议，并且如果规则草案在任何重要内容上不同于这些建议，则需要对这些差别的理由作出解释”[③]。这些规定是将 Portland Cement Ass'n v. Ruckelshaus[④] 案的判决意见订入法律和进行扩展的结果，该案中法院解释了《行政程序法》§553，要求行政机关及时将它作为支持规则的证据采用的任何科学研究报告或者数据公开征求评议意见。[⑤]

□ 有些法律界定了规则制定的记录

国会在 1946 年规定《行政程序法》§553 规定时并未打算要求行政机关将任何非正式规则制定的记录进行汇编。复审法院坚持认为行政记录应当包括通告、评议意见和附有制定依据和目的说明的最终规则，从而为司法审查的程序提供便利。但是，在许多规制性的法律中，国会已经具体地要求某些行政机关在非正式规则制定中对行政记录进行汇编。

例如，在《1972 年消费品安全法》中，国会要求该委员会允许提供口头陈述的机会，并且要求“会议记录中应当包含任何口头陈述的内容”[⑥]。即使该程序不是按照《行政程序法》§ 553（c）规定意义上的“基于记录”。§ 2060（a）进一步规定：“为了本节规定的目的，‘记录’一词是指此类……规则；任何通告……任何口头陈述……的记录；任何利
656 害关系人提交的书面材料；该委员会认为与此类规则相关的任何其他信息。”

在《有毒物质控制法》[⑦] 中，国会对“规则制定记录”定义为任何规则、任何口头陈述的记录、书面提交的材料，以及“环境保护局局长在发布此类规则之日或者之前在《联邦公报》上刊登的通告中确认的任何其他信息”。这一规定明确地要求行政机关在发布规则之时汇编行政记录；行政机关不能延迟该项任务，直到法院在审查过程中要求获取该记录以供审议。

《1977 年清洁空气法修正案》包含了特别详细的规定，特别是在 42 U. S. C. §7607（d）中。第（3）款要求拟议规则制定通告必须附有制定依据和目的的说明，并且

> 应当同时说明案卷编号、案卷的存放地点，以及开放公众查阅的时间。制定依据和目

---

① 参见§7.4。
② 42 U. S. C. §7191（b）（1）.
③ 42 U. S. C. §7607（d）（3）.
④ 486 F. 2d 375（D. C. Cir. 1973）.
⑤ 参见§7.3。
⑥ 15 U. S. C. §2058（a）（2）.
⑦ 15 U. S. C. §2618（a）（3）.

的说明应当包括摘要介绍——

(A) 规则草案所依据的事实性数据;

(B) 获取数据和分析数据时所采用的方法学;以及

(C) 作为规则草案基础的重要的法律解释和政策考量。该说明还应规定或者摘要介绍任何科学审查委员会……和国家科学院的相关事实认定、建议和评议意见,并且如果规则草案在任何重要内容上区别于这些建议,应当对这些差别的理由作出解释。在本款中所提到的,任何规则草案所采用的任何数据、信息或者文件,应当包括在规则草案刊登之日的案卷之中。

§7607(d)(6)(C)规定:"所颁布的规则不能基于(部分或者全部)任何在颁布之日前未收入案卷的信息或者数据。"因此,该法律规定特别禁止行政机关为了满足司法审查的需要而选择补充任何内容的做法。为了司法审查需要的记录仅限于通告和配套的材料、书面评议意见、公开听证的记录、评议期间补充的材料、制定依据和目的说明,以及行政机关对于书面评议意见作出的回应。规则制定记录的概念也因为进一步的规定而充实其内容,即除了在§7607(d)(7)(B)中详细列举的例外情况,"只有在公开评议期间(包括任何公开听证)以合理的具体程度提出的对于规则或者程序的反对意见,能够在司法审查期间提出。" 657

§7.8 法院可以要求额外的程序吗?

□ 法院要求有限的交叉质证

在20世纪70年代,有的复审法院开始要求行政机关采用《行政程序法》§553规定之外的程序。所要求的补充性程序常常是对司法机关所规定的问题举行举证式听证。如果复审法院认定,规则的必要性或者可欲性基本上取决于特定的事实基础,而法院对于行政机关基于通告评议程序而对事实问题所作的处理缺乏信心,法院可以将该规则发回重新处理,并对其采用的程序提出要求,以便让法院能够对行政机关在规则事实基础上的判决有更充分的信心。法院所要求采用的程序通常是对这一问题提交口头证据,并接受最低限度的交叉质证。

□ 对于各种问题所要求的交叉质证

各级法院在70年代所裁判的众多涉及规则制定的案件中采用了这一方法的不同变型。[①]

---

① 例如Mobil Oil Corp. v. FPC, 483 F. 2d 1238 (D. C. Cir. 1973)(行政机关在一份定价规则中对共同成本的分摊所作的规定没有得到充分支持;行政机关在发回重新处理时必须允许对成本分摊问题进行交叉质证);International Harvester Co. v. Ruckelshaus, 478 F. 2d 615 (D. C. Cir. 1973)(行政机关作出的判决——汽车生产商可以在法定期限前达到新的排放控制要求——是没有充分证据支持的);Appalachian Power Co. v. EPA, 477 F. 2d 495 (4th Cir. 1973)(环境保护局可以发布接受州空气质量执行规划的规则,只要州或者联邦行政机关允许对该规划的充分性进行交叉质证);Walter Holm & Co. v. Hardin, 449 F. 2d 1009 (D. C. Cir. 1971)(农业部的西红柿销售规则对于"青熟"(mature green)和"藤蔓成熟"(vine ripe)的西红柿的可能影响并没有得到充分证据的支持;行政机关在发回重新处理时必须允许对该规则的商业影响进行交叉质证)。

□ 最高法院禁止司法机关增加新的程序要求

在 Vermont Yankee Nuclear Power Corp. v. NRDC[①] 案中，最高法院否定了这一司法实践。核能监管委员会（NRC）发布了一项规则，规定了各许可委员会（Licensing Boards）在决定是否颁发核电站许可证时考虑因为核电站运营而不可避免产生的放射性废弃物的处置、储存需要的因素。该规则制定程序要求核能监管委员会探索和解决涉及美国最后应当如何选择储存核废弃物和最后所选择的储存方法的安全性等各种具有高度争议性的问题。核能监管委员会采用了《行政程序法》§553 和核能监管委员会组织法所要求的
658 通告评议程序。事实上，核能监管委员会以各种方式自觉地对这一程序进行了补充，例如，它召开了法律所未要求的口头立法式听证会。

哥伦比亚特区巡回法院推翻了这一规则，理由是它认定核能监管委员会没有充分的数据基础以支持该规则。哥伦比亚特区巡回法院的长篇大论的判决意见对于行政机关建立充分的数据基础所必须采取步骤的描述并不清楚。无论是核能监管委员会还是最高法院都得出这样的推论，即哥伦比亚特区巡回法院的要求只能通过对于某些安全问题允许交叉质证才能得到满足。[②]

□ 行政机关可以自由选择程序

最高法院以可以适用于所有行政机关程序的宽泛论述，一致推翻了哥伦比亚特区巡回法院的判决意见："在没有宪法约束或者极端迫切的情况时，'行政机关应当自由地规定自己的程序规则……'"[③]"一般来说，《行政程序法》§553 确立了国会所希望要求法院对行政机关实施规则制定程序时的最高程序要求……这并不是说……没有什么情况下法院可以证明因为行政机关未能采用法律要求之外的程序而推翻行政决定的正当性。但是，这类情况也是极其少见的。"[④] 在 PBGC v. LTV Corp. 案[⑤]中，最高法院重申了 Vermont Yankee 原则，并扩张适用以禁止法院要求行政机关在非正式裁决中采用比法律或者《联邦宪法》所要求程度更高的程序。[⑥]

□ 各级法院只能强制执行法律和《联邦宪法》的规定

最高法院将其宽泛的判词适用于 Vermont Yankee 案所讼争的规则制定并无难度。无论是《行政程序法》，还是该行政机关的组织法，都没有要求该行政机关在规则制定中进行交叉质证。该规则制定过程并未涉及"非常少数的个人'基于具体的理由在每起案件中受到特别的影响'"的行为，因此正当程序条款并不要求行政机关提供额外的程序。[⑦] 最后，最高法院所提到的为了证明法院裁定要求行政机关采用的程序比法律或者宪法要求更

---

① 435 U.S. 519 (1978).
② Id. at 540-541.
③ Id. at 519.
④ Id. at 524.
⑤ 496 U.S. 633 (1990).
⑥ 参见本书第 8 章。
⑦ 435 U.S. at 542.

高的正当性所需要满足的“极其少见”和“极其迫切”的情况究竟是指什么，Vermont Yankee 案中所陈述的情况都不符合这些标准的要求。

□ 宽泛的法官附带意见的理由

最高法院在 Vermont Yankee 案中提出了限制司法权的三点理由：

首先，如果法院继续对行政程序进行审查以确定是否行政机关所采用的程序在法院看来是完全适合于达到法院所认为的“最佳”或者“正确”结果的，司法审查将会是完全无 659
法预测的。行政机关按照这一要求其采用“最佳”程序并在违反时面临撤销规则之威胁的模糊禁令行事时，无疑会在每起案件中都采用完全的裁决程序……而非正式规则制定中所内含的优势将会荡然无存。

其次，我们可以明显地看到，法院……根据在听证过程中实际制作的记录对行政机关采用的程序选择进行审查……这种事后诸葛亮的做法……迫使行政机关对于所有规则制定都采用通常只与裁决型听证有关的所有各种程序装置（procedural devices)。

最后……这种审查误解了对行政规则的司法审查标准的性质……如果行政机关被迫……以只有在裁决型听证后制作的这类记录支持这一规则，它很可能别无其他选择，只能在发布每项规则之前都举行充分的裁决型听证。①

□ 法院的判决意见对规则制定的活力构成了威胁

导致最高法院在 Vermont Yankee 案中传达如此强烈信号的担心，从其推理过程来看是明显的。最高法院担心，巡回法院在无意识中对于国会所创设的允许行政机关及时制定非正式的政策决定的程序机制的活力构成威胁。通过告诉一家具体的行政机关，在它发现该问题不仅很重要，而且在采用法律所要求的程序始终充满了不确定性之后，它本该采用更为广泛的程序来解决具体的争议，法院实际上是在告诉所有的行政机关对于所有案件中的所有问题都采用更为广泛的程序。简而言之，法院是在将非正式规则制定转变成了正式规则制定，并且很可能会抹杀规则制定作为行政机关所拥有的富有活力的工具的作用。②

□ 行政机关不可能对所要求的程序进行预测

行政机关只能以这些宽泛的术语来理解司法机关所传达的信息，因为行政机关不可能在规则制定程序之初就预测复审法院会认定哪些问题需要在规则制定结束时举行口头举证式听证。需要指出的是，在上述列举的少量作为样本的案件中所认定的大量问题，例如，核废弃物储存的环境影响，共同成本的合理分摊，在规定的未来日期内满足排放控制要求的可行性，州空气污染控制规划的实效，以及规则对于种植和销售青熟和藤熟的西红柿的影响的经济分析。我们还需要注意的是这些事实争议的性质。每一项事实争议所涉及的都是可以进行辩论并接受交叉质证的立法性事实问题，而对于围绕该问题的不确定性也只能 660
产生很轻微的影响。每项事实争议都可以更准确地定性为适合于立法机构裁决的政策争议，而非更适合提出证据性证明以满足法院要求的事实争议。

---

① 455 U. S. at 546-548.

② 参见§7.2。

□ Vermont Yankee 产生了重大影响

Vermont Yankee 对于复审法院产生了重大影响。在 Vermont Yankee 案之前，有很大比例的司法机关裁决推翻行政机关的规则是基于行政机关没有提供充分程序，例如交叉质证的判断。而在 Vermont Yankee 案之后，联邦法院已经很少单纯基于程序的理由判决推翻行政机关的规则。根据对 1984—1985 年间判决的 177 起案件的研究，只有 8 起案件，也就是说不足 5%涉及法院基于单纯程序缺陷而推翻行政机关的规则。[①]

□ 最高法院可以通过解释《行政程序法》提出程序要求

但是，Vermont Yankee 案的影响很容易被夸大。最高法院排除了复审法院采用单纯普通法的推理以支持行政机关本该提供某种非法律所要求的程序的判决意见。但是，复审法院仍然可以自由地实施对法律要求的创造性解释。通过这一机制，法院可以利用普通法类型的推理以支持推翻行政机关制定的规则，只要法院的判决意见是在某种程度上基于法律的条文。《行政程序法》所使用的文字很容易作出各种不同的解释。

□ 扩大的通告原则仍然存在

下列两项行政法原则可以说明法院在根据其对规则中所包含的政策决定的智慧或者所依据的事实假定的准确性的怀疑而推翻该规则方面仍然保有的裁量权。第一项行政法原则是，行政机关需要将其准备采用的任何数据或者科学研究报告及时公布以便公众能对这些数据或者研究报告进行评议。这项要求是在 Portland Cement Ass'n v. Ruckelshaus[②] 案中所提出的，如今已经用于数百起案件。[③] 最高法院从未对该原则进行过讨论，但是该原则在 Vermont Yankee 案提出对普通法推理的宽泛禁止之后得以继续存在，因为它是基于对《行政程序法》的要求——行政机关发布规则草案的“通告”以及对规则草案提供评议机会——作出的合理解释。

□ 充分的推理要求仍然存在

对于联邦法院在 Vermont Yankee 案之后仍然保持的这类裁量，最高法院在 Motor Vehicle Manufacturers Ass'n v. State Farm Mutual Automobile Insurance Co.[④] 案中的判决意见可以作为第二项例证。最高法院在该案中推翻了行政规则，理由是行政机关没有对
661 支持该规则的推理进行充分说明，也就是说，行政机关还没有考虑过明显的替代方案，也没有充分解释行政机关对该规则的预期影响和与该预测相关的仅有的数据之间存在的巨大差别。[⑤] State Farm 原则明显就是在 Vermont Yankee 案之后继续存在，该案是在 Ver-

---

① Shapiro & Levy, "Heightened Scrutiny of the Fourth Branch: Separation of Powers and the Requirement of Adequate Reasons for Agency Decisions", 1987 *Duke L. J.* 387, 407 n. 86.

② 486 F. 2d 375 (D. C. Cir. 1973).

③ 参见 § 7.3。

④ 463 U. S. 29 (1983).

⑤ 参见 § 7.4。

mont Yankee 案判决之后 5 年判决的。State Farm 案中所提出的说明决定理由的要求，不只是普通法推理的产物。最高法院根据对《行政程序法》四项相互关联的条款——§553 规定的“通告、评议”的要求、“制定依据和目的的说明”和§706 规定的撤销“武断”和“恣意”的行为的义务——所进行的解释，提出了说明决定理由的要求。

哥伦比亚特区巡回法院在 Vermont Yankee 案中推翻了核能监管委员会的决定时，它认为核能监管委员会还没有采用充分的程序以满足法院有权该行政规则的实施前提准确性的担忧。司法机关所提供的救济式发回重审，要求行政机关在 Vermont Yankee 案之后以交叉质证补充其程序，复审法院不再能够使用这一推理或者这一救济。但是，在 State Farm 案之后，法院对于行政规则的事实基础存在怀疑的，可以随时找到推翻该规则和发回重新处理的功能上等价的依据。法院只需要找出行政机关未能对其行为依据作出充分说明的一点或者更多的内容。[①]

□ 司法机关所设定的程序要求仍然在威胁规则制定的活力

越来越多的证据表明司法机关对实施决定附理由说明的要求所作的开放性解释，和 Vermont Yankee 案中行政机关提供交叉质证机会的开放式要求一样，会对行政机关采用规则制定程序的激励产生负面影响。司法机关推翻行政规则的总概率在增加。[②] 理由说明不充分，已经取代程序不充分，成为推翻行政规则的最常见理由。在 1985—1986 年间，所有行政规则中大约 25%是根据这一理由被推翻的。[③]

§7.9　规则制定的行政控制

□ 意识到规制制定之行政控制的需要

随着联邦政府活动范围在过去 70 年里得到了极大的扩张，历任总统和学者们都意识到总统对官僚体系的控制能力已经变得越来越重要。[④] 对行政机关政策制定的控制不足， 662
已经导致了严重的理论和实践问题。

□ 与政治合法性的联系

从理论上看，我们越来越难以确定大多数政策决定的政治合法性或者合宪性的渊源。国会拒绝通过法律来作出重大政策决定，而选择授予行政机关政策制定权，就这一意义而言，我们难以通过政治上可以问责的立法分支将政策决定与人民联系起来。但是，总统没有能力或者不愿意行使对行政机关政策制定的控制，就这一意义而言，我们也难以察觉通

---

① Verkuil, “Waiting for Vermont Yankee II”, 55 *Tul. L. Rev.* 418 (1981).

② Pierce, “Two Problems in Administrative Law: Political Polarity on the D. C. Circuit and Judicial Deterrence of Agency Rulemaking”, 1988 *Duke L. J.* 300, 301-302.

③ Shapiro & Levy, “Heightened Scrutiny of the Fourth Branch: Separation of Powers and the Requirement of Adequate Reasons for Agency Decisions”, 1987 *Duke L. J.* 387, 412 n. 113. 对于这一问题的详细讨论，请参见§7.4。

④ *Report of President's Committee on Administrative Management* 5-6, 16-25, 33-38, 51-53 (1937).

过政治上可以问责的总统建立起人民和政府政策决定之间的联系。

□ 政策协调的需要

在纯粹实用主义的层面上看，缺乏充分的总统控制权造成了行政机关政策之间存在冲突和行政机关政策之间缺乏协调的严重问题。仅仅在一个领域，也可能会受到十几个甚至更多不同的联邦行政机关政策的影响，这些政策承担各种不同使命，在观察世界的方式也各有不同。Arcadia v. Ohio Power① 案就说明了这一非常普遍的结果。最高法院需要解决管辖权存在重叠的两家联邦行政机关的政策冲突。这两家联邦行政机关并未尝试过对政策进行协调；受相互冲突的政策困扰的私方当事人，不得不承担起寻求法院解决两家联邦行政机关之间冲突的重任。类似 Arcadia 案这种典型的“合众国诉合众国”（United States v. United States）的案件不仅普遍存在，也是不可原谅的。总统本该拥有解决不同联邦行政机关之间政策冲突的权力和职责。

Landis 院长向候任总统肯尼迪（Kennedy）提交的报告敦促总统在总统办公机构内创设新的机构以协调行政机关的政策制定、协助总统确保行政机关有效地执行法律。② 肯尼迪总统没有实施这一大胆的建议，但是他确实开始要求每家行政机关每月向其提交详细的报告。

□ 总统控制的实施

自肯尼迪总统以来，历任总统都在一定程度上更为野心勃勃地对行政机关政策制定实施了一定控制的机制。里根（Reagan）总统更是超越了所有前任总统，先后于 1981 年和 1985 年颁布了第 12291 号行政命令和第 12498 号行政命令。这些总统行政命令直到老布什
663 （Bush）政府结束都继续有效。第 12291 号行政命令适用于行政机关通过非正式规则制定所通过的任何重大实体性规则。“重大（major）”是以不同方式进行定义的，包括每年产生至少 1 亿美元的经济影响。在颁布这些规则时，行政机关需要依照法律的要求：（1）以充分信息作为制定规则的依据；（2）只有在收益超过成本时才能通过规则；（3）选择能够实现净收益最大化的规制目标；（4）选择实现该目标所必需的成本最低的选择方案；（5）设定规制优先次序以实现社会收益的最大化。行政机关在制定每项重大规则时都需要准备详细的规制影响分析报告（Regulatory Impact Analysis），包括成本收益分析。按照管理和预算局（OMB）主任的要求，行政机关需要征求管理和预算局有权制作初步规制影响分析报告的意见，并且需要将初步规制影响分析报告包含在拟议规则制定通告之中。第 12291 号行政命令赋予管理和预算局要求行政机关获取和考虑额外信息，要求征求其他行政机关意见，监督行政机关是否遵守该命令，规制以及推迟发布最终规则直到行政机关按照该命令的要求完成最终的规制影响分析报告等权力。在 1990 年，布什总统指派副总统领衔的竞争力委员会（the Competitiveness Council）对行政机关、管理和预算局之间的争议进行裁决。③ 在 Meyer v. Bush④ 案中，哥伦比亚特区巡回法院合议庭以 2∶1 判定总统的“放松规制工作小组”（Task Force on Regulatory Relief）不是《信息自由法》

---

① 498 U. S. 73 (1990).

② J. Landis, *Report to the President-Elect* 86 (1960).

③ *White House Press Statement* (June 15, 1990).

④ 981 F. 2d 1288 (D. C. Cir. 1993).

(FOIA) 目的意义上的行政机关。这两份判决意见都是值得阅读的，它们说明了总统在法律规定框架之外创设协调其控制官僚体系的制度框架所引发的复杂问题。

□ 管理和预算局审查的影响

第 12291 号行政命令的颁布之后，一旦行政机关决定启动规则制定程序，总统就可以对行政机关的规则制定实施一定程度的控制。大量证据已经表明第 12291 号行政命令成功实现这一目的，尽管它会导致以迟延、行政机关之间的摩擦，以及行政分支和立法分支之间的摩擦等形式出现的一定成本。①

□ 在规则制定早期发挥作用的意图

第 12498 号行政命令的颁布目的是允许总统在行政机关启动解决某一问题的规则制定程序之前，对行政机关的规则制定实施一定程度的控制。该项命令要求每家行政机关向管理和预算局提交年度报告，描述该行政机关所有重大的项目、目标和政策目标。第 12498 664
号行政命令承认这一现实，即规则制定程序的启动，经常是在工作人员开展多年的初步工作之后，也是政治上可以问责的官员能够通过在研究制定新政策的最初的可能阶段扮演领导角色而有效地影响政策制定的结果。

关于第 12498 号行政命令的实效没有坚实的数据。有的行政首长认为他们相信该命令最重要的影响不是总统直接影响政策制定的能力，而是对每位行政首长影响政策制定的能力。在第 12498 号行政命令颁布之前，许多行政首长都对于他们确定自己行政机关内部处于某种初步阶段的重大项目的能力有限而表示沮丧。当他们收到工作人员提交的拟议规则制定通告时往往会感到惊讶，这些通告中反映了工作人员对于重大政策设想的多年思考而行政首长们却没有意识到。该命令所要求的年度报告提供的这种机制可以让行政部门可以知道它的工作人员正在做些什么。

□ 司法机关对总统角色的合法化

最高法院在 Chevron v. NRDC② 案中的判决意见，以及哥伦比亚特区巡回法院在 Sierra Club v. Costle 案③中的判决意见，消除了此前对总统通过实施第 12291 号和第 12498 号行政命令对非正式规则制定过程实施各种控制，而影响行政机关政策制定的权力所存在的任何轻微的怀疑。④ 但是，对于总统控制行政机关的政策制定，还有很多法律、政治和实践的限制。

□ 对"独立"行政机关的适用

就其本身而言，第 12291 号行政命令只适用于隶属于行政分支的行政机关。它并不适

---

① 有关管理和预算局实施 12，291 号行政命令的研究成果众多，其中迄今为止最优秀的作品是"Regulatory Analysis and Reform"，65 *Tex. L. Rev.* 1243 (1987) 和 National Academy of Public Administration，*Presidential Management of Rulemaking in Regulatory Agencies* (1987)。

② 467 U.S. 837 (1984).

③ 657 F. 2d 298 (D. C. Cir. 1981).

④ 参见§2.6、§3.3 和§7.6。

用于“独立行政机关”，即所谓只能由总统“基于合理事由”才能免职的官员所领导的行政机关。[①] 许多学者敦促总统扩大该命令的适用对象，即独立行政机关包括在内。[②] 但是，Reagan 总统和 Bush 总统都不愿意采取这一步骤。总统之所以在对独立行政机关政策制定行使正式权力上犹豫不决，至少部分是出于这样的担心，即这样的举动将会增加两种政治上可以问责的分支之间的摩擦。国会小心翼翼地保护假定的某些重要行政机关相对于总统控制的独立性，即使这种独立性并不是国会所设想的那样完整。[③]

665 总统之所以对于独立行政机关政策制定行使正式、系统的控制，也可以部分地解释为总统意识到他可以通过更非正式、较少系统性的手段控制独立行政机关政策制定的知识的作用结果。例如，总统如果不满意独立行政机关所提出的规则草案，他完全可以向该行政机关的重要决策者打电话或者给下属打电话（subordinate call）表达自己的看法。由于这些决策者都是新任总统就职后平均 7 个月内任命的官员，总统有充分理由期待他的看法会对“独立”行政机关所采纳的政策产生重要的影响。[④]

□ 基于正当程序的限制

总统影响行政机关决策的能力受到正当程序条款的限制。当行政机关对一起纠纷进行的裁决涉及行使剥夺个人“生命、自由或者财产”的权力时，行政机关按照《联邦宪法》的规定有义务提供各种程序保障，包括中立的裁决者。总统试图影响这种程序的结果，依照正当程序条款，就会引发严重的争议。[⑤] 第 12291 号行政命令将适用范围限定于非正式规则制定这类很少引发正当程序忧虑的程序，从而而回避了这一问题。当然，行政机关利用裁决程序中的裁决作为宣告新政策的工具，就这一意义而言，已经成为普遍现象，该行政命令并没有为总统对行政机关政策制定实施控制提供全面的手段。但是，总统向行政机关施加压力要求它发布规则，改变裁决案件所依据的法律框架，在这一意义上讲，总统也可以对行政机关通过裁决程序进行的政策制定施加一定影响。[⑥]

□ 基于法律对决定权的分配而存在的限制

总统对行政机关政策制定的控制能力，也在国会通过立法赋予某些官员而非总统以决定权的意义上受到限制。即使该官员是总统可以“任意免职”的政府雇员，总统控制该官员的决定的能力也受到各种法律和政治约束的限制。总统不能作出法律上已经委派给另一位官员的决定。总统可以免除拒绝遵守总统政策的官员，但是免除行政机关首长的职务常常对给总统带来高昂的政治成本。而总统不能通过简易程序免职的官员，独立行政机关的首长，则具有某种程度上更大的裁量权可以不遵守总统所青睐的政策，因为总统必须至少要说明正式的“事由”才能免除这类官员的职务。

---

① 参见§2.5。

② Strauss & Sunstein, “The Role of the President and OMB in informal Rulemaking”, 38 *Admin. L. Rev.* 181 (1985).

③ 参见§2.5。

④ 参见§2.5。

⑤ 参见本书第 9 章。

⑥ 参见§6.6 和§6.8。

□ 基于实体性法定标准而存在的限制

国会在向行政机关授权的法律中所包含的实体性标准则是对总统影响行政机关政策制定的权力构成限制的另一来源。例如，如果国会明确要求行政机关根据与这一分析具有内在不一致的标准为依据作出决定，管理和预算局就不能命令行政机关以成本效益分析为依据作出决定。① 第12291号行政命令也明确地以每项规定的引导性词组——“在法律允许的限度内”——作为条件，承认总统不能要求行政机关以违法的方式行事。 666

□ 基于法定程序而存在的限制

这一引导性词组也承认法律是对总统权力的程序性限制的最高渊源。因此，例如，管理和预算局不能超过法律拖延行政规则的发布。② 行政机关必须以充分的数据和推理为规则提供支持，以避免司法机关认定该规则武断和恣意。③ 如果管理和预算局要求行政机关考虑额外的数据，行政机关也不能采纳这一数据支持其规则而不对这些数据提供评议的机会。④

□ 未来可能出现的法定限制

国会可以，如果它选择的话，对总统影响行政机关政策制定的能力施加更多的程序限制。国会很可能可以禁止行政机关实施非正式规则制定时与该行政机关之外的个人，包括总统进行任何单方沟通。正式规则制定程序已经绝对禁止单方沟通。⑤ 但是，国会不太可能会采取这种严峻措施，部分原因是这种禁止性规定也限制了国会议员对行政机关经过非正式规则制定程序作出的政策决定施加影响的能力。

国会已经考虑对总统影响行政机关政策制定的能力施加其他形式的限制。它已经考虑通过一部法律，要求披露管理和预算局和它所“规制”的行政机关之间的所有沟通。国会要求此类披露的能力可能在某种不确定的程度上受到行政特权原则的限制。迄今为止，管理和预算局作出过一系列“自愿”承诺，表示它将至少公开一些重要类型的管理和预算局与行政机关之间沟通的作为回应，国会还不愿意通过这类法律。Margaret Gilhooley 雄辩地指出，提高管理和预算局介入行政规则制定的公开程度，有助于提高规则在政治上的问责度。⑥ 667

□ 实践性的限制

对于总统控制行政机关政策制定的最重要的限制是完全实践性的。总统甚至完全不可

---

① 例可参见 Public Citizen v. Young，831 F. 2d 1108 (D. C. Cir. 1987)（食品药品管理局必须禁止可能诱发人体或者动物癌症的任何着色的添加剂，即使使用添加剂将会产生净收益)。

② EDF v. Thomas，627 F. Supp. 566 (D. D. C. 1986).

③ 参见 Motor Vehicle Manufacturers Ass'n v. State Farm Mutual Automobile Insurance Co.，463 U. S. 29 (1983)。

④ 参见 Portland Cement Ass'n v. Ruckelshaus，486 F. 2d 375 (D. C. Cir. 1973)。

⑤ 参见《行政程序法》§557 (d)。

⑥ Margaret Gilhooley，“Executive Oversight of Administrative Rulemaking，Disclosing the Impact”，25 *Ind. L. Rev.* 299 (1991).

能注意到行政机关所作出的所有政策决定。总统承担这一任务的工作人员数量太少，以至于无法对所有重大的政策决定实施审查。如果总统能够大幅增加承担这一职能的工作人员数量，他接下来就要面对他控制和协调自己的工作团队的实践限制。

□ 第 12866 号行政命令

克林顿总统在 1993 年 9 月 30 日发布了第 12866 号行政命令。① 这一命令废除了第 12291 号行政命令和第 12498 号行政命令。但是，它重申了这两项行政命令中的绝大部分内容，例如，有关成本效益分析的范围和适用。主要的差别是在程序和机构层面。副总统被授权召集行政机关首长年度会议，包括“独立”行政机关的首长，以协调优先次序（priority），并制定统一规制议程（unified regulatory agenda）。该命令也授权副总统对信息与规制事务办公室（OIRA）和行政机关争议进行裁决。信息与规制事务办公室主任（Administrator）需要召集所有负责制定规制政策的行政机关首长代表组成的规制工作小组（Regulatory Working Group），该工作小组的职责包括与信息与规制事务办公室进行联络。第 12866 号行政命令也对信息与规制事务办公室设定了决定期限和披露义务等一系列要求。②

在第 13258 号行政命令中，小布什总统重申了第 12866 号行政命令，但是有一项例外。他取消了副总统的任何正式的公开角色。但是，有充分证据表明，切尼副总统在使用临时性的（ad hoc）非正式、不太为人所知的手段影响行政机关的决策方面是极为活跃的。③ 在 2007 年 1 月 18 日，小布什总统发布了第 13422 号行政命令，对第 12866 号行政命令修改为适用于重大指导性文件（major guidance document），按照其定义，解释性规则和政策声明中如果是立法性规则，可以具备作为“重大规则”之条件的，就是重大指导性文件。

奥巴马总统上台之后几天之内撤销了第 13258 号行政命令和第 13422 号行政命令，恢复了第 12866 号行政命令的效力，恢复了副总统在协调信息与规制事务办公室的审查程序
668 中的作用，并且取消了信息与规制事务办公室对重大指导性文件的审查。

§7.10 规则制定程序的豁免事项

□ 主题宽泛的豁免规定

《行政程序法》§553 规定了对所要求的规则制定程序的七项豁免。§553（a）中规定的前两项豁免，对所规定范围内的所有规则都豁免适用 §553 所要求的程序。这两项完全空白的例外规定调整影响以下对象的规则：“（1）合众国军事或者外交职能；（2）有关行政机关内部管理或者人事、公共财产、贷款、拨款、福利或者合同等事务。”

---

① 29 Weekly Comp. Pres. Doc. 1925.

② 有关第 12866 号行政命令的详细分析，参见 Plides & Sunstein，“Reinventing the Regulatory State”，62 *U. Chi. L. Rev.* 1（1995）。

③ 例可参见 Becker & Gellman，“Leaving No Tracks”，*Washington Post*，June 27，2007，at 1。

□ 行政机关放弃豁免

《行政程序法》§553（a）所规定的两项豁免事由过于宽泛。美国行政会议曾经建议删除这两项规定或者明显缩小其范围。[①] 虽然国会没有选择采纳美国行政会议这两项建议，但是有的行政机关已经采纳了美国行政会议的建议，对因为涉及“公共财产、贷款、拨款、福利或者合同等事务”而享有法定豁免的规则自愿地遵守通告评议程序。[②] 当行政机关通过一项规则承诺采用通告评议程序制定享有法定豁免［通告评议程序］的规则，它就需要受其自身制定的程序规则的束缚。[③]

□ 主题豁免的范围

在行政机关没有主动自我设定采用通告评议程序之义务的时候，《行政程序法》§553（a）（2）所使用的宽泛的用语对一些重要的规则类型豁免了由《行政程序法》§553所设定的所有程序限制。“公共财产、贷款、拨款、福利或者合同等事务”的例外规定也适用于联邦住房立法所规定的承租人权利（tenants' rights）。[④] 同样的例外规定也适用于政府机关的投保问题。[⑤] 它适用于政府对电力输送的收费。[⑥] 这一例外规定也适用于有抚养子 669
女家庭援助计划相关的规则制定[⑦]，联邦医疗保险有关的规则制定[⑧]，以及联邦公路建设拨款的有关规则制定。[⑨] 但是，在上述领域中制定的众多规则如今也遵守通告评议程序，因为这些行政机关已经制定了相应的规则要求它们自己采用这一程序。

在 Tunik v. Merit Systems Protection Board[⑩] 案中的论证充分的判决意见中，联邦巡回区上诉法院认为，功绩制保障委员会（MSPB）不能根据这两项豁免规定中的任何一项来证明其试图撤销该规则而不经过通告评议程序的正当性。该规则规定：“行政法官如果声称行政机关干扰了其符合资格的决定独立权……可以向本委员会提出投诉。”功绩制保障委员会希望撤销该项规则，并将相关的法律解释为授权行政法官只有在被免职时才能提出投诉。在认定功绩制保障委员会可以这样解释该法律之后，法院判定功绩制保障委员会不能未经通告评议程序而撤销该规则。功绩制保障委员会认为，其撤销规则的决定作为

---

① ACUS Recommendations 69-8 and 73-5. 参见 Bonfield, "Public Participation in Federal Rulemaking Relating to Public Property, Loans, Grants, Benefits, or Contracts", 118 *U. Pa. L. Rev.* 118 (1970); Bonfield, "Military and Foreign Affairs Function Rulemaking under the APA", 71 *Mich. L. Rev.* 221 (1972)。

② 例如，36 Fed. Reg. 2532 (1971)。

③ Yessler Terrace Community Council v. Cisneros, 37 F. 3d 442, 447 (9th Cir. 1994); Roadway v. DOA, 514 F. 2d 809 (D. C. Cir. 1975).

④ Hahn v. Gottlieb, 430 F. 2d 1243 (1st Cir. 1970); Langevin v. Chenango Court, Inc., 447 F. 2d 296 (2d Cir. 1971); Housing Authority of Omaha v. United State Housing Authority, 468 F. 2d 1 (8th Cir. 1972), *cert. denied*, 410 U. S. 927 (1973); Brown v. Housing Authority of City of Milwaukee, 471 F. 2d 63 (7th Cir. 1972).

⑤ Rainbow Valley Citrus Corp. v. Federal Corp Insurance Crop., 506 F. 2d 467 (9th Cir. 1974).

⑥ Association Electric Cooperative, Inc. v. Morton, 507 F. 2d 1167 (D. C. Cir. 1974), *cert. denied*, 423 U. S. 830 (1975).

⑦ Rodriguez v. Swank, 318 F. Supp. 289 (N. D. III. 1970), *aff'd*, 403 U. S. 901 (1971).

⑧ Humana of South Carolina v. Mathews, 419 F. Supp. 253 (D. D. C. 1976), Opelika Nursing Home, Inc. v. Richardson, 356 F. Supp. 1338 (M. D. Ala. 1973), *aff'd*, 480 F. 2d 841 (5th Cir. 1974).

⑨ National Wildlife Foundation v. Snow, 561 F. 2d 227 (D. C. Cir. 1976).

⑩ 407 F. 3d 1326 (Fed. Cir. 2005).

“行政机关内部管理和人事相关的事务”，属于豁免范围，但是，联邦巡回区上诉法院驳回了这一主张，理由是对公众产生影响的规则不能作为属于豁免范围的人事规则，本案讼争的这项规则某种程度上降低了行政法官的独立性而对公众造成影响。功绩制保障委员会也认为，该规则撤销的决定作为一项程序规则属于豁免范围，但是法院驳回了这一主张，理由是该规则对实体性的个人权利产生影响。

对于“军事或者外交职能”相关规则的豁免，适用于联邦公路管理局为了实施与墨西哥签订的谅解备忘录而采纳的规则。[1] 但是，它并不适用于对有关难民申请移民资格的相关规则所作的修订[2]，或者是规定担任能源部设施的保安人员的资格要求的规则。[3]

在 United States v. Ventura-Melendez[4] 案中，第一巡回法院认为，一项规定海军营地设立临行性安全警戒区域的规则是可以作为涉及“军事外交事务”而豁免通告评议程序的
670 要求。第一巡回法院认定，该规则的设计是为了“让军事职能的履行变得安全和可行”，即使该规则约束了平民的行为。

在 Rajah v. Mukasey[5] 案中，第二巡回法院判定在“9·11 事件”发生之后制定的一项规则可以豁免通告评议程序的要求。该规则规定指定国家的超过 16 岁的非移民外国人必须到 BIA 登记，并按指纹。第二巡回法院认为该规则是涉及外交关系职能的规则，如果采用通告评议程序，将会造成不良的国际影响。

□ 部分豁免

其他五项豁免事由则是部分性的。《行政程序法》§553（b）所规定的两项豁免规定，只对规则制定豁免了通告评议程序的要求；它们并不对规则豁免适用《行政程序法》§553（d）中所设定的提前公布的要求，或者是§553（e）中所规定的提出制定规则的请愿权。《行政程序法》§553（d）中规定的三项豁免规定，只豁免规则适用提前公布的要求。但是，这两组部分豁免很大程度上是重复的，导致许多规则根据同样的理由既豁免适用通告评议程序，也豁免提前公布的要求。

□ 解释性规则、政策声明和程序性规则

《行政程序法》§553（b）（A）规定了对“解释性规则，一般性政策声明，或者行政机关组织、程序或者实践的规则”的豁免。《行政程序法》§553（d）（2）规定了对“解释性规则和政策声明”的豁免。因此，被定性为解释性或者一般性政策声明的规则，既可以豁免通告评议程序，也可以豁免提前公布要求，而程序性规则则只豁免适用通告评议程序。[6]

□ 对享受豁免待遇的规则的豁免

《行政程序法》§553（d）（1）对于一类规则豁免了提前公布要求，但是该规则并不

---

① International Brotherhood of Teamsters v. Pena，17 F. 3d 1478 (D. C. Cir. 1994).

② Zhang v. Slattery，55 F. 3d 732 (2d Cir. 1995).

③ Independent Guard Ass'n v. O'Leary，57 F. 3d 766 (9th Cir. 1995).

④ 321 F. 3d 230 (1st Cir. 2003).

⑤ 544 F. 3d 427 (2d Cir. 2008).

⑥ 有关政策声明、解释性规则和程序性规则的重要豁免规定之范围，参见§6.3、§6.4 和§6.5 的论述。

享受类似的通告评议程序的豁免。"批准或者承认豁免，或者放松限制"的规则不必在生效日期 30 日前公布。需要记住的是，规定提前公布要求的原因是，如果利害关系人没有机会阅读和理解一项规则并且相应地改变自己的行为，而要求他们的行为符合新规则的要求，那是不公平的。[①] 这一考虑并不适用于减少公众承担的义务或者减少对其行为限制的规则。

□"基于合理事由"的豁免

最后，《行政程序法》§553（b）（B）和§553（d）（3）都分别豁免了规则适用通告评议程序和提前公布的要求，如果行政机关陈述了发布规则而不遵守上述两种程序之一或者全部的"合理事由"。当行政机关认为亟须发布规则，或者提醒公众未来修订规则可能 671
会导致损害时，常常会适用"合理事由"豁免规定。Ellen Jordon 曾经讨论了行政机关试图采用这一合理事由豁免规定而引发的众多棘手问题。[②]

□ 极端紧迫性

行政机关基于两种不同的理由启动合理事由豁免规定。首先，行政机关常常迫切需要发布调整特定的问题多发的行为领域的规则。通告评议程序可能需要花上 10 年时间才能完成，有的问题过于紧迫以至于无法等待长达 10 年时间规则制定程序的结果。但是，发布规则中的迟延常常是成本高昂的，取消通告评议程序不可避免地损害规则的公平、智慧和政治合法性。因此，行政机关总是可以声称紧迫性以作为豁免规定的基础，但是当行政机关因为存在发布规则的紧迫需要而未经通告评议程序即发布规则时，法院所能做的最佳情况就是适用主观权衡标准。这里引用众多案件中的一小部分，就足以说明在这一领域司法机关任务的艰巨性。

□ 评估紧迫性的案件

在 Hawaii Helicopter Operators Ass'n v. FAA[③] 案中，第九巡回法院支持了行政机关根据合理事由豁免适用通告评议程序，该案中，行政机关认定因情况紧急需要制定新的航空安全标准。联邦航空管理局（FAA）提到在此前 3 年内因为应急规则所禁止的行为导致 24 人死亡。

在 Services Employees International Union v. Country of San Diego[④] 案中，第九巡回法院支持行政机关以合理事由豁免规定为未经通告评议程序发布对一项立法性规则的修订所作的辩护。法院认定，行政机关认为因为需要经过通告评议程序的期间而推迟规则修订案的通过，这不符合公共利益的要求，它将导致"［州或者地方］政府出现大量不可预见的债务，并可能损害其财政完整性（fiscal integrity）"。

在 National Customers Brokers and Forwarders Ass'n v. United States[⑤] 案中，联邦巡

---

① 参见§7.3。

② Jordan，"The Administrative Procedure Act's 'Good Cause' Exemption"，36 *Admin. L. Rev.* 113（1984）.

③ 51 F. 3d 212（9th Cir. 1995）.

④ 60 F. 3d 1346（9th Cir. 1995）.

⑤ 59 F. 3d 1219（Fed. Cir. 1995）.

回区上诉法院支持行政机关以合理事由豁免规定为未经通告评议程序发布临时性立法性规则辩护。国会修订了海关立法，授权财政部长提高携带物品入境而无须代理报关服务（the services of customs broker）的最高价值限额。根据该授权，财政部发布了临时性规
672 则，将这一限额立即提高到法定的最低水平而没有首先经过通告和评议程序。法院支持了行政机关的结论，即推迟发布该规则，直到完成通告评议程序，这不不符合公共利益的需要，因为首先，公众可以从该规则中受益；其次，国会已经确定该限额应当提高到至少临时性规则所规定的水平。

当缉毒局（the Drug Enforcement Administration）将一份将某毒品纳入高滥用可能的附件 I 的规则生效日期提前，第八巡回法院认为缺乏“合理事由”，因为不存在对公共健康的立即威胁，而且缉毒局在发布该规定的过程中也存在迟延：“问题是，这一需要是否如此重大，以及对紧急性所下的定义是否能够证明未经法律所要求的公开普通的通告程序是正当的。”①

在 Union of Concerned Scientists v. Atomic Energy Commission② 案中，考虑到所讼争的应急堆芯冷却系统临时性规则的迫切需要，公开程序的迟延被认为是“与公共利益相悖”。

在 City of New York v. Diamond③ 案中，法院则认为不存在能够证明不在生效日期 30 日前公布有关平等就业机会的规则之合理性的“合理事由”。但是，在 Clay Broadcasting Corp. of Texas v. United States④ 案中，法院则认为，基于三点具体理由，存在证明修订后的价格表规则立即生效的合理事由。

在 Shell Oil Co. v. FEA⑤ 案中，当联邦能源管理局（the Federal Energy Administration）主张“合理事由”是法定授权即将到期时，法院判定不存在规避通告评议程序的“合理事由”。

在 Jilfry v. FAA⑥ 案中，哥伦比亚特区巡回法院认为，联邦航空管理局（FAA）有充分的理由在未经通告评议程序的情况下发布一项规则。新规则要求，当飞行员属于外国国民，而且交通安全管理局（the Transportation Security Administration）通报联邦航空管理局该飞行员构成安全威胁时，可以自动暂扣该飞行员的执照。哥伦比亚特区巡回法院提到了 2001 年 9 月 11 日发生的外国飞行员驾机撞上大楼的恐怖袭击事件，以说明这一突发事件使得行政机关有理由不必等待进行通告评议程序之后再发布规则。

在 Utility Solid Waste Activities Group v. EPA⑦ 案中，哥伦比亚特区巡回法院认为，
673 行政机关不能未经通告评议程序而发布立法性规则，即使该修订是为了改正文字错误的需要。环境保护局采用了通告评议程序以发布调整适用于多氯联苯* 溢出的清洗和消除污染的标准。几个月后，环境保护局想不经过通告评议程序对该规则进行修订。环境保护局试图取消一项环境保护局声称在正式规则中因为文字处理的失误而已经包含的数量阈值标准

* 多氯联苯（polychlorinated biphenyl，简称 PCB），又称多氯联二苯，是许多含氯数不同的联苯含氯化合物的统称。多氯联苯属于致癌物质，容易累积在脂肪组织，造成脑部、皮肤及内脏的疾病，并影响神经、生殖及免疫系统。——译者注

① United States v. Gavrilovic, 551 F. 2d 1099, 1105 (8th Cir. 1977).

② 499 F. 2d 1069 (D. C. Cir. 1974).

③ 379 F. Supp. 503 (S. D. N. Y 1974).

④ 464 F. 2d 1313 (5th Cir. 1972), *rev'd on other grounds*, 415 U. S. 336 (1974).

⑤ 527 F. 2d 1243, 1248 (TECA 1975).

⑥ 370 F. 3d 1174 (D. C. Cir. 2004)，参见 § 9. 5 和 § 11. 2 的讨论。

⑦ 236 F. 3d 749 (D. C. Cir. 2001).

(quantitative threshold criterion)。哥伦比亚特区巡回法院承认，各级法院长期以来允许行政机关更正裁决案件时所发布命令中所包含的文字错误，但是它拒绝将这种先天的权力扩展到立法性规则。法院也认定，至少是在规则的更改将会对被规制者的权力构成实质影响时，合理事由豁免规定（good cause exemption）并不适用于文字错误的更正。

在 NRDC v. Evans① 案中，第九巡回法院驳回了行政机关的主张，即它拥有合理的事由以在通告评议程序之前发布规则。国家海洋渔业局（the National Marine Fisheries Service）需要每年发布规则，限制不同鱼类的捕捞量。自 1991 年开始发布这类规则以来，国家海洋渔业局每年都会动用合理事由豁免规定，理由是“考虑到在准备制定这些规则时所使用的具有时效性要求（time-sensitive）的数据，事先的通告和评议程序将会导致实施这些规则出现迟延”，法院认为这些理由是不充分的而予以驳回。法院认为，“每年制定规则的及时性考虑并不能构成合理事由”。

在 Oregon-Trollers Ass'n v. Gutierrez② 案中，在与 Evans 案中法院所发布其判决意见的案件完全一致的案件中，第九巡回法院将该案与 Evans 案进行了区分，并支持了国家海洋渔业局对合理事由的认定结论。第九巡回法院指出，它在 Evans 案中所作的判决依据是它认定行政机关不应该被允许在每年制定规则的程序中，根据可以获得数据和不能作出及时决定的一般性问题，作出合理事实的认定。但是，第九巡回法院也留下了一个可能性，即行政机关也许可以根据相关事实进行具体的规则制定过程中作出合理事由认定结论。第九巡回法院认定，国家海洋渔业局已经为了支持其在本案中所作出的合理事由认定结论，而提供了充分的与该具体规则制定程序相关的理由。我们如果看看国家海洋渔业局在每一件未来的规则制定中根据与具体规则制定程序相关的、与第九巡回法院在 Gutirrez 案中认为充分的理由无法区分的理由，而得出类似的合理事由事实认定时，第九巡回法院将会作出怎样的反应，将会是很有趣的。

□ 事先通告所导致的损害

启动“合理事由”例外规定的第二项常见的依据是行政机关相信事先通告一项可能的规则将会因为扭曲一类交易的时间模型（temporal pattern）而带来损害。这一未经事先通告而让规则立即生效的依据，在经济性规制的许多领域是无处不在的。因为对受规制行业预期可以收取价格的变化而导致的对激励的短期考虑，足以说明常常未经任何事先通告发布这类规则的需要。如果受规制的企业相信在一个月后或者一年后收取明显更高的价格，它就会有着强烈的激励推迟销售，直到行政机关采取所预期的行动。相反，如果受规制企业相信在一月后或者一年后价格将会受到严格的限制，它就会有着强烈的激励去加快销售速度以尽量减少预期行政行为的负面影响。 674

□ 与溯及既往的规则的关系

预期规则的修订将会可能因为扭曲交易的时间模型而对公众造成损害的行政机关已经采用了两种机制避免这一结果的出现。它们或者采用通告评议程序制定对行政机关发布规则草案之日来说具有溯及力的规则，或者它们利用“合理事由”豁免为不经过事先通告发

① 316 F. 3d 904 (9th Cir. 2003).

② 452 F. 3d 1104 (9th Cir. 2006).

布规则辩护。在 Bowen v. Georgetown University Hospital[1] 案中，最高法院因为提出了反对溯及既往的规则的强有力的假定，而使得第一种机制的持续活动产生了问题。[2] 其结果是，处于这一境地之中的行政机关别无其他选择，只有动用“合理事由”豁免以支持发布立即生效、未经事先通告的规则。法院通常对于行政机关所提出的因为提前知悉预期的规则修订而导致的损害为由提出的“合理事由”豁免持同情的态度。在 DeRieux v. Five Smiths，Inc. [3] 案中，公开程序就因为冻结橄榄球联赛的赛季票价而被认为“不切实际”。在 United States v. Great Atlantic and Pacific Tea Co. ，Inc. [4]案中，这类程序就因为类似理由而被认为对于薪酬委员会（Pay Board）的规则来说“不切实际”。

□ 作为提前通告导致损害之例证的案件

在整个 20 世纪 70 年代初期的“经济稳定计划”（the Economic Stabilization Program）第二阶段，物价委员会发布的规则都是未经《行政程序法》§553 所要求的通告程序，物价委员会为每部规则附有通告评议程序“不切实际”的实施认定和存在要求在少于 30 日内生效的“合理事由”。在 Tasty Baking Co. v. Cost of Living Council[5] 案中，在对判例法进行了全面深入分析后，宾夕法尼亚州东区联邦地区法院支持了这样一项规则。临时紧急上诉法院虽然对于行政机关“傲慢地无视程序要求”表达了严重的忧虑，但它还是维持了
675 地区法院的判决。[6]

如果行政机关有“合理事由”认为通告评议程序不切实际、不必要或者与公共利益相悖，但是它未能说明《行政程序法》§553（b）（B）所要求的“合理事由”，法院是否应当认定该规则无效？哥伦比亚特区巡回法院在 Nader v. Sawhill[7] 案中并未认定规则无效。它将这一未能说明“合理事由”的行为称为“对正常程序的技术性违反，我们并不认为这值得推翻规则，考虑到这一程序的迅速性质，以及事实上所存在的良好事由。但是，我们警告重复发生技术性的违法将不会得到容忍”。在 Texaco，Inc. v. FEA[8] 案中，临时紧急上诉法院* 表现得更加自由主义（liberal），认定一项规则立即生效，即使联邦能源管理局（FEA）并未规定该规则立即生效，“它也没有明确地将该规则中可能显示让规则立即生效的合理事由与任何这样的意图联系起来”[9]。

□ 暂行规则

行政机关根据“合理事由”豁免规定而未经事先通告、评议或者公布程序而发布的规

---

* 临时紧急上诉法院（the Temporary Emergency Court of Appeals），是国会 1971 年设立，专门受理对联邦地区法院有关《1970 年经济稳定化法》规定的工资物价管制项目的上诉申请。1993 年，国会撤销了该法院，将其管辖权移交联邦巡回区上诉法院。——译者注

① 488 U. S. 204 (1988).

② 参见 §6.7。

③ 499 F. 2d 1321 (TECA), *cert. denied*, 419 U. S. 896 (1974).

④ 342 F. Supp. 272 (D. Md. 1972).

⑤ 395 F. Supp. 1367, 1385-1395 (E. D. Penn. 1975).

⑥ 529 F. 2d 1005 (TECA 1975).

⑦ 514 F. 2d 1064, 1068 (D. C. Cir. 1975).

⑧ 531 F. 2d 1071 (TECA), *cert. denied*, 426 U. S. 941 (1976).

⑨ 531 F. 2d at 1082.

则，通常被称为“暂行”规则（Temporary rules）。它们发布这种立即生效的暂行规则的同时往往发布一份拟议规则制定通告，就是否需要将暂行规则作为永久性规则重新发布征求意见。对于行政机关已经说明发布立即生效的某种形式的规则的合理理由时，法院应当鼓励这种做法。在这种情况下，在未经事先通告和评议而发布的暂行规则之后，经过通告评议程序形成的永久性规则，这种时间顺序表明了规则制定过程中时间紧迫性需要和公共参与可欲性之间的实际妥协。

□ 具体规则的法定豁免

有时候，国会会明确或者默示地对具体规则豁免通告评议程序的要求。因此，例如在Asiana Airlines v. FAA[①]案中，法院认定国会已经默示地授权行政机关无须遵守《行政程序法》§553所规定的三步走程序而发布立法性规则。《1996年联邦航空管理局再授权法》要求联邦航空管理局（FAA）发布一份规则，使其能够在1997年收取1亿美元的飞跃费（overflight fees）。联邦航空管理局发布了一项临时性规则，该规则具有同样的效果，但是没有首先发布规则制定通告，并就规则草案征求意见。联邦航空管理局让该临时性规则立即生效，但是对该临时性规则征求意见，以便制定能够反映这些评议意见的最终规则。Asiana认为，联邦航空管理局的程序是未经许可而违反了《行政程序法》所要求的程序。法院驳回了这一主张。法院指出，仅有严格的法定期限，并不能证明未遵守《行政程序 676
法》规定的程序的正当性。但是，它接着指出，该期限规定和法律用语说明了授权使用《行政程序法》规定之外程序的意图，足以证明不遵守《行政程序法》程序规定的正当性。法院认为，以下法律用语显示出这样的立法意图：

[联邦航空管理局] 局长应当发布初步的价目表……作为临时性最终规则，并据此征求公众评议意见，并颁布最终规则。[②]

□“实质影响”标准

直到20世纪70年代末期，许多巡回法院都强迫行政机关采用通告评议程序通过国会豁免使用通告评议程序的一些规则。作出这些判决的标准性的依据是，法院相信，“基本公正性”（fundamental fairness）要求对于所有具有“实质影响”的规则采用通告评议程序，即使该规则属于法定豁免的范畴。[③]

□“实质影响”标准被推翻

采用“实质影响”作为迫使行政机关采用通告评议程序的独立和充分条件的司法实践，随着最高法院的一份判决而宣告结束，该判决认为，法院不能强迫行政机关采用法律或者《联邦宪法》要求之外的程序。[④] 自Vermont Yankee案以来，联邦法院一致承认司

---

① 134 F. 3d 393 (D. C. Cir. 1998).

② Methodist Hospital v. Sacramento, 38 F. 3d 1225, 1236-1237 (D. C. Cir. 1994).

③ 例可参见 Independent Broker-Dealers Trade Ass'n v. SEC, 442 F. 2d (D. C. Cir.), *cert. denied*, 404 U. S. 828 (1971); Texaco v. FPC, 412 F. 2d 740 (3d Cir. 1969); National Motor Freight Traffic Ass'n v. United States, 268 F. Supp. 90 (D. C. Cir. 1967), *aff'd*, 393 U. S. 18 (1968)。

④ Vermont Yankee Nuclear Power Corp. v. NRDC, 435 U. S. 519 (1978). 参见§7.9。

法机关不能以“实质影响”标准作为正当理由要求行政机关采用通告评议程序发布国会已经授权豁免这些程序的规则。①

□ 影响程度依然相关

但是，时至今日，“实质影响”标准依然保持一定程度的活力。为了判决某项规则是否属于政策声明、解释性规则或者程序性规则从而可以豁免适用通告评议程序，需要经过一个定性的过程。② 有时候，法院在撰写判决意见时可以轻易地将规则定性为不属于豁免范围的规则，也可以同样轻易地将规则定性为属于豁免范围的规则。在这些难以区分的案件中，法院［的判决意见］可能会受到规则可能具有的影响程度的影响。因此，法院确信
677 一项规则很可能会具有“实质影响”，这有时候会促使法院认定规则是实体性规则而非程序性规则，是立法性规则而非解释性规则。③

§7.11　行政机关为何不愿意采用规则制定方式

□ 规则制定的优点

联邦法院和评论家们早已承认了本书§6.8所论述的规则制定的巨大优点。有的行政机关经常性地利用这些优点，促进其工作的效率、公平、质量和政治问责度。行政机关可以尽量采用规则制定而实现以有限资源达到看似不可能实现的任务，食品药品管理局就是一个很好的例子。④

□ 规则制定数量的减少

但是，如今有大量的证据可以证明行政机关在减少采用规则制定。有的行政机关过去习惯于大量采用规则制定，如今几乎完全放弃了这一程序。⑤ 这提出了一项意义重大的问题：为什么行政机关越来越不愿采用行政法上可提供的最有力、最有效的工具呢？

□ 行政机关希望回避政治问责

这一问题存在众多答案。其中一项答案在本书§7.9中已经进行了详细的论述。行政

---

① 例可参见 Baylor University v. Heckler，758 F. 2d 1052（5th Cir. 1985）；Alcaraz v. Block，746 F. 2d 593（9th Cir. 1984）；Cabais v. Egger，690 F. 2d 234（D. C. Cir. 1982）；Energy Reserves Group v. DOE，589 F. 2d 1082（TECA 1978）。

② 参见§6.3、§6.4和§6.5。

③ 例可参见 Air Transport Ass'n v. DOT，900 F. 2d 369（D. C. Cir. 1990）；Levesque v. Block，723 F. 2d 175（1st Cir. 1983）。

④ J. Mashaw & R. Merrill，*Administrative Law：The American Public Law System* 285-316（2d ed. 1985）.

⑤ 参见 Mashaw & Harfst，“Inside the National Highway Traffic Safety Administration：Legal Determinants of Bureaucratic Organization and Performance”，57 *U. Chi. L. Rev.* 443（1990）；J. Mendeloff，*The Dilemma of Toxic Substances Regulation* 7-16（1988）。

机关经常不愿意通过规则制定程序制定政策，原因是采用规则制定程序会提高政策决定的政治问责度。通过规则制定程序作出的决定中政策显然具有主导地位。不仅如此，规则制定程序要求在可能采纳规则之前对规则草案予以通告，让国会和白宫有很好的机会吓阻行政机关通过它自己偏好而总统或者国会中的重量级议员反对的政策。行政机关如果在裁决程序中宣告所有的“规则”，它可以否认其裁决书中的政策成分，声称它只是对存在争议的事实争议进行了裁决，避免提醒国会或者白宫它正在计划实施自己所偏好的一项新政策。人们很可能无力消除或者减少这种采用规则制定的反向激励，因为它在政治过程中具有深厚的根基。

□ 负担沉重的法律程序

第二项则是与国会存在更为紧密的联系。对于一些重要的行政机关，国会已经对于通常的《行政程序法》上所规定的通告评议程序增加了成本高昂而又消耗精力的程序。《联 678
邦贸易委员会改进法》① 和《有毒物质管制法》② 就可以说明这种选择性实施的国会创新规定。如果“委员会认定存在有争议的主要事实问题”，利害关系人有权“口头陈述其立场”，并且“在委员会认定［交叉质证］（1）是合适的；（2）对这类问题的充分和真实披露所必需的时候……进行交叉质证”。（《职业安全和健康法》③ 和《消费品安全法》④ 也规定了规则制定中的口头听证，但是这些法律所使用的文字表明所设想的程序更接近于口头审理而非举证式听证。）

国会在《联邦贸易委员会改进法》和《有毒物质管制法》中体现的意图是值得赞赏的。它试图为对于规则制定结果至关重要的少量具体的有争议的事实问题提供有限的口头提供证据和交叉质证的机会。但是，这一国会创新做法已经彻底失败。行政机关根据法律的规定，只对有限数量的问题进行有限的交叉质证，却对规则草案所引发的所有问题进行无限的交叉质证。这有接着几乎取消了作为有活力的规制工具的规则制定；例如，联邦贸易委员会一经意识到一项实行口头提供证据和交叉质证的要求，规则制定程序就需要数年时间才能完成，就重新几乎完全采用逐案裁决作为其宣告“规则”的唯一工具。

□ 有限交叉质证之法定要求的失灵

国会的创新之所以遭遇失败，其原因是很容易找到的。当国会要求行政机关允许对有限的一组事实问题进行有限的交叉质证时，行政机关不能预测复审法院将会如何评价行政机关遵守这一法律要求的意图。假定一份规则草案提出了总共 26 项事实问题，即问题 A 到问题 Z。行政机关认定，其中问题 A 到问题 E 这五项问题如此重要和具有高度争议性，可以证明实行有限的口头提供证据和交叉质证的正当性。一旦行政机关完成了漫长的规则制定程序，复审法院可以轻易地认定，例如问题 Q 也应当得到同样的待遇。为了避免这一重大风险，行政机关只能对所有问题，即问题 A 到问题 Z 提供口头提供证据。而对于任何行政机关试图限制所允许的口头提供证据和交叉质证的程度时，也存在同样的问题。因为复审法院总是可能认定，行政机关的限制，假定每位当事人提 10 个问题或者 100 个问

---

① The FTC Improvement Act of 1974，15 U. S. C. § 57a.

② The Toxic Substance Control Act of 1976 (TSCA)，15 U. S. C. § 2601.

③ The Occupational Safety and Health Act，29 U. S. C. §§ 651.

④ The Consumer Product Safety Act，15 U. S. C. § 2058.

题，不足以“对所有问题进行充分和真实的披露”，行政机关必须对每项问题都允许不加限制的口头提供证据或者交叉质证，才能避免规则被推翻的高风险。例如，在 Corrosion
679 Proof Fittings v. EPA[1] 案中，行政机关允许实质性的交叉质证，但是法院撤销了该规则，理由是行政机关应当对所有重要的证人允许不加限制的交叉质证。由于这种行政机关和法院对于不太精确的命令所作出的反应，国会允许在规则制定中允许高度受限的口头提供证据和交叉质证的意图反而变成了要求在规则制定中允许不加限制的口头听证。正如§7.2所论述的，要求行政机关经过这样的程序来制定规则，在实际效果上与禁止行政机关实施规则制定实际上是难以区分的。

□ 提出不切实际之过高要求的司法审查

让行政机关不敢采用规则制定的最后一个原因来自司法机关。《行政程序法》§553（c）要求行政机关“在所通过的规则中包含对其制定依据和目的的简要总体说明”。《行政程序法》§706要求法院推翻行政机关的规则，如果它是“武断”和“恣意”的。复审法院经常对于规则制定采用武断和恣意标准，其方式上以“详细”（detailed）和“百科全书式”（encyclopedic）等司法上的形容词取代了法律所使用的“简要”和“总体”等形容词。为了避免司法机关认定该规则武断和恣意而予以推翻的重大风险，行政机关知道它常常必须包含长达数百页篇幅的制定依据和目的的说明。这一说明必须对评议意见中提出的所有重要问题、所有法律上的决策因素，以及所有对于所通过规则的所有表面看来有吸引力的替代方案等加以讨论，以达到法院满意的结果。[2] 这大幅增加了发布规则所需的时间和规则制定过程中需要投入的行政机关的资源。单独一项规则制定就可能需要10年时间，耗费行政机关总人力资源的10%，这都是不足为奇的。

□ 各级法院撤销了众多规则

当行政机关完成了这一耗时耗力的规则制定程序时，它绝对无法确保得到司法机关的肯定。在1984—1985年间，复审法院只支持了40%的行政规则。[3] 21世纪的前十年里，行政规则被撤销的比例仍在延续。[4] 不仅如此，复审法院对于采用规则制定的行政机关也较少心慈手软。复审法院将规则推翻或者发回重新处理，要比将裁决推翻或者发回重新处理更加频繁，而且复审法院推翻主要采用规则制定的行政机关所实施的裁决，也比推翻不愿采用规则制定的行政机关所实施的裁决更加频繁。

680 仅仅是司法审查的影响就足以解释行政机关减少采用规则制定的让人失望的趋势。各级法院不断地向行政机关传达下列信息：如果你采用规则制定，我们就会要求你在漫长的时间内投入大量的资源，而且肯定你的政策决定的可能性要比选择不采用规则制定要更低。

---

[1] 947 F. 2d 1201, 1213-1214 (5th Cir. 1991).

[2] 参见§7.4。

[3] Schuck & Elliott, “To the Chevron Station: An Empirical Study of Federal Administrative Law”, 1990 *Duke L. J.* 984, 1021.

[4] Miles & Sunstein, “The Real World of Arbitrariness Review”, 75 *University of Chicago Law Review* 761 (2008).

§7.12 如何鼓励行政机关采用规则制定

□ 下级法院关注细节的趋势

考虑到规则制定所具有的巨大优点，最高法院应该鼓励行政机关采用规则制定作为其政策制定的主要工具。最高法院可以通过赋予规则制定强大的促进效率的作用以及限制下级法院吓阻规则制定的权力来鼓励规则制定。下级法院法官们具有关注每项具体的规则制定过程细节的这一可以理解的趋势。有了关注点，就更容易找到任何规则的错误之处，例如，行政机关应该对某一具体的主张或者数据漏洞（data gap）投入更多的时间和注意力。下级法院法官们没有看到规则制定过程的优点，不断地对行政机关采用这一程序制造强大的吓阻因素。最高法院所拥有的独特地位可以纠正这一不合理的趋势，并创造更有利于发挥规则制定活力的法律框架。

□ 联邦法院应当赋予规则更强的效力

最高法院经常允许行政机关基于取消数以千计的裁决听证或者简化和减少裁决的范围的一般性政策决定制定规则，从而赋予行政规则以强大的促进效率的作用。[①]

□ 最高法院有时提出不切实际的要求

但是，偶尔情况下，最高法院会拒绝允许行政机关采用规则制定以增强行政程序的效率和公正性。在 Sullivan v. Zebley[②] 案中，最高法院以 7∶2 所作的判决，就是这样的一个 681
例子。在该案中，《社会保障法》要求社会保障局向“因为任何可以医学上确定的生理或者心理损伤而无法实施具有实质性收益的活动……的个人”发放残疾人福利。但是，对于儿童，该法律要求社会保障局向“因为任何医学上可以确定的、具有相当严重程度的生理或者心理损伤”的个人发放残疾人福利。[③] 从其所适用的情形来看，很容易可以推导出针对儿童的“相当严重程度”标准的目的。国会不能很好地要求社会保障局采用个人的工作能力作为确定儿童是否具备福利资格所要求的残疾程度要求，因为儿童即使是不存在任何残疾，也是一般不得从事工作的。

社会保障局采用了有先后顺序的五步走程序来确定成年人是否有资格获得残疾人福利。在 Bowen v. Yuckert[④] 案中，最高法院支持了这一程序。在社会保障局所通过的针对

---

① 例可参见 Bowen v. Yuckert，482 U. S. 137 (1987)（社会保障局必须采取规则中所通过的有先后顺序的五步走评估程序，以避免在数以千计的残疾人案件中举行裁决听证的需要）；Heckler v. Campbell，461 U. S. 458 (1983)（社会保障局可以采用分级规则（grid rule）以确定各类工作的可得性，从而取消了在数以千计的残疾人案件中提交职业专家证据的需要）；Weinberger v. Hynson，Westcott &Dunning，Inc.，412 U. S. 609 (1973)（食品药品管理局可以通过规则制定采纳“有效性的实质性证据”的定义，从而取消了当数以千计的药品有效性得不到精心组织的临床调查的支持时，命令召回这些药品之前举行证据式听证的需要）。

② 493 U. S. 521 (1990).

③ 42 U. S. C. §1382c (a) (3).

④ 482 U. S. 137 (1987).

成年人的五步走程序中，绝大多数的案件都是在第三步得到解决。在这一步骤中，申请人的损伤与社会保障局所确定的达到足以构成认定残疾的严重程度的一百余项损伤目录进行比对。但是，如果成年申请人的状况不符合所有这些条件，社会保障局会让该成年人接受第四步和第五步的审查，在这里社会保障局会关注该个人的医疗状况和根据年龄、经验和培训状况而有资格从事的具体类型的工作之间的关系。

在 Zebley 案中所宣告无效的规则中，社会保障局试图对其适用于成年人的决策程序进行调整以适用于儿童的特别案例。社会保障局在调整过程中删除了第四步和第五步。社会保障局的决定是基于根据个人培训和经验而确定特定工作类型的标准显然不适用于儿童。社会保障局决定对于所有儿童残疾案件适用三步走的程序，导致儿童是否有资格享受残疾人福利，完全取决于客观的医学判断，即儿童个人是否存在第三步中所列举的超过 100 项残疾状况。

在 Zebley 案中，七位大法官出具的多数意见认定社会保障局的规则无效，理由是国会的意图是残疾状况的判断必须基于对申请人的医疗状况及其工作能力之间关系的个体化、功能性的评估（individualized，functional assessment）。多数意见认定，法律明确要求对于成年申请人采取这种判断，多数意见还表达了其确信国会使用“具有相当严重程度的损伤”标准证明了一种意图，即社会保障局对于儿童采用类似个性化、功能性的评估。
682 （多数意见并未指出社会保障局如何对儿童的谋生能力作出评估。）由于社会保障局确定儿童残疾状况的三步法标准完全依赖客观的医学判断，忽略了社会保障局适用于成年人的个体化、功能性的评估，多数意见认定，社会保障局不能采用所讼争的规则，以回避在儿童申请人并不存在第三步中所列举的残疾状况的每起案件中举行口头举证式听证的需要。

两位持不同意见的大法官则认为应当支持社会保障局的规则，理由是适用了 Chevron v. NRDC① 案中所宣告的两步法标准。国会并未因为使用“相当严重程度的损伤”这一词组而强制要求采用个性化、功能性的评估。这一词组可以同样容易地指称与支持成年人残疾认定所需状况相当的可以客观判断的医疗状况。不仅如此，持不同意见的大法官们还指出，社会保障局适用于成年人的剩余性功能标准——以及对教育、年龄和先前工作经验等的强调——不能顺理成章地适用于儿童，因为儿童的特征决定了他们不符合所有类型工作的资格要求，即使他们不存在任何心理或者生理上的障碍。

持不同意见的大法官们最后指出了对多数意见的更广泛的反对意见：

> 在申请人未能说服行政机关确认自己属于残疾人的案件中，要求部长作出不明确的个体化判断，通过这一要求，多数意见给行政机关增加了成本，这肯定会从国会本来希望通过这一补充性保障项目（the Supplemental Security Program）寻求保护的不幸儿童所能获得总福利资金中消耗掉一部分资源。

□ 改进裁决程序的规则

Zebley 案中的多数意见不能被解释为最高法院被迫执行国会的意愿而不顾行政机关试图在国会界定的边界之外推行一项政策的意图。持不同意见的大法官们对于这一法律解释问题的处理复数意见更具有说服力。多数意见只能被解释为对多数意见默示的确信——基于口头举证式听证而在对数十万件的案件进行主观裁决的基础之上建立起来的福利体系内在地优于基于客观的可以确定的决策标准建立的官僚制的司法体系——的一种反映。社会

① 467 U. S. 837 (1984). 参见本书第 3 章。

保障局分布式、准司法性的福利裁决制度运行的大量实证数据，是与多数意见对于这一制度的默示的确信直接矛盾的。多数意见指责对社会保障局和残疾福利的儿童申请人适用的司法体系缺乏效率，异常昂贵，充满了迟延、不确定和不一致性等问题。[①] 683

□ 除非规则与法律不一致，否则最高法院应当支持规则

最高法院应该肯定与明确规定的国会命令并不矛盾的任何行政规则。部分基于在本书§6.8中所论述的、最高法院承认的规则制定程序的巨大优点，部分基于最高法院承认依赖规则的唯一替代方案——依赖分布式、临时性的、裁决式决策——所具有的严重局限。Zebley案中的判决意见表明，多数大法官还不承认裁决程序的高昂成本和严重局限。

□ Florida East Coast 案和 Vermont Yankee 案的重要性

最高法院可以允许行政机关赋予规则强大的促进效率的作用，限制下级法院设置采用规则制定的重要障碍，从而鼓励行政机关更多地采用规则制定。最高法院已经发布了两份可以具有这种所希望效果的重要的判决意见。当下级法院因为认定只要法律要求"听证"，行政机关必须在举行口头举证式听证而使得规则制定程序成本过分高昂和耗费时间之时，最高法院认定，至少在典型的规则制定情形中，"听证"的要求可以通过通告评议程序满足。[②] 当下级法院因为对于复审法院认为适合于交叉质证的任何事实问题，要求行政机关提供交叉质证的机会而再次威胁规则制定的活力时，最高法院裁定法官们不能强迫行政机关采用法律或者《联邦宪法》之外的程序。[③]

□ 充分理由说明要求所带来的威胁

但是，下级法院继续威胁着规则制定的活力。今天面对的威胁是在 Motor Vehicle Manufacturers Ass'n v. State Farm Mutual Automobile Insurance Co. 案[④]中所宣告的对决定附理由说明要求的开放式司法适用的结果。State Farm 原则可能在最高法院宣布之时就成为一项错误决定。[⑤] 这一原则与国会在制定《行政程序法》§553时的原意毫无关联。[⑥] 更为重要的是，State Farm 原则已经被下级法院如此广泛地解释和适用，以至于它如今代表着对行政机关采用规则制定的一种强力吓阻因素。[⑦] 684

□ 最高法院对要求的限制

最高法院如果理解规则的价值，并且希望保持规则制定作为行政机关可能使用的一项

---

① Pierce, "Political Control Versus Impermissible Bias in Agency Decisionmaking: Lessons from Chevron and Mistretta", 57 *U. Chi. L. Rev.* 481, 501-515 (1990); J. Mashaw, *Bureaucratic Justice: Managing Social Security Disability Claims* (1983); J. Mashaw, C. Goets, F. Goodman, W. Schwartz, P. Verkuil & M. Carrow, *Social Security Hearings and Appeals* (1978).

② United States v. Florida East Railway, 410 U. S. 224 (1973).

③ Vermont Yankee Nuclear Power Corp. v. NRDC, 435 U. S. 519 (1978). 参见§7.8。

④ 463 U. S. 29 (1983).

⑤ 参见 Breyer, "Judicial Review of Questions of Law and Policy", 38 *Admin. L. Rev.* 363, 393 (1986)。

⑥ Shapiro, "APA: Past, Present, Future", 72 *Va. L. Rev.* 447, 453-454 (1986).

⑦ 参见§7.4中的讨论。

工具，它就必须对下级法院强迫行政机关制定规则时附加对所有问题、评议意见、数据争议和替代方案的详细和百科全书的讨论。最高法院在 PBGC v. LTV Corp. 案[1]和 Mobile Oil Exploration v. United Distribution 案[2]中所作判决就是在朝这一方向迈出的一小步。但是，为了恢复规则制定程序的活力，最高法院仍然需要再走得更远一些。在对这一问题的一份精彩的分析文章中，Tom McGarity 敦促复审法院采取与“必须确定他不是十分熟悉的某一主题的研究论文是否达到可以通过的论文最低标准的”教授所采用标准相类似的方法。[3]

在 Barnhart v. Thomas[4] 案中，最高法院以一致意见作出的判决意见，说明了联邦法院可以鼓励行政机关根据规则行事的一种重要方式——在该判决意见中，最高法院坦承所有的规则都必然是不完美的，支持了该案讼争的一项规则的有效性。在该案讼争的规则中，社会保障局对其行政法官作出指示，如果申请人可以从事之前的工作，就认定申请人不构成残疾，而无须判断其之前的工作在现在的经济状况下中是否依然存在。社会保障局试图对该规则作出的依据是，即使是之前的工作已经不再存在，该规则也可以为判断申请人是否可以从事现有的一些工作提供良好的替代标准。第三巡回法院驳回了这一替代标准理由，因为这将导致“可能不总是正确……并且在本案中不可能是正确的”结论。最高法院一致作出了如下回应：

> 这一逻辑将会让行政国家中所采用的大量程序无效。凡事一经概括就不会完美。事实上，几乎每项法律……规则都在特定的情形中无法完美适用……我们有充分理由采用可行的指标，以避免更多和更具体化的……分析。正如我们所观察到的，“社会保障听证制度很可能是西方世界中最大规模的裁决机构……对效率的需要是不证自明的”。

□ 发回重新处理而不判定撤销的救济方法

巡回法院在违反决定附理由说明要求的救济方法选择上的改变，具有让规则制定重新焕发生机的潜力。许多巡回法院如今作出规则制定发回重新处理的命令而没有撤销该规
685 则[5]，如果它们认定行政机关具有在发回重新处理过程中纠正其推理之缺陷的“现实可能性”，并且撤销规则可能会产生“破坏性”的影响。这一标准应当能够在大多数法院认定行政机关未能充分解决某一重要问题的案件中得出发回重新处理但不撤销规则的判决。

§ 7.13　发回重新处理而不撤销，及重新处理时发布的临时性规则

□ 司法机关撤销规则常常是因为微小的缺陷

一家行政机关即使耗费数年精力，投入数万人员工作小时数，行政规则仍然很容易被

---

① 496 U. S. 633 (1990).

② 498 U. S. 211 (1991).

③ McGarity, “Some Thoughts on Deossifying the Rulemaking Process”, 1992 *Duke L. J.* 1285, 1453. 另可参见 Pierce, “Seven Ways to Deossify Agency Rulemaking”, 47 *Admin. L. Rev.* 59 (1995)。

④ 124 S. Ct. 376 (2003)，参见§3.6 的讨论。

⑤ 参见§7.13 的讨论。

司法机关所推翻。通常来说，司法机关推翻规则是因为行政机关未能足够详尽地论述一项或者更多的具体问题、数据争议或者替代方案。当我们从行政机关所论述的重大政策问题这一背景来看时，未能得到充分论述的问题常常是无足轻重的。[1]

□ 哥伦比亚特区巡回法院允许在发回重新处理过程中发布临时性规则

行政机关已经对规则作出巨大投入的，如果获得司法机关默认存在极大难度，就会促使行政机关找到若干手段以部分挽救它们在因为未能充分考虑某一问题而被撤销的规则上所作的投入。在 Mid-Tex Electric Cooperative v. FERC[2] 案中，行政机关在法院判决撤销最终规则并发回重新处理之后立即发布了与之非常相似的临时性规则，哥伦比亚特区巡回法院通过判决该项临时性规则而批准了这样一种做法。

□ 与裁决并不类似的规则制定

从传统上看，行政机关和法院已经在法院推翻行政机关的决定和上诉法院推翻初审法院的裁判之间进行直接类比。在每起案件中，法律状态都重新恢复到先前的状态（status quo ante)，除非和直到行政机关和初审法院在发回重新处理时启动新的程序。这种类比对于传统的行政机关裁决行为来说基本上是没有问题。例如，我们可以设想一下，一份司法判决推翻了社会保障局的一项命令，因为社会保障局根据不充分的事实认定或者推理而作出了拒绝向个人发放福利的决定。行政机关在发回重新处理的过程中可以拥有裁量权，或者向该个人就案件进行妥协，或者试图通过补充听证以获取更多地证据或者改变原先决定 686
的依据以纠正撤销该规则所依据的理由中存在的错误。[3] 作为其结果，这一程序可以相对快速地完成，而较少因为迟延导致损害。

但是，这种类比对于司法机关推翻行政机关通过规则所作政策决定的判决情形来说则不太适用。司法机关认定行政机关在采用新政策的过程中存在错误并不必然意味着先前的状态——行政机关过去的政策——就优于行政机关现在的状态。经常存在的情况是，撤销新政策的依据与新政策的核心目的和制定依据相距甚远。但是，司法机关对行政规则制定过程的审查要求如此之高，以至于因为法院判决推翻行政规则而重新开始的规则制定过程往往需要数年时间才能完成。如果新政策优于旧政策，公众就需要蒙受多年迟延导致的重大损失。

在 1987 年，哥伦比亚特区巡回法院对于行政机关在法院推翻重要规则并发回重新处理之后在临时的基础上制定政策的裁量权问题上朝着实用主义的路径迈出了第一步。在 1983 年，联邦能源监管委员会（FERC）颁布了一项规则，如果电力企业能够表明这种价格处理是缓解新建电厂时所面临的资金问题所必需的，该规则将允许电力企业将其用于在建工程上的最高 50%的投资作为价格基础（rate base）。在 Mid-Tex Electric Cooperative v. FERC（Mid-Tex I)[4] 案中，法院推翻了在建工程规则并将其发回重新处理。法院认为，

---

① 参见 Pierce，"The Unintended Effects of Judicial Review of Agency Rules：How Federal Courts Have Contributed to the Electricity Crisis of the 1990s"，43 *Admin. L. Rev.* 7（1991）；Mashaw & Harfst，"Regulation and Legal Culture：The Case of Motor Vehicle Safety"，4 *Yale J. Reg.* 257，283（1987）。

② 822 F. 2d 1123（D. C. Cir. 1987).

③ 参见§18.1。

④ 733 F. 2d 327（D. C. Cir. 1985).

联邦能源监管委员会没有充分考虑该规则可能在某些情况下具有反竞争效应的指控。

在发回重新处理的过程中，联邦能源监管委员会采取了两项行动。它发布了一项新的拟议规则制定通告，在其中对该规则反竞争效应以及在修订后的永久性规则中回避这一效应的方式等征求公众的评议意见。与此同时，联邦能源监管委员会发布了一项临时性规则，该规则在经过若干修订的基础上重新颁布了被推翻并发回重新处理的规则。这些修订内容中包括了确保行政机关将会向任何因为在具体案件中适用这一规则而遭受反竞争效应的任何顾客提供救济的手段。

□ 临时性规则得到了支持

获得司法机关推翻原规则之判决的当事人对这一重新颁布并经过少量修订的临时性规则提出了质疑，理由有二：（1）这一规则是实体上无效的，因为它与法院命令推翻最初规则的要求不一致。（2）临时性规则在程序上也是无效的，因为它是未经通告评议程序发布的。在 Mid-Tex Electric Cooperative v. FERC[①] 案（Mid-Tex Ⅱ）中，法院推翻了所有这
687 两点质疑，支持了临时性规则。

□ 行政机关在规则中解决了缺陷

在实体性问题上，法院指出，先前的判决意见并未涉及联邦能源监管委员会在临时的基础上重新发布被发回重新处理的规则的权限问题。由于之前的法院判决意见肯定了规则制定依据中所说明的理由，而且行政机关在临时性的基础上采取了“经过合理计算，可以保护消费者免受反竞争效应影响的”措施，法院认为，重新发布和经过小幅修订的临时性规则，与推翻该规则的永久性版本的先前判决意见中的文字和精神是一致的。[②]

□ 行政机关具有删减（truncate）程序的“合理事由”

而对于程序性问题，法院认为行政机关已经基于三点理由证明了不经过通告评议程序而颁布临时性规则的“合理事由”。首先，该规则是在继续制定永久性政策的过程中阶段性采纳的临时性措施。其次，即使原先的规则被推翻，其根本方法“在实质性程度上”是得到批准的。最后，法院肯定了联邦能源监管委员会的事实认定，即在按照发回重新处理的要求而制定永久性政策所需的漫长时间内继续沿用规则制定之前的政策，将是“与公共利益相悖的”[③]。

□ 有希望的第一步

哥伦比亚特区巡回法院在 Mid-Tex II 案中的判决意见是朝着减少多年来因为司法机关判决推翻规则并要求发回重新处理而常常导致的政策瘫痪（paralysis）的有着积极意义的第一步。根据 Mid-Tex II 原则，如果存在下列情形，行政机关可以迅速重新发布被推翻并发回重新处理的规则：（1）规则的主要内容是得到肯定的；（2）重新发布的规则是作为继

---

① 822 F. 2d 1123 (D. C. Cir. 1987).

② Id. at 1130-1131.

③ Id. at 1132-1134.

续制定永久性规则的过程中作为一个临时性措施而通过的；（3）临时性规则中包含了在临时的基础上改善导致法院推翻的原先规则所导致问题的善意（good faith）的努力。

□ 需要采取更多措施恢复规则制定的活力

Mid-Tex II 案也表明，复审法院越来越敏锐地感觉到，法院以行政机关未能在规则制定过程中充分考虑数以百计的问题中的一项问题而判决推翻行政规则，经常会导致政策瘫痪。当司法机关判决推翻规则使得作为行政机关政策核心的理由不再完整，行政机关迫切地希望实施新政策时，Mid-Tex 案所采取的方法可以极大地缩小问题的范围。对于因为司法机关频繁推翻行政规则而导致的政策瘫痪问题，其长期解决方案在于司法机关对于行政机关在具有科学复杂性和不确定性的领域采取更为务实的态度。[1]

□ 发回重新处理而没有撤销的救济方法

哥伦比亚特区巡回法院在 Allied Signal，Inc. v. NRC[2] 案中朝着减少政策瘫痪的方向
迈出了又一重要步伐。哥伦比亚特区巡回法院宣告，如果行政机关在发回重新处理时有纠 688
正其推理所存在缺陷的切实可能性（serious possibility），而且撤销规则将可能造成破坏性后果，它将不再因为行政机关支持其规则的推理不充分而撤销该规则。其他巡回法院也在行政机关看起来可能会在发回重新处理的过程中纠正推理中存在的缺陷或者漏洞时，采用发回重新处理而不撤销规则的救济方法，并且法院还将这一救济方法推广用于它们认为在行政机关的拟议规则制定通告存在不充分性问题的案件，但是它们发现行政机关很可能在发回重新处理过程中提供补充评议的机会之后能够为同一规则提供支持。[3] 但是，如果法院认定在发回重新处理的过程中行政机关不可能纠正这一缺陷时，法院就会撤销该规则。[4] 但是，法院会对因为行政机关推理过程中所存在的显然无法纠正的缺陷所沾上污点的规则部分内容进行分割处理，而让规则的主要内容在发回重新处理的过程中继续有效。[5] 法院判决规则发回重新处理但是不撤销时，任何原告仍然可以向法院起诉，主张行政机关没有纠正法院所指出的缺陷以积极回应法院的发回重新处理的命令。[6]

在 National Organization of Veterans' Advocates v. Secretary of Veterans Affairs[7] 案中，联邦巡回区上诉法院驳回了行政机关对法律所作的解释以及一项规则，理由是行政机关没有对它为什么对于用词完全相同的法律条款作出了不同的解释。联邦巡回区上诉法院拒绝撤销规则中的解释，因为它相信行政机关能够在发回重新处理的过程中作出充分的说明。但是，联邦巡回区上诉法院命令在该解释的有效性或者无效性问题得到解决之前，行政机关停止处理适用该解释的申请。

在 American Bioscience v. Thompson[8] 案中，哥伦比亚特区巡回法院认为，行政机关

---

① 参见§7.4、§7.5和7.12。

② 988 F. 2d 146 (Allied 1993).

③ 例可参见 Idaho Farm Bureau Federation v. Babbitt，58 F. 3d 1392 (9th Cir. 1995)；American Medical Ass'n v. Reno，57 F. 3d 1129 (D. C. Cir. 1995)。

④ 例可参见 Chemical Manufacturers Ass'n v. EPA，28 F. 3d 1259 (D. C. Cir. 1994)。

⑤ 例可参见 Davis Country Solid Waste Management v. EPA，108 F. 3d 1454 (D. C. Cir. 1997)。

⑥ 例可参见 MCI Telecommunications v. FCC，143 F. 3d 606 (D. C. Cir. 1998)。

⑦ 260 F. 3d 1365 (Fed. Cir. 2001).

⑧ 269 F. 3d 1077 (D. C. Cir. 2001).

没有以充分的理由支持一项决定，从而判决撤销了该决定。哥伦比亚特区巡回法院之前为了允许行政机关有机会对其决定提供充分的支持理由而将该决定发回重新处理而没有判决撤销。在发现行政机关所提供的新的理由不充分时，哥伦比亚特区巡回法院认定，行政机关不可能能够为该决定提供支持证据，因而判决撤销了该决定。

在 Fox Television Stations v. FCC① 案中，哥伦比亚特区巡回法院认为联邦通信委员
689 会（FCC）保留两项旧规则的决定是武断和恣意的。哥伦比亚特区巡回法院允许其中一项规则在发回重新处理的过程中依旧生效，因为它相信联邦通信委员会很可能会为其保留该规则的决定提供充分的理由证明其正当性。但是，哥伦比亚特区巡回法院撤销了另一项规则，理由是它相信联邦通信委员会对保留这一规则所作的“笨拙”的理由说明已经是其“所尽的最大努力”，该规则是“一项没有希望的事业”。

在 Sugar Cane Growers Cooperative of Florida v. Veneman② 案中，哥伦比亚特区巡回法院首先认为，行政机关所宣布的实物支付（payment-in-kind，简称 PIK）项目是一项立法性规则。哥伦比亚特区巡回法院接着认为，行政机关发布实物支付项目而没有经过通告评议程序，违反了《行政程序法》的要求。哥伦比亚特区巡回法院认为，“通常来说，当行政机关如此明确地违反了《行政程序法》的规定时，我们将会撤销其决定”。但是，哥伦比亚特区巡回法院拒绝这么做，因为“木已成舟，而且也没有明显的方法可以恢复原状”。相反，哥伦比亚特区巡回法院将该案发回重新处理而没有撤销该规则，指出：“我们之前已经在行政机关没有遵守通告评议程序的要求时判决发回重新处理而没有判决撤销。”

在 Louisiana Federal Land Bank v. Farm Credit Administration③ 案中，哥伦比亚特区巡回法院首先认为，行政规则是武断和恣意的，因为行政机关未能以任何方式对一项评议意见作出回应，该意见认为所拟议的规则将会损害所准备实施的项目。但是，哥伦比亚特区巡回法院接着认为，正确的救济方式是发回重新处理而不判决撤销，因为：

> 在这里，行政机关不太可能能够证明未来作出保留该规则的决定的正当性……其唯一的错误是未能说明与原告的政策差别。与此同时，判决撤销显然是有破坏性的，因为它排除了一系列发起和参与的贷款人认为有利的自愿交易。

在 Heartland Regional Medical Center v. Leavitt④ 案中，哥伦比亚特区巡回法院发表了一点重要意见，即使复审法院撤销一项规则，在消除了作为法院判决撤销规则之依据的任何规则制定程序的缺陷之后，行政机关仍然可以发布与原来相同的规则。如果一位当事人认为重新发布的规则是无效的，其唯一的救济手段就是重新提出对重新发布的规则进行审查的请求。

在 Advocates for Highway and Auto Safety v. Federal Motor Safety Administration⑤
690 案中，哥伦比亚特区巡回法院在行政机关和原告都认为该规则没有造成损害的情况下将规则发回重新处理而没有判决撤销。哥伦比亚特区巡回法院将该规则制定发回行政机关重新处理，因为法院赞成原告的主张，即行政机关没有对它为什么没有在规则中作出更进一步的规定作出充分的理由说明。

在 Chamber of Commerce v. SEC⑥ 案中，哥伦比亚特区巡回法院对于法院判决规则武

① 280 F. 3d 1027 (D. C. Cir. 2002)，参见§6.10 和§7.4 的讨论。

② 289 F. 3d 89 (D. C. Cir. 2002).

③ 336 F. 3d 1075 (D. C. Cir. 2003).

④ 415 F. 3d 24 (D. C. Cir. 2005)，参见§7.4 和§11.4 的讨论。

⑤ 429 F. 3d 1136 (D. C. Cir. 2005)，参见§7.4 和§15.18 的讨论。

⑥ 443 F. 3d 890 (D. C. Cir. 2006)，参见§7.3 和§7.4 的讨论。

断和恣意而撤销并发回重新处理时，行政机关可以拥有的选项进行了有益的描述。首先，哥伦比亚特区巡回法院认为，行政机关有权在法院发布其命令之前消除复审法院所认定的缺陷。其次，哥伦比亚特区巡回法院指出，行政机关如果认定它可以不用额外的数据，主要通过补充其制定依据和目的的说明而支持该规则，如果司法机关判决驳回这一规则的唯一依据就是行政机关未能对规则的某些内容作出充分的理由说明，则行政机关可以重新发布一项规则而无须进行额外的事实收集或者经过通告评议程序。但是，哥伦比亚特区巡回法院警告说："当规律性的假定遭到驳斥时，就需要更加准确的审查，正如行政机关在发回重新处理的过程中得出相同的结论时所发生的……" 最后，哥伦比亚特区巡回法院认为，尽管行政机关并不采用额外的数据以补充或者确认已经在记录中的数据，相反采用不属于通告评议程序对象的数据作为重要立场的主要支持证据时，必须经过通告评议程序，但是行政机关对于如何在发回重新处理过程中收集额外的事实拥有裁量权。

在 New Jersey v. EPA① 案中，哥伦比亚特区巡回法院认定规则的一部分内容违法，因为存在实质性的疑问，即行政机关可能会单独通过分割后的部分内容，拒绝对一项规则进行分割并保留其他部分内容的效力。

在 NRDC v. EPA② 案中，哥伦比亚特区巡回法院认为，一项环境保护局的规则中部分内容，从三个方面来说超越了环境保护局的法定权力。它判决撤销了该规则的这部分内容，因为环境保护局不能"在发回重新处理的过程中通过支撑其推理而证明这些选择的正当性"。法院批准了环境保护局提出的自愿的部分撤销，而让该规则的其他部分内容继续有效，理由是删除规则的这些内容将会"破坏《清洁空气法》所要求的环境保护的成就"。法院拒绝对发回重新处理的过程设定两年的期限，因为它认为"执行职务令可以为不当迟延提供救济"。

在 Center for Biological Diversity v. NHTSA③ 案中，第九巡回法院认为，国家公路交通安全管理局（NHTSA）宣布新的企业平均燃油经济性（CAFE）里程标准从若干方面来说是武断和恣意的，并且国家公路交通安全管理局在发布新标准时未能遵守《国家环境政策法》的规定。它接着将这一程序发回环境保护局重新处理，"尽快为最早可行的型年 691
(model year)* 颁布与判决意见一致的新标准"。第九巡回法院没有提到撤销该规则。法院在某些情况不撤销规则当然是有意义的。第九巡回法院认为行政机关的决策程序中所存在的不足强烈表明，行政机关只有通过发布比法院否定的规则中所宣布的更加严格的汽车里程标准才能符合法院的发回重新处理的命令。然而，该规则并未宣布其之前的标准更加严格的里程标准，因此法院撤销该规则并未产生什么意义。

在 North Carolina v. EPA④ 案中，哥伦比亚特区巡回法院判定联邦环境保护局（EPA）制定的复杂、多部分组成的《清洁空气州际规则》（Clean Air Interstate Rule）是武断和恣意的。《清洁空气州际规则》是小布什政府颁布的最为重要的环境规则。联邦环境保护局预计这项规则可以每年挽救 17 000 条生命。法院首先撤销了整项规则。法院指出，它已经认定"该项规则中存在多处致命缺陷"，并且环境保护局认为该规则是一项构成一个整体的行为。法院也指出，它发现在规则制定理由中所存在的缺陷如此重大，以至

---

* 所谓型年（model year），即厂家规定的车型年份，不一定是实际生产的年份，但一般与实际生产的年份之差不超过 1 年。——译者注

① 517 F. 3d 574 (D. C. Cir. 2008).

② 489 F. 3d 1364 (D. C. Cir. 2007).

③ 508 F. 3d 508 (9th Cir. 2007).

④ 531 F. 3d 896 (D. C. Cir. 2008).

于“几乎没有哪项缺陷会在重新处理时以任何可以辨识的形式得到继续保留”。但是，案件重审时，哥伦比亚特区巡回法院推翻了自己先前作出的判决，判定在等待行政机关重新处理结束之前，该项规则可以继续有效。法院承认该规则“与规制体制已经存在如此密切的联系，以至于撤销该规则将会牺牲给公共健康和环境带来的益处”[①]。

□ 发回重新处理但不撤销的救济方法是有争议的

发回重新处理但不撤销的救济方法是有争议的。在 Checkosky v. SEC 案[②]中，一位持不同意见的法官就详细论证了复审法院如果认定行政机关的推理不足以支持其决定，就必须撤销该行政机关的决定。该法官认为，法院没有将行政机关的决定发回重新处理但是不撤销该决定的裁量权。虽然这一不同意见是在一起案件的背景下提出的，但是该不同意见推理的广度表明，法官是在质疑在所有情况下采用的发回重新处理但不撤销的救济方法的合法性。

在 Milk Train v. Veneman[③] 案中，哥伦比亚特区巡回法院认定，行政机关对它的一项选择所作的理由说明是如此不足，以至于法院无法判断行政机关的决定是否符合所适用的法律。多数意见接着将该案发回重新处理而没有判决撤销该决定，因为它相信“至少存在相当的可能性，即部长在发回重新处理的过程中会”以让其决定符合法定的方式“说明她的”
692 决定之理由。持不同意见的法官则认为，复审法院必须撤销行政机关的决定，如果它认定行政机关没有对其决定充分说明理由。他指出，哥伦比亚特区巡回法院的两位法官根据记录也是支持这一观点的。

在 Honeywell International v. Environmental Protection Agency 案中，哥伦比亚特区巡回法院的合议庭对于发回重新处理而未撤销的判决合理性区分了三种方式。一位法官认为，《清洁空气法》§307 排除了法院作出将环境保护局根据《清洁空气法》所作出的任何决定发回重新处理而不撤销的判决，因为这节规定指示法院“推翻”任何法院认为违法的此类决定。法官试图将该案与哥伦比亚特区巡回法院的众多相反的先例进行区分，理由是那些先例判决的作出依据是《行政程序法》而非《清洁空气法》，虽然他已经明白他认为这些案件的判决是错误的。第二位法官提供了协同意见，其中他表达的观点是法院应当总是撤销和发回重新处理而非发回重新处理但不撤销。他认为，法院应当接下来坚持其要求，直到行政机关在发回重新处理的过程中采取了进一步的行动，如果法院认为不应立即撤销行政机关的规则。第三位法官表达的观点是发回重新处理但不判决撤销是合法的救济方式，并且在本案中也是合理的救济方式，因为行政机关可能能够在发回重新处理的过程中说明其规则的理由以满足法院的要求，并且撤销规则将是破坏性的。第三位法官也认为，即哥伦比亚特区巡回法院的合议庭没有权力按照第一位或者第二位法官的观点作出判决，因为他们所表达的观点不符合具有约束力的巡回法院先例。

最高法院需要解决在复审法院发现行政机关支持其规则的推理中存在的一处或者更多的缺陷或者漏洞时可以采取的救济方式的种类有关的日益增多的争议。我相信发回重新处理而不判决撤销的救济，在较高比例的案件中既是合法的也是合理的救济方式。Ron Le-

① 550 F. 3d 1167 (D. C. Cir. 2008).
② 23 F. 3d 452, 466 (D. C. Cir. 1994).
③ 310 F. 3d 747 (D. C. Cir. 2002).

vin教授在他的一篇研究论证俱佳的论文中得出了相同的结论。[①]

如果相反，哥伦比亚特区巡回法院或者最高法院根据对《清洁空气法》§307 或者《行政程序法》§706 规定的形式主义解释（formalistic interpretation）决定禁止采用这一救济方式，我希望它们同样判定说明决定理由的义务是违法的，以保证判决的一致性。司法机关所施加的这一特别有弹性的法官制造的原则，要求行政机关撰写制定依据和目的说明时需要花费数百页篇幅才有一线机会（fighting chance）满足复审法院的要求。[②] 说明决定理由的开放性（open-ended）义务显然不符合《行政程序法》§553 的平常文字含义，后者只要求行政机关在规则中包括“制定依据和目的的简要总体说明”。哥伦比亚特区巡回法院在 Automotive Parts & Accessories v. Boyd[③] 案中告诫行政机关不要认真对待法律文字。在哥伦比亚特区巡回法院对《行政程序法》进行这样的解读之前，行政机关通常采用确实是“简要”和“总体性”的制定依据和目的说明为其规则成功辩护，而不是采用哥伦比亚特区巡回法院如今对行政机关所要求的百科全书式的说明。如果各级法院认真对待《行政程序法》§553，当法院驳回行政规则时，法院就很少会不得不选择需要采取的合适救济方式，因为法院也将很少会驳回行政规则。 693

§7.14 协商式规则制定

□ 对协商式规则制定的支持

行政机关为了克服司法机关所设定的众多规则制定的障碍而采取的绝望的努力，迫使众多行政机关拥护协商式规则制定，或者常用的“Reg-Neg”概念。正如该名称所显示的，协商式规则制定是通过协商程序解决规则草案中引发的政策争议的过程。

□ 协商式规则制定获得许可

协商式规则制定的概念获得了所有政府机构的热情支持。许多行政机关积极地推行协商式规则制定。哥伦比亚特区巡回法院在 NRDC v. EPA[④] 案中肯定了这一概念。除此之外，国会也在两部法律中将协商式规则制定合法化：《1990 年协商式规则制定法》和《1990 年行政纠纷解决法》。[⑤] 协商式规则制定具有产生明显收益的潜力。行政机关能够采用协商式规则制定来发布仅影响一小部分当事人的相对简单的规则，并且它们可以采用这一程序解决重大规则制定过程中的一些问题。但是，要期望行政机关采用协商式规则制定作为发布大多数重要规则的程序则是不现实的。要认识协商式规则制定的局限，其出发点就是一项类比：协商式规则制定相当于规则制定，而和解（settlement）相当于诉讼。

---

① Levin, “‘Vacation’ at Sea: Judicial Remedies and Equitable Discretion in Administrative Law”, 53 *Duke L. J.* 291 (2003).

② 参见§7.4。

③ 407 F. 2d 330, 338 (D. C. Cir. 1968).

④ 859 F. 2d 156 (1988).

⑤ The Negotiated Rulemaking Act of 1990, 104 Stat. 4969, and the Administrative Dispute Resolution Act, 104 Stat. 2736 (1990). 这两部法律被编入《行政程序法》§§561-583。参见附录 B。

□ 与和解的类比

对纠纷经协商达成和解总是在行政程序中扮演重要角色。正如司法诉讼有很高比例是
694 以和解结案的，很多行政机关也类似地对高比例的裁决案件以和解结案。在正常情况下，和解因为减少了纠纷解决的成本而给纠纷当事人和公众带来了巨大的优点。

□ 促成和解的条件

有几项条件创造了促成和解的环境。首先，正式纠纷解决的法律框架必须是达到合理的清晰度和稳定性，从而使当事人能够对正式纠纷解决的最可能的结果达成相对接近的预测。其次，出于同样的原因，与纠纷相关的事实必须对当事人来说相对可以确定和能够了解。最后，利害关系必须适合于在当事人之间进行区分，与当事人对正式纠纷解决的结果预测相一致。

□ 对促成和解之条件的说明

要说明这些条件，最简单的方法就是假设一个案例。A 以违约为由起诉 B，主张 100 万美元的赔偿。当事人有很高的可能性就该纠纷达成和解。相关的法律原则具有合理的清晰度和稳定性，他们反过来又会引导当事人确定若干事实争议以便让结果可以确定。一旦当事人对这些事实进行调查，每一方当事人都处于预测诉讼最可能出现的结果的境地。假定 A 预测有 70%的胜诉概率，B 预测 40%的胜诉概率，双方都预测正式纠纷解决需要耗费 20 万美元。该纠纷几乎肯定会以和解结案，由 B 支付 A 介于 50 万至 80 万美元之间的某一金额赔偿金。在这两个数字之间的任何金额，A 和 B 双方都会认为，他们通过和解取得了比诉讼更好的结果。

广阔、变化多端的行政裁决的世界中包含了许多可以与这一假定的民事诉讼相类比的情形。涉及同质的消费者的公用事业价格案件就是很好的例子。公用事业企业主张有权提价 5%，因为它遭受这一数量的成本增加。如果案件发生的背景是相关的法律规则是容易理解并且具有合理稳定性的，例如，行政机关通常对于这类案件适用机械的公式，当事人很可能会对该纠纷进行和解而不是采用正式的行政决定程序寻求解决。当事人能够找到双方认为和解比诉讼有利的一系列结果。

□ 大多数重要规则制定并不易于促成和解

但是，行政机关所受理的很多纠纷并非协商和解的合理候选对象（candidate）。如果准据法规则不清晰或者不稳定，当事人不清楚、不确定、不能确定或者不了解相关事实，存在众多存在广泛利益差别的当事人，或者一个或者一个以上的当事人认为推迟纠纷解决
695 具有重大优点，和解就不可能达成。不幸的是，大多数重要规则制定都涉及这些条件。因此，大多数重要规则制定行为并不适合采用协商式规则制定方法，在尝试协商式规则制定方法的规则制定行为中只有大约 20%取得了成功。①

---

① McGarity, “Some Thoughts on Deossifying the Rulemaking Process”, 1992 *Duke L. J.* 1385.

□ 与一致同意的立法的类比

另一项类比也可以说明重要规则制定通过协商和解完成的概率很低的问题。颁布一项重要规则，与制定一部重要的法律非常相似。其中利害关系很集中，并且大量的当事人会以分散和复杂的方式受到影响。协商式规则制定要求所有利害关系人的代表达成一致。这就相当于要求国会以一致同意规则通过所有重要的立法。正如大多数重要立法不可能按照这一条件通过一样，大多数重要规则制定也不可能通过采用协商式规则制定完成。

□ 协商式规则制定的影响难以预测

在规则制定程序早期，包括行政机关发布拟议规则制定通告之前的阶段，采用协商式规则制定具有通过缩小纠纷范围和减少当事人之间误解等加速规则制定程序的潜力。但是，它也有可能造成程序的迟延，在本来就需要数年时间才能完成的程序开头加上一段 6 个月至 1 年的通常来说毫无成果的协商。

□ 法院对协商式规则制定的意见

在 USA Group Loan Services v. Riley① 案中，第七巡回法院所作的判决是第一个因《协商式规则制定法》所引发纠纷的巡回法院判决。教育部组织了一个协商式规则制定委员会，试图就可能制定的规则达成一致意见，该规则将规定如果因为学生贷款服务者（student loan server）违反了规则、法律或者合同而导致违约的发生，由学生贷款服务者对学生贷款违约承担风险责任（contingently liable）。这个主要由贷款服务者构成的协商式规则制定委员会达成了一项坚定的共识，即贷款服务者永远不能承担风险责任。为了对这一纠纷达成和解，教育部提议制定一项规则，设定风险责任但是责任规模设有上限。主要由贷款服务者构成的协商式规则制定委员会拒绝了这一提议，教育部后来提议制定一项规则，设定风险责任但是不规定责任规模的上限。贷款服务者随后起诉教育部，指控其违反了《协商式规则制定法》，因为教育部实施了恶意协商，也就是说在协商时提议对风险责任设定上限，但协商失败后没有在最终规则中规定这一上限。贷款服务者也指控教育部自食其言，没有信守自己所作的遵守该委员会达成的任何一致意见的承诺。法院给予两点理由推翻了这些主张：（1）该法并未授权法院执行行政机关在协商式规则制定程序的协商 696
中作出的承诺；（2）“被拒绝的提议（offer）构成了提议人（offerors）要求的上限，这一规则将会挫伤协商”。

USA Group 案的判决意见是（也应当是）没有争议的。但是，该判决意见包含了具有争议的附带意见。法院以非常贬损的方式对协商式规则制定作了定性。“这看起来就像放弃规制权，蓬勃发展的利益集团国家，以及对行政规制的‘俘获’理论的最后确认。”Phil Harter 批评法院对协商式规则制定的描述，理由是一个协商式规则制定委员会必须足够多元化，“以保证各种担心、实施和问题能够在制定规则的过程中被提出来……”② 在很多情况下，法院对于这一程序的描述要比 Harter 的描述更加务实。大多数规则制定既影

① 82 F. 3d 708 (7th Cir. 1996).

② Harter, "First Judicial Review of Reg-Neg a Disappointment", *Administrative & Regulatory Law News* 1 (Fall 1996).

响少量单个来说涉及重大利害关系的企业，也影响到大量单个来说涉及利害关系微弱的个人。当行政机关采用类似单个协商式规则制定程序时，该程序会让团体投入到该决策程序中的资源获得溢价回报，小团体对于大团体来说就会有巨大的现实优势。[1] 例如，在贷款服务者协商式规则制定的情形下，该委员会非常不可能包含和贷款服务者同样数量和同样积极参与协商程序的纳税人代表。

《杜克法律杂志》(Duke Law Journal) 曾经在 1997 年 4 月出版的第 46 卷第 6 期上刊登了协商式规则制定研讨会上提交的精彩文章。其中开篇文章中，Cary Coglianese 发表了首次对协商式规则制定的全面实证研究的结论。[2] 他发现，协商式规则制定程序没有节约时间、金钱或者资源，也没有减少冲突或者诉讼。Phil Harter 批评了 Coglianese 的研究结论。[3] Ellen Sieglar 批评协商式规则制定"对参与者提出了大量的时间和资源的要求"。她看到了环境保护局最近通过整合与利益集团举行的各个会议而修改传统的通告评议规则制定程序的努力中存在的明显希望。[4] William Funk 以另一理由提出了对协商式规则制定的批评。他认为，协商式规则制定颠覆了"美国行政法和附理由说明的决定中基本的、基础性的概念"[5]。最后，Wald 法官将协商式规则制定视为"前途远大的年轻人"(promising
697 adolescent)，但是她也指出了法院尚未解决的协商式规则制定程序的众多相关的重要问题。[6]

§ 7.15 司法审查的诉讼时效

起诉行政决定的诉讼时效将会在本书 § 11.7 中加以讨论。但是，有两点特别适用于起诉行政规则的特别考虑因素。首先，当最高法院在 Adamo Wrecking Co. v. United States 案中支持了适用于要求审查特定类型的规则时所适用的特别短的诉讼时效时，最高法院将诉讼时效解释为允许被规制者在执行程序中提出质疑该规则的有限的依据。最高法院认为，诉讼时效排除法院考虑任何"在行政审查过程中引发的类似的调查"，除非是因为在规则发布之日起 30 日内提起的审查请求而作出的回应。但是，最高法院也将该诉讼时效解释为允许被规制者通过主张该行政行为不符合"排放标准"的资格而在刑事执行程序中为其行为辩护。

其次，在 Auer v. Robbins[7] 案中，最高法院确定了当事人可以在申请审查规则的诉讼时效已经经过之后对规则的持续有效性提出质疑的一种手段。当事人如果相信该规则已经变得过时，可以向行政机关请愿，要求根据《行政程序法》§ 553 (e) 修订或者废止该规则。如果行政机关拒绝这一请愿，当事人可以对行政机关的拒绝决定申请司法审查。

---

① 参见 Olson, *The Logic of Collective Action: Public Goods and the Theory of Groups* (1965)。

② Coglianese, "Assessing Consensus: The Promise and Performance of Negotiated Rule-Making", 46 *Duke L. J.* 1255 (1997).

③ Harter, "Fear of Commitment: An Affliction of Adolescents", 46 *Duke L. J.* 1389 (1997).

④ Sieglar, "Regulatory Negotiations and Other Rulemaking Processes: Strengths and Weakness from an Industry Viewpoint", 46 *Duke L. J.* 1429 (1997).

⑤ Funk, "Bargaining Toward the New Millennium: Regulatory Negotiation and the Subversion of the Public Interest", 46 *Duke L. J.* 1351 (1997).

⑥ Wald, "ADR and the Courts: An Update", 46 *Duke L. J.* 1445 (1997).

⑦ 519 U. S. 452 (1997).

行政机关重开（reopen）一项已经获得裁决的争议问题，就意味着诉讼时效期间重新起算。在 Environmental Defense v. EPA[①] 案中，哥伦比亚特区巡回法院认定，行政机关在之前的规则制定程序解决了问题之后重开新的规则制定程序，但是行政机关没有任何证据支持。哥伦比亚特区巡回法院强调指出，行政机关既没有改变之前发布的规则文本，也没有改变该规则的解释。

类似的，在 Biggerstaff v. FCC[②] 案中，哥伦比亚特区巡回法院认为，联邦通信委员会（FCC）没有在开始新的规则制定程序的拟议规则制定通告中引用之前发布的规则而隐蔽地重开了之前的规则制定。法院认定，联邦通信委员会引用已有的规则并不意味着任何在 698
新的规则制定程序中重新考虑已有规则的意图。[③]

但是，在 CTIA Wireless Ass'n v. FCC[④] 案中，哥伦比亚特区巡回法院认为，行政机关已经在新的规则制定程序中重开在之前的两项命令中解决的一项问题。所有这三项行政机关的决定——之前的两项命令和规则制定中发布的规则——都具有要求移动电话信号塔遵守《国家历史保护法》（the National Historic Preservation Act）的效力。但是，哥伦比亚特区巡回法院认为，该规则制定程序重开了这一问题，因为拟议规则制定通告对于行政机关是否会重新考虑其立场的问题是模糊的，并且该规则是建立在行政机关在之前的命令中没有明确涉及的两项法律问题的解决基础之上的。 699

---

① 467 F. 3d 1329 (D. C. Cir. 2006).

② 511 F. 3d 178 (D. C. Cir. 2007).

③ 另可参见 P & V Enterprises v. Corps of Engineers, 516 F. 3d 1021 (D. C. Cir. 2008)（引用 1986 年规则的行政机关的新闻稿并没有重开已经在该规则制定中解决的问题，而是仅仅表示行政机关可能会在以后某一时间重开这些问题的可能性）。

④ 466 F. 3d 105 (D. C. Cir. 2006).

8 裁决的法定要求

§8.1 什么是裁决?

宽泛定义

《行政程序法》§551（7）将“裁决”定义为“作出命令（order）的行政过程”。《行政程序法》§551（6）将“命令”定义为“行政机关对于除规则制定以外，但是包含许可的事务的最后处分的全部或者部分内容，无论在形式上是肯定性的、否定性的、禁止性的，还是宣告性的”。如果按照字面理解的话，《行政程序法》对于“裁决”和“命令”的宽泛定义与《行政程序法》§551（4）和§551（5）中对于“规则”和“规则制定”之间存在明显的重叠。除了是在“命令”的定义中特别包含“许可”，以及“规则”的定义中特别包含的“对未来价格的规定”，许多行政机关行为的类型都是符合《行政程序法》对于“裁决”或者“规则制定”的定义的。

未定性为规则的行政机关行为属于裁决程序中的命令

在实践中，《行政程序法》对于裁决和规则制定的定义上存在的重叠很少引发问题。法院很可能会默认行政机关将一种程序定性为规则制定，如果它符合《行政程序法》对“规则制定”的宽泛定义，因为《行政程序法》没有要求行政机关在裁决中所使用的程序要比规则制定过程中使用的程序要求更高。《联邦宪法》中的正当程序条款可能迫使行政机关在有的裁决过程中采用比法定要求更高的程序，但是正当程序的分析可能会结果并未解决为什么一起案件（proceeding）是否属于《行政程序法》所定义的“裁决”[1]。作为一项实际问题，任何“许可”案件和任何其他导致发布具有拘束力的“命令”的行政案件，都可以视为《行政程序法》所定义的“裁决”，除非行政机关将其定性为“规则制定”。

---

① 参见本书第9章。

在 Sugar Cane Growers Cooperative of Florida v. Veneman[①] 案中，哥伦比亚特区巡回法院驳回了行政机关的主张，即它所宣布的实物支付（payment-in-kind）项目是非正式裁决。行政机关声称实物支付项目是“没有未来效力”的“孤立的行政行为”，但是法院指出，实物支付项目拥有众多要素，包括对未来农作物种植的限制。

在 Qwest Services Corp. v. FCC[②] 案中，哥伦比亚特区巡回法院认为，联邦通信委员会（FCC）可以将其规则制定程序进行两分法处理（bifurcate），并且发布宣布其宽泛的行为规则的确认裁决（declaratory order）。法院指出，最高法院已经多次判决认为行政机关可以在裁决过程中宣布普遍适用的行为规则。

□ 每年数百万件的裁决案件

联邦行政机关每年要处理数百万件的裁决案件。社会保障局一家每年就要裁决超过 100 万件残疾人［福利］纠纷。如果联邦行政机关的裁决案件再加上各州和地方政府行政机关的裁决案件，美国总的行政机关裁决数量将很可能达到每年数千万件。在所解决的裁决案件比例上，行政机关要让法院相形见绌。大量的行政裁决还具有非常异质性的特征。行政机关裁决的事项涉及政府人事、移民、福利、学校处分、税收、职业许可、土地利用、环境许可、违反法律和规则的制裁，对私人劳动关系的规制，以及其他数以百计的各不相同的情形。

§8.2 何时行政机关应当提供口头举证式听证?

□ 司法审判的要素

702 民事诉讼中的司法审判传统上包含了一长串程序保障：（1）及时和充分告知争点和主张；（2）提供与敌对证人对质的有效机会；（3）口头表达主张；（4）口头提交证据；（5）对敌对证人的交叉质证；（6）对反对证据（opposing evidences）的披露；（7）获得律师代理的权利；（8）完全基于审理过程中采纳证据作出判决；（9）基于事实认定和法律结论而作出的判断；（10）由中立的裁判者作出判决。[③] 必须首先明白的是，每年完成的数百万件行政裁决不能都是经过这样一种复杂、昂贵和耗时的程序才作出裁决的。如果政府试图采用正式、司法类型的审理过程来解决大量的行政裁决，它首先就会不堪重负。

□ 正式行政裁决包含司法审理的要素

《行政程序法》§§ 554-557 描述了正式裁决过程，其中包含了每一项司法审判的要素：（1）对所宣称的法定职权、事实问题和法律问题的告知（§ 554（b））；（2）行政机关、行政机关构成人员中的一员或者行政法官所主持的口头举证式听证，每个人都必须是中立的，并且可以因为偏见而排除资格（§ 556（b））；（3）主持听证的官员不能私下就所争议

---

① 289 F. 3d 89 (D. C. Cir. 2002)，参见§ 6. 1 和§ 7. 13 的讨论。

② 509 F. 3d 531 (D. C. Cir. 2007)，参见§ 6. 1 和§ 6. 7 的讨论。

③ 参见 Goldberg v. Kelly，397 U. S. 254，266 (1970)。

的事实问题与当事人协商，向具有调查或者公诉职能的人负责，或者私下与行政机关以外的人员就案件实质问题进行沟通（§§554（d），557（d）（1））；（4）当事人可以由律师或者经授权的代理人（representative）作为代表（§555（b））；（5）命令的支持者具有证明责任（§555（d））；（6）当事人有权提交口头或者书面证据（§555（d））；（7）当事人有权“按照充分真实披露事实的需要进行交叉质证”（§556（d））；（8）只有在听证会所形成的记录的基础上才能作出命令（§556（d））；（9）当事人有权获得作为决定的排他性记录的证据副本（§556（e））；（10）决定必须包括“基于记录体现的所有重要的事实、法律和裁量问题而作出的事实认定和结论、决定理由或者依据”。

□ 仅在法律要求“在提供了行政机关听证的机会之后基于记录”作出决定时才需要正式裁决

但是，《行政程序法》§554（a）只是要求在“依据法律，需要根据提供了行政机关听证的机会之后基于记录而决定的裁决”，行政机关才需要采用这种正式的审判型的程序。虽然有较高比例的法律要求基于“听证”作出决定，相对较少的一些类型的行政裁决，但是依据法律是要求“在提供了行政机关听证的机会之后基于记录作出决定的”。如果一项裁决不是属于《行政程序法》§554（a）所规定的相对狭窄的范围之内，《行政程序法》中唯一规定裁决案件所需适用程序的条文就是《行政程序法》§555。这节规定只要求行 703
政机关：（1）允许当事人由律师或者其他得到授权的代理人作为代表；（2）允许当事人获得所有他提供的任何数据或者证据的副本；（3）就拒绝申请或者请愿的理由作出简短说明。

□ 早期的将正当程序与正式裁决画等号

在《行政程序法》通过的最初几年里，最高法院将《行政程序法》中的正式裁决规定理解为基于［《联邦宪法》上的］正当程序条款而提出的“听证”要求编订入法。Wong Yang Sung v. McGrath① 案就是这些早期解释的最佳示例。Wong Yang Sung 案涉及的是决定是否需要遣返外国人居民而举行听证的充分性相关的争议。移民当局在命令遣返之前向 Wong Yang Sung 提供了一次听证，但是该听证没有包括《行政程序法》规定正式裁决所需的所有程序保障。最为重要的是，移民局（the Immigration Service）并未在听证会上提供独立的法官——这是《行政程序法》所规定的正式裁决的核心程序保障。其结果是，Wong Yang Sung 和政府之间有关听证充分性的争议结果就取决于《行政程序法》的正式裁决规定是否适用于遣返案件。

移民局主张，它不需要遵守《行政程序法》有关正式裁决的程序规定，因为这些程序只适用于“依据法律，需要根据提供了行政机关听证的机会之后基于记录而决定的裁决”，而授权遣返外国人的法律并未作出这样的要求。但是，最高法院根据完全不同的推理过程，认为《行政程序法》对于正式裁决的程序规定适用于遣返案件。它指出：“当《联邦宪法》要求听证时，它要求的是公正的听证，出席至少符合中立的优先标准（prevailing standard）的裁判机构（tribunal）的听证。”最高法院接着推理道，国会在制定《行政程序法》时所规定的正式裁决程序，表明“中立的优先标准”必须在任何宪法上所要求的听

---

① 339 U. S. 33 (1950), *modified*, 339 U. S. 908 (1950).

证中得到满足。基于这一推理，任何需要遵守正当程序保护的行政行为必须首先通过采纳《行政程序法》对正式裁决所要求的完全司法型的程序才能作出。在一段较短的时期内，最高法院以这种极其宽泛的方式解释和适用 Wong Yang Sung 原则，认为大量的行政行为需要遵守《行政程序法》所规定的正式裁决程序，无论该行政机关的组织法是否规定要求
704 这些程序。①

□ 司法机关放弃这一画等号的做法

没过几年，最高法院就放弃了这种将《行政程序法》解释为正当程序要求具体化的初步的尝试。国会不满最高法院对 Wong Yang Sung 案所作的判决。它通过立法明确豁免遣返案件适用《行政程序法》正式裁决程序的要求，为遣返案件规定了单独的决策程序。在 Marcello v. Bonds② 案中，最高法院根据正当程序条款支持了这些新的程序规定，从而默示地推翻了它在 Wong Yang Sung 案中的判决意见，该判决意见承认《行政程序法》中所规定的正式裁决程序，代表了在正当程序条款保障范围内行政行为所需的最低限度的程序保障。

□ 国会可以批准不太正式的程序

在 Marcello 案中，最高法院承认国会经常有着充分的理由根据所要作出裁决的性质和背景不同而要求对不同类型的纠纷采取不同的程序。国会可以对不同的行政机关和不同类型的决定自由制定不同的决定程序，只要国会所规定的这些程序不会低于正当程序所要求的最低限度的程序［保障水平］。自从 Marcello 案以来，最高法院通过对法律和《联邦宪法》的要求进行独立分析而判断行政机关所采用的程序是否充分。最高法院已经指出，在大多数情况下，行政机关听证可以是在要求程度上实质性地低于《行政程序法》中所规定的正式裁决程序，而仍然符合正当程序。实际上，《行政程序法》正式裁决所体现的程序保障，对于大多数行政机关的决定来说，超过了正当程序所要求的最高保障水平。③

□“听证”可以指仅提交书面材料

涉及规则制定的两份最高法院的判决意见也对于裁决的情形显得越来越为重要。在 United States v. Florida East Coast Ry. 案④中，最高法院认为只有在规则“依据法律，需要根据提供了行政机关听证的机会之后基于记录而制定的”，《行政程序法》才要求行政机关采用正式规则制定程序，包括口头举证式听证。如果法律只要求行政机关“经听证后”制定规则，行政机关可以自由选择采用非正式规则制定程序，即使行政机关是根据对存在争议的事实问题进行考虑的基础上制定规则的。⑤ 在 Vermont Yankee Nuclear Power Corp. v. NRDC⑥ 案中，最高法院认为，法院不能强迫行政机关采用法律或者《联邦宪法》

---

① 例可参见 Cates v. Haderlein，342 U.S. 804 (1951)；Riss & Co. v. United States，341 U.S. 907 (1951)。
② 349 U.S. 302 (1955).
③ 参见本书第 9 章。
④ 410 U.S. 224 (1973).
⑤ 参见 § 7.2。
⑥ 435 U.S. 519 (1978).

所要求之外的规则制定程序。[①]

□ 即使是在裁决程序中，“听证”可以仅指书面提交

无论是 Florida East Coast 原则还是 Vermont Yankee 原则，都涉及了规则制定。直到晚近，对于这项原则中究竟哪一项适用于行政裁决仍然存在不确定性。在 Pension Benefit Guaranty Corp. v. LTV Corp. [②] 案中，最高法院将 Vermont Yankee 原则适用于行政裁决，完全消除了与 Vermont Yankee 原则有关不确定性的问题。最高法院尚未直接解决 Florida 705 East Coast 原则中的推理是否适用于行政裁决的问题。但是，最高法院之所以这么做，其理由有三。首先，《行政程序法》§553（c）中关于正式规则的启动条件所使用的文字，与《行政程序法》§554（a）中关于行政裁决的启动条件所使用的文字完全吻合。在这两种情况下，都只是在行政行为是“根据法律，需要在提供行政机关听证机会之后基于记录作出”时才需要适用正式程序。其次，大多数最初不愿意对行政裁决适用 Florida East Coast 原则的巡回法院都改变了对这一问题的立场。再次，近来最高法院判决意见的趋势、基调和推理都表明，最高法院会在涉及这一问题时将 Florida East Coast 原则适用于行政裁决。

□ 20 世纪 70 年代判决将裁决型“听证”等同于正式裁决

20 世纪 70 年代巡回法院作出的四份判决意见说明了许多上诉法院不愿意将 Florida East Coast 原则适用于行政裁决的最初趋势。[③]

Seacoast Anti-Pollution League v. Costle[④] 案涉及的是针对环境保护局所作出的发放向入海口（estuary）排放污水的许可证的决定提出的质疑。法律要求环境保护局“在提供公开听证机会之后”作出决定。该案讼争的问题之一对于入海口中海洋生物的热水污染影响；排放污水的温度将会达到 39 摄氏度，高于入海口的水温。环境保护局通过采用两种程序解决了这一问题。它举行了非证据式的公开听证，听取当事人的意见，同时向一个专家咨询小组征求热水污染影响的报告。

第一巡回法院推翻了环境保护局的决定，理由有二。首先，法院认为，环境保护局需要举行口头举证式听证，提供《行政程序法》§§554-557 规定的正式裁决的所有程序保障：“我们愿意假定，除非法律另有规定，需要接受司法审查的裁决型听证必须基于记录。”法院明确地与 Florida East Coast 案进行了区分，认为它只适用于规则制定。这一判决意见及其所依据的司法假定，与这两部法律中所使用的文字并不一致。在《行政程序 706 法》§554（a）中，国会只是在法律要求行政机关“在提供行政听证机会之后基于记录”作出决定时才要求采用正式裁决；环境保护局实施的法律要求它只能“在提供公开听证机会后”作出决定。国会在描述所需听证的性质时并未使用“基于记录”这一关键术语。正如在 Florida East Coast 案中法院所认为的，“听证”是一项模糊术语，既可以指资料和观

① 参见§7.8。

② 496 U.S. 633 (1990).

③ U.S. Steel Corp. v. Train, 556 F.2d 822 (7th Cir. 1977); Marathon Oil Co. v. EPA, 564 F.2d 1253 (9th Cir. 1977); Seacoast Anti-Pollution League v. Costle, 572 F.2d 872 (1st Cir.), *cert. denied*, 439 U.S. 924 (1978); Pacific Legal Foundation v. Costle, 586 F.2d 650 (9th Cir. 1978), rev'd, 455 U.S. 198 (1980).

④ 572 F.2d 872 (1st Cir. 1978).

点的书面交换，也可以指口头举证式听证。

其次，在 Seacoast 案中，法院认为环境保护局并未采用科学专家小组所提供的报告。法院认为，科学家所提供的观点只能作为接受交叉质证的证言。这第二点意见是错误的，即使第一点意见是正确的。如果当事人有权得到口头举证式听证的机会，它只是对于存在争议的裁决性事实问题享有该程序的权力。热水污染对于海洋生物的影响属于立法性事实而非裁决性事实。① 当事人本该有权对科学家小组所提供的报告以书面形式提出评议意见、批评意见和反驳意见，但是他们无权对于这一报告要求举行口头举证式听证。

U. S. Steel Corp. v. Train② 案涉及的是涉及与 Seacoast 案所讼争的同一法律有关的争议。第七巡回法院的判决意见与 Seacoast 案中第一点判决意见是完全一致的，虽然第七巡回法院所采取的是不同的推理。在指出环境保护局的决定需要接受司法审查之后，第七巡回法院指出："国会不可能会设想这种司法审查……在没有书面记录的情况下进行。"基于这一理由，法院认为可以适用《行政程序法》§§ 554-557 所描述的正式裁决程序。法院的推理至少基于以下四点理由是存在严重缺陷的：（1）法院可以，而且确实在没有书面记录的情况下对行政行为进行审查；记录是否存在以及其性质如何，只对审查范围有影响；（2）书面记录可以基于对观点的书面交换汇编而成，口头举证式听证并非形成书面记录的必要前提；（3）如果口头举证式听证确实需要，它只需要解决有争议的裁决性事实；（4）确定行政机关必须采用的法律所规定的程序，是国会而非法院的任务；国会在《行政程序法》§ 554（a）和行政机关组织法中所使用的文字并不要求环境保护局采用正式裁决程序。

和 Seacoast 案和 U. S. Steel 案一样，Marathon Oil Co. v. EPA③ 案也涉及《联邦水污染控制法》（the Federal Water Pollution Control Act）。第九巡回法院的判决主旨（hol-
707 ding）和第一巡回法院、第七巡回法院的判决主旨完全一致，但是其推理更有争议。第九巡回法院认为，环境保护局必须采用《行政程序法》§§ 554-557 规定的正式裁决程序，因为"对抗式听证是有助于……确保决定附理由说明和有意义的审查。"这一推理显然与最高法院在 Vermont Yankee 案中的判决意见不符，虽然我们批评第九巡回法院没有在 Vermont Yankee 案这一标志性的判决意见发布之前一年预见到是有失公允的。

在 Pacific Legal Foundation v. Costle④ 案中，第九巡回法院作出的判决意见相比 Marathon 案甚至显得更为极端。虽然没有一方当事人提出有争议的事实问题，也没有一方当事人要求听证，但是第九巡回法院仍然命令举行口头举证式听证。第九巡回法院之所以要求举行听证，完全是出于它自己的利益——使其能够对环境保护局的决定依据有更好的理解。最高法院在 Costle v. Pacific Legal Foundation⑤ 案中以一致意见推翻了第九巡回法院的判决意见。最高法院认为：（1）"听证的机会"这一词组，要求行政机关只是在经申请时批准听证；（2）只是为了解决有争议的事实问题而不是解决法律问题时，才需要举行听证。

---

① 有关立法性事实和裁决性事实之间的区分，相关讨论参见本书第 10 章。

② 556 F. 2d 822 (7th Cir. 1977).

③ 564 F. 2d 1253 (9th Cir. 1977).

④ 586 F. 2d 650 (9th Cir. 1978).

⑤ 445 U. S. 198 (1980).

□ 20 世纪 70 年代的判决拒绝将“听证”等同于口头举证式听证

尽管第一、第七和第九巡回法院认为，行政机关在根据要求“听证”的法律而进行裁决时必须采用正式裁决程序，包括口头举证式听证，但是其他巡回法院依然得出了相反的结论。在 Taylor v. Corps of Engineers[①] 案中，第五巡回法院肯定了行政机关拒绝许可修建通向一座岛屿的交流道（access road）的决定。未经举行口头举证式听证，该行政机关认定，该道路将会对海洋生物造成不可接受的损害。考虑到并无法律要求行政机关以“基于记录”的听证为依据作出决定，第五巡回法院不愿意认为，该行政机关需要采用《行政程序法》§§ 554-557 所规定的正式裁决程序。第五巡回法院认定，行政机关所提供的进行观点和数据的书面交换机会，足以构成解决该案所涉争议的充分“听证”。

类似的，在 United States Line v. FMC[②] 案中，哥伦比亚特区巡回法院认为，法律要求行政机关基于“通告和听证”作出裁决，但是没有提到“基于记录”，并未迫使行政机关采用《行政程序法》§§ 554-557 所规定的正式裁决程序。因此，在 20 世纪 70 年代末期，各巡回法院对于 Florida East Coast 案的推理是否可以适用于裁决是存在分歧的。有的巡回法院要求只要法律要求“听证”就必须采用正式裁决程序，而其他巡回法院则只有在法律要求“基于记录”的听证时才要求采用正式裁决程序。 708

□ 观点转变为裁决中的“听证”可以书面提交材料

晚近作出的巡回法院判决意见则表明，巡回法院已经转而认为，Florida East Coast 推理，即“听证”可以仅指观点的书面交换，既用于规则制定，也适用于裁决。在 AJA Association v. Corps of Engineers[③] 案中，法院认为提供书面评议意见的机会已经足以满足行政机关在对疏浚吹填（dredge-and-fill）许可申请作出决定前举行“听证”的要求。类似的，第十巡回法院认为，联邦能源监管委员会通过提供提交书面证据而不是接受交叉质证的口头作证的机会，可以满足根据《天然气法》规定进行裁决时举行听证的要求。[④] AJA 案和 Cascade 案判决意见的基调与先前所作出的要求在所有根据法律要求听证的裁决中都要求口头举证式听证构成鲜明的对比。20 世纪 80 年代和 90 年代期间，许多法官开始承认，相比数据和观点的书面交换，口头举证式听证成本要高昂得多，同时实效性也经常更低。

在 Chemical Waste Management v. EPA[⑤] 案中，哥伦比亚特区巡回法院作出的判决意见是司法机关的态度发生戏剧性变化——转向要求行政机关采用正式裁决程序的必要性或者可欲性——的最佳例证。873 F. 2d 1482 的脚注凸显了这份判决意见的意义。法院采取了不同寻常，但是值得称道的步骤，将合议庭意见散发给所有巡回法院的法官以获得对这一意见——只要行政机关提供充分的理由陈述以支持其解释，行政机关可以将“听证”解释为指裁决过程中观点的书面交换——的一致同意。

Chemical Waste Management 案涉及的是对一项程序性规则有效性的质疑，该程序性

---

① 567 F. 2d 1332 (5th Cir. 1978).

② 584 F. 2d 519 (D. C. Cir. 1978).

③ 817 F. 2d 1070 (3d Cir. 1987).

④ Cascade Natural Gas Corp. v. FERC, 955 F. 2d 1412, 1426 (10th Cir. 1992).

⑤ 873 F. 2d 1477 (D. C. Cir. 1989).

规则中环境保护局特别拒绝规定在基于环境保护局认定废弃物处置许可证分持有者向环境排放危险废弃物者采取“整改措施”（corrective action）的裁决中提供口头提供证据和交叉质证的机会。《固体废弃物处置法》（the Solid Waste Disposal Act）的1984年修正案中所包括的整改措施条款，要求环境保护局在发布整改措施命令之前举行“公开听证”。该修正案的立法史显示，国会曾经希望环境保护局召开根据该法已有的一项条款所规定裁决中需要举行的同一类型的“听证”。在1978年，环境保护局已经颁布了一项程序性规则，
709 要求环境保护局根据这一已有的规定作出决定时采用正式裁决程序。但是，在1988年，环境保护局认定，对于1984年修正案所规定的“公开听证”，正式裁决程序是不必要和不可欲（underdesirable）的。

哥伦比亚特区巡回法院适用了在Chevron v. NRDC[1]案中所宣告的行政机关对其所实施的法律所作的解释的两步法标准，肯定了环境保护局的决定。[2]法院认定，国会使用“公开听证”一词不足以表明国会“已经直接提及本案所讼争的问题”——所需听证的性质——因为“公开听证”足够模糊，可以指称正式举证式听证或者数据和观点的非正式书面交换。法院发现，作为行政机关“利用自身专业能力解决国会委托执行的法律所存在模糊性”的努力，环境保护局对于“公开听证”的解释是可以接受的和合理的。[3]环境保护局的理由是它并不需要在“整改措施”案件中采用正式裁决程序，因为“……所引发的事实争议‘将会完全涉及技术（或者政策）问题’，‘不需要通过观点证人在交叉质证上的表现（demeanor）确立证人真实性或者可信度’，从而可以‘轻松（也许更有效地）通过行政记录和当事人的书面材料或者口头陈述的分析解决’”[4]。

□ 哥伦比亚特区巡回法院全席判决的一致意见

在肯定环境保护局的程序性规则的同时，哥伦比亚特区巡回法院指出，它以全体一致和全席审判的形式推翻了1984年合议庭判决意见中的一段附带意见，该附带意见试图确立这样一项假定，即国会试图让行政机关采用正式裁决程序，只要其在裁决的情境中使用“听证”这一法定术语。法院也指出，其判决意见与第一、第九巡回法院在Seacoast案和Marathon案中的判决意见并不一致，这两起案件的判决意见是在最高法院作出Chevron案判决意见之前发布的。哥伦比亚特区巡回法院表达了其观点，即之前的巡回法院判决意见，包括其本院的先例，都是与Chevron案不一致的。

哥伦比亚特区巡回法院在Chemical Waste Management案中的判决作出之后，许多巡回法院在许多情境中作出了类似的判决意见。在每起案件中，法院都支持行政机关完全依赖数据和观点的书面交换来满足法定要求，即行政机关在裁决案件中采用听证程序。在每起案件中，法院都判定，只要为了解决存在争议的裁决性事实问题——相对于政策问题或者立法性事实问题——并且可信度存在问题时才需要举行口头举证式听证。在每起案件
710 中，法院都认定，行政机关有理由相信可以更迅速地解决这类事实，并且至少可以和通过口头举证式听证一样准确地通过采用书面听证得以解决。

---

① 467 U.S. 837 (1984).

② 参见本书第3章。

③ Id. at 1482.

④ Id. at 1482.

这些判决意见适用于大量不同类型的裁决和有争议的问题。① 自 1990 年以来，相反的判决已经很少出现，即使出现也是推理不充分的。②

□ 第一巡回法院放弃了正式裁决的推定

在 Dominion Energy Brayton Point v. Johnson③ 案中，第一巡回法院推翻了 Seacoast 案的判决，抛弃了它过去作出推定，即裁决程序中的“听证”是指口头举证式听证，并且判定行政机关通过书面听证，让各方当事人只以书面形式发表观点和提交证据，也可以满足根据《清洁水法》批准排放许可证的裁决程序中对“听证”的要求。第一巡回法院同意哥伦比亚特区巡回法院在 Chemical Waste Management 案判决中所作的推理。最高法院后来作出的有些判决意见已经弱化了先前作出的在行政裁决程序中“听证”仅指口头举证式听证的判决意见的基础。

□ 最高法院还没有解决这一问题

最高法院还没有解决一个问题，即法律在裁决情境中所使用的“听证”一词，是否是指“基于记录”的听证，包括口头举证式听证。但是，最高法院已经作出众多判决意见，表明最高法院已经认为，“听证”的要求可以在大多数裁决的情境中以非正式的观点的书面交换来满足要求。1973—1990 年间最高法院先后作出的 4 份判决意见可以说明其在这一一般领域的观点。最高法院很可能认为裁决中的“听证”仅指书面提交材料。 711

最早出现的是 1973 年的 Florida East Coast 案，该案判决意见认为“听证”是一项模糊的术语，至少在规则制定情境中，可以是指非正式的书面交换观点。紧随其后的是 1978 年作出的 Vermont Yankee 案，该案判决意见认为法院不能强迫行政机关采用比法律或者《联邦宪法》的要求更高的程序，同样是至少在规则制定情境中。第三份判决意见则是

① 例可参见 Dominion Energy Brayton Point v. Johnson, 443 F. 3d 12 (1st Cir. 2006)（根据《清洁水法》进行的裁决并不要求口头听证，因为该法并没有要求听证必须是“基于记录的”）；Chauffer's Training School v. Spellings, 478 F. 3d 117 (2d Cir. 2007)（行政机关可以裁量决定完全根据书面提交的材料作出裁决，即使法律规定要求举行“基于记录的”听证）；Echostar Corp. v. FCC, 292 F. 3d 749 (D. C. Cir. 2002)（行政机关在作出行政行为时可以裁量决定只根据书面证词，而拒绝允许与书面证词有关的证据开示）；Board of Water, Light & Sinking Fund v. FERC, 294 F. 3d 1317 (11 th Cir. 2002)（行政机关在拒绝听证和证据开示时并没有滥用裁量权）；Penobscot Air Services v. FAA, 164 F. 3d 713 (1st Cir. 1999)（行政机关在不存在可信度争议时不要求举行口头听证）；Louisiana Energy and Power Authority v. FERC, 141 F. 3d 364 (D. C. Cir. 1998)（行政机关在解决针对企业被指控的市场力量的争议时不要求举行口头听证）；Union Pacific Fuels v. FERC, 129 F. 3d 157 (D. C. Cir. 1997)（只要求对类似“动机、意图或者可信度”等问题才需要举行口头听证）；Wisconsin v. FERC, 104 F. 3d 462 (D. C. Cir. 1997)（对于解决有关合同含义或者项目经济可行性（economic viability）的冲突不需要举行口头听证）；Pennsylvania v. Riley, 84 F. 3d 125 (3d Cir. 1995)（不需要为了解决有关州对职业教育的财政支持是否充分的问题举行口头听证）；SBC Communications v. FCC, 56 F. 3d 1484 (D. C. Cir. 1995)（不需要为了解决有关市场结构或者商业惯例的竞争效应的争议而举行口头听证）；Doolin Security Bank v. FDIC, 53 F. 3d 1395 (4th Cir. 1995)（不需要为了解决金融机构合理风险分类的争议而举行口头听证）；Block v. SEC, 50 F. 3d 1078 (D. C. Cir. 1995)（不需要为了解决特定企业董事是否为利害关系人的问题举行口头听证）；Metropolitan Council of NACCP Branches v. FCC, 46 F. 3d 1154 (D. C. Cir. 1995)（不需要为了解决从不存在争议的事实中得出合理推论的问题举行口头听证）。

② 例可参见 Money Station v. Board of Governors of the Federal Reserve System, 81 F. 3d 1128 (D. C. Cir. 1996)（为了解决联营企业（joint venture）可能效应的争议需要举行口头听证）；Cajun Electric Power Cooperative v. FERC, 28 F. 3d 173 (D. C. Cir. 1994)（为了解决被指控的关税申报的反竞争效应，需要举行口头听证）。

③ 443 F. 3d 12 (1st Cir. 2006)，参见§3.6 的讨论。

1984 年的 Chevron 案，该案判决意见认为，行政机关可以自由通过对自己所执行的法律中模糊规定的解释，只要行政机关的解释是基于对法律的可以允许的解释即可。

关于这一问题的最后一份判决意见则是 PBGC v. LTV Corp.① 案。PBGC 采用非正式裁决程序，包括观点的书面交换，命令非自愿地恢复 LTV 的得到联邦承保的年金基金。该案所讼争的这一命令要求 LTV 对其年金基金收回（reassume）超过 10 亿美金的债务。第二巡回法院推翻了行政机关的决定，理由是两点受指控的程序不足，亦即行政机关没有充分讨论其命令与联邦劳工和破产法律之间的关系，而且行政机关没有充分告知 LTV
712 "行政机关在作出决定时所依据的事实材料"，以至于 LTV 不能对该材料提出反驳意见。最高法院推翻了第二巡回法院的判决，认为行政机关的程序从各方面来看都是充分的。最高法院强调指出，（1）复审法院所施加的程序比法律或者《联邦宪法》所要求的程序要求更高；（2）Vermont Yankee 案禁止司法机关对行政机关设定比法律或者《联邦宪法》要求更高的程序；（3）行政机关不需要采用《行政程序法》§554，§556 和 §557 中所规定的正式裁决程序，而只需要采用《行政程序法》§555 所规定的要求要低得多的非正式裁决程序。

□ 司法机关不愿意要求举行口头举证式听证

Florida East Coast 案、Vermont Yankee 案、Chevron 案和 LTV 案等的判决意见出现的先后顺序显然表明，除非国会明确指示行政机关这么做，或者是通过要求行政机关"基于记录"作出决定或者是以只能指口头举证式听证的文字描写所要求的听证的性质，否则最高法院越来越不愿意要求行政机关采用正式裁决程序。但是，在解释和适用这个结论（generalization）时必须保持适度警惕，因为最高法院也存在着一个相反的趋势，即对模糊的法律条文解释时回避解决疑难的宪法问题的需要。

□ 正当程序的要求可以比法定要求更高

正如本书第 9 章所详细讨论的，正当程序条款适用于众多行政裁决。正当程序条款可以要求行政机关采用的程序跨度很大，包括从非正式的碰头会（brief meeting）到正式的口头举证式听证。如果当事人以法律和宪法规定为依据质疑行政机关所采用程序的充分性，如果最高法院认为正当程序可以要求行政机关提供口头举证式听证，最高法院有时会将模糊的法律条文解释为要求举行口头举证式听证，从而避免适用正当程序条款以解决程序争议的需要。最高法院在 Califano v. Yamasaki② 案中的判决意见，就体现了这一推理的方法。

□ 法律解释受正当程序推理的影响

《社会保障法》（the Social Security Act）规定，如果社会保障局确定福利受益人所收到的福利超过标准，社会保障局可以（通过在未来的支付额中扣除）弥补残疾人福利过度支付的损失，除非它确定福利受益人是"无过失"并且弥补损失（recoupment）的做法会

① 496 U. S. 633 (1990).

② 442 U. S. 682 (1979).

“损失本法的立法目的”，或者“有违公平和良心”（§204（b））。社会保障局通过非正式的观点的书面交换作出了上述判断。Yamasaki 同时基于法律规定和宪法上的正当程序条款对这一程序的充分性提出了质疑。最高法院指出，它只对法律解释问题作出裁判，是因 713
为“法院同时面对法律和宪法依据时，必须首先审查法律的相关主张，然后才能接着审查宪法问题”。最高法院接着认为，该法律允许社会保障局仅仅基于书面观点的交换作出§204（a）规定的过度支付额的弥补损失的决定，但是法律强制要求行政机关采用口头举证式听证作出§204（b）规定的决定，即过度支付福利的发生，福利受益人“无过失”，或者弥补损失的做法“有违公平和良心”。

我们很难认真对待最高法院的说法，即它在 Yamasaki 案中的判决意见是基于对法律的解释。在判定社会保障局必须在所有涉及§204（b）规定的案件中采用口头举证式听证时，最高法院正是依据法律中的一个单词；国会指示社会保障局作出“准确的”§204（b）规定的决定。但是，对于国会是否希望社会保障局提供口头举证式听证，国会使用“准确的”一词不可能是决定性的，因为国会也要求社会保障局作出“准确的”§204（a）规定的决定，而且最高法院认为，社会保障局只能完全依赖于非正式的书面程序作出§204（a）规定的决定。

□ 主观性和可信度的重要性

最高法院将重点放在所面对问题的性质，而对§204（a）规定的决定和§204（b）规定的决定进行了区分。§204（a）规定的决定是相对客观，而§204（b）规定的决定是高度主观的，常常要求对证人可信度进行评估。这一因素对于司法机关判断正当程序所要求的程序来说常常是重要的，但是国会非常不可能使用同一个单词“准确的”来涉及§204（a）中规定的非正式书面听证和§204（b）中规定的口头举证式听证。

Yamasaki 案因为其高度依赖于正当程序的推理而不能被视为传统的法律解释的案件。然而，它同样不能被视为正当程序案件。最高法院特别指出，它并未涉及宪法问题。不仅如此，最高法院很可能不会认为正当程序条款要求社会保障局在§204（b）案件中采用口头举证式听证，如果最高法院已经根据正当程序条款对这类裁决进行了全面分析。[①] 类似 Yamasaki 案等案件，更准确地来说可以定性为在《联邦宪法》阴影之下进行的法律解释。具有讽刺意味的是，相比通过直接的法律解释或者对正当程序的全面适用，这一方法可以产生司法上要求的决策程序。 714

§8.3 解决事实争议时才要求口头举证式听证

□ 仅仅是为了解决法律或者政策问题，从不需要以口头举证式听证解决

即使是在行政机关根据法律或者《联邦宪法》的要求提供口头举证式听证时，它也只是在存在有关主要事实（material fact）的争议时才需要这么做。如果唯一的争议时涉及法律或政策问题，从不需要口头举证式听证。行政机关经常通过颁布规则，对争议进行界

---

① 参见 Mathews v. Eldridge，424 U.S. 319 (1976)，本书第 9 章有讨论。

定使当事人难以或者不可能确定存在争议的主要事实问题，从而综合运用这一基本原则和它们发布立法性规则的权力，避免举行数以千计的口头举证式听证。[1] 在 Puerto Rico Aqueduct & Sewer Authority v. EPA 案[2]中，第一巡回法院解释了为什么行政裁决情境中的简易判决（summary judgment）* 程序甚至要比法院裁决情境中的更为重要。[3]

§ 8.4 裁决程序中的单方沟通

□ 正式裁决中禁止单方沟通

《行政程序法》§ 551（14）将单方沟通定义为："不体现在公开记录中，没有给予合理事先通告的口头或者书面沟通，但是它不应包括对本分章所规定的任何事务或者程序提出的进展报告的要求。"《行政程序法》§ 557（d）（1）禁止与（to or from）任何行政机关决策者在涉及任何正式裁决或者正式规则制定案件中的实质问题进行单方沟通。

□ 非正式裁决中正当程序要求可能禁止［单方沟通］

《行政程序法》对单方沟通之禁止既不适用于《行政程序法》§ 555 所规定的非正式裁决，也不适用于《行政程序法》§ 553 所规定的非正式规则制定。[4] 但是，在非常有限的情形中，单方沟通可能会违反正当程序。[5] Sanamon Valley Television Corp. v. United
715 States 案说明了这一可能性。联邦通信委员会（FCC）为了将特定的电视频道分配到具体的地点（locations）而进行规则制定。虽然行政机关选择采用规则制定程序作出这一决定，但是法院认为这一程序在性质上是准司法性的，因为频率分配的地点选择将会产生确定两家相互竞争的申请者谁会赢得以这一频率的广播业许可证的实际效果。

在程序进行过程之中，两位存在竞争关系的申请人的其中一位私下与联邦通信委员会每位委员进行了会面，向每位委员发送了私人的书面材料，试图证明其中一项存在争议的主要事实，为每位委员购买了午餐和火鸡。法院撤销了发放许可证的命令，理由是："无论我们怎么称呼这一程序，它都不仅涉及社区之间电视频道的分配，还涉及对于一项有价值的特权的相互冲突的私人主张的裁决，要符合基本的公正性要求，这种程序就必须是公开进行的。"[6]

---

* 简易判决，又译为即决判决，是指在当事人对案件中的主要事实不存在真正的争议或案件仅涉及法律问题时，法院不经开庭审理而及早解决案件的一种方式。——译者注

① 例可参见 Heckler v. Campbell，461 U. S. 458（1983）；Weinberger v. Hynson，Westcott & Dunning，412 U. S. 609（1973）；FPC v. Texaco，Inc.，377 U. S. 33（164）；United States v. Storer Broadcasting Co.，351 U. S. 192（1956）. 参见 Gellhorn & Robinson，"Summary Judgment in Administrative Adjudication"，84 *Harv. L. Rev.* 612（1971）。

② 35 F. 3d 600（1st Cir. 1994）.

③ 另可参见 Doolin Security Savings Bank v. FDIC，53 F. 3d 1395（4th Cir. 1995）（支持行政机关采用简易判决程序）。

④ 参见§ 7. 6。

⑤ 参见本书第 9 章。

⑥ Id. at 224.

在 Electric Power Supply Ass'n v. FERC① 案中，哥伦比亚特区巡回法院判定两项联邦能源监管委员会（FERC）的规则无效，这些规则试图允许联邦能源监管委员会所适用的调查和报告在区域市场中的滥用市场力量行为的私人的市场监督员（private market monitors）和联邦能源监管委员会决策者之间进行单方面的沟通。这些规则宽泛程度足以允许在正式裁决程序中对案件实质问题进行沟通。哥伦比亚特区巡回法院驳回了一项主张，即市场监督员所履行的职能相当于联邦能源监管委员会的雇员。（本案的结论是错误的，因为所适用的法律要求行政机关"在提供行政听证机会之后基于笔录"举行听证。其结果是，《行政程序法》对于单方沟通的限制并不适用于行政机关的裁决。② 但是，本案中的判决意见是正确的，因为法院只能根据行政机关所说明的依据支持行政机关的决定，而行政机关并没有向法院提出法定的主张。）

□ 进展报告属于豁免情形

《行政程序法》禁止正式裁决中的单方沟通，该规定仅适用于"与案件实质问题相关的"沟通，特别排除了"进展报告"。因此，例如，有关程序和时间安排的私下沟通并不违反禁止单方沟通的法律规定。

在 Holly Hill Farm Corp. v. U. S. ③ 案中，第四巡回法院驳回了一项主张，即农业部听证官员因为单方沟通而违反了行政规则。因为所涉及的程序是非正式裁决，并不存在禁止单方沟通的法律规定。但是，行政机关曾颁布一项规则，限制在所讼争的这类裁决中进 716
行单方沟通。法院认为，这一沟通正好属于该规则中适用于"程序问题讨论"的例外规定。该案讼争的沟通涉及听证审查官将原告提出的申请传唤证人的申请传真给了这些证人所工作的农业部的其他办公室。

□ 应当允许对政策或者立法性事实问题的沟通

在有些重要的情境中，对于单方沟通之禁止可以进行宽泛地解释和适用，这损害了行政机关有效履行其职责的能力。Louisiana Ass'n of Indep. Producers v. FERC④ 案，对于说明过于宽泛的对该禁止规定的解释所具有的潜在的负面影响提供了绝佳的事实情境。联邦能源监管委员会（FERC）在决定是否需要批准建设从加拿大到美国东北部的价值 10 亿美元的天然气管道项目时，采用了裁决程序。这一项目将会显著提高这一地区天然气管道的保障能力，并促进这一区域未来天然气供应商的竞争程度。这一项目遭到一家美国天然气生产商协会和一家石油经纪商协会的反对，这两家协会都反对这一项目将会带来的竞争程度的提高。它们都认为这一项目是没有必要的。反对者申请法院发布命令撤销批准这一管道项目建设的许可证，理由是反对者指控在申请人和委员会之间举行的会议中存在单方沟通。

哥伦比亚特区巡回法院维持了颁发许可证的命令，以单方会议（ex parte meetings）的主张不合理而驳回了两家协会的诉讼请求。法院引用"对行政机关规律性（regularity）

---

① 391 F. 3d 1255 (D. C. Cir. 2004).

② 参见 Pierce, *Ex Parte Communications at the Federal Energy Regulatory Commission*（发表在联邦能源监管委员会的网站）。

③ 447 F. 3d 258 (4th Cir. 2006).

④ 958 F. 2d 1101 (D. C. Cir. 1992).

的强推定”，认定“讨论并未涉及项目的实质问题，原告们也没有因为这些讨论而遭受任何损害”。法院得出这一结论的主要依据是联邦能源监管委员会总法律顾问的备忘录，在该备忘录中总法律顾问经调查认定这些会议只涉及程序问题。法院拒绝审议原告所呈交的一份政府问责局报告，该报告认定这些会议中包含了对有争议的实体问题的讨论。如果法院也对政府问责局报告的结论进行审议并认为是准确的而采纳的话，将会引发一个有趣而重要的问题。

这一案件涉及众多政策问题和立法性事实问题：美国在多大程度上应该提高对加拿大天然气的依赖程度？美国需要在多大程度上根据《美国—加拿大自由贸易协定》（the U. S. -Canada Free Trade Agreement）批准扩大加拿大天然气的进口？天然气供应的显著增加会在多大程度上促进美国东北部地区的经济发展和空气质量的改善？加拿大和美国的
717 天然气管道的管输费（tariffs）是否可以兼容？这一案件并未引发有争议的裁决性事实的问题。①

□ 禁止应当仅适用于裁决性事实问题

禁止单方沟通的法律规定应当仅仅适用于有关存在争议、实体性的裁决事实的沟通。它不应适用于政策问题或者立法性事实问题。如果禁止负有产业规制职责的行政机关对有关该产业及其产品的基本特征进行非正式沟通，或者对造价高达 10 亿美元的国际性项目的深远影响进行非正式沟通，那将是荒谬的，会降低效率和生产力。哥伦比亚特区巡回法院认同这一观点：

> 简而言之，虽然行政机关官员、易洛魁（Iroquois）* 及其他产业官员（industry officials）进行了会谈，但是记录支持了委员会的结论，即这些会面并无不当之处。行政机关官员必须与产业界的成员会面，以便促进和解，保持行政机关对所规制产业的了解。正如本法院以前所指出的：“行政机关和公众之间的这种非正式接触是行政管理过程中的‘面包和黄油’，只要它们没有阻碍司法审查或者引发严重的公正性问题，也是完全合适的。”……因为我们没有在记录中找到证据表明司法审查受到影响，或者出现了严重的公正性问题，我们支持委员会的结论，即“决策过程的严正性（integrity）已经得到了充分维护”②。

□ 不涉及最终决策者的单方沟通不会给最终决定染上污点

在 Press Broadcasting Co. v. FCC③ 案中，哥伦比亚特区巡回法院讨论了与单方沟通有关的两项问题。存在争议的许可案件的一方当事人违反了联邦通信委员会（FCC）的规则，与多媒体局（the Mass Media Bureau）的成员进行了单方接触。该局在该案中选择了回避继续参与，而将该案提交了联邦通信委员会全体委员。联邦通信委员会全体委员对该局的决定进行了重新审查。与该局一样，联邦通信委员会对该案作出了有利于曾实施单方

---

* 易洛魁是东北美洲最强大、最有势力的土著印第安部落联盟，由 6 个印第安人部落（摩和克人（Mohawk）、奥奈达人（Oneida）、奥农达加人（Onondaga）、卡尤加人（Cayuga）、塞尼卡人（Seneca）和图斯卡罗拉人（Tuscarora））组成，17 和 18 世纪在法国和英国争夺北美的战争中起过重要作用。——译者注

① 有关立法性事实和裁决性事实的关键性划分的讨论，参见 § 7.5、§ 8.2、§ 9.3、§ 9.8 和 § 10.5。

② 958 F. 2d at 1113. 另可参见 § 7.5 讨论的 Sierra Club v. Costle，657 F. 2d 298 (D. C. Cir. 1981)。

③ 59 F. 3d 1365 (D. C. Cir. 1995).

接触的一方当事人的决定。它也拒绝对该当事人进行处罚，理由是该当事人并不知道他违反了单方沟通禁止规则。法院被申请解决有关单方接触有关的两项问题。与多媒体局的单方接触是否对决策程序造成了无法由联邦通信委员会全体委员修复的“污点”？联邦通信委员会有关违反单方沟通禁止规则并非出于故意的结论是否得到实质性证据的支持？因为 718
多媒体局已经回避，法院认为，单方接触从未到达最终决策者，即联邦通信委员会全体委员。但是，法院推翻了联邦通信委员会认为违反是不是故意的结论。它认为，考虑到受单方规则调整的这一案件中沟通和联邦通信委员会通告规定的性质，这种结论内在地具有难以成立的特点。

《行政程序法》§557（d）（1）（A）禁止在正式裁决或者正式规则制定程序中进行单方沟通，如果沟通涉及案件的实质问题，并且介于“行政机关外部的利害关系人”和行政机关决策者之间进行。当然，在法律没有规定禁止单方沟通时，行政机关可以通过制定规则，对单方沟通作出限制。许多案件都涉及对行政机关所制定的比《行政程序法》的单方沟通禁止条款更为宽泛的单方沟通规则之解释和适用。

§8.5 何时行政机关必须提供事实认定和理由?

□ 只有在正式裁决中才需要事实认定和理由

《行政程序法》§557（3）（A）要求行政机关在每份命令中包含“对事实认定和结论的说明，以及对所有实体性的事实和法律问题，或者记录中所体现的裁量权等的理由或者依据”。但是，只有在行政机关需要采用正式的“基于记录”的裁决程序时，才适用这些要求。大量的行政裁决只受规定了非正式裁决所需最低限度的程序的《行政程序法》§555 调整。[①]《行政程序法》§555（e）只要求“对拒绝理由作出简单说明”，并且只能在行政机关拒绝“与任何行政案件（proceedings）存在联系的……书面申请、请愿或者其他要求”之时。因此，《行政程序法》并未明确要求提供任何事实认定或者理由的陈述以支持非正式裁决中所发布的大多数命令。

但是，法律没有明确要求任何行政机关说明其在非正式裁决中所作的决定，给复审法院带来了重大的实际困难。《行政程序法》§706（2）（A）要求法院“对……被认定武断、恣意、滥用裁量权，或者其他不符合法律规定的……行政决定认定违法并予以撤销。”在许多案件中，法院在不了解行政机关为什么这么做时，不能适用《行政程序法》§706（2）（A）。 719

□ 司法审查经常要求理由说明

许多案件可以作为例证说明行政机关对其所作决定的理由说明与司法审查确定行政机关的决定是否构成武断和恣意、是否“符合法律”之间存在关键性的联系。在 SEC v. Chenery Corp.[②]（Chenery Ⅰ）案中，法院推翻了行政机关的决定，理由是行政机关的推理是建立在对准据法的不准确的理解基础之上的。但是，在 SEC v. Chenery Corp.[③]

① 参见§8.2。
② 318 U.S. 80, 87, 94 (1943).
③ 332 U.S. 194, 196-197 (1947).

(Chenery II) 案中，最高法院肯定了 Chenery I 案中被推翻的行政决定，理由是行政机关所提供的新的理由是建立在对准据法的准确理解基础之上的。在 Chenery I 案中，最高法院强调指出："必须得到裁判的行政机关行为所依据的理由，是记录中所披露的其行为依据的理由。"[1] 最高法院在 Chenery II 中再次强调了这一点，指出"复审法院必须完全按照行政机关所采用的理由来对这一决定的合理性进行判断"，并且"这一依据必须是足够清晰地作出说明以便于理解"[2]。不仅如此，在 Atchison，Topeka & Santa Fe Ry. v. Wichita Board of Trade 案[3]中，最高法院宣布了一项重要原则，即行政决定如果不合理地脱离了其此前的政策和先例，就是武断和恣意的。这一原则难以强制执行，除非复审法院了解行政机关为什么作出这一被诉行政决定。

□ 裁决者的交叉质证不受欢迎

复审法院可以试图通过行政机关书面陈述理由之外的手段来判断行政决定的理由。法院可能允许质疑行政决定的当事人让行政机关裁决者就其未经解释的决定的理由进行交叉质证。但是，"除了在少数的情况下之外"，最高法院否定了这一极端侵犯性的做法。[4] 不过，法院可能会采用行政机关的律师在为行政决定辩护时所陈述的理由。但是，最高法院一直以来都拒绝采用这一来源的理由。[5] 最高法院关于这一问题的立场是合理的。考虑到行政机关对其律师或者辩护人（advocates）的监督程度并不相同，法院不能确保行政机关律师在法律意见书或者口头陈述中所提供的理由是行政机关本身所采纳或者愿意采纳的理由。

□ 最高法院判决之间的不一致性

最高法院在处理这一棘手情形时遭遇了困难。直到 1990 年，最高法院对于非正式裁决中行政机关说明理由的需要并未达成一致立场。在 Dunlop v. Bachowski[6] 案中，最高法
720 院判定，行政机关需要提供"理由说明……和结论所依据的……关键性事实"，即使法律没有规定事实认定或者理由。但是，在另外五起案件中，最高法院认为，行政机关不需要对其在非正式裁决中所作决定陈述理由。[7]

□ LTV 案中的阐释：复审法院可以要求说明理由

在 PBGC v. LTV Corp.[8] 案中，最高法院阐释了对这一重要问题所持的立场。最高法

---

① 318 U.S. at 94.

② 332 U.S. at 196-197.

③ 412 U.S. 800，808 (1973).

④ 参见 Florida Power & Light Co. v. Lorion，470 U.S. 729，744 (1985)；United States v. Morgan，313 U.S. 409，422 (1941)。

⑤ 例如 Motor Vehicle Manufacturer Ass'n v. State Farm Mutual Automobile Insurance Co.，463 U.S. 29，50 (1983)。

⑥ 421 U.S. 560 (1975).

⑦ Citizen to Preserve Overton Park，Inc. v. Volpe，401 U.S. 402 (1971)；Camp v. Pitts，411 U.S. 138 (1973)；Renegotiation Board v. Grumman Aircraft Engineering Corp.，421 U.S. 168 (1975)；National Independent Coal Operators' Ass'n v. Kleppe，423 U.S. 388 (1976)；and Kleppe v. Delta Mining，Inc.，423 U.S. 403 (1976).

⑧ 496 U.S. 633 (1990).

院认为，其之前在 Vermont Yankee Nuclear Power Corp. v. NRDC① 案中的判决意见——禁止各级法院向行政机关设定超过法律或者宪法正当程序条款所要求的程序要求——适用于非正式裁决。从这一判决意见可以符合逻辑地推导出最高法院的结论，即行政机关在实施非正式裁决时，只需要提供《行政程序法》§555 所规定的最低程序。但是，仅仅是这一结论就可能会产生若干实际问题，因为《行政程序法》§555 只对非正式裁决的一个分支（subclass）（书面申请的拒绝）要求说明理由，虽然非正式裁决中的众多其他决定也接受司法审查。最高法院回避了这一问题，它指出《行政程序法》§706（2）（A）"指示法院确保行政决定不是武断和恣意的，或者违背法律的，设定了一般性的'程序性'要求，要求行政机关采取任何所需要的措施提供解释，以便法院在裁判时能够对行政机关的根据（rationale）作出评价"。但是，最高法院对"程序性"要求所作的解释表明，在行政决定不能因为行政机关没有遵守这一法定程序而被推翻的意义上，它与大多数法律所设定的程序性要求有所不同。相反，如果行政机关提供的理由说明不足以允许法院理解行政机关的根据，或者如果行政机关根本没有说明什么理由，对于法院来说唯一的救济手段就是"发回行政机关重新处理以进行新的调查或者解释"②。然后，在实践中，行政机关只有在非正式裁决中所作的决定接受司法审查时才需要陈述该决定的理由。

在 Friends of the Bow v. Thompson③ 案中，第十巡回法院作出了一份推理充分的判决意见，论述了与《行政程序法》§555（e）含义相关的问题。林业局（the Forest Service） 721
在经过根据《国家环境政策法》中规定的制作环境评价报告（environmental assessment）所需的复杂程序之后批准了木材销售。环境评价报告篇幅超过百页，包括对拟销售决定及其四种替代方案的环境影响的评价。林业监督员（Forest Supervisor）随后撰写了 11 页长的意见，同意其中一种替代方案并给出了决定理由。原告随后对这一决定提交跨部门的上诉（appeal）*。副区域护林员（Deputy Regional Forester）撰写了相对简单的决定，拒绝了这一上诉请求。原告随后认为这一上诉决定没有达到充分详细的程度，使法院无法对该决定进行审查以确定其是否属于武断和恣意。法院驳回了这一主张。它认为，法院可以基于整个记录的背景，包括在环境评价报告和最初决定中详细得多的讨论和评价，审议相对简短的驳回上诉的决定。法院认定，综合运用上诉决定、最初决定和环境评价报告"完全消除了［原告］所提出的顾虑"。

有两起案件表明，许多法官和律师没有意识到最高法院在 LTV 案中的判决意见以及它对于采用非正式裁决所作行政决定的司法审查的影响。这两起案件都没有涉及对 LTV 案的任何引用。在 Fisher v. Commissioner of Internal Revenue④ 案中，第十巡回法院推翻了一项经过非正式裁决作出的决定，理由是行政机关没有为其决定提供书面解释。税务法院（the Tax Court）基于行政机关向税务法院提供的解释支持了这一行政决定。巡回法院推翻了税务法院的决定，认定行政机关向税务法院提供解释是不充分的："国内税务局不能让纳税人将国内税务局的解释牵到税务法院……以查清其决定的根据。"这一说法与最高法院在 LTV 案中的判决意见并不一致。但是，巡回法院本来可以适用《行政程序法》§555（e）作为正当理由，作出推翻行政行为的判决。因为该行政机关显然拒绝了免予处

---

* 此处"上诉"一词相当于我国的行政复议。——译者注

① 435 U. S. 519 (1978).

② 另可参见 Florida Power & Light v. Lorion, 470 U. S. 729, 744 (1985); Citizens to Preserve Overton Park v. Volpe, 401 U. S. 402, 420-421 (1971)。

③ 124 F. 3d 1210 (10th Cir. 1997).

④ 45 F. 3d 396 (10th Cir. 1995).

罚的请求，而按照《行政程序法》§555（e）的规定行政机关需要提供“拒绝决定的简短的理由说明”。

在 Olenhouse v. Commodity Credit Corp.[1] 案中，第十巡回法院再次忽视了 LTV 案的存在。行政机关通过非正式裁决程序认定一群小麦种植户（wheat farmers）实施了减少他们有权获得补贴水平的“不同做法”。该行政机关向小麦种植户发送了标准信函（form letter），通知他们自己所作的决定及其依据。种植户向该行政机关上诉无果，于是向地区
722 法院申请审查。地区法院根据行政机关的律师所陈述的理由以及该律师对行政程序案卷中证据的描述，支持了行政机关的决定。

第十巡回法院批评地区法院采用行政机关律师所提供的理由和描述。巡回法院指出，地区法院本应完全基于行政机关所作的解释和行政记录进行审查。巡回法院判决意见的这部分内容是与行政法的一般原则相一致的。[2]

但是，巡回法院在试图更详细地论述在审查行政机关在非正式裁决过程中所作决定时法院所扮演角色时则误入了歧途。巡回法院认为，行政机关必须作出事实认定，并以实质性证据支持其事实认定，提供其决定依据的详细解释，以避免该决定被认为武断和恣意而被推翻。巡回法院接着对所审查的行政决定适用了这些要求，认定行政决定在所有这三个方面都存在缺陷，从而以武断和恣意为由推翻行政决定，并指示地区法院作出有利于原告的判决。

该判决意见的这部分内容，则是在众多方面与 LTV 案和《行政程序法》的规定不一致。行政机关从来不需要提供事实认定和结论来支持在非正式裁决中所作出的决定。行政机关也不需要以实质性证据来支持任何事实认定。行政机关只需要提供“拒绝决定的简短的理由说明”，如果它拒绝了一项申请、请愿或者请求。既然在 Olenhouse 案中，行政机关并未拒绝一项“申请、请愿或者请求”，它就不需要为其决定提供任何解释，除非是复审法院认定它需要一些解释以判断该决定是否属于武断和恣意的而决定发回重新处理，而行政机关需要对此作出回应。如果法院认定行政机关所提供的解释（本案中的标准信函）过于简单以至于法院无法适用武断和恣意标准，LTV 原则所授权的唯一救济手段就是发回行政机关重新处理以提供进一步的解释。

在 Bagdonas v. Department of Treasury[3] 案中，第七巡回法院作出的富有思想的判决意见，准确地描述了审查行政机关在非正式裁决中所作决定的合理程序。行政机关拒绝了原告提出的恢复其持枪权利的申请。行政机关的命令过于简单，以至于无法提供对行政机关的决定理由充分性进行司法审查的依据。巡回法院认为，地区法院在为了确定支持行政
723 决定的理论过程中对行政机关的记录进行梳理时存在错误。它同意地区法院所采取的替代方法。行政机关以一份详尽的宣誓书补充其原先简单的命令，在其中负责作出决定的官员提供了其决定的理由。地区法院接着采用这份书面证词作为依据判断其决定是武断和恣意的依据，还是得到充分的理由和证据支持的。巡回法院对两种做法进行了区分：采用行政机关律师所提供的事后合理化理由，这是违法的做法；而在行政决定作出时不需要提供理由说明，但是复审法院为了对行政决定适用武断和恣意标准而要求理由说明时采用了行政决定作出者所提供的补充理由说明，这种做法则是完全合理的。

---

① 42 F. 3d 1560 (10th Cir. 1994).

② 参见§11.6。

③ 93 F. 3d 422 (7th Cir. 1996).

□ 作为例证的巡回法院的判决

在 Association of Civilian Technicians v. FLRA① 案中，哥伦比亚特区巡回法院推翻了行政机关的决定，因为行政机关所采用的推理在法律上是错误的。哥伦比亚特区巡回法院承认，行政机关可能能够在发回重新处理的过程中以不同的推理支持该决定。最高法院引用 SEC v. Chenery Corp. ② 案支持其立场，即法院只能根据行政机关所说明的决定理由支持行政机关的决定。

在 American Bioscience v. Thompson③ 案中，哥伦比亚特区巡回法院对非正式裁决适用了 Chenery 原则。行政机关最初作出决定，但是没有为其决定说明任何理由。法院一开始将该案发回行政机关重新处理并指示其提供理由说明以便法院能够对其决定进行审查。行政机关提交了行政机关官员的宣誓书，其中说明了行政决定的理由。法院发现该雇员所说明的理由“很不幸地未能满足充分的要求”。它撤销了行政机关命令并将其发回重新处理。

在 Impresa Construzioni Geom. Demerico Garufi v. United States④ 案中，联邦巡回区上诉法院要求一位负责采购官员（contracting officer）提供一份包含其决定理由说明的证词（deposition）。非中标的投标人在合同授予决定作出之后启动质疑程序，声称采购官员在将合同授予另外一家企业时存在错误。联邦巡回区上诉法院认定采购官员并不需要说明其决定的理由，但是法院为了对其决定进行审查需要了解其理由。联邦巡回区上诉法院指出，最高法院已经指示各级法院命令行政机关在这种情况下提供理由说明。但是，联邦巡回区上诉法院认为，当法院所审查的决定是一个个人的决定而非行政机关作出的决定时，这一机制是“过度繁琐的”。联邦巡回区上诉法院强调指出，其证词“严格地限定于将采 724
购官员的……判断……纳入记录之中”。联邦巡回区上诉法院“说清楚了我们不是命令将证词纳入采购官员的思维过程，也就是说，他作出自己决定的思考过程。这样的要求是不合适的”⑤。

在 Tourus Records v. DEA⑥ 案中，哥伦比亚特区巡回法院首先指出，当行政机关采用非正式裁决程序拒绝“书面申请、请愿或者利害关系人在任何行政机关的程序中提出的任何其他请求”时，按照《行政程序法》§555（e）的要求，行政机关必须提供“对拒绝理由的简短说明”。但是，法院接着认为，行政机关未能提供充分的理由说明是无害错误，因为行政机关在其与该决定同步制作的内部备忘录中对拒绝申请提供了充分的理由说明。法院认定，发回重新处理以纠正最初的缺陷“并不会有用，正如行政机关可以……只是将其内部备忘录转发给原告”。

在全席审理 Dia v. Ashcroft⑦ 案时，第三巡回法院对如何解决司法部长简化移民决策程序的规章的合法性相关的争议产生了分歧。该案讼争的简化规则授权移民上诉委员会的一名委员支持移民法官拒绝难民申请而没有采纳该移民法官的推理。四位法官认为，该规

---

① 269 F. 3d 1112 (D. C. Cir. 2001).
② 318 U. S. 80，93-95 (1943).
③ 269 F. 3d 1077 (D. C. Cir. 2001).
④ 238 F. 3d 1324 (Fed. Cir. 2001).
⑤ 例可参见 United States v. Morgan，313 U. S. 409… (1941)。
⑥ 259 F. 3d 731 (D. C. Cir. 2011).
⑦ 353 F. 3d 228 (3d Cir. *en banc* 2003).

则不符合 Chenery 原则，并且是对司法审查的扭曲（perversion），因为它要求法院对行政机关决策最高层拒绝采纳的一系列决定理由进行审查。九位法官出具的多数意见支持了该规则，理由是 Chenery 原则只要求行政机关提供可以接受审查的理由，并且移民法官的理由即使没有得到移民上诉委员会的采纳，对于接受司法审查的目的来说也是充分的。

在 Morgan v. Department of Energy[①] 案中，联邦巡回区上诉法院支持了一项行政决定，即使法院驳回了行政机关支持其决定的理由。联邦巡回区上诉法院认定，虽然最高法院在 Chenery 案提出了警告，但是联邦巡回区上诉法院可以支持该行政决定，因为联邦巡回区上诉法院发现另一项法律理论可以支持该行政决定，并且迫使行政机关作出它最后所作的决定。

725 在 Shkabari v. Gonzales[②] 案中，第六巡回法院支持了移民法官的一项决定，虽然法院"对移民法官法律意见的部分内容感到困惑"。第六巡回法院指出，法院只需要审查行政机关"意见以确定它是否具有充分的具体性和清晰度"，并且它警告不要"追求完美"，特别是"在移民案件领域，我们经常在听证结束后不久就对口头决定进行审查"。

§ 8.6　机构决定对个人决定

□ 行政机关工作人员的关键性作用

行政机关工作人员的作用，通常要远大于初审法院或者上诉法院工作人员的作用。行政机关的首长很少聆听证人作证，也很少甚至阅读证据。相反，证据通常是提交到听证官，听证官可能是行政法官，也可能不是。事实调查通常首先由听证官完成，听证官的初步或者建议决定通常送达给当事人，然后案件会由经常包含某一领域专业知识的行政机关工作人员进行研究。在当事人提交法律意见时，工作人员也可能会向行政首长提交其对案件的分析，行政首长通常可以自由征求任何工作人员的意见，除非该工作人员已经参与这一特定案件的调查或者公诉。行政首长通常会研究相关主张、法律意见和工作人员备忘录，但是很少会在作出决定前阅读，哪怕是粗略翻阅证据记录。行政首长的决定往往就是行政机关首长和工作人员观点的结合。

□ 机构决定经常高于个人决定

机构决定达到的水平，经常要高于最有能力的行政首长或者法官在没有专家建议的情况下所能达到的水平。行政程序所赖以建立的是大型医疗诊所所采用的原则，即大型医疗诊所通常可以提供比任何个体全科医生更全面的医疗服务，因为它整合了各种类型的专科医生，并进行规划以便最有效地发挥每个人的专业能力。机构的心智（mind）所具有的洞见相比任何个人的都更为深刻，并且可能要全面得多，因为合适的专家通过考虑各自的判断进行合作，每位都贡献了自己特有的知识和技能。

---

① 424 F. 3d 1271 (Fed. Cir. 2005).

② 427 F. 3d 324 (6th Cir. 2005).

□ 与法院的对比

如果我们将其与普通的联邦地区法院法官进行对比，将是有启发意义的。法官的判决几乎完全是个人性的，因为他需要先听取证据和诉讼请求，然后再作出判决。他可能聘有法官助理（law clerks），这些法官助理有时发挥重要作用，但是判决几乎总是他自己作出的。行政首长可能经常尊重他认为专业的工作人员具有的更高技能，但是法官则很少会对于法官助理的判断给予如此高程度的尊重。法官的助理通常是新手（neophytes），而非专业人士（specialists）。即使是法官助理的意见占据上风，最后的判决很可能主要甚至完全是法官的意见。但是，行政首长对于解决争议所需的众多学科知识的了解程度，几乎不可避免地要比行政机关的工作人员了解得更少，因此最后的决定经常主要是这群专业人士的决定。

726

□ 合作和专业互补

行政机关工作人员是行政程序的关键部分，因为它是特别优势的来源。这种优势来源于团队工作的优越性——来自内部的制约和平衡，来自不同学科的专业人士的合作，来自将相对粗鄙的任务分配给工资较低的人员，从而更经济地利用工资高的人员的精力，也来自这一系统处理大量事务的同时保持合理程度的政策判断一致性的能力。

□ 法院在 1936 年质疑机构决定，但是在 1941 年认为合法

在 1936 年，最高法院给机构性的决定程序的合法性投下了阴影。在 Morgan 第一案中，最高法院鲜明地指出："决策者必须倾听。"[①] 令人惊奇的是，这一简洁的论断从来没有成为法律。最高法院并不是指负责决定的行政首长必须倾听证人作证，因为最高法院又补充道："证据必须由听证审查官（examiner）采纳。"而且，法院甚至也不是指行政首长必须阅读证言，因为它又补充道："证据必须由有能力的下属进行筛选和分析。"最高法院真正想指的意思是调查事实者必须理解证据，但是最高法院在 Morgan 第四案——United States v. Morgan[②] 案中认定不能对决策的官员进行质证以确定他们对于记录的考虑或者与工作人员协商的程度，这一论断便成了最无法强制执行的要求。

由于难以强制执行，Morgan 第四案的实际效果便是取消了 Morgan 第一案中所提出的要求，即行政机关首长必须理解行政决定的根据。这一要求表面上听来很诱人，但是，考虑到大多数行政机关的工作量，其强制执行则会引发大量的问题。行政首长不需要为了让行政机关作出正当合理的决定而亲自把握证据和事实。他可以，事实上经常是必须尊重其信任的下属。即使是她在决策时能够把握决策的事实基础，我们也不能期望他长久地保持这种对事实基础的把握，以便在每项决定受到司法审查时对其依据作出解释。最后，如果行政首长被要求就他所决策的每起案件提供作证或者接受交叉质证，他们就不可能履行对于任何重要行政机关的管理来说至关重要的众多其他职责。

727

---

① Morgan v. United States, 298 U. S. 468, 481 (1936) (Morgan Ⅰ).

② 313 U. S. 409 (1941).

□ 质疑决定者的法院判决意见存在的不一致性

最高法院在回答法院是否必须调查行政首长对其决定依据的理解这一关键问题上并未保持完全的一致性。最高法院已经十次回答了这一问题，分别是在 1903 年、1907 年、1936 年、1938 年、1941 年、1971 年、1973 年、1977 年、1985 年和 1990 年。而最高法院对于这一问题所提供的答案分别是否定、否定、肯定、否定、否定、肯定、肯定、否定、否定和否定。而下级法院对于这一问题则是更一致性地给出了“否定”答案。如果归纳最高法院的答案，再考虑到最高法院为了修改先前的答案而在后来给出的答案，答案总体上是“否定，除非是少数的情形”。

□ 1903 年的“否定”

一位不满内政部土地办公室决定的当事人极力主张，部长签署了一项决定，“但是事实上……还没有阅读或者听取存在争议的案件证据，就直接在该部工作人员呈交的报告上签署自己的名字”。在认定“众所周知，土地部门对于事实问题的判断在各级法院都是结论性的”，最高法院补充道：“我们没有必要说内政部门是在什么时候作的决定，法院不会考察部长对所决定问题的调查或者了解程度，或者是他作出判断的方法。”①

□ 1907 年的“否定”

到了 1907 年，Holmes 大法官代表最高法院对平税委员会（Board of Equalization）评估铁路资产时受到政治胁迫的指控作出回应：“召集委员会的委员，包括州长，将他们有关评估铁路资产和征税的想法提交详细的交叉质证。这是完全不合适的。”②

□ 1936 年的“肯定”

在 Morgan 第一案③发生之前，最高法院在 1903 年和 1907 年所作的宣告，控制着司法实践。Morgan 第一案最早在 1938 年被认为标志着最高法院开始了一场错误倒退。Morgan 第一案中，市场机构（market agencies）指控部长“未经听取或者阅读任何证据，也没有听取口头主张，或者阅读或者研究原告所提交的法律意见”，并且“部长在这一案
728 件中所掌握的信息是与该部的工作人员咨询后得出的”④。最高法院特别地认定，地区法院驳回这一指控是错误的，并且将该案发回重新审理。地区法院接着不得不面对根据部长的阅读和研究的范围，这些证据是否可以采纳的问题。如果这一指控没有被驳回，那么提出这一指控的当事人就应当有机会证明该指控。但是，部长阅读或者研究了哪些问题，唯一的证明手段很可能是对部长进行调查。地区法院据此批准市场机构向部长调取宣誓证据，部长随后出席庭审并提供证言，详细回答了他阅读和研究 1 万页口头证据副本和超过 1 000 页的统计图表。对于允许部长就其阅读和研究［证据］的情况进行作证，地区法院

---

① De Cambra v. Rogers，189 U. S. 119，122 (1903).

② Chicago，B. & Q. R. v. Babcock，204 U. S. 585，593 (1907).

③ Morgan v. United States，298 U. S. 468 (1936).

④ 298 U. S. at 478.

对最高法院的判决意见进行了合理解释，认为部长缺乏阅读或者研究的指控本来不该被驳回，因为这一判决意见必然意味着指控提出者必须获准对指控加以证明。

□ 1938 年的“否定”

但是，当 Morgan 第二案回到最高法院时，最高法院希望开始意识到深究内阁官员的阅读和思考存在的不合理性。在引用部长的证言之后，最高法院指出：“就这一证言而言，没有理由对部长审查证据的程度进行讨论，我们同时政府的主张，即如果部长已经按照法律的要求提供了听证，那么对部长形成结论的思想过程进行调查不是法院的职责所在。”[①]如果正如表面上所显示的，阅读和思考都是精神活动，并且如果法院不能调查精神活动，那么最高法院的立场就是下级法院也不能调查部长的阅读和思考。在这一解释中，最高法院最早从 Morgan 第二案开始放弃了 Morgan 第一案中法院可以调查阅读和思考的观点。

□ 1941 年的“否定”

但是，究竟这是不是最高法院在 Morgan 第一案中所指的意思，最高法院是在 Morgan 第四案中作出充分澄清的。在解释了部长对于其阅读和思考过程的证言之后，最高法院宣布：“这一过程的缺点（the short of the business）是部长本来不应该接受这一调查。部长处理的程序‘在性质上类似于司法程序。’……如果对法官进行这样的调查，对于司法责任来说将是破坏性的。我们已经在这一诉讼中明确认定，‘调查部长的精神活动不是法院的职责所在。’……正如法官不能接受这样的审查……同样，行政过程的完整性也应 729
得到同等程度的尊重。”[②]

因此，在 Morgan 第四案中，联邦法院的判例法规则再一次变得清晰和无可争辩：法院不能调查行政首长在作出决定时的理解。最高法院纠正了 1936 年判决存在的错误；判例法再次恢复采纳最高法院在 1903 年和 1907 年时的理解。

□ 1971 年的“肯定”

从 1947 年到 1971 年，总体上禁止调查行政首长的精神活动。但是，到了 1971 年，在一次看似随意的和未提供理由说明的分析中，最高法院不经意地指出，下级法院“可以要求参与决定的行政官员作证，就其决定作出解释”[③]。法律规定，如果存在“可行和稳妥的”其他线路，则禁止将修建公路用途的联邦资金用于修建穿过公园的公路。部长宣布同意地方官员的看法，即公路应当穿过公园，但是没有提供“事实认定”。原告认为这一决定缺乏“正式的事实认定”而提出质疑，而两家下级法院和最高法院都认为不需要提供“正式的事实认定”[④]。法院使用“正式的事实认定”究竟是指什么含义，这一点并不明确；而所需要的事实认定是关于合理可行和慎重的替代线路的事实结论确实存在或者确实不存在，以及其原因的解释；这样的事实认定并不必然是“正式的”。

法律规定是明确的，部长的决定加上规律性的推定，本来可以轻易地解释为替代线路

---

① Morgan v. United States, 304 U. S. 1, 18 (1938).

② United States v. Morgan, 313 U. S. 409, 422 (1941).

③ Citizens to Preserve Overton Park v. Volpe, 401 U. S. 402, 420 (1971).

④ Id. at 409.

不可行和不慎重的事实认定。最高法院本来可以引用下面这段话："规律性的推定支持公共官员的公务行为，在缺乏明显的相反证据时，法院推定官员们已经合理地履行了他们的法定职责。"[1] 最高法院在 Overton Park 案中引用了 Chemical 案以支持该推定，但是最高法院没有遵循这一推定，相反出人意料地指出"规律性推定并不是足以让其决定免受彻底、刨根问底、深入审查"[2]。最高法院没有支持规律性推定，相反它反对这一推定，即使是在最高法院没有任何依据可以反驳这一推定。拒绝规律性的推定是这一令人吃惊的判决中最令人吃惊的部分。

在决定发回地区法院重新审理时，最高法院指出：

> 法院可以要求参与过决定的行政官员出庭作证，对其决定作出解释。当然，这种对于
> 730 行政决策者的精神活动进行的调查通常是需要避免的。[3] 当与 Morgan 案一样，在作出决定的同时也作出了行政性的事实认定时，要开展这样的调查之前必须有明显的证据表明存在恶意或者不合理行为。但是在本案中没有这样正式的事实认定，而且要进行有效的司法审查，唯一可能的方法就是对决策者本人进行调查。[4]

问题的复杂之处在于最高法院为什么没有直接要求所受理的该案件的一方当事人（即部长）提交他为何作出拒绝替代线路的依据说明，而是将该案发回下级法院重新审理，并明确授权要求"行政官员……作证对其决定作出解释"。现在看来，Black 大法官撰写，Brennan 大法官加入的不同意见，其中观点的合理之处比起当时所表现的更容易看清楚："事实认定……是否可以贴上'正式的'标签在我看来不过是一种修辞学的运用……我不同意最高法院未能将该案发回尚未履行职责的部长重新处理。"[5]

Morgan 第四案的判决意见是有坚实依据并得到满意解释的：法院不能采纳行政首长关于其精神活动的证词。Overton Park 案判决依据对没有遵循这一先例并未提供解释。适用于行政机关的原则是："改变其立场的行政机关必须适用附理由说明的分析，指出正在经过深思熟虑修改先前的政策和标准，而不是随意忽略。"[6] 最高法院应当对其自身适用这一基本原则。如果它在 Overton Park 案的判决意见中也这么做的话，它本来会遵循 Morgan 第四案的判决意见，因为它不可能提出脱离 Overton Park 案的合理理由。

□ 1973 年的"肯定"

在 Overton Park 案之后发生了 Camp v. Pitts[7] 案。关于货币监理官（the Comptroller of Currency）拒绝开设新银行的经营许可证申请的决定，最高法院宣布："如果……没有对行政决定作出解释，以至于无法进行有效的司法审查，其救济手段是……要求行政机关，通过宣誓书或者证词的方式提供所需要的行政决定理由的额外解释。但是，我们需要补充一点注意事项（caveat）。与 Overton Park 案不同，现在这起案件中对于行政决定有着同步提供的（contemporaneous）解释……因此，货币监理官决定的有效性，取决于事实认定的合理性（propriety）……"

---

① United States v. Chemical Foundation, 272 U. S. 1, 14-15 (1926).

② 401 U. S. at 415.

③ United States v. Morgan, 313 U. S. 409, 422 (1941).

④ 401 U. S. at 420.

⑤ Id at 422.

⑥ Greater Boston Television Corp. v. FCC, 444 F. 2d 841, 852 (D. C. Cir.), *cert. denied*, 403 U. S. 923 (1971).

⑦ 411 U. S. 138, 142-143 (1973).

□ 1977 年的"否定"

1977 年，最高法院从 Overton Park 原则后退。在处理村委员会进行分区重划决定中是否存在种族歧视的意图或者目的的问题之时，最高法院发现有必要"对可以找到的情境性的和直接的意图证据进行敏锐的调查"。它讨论了影响、历史背景和其他因素，然后以法官附带意见的方式指出："立法史和行政史可能高度关联，特别是在裁决机构成员同步提供的陈述，会议纪要或者报告中。在某些非常情形中，这些成员可能需要被传唤到法庭上就其公务行为的目的作证，虽然即使那时，这样的作证常常会因为特权（privilege）的原因而被禁止。"[①] 最高法院在一个脚注中补充指出，自从 1810 年起，最高法院就已承认："司法机关对于立法或者行政的动机的调查，体现了对于其他政府分支的工作的实质性侵犯。因此，'通常需要加以避免的'是将裁决者置于这一位置 。" 731

□ 1985 年的"否定"

在 Florida Power & Light Co. v. Lorion[②] 案中，最高法院将"通常是需要加以避免的"代之以"少数情形（rare）"。"如果法院就是无法基于所提交的记录队受质疑的行政决定作出评价，除了在少数情形之外，合理的做法就是发回行政机关重新处理，并要求补充调查或者解释。"

□ 1990 年的"否定"

在 PBGC v. LTV[③] 案中，最高法院引用了 Lorion 案，并在区分案件的过程中对 Overton Park 原则进行了重新解释。"在最大的程度上，Overton Park 原则表明《行政程序法》§706（2）（A）……设定了总体性的'程序'要求，要求行政机关采取为了提供解释所需要的任何措施，这回让法院能够对行政机关在作出决定时的根据（rationale）进行评价。"这一对 Overton Park 原则的重新解释消除了讯问（interrogating）决策者的可能性，除非是在 Lorion 中所显示的未明确的"少数情形"。

□ 大多数巡回法院判决意见中的"否定"

下级法院所受理的案件则是不胜枚举，以至无法详细论述。总的来说，下级法院遵循了 Morgan 第四案原则而非 Overton Park 原则。[④] 许多法院将 Overton Park 案中所提出的救济手段限定于原告充分证明了行为不合理性的少数案件。[⑤] 即使是法院批准了 Overton

---

① Village of Arlington Heights v. Metropolitan Housing Development Corp.，429 U. S. 252，266，268 (1977).

② 470 U. S. 729，744 (1985).

③ 496 U. S. 633 (1990).

④ 例可参见 Doraiswamy v. Secretary of Labor，555 F. 2d 832，840-842 (D. C. Cir. 1976)；Union Oil Co. v. Morton，512 F. 2d 743，752 (9th Cir. 1975)；National Nutritional Foods Ass'n v. FDA，491 F. 2d 1141，1145 (2d Cir. 1974)。

⑤ 例可参见 Latecoere International v. Department of Navy，19 F. 3d 1342 (11th Cir. 1994)；City of Des Plaines v. Metropolitan Sanitary District of Chicago，552 F. 2d 736，739-740 (7th Cir. 1977)；South Terminal Corp. v. EPA，504 F. 2d 646，675 (1st Cir. 1974)。

Park 案所提出的救济手段，这些手段也往往仅限于从行政首长那里取得宣誓书材料的
732 原告。[1]

□ 合议制的行政机关需要多少票数才能作出决定

在 Oil，Chemical & Atomic Workers International Union v. NLRB[2] 案中，哥伦比亚特区巡回法院解决了一项不同寻常的争议。国家劳动关系委员会（NLRB）是由五名委员组成，按照多数规则作出裁决的行政机关。它只能在至少三名委员投票支持的情况下才能作出决定。国家劳动关系委员会在作出这一后来接受司法审查的纠纷裁决时，只有四位委员参与。四位委员以 3∶1 的票数作出了纠纷裁决。但是，两位委员提出的复数意见和一位委员的协同意见采用了不同的法律解释和推理。法院认为，协同意见中的推理是建立在错误的法律解释基础之上的。这一结论接着又使法院认为，在确定委员会是否已经作出裁决时，持协同意见的委员的票数不能计算在内。法院认为，“作为整体的国家劳动关系委员会”（board as whole）并未作出裁决，因为只有两位委员的复数意见对三位委员的多数
733 提供了支持裁决的法律允许的解释。

① 例可参见 National Nutritional Foods Ass'n v. Mathews，557 F. 2d 325，331-332（2d Cir. 1977）；National Nutritional Foods Ass'n v. Weinberger，512 F. 2d 688（2d Cir.），*cert. denied*，423 U. S. 827（1975）。

② 76 F. 3d 82（D. C. Cir. 1995）.

行 政 法

（第五版）

ADMINISTRATIVE LAW TREATISE
Fifth Edition

（第二卷）

［美］理查德·J·皮尔斯（Richard J. Pierce, Jr.）／著
苏苗罕／译

中国人民大学出版社
·北京·

目　录

第一卷

1　行政过程 …… 3
2　哲学和宪法基础 …… 39
3　法律解释与行政法 …… 127
4　调查 …… 215
5　《信息自由法》与其他开放政府立法 …… 261
6　规则 …… 315
7　规则制定程序 …… 431
8　裁决的法定要求 …… 543

第二卷

9　正当程序 …… 571
10　证据 …… 703
11　裁决的司法审查 …… 753
12　行政迟延 …… 813
13　禁反言、溯及既往、既判力和间接禁反言 …… 845
14　首先管辖权 …… 891
15　穷尽［行政救济］、最终性和成熟性 …… 933

第三卷

16　原告资格 …… 1075
17　裁量与可审查性 …… 1197
18　救济措施 …… 1283
19　政府及其雇员的侵权责任 …… 1351
附录 …… 1453
附录 A　美利坚合众国宪法 …… 1454
附录 B　［联邦］行政程序法 …… 1464
附录 C　联邦咨询委员会法 …… 1509
附录 D　司法平等法 …… 1515
附录 E　联邦侵权求偿法 …… 1520
附录 F　国家环境政策法 …… 1528
附录 G　文书工作削减法 …… 1532
案例 …… 1549
主要参考文献 …… 1647
术语索引 …… 1663
译者后记 …… 1707

细目

Contents

第一卷

1 行政过程 …… 3

§1.1 何为行政法 …… 3
§1.2 何为行政机关 …… 4
§1.3 行政行为的数量 …… 9
§1.4 到1946年的历史发展 …… 10
§1.5 1946—1970年间的历史发展 …… 18
§1.6 20世纪70年代的历史发展 …… 24
§1.7 20世纪80年代和90年代初的历史发展 …… 25
§1.8 21世纪的行政法 …… 32
§1.9 本书的主要观点 …… 36

2 哲学和宪法基础 …… 39

§2.1 分权的政治理论 …… 39
§2.2 什么不是权力分立 …… 41
§2.3 权力分立：某些现实 …… 42
§2.4 作为制衡捷径的权力分立 …… 44
§2.5 权力分立与独立行政机关 …… 64
§2.6 不授权原则 …… 82
§2.7 转授权问题 …… 102
§2.8 行政机关的裁决权 …… 108
§2.9 行政机关不默认巡回法院的判决 …… 119
§2.10 权力分立和分治政府 …… 123

3 法律解释与行政法 …… 127

§3.1 1984年以前的法律规则 …… 127

§ 3.2 Chevron 两步法 …… 129
§ 3.3 Chevron 原则的观念基础 …… 131
§ 3.4 Chevron 案、一致性和连贯性 …… 135
§ 3.5 Chevron 原则的范围 …… 139
§ 3.6 最高法院对 Chevron 原则的适用 …… 172

4 调查 …… 215

§ 4.1 行政调查权的历史概述 …… 215
§ 4.2 《联邦宪法》第四修正案对传票的限制 …… 221
§ 4.3 《联邦宪法》第四修正案对检查的限制 …… 226
§ 4.4 《联邦宪法》第四修正案对获取银行记录的限制 …… 238
§ 4.5 过度宽泛或者增加负担的要求 …… 241
§ 4.6 《联邦宪法》第五修正案的限制 …… 244
§ 4.7 组织的记录 …… 246
§ 4.8 由第三方保管的记录 …… 249
§ 4.9 “未被迫行事者”的个人记录 …… 250
§ 4.10 豁免之后的被迫作证 …… 253
§ 4.11 按照要求保留的记录 …… 255
§ 4.12 强制报告 …… 257

5 《信息自由法》与其他开放政府立法 …… 261

§ 5.1 开放政府立法概述 …… 261
§ 5.2 《信息自由法》概述 …… 263
§ 5.3 向任何人作出的披露 …… 265
§ 5.4 公开的时机 …… 268
§ 5.5 获取信息的成本 …… 271
§ 5.6 什么是行政记录? …… 273
§ 5.7 豁免条款一：国家安全 …… 276
§ 5.8 豁免条款二：内部人事规则 …… 278
§ 5.9 豁免条款三：其他法律规定免除公开的信息 …… 279
§ 5.10 豁免条款四：商业秘密 …… 282
§ 5.11 豁免条款五：行政机关间和行政机关内部的备忘录 …… 285
§ 5.12 豁免条款六：个人隐私 …… 291
§ 5.13 豁免条款七：执法记录 …… 295
§ 5.14 豁免条款八：金融机构的记录 …… 300
§ 5.15 豁免条款九：油井数据 …… 301
§ 5.16 反信息公开诉讼 …… 301
§ 5.17 《隐私法》 …… 303
§ 5.18 《阳光下的政府法》 …… 305
§ 5.19 《联邦咨询委员会法》 …… 308

6 规则 …… 315

§ 6.1 何为规则 …… 315

§6.2 行政机关发布规则的权力 …… 320
§6.3 规则与政策声明之间的区分 …… 328
§6.4 立法性规则与解释性规则之间的区分 …… 338
§6.5 实体性规则与程序性规则的区分 …… 364
§6.6 立法性规则的拘束力 …… 368
§6.7 溯及既往的规则 …… 375
§6.8 规则与规则制定的众多优点 …… 386
§6.9 何时行政机关需要按照规则行事？ …… 391
§6.10 对规则制定的请愿 …… 402
§6.11 行政机关对规则的解释 …… 407

7 规则制定程序 …… 431

§7.1 概述 …… 431
§7.2 正式规则制定程序与非正式规则制定的区分 …… 434
§7.3 充分告知 …… 441
§7.4 评议、依据与目的的说明，与武断和恣意之间的关系 …… 457
§7.5 通过规则制定解决事实争议 …… 484
§7.6 规则制定中的单方沟通 …… 496
§7.7 国会有时提出额外的程序要求 …… 501
§7.8 法院可以要求额外的程序吗？ …… 507
§7.9 规则制定的行政控制 …… 511
§7.10 规则制定程序的豁免事项 …… 516
§7.11 行政机关为何不愿意采用规则制定方式 …… 524
§7.12 如何鼓励行政机关采用规则制定 …… 527
§7.13 发回重新处理而不撤销，及重新处理时发布的临时性规则 …… 530
§7.14 协商式规则制定 …… 537
§7.15 司法审查的诉讼时效 …… 540

8 裁决的法定要求 …… 543

§8.1 什么是裁决？ …… 543
§8.2 何时行政机关应当提供口头举证式听证？ …… 544
§8.3 解决事实争议时才要求口头举证式听证 …… 553
§8.4 裁决程序中的单方沟通 …… 554
§8.5 何时行政机关必须提供事实认定和理由？ …… 557
§8.6 机构决定对个人决定 …… 562

第二卷

9 正当程序 …… 571

§9.1 正当程序的意义 …… 571
§9.2 正当程序原则是适用于个体化决定 …… 572

§ 9.3 正当程序的简要历史概述 …… 577
§ 9.4 正当程序所保护的利益 …… 586
§ 9.5 什么是正当程序? …… 619
§ 9.6 暂时性的权利剥夺 …… 647
§ 9.7 改进正当程序的判决的方式 …… 652
§ 9.8 中立裁决者 …… 653
§ 9.9 职能分离 …… 680
§ 9.10 对司法型裁决模式的正当程序限制 …… 690
§ 9.11 正当程序和行政机关对传闻证据的使用 …… 698
§ 9.12 正当程序和律师费限制 …… 700

10 证据 …… 703

§ 10.1 两套证据法体系 …… 703
§ 10.2 《联邦证据规则》是为陪审团审理而设计 …… 704
§ 10.3 《行政程序法》为行政机关而设计 …… 708
§ 10.4 行政机关对传闻证据的依赖 …… 714
§ 10.5 立法性事实的证明 …… 724
§ 10.6 司法认知和行政认知 …… 730
§ 10.7 证明责任 …… 745

11 裁决的司法审查 …… 753

§ 11.1 概述 …… 753
§ 11.2 实质性证据标准 …… 754
§ 11.3 立法机关和司法机关偏离实质性证据标准 …… 779
§ 11.4 武断恣意标准 …… 785
§ 11.5 未作解释的偏离先例 …… 797
§ 11.6 案卷规则 …… 805
§ 11.7 司法审查的诉讼时效 …… 810

12 行政迟延 …… 813

§ 12.1 行政迟延概述 …… 813
§ 12.2 迟延的原因 …… 815
§ 12.3 行政迟延的法律救济 …… 818
§ 12.4 行政迟延的政治性补救 …… 841
§ 12.5 法院在减少行政迟延中的潜在作用 …… 842

13 禁反言、溯及既往、既判力和间接禁反言 …… 845

§ 13.1 衡平禁反言 …… 845
§ 13.2 溯及既往 …… 860
§ 13.3 既判力 …… 866
§ 13.4 间接禁反言 …… 878
§ 13.5 围绕法律争点的针对政府的间接禁反言原则 …… 886

14　首先管辖权 ………………………………………… 891

§14.1　首先管辖权的一般效力 ………………………… 891
§14.2　与法定管辖权的关系 ………………………… 909
§14.3　与 Chevron 原则的关系 ………………………… 914
§14.4　与联邦制的关系 ………………………… 916
§14.5　与反垄断法的关系 ………………………… 923
§14.6　与迟延的关系 ………………………… 929

15　穷尽［行政救济］、最终性和成熟性 ………………………… 933

§15.1　三项原则的概述 ………………………… 933
§15.2　穷尽原则的主要内容 ………………………… 935
§15.3　法定的穷尽行政救济义务 ………………………… 951
§15.4　与实质审查的关系 ………………………… 971
§15.5　宪法权利的例外 ………………………… 974
§15.6　穷尽行政救济原则的豁免 ………………………… 978
§15.7　未获承认的例外 ………………………… 981
§15.8　未向行政机关提出的争议 ………………………… 984
§15.9　§1983 案件中的穷尽原则适用 ………………………… 993
§15.10　穷尽行政救济原则与行政迟延 ………………………… 999
§15.11　最终行政行为 ………………………… 1003
§15.12　成熟性原则的主要内容 ………………………… 1023
§15.13　对法律的执行前审查 ………………………… 1032
§15.14　对规则的执行前审查 ………………………… 1041
§15.15　非正式行为 ………………………… 1058
§15.16　行政项目 ………………………… 1066
§15.17　三项原则的融合 ………………………… 1070

第三卷

16　原告资格 ………………………………………… 1075

§16.1　初步概览 ………………………… 1075
§16.2　历史变迁 ………………………… 1079
§16.3　现代的两部制标准 ………………………… 1084
§16.4　损害的性质 ………………………… 1087
§16.5　因果关系和可救济性（Redressability） ………………………… 1127
§16.6　为了确定因果关系而举行的举证式听证 ………………………… 1152
§16.7　普通法上的原告资格与法定的原告资格 ………………………… 1156
§16.8　法律对于该标准所有两项内容具有的重要性 ………………………… 1158
§16.9　解读法律的不同方式 ………………………… 1162
§16.10　参与行政程序的当事人资格（standing） ………………………… 1174

§ 16.11 行政法上广泛可得的原告资格的重要性 …… 1178
§ 16.12 团体主张其成员之利益的原告资格的重要性 …… 1181
§ 16.13 主张他人权利的原告资格 …… 1185
§ 16.14 原告资格与联邦制 …… 1187
§ 16.15 政府官员和行政机关的原告资格 …… 1189

17 裁量与可审查性 …… 1197

§ 17.1 裁量问题 …… 1197
§ 17.2 司法审查作为潜在的解决方案 …… 1202
§ 17.3 构成问题之一部分的司法审查 …… 1204
§ 17.4 其他解决方案 …… 1211
§ 17.5 可审查性的判例法之历史演变 …… 1215
§ 17.6 可审查性的推定 …… 1221
§ 17.7 这一推定的部分侵蚀（Partial Erosion） …… 1231
§ 17.8 可审查性推定 vs. 对司法审查的法定限制 …… 1263
§ 17.9 涉及宪法权利时的可审查性推定 …… 1273

18 救济措施 …… 1283

§ 18.1 对联邦行政行为的法定审查 …… 1283
§ 18.2 巡回上诉法院的审查 vs 地区法院的审查 …… 1287
§ 18.3 管辖地 …… 1301
§ 18.4 确认救济和禁令救济 …… 1303
§ 18.5 私人诉权 …… 1312
§ 18.6 主权豁免和对联邦政府的损害赔偿诉讼 …… 1338
§ 18.7 联邦法院对州行政行为的审查 …… 1343

19 政府及其雇员的侵权责任 …… 1351

§ 19.1 概述 …… 1351
§ 19.2 从政府雇员到政府的责任转移 …… 1353
§ 19.3 政府雇员的豁免范围 …… 1358
§ 19.4 《联邦侵权求偿法》 …… 1389
§ 19.5 Bivens 诉讼 …… 1419
§ 19.6 § 1983 诉讼 …… 1428
§ 19.7 公共侵权法的过度混乱与复杂 …… 1446

附录 …… 1453

附录 A 美利坚合众国宪法 …… 1454
附录 B ［联邦］行政程序法 …… 1464
附录 C 联邦咨询委员会法 …… 1520
附录 D 司法平等法 …… 1526
附录 E 联邦侵权求偿法 …… 1531
附录 F 国家环境政策法 …… 1539

附录 G　文书工作削减法 …… 1543
案例 …… 1561
主要参考文献 …… 1659
术语索引 …… 1675
译者后记 …… 1719

第二卷

9 正当程序

§9.1 正当程序的意义

正当程序原则很少被适用

在每年数以百万件的行政案件中，法院只对极小一部分适用正当程序条款，以确定行政机关作出决定时应该采用的程序。而在绝大多数的案件中，对于行政机关所采用的程序完全根据行政机关自身制定的程序性规则确定。在第二多数的案件中，行政机关所采用的程序是根据调整行政行为的法律确定。

正当程序的理由影响立法机关和行政机关的程序选择

但是，与对案件数量的简单相加可能具有的意义相比，适用正当程序的司法判决是判断行政决定程序的更重要得多的因素。只有 36 份左右最高法院的判决意见，对各种不同的行政决定情形适用了正当程序，对每年数以百万计的行政案件中所采用的程序产生了巨大的影响。这些判决意见最终会通过对下列因素的影响，成为影响行政程序的重要因素：(1) 立法机关起草法律中的程序性条款；(2) 法院对法律中模糊的程序性条款进行的解释；(3) 行政机关制定调整不同类型案件的程序性规则。立法机关和行政机关，当然可以 735
选择比正当程序要求更高的程序，但是它们对于正当程序条款所要求的程序的认识，会对它们作出的程序选择产生深刻的影响。一旦行政机关通过制定规则的方式采纳了一系列程序，行政机关必须遵守其自身的程序性规则，即使行政机关所采纳的程序超出了正当程序所独立要求的程度。[1]

① 例可参见 Vitarelli v. Seaton，359 U. S. 535 (1959)；Service v. Dulles，354 U. S. 363 (1957)；United States *ex rel*. Accardi v. Shaughnessy，347 U. S. 260 (1954)。

□ 正当程序理由影响法院的法律解释

在 United States v. Florida East Coast Ry. [1] 案中，最高法院的判决意见说明了正当程序理由对法律中程序性条款之解释具有强大的影响。国会授权行政机关"经听证后"作出特定行为，于是，法院所面对的问题就是国会使用"听证"一词时所指的是什么程序。行政机关认为，法律只要求它提供书面交换意见的机会；Florida East Coast 认为行政机关需要提供口头举证式听证的机会。七名大法官出具的多数意见同意行政机关的法律解释。九位大法官都同意"听证"这一法律术语的宽泛程度足以容纳这两种解释中的任何一种。多数意见和不同意见都高度依赖正当程序推理，以及根据正当程序条款所裁判的案件作为依据，支持对法律中模糊的"听证"要求作出各种不同的解释。

□ 有关正当程序理由影响的实证性研究

一份非正式裁决程序的实证研究，说明了正当程序推理对于行政机关的程序选择具有的强大影响。"大量"的行政行为是通过非正式裁决的形式作出的。[2] 但是，当行政机关采用非正式裁决的方式作出行为时，《行政程序法》并没有明确要求提供多少程序性保障。[3]《行政程序法》§555 只要求行政机关（1）允许当事人由律师或者经授权的代理人代理；（2）允许个人复制任何他所提供的数据或者证据；（3）对否定申请或者申诉作出简要的理由说明。最高法院从《行政程序法》§706（2）（A）推导出一项默示性的要求，即行政机关通过非正式裁决程序所作出的任何行为，如果当事人对该行为提出司法审查的要求，行政机关应当对其行为提供理由说明。[4]

行政机关在实施非正式裁决时几乎总是采用比《行政程序法》所规定的要求更高的程
736 序。有人对通过非正式裁决程序实施的 42 个行政项目进行的实证研究，结果发现大多数行政机关所采用的程序都包括了四项程序性保障：（1）对争议问题提出的通知；（2）以书面或者口头形式提出资料或者主张的机会；（3）由中立裁决者作出裁决；（4）对裁决说明理由。[5] 上述这些程序，完全可以解释为行政机关适用正当程序标准的产物。没有包括这些基本的程序性保障的少数项目，则主要依赖对产品和场所的物理性检查作为行为的依据。在情况适合的时候，物理性检查（physical inspection）总是被认为完全可以替代更正式的程序。[6]

§9.2　正当程序原则是适用于个体化决定

□ 正当程序并不适用于宽泛的政策决定

只有在政府对涉及个人的事实争议所作裁决剥夺了个人的"生命、自由或者财产"

---

① 410 U. S. 224 (1973).

② Attorney General's Committee on Administrative Procedure 35 (1941).

③ 参见第 8 章。

④ PBGC v. LTV Corp., 496 U. S. 633 (1990).

⑤ Verkuil, "A Study of Informal Adjudication Procedures", 43 *U. Chi. L. Rev.* 739 (1976).

⑥ 例可参见 Ewing v. Mytinger & Casselberry, 339 U. S. 594 (1950); North American Cold Storage Co. v. Chicago, 211 U. S. 306 (1908)。

时，正当程序条款才要求某种形式的听证。当政府的政策决定对同一类型的所有个人或者企业（例如所有铁路公司或者所有享受社会保障福利的人）产生不利影响时，则不适用程序性正当程序，即使这一决定对于该团体所有成员的利益产生的不利影响可以等同于个体化的（individualized）权利剥夺。个体化的、可以享受程序性正当程序保障的权利剥夺，与政策性的、针对一类群体的利益的、不能享受程序性正当程序保障的权利剥夺，两者之间的区分是理解美国法律体系的关键。至少作为第一近似值（first approximation），它构成了立法与司法审理之区分，以及规则制定和行政裁决之区分的基础。个体化的基于事实进行的权利剥夺，与基于政策的权利剥夺，对于这两者之间的重要区别，最高法院在20世纪之初所作出的两份判决意见可以提供很好的说明。

□ Londoner 案/Bi-Metallic 案的区别

Londoner v. Denver[1] 案和 Bi-Metallic Investment Co. v. State Board of Equalization[2] 案都涉及丹佛（Denver）市进行的地产税评估。在 Londoner 案中，最高法院判定地产所有人被剥夺了正当程序权利，因为市政府拒绝提供听证机会以允许地产所有人质疑街道铺 737
设税的特别评估和分摊结果。这一评估是根据个体化的纳税人地产价值的确定。

> 当州的立法机关不是直接规定纳税事项，而是将确定是否征税、征收多少，向谁征收，以及纳税评估和分摊等问题托付给某些下属机构时，法律上的正当程序要求在税收确定并不可撤销之前，纳税人在程序的某些阶段应当得到听证的机会……[3]

在 Bi-Metallic 案中，地产所有人主张，在其质疑对所有应税地产的重新评估价值时整体上调40%的做法时，丹佛市拒绝给予听证机会——这违反了正当程序。Holmes 大法官驳回了这一主张。他将该案与 Londoner 案进行了区分，理由是“该案涉及的人数相对较少，他们都是受到特别的影响并且分别基于不同的理由”[4]。相比之下，Holmes 大法官判定，在类似 Bi-Metallic 案的情形中：

> 在行为规则适用于较多数人时，要求人人在规则制定过程中直接表达自己的意见是不切实际的。《联邦宪法》并不要求所有公共法案（public acts）都是通过市民会议（town meeting）或者市民大会制定。属于州权限的、影响个人的人身或者财产的一般性法律，就其具有的影响力而言，其通过时并未给受影响的个人以听证的机会……如果政府要正常运作，在这类事务上提出的个人主张就必须有所限制。[5]

□ 最高法院在现代时期对 Londoner 案/Bi-Metallic 案区别的采纳

Londoner 案和 Bi-Metallic 案的区分至今仍然可行。最高法院在最近几十年里作出的大多数重要判决继续采用这一区分。[6] 例如，在1984年作出的 Minnesota Board for Community Colleges v. Knight[7] 案判决意见中，最高法院强调指出：

---

① 210 U.S. 373 (1908).

② 239 U.S. 441 (1915).

③ 210 U.S. at 385.

④ 239 U.S. at 446.

⑤ 239 U.S. at 445.

⑥ 例如 Vermont Yankee Nuclear Power Corp. v. NRDC, 435 U.S. 519, 542 (1978); United States v. Florida East Coast Railway, 410 U.S. 224, 246 (1973)。

⑦ 465 U.S. 271, 285 (1984).

不仅如此，Holmes 大法官在 Bi-Metallic Investment Co. v. State Board of Equalization
案中确定的实用主义考量因素在今天仍然具有与 1915 年时一样的分量。如果政策制定活
738 动被听取受政策影响者的意见这一宪法要求所束缚，那么政府现在进行的如此众多的、影
响如此多人的政策制定活动就会逐渐陷入停滞。

Londoner 案和 Bi-Metallic 案宣布的原则涉及的是行政程序的核心。Londoner 案和 Bi-Metallic 案形成了行政规则与行政裁决的现代联系的基础，并且它们仍然是立法机关和司法机关在各种决定背景中确定采用何种程序性保障的关键。

□ 对政策决定与具体决定之区别的例证说明

在 United States v. Florida East Coast Ry. ① 案中，最高法院的判决意见，可以帮助理解 Londoner 案和 Bi-Metallic 案的区分。州际商业委员会（ICC）发布了一项规则，要求每家铁路公司对其持有的属于另一家铁路公司的任何货运车厢（boxcar）支付每日收费（per diem charges）。Florida East Coast 认为，州际商业委员会不能在未经提供口头举证式听证机会的情况下发布该规则，因为该规则是建立在裁决事实争议（例如季节性的货运车厢短缺和货运车厢的所有权和地理分布）的基础之上，并且因为该规则将要求 Florida East Coast 在每年的按日收费上承担数百万美元的支出。两名大法官认定 Florida East Coast 的主张是有说服力的，但是加入了反对意见。多数意见判定该案在 Londoner 案和 Bi-Metallic 案之区分中更接近 Bi-Metallic 案一边，因为“行政机关并未单列任何一个具体的铁路公司，以便根据其特殊情况进行特别考虑”②。

□ 适用于一个或者少数个人的政策性决定

两家巡回法院的判决，对于个体化的决定和宽泛的政策决定之间的区分提供了更多的说明。在 Anaconda Co. v. Ruckelshaus③ 案中，Anaconda 申请第十巡回法院禁止环境保护局制定限制 Anaconda 公司一家工厂的二氧化硫（SO_2）排放的一项规则。Anaconda 主张环境保护在发布该规则之前应当举行口头举证式听证，因为该规则将会影响 Anaconda 的工厂。法院驳回了 Anaconda 的主张。法院指出，这项规则在形式上是一般性的，其目的是减少整个区域的二氧化硫浓度。Anaconda 的工厂是这一区域内唯一的二氧化硫排放源，对于正当程序争议并不是决定性的，因为还有其他许多人受这项一般性规则的影响。

在 Air Line Pilots' Ass'n v. Quesada④ 案中，第二巡回法院裁决了一项类似的问题。
联邦航空管理局（FAA）颁布了一项规则，撤销了所有超过 60 岁的航空公司飞行员的商
739 业执照，理由是超过这一年龄的航空公司飞行员对乘客构成过高的安全风险。飞行员协会
（the Pilots' Association）对这项规则提出质疑，理由是撤销商业执照所采用的程序违反了正当程序。飞行员协会主张联邦航空管理局需要为每位飞行员提供口头举证式听证的机会，以确定飞行员的年龄是否构成了过度的安全风险。飞行员协会指出，只有少数一些超过 60 岁的持证的航空公司飞行员是受该规则影响的。因此，它主张这一情景更接近于 Londoner 案而非 Bi-Metallic 案。第二巡回法院驳回了飞行员协会的主张。因为行政机关

① 410 U. S. 224 (1973).
② 410 U. S. at 246.
③ 482 F. 2d 1301 (10th Cir. 1973).
④ 276 F. 2d 892 (2d Cir. 1960), *cert. denied*, 366 U. S. 962 (1961).

根据所有这类人群的一般性健康特征选择作出该行为，并且最后这类人群可能有望包括数千人，法院判定联邦航空管理局的行为是受 Bi-Metallic 案调整，而非受 Londoner 案调整。

许多其他法院的判决在众多不同类型的情况下适用了 Londoner 案与 Bi-Metallic 案区分作为依据，判定正当程序并不要求政府在对一类个人作出不利行为之前提供听证。①

□ 有关 Londoner 案与 Bi-Metallic 案之区分的现实主义依据

Londoner 案与 Bi-Metallic 案的区分至少可以以三种方式进行解释。首先，可以基于纯实用主义的依据进行解释，即如果影响众多个人的政府决定也必须采用对于个体化的政府决定所要求的正当程序保障，将是成本过高并且耗时的。这一解释完全符合最高法院经 740
常强调的实用主义考量。最高法院在 Bi-Metallic 案提到了这种担心的根源：

> 在行为规则适用于较多数人时，要求在规则制定过程中人人可以直接表达意见是不切实际的……如果政府要正常运作，在这类事务上提出的个人主张就必须有所限制。②

在 1984 年 Knight 案中，最高法院的判决意见再次强调了 Bi-Metallic 案的实用主义基石：

> 如果政策制定活动因为宪法要求听取受政策影响者的意见，那么政府现在进行的如此众多的、影响如此多人的政策制定活动就会逐渐停滞。③

□ 裁决性事实与立法性事实

其次，Londoner 案与 Bi-Metallic 案的区分可以根据政府行为所依据的争议事实作出解释。所有政府行为必然要基于大量的事实认定或者涉及众多事实的推定。政府行为的事实基础常常是存在争议的，但是，争议事实的性质存在广泛的差别。确定某个人实施了犯罪，必须是基于对个人所独有的历史性事实的认定。补贴特定类型的住房的立法性决定是至少默示地，通常明示地基于下列事实判断——将获补贴的这类住房对社会存在特别的价值；在不实施补贴制度的情况下无法达到充足的数量。类似的，最高法院在 Brown v. Board of Education④ 案中所作出的标志性判决，也是基于对少数民族实施的教育隔离所产生的影响。

个人仅对于涉及该个人的第一类争议事实享有宪法权利。最高法院将这类事实称为裁决性事实，通常回答的是谁在何时、何地，为何，出于何种动机或意图实施了何种行为。裁决性事实大致是在陪审团审理的案件中由陪审团负责裁决的一类事实。与个人存在联系

---

① 例如 Rea v. Matteuchi, 121 F. 3d 483 (9th Cir. 1997)（立法机关可以通过制定具有普遍适用性的法律而剥夺一类公民法定的财产权）；Sykes v. City of Gentry, 114 F. 3d 829 (8th Cir. 1997)（相同）；37712, Inc. v. Ohio Department of Liquor Control, 113 F. 3d 614 (6th Cir. 1997)（州可以通过公民投票的方式决定剥夺所有一类人群的执照，从而剥夺某个人的执照）；Cifarrelli v. Village of Babylon, 93 F. 3d 47 (2d Cir. 1996)（市可以根据政策性理由取消某一职位，从而剥夺某个人对该职位所享有的财产权）；Dehainaut v. Pena, 32 F. 3d 1066 (7th Cir. 1994)（在总统行政命令禁止雇佣这类个人中的任何一位时，行政机关不需要对个人赋予听证权以考虑其工作申请）；Interport Pilots Agency v. Sammis, 14 F. 3d 133 (2d Cir. 1994)（行政机关可以撤销一类群体的执照，而没有给该群体的任何成员提供听证）；McMurtray v. Holladay, 11 F. 3d 499 (5th Cir. 1993)（州可以通过立法的方式剥夺 28 位雇员对其工作所享有的财产权）。

② 239 U. S. at 445.

③ 465 U. S. at 285.

④ 347 U. S. 483 (1954).

的事实，本质上讲不应该在没有就这些事实向个人提供听证机会的情况下，作出不利于该个人的决定。个人对于与他自己相关的事实和活动的了解要多于任何其他人。因此，个人
741 是特别适用于反驳或者解释有关其过去行为的裁决性事实的证据。

第二种类型的事实——最高法院在 Brown 案的判决所体现的事实，以及对某类住房进行补贴的立法性决定——属于立法性事实。立法性事实并不描述受到政府行为特别影响的个人或者该个人的过去行为。相反，立法性事实是帮助政府机构决定法律、政策和裁量事实的一般性事实。受政府行为不利影响的个人并不是特别适合于帮助裁决立法性事实有关的争议。《联邦宪法》允许政府机构通过采用受立法性事实之裁决方案所影响的个人之外的数据来源，裁决立法性事实争议。对于争议事实的解决来说，最为有用的数据来源经常是包含与立法性事实争议相关的公开出版的社会科学或者自然科学参考文献之中。①

□ 有关裁决性事实与立法性事实之区分的宪法理论依据

再次，Londoner 案与 Bi-Metallic 案的区分，可以根据作为《联邦宪法》之基础的政府理论加以解释。John Ely 在其名著《民主与不信任》* 一书中雄辩地指出，《联邦宪法》主要涉及对两类程序的规定：

> 这份文件最为关切的是，一方面确保纠纷解决的程序公正性，此即小写的程序（process writ small）；另一方面确保人民广泛参与到政府的各种程序和分配，这在宽泛意义上可以称之为大写的程序（process writ large）。②

正如宾夕法尼亚州最高法院在 Ervine's Appeal③ 案中所承认的，这两种形式的程序导向的保障是互补的：

> 在通过行使合理的立法权制定了一般性的法律时，它影响或者可能会影响整个社会，如果它们是不公正的或者是违反了《联邦宪法》的精神，整个社会就会有兴趣通过发表意见的可能性寻求废除这一法律。而这正是公正公平立法的伟大保障。
>
> 但是，有些个人是从普通大众（the mass）之中被挑选出来，并且立法会影响他们的
> 742 财产……谁来维护他们的利益，从而使他们在所遭受的损害和不公、对这些行为或者专制性权力寻求救济的途径等方面区别于普通大众？

在回答自己提出的问题过程中，最高法院指出，对于被挑选出来受到不利影响的个人来说，要摆脱这一困境，唯一的办法就是诉诸司法程序。

□ 政治程序与司法程序

Ely 院长和宾尼法尼亚州最高法院所划定的区分在行政法中也可以轻易找到类似的现象。我们可以信赖政治程序能够保护各类人群的利益免受行政行为的不利影响，只需要注意两点关键性问题：（1）司法机关必须通过执行言论自由等政治权利和代议制过程，确保政治程序有效运作；（2）司法机关必须通过执行第十四修正案中的平等保护条款，确保少

---

* *Democracy and Distrust* (1980). 该书中文译本参见［美］伊利：《民主与不信任：司法审查的一个理论》，张卓明译，北京，法律出版社，2011。——译者注

① 有关立法性事实和裁决性事实之区分的进一步讨论，参见 § 10.5。

② Id. at 87.（Writ small 即 written small；writ large，即 written large。柏拉图曾在《理想国》（The Republic）中提出将国家视为“大写的人”，即与个人类似，但是更大也更容易进行考察。——译者注）

③ 16 Pa. 256，268 (1851).

数人免受多数人的系统性歧视。因此，通过适用正当程序条款，就没有必要保护人群的分类（而不是对少数人的隔离保护）。

但是，在政府挑选出某个人作为其不利行为的对象时，政治程序并不能提供多少保护。被挑选出来作为不利行为之对象的个人，只能通过强制政府采用确保对个人公平的决定程序而得到保护。这正是正当程序条款的目的。

□ 政府不能利用政治程序剥夺个人的权利

本节讨论的案件大多说明了一项重要的问题，即当某类人拥有的利益可以作为财产而享受正当程序条款保护资格时，如果政府剥夺了该利益时，这类人有权得到政治程序而非司法程序的保护。因此，立法机关可以通过立法剥夺某类群体的全体个人之财产利益，而不需要对受影响的个人提供听证机会。类似的，行政机关可以在没有针对这类群体中任何个人举行听证的情况下制定立法性规则，剥夺某类群体全体个人的财产利益。法院很少有机会解决相反的问题，即政府何时可以采用政治程序剥夺个人受正当程序保护的财产利益？在 Club Misty v. Laski[①] 案中，第七巡回法院提供了有益的提示，即这一问题的答案是“绝不能”。

伊利诺伊州的一部法律授权根据选区范围内 40％的登记选民联名提出的申请，进行地方投票撤销任何特定酒馆的烈酒销售许可证。通过这种程序被撤销许可证的酒馆对这一法律的合宪性提出质疑。多数意见判定这部法律违反了正当程序。多数意见指出这部法律授权只能出于“合理事由”撤销烈酒销售许可证，在决定什么是撤销烈酒销售许可证的“合理事由”时，地方投票并未提供“防止发生错误的保障”。相反，它为选民提供了基于各 743
种不合适的因素或者动机作出决定的机会。

§ 9.3 正当程序的简要历史概述

□ “生命、自由或者财产”

《联邦宪法》正当程序条款规定：“任何人不得……未经法律上的正当程序剥夺生命、自由或者财产”。为了根据正当程序条款裁决争议，法院必须提出两项问题：政府行为是否剥夺了个人的“生命、自由或者财产”？假定答案是肯定的，法院就需要接着问，多少程序是正当的？接下来两节内容将详细描述回答这两项问题的司法进路。这些简要的历史概述将有助于将现行的原则纳入考察视角。在 20 世纪 70 年代，最高法院对基于正当程序条款的决定进路作出了重大改变。

□ 1970 年以前的权利/特权的区分

在 1970 年之前，正当程序只适用于对“权利”的剥夺，主要援引普通法进行确定。而政府所提供的任何其他事项，只是“特权”，不属于正当程序条款的保护范围。在

---

① 208 F. 3d 615 (7th Cir. 2000).

McAuliffe v. Mayor of New Bedford[①] 案中，Holmes 大法官发表的判决意见就说明了这一进路。一名警察对于具有重要公众意义的问题公开发表与市长相悖的意见，而被市长解除职务。警察指控该行为既违反正当程序，又违反了第一修正案，法院驳回了这一诉讼请求，因为政府职务只是不受《联邦宪法》保护的特权。

□ 在 1970 年前存在的忽视何为正当程序之问题的趋势

在 1970 年前，最高法院很少注意正当程序所要求的决定程序的性质。通常，最高法院只判定正当程序原则要求提供“听证”，而对所要求的“听证”之性质未作描述。在一些情况下，最高法院采用的文字似乎表明，正当程序要求法院经常提供这种类型的口头举证式听证。例如，在 ICC v. Louisville & Nashville Railroad[②] 案中，最高法院明确提到“对证人进行交叉质证的机会”。但是，在其他一些案件中，最高法院所用的文字表明，正式程度低于法院经常提供的口头举证式的“听证”，也许能够满足正当程序要求。例如，在 Londoner v. Denver[③] 案中，最高法院指出“听证在其本质上要求，享有听证权利的人本来应该有权通过口头陈述（无论时间多么简短），并且如果需要，通过证据证明（无论
744 有多么不正式）来支持其主张”。

□ 1970 年权利/特权之区分的抛弃

最高法院在 1970 年抛弃了这两种进路，即传统上对受保护的权利与不受保护的特权之间的区分，判定至少某些法定赋权属于正当程序保护的范围。与此同时，最高法院宣布了自己的意愿，即明确和详细地论述了在每个适用正当程序的决定背景中，多少程序是正当的问题。最能够解释最高法院在正当程序条款的适用问题上过渡到现在进路的判决意见，是 Goldberg v. Kelly[④] 案和 Mathews v. Eldridge[⑤] 案。

□ Goldberg v. Kelly 案

Goldberg 案涉及的是抚养儿童家庭援助（Aid to Families with Dependent Children）的领受人（recipient）提出的一项主张，即纽约州负责实施抚养儿童家庭援助项目的行政机关违反了正当程序条款。行政机关提供了口头举证式听证的机会，以确定领受人接受抚养儿童家庭援助款的资格是否继续有效，但是只有在中止付款之后才能得到这一听证机会。行政机关首先根据不太正式的程序作出裁决，即福利领受人不再符合领取援助款的资格，并根据初步裁决终止了福利。如果最高法院在界定财产权时采取了传统的进路，它本来可以在简式判决意见（brief opinion）中驳回福利领受人的起诉书，指出仅属特权性质的福利无权得到正当程序的保护。但是与此相反，本案中最高法院判定福利款是属于正当程序条款范围内的财产利益。

---

① 29 N. E. 517 (1892).

② 227 U. S. 88，93 (1913).

③ 210 U. S. 373，383 (1908).

④ 397 U. S. 254 (1970).

⑤ 424 U. S. 319 (1976).

□ 法定赋权是“财产”

最高法院认为，抚养儿童家庭援助援助款“是符合条件的个人领受法定赋权（entitlement）事项”①。最高法院引用了Reich教授的一篇文章，其中指出（1）美国相当比例的财产是由对持续性的福利所享有的无形权利所构成；（2）这些权利有相当一部分来自政府；（3）传统财产法的进路只能保护富人而非穷人的权利。② 因此，例如，最高法院长期以来将正当程序保护延伸适用于律师执照这一政府授益（benefit），并将这种授益描述为“权利”③。但是，在Goldberg案之前，最高法院拒绝将正当程序保护适用于福利或者大多数政府职务等授益。最高法院认为Reich教授的论文很有说服力，并以此作为依据作出Goldberg案的判决主旨，即法律赋予的授益是受正当程序保护的“财产”。在后来的案件中，最高法院指出它已经“充分并且最终性地抛弃了‘权利’与‘特权’之间无法解释的 745
区分”④。

□ 对何为正当程序之关注的增多

在Goldberg案中，最高法院放弃了自己只要求听证的传统，并将“听证”推定为具有众所周知的含义。Goldberg案中，当事人对纽约州福利机构在确定是否终止抚养儿童家庭援助福利款时所适用的程序提出了质疑。在决定终止福利之前，福利单位监督员（the welfare unit supervisor）告知福利受益人行政机关准备终止其福利，以及拟终止福利决定的理由，并且允许受益人提交书面答复，对拟终止福利决定的理由提出质疑。如果单位监督员在程序终结时作出了终止福利的决定，原受益人就有权获得口头举证式听证，但是只能在福利已经终止之后进行听证。

□ 抚养儿童家庭援助的终止决定，要求在作出决定前举行口头举证式听证

抚养儿童家庭援助的受益人质疑纽约州政府的程序违反了正当程序，因为他们并未在终止福利之前提供口头举证式听证的机会。最高法院同意受益人提出的对在终止福利前听证的要求，因为抚养儿童家庭援助福利的错误终止，将会剥夺受益人“赖以生存的手段”，并将受益人置于“立即绝望”的境地。⑤ 但是，最高法院接着指出：“福利终止之前举行的听证，不必采取司法或者准司法的审判型听证形式。”终止福利前的听证可以仅限于“最低限度的程序保障，根据福利领受人的具体情况和所裁决争议的有限性质进行调整”⑥。

---

① 397 U.S. at 262.

② Reich, “Individual Rights and Social Welfare: The Emerging Legal Issues”, 74 *Yale L. J.* 1245 (1965). 另可参见 Reich, “The New Property”, 73 *Yale L. J.* 733 (1964)。

③ Schware v. Board of Bar Examiners, 353 U.S. 232 (1957); Ex Parte Garland, 71 U.S. (4 Wall) 333, 379 (1866).

④ Board of Regents v. Roth, 408 U.S. 564, 571 (1972).

⑤ 397 U.S. at 264.

⑥ Id. at 267.

□ 对每项程序保障的单独考虑

最高法院分别考虑了审判型听证需要的每项要素。它认定，基于抚养儿童家庭援助终止决定的性质，审判型听证的大多数要素都应该允许提供。因此，尽管最高法院明确承认正当程序可以要求比审判型听证要求相对宽松的程序，它还是要求对 Goldberg 案讼争的这类具体决定适用审判型听证。

□ 承认决定前的口头举证式听证不是所有的政府福利所必需的

最高法院在 Goldberg 案中的判决引发了众多争议。该案是最高法院首次将正当程序条款宽泛地适用于过去仅被认为是“特权”的政府福利，也是最高法院首次详细考虑了正当程序所要求的“听证”的各项要素。最高法院很快承认，如果行政机关所作的决定会影响个人福利资格或者是涉及个人在规制制度中的地位时，都需要举行审判型听证的话，现代行政国家无法继续有效运作。最高法院在 Goldberg 案之后所作出的许多判决意见，可
746 以解释为对其在 Goldberg 案判决主旨适用范围进行了合理限制。§ 9.4 讨论了最高法院试图对正当程序可以适用的利益范围进行的限制。§ 9.5 讨论了最高法院试图对正当程序所要求的程序进行的限制，但是最高法院在 Mathews v. Eldridge 案中的判决意见是正当程序判决历史上占据如此重要的地位，以至于值得在本节对其简要的论述。

□ Mathews v. Eldridge 案

Mathews v. Eldridge① 案涉及的裁决情境表面看来与 Goldberg 案类似。Eldridge 是社会保障残疾福利款的领受人，他质疑社会保障局决定其不再具有享受该福利之资格时所适用的程序不能满足宪法的要求。社会保障局采用了一种多步骤的程序，主要采用了问卷调查、医生体检和告知认定不符合资格的初步决定，以及提供对初步决定提出书面反对意见的机会。Eldridge 依法享有在终止福利决定之后举行口头举证式听证的权利，但是他对终止福利前的程序的合宪性提出了质疑，而不是寻求该救济。Eldridge 引用了 Goldberg 案作为依据支持其主张，即社会保障局的程序因为没有在终止残疾福利之前提供口头举证式听证的机会，违反了正当程序。最高法院对 Goldberg 案进行了区分，判定社会保障局的程序是充分的。

□ 正当程序所要求的可能是各种不同的程序

在 Mathews 案中，最高法院在开始对这一问题的讨论时首先确立了如下分析框架：

“与某些法律规则不同，正当程序，不是内容固定而与时间、空间和场合无关的技术性概念。”……我们之前判决显示正当程序之具体要求的确定，通常要求考虑以下三项不同的因素：第一项因素是行政行为将要影响的私人利益；第二项因素是通过所采用程序错误剥夺此类利益的风险，如果可能的话，可以表现为采用额外或者替代性的程序性保障时的概率值；第三项因素是政府利益，包括所涉及的职能和补充或者替代性的程序性要求将

---

① 424 U.S. 319 (1976).

会造成的财政负担、行政负担。①

最高法院接着继续评估了权衡标准中所确定的每项因素。

□ 关系到私人利益

最高法院确定了相关的私人利益，即受益人在大约一年里继续领取福利的利益，社会保障局根据其规定程序确定终止福利的初步决定的日期与可能根据终止福利之后的口头举 747
证式听证可能作出的后续决定，两者在时间上平均间隔一年。最高法院承认，“对于残疾福利领受人来说，被错误终止残疾福利而造成的困难可能是明显的，”福利领受人的利益类似于 Goldberg 案所关系的抚养儿童家庭援助的领受人利益。但是，最高法院认定，残疾福利领受人的利益要小于抚养儿童家庭援助的领受人，因为大多数残疾福利领受人还会有其他的收入来源，并且残疾福利款的申请资格并不要求证明金钱上的需要。

□ 错误的风险和增加程序的价值

最高法院接着评估了“通过所采用程序错误剥夺此类利益的风险，以及如果可能的话，采用补充或者替代性的程序性保障时的概率值……”相关的对比是在社会保障局所提供的医疗信息的书面交换，以及 Eldridge 所申请的口头举证式听证之间进行的。在判定社会保障局的程序充分时，最高法院强调指出了 Goldberg 案中所争议的抚养儿童家庭援助终止决定与 Mathews 案中所争议的残疾福利终止决定之间的两点区分，即最为频繁产生的事实争议和决定程序中参与者的性质。抚养儿童家庭援助案件中的事实争议，很可能会因为有关受益人活动证言相互矛盾而引发证人证言的真实性问题。相比之下，残疾福利案件中的事实问题是涉及相互冲突的医学诊断。与事实争议可以通过适用相对客观的科学标准得到解决时相比，当事实争议引发证人证言真实性的问题时，口头提供证据和交叉质证是确保决定程序准确性的更重要的保障。

抚养儿童家庭援助和残疾福利决定程序的主要参与者也存在明显差别。因为争议问题的性质，抚养儿童家庭援助的受益人通常必须依靠本人陈述并与证人进行交叉质证以证明他们继续符合资格。因为教育水平相对较低，抚养儿童家庭援助的受益人没有能力行使依赖有效书面沟通的程序性权利。相比之下，许多残疾福利争议则是在书面沟通时采用的医生意见存在矛盾所导致的。

□ 书面程序对于终止社会保障残疾福利的决定来说是充分的

因此，Goldberg 案中纽约州抚养儿童家庭援助福利终止程序所体现的书面沟通，相比 Mathews 案中社会保障局终止残疾福利的程序所体现的书面沟通，更有可能发生错误。类似的，以口头程序取代书面程序，有望实质性地增强抚养儿童家庭援助决定中事实认定的准确性，但是对残疾福利决定中事实认定的准确性却是助益有限。 748

□ 增加程序的成本

最后，最高法院评估了法院判决社会保障局必须在终止残疾福利之前提供审判型听证

① 424 U.S. at 335.

可能会对政府造成的成本。这些成本表现的形式包括：（1）为了实施听证要求所需要的成本；（2）允许受益人在根据审判型听证之笔录作出终止福利决定之前继续领取福利，将会造成的成本。最高法院发现这些成本都太高，以至于不能证明在终止福利之前举行审判型听证的正当性，特别是补充性程序的成本“可能最终是由需要帮助的人承担的，因为对任何具体的社会福利项目来说，其资源都不是无限的”①。

□ 与 Goldberg 案的区分

按照 Mathews 案中最高法院的描述，Goldberg 案是最高法院唯一一次判定正当程序要求行政机关在剥夺个人正当程序所保护的利益时，提供接近于司法审判形式的听证。② 这一说法至今依然正确。也许没有一家行政机关有权作出与抚养儿童家庭援助福利终止决定一样对个人具有破坏性影响的行为，并且福利终止决定前的审判型听证的宪法权利也许仅适用于福利领域。

□ Goss v. Lopez 案

1970 年开始的正当程序革命已经产生了合理的良好结果。最高法院已经明显扩展了正当程序的适用范围，而与此同时，它已经在决定正当程序所要求的听证类型方面投入了更大精力。最能说明最高法院所采取的新进路之优点的则是 Goss v. Lopez③ 案。

□ 简短的会面对于停学处分是充分的

在 Goss 案中，一名中学生未经任何听证就被处以最长 10 天的停学处分。有的学生甚至没有被告知他们是为什么被处以停学。最高法院判定，10 天的停学处分既剥夺了接受公立教育的财产利益，也构成剥夺了保持清白名誉的自由利益。④ 最高法院接着判定正当程序要求“学生就针对他们的指控获得口头或者书面告知，并且如果否认，则获得行政机关的证据解释，以及为自己进行解释的机会”⑤。最高法院仔细地对程序性保障进行限制，以使其切实可行：“‘告知’和听证之间并不一定存在迟延。绝大多数的学校纪律处分案件中，主管学校纪律的老师可以在不当行为发生之后的几分钟内与该学生所指控的不当行为进行非正式讨论。我们判定，在有机会为自己进行辩解时，学生必须
749 首先得知他是因何行为遭受指控以及指控的理由。”⑥ 法院明确拒绝口头举证式听证这一昂贵和繁琐的程序。学生没有“机会寻求律师代理、质询和交叉质证……或者传唤他自己一方的证人……要求在每起案件采用的即使只是打了折扣的审判型程序，也可能会压垮行政机关”⑦。

---

① Id. at 348.

② Id. at 333.

③ 419 U.S. 565 (1975).

④ Id. at 575-576.

⑤ Id. at 581.

⑥ Id. at 582.

⑦ Id. at 583.

□ Goss 案的推理是可以一般化的

最高法院完全可以将 Goss 案中的原则和推理，以几乎普遍适用的方式适用于行政裁决。行政机关很少会在对个人的不利影响如此微小，以至于应当在不提供告知和非正式听证的机会之情况下作出行为。要提供 Goss 案中所描述的这类听证需要花费几分钟的时间，相对于增强公平性和准确性的好处而言，它对行政机关增加的负担可以忽略不计。

□ 应该很少要求举行口头举证式听证

相反，在行为对个人产生的影响如此具有破坏性，以至于行政机关应当被迫承担审判型听证的极端成本时，行政机关很少会作出行为。Goldberg 案是一起不同寻常的案件。很少会有行政机关的行为，其负面影响如此之大，以至于达到剥夺了生活无助的儿童“仅有之生计”的程度。

□ 我们高估了审判型听证的价值

最高法院将 Goss 案的推理适用于几乎所有对个人产生明显不利影响的行政行为。在所有这类案件中，行政机关需要提供非正式听证，行政机关很少被要求提供审判型听证。最高法院于是可以将其注意力集中在适合于各种不同决定情形的非正式听证的性质。对个人产生更为严重不利影响的决定，例如个人不具有残疾状态，或者不具有申请社会保障残疾福利资格的决定，应当通过比 Goss 案中描述的更为仔细和系统性的方法采用非正式听证程序作出。最高法院在 Mathews 案中所维持的医学检查加上书面交换意见，更适合于这一决定的背景。正如 § 9.10 所显示的讨论，美国法律体系向来高估了审判型听证的价值和低估了这一程序的成本。

□ 对法院之进路的批评

最高法院还没有接受这样的观点——Goss 原则应当几乎具有普遍适用性。最高法院对于正当程序条款采取的进路依然过于复杂，其保障范围包容性不足，而依据宪法要求行政机关在剥夺权利决定作出之后进行审判型听证，又让行政机关承担了过高的成本。最高法院的正当程序法理学的特征植根于两项有争议的原则之中。

□ 正当程序范围的问题

首先，最高法院对《联邦宪法》规定的“生命、自由或者财产”所作的解读，强调了这一短语字面上相互分离的性质。其结果是，最高法院在每起案件中首先是确定所涉及的 750
利益是否属于“生命”、“自由”或者“财产”中的一个或者多个概念的意义范围。对于后两项概念的界定，极其难以与合理区分行政行为的众多不利影响并适用这些概念保持一致。这种学理式进路（doctrinal approach）让正当程序的决定变得过于复杂，并产生各种异常现象。这里举的一些例子足以说明这一问题。正当程序在 Goss v. Lopez[1] 案的停学决定中得到保护，但是在 Ingraham v. Wright[2] 案对在学儿童的体罚决定中却没有得到保护。在 Perry v. Sindermann[3] 案中，政府雇佣合同得到保护，但是在 S & D Maintenance Co. v. Goldin[4] 案中，有关货物和服务的政府合同没有得到保护。[5] 在 Barry v. Barchi[6] 案中作出的暂扣驯马师执照 15 天的决定得到保护，但是在 O'Bannon v. Town Court Nursing Center[7] 案中继续居住在自己选择的疗养院却没有得到保护。

□ 回答范围问题的替代进路

最高法院对正当程序条款所作的狭义、相互割裂的解读不仅是循环论证的，即当你有权时就是有权的，也是不符合立宪者们的意图的。[8] 立宪者制定正当程序条款的目的是要保护公民免受政府武断地剥夺“所有理性人（sensible men）所珍视的利益”[9]。最高法院曾经在历史上有一段时期在确定正当程序保护范围时采用了这种宽泛、常识性的进路。例如，在 Joint Anti-Fascist Refugee Committee v. McGrath[10] 案中，Frankfurter 大法官准确描述了正当程序保护的广阔范围：“在遭受责难并蒙受任何类型的重大损失之前获得听证的权利……是我们社会的一项基本原则。”最高法院应当回归确定正当程序范围的这一方法，它可以回避对每种利益进行描述的棘手任务，转而关注行政行为对个人产生不利影响的严重性。

□ 法院高估了终止决定之后举行审判型听证的价值

最高法院的正当程序判决依然存在的第二项学理缺陷是，当行政机关在终止权利前已经提供了完全充分和可靠的非正式决定程序时，存在要求行政机关提供终止权利后的审判型听证的趋势。显然，最高法院还没有承认在绝大多数行政决定程序中进行书面交换证据和观点所具有的优势。
751 和观点所具有的优势。Mathews v. Eldridge[11] 案体现了这一趋势。最高法院通过采纳医生书面诊断意见和其他受益人提供的书面证据，维持了行政机关仔细设计的残疾福利决定程序。但是，最高法院只维持了剥夺权利前情形中的程序，并且依据的推定是行政机关会提供，并且需要在剥夺权利决定后的一年内提供审判型听证。正如 § 9.10 所表明的，剥夺权利后的审判型听证是不必要的，因为书面听证相比审判型听证更有利于实现公正、效率和准确。

最高法院经常推定行政机关必须提供剥夺权利后的审判型听证，但是最高法院所受理

---

① 419 U. S. 565 (1975).

② 430 U. S. 651 (1977).

③ 408 U. S. 593 (1972).

④ 844 F. 2d 962 (2d Cir. 1988).

⑤ 参见 Note, “Breach of Contract as a Due Process Violation”, 90 *Colum. L. Rev.* 1098 (1990)。

⑥ 443 U. S. 55 (1979).

⑦ 447 U. S. 773 (1980).

⑧ 参见 J. Ely, *Democracy and Distrust* 19 (1980); Monaghan, “Of ‘Liberty’ and ‘Property’,” 62 *Cornell L. Rev.* 405, 409 (1977); Van Alstyne, “Cracks in the New Property: Adjudicative Due Process in the Administrative State”, 62 *Cornell L. Rev.* 445, 487 (1977)。

⑨ Monaghan at 409.

⑩ 341 U. S. 123, 168 (1951).

⑪ 424 U. S. 319 (1976).

的这一正当程序争议的具体案情并未明确提到这一问题。同样，Mathews 案也体现了这一点。行政机关提到了它提供剥夺权利后的审判型听证的承诺，而无论正当程序提出了任什么要求。最高法院所面对的唯一问题是，考虑到可以在剥夺权利后进行审判型听证，行政机关剥夺权利前的书面听证是否充分满足宪法的要求。而在最高法院受理的其他一些案件中，最高法院的判决意见用语表明正当程序要求提供剥夺权利后的司法型听证，其案情也与 Mathews 案类似。①

□ 大多数情况只证明了进行书面听证的理由

Goldberg 案是最高法院唯一一起判定行政机关必须提供剥夺权利前的审判型听证的案件。Goldberg 案中的决定背景也许可以区别于任何其他行政决定的背景。该案中（1）行政行为剥夺了生活无助的儿童赖以生存的唯一手段；（2）在有理由相信证人存在偏见时，行政行为主要依据的是证人真实性；（3）行政行为相对人的教育水平令人对其能否有效参与基于书面证据的程序产生严肃的质疑。最高法院在许多行政机关没有承诺提供剥夺权利后的审判型听证时的决定背景中，维持了剥夺权利前的书面听证程序。② 752

□ 正当程序之保护范围和何为正当程序之间的关系

这两项问题丛生的正当程序原则是相关的。最高法院对正当程序保护范围进行狭义界定的趋势，是因为担心扩大正当程序保护范围将会对政府施加过度的成本。如果正当程序在很多决定背景中都是要求审判型听证，这一担心将是言之成理的。但是，如果最高法院能够如其所应当做的那样，从 Goss 案出发进行一定概括，那么正当程序原则就很少会要求采用昂贵和负担沉重的程序。相反，最高法院将会只要求非正式口头或者书面交换证据和观点。因此，如果最高法院对这两项原则作出了合理修正，即如果它对正当程序保护的范围进行广义的界定，包括剥夺“任何理性人重视的利益”，并且明确判定在众多行政决定案件只能以非正式听证作为正当程序时，最高法院将不会对政府施加过度的负担。相反，最高法院会以很小的成本，不对政府造成多少负担的情况下，保护数以百万计的公民个人免受政府武断和恣意行为的风险。

□ 20 世纪 90 年代正当程序范围的收缩

在 20 世纪 90 年代，正当程序原则所保护的利益范围出现了某种程度的收缩。这种收

---

① 例如，Brock v. Roadway Express，Inc.，481 U. S. 252 (1987)（剥夺了雇主基于合理事由解除雇员职务的契约性权利）；Cleveland Board of Education v. Loudermill，470 U. S. 532 (1985)（剥夺雇员对其政府公职所享有的法定权利）；Barry v. Barchi，443 U. S. 55 (1979)（以暂扣 15 天的形式剥夺职业许可的权利）。

② 例如，Memphis Light，Gas & Water Division v. Craft，436 U. S. 1 (1978)（剥夺了公用事业服务）；University of Missouri v. Horowitz，435 U. S. 78 (1978)（以开除大学学籍的形式剥夺其受教育权）；Goss v. Lopez，419 U. S. 565 (1975)（中学以停学 10 天形式剥夺了其受教育权）。亦可参见 Capitol Mortgage Bankers v. Cuomo，222 F. 3d 151 (4th Cir. 2000)（剥夺了发放政府投保的按揭贷款的权利）；FDIC v. Bank of Coushatta，930 F. 2d 1122 (5th Cir. 1991)（要求银行将资本金增加 72.5 万美元的命令）；Chemical Waste Management，Inc. v. EPA，873 F. 2d 1477 (D. C. Cir. 1989)（基于危险废弃物排放，作出采取整改措施的命令，以此形式造成的金钱的剥夺）；Quivara Mining Co. v. NRC，866 F. 2d 1246 (10th Cir. 1989)（以施加成本高昂的规制要求之形式剥夺了财产权）；Foster v. Ripley，645 F. 2d 1142 (D. C. Cir. 1981)（剥夺了政府公职）；Frumkin v. Kent State University，626 F. 2d 19 (6th Cir. 1980)（剥夺了政府公职）。

缩是同时通过司法判决和立法决定的形式完成的。最为重要的司法判决是 Sandin v. Conner[1] 案，该案中最高法院大幅减少了受正当程序原则保护的犯人权利的范围。而最为重要的立法决定则是《1996 年个人责任和工作机会协调法》（the Personal Responsibility and Work Opportunity Reconciliation Act of 1996）的制定。这部法律废除了作为 Goldberg 案之主题的抚养儿童家庭援助项目，代之以为了向贫困家庭提供临时性援助而对州发放的综合拨款项目。国会在制定这部法律时并未赋予任何人以权利；相反，它赋予各州广泛的裁量权，可以决定在某种情形下某些类型的相对人提供福利。因此，对于最高法院所作的抚养儿童家庭援助福利具备正当程序条款意义上的“财产”之判决主旨，这一立法具
753 有通过取消其法律前提条件而推翻了 Goldberg 案的效果。仍然有待观察的是，正当程序原则所保护的利益范围之收缩，是否属于最高法院对正当程序的范围设定严格限制的更广泛运动的一部分。[2]

§9.4 正当程序所保护的利益

□ 法院将“生命”、“自由”或者“财产”视为独立的利益

正当程序条款规定：“任何人……不得被剥夺生命、自由或者财产。”最高法院根本不会对行政行为适用正当程序条款，除非它认定行政行为将会剥夺个人涉及“生命”、“自由”或者“财产”的利益。最高法院分别分析了这三项概念；除非行政行为威胁到剥夺个人的利益，符合这三种利益类型之一，否则行政机关所利用的程序不应当根据正当程序条款接受审查。

□ 最高法院应当将正当程序条款解释为适用于所有重要利益

最高法院并非不得不采取对正当程序条款的这种狭义解释，它可以在将来修改其解释。一些令人尊敬的学者即敦促采取不同的解释。John Ely 批评最高法院现在对受保护利益采取的是完全循环论证的界定方法。[3] Henry Monaghan 认为，立宪者希望将“生命、自由和财产”解读为单一的术语，指代“理性人所珍视的所有利益”[4]。他将“生命、自由和财产”这一短语解释为可以包括任何个人的重要利益，无论其利益是否很容易归入这一短语所包含的三个类型的其中一个。与这一进路相符，Frankfurter 大法官将正当程序条款描述为适用于“任何类型的重大损失”[5]。William Van Alstyne 认为，最高法院应当强调“程序”与“自由”之间的联系。“自由”应当被广义地定义为包括了免受政府武断的决定程序影响的权利。根据他对正当程序条款所作的解释，“政府不能通过不可靠的手段
754 对个人的权利请求作出裁决”[6]。

---

① 515 U. S. 472 (1995).

② 参见 Pierce，“The Due Process Counterrevolution of the 1990s?”，96 *Colum. L. Rev.* 1973 (1996)。

③ J. Ely，*Democracy and Distrust* 19 (1980).

④ Monaghan，“Of ‘Liberty’ and ‘Property’，” 62 *Cornell L. Rev.* 405，409 (1977).

⑤ Joint Anti-Fascist Committee v. McGrath，341 U. S. 123，168 (1951).

⑥ Van Alstyne，“Cracks in ‘The New Property’，Adjudicative Due Process in the Administrative State”，62 *Cornell L. Rev.* 445，487 (1977).

□ 原则的简化

这些解释如果有任何一项得到接受，最高法院将不再需要分析行政行为中所涉及的利益是否属于“生命”、“自由”或者“财产”等具体概念。正当程序条款将会适用于对个人产生重要不利影响的任何行政行为，而最高法院将会倾尽全力完成一项非常具有挑战性的任务，即确定“在每起案件中多少程序是正当的。”根据最高法院当下采取的方法，除非它愿意将行政行为所影响的利益描述为“生命”、“自由”或者“财产”，《联邦宪法》并不强迫行政机关提供任何程序性保障，无论行政行为会对个人产生多么严重的不利影响。

□ 作为例证的案件

在 United States *ex rel*. Knauff v. Shaughnessy① 案中，最高法院的判决意见说明了它所采取的限制解释的进路产生了不尽如人意的结果。移民官员拒绝批准一名美国军人的外国出生的配偶进入美国，最高法院判定正当程序条款在本案的简易判决中不能适用。这一判决的效力是迫使军人选择与其妻子永久性分居两地，或者永久性地脱离其国家。我们难以想象还有对个人产生更大灾难性影响的行政行为。不过，最高法院拒绝适用正当程序条款，因为它并未发现存在任何剥夺“生命”、“自由”或者“财产”的行为。

“生命”概念的含义在行政法语境中并不存在严重的争议，因为没有一家行政机关有权剥夺个人的生命。大多数行政法上的正当程序争议涉及的是剥夺了个人“自由”和/或“财产”的情形。最高法院对这两个概念的解释是在扩张性和限缩性解释之间摇摆。

□ 1970 年前普通法上的财产含义

直到 1970 年，最高法院主要采用的是传统普通法上对财产的定义。如果个人拥有某些有价值的物品，如房子或者汽车，他就拥有基于正当程序条款不受政府武断剥夺的财产“权利”。相反，个人从持续拥有政府公职或者领受福利款中获得的大多数利益，只是政府可以在任何时候以任何理由剥夺的“特权”。受保护的“权利”与不受保护的“特权”之间的区分是如此极端，以至于对于在某种程度上依赖与政府的持续性利益关系的个人来说，这构成了对其实体性宪法权利的严重威胁。Holmes 大法官在 McAuliffe v. Mayor of New Bedford② 案中发表的著名的（抑或是臭名昭著的）判决意见就说明了权利/特权的最
极端的区分。一名警察起诉称，因为他在一项具有重要公共性的议题上发表了与市长相悖 755
的意见而遭市长解雇，市长的这一行为剥夺了他基于《联邦宪法》第一修正案对言论自由所享有的权利。Holmes 大法官驳回了该警察的起诉，理由是他拥有的政府公职只是特权，不能得到任何宪法保护。用 Holmes 的话来说，这名警察“可能有权讨论政治，但是没有作为警察的宪法权利”。

□ 违宪条件原则

面对越来越多的法院判决承认，如果政府官员可以继续认为持续提供重要的政府福利

① 338 U. S. 537 (1950).

② 29 N. E. 517 (1892).

并不属于宪法权利，政府官员就可以直接剥夺公众相当一部分的宪法权利，权利/特权之区分的可能最具破坏性的一面也将逐渐遭到侵蚀。① 最高法院采纳了违宪条件（unconstitutional conditions）原则。根据这一原则，尽管行政机关可以在没有理由的情况下停止某项政府福利，但它不能以福利领受人同意不行使宪法权利作为提供该福利的条件。因此，例如，尽管政府雇员可以直接被解除职务，但是解除职务不能是“因为他属于民主党，或者是卫理公会（Methodist）”②。

□ 宪法权利的程序性保护

起初，违宪条件原则并未配合任何程序性保障。因此，只有在行政机关足够坦诚地说明其拒绝福利的决定是因为个人行使了宪法权利时，这一原则才能够适用。但是，最高法院后来承认在行政机关既没有说明行政行为的理由，也没有说明个人行使了宪法权利之外的理由时，除非个人得到有意义的程序性机会，可以证明行政行为是基于个人行使了宪法权利，这一原则并不能提供多少保护。因此，在 Perry v. Sindennann③ 案中，一家州立学院的教授主张自己之所以被解雇是因为行使了《联邦宪法》第一修正案规定的权利，批评了学院管理层的政策，最高法院判定他拥有获得听证的正当程序权利。最高法院如今通常是将正当程序条款适用于个人主张因为自己行使了宪法权利而被剥夺了任何类型的政府福
756 利的情形。但是，违宪条件原则是不确定和有争议的。④

□ 权利/特权区分的抛弃

最高法院采纳违宪条件原则和承认对这一原则的正当程序保护需要，并不必然导致完全抛弃了权利/特权的区分。最高法院本来可以满足于仅在程序性保障是保护政府福利（government benefits）领受人的实体性宪法权利所必需时，才对政府福利适用正当程序条款。但是，在 Goldberg v. Kelly⑤ 案中，最高法院对某些类型的福利金（welfare payments）适用了正当程序保护。Goldberg 案预示了最高法院在后来若干情境中所作的判决明确宣布它已经“充分和最终抛弃了‘权利’和‘特权’所作的僵化区分”⑥。

□ 法定权利是财产

Goldberg 案涉及的是抚养儿童家庭援助（AFDC）的领受人主张纽约州负责实施该项目的行政机关所适用的程序违反了正当程序条款。行政机关提供了审判型听证的机会，以确定领受人是否继续拥有领受抚养儿童家庭援助款的资格，但是这个听证只是在援助款停止支持之后才能提供。该行政机关首先通过相对不太正式的决定程序作出的不符合资格的事实认定而终止了福利。最高法院如果在确定财产权时已经遵循了传统的进路，它本应该

---

① 参见 L. Tribe，*American Constitutional Law* § 10-7 (2d ed. 1988)。

② Cafeteria & Restaurant Workers Union v. McElroy，367 U. S. 886 (1961).

③ 408 U. S. 593 (1972).

④ 例可参见 Baker，“The Prices of Rights：Toward a Positive Theory of Unconstitutional Conditions”，73 *Cornell L. Rev.* 1185 (1990)。

⑤ 397 U. S. 254 (1970).

⑥ Board of Regents v. Roth，408 U. S. 564，571 (1972).

在简短的判决意见中说明福利只是特权，无权得到正当程序保护，从而驳回福利领受人的起诉。如果违宪条件原则不能适用时，最高法院本来可以补充指出，与拒绝违宪附带条件的原则（unconstitutional condition doctrine）相伴的程序性保障是不可适用的，因为福利领受人并未主张他们因为行使了宪法权利而导致福利被拒绝。不过，最高法院判定福利金是属于正当程序条款保护范围的财产利益。最高法院接着要求实施抚养儿童家庭援助项目的行政机关提供审判型听证，以便在终止发放领受人的福利金之前确定其是否有资格领受抚养儿童家庭援助的福利金。

最高法院的理由是抚养儿童家庭援助款"对符合领受资格的人来说属于法定权利问题"[①]。最高法院引用了 Reich 教授的一篇文章，在这篇文章中，Reich 教授指出：（1）美国相当比例的财产属于对持续性的福利所享有的无形的权利；（2）这些权利中相当比例来自政府；（3）财产法的传统进路只能保护富人而非穷人的权利。[②] 因此，例如，最高法院 757
长期以来将正当程序保护延伸适用于法律执业许可证的政府福利，并将这种福利描述为"权利"[③]，但是它并未对类似福利或者政府公职之类的利益提供保护。Reich 教授并未提出相应的依据用于限制可以得到保护的政府福利，或者确定对保护各类政府福利的可得性来说所适宜的程序类型。但是，最高法院很快认识到它需要以某种方式对 Goldberg 案判决主旨的可能范围进行限制。

□ 终止福利前举行的审判型听证与扩大了的正当程序保护的范围不一致

与某种形式的政府福利的资格问题有关的行政决定，都不可能以强制性审判型听证为先导。政府每年需要作出数百万项决定，如果所有这些决定需要采用审判型听证才能作出的话，政府将无法继续由各类行政机关日常性地提供各种类型的福利或者公共产品。最高法院在 Goldberg 案之后作出的判决代表了以下列两种方式持续限制适用 Goldberg 案所宣布的宽泛原则的努力：（1）限制包含在正当程序条款范围之内的政府福利类型；（2）当行政机关作出有关正当程序保护的福利之决定时，对所要求的程序进行限制。相比对正当程序保护的范围进行合理限制的努力，最高法院在对正当程序所要求的程序进行合理限制的努力取得了更大的成功。

□ 书面听证经常是充分的

与政府之间的福利联系常常表现为多种形式。Goldberg 案出现于福利背景，最高法院后来的判决表明在终止权利之前进行口头举证式听证的权利仅限于这一背景。例如，在 Mathews v. Eldridge[④] 案中，最高法院判定正当程序条款适用于社会保障残疾福利决定。但是，在这种案件中，最高法院判定根据社会保障残疾福利项目作出的资格决定，可以是通过比 Goldberg 案负担更轻的司法型听证程序作出。

---

① 397 U. S. at 262.

② Reich，"Individual Rights and Social Welfare：The Emerging Legal Issues"，74 *Yale L. J.* 1245 (1965). 另可参见 Reich，"The New Property"，73 *Yale L. J.* 733 (1964)。

③ Schware v. Board of Bar Examiners，353 U. S. 232 (1957).

④ 424 U. S. 319 (1976).

□ Goldberg 原则被法律所推翻

最高法院还没有推翻 Goldberg 原则，但是国会在 1996 年所颁布的一部法律已经具有这样的效力。在 Goldberg 案中，最高法院判定抚养儿童家庭援助福利是“财产”，因为它们是“具备领受资格的人所享有的权利”。这一推理符合这里所提到的福利法律的文字表述。该法规定个人如果满足了特定资格标准，就有权领受抚养儿童家庭援助福利。国会在 1996 年通过制定《个人责任和工作机会协调法》（the Personal Responsibility and Work
758 Opportunity Reconciliation Act）修订了这部福利法律。该法废除了抚养儿童家庭援助项目，代之以“对贫困家庭的临时援助”的综合拨款项目，其中没有文字规定任何人有权领受各州政府获准提供的福利，并且以明确的法律宣示强调了这一点：“‘没有个人权利’——本法这部分（part）规定不得被解释为个人……有权获得根据本部分所提供资金支持的任何州项目下的任何福利”。因此，通过消除了作为最高法院在 Goldberg 案中判决的前提条件的法定福利权利，国会将联邦福利项目排除在正当程序保护的范围之外。联邦福利（welfare benefits）不再属于“财产权”，因为没有人现在根据法律有权领受福利。

□ 只有赋权性法律可以创设财产

第二巡回法院的一项判决说明了一部法律的“赋权”特征，对于司法机关确定个人依据该法拥有对福利的“财产”利益而言，具有关键性的重要意义。在 Colson *ex rel*. Colson v. Sillman[1] 案中，第二巡回法院判定纽约州的一部法律授权对残疾儿童提供医疗服务，该法并未赋予任何受益人任何受正当程序保护的接受治疗的权利。这里讼争的法定福利并不是权利，因为除了个人的特征使其有资格领受福利之外，该法还从两方面对福利的可得性进行了条件限定：首先，法律授权“在根据（纽约州卫生署）署长（commissioner）的判断是需要的时候……提供此类医疗服务”。其次，法律以潜在的财务约束对福利的可得性进行了限定：“纽约州卫生署应该……在拨款的限度内，提供此类医疗服务……”因为该法授权行政机关裁量决定是否向符合领受福利资格的个人提供法律所准许的福利，它并未创设“权利”，也没有创设受正当程序保护的“财产”利益。

□ 是否创设法定财产利益是政治性决定

国会和州议会可以通过与 1996 年对联邦福利法律所作的修订类似的方式，对所有授权提供福利的法律进行修订，将所有法定福利排除在正当程序保护的“财产”利益范围之外。通过取消福利的“法定权利”特征，立法机关可以将福利排除在正当程序保护的范围之外。当然，立法机关不太可能修订所有福利法律，取消它们作为权利的地位。对于社会保障（Social Security）和联邦医疗保险（Medicare）的政治支持如此强大，以至于它们在可预见的未来肯定能够维持其作为权利的地位。

□ “旧”财产与“新”财产之区分依然重要

当然，立法机关通过修订法律取消“新”财产权的权力是“新”财产和“旧”财产之

① 35 F. 3d 106 (2d Cir. 1994).

间区分的重要渊源。在 Schneider v. California Department of Corrections[①] 案中，第九巡回法院解释了这一区分。第九巡回法院指出，尽管法律可以创设属于正当程序条款保护的财产利益，但是普通法上的财产权利是独立于法律而存在的，并且同时受到正当程序条款和征收条款（the Takings Clause）的保护。第九巡回法院接着判定，囚犯们对于他们所投资的信托基金在他们监禁期间产生的收益享有财产权。[②] 759

□ 限制 Goldberg 原则的尝试

在福利之外的其他情境中，最高法院的判决表明它正在通过两种方式——要求更少负担的程序和将某些类型的福利相关决定排除在任何正当程序保护之外——寻求对 Goldberg 原则进行限制。在各种情境中产生的一系列案件可以说明最高法院在支持对福利决定几乎普遍适用正当程序，与支持将某些福利决定完全排除在正当程序保护之外之间的紧张关系。这些案件也体现了将政府福利定性为财产或者非财产的过程所存在的难度。最高法院在这些判决中并未适用具有一致性和通贯性的原则。

□ 简短会议有时是充分的

在 Goss v. Lopez[③] 案中，五名大法官出具的多数意见判定公立学校对一名学生作出停学 10 天的纪律处分，剥夺了该学生在正当程序条款意义上的财产权。因此，该学校根据宪法需要提供某些有限的程序性权利。四名持不同意见的大法官则认为，停学 10 天，这一纪律处分涉及的利益过于轻微，不足以支持宪法保护。类似的，在 Memphis Light, Gas & Water Division v. Craft[④] 案中，六名大法官判定一家市政府的公用事业部门（utility division）因为没有支付账单而决定停止提供服务，涉及受正当程序保护的财产权剥夺。同样，三名持不同意见的大法官认为，这一利益过于轻微，不足以支持宪法保护。

□ 对正当程序范围的限制

在 O'Bannon v. Town Court Nursing Center[⑤] 案中，支持对受正当程序保护的福利决定进行限制的意见占据上风。在该案中，一家疗养院的住户主张，正当程序条款适用于一项撤销授权疗养院使用政府开支为他们提供照顾服务的行政决定。这一撤销决定并未剥夺这些住户的福利，即继续接受由政府承担开支的照顾服务，但是住户们需要被迫搬到另一 760
家疗养院。七名大法官维持了这一行政决定，尽管搬迁的痛苦经历给住户们造成了损害，但是正当程序并不适用，因为该行政机关只给住户造成“间接”损害。Brennan 大法官在不同意见书中主张，迫使疗养院的住户搬迁剥夺了住户的财产利益。

---

① 151 F. 3d 1194 (9th Cir. 1998).

② 另可参见 Pittman v. Chicago Board of Education, 64 F. 3d 1098 (7th Cir. 1995)（立法机关可以取消法律创设的财产权，但是不能取消合同创设的财产权）。

③ 419 U. S. 565 (1975).

④ 436 U. S. 1 (1978).

⑤ 447 U. S. 773 (1980).

□ 对正当程序范围的观点存在的不一致性

某些案件并未引发对是否适用正当程序条款的不同意见，尽管行政决定的性质表明了不同意见的依据。例如，在 Barry v. Barchi[1] 案中，最高法院以一致意见判定正当程序条款适用于行政机关作出的暂扣驯马师执照 15 天的决定。不太协调的现实是，七名大法官相信疗养院的住户在避免被迫搬迁方面并不具有财产利益，四名大法官相信学生对于避免 10 天的停学处分方面并不具有财产利益，三名大法官相信公民对继续接受公用事业服务并不具有财产利益，但是所有九名大法官相信驯马师对避免暂扣执照 15 天的决定具有财产利益。

□ 主观性价值与传统描述

对政府福利的这些分散的观点，我们可以用下列几种方式加以解释。首先，多数大法官相信至少某些类型的政府福利，例如继续住在你所选择的疗养院，是不值得接受宪法保护的。因此，尽管最高法院认为它已经放弃了对受保护的“权利”和不受保护的“特权”的区分，但是它实际上还在调整“权利”与“特权”的边界。最高法院很可能不再将这一边界两侧的利益称为“权利”和“特权”，但是它在继续作出具有相同效力的区分。其次，我们难以对受正当程序保护的福利与不受正当程序保护的福利作出有原则性的（principled）区分。每位大法官的观点都是受其自己对特定利益所作的主观价值评估的影响。再次，最高法院在这一领域的观点继续受其之前将特定政府福利定性为“权利”或者“特权”的影响。而如果我们发现最高法院不再将职业许可称之为传统的权利/特权区分下的“权利”，我们就会更容易理解最高法院为什么会作出本来令人难以理解的一致判决，即暂扣驯马师执照 15 天的决定受正当程序保护。[2]

□ 利益必须具有实定法渊源

多数大法官一直坚持认为要将一项利益定性为正当程序保护的“财产”，必须拥有实
761 证法——州普通法、法律或者合同——的渊源。[3] 大多数的现代案件中所涉及的“财产”利益，要么是通过合同创设，要么是通过法律创设的。不过，最高法院有关正当程序条款的判决意见同时涉及合同和法律，证明了这里所涉及的分析任务是有困难的。

□ 政府公职中的财产利益

最高法院在对政府与个人之间的雇佣关系适用正当程序的问题所作的判决，对于最高法院在区分受保护和不受保护的政府福利时遭遇的困难提供了很好的例证。有的政府雇员案件依据的是合同条款，而有的则是依据法律条款。即使是在 Goldberg 案所作判决之前，最高法院已经判决某些政府雇佣关系是受正当程序保护的。具体来说，有固定教职的教

---

① 443 U. S. 55 (1979).

② 参见 Schware v. Board of Bar Examiners，353 U. S. 232 (1957)。

③ 例如，Leis v. Flynt，439 U. S. 438 (1979)（其他州的律师并不具有在俄亥俄州为客户提供代理的财产利益，因为俄亥俄州并没有法律赋予在本地出庭的权利（right to appear pro hac vice））。

师，其工作合同中规定只能基于合理事由解雇，也有权要求举行听证，从而可以对学校认为有权解雇他们的观点进行争辩。① 在 Goldberg 案之后，最高法院需要对一系列案件作出裁判，在这些判决中最高法院阐明了教师可以获得保护的范围，并试图确定其他政府雇佣关系在多大程度上得到正当程序的保护。

Board of Regents v. Roth② 案和 Perry v. Sindermann③ 案——在同一天判决的这两起案件中，最高法院在 Goldberg 案之后试图确定州立学院雇佣关系的情境中正当程序条款的适用范围。Roth 和 Sindermann 都是州立学院的教授，都没有固定教职。最高法院判定，Sindermann 的工作受正当程序保护，而 Roth 的工作则不受正当程序的保护。

□ 政府合同可以创设财产利益

Roth 获聘担任固定的一年期限的教职，而在第二年未获继续聘任。他希望能够得到续聘，但是学院从未向其保证他会在第一年期限届满之后继续留任。最高法院在其判决主旨中作了如下解释，认为 Roth 的雇佣关系不受正当程序的保护：

> 要对一项福利拥有财产利益，个人首先必须拥有的不只是对该福利的需要或者愿望。他不仅必须对该福利拥有单方的期待，还必须拥有合法地主张享有该福利的权利。④

□ 享有职位保障的雇员与可以被任意解除职务的雇员

最高法院判定，与 Roth 不同，Sindermann 尽管没有在该学院拥有任何正式的教职，
他对其工作提出“合法的权利主张”。最高法院在 Sindermann 案所作判决主旨的依据是 762
该学院的若干出版物中包含的若干陈述表明，任何已在该学院任教超过 7 年的个人，只要该教师的表现令人满意，学院希望无限期保留其教职。通过采用合同法律解释，最高法院认定 Sindermann 对这些陈述的信赖足以将本来的“单方期待”转化为“合法的权利主张”：

> 如果存在可以支持他对这种福利提出权利主张的规则或者双方相互的、明确的理解，并且他可以在听证时提出该权利主张，则个人在该福利中的利益构成正当程序条款意义上的“财产”利益。⑤

如果最高法院能够将有关雇佣关系的正当程序判决限定于州立学院的教师，它在这一领域的判决法理可能会以令人满意的方式继续演变。保护有固定教职保障的教授不被武断地解雇，可以作为违宪条件原则的合理延伸而获得辩护。学术性固定教职（academic tenure）这一独特概念是学术自由的前提条件，而学术自由又是《联邦宪法》第一修正案特别关切的一项问题。⑥ 但是，最高法院在 Roth 案和 Sindermann 案之后的判决意见表明，它在这两起案件中所采取的合同法律解释的推理，也可以宽泛地适用于影响基于合同的雇佣关系的所有行政行为。⑦

---

① Slochower v. Board of Education，350 U. S. 551 (1956).

② 408 U. S. 564 (1972).

③ 408 U. S. 593 (1972).

④ 408 U. S. at 577.

⑤ 408 U. S. at 601.

⑥ Minnesota Bd. of Community Colleges v. Knight，465 U. S. 271，296 (1984).

⑦ 例如，Brock v. Roadway Express，481 U. S. 252 (1987)。

□ 为什么不适用合同法?

根据与政府订立的合同，认定存在受正当程序保护的“财产”利益，引发了一系列令人困扰的问题。首先，当该当事人可以根据合同法享有一系列发展成熟的权利和救济方式时，为什么政府合同的一方当事人需要得到正当程序的保护？最高法院还没有讨论这一问题，也许是因为大法官们尚未对合理的答案达成一致意见。在 Vail v. Board of Education[①]案中，第七巡回法院的合议庭多数意见采用了 Roth 案和 Sindermann 案的推理，支持不能未经听证而解雇中学橄榄球教练，因为他的雇佣合同赋予其受正当程序保护的财产利益。持不同意见的法官认为，尽管教练可能有合理的违约诉讼理由，但他并不具有受正当程序
763 保护的财产利益。持不同意见的法官指出，如果进行合理延伸，合同权利属于受正当程序保护的财产利益，这一推理将要求行政机关在作出任何行为之前举行听证，而这与购买纸夹的合同存在矛盾。他看不出有什么理由支持对作为合同一方当事人的政府，而非合同另一方当事人施加更重的负担。最高法院作出了维持第七巡回法院的判决，但是判决时两派意见人数相同。[②] 因为最高法院遵循了自身的一项传统，即如果两派意见人数相同时，不发表相应的判决意见，所以我们无从知晓大法官之间意见分歧的依据所在。考虑到所提出的问题之性质，以及巡回法院法官的不同判决意见，我们至少可以合理地认为，最高法院是在政府雇佣合同是否创设了得到正当程序保护的财产利益这一问题上形成了人数相同的两派意见。

□ 为什么只有雇佣合同?

最高法院在 Roth 案和 Sindermann 案中基于合同作出的推理，还引发了第二项问题，那就是：何种类型的政府合同创设了受正当程序保护的财产利益？最高法院只对雇佣合同适用了这一推理，它还从未判定购买货物或者服务的政府合同创设了受正当程序保护的财产利益。大多数巡回法院都拒绝了对其他类型的政府合同适用 Roth 案和 Sindermann 案之推理的企图。[③] 这种拒绝是可以理解的。考虑到无论在什么时候都有数以千万计的政府合同处于有效状态，所有行政机关都将需要在采取可能与合同存在矛盾的任何行为之前提供听证机会。

□ 可能的替代方案标准：政府垄断性权力

不过，正当程序原则现在的适用范围——只适用于政府雇佣合同——引发了第三项问题：为什么政府雇佣合同所创设的应当是得到正当程序保护的利益，而其他类型的政府合同不能创设此种利益？Stephen Williams 教授指出了一种出于正当程序目的而对政府合同进行区分的可能方式。[④] 在某些重要的情境中，政府拥有垄断性权力。如果政府终止个人

---

① 706 F. 2d 1435 (7th Cir. 1983).

② 466 U. S. 377 (1984).

③ 例可参见 S & D Maintenance Co. v. Golding，844 F. 2d 962 (2d Cir. 1988)；San Bernardino Physicians Services v. County of San Bernardino，825 F. 2d 1404 (9th Cir. 1987)。不同意见，参见 G&G Fire Sprinklers v. Bradshaw，156 F. 3d 893 (9th Cir. 1998)。

④ Williams，“Liberty and Property：The Problem of Government Benefits”，12 *J. Legal Stud*. (1983).

的福利金或者终止个人作为武器系统分析师的雇佣关系，该个人将会遭受异常严重的损害，因为他对于这些福利没有其他现实的替代途径。另一方面，如果政府终止一名秘书或者律师的职务，他在私人部门还可以找到其他工作。但是，正如 Williams 教授所承认的，这种区分的潜在依据至少在以下两点上是有问题的：首先，它并不能完美契合当下基于合 764
同的正当程序保护的范围。某些政府雇员在非政府部门也可以找到类似工作，而对与政府存在其他类型合同联系的某些个人来说，他们的货物或者服务并没有明显的非政府性质的消费者。其次，适用这种潜在区分，要求法院对数以千计的市场进行复杂的经济分析。这种任务是繁重的，将会超出许多法官的能力范围。

一篇学生撰写的评注（Note）深入分析了利用雇佣合同作为一种渊源确立受正当程序保护的财产利益时所固有的严重的概念性、分析性和实践性问题。[①] 最高法院还没有对这篇评注所讨论的这些文章发表过任何意见。但是，最高法院最近审理的案件表明它在继续接受这样一种推理，即至少在某些情况下，雇佣合同可以创设受正当程序保护的财产利益。在 Brock v. Roadway Express[②] 案中，最高法院适用了 Roth 案和 Sindermann 案中的推理，以其作为依据判定，根据两名私方当事人之间的雇佣合同，雇主拥有受正当程序保护的财产利益。

□ 雇主对于解雇雇员的合同权利享有财产利益

Roadway Express 案涉及的是劳工部适用《1982 年地面交通援助法》（the Surface Transportation Assistance Act of 1982）中的“举报人”保护条款。该条款授权劳工部命令货运公司重新恢复之前遭解雇的雇员的工作，如果劳工部能够确定该雇员遭解雇的原因是他向劳工部举报了安全违法的行为。在该案中，Roadway 公司解雇了一名司机，理由是他不能充分履行其职责。该司机向劳工部投诉，认为他实际上是因为向交通部举报了 Roadway 公司的安全违法行为而遭解雇的。劳工部命令 Roadway 公司恢复该雇员的职务，理由是劳工部确定 Roadway 因为该雇员举报安全违法行为而将其解雇的行为已经构成违法。大法官们对于劳工部在命令恢复雇员职务时需要采用的程序上存在广泛的不同意见，但是最高法院以一致意见判定该雇主存在受正当程序保护的财产利益，这一财产利益是由雇主与雇员的工会之间订立的集体协商协议所创设的。该合同授权雇主基于合理事由解雇任何雇员。

□ 私人合同区别于政府合同

Roadway Express 还引发了另一项有关创设受正当程序保护的财产利益的情形的问题：最高法院应当区分政府违反政府合同的行为与政府剥夺私人合同赋予个人的权利的行 765
为吗？Roadway 案中的判决主旨，即私方当事人之间的合同可以创设受正当程序保护的财产利益，可以由法院拒绝允许基于正当程序条款进行的宪法推理将政府合同法包含在内，而进行协调。这两种情形是完全可以区分的。如果政府的行为方式不符合其与雇员或者供应商订立的合同中的条款，私方当事人完全可以通过违约诉讼的方式针对政府寻求非宪法性的救济。但是，当政府要求个人所采取的行为方式不符合他与其他个人订立的合同中规

① Note, “Breach of Contract as a Due Process Violation: Can the Constitution Be a Font of Contract Law?”, 90 *Colum. L. Rev.* 1098 (1990).

② 481 U. S. 252 (1987).

定的权利，在该合同中处于不利地位的当事人对于合同的另一方当事人或者政府没有明显的救济方式。在这种情况下，正当程序可能是唯一可以约束政府武断地剥夺有价值的合同权利的手段。

□ 一项“理解”必然具备作为创设财产利益之合同的资格吗?

在 Miller v. Crystal Lake Park District① 案中，第七巡回法院对于如何合理解释 Perry v. Sindermann② 案的判决主旨产生了分歧。一份市政府人事手册中包含了以下两段表述：(1)“部门首长（Department Heads）可以基于合理事由解雇任何雇员”；(2)“本手册的内容……不得被解释为……雇佣合同。”市政府未经说明事由即解除了一名雇员的职务。该雇员指控对他的解雇决定违反了正当程序。多数意见判定并不存在违反正当程序规定的行为，因为该手册并未创设该雇员工作中的财产利益。多数意见将 Sindermann 案解释为承认工作中的财产利益，只有在州法会承认此类权利时，才能根据正当程序条款获得程序性保障。多数意见将第二项声明解释为免责声明，即州法院会在违约诉讼中判定有效。多数意见对上述（1）和（2）两段表述合并解释为是部门首长的政治上级对部门首长的裁量权所施加的限制，而不是对市政府本身或者其政治性领导人的裁量权所施加的限制。持不同意见的法官在以下三个方面与多数意见存在分歧：他认为州法院将会判定该免责声明无效，并且将声明（1）解释为是对市政府的裁量权具有法律约束力的限制。他也将 Sindermann 案解释为在雇员与政府雇主对于不能依据州法构成一份合同存在“相互和明确的理解”时，承认存在正当程序保护的一项利益。

766 大多数在政府雇员情境中产生的现代的正当程序案件，都是根据财产利益的法律渊源作出裁判的。最高法院采用法律作为受正当程序保护之利益的潜在渊源，与最高法院采用合同作为受正当程序保护之利益的潜在渊源一样，引发了令人困扰的问题。有关政府雇员的案件说明了这些问题。

□ 政府公职中的法定财产利益

Arnett v. Kennedy③ 案所争讼的是解除“经济机会办公室”（the Office of Economic Opportunity）的雇员职务时所采用的程序。大法官们对如何解决所提出的争议问题形成了三派意见。四名大法官认为根据正当程序条款，行政机关必须提供比可适用的法律中所规定更高的程序性保障，并且法律所要求的程序从宪法上看是不充分的；两名大法官认为根据正当程序条款，行政机关必须提供更多的程序性保障，但是他们也认定行政机关所遵循的法定程序是足以满足正当程序要求的。还有三位大法官则认为，最高法院无权根据正当程序条款要求行政机关采用比法律中所要求更高的程序。Rehnquist 大法官（后任首席大法官）代表三名大法官陈述的推理既是复杂的，也是存在争议的。

□ 法定权利的“甘苦同受”理论

Rehnquist 大法官将调整 Kennedy 的雇佣关系的法律解释为，只有在行政机关能够证

---

① 47 F. 3d 865 (7th Cir. 1995).

② 408 U. S. 593 (1972).

③ 416 U. S. 134 (1974).

明存在合理事由时，才可以允许解除其职务的。因此，Rehnquist 大法官承认根据 Roth 案，Kennedy 对其工作拥有受正当程序保护的财产利益。尽管存在受保护的财产利益，Rehnquist 大法官相信最高法院不能适用正当程序条款，以要求行政机关采用比法律中所规定的要求更高的程序。Rehnquist 大法官的理由是，该法律对其所创设的财产利益通过描述与该利益相联系的程序而进行界定的。他认为并不存在抽象意义上的财产利益，任何财产利益都必须有具体的法律依据，无论是普通法还是制定法。与 Arnett 案一样，当立法机关创设了财产利益时，立法机关有权以其选择的任何方式对财产利益的范围进行界定。它可以限制其存续期间或者通过指出雇员不愿采取行为，构成了解除职务之合理事由，而对其进行限定。因为创设了财产利益的立法机关可以对其范围进行实质性的限制，Rehnquist 大法官认为，立法机关有权通过规定财产利益只能得到法律中所规定的程序性保障，而对财产利益的范围进行限定。该法律的受益人只有接受“甘苦同受”（the bitter 767
with the sweet）时，才能获得该法律所赋予的权益（benefits）。Rehnquist 大法官认定，立法机关在同一部法律中规定了创设在没有认定合理事由时继续雇佣关系的权利，以及确定是否存在合理事由时所采用的程序时，已经对其所创设的权利范围进行了可以允许的程序性限制。

□ 不同意“甘苦同受”理论

尽管 Rehnquist 大法官的观点首次出现在该案件的报告之中，但是他的分析并不属于该案件的判决主旨之一部分。他的判决意见之所以首次出现，是因为两名大法官所持的意见是支持 Rehnquist 大法官所代表的三名大法官的协同意见，构成了由五名大法官组成的多数派，从而认为行政机关所采用的程序并不违反正当程序。两名大法官分别出具的判决意见，是构成支持维持判决的多数意见所必需的，但是他们提出协同意见的依据却是与 Rehnquist 大法官所表达的完全不同的依据。具体来说，持协同意见的两名大法官并不赞同 Rehnquist 的推理，即立法机关可以通过对法律所赋予的权利进行程序性限制，而避免法院根据正当程序条款施加补充性的程序要求。因此，Rehnquist 大法官所代表的复数意见并不能构成最高法院的判决主旨。相反，最高法院在这一问题上形成了 6∶3 的两派，其中两名持协同意见的大法官与四名持不同意见的大法官都强烈反对 Rehnquist 的分析意见。

尽管大法官们在其他问题上存在意见分歧，持协同意见者和持反对意见者对于持复数意见者所采取的进路作出了相同的反应。立法机关可以选择根本不创设财产利益。但是，一旦立法机关通过法律创设一项财产利益，最高法院而非立法机关就必须确定在剥夺个人的财产利益之前，正当程序条款所要求的程序的性质。

□ 对“甘苦同受”理论的表面接受

Rehnquist 大法官在 Arnett 案中所支持的理论在该案中被六名大法官所否定，但是如果是在 Bishop v. Wood① 案中五名大法官可能会接受这一理论。Bishop 是某市的一名警察，被以不服从上级、缺勤和实施了与官员身份不符的行为等理由直接解雇。市镇条例中的规定是将 Bishop 归入只能基于合理事由解雇的永久性雇员。Bishop 主张该市没有提供

---

① 426 U. S. 341 (1976).

任何程序，以允许他反驳针对他提出的指控，从而违反了正当程序。五名大法官出具的多数意见判定 Bishop 并不具有受正当程序保护的财产利益，因为他可以被任意解雇。他们是基于与 Arnett 案中三名大法官的复数意见中类似的推理作出其判决主旨的：“市镇条例可以被解释为……只是要求采用特定程序解除该雇员的职务。”[①] 地区法院正是通过这种方
768 式对市镇条例进行了解释，并且多数意见接受对了州法的这种解释。既然 Bishop 的财产利益只能取决于州法的规定而存在，多数意见认为其范围，包括其程序性范围，也是完全属于州法规定的事项。

四名持不同意见的大法官指责多数意见让 Arnett 案中六名大法官已经拒绝的理论又死灰复燃。在他们看来，Bishop 案是受 Arnett 案制约的：

> 该市镇条例明确规定原告对其工作享有权利，除非有合理事由，否则不得解雇。赋予原告此种权利的是《联邦宪法》，而不是州法，州法负责的是确定在州政府作出任何剥夺该权利的决定时需要适用的程序。[②]

多数意见拒绝了这一指控，认为它已经尊重了下级法院的解释，即市镇条例赋予市政府“任意”解雇 Bishop 的权力。Bishop 案中的判决主旨几乎肯定受到了联邦制考量因素的影响。至少有的大法官特别不愿意干预州立法机关为了保护州创设的法定利益而作的程序选择。

□“甘苦同受”理论的抛弃

尽管 Bishop 案采纳了 Arnett 案中复数意见的理论，但是最高法院后来又抛弃了该案中的解释。在 Cleveland Board of Education v. Loudermill[③] 案中，八名大法官出具的多数意见判定 Bishop 案和 Arnett 案中的理论“对宪法保障存在误解”。多数意见认为，州政府雇员享有职位保障权利时，不能在未经事先听证的情况下被解除职务。它认定：“尽管立法机关可以选择不赋予在政府雇佣关系中的财产利益，但它一旦赋予此种利益，依据宪法就不能在没有合理保障的情况下授权剥夺此种利益。”[④] 首席大法官 Rehnquist 根据他的“甘苦同受”理论提出了不同意见。

□ 对“甘苦同受”理论的批评

多数意见指出 Bishop 案和 Arnett 案中的理论“对宪法保障存在误解”，这一点是正确的。重要的是，要认识到接受这一理论具有的终极性的含义。如果最高法院接受了 Bishop 案和 Arnett 案的理论，正当程序条款将不能适用于同样包含程序性规定的法律所创设的任何财产利益。因此，最高法院将推翻几乎所有涉及财产利益的现代的正当程序案件，以及相当一部分将某些类型的法定权益归类为“权利”的更早的案件。

但是，这一革命性的结论并不能说明 Bishop 案和 Arnett 案中理论之意义的局限。根
769 据这一理论，所有财产利益都必须在制定法或者普通法中寻找到渊源，立法机关可以通过法律对法定的财产权益进行限制。立法机关也有权对普通法进行修改，只是会受征收条款所施加的非常不确定的限制的影响。因此，如果进行逻辑推演，Bishop 案和 Arnett 案的

---

① Id. at 345.

② 426 U. S. at 360-361.

③ 470 U. S. 532，541 (1985).

④ Id. at 541.

理论将会授权立法机关确定所有财产利益的程序性范围，而无论其渊源是法律还是普通法。因此，Bishop 案和 Arnett 案的理论最终会产生以下两种影响的其中一种：（1）完全取消了正当程序条款对财产利益的保护；或者（2）推翻了 Marbury v. Madison 案，因为立法机关而非司法机关会成为正当程序条款的终极解释渊源。

这些问题显然促使最高法院抛弃了 Bishop 案和 Arnett 案中所采取的进路。最高法院的解释是“实体和程序的分类是容易区分的”，因为“否则的话，正当程序条款将陷入同义反复”①。因此，“一旦确定可以适用正当程序条款，‘仍然需要回答什么程序是正当的问题’”②。最高法院强调指出，对于什么程序是正当的问题，其答案“不在于俄亥俄州的这部法律”，该法赋予该雇员对其工作享有职位保障的权利。③ 相反，答案在于法院对正当程序条款的适用。

□ 正当程序条款的目的

正当程序条款的目的是要确保拥有财产权利的个人免受政府武断剥夺这些权利的风险。在对权利的实体范围进行限制的立法行为与对权利的程序范围进行限制的立法行为之间也存在重要的区分。例如，通过限制权利的存续期间或者对合理行为限定条件而对权利设定实体限制的立法行为，以相同方式影响所有享有该权利的人。因此，只要实体限制不违反实体性宪法权利，最高法院可以依靠这种政治程序作为防止立法机关过度剥夺众多公民之实体性财产权利的自动限制。

但是，立法机关不能在同等程度上依靠政治程序自动限制程序泛滥。如果立法机关可以创设实体性权利，但是因为没有相应的程序性保障机制而无法强制执行实体性权利，行政机关就可以通过拉拢政友，打压政敌的策略，有选择地忽略这些权利。不过，立法机关通过指出它通过法律赋予的推定性权利，可以回避对选民承担的责任。

正当程序条款的目的是限制立法机关允许武断地剥夺个人的权利。但是，根据 Bishop 770
案和 Arnett 案的进路，只有立法机关有权确定其行为在多大程度上受正当程序的限制。它本来可以选择提供程序性保障，甚至是不提供任何程序性保障，作为对该利益限定的条件。立法机关应当继续自由对权利设定实体限制，只要这些限制不违反《联邦宪法》的实体性规定。司法机关应当保留这样的权力，即要求行政机关在赋予个人权利时，在规定了实体性标准的同时必须有相应的程序性保障作为配套，从而让实体性标准能够发挥实际效力。

□ 法律作为财产利益之渊源的问题

最高法院明智地抛弃了“甘苦同受”理论。不过，这并不意味着最高法院已经选择了合理的替代手段以确认受保护的财产利益。“甘苦同受”理论可以说明最高法院依靠法律条文确定个人是否拥有财产利益，将会导致的两点严重缺陷。④ 首先，最高法院根据法律条文确定财产利益是否存在及其实体范围，加上其不愿依赖法律条文确定财产利益的程序

---

① Id. at 541.

② Id. at 541.

③ Id. at 541.

④ 参见 Mashaw, “Dignitary Process: A Political Psychology of Liberal Democratic Citizenship”, 39 *U. Fla. L. Rev.* 433 (1987)。

范围，使财产利益的存在取决于法律起草的细节。如果立法机关作出如下规定，将会产生什么效力："雇员有权在终止雇佣关系的决定之前获得听证，除非该雇员是基于合理事由而被终止雇佣关系的。"因为权利本身是在程序上进行界定的，法院需要努力寻找法律所创设的任何财产利益。立法机关将会做到 Loudermill 案多数意见所试图排除的内容。其次，最高法院在判断什么是正当程序时所采用的标准之性质表明，立法机关可能在作出这些判断时相比法院具有明显的机构优势（institutional advantages）。正如 § 9.5 所描述的，最高法院采用了综合性的成本效益标准判断程序在多大程度上是正当的。不过，联邦法院并不具有足够的能力对一项行政决定中可能涉及的众多社会成本和效益进行确认和定性分析，以便要求行政机关在一类纠纷中采用特定的程序。

□ 替代方案标准："任何类型的重大损失"

最高法院确定"财产"利益之存在所采用的现有方法存在严重的概念性和分析性问题，加上最高法院采用这一方法的判决默示中明显存在的不一致，证明最高法院需要对这一方法进行重新考虑。最高法院应当回归众多宪法学者所敦促，并为 Frankfurter 大法官在 Joint Anti-Fascist Committee v. McGrath[1] 案中采用的标准——正当程序保护适用于
771 "任何类型的重大损失"。最高法院如果同时宣布行政机关很少需要提供审判型听证，它就可以采用这一措施而不必担心对政府造成过度的负担。在剥夺个人某些有价值的利益的大量行政行为中，正当程序大致介于 Goss v. Lopez[2] 案中所描述的一般性、非正式的告知程序和口头回应的机会，以及 Mathews v. Eldridge[3] 案中最高法院判定具有充分性的程序，即更严格和书面形式的一般性、非正式的决定程序之间。最高法院将只需要面对三项更容易处理的任务：（1）确认哪些少数行政行为对个人只产生如此轻微的不利影响，以至于不需要有特定程序要求；（2）确认哪些少数行政行为对个人产生如此破坏性的影响，以至于应当要求采用负担很重的审判型听证[4]；（3）确定立法机关或者行政机关所选择的特定的非正式决定程序对裁决特定类型的纠纷来说是否是充分的。

□ 涉及财产利益的作为例证的案件

在 Town of Castle Rock v. Gonzales[5] 案中，七位大法官的多数意见认为，获得州法限制命令（state restraining order）的个人并不拥有在执行该命令中的财产利益，即使州法是要让执行该命令是强制性的。该案裁判的总体背景是在 20 世纪 80 年代和 90 年代的若干州制定了要求警察强制执行限制家庭暴力命令的法律。该案的具体背景是屡次拒绝警察强制执行该命令，杀害这种命令本来想要保护的小孩，从而违反了这种命令。这一命令的第四个目标受益人——小孩的母亲，同时也是命令对象的妻子——提出了 § 1983 诉讼，她主张州因为拒绝强制执行该命令而剥夺了她享有的正当程序保障。第十巡回法院全席审理后判定，州政府拒绝强制执行限制命令，构成了未经正当程序保障即剥夺了这位母亲的

---

① 341 U. S. 123，168 (1951).

② 419 U. S. 565 (1975).

③ 424 U. S. 319 (1976).

④ 例如，Goldberg v. Kelly，397 U. S. 257 (1970)（当替代性的程序非常不稳定，并且决定的效力是剥夺了无助的儿童"赖以生存的唯一手段"时，需要采用审判型听证）。

⑤ 125 S. Ct. 2796 (2005).

财产利益，但是最高法院推翻了第十巡回法院的判决。

该案多数意见作出该判决的依据是若干显然独立的推理文字。第一，多数意见提到了赋予刑事执法机关以裁量权，即使是在面对显然强制性的立法，以及这一传统的有力政策依据，例如，违反刑法的形式多样和执法机关拥有的资源有限的情形。第二，州法不能创 772
造财产利益，因为它过于不确定，也就是说，它可以解释为逮捕、申请逮捕证或者利用其他执行限制命令的“合理手段”。第三，该法律并未创设逮捕的权利。第四，限制令不可能是财产，因为它并没有可以确认的财产价值。第五，该法律和命令并未创设财产利益，因为它们只是对个人赋予了间接利益。两位持协同意见的大法官补充了第六项理由——州不能创设程序中的财产利益，因为在正当程序原则中程序和实体是分离的。

两位大法官撰写了长篇不同意见，试图驳斥多数意见和协同意见中所提出的每项主张。持不同意见的大法官也认为，最高法院本来应该尊重巡回法院对于州法的解释或者对州最高法院书面证明（certified）州法问题。他们也认为，警察的行为剥夺了这位母亲的财产利益而没有想起提供正当程序的保障，因为警察并未倾听她的意见，并未在作出决定时适用相关的标准。

在 Darr v. Town of Telluride① 案中，第十巡回法院认为，一位市政府官员对其工作并没有财产利益，即使作为准据法的法律规定提到了“试用期”（probationary period），他已经试用期满，并且雇员过去只是基于合理理由才被终止职务。法院认为，只有在法律明确规定赋予职位保障，或者将终止职务的决定限制于“合理事由”时，才能创设对政府工作的财产利益。

在 Wilson v. MVM② 案中，第三巡回法院在判决中赞同了第二巡回法院和第九巡回法院的意见，即对私人雇主拥有根据合同解除雇员职务的权利限定于基于合理事由，赋予了雇员对其工作的财产利益，从而排除了政府剥夺雇员的职位而不提供正当程序保障的行为。在 Redondo-Borges v. HUD③ 案中，第一巡回法院驳回了原告有关自己被剥夺了三项财产利益的主张。住房和城市发展部（HUD）授予原告一份建筑合同。住房和城市发展部后来认定原告不是一个负责任的供应商，取消了这份合同。原告认为，住房和城市发展部剥夺了它的三项财产利益而没有提供正当程序的权利。这三项财产利益是：（1）7 年间向住房和城市发展部的合同投标的权利；（2）它的负责任供应商的地位；（3）它在已被取 773
消的合同中的利益。第一巡回法院驳回了第一点财产利益，理由是该供应商并未提供充分的事实支持其主张，即它已经被拒绝在 7 年内参与投标。第一巡回法院驳回了第二点财产利益，则是因为这完全是供应商的单方期待。第一巡回法院还驳回了第三点财产利益，理由是在它和其他巡回法院都一直认为单纯违约并不等于剥夺财产。在一项脚注中，该法院指出，如果供应商主张自己被剥夺了一项自由利益，它本来可能会得出不同的结论，因为该供应商可以被认为是因为欺诈和不诚实的指控而被剥夺了某种有形的利益。

在 Grayden v. Rhodes④ 案中，第十一巡回法院认为，出租住所的持续居住是受保护的财产利益，即使租约中所规定的是可以任意取消的租赁权。

在 Bloch v. Powell⑤ 案中，哥伦比亚特区巡回法院认为，一个从驻外机构退休的个人并不拥有对年金的财产利益。哥伦比亚特区巡回法院承认，之前从未有对外服务局的退休

① 495 F. 3d 1243 (10th Cir. 2007).

② 475 F. 3d 166 (3d Cir. 2007).

③ 421 F. 3d 1 (1st Cir. 2005).

④ 345 F. 3d 1225 (11th Cir. 2003)，详细讨论参见§9.5 和§19.3。

⑤ 348 F. 3d 1060 (D. C. Cir. 2003).

雇员被拒绝年金待遇，但是它认为，相关法律并未赋予退休者年金以财产利益，因为它在设置享受年金待遇的资格时规定了“获得国务卿同意”的条件。这一少见的事实为国务卿拒绝个人年金待遇的同样少见的决定提供了绝佳的例证。该个人被指控违反了国家安全的多项规定，最后选择了辞职而非对这些指控作出抗辩。

在 Ciambriello v. County of Nassau① 案中，第二巡回法院存在分歧的合议庭认为，县政府雇员遭遇降级时被剥夺了财产利益。多数意见认定，根据集体协商协议，县政府需要采用特定的程序才能降级，因此政府雇员对其所处的具体职位拥有财产利益。持不同意见的法官则认为，雇员对其职位并不拥有财产利益，因为集体协商协议并没有明确规定他只能基于合理事由才能被降级。

在 Muncy v. City of Dallas② 案中，第五巡回法院认为，被免除指挥职位（command position）的市警察局官员对于这些职位并不享有财产利益。法院引用了得克萨斯州法院的判决，这些判决认为除非合同或者明确的规则或者政策改变其地位，公共雇员都是任意制（at will）* 雇员。法院接着检查了可能导致地位变化的若干原因，最后认定没有一种原
774 因赋予了指挥职位以财产权利。

在 Torres-Rosado v. Rotger-Sabat③ 案中，第一巡回法院根据波多黎各法律支持了判决，即波多黎各司法部特别调查局的探员对其调查职责没有财产利益，但是对其工作具有财产利益。

在 Thomas v. Town of Hammonton④ 案中，第三巡回法院认为，市政府的雇员并不拥有财产利益，因为根据州法，原告属于任意制雇员，即使州法也规定，要终止她的职务前必须满足程序保障的要求。法院的理由是：“州法可能赋予任意制雇员以程序保障的事实，并不能将他或者她持续就业的利益转化为受正当程序条款保护的财产利益。”第八巡回法院在 Eddings v. City of Hot Springs⑤ 案中也采用相同的理由得出了同样的结论。

□“政府”何时“剥夺了”个人的权利?

只有在“政府”“剥夺”个人的“生命、自由或者财产”时，才能适用正当程序条款。一旦最高法院认定创设了一项“权利”的法律也创设“财产”利益时，类似 Goldberg 案和 Mathews 案在概念分析上就变得简单了。Goldberg 案的原告在纽约市作出终止福利决定之前一直在领受抚养儿童家庭援助金。类似的，Mathews 案的原告也在社会保障局终止福利之前，已经在领取社会保障残疾福利金。在这两起案件中，最高法院都可以轻松认定，因为行政机关之前认定个人“有权”领受这些福利金，个人已经在领受这些法定福利金，所以“政府”已经“剥夺”了个人以法定福利金形式存在的“财产”。

□“剥夺”的不确定含义

如果个人从未领受过法定福利金，以及如果个人从未被认定有权领受某福利而首次提

---

* 任意制，即可以随时解雇的雇佣关系。——译者注

① 292 F. 3d 307 (2d Cir. 2002).

② 335 F. 3d 394 (5th Cir. 2003).

③ 335 F. 3d 1 (1st Cir. 2003).

④ 351 F. 3d 108 (3d. Cir. 2003).

⑤ 323 F. 3d 596 (8th Cir. 2003).

出福利申请遭行政机关拒绝，将会怎样？该个人已经被“剥夺”了“财产”吗？他可以基于以下理论，主张他已经被剥夺了个人财产：（1）该法为具有法定特征的个人创设了财产利益；（2）他具有这些特征；（3）因此，行政机关拒绝向其提供他有权领受的福利是“剥夺”了他的“财产”。但是，行政机关可以主张，它并未“剥夺”个人的“财产”，因为该个人从未在过去领取过福利，也从未被认定有资格领取该福利。该个人从未对该福利享有既得的财产权。他只拥有正在形成的或者潜在性的利益，并不足以构成正当程序条款意义上的财产利益。这一问题经常会出现在众多情境中。令人惊奇的是，最高法院从未确定地 775
裁决过这一问题，而各巡回法院则对这一问题存在意见分歧。

□ 什么算是“政府”行为？

诸如 Goldberg 案和 Mathews 案等案件，如果援引必须是“政府”（state）* 剥夺了个人受保护的利益，就可以容易地对这一问题作出裁决。显然纽约州福利部门和社会保障局在适用政府行为要求（state action requirement）** 的意义上是符合“政府”的资格的。但是，如果政府与权利剥夺之间的关系是更为间接的，例如政府强迫或者授权私方当事人“剥夺”个人的“财产”时将会怎样？政府在剥夺权利的过程中发挥的间接作用，可以足以说明“政府”本身已经“剥夺”了个人的受保护的利益吗？这一问题同样常常出现在各种不同情境之中。联邦法院在大量复杂的、难以解释的判决意见中讨论了“政府行为”问题。①

□ 同时解释“政府”和“剥夺”的案件

什么构成“政府”行为，以及什么构成“剥夺”，这两项问题是逻辑上是容易区分的。我会对这两项问题合并讨论，只是因为某些重要案件在复杂的情况中同时提出了这两项问题。

American Manufacturers Mutual Insurance Co. v. Sullivan② 案涉及的是对宾夕法尼亚州的一部法律提起的宪法诉讼，指控该法修改劳工赔偿制度的实施程序构成违宪。宾夕法尼亚州劳工赔偿立法规定，每位雇员有权在雇主收到医疗服务的账单之后 30 天内，从雇主那里领取有关工伤医疗的“合理”和“必要”的赔偿。在 1993 年这部法律修订之前，雇主只能通过向州行政机关申诉或者从劳工赔偿法官（workers' compensation judge）那里获得有利裁决，才能以医疗服务不“合理”或者不“必要”为由拒绝支付赔偿。这一法律修正案允许雇主质疑该医疗服务的“合理性”和“必要性”，并向劳工赔偿局（the

---

* 在本节讨论的政府行为要求语境中，state 一词一般译为政府（government），相对更准确。因为无论是州政府，还是联邦政府，甚至是县、市等地方政府，它们所采取的行为都是可以满足政府行为要求的。相关概念解释，参见 Russell W. Galloway, “The Government-Action Requirement In American Constitutional Law”, 30 *Santa Clara Law Review* 935 (1990). 但是，如果在某些具体语境中也可能仅指向州，此时译者会仍译为“州”。——译者注

** 政府行为要求，其产生的根源是保护个人权利的宪法修正案（特别是《权利法案》和第十四修正案）大多数是以对政府行为的禁止性规定进行表述的。例如，第一修正案规定“国会不得立法”侵犯言论和宗教自由。因为这一要求，私方当事人（例如公民和公司）不可能违反这些修正案，所有控制此类违反宪法修正案之行为的诉讼必须证明政府（州或者联邦）在多大程度上对侵犯个人的权利。——译者注

① 有关这一法律问题的全面讨论，参见 L. Tribe, *American Constitutional Law* 1688-1720 (2d ed. 1988)。

② 526 U. S. 40 (1999).

Workers Compensation Bureau）申请进行“利用审查”*，在审查结论得出之前拒绝支付赔偿金。第三巡回法院判定：（1）雇主采取的此种行为构成政府行为；（2）在行政机关确定这些医疗服务是否“合理”和“必要”之前，雇员对获得医疗服务的赔偿金拥有财产利
776 益；（3）在利用审查程序完成前为了决定是否拒绝支付而采用的程序，并不符合正当程序。大法官多数意见推翻了第三巡回法院有关前两项问题的判决意见，从而消除了多数意见对第三项问题作出裁决的必要性。

□ 不构成政府行为

七名大法官出具的多数意见判定雇主的行为并不构成政府行为。多数意见陈述了多项理由以支持这一判决主旨：（1）仅仅规制私方当事人的行为并不会将该行为转化为政府行为；（2）州并未规定任何可以适用于该案讼争之行为的标准；（3）州并未强迫或者胁迫私方当事人从事该案讼争的行为，州只是允许实施该行为；（4）宾夕法尼亚州并未规定自己有义务提供任何劳工赔偿权益，它只对雇主设定了此种义务；（5）宾夕法尼亚州在 1915 年制定原来的劳工赔偿法对这一权利作出限制之前，并未因为雇主或者其他保险人有权在等待争议的裁决结果时拒绝支付医疗服务账单，而将传统上保留给州的权力授予雇主。

□ 不构成剥夺财产

最高法院接着以一致意见判定，在行政机关确定“合理”和“必需”的医疗服务之前，雇员对于支付账单没有财产利益。最高法院判决意见的这一部分可以解释为裁决了最高法院从未明确裁决的一项重要问题，即当个人声称符合领受福利的所有法定前提条件，但是行政机关尚未确定个人是否有资格，并且尚未提供任何福利时，个人是否对政府福利享有财产利益。六名大法官的多数意见中的推理，可以部分支持将判决意见宽泛解释为在政府确定个人具备资格，并且政府开始提供福利之前，个人对政府福利并不具有财产利益。因此，例如多数意见对该案与 Goldberg 案和 Mathews 案进行了区分，认为本案引发了“这样一项问题在终止对个人支付福利金之前，为什么必须适用剥夺权利之前的告知和听证程序”。但是，如果仔细阅读这一判决意见的话，我们会发现它并不能支持这种宽泛的解释。多数意见在脚注 13 中指出：

> 被告并未认为他们对于支付赔偿金的主张拥有财产利益，这与赔偿金本身存在明显区别，以至于可以说，州不能未经提供合理的程序性保障而最终驳回他们的主张……因此，
> 777 我们并不需要讨论这一问题。

在单独的协同意见中，三位大法官指出，他们之所以对判决持协同意见，部分是因为否认多数意见的脚注 13 中所包含的宽泛的判决主旨。其中两名大法官补充了如下意见：

> 可能在有的情况下，先前收到的赔偿金使得受伤的劳工有理由预期将继续收到赔偿金，此时该劳工完全拥有受宪法保护的“财产利益”。

如果合并解读的话，这些判决意见可以解释为只裁决了一项小问题，而更宽泛和更重要的问题仍然有待解决。

---

* 利用审查（utilization review），是指由“利用审查组织”（utilization review organization）审查医疗服务的合理性和必要性。这是为了控制医疗服务成本而引入的程序。——译者注

在 G&G Fire Sprinklers v. Bradshaw[①]案中，第九巡回法院的合议庭在如何解释和适用 Sullivan 案的问题上产生分歧。合议庭的多数意见认为加利福尼亚州的法律违反了正当程序。最高法院撤销了该案判决并将该案件发回重新审理，指示根据 Sullivan 案重新审议。在重新审理时，多数意见认定其在 1998 年所作的判决是与 Sullivan 案相互一致的，并且重新作出了该判决。因为 1998 年所作的判决意见也讨论了另一项重要问题，讨论必须从 Sullivan 案之前的判决开始。

加利福尼亚州的一部法律规定，如果州行政机关确定承包商或者分承包商没有支付加利福尼亚州现行工资标准[*]，州政府可以拒绝履行根据与州政府订立的合同已经到期的金钱给付义务。这部法律也要求在每份公共工程合同或者分包合同中将拒绝金钱给付的程序规定纳入其中。G&G 是一家负责三个公共工程项目的分承包商。未经采取任何类型的听证程序，州行政机关发布了一项命令，其中提到 G&G 尚未支付现行工资。该项命令具有的效力是拒绝向主承包商履行已经到期的金钱给付义务，并且允许主承包商拒绝向 G&G 履行已经到期的金钱给付义务。主承包商拒绝履行金钱给付义务，G&G 于是提起一项 § 1983 诉讼，指控该法违反了正当程序。

□ 政府合同创设对于支付金额的财产利益吗?

两名法官出具的多数意见判定该法违反了正当程序。这一多数意见特别判定：（1）G&G的合同创设了财产权利；（2）州政府通过间接地拒绝履行根据合同到期的金钱给付义务而剥夺了 G&G 的财产权利；（3）为了符合正当程序要求，行政机关必须提供在拒绝金钱给付义务之前举行的听证，或者是在决定拒绝金钱给付义务之后立即举行听证。持不同意见的法官则认为，G&G 的合同并未创设财产权利。他指出：（1）最高法院判定政府合同只是在雇佣合同的有限情境中创设了财产权利；（2）若干巡回法院，包括第九巡回法院判定其他政府合同并未创设财产权利；（3）公共和私人建筑合同通常都会允许一方 778
当事人在相信承包商没有遵守合同的所有规定时，拒绝履行金钱给付义务；（4）G&G 因为可以通过主张其衡平法上的代位求偿，针对州政府提起违约诉讼，已经获得了完全充分的救济。持不同意见的法官的观点更为在理，但是最高法院并未讨论这一问题。最高法院签发了调卷令，只是撤销了该判决意见，要求合议庭根据 Sullivan 案对其判决进行重新审议。

□ 政府授权拒绝支付，构成政府剥夺权利吗?

在重新审理时，多数意见认定其在 1998 年作出的判决是与 Sullivan 案相一致的，并且重新作出了该判决。多数意见引用了 Ginsburg 大法官之协同意见的一段文字作为支持，判定该法律剥夺了 G&G 的财产而没有提供正当程序。Ginsburg 大法官指出："正当程序要求在对……权利请求……进行裁决时适用公平的程序。"多数意见指出，这正是其在 1998 年判决中的判决主旨。多数意见也认定该剥夺权利的行为是政府行为，因为"在拒绝履行金钱给付义务的一方当事人完全没有裁量权时，拒绝履行金钱给付义务是根据州政府官员的指示作出的。"持不同意见的法官对这两点意见均不赞成。他主张 G&G 并未剥

---

* 现行工资标准（prevailing wage），是指劳工部门根据劳工市场信息在某一时间段，某一地区，某一职位所得出的普遍工资标准。——译者注

① 156 F. 3d 893 (9th Cir. 1998).

夺财产，因为“在工程尚未被证明满足合同条件，即符合现行工资要求时，G&G 对于工程款支付没有财产利益”。他也主张，任何可能剥夺权利的行为都不是政府行为，因为主承包商只是行使了它拒绝向 G&G 履行金钱给付义务的裁量权，前提是一旦州政府拒绝向其履行金钱给付义务。同样，持不同意见的法官的观点更为在理。

在 Lujan v. G&G Fire Sprinklers[①] 案中，最高法院以一致意见推翻了第九巡回法院的判决。最高法院推定拒绝履行金钱给付义务可以构成政府行为，以及该案涉及分承包商的受保护的财产利益。但是，最高法院判定，普通法上的违约诉讼足以满足正当程序的要求，当该案所涉及的利益是履行金钱给付义务的主张更多是基于合同而非“应得权利（present entitlement）”，亦即：“根据该权利，他现在有权行使对不动产或者个人财产行使所有权，或者是从事有报酬的职业。”

□ 当政府利用私方当事人提供法定福利时，这些当事人构成“政府”行为主体吗？

Grijalva v. Shalala[②] 案是在 Sullivan 案之前发生的一起案件。在这起案件中，第九巡回法院裁决了另一项重要的政府行为争议。《联邦医疗保险法》授权卫生和社会服务部提供法定福利——通过政府报销医疗服务供应商的特定医疗服务费用，或者是通过在与卫生和社会服务部订立合同负责提供法定福利的健康维护组织（HMO）登记。对于健康维护
779 组织和投保联邦医疗保险计划的病人之间的医疗保险范围争议，该法规定了可以适用的程序性保障。该法律也要求，卫生和社会服务部裁决在医疗保险范围争议中，对健康维护组织所作的不利决定提起的上诉时，允许对卫生和社会服务部所作的不利决定进行司法审查，并且禁止卫生和社会服务部与任何没有提供所要求的程序性保障和上诉程序的健康维护组织订立合同。卫生和社会服务部发布了一些规则，对所要求的决定程序作出了更为详细的描述。

联邦医疗保险的受益人提起一项诉讼，指控某些健康维护组织采用的决定程序不足以满足正当程序要求，并且卫生和社会服务部还在继续与这些健康维护组织订立合同。地区法院判定，健康维护组织的决定程序因为没有充分告知拒绝服务的依据，也没有充分告知上诉权利，从而违反了正当程序。地区法院指令卫生和社会服务部发布规则，要求健康维护组织采用的程序符合正当程序要求，并且对健康维护组织是否遵守卫生和社会服务部的程序性规则进行监督，对于未能遵守的，拒绝订立新合同。卫生和社会服务部提出了上诉。

巡回法院判定健康维护组织的行为构成了政府行为。巡回法院采纳了以下因素支持其判决主旨：（1）卫生和社会服务部对健康维护组织的行为实施规制；（2）健康维护组织需要遵守联邦法律和规则；（3）健康维护组织的决定可以上诉至卫生和社会服务部；（4）联邦政府已经对健康维护组织的决定程序确立了法律框架。仅仅依据巡回法院所确认的这些因素，其州行为有关的判决主旨并不符合最高法院后来在 Sullivan 案所作的判决。[③] 但是，这些判决是容易通过适用最高法院在 Sullivan 案的判决意见中所确认的某些标准而加以协调的。这些标准可以包括：（1）政府确立了可以适用于讼争行为的标准；（2）政府已经规定自己有义务提供所讼争的福利；（3）政府已经将传统上属于政府的权力授予健康维护

---

① 121 S. Ct. 1446 (2001).

② 152 F. 3d 1115 (9th Cir. 1998).

③ 参见本节上文的讨论。

组织。

□ 不同巡回法院对于“剥夺”的含义理解产生分歧

当然，法院常常需要回答在并不引发政府行为问题的情境中，法定福利的申请人已经被拒绝领受该福利的，是否已经被“剥夺”了“财产”。各巡回法院对于这一重要问题产生了分歧。

在 Purisch v. Tennessee Technological University① 案中，第六法院判定一位无固定教职的教授“对于公平的教职评审程序具有某种最低限度的财产利益”②。但是，在 Christopher v. Kukulinski③ 案中，第六巡回法院判定一名无职位保障的公务员对于自己本应得到职位保障的主张并不具有财产利益。④ 第六巡回法院认为该雇员只有“未成型的权利主张”，不足以构成财产利益。在 Kyle v. Morton High School⑤ 案中，第七巡回法院判定对试用期的雇员作出了程序上有瑕疵的解雇决定，其效力是剥夺了该雇员获得财产利益（有职位保障的地位）的机会，但是因为这一财产权利现在并不属于该雇员，损失了获得该财产的机会并不构成剥夺了宪法权利。 780

在 Flatford v. Chater⑥ 案中，第六巡回法院推定但是并未判定，社会保障残疾福利的申请人对该福利具有财产利益，这使得正当程序保障可以适用于决定申请人是否符合资格的程序。

在 Mallette v. Arlington County⑦ 案中，第四巡回法院判定正当程序适用于退休残疾福利的申请人。第四巡回法院承认，最高法院从未对这一问题作出过裁决，但是它指出：“据我们所知，每家已经审议过这一问题的下级联邦法院都否定了‘申请/撤销’的区分。”正如 Christopher 案、Kyle 案和 Batra 案的判决意见所说明的，法院对于这一点得到的是错误的信息。各巡回法院对于“申请/撤销”的区分是存在分歧的。

在 Moore v. Muncie Police & Fire Merit Commission⑧ 案中，第七巡回法院认为，人们对于未来的工作并不具有财产利益，即使他已经暂时接受该工作。在 C&E Services v. District of Columbia⑨ 案中，哥伦比亚特区巡回法院采用了类似的推理。哥伦比亚特区巡回法院认为，企业即使提交了最低报价也未能获得一份合同时，并未被剥夺财产利益。哥伦比亚特区巡回法院指出：“《联邦宪法》对财产权的程序保护是对个人在具体福利中已经获得的利益的安全保障。”在 Whiting v. University of Southern Mississippi⑩ 案中，第五巡回法院同意了哥伦比亚特区巡回法院和第七巡回法院的意见。

在 Sass v. California Board of Prison Terms⑪ 案中，第九巡回法院得出了模棱两可的

---

① 76 F. 3d 1414 (6th Cir. 1996).

② 另可参见 Stauch v. City of Columbia Heights, 212 F. 3d 425 (8th Cir. 2000)（所持执照即将过期的人，对执照延期具有财产利益）。

③ 61 F. 3d 479 (6th Cir. 1995).

④ 另可见 Batra v. Board of Regents of University of Nebraska, 79 F. 3d 717 (8th Cir. 1996).

⑤ 144 F. 3d 448 (7th Cir. 1998).

⑥ 93 F. 3d 1296 (6th Cir. 1996).

⑦ 91 F. 3d 630 (4th Cir. 1996).

⑧ 312 F. 3d 322 (7th Cir. 2002).

⑨ 310 F. 3d 192 (D. C. Cir. 2002).

⑩ 451 F. 3d 339 (5th Cir. 2006).

⑪ 461 F. 3d 123 (9th Cir. 2006)

结论，即加利福尼亚州的犯人对于假释拥有自由利益，因为该州假释立法采用了这样的文
781 字——“除了它认定……应当规定释放的日期。”

在 Gikas v. Washington School District[1] 案中，第三巡回法院认为，一位合格的教职申请人并不对该职位拥有财产利益，但是他确实拥有该州法律规定的退伍军人优惠政策的财产利益。第二项判决意见看起来是很奇怪的。因为第三巡回法院接着认为，申请人无权获得他要求的唯一的程序保障——获得告知其符合福利申请资格的权利——我们难以想象拥有对法定优惠政策的财产利益到底是意味着什么。也许它是指，州行政机关不能在没有提供正当程序保障的条件下剥夺一个人的福利，但是这一结论是没有意义的，因为州行政机关不能剥夺州法律所赋予个人的任何权利，无论该法律是否创设了财产利益。

在 Kapps v. Wing[2] 案中，第二巡回法院认为，纽约州的家庭能源援助项目（Home Energy Assistance Program）福利申请人拥有正当程序保障的财产利益。家庭能源援助项目是联邦提供资金、州负责实施的项目。第二巡回法院认定，联邦政府并未创设获得家庭能源援助项目福利的权利，但是纽约州规定了通过规定有权获得该福利的个人应当符合的强制性客观标准而创设了这样的权利。第二巡回法院接着认定，福利申请人拥有获得正当程序保障的权利，即使他们显然还没有“被剥夺”任何他们之前拥有的财产。第二巡回法院认为最高法院从未讨论过这一问题，但是第二巡回法院（不准确地）声称所有已经处理过这一问题的巡回法院都认为，对可能构成财产的事物提出申请的人需要获得正当程序的保障。最后，第二巡回法院判定，在州用完联邦提供的资金之前，申请人都是对福利拥有财产利益，尽管申请人即使满足资格标准，也可能会一无所获，因为州是否提供福利取决于是否可以取得联邦资金。

在 Teigen v. Renfrow[3] 案中，第十巡回法院认为，被指控的科罗拉多州矫正部对人事决定提出申诉的人列入“黑名单”，从而使其失去晋升资格，这种做法并不违反正当程序。法院认定，雇员并不拥有获得晋升或列入晋升考虑范围的财产利益，即使这种黑名单和阻止晋升的做法违反了州法，因为没有州的法律或者州宪法的条款的用语是可以创设职务晋升的财产利益。法院认定，州法所赋予的可适用权利（applicable rights）是程序性权利而
782 非实体性权利。

最高法院应当消除不同巡回法院之间的分歧，并且通过判定福利申请人并不属于正当程序保护之范围而对这一重要问题作出裁决。通过解读和适用第五修正案的文字，就容易对这一问题作出这种裁决：“任何人……未经法律上的正当程序……不得被剥夺财产……”一个人不可能被剥夺他尚未拥有的财产。还有很多人需要在《联邦宪法》的条文之外寻找理由。最高法院不应该扩大一项来源模糊（dubious pedigree）、社会成本高昂、社会效益高度不确定的原则的适用范围。[4]

□ 什么是“自由”?

在确定行政行为是否剥夺了个人的“自由”利益时，最高法院所遇到的困难甚至比确定受保护的“财产”利益的范围时还要大。“自由”显然包括了免受监禁。最高法院已经

---

① 328 F. 3d 731 (3d Cir. 2003).

② 404 F. 3d 105 (2d Cir. 2005).

③ 511 F. 3d 1072 (10th Cir. 2007).

④ 参见 Pierce, “The Due Process Counterrevolution of the 1990s”?, 96 *Colum. L. Rev.* 1973 (1996)。

审理了大量涉及犯人的正当程序权利的案件。[①]这些案件是疑难的，因为所有犯人通常都是基于合理事由而被剥夺自由的；犯人权利的案件涉及监禁的各项条件。

□ 犯人权利的案件说明了更广泛的趋势

众多涉及犯人正当程序权利的复杂案件，更适合于在刑法学或者有关犯人权利的著作中进行详细讨论，而非在“行政法专论”中进行详细论述。但是，对最高法院在审理这类争议时所采用进路是那个的重大变化进行简要概述，有助于我们深入了解最高法院在正当程序保护的合理范围上所作的整体思考。

在早期对涉及犯人的案件所作的判决中，最高法院适用以下两项标准确定自由利益的范围：（1）对自由的约束程度，也就是犯人是否遭受了“重大损失”；（2）对监狱管理人员的裁量权进行限制的法律或者规则是否承认该利益但是，在后来的案件中，最高法院忽略了第一项标准，而将注意力完全集中在第二项标准上。在 20 世纪 90 年代初期，犯人每年提起超过 2.5 万件诉讼，指控因为监狱管理人员违反了监狱规则的行为，侵犯了他们对 783
自由的正当程序权利。这些案件中有相当比例涉及指控剥夺了轻微的“权利”[②]。

在 Sandin v. Conner[③] 案中，最高法院通过对犯人受保护的自由利益之范围进行重大修改而消除了这一问题。最高法院判定，只有在监狱当局“给犯人的日常生活造成典型和明显的困难时”，犯人才具有受正当程序保护的自由利益。多数意见认定，在该案中，监狱当局在作出 30 天禁闭期的惩戒措施之前所实施的行为，并不能满足剥夺具体情形中存在的受保护的自由的最低要求。这些情形包括在监禁制度中，关禁闭与众多其他犯人的监禁条件没有实质差别。多数意见强调指出，这一判决主旨部分是出于这样的担心，即最高法院先前几乎完全强调是否存在限制监狱管理人员裁量权的规则，会产生人们意料之外、非常不愿看到的影响，即让监狱当局不愿发布规则限制监狱管理人员的裁量权。

四名大法官在两份判决意见中持不同意见。这些持不同意见的大法官并未反对多数意见中的众多宽泛的观点，例如有的下级法院将最高法院先前的判决意见解释为鼓励对无足轻重的行为提起诉讼，有的下级法院将这些判决意见解释为不鼓励监狱管理人员发布规则。但是，这些持不同意见的大法官对该案讼争的惩戒行为的定性存在不同意见。他们认为，基于对犯人实施了“严重不法行为”的事实认定而作出的关禁闭的惩戒措施，符合构成剥夺受保护自由利益的最低限度要求。

Sandin 案中所宣布的重大的原则变化，其影响是将众多案件中原告本来可能胜诉的变

---

① 例如，Kentucky Dept. of Corrections v. Thompson，490 U. S. 454 (1989)（犯人并不具有接受某些类型的探视者的“自由”利益）；Meachum v. Fano，427 U. S. 215 (1976)（犯人并不具有避免转移至另一所监狱的“自由”利益）；Wolff v. McDonnell，418 U. S. 539 (1974)（犯人具有保留“好时间”的“自由”利益）；Gagnon v. Scarpelli，411 U. S. 778 (1973)（犯人具有获得假释的“自由”利益）；Morrisey v. Brewer，408 U. S. 471 (1972)（犯人具有获得保释的“自由”利益）。

② 例可参见 Burgin v. Nix，899 F. 2d 733 (8th Cir. 1990)（指控监狱当局剥夺了犯人中午使用托盘而非餐盒用餐的权利，而没有遵守正当程序）。

③ 515 U. S. 472 (1995).

成了政府可以轻易获胜。[①] Sandin 案中的判决意见也可能预示着最高法院确定一项利益是
784 否受正当程序保护的方法发生更广泛的变化。[②]

在 Wilkinson v. Austin[③] 案中，最高法院以一致意见判定，将一位犯人关押在 Supermax 监狱*，剥夺了犯人的自由利益。最高法院首先提到了他在 Sandin v. Conner[④] 案中的判决，改变犯人的关押条件并不涉及剥夺犯人的自由利益，除非这种改变"对犯人的监狱生活的普通事件施加了不寻常和重大的困苦"，而下级法院在它们对于这一标准的解释上存在分歧。最高法院的结论是，无论划分界限有多么困难，将犯人投入 Supermax 监狱就满足了这一标准。最高法院认为，将犯人投入 Supermax 监狱是无限期地剥夺了犯人几乎所有与其他人接触的机会，并且使得犯人无法申请假释。"尽管这些条件孤立来看的话，并不一定足以构成自由利益，但是综合在一起看的话，就是在矫正的背景下构成了不寻常和重大的困苦。"

□ 自由不仅指免于监禁

最高法院一直以来都是承认"自由"所包括的远不只是免于非法监禁。在 Meyer v. Nebraska[⑤] 案中，最高法院通过下列文字，描述了其在先前的案件中对适用正当程序保护的自由利益进行的界定：

尽管本院未曾试图准确界定正当程序所保障的……自由，但是自由一词已经被多次审议，也肯定已经提及其中包含的一些内容。毫无疑问，它所涉及的不只是人身不受约束，也包括个人订立合同、求职求学、成家立业、养育儿女，以及享受长期以来众所公认的……对自由人有序寻求幸福来说不可或缺的那些特权。

□ 所建议的替代性的定义：程序性自由

William Van Alstyne 建议最高法院对"自由"作出足够宽泛的定义，以便让最高法院能够不必继续费力确定正当程序保护的"财产"。根据 Van Alstyne 的建议，自由应当包括个人免受通过不可靠的手段所进行的政府裁决。[⑥] 最高法院有的时候采纳了这种界定
785 自由的程序性方法。"程序上的公正性和规律性是自由不可或缺的要素。"[⑦]"自由的历史在很大程度上就是奉行程序保障的历史。"[⑧] 现在的最高法院回避了这种常识性的进路，而更青睐于将对个人产生的特定不利影响描述为"自由"或者非"自由"。其结果是导致了判决模式前后不一致，而无法引用任何通贯性的原则加以解释。

---

* 该监狱位于科罗拉多佛罗伦萨，1994 年投入使用，拥有众多高科技设施，用于关押全美国最暴力和危险的罪犯。——译者注

① 例可参见，Mitchell v. Dupnick，75 F. 3d 517 (3d Cir. 1996)；Dominique v. Weld，73 F. 3d 1156 (1st Cir. 1996)；Ricardo v. Kinker，73 F. 3d 612 (5th Cir. 1996)。

② 参见 Pierce，"The Due Process Counterrevolution of the 1990's?"，96 *Colum. L. Rev.* 1973 (1996)。

③ 125 S. Ct. 2384 (2005).

④ 515 U. S. 472 (1995).

⑤ 262 U. S. 390，399 (1923)

⑥ Van Alstyne，"Cracks in the 'New Property'：Adjudicative Due Process in the Administrative State"，62 *Cornell L. Rev.* 445，487 (1977).

⑦ Shaughnessy v. United States *ex rel*. Mezei，345 U. S. 206，224 (1953).

⑧ McNabb v. United States，318 U. S. 332，347 (1943).

□ 声誉性的自由得到承认

在 Wisconsin v. Constantineau[①] 案中，最高法院判定，威斯康星州的一部法律违反了《联邦宪法》的正当程序条款，因为该法律允许警察局长在所有酒类商店张贴告示，宣布某个人经常醉酒，而没有向个人提供对警察局长对其所作的定性提出质疑的机会。最高法院判定"粘贴告示……是如此羞辱性的标志，以至于程序性的正当程序原则要求提供告知和听证的机会。"[②]

类似的，在 Goss v. Lopez[③] 案中，最高法院判定，公立学校的学生在因为被指控有不法行为而遭遇停学处分，而没有得到对不法行为指控提出质疑的机会，是被剥夺了自由利益。在 Goss 案中所指的自由利益，与 Constantineau 案一样，是个人对良好声誉的利益。最高法院承认，对不法行为的指控"可能严重影响该学生在其同学和老师中的地位，也会影响今后接受高等教育或者求职的机会……"[④] 最高法院强调指出，个人为了维护名誉不受政府官员作出不利定性的自由利益，是独立于政府雇员同时剥夺的财产利益的。[⑤] 四名大法官在 Goss 案中持不同意见，但是其依据只是 10 天的停学处分没有构成对名誉的"严重损害"，不足以启动正当程序保护。所有九名大法官都承认，在名誉免受政府非法贴上标签所导致的严重损害之中存在着自由利益。

□ 声誉性自由不受保护

最高法院在 Goss 案之后的判决意见体现了一项重大转变，即不再采用先前对自由的宽泛解释。最高法院这种后退的做法，是沿着若干分析路径进行的。Paul v. Davis[⑥] 案涉及的是对警察局长的做法——广泛向商家散发"店内扒手"的姓名和照片——基于正当程序原则提起的质疑。Davis 先生和照片也在散发材料之列，尽管他从未因盗窃商店而被定罪，并且他也没有获得机会对被指控为店内扒手提起质疑。尽管该案明显与 Constantineau 案存在相似性，但五名大法官出具的多数意见判定 Davis 先生并未被剥夺任何自由利益。这一判决主旨所依据的理由有三点。 786

□ 围绕声誉性自由的争议

首先，多数意见否认声誉根本不在自由概念之内。最高法院不诚实地将 Constantineau 案定性仅仅是涉及财产权的案件，即张贴 Constantineau 的姓名将会剥夺她购买酒精饮料的普通法上的财产权利。基于这一推理，法院已经将 Constantineau 案解释为，只有在行政行为也剥夺了个人的某些更看得见的利益时，行政行为才是剥夺了个人受保护的声誉性利益。[⑦] 其次，多数意见认为，没有必要对个人的声誉提供正当程序保护，因为州侵

---

① 400 U.S. 433 (1971).
② Id. at 436.
③ 419 U.S. 565 (1975).
④ Id. at 575.
⑤ Id. at 574.
⑥ 424 U.S. 693 (1976)
⑦ 例可参见 Rosenstein v. City of Dallas, 876 F. 2d 392 (5th Cir. 1989)。

权法已经对声誉利益提供了充分的保护。最后，多数意见认为，任何财产或者自由利益，都必须在联邦或者州的实体性法律中寻找到相应的渊源。我们不可能在联邦法中找到声誉权利的法律渊源，而且“肯塔基州的法律并不对被告现实享有声誉（present enjoyment of reputation）提供任何法律保障……”[①]“自由”的宪法保障完全取决于各州通过法律形式赋予某种形式的自由，这一观念是与最高法院众多先前的判决，例如 Constantineau 案和 Goss 案不符的。

四位大法官撰写了一份措辞严厉的不同意见，认为多数意见是“短命的反常决定”，并认为：

最高法院仅仅通过命令而没有进行分析，将声誉中的个人利益完全排除在《联邦宪法》第五修正案和第十四修正案规定的“生命、自由或者利益”的范围之外，从而使得正当程序的要求永远不会适用于政府的污名化（stigmatization）行为，无论该行为多么武断。[②]

持不同意见的大法官本来可以准确地将 Paul 案中多数意见描述为没有对自由利益进行深入分析的限缩解释，但是迄今为止，他们的预测，即多数意见代表的是“短命的反常决定”已经证明是不准确的。最高法院在 Siegert v. Gilley[③] 案中以 5：3 的票数维持了 Paul 案的判决。在 Siegert 案中，多数意见对 Paul 案中的判决主旨进行了延伸适用，排除了在声誉中存在自由利益的可能性，即使是恶意进行的污名化描述，也将会明显影响个人未来的职场机会。

□ 未获州法承认的利益或者受州侵权法保护的权利不是自由

自从 Paul 案以来，最高法院的多数派已经在另外几起案件中采用 Paul 案所采用的一
787 种或者全部三种方法对自由概念的范围进行限缩解释：（1）所涉及的利益不属于自由的字面含义；（2）侵权法救济足以保护案件中涉及的利益；（3）该利益没有得到联邦或者州的普通法或者法律的承认。最高法院特别拒绝要求在以下两种情形根据正当程序条款提供程序性保障：（1）当州没有通过法律承认自由利益时[④]；（2）当州已经有意识地决定不提供程序性保障，即使案件涉及自由利益。[⑤] 我之前曾经在讨论最高法院对财产利益适用正当程序条款的情境中，讨论了这种正当程序分析方法中存在的明显的缺陷。根据其合乎逻辑的结论，“甘苦同受”路径将会取消对所有自由利益提供正当程序保障。最高法院已经在涉及财产利益的情境中抛弃了这一路径。

□“环境转换造成的创伤（Transfer trauma）”不属于自由利益

在 O'Bannon v. Town Court Nursing[⑥] 案中，最高法院延续了对自由利益进行限缩解释的趋势。最高法院判定，受联邦资金支持的疗养院，其居民对于避免被迫转移至另一家疗养院并不具有自由利益。但是，在 O'Bannon 案中，最高法院可能有合法、独立的理由

---

① 424 U. S. at 711.

② 424 U. S. at 721.

③ 500 U. S. 226 (1991).

④ Meachum v. Fano, 427 U. S. 215 (1976).

⑤ 例如，Ingraham v. Wright, 430 U. S. 651 (1977)。

⑥ 447 U. S. 773 (1980).

支持其判决。原告诉称的被迫转移至另一家疗养院，是行政机关认为该疗养院未能满足健康和安全标准而停止对其继续提供资金这一决定所引发的附随效果。多数意见对于该行政行为对疗养院住户造成的不利影响之间接性给予了可以理解的重视。行政机关已经对疗养院的所有权人提供了听证的机会，让所有权人能够对疗养院存在的众多违反联邦法律的观点提出争辩。

□ 州政府官员的殴打是否涉及自由利益?

在 Ingraham v. Wright[1] 案中，五名大法官出具的多数意见表明了对“自由”利益进行的最为明显的限缩。这里所提出的问题是公立学校的学生在接受体罚之前是否有权要求任何形式的听证。在有的案件中，学生遭受体罚时甚至没有被告知体罚的原因，而在另外的案件中，所有大班的学生遭受体罚，因为不知道班级里是谁实施了不法行为。在有的案件中，学生遭受的伤害如此严重，以至于他们在家需要休息一周以上。巡回法院的判决意见对这些武断实施严厉体罚的骇人行为作了详细论述。[2]

在 Ingraham 案提出的问题是非常简单的。如果自由可以代表任何事物，其含义至少必须包括个人不受政府机关实施的武断殴打。在 Ingraham 案中，五名大法官出具的多数 788
意见承认了这一事实。但是，他们所作的是走一步退一步。因为州并不要求在学校体罚学生之前进行任何听证。多数意见认为，即使是最高法院在 Goss 案中要求在作出停学处分时必须提供简短的非正式的听证，也是不合适的。Ingraham 案的多数意见担心，将正当程序条款适用于学校纪律处分的案件，将会削弱教师和校长的权威。但是，最高法院在 Goss 案中强调了所要求的听证程序之非正式性质，以减轻上述的担心。

□ 声誉加上更有形的利益等于受保护的利益

我们难以预测最高法院未来在涉及自由权利的案件中的判决模式。最高法院在对待这一问题上已经不能保持一致性。在个人是否具有反对政府对其声誉采取污名化措施的自由利益这一问题上，最高法院所采取的判决模式就说明了这一问题。在 Constantineau 案和 Goss 案中，最高法院承认了此种利益。在 Paul 案和 Ingraham 案中，最高法院拒绝承认此种利益。紧接着，在 Owen v. City of Independence[3] 案中，最高法院再次以一致意见承认了声誉免受武断、官方的污名化中存在的自由利益。Owen 是 Independence 市的警察局长，被市议会解除职务。市议会没有对其作出的决定说明官方的理由，但是 Owen 是在市议员指控 Owen 的一系列行为构成公务不当行为（malfeasance）之后立即遭到市议会解雇的。最高法院的多数意见未经讨论即推定 Owen 被解除职务，侵犯了他所享有的告知和听证的正当程序权利。四名大法官持不同意见，但是所采取的依据不是多数意见所推定的侵犯正当程序权利。因此，九名大法官显然一致认为，该市已经剥夺了 Owen 所享有的受正当程序保护的权利。

在 Owen 案中，我们难以找到与最高法院在之前界定财产和自由利益的案件时相互一致的任何讼争的受保护利益。调整 Owen 的雇佣关系的法律，允许市议会在任何时候出于任何理由解除其职务。因此，根据存在争议的 Bishop/Arnett 理论，或者是根据大家普遍

---

① 430 U. S. 651 (1977).

② 498 F. 2d at 253-259.

③ 445 U. S. 622 (1980).

接受的 Roth 案和 Sindermann 案中宣布的理论，Owen 对其工作并不具有财产利益。最高法院承认，Owen 在该案并不涉及财产利益。他指控违反正当程序的唯一依据是，他声称具有避免其声誉受官方污名化的利益。[1] Owen 案支持的观点是，并不足以作为“自由”得到保护的利益，加上并不足以作为“财产”得到保护的利益，等于某种类型的受保护的利益。这种观点尽管看起来有些愚蠢，但它显然就是现在适用的法律规则。联邦法院经常
789 适用“污名化＋”标准（stigma plus test）。如果政府在给个人打上污名化的标签的同时，剥夺了个人某些有形的利益，就可以认定政府剥夺了个人的自由利益。

□ 适用“污名化＋”标准的案件

这一问题产生于很多情境之中。在 Connecticut Department of Public Safety v. Doe[2] 案中，最高法院以一致意见支持了康涅狄格州的“梅根法则（Megan's Law)”，即授权公布性侵犯罪行的罪犯。巡回法院已经支持了这一条款违反了正当程序原则，因为公布个人的姓名剥夺了他受保护的自由利益。该州敦促最高法院推翻了这一判决，理由是它与 Paul v. Davis 案[3]——最高法院认为官方对单个人打上耻辱的标签并不构成自由利益的剥夺——之间存在矛盾。但是，最高法院发现并不必然能够得出这一结论。最高法院支持这一法律规则，因为个人寻求证明机会的问题——个人不再构成对社会的威胁——在法律中的制作名单条款来看是不相关，尽管与制作名单条款相关的唯一事实——个人实施了性侵犯罪行——已经在个人有机会参与的刑事诉讼中得到证明。

在 Stodghill v. Wellston School District[4] 案中，第八巡回法院认为，因为调查作弊成风的问题时解雇一位督学（superintendent of schools）并不满足“污名化＋”标准，因为他不是因为“直接的不诚实、不道德、犯罪，或者种族主义”而被解雇。相反，他是因为工作业绩表现不佳而被解雇。

在 Roth v. King[5] 案中，哥伦比亚特区巡回法院认为，曾经获得指派担任未成年犯罪案件中为未成年被告提供辩护的律师，在辩护服务局（the Defender Service）局长和法官所实施的一项新的任务分配制度排除了这些律师的指派工作时，并没有被剥夺财产利益。哥伦比亚特区巡回法院的理由是，“没有什么法律、规章或者法院的规则保证任何律师”获得此项指派工作，法院一直拥有作出指派决定的裁量权。

在 Whiting v. University of Southern Mississippi[6] 案中，第五巡回法院认为，没有任期保障的教授因为实施了学术欺诈行为而被拒绝给予任期保障，这不能满足“污名化＋”标准，因为她并未表明，大学“以官方或者有意的方式”公开了拒绝任期保障的公认的污
790 名化理由。法院认为，参与决定过程而了解污名化理由的 30 个人受到指示不要与他人讨论这一理由，这一理由也已记载在她的档案（records）中供将来的雇主查阅，但是这一事实并不足以构成这一决定污名化理由的同步性有意公布。

在 Segal v. City of New York[7] 案中，第二巡回法院则不同意第五巡回法院的观点。

---

[1] Id. at 631.
[2] 123 S. Ct. 1160 (2003).
[3] 424 U. S. 693 (1976).
[4] 512 F. 3d 472 (8th Cir. 2008).
[5] 449 F. 3d 1272 (D. C. Cir. 2006).
[6] 451 F. 3d 339 (5th Cir. 2006).
[7] 459 F. 3d 207 (2d Cir. 2006).

第二巡回法院认为，仅仅是在已解职雇员的人事档案中加入对不利人事决定的污名化理由，已经满足了这一要求，即被告与人事决定同步公布污名化理由。

在 Hill v. Borough of Kutztown[1] 案中，第三巡回法院认为，该镇（borough）经理证明他在被解职时被公开指控有违法行为，尽管他显然对自己的工作并没有财产利益，这仍然满足了“污名化＋”标准。

在 Velez v. Levy[2] 案中，第二巡回法院认为，因为被指控捏造的犯罪行为而被解除民选职务，构成了“污名化＋”标准，即使提出污名化指控的官员和作出解职决定的官员并非同一个人。

在 Dupuy v. Samuels[3] 案中，第七巡回法院认为，有两类个人符合“污名化＋”标准而有一类个人不符合这一标准。伊利诺伊州儿童和家庭服务部开展调查以决定一位小孩是否遭受虐待或者忽略，并报告这些调查的结果。儿童看护工作者，试图成为儿童看护工作者的个人，以及养父母试图质疑这些调查小孩是否遭受上述三类人员的虐待或者忽视的程序是否合宪。法院的结论是，被认定存在虐待或者忽视行为的儿童看护工作者被剥夺了寻求自己所选择职业的自由利益，因为“许可机关，现在或者将来的雇主可以看到或者使用”这些认定结论。法院认为，试图成为儿童看护工作者的个人也被剥夺了自由利益，因为这种认定结论会在个人寻求儿童看护工作者的职位时因为州法的实施而传播到潜在的雇主。但是，法院认为，养父母并未被剥夺自由利益，因为认定养父母虐待或者忽视儿童的 791
结论是保密的，而且养父母并不是一种职业。

在 Hutchinson v. CIA[4] 案中，哥伦比亚特区巡回法院基于两点理由判定原告的诉讼请求未能满足“污名化＋”标准。其一，行政机关终止原告职务的理由可以归入工作业绩不佳的范畴。法院的结论是，工作业绩不佳的定性，并不带有“足以构成剥夺自由的不名誉(opprobrium)”。其二，即使终止其工作的理由具有足够的污名化效果，她也没有证明行政机关已经将这些理由公之于众。

在 Patterson v. City of Utica[5] 案中，第二巡回法院认为，原告满足了“污名化＋”标准。他实际上三次被解雇。第一次，市长公开指控他是毒品贩子。法院认为，公开陈述的理由足以证明耻辱的存在，但是，有形的剥夺还不足以满足该标准的加成部分要求，因为市长要求他在两周后回到工作岗位。第二次的情形与第一次相似，法院也给出了同样的推理和结论。第三次是永久性解除职务，因而显然满足了这一标准的加成部分要求。市政府认为第三次并不能满足这一标准的污名部分的要求，因为这次解雇的理由并未产生充分的污名化效果，也没有在作出解雇决定的同时将理由公之于众。法院认为，所提供的理由——未经授权接受市税支付（receipt of unauthorized payments for city property），对其部分的违法行为的知情，没有支付许可费和其他账单——具有足够的污名化效果。法院也认定，这些理由是一次性公开的，并且所采取的方式是在法律上相当于同步公开的陈述。理由陈述是在为了解释为什么原告终止职务的 8 日内解雇而特别召开的会议上向两组社区领袖们提供的。

在 Gibson v. Garuthersville School District[6] 案中，第八巡回法院认为，该教育委员会

---

① 455 F. 3d 225 (3d Cir. 2006).

② 401 F. 3d 75 (2d Cir. 2005).

③ 397 F. 3d 493 (7th Cir. 2005).

④ 393 F. 3d 226 (D. C. Cir. 2005)，参见§5.17 的讨论。

⑤ 370 F. 3d 322 (2d Cir. 2004).

⑥ 336 F. 3d 768 (8th Cir. 2003).

终止一位试用教练兼教师的职务满足了“污名化＋”标准，因为他是“不顺从、多变、反常，并且可能会对学生造成伤害”。法院的推理是：“考虑到 Gibson 后来在求职中遭遇困难的证据，我们同意这些指控，包括他曾经袭击和威胁学生的指控，具有充分的污名化意味，以至于会牵涉到 Gibson 的自由利益。”

在 Putnam v. Keller[1] 案中，第八巡回法院认为，学院终止一位兼职，没有任期保障的讲师（instructor）满足了“污名化＋”标准。学院声称，它之所以终止该教员的职务，只是因为它不再保留他的职位，但是学院已经给该讲师发了一封信函，因为他挪用学校资
792 金、鼓励不合适的性暗示（sexual overtone）而禁止他继续教学工作。学院声称这封信函是私密性质的，但是法院认为，学院已经和某些教员（faculty）和雇员，以及县警长和检察官分享这封信函的内容。

在 DiBlasio v. Novello[2] 案中，第二巡回法院认为，纽约州健康专员（Health Commissioner）以简易程序中止一位医生的执照，符合“污名化＋”标准；该案中健康专员发布了新闻通稿，其中她将医生的行为定性为职业不当行为、不称职，指出这种行为本来可能是犯罪行为，可能会导致病人死亡。纽约州认为，该医生只有权获得在剥夺（利益）之后的（post-deprivation）听证，因为专员的定性是“随机和未经州政府批准的”。法院驳回了这一主张，因为专员是高级官员，而州也是通过其高级官员实施行为的。纽约州也认为，按照简易程序中止执照，在存在立即中止的紧急需要时是正当的，但是法院认为将医生受指控的不当行为告知公众的紧迫需要，创造了存在竞争的事实问题。

在 Trifax Corp v. District of Columbia[3] 案中，哥伦比亚特区巡回法院驳回了一项主张，即一家政府供应商已经因为被指控诽谤性的政府审计报告的公布而被剥夺了自由利益。哥伦比亚特区巡回法院承认该供应商将会被剥夺自由利益，如果它今后被禁止作为市政府的供应商，或者是遭受的损失如此严重以至于无法继续从事它所选择的业务。但是，法院的结论是，供应商未能证明因为审计报告导致的“与宽泛的剥夺机会存在的任何间接联系”（anything remotely close to broad preclusion）。

在 Aponte v. Calderon[4] 案中，第一巡回法院驳回了原告的主张，即他们已经被剥夺了两项受正当程序保护的利益。波多黎各总督成立了政府运行状况评估独立市民委员会（the Independent Citizens' Commission to Evaluate Government Transactions）调查政府腐败。委员会报告中明确指出原告是很可能卷入特定犯罪活动的个人。原告首先认为，他们有法律保障的权利可以免受刑事调查和指控。法院驳回了这一主张，指出“最高法院一直以来坚持一般事实调查和法律权利裁决之间的区分”。法院也指出，“行政机关所开展的调查，即使是在可能引发刑事指控的时候，也并不引发正当程序
793 权利的保护问题”。原告接着主张，这些报告已经剥夺了他们名誉中的受保护的自由利益。法院驳回了这一主张，理由是“名誉损害必须是与引发有效的正当程序请求权的法律地位的某种变化相互联系的。”

在 Atwell v. Lisle Park District[5] 案中，第七巡回法院驳回了原告的主张，即她已经被剥夺了两项受保护的利益。Lisle 园区（Lisle Park District）聘请了一家律师事务所调查

---

① 332 F. 3d 541 (8th Cir. 2003).

② 344 F. 3d 292 (2d Cir. 2003).

③ 314 F. 3d 641 (D. C. Cir. 2003).

④ 284 F. 3d 184 (1st Cir. 2002).

⑤ 286 F. 3d 987 (7th Cir. 2002).

Atwell涉嫌挪用资金的问题。Atwell声称拥有《联邦宪法》第五修正案规定的权利，拒绝与调查人员进行合作，而Lisle园区在提供告知和听证机会后，以不服从上级命令和挪用资金为由解雇了Atwell。Atwell首先主张，尽管她可以因为主张第五修正案规定的权利而被解雇，但是她被剥夺了知情权，如果调查人员强迫她披露可能导致她被定罪的信息，她是可以不受指控的。第七巡回法院驳回了她的主张，因为尽管承认这种知情权，但是除非雇员被问及具体问题，否则本案并不涉及知情权问题。在本案中，雇员完全拒绝了接受询问。Atwell接着又主张她被剥夺了自由利益，因为Lisle园区公开了有关她挪用资金的指控，其结果造成的损害如此严重，以至于她无法再找到工作。第七巡回法院承认Atwell已经被剥夺了这种自由利益，但是它认为，在Lisle园区公开信息并导致她无法再找到工作之前，Atwell已经得到了充分的告知和听证的机会。因此，她在被剥夺受保护的利益之前已经得到了正当程序的保障。

在Achustequi v. Department of Agriculture[1]案中，法院认定它并不需要确定放牧许可是否属于正当程序保护的财产，因为行政机关并没有在任何时候撤销许可时遵守法定的程序。《行政程序法》§558规定，只有在“（1）行政机关在书写作为该决定理由的事实和行为时的告知；（2）有机会展示或者实现符合所有合法要求”之后，才能“撤回、中止、撤销，或者废止许可”。

在Hedrich v. Board of Regents of University of Wisconsin System[2]案中，第七巡回法院认为，原告并不满足“污名化＋”标准。该案中，原告被拒绝了任期（tenure）保障。虽然她不受任期的保障，但她并没有被剥夺财产利益。但是，如果该州立大学已经将剥夺某些有形利益，例如不受任期保障的职位，和污名化的定性相互联结，她可能已经被剥夺了自由利益。法院认定，该州立大学并没有通过认定她没有满足该大学的学术 794
标准而给她打上耻辱印记。法院认为，给雇员打上不称职的标签，并不构成污名化。要给个人打上耻辱的印记，州必须“抨击［个人的］道德品性……或者指出不诚实或者其他道德败坏”，其程度如此严重以至于“［个人］几乎不可能在［她］选择的领域找到新的工作”。

在People's Mojahedin Organization of Iran v. Department of State[3]案中，哥伦比亚特区巡回法院认为，当国务院将一个组织认定为恐怖主义组织时，国务院并未剥夺任何人正当程序原则保护的利益，因为该组织在美国并没有明显的存在。但是，在National Council of Resistance of Iran v. Department of State[4]案中，哥伦比亚特区巡回法院认为，国务院在将一个组织认定为恐怖主义组织时并未剥夺该组织受正当程序保护的利益。行政机关通过将污名化的指定和剥夺有形利益联结，而违反了Paul v. Davis[5]案中宣布的“污名化＋”标准（stigma plus test）。哥伦比亚特区巡回法院的结论是该组织在一家小银行账号中的利益构成了有形利益。该法院认定，它并不需要确定该组织的成员进入美国的权利，还是该组织获得他人的物质支持符合有形利益的资格。

在Donato v. Plainview-Old Bethpage Central School District[6]案中，存在意见分歧的第二巡回法院判定没有职位保障的校长助理，因为工作考核结果不合格，在没有获得

① 257 F. 3d 1124 (9th Cir. 2001).

② 274 F. 3d 1174 (7th Cir. 2001).

③ 182 F. 3d 12 (D. C. Cir. 1999).

④ 251 F. 3d 192 (D. C. Cir. 2001).

⑤ 424 U. S. 693 (1976).

⑥ 96 F. 3d 623 (2d Cir. 1996).

对评估结果进行申辩的听证机会的情况下未获续约，是被剥夺了自由利益。持不同意见的法官认为，多数意见“对‘污名化指控’设定的门槛太低，以至于涉及《联邦宪法》第十四修正案的问题”。持不同意见的法官的观点更具有说服力。多数意见忽略了该法引发的意料之外的后果。我们很容易评估学区为了应对这一判决主旨将会实施的行为。他们在决定对工作考核不合格的无职位保障的教师不予续约时，将不会说明不予续约的理由，也不会在雇员的材料中提及相关的理由。相比听证，这种做法实施起来更容易，风险更小，成本也更低。该雇员以后会被其他学区雇用，而其他学区无从知道该雇员是因为工作考核不合格而未获续约。其结果势必会导致公立教育质量低
795 下或者恶化。[1]

在 Head v. Chicago School Reform Bd. of Trustees[2] 案中，第七巡回法院判定，出于工作不能胜任而解雇某雇员的行为并未剥夺该雇员受保护的利益。如果要满足具备受宪法保护的权利剥夺的条件，解雇雇员的理由必须包含对雇员的“良好名声、声誉、荣誉或者诚实性”提出的质疑。

在 Doe v. Bagan[3] 案中，第十巡回法院判定原告遭受的只是不能得到正当程序保护的声誉损失。原告是一名 9 岁的男童，被接受调查以确定他是否对一名 5 岁女童实施了性侵犯。这一调查的开展导致该社区中很多人都知道原告在接受调查而被迫转校。法院判定，原告只是遭受了超出正当程序保护范围的声誉损失。第十巡回法院承认了原告接受公立教育的权利，但是认定他并未被剥夺了这一权利，因为他可以自由地在别的学校接受公立教育。

在 Kartseva v. Department of State[4] 案中，哥伦比亚特区巡回法院将案件发回重新审理，并允许地区法院作出额外的事实认定，以便确定原告是否有受正当程序保护的利益遭受损害。国务院因为非特定的安全考虑而取消了原告——政府承包商的一名雇员履行合同的资格，并且没有提供任何听证机会。承包商随后终止了原告的职务。原告指控国务院已经侵犯了她的正当程序权利，因为它不仅损害了她的声誉，也剥夺了她享有的另一项司法上可以识别的权利。法院判定原告如果能够证明原告具有下列情形，就具有相应的诉讼理由：（1）正式改变了她的法律地位，从而使得她被自动排除了从事其他政府工作的可能性；或者（2）其效力是排除了她作为俄语翻译的职业选择。法院指出，证明其未来职业前景遭受损害，并不足以证明剥夺了一项受正当程序保护的权利。

在 Erickson v. United States[5] 案中，第九巡回法院首先判定医疗服务提供商并不具有继续参加联邦医疗保险和联邦医疗补助计划之资格的财产利益，因为医疗服务提供商并不是这些项目的目标受益人。在这一方面，第九巡回法院与第一巡回法院和第十巡回法院意见一致，而与第四巡回法院意见相左。但是，第九巡回法院则判定，当行政机关以医生对联邦医疗保险服务提供了虚假权利请求的刑事定罪判决为由而终止了医生参与这些计划的
796 权利时，该医生是被剥夺了自由利益。法院认为，这项终止参与联邦医疗保险计划的命令在改变医生的法律地位——参与联邦医疗保险的资格——的同时，也损害了医生的声

---

① 参见 Randi W. v. Muroc Joint Unified School District, 60 Cal. Rptr. 2d 263 (1997)（判定学区对校长助理对 13 岁女生实施性侵犯承担责任，因为该学区在写推荐信时并没有披露该校长助理对其他女生实施了性骚扰行为这一未经证实的指控）。

② 225 F. 3d 794 (7th Cir. 2000).

③ 41 F. 3d 571 (10th Cir. 1994).

④ 37 F. 3d 1524 (D. C. Cir. 1994).

⑤ 67 F. 3d 858 (9th Cir. 1995).

誉——该终止命令是基于医生先前的刑事定罪判决。这一推理是值得质疑的。对于医生声誉的损害显然是因为其先前的刑事定罪判决。根据刑事定罪判决而作出的后续的终止资格的命令，不可能造成明显的、额外的声誉损害。

□ 最高法院有关正当利益原则保护的利益范围的判决存在不可预测性、主观性，分析上缺乏通贯性

由于大法官们长期以来存在的强烈意见分歧，以及各位大法官所表达观点的不一致性，我们很难预测在一起争议中受政府行为影响的利益是否可以得到正当程序的保障。尽管最高法院一直说明它已经“充分并且最终抛弃了对‘权利’和‘特权’所作的僵化的区分”，但是最高法院对传统上归为特权的利益适用正当程序的概率，相比它对传统上归类为权利的利益适用正当程序的概率要高得多。[①] 除了这一一般性结论，只有仔细研读最高法院最近有关案件涉及的特定利益（例如，福利、就业和对在学儿童的惩戒）的判决，我们才有可能预测最高法院是否会承认一项利益受正当程序的保护。最高法院的判决之间并不是通过前后一致的一系列原则或者分析进路之间加以联系的。

最高法院有关受正当程序保护之利益的范围所作的无法预测的判决，突出证明了 Ely, Monaghan, Van Alstyne 和 Frankfurter 所建议的替代进路——任何对个人产生明显的不利影响的政府决定，都应该得到正当程序的保护——的价值所在。根据这一进路，最高法院应当将所有的精力集中在一项具有挑战性但又不可避免的任务，即确定对个人产生明显不利影响的所有政府行为必须配套的程序性保障的程度。

§9.5 什么是正当程序?

□ 1970 年前的趋势将其等同于司法审判型的听证

直到 20 世纪 70 年代，最高法院在认定对行政机关的决定程序适用正当程序时候，很少关注什么是正当程序的问题。大多数案件中，最高法院只是提到“听证”的要求，推定 797
人人都能理解“听证”一词的含义。在少数几份判决意见中，最高法院对正当程序所要求的“听证”之性质作了描述，这一简短的描述表明最高法院所使用的“听证”一词，只是指模仿司法审理的决定程序，包括口头提出证据和交叉质证。Warren 首席大法官在 Greene v. McElroy[②] 案中对“听证”的描述，是体现了将行政“听证”等同于司法听证之趋势的最极端的例子：

在我们的法理学中，某些原则还是相对固定不变的。其中之一就是当政府行为严重损害个人利益时，并且该行为的合理性取决于事实认定时，用于证明政府行为的证据必须向个人披露，从而让个人能够有机会证明该行为的错误。尽管这一要求在书面证据中是重要的，但是在个人的记忆可能有误，或者事实上可能作了伪证，或者存在恶意、报复、褊狭、偏见或者妒忌之动机，在证据包含其证言时，这一要求就更为重要了。我们已经将这

① 参见 Van Alstyne, “The Recrudescence of Property Rights as the Foremost Principle of Civil Liberties: The First Decade of the Burger Court”, 43 *Law & Contemp. Probs.* 66 (1980)。

② 360 U. S. 474, 496-497 (1959).

些程序保障正式体现为对质和交叉质证的要求。这些要求历史悠久。《联邦宪法》第六修正案要求所有刑事案件被告都有“与控方证人对质”的权利。最高法院一直致力于保护这些权利的完整性。最高法院不仅在刑事案件中确认这些权利……也在审查行政行为和规则制定行为的所有不同案件中确认这些权利。

□ 在正当程序保护范围扩大之后，不可能常规性地要求采用审判型听证

Warren 首席大法官所指的在裁决行政争议时采用审判型程序的不变性是非常值得质疑的。今天行政机关需要裁决的大多数争议在最近几十年才出现，在历史上也没有类似争议。不仅如此，直到 20 世纪 70 年代，联邦法院根本不愿意被卷入对大量行政裁决案件中的程序充分性问题进行审查。无论这些原则是否曾经“固定不变”，在当下的美国法律体系中它们已经不可能继续维持不变。行政机关每年裁决的行政争议中，有数以百计的案件是符合 Warren 首席大法官关于采用审判型听证程序的标准——“行为严重损害个人利益”和“行为取决于事实认定”。这些行为的数量庞大，例如事关数百万人的数百种政府福利的申请资格认定，影响数百万名各级政府雇员的人事决定，影响土地利用和分区规划规则
798 的无数地方政府的决定，环境规制决定，以及有关金融机构的规制决定。如果最高法院要求对每项取决于事实认定并且严重损害个人利益的行政决定都采用审判型听证，我们今天所了解的政府将不复存在。

在几十年里，最高法院能够通过在定性过程中将大多数重要的行政行为排除在正当程序保护范围之外，而回避不可能维持 Warren 首席大法官的“固定不变的原则”的问题。“固定不变的原则”只有在涉及“权利”时才能适用，最高法院对“权利”作了狭义解释，主要包括承袭英国的普通法中所承认的相对少量的财产权利。其他重要的权利，特别是大多数由制定法创设的大量权利，仅仅是无权得到任何程序性保障的“特权”。一旦最高法院抛弃了 Goldberg 案中对于正当程序保护所人为划定的界限，它就不可能维持这样一项假设，即所有“听证”都必须效仿司法审理。在一份判决意见中，最高法院已经对正当程序条款的范围在其过去 180 年的判决的基础上有所扩大。

□ 最高法院在现代时期承认听证含义的多样性

最高法院在对 Goldberg 案作出判决之后，被迫仔细研究了“听证”一词在行政争议裁决情境中的含义。在 1973 年之前，最高法院在这一问题上的观点已经有所变化，所有大法官都同意“听证”是一项具有模糊性的术语，可以是指众多不同的决定程序。在 United States v. Florida East Coast Ry.① 案中，七名大法官出具的多数意见判定，程序中包含对案件争点的告知以及以书面形式提供证据和主张的机会，足以满足法律和宪法的要求，即行政机关在对一家铁路公司作出增加数百万美元成本、依赖事实认定的行为时必须提供“听证”。最高法院明确抛弃了这样一项主张，即任何为了裁决事实性争议而进行的“听证”都必须包括口头提供证据和对证人进行交叉质证的权利。

① 410 U. S. 224 (1973).

□ 在 Goldberg 案中提出的对终止权利之前的审判型听证

Goldberg v. Kelly[1] 案标志着最高法院开始进行系统性的努力，以详细确定足以满足正当程序要求的这种“听证”所需要满足的程序。Goldberg 案中，原告对纽约市福利当局确定是否终止他先前根据“抚养儿童家庭援助”（AFDC）这一联邦项目而领取的福利时所采用的程序提出质疑。在决定终止福利之前，纽约市福利部门主管（welfare unit supervisor）告知该受益人行政机关准备终止其福利，告知了该拟议终止福利决定的理由，并且 799
向受益人提供了提交书面反馈，对拟议终止福利决定的理由提出质疑的机会。如果该福利部门主管在这一程序结束后决定终止福利，则该受益人可以有权申请审判型听证，但是只能是在福利终止之后。

抚养儿童家庭援助项目的受益人指控纽约市的程序违反了正当程序，因为它们并未在终止福利之前提供审判型听证。最高法院同意受益人关于需要在终止福利决定作出之前进行听证的意见，因为错误终止抚养儿童家庭援助项目的福利，将会让贫困儿童“失去赖以生存的基础”，并且会将受益人置于“立即绝望”的境地。[2] 但是，最高法院接着指出，“终止福利前的听证并不需要采取司法或者准司法型审判形式的听证”。终止福利前的听证可以限于“根据福利受益人的具体情况作出调整的以及所裁决争议的有限性质的最低限度的程序性保障”[3]。

最高法院接着分别考虑了采纳审判型听证需要的各个要素。它认定终止抚养儿童家庭援助福利的决定之性质决定了审判型听证的大多数要素都是应当具备的。最高法院特别判定纽约市的程序不充分，因为它们并未包括口头提供证据和对敌对证人进行交叉质证的权利。最高法院认定这些程序性保障至关重要，因为：（1）许多抚养儿童家庭援助项目的受益人书面沟通能力有限；（2）许多抚养儿童家庭援助福利终止争议取决于证人作证的准确性。因此，最高法院在 Goldberg 案中尽管明确承认正当程序可以要求比审判型听证要求相对宽松的程序，对于 Goldberg 案中存在争议的这一具体的决定而言，最高法院还是要求采用审判型听证。Goldberg 案原告所要求的而遭到最高法院否定的唯一的程序性保障是由政府提供费用聘请律师的权利和作出正式的事实认定的权利。

□ 对 Goldberg 案的批评

最高法院在 Goldberg 案中所作的判决引发了大量的争议。最高法院在该案中首次对先前归类为仅仅是“特权”的政府福利宽泛地适用正当程序条款，也首次审议了正当程序所要求的“听证”的具体要素。对于 Goldberg 案判决所作的三项重要评论——Burger 首席大法官和 Black 大法官的不同意见、Friendly 法官对听证性质撰写的精彩论文，以及 Mashaw 教授对有关福利资格认定的深入研究——已经对最高法院在 Goldberg 案后的判决 800
产生了重要影响。

---

① 397 U.S. 254 (1970).

② Id. at 264.

③ Id. at 267.

□ 对法定福利的损害

Burger 首席大法官在不同意见中认为，多数派的判决最终将会损害而不是帮助需要福利的个人。通过让行政机关更难、需要花费更多成本才能终止福利，他预测该判决将会产生两点负面影响。首先，福利当局将会需要对大量经费进行重新配置，将本来可以用于支付福利的资金用于确定受益人是否仍然符合资格所需的昂贵程序。因为立法机关不太可能会对福利项目的总资金增加相应的金额，这一资金重新配置势必会减少符合福利资格的人可以领取的金额。其次，通过让管理福利项目的行政官员难以将不符合资格的个人剔除出福利体系，多数意见不可避免地会让这些官员在确定初次福利资格时小心谨慎得多。其结果是，许多“迫切需要”福利的个人将不得不多等待数月才能如愿。Goldberg 案的不同意见为重新评价在终止福利案件中采用审判型听证的需要提供了原始的动力。

□ 口头听证成本高昂并且经常无效

根据对福利体系的若干研究，Jerry Mashaw 论述了 Goldberg 案中持不同意见的大法官所表达的担心。[①] 仅纽约市的福利当局一家，每月作出的福利决定就多达 4 万件。在 Goldberg 案之后，纽约市需要高薪聘请一些律师主持听证程序，以确定福利领受人是否依然符合福利资格。Mashaw 也对 Goldberg 案中所设定的听证要求是否会产生有利影响提出质疑。他认为福利领受人难以有效利用正式、审判型听证程序，因为他们请不起律师，接受的教育程度也不足以有效行使其程序性权利，过于容易受福利当局的非正式压力影响，以至于不敢主张听证的权利。Mashaw 教授认定，应当通过采纳相对便宜的内部管理工具，而不是成本高昂的正式决定程序，以提高福利资格认定的准确性。

□ 正当程序要求“某种类型的听证”，但并不必然是审判型听证

最后，Friendly 法官利用最高法院在 Goldberg 案中的判决，以及同一时期的若干类
801 似案件作为起点，讨论了“听证”的应然意义。[②] 他对司法听证中提供的程序性保障列举
如下：

（1）不存偏见的裁判机构。

（2）告知拟议行为及其理由。

（3）提供说明不该采取拟议行为的理由的机会。

（4）提供证据，包括传唤证人的权利。

（5）了解对方证人的权利。

（6）对敌对证人进行交叉质证的权利。

（7）完全依据所提供证据作出决定。

（8）获得律师代理的权利。

（9）要求裁判机构提供一份所提交证据的记录。

（10）要求裁判机构提供书面的事实认定和决定的理由。

---

① Mashaw, “The Management Side of Due Process: Accuracy, Fairness and Timeliness in Adjudication of Social Welfare Claims”, 59 *Cornell L. Rev.* 772 (1974).

② Friendly, “Some Kind of Hearing”, 123 *U. Pa. L. Rev.* 1267 (1975).

□ 对各项程序性保障分别进行的分析

Friendly 法官指出，审判型听证只是美国法官所熟悉的尽量提高判决准确性的众多方法之一，它甚至不是大多数其他国家的法院裁决法律争议时采用的主流方法。他进一步指出，审判型听证尽管非常适合于某些类型的决定，但却并不适合于其他众多决定的情境。Friendly 法官分析了审判型听证所提供的各项程序性保障，并确认其具有的职能。他敦促最高法院在对争议性质和可以提供的程序性保障进行的分析表明相对不太正式的程序也可以发挥与司法听证相当的功效，设计或者默认相对司法听证负担较轻、成本更低的程序。

□ 四项核心程序性保障

Friendly 法官指出了在他看来对于公开的裁决来说具有根本性的程序保障：(1) 告知拟议行为及其理由；(2) 提供说明不该采取拟议行为的理由的机会；(3) 不存偏见的裁判机构；(4) 说明理由。这些程序性保障具有如此重要的功能，以至于行政机关提供这些程序性保障，可以在大多数不同争议中不必采用成本更高昂和更费时的程序。对于法律人们经常引用的“交叉质证无疑是为发现真实而发明的最伟大的法律装置”，他认为存在过度渲染的问题。Friendly 法官承认交叉质证可以有众多影响，但是它们并非都是有益的： 802

在众多此类案件中，交叉质证的主要影响是造成迟延。法律人士，包括法官，都会首先想到在交叉质证过程中揭穿证人不诚实的问题的少数情形，但是忘记了交叉质证让诚实的证人陷入迷茫，或者无效，甚至更糟糕的情形——更不必说，他们完全可以根据判断说“没有问题”的众多情形。①

□ 从 Goldberg 案的后退

Goldberg 案后最高法院所作的判决至少隐含地反映了持不同意见的大法官、Friendly 法官和 Mashaw 法官的批评。Mathews v. Eldridge② 案，涉及的是与 Goldberg 案表面上看存在相似性的决定情境。Eldridge 是社会保障残疾福利金的领受人，质疑社会保障局确定他不再具备领取该福利之资格的程序违宪。社会保障局采用了多部制程序，主要包括采用问卷调查、不同医生进行的若干体检、告知拟议终止福利资格的决定，以及以书面形式对拟议决定提出争辩的机会。Eldridge 依法可以在终止权利之后获得审判型听证的机会，但是他质疑终止权利前程序不符合宪法的要求，而不是寻求这一救济。Eldridge 引用了 Goldberg 案以支持其观点，即社会保障局的程序因为未能在终止残疾福利之前提供审判型听证违反了正当程序。最高法院将该案与 Goldberg 案进行了区分，判定社会保障局的程序是充分的。

□ Mathews 案中适用的社会性成本效益分析标准

最高法院通过确立下列分析框架，开始对 Mathews 案的争点进行讨论：

---

① Id. at 1285.

② 424 U.S. 319 (1976).

> “正当程序”，与某些法律规则不同，不是与时间、空间和条件无关的固定内容的技术概念。……我们过去的判决表明，确定正当程序的具体要求，通常需要对三项不同因素进行考虑：首先，将受行政行为影响的私人利益；其次，通过所采用程序错误剥夺此种利益的风险，以及额外或者替代性质的程序性保障所具有的价值；最后，政府的利益，包括所
> 803 涉及的职能，以及额外或者替代性质的程序性要求将会造成的财政或者行政负担。[①]

最高法院接着对这一权衡标准中所确认的每项因素进行了评估。

□ 涉及的私人利益

最高法院确认了该案中涉及的私人利益，即受益人对在大约一年里（这是通过社会保障局的程序作为其初步决定之依据而终止其福利的日期与在终止福利后采用审判型听证作出后续决定之间的平均间隔期）继续接受福利。最高法院承认，“因为错误终止残疾福利而对福利受益人可能造成的困难是明显的”，该受益人的利益与 Goldberg 案中涉及的抚养儿童家庭援助受益人的利益类似。但是，最高法院认定，残疾福利受益人的利益，要小于抚养儿童家庭援助受益人的利益，因为大多数残疾福利受益人还有其他收入来源，并且残疾福利金的申请资格并不要求证明资金需要。

□ 错误剥夺权利的风险

最高法院接着评估“通过所采用程序而错误剥夺此类利益的风险，以及如果采用额外或者替代性的程序性保障时的概率值”。相关的对比是在书面交换社会保障局提供的医疗信息和 Eldridge 申请的审判型听证之间进行的。在判定社会保障局的程序是充分的时候，最高法院强调指出了 Goldberg 案中讼争的抚养儿童援助福利决定与 Mathews 案中讼争的残疾福利决定的两项区别——最频繁发生争议的事实问题之性质，以及决定程序参与人的性质。抚养儿童家庭援助案件中讼争的事实问题很可能取决于证人对受益人活动所作不同描述的准确性。最常发生争议的问题是同一个人是否与受益人经常一起过夜。关于这一问题，最常见的证据来源是受益人的房东和邻居。相比之下，残疾福利案件中的事实问题涉及的是不同的医疗诊断。当事实问题取决于对受益人存在偏见的证人之准确性时，相比可以通过适用相对客观的科学标准得到裁决的事实争议，口头提供证据和交叉质证是确保裁决程序准确性的更重要保障。

抚养儿童家庭援助案件和残疾福利案件的常见的参与人也存在明显差别。因为这些问题的性质，抚养儿童家庭援助的受益人常常必须自己提供证人证言，对证人进行交叉质证以证明自己依然符合福利资格。因为他们所受教育水平相对较低，抚养儿童家庭援助的受
804 益人也没有能力行使需要有效书面沟通的程序性权利。相比之下，许多残疾福利争议是因为习惯于书面沟通的医生之间存在不同意见而引发的。

□ 书面形式的、终止权利前的听证是充分的

因此，依靠 Goldberg 案中纽约市的抚养儿童家庭援助终止程序中所体现的书面沟通，相比依靠 Mathews 案中社会保障局终止残疾福利的程序中所体现的书面沟通，其犯错的

---

① 424 U. S. at 335.

概率会更高一些。类似的，在抚养儿童家庭援助的决定情境中，以口头程序替代书面程序，有望实质性地提高事实认定程序的准确性，但是在残疾福利情境中却可能只会给事实认定过程的准确性带来些许进步。

□ 增加的程序造成的成本

最后，最高法院对社会保障局必须在终止残疾福利之前提供审判型听证这一司法判断可能会对政府所增加的成本进行了评估。这些成本的表现形式包括：(1) 为了实施听证要求所需要付出的成本；(2) 允许受益人继续领取福利金，直到根据审判型听证的笔录作出终止权力决定可能造成的成本。最高法院认定这些成本过于高昂，以至于无法证明在终止权利之前提供审判型听证的合理性。最高法院强调指出，所增加程序的成本“可能最终出自需要帮助的人，因为对于任何特定的社会福利项目来说，可以提供的资源都不是没有限制的”①，这正是 Goldberg 案中持不同意见的大法官所明确表达的担心。

□ 对 Mathews 案的批评

Mathews 案中所提出的社会性成本效益分析标准已经遭到广泛的批评。这一标准难以适用、结果无法预测，取决于决定者的主观价值判断，以及取决于更适合于立法机关而非法院审议的因素。这些批评是很有道理的，但是我们难以确定有希望的替代性进路。最为频繁提出的替代性进路是依靠自然法原则和依靠传统。这些替代性进路都是很有问题的。自然法的推理所支持的程序性保障是没有边界限制的。传统可能在某些类型的争议中提供有价值的指引，但是今天行政机关所裁决的许多类型的争议在历史上并没有明确的类似争议。②

□ Mathews 案的标准可能产生各种不同结论

根据大法官对 Mathews 权衡标准所包含的三项因素的评估，该标准可以确定一系列不同的最低限度程序性保障，而将 Mathews 案的进路适用于特定类型的争议可能会得出
其中任何一种结论。例如，在 Goss v. Lopez③ 案中，五名大法官出具的多数意见判定一名 805
公立学校的学生在被停学 10 天之前有权获得某种类型的听证，如果没有一种听证，该学生就很有可能会被错误剥夺了重要的财产利益和自由利益。但是，最高法院接着认定，所要求的听证可能包括学校官员与学生之间进行的非正式听证，在听证程序中该学生有权从自己的角度陈述事情原委。多数意见拒绝要求采用审判型听证，因为此种要求“很可能会让很多地方的行政设施应接不暇，而且因为需要重新配置资源而花费更多的成本，从而降低教育的实效”④。在 Memphis Light, Cas & Water Division v. Craft⑤ 案中，通过类似的推理，六位大法官的多数意见判定一家公用事业服务的政府供应商在用户拖欠账单时，不

---

① Id. at 348.

② 参见 Mashaw, “The Supreme Court's Due Process Calculus for Administrative Adjudication in Mathews v. Eldridge: Three Factors in Search of a Theory of Value”, 49 *U. Chi. L. Rev.* 28 (1976)。

③ 419 U. S. 565 (1975).

④ Id. at 583.

⑤ 436 U. S. 1 (1978).

能未经向用户提供在有权作出决定的政府官员进行非正式听证的机会（实际上只是一次会面），即对该用户终止服务。在这两起案件中，持不同意见的大法官都主张正当程序并不要求在这些情形中提供程序性保障。

□ 很少要求在终止权利前提供审判型听证

Goldberg 案是最高法院审理的案件中唯一一次在多数意见中判定正当程序要求行政机关在作出剥夺个人受正当程序保护的利益之前提供审判型听证。但是，持不同意见的大法官在其他若干案件也持这样的观点。在行政机关采用比审判型听证更加非正式的决定程序时必须提供程序性保障的问题上，大法官们对其具体性质也常常存在分歧。以下五起案件说明了大法官们对于这些问题所持的各种不同观点。

□ 告知和书面回应的机会在雇佣案件中是充分的

Arnett v. Kennedy[1] 案涉及的是终止一名只能“基于合理事由”而解雇的政府雇员的职务时所采取的程序之合宪性。行政机关提供的非正式的终止权利前的听证程序包括了对终止权利的理由以及提供该雇员以书面或者口头形式反驳这些理由的机会。该行政机关也在终止权利后提供了审判型听证。Kennedy 认为，根据正当程序，他有权得到终止权利前的审判型听证。五名大法官支持了行政机关的程序，认为其足以满足正当程序的要求。一名大法官则认为行政机关未能提供中立的裁决者，因此不能支持这些程序。Kennedy 案中的裁决者具有强烈的偏见根源。Kennedy 是因为诽谤上级而被终止职务的，而他的上级正是裁决
806 者。三名大法官认为，正当程序要求行政机关在终止权利前提供审判型听证。在 Cleveland Board of Education v. Loudermill[2] 案中，最高法院维持了 Kennedy 案中的判决主旨。

□ 如果有后续的审判型听证，即决、单方的程序也是充分的

Barry v. Barchi[3] 案提出了的问题是，基于对不法行为的事实认定而作出暂扣驯马师执照 15 天的处罚时所适用程序是否合宪。行政机关的规则规定驯马师需要对他们所训练的所有马匹的血液中的禁药负责。如果行政机关在赛马后进行的血液检查中测到马匹血液中含有禁药成分，行政机关可以立即暂扣驯马师的执照。行政机关提供了暂扣执照后的听证，但是该听证是在暂扣决定作出之后很久才进行的。五名大法官的多数意见支持了行政机关的单方、即决的暂扣决定程序，但是对其判决主旨限定了一项条件，即行政机关愿意提供“迅速的”暂扣决定后的审判型听证。四名大法官则认为应该更进一步，要求行政机关“要么在作出暂扣决定之前，要么是在作出暂扣决定之后立即”提供审判型听证。[4]

□ **Roadway Express** 案说明了大法官之间存在的不同结论和分歧

Brock v. Roadway Express[5] 案，涉及的是行政机关责令对遭“基于合理事由”解雇

---

① 416 U. S. 134 (1974).

② 470 U. S. 532 (1985).

③ 443 U. S. 55 (1979).

④ Id. at 74.

⑤ 481 U. S. 252 (1987).

的雇员恢复职务之前需要遵守的程序。国会规定，劳工部在确定卡车货运企业的雇员是因为报告了雇主违反安全规章的行为而被解雇时，有责任要求要求卡车货运企业重新雇佣被其解雇的雇员。劳工部提供了审判型听证，但是是在责令雇主恢复雇员职务决定作出一段时间之后。在作出责令重新雇佣的决定之前，劳工部采取的程序包括：（1）单方调查，包括与接到该雇员有关雇主违反安全规章之报告的政府雇员和该卡车货运企业中了解解雇该雇员之理由的其他雇员进行的谈话；（2）告知雇主针对其提出的指控和行政机关的初步事实认定；（3）对雇主提供书面反驳指控和初步事实认定的机会。Roadway 主张该行政机关的程序违反了正当程序要求，理由有二：（1）没有提供责令重新雇佣决定前的审判型听证；（2）没有对雇主提供调查过程中所谈话的个人记录，以及这些个人的谈话内容。五名大法官出具的多数意见判定行政机关提供的责令重新雇佣决定前的非正式程序是充分的，但是多数意见判定正当程序要求行政机关提供在调查过程中进行谈话的个人名单以及谈话内容。三名大法官支持了非正式程序，包括行政机关拒绝提供调查过程中谈话的个人名单和谈话内容。两名大法官认为正当程序要求行政机关在责令重新雇佣之前提供审判型听证。 807

□ 没收案件的判决意见存在的不一致

许多正当程序争议的判决是以 5∶4 的票数作出的。其结果是，一名大法官的观点发生变化，就会造成在类似案件中多数意见的观点在基调（tone）、推理和结论上发生明显变化。1993 年和 1996 年判决的两起民事没收（civil forfeiture）案件就说明了这一现象。

在 United States v. James Daniel Good Real Property[1] 案（Good 案）中，最高法院以 5∶4 的票数对实施民事没收的程序有关的重要争议作出了判决。警察在对 Good 的房产进行合法搜查时，查获了大量非法毒品。对 Good 从事毒品交易的定罪判决作出之后，政府提起了一起对物诉讼（in rem action）寻求没收该房产。根据 21 U. S. C. § 881（a）（7）的授权，一名地方法官（magistrate）签发了对物令状，基于单方的事实认定，即政府已经证明有相当理由相信可以对该房产实施没收，批准没收该房产。Good 有权在房产遭没收之后获得听证机会，从而反驳政府的事实指控或者提出充分的事实证据证明是在不知情的情况下持有在该房产中发现的毒品。[2] Good 转而选择质疑该没收决定违反了正当程序。

五名大法官的多数意见判定该没收立法是在适用上违宪的。通过适用 Mathews 案所宣布的权衡标准，多数意见判定正当程序要求在没收任何财产前提供告知和听证机会，除非情况紧急可以在没收财产之后提供剥夺权利后的听证。多数意见与先前的一些案件作了区别，在这些案件中最高法院支持单方作出的没收决定，理由是这些个人财产可能会在听证结束之前被转移或者隐匿。多数意见确立了一项本身违法规则（per se rule），即未经首先告知和听证不得没收不动产，因为不动产不存在被转移或者隐匿的风险。

在 Bennis v. Michigan[3] 案中，最高法院再次以 5∶4 的票数判定，一名妻子兼汽车的共同所有人无权对没收其丈夫实施犯罪时所使用的汽车主张不知情的所有人（innocent owner）抗辩。多数意见判定对作为犯罪实施工具的财产中属于不知情的共同所有人的份额进行的没收，既没有违反正当程序原则，也没有违反征收条款。作为一项正式的法律事

---

① 510 U. S. 43 (1993).

② 21 U. S. C. § 881 (a) (7).

③ 516 U. S. 442 (1996).

务，Bennis 案和 Good 案是可以区分和调和的，但是至少就其采取的一般的基调和进路而言，Bennis 案的多数意见与 Good 案的多数意见并不一致。Good 案中的多数意见明显证
808 明了对于民事没收案件中个人权利的敏感性，而 Bennis 案中的多数意见则表明对个人权利的敏感性消失殆尽，令人震惊。[①]

□ 相互不一致的巡回法院的判决

不足为奇的是，各巡回法院在类似案件中适用 Mathews 标准的结果常常存在差别。有两起涉及对被控性骚扰的教师作出决定的案件和涉及认定与拆除危险建筑物的三起案件可以说明这一现象。

□ 性骚扰案件

在 McDaniels v. Flick[②] 案中，第三巡回法院的合议庭完全不重视被控性骚扰的教师所享有的程序性权利。两名学生向大学的行政主管投诉一名有教职保障的教授对他们实施了性骚扰。该行政主管对这项指控进行了快速、单方的调查，接着要求该教授与其会面，但是没有说明会面的理由。在会面时，行政主管首次告知该教授被指控性骚扰，并且可能被终止职务，除非他可以向该行政主管证明自己是清白的。该行政主管口头形式概要介绍了指控的内容，但是没有提供 3 页篇幅的投诉书，也没有提供投诉书细节的描述。该教授感到震惊和迷惑不解，未能向该行政主管证明自己的清白。该行政主管终止了该教授的职务，并且告知他有权向校长或者董事会申请进一步的调查。教授向校长和董事会提出了在终止职务前进行调查、审查和听证的申请。他的申请被拒绝，而终止职务的决定生效。他在被终止职务之后申请裁决的程序尚未结束时，根据 42 U. S. C. § 1983 的规定提起诉讼，指控在终止其职务之前的听证不能满足正当程序的要求。两名法官出具的多数意见判定，考虑到可以在终止职务决定作出后获得更正式的听证，在终止职务决定之前的听证是充分的，尽管在终止职务决定之前的听证缺乏某些程序性保障。持不同意见的法官则认为，终止职务前的听证是不充分的，他特别批评了大学没有告知该教授会面的目的和会面的可能后果，以及没有向教授提供一份书面的投诉书。相比之下，持不同意见的法官的观点更具
809 有说服力。更宽泛地讲，可以通过强调提供公平、非正式的终止职务前的听证程序，免除更正式的终止职务后的听证程序要求来完善正当程序原则。[③]

相比之下，在 Winegar v. Des Moines Independent Community School District[④] 案中，第八巡回法院的合议庭高度重视被控虐待儿童的教师的程序性权利。一位有职位保障的中学教师被指控虐待儿童。在经历两次调查，多次对证人的单方谈话，多次与该教师会面让其有机会陈述事情原委，并考虑了教师提供的书面材料之后，学区暂停该教师职务四天并将其转至另一所学校。第八巡回法院判定该学区侵犯了该教师的正当程序权利，因为在剥夺该教师受正当程序保护的利益之前或者之后，该学区都没有给其提供口头举证式听证的

---

① 另可参见 United States v. Ursery, 518 U. S. 267 (1996)，参见 § 2.8 的讨论（民事没收不是一种禁止双重危险条款（Double Jeopardy Clause）意义上的“惩罚”）。

② 59 F. 2d 446 (3d Cir. 1995).

③ 参见 § 9.6 和 § 9.7。

④ 20 F. 3d 895 (8th Cir. 1994).

机会。第八巡回法院将该案区别于 Goss v. Lopez[1] 案，理由是 Winegar 案中剥夺的权利要比 Goss 案中更为重要。法院提到了一项事实，即该教师被同时剥夺了财产利益（他受保障职位的四天工作）和自由利益（污名化，即被认为是虐待儿童的教师）。但是，这种区分肯定完全是程度问题，因为 Goss 案也涉及同时剥夺了财产利益（五天的上学时间）和自由利益（污名化，即被视为有过严重不当行为的学生）。第八巡回法院还将该案区别于 Cleveland Board of Education v. Loudermill[2] 案，理由是最高法院并不需要处理 Winegar 案中提出的问题，因为 Loudermill 案中的教育委员会（school board）主动提供了剥夺权利后的口头举证式听证机会，即使其在剥夺权利之前的程序只包括与 Winegar 案中教育委员会提供的程序相当的书面听证程序。因此，Winegar 案中法院得出了一项值得质疑的结论，即教育委员会在根据可能损害教师声誉的事实认定作出中止教学的决定时必须提供口头举证式听证，即使学校在类似情况下只采用与学校官员进行快速、非正式的会面就可以对学生作出停学处分，并且学校可以因为学生实施了不法行为而没有向其提供解释事情原委的机会就对其进行体罚。[3] 810

□ 危险建筑物认定与拆除案件

每个地方政府都必然拥有一些手段可以快速认定并拆除对住户、邻居或者过路行人构成威胁的危险建筑物。根据正当程序条款对这些程序提出的诉讼，在各巡回法院得到了众多不同的结果。

在 Flatford v. City of Monroe[4] 案中，第六巡回法院判定市政府必须为一座公寓楼的住户提供剥夺权利后的听证机会，以确定建筑结构的状况是否已经不适合居住。法院认定，建筑检查官确信该建筑存在对住户构成直接威胁，因此可以不必进行权利剥夺前的听证，但是可以在权利剥夺后寻求侵权救济，并不足以支持拒绝提供权利剥夺后的听证。这一判决主旨是值得质疑的。权利剥夺后的州侵权救济很可能会比依据正当程序原则在权利剥夺后进行的听证更为有效。不仅如此，第六巡回法院还执行了其正当程序的判决主旨，根据 42 U. S. C. § 1983 提供权利剥夺后的侵权救济，而该法院过去曾经判定这一救济不足以满足正当程序要求。[5] 同一家巡回法院对 Harris v. Akron[6] 案所作的判决与 Flatford 案并不一致。在 Harris 案中，第六巡回法院判定，在认定危险建筑物的案件中，当市政府未经任何权利剥夺前的程序即拆除了所认定的危险建筑物时，俄亥俄州法律允许在权利剥夺后提起反向征收诉讼（inverse condemnation proceeding）的规定是合宪的。

在 Catanzaro v. Weiden[7] 案中，第二巡回法院分析了市政府在拆除危险建筑物之前应该提供什么样的权利剥夺前的程序。原告的公寓楼因为遭受汽车碰撞而受损。事故发生的

---

① 419 U. S. 565 (1975).

② 470 U. S. 532 (1985).

③ 参见 Ingraham v. Wright, 430 U. S. 651 (1977)。有关在推理和结论上与 Winegar 案类似的一起案件，参见 Cotnoir v. University of Me. Sys. , 35 F. 3d 6 (1st Cir. 1994)（终止权利决定作出前的听证程序存在不足而违反了正当程序权利的问题，并不能通过在终止权利决定之后提供听证机会加以补救）。一份可以得出相反结论的、论理更为充分的判决意见，参见 Reeves v. Hopkins, 76 F. 3d 1424 (8th Cir. 1996)（大学的决定程序"可以轻易满足正当程序的要求"，尽管未能提供律师辩护和交叉质证的权利）。

④ 17 F. 3d 162 (6th Cir. 1994).

⑤ 参见 § 19. 6。

⑥ 20 F. 3d 1396 (6th Cir. 1994).

⑦ 188 F. 3d 56 (2d Cir. 1999).

第二天，市政府的两名工程师检查了该建筑物，认定需要立即拆除该公寓楼以免发生危险。原告提出反对，并要求提供机会征求专家的意见。市政府在所有人有机会征求专家意见之前拆除了这座建筑物。该建筑物所有人主张，没有向他提供权利剥夺前的听证，违反了正当程序，因为该建筑物实际上并未构成安全隐患，拆除决定实际上是基于市长对所有人及其可怜的黑人住户的敌意而作出的。法院判定市政府并未违反正当程序。法院认定公
811 共安全的关键利益要求法院对紧急拆除决定采取尊重的态度。法院判定，如果“有合格的证据允许官员合理相信确实存在紧急状况”，并且市政府提供了充分的权利剥夺后的救济，则市政府并不需要提供剥夺权利前的程序。它也指出，此种紧急拆除决定只有在属于武断和恣意，或者滥用裁量权的时候才是违宪的。

□ 对 Mathews 标准的分析

最高法院最近适用 Mathews 权衡标准的案件，大多数是将该标准作为判断正当程序所要求程序的主要方法，因此详细分析需要权衡的各项因素是有必要的。Mathews 标准可以表述为下列公式：$C = P \times V$，其中 C 是增加程序性保障造成的成本，P 是因为增加程序性保障而促成存在争议的事实问题之认定准确性的概率增加值，V 则是所涉及个人利益的价值。当且仅当 $P \times V \geqslant C$ 时，增加的程序才是必需的。以这种方式分析的话，Mathews 标准类似于勒尼德·汉德（Learned Hand）法官为了确定是否存在过失而提出的著名公式。[①] 与汉德（Hand）公式类似，Mathews 标准理念简单但是极其难以适用。

□ 对所涉及个人利益的估值

受到行政行为不利影响的受保护利益之性质千差万别。根据 Mathews 标准，法院首先必须确定对受影响个人产生的不利影响的程度，也就是该公式中的 V。行政行为的众多不利影响不能简单地以等值货币价值进行表述。但是，为了说明法院在适用 Mathews 公式第一项术语时存在的困难，我将首先进行简化的推定，即行政行为的所有不利影响都具有等值货币价值。

假定有三个当事人都指控其正当程序权利被侵犯。第一个是一家电力公用事业公司，声称自己因为规制机构的决定而被武断地剥夺了 1 000 万美元；第二个是一名成功的驯马师，声称赛马委员会武断地暂扣其驯马执照 15 天时间，致使其损失了 5 万美元的损失；第三个当事人是育有四名幼儿的贫困寡妇，声称被武断地剥夺了领取 200 美元福利金的资格。

在完全客观的意义上看，第一项例子中所涉及利益的价值是第二项例子中的 200 倍，是第三项例子中的 5 万倍。但是，我怀疑绝大多数人会接受这种对正当程序目的意义上的个人利益进行估值的客观方法，我也不相信法院会或者应当采用这一方法。相反，法院是以主观的方式对行政行为的不利影响进行估值，也就是说，分别就权利剥夺对典型的公用
812 事业公司、驯马师或者福利领受人产生的不利影响进行估值。因此，某些法官会认为公用事业的利益大于驯马师的利益或者福利领受人的利益，有的法官会认为这些利益大致相等；还有一些法官会认为福利领受利益要大于公用事业公司或者驯马师的利益。当我们抛弃所有利益可以用等值货币价值表示的这一不切实际的简单推定时，这种估值程序的主观

---

① 参见 United States v. Carroll Towing Co.，159 F. 2d 169 (2d Cir. 1947)。

性甚至会更加明显。法官必须对诸如警察有关诚实声誉的利益和学生不受体罚的利益等无形价值确定隐含的价值。

□ 错误剥夺权利的风险以及增加程序的价值

在 Mathews 标准的第二部分，法院必须确定“利用这些程序存在的错误剥夺此种利益的风险，以及如果可以的话，采用额外的或者替代性的程序性保障时的概率值”。该标准的这部分内容要求法院确定事实问题的性质，而这对于个人与行政机关之间的争议来说最可能是决定性的，并且估算因为要求行政机关补充一项或者更多程序性保障，例如对拟议行为的更具体的告知，证据开示的权利或者交叉质证的权利，而对事实争议的裁决准确性的边际贡献。在这一过程中，两项被广为接受的原则是有益的起点。

□ 如果不存在事实争议，就不需要听证

首先，如果重要事实不存在争议，Mathews 标准并不要求听证作为程序保障。如果行政机关和个人只就法律对没有争议的一组事实的适用方式存在不同意见，额外的程序并不可能提高事实认定过程的准确率，因为行政机关并不需要裁决任何事实争议。众所周知，这是行政机关从民事诉讼的简易判决概念借鉴而来的原则。[①] 当然，某些程序，例如告知和提出答辩的机会，对于行政机关确定是否存在重要事实争议来说是必要的。

□ 立法性事实与裁决性事实的区分

可以作为讨论起点的第二项原则是裁决性事实和立法性事实的区分。裁决性事实通常回答的是谁在何时、何地、如何，为何并以何种动机或者目的实施了何种行为的问题；裁决性事实大致是在陪审团审理的案件中由陪审团裁决的这类事实。立法性事实通常并不涉及直接当事人，而是可以帮助裁判机构确定法律、政策和裁量权问题的一般性事实。

与当事人及其行为有关的事实，即裁决性事实，其本质上通常不应该在没有让当事人 813
了解并接触对其不利证据的情况下作出裁判。其理由是当事人对有关自己的事实及其行为，相比任何其他人都可能更为了解，当事人也因而更有能力反驳或者解释有关裁决性事实的证据。当事人并非具有调查立法性事实的独特能力，因此强迫行政机关对当事人提供解释或者反驳立法性事实之存在相关的观点，其理由也就不那么充分了。

与之正好相对的例子可以说明裁决性事实和立法性事实之区分的潜在效用。例如，A 和 B 进行打斗，谁先打出第一拳的问题。这一问题是具体的，而且仅仅适用于 A 和 B 之间的诉讼。当事人是特别适合于通过证言和交叉质证，帮助事实问题的裁决者裁决这一问题。这就是经典的裁决性事实问题。

□ 裁决立法性事实不要求采用审判型听证

相比之下，在 Brown v. Board of Education[②] 案中，最高法院所面对和裁决的问

---

① 参见 §8.3。另可参见 Gellhorn & Robinson, “Summary Judgment in Administrative Adjudication”, 84 *Harv. L. Rev.* 612 (1971)。

② 347 U.S. 483 (1954).

题——为了少数民族而设立单独的教育设施是否具有内在的不平等性——同样属于具有争议的事实问题，但是性质非常不同。它是具有一般性的。其裁决结果关系到数百万人民而非仅仅是具体当事人的利益。在裁决这类争议时，法院或者行政机关不会或者不应该将自己局限于当事人所提交的证据，相反，裁决者会主要依赖与该问题相关的大量的社会科学文献。当事人唯一的作用是帮助裁判机构注意到这一文献。口头证言和交叉质证对法院或者行政机关裁决此类争议帮助甚微，也不属于正当程序的要求。这就是经典的立法性事实问题。

最高法院常常根据公开发表的研究成果“认定”立法性事实，而没有向具体争议的当事人提供反驳这些研究结论或者与作者进行交叉质证的机会。①

814 最高法院已经允许行政机关未经提供口头反驳和交叉质证机会而认定立法性事实。②各巡回法院已经将这一原则延伸适用于其他类型的立法性事实。③

□ 在存在争议的裁决性事实之间的区分

裁决性事实与立法性事实的区分，对于适用 Mathews 公式中的第二项术语来说具有重要意义，因为当事人永远不能对存在争议的立法性事实享有审判型听证的宪法权利。但是，我们并不能因此得出相反的结论。行政机关常常可以裁决存在争议的裁决性事实问题而没有提供个人在审判型听证程序中对这一事实进行争辩的机会。Mathews 标准的两项特征决定了这种结果。首先，程序性保障作为减少事实认定错误之手段的价值，会因为存在争议的事实问题和个人的特征而有所不同。因此，例如 Mathews 案中最高法院认为，正如在类似 Goldberg 案的案件中，行政机关根据个人其房东和邻居提供的证据确定个人过去的行为，在 Mathews 案中行政机关根据医生提供的证据确定个人的身体条件时，口头提供证据和交叉质证程序并不重要。其次，Mathews 标准中的第二项术语只是解决这一公式所需要的三项术语之一。即使最高法院确定程序性保障作为减少事实认定错误风险至手段具有重要价值，它也不会在没有考虑所涉及个人利益价值和额外程序成本等因素的情况，就要求行政机关提供这一保障。因此，例如在 Goss 案中，最高法院以一致意见拒绝要求作出学校纪律处分的部门适用比快速、非正式听证要求更高的程序，即使在此类案件中存在争议的裁决性事实几乎肯定会要求事实问题的裁决者高度依赖证人的准确性和行为举止。最高法院认为，尽管事实争议的性质表明口头提供证据和交叉质证将会有助于减少根据错误的事实认定而剥夺了受保护利益的风险，停学 10 天所涉及的利益并不足以构成
815 对学校当局施加沉重程序性负担的理由。

许多巡回法院的判决意见否定了要求口头举证式听证的权利，并判定当行政机关所裁

---

① 例如，Bowen v. Gilliard，483 U. S. 587（1987）（采纳的社会科学研究成果对 1970 年以来美国家庭生活变化进行了估算）；United States v. Leon，468 U. S. 897，907-908 n. 6（1984）（采纳的法律评论文章对因为搜查和扣押程序违法而释放的重罪犯人数进行了估算）；Ballew v. Georgia，435 U. S. 223，231 n. 10（1978）（采纳的学术研究成果对利用不同规模的陪审团产生的影响进行了估算）；Roe v. Wade，410 U. S. 113（1973）（采纳了有关怀孕期有关事实的医学研究成果）。

② 例如，United States v. Florida East Coast Ry.，410 U. S. 224（1973）（有关货运车厢短缺的原因和货运车厢所有权形式的事实）。

③ 例如，Louisiana Ass'n of Independent Producers v. FERC，958 F. 2d 1101，1109-1113（D. C. Cir. 1992）（对处于裁决审议过程的管道项目供气的需要以及该项目确定的运费的影响）；Quivara Mining Co. v. NRC，866 F. 2d 1246（10th Cir. 1989）（对铀矿尾料的描述）；United Airlines v. CAB，766 F. 2d 1107（7th Cir. 1985）（反垄断事实）；Hercules，Inc. v. EPA，598 F. 2d 91（D. C. Cir. 1978）（对污染物的描述）。

决的存在争议的裁决性事实问题是可以通过书面听证程序获得准确裁决的时候，书面形式交换资料和观点是充分的。[①]

□ 额外程序的成本

Mathews 公式的第三项术语即提供程序性保障的成本，和前两项术语一样难以进行定量分析。提供额外程序性保障的成本有的时候很明显。例如，审判型听证要求有诉讼律师、行政法官和书记员。如果行政机关必须每年裁决数万甚至数十万件事实争议，仅仅是这些直接的人事成本就可能相当可观。

□ 间接成本常常高昂

正式的程序性保障会对行政机关、社会和作为该程序公认的受益人的个人增加更多的间接成本。这些间接成本的性质和范围在不同决定情境中也有所不同。例如，在终止福利金的情境中，正式的终止福利前的程序推迟了对不再符合资格的个人终止福利，从而增加了福利行政机关提供福利的成本。这又进而增加了社会成本，即立法机关需要增加对福利金的拨款总额。如果行政机关没有增加福利金的拨款总额，所有因为依照宪法设定的程序性保障所增加的成本，必然会减少可以向所有符合资格的个人发放的福利金总额。不仅如此，在行政机关试图对它们认为不再符合资格的个人终止发放福利金时，对行政机关设定费时费钱的程序负担，会让行政机关在作出初步的资格认定时采取更为谨慎的态度。由此一来，这会使申请福利金的程序变得更为官僚化，而阻碍最后被认定符合资格的个人获得福利金的进度。

在规制的情境中，采用正式程序会推迟以私人投资决定为前提的问题之解决，让不确定的期间更加漫长，从而阻碍投资并最终损害社会的利益。正式程序也增加了有效参与规 816
制程序的成本，从而限制了掌握有限资源的个人的有效参与。

在学校纪律处分的情境中，提供审判型听证会以微妙但可能是破坏性的方式产生间接成本。许多中学生会很高兴有机会在大庭广众之下吹嘘在对课堂上发生的激烈争吵情况进行交叉质证时，其律师是如何让老师感到困惑和尴尬的。这样的事件即使只需要发生几次，也足以让许多教师不愿报告违反学校纪律的事情。在这种情境中，提供正式程序的最终成本将会让许多公立学校提供的教育质量进一步下滑。

□ Roadway Express 案说明可能产生巨大的间接成本

Brock v. Roadway Express[②] 案所涉及的决定情境，说明了通过司法方式施加的程序可能会增加间接成本的一些方式。最高法院所裁决的问题是劳工部在确定该雇员实际上是因为举报了雇主违反交通安全规则的行为之后，责令对基于“相关事由”被解雇的雇员恢

---

① 例如，Capitol Mortgage Bankers v. Cuomo，222 F. 3d 151 (4th Cir. 2000)（行政机关可以通过书面听证确定贷款人作出的贷款风险过高）；James Madison Ltd. v. Ludwig，82 F. 3d 1085 (D. C. Cir. 1996)（行政机关可以通过书面听证确定银行的还款能力）；Doolin Security Savings Bank v. FDIC，53 F. 3d 1395 (4th Cir. 1995)（行政机关可以通过书面听证确定金融机构的风险分类）；Clouser v. Espy，42 F. 3d 1522，1540 (9th Cir. 1994)（行政机关可以通过书面听证确定是否限制采矿权人主张处于国家森林内的采矿权）。

② 481 U. S. 252 (1987).

复职务，在此之前必须提供哪些程序。劳工部所提供的责令恢复雇员职务前的程序包括：（1）单方调查；（2）告知调查的初步事实认定；（3）提供以书面形式反驳初步事实认定的机会。两名大法官认为应该要求在责令恢复雇员职务之前进行审判型听证。五名大法官出具的多数意见认为这些程序，如果再加上另一项程序性保障——行政机关必须告知雇主其调查期间进行谈话的人员名单以及提供谈话内容的复本——就是充分的。

要求劳工部在决定恢复雇员职务之前进行审判型听证的间接成本将包括，完成包含了审判型听证的裁决程序所需时间更加漫长，而被解雇的雇员将需要在更长的一段时间内失去收入来源。考虑到雇主具有强烈的激励拖延裁决程序，失去工资的时间延长可能具有实质性的影响。而在其他情境中，最高法院高度重视雇员避免因为违反法律或者合同的规定而遭解雇所导致的工资损失。① 大法官之中敦促在与 Brock 案（雇主拒绝对他基于与法律不符的理由而解雇的雇员恢复职权）类似的案件中责令恢复雇员职务前提供审判型听证的，
817 同样敦促在与 Loudermill、Arnett 案和 Barry 案（这些案件中雇员被按照与法律或者合同条款不符的理由遭到解雇）类似的案件中提供终止权利决定前的审判型听证。这些观点的综合，有必要以并不具有一致性的价值差序为前提。在一系列案件中，这些大法官认定雇员所享有的工作权利，其价值如此之高，以至于在作出解雇决定之前，行政机关必须先通过审判型听证确定这一决定是否符合法律标准。但是，在 Brock 案中，同样这几名大法官认定雇员对其工作享有的利益在价值上如此之低，以至于只有在行政机关通过审判型听证确定对其解雇是符合法律标准之后才能恢复其职务。综合分析这些意见，唯一的一致性在于一直是将费时费钱的决定程序之价值提升到所有其他价值之前。

但是，在 Brock 案中要求在责令恢复雇员职务之前进行审判型听证的间接成本，并不仅限于对遭违法终止职务的雇员所造成的成本。公众也需要承担公路事故增加的成本。这里的因果联系涉及几项步骤，但是在因果链条上的联系始终是强的。对因为报告安全违法行为而遭解雇的雇员，国会要求劳工部责令雇主恢复这些雇员的职务，从而通过鼓励雇员报告雇主的安全违法行为而加强公路交通安全。国会相信货车运输公司会因为违反安全规则而引发事故，货车运输公司的雇员也会因为害怕被解雇而不敢报告安全违法行为。而且，雇员因为担心举报行为而遭解雇的吓阻效应，也会随着雇员预期劳工部责令雇主恢复其职务的时间拖延而相应增强。考虑到雇主尽量拖延时间的强烈激励，要求行政机关根据审判型听证作出责令恢复雇员职务的决定，将会增加程序迟延的时间。因此，至少如果我们认同国会制定该法的理由的话，要求在责令恢复雇员职务之前进行审判型听证，将会增加交通事故发生概率。

□ 当证人受恐吓成本较高时，预先提供证人名单造成的成本

Brock 案多数意见所要求的额外的程序性保障也会增加间接成本，但是是通过不同的因果关系实现。根据该多数意见，劳工部的程序中唯一违宪的缺陷是，劳工部拒绝向雇主提供其在初步确定雇员因为举报行为而遭解雇的过程中谈话对象的名单及其内容。支持要求劳工部增加程序性保障的主张，远比支持强制性审判型听证的主张更令人信服。雇主不
818 了解劳工部初步事实认定所依据的谈话对象名单及其内容，显然会让雇主无法对行政机关的初步事实认定以书面形式提出有力反驳。例如，有了这些新的信息，雇主可以与这些个

---

① 例如，Cleveland Board of Education v. Loudermill，470 U. S. 532（1985）；Arnett v. Kennedy，416 U. S. 134（1974）；Perry v. Sindennann，408 U. S. 593（1972）。

人进行谈话，让他们知道无意中给劳工部提供了误导性的陈述。考虑到这种额外的程序性保障的潜在价值，多数意见本来是有理由要求劳工部提供谈话人名单和内容的。但是，这一判决具有高度争议性，因为增加程序性保障也可能会明显增加成本，而降低事实认定的准确度。

多数意见所要求的程序很可能会因为加重责令恢复官员职务的程序的迟延程度而增加成本。在理论上，劳工部可以将让雇主对行政机关初步事实认定作出答辩的时间延长一倍。但是实践中，在责令恢复雇员职务的裁决程序中增加程序性保障，很可能会让该程序的迟延陷入不确定的状态。考虑到雇主拖延程序的强烈激励，劳工部可以预期会收到雇主的各种申请，主张自己没有还完成与劳工部的所有谈话对象进行谈话的过程，而要求增加答辩时间。

除了延误裁决的作出之外，额外程序还可能在其他方面增加间接成本。劳工部拒绝向雇主提供所有谈话对象名单和谈话内容，因为这些谈话对象很多都受雇于接受调查的企业。劳工部担心自己将不能从雇员的同事那里获得准确的信息，如果这些雇员担心劳工部会将自己的身份和谈话内容告诉雇主。这并非杞人忧天。正是这一担心，促使国会立法要求责令恢复内部举报人职务。任何作出解雇内部举报人这一违法行为的企业，同样会解雇一名将它解雇内部举报人一事告诉行政机关的雇员。事实上，这两类雇员都属于内部举报人，该企业也不太可能在作出人事决定时对两者进行区分。因此，多数意见所要求的程序性保障已经以增加公路事故的形式产生了间接成本：雇员不太可能举报安全违法行为，因为他们不能预期自己的同事会向调查人员举报雇主解雇举报人的原因。这也会产生降低事实认定准确率的间接成本：行政机关的事实认定能力会因为雇员的同事不愿意提供准确的陈述而受到影响。 819

□ 对成本进行确认和定性分析的困难

在 Brock 案中，认为行政机关的程序符合宪法要求而持不同意见的三名大法官，他们对于提供额外程序可能造成的成本的评估值要高于其他大法官。在 Brock 案中确认程序的成本效益的努力，也说明了一项更广泛的问题。在很多情况下，我们难以确认，更不必说定量分析一项程序性保障的成本和效益。我们甚至难以了解在决定程序中增加的一项步骤，是否在可能促进事实认定准确性的意义上来说属于程序性保障，或者是否属于可能降低事实认定准确率的一项步骤。Brock 案中多数意见提出的要求，即劳工部允许货运企业了解已经向劳工部提供了对雇主不利的信息的雇员名单和谈话内容，就说明了在决定程序中增加一项步骤可能产生的模糊和可能存在冲突的影响。

□ 法官适用 Mathews 标准的能力问题

Mathews 案所要求的成本效益分析，其具有的复杂性质已经引发了对适用该标准的法官之能力的严重怀疑。立法机关和行政机关在确认和衡量各种决定程序中的众多成本和效益时，与法院相比具有比较优势。因此，尽管法院保留要求行政机关提供符合宪法要求的保护水平，让个人免受政府武断行为的损害——这一点仍然是非常迫切的，但是法官在行使这一权力时必须小心谨慎。在很多情况下，立法机关或者行政机关所选择的程序，很可能就是它们作为比法院更有能力确定和定量分析社会性成本和效益的机构，适用了 Mathews 式成本效益分析的结果。只有在有迹象表明立法机关或者行政机关是出于恶意作出程序选择或者没有考虑其程序选择的各种意义时，法院才应该对这些程序选择进行事后评判。法院在决定是否要求行政机关采用可能产生明显成本的程序，例如交叉质证的权利时，应当特别小心谨慎。律师和法官都具有系统性的倾向，即高估审判型程序的效益而低估这些程序的成本。

□ 对 Mathews 标准适用的定量分析

在 Van Harken v. Chicago[①] 案中，第七巡回法院对于确定裁决这类争议所适用的程序充分性问题采用了一项很好的解决方法。和几乎所有的其他地区一样，芝加哥市传统上也
820 将停车违法归类为刑事违法，接到罚单者有权获得刑事司法体系提供的全部程序性保障。在 1990 年，芝加哥对有关停车违法争议的裁决采用了一项非常不同的方法。根据这项新制度，接到罚单者可以在听证过程中对罚单提出争辩，但是罚单本身被视为相当于开具罚单的官员所作出的关于违法行为发生的证言，而听证官是兼职，可以被任意（at-will）解除职务的、非司法性质的市政府雇员而非法官。个人对新的裁决程序结果不服的，可以就不利决定向法院起诉。Van Harken 认为新的程序违反了正当程序要求。第七巡回法院驳回了这一主张。法院首先批评了传统的、“陈旧的”制度“将停车罚单与谋杀指控混为一谈”。法院接着指出，Mathews 案要求对 Van Harken 案敦促的程序之成本效益进行对比。第七巡回法院估算要求开具罚单的官员在每起案件中作为证人出庭，将需要该市政府的警察投入达到 13.4 万人•时（police hours），而对每位无辜收到停车罚单的个人带来的收益仅仅是 1.38 美元。法院在判决中对不同程序的成本和效益所作的定量评估不仅是不寻常的，也是有益的。联邦法院通常是在非定量的文字基础上进行成本效益分析的，例如成本是“适度的”，而收益“巨大”。在很多案件中，如果对成本效益的定量评估采取合乎逻辑的步骤，法院会发现成本巨大而收益轻微。

□ 保护政府雇员根据第一修正案所拥有之权利的程序

在 Waters v. Churchill[②] 案中，四名大法官提出的复数意见以《联邦宪法》第一修正案作为依据，提出了与 Mathews 案所提出的类似的权衡标准，可以适用于行政机关在决定终止一名无职位保障的政府雇员（该雇员声称自己是因为行使了言论自由的权利而被解雇的）时认定相关事实所必须采用的程序。在 Connick v. Myers[③] 案中，尽管雇员对其工作并不具有“财产利益”，但是最高法院在确定政府雇员的言论何时受宪法保护从而不能作为解雇的合理理由时宣布了一项两部制标准：“言论必须是涉及公众关心的问题，雇员在这一问题上表达自己观点的利益，不能小于该言论对于作为雇主的州政府的利益，即通过雇员的工作提高其服务的效率。”如果 Churchill 女士所言属实，Churchill 女士所发表的导致其遭解雇的言论是受保护的；而如果其上级所相信的情况是准确的话，该言论就是不受保护的。

821 四名大法官的复数意见认定第一修正案要求政府采用合理可靠性的程序，以本来可能违反第一修正案的方式作出该行为的事实认定。复数意见拒绝描述可以适用于所有此类事实认定的程序。它提出了一项权衡标准，以适用于确定始于每项事实认定发生之情境的程序：“拟议程序是否适合，必须取决于……程序的成本以及该程序将会增减的风险的相对

---

① 103 F. 3d 1346 (7th Cir. 1997).

② 511 U. S. 661 (1994).

③ 461 U. S. 138, 142 (1983).

范围和宪法意义。”

在终止政府雇员职务的案件中，复数意见认为行政机关进行的调查必须是足以支持理性的管理人认定该雇员发表的言论超出了 Connick 案中所表述的保护范围。复数意见对支持这些事实认定所需的证据之性质的描述，文字上类似于对传统的实质性证据[①]的同义反复：

我们认为雇主的决定过程不会因为有法院审查其认定的事实而承担过度的负担。例如，让雇主完全在没有证据的情况下得出结论，这可能是不合理的。类似的，在可以找到有力的证据时让雇主根据极为薄弱的证据作出决定也是不合理的，例如，雇员被指控向编辑发送了一封内容不妥的信件，而雇主没有阅读该信件，就根据不可靠的传闻作出了决定。

如果雇佣行为是基于雇员可能的言论作出的，而且理性的上级会承认实际的言论很有可能是受保护的时候，该雇员的上级在作出决定时必须小心谨慎。这种注意义务并不需要达到在法庭审理时对于证据和程序规则的注意水平。但是，这一注意义务必须达到上级作出解除职务、暂停职务、训诫（reprimand）或者任何具体案件中涉及的此类决定时会采用的合理注意水平。

正如 Souter 大法官在单独出具的协同意见书中所指出的，四名大法官的复数意见宣布了一项只适用于该案的法律规则（the law of the case），两名持不同意见的大法官则认为应该适用要求更高的程序：由中立的裁决者对基础性事实进行事后的事实认定。三名持协同意见的大法官认为，除了在政府雇主所作的雇佣行为的唯一真实理由是合宪的时候，法院为了发现采纳不诚实的理由作为借口的问题，而“对政府雇主作出的雇佣决定的理由的真实性”开展的事后调查之外，第一修正案中并未包含可以适用于该案中事实认定的程 822
序性规定。

□ 存在告知不充分问题的案件

告知是最重要的程序性保障之一。在两种情形中，告知不充分可以成为认定决定程序违反正当程序的依据。首先，当个人或者企业实施某行为之时并无理由相信其行为违法的，根据正当程序，政府不得对该个人或者企业进行处罚。[②]

其次，正当程序要求当事人对其必须解决的问题以及提出这些问题的方式等获得充分和及时的告知。许多行政机关的决定程序被判定违宪，因为行政机关未能履行提供充分和及时告知的义务。[③] 最高法院一致认为，俄亥俄州在决定是否将犯人送押 Supermax 监狱时所采用的程序满足正当程序的要求。最高法院对于各种程序保障之重要性的详细讨论，对于预测最高法院在其他情境下的判决来说是很有帮助的。至少最高法院的论证中大部分的内容基本上可以适用于政府剥夺个人受保护利益的绝大多数情境。当俄亥俄州决定是否需要将犯人收押在 Supermax 监狱时，它为该犯人提供了由三名委员组成的分类委员会

---

① 参见§11.2的讨论。

② §6.11中讨论了众多适用这一重要原则的案件。

③ 例如，Grijalva v. Shalala，152 F. 3d 1115 (9th Cir. 1998)（帮助政府提供联邦医疗保险的福利健康维护组织（HMO），没有充分地告知拒绝支付医疗服务费用的理由以及对拒绝决定提出上诉的程序）；Padilla-Agustin v. INS，21 F. 3d 970 (9th Cir. 1994)（移民归化局（INS）的上诉表格并没有充分告知在上诉时所提出的问题必须具有具体性）；de la Llana-Castellon v. INS，16 F. 3d 1093 (10th Cir. 1994)（移民归化局必须向庇护申请人告知它认为对该申请具有决定性的问题）。

(classification committee) 受理的非正式听证。在该听证的 48 小时前，该犯人收到了作为该决定依据的被指控行为摘要说明，以及一份描述可能决定之理由的表格。该犯人可以参加听证，提交书面陈述，并且“提供任何相关信息、解释和/或反对意见”。该犯人不得在听证会上提交证人证言。如果该委员会决定将犯人送押 Supermax 监狱，它会起草一份简短的报告，其中解释认为该犯人对其他人构成危险的原因。监狱长收到该报告之后会作出同意或者不同意的决定。如果监狱长是同意的，该报告就被送到犯人和多位委员组成的分
823 类管理局（the Bureau of Classification）。犯人可以在 15 日内对该报告和建议提出反对意见。如果分类管理局决定将犯人送押 Supermax 监狱，它会作出最终决定并解释决定的理由。犯人会获得决定的复本。犯人到达 Supermax 监狱 30 日后，工作人员会对该决定再进行一次审查。

第六巡回法院支持了地区法院的判决，即该程序是违宪的，要求州政府提供更多的程序保障，包括详细描述决定所依据的证据以及在听证中提交证人证言的权利。最高法院一致推翻了该判决，认为程序已经是充分的。

最高法院将告知和申辩的公平机会视为“避免错误剥夺权利而设置的最为重要的程序机制之一”。它接着指出：

> 要求官员提供分类审查之事实依据的简要概述，允许犯人拥有申辩机会，以免犯人被当做替罪羊，或者因为不充分的理由而被受到特别对待……［简要陈述决定理由的］要求可以防止武断的决定，同时也为犯人提供了在面对新的决定者，或者再次进行分类审查时提出反对意见的依据。

最高法院认为下级法院提出的申请传唤证人的权利造成的成本过高，不仅各州的资源有限资源，而且可能给作为经常杀害其他犯人的黑帮成员所要求的潜在证人的安全构成威胁。

□ 作为例证的案件

最高法院和巡回法院在剥夺了个人受正当程序保护之利益的很多案件中判定程序是正当的。以下几起案件可以作为例证。在 City of Los Angeles v. David① 案中，最高法院以一致意见判定，该市推迟了 27 天才召开听证会决定车主是否有权要求该市退还将车从非法停车点拖走的费用 134.50 美元，并未侵犯了车主的正当程序权利。最高法院适用了 Mathews v. Eldridge 标准，认定这种迟延是“常规性的”，而不属于违宪的。该案中唯一突出的是，该案起诉到最高法院的这一事实。在被最高法院没有经过提交答辩意见或者口头辩论环节就驳回的判决中，第九巡回法院基本上得出了一项荒谬的结论，即对举行的听证延迟超过 48 小时的都是违宪的。

在 Dusenbery v. United States② 案中，最高法院以一致意见判定，判决政府给个人的
824 告知是否充分，需要根据 Mullane v. Central Hanover Bank & Trust Co. ③ 案中所宣布的标准，而不是 Mathews v. Eldridge④ 案中宣布的标准。联邦调查局在对一名联邦犯人的监禁场所进行持证搜查时扣押物品后给犯人发出了一封准备没收的告知。在没有收到犯人的回应之后，联邦调查局宣布没收上述财产。犯人后来提起了诉讼，理由是政府剥夺了他的

---

① 123 S. Ct. 895 (2003).

② 122 S. Ct. 694 (2002).

③ 339 U. S. 306 (1950).

④ 424 U. S. 319 (1976).

财产而没有给予正当程序保护，因为他从未收到过告知。联邦调查局通过认证邮件向联邦监狱寄送了告知。但是，这些告知从未到达犯人手中，因为监狱在执行向犯人交付认证邮件的方法时出现了错误。五位大法官出具的多数意见认为，政府已经履行了告知的义务。大法官们一致认为：（1）Mullane 案而不是 Mathews 案提供了可以适用的标准；（2）政府不具有给予实际告知的义务；（3）政府需要采用的告知方法必须是“根据所有各种情况进行仔细计算，以便原告了解……没收的未决程度”。大法官们在程序是否满足这一标准的问题上分成了 5：4。

在 Dimenski v. INS[1] 案中，第七巡回法院驳回了原告的主张，即移民归化局（INS）没有在他填写的表格中包含他填写表格的行为可能具有的法律后果，这是剥夺了他的正当程序权利。第七巡回法院也批评了第九巡回法院在 Navarro-Aispura v. INS[2] 案中的判决。两位法官的多数意见认为，对犯人提出指控的监狱调查官留在听证室内，在犯人离开后，假定与委员会的委员进行单方接触，这并不违反正当程序要求。多数意见指出，许多行政机关都允许在众多情况下的单方沟通，但是监狱惩戒委员会具有充分的理由根据不对犯人或者公众公开的证据作出决定。持不同意见的法官则认为，和法院听审的过程一样，在监狱惩戒听证中进行的单方讨论也是不合适的。

在 White v. Indiana Parole Board[3] 案中，对于犯人惩戒委员会（prison disciplinary board）根据毒品走私行为而剥夺犯人刑期折抵奖励（good-time credits）的听证程序中的单方沟通的合宪性问题，合议庭产生了分歧。两位法官出具的多数意见判定，对犯人提起指控的监狱调查官在犯人离开之后依然留在听证室内，并且与犯人惩戒委员会的委员进行单方沟通，这并不违反正当程序。少数意见则指出，许多行政机关允许在很多情况下进行单方沟通，并且犯人惩戒委员会有充分的理由根据犯人拒绝提供而根据公众提供的证据作出决定。持不同意见的法官认为，与法院听证一样，在监狱惩戒听证程序中进行单方讨论是不合适的。 825

在 Siebert v. Severino[4] 案中，第七巡回法院认为农业部为了证明根据动物遭到主人虐待的指控而没收该动物的正当性而采取的程序是不充分的。农业部完全是根据为农业部工作的一位自愿调查员对原告的马匹饲养情况所作虚假陈述，而没有为马匹的主人提供任何剥夺权利前的听证机会就没收了原告的马匹。第七巡回法院适用了 Mathews 标准，认为在情况并非紧急之时，农业部需要“让动物的主人在没收动物之前有机会讲述他们一方的故事”，但是这一机会并不一定包括“正式的听证”。

在 Weinstein v. Albright[5] 案中，第二巡回法院认为，国务院不需要在因为个人拖欠儿童抚养费用而拒绝给个人颁发护照时需要给个人提供任何程序保障。只要卫生和社会服务部通知国务院，有一家州行政机关已经认定该个人至少拖欠 5 000 美元，国务院就可以作出这一决定。州行政机关只能在给个人告知和申辩的机会之后才能作出这一决定，因此个人在国务院剥夺他的旅行权之前已经获得所有正当程序的保障。用第二巡回法院的话来说，就是：

关键的调查……是这类利害关系人是否在有效的时间，以有效的方式得到了告知和申辩的机会……而不是哪一个政府部门提供了这类程序的保障。

---

[1] 275 F. 3d 574 (7th Cir. 2001).

[2] 53 F. 3d 233 (9th Cir. 1995).

[3] 266 F. 3d 759 (7th Cir. 2001).

[4] 256 F. 3d 648 (7th Cir. 2001).

[5] 261 F. 3d 127 (2d Cir. 2001).

在 National Council of Resistance of Iran v. Department of State[①] 案中，哥伦比亚特区巡回法院认为，国务院在宣布一家组织为恐怖组织时，如果该组织在美国设有分支机构，以至于这种定性会剥夺一些有形的利益，例如查阅银行账户的权利，那么国务院就必须提供"有限的正当程序"。这些程序应当包括告知拟作出决定的内容，以及提供听证的机会，但是行政机关不需要向该组织披露"将要单方提交给法院进行密室审查的保密信息……"

在 Global Relief Foundation v. O'Neill[②] 案中，第七巡回法院认为，财政部可以根据其单方认定某组织资助恐怖主义活动，从而冻结该组织的资产。该组织只有权在采取冻结措
826 施之后申请举行司法式的听证，在该听证过程中，财政部只能完全依靠它单方向法院提供的保密信息作出决定。

在 Achustenqui v. Department of Agriculture[③] 案中，法院认定它没有必须确定在撤销放牧许可证之前行政机关必须提供多少程序保障，因为作为撤销任何许可证之前提的《行政程序法》§558 已经足以满足正当程序的要求。

在 Wainscott v. Henry 案中，第七巡回法院认为，市政府在终止一位对其工作拥有财产利益的雇员的工作时，违反了正当程序的要求。市政府认为，它已经通过安排市长会见的形式提供了充分的听证，在这次会见时雇员有充分的机会为自己辩护。但是，法院认为这种会见程序是不充分的，因为雇员并未被告知对他所提出的指控。

在 Ciambriello v. County of Nassau[④] 案中，第二巡回法院存在分歧的合议庭认为，在对一位对其具体工作拥有财产利益的雇员作出降级处分之前，县政府必须为雇员提供降级处分前的听证，尽管不是"精致的"听证。

在 KPMG v. SEC 案中，哥伦比亚特区巡回法院认为，证券交易委员会（SEC）对一家企业因为违反了模糊的规则，而证券交易委员会并未提供"公平告知"，即它认为所讼争的行为属于违反规则的行为。法院未经讨论，但是默示地认定发布停止终止令（cease and desist order）符合正当程序保障目的意义上的处罚。这一结论远不是明显的。

在 In re Bogese[⑤] 案中，联邦巡回区上诉法院存在分歧的合议庭判定专利申诉和干涉委员会（the Board of Patent Appeals and Interferences）可以认定专利所有权人已经没收了他强制执行专利的权利，该专利是在不合理地拖延指控之后授予的，并且该委员会已经向专利所有权人提供了"充分的告知，即不合理的拖延可能会导致没收"。持不同意见的法官则认为，迟延并不能支持专利的没收。

在 Nyeholt v. Secretary of Veterans Affairs[⑥] 案中，联邦巡回区上诉法院认为，当违反该规则的后果是拒绝给予福利而非施加处罚时，正当程序原则并不要求行政机关对特定行为是否违反一项模糊规则提供事先告知。

827 在 TVA v. Whitman[⑦] 案复杂而令人混淆的判决意见中，第十一巡回法院认为，《清洁空气法》授权环境保护局根据"任何可得的数据"发布具有法律效力的不可审查的行政合规命令（administrative compliance orders），而没有向行政合规命令的对象提供在裁决程序中对行政合规命令的依据提出质疑，这是违反正当程序原则的。这一判决意见，如果，

---

① 251 F. 3d 192 (D. C. Cir. 2001)，参见§9.5 的讨论。

② 315 F. 3d 748 (7th Cir. 2002)，参见§9.6 的讨论。

③ 257 F. 3d 1124 (9th Cir. 2001)，参见§9.4 的讨论。

④ 292 F. 3d 307 (2d Cir. 2002)，参见§9.4 的讨论。

⑤ 303 F. 3d 1362 (Fed. Cir. 2002).

⑥ 298 F. 3d 1350 (Fed. Cir. 2002)，参见§6.11 的讨论。

⑦ 336 F. 3d 1236 (11th Cir. 2003).

但是也只有如果法院正确地解释了法律条款时，法院的推理才是得到充分支持的。环境保护局和其他法院所采纳的法律解释不会引发严重正当程序争议，例如，行政合规命令不具有法律效力的争议。该案中，法院也错误地认为，行政合规命令并不属于它的管辖范围，因为行政合规命令并不构成最终行政行为。如果法院实际上缺乏对于行政合规命令的管辖权，它就没有权力认为行政合规命令违反了正当程序原则。实际上，法院并不缺乏对于行政合规命令的管辖权，因为根据法院的解释，行政合规命令显然构成最终行政行为。①

在 Grayden v. Rhodes② 案中，第十一巡回法院解决了市政府签发强制搬迁紧急命令时所需程序的若干问题。首先，该法院和其他法院一样，认为市政府合理相信房屋存在安全隐患或者不适合人类居住时，可以不必在搬迁前提供听证机会。其次，法院认为，市政府必须在搬迁后及时提供听证机会，允许住户有机会对搬迁命令的依据提出质疑。法院认为，住户可能能够减少作出房屋结构安全或者适宜居住性方面的最终决定出错的风险。再次，法院认为，市政府必须在搬迁前的通告中告知在搬迁之后对命令提出不服的机会，允许住户能够了解他们以后在必须面对各种居住安排的可能性时搬回来的可能性。最后，法院判决认为，其中有一位法官持不同意见，法定的搬迁后听证的告知是充分的，市政府不需要为每位住户提供个别的告知。

在 Torres-Rosado v. Rotger-Sabat③ 案中，第一巡回法院认为，波多黎各在终止一名有职位保障的政府雇员时所提供的程序远远超过了正当程序的要求。波多黎各停止发放该雇员的工资，并告知对她提起的有关指控和具体内容（specifications），并为她提供了由听证审查官主持的口头举证式听证，她也获得了律师代理，有证人为其作证，以及有权传唤其他证人。她认为，波多黎各的做法并不符合其自己的程序规则，但是法院的回应是： 828
“行政机关没有遵守它自己的规则，可能在行政法上具有重要意义，但是联邦宪法的正当程序条款并未包括州政府或者地方政府立法中的具体程序结构……”

在 DiBlasio v. Novello④ 案中，第二巡回法院认为，对于医生被指控有不当行为，对病人构成紧迫危险的，州医疗专员（medical commissioner）是否可以停止的执照而不向医生在停止执照前提供听证，这是一个事实问题。这一判决最多是模糊的。这看起来与 Gilbert v. Homar⑤ 案中最高法院一致作出的判决之间存在不一致，而且显然忽略了病人的利益。

在 Buser v. Raymond⑥ 案中，第八巡回法院合议庭的多数意见对 DiBlasio 案进行了区分。多数意见认为，内布拉斯加州所采用的裁决医师惩戒纠纷的方法符合正当程序的要求，因为该医师“获准传唤证人，提交证言，作证，得到决定后起诉到州地区法院”。多数意见驳回了以下主张，即内布拉斯加州制度中的两点特征是违规的：（1）最后的裁决者并未实际主持听证；他所任命的听证官提出裁决建议，而最终的裁决者可以自由以自己的裁决取代听证官的裁决建议；（2）司法审查是尊重性的，根据行政机关现有的记录作出。持不同意见的法官本来会适用 DiBlasio 案中的推理，并且本来会判定该制度违宪。如果采纳持不同意见法官的推理，将会产生真正革命性的效果。内布拉斯加州的制度受到质疑的这两点特征与《行政程序法》所创设的裁决制度特征是完全吻合的；并且绝大多数的联邦

---

① 参见本书 § 15.11 中有关法院在最终性问题上的错误推理的讨论。

② 345 F. 3d 1225 (11th Cir. 2003).

③ 335 F. 3d 1 (1st Cir. 2003).

④ 344 F. 3d 292 (2d Cir. 2003).

⑤ 520 U. S. 924 (1997)，参见 § 9.6 的讨论。

⑥ 476 F. 3d 565 (8th Cir. 2007).

行政机关已经采用了超过 70 年。[1]

在 Holy Land Foundation v. Ashcroft[2] 案中，哥伦比亚特区巡回法院认为，外国资产管制办公室（the Office of Foreign Asset Control）在认定某组织支持恐怖主义活动后冻结了该组织的所有资产，在这之前外国资产管制办公室提供了充分的程序保护。哥伦比亚特区巡回法院认定，外国资产管制办公室已经遵守了法院之前的判决意见，该判决意见中描述了正当程序的要求："财政部长必须为被紧急认定［为外国恐怖主义组织］的实体机构提供了提交此类证据的机会，至少是书面证据，这些实体机构可能提供证据以驳斥行政记录，或者否认它们是外国恐怖主义组织的立场。"哥伦比亚特区巡回法院认为，外国资产管制办公室的认定"是根据在大量行政记录中的充分证据基础上作出的"。哥伦比亚特区
829 巡回法院指出："政府可以根据大量证据，包括情报数据和传闻作出对某实体机构的认定。"

在 Gines-Perez v. Kelly[3] 案中，第一巡回法院认为，海关扣船的方式违反了正当程序。海关最初决定扣船，理由是该船是使用非法活动收益购买的。海关通知船主他必须提交保证金，如果他希望阻止扣船程序。船主告诉海关，他将要对扣船决定提起诉讼，并且提交了以贫民身份的申请以避免缴纳保证金。海关没有对船主提出的贫民身份申请作出决定，告知船主它已经决定不再寻求没收该船，相反如果船主缴纳扣押和保管费用，它会将船还给船主。船主没有缴纳这笔费用，海关就出售了船舶。法院认为海关违反了正当程序条款，因为"该案的结案意味着上诉人不仅失去了他的财产，也失去了对损失提出起诉的权利"。法院认为："海关在终结此案之前，本来应该为上诉人提供一个程序，让他可以主张不能没收该船，并且他不需要对扣押和保管船舶的费用负责……"

在 Foxy Lady v. City of Atlanta[4] 案中，第十一巡回法院认为，该市吊销几家男士俱乐部的烈酒销售许可证时所采用的程序是符合正当程序要求的。法院认定，正当程序并不要求具有绝对的申请传唤证人的权利，市政府对酒吧可以提供的证人数量进行限制是合理的。

在 2002 年，司法部长宣布了一项新规则，决定简化对移民法官（Immigration Judges）的裁决提起上诉的程序。根据这项新规则，移民上诉委员会可以支持移民法官的裁决，而不必要同意移民法官的裁决理由。迄今为止，每家审议这一问题的巡回法院均认为这份新规则符合正当程序的要求。[5]

在 Hunter v. Underwood[6] 案中，第八巡回法院认为，州法所要求的程序不是正当程序所要求的。因此，举例来说，如果告知足以满足正当程序的最低要求，州法规定的任何
830 额外的告知要求对于是否符合正当程序的分析都没有影响。

在 Kapps v. Wing[7] 案中，第二巡回法院认为，一位申请家庭能源援助项目福利被拒的个人有权要求经过听证以决定他是否符合获得该福利的资格标准，以及说明拒绝他的申请的理由。

---

① 参见 § 8.6 和 § 11.6。

② 333 F. 3d 156 (D. C. Cir. 2003).

③ 333 F. 3d 313 (1st Cir. 2003).

④ 347 F. 3d 1232 (11th Cir. 2003).

⑤ 例如，Dia v. Ashcroft，353 F. 3d 228 (3d Cir. *en banc* 2003)；Denko v. INS，351 F. 3d 717 (6th Cir. 2003)；Carriche v. Ashcroft，350 F. 3d 845 (9th Cir. 2003)；Mendoza v. Attorney General，327 F. 3d 1283 (11th Cir. 2003)；Soadjede v. Ashcroft，324 F. 3d 830 (5th Cir. 2003)；Albathani v. INS，318 F. 3d 365 (1st Cir. 2003)。

⑥ 362 F. 3d 468 (8th Cir. 2004).

⑦ 404 F. 3d 105 (2d Cir. 2005)，参见 § 9.4 的讨论。

在 Graham v. City of Philadelphia[1] 案中，第三巡回法院认为，以宣告无罪（acquittal）告终的剥夺利益之后的刑事程序，为没有职位保障的警察提供了充分的证明清白的听证机会，因为该警察因被指控实施犯罪行为而被捕之后，被剥夺了自由利益并且打上了耻辱印记。

在 Velez v. Levy[2] 案中，第二巡回法院认为，对于被剥夺自由利益且打上耻辱印记的个人提供剥夺利益之后的证明清白的听证，当污名化的利益剥夺是由“对于重要事务具有最终决定权的高级别官员”实施时，这是不够的。在这样的案件中，政府必须在剥夺利益之后提供听证。

在 Fenje v. Feld[3] 案中，第七巡回法院认为，当驻院医生（medical resident）因为在申请时存在不诚实的行为而被终止资格时，他是无权获得任何听证机会的。法院认定，这样的终止决定是学术性的，而非惩戒性的，因此，驻院医生只有权获得 Board of Curators of University of Missouri v. Horowitz[4] 案中提出的“仔细和慎思明辨的”决定。

在 Public Service Commission of Kentucky v. FERC[5] 案中，哥伦比亚特区巡回法院认为，联邦能源监管委员会根据在听证之前没有向各方代表披露的依据而提高了企业的定价，这剥夺了消费者和消费者权益代表组织的正当程序权利。法院驳回了联邦能源监管委员会的主张，即它已经为当事人提供了充分的申辩机会，允许他们在听证之后提出申请再次听证的动议。法院指出，对于决定草案提出申辩主张的机会并不同于提交反对决定的证据的机会。

在 Dupuy v. Samuels[6] 案中，第七巡回法院支持了伊利诺伊州儿童与家庭服务部为了确定儿童看护工人或者养父母是否实施了虐待或者忽略的行为时所采用的程序，这些程序也被地区法院的一项命令所修改。法院认为，该部可以继续使用这一相对容易符合“可信证据”标准以及地区法院命令的修改，即行政机关必须既要考虑支持事实认定的证据，也 831
要考虑偏离事实认定的证据以及。法院也认定，考虑到个人有权聘请律师进行申辩，裁决者与调查者相互分离，个人有权在 35 日内要求程序更全面的剥夺利益后的听证，因此即使没有允许交叉质证，在作出剥夺利益决定之前举行的听证是充分的。

在 Patterson v. City of Utica[7] 案中，第二巡回法院认为，市政府向原告所提供的证明自己清白的“听证”是不充分的，原告甚至没有被邀请参加听证，虽然最后参加了，但是没有被告知对他的指控内容。

在 Williams *ex rel*. Allen v. Cambridge Board of Education[8] 案中，第六巡回法院的合议庭两位法官出具的多数意见认为，该学校在开除学生之前，在安排学生与副校长会面时为其立即提供了非正式的机会以回应对他的指控，这一程序是充分的。一位法官提出了不同意见，理由是他认为该听证是不充分的，因为这一听证的举行是为了确定是否需要基于紧急的理由将该学生开除，而不是为了确定是否需要开除学生，并且法官也认为，为学生所提供的回应指控的机会是否充分，是一个需要由陪审团决定的事实问题。

---

① 402 F. 3d 139 (3d Cir. 2005).

② 401 F. 3d 75 (2d Cir. 2005)，参见 § 9.4 的讨论。

③ 398 F. 3d 620 (7th Cir. 2005).

④ 435 U. S. 78 (1978).

⑤ 397 F. 3d 1004 (D. C. Cir. 2005).

⑥ 397 F. 3d 493 (7th Cir. 2005)，参见 § 9.4 的讨论。

⑦ 370 F. 3d 322 (2d Cir. 2004)，参见 § 9.4 的讨论。

⑧ 370 F. 3d 630 (6th Cir. 2004).

在 Jifry v. FAA[①] 案中，哥伦比亚特区巡回法院认为，两位外国飞行员（pilots）在联邦航空管理局认为他们继续持有飞行员证书将会威胁国家安全而吊销了他们的飞行员许可证时，已经被提供了充分的正当程序保障。交通安全管理局（TSA）为两位飞行员的证件被吊销之后立即提供了对行政机关的初步决定进行回应的机会，允许在交通安全管理局副局长主持下对记录重新进行审查，由法院对记录进行密室审查，包括飞行员无权查阅的保密部分的内容。哥伦比亚特区巡回法院认定：

> 飞行员在这里相关的利益——他们持有联邦航空管理局飞行员证书从而可以驾驶飞机到美国以外的国家——在重要程度上不如政府防止飞行员使用民用飞机作为恐怖活动的工具的安全。

在 Silvernail v. County of Kent[②] 案中，第六巡回法院合议庭中两位法官出具的多数意见认为该县对于使用假支票的行为处以 25 美元的行政罚款，其程序是符合正当程序原则
832 的。县政府利用了一家私人代理征收机构进行告知，即该处罚是由县政府作出的。告知内容包括告知收到者需要支付该罚款，并且提供了问询电话。多数意见认为，这里所提供的程序是充分的，考虑到使用假支票的证据就是遭退回的支票本身；原告认为，所增加的程序中的规定不可能减少错误剥夺利益的风险；并且要求进行全面的听证将会给县政府带来和所关系的私人利益之间不成比例的负担。持不同意见的法官表达了这样的观点，即这些程序是不充分的，因为它们并不能提供任何类型的听证。

在 Baird v. Board of Education for Warren Community Unit School District No. 205[③] 案中，第七巡回法院认为，考虑到可以提供的事后听证是不充分的，在事前提供的由督学（school superintendent）主持的听证是不充分的。第七巡回法院指出，在 Cleveland Board of Education v. Loudermill[④] 案中，最高法院认为非正式的事前听证是充分的，如果学校能够提供充分的、相对正式的事后听证。第七巡回法院认定督学主持的事前听证是充分的，如果该学区已经可以提供充分的事后听证，但是该案中事前听证是不充分的，因为事后听证是不充分的。督学可以提供的唯一事后听证是合同违约行为。第七巡回法院认为，这是不充分的，因为它不够迅速，并且它不能提供恢复原状的救济。

在 Porter v. Ascension Parish School Board[⑤] 案中，第五巡回法院认为，该案中的学校在让学生退学并转学到其他学校之前已经向学生提供了充分的程序。该学校发现了一名学生的极端暴力的涂鸦之作，该学生在两年前在学校的围墙上涂鸦，其中包括对学校和校长的极端愤怒的表述。当该学生被找到并搜查时，他正拿着一把美工刀和表达对某些少数族裔之仇恨的材料。学校在经过听证之后开除了这名学生，第五巡回法院认为该听证不符合巡回法院有关开除学生的案件中必须举行的听证类型的先例。但是，第五巡回法院认为，在这些情况下的听证是充分的，因为学生承认是他画了这些暴力的涂鸦，持有美工刀，并且学生的母亲也已经放弃了更正式的听证的权利。

在 Salgado-Diaz v. Ashcroft[⑥] 案中，第九巡回法院认为，移民归化局剥夺了一位非法
833 移民（illegal alien）的正当程序权利，因为该非法移民声称他是遭受非法逮捕并带离美国的，移民归化局拒绝举行听证。在原告需要面对驱逐出境的听证会时，他在边境被逮捕并

---

① 370 F. 3d 1174 (D. C. Cir. 2004)，参见 § 7. 10 和 § 11. 2 的讨论。

② 385 F. 3d 601 (6th Cir. 2004).

③ 389 F. 3d 685 (7th Cir . 2004).

④ 470 U. S. 532 (1985).

⑤ 393 F. 3d 608 (5th Cir. 2004).

⑥ 395 F. 3d 1158 (9th Cir. 2005).

被指控被迫离开美国。当他后来试图再次非法进入美国，他被逮捕并命令快速驱逐出境，依据的是一项法律中的条款规定，非法移民系自愿离开美国而被发现试图非法进入美国时，可以自动采取驱逐出境的措施。他声称自己从未自愿离开美国，因此他不需要遭到自动驱逐出境的制裁。他申请听证来确定他是否是自愿离开美国的，或者相反是在驱逐出境的案子还没终结时被违法带离美国的。移民归化局从未举行听证，法院认为这侵害了原告的正当程序权利。法院接着认为移民归化局按照禁反言规则，不得将移民立法中适用于1997年之后类似原告之类个人的更严格的条款适用于原告，相反必须适用1997年立法中更宽松的条款，因为原告本来已经需要遵守1997年之前的立法，但是由于移民归化局错误地拒绝就他的请求进行听证而导致他被迫离开美国。①

在Flaim v. Medical College of Ohio② 案中，第六巡回法院详细描述了它要求州学院在惩戒案件中适用的程序。法院一开始指出，它要求与所涉及的财产和自由利益的重要性成比例的告知和听证程序。于是，第六巡回法院认定，因为这个案件涉及开除犯有重罪的医学院学生，相比最高法院在Goss v. Lopez③ 案中对停职10天来说足够的同步的口头告知和非正式听证程序，这个人有权得到远远要精致得多的程序。对于法院所受理的这起案件来说，第六巡回法院判定告知必须是书面的，必须包括针对个人的指控，以及个人被指控违反的政策或者规则，可以处以的处罚的范围，并且程序保障必须及时以允许个人为听证做好准备。第六巡回法院拒绝了个人的主张，即他有权得到一系列对他提出的一系列证据和证物。

第六巡回法院接着描述了一家州立大学开除被指控犯有重罪的学生时所要求的听证的性质。第六巡回法院判定，当大学没有通过律师起诉时，案件在程序上也不复杂，也不存在证据规则时，个人没有权利由律师陪伴出席听证。第六巡回法院也认定，当他可以听取 834
对他不利的证人证言，然后以自己的证言以及他自己选择申请出庭的证人加以反驳，个人就无权要求与对他不利的证人进行交叉质证。第六巡回法院也认为，通过文字记录或者磁带录音制作某种形式的案件记录是“明智的”。第六巡回法院驳回了个人的主张，即他有权得到事实认定和结论，或者对学院院长的决定提出上诉。

在Magala v. Gonzales④ 案中，第七巡回法院将民事案件中没有合格律师代理的宪法权利，以及民事案件中律师的错误归责于客户的规则应用到了移民案件之中。第七巡回法院也批评原告的新代理律师提出“没有说服力的”宪法主张（argument），而不是本来可用但是因为原告没有向行政机关提出而失去的法律主张。⑤ 但是，有的巡回法院认为，个人拥有在免职案件中获得有效的律师援助的宪法权利。⑥

在Lightfoot v. District of Columbia⑦ 案中，哥伦比亚特区巡回法院认为，正当程序原则并不要求执行福利项目的行政机关发布规则，详细规定行政机关在作出资格决定中将会采用的标准，以及行政机关和复审法院在每起案件中所说明的理由中明显的标准。

在Circu v. Gonzales⑧ 案中，第九巡回法院全席审理后一致认为，正当程序原则要求移民法官给予庇护申请人机会让他能够驳斥在听证时尚未出炉的国务院国别报告中引用，

---

① 参见§13.1的讨论。

② 418 F. 3d 629 (6th Cir. 2005).

③ 419 U.S. 565 (1975).

④ 434 F. 3d 523 (7th Cir. 2005).

⑤ 参见§15.8的讨论。

⑥ 例如，Sako v. Gonzales，434 F. 3d 857 (6th Cir. 2006)。

⑦ 448 F. 3d 392 (D.C. Cir. 2006).

⑧ 450 F. 3d 990 (9th Cir. *en banc* 2006).

并且移民法官希望通过司法或者行政告知利用的任何“争议性”事实。第九巡回法院指出，移民法官没有必要提供机会驳斥“没有争议的”事实，例如政府内发生的变化，但是他认为，“当这种变化并不能消除对原告个人的危险时，移民法官必须提供倾听个人影响之问题的机会”。

在 Segal v. City of New York[1] 案中，第二巡回法院认为，任意制雇员因为满足污名加成标准的理由而被停止职务，如果行政机关提供了“充分的、合理迅速的停止职务后的洗刷污名的听证”，则不需要在停止职务前举行听证。

在 Wilson v. MVM[2] 案中，第三巡回法院认为，法院保安人员因为其工会合同中的“正当理由”限制导致他们对自己的工作拥有财产利益，当他们因为在医学角度上不适合
835 工作而被终止职务时，已经得到了充分的程序保障：

当上诉人被认定医学角度上不适合工作，但是在被停止职务之前，他们得到告知在医学角度上说失去工作资格，并获得对医生提供的有关他们履行职责能力的医疗档案作出回应的机会。尽管这不是传统的听证，考虑到维持雇佣关系和政府的安全利益……Mathews 原则……向上诉人所提供的程序是充分的。

在 Morales-Izquierdo v. Gonzales[3] 案中，第九巡回法院全席审理的七位法官出具的多数意见认为，移民官员裁决是否需要针对非法进入美国的非法移民恢复驱逐令（removal orders）时所采用的程序从宪法上看是充分的。多数意见强调了在恢复命令案件中需要解决的事实问题是容易解决的；在总数 211 000 中只有三起恢复命令案件被作为错误案件而被推翻；原告必须证明因为程序不足以作为救济资格之结果导致的损害；可能作为恢复命令对象的个人并不享有宪法第六修正案所规定的获得律师代理的权利，无权要求制度上没有偏见的裁决者，也无权要求知晓能否获得司法审查。四位持不同意见的大法官并未与多数意见直接争论宪法论证的问题。相反，反对意见认为应该适用回避宪法争议原则作为依据解释原告声称的作为宪法权利问题的更全面程序保障的准据法。

在 Karpova v. Snow[4] 案中，第二巡回法院认为，个人当她因为违反了制裁伊拉克的行政命令而被处以罚款而没有获得口头举证式听证的机会，这没有被剥夺正当程序权利。行政机关告知她有关指控的内容和反对证据以及以书面形式对指控提出申辩的机会。法院认定她还没有确定口头听证对她有何益处。

在 Coffin v. Sullivan[5] 案中，第八巡回法院认为，正当程序原则要求社会保障局在残疾人福利案件中提供对证人交叉质证的权利。正如本书 § 9.11 中详细讨论的，这一判决至多也是模糊的。第八巡回法院在 Hepp v. Astrue 案[6]中判定通过电话方式进行交叉质证
836 是足够的，一定程度上这一判决的负面效果。

在 Chambers v. Department of Interior[7] 案中，当内政部根据一位和其他行政机关雇员有过单方沟通的行政机关官员所举行的听证而解除公园警察局长的职务时，联邦巡回区上诉法院认定内政部并未侵害公园警察局长的正当程序权利。法院支持了行政法官的结论，即单方沟通并没有“提出新的和实质信息，他们并没有对［裁决者］得出他的结论时

① 459 F. 3d 207 (2d Cir. 2006).

② 475 F. 3d 166 (3d Cir. 2007).

③ 477 F. 3d 691 (9th Cir. *en banc* 2007).

④ 497 F. 3d 262 (2d. Cir. 2007).

⑤ 895 F. 3d 1206 (8th Cir. 1990).

⑥ 511 F. 3d 798 (8th Cir. 2008).

⑦ 515 F. 3d 1362 (Fed. Cir. 2008).

施加任何压力”。

在 Esso Standard Oil Co. v. Lopez-Freytes[①] 案中，第一巡回法院认为，波多黎各环境质量委员会因为石油泄漏的原因而对 Esso 处罚 7 600 万美元，在这起案件中三个方面侵害了 Esso 的正当程序权利。首先，环境质量委员会具有结构性偏见，因为罚款将要存入环境质量委员会拥有完全裁量权的账户这一事实，特别是这笔罚款是行政机关年度预算的两倍，也是行政机关之前所开最大一笔罚款的 5 000 倍。其次，环境质量委员会具有结构性偏见，还因为听证审查官是为了取悦环境质量委员会而服务的独立供应商和从罚款存入的基金中报销的人。再次，波多黎各参议院发布了一份报告威胁对没有对 Esso 采取强硬措施的环境质量委员会委员提起刑事指控，这也是错误地对环境质量委员会施加压力。

§ 9.6 暂时性的权利剥夺

□ 许多案件对权力剥夺前与权利剥夺后的程序进行区分

最高法院的判决意见中涉及多少程序才是正当的这一问题的，大约有一半是难以解释的，因为它们既涉及程序上的充分性问题，也涉及时间安排问题。进入司法程序的正当程序争议，常常是在行政机关愿意在剥夺某个人受保护的利益的一段时间后提供审判型听证，但是希望在作出行为之前采用相对非正式的决定程序。这种反复发生的程序状态（procedural posture），已经促使最高法院对案件涉及的受保护利益进行描述时也包含了时间维度。因此，在 Mathews 案中，最高法院将利益描述为在大约一年时间里继续领取残疾福利金，因为行政机关愿意在终止个人福利之后的大约一年内基于审判型听证作出决定。类似的，在 Barry 案和 Brock 案中，最高法院将所涉及的利益描述为暂时性的权利剥夺，因为行政机关愿意提供权利剥夺后的听证。 837

□ 在理由充分时，行政机关可以只提供权利剥夺后的听证

时间安排问题以及由此导致的将权利剥夺描述为临时性，这并不是新出现的问题。这一问题最早可以追溯至 Fahey v. Mallonee[②] 案。住房贷款银行委员会（the Home Loan Bank Board）接管了一家存贷款机构（a savings and loan），驱逐了其管理层并将全部控制权交给该委员会指定的接管人（conservator）。该行政机关在接管银行之前并未提供任何类型的听证；接管决定是在经过单方调查认定存在不安全的做法的基础上作出的。行政机关的规则只规定在接管之后的一段时间提供听证的机会。最高法院以一致意见支持了该行政机关之行为的合宪性。该判决认为所采取的程序是“严厉的”，但是它支持了这一程序，理由是它认定保持金融机构的信用是如此重要的政府利益，以至于有理由直接接管此种机构。Fahey 案的程序顺序（procedural sequence）——剥夺极其有价值的财产利益而没有提供任何类型的权利剥夺前听证——在今天看来仍然是不同寻常和“严厉的”。但是，根据非正式的决定程序作出“暂时性”剥夺受保护的利益的决定，之后再提供如此正式以至

① 522 F. 3d 136 (1st Cir. 2008).

② 332 U. S. 245 (1947).

于无人可以质疑其充分性的听证机会，这个一般概念在今天并不少见。最高法院在Mathews案中支持了此种程序顺序，之后不久，无数的行政机关就对其规则进行了修订，规定了类似的程序顺序。其结果是，相当高比例的正当程序争议在诉至法院时就是处于暂时性权利剥夺的状态。

□ 没有提供听证的暂时性权利剥夺很少得到支持

最高法院高度强调证明“暂时性权利剥夺”之合理性所要求的时间安排以及程序，这是不幸的。适合于采取两阶段制的决定程序的决定情境是很少的。直接接管存在管理不善问题的银行，就满足了此种程序顺序的标准，正如在Ewing v. Mytinger & Casselberry[①]案中直接扣押存在错误标识问题的药品，以及在North American Cold Storage Co. v. Chicago[②]案中直接销毁被认为存在危险的食品。最高法院在后来的一起中止被指控犯有重罪的警察之资格的案件中支持了这种程序顺序。

□ 行政机关可以在未经听证的情况下中止警察职务，并且停止发放薪水

在Gilbert v. Homar[③]案中，最高法院以一致意见判定，只要政府能够在提供快速的中止职务后的听证，政府就可以在不进行中止职务前的听证之情况下，中止享有职位保障的政府雇员之职务并停止支付薪水。该案中，一名州立大学的警察在8月26日被逮捕，并被指控犯有涉及毒品的重罪。该大学未经任何听证程序，立即中止了其职务并停止发放薪水。9月1日刑事指控被撤销。经过调查和听证，大学在9月18日恢复了该警察的职务
838 并补发了薪水，但是将其降级为运动场地管理员（groundskeeper）。该雇员于是根据42 U. S. C. §1983提起诉讼。第三巡回法院判定未经事先听证即作出中止职务并停止发放薪水的决定违反了该雇员的正当程序权利。该巡回法院宣布了一项适用于所有停止发放薪水的中止职务决定。该巡回法院认为，如果行政机关还有一种选项——立即中止职务但继续发放薪水，待听证结果证明该决定是有理由的时候再作出中止职务并停止发放薪水——那么行政机关直接作出中止职务而停止发放薪水就是没有理由的。

最高法院几乎在每个方面都不同意巡回法院的判决意见。最高法院首先批评巡回法院采纳了“明确禁止”（categorical prohibition）。它重申了一项原则，即正当程序的要求是“灵活的”，取决于适用Mathews案提出的社会性成本效益分析的结果。它接着全面批评了巡回法院对这一标准的适用。在评估所涉及的个人利益时，巡回法院没有合理考虑权利剥夺的“时间长度”和“最终性”。只要政府在中止职务后快速进行听证，“损失的收入是相对轻微的……”巡回法院也在两个方面没有足够重视政府利益。首先，“政府并不需要对被指控重罪的雇员提供带薪假期”（标注着重号）。其次，大学的“维护公众对其警察队伍的信任的利益”说明了立即中止被指控重罪的警察之职务的理由。最后，最高法院批评巡回法院对Mathews标准第三项因素，即“错误剥夺权利之风险”的适用。最高法院将这一因素描述为“对于本案裁决最为重要的……”因素。最高法院判定，确定“独立第三方……有合理理由相信雇员实施了严重犯罪”，足以确保中止雇员职务的决定不是“无依据或者无根据的”。最高法院注意到雇员在刑事指控撤销的17天后才恢复职务，但是它拒

① 339 U. S. 594 (1950).
② 211 U. S. 306 (1908).
③ 520 U. S. 924 (1997).

绝裁决这一迟延是否剥夺了该雇员在中止职务后迅速获得听证的权利，因为下级法院并未审理这一问题。

Gilbert 案的判决意见提出了一系列棘手的问题。首先，州能否通过法律或者规则作出有拘束力的确定，即特定事实基础足以证明剥夺受正当程序保护之利益的理由？最高法院承认州可以这么做。它引用了一项州长发布的指令，其中要求对于被指控犯有重罪的任何雇员立即中止职务并停止发放薪水。州与雇员对该指令是否具有法律效力以及该指令是否收回了所有决定裁量权等问题存在不同意见，因此最高法院推定该指令不具有法律效 839
力，也没有收回所有决定的裁量权。但是，最高法院对此种指令的假定效力所作讨论表明，规定剥夺受保护利益的事实基础的法律或者规则，可以通过界定受保护利益的范围，取消裁决者的所有裁量权，并且如果事实基础并不易受合法性争议，例如，雇员不能对他遭逮捕和刑事指控的“客观性事实”进行争议，并未留下需要通过听证裁决的重要事实，而对法院产生拘束力。因此，最高法院指出，如果该指令具有拘束力，“因为除了雇员是否确实遭受重罪指控的可独立验证的事实之外，在听证时没有需要考虑的问题，也就没有任何中止职务之前的程序的需要。”这一结论是在逻辑上从以下两项原则的适用中得出的：（1）受保护的财产利益的实体范围是援引实证法（例如州法）而确定的[①]；（2）正当程序只适用于个体化决定（individualized decisionmaking）。[②]

其次，如果指控没有被撤销，大学需要为雇员在中止职务之后快速提供听证吗？当然，最高法院不需要讨论这一问题，因为刑事指控在提出之后的一周内就被撤销了。我怀疑在针对雇员的刑事指控没有结束之时，最高法院会要求大学提供中止职务后的听证。我们难以想象雇主如何实施这样的听证。公诉人持有支持这些指控的证据，可以想象他不会愿意与受指控的雇员分享证据。不仅如此，我们难以想象在这种情况下举行的中止职务后的听证可以实现什么目的。公诉人，作为“独立第三方”，已经确定有合理理由认定雇员实施了犯罪。需要支持中止职务并停发薪水之决定的正是这一确信，而州立大学当然没有权力推翻公诉人的合理理由认定。各巡回法院的判决可以支持我对这一问题的观点。在 Commercial Drapery Contractors v. United States[③] 案中，哥伦比亚特区巡回法院判定，在某供应商被指控欺诈时，政府可以不经听证而中止该供应商的政府采购资格。该法院承认，在刑事审理之前的行政听证可以对刑事公诉进行和解。在 Erikson v. United States[④] 案中，第九巡回法院判定，当医生因为虚假报销（false claims）而被定罪时，医疗服务融资管理局（HCFA）可以未经听证而终止该医生参与联邦医疗保险和联邦医疗补助的资格。 840

再次，除了大陪审团和公诉人之外，还有其他机构的合理理由确信足以证明立即中止职务并停发薪水的合理性吗？我对此强烈怀疑。某行政机关根据合理理由认定而对其他行政机关的雇员启动行政罚款程序，该行政机关符合此类“独立第三方”的资格，特别是在根据法律或者规则，需要根据此种第三方的认定时才能中止该政府雇员的职务。

最后，在缺乏第三方作出的存在足以支持立即中止职务并停发薪水的事实认定，Gilbert 案中判决意见的意义是什么？最高法院强调避免对纳税人的负担以及影响公共机构的形象，而认为雇员暂时损失收入并不重要。综合地看，这表明在此类案件中，只要雇员符

---

① 参见§9.4。

② 参见§9.2。

③ 133 F. 3d 1 (D. C. Cir. 1998).

④ 67 F. 3d 858 (9th Cir. 1995).

合在中止职务之后举行快速听证的资格，所要求的中止职务前的听证是极为简短和非正式的。对于中止职务后的听证必须是如何“快速”或者如何精致，判决意见没有作出非常有帮助的评论。

在这些相对不同寻常的情况中，保护行政机关和公众清除犯有重罪的政府雇员，保护公共健康，或者保护存款人和纳税人，证明了未经提供任何听证而立即作出行为的合理性。不过，让政府剥夺一个人的重要利益而未在初步剥夺权利之后的合理时间内提供某种听证机会，是不公平的。最高法院所作出的支持双阶段决定程序和“暂时剥夺权利”的判决意见，并不涉及这类不同寻常的情形。相反，它们涉及相对常见的规制性决定和福利资格决定，例如 Mathews 案中的社会保障残疾福利资格，Barry 案中暂扣驯马师的执照，以及 Brock 案中恢复因举报行为而遭解雇的雇员之职务。在大量的决定情境中，如果行政机关提供一次快速、费用低廉和可靠的剥夺权利前的听证，可以更好地保证政府效率与降低个人因武断行为蒙受不利对待之风险。

□ 最高法院高估了权利剥夺后的审判型听证，低估了权利剥夺前的非正式听证

最高法院高度强调“暂时性的权利剥夺”，以及常规性地默认双阶段的决定程序，引发了严重问题。对这些问题的评估需要承认两点意见。首先，时间安排能够对所涉及的利
841 益范围产生巨大的影响。根据利益的性质和根据听证作出决定所需的时间，“暂时性的权利剥夺”可能导致的损害与永久性的权利剥夺难以区分。因此，例如，金融机构在若干年内被剥夺了资产和控制，如果在听证之后成功赢回资产，其所有人也很可能会发现其机构已经发生显著变化，资产不如过去充盈。机构的资产在被扣押之后的很短时间内减少了10%～15%，很可能还将每天持续减少。类似的，在几个月内没有工作的雇员更有可能会找到另一项工作，而不是行使听证权利要求重新恢复其工作。因此，“暂时性”剥夺工作，常常在几个月内就会变成“永久性”了。

其次，行政机关需要提供的听证之类型与行政机关基于听证能够作出决定的预期时间之间存在紧密联系。因此，例如，裁决雇员解雇案件的行政机关，如果基于非正式的书面听证作出决定，则可以合理预期其在 3 个月内作出决定；而如果要求其基于审判型听证作出决定，则需要一年甚至更多。在更为复杂的争议情境中，例如政府因为其贷款的实际价值低而接管一家金融机构是否是合理的，时间安排的差别就会大得多，例如基于非正式听证作出决定需要数月，而基于审判型听证作出决定则需多年。

□ 最高法院在大多数案件中应当只要求权利剥夺前的非正式听证

考虑到时间安排的极端重要性和审判型听证必然导致的迟延，最高法院本应不同意默认以简易程序“暂时剥夺”一项利益，并提供权利剥夺后审判型听证的机会。最高法院也本应不愿意要求行政机关在任何时候提供审判型听证。相反，最高法院应当要求行政机关提供公平、非正式的权利剥夺前的听证程序。唯一的例外应当适用于相对少见的决定情境，例如扣押标识错误的药品或者资不抵债的金融机构，为了保护公众利益的需要不得不采取即决式行为。在这些情境中，最高法院应当要求行政机关在权利剥夺后根据公正的非正式听证作出快速的决定。考虑到大多数行政机关的资源限制和工作量，“快速审判型听

证”是典型的矛盾修辞法。[①] 听证程序——包括告知、提供证据和书面辩论的机会，说明理由以及中立裁决者——可以实现正当程序条款的目的，即避免武断的政府行为让个人蒙 842
受不利对待。[②]

□ 权利剥夺后的赔偿诉讼可以替代权利剥夺前的听证

在某些案件中，最高法院判定正当程序并不要求在权利剥夺之前提供任何类型的听证，因为个人如果能够证明自己是被错误剥夺了受保护的利益，可以有机会在权利剥夺之后获得政府的赔偿。在 Ingraham v. Wright[③] 案中，五名大法官出具的多数意见判定，一名学生在接受体罚之前没有要求举行任何类型听证的正当程序权利，说明了这种判决的进路。该判决主旨之依据部分是这样一项结论，即学生可以对学校当局提起普通法上的赔偿诉讼，并且侵权救济的可得性足以满足正当程序的要求。[④]

对赔偿诉讼之充分性的批评

这一推理存在两点严重缺陷。首先，假定权利剥夺后的赔偿诉讼的可得性，可以作为理由而不在某些情形中提供权利剥夺前的听证，Ingraham 案并不涉及这些情形。正如持不同意见的大法官所仔细表明的，州普通法没有对根据错误的事实认定进行的体罚提供损害赔偿的救济。[⑤] 权利剥夺前的听证是在这种情境中可以用于减少政府行为武断之风险的唯一程序。其次，Ingraham 案的推理也可能适用于最高法院拒绝采纳这一推理的众多其他决定情境。最高法院在 Ingraham 案中采纳了这一推理，而在 Ingraham 案中并不具有权利剥夺后的损害赔偿诉讼的可得性。不过，最高法院拒绝以不符合契约条款的方式在解雇政府雇员的案件中采纳相同的推理，在这里，法律规则是以违约之诉的方式提供了充分的权利剥夺后的损害赔偿救济。

□ 作为例证的案件

在 Global Relief Foundation v. O'Neill[⑥] 案中，法院认为财政部可以冻结通过单方调查确定可能成为援助恐怖主义者的可能来源的一类资产。法院认为，这类组织没有权利获得“告知和扣押前的听证，以及让任何敌对组织将资产偷偷带出美国的机会”。不仅如此，如果有人根据《扩大联邦求偿法院管辖权法》（the Tucker Act）起诉财政部的决定，财政部可以全部依靠对保密信息的单方司法审查。 843

在 DiBlasio v. Novello[⑦] 案中，第二巡回法院认为，如果医生被指控犯有职业不当行为危及患者安全时，州医疗专员是否可以不经过听证程序就作出中止医生执照。这一判决

---

① 参见 Pierce，“The Choice Between Adjudicating and Rulemaking for Formulating and Implementing Energy Policy”，31 *Hastings L. J.* 1 (1979)；Senate Committee on Governmental Affairs，Study on Government Regulation Vol. Ⅳ，*Delay in the Regulatory Process*，S. Doc. No. 95-72 (1977)。

② 参见 Verkuil，“A Study of Informal Adjudication Procedures”，43 *U. Chi. L. Rev.* 739 (1976)；Friendly，“Some Kind of Hearing”，123 *U. Pa. L. Rev.* 1267 (1975)。

③ 430 U. S. 651 (1977).

④ Id. at 677.

⑤ Id. at 694 n. 11.

⑥ 315 F. 3d 748 (7th Cir. 2002)，参见 § 9.5 的讨论。

⑦ 344 F. 3d F. 3d 292 (2d Cir. 2003).

最多是模糊的。该案似乎与 Gilbert v. Homar[①] 案并不一致，也明显是对患者利益麻木不仁。

§9.7　改进正当程序的判决的方式

□ 现有的判例法前后矛盾、复杂莫测

最高法院的正当程序法理前后矛盾、复杂莫测。最高法院对正当程序之解释常常过宽。特别是，最高法院经常在快速、非正式的权利剥夺前听证将会以低得多的成本对个人权利提供更大的保护之时，坚持要求权利剥夺后的审判型听证。[②] 不过，最高法院对其判定受正当程序保护的利益之解释又过窄。[③] 这些问题是相互关联的。如果最高法院更愿意默认行政机关采用快速、费用低廉和非正式的程序，它本可以扩大权利剥夺前听证要求所提供的保护范围，而没有理由担心对行政机关所导致的负担和对公众造成的成本。

□ 说明保护范围过窄的案例

Ingraham 案说明了最高法院使得正当程序保护的范围过窄的一种方式。Ingraham 案中多数意见判定，公立学校在因学生行为不端而对其实施体罚之前不需要提供任何类型的听证。作出该判决主旨的目的，显然是希望避免因为要求在实施惩戒之前实施审判型听证而对学校官员造成负担。不过，最高法院本可以要求学校当局在体罚学生之前实施简短、费用低廉、非正式的听证程序，以符合其保护个人免受武断惩罚之义务的方式实现这一目的。

□ 说明对何为“听证”存在混淆的案件

在另一类案件中，最高法院判定正当程序并不要求任何类型的听证，因为最高法院信任作出这些决定的行政机关，担心所要求的听证程序会造成负担，产生相反效果。University of Missouri v. Horowitz[④] 案的多数意见就说明了这一推理。当大学教师报告某医
844 学院学生忽视个人卫生，临床表现较差，医学院对其作出留校察看，并由一医生小组对其作出特别指示和评估。当该评估小组作出整改不力的评价后，学院作出了开除的决定。该学生声称自己未经听证即被开除。多数意见提到众多学术判断内在地具有主观性，“拒绝通过要求听证，让学校开除程序（academic dismissal process）正式化”[⑤]。

Horowitz 案的结论是很容易得到辩护的，但是多数意见的推理存在严重缺陷。White 大法官的协同意见之理由更为充分：“正如我所认为的……被告至少有权得知被开除的理

---

① 520 U.S. 924 (1997).

② 参见§9.6。

③ 参见§9.5。

④ 435 U.S. 78 (1978).

⑤ Id. at 90.

由以及得到亲自陈述事情原委的机会。当然，她已经获得上述待遇，甚至不止于此。”① 换句话来说，该学生有权在因为学术性理由被开除之前获得听证，但是“听证”并不必然是审判型听证。Horowitz 已经获得了充分的、非正式的权利剥夺前的听证。

□ 对非正式听证价值之承认的前后矛盾

Ingraham 案和 Horowitz 案中存在缺陷的推理，体现了一项更广泛的问题。最高法院已经明确判定，在很多情况下，例如 Florida East Coast 案、Mathews 案、Memphis 案和 Goss 案，非正式的书面或者口头听证可以满足正当程序的要求。不过，最高法院在其他众多的正当程序案件中忽略了这一重要的法律规则。在如 Ingraham 案和 Horowitz 案之类的案件中，最高法院的推理显然是认为“听证”仅指审判型听证。这些案件表明，大法官们认为这一争议代表了一种选择，即要求行政机关不提供任何类型的听证，或者要求行政机关提供形式僵化、极其费时费钱的听证。如果对于行政机关来说只有这两种选择，最高法院放弃宪法规定的听证要求是容易得到辩护的。很少有行政决定的情境可以证明适用审判型听证所增加的沉重负担之合理性。但是，正如最高法院在 Mathews 案、Florida East Coast 案和 Goss 案的判决意见所表明的，最高法院可以要求行政机关提供快速、成本低廉、非正式的听证，这可以充分促进减少政府行为武断之风险的正当程序价值。最高法院应当集中确保公正、非正式的决定程序之可得性。最高法院设定提供审判型听证的义务，应仅限于证明与正式程序相伴的高额成本和严重迟延之合理性少数决定的情境。最高法院只能在对个人造成轻微损害的决定情境中默认未经任何类型的听证作出的行为。

□ 在 Goss 案和 Mathews 案基础之上的发展

最高法院可以采用其在 Goss 案和 Mathews 案中的推理，作为新的正当程序法理之基础，消除最高法院自 1970 年以来这一原则所导致的诸多不必要的复杂化、矛盾和不确定 845
性问题。新的正当程序法理可以用几句话加以描述：（1）除了相对少数的紧急状况，例如，扣押危险食品或者管理不善的金融机构，行政机关必须在基于争议事实裁决，作出可能对某些个人造成明显不利对待的行为之前，提供某种形式的听证。（2）除了在相对少数的决定情境之中，例如 Goldberg 案，某种形式的非正式听证足以满足正当程序要求。（3）法院应当适用 Mathews 案提出的成本效益分析方法确定对于一类决定——如 Goss 案中的简短的口头会议，或者如 Mathews 案中细致的书面交流——所要求的非正式听证的性质。（4）法院应该默认立法机关或者行政机关所选择的任何决定程序，只要该程序能够体现出合理、善意地适用了 Mathews 案中成本效益分析方法。

§9.8 中立裁决者

□ 中立裁决者的重要性

正当程序要求有中立或者无偏私的（unbiased）裁决者。学者和法官一直是将裁决者

① Id. at 47.

之中立性作为公正裁决制度的三四项核心要求之一。[①] 这一要求至少可以追溯至 17 世纪的英格兰。在 Bonham[②] 案中，法院采用自然法的推理宣布了一项原则，即任何人不得担任自己案件的法官。问题在于如何界定和适用中立裁决者的要求。裁决者持有某种形式的偏私（bias）是可以允许的（permissible），甚至是令人满意。其他形式的偏私则是不可允许的（permissible）。

□ 补充性的法定保护

有关不可允许的偏私的众多立法规定对中立裁决者的正当程序要求作出了补充。法定标准常常是以宽泛的术语进行规定，借鉴了法院在适用中立裁决者之要求时所使用的文字。其结果是，很多情况下，我们难以确定法院的结论——决定因为受不可允许的偏私的影响——是否基于宪法性法律的推理，或者是基于对采用宽泛文字描述不可允许之偏私的
846 法律所作的解释和适用。

□ “偏私”的五种含义

“偏私”这一概念至少有五种含义。尽管这五种偏私的概念相互重叠，有关裁决程序中的偏私之主要含义，可以用以下五句话来表述，它们分别对应一种偏私：（1）有关法律或者政策问题的在先判断或者观点，即使如此顽固甚至冥顽不化，也不属于回避事由（disqualification）。（2）类似的，有助于解释法律或者政策问题的、有关立法性事实的在先判断，不是回避事由。（3）提前知道案件涉及的裁决性事实，本身并不是认定这些事实的取消资格，但是在先的承诺可能是回避事由。（4）个人偏私或者个人偏见，如果是针对某个人的态度，区别于针对某一争议问题的观点，在观点足够强，或者偏私来自非正式的渠道时，属于回避事由；此种偏待可能是偏袒，也可以是敌对。（5）裁决者如果因为自己的决定而有所得失，并且两者存在直接联系时，可能需要回避。

这五项观点的核心是得到明确无争议的法律规则以及大量判决意见的支持，但是有一项例外，即对于前两项观点存在普遍误解，特别是对于法律或者政策问题，或者立法性事实的顽固观点所具有的效力。除了这一例外，有关偏私的法律规则并不涉及五项观点的正确性，而涉及这五项观点的适用以及它们相互之间的明确区分。

□ 基于裁决者的个人利益而产生的偏私可以作为回避理由

基于裁决者的个人利益而产生的偏私，是五种偏私中最容易理解的。因为决定的作出而直接有所得失的人，会因为参与行使司法权的利益而需要回避。构成应当回避的利益可能是金钱性质的，或者是在同一案件中承担辩护职能的人所存在的不平衡。有两项法律条款对法官的回避问题作出了规定，即 28 U. S. C. § 144 和 28 U. S. C. § 455。1974 年国会对 § 455 所作的修订，尽管没有对行政官员适用回避的规定，仍是有用并具有说服力的指引性规定：法官在“任何其公正性遭受可能怀疑的案件中”必须自行回避。存在下列情形

---

① 例可参见 *Arnett v. Kennedy*, 416 U. S. 134, 171 (1974)（White 大法官部分持协同意见，部分持不同意见）；Verkuil, “A Study of Informal Adjudication Procedure”, 43 *U. Chi. L. Rev.* 739 (1976)；Friendly, “Some Kind of Hearing”, 123 *U. Pa. L. Rev.* 1267 (1975)。

② 8 Coke 114a, 118a, 77 Eng. Rep. 646, 652 (1610).

时，法官亦应自行回避：

（1）法官对某当事人抱有偏私或者偏见（prejudice），或就诉讼争议的证据事实有亲身了解；

（2）法官曾在争议事务中充任律师，或法官以前执业期间共事的律师在共事期间担任过该事务的律师，或法官曾作为该事务的重要证人； 847

（3）法官曾在政府任职，并以公务身份作为该案的法律顾问、顾问或者重要证人，或者对案件实质问题发表过见解；

（4）法官明知其个人或作为受托人，或其配偶、父母以及不论居于何处的子女，或与法官共同生活的任何家庭成员，就争议标的或就案件的某方当事人具有经济利益，或具有可能受到诉讼结果实质性影响的任何其他利益；

（5）法官或法官的配偶，或与该二者具有三等亲以内关系的人，或该人的配偶：

（i）是诉讼的一方当事人，或是一方当事人的官员、董事或受信托人；

（ii）在该诉讼中充任律师；

（iii）具有法官所明知的，可能受到诉讼结果实质性影响的利益；

（iv）就法官所了解可能是诉讼的重要证人。

1974 年通过的这项法律规定，内容来自美国律师协会代表大会在 1972 年批准，并由美国司法会议（the Judicial Conference of the United States）* 在 1973 年采纳的《法官行为准则》（the Code of Judicial Conduct），两者基本相互吻合。①

□ 最高法院对法官适用中立裁决者的要求

在对法官解释和适用中立裁决者的要求时，联邦法院历来对可归因于“非司法来源”（extrajudicial source）的偏私（即法官先前以非法官的身份与当事人的交往），与可归因于“司法来源”（judicial source）的偏私（即法官先前以法官之身份与当事人的交往）进行了明确区分。以可归因于“非司法来源”的偏私为由要求法官回避相对容易，而以可归因于“司法来源”的偏私为由要求法官回避则近乎不可能。在 Liteky v. United States② 案中，最高法院讨论了这种区分的作用，以及中立裁决者要求的适用范围和内容。最高法院判定法官不需要因为在之前的案件中对当事人所作的裁判，以及其中论述内容体现了对当事人的不耐烦和敌对，而根据 28 U. S. C. § 144 和 § 455（b）（I）的规定自行回避。仅就 848
该案来看，这一判决主旨并无特别之处。但是，该案意义重大，因为大法官们以该案为例，撰写了两篇优秀的论文（essays），分析了中立裁决者要求的基础与该要求的适用范围。以下所作的意见总结，不足以转述大法官们所提出的众多重要和微妙的观点。任何对这一领域的法律感兴趣的人都应当仔细研读这两位大法官的观点。

五位大法官出具的多数意见决定保留对司法以外来源原则的一种理解。多数意见认为

---

* 美国司法会议是依法由联邦法院的法官代表组成的机构，基本宗旨在于研究制定联邦法院事务处理的政策，以及保持对目前和今后在这些法院适用的诉讼和程序规则进行连续性的学习研究。该会议前身为 1922 年国会立法设立的“美国联邦巡回法院资深法官会议”（the Conference of Senior Circuit Judges），1957 年国会立法修订将其更改为现用名，并增加联邦地区法院法官作为成员。——译者注

① 参见 Sen. Rep. No. 93-419，93d Cong.，1st Sess.（1973）。John Frank 的两篇文章特别有价值。“Disqualification of Judges”，56 *Yale L. J.* 605（1947）；“Disqualification of Judges：In Support of the Bayh Bill”，35 *Law & Contemp. Probs.* 43（1970）。有关后来的法律规则的梳理，参见 Comment，“Disqualification of Federal Judges for Bias or Prejudice”，46 *U. Chi. L. Rev.* 236（1978）。

② 510 U. S. 540（1994）.

理解这一原则的关键在于“偏私”和“偏见”的贬抑之意。裁决者可以对当事人抱有对其不利的观点而不对该当事人构成不被允许的偏见，除非不利观点是“基于对象所并不具有的知识”或者“存在过度的问题”。因此，“非司法来源原则”应当重新表述为“非司法来源因素”（extrajudicial source factor）。可以设想的是，即使裁决者的观点依据的唯一事实来源是其所主持的司法程序，裁决者也可以对当事人形成如此极端的态度，以至于构成不被允许的偏见。但是，以这一理由证明回避的合理性，裁决者必须“表现出顽固的偏袒或者敌对，让公平判断成为不可能……但是，人无完人，即使是联邦法官，有时也会表现出急躁、不满、烦恼甚至愤怒，仅此并不能证明偏见或者偏待”。

四位持协同意见的大法官则认为应取消非司法来源原则，而在比多数意见所表述的“使得公平判断不可能”标准所适用的范围更广的情况中支持联邦法官回避。持协同意见的大法官认为，当“客观的旁观者也对法官的公正性提出合理怀疑”时，无论偏私的来源为何，都可以要求裁决者回避。但是，持协同意见的大法官承认：“作为一项实证性问题，在某些司法程序中出现遭受质疑的思维模式时，怀疑法官公正性很少具有合理依据。”因为持协同意见的大法官们非常依赖 28 U. S. C. § 455（a）所规定的“偏待外表”表述，我们难以预测他们是否会在让裁决者回避的行政裁决程序中表达同样的观点。

□ 适用于行政机关的法律规定

18 U. S. C. § 208 规定，政府官员或者雇员在其亲属或者所在组织存在金钱利益时参
849 与决定的作出，构成犯罪，除非金钱利益“过于间接或者轻微”。5 U. S. C. App. § § 401-405 对政府官员设定了金钱利益披露要求，规定有权发布“与金钱利益披露、金钱利益和政府伦理有关的规则或者规章”。美国律师协会在 1978 年发布了篇幅长达 350 页的《职业责任：律师从业指南》（Professional Responsibility, A Guide for Attorneys），该书第 9 章讨论了政府公职引发的伦理问题，其中有 16 页内容讨论的标题就是“对政府官员的限制”。

第 11222 号总统行政命令①规定了《政府官员和雇员伦理行为标准》（Standards of Ethical Conduct for Government Officers and Employees）。这些标准不仅限于司法裁判。例如 § 203 规定：“雇员不得（a）具有与作为雇员的职责和义务……存在实质冲突的直接或者间接金钱利益……”

□ Tumey 案

Tumey v. Ohio② 案是涉及承担裁决职责的官员的金钱利益的典型案件。该案中被告被指控违反法律禁止性规定，最高法院判定被定罪的被告需要根据所评定的成本向市长支付赔偿金，但是未被定罪的被告则不需要支付赔偿金。最高法院判定则以制度违反正当程序：“任何制度，如果可能产生让法官的平常人忘记对被告作出定罪判决所需的证明责任的激励，或者可能导致法官不能在州与被告人之间保持合理、明确和真实的平衡，就违背了法律上的正当程序。”③

□ Ward 案

另一份类似的判决主旨是在 Ward v. Village of Monroeville, Ohio④ 案。村长认定

---

① 30 Fed. Reg. 6469 (1965)，后经多项总统行政命令修订，并订入 5 C. F. R. 735。

② 273 U. S. 510 (1927).

③ 273 U. S. at 532.

④ 409 U. S. 57 (1972).

Ward违反了交通法规，并对其作出了处罚。村长对村事务拥有一般性的总体监督之责，而村的收入有相当一部分就来自村长在其村长法庭（mayor's court）作出的罚款、没收、核定征收的成本和收费（costs，and fees）。在一年内，该村大约一半的收入来自这些项目。最高法院引用了Tumey案的判决意见，指出“其标准是，该村长所处的情形是‘可能产生让法官的平常人忘记对被告作出定罪判决所需的证明责任的激励，或者可能导致法官不能在州与被告人之间保持合理、明确和真实的平衡’。显然，村长对村财政担负的行政职责，使得他倾向于维持村长法庭提供较高比例的收入，‘可能的激励’也可能存在。”① 最高法院也判定在县普通诉讼法院（the County Court of Common Pleas）重新进行审理的权利，并不能纠正这一缺陷：“原告在一审时就有由中立和超然的法官审理的权利。”② 850

White大法官和Rehnquist大法官在不同意见中指出：“为了证明撤销俄亥俄州制度的表面合理性，最高法院必须假定每位村长兼法官都会在每起案件中会无视其誓言，并在行使审判职权时违反宪法的要求，或者这种行为发生的次数足以证明原告所要求的预防性、本身违法规则（per se rule）之合理性。对于俄亥俄州州村长，以及16个其他州的类似官员，我都不能提出相关的推定。因此，我认为应当将正当程序事务留待逐案解决，这不是我们现在所面对的……问题。”③

□ 制度性的金钱利益并不总是构成回避事由

Ward案的各项判决意见说明了在裁决者因为其承担的制度性角色（institutional roles）而可能从中获得个人利益时，对裁决者适用个人利益规则的困难程度。Tumey案并非疑难案件，因为裁决者对于案件结果具有明显的金钱利益。Ward案则更为疑难，因为裁决者的利益是从他所任职之政府部门的利益派生所得。该村长只是与该村镇一样从罚款中受益，而该村镇已经作了一项独立的决定，对村长增加村镇收入而予以奖赏。也许正如Ward案所作判决，一村之长与该村发展之间的联系如此直接，以至于在对村发展有实质影响的裁决案件中村长需要回避。但是，基于制度性职能和制度性身份而确立的间接个人利益原则不能作过度延伸。所有政府雇用的裁决者都在这一意义上具有某种间接个人利益。这里可以一项极端的例子说明这一点，即使是联邦法院也可以被认为是对通过其作出的罚款决定而增加联邦财政收入具有利益。联邦财政收入增加，很可能会让国会更愿意增加所有法官的薪水。但是，在这种情况下的法官个人利益过于间接和轻微，不能成为要求其回避的理由。

□“偏见的高度可能性”可以在“极端情况”中构成法官回避事由

在Caperton v. A. T. Massey Coal Co. ④案中，五名大法官出具的多数意见判定，按照正当程序原则，对相关事项合并考虑构成“偏见的高度可能性”，这一事实认定可以构成阻止法官参与判决过程的回避事由。最高法院判定，正当程序原则要求西弗吉尼亚州最高法院大法官Benjamin回避参与一起一名个人与一家煤炭公司之间发生的涉及5 000万美元的纠纷。陪审团作出了要求煤炭公司赔偿5 000万美元的损害赔偿金，初审法院法官支持

---

① 409 U. S. at 60.

② Id. at 61-62.

③ Id. at 62.

④ 129 S. Ct. 2252 (2009).

851 了陪审团的判决。煤炭公司的首席执行官后来在西弗吉尼亚州最高法院的大法官席位竞争选举中捐助了 300 万美元。这笔捐助款一部分是捐给一家“独立的”527 委员会（527 committee）为候选人提供支持，一部分是作为不受规制的直接开支为候选人提供支持。“Benjamin 的竞选委员会的开支”是这名首席执行官捐款金额的四倍。Benjamin 以总票数 53.3%赢得了选举。Benjamin 后来拒绝回避参与案件审理，并投下关键性的一票，判决推翻了陪审团作出的对煤炭公司不利的定罪判决。一项民意调查发现西弗吉尼亚州超过 67% 的居民认为 Benjamin 法官不可能做到公正中立地审理该案。

> 诉讼当事人或者律师作出的竞选捐款并非都可能产生偏私的可能性而要求法官回避，但是本案是一项例外案件……我们认定，当具体个案中具有利害关系的个人因为筹款或者领导法官的竞选活动而对待决或者即将发生的案件中法官的委派具有明显和不成比例的影响时存在实际偏见——基于客观和合理的认知——的严重风险。这一调查的中心是捐款额相对于竞选捐款总额的比例大小，竞选中所花费的总金额，以及此种捐款对于选举结果产生的明显影响。
>
> …………
>
> 竞选捐款、法官选举以及新当选法官所面对的待决案件之间的时空关系也是关键性的。当竞选捐款作出时，待决案件将交给新当选的法官来审理，这是可以合理预见的。陪审团对早在选举之前就已经作出了对其不利的处以罚金 5 000 万美元的裁决，并且一旦州初审法院对初审之后提出的动议作出处理，下一步就是由最高上诉法院（the Supreme Court of Appeals）审理。因此我们马上就可以明白，如果不自行回避，Benjamin 法官就会审查这项让其最大捐款人损失 5 000 万美元的判决。尽管无人指控存在交换协议（*quid pro quo* agreement），但是事实仍然是 Blankenship 是在他对案件结果已有利害关系时作出这笔巨额捐款的。任何人不能当自己案件的法官，如果一个当事人没有得到其他当事人的
> 852 同意，便在自己的案件中选择法官，也会产生类似的偏见。如果对司法选举产生适用此种原则，就存在严重、客观的实际偏见的风险，这要求 Benjamin 法官回避案件的审理。

四名持不同意见的法官批评多数意见没有适用简单的实际偏见标准，而代之以模糊和缺乏边界的新标准，“对于何时根据宪法要求回避，不能对法官或者诉讼当事人提供指导”。

这两份判决意见的推理都是很容易为人所认同。某些州法官将会以 300 万美元竞选捐款这一极高的价格出售其选票。但是，我不怀疑其他州法官往往会以低得多的价格出售他们的选票。谁能说在对法官竞选只捐款 100 万美元或者 10 万美元、1 万美元，或者甚至 1 000美元的当事人，法官在案件中作出对该当事人有利的判决时不存在“偏见的高度可能性”。

诉讼当事人及其律师在司法选举中对候选人提供竞选捐款的习惯做法和法官候选人在竞选成功后作出对该诉讼当事人或者其律师有利的判决，这两者之间存在无法让人容忍的冲突。Caperton 案中多数方本来应该宣布一项简单的规则——法官不得参与审理其竞选捐款人具有利害关系的案件。退休大法官 O'Connor 是最高法院中理解在实行司法选举制度的所有 39 个州中这种普遍做法具有之腐蚀效应的唯一一位大法官。①

□ 公诉人区别于裁决者

Tumey 案和 Ward 案的原则并不能同样适用于行政公诉人。② 对于雇用童工所征收的

---

① 参见 Republican Party of Minnesota v. White，536 U. S. 765，788 (2002) 一案中 O'Connor 大法官的协同意见。

② Marshall v. Jerrico，Inc.，446 U. S. 238 (1980).

罚款总额，需要部分返还行政机关以补偿评估罚款的成本，但是裁决是由行政法官作出的，他们并不会受罚款返还金额的影响；没有一名官员的薪水是受影响的，罚款返还金额只与所产生的费用存在比例关系，而与罚款金额不存在比例关系。最高法院认定，存在损害性的偏私的"可能性""过于间接"。最高法院认为，公诉人"并不要求是完全'中立和超脱'的"，但是最高法院承认："强制执行——或者不强制执行——本身可能对被告或者法定的受益人造成严重的负担，即使他在最后的裁决中得以证明清白。"[①]

在 Concrete Pipe and Products v. Construction Laborers Pension Trust[②] 案中，最高法院在 Jerrico 案判决主旨的基础上作出了判决。最高法院判定，多雇主年金信托基金（multiemployer pension trust）的托管人并不是根据宪法规定需要回避初步决定雇主的债务——雇主可以从信托基金中提取资金——因为托管人在作出初步决定所扮演的是支持者的角色。最高法院推定信托管理人对于信托受益人的信托义务（fiduciary obligations），会使其在裁决提取年金的雇主之最终责任时予以回避。这部法律让中立仲裁人设定了裁决义务。信托管理人所具有的偏私，说服最高法院对于模糊的法律推定作出了较弱的解读，而有利于信托管理人初步债务决定的准确性。最高法院认为对法律推定作出有利于信托基金之精算师计算结果准确性的解释时并不存在类似问题。最高法院的理由是，这些精算师有义务遵守公认的职业规范而非信托受益人的信托义务。 853

□ 对准司法决定者适用的禁止偏私规定

尽管禁止偏私的规定并不适用于公诉人，但是它的确适用于有责任作出对个人存在不利影响的司法型决定的人。联邦检察官所作证明（certifications）和治安法官签发搜查证，这两类案件可以说明这一原则。

在 Gutierrez de Martinez v. Lamagno[③] 案中，五名大法官出具的多数意见判定一名联邦检察官所作的证明——某联邦雇员被指控的侵权行为是在其工作职责范围内作出的。在这些情况下，该证明具有让雇员和政府免于承担侵权责任的效力。多数意见部分基于这样的一项确信，即联邦检察官在这种情况下不是中立的决定者。联邦检察官具有"制度性偏私"，因为此种证明可以帮助政府雇员免于承担侵权责任，也让联邦检察官不必对其在雇员提起的诉讼中不作出证明之决定的有效性进行辩护。多数意见认为，"提供证明的动力在此类案件中是压倒性的……"持不同意见的大法官则认为，这种来源的制度性偏私"过于轻微"，以至于不能证明多数意见有理由采纳这些大法官认为从其他理由来看站不住脚的法律解释。

在 Connally v. Georgia[④] 案中，最高法院以一致意见判定该案中的搜查证无效，因为佐治亚州签发搜查证的治安法官没有固定薪水，但是每签发一份搜查证就可以收取 5 美元，而对拒绝签发搜查证则不能收取费用。

□ 立法性职能区别于裁决性职能

在 Concerned Citizens of Southern Ohio, Inc. v. Pine Creek Conservancy District[⑤] 案

---

① Id. at 248-249.

② 508 U. S. 602 (1993).

③ 515 U. S. 417 (1995)，参见§17.8 的讨论。

④ 429 U. S. 245 (1977).

⑤ 429 U. S. 651, 653, 657 (1977).

中，如果为了防洪抗洪的需要而设立水土保护区，可以让俄亥俄州的普通诉讼法院法官获
854 得额外的赔偿。在三位讨论该问题的大法官看来，这并不能成为法官回避事由而让他们不能对水土保护区的可欲性进行评估。这些大法官将该案与 Tumey 案进行了区分，理由是该案涉及司法职能。“但是，在本案中，尽管是由法官作出这些判断，但其性质基本上是立法性的。正如 Holmes 大法官所承认的，立法性事实的确定并不必然与裁决性事实的确定一样，意味着相同的考量因素。”在该案中，对于这些持不同意见的大法官所讨论的这些问题，最高法院的多数意见则并未涉及。

□ 有关间接经济利益的复杂问题

在 Gibson v. Berryhill① 案中，由独立执业验光师组成的阿拉巴马视力测定委员会（the Alabama Board of Optometry）裁定一位受某家公司雇佣从而并非独立执业的验光师因为其雇佣关系，通过“协助公司从事非法的验光活动”而从事了“不符合职业准则的行为”，最高法院判定该委员会应当回避参与该案裁决。最高法院引用了地区法院的事实认定，即该公司“在阿拉巴马州经营规模庞大，如果该公司被迫歇业，则阿拉巴马视力测定委员会的个人会员，以及其他私人执业的验光师的业务就会增加”②。最高法院在该案判决中对地区法院的事实认定给予了尊重。“从这些案件，我们足以明白在法律程序中，存在实质性经济利益者不应当参与对这些争议的裁决……我们与该案依据的地方现实也相距遥远，地区法院很可能对事实情况及其对于所存在的问题有更深刻的把握，从案卷来说，我们没有充分理由推翻这一结论，因此判决维持。”③

在 Friedman v. Rogers④ 案中，有一项法律规定视力测定委员会的六名委员中必须有四名属于特定验光师组织的成员，这并不违反正当程序。Friedman 案说明了对于州和地方政府普遍存在的众多不同形式的行政决定适用 Ward/Tumey 原则所具有的难度。许多行政委员会的成员，对于其规制对象具有一定程度的经济利益。Friedman 案代表了这样一项原则，即对规制对象具有的一般性经济利益并不足以要求裁决者回避。

□ 终止雇员职务的情境中存在的偏私

在 Hortonville Joint School District v. Hortonville Education Ass’n ⑤案中，教育委员会的成员与教师工会之间的集体协商谈判已经破裂，威斯康星最高法院判定这些成员应当回避，不得对是否开除罢工教师的职务这一问题作出裁决。联邦最高法院推翻了这一判
855 决，判定“教育委员会先前作为谈判者的角色，不能以此回避事由，教育委员会可以决定根据维持教学工作不受中断的公共利益要求而开除违反州法的罢工教师。”

在 Arnett v. Kennedy⑥ 案中，某行政主管（superviser）没有被要求回避，他就可以决定某政府雇员是否应当因为被指控的不法行为而被终止职务，即使所指控的不法行为包含了对后来裁决该争议的行政主管的指控。White 大法官持不同意见，理由是该行政主管

---

① 411 U. S. 564 (1973).

② 411 U. S. at 571.

③ Id. at 579.

④ 440 U. S. 1 (1979).

⑤ 426 U. S. 482, 494 (1976).

⑥ 416 U. S. 134 (1974).

存在不被允许的偏私。

在 Benjamin v. Fraser[1] 案中，第二巡回法院与其他七家巡回法院一样判定行政机关在终止有任职保障的雇员工作时，如果行政机关在剥夺权利之后提供“中立裁决者主持的完全的对抗式听证”，那么行政机关在实施剥夺权利前的听证时并不需要提供中立的裁决者。

□ 说明个人利益和制度性偏见的案件

在 Esso Standard Oil Co. v. Lopez-Freytes[2] 案中，第一巡回法院认为，波多黎各环境质量委员会因为原油泄漏而对 Esso 处以 7 600 万美元罚款，这起案件在三个方面侵害了 Esso 公司的正当程序权利。首先，环境质量委员会具有结构性的偏见，因为罚款需要存入环境质量委员会拥有完全裁量权的账户这一事实，特别是这笔罚款达到行政机关年度预算的两倍，同时是行政机关之前所开最大一笔罚款的 5 000 倍。其次，环境质量委员会具有结构性的偏见，还因为听证审查官是为了取悦环境质量委员会而服务的独立供应商和从罚款存入的基金中报销的人。再次，波多黎各参议院发布了一份报告威胁对没有对 Esso 采取强硬措施的环境质量委员会委员提起刑事指控，这也是错误地对环境质量委员会施加压力。

在 Buntion v. Quarterman[3] 案中，第五巡回法院发布了一份奇怪和混乱的判决意见。这份判决意见与行政法没有直接关联。该案并未涉及指控行政裁决者存在偏见；相反，该案所涉及的是州初审法官的偏见。不仅如此，法院严重依赖一部联邦法律，该法对联邦法院对州法院认定州法官不存在违宪的偏见进行审查的方式进行严格限制。但是，法院的推理有的是如此宽泛，以至于它可以适用于行政机关裁决者被指控存在不被允许的偏见的情形。该案的事实并不能真实地反映某些州法官的素质。在一起死刑案件中，初审法官实施了大量完全不合适的行为，包括公开宣称他会“替天行道”将被告绳之以法。州上诉法院 856
判定法官的行为并不违反正当程序原则。联邦地区法院法官认定，法官的行为违反了正当程序原则，但是第五巡回法院推翻了判决，认为该行为并不违反正当程序原则。在判决意见中，第五巡回法院解释了最高法院的与正当程序原则主张无关的违法偏见的许多判决意见，因为在第五巡回法院看来，最高法院是在适用比以正当程序原则作为认定裁决者存在违法偏见的唯一依据要求更高的法律标准。考虑到最高法院在其众多判决意见中混合了法律和宪法上的推理，最高法院的许多判决意见的定性值得质疑和深入思考。

在 Nuclear Information and Resource Service v. NRC[4] 案中，哥伦比亚特区巡回法院支持了一位委员决定不因为自己在别的案件中对当事人发表了贬损的话而自行回避。法院在审理这一回避决定问题时采取了现实的进路：

> 考虑到行政机关必须在有时混乱的政策辩论中的意见交换中扮演的角色，法院必须在面对这类案件时谨慎处置。行政机关官员被假定是客观的，“能够根据自身情况对具体纠纷进行公平判断”。当事人仅仅证明官员“对于案件争点已经采取了公开的立场、表达了强烈的观点，或者持有基础性的哲学（underlying philosophy）”，并不能推翻这种假定。只有在“没有利害关系的观察者可以认定”官员“在审理具体案件之前一定程度上已经对案件的事实和法律作出裁决”之时，行政机关官员才应当回避。

---

① 264 F. 3d 175 (2d Cir. 2001).
② 522 F. 3d 136 (1st Cir. 2008).
③ 524 F. 3d 664 (5th Cir. 2008).
④ 509 F. 3d 562 (D. C. Cir. 2007).

这里，正如该委员所指出的，他的“个人风格”是“雄辩的，有时甚至是言之成理”，“希望能够激发争论”。这些意见，特别是在一个完全鼓励的案件中作出的，并不能支持以下结论，即 McGaffigan 委员已经对本案中所争议的具体许可证申请“作出事实和法律的裁决”。

在 Karpova v. Snow① 案中，第二巡回法院表达了担心，原因是同样的办公室决定指控个人违反了对伊拉克的制裁要求，并且最后认定个人违法后处以行政罚款。但是，第二
857 巡回法院认定没有违背正当程序，因为另一个人在指控和裁决的时候担任这一职务。

在 Cheney v. District Court for the District Court of Columbia 案中，在这起涉及副总统切尼（Cheney）的案件还未审结时，Scalia 大法官与副总统一起参加了打猎之旅，Scalia 大法官解释了自己不回避的原因。他首先解释了最高法院的大法官只有在法律要求回避时才能回避，也就是说和大多数的法官不同，最高法院大概不能由其他大法官来顶替。他接着解释了他没有和总统共乘飞机而获得金钱利益。最后，他解释了过去大法官没有在政府官员以公务身份而作为当事人的案件中基于个人友谊的原因自行回避。

在 MFS Securities Corp. v. SEC② 案中，第二巡回法院认为，证券交易委员会整体没有存在不被允许的偏见，在这起案件中主席存在不被允许的偏见并自行回避。法院指出，各级法院“不愿意将单个裁判机构的成员的利益冲突归罪于整个裁判机构”。法院认为，主席的自行回避的决定“足以治疗与证券交易委员会的案件有关的任何不合适行为或者不合适的外表”。

在 Valley v. Rapides Parish School Board③ 案中，第五巡回法院判定教育委员会的四名成员对其所指控的教育总监（superintendent）存在不被允许的偏见。该教育总监已经遭受教育委员会委员的严重不法行为的影响，这四名委员中每位都曾公开发表对于该教育总监的敌意。法院拒绝适用必要性规则，因为如果存在偏私的委员自行回避，教育委员会本来可以符合开会决议所需法定人数的要求。

在 Alpha Epsilon Phi Tau Chapter Housing Ass'n v. City of Berkeley④ 案中，最高法院的退休大法官 White 裁决了一起疑难的制度性偏见争议。伯克利市租金稳定化委员会（the Berkeley Rent Stabilization Board）是一家自收自支的行政机关，其资金来自向受规制者收取的注册费以及违反其规则的行为所处的罚款。该委员会裁决各类争议，包括与其管辖权有关的争议。原告认为，该委员会在裁决管辖权争议时存在不被允许的偏私，因为它具有通过尽量扩大受规制者数量而提高其预算的利益。法院引用了不同案件支持其观点，即这种形式的偏见是否属于不被允许的，这是一个程度问题。法院认定，该委员会可以通过在所有管辖权争议认定自己拥有管辖权，其财政收入将可以最多增加2%～5%。法
858 院认定，与预算相关的制度性偏私之水平“并未超越［不被允许的］偏私的门槛”。法院也受该委员会之行为模式的其他方面所影响：“该委员会很少裁决管辖权争议，常常放弃处罚，最近已经出现财政盈余，显然已经不愿系统性扩大其管辖范围……”

在 Van Harken v. Chicago⑤ 案中，第七巡回法院判定，市政府采用兼职、可以被任意免职的听证官对有关停车罚单的争议进行裁决，并不违反中立性裁决者要求。法院指出，这些听证官并不是从所裁决的罚款收益中获得报酬；他们也不适用任何决议所需法定人数

---

① 497 F. 3d 262 (2d Cir. 2007)，参见 § 9.5 的讨论。

② 380 F. 3d 611 (2d Cir. 2004).

③ 118 F. 3d 1047 (5th Cir. 1997).

④ 114 F. 3d 840 (9th Cir. 1997).

⑤ 103 F. 3d 1346 (7th Cir. 1997)，§ 9.5 有讨论。

制度；对于市政府来说，采用这些听证官要比法官的成本更为低廉；他们只有权对争议金额不超过 100 美元的争议作出裁决。

在 Stivers v. Pierce[1] 案中，第九巡回法院撰写了一份论证深刻充分的判决意见。第九巡回法院分析了最高法院的若干判决意见，在这些意见中最高法院讨论裁决者对于争议结果具有间接金钱利益或者对争议当事人怀有敌意，是否违反中立裁决者的要求。第九巡回法院认定，这些判决要求采用多因素、事实密集型的（fact-intensive）标准，这一标准关注裁决者的经济性偏私的程度，以及所处情形、裁决者与当事人先前的关系、行政执法告知裁决者的行为、裁决者的言论等因素在多大程度上可以支持存在实际偏私的推论，或者产生了足以推翻诚实严正之推定的不可接受的偏私外表。法院接着经过对相关证据的严密分析，认定裁决者存在不被允许的偏私。法院接着经过类似的仔细分析，认定多成员组成的裁判机构的一名成员存在的偏私，使得裁判机构全体作出的决定也受“感染”（infected）。这一判决意见可以作为一个典型，说明对此类疑难问题可以采取的理想进路。

在 Doolin Security Savings Bank v. FDIC[2] 案中，第四巡回法院对于制度性偏私的疑难问题撰写了论理充分的判决意见。第四巡回法院驳回了一项主张，即联邦存款保险公司（FDIC）在裁决以下争议——与其官方政策有关的争议、影响该行政机关负责保护的保险资金的争议——时存在不被允许的偏私。第四巡回法院指出，大多数的行政机关都有此种来源的偏私，将这种形式的偏私定性为不被允许的偏私，其结果将把由行政机关裁决争议这种高效、专业的方法排除在外。联邦法院通常会驳回这种类型的制度性偏私的指控，例如 Amundsen v. Chicago Park District[3] 案。 859

在 McDaniels v. Flick[4] 案中，第三巡回法院得出了一项模棱两可的结论，即如果个人在终止权利后获得由中立裁决者主持听证的权利，则中立裁决者的要求并不适用于终止权利前的听证。

在 Hall v. Marion School District[5] 案中，第四巡回法院判定教育委员会违反了正当程序要求，即教育委员会在决定解除某教师职务时，该裁决性争议必须由中立性的裁判机构裁决。第四巡回法院认定，教育委员会的委员涉嫌对该教师进行报复，因为该教师曾屡次严厉批评教育委员会的委员。因为认定存在不被允许的偏见，法院拒绝赋予该委员会的事实认定以排除争议的效力，即使教育委员会所采用的程序本来会让这些事实认定有权作为行政机关履行司法性职能而作出的事实认定，享有排除争议的效力。[6]

在 Trust & Investment Advisers v. Hogsett[7] 案中，第七巡回法院判定没有充分事实可以确定行政机关是否在以下两个方面违反了中立裁决者要求：（1）对于裁决结果具有实质性的间接经济利益；（2）裁决者个人曾有公开言论表明她对事实已有成见。第七巡回法院将案件发回地区法院重新审理，并指示地区法院确定行政机关的预算有多少比例是来自执法活动，个人所发表言论的性质以及个人在裁决过程中发挥的作用。

在 Yamaha Motor Corp. v. Riney[8] 案中，第八巡回法院认为一名行政机关的裁决者应当回避，理由是该案中该裁决者具有多种来源的偏私，并且有明显证据表明其裁决过程

---

① 71 F. 3d 732 (9th Cir. 1995).

② 53 F. 3d 1395 (4th Cir. 1995).

③ 218 F. 3d 712 (7th Cir. 2000).

④ 59 F. 3d 446 (3d Cir. 1995).

⑤ 31 F. 3d (4th Cir. 1994).

⑥ 参见 § 13. 4。

⑦ 43 F. 3d 290 (7th Cir. 1994).

⑧ 21 F. 3d 793 (8th Cir. 1994).

“感染”了他的明显偏私。阿肯色州机动车委员会（the Arkansas Motor Vehicle Commission）指控 Yamaha 违反了该州要求汽车生产商以特定方式补偿经销商的保修工作的法律规定，并作出了处罚。该委员会的 Jones 委员一直并且成功地敦促其同事对 Yamaha 作出严厉制裁，甚至拒绝考虑 Yamaha 的主张，即该法律并不适用于该案争议的行为。Jone 委员是一名汽车经销商，经营的是与 Yamaha 有竞争关系的品牌，同时兼任阿肯色州汽车经销商协会（the Arkansas Motorcycle Dealer's Association）的主席。他也花钱聘请其侄子代理该案中与 Yamaha 经销商存在争议的经销商。

在 Aetna Ins. Co. v. Lavoie① 案中，阿拉巴马州最高法院的法官被判定需要回避，因
860 为该法官有待决的“本人的诉讼”（personal lawsuits），也提出了与最高法院所受理的该案相同的问题。在 Center for Auto Safety v. FTC② 案中，哥伦比亚特区联邦地区法院判定，一名联邦贸易委员会的委员不需要因为之前为一名当事人提供的咨询服务而实行回避。该委员先前从事咨询服务的收入中来自该当事人的不超过 12%～25%，并且在最后一次从以前的客户那里收取咨询费之后两年里已经在所有涉及以前客户的案件中自行回避。

在 First Jersey Securities, Inc. v. Bergen③ 案中，国家证券交易商协会（the National Association of Securities Dealers, Inc.）不需要回避在证券交易委员会监督之下的裁决过程，即对一名成员进行的纪律处分案件。存在竞争关系的成员所具有的经济利益并不足以构成回避事由，特别是裁判小组的成员是从其他地区中抽调之时。

在 Marlboro Corp. v. Association of Independent Colleges & Schools, Inc. ④ 案中，认证委员会的主席所在学校与原告存在直接的竞争关系，但是主席并不需要回避。仅有偏待的外表是不够的。为了在认证过程中获得所希望的专业能力，裁决者中势必要包括与认证案件中的学校存在竞争关系的已获认证的学校的官员。在更一般的意义上讲，令人满意的专业能力与不能令人满意的个人利益之间的权衡在多数规制情境中是不可避免的。

在 Overlook Nursing Home, Inc. v. United States⑤ 案中，负责争议裁决的行政委员会中多数成员是一家私人健康保险机构的雇员，但是无论他们对于确立一项影响其雇主的先例裁决具有什么样的利益，他们并不需要回避。

在 Lopez v. Henry Phipps Plaza South, Inc. ⑥ 案中，某政府资助的住房项目的经理，其工作职责并不是“面向管理”（management oriented），因此在涉及同一家联邦政府资助的业主（landlord）所拥有的另一项目时，并不需要回避主持驱逐（承租人）听证。

在 Fuentes v. Rohrer⑦ 案中，某教育总监认为教育委员会是出于偏私和偏见，而中止其职务。教育委员会的两名委员曾是教育总监“人身攻击和批评”的对象，包括指控其中委员“撒谎”。教育委员会提起了针对该教育总监的指控，指定了一名公诉人，并且有权
861 审查听证审查官的建议。但是，听证审查官是独立和公正的，该教育委员会的决定是可以由市政委员会（the City Board）基于案卷进行审查的，市政委员会可以任命它自己的一名听证审查官重新进行听证，市政委员会的决定可以受州教育专员（the State Commissioner of Education）的审查。考虑到听证审查官、市政委员会、州教育专员提供的权利保障，

---

① 475 U. S. 813 (1986).

② 586 F. Supp. 1245 (D. D. C. 1984).

③ 605 F. 2d 690 (3d Cir. 1979).

④ 556 F. 2d 78 (1st Cir. 1977)

⑤ 556 F. 2d 500 (Cl. Cl. 1977).

⑥ 498 F. 2d 937 (2d Cir. 1974).

⑦ 519 F. 2d 379 (2d Cir. 1975).

法院判定该校长并未被侵犯程序性正当程序的权利。

在 Abbott Laboratories v. NLRB[①] 案中，听证官与该案中作证的证人同属于同一工会，并不能因此要求该听证官回避。

在 Powell v. Ward[②] 案中，一座监狱中直接负责监所安全的副监狱长，在犯人被指控实施威胁监狱安全的行为时，并不需要因为他的职务而在作出裁决时回避。

□ 政府可以将裁决职能民营化

在 Schweiker v. McClure[③] 案中，最高法院以一致意见支持了一项主要依赖私人企业之雇员作为裁决者的裁决制度。政府将联邦医疗保险有关的重要裁决委托保险公司所雇用的听证官作出。一家下级法院认定"听证官具有对联邦医疗保险的投保人不利的偏私，这一风险是不能容忍的"。最高法院支持了这一裁决制度，因为保险金支付（claim payments）和听证官的薪酬都是由政府经费承担的。它认为没有证据表明这些承保人或者它们所聘用的听证官具对投保人具有不被允许的偏私。

□ 对个人或者某团体成员的偏见可以构成回避事由

与基于对案件结果具有个人利益的偏私一样，个人偏私可以支持对裁决者适用回避要求。"个人"偏私或者偏见的概念，强调的是对个人的态度，并未涉及对事实、法律、政策或者裁量权问题的态度。不被允许的个人偏私，包括（1）基于先前与个人之间存在的敌对性质的非正式关系而产生的偏私；（2）基于个人特征，例如种族、宗教或者族群来源而对个人存在的偏私；（3）基于先前与个人之间存在的非正式的积极关系，如亲密的友谊或者恋爱关系而存在的偏私。

□ 与联邦法官法定回避事由的区分

联邦法官的法定回避事由需要区别于联邦行政官员的法定回避事由，因为这些法律作了不同的规定。1974 年制定的法律规定，在"法官的公正性遭受合理质疑"，法官"对当事人抱有个人偏私或者偏见"，以及其他规定情形时，法官应当自行回避。[④]《行政程序法》则是在 § 556（b）中规定："主持或者参与裁决程序的政府雇员可以随时自行回避。当有 862
及时提出充分的宣誓书质疑主持或者参与裁决程序的政府雇员存在个人偏私或者其他回避事由时，行政机关应当作为案件的案卷和裁决的组成部分，对这一事务作出决定。"《行政程序法》并无条文涉及行政机关首长的回避事由。

在 Bunnell v. Barnhart[⑤] 案中，第九巡回法院和其他两家巡回法院一样认定不合适行为外表并不适用于行政法官。法院指出，如果对行政法官适用这一标准，将会要求每起案件中行政法官都需要回避，因为行政法官是为所裁决案件的行政机关工作的。

通常来说，"个人"偏私是很容易与有关法律或者政策的偏私相互区分的，但是正如

① 540 F. 2d 662, 665 n. 1 (4th Cir. 1976).

② 542 F. 2d 101 (2d Cir. 1976).

③ 456 U. S. 188 (1982).

④ 28 U. S. C. § 455.

⑤ 336 F. 3d 1112 (9th Cir. 2003).

Berger v. United States[1] 案中所体现的，这两者有时候是相互混合的。最高法院以 6∶3 判定一名法官因为对包括被告在内的“亲德派”（pro-Germans）具有不利的偏见而需要回避。该法官曾经说过：“事实上，对我国的德裔美国人不抱偏见的人，必然是个公正的人……我了解一位炸开保险箱抢劫者（safeblower）……在爆破抢劫者和这位被告之间，我更倾向于支持以炸药炸开保险箱抢劫者。”

□ 观点性质的偏私很少构成回避事由

关于国家劳动关系委员会听证官的“偏待”，存在大量的相关判例法。强烈倾向于工会或者雇主的态度，既是一项政策观点，也是有关特定当事人的某种情绪；如果在复审法院看来，这种态度足够强烈，以至于导致不公正，则构成回避事由。但是，即使在法院认为听证官应当回避，它可能会维持一项裁定，理由是该裁定得到实质性证据的支持，或者它可以决定处理这样一项问题，即该案中存在的这种不公正性是否可以改变。复审法院作出的判决往往是高度裁量性的，因为判决中考量了多项因素；从判例法中归纳原则，往往会存在某种人为的特征。

NLRB v. Pittsburgh S. S. Co.[2] 案，就是其中一起关键性的案件。有一位听证官毫无例外地认定某公司的证人是不可信的，而工会的证人是可靠的，而国家劳动关系委员会已经采纳了这名听证官的事实认定。上诉法院判定仅仅是这一事实，就足够证明存在不合理的偏私：“我们完全可以认为，毫无例外地贬低原告的每位证人，认为所发表证言存在虚假、规避或者回忆模糊的问题而拒绝采纳，同时夸赞工会的每位证人的证言都是真实、明确和准确的，完全破坏了本来对于听证审查官的事实认定可能具有的信任，给他们贴上了
863 武断的标签。”[3] 最高法院推翻了原判决，判定“完全拒绝采纳相对立的观点，本身并不能否定事实裁决者的严正和能力”[4]。对于最高法院来说，笔录中体现了“对事实所进行的深思熟虑和差别性的评估”[5]。

□ 可以作为说明的案件

下级法院审理的许多案件都效仿了 Pittsburgh 案的判决，例如 Jay's Foods, Inc. v. NLRB[6] 案，但是还有许多其他案件表明，在某些情形中，一致意见作出支持某一方当事人的裁决，可以成为判定听证官本该回避的主要因素。例如，在 Local No. 3 v. NLRB [7]案中，第八巡回法院在一份与最高法院所否定之观点相似的判决主旨中作了这样的表述：“听证官没有例外地采纳反面的证言……而否定正面的证言……让我们确信存在偏私和敌意……对整个案卷的研究显示，偏私和敌意不仅普遍存在于对证据的权衡，也体现于……拒绝采纳公司所提供相关证据的裁决之中。”

当然，如果不对特定案件进行全面的研究，我们就不可能对这样的判决主旨进行充分

---

[1] 255 U. S. 22 (1921).

[2] 337 U. S. 656 (1949).

[3] 167 F. 2d 126, 128-129 (6th Cir. 1948).

[4] 337 U. S. at 659.

[5] Id. at 660.

[6] 573 F. 2d 438 (7th Cir.), *cert. denied*, 439 U. S. 859 (1978).

[7] 210 F. 2d 325, 329-330 (8th Cir.), *cert. denied*, 348 U. S. 822 (1954).

的评估。当所有的裁决都是指向同一个方面时，持不同意见的法院可以判定“其事实认定和裁决是缺乏事实和法律依据的”，因为听证官是错误地对一方当事人施加了负担。[①] 或者，法院也可以认定始终指向一个方向的裁决，对听证官的信用性事实认定（credibility findings）剥夺了“通常赋予这些事实认定的权重”[②]。在 NLRB v. Centeno Super Markets，Inc.[③] 案中，当法院支持一边倒作出各种裁决，持不同意见的法官要求“对案卷进行更仔细的审查”。

行政法官的行为即使不足以支持以偏私为由要求回避，它可以吸引法院更仔细地审查行政法官所作出的事实认定。在 Eldeco v. NLRB[④] 案中，第四巡回法院裁决了一起具有戏剧性的偏私争议。原告认为行政法官在劳工争议中存在对雇主不利的偏私。原告采用了两类证据以支持其主张：（1）行政法官在双方证言不一致时，始终认定工会的证人是可信的，而雇主的证人是不可信的；（2）行政法官在过去 20 年里裁决的劳工争议中，有 89% 是作出了支持工会的裁决。法院判定，双方提供的证据都不足以证明存在不被允许的偏私，特别是行政法官已经撰写了详细的意见，对其作出的事实认定逐一作出解释。但是有趣的是，法院确实推翻了行政法官没有得到实质性证据支持的信用性事实认定。 864

指控存在偏私，有的时候会导致复审法院支持听证官，并对律师作出训斥：“我们明显地感觉到所投诉的这些行为大多受公司的律师有意挑拨。”[⑤] “反对适度有序的审理程序的违法者，实际上是被告的代理律师，他显然从听证一开始就试图刺激听证官，以使他表现出不公正的言行。”[⑥]

□ 构成回避理由的偏私必须出自非公务的来源

Weirton 案和 Baldwin 案强调了一项重要的区分。要构成回避事由，个人偏私通常必须有在先的非官方的来源。因此，例如，如果裁决者的偏私是他先前与当事人的争论所导致的，裁决者就需要回避。偏私如果只是来源于裁决者与当事人之间以前存在的公务联系，则并不必然构成回避事由。最高法院承认，裁决者经常基于他与当事人的公务交往，或者是在公务行为中接触有关当事人行为的证据而形成支持或反对当事人的强烈感受。最高法院默认这种类型的偏私，一方面是因为这是不可避免的，另一方面则是因为最高法院相信裁决者有能力克服在履行公务过程中所形成的对于当事人的感受。[⑦]

□ 基于裁决者的言行举止推论是否存在偏私

主要的问题常常在于基于模糊证据确定个人偏私的程度和来源。法院指出，当行政法官在认定投诉书没有提到的违法行为时，行政法官“事实上就成了诉讼当事人……并且……未能以必需的公正性进行裁决……”[⑧] 但是，即使是在法院认定“紧张、无礼的气

① NLRB v. Ray Smith Transport Co.，193 F. 2d 142，143 (5th Cir. 1951).

② NLRB v. Miami Coca-Cola Bottling Co.，222 F. 2d 341，345 (5th Cir. 1955).

③ NLRB v. Centeno Super Markets，Inc.，555 F. 2d 442，444 (5th Cir. 1977)，*cert. denied*，434 U. S. 1064 (1978).

④ 132 F. 3d 1007 (6th Cir. 1997).

⑤ NLRB v. Weirton Steel Co.，135 F. 2d 494，497 (3d Cir. 1943).

⑥ NLRB v. Baldwin Locomotive Works，128 F. 2d 39，45 (3d Cir. 1942).

⑦ 参见 Liteky v. United States，510 U. S. 540 (1994)；Withrow v. Larkin，421 U. S. 35，53-55 (1975)；United States v. Grinnell Corp.，384 U. S. 563，583 (1966)。

⑧ NLRB v. Tamper，Inc.，522 F. 2d 781，789 (4th Cir. 1975).

氛”和“律师之间以及初审审查官（trial examiner）和律师之间进行大约有 35 次交流存在侮辱性的问题”之时，法院判定这些行为并不能支持作出推翻判决。[1] 但是，对比第六巡回法院所作的一项判决，该案中第六巡回法院认定：“初审审查官的傲慢态度以及对于投诉内容明显已有预设观念，剥夺了被告获得公平听证的权利。”[2]

在 Holly Hill Farm Corp. v. U. S. [3] 案中，第四巡回法院驳回了一项主张，即一位听证官在处理支持政府的证人证言和支持原告的证人证言时存在违法的偏见。法院认定，听
865 证官“只是为了确保该案件处于正轨，并且相关的信息已经得到解决”。

在 Consolidation Coal Co. v. Williams[4] 案中，第四巡回法院认为，行政法官在表达他的沮丧时并没有证明存在违法的偏见，即根据他的经历，在煤矿健康案件中作证的医生经常存在偏见。用法院的话来说，“行政法官的意见表达了专家可能存在偏见的平常主张”。

在 Bieber v. Department of the Army[5] 案中，联邦巡回区上诉法院认为，行政法官对于一位当事人的评价，尽管“显然是不合适的”，但是并不能证明对于当事人具有“根深蒂固的……敌意”，即最高法院在 Liteky v. United States[6] 案中确定不被允许的偏见的前提条件。

在 Grant v. Shalala[7] 案中，第三巡回法院判定，一家地区法院不能进行庭审，然后对行政法官是否存在偏私的问题自行作出认定。地区法院只能审查行政机关的事实认定。这一判决意见意味着行政机关有义务对其自己的行政法官存在偏私的指控进行调查。

在 Miles v. Chater[8] 案中，第十一巡回法院判定，行政法官在没有引用任何论据作为支持的情况下声称律师聘请的医生“几乎肯定会认定其所检查的病人属于完全残疾”，表明该行政法官存在不被允许的偏私。

在 Ivezaj v. INS[9] 案中，第六巡回法院判定，移民法官（Immigration Judge）的言行举止和实施听证的方法，并未表明存在不被允许的偏私。原告认为移民法官实施了恐吓行为，也没有耐心。法院认定移民法官“只是为了控制听证的节奏，并将听证焦点放在相关问题而行使了其准司法性质的权力”。

在 Ventura v. Shalala[10] 案中，第三巡回法院判定行政法官存在不被允许的偏私。法院根据听证笔录中摘录的大量内容，认为其中体现了对法官合理角色明显缺乏理解。

□ 对裁决性事实的偏见构成回避事由

裁决性事实即谁在何时、何地、为何、如何、出于何种动机和目的实施了什么行为，裁决者对这些裁决性事实存在偏见可以构成回避事由。但是，仅仅因为裁决者在之前接触过此类裁决性事实，并不能构成回避事由。

---

① NLRB v. Dennison Manufacturing Co., 419 F. 2d 1080 (1st Cir. 1965).

② Hagopian & Sons, Inc. v. NLRB, 395 F. 2d 947, 953 (6th Cir. 1968).

③ 447 F. 3d 258 (4th Cir. 2006).

④ 453 F. 3d 609 (4th Cir. 2006).

⑤ 287 F. 3d 1358 (Fed. Cir. 2002).

⑥ 510 U. S. 540 (1994).

⑦ 989 F. 2d 1332 (3d Cir. 1993).

⑧ 84 F. 3d 1397 (11th Cir. 1996).

⑨ 84 F. 3d 215 (6th Cir. 1996).

⑩ 55 F. 3d 900 (3d Cir. 1995).

□ Cinderella 案

有关裁决性事实的偏见构成回避事由的典型案例是 Cinderella Career and Finishing Schools，Inc. v. FTC[①] 案。Cinderella 被指控实施了虚假陈述和虚假广告的行为。在经过 16 天的听证之后，听证审查官建议撤销这些指控，但是联邦贸易委员会对 13 项指控中 866
的 6 项发布了停止终止令（cease and desist order）。哥伦比亚特区巡回法院基于两点理由作出了推翻判决：其一是没有对证据和听证审查官的报告进行充分考虑；其二是联邦贸易委员会主席在收到听证审查官的报告时，曾经发表言论，将该案事实与明显欺诈的案例混为一谈，因此该主席应当回避。法院判定仅此言论并不足以将案件发回联邦贸易委员会重新处理的充分理由。它也讨论了同一官员在另一起案件中发生的类似的不当行为。法院对此并未闪烁其词："Dixion 先生对于正当程序的要求如此漠不关心，这是令人震惊的……我们采用的文字再严厉，也难以描述 Dixon 先生公然无视先前判决的行径。"[②]

□ 在先前的政府职务中对裁决性事实形成的偏见，可以成为回避事由

在更早发生的 American Cyanamid Co. v. FTC[③] 案中，第六巡回法院判定，联邦贸易委员会的主席曾经在担任参议院司法委员会反垄断小组委员会总法律顾问和幕僚主管（Staff Director）时处理过该案的事实争议，因此他应当回避，不得参与对其进行认定。这些事实争议是相同的，而相关的指控也未受否定，即他或者他的幕僚已经写了一封信，表达了有关该公司的事实结论。第六巡回法院引用了本书 1958 年的版本，指出："对于法律和政策问题的'坚定信念'或者'已成型的观点'并非回避事由。"但是，法院对于主席之前的观点作出如下认定："如此形成的任何观点都是对事实所作的结论，而不仅仅是对法律或政策问题有关的'基础性的理念'或者'已成型的观点'。"[④] §8.4 所讨论的对于正式裁决中的单方沟通的法律禁止性规定，就是与基于对裁决性事实存在偏见而支持要求裁决者回避的类似的考虑因素。

主张对存在争议的裁决性事实具有不被允许的偏见，必须有两点支持，即关于偏见的证据和抱有偏见的官员确实行使决定之责。在 Keating v. Office of Thrift Supervision[⑤] 案中，第九巡回法院判定行政首长的公开言论表明他对该裁决案件的事实已经形成偏见，这并不足以支持判定行政机关在这些情形中违反了中立裁决者要求。法院强调指出，这些情形有以下三个方面可以支持其结论：（1）当事人没有提供说明事实的宣誓书以支持其要求行政首长回避的动议；（2）听证是由行政法官主持的；（3）在行政法官发布建议决定和行政机关作出最终决定之前，行政首长已经辞职。 867

---

① 425 F. 2d 583 (D. C. Cir. 1970).

② 425 F. 2d at 591.

③ 363 F. 2d 757 (6th Cir. 1966).

④ 363 F. 2d at 764，765. 另可参见 Texaco，Inc. v. 1717C，336 F. 2d 754，760 (D. C. Cir. 1964)，基于其他理由被撤销，381 U. S. 739 （1965）；Buffalino v. Kennedy，322 F. 2d 1016 （D. C. Cir. 1963）；Sangamon Valley TV Corp. v. United States，269 F. 2d 221 (D. C. Cir. 1959)。

⑤ 45 F. 3d 322 (9th Cir. 1995).

□ 官员事先了解裁决性事实并不是回避事由

在 Cinderella 案和 Cyanamid 案中，官员不仅事先了解了裁决性事实，而且还表达了自己对这些事实所持的观点。这里对事实的预先承诺与预先了解事实之间是有区分的。判定仅仅是接触裁决性事实并不构成回避事由，这类案件中最有说服力的可能是 Withrow v. Larkin[1] 案。一家威斯康星州的委员会在调查性听证时听取了有关 Larkin 的证言，然后对其发送了“对抗式听证”（contested hearing）的告知。在这一问题上，地区法院判定该委员会应当回避。最高法院判定该委员会并不因为举行争议听证以作出决定而需要回避。最高法院指出：“不仅存在偏见的裁决者在宪法上是不能接受，而且我们的法律制度总是努力避免不公正的可能性。”[2] 但是，最高法院接着指出：“综合了调查性职能和裁决性职能，必然会在行政裁决案件中产生足以违宪的偏私危险……这种观点必须能够推翻对裁决者的诚实严正之推定，并且必须能够让人确信，根据对心理倾向和人性弱点的现实评价，对同一个人赋予调查权和裁决权会构成现实偏私或者偏见的风险，以至于必须禁止这种做法，以确保充分实施正当程序的保障。”

□ 先前从事过调查工作不构成回避事由

在 Withrow 案中，最高法院讨论了拒绝“类似的主张”并且指出：

这并不是说，对于这种说法——进行过调查工作的人不应该再参与裁决工作——已经没有什么可说的了。这一问题是实质性的，它并不是全新的，议员和关心行政机关运作的其他人，已经对于同样的人能否以及可以在多大程度上行使不同的行政职能给予了很多关注。对于这一问题，并不存在单一的答案……因此，我们发现“联邦和州的判例法一般都不会采取这种单纯的思路，即由同一个人行使裁决和调查的职能违反正当程序原则……”[3]，也就不足为奇了。类似的，我们审理的这些案件，尽管反映了问题的实质，但是并不能支持在本案中地区法院所采纳的观点，即曾经参与调查工作的行政官员应当在裁决程序中回避。我国存在
868 的众多类型的行政机制，不会让步于任何单一的组织原则（organizing principle）。[4]

最高法院强调指出，涉及一人大陪审团（one-man grand jury）的 In re Murchison[5] 案，“并未被理解为支持一项宽泛的规则，即行政机关的成员不能调查事实、提起诉讼，然后再作出必要的裁决”[6]。基于这一点，最高法院以一致意见确立了一项明确和关键的法律命题（proposition of law）：“仅仅是接触非对抗式调查程序中提出的证据本身并不足以否定［医生审核］委员会的委员参与后来的对抗式听证程序的公正性。”[7]

在当下，Withrow 案的重要意义是官员预先了解存在争议的裁决性事实，并不能成为官员回避对该争议进行裁决的理由。医生审核委员会已经对即将裁决的事实听取了相关证言，但是它除了基于有“合理理由”相信 Larkin 医生已经违反法律，而要求举行“争议

---

① 421 U. S. 35 (1975).

② 421 U. S. at 47.

③ 2 K. Davis, *Administrative Law Treatise* §13.02, p. 175 (1958).

④ 421 U. S. at 51-52.

⑤ 349 U. S. 133 (1955).

⑥ Id. at 53.

⑦ Id. at 55.

听证”(contested hearing),并未发表任何意见。某种形式的承诺是对适用回避要求所必需的,即使它并非不可撤销的。

□ 对政策问题公开发表的意见不构成回避事由

在 Hortonville Joint School District No. 1 v. Hortonville Educational Ass'n [①]案中,最高法院再次基本上采取了相同的意见:“但是,仅仅是行政机关在履行其法定职能过程中熟悉案件的事实,并不能要求裁决者回避。也不能仅仅因为裁决者对该争议相关的政策问题发表的意见,甚至是公开发表的意见,而要求该裁决者回避。”但是,Hortonville 案在某些方面区别于 Withrow 案。该案讼争的问题并不属于事实问题。教育委员会试图与教师工会协商达成集体协议,并寻求对违反州法参与罢工的教师解除职务。威斯康星州最高法院判定该教育委员会应当回避,被解除职务的教师可以对所有争议的问题向县法院申请重新听证。威斯康星州最高法院这一判决的理由是 Morrissey v. Brewer[②] 案中的判决主旨,即是否存在撤销假释的合理理由,应当由“没有直接参与该案的人”确定。[③]

□ 与非裁决性决定所作区分

在 Hortonville 案中,最高法院对这一判例进行了区分:“教育委员会不能等同于有逮捕权的决定假释的官员;教育委员会更类似于假释委员会,因为它受州立法机关的授权具有作出最终全权决定的权力。”[④] 另一项差别在于解除教师职务的决定“并非裁决性决定,因为教育委员会有义务根据自己对重要的政策问题的观点作出决定……教育委员会的决定只是刚好属于纪律处分性质的决定;但是该决定同样具有明显的政府和公共政策的维 869
度”[⑤]。最高法院认定:

> 被告未能证明终止其雇佣关系的决定“感染”了这样一种偏私,以至于基于联邦法上的正当程序原则,我们需要判定其他裁决者需要回避。考虑到保留教育委员会行使州立法机关所赋予权力而具有的重要理由,证明该委员会“卷入”在这一决定之前的各项事情并不足以证明具有裁决者的政策制定者缺乏推定的诚实严正品质。[⑥]

□ 有时允许一个人行使调查、起诉和裁决之职责

在一类争议中分别让不同的个人承担调查和裁决职责,有时候会产生高昂的成本。在这种情况下,最高法院允许由调查者作出裁决。在 Coss v. Lopez[⑦] 案中,一位学校校长调查了学生不当行为的问题并作出了裁决。尽管合并行使了调查、起诉和裁决的职能,最高法院判定此种听证并不违宪。在 Wolff v. McDonnell[⑧] 案中,最高法院也允许一座监狱中的同一名官员行使调查和裁决之权。

---

① 426 U. S. 482, 493 (1976).
② 408 U. S. 471 (1972).
③ 408 U. S. at 485.
④ 426 U. S. at 491.
⑤ 426 U. S. at 495.
⑥ 462 U. S. at 496-497.
⑦ 419 U. S. 565 (1975).
⑧ 418 U. S. 539 (1974).

□ 可以说明职能合并问题的案件

下级法院审理的一些案件忠实地遵循了最高法院确立的原则，但是这些原则适用于新案件提供了一些帮助。在 Wilson v. Redevelopment Corp. ① 案这起决定驱逐房客的案件中，听证小组的成员并未因为之前曾经根据书面的事实陈述而投票支持驱逐房客，而被要求回避。第八巡回法院认为，关键的问题是“在权衡证据时，他是否需要运用自己的个人知识和对事情经过的印象”。

在 Staton v. Mayes② 案中，第十巡回法院将该案与 Hortonville 案进行了区分，判定教育委员会在经过听证解决教育总监（superintendent）职务时应当回避。教育委员会的一名委员曾经在竞选期间公开声称要解除这名教育总监的职务。该案涉及的是有关缺乏能力和疏忽职守的裁决性事实问题。

在 Duke v. North Texas State University③ 这起复杂的案件中，第五巡回法院判定一家委员会的委员拒绝在新的学年里雇用一位教师时并不需要因为他们之中有人“参加了对

870 该案所审议的事故及其发生原因进行的初步调查”而进行回避。

在 Simard v. Board of Education④ 案中，教育委员会的委员曾与一位没有职位保障的教师进行过激烈的谈判，当时该教师是集体谈判的代表。但是，在没有证据表明存在“实际而非可能的偏私”时，这些委员并不因此需要回避决定不延续该教师之合同的程序。

在 Antoniu v. SEC⑤ 案中，第八巡回法院撤销了证券交易委员会的一项命令，即永久性地禁止某个人在证券行业任职。第八巡回法院认定，证券交易委员会的一名委员因为对裁决性事实存在偏见而构成不被允许的偏私。该委员曾在证券交易委员会发布永久性行业禁入的命令之前，公开表示这个人已经被永久性禁止进入证券行业。

在 Blinder，Robinson & Co. v. SEC⑥ 案中，哥伦比亚特区巡回法院的判决意见是基于对 Withrow 案中最高法院的判决意见所进行的深入研究和适用。证券交易委员会承担了实施证券法律的多项职责。它必须经过调查确定发生不法行为的可能性，在相信个人已经实施了不法行为时向法院起诉，并对它在行政裁决程序中确定存在的违法行为作出行政处罚。Blinder 主张，证券交易委员会在向法院起诉之后对其作出行政处罚的决定，违反了正当程序。哥伦比亚特区巡回法院判定证券交易委员会行使的职能合并，并不违反正当程序。

偶尔情况下，下级法院错误理解或者错误适用了 Withrow 案所包含的宽泛信息。Amos Treat & Co. v. SEC⑦ 案，就说明了这一趋势。该案中，哥伦比亚特区巡回法院禁止行政机关对一起案件进行裁决，依据是其中一名委员在担任幕僚主管（staff director）时曾组织对该案进行调查。尽管行政机关同意接受该委员退出参与该案的决定，但是法院还是签发了一项禁令。Amos Treat 案与 Withrow 案之间存在矛盾。

---

① 488 F. 2d 339 (8th Cir. 1973).

② 552 F. 2d 908 (10th Cir.), *cert. denied*, 434 U. S. 907 (1977).

③ 469 F. 2d 829, 834 (5th Cir.), *cert. denied*, 412 U. S. 932 (1973).

④ 473 F. 2d 988 (2d Cir. 1973).

⑤ 877 F. 2d 721 (8th Cir. 1989).

⑥ 837 F. 2d 1099 (D. C. Cir. 1988).

⑦ 306 F. 2d 260 (D. C. Cir. 1962).

□ 对法律、政策或者立法性事实持有的偏见并非回避事由

对于法律、政策或者立法性事实的争议问题，在事先发表的意见并不能成为要求裁决者回避的事由。最能说明这一重要原则的案件就是 FTC v. Cement Institute① 案。联邦贸易委员会签发了停止终止令（cease and desist order），禁止在销售水泥时采用多重基点制度（multiple basing point）。在向法院起诉之前，联邦贸易委员会经过全面调查向国会和总统提交报告，认为多重基点制度相当于《谢尔曼法》所禁止的对贸易进行的固定价格行 871
为的限制。这些公司认为，联邦贸易委员会表达了“对争讼问题的偏见”，因此是存在“偏见和偏私”。最高法院特别指出，它所作的判决是“基于这样的推定，即此种判决意见是由联邦贸易委员会全体委员经过先前的公务调查所形成的”②。最高法院指出：“联邦贸易委员会因为先前的单方调查已经形成了这样的观点，这一事实并不必然意味着其委员对于被告的基点定价的做法已经形成了封闭的观点（closed mind）。”③ 最高法院强调指出，如果联邦贸易委员会需要回避，那么无论该委员会，还是其他联邦行政机关都不能受理这一投诉，并且认为：“法官常常不止一次裁决同样的案件，尽管这些争讼问题同时涉及法律和事实问题。”④

在 Cement Institute 案中存在争议的事实属于立法性事实而非裁决性事实。最高法院没有提及对任何特定公司所实施之行为的偏见问题。有关特定公司的行为或者做法的问题，要么并不存在，要么是属于附带事件。核心的事实问题是多重基点制度是否限制了竞争。

最高法院没有调查联邦贸易委员会的委员们是否已经形成了封闭的观点，而作出了支持联邦贸易委员会的判决。因为联邦贸易委员会在向国会和总统提交详尽的报告之前已经进行了大量的调查和全面的研究，认为委员已经形成了封闭的观点，这是似是而非的；实际上，从最高法院对有关这一问题的事实所作的总结，在所形成的封闭的观点中某些问题的发生概率似乎较高。但是，“封闭的观点”含义并不明确。任何裁决者都不太可能对于一项政策问题拥有最高法院所指意义上的“封闭的观点”。

□“封闭的观点”可以构成回避事由吗?

最高法院在 Cement Institute 案中的判决意见并未试图说明“封闭的观点”的含义，我们也没有发现其他司法判决意见试图进行这样的努力。通常来说，一位合格的法官在经过仔细研究，认为自己充分了解案情之后作出确定的判决，然后他就不会再愿意重新审查这些问题。法官的这种做法是合理的，正是在这一意义上，我们可以说该法官已经形成了“封闭的观点”。但是，同样一位法官可能会愿意因为一些明显的新事实或者意见而进行重新审议。如果没有出现明显的新事实或者意见，这样的法官是否具有封闭的观点？如果这样的法官具有封闭的观点，那么这显然不属于回避事由；如果这样的法官不具有封闭的观点，那么我们可以说观点封闭的法官可能是如此之少以至于不值得进行认真讨论。法官或 872
者行政官员对于他已经形成的观点，不愿意考虑明显的新事实或者意见，其问题不是他是

① 333 U. S. 683 (1948).

② 333 U. S. at 700.

③ Id. at 701.

④ Id. at 703.

否需要在特定案件中回避；问题在于他持有这种观点，是否是完全不合适的。

最高法院在 Cement Institute 案的判决意见中如何回避这样一项问题，即联邦贸易委员会委员的思想是否是“完全不接受新的意见”，这是非常重要的，因为它实际上使得证明思想封闭几乎成为不可能。最高法院指出，联邦贸易委员会先前对基点制度发表的观点，并不必然意味着其委员对于被告有关基点制度这一主题上也具有封闭的观点。[①] 尽管存在这种似是而非的对封闭观点的指控，最高法院并不要求委员证明他具有开放的观点，而产业界的人士也没有办法证明委员们不接受新的观点。

无论是法官还是行政官员都不太可能由于封闭的观点而被要求回避，因为要证明封闭的观点通常是不可能的，并且因为指控观点封闭，很可能带来的是最高法院在 Cement Institute 案所作出的反应。其现实结果是，在诸如基点制度的合法性之类的问题上持有不可改变的封闭的观点——认定涉及全行业的立法性事实、对此类事实适用模糊的法律规则的问题——并不构成回避事由。上述的这一结论完全基于最高法院在 Cement Institute 案中以一致意见（一位大法官基于另外的理由提出不同意见）作出的判决，而且还没有任何案件是基于有关立法性事实或者政策的封闭观点而判定法官或者行政官员应当回避，这也支持了上述结论。对于这一问题的分析，也可以支持上述的结论。

□ 任何人都有着不可改变的确信

任何会思考的人难道不都是有着不可改变或者可改变的确信、尝试性的观点、可质疑的推定以及未知的领域吗？最优秀的法官，难道没有对处于特定决定之核心的某些问题有着不可改变的确信吗？举个简单的例子就足以回答上述问题：Holmes 大法官曾在 1919 年提到：“人们……才更为相信最终可求的至善之行为的根本基础，最好是从思想的自由交流中获得，事实的最好试炼是思想使得自身为竞争市场所接受的力量。”[②] Holmes 大法官的信念是可以变更的吗？如果不是，Holmes 大法官对于思想开放的重要性上所形成的封
873 闭观点，是否可以成为回避事由？抑或是因为他提到了这一信念而不需要回避？

在更平常的水平上讲，其他判例法也支持 Cement Institute 案的判决。一个典型的案件就是 Morgan Ⅳ[③] 案。最高法院曾在 Morgan Ⅱ[④] 案中判定农业部长已经违反了牲畜试验场（stockyards）的市场代理商具有的获得公平听证权，农业部长在致信《纽约时报》时严厉批评了最高法院的判决，声称所争讼的 70 万美元“完全属于农场主”。在法院将该案发回农业部长重新处理时，市场代理商接着提出指控称，根据这封书信的内容可以要求农业部长回避，不得由他重新考虑该案。最高法院驳回了这一指控：

> 但是从本质上讲，这封书信并不必然意味着部长不存在偏私。他不仅持有而且表达出了他相信属于讼争对象的事务的强烈观点，这没有使得他不适合在法院所命令的后续程序中行使自己的职责。我们也完全可以认为，下级法院的法官，已经三次审理了此案，也具有可以构成回避事由的确信。在公开批评最高法院的判决意见时，农业部长只是采取了在英美两国的悠久诉讼历史上常见的一项做法，即败诉的诉讼当事人和律师找个酒馆或者媒体抒发对案件的失望之情。国会对内阁官员赋予裁决职能，并不能推定这些内阁官员权力弱于法官。他们都可能在对待具体案件时具有一种基础性理念。他们都可以被推定为是有

① 333 U. S. at 701.

② Abrams v. United States, 250 U. S. 616 (1919).

③ United States v. Morgan, 313 U. S. 409 (1941).

④ Morgan v. United States, 304 U. S. 1 (1938).

良知、接受过智识训练，能够基于具体的情形对特定争议作出公平裁判。本案案卷并无内容影响此种推定之成立。①

在 Republican Party of Minnesota v. White② 案中，五位大法官出具的多数意见认为，州政府禁止一位州司法办公室的候选人宣布“他或者她关于存在争议的法律或者政治问题”违反了《联邦宪法》第一修正案。最高法院的推理帮助解释了对争议问题预先判断的可以允许的界限：

“公正”（impartiality）在司法情境中具有的一种含义——当然是一种基础含义（root meaning）——就是不持有支持或者反对案件“当事人”的偏见。这一意义上的公正可以确保法律的平等适用。也就是说，它可以确保审理他的案件的法官也会以同样的方式对其他当事人适用法律。这个词过去就是这样用的……它同时还是被告引用的案件以及中立法官是正当程序的关键这一观点的法庭之友意见书的意义。 874

…………

可以肯定的是，如果法官在一起案件中……对法律问题持有特定立场，那么采取相反立场的当事人很可能会败诉。法官正在平等地（正如他看到的）适用法律。如果要在司法情境中可能使用“公正”这一词（虽然这当然不是一个习惯用法），那么就意味着没有支持或者反对具体的法律观点的偏见。这种公正不会是关于确保诉讼当事人平等适用法律，相反是确保他们有平等的机会在案件的法律问题上劝说法院……法官对一起案件的相关法律问题没有预先看法，这从未被认为是公平正义的必要成分，而且如果那样认为的话，也不具有合理理由。其一，世上并不存在对于法律没有预先看法的法官。正如 Rehnquist 大法官对最高法院所得出的一点观察结论：“因为大多数的大法官都是在人过中年才获得这一职位，他们如果还没有形成一些初步观点可以影响他们解释《联邦宪法》的条款和这些条款之间的互动关系的初步观点，那将是不正常的。如果他们对于之前法律职业中的宪法问题没有发表过法律意见，那就不仅是少数情况，而是异乎寻常了。”③ 事实上，即使有可能要找一个对法律问题没有预先看法的人来做法官，要做到这一点也几乎不可能是所希望的。“大法官在加入最高法院时的思想在宪法裁决领域完全是一片空白（tabula rasa），它所证明的是缺乏能力资格而不是没有偏见。”

□ 裁决者可以再次审理同一起争议

在 NLRB v. Donnelly Garment Co. ④ 案中，一名听证官对特定证据的评价被复审法院所推翻，但是听证官没有被要求回避再次对该案组织听证。该案涉及的指控是该公司组织了企业工会（plant union）并且操纵了工会的活动。该公司试图通过 1 200 名雇员的证言，证明每位雇员都是自愿参加工会的，公司并无胁迫，他们也不了解公司在工会内部的影响。听证审查官驳回了这一要求，并且排除了雇员的证言。一家上诉法院驳回了这一排除证据的决定，并且将案件发回国家劳动关系委员会处理，而该委员会又将此案分配给同一

① 313 U. S. at 421.

② 122 S. Ct. 2528 (2002).

③ Laird v. Tatum, 409 U. S. 824, 835 (1972)（备忘意见书 [memorandum opinion]）。（备忘意见书是法律意见书的一种。一般来说，它的内容通常比较简短，主要的用途是为了在特殊案例让法官作为宣判前的准备之用。因此，备忘意见书不会成为判决先例、具备说服力的先例（persuasive precedent）或具备拘束力的先例（binding precedent）。——译者注）

④ 330 U. S. 219 (1947).

位听证审查官，听证审查官接受了证言，但是作出了相同的事实认定。上诉法院作出了推翻判决，理由是“由可能已经存在偏见的人对事实问题进行审理存在不公平”。最高法院
875 推翻了上诉法院的判决：“显然，除了法律规定之外……法官因为先前作出的裁决被推翻而在再审时需要回避审理，这不是司法管理的规则。我们认为没有理由对行政机关施加更严格的规则，即听证审查官会因为在初次听证时作出对某一当事人非常不利的裁决，而无权再次参与案件的裁决。”① 既然问题在于初次听证时被排除而在二次听证时被采纳的证言所具有的法律效力，那么被指控涉及偏私的是有关法律、政策和立法性事实的问题。

□ 裁决者不是白板（tabula rasa）

有两项涉及偏私问题的判决意见之所以值得关注，更多的是因为其推理严密，而不是它们所具有的先例效力。在 Laird v. Tatum② 案中，Rehnquist 大法官解释了在一起涉及某法律问题——他在担任助理司法部长一职时曾经对此发表过强烈观点——的案件中为何自行回避。他指出：“在我的印象中，自 1911 年以来没有一位前大法官因为曾经在担任大法官之前对某一法律问题表达过观点或者制定过政策，而在所涉及该法律问题的案件中自行回避审理的。”③ 他列举了诸多案例中大法官并没有自行回避，即使他们在担任大法官之前就已经对将要审理的这些问题发表了观点。他引用 Frankfurter 大法官有关税收的众多判决意见，其中采纳了他在担任大法官之前对税收问题进行的广泛分析，以此为例证明自己的观点。他还指出：“如果大法官在加入最高法院之时的观点证明他在宪法裁判领域完全是一张白纸，那么这能够证明的是他并不具备担任大法官的资格而非不存在偏私。”④ Rehnquist 大法官最后得出如下结论：

> 无论是誓言、法律上的回避规定，还是最高法院前大法官们的做法，都不能向诉讼当事人保证每位法官会从其意愿或者能力的中心点出发，以自己对《联邦宪法》和法律的理解，对双方律师的意见进行协调。如果情况是这样的话，法官在获得提名担任法官职务之前，发表他当时对《联邦宪法》某些特定条文之含义的理解，就不构成回避事由了。⑤

□ 裁决者是人；是人就会有偏私

对观点偏私进行了合理分析的第二份判决意见是 Frank 法官在 In re Linahan⑥ 案中所作的分析：

> 如果……将“偏私”和“偏待”定义为完全不存在预设观念……那就没有人曾经得到
> 876 过公平审理，将来也不会有人得到公平审理。人的思想，即使在婴儿期也不是白纸一张。我们生来就有天性……每项习惯构成一项预先判断……兴趣、观点、偏好都是生活的精髓……“思想开放”如果是指思想上没有任何预设观念，就不可能学习任何东西，人也会变得完全没有情感，大致对应精神病医生对意志薄弱者（feeble-minded）的描述……每个人类社会都会有一些公认的观点……但是，这些观点有很多是体现了一个社群最为珍视的

① 330 U. S. at 236-237.
② 409 U. S. 824 (1972).
③ 409 U. S. 831 (1972).
④ 409 U. S. 835 (1972).
⑤ 409 U. S. at 839.
⑥ 138 F. 2d 650, 651-652 (2d Cir. 1943).

价值或者理想……仅仅披上一身黑袍，经过宣誓就职法官，一个人就超凡脱俗、弃绝物欲，成为木石心肠的思维机器，这一神话已经贻害无穷。

□ 观点偏私在规则制定程序中从来不是回避事由

要确定一项裁决是否因为存在不被允许的偏私而感染了违法性，这有时是困难的。如果裁决对争议问题发表了强烈的观点，复审法院必须对这些言论和争议问题进行仔细分析，以确定这些言论证明的是对裁决性事实存在不被允许的预先判断，还是对法律、政策或者立法性事实表达了可以允许的强烈观点。当在行政机关规则制定的情境中提出了存在不被允许的偏私的主张，通常对其作出裁决要容易得多。规则制定中的决定很少，如果有的话，可以因为不被允许的偏私而受感染，因为规则很少取决于行政机关对裁决性事实争议所作的裁决。相反，大多数的规则完全取决于对法律、政策和立法性事实的决定。①

□ 作为例证的案件

在 Association of National Advertisers (ANA) v. FTC② 案中，哥伦比亚特区巡回法院的判决意见就说明了典型的在规则制定程序中存在不被允许的偏私的主张。多数意见得出了正确的结论，但是其推理部分却是有误导性的。在联邦贸易委员会考虑是否发布规则，对针对儿童的电话广告加以限制时，该委员会的主席有一系列演讲、访谈和书信都提到了这一主题。他不加遮掩地表达了自己的观点。他认为自己“确信”某些儿童广告，例如高含糖量产品的广告，是“邪恶”和“不公平的”，他也表示要致力于消除这种做法。

哥伦比亚特区巡回法院存在分歧的合议庭认定，主席的言论并不能构成要求他回避参与规则制定过程的理由。多数意见认为，(1) 裁决者在“对于案件处理结果至关重要的问题上存在不可改变的封闭的观点”时，需要回避；(2) 主席对于是否需要限制儿童广告并 877
未形成“不可改变的封闭的观点”③。持不同意见的法官则认为应当要求主席回避。

多数意见在 ANA 案中得出了正确的结论，但是它认为行政机关的裁决者如果对于政策问题具有“不可改变的封闭的观点”则需要回避，这种观点是有误导性的。如果任何人曾经证明了在政策性问题上存在“不可改变的封闭的观点”，那是联邦贸易委员会主席在对高含糖量产品的儿童广告持有的观点。但是，行政机关的裁决者不应该仅仅因为他们对有待裁决的政策性问题发表强烈观点而被要求回避。我们应该期待行政机关的裁决者具有强烈的政策见解，我们也应该鼓励他们表达自己的见解。④

□ 国会对裁决者施加的压力，可以成为该裁决者的回避事由

当行政机关的裁决者具有来自国会压力的偏私时，法院有时也会要求裁决者回避。最

---

① 参见 Strauss, “Disqualifications of Decisional Officials in Rulemaking”, 80 *Colum. L. Rev.* 990 (1980)。

② 627 F. 2d 1151 (D. C. Cir. 1979).

③ Id. at 1170, 1174.

④ 参见 Pierce, “Political Control Versus Impermissible Bias in Agency Decisionmaking”, 57 *U. Chi. L. Rev.* 481 (1990)。

为典型的是第五巡回法院在 Pillsbury v. FTC[1] 案中所发表的判决意见。联邦贸易委员会启动了裁决程序，要根据《克莱顿法》（the Clayton Act）决定是否需要禁止 Pillsbury 收购两家面粉生产商。在这一程序的初期，联邦贸易委员会发布了一项中间裁决（interlocutory order），宣布它将采用理性规则（rule of reason）而非本身违法（per se rule）规则，依据《克莱顿法》对收购案进行评估。Kefauver 参议员作为该法相关条文的起草者对此感到愤怒。他召开了听证会，对联邦贸易委员会的裁决进行审查。在听证会上，联邦贸易委员会的主席和其他几位委员都明确表示联邦贸易委员会应当采用本身违法规则，依据《克莱顿法》对收购案进行评估，当时该参议员对联邦贸易委员会主席的质询是有敌意和针对性的。在听证会进行的过程中，参议员们和联邦贸易委员会主席都反复提及 Pillsbury 案中的事实以说明自己的观点。在听证会结束后，联邦贸易委员会拒绝改变其之前采用理性规则的决定，但是它认定根据这一进路，Pillsbury 的收购决定是违法的。第五巡回法院推翻了这一决定，理由是联邦贸易委员会的裁决过程因为国会施加的压力而存在不可允许的偏私。

在 Pillsbury 案中，第五巡回法院对该案的情形得出的结论是站得住脚的。存在争议的事实问题至少可以说是裁决性事实而非立法性事实。尽管我们不可能确定联邦贸易委员会对这些事实的裁决是否受到国会听证会上针对主席提出有敌意的问题的影响，至少存在巨大的外部压力，要求对这些事实作出不利于 Pillsbury 的裁决，构成了不合理的外表；
878 旁观者可以得出这样的结论，即为了回应参议员的恐吓，联邦贸易委员会有意对裁决性事实作出不利于 Pillsbury 的裁决。

第五巡回法院并未根据这一有限的理由对案件作出判决，相反它提出了广泛得多的原则：

> 当［国会的］调查直接、实质性地集中在一家委员会在处理某一案件时决定过程的心理活动时，国会就是在……［违法地］干预行政机关的……司法性职能。[2]

□ 对政策性问题施加的压力，区别于对裁决性事实施加的压力

对于国会施加的不被允许的压力所作过宽的描述，可以通过对 Pillsbury 案中的情形假设的某种变型加以说明。假定联邦贸易委员会已经推翻了它的中间裁决，适用《克莱顿法》对收购案适用本身违法规则，从而终结了 Pillsbury 的收购案的命运而没有考虑任何存在争议的裁决性事实。第五巡回法院在 Pillsbury 案中所宣布的标准，将会导致因为国会压力所导致的不可改变的偏私，而推翻联邦贸易委员会的裁决。

但是，这样的结果将会对政策制定的政治过程构成无理的司法干预。是否根据《克莱顿法》适用理性规则或者本身违法规则，完全是一项政策决定，要求裁决者权衡三项考量因素——本身违法规则是否会排除某些对社会有利的收购案，采用理性规则涉及的最大成本和时间，以及行政机关会有可能性在适用这一规则时犯错，而批准对社会有害的收购案。议员们应当能够自由表达自己对于这一政策问题的见解，联邦贸易委员会的委员们应该能够自由改变自己的看法而采纳这些见解。这是正常运行的政治过程。

---

① 354 F. 2d 952 (5th Cir. 1966).

② 354 F. 2d at 964.

□ 对法律或者政策问题施加压力是可以允许的

在 DCP Farms v. Yeutter[1] 案中，第五巡回法院对其原来在 Pillsbury 案中所作的过于宽泛的推理进行了限缩解释。在农业部启动裁决程序，以确定一些农业托拉斯（agricultural trusts）是否有权获得巨额农业补贴时，农业部收到一位有权势的众议员来信，主张对这些农业托拉斯提供补贴将会违反相关法律。当行政机关进行裁决，作出初步决定即这些托拉斯没有资格享受补贴，这些农业托拉斯向法院起诉，依据 Pillsbury 案支持其主张，即行政机关的决定程序会因为国会压力导致的偏私而存在瑕疵。第五巡回法院在判决意见 879
中驳回了一项主张——承认有需要对国会托付行政机关裁决者的政策问题进行政治监督：

农业部和 DCP Farms 之间的争议是范围更广的政策辩论的一部分。在行政程序的这一［裁决之前的］环节，适用 Pillsbury 案提出的严格的“仅仅是偏私的外表”标准，并不会对国会监督构成小障碍。[2]

□ 在非裁决程序中国会施加的压力是可以允许的

Pillsbury 案中唯一的错误是法官附带意见过于宽泛；Pillsbury 案的判决意见是可以辩护的。D. C. Federation of Civic Ass'n v. Volpe[3] 案的判决意见，反映了更为严重的错误；该案的判决意见是没有辩护余地的。更晚近的一些法官判决意见已经对 D. C. Federation 案的判决意见作了如此有限的解释，以至于它不再具有明显的先例效力。[4] 尽管如此，D. C. Federation 案中的错误如此严重，以至于该案值得进一步讨论。

该案的事实并不复杂。国会要求在波多马克河（the Potomac River）上建设一座公路桥以缓解哥伦比亚特区的通勤交通。事实上，国会命令“尽速”修建桥梁，“无论任何其他相反的法律规定、法院判决或者行政行为。”交通部长 Volpe 对于这一项目并不热心；他认为哥伦比亚特区亟须的是地铁系统。负责两个项目的众议院拨款小组委员会组织听证会，讨论哥伦比亚特区的交通需求。在听证会上，小组委员会的主席向交通部长 Volpe 表示，除非政府将联邦资金用于修建国会所要求的桥梁，否则他将阻止对地铁系统拨款。

在听证会之后，交通部长 Volpe 批准对桥梁建设拨款，认定这一项目在所有方面都符合《联邦援助公路法》（the Federal-Aid Highway Act）。国会于是拨款建设地铁系统，这两个政治上需要负责的政府分支已经同意这一交通一揽子方案，承诺对哥伦比亚特区加强汽车和地铁运输——直到哥伦比亚特区巡回法院介入。法院认定交通部长 Volpe 的决定因 880
为立法分支施加的压力之缘故而已经感染了不被允许的偏私。用法院的话来说：“这一压力的影响是充分的，仅此便足以让部长的决定无效。”[5]

D. C. Federation 案是难以用民主制的理论解释的，因为该案中两大政治上可以问责的政府分支分享了政策制定的权力。行政机关不是在裁决有关个人权利的争议，也不是在裁

---

① 957 F. 2d 1183 (5th Cir. 1992).

② 957 F. 2d at 1187. 另可参见 California v. FERC，966 F. 2d 1541，1551-1552 (9th Cir. 1992)（国会对行政机关施加的压力，要求其在裁决程序中改变对其法律规定的解释，这并不违反 Pillsbury 原则）。

③ 459 F. 2d 1231 (D. C. Cir. 1971).

④ 另可参见 NRDC v. Hodel，865 F. 2d 288，314-319 (D. C. Cir. 1988)；Sierra Club v. Costle，657 F. 2d 298，408-410 (D. C. Cir. 1981)。

⑤ Id. at 1245.

决裁决性事实的争议。也许该案可以支持这样一项原理，即两大政治上可以问责的政府分支无法调和它们之间常常存在差异的政策偏好。但是，如果是这样的话，这是一项非常自负的判决。《联邦宪法》创设了由两大政治上可以问责的政府分支分享和协调政策制定的制度。立宪者在《联邦宪法》中加入了众多条款，强迫这两个政府分支达成妥协：总统在立法程序中的作用，参议院在批准任命行政分支中的负责政策制定的官员、批准条约中的作用，以及众议院提出税收和拨款法案的专属性权力。如果在行政分支和立法分支之间缺乏长期存在的政策妥协机制，我们国家将是无法有效治理的。

□ 作为国会压力之例证的案件

在 ATX，Inc. v. Department of Transportation[①] 案中，哥伦比亚特区巡回法院所作出的重要判决意见对有关国会压力的争议进行了充分的论证。交通部（DOT）否决了原告提出的经营新的航线的申请，理由是它认定控制这条新航线的个人是不适任的。这个人以前曾控制另一条航线，多次严重违反安全规则。原告认为，该行政决定的作出可以归因于国会要求拒绝该申请的压力，这属于不被允许的偏私，因此存在瑕疵。

法院承认，国会施加了特别强烈和直接的压力，要求行政机关拒绝这项申请。法院认为，此种范围和强度的压力，足以让解决裁决性争议的行政裁决无效。但是，国会施加的压力在该案中并未让行政机关存在致命的瑕疵，因为国会压力并未实际地影响案件的结果。法院认为国会的压力确实对行政机关就这些指控实施听证的决定产生了影响。实施举证式听证的决定，不仅是对政治压力所作出的可以允许的反应，也是对这种压力作出的对社会有利的反应，因为这种听证可以产生“可能排除对有关行政行为真实性质的任何怀
881 疑”的证据。法院提到有四项因素让它相信国会压力并未影响案件的结果。第一，这一压力不是针对行政机关或者裁决者提出威胁。第二，部长将该案的裁决权委托助理部长行使，从而使其裁决过程免受国会压力的影响。第三，行政机关采纳了一位实施了举证式听证的行政法官所作出的广泛的事实认定。第四，重要事实的认定基本上得到证据案卷的充分支持。法院在法官附带意见中指出，对过去的不法行为相关的证据如果不是这么强有力，它本来可能对国会压力的影响得出不同的结论。

§9.9 职能分离

□ 正当程序可能要求某种程度的职能分离

大多数的行政机关都会行使多项职能，包括调查、公诉和争议的裁决。至少在某些情境中，正当程序要求对这些职能进行某种程度的分离。要理解职能分离与正当程序的关系，思考美国刑事案件裁判中所采用的框架或许是最容易的。在刑事诉讼中，调查职能是由警察机关行使。公诉职能是由地区检察官行使。裁判职能则是由法院行使。不仅如此，我们还设计了众多不同的机制以确保裁决者——法官——不受其他程序参与者的影响，也不受各种政治力量的影响。联邦法官任命之后享有固定任职保障。如果将所有这三项职能

---

① 41 F. 3d 1522 (D. C. Cir. 1994).

合并由一人行使，势必会使刑事司法制度无法满足任何人心目中的刑事诉讼裁判公正性的基本标准。

但是需要指出的是，正当程序并不要求全部具备我们在刑事诉讼中所期待的这些结构性保障。在 Weiss v. United States[①] 案中，最高法院判定在军事司法制度中，裁判刑事案件的军事法官并不违反正当程序，即使这些军事法官并不享有固定任职保障，可以由各军种的军法署署长（Judge Advocate General）任意免职。

□ 长期以来要求实行更大程度职能分离的呼吁已经被否决

美国行政司法体系的批评者长期以来以刑事司法体系中的各机关职能严格分离作为一种范式，对典型的多职能行政机关行使行政裁决权的公正性提出批评。这些批评通常会接 882
着要求立法机关将调查、公诉和裁决的职能分别赋予不同的行政机关，或者法院会判定多职能行政机关实施的任何裁决制度违宪。[②]

□ 行政裁决区别于刑事诉讼

总的来说，立法机关和法院都以充分的理由拒绝了这些主张。这些批评所依据的类比分析在很多方面都是缺乏说服力的。首先，我们在刑事司法体系中所选择的以机关为基础严格进行职能分离的进路，是事倍而功半的。职能分离的进路之所以在刑事司法体系的情境中具有正当性基础，是因为极为重视避免错误拘押的风险。但是这绝不意味着我们在社会保障福利、人事决定、公用事业价格、环境规制等领域的纠纷裁决中也应当选择这种效率最低，成本最高的制度框架。最高法院在 Goss v. Lopez[③] 案中所作判决就说明这一点。最高法院判定，在校长决定对学生作出停学 10 天的处分之前，按照正当程序的要求，必须提供非正式听证。但是，最高法院强调指出，听证可以是简短和非正式的，由校长充任调查者、公诉人和裁决者。最高法院没有效仿刑事司法体系去要求校长采用效率低下达到荒谬程度的裁决制度，这是很明智的。有谁会真地主张学校纪律处分的案件需要由一家机关调查，另一家机关公诉，再由第三家机关裁决吗？如果这样的话，学校体系还会剩下足够的资金用于对学生的教育活动吗？

□ 某些职能合并不损害公正性

其次，即使在刑事裁判和可能导致判决监禁的独特情境中，某些职能的合并也并不违反基本公正性的要求。调查职能与公诉职能之间并不存在内在的冲突。事实上，地区检察官经常行使某些调查职能。甚至连调查职能和裁判职能之间也并不存在内在冲突。很多建立了令人景仰的刑事程序体系的国家，都将部分调查职能赋予法官。根据美国的刑事司法制度，法官行使调查职能，缓刑官（probation officer）则作为法官的代理人收集与量刑有

---

① 510 U. S. 163 (1994)，详细讨论参见 § 2.4。

② 例可参见 Ash Council Report on Selected Independent Regulatory Agencies (1971)（敦促将裁决职能从行政机关重新分配至一家行政法院）；President's Committee on Administrative Man-agement (1937)（敦促不得同时赋予任何行政机关以裁决和公诉职能）。

③ 419 U. S. 565 (1975).

883 关的事实。① 最容易引发冲突的是将公诉职能与裁判职能相合并。在刑事司法情境中，我们严格地将这些职能在不同机关之间进行分离是有意义的。但是，在行政司法情境中将这些职能加以分离，其重要性要低得多。许多行政裁决案件并不能与刑事审理相互类比。例如，当一家行政机关决定申请人是否有资格享受法定福利时，行政机关中并无一人承担类似公诉人的职能。即使是更有相似性的情形中，例如决定是否作出行政处罚，这类争议也可以轻松地区别于涉及刑罚的案件。没有一家行政机关有权作出监禁的命令。

□ 个人的职能分离区别于机构的职能分离

最后，职能分离可以在个人层面上进行。就职能合并产生利益冲突而言，这一冲突很大程度上受到心理和人类情感的影响。没有人会希望对其提出公诉的地区检察官来决定他是否有罪，因为地区检察官希望“胜诉”而非“败诉”。任何人如果已经费尽千辛万苦证明了被告是有罪的，再要让他以进行客观评估所需的心理学视角对决定被告是否有罪这一命题作出大幅调整立场将是非常困难的。但是，这种可能存在的具有强烈心理学意义的利益冲突对于个人而言确实不可避免的。如果能够在个人层面上进行职务分离，如禁止个人同时承担案件的调查和裁决之责，就可以显著降低这种会影响裁决公正性的利益冲突。在一家机关内部进行的职能分离，很可能会导致该机关内的个人更多地根据职能而非机关进行识别，例如，“我是一名行政机关的公诉人，或者我是一名行政机关的裁决者。”

□《行政程序法》要求在正式裁决程序中实行个人的职能分离

《行政程序法》对职能分离所作的规定，是在接受了上述的拒绝行政机关之间职能分离的理由之基础上作出的。《行政程序法》允许行政机关行使所有这三项职能，但是它要求行政机关在正式裁决中确立和维持内部的职能分离。《行政程序法》§554（d）作了如下规定：

> ……主持接收证据的雇员，除非他不能执行行政机关的职务，否则必须作出§557所要求的建议性的或初步性的决定。除了依法律的授权为处理单方面事项所必要以外，该雇员不得：
>
> （1）未经对所有的当事人提供告知和参与机会，而向任何个人或者当事人就所争议的
> 884 事实征求意见；或者
>
> （2）对任何为行政机关履行调查或公诉的雇员或其代理人负责，或受其监督或指示。为机关履行调查或公诉的职员或其代理人，不得参与该案或与之有实际联系的案件的决定；对这类案件的裁决不得提出咨询性意见，或提出建议性的决定；也不得参加行政机关根据本编§557规定的复议，除非他们作为证人或律师参加公开的程序不在此限。本分节的规定不适用于：
>
> （A）申请初步许可证的决定；
>
> （B）关于公用事业或运输业的收费、设施、经营活动的效力或申请的裁决程序；或者
>
> （C）行政机关或构成行政机关之团体的成员。

《行政程序法》中的职能分离规定只适用于“依法在提供行政听证的机会之后根据案

① United States v. Burger，964 F. 2d 1065，1070（10th Cir. 1992）；United States v. Johnson，935 F. 2d 47，50（4th Cir. 1991）.

件作出的裁决”，也就是“正式裁决”。《行政程序法》并未对行政机关实施“非正式裁决”时的职能合并作出任何限制性规定。①

□ 对《行政程序法》的调查和裁决职能分离规定的批评

《行政程序法》的条文存在的问题是作了太多禁止性规定，特别是“……在一起案件中履行调查性……职能的雇员，不得在该案或与该案有实际的联系的案件中，参与决定或者提出咨询性意见……”这一规定可以适用于调查者正在努力证明对被告不利的结论的指控性案件。但是，在联邦行政机关实施的所有裁决中，大约有五分之四是权利请求案件(claims cases)。在这类案件中，调查者在形成有利于申请人的事实时所存在的驱动力，与形成不利于申请人的事实之时是一样的。《行政程序法》的规定，如果严格按照字面含义实施，对于所有此类裁决将是有害的。

□ 有限制的立法史

《行政程序法》对禁止调查和裁判职能合并所作规定过度的问题，部分可以采用某些相当弱势的（weak）立法史资料，部分可以借助最高法院无意中忽略了《行政程序法》之规定的判决而得以补救。§554（d）规定的“调查”一词也许可以解释为在指控性案件中的调查。但是，无论是参议院的报告，还是众议院的报告，都没有体现这样的解释。不仅如此，《司法部长行政程序法手册》（the Attorney General's Manual on the APA（1947））也没有提到这种解释。立法史中唯一可以支持此种解释的条目是在《参议院司法委员会材料 1945 年卷》（the Senate Judiciary Committee Print of 1945）② 中的一段文字：“分节
（c）的第一句［即现在的§554（d）］之目的是要确保在所谓的‘指控性’（accusatory） 885
案件中，负责案件听证的人应当参与决定的作出。这一分节的其余内容在指控性案件中则是为了实现公诉和裁决职能的‘内部’分离。”即使分节（c）只字未提对指控性程序的限制，《参议院司法委员会材料》还是说明了国会试图将本节规定限定于指控性程序。这种解决方案在各方面都是令人满意的。但是，还没有一家法院根据这一立法史作出判决。

□ 最高法院在福利案件中同意合并调查和裁决职能

这一问题的另一项解决方案并不简单，但是可能持久；它的依据是一种有幸的无心之失（fortunate inadvertence），即最高法院作出的一项判决，是在没有意识到可以适用《行政程序法》的情况下作出的。有相当一部分《行政程序法》规定的正式裁决是由社会保障局作出。但是在社会保障局中，每位行政法官有着确定的调查每起案件的职责，提出支持或者反对申请的证据，然后作出裁决。社会保障局的制度（a）高度依赖于允许行政法官先调查后裁决；（b）表面上是违反了§554（d）的明确规定；（c）还从未在任何法院中被成功起诉；（d）无论如何看起来都不会损害正义的利益；（e）甚至不能说违反了正当程序。

令人感到奇怪的是，最高法院在同意社会保障局所采取的制度时，甚至没有提及《行

---

① 参见本书第 8 章所讨论的有关正式裁决和非正式裁决的重要区分。

② Sen. Doc. No. 248, 79th Cong., 2d Sess. 24 (1946).

政程序法》。最高法院在其判决意见附带的一段文字中讨论了这一问题：

> 我们也不能接受一人身兼律师和法官的建议。承担太多职能会让太多针对日益复杂的政府结构所设计并且运行良好的程序受到影响。不仅如此，社会保障的听证审查官也并不充任律师。他是负责调查事实的审查官。在州行政机关没有批准残疾福利的案件中，所有实施的联邦残疾福利听证中推翻原决定的比例高达 44.2%，充分证明了这一制度的公正性，也驳斥了认为该制度不合理的指控。[1]

最高法院忽略了《行政程序法》的规定。从字面意义上看，《行政程序法》§554（d）这一条款的规定禁止了最高法院所同意的做法："在一起案件中……为行政机关履行……调查职能的雇员，不能……参与……决定。"《社会保障法》的规定并不取代《行政程序法》。最高法院甚至明确指出："我们不需要决定《行政程序法》是否可以一般性地适用于社会保障残疾福利申请（claims），因为社会保障行政程序与《行政程序法》的规定并无二
886 致。事实上，后者正是效仿了《社会保障法》。"[2]

在 Sims v. Apfel[3] 案中，最高法院重申了对社会保障局的裁决程序的明确肯定。最高法院承认社会保障局福利裁决并不类似于采用联邦传统的对抗制程序的司法判决。最高法院对社会保障局的裁决程序作了如下描述："社会保障程序是纠问式而非对抗式的。行政法官有义务调查事实并提出支持和反对福利的主张。"

既然最高法院在未经考虑《行政程序法》即解决了解释《行政程序法》的问题，这一问题就不会再次出现；下级法院很可能会效仿 Perales 案，而最高法院不太可能会复审这一问题。但是，如果最高法院明确讨论这一问题，并且判定§554（d）只适用于指控性程序，关于这一问题的法律规则会更加令人满意，而其不确定性也有所降低。

□ 独立的行政法官的作用

《行政程序法》通过设立和界定行政法官这一职位，从而为避免同一家行政机关的职能合并所导致的利益冲突可能性提供了额外的保障。所有正式裁决程序必须由以下主体主持：（1）该行政机关，（2）构成该行政机关的机构之一名或者多名成员，或者（3）一名或者多名行政法官。[4] 在实践中，正式裁决的主持官员几乎总是一名行政法官，这只是因为大多数的行政机关需要处理的案件太多，以至于无法指派新行政机关（通常是内阁官员、局长（commissioner）或者合议制机构）或者行政机关的成员（通常是合议制机构的一名或者若干委员会）主持任何裁决程序。行政法官主持裁决案件的整个审理阶段。行政法官管理着案件的全过程，包括排期、裁决程序或者证据争议，以及作出初步裁决。

□ 独立性的法律保障

行政法官在主持案件时，几乎完全独立于相关的行政机关。他们的薪酬是由人事管理局（the Office of Personnel Management）所规定，不受行政机关所作的任何评估或者建议的影响。[5] 行政机关在没有证明存在的合理事由的情况下，不能作出对行政法官不利的

---

① Richardson v. Perales，402 U. S. 389，410 (1971).

② Id. at 409.

③ 530 U. S. 103 (2000).

④ 5 U. S. C. §556 (b).

⑤ 5 U. S. C. §5372.

决定。行政机关必须利用正式裁决程序解决合理事由的争议。[①] 对行政法官的案件分配实行轮换制，只有找不到其他人担任行政法官或者行政机关认为“对于正当和及时执行这些职能来说存在绝对和不可避免的要求”之时，行政机关才能忽略接受案件的行政法官所作的初步裁决。[②] 最后，行政法官不能接受任何拥有调查或者公诉职能的行政机关雇员的监督或者指示，也不能未经向所有当事人提供告知或者参与机会，即向任何人就案件所争议 887
的任何事实征求意见。[③] 简而言之，几乎与联邦初审法官独立于政府的行政分支一样，行政法官也独立于联邦行政机关。行政法官相对于行政机关的高度独立性，其目的就是保障受行政裁决影响的个人之权利免受任何可能来源的偏私。

在 Tunik v. Merit Systems Protection Board[④] 案中，联邦巡回区上诉法院支持了一项对法律条款的狭义解释，该法授权功绩制保障委员会（MSPB）审查行政机关影响行政法官合格的独立性的决定。该法授权功绩制保障委员会审查行政机关对行政法官作出的免职、停职、批准无薪假（furlough）、降级、减薪决定。功绩制保障委员会之前将这部法律解释为授权自己审查其他类型的可能会影响行政法官裁决独立性的决定——例如采取或者威胁采取决定，鼓励行政法官辞职的“推定性免职”（constructive removals）以及违反根据轮值原则将案件分配给行政法官的法定职责的决定。法院之前认为这些解释是合理的，因而予以支持，但是两位法官认为行政机关的新的、狭义解释也是合理的，而合议庭的第三位法官本来认为行政机关必须采纳新的狭义解释。但是，合议庭多数意见接着认为，功绩制保障委员会不能在裁决过程中采纳这一新解释，因为它已经在之前的一项立法性规则中宣布了过去的解释，而行政机关只有发布新的立法性规则才能废止或者修改已有的立法性规则。

□ 行政机关的最高级别并不实行职能分离

尽管《联邦行政程序》以多种方式规定了内部的职能分离，承认《行政程序法》所作规定的局限仍然是重要的。《行政程序法》并未要求在行政机关的最高层级，亦即内阁官员、行政主管（administrator）或者负责行政机关整体职责的合议制机构，实行职能分离。《行政程序法》允许行政首长决定，例如是否调查一起案件，将多少行政资源投入到一起案件的公诉之中。行政首长也对案件作出裁决。《行政程序法》§557（b）规定：“行政机关在受理对初步决定提起的行政上诉或者对初步决定进行审查时，拥有在作出初步决定时所拥有的所有权力，但是行政机关在通知或者规则中对争议问题作出限制时例外。”这一规定的效力是允许行政机关将行政法官的初步裁决视为建议，而最终的决定权则属于行政首长。大多数的行政机关都是以这种方式运行的。行政机关只有在同意行政法官的裁决时，才会根据同意的程度采纳行政法官的裁决。 888

□ 效率的正当性理由

国会决定允许行政首长控制所有三项职能，代表了在最小化因为行政首长承担多项职能而可能存在的利益冲突的目标，与设立高效的裁决结果之目标之间的权衡。最高法院一

---

① 5 U.S.C. §3105.

② 5 U.S.C. §§557（b）(2)，557（d)，3105.

③ 5 U.S.C. §554（d).

④ 407 F.3d 1326 (Fed. Cir. 2005)，参见§3.5、§3.6、§6.4和§7.10的讨论。

直以来默认国会在《行政程序法》中所达成的平衡。

□《联邦宪法》的规定比大多数法律更宽容

当然，国会可以偏离《行政程序法》规定的职能分离进路，有时候也确实是这么做的。许多调整特定行政机关裁决过程的法律都加强或者降低实施特定行政裁决体制所需的职能分离程度，而偏离《行政程序法》规定的职能分离进路。最高法院对行政机关适用正当程序条款的判决，构成了国会不能突破的底线。国会必须规定充分的职能分离和要求，以避免法院判定国会设计的裁决程序"感染"了不被允许的偏私。但是，最高法院基于宪法确定的底线明显低于《行政程序法》所规定的职能分离进路。实际上，最高法院从未以职能分离不够充分而判决裁决制度违宪。其结果是，国会拥有相当的裁量权可以在任何一个方向上偏离《行政程序法》的规定。法律规定存在偏离的情形频繁出现，以至于无法在此全面论述。偏离《行政程序法》规定之进路的部分更重要的情形，说明了法律规定在联邦行政裁决的职能分离问题上存在可变性。

□ 移民裁决案件中法律较少规定职能分离

驱逐出境案件体现了国会有时作出职能分离要求，与《行政程序法》在大多数案件中所要求的程度相比要更低一些。国会制定《行政程序法》之后不久，最高法院就在 Wong Yang Sun v. McGrath[①] 案中面对了一项针对外国人作出驱逐出境裁决的案件所适用程序提起的诉讼。国会并未明确要求行政机关在驱逐出境案件中采用正式裁决程序。但是，最高法院认定，刚刚出台的《行政程序法》调整正式裁决的条款体现了国会希望在重要的裁决案件——如驱逐出境案件——中适用的最低限度的程序保障。有关驱逐出境案件的法律规定是模糊的。最高法院将该法解释为要求采用正式裁决，并且认为它可以采用《行政程序法》中规定的正式裁决程序作为裁决重要争议的符合宪法要求的最低标准。用最高法院的话来说就是："驱逐出境案件的听证裁判机构，难以符合公正性的宪法标准而不能获得正
889 当性基础，因为类似的程序尽管所涉的是不太重要的财产利益，已经遭国会谴责是不公平的。"[②] 最高法院确认驱逐出境裁决程序中的缺陷是职能分离不充分。负责裁决驱逐出境争议的行政官员，向承担执法责任的官员汇报工作。

□ 裁决者可以向负责执法的行政首长报告工作

国会并不同意最高法院在 Wong Yang Sun 案中的判决。国会对《移民法》（the Immigration Act）作了修订，批准了由听证官向承担执法责任的官员汇报工作的裁决程序框架。在 Marcello v. Bonds[③] 案中，最高法院从 Wong Yang Sun 案中的法官附带意见上后退，判定国会批准的裁决框架是合宪的。最高法院认为，"考虑到驱逐出境案件中长期实行的并且在众多判决中得到联邦法院支持的做法，以及国会在对移民事务行使广泛的裁量权时可能将其纳入考虑范围的、适用于驱逐出境案件的特定考虑因素"，以正当程序理由

① 339 U. S. 33 (1950).

② Id. at 50-51.

③ 349 U. S. 302 (1955).

提起的诉讼“并不涉及实体问题”①。两名持不同意见的大法官则指责称最高法院对这一程序——“在听证官的上级提起公诉的案件中，听证官都对每起案件作出对原告不利的裁决”——持默许态度。②

同年在 Shaughnessy v. United States *ex rel*. Accardi③ 案中，最高法院默许了对《行政程序法》所采用的职能分离进路更大程度的偏离。移民上诉委员会的委员由司法部长任命，并可被任意免除职务。司法部长在一个项目中宣布将包括 Accardi 在内的所有一类外国人驱逐出境。移民上诉委员会在一起裁决案件中对 Accardi 签发了驱逐出境裁决。最高法院支持了这项驱逐出境裁决。两名持不同意见的大法官指责称：“司法部长公布的项目使得我们不可能预料其下级对 Accardi 的申请给予法律要求的公平考虑。”④ 自 Marcello 案和 Accardi 案之后的 10 年里，国会在另外数十起案件中通过授权由非行政法官的听证官作出裁决而偏离了《行政程序法》所确立的模式。⑤

□ 对国家劳动关系委员会总法律顾问的职能分离要求

国家劳动关系委员会的裁决程序，体现了国会提出的职能分离要求有的时候会相比《行政程序法》对某些情境提出的要求还要高。国家劳动关系委员会在其设立初期常常遭受国会议员的指责。国会议员之所以会对国家劳动关系委员会裁决的偏私提出的指责异常频繁，更多的是出于所裁决争议的政治性质而非任何其他因素。对国家劳动关系委员会的 890
指责通常会包括指控存在偏私，并将所指控的偏私与国家劳动关系委员会行使的多项职能相互联系。国会在 1947 年对这些长期存在的指责作出了回应，将其总法律顾问分离出来。法律规定，总统任命的总法律顾问独立于他所服务的国家劳动关系委员会。在最初的大约十年里，这种新框架运行效果不佳，行政机关及其律师常常在法律和政策问题上产生分歧。在后来的几十年里，这种分歧的程度已经有所下降。

□ 职业安全领域的分散执法模式

有的时候，国会对某些行政机关的裁决制度所规定的职能分离要求是正式的、基于行政机关的（agency-based），其严格程度与联邦刑事司法制度相同。职业安全和健康争议的裁决就体现了这种立法选择。三家行政机关在实施这一规制体制的过程中行使着相关职能。⑥ 卫生和社会服务部下设的国家职业安全和健康研究院（the National Institute of Occupational Safety and Health）负责研究确定值得采取规制和执法行动的职业安全和健康问题。劳工部下设的职业安全和健康管理局发布规则、调查确定违法行为，对违反法律和规则的行为提出公诉。职业安全和健康审查委员会则是由三名委员领导的“独立”行政机关，负责对所有指控的违法行为进行裁决。

---

① Id. at 311.

② Id. at 315.

③ 349 U. S. 280 (1955).

④ Id. at 293.

⑤ 参见 P. Verkuil, D. Gifford, C. Koch, R. Pierce & J. Lubbers, *The Federal Administrative Judiciary* (1992); Frye, “A Survey of Non-ALJ Hearing Programs in the Federal Government”, 44 *Admin. L. Rev.* 261 (1992)。

⑥ 参见 Johnson, “The Split-Enforcement Model: Some Conclusions from OSHA and MSHA Experiences”, 39 *Admin. L. Rev.* 315 (1987)。

□ 对分散执法模式的批评

国家职业安全和健康研究院、职业安全和健康管理局及职业安全和健康审查委员会三家行政机关的组合，在履行职责方面效果不佳。[①] 国会为了实施这一制度而选的多家行政机关的框架，是导致其运作绩效不佳的重要原因。职业安全和健康管理局、职业安全和健康审查委员会常常在法律和政策问题上产生分歧。其结果是，它们需要将有限资源中的相当一部分用于在联邦法院对两家行政机关之间的争议。在 Martin v. OSHRC[②] 案中，最高法院通过判定职业安全和健康管理局而不是职业安全和健康审查委员会（OSHRC）有权对依法制定的规则进行解释，可能已经缓解了这两家行政机关之间长期以来的明争暗斗。

国会在实施某个规制项目时决定实行严格的、基于行政机关的职能分离要求，是对于这一项目的政治支持薄弱的产物。如果拟议项目的反对方没有获得足够的票数阻止设立该
891 项目的法律之通过，他们接下来的最佳策略就是在程序和机构方面设置障碍，以影响项目的有效实施。如果这一项目得到政治支持力度薄弱，而反对力量则很强大，反对力量可以通过在法律要求的裁决程序中加入导致成本高昂、迟延和低效率的因素，使得这一项目失去效力。以严格的、基于行政机关的职能分离要求，就是减少规制项目有效性的最有力方法。

□ 最高法院对于职能合并具有较高的容忍度

最高法院从未判定职能合并制度构成违反正当程序，并且已经判决支持了若干此类制度。最高法院在 Marcello 案和 Accardi 案中支持了公诉权和裁决权的合并，并且在 Perales 案中支持了调查权和裁决权的合并。本节前述已经讨论了这三起案件。最高法院也判决支持了与任何联邦政府制度相比在更大程度上实行职能合并的若干州和地方政府的制度。[③]

□ 作为说明的下级法院的案例

下级法院基本上遵循了最高法院的做法，驳回了基于正当程序理由对合并职能的裁决制度提出的质疑。哥伦比亚特区巡回法院对 Blinder, Robinson & Co. v. SEC[④] 案所作的判决就是典型的例子。[⑤]

在 Simpson v. Office of Thrift Supervision[⑥] 案中，第九巡回法院判定行政机关所作要求一家存贷款机构的执行官对违反信托义务的行为返还财物的裁决，并未因为行政首长既批准了针对该存款机构执行官的指控，也作出了有关该指控有效性的最终裁决这一事实而

---

① 参见 Shapiro & McGarity, "Reorienting OSHA: Regulatory Alternatives and Legislative Reform", 6 *Yale J. Reg.* 1 (1989)。

② 499 U. S. 144 (1991).

③ 最高法院关于这一问题的最全面的判决意见是在 Withrow v. Larkin, 421 U. S. 35 (1975)。另可参见 Hortonville Joint School Dist. No. 1 v. Hortonville Education Ass'n , 426 U. S. 482 (1976)。这两起案件的讨论参见 § 9.8。

④ 837 F. 2d 1099 (D. C. Cir. 1989)，参见 § 9.8 的讨论。

⑤ 另可参见 Sheldon v. SEC, 45 F. 3d 1515 (11th Cir. 1995); O'Brien v. Di-Grazia, 544 F. 2d 543 (1st Cir. 1975), *cert. denied*, 431 U. S. 914 (1977); Cato v. Collins, 539 F. 2d 656 (8th Cir. 1976); Burnley v. Thompson, 524 F. 2d 1233 (5th Cir. 1975)。

⑥ 29 F. 3d 1418 (9th Cir. 1994).

存在致命的法律瑕疵。法院认为，行政规则规定一旦指控提出，禁止所有与行政首长进行的单方沟通，行政机关也任用明显不存在偏私的行政法官来主持听证并提出初步的事实认定和结论，这些都影响了这一裁决的作出。①

判定职能合并构成违反正当程序的一起极端案例是 Amos Treat & Co. v. SEC② 案。证券交易委员会的公司融资司（Division of Corporation Finance）在 Cohen 担任司长（director）一职时，经过调查并向证券交易委员会报告了相关的信息。Cohen 后来成为证券交易委员会的委员，而证券交易委员会立案并安排了公开听证。该公司提出动议，要求以 892
Cohen 的参与为由中止案件，但是证券交易委员会宣布同意 Cohen 提出的不再参与后续程序的要求。不过，上诉法院还是根据正当程序的理由签发了禁令。

Amos Treat 案没有得到遵循。Pangburn v. CAB③ 案就与之存在矛盾。民用航空委员会（Civil Aeronautics Board）调查一起涉及 Pangburn 的事故，认定存在飞行员失误。后来民用航空委员会在独立的程序中维持了联邦航空管理局对 Pangburn 作出的暂扣飞行员执照 90 天的决定。这起暂扣执照案件采用了事故报告作为证据。第一巡回法院支持了暂扣飞行员执照的决定，并且指出："调查权和司法权合并由一家行政机关行使，并不违反正当程序，这是早有定论的。"④ Pangburn 案的判决与 Withrow v. Larkin⑤ 案相一致，但是与 Amos Treat 案并不一致。

在 FTC v. Cinderella Career and Finishing Schools⑥ 案中，哥伦比亚特区巡回法院判定，联邦贸易委员会考虑下属的建议，提起投诉和发布新闻简报，后来再对案件作出决定，并不违反正当程序。在 United States v. Litton Industries, Inc.⑦ 案中，第九巡回法院判定，联邦贸易委员会"会在裁决程序中将其雇员在调查过程中整理的证据视为'背景'信息"，这一主张是猜测性质的，因而予以驳回。

在 Jonal Corp. v. District of Columbia⑧ 案中，哥伦比亚特区巡回法院判定一种复杂的职能合并并未违反正当程序。哥伦比亚特区市府法律顾问（the D. C. Corporation Counsel）通过一名助理（1）为哥伦比亚特区政府拒绝 Jonal 的权利请求进行了抗辩；（2）对哥伦比亚特区政府拒绝 Jonal 的权利请求提出诉讼；（3）任命了合同上诉委员会的委员；（4）指派了自己的一些政府律师在该委员会担任兼职工作，"从而让律师能够在有一天能够该委员会的委员……而在此前或者此后的一天里则依旧与政府律师们一道工作，或者甚至是在另一项事务中受市府法律顾问的监督"。一名法官判定这一做法并不违反正当程序，另一名法官也持协同意见，理由是 Jonal 是在充分了解合同上诉委员会组成的情况下将该案提交到该委员会 的。第三名法官则是部分持不同意见，主张存在"一项原则，即根据当代的标准，立法机关被推定为考虑过体现的基本公正要求的程序和组织"。

在 NLRB v. Aaron Brothers Corp.⑨ 案中，第九巡回法院驳回了一项主张，即国家劳动关系委员会的地区办公室主任调查并通过安排证言（depositions）行使司法权，已经违反了正当程序。 893

---

① 另可见 Keating v. Office of Thrift Supervision, 45 F. 3d 322 (9th Cir. 1995)，参见 § 9.5 和 § 9.8 的讨论。

② 306 F. 2d 260 (D. C. Cir. 1962).

③ 311 F. 2d 349 (1st Cir. 1962).

④ 311 F. 2d at 456.

⑤ 421 U. S. 35 (1975).

⑥ 404 F. 2d 1308 (D. C. Cir. 1968).

⑦ 462 F. 2d 14 (9th Cir. 1972).

⑧ 533 F. 2d 1192 (D. C. Cir.), *cert. denied*, 429 U. S. 825 (1976).

⑨ 563 F. 2d 409, 413 (9th Cir. 1977).

Wasson v. Trowbridge① 案中，第二巡回法院判定，被开除的军校学生有权在案件重新处理时证明参加该案案听审的合议庭成员已经参与了案件的调查。法院似乎暗示这可以同样证明了行政机关违反了正当程序，但是这种观点是与 Withrow 案和 Perales 案相互矛盾的。

在 Martin Trigona v. Underwood② 案中，第七巡回法院驳回了以下主张，即某新任律师品格与适格委员会（a committee on character and fitness）不合理地合并了调查权和裁决权，理由是“在案卷或者上诉人本人都没有任何证据表明该委员会所扮演的双重角色是受不诚实性的影响，或者包含了对上诉人不利的、过度偏私的风险。”

§ 9.10　对司法型裁决模式的正当程序限制

□ 一致、快速的裁决是正当程序追求的价值

许多行政机关的裁决制度都是很大程度上建立在司法型的裁决程序基础之上。与联邦法官一样，行政法官也在裁决争议时享有高度的独立性。他们由此可以不受总是让行政机关态度摇摆的政策制定者和政治势力的影响，从而促进裁决者中立性的正当程序价值。但是，正当程序或者根本公正性（fundamental fairness）的概念，体现的不只是一种价值。大多数人，包括大多数或者全部最高法院的大法官，承认在“根本公正性”的一般性标题之下至少还有其他两项重要的价值：个人有权要求涉及自身“生命、自由或者财产”利益的争议获得快速裁决；个人也有权要求其案件裁决结果与处境类似之个人的案件裁决结果相一致。争议裁决的一致性是一项重要的正当程序价值。如果以相同标准对所有同类的个人进行裁决，政府武断地挑出其中一人进行严厉对待的风险就不复存在了。

□ 独立裁决者制度影响一致、快速的裁决

由独立、中立裁决者作出裁决的正当程序价值，有时也与快速裁决和/或在裁决程序维护一致性的正当程序价值存在冲突。最近发生的两起重要的争议，说明了这些正当程序
894 价值之间的紧张关系。它们也说明了，为了促进快速裁决和/或一致性的价值而需要在一定程度上限制裁决者的独立性。

□ 联邦法院判决的一致性

第一起争议涉及的是设立了一家行政机关，由其承担颁布规则，限制联邦法官的裁量权，进一步促进一致性的价值。在 Mistretta v. United States③ 案中，最高法院支持了国会授权行政机关对联邦法官所作裁判的某些方面实施规制的合宪性。Mistretta 案涉及的是对《1984 年综合犯罪控制法》（the Comprehensive Crime Control Act of 1984）④ 这一法

① 382 F. 2d 807 (2d Cir. 1967).

② 529 F. 2d 33 (7th Cir. 1975).

③ 488 U. S. 361 (1989).

④ 28 U. S. C. § § 991-998.

律——设立美国量刑委员会（the United States Sentencing Commission），并授权其发布量刑指南，限制联邦法官的裁量权——而提起的宪法诉讼。这些量刑指南是为了矫正国会所认为的个人被定犯有联邦罪行时被判刑期差别过大的问题。用统计学的术语来说，美国量刑委员会的职责即是制定具有拘束力的刑期范围和裁判标准，减少无法解释的刑期差别。

美国量刑委员会的七名委员都是由总统提名，并经参议院批准。尽管美国量刑委员会形式上属于政府的司法分支，但是总统可以以“合理事由”免除委员的职务。[①] 正如最高法院在 Morrison v. Olson[②] 案中反复强调的，总统可以借助基于合理事由免除职务的权力，“监督或者控制……”讼争官员所行使的“权力”[③]。

□ 最高法院允许降低独立性要求，以增强一致性

在 Mistretta 案中，最高法院根据权力分立原则驳回了对美国量刑委员会提出的宪法诉讼，判定该委员会属于政府的司法分支，对《联邦宪法》规定的政府职权分工并未构成威胁。最高法院指出，美国量刑委员会“并未行使司法权”[④]，并且“总统与美国量刑委员会的关系，与美国量刑委员会未设在司法分支时相比，在职能上并无差别”[⑤]。美国量刑委员会的职能是为了限制个案中法官的裁量权，“在政策问题上行使判断权”。

最高法院并未直接讨论量刑指南是否违反正当程序的问题，但是每家讨论了这一问题的巡回法院都判定最高法院在 Mistretta 案中的推理说明这些指南实际上并未违反正当程序。相反，这些量刑指南有助于正当程序，因为可以更一致地适用政治上可以问责的政府分支所制定的政策。[⑥] 895

但是，在 Blakely v. Washington[⑦] 案中，五名大法官出具的多数意见判定强制性的量刑指南违反了被告获得陪审团审理的权利。这一判决表明大法官的多数派至少在一定程度上不满行政机关对某种情形中的裁决者的裁量权设定的限制。

□ 规则与司法裁量权之间的紧张关系

许多联邦地区法院的法官已经愤恨地抱怨量刑指南。他们之所以抱怨，是因为他们相信自己可以自由行使裁判裁量权，而不受任何外部的政治束缚。最高法院在 Mistretta 案中的判决意见对这些抱怨作出了回应。但是，这些抱怨许多都有着不同的依据。联邦地区法院法官抱怨量刑指南过于复杂，需要耗费太多的时间才能适用，超出了大多数被告和许多律师的理解能力。这表明了美国量刑委员会可能在最初的一系列量刑指南中过于野心勃勃了。美国量刑委员会可能不得不对这些量刑指南进行简化，并部分恢复法官之前行使的广泛裁量权。确保裁决者独立性和通过限制独立裁决者的裁量权以增强裁决一致性，这些价值都处于持续的紧张关系之中。我们所能做的只能是一直努力保持这些价值获得合适的

---

① 28 U.S.C. §991 (a).

② 487 U.S. 654 (1988).

③ Id. at 696. 参见§2.5。

④ 487 U.S. at 384-385, 393.

⑤ Id. at 394 n. 14.

⑥ 例可参见 United States v. Seluk, 873 F. 2d 15 (1st Cir. 1989); United States v. Bolding, 876 F. 2d 21 (4th Cir. 1989); United States v. Jacobs, 877 F. 2d 460 (6th Cir. 1989); United States v. Nunley, 873 F. 2d 182 (8th Cir. 1989)。

⑦ 542 U.S. 296 (2004).

平衡。经常性地犯些错误，也是在所难免的。

□ 社会保障局行政法官所作的裁决

第二起争议涉及的是社会保障局限制行政法官之裁量权的努力。社会保障局在行政法官之裁量权这一重要方面与大多数联邦行政机关有所不同。因为需要处理大量的案件，社会保障局不可能对其行政法官所作裁决都加以审查。除非福利申请人不满而对行政法官的裁决提起上诉，大多数社会保障局行政法官的裁决意见，未经社会保障局的任何审查即成为了社会保障局的意见。社会保障局曾经试图以若干方式对其行政法官实施控制，法院对此作出各种不同的反应。

社会保障局每年处理 120 万件残疾福利申请——几乎五倍于联邦法院每年受理的案件数量。社会保障局所作裁决大约 75%是在行政机关的官僚一级对来自医生、医院和申请人的书面材料进行审查之后结案的。社会保障局行政法官在经过口头举证式听证对残疾福利申请作出独立的裁决后，申请人对裁决不服的，有权就拒绝福利的决定向社会保障局行政法官提起上诉。社会保障局的 800 名行政法官每年裁决超过 30 万起案件——数量是所有
896 联邦法官审理案件数量的 10 倍以上。对行政法官的裁决不满的申请人可以向社会保障局的上诉委员会上诉，如果仍然不服，可以再向联邦地区法院上诉。

最高法院判定，正当程序条款所要求的程序性保障，取决于对于一类争议中典型的案件中体现出的争点之性质。在 Mathews v. Eldridge[①] 案中，最高法院判定，典型的残疾福利案件涉及的是相对客观的事实，例如申请人是否因为失去右臂的用处而失去工作能力。但是，在由行政法官裁决的案件中，存在争议的事实问题通常要具有更强的主观性，例如申请人是否因为慢性病痛、焦虑或者抑郁而不能工作。

自从 20 世纪 70 年代中期以来，国会和社会保障局已经表达了对残疾裁决程序之准确性、一致性、效率和成本的担心。[②] 在过去的二十多年里，福利申请人遭拒绝而上诉至行政法官的数量，以及拒绝福利申请之决定遭行政法官推翻的比例都在稳步增长。在 1964 年，行政法官批准福利申请的比例占所有批准福利申请决定的 2.5%；到了 1980 年，这一比例达到 21%。裁决程序的成本和迟延也有相应增强。

社会保障局在 20 世纪 70 年代中期通过对行政法官的行为实施一定控制而对这些问题作出回应。为了增强行政法官的工作效率和行政法官裁决程序的一致性，社会保障局确立了同行评审项目（Peer Review Program）和质量保证制度（Quality Assurance System）。1980 年，国会通过了 Bellmon 修正案，对《社会保障法》进行了修订，指示社会保障局设立项目，让社会保障局的上诉委员会可以自行启动审查某些行政法官的裁决。[③] 社会保障局在 Bellmon 修正案之前就已经偶尔利用上诉委员会"自行决定"对行政法官的裁决进行审查。Bellmon 修正案的准确目标并不清晰，但是对于行政法官推翻拒绝福利申请的决定之高比例、不同行政法官之间在推翻福利申请决定的比例上的广泛差异，国会表达了特别的忧虑。[④] 作为对 Bellmon 修正案的回应，社会保障局设立了 Bellmon 审查项目。

---

① 424 U.S. 319, 343-345 (1976).

② 详细讨论，参见 J. Mashaw, *Bureaucratic Justice: Managing Social Security Disability Claims* (1983)，和 J. Mashaw, et al., *Social Security Hearings and Appeals* (1978)。

③ 94 Stat. 441, 456.

④ 参见 H. R. Conf. Rep. No. 944, 96th Cong., 2d Sess. 57-58 (1980); S. Rep. No. 408, 96th Cong., 1st Sess. 52-53 (1979)。

同行审查、质量保证和 Bellmon 审查这三个项目以众多不同的形式存在了 15 年之久。社会保障局作了一些修改以改进它所设立的这些项目的绩效；也作了其他一些改变，以回 897
应 Bellmon 修正案。对社会保障局的努力心存敌意的联邦法官，也对社会保障局施加了一些其他重要的修改，包括取消了旨在加强裁决一致性的一些特征。

社会保障局说明了其项目的两项目标，即加强一致性和提高效率。我会对这两项目标都加以分析。对社会保障局的项目存在敌意的当事人认为，社会保障局仍有第三项没有言明的目标：降低行政法官推翻拒绝福利申请决定的比例。当事人声称的目标难以证实也难以证伪。采用正当程序推理加以分析也存在困难。[①]

□ 社会保障局裁决的迟延

社会保障局在审查残疾福利裁决案件中导致迟延的原因后，发现行政法官的工作习惯和效率的变化是明确的起因。每位行政法官平均每年裁决 432 起案件，但是行政法官之间的工作效率差别却是巨大的。行政法官个人每年裁决的案件，多者 1 440 件，少者 120 件。考虑到案件是随机分配给各位行政法官的，所分配案件的组合上的差别，只能解释这种产出差异的一小部分原因。社会保障局一经察觉这一巨大的工作效率差别，它就开始寻找可以解释这一差异的工作习惯上的差别。社会保障局确认了至少一项解释因素：某些行政法官亲自撰写裁决意见，其他的行政法官则将这一任务交给幕僚律师（staff attorneys），而后者所裁决的案件数量是前者的两倍。

□ 行政机关能否为了减少迟延而降低独立性要求?

社会保障局在两方面讨论了导致迟延的这种根源：它强烈建议行政法官将裁决意见之撰写任务委托法律顾问，并告知行政法官，该局已经确立了每位行政法官每年作出 338 份裁决的产出目标。社会保障局对每年裁决数量少于 240 件的行政法官表达了特别的担忧。它与属于这一范围的行政法官个人进行了沟通，敦促他们提高裁决效率，并提出了提高效率之方法的建议。它也对裁决效率依然较低的行政法官提出了特别培训项目的要求，并且在所有其他方法未能奏效之后，告知裁决效率未曾改进的行政法官，将在功绩制保障委员会（the Merit Systems Protection Board）启动“基于合理事由”免除职务的程序。

□ 法院提供的答案并不明确

行政法官们质疑社会保障局的裁决效率改进计划违反了《行政程序法》和正当程序条款所保障的裁决独立性。自社会保障局首次试图控制行政法官裁决效率的十年之后，在 Nash v. Bowen[②] 案中，第二巡回法院以用词模糊的判决意见驳回了这一质疑。法院对“不合理的裁决案件配额（quotas）”和“合理的目标”之间进行区分，认定社会保障局设定的每年裁决 338 起案件是“合理的”[③]。 898

第二巡回法院并未解释在功能上难以区分配额和目标，没有提出区分“合理”和“不

① 参见 Pierce，“Political Control Versus Impermissible Bias in Agency Decisionmaking”，57 *U. Chi. L. Rev.* 481，513-515 (1990)（主张这些项目并没有违反正当程序，即使它们具有降低推翻率的效果）。

② 869 F. 2d 675 (2d Cir，1989).

③ Id. at 680-681.

合理”的配额或者目标的方法；也没有讨论社会保障局告诫行政法官要将裁决意见撰写任务委托幕僚律师。尽管第二巡回法院在判决中支持社会保障局，并且承认社会保障局正在努力提高“对于等待福利的申请人而言的公正性”，在法院讨论这些问题之前，行政机关提高行政法官裁决效率的努力之合理性仍然受到严重的质疑。①

在 SSA v. Goodman② 案中，功绩制保障委员会的决定说明了社会保障局试图强迫行政法官提高裁决效率的努力所引发的问题。Goodman 是在 1980 年被认定为一名低裁决效率的行政法官。社会保障局要求他提高裁决效率，为其提供了法律顾问服务，协助其提高裁决效率，并训诫其将撰写裁决意见的任务委托给幕僚律师，并告知如果他的裁决效率仍未提高，社会保障局将启动程序以合理事由免除其职务。在接下来的两年半里，Goodman 依然故我：他继续将撰写裁决意见的任务委托他人，所裁决的案件数量只及行政法官平均裁决案件数量的一半（社会保障局所设定目标的 60%），仍然是他所属地区办公室的裁决效率最低的行政法官。

社会保障局在这一点上兑现了它的威胁，但是这一威胁可能是空洞的。功绩制保障委员会判定 Goodman 的裁决效率低下，不是免除其职务的充分依据，指出它不愿意推论全国的平均水平是适合衡量行政法官“合理”裁决效率的标准，或者其裁决效率仅及这一水平的 60%是不能接受的。③ 如果功绩制保障委员会在 Goodman 案中所作决定是对第二巡回法院对合理目标和不合理配额所作区分的“函数应用”（functional application），它没有机会通过确立目标而改进其裁决效率。如果一个人的裁决效率仅及同行一半，这一证据并不足以支持推论其裁决效率低至无法接受的地步，我们就难以想象什么证据才是充分的。功绩制保障委员会猜测 Goodman 的案件组合可能与行政法官的待裁决案件平均水平有所不同。④ 这一说法表明了完全忽略了统计资料。考虑到案件数量巨大，并且案件是随机分配给行政法官，Goodman 的待裁决案件明显区别于平均情况的可能性是非常小的。社会保障局的统计证据应该足以将证明责任转移至 Goodman，由他来提出证据证明待裁决案件的反常性。

功绩制保障委员会在其裁决书的一项脚注中指出了社会保障局可以提高行政法官裁决效率的其他手段。⑤ 如果社会保障局指示行政法官委托幕僚撰写裁决意见，或者采用其他合理措施改进裁决效率，功绩制保障委员会的解释是它可能愿意对拒绝遵守该指示的行政
899 法官以不服从上级为由免除其职务。但是，这种提高效率的方法是粗糙的，也不是最优的。相比推定的裁决效率目标，这更具有侵入性，但是效果则更低。不仅如此，法院是否会认定此种指南是可以允许的，这一点并不明朗。法官可能会担心，行政分支的裁决如此直接对行政法官的工作习惯提出要求，如果使其得以合法化，将会太过于切中要害（strike too close to home）。⑥

正是正当程序条款挫败了社会保障局加快裁决的努力，这一事实颇具讽刺意味。快速裁决是正当程序的重要因素，行政机关试图通过提高行政法官的裁决效率而增强申请人的正当程序权利。但是，在社会保障局已经开始这一努力的多年之后，法院是否会允许社会

---

① Id. at 681.

② 58 Admin. L. 2d 780 (1984).

③ Id. at 782-783, 789.

④ Id. at 789.

⑤ Id. at 788 n. 11.

⑥ 不同观点，参见 Stephens v. MSPB, 986 F. 2d 493 (Fed. Cir. 1993)（行政机关可以强迫行政法官参与为了纠正他的缺陷而设计的课程和培训项目）。

保障局促进这一目标，或者法院是否会继续判定正当程序阻碍而非促进目标之实现，这一点仍不明朗。

□ 行政机关减少行政迟延的努力，与司法机关之对比

具有讽刺意义的是，社会保障局为了提高裁决效率所作的努力，要远比某些法院采取的类似努力成功得多。在 Heckler v. Day[①] 案中最高法院推翻了法院设定的强制性截止期限要求之前，某些法院曾试图通过规定各州的裁决期限而确保社会保障局快速裁决。[②] 一些独立的学者已经评估了社会保障局和法院为了减少迟延所作努力，得出了精彩的结论。社会保障局要求行政法官将裁决意见撰写任务委托幕僚律师的项目，已经"实质性地增加了行政法官裁决案件的数量，而对裁决质量并没有多少甚至完全没有不利影响……"[③] 对社会保障局之裁决案件配额制的研究，也得出了有利的结论。由六名成员组成的跨学科的研究团队，建议社会保障局制定"推定性的统一配额，辅以采取以合理事由免除裁决案件数量少的行政法官之职务"[④]。简而言之，为了控制行政法官的裁决效率和工作习惯而仔细设计的机制，可以推进快速裁决的正当程序价值，而对裁决质量并无明显的不利影响。

司法机关对迟延问题所作回应，其影响是非常不同的。社会保障局通过临时性地将行政法官从一州调职到另一州，在不同地区之间对迟延进行重新调配，而在各州境内统一期限。[⑤] 被调职至确立统一期限的州内任职的行政法官有时裁决案件的速度也会达到每日 40 起案件（平均每起案件 10 分钟）这一令人惊讶的地步。[⑥] 如果是以法院规定的裁决速度，裁决案件的准确率势必会受到影响。在这种情况下，相比法院，行政机关更能理解促进快 900
速裁决和以可承受的成本实现裁决准确率的正当程序价值。

与裁决快速类似，裁决一致性也是正当程序价值：我们希望法律制度能够实现类似案件类似处理的目标。如果在一大类案件中的所有个人都是以相同标准进行评判，政府挑选出某些个人进行严厉对待，这一不公正的风险就会降低。

□ 行政法官裁决的不一致

对于拒绝福利申请的决定，行政法官作出推翻裁决的平均比例达到 50%。但是，在不同行政法官之间，裁决推翻拒绝福利申请的决定的比例差异巨大：大约 10%的行政法官，其推翻裁决之比例超过 75%，也有大约 10%的行政法官，其推翻裁决的比例不足 25%。调查行政法官的裁决程序的独立研究已经得出了令人意外的结论。第一，"残疾福利裁决程序存在的不一致是明显的"[⑦]。第二，"案件的结果更多取决于谁来裁决案件而非事实是什么"[⑧]。第三，行政法官个人的推翻裁决比例与他们的个人理念之间存在高度关联性。[⑨]

---

① 467 U.S. 104 (1984)，参见§12.3 的讨论。

② 例如 White v. Mathews，559 F.2d 852，860 (2d Cir. 1977)。

③ J. Mashaw，et al.，*Social Security Hearings*，at 91.

④ Id. at 122-123.

⑤ J. Mashaw，*Bureaucratic Justice*，at 188.

⑥ Id.

⑦ J. Mashaw，et al.，*Social Security Hearings*，at xxi.

⑧ Id.

⑨ Id. at 21-24.

第四，对行政法官裁决的统计分析表明“最容易犯错的法官是推翻裁决比例与平均数偏离最多的人”①。第五，某些行政法官的裁决模式反映了种族偏见。②

□ 行政机关能否降低行政法官的独立性要求以促进裁决的一致性？

凭借国会的庇护（实际上是刺激），社会保障局讨论了行政法官不一致性的问题，并且因而采取措施以改进社会保障局的裁决程序，命令社会保障局上诉委员会主动审查（review on its own motion）行政法官的大量裁决。大多数被选定为审查对象的裁决，是由推翻拒绝福利决定之比例特别高的行政法官作出的。上诉委员会最初对行政法官的裁决百分之百进行审查，其推翻裁决的比例超过 74%。属于这类范畴的行政法官担心如果自己继续维持过去的裁决模式，社会保障局可能会以合理事由免除他们的职务，有些法院判定控制行政法官之行为的这种方法损害《行政程序法》和正当程序条款所保障的行政法官之裁决独立性。③ 第二巡回法院支持了这一项目的有效性。④

联邦法院所作出的这些不同反应，部分根源于法官的不同理念，部分则是根源于法官
901 对这一项目效力有关的事实认定。判定以行政法官为对象的主动审查项目无效的这些法院，每家都认定这一项目存在系统性的偏私，让行政法官的裁决程序偏向于拒绝福利的决定。支持这一项目的法院认为，其唯一的影响是加强裁决的一致性，这属于部长所拥有的改进裁决程序的广泛裁量权。法院也表明，如果这种项目引入了反对申请人的系统性偏私，它会判定这一项目无效。

□ 应当允许行政机关降低行政法官的独立性要求，以促进其他目标的实现

以行政法官为对象的审查项目显然增强了裁决一致性，但是我们难以确定它是否改变了拒绝福利决定的平均推翻率。这两种效力所提出的问题有所不同，但是它们在功能是相关的。任何这种类型的控制制度，很可能会改变平均的裁决率，即使它只是旨在影响平均偏差（variation from the mean）。因此，任何禁止改变平均水平的控制机制的司法原则，可能会在意料之外禁止了影响平等偏差的控制机制。

减少行政法官推翻裁决率的偏差，不可避免地会增强裁决一致性。考虑到每位行政法官所裁决的案件数量巨大，以及案件是以随机形式分配给行政法官，推翻裁决率的广泛偏差表明行政法官在适用非常不同的裁决标准。适用初步的统计分析方法，如果所有行政法官的平均推翻裁决率是 50%，并且所有行政法官所适用的是相同的裁决标准，超过 95% 的行政法官，其推翻裁决率将在 45%～55%；超过 99%的行政法官其推翻裁决率会在 40%～60%。⑤ 不仅如此，一名行政法官的推翻裁决率在不同时间会围绕平均推翻裁决率随机变化。因此，行政法官个人推翻裁决率连续两个年度处于 40%～60%这一幅度范围之外的，将少于 1%的十分之一。强迫行政法官将推翻裁决率控制在特定范围内，会诱使他

---

① J. Mashaw, *Bureaucratic Justice*, at 43.

② GAO, *Racial Difference in Disability Decisions Warrants Further Investigation* (1992).

③ 例如，Barry v. Bowen, 825 F. 2d 1324 (9th Cir. 1987); W. C. v. Heckler, 807 F. 2d 1502 (9th Cir.), *opinion amended*, 819 F. 2d 237 (1987); Association of ALJs v. Heckler, 594 F. Supp. 1132 (D. D. C. 1984); Salling v. Bowen, 641 F. Supp. 1046 (D. W. Va. 1986)。

④ Nash v. Bowen, 869 F. 2d 675 (2d Cir. 1989).

⑤ 参见 M. De Groot, *Probability and Statistics* §5. 6 at 263-272, §7. 3, at 386-392 (2d ed. 1986)。

们采用类似的裁决标准。

□ 作为目标的准确性

不仅如此，减少行政法官推翻裁决率的偏差能够促进的不只是裁决一致性的正当程序价值。在这种情景中，裁决一致性本身就是准确性的极好替代物（proxy），也是正当程序条款所要追求的主要目标。要理解裁决一致性为什么是好的衡量标准，也许是唯一的标准，就需要考虑典型的残疾福利案件的性质。行政法官受理的案件中大多数是涉及病痛的问题。数量第二的案件涉及的是神经症——通常是焦虑症或者抑郁症。理想情况下，行政机关可以制定整合了客观标准的规则，约束行政法官以增强裁决的一致性和准确性。行政机关，包括社会保障局在很多情境中都采用这一受到青睐的机制。但是，其可行性取决于客观标准的可得性。无论是病痛还是神经症都不能客观地进行衡量。正如 Jerry Mashaw 902
所正确指出的："医疗标准不会比这些标准所依赖的知识和实践体系更客观和科学。"[①] 规则和先例如果有一项特征是不容易客观衡量时，它们在增强裁决一致性上所能发挥的作用就会比较有限。

□ 准确性、一致性和客观标准

不仅如此，联邦法院已经否定了国会、社会保障局和行政法官将衡量病痛和神经症之过程客观化的努力，因而使得残疾审查（disability reviews）的准确性难以保证。截至 20 世纪 60 年代，社会保障局已经采用了严格但是相对明确的标准，对申请人的病痛程度进行评估。1937 年 Learned Hand 法官在其撰写的判决意见中首次详细阐述了这一标准：

一人可能需要忍受病痛，但不是完全残疾；虽然患有此类残疾，生命的多数重要机能依然如故……对于受保险人来说唯一的影响不仅是病痛，它必须实质性加重其病患。[②]

但是在 60 年代，尽管国会有同意的迹象，联邦法院还是否定了这一严格的标准。[③] 行政法官被迫诉诸对病痛和神经症进行主观性评估，而残疾认定的标准也不可避免地被降低了。

□ "主治医生"规则损害了准确性

联邦法院也通过迫使社会保障局及其行政法官重视不可靠的证据，而抛弃了可靠的证据，这也挫败了社会保障局残疾评定准确性的成就。根据"主治医生规则"——法院创设的对于尊重性实质性证据标准的例外——社会保障局及其行政法官必须更加重视主治医生（treating physicians）而非会诊医生（consulting physicians）的意见。[④] 这项例外的前提是法院相信，主治医生的意见相比会诊医生的意见更为可靠——这是法院在其判决主旨中才持有的确信。国会、社会保障局、行政法官和独立调查者同意"在偏见和资格的问题上，主治医生很可能是更好的信息源"[⑤]。

---

① J. Mashaw, *Bureaucratic Justice*, at 110.

② Theberge v. United States, 87 F. 2d 697, 698 (2d Cir. 1937).

③ 例如，参见 Day v. Weinberger, 522 F. 2d 1154 (9th Cir. 1975); Whitt v. Gardner, 389 F. 2d 906 (6th Cir. 1968); Ber v. Celebrezze, 332 F. 2d 293 (2d Cir. 1964)。

④ 例如，参见 Stieberger v. Bowen, 801 F. 2d 29, 31 (2d Cir. 1986)。参见§11.3。

⑤ J. Mashaw, et al., *Social Security Hearings*, at 57.

因此，在行政法官所受理的典型残疾认定案件，即慢性病痛或者神经症案件中，法院
903 已经破坏了改进高度主观性的裁决程序和使其客观化的努力。实际存在的是高度主观性程序，残疾人的工作能力和作为原因的疾病之严重性判定是一段很长的谱系，行政法官却需要对残疾认定案件作出是或者非的决定。行政法官所能做的就是在残疾认定的谱系中划定界限，利用其判断力确定个案属于这条界限的哪一侧。

在这种案件中，客观意义上的准确性显然不是现实的目标。相对意义上的准确性，只能通过强迫行政法官在残疾认定的谱系上的同一点划定界限。采用行政法官的比较优势，就在于他们能够确定病痛案件在这一谱系（例如以 1—10 表示，1 代表轻微病痛，10 代表极其严重病痛）中的位置。采用行政法官的不利之处在于不同行政法官会在这一谱系的不同位置划定可以容忍的病痛与构成残疾的病痛之间的界限。例如，某些行政法官会认为 2 级病痛构成残疾，而其他有些行政法官会认定 9 级病痛仍是可以容忍的。裁决的一致性和“准确性”只能通过迫使每位行政法官将推翻裁决率维持在相对狭窄的范围（例如 40%～60%）才能实现。这就需要对行政法官加以约束，以在相对性的病痛谱系的大致相同位置划定可以容忍的病痛和构成残疾的病痛之间的界限。

由此可见，社会保障局应当比迄今为止控制行政法官的推翻裁决率的偏差所作的努力更进一步。迫使行政法官采纳一致性的推翻裁决率并未有损正当程序价值。相反，它明显有利于一致性和准确性，这两项重要的正当程序价值。行政法官如果其推翻裁决率超出推定性的边界，可以合理事由被免除其职务，除非他能够有证据支持他的非常不可能真实的观点，即他的推翻裁决率之所以异常，是因为待裁决案件的结构与所有案件的结构之间存在的差别。

□ 庇护裁决案件中大量存在不一致性

2007 年发表的一篇研究论文发现，移民庇护官员和移民法官作出的各类移民庇护裁决中存在大量未经解释的矛盾。[①] 因此，例如，一位哥伦比亚的申请人如果申请案被分配给一位移民法官拥有 88%的成功率，而如果分配给同一办公室的另外一位移民法官则只有 5%的成功率。这些作者为他们的观点提供了充分支持，在这种情境下主要依赖独立裁决者个人的现行制度违反了裁决权中最根本的权利——案件的结果不应主要取决于碰巧受理
904 该案件的法官个人的人格。

§9.11　正当程序和行政机关对传闻证据的使用

□ Perales 案提供的片面答案

在 1971 年之前，联邦法官严重限制了行政机关采用传闻证据支持裁决性事实认定。这种限制部分基于正当程序推理，部分基于对法定要求的解释，即行政机关的事实认定必须得到“实质性证据”的支持。在 Richardson v. Perales[②] 案这一标志性的案件中，最高

---

① Jaya Ramji-Nogales, “Andrew Schoenholtz & Philip Schrag, Refugee Roulette: Disparities in Asylum Adjudication”, 60 *Stan. L. Rev.* 295 (2007).

② 402 U. S. 389 (1971).

法院废止了先前对行政机关采用传闻证据的严重限制。最高法院判定社会保障局可以根据五名没有出庭作证的医生的书面报告，作出不构成残疾的事实认定，即使这些报告与另一名医生在法庭上所作证言存在矛盾。[①] 但是，Perales 案中仍有一项重要问题有待回答。这五名医生的报告构成行政机关作出其并不构成残疾之事实认定的依据，但是 Perales 并未申请传唤他们出庭。Perales 案中多数派承认了这一疏忽，并将其写入限制其判决主旨的法官附带意见。"我们认定，持有执照的医生所撰写的书面报告……可能构成实质性证据，支持……对申请人不利的事实认定，当申请人没有申请传唤撰写书面报告的医生，从而为他自己提供与医生进行交叉质证的机会。"[②]

□ 是否存在要求交叉质证的宪法权利

若干法院以 Perales 案中的这一法官附带意见为依据支持它们的判决主旨，即对于在行政裁决中对他们利益不利的医疗报告，当事人基于正当权利，有权申请传唤报告出具者并与之交叉质证。[③] 法院受理的大量残疾福利案件，很多都涉及疑难的病痛问题。对于申请人承受的病痛程度是否导致丧失工作能力，持有报告的不同医生存在意见分歧。

□ 法院提供的不同答案

这些案件的判决主旨在一个重要方面存在差别。社会保障局的程序性规则授权行政法官拒绝传唤证人，如果其证言不是"对案情全面调查所合理需要的"。在 Lidy 案中，第五巡回法院判定该规则违宪，理由是其认为申请人拥有传唤任何不利证人作证并进行交叉质证的绝对权利。 905

在 Demenech 案中，第十一巡回法院推定该规则是有效的。第十一巡回法院认为，行政法官拒绝批准该传唤证人申请，在该案的特定情形中不仅滥用了裁量权，也违反了正当程序。行政法官主要采用该传唤申请对象的医生出具的报告，作为其作出对申请人不利的决定之依据。在另外一些案件中，法院支持了社会保障局规则的效力，但是行政法官对该规则的适用，需要接受法院审查以确定行政法官是否滥用了他的裁量权。

Demenech 案和 Lidy 案裁决了一项重要和疑难的问题。要为 Demenech 案给出的答案辩护，比为 Lidy 案给出的答案辩护要容易得多。Lidy 案中以正当程序的名义所宣布的，传唤所有在残疾争议中提交报告的所有医生出庭并进行交叉质证的绝对权利，有可能会对所有申请社会保障残疾福利的个人带来巨大的伤害。要理解对这些残疾争议中所裁决的问题进行评估的理由，以及对社会保障残疾福利项目进行的经济和政治分析。

□ 要求交叉质证的权利可能会对准确性产生不利影响

第一，正如最高法院在 Mathews 案中所认定的，对于在这些案件中提交报告的许多

---

① 对 Perales 案的详细描述，参见§10.4。

② Id. at 402.

③ 例如，Butera v. Apfel，173 F. 3d 1049 (7th Cir. 1999)；Yancey v. Apfel，145 F. 3d 106 (2d Cir. 1998)；Flatford v. Chater，93 F. 3d 1296 (6th Cir. 1996)；Calvin v. Chater，73 F. 3d 87 (6th Cir. 1996)；Demenech v. HHS，913 F. 2d 882 (11th Cir. 1990)；Lidy v. Sullivan，911 F. 2d 1075 (5th Cir. 1990)。亦可参见 Wallace v. Bowen，869 F. 2d 187 (3d Cir. 1989)(基于法律解释，作出相同的判决主旨)。

医生进行交叉质证，不太可能在任何明显的程度上促进裁决准确性的目标。[①] 第二，赋予申请人对所有提交报告的医生进行交叉质证的绝对权利，很可能会减损增强一致性的目标。Perales 案的事实就可以说明这种可能性。社会保障局获得了五位医生出具的报告，这些医生每位都是与申请人主张的残疾认定相关的不同领域的专科医生。社会保障局征询意见的医生需要为了准备和进行交叉质证投入相应的时间，如果社会保障局对每位医生承担支付相应费用，它就不可能征求五个收费标准很高的专科医生。相反，这还会产生这样的激励，即采用较少或者质量较低的医生建议，例如收费标准较低的全科医生的建议。第三，社会保障局的裁决成本很可能会飙升，行政成本也可能会大幅增加。Lidy 案的判决主旨会将社会保障局的裁决程序转化为非常类似侵权争议裁决的司法程序。社会保障局的裁决程序耗费不足其总预算的 4%。相比之下，裁决侵权案件成本耗费达到总收益的大约 50%。[②] 第四，残疾人很可能需要以福利减少的形式承担大部分的额外裁决成本。国会可
906 能不愿意增加社会保障残疾福利体系的总拨款水平，以应付承担所有这些额外的交易成本之需要。第五，对于提供信息和报告供残疾福利案件中审议的所有医生，社会保障局的行政法官传唤他们作证的要求，也会致使裁决迟延大量增加，福利申请人也会遭受不利影响。国会不会批准社会保障局另外雇佣所需的数千名行政法官，每年通过法院现在采用的这种费用高昂的裁决程序裁决 30 万件残疾案件。实际上，法院需要认真采用与社会保障局类似的裁决程序，而不是强迫社会保障局采用与法院类似的裁决程序。[③]

□ 其他巡回法院否定了交叉质证的绝对权利

第二、第六和第八巡回法院批评了第五巡回法院在 Lidy 案中的判决意见，并且支持了社会保障局规则对交叉质证所作的限制。[④]

§9.12 正当程序和律师费限制

□ 律师费限制是合宪的

在 Walters v. National Ass'n of Radiation Survivors[⑤] 案中，最高法院在一起退伍军人管理局（Veteran's Administration）的残疾福利争议中，支持了法律对申请人应当支付的律师费设定的限制，而驳回了基于正当程序提出的起诉。类似的，在 DOL v. Triplett[⑥] 案中，最高法院支持了一项对尘肺病福利案件中可以支付的律师费标准加以限制的行政规则。在这两起案件中，最高法院判定在限制律师费中的政府利益足以超过在裁决残疾福利争议过程中准确性降低的损失。

---

① 参见§9.5。

② J. Kakalik & N. Pace, *Costs and Compensation Paid in Tort Litigation*, ix-x (1986).

③ 参见 *Judicial Conference Urges Reform of Asbestos Litigation*, The Third Branch (Apr. 1991)。

④ Passmore v. Astrue, 533 F. 3d 658 (8th Cir. 2008); Yancey v. Apfel, 145 F. 3d 106 (2d Cir. 1998); Flatford v. Chater, 93 F. 3d 1296 (6th Cir. 1996).

⑤ 473 U. S. 305 (1985).

⑥ 494 U. S. 715 (1990).

Walters 案和 Triplett 案应当明确法定福利申请人是否有获得口头举证式听证的正当程序权利，包括与提供不利证据者对质和交叉质证的权利。即使是那些完全接受有关交叉质证价值之泛滥修辞的人，必须承认与有效的交叉质证和极端的律师费限制之间存在系统性的不能兼容的问题。Walters 案法院支持的律师费标准上限是 10 美元。最高法院推定，这一律师费限制的实际效果就是让申请人请不到律师。即使是 Clarence Darrow 能够证明
医生在特定案件中误读了 X 光报告，以 10 美元聘请的律师或者没有接受过法律和医学教 907
育的申请人也不太可能采用交叉质证程序证明这种不太可能发生的缺陷。裁决准确性上这
种微小和不确定的增加，也不能证明交叉质证导致的极端成本或者迟延存在的合理性。 908

10 证据

§10.1 两套证据法体系

□ 适用于法院审理的复杂规则

联邦政府和几乎所有的州政府都建立了两套证据法体系。第一套证据法体系是所有法院庭审时都需要采用的。在所有的法域中，它尤其复杂而且具有高度技术性。在联邦法院系统，证据法体系是规定在一套精致的规则体系——《联邦证据规则》（the Federal Rule of Evidence）和数以千计的旨在适用这些规则的许多细微差别的司法判决意见之中。

□ 适用于行政机关裁决的简单规则

但是，在联邦法律体系中法院裁决的纠纷只是冰山一角，绝大多数的纠纷是由行政机关负责裁决。联邦行政机关在裁决纠纷时适用两种不同的程序：非正式裁决和正式裁决。证据规则不适用于非正式裁决，因为该程序中不包含口头举证式听证。[①] 正式裁决的确包含了口头举证式听证，然而适用于大多数代理判决的证据法很大程度上不同于适用于庭审判决的证据法。大多数行政机关裁决纠纷，都是采用能以简单而实用的术语表达的证据体系。行政法官应当采纳所有相关和可靠的证据，并且应当在撰写事实认定部分时确定所采纳证据的证明力（probative value）。 909

□ 法院审理规则是以陪审团为前提

适用于法院审理的复杂证据规则，其设计目的在于调整陪审团的裁决过程。这些规则的前提是确信陪审团很可能会滥用数量庞大的相关证据，如果陪审团意识到这些证据的存在。无论《联邦证据规则》是否能很好地胜任该目的，对于行政裁决抑或是法官审理的案

① 参见第8章。

件来讲，它们都是不合适的。任何有能力适用《联邦证据规则》的法官，都有能力在作出事实认定时对各项证据进行区分。即便《联邦证据规则》从技术角度讲也适用于法官审理的案件，但是巡回法院经常并不鼓励在这类案件中适用《联邦证据规则》。如果我们继续坚持我们的具有时代性的错误，即作为世界上唯一一个民事法院受理案件中依赖陪审团审理的法律体系，我们至少应当改变我们的证据规则，以反映我们绝大多数的民事案件是由法官审理的现实。因此，行政裁决不应受《联邦证据规则》调整的理由也就更充分了。作为对所裁决纠纷的内容具有专业能力的机构，行政机关有权获得比陪审团更高程度的信任。

□ 证据特权适用于行政机关

在本章的余下部分，我将阐述在正式行政裁决适用的证据规则，将这部分法律与《联邦证据规则》进行对比，解释《联邦证据规则》为什么并不适合于在行政裁决中适用。但是，在证据特权这一重要领域中，行政机关应当而且必须接受与法院适用相同的证据法体系的支配。行政机关必须在和法院在相同程度上承认证据特权。① 承认证据特权的理由与采纳绝大多数的证据规则之间具有根本性的差别。证据特权的存在，不是因为相信它们能够促进更精确的事实认定的目的实现，而是因为相信披露某些信息会损害其他的社会价值。由于披露特权信息无论发生在行政案件中，还是司法案件中，其导致的损害都是完全一样的，特权规则的法律也因此同样适用于这两种情形。

§ 10.2 《联邦证据规则》是为陪审团审理而设计

□ 陪审团审理的证据考量

《联邦证据规则》的起草者专注的是陪审团审理的情形，而排除了法官审理和行政机关审理的案件。《联邦证据规则》是以一项默示的推定为前提，即事实的审理者是（1）独
910 立于作出可采性决定的法官；（2）没有受过法律、心理学或者需要解决的纠纷的对象等方面的教育；（3）在确定众多形式的证据之证明力时很容易犯错误。（4）很容易根据情绪作出决定；（5）可能会依赖各种形式的证据而不能保持克制，除非是排除解除那些证据形式。陪审团也许完全具备这些假定的特征，但是法官和行政机关的裁决者根本不具有上述任意一项特征。《联邦证据规则》多处是明确指向陪审团的。②《联邦证据规则》第 403 条是适用最多的条款，这就说明起草者专注的是外行的陪审团会误解或滥用证据的风险。该条规则要求，本来具有可采性的证据，如果“它的误导陪审团……的风险……实质性地超过其证明力”，法官应当予以排除。任何法官如果有能力认为一件证据造成误导陪审团的不可接受的风险，他自己就不太可能会受其误导。

□《联邦证据规则》不适合于法官审理或者行政机关审理的案件

长期以来，许多法官和证据学者们都认为，在陪审团审理案件中适用的复杂规则并不

① 例可参见 Wearly v. FTC, 462 F. Supp. 589 (D. N. J. 1978)（商业秘密）；CAB v. Air Transport Ass'n ，201 F. Supp. 318 (D. D. C. 1961)（律师客户特权）。

② 例如，103 (c)，104 (c)，105，403，614 (c)，706 (c) 及 1008 等项规则。

适合法官审理和行政机关审理的案件。1883 年，一位英国法官说道："在有权同时裁决事实争点和法律争点的法庭中，可以允许更大的自由空间，也可以相比陪审团来说更放心地托付它来审查考量证据。"① Thayer 在 1898 年承认，证据规则只在陪审团审理时才有意义。他将证据法称作是"不合逻辑，但绝非不合理的修修补补；除了作为陪审团体制的附属品，它完全不值得赞赏，而且不容易理解"②。类似的，McCormick 在 1931 年注意到："作为法律制度，它们完全不适用于任何没有陪审团的裁判机构或诉讼程序。"③ Wigmore 也在 1940 年反对任何将这些规则适用于行政裁决行为的企图："任何打算将适用于陪审团审理的证据规则适用于没有陪审团的行政裁判机构的企图，从历史上看都是反常的，很可能会归于徒劳和失败。"④ 1954 年，McCormick 建议"无陪审团的法官庭审应当放宽或者废弃除了特权规则之外的其他规则"。最后，Weinstein 法官作为联邦规则咨询委员会（Federal Rules Advisory Committee）委员、著名证据法专家，为《联邦证据规则》的起草者未能区分陪审团审理的程序和无陪审团的审理程序感到遗憾，但是预言法官会在无陪 911
审团审理时采用以相比陪审团审理时自由得多的形式继续适用这些规则的传统作法。⑤ Weinstein 的预言业已证明是准确的。

□《联邦证据规则》第 703 条说明该规则并不适合于行政机关

《联邦证据规则》宣布了与适合于行政机关适用的证据规则相关的政策，这项政策就规定在第 703 条之中。《联邦证据规则》的其余部分阐述了适用于业余的陪审团的规则，而行政机关并非业余的陪审团。相反，他们是在所裁决纠纷的领域内的专家。《联邦证据规则》的起草者在第 703 条中明确地考虑到了适合于专家考量的证据的性质。这条规则规定授权专家依据某些原本不可采的证据，如果这些证据"是……领域内专家可以合理信赖的类型"。专家可以采纳传闻证据，而陪审团则不能考虑此类证据。对于证据能否充分可靠地支持专家意见，《联邦证据规则》的起草者要求法官也要接受科学共同体的观点。⑥

□ 法院在法官审理的案件中放宽《联邦证据规则》

巡回法院很早就意识到把为了限制业余的陪审员之裁量权而设计的复杂证据规则适用于法官审理的案件存在不合理性。巡回法院时常要求法官在法官审理的案件中忽略那些高度限制性的规则，或者至少要放宽适用。在 Builders Steel Co. v. Commissioner⑦ 案中，第八巡回法院的判决意见就对这种典型的推理作了很好的论述：

在无陪审团的案件（nonjury case）的审理过程中，不论反对与否，初审法官都几乎不会犯下诸如采纳不适格证据这种导致判决被推翻的错误。在无陪审团的案件中，上诉法

---

① Wright v. Tatham, 7 A&E. 389 (1838). Henry Maine 勋爵很久以前就承认"无论事实裁决者……是否具备裁决事实的特殊资格，技术规则……都会失灵。" Maine，转引自 Wigmore, *Evidence* §4 (b) (3d ed. 1940)。

② Thayer, Evidence 509 (1898).

③ 5 Encyc. Soc. Sci. 637, 641 (1931).

④ Wigmore, Evidence §4 (b) (3d. ed. 1940).

⑤ Weinstein, *Morgan's Basic Problems of State and Federal Evidence* xii (1976).

⑥ 参见 Daubert v. Merrell Dow Pharmaceuticals, Inc., 509 U.S. 579 (1993); Au Rust-proofing Center, Inc. v. Gulf Oil Corp., 755 F. 2d 1231 (7th Cir. 1985); Indian Coffee Corp. v. Procter & Gamble Co., 752 F. 2d 891 (3d Cir. 1985); Greenwood Utilities Commn. v. Mississippi Power Co., 751 F. 2d 1484 (5th Cir. 1985)。

⑦ 179 F. 2d 377 379 (8th Cir. 1950).

院不会因不适格证据的采纳而推翻原判决，除非所有的适格证据都不足以支持裁决，或法院确实在不适格证据的诱导下作出了本不应该作出的重要事实认定。另一方面，审理法官在无陪审团的案件时若在证据可采性方面进行严格裁决，就可以轻易地推翻其判决……本案即是一个几乎完美的例子，印证了证据的技术性裁决如何经常性地造成无陪审的案件的
912 审理失败，并使得诉讼当事人不得不陷入困境并承担重新审理的支出。

第八巡回法院接着认同并引用了 Donnelly Garment Co. v. NLRB[①] 案中的观点：

能够准确认定证据可采性的法官同样能够在收到证据后准确地筛选证据，而且，由于法官将基于他所认为的适格的、重要的、令人信服的证据作出事实认定，法官不会受到他所认为的不适格并且不重要的证言记录的干扰……如果记录中不仅包含所有明确可采的证据，也包含所有可采性存疑的证据，被要求审查本案的法院通常可以拒绝。相反，如果有些被认定为可采的证据被排除了，那么不可避免地需要进行新的审理或重新听证就是了。

第八巡回法院随后谈到了便利性：

我们认为，经验表明在无陪审团的审理或听证中，相较于采纳提供的证据而言，通常更多的时间花费在听取有关证据可采性的辩论，以及对证据的提供的考量上。通过对证据的可采性进行严格的裁定，能够让事实的审理者确实为自己节省一些时间，所节约的时间要超过再审法院花在考量上述裁定的正当性，以及因就争议事项作出最终裁决的耽搁消耗的时间所抵消的量。

□ 论证充分的判决意见

无陪审团的案件中有关传闻证据的最著名的判决之一应属 United States v. United Shoe Machinery Corp.[②] 案，后来对这一案件的处理并未提及证据问题。[③] 在这起法官审理的反垄断案件中，政府在证据上提供了数以千计的公司内部文档，包括营业部门汇报给公司高级职员的年报、项目委员会报告、下属员工提交的载有其认为上级领导在制定条款或政策时需考虑的事实与意见的备忘录以及其他员工的行动报告。公司以传闻证据为由提出异议，但法官驳回了上述异议：

但是在一起民事反垄断诉讼中……初审法官并未被要求排除每一种传闻证据，即使这
913 种证据在其他类型的案件中会被排除。尽管最高法院从未以上述文字表述过这一原则，但这个原则……十分重要，如若事实认定的任务……没有完全脱离法官而完全委托给行政机关完成……在政府提起的民事反垄断案件中，对联邦贸易委员会来说确定是可采行的证据，对无陪审团的法官则变得不具可采性，很难想象这有什么令人满意的依据……就从不可采信的传闻证据中筛选出可采信的传闻证据而言，联邦贸易委员会的听证官未必会比地区法院法官更有经验或更富有技巧。联邦贸易委员会采纳传闻证据与法院采纳传闻证据一样，实际上均削弱了传闻证据规则的基本目标，即听取证人宣誓后的证言并使其接受交叉质证的机会。[④]

□ 法院在法官审理的案件中应当采纳可靠的传闻证据

这一重要意见中的另一段尤其值得注意，因为它洞悉了一项重要的事实：

---

① 123 F. 2d 215，224 (8th Cir. 1942).

② 89 F. Supp. 349，355-356 (D. Mass. 1950).

③ 110 F. Supp. 295 (D. Mass. 1953)，aff'd，347 U. S. 521 (1954).

④ 89 F. Supp. at 355-356.

近几年来，由法院审理转移到行政机关裁决的社会、经济纠纷显著增加。由于人们普遍相信行政裁决对私人利益的保护程度比起司法程序而言要小很多……很多人对这一趋势感到惋惜。然而，对于行政裁决的最初需求至少部分可以追溯到法院不愿采纳而允许行政机关接受、依据的一些证据……为保护自身的管辖权，法院必须在这种纠纷上放宽传闻证据规则的约束。①

法院因此保证所有的证据记录具有可采性，其限制是该证据"必须是那种通常在公正的人处理更重要事务时起到影响的证据"，并将可在多大程度上依据该证据的问题留待以后确定。

□ 行政机关应当采纳相关证据

第二巡回法院认为联邦贸易委员会的听证审查官（examiner）本不应当对特定证据适用排除规则，理由如下：

如果严格审理这一案件，那么听证审查官的行为便是正确的……我们无法理解为何听证审查官或联邦贸易委员会的代理律师本来应该如此正式地对待采纳证据的问题。即使在刑事案件审判中，对于陪审团来说，采纳证据而非排除证据十有八九会是更好的选择。而且，在这样的诉讼程序中，唯一可能由采纳证据造成的利益减损就是时间损失，这一时间损失也很少能比得上证据的不相关性或不适格性进行毫无意义的争论所浪费的时间。本案的审理中碰巧没有造成任何不公正的结果，但是我们借此机会来指明，不论是对于联邦贸 914
易委员会还是我们法院而言，本着这样的精神进行此种诉讼往往伴随着危险，排除任何可能对裁决争议有启发的证据也将失去优点。②

□ 法院继续在法官审理的案件中放宽《联邦证据规则》的约束

正如 Weinstein 法官所预言的，即便是在《联邦证据规则》要求在法官审理的案件中法官推定适用为陪审团设计的证据规定后，初审法官也会继续遵循惯例，而在法官审理的案件中法官采纳了那些根据《联邦证据规则》不具有可采性的证据时，巡回法院也会继续维持地区法院的判决。③

---

① 89 F. Supp. at 356.

② Samuel H. Moss, Inc. v. FTC, 148 F. 2d 378, 380 (2d Cir.), *cert. denied*, 326 U. S. 734 (1945).

③ 例可参见 Fields Engineering & Equipment, Inc. v. Cargill, Inc. , 651 F. 2d 589, 594 (8th Cir. 1981)（宣告了审理法官仅仅依靠适格证据的推定，并重述了 Builder Steel 的推理过程）；Fishing Fleet, Inc. v. Trident Insurance Co. , Ltd. , 598 F. 2d 925, 929 (5th Cir. 1979)（推定法官在法院判决中没有采纳本应排除的证据）；Goodman v. Highlands Insurance Co. , 607 F. 2d 655, 668 (5th Cir. 1979)（在无陪审团的案件审理中，法官采纳证据的范围更加宽泛）；Northwestern National Casualty Co. v. Global Moving & Storage, Inc. , 533 F. 2d 320, 324 (6th Cir. 1976)（在法院审理中合理采纳了技术上不可采的证据），United States *ex rel*. Placek v. State of Illinois, 546 F. 2d 1298, 1304-1307 (7th Cir. 1976)（法院在自愿坦白的问题上区分对待陪审团案件与无陪审团的案件）；Wright v. Southwest Bank, 554 F. 2d 661 (5th Cir. 1977)（即使在法院审理中，当事人也有权对证据做出回应）；Multi-Medical Convalescent and Nursing Center v. NLRB, 550 F. 2d 974, 978 (4th Cir. 1977)（即使《联邦证据规则》已经"在可行的范围内"适用于国家劳动关系委员会，法院也不会因为采纳了不适格证据而推翻原裁决；法院指出，"我们强烈建议行政法官：如果存有疑问，就让它存在吧"）。

§ 10.3 《行政程序法》为行政机关而设计

□ 相关证据是可采的

与为陪审团审理而设计的、冗长且复杂的《联邦证据规则》形成鲜明对比的是，《行政程序法》§556（d）简明扼要地阐明了适用于行政机关裁决的证据规则："任何口头或
915 书面证据都可以被接受，但是，作为一项政策问题，行政机关应当规定排除不相关、不重要或过度重复的证据。"最高法院很早就承认行政机关可以行使其裁量权而决定采纳根据为陪审团审理而设计的严格证据规则原本不具有可采性的证据。在1913年论及州际商业委员会时，最高法院说："州际商业委员会是一家行政机构，即便是以准司法地位行事时，委员会也不受有关证据采纳不应受到在私人诉讼中普遍施行严格规则的限制。"[①] 在Spiller v. Atchison, Topeka & Santa Fe Ry.[②]案中，最高法院引用并遵循了它在Louisville案中的观点。到1941年，最高法院完整地确立起一项广泛适用的结论："早已确定的是可以适用于陪审团审理中证据排除的技术性规则并不适用于联邦行政机关因为没有相关立法而需要遵循这些规则的裁决程序。"[③]

□ 相关研究支持《行政程序法》的证据规则

1986年，美国行政会议就适用于行政机关裁决的证据规定通过了如下建议：

1. 不论是否具备"在可行的范围内"（so far as practicable）这一限定，国会都不应要求行政机关适用《联邦证据规则》来限制在正式裁决中采纳证据的主持程序的官员的裁量权。

2. 行政机关应当采用适用于正式对抗式裁决的证据规则，并明确授予主持程序的官员相应的裁量权，允许其排除不可靠证据，适用《联邦证据规则》第403条规定的权重权衡检验，即允许排除那些证明力远不如包括可能过度消耗时间在内的其他因素重要的证据。

3. 为了促进程序的高效与公平性，在其他方面适当时，行政机关应当在正式裁决作出前尽可能多地公布行政机关所能预见到的、对裁决结果起重要影响的事实问题。

美国行政会议的建议与《行政程序法》中的立场完全一致。美国行政会议第一条建议仅仅是重申了行政机关根本不该被要求适用《联邦证据规则》。美国行政会议建议的基础
916 报告反映了对联邦行政机关适用的证据规则进行的广泛实证研究的结论。[④] 这个报告记载的其他观点也与《行政程序法》的观点一致。首先，在280项行政机关证据规定中，有243项没有提及《联邦证据规则》，而是采用了《行政程序法》中简单的证据可采性标

① ICC v. Louisville & Nashville R., 227 U.S. 88, 93 (1913).

② 253 U.S. 117, 131 (1920)

③ OPP Cotton Mills v. Administrator. 312 U.S. 126, 155 (1941).

④ 参见 Pierce, "Use of the Federal Rules of Evidence in Federal Agency Adjudications", 39 *Admin. L. Rev.* 1 (1987)。

准。[①] 其余提及《联邦证据规则》的37项规定也主要是以劝告性的方式提及《联邦证据规则》或将其作为一般性指南中的潜在来源。其次，作出证据决定的和主持行政裁决的行政法官也十分满意《行政程序法》规定的标准。[②] 特别指出的是，超过85%的行政法官表示他们坚信《行政程序法》的标准对于行政裁决程序的当事人而言是公正的，超过96%的行政法官指出，《行政程序法》的标准赋予其充分的裁量权来接受可靠的证据。采用《行政程序法》的标准来审理案件的行政法官有三分之二更愿意继续采用这个标准。相比之下，仅有3%的行政法官更愿意采用适用于陪审团审理的《联邦证据规则》。再者，行政机关与法院在解释与适用《行政程序法》标准时并无困难，但二者在适用要求行政法官以某种方式适用《联邦证据规则》的证据标准时却存在巨大困难。[③] 特别地，行政机关与法院丝毫没有理解行政法官“在可行的范围内”就应当适用《联邦证据规则》这一令人困惑的要求的意义。国家劳动关系委员会根据法律的要求应当适用这一标准来进行证据决定，而其他的一些行政机关则根据规章适用了“在可行的范围内”的标准。

□ 对“在可行的范围内”标准的批评

三家巡回法院的判决体现了对于“在可行的范围内”标准的普遍困惑与反对意见。在NLRB v. Process & Pollution Control Co. [④] 案中，第十巡回法院判决推翻行政机关的行为，部分是因为法院认为在本案中适用《联邦证据规则》是“可行”的，而行政机关却采纳了根据《联邦证据规则》不可采的传闻证据。在Helena Laboratories Corp. v. NLRB[⑤]案中，第五巡回法院以简易判决驳回一起相似的争议，指出行政机关只有在“在可行的范围内”的条件下才需要适用《联邦证据规则》。第八巡回法院则在NLRB v. Addison Shoe Corp. [⑥] 案中画上完整的圆圈。第八巡回法院部分推翻了行政行为，部分原因是它没有采纳根据《联邦证据规则》不可采的证据。第八巡回法院因行政机关过分严格地坚持《联邦证据规则》而提出警告。因此，有些法院显然将“在可行的范围内”标准解释为赋予行政机关近乎完全的裁量权。其他法院则把该标准解释为除特殊情况外均应遵守《联邦证据规则》。还有一些法院显然也把该标准解释为除要求适用《联邦证据规则》的特殊情形以外，应当采纳根据《联邦证据规则》不可采的证据。 917

在Conley v. NLRB[⑦] 案中，第六巡回法院认真考虑了这一令人困扰的规定之含义，采纳了赋予该规定具体含义而没有过分限制国家劳动关系委员会及其行政法官裁量权的明智解释。这一判决意见很值得通读，应当得到其他巡回法院的效仿。第六巡回法院驳回了一项主张，即这一规定将国家劳动关系委员会采纳根据联邦证据规则来说不可采纳的证据的裁量权限定于五种具体的情形。第六巡回法院的理由如下：

在这起上诉案中提出的情境是否与之前案件中的事实和法律模式完全吻合，在这些模式中已经被允许的传闻证据的采纳因此并不重要。相反，更密切的研究是行政法官放松《联邦证据规则》的要求在各种情况下是否合理，并且其适用限定在这种情况的实践性

① Id. at 6.

② Id. at 13.

③ Id. at 6-8.

④ 588 F. 2d 786 (10th Cir. 1978).

⑤ 557 F. 2d 1183 (5th Cir. 1977).

⑥ 450 F. 2d 115 (8th Cir. 1971).

⑦ 520 F. 3d 629 (6th Cir. 2008).

(practicalities)。这里，行政法官对 Jeremy Thompson 言行举止的第一手观察引发了一项担心，即公司利用超级经济力量，吓阻了一度作为雇员、仍然依赖公司维持生计的 Thompson。法官显然发现，如果不采纳放宽要求了的证据规则以允许更全面地反映 Conley Trucking 公司的工人，公司管理人员将会成功地阻止那些否则就会被用于确定是否存在不当劳动行为的证据。

为了避免这种不愿发生的结果，行政法官提出了适应他所面对挑战的准据法所允许的有效规则。他指出，Thompson 在他发表宣誓书中所包含的陈述时，有机会审查这些意见是否准确，也被要求证实他们的可信度。尽管如此，即使 Thompson 是在更宽松、没有强迫性的气氛中所作陈述，行政法官仍然拒绝接受在宣誓书中所作的每项陈述。相反，事实查证者查证行政记录作为支持或者反驳宣誓书中的说法，并且在查证其实体内容之前要求一些庭外陈述作为佐证，无论其程度多么轻微。

我们认定，行政法官所达成的妥协，代表了典型的“尽可能”适用——和尊重——《联邦证据规则》。行政法官在这一问题上的证据裁决显然并不标志着拒绝传统的证据指南和开始自由（carte blanche）采纳从前不可采纳的证言之时代。相反，按照《美国法典》
918 第 29 编 § 160（b）所支持的原则，这一裁决承认，在行政机关确定证据可采性标准中的某些弹性是否会促进或者打乱实现一般性的指导原则和坚持可以承认、可以适用的规则之间达成的微妙平衡之前，有必要检查每起纠纷中的独特情况。

§ 160（b）授权国家劳动关系委员会在确定不可能做到既坚持这些规则，又保护工人权利之时，可以适当变动执行《联邦证据规则》。于是，即使没有引用其他法院的裁决，或者大致相当于这一案件中所发现的实际情景，行政法官对于保护证人不受雇主恐吓的担心，对于采纳 Thompson 的宣誓书的这部分内容作为实体性证据证明在行政案卷中可以发现更多佐证，提供了正当性理由。

□ 错误排除证据的风险巨大

在行政裁决案件中适用高度技术化的证据排除法则具有错误排除可靠证据的风险，有三项理由可以解释承担这一风险是毫无意义的。首先，在行政裁决过程中，犯上述错误的代价与法院审理的情形一样巨大。如果行政法官错误地排除了可靠证据，行政机关就必须要么发回重新进行审查，要么根据不完整的案卷作出裁决。其次，在行政裁决过程中发生错误排除证据的风险要大于陪审团审理的情形。再次，还有一些在陪审团审理过程中冒上述的风险的好处，是在行政裁决过程中所不具备的。

要根据《联邦证据规则》迅速解决疑难的证据问题，行政法官需要比联邦法官面对更大的风险和挑战。为了解决难有定论的证据争议，法官必须特别以一定的谨慎程度关注诉讼程序中的争点，以及已提出的证据与这些争点之间的关系，而对于大多数此类问题的回答必须提及审查该证据可以基于的目的，以及基于此种目的审查时该证据所具有的证明力。然而，当行政机关的行政法官必须就证据的可采性进行裁决时，他们对这些争点的理解往往不够全面。与联邦法官不同，行政法官对案件的裁决不只是可能接受上诉审查。相反，在多数情况下，他们所作出的初步裁决在功能上等同于向行政决定作出者所提出的建议。由于行政法官并非最终的决定者，他在进行听证时，对于行政机关最后认定为重要的争点，以及行政机关所认定的与这些争点相关的各类证据的证明力，往往具有全面的
919 理解。

行政法官在听证时对案件争点的理解程度，一方面取决于国会在行政机关组织法中认定争议的具体化程度，另一方面也取决于行政机关颁布立法性规则使之更加具体化的程

度。然而，更为经常发生的是，国会拒绝制定有意义的法定标准，行政机关也拒绝颁布规则来制定充分的标准让行政法官能够确信他们了解案件争点，或是行政机关认定与这些争点相关的各类证据所具有的证明力。结果，相较于初审法官而言，行政法官对于大量的本应指导他们进行证据裁决的实体性法律原则缺乏更全面的理解。

证据排除规则在行政机关裁决中并无必要

决定在陪审团审理过程中承担证据错误排除风险，这是以必要性考量为基础的，但是这种考量在行政裁决过程中并不存在相类似的情形。在陪审团审理的案件中，除了要求初审法官通过适用复杂而详细的证据排除规则解决关键的证据争议，从而不得不面临重新审理的风险，或者所作判决并未基于所有的可靠证据的风险以外，别无他途。用 Calabresi 院长的话来说，陪审团不需要解释他们裁决的依据，尤其是认定事实时的证据依据，从这个意义上讲，他们是“不负责任”的裁决者。[①] 因此，如果我们要想防止陪审团基于法官认定为不可靠的那些证据作出事实认定，我们只能在一开始就阻止陪审团接触到这些证据。

在行政裁决案件中，证据的考量是完全不同的。行政机关与行政法官需要说明他们事实认定的依据。然后，他们的事实认定需要根据实质性证据标准接受司法审查。[②] 如果一项行政机关的事实认定是基于不可靠的证据作出的，该行政行为就会被推翻。因此，在行政裁决中便存在一种独立于证据可采性规则之外的机制，可以确保行政机关只能基于可靠证据作出事实认定。

行政机关可以考量证据的证明力从而作出裁决

陪审团审理案件时当庭作出的证据裁定（instant evidentiary ruling），是防止陪审团根据不可靠的证据进行事实认定的唯一有效的手段；与之相比，适用于行政裁决的独立机制具有巨大的优势。对于难有定论的证据争议，在审理过程中当庭认定无疑会导致错误排除了很多可靠证据，这是因为初审法官很少有机会在证据裁定之前对所提供证据的可靠性进行仔细考量。对当庭证据裁定的需要，也要求法官为了满足《联邦证据规则》对可靠性的要求，利用很多存在缺陷的替代性指标，因为适用客观的替代性指标相比直接认定证据 920
的可靠性更加简便快捷。陪审团审理的案件中所作的证据裁定，很多时候要求在诉讼程序中如此早期的阶段完成，以至于法官不能准确评估对证据裁定起决定性作用的一些重要事实，譬如递增性的（incremental）证明力。

相比之下，如果行政法官通过采纳一切足够可靠、可以证明其考量之正当性的证据，推迟对有关已提供证据的可靠性问题作出所有难有定论的裁定，那么他可以在更可能准确地作出裁决时就证据可靠性作出裁定。他在查阅案卷并开始起草裁决意见时，能够充分考量所提交的全部证据，并基于与其他证据以及其理解的案件争点之间的关系而对每项证据作出可靠性的裁定。同样重要的是，当行政机关的裁决者审查这些证据时，他们也能够同样细致地决定哪一个证据是足够可靠的，是能够在解决证据争议时确保考量的合理性的。由于行政机关的首要任务是制定那些国会不愿作出的政策决定，行政机关常常会关注的争

---

① G. Calabresi & P. Bobbitt, *Tragic Choices* 57 (1978).

② 参见第 11 章。

点和证据不同于行政法官认为重要的争议与证据。一旦行政机关完成了这一过程，复审法院就可以行使它的重要功能，即确保不存在依据不可靠的证据所作的事实认定。

□ 行政法官可以排除重复证据

美国行政会议的第二项建议则是明确授权行政法官在某项证据的证明力“远远不如”它过度消耗时间的可能性时，适用《联邦证据规则》第 403 条作为排除某项证据的裁量权的依据。这一建议是为了回应某些行政法官所表达的对《行政程序法》规定之标准的不满。20%到 35%的行政发法官表达了对有时在证据采纳会过度延长听证时间的情况下，仍必须采纳可靠性差、证明力低的证据的不满。①

在这项研究作出时生效的劳工部（DOL）证据标准指明了一项途径——援用《联邦证据规则》可以帮助行政法官处理一些复杂裁决过程。该项标准没有要求行政法官完全遵守《联邦证据规则》，但是它明确规定如果某项证据的证明力远不如它对时间的潜在过度消耗，行政法官可以裁量决定适用第 403 条权重权衡标准排除该项证据。② 90%到 100%的
921 劳工部行政法官对劳工部的证据标准表示满意，这一结果取决于五项标准中的哪些标准被用作决定满意度的标准。③

无论是美国行政会议的第二项建议所建议的裁量权，还是劳工部的证据规则中所反映的裁量权，它们都与《行政程序法》的标准完全一致。事实上，《行政程序法》的标准仅默示地授予行政法官充分的裁量权去排除可靠性与证明力较低的证据。第八巡回法院在 Pagel，Inc. v. SEC④ 案作出的深思熟虑的判决意见中陈述了这一问题。Pagel 对证券交易委员会（SEC）的行政法官所作的一项裁定提出质疑，该裁定排除了一位证券业惯例领域的专家所提供的证言。法院支持了该项裁定，认为只要行政机关的行政法官没有武断行事，就对采纳或排除专家证言拥有裁量权。⑤ 在认定行政法官在排除证据时没有武断行事时，法院指出案卷中已经包含这位证人将要陈述的相关问题的上千页证人证言，同时，行政法官与证券交易委员会也已经对证券业有着非常深入的了解。因此，行政法官将这项证据作为“没有必要的”证据予以排除并无任何错误。Pagel 案的这一判决意见阐释清楚了行政法官根据《行政程序法》的证据标准所享有的排除证据的裁量权。

□ 支持与解释《行政程序法》规定之进路的案例

在 1999 年和 2000 年，三份巡回法院的判决意见详细地解释了《行政程序法》规定的规则而非《联邦证据规则》更适合于行政裁决的原因。在 Peabody Coal Co. v. Director, Office of Workers Compensation Programs⑥ 案中，第七巡回法院明确指出《联邦证据规则》的制度设计目的是保护陪审员，并不适合于以此作为依据排除行政听证中获得的证据。法院所要面对的具体问题是，行政法官以专家证人的意见是基于并不存在于案卷中的

---

① Pierce, “Use of the Federal Rules of Evidence in Federal Agency Adjudications”, 39 *Admin. L. Rev.* 1, 11-15 (1987).

② 29 C. F. R. § 18. 44 (1983).

③ Id. at 13.

④ 803 F. 2d 942 (1986).

⑤ Id. at 947.

⑥ 165 F. 3d 1126 (7th Cir. 1999).

材料而提出的为由而拒绝采纳该项专家证言，是否具有合理性。法院指出，即便是适用《联邦证据规则》第 703 条，该项专家证据在陪审团案件中也是可以采纳的。第 703 条特别允许对于专家证人在形成意见时所依据的材料，即使属于不可采的证据，专家证人也可以依据该材料。法院接着承认，《联邦证据规则》并不适用于行政听证，“因为其制度设计的初衷是保护被视为天真或缺乏经验的事实认定者的陪审员，使他们不会因为误导性、偏见、不可靠、混乱以及重复性的证据而感到困惑或者引发情绪”。法院随后进行了解释，认为《联邦证据规则》之所以不适用于行政机关，是因为“行政机关配有专家职员，比起外行的陪审员，乃至职业的、尽管通常并非专门化的法官，行政机关被推定为并不太需要证据排除机制（blinders)”。法院同样指出：“那些仅仅会误导业余的事实认定者的证据， 922
对于专门化的职业裁决者行使专家判断而言则可能是十分重要的。”法院进一步指出，不论是《联邦证据规则》的起草者允许专家证言以不可采的证据为依据，还是《行政程序法》的起草者允许行政机关依据在陪审团审理程序中不可采的证据，二者都建立在起草者认识到业余的陪审员与专家之间的差异基础之上。最后，法院判定，即使是根据《联邦证据规则》规定不可采的证据通常在行政听证程序也会被合理采纳，在任何情况下都不应当在听证程序中排除那些根据《联邦证据规则》可采的证据。因此，法院判定，行政法官拒绝采纳专家证言这一证据是错误的。

在 United States Steel Mining Co. v. Director, Office of Workers Compensation Programs[①] 案中，第四巡回法院同样撰写了一份精彩的判决意见，解释了《联邦证据规则》与适用于行政机关的证据规则之间的关系。法院指出：“严格的证据排除规则……在行政听证中几乎没有任何意义……（因为行政法官）无论是承认证据还是排除证据，都是同等程度地受证据的影响。”法院进一步指出，陪审团审理中的法官合理适用《联邦证据规则》的功能在于把关，也就是确保陪审员不会受诱导而去相信不可靠或误导性的证据。对于行政法官来说，为了实现上述目的而适用《联邦证据规则》，既不必要也不合理。相反，为了作出事实认定并解释其依据的目的、判定每项证据的相对可靠性和证明力之时，行政法官能够且必须区分每项证据。在法院的证据的可靠性与证明力以及相反证据的相对可靠性与证明力等指标给定的情况下，法院接着对行政法官的事实认定适用实质性证据标准，来判定行政法官所依据的证据是否具有“实质性”[②]。第七巡回法院在 Peabody Coal 案中的意见以及第四巡回法院在 U. S. Steel 案中的意见，均对截然不同的证据规则在法院审理与行政机关裁决中的适用进行了出色的解释。

在 Elliott v. Commodity Futures Trading Commission[③] 案中，对于在行政裁决过程中合理整合 Daubert v. Merrell Dow Pharmaceuticals[④] 案与 Kumho Tire Co. v. Carmichael[⑤] 案这两起案件中确立的原则，第七巡回法院作出了精彩的解释。在 Daubert 案中，最高法院认为《联邦证据规则》要求主审法官适用若干标准判断一项科学问题的专家证人证言是否足够可靠以至于能够被采纳。在 Kumho 案中，最高法院将 Daubert 案的判决扩展适用 923
到所有的专家证言。在 Elliott 案中，第七巡回法院指出行政法官可以将 Daubert 案中确立的标准作为排除专家证人证言的依据。但是，第七巡回法院也同时指出，行政法官不需要也不应该在难有定论的案件（close cases）中运用上述方法。行政法官能够而且必须在事

---

① 187 F. 3d 384 (4th Cir. 1999).

② 参见 § 11.2。

③ 202 F. 3d 926 (7th Cir. 2000).

④ 509 U. S. 579 (1993).

⑤ 526 U. S. 137 (1999).

实认定以及解释其依据（包括判断专家证言可靠与否的依据）的过程中适用 Daubert 案的标准。

在 Pasha v. Gonzales① 案中，第七巡回法院承认，Daubert 原则并不适用于行政机关，但是它认定“Daubert 案的精神”是适用的。于是，法院撤销了一份行政机关的决定，该决定中行政机关依赖一位所谓的阿尔巴尼亚专家的证言，而实际上他对自己所作证的问题完全一无所知。

在 Chao v. Gunite Corp. ② 案中，第七巡回法院推翻了行政机关的决定，理由是它拒绝考虑专家证人的证言而没有对拒绝决定提供具有连贯性的理由。行政机关指出，它之所以拒绝考虑两位证人的证言，是因为他们都不“符合专家的资格”。法院对这一说法迷惑不解，因为证人在他所作证的领域显然具有明显的专业才能，他们的专业能力没有受到另一方当事人的质疑，并且行政法官承认和采用了他们的证言。显然，行政机关相信证人要负责作为专家的资格必须经过一些特别的程序。法院指出，即使在司法案件中也没有类似的程序，“特别是在行政管辖权领域，并不存在一套魔术般的程序可以将某些人指定为专家证人”。

在 Yusupov v. Attorney General③ 案中，第三巡回法院支持了司法部长在引发国家安全担心的移民庇护和免职案件中没有采纳任何不是“内在怀疑”（intrinsically suspect）的证据。法院指出，该法律没有引用在法院程序中适用的证据规则。它认定，司法部长所采纳的证据标准在它所适用的情境中是合理的。

§ 10.4　行政机关对传闻证据的依赖

□ 剩余规则

早在 1913 年，最高法院便支持行政机关行使采纳传闻证据的裁量权。而在 1971 年
924 前，最高法院并未支持行政机关仅仅依据传闻证据支持存在争议的事实认定。那时，剩余规则 * 限制了行政机关依据传闻证据的裁量权。剩余规则起源于 Carroll v. Knickerbocker Ice Co. ④ 案。虽然美国部分州继续沿用某些版本的剩余规则，但是剩余规则并不适用于联邦行政机关，而且首次宣布剩余规则的法院也已抛弃了这一规则。纽约州上诉法院就在一个脚注中宣布剩余规则及其附随原则“不再适用”⑤。

□ 对剩余规则的批评

剩余规则要求复审法院撤销一项行政机关的事实认定，除非这一事实认定是在陪审团

---

* 剩余规则（residuum），是指一家行政机关的决定或命令如果是部分地建立于传闻证据之上，那么至少应有一小部分充分可靠的证据才可以使该决定或命令在司法审查中获得支持。——译者注

① 433 F. 3d 530 (7th Cir. 2005).

② 442 F. 3d 550 (7th Cir. 2006).

③ 518 F. 3d 185 (3d Cir. 2008).

④ 218 N. Y. 435, 113 N. E. 507 (1916).

⑤ 300 Gramatan Ave. Associates v. State Division of Human Rights, 45 N. Y. 2d 176, 179, 379 N. E. 2d 1183, 1185 (1978).

审理中可采的证据所支持的。即使陪审团审理的证据规则是为陪审团的特别需要量身定做的，剩余规则要求在没有陪审团的情况下仍然适用这些规则。尽管陪审团审理的规则是为了指导陪审团采纳或排除证据，而非评价证据，剩余规则还是要求在评价证据时适用这些规则。根据剩余规则，一项不被陪审团审理中可采证据所支持的事实认定必须被撤销，无论对于行政机关和复审法院来说这项证据有多可靠，所处背景为何，另一方的证据是什么或者是否缺乏证据，也无论拒绝采纳上述证据的后果为何。

□ Knickerbocker 案

剩余规则起始于 1916 年纽约州上诉法院在 Carroll v. Knickerbocker Ice Co.[1] 一案中的判决。这家法院撤销了向某工人支持赔偿金的判决，因为它仅仅基于这名工人生前对其他工友所作叙述，即他在运送冰块时被一块重达 300 磅的冰块所砸伤。三个人作证称在工人受伤时他们也在场，并未看到任何事故的发生。医生证明尸体没有淤伤、色斑或擦伤。法律规定，“普通法或法定证据规则”并不具有约束力。法院将此解释为尽管委员会可以“接受任何提供的证据，在最后作出给付赔偿金裁决之前，仍然必须有合法证据的剩余来支持这项赔偿请求”[2]。对于死者的陈述，纽约州上诉法院认为：“此种传闻证据并不是证据。”但是，一名持不同意见的法官指出：“要维持这项判决，并不意味着委员会必须依据所有提供的传闻证据进行裁决，而应当仅仅是在委员会认为所提供的证据是可信的情况下。”[3] 另一名持不同意见的法官反对这样的判决主旨：“一切……传闻证据……都没有证 925
明力。”[4]

□ 对剩余规则的批评

理解剩余规则的第一个也是最重要的一个步骤，同样也是太多法院所忽略的步骤，就是分辨哪些是剩余规则的替代选择而哪些不是。替代选择指的是允许行政机关与再审法院根据每起案件的具体情形决定某项证据是否可靠的裁量权，即使该证据在陪审团审理中会被排除。在行使这种裁量权时，行政机关和复审法院在很多情况下会发现某些传闻证据或其他所谓的不适格证据并不具有充分的可靠性。抛弃剩余规则并不是意味着行政机关必须去采纳陪审团审理中本不可采的证据，而仅仅是意味着行政机关和复审法院可以自由地采纳那些在特定情况下他们认为应当采纳的证据。抛弃剩余规则仅仅意味着根据其自身对于支持事实认定的证据，在各种情况下能否被认为是可靠和实质性地支持事实认定的判断，法院可以在何时选择撤销或者不撤销该项事实认定。因此，例如在 Knickerbocker 案中，法院并不需要援引剩余规则来支持其撤销行政裁决的判决；法院本来可以基于这样的依据来推翻行政裁决，即本案的事实认定仅获一项弱证明力的证据支持，并且与很多强证明力的证据存在矛盾。

剩余规则是基于如下推定的前提基础：某一特定类型的证据可能完全无法支持一项事实认定这一抽象决定，要优先于在特定案件中这种类型的特定证据在特定情形下能否充分支持特定情况中的具体事实认定这一具体决定。只要充分理解了剩余规则与其替代选择，

---

① 218 N. Y. 435，113 N. E. 507 (1916).

② 218 N. Y. at 440，113 N. E. at 509.

③ 218 N. Y. at 441，113 N. E. at 509.

④ 218 N. Y. at 447，113 N. E. at 511.

反对剩余规则的理由便具有了压倒性的优势。

反对剩余规则的理由有如下四项：（1）未经反对而采纳的本不可采的证据会被授予“其天然的证明效力”；（2）专家证人获准以陪审团审理的案件中不可采的证据作为其观点的依据，但剩余规则阻止了作为裁判机构成员的专家从事作证专家可以被允许的行为；（3）法官、行政主管之外的人并不会推定在陪审团案件中被排除的证据会就是不可靠的，显然这些证据有时是可靠的；（4）证据的可靠性是无法通过忽略具体情形的整体思考进行
926 准确判断的，必须取决于不同的情形，例如是否存在支持证据、是否存在反对证据、诉讼的目的、以上述任一种方式作出事实认定的实际后果、需要的精确程度、就传闻证据所进行交叉质证的效能高低，以及其他诸如此类的因素。现在，我将对这四项理由逐一展开讨论。

（1）根据排除规则被排除的证据可以支持事实认定或者有罪判决，如果它被认定具有证明效力，这一原则早已成为“几乎被普遍接受的”①。例如，最高法院常常指出在没有反对意见的情况下采纳的证据可以被赋予“自然的证明效力”，而不论是否违反了排除规则。② 剩余规则阻止行政机关和复审法院对合理采纳的证据赋予自然的证明效力，因为剩余规则是建立在明显错误的假定（palpable false assumption）基础之上的，即在陪审团案件中被排除的证据，总是不具有证明力。

（2）剩余规则也不符合另一项原则，即专家意见即使是基于不可采纳的传闻，也是可以采纳的。Holmes 大法官在 1900 年任职于马萨诸塞州法院时，就对这一原则进行了如下表述：“专家可以作出有价值的证言，即使他对细节的了解主要是来自不可采纳的来源，因为他是在整体经验的基础上才认同相关细节的。”但是，专家可以利用传闻作为形成观点的依据，但是这一事实不能让传闻证据成为可采证据。③ 最高法院已经判定，兽医学教授可以作证，证明德克萨斯州某些地区的动物已经感染了某种疾病，“尽管这些教授未曾亲自到访过这些地区”④。其他法院的许多判决也是建立在相同的原则基础之上。《联邦证据规则》第 703 条就吸收了一项确立已久的司法原则，即专家可以传闻为依据。但是，将这一原则与剩余规则相结合导致了不协调的结果——行政裁决可能是基于作证专家所评估的传闻，而不是基于负责裁决的专家所评估的传闻！

（3）反对剩余规则最有说服力的理由，也许就是在证据的可靠性与证据排除规则之间存在诸多不足的相互关联。证据排除规则的设计是为了采纳或排除证据而非衡量证据的可靠性，是为陪审团而非行政官员所设计。正如 Rutledge 大法官所说：“复审法院不能利用
927 初审法院判定是否采纳证据所使用的标准对证据进行重新评估。”⑤ Wigmore 当然能够理解证据排除规则，就指出留存规则“是不可接受的”，因为它建立在这样一种谬误的基础之上：

> 这种不可或缺的“合法证据的剩余”会与事实认定的真实之间存在某些必要的联系。但是“合法”规则却并没有这种必要的联系……于是，这一“剩余”规则决然不是明智且令人满意、可以普遍采纳的规则……我们需要记住，这一社区的工商业与金融业活动中最重要的部分早已在无须任何正式证据规则而确定的事实的坚实基础之上运作。同样，在这

① McCormick, *Evidence* 126 (2d ed. 1972).

② Opp Cotton Mills v. Administrator, 312 U. S. 126, 155 (1941).

③ National Bank of Commerce v. New Bedford, 175 Mass. 257, 261, 56 N. E. 288, 290 (1900).

④ Grayson v. Lynch, 163 U. S. 468 (1896).

⑤ International Ass'n of Machinists v. NLRB, 110 F. 2d 29, 35, (D. C. Cir. 1939), *aff'd*, 311 U. S. 72 (1940).

里我们需要信任人类及其智慧，而非规则。[1]

McCormick 同样认为证据排除规则并非衡量证据可靠性的良好指引。在讨论传闻证据的例外时，他说："很多没有价值的证据反而符合标准，很多极其必要的证据却被排除在外。"[2] 在论及不可采的传闻证据时，McCormick 提到："传闻证据的可信度范围包括最高的可靠度到完全的无价值。"[3] 用 McCormick 的术语来说，剩余规则错误地推定，一切在陪审团审理中将被排除的证据都是毫无价值的。反对剩余规则的人则会允许行政机关与复审法院裁量决定特定的证据在从最高的可靠度到完全无价值的区间内处于什么位置。剩余规则是基于这样的一项推定基础之上，即要确定证据证明效力，可以成批的方式作出，而无须考虑特定案件的情形。

（4）证据的可靠性必须结合特定而非抽象的情境进行判断。由于剩余规则包含了一项抽象的判断，即在陪审团审理中将被排除的证据必然在任何情况下都是不可靠的，剩余规则事实上推定，如果证据可靠性的判断必须考虑到所有的情形，事实认定便更有可能会与案件真实有所差异。在确定是否应当采纳某项特定的证据时，以下情形是常常需要加以考虑的：（a）对于采纳该项证据的替代方案；（b）其支持证据与反对证据的状态；（c）所实施的项目的政策，以及以任何一种方式作出裁定将造成的后果；（d）标的物的重要性与否和政府经济性的考量因素；以及（e）对特定传闻证据进行交叉质证所存在或者缺乏效能 928
的程度。

当采纳传闻证据的替代方案是采纳现成的更好证据时，拒绝采纳传闻证据则是合适的。当采纳传闻证据的替代方案是无法使事实认定受益于任何证据时，采纳传闻证据则通常是更可取的。当 Learned Hand 法官发现，与争议事实相关的两方面证据在他看来均属可靠时，他指出："如果不把这当做证据，我找不到任何获得更好证据的方法，而案件事实也就根本无法查明。法律显然不会达到如此不合理的程度。"[4]

除非基于特定的案卷之背景，否则我们很难对一项具体的传闻证据的可靠性进行评判。对于传闻来说，举例来说，最常见的问题是已故工人的妻子、工友、医生所报告的已故工人的说法，是否能够支持判给工人赔偿金。如果直接证据表明该工人在事故发生之日的早些时候确实是在工作，如果其尸体上的痕迹也符合这一传闻的说法，并且如果该名工人长期以来在报告事实是可信的，那么如果没有任何相反的证据，裁判机构就可以合理地根据传闻证据作出裁判。事实上，在这类情形中，与很多根据陪审团审理时的证据规则具有可采性，并且复审法院判定具有实质性的证据相比，传闻可能具有更高的可靠性。但是，如果有三位证人作证称他们看到死者是在死亡前夜的娱乐场所受的伤，尸体的痕迹表明更符合三名证人的陈述而非传闻，并且该工人具有欺诈的记录，那么也是可以容易地判定该传闻不可靠，不能够作为实质性证据。

在确定特定证据的可靠性是否足以支持一项事实认定时，应当将所实施之项目的政策以及具体决定的后果纳入考量范围。正如我们对刑事案件的定罪判决所要求的排除合理怀疑的证明标准，即使同样不足为凭的传闻足以要求作出批准社会保障福利的决定，出于理智的考虑，我们也不能完全根据不足为凭的传闻而撤销一项职业许可。一项证据，在撤销许可时不能作为依据考虑，但在作出批准福利的决定时，行政机关有时可以合理地采纳。

---

① Wigmore, *Evidence* § 4b (3d ed. 1940).

② McCormick, *Evidence* 626 (1954).

③ McCormick, *Evidence* 751 (2d ed. 1972).

④ G. &C. Merriam Co. v. Syndicate Pub. Co., 207 F. 515, 518 (2d Cir. 1913).

□ 抛弃剩余规则

这里论述的主要问题，在最高法院的一份判决意见中已经得到明确的承认。在 Ce-
929 ment Institute 案中，最高法院指出："禁止在刑事案件或者准刑事案件中采纳某些类型之证据的规则，在类似本案的程序中并不是决定性的，本案中委员会之裁决的效力不是惩罚被告过去的行为或者加重其责任，而是为了根据国会的一般性要求而阻止未来发生某些具体的行为。"①

□ 行政机关可以采纳传闻证据

在 Richardson v. Perales② 案中，最高法院拒绝适用剩余规则。Perales 因为背部受伤而申请残疾福利，五名专科医生（神经外科、神经内科、精神科、脊椎外科和康复保健科）对 Perales 作了检查并出具了书面报告。最高法院指出，"在五名专科医生的报告中根本并不存在矛盾之处"。听证审查官对于 Perales 所作出的不利的事实认定是基于这些专科医生（specialists）的报告，尽管这些医生并未作证。Perales 和他的私人医生则提供了不同的个人陈述和证言，并接受了交叉质证。最高法院对这一问题作了抽象的论述："当申请人反对专科医生的报告，并且唯一的一份证言是由他自己一方的证人提供的，并且与这些报告的结论相反时……这里的争点就是医生对于残疾福利申请人所作医学检查的书面报告是否构成'实质性证据'。"③

如果最高法院只是对这里所论述的争点进行裁判，其判决主旨将会是明确拒绝剩余规则。但是，本案的另一项事实遮蔽了其含义。按照行政规章的规定，申请人可以申请传票，而 Perales 在律师代理的情况下，并未申请对出具书面报告的医生签发传票。最高法院的推理中强调了申请人没有提出传票申请，使他无从抱怨自己被拒绝了对质和交叉质证的权利。最高法院指出，例如，"出具这些报告的医生是可以确定的，也接受传票和交叉质证程序的约束，但是申请人自己未曾享受这些权利的保障"④。

□ 要求交叉质证之权利的不确定性

最高法院对其判决主旨的总结明显区别于其对争点的表述：

我们认定，在持有执照的医生对申请人进行检查并在其执业能力的范围内出具的书面报告，可以在残疾福利听证程序中作为证据接收，尽管具有传闻证据的性质，并且未经交叉质证，也尽管提交了医生提供的反对性的直接的证言，以及申请人本人提供的证言，**当**
930 **申请人没有申请对出具报告的医生签发传票，从而为自己提供与医生进行交叉质证的权利时**，这一报告可能构成支持听证审查官作出对申请人不利的事实认定的实质性证据。⑤

从上述标注着重号的文字来看，这一判决主旨可以说直接抛弃了剩余规则。即使如此，这一判决主旨是，在申请人并未申请对报告出具人签发传票时，尽管未经对质和交叉

① FTC v. Cement Institute，333 U. S. 683，705-706.（1948）.

② 402 U. S. 389（1971）.

③ 402 U. S. at 390.

④ 402 U. S. at 407.

⑤ 402 U. S. at 402（着重号后加）。

质证程序，这些报告可能构成实质性证据；就这一点而言，该案抛弃了剩余规则。

不仅如此，这份措辞严谨的判决意见，其弦外之意在很多地方是与接受剩余规则相互矛盾的。例如，最高法院强调指出，法院已经承认书面医学报告的可靠性，承认它们属于传闻证据规则的例外，并且承认它们的证明力。最高法院如此问道："这类材料［以报告形式作出的医学证据］，如果是单独存在，并且存在相反的当庭提供的医学证据和病人的个人陈述时，它可以成为'实质性证据'吗？"① 最高法院表示其答案是肯定的。

□ 传闻证据可以成为实质性证据

对首席大法官 Hughes1938 年在 Consolidated Edison 案中所作评论——"仅仅是未经核实的传闻或者谣传并不能构成实质性证据"②，最高法院是如何处理的，这具有特别重要的意义。这一评论其实质就是剩余规则，并且对许多法官和行政官员产生了巨大的影响。最高法院在 Perales 案中所作的如下评论，降低了这段评论的重要性：

首席大法官在所引用的同一页里进行的对比，不是对于在司法程序中正式认定不具有可采性的材料，而是对于"不具有合理证明效力的证据作为基础"的材料。这不是最高法院全面抛弃行政机关采纳的传闻证据，而无论其可靠性和证明力。事实恰恰相反。③

对于 1938 年的这段论述所作的重新解释，本身就是一项具有重要意义的发展。

三位大法官在不同意见中指出，他们主张 Perales 有权要求与出具这些报告的医生进行交叉质证。联邦法律尚未给出明确答案的一项问题是：如果书面报告的作者不能参加交叉质证，这些报告能成为实质性证据吗？三位持不同意见的大法官明确作出了否定的回答——他们对这一问题进行讨论之后作出了否定的回答。即使抛开未经申请传票，Perales 931
案的多数意见足以支持这一判决。对于经过修正的事实，判决仍然可能是 6∶3。

□ 有关交叉质证权的值得质疑的判决意见

自 Perales 案发生以来，有的巡回法院已经裁决了该案留下的待决事项。在 Demenech v. HHS④ 案中，第十一巡回法院判定行政法官不仅滥用了裁量权，也因为拒绝批准申请人提出的对医学报告作者签发参加交叉质证的传票，并且完全采用这一报告为依据作出了对申请人不利的事实认定而违反了正当程序原则。在 Lidy v. Sullivan⑤ 案中，第五巡回法院更是往前迈出了一步。第五巡回法院判定一项行政规则违宪，该规则赋予了行政法官在证人"对于案件事实的充分陈述来说不具有充分合理必要性"时拒绝对其签发传票的裁量权。Lidy 案中法院认定行政裁决的当事人对于所有对其观点不利的证据都享有对质和交叉质证的绝对性正当程序权利。⑥

Demenech 案中问题的答案也许能证明是可行和可以辩护的。在有的情况下，医生的报告可能包含了如此不明确或者值得质疑的陈述，以至于对报告作者的口头询问是行政机

---

① 402 U.S. at 399.

② Consolidated Edison Co. v. NLRB, 305 U.S. 197, 230 (1938).

③ 402 U.S. at 407, 408.

④ 913 F. 2d 882 (11th Cir. 1990).

⑤ 911 F. 2d 1075 (5th Cir. 1990).

⑥ 另可参见 Wallace v. Bowen, 869 F. 2d 187 (3d Cir. 1989)（基于法定的理由作出相同的判决主旨）；Souch v. Califano. 599 F. 2d 577 (4th Cir. 1979)（拒绝残疾福利的决定被推翻，因为行政法官拒绝对可以解释作为拒绝决定之焦点的 X 光问题的医生签发传票）。

关采纳这一报告的必要前提。Lidy 案中所提供的答案是完全不可行的。正如§9.11所作的详细讨论，赋予对所有不利的医学报告作者进行交叉质证的绝对权利，将会对社会保障残疾福利项目造成灾难性的影响，却对于事实认定的准确性并无益处。事实上，规定这样一项权利，将会使得社会保障局不敢从医学专家那里获得尽可能多的信息，而影响了事实认定的准确性。

□ 最高法院重申了抛弃剩余规则

在 Waters v. Churchill[1] 案中，最高法院强调指出行政机关在发现需要相关事实才能确定政府雇员实施了宪法保护的言论，或者对于行政机关的职能来说如此具有破坏性的言论，以至于可以作出解雇决定时，可以不需要采用可以适用于初审的证据规则。最高法院指出，在涉及一封书信的内容时，如果该书信是可以获得的，行政机关采纳“不可靠的传闻证据”作为事实认定的依据是不合适的。对于在涉及宪法性事实的不合理的事实认定方法所作的说明，以及最高法院所作的陈述，即行政机关在认定宪法性事实时不必采用适用
932 于初审的证据规则，表明最高法院仍然坚持认为行政机关可以根据在具体情形中具有合理可靠性的证据作出事实认定，即使该证据在陪审团审理中根据《联邦证据规则》不具有可采性。

□ 有关传闻证据之利用的作为例证的案件

在 Perales 案之后的大多数案件都支持这样一项观点，即在陪审团审理的案件中不可采的证据不能成为实质性证据的规则不应当存在，但是证据的实质性应该取决于在案件整个背景中进行的评价而加以确定。在 Johnson v. United States[2] 案中，哥伦比亚特区巡回法院明确、雄辩和全面地抛弃了剩余规则，指出“这一规则不再具有控制力”。哥伦比亚特区巡回法院也指出：“我们已经抛弃了一种本身违法的进路（per se approach），即仅仅因为带有传闻证据的标签而将证据认定为非实质性的证据。”[3]

在 Echostar Communications Corp. v. FCC[4] 案中，哥伦比亚特区巡回法院支持了一项完全基于“缺乏佐证和未经证实的……传闻证言”的事实认定，因为这一事实认定具有“令人满意的可靠性指标……”

在 Holy Land Foundation v. Aschcroft[5] 案中，哥伦比亚特区巡回法院指出，外国资产管制办公室在确定一个组织是外国恐怖主义组织时可以采用传闻证据。

在 Honeywell International v. EPA[6] 案中，哥伦比亚特区巡回法院认为联邦环境保护局以州鱼类生物学家以及联邦超级基金的评估小组成员的传闻陈述为依据而认定超级基金

---

① 511 U.S. 661 (1994)，参见§9.5的讨论。

② 628 F.2d 187, 190 (D.C. Cir. 1980).

③ 另可参见§9.11讨论的 Felzcerek v. INS, 75 F.3d 112 (2d Cir. 1996)；§9.11讨论的 Calvin v. Chater, 73 F.3d 87 (6th Cir. 1996)；§9.11讨论的 Bennett v. NTSB, 55 F.3d 495 (10th Cir. 1995)；Gray v. Department of Agriculture, 39 F.3d 670 (6th. Cir. 1994)（支持完全依据传闻证据作出的事实认定）；In re Epstein, 32 F.3d 1559 (Fed. Cir. 1994)（支持完全依据传闻证据作出的事实认定）；Crawford v. Department of Agriculture, 50 F.3d 46 (D.C. Cir. 1995)（在行政罚款案件中支持了依据传闻证据作出的事实认定）。

④ 292 F.3d 749 (D.C. Cir. 2002).

⑤ 333 F.3d 156 (D.C. Cir. 2003)，参见§9.5的讨论。

⑥ 372 F.3d 441 (D.C. Cir. 2003).

污染场址（Superfund Site）下游一处位置存在渔业公司，这并不构成武断和恣意的决定。

在 People's Mujahedin Organization v. Department of State① 案中，哥伦比亚特区巡回法院支持了一项完全基于传闻证据作出的行政决定。这一案件非常不同寻常。法院没有对传闻证据进行评估，以确定其可靠性是否足以支持作出行政机关的事实认定。事实上，法院将这一“证据”的诸多内容描述为来自“未列名”的来源的“第三手的论述”，“其准确性无从评估。”综合该案争议的行政决定程序的三项不同寻常的特征，法院的判决是可以辩护的。首先，这一决定是在正当程序并不适用的背景下作出的。② 其次，行政机关关键 933
性的事实认定之一——该组织威胁国家安全——涉及法院并无能力评价的政治问题。③ 再次，法院的唯一任务是确定行政机关的事实认定是否缺乏“在提交法院的行政案卷……或者秘密信息中的实质性支持”。正如法院所承认的，其推理和结论并不是可以一般化而适用于绝大多数其他行政机关的决定。

在 Doty v. United States④ 案中，联邦巡回区上诉法院推翻了行政机关的一项事实认定，其依据完全是传闻证据与四位无利害关系证人的宣誓书存在矛盾。没有什么其他突出的单独判决。也许效力最强的判决是 Russell v. Secretary of HEW⑤ 案，即：“对申请人进行检查的医生出具的书面报告，可以构成《社会保障法》规定的残疾认定意义上的实质性证据。”类似的，在 Ressegiue v. Secretary of HEW⑥ 案中，纽约州东区联邦地区法院引用了 Perales 案，指出：“即使没有通过当庭作证进行支持，主治医生对原告之疾病出具的报告构成实质性证据。”

在 Curther v. Califano⑦ 案中，行政机关基于医生的书面观察记录作出了拒绝提供残疾福利的决定，但是第八巡回法院判定这一拒绝决定是建立在实质性证据基础之上，指出申请人有机会申请对该医生签发传票并进行交叉质证。

在 Generella v. Weinberger⑧ 案中，在一本医学专论中所作的论述是不可采的传闻证据，部分原因是当事人“并未同意所引用的出版物是得到医学领域的标准权威所承认的”⑨。宾夕法尼亚州东区联邦地区法院也判定未经事先告知而采用这本专论是“对原告交叉质证权的不正当限制”。

在 Pascal v. United States⑩ 案中，在解除其雇员的职务时，国内税务局获准采用书面的未经宣誓所作的陈述。联邦求偿法院指出：“在与本案类似的行政听证中，如果传闻证据足以让正常人相信，并且如果表明了对其可信度的充分保证，它就是可以采纳的。”

在 Hoonsilapa v. INS⑪ 案中，来自移民归化局的文件中的证据——也就是外国人的妻子所提交的签证申请表的内容——属于传闻证据，但是第九巡回法院判定：“如果传闻证据是有证明力的，并且采用该证据根本上是公平的，就可以采纳传闻证据……该证据符合了这一标准。” 934

① 182 F. 3d 17 (D. C. Cir. 1999).

② 参见§9.4 的讨论。

③ 参见§17.7 的讨论。

④ 53 F. 3d 1244 (Fed. Cir. 1995).

⑤ 540 F. 2d 353, 357 (8th Cir. 1976).

⑥ 425 F. Supp. 160, 163 (E. D. N. Y. 1977).

⑦ 584 F. 2d 1389 (8th Cir. 1978).

⑧ 388 F. Supp. 1086, 1090 (E. D. Pa. 1974).

⑨ 对比《联邦证据规则》803 (18)。

⑩ 542 F. 2d 1284, 1289 (Ct. Cl. 1976).

⑪ 575 F. 2d 735. 738 (9th Cir. 1978).

在 McKee v. United States[①] 案中，涉及的问题是一条马道偏离政府的土地，从航空器上拍摄的照片被提交作为证据，附有作者不明的标题。法院判定：“这些照片无论是否附有标题，都不是证明马道处于所声称位置的实质性证据。”联邦求偿法院引用 Perales 案，得出了如下观点：“在行政听证程序中，‘彻头彻尾的传闻’（rank hearsay）不仅根据可以适用的规章可以具有可采性，而且如果足以让正常人相信的话，可以构成实质性证据。”但是，考虑到当庭作证的证言不符合照片上的标题，法院判定认定这些照片具有足够的说服力。

之前发生的 Reil v. United States[②] 案具有相似性。一名政府雇员因为推销博彩而被解雇。一名联邦调查局的探员就 Bryne 告诉他的内容作证，不顾传闻证据的反驳，而 Bryne 以反对自我入罪特权为由拒绝回答任何问题。这里并不需要概括其他证据的内容，因为法院对于这一问题的处理路径是重要的。联邦求偿法院指出，传闻证据是否属于实质性证据，必须基于整体案卷进行评估，并且 Perales 案采纳了诸如行政机关“可以不相信当庭提供的医学证言，而采信传闻性质的医学报告”的理由。联邦求偿法院采纳了诸如“Bryne 案……并未总是异口同声”地判定证据不具有充分性，并且指出“我们并不是在确立一项规则……”

在 Fairbank v. Hardin[③] 案中，对经销商违法的事实认定，部分是基于对经销商之记录的总结。第九巡回法院支持了这一事实认定，只是评论指出经销商是可以获得原始记录的。法院的理由是有说服力的。

在 Martin-Mendoza v. INS[④] 案中，移民归化局的听证官在墨西哥与两名外国人会面，并作了安排以方便他们非法进入美国境内。第九巡回法院指出：“Lopez 是在 Martin 的汽车中发现的两名外国人之一。他向移民归化局作出了经过宣誓的陈述……Lopez 后来逃跑迄今不知去向。在首次听证中，Lopez 的陈述得到了政府探员的证明，而探员也作证称 Lopez 作出了这些陈述。这些陈述验证了另一名外国人，即作证并接受交叉质证的 Mendoza 所作的陈述。”法院没有说明仅有 Mendoza 的证言能否支持这一事实认定，指出 Lopez 经过宣誓所作的陈述是“显然具有证明力的”，因为它经过宣誓，经过核实后成为其陈述，而 Lopez 不知去向。

Blackwell College of Business v. Attorney General[⑤] 案的判决意见包含了值得质疑的
935 理由。移民归化局撤回了该学校经批准接受某些外国学生的法律地位。哥伦比亚特区巡回法院撤销了这一撤回决定，主要理由是没有经过充分听证。在规定在该案被发回重新审理之后移民归化局需要遵守的指南时，法院指出：“但是，如果为了支持认定违规而提出的材料属于传闻证据，该学院在否定这些证据的真实性时，如果愿意的话，应该有机会与提供该证据的个人进行对质和交叉质证，除非特定传闻证据，适合根据某些众所公认的传闻证据规则的例外进行审查。”[⑥] 传闻证据主要是已毕业学生的宣誓书。法院规定的指南是否有点过于严格？如果这些学生中某些人不能出庭，他们的宣誓书是否能够与其他证据一样被排除在考量范围之外？持不同意见的法官指出：“这些过去学生所提供的宣誓书是累积性质的。不仅如此，尽管学校可以得到这些宣誓书，学校并未以任何方式对宣誓证人的准

---

① 500 F. 2d 525 (Ct. Cl. 1974).

② 456 F. 2d 777 (Ct. Cl. 1972).

③ 429 F. 2d 264 (9th Cir. 1970).

④ F. 2d 918, 921 (9th Cir. 1974), *cert. denied*, 420 U. S. 984 (1975).

⑤ 454 F. 2d 928 (D. C. Cir. 1971).

⑥ Id. at 936.

确性提出质疑，或者作出任何努力，或者通过传票或者其他方式寻求他们作为证人出席或者采取证言。”[①]

在 Di Vosta Rentals, Inc. v. Lee[②] 案中，一部法律禁止任何阻塞可航行水域的行为，除非该行为得到陆军部长（secretary of the Army）的特别授权。部长在听取反对意见和口头陈述后，否定了适用例外。要求适用例外的申请人在复审法院声称某些反对意见是基于传闻证据的。第五巡回法院判定“在此类案件中……传闻证据规则的严格形式要求”并不适用。

第五巡回法院对是否可以基于传闻证据作出事实认定的问题作出了两种不同的判决。在 School Board of Broward County, Florida v. Department of HEW[③] 案中，“我们认定在合适的情形中，传闻证据单独存在时，可以在行政案件中成为实质性证据，在本案的记录中存在着支持教育局长（the Commissioner of Education）所作事实认定的实质性证据”。第五巡回法院在判定支持要求教育委员会（school board）向健康、教育和福利部返还基于紧急学校援助项目所支付的所有经费的命令时，也作了同样的评论，尽管其证据是某教师举报一所学校的代表的谈话内容。“我们认定，在现有的案卷中缺乏相反的证据，这大大有助于支持这样一项事实认定，即传闻证据构成实质性证据。”[④] 但是后来在 Bthlehem Steel Corp. v. Clayton[⑤] 案中，第五巡回法院判定剩余规则仍然有效，因为法院遵循了它自己在 1951 年所作的判决，就判定根据《码头和港湾工人赔偿法》（the Longshore and Harbor Workers' Compensation Act）所作出的给付赔偿金判决不能基于医生的书面报告。 936
第五巡回法院所作的评论——最高法院在 Richardson v. Perales[⑥] 案中并未否定第五巡回法院对合理程序的分析，但是“根据案件事实得出了不同的结论”——显然是错误的；最高法院在 Perales 案中推翻了第五巡回法院对这一法律规则的观点。Bethlehem Steel 案不是可靠的权威依据。

在 NLRB v. Process and Pollution Control Co.[⑦] 案中，当 B 是在举行听证程序的城市，本来可以传唤其作为证人时，允许 A 就 B 与 A 的谈话内容进行作证被判定是错误的。但是，第十巡回法院补充指出，在本案中没有其他错误，而“仅有这一错误并不会要求发回重新审理”。

以报纸叙述的内容之形式出现的传闻证据能否支持某联邦雇员谋杀其情妇的事实认定？在 Wathen v. United States[⑧] 案中，当这一传闻证据得到调查性报道的支持，并且“该联邦雇员当时、现在都没有否定发生枪击时”，对于解除该联邦雇员之职务的目的而言，其答案是肯定的。联邦巡回区上诉法院也引用了联邦求偿法院先前作出的两项判决，宣布“传闻证据可以成为支持行政裁决的实质性证据”。

在 Zannino v. Arnold[⑨] 案中，第三巡回法院在调查“美国假释委员会（U. S. Parole Board）拒绝假释的理由说明中所体现的结论是否可以在案卷中找到合理依据作为支持”时，对报告进行了审查，并且判定：“尽管它们属于传闻证据，但是可以被合法地纳入美

---

① Id. at 940.
② 488 F. 2d 674. 680 (5th Cir. 1973).
③ 525 F. 2d 900 (5th Cir. 1976).
④ Id. at 900, 907.
⑤ 578 F. 2d 113 (5th Cir. 1978).
⑥ 402 U. S. 389 (1971).
⑦ 588 F. 2d 786, 791 (10th Cir. 1978).
⑧ 527 F. 2d 1191. 1199 (Fed. Cir.. 1975), *cert. denied*, 429 U. S. 821 (1976).
⑨ 531 F. 2d 687, 692 (3d Cir. 1976).

国假释委员会的考量范围。”

在 Teamsters Local Union 769 v. NLRB[①] 案中，哥伦比亚特区巡回法院指出，国家劳动关系委员会“具有一定的裁量权，可以采纳在法院中不具有可采性的证据”。法院在一项脚注中支持了这一论述，即法律规定的国家劳动关系委员会应当“尽可能务实……根据证据规则进行”听证，已经被“自由地”（liberally）解读。法院在该案中引用了四起案件。

§ 10.5 立法性事实的证明

□ 证据规则适用于立法性事实

证据规则无论是复杂和排除性的，如《联邦证据规则》；还是简单和实用主义的，如《行政程序法》，都是只对裁决存在争议的裁决性事实问题的过程具有重要意义。裁决性事实通常回答的问题是谁在何时、何地、如何、为何，以及出于何种动机或者意图而实施了何事；裁决性事实大致属于在陪审团案件中接受陪审团裁决的这类事实。证据规则并未限
937 制法院或者行政机关可以用于裁决立法性事实争议的材料种类。立法性事实通常并不涉及直接的当事人，而是帮助裁判机构裁决法律、政策和裁量问题的一般性事实。

□ 对立法性事实与裁决性事实之间区分的承认

有关立法性事实与裁决性事实之区分存在大量的权威依据，最佳的权威依据是数百年来法院习惯性做法的司法承认。从普通法产生之初，法院为了思考法律或者政策问题即四处寻找事实。Mamfield 勋爵在 1761 年的一份判决意见中所作的陈述，说明了这项存在已久的做法：“我……通过与经验丰富的绅士们交谈而尽力帮助自己进行调整。”[②]《最高法院判例汇编》（U. S. Reports）的每一卷都包含了作为最高法院思考之一部分的案卷外事实。除了这一做法之外，还有国会制定了《联邦证据规则》第 201 条[③]，将其术语限定为“裁决性事实”。

在 Association of National Advertisers, Inc. v. FTC[④] 案中，哥伦比亚特区巡回法院指出：“立法性事实和裁决性事实已经在本巡回法院内外得到广泛接受”。该法院从第二、第五、第六、第八、第九和哥伦比亚特区巡回法院的判决中引用了 11 段文字作为对其说法的支持。在 Friends of the Earth v. Reilly[⑤] 案中，哥伦比亚特区巡回法院重申了对这一区别的高度信赖。我们还可以从所有巡回法院的判决中再信手拈来地收集一百段引文，但是这并无多少实益，因为没有一家法院审议过这一区别并予以否定。趋势是未加讨论而直接推定存在这一区分。例如，Rehnquist 大法官就比较随意地指出：“正如 Holmes 大法官所

---

① 532 F. 2d 1385, 1392 n. 30 (D. C. Cir. 1976).

② Lewis v. Rucker, 97 Eng. Rep. 769, 772 (K. B. 1761).

③ 88 Stat. 1930 (1975).

④ 627 F. 2d 1151, 1161 (D. C. Cir. 1979).

⑤ 966 F. 2d 690 (D. C. Cir. 1992).

承认的，立法性事实的确定并不必然意味着与确定裁决性事实相同的考虑。”①

□ 区分的理由

采取这一区分的理由同样大量存在。在讨论这一区分的理由时，需要讨论两项问题：(1) 需要某些区分吗？(2) 如果需要此类区分，其界限在哪里？对于前一项问题提供肯定答案，这是大家所普遍接受的，但是对于第二项问题的答案现在则远未达到确定的程度。对于在哪里划定界限的理解还可以更进一步。但是，现在某种程度上不确定的界限不得不优先适用，除非提出令人满意的替代方案，而且目前还没有人提出言之成理的替代方案。

□ 法院通常会在没有证据的情况下裁决立法性事实

法院的习惯性做法表明某些此类区分是必要的。数个世纪以来存在的传统是法院不能在没有证据，也未经提供反驳和交叉质证机会的情况下对事实争议作出裁决。但是，当法 938
院面对的是法律问题或者政策问题，而需要事实以引导其作出判断时，法院就可以四处寻找其需要的事实。法院在法律和政策问题上运用智慧，但是所需要的智慧是由诸如对具体事实的知识，对一般性事实的理解，对试图裁决类似问题的先前经验，科技信息，诸如评价、估计或者猜测的精神过程，提出政策概念，想象、发明、直觉、受控情况反应等各种无法确认和分离的要素所组成。因为人类思想的内在性，如果不采用多种上述要素，就无法制定法律或者政策，也无法让所有这些要素整合到当事人提供的证据案卷之中。对于法律或者政策具有创造性思维的法官，就不能将其思想限定于当事人所准备的正式的证据案卷之中。

□ 最高法院并不将自己限定于证据案卷

任何阅读最高法院判决意见的人都应该明白，报告自己对于法律或者政策问题之思考的大法官们没有、不能、也不应该将自己限定于在具体的案卷中所出现的事实。Holmes 大法官在一份为最高法院出具的判决意见中挑明了真相：“法院可以只声称它所认为适合作为确立法律规则之依据的任何事实。”② 最高法院曾经基于没有案卷支持的确信——假定诱使面包购买人“误认为是 1 磅重的面包，而拿走了 9.5 或者 10 盎司的面包”会存在任何危险，是违背通常经验和不合理的——判定州法律违宪，即使在 Brandeis 大法官的不同意见详细总结了相反的案卷外事实（extra record facts)。③ 与工会制定了口头的集体协议，但是为了确定拒绝订立书面协议的雇主是否存在实施了不当劳动行为的过错，最高法院在案卷之外查阅了教科书等各种出版物以证明集体协商的目的一直以来都是签署书面协议。④

□ 法院依赖案卷外材料裁决立法性事实的争议

在一份对有关酗酒是否属于疾病的问题以 5∶4 作出的判决中，判决意见里采用了大

---

① Concerned Citizens of Southern Ohio, Inc. v. Pine Creek Conservancy District, 429 U.S. 651, 657 (1977).

② Chastleton Corp. v. Sinclair, 264 U.S. 543, 548 (1924).

③ Jay Burns Baking Co. v. Bryan, 264 U.S. 504, 517 (1924).

④ H. J. Heinz Co. v. NLRB, 311 U.S. 514 (1941).

量案卷外事实。① 尽管第二巡回法院指出“没有人可以如此天真地相信仅有 5 000 个用户的小型咨询服务机构”可以影响大型企业的股份在证券交易所的市场价格，最高法院还是
939 引用了一篇法律评论上发表的文章中的事实陈述而作出了相反的判决。② 堕胎案件的判决意见很大程度上依赖案卷外的事实，只有其中一部分是在法律意见书之中。③

大法官们经常承认需要在案卷之外寻找立法性事实。Frankfurter 大法官承认指出：“现在要求判决的各类案件，在很大程度上要求对远远超出法律报告和其他法律文书的卷帙浩繁的文献进行调查。”④ Brennan 大法官在 1963 年 10 月 6 日的《纽约时代杂志》（the New York Times Magazine）上指出：“撰写一份判决意见需要耗时数周甚至数月。最为艰苦的研究和需要担心的问题是涉及……最高法院的案件常常要求对于历史、经济和社会科学和其他科学有某种程度的熟悉……”

采用案卷外事实裁决法律和政策问题的司法实践已经得到稳固确立。法律职业群体都已经接受了这一做法并且没有提出质疑。证据学领域的顶尖法律学者也承认了这一做法并且没有提出质疑。最深刻的见解当推 Thayer 在《证据学导论》⑤ 中所作的评论：“与其他推理一样，司法推理的过程不是在未经推定某些未经证明的事项而可以采取的一项步骤。”超过百年之后，甚至没有人试图推翻这一深刻的观察结论。由此必然可以推出诸如裁决性事实与立法性事实之间的某种区分，因为司法推理可能会受未经证实的事实的指引，但是有关当事人的存在争议的事实则必须得到证实。

Wigmore 某种程度上因为这种司法实践而感到困惑：“在对普通法律问题进行上诉审查的过程中，现代的符合现实的分析结果已经向我们显示，有的时候要处理真正的问题……那么，如果我们假定……最高法院有权自行查找超出司法认知范围之外的事实证据，并确定和认定这些事实以满足得出法律结论的目的，那么最高法院应该在查找证据的过程中遵循何种证据规则？……所有这些都是尚未得到法院回答的新问题，但是肯定会在不久的将来得到答案。”⑥ Wigmore 本来更好的说法应该是，有一项问题是通过采用案卷外事实而不受“证据规则”之任何限制的普遍方式而“得到法院的答案”。McCormick 所著的《证据》一书中采用了现在作者的观点：“查找立法性事实的……通常手段不是通过宣誓证人和经过验证的材料提供的正式证明，而是通过司法认知的过程。”⑦ McCormick
940 直接明确指出，经过认知的事实并不必然是“确定和无争议的”。

裁决性事实和立法性事实之间的区分是基于实然问题，而不仅仅是某些人对应然的认识。数百年来的司法实践支持了此种区分的需要：法院并不采用有关当事人的案卷外事实，除非这一事实是没有争议的，但是为了发展法律或者政策的目的时，法院可以自由采用案卷外事实，而无论是否存在争议。

□ 如何区分立法性事实与裁决性事实

如果诸如裁决性事实和立法性事实之类的区分是必要的，并且有必要得到普遍承认，

---

① Powell v. Texas，392 U. S. 514 (1968).

② SEC v. Capital Gains Research Bureau，375 U. S. 180 (1963).

③ Roe v. Wade，410 U. S. 113 (1973)；Doe v. Bolton，410 U. S. 179 (1973).

④ Ferguson v. Moore-McCormack Lines，352 U. S. 521，547 (1957).

⑤ Thayer，*A Preliminary Treatise on Evidence* 279 (1898).

⑥ 1 Wigmore，*Evidence* 145-146 (3d ed. 1940).

⑦ McCormick，*Evidence* 705 (1954).

那么剩下的问题就是应该在哪里划定界限。这一问题显然要难得多。

对于应该在哪里划定界限的问题，最受尊重的判例是在审查行政行为时采纳了裁决性事实与立法性事实之间区分的众多司法判决意见。①

无论是最高法院还是任何其他法院，都未曾对立法过程中的使用案卷外事实之主题作出过明确的判决。最接近的进路可能是大法官 Brandeis 所撰写的不同意见，他承认：

我所提到的许多证据并不在案卷之中……最高法院应当求取知识，并且在我看来，在需要实施本案所涉及的复杂任务之时，必须进行司法认知……从最好的角度上讲，我们的职能是要根据可能让我们增长知识和加深理解的所有事实，确定具体措施……是否超越了理性的限度。②

这一区分是难以划定其边界的；但是几乎每项法律分类都具有这样的特征。一定程度的模糊，可能肯定是可取的。在答案并不明确的时候适用这一区分的最佳判决，应该根据问题所处背景作出，特别是包括分类的后果。

裁决性事实与立法性事实的区分，应当在本质上属于有关具体直接的当事人的事实，和所有其他事实之间的区分。裁决性事实是涉及具体当事人的，因而通常是具体的；立法 941
性事实则通常是一般性的，具有比行政机关或者法院所受理争议更广泛的意义。

Friendly 法官强调了个体化的事实与一般性事实之间的区别，后者可以帮助裁判机构确定政策或者宣布法律规则：

当涉及的争议是 John 是否杀害了 Mary，或者是 John 是否向 Mary 作出结婚承诺之时，通常应当获得一定程度的确定性，并且不遗余力地实现这一点。有的行政案件，例如撤销飞机驾驶员的执照或者特定不当劳动行为的案件，可能提出这类问题。但是，任何人都不可能完全准确地预测未来几年两大洲之间航空旅行的流量，更不必说在不同航空公司之间的划分，或者经营一条管道的收入和支出会是如何。当案件中只有表象时，行政机关应当更进一步限制当事人和行政机关工作人员为了获得准确性的表象而进行耗时的努力。③

在一份正式的判决意见中，Friendly 法官提出了基本相同的观点：

当行政机关是基于对情况了解最多的当事人个人的特殊情形而作出裁决时，裁决性听证可以发挥重要的作用。但是，与本案一样，在政策是基于某一行业的一般性特征而制定之时，要求行政机关让自己陷入追寻细节的迷思之中，这常常会让根本问题变得模糊而非清晰，从而无助于理性的决定。④

Friendly 法官的这两段论述构成了区分裁决性事实与立法性事实的一项主要标准。

当然，在难以分类的任何时候（正如法律分类总是难以划定界限），不应仅仅通过文字分析，还应根据区分的目的作出选择。对目的进行理解，最好重新回到 Londoner v. Denver⑤ 案和 Bi-Metallic Inv. Co. v. State Board of Equalization⑥ 案。在 Londoner 案中，最高法院判定，在为了铺设街道而进行的评估（assessment for paving a street）取决于土

---

① 例如，参见 Leventhal 法官在 American Airlines v. CAB，359 F. 2d 624（D. C. Cir.），*cert. denied*，385 U. S. 843（1966）中的判决意见，以及 Friendly 大法官在 Zamora v. INS，534 F. 2d 1055（2d Cir. 1976）的判决意见。亦可参见 Association of National Advertisers，Inc. v. FTC，627 F. 2d 1151，1161（D. C. Cir. 1979）所整理的 6 家巡回法院所审理的案件。另可参见 Louisiana Ass'n of Indep. Producers v. FERC，958 F. 2d 1101，1113（D. C. Cir. 1992）（正当程序要求口头举证式听证，排除对单方沟通的考量，只有在存在争议的问题涉及证人可信度或者既往活动的问题）。

② Jay Burns Baking Co. v. Bryan，264 U. S. 504，533-534（1924）.

③ Henry J. Friendly，*Benchmarks* 72（1967）.

④ WBEN v. United States，396 F. 2d 601，618（2d Cir.），*cert. denied*，393 U. S. 914（1968）.

⑤ 210 U. S. 373（1908）.

⑥ 239 U. S. 441（1915）.

地的价值时，土地所有人有权对其“证明”要求听证。在 Bi-Metallic 案中，最高法院支持
942 了在对 Denver 市所有应税财产评估增加 40%之前拒绝举行听证。Holmes 大法官将该案与 Londoner 案进行了区分，指出在 Londoner 案中少数人是“受到特别大的影响，每起案件都是基于单独的依据。”[1] 其关键是存在或者缺乏“单独的依据”。

□ 对于这一区分的批评

考虑批评这一区分的两名反对者的观点，对理解这些术语的含义也会有所帮助。[2] 这两名评论者采取了正确的立场，即立法性事实通常可以分解为作为其构成要素的（constitutent）涉及直接当事人的具体和范围有限的事实。Nathanson 教授指出，如果问题是“能否允许上调主要铁路的一般性的运费，”其决定当然应该是“由委员会在审判型听证中作出。”[3] Robinson 认为，对于去混合化（deintermixture）是否属于正确的政策的问题，可能会被视为“一般性”事实，但是“对这些问题进行更具体的描述是同样简单和符合逻辑的”，因为“关于去混合化的一般性‘立法性’问题可以分解为一系列涉及直接当事人及其具体‘活动、商业和财产’的离散性的调查”[4]。

两位评论人的逻辑是正确的，但是结论却是错误的。是否允许一般性的运费上调或者去混合化，可以分解为作为其构成要素的裁决性事实，但是出于某些目的则不能进行分解。要回答一项全行业性的问题，需要了解行业相关的事实：有关每家公司的事实可能是无用的，甚至是碍事的。如果法院或者行政机关制定调整涉及一百家公司的行业的法律规则，有用的事实是以这一百家公司为一个整体的事实，而不是每家公司的事实。有关这个整体的事实是立法性的，即使它们是有关每家公司的裁决性事实的集合。

即使 Robinson 教授的观点——对于涉及每家公司的每次详细的阐述（refinement）将会促成更准确的决定——是正确的，在政府监管的现实世界中，评估可能会更优于准确的答案，因为它需要的花费更少，并且能够立即满足需要。在行政机关通过裁决程序对有关一家行业的相关事实作出决定之前，这些事实很可能已经发生明显变化。

Nathanson 指出“当然”需要对一般性运费上调的问题举行审判型听证。他在 1961 年写作该论文时，法律是支持他的观点的。但是，到了 United States v. Florida East Coast R.[5] 案时，法律对程序所作的规定则是适合于提出立法性事实而非有关每家公司的裁决性
943 事实。最高法院反驳了这一主张，即一般性运费上调需要举行口头举证式听证。

□ 行政机关很适合于解决立法性事实争议

与证据规则和立法性事实有关的最佳判决意见是在 Usery v. Tamiami Trail Tours, Inc.[6] 案。该案可能是同类中绝无仅有的，并且很可能会成为未来法律规则的基础。劳工部长对一家公共汽车公司提起诉讼，以禁止在雇佣司机中歧视超过 40 岁者，认为这一行

---

① 239 U. S. at 446.

② Nathanson, “Book Review”, 70 *Yale L. J.* 1210 (1961); Robinson, “The Making of Administrative Policy”, 118 *U. Pa. L. Rev.* 485, 503-506 (1970).

③ 70 *Yale L. J.* at 1211.

④ 118 *U. Pa. L. Rev.* at 504.

⑤ 410 U. S. 224 (1973).

⑥ 531 F. 2d 224 (5th Cir. 1976).

为违反了《1967年反年龄歧视法》（the Age Discrimination Act of 1967）。这家公司提出的抗辩理由是该法律规定在属于特定行业的正常经营所必需的善意的（bona fide）职业资格要求时，允许规定年龄限制。该公司提交的一份证人证言指出，对于跨城市的公交司机来说年龄因素是合理和必要的雇佣条件。地区法院也作出了同样的事实认定，而第五巡回法院判定这一事实认定并不存在明显的错误。

这项判决并不是非常具有启发性或者令人兴奋的。但是，代表法院撰写判决意见的Brown法官受此鼓舞而撰写了一份协同意见。因为只代表他本人，所以他出具的判决意见大胆和有想象力，比联邦法院通常所作的分析更为深刻。他首先指出："我担心的不是地区法院法官以不充分的证据作为事实认定的依据，而是最高法院对诸如此类的关键问题作出裁决之前是否可能从所有最佳可得的渠道获得信息。"[1] 他首先对传统提出了质疑，这一传统就是法院只负责根据当事人所提交的证据作出裁判。他指出："这里理想的解决方案不是直截了当的确认，而是由最高法院要求交通部——被特别赋予调查所需资源的行政机关——听证并对这些疑难的交通问题进行裁判，让它能够根据首先管辖权原则表明其官方态度，从而可以提供进一步的信息和指引。"乘客的安全利益需要与年龄超过40岁者的劣势之间进行权衡。面对有限的案卷，一位地区法院的法官，需要获得行政机关在其领域内提供的帮助，并且参与更合适于裁决立法性事实的程序。通过这一进路，Brown法官令人信服地证明了适用首先管辖权原则的需要。[2]

Brown法官接着讨论了直接相关的问题，即："诸如雇佣的年龄条件等具有决定的因素之确定，具有如此的普遍适用性，以至于相比法院根据传统的对抗式的证据规则，无论审理的时间有多长，只能根据有限的案卷，具有更广泛调查权的行政机关应当更适合于评估各项正反因素。"[3] 他接着在脚注50中指出：

> 这份案卷说明了与范围更广的行政听证相比，传统的法院基于案卷审理的对抗式程序存在不足。除了其专家证人的证言之外，政府还提出了28份权威学者关于衰老对功能性 944
> 能力之影响的不同研究成果。尽管这些文章很多都包含了众多科学研究和分析的结论，与所审查的问题相关，也具有直接影响，初审法官还是感受到了更占上风的证据规则的压力，而维持了对于其中18份文件提出的反对意见。

拒绝采纳证据的裁定是根据《联邦证据规则》规则803（8）（C）和803（18）作出的。这些证据规则限制了政府报告和学术成果的可采性。[4] 这些规则对于司法决定过程产生一种有趣的反讽。初审法官在审查证据时需要回避巡回法院法官和最高法院大法官常常用于支持他们对有关立法性问题所下结论的研究和报告。这一反讽可以用于强调本节的基本论点的真相：证据规则是为了裁决性事实的证明而设计的，它们并不适用于行政机关或者司法机关对立法性事实的确定。

□ 行政机关相对于法院的优势

Brown法官指出："法院的判决……跨州公交司机的规定的雇佣年龄条件是否可以接受，就其具有的全行业性影响……之意义的实际效力而言，是一项立法判断。"[5] 他接着将

---

① 531 F. 2d at 239.

② 参见第14章。

③ Id. at 243.

④ 参见Pierce, "Admission of Expert Testimony in Hearsay Form", 17 *Forum* 500 (1981)。

⑤ 531 F. 2d at 244.

裁决性事实与立法性事实之间的区分作为“类比”，指出：

原则上，提出制定法律或者政策，或者指导规则制定裁量权的运用，是不需要采用审判的方法。正如本案，与法院不同，行政机关不需要受严格的证据规则的束缚而局限于案卷。充分利用交通部的首先管辖权，也可以确保最高法院在努力对这一疑难案件作出正确判决时可以从行政机关与公路汽车运输司机安全直接相关的观点中受益。在决定这样一项疑难的问题时，裁决者不应该和下面提到的法官一样，被置于需要从汽车运输安全管理局（Bureau of Motor Carrier Safety）的副局长的正反观点中作出选择的困境之中，该局的副局长作为证人，支持了政府的立场，但是他的前一任副局长同样代表汽车运输商作为专家
945 证人提出反对意见。[1]

我们的法律制度将是否可以基于安全要求而禁止 40 岁以上的人成为公交司机的问题交给一名法官来评判，这是有问题的。显然，任何此类问题适合通过规则制定程序这一政府机制来确定答案。但是，如果这一问题是交给法官根据初审案卷作出判决，正如实际发生的那样，Brown 法官的观点——法院不应该在未经了解交通部的诉讼立场和考虑相关的“科学研究和分析”就作出决定，即使“这些”证据规则排除了这些材料——是正确的。

□《联邦证据规则》不适用于立法性事实争议

Brown 法官提出了一项重要观点，即：“原则上，提出制定法律或者政策，或者指导规则制定裁量权的运用，是不需要采用审判的方法。”[2] 在它们所处的背景中，这些文字意味着适用于有关当事人之事实的证据规则并不适用于为了制定法律或者政策而采用的事实。这意味着类似《联邦证据规则》规则 803（8）和 803（18）并不适用于立法性事实。《美国最高法院判例汇编》（U. S. Reports）的每一卷都可以说明这一论述的真实性。最高法院常常采用案卷外事实支持自己对立法性事实问题所下的结论。[3]

§ 10.6　司法认知和行政认知

在缺乏证据支持时，法院或者行政机关可以分别对事实采用司法认知（judicial notice）或者行政认知（official notice）的方法作出事实认定。但是，这两种形式的认知在可以采用的情形以及认知过程的程序保障上存在不同。我们如果不首先理解立法性事实和裁决性事实之关键性区分[4]，就无法理解司法认知或者行政认知的概念。对立法性事实进行认知，是而且也应当是比对裁决性事实进行认知更为容易。有关行政认知的规则远远优先于有关司法认知的规则，因为《联邦证据规则》的起草者们没有理解立法性事实和裁决
946 性事实区分的意义。

---

① 531 F. 2d at 245-246.

② 531 F. 2d at 245.

③ 例如，Matsushita Elec. Industrial Co. v. Zenith Radio Corp.，475 U. S. 574（1986）（采用了有关市场运行的若干书籍和文章）；United States v. Leon，468 U. S. 897，907 n. 6（1984）（采用了法律评论上发表之文章中的估算值）；Ballew v. Georgia，435 U. S. 223，231-232 n. 10（1978）（采用了 19 项研究）；Roe v. Wade，410 U. S. 113（1993）（采用了众多医学教材）。

④ 参见§10.5 的讨论。

□《联邦证据规则》只适用于对裁决性事实的认知

《联邦证据规则》第 201 条也规定了法院可以对裁决性事实进行认知的极其少数的一些情形：

(a) 本规则只调整对裁决性事实的认知。

(b) 经过司法认知的事实必须是不存在合理争议的事实，要么是 (1) 在初审法官之地域管辖权范围内众所周知的，要么是 (2) 能够诉诸不能合理质疑其准确性的来源而作出准确和迅速的确定……

(e) 当事人可以有权通过及时提出申请，获得对采纳司法认知的合适性和主要内容进行听证的机会。在未获事先告知的情况下，这一申请可以是在采取司法认知之后提出。

《联邦证据规则咨询委员会评注》(The Advisory Committee's Note) 将“裁决性事实”定义为“有关直接当事人的事实”。

□《联邦证据规则》不适用于对立法性事实的认知

《联邦证据规则》中没有一项规则描述法院可以对立法性事实进行司法认知的情形或者进行司法认知时的程序。这就让法官需要在以下两个选项中作出选择：(1) 对立法性事实适用本来只是针对裁决性事实而设计的规则；(2) 以他选择的任何方式对立法性事实作出决定。大多数情况下，法官采用的是第二个选项，但是有的时候法官也会选择第一个选项。在这两类案件中，相当多的情况下，法官甚至没有意识到他们是在对立法性事实进行司法认知。

□ 根据《行政程序法》进行的行政认知

《行政程序法》在 § 556 (e) 中对行政认知作出了如下规定：“当行政裁决取决于对证据案卷之外的重要事实的行政认知时，当事人有权通过及时提出申请，获得证明相反事实的机会。”与《联邦证据规则》第 201 条不同，《行政程序法》§ 556 (e) 适用于所有存在争议的重要事实，无论是裁决性事实还是立法性事实。该条规定对于进行认知的标准和程序所作的描述具有足够的弹性，可以允许行政机关的裁决者根据争议事实的性质而采取不同的行政认知的方法。§ 556 (e) 只适用于正式裁决，但是它所体现的一般原则适用于所有类型的行政程序，包括非正式的规则制定。①

□ 所有法院和行政机关都对立法性事实进行认知

在所有法院和行政机关进行的裁决活动中，司法认知和行政认知历来都是存在的。任何一位法官或者行政官员考虑任何事实、法律、政策或者裁量问题时都不可能不采用案卷外事实。甚至“这些”(the) 的文字含义是也是来自案卷之外的。任何人的思想都涉及他之前的理解、经验，不仅包括推理能力，也包括对一般性事实的了解。 947

法官或者行政官员思想之中的事实，是与理解和思维过程结合在一起的；一个需要作出裁判的人，必然要采用他知道并且认为是相关的事实，无论这些事实是否存在于特定案

---

① 参见§7.3、§7.5。

件的案卷之中。“作为陪审团成员的农场主不会受他知道或者认为不正确的有关农业的观点证据之影响。药师、机械师或者医生同样不会。”① 当评估委员会对财产价值进行的评估，因为委员会的成员采用了自己的知识而遭受质疑时，Holmes 大法官观察到很多诚实和明智的判断“体现的是经验直觉，摆脱了对众多不具备和相互交织的印象进行的分析和归纳……该委员会的设立目的就是为了利用它的判断和知识”②。哥伦比亚特区巡回法院驳回了一项主张，即规制机构不能在没有证据支持的情况下“认定”边际成本定价法可以促进经济效率。法院将其与万有引力定律作了类比：行政机关不需要“先做实验才能采纳石头没有支撑将会坠落的预测”③。任何一位经验丰富的律师在思考这一问题时，他基于自己的学识就很可能会发现，法官和行政官员所采用的案卷外事实远远超过司法判决意见所正式承认的范围。

□ 司法认知史

20 世纪的司法认知史有些离奇。20 世纪初的理解水平可能已经超过了 20 世纪中期的理解水平，而法官的理解水平整体上超过了一些伟大的法律改革组织的理解水平。在 1898 年，Thayer 阐述了一项特别的洞见，即司法认知“在称职的法官手中将是一项强大的工具，但它被运用的频率并未达到应有的程度……不进行司法认知，往往会让法院的审理活动陷入技术细节和可怕的冗长状态”④。Wigmore 接受了这一观点，指出司法认知“是迄今为止法官所未曾想象到的一项有用的工具。我们应该自由地运用这一工具，以避免因为司法程序的人为因素导致的无能而造成没有必要的司法失灵（failures of justice）”⑤。

Thayer 和 Wigmore 的思想本来可以产生良好的制度，但是事实并非如此。相反，出现了以下两项重要的发展：（1）法院自由和公开地对立法进行司法认知，包括对值得质疑甚至存在争议的事实进行司法认知，而常常并未提供任何程序保障；（2）一些重要的法律
948 改革组织，完全忽略了法院对立法的司法认知实践，而是提出了一些重大建议，将他们所谓的“司法认知”限定于无可置疑的事实。

□ 有关司法认知的困惑

美国法学会（the American Law Institute）在 1942 年提出了《示范证据法典》（the Model Code of Evidence），而统一州法委员会（the Commissioners on Uniform State Laws）在 1953 年提出了《统一证据规则》（the Uniform Rules of Evidence）。这两项文件都将“司法认知”规定限定于无可置疑的事实；它们都不承认有关当事人的事实与立法过程中采用的事实之间的区别。但是，数百年来英美两国的法院限制自己采用有关当事人的事实，而自由地采用案卷外事实以决定法律、政策或者裁量的问题。在创设某些商法规则时，Mansfield 勋爵在一份正式判决意见中承认：“我……通过与经验丰富的绅士们交谈而尽力在调整过程（adjustments）中获得帮助。”⑥ 早在 1908 年，Holmes 大法官就指出：

---

① McCarthy v. Industrial Commission, 194 Wis. 198. 215 N. W. 824 (1927).

② Chicago, B. & Q. Ry. v. Babcock. 204 U. S. 585, 598 (1907).

③ Associated Gas District v. FERC, 824 F. 2d 981. 1008 (D. C. Cir. 1987).

④ *A Preliminary Treatise on Evidence at the Common Law* 300 (1898).

⑤ 9 Wigmore, *Evidence* 585 (3d ed. 1940).

⑥ Lewis v. Rucker, 97 Eng. Rep. 769, 772 (KB. 1761).

"当法官需要宣布某一法律规则时，他必须知道或者发现确立这一法律规则的事实。"① 他后来指出："法院可以说明他认为只是确立某一法律规则的依据的任何事实。"② 显然，无论是 Mansfield 勋爵还是 Holmes 大法官，都不会采纳对当事人是否实施了所指控行为这一争议问题适用案卷外信息。其他法官整体上也理解区分有关当事人的事实与立法过程中的事实的必要性。但是，《示范证据法典》和《统一证据规则》却并未承认这样的区分。

部分出于对《示范证据法典》的不满，Kenneth Culp Davis 在 1942 年主张裁决性事实是"有关直接当事人的事实"，而立法性事实"用于告诉法官有关法律和政策问题的立法判断"并且"法院整体上已经将立法性事实与裁决性事实进行区别对待"③。美国法学会和统一州法委员会都反对这一观点，于是 Davis 提出了更细致的反对意见④，其核心内容就是这两家组织对于法院实际的做法视而不见。

□《联邦证据规则》不适用于对立法性事实的认知

这一反对意见逐渐产生影响。在 20 世纪 60 年代，法院纷纷开始承认裁决性事实和立法性事实之间的区别——有关当事人的事实和立法过程中采用的事实。到了 1970 年，最高法院的联邦证据规则咨询委员会认为它不能忽略这一区别并且采纳了这一区别。但是，
它的做法是拒绝以任何方式提到对立法性事实的司法认知。即使对立法性事实的司法认知 949
的发生频率也许是对裁决性事实的司法认知的一千倍之多，它还是将《联邦证据规则》第 201 条的司法认知规定限定于裁决性事实，并在解释性评注中指出："没有一项规则涉及对'立法性事实'的司法认知。"最高法院和国会都以这种形式采纳了《联邦证据规则》第 201 条。没有一部联邦法律，也没有一项民事或者刑事程序规则调整对立法性事实的司法认知。

□ 法院对于《联邦证据规则》第 201 条的意见存在普遍的混乱

即使《联邦证据规则》第 201 条从其规定本身来看并不适用于立法性事实，大多数引用这一规则的案件却涉及将其适用于立法性事实。许多地区法院法官在被要求对存在争议的立法性事实进行认知时，显然感到必须适用《联邦证据规则》第 201 条。有关《联邦证据规则》第 201 条之适用范围所存在的普遍混乱，是根源于陪审团审理的制度。在陪审团审理的案件中，是否对立法性事实进行认知的决定只对陪审团裁决的问题产生影响。至少在理论上，陪审团的作用只是对裁决性事实——涉及直接当事人的事实——的争议作出裁决。但是，陪审团成员如果对立法性事实毫无了解，就无法承担所分配的角色。

□ 混乱可以部分归因于陪审团的角色

一起发生在部分受规制的行业（电力行业）的反垄断案件，可以用来说明这一问题。陪审团的合理角色可能是限于裁决一系列具体的事实争议，例如被告是否确实会面和同意

---

① Prentis v. Atlantic Coast Line Co., 211 U.S. 210, 227 (1908).

② Chastleton Corp. v. Sinclair, 264 U.S. 543, 548 (1924).

③ Davis, "An Approach to Problems of Evidence in the Administrative Process", 55 *Harv. L. Rev.* 364, 402, 403, 404 (1942).

④ Davis, "Judicial Notice", 55 *Col. L. Rev.* 945 (1955).

对市场进行分配。但是，法官可以选择要求陪审团以一般性裁决（verdict）的形式回答以下问题：被告是否以产生反垄断法意义上的损害（antitrust injury）的方式共谋垄断相关市场？在这种情况下，陪审团如果不能先理解以下的一系列立法性事实，就不可能有效地履行其职能：市场通常是如何运行的？电力市场是如何运行的？电力市场的哪些部分是受规制的，如何规制？政府规制对电力市场的运行会产生怎样的影响？什么是反垄断法意义上的损害？这些问题通常都是当事人激烈争论的焦点，并且会有反对的专家证人进行详细论述。考虑到理解和解释这些立法性事实问题的难度，许多地区法院法官不愿意就每项问题向陪审团提供具体的指示。对与案件有关的所有立法性事实问题向陪审团所提供全面的指引，将会类似于一篇电力市场的专论。其结果是，陪审团在裁决存在争议的裁决性事实问题的同时，也需要裁决存在争议的立法性事实问题。这种决定体系将是非常没有效率的，而且容易发生错误。但是，上诉法院通过在审查陪审团裁决隐含的立法性事实认定时
950 行使宽泛的裁量权，降低了错误的概率。

□ 上诉法院经常对立法性事实进行认知

在案件从地区法院转移到巡回法院之后，至少在案件经过在地区法院陪审团审理的时候，对于立法性事实之认知的司法态度，就发生了显著的变化。巡回法院法官和最高法院大法官在对地区法院判决的法律和政策内容进行审查的过程中经常性地对立法性事实进行司法认知。通过这种做法，他们既不受《联邦证据规则》第 201 条的约束，也不受任何其他规则的约束。他们某种程度上综合采用了自己先前在相关领域的知识和相关领域专家的作品。在这个过程中，他们不仅采用初审法院整理的证据案卷中的材料，甚至也采用在法律意见书或者法庭辩论中引发他们注意的材料。他们可以而且也确实经常依赖自己（或者法官助理）在研究过程中发现的各种材料来源以及他们在其他情形下已经熟悉的各种材料来源。

上诉法院的法官对于立法性事实的认知享有高度的裁量权，部分原因是，与初审法官不同，上诉法院的法官在认定裁决性事实中并不扮演重要的角色。他们并不受必须裁决数以十计的相关事实问题（有的是裁决性事实，有的是立法性事实）的业余陪审团之掣肘。上诉法院的法官在解释和适用宽泛的法律条文的过程中常常需要裁决立法性事实问题。

反垄断立法能很好地说明这一现象。最高法院的大法官和巡回法院的法官在裁决是否构成《谢尔曼反托拉斯法》意义上的限制贸易协议时已经裁决了数以百计的立法性事实问题。① 很多法官造法，包括普通法和法律解释，都是基于对立法性事实的司法认知。

□ 上诉法院采用案卷外事实

法官可以自由地从各种渠道寻找法官造法所需的事实，这时他们通常很少或者完全没有考虑当事人在了解和回应对判决有重要影响的案卷外事实上存在的利益。上诉法院的法官几乎从未对法官造法过程中采用案卷外事实的程序问题作出说明。Holmes 大法官敏锐地意识到法官造法中利用案卷外事实的司法实践。早在 1908 年，他就指出：“在陪审团审

---

① 例可参见 Matsushita Elec. Indus. Co. v. Zenith Radio Corp.，475 U. S. 574 (1986)（采用了经济学家的作品作为判决的依据，通过证明存在降低价格的共谋行为而使得原告几乎不可能胜诉）。

理案件中，法官不具有裁决事实问题的资格……当法官需要宣布法律规则时，他必须了解或者发现确立法律规则的事实。”① 后来，他又指出：“法院可以说明只是确立某一法律规 951
则之依据的任何事实。”②

□ 立法性事实和裁决性事实的区分

经过司法认知的一般性事实可以帮助法院确定与当事人有关的事实，但是一般性事实并不会因此而成为裁决性事实。例如，用于认定车速的车轮滑行痕迹表并不包括裁决性事实，因为这些表格并不涉及具体的当事人，即使它们是被用于认定特定汽车在滑行时的速度。类似的，1933 年 3 月 3 日是否为晴天，可以帮助回答在当天达成交易的某当事人的问题，但是日历上并不包括与当事人有关的事实。C 街 123 号是否属于市区，这是涉及 C 街 123 号的问题，而不是与当事人有关的问题。X 是否生活在某市，这是裁决性事实的问题，即使 X 生活在 C 街 123 号，这一地址属于市区的事实不属于裁决性事实。

□ 论理充分的判决意见

第八巡回法院对立法性事实和裁决性事实之间的区分有着正确的理解，它在 United States v. Gould③ 案中的判决意见可以作为可靠的指引。该案中有证据显示某种进口物质包含可卡因盐酸（cocaine hydrochloride），法律禁止古柯叶（coca leaves）的提取物，但是没有证据显示可卡因盐酸是否属于从古柯叶中提取。法院从一本字典中找到了答案并进行了司法认知。但是，所涉及的问题是是否适用《联邦证据规则》第 201 条（g）款，该规则规定：“在刑事案件中，法院应当指示陪审团可以，但是不是必须将经过司法认知的事实接受为结论性事实。”《联邦证据规则》第 201 条只适用于裁决性事实，法院不得不决定这一经过认知的事实是否属于裁决性事实。法院引用了本书第二版，并补充了自己的观点：“立法性事实是公认的真实、事实和宣告，不会根据案件不同而变化，具有普遍适用性，而裁决性事实是在特定案件中所产生的。”④ 相应的，法院判定这些事实属于立法性事实。⑤

在 Qualley v. Clo-Tex International⑥ 案中，第八巡回法院再次展示了它对区分裁决性事实的司法认知和立法性事实的司法认知的理解。原告声称它是销售虚构的尼日尔石油的欺诈计划的受害者。原告劝说初审法院对存在其他欺诈性质的尼日尔石油销售计划进行司 952
法认知。巡回法院判定初审法院的判决存在错误。它引用了本书，解释了裁决性事实和立法性事实的区分。巡回法院接着认定法院所认知的事实属于立法性事实。它判定初审法院对这些事实进行的认知存在错误，因为立法性事实只有在决定法律或者政策问题时才是有用的。适用于这一争议的法律是明确的和众所公认的，因此对这一目的来说，所认知的事实并不是有用的。

---

① Prentis v. Atlantic Coast Line, 211 U.S. 210, 227 (1908).

② Chastleton Corp. v. Sinclair, 264 U.S. 543, 548 (1924).

③ 536 F. 2d 216, 219-221 (8th Cir. 1976).

④ Id. at 220.

⑤ 另可参见 Kaczmarczyk v. INS, 933 F. 2d 588, 594 (7th Cir. 1991)（维持了行政机关对一项立法性事实——团结工会（the Solidarity）在新的波兰政府中发挥作用——所作行政认知的决定，并对共产党不再在波兰政府中发挥作用，列赫·瓦文萨（Lech Walesa）是波兰总统等立法性事实进行了司法认知）。

⑥ 212 F. 3d 1123 (8th Cir. 2000).

□ 表明对于《联邦证据规则》第 201 条理解混乱的案件

联邦法院在某些案件中对并非裁决性的事实错误适用了《联邦证据规则》第 201 条，对这些案件的讨论有助于改进对立法性事实和裁决性事实的基本区分。

在 Goodman v. Stalfort, Inc. ① 案中，新泽西州联邦地区法院根据《大英百科全书》采信了木炭性质的事实，但是指出："这些事实是否属于'裁决性事实'，或者什么是联邦证据规则咨询委员会评注中所令人混淆地指出的'裁决性事实'，这绝不是明确的。"有关木炭性质的事实，不是与将可燃液体倒在正在燃烧的木炭之上的原告相关的事实，它们也不是与制造这一液体的被告有关的事实；因此它们并不属于裁决性事实。它们应该得到司法认知，但是不能适用《联邦证据规则》第 201 条。

在 Mainline Investment Corp. v. Gaines② 案中，G 同意交付石油，问题在于合同中的"不可抗力"条款是否能够免除他没有尽到这一义务的责任。G 宣称法院应该对"政府对石油行业的干预"以及 20 世纪 70 年代的石油危机进行司法认知。德克萨斯州州北区联邦地区法院指出："这些经济事件（economic events）是……《联邦证据规则》第 201 条意义上的裁决性事实。"法院所称的"经济事件"不是与 G 有关的事实，尽管 G 受到这些事实的影响。它们属于一般性事实，涉及国家和国际石油供应，不是与 G 有关的事实。它们不是裁决性事实，因此不能适用《联邦证据规则》第 201 条。根据传统的司法认知的法律规则，法院可以不考虑《联邦证据规则》第 201 条，而对这些事实进行正确认知。

在 United States v. Dolan③ 案中，第四巡回法院"对苯环己哌啶（phencyclidine）通常也被称为'PGP'进行了司法认知。参见《联邦证据规则》第 201 条……"这一事实的认知是该物质有关，而不是与该当事人有关，因此它并不属于可以根据《联邦证据规则》第 201 条进行认知的裁决性事实。因为这一事实不是裁决性的，《联邦证据规则》第 201 条并不能调整司法认知的问题。法院进行司法认知的做法是正确的，但是错误地引用了《联邦证据规则》第 201 条。

在 United States v. Blunt④ 案中，第五巡回法院认为："地区法院本来可以正确地根据
953 《联邦证据规则》第 201 条对［监狱的位置］进行司法认知。"监狱的位置不是有关当事人的事实，因此并不适用《联邦证据规则》第 201 条。当然，法院可以进行正确认知而不适用《联邦证据规则》第 201 条。

在 United States v. Mareno⑤ 案中，第五巡回法院"可以对之前有关 Sarita 检查站的特征所作决定进行司法认知……《联邦证据规则》第 201 条……"该检查站不是当事人，因此并不适用《联邦证据规则》第 201 条。

在 EEOC v. Delta Air Lines⑥ 案中，佐治亚州北区联邦地区法院引用了《联邦证据规则》第 201 条，指出它将会对"只有女人会怀孕"进行司法认知。这一事实显然不是裁决性事实，也不适用《联邦证据规则》第 201 条。

---

① 411 F. Supp. 889, 894 (D. NJ. 1976).

② 407 F. Supp. 423, 427 (N. D. Tex. 1976).

③ 544 F. 2d 1219, 1223 n. 8 (4th Cir. 1976).

④ 558 F. 2d 1245, 1247 (5th Cir. 1977).

⑤ 579 F. 2d 371, 372 (5th Cir. 1978).

⑥ 485 F. Supp. 1004, 1009 (N. D. Ga. 1980).

在 Fox v. Kane-Miller Corp. ① 案中，马里兰州联邦地区法院引用了《联邦证据规则》第 201 条，对通货膨胀率作出了认知。经过司法认知的事实不是“有关直接当事人的”事实。法院本来应该指出它是在对这一事实进行认知，尽管《联邦证据规则》第 201 条并未规定对这一事实的司法认知。

这里对各项判决主旨的简要总结，代表了几十份引用了《联邦证据规则》第 201 条，并且错误地将立法性事实当做裁决性事实的司法判决意见。许多法院完全没有指出裁决性事实仅限于“有关直接当事人的事实”。

□《联邦证据规则》第 201 条很少得到正确适用

正确适用《联邦证据规则》第 201 条以支持司法认知的少数案件是无足轻重的。在 Massachusetts v. Westcott② 案中，最高法院在根据海岸警卫队的案卷判定某当事人已经得到联邦签发的许可证时，引用了《联邦证据规则》第 201 条，同时标注了“对照”（cf.），但是双方当事人同意最高法院应当进行司法认知。在 Newark Morning Ledger Co. v. United States③ 案中，新泽西州联邦地区法院对某报纸属于新泽西州发行最大的报纸这一事实进行了认知。在 Powers v. Schwartz④ 案中，佛罗里达州南区联邦地区法院对州政府针对某当事人提出的刑事诉讼的状态进行了认知。

与直接当事人有关并且是众所周知或者可以从不能合理质疑其准确性的渠道获得的事实是不常见的。它们只出现在少数法院采取司法认知案件。其结果是，《联邦证据规则》第 201 条的效力几乎为零，因为绝大多数的司法认知的案件都涉及不能适用该条款的立法性事实。引用了该条款的案件经常取得了令人满意的结果，但是其结果之所以令人满意，原因不在于遵守了该条款而在于违反了该条款。

让我们考虑下一件案例：在 United States v. Perez⑤ 案中，第九巡回法院引用了《联邦证据规则》第 201 条，对从 Rota 到 Guam 之间的旅行需要途径国际水域这一事实进行了司法认知，指出《联邦证据规则》第 201 条“允许对裁决性事实进行司法认知……”显然，哪些是国际水域，这一问题不属于裁决性事实。与几乎其他所有法院一样，第九巡回 954
法院没有对“裁决性事实”的含义进行研究。

□ 行政认知的法律规则优先于司法认知的法律规则

行政认知的法律规则却并不像司法认知那样处于普遍混乱的状态。行政机关的裁决者并不需要对精致的规则进行解释，以容纳法院初审时业余的陪审团成员所扮演的复杂角色。不仅如此，行政机关的裁决者相比法官更适合于对立法性事实进行认知。行政机关的裁决者在自己裁决的领域内具有专业能力，而且《行政程序法》§556（e）所规定的程序框架为当事人提供了参与裁决有关立法性事实争议之程序的机会。

---

① 398 F. Supp. 609 (D. Md. 1975).
② 431 U. S. 322 (1977).
③ 416 F. Supp. 689 (D. NJ. 1975).
④ 448 F. Supp. 54 (S. D. Fla. 1978).
⑤ 769 F. 2d 1336, 1340 (9th Cir. 1985).

□ 行政机关可以凭借其专业能力

最高法院一直都允许行政机关根据其判断和专业能力，而非证据来解决立法性事实的问题。在 United States v. Detroit & Cleveland Navigation Co. ① 案中，对于州际商业委员会是否应该签发运输证（certificate for transportation）这样一项典型问题，最高法院指出州际商业委员会必须评估事实、得出推论，并且“……进行专业判断……以确定……这一争议的哪一方符合公共利益……在作出决定时需要对未来进行预测”。

在 FPC v. Transcontinental Gas Pipe Line Corp. ② 案中，在支持联邦动力委员会拒绝签发“公共便利和需要”证书（Certificate of Public Convenience and Necessity）的决定时，最高法院允许联邦动力委员会对有关“现在或者将来的公共便利或者需要”的事实采用案卷外的材料。最高法院拒绝了一项主张，即“联邦动力委员会本来应该提交证人证言和材料性质的证据以证明其预测将会成真”，并且坚定地宣布：“我们认为对于什么方向符合公共利益的预测，必然涉及根据行政机关的专业知识而进行的演绎推理。”

□ 判断性或者预测性事实

最高法院已经创造了“判断性或者预测性”事实的概念，这种事实是不需要证据证实的。最高法院的提法具有根本性、高度实践性，也容易进行大幅扩展。在 FCC v. National Citizens Committee for Broadcasting③ 案（NCCB 案）中，最高法院承认了一类“判断性或者预测性”事实，判定在非正式规则制定程序中并不需要“基于案卷的充分事实支持”，并推翻了上诉法院所作的相反判决。联邦通信委员会已经发布规章，对广播、报纸的合并进行限制，但是，豁免了大多数现有的合并。下级法院已经以这些豁免规定缺乏充分的事实决定支持而撤销了这一规章。最高法院在推翻判决中指出：

> 联邦通信委员会对现有的合并决定不适用新的规章，就其中涉及的事实性决定而言，
> 955 它们主要是判断性或者预测性的——例如，分拆（divestiture）要求将会导致与外地的所有人买卖广播站；新的所有人是否会与现有的所有人经营得一样成功；现有的所有人是否会因为被迫出售而遭受损失；这种损失是否会影响未来对高质量节目的投资；以及新的所有人是否有充分的运营资本为本地节目制作提供资金支持。在这些情形中，联邦通信委员会的判断或者预测不可能，或者不需要在案卷中得到充分的事实支持；“对于符合未来公共利益的方向之预测，必然涉及基于行政机关专业知识而进行的演绎推理”。

□ 立法程序的适用

NCCB 案涉及的是非正式规则制定而非裁决。但是只要行政机关在做的是在制定法律或者政策，不是对有关当事人的争议事实进行认定，规则制定与裁决之间的区分是否重要？许多法官和律师的直觉是对裁决的限制要多于对规则制定的限制，但是在这一方向上作出的推定可能是需要重新审视的。对于法院或者行政机关在裁决过程中进行的造法活动，最高法院在 NCCB 案判决意见中有关“判断性或者预测性事实”的论述可能是完全可

---

① 326 U. S. 236, 241 (1945).

② 365 U. S. 1, 28-29 (1961).

③ 436 U. S. 775, 813-814 (1978).

以适用的。这一程序应当是最适合于造法规则的程序，并且在造法的情况正好是发生在裁决或者规则制定过程中时，其程序也是一样的。

□ 作为例证的案件

在 NCCB 案之前的众多先例涉及的是裁决而非规则制定。NCCB 案的判决主旨的前兆是在 Market Street Railway v. Railroad Commission①案：

案卷显示该委员会已经受理这位上诉人的事项，根据我们现有的案卷推导运费下降将会对运量产生的可能影响，我们不能说，经验如此丰富的铁路委员会违反了正当程序……铁路委员会承认任何预测都可能存在不确定性，将其运费裁定视为没有规定固定期限的临时性试验，并且对程序保持开放以接收任何经验教训……从委员会在没有专家证言的帮助下自行对该公司的经历进行评估的事实，我们并未在这些情形中发现存在否定正当程序的问题。

在 NCCB 案之前发生的还有 Republic Aviation Corp. v. NLRB②案，该案确立了一项根本性的法律规则，即立法性事实可能体现在之前宣布的法律或者政策意见（proposition）之中。雇主禁止在工厂和办公室招揽生意（soliciting），一名雇员因为在工厂宣传加 956
入工会而被解雇。国家劳动关系委员会裁定根据不得招揽生意条款对该雇员作出解雇决定，违反了《国家劳动关系法》。该公司在诉至最高法院时主张“国家劳动关系委员会不能以自己对劳工关系的认识取代实质性证据”，并且“国家劳动关系委员会必须收到证据表明雇主的规则或者命令妨碍或者阻止在每家公司的组织工会的情形或者状况。”③最高法院反驳了这些观点，指出国家劳动关系委员会已经为其结论说明了理由，并且国家劳动关系委员会引用了它之前所作的裁决，其中“在没有证据表明有特别的情形使得有必要制定该规则以维持生产或者纪律”的情况下，裁定雇主不得制定禁止在工作时间之外在公司宣传工会的规则。

最高法院发现该公司并未申请中止审理以便提交表明存在特殊情形的证据。最高法院宣布：

行政机关有权经过听证根据对抗式程序中提交的证据确定是否存在违反法定要求的情形的，可以根据已经证明的事实，在调查的限度内得出合理的推论。设立国家劳动关系委员会的目的之一，就是要求经验丰富的官员依据法律，根据证据事实，充分评估其受托管理之事务的复杂性而作出决定。

本案说明了以先前宣布的法律或者政策要点作出事实认定的过程。在之前的案件中，国家劳动关系委员会已经明确了一般的法律要点，即禁止招揽生意规则在未能证明存在特殊情形时违反了《国家劳动关系法》。后来在 Republic Aviation 案中，国家劳动关系委员会在未充分调查该案事实的情况下（without a full development of the fact），适用了之前确立的政策。这基本上是法院在创设可推翻的推定（rebuttable presumptions）时所遵循的程序。Republic Aviation 案中证据案卷不足以证明所认定事实，这一问题已经因为之前创设的推定而得到补救。一项结论性的推定与实体性规则相当，在很多情况下可能是公平的，而可推翻的推定可能几乎总是公平的。Republic Aviation 案的原则被适用于 Radio

① 324 U. S. 548, 560-561 (1945).

② 324 U. S. 793 (1945).

③ 324 U. S. at 798.

Officers' Union v. NLRB[①]案。

同样作为NCCB案之前兆（forerunner）而具有重要意义的案件是NLRB v. Seven-Up
957 Bottling Co.[②]案，该案判定："在设计一项救济措施时，国家劳动关系委员会并不被局限于特定案件的案卷。"国家劳动关系委员会已经裁决对遭遇歧视而被解除职务的雇员恢复职务并且补发工资，具体金额的计算方法是第一季度的通常收入减去该季度其他工作的净收入，而不是以从被解雇到恢复职务的完整期间作为一个计算单位。最高法院驳回了公司的反对意见："案卷中没有证据支持这一补发工资的裁决；国家劳动关系委员会的计算公式和理由并不是基于国家劳动关系委员会在本案中推导出的数据。"在判定国家劳动关系委员会不受案卷的限制时，最高法院指出：

> 日积月累的经验促成了理解和洞见，而借此作出的判断不能客观地证明它是有效的、合格的还是无效的。与单独的一场对抗式的诉讼相比，能够在更广和全面的范围内进行持续的试错过程，这也许是让行政过程区别于司法过程的最突出的特征。"救济之于政策的联系，尤其是行政权限的事项……"如果在提供救济时，行政机关被限定于只考虑具体案件中面对的事实，行政机关就无法行使其权限。[③]

尽管最高法院在Seven-Up案中的判决意见显然正确地指出国家劳动关系委员会在提供救济时不应被局限于案卷，但是最高法院所提出的原则不仅限于提供救济，也适用于所有立法和政策制定。最高法院本来完全可以说在制定法律或者政策时，无论是否涉及救济，行政机关不能被局限于具体案件的案卷。真正的区别不在于提供救济和行使其他职能之间，而在于认定有关当事人的事实和为了确定法律、政策和裁量问题而采用事实之间。

□ 行政机关可以根据案卷外的来源

这些判决意见体现了最高法院长期以来接受的一项原则，即行政机关可以根据案卷外的来源，包括其自身的专业能力，以解决讼争的立法性事实问题。三起案件的判决意见说明了最高法院区分立法性事实和裁决性事实的传统方式。[④] 在每起案件中，最高法院都推翻了行政机关的决定，因为行政机关以案卷外的来源作为对具体当事人的事实认定的依
958 据，而没有给当事人提供交叉质证和反驳案卷外来源的机会。

□ 立法性事实和裁决性事实之间界限的不确定性

但是，在三起案件中所采用的表述和推理在某种程度上已经在诸如United States v. Allegheny Ludlum Steel Corp.[⑤]案和United States v. Florida East Coast Railway[⑥]案之类的案件中得到修正。最高法院判定，当存在争议的事实问题是一般性地涉及铁路，而不是具体地涉及某条铁路时，不需要口头提出证据和对案卷外来源进行交叉质证。最高法院很可能会在各种复杂的案件中继续调整裁决性事实和立法性事实的确切界限所在，但是划

① 347 U.S. 17 (1954).

② 344 U.S. 344 (1953).

③ 344 U.S. at 349.

④ Ohio Bell Telephone v. PUC, 301 U.S. 292 (1937); United States v. Abilene & Southern Railway, 265 U.S. 274 (1924); ICC v. Louisville & Nashville Railroad Co., 227 U.S. 88 (1913).

⑤ 406 U.S. 742 (1972).

⑥ 410 U.S. 224 (1973).

定界限的重要性以及这一界限的一般范围深深嵌入最高法院的判决意见之中。

□ 反对的当事人拥有"提出相反证明的机会"

在行政决定以行政认知为依据时，《行政程序法》§556（e）的规定为正式裁决的当事人提供了"提出相反证明的机会"。但是，它并未描述这一机会的性质。行政机关所考虑的事实，可以任意选择以下三种方式之一进行处理：（1）在听证会上提出证据；（2）在行政法官的报告中首次作出说明；（3）在行政机关的最终报告中首次说明。《行政程序法》§556（e）所赋予的权利在上述时候都可以行使。不仅如此，"提出相反证明的机会"可以是提出相反证据的机会，也可以是在法律意见书或者申请重新听证的申请书中提交相反证据。

□ 适合于"提出相反证明"的程序

每种方法在某些情况下都是合适的。关键的变量在于这些事实在多大程度上属于裁决性事实或者立法性事实，怀疑或者确定的程度，以及对于决定产生影响的程度。裁决性事实相比立法性事实需要得到更多的程序性保障，存在争议或者可以辩论的事实相比无可置疑的事实需要得到更多的程序性保障，对决定存在重要影响的事实相比外围或者背景性事实需要得到更多的程序性保障。当事实是裁决性事实、存在争议的并且是关键性事实之时，行政法官或者行政机关必须提供在听证会上提交证据的机会才能满足要求。当事实属于立法性事实，行政法官或者行政机关仍然可能选择提供在听证会提出相反证据的机会，以提供作出相反证明的机会，但是这不是强制性要求。Kapcia v. INS① 案就可以证明这一点。第十巡回法院判定，只要行政机关提供作出相反证明的机会，行政机关可以对"得到普遍承认的事实和……属于其专业能力范围之内的科学技术性事实"进行行政认知。法院维持了行政机关对波兰政局发生变动所进行的认知，该案中行政机关允许当事人通过提供专家证言对经过认知的事实进行争辩。在很多时候，通过口头或者书面陈述"作出相反证 959
明的机会"是更合适的。

□ 一份论理充分的判决意见

在 Castillo-Villagra v. INS② 案中，第九巡回法院的判决意见包含了对行政认知进行的特别深刻和论理充分的讨论。移民归化局对以下事实进行了行政认知：（1）Violeta Chamorro 已经当选尼加拉瓜总统；（2）桑地诺民族解放阵线（the Sandinistas）在选举中失利；（3）桑地诺民族解放阵线不再有能力伤害 Castillo-Villagra 家族的成员。第九巡回法院认定移民归化局本来不应在未向 Castillo-Villagra 提供对这一事实进行反驳的机会之情况下对第三点事实作出行政认知。Castillo-Villagra 向法院声称第三点事实并不符合真相，这是有理由的，因为桑地诺民族解放阵线仍然保留对军队和警察的有效控制。在判决意见中，第九巡回法院也认定：（1）相比裁决性事实，法院和行政机关更容易对立法性事实进行认知；（2）相比法院，行政机关应当被允许在更广泛的各种情形下对反复发生的事实进

---

① 944 F. 2d 702 (10th Cir. 1991).

② 972 F. 2d 1017 (9th Cir. 1992).

行认知；（3）行政机关可以裁量决定在特定案件中允许提出反驳意见的方法，但是接受司法机关审查以确定行政机关是否滥用了裁量权。

□ 作为例证的对庇护案件的集中讨论

移民归化局所裁决的庇护案件引发了很多疑难问题，即在什么时候行政机关可以，以及在庇护案件中应该对一个国家当前状况的立法性事实进行行政认知。联邦法院在解决这些争议的过程中采取了多种不同的进路。

在 de la Llana-Castellon v. INS[1] 案中，Castellon 在 1987 年提出了庇护申请，声称自己有充分理由担心自己如果回到尼加拉瓜将会遭到迫害。1988 年一名移民法官认定 Castellon 的主张是可信的，但是他拒绝批准这一申请，因为他认定 Castellon 已经在洪都拉斯重新定居。Castellon 向移民上诉委员会提出上诉。1992 年，移民上诉委员会驳回了上诉，理由是它对以下三项事实的行政认知：（1）桑地诺民族解放阵线（the Sandinistas）（Castellon 害怕的根源）已经在尼加拉瓜的 1990 年选举中失利；（2）桑地诺民族解放阵线不再控制尼加拉瓜；（3）Castellon 不再有充分的理由担心自己遭到桑地诺民族解放阵线的迫害。在承认行政认知因为行政机关具有专门化的专业能力而在认知范围上比司法认知更为广泛之后，法院判定移民归化局可以对第一项事实进行认知，但是它不能在没有告知 Cas-
960 tellon 并就这些事实提供听证机会的情况下对第二项和第三项事实进行认知。法院认定这些事实中没有一项是无可置疑的，也就是说桑地诺民族解放阵线尽管大选失利，可能仍然控制着尼加拉瓜，Castellon 可能仍然拥有充分理由担心遭受桑地诺民族解放阵线的迫害，因为新政府既无心也无力控制桑地诺民族解放阵线。[2] Castellon 案的判决意见是令人困扰的。为了确定谁在控制一个国家，要求数百名移民法官在审理的数千件案件中都要接收证据并对立法性事实作出裁决，这显然不是最好的办法。这种认定立法性事实的方法肯定会导致如今在我们的庇护案件裁决制度运行中处处可见的情况：更严重的迟延和不同裁决之间的相互矛盾。行政机关应当被允许对这种类型的争议进行裁决，同时只有在申请人提交可信证据证明政局发生明显变化时才能对该裁决进行重新审议。

在 Gonzalez v. INS[3] 案中，第七巡回法院对于同一问题采取了更为实用主义的进路。它支持了移民上诉委员会对尼加拉瓜政局变动的认知决定，但是申请人有权在程序重开的申请中提交证据加以反驳。[4]

在 Ivezaj v. INS[5] 案中，第六巡回法院维持了它对政局变动情况进行司法认知的一贯性做法。法院引用并采纳了众多政府和媒体在不同时期对于巴尔干半岛宗教和种族迫害现象的叙述。它也考虑了原告的法律意见书中作为附录提交的各种类似材料，但是最后认定这些材料并不能证明原告缺乏会让他们遭受迫害的各种政治、宗教和宗族特征。

在 Fisher v. INS[6] 案中，第九巡回法院批评移民上诉委员会未能对国务院有关伊朗宗教迫害的若干报告所描述的情况进行行政认知。为了对庇护申请者以在伊朗发生的宗教迫

---

① 16 F. 3d 1093 (10th Cir. 1994).

② 另可参见 Gonzalez v. INS, 82 F. 3d 903 (9th Cir. 1996)。

③ 77 F. 3d 1015 (7th Cir. 1996).

④ 另可参见 Man v. INS, 69 F. 3d 835 (7th Cir. 1995); Kaczmarczyk v. INS, 933 F. 2d 588 (7th Cir.), *cert. denied*, 502 U. S. 981 (1991)。

⑤ 84 F. 3d 215 (6th Cir. 1996).

⑥ 61 F. 3d 1366 (9th Cir. 1994).

害为由提出将受宗教迫害的主张提供评估框架这一有限目的，法院对这些报告进行了司法认知。法院将案件发回移民上诉委员会重新审理并要求进一步考虑存在争议的个人提出的主张。一名持不同意见的法官认为，该行政机关并无义务考虑这些报告，因为提出庇护申请者并未提请行政机关注意这些材料。 961

政治庇护案件继续引发疑难问题，这些问题是涉及移民归化局和复审法院可以注意各国状况报告的情况。在国会制定《1996 年非法移民改革和移民责任法》（the Illegal Immigration Reform and Immigrant Responsibility Act of 1996）之前，许多复审法院会对情况证据进行司法认知，或者要求移民归化局在发回重新处理的时候对这类证据进行行政认知。在这部法律制定之后，有的法院继续采用这种做法，例如 Dabrota v. INS[①] 案和 Lising v. INS[②] 案。但是，在这些案件中，联邦法院并未讨论这部法律的 § 309（c）（4）（B）。该节规定禁止法院责令移民归化局考虑在它作出决定之前不存在于行政案卷中的证据。在 Najjar v. Ashcroft[③] 案中，第十一巡回法院认为 § 309（c）（4）（B）要求复审法院不得认知案卷之外的证据，或者责令移民归化局考虑此类证据。

在 Singh v. Ashcroft[④] 案中，第九巡回法院将要求它在审查移民归化局的决定时不得采取司法认知的说法斥为“胡说八道”。该案中，移民归化局的决定确实极为愚蠢。Singh 寻求政治庇护，理由是他如果回到自己的祖国印度，他的前雇主即印度政府的调查分析局（the Research and Analysis Wing）就可能会杀了他。Singh 指出，印度调查分析局就相当于美国的中央情报局。他声称自己是为印度调查分析局服务的密探，因为拒绝参与针对锡克教异议分子的暗杀行动而退出该组织并逃离印度。移民归化局拒绝了 Singh 的主张，理由是“并不存在任何佐证能够说明印度调查分析局类似美国中央情报局……”第九巡回法院发现，超过 1 500 篇文章中包括了印度调查分析局相当于美国中央情报局的论述。第九巡回法院采取司法认知，认定印度调查分析局向印度总理报告工作，类似于美国中央情报局的使命。更为广泛的是，第九巡回法院发现：

> 每起案件都涉及采用成百上千的没有证据支持的事实……行政案件和对行政决定的审查，对于这一普遍真理来说也并不存在例外。行政机关或者上诉法院将无法运作，如果他们不得不依赖这样的事实证据——“能够根据不能合理怀疑的来源而准确和轻易认定的”[⑤]。

所有法院都认为移民归化局不能对各种信息来源中所描述的各国状况进行认知，如果它没有事先提供机会驳斥这些状况。[⑥] 但是，法院们对于移民归化局应当提供的机会之性质则存在不同意见。有的巡回法院认为，诉讼程序重开的动议提供了充分的回应机会。[⑦] 962 但是，其他人已经拒绝认为这一程序是充分的，因为它取决于行政机关的诚信（good faith）。[⑧]

在 Circu v. Gonzales[⑨] 案中，第九巡回法院全席审理一致意见对就国别报告进行认知以证明“立法性、无可争辩的，以及一般性的”事实，例如政府内部的变化，以及为了

---

① 195 F. 3d 970 (7th Cir. 1999).

② 124 F. 3d 996 (9th Cir. 1997).

③ 257 F. 3d 1261 (11th Cir. 2001).

④ 393 F. 3d 903 (9th Cir. 2004).

⑤ Fed. R. Evid. 201 (b).

⑥ 例可参见 Woldemeskel v. INS，257 F. 3d 1185 (10th Cir. 2001)。

⑦ Kaczmarczyk v. INS，933 F. 2d 588 (7th Cir. 1991).

⑧ Kowalczyk v. INS，245 F. 3d 1143 (10th Cir. 2001).

⑨ 450 F. 3d 990 (9th Cir. *en banc* 2006).

"有争议的或者具体化的事实"而认知的国别报告，例如政府内部的一项变化是否已经在一定程度上改变了个人不再面对之前充分证明了的对指控的担忧的条件。在第一种情况下，行政机关只需要提供对其认知该报告的意图的认知，而在第二种情况下，行政机关必须为个人提供机会回应该报告，并且驳斥该报告中引用的争议性事实。

□ 作为例证的对社会保障局的案件的集中讨论

对另一类争议的集中讨论，可能会有助于理解在什么情况下行政认知是合适的，以及将行政机关进行认知的能力加以限制的程序保障。社会保障局通过比其他行政机关更多地采用正式裁决程序裁决争议。社会保障局的残疾福利案件通常会涉及两类不同的事实争议：（1）申请人从事各种类型工作的能力；（2）申请人能够从事的各类工作的可得性。因为每个申请人的能力都有所不同，社会保障局对这第一类事实争议进行行政认知的能力也是有限的。在社会保障局为了这一目的而进行行政认知，但是没有向申请人提供通过提出反驳性证据而"作出相反证明的机会"时，法院也常常推翻了社会保障局的裁决。[①] 社会保障局可以为了这一目的，通过引用医学教材帮助解释或者驳斥医生提供的证据而进行司法认知，但是必须给申请人提供了"质疑和反驳"任何行政机关所采纳的医学教材中的论述的机会。[②] 在这种案件中，行政机关正在利用课本中所描述的立法性事实作为辅助，对
963 与申请人的身体条件相关的裁决性事实作出裁决。

□ 立法性事实区别于裁决性事实

第二类争议涉及纯粹的立法性事实，即能够找到各种类型的工作。社会保障局利用行政认知解决这类争议的难度要小得多。在 20 世纪 70 年代，若干法院同意社会保障局利用政府出版物作为对具体工作类型的可得性进行行政认知的依据。[③]

在 Broz v. Schweiker[④] 案中，第十一巡回法院支持了社会保障裁决的一项重大发展。卫生和社会服务部发布了多项"医学职业指南"（Medical-Vocational Guidelines），即所谓的"网格规章"（grid regulation），依据具有申请人的剩余功能性能力、年龄、教育和工作经验的人可以获得的就业，回答了申请人是否胜任国民经济中的众多工作的问题。这一计算机化的系统取消了职业专家的证言；它让某些问题不需要经过听证再进行裁决。法院支持了这些规章（除了年龄对残疾人的影响之外）。Godbold 法官指出，裁决性事实和立法性事实的区分"已经成为现代行政法理论的基石，并在联邦上诉法院（巡回法院）中得到普遍接受"[⑤]。"初审程序对于裁决性事实来说是最合适的，因为当事人本身就是有关当事人个人的具体事实的最佳信息来源。此外，如果事实涉及的是科学真相、社会学数据和行业性的做法，就不是特别属于当事人知识范围，因此也不是通常可以观察证人的举止、交叉质证和其他对抗式程序得到辅助的类型。"[⑥] 第十一巡回法院也引用了其他法院的类似

---

① *例如* Lonzollo v. Weinberger，534 F. 2d 712 (7th Cir. 1976)；Colwell v. Gardner，386 F. 2d 56 (6th Cir. 1967)；Ross v. Gardner，365 F. 2d 554 (6th Cir. 1966)；Marmon v. Califano，459 F. Supp. 369 (D. Mont. 1978)。

② McDaniel v. Celebrezze，331 F. 2d 426 (4th Cir. 1964).

③ *例如*，McLamore v. Weinberger，538 F. 2d 572 (4th Cir. 1976)；Taylor v. Weinberger，512 F. 2d 664，668 (4th Cir. 1975)；Hernandez v. Weinberger，493 F. 2d 1120，1123 (1st Cir. 1974)。

④ 677 F. 2d 1351 (11th Cir. 1982).

⑤ Id. at 1137.

⑥ Id. at 1357-1358.

观点，然后认定："将规则制定限定于立法性事实，要求在听证程序中确定裁决性事实……因此，这些规章如果不愿意确定可以对哪些事实公平地归类为裁决性事实，它们是有效的。"①

第十一巡回法院对这些规章进行了审查，以确定它们是否将自己的适用范围限定于非裁决性事实。有关申请人的事实（剩余功能性能力、年龄、经验和教育）属于裁决性事实，但是具有上述特征的个人能够从事的国民经济中的工作的数量，包括"国民就业市场的状况"是"与当事人个人无关的涉及宽泛的社会学数据的事项。因此，它涉及的是非裁决性事实"②。 964

第一巡回法院、第五巡回法院也与第十一巡回法院在 Broz 案中所作判决的方式相同，当第二巡回法院作出不同的判决时，最高法院推翻了它的判决，不过有一位大法官部分因为另外的理由而持不同意见。③ 在 Campbell 案中，行政法官根据"医学职业指南"作出了存在大量 Campbell 可以胜任的工作的事实认定。最高法院判定这些指南没有超越部长的权限，它们不是武断或者恣意的。最高法院引用案例指出："即使行政机关的授权法（enabling statute）明确要求它举行听证，行政机关也可以行使规则制定权以对不需要逐案审议的问题作出决定。"④

§ 10.7 证明责任

□《行政程序法》的规定

《行政程序法》§556（d）的第一句话规定："除非法律另有规定，规则或者命令的支持者负有证明责任。"但是因为必须基于案卷作出决定而举行听证时，这一条款并不适用。⑤ 国会参议院的委员会报告中对这一条款作了如下解释："规则或者命令的支持者承担证明责任，不仅意味着启动程序的当事人承担以表面证据推进程序的一般性责任，还意味着其他当事人，支持某种不同结论的，基于这一目的也要承担证明责任。"⑥ 根据上面这句话，《司法部长行政程序法手册》指出："有迹象表明，'证明责任'一词并不是在严格意义上使用，而是作为'推进责任'（burden of going forward）的同义词使用。"⑦ 无论是哪种情况，根据介绍性条款（the introductory clause）可以明确的是，这种一般性表述不是为了废除其他法律——通过各种推定改变本来可能属于'证明责任'或者'推进责任'的要求——的具体规定。

在 Schaffer v. Weast⑧ 案中，六位大法官的多数意见认为，在根据《残疾人教育法》（the Individuals with Disabilities in Education Act）规定而举行的听证中，起诉学区制定的个人教育规划（the Individual Education Plan）的学生以及提议另外制定个人教育规划

① Id. at 1358-1359.
② Id. at 1359.
③ Heckler v. Campbell, 461 U. S. 458 (1983).
④ 461 U. S. at 467.
⑤ American Trucking Assns., Inc. v. United States, 344 U. S. 298, 319-320 (1953).
⑥ Sen. Doc. No. 248, 79th Cong., 2d Sess. 208, 270 (1948).
⑦ *The Attorney General's Manual on the APA* 75 (1947).
⑧ 126 S. Ct. 528 (2005).

965 的学生承担证明责任。多数意见认为，《残疾人教育法》并未规定证明责任，而是采纳了“原告承担未能证明其主张之风险的普遍违约规则”。一位持不同意见的大法官则认为，应当由学区来承担证明责任，因为它特别熟悉残疾儿童的需要以及满足这些需要的设施。另一位持不同意见的大法官则认为，应当由州法确定《残疾人教育法》中的证明责任，因为国会已经赋予各州实施《残疾人教育法》的职责。

□《行政程序法》同时对支持者规定了举证责任和说服责任

直到 1994 年，法院和评论家们都一致认定《行政程序法》对规则或者命令的支持者所设定的是举证责任，而非说服责任。[①] 最高法院在 1994 年改变了这一状况。

在 Director, OWCP v. Greenwich Collieries[②] 案中，六名大法官出具的多数意见判定《行政程序法》同时对规则或者命令的支持者规定了举证责任和说服责任。多数意见认定，“证明责任”一词在 19 世纪和 20 世纪的大多数时间里都是模糊不清的，但是它在 1946 年之前显然同时指举证责任和说服责任。因此，多数意见认为，国会在 1946 年制定《行政程序法》时，对这一术语就是持这种理解的。对 1946 年时“证明责任”一词的含义进行阐释，这将会让大多数现代证据法学者吃惊。一本最主要的证据法入门教材（hornbook）对“证明责任”的理解作了如下描述：

> 这一术语包含了两种独立的证明责任。一种证明责任是提出证据的责任，让法官接受，涉及存在争议的具体事实；另一种证明责任则是说服事实的裁决者，使其相信自己所声称的事实是真实的。[③]

如果说“证明责任”一词在 1946 年时含义是明确的，这一年肯定标志着短暂的神志清醒期（interval of unique lucidity）。多数意见接着认为先前让所有行政机关、评价家和法院相信 § 7（c）只调整举证责任的立法史是不具有说服力的。

正如三位持不同意见的大法官所指出的，直到 1994 年，所有行政机关、法院和评论家都一直认定《行政程序法》让每个行政机关可以对各种政策考量因素进行评估，分析在当事人之间配置责任的优劣，从而自由配置有关具体问题和案件类型的说服责任。例如行政组织法（例如《尘肺病福利法》）授权该行政机关通过制定规则豁免《行政程序法》的
966 适用，行政机关就可以通过制定规则恢复之前对《行政程序法》规定的一致理解。但是，行政机关必须确保其制定的规章规定得非常之明确，因为 Greenwich 案的多数意见也拒绝将法院通常对行政机关就自己制定的规章所作解释赋予的尊重，延伸适用于劳工部对其规则所作的支持分配说服责任的解释。[④]

□ 无害错误规则对寻求推翻行政行为的当事人设定了证明损害的责任

在 Shinseki v. Sander[⑤] 案中，六名大法官出具的多数意见判定联邦法院应当与地区法院在民事案件中适用无害错误规则一样，对行政行为适用无害错误规则，也就是说寻求法

---

① 例可参见 Environmental Defense Fund v. EPA, 548 F. 2d 998 (D. C. Cir. 1976), *cert. denied*, 431 U. S. 925 (1977)。

② 512 U. S. 267 (1994).

③ *McCormick on Evidence* 947 (3d ed. 1984).

④ 参见 § 6.11 的讨论。

⑤ 129 S. Ct. 1696 (2009).

院判决推翻行政行为的当事人必须证明行政机关的错误造成了损害。三名持不同意见的法官则反对多数意见将该原则适用于退伍军人事务部的行为，但是似乎同意将该原则适用于其他情形。

在 Ortiz v. Principi[1] 案中，联邦巡回区上诉法院解决了一项证明责任争议。该案中调整退伍军人福利资格的法律要求“将有关任何问题的积极证据和消极证据存在大致平衡……”时，“在证据不足时推定福利申请人的说法是真实的”。法院认为，当涉及具体争议，行政机关发现证据优势对福利申请人者不利时，并不适用证据不足时推定为真（the benefit of the doubt）的原则。

在 USX Corp. v. Barnhart[2] 案中，第三巡回法院支持了行政机关采纳和利用可以反驳的推定（rebuttable presumption）。[3] 在为了确定哪家公司负责矿工的法定福利而将煤矿工人分配到煤矿公司时，社会保障专员适用了一项可以反驳的推定，即如果该矿工受雇时该企业在经营煤矿，并且矿工的雇佣关系是在该企业参加全国煤矿工资协议期间存续的。原告认为，这一推定是武断和恣意的，因为它没有解释像原告这样的企业雇佣了过去曾经在非煤矿业企业工作的煤矿工人。法院认为，这一推定是对于在相关时间段内这一行业的雇佣记录不充分问题的明智应对。法院指出：

> 推定当然可能通过立法机构和行政机关证明，但是其有效性取决于已证明事实和推定事实之间合理关联（rational nexus）的一般规则。 967

□ 作为例证的案例

在 In re Epstein[4] 案中，联邦巡回区上诉法院同意行政机关以创设可反驳的推定为手段，让专利申请人将其注意力集中在其申请书中的缺陷，迫使申请人承担查找和提出证据反驳行政机关认为存在的缺陷的成本。

在 Cole v. Department of Agriculture[5] 案中，两名法官出具的多数意见支持了确立一项推定的规则。多数意见认定这项规定是可反驳的，并且已证明事实与所推定的最终事实之间存在合理联系。一名法官持不同意见，理由是他将这一推定解释为是不可反驳的，并且他认为已证事实与推定事实之间并不存在合理联系。

在 United States v. Springer[6] 案中，当联邦政府对某采矿区域（mining location）的有效性提出质疑时，它不是“支持者”，公共土地的侵占者（entryman）才是。在 United States Steel Corp. v. Train[7] 案中，根据《联邦水污染控制法》（the Federal Water Pollution Control Act）提出许可证申请的人，既然其目的是保护现状，也是支持者。在 Old Ben Coal Corp. v. Interior Board of Mine Operations Appeals[8] 案中，内政部矿山运营上诉委员会经过检查对煤矿经营者签发了一项“急迫危险”命令，煤矿经营者需要承担证明责任，他依法提出举行公开听证的申请。一部规章规定了启动程序的一方当事人承担证明责任。第七巡回法院一开始认定煤矿经营者承担责任，但是在重审时改变了立场，判定政府

---

[1] 274 F. 3d 1361 (Fed. Cir. 2001).

[2] 395 F. 3d 161 (3d Cir. 2004).

[3] 另可参见 U. S. Steel Corp. v. Astrue，495 F. 3d 1272 (11th Cir. 2007)。

[4] 32 F. 3d 1559，1570-1571 (Fed. Cir. 1994).

[5] 33 F. 3d 1263 (11 th Cir. 1994).

[6] 491 F. 2d 239，242 (9th Cir.)，*cert. denied*，419 U. S. 834 (1974).

[7] 556 F. 2d 822，834 (7th Cir. 1977).

[8] 523 F. 2d 25 (7th Cir. 1975).

负有推进程序的责任，但是煤矿经营者承担最终的说服责任。

在 Redmond v. United States① 案中，第五巡回法院判定一位对根据《食品券法》（the Food Stamp Act）作出的行政行为提出质疑的当事人有权申请重新审查（a trial de novo），但是他负有证明行政行为无效的责任。在 Bratton Corp. v. Occupational Safety and Health Review Commission② 案中，一座 60 层楼建筑的分承包商也许有责任证明其是否引发或者控制了危险，或者是否可以合理期待它已经注意到这一事实，因为它可以接触到这些事实。在 A. E. Burgess Leather Co. v. Occupational Safety and Health Review Commission③ 案中，当不符合安全标准的事实已经得到证明时，证明责任就转移给了雇主，雇主需要证明不可能遵守法律的规定。在 Fairfax Hospital Ass'n v. Califano④ 案中，一家医院服务的供应商而非中间商（intermediary）承担了证明可以允许报销要求的责任，证明标准是优
968 势证据（preponderance of evidence）而非压倒性或者结论性证据。

在 Cabral-Avila v. INS⑤ 案中，一部法律规定在驱逐出境的案件中，被驱逐出境者需要承担证明其入境时间、地点和方式的责任。在一份行文晦涩的判决意见中，第九巡回法院判定将 1—213 表格（可驱逐出境的外国人）作为证据采纳，是将继续提出不得适用驱逐出境决定的证据的推进程序责任转移给了这些外国人。在 Jay Norris，Inc. v. FTC⑥ 案中，尽管联邦贸易委员会在发布停止终止令（cease and desist order）之前负有证明存在违法行为的责任，但是它可以发布一项转移证明责任的有关未来违法行为的命令，从而使提出交涉的违法者需要提供"以书面形式作出的合格和客观材料"以反驳该项指控。

在 Brennan v. Occupational Safety and Health Review Commission⑦ 案中，第九巡回法院判定部长负责证明雇主知道违反《职业安全和健康法》要求所需承担的责任。当部长提供表面证据证明雇主明知时，推进程序的责任就转移到了雇主身上。

在 Berahmand v. INS⑧ 案中，一名外国人提交了证明，证明移民归化局已经在他的 I—181 表格上盖上批准的印章，这是成为合法永久居民的原始记录。该外国人也证明移民听证审查官已经在对他进行面谈之后告诉他，他提出的永久居民地位申请已经得到批准。但是，移民法官判定永久居民地位从未得到批准；他所作的事实认定之依据是在批准印章上所记符号，以及移民归化局的一名法律顾问说明这项批准已经取消并且还没有寄出过告知书，因此它"已经在批准之前就被取消了"。移民上诉委员会维持了这一决定。上诉法院判定："没有证据……表明所记符号是为了取消批准……因此，I—181 表格表明确立了支持 Berahmand 之陈述的永久居民地位……我们认为，I—181 表格证明了支持 Berahmand 的表面证据，即他已经被批准了永久居民地位。然后，证明责任就转移到了移民归化局，而争议的问题也就成了证明责任是否已经得到满足。"持不同意见的法官认为："任何寻求调整其法律地位的外国人都负有证明责任……我相信原告从未满足这一证明责任。"

---

① 507 F. 2d 1007 (5th Cir. 1975).

② 500 F. 2d 273 (8th Cir. 1979).

③ 576 F. 2d 948 (1st Cir. 1978).

④ 585 F. 2d 602，611 (4th Cir. 1978).

⑤ 589 F. 2d 957 (9th Cir. 1968)，*cert. denied*，440 U. S. 920 (1969).

⑥ 598 F. 2d 1244 (2d Cir.)，*cert. denied*，444 U. S. 980 (1979).

⑦ 511 F. 2d 1139，1143 (9th Cir. 1975).

⑧ 549 F. 2d 1343，1345 (9th Cir. 1977).

□ 特定法律之立法目的的相关性

一起特别重要的标志性案件是 Kerner v. Flemming[1] 案。在该案中，残疾保险的申请人满足了“可以预期……会长期或者无限期存在的、医学上可确定的身体或者精神创伤”要求。但是，案卷中“没有什么实质性证据能够让部长有理由决定申请人是否‘不能从事 969
大多数有益的活动’……”第二巡回法院指出：“这种确定要求解决两项问题，即申请人可以做什么，以及和申请人一样只能做这些事的人可以有哪些就业机会？……这两项问题，现在都没有充分的证据。”[2] 证明责任也因此是关键性的。《社会保障法》规定：“一个人除非根据要求提供存在状态的证明，否则就不能被认为是处于残疾状态。”法院指出，根据这条规定以及《行政程序法》§7（c）和§556（d）的规定，“申请人负有最终性的说服责任……但是，这并不意味着当申请人已经提出了严肃问题并且证据并未为部长的否定答案提供充分的依据时，法院就必须持否决残疾福利的决定”[3]。法院引用了《社会保障法》的条款，即复审法院“可以……命令提供更多的证据”，并且发回重新审理，宣称：“对于原告可以做什么工作，不能做什么工作，要提供更好的医学证据并不困难，部长的专业能力应当足以让他具有相应的信息，对于与原告一样具有技能和身体缺陷的人可以获得怎样的就业机会……或者缺乏就业机会作出判断。”[4]

尽管在 Kerner 案判决意见中，第二巡回法院指出“申请人负有最终的说服责任”，但是它显然认为部长也负有证明责任，因为在重新审理时，原告将会胜诉，除非部长提供证据表明原告可以找到他能够胜任的就业机会。从表面上看，这一案件与《行政程序法》和《社会保障法》中的证明责任条款相反。它符合更深层次的立法意图，即对不能从事有用的工作的相对人提供残疾福利，也符合让最能够方便获取相关证据的当事人承担证明责任的一般性政策。行政官员可以轻易地承担提出证据证明具有特定残疾状态的人的就业机会，而申请人则不能。

Kerner 案得到众多案件的效仿。例如其他这五家巡回法院的案件[5]表明，在证明了未能胜任前一种类型的工作之后，证明责任即转移给行政机关，行政机关必须证明可以找到其他类型的工作。[6] 970

在 Newport News Shipbuilding Co. v. Director, Office of Workers' Compensation Programs [7]案中，福利审查委员会（the Benefits Review Board）在工人赔偿案件中适用了 Kerner 原则。在申请人证明了残疾状态之后，证明责任转移至雇主，雇主需要证明存在其他就业机会。在 Fisher v. Secretary of U. S. Department of HEW[8] 案中，第七巡回法院判定一名申请人没有按照要求提交具有证明力的实质性证据以排除适用《社会保障法》的规定，即缺乏已付工资的记录构成工资未付的“推定性证据”。

---

① 283 F. 2d 916 (2d Cir. 1960).

② 283 F. 2d at 921.

③ Id. at 922.

④ Id.

⑤ Torres v. Celebrezze, 349 F. 2d 342 (1st Cir. 1965); Ray v. Celebrezze, 340 F. 2d 556 (4th Cir. 1965); Ferran v. Flemming, 293 F. 2d 568 (5th Cir. 1961); Erickson v. Ribicoff, 305 F. 2d 638 (6th Cir. 1962); Stark v. Weinberger, 497 F. 2d 1092 (7th Cir. 1974).

⑥ Meneses v. Secretary of HEW, 442 F. 2d 803, 806-808 (D. C. Cir. 1971) 对此作了特别精彩的分析。

⑦ 592 F. 2d 762 (4th Cir. 1979).

⑧ 522 F. 2d 493 (7th Cir. 1975).

□ 国会可以改变证明标准

适用于大多数存在争议的事实问题的证明标准是证据优势标准。但是有的时候，国会或者法院会确立对特定类型的争议适用的更高的证明标准。法院宣布更高证明标准的标志性案件是 Woodby v. INS[1] 案和 Collins Security Corp. v. SEC[2] 案。在这两起案件中，法院都认为错误认定争议事实的后果如此严重，以至于行政机关需要通过“明确可信证据”（clear and convincing evidence）证明存在争议的事实。最高法院已经推翻了 Collins 案，并在与 Woodby 案进行区分的过程中对 Woodby 案进行了限缩解释。最高法院现在并不赞成司法机关创设比优势证据要求更高的证明标准。[3]

在 Woodby 案中，最高法院判定移民归化局必须通过“明确、有力和可信的证据”（clear，unequivocal，and convincing evidence）证明一项对于驱逐出境命令具有重要意义的事实。最高法院认定国会并未对此类案件确立一项证明标准，判定在国会尚未作出规定时，法院应当确定合理的证明标准。[4] 最高法院对于驱逐出境案件适用了严格的“明确、有力和可信的证据”标准，因为驱逐出境会导致“严厉的剥夺（drastic deprivations）”和“立即的困难”[5]。

在 Collins 案，哥伦比亚特区巡回法院采用了 Woodby 原则作为依据判定证券交易委员会对欺诈案件实施的制裁必须得到“明确可信”证据的支持。对于欺诈行为的制裁，尽管不是“和驱逐出境决定……一样严重”，但是其严重程度仍然足以要求行政机关必须满足比优势证据更高的证明标准。

□ 法院不愿意推导出创设更高证明标准的意图

在 Vance v. Terrazas[6] 案中，最高法院对 Woodby 原则作了限缩解释，并将该案与 Woodby 案进行了区分。Terrazas 出生于美国，是一名墨西哥公民的儿子，因此他出生时
971 就获得了双重国籍。国务院宣布 Terrazas 是一名放弃美国国籍的人（expatriate），因为他在申请墨西哥国籍时宣誓效忠墨西哥，已经自愿放弃了美国国籍。在作出这一事实认定时，国务院适用了优势证据标准。Terrazas 主张国务院需要采用在 Woodby 案类似的驱逐出境情形下所宣布的“明确、有力和可信”标准。

五名大法官出具的多数意见判定不能适用 Woodby 原则，维持了行政机关在放弃国籍案件中的优势证据标准。多数意见对 Woodby 案进行了区分，依据是国会并未规定对驱逐出境案件适用的证明标准，从而将这一责任留给了法院。相比之下，国会已经将优势证据规定为适用于放弃国籍案件的证明标准。法院需要适用国会所规定的证明标准，除非这一标准违反了《联邦宪法》。多数意见驳回了 Terrazas 根据《联邦宪法》正当程序条款对这一标准的合宪性提出的质疑，因为“放弃国籍案件在性质上属于民事诉讼，而且也并不威

---

① 385 U.S. 276 (1966).

② 562 F. 2d 820 (D.C. Cir. 1977).

③ 另可参见 Huddleston v. United States, 485 U.S. 681 (1988)（政府不需要为了根据《联邦证据规则》404 (b) 的规定提交类似行为的证据，而提交证明被告已经实施了类似行为的“明确可信”证据）。

④ 385 U.S. at 284.

⑤ Id. at 285-286.

⑥ 444 U.S. 252 (1980).

胁到自由的丧失”[1]。Marshall 和 Stevens 两位大法官持不同意见，认为放弃国籍案件确实威胁到自由，而多数意见对于自由概念的理解过于狭窄。[2] Brennan 和 Stewart 大法官则是基于更广的依据提出不同意见，即公民只能通过正式宣布放弃才能丧失国籍。[3]

在 Steadman v. SEC[4] 案中，最高法院将该案与 Woodby 案进行了区分，也推翻了 Collins 原则。证券交易委员会适用了优势证据标准，认定 Steadman 已经违反了证券立法中的反欺诈条款。Steadman 认为适用优势证据标准不符合 Woodby 案和 Collins 案，申请推翻这一决定。七名大法官维持了证券交易委员会对优势证据标准的使用。多数意见开始是与 Terrazas 案一样，将 Woodby 案区分为国会留给法院确定适当的证明标准之责任的案件。[5] 多数意见判定 Steadman 案并不是这样的案件，因为证券交易委员会的行为是受《行政程序法》的调整，并且《行政程序法》§556（d）反映了国会的决定，即行政机关只需要满足优势证据标准。[6]

□《行政程序法》确立了优势证据标准

多数意见将分析的焦点放在§556（d）中这一规定："除非……根据可靠、有证明力的实质性证据，否则不能作出处罚决定，或者发布规则或者命令。"多数意见将这句话解释为同时确立了定性和定量的证明标准。[7] 多数意见承认，这一条文"在需要采用的确切的证明标准问题上是模糊的"[8]。它通过援引《行政程序法》的立法史，解决了这一法律条文存在的模糊问题。无论是众议院还是参议院的报告都在提及支持具有推进程序责任 972
的当事人请求的事实认定所要求的证据时提到了"优势"（preponderance）[9]。Powell 大法官和 Stewart 大法官持不同意见，认为"明确可信"证据是普通法上的欺诈行为诉讼所要求的，而多数意见所依赖的法律条文和法律史都不足以证明国会试图修改这一普通法标准。[10]

□ 优势证据标准适用于大多数争议

综合在一起考虑，最高法院在 Terrazas 案和 Steadman 案的判决主旨表明，优势证据的证明标准适用于绝大多数的行政行为。仅有的一些例外是：（1）Terrazas 案表明，《联邦宪法》要求适用更高标准的情形是很少见的；（2）国会明确要求行政机关适用要求更高的标准；（3）不受《行政程序法》§556（d）调整的行政行为。第十巡回法院所作的一项判决表明，优势证据标准很可能被判定也适用于绝大多数属于上述第三类的行政行为。

在 Bender v. Clark[11] 案中，内政部拒绝了 Bender 提出的公共土地采矿权租赁投标申

---

① Id. at 266.
② Id. at 271, 273.
③ Id. at 274.
④ 450 U. S. 91 (1981).
⑤ 450 U. S. at 95.
⑥ Id. at 97-102.
⑦ Id. at 98.
⑧ Id. at 100.
⑨ Id. at 101-102.
⑩ Id. at 105-106.
⑪ 744 F. 2d 1424 (10th Cir. 1984).

请，理由是 Bender 未能以“明确和确定的”证据证明该幅地块不在已知地质构造之内。内政部认为，它可以裁量决定适用与 Steadman 案相一致的、比优势证据要求更高的证明标准，因为《行政程序法》§556 并不适用于类似 Bender 案中所举行的非正式听证。第十巡回法院同意 Steadman 案并不适用，因为《行政程序法》§556 并不适用。[①] 但是，这只是意味着国会尚未规定可以适用的证明标准，并且法院根据 Woodby 案需要这么做。[②] 第十巡回法院转而采用 Woodby 案中提出的确定合理的证明标准的方法，指出只有“在涉及特别重要的利益或者权利时”，才适合采用比优势证据标准要求更高的证明标准。[③] 第十巡回法院在认定有关采矿权租赁是否包含属于已知地质构造内的土地的决定并不涉及此类权利之后，判定可以适用优势证据证明标准。[④]

但是，在相关法律并不涉及争议问题并且法院认定“涉及特别重要的个人权利”时，
973 巡回法院有时要求适用“明确可信证据”的证明标准。[⑤]

① Id. at 1429.

② Id.

③ Id.

④ Id. at 1430.

⑤ 例如，Forshey v. Gober, 226 F. 3d 1299, 1305 (Fed. Cir. 2000)（关于退伍军人受伤与军务有关的推定，只能通过明确可信证据加以反驳）。

11

裁决的司法审查

§11.1 概述

□ 本章的讨论范围和交叉引用情况

对于行政机关在裁决程序中所作的决定，我们可以基于以下五项理由中的任何一种提出质疑：(1) 行政机关所采用的程序是不充分的；(2) 其决定不符合调整行政行为的法律中的实体性条款；(3) 行政机关没有作出附具理由说明，也就是说，它没有对它为何这么做充分说明理由；(4) 该决定所依据的事实认定没有得到充分支持；或者 (5) 该决定偏离先例而没有作出解释。本章将只讨论基于第 3、第 4 和第 5 项理由对行政裁决程序中的行政决定所提出的司法审查。第 8 章和第 9 章将会讨论裁决程序中必须采用的程序。第 3 章将会讨论对行政行为的审查，以确保其符合准据法中的实体性规定。

作为裁决决定之依据的行政机关的事实认定，对其进行的司法审查当然与行政机关在裁决程序中采用的程序和它们利用的证据规则之间存在紧密关联。因此，§11.2、§11.3 和§11.4 对于这一问题的讨论，就基于第 8 章、第 9 章和第 10 章的讨论。通过司法审查发现和吓阻偏离先例而不加解释的行为，与讨论规则和规则制定的章节（第 6 章和第 7 975
章）所讨论的问题，以及第 17 章对裁量权的讨论存在紧密关联。正如这些章节所描述的，规则可以约束行政裁量权，促进确保行政机关类似案件类似处理的目标。但是，并非所有问题都可以通过规则全面处理。在行政机关选择不通过规则约束其行政裁量权时，行政机关不能偏离先例而不作解释，这一司法原则就可以在约束行政裁量权上发挥重要的作用。

□ 无害错误规则的适用

《行政程序法》§706 要求复审法院"考虑……偏见错误的规则"。在 Shinseki v. Sanders[①] 案中，六位大法官出具的多数意见将这一规定解释为要求联邦法院在审查行

① 129 S. Ct. 1696 (2009).

政行为时适用与长期以来对地区法院所犯错误所适用的相同的无害错误规则。多数意见抛弃了联邦巡回区上诉法院确立的一项原则，这一原则要求退伍军人管理局证明错误没有造成损害，并且指示法院要求“寻求推翻行政行为的当事人……对错误裁定为何造成损害作出解释”，除非法院根据案情确定讼争的错误显然是有害的。三位持不同意见的大法官反对将无害错误规则适用于退伍军人管理局的行为，因为“退伍军人管理局本身有义务帮助申请人起草其申请文书，这一点几乎不同于其他所有行政机关”。不同意见表明，对于除退伍军人管理局之外的行政机关作出的行政决定，持反对意见的大法官和多数派的意见是一致的。

§11.2 实质性证据标准

□ 实质性证据标准适用于正式裁决

在少数的情况下，行政机关的组织法（organic act）会特别规定行政机关的事实认定接受重新审查（de novo review）。① 而在所有其他情况中，行政机关的事实认定需要根据实质性证据标准或者武断恣意标准接受审查。实质性证据标准过去只适用于正式裁决和正式规则制定，但是尊重程度更高的武断恣意标准适用于非正式规则制定和非正式裁决。《行政程序法》只要求对通过正式规则制定程序和正式裁决程序作出的事实认定采用实质性证据标准进行审查，反映了这种两分法。②

□ 对陪审团裁决实施审查的起源

976 实质性证据标准，起源于上诉法院对陪审团裁决的审查。在 19 世纪，对陪审团裁决的审查，其强度不如对无陪审团审理的法官所作事实认定的审查，到了 20 世纪初期，这一差别就发展定型了。法官的事实认定除非“明显错误”将会得到维持，而陪审团的事实认定如果得到“实质性证据”的支持将会得到维持。明显错误标准允许比实质性证据标准更宽泛的审查（broader review）。

□ 对陪审团和行政机关的高度尊重

Stern 的一篇论文回顾和分析了实质性证据标准和明显错误标准之间区分的历史。③ 他指出：“初审法官事实认定的理由不应该获得与陪审团或者行政官员的事实认定理由——为什么‘明显错误’标准允许比‘实质性证据’更宽泛的审查——相同程度的尊重。”④ 根据“实质性证据”标准，这一标准是理性人能否所达成的结论，并且一项事实认定可以是明显错误的，但是并非不合理的。Stern 指出，政策和历史也可以证明这两项标

---

① 例如，7 U. S. C. § 2022。

② 5 U. S. C. § 706 (2) (E).

③ Stern, “Review of Findings of Administrators, Judges and Juries: A Comparative Analysis”, 58 *Harv. L. Rev.* 70 (1944).

④ Id. at 84.

准存在差别。在 Columbia v. Pace[1] 案中，最高法院判定，如果法律规定的审查方式与行政认定、衡平法院（an equity court）的事实认定和陪审团的裁决一样，这部法律就会出现自相矛盾。最高法院指出，“衡平法院的事实认定、陪审团的裁决自古以来就需要遵守不同的最终性规则”，而衡平法院的事实认定“除非明显错误也不受影响”，但是对于陪审团裁决的审查“所受限制要多得多”[2]。

□“明显错误”标准，其尊重程度低于实质性证据标准

后来的判例法（law）并未对 Pace 案中判决意见中所引用的文字作出任何改变。哥伦比亚特区巡回法院指出：“根据‘明显错误’标准审查，法院可以以自己的判断替代初审法院的判断，推翻并非不合理的事实认定。”[3] Stern 的论文还论述了其他一些理由，在此不予赘述，并且认定：“因此，政策、判例（authority）和历史都能证明‘明显错误’规则比‘实质性证据’公式赋予更广泛的权力。”[4] 迄今尚未找到任何重要的判例法。

在 Chen v. Mukasey[5] 案中，第八巡回法院很好地描述了实质性证据标准，并且解释了这一标准在适用上如何区别于对陪审团事实认定的审查：

> 实质性证据标准是从有关审查陪审团裁定的案件借鉴而引入到行政法之中，并且比审查地区法院法官的事实认定中所使用的“明显错误”标准的尊重程度更高。 977
>
> …………
>
> 但是，行政法上的“实质性证据”审查在以下两个方面与适用于陪审团裁定的“实质性证据”标准存在差别。首先，根据 Universal Camera 案所提出的规则，在审查行政机关的事实认定时，我们需要对行政记录进行“整体性”考虑，考虑那些偏离行政机关的事实认定的证据。相比之下，在审查陪审团裁定时，我们会得出每一项偏向该裁定的合理推论，不能作出可信度认定或者确定证据的权重。其次，根据 Chenery 案，任何行政机关必须以“能够理解的清晰程度”描述其推论，而陪审团则一般不需要解释其推理。因为行政法的这些原则，对行政机关事实认定的“实质性证据”审查，需要对移民法官的可信度确认进行审查，而对陪审团事实认定的“实质性证据”审查几乎完全尊重陪审团的可信度确认。综合适用 Chenery 规则以及行政性的“实质性证据规则”，法院经常会说，移民法官必须为他所作的事实认定提供“具体、有说服力的”理由。在 Singh 案中，我们的解释是，这意味着作出可信度认定的移民法官必须“提供足够‘具体’的理由，以便复审法院可以评价决定背后的推理”并且具有足够的说服力，以至于“理性的裁决者不会被迫得出相反的结论”。

□ 司法机关和立法机关对行政机关适用的标准

在 1913 年，最高法院从其最初审查陪审团的事实认定案件中借用了实质性证据标准，并将其用于审查行政机关的事实认定。在 ICC v. Louisville & Nashville Railroad Co.[6] 案

① 320 U. S. 698 (1944).

② Id. at 701, 702.

③ Ethyl Corp. v. EPA, 541 F. 2d 1, 35 n. 74 (D. C. Cir. 1976).

④ 58 *Harv. L. Rev.* at 88-89.

⑤ 510 F. 3d 797 (8th Cir. 2007).

⑥ 227 U. S. 88, 94 (1913).

中，最高法院指出，复审法院应当“对案卷进行审查，以确定是否存在支持行政命令的实质性证据”。次年，国会在《联邦贸易委员会法》中整合了最高法院对州际商业委员会所适用的标准。“事实认定如果得到实质性证据的支持，应当是结论性的。”①

法院适用实质性证据标准审查行政行为的趋势如此强烈，以至于即使法院并未明确整合这一标准，这一趋势也常常受到效仿。例如，尽管《1917 年移民法》规定行政确定（administrative determination）“应当是最终的”，这一审查常常是受实质性证据标准所引
978 导。② 在 20 世纪 30 年代，国会效仿了法院的做法，规定实质性证据标准，以引导根据《证券法》（the Securities Act）、《国家劳动关系法》（National Labor Relations Act）、《联邦动力法》（Federal Power Act）、《公平劳动基准法》（Fair Labor Standards Act）和其他法律进行审查。

□ 理性人可能认为具备充分性的证据

最高法院常常将对陪审团裁决的审查与对行政事实认定的审查混在一起。“实质性证据不只是零星证据，并且不只是导致怀疑待证事实是否存在。‘这意味着理性人可能认为足以支持结论的此类相关证据’……如果初审是由陪审团进行，所要得出的结论是待陪审团裁决的事实时，此类证据必须足以证明陪审团拒绝作出裁决的合理性。”③ 陪审团和行政机关都确定证人的信用性并得出推论。④

□ 纳入《行政程序法》

1946 年，国会将实质性证据标准纳入《行政程序法》，规定这一标准适用于所有在正式裁决或者正式规则制定中采纳的行政机关的事实认定。⑤ 这一标准在适用于陪审团和行政机关所作事实认定的一个世纪里并没有变化，它是美国行政法体系中最为稳定和令人满意的特征之一。

□ 作为整体的案卷

在《行政程序法》通过之后不久，最高法院就在 Universal Camera Corp. v. NLRB⑥ 案中对实质性证据标准进行了重要的阐释：“证据的实质性，必须将案卷中所有减损证据证明力的内容考虑在内。这显然是［《行政程序法》§706 中］……要求法院考虑案卷整体之意义所在。”因此，支持行政机关事实认定的证据必须足以支持理性人整体性地考虑案卷中所有证据，而非仅仅考虑与行政机关事实认定相一致的证据之后得出的结论。《行政程序法》§706 的条文及其立法史都要求对实质性证据标准作出此种解释。参议院委员会曾对此作如下解释：“要求对案卷整体进行考虑的要求，意味着法院不能只审查一方当

---

① 38 Stat. 717 (1914)，15 U. S. C. §41.

② 全面论述，参见 Kessler v. Strecker，307 U. S. 22，34 (1939)。

③ NLRB v. Columbian E. & S. Co.，306 U. S. 292，300 (1939)，*quoting from* Consolidated Edison v. NLRB，305 U. S. 197，229 (1938).

④ NLRB v. Nevada Consolidated Copper Corp.，316 U. S. 105 (1942)；Gunning v. Cooley，281 U. S. 90，93 (1930)；FTC v. Pacific States Paper Trade Ass'n，273 U. S. 52，63 (1927).

⑤ 5 U. S. C. §706 (2) (E).

⑥ 340 U. S. 474，488 (1951).

事人所提出的控告，因为其他证据可能弱化或者甚至明确推翻了其控告。”[①]但是，在 Universal Camera 案之前，有些法院已经误解了这一标准，并且拒绝考虑与行政机关的事实认定不一致的证据。Universal Camera 案中法院所作的有益阐释，排除了维持行政机关在极端案件中所作事实认定，这里的极端案件是指减损事实认定的证据与支持事实认定的证据明显不成比例，例如事实认定所依据的一位存在明显偏私的证人之证言，与众多不存在 979
偏私的证人之证言，或者强有力的书面证据和情况证据（circumstantial evidence）* 存在矛盾。

□ 高度尊重

在 Universal Camera 案所作阐释之后，实质性证据标准仍然对行政机关极其尊重。在 Consolo v. Federal Maritime Commission[②] 案中，最高法院解释了这一标准的性质及其政策基础。最高法院引用了 1938 年和 1938 年分别作出的 Consolidated Edison 案和 Columbian E. & S. 案的判决意见，并且指出：

尽管这两起案件都是在《行政程序法》制定之前判决的，但是它们被认为是对《行政程序法》中所使用的“实质性证据”进行界定的权威判例。……这是某种少于（something less than）证据的证明力，而且根据证据可能提出两种相互矛盾的结论，并不能防止行政机关的事实认定获得实质性证据的支持。……国会在采纳这一审查标准时非常谨慎。实质性证据标准让复审法院不必费时费力地对证据进行权衡，它对于行政裁判机构专业能力给予了适度尊重，并且帮助促进法律的统一适用。当法院需要对裁量性救济的形塑（fashioning of discretionary relief）进行审查时，这些政策特别重要。在这一领域，行政决定常常是取决于各种复杂和难以审查的考量因素。通过赋予行政机关形塑救济方式的裁量权，国会注重行政机关的专业能力，并且让复审法院尽量不以自己的裁量权替代行政机关的裁量权，往往更有利于一致性。

尽管现在已经时至 21 世纪，但是与 1966 年时相比，这段论述仍然是准确的，并且与形塑救济方式一样，它同样适合适用于行政裁量权的其他运用情形。

□ 适用的指南

在 1958 年，Cooper 教授对实质性证据标准的司法适用进行了深入的实证研究。[③] 经过研究，他提出了法院在适用实质性证据标准时可以遵循的七条指南：

（1）至少在面对适格证据时，传闻证据不是实质性证据；

（2）与不存在矛盾的证人证言相反的事实认定，通常并没有得到实质性证据的支持；

（3）在绝对的意义上属于轻微或者粗略的证据，不属于实质性证据； 980

（4）与证明力更强的证据相比属于轻微的证据，不是实质性证据；

（5）行政法官的事实认定，如果与行政机关的事实认定相反，可以是导致法院判定行

---

* 情况证据，是指指基于常识可以合理地从中推断出待证事实的情况或事实，而并非个人亲身经历或亲眼所见的事实。也指除证人证言以外的其他形式的证据。在无直接证据的情况下，与待证事实有关联性的间接证据可以被采纳。——译者注

① Sen. Doc. No. 248, 79th Cong., 2d Sess. 214, 280 (1946).

② 383 U. S. 607, 619-621 (1966).

③ Cooper, “Administrative Law: The Substantial Evidence Rule”, 44 *A. B. A. J.* 945, 1002-1003 (1958).

政机关的事实认定不能得到实质性证据支持的重要因素；

（6）行政机关的成员对行政机关的事实认定持有的不同意见，对复审法院产生的效力，与行政法官作出的相反事实认定具有可比性；

（7）如果行政机关总是相信行政机关的证人而不相信反对证人，法院更可能推翻行政机关的事实认定。

这七项简单的规则中，第 1 项规则需要做些修改，以反映实质性证据标准的现代适用情况。在最近几年，法院已经变得更能容忍传闻证据。例如在 Richardson v. Perales① 案中，最高法院判定，如果传闻证据是合理谨慎的人行事时所依据的这种证据，即使传闻证据与非传闻证据之间存在矛盾，行政机关也可以只以传闻证据作出事实认定。在现代，法院是在整个案件的背景下对特定的传闻证据之证明力进行评估；它们不再对各类证据采用粗糙和抽象的分类标识。②

因此，例如在 Echostar Communications Corp. v. FCC③ 案中，哥伦比亚特区巡回法院认为："传闻证据如果是可靠和值得信任的，也可以构成实质性证据。"在 Jifry v. FAA④ 案中，哥伦比亚特区巡回法院更进一步，判定法院能够单方和密室审查的已定密的情报报告，也可以构成实质性证据。

在 Petal Gas Storage v. FERC⑤ 案中，哥伦比亚特区巡回法院很好地解释了在专家证言的情境中如何适用实质性证据标准：

> 当专家证人对一项"需要实质性的行政专业能力"事实问题发生争论时，我们的职责只是确定行政机关已经"借助充分的专家证据证明事实和最后的选择之间的合理关联"。……这里，一位联邦能源监管委员会的专家职员（staff expert），依赖来自各种渠道的数据，
> 981 引用了四项事实支持他的结论，即"在 HIOS 公司（High Island Offshore System，LLC）的供应区域内存在大量未被发现的天然气"：独立来源的估算，新储量发现的历史数据，HIOS 公司供应区域内的实质性勘探性钻井，以及进一步勘探的激励方案。HIOS 充分利用了专家的"确定总储量的全区块范围的路径"，但是这位专家实际上根本没有基于我们对证言的解读而假定 HIOS 公司可以获取西部规划区块内的所有天然气。相反，他从整个区块中采集了"代表性的"样本，以此显示 HIOS 公司有望从它的储量中获得多少天然气。这一工作显示出每一个关注的记号，联邦能源监管委员会采用这些数据，完全属于我们的尊重规范范围之内。

□ 最高法院倾向于采用实质性证据标准

最高法院在 20 世纪 90 年代发布的两项判决意见，说明了法院采纳实用主义的实质性证据标准的明显趋势。在 Dickinson v. Zurko⑥ 案中，六名大法官出具的多数意见判定联邦巡回区上诉法院在审查专利商标局（PTO）所作事实认定时必须适用《行政程序法》§706 规定的标准。多数意见也证明了支持行政行为司法审查标准一致性的推定，只有支持偏离该司法审查标准的"明确"证据才能推翻。以一致意见作出全席判决的联邦巡回区

---

① 402 U. S. 389 (1971).

② 参见§10.4。

③ 292 F. 3d 749 (D. C. Cir. 2002)，参见§8.2 和§10.4 的讨论。

④ 370 F. 3d 1174 (D. C. Cir. 2004)，参见§7.10 和§11.2 的讨论。

⑤ 496 F. 3d 695 (D. C. Cir. 2007).

⑥ 527 U. S. 150 (1999).

上诉法院，已经采纳《行政程序法》§559以支持其判决主旨，即它应当对专利商标局的事实认定适用明显错误标准。就我所意识到的，之前还未曾有法院出于任何目的适用《行政程序法》§559。本节规定，《行政程序法》"并未限制或者废除……法律承认的（recognized by law）额外要求"。联邦巡回区上诉法院引用了1946年之前作出的89份判决意见，相信之前的法院已经适用了更为严格的"明显错误"标准。

最高法院的多数意见指出，《行政程序法》希望"在一个充分变化和多样性的领域促进一致性"。考虑到这一立法目的以及法律中使用的短语"法律承认的"，多数意见认定，只有"明确"证据支持偏离《行政程序法》规定的标准之时，偏离《行政程序法》规定的标准才能获得承认。多数意见认为89份在《行政程序法》制定之前作出的判决是模糊的而非明确的。多数意见指出，89份判决意见中无一确实采用了"明显错误"这一术语描述法院所适用的标准。相反，它们采用了今天并无明确含义的各种术语，所指的是某种不同的标准。多数意见拒绝讨论实质性证据或者武断恣意标准是否适用于对专利商标局事实认定的司法审查。多数意见引用了一份哥伦比亚特区巡回法院的判决意见，其中时任法官Scalia认为，适用于事实认定的这两项标准之间并无差别。 982

三位大法官在一份简短的不同意见中指出，专利商标局的上诉委员会和执业律师（bench and bar）都同意明显错误标准应当适用于专利商标局的事实认定。持不同意见的大法官们认为"没有理由否定他们对于这一问题提出的明智和合理的解决方案"。

在Dickinson案中，最高法院将一问题——专利商标局事实认定是否接受法院适用实质性证据标准或者武断恣意标准进行的审查——发回联邦巡回区上诉法院重新处理。在In re Gartside[①]案中，联邦巡回区上诉法院判定实质性证据标准适用于专利商标局的事实认定。法院认为，专利商标局的事实认定属于《行政程序法》§706（2）（E）所描述的第二类案件范围，即"根据法律规定的行政听证案卷审查的"案件。

Waters v. Churchill[②]案是说明法院继续采用实用主义的实质性证据标准之趋势的第二起案件。最高法院注意到需要确立一项适用于行政机关事实认定的标准，以满足区分政府雇员的受第一修正案保护的言论与超出第一修正案保护范围的言论之需要。这里所宣布的标准就是实质性证据标准的翻版：

> 我们认为要求法院留意的事实与雇主合理认定的事实一样，并不会让雇主的决定承担不合理的负担。例如让雇主完全没有依据证据而得出结论是不合理的。类似的，在明显可以获得证明力强的证据之时——例如雇员被指控向编辑撰写了不合适的书信，雇主没有阅读这一书信而直接说这一书信是基于不可靠的传闻——让雇主根据证明力弱的证据作出行为也是不合理的。
>
> 如果雇佣行为是根据雇员的言论而作出的，而且理性的主管会认为雇员的言论确实受保护，则其主管必须给予一定程度的注意。这种注意不一定要是根据证据规则和程序规则进行审理时所需要给予的注意。但是，它是理性的主管在作出该案涉及的此类雇佣决定（解除职务、中止职务、申诫等）时需要给予的注意。

在CAE v. Clean Air Engineering[③]案中，第七巡回法院认为，实质性证据标准适用于对商标初审和上诉委员会（the Trademark Trial and Appeal Board）作出的事实认定进行的司法审查，无论是联邦巡回区上诉法院还是联邦地区法院进行的司法审查。直到1999 983
年，第七巡回法院都对商标初审和上诉委员会的事实认定适用"彻底定罪"（thorough

① 203 F. 3d 1305 (Fed. Cir. 2000).
② 511 U. S. 661 (1994).
③ 267 F. 3d 660 (7th Cir. 2001).

conviction）标准。这些判决意见的“三部曲”说服法院必须适用实质性证据标准。在 Dickinson v. Zurko 案中，最高法院对专利与商标局（the Patent and Trademark Office）的事实认定必须要么适用武断和恣意标准，要么适用实质性证据标准。最高法院也强调了法院对行政决定的审查标准之一致性的需要。在 In re Gartside 案[①]中，联邦巡回区上诉法院认为，实质性证据标准适用于对专利与商标局所作出事实认定进行的司法审查。在 On-Line Careline v. America Online[②] 案中，联邦巡回区上诉法院认为它在审查商标初审与上诉委员会所作事实认定时适用实质性证据标准。考虑到联邦巡回区上诉法院在 On-line 案中的判决，以及最高法院在 Zurko 案中告诫要适用统一的审查标准，第七巡回法院认定地区法院在审查商标初审与上诉委员会的事实认定时也应当适用实质性证据标准。

在 Adefemi v. Ashcroft[③] 案中，第十一巡回法院进行了全席审理，一位法官出具的多数意见认为，实质性证据标准，和政府需要适用清楚和令人信服的证据而非通常的优势证据进行证明时具有同样的含义。持不同意见的法官表示同意第七巡回法院和第九巡回法院的判决意见，他将这些判决意见解释为要求更多的证据以支持当政府需要根据清楚和令人信服的证据作出事实认定时所作出的事实认定。

□ 最高法院偏离了实质性证据标准

具有讽刺意义的是，最高法院热衷于实质性证据标准，将其适用于两种新的情境，但是与此同时，最高法院也在一项判决意见中体现出偏离了对这一标准的通常尊重程度的理解。在 Allentown Mack Sales and Service v. NLRB[④] 案中，六名大法官出具的多数意见推翻了国家劳动关系委员会的事实认定，即对工会继续获得多数雇员的支持，雇主并不具有“诚信、客观、合理的怀疑”。国家劳动关系委员会适用了这种标准以确定雇主是否可以通过雇员投票确定工会是否得到多数雇员的支持。国家劳动关系委员会将《国家劳动关系法》解释为此类投票是不当劳动行为，除非对于工会是否得到多数雇员的支持，雇员具有“诚信、客观、合理的怀疑”。

雇主认为，32 名雇员中有 10 位雇员向经理表达了不支持工会的言论，它已经具备所
984 要求的“怀疑”。一名行政法官拒绝将其中 3 名雇员的言论计算在内。他接着认定，剩下 7 名雇员的言论不足以构成怀疑。国家劳动关系委员会支持行政法官的事实认定。所有九名大法官同意，根据 32 名雇员中的 7 人发表的不支持工会言论而认定不存在必要的怀疑，是得到实质性证据的支持。因此，大法官们对于实质性证据问题进行的辩论，完全取决于他们如何评估对于行政法官和国家劳动关系委员会没有采信其他 3 名雇员言论的理由。

行政法官和国家劳动关系委员会对排除了 3 名雇员之言论提供了多种理由。在两起案件中，这些言论是涉及重新雇佣面试（reemployment interviews）。国家劳动关系委员会以怀疑的态度审查了雇佣面试过程中发表的反工会言论，特别是已经知道雇主不喜欢雇员成立工会之时。两份言论并未表达雇员的观点，相反所表达的是雇员转述的其他身份不明的雇员所发表的言论。国家劳动关系委员会也以怀疑态度审查了这种类型的言论。除非这些言论配有具体细节可供证实，我们不可能了解其依据的任何内容，而且这些言论只是为了迎合经理而发表的。不仅如此，行政法官和国家劳动关系委员会还说明了排除所有这三

---

① 203 F. 3d 1305 (Fed. Cir. 2000).

② 229 F. 3d 1080 (Fed. Cir. 2000).

③ 386 F. 3d 1022 (11th Cir. *en banc* 2004).

④ 522 U. S. 359 (1998).

项言论的理由，例如经理认为一项言论是“未作准备的”。多数意见认为，国家劳动关系委员会的理由是不合理的。多数意见认为，国家劳动关系委员会所排除的言论“对于合理怀疑问题具有不可否认和实质性的证明力”。相比之下，持不同意见的大法官认为国家劳动关系委员会的理由是合理的，属于其裁量范围，有权获得与其经验和专业技能相对应的尊重。

这份多数意见偏离了最高法院过去适用实质性证据标准所采用的进路，在这一点上是不同寻常的。自 ICC v. Louisville & Nashville Railroad Co.①案以来，最高法院持续适用实质性证据标准。在接下来的 85 年里，最高法院对这一标准所持立法保持了高度一致性。最高法院一直都判定该标准是高度尊重性的，实质性证据“是指理性人认为足以支持结论而采纳的证据”。当巡回法院偶尔偏离该标准的此种含义，开始以更具有侵入性的方法适用这一标准时，最高法院让这些方法重回正轨。② 因此，本书的第三版就将实质性证据标准描述为“属于美国行政法体系中最为稳定和令人满意的内容之一”。 985

Allentown 案的多数意见可能使得这种定性只能作为历史描述时才是准确的。地区法院或者巡回法院很少对于事实认定之依据进行过与 Allentown 案中多数意见所体现的这种详细、侵入性、非尊重性的事后评判。最高法院以前还从未进行过这种类型的审查。

Allentown 案的多数意见向下级法院传达了一项信息，即它们有义务对所有行政机关的事实认定之证据基础进行详细、非尊重的审查。如果对该案多数意见作此种解释和适用，该案判决意见就会对行政法产生明显变革性的影响。行政机关每年都要作出数千万项事实认定。仅社会保障局一家，每年就要在裁决数十万残疾福利案件中作出数百万项事实认定。司法机关可以从哪里获得实施 Allentown 案多数意见所说明的这种审查所需的资源？当然，如果法院开始实施这种类型的审查，法院推翻行政决定的比例就会飙升。而这又会促使每年申请审查的数量大幅上升，并进一步增加需要用于对行政机关事实认定进行审查之过程所需的司法资源。

但是，Allentown 案的判决很可能不会也不应当被赋予如此广泛的含义。如果以该案判决意见的某些理由为基础，我们至少还可以作出两种更狭义的解释。Allentown 案可以被解释为只适用于这样的情形：法院相信，在根据特定类型的证据之有无而得出准确推论的能力这一问题上，它们并不明显逊色于行政机关；它也可以被解释为只适用于国家劳动关系委员会所作的事实认定。

第一种解释可以通过援引持多数意见和不同意见的两派大法官辩论的核心问题之一而得到支持。不同意见批评多数意见没有承认国家劳动关系委员会具有与“详细的工作场所相关问题”有关的更高的专业能力。因此，不同意见认为多数意见以“法院对人类心理的普遍理解”取代了“行政机关对于工作场所的专门化知识”。这种描述是准确的。多数意见体现了高度相信自己从人类行为默示中得出推论的能力，而明显蔑视国家劳动关系委员会履行这一任务的能力（或者说意愿）。因此，多数意见以有力的措辞描述了自己得出的 986
推论，例如“我们相信理性的事实认定者非常不可能避免得出这样的结论，即对于工会是否仍然拥有多数雇员的支持……Allentown 有着合理、诚信的怀疑理由”，以及国家劳动关系委员会所得出的推论，例如“不考虑 Mohr 的言论是完全不合理的”。显然，多数意见显然是将工作场所中的行为模式视为不过是人类基本心理活动的产物，并且认定他们（也包括一般的法官）对于人类心理活动的理解优于国家劳动关系委员会委员的理解。也

① 227 U.S. 88 (1913).

② 例可参见 NLRB v. Walton Manufacturing Co.，369 U.S. 404 (1962)。

许持多数意见的大法官在司法经验或者专业能力更有限的情境（例如，利用临床证据和生物学证据作为依据，得出是否存在疾病的推论）中会更加谦虚（少些骄傲）。

第二种解释把 Allentown 原则的范围限定于国家劳动关系委员会所作事实认定，这是正确的。多数意见包括的许多大段论述，可以用于支持这一解释。多数意见对国家劳动关系委员会的行为默示进行了不留情面、多步骤的批评。多数意见指出：

与其他重要的联邦行政机关不同，国家劳动关系委员会通过行政裁决程序而非规则制定程序颁布了在其领域内的所有这些法律规则。

多数意见将这种做法与国家劳动关系委员会的另外两项做法加以联系。首先，国家劳动关系委员会常常以一种文字表述宣布一项实体性标准，然后随着时间的推移，逐渐以改变这一标准含义的方式修改这一文字表述。其次，国家劳动关系委员会经常创设的各种证据标准，事实上改变了其自称适用的实体性证据的含义。多数意见认定，国家劳动关系委员会采取的这些做法会“严重违反”“作出决定时附理由说明的要求”，并且“通过将其政策制定伪装成事实认定，会妨碍司法审查，甚至政治审查”。

某些情况证据（circumstantial evidence）可以支持将 Allentown 原则的一种解释，即将其限定于对国家劳动关系委员会事实认定的司法审查。巡回法院在这一领域中最近作出的判决意见中所采取的模式表明许多法官日益怀疑国家劳动关系委员会认定事实和提出推论的过程之正确性。与支持国家劳动关系事实认定的证据充分性有关的大多数争议，是以简短、未公布、即决的维持判决方式（brief，unpublished，summary affirmances）结案
987 的。但是，法院在越来越多的案件中推翻了国家劳动关系委员会的事实认定，这些案件的判决意见对于行政机关的推论所依据的模糊依据持高度批判态度。[1]

□ 行政机关必须对事实认定说明理由

当证据之间存在冲突时，按照实质性证据标准的要求，法院可以选择支持与某些具有证明力的证据（the probative evidence）相一致的两项事实认定中的任何一项。但是，行政机关必须解释它在面对存在冲突的证据时为什么选择一些具有证明力的证据。[2]

在 Palavra v. INS[3] 案中，第八巡回法院存在分歧的合议庭综合适用了实质性证据标准和行政决定附理由说明义务。移民归化局（INS）认定有些外国人是克罗地亚籍公民。正如持不同意见的法官所证明的，移民归化局用充分的证据支持这一事实认定，包括这些外国人所持有的克罗地亚护照以及他们自己的证言。但是，多数意见撤销了移民归化局的决定并将其发回重新处理，因为移民归化局完全没有讨论以这些外国人父亲的宣誓书形式

---

① 例可参见 NLRB v. MDI Commercial Services，175 F. 3d 621（8th Cir. 1999）；B&K Construction Co. v. NLRB，133 F. 3d 1372（11th Cir. 1997）；Eldeco，Inc. v. NLRB，132 F. 3d 1007（4th Cir. 1997）；TIC，Inc. v. NLRB，126 F. 3d 334（D. C. Cir. 1997）；Be-Lo Stores v. NLRB，126 F. 3d 268（4th Cir. 1997）；Lee Lumber & Building Material Corp. v. NLRB，117 F. 3d 1454（D. C. Cir. 1997）；Conagra，Inc. v. NLRB，117 F. 3d 1435（D. C. Cir. 1997）。

② 参见 Vemco，Inc. v. NLRB，79 F. 3d 526（6th Cir. 1996）（撤销了行政机关的事实认定，因为行政机关并没有解释它为何采信信用性存疑的证人所作的没有证据支持的证言，而否定了得到同期记录支持的相反的证言）；Sanchet v. Chater，78 F. 3d 305（7th Cir. 1996）（当行政法官对证据的讨论表明“对所争议的疾病存在普遍误解”之时，撤销了行政机关所采纳的行政法官的事实认定）；Adorno v. Shalala，40 F. 3d 43（3d Cir. 1994）（撤销了行政机关的事实认定，因为行政机关没有解释为何否定了具有证明力的证据）；Sahara Coal Co. v. Fitts，39 F. 3d 781（7th Cir. 1994）（行政机关不能仅仅靠计算两方面的证据数量而裁决证据冲突；行政机关必须解释它为何选择采纳某些证言而不是采纳与之存在冲突的证据）；Green v. Shalala，51 F. 3d 96（7th Cir. 1995）（如果行政机关没有提到与事实认定存在冲突的重要证据，必须撤销事实认定并发回重新处理）。

③ 287 F. 3d 690（8th Cir. 2002）.

出示的主要证据。

在 Leia v. Ashcroft[①] 案中，第三巡回法院出具了论证特别严密的判决意见，判定当法院认定行政机关错误地依赖某些证据支持一项事实认定时，它应当驳回并发回重新处理一项以这项事实认定为前提的行政决定，即使剔除这些行政机关本来不应该采取的证据，行政机关的事实认定仍然可以得到实质性证据的支持。第三巡回法院的判决是在逻辑上从 988
SEC v. Chenery Corp. [②] 案中所宣布的一项重要原则推导而来，这项原则就是法院只能支持根据行政机关所陈述的依据而作出的行政决定。

□ 尊重行政机关而非行政法官

有的时候，法院将对于行政机关事实认定的尊重与对于行政法官的事实认定相互混淆。如果行政机关和行政法官对于一项事实认定存在意见分歧，在司法审查时值得尊重的是行政机关的事实认定。行政法官的事实认定，只是在确定行政机关的事实认定是否得到案卷整体中的实质性证据支持之时，复审法院需要审查之案卷的一部分。但是，因为证人作证之时是行政法官在场，行政法官的事实认定是主要依据证人的言行举止而作出的第一位推论（primary inference）或者证言推论（testimonial inference），行政法官的事实认定对于复审法院具有特别的影响力。

因为《行政程序法》§557（b）的规定，"行政机关在受理对初步决定提起的行政上诉或者对初步决定进行审查时，拥有其在作出初步决定时的所有权力"，行政机关完全可以在所有问题上自由地以其判断取代行政法官的判断，甚至包括取决于证人之言行举止的问题，而不论听证官对证人的观察结论（observation of the witnesses）如何。《行政程序法》制定之前的判例指出："即使对于存在矛盾的证人的信用性问题，听证审查官当场听取证人作证具有优势，国家劳动关系委员会可以作出与听证审查官不同的结论。"[③]

□ 行政法官所作事实认定的效力

即使如此，复审法院怀疑事实认定是否得到实质性证据支持的，可以合理考虑它认为经验丰富的行政法官当场听取证人作证之后所作事实认定中值得考虑的事实。在 Universal Camera Corp. v. NLRB[④] 案中，最高法院解释了行政法官的事实认定所具有的作用。上诉法院（1）拒绝赋予听证官以特别主事官（special masters）的事实认定所具有的强大效力；（2）拒绝以任何方式审查听证官的事实认定。最高法院同意了第一项结论，但是不同意第二项结论。最高法院判定，国家劳动关系委员会的决定职责"完全不符合这样的看法，即只有在听证审查官的事实认定是'明显错误的'之时，国家劳动关系委员会才有权推翻听证审查官的事实认定"[⑤]。但是，最高法院错误地判定，对于听证审查官的事实认定，上诉法院既不能与特别主事官的事实认定作相同对待，也不能在自己判决时对之完全不予考虑。最高法院指出："显然听证审查官的报告与起诉书或者证人证言一样都属于案卷的一部分……因此，很难逃脱的结论就是，这些法律的条文规定要求复审法院，根据包 989

① 393 F. 3d 427 (3d Cir. 2005).

② 332 U. S. 194 (1947).

③ NLRB v. Tex-O-Kan Flour Mills, 122 F. 2d 433, 437 (5th Cir. 1941).

④ 340 U. S. 474 (1951).

⑤ 340 U. S. at 492.

括听证审查官的报告内的案卷确定证据的实质性。”[1]

司法部长行政程序委员会（the Attorney General's Committee）建议，在有关言行举止的事实问题上，“除非存在明显的错误，行政机关应当尽量避免否定［听证官的］事实认定”[2]。最高法院在 Universal Camera 案中指出，该法律并未使得司法部长行政程序委员会的意见具有强制性，并且补充道：“但是，拒绝使得司法部长行政程序委员会的建议具有强制性，不应该被解释为完全废弃了这些建议……没有证据表明复审法院不应该对听证审查官的报告赋予其内在要求的此种证明力。”[3] 参议院司法委员会认为，听证审查官的决定“将在任何案件，取决于证人以其听证时的言行举止所表明的信用性，具有与重要事实同等程度的效力”。众议院委员会的论述也是几乎完全一样的。[4] 最高法院也认定：

我们的目的只是承认，在公正、经验丰富的审查官当面听取证人证言并得出了与委员会不同的结论之时，相比审查官得出与委员会相同的结论之时，支持结论的证据可能具有相对较少的实质性。对听证审查官的事实认定，需要与证言的一致性和内在的可能性一并进行考虑。听证审查官的报告之意义，当然很大程度上取决于特定案件中信用性（credibility）的重要性。赋予这种意义，对于我们来说，并不比注意确定所有这些证据是否属于“实质性证据”所需的其他因素困难得多。[5]

尽管 Universal Camera 案的判决意见是合理明确的，但是下级法院对该判决意见产生了不同观点，最高法院在 FCC v. Allentown Broadcasting Corp. [6] 案再次需要面对这一问题。在对 Universal Camera 案进行重新处理时，Learned Hand 法官提到了听证审查官的事实认定：

同样，我们坚持国家劳动关系委员会应当赋予这些事实认定的权重，必须不受限制（be left at large）；除非我们必须利用这些事实，并且特别是在……它们是印刷文字（printed words）所没有保全的证据的部分内容……也许，说明这一修正案所影响改变的
990 一个好方法，就是说我们毫不犹豫地坚持在案卷中证言没有实质性优势时，不能推翻听证审查官对真实性问题（veracity）所作的事实认定。[7]

Hand 法官的这段论述已经被最高法院在 Allentown 案中推翻。在 Allentown 案中，下级法院已经遵循了 Hand 法官的意见。最高法院在推翻判决中论述如下：

上诉法院认定回避性的错误，很大程度上是依赖它的理解，即归入案卷的证人证言没有非常实质性的证据优势时，联邦通信委员会不会推翻听证审查官在证人言行举止的基础上作出的事实认定……我们认为这种观点有点过头了。这是对行政机关的听证审查官采纳了适用于法院的“明显错误”规则，即《联邦民事诉讼规则》（the Fed. Rules Civ. Proc.）52（a）……《联邦通信法》赋予联邦通信委员会首先对事实和政策作出裁决的权力。[8]

当然，最高法院也可以认为《行政程序法》§557（b）赋予联邦通信委员会“作出初步裁决时可以享有的所有权力”。

所有现在的判例法都是依赖最高法院在 Universal Camera 案和 Allentown 案的判决意见。最后总结的结论就是：第一位的事实认定者（primary factfinder）是行政机关，而非

---

① Id. at 493.

② Rep. Atty. Gen. Comm. Admin. Proc. 51 (1941).

③ 340 U. S. at 493.

④ Sen. Doc. No. 248，79th Cong.，2d Sess. 210，272 (1946).

⑤ 340 U. S. at 496-497.

⑥ 349 U. S. 358 (1955).

⑦ 190 F. 2d 429，430 (2d Cir. 1951).

⑧ 349 U. S. at 364.

行政法官；行政机关保留“首先……对事实作出裁决的权力”；行政机关仍然拥有“其在作出初步裁决时拥有的所有权力”；行政法官是行政机关的下级，其事实认定并不具有地区法官的事实认定所具有的权重；行政法官和行政机关之间的关系，与行政机关和复审法院之间的关系并不相同，甚至也不具有相似性；但是，复审法院需要考虑行政法官的事实认定，并且在行政法官的事实认定是依赖于证人的言行举止时，对该事实认定给予特别的权重。法院审查的是行政机关的决定，而不是行政法官的决定。但是在审查行政机关的决定时，法院必须考虑行政法官的决定，并对行政法官关于证人言行举止的报告给予特别的权重。

这些原则是合理明确的，但是在适用这些原则的过程中产生了诸多问题，并且判例法数量相当之多。本节接下来将要选择性讨论一些适用这些原则的情形。在很多案件中，下级法院已经对具体个案适用最高法院所宣布的一般性原则时进行了深思熟虑的努力。某些巡回法院的判决意见更进一步，对最高法院所宣布的规则进行了有益的推演。但是，在有的案件中，下级法院依然对行政法官的事实认定赋予比最高法院所允许的更大的权重。 991

□ 直接推论区别于间接推论

在根据最高法院的判决而对 Universal Camera 案进行重新处理时，Frank 法官提出的协同意见作出了特别有价值的区分：

> 听证审查官的事实认定只在其是“证言推论”或者“第一位推论”的程度上，对国家劳动关系委员会具有拘束力，也就是说，证人口头作证所针对的事实是确实发生的事实，因为证人作证的方式，也因为对证人的观察促成对其证言的相信。但是，国家劳动关系委员会不受听证审查官的“第二位推论（secondary inferences）”或者“派生性推论（derivative inferences）”影响，也就是说，不是证人对其进行口头作证的事实，而是听证审查官从其所信任的证人口头作证所涉及的事实所得出的推论。①

最高法院后来在 Allentown 案所发表的判决意见，表明 Frank 法官错误引用了“拘束”行政机关的听证审查官的事实认定；听证审查官的事实认定永远不可能在涉及任何事实问题上对行政机关产生拘束力。但是，他对“第一位”和“第二位”推论所作的区分，完全符合最高法院的判决。这是适用最高法院在 Universal Camera 案中所提出之告诫的绝佳例子：“他的报告之意义，当然很大程度上取决于具体案件中信用性的重要性。”② 根据证人言行举止确定的信用性，它对于第一位推论的重要性，要远远超过对于第二位推论的重要性。

第一位推论涉及的是有关所宣称观察到之事实的证人证言，确定是否真实，例如担任经理职务的雇员是否正如证人所声称看到的，命令工会组织者离开工作场所？第二位推论涉及对证言应用判断、裁量或者专业技能，例如，专家证人所提出的计算损害赔偿金的方法是否最有利于实现行政机关所实施的规制制度的目的？对于第二位推论，行政法官的事实认定应当不具有多少权重。根据行政机关的裁量和适用行政机关的专业技能，从证据案卷中得出第二位推论，这完全是行政机关的职能。大多数第二位推论涉及的都是立法性事实问题而非裁决性事实问题。③

---

① 190 F. 2d at 432.

② 340 U. S. at 497.

③ 参见 § 10.5。

□ 作为例证的案件

在 Hernandez v. National Transportation Safety Board[①] 案中，第十巡回法院拒绝了原
992 告的主张，即行政机关已经不合理地以自己的事实认定取代行政法官的事实认定，同时描述了行政法官的事实认定与行政机关的事实认定之间的正确关系。法院支持了行政机关的事实认定，否定了原告的努力——将行政法官和行政机关之间的关系类比为初审法院与上诉法院之间的关系，并且指出行政机关是终极的（ultimate）事实认定者，即使是涉及证人信用性的确定。[②]

有的法院依然忽视最高法院反复提出的告诫，即行政机关的事实认定有权得到尊重，行政法官的事实认定永远不能"拘束"行政机关。Nichols v. Cohen[③] 案即可说明这一点。该案中，老年人社会保障福利的申请人已经为其三位单身兄弟照看房子，而这三位单身兄弟则为申请人及其女儿提供接济。问题之关键在于该案是否存在雇主—雇员的关系。听证审查官认定存在这一关系，上诉委员会则认定不存在这一关系。伊利诺伊州南区联邦地区
993 法院指出："在重要事实上并无争议。"根据最高法院的判例法，法院唯一要面对的问题是本该是上诉委员会的事实认定是否得到实质性证据的支持；如果是的话，法院就需要维持上诉委员会的裁决。但是，地区法院采用了一种不同的进路：

> 不容置疑的是，存在实质性证据可以支持听证审查官对于雇主—雇员关系的事实认定。对于证人信用性的评估，当然会对听证审查官的裁决产生实质性的影响。在这些情况下，听证审查官的事实认定具有一定的拘束力。我们认为，这些事实认定对上诉委员会具有拘束力，除非听证审查官所忽略的证据事实构成了否定这些事实认定的实质性依据。我们认定在案卷中并不存在否定这些事实认定的此类依据。[④]

这一地区法院所采用的这一进路违反了最高法院的判例。行政法官的事实认定永远不能"拘束"行政机关，行政法官的事实认定得到实质性证据支持的事实，也与行政机关的事实认定是否得到实质性证据支持的判断无关。实质性证据标准的性质常常会产生这样一

---

① 15 F. 3d 157 (10th Cir. 1994).

② 另可参见 Earle Industries v. NLRB, 75 F. 3d 400 (8th Cir. 1996)（当事实认定是基于证人的信用性，而行政机关采纳了行政法官对证人信用性的判断时，法院撤销了与行政法官的事实认定不一致的、行政机关的事实认定）；Kimm v. Department of Treasury, 61 F. 3d 888 (Fed. Cir. 1995)（当事实认定是基于证人的言行举止，行政机关没有对证言的相反评价作出理由说明时，法院撤销了与行政法官的事实认定不一致的、行政机关的事实认定）；Aylett v. Secretary of Housing and Urban Development, 54 F. 3d 1560 (10th Cir. 1995)（当事实认定是基于证人的信用性，并且行政机关对于自己所作相反评价所作理由说明是"完全不充分的"时，法院撤销了与行政法官的事实认定不一致的、行政机关的事实认定）；Swan Creek Communications v. FCC, 39 F. 3d 1217 (D. C. Cir. 1994)（支持了行政机关的事实认定，因为行政机关充分说明了推翻行政法官的事实认定之理由）；Grubb v. FDIC, 34 F. 3d 956 (10th Cir. 1994)（支持了行政机关的事实认定，因为行政机关充分说明了推翻行政法官的事实认定之理由）；Rowland v. Department of Agriculture, 43 F. 3d 1112 (6th Cir. 1995)（支持了行政机关的事实认定，指出行政法官的事实认定只是证据案卷的一部分）；Flaten v. Secretary of Health & Human Services, 44 F. 3d 1453 (9th Cir. 1995)（行政法官作出而被行政机构推翻的事实认定，只是案卷的一部分）；Chauvin v. Department of Navy, 38 F. 3d 563 (Fed. Cir. 1994)（撤销了行政机关的事实认定，因为行政机关并没有充分解释自己为什么推翻行政法官的事实认定，而该行政法官的事实认定是基于证人的言行举止）；United Parcel Service v. NLRB, 41 F. 3d 1068 (6th Cir. 1994)（撤销了行政机关的事实认定，因为行政法官作出了相反的事实认定，并且法院认定没有证据支持行政机关的事实认定）；Bechtel Construction Co. v. Secretary of Labor, 50 F. 3d 926 (11th Cir. 1995)（当行政法官与行政机关所作的事实认定存在冲突时，法院可以更认真地审查证据，但是如果行政机关的事实认定能够得到令人信服的分析的支持，法院就必须支持行政机关的事实认定）。

③ 290 F. Supp. 207 (S. D. Ill. 1968).

④ 290 F. Supp. at 210.

种情形，即两种事实认定虽然相互并不一致，但是都得到实质性证据的支持。在这种情形下，行政机关的事实认定，而非行政法官的事实认定，必须得到支持。

Bangor & Aroostook R. Co. v. ICC[1] 案所采取的进路则是忠实遵循了最高法院的判例。该案中，行政法官采用了一种计算损害赔偿金的方法，而州际商业委员会则采用了另一种方法。地区法院拒绝判断哪种方法更好，它将自己的角色限定于确定州际商业委员会采用的方法是否合理，指出："当州际商业委员会独立进行评估时，行政法官的裁决不能得到多少尊重。"

□ 信用性的相关性

Butler-Johnson Corp. v. NLRB[2] 案进行了很好的分析，该案推翻了国家劳动关系委员会推翻行政法官之事实认定的一项裁决。第九巡回法院指出："当信用性存在争议时……行政法官的裁决会被赋予特别的权重，而且如果与行政法官的事实认定存在矛盾，国家劳动关系委员会的事实认定将会受到更仔细的审查。"[3] 该案中的分析倾向于采用 Abbott Laboratories v. NLRB[4] 案中的分析，在后者，第四巡回法院指出："信用性是听证官需要裁决的问题，特别是在信用性很大程度上取决于证人在听证时的言行举止，听证官对信用性问题所作裁决就不能被推翻……对听证官的信用性判断给予应有的尊重，我们不能说案卷不能支持其结论……"法院不得审查听证官的事实认定，其职能是审查国家劳动关系委员会的事实认定。在履行这一职能时，法院可以考虑听证官的事实认定。对复审法院来说， 994
问题在于国家劳动关系委员会的事实认定是否得到实质性证据的支持，当国家劳动关系委员会的事实认定与行政法官的事实认定不同时，问题也仍然是一样的。[5]

在 Loomis Courier Service, Inc. v. NLRB[6] 案中，第九巡回法院正确地指出："与行政法官的事实认定一致时相比，如果国家劳动关系委员会的事实认定与行政法官的事实认定存在矛盾，它将更仔细地审查国家劳动关系委员会的事实认定。"第九巡回法院接着提到了根据推论作出的事实认定："但是，我们同样容易从这些事实得出相反的推论……因为这些事实认定所依据的情形如此意义不明确，以至于我们可以认定国家劳动关系委员会没有充分的依据可以推翻行政法官关于证人信用性所作的事实认定。"法院解释的薄弱之处在于，它指出这些事实"同样容易得到相反的推论"。这里的"同样"一词意味着这些事实可以合理得出两种解释中的任何一种。如果情况如此的话，国家劳动关系委员会的事实认定不应被推翻。Sneed 法官在不同意见中指出，法院是在以自己的判断取代国家劳动关系委员会的判断。他令人信服地指出："一种推论可以是合理的，即使相反的推论是同样合理。"[7]

在 Adolph Coors Co. v. FTC[8] 案中，第十巡回法院在判定国家劳动关系委员会的事实认定得到实质性证据的支持时，第十巡回法院对这一正统的原则作了如下论述：

在可以从证据中得出两项相互不一致的推论时，国家劳动关系委员会不应被阻止得出

---

① 574 F. 2d 1096, 1110 (1st Cir.), *cert. denied*, 439 U. S. 837 (1978).

② 608 F. 2d 1303 (9th Cir. 1979).

③ Id. at 1305.

④ 540 F. 2d 662, 667 (4th Cir. 1976).

⑤ NLRB v. Warren L. Rose Castings, Inc., 587 F. 2d 1005 (9th Cir. 1978).

⑥ 595 F. 2d 491, 496, 499 (9th Cir. 1979).

⑦ 595 F. 2d at 500.

⑧ 497 F. 2d 1178, 1184 (10th Cir. 1974), *cert. denied*, 419 U. S. 1105 (1975).

其中一种推论……如果某推论得到了实质性证据的支持，就不能撤销该推论，即使法院可以得出不同的推论……行政法官的事实认定和结论不是至高无上的，也不必然会对国家劳动关系委员会或者法院具有拘束力；它们在上诉程序时被视为案卷的一部分……当行政法官和国家劳动关系委员会得出相反结论时，在审查过程中应当对行政法官的事实认定予以考虑，并根据司法经验，赋予其应有的合理权重。但是，这无论如何都不能修改实质性证据规则。

在 Kay v. FCC[①] 案中，哥伦比亚特区巡回法院对于行政法官的事实认定和行政机关的事实认定的相互联系进行了很好的解释：

法律明确规定，行政机关不是必须采纳行政法官的可信度认定（credibility determina-
995 tions）……尽管行政机关可以赋予行政法官的可信度确认以相当的权重，无论行政机关是否同意行政法官的意见，复审法院所面对的问题总是得到实质性证据支持的行政决定。行政法官被拒绝的事实认定只是复审法院在审查实质性证据问题时需要考虑的一项因素。

在 Haebe v. Department of Justice[②] 案中，联邦巡回区上诉法院撰写了一份类似的判决意见，其中综合了实质性证据标准和行政决定附理由说明义务。联邦巡回区上诉法院驳回了行政机关的一项事实认定，而后者则是驳回了行政法官基于行为所作的可信度认定。联邦巡回区上诉法院认为，行政机关只有在行政机关阐述了“根据行政机关提出的，对证言进行相反评价的合理理由”之时，才可以推翻行政法官基于行为所作的可信度认定（demeanor-based credibility finding）。

□ 行政法官所作相反的事实认定，可以产生对行政机关事实认定进行解释的义务

在有的案件中，法院采纳了行政法官的报告中所作出的事实认定，作为对行政机关设定作出附理由说明的决定的义务，包括解释行政机关为何作出了与行政法官不同的决定，这些情形与法院对行政规则制定程序适用的附理由说明之决定义务非常相似。[③] 有些案例可以说明对行政法官的事实认定的这种使用方法。

在 Greater Boston Television Corp. v. FCC[④] 案中，哥伦比亚特区巡回法院判定：“行政机关偏离听证审查官的事实认定时，如果它们没有对听证官决定进行过认真审查，就很难站得住脚。”法院支持了联邦通信委员会轻微偏离听证审查官的事实认定，因为它“不仅表明自己意识到听证审查官所作出的结论，也表明了自己得出不同结论的理由”。在 Alabama Ass'n of Ins. Agents v. Board of Governors of the Feral Reserve System 案中，第五巡回法院判定：“尽管如果联邦储备委员会明确解释了自己作出与行政法官不同决定的理由（特别是在自己被推定具有特定专业技能的问题上），我们会倾向于支持该委员会，但是如果只是宣布了与行政法官相反的结论而未作解释，该委员会的事实认定就可能是被推翻。”[⑤] 法院在这一长篇判决意见中还继续论述了联邦储备委员会与行政法官的区分。例如，“尽管行政法官明确采信了不采用直接结算对效率的不利影响，联邦储备委员会没有提到这一问题。因为这一点失误，我们不能支持联邦储备委员会对这一问题所作事实认定”[⑥]。因为这一事实认定涉及行政机关在其专业技能范围内的第二位推论，法院对行政法

① 396 F. 3d 1184 (D. C. Cir. 2005).

② 288 F. 3d 1288 (Fed. Cir. 2002).

③ 参见 § 7. 4。

④ 444 F. 2d 841, 853 (D. C. Cir. 1970), *cert. denied*, 403 U. S. 923 (1971).

⑤ 533 F. 2d 224, 247 (5th Cir. 1976), *cert. denied*, 435 U. S. 904 (1978).

⑥ 533 F. 2d 224 at 248, 249.

官的事实认定赋予了过高的权重。 996

在 ITT Continental Baking Co. v. FTC[①] 案中，第二巡回法院判定当行政机关没有采纳行政法官的事实认定时，“它必须解释原因”。但是，由于行政法官的事实认定“没有包含多少与联邦贸易委员会自己的分析相矛盾的内容”，“与联邦贸易委员会的决定存在直接矛盾的”唯一的事实认定就是结论性说明，即在儿童电视节目中显示的广告并未包含所指控的对 Wonder Bread 的虚假陈述……并且联邦贸易委员会也解释了它为什么认为这些广告以及其他的 Wonder Bread 广告隐含地作出了虚假陈述，法院并未认定联邦贸易委员会的决定存在致命缺陷。[②]

在 International Brotherhood of Teamsters v. NLRB[③] 案中，当国家劳动关系委员会得出与其行政法官不同的推论时，哥伦比亚特区巡回法院判定国家劳动关系委员会的事实认定不能得到实质性证据的支持，因为“国家劳动关系委员会‘不得仅仅说明它有不同意见’，还必须‘提供不同意见的依据’。”

在 Local No. 441, International Brotherhood of Electrical Workers, AFL-CIO v. NLRB[④] 案中，当证言存在冲突时，行政法官观察了证人的言行举止，并且国家劳动关系委员会推翻了其裁决，哥伦比亚特区巡回法院将案件发回国家劳动关系委员会，要求进一步明确，指出“国家劳动关系委员会有义务首先明白确认自己意识到与行政法官存在分歧……并且，其次，说明与行政法官之间存在分歧的依据”。在 Teamsters Local Union 769 v. NLRB [⑤] 案中，哥伦比亚特区巡回法院判定，“国家劳动关系委员会至少应当说明证据问题，并对推翻行政法官的裁决作出理由说明。在本案中，国家劳动关系委员会没有做到这一点”。

在 Diamond Ring Ranch, Inc. v. Morton[⑥] 案中，因为基本的事实认定权属于行政机关而非复审法院或者听证官，第十巡回法院在指示“部长采纳听证审查官的事实认定和裁决，而撤销土地上诉委员会的事实认定和裁决”时，很可能违反了最高法院的判例法。

在 Omni International Hotels, Inc. v. NLRB[⑦] 案中，在判定国家劳动关系委员会的事实认定不能得到实质性证据的支持时，第五巡回法院指出，“如果案卷能够清楚表明，对案卷进行整体审查，其裁决所采信的观点远远不及行政法官所排除的证言言之成理”，自己并不需要自动附和国家劳动关系委员会的裁决。

在 Ward v. NLRB[⑧] 案中，当法院相信行政机关的事实认定不能得到实质性证据的支持时，法院可以转而采用行政法官的信用性事实认定作为其决定的一项因素：

当然，实质性证据标准不是仅仅因为国家劳动关系委员会否定了初审审查官（Trial Examiner）的事实认定，而被修改或者侵蚀……另一方面，当动机或者目的的最终确定完全取决于存在利害关系的证人证言被赋予的信用性程度，“初审审查官的信用性认定，有权得到特别的权重，不能被轻易忽略。”……我们认定，与在众多先前的判决之中一样，初审审查官的信用性认定必须处于优先地位。 997

在 Glenroy Construction Co., Inc. v. NLRB[⑨] 案中，第七巡回法院否定了这样一种主

---

① 532 F. 2d 207, 219 (2d Cir. 1976).
② 532 F. 2d at 219, 220.
③ 587 F. 2d 1176, 1181 (D. C. Cir. 1978).
④ 510 F. 2d 1274, 1276 (D. C. Cir. 1975).
⑤ 532 F. 2d 1385, 1392 (D. C. Cir. 1976).
⑥ 531 F. 2d 1397, l407 (10th Cir. 1976).
⑦ 606 F. 2d 570, 573 (5th Cir. 1979).
⑧ 462 F. 2d 8, 12-13 (5th Cir. 1972).
⑨ 527 F. 2d 465, 468 (7th Cir. 1975).

张，即行政法官的事实认定除非存在明显错误，否则应当得到维持，它指出："将职位名称从'初审审查官'改为'行政法官'，并不足以让我们视这一问题为悬而未决。"

在 General Dynamics Corp. v. Occupational Safety and Health Review Commission[1]案中，第一巡回法院判定职业安全和健康审查委员会（OSHRC）忽略了行政法官的信用性认定是错误的，因为"如果没有充分解释审查委员会与行政法官存在分歧的根源，就不应该推翻行政法官是否采信证人证言的决定"[2]。

在 Cinderella Career and Finishing Schools，Inc. v. FTC[3]案中，哥伦比亚特区巡回法院判定，在听证审查官从 52 位证人处收集了篇幅长达 1 810 页的证言，并且撰写了 93 页的初步裁决之后，联邦贸易委员会不得"完全忽略在听证时提交的证言"，用联邦贸易委员会的话来说，"首先独立审查了在被告广告中所包含的受到起诉的陈述"。联邦贸易委员会采用了这种奇怪的程序，作出与听证审查的事实认定相反的事实认定，即广告中的陈述具有欺骗的趋势或者能力。法院判定联邦贸易委员会在认定"对于案卷中对广告含义具有影响的专家和消费者证言之间的冲突，没有必要作出裁决"之后，通过自己的研究对广告进行评估，已经违反了自己制定的规则。事实问题是少女们是否会被广告误导，法院指出证言可能对它们来说仍然比联邦贸易委员会所料想的更为复杂。联邦贸易委员会的规则规定，其裁决必须是基于对案卷整体进行的考虑。

Penasquitos Village，Inc. v. NLRB[4]案的多数意见和不同意见是特别具有启示的。第九巡回法院判决意见的第一部分总结和分析了 12 起案件，在这些案件中法院审查了国家劳动关系委员会撤销了听证官的事实认定的裁决。主要的观点是，对证人言行举止的认
998 定，只对证言推论（testimonial inferences）而非派生性推论（derivative inferences）具有权重。在判决意见的第 IIA 部分，法院判定国家劳动关系委员会的事实结论缺乏实质性证据的支持；行政法官相信证人，但是国家劳动关系委员会则相信提供相反证言的证人，而并无独立的证言证据或者可以允许的派生性推论支持国家劳动关系委员会的结论。对于另一项事实问题，法院认定国家劳动关系委员会的派生性推论"即使单独存在也可以具有一定权重"，但是"行政法官根据证言推论得出的相反结论，使得国家劳动关系委员会的推论之实质性几乎可以忽略"[5]。在判决意见的第 IIB 部分，法院支持了行政法官基于证人信用性作出的事实认定，指出该事实认定"削弱了该委员会相反的派生性推论具有的实质性"[6]。持不同意见的法官同意判决意见第 IIA 部分，"同时对理由有所保留（reservations)"，但是对第 IIB 持不同意见。这些保留涉及放弃了证言推论和派生性推论的两分法，因为它"可能导致未来的裁决不过是机械性地适用一些标签……"持不同意见的法官并未拒绝尊重行政法官，但是认为："有关事实审问者*作为谎言发现者的想法或者言辞，很大程度上不过是一种神话或者传说。"[7] 与多数派不同，持不同意见的法官"对国家劳动关系委员会的经验和专业技能赋予了更大的权重"。这两份判决意见要比这一摘要更具有知识性和帮助。许多研究报告支持持不同意见的法官之观点，即我们对于证人之言行举止

---

* 事实的审问者，此处意即行政法官。——译者注

[1] 599 F. 2d 453 (1st Cir. 1979).

[2] Id. at 463.

[3] 425 F. 2d 583 (D. C. Cir. 1970).

[4] 565 F. 2d 1074 (9th Cir. 1977).

[5] Id. at 1082.

[6] Id. at 1084.

[7] Id. at 1084.

所赋予的权重只是基于民间传说。[①]

□ 行政机关能否只基于信用性，作出与证言相反的事实认定？

两组案件——一组的焦点是证人信用性，另一组的焦点则是第二位推论——表明了法院对基于证人的言行举止作出的事实认定以及基于专业技能作出的事实认定所采取的不同进路。最高法院在两份判决意见中讨论了一项问题，即行政机关是否可以依赖行政法官对于证人信用性作为唯一依据，认定真相与证人证言相反。最高法院在 NLRB v. Walton Manufacturing Co. [②] 案给出了肯定的答案，但是在 Dickinson v. United States[③] 案则提供了否定的答案。至少在不涉及宪法的情形中，Walton 是更合理的判例。

在 Walton 案中，最高法院引用 Learned Hand 法官之言作为支持，它指出："对于证人的言行举止'……此类证据可以向裁判机构表明，证人证言不仅不实，而且与真相正好相反；对于一项证据的否定，有意否定该证据者可能是出于犹豫、不安、自负或者蔑视，以至于可以保证他是在捏造证据，并且如果确实如此，除了认定他所否定的证据是真实的之外，就别无选择了。"[④] 两名持不同意见的大法官对刚刚引用的这一观点进行了辩论，认 999
为最高法院"将其上升为法律规则，忽略了最高法院之前作出的判决，并且有效地让众多行政机关的事实认定免受司法审查，这违反了《劳动管理关系法》(the Labor Management Relations Act) 与《行政程序法》的要求——此类事实认定如果不能得到案卷整体中实质性证据支持，应当予以撤销"[⑤]。持不同意见的大法官反对最高法院否定了第五巡回法院的"特别规则"，即："如果他［公司的高级管理人员］认为这不是工会成员或者活动问题，而是确实存在并作为依据的其他事实，他的宣誓证言不能因为怀疑他可能说话而被忽略。必须存在对其提起的指控，或者存在实质性的矛盾，或者如果各种情形引发怀疑，它们必须是与在同一问题上的肯定性宣誓证言（the positive sworn evidence）存在不一致。"[⑥] 因此，多数意见和不同意见存在分歧的问题就在于在没有指控、矛盾或者不一致的情形时，国家劳动关系委员会是否可以不相信一名证人。多数意见认为是可以的。

另一起案件 Dickinson v. United States[⑦] 案值得进行全面研究，因为很难判断该案是否与 Walton 案不一致。最高法院认为，Dickinson"开始担任耶和华见证者（Jehovah's Witnesses）的全职'先锋牧师'"，"每周平均从事 5 个小时的收音机维修工作，靠每月收入 35 美元维持生计"，这是"毫无争议的事实"[⑧]。最高法院对案件细节进行了审查，认定："我们认为 Dickinson 所处的情形是符合"牧师豁免服兵役的"法定标准"[⑨]。可能会被认为与 Walton 案不一致的内容是："下级法院……显然认为即使是在没有任何指控性或者相矛盾的证据的情况下，征兵地方委员会（local board）可以自由地不采信 Dickinson 的证言和书面证据……但是，Dickinson 的主张并不存在证据的争议……在此类案件中，法院的任务在于从案卷中查找一些肯定性证据以支持征兵地方委员会的公开或者明确的事

① 参见 Wellborn, "Demeanor", 76 *Cornell L. Rev.* 1075 (1991)。
② 369 U. S. 404 (1962).
③ 346 U. S. 389 (1953).
④ 369 U. S. at 408.
⑤ Id. at 417.
⑥ Id. at 406-407.
⑦ 346 U. S. 389 (1953).
⑧ Id. at 392, 393.
⑨ Id. at 395.

实认定，即征兵登记人（registrant）尚未对其所从事活动提供全面或者准确描述……但是，法院也许有理由坚持认为有一些证据是与登记人的豁免证明存在矛盾的。”① 因此，最高法院确实认为，征兵地方委员会不能在没有相反证据的情况下随意不采信 Dickinson 的证据。

有关 Dickinson 案意义的结论，其不足之处在最高法院自己全面采纳了 Dickinson 的事实。例如，最高法院指出：“Dickinson 证明了如下不存在矛盾的事实。”② 最高法院将这些事实视为“已经证实的（established）”。最高法院进一步自行作出事实认定，指出：
1000 “他被任命……并且根据本案的证据，他满足了一项关键性标准，即作为一项职业，经常性地宣传其教派的教义，并且根据其所属宗教的传统组织公开的礼拜。”③ 这些文字体现了最高法院自行作出的事实裁决。

Dickinson 案确立的规则也许不是事实认定者不能随意排除无争议证据（uncontracted evidence），而是事实认定者不能随意排除最高法院所采信的无争议证据。最高法院之所以不愿意允许行政机关排除 Dickinson 的无争议证言，也可以归因于该案背后隐藏的宪法争议。否定一名牧师豁免服兵役，或者根据宗教因素对不同牧师进行歧视性对待，这将会引发有关《联邦宪法》第一修正案自由行使宗教条款（the Free Exercise Clause）的严重问题。因此，当行政机关的事实认定对于个人的宪法权利而言并不具有任何言之成理的意义时，最高法院后来在 Walton 案中的判决主旨就是比 Dickinson 案更为可靠的判例。

□ 行政机关必须对不相信作出理由说明

许多下级法院的判决意见，对行政机关在排除无争议的证言之基础上作出的事实认定，适用了 Walton 原则。有三份下级法院的判决意见是值得讨论的，因为它们说明了许多法院已经对 Walton 案的判决主旨补充了一项很有帮助的限定条件。这些案件所明确的规则是，行政机关可以根据证人的信用性认定排除无争议的证人证言，但是行政机关必须对其排除该无争议的证言提供理由说明。

在 White Glove Building Maintenance, Inc. v. Brennan④ 案中，关键性的事实问题是，41 名雇员组成的群体是否确实得到福利计划的告知。一名负责人事的主管作证指出，他将通知张贴在公告栏并口头通知了新员工。“这一证言如果被采信的话，可以证明 41 名雇员已经确实得到告知。White Glove 并未提供这 41 名雇员中任何一人的证言。”⑤ 行政法官认定，该主管的证言其信用性和证明力并不充分。助理部长和地区法院维持了这一认定。第九巡回法院指出：“该案提出的一项宽泛的问题是事实认定者是否可以排除无争议的证人证言。”⑥ 第九巡回法院讨论了 Dickinson 案和 Walton 案，并引用了这句话作为支持：“我们这一家巡回法院在这一问题上也没能始终保持一致。”第九巡回法院强调指出了相关的判例，即无争议的证言可以基于充分理由而被排除，但是对于排除这些证据的理由，必须明确作出说明。它认定主管的证言是“明确、正面和未受指控的”，并且认定行政法官排除该证据而“未作详细说明”是武断的。该案对 Walton 原则所作的修正之处在于要求

---

① Id. at 396.
② Id. at 392.
③ Id. at 395.
④ 518 F. 2d 1271 (9th Cir. 1975).
⑤ Id. at 1272.
⑥ Id. at 1274.

明确说明充分的理由。 1001

判例法确立的规则是明确的，即行政法官所作出并得到行政机关采纳的事实认定，在其依赖证人的言行举止这一意义上，复审法院必须对其给予更高的权重。根据1983年作出的一项判决意见，“对支持承担证明责任的当事人的证人证言，不存在与其直接冲突的证据，并不能排除行政法官认定该证言不可信，从而不足以满足证明责任的要求……尽管不能对这样的事实认定适用通常的正确性推定……尽管如此，如果行政法官对排除该证言提供了充分的理由说明，并根据证据的情况对这些理由进行了全面说明，这一事实认定就可以得到支持”[①]。法院对证据进行了分析，并且认定它并不存在内在矛盾或者是固有的不可能性（inherently improbable）。

在Tieniber v. Heckler[②]案中，第十一巡回法院引用了相关案件以说明对于排除无争议的证言进行充分理由说明所适用的“严格进路”和“宽松进路”。法院采取了介于“‘严格’和‘宽松’进路之间的某一位置”的立场。[③] 现行的法律排除了Dickinson原则，并且遵循了经过修正和改进的Walton原则：如果有充足的理由并且作出充分的说明，可以排除无争议证据。

在Dia v. Ashcroft[④]案中，第三巡回法院全席审理，也将实质性证据标准与行为附理由说明的义务混合在一起。第三巡回法院认为，移民法官因为证人证言不能言之成理而作出对其可信度的负面认定，这必须要有基于行政记录的具体、具有说服力的理由提供支持。

在Zheng v. Gonzales[⑤]案中，第八巡回法院认为，行政法官的事实认定没有得到实质性证据的支持，因为行政法官并未考虑审议申请人姐妹以及一位专家证人的证言，而它们都是与行政法官所采纳的加拿大和英国国别报告相互矛盾的。

在Briscoe *ex rel*. Taylor v. Barnhart[⑥]案中，第七巡回法院认为，行政法官的事实认定没有得到实质性证据的支持，因为行政法官根据没有行政记录支持的可信度认定而拒绝考虑申请人的证言而没有说明任何理由，拒绝考虑申请人妻子的证言，并且没有遵守行政机关指令其行政法官在解决这类事实争议时应当适用的分析框架。

在Chao v. Gunite[⑦]案中，第七巡回法院认为，当行政机关拒绝考虑两位专家证人的证言而没有对为什么拒绝给出任何自然的解释之时，行政机关的事实认定没有得到实质性 1002
证据的支持。

□ 高度尊重对立法性事实的认定

最高法院对行政机关根据模糊的事实得出的第二位推论给予了更高程度的尊重。但是，这种情形下的尊重来自于行政机关的专业技能而非证人的言行举止。其结论是，尊重是针对行政机关的事实认定，即行政法官的事实认定是否与行政机关的事实认定相互一致。

---

① NLRB v. Cutting, Inc., 701 F. 2d 659, 663 (7th Cir. 1983).
② 720 F. 2d 1251, 1254-1255 (11th Cir. 1983).
③ Id. at 1254.
④ 353 F. 3d 228 (3d Cir. *en banc* 2003).
⑤ 415 F. 3d 955 (8th Cir. 2005).
⑥ 425 F. 3d 345 (7th Cir. 2005).
⑦ 442 F. 3d 550 (7th Cir. 2006).

在 FTC v. Pacific States Paper Ass'n [①]案中，最高法院在审查联邦贸易委员会的一项裁决时，以一致意见宣布了一项基本的法律原则："对于所承认的事实和案情，以及可以合理地从中得出的推论，所给予的权重是有利于联邦贸易委员会的。"

在 Corn Products Refining Co. v. FTC[②] 案中，最高法院判定："联邦贸易委员会所作事实认定——葡萄糖是廉价糖果的主要成分，并且此类糖果售价的细微差别，足以让商家从一家生产商转向另一家生产商——完全可以支持联邦贸易委员会的推论，即这种歧视完全可能产生降低竞争水平。对于在这些已经证明或者规定的事实所给予的权重，以及从中得出的推论，是支持联邦贸易委员会来确定，而非法院。"后来发生的案件，也有很多主张相同的一般性思路。

也许有关推论的最有影响的案件是 NLRB v. Nevada Consolidated Copper Corp. [③] 案。在该案中，最高法院指出案卷中包含了实质性证据，国家劳动关系委员会本来可以据此认定公司拒绝雇佣特定人员是因为他们威胁破坏财产并伤害雇员，但是实质性证据也支持了国家劳动关系委员会的结论，即其目的是不鼓励加入工会。最高法院指出："可以从这些证据中可以得出两项相互矛盾的推论中的任意一种推论，这一可能性并不能阻止该委员会得出其中一种推论……如果国家劳动关系委员会的事实认定得到了证据的支持，法院不可随意将这些证据排除，即使该委员会本来可以得出不同的推论。"[④]

在国会制定《Taft-Hartley 法》时，两院联席协调委员会明确否定了 Nevada Consolidated 案，但是后来在 Radio Officers' Union v. NLRB[⑤] 案中，最高法院明确宣布"就得出合理推论的权力而言，《Taft-Hartley 法》并未改变之前的判例法。"最高法院的解释是：
1003 "行政机关有权在对抗性的程序中经过听证后根据证据确定，是否可以从已经证实的事实的调查限度内推论这些结论是以已证实的事实为合理依据。导致设立此类委员会的目的之一就是根据特定法律——这些法律是由经验丰富的官员在充分评估他们受托管理的对象之复杂性的基础上所制定的——让这些裁决建立在证据事实的基础之上。"[⑥] 审查行政机关之推论的标准是合理性，而非正确性，因为复审法院确定"是否可以合理地基于已证明事实得出"这些结论。[⑦] 在这些问题，即所得出的推论是否正确，或者不同的推论是否可以得到很好的支持，法院代之以自己的判断。

在 Cardillo v. Liberty Mutual Co. [⑧] 案这起早期的工人赔偿案件中，最高法院说明了对推论的审查范围："如果得到证据的支持，并且与法律并无矛盾，联邦政府雇员赔偿委员会（United States Employees' Compensation Commission）的委员（the Deputy Commissioner）的推论——一项伤病是否属于雇佣过程中产生的——是结论性的。复审法院不能因为相反的推论更合理，而撤销案件中的推论；相反的推论，也不能因为委员所选择的推论事实上是值得质疑的，而被法院替换。"

在 Illinois Central R. v. Norfolk & W. R. [⑨] 案中，最高法院判定，州际商业委员会可以从得到合理支持的事实认定中得出推论，并且"以自己的结论替换州际商业委员会已经

---

① 273 U. S. 52, 63 (1927).
② 324 U. S. 726 (1945).
③ 316 U. S. 105 (1942).
④ Id. at 106.
⑤ 347 U. S. 17, 50 (1954).
⑥ Id. at 48-49.
⑦ Id. at 49.
⑧ 330 U. S. 469, 477-478 (1947).
⑨ 385 U. S. 57, 69 (1966).

从这些事实认定中合理得出的推论，这并不是地区法院的职能。州际商业委员会的推论与控股子公司事实认定（the controlling subsidiary findings）一致，要求地区法院维持州际商业委员会的结论。”

在 Beth Israel Hospital v. NLRB① 案中，该案涉及的问题是医院餐厅的顾客只有 1.5%是病人，在医院餐厅进行工会会员招募活动（union solicitation）是否会降低医疗服务质量。最高法院指出：“国家劳动关系委员会当然可以自由地根据其经验，从这些事实中得出推论，而推论的有效性取决于所证明的事实与所得出的推论之间的合理性……如果说国家劳动关系委员会根据这一证据对医疗服务中断可能性所作的推论是不合理的，这是不公平的。”最高法院引用了 Republic Aviation Corp. v. NLRB② 案，该案中最高法院指出有关工业设施的正常状况的“推定”取决于所证明的事实与所得出的推论之间的合理性。

在 NLRB v. Local Union 103, International Association③ 案中，最高法院的判决意见在一个篇幅超过一页的脚注解释了国家劳动关系委员会可以得出的有关纠察行为目标的“推论”。最高法院明确地指出，国家劳动关系委员会对于这些相互混合的事实和法律问题 1004
所作的裁决，通常能够在司法审查后得到维持。

在 Metropolitan Edison Co. v. NLRB④ 案中，最高法院通过引用先前的判决加以解释，认为某些雇主行为对于雇员利益具有内在破坏性，以至于可以得出动机违法的强有力的推论，从而即使雇主已经作出了不具有歧视性的解释，国家劳动关系委员会可以得出动机不当的推论。

在 American Broadcasting Companies v. Writers Guild⑤ 案中，在支持国家劳动关系委员会的过程中，最高法院提到了“很大程度上取决于经验启示的”“或然性（probabilities）问题”是“从已知事实中得出的正当推论”。

在 Baltimore Gas & Electric Co. v. Natural Resources Defense Council⑥ 案中，最高法院指出“核能监管委员会是在专业能力领域内对科学前沿问题作出的预测”，以至于“复审法院必须给予最大限度的尊重”。在这种背景下，最高法院支持了它认为既非“推论”（inference）亦非“主观推定（presumption）”，而只是“待证假设（assumption）”的结论。“我们的唯一任务是要确定国家核能监管委员会是否考虑了相关因素，并且阐明了所认定事实与所作选择之间的合理联系。”⑦

有关信用性的案件和有关第二位推论的案件突出了一项重要的区分。根据证人信用性作出的事实认定，高度取决于对证人的观察结论。因此，行政机关在作出此类事实认定的过程中发挥着重要作用。属于第二位推论的事实认定，高度取决于专业技能。行政法官在这一过程中发挥的作用，其重要性要低得多。

在 Elliot v. Commodity Futures Trading Commission⑧ 案中，第七巡回法院的合议庭在对立法性事实的认定适用实质性证据标准时产生了分歧。两名法官构成的多数派适用了传统的尊重意义上的这一标准，支持了商品期货交易委员会的裁决，即一种复杂的交易模式构成了违法的“非竞争性、预先安排的”交易。持不同意见的法官是产业组织领域的专

① 437 U. S. 483, 504 (1978).
② 324 U. S. 793, 805 (1945).
③ 434 U. S. 335, 341-343, n. 7 (1978).
④ 460 U. S. 693, 701 (1983).
⑤ 437 U. S. 411, 432-434 (1978).
⑥ 462 U. S. 87 (1983)（一起规则制定案件）。
⑦ Id. at 105.
⑧ 202 F. 3d 926 (7th Cir. 2000).

家，他则认为应该推翻该裁决，因为他认为商品期货交易委员会应用（或者未能应用）统计分析和博弈理论中存在缺陷。他指出，这些委员会没有一位是产业组织、统计分析或者博弈理论领域的专家。多数意见则认为，商品期货交易委员会的员工中包括了所有这些领域的专家，而且不同意见所依据的理论有的在产业组织文献中存在大量的争议。多数意见
1005 在这场辩论中更具有说服力。对行政裁决进行审查的范围，不能取决于复审法院的法官是否刚好是与行政机关的裁决相关领域的专家，或者复审法院的法官是否刚好对这一领域具有具体的可质疑的观点。

□ 对尊重行政法官而非行政机关这一错误的示例

1986年的一份判决意见说明了某些法院在对第二位推论适用实质性证据标准时，如何继续对行政法官的事实认定与行政机关的事实认定相互关系存在误解。在 Office of Consumers' Counsel v. FERC① 案中，哥伦比亚特区巡回法院以大量篇幅对行政法官的事实认定与行政机关的事实认定进行了详尽的比较。法院判定，在行政法官的事实认定与行政机关的事实认定存在差别的问题上，行政法官是正确的，而行政机关是错误的。每项事实认定都涉及这样一项问题，即天然气管道公司是否通过采用购买天然气的特定缔约模式而"虐待了"其客户。这一判决意见所采取的进路在两个方面存在错误：其一，在通篇的判决意见中，法院的讨论将行政法官的事实认定与行政机关的事实认定置于相同的基础之上。法院接着对于哪一组事实认定更好的问题作出了判断。这种进路对任何事实认定都是不合适的。如果证据能够支持这两项事实认定中的任何一种，法院必须支持行政机关的事实认定。其二，每一项存在争议的事实认定都涉及第二位推论。唯一的争议不在于企业的缔约实践，而在于对这些实践的最合适描述，例如企业在多大程度上可以承担在短期内支付过高的价格，以避免长期供应短缺的风险？这是只属于行政机关专业技能的政策问题。与行政机关的事实认定并不一致的行政法官的事实认定，对这类"事实"争议应该不具有多少权重。

□ 当行政法官和行政机关意见一致时的高度尊重

当行政机关采纳了行政法官的事实认定时，复审法院的任务在正常情况下就会简单一些。常见的评论是，行政法官的事实认定得到行政机关采纳的，不会被推翻，除非该事实认定是"完全不可信的，或者是与所谓的'自然法则（law of nature）'或者无争议的书面证言存在矛盾"②。

□ 反映了混淆不同问题的判决意见

在 American Grain Trimmers v. Office of Workers Compensation Programs③ 案中，第

---

① 783 F. 2d 206 (D. C. Cir. 1986).

② NLRB v. Dinion Coil Co.，201 F. 2d 484，490（2d Cir. 1952）；United Autoworkers International Union v. NLRB，459 F. 2d 1329，1351 (D. C. Cir. 1972) (Tamm，Jr.，持协同意见和不同意见)；NLRB v. Stark，525 F. 2d 422，425-426（2d Cir. 1975），*cert. denied*，424 U. S. 967（1976）；NLRB v. Columbia University，541 F. 2d 922，928（2d Cir. 1976）。

③ 181 F. 3d 810 (7th Cir. *en banc* 1999).

七巡回法院全席审理之后，对于一项疑难复杂的问题形成了 6∶5 的分歧。《码头和港湾工人赔偿法》（the Longshore and Harbor Workers' Compensation Act）要求任何雇主对遭遇工伤的雇员提供赔偿。申请人承担证明责任。该法也对申请人规定推定伤害属于赔偿范 1006
围，只要申请人提出的证据能够足以触发适用这一推定。所有这 11 位法官都同意申请人已经提出了触发启动适用这一推定的证据。这提出了两项问题：首先，这一推定只是转移了提出证据的责任，还是也转移了证明责任？所有这 11 位法官都同意，该规定只是转移了提出证据的责任。其次，证据需要在质量和数量上满足怎样的要求才能推翻这一推定？法官们在这一问题上存在分歧，但是我们难以依据判决意见确定这种分歧的确切性质。法律规定是明确的。“相反的实质性证据”可以推翻这一推定。但是，多数意见和不同意见是难以解释的，很可能是因为行政法官并未很好地描述了他所作事实认定的依据。

行政法官认定，雇主还没有满足推翻这一推定所需的“提出具体和全面的证据”的责任。多数意见支持了这一进路，认定它并不“违反…… [可以适用的] 标准……”这是非常模棱两可的。“具体和全面的证据”标准之要求要远远高于“实质性证据”标准——亦即“理性人可能会接受，认为足以支持结论的相关证据”。

持不同意见的法官中有四人认为应该推翻行政法官的裁决。他们认为，雇主的证据明显满足“实质性证据”标准，从而行政法官本来应该作出对雇主有利的事实认定。这一推理也是模棱两可的。假定雇主的证据足以满足“实质性证据”标准，可以确定雇主是否推翻了赔偿范围的推定，但是这并不必然意味着行政法官对赔偿范围所作事实认定没有同时得到实质性证据的支持。

这一案件是疑难的，因为法律对两种完全不同的目的采用了相同的标准即“实质性证据”标准。只有 Flaum 法官单独撰写的不同意见承认并适用了裁决程序的这一重要特征。实质性证据标准是相对容易满足的。四名法官的不同意见雄辩地指出雇主的证据满足了这一标准。如果是这样的话，雇主就推翻了这一推定，并且这一推定就不再作为一项裁决因素。但是这并不是案件的终结。即使是不存在推定时，行政法官可以根据对存在冲突的证据所进行的审查，认定雇员所受伤害属于工伤。如果行政法官所作出的事实认定得到“实质性证据”的支持，则该事实认定就必须得到支持。考虑到这一标准的尊重性质，行政机关往往可以作出两项互不一致的事实认定中的任何意见，并且得到“实质性证据”的支 1007
持。因此，雇主完全有可能提出推翻这一推定的“实质性证据”，但是行政法官也可以作出得到“实质性证据”支持的事实认定，即雇员遭遇了工伤。因此，正如 Flaum 法官在其单独撰写的不同意见中所敦促的，该案本该发回行政法官重新处理，并指示其适用正确的裁决标准。

在 United States v. Menendez① 案中，第五巡回法院混淆了实质性证据标准与制作供复审法院审查的案卷相关部分内容的程序。行政机关向法院提交了案卷的相关部分内容，行政机关是以这部分内容而非案卷整体为依据支持其事实认定。这一程序完全符合《行政程序法》§706（e）：“法院应当审查整部案卷，或者当事人引用的案卷相关部分内容……”但是，法院推翻了行政机关的裁决，因为法院相信行政机关需要提交整部案卷。这一确信是基于行政机关的组织法所作的一项规定，即要求法院确定行政机关的事实认定是得到“对案卷整体进行考察的实质性证据”支持。法院认定该组织法中的“作为整体的案卷”规定，对《行政程序法》进行了修订，并要求行政机关提交整部案卷。

这一结论的依据是对行政机关的事实认定之司法审查范围与提交案卷之程序之间区分

---

① 48 F. 3d 1401 (5th Cir. 1995).

的误解。“作为整体的案卷”规定只是将 Universal Camera Corp. v. NLRB[①] 案的“审查范围”判决主旨纳入法律之中。在该案中，最高法院反对某些法院先前的做法，即忽略案卷中与行政机关的事实认定存在矛盾的证据。最高法院没有讨论案卷的哪些内容必须提交法院这一单独的问题。要求将行政裁决程序中形成的案卷整体提交复审法院，这是不切实际的。众多行政裁决程序中形成的案卷，篇幅页数以百万计，包括证言、物证（exhibits）、评论和法律意见书。其案卷数量之多，甚至需要以卡车装载送到法院。我们难以相信任何法官会或者可能查阅众多行政裁决程序的整部案卷。编辑并向复审法院提交行政案卷的程序是受《行政程序法》§706（e）调整，而该条款也常常得到巡回法院规则的补充。通常来说，原告的律师和行政机关的律师会预先同意双方当事人将案卷的哪些部分内容作为联合附件（joint appendix），予以引用和提交。如果没有此种事先协议，双方当事人会各自
1008 提交附件。当然，考虑到行政机关是案卷的保管人，它必须与原告合作，对原告所引用的案卷内容提供经过认证的复本。

在 Carradine v. Barnhart[②] 案中，第七巡回法院合议庭的两位法官出具的多数意见以完全不合适和不符合现实的方式适用了实质性证据标准。行政法官发现，一位社会保障的残疾福利申请人没有能够尽到证明她是残疾的责任。行政法官作出了具体的事实认定以支持他最后认定申请人主张患有令人失去劳动能力的疼痛是不可信的。多数意见推翻了原判决，并将该案发回重新审理，并指令对事实认定提供更好的证据支持，但是并未指出需要补充哪些证据或者解释，法院才会接受认为是充分的。25 页篇幅的不同意见描述了行政法官为了支持他所作的事实认定，即申请人所称患有令人失去劳动能力的疼痛，而提供的四点不同理由而采用的大量有说服力的证据。加入这份考虑不周的多数意见的法官应当重新阅读最高法院对于高度尊重的实质性证据标准的描述，以及最高法院反复所作的下级法院通过适用现实主义的原则而非适用某些不可能实现的理论理想来审查社会保障局的残疾认定决定的告诫。正如在第七巡回法院作出 Carradine 案判决之前几个月，最高法院所重复的：“社会保障听证制度很可能是西方世界最大规模的裁决机构……对效率的追究是不言而喻的。”[③]

□ 对州和地方行政机关事实认定的适用

联邦法院继续努力解决当法院需要对地方分区规划委员会否决无线通信塔的建设许可而引发的众多疑难问题。在 National Tower v. Plainville Zoning Board of Appeals[④] 案中，第一巡回法院首先认为，分区规划的书面否决只需要“包含对理由的充分解释……‘以允许复审法院对行政记录中支持这些理由的证据进行审查’”。法院接着指出，和联邦行政机关一样，地方分区规划委员会，只能根据在行政记录中所提供的理由，为自己所作决定在法庭上进行辩护。但是，第一巡回法院接着指出，和联邦行政机关不同，地方分区规划委员会没有在发回重新处理的过程中提供辩护理由的二次机会。换句话说，如果法院认定地方分区规划委员会在书面决定中所提供的理由是不充分的，合理的救济途径是命令该委员会发放许可证，而不是发回该委员会重新处理。第一巡回法院在解释地方分区规划委员会的这种处理的正当性时，认为法律上一些规定表明国会希望这类分区规划纠纷尽快得到解决。

---

① 340 U. S. 474 (1951).

② 360 F. 3d 751 (7th Cir. 2004).

③ Barnhart v. Thomas, 124 S. Ct. 376, 382 (2003).

④ 297 F. 3d 14 (1st Cir. 2002)，参见§11.2、§12.3 和§18.7 的讨论。

每一家已经解决了这一问题的巡回法院都同意第一巡回法院的观点，即实质性证据标准正如它传统上适用于联邦行政机关的事实认定的审查，也适用于联邦法院在这一情况下 1009
对于地方行政机关事实认定的审查。[①]

但是，联邦法院对地方行政机关的事实认定适用实质性证据标准的众多判决意见似乎反映了对事实认定过程之适格性（competence）与正确性（integrity）明显持怀疑态度。因此，例如，在 T-Mobile v. Unified Government of Wyandotte County[②] 案中，第十巡回法院否定了众多地方行政机关的没有得到实质性证据支持的事实认定。在很多案件中，地方行政机关试图仅以没有相关专业技能的公民和政府官员作出的没有证据支持的观点表达作为事实认定的支持。

§ 11.3 立法机关和司法机关偏离实质性证据标准

□ 国会可以在具体法律中修改标准

通过制定《行政程序法》§ 706（2）（E），国会强制要求对正式裁决和正式规则制定程序中作出的行政机关事实认定适用实质性证据标准进行审查。但是，在任何具体的行政裁决体系中，国会作出的一般性的（generic）决定需要接受立法修正的影响。有的时候，国会在制定的行政机关组织法中要求对事实认定采用不同的审查方法。以下举两个例子可以说明这一现象。

□ 对行政法官的尊重

国会在 1977 年制定了《尘肺病福利法》（the Black Lung Benefits Act）。[③] 这部法律对因为职业原因罹患尘肺病的煤矿工人，确立了以行政机关为基础的赔偿体系。该法确立的福利争议裁决方法与《行政程序法》所规定的一般性模式有所不同。批准或者拒绝福利的初步决定是由劳工部的工人赔偿项目办公室（Office of Workers' Compensation Programs）根据书面证据（例如医生报告和雇佣记录）作出的。矿工或者雇主如果对裁决内容不服，可以要求由行政法官组织审判型听证。矿工或者雇主如果对行政法官的裁决不服，可以上诉至劳工部的福利审查委员会（the Benefits Review Board），对该委员会裁决结果不服，还可以上诉至巡回法院。这一顺序是完全符合《行政程序法》对行政裁决规定的一般性进 1010
路，但是这一体系在事实认定的首要责任之分配上偏离了《行政程序法》规定的进路。

如果行政法官的事实认定得到实质性证据的支持，福利审查委员会根据法律规定，需要支持行政法官的事实认定。然后复审法院按照指示，对行政法官的事实认定而非福利审查委员会的事实认定适用实质性证据标准。法律规定将规则制定和政策制定权力分配给了工人赔偿项目办公室，导致裁决体系更加复杂化。

---

① USCOC of Greater Iowa v. Zoning Board of Adjustment of the City of Des Moines, 465 F. 3d 817 (8th Cir. 2006); United States Cellular Corp. v. City of Wichita Falls, 364 F. 3d 250 (5th Cir. 2004); VoiceStream Minneapolis v. St. Croix County, 342 F. 3d 818 (7th Cir. 2003); American Tower v. City of Huntsville, 295 F. 3d 1203 (11th Cir. 2002).

② 546 F. 3d 1299 (10th Cir. 2008).

③ 30 U. S. C. §§ 901 et seq.

□ 对行政法官给予尊重的效果

尘肺病福利裁决制度的设计，是为了实现比《行政程序法》所规定裁决制度的程度更高的职能分离。[①] 国会决定要求行政机关和复审法院支持行政法官的事实认定，如果它们得到实质性证据的支持，这一设计是为了扩大行政法官的裁决权，减少行政机关拥有的裁决权。国会相信，此种裁决权从政治上可以问责的行政机关相对转移至独立的行政法官，将会通过减少制度性偏私（institutional bias）的潜在影响而增强对双方当事人的公正性。无论这一制度是否能够推进了这一值得称赞的目标，它显然已经妨碍了对其他重要目标的追求。行政机关在制度上最为适合于：（1）协调福利裁决体系的中重要组成内容；（2）对从模糊证据中得出推论时适用专业技能；（3）尽量提高不同裁决之间的一致性；（4）确保快速裁决福利申请；（5）在管理福利的过程中适用一系列一致性和连贯性的政策。所有这些目标都因为国会所选择的裁决尘肺病案例之办法而遭遇困境。

□ 对行政法官给予尊重的批评

这种行政裁决体系，在工人赔偿项目办公室、行政法官、福利审查委员会和复审法院的合理作用和职责问题上，充满了不确定性和冲突。法律问题、事实问题和政策问题之间的边界常常是模糊的。这三类问题在很多情形下是融合和重叠的。通过忽略重叠，在四家相互独立的机构之间配置裁决职责，尘肺病福利项目招致了大量的混淆和冲突。巡回法院的判决反映出的模糊、机构冲突、迟延和混淆，都是内在地因为职权配置的复杂性所导致。这三项意见说明了法院在审查这种裁决体系所作出的裁决时遇到的问题。

□ 存在不一致的司法判决

在 Pancake v. Amax Coal Co. [②] 案中，第七巡回法院审查了福利审查委员会的裁决，
1011 推翻了行政法官的裁决，即批准了 Pancake 的福利申请。Pancake 提出了专家证人证言，该证言以及工人赔偿项目办公室制定的调整不同证据推定之可得性的规章，足以作为表面证据（prima facie case）证明 Pancake 因为在 Amax 工作而罹患了尘肺病。Amax 则提出了一份专家证人证言，通过证明 Pancake 因为吸烟患上了慢性阻塞性肺病，而非采矿所导致的尘肺病，驳斥了这一规章中确立的推定。行政法官批准了福利申请。行政法官不顾 Amax 提出的反驳性证据，理由是他认定 Amax 邀请的专家完全依据的是 X 光检查结果阴性（negative x-ray），而这违反了另一项工人赔偿项目办公室制定的规则，该规则描述了为了推翻推定所需要提供的证据。

Amax 对行政法官的意见提出上诉。福利审查委员会推翻了行政法官的裁决。它认定 Amax 的证据不仅是基于 X 光检查结果阴性，行政法官不该忽略 Amax 的证据。福利审查委员会进一步认定，“作为法律问题”，Amax 的证据足以推翻尘肺病的推定。Pancake 于是申请法院对福利审查委员会的裁决进行审查。

法院首先准确概括了尘肺病福利裁决体系中在不同机构之间分配裁决职责的不同寻常

① 参见§9.9。

② 858 F. 2d 1250 (7th Cir. 1988).

的做法。“我们必须确定行政法官的事实认定是否得到实质性证据的支持，符合法律，不构成不合理……如果行政法官的裁决得到实质性证据的支持，福利审查委员会的裁决和命令必须被推翻，即使它也是得到实质性证据的支持。”①

但是，法院的观点是混乱的。行政法官的裁决明显得到实质性证据的支持。但是，法院同意福利审查委员会的观点，即行政法官错误地完全排除了 Amax 的证言。在这些情形下，法院无力裁决行政法官和福利审查委员会之间的争议。法院相信，唯一的选项是将案件发回行政机关重新处理，以希望行政法官和福利审查委员会能够在下一轮的裁决中消除它们的分歧。法院指出：

显然，证据支持了行政法官的事实认定，即 George Pancake 有权被初步推定为因尘肺病致残。但是，我们也同意福利审查委员会的观点，即行政法官错误地排除了为了推翻该推定而提供的医学证据。不仅如此，我们不能判定将支持福利审查委员会裁决推翻该推定的实质性证据视为法律问题。因此，我们将本案发回行政法官重新处理，以便新的程序能够与这一判决意见相一致。② 1012

Greer v. OWCP③ 案表明了尘肺病福利项目中存在的不同形式的冲突和混淆。Greer 声称得了尘肺病，并接受了两次肺功能检查。第一次检查结果表明其肺功能损伤足以符合福利申请资格，但是第二次检查结果显示肺功能损伤程度不符合福利申请资格。行政法官认定第一次肺功能检查是无效的，根据第二次检查结果拒绝了福利申请。Greer 提起上诉，福利审查委员会推翻了行政法官的裁决，依据是行政法官没有充分解释他判定第一次检查结果无效的理由。行政法官在重新处理该案的过程中审查了两次检查结果，但是再次根据第二次检查结果拒绝了福利申请。行政法官认为第二次检查结果要比第一次更为可靠。Greer 再次提起上诉，但是福利审查委员会维持了行政法官的第二次裁决。福利审查委员会同意了行政法官的结论，即第二次检查结果相比第一次检查结果更为可靠。Greer 接着提出了司法审查申请。

第四巡回法院引用了尊重性的实质性证据标准，承认该案的证据存在矛盾。但是，它同时推翻了行政法官和福利审查委员会的裁决，理由是它认定国会的意图是，在尘肺病证据存在矛盾时，让劳工部赋予福利申请人以存在疑问的福利。④

第三起案件让冲突和混淆的图景更加完整。在 Davis v. OWCP⑤ 案中，第十巡回法院在推翻福利审查委员会之裁决——维持行政法官所作拒绝批准 Davis 福利申请之裁决的过程中采纳了工人赔偿项目办公室的观点。该案中 Davis 所提交的专家医学证言试图证明他已经得了严重的尘肺病，以至于无法继续从事装煤车司机的工作。行政法官拒绝了福利申请，理由是他认定 Davis 的证据不足以启动规章规定的推定，即将证明责任转移至 Davis 的雇主。Davis 向福利审查委员会上诉，但是福利审查委员会维持了行政法官的裁决。与行政法官所采取行为一样，福利审查委员会同时查阅了证据和调整证据推定的规章。

Davis 接着申请法院审查福利审查委员会的裁决。工人赔偿项目办公室提交了一份法律意见书，支持 Davis 的观点而反对行政法官和福利审查委员会的观点。法院采纳了工人赔偿项目办公室对证据和规章规定的证据效力推定所作的解释。法院认定，它自己尊重工人赔偿项目办公室而非福利审查委员会或者行政法官，因为工人赔偿项目办公室是在政治

① Id. at 1255.

② 858 F. 2d at 1255.

③ 940 F. 2d 88 (4th Cir. 1991).

④ Id. at 91.

⑤ 936 F. 2d 1111 (10th Cir. 1991).

上负责的机构，国会已经依法赋予其政策制定的职能。①

在 Davis 案中，第十巡回法院认定自己是在审查适合于由工人赔偿项目办公室裁决的政策性争议。在 Greer 案中，第四巡回法院认定自己是在审查适合于由法院裁决的法律结
1013 论。在 Pancake 案中，第七巡回法院认定自己是在审查适合于由行政法官裁决，并接受福利审查委员会审查的事实认定。但是，每家法院显然是在处理相同类型的问题。在每起案件中，争议裁决要求对以下三项变量的相互关系进行考虑：（1）以适用的法律条文；（2）在创设和界定证据推定的规章中所反映的行政机关政策决定；（3）为了通过适用或者推翻证据推定而证明某一事实所提出的各种形式的证据。

这三起案件都可以被描述为提出了法律问题、政策问题或者事实问题。但是，因为法律根据对问题的定性而在四类机构中配置决定权，对问题所作的武断定性，在很多案件中都是决定着案件的结果。对行政法官的事实认定赋予高度的最终性，几乎肯定会导致不同裁决之间的不一致性，费时费力地争夺机构霸权（institutional hegemony），以及政策制定的杂音（cacophony）。无论存在何种缺陷，《行政程序法》确立的裁决模式为不同机构间裁决权的配置作了很好的规定。

第四起案件说明了尘肺病福利项目和其他若干联邦工人赔偿项目对裁决权所作的特别配置导致的低效率和迟延达到了令人沮丧的程度。在 Burns v. Director，Office of Workers Compensation Programs② 案中，哥伦比亚特区巡回法院撤销了福利审查委员会在同一起根据《码头和港湾工人赔偿法》（the Longshore and Harbor Workers' Compensation Act）作出的三项裁决。一名行政法官三次认定申请人的中风是因为工作原因导致。福利审查委员会撤销了行政法官的前两项裁决意见，并将其发回重新处理，而推翻了行政法官的第三项裁决意见。在每起案件中，福利审查委员会都对申请人之证人所提出并被行政法官采纳的因果关系理论表示高度怀疑。法院推翻了所有这三项福利审查委员会的裁决，认为它们超越了行政机关的职权范围。与大多数由行政机关实施的法律不同，但是与《尘肺病福利法》相同，《码头和港湾工人赔偿法》规定，行政法官的事实认定如果得到实质性证据的支持，行政机关应当予以支持。因为行政法官作出的所有这三项裁决意见中的因果关系认定都得到了实质性证据的支持，法院认定福利审查委员会在拒绝支持该事实认定时，已经超越了其有限的审查范围。一位持协同意见的法官态度犹豫地认定，法院只能选择推翻行政机关的裁决。他认为这种法律规定的体制是“反常的”，因为它要求复审法院忽略行政
1014 机关在其拥有独特的能力、专业技能和经验的事项上所作的判断。

□ 明显错误标准

国会在 1988 年在《1988 年退伍军人司法审查法》（the Veterans Judicial Review Act of 1988）③ 中创设了裁决退伍军人福利争议的新体系，采用了与《行政程序法》规定模式不同的变型。国会为了这一目的而选的体系，几乎与它为了裁决尘肺病福利案件而选择的体系一样复杂。④ 初步裁决是由退伍军人事务管理局（Veterans Administration）地区办公室作出，其裁决可以上诉至退伍军人上诉委员会（the Board of Veterans Appeals），即

---

① Id. at 1115-1116.

② 41 F. 3d 1555 (D. C. Cir. 1994).

③ Pub. L. No. 100-687, 102 Stat. 4105 (1988).

④ 参见 Stichman, *The Veterans Judicial Review Act of* 1988: *Congress Introduces Courts and Attorneys to Veterans' Benefits Proceedings*, 41 Admin. L. Rev. 365 (1989).

退伍军人事务管理局内设的最高层级的裁决机构。退伍军人上诉委员会的裁决可以被上诉至退伍军人上诉法院（the Court of Veterans Appeals），它是新设的"《联邦宪法》第1条规定的法院"（Article I court）。退伍军人上诉法院需要支持退伍军人上诉委员会的事实认定，除非该事实认定存在"明显错误"。"明显错误"标准之尊重程度低于"实质性证据"标准。① 退伍军人上诉法院的判决可以上诉至联邦巡回区上诉法院，这是一家对于政府发生的具体类型的争议拥有管辖权的"第3条法院"（Article III court）。对于退伍军人上诉法院已经支持的、退伍军人上诉委员会所作出的事实认定，以及退伍军人上诉法院所作出的、退伍军人上诉委员会的事实认定存在"明显错误"裁定判断，联邦巡回区上诉法院必须接受其具有的最终效力。

越来越多的证据表明，与过去一百多年里行政机关裁决退伍军人福利案件所采用的非正式体系相比，这一新的裁决体系的运作成本要高得多，而结果则不太令人满意。通过将律师和法院排除在裁决过程之外，退伍军人事务管理局执行着最为高效和有效的政府福利体系。退伍军人事务管理局每年裁决超过500万份申请，并且每年分配超过200亿美元的福利款，而在处理福利申请过程中很少发生迟延，运行成本很低，不同裁决之间存在高度的一致性。② 相比之下，在 Beaman v. Brown③ 案中，法院讨论了在之前七年里大量退伍军人福利申请人提出的一系列问题。

Allentown Mack Sales and Service v. NLRB④ 案所作出的判决可能具有重要的意义，该案中六名大法官出具的多数意见偏离了最高法院解释和适用实质性证据标准时所采用的传统的尊重进路。⑤

□ "主治医生规则"

巡回法院有的时候会对《行政程序法》规定的实质性证据标准进行一些修改，尽管法院进行的这种修改的合法性值得怀疑。最为著名的例子就是第二巡回法院为了审查社会保障局在残疾福利争议中的事实认定而采用的"主治医生规则"（treating physician rule）。 1015
根据第二巡回法院的判决，"主治医生的观点……对于事实认定者具有拘束力，除非与实质性证据存在矛盾……"⑥ 不仅如此，"主治医生的证言并不需要得到客观的临床或者实验结论的支持"⑦。第二巡回法院积极地适用这一规则。例如在 Bluvband 案中，第二巡回法院推翻了行政法官作出并得到社会保障局支持的一项事实认定，即使这一事实认定已经得到两名持证会诊医生（board-certified consulting physicians）的支持。

□ 对主治医生规则的批评

主治医生规则与实质性证据标准完全不一致。主治医生规则的提出依据是第二巡回法

① 参见§11.2。

② 参见 Walters v. National Ass'n of Radiation Survivors, 473 U.S. 305 (1985)；J. Mashaw, *Testimony Before the House Committee on Veteran Affairs*, Ser. No. 99-54, 99th Cong., 2d Sess. 21-31, 139-148 (1986)。

③ 125 F. 3d 965 (6th Cir. 1997)，参见§12.3的讨论。

④ 522 U.S. 359 (1998).

⑤ 参见§11.2中的讨论。

⑥ Stieberger v. Bowen, 801 F. 2d 29, 31 (2d Cir. 1986).

⑦ Id. at 31; Bluvband v. Heckler, 730 F. 2d 886 (2d Cir. 1984); Bastien v. Califano, 572 F. 2d 908, 912 (2d Cir. 1978).

院相信主治医生的观点肯定会比会诊医生的观点更为可靠。国会、社会保障局、行政法官和独立研究人员都持相反的观点："作为同时涉及偏私和资格程度的问题，会诊医生很可能是更好的信息源。"① 第二巡回法院对主治医生提出的这一特别规则，让人想起第五巡回法院对主管（supervisors）提出的"特别规则"。在 NLRB v. Walton Manufacturing Co. ② 案中，最高法院否定了第五巡回法院提出的特别规则。只有部分巡回法院采纳了主治医生规则。至少有些巡回法院一直遵循了这一法律规则，如同在法律或者最高法院的判决意见之中规定的，对社会保障局的残疾事实认定适用实质性证据标准。③

□ 主治医生规则被推翻

社会保障局发布了一项立法性规则，其中规定了对残疾案件中提出的不同形式证据进行评估的详细标准，第二巡回法院支持了这一规则，这些可能已经阻止法院以"主治医生规则"替换法律规定的实质性证据标准。④

在 Black & Decker Disability Plan v. Nord⑤ 案中，最高法院一致推翻了第九巡回法院
1016 要求 ERISA 计划的行政主管采用与社会保障局作出残疾认定时一样的标准的判决。在 1991 年，社会保障局通过了一项规则，也就是所谓的主治医生规则（treating physician rule），要求行政法官除非具有实质性证据支持的具体理由，否则必须作出与主治医生相一致的结论。在 Nord 案中，第九巡回法院认为，ERISA 计划的行政主管也需要在作出残疾认定时适用主治医生规则。最高法院以一致意见推翻了这一判决。它对第九巡回法院的看法——主治医生规则可以增强准确性——的依据提出质疑。最高法院也指出，"负责监督的行政机关最适合于解决"这一争议，如果这类决定是由劳工部长作出的，法院会给予尊重。但是，因为部长没有作出这种认定，最高法院判定：

法院没有充分理由要求计划的行政主管自动地对于福利申请人的主治医生观点给予特别的权重；如果他们相信与主治医生的评估相互矛盾的可以信赖的证据，法院也不能对计划执行人施加裁量性的解决责任。

在 Peabody Coal Co. v. Odom⑥ 案中和 Eastover Mining Co. v. Williams⑦ 案中，第六巡回法院根据最高法院在 Black & Decker 案中的意见重新审议了它所理解的主治医生规则。法院判定："在尘肺病诉讼中，主治医生的意见并不必然有权获得相比非主治医生更高的权重……相反，行政法官必须与考虑其他专家的意见一样，对主治医生的意见进行评估。"

在 Peabody Coal Co. v. Groves⑧ 案中，第六巡回合议庭中两位法官出具的多数意见支持了行政法官得到实质性证据支持的结论。行政法官发现，死者死于尘肺病导致的动脉硬

---

① J. Mashaw, et al, *Social Security Hearings and Appeals* 57 (1978).

② 369 U. S. 404 (1962).

③ 例如，Arroyo v. Secretary of HHS, 932 F. 2d 82, 89 (1st Cir. 1991); Cummins v. Schweiker, 678 F. 2d 81, 84 (7th Cir. 1982); Tremblay v. Sec. of HHS, 676 F. 2d 11, 13 (1st Cir. 1982)。

④ 参见 Schisler v. Sullivan, 3 F. 3d 563 (2d Cir. 1993)；亦可参见 Butera v. Apfel, 173 F. 3d 1049 (7th Cir. 1999)（承认主治医生可能是存在偏私的，会诊医生"可能同时具备公正性和专业技能"）；不同意见，参见 Lester v. Chater, 69 F. 3d 1453 (9th Cir. 1995)（忽略了社会保障局的规则，继续适用同时违反社会保障局的规则和《行政程序法》的巡回法院之先例）。

⑤ 123 S. Ct. 1965 (2003).

⑥ 342 F. 3d 486 (6th Cir. 2003).

⑦ 338 F. 3d 501 (6th Cir. 2003).

⑧ 277 F. 3d 836 (6th Cir. 2002).

化型心脏病。支持这一事实认定的唯一证据是病人的主治医生的观点，这位全科医生没有对其观点提供任何理由或者证据。持不同意见的法官则认为，非专科的医生对于死因所提出的没有证据支持的意见如果与引用大量研究表明尘肺病与冠状动脉硬化疾病之间没有因果联系的专业肺科医生的意见相左，就是不充分的。持不同意见的法官在辩论中占据上风。多数意见犯了一项普遍的错误，即相信医生是拥有死因相关专业能力的科学家。事实上，少数医生确实如此，而大多数医生则并非如此。 1017

在 Dray v. Railroad Retirement Board[①] 这一残疾福利案件中，第七巡回法院很好地解释和适用了实质性证据标准。法院驳回了原告的主张，即行政法官需要对主治医生的意见赋予相比非主治医生更高的权重："决定应该相信谁——主治医生，他有关该案的经验学识可能（或者可能不）与对申请人状况的了解相关，还是会诊医生，他可以带来有关类似病案的专业技能和知识——仍然属于听证官的权限范围。"[②] 但是，法院推翻了行政机关的裁决并发回重新处理，因为行政法官没有充分解释其拒绝采纳主治医生意见的理由，该主治医生意见涉及一项重要问题，没有其他医生的意见与之存在矛盾。[③]

§ 11.4 武断恣意标准

□ 适用于非正式裁决和规则制定

《行政程序法》§706 要求法院只对通过正式裁决或者正式规则制定程序采纳的事实认定适用实质性证据标准。在行政机关通过非正式裁决或者非正式规则制定程序作出行为时，它要求法院适用武断和恣意标准。既然行政机关采用非正式裁决程序，要远比采用正式裁决程序频繁，重要的是要理解这两项标准之间的差别。遗憾的是，判例法对于描述法院对事实认定适用武断和恣意标准，以及解释这两项标准的差别，都并不是非常具有帮助。事实上，若干巡回法院已经认定这两项标准在对行政行为的事实前提（factual predicates）适用时是完全一样的。如果这两项标准存在差别，其差别也是过于细微，以至于无法以对行政机关、法院或者执业律师有用的方式作出解释。有关规则制定案件中对这一问题的进一步讨论，参见 § 7.5。

□ 这一标准的最初版本

最初版本的武断和恣意标准，对于行政机关是采取了高度尊重的态度。事实上它根本没有设想对事实认定进行的司法审查。最高法院在 Pacific States Box & Basket Co. v. White[④] 案所发表的判决意见说明了武断和恣意标准的最初版本。一家加利福尼亚州 1018

---

① 10 F. 3d 1306 (7th Cir. 1993).

② Id. at 1311.

③ 另可参见 Saelee v. Chater, 94 F. 3d 520 (9th Cir. 1996)（支持了行政法官的事实认定——该事实认定与主治医生的证言不一致，负责检查的医生 [examining physicians] 之意见是基于"独立临床结论" [independent clinical findings]）；Greenspan v. Shalala, 38 F. 3d 232 (5th Cir. 1994)（支持了所有与主治医生的证言不一致的行政法官事实认定，因为行政法官解释了他为何选择不采纳这一证言）。

④ 296 U. S. 176 (1935).

的制造商质疑俄勒冈州农业工业部植物行业司（the Oregon Division of Plant Industry）司长作出的一项命令，该命令规定了在销售俄勒冈产树莓（raspberries）和草莓时所使用箱子的类型、尺寸和形状。最高法院维持了这一命令，其理由只是该命令避免消费者混淆之明确目的与这一命令的规定之间的事实联系。最高法院以下列文字描述了审查行政机关事实前提的标准：

如果任何事实状态可以被合理认为能够支持［该命令］，就可以攻击这些事实状态的存在，而且利用了［这一推定］的人必须承担证明……其行为之武断性的责任。[1]

□ 现代解释

研习宪法者应当知道这段文字其实是描述了现在所谓的宽松的“合理联系标准”（rational relation test）。最高法院继续在一些重要的司法审查领域——主要是法院根据《联邦宪法》第十四修正案对州法律中包含的分类，以及并不涉及基本权利或者可疑分类（suspect classification）* 的州行政行为进行的合宪性审查——采用武断和恣意标准这种非常尊重性的版本。[2] 1983 年在 Motor Vehicle Manufacturers Ass'n v. State Mutual Insurance Co.[3] 案中，对行政机关的事实认定之法定审查情形，最高法院明确拒绝采用武断恣意标准的这一版本。其行为接受法定司法审查的联邦行政机关所作出的事实认定，通常对其适用的这一版本的武断恣意标准，对行政机关给予的尊重程度要低得多。

□ Overton Park 案

在 Citizens to Preserve Overton Park v. Volpe[4] 案中，最高法院描述了现代法院对联邦行政机关的事实认定适用的、尊重程度明显降低的一种版本的武断和恣意标准。在 Overton Park 案中，最高法院将武断和恣意标准描述为，要求对支持行政决定的事实进行“仔细深入”的调查。[5] 哥伦比亚特区巡回法院在 Ethyl Corp. v. EPA[6] 案全席审理后作出的判决意见，说明了对通过非正式规则制定程序作出的事实认定，适用要求更高的版本的武断和恣意标准可能产生的结果。Ethyl 质疑了环境保护局要求减少汽油含铅量的规章所
1019 依据的复杂事实前提。Ethyl 案的多数意见和不同意见总共用 38 页的篇幅对环境保护局作为其规章之前提的事实研究进行了详细的分析。

□ 对 Overton Park 案的批评

但是基于以下三项理由，我们可以相信 Overton Park 案的判决意见在提到对支持行政决定的事实进行“仔细深入”的调查时夸大了（overstatements）武断和恣意标准的要

---

* 可疑分类，是指如果分类建立在一种自身似乎与既定宪法原则相悖的特征之上，如种族、性别等，以致有意使用这种分类都可被视为是值得“怀疑”的。法院在确定这种分类的合法性时将依平等保护条款（Equal Protection Clause）适用“严格审查”（strict scrutiny）标准。——译者注

① Id. at 186.

② 参见 L. Tribe, *American Constitutional Law* §§16-1, 16-2 (2d ed. 1988)。

③ 436 U. S. 29, 43 (1983).

④ 401 U. S. 402 (1971).

⑤ Id. at 416.

⑥ 541 F. 2d 1 (D. C. Cir.), *cert. denied*, 426 U. S. 941 (1976).

求。首先，Overton Park 案的判决意见也提到武断和恣意标准，要求在行政机关作出“明显错误的判断”时作出推翻判决。[①] 这听起来像是对比实质性证据标准要求更高的“明显错误”标准所作的同义转述（paraphrase）。[②] 无论武断和恣意标准会提出怎样的要求，它都不能比实质性证据标准要求更多的证据支持。其次，最高法院在 PBGC v. LTV Corp. [③] 案中对 Overton Park 原则的其他方面进行了阐释并有所缩减。Overton Park 案的判决意见是仓促作出的，包含了大量引人误解和过多的法官附带意见。[④] 最高法院很可能会继续限制其对武断和恣意标准要求所作的众多夸大表述。再次，最高法院已经多次指出，武断和恣意标准的要求程度要低于实质性标准。武断和恣意标准的要求不可能既是更高又是更低。

□ 比实质性证据标准更具尊重性

在 Abbott Laboratories，Inc. v. Gardner[⑤] 案中，最高法院指出，相比“‘武断和恣意’标准，实质性证据标准对司法审查提出了宽松得多的要求。”在 Camp v. Pitts[⑥] 案中，最高法院再次与这一标准进行了区分：“正确的标准不是‘实质性证据’标准……”合适的标准是，货币监理官的裁决是否是“武断、恣意、滥用裁量权，或者是违法的。”在 Industrial Union Department v. American Petroleum Institute[⑦] 案中，四名大法官强调指出了实质性证据标准要求更高的性质：“当国会已经规定了比较严格的‘实质性证据’标准时，仔细履行这一职责是特别重要的。”最后，在 American Paper Institute v. American Electric Power Service Corp. [⑧] 案中，最高法院一致意见作出的判决将武断和恣意标准描述为比实质性证据标准“更加宽松”。

□ 这一标准的含义不确定

遗憾的是，尽管最高法院一直将武断和恣意标准描述为严格程度低于实质性证据标准，最高法院从未解释过这两项标准之间的差别。既然实质性证据标准本身是极端尊重性的，各巡回法院已经在适用最高法院继续划分的界限过程中遭遇到困难。各巡回法院常常将这两项标准视为完全相同，提到了它们的“融合趋势”，以及两者之间的区分“很大程 1020
度上是语义性的（semantic）”[⑨]。在 Aman v. FAA[⑩] 案中，第七巡回法院对这两项标准之间的区分描述如下：

行政机关的决定当然必须拥有某些证据基础以免被判定“武断和恣意”。除非是在特

---

① 401 U. S. at 416.

② 参见§11.2。

③ 496 U. S. 633 (1990).

④ 参见§8.6。

⑤ 387 U. S. 136，143 (1967).

⑥ 411 U. S. 138，141-142 (1973).

⑦ 448 U. S. 607，705 (1980).

⑧ 461 U. S. 402，412 n. 7 (1983).

⑨ 例可参见 Bangor Hydro-Electric Co. v. FERC，78 F. 3d 659，663 n. 3 (D. C. Cir. 1996)；Association of Data Processing Service Organizations，Inc. v. Board of Governors，745 F. 2d 677 (D. C. Cir. 1984)；Pacific Legal Foundation v. DOT，593 F. 2d 1338，1343 n. 5 (D. C. Cir.)，*cert. denied*，444 U. S. 830 (1979)；Associated Industries v. U. S. Dept. of Labor，487 F. 2d 342，349-350 (2d Cir. 1973)。

⑩ 856 F. 2d 946，950 n. 3 (7th Cir. 1983).

> 定的案件之中，很可能无法准确说明“有些”和“实质性”之间的差别……尽管某些案件可以显示出比其他案件更明显的差别，其差别可能更多的是一种氛围（atmospherics）而不是明白可见的。

在 School District of Wisconsin Dells v. Z. S. Littlegorge[①] 案中，第七巡回法院对审查标准进行了精彩的讨论。第七巡回法院质疑期待法官能够辨别“实质性证据”和“明显错误”之类的标准之间的区别是否现实。用第七巡回法院的话来说，“法官与凡夫俗子一样存在认知上的局限，对于辨别全面审查和尊重性的审查更精细的区别来说，是难以逾越的障碍”。法院也指出，“对于下级法院或者行政机关的尊重的实际程度，经常取决于争议问题的性质”而非审查标准。最近的一篇文章对于第七巡回法院的观察提供了大量实证材料的支持。[②]

在 Bonnichsen v. United States[③] 案中，第九巡回法院指出：

> 当武断和恣意标准承担了确保事实支持（factual support）的作用时，这一标准的要求和实质性证据标准的要求之间就没有什么实体性的差别。

最高法院对“实质性证据标准”、“武断和恣意标准”两者之间的区分所作的讨论，具有误导的可能。但是，最高法院的表述，如果理解合理的话，确实有助于强调武断和恣意标准的一项重要特征。在 Bowman Transportation，Inc. v. Arkansas-Best Freight System，
1021 Inc. [④] 案中，最高法院首先提到了当事人的协议，即行政机关的事实认定得到了实质性证据的支持，并且指出：“问题仍然在于州际商业委员会的行为是否属于武断和恣意的。”

□ 适用于行政机关的推理

这一描述，与最高法院认为武断和恣意标准比实质性证据标准“更加宽松”的众多描述之间并无矛盾。这些描述是在对事实认定进行审查时所作出的。武断和恣意标准所发挥的作用，独立于对事实认定的审查。为了避免法院认为其行为是武断和恣意的，而判决予以推翻，行政机关必须进行“附理由说明的裁决”，对行政机关如何基于事实认定而作出行为作出解释。Arkansas-Best 案中，最高法院在对实质性证据标准、武断和恣意标准相互关系作出可能令人困惑的描述之后，对行政机关的推理过程进行了长篇讨论。

自从《行政程序法》§706 要求法院适用武断和恣意标准审查所有行政行为之后，所有行为必须满足这一标准所包含的裁决附理由说明的要求，而不论行政机关对其事实认定的证据支持是否充分。[⑤]

□ 最高法院对行政决定附理由说明的义务作出限制

在 FCC v. Fox Television Stations[⑥] 案中，最高法院对 State Farm 原则在重要情境中的要求作出了重要限制。五名大法官出具的多数意见判定行政机关的政策上的变更是充分

---

① 295 F. 3d 671 (7th Cir. 2002).

② 参见 Paul Verkuil, *An Outcomes Analysis of Scope of Review Standards*, 44 Wm. & Mary L. Rev. 679 (2002)。

③ 367 F. 3d 864, 880 n. 19 (9th Cir. 2004).

④ 419 U. S. 281, 284 (1974).

⑤ 我在§7.4 中详细讨论了裁决附理由说明的要求。既然对裁决程序适用的这一要求，同样适用于规则制定程序，我在本节不予赘述。另可参见§8.5。

⑥ 129 S. Ct. 1800 (2009).

的。在作出这一判决意见的过程中，多数意见对行政决定的附理由说明要求设定了两项重要的限制，这是与大多数巡回法院之前的做法不一致的。首先，多数意见判定，行政机关在修改其政策时并不承担更高的决定理由说明义务：

我们发现，《行政程序法》和最高法院先前的判决意见都不能为所有行政变更接受更全面的审查提供依据。《行政程序法》并没有规定此种更高的标准。我们在 State Farm 案中所作出的判决意见既没有判定，也没有默示每项构成政策变更的行政行为必须采用比初次制定政策时所要求的更为实质性的理由来证明其正当性。

…………

可以确定的是，行政机关为其行为提供理由说明，这一要求通常要求行政机关表示出它意识到它正在改变观点。例如，行政机关不得以沉默的方式停止执行先前的政策或者直接忽略尚未被废止的规则。当然，行政机关必须证明有采用新政策的合理理由。但是，它不需要向法院证明采用新政策的理由要优于旧政策的理由；如果新政策是合法的，有合理理由的支持，以及行政机关相信新政策更好，充分显示出有意识的政策变更，这就够了。这意味着行政机关并不总是需要提供比制定全新的政策时更详细的理由。有的时候，——例如，制定新政策所依据的事实认定与作为旧政策基础的事实认定存在矛盾；或者旧政策产生了无法回避的重大的信赖利益——行政机关必须提供更详细的理由说明。忽略这类问题将是武断和恣意的。在这类案件中，不是仅仅政策变更这一事实要求进一步的说明理由，而是旧政策所依据或者产生的事实或者情形的忽略要求说明理由。 1022

其次，多数意见判定，在行政行为可能与《联邦宪法》之间存在冲突时，行政机关并不承担更高程度的说明理由义务：

广播业者的主张反复提到了《联邦宪法》第一修正案。如果他们是想要求我们对可能影响宪法上的自由权的行政行为适用更为严格的武断和恣意标准进行审查，我们拒绝这种请求。所谓回避宪法问题的原则是一种解释工具，要求对模糊的法律条文进行回避严重合宪性疑问的解释。我们知道没有先例判决可以适用于限制行政行为的范围。《行政程序法》允许法院撤销“武断或者恣意的”行政行为，并在同一节条文中单独规定了撤销“违法的”[①] 行政行为，这当然包括了违宪行为。我们认为，这是合宪性对行政行为审查产生影响的唯一情形。如果本案中联邦通信委员会的行为在通常意义上并不构成武断或者恣意，它就能够满足《行政程序法》规定的“武断（或者）恣意”标准；其合宪性是需要在宪法诉讼中讨论的单独问题。

四位持不同意见的大法官认为行政机关对其行为的理由说明是不充分的，并且表明他们不同意多数意见对 State Farm 原则施加的限制。 1023

□ 作为例证的案例

但是，对裁决案件适用武断和恣意标准，必然会与对规则制定案件适用武断和恣意标准有所不同。在法院对行政裁决适用武断和恣意标准的众多案件中，摘要介绍其中一些案件是很有帮助的。

在 National Ass'n of Home Builders v. Defenders of Wildlife[②] 案中，最高法院五位法官作出的多数意见推翻了第九巡回法院全席审理作出的行政决定武断和恣意的判决。第九

① 5 U. S. C. § 706 (2) (A).

② 127 S. Ct. 2518 (2007)，参见 § 3.6、§ 6.11 和 § 18.1 的讨论。

巡回法院所作判决的依据是行政机关的推理中存在的不一致之处，以及行政机关对其决定的解释中存在的错误陈述。多数意见否定了第九巡回法院所指控的不一致，因为“唯一的‘不一致’……是行政机关改变主意的事实——只要符合合适的程序，他们是完全有权这么做的”。多数意见否定了第九巡回法院所采纳的行政解释中存在的错误，因为它只是“附带意见，并且对最终决定没有影响……”多数意见引用了《行政程序法》§706 的表述：应当合理考虑偏见性错误（prejudicial error）。持有不同意见的大法官则认为应该支持第九巡回法院的结论，即行政行为是武断和恣意的，但是是因为和第九巡回法院所提供的理由不同的理由。正如本书§3.6 和§6.11 所讨论的，持不同意见的大法官不同意行政机关所采用的行政机关对法律和规则的解释。他们也认定，行政机关并未实际采用它对自己的一项规则所作的解释，并且应该适用 Chenery 原则——只能根据行政机关所陈述的依据行政机关的决定——否定行政机关的决定。

在 Alaska Department of Environmental Conservation v. EPA[1] 案中，大法官们在解决武断和恣意标准有关的不同寻常的争议时分成了 5∶4 的两派。多数意见将《清洁空气法》（CAA）的两项条款解释为授权环境保护局审查州行政机关的决定州排放许可证申请者建议用于新排放源的控制技术符合最佳可得控制技术（BACT）的资格。[2] 根据多数意见所支持的环境保护局对《清洁空气法》的解释，环境保护局有权认定，州行政机关认定所建议采用的技术是最佳可得控制技术，是武断和恣意的；联邦法院则有权认定环境保护局的决定是否武断和恣意。多数意见接着认定，环境保护局认定州行政机关武断和恣意的决定
1024 不是武断和恣意的。

四位持不同意见的大法官将《清洁空气法》解释为只授权州法院决定州行政机关的最佳可得控制技术是否武断和恣意。所有这些大法官采用了理性决定和非理性决定作为武断和恣意标准，并且所有的大法官都按照最高法院在 State Farm 案中所宣布的决定附理由说明的义务相符合的方式适用了这一标准。因此，多数意见支持了环境保护局的决定，即否定了州行政机关的决定，因为多数意见认定环境保护局已经充分解释了认定州行政机关没有充分解释其决定的理由。

大法官也附带讨论了一个问题，即环境保护局否决州行政机关的决定是否建立在实体差别的基础上，或者相反是基于程序的不充分性。环境保护局向最高法院保证，州行政可以在发回重新处理的过程中为其决定提供更好的解释而加以辩护。大法官多数接受了这一表态，但是持不同意见的大法官则对州行政机关能够在发回重新处理的过程中提供更多或者不同的解释以满足环境保护局的要求表示怀疑。我也和持不同意见的大法官们一样持怀疑态度，但是重要的是要认识到，无论这一标准是由法院适用还是由行政机关适用，他们所提到的模糊性，是内在于武断和恣意标准之中的。而决定被认为是武断和恣意的而被推翻的行政机关，只能让有文化的人猜想法院是否会支持根据不同的或者更多理由而作出的相同的行政决定。有时候，行政机关的决定如此内在地站不住脚，考虑到作为其基础的事实和准据法，行政机关永远无法说服复审机构相信其决定是合理的。环境保护局在本案中否定的州行政机关的决定就很可能属于这一类型。州行政机关多次否定了员工所作分析和建议，这是故意无视没有争议的事实和实体准据法而公然作出的政治决定。

在 Postal Service v. Gregory[3] 案中，最高法院认为，联邦巡回区上诉法院超出范围地将武断和恣意标准适用于功绩制保障委员会。功绩制保障委员会长期适用一项政策，就是

① 124 S. Ct. 983 (2004).

② 参见§3.5 和§3.6 中让大法官产生分歧的法律解释问题。

③ 122 S. Ct. 431 (2001).

在审查一项惩戒决定的合理性时，会复查和审议在申诉阶段（grievance proceedings）尚未结案的在先的惩戒决定。功绩制保障委员会在 Bolling v. Department of Air Force[①] 案中对在先的惩戒决定的复查和审议采取了两分法（bifurcated actions），并且已经一直在采用这种方法。功绩制保障委员会在 Gregory 案中适用了 Bolling 原则，联邦巡回区上诉法院推翻了这一决定，并且认定"程序尚未终结的在先惩戒决定不能被用于支持"处罚决定的 1025
合理性。最高法院一致推翻了联邦巡回区上诉法院的判决。最高法院指出："武断和恣意标准是非常狭义的……为功绩制保障委员会履行期职责提供了广阔的空间……这一标准不是让联邦巡回区上诉法院以自己的判断取代功绩制保障委员会的决定。"

Gregory 案的多数意见认定，最高法院无权处理功绩制保障委员会的 Bolling 原则框架的合理性问题，但是多数意见认定"功绩制保障委员会独立审查在先的惩戒决定，这当然并不存在武断之处"。在协同意见中，Thomas 大法官认为，最高法院有权审查 Bolling 原则框架的问题，并且该原则是合理的。在另外一份协同意见中，Ginsburg 大法官不同意多数意见的推理，但是同意判决，理由是她的理解：如果复议程序推翻了功绩制保障委员会在考虑以后的惩戒决定是否合理时已经考虑过的在先惩戒决定的合理性，功绩制保障委员会就会重新启动程序，对一项惩戒决定的合理性进行复议。

在 Allentown Mack Sales and Service, Inc. v. NLRB[②] 案的重要判决意见中，六名大法官出具的多数意见判定，国家劳动关系委员会的行为模式是"严重违反了"作出附理由说明的裁决之义务，并且试图"阻碍司法审查"。国家劳动关系委员会的行为模式包括在裁决争议的过程中对规则提出了一项明智的口头表述（verbal formulation），通过在以后的案件中改变口头表述而改变其规则的含义，以及采纳可以更进一步改变规则意义的证据证明标准（evidentiary standards of proof）。

在 Heartland Regional Medical Center v. Leavitt[③] 案中，哥伦比亚特区巡回法院认为，法院宣布行政机关的决定未能提供充分的理由说明时，行政机关根据拥有的裁量权，可以在程序重作时作出同样的决定，只要它能够说明作出其决定的额外理由，而对法院所认为的缺点作出回应。如果原告仍然认为该决定是武断和恣意的，因为新的，经过补充的理由说明也是不充分的，那么原告可以救济的方式就是针对新的决定提起诉讼，主张新决定也是武断和恣意的。

在 Ecology Center v. Austin[④] 案中，第九巡回法院合议庭长达 10 页的多数意见批评了林业局（Forest Service）决策程序的诸多细节内容，该案中林业局决定批准在发生过严 1026
重火灾的国家森林实施商业性疏伐（commercial thinning），认为这一决定是武断和恣意的。我非常同意持不同意见的法官对多数意见的定性：

> 多数意见代表了前所未有地僭越行政程序，提升了对于林业局的科学和行政判断的审查强度。
>
> …………
>
> 本案中的行政记录篇幅很长，超过 1 900 页的最终环境影响评价报告书，150 张详细的地图和 2 万页背景信息的介绍。多数意见只是强调了行政记录的部分内容，批评了森林管理局工作人员的资格，质疑各种科学判断。在指责林业局的土壤质量分析存在错误，并认定成熟树林（out-growth forest）不会遭到破坏时，多数意见将我们的审查立场改变成

---

① 8 MPSB 658, 9 M. S. P. R. 335 (1981).

② 522 U. S. 359 (1998).

③ 415 F. 3d 24 (D. C. Cir. 2005)，参见 § 7.4 和 § 7.11 的讨论。

④ 430 F. 3d 1057 (9th Cir. 2005).

为我们与林业局的科学家对话，并对这一决策程序的细枝末节进行事后批评。

在 Knox v. Department of Labor[1] 案中，第四巡回法院判定一项行政机关的决定是武断和恣意的，因为行政机关实际上适用了与该行政机关声称适用的标准存在重大差别的标准。

在 Mid-water Trawlers Co-op v. Department of Commerce[2] 案中，第九巡回法院解决了一个反复出现的情形。商务部与 Makah 部落达成了“妥协”，规定商务部将每年鳕鱼捕捞配额中分配 32 500 公吨（metric tons）给该部落。第九巡回法院认为商务部的决定是武断和恣意的而判决推翻该决定，因为其准据法要求该决定是“建立在科学基础之上的”，而不是基于“纯粹的政治妥协”。行政机关经常要面对商务部在 Kramer 案中所面对的这种情形——法律要求商务部采用特定的方法作出决定，但是商务部除了在自己对正确决定的理解和另一方当事人对正确决定的理解之间进行妥协之外，没有实际可行的选项。为了有效解决这种不断重演的情形，行政机关可以采用法律所规定的方法制定行政机关可以通过规定方法支持的行政决定的范围的上下边界，然后坦白承认它在这一范围对具体数字的选择是妥协的产物。最高法院长期以来支持在法定的方法或者决策标准可能会产生一系列可
1027 能的结果时，行政机关可以决策过程中采用这种“合理区间”方法。[3]

在 In re Sang-su Lee[4] 案中，联邦巡回区上诉法院认为专利与商标局（PTO）的决定是武断和恣意的，并予以推翻。联邦巡回区上诉法院批评专利与商标局只是一般性地参考“通常知识和常识”（common knowledge and common sense），而没有提供充分理由支持其每一项结论。在其长篇的判决意见中，联邦巡回区上诉法院反复强调了行政机关“必须对其决定作出充分和有理由的解释”，并且行政机关在这么做时必须具有一定的“具体性”。联邦巡回区上诉法院所理解的武断和恣意标准要比绝大多数法院，包括最高法院所理解的都要有更高的要求。[5]

在 Taiwan Semiconductor Industry Ass'n v. International Trade Commission[6] 案中，联邦巡回区上诉法院支持了国际贸易法院对国际贸易委员会（the International Trade Commission）的决定适用武断和恣意标准。联邦巡回区上诉法院认为，在它审查国际贸易法院将贸易委员会的决定发回重新处理并要求其补充解释的案件进行审查时，它必须适用裁量权滥用标准。联邦巡回区上诉法院认定，国际贸易法院在不能根据国际贸易委员会的决定确定其是否在确定因果关系时适用了正确标准时而将决定发回重新处理时并未滥用裁量权。

在 Verizon Telephone Cos. v. FCC[7] 案中，哥伦比亚特区巡回法院撰写了一篇长篇和复杂的判决意见以解决溯及既往的疑难问题。哥伦比亚特区巡回法院认为，行政机关可以要求企业对所作的行为负责，尽管行政机关之前认为该行为是合法的，但是法院的判决认为这种认定是错误的，从而推翻了行政机关之前所作的裁决决定。哥伦比亚特区巡回法院认为，这种行政机关的决定是公正的，因为要求企业采用行政机关的裁决决定是不合理的，如果该裁决没有得到法院的确认，并且相反是“不断地逐级上诉到级别更高的法律

---

① 434 F. 3d 721 (4th Cir. 2006).

② 282 F. 3d 710 (9th Cir. 2002).

③ 例可参见 Permian Basin Area Rate Cases，390 U. S. 747 (1968)。

④ 277 F. 3d 1338 (Fed. Cir. 2002).

⑤ 参见本节前文所讨论的 Postal Service v. Gregory，122 S. Ct. 431 (2001)。

⑥ 266 F. 3d 1339 (Fed. Cir. 2001).

⑦ 269 F. 3d 1098 (D. C. Cir. 2001)，参见 § 6. 7 的讨论。

机构”。

哥伦比亚特区巡回法院继续努力解决在法院需要对地方分区规划委员会否决无线通信塔的建设许可适用行政法原则时而引发的众多疑难问题。在 National Tower v. Plainville Zoning Board of Appeals[1] 案中，第一巡回法院首先认为，分区规划的书面否决只需要“包含对理由的充分解释…… ‘以允许复审法院对行政记录中支持这些理由的证据进行审 1028
查’”。法院接着指出，和联邦行政机关一样，地方分区规划委员会只能根据在行政案卷中所提供的理由，为自己所作决定在法庭上进行辩护。但是，第一巡回法院接着指出，和联邦行政机关不同，地方分区规划委员会没有在发回重新处理的过程中提供辩护理由的二次机会。换句话说，如果法院认定地方分区规划委员会在书面决定中所提供的理由是不充分的，合理的救济途径是命令该委员会发放许可证，而不是发回该委员会重新处理。第一巡回法院在解释地方分区规划委员会的这种处理的正当性时，认为法律上一些规定表明国会希望这类分区规划纠纷尽快得到解决。

第九巡回法院继续它值得质疑的做法，即采用较低尊重程度的“合理性”标准而不是武断和恣意标准审查行政机关不制作环境影响报告的决定。[2] 这种做法并不符合最高法院在 Dickinson v. Zurko[3] 案中所强调的保持原则一致性的要求。在 Pennaco Energy v. Department of Interior[4] 案中，第十巡回法院在《国家环境政策法》（NEPA）系列案件中宣布它已经放弃了过去适用合理性原则标准而非武断和恣意标准的做法。

在 Bonnichsen v. United States[5] 案中，第九巡回法院指出：

> 当武断和恣意标准正在行使确保事实支持的作用，这一标准的要求和实质性证据标准的要求之间就没有实体差别。

在 Microcomputer Technology Institute v. Riley[6] 案中，第五巡回法院判定，行政机关在对被规制者溯及既往地适用对法律所作的本来合理新解释，其行为方式是武断和恣意的。行政机关之前已经采纳和适用了在其他案件中更具有可取性的解释，并且指出它“只会通过向将来发生效力的规章”对这一法律解释进行修改。法院适用了五因素权衡标准以确定行政机关对其法律解释所作的溯及既往的改变，是正当的还是不公平的。法院判定该行政行为是不公平的，因为受规制者已经因为相信行政机关的说法——它只会在向将来发
生效力的规章中采纳新的解释——而承担了不利后果。 1029

在 City of Carmel-by-the-Sea v. Department of Transportation[7] 案中，两位法官出具的多数意见判定行政行为是武断和恣意的，理由是行政机关没有充分讨论公路建设项目的累积影响。这一多数意见说明了法官可以如何操纵武断和恣意标准以对他们不同意的行政行为确立难以逾越的障碍。这一项目是在 1947 年提议的。长达一万页篇幅的案卷中讨论了其影响的各个方面和各个可能的选项。不过，多数意见仍然发现了一项致命的缺陷需要作进一步的研究。持不同意见的法官将其类比为“西西弗斯的折磨”（torture of Sisyphus）是合适的。

---

① 297 F. 3d 14 (1st Cir. 2002)，参见 § 11. 2、§ 12. 3 和 § 18. 7 的讨论。

② 例可参见 Ka Makani' O Kohala Ohana v. Water Supply, 295 F. 3d 955 (9th Cir. 2002)。

③ 527 U. S. 150 (1999).

④ 377 F. 3d 1147, 1161 (10th Cir. 2004).

⑤ 367 F. 3d 864 (9th Cir. 2004)，参见 § 11. 2 的讨论。

⑥ 139 F. 3d 1044 (5th Cir. 1998).

⑦ 123 F. 3d 1142 (9th Cir. 1997).

在 Bro-Tech Corp. v. NLRB① 案中，第三巡回法院采取了一项有趣的措施，即当行政机关作出一项没有多少法律指引的重要政策决定（major policy decision）时，通过适用武断和恣意标准的要求特别高的版本，而强制执行作为不授权原则（nondelegation doctrine）之基础的政策考虑（policy concerns）。法院判定在行政机关作出“重要政策决定”而“国会的指示不充分”时，需要对行政机关的推理过程进行“严格的司法审查”。法院认定行政机关未能满足特别高要求的、对其决定基础作出解释的义务。

在 Kenney v. Glickman② 案中，第八巡回法院合议庭首先在行政机关的“指令（directive）——对何时可以对肉类加工商提起执法诉讼，宣布了新的、更严格的标准——的可审查性”问题上产生了分歧。两名法官出具的多数意见判定，这一指令是可以审查的。多数意见接着认定这项新标准是武断和恣意的。多数意见采用了特别的推理过程。多数意见指出，行政机关对禽类加工商保留了之前的、更宽容的标准，而对肉类加工商通过了新的、更严格的标准。多数意见判定行政行为是武断和恣意的，因为行政机关没有解释自己为什么对肉类加工商和禽类加工商制定的标准存在明显差别。法院承认，肉类和禽类是由不同的法律调整，但是它认定这些法律存在足够的类似性，以至于行政机关需要解释它为何制定了不同的标准以强制执行这两部法律。从某种意义上说，多数意见的推理是有吸引力的。行政机关对肉类和禽类采取的不同处理是可疑的，特别是同时考虑到当代对高级行政官员的公共贪腐所进行的调查、公诉和定罪判决。但是我担心，多数意见采取的这一进
1030 路是与最高法院在 Mobil Oil Exploration v. United Distribution Co. ③ 案和 PBGC v. LTV Corp. ④ 案所作判决意见并不一致。

在 Rauenhorst v. Department of Transportation⑤ 案中，第八巡回法院判定行政机关拒绝豁免适用某规则的申请是武断和恣意的。法院认为有必要豁免适用该规则，因为这项规则因为情势变更而不合时宜了。法院批准对过时规则采取不被允许的救济措施。在这种情况下，唯一可以允许的救济措施是规则制定的请愿。⑥

在 Oregon Natural Resources Council v. Thomas⑦ 案中，第九巡回法院判定，在国会立法豁免行政行为遵守下列法律——确立了引导行政机关行使裁量权之标准的法律，以及要求行政机关准备支持其行为的材料的法律——的规定时，国会已经排除法院对行政行为适用武断和恣意标准。

在 Public Service Co. of Colorado v. FERC⑧ 案中，哥伦比亚特区巡回法院判定行政机关的决定——让 1993 年所作裁决主旨只溯及适用于 1988 年而非 1983 年——是武断和恣意的。法院认定，受这一裁决主旨不利影响的当事人没有合理信赖行政机关过去在 1983 年之后所作出的不一致的裁决主旨而蒙受了损失。这一判决意见说明了溯及既往的法律规则适用于裁决和规则制定程序所产生的明显（也是奇异的）的差别。行政机关很少可以让规则溯及既往适用，但是它显然可能不得不在裁决程序中溯及既往地对法律规则作出改变。⑨

---

① 105 F. 3d 890 (3d Cir. 1997)，参见 § 2.6 的讨论。

② 96 F. 3d 1118 (8th Cir. 1996).

③ 498 U. S. 211 (1991).

④ 496 U. S. 633 (1990)，参见 § 7.4 的讨论。

⑤ 95 F. 3d 715 (8th Cir. 1996)，参见 § 6.8 对该案的批评。

⑥ Auer v. Robbins，519 U. S. 452 (1997)，参见 § 6.10 的讨论。

⑦ 92 F. 3d 792 (9th Cir. 1996).

⑧ 91 F. 3d 1478 (D. C. Cir. 1996).

⑨ 参见 § 6.7。

在 Pfaff v. Department of Housing and Urban Development[①] 案中，第九巡回法院判定，行政机关在执法行为（an enforcement action）中适用它在对另一起争议裁决过程中所宣布的对法律的新解释，这种行为是武断和恣意的。行政机关在执法行为中适用了新解释，而受影响的公众没有实际手段可以知道他们的行为是违法的，法院批评行政机关是错误的。

在 Jet Investment, Inc. v. Department of the Army[②] 案中，第九巡回法院判定一项行政行为是武断和恣意的，因为作为行政行为之前提的事实认定缺乏充分证据的支持。法院认定，行政机关所作出的个人控制了一家企业的事实认定，其依据之一是缺乏证据支持的，而其他依据也缺乏充分证据的支持，但是却有有力证据支持相反的观点。

在 Smith v. Office of Civilian Health and Medical Program of the Uniformed Services[③] 案中，某政府健康保险项目* 拒绝批准对某一手术报销费用，因为并无经过严格对照的 1031 （well-controlled）临床研究可以认定该手术的功效，第七巡回法院判定该政府健康保险项目的行为并不是武断和恣意的。

在 Sierra Club v. Glickman[④] 案中，第五巡回法院判定，法院应当通过适用武断和恣意标准，而非重新审查（de novo review）标准，审查行政行为是否符合《濒危物种法》。法院指出，当法律没有规定审查标准时，武断和恣意标准应当适用于接受司法审查的绝大多数行为。只有对特定的案件，即事实认定是关键性的，而事实认定的行政程序不充分时，才能适用重新审查（de novo review）标准。

在 Dickson v. Secretary of Defense[⑤] 案中，哥伦比亚特区巡回法院判定，不豁免对提出纠正军事记录（military record）的申请所设定的三年期限，这一决定是可以通过适用武断和恣意标准进行审查的，即使法律只规定行政机关“在法院认定符合正义利益（interest of justice）的情况下，可以原谅未能在发现错误之后的三年内提出申请。”两名法官出具的多数意见接着认定行政机关作出的拒绝豁免期限要求的决定是武断和恣意的，因为行政机关的解释只包括了与具体事实无权的“样板文件（boilerplate）”。持不同意见的法官犹豫地同意巡回法院的先例要求判定这一不豁免期限的决定是可以通过适用武断和恣意标准进行审查的。但是，他认为应该支持该行政决定，理由是他认为不批准豁免期限的决定在接受审查时应获得特别的尊重。

在 Salameda v. INS[⑥] 案中，第七巡回法院的合议庭对于裁决一项有趣的争议产生了分歧。INS 拒绝了 Salameda 在 1982 年提出的学生签证续期申请，并对其启动了驱逐出境程序。这一程序在 12 年后终结，并出具了一份简短、信息量相对较少（uninformative）的驱逐出境裁决。与此同时，Salameda 已经完全融入了当地社区。他和妻子已经在美国生养了三个小孩，购买了一座房子，并且积极参与众多社区事务。两名法官出具的多数意见判定这一驱逐出境裁决是武断和恣意的，因为行政机关没有对其结论——考虑到行政机关裁决程序的严重迟延以及 Salameda 家族在这段时间里融入美国文化等情况，驱逐出境不会导致极端的困难——提供充分的理由说明。多数意见承认无论是裁决程序的迟延还是行政裁决的简略，都可以归因于行政机关的严重资源约束：“行政机关的工作人员严重不足， 1032

---

* 此处是指军队文职人员健康和医疗项目办公室（Office of Civilian Health and Medical Program of the Uniformed Services）。——译者注

① 88 F. 3d 739 (9th Cir. 1996).

② 84 F. 3d 1137 (9th Cir. 1996).

③ 97 F. 3d 950 (7th Cir. 1996).

④ 67 F. 3d 90 (5th Cir. 1995).

⑤ 68 F. 3d 1396 (D. C. Cir. 1995).

⑥ 70 F. 3d 447 (7th Cir. 1995).

甚至达到荒谬的地步。”但是，多数意见显然认为，因为资源约束导致的迟延，可以提出对个人有利的公平性考量，这是行政机关在对个人利益不利的裁决中必须讨论的：“工作人员不足，不是违反行政法原则的抗辩理由。”持不同意见的法官以不同视角分析了这些问题。他认为，行政机关不需要分别讨论因为行政机关裁决程序的迟延而可能引发的任何公平因素。如果忽略这些考量因素，根据该案的事实，作出常规、简短的驱逐出境裁决是合适的。对于在资源约束同时导致裁决争议的麻木和简短（torpor and brevity）的情形中，司法审查可以扮演的合理角色，合议庭成员所作的讨论具有广泛的意义。[1]

在 Hengan v. INS[2] 案中，第七巡回法院判定行政机关作出的拒绝庇护（asylum）的裁决是武断和恣意的，因为移民法官提到的不相关的考虑因素，表明对原告主张存在完全的误解。有趣的是，这份判决意见的起草人正是在 Salameda 案中持不同意见的法官。显然，Hengan 案中的这份裁决甚至不能满足他所主张的宽松版本（forgiving version）的武断和恣意标准。

在 Mobile Communications Corp. of America v. FCC[3] 案中，行政机关“在第 11 个小时改变之前的观点”，哥伦比亚特区巡回法院判定该行政裁决是武断和恣意的。行政机关在最后一刻作出的改变决定剥夺了原告对行政机关的新观点提出反对意见的机会，同时也剥夺了行政机关对原告反对其观点的主张作出回应的机会。

在 Fisherman's Dock Cooperative Inc. v. Brown[4] 案中，第四巡回法院发表了一份论理充分、具有启发性的判决意见。对不确定条件下作出的行政决定适用的武断和恣意标准，法院对其含义作了精彩的解释。行政机关的任务是根据“最佳可得的科学信息”，确定渔获量配额（fish harvesting quota）。行政机关尽管承认其估算鱼种“补充渔获量（recruitment）”比例的公式不尽完善，但是据此确定了渔获量配额。地区法院推翻了行政机关的决定，认为它是武断和恣意的，并且指令行政机关采用不同的公式确定该配额。巡回法院推翻了地区法院的判决，指责其误解了行政机关所承认之任务的性质以及法院与行
1033 政机关之间的合理关系。巡回法院承认行政机关对公式的选择在该术语的意义上是“武断的”：补充渔获量的实际比例是未知的，该公式很可能并未对补充渔获量比例得出准确的测算。法院指出任何公式，包括地区法院所选择的公式，在这一意义上都是“武断的”。但是，这不是“法律在与恣意并列使用［武断］一词时所要谴责的这种意义上的武断”。法院认为，行政机关的行为是符合法律规定的，也就是说，“它对其决定进行理由说明时，没有假装该决定反映的完美程度超出了可得数据中内在的不确定性所允许之程度”。

在 Olenhouse v. Commodity Credit Corp.[5] 案中，第十巡回法院判定武断和恣意标准要求行政机关说明理由、作出事实认定和以实质性证据支持其事实认定。这一判决主旨与 PBGC v. LTV Corp.[6] 案并不一致。[7]

---

① 参见 Pierce，“Judicial Review of Agency Actions in a Period of Diminishing Agency Resources”，49 *Admin. L. Rev.* 61 (1997)。

② 79 F. 3d 60 (7th Cir. 1996).

③ 77 F. 3d 1399 (D. C. Cir. 1996).

④ 75 F. 3d 164 (4th Cir. 1996).

⑤ 42 F. 3d 1560 (10th Cir. 1994)，参见§8.5 的批评。

⑥ 496 U. S. 633 (1990)，参见§8.5 的批评。

⑦ 法院对通过利用非正式裁决作出的行政行为可以作出审查的手段，对其作出准确描述的判决意见，参见§8.5 讨论的 Bagdonas v. Department of Treasury，93 F. 3d 422 (7th Cir. 1996)。

在 Mullins v. Department of Energy① 案中，联邦巡回区上诉法院支持了能源部和石油公司之间订立的和解协议，该协议内容涉及该石油公司在 20 世纪 70 年代因为违反油价控制的行为而需要在不同类型的消费者之间进行的退款分配。一个消费者团体认为，它应该在总退款金额中得到更多的比例，并且能源部没有对该和解协议中包含的分配方案作出充分的解释。两名法官出具的多数意见承认行政机关的解释是简短的，而且不是很有帮助性，但是多数意见仍然认为其解释在有些情形下是充分的。这些情形包括，该案涉及的是极为复杂的争议，关系到在 7 年时间里发生的多达数百万次交易，金额达数十亿美元，而且和解谈判已经花了 14 年时间。多数意见将能源部对于决定协商还是诉讼有关的判断（judgment call）与不受审查的公诉裁量行为进行了类比。② 持不同意见的法官本来可以判定该行为是武断和恣意的，因为能源部并未对在不同类型的消费者之间分配退款的方案提供合理依据的说明。他认为应该将该案发回重新处理，"要求进一步完善该行政决定所依据的事实案卷"。 1034

§11.5 未作解释的偏离先例

□ 限制行政裁量权的需要

行政法原理中有相当一部分可以解释为是促进限制行政裁量权这一目标的手段。③ 国会将大量的权力授予行政机关，常常对这一权力的行使没有规定有效的实体限制。众多优秀的大法官、法官和学者已经对行政机关拥有众多裁量权的现象心存戒备。他们认为这一现象是对我们的政府体制最严重的威胁，是我们的法律体系有待解决的最大问题，将终结自由民主国家制度，也是向封建主义倒退之路。④

□ 作为限制的法定标准

在理论上，国会可以最有效和以合法的方式解决裁量权的问题。如果国会在将权力授予行政机关时能够提供明确的实体性标准，对这一权力的行使加以限制，这一问题就将不复存在。但是，由于某些机构缺陷的不确定的相互作用结果，在很多情况下，国会不能或者不愿意以这种方式进行立法。有的时候，最高法院试图通过援引或者威胁援引"不授权原则"（the nondelegation doctrine），而强迫国会以更明确的方式进行立法。但是，出于本书 § 2.6 所描述的充分理由，最高法院已经放弃了这一努力。

---

① 50 F. 3d 990 (Fed. Cir. 1995).

② 参见 § 17.7 的讨论。

③ 参见本书第 17 章。

④ 例可参见 Lowi, "Two Roads to Serfdom: Liberalism, Con-servatism and Administrative Power", 36 *Am. U. L. Rev.* 295 (1987); American Textile Manufacturers Institute v. Donovan, 452 U. S. 490, 546 (1981) (Burger 首席大法官和 Rehnquist 大法官的不同意见); J. Ely, *Democracy and Distrust* 132-134 (1980); J. Freedman, *Crisis and Legitimacy: The Administrative Process and American Government* 93-94 (1978); McGowan, "Congress, Court, and Control of Delegated Power", 77 *Colum. L. Rev.* 1119 (1977); T. Lowi, *The End of Liberalism: The Second Republic of the United States* 93 (1969).

□ 作为限制的行政规则

限制行政裁量权的次优手段是发布具有拘束力的立法性规则。本书第 6 章和第 7 章描述了行政规则作为政治上合法的限制行政权的手段可以具有的众多优势。有的时候，最高法院试图强迫行政机关只依照规则作出行为。但是，根据本书 § 6.9 所描述的充分理由，最高法院也放弃了这一努力。

行政机关如果其没有受到有意义的法定标准或者立法性规则的限制，将会对自由和民主构成严重的潜在威胁。如果对行政权没有其他的限制，这种行政机关所作的行政裁决，
1035 可能会是建立在腐败、个人偏袒（personal favoritism）或者敌意的基础之上，而被发现的风险却很低。但是，各级法院已经提出了一项原则，可以明显地限制这种潜在的威胁。行政机关的行为如果继续偏离先例而未作理由说明，必须被视为属于《行政程序法》 § 706 规定意义上的武断和恣意而被推翻。这一原则让行政机关更难以根据未经披露、不被允许的动机——例如受影响的个人是否贿赂了政府官员，或者是否属于“政见相同”政党成员——作出裁决。如果行政机关对不同个人作不同对待，它必须承认存在不同对待并对其理由作出解释。

□ 作为限制的裁决先例

在过去的数百年里，法院为了防止司法裁量权过大而采用的主要方法就是建立了判例法体系，引导法院的个案判决。这是一个有效的办法，它是对过去和将来都是同样有效的，对行政机关和法院来说也是几乎一样有效的。这一方法所需要包含的要素：（1）对判决意见作出说明；（2）无论是裁判机构还是当事人都可以查阅之前的判决；（3）先例除非被推翻，否则视为具有拘束力。

除了不同行政机关之间存在的轻微差别，系统性地收集和发布附理由说明的正式裁决意见的众多行政机关，都采用了一种与法院所采用的相类似的先例体系。除非被认定存在区别或者推翻，这些先例都将得到遵循，它们也与法院的先例一样具有拘束力。任何人从国家劳动关系委员会、联邦贸易委员会或者联邦通信委员会的裁决案件报告中随机抽取几卷来看，都可以轻易地证实这一点。即使是对设立时间更晚的行政机关，例如职业安全和健康审查委员会来说，情况也是同样的。

在这种制度下，法律人通常都可以察觉哪些问题是受行政机关的先例所控制的，哪些问题是在一定程度上受行政机关的先例的引导而非控制，哪些问题是很大程度上或者几乎全部由行政机关在具体个案中行使裁量权加以解决。如果我们在一系列行政裁决意见中追踪单一的主题，我们就会发现过去很大程度上属于行政裁量权的问题已经逐渐变成了行政机关的案例法。在行政机关的裁决意见中，其运行的方式与司法机关的判决意见是基本相同的。当行政机关在过去已经明确了自己的立场时，它可以引用先例，并说明其“规则”的内容。此种“规则”通常被视为指导性而非拘束性规则，因为行政机关和法院一样，拒绝放弃改变主意的权力。与英国议会上院不同，美国联邦法院总是保留了重新审查、推翻或者创设新判例法的权力；因为这样的原因，相比英国行政法，美国行政法发展更为迅
1036 速，也取得了更令人满意的成就。[1] 自 1966 年以来，英国议会上院收复了“在认为正确的

---

① 参见 Davis，“The Future of Judge-Made Law in England：A Problem of Practical Jurisprudence”，61 *Colum. L. Rev.* 201（1961）。

时候偏离先前判决”的权力，英国行政法已经经历了一段强劲增长期。英国的经验也证明这样一项观点，即指导性的先例通常更胜于具有僵化拘束力的先例。

大量的行政机关一开始在重要问题上具有广泛开放的裁量，只受模糊的法定标准的限制，逐渐采用立法性规则和以下方式进行各种结合以规范其裁量权：通告评议的规则制定程序、在《联邦公报》上刊登的解释性规则、以发给工作人员的指示形式作出的解释性规则、众多种类的政策宣告，以及大量对行政机关以后处理相同问题具有指导性但是并不拘束力的行政案例法（agency case law）。在没有首先注意各种问题——例如何种形式的安排是有利的，何种形式的安排是不利的——的情况下作出的众多特别的（ad hoc）、也许是匆忙作出的裁决，导致这些方式的结合更加多样化。因此，这些结合方式可能是在不同行政机关之间存在差别，甚至两家行政机关之间的巨大差别可能基本上是偶然性的。缺乏规划的一项典型例子就是国家劳动关系委员会在超过 50 年里没有在任何重大问题上行使规则制定权。国家劳动关系委员会最后在 1990 年发布了其第一项（迄今为止也是最后一项）规则。[1] 在 Allentown Mack Sales and Service v. NLRB[2] 案中，最高法院严厉批评国家劳动关系委员会拒绝发布规则的做法。通过更仔细地关注在规范裁量权的众多机制中进行的选择，公平性和效率都可以得到实质性地增强。

□ 对偏离先例作出解释的义务

具有主导地位的法律规则显然是行政机关必须要么遵循自己的先例，要么解释自己为什么偏离他们。各级法院就作了这样的要求。一个典型的案例就是 Atchison, Topeka & Santa Fe R. v. Wichita Board of Trade[3] 案，该案提出行政机关负有“解释自己为何偏离先前规范的义务”。只有四位大法官赞同这一说法，但是其他大法官都未对这一问题表达见解。各级法院已经数百次引用了 Atchison 案以支持这种观点。Greater Bos-ton Television Corp. v. FCC[4] 案以更有吸引力的表述表达了同一观点：“行政机关改变做法的，必须在分析过程中说明理由以表明先前的政策和标准已经被有意改变而非无意忽略的……” 1037

在 INS v. Yang[5] 案中，最高法院以一致意见作出的判决意见，对武断和恣意标准的“未说明理由的偏离”提供了特别有用的描述：

> 尽管行政裁量在一开始是不受限制的，如果行政机关通过规则或者确定的裁决方式宣布或者遵循一项一般性政策，并以此调整其裁量权，不合理地偏离该政策（与公开宣称的改变该政策），可以构成必须以《行政程序法》意义上的“武断、恣意［或者］滥用裁量权”为由而推翻的行为。

但是，最高法院在该案中认定行政机关对讼争的政策采取的狭义理解是合法的。

在 FCC v. Fox Television Stations[6] 案中，最高法院对偏离先例作出理由说明的义务进行了限制。五名大法官出具的多数意见判定：

> 我们发现，《行政程序法》和最高法院先前的判决意见都不能为所有行政变更接受更全面的审查提供依据。《行政程序法》并没有规定此种更高的标准。我们在 State Farm 案中所作出的判决意见既没有判定，也没有默示每项构成政策变更的行政行为必须采用比初

---

① 参见 American Hosp. Ass'n v. NLRB, 499 U. S. 606 (1991)。

② 522 U. S. 359 (1998).

③ 412 U. S. 800, 808 (1973).

④ 444 F. 2d 841, 852 (D. C. Cir.), *cert. denied*, 403 U. S. 923 (1971).

⑤ 519 U. S. 26, 32 (1996).

⑥ 129 S. Ct. 1800 (2009), 参见 § 7.4 的讨论。

次制定政策时所要求的更为实质性的理由来证明其正当性。

…………

可以确定的是，行政机关为其行为提供理由说明，这一要求通常要求行政机关表示出它意识到它正在改变观点。例如，行政机关不得以沉默的方式停止执行先前的政策或者直接忽略尚未被废止的规则。当然，行政机关必须证明有采用新政策的合理理由。但是，它不需要向法院证明采用新政策的理由要优于旧政策的理由；如果新政策是合法的，有合理理由的支持，以及行政机关相信新政策更好，充分显示出有意识的政策变更，这就够了。这意味着行政机关并不总是需要提供比制定全新的政策时更详细的理由。有的时候，——例如，制定新政策所依据的事实认定与作为旧政策基础的事实认定存在矛盾；或者旧政策产生了无法回避的重大的信赖利益——行政机关必须提供更详细的理由说明。忽略这类问题将是武断和恣意的。在这类案件中，不是仅仅政策变更这一事实要求进一步的说明理
1038 由，而是旧政策所依据或者产生的事实或者情形的忽略要求说明理由。

四位持不同意见的大法官则反对多数意见对偏离先例之理由说明义务所作的限制。

Greyhound Corp. v. ICC[①] 案则作了更简单的描述："本法院特别要求行政机关坚持其自己的先例或者解释任何偏离先例的做法。"支持这一观点的判例影响了不同的巡回法院和行政机关。[②]

1039 但是，行政机关如果能够对原因作出充分解释，就可以偏离先例。[③]

□ 作为例证的案例

在 National Cable & Telecommunications Ass'n v. Brand X Internet Service[④] 案中，七位大法官出具的多数意见引用了下列原则，即未作解释的偏离先例是武断和恣意的，但是支持了该案中争讼的偏离先例，因为多数意见认定行政机关已经充分解释了它为什么偏离该先例。

在 National Organization of Veterans' Advocates v. Secretary of Veterans Affairs[⑤] 案中，法院认为，行政机关对法律的解释是武断和恣意的，因为行政机关并未解释它为什么

---

① 551 F. 2d 414，416 (D. C. Cir. 1977).

② City of Fort Morgan v. FERC，181 F. 3d 1155 (10th Cir. 1999)（以行政机关未对偏离先例而作出理由说明，而推翻了行政行为）；JSG Trading Corp. v. Department of Agriculture，176 F. 3d 536 (D. C. Cir. 1999)（因为行政机关采纳了商业贿赂的更宽松的新定义而未作解释，法院判决推翻了行政行为）；Willamette Indus. v. NLRB，144 F. 3d 877 (D. C. Cir. 1998)（因为行政机关通过改变对某一裁决因素的考量方式而悄然改变自己的政策，推翻了行政行为）；Office of Communication of the Church of Christ v. FCC，560 F. 2d 529 (2d Cir. 1977)（撤销了偏离联邦通讯委员会先例的行为，因为缺乏充分解释）；Public Interest Research Group v. FCC，522 F. 2d 1060，1065 (1st Cir. 1975)，*cert. denied*，424 U. S. 965 (1976)（联邦通讯委员会抛弃先例的行为，因为分析足够清晰而得到了支持）；Contractors Transport Corp. v. United States，537 F. 2d 1160，1162 (4th Cir. 1976)（"行政机关对身处类似境地的申请人作出不同的处理，必须在案件报告和裁决中可以合理确定其依据"）；Frozen Food Express，Inc. v. United States，535 F. 2d 877 (5th Cir. 1976)（因为缺乏公平对待，法院判决要求重新考虑）；Oil，Chemical and Atomic Workers International Union v. NLRB，547 F. 2d 598 (D. C. Cir. 1976)，*cert. denied*，429 U. S. 1078 (1977)（因为偏离自身的先例而未作充分解释，国家劳动关系委员会的行为被推翻）。

③ 参见 British Steel v. United States，127 F. 3d 1471 (Fed. Cir. 1997)（行政机关可以改变其传统的方法）；C. K v. New Jersey Dept. of Health & Human Servs.，92 F. 3d 171 (3d Cir. 1996)（部长可以根据经验而改变主意）；Cavert Acquisition Co. v. NLRB，83 F. 3d 598 (3d Cir. 1996)（行政机关在发现其判例存在不一致问题时，对一项问题有关的政策作出说明）。

④ 125 S. Ct. 2688 (2005)，详细讨论参见§3.5、§3.6和§7.4。

⑤ 260 F. 3d 1365 (Fed. Cir. 2001).

对为了实现相同目的而规定的两个用词完全相同的法律条款采用了不一致的解释。

在 Lal v. INS① 案中，合议庭对于行政机关对规则和先例所作解释的有效性产生分歧，部分原因在于他们对于行政机关之前所作的解释的解读。多数意见认为，行政机关的解释是武断和恣意的，因为行政机关并未解释为什么它没有遵循过去的解释而采用了相反的解释。相比之下，持不同意见的法官相信行政机关所适用的解释是“一贯政策的逻辑延伸”。

在 P. I. A. Michigan City v. Thompson② 案中，哥伦比亚特区巡回法院驳回了原告的主张，即行政机关对原告作出了相比类似情形的当事人更不利的待遇，因为原告没有——

向复审法院充分说明上诉人所处情形、所指控的受到更优待遇的当事人所处情形，以及两者可能存在的相似性如何要求类似处理，可能存在的不相似性是如何不相关或者无足轻重。③

在 Springfield v. Buckles④ 案中，哥伦比亚特区巡回法院支持了行政机关修改其政策的决定，因为行政机关解释了它改变政策的理由。⑤ 1040

在 Johnson v. Ashcroft⑥ 案中，第三巡回法院撤销并将行政决定发回重新处理，因为行政机关已经以和它的一项先例不同的方式作出决定，但是没有充分解释其偏离先例的理由。⑦ 1041

---

① 255 F. 3d 998 (9th Cir. 2001).

② 292 F. 3d 820 (D. C. Cir. 2002).

③ 另可参见 American Federation of State, County, Municipal Employees v. FLRA, 395 F. 3d 443 (D. C. Cir. 2005)（“不准确地指控存在不一致性，而期待上诉法院会发现可以支持这些指控的行政先例，这是不会奏效的”）。

④ 292 F. 3d 813 (D. C. Cir. 2002).

⑤ 另可参见 Paralyzed Veterans of America v. Secretary of Veterans Affairs, 345 F. 3d 1334 (Fed. Cir. 2003)（两位法官出具的多数意见支持了行政机关对法律的解释，因为多数意见认定行政机关充分了解释了它改变政策的理由，并且新的解释与法律之间并无冲突；持不同意见的法官认定行政机关对政策改变的解释是不充分的）；Cleveland National Air Show v. Department of Transportation, 430 F. 3d 757 (6th Cir. 2005)（支持了行政机关与之前决定不一致的决定，因为行政机关承认之前的决定是个错误；“没有哪项行政法原则给了行政机关重复犯错的权力”）；Baptist Health v. Thompson, 458 F. 3d 768 (8th Cir. 2006)（和其他决定不一致的决定并不是武断和恣意的，因为这些决定不是同时发生的，行政机关在改变其政策时已经对此充分解释了理由）；Exxonmobil Oil Corp. v. FERC, 487 F. 3d 945 (D. C. Cir. 2007)（行政机关可以解决一项之前不在它的考虑范围之内的问题而对之前的决策作出阐释）；National Ass'n of Clean Air Agencies v. EPA, 489 F. 3d 1221 (D. C. Cir. 2007)（行政机关充分解释了为什么该案是独特的）；Center for Native Ecosystems v. Cables, 509 F. 3d 1310 (10th Cir. 2007)（行政机关正确地适用了它的专业能力作为改变政策的理由）。

⑥ 286 F. 3d 696 (3d Cir. 2002).

⑦ 另可参见 LeMoyne Owen College v. NLRB, 357 F. 3d 55 (D. C. Cir. 2004)（和本案一样，当事人明显地表明，类似案件得到不同处理时，行政机关就不能对这一主张视而不见）；Haoud v. Ashcroft, 350 F. 3d 201 (1st Cir. 2003)（推翻并发回重新处理，因为法院不能确定行政机关是否已经找到区分表面来看不一致的案件的方法）；Amanfi v. Ashcroft, 328 F. 3d 719 (3d Cir. 2003)（推翻并发回重新处理，因为决定与两项先例以及司法部长的意见不一致）；New York Cross Harbor R. R. v. Surface Transportation Board, 374 F. 3d 1177 (D. C. Cir. 2004)（推翻行政决定，因为行政机关未能区分不一致的先例）；Communications and Control . FCC, 374 F. 3d 1329 (D. Ci. Cir. 2004)（行政机关不能在一起案件中僵化地适用其规则，而在其他案件中灵活适用规则而不作理由说明）；Guo v. Ashcroft, 386 F. 3d 556 (3d Cir. 2004)（“委员会的决定中特别让人产生怀疑的地方是它不能与自己之前决定协调……”）；Schucker v. FDIC, 401 F. 3d 1347 (Fed. Cir. 2005)（因为行政机关偏离自己允许当事人提出反驳证据的惯例而没有说明理由）；Burlington Northern & Santa Fe Ry. v. Surface Transportation Board, 403 F. 3d 771 (D. C. Cir. 2005)（推翻行政机关的决定，原因是没有充分说明对两类明显类似处境的当事人作出不同对待的理由）。National Federation of Federal Employees v. FLRA, 412 F. 3d 119 (D. C. Cir. 2005)（推翻行政决定，因为行政机关支持了一项它过去反复否决的主张而主张以修正主义的观点加以支持，即它的先例可以支持同意这种主张的决定）；Williams Gas Processing-Gulf Coast Co. v. FERC, 475 F. 3d 319 (D. C. Cir. 2006)（行政机关的决定是武断和恣意的，因为行政机关没有打算对该决定与直接相反的决定进行协调）；Westar Energy v. FERC, 473 F. 3d 1239 (D. C. Cir. 2007)（驳回了行政机关区分不一致的行政决定所提出的三点依据，因为这些依据也同样适用于其他决定，并且驳回了第四项依据，因为它缺乏任何证据的支持）。

在 Consolidated Edison Co. of New York v. FERC① 案中，哥伦比亚特区巡回法院认为，行政机关可以裁量决定是否对裁决案件在案件启动时适用有效的政策，只要行政机关对其选择适用哪项政策说明理由。

在 Huntington Hospital v. Thompson② 案中，第二巡回法院合议庭多数意见对行政机关的规则制定适用了禁止未作解释的不一致规定要求。法院认为，该规则是武断和恣意的，因为行政机关已经发布了两项规则，对同一部法律以不同的方式作出了解释。持不同意见的法官认为应该支持该规则，因为它和法律的平常文字是相符的。他主张，行政机关后来发布了值得质疑的、内容不一致的规则，这一事实不会产生什么结果，因为该规则没有被提交到法院审查。

在 Kidd Communications v. FCC③ 案中，哥伦比亚特区巡回法院推翻了联邦通信委员会（FCC）的一项决定，因为联邦通信委员会偏离了它的政策而没有提供充分的理由说明。Paradise Broadcasting 将其广播设施出售给 Kidd，而联邦通信委员会批准将 Paradise 的广播业执照转让给 Kidd。于是，Paradise 在 Kidd 的广播设施和执照上设定了债务担保，Kidd 发生违约，Paradise 对该抵押采取了取消赎回权措施（foreclosure）。州法院支持了这一取消赎回权措施，并将广播设施的所有权判决归 Paradise。但是，州法院不能将广播业执照的所有权判归 Paradise，因为只有联邦政府有权决定谁可以持有广播业执照。这就产生了一个重大的难题。没有人可以利用这些广播设施开展广播业务，因为 Paradise 拥有广播设施所有权，而 Kidd 则持有广播业执照。

Paradise 接着要求联邦通信委员会向它颁发广播业执照，而 Kidd 则反过来反对联邦通信委员会这么做，因为这种执照的转移不能违反联邦通信委员会禁止广播业执照持有人在执照上增加证券利益（a security interest），以及禁止广播业执照持有人在转移执照时保留执照上的任何利益的规定。联邦通信委员会同意了 Paradise 的申请，尽管这一决定和它
1042 两项既有的政策之间是不一致的。联邦通信委员会将执照转移给 Paradise，理由有二：尊重州法院所作判决，即将设施所有权判归 Paradise；同时为了允许电台继续运营而将广播设施的所有权和执照重新组合在一起。哥伦比亚特区巡回法院驳回了这一判决，理由是联邦通信委员会不需要尊重州法院的判决，并且联邦通信委员会也没有为其偏离先前的政策作出充分的理由说明。这一推理和结论都存在模糊之处。允许电台继续运营而将设施所有权和执照重新组合在一起，这显然是联邦通信委员会可以被允许的政策目标，这足以支持联邦通信委员会根据裁量权尊重州法院的判决作出转移执照的决定。事实上，我们难以想象还有什么别的方法可以让联邦通信委员会推进允许电台重新广播的合法政策目标。

在 Mendez-Reyes v. Attorney General④ 案中，第三巡回法院支持了行政机关发布经过修订的决定决定，考虑到“对大量公众评议意见的考虑”，“考虑了其他选择，并解释了他们不可行的理由”，并且考虑了“考虑了国会在制定该案讼争的法律时具有的双重目标”，行政机关已经“检查了相关的数据”，该决定推翻了“固定的行为惯例”（a settled course of behavior）。

在 Northwest Environmental Defense Center v. Bonneville Power Administration⑤ 案中，第九巡回法院认为，行政机关改变其惯例是不充分的，因为唯一说明的改变理由是行

① 315 F. 3d 316 (D. C. Cir. 2003).
② 319 F. 3d 74 (2d Cir. 2003).
③ 427 F. 3d 1 (D. C. Cir. 2005).
④ 428 F. 3d 187 (3d Cir. 2005).
⑤ 477 F. 3d 668 (9th Cir. 2007).

政机关相信它需要根据国会委员会的报告中所包含的指示行事。法院指出，任何这类指示都不能拥有任何法律拘束力。法院接着指出，行政机关不能对惯例进行任何修改，除非参考相关事实，以及根据作为准据法的法律所规定的相关决定因素。

在 WLOS TV，Inc. v. FCC[1] 案中，哥伦比亚特区巡回法院的判决意见，对该原则的适用及其重要性作了很好的说明。联邦通信委员会拒绝了一家电视台收购另一家电视台的申请。联邦通信委员会的拒绝决定所依据的推理与其在此前后涉及其他申请人的案件中的推理明显不一致。法院推翻了联邦通信委员会的这份裁决，理由是这份裁决没有解释为什么偏离了其一贯采用的政策，因此是“武断和恣意的”。Silberman 法官的协同意见同时强调了行政机关在特定案件中的行为所引发的关切，以及作为该原则之基础的一般性关切。“上诉人表明，其顾客与行政机关高级官员结过私仇。通常来说，我会对这种主张打个折
扣，但是行政机关对该案的处理是如此难以解释，以至于上诉人的说法是令人困扰的。”[2] 1043

当然，在 2009 年之前联邦法院在有些案件中以行政机关的决定未能对偏离先例的决定作出充分理由说明为由作出推翻行政决定的判决，如果这些案件是在最高法院在 Fox 案中的判决意见之后发生的，联邦法院本来会对这些案件作出对行政机关有利的判决。不采纳先例制度的行政机关存在的问题。

行政机关不能偏离先例而不作理由说明，这一原则不仅重要而且得到每家巡回法院判决意见的支持。但是，在众多行政裁决的情境中，这一原则是难以适用的。许多行政机关并没有先例体系。我们不可能通过阅读上述两段文字中所引用的这些案件而了解到这一重要事实。所有的行政裁决中只有少数是在有案卷可查的裁决意见中作出理由说明的，在缺乏此类裁决意见的情况下不太可能确立先例体系。更多的行政裁决是在没有对裁决意见作出理由说明的情况下作出的，缺乏先例体系的情况也要比存在先例体系的情况更为普遍。既然先例体系是非常成功的，法院为什么不对所有行政行为要求建立先例体系呢?

要回答这一问题，一个比较好的出发点是法院本身所采用的体系让很多类型的裁决并未成为先例。联邦地区法院的所有判决都是存档的，而且所有的案卷根据 28 U. S. C. § 753 都是“在工作时间开放供公众免费查阅的”。但是，事实是只有一小部分地区法院的判决是包含了附有理由说明的判决意见，并且刊登在《联邦法院判例汇编补遗》（Federal Supplement）上，而没有刊登的判决意见很少成为先例。很多判决是没有附理由说明的判决意见的，无论该判决是否刊登在《联邦法院判例汇编补遗》。在最近几年，巡回法院已经采纳了这样的做法，即对许多案件作出判决而没有提供判决意见，拒绝公开刊登许多判决，也拒绝对众多判决赋予先例效力。

如果即使是联邦地区法院和巡回法院都可以不必撰写附理由说明的判决意见，并公开刊登和成为先例，那么大多数行政机关享受类似自由也就不足为奇了。先例体系对某些类型的行政行为来说显然是不适合的。没有人会认为总统和国务院一般应当在制定对外政策时受其先例的约束。对于任何行政机关的最广泛的政策观点来说，同样的观点可能是正确的或者基本正确的。类似的，各类数量众多、轻微和迅速作出的裁决，不容易适用先例体系。一名海关官员在决定要打开谁的包时不可能受先例的拘束。从先例体系之适合度的观点来说，数以百计的行政作业是与海关官员类似的。即使有些行政机关在进行裁决时提供理由说明，因为裁决数量之巨也不能采用先例体系。社会保障局及其行政法官每年都在数
十万起案件中撰写附理由说明的裁决意见！要公开发布所有这些裁决意见并编制索引，其 1044

---

① 932 F. 2d 993 (D. C. Cir. 1991).

② Id. at 998.

成本之高将会达到荒谬的程度。

□ 非正式裁决存在的问题

我们难以通过先例体系和由法院禁止偏离先例而不加解释的方法对非正式裁决和大规模裁决项目（mass justice programs）这两大类行政裁决进行控制。当行政机关实施正式裁决时，《行政程序法》§557（3）（A）要求行政机关提供“事实认定和结论的说明，以及其理由或者依据……”但是，大量的行政裁决是通过非正式裁决程序作出的。《行政程序法》§555很少要求行政机关对通过非正式裁决程序作出的裁决说明理由。① 在PBGC v. LTV Corp. ②案中，最高法院指出复审法院可以要求行政机关对通过非正式裁决程序作出的行为提供解释，从而让法院确定其行为是否属于武断和恣意。但是，要求行政裁决的理由说明接受审查，本身并不足以允许法院禁止偏离先例而不作解释。复审法院肯定也已经查阅了行政机关在类似案件中对其行为所作理由说明。无论是《行政程序法》还是LTV案的判决意见，都没有要求行政机关对其通过不属于司法审查对象的非正式裁决程序作出的众多行为提供理由说明。幸运的是，通过非正式裁决程序作出重要裁决的大多数行政机关，都会自愿采用至少包括对每项行为提供简要理由说明的裁决程序。③ 在没有此类自愿行为的情况下，一个人如果确信，因为行政机关出于违法理由而偏离一般性的裁决模式，导致自己利益受损的，也许只能通过自行研究行政机关的裁决模式为其确信提供支持，而这一过程不仅艰难，而且成本高昂。④

□ 大规模裁决存在的问题

大规模裁决机构（mass justice agencies），例如社会保障局、退伍军人事务部与公民和移民服务局（the Citizenship and Immigration Service），提出了某种不同的问题。它们裁决的案件众多，每年超过一百万件，没有人可以阅读和试图协调所有这些裁决。社会保障局试图通过下列三种机制，增强大量的残疾福利裁决的一致性：首先，它越来越多地采
1045 用立法性规则让裁决标准客观化和标准化。⑤ 其次，它已经实施了多种机制以迫使数百位行政法官在无法适用客观标准的情境中以一致性的方式适用主观标准。⑥ 最后，社会保障局在1984年开始发布“社会保障裁定”（Social Security Rulings），就其对反复出现的问题所持的观点作出说明。社会保障裁定既可以对作出初步资格裁决的州政府官员提供指引，也可以对行政法官受理对这些裁决的上诉而提供指引。⑦ 美国行政会议已经敦促社会保障局采取进一步措施，选择性公布一些反复出现的问题的裁决意见以作为先例。⑧

对公民和移民服务局实施的庇护裁决项目所作的研究发现，各类移民庇护裁决之间存

---

① 参见§8.5。

② 496 U.S. 633 (1990).

③ 参见Verkuil, “A Study of Informal Adjudication Procedures”, 43 *U. Chi. L. Rev.* 739 (1976)。

④ 参见Yick Wo v. Hopkins, 118 U.S. 356 (1886)（行政机关拒绝了所有中国人提出的申请，而几乎批准了所有白人提出的申请，据此推断行政机关存在歧视性意图）。

⑤ 例可参见Bowen v. Yuckert, 482 U.S. 137 (1987); Heckler v. Campbell, 461 U.S. 458 (1983)。

⑥ 参见§9.10。

⑦ 参见Koch & Koplow, “The Fourth Bite at the Apple: A Study of the Operation and Utility of the Social Security Administration's Appeals Council”, 17 *Fla. St. L. Rev.* 190 (1990)。

⑧ 参见ACUS Recommendations 87-7 and 89-8。

在的不一致问题比社会保障局的裁决更严重。因此，例如，一位哥伦比亚的申请人如果申请案被分配给一位移民法官拥有88%的成功率，而如果分配给同一办公室的另外一位移民法官则只有5%的成功率。①

□ 司法机关不愿承认问题的存在

这一系列的社会保障局的重大改革，有可能让这种数量过于庞大，而无法适合先例体系的约束的司法体系得以合理化。② 但是，社会保障局已经在实施改革时遭遇困难。许多法官和行政法官并未预期到对限制大规模裁决体系（mass justice system）中裁决者个人的裁量权之创新性方法的关键需要。有的时候，法院拒绝支持社会保障局通过确立客观性裁决标准而增强裁决间一致性而发布的规则。③ 社会保障局的行政法官经常拒绝适用“社会保障裁定”④。最后，有些地区法院法官和巡回法院法官已经判定社会保障局限制行政法官个人裁量权之努力是对其裁决独立性的违法干预。⑤ 在法官对裁决间的一致性与正当程序目标之间的重要联系实现更好的理解之前，社会保障局只能通过创新性的改革获得有限的成功。⑥ 1046

§11.6 案卷规则

案卷规则属于行政法的一般性规则，是指法院只能通过审查行政机关整理的案卷对行政行为进行司法审查。案卷的内容根据案件的性质不同而不同。因此，例如在正式裁决程序中，案卷包括立案决定、当事人的辩护书、对当事人提出的实体性和程序性问题作出裁决的行政裁决、听证笔录、证据附件、行政法官的初步裁决，以及在大多数案件中行政机关作出的最终裁决，以及任何否定再次听证或者重新考虑行政裁决的后续行政决定；在通告评议式的规则制定程序中，案卷包括“拟议规则制定通告”（the Notice of Proposed Rulemaking）及其援引的任何研究或者报告，对拟议规则制定通告所作的评议，以及整合了规则制定依据和目的说明的最终规则。

当然，向复审法院实际提供的案卷，常常只包括行政机关所整理案卷的最小一部分内容。通常情况下，行政机关向复审程序的每位当事人提供了机会，使其可以确定行政案卷中哪些内容可以纳入行政机关提交法院的案卷。在涉及重大规则制定时，将行政机关所整理的整部案卷提供给法院将是非常荒谬的——这种案件有的时候篇幅超过百万页。而更明

---

① Jaya Ramji-Nogales, “Andrew Schoenholtz & Philip Schrag, Refugee Roulette: Disparities in Asylum Adjudication”, 60 *Stan. L. Rev.* 295 (2007).

② 参见 J. Mashaw, *Bureaucratic Justice* (1983)。

③ 例可参见§7.12讨论的 Sullivan v. Zebley, 493 U.S. 521 (1990)。

④ Koch & Koplow, “The Fourth Bite at the Apple: A Study of the Operation and Utility of the Social Security Administration's Appeals Council”, 17 *Fla. St. L. Rev.* 280-281 (1990).

⑤ 例可参见 Barry v. Bowen, 825 F.2d 1324 (9th Cir. 1987); Salling v. Bowen, 641 F. Supp. 1046 (W.D. Va 1986)。不同观点，参见 Nash v. Bowen, 869 F.2d 675 (2d Cir.), *cert. denied sub. nom* Nash v. Sullivan, 493 U.S. 813 (1989)。

⑥ 参见 Pierce, “Political Control Versus Impermissible Bias in Agency Decisionmaking: Lessons from Chevron and Mistretta”, 57 *U. Chi. L. Rev.* 481, 501-515 (1990)。

智的做法是让当事人仅仅确定各自的诉讼请求中希望引用的案卷部分内容。但是，有的时候，法院将行政机关整理的案卷，以及行政机关向法院递交的这部分案卷相互混淆。因此，例如在 United States v. Menendez① 案中，第五巡回法院推翻了行政裁决，因为行政机关没有将案卷整体移送法院。该行政机关和其他大多数行政机关一样，所采用的程序是完全符合《行政程序法》§706（e）的规定："法院应审查全部案卷，或案卷中为一方当事人所引用的部分……"通过允许每位当事人指定各自计划引用的部分，行政机关为各方当事人提供了机会，可以确保向法院提交的案卷包括各方当事人希望引用的"部分内容"。如果行政机关采纳了指定内容的申请，最后向法院提交的案卷省略了对当事人的主张来说具有重要性的材料，由此导致的缺陷完全可以归因于行政机关的过错。该当事人只能接受
1047 败诉的结果。

最高法院在 1985 年之前作出的有关案卷规则的判决并非一致性的典范。② 在 1903 年至 1985 年间，最高法院作出了很多相互不一致的判决。尽管最高法院在其作出的若干判决中判定法院应当将审查依据限定于行政机关面对的案卷，但也作出了两项判决与这些判决相互矛盾。在 Morgan v. United States③ 案和 Citizens to Preserve Overton Park v. Volpe④ 案中，最高法院表明，法院可以在相对较多的案件中超越案卷的范围。但是，最高法院在 1985 年之后所作的判决是一致的。在 Florida Power & Light Co. v. Lorion⑤ 案中，最高法院判定法院必须将其审查范围限定于"已经存在的行政案卷，而不是在初审法院首次形成的某些新案卷"，"除了极少数情形（rare circumstances）之外"，法院如果认为行政案卷不能满足审查的需要，必须将案件发回行政机关重新处理并要求作出进一步解释。最高法院在 Pension Benefit Guaranty Corp. v. LTV Corp. ⑥ 案中重申了这些判决主旨。自从 1985 年以来，大多数巡回法院的判决意见只是重复和适用案卷规则作为判定复审法院不得超越行政案卷范围的依据。⑦

有一类重要的案件已经对适用案卷规则提出了问题。最高法院已经反复判定如果行政机关是采用非正式裁决程序解决争议的，行政机关通常不需要对其判决提供任何解释。⑧ 在 LTV 案中法院判定行政机关在非正式裁决案件只能采用《行政程序法》§555 的程序。该节没有规定多少程序义务。该节只要求"对拒绝的理由作简短说明"，并且只是在行政机关拒绝当事人的书面申请或者请求时。其结果是，行政机关合法地解决了众多非正式裁决争议而没有对行政机关的决定作出任何解释。不过，《行政程序法》§706 指示复审法院确定这种决定是否是武断和恣意的。通常来说，法院不可能适用这一标准而不了解行政行为的依据。在 Overton Park 案中，最高法院表明，通过要求行政机关对其决定作出解释
1048 以补充案卷内容或者允许原告质问行政机关的裁决者，法院可以解决这一问题。但是，在 LTV 案中最高法院表明，法院应要求行政机关作出解释，而不是允许原告质问行政机关

① 48 F. 3d 1401 (5th Cir. 1995).

② 详细讨论参见§8.6。

③ 298 U. S. 468 (1936).

④ 401 U. S. 402 (1971).

⑤ 470 U. S. 729, 743-744 (1985).

⑥ 496 U. S. 633, 654 (1990).

⑦ 例如，Newton County Wildlife Ass'n v. Rogers, 141 F. 3d 803 (8th Cir. 1998); INS v. Alvarez, 129 F. 3d 618 (D. C. Cir. 1997); Sierra Club v. Slater, 120 F. 3d 623 (6th Cir. 1997); Southwest Center for Biological Diversity v. Forest Service, 100 F. 3d 1443 (9th Cir. 1996); James Madison Ltd. v. Ludwig, 82 F. 3d 1085 (D. C. Cir. 1996)。

⑧ Pension Benefit Guaranty Corp. v. LTV Corp. , 496 U. S. 633 (1990); Citizens to Preserve Overton Park v. Volpe, 401 U. S. 402 (1971). 参见§8.6 的讨论。

的裁决者，除非是在极少数的情形。

最高法院明确只有一种“极少数情形”，可以证明偏离案卷规则的正当性。当原告证明行政机关的裁决者实施了“恶意或者不当行为”时，法院才能适用这一例外。① 在 Latecore International，Inc. v. U. S. Department of Navy② 案中，第十一巡回法院适用了这一例外。一家法国企业声称行政机关在采购过程中存在对其不利而偏向美国企业的偏私，从而违反了行政规则和美国与法国之间签订的谅解备忘录。这家法国企业提供了强有力的证据，可以支持它所提出的恶意或者不当行为的主张。这一证据可以分为两大类型：案卷本身中以众多未作解释和明显不合理的、偏向美国企业的裁决之形式存在的情况证据；裁决者在案卷之外所作出的说法，其中提到了选择美国企业而非法国企业的政治意义。但是，满足“恶意或者不当行为”例外的门槛很高。如果一起案件的证据证明力不如 Latecore 案中提供的证据时③，法院通常会拒绝适用这一例外。

三家巡回法院已经承认了案卷规则的另一项例外。在 National Audubon Society v. Hoffman④ 案和 National Audubon Society v. Forest Service⑤ 案中，第二巡回法院和第九巡回法院判定，原告质疑行政机关没有遵守《国家环境政策法》，这种案件属于可以证明法院偏离案卷规则之正当性的“极少数情形”。在 Sierra Club v. Peterson⑥ 案中，第五巡回法院同意并将这一例外扩展至不确定的非涉及《国家环境政策法》的环境争议。但是，其他巡回法院已经拒绝承认涉及环境争议的例外。⑦

支持案卷规则的环境争议例外的论据并不充分。首先，最高法院已经指出，除了“极少数情形”之外，应当适用案卷规则适用。最高法院不可能是采用这一表述指所有同一类 1049
的争议，例如环境争议，或者甚至是涉及《国家环境政策法》的争议。这两种都是宽泛的案件类型，而非“极少数情形”。

其次，支持这一例外的最主要的说法都是没有说服力的。几家采纳这一例外的法院，引用了一篇学生的评论文章⑧支持其判决。作者通过指出《国家环境政策法》对行政机关设定“分析相关环境影响”的义务，而将涉及《国家环境政策法》的争议区分于其他争议。我们由此可以认为，许多行政机关未能遵守《国家环境政策法》，将构成遗漏错误(errors of omission)，仅仅通过法院对案卷的审查并不能发现这一错误。⑨ 但是，这并不是区别特征。大多数行政机关实施的法律都对行政机关设定了类似的积极义务。因此，例如《1996 年电信法》的一项规定，即 47 U. S. C. § 160（b），就对联邦通信委员会设定了确定各种可能行为的竞争效应之积极义务。不仅如此，在 Motor Vehicle Manufacturers Ass'n v. State Farm Mutual Automobile Ins. Co. ⑩ 案中，最高法院对所有行政机关设定了“考虑……它正解决的问题之重要内容”的积极义务。因此，对各种行政行为的司法审查

---

① Citizens to Preserve Overton Park v. Volpe，401 U. S. at 420.

② 19 F. 3d 1342 (11th Cir. 1984).

③ 例如，Newton County Wildlife Ass'n v. Rogers，141 F. 3d 803，807-808 (8th Cir. 1998)；City of Des Plaines v. Metropolitan Sanitary District of Chicago，552 F. 2d 736，739-740 (7th Cir. 1977)；South Terminal Corp. v. EPA，504 F. 2d 646，675 (1st Cir. 1974)。

④ 132 F. 3d 7 (2d Cir. 1997).

⑤ 46 F. 3d 1437 (9th Cir. 1993).

⑥ 185 F. 3d 349 (5th Cir. 1999).

⑦ 例如，Cronin v. Department of Agriculture，919 F. 2d 439 (7th Cir. 1990)；Missouri Coalition for the Environment v. Corps of Engineers，866 F. 2d 1025 (8th Cir. 1989)。

⑧ French，"Judicial Review of the Administrative Record in NEPA Litigation"，81 *Cal. L. Rev.* 929 (1993).

⑨ Id. at 956-957.

⑩ 463 U. S. 29 (1983)，参见§ 7. 4 的讨论。

过程，很多包含了查找行政案卷中的遗漏和不足。

国会在让行政机关承担这样一项艰巨的任务，即对所有可能对环境产生明显影响的行为，确定其潜在环境影响时，已经承认了这样的现实，即没有一家行政机关可以不借助他人的帮助而完成这一任务。因此，它强制设定了《国家环境政策法》实施程序，要求主管行政机关（lead agency）需要征求其他行政机关的意见，并征求公众意见，以确定问题及其范围。简而言之，任何个人或者组织，希望确保行政机关彻底行使《国家环境政策法》规定的任务，都有机会让行政机关注意到那些问题和研究报告——确定了行政机关可能未意识到的问题或者其没有得到充分理解的问题范围。如果评论者确实这么做了，而且行政机关没有充分解决这一问题，正如其在任何规则制定案件中一样，法院就可以轻易发现遗漏或者不足。[1]

但是，这一学生评注（Note）的作者认为，这一司法审查的常规程序，将《国家环境政策法》转变成了只要求行政机关回应所注意到的问题，而不要求行政机关在某种抽象的
1050 意义上进行全面的环境调查。[2] 这一说法存在严重的缺陷。没有一家法院可以在抽象意义上审查行政机关是否遵守了《国家环境政策法》或者任何其他法律的要求。法院只能发现原告提请其注意的遗漏或者不足。

因此，唯一的真实问题是，当事人意识到行政机关的环境影响分析中存在之不足的，是否有两次机会提请行政机关和复审法院注意这些不足：第一次是在其所提意见中，第二次则是在审查程序中。这篇学生评注的作者认为，当事人应当有这样的两次机会，因为行政机关的评议期限经常“并未提供多少安排资源和整理新数据的机会”[3]。但是，《国家环境政策法》规定的程序在这方面并无独特之处。所有行政机关的规则制定程序中规定的评议期限也是如此。不过，法院通常会支持相对简短的评议期限，并且通常会对所有行政机关的规则制定案件适用案卷规则。它们这么做是有充分的理由。所有行政程序，包括《国家环境政策法》规定的程序，必然有时间限制，即使所有时间限制不可避免地会限制行政机关调查的范围和深度。

□ 作为例证的案件

在 Majjar v. Ashcroft[4] 案中，第十一巡回法院认为，法律规定“法院不能命令调取证据（the taking of evidence）”，这使得法院不能继续沿袭过去的做法，即指示移民归化局在移民庇护案件中考虑新的证据，以及在移民庇护案件中审查命令时考虑行政案卷之外的证据。

在 American Bioscience v. Thompson[5] 案中，哥伦比亚特区巡回法院为了审查非正式裁决中发布的命令而采取正确的一系列行为。由于行政机关没有为其命令提供解释，法院首先将案件发回重新处理并指示提供一个法院可以作为审查依据的理由说明。法院接着发现行政机关所提供的理由说明“不充分程度达到令人痛心的地步”而废止这一命令。

在 Impresa Construzioni Geom. Domenico Garufi v. United States[6] 案中，联邦巡回区上诉法院承认法院只有在“极少数情形中”才有权强制行政机关决策者作证。但是，联邦

---

① 参见§7.4。

② 81 *Cal. L. Rev.* at 958.

③ Id. at 971.

④ 257 F. 3d 1262 (11th Cir. 2001).

⑤ 269 F. 3d 1077 (D. C. Cir. 2001).

⑥ 238 F. 3d 1324 (Fed. Cir. 2001).

巡回区上诉法院认为，当官员没有对其决定作出解释时，法院不能审查官员决定的有效性，在这种情况下，它可以命令向采购官员取证。联邦巡回区上诉法院强调指出，这不是在授权“收集采购官员心理活动的证据，也就是是他作出这一决定所经过的思考过程。这样的审查是不合适的”。

在 Lands Council v. Powell① 案中，第九巡回法院论述了对案卷规则的态度。第九巡回法院首先承认，“最高法院已经表达了一项基本规则，即法院在审查行政决定时应该仅 1051
限于行政案卷”。第九巡回法院补充指出，“如果行政机关的行政案卷是不完整的，我们将会期待诉讼当事人寻求为行政机关拥有的案卷进行补充……”第九巡回法院接着提到了“对于这一基本规则的四项狭义的例外……”：

(1) 如果有必要确定行政机关是否考虑了所有相关因素，并且对它的决定说明理由；(2) 如果行政机关已经采用了不在行政案卷之中的文件；(3) 当有必要对案卷进行补充以便解释技术术语或者复杂的主题时；或者 (4) 当原告证明行政机关存在恶意时。

在 Center for Biological Diversity v. Fish & Wildlife Service② 案中，第九巡回法院重申了它的规则，即将采纳案卷之外的证据限制在四种有限的情形，并且认为不能采用案卷之外的材料中所包含的信息来支持质疑行政决定的新依据。

在 Voyaeurs National Park Ass'n v. Norton③ 案中，第八巡回法院描述了它对案卷规则的态度：

众所公认的是司法审查……仅限于行政机关在作出决定时所面对的行政案卷。

…………

但是，在一般规则之外也有某些例外……这些例外仅适用于极其特殊的情形……当存在同步发展的行政案卷，并且没有必要对行政机关的决定作出补充解释时，必须能够明确证明恶意或者不适当的行为，复审法院才能够允许证据开示以及对行政案卷提供证据性补充。

在 Olsen v. U. S. ④ 案中，第一巡回法院描述了对案卷规则的态度：

最高法院已经明确案卷规则适用于非正式裁决……当案卷对司法审查来说不充分时，“除了极少数情形，正常的做法是发回行政机关重新处理以进一步调查或者作出进一步的解释”。

…………

需要明确的是……当“能够明确证明行政机关的决定者存在恶意或者不适当的行 1052
为”……［或者］“没有解释行政行为的理由以至于无法进行有效的司法审查”时，禁止补充案卷规则存在有限的例外。

在 Robinette v. Commissioner of Internal Revenue⑤ 案中，第八巡回法院认为，案卷规则适用于税收法院审查国内税务局上诉官员 (appeals officers) 所作的决定。法院驳回了税收法院的主张，即它可以不遵守根据《行政程序法》提出的案卷规则，因为它一直都是对这类行政上诉决定实施重新审查。第八巡回法院指出，最高法院已经指出，对于《行政程序法》的例外是不能“轻易假定的”，并且它发现相关法律中并无证据表明国会准备让税收法院审查国内税务局上诉官员的决定豁免适用案卷规则。第八巡回法院也认为，案卷规则适用于非正式的行政行为，因为行政机关通常会在非正式行为时将案卷装订成册，并且《行政程序法》希望对非正式行为的司法审查是基于行政机关所整理的案卷。第八巡

① 395 F. 3d 1019 (9th Cir. 2005).
② 450 F. 3d 930 (9th Cir. 2006).
③ 381 F. 3d 759 (2004).
④ 414 F. 3d 144 (1st Cir. 2005).
⑤ 439 F. 3d 455 (8th Cir. 2006).

回法院承认如果行政机关的案卷不能充分地体现行政行为的依据，复审法院可以对行政机关的案卷加以补充，但是第八巡回法院强调指出，这种补充应当仅限于为决定说明理由的行政机关所提供的新证据。第一巡回法院在 Murphy v. Commissioner① 案中与第八巡回法院持相同立场。

在 NVE Inc. v. Department of Health and Human Services② 案中，第三巡回法院撰写了一份论理特别充分的判决意见，其中解决一项有关案卷规则适用性的不同寻常的纠纷。在 1994 年，国会为了让食品药品管理局更难以对膳食补充剂（dietary supplements）实施规制而通过了《膳食补充剂健康和教育法》（the Dietary Supplement Health and Education Act）。《食品添加剂健康和教育法》中规定："法院应当以重新进行审查的方式依据本法对任何争议作出裁判。"食品药品管理局采用了通告评议式规则制定程序发布了一项规则，认定含有麻黄碱（ephedrine alkaloids）的食品补充剂属于掺加杂质的（adulterated），因而是禁止出售的。一家生产和销售此种膳食补充剂的企业申请审查该项重新审查条款（de novo review）适用于这种审查程序。第三巡回法院驳回了这一主张，认为重新审查条款只适用于食品药品管理局针对企业启动的强制执行行为。第三巡回法院判定，《行政程序法》适用于食品药品管理局为了实施《膳食补充剂健康和教育法》而制定的规则。第三巡回法院的判决依据是《膳食补充剂健康和教育法》的多处条文。一旦法院认定《行政程序法》适用于为了实施《膳食补充剂健康和教育法》而制定的规则，接下来的就是审查限于行政机关所
1053 制作的案卷，原告不能获得证据开示，复审法院需要对行政行为适用通常的尊重标准。

在 Alabama-Tombigbee Rivers Coalition v. Kempthorne③ 案中，第十一巡回法院认为，只有在原告"明确证明行政机关的恶意或者不适当的行为"之时，才能采用补充案卷中的证据。

在 Ouachita Watch League v. Jacobs④ 案中，第十一巡回法院认为，当补充案卷中的证据的提交是为了证明原告的诉讼资格，以及行政机关在上诉程序中首次质疑原告的诉讼资格之时，它可以审查首次提交的补充案卷中的证据。

在 Citizens for Alternatives to Radioactive Dumping v. Department of Energy⑤ 案中，原告主张报告初稿中手写的更改可以支持存在恶意，这可以证明采用案卷之外的证据这一决定的正当性。第十巡回法院驳回了这一主张。第十巡回法院发现，这些更改并未证明邪恶的动机，并且认定原告所提供的补充案卷的证据只能说明专家的意见之间存在的常规性的差别。

§ 11.7 司法审查的诉讼时效

针对政府行为之有效性提起的诉讼，其一般性诉讼时效规定是在 28 U. S. C. § 2401。该法规定了六年的时效限制。⑥《反敲诈勒索法》（the Hobbs Act）⑦ 对于起诉联邦通信委员会、联邦海事委员会、州际商业委员会（现为地面交通委员会）、原子能委员会（现为核

---

① 469 F. 3d 27 (1st Cir. 2006).

② 436 F. 3d 182 (3d Cir. 2006).

③ 477 F. 3d 1250 (11th Cir. 2007).

④ 463 F. 3d 1163 (11th Cir. 2006).

⑤ 485 F. 3d 1091 (10th Cir. 2007).

⑥ 参见 Pennsylvania v. Department of Health & Human Services，101 F. 3d 939 (3d Cir. 1996)。

⑦ 28 U. S. C. § § 2341-2344.（该联邦法将以敲诈、抢劫或其他暴力方式干涉州际贸易的行为规定为犯罪。——译者注）

能监管委员会)、交通部长、农业部长、住房和城市发展部长或者海事管理局(Maritime Administration)作出的法律规定的特定行为类型，规定了 60 天诉讼时效。有的时候，60 天的诉讼时效适用于上诉行政机关所采取的广泛的行为类型(large classes of actions)；而在另外一些时候，这一诉讼时效适用于范围狭窄的行为类型(narrow classes of actions)。

除了具有一般适用性的诉讼时效，对行政行为作出授权规定的更现代的法律中，很多包括了对为了实施法律所采取的某些类型的行政行为适用的诉讼时效。例如，《清洁空气法》即规定，对于环境保护局的排放标准提出的司法审查请求，必须在该排放标准发布之日起 30 日内提出。在 Adamo Wrecking Co. v. United States① 案中，最高法院支持了这一严格时效限制的有效性，并作出重要的限定。 1054

这些法律的适用都非常取决于适用最终性、成熟性和穷尽行政救济原则的结果。② 在行政机关作出具备司法审查之成熟性的最终行为和原告穷尽行政救济之前，诉讼时效并未起算。因此，例如在 Hudson v. FAA③ 案中，哥伦比亚特区巡回法院判定，即使审查行政机关政策声明的请求是在法律对审查联邦航空管理局这类行为所规定的 60 天起诉时效之后提出，这一请求仍然是及时的，因为法院认定政策声明在其最初作出时，不具有司法审查的成熟性。只是当联邦航空管理局在两起案件中适用了这一政策声明，允许法院充分理解该政策声明的含义和效力，从而进行有效的审查之时，该政策声明才是成熟的。因此，由于这一审查请求是在行政行为具备审查成熟性后 60 日内提出的，法院判定该申请是及时的。

起诉行政行为的诉讼时效所具有的这一重要特征，对法律人构成了经常出现的策略问题。考虑到预测众多涉及最终性、成熟性的争议之结果存在难度，行政机关常常作出可能或者不能立即接受审查的行为。如果当事人提交立即审查的申请，法院可能会以缺乏最终性、缺乏成熟性，或者未能穷尽行政救济等为由驳回申请。不过，如果当事人等到行政机关作出了一项后续的行为，如果法院认定该行为是在之前即具备可审查性，法院可能会以没有及时提出审查申请而驳回。这种问题只有一种可行的解决方案。当存在疑问时，当事人应当根据该行为可以立即接受审查之推定，而在原来的诉讼时效期满之前提出审查申请。如果法院以最终性、成熟性或者穷尽行政救济等为依据驳回审查申请，当事人可以保留在行政行为具备可审查性之后再行起诉的权利。

最后，"如果因为任何原因，行政机关重新开始处理某一事务，在经过重新审议后，发布了新的最终裁决，则可以对该裁决进行实质审查"④。因此，即使对先前裁决的审查申请是不及时的，如果当事人可以劝说行政机关重新开始处理某一事务并且发布新的裁决，它就可以成功申请对新裁决进行审查。要确定后来的行为是否构成程序重开和新裁决，法院需要进行常常具有一定难度的定性过程。⑤ 1055

□ 作为例证的案件

在 Martinez v. United States⑥ 案中，联邦巡回区上诉法院全席审理时在解决一项有趣

---

① 434 U. S. 275 (1978)，参见§7.15、§15.2、§15.14 和§17.8 的讨论。

② 参见本书第 15 章的讨论。

③ 192 F. 3d 1031 (D. C. Cir. 1999).

④ ICC v. Brotherhood of Locomotive Engineers，482 U. S. 270，278 (1987).

⑤ 对比 Sendra Corp v. Magaw，111 F. 3d 162，166-167 (D. C. Cir. 1997)(行政机关没有程序重新开始处理一项争议，只是拒绝了对先前裁决的复议申请)和 Poulin v. Bowen，817 F. 2d 865，869 (D. C. Cir. 198)(行政法官在后来的裁决中裁量决定讨论实质问题时，他是在重新开始程序处理一项争议)。

⑥ 333 F. 3d 1295 (Fed. Cir. *en banc* 2003).

的争议时分成了 10∶6 的两派。多数意见认为，《Tucker 法》* 所规定提出金钱请求权的 6 年的诉讼时效起算时间点是在遣散军人之后，并且军事记录更正委员会（Corrections Board）支持这种遣散决定并不构成新的诉因。多数意见认为，当行政机关初次采取行动而不是当行政机关拒绝行政机关内部的申诉，并且当行政机关内部的申诉合法时，基于《Tucker 法》提出的诉因就出现了。相比之下，只有当内部行政机关的申诉是强制性的时候，只有在行政机关否定行政机关内部的申诉之后才存在诉因。由于军事记录更正委员会的救济是可以允许的，多数意见认为，诉讼时效的起算点是在遣散军人之时而不是在军事记录更正委员会拒绝向被遣散军人提供救济之时。多数意见区分了若干需要穷尽军事记录更正委员会救济作为对遣散决定进行审查之前提的巡回法院判决意见，认为它们是与最高法院在 Darby v. Cisneros① 案中的判决不一致。多数意见将该案区别于其他若干巡回法院的判决，这些判决允许诉讼时效已经根据基础性的遣散决定起算之后对军事记录更正委员会的决定进行审查的巡回法院判决，因为这些案件涉及的是按照《行政程序法》对军事记录更正委员会的决定进行的审查，而不是基于《Tucker 法》提出的金钱请求权。多数意见指出，当采取了提出金钱请求权的诉讼之后，根据《Tucker 法》提出的请求权就在累计（accrues）。持有不同意见的法官同意多数的意见，即军人只要被遣散，就拥有基于《Tucker 法》赋予的金钱请求权，但是他们认为，军事记录更正委员会支持遣散的决定构成了一种对所欠金钱的诉因。

《退伍军人就业机会法》（the Veteran's Employment Opportunities Act）规定，在行政机关的不利决定作出之后，"在任何情况下……都不得在 15 日后…… [因行政机关的不利决定而向功绩制保障委员会] 提起上诉"。在 Kirkendall v. Department of Army② 案中，原告并未在不利行政行为作出之后 15 日内提起上诉。多数意见认为 15 日的时效需要遵守衡平法上的时效中止（equitable tolling）规则；期限限制因为原告失去行为能力而中止诉讼时效的计算，并且委员会认为必须给原告一次听证机会，即使他并未在 15 日内向委员会提出上诉。一位法官提出了不同意见，理由是法院缺乏免除一部分人遵守期限义务的裁
1056 量权，当国会规定"在任何情况下都不能"在没有遵守期限的情况下提起上诉。持不同意见的法官的意见相比这种主张更具上风。

在 CITA-Wireless Ass'n v. FCC③ 案中，哥伦比亚特区巡回法院认为，当行政机关提供了解决这一问题的首要法律依据以便作为审查的主题时，行政机关重新开始审查之前已经裁决了的争议程序，从而开始了审查的新时段。

在 Safe Extensions v. FAA④ 案中，哥伦比亚特区巡回法院批准超期提交的审查。该案中法律规定，如果存在迟延的"合理理由"，则允许法院受理超期提交的申请。法院可以当行政机关通过了让人们相信它会改变命令而对就其命令提出的初步抗议而言，法院轻易地认定，原告具有合理的理由。在这种情况下，直到事态逐渐明朗，即行政机关不会去
1057 改变其命令之后，法院才认定原告推迟提交审查申请是合理的。

---

* 该法是美国国会为改变最初的联邦求偿法院（Court of Claims）管辖权过窄的状况而制定的法律。该法将联邦求偿法院的管辖权在原有范围之外，扩大到公民根据宪法、法律、行政规章以及非由于侵权行为而提起的损害赔偿之诉。——译者注

① 509 U. S. 137 (1993).

② 412 F. 3d 1273 (Fed. Cir. 2005).

③ 466 F. 3d 105 (D. C. Cir. 2006)，参见 § 7. 15 的讨论。

④ 509 F. 3d 593 (D. C. Cir. 2007).

12 行政迟延

§12.1 行政迟延概述

迟延问题广泛存在

行政法律体系中涉及的所有个人和团体都承认以下两点事实：第一，行政决定经常耗费很长时间；第二，行政决定的迟延会给个人、社会和法律体系带来巨大的损害。对特定行政机关的诸多研究已经总结各种长达10年甚至更长时间的行政迟延。①国会经常对行政决定中的迟延提出批评。② 在对社会保障局的决定程序所进行的全面研究中，六位学者总结出："听证程序最让社会保障申请人和议员强烈不满的是程序的拖沓。"③ 大多数法官以及所有的大法官都在众多场合和背景下对行政迟延问题提出了批评。④ 1059

对个人造成的成本

行政迟延对个人、社会及法律体系都具有很大的损害。迟延发生在裁决程序时，给个人带来的成本最为明显。涉及社会保障残疾人福利，或者因为举报违反安全立法而被单位开除者的复职资格时，个人常常需要等待长达一年的时间才能获得相应的裁决。这种行政迟延会引发明显的困难，并且降低规制项目或者社会福利项目的有效性。最高法院多次提

---

① Pierce, "The Choice Between Adjudicating and Rulemaking for Formulating and Implementing Energy Policy", 31 *Hast. L. J. I* (1979); S. Breyer & P. MacAvoy, *Energy Regulation by the Federal Power Commission* 56-89 (1974); Hamilton, "Rulemaking on a Record by the Food and Drug Administration", 50 *Tex. L. Rev.* 1132 (1972); J. Landis, *Report on Regulatory Agencies to the President-Elect* (1960).

② Senate Committee on Governmental Affairs, *Study on Federal Regulation Vol. IV*, *Delay in the Regulatory Process*, S. Doc. No. 95-72, 95th Cong., 1st Sess. (1977).

③ J. Mashaw, et al., *Social Security Hearings and Appeals* xxii (1978).

④ 参见 Heckler v. Day, 467 U.S. 104 (1984)。对于法院是否可以对社会保障局设定适用于本州全境的行为期限，法官们存在分歧，但是对于社会保障局的行动迟延法官们一致地表示批评。FPG v. Louisiana Power & Light Co., 406 U.S. 621, 643 (1972)，认为行政机关的听证是"几乎无法结束"的。

出，行政裁决的过度迟延涉及公民符合“生命、自由或者财产”的利益时，可以构成违反正当程序。[1]

□ 对社会造成的成本

行政迟延至少对社会带来三方面的成本：第一，在一项规制项目中，裁决争议的迟延会妨碍整个规制项目目标的实现。在§9.5中所讨论的让因举报安全违法被解雇的雇员复职的案件存在的迟延对公路安全造成的影响，可以作为例证说明有关迟延和规制项目实效之间的关系。另外两种迟延导致的社会危害发生于行政机关政策制定的背景中。一般来说，行政机关考虑采纳新的政策是因为已有政策会带来不必要的社会成本。政府没有及时以更好的政策代替旧的坏政策，每年会给国家带来数十亿美元的损失。[2] 政策制定的迟延会产生不确定性，阻碍商业公司作出对社会有益的投资，而给社会增加成本。规制诱发的各种能源供应的不确定阻碍了20世纪70年代的投资，同时造成了经济萧条和通货膨胀。[3]《1990年清洁空气法修正案》[4] 中有关酸雨的条款为行政迟延和社会成本之间的关系提供了更近的例证。该法授权环境保护局针对二氧化硫排放权交易制度。如果采用排放权交易制度制度，每年花费大约50亿美元可以实现二氧化硫减排50%，而如果不采用排放权交
1060 易制度，每年需要花费100亿美元才能实现同样的目标。但是，在排放许可证交易相关规则出台前，商业公司不会为了实施排放权交易而进行巨额资本投资。因此，环境保护局对此项规则的制定，每迟延一天就会给全国带来数百万美元的不必要损失，同时也贻误了二氧化硫减排的进程。

1995年一家法院所作的判决描述了行政迟延可能危害社会的另外一种路径。在South Fork Broadcasting Corp. v. FCC[5] 案中，行政决定过程中的迟延几乎让法院判定一项规制体系违宪。联邦通信委员会获得授权对“有伤风化的”广播处以25 000美元的罚款。联邦通信委员会在适用没收（forfeiture）条款之前先向广播公司发送了告知书，“告知其行为存在明显罪过”。广播公司有一次回应联邦通信委员会该告知书的机会。然后，联邦通信委员会可以决定是否发布没收令。广播公司可以对没收令提出复议申请，这种复议救济必须穷尽且是没收令接受司法审查的前提条件。若广播公司不遵守没收令，联邦通信委员会最终将案件移送司法部。司法部随之在地区法院提起民事没收之诉。此时，广播公司才第一次就联邦通信委员会判定广播有伤风化的决定获得司法审查机会。由于这种繁复程序导致的拖延，广播公司有可能在广播播出之后的六七年时间中都得不到确定其广播是否有伤风化的司法判决。广播公司和听众组织指出，这种规制程序具有“压制”言论的效果——例如，引导广播公司遵守联邦通信委员会判定有伤风化的标准，即使广播公司相信那些标准违反了《联邦宪法》第一修正案——从而违反了《联邦宪法》第一修正案。

两名法官的多数意见支持了上述行政决定程序的合宪性，但是三份判决意见显示，三

---

① Heckler v. Day, 467U. S. 104, 112, 128-129 (1984); Barry v. Barchi, 443 U. S. 55 (1979); Kraebel v. Department of Housing Pres. & Dev., 959 F. 2d 395, 405 (2d Cir. 1992).

② 有关行政迟延与给社会造成的成本之间关系的描述，可以参见 Pierce, “The Unintended Effects of Judicial Review of Agency Rules: How the Federal Courts Have Contributed to the Electricity Crisis of the 1990's”, 43 *Admin. L. Rev.* 7 (1991)。

③ 参见 Pierce, “The Choice Between Adjudicating and Rulemaking for Formulating and Implementing Energy Policy”, 31 *Hast. L. J.* 1, 21-27 (1979)。

④ Clean Air Act Amendments of 1990, 42 U. S. C. § 7401 et seq.

⑤ South Fork Broadcasting Corp. v. FCC, 59 F. 3d 1249 (D. C. Cir. 1995).

名法官都对该背景下行政迟延的合宪性深表怀疑。三名法官均认为本来可以通过合宪的方式进行规制，即如果没有迟延，这一制度将是有效的。多数意见认为，规制制度本身在适用上是合宪的。但是，撰写这份多数意见的法官认为："行政机关的做法会造成很多弊端，申诉人的请求即是明证。"他指出联邦通信委员会和广播公司可以有两种方式加速程序的进展：（1）对事实进行规定，寻求对案件进行快速的实质审查；或者（2）申请确认判决，判定将要播出的广播材料是否有伤风化。第一条建议当然要求政府的合作，而第二条建议 1061
并不是很有可操作性。另外一名加入多数意见的法官单独撰写了一份协调意见，表达了严肃的保留意见。他指出多数意见"在陈述和适用陈旧的法律时基本上是正确的"。但是，他批评相关判例法"并不连贯，反复无常"，"处于混乱的状态"。这位持不同意见的法官认为，决定程序的迟延对于言论的影响是合宪的。

□ 对法律体系造成的成本

行政决定的迟延也会对法律体系带来成本。法院已经充分意识到行政迟延问题的广泛存在。法院对行政迟延的这种意识，诱使法院以降低法律裁决的质量的方式扭曲了法律原则，从而给社会增加了成本。法院对首先管辖权原则的适用说明了这一影响。正如本书第14章所详细描述的，首先管辖权原则提供了一种机制，让法院在解决某专业化领域的争议时，可以通过此机制了解在该领域具有专业能力以及规制职责的行政机关所持的观点。但是，法院常常不情愿援引首先管辖权原则，因为法院有充分理由担心行政机关会迟延回答法院移送的问题，强迫法院推迟裁决该争议，甚至长达十年之久。法院完全可以认定，行政机关对法院所受理之特定争议持有的观点，可以为法院解决该争议提供重要支持，但是行政机关观点的价值并不足以表明长达十年的迟延就是合理的。

□ 迟延会扭曲原则

在 Coit Independence Venture v. FSLIC① 案中，最高法院的判决意见就法院对行政迟延问题的认知如何诱使法院扭曲原则而对法律体系造成损害，提供了很好的说明。最高法院的判决意见同时扭曲了穷尽行政救济原则和联邦至上条款的相关法律规则。最高法院援引穷尽原则作为依据，判定当且仅当行政机关提出的一项规则允许州法院在行政机关没有在特定时间内采取行动时，联邦行政机关可以优先于在州法院进行的法律行为。Coit 案的判决意见是严重扭曲行政法和宪法原则的典型代表。② 最高法院如果诚实地适用这些原则，本该得出以下结论：联邦法律授权的联邦行政机关的行为优先于州法院的权力，穷尽行政救济原则阻止法院审查联邦行政机关的行为，直至当事人穷尽了该行政机关提供的所有救济。但是，由于担心允许行政机关对这类争议行使其专属管辖权，可能会让当事人经过非常严重的迟延才能使其成功获得裁决，最高法院不敢宣布如此简单而又符合法律的判决主旨。 1062

§12.2 迟延的原因

如果不首先理解产生行政迟延的根源，我们就无法评估可能的补救之策。行政决定中

---

① Coit Independence Venture v. FSLIC, 489 U. S. 561 (1989).

② 参见§15.10。

的迟延至少有 8 个主要的根源：（1）巨大的工作量；（2）疑难的问题；（3）资金支持和人员配备的不足；（4）组织结构和管理不善；（5）耗时的决定程序；（6）司法审查；（7）管理和预算局的审查；（8）故意的迟延。大部分迟延都是上述原因中的数个造成的。每项原因所起作用的大小则根据背景和案件而各不相同。而且，身处局外的观察者很难确定特定背景下特定案件中造成迟延的综合原因，也很难确定每种原因所起作用的大小。实际上，很多行政机关对自身行政决定迟延的原因都缺少充分的了解。以下我将引用一些例子对每一种迟延原因加以描述。

□ 巨大的工作量

很多行政机关面临的工作量出奇繁重，无论它们的职责主要在于裁决争议还是制定政策。从任何一类行政机关中举出一例就足以证实这一点。社会保障局每年裁决 120 万起残疾福利案件——超过所有联邦法院每年裁决案件总数的 40 倍。为了实施数百页篇幅的《1990 年清洁空气法修正案》的条文，环境保护局需要在 24 个月内制定 50 项重大规则。

□ 疑难的问题

大多数行政机关必须处理的问题都是疑难的，因为这些问题本身就很复杂，或者有些问题需要的一些数据，依现有的科学水平尚不能准确提供。社会保障局和环境保护局也能说明这一问题。社会保障署每年必须裁决的残疾福利争议中，至少有数万起争议是需要根据要求确定申请人的疼痛和神经症状的程度是否达到使其无法胜任社会上任何可能的工作的程度。环境保护局在为了实施《1990 年清洁空气法修正案》而制定规则的过程中，需要处理诸多疑难问题。它需要同时采取下列措施：（1）建立全国性的二氧化硫排放权交易市场；（2）将有害空气污染物控制项目的调整范围从 8 种物质增加到 189 种物质；（3）在
1063 交通系统领域开始从以汽油为主向调和燃料（reformulated fuel）为基础的转变；（4）对现有排放源实施许可制度；（5）对有 6 600 万人口居住的未达标区符合《1970 年清洁空气法》和《1977 年清洁空气法修正案》的要求；以及（6）实施旨在消除大气臭氧层减少的新项目。环境保护局在实施上述问题上所取得的相对成功对美国经济产生了重要影响。环境保护局需要在两年内设立的众多规划，其每年成本的估算介于 200 亿至 1 000 亿美元之间。

□ 有限的资源

大多数行政机关可以获得的资源是不足以实施国会给行政机关分配的日益增加的职责。国会是在同时进行三项工作——给行政机关增设数以百计的新工作岗位，要求行政机关增加繁琐的决定程序，以及裁减行政机关的资金和人员配备。① 行政资源的不足体现在质和量两个方面。政府部门的薪酬结构与私人部门的薪酬结构存在明显差异。政府给低技能的雇员提供的薪酬明显高于私人部门，但是对高技能的雇员提供的薪酬远远低于同类人员在私人部门可以获得的数额。行政机关付给律师的起始工资值明显不及华盛顿任何一家

---

① 参见 Pierce, "Judicial Review of Agency Actions in a Period of Diminishing Agency Resources", 49 *Admin. L. Rev.* 61 (1997)。

大型律师事务所最高起始工资的一半，而对于经验丰富的律师而言，两种雇佣单位的薪酬差别明显更大。在雇佣优秀科学家的竞争过程中，行政机关遇到更大的问题。需要负责所有食品、药品、化妆品之安全监管的食品药品管理局，在 1978—1991 年之间未能招聘任何资深科学家。

□ 结构性的问题

很多行政机关深受各种结构性问题和管理问题的困扰。对于不同机关来说，此类问题的起因、特点、程度也有所不同。有些行政机关只行使与某些规制使命相关的若干职能中的其中一种职能，例如政策制定或者行政裁决，而如果由一家行政机关承担所有这些职责，履行这一规制使命的效率会高得多。① 有些行政机关由多名成员组成的合议制机构管理，除非是在《联邦公报》上预先通告的正式公共会议上，各成员不得与他们的同事进行信息交流。② 任何参加过合议制决策过程的人都明白：（1）合议制机构很难达成一致意见； 1064
（2）迅速达成一致意见的能力特别取决于进行经常性、非正式、坦率的观点交流的能力。大多数行政机关的高级管理层人事变动频繁。接受政治提名担任助理部长（Assistant Secretaries）、局长（Administrators）、委员（Commissioners）、总法律顾问（General Counsels）及类似职位者平均任职时间大约为两年。在这么短的任期内要了解已有的管理体系如何运作是很困难的；实施有益的管理改革的可能性微乎其微。

□ 耗时的程序

法院和国会常常会要求行政机关通过采用过度耗时的程序作出决定。关于这一问题，有关规则制定的情形将在§7.4、§7.7 和§7.11 中进行详细讨论，而有关裁决的情形将在§9.5、§9.7 和§ 9.11 进行详细讨论。

□ 司法审查

大多数的行政决定需要接受司法审查，这会在两个方面造成迟延。司法审查是导致迟延的间接根源，因为法院经常对行政机关设定耗时的程序性义务。但是，因为没有人，包括行政机关能够对于司法审查程序的结果作出自信的预测。试图建立一整套规制政策的行政机关常常必须推迟有关政策的决定，直到法院已经决定是否支持相关的政策，这也是导致迟延的更直接的根源。在任何地区或者巡回法院，司法审查都至少需要一年时间，但是对于重大政策决定的司法审查常常会需要更长的时间。联邦能源监管委员会 1985 年作出的一项重大政策决定直到 1990 年才得到支持。③ 对于社会保障局在 1980 年启动的一个项目，不同法院花了 9 年时间才作出支持的判决。④

---

① 参见§9.9 对国家职业安全和健康研究院（National Institute of Occupational Safety and Health）、职业安全和健康管理局（Occupational Safety and Health Administration）以及职业安全和健康审查委员会（Occupational Safety and Health Review Commission）的讨论。

② 参见§5.18。

③ 参见 American Gas Ass'n v. FERC, 912 F. 2d 149 (D. C. Cir. 1990)。

④ 参见 Nash v. Bowen, 869 F. 2d 675 (2d Cir. 1989)。

City of Carmel-by-the-Sea v. Department of Transportation[①]案的多数意见，说明了法院频繁导致无休无止的行政迟延。多数意见将行政机关批准一项 1947 年提出的公路项目的决定发回要求进一步考虑。多数意见在讨论环境影响及其不同替代方案的长达 1 万页篇幅的案卷中存在了一处缺陷。

□ 管理和预算局的审查

总统办公机构管理和预算局进行的审查是导致行政分支内行政机关颁布重要规则出现迟延的又一项根源。[②] 但是，受到国会和其他行政机关的压力，管理和预算局已经大幅减少了其导致迟延的作用。例如，在 1985 年至 1988 年间，管理和预算局将审查一项环境保护局规则的时间从 105 天缩短至 45 天，而审查职业安全和健康管理局规则的平均时间从
1065 173 天缩短至 39 天。[③] 克林顿政府更进一步规定了管理和预算局审查程序所适用的期限。[④]

□ 策略性或者故意导致的迟延

最后，导致有的行政决定迟延的原因在是行政机关故意追求不合法的目的。有的时候，行政机关会推迟实施国会所要求的项目，因为行政机关不同意该项目。还有的时候，行政机关在某一具体案件中推迟作出决定，以允许政治上亲近的当事人（politically favored party）能够继续从不合法的做法中受益。还有的情况下，行政机关推迟对政策争议作出裁决，是因为行政首长预料并希望避免公众和国会对行政机关所选择的任何政策的批评。

对导致行政迟延的众多根源进行分析，非常有助于理解法律体系为什么还没有找到解决行政迟延问题的令人满意的方法。法院无权减轻行政机关的工作负担，简化疑难问题，增加行政机关的拨款，提高行政机关可以支付的薪酬水平，减轻行政机关受无效率的国会要求的程序或者决策机构的影响，或者要求接受政治任命者在关键性职位上任职时间足够长以实施管理改革。在缺乏上述权力的情况下，法院只能对行政迟延的问题作出有限的回应。

§ 12.3　行政迟延的法律救济

□ 法院可以责令作出存在不合理迟延的行政行为

《行政程序法》§ 706（1）授权法院“责令作出……发生不合理迟延的……行政行为……”法院总是可以依据这节规定，责令行政机关处理发生严重迟延的事务。有的时候根据 § 706（1）提出的诉讼成功地获得了法院指令。[⑤] 更常见的情况是，这种诉讼不能说

---

① 123 F. 3d 1142 (9th Cir. 1997)，参见 § 11.4 的讨论。

② 参见 § 7.9。

③ 1988 - 1989 Regulatory Program of the United States，app. IV，exhibit 11，at 555.

④ 第 12，866 号总统行政命令，参见 § 7.9 的讨论。

⑤ 例如 Public Citizen Health Research Group v. Auchter，702 F. 2d 1150 (D. C. Cir. 1983)（职业安全和健康管理局被要求发布规则限制工人在一年内接触环氧乙烷的水平）。

服法院发布指令，责令行政机关在指定日期之前处理某项事务。在 20 世纪 80 年代，联邦法院创设了两项原则，它们使得法院难以再签发这样的指令。

□ 审查最终行政行为的同一家法院的管辖权

第一项原则是涉及管辖权的。正如 § 18.2 所讨论的，地区法院可以对行政行为进行司法审查，除非授权行政机关作为该行为的法律规定由巡回法院进行司法审查。但是，许 1066
多法律都作了这样的规定，特别是有关反映重大政策决定的行政行为。当法律赋予巡回法院对行政行为进行司法审查的管辖权时，该管辖权就是专属性的。但是，调整司法审查的法律并没有对一项重要但是反复发生的问题提供明确的答案。当对行政行为的司法审查属于巡回法院的专属管辖权时，哪家法院有权审查责令作出存在不合理迟延的行政行为的诉讼请求？

无论是《行政程序法》还是大多数行政组织法（agency organic acts）都没有涉及这一具体问题。法院本来可以通过抽象、正式的推理过程支持，判定所有根据《行政程序法》§ 706（1）提出的诉讼请求属于地区法院专属管辖权的范围。大致而说，法院的推理可以是遵循下列顺序展开：（1）行政组织法只规定由巡回法院专属管辖对特定行政行为的审查；（2）根据《行政程序法》§ 706（1）申请法院责令作出存在不合理迟延的行政行为，这种程序不是审查行政行为的程序；因此（3）巡回法院对此类行为不具有管辖权；并且（4）28 U. S. C. § 1331 赋予地区法院对一般性联邦问题享有管辖权，地方法院也因此对此类行为具有专属性管辖权。

□ TRAC 案

但是，在面对管辖权问题时，哥伦比亚特区巡回法院以不同的推理路径得出了相反的结论。在 Telecommunications Research and Action Center v. FCC[①]（TRAC）案中，哥伦比亚特区巡回法院判定，所有基于《行政程序法》§ 706（1）提出的诉讼请求，对作为该诉讼对象的行政行为具有司法审查权的法院都拥有专属管辖权。因此，在这一案件中，哥伦比亚特区巡回法院对依据 § 706（1）提出的诉讼具有专属管辖权，因为巡回法院对联邦通信委员会的行为具有专属管辖权。

TRAC 案中法院部分采用了正式推理，部分采用了以政策为依据的推理。正式推理的部分是法院采纳了《所有令状法》（the All Writs Act）。[②] 这部法律授权任何法院签发“为了辅助管辖权行使所必需或者合适的所有令状”。哥伦比亚特区巡回法院认定，根据《所有令状法》的规定，它对根据《行政程序法》§ 706（1）提出的责令行政机关作出行为的申请享有专属管辖权，因为该行政机关的行为一旦作出，就属于巡回法院的专属管辖权范围。TRAC 案中法院以政策分析，加强了这一正式推理。哥伦比亚特区巡回法院认定，对于行政行为具有专属管辖权的巡回法院，因为其承担的审查角色而对该行政机关更为熟悉。对于行政机关职责的事先了解，将会帮助巡回法院在具体案件中对行政机关“不合理 1067
延误了”行为作出的诉讼请求进行评估。特别是，巡回法院将会相比地区法院享有比较优势，因为法律将司法审查专属管辖权分配给了巡回法院，地区法院对该行政机关没有事先

① 750 F. 2d 70 (D. C. Cir. 1984).

② 28 U. S. C. § 1651 (a).

的了解。

□ 美国行政会议对 TRAC 案的批评

美国行政会议建议联邦法院推翻 TRAC 案的判决主旨，改为判定地区法院对所有根据《行政程序法》§706（1）提出的诉讼拥有专属管辖权。[①] 美国行政会议所通过的大多数建议都是经过深思熟虑，所建议作出的改变也很可能是有益的。但是，美国行政会议这次对所研究的现象之性质存在误解，所通过的建议也是考虑欠周的。美国行政会议基于下列理由，建议由地区法院享有专属管辖权：（1）根据《行政程序法》§706（1）决定同意或者拒绝救济的法院指令，应该是建立在详细考察行政机关对行政行为存在迟延的具体案件的处理方式的基础之上；（2）此种考察要求举证式听证；（3）地区法院相比巡回法院更有能力举行举证式听证。[②] 美国行政会议的研究顾问这一推理的第二和第三步骤显然是正确的，但是第一步却显得不着边际。

□ 对美国行政会议之建议的批评

在当事人申请法院责令行政机关在某一日期之前对特定事务作出决定时，当事人对法院的要求实际上是重新确定行政机关处理事务的优先顺序，并且重新配置资源。行政机关对某一事务加速作出决定时，势必会挤占处理其他事务的资源，这会拖慢其他事务的决策过程。因此，在决定是否根据《行政程序法》§706（1）给予救济时，法院关注的焦点不应该是行政机关处理特定事务之方法的细节，而应该在行政机关负有决定职责的其他数十、数百甚至数千项事务的时间紧迫性进行对比的情况下，对这一事务的时间紧迫性进行整体评估。巡回法院因为频繁参与了对其他事务的行政行为的审查，会比之前很可能与该行政机关并无接触的地区法院更有能力进行这种总体性的对比评估。

□ 管辖权问题判决的影响

TRAG 案中对于管辖权问题所作的判决，所产生的影响是明显降低了原告在根据《行政程序法》§706（1）提起的诉讼中获得胜诉的预期。将焦点放在行政机关处理特定事务的方法，描绘出一幅不负责任的迟延的画面常常是容易的。当调查的焦点放在行政机关的
1068 整体工作量以及可以用于完成所分配的所有重要任务的资源之稀缺程度时，要证明对具体事务的迟延是“不合理的”就会困难得多。

□ 六部制的权衡标准

让原告在根据《行政程序法》§706（1）提起的诉讼中难以胜诉的第二项原则则涉及实体问题。在 TRAC 案中，哥伦比亚特区巡回法院宣布了涉及管辖权问题的判决主旨之后，提出了确定行政行为是否存在不合理迟延的六部制标准[③]：

---

① 1987 ACUS Recommendations.

② 参见 Sargentich，“The Jurisdiction of Federal Courts in Administrative Cases：Developments”，41 *Admin. L. Rev.* 201（1989）。

③ 750 F. 2d at 78.

(1) 行政机关作出决定所需的时间必须受“合理规则”调整……(2) 当国会在授权法中已经规定了时间表，或者其他希望行政机关处理事务的速度指标，这一法律可能会对这一合理规则提供背景；(3) 在经济性规制领域可能属于合理的迟延，在涉及人体健康和福利时就会变得不太能够容忍……(4) 法院应当考虑对被不合理延误的行为进行加速处理，对于行政机关更高优先次序或者相互冲突的优先次序可能产生的影响……(5) 法院还应该考虑受迟延影响的利益之性质和范围……(6) 法院必须“为了判定行政行为存在不合理迟延而认定隐藏在行政机关之懒散背后的不合事宜性”。

根据这一尊重性的标准（deferential standard），原告一般很难胜诉，并且在大多数案件中是败诉的。但是，原告有的时候获得了这种类型的救济，即使他们未能说服法院对行政机关设定某一截止期限（deadline）。有的时候，行政机关对根据《行政程序法》§706（1）所隐含的压力作出回应，“主动”向法院提交对该事务进行处理的时间表草案。法院通常会接受行政机关的时间表，同意行政机关当时表达的加速处理这一事务的想法。这反过来给行政机关产生了遵守其时间表的持续性压力。

但是，若干巡回法院审理的数十起案件已经遵循了 TRAC 案中的这两点判决主旨。没有一家法院推翻了 TRAC 案的推理，这两项原则得到稳固确立。根据《行政程序法》§706（1）作出判决的案件，其数量之多，无法在此一一赘述。但是，TRAC 案之后的若干案件，是值得进行一番讨论以说明法院是如此处理责令行政机关作出存在不合理迟延的行政行为的。

□ 只有在行政行为是独立和强制性的时，最高法院才能对不合理迟延的行为签发执行职务令

在 Norton v. Southern Utah Wilderness Alliance① 案中，最高法院以一致意见作出的、论理充分的判决意见，有助于阐释清楚法院根据 5 U.S.C. §706（1）对不合理迟延的行政行为签发执行职务令时需要遵守的法律规则。最高法院认为：“根据 §706（1）所提出的请求权，只有在行政机关未能按照要求采取独立的（discrete）行政行为的情况下才是可以成立的。”（原文标注着重号）最高法院认定，一部要求内政部土地管理局“采用不破 1069
坏作为荒原保护的适宜性的方式继续管理荒原科研区（Wilderness Study Areas）”* ……尽管这一规定是强制性的，但是并不具有足够的明确性以支持法院命令土地管理局采取任何独立行为。最高法院的理由是，如果得出相反的结论，将会导致司法机关卷入抽象的政策辩论，使得司法机关干扰合法的行政机关裁量权的行使，并且要求联邦法院对于行政机关遵守宽泛的法律命令的方式和步骤进行无孔不入的监督。最高法院也认为，土地管理局的土地利用规划不能作为法院命令土地管理局“在没有规划意义上的具有拘束力的承诺”时采取孤立的行为。最高法院认为，这种规划不过是对行政机关计划未来采取的行为的构想。最后，最高法院认定，具体规划中的表述，即土地管理局将会对“土地利用规划中所规定的其他‘将会做的’的构想相似的活动进行监督和监测——不是可以根据 §706（1）

---

* 联邦内政部土地管理局根据《1976 年联邦土地政策和管理法》（the Federal Land Policy and Management Act of 1976）的授权对未通公路（roadless）并且具有荒原特征的区域制作并开展研究。荒原科研区就是根据这一授权由土地管理局指定的区域。——译者注

① 124 S. Ct. 2373 (2004)，参见 §15.11 和 §17.7 的讨论。

强制执行的具有法律拘束力的承诺”。

□ 作为例证的案件

在 Center for Biological Diversity v. Veneman①（CBD-1 案）中，第九巡回法院首先认为，一份行政机关研究报告列举了可能符合列入自然风光河流系统（the Wild and Scenic Rivers System）的河流名单，并不能构成最终行政行为，并且判定行政机关在发布该研究报告之后没有采取行动构成了不合理迟延的行政行为。法院认定，这一法律条款规定了行政机关考虑纳入该系统的河流的强制性义务。这一结论显然是错误的。该案讼争的法律条款要求行政机关只有在它采取具体行为时，也就是说，“在所有水资源和相关土地资源的开发利用规划中”以及在所有“提交国会的河流盆地和项目规划报告中……”研究河流的问题。因此，这一义务只有在行政机关采取某些符合最终行政行为条件的行为中才存在。“§15.11 最终行政行为”一节中所讨论的众多其他案件，也涉及不合理的行政迟延的问题。

在 Center for Biological Diversity v. Veneman②（CBD-2 案）中，第九巡回法院修改和废弃了此前 CBD-1 案③中的判决意见。第九巡回法院承认，CBD-1 案与最高法院后来在 Norton v. Southern Utah Wilderness Alliance④ 案中所作的判决意见并不一致。在 CBD-2 案中，法院认为，林业局未能考虑将 57 条有可能符合资格的河流纳入自然风光河流系统之中，不是一个“独立的行政行为”，因此，不能成为对行政机关不合理迟延的行政行为
1070 签发执行职务令的对象。在法官附带意见中，法院认为，行政机关未能考虑将特定河流纳入与具体项目相互联系的该系统，可能符合独立的行政行为的条件，即法院可以要求行政机关无合理迟延地采取行为。

在 In re American Rivers and Idaho Rivers United⑤ 案中，哥伦比亚特区巡回法院认为，联邦能源监管委员会未能对一项申请提出之后 6 年内作出回应，构成了不合理的迟延，该申请是要求联邦能源监管委员会就它所拥有的“对于影响 Snake 河流盆地受威胁或者濒危的溯河产卵鱼类的水电站运营的持续规制权”征求其他行政机关的意见。法院认为，联邦能源监管委员会的迟延是“令人震惊的”，判定联邦能源监管委员会有义务无迟延地回应这项申请，即使这项申请所要求的是裁量行为。哥伦比亚特区巡回法院在 American Rivers 案所作判决是在最高法院发布 Southern Utah Wilderness Alliance 案判决意见之后作出的。但是，哥伦比亚特区巡回法院的判决意见没有提到最高法院的判决意见，并且两项判决意见之间也并不一致。最高法院所宣布的新标准是，只有在所讼争的行为是孤立的，并且行政机关按照要求必须采取这一行为之时，法院才能对存在不合理迟延的行政行为签发执行职务令。

在 Quest Communications International v. FCC⑥ 案中，即使国会在 9 年前就已经指示联邦通信委员会要建立支持在农村地区提供普遍服务所需的充分机制，并且联邦通信委员会 3 年前所作出的初步决定是不充分的，但是第十巡回法院拒绝对联邦通信委员会

---

① 335 F. 3d 849 (9th Cir. 2003)，参见 §15.11 的讨论。

② 394 F. 3d 1108 (9th Cir. 2005).

③ 335 F. 3d 849 (9th Cir. 2003).

④ 124 S. Ct. 2373 (2004).

⑤ 372 F. 3d 413 (D. C. Cir. 2004).

⑥ 398 F. 3d 1222 (10th Cir. 2005).

（FCC）设定期限。法院描述了决定是否设定此类期限的标准：

（1）迟延的程度；（2）从立法授权该行政行为的背景来看这种迟延的合理性；（3）这种迟延的后果……（4）要求行政机关解决这一问题的行政困难；（5）……法院的发回重新处理裁定所体现的这一任务的复杂性。

第十巡回法院指出："《电信法》（the Telecommunications Act）体现了向竞争性市场的复杂转型，该法并未规定完成普遍服务义务的截止期限。"

在 Mashpee Wampanoag Tribal Council v. Norton[①] 案中，哥伦比亚特区巡回法院推翻了一项要求行政机关在一年之内作出行为的地区法院的判决。地区法院认定内政部已经在有关承认一家印第安部落的请愿问题上，6 年无所作为构成不合理的迟延。地区法院要求内政部在一年内对这一问题作出决定。巡回法院推翻了这一判决，理由是地区法院没有考 1071
虑行政机关的资源局限，这些资源的需求竞争，以及将申请人的这一事务排在行政机关大量的决策队列中的其他事务之前会产生不公平的效果。巡回法院认为，这种迟延"可以归因于……对于解决极端复杂和需要投入大量精力的任务所需资源存在不足"。巡回法院指出，内政部在决定部落认定案件时采取了先来先办的原则，政府问责局也认为，考虑到国会愿意为了这一目的而分配给内政部的有限资源，内政部将需要 15 年才能处理完毕现在处理队列中的所有案件。

在 Coalition for Sustainable Resources v. Forest Service[②] 案中，第十巡回法院拒绝审查行政机关被指控未能遵守《濒危物种法》中的一项条款，即具体的行政机关"应当"实施"保护濒危物种和受威胁物种的项目"。原告指控林业局未能在 Platte 河流 Medicine Bow 区域的管理过程中实施这一保护项目。法院认定，只有在符合下列条件时，它才可以通过适用这一规定审查行政机关的不作为：（1）行政机关最后拒绝了所建议的行为；（2）行政机关已经不合理地拖延了对建议的回应；（3）行政机关对于回应的延误超出了行为可能有效的时间。法院认定上述情形都不存在。行政机关仍在研究建议行为。考虑到"这些问题的极端复杂性"，并且讼争的这些物种"并未面对直接的危险"，行政机关的迟延是合理的。

在 Public Citizen Research Group v. Chao[③] 案中，第三巡回法院实施的一项极端的救济体现了对行政迟延的沮丧态度。在对 1993 年提出的一项规则指定的请愿进行回应时，职业安全和健康管理局承认，工作场所接触符合法律允许水平的六价铬（hexavalent chromium）会增加致癌的风险。职业安全和健康管理局开始规则制定程序，并承诺到 1995 年之前完成。当该机关未能按时完成规则制定时，一家团体要求法院强制行政机关完成不当迟延的规则制定。法院拒绝这么做，因为它认定这一迟延尚未达到不合理的程度。职业安全和健康管理局接着承诺到 1999 年完成规则制定，但是它直到 2001 年仍未完成规则制定，这时法院再次收到了要求强制行政机关完成规则制定的申请。当法院询问职业安全和健康管理局的法律顾问，他们预计何时能够制定完成这项承诺已久的规则，法律顾问说可能还需要 10～20 年。法院认为行政机关的迟延是非常过分和不能接受的。它指派了一名资深法官（senior judge）作为调解员帮助当事人设计双方能够接受的时间表，并宣布如果 1072
当事人不能在 60 天内达成协议，法院将会自己确定一份时间表。

在 Butts v. Barnhart[④] 案中，第二巡回法院合议庭中两位法官出具的多数意见认为，

---

① 336 F. 3d 1094 (D. C. Cir. 2003).

② 259 F. 3d 1244 (10th Cir. 2001).

③ 314 F. 3d 143 (3d Cir. 2002).

④ 416 F. 3d 101 (2d Cir. 2005).

社会保障局在一起残疾人案件中存在不合理的迟延，因为社会保障局存在持续多年的不作为，并且这种迟延主要是行政法官未能遵守相关的规定。法院责令社会保障局在 120 日内作出行政行为，并且指出如果社会保障局没有按时作出行政行为，法院将会自己直接判决授予福利资格。一位法官提出了不同意见，理由是法院无权对尚未确定属于残疾的个人授予福利资格。

在 Radio-Television News Directors Ass'n v. FCC[1] 案中，哥伦比亚特区巡回法院判定联邦通信委员会并未充分解释其作出不撤销两项规则的决定，尽管自 1980 年起就有人提出撤销这两项规则的申请。这两项规则，即人身攻击（personal attack）规则和政治社论（political editorial）规则，提出了违反《联邦宪法》第一修正案的严重担心。联邦通信委员会长期以来即承认这些担心，但是以 2∶2 作出的投票未能撤销这些规则。法院将这一决定发回重新处理，并指示要对决定提供充分的解释。法院也认定考虑到这些规则所提出的违反《联邦宪法》第一修正案的严重担心以及案件存在的多年迟延，联邦通信委员会必须在重新处理时快速作出决定。在 Radio-Television News Directors Ass'n v. FCC[2] 中，哥伦比亚特区巡回法院采取了不同寻常的措施，即废止了这两项规则。法院指出联邦通信委员会在一年时间里没有作出任何行为回应法院的要求，并且有理由相信行政机关会继续在未来无限地拖延。法院认定："如果这些情形不能构成行政行为存在不合理迟延……我们将难以想象情况会变成什么样子。"

在 Oil, Chemical & Atomic Workers Union v. OSHA[3] 案中，第三巡回法院拒绝在存在《行政程序法》§706（1）意义上的"被不合理延误"的情形时，"责令作出行政行为"。在 1993 年，原告申请职业安全和健康管理局制定工作场所接触六价铬离子水平的新标准。职业安全和健康管理局回应称它计划"最晚到 1995 年 3 月"发布规则制定的通告。但是职业安全和健康管理局到 1998 年仍未发布该通告，原告提起诉讼要求法院"责令作出存在不合理迟延的行政行为"。原告声称 17 600 到 239 600 名工人会因为接触了六价铬离子而罹患癌症。法院认定并不存在过度迟延。法院指出："这一诉讼请求……将使我们僭越部长的典型的裁量权……分配职业安全和健康管理局的资源，确定事务处理的优先顺
1073 序。"法院指出，原告主张的因为接触六价铬离子而遭受的损害是存在争议的，不同水平的众多研究给出的评估是从零损害到原告声称的较高损害程度。法院也指出，职业安全和健康管理局在分析的过程中已经收集了"大量的数据"。考虑到这一任务的艰巨性，行政机关突出的专业能力，以及对行政机关资源的相互冲突的要求，"本院并不适合对部长如何履行职责进行指手画脚"。

在 Independence Mining Co. v. Babbitt[4] 案中，第九巡回法院判定，拖延了 6 年时间没有对专有采矿权（mineral patent）申请进行处理，并不构成《行政程序法》§706（1）意义上的"行政行为……被不合理延误"。法院适用了 TRAC 案中所宣布的六部制标准。它将确定专有采矿权申请效力之过程描述为要求"大量的判断和裁量"。它也提到 1996 年颁布的一部法律，其中要求行政机关在 5 年内对 90%的尚未处理的专有采矿权申请进行处理。根据法院的推理，行政机关未能对 1991 年的申请作出处理，至少在 2001 年前并不构成不合理迟延。

---

[1] 184 F. 3d 872 (D. C. Cir. 1999).

[2] 229 F. 3d 269 (D. C. Cir. 2000).

[3] 145 F. 3d 120 (3d Cir. 1998).

[4] 105 F. 3d 502 (9th Cir. 1997).

在 Duncan Energy Co. v. Forest Service[1] 案中，第八巡回法院推翻了地区法院的指令，即要求林业局在 60 日内批准一名矿地（the mineral estate）所有人合理利用联邦地上权（surface estate）。它认为地区法院的截止日期规定是“没有弹性的”。法院判定，“处理时间是否合理，必须根据与地表利用规划（surface use plan）和林业局的义务相关的情况综合而定”。

在 In re City of Virginia Beach[2] 案中，第四巡回法院作出的判决意见既说明了迟延问题的严重性，也说明了法院对这一问题设计合理救济机制的能力有限。在 1983 年，Virginia Beach 市政府确定亟须建设新的供水管道。但是，市政府要启动这项工程，必须先得到陆军工程兵团（the Corps of Engineers）的许可（permit），并且在一家电力公用事业企业获得联邦能源监管委员会的批准（approval）从而可以部分采用联邦能源监管委员会所监管的水电站项目的水量以满足该市的需要之后。市政府立即向陆军工程兵团申请许可，但是直到陆军工程兵团签发了许可并且陆军工程兵团的决定得到法院支持之后，电力公用事业企业才愿意向联邦能源监管委员会申请批准。陆军工程兵团的决定过程和对其命令的进行司法审查的时间跨度是从 1983 年直到 1991 年。（需要指出的是，大多数的迟延，即 8 年中有 7 年可以归因于司法决定过程而非行政决定过程。）该公用事业公司接着向联邦能源监管委员会申请批准。起初，联邦能源监管委员会认定它并不需要制作环境影响报告（EIS）。但是，联邦能源监管委员会应商务部的请求，对该案的处理中止了两年时间，商务部认定有必要根据其一项规章的规定裁决一项问题。后来，商务部撤回了中止处理的请求，联邦能源监管委员会也改变了主意，认定自己需要制作环境影响报告。在 1993 年，联邦能源委员会认为自己将会在 1995 年中期（即市政府对其迫切需要的输水管道开始申请监管批准的 12 年后）之前开始审议该公用事业公司提出的申请。市政府于是向巡回法院申请执行职务令，要求责令联邦能源监管委员会在特定日期之前对这一案件作出裁决。法院对该市政府所经历的规制迟延极为不满，但是它判定市政府还没有满足执行职务令申请所适用的高标准。法院认定，联邦能源监管委员会有义务制作环境影响报告，没有证据表明联邦能源监管委员会的决定过程存在“严重”迟延以证明签发执行职务令的正当性。

1074

在 Cincinnati Bell Telephone Co. v. FCC[3] 案中，第六巡回法院采取了一项非常措施，责令行政机关开始加速规则制定程序，重新考虑并且可能撤销已有的一项规则。联邦通信委员会启动了规则制定程序，考虑了各种适用于无线通信行业的所有权限制。联邦通信委员会最后规定了若干新的限制，并且认定规则制定的案卷不足以支持撤销已有的适用于贝尔公司（Bell companies）的所有权限制（ownership limitations）。法院以存在武断和恣意为由，推翻了若干新限制。[4] 它接着批评联邦通信委员会未能取消对贝尔公司的现有限制。它认为，这些限制的事实基础已经不再有效，批评行政机关拖延了 14 年时间没有撤销过时的规则。法院认为，在重新考虑这些限制时，“时间是关键性的”，因为联邦通信委员会将要拍卖可得的许可证。如果联邦通信委员会举行这次拍卖，而没有首先重新考虑是否需要保留所有权限制，就是让贝尔公司遭受严厉的惩罚。

在 Sierra Club v. Thomas[5] 案中，哥伦比亚特区巡回法院需要首先裁决一项没有在 TRAC 案中得到裁决的管辖权问题。《清洁空气法》§304 明确赋予地区法院发布指令指

---

① 109 F. 3d 497 (8th Cir. 1997).

② 42 F. 3d 881 (4th Cir. 1994).

③ 69 F. 3d 752 (6th Cir. 1995).

④ 参见§7.4 的讨论。

⑤ 828 F. 2d 783 (D. C. Cir. 1987).

示环境保护局履行非裁量性义务的管辖权。这一规定也适用于那些国会明确要求环境保护局在规定日期前采取特定行为的案件。但是，Sierra Club 案中存在争议的行为并不符合这
1075 一类型。相反，法院将这一行为描述为需要遵守“可以推导出的期限”，即法院根据国会对相关行为所规定的时间表而推导出的期限。法院判定“可以推导出的期限”通常并不设定可以在地区法院根据 § 304 强制执行的强制性时间线（timeline）义务。[①] 因此，根据 TRAC 案的推理，巡回法院对该案拥有专属管辖权。

法院转而进行了实质审查，通过适用 TRAC 案中所宣布的六部制标准驳回了 Sierra Club 的诉讼请求。哥伦比亚特区巡回法院认定国会并未对所讼争的规则制定设定强制性的期限要求。[②] 法院没有采纳 Sierra Club 对 TRAC 案中列举的第三项因素的依赖——相比经济性规制领域的案件，健康和安全案件更值得考虑加速处理——因为环境保护局所处理的都是健康和安全案件：“在这种情况下，公共健康和福利是否能从规则制定中受益，完全取决于占用环境保护局时间的其他相互竞争的优先事项，因为这里的任何加速处理都会以环境保护局在其他事务上的迟延为代价。”[③] 法院认定没有证据表明国会希望环境保护局对本案争议的规则制定相比行政机关正在考虑的其他事务设定更高的优先顺序。最后，法院认定证据表明环境保护局在过去的三年里努力解决这一规则制定所呈现的复杂的科技、政策问题，并取得了重要的进展。[④]

Public Citizen Health Research Group v. Brock[⑤] 案，表明了哥伦比亚特区巡回法院试图强制执行一项根据《行政程序法》§ 706（1）签发的指令时可能遭遇的极为现实的问题。在 1982 年，职业安全和健康管理局开始制定一项规则，试图确定氧化乙烯（ethylene oxide）的毒性，并确定是否对氧化乙烯发布可允许接触量限值（permissible exposure limit）和短期接触量限值（short term exposure limit）。在 1983 年，哥伦比亚特区巡回法院根据《行政程序法》§ 706（1）认定职业安全和健康管理局在颁布可允许接触量限值和短期接触量限值上构成不合理的迟延。法院责令职业安全和健康管理局在一年内完成规则制定程序。[⑥] 在 1984 年，职业安全和健康管理局颁布了一项规则，其中规定了可允许接触量限值，但是拒绝规定短期接触量限值。在 1986 年，哥伦比亚特区巡回法院对其规定了可允许接触量限值的内容予以维持，但是对其未规定短期接触量限值的内容作出了推翻判决。[⑦] 法院判定职业安全和健康管理局并未充分考虑规定短期接触量限值的必要性。它要求职业安全和健康管理局在发回重新处理的过程中“深入……考虑这些问题”，要么规定
1076 短期接触量限值，要么对其拒绝这么做提供充分的理由说明。[⑧]

在哥伦比亚特区巡回法院于 1986 年作出判决的 9 个月之后，职业安全和健康管理局还没有发布拟议规则制定通告，征求对规定短期接触量限值的必要性的意见，获得法院判决推翻这一规则的当事人向法院申请判定职业安全和健康管理局藐视法庭，或者判定其再次存在不合理迟延。在 Public Citizen Research Group v. Brock[⑨] 案中，哥伦比亚特区巡回法院拒绝提供任何一种救济，但是法院对于原告的困境也很为难。

---

① Id. at 791.

② Id. at 797.

③ Id. at 798.

④ Id. at 798.

⑤ 823 F. 2d 626 (D. C. Cir. 1987).

⑥ Public Citizen Health Research Group v. Auchter, 702 F. 2d 1150 (D. C. 1983).

⑦ Public Citizen Health Research Group v. Tyson, 796 F. 2d 1479 (D. C. Cir. 1986).

⑧ Id. at 1507.

⑨ 823 F. 2d 626 (D. C. Cir. 1987).

职业安全和健康管理局基于三点依据对其迟延进行了辩护。首先，它指出要完成其规制使命，即利用有限的资源同时处理众多不同的职业危害，存在一般性的困难，这一点可以从复杂的科学和事实数据推导得出。[1] 其次，它指出氧化乙烯的短期毒性相关数据相对匮乏，并提请法院注意它在法院判决推翻原规则并发回重新处理之后，已经与一家咨询企业订立合同，由后者收集有关这一问题的额外数据。[2] 最后，职业安全和健康管理局承诺完成规则制定程序并发布短期接触量限值，或者解释没有在 1988 年 3 月发布短期接触量限值的理由。[3]

哥伦比亚特区巡回法院指出，它对行政迟延问题"非常忧虑"，不合理迟延已经让行政机关的时间表陷入危险深渊的边缘。[4] 但是，法院拒绝判定职业安全和健康管理局藐视法庭，或者判定其造成了不合理迟延。法院承认"确定……行政行为是否构成'不合理迟延'是个难题"，特别是"考虑到所涉及的健康问题的复杂性和职业安全和健康管理局的有限资源"[5]。法院也承认，职业安全和健康管理局决定推迟征求意见，直到它已经通过外包的方式从咨询企业获得额外的健康数据，这完全符合法院的要求，即职业安全和健康管理局"深入考虑［短期接触量限值］"[6]。因此，法院判定行政机关的时间表是充分的，即使在"涉及生命"的领域开始和完成规则制定程序需要经过 6 年的时间，并且即使该时间表要求在最初的根据《行政程序法》§706（1）提起的诉讼中法院规定了一年的期限之后的五年内完成该行为。

In re International Chemical Workers Union[7] 案，说明了在行政机关延误处理事务的记录确实很严重时，哥伦比亚特区巡回法院愿意对规则制定行为设定司法性质的期限。为了改变工人因为接触镉导致癌症高发的状况，职业安全和健康管理局在 1987 年正式承认需要"尽速"制定新规则，对工人接触镉的量进行限制。在接下来的 5 年里，职业安全和 1077
健康管理局多次向原告和法院保证它会尽快采取行动解决这一公认的重要问题，它制定了多项程序时间表，并且为了履行规则制定的承诺规定而确定了多项采取中间行为（intermediate actions）的截止期限，但是最后都没有按期完成。相反，它只是每次没有按照满足之前的程序时间表要求，就规定了新的更长的时间表。在等待行政机关作出行为长达 5 年之后，法院最后采纳了行政机关最近一次对自己设定的期限，将其作为法院要求的期限。

□ 法院设定的宽泛的期限

有的时候，法院采用比针对具体案件的指令更广泛的权力以减少行政迟延。例如在 White v. Mathews[8] 案中，第二巡回法院维持了地区法院对社会保障局所签发的指令——对所有残疾福利资格的裁决规定了在各州境内适用的裁决期限。但是，在 Heckler v. Day[9] 案中，最高法院对行政迟延问题的这种救济方式提出了质疑。地区法院认定，社会保障局

---

① Id. at 628.
② Id. at 628.
③ Id. at 629.
④ Id. at 628，629.
⑤ Id. at 629.
⑥ Id. at 628.
⑦ 958 F. 2d 1144 (D. C. Cir. 1992).
⑧ 559 F. 2d 852 (2d Cir. 1977).
⑨ 467 U. S. 104 (1984).

处理残疾福利申请中的迟延，侵犯了申请人在“合理时间”内获得听证的法定权利。根据这一事实认定，法官确立了适用于全州的180天的期限，要求社会保障局在此期限内必须作出残疾认定。五名大法官出具的多数意见判定地区法院法官不能设定州内适用的期限，因为国会经常审议并一直拒绝在法律中规定期限。[①] 与国会所做的一样，多数意见承认，规定决定的期限总是会涉及及时性、准确性和一致性等相互竞争的目的之间的权衡。[②] 达到这一平衡属于典型的政策决定。不仅如此，规定对一类案件适用的期限，会不可避免地要求行政机关对其稀缺的资源进行重新配置，从而挤占了本来用于处理其他案件的资源。[③] 在相互竞争的任务之间分配稀缺的资源，是只能由政治上可问责的机构作出的另一种典型的政策决定。

关于法院指令对社会保障局的裁决程序设定州内适用的期限，对其影响的研究验证了最高法院在Day案中所作判决主旨体现的思想。[④] 社会保障局对州内用的禁止期限的回应是将行政法官从一个州调到另一个州，从而对行政迟延在不同地区之间重新分配。行政法官被调到规定了期限的州任职后，其裁决案件的数量有时达到了令人难以置信的程度，即
1078 每天40起（大约每10分钟一起），因此这是在追求速度的同时牺牲了准确率。

Day案中的判决主旨是仅限于社会保障局的裁决程序，对于这种情况，国会特别审议了这种情况，并且拒绝了规定裁决程序期限的要求。Day案的大多数推理同样适用于任何责令行政机关根据法院确定的时间表对某一类案件作出裁决的司法指令。实际上，各巡回法院将Day案解释为体现了最高法院不满各级法院在根据《行政程序法》§706（1）提起的具体诉讼中设定期限。[⑤]

在Beamon v. Brown[⑥] 案中，第六巡回法院驳回了一项对行政迟延申请宽泛的司法救济的诉讼请求。退伍军人残疾福利的一群申请人试图在地区法院提起集团诉讼，试图证明处理退伍军人残疾福利申请的程序存在如此严重的系统性的缺陷，以至于它们所导致的迟延既违反了《行政程序法》，也违反了《联邦宪法》的正当程序条款。这些申请人为了申请的处理结果已经等待长达7年。他们认为退伍军人上诉法院（the Court of Veterans Appeals）不能为自己提供充分的救济，因为：（1）退伍军人上诉法院只能对根据过度迟延提出的权利请求逐一作出处理；（2）它不能受理集团诉讼；因此（3）它不适合确认和补救原告所声称的系统性缺陷。法院判定，法律规定已经排除了退伍军人上诉法院之外的任何法院进行的审查，因为退伍军人上诉法院可以提供充分的救济。它认为退伍军人上诉法院可以在裁决不合理迟延的具体个案过程中确认和处理导致迟延的系统性根源。

□ 法定期限

国会对行政行为设定的期限，避免了司法机关设定期限引发的机构合法性的严肃问题。国会只要愿意，可以对任何行政行为设定期限，国会常常在向行政机关授权的同时在法律中要求行政机关在规定日期之前行使这一权力。

---

① Id. at 110-113.

② Id. at 113-115.

③ Id. at 116.

④ 参见J. Mashaw, *Bureaucratic Justice* 188 (1983)。

⑤ 例可参见Sierra Club v. Thomas, 828 F. 2d 783, 797 n. 94 (D. C. Cir. 1987); Cutler v. Hayes, 818 F. 2d 879 n. 158 (D. C. Cir. 1987)。

⑥ 125 F. 3d 965 (6th Cir. 1997).

如果国会根据对所分配任务性质的现实评估和可以用于完成该任务的资源，选择性设定了行政裁决的期限，法定期限就可以起到对社会有益的作用。国会可以借此向行政机关发出一项重要的信息，即行政机关应该将特定事务放在其日程表的特别优先位置。遗憾的是，法定的期限不是以这种方式设定的。

□ 对法定期限的批评

国会对同一行政机关的如此众多行政行为设定了如此众多的期限规定，以至于行政机关不可能以存在期限规定作为国会对一种或者某些行政行为赋予优先顺序的标志。环境保护局就是这一问题的典型。1985 年完成的一项研究发现，法律对环境保护局规定了 328 项 1079
期限。[①]《1990 年清洁空气法修正案》(the Clean Air Act Amendments of 1990) 又增加了一百多项期限规定。这些法定期限条款是完全不切实际的。1985 年完成的这项研究发现，环境保护局只能满足国会对其设定的期限条款中的 17%。食品药品管理局特别能够说明法定期限不符合现实的问题。在 1962 年，国会要求食品药品管理局在两年内采用审判型听证确定 16 573 种处方药的功效。不足为奇的是，行政机关在期限到期 20 年之后仍然没有完成这项艰巨的任务。[②]

□ 法定期限的可强制执行性

作为一项正式的事务，联邦法院需要强制执行法定期限，正如它们也需要强制执行其他法定义务一样。为了确保这些期限规定得到强制执行，国会通常会在法律中规定授权"任何人"获得强制执行该期限的法院指令。[③] 但是，国会所规定的期限条款实际上是不切实际的，其强制执行的难度之高无异于要求所有公民在 8 秒内完成百米冲刺。当原告向法院抱怨行政机关没有完成法定期限时，法官通常会责令行政机关根据某些后来由司法机关确定的期限作出行为。但是更为常见的是，这些行政机关没有符合期限的要求，法院又规定了新的期限。直到行政机关最后对这一事务作出处理，通常是在最初的法定期限届满数年后，这一序列 (sequence) 才会结束。[④]

这种序列确实会产生一种持续的压力，要求行政机关加速处理满足以下两项特征的任何事务：(1) 受法定期限的调整；(2) 存在要求法院签发指令以强制执行该期限的诉讼请求。但是，由于如此众多的行政行为需要遵守不切实际的法定期限规定，期限条款的主要效力是让可能成为原告的私方当事人可以裁量决定行政机关的优先顺序以及在受这些期限调整的任务之间分配资源。[⑤] 以 Melnick 教授的话来讲，就是："我们已经很难想象比分配行政机关资源更糟糕的方法。"[⑥]

---

① Environmental & Energy Study Institute and Environmental Law Institute, *Statutory Deadlines in Environmental Legislation* (1985).

② 参见 J. Mashaw & R. Merrill, *Administrative Law: The American Public Law System* 285-316 (2d ed. 1985)。

③ 例可参见 42 U. S. C. § 7609 (a) (2)。

④ 例可参见 Association of Am. Railroads v. Costle, 562 F. 2d 1310 (D. C. Cir. 1977); NRDC v. Train, 510 F. 2d 692 (D. C. Cir. 1975)。

⑤ 参见 Melnick, *Administrative Law and Bureaucratic Reality*, 44 Admin. L. Rev. 245 (1992)。

⑥ Id. at 250.

□ 法定期限的成本

对于法定期限的众多研究中没有一份认定它们为行政迟延提供了有效和高效的救济方法。实际上，所有的研究者都已经得出与 Alden Abbott 相类似的结论：“法定期限……会
1080 对社会产生三种类型的成本：（1）资源浪费的成本……（2）行政资源错置成本……以及（3）规制无效率的成本……”①

□ 附有“铁锤条款”的期限

因为对法定期限的无效性感到沮丧，国会有时会采用另外一种机制责令行政机关作出行为，这就是附有“铁锤条款”（hammers）的法定期限。所谓“铁锤条款”，包括强制性的规制标准；如果行政机关未能在法律规定的期限之前发布替代性的规制标准，这些强制性的规制标准就会自动生效。规定这种可能生效的（contingent）法定标准，通常是为了让行政机关具有强大的激励加速规制标准的制定过程，从而避免适用严格的“铁锤条款”。附有“铁锤条款”的法定期限在有限的意义上是有效的，它们对行政机关施加了尽快解决某一事务的强大压力。但是，如果更宽泛地对它们进行评估，则几乎肯定无效或者适得其反的。大量案例研究表明，在不切实际的较短时间内制定的规则存在质量低下的问题。②

□ 联邦法院对法定期限作出的各种反应

为了强制执行法定期限，法院采取了多种不同方式。如果将这些方式视为一个谱系（spectrum），那么哥伦比亚特区巡回法院在 Open America v. Watergate Special Prosecution Force③ 案中的判决意见就代表了谱系的一端。哥伦比亚特区巡回法院拒绝强制执行要求行政机关根据《信息自由法》处理信息公开申请时需要遵守 20 天期限的荒谬规定。法院认定行政机关不可能满足该期限要求，而指令行政机关遵守这一期限将会迫使数十万人起诉和强迫行政机关重新分配其资源，并根据私方当事人的诉讼选择重新安排事务处理的优先顺序。其结果是，行政机关也可能永远不再适合行使对没有起诉的个人或者利益团体来说同等重要，或者更为重要的法定义务。

没有一家行政机关曾经遵守《信息自由法》规定的 20 天期限，有的行政机关甚至超过期限 10 年以上。在 Fiduccia v. Department of Justice④ 案中，第九巡回法院裁决了一项令人十分沮丧的问题。原告在 1986 年根据《信息自由法》提出信息公开申请。截至 1999
1081 年，司法部还没有完全遵守，司法部的观点是处理信息公开申请的队列如此之长，而原告的信息公开申请在该队列中所排的位置需要到 2001 年才能得到满足。第九巡回法院赞同哥伦比亚特区巡回法院的观点，即它不能强制执行处理信息公开申请的 20 天法定期限，

---

① 参见 Abbott, “Case Studies on the Costs of Federal Statutory and Judicial Deadlines”, 39 *Admin. L. Rev.* 467 (1987)。亦可参见 Carnegie Commission on Science, *Technology, and Government*, *Risk and the Environment: Improving Regulatory Decisionmaking* 58-59 (1993)。

② 参见 Abbott, “Case Studies on the Costs of Federal Statutory and Judicial Deadlines”, 39 *Admin. L. Rev.* 467 (1987)。

③ 547 F. 2d 605 (D. C. Cir. 1976).

④ 185 F. 3d 1035 (9th Cir. 1999).

因为这只会让某些人因为起诉而得以插队。但是，法院接着指出："但是这一队列太长了……国会要求行政机关处理信息公开申请的期限是 20 天而不是 20 年。"第九巡回法院认定："迟延直至 2001 年……这不能得到案卷的支持。"这一结论与最高法院承认的现象，即问题的根源是国会不愿意拨付足够的资金之间很难取得一致。第九巡回法院认为司法部可以"劝说国会修改法律或者提供更多的资金以满足该法的要求。"这一点在理论上说固然不错，但确实完全不切实际。这两点都是国会不会做的。在本案中司法部无疑也会遵守法院指令而作出法院声称不会要求司法部采取的行为。司法部会允许这名信息公开申请人因为起诉而得到优先处理。

在 Forest Guardians v. Babbitt① 案中，第十巡回法院的判决意见则是代表了司法机关对法定期限所作回应之谱系的另一端。法院判定内政部长必须遵守在指定濒危物种的法定期限的 12 个月内颁布一项指定濒危物种栖息地的规则，即使该部长不可能满足这一要求。内政部长对其长达几年的迟延，提出了以下抗辩理由：（1）内政部尚不知道栖息地在哪里；（2）拨款冻结导致大量案件积压；（3）现有的拨款水平使得行政机关不可以在任何这些案件中遵守诉讼的截止期限；（4）行政机关已经对众多列入优先事项的超期行为提高工作效能。法院认定自己别无选择，只能指令部长遵守期限要求，即使不可能做到遵守法律规定，并且即使法院指令会产生允许私方当事人只是通过起诉而对超期行为重新安排优先顺序。法院确实指出，在可能的判定内政部长藐视法庭的情形中，它将愿意重新考虑行政机关提出的不可能遵守期限要求的主张。

还有许多其他涉及法定期限的判决意见是随机地分布在司法机关所作回应之谱系的不同位置。在 Western Coal Traffic League v. Surface Transportation Board② 案中，哥伦比亚特区巡回法院合议庭对是否强制执行法定期限的问题产生了分歧。一部法律要求地面交通委员会（the Surface Transportation Board）在申请提出之后的 16 个月内对拟议的铁路兼并作出最后决定。当地面交通委员会得到通知，两家铁路公司将在 3～6 个月内提交这样的申请时，它宣布对任何兼并申请冻结（moratorium）15 个月。它的解释是现有的规则不足以作为审查兼并申请的依据，因此需要 15 个月的时间进行修订。 1082

冻结提交申请显然是不符合处理申请的法定期限之目的。但是两名法官提供的多数意见支持了冻结决定。其理由是，为了允许行政机关"实现同一部法律中更广泛的目标……"行政机关让期限规定目的落空是可以谅解的。持不同意见的法官则指责多数意见允许行政机关"无视其认为合适的法律条款……的明确要求"。

国会经常对行政机关设定其范围或者意义并不明确的法定期限。在 Murphy Exploration v. Department of Interior③ 案中，哥伦比亚特区巡回法院的合议庭对这样的一项条款产生了分歧。在 30 U. S. C. § 1724（h）中，国会对内政部解决矿产资源收益金（royalty）纠纷设定了 33 个月的期限。如果内政部在这一期限内作出决定，行政机关"应当被视为已经作出了对部长有利的决定……上诉人应当有权对这类推定的最终行为申请司法审查……"法院所面对的问题是这里的 33 个月的期限何时起算。在 1989 年，Murphy 提交了要求 410 万美元的矿权收益金请求权，内政部提出反对。内政部最后在将近 10 年之后的 1998 年对 Murphy 的请求权作出了不利于 Murphy 的决定。Murphy 于是申请行政机关通过内部复议程序进行裁决，但是几个月后，在内政部实际对复议作出裁决之前，又申请法院对"拟制的最终行为"进行审查。多数意见接受了 Murphy 的主张，即 33 个月的期

① 164 F. 3d 1261 (10th Cir. 1998).

② 216 F. 3d 1168 (D. C. Cir. 2000).

③ 252 F. 3d 472 (D. C. Cir. 2001).

限是从 1989 年的行政争议开始时起算的。持不同意见的法官则接受内政部的主张，即直到 Murphy 启动了行政机关内部的复议申请程序，33 个月的期限才开始起算。持不同意见的法官对于这一主张的理由更占上风。法律上对于必须在 33 个月内完成的“行政程序”所作的定义可以支持持不同意见的法官的看法：“任何……由部长签发要求、决定或者命令的……可以成为复议对象或者已经被提请复议的……行政程序。”部长直到 1998 年才发布一项决定。不仅如此，多数意见的解释在大多数情形下都是没有什么意义的；也就是说，如果之前的几个阶段的决策需要花费 32 个月时间，行政机关将只有 1 个月的时间作出复议决定。

1083 在 Brower v. Evans① 案中，第九巡回法院驳回了一项行政行为，因为行政机关没有在法定期限内进行强制性的研究或者作出强制性的事实认定。国会要求商务部长在法定期限内，即一个具体日期之前作出围网捕鱼（purse seine fishing）是否会伤害海豚的事实认定，以此作为允许贩卖金枪鱼的商人给自己的金枪鱼打上“海豚安全”的标志的前提条件。这部法律也要求行政机关在法定期限之前完成若干具体类型的研究以此作为事实认定的前提条件。行政机关授权贩卖金枪鱼的商人使用“海豚安全”标签，即使行政机关还不能够作出认定围网捕鱼是否会伤害海豚，部分是因为行政机关还没有开展法律所要求的研究。法院推翻了行政机关的行为，因为行政机关在法律所规定的期限之前既没有作出所要求的事实认定，也没有开展所要求的研究。

在 Biodiversity Legal Foundation v. Badgley② 案中，第九巡回法院采纳了对一部法律的令人质疑的解释而解决了系统性的行政迟延的问题。《濒危物种法》要求鱼类和野生生物管理局在 90 日内作出初步名录决定，并在一年内作出最终的名录决定。《濒危物种法》允许鱼类和野生生物管理局如果认为不可能在 90 日内发布的话，可以推迟作出初步名录决定，但是《濒危物种法》并未授权推迟最终决定。因为拥有的资源有限，鱼类和野生生物管理局不可能在 90 日内作出初步名录决定，它已经建立了优先级体系，按照这一体系，它作出的每项初步名录决定都远远超过了初步名录决定的 90 日期限和最终名录决定的一年期限。第十巡回法院在 Biodiversity Legal Foundation v. Babbitt③ 案中支持了这种办案方法，但是第九巡回法院认为对最终名录决定适用的固定的一年期限也适用于初步名录决定。

在 Alabama-Tombigee Rivers Coalition v. Kempthorne④ 案中，第十一巡回法院支持了一项地区法院所发布的命令，在鱼类和野生生物管理局未能在法定的时间内作出行政行为时，该命令要求在法院发布命令之日起两年内为濒危物种指定关键性的栖息地。法院认为渔业和野生生物管理局“没有在时间上”遵守《濒危物种法》所规定的期限，并提出了下列可能性，即“法院可以”在合适的案件中对于这类时间上的迟延“动用对藐视法庭行为的惩处权或者设计某些创造性的救济方法”。但是，法院拒绝了原告建议的救济方法，即判决鱼类和野生生物管理局除非是在法定的期限内否则无权指定濒危物种栖息地，因为这
1084 种救济方法具有过强的破坏力。

在 Grand Canyon Air Tour Coalition v. FAA⑤ 案中，哥伦比亚特区巡回法院的判决意见则是体现了这一谱系中偏向谅解（forgiving）的一端。国会制定的一部法律要求联邦航

① 257 F. 3d 1058 (9th Cir. 2001).

② 309 F. 3d 1166 (9th Cir. 2002).

③ 146 F. 3d 1249 (10th Cir. 1998).

④ 477 F. 3d 1250 (11th Cir. 2007).

⑤ 154 F. 3d 455 (D. C. Cir. 1998).

空管理局发布一项能够实现大峡谷“实质性恢复自然宁静状态”的规则。这部法律要求内政部在 30 天内提出计划建议，联邦航空管理局在之后 90 天内颁布一项规则。这两家行政机关都对法定期限延误了很多年。联邦航空管理局花了 10 年时间才制定了这项规则。这项规则本身规定了为期十年的分步实施（phase-in）过程。因此，国会希望在 120 天内实现的，却是将需要花 20 年时间才能实现。原告主张，超越法定期限长达 10 年，发布的规则又需要 10 年时间才能实现法定要求，这构成了“被不合理延误的行政行为”。原告要求法院责令行政机关以更快的速度发布能够实现“实质性恢复自然安定状态”的规则。法院拒绝提供“如此激进的救济”。它提到了行政机关需要解决的“复杂”问题，“在高度技术性的领域内，我们的机构能力存在的局限”，以及法院无法预测命令行政机关加速实现法定要求的意外后果。

在 In re United Mine Workers① 案中，哥伦比亚特区巡回法院试图解决另一项令人沮丧的问题。美国矿工联合会（the Mine Workers Union）根据《行政程序法》§706（1）申请法院“责令矿山安全和健康管理局作出被不合理延误的行政行为”。《矿山安全和健康法》要求矿山安全和健康管理局在评议期结束之后 90 日内发布最终的规则。但是，矿山安全和健康管理局在涉及矿山柴油暴露（exposure）问题的规则制定评议期结束之后 8 年内都没有采取行动。法院判定“国会说话是算数的”，矿山安全和健康管理局显然已经违反了强制性的行为期限规定。但是，在转向救济问题时，法院则遇到了重大的问题。它指出，即使是原告，也没有申请法院发布指令，要求行政机关立即采取行动。矿山安全和健康管理局认为，它只有挤占其他更重要任务的资源，才能加速处理该案所讼争的规则制定程序。美国矿工联合会承认了矿山安全和健康管理局这一主张的有效性。事实上，美国矿工联合会提到了其他两项长期悬而未决的规则制定程序，认为它们都比本案讼争的规则制定更为重要。法院也认定矿山安全和健康管理局就延迟问题所提出的理由是言之成理的。这些理由包括需要进行更详细的研究才能符合另一家法院的指令，该指令以行政机关没有进行充分分析为由推翻基于健康的（health-based）规则。最后，法院保留了对该案的管 1085
辖权，并且说明如果行政机关没有“作出善意的努力……以遵守这部《矿山安全与健康法》的规定”，它愿意在未来采取行动。在这份判决中，法院指出：

> 在国会对行政机关作出了 90 日内作出行为的规定时，行政机关无论有多少优先事项，也无论其人员和预算资源多么稀缺，它都只能在有限的时间内采用这些理由为自己的不作为开脱。
>
> 这些意见在理论上是正确的，但确实完全不切实际的。如果国会继续对行政机关提出这种既要马儿跑又要马儿不吃草的要求，它们就不会遵守，事实上它们也没有能力遵守。没有一项法院指令可以改变这一现实。

在 NRDC v. EPA② 案中，哥伦比亚特区巡回法院对于行政机关违反期限的五种情况选择了五种不同救济方法。考虑到环境保护局未能通过满足为各州提供指引的要求，第一种违反期限的行为涉及环境保护局违反期限和环境保护局延长对各州适用的期限规定的合法性问题之间的联系。法院认为国会的意图是允许各州可以在原先规定的整个期限内制作与环境保护局迟延了的指南一致的计划，而不是在环境保护局不能延长对各州适用的期限时采用更短的期限。

第二种违反期限的行为涉及的是环境保护局延长审查不同州提交计划的期限。法院也

---

① 190 F. 3d 545 (D. C. Cir. 1999).

② 22 F. 3d 1125 (D. C. Cir. 1994).

支持了延长期限的决定。法院认定许多州因为数据不足，不可能按照原定的时间表提交计划。不可避免会被延误的州提交计划与强制执行环境保护局对这些提交的计划作出处理的原有的期限规定，两者相结合，本来会让环境保护局明显缩短处理这些州提交的计划所需花费的时间。法院认为国会的意图是允许环境保护局在法律原定的完整期限内对延迟提交的州计划进行审查。

第三种违反期限的行为既涉及环境保护局延长适用于另一组州提交计划的期限，也涉及环境保护局延长了对这些提交材料继续审查的期限。法院认定环境保护局延长适用于州提交计划的期限，是不可谅解和违法的。但是，法院拒绝适用原告所要求的严厉的救济措施，即以法院指令的形式要求环境保护局立即认定各州违反了该法律的规定。不过，法院
1086 要求环境保护局对其导致的违法迟延作出赔偿，这些迟延是因为加速对州提交计划进行审查而在州提交计划过程中造成的。

第四种违反期限的行为涉及的是环境保护局延长对所提交计划不符合法律或者规章要求的州实施制裁时所适用的期限。法院支持了这一延长期限的决定。它的理由是各州不应该因为善意地依赖环境保护局违法延长对各州提交计划的期限而受惩罚。

哥伦比亚特区巡回法院通过法律解释取消了第五种违反期限的行为。原告认为，要求各州的计划在规定日期之前“生效”（take effect）的法律条款意味着，如果在该日期之前消除了迟延问题，则每个州的计划一定是有效的。法院维持了环境保护局的法律解释，即“生效”仅指在规定日期前存在法律上有效的计划。

在 Action on Smoking & Health v. Department of Labor① 案中，哥伦比亚特区巡回法院判定不能责令行政机关遵守它对自己设定的期限。尽管这一期限是以强制性的文字表述的，但是法院认定它们“只是一种追求的目标”。法院提到了一项事实，即行政机关从未遵守它在任何案件中对自己设定的期限。法院认定，当法院经常谅解行政机关违反法定的强制性期限时，让法院强制执行行政机关对自己设定的期限是不合常理的。

在 Environmental Defense Center v. Babbitt② 案中，当事人申请法院综合考虑禁止行政机关遵守法定期限的拨款法律的一项条款，确定强制性法定期限的效力。《濒危物种法》要求行政机关在收到申请之日起的规定期限内，对某物种列入濒危物种名单的申请作出最终决定。在将红腿蛙列入濒危物种的申请还没有作出最后处理的时候，国会制定了一系列拨款立法，禁止行政机关将拨款资金用于制作濒危物种名单。行政机关以拨款立法中的禁止性规定为由，为其违反法定期限进行辩护。法院拒绝了对两部存在冲突的立法进行协调的两种可能方式：（1）拨款条款默示废除了强制性期限条款；（2）行政机关需要通过违反拨款条款而遵守强制性期限条款。相反，法院判定拨款条款暂时性谅解了行政机关违反强制性期限的行为，直到拨款条款到期之后的“合理时间”。这可能是法院为解决此种法律
1087 冲突所能尽到的最大努力了。③

□ 对于迟延问题的其他回应

在 2007 年通过的《信息自由法》修正案④中，国会试图鼓励行政机关更迅速地对信

① 100 F. 3d 991 (D. C. Cir. 1996).

② 73 F. 3d 867 (9th Cir. 1995).

③ 有关行政机关违反法定期限的司法应对，一般性讨论可以参见 Pierce，“Judicial Review of Agency Actions in a Period of Diminishing Agency Resources”，49 *Admin. L. Rev.* 61 (1997)。

④ 参见 § 5.2 的讨论。

息公开申请作出回复，其中要求行政机关报告其平均合规时间，以及在行政机关违反法定回复期限要求时，除特殊情况下，禁止行政机关作出对信息公开申请人收取检索成本决定。

在 Ramey v. Stevedoring Services of America① 案中，第九巡回法院支持了对行政迟延的立法救济的合宪性。码头工人残疾福利相关争议裁决的程序繁琐、涉及多家行政机关，实施效果不佳。到 1996 年之前，福利审查委员会（the Benefits Review Board）已经积压了大量行政法官的裁决等待审查。为了回应这一问题，国会通过了一部法律，决定维持所有被上诉至福利审查委员会但是超过一年仍未审查终结的行政法官的裁决。法院驳回了原告的主张，即这部法律违反权力分立原则。法院接着判定这名行政法官在裁决案件的实质问题时存在错误。具有讽刺意义的是，法院接着将案件发回福利审查委员会进一步审查，这一做法让行政迟延的问题更趋恶化。

在 Patel v. Reno② 案中，第九巡回法院针对行政迟延的问题采取了不同寻常的执行职务令的救济方法。Patel 在加入美国国籍后，于 1988 年为其妻子和孩子申请签证。1994 年，孟买领事馆通知 Patel，移民归化局将以存在欺诈和重婚行为为由对其启动剥夺国籍的程序，并且在这一程序终结之前，其申请已经被“拒绝”。到了 1995 年，移民归化局启动剥夺国籍程序，但是直到 1997 年才作出决定。法院签发了一项执行职务令，要求领事馆对其签证申请进行处理。法院判定领事馆并未中止处理签证申请的裁量权。领事馆必须要么签发签证，要么拒绝签发签证。

□ 期限经过并不意味着排除行政机关作出决定

联邦法院继续努力处理各种不同的情境下行政迟延的存在及其意义问题。在 Barnhart v. Peabody Coal③ 案中，存在不同意见的大法官们就解决了巡回法院之间存在的分歧。《煤炭产业退休人员健康福利法》（the Coal Industry Retiree Health Benefits Act）§ 9706（a）规定社会保障局局长“应当在 1993 年 10 月 1 日之前”将每位符合资格的煤炭产业退休人员分配到（assign）仍在运营的公司或者相关的实体机构。社会保障局局长在法律规定的截止日期，即 1993 年 10 月 1 日之后对大约 10 000 名退休人员进行了分配。问题在于社会 1088
保障局局长在截止日期之后是否还拥有作出分配决定的权力。六位大法官出具的多数意见判定局长拥有此项权力。

多数意见认为，“真正的问题……是这种工作拖沓将会导致什么后果”。多数意见指出，最高法院“不愿认定行政机关每次未能遵守程序性要求都导致此后的行政行为无效……”多数意见作了如下总结：

> 如果法律没有明确规定未能遵守法律上的时限要求的后果，联邦法院通常不会施加自己的强制性的惩罚。

多数意见认为没有证据表明国会的目的是社会保障局局长如果错过法定截止期限，就不得作出决定，并且认定允许局长在截止期限之后继续作出分配决定是与该法制定目的相互一致的。

三位持不同意见的大法官则认为局长在截止期限之后已经失去了将退休人员分配到各个企业的权力。持不同意见的大法官基于三点理由区分了之前的案件。首先，他们提到了

---

① 134 F. 3d 954 (9th Cir. 1998).

② 134 F. 3d 929 (9th Cir. 1997).

③ 123 S. Ct. 748 (2003).

需要特别强有力的证据来证明，当“行政机关所行使的权力是在检验宪法的边界”时，行政机关的权力“是植根于该法律的文本之中的”。其次，持不同意见的大法官指出，“在有时间限制的命令中所包含的唯一［分配退休人员的］授权已经到期失效”，而此前案件中的授权是“与包含有时间限制的命令的规定相互分离的”。再次，持不同意见的大法官认为，将截止期限解释为对行政机关权力的限制是与该法的立法目的相互一致的。Thomas 大法官单独撰写了一份不同意见，其中表达的观点是所有法定的含有截止期限的命令所赋予的权力在截止日期之日到期失效。

Peabody Coal 案的多数意见重申了 Brock v. Pierce County① 案中所宣布的判决意见。如果采纳 Thomas 大法官所表达的观点，将会产生戏剧性的效果，因为国会已经在数以千计的行政机关实施的法律中纳入了截止期限的规定。如果采纳三位大法官的不同意见中所表达的观点，就会产生不确定的效果，因为我们不可能知道这些大法官对于他们据以区分 Pierce County 案和 Peabody Coal 案的三项因素分别具有多大的重要性。

各巡回法院通常判定行政机关在作出行为的法定期限经过之后仍然保留作出行为的权
1089 力，除非国会明确作出相反规定。② 在其他案件中，法院通过将行政行为解释为符合期限，而回避了行政机关违反强制性期限的意义。例如，在 Career College Ass'n v. Riley③ 案中，管理和预算局尚未批准一项临时性规则，为了能让这些规则调整下一年度发生的行为，哥伦比亚特区巡回法院判定这一规则可以有资格作为法律条款规定的在特定日期之前“属于最终形式”的规则。

在 Dixie Fuel Co. v. Commissioner of Social Security④ 案中，第六巡回法院采取了不同寻常的措施，判定行政机关因为法定期限内的不作为而丧失了作出行为的权利。《1992 年煤炭行业退休福利法》（the Coal Industry Retirement Benefit Act of 1992）规定，社会保障局“局长应当在 1993 年 10 月 1 日之前将具备福利资格的每位煤炭行业退休人员分派给煤矿的‘签约经营者（signatory operator）’”。法院判定局长无法在 1993 年 10 月 1 日之前作出任何分派决定。法院依据的是强制性的“应当（shall）”和这部法律的结构，该结构使得许多后续的行为都取决于在 1993 年 10 月 1 日之前完成分派。这份判决意见的基调和结论都与上述段落论述的诸多判决意见存在矛盾。

□ 行政迟延对于解决其他争议的影响

行政裁决中的迟延常常会导致许多其他法律纠纷的解决变得更加复杂。大法官们在 Regions Hospital v. Shalala⑤ 案中对行政迟延的法律效力问题形成了 6∶3 的两派意见。到

---

① 476 U. S. 253 (1986).

② 例可参见 Brock v. Pierce County, 476 U. S. 253 (1986)（违反法定的强制性期限，并不禁止作出后续的行政行为）；South-western Bell Tel. Co. v. FCC, 138 F. 3d 746 (8th Cir. 1998)（即使法律要求行政机关在 5 个月内作出行为，行政机关花了 9 年时间，行政机关仍然保留作出行为的权力）；Southwestern Pennsylvania Growth Alliance v. Browner, 121 F. 3d 106 (3d Cir. 1997)（行政机关在 18 个月的期限经过之后可以作出行为，并且可以考虑适用于期限经过之后的阶段所适用的数据）；Hendrickson v. FDIC, 113 F. 3d 98 (7th Cir. 1997)（行政机关可以在免除职务决定的 90 天法定期限经过之后免除银行官员的职务）；William G. Tadlock Constr. v. Department of Defense, 91 F. 3d 1335 (9th Cir. 1996)（行政机关在举报人诉讼中违反三项强制性的法定期限，并不禁止其作出后续的行政行为）；Oy v. United States, 61 F. 3d 866 (Fed. Cir. 1995)（违反规章中确定的强制性期限，并不禁止作出后续的行政行为）。

③ 74 F. 3d 1265 (D. C. Cir. 1996).

④ 171 F. 3d 1052 (6th Cir. 1999).

⑤ 522 U. S. 448 (1998)，参见§3.6 和§6.7 的讨论。

1985 年之前，卫生和社会服务部对一家提供研究生医疗教育的医院，根据其为了这一目的而产生的“合理”费用确定了报销金额。卫生和社会服务部在该财政年度结束之后花了三年时间对医院的记录进行了审计，以便在所主张成本中查找和否定其认为不属于为了规定目的或者存在不合理性的部分。在 1985 年，国会通过了一项法律修正案，指令卫生和社会服务部实施新的报销方法。这部法律规定：

> 卫生和社会服务部部长应当根据本分章的规定，确定在该医院自 1984 财政年度期间开始的成本报告期间，医院对每个全时当量（full-time-equivalent）的住院医生提供研究生医学教育所花费的直接开支被认为是合理的平均金额。

这项法律修正案指示卫生和社会服务部采用 1984 年的数据作为基准，确定后续年度 1090
每家医院研究生医学教育成本的可报销金额。正如所有九位大法官所承认的，国会预期卫生和社会服务部会在对 1984 年适用的 3 年审计期限内，对每家医生在 1984 年的成本进行仔细审计，并且利用由此得到的 1984 年发生的成本的准确数据作为 1984 年报销的依据和后续年度确定报销金额的基准。但是，事实并非想象的那样。在 1988 年，也就是对 1984 年发生的成本审计的 3 年期限结束之后，卫生和社会服务部首次公布了一项实施 1985 年法律修正案的拟议规则。在这项拟议规则的前言里，卫生和社会服务部认为有理由相信自己曾经错误地对某些医院报销了在后来的审计过程中被否定的 1984 年发生的成本。该规则建议对所有医院的 1984 年发生的成本进行重新审计，以确定每家医院在 1984 年所发生的成本的准确水平，并作为在后续年度确定可报销成本的基准。卫生和社会服务部后来发布了一项具有这一效力的最终规则，并将其作为对 Regions Hospital 在 1984 年发生的成本进行重新审计的依据。卫生和社会服务部确定 Regions Hospital 在 1984 年发生的研究生医学教育成本是比卫生和社会服务部为其报销的当年成本少 30%。卫生和社会服务部接着采用经过重新审计的较低的成本作为确定 Regions Hospital 在后续年度以及在 3 年审计期内可报销金额的基准。Regions Hospital 对这一重新审计规则的效力提出了质疑，理由是该规则与法律存在矛盾，并且具有的溯及力也是不被允许的。

所有九位大法官一致认为：(1) 该规则的溯及力并不违法；(2) 法律的相关文字是模糊的；(3) 从语义分析的角度来看，重新审计规则是可以允许的解释；但是，(4) 国会并未预料到卫生和社会服务部会将确定 1984 年发生的成本之准确数据的任务拖延到审计期结束之后，并且为了未来的成本报销的目的，对 1984 年发生成本采取了不同的成本计算标准。这场辩论的唯一焦点是大家一致认定的事实所具有的法律意义。六名大法官出具的多数意见提出了下列问题：

> 如果国会预料到部长对 1986 年的……法律修正案所作的反应不会足够迅速，以至于在该部长为期三年的程序重新开始进行期间（reopening period）未能察觉 1984 年的……错误，国会将会认为在行政上怎么做才是对的？

多数意见认为卫生和社会服务部在假定“国会……显然并未打算在未来的报销活动 1091
中……一直接受不被允许的成本，从而造成……数百万美元的损失”时已经对这一问题提供了合理的答案。在脚注 3 中，多数意见提到了“案件积压量巨大”的行政机关违反期限要求“并非不同寻常”，并且最高法院之前的判决主旨也曾证明对这种违反期限的谅解态度，也就是作出行为的法定期限经过，仅此并不会剥夺行政机关作出该行为的权力。

持不同意见的大法官批评多数意见提出了错误的问题。他们对法院的角色作了限制性的描述，认为并不包括维持一部“考虑欠周的法律”中“相互冲突的目的”，以及保护“具有充分时间”作出行为的行政机关不受其迟延行为的负面影响。如果持不同意见的大法官所表达的观点在将来能够占据上风，它们将会产生重要的影响。国会经常在制定的法律中规定了“考虑欠周”，以至于行政机关无法实现的行为期限。

在 City of New York v. Minetta[①] 案中，第二巡回法院认为，对于行政机关设定的法定期限较短，给了行政机关不遵守《国家环境政策法》规定的制作环境影响评价报告要求（EIS）的借口，因为根本不可能在短时间内制作一份环境影响评价报告。

在 Middle Rio Grande Conservancy District v. Norton[②] 案中，第十巡回法院得出了一条相反的结论。该案的判决意见中包括了对鱼类与野生生物管理局（the Fish & Wildlife Service）的尖锐批评：“鱼类与野生生物管理局遵守《国家环境政策法》和《濒危物种法》，存在大量的迟延和不充分的决策程序。”鱼类与野生生物管理局在 1994 年将一物种列入濒危目录。直到 1999 年，也就是在法定期限经过 4 年之后，巡回法院命令鱼类与野生生物管理局指定关键栖息地的几个月之后，鱼类与野生生物管理局才为该物种指定关键性的栖息地。鱼类与野生生物管理局认定它不需要制作环境影响评价报告，因为这种指定决定不会对环境造成重要影响。地区法院推翻了这一判决，认为这一指定决定是武断和恣意的，因为鱼类与野生生物管理局并未解释自己为何将一块面积大得多的区域指定为关键栖息地。地区法院命令鱼类与野生生物管理局在 120 天内制作环境影响评价，并且发布反映环境影响评价报告中分析的新的指定决定。行政机关认为，地区法院的命令超越了它的权限，并且在任何情况下都不能做到遵守地区法院规定的期限。巡回法院承认，地区法院所命令的救济应当只有在“极其例外的情形下作出”，但是它支持了这一命令：

但是，考虑到本案的特殊情况，普遍的迟延，银鲤（Silvery Minnow）所处的危险境
1092 地，以及大量的证据能够证明存在明显的环境影响，而无论指定栖息地的规模、形状和位置如何。地区法院命令［在 120 日内］开展环境影响评价，并不属于滥用裁量权。

在 Wyatt v. United States[③] 案中，联邦巡回区上诉法院描述了发布许可证的迟延可以构成对财产的违宪征收的情形。法院认为，该案讼争的 7 年的迟延并不构成征收。法院指出，这种迟延必须是“不同寻常的”才能符合条件，并且指出“最高法院曾经宽容了长达 8 年的迟延”。法院接着总结了迟延是否属于不同寻常从而构成征用的行为方式：

迟延的时间长度并不必然是在确定是否存在不同寻常的行政迟延时所考虑的主要因素。因为迟延是复杂的规制许可计划中所内在存在的，我们必须考察许可程序的性质以及任何迟延的理由。不仅如此，在极少数的情形下，我们能够根据不同寻常的迟延而不必证明恶意的存在就可以认定构成征用。[④]

在 TNS v. NLRB[⑤] 案中，因为行政机关的过度迟延，第六巡回法院异乎寻常地拒绝了强制执行本来有效的命令。国家劳动关系委员会在 1982 年对 TNS 立案。18 年后，它命令该企业恢复若干雇员的工作并向他们支付 18 年的拖欠工资。法院指出，《行政程序法》§ 555（b）要求行政机关“在合理时间内”“对所受理的事务作出结论”。法院认定：

本院并未看出让公司对所有这段时间里累积的损害赔偿金负责的合理方式，特别是它的结构和业务在这段时间里已经发生改变。相应的，我们判决撤销国家劳动关系委员会的决定……而不是发回重新处理并要求进一步考虑。

---

① 262 F. 3d 169 (2d Cir. 2001).

② 294 F. 3d 1220 (10th Cir. 2002).

③ 271 F. 3d 1090 (Fed. Cir. 2001).

④ 另可参见 Kowalczyk v. INS, 245 F. 3d 1143 (10th Cir. 2001)，参见 § 13.1 的讨论（迟延必须是故意的，或者导致明显的损害，从而构成对抗政府的衡平法上的禁止反言的基础）. 另可参见 Mejia-Perez v. Gonzales, 490 F. 3d 1011 (8th Cir. 2007)。

⑤ 296 F. 3d 384 (6th Cir. 2002).

在 National Tower v. Plainville Zoning Board of Appeals① 案中，第一巡回法院为了避免行政迟延的后果而采取了不同寻常的步骤。法院认为，和其他行政机关一样，拒绝发放无线通信塔建设许可的分区规划委员会，只能引用它们在拒绝许可的书面决定中所陈述的 1093
理由为自己的行为辩护。但是，法院接着判决，分区规划委员会因为初步理由说明不充分而被法院判决撤销时，与其他行政机关不同，此类分区规划委员会并没有第二次机会在发回重新处理的过程中为自己的决定提供充分的理由说明。用法院自己的话来说：

法律的要求，即委员会在“合理的期限内”作出决定，以及复审法院可以“以加速程序”受理和裁决这项决定，表明国会并未打算涉及多轮决定和诉讼，在其中法院拒绝了一项理由，然后向委员会了提供一个机会，如果它选择的话，再提供一次机会。相反，在大多数案件中，合适的救济……将是发布命令……指示委员会批准这种解释。

在 Iddir v. INS② 案中，第七巡回法院处理了特别令人沮丧的行政迟延的证明问题。国会为了向移民美国较少的国家个人增加发放签证的数量而设立了多元化抽签签证项目（the Diversity Visa Lottery Program）。申请人根据这一项目参与抽签。如果抽中，他们就可以在及时填写完申请材料并且移民归化局在抽签的当期财政年度审查这些申请材料之后获得签证。但是，还有一项第 22 条军规式（Catch-22）* 的问题。移民归化局从不在法定授权到期失效之前处理这些申请。在这种情况下，有些申请人虽然及时提出申请，并且已经在抽签程序中成为“赢家”，但是因为移民归化局没有及时“处理”申请材料而被移民归化局所“否决”他们向法院申请签发执行职务令，要求法院责令移民归化局对这些申请进行实质审查。法院首先认为它是有管辖权的，尽管法律禁止对移民归化局拒绝签证申请的“判断”进行司法审查，因为判断涉及的是裁量权的运用，移民归化局在因为没有及时处理申请而“拒绝”申请时并未作出裁量决定。③ 法院接着认为，申请人可以有理由不必就等待穷尽移民归化局的行政救济而启动驱逐出境程序和为了驱逐出境抗辩而提出反对意见。④ 但是，法院拒绝批准所申请的救济，因为国会明确将移民归化局对申请进行裁决的权力限定于早已过去的一段期间内。

在 Stone v. Hamilton⑤ 案中，第七巡回法院拒绝将一部授权各州追偿（recoup）过度发放的食品券的法律解释为溯及适用，部分原因是 12～15 年前允许各州追偿过度发放的 1094
食品券时出现的不公正情形。“基于公正的要求，在合理的一段时间已经经过之后食品券领取人……必须有权拒绝州的追偿请求。”

在 Natural Resources Defense Council v. Evans⑥ 案中，第九巡回法院判定“每年对规则制定的及时考虑不能构成”让规则制定豁免适用通告评议程序的“合理事由”。但是在 Oregon Trollers Ass'n v. Gutierrez⑦ 案中，第九巡回法院则支持了具有充分证据支持的具体案件中的决定，即及时考虑构成豁免每年的规则制定免于通告评议程序的合理事由。

---

* 该词也被译为“坑人二十二”，现用于形容人们处在一种荒谬的两难之中，如一个人因为没有工作经验而不能得到一份工作，但是他又因为没有一份工作而得不到工作经验。该词最早出自美国作家约瑟夫·海勒（Joseph Heller）1961 年出版的长篇小说《第 22 条军规》（Catch-22）。——译者注

① 297 F. 3d 14 (1st Cir. 2002)，参见 § 11. 2、§ 11. 4 和 § 18. 7 的讨论。

② 301 F. 3d 492 (7th Cir. 2002)，参见 § 15. 10 和 § 17. 8 的讨论。

③ 参见 § 17. 8 的讨论。

④ 参见 § 15. 10 的讨论。

⑤ 208 F. 3d 751 (7th Cir. 2002).

⑥ 316 F. 3d 904 (9th Cir. 2003)，参见 § 7. 10 的讨论。

⑦ 452 F. 3d 1104 (9th Cir. 2006)，参见 § 7. 10 的讨论。

在 United States v. Hanover Insurance Co. ① 案中，联邦巡回区上诉法院讨论了一项有趣的问题，即行政机关可以采取什么行政行为为政府追讨诉讼时效已经经过的债务。美国海关提起诉讼追讨反倾销关税。国际贸易法院判定这一诉讼请求的诉讼时效已经经过。美国海关于是威胁要采取各种行政制裁，包括拒绝受理当事人的业务申请，除非该当事人缴纳已经超过诉讼时效的债务。国际贸易法院签发了一份禁令，禁止美国海关对没有支付已经超过诉讼时效的债务的当事人实施或者威胁实施任何行政制裁。联邦巡回区上诉法院支持了这项禁令，认为可以以此作为手段保护当事人不受行政机关规避原判决之企图的影响，原判决判定诉讼请求因为诉讼时效经过而不能得到支持。

在 Hughey v. JMS Development Corp. ② 案中，第十一巡回法院的判决意见说明了行政机关懒散加上不切实际的法定要求将会引发的极端问题。《1972 年清洁水法》（the Clean Water Act of 1972）禁止将任何点源的任何污染物排入美国的水体之中，除非污染源获得允许排放的国家污染物排放清除系统（National Pollutant Discharge Elimination System）的许可。可以理解的是，环境保护局极端不情愿对建筑工程排放未污染的暴雨水（storm water）适用这一绝对性的禁止或者允许的要求，因为仅仅是这一申请就要求行政机关受理数百万份许可申请。环境保护局拒绝设立专门的项目以受理外溢风暴水排放的许可申请，直到 1992 年迫于一项法律修正案和诉讼的压力才设立此种项目。与此同时，环境保护局将许可权限下放给众多州，包括在 1974 年授权给佐治亚州。佐治亚州效仿联邦环境保护局的作用，直到 1992 年都拒绝设立任何受理外溢风暴水排放的许可申请的制度。在佐治亚州开始受理外溢风暴水排放的许可申请之前，JMS Development 就在佐治亚州进行一项建筑项目，并且会产生外溢风暴水。Hughey 根据《清洁水法》的公民诉讼条款，起诉指控 JMS 无证排放风暴水而违反了《清洁水法》，寻求损害赔偿并申请法院签发禁令，禁止 JMS 继续违反《清洁水法》。地区法院判定 JMS 承担责任并签发了禁令。巡回法院推翻了这一判决。巡回法院指出，JMS 已经申请并获得了从事其建筑工程所可以获得的每项许可证。法院进一步指出，JMS 不可能在其违反《清洁水法》的时候提出申请，或者获得无污染的风暴水外溢的许可。JMS 也不可能遵守《清洁水法》的不得排放条款："现实地说，雨水会顺坡而下，即使是国会立法也不能阻止这一点。"法院采纳了一条解释原则，即"推定国会不会意图产生荒谬（不可能实现）的结果。"

1095

□ 行政迟延造成其他原则适用的复杂化

行政决定程序的迟延和适用穷尽行政救济原则③、首先管辖权原则④之间也存在内在的紧张关系。对于这一紧张关系，法院以不同方式作出了回应。

在 Maxon Marine v. Director, Office of Workers Compensation Programs⑤ 案中，第七巡回法院判定行政决定程序的拖沓，并不能作为原谅原告未能穷尽这一程序的充分理由。行政机关认定原告并不符合适用《码头和港湾工人赔偿法》（the Longshore and Harbor Workers' Compensation Act）一项豁免规定的资格。通常，这一决定足以成为可以直接接

---

① 82 F. 3d 1052 (Fed. Cir. 1996).

② 78 F. 3d 1523 (11th Cir. 1996).

③ 参见第 15 章。

④ 参见第 14 章。

⑤ 39 F. 3d 144 (7th Cir. 1994).

受司法审查的最终行政行为。[①] 但是，法院认定，这一行政决定并不符合可以立即接受审查的行政行为的资格，因为原告是一项根据《码头和港湾工人赔偿法》提出的、尚未结案的索赔请求的对象，并且行政机关认定原告不能豁免适用该法。在这种情况下，法律要求原告在行政法官对该索赔请求进行听证时提出豁免适用该法的问题，原告对该问题的裁决有任何不满意的，可以向福利审查委员会申请审查；对福利审查委员会的裁决如有不服，可以再申请司法审查。原告抱怨行政程序可能需要数年才能完成，并且与此同时，他会因 1096
为行政裁决所导致的法律和资金的不确定性而被迫停业。法院对原告的困境表示了同情，并且承认"行政机关常常是无意造成的迟延感到愧疚"，但是它判定"迟延不是规避国会对申请行政行为的司法审查所规定的程序的有效依据"[②]。

同一家巡回法院在 Adler v. Espy[③] 案中以相反的方式解决了穷尽行政救济义务与行政迟延之间的紧张关系。一名政府雇员相信他是雇佣年龄歧视的受害者，既可以在地区法院起诉，也可以向行政机关投诉。原告在 1985 年向行政机关投诉。在 1989 年，行政机关尚未对其投诉作出决定的时候，原告又在地区法院起诉。地区法院驳回了这一起诉，理由是原告尚未穷尽行政救济。法院适用了有关穷尽行政救济原则的传统理由[④]，以及该巡回法院当时已有的先例判决，得出了这一结论。该巡回法院推翻了地区法院的判决，也推翻了该巡回法院的先例判决。影响该判决的因素包括：（1）行政决定过程存在的极端迟延；（2）在当事人已经首先选择了完全规避行政过程的情况下，要求他穷尽漫长的行政过程，会产生适得其反的效果；（3）行政机关最近发布的一项新规则，向将来发生效力，规定如果行政机关没有在当事人提出投诉之后的规定期限内作出处理，可以谅解当事人未能穷尽行政救济。[⑤] 1097

§12.4 行政迟延的政治性补救

□ 个案的加速处理

无论是在个案的水平上，还是在更广泛的基础上考察行政迟延的问题，解决行政迟延问题的最有效的办法是通过政治过程而非司法过程。在具体个案中对于行政迟延不满的当

---

① 参见§15.11。

② 另可参见 Perot v. Federal Election Commn.，97 F. 3d 553 (D. C. Cir. 1996)（法院不能裁量决定免除法律明确规定的穷尽行政救济的要求）；Pavano v. Shalala，95 F. 3d 147 (2d Cir. 1996)（法院可以有谅解未能穷尽行政救济的灵活空间，但是地区法院在这些情形下谅解未能穷尽行政救济的行为构成了裁量权滥用）；Jobs，Training，& Servs.，Inc. v. East Texas Council of Govts.，50 F. 3d 1318 (5th Cir. 1995)（行政机关在作出最终决定方面的拖沓，并不能成为要求免除最终行政行为要求的正当理由）。

③ 35 F. 3d 263 (7th Cir. 1994).

④ 参见第 15 章。

⑤ 另可见 Bak v. Postal Service，52 F. 3d 241 (9th Cir. 1995)。另可参见 Rice v. Department of Alcohol，Tobacco and Firearms，68 F. 3d 702 (3d Cir. 1995)（当实体性的法律要求行政机关考虑恢复持枪特权的申请，但是行政机关因为拨款法律中包含的禁止性条款而没有考虑该审查时，以及实体性法律允许复审法院在根据申请对行政决定进行审查时接受独立证据时，并不需要穷尽行政救济）；National Communications Ass'n v. AT&T，46 F. 3d 220 (2d Cir. 1995)（拒绝将争讼问题移送给行政机关，因为担心可能导致迟延）；Golden Hill Paugusett Tribe v. Weicker，39 F. 3d 51 (2d Cir. 1994)（在行政机关没有在 18 个月内对争议作出裁决时，要求地区法院对属于行政机关首先管辖权范围的争讼问题作出裁决）。

事人，通过政治渠道施加压力也比通过司法渠道更可能成功加速这一事务的处理。每位国会议员都将自己的时间，包括其助理的时间中相当一部分用于敦促行政机关在涉及其选民的裁决案件，例如确定社会保障福利资格的案件中加快进度。《行政程序法》禁止在正式裁决案件中的单方沟通，但是并不禁止“情况调查”（status inquiries）。国会两院联席协调委员会（the Conference Committee）对《行政程序法》§557（d）解释为：“绝对不禁止……在任何时候与裁决官员进行沟通，如果它只涉及请求了解案件情况而并不打算影响结果。”[①]

□ 涉及公众利益的行动倡议的加速处理

如果被延误的事务涉及公众利益而不是单独的裁决案件，例如重要规则的制定，国会的委员会可以通过召开监督听证会，或者其他形式的接触让行政首长在公众场合难堪，而对行政机关施加压力，要求其加快工作进度。行政机关不愿遭受国会或者公众的批评。《行政程序法》并未以任何方式限制非正式规则制定中的单方沟通。[②]

□ 系统性的解决方案

国会的压力有时候能够有效地说服行政机关重新配置资源，以推迟处理其他事务为代价加快处理某一事务。国会也有权以更宽泛的方式减少行政迟延，但是它要做到这一点必须牺牲其他政治目标。本书§12.2所描述的造成行政迟延的根源，可以用来作为依据，列举国会为了减少行政迟延可以采取的一系列措施的目录。这一目录应当包括以下内容：（1）通过在确定需要采取行政行为的任务时进行更多的差别处理，减少行政机
1098 关的工作负担；（2）增加可供使用的行政机关的资源；（3）改变政府薪酬结构，允许行政机关聘用和维持高品质的专业化雇员队伍；（4）减少行政机关在作出各种类型的决定时必须遵循的程序；（5）消除根源于行政机关的制度机构的低效率；（6）修订《阳光下的政府法》，允许合议制机构的成员经常非正式地会面并讨论问题。联邦政府的行政分支也可以采取众多措施以减少行政迟延。其中最为重要的是，提名充分符合资格要求的人在每家行政机关担任官员，要求每位被提名者作出坚定承诺，即会在今后任职至少四年时间。

§12.5 法院在减少行政迟延中的潜在作用

本书§12.3解释了法院对行政迟延最经常采取的补救方法，即责令行政机关在特定日期之前作出行为，为什么常常是无效和适得其反的。但是，我们并不能由此得出法院在减少行政迟延问题上无能为力。法院是造成行政迟延的一个重要根源，它们可以通过减少自己在作为行政迟延之产生根源上扮演的作用而减少行政迟延。

---

① Joint Committee Board, *Government in the Sunshine Act*, S. 5, 94th Cong., 2d Sess. 811 (1976).

② 参见§7.6。

□ 减少程序性要求

迄今为止，法院为了减少行政迟延所能采取的最有效的行为是在行政机关进行规则制定程序时，减少对行政机关设定的要求。正如§7.4、§7.5、§7.8、§7.11 和 §7.12 所描述的，法院经常对行政机关设定不切实际的要求，即对通过非正式规则制定程序制定的立法性规则中的每一项内容提供详细的解释和数据。这些综观性的（synoptic）要求产生了三种不幸的结果：(1) 规则制定程序的明显迟延；(2) 行政机关将行政规则发回重新制定的比例较高；(3) 产生的吓阻效果让行政机关不再制定规则。对行政规则进行司法审查的要求过于严苛，其不利影响同样波及重要的二次命令（second order）。以任何可以想到的标准进行衡量，规则都具有巨大的社会性优势。[1] 这些社会性优势包括效率和快捷；行政机关可以利用规则制定的方法消除裁决大批量案件的需要，并且减少仍需裁决的争议的范围，从而大幅减少行政迟延。[2]

法院也可以通过下列方法在减少行政迟延中发挥重要作用：(1) 责令行政机关只在相
对少见的案件，即法律或者正当程序要求采用费时的程序时，采用可得的审判型听证； 1099
(2) 默认普遍采用非正式裁决程序。[3] 最后，法院可以通过明确允许行政机关对没有采用达到规定裁决效率和质量控制标准的行政机关实施制裁，而对行政迟延问题的解决产生积
极的影响。[4] 1100

---

① 参见§6.8。

② 参见§6.6 和§6.8。

③ 参见第 8 章和第 9 章。

④ 参见§9.10。

13 禁反言、溯及既往、既判力和间接禁反言

§ 13.1 衡平禁反言

□ 最高法院不愿意批准针对政府的衡平禁反言

最高法院接近于明确判定，政府永远不能以官员的虚假或者误导性陈述为由要求适用衡平禁反言原则，无论个人因为相信该陈述而遭受的损害有多么严重或者他的确信有多么合理。但是，每次想要采取这一步骤时，最高法院都没有说“永远不能”。甚至，最高法院偶尔在判词中使用的文字是想让下级法院确定衡平禁反言原则是合理的。许多下级法院接受了这一明显的提示。但是，每次最高法院对这类案件颁发调卷令时，它又常常是以简易程序作出推翻判决。

□ 不愿意的理由

最高法院极其不愿意判定对政府适用禁反言规则，这一点从其判决模式来看是很明显的。这种做法也是可以理解的。联邦政府实施的规制项目和权益项目数以百计，而且极其复杂。数百万公务员每天要向公民提供有关这些项目下的权利义务的建议。错误建议是不可避免的，也是很平常的。国内税务局可以作为很好的例子。这是一家因其职权显赫而广受尊重的联邦行政机关。但是，政府问责局每年会对国内税务局向纳税人提供的建议进行 1101
研究，每年的研究都会发现国内税务局在10%～20%案件中存在这样或者那样的错误。有些纳税人会因为相信国内税务局的建议而遭受损失，但是数以百万计的纳税人则因为这些建议而受益。

□ 禁反言的负面效果

基于政府代理人的错误表述而对政府适用禁反言规则，将会产生一系列负面效果。最

直接的结果就是对政府造成一定程度的经济损失。如果政府因为禁反言案件的原因而开始遭受大量经济损失，行政机关就会作出严重限制政府雇员提供信心和建议的反应。因此，这接着又会导致基于以下四点理由让公众蒙受严重损害：（1）所有公民都需要有关众多内容复杂的政府项目的相关信息；（2）政府雇员所提供的建议绝大多数都是准确和有帮助的；（3）政府雇员提供的建议是免费的；（4）其他途径可能获得的建议也许是可靠的，但往往是非常昂贵的。

□ 政府提供的建议是有价值的，即使有时候是错误的

税法同样可以很好地说明这个问题。我们的税收体系是极其复杂的，并且一直在变化。今天纳税人要咨询问题可以有两个选择：他可以拨打国内税务局热线电话寻求咨询，这是通常可以很快获得建议并且不需要承担费用的。但是，纳税人得到的建议是错误的概率有 15%。不过，他也可以向税务律师或者注册会计师咨询。没有人对从这些私营部门渠道获得的建议的正确率做过系统研究。他们不能保证不出错，但是他们的建议很可能出现错误的概率要低得多，大约在 5%～10%。纳税人当然需要对咨询付费。总的来说，咨询意见的可靠程度越高，其成本也会越高。不仅如此，合格的税务律师或者注册会计师在提供咨询意见时也会以复杂的方式寻求保护，这也反映了存在错误的风险，并且在预测未来法律纠纷解决具有内在的不确定性。

在绝大多数的案件中，纳税人都会谨慎地依赖国内税务局所提供的免费咨询意见，在这些情况下咨询意见出错的概率很小，以至于没有必要支付费用以减少咨询意见出错的风险。例如，纳税人可能遭受的最大损失是 2 000 美元，他就没有必要向律师或者会计师支付 1 500 美元而只是为了减少 15%～5%的咨询意见出错概率。但是，如果纳税人可能遭受的损失最高可以达到 100 000 美元，那么不付费以求减少咨询意见出错的概率就显得不够明智了。

□ 无禁反言效力会鼓励提供咨询意见

在现行的法律制度下，我们几乎不可能对政府适用禁反言规则，行政机关尽力提供免
1102 费的建议，公民可以也通常会作出前述国内税务局例子所显示的选择。在每种情况下，都会同时涉及规制和政府效益，公民会理性地信赖政府雇员提供的免费建议，即使他们知道这些建议有时候是错误的。免费提供的建议尽管并非十全十美，但是却产生了巨大的社会效益。如果法院改变现行的法律制度而允许适用禁反言规则，行政机关将会减少提供免费建议，公民将不再有机会获得免费但是不太完美的建议，结果会导致社会承担了巨大的净损失。

最高法院不愿明确宣布禁反言规则“永远不会”针对政府适用，也是可以理解的。最高法院的大法官们无疑担心他们可能最终需要面对这样一种案件，即法院拒绝对政府适用禁反言规则将会产生对个人来说如此不公平的后果，以至于最高法院愿意将该案件作为对反对禁反言规则的一般性禁止的少数例外对待。这样的案件将不得不至少需要涉及下列特征：（1）从不同寻常的权威渠道获得的无可争辩的建议；（2）个人合理地信赖了这一建议；（3）因为这种信赖导致了极其严重的损害；（4）如果法院不适用禁反言规则，将对个人造成严重的不公。实际上，正如本节后面将要论述的，最高法院在 United States v. Pennsylvania Industrial Chemical Corp. ① 案中的判决意见看起来正好体现了这样的推理。

① 411 U. S. 655 (1973).

但是，即使是在极端的情形下，最高法院也情有可原地不愿意对政府适用禁反言。最高法院很清楚地明白下级法院可能会扩大最高法院宣示的狭义的禁反言规则，也担心联邦法院体系内大量疑难的禁反言规则案件将会蜂拥而至。只要政府雇员每年继续向数以百万的个人提供免费的建议，就会每年有数万起因为个人信赖了政府雇员的错误建议而引发的案件。

□ 如果与拨款条款不一致，禁止适用禁反言规则

1990 年，最高法院史无前例地接近作出判定“永远不会”对政府适用禁反言规则。事实上，在数量庞大且重要的一类案件中，最高法院确实宣告了“永远不会”适用禁反言规则。在 Office of Personnel Management v. Richmond① 案中，最高法院判定，如果禁反言规则的适用将会产生要求政府支付未经法律授权的款项，按照《联邦宪法》的拨款条款（the Appropriations Clause），将排除在任何情况下对政府适用禁反言规则。在这种情况下，政府错误建议的受害者只能向国会申诉寻求救济。Richmond 案的判决排除了对一个经常重演的情形适用禁反言规则：（1）公民询问为什么如果他采取特定行动，是否仍然符合获得法定权益的资格；（2）政府雇员错误地作出了肯定的回复；（3）该个人信赖该建议而实施了相关行为；（4）行政机关后来认定因为该个人实施了特定的行为，依照法律的规 1103
定是不得享受权益的。

Richmond 案的判决为另外两种情况下适用禁反言规则留下了可能性。首先，Richmond 案没有明确排除在与资金拨付之外的情形，例如许可证的发放或者某些其他类型的规则确定的权益时适用禁反言规则。但是，Richmond 案的基调和基本推理明显表明，最高法院不会在任何允许适用禁反言规则将会要求政府采取违背法定要求的行为时对当事人的诉讼请求给予同情。② 其次，Richmond 案并未明确宣布，当行政机关根据法律所赋予的裁量权可以采取与其雇员错误建议相符的行为，但是该建议又违背行政机关依据国会在法律中所赋予的裁量权而通过的政策时不得适用禁反言规则。我们有理由相信第二种情形会时常出现，同时也可以预计最高法院会对属于这种情形的某些案件持更加宽容的态度。

□ 只有在极端案例中适用衡平禁反言规则

巡回法院认为，只有在极端的情形下才可以针对政府适用衡平禁反言规则。这不仅要证明存在禁反言规则的传统要素和“超出过失的积极行为”，还要确定“公众理由不会受到不当损害”③。

□ Chevron 原则的潜在影响

在 Chevron v. NRDC④ 案这一标志性案件的判决意见中，最高法院认定行政机关可以

---

① 496 U. S. 414 (1990).

② 参见 Reno v. Catholic Social Services, Inc.，509 U. S. 43 67 (1993)（O' Connor 大法官的协同意见）（论述了要符合延长福利申请的法定期限所需的行政机关错误行为的高门槛要求）。

③ Reich v. Youghiogheny and Ohio Coal Co.，66 F. 3d 111 (6th Cir. 1995)，参见 § 13. 3 的讨论；United States v. Agubata，60 F. 3d 1081 (4th Cir. 1995)；United States v. Hemmen，51 F. 3d 883 (9th Cir. 1995)；Gibson v. RTC，51 F. 3d 1016 (11th Cir. 1995)；United States v. Asmar，827 F. 2d 907，911 n. 4 (3d Cir. 1987)（引用了其他四家巡回法院的判决）。

④ 467 U. S. 837 (1984).

自由地采用任何对其所实施的法律中模糊用语的“合理”解释。Chevron 原则的效力是将之前被定性为法律争点的众多问题，重新定性为行政机关的裁量范围的政策问题。[①] 在 Chevron 案判决之后，法律较少被作为对行政机关政策制定的裁量权实施约束的依据。其结果是，法院很可能较少遭遇禁反言规则具有要求行政机关以违反法定要求的方式行事的效力，而会更多遭遇禁反言规则只是具有要求行政机关以违反其自身政策的方式行事的案
1104 件。Richmond 案中对于宪法和法律的强调似乎不会直接适用于后一类案件。

□ 如果违反立法性规则，禁反言规则很可能被禁止适用

最高法院很可能会扩张适用 Richmond 案的推理，从而在禁反言规则的效力是要求行政机关违反自己制定的立法性规则时排除适用禁反言规则。最高法院在众多其他情形中也都赋予立法性规则以与法律相同的效力。[②] 最高法院也在另一起案件中拒绝适用禁反言规则，该案中如果适用禁反言规则将会导致行政机关需要以违反其制定的立法性规则的方式实施行为。[③] 因此，最高法院很可能会将 Richard 案的推理延伸适用于立法性规则。但是，当行政机关是以其他方式制定政策时，例如裁决或者解释性规则，Richmond 案的推理就不能适用了。如果为了遵守禁反言规则，行政机关既不需要违反法律，也不需要违反其制定立法性规则，而是要求其违反以约束力弱于立法性规则的形式宣布的政策时，最高法院仍然可能会在特定具有压倒性的情形中适用禁反言规则。但是，即使是在这种情形中，最高法院也很可能会维持其回避禁反言规则的态度，因为它有充分理由担心适用禁反言规则将会导致行政机关减少向公众提供建议。

□ Richmond 案

Richmond 案的事实虽然很简单，但是对于理解其判决的适用范围却至关重要。在 1986 年，作为海军（the Navy Department）退休的残疾的前雇员，Richmond 有权享受残疾福利金。他那时有机会接受一份私营部门的工作，其薪金水平相当于其在海军任职的最后一年薪金的 80%以上。在决定是否接受这份工作之前，Richmond 咨询了海军人事专家，得到的建议是他可以接受这份工作，为期一年而不会对其福利造成不利影响，因为相关的法律中规定了每两年确定一次福利受益人（beneficiaries）是否超过了法定的 80%限制。这份建议是不正确的。海军人事专家不知道，国会已经在 1982 年对这部法律进行了修订。在 1986 年仍然有效的这部经过修订的法律明确规定，受益人的收入如果在任何日历年度超过了 80%的上限就会失去接受福利金的资格。海军的手册和指南中都没有反映这一法律的变动。Richmond 信赖了这一错误的建议而接受了为期一年的工作。负责实施该法律的行政机关，即人事管理局于是发现 Richmond 没有资格接受 6 个月的福利金，因为
1105 他的收入在前一年度超过了法定上限。联邦巡回区上诉法院推翻了这一决定，认为根据禁反言规则，人事管理局不得适用法定上限的规定，因为 Richmond 信赖海军的错误建议是合理的。最高法院七位大法官的多数意见推翻了这一判决。大法官们撰写了四份不同的判决意见，一份是代表四位大法官的复数意见，一份是代表 White 和 Blackmun 的协同意见，一份是 Stevens 单独撰写的协同意见，一份是 Brennan 和 Marshall 撰写的不同意见。六位

---

① 参见本书第 3 章。

② 参见§6.6。

③ FCIC v. Merrill，332 U. S. 380 (1947).

大法官采纳了复数意见中的基本推理，但是其中两位大法官分别撰写了判决意见以强调判决适用范围的有限性。

□ 衡平禁反言规则的历史

最高法院在 Richmond 案中的判决意见是如此直率、全面和具有历史厚重感（historically rich），以至于我需要在此大段引用以描述最高法院对于禁反言规则的演变和大法官们在 1990 年的推理。在描述了本案案情和各项判决的顺序之后，复数意见表达了这样的担心，即下级法院过度解读了最高法院在之前的案件中以法官附带意见的形式包含的免责说明具有的意义。联邦巡回法院已经认为其判决书的依据是对最高法院在 1984 年所作的说明——“我们不愿意……说不存在政府可能被禁反言的情形”——适用 Richmond 案中的禁反言规则。① 复数意见接着对之前判决中有关禁反言规则的论述进行了总结：

自从我们最早的一系列案件开始，我们就已经承认衡平禁反言规则不会像针对私人诉讼主体一样针对政府。在 Lee v. Munroe & Thornton② 案中，我们已经判决政府不受代理人之错误陈述的拘束，除非该陈述明显属于该代理人的职权范围。在 The Floyd Acceptances 案③中，我们已经判定不能责令政府兑现国防部长（the Secretary of War）签发的交易券（bill of exchange），因为国防部长没有签发该券的法定职权。在 Utah Power & Light Co. v. United States④ 案，我们驳回了这样的主张，即政府代理人未经授权所作的陈述，根据禁反言规则可以要求合众国阻止在公共林地上违法建设电厂和架设输电线路：“当然，我们完全可以指出合众国官员或者代理人为了实施法律不准许或者批准的行为而达成安排或者缔结协议的，合众国既不受这些官员或者代理人之行为的约束，也不能因此对合众国适用禁反言规则。”

这些案件以及其他众多案件中的原理，在 Federal Crop Insurance Corporation v. Merrill⑤ 案中得到了重申。该案是最近几十年里发生的禁反言规则相关判决的典型案例。在 Merrill 案中，一位农场主根据《联邦粮食保险法》（the Federal Crop Insurance 1106
Act）为其小麦种植申请保险。联邦粮食保险公司（the Federal Crop Insurance Corporation）的一位雇员向该农场主提供的建议是他种植的所有粮食都可以申请保险，该农场主通过该公司进行了投保。在粮食遭受损失后，该农场主却发现该雇员提供的建议有误，该农场种植的粮食有一部分是补种小麦（reseeded wheat），根据相关规则不符合联邦保险的条件。尽管我们承认行政机关的错误信息给农场主带来了严重的困难，但是我们拒绝了这样的主张，即根据禁反言规则，雇员的陈述可以要求政府不能拒绝提供保险赔付。我们承认：“即使是疑难案件的诱惑也不能”作为依据命令作出与该规则的条款相反的赔偿，因为这么做将会导致无视“所有法院遵守国会确定的国库资金动用条件之义务。”⑥

尽管这些先前的判决表述非常清楚，但是最近审理的案件中的法官附带意见则表明了这样的可能性，即在某些情况下对政府适用禁反言规则可能是合适的。这一观点最早可能

---

① Heckler v. Community Health Services of Crawford County, 467 U. S. 51, 60 (1984).

② 7 Cranch 366, 3 L. Ed. 373 (1813).

③ 7 Wall. 666, 19 L. Ed. 169 (1869).

④ 243 U. S. 389, 408-409, 37 S. Ct. 387, 391, 61 L. Ed. 791 (1917).

⑤ 332 U. S. 380, 68 S. Ct. 1, 92 L. Ed. 10 (1947).

⑥ Id., at 385-386, 68 S. Ct., at 3-4.

是出现在 Montana v. Kennedy① 案判决意见的结尾。在这期案件中，原告提起了宣告性判决诉讼，寻求证明他的公民资格。在详细讨论了原告提出的两项法定权利主张之后，我们驳回了最后的主张，即领事官员对原告母亲提供的错误建议，即她不能在怀孕期间回到美国使得原告不能出生在美国，从而使得没有机会获得美国公民资格。我们的讨论仅限于这样的一项观察，即考虑到并不存在导致原告母亲不能回到美国的法律障碍，可能发生的只是领事官员的善意建议——“很抱歉，女士，你不能在这种情况下回到美国”并不足以构成违规行为（misconduct），例如阻止美国采纳原告在外国出生的事实。在这种情况下，我们没有停下来追问，正如下级法院所判决的，是否存在某些情形，美国因为其官员的行为而根据禁反言规则无权否认其公民资格。②

我们在 Kennedy 案中没有“停下来继续追问的”判决意见从此呈现出继续存在的特征。我们自己的判决意见在驳回禁反言主张的同时继续提及这种可能性，即某种类型的
1107 “积极的不当行为”（affirmative misconduct）可能会引发针对政府适用禁反言规则。③

我们所作的判决中所使用的文字已经引发众多在下级法院提出的衡平禁反言规则请求。正如 Marshall 大法官在前述的 Hansen 案中所指出的：“何时可以对政府适用衡平禁反言规则，这一问题在本案中让上诉法院的优秀的合议庭产生意见分歧，在其他上诉法院则并未得到一致处理，并且成为引发众多不满的对象。”④ 自从作出这一评论之后，联邦法院继续根据各种理由和分析接受适用禁反言规则的请求。总的来说，上诉法院已经将我们的说法作为引子，寻求在合适的案件中针对政府适用禁反言规则，但是我们已经推翻了所有我们复审的禁反言认定。事实上，我们在最近的判决中至少有三件是即决推翻了支持适用禁反言规则请求的判决。⑤ 上诉法院的即决推翻判决无论如何都是不寻常的。这个法律领域内存在众多的这类判决意见，它们可以作为很好的例子证明，我们对于这些案件的处理没有为联邦法院提供足够的指引，而只是引发和延长毫无必要的诉讼。

首席政府律师提议以一项全新的规则来取消这一法律领域内现存的混乱。和过去一样，政府要求我们采纳“简单的规则，即禁反言规则任何情况下都不能适用于政府”⑥。政府提出这一宽泛的原则，首先是依据主权豁免的原则。“美国作为一个主权国家，除非自己同意，可以不受起诉。”⑦ 政府声称法院无权受理强迫政府从事违法行为的诉讼，而无论属于何种具体背景或情形。⑧ 政府提出其规则的第二项依据则是分权原则。政府认为，如
1108 果因为行政官员的错误陈述而承认禁反言规则，将会赋予该错误陈述以法律效力，从而侵

---

① 366 U. S. 308，81 S. Ct. 1336，6 L. Ed. 2d 313 (1961).

② Id.，at 314-315，81 S. Ct.，at 1340-1341.

③ 参见 INS v. Hibi，414 U. S. 5，8，94 S. Ct. 19，21，38 L. Ed. 2d 7 (1973)（全院意见［per curiam］）（政府的“确定性的违规行为”是否会根据禁反言规则导致政府不能拒绝公民资格问题在 Montana v. Kennedy，366 U. S. 308，314，81 S. Ct. 1336，1340，1341 中并没有得到回答，但是本案并不涉及 Kennedy 案中所提及的这类行为）；Schweiker v. Hansen，450 U. S. 785，788，101 S. Ct. 1468，1470 67 L. Ed. 2d 685 (1981)（全院意见）（拒绝了根据上述的 Merrill 案要求适用禁反言规则获得社会保障福利的主张，但是注意到最高法院“还从未确定政府雇员的何种行为将会根据禁反言规则阻止政府坚持遵守调整福利分配的有效规则”）；INS v. Miranda（459 U. S. 14，19，103 S. Ct. 281，283，74 L. Ed. 2d 12）(1982)（全院意见）（“该案并不要求我们处理我们在 Hibi 案中所保留的问题，即特定情形下发生的确定性的违规行为是否可以根据禁反言规则禁止政府强制执行移民法律”）；Heckler v. Community Health Services，467 U. S.，at 60，104 S. Ct.，at 2224（“我们已经在过去没有回答这一问题，今天又作了同样处理”）。

④ 450 U. S.，at 791，101 S. Ct.，at 1472（引用了多起案件）。

⑤ 参见前引的 Hibi 案、Hansen 案和 Miranda 案。

⑥ *Community Health Services*，supra，467 U. S.，at 60，104 S. Ct.，at 2224.

⑦ United States v. Mitchell，445 U. S. 535，538，100 S. Ct. 1349，1351，63 L. Ed. 2d 607 (1980).

⑧ 参见 Brief for Petitioner 12-13。

犯了保留给国会的立法权限。这一理由也支持政府的主张，即禁反言规则永远不能为要求采取违反相关法律的行政行为提供辩护，无论所涉及的是哪项法律或者事实。

在此之前，我们已经承认“政府为这一规则所提出的主张是实质性的”[1]。而且，我们也同意这起案件应当基于更清楚的分析，而不是“我们看到时就知道是否需要适用禁反言规则”[2]。但是，仍然真实的是，我们不需要支持这样的规则，即为了审理本案，无论在何种情况下都不对政府适用禁反言规则。我们会在以后确定是否可以对政府成功适用禁反言规则。缩小判决理由的范围足以解决这里提出的这类诉讼，即让国库在违背法定拨款的情况下支付金钱的请求。[3]

复数意见接着以拨款条款作为依据认定没有法院可以要求政府以违反授权国库拨款的法律的方式支付金钱。复数意见的推理似乎适用于几乎所有将会违反法律的行为，以及如果在逻辑上再进行推演的话，适用于所有将会违反立法性规则的行为。

□ 当行政机关拥有裁量权时，禁反言规则可能是可以适用的

当然，仅有复数意见并不能代表最高法院的多数意见。Brennan 和 Marshall 两位大法官在不同意见书，Stevens 大法官在单独出具的协同意见书中都基本上反对复数意见的推理。但是，四位大法官出具的复数意见，如果加上 White 和 Blackmun 两位大法官的协同意见，就成为六位大法官的多数意见了。White 和 Blackmun 两位大法官似乎接受了复数意见中的基本推理，但是“分别撰写了意见以提请注意最高法院判决的两点限制”[4]。第二点限制对于现在的目的来说并不重要；如果遵守法律将会违反宪法或者将会妨碍总统行使宪法赋予其的权力，这一判决则并不适用。但是，两位持协同意见的大法官所强调的第一点限制对于现在的目的来说则是重要的，因为它指出了最高法院大法官可能仍然愿意考虑肯定针对政府适用禁反言规则的情形：

首先，最高法院没有判决在任何情况下都不能对政府适用禁反言规则，这是明智的。[5]
在我看来，United States v. Pennsylvania Industrial Chemical Corp. [6] 案中被告所主要依靠 1109
的案例，本来完全可以依据禁反言规则作出判决。但是，PICCO 案和本案之间还是有着天壤之别：在 PICCO 案中，原告要求法院阻止政府在特定情形中行使合法的裁量权，而在本案中原告则是申请法院要求政府违反国会立法。政府行政分支并不拥有自行处分的权力[7]，不应该通过司法授权批准这样的权力。[8]

□ 刑法领域的禁反言规则

在 Richmond 案中持协同意见的大法官提及的 PICCO 案中，最高法院判决政府不得指控一家在其他情况下构成犯罪的企业有罪，因为被告是根据行政机关的解释性规则实施的行为，该解释性规则错误对刑事法律的适用范围作出了狭义解释以至于并不包括被告的行

---

① *Community Health Services*, supra 467 U. S., at 60, 104 S. Ct., at 2224.

② Hansen, supra, at 792, 101 S. Ct., at 1473 (Marshall, J., 持不同意见)。

③ 496 U. S. at 419-425.

④ Id. at 434.

⑤ Ante, 2471.

⑥ 411 U. S. 655, 93 S. Ct. 1804, 36 L. Ed. 2d 567 (1973) (PICCO).

⑦ 参见 Kendall v. United States *ex rel*. Stokes, 12 Pet. 524, 613, 9 L. Ed. 1181 (1838)。

⑧ Id. at 434-435.

为。最高法院认定该法律确实规定被告的行为构成犯罪，但是被告不能被定罪，因为错误的解释性规则剥夺了被告得到有关其行为构成犯罪的“公平告知”的权利。

Richmond 案协同意见可以被作出广义或者狭义的解释。考虑到 PICCO 案的案件事实，它可以仅指下列三种情形下适用禁反言规则的潜在可能性：（1）如果法院拒绝适用禁反言规则就会导致刑事定罪判决；（2）错误的咨询意见是和解释性规则一样通过正式渠道提供的；（3）不适用禁反言规则将会导致违反正当程序原则，因为这是确定性误导个人相信特定的行为不构成犯罪。

但是，考虑到 Richmond 案复数意见的法定理由，再加上持协同意见的大法官基于行政机关的“裁量权”所作区分，持协同意见的大法官所描述的限制也可以得出更加宽泛的解释。它可以被解读为允许法院在一起案件中适用禁反言规则，而适用禁反言规则的效力就是迫使行政机关作出与其一般政策不一致的行为。在这数十起案件中，有的是下级法院已经允许在这种情况下适用禁反言规则。[①] 这类案件的判决可能在 Richmond 案判决之后
1110 仍然有效，但是众多在 Richmond 案之前针对政府适用禁反言规则的案件判决，有较高比例已经不再是良法了。

令人奇怪的是，Richmond 案的复数意见完全没有提及另一起案件，该案中最高法院适用了禁反言规则要求行政机关采取违法的行为。只有在 Stevens 大法官的协同意见书和该案的不同意见书中对 Moser v. United States[②] 案进行了讨论。Stevens 大法官将 Moser 案视为一起禁反言规则案件。不同意见则认为 Moser 案中最高法院对一部法律作出了与其平常含义并不一致的解释，以便实施国会的默示意图，即“行政部门将会合理实施法律”。我们难以确定不同大法官对于 Moser 案含义的解读之间的区别是否源于对禁反言规则的不同观点，抑或是对于法院释法角色的不同看法。无论是这两种情形中的哪一种，Moser 案都是值得讨论的。

一家地区法院同意赋予 Moser 公民资格，但是上诉法院推翻了该判决，认为 Moser 无权获得公民资格，因为他在第二次世界大战期间已经提出作为中立的外国人身份豁免服兵役的义务的请求。最高法院推翻了上诉法院的判决，认为由于“令人误解的情形”，Moser 并未禁止公民资格，即使他已经提出作为中立的外国人身份豁免服兵役的义务，并且即使《选拔训练征兵法》（the Selective Training and Service Act）规定主张豁免服兵役的中立的外国人不得获得公民资格。最高法院所称的“令人误解的情形”，包括瑞士使馆致 Moser 的一封信，签署申请豁免服兵役的表格，“你没有放弃自己申请美国公民资格文件的权利”。而瑞士使馆是否受到美国国务院误导的问题只是得到部分解释；之前的一份申请豁免服兵役的表格中包含有一项但书，即提出豁免服兵役的申请将会被禁止申请公民资格，瑞士使馆对此但书提出了抗议，认为其违反了美国与瑞士之间订立的条约，后来作为回应，这一但书被删除。最高法院发现这一条约与法律间存在冲突，宣布：“因此，作为一项法律争点，法律对申请豁免服兵役的请求设定了有效的条件限制；原告拥有的选择是要么豁免服兵役但不能得到公民资格，要么是不能豁免服兵役但是得到公民资格。”[③]

最高法院的判决没有采用禁反言规则的表述，其判决表述如下：

明确的放弃申请公民资格的条款已经被删除。原告已经向他可以求助的最有权威的部
1111 门寻求信息和指导，得到的建议是填写经过修订的 301 表格。他在得到引导之后相信他不

---

① 例可参见 Molton, Allen & Williams v. Harris, 613 F. 2d 1176, 1179 (D. C. Cir. 1980)（“除非与 Merrill 案中一样，存在与之相反的法律或者规则，政府在进入商业领域时，需要与私人主体接受相同的司法原则的调整”）。

② 341 U. S. 41 (1951).

③ 341 U. S. at 46.

会因此丧失获得公民资格的权利。他如果已经知道这一点，就不会主张豁免服兵役的义务。在合理地信赖该建议的基础上，他签署了瑞士使馆寄给他的文件……考虑到本案的所有情形，我们认为禁止原告申请公民资格，基于基本的公平要求至少需要自愿的放弃。①

□ 对 Moser 案的批评

Moser 签署的表格上印有《选拔训练征兵法》§3（a）的规定，包括“任何提出此类申请［作为中立的外国人豁免服兵役义务］的，应当被剥夺成为美国公民的权利。”对于这一规定，法院仅仅作了这样的说明：

这一脚注可能会需要训练有素的律师多花一点时间加以考虑。律师已经对［瑞士使馆信件中］使用“提出申请……的权利”这一用语而非“获得……的权利”的可能含义进行了推测。但是，放在整个背景下来看，这些可能含义很可能让原告麻痹大意，对申请豁免的法律后果产生了误解。②

Moser 案的判决意见所包含的众多有趣的法律意见中，有两项是特别有意思的：（1）瑞士使馆给瑞士公民写的信，改变了美国国会立法的效力。这部法律给 Moser 提供了两个选项，即公民资格或者豁免服兵役义务，但是不能同时选择这两个选项，最高法院一致采纳了这封信件而不是法律（一位大法官对结论持协同意见，两位大法官没有涉及条约解释的问题）。（2）Moser 没有被推定知晓该法律；他也没有被推定知晓以明白和可以理解的条款印在他所签署的申请表上的法律。

Richmond 案似乎显然与 Moser 案不相一致。Moser 案很可能是属于错误判决，但是 Richmond 案的复数意见本来应当或者推翻 Moser 案或者与 Moser 案进行区分。最高法院过于频繁地简单忽略与其案件判决不一致的先例，这也无法让法律更加清晰明确。

□ 禁反言规则之外的替代理论是更有可能适用的

Moser 案阐述了一项重要问题，两位学者曾经对此撰文分析。基于衡平禁反言规则理论针对行政机关适用是非常困难的，但是我们常常可以利用相同的事实支持法院认为具有说服力的其他理论。③ 1112

2000 年判决的一起案件可以很好地说明 Schwatz 和 Raven-Hansen 所提出的观点。在 Socop-Gonzalez v. INS④ 案中，原告提出适用衡平禁反言规则的主张未能得到支持，但是他采用相同的事实提出另一项理论时则得到了支持。由于移民归化局官员的错误建议，原告陷入了这样的境地，即他不能提出动议要求在行政机关的规则所规定的期限内对他重新启动驱逐出境审查的程序。但是，法院接着判定移民归化局已经滥用了裁量权，因为对于原告延迟递交重新启动驱逐出境审查程序的动议，该局没有适用“例外情形”标准作为依据重新启动驱逐出境程序。

---

① Id. at 46-47.

② Id. at 46.

③ 参见 Schwartz，“Estoppel Remedies for an Agency's Violation of Its Own Regulations or Other Misconduct”，47 *Admin. L. Rev.* 653（1992）；Raven-Hansen，“Regulatory Estoppel：When Agencies Break Their Own Law”，64 *Tex. L. Rev.*（1985）。

④ 208 F. 3d 838 (9th Cir. 2000).

在 Socop-Gonzales v. INS① 案中，第九巡回法院全席审理后支持了合议庭的判决。第九巡回法院判定，原告可以依据衡平法要求中止（tolling）起诉时效，即使他并不能满足衡平禁反言规则的要求。根据移民归化局官员所提供的错误建议，Socop 为了申请调整他的签证性质而撤回了移民庇护上诉申请。根据另一项错误的建议，他后来没有在司法部规则中所规定的 90 天期限内提出移民庇护上诉程序重开的动议。移民归化局拒绝了他后来提出的程序重开申请，理由是 Socop 未能满足对提出超期申请程序重开的动议所需的“例外情形”（exceptional circumstances）的要求。法院指出，尽管衡平禁反言和衡平法上的中止时效常常混淆在一起，但它们适用不同的规则。Socop 不能符合衡平禁反言规则的要求，因为他不能证明移民上诉委员会（the Board of Immigration Appeals）存在积极的不当行为。不过，Socop 有权要求 90 天的诉讼时效中止，因为他证明了“尽管尽到各种审慎义务，他还是未能获得对请求权的存在产生影响的关键信息”。第九巡回法院指出，可以推定所有联邦法上的起诉期限都可以适用衡平法上的时效中止规则，并且判定移民归化局没有通过“证明‘有理由相信国会并没有希望适用衡平法上的时效中止规则’”来推翻这一推定。

在 Jordon Hospital v. Shalala② 案中，第一巡回法院判定，衡平法上的中止时效不适用于为了联邦医疗保险目的的医疗服务提供商重新分类申请的法定期限。法院认定支持提
1113 供衡平法上的中止时效的推定因为“不同寻常的强调形式”——法律规定了期限，而如果允许中止时效将会导致“严重的行政问题”——而被推翻。

在 Johnston v. Office of Personnel Management③ 案中，行政机关在作出不利行政行为时明确规定了具体的期限，但是原告声称他没有收到这一不利行为的告知，联邦巡回区上诉法院判定，原告未能及时对该不利行政行为提起复议申请是情有可原的。法院将本案区别于那些判定只有在证明存在积极的不当行为时才能适用禁反言规则，提到有判例法为行政机关设定了证明责任，即它已经对不利行政行为给予告知。因为行政机关没有满足这一责任，本案中的法律目的是要保护联邦雇员的权利，法院谅解了原告超期提交申请的问题。

□ Winstar 案

United States v. Winstar④ 案这一标志性的案件没有提及衡平禁反言规则，但是它可能会对某些衡平法上禁反言规则相关案件产生影响。在 20 世纪 80 年代的存贷款危机中，联邦存贷款保险公司（the Federal Savings and Loan Insurance Corporation）鼓励经营效益好的存款机构（thrifts）收购经营困难的存款机构。为了鼓励这类交易，联邦存贷款保险公司与同意以为了满足规制目的而将并不存在的“商誉”计入“资本”的存款机构订立了合同。几年后，国会通过了《1989 年金融机构改革、恢复与执行法》（the Financial Institutions Reform，Recovery，and Enforcement Act of 1989）。《金融机构改革、恢复与执行法》提高了存款机构的最低资本金要求，明确禁止将商誉作为“资本”。已经与联邦存贷款保险公司订立合同的存款机构因为《金融机构改革、恢复与执行法》的通过而损失了 100 亿至 200 亿美元。存款机构们以合同和宪法为理由在联邦求偿法院提出损害赔偿诉讼。

---

① 272 F. 3d 1176 (9th Cir. *en banc* 2001).

② 276 F. 3d 72 (1st Cir. 2002).

③ 413 F. 3d 1339 (Fed. Cir. 2005).

④ 518 U. S. 839 (1996).

七位大法官的多数意见判定政府需要承担违约责任。多数意见驳回了政府基于主权行为原则提出的辩护。相反，多数意见认为，联邦存贷款保险公司没有“试图以国会将来对法律的修订作为交易。”联邦存贷款保险公司只是订立了一份由自己承担国会将会修订法律的财政风险的合同。因此，国会保留了对法律进行修订的权力，而政府则依照合同需要对法律修订导致的损失负责，该法律修订也构成了违约。

正如一起罕见的案件中所发生的，最高法院判定政府在法律和财政上都需要对规制机构所作承诺承担责任，Winstar 案与成功针对政府适用衡平禁反言规则之间具有一定的相似性。这一案件不同寻常的事实使得其判决意见不能适用于绝大多数的衡平禁反言规则相 1114
关的案件。Winstar 案的重点是最高法院在其推理中所强调的两项关键事实，而在衡平禁反言规则相关案件中很少存在这些事实：首先，行政机关的承诺是以一种具有拘束力的合同的形式出现的，而不是命令、规则、信件或者口头保证。其次，行政机关拥有缔结合同的法定职权。用最高法院的话来说，法律已经明确授权联邦存贷款保险公司缔结符合“明确性授权原则”要求的合同。因此，Winstar 案应该对于绝大多数的衡平禁反言规则相关案件并无影响，除非法院（1）消除了“明确性授权原则”，并将使得私人公司可能对其雇员或者代理人实施行为负责的“明确职权”或者“默认职权”原则，延伸适用于行政机关及其雇员；（2）将 Winstar 案的推理延伸适用于合同以外的领域，从而适用于政府机关及其雇员通常沟通承诺的方式（例如命令、规则、信件和口头沟通）之外的一些媒介。

□ 作为例证的巡回法院判决意见

选择一些具有代表性的巡回法院的判决意见，可以有助于说明法院适用最高法院在描述可以对政府适用衡平禁反言规则的情形时的区分标准。

在 Andrade v. Gonzales① 案中，第五巡回法院指出，针对政府适用的衡平禁反言规则的有效认定“确实是非常少见的”。它接着驳回了一位外国人提出的适用衡平禁反言的要求，因为他未能证明以肯定性的错误表述或者隐瞒重要事实等形式存在的“积极的不当行为”。

在 Tovar-Alvarez v. Attorney General② 案中，第十一巡回法院驳回了原告的主张，即政府不能将其作为外国人对待，因为移民归化局早在 6 年前就应该批准了他的入籍申请。法院认定，原告未能证明行政机关的迟延是因为积极的不当行为。

在 Volvo Trucks of North America v. United States③ 案中，第四巡回法院认为，国内税务局不是根据禁反言规则不得对企业适用一项规章，因为国内税务局的三名工作人员已经对这项规章的含义作出了错误表述。法院指出，最高法院已经推翻了每项针对它所审查的政府的禁反言的事实认定，并且对与法律的明确规定并不一致的表述不能支持合理信赖，从而不能支持禁反言规则。

在 Michigan Express v. United States④ 案中，第六巡回法院认为，行政机关在一封信中声称不会寻求对企业所有人寻求强制执行诉讼，并不能因此根据禁反言规则禁止行政机关提起此项诉讼并且在所有人后来出售企业时施加行政罚款。法院认为，作为适用禁反言 1115

① 459 F. 3d 538 (5th Cir. 2006).

② 427 F. 3d 1350 (11th Cir. 2005).

③ 367 F. 3d 204 (4th Cir. 2004).

④ 374 F. 3d 424 (6th Cir. 2004).

规则之前提条件的积极的不当行为（affirmative misconduct）要比过失行为更为严重——或者是故意的，或者是行事莽撞——信件的书写并未对出售企业仅构成过失的情形作出区分。

在 Salgado-Diaz v. Ashcroft[1] 案中，第九巡回法院认为，如果该移民在发回重新处理的过程中能够成功证明因为移民归化局在他的驱逐出境案件待决期间采取非法逮捕和驱逐行为，他有必要再次非法入境，根据禁反言规则，政府不得依据非法移民的非法再次入境作出决定。法院认定行政机关不能够采用它的积极的不当行为。

在 Bensman v. Forest Service[2] 案中，第七巡回法院认为，如果有规章规定行政机关“应当驳回”超过期限后提交的复议申请，并且行政机关的雇员已经因为过失而非故意地告诉原告他的复议申请直到原告提交申请之日才到期，无论是衡平法上的中止时效还是衡平禁反言都不能作为允许原告超过期限后提交行政内部复议申请的理由。因为原告尚未证明存在特别的情形，所以不能适用衡平法上的中止时效；而因为原告不能证明政府实施了积极的不当行为，所以也不能适用衡平禁反言。

在 Dawkins v. Witt[3] 案中，第四巡回法院认为，联邦应急管理局（the Federal Emergency Management Agency）不需要根据禁反言规则不得将要求保单持有人在发生损失之日起 60 日内提出理赔申请的保单条款适用于洪灾保险保单持有人，即使联邦应急管理局保险理赔人（adjuster）已经告诉保单持有人，如果是发生了重大灾难，联邦应急管理局并不强制执行这一保单条款，并且即使联邦应急管理局偿付了保单持有人之前提出的最终理赔要求。第四巡回法院指出，只有在“政府机关代理人实施了肯定的不当行为”时，最高法院才能针对政府适用禁反言规则。第四巡回法院认定，该案中讼争的行为“再严重也不可能达到最高法院已经确定的构成针对政府适用禁反言规则的程度”。

在 United States v. Cinemark[4] 案中，第六巡回法院认为，司法部并非根据禁反言规则不得将一项规则的新解释适用于一家电影院，因为即使州行政机关适用司法部批准的指
1116 南，证明电影院符合《美国残疾人法》的要求，该解释将使其无法遵守《美国残疾人法》。法院认为不能针对政府适用衡平禁反言规则，而可能对积极的不当行为作为例外。但是，法院指出，正当程序原则会对针对那些行为已经获得规制机构批准的个人采取的救济措施的性质加以限制。[5]

在 Pauly v. Department of Agriculture[6] 案中，第九巡回法院认为，农业部的雇员在与合同当事人进行交谈时错误解释了这份合同之时，农业部不必根据禁反言规则不得根据其中清楚规定的条款强制执行该合同。法院认为，雇员的行为并不能构成肯定的不当行为，禁反言规则是避免严重的司法不公所必需的，雇员们不能让政府接受法定职权之外的约束，当事人本来通过解读其明确的条文就可以确定合同的真实含义。

在 Schism v. United States[7] 案中，联邦巡回区上诉法院全席审理后的多数意见认为，政府不需要受衡平禁反言规则约束而履行征兵官员所作的承诺，即军人如果服役

---

① 395 F. 3d 1158 (9th Cir. 2005)，参见§9.5 的讨论。

② 408 F. 3d 945 (7th Cir. 2005).

③ 318 F. 3d 606 (4th Cir. 2003).

④ 348 F. 3d 569 (6th Cir. 2003).

⑤ 另可参见 United States v. Hoyt's Cinemas, 380 F. 3d 558 (1st Cir. 2004)，参见§6.7 和§6.11 的讨论（除了正当程序原则，法院在判断是否溯及适用对一项模糊规则的解释，或者是在政府已经存在怠惰并且提供引人误解的建议时要求大量的开支）。

⑥ 348 F. 3d 1143 (9th Cir. 2003).

⑦ 316 F. 3d 1259 (Fed. Cir. 2002).

20 年以上，可以终身享受医疗福利。多数意见认定国会并未赋予各军种的部长（the Secretaries of the services）向新兵承诺他们将获得终身医疗福利，因此无论是各军种部长还是征兵官员都无权作出此类承诺并约束政府。多数意见认定国会已经单方面地通过法律保留或者拒绝了医疗福利。四位大法官撰写了一份不同意见，但是抒情有余而法律论证不足。

在 Stone v. Hamilton[①] 案中，第七巡回法院将允许政府追偿过度发放的食品券的法律解释为不能追溯适用。这一解释部分是因为政府已经告诉过去食品券过度发放时的领取人 1117
政府不会试图向他们追偿。

在 Kowalczyk v. INS[②] 案中，第十巡回法院拒绝对政府适用衡平禁反言规则，即使它认定移民归化局（INS）已经采用了侵犯原告正当程序权利的决策程序，并且即使法院认为，它对于行政机关花费 9 年时间作出了存在严重缺陷的决定"感到困惑"。法院指出："最高法院采纳的理论表明，在移民领域适用针对政府的禁反言规则存在极高的障碍。"第十巡回法院最后指出：

我们对于长达 9 年的迟延感到非常困扰，认为这是行政程序失灵的体现……但是，在不能证明这种迟延……是故意的，或者导致对原告案件的明显损害时，这种迟延是不足以证明存在积极的不当行为（affirmative misconduct）从而有必要对政府适用衡平禁反言规则的。[③]

在 Bailey v. West[④] 案中，联邦巡回区上诉法院全席审理后以 6∶4 裁决了一项重要的衡平禁反言规则争议。一部法律授权退伍军人上诉法院（the Court of Veterans Appeals）对退伍军人事务部所作出的不利性质的福利决定进行审查，如果该退伍军人在 120 天内通过"向退伍军人上诉法院递交或者邮寄的方式"提交了上诉通知。Bailey 在退伍军人事务部的地区办公室在一位退伍军人福利法律顾问（benefit counselor）的帮助下填写了上诉通知。该法律顾问接着告诉 Bailey 他会将通知送到法院。由于一些疏忽，该通知事实上没有被送到法院。在 Bailey 知道这一问题之后，他提交上诉通知的时效已经经过。退伍军人上诉法院判定它没有对其上诉进行审理的管辖权。

联邦巡回区上诉法院六位法官出具的多数意见推翻了这一判决，并判定退伍军人福利法律顾问非故意地作出的错误陈述，在衡平法上来说造成了对 Bailey 的诉讼请求的司法审查时效经过。多数意见采用了两步骤构成的推理：首先，多数意见认为 Bailey 可以在与私方当事人之间的诉讼中利用衡平法上的时效中止（equitable tolling）。尽管政府并非有意误导 Bailey，并且 Bailey 可能已经确定他需要提交该通知，但是 Bailey 没有律师代理，以及退伍军人福利管理程序的父爱主义本质让多数法官确信，如果政府是私方当事人的话， 1118
Bailey 能够利用衡平法上的时效中止理论。其次，该法院将最高法院的判决意见解释为，只有在国会表达了对讼争的诉讼时效禁止适用衡平法上的时效中止时，才能禁止对政府适用衡平法上的时效中止。

一位持协同意见的法官对多数意见明显宽泛的推理提出了反对意见。他认为应该以更限缩的理由，即"退伍军人上诉法院是在独特、父爱主义的环境下运行的"，对该案作出判决。四位持不同意见的法官的观点则是不能适用衡平法上的时效中断，因为审查时机的规定是"强制性和涉及管辖权的"。

---

① 308 F. 3d 751 (7th Cir. 2002)，参见§6.7 和§12.3 的讨论。

② 245 F. 3d 1143 (10th Cir. 2001).

③ 另可见 Mejia-Perez v. Gonzales，490 F. 3d 1011 (8th Cir. 2007)。

④ 160 F. 3d 1360 (Fed. Cir. 1998) (*en banc*).

在 Microcomputer Technology Institute v. Riley[①] 案中，第五巡回法院指出，“衡平禁反言规则是几乎从来都不能针对政府适用的”，在涉及“要求在未经国会批准的情况下支付资金”时则永远不能适用。但是，法院在解决一项针对政府的争议的过程中适用了某种形式的衡平禁反言。原告将 Pell 补助金（Pell Grants）发给了它的学生，并将补助资金打入学生账户。Pell 补助金可以用于学费和其他开支（expenses）。但是，教育部在审计过程中发现了问题。这些学生也是州监狱的犯人。州支付了他们的“开支”，原告与州之间订立的合同规定，学生不需要支付学费。教育部认定原告需要退还超过 800 万美元的学费和其他费用。法院支持了有关费用的命令。这些犯人兼学生没有开支问题。法院也拒绝了原告的主张，即政府根据禁反言规则不得要求退还补助金中的开支部分，因为教育部已经在原告实施上述行为时采取了心照不宣的默认态度。但是，法院推翻了补助金中学费部分退还的命令。在更早的一起有关犯人兼学生的案件中，教育部已经允许了学费补助，并指出它“只会通过对将来发生效力的规定”来修改这一政策。法院认定，原告已经合理地信赖这一说法而遭受了损失，因此如果允许教育部溯及既往地适用其新政策，将是不公平的。

□ 积极的不当行为可以作为适用禁反言规则的依据

在 Fredericks v. Commissioner of Internal Revenue[②] 案中，第三巡回法院的合议庭撰写了一份特别全面的判决意见，这也是所有人面对这类问题时的必读材料。这份判决书写得像一本讨论针对政府的衡平禁反言规则的专论。法院判定国内税务局根据禁反言规则不得向纳税人追缴 186 361 美元的税款。这笔应补交税款（deficiency）是在 1992 年根据纳
1119 税人 1977 年的报税表评定的。如果不是纳税人执行了延长法律的同意书，时效应该在 1980 年就已经经过了。法院认定，国内税务局在获取某些同意书时采取了“积极的不当行为”。纳税人首先提交了一份无限期的延期表格。国内税务局告知纳税人该表格已经“寄丢了”。国内税务局接着要求和收到了三份短期的延期表格，其中最后一份是在 1984 年到期。但是，事实上国内税务局之前已经“找到了”过去“寄丢了的”无限期延期表格。国内税务局出示了这份在找到之前已经处于丢失状态长达 11 年的表格。国内税务局接着根据这份“丢失了的”表格在 1992 年对应补交税款作出了评定。纳税人信赖了国内税务局的错误陈述并承担了损失。如果他知道国内税务局已经“找到了”这份表格，他本来可以随时要求启动无限期的延期。

□ 刑事案件中的禁反言规则

衡平禁反言规则是在刑事案件中可能对被告适用的，如果检察官是根据法律规定的手续实施行为的，根据《美国法典》第 18 编 § 6002 的规定，就必须适用豁免（use immunity）。[③] 在考虑辩诉交易的过程中作出的承诺也必须遵守。[④] 只要承诺人确实拥有作出承诺的权力，并且被告因为信赖该承诺而遭受损失时，该承诺应该得到遵守。[⑤] 尽管这些问题

---

① 139 F. 3d 1044 (5th Cir. 1998).

② 126 F. 3d 433 (3d Cir. 1997).

③ Kastigar v. United States, 406 U. S. 441 (1972).

④ Santobello v. New York, 404 U. S. 257 (1971).

⑤ United States v. Flemmi, 225 F. 3d 78 (1st Cir. 2000).

产生的背景比较分散，针对检查官和行政机关适用禁反言规则的要求是几乎一致的。

在 United States v. Johansen① 案中，第八巡回法院以某种形式的衡平禁反言规则作为推翻一项刑事判决并发回重新审理的依据。联邦政府指控 Johansen 未经批准抽空了一处水禽产区内湿地中的水。Johansen 试图对其行为的合法性提出辩护，认为政府在其土地上所获得地役权仅仅是 105 英亩，并且试图证明他没有抽空该地役权所属区域内的任一英亩上的水。政府认为其地役权不仅限于 105 英亩，而是面积大得多的区域，包括 Johansen 排空水的区域上的湿地。初审法院的法官批准了对政府意见更有利的防止偏见的动议(motion in limine)。巡回法院驳回了这一决定。巡回法院同意 Johansen 的意见，即政府正在玩“骗局游戏”。巡回法院指出，最高法院曾在 United States v. North Dakota② 案中判定联邦政府只能经水禽产区所在州州长的同意才能获得湿地地役权。巡回法院也指出，联邦首席政府律师已经向最高法院作出这样的陈述，即联邦政府获得了总面积仅为 764 1120
522 英亩的湿地地役权，而不是北达科他州政府认为联邦政府已经获得的 4 788 300 英亩的湿地地役权。法院采信了这一陈述，并以此作为依据拒绝了北达科他州的主张，即联邦政府已经超过了其获取湿地地役权的 150 万英亩的限制。巡回法院认定，对 Johansen 的土地上的地役权所作的解释必须与政府在 North Dakota 案中所作出并得到最高法院认可的陈述相互一致。这一陈述是与 Johansen 主张受地役权限制的 105 英亩相互一致。巡回法院认定，如果作出相反的判决，将会导致联邦政府可以规避它须经州长同意才能获取湿地地役权的要求。

□ 移民案件中的禁反言规则

在 San Pedro v. United States③ 案中，两位法官出具的多数意见认为，根据禁反言规则，移民归化局不得对该被指控的个人作出驱逐出境的决定，作为辩诉协议的一部分，联邦检察官已经承诺不对该个人作出驱逐出境的决定。第十一巡回法院认定，联邦检察官无权要求移民归化局受辩诉协议的约束。需要注意的是，基于缺乏职权这一点，可以将 San Pedero 案与之后判决的 Winstar 案相互区分。持不同意见的法官表达了这样的观点，政府否认辩诉交易的决定违反正常程序。San Pedro 案的判决导致了不同巡回法院的分歧，尽管其他两家巡回法院所作的判决是依据联邦检察官法定职权的更宽泛的解释，而不是对衡平法上禁反言规则的不同理解。④ 如果其他巡回法院对于职权范围问题的解释是正确的话，Winstar 解释了这样的可能性，即政府必须要么遵守辩诉协议，要么对违反协议的行为作出赔偿。

□ 禁反言规则、权力分立和联邦主义

在 United States v. Marine Shale Processors⑤ 案中，第五巡回法院撰写了一份论证仔细和充分的判决意见，驳回了适用衡平禁反言规则的主张。政府对于一家有害废弃物处理设施的所有人提起诉讼，指控其违反了三项环境立法。作为其辩护理由之一，该设施的所

---

① 93 F. 3d 459 (8th Cir. 1996).

② 460 U. S. 300 (1983).

③ 79 F. 3d 1065 (11th Cir. 1996).

④ 参见 Margoli-Olvera v. INS, 43 F. 3d 345 (8th Cir. 1994)；Thomas v. INS, 35 F. 3d 1332 (9th Cir. 1994)。

⑤ 81 F. 3d 1329 (5th Cir. 1996).

有人以路易斯安那州环境质量部（LDEQ）的来信作为依据主张适用衡平禁反言规则，该信件中指出该设施“具有作为储存设施的临时资格，并且可以接受任何有害废弃物”。法院说明了驳回该禁反言规则的抗辩的两点理由：首先，该公司采信这一信件作为依据是不合理的。该设施显然尚未获得临时资格。法律和规则所规定的明确的标准都并未得到满
1121 足。其次，该信件并不能构成积极的不当行为。法院在解释禁反言规则为何很少可以适用于政府时作了精彩的论述。法院在联邦宪法中找到了不愿适用禁反言规则的依据：“如果法院随时对联邦政府适用禁反言规则，行政部门将会策略性地利用这一原则获得国会本来想要避免的结果，从而导致将立法权交给行政部门，这不是《联邦宪法》第1条首所曾设想的方式。”法院也设想了如果随时对以州行政机关所作陈述为依据而对联邦政府适用禁反言规则将会引发的问题：“在这种情况下，如果允许以州行政机关所作陈述为依据对联邦政府适用禁反言规则，将会给各州提供了不必满足联邦最低限度要求的机制。”

§13.2 溯及既往

□ 法院使法律和政策可以溯及既往

当行政机关对私方当事人信赖的法律规则作了具有溯及力的变更时，禁反言问题和溯及既往立法问题就产生了交集。对于有效的法律体系来说，法院和行政机关必须可以自由地阐释不确定的法律，对之前没有明确法律调整的问题创设新的法律；几乎所有的普通法都是司法创设法律的产物，可以溯及既往地适用于法院所受理的案件。过去几个世纪里这个理论或者说托辞（pretense）都是符合 Blackstone 的观念，即法院只是找到或者发现法律。今天，这一理论已经很少有人坚持。Holmes 大法官曾经经过观察指出“法官实际上都在立法，也必须参与立法”①，这一观点现在已经被普遍作为现实主义（realism）而接受，而他所说的限制条件，即“他们只能有间歇地从事立法”，则被普遍视为不符合现实。事实上，仅仅在1990年司法年度，最高法院就以法官在某些情形下是政策制定者的结论为依据对两起重大案件作出了裁判。②

无论有关法院经常制定或者修订法律和政策的现实相关的争议是否继续存在，所有大法官都承认行政机关必须可以自由在国会通过法律所确立的广泛的权限范围内制定和修改政策。在 Chevron v. NRDC③ 案中最高法院以一致意见作出的判决意见就明确地宣告该原
1122 则具有其过去曾受质疑的范围。④

□ 溯及既往是武断和恣意的吗？

当行政机关通过规则对其政策作出适用于未来的修改，可能面临的严重问题只是：

---

① Southern Pac. Co. v. Jensen，244 U.S. 205，221 (1917)（不同意见）。

② Chisom v. Roemer，501 U.S. 380，399 (1991)；Gregory v. Ashcroft，501 U.S. 452，466-467 (1991).

③ 467 U.S. 837 (1984).

④ 参见§3.2。

(1) 行政机关的新政策是否属于法定权限范围;[1] (2) 行政机关是否遵循了适当的程序[2];(3) 行政机关是否对政策变更作出了充分的解释和提供充分的支持。[3] 但是，如果行政机关作出具有溯及力的政策变更时，复审法院就必须再考虑一项问题：(4) 对于信赖旧政策的当事人来说，新政策的溯及既往适用是否如此不公平，以至于这种溯及既往适用构成了《行政程序法》§706 (2) (A) 规定的武断和恣意。这一问题之所以频繁出现，是因为许多行政机关都通过裁决程序进行政策变更，并且它们在这么做时，通常将新宣布的政策溯及既往适用于它们当时所处理的案件。

□ 法律变更区别于法律的阐释

需要承认的是下列两种情况下存在的区别：(1) 法律或者政策的新适用、阐释或者增添;(2) 以新的法律或者政策替代已经具有合理的明确性的旧的法律或者政策。只有后者会对于已经信赖旧法律的人引发公平性的问题。前者在 SEC v. Chenery Corp. [4] 案的判决中被认为是可以被允许的，该案支持了通过裁决对不确定的法律进行的溯及既往的阐释，并且在有限范围内对溯及既往地推翻之前确立的法律予以合法化。[5]

□ 何时司法上的溯及既往是不公平的?

对于溯及既往地推翻(已有的法律)，法院的做法可以为行政机关提供主要的行为指引。历史上，最高法院已经自由地推翻其自身所作出的判决。1961 年之前的所有推翻判决和此后的几乎所有判决都是溯及既往的。在 1932 年，Brandeis 大法官收集了 69 份推翻判决，并且作出如下宣告："最高法院顺从经验的教训和更好推理的力量，承认在物理科学中成果累累的试错过程，在司法职能中也是合适的。"[6] "遵循先例通常是明智之策，因为对于大多数的问题来说，准据法规则得到确定，这一点要比得到正确地解决更为重要。"[7] 但是，与这一智慧一致的是最高法院推翻它认为是存在错误解释的做法。Douglas 大法官在一家法律评论上发表的论文中列举了最高法院在 1937 年至 1949 年之间作出的推翻判决，所有这些判决都是溯及既往地适用。[8]

对将来发生效力的推翻判决，这一想法则是在 Great Northern R. Co. v. Sunburst Oil & R. Co. [9] 案中开始凸显出来的。该案判决认为 Montana 州最高法院推翻了一项先例但是拒绝将该推翻判决适用信赖它的当事人，这并没有违反正当程序。但是，最高法院直到 20 1123
世纪 60 年代才发现它可以将推翻判决限制为仅对将来发生效力。开创这一方式的判决是 James v. United States[10] 案，但是完全成熟则是在 Linkletter v. Walker[11] 案。最高法院在

① 参见第 3 章。
② 参见第 7 章。
③ 参见§7.4 和§7.5。
④ 332 U.S. 194 (1947).
⑤ 有关 Chenery 案的全面讨论，参见§6.9。
⑥ Burnet v. Coronado Oil & Gas. Co., 285 U.S. 393, 407-408 (1932).
⑦ Id. at 406.
⑧ Douglas, "Stare Decisis", 49 *Colum. L. Rev.* 735, 757-758 (1949).
⑨ 287 U.S. 358 (1932).
⑩ 366 U.S. 213 (1961).
⑪ 381 U.S. 618 (1965).

Mapp v. Ohio[1] 案中认为非法获取的证据不可在州刑事审理中采用，从而推翻了 Wolf v. Colorado[2] 案。在 Linkletter 案中，最高法院认为 Mapp 案的推翻判决并不适用于在 Mapp 案判决之前已经结案的定罪判决，除了 Mapp 案本身。

□ 对行政机关适用司法原则

Linkletter 案判决意见中的原则完全可以适用于行政裁决，特别是诸如这样的评论，即："我们相信宪法既没有禁止也没有要求溯及既往的效力"，以及这样的进路，即："一旦这样的前提得到承认——我们既没有被要求，也没有被禁止溯及既往地适用一项判决——那么，我们就必须逐案考察所讼争规则的过往历史、目的和效力，以及溯及既往适用是否会促进或者阻碍其实施以权衡其利弊。"[3] 最高法院后来得出了这样的观察结论——"我们必须考察 Mapp 规则的目的；对 Wolf 原则的信赖，以及追溯性地适用 Mapp 规则对司法管理（administration of justice）的影响"——时采取了这样的进路。[4] 当对于某些行政机关的某些行政裁决来说，遵循先例的要求在行政机关和在联邦法院一样严格时，通过行政裁决进行溯及既往的政策制定的问题，也是与最高法院的溯及既往立法面对相同的问题，除了行政机关如果可以通过溯及既往的规则制定的方式制定政策，就具有较少的借口可以通过裁决方式进行溯及既往的政策制定。[5]

□ 权衡溯及既往的裁决之效率与公平

除了 Chenery 案，最高法院从未明确讨论过行政机关在哪些情形下可以通过裁决进行溯及既往的政策制定。但是，最高法院已经确认了涉及溯及既往的政策制定的行政行为而没有讨论这一问题。[6] 此外，各级法院有关溯及既往的立法的众多判决也表明，类似的，法院也会默认通过行政裁决实施溯及既往的政策制定的做法，除非在有的情况下溯及既往会产生重大的不公。巡回法院已经长期采用权衡测试决定行政机关溯及既往地适用新修改的政策是否会引发严重不公，以至于可以根据武断和恣意标准予以推翻。这类案件不胜枚举，涉及国家劳动关系委员会（NLRB）的三起案件可以用于说明这一典型的进路。在所
1124 有这三起案件中，溯及既往都对当事人产生了非常严重的负面影响。在 Laidlaw Corp. v. NLRB[7] 案中，第七巡回法院支持了溯及既往的推翻判决，而在 NLRB v. Majestic Weaving Co.[8] 案和 Retail，Wholesale and Department Store Union v. NLRB[9] 案中，另外两家法院则是否决了溯及既往的推翻判决。

在 Laidlaw 案中，第七巡回法院支持对雇主因为当时完全符合国家劳动关系委员会"确定的"法律的一项行为而要求其补发大约 45 万美元工资的命令。在该雇主的诉讼之

---

① 367 U. S. 643 (1961).

② 338 U. S. 25 (1949).

③ 381 U. S. at 629.

④ Id. at 636.

⑤ 参见 § 6. 9。

⑥ 例如 NLRB v. Fleetwood Trailer Co.，389 U. S. 375 (1967)。

⑦ 414 F. 2d 99 (7th Cir. 1969), *cert. denied*, 397 U. S. 920 (1970).

⑧ 355 F. 2d 854 (2d Cir. 1966).

⑨ 466 F. 2d 380 (D. C. Cir. 1972).

后，最高法院在 NLRB v. Fleetwood Trailer Co. [①] 案中认定，如果没有法定的拒绝罢工者的合法商业理由，在参加罢工者寻求恢复原职时雇佣新雇员的行为被推定为违法。尽管第七巡回法院已经在 Sax v. NLRB[②] 案中支持了国家劳动关系委员会所作出的相反的“已确定的”法律规则，该法院认为 Sax 案与 Fleetwood 案并不一致，并且“保护 Laidlaw 的雇员所享有的法定权利，其重要性要超过该公司可能已经信赖国家劳动关系委员会过去所制定的规则或者政策这一事实”[③]。一位持不同意见的法官不同意对根据行为之时有效的确定的法律采取行为的雇主处以“巨额罚款”：“即使我可以同意国家劳动关系委员会对 Fleetwood 案的信赖是合适的，我仍然拒绝执行法院指令中要求补发工资的部分内容。”[④]

Laidlaw 案判决不同于 Majestic Weaving 案，在后面这一案件中，Friendly 法官代表法院发表了如下意见：

虽然总的来说，法院并未犹豫是否允许行政机关在裁决程序中形成的规则适用于过去的行为，一项判决将相对人作出时打上“公平”标识的行为判定为“不公平”，它所引发的愤怒明显多于将之前不受管辖的雇主纳入行政机关的管辖范围……或者缩短集体协议可以阻止新选举的期间……或者对已经禁止的行为设定更严厉的救济……如果能够早点知道行政机关改变观点，一项行为本来可以避免遭受罚款，或者一项遭受罚款的行为是根据明确采信之前确立的标准而作出的话，就更为令人生气了。

在承认每起没有判决先例的案件（case of first impression）都具有溯及力后，第二巡回法院指出：

但是，在并非没有判决先例而是已有一次判决先例的案件中，行政机关改变已经得到被规制者普遍承认的，界定可以允许的行为的规则时，溯及既往适用的问题多少有些不同 1125
的表现……在本案中，我们完全可以认定在过去的 15 年里该委员会认为有条件的谈判是符合法律设计的，新标准的溯及既往适用所产生的不良后果，目前已经超过了对过去行为立即适用的明确需要……以至于使得该行为是“武断的”。[⑤]

与 Majestic Weaving 案一致而与 Laidlaw 案相反的是哥伦比亚特区巡回法院在 Retail, Wholesale and Department of Store Union v. NLRB[⑥] 案中所作出的重要判决，该案撤销了对一项新规则的溯及既往适用，该规则是与这一企业所信赖的国家劳动关系委员会的“大家公认的”规则相反的。在 Fleetwood 案中，公司已经对参加罢工者视为新申请就业者对待之后，最高法院的判决改变了法律规则。哥伦比亚特区巡回法院撤销了国家劳动关系委员会的决定溯及既往地使其规则符合 Fleetwood 案判决，并且对该公司设定了补发工资的责任。巡回法院判决意见中有一段文字在解决类似问题时是特别有用的：

在裁决这一问题时需要考虑的因素是：（1）特定的案件是否是没有判决先例的案件；（2）新规则代表的是否是完全不同于大家公认的做法，或者仅仅是试图填补一个悬而未决的法律领域的空白；（3）作为新规则适用对象的相对人在多大程度上依赖之前的规则；（4）溯及既往的命令会对当事人施加的负担的程度；（5）尽管相对人信赖过去的标准，适用新规则具有的法定利益。如果将所有这些因素考虑在内，我们就会发现将 Laidlaw 案规

---

① 389 U.S. 375 (1967).

② 171 F. 2d 769 (7th Cir. 1948).

③ 414 F. 2d at 107.

④ Id. at 117.

⑤ 355 F. 2d at 859-861.

⑥ 466 F. 2d 380 (D. C. Cir. 1972).

则适用于本案的事实，所造成的不平等问题远远超过了适用该规则可能促进的利益。[①]

哥伦比亚特区巡回法院引用了最高法院的论断，即“每起没有判决先例的案件都具有追溯效力，”并且指出“本案并非没有判决先例，而是已有一次判决先例的案件”。法院强调了以下两者的区别，即对不确定的法律通过溯及既往适用进行阐释，与对已经得到具体采用的明确的法律规则通过溯及既往适用加以变更。哥伦比亚特区巡回法院指出，“某些在没有判决先例的案件中支持溯及既往的考量因素，在后来的案件中，没有法院可以衡量其判决的尺度。”[②]

在引用了最高法院在 Chenery 案中的评论，即“溯及既往必须与造成违反法律设计或
1126 者违反法律和衡平法原则的损害进行权衡”之后，哥伦比亚特区巡回法院指出：

但是，必须对法律的目的和特定救济对于实现这一目的的必要性之间进行区分。当没有显示存在歧视，并且和本案一样，如果案卷显示新规则一旦宣布，雇主将会迅速遵守的时候，对于反对明显歧视来说，合适的救济可能对于实现法律目的来说不是必需的。[③]

哥伦比亚特区巡回法院最后认定，该委员会不能对 1968 年 1 月 15 日以前的日期适用 Fleetwood 判决，“这一日期可以为告知 Fleetwood 案判决提供了合理时间的日期”[④]。当然，在 Fleetwood 案本身，最高法院确实将该这一判决适用于在该判决之前发生的行为。哥伦比亚特区巡回法院观察到最高法院已经“明确了一系列在首次宣布新规则的裁决案件中要求对当事人适用新规则的若干理由”[⑤]，引用了 Stovall v. Denno[⑥] 案，创设了一项新的宪法规则并进行了溯及既往适用，但是宣布该宪法规则对其他案件只会对未来适用。

这种权衡标准的适用经常是困难的，其适用结果也取决于多项因素。有的时候溯及既往具有强烈的正当性依据，而对信赖先前规则的人所造成的不公平是轻微的；但是在其他案件中，新政策只能对未来适用，很少导致损害，而溯及既往适用对依赖先前政策的相对人显然是不公平的。对于有充分理由相信其行为合法的相对人来说，溯及既往适用导致的设定重要惩罚的效力将会显得尤其不公平。当然，行政机关可以通过行使裁量权决定不予惩罚，而仅仅是宣布行政机关之前认定可以允许的行为违法，而回避这一问题。事实上，正当程序经常会要求得出这一结论。[⑦]

对于行政机关溯及既往地适用新更改的政策，法院作出推翻判决并不必然会对新政策的效力或者其对未来适用产生任何影响。在 McDonald v. Watt[⑧] 案中，第五巡回法院的判决意见，特别清楚地阐释了这一重要问题。法院认为内政部的一项规则是模糊不清的。内政部以一种方式对这一规则进行解释，已经得到大家的公认。内政部对这一规则作了新的
1127 解释，并对其进行了溯及既往适用。第五巡回法院判定该案中这次适用无效，但是接着判定该解释对未来适用时是有效的。

《矿产土地租赁法》（the Mineral Land Leasing Act）授权内政部长对最先提出合格申请者出租土地。内政部公布了可以出租的土地名单，申报期内收到的报价被视为是同时提交的；内政府组织了抽签程序，并将土地出租给了中签人。McDonald 的报价被抽中，但是因为传真签名而被裁定不符合资格。Thames 的报价则是第二顺位的中签人。真正的纠

① Id. at 390.
② Id. at 391.
③ 466 F. 2d at 392-393.
④ Id. at 393.
⑤ Id. at 390.
⑥ 388 U. S. 293, 301 (1967).
⑦ 参见 § 6.11。
⑧ 653 F. 2d 1035 (5th Cir. 1981).

纷不在于与内政部，而在于 McDonald 和 Thames 之间。当 McDonald 在 1976 年提出报价时，“所有既有的有关规则的行政说明”都可以认定该报价是有效的。[①] 但是，在行政机关作出之前，一项 1977 年作出的解释使得该报价无效。后来在 1977 年，内政部长认为该报价无效，作出了对 Thames 有利的决定。在 1980 年，内政部默认了地区法院在其他案件中的裁决，即 1977 年所作解释不能进行溯及既往适用。因此，McDonald 案成为内政部的解释对其不利的短暂期间内法院判决的少数案件中的一起。

第五巡回法院宣布或者判定：(1) 可以合理地采用裁决程序作出解释，而不需要采用规则制定程序；(2) 根据 Linkletter v. Walker[②] 案，该解释可以仅限于向将来发生效力；(3) 自 1917 年以来，内政部已经赋予某些裁决案件以溯及既往效力；(4) 内政部对某些决定限定为向将来发生效力，在 Safarik v. Udall[③] 案中得到了法院的支持；(5) 内政部对 McDonald 在 1976 年所作报价溯及既往地适用了 1977 年的解释，构成了“裁量权滥用”，并且对 McDonald 造成的“信赖利益”的损害是“不公平和不必要的”；(6)“我们绝对看不到对于将 [1977 年解释] 限定于向将来发生效力的法律设计有任何损害；事实上，我们认为溯及既往适用将会违反法律目的”[④]；(7) 1977 年的解释“毫无疑问‘完全背离了行政机关众所公认的做法’”[⑤]；(8) 相应的，“我们认定该行政机关”对 1976 年的报价适用 1977 年的解释“完全属于向将来发生效力而没有任何溯及力”，“已经构成了裁量权滥用”。

□ 反对溯及既往的规则之推定

在 Bowen v. Georgetown University Hospital[⑥] 案中，最高法院所作出的惊人判决，对于行政机关利用裁决程序溯及既往适用新政策具有重要影响。在 Georgetown 案中，最高法院宣布了一项法律解释规则，这一规则似乎让大多数行政机关不得利用规则制定程序制 1128
定具有溯及力的规则。在 Georgetown 案之前，巡回法院已经对通过规则制定程序制定的溯及既往的规则适用了与他们早已适用于在裁决程序中宣布的溯及既往的“规则”相同的权衡标准。[⑦] 正如 § 6.7 中所讨论的，最高法院在 Georgetown 案中所作的判决抛弃了倾向于广泛禁止溯及既往的规则的权衡标准，这一判决是建立在一系列未经支持也无法得到支持的假定基础之上的。

如果最高法院坚持适用 Georgetown 案中所宣布的解释规则，行政机关将会明显地增加利用裁决程序以宣布具有溯及力的新“规则”。既然行政机关经常必须创设具有溯及力的规章才能履行法定的职责，并且既然 Georgetown 案中的解释规则让绝大多数的行政机关不能利用规则制定程序服务于该目的，许多行政机关将会别无选择，只能利用裁决程序宣布具有溯及力的新“规则”。

---

① Id. at 1039.

② 381 U. S. 618 (1965).

③ 304 F. 2d 944, 949 (D. C. Cir.), *cert. denied*, 371 U. S. 901 (1962).

④ 653 F. 2d at 1044.

⑤ 引用了 Retail Union, 466 F. 2d at 390。

⑥ 488 U. S. 204 (1988).

⑦ 例可参见 Citizens to Save Spencer County v. EPA, 600 F. 2d 844, 879-881 (D. C. Cir. 1979); Anderson, Clayton & Co. v. United States, 562 F. 2d 972 (5th Cir. 1977), *cert. denied*, 436 U. S. 944 (1978)。

§ 13.3　既判力

□ 既判力适用于行政机关

作为对司法判决适用既判力（res judicata）或者诉求排除（claim preclusion）之基础的偏好息讼（repose）政策，也在同样的强度上适用于行政裁决。在 Astoria Federal S & L v. Solimino[1] 案中，最高法院对偏好息讼政策进行了以下描述，重申这一政策对行政裁决的普遍适用性：

> 这种偏好息讼政策的正当性基础在于合理和明显的司法政策原则，即败诉方在遭受失败之后，无权要求在对抗式程序中对于在实体上与他先前所提起的完全相同的问题进行重新争讼。

□ 一般性原则

有关对行政裁决行为适用既判力的一般性原则是众所公认的，也是容易表述的：（1）除
非法律作出相反规定，如果该行政机关合理地裁决了“相对人本来有充分的机会进行争
讼”的案件事实争点，法院将会对行政裁决适用既判力和间接禁反言（collateral estop-
1129 pel）[2]；（2）（1）项中表述的原则既适用于联邦行政机关，也适用于州行政机关[3]；（3）既
然（1）和（2）中所表述的原则是司法机关根据普通法进行决策的产物，国会拥有完全的
裁量权通过立法修改或者抵消这些原则[4]；（4）已经得到州法院支持的州行政决定必须具
有既判力，因为 28 U.S.C. § 1738 要求联邦法院充分信任州法院所作出的判决。

但是，行政法上既判力原则的清楚和明确性只是表面现象而非真实情况。适用上述四项原则常常要求法院解决以下三个领域的难题：（1）需要何种程序才能满足适用既判力原则的前提，即“相对人已经有合理的机会进行争讼”？（2）行政机关解决了什么诉求？（3）何时国会指示法院对行政裁决的决定适用或者不适用既判力原则？

□ Utah Construction 案

有关行政法上既判力原则的现代时期是在 1966 年才开始的，当时最高法院判定：“在行政机关行使司法职能，并且对相对人拥有充分争讼机会的事实争点进行了裁决时，法院没有犹豫就适用了既判力原则以强制执行息讼政策。”[5] 这段论述中存在疑问的唯一内容是“法院没有犹豫……”这句话应该解释为指在 Utah Construction 案中最高法院没有犹豫，因为最高法院在该案之前可是常常犹豫，而这种犹豫的历史仍然具有意义。

---

① 501 U.S. 104，107 (1991).

② United States v. Utah Construction & Mining Co.，387 U.S. 394，422 (1966).

③ University of Tennessee v. Elliott，478 U.S. 788，798 (1986).

④ Astoria Federal S & L v. Solimino，501 U.S. 108-109 (1991).

⑤ United States v. Utah Construction & Mining Co.，384 U.S. 394，421-422 (1966).

□ 早期的案例

最高法院在1906年就判定既判力不适用于一家移民特别调查委员会在经过听证之后作出的决定："该委员会是行政权的工具，而不是法院……类似的决定早已被视为行政部门的决定，不能在技术层面上构成既判力。"[1] Pearson案在1906年至1966年间时断时续地得到遵守。例如，"既然行政委员会是行政权的工具而不是法院，既判力原则不能适用于其决定"[2]。但是，在Sunshine Anthracite Coal Co. v. Adkins[3]案中，最高法院判定，某委员会认定该公司所产煤炭为烟煤的结论适用既判力，尽管该问题涉及管辖权。州 1130
际商业委员会（Intestate Commerce Commission）的决定，在Louisville & Nashville Railroad Co. v. Ohio Valley Tie Co.[4]案和United States v. Seatrain Lines[5]案中被认为适用既判力，但是在United States v. Rock Island Motor Transit Co.[6]案中则被认为不适用既判力。

在1966年之前最高法院所作的判决，如果作为整体进行解释的话，很大程度上是基于以下理解，即行政首长未经听证或者任何类似听证的程序而作出的决定不能适用既判力，但是在提供了程序保障之后，既判力原则就是合适的。早期的理解可能很大程度上是正确的，并且可能现在仍然是正确的。但是，这一理解必须整合更晚近的司法观点，即"听证"是个模糊的字眼，可以指众多不同类型的程序。[7]

Utah Construction案确立了一项法律规则，即某些行政决定具有既判力；如果合同上诉委员会经过听证并作出决定，就可以拒绝由联邦求偿法院（Court of Claims）进行进一步听证。现在需要讨论的问题是在何种情形下何种行政决定可以具有既判力。行政法既要处理与司法系统类似的所有既判力的问题，包括诉求和问题的一致性、相对人的一致性、最终决定的实质问题、附带性诉讼和管辖权；也要处理因为行政过程和司法过程的不同而产生的特殊性问题，包括拒绝程序保障的程度，流动的事实和变化的政策，以及没有律师代理的相对人。

《判决重述（一）》（The First Restatement of Judgments）* 并未涉及行政决定的既判力。《判决重述（二）》在§8.3中涉及了这一问题，规定"（1）除了分节（2）、（3）和（4）所述的例外，行政裁判机构作出的有效和最终的裁决性决定具有与既判力规则相同的效力，和法院判决适用相同的例外"。分节（2）要求"裁决的核心要素"适用既判力规则，包括"驳斥对方当事人的证据和主张的公平机会"。分节（3）规定当"尽管对第一项诉求已有裁决，救济机制允许主张第二项诉求"时，可以作为例外。而分节（4）规定行政决定的既判力"如果与立法史不能兼容"，可以不受既判力影响。

---

* 《判决重述》是美国法学会出版的系列出版物，目的是让法官和律师了解普通法的一般原则。——译者注

① Pearson v. Williams，202 U.S. 281，284-285 (1906).

② Bridges v. United States，199 F.2d 811，826 (9th Cir. 1952)，在Bridges v. United States，346 U.S. 209 (1953)没有得到支持；三位大法官在不同意见中指出在没有"法院判决主旨"的情况下并不适用既判力原则。

③ 310 U.S. 381，402-403 (1940).

④ 242 U.S. 288 (1916).

⑤ 329 U.S. 424 (1947).

⑥ 340 U.S. 419 (1951).

⑦ 参见§9.1和§9.5。

□ 既判力规则适用于经过审判式听证后作出的行政决定

当行政机关举行审判式听证，作出事实认定，并适用法律时，对其决定适用既判力规则的理由也是与法院采用相同程序所作判决适用既判力规则的理由一样。但是，形式要求
1131 可能会有所降低，而且如果形式要求被充分降低，行政决定就可能不能适用既判力规则。划分界限的起点是当行政机关确实模仿了审判法院的做法时则适用既判力规则。这种类似性或者缺乏类似性既适用于对事实争点的决定，也适用于对法律争点的决定。行政机关对于一项诉求（claim）的简单处理，例如对书面申请作出肯定或者否定的答复，并不必然是裁决，即使它包括法律适用、事实认定或者解释。这种处理可能是在裁决之前作出，可以被视为具有行政或者执行性质（executive or ministerial）而非司法性质。[①]

裁决程序需要遵守哪些程序要求，才能使得所发布的裁决令具有既判力的正当性基础？各法院对此作出了不同的判决。在 Kleenwell Biohazard Waste v. Nelson[②] 案中，第九巡回法院判定州行政机关的事实认定应该被赋予排他性的效力，因为该行政机关有权裁决这些问题，行政法官已经组织了听证，也向相对人提供了举证、交叉质证和提交法律意见书的机会。在 Hall v. Marion School District[③] 案中，第七巡回法院拒绝赋予学校理事会的事实认定以排他性效力，因为法院认定该委员会对原告有违法的偏见。

在 Travers v. Jones[④] 案中，第十一巡回法院驳回了一项起诉，即对于一名消防队员所作的处分行为侵犯了他根据《联邦宪法》第一修正案所拥有的权利，理由是一名州听证审查官已经解决了针对原告的事实问题。法院认定，听证审查官已经为原告提供了对这些问题进行申辩的机会，并且州法院将会对听证审查官的事实认定赋予排除性的效力（preclusive effect）。法院认定原告不能申请他选择的证人出席，并对一名对他不利的证人进行交叉质证，其责任在于他未能及时利用他可以享有的程序保障。法院也认为，当事人在州行政案件（state administrative proceedings）中没有申请传唤证人的权利。

在 Andrade v. Gonzales[⑤] 案中，第五巡回法院认为，移民归化局在身份调整（adjustment of status）案件中所作决定并不属于已决事项（res judicata）。法院区分了“具有裁决性质的”移民归化局在拒绝入境的案件（exclusion cases）所作的决定和该局作出的“性质上并不通常是对抗性的，也不涉及移民法官的”、属于裁量行为的身份调整决定。

在 Town of Norwood v. FERC[⑥] 案中，第一巡回法院认为，依据既判力原则，原告不
1132 得对一项电价条款（tariff provision）合法性提出质疑的新主张，这一新主张应该在 7 年前的裁决案件中就提出来。

在 Wehrli v. County of Orange[⑦] 案中，第九巡回法院合议庭中两位法官组成的多数派发表了一份不同寻常的判决意见。多数意见认为，州行政机关的事实认定如果不可能会接受司法审查，它就永远不能具有排他性效力。持不同意见的法官则认为，州行政机关本来可能满足“充分争讼的机会”标准的事实认定即使不能获得司法审查，它也应当根据州法

---

① 例可参见 Reich v. Youghiogheny and Ohio Coal Co., 66 F. 3d 111 (6th Cir. 1995)（诉求审查官［claims examiner］作出的计算错误不具有既判力，因为审查官履行的是行政职能）。

② 48 F. 3d 391 (9th Cir. 1995).

③ 31 F. 3d 183 (4th Cir. 1994).

④ 323 F. 3d 1294 (11th Cir. 2003).

⑤ 459 F. 3d 538 (5th Cir. 2006).

⑥ 476 F. 3d 18 (1st Cir. 2007).

⑦ 175 F. 3d 692 (9th Cir. 1999).

的规定被赋予排他性效力。持不同意见的法官指出此前并无法院判决对缺乏司法审查的可得性赋予如此决定性的效力（dispositive effect）。

□ 程序非正式性的效力

众多类型的行政决定是介于对一项诉求的行政性的单方行为（ex parte action）和接近于法院审理的对抗式的口头举证式听证（oral evidentiary hearing）之间。社会保障局裁决福利纠纷的程序就可以说明行政机关用于裁决案件所使用的众多听证形式。初步的决定是根据书面听证作出的——最高法院在 Mathews v. Eldridge[①] 案中所支持的收集和评估来自申请人和其他渠道的各种书面信息的过程。相对人如果对初步听证的结论不满，有权要求行政法官组织口头举证式听证。这种听证更接近于法院的审理，但是至少在两个重要方面存在差别：（1）它很少是对抗式的，行政机关在听证会上不需要有人作为代表，即便假定行政机关可以作为对抗式程序的一方；（2）受益人或者申请人在很多案件中也没有律师代理。相反，行政机关有积极义务收集和评估对受益人或者申请人有利的证据。社会保障局行政法官组织的听证更接近于欧洲法院而非美国法院的司法审理程序。

□ 社会保障局的决定可以作为例证

既判力规则是否以及在多大程度上适用于社会保障局的决定，法院在这一问题上已经遇到了困难。其分析路径要比对法院判决，或者通过更接近于司法审理的程序作出的行政裁决适用既判力规则更为复杂。需要裁决有关社会保障局决定的既判力纠纷的法院，既要考虑社会保障局所执行的福利项目之基础的政策，也必须考虑相关的行政规章和法律规定。

社会保障局颁布的两项规则常常对既判力规则适用于社会保障局的资格认定的诉求产生影响。“除非你在法定的期限内提出了复议（reconsideration）申请，否则初步决定具有 1133
拘束力。”[②] 但是，社会保障局可以基于“合理事由”重新受理相同的权利请求，包括出示“新的实质性证据”[③]。

在 Hillier v. SSA[④] 案中，第八巡回法院适用了残疾人福利案件中适用既判力原则有关的特别规则：

> 既判力原则的效力只是，如果此前的案件终结之后，申请人“没有提交任何新证据证明……他的情况已经发生变化或者恶化”，那么申请人就不能再提出 SSDI 和 SSI 的申请。新证据包括与此前的案件中涉及的事实和争议问题不同的事实和争议，并且证据不属于此前案件的案卷的组成部分。特别是在进行性疾病（progressive disease）或者病情恶化的情形中，在此前的案件中为了证明存在残疾而提交，并且行政法官认为不具有说服力的证据，可以在之后的案件中结合新证据进行考虑，以确定申请人在行政法官此前的决定作出之后是否变成达到残疾程度。

在 McGowen v. Harris[⑤] 案中，第四巡回法院判定，社会保障局未经口头举证式听证

---

① 424 U.S. 319 (1976)，参见 § 9.5 的讨论。

② 20 C.F.R. § 404.905.

③ 20 C.F.R. § § 404.988，404.989.

④ 486 F.3d 359 (8th Cir. 2007).

⑤ 666 F.2d 60 (4th Cir. 1981).

程序而作出的非正式决定具有既判力，所以社会保障申请人不得在之后提交足以证明幸存儿童（surviving child）保险福利的新证据。一位提出申请的母亲举证去世的男子已经口头承认生父的身份。该母亲没有聘请律师代理，并未申请包括口头举证式听证的复议。两年后她又提出了一项新的申请，出示了书面的承认生父的证明。但是这一申请遭到拒绝，主要理由是之前的拒绝决定具有既判力。上诉委员会后来确认了拒绝决定，申请人向地区法院寻求救济，地区法院判定部长关于既判力的决定剥夺了该法院的管辖权，除非这一纠纷涉及宪法问题。上诉法院在一项全面的判决意见中确认了这一判决，并说明了 9 项法律争点：（1）部长有权通过适用既判力规则拒绝权利申请。（2）之前任何层级作出的决定都可能是最终的，从而构成管辖权的障碍，因为申请人当时并未申请行政法官举行听证。（3）既判力规则只适用于“相同的”诉求，但是部长根据规章可以基于所表现出来的“合理事由”重新受理该诉求。（4）根据 42 U. S. C. § 405（g）的规定，除非案件引发了宪法
1134 问题，地区法院并不具有审查对相同诉求适用既判力规则的管辖权。（5）当第二次提出的诉求不是相同的时候，地区法院具有管辖权。（6）在诉求是相同时，如果已经经过行政复议程序，是可以对该诉求进行审查的。（7）地区法院有权确定既判力规则的适用是否正确或者该诉求是否已经得到复议或者程序重新开始。（8）地区法院所作的判决必须是建立在充分的案卷基础之上。（9）地区法院可以对管辖权问题作出决定，对该决定可以提起上诉。

第四巡回法院接着判定地区法院缺乏管辖权审查拒绝该权利请求的决定，因为既判力规则的适用是正确的，权利请求是相同的，并且该权利请求未经过复议或者程序重新开始。新证据并不能否定该权利请求的同一性，并且审查第二项权利请求的“事实和法律依据”以确定是否属于同一权利请求，这并不是程序重新开始。

在 Purter v. Heckler[1] 案中，第三巡回法院的判决说明了行政机关规章对于既判力规则是否适用，以及不同案件中的细微差别导致不同结果的方式。Purter 此前曾两次以声称患有多项疾病为由申请残疾福利，他的历史案卷中包含了过度使用酒精的证据，但是这不是他提出权利请求的主要依据。社会保障局拒绝了这些申请。在后来的一份申请书中，Purter 以慢性酒精中毒（choronic alcoholism）为由申请残疾福利，并提出了新证据以支持这一权利请求。社会保障局进行了非正式的书面听证，并且在审查新证据之后驳回了这一权利请求。当 Purter 对这一决定提出复议申请，社会保障局将该案分配给一名行政法官，由后者组织口头举证式听证。行政机关也审查了新证据并拒绝了这一权利请求。上诉委员会维持了对该权利请求作出的拒绝决定，部分理由是既判力。当 Purter 申请司法审查时，社会保障局引用了 McGowen 案，要求法院基于既判力规则作出简易判决。地区法院同意作出了简易判决。

第三巡回法院对 Purter 案与 McGowen 案进行了区分，判定 Purter 案不能适用既判力规则，理由有二：（1）Purter 后来提出的权利请求，与社会保障局先前拒绝的权利请求并不相同，因为新的权利请求主要集中在慢性酒精中毒的残疾影响；（2）社会保障局已经行使裁量权，根据“新的重要证据”重新开始受理该权利请求。法院也受法定福利项目之目的，行政机关自己制定的有关权利请求的最终性，以及 Purter 在先前案件中没有律师代理的事实等因素影响。法院指出：“当既判力规则是根据本法规定适用于行政案件的情形时，
1135 该规则并不具有只适用于纯粹司法案件时的僵化的最终性特征。”[2] 因为权利申请人通常是

[1] 771 F. 2d 682 (3d Cir. 1985).

[2] Id. at 691.

没有律师代理的，对既判力规则的僵化适用“必须以公正和衡平原则进行协调”。行政规章允许部长“在可能不符合衡平原则的时候拒绝排除对该权利请求的审查……判决重述系列……也承认如果此前的判决，无论是行政性质的还是司法性质的，需要根据准据法进行调整，那么既判力规则可能不能适用”①。在经过几页篇幅的讨论后，法院认定“存在对Purter之前提出的权利请求重新开始程序的合理事由”②。

有关对社会保障局适用既判力规则的案例不胜枚举，以至于无法详尽讨论。但是，对某些判决主旨的概括就足以显示以精确分析的方式适用既判力的司法愿望，因为福利制度的目的和权利申请人常常无法有效主张其程序权利而弱化该原则僵化程度的司法趋势，这两者之间一直存在着紧张关系。

在 Wilson v. Califano 案③中，一家地区法院根据既判力规则判定应该拒绝基于新证据提出的第二项权利请求，但是上诉法院推翻了这一判决，并且也批准赋予在第一次行政决定之后的一段期间内的福利。在 Sharder v. Harris④ 案中，第七巡回法院判决一位没有律师代理的原告精神上无行为能力（mental incapacity）可以得到救济而不适用既判力规则。在 Hunt v. Weinberger⑤ 案中，第六巡回法院在拒绝重新开始程序时，指出缺乏代理律师并不改变这一结论，“除非权利申请人可以证明明显的偏见或者具体的损害，而不是和本案中上诉人所提出的对于不公平的一般性指控”。但是，在 Reed v. Amax Coal⑥ 案中，第七巡回法院已经在法官附带意见中指出，必须具备司法类型审理的所有要素，包括获得律师代理的权利。

在 Thompson v. Schweiker⑦ 案中，当拒绝权利请求的决定是基于不充分的听证作出的时候，第九巡回法院指出：“行政程序的公正性要比行政判决的最终性更为重要。”42 U. S. C. § 405（g）规定司法审查仅限于“经听证后作出的……任何最终决定”，因此行政机关根据既判力规则而未经听证作出的拒绝决定，法院往往是缺乏管辖权而不能对其进行审查的。⑧ 在 Poullin v. Bowen⑨ 案中，有一位申请人在 1975 年提出了残疾福利的申请但遭到拒绝，在 1980 年再次提出申请并在遭到拒绝后向法院起诉。复审法院判定，通过重新开始程序受理该权利请求，行政机关“明确免除了行政性质的既判力规则的适用……不仅如此，部长在对上诉人的投诉作出的回复中没有提出基于既判力规则的抗辩，也是免除了既判力规则的适用。既判力规则必须是作为积极抗辩理由提出。如果没有提出，就构成 1136
了放弃这一抗辩”。

在 Drummond v. Commissioner of Social Security⑩ 案中，第六巡回法院判定社会保障局局长需要受此前行政法官作出的未受司法审查的事实认定的约束，即使该局长并非这一程序的当事人。法院根据对社会保障残疾裁决制度的若干特征的描述，支持了它的判决主旨：（1）行政法官通过采用口头举证式听证解决了裁决事实的问题；（2）行政法官的决定如果没有受到审查，就成为最终决定；（3）该案中申请人需要受行政法官的事实认定的约

① Id. at 690-692.
② Id. at 696.
③ 580 F. 2d 208 (6th Cir. 1978).
④ 631 F. 2d 296 (4th Cir. 1980).
⑤ 527 F. 2d 544，548 (6th Cir. 1975).
⑥ 971 F. 2d 1295 (7th Cir. 1992).
⑦ 665 F. 2d 936，941 (9th Cir. 1982).
⑧ 例如，Gosnell v. Califano，625 F. 2d 744 (6th Cir. 1980)。
⑨ 817 F. 2d 865，869 (D. C. Cir. 1987).
⑩ 126 F. 3d 837 (6th Cir. 1997).

束；（4）该法 § 405（h）的目的是赋予此类决定以最终性。

□ 什么是“相同的权利请求”?

正如第三巡回法院在 Purter 案中的判决所显示的，与司法判决的情境一样，我们难以在行政裁决情境中确定后来的案件是否与之前的案件一样涉及相同的权利请求，因为大多数行政机关都拥有广泛的裁量权可以随时改变其政策以及赋予法律条文以不同的含义。在每起案件中，这一问题都是两项权利请求是否在某些方面存在如此重大的差别，以至于裁决第一项权利请求并不能妨碍对第二项权利请求作出裁决。

在 FTC v. Motion Picture Advertising Service Co. [1] 案中，最高法院判定，因为存在事实的差别，为了使用排他性协议的指控并不能妨碍基于相同协议提出的第二项指控。第一项指控涉及的是与他人合谋，而第二项指控则是针对一家公司。类似的，在 Brougham v. Blanton Mfg. Co. [2] 案中，最高法院判定行政机关批准商标的决定，在产品成分已经发生改变时也不具有拘束力。

在 United States v. Stone & Downer Co. [3] 案中，最高法院判定进口商品的分类决定（classification of imports）只对同一批次的商品具有既判力，而对之后的相同商品并不具有既判力，即使法律争点和事实争点都是相同的：“当第一次诉讼完成的时候，分类决定的重要性及其深远影响，可能还没有得到完全理解或者清楚了解”，并且既判力可能导致对两家进口商的结论不一致的“最为尴尬的局面”。

在 FTC v. Raladam Co. [4] 案中，最高法院判定一项持续的做法在一段时间内是合法或者违法的决定，并不必然是对后来的案件具有既判力。联邦贸易委员会在 1929 年认定该公司在将 Marmola 作为减少脂肪的物质销售时采用了不公平的竞争方法，但是联邦法院
1137 以未能认定对竞争者的损害为由撤销了停止终止令（cease and desist order）。联邦贸易委员会在 1935 年又以相同理由再次立案，这次作出了对竞争者造成损害的事实认定。最高法院判定，第一项决定不具有既判力，因为“拒绝强制执行联邦贸易委员会的命令，其理由是根据最高法院收到的特定案卷的披露，其事实认定和证据并不充分。因此，这些理由出自不同的案件，提出了不同的事实和不同的案卷供法院审查，在本案中并不具有决定性。”[5] 最高法院并未解释该委员会为什么对该公司继续从事相同的做法再次提起公诉。在第一起案件中，法院对该公司的过错进行了实质审查，最后撤销了这一案件。为什么同样的问题可以被再次审理？最佳的答案可能是，即使联邦贸易委员会的做法未变，1929 年的合法性问题并不必然与 1935 年的合法性问题相同。否则，通过行政或者司法解释推动法律和政策的发展就会戛然而止。既判力规则不应该禁止行政机关在一段适度的间隔期后检查有关持续性做法的法律或者政策问题是否发生改变。

但是，在 Tait v. Western Maryland Railway[6] 案中，最高法院判定允许纳税人享受税项扣除（deduction）待遇的决定，在后面年份也会具有既判力，因为“现在争取的这一权利，出自本案卷所显示的相同事实，是以前的案件的裁决对象”。最高法院指出，法律条

① 344 U. S. 392 (1952).
② 249 U. S. 495 (1919).
③ 274 U. S. 225 (1927).
④ 316 U. S. 149 (1942).
⑤ Id. at 150-151.
⑥ 289 U. S. 620, 626 (1933).

文是完全相同的，规章没有修改，两起案件中的事实都是过去的事实。最高法院驳回了这样一种观点，即争点存在差别，因为第一起案件中规定的事实并未出现在第二起案件之中。

不过，Commissioner of Internal Revenue v. Sunnen① 案的重要判决表明，纳税年度的差别可能推翻既判力。尽管上诉法院判定税收上诉委员会在 1935 年作出的有关根据许可协议在 1929—1931 年间缴纳的专利权使用费（royalty）的决定，对于根据同一协议在 1937—1941 年间缴纳的使用费具有既判力，最高法院仍然推翻了这一判决，指出："后来发生的重要事实的改变，或者决定性法律原则的改变或者发展，可能会使［第一次的］决定，至少对于未来的目的来说，变得过时或者出现错误……在相对人可以在这些情形下适用间接禁反言原则之前，第二起案件中引发的法律争点必须涉及与促成第一次决定作出的相同的事件或者文件，以及相同的一组法律原则。"② 最高法院引用了自己审理的一些案件 1138
证明"法律环境发生的变化……"

在 Labelle Processing Co. v. Swarrow③ 案中，第三巡回法院判定第二次依据尘肺病（pneumoconiosis）提出的残疾认定的请求并不能受行政机关拒绝第一次请求的妨碍。尘肺病是一种进行性疾病（progressive disease），因此一个人在第二个时间段里是否患有造成残疾的尘肺病，这一问题并不必然等同于他在第一个时间段里是否患有造成残疾的尘肺病。这份判决意见详细讨论了个人为了证明第二次的请求明显不同于第一次请求的"条件的实质改变"而提交证据时，内在地具有的一些疑难问题。

同样的法律条文，也会因为立法机关希望对不同背景赋予不同的含义，或者因为行政机关对同样的模糊文字赋予不同的含义而产生差别。在 United States v. Chicago, N. S. & M. R. Co. ④ 案中，州际商业委员会（ICC）认定某铁路（公司）属于"《火车机车检查法》（the Locomotive Inspection Act）规定的'市内、城市郊区或者城际的电气化铁路'"，然后认定该铁路公司除了"不是作为通用的蒸汽铁路运输系统一部分的市内、城市郊区或者城际的电气化铁路"之外，可以根据《州际商业法》（the Interstate Commerce Act）无须该委员会批准发行证券。最高法院支持了这一决定。在 Sprague v. Woll⑤ 案中，州际商业委员会的一个部门根据同样的法律条文判定某铁路公司豁免适用《铁路劳工法》（the Railway Labor Act）。州际商业委员会随后则与最高法院的判决相反，认定该铁路不能豁免退休和征税系列法律（the Retirement and Taxing Act）的规定，上诉法院也判定最高法院的判决不具有既判力。该铁路公司于是需要确定在提出破产申请时自己是否属于"市内铁路、城际铁路……"或者是否需要根据适用于其他铁路公司的法律提出申请。它需要遵守哪部法律？在 In re Chicago, N. S. & M. R. Co. ⑥ 案中，第七巡回法院判定《破产法》的规定与其他法律的规定并不相同，并且它们之间的差别是决定性的。这一故事的寓意在于，我们需要考虑的不仅仅是多部法律使用的相同文字。

在 Pacific Seafarers v. Pacific Far East Line⑦ 案中，哥伦比亚特区巡回法院判定，海事委员会（the Maritime Commission）根据《航运法》（the Shipping Act）作出的不构成

---

① 333 U. S. 591 (1948).

② Id. at 599, 601-602.

③ 72 F. 3d 308 (3d Cir. 1995).

④ 288 U. S. 1 (1933).

⑤ 122 F. 2d 128 (7th Cir.), *cert. denied*, 314 U. S. 669 (1941).

⑥ 131 F. 2d 458 (7th Cir.), *cert. denied*, 318 U. S. 768 (1942).

⑦ 404 F. 2d 804 (D. C. Cir.), *cert. denied*, 393 U. S. 1093 (1969).

“外国商业”的认定，并不能妨碍法院根据《谢尔曼法》（the Sherman Act）作出构成“外国商业”的认定，因为这两部法律采用的标准不同。类似的，在 Trevan v. Office of Personnel Management①案中，联邦巡回区上诉法院认定某人构成《社会保障法》意义上的
1139 “残疾”，并不要求认定此人也构成《联邦雇员退休制度法》（the Federal Employee Retirement System Act）意义上的残疾。

□ 制定法可以阻止既判力

既判力属于普通法原则，因此制定法可以修改其可适用性和范围。但是，在特定情形中可能难以确定赋予特定法律以这一效力。最高法院在 Astoria Federal S & L v. Solimino② 案中描述了对于这类问题采取的一般进路。Solimino 根据《禁止就业中的年龄歧视法》（The Age Discrimination in Employment Act of 1967）③ 向平等就业机会委员会（EEOC）提出了就业年龄歧视的指控。根据一项分工协议，平等就业机会委员会将该案移送纽约州人权局（Division of Human Rights）。该州行政机关对该纠纷作出了裁决，认定并不存在可以相信 Solimino 遭受年龄歧视的近因。Solimino 本来可以向州法院申请对这一决定进行审查，但是他选择了在联邦法院提出诉讼并提出相同的诉求。最高法院判定，Solimino 在联邦法院提出的诉求不能被未受审查的州行政机关的决定所排除，因为根据该案讼争的法律，国会决定不允许将既判力适用于未经审查的行政决定。

在重申一般性支持既判力适用于行政决定的“合理原则”之后，最高法院承认国会可以对这一普通法原则作出例外规定。“在本案中，问题不在于行政禁反言是否明智，而在于它是否符合国会的目的。”④ 最高法院接着在解释该法律时驳回了这样一项主张，即支持既判力的司法政策，为采用只承认国会希望限制或者取消既判力可适用性的“明确表述”提供了正当性基础。它认定，这种解释进路只有在“保护重要和长期存在的价值”时才具有正当性。⑤ 支持对行政决定适用既判力的司法政策并不能达到这一重要程度。因此，它只适用于立法机关没有表明对这一问题的意图之时。最高法院根据该法规定的申报要求，认定国会不具有对州行政机关的决定适用既判力的意图。⑥ 这些规定的内容是，根据先向州行政机关提出诉求的日期确定向联邦法院起诉的时间限制。最高法院的理由是国会肯定已经预料到联邦法院受理之前由行政裁决的诉求。

在 Alexander v. Gardner-Denver Co. ⑦ 案中，最高法院对于《1964 年民权法》第七编
1140 的规定⑧作出了类似的结论。最高法院判定“联邦法院已经被赋予了确保该法第七编得到遵守的全部权力”⑨。最高法院指出，国会规定了“针对歧视提供的平行或者存在重合的救济渠道”，并且规定：“在不同法院审理反就业歧视诉求……并且，总的来说，在一家法院提出诉求，并不能排除以后在其他法院提出诉求……而且，该法第七编的立法史也表明了

---

① 69 F. 3d 520 (Fed. Cir. 1995).

② 501 U. S. 104 (1991).

③ 29 U. S. C. § § 621 *et seq*.

④ 501 U. S. at 107.

⑤ Id. at 108.

⑥ Id. at 109.

⑦ 415 U. S. 36 (1974).

⑧ 42U. S. C. § § 2000 *et seq*.

⑨ Id. at 45.

国会的意图是允许个人根据该法第七编和其他可以适用的州和联邦法律独立地寻求其权利。”① 最高法院判定，该相对人并未因为首先根据集体谈判协议中的禁止歧视条款对其投诉申请终局裁决而丧失了在联邦法院的个人诉因。最高法院在注释 10 中指出：“适用于拒绝《1964 年民权法》第七编背景下的救济渠道选择和放弃原则的政策理由，同样适用于既判力原则和间接禁反言原则。”

在 Texas Instruments，Inc. v. Cypress Semiconductor Corp. ② 案中，联邦巡回区上诉法院判定国际贸易委员会（the International Trade Commission）有关专利问题的事实认定和结论不能构成既判力、间接禁反言，或者争点排除的依据，因为国会的意图是它们并未被赋予这些效力。

□ 对于州行政行为的司法确认具有既判力

但是，因为另一项法律的效力，对于州行政决定的司法确认本来可以改变 Astoria 案或者 Alexandria 案的结果。在 Kremer v. Chemical Construction Corp. ③ 案中，最高法院判定，州法院在一起涉及《1964 年民权法》第七编的案件中所作出的支持州行政命令的命令，可以赋予该行政命令以既判力。Kremer 向平等就业机会委员会提交了歧视投诉，后者将该案移送一家纽约州的行政机关，而该行政机关以实体上无理由（meritless）为由驳回了这一诉求。行政上诉委员会以“不构成武断和恣意，或者裁量权滥用”为由支持了这一决定，纽约州上诉法院（New York Appellate Division）也维持了这一决定。平等就业机会委员会发布了“诉权通告”，拒绝受理这一投诉。Kremer 于是向联邦地区法院起诉，联邦地区法院以既判力为由驳回起诉，第二巡回法院和最高法院也先后维持了这一判决。最高法院引用了充分信任和尊重的法律条款——28 U. S. C. § 1738，指出：“本案中纽约州上诉法院……已经判决确认纽约州人权局上诉委员会决定，即解除 Kremer 的职务并且没有重新雇用不是歧视的结果……这一司法判决显然已经排除 Kremer 继续在纽约州法院提出‘任何其他诉讼……’因此，§ 1738 的规定将会排除 Kremer 对相同问题在联邦法院继续起诉。”④ 1141

最高法院接着驳回了 Kremer 提出的两点主张：（1）国会在第 7 编中的立法目的是要免除联邦法院赋予州法院判决以终局效力的一般性义务；（2）纽约州的行政和司法程序存在如此严重的缺陷，以至于它们无权在联邦法院享有排他性效力。最高法院指出“州的程序只需满足”正当程序的“最低限度的程序要求”，并且“Kremer 已经得到了宪法要求的所有程序待遇。”⑤

四位持反对意见的大法官认为 § 1738 并不适用，因为“无论如何，纽约州上诉法院并未对原告的歧视指控作出任何事实认定”⑥。这家法院只是以传统和尊重性的武断和恣意标准作为支持行政行为的依据。但是，在之后的判决中，最高法院则表明 Kremer 案体现了最高法院以联邦制的名义赋予所有州机构的决定以更大程度尊重的趋势。例如在 Mar-

① Id. at 47-49.
② 90 F. 3d 1558 (Fed. Cir. 1996).
③ 456 U. S. 461 (1982).
④ Id. at 466-467.
⑤ Id. at 477-481.
⑥ Id. at 492.

nese v. Academy of Orthopaedic Surgeons[①] 案中，最高法院判定，§1738 要求联邦法院在决定州法院的判决是否具有排他性效力时需要考察州法律的规定。最高法院传达了一项宽泛的信息，除非国会或者《联邦宪法》有不同规定，应该由各州决定有关州司法和行政程序的完整、准确和公正性。许多巡回法院的判决意见也反映了这一信息。

在 Olson v. Morris[②] 案中，哥伦比亚特区巡回法院判定亚利桑那州心理医生考核委员会（the Arizona Board of Psychologist Examiners）的决定引发了既判力原则的适用，排除原告对违反宪法和联邦法律的指控进行诉讼。该委员会因为原告从事的非职业行为，例如对州行政机关转给他的儿童客户实施驱魔术，而撤销了其许可证。原告接着在联邦法院起诉，指控该委员会的行为违反了平等保护、正当程序、宗教自由和《宗教自由恢复法》（the Religious Freedom Restoration Act）。法院判定该委员会采信了以下几项因素：（1）该委员会行使了司法职能；（2）通过提供告知和听证机会，该委员会提供了裁决该纠纷的程序充分的平台（forum）；（3）根据亚利桑那州的法律，该委员会的决定具有既判力；（4）原告本来可以向该行政机关，并可能向拥有复审权的州法院提出他后来在联邦法院寻求讼争的任何问题。

1142 在 Clark v. Alexander[③] 案中，第四巡回法院对一家地方公共住房机构的事实认定——某居民从事毒品犯罪——赋予排他性效力。第四巡回法院承认州法院不会赋予该事实认定以排他性效力。但是，它认定联邦法院应该出于正当程序目的赋予该事实认定以排他性效力，因为地方行政机关已经提供了 Goldberg v. Kelly[④] 案所要求的程序保障，并且该事实认定也得到了实质性证据的支持。

在 Misischia v. Pirie[⑤] 案中，第九巡回法院根据既判力规则，判定某牙医不得提起§1983 诉讼，寻求对州行政机关已经裁决的一系列事实和法律争点再次进行诉讼。法院认定，该行政行为履行了准司法职能，并且提供了满足公正性要求的程序，即使牙医没有选择利用这些程序。医生的决定，即不利用州法院对该行政行为进行审查的机会，包括由州法院对该行政机关所提供的程序是否充分的审查，似乎对法院产生了影响。

在 Dionne v. Mayor & City Council[⑥] 案中，第四巡回法院两位法官出具的多数意见判定原告成功获得州行政救济，并不能妨碍他根据 42 U. S. C. §1983 获得联邦法院的救济，即使两项诉求是出自相同的行为。多数意见的依据是州行政程序的实体和救济范围非常狭窄，以至于无法排除后来寻求联邦司法救济。持不同意见的法官认为，原告在当时可以寻求州或者联邦司法救济时，选择寻求州行政救济，事实上已经作出了具有拘束力的救济渠道选择。

□ Elliott 案

最高法院日益尊重州行政机关的决定，这一趋势有助于解释 University of Tennessee v. Elliott[⑦] 案中的两项判决主旨。田纳西大学（University of Tennessee）通知黑人雇员

---

① 470 U. S. 373 (1985).
② 188 F. 3d 1083 (D. C. Cir. 1999).
③ 85 F. 3d 146 (4th Cir. 1996).
④ 397 U. S. 254 (1970).
⑤ 60 F. 3d 626 (9th Cir. 1995).
⑥ 40 F. 3d 677 (4th Cir. 1994).
⑦ 478 U. S. 788 (1986).

Elliott—因为工作不力和行为不当将被解雇。一位州行政法官经过听证认定不存在种族偏见。Elliott 向联邦法院拟起诉，根据《1964 年民权法》第 7 编和 42 U. S. C. § 1983 提出诉求。对于行政法官的事实认定是否具有排他性效力的问题，最高法院之前在 Chandler v. Roudebush[①] 中判定，雇员对于根据《1964 年民权法》第 7 编提出的诉求，有权在联邦法院得到重新审查（trial de novo）。作出这一肯定答案的理由是一项普通法的判断，即行 1143
使司法职能的州行政机关在联邦法院有权享有与在州法院一样的排他性效力。最高法院宣布："我们认定，当州行政机关'行使司法职能……裁决事实争点的纠纷时，并且给当事人提供了充分的争讼的机会'……联邦法院必须赋予该行政机关的事实认定具有与在州法院时所享有的相同的排他性效力。"[②]

三位持不同意见的大法官认为，在作为《1871 年民权法》之一部分的 § 1983 中，国会禁止对任何州行政决定适用既判力。在 Monroe v. Pape[③] 案中，最高法院对这部法律进行解释时，将这部法律定性为规定了"受联邦法院保护的联邦权利"。该案的多数意见显然已经悄然推翻了 Monroe 案这一方面的内容。

□ 既判力和首先管辖权

Puerto Rico Maritime Shipping Authority v. Federal Maritime Commission[④] 案，体现了既判力规则与首先管辖权规则之间存在重要的功能联系。一家承运人在地区法院提起诉讼，要求托运人按照运价表（tariff）支付相应的托运费用。诉讼结果是该承运商胜诉，而托运人败诉。托运人接着向联邦海事委员会（FMC）起诉，指控该运价表存在不合理。这次则是托运人的诉求得到了支持。联邦海事委员会不仅认定这份运价表存在不合理，还要求承运人返还地区法院所判决的金额。巡回法院支持了联邦海事委员会的结论，即这一运价表不合理。但是，它推翻了联邦海事委员会作出的返还运费的裁决，理由是托运人本来可以在地区法院的诉讼中对该运价表的合理性提出质疑。因此，既判力规则排除了在联邦海事委员会对这一问题再次争讼。正如巡回法院所指出的，如果托运人及时向联邦海事委员会指控这一运价表不合理，并且之后及时申请地区法院在运费强制执行诉讼中推迟采取进一步行动，直到联邦海事委员会行使了首先管辖权，对该运价表的合理性作出判断，那么托运人本来是可以胜诉的。[⑤]

□ 既判力和管辖权

在 Gurley v. Hunt[⑥] 案中，第八巡回法院解决了一项不同寻常的争议。Gurley 向国家劳动关系委员会投诉他被解雇是因为存在不当劳动行为。具体来说，他指控因为他在一次引发争议的工会选举中的角色，工会强迫雇主解雇他。国家劳动关系委员会同意了他的主张，并裁决恢复他的工作和拖欠工资。Gurley 接着对工会提起了民事诉讼，以同一行为为理由，要求工会根据《劳工管理报告和披露法》（the Labor-Management Reporting and

① 425 U. S. 840 (1976).
② 478 U. S. at 799.
③ 365 U. S. 167, 180 (1961).
④ 75 F. 3d 63 (1st Cir. 1996).
⑤ 参见 § 14. 1。
⑥ 287 F. 3d 728 (8th Cir. 2002).

Disclosure Act）作出损害赔偿。工会要求法院驳回起诉，因为 Gurley 已经从国家劳动关
1144 系委员会处得到了全面的（make-whole）救济。巡回法院认为不能根据既判力原则禁止 Gurley 提出的民事请求权（civil claim），因为国家劳动关系委员会无权受理 Gurley 根据《劳工管理报告和披露法》提出的请求权，或者裁决给予《劳工管理报告和披露法》所规定的救济类型。

§13.4 间接禁反言

□ 间接禁反言适用于行政机关

间接禁反言或者争点排除，不是禁止再次主张相同的诉求或者诉因，而是禁止对相同争点进行再次争讼，即使这些争点涉及了不同的诉求或者诉因。经典的表述是既判力是"对之后诉讼的绝对障碍"，但是"当第二次诉讼……是针对不同的诉求时……前一诉讼的判决只是对事实认定或者陪审团裁决（verdict）已经确定的讼争事项或者争论点适用禁反言。"① 法院一般会对行政机关所裁决的问题适用间接禁反言，但是有的则是加剧了行政机关所处情境的复杂性。

□ 专业技能和法定职权的关联性

具有决定某一问题之首先管辖权的行政机关，其作出的决定也对其他行政机关具有拘束力，但是其他行政机关的决定，则对具有决定某一问题之首先管辖权的行政机关不具有拘束力。在 Sunshine Anthracite Coal Co. v. Adkins② 案中，国家烟煤委员会（the National Bituminous Coal Commission）裁定 Sunshine 无烟煤公司（Sunshine Anthracite Coal Co.）是烟煤的生产商，不能豁免《1937 年无烟煤保护法》（the Bituminous Coal Conservation Act of 1937）的适用。复审法院也支持了这一裁定。后来该公司拒绝支付该法规定的税收，理由是它可以豁免适用该法。最高法院判定对这一豁免问题作出的第一次裁定具有既判力："国内税务局长只是负责征税的行政机关……不是国会授权决定哪些法律可以豁免适用该法的行政代理人。这一职能是授权给了国家烟煤委员会。"③ 因此，国家烟煤委员会的裁决是对国内税务局长具有拘束力，但是国内税务局长的决定对国家烟煤委员会不具有拘束力。

□ 法院维持判决的效力

一般来说，当专门负责某一领域的行政机关附带性地裁决了另一领域的问题，其裁决可能会被否认具有排他性效力。④ 但是，专业性行政机关对一个非专业性问题所作的裁决，

---

① Cromwell v. County of Sac, 94 U. S. 351, 352-353 (1876).

② 310 U. S. 381 (1940).

③ Id. at 401.

④ 具体案例包括 City of Cleveland v. Cleveland Elec. I. Co., 734 F. 2d 1157, 1164-1166 (6th Cir.), *cert. denied*, 469 U. S. 884 (1984); Union Mfg. Co. v. Han Baek Trading Co., 763 F. 2d 42 (2d Cir. 1985).

如果得到法院判决维持，就可以具有排他性效力。[①] 州法院未经听证和说明判决意见即决定拒绝审查，意味着该行政命令根据联邦法律具有排他性效力。[②] 1145

□ 禁反言不适用于中间事实

行政法领域中涉及禁反言规则适用的大多数纠纷会涉及同样容易在司法背景下出现的问题。Yates v. United States[③] 案的判决对中间事实和最终事实进行了区分。一位刑事被告主张对其有利的剥夺国籍（denaturalization）决定在某些问题上具有决定性意义，但是最高法院判定："间接禁反言的原则并未确立任何原告所主张的'决定性证据'的概念。通常的规则是，除非先前判决确立了后来诉讼中所讼争的最终事实，否则先前的判决不能获得任何决定性效力。就涉及的仅是证据性或者'中间性'事实而言，间接禁反言原则是不能适用的。"[④]

□ 作为例证的案件

在 Jean Alexander Cosmetics v. L'Oreal[⑤] 案中，第三巡回法院继续了其他巡回法院在一个问题上的分歧，即一项新的、但是独立来看是充分的决定理由，是否应当被认为是适用间接禁反言规则上所必需的。法院认为，它应当是必需的，即使间接禁反言原则在之前的案件中是针对占优势的当事人适用的。

在 Collins v. Pond Creek Mining Co.[⑥] 案中，第四巡回法院认为，间接禁反言原则适用于此前由行政机关裁决的一项争议，即使在这项在先的行政决定作出之后，满足有关这一问题的证明责任的方法已经发生了变化。法院将证明责任的改变区别于满足证明责任的方法的改变。

在 Chauffer's Training School v. Spellings[⑦] 案中，第二巡回法院判决，当行政机关基于统计分析对一起金钱纠纷作出裁决，并向相对人提供了对该统计分析提出反对意见以及书面提交不同分析的机会之时，即使行政机关并未允许相对人提交口头证据或者对行政机关的专家证人进行交叉质证，间接禁反言原则也适用于该裁决。

在 Duvall v. Attorney General[⑧] 案中，第三巡回法院撰写了一份论理充分的判决意见，解决了一起复杂的争议。因为 1993 年移民归化局所犯的一项诉讼错误，移民归化局不能证明原告是外国人，即使她显然就是外国人。因为行政机关所犯的这项错误，原告被推定是公民。原告后来犯下了多起罪行。当移民归化局试图将原告驱逐出境时，她提出移民归 1146
化局根据间接禁反言规则不得主张她是外国人。法院通过四步走的推理过程裁决了这项针对原告的纠纷。第一，法院认定国会可以裁量决定间接禁反言是否适用于行政机关的裁决性质的决定程序，因为间接禁反言不是宪法上所强制要求的原则。第二，法院认定，在没

---

① EZ Loader Boat Trailers v. Cox Trailers, 746 F. 2d 375, 377-379 (7th Cir. 1984).

② Southern Pac. Transp. Co. v. Public Utilities Commission, 716 F. 2d 1285 (9th Cir. 1983), *cert. denied*, 466 U. S. 936 (1984).

③ 354 U. S. 298 (1957).

④ Id. at 337-338.

⑤ 458 F. 3d 244 (3d Cir. 2006).

⑥ 468 F. 3d 213 (4th Cir. 2006).

⑦ 478 F. 3d 117 (2d Cir. 2007).

⑧ 436 F. 3d 382 (3d Cir. 2006).

有证据显示国会意图时，法院应当推定适用间接禁反言，因为间接禁反言是得到普遍承认的普通法原则。第三，法院认定间接禁反言适用于移民决策程序，因为法律中没有证据表明国会的意思是不适用该原则，也没有理由相信间接禁反言会妨碍国会试图推进的政策目标。第四，因为间接禁反言是一项弹性的原则，它如果适用在这一案件中会导致国会的目标落空，也就是说，因为移民归化局 10 年前所犯的诉讼错误，即使她继续实施重罪，也允许非法移民继续滞留国内。因此，第三巡回法院认定间接禁反言并不适用于这一讼争的具体案件。

在 Littlejohn v. United States① 案中，第九巡回法院判决，在后来依据《联邦侵权求偿法》（FTCA）对退伍军人管理局（Veterans Administration）提起的诉讼中，地区法院不需要赋予退伍军人管理局作出的事实认定——退伍军人管理局医生的具体行为导致残疾——以拘束力。第九巡回法院法院基于两点理由拒绝对这些事实认定适用间接禁反言规则：首先，退伍军人管理局在残疾案件中没有机会提出因果关系的辩护。其次，考虑到退伍军人管理局的残疾案件的性质和目的，在这一案件中作出的事实认定并不适合用于在侵权案件中反对退伍军人管理局。在残疾案件的情境中，退伍军人管理局无权提出证据对抗这一请求权，相反，它负有义务帮助申请人提出支持其请求权的证据。

在 Brockman v. Wyoming Department of Family Services② 案中，第十巡回法院判定，州行政听证官员所作的事实认定排除了原告在侵权诉讼中对于这些问题再次进行诉讼。第十巡回法院同意了地方法院的观点，即“听证审查官”已经对原告在律师帮助之下提出的众多争议问题“进行了深入和全面的审查”。

在 Salguero v. City of Clovis③ 案中，第十巡回法院判决，主张自己被终止职务的方式
1147 和理由违反联邦法律的个人不得因为市申诉委员会（municipal grievance board）所作出的事实认定而在联邦法院中寻求 § 1983 诉讼。法院认为，这些争点是相同的，市申诉委员会作出的事实认定与个人在 § 1983 诉讼所提出的指控之间并不一致，该委员会是根据所拥有的司法权裁决存在争议的问题，并且该委员会已经为个人提供了对这些问题进行争讼的充分机会。该个人认为，市申诉委员会的程序是不充分的，因为：它们没有提供证据开示的机会；它们允许采用传闻证据；并且他申请传唤证人的权利受到了限制。法院认为这些程序是充分的，因为它们包括了申请传唤证人以及对反对证人交叉质证的权利，并且因为个人没有说明他所投诉的程序权利限制如何阻碍了他对这些问题进行充分的争讼。

在 Kosakow v. New Rochelle Radiology Associates④ 案中，第二巡回法院撰写了一份特别深刻的判决意见，解决了一项疑难的间接禁反言争议。纽约州人权局（Division of Human Rights）认为并不存在相信雇主对雇员实施了违法的歧视行为的近因（probable cause），法院认为这一决定并不能排除雇员在联邦法院对这一问题再次进行诉讼，并以此作为核心内容主张雇主违反了《家庭和医疗假期法》（the Family and Medical Leave Act）。法院首先承认行政机关所作的一项未经审查的事实认定，如果州法院赋予其拘束力，它就可以拘束联邦法院，除非有证据能够证明国会并未打算赋予州行政机关的事实认定以拘束力。法院认为没有证据证明国会试图限制《家庭和医疗假期法》系列案件中州行政机关事实认定的效力，于是转而适用州法来确定州法院是否会赋予人权局所作出的不存在近因的事实认定以拘束力。第二巡回法院解释和适用了若干纽约州法院的判决，这些判决确定了

---

① 321 F. 3d 915 (9th Cir. 2003).

② 342 F. 3d 1159 (10th Cir. 2003).

③ 366 F. 3d 1168 (10th Cir. 2004).

④ 274 F. 3d 706 (2d Cir. 2001).

各种相关因素，包括证明责任、能否要求证据开示和能否聘请律师。第二巡回法院也认定州法院不会赋予这些事实认定以拘束力，因为它认定人权局所采用的程序无法让雇员充分检验雇主的证据。

在 Holland v. National Mining Association① 案中，哥伦比亚特区巡回法院适用了最高法院的判决，该判决拒绝针对政府的非相互性的间接禁反言规则。

在 Securities Exchange Commission v. Monarch Funding Corp. ② 案中，第二巡回法院裁决了一项没有先例判决的重要和疑难的问题。法院判定在刑事判决中作出的事实认定， 1148
有的时候能够，有的时候不能排除在后来的民事案件中对同样问题进行再次争讼。美国联邦政府指控 Richard Bertoli 涉嫌阻碍司法和实施证券欺诈。最后，Richard Bertoli 的妨碍司法罪名成立，证券欺诈罪名不成立。地区法院法官在量刑听证会上认定，“至少根据优势证据标准”，Bertoli 已经实施了证券欺诈行为。后来，证券交易委员会对 Bertoli 提起了民事诉讼，指控其实施了证券欺诈。当 Bertoli 对该指控进行辩护时，证券交易委员会主张量刑程序中所作的事实认定可以适用间接禁反言规则，并且排除了 Bertoli 对这一问题再次争讼的可能性。地区法院接受了这一主张，根据证券交易委员会的诉求作出了简易判决（summary judgment）。在上诉审时，Bertoli 主张间接禁反言规则永远不能适用于量刑程序中所作出的事实认定，而证券交易委员会则主张间接禁反言应该推定可以适用于所有此类案件。

第二巡回法院驳回了双方当事人提出的本身违法规则（per se rules）* 。相反，它判定间接禁反言在涉及量刑程序中作出的事实认定时具有适用的可能，但是只限于适用严格的“法律需要”和“经过实际争讼”的标准后仍然能够成立的事实认定。巡回法院认定证券欺诈的事实认定并不能满足这两项标准的任何一项。巡回法院确定了对量刑判决中的事实认定适用间接禁反言规则的可能性产生的若干问题。它提到了若干公正性问题：有限的证据开示（discovery）、被告提出证人证言的机会有限、宽松的证据规则以及复杂的策略性考量因素，可能会导致原告不去质疑拟议的事实认定。它也质疑对量刑程序中的事实认定适用间接禁反言的效率基础。它认为，这么做将会让量刑程序更加复杂和冗长，而没有对后来的程序进行必要简化。

在 HRI v. EPA③ 案中，第十巡回法院判定州政府作出的一项认定某些土地不属于印第安人土地的裁决，并不能对联邦环境保护局产生拘束力，因为联邦环境保护局不是这些裁决程序的当事人，而且联邦政府对于保护印第安人部落的利益负有独立的信托义务。

在 Reich v. Wildwood Industries④ 案中，第七巡回法院判定伊利诺伊州劳工部所颁布的命令并不能排除雇主在联邦法院基于相同事实提起违约之诉。巡回法院认定州法院不能赋予该行政命令以排他性效力，因为没有作出事实认定，该行政命令也不需要接受司法审查。 1149

在 Greene v. Babbitt⑤ 案中，第九巡回法院两位法官发表的多数意见判定，法院认定一家主张自己是印第安人部落的团体不享有条约规定的捕鱼权，并不能排除该团体在行政程序中主张自己是印第安部落。多数意见的理由是这些问题和利害关系在这两起案件中是

---

* 本身违法规则是美国证据法上的一项规则，只要凭证据就可以作出判决。——译者注

① 309 F. 3d 808 (D. C. Cir. 2002)，参见 § 2. 9 和 § 13. 3 的讨论。

② 192 F. 3d 295 (2d Cir. 1999).

③ 198 F. 3d 1224 (10th Cir. 2000).

④ 61 F. 3d 1313 (7th Cir. 1995).

⑤ 64 F. 3d 1266 (9th Cir. 1995).

不同的。但是，持不同意见的法官则表明，对渔业条约纠纷的司法裁决中包括了与承认该团体为印第安部落不符的事实认定。

在 Trevan v. Office of Personal Management[1] 案中，联邦巡回区上诉法院裁决了一项疑难的问题。Trevan 是一位邮局职员，此前被认定符合社会保障残疾项目规定的残疾标准，在该案中根据《联邦雇员退休制度法》（the Federal Employee Retirement System Act）提出残疾福利申请。Trevan 主张他之前得到的社会保障残疾福利，使得他有权获得联邦雇员退休制度下的残疾福利。人事管理局（OPM）反对这一主张，经过单独的程序确定 Trevan 不符合残疾标准。法院首先指出，它倾向于从逻辑上看，个人获得发放社会保障残疾福利，即可自动取得享受联邦雇员退休制度下的残疾福利的权利，因为社会保障残疾标准要比联邦雇员退休制度下的残疾标准更为严格。但是，该法院最后认定国会并未意图让人事管理局受社会保障残疾认定的约束。《联邦雇员退休制度法》规定，"如果某雇员"被人事管理局认定残疾，则"该雇员必须被视为残疾"。

在 Swineford v. Snyder County[2] 案中，宾夕法尼亚州失业补偿审查委员会（Pennsylvania Unemployment Compensation Review Board）作出的事实认定——被停止职务的政府雇员并未实施有害或者破坏政府业务的行为——并不能排除联邦法院认定该雇员的行为妨碍了政府提供公共服务的效率。Swineford 女士是县专员办公室（County Commissioner's Office）的职员，她多次指控办公室存在违法活动，但是每次投诉处理结果都是认定无事实基础（meritless）。她向宾夕法尼亚州失业补偿审查委员会申请失业福利。该县反对她提出的这项申请，理由是她是因为故意实施不当行为而遭解雇的。在经过简短的听证后，宾夕法尼亚州失业补偿审查委员会批准了 Swineford 的申请。该委员会认定"没有证据表明申请人实施了有害或者破坏政府业务的行为"。Swineford 于是对其雇主提起了 §1983 诉讼，指控解雇其职务违反了《联邦宪法》第一修正案所赋予的权利，因为她是
1150 表达了具有公共意义的观点。地区法院判定 Swineford 遭解雇并不违反宪法。地区法院适用了 Connick v. Myers[3] 案中宣布的标准，该标准要求法院认定雇员的言论妨碍了雇主促进公共服务效率的利益，才能证明因为雇员的言论而解雇其职务是可以成立的。Swineford 申请对地区法院的判决进行审查，理由是地区法院拒绝对宾夕法尼亚州失业补偿审查委员会的事实认定——她的言论并未破坏或者有害于雇主的业务——赋予排他性效力是错误的。

第三巡回法院判定不能适用争点排除规则。联邦法院必须和州法院一样，赋予州法院的判决以相同的排他性效力。不仅如此，当州行政机关在行使司法职能时，联邦法院必须和州法院一样，赋予州行政机关的事实认定以相同效力。但是巡回法院判定，宾夕法尼亚州法院不会在该案中赋予该委员会以排他性效力。州法院将会认定争点上存在差别，因为这两项行为——申请失业福利和起诉指控违反了《联邦宪法》第一修正案的权利——是为了促进不同的政策。法院也质疑宾夕法尼亚州失业补偿审查委员会作为由外行人士组成的行政机关，是否具有作出有关联邦宪法的拘束性宣告所需要的专业技能。

在 Miller v. County of Santa Cruz[4] 案中，第九巡回法院不同意第三巡回法院的上述部分推理。第九巡回法院认为，联邦法院是需要受该县文官委员会未经审查的裁决决定的事实认定和结论的约束，即使该行政机关不是由律师组成，并且该行政机关对联邦宪法问题

---

① 69 F. 3d 520 (Fed. Cir. 1995).

② 15 F. 3d 1258 (3d Cir. 1994).

③ 461 U. S. 138 (1983).

④ 39 F. 3d 1030 (9th Cir. 1994).

作出了裁决。法院的理由是最近州法院作出的一项判决，认定加利福尼亚州法院必须对行政机关未经审查的结论赋予排他性效力。

在 Bowen v. United States① 案中，国家交通安全委员会在一起许可证吊销案件中认定某飞行员已经违反了联邦民航规章。该委员会根据《联邦侵权求偿法》(the Federal Tort Claims Act) 起诉时引发了同样的问题。联邦求偿法院没有找到有关间接禁反言的印第安纳州的案例，于是根据联邦法决定印第安纳州会如何处理这一问题。尽管法律之间存在差别，法院同意本书的观点，即间接禁反言原则是"最适合于"处理此类问题的。行政判断对联邦求偿法院具有拘束力。

在 Continental Can Co. v. Marshall② 案中，职业安全和健康管理局签发了罚单，认定该公司的三家工厂都违反了噪音标准之后，职业安全和健康审查委员会作出了对公司有利的裁决。职业安全和健康管理局后来又对该公司的其他工厂签发了类似的罚单。第七巡回法院要求中止其他此类的指控，认定争点是相同的，这些工厂之间并不存在差别，从而应该适用间接禁反言。 1151

在 Walsh v. International Longshoremen's Ass'n ③案中，当国家劳动关系委员会在地区法院起诉，申请法院根据 29U. S. C. § 160 (1) 的规定针对一项次级抵制 (secondary boycott)* 发布临时禁令时，第一巡回法院判定，根据禁反言规则，该委员会不得对相同的被告基于同样的基础性指控再次提出此类起诉申请。禁反言规则仅限于有合理事由可以相信已经发生违法行为，因此应该发布临时禁令。

在 Consolidated Express, Inc. v. New York Shipping Ass'n ④案中，国家劳动关系委员会认定一家工会实施了不当劳动行为，根据间接禁反言规则，该委员会不能对相同劳动行为再提出申请赔偿的诉求。

在 United States v. Lasky⑤ 案这起根据其他理由作出裁判的案件中，第九巡回法院指出："我们还没有发现有刑事案件的被告寻求利用之前的有利的行政决定来排除对指控书中所包含事项进行审判。"

在 State of North Carolina v. Chas. Pfizer & Co., Inc. ⑥ 案中，联邦贸易委员会在一起案件中指控五家公司违反了《联邦贸易委员会法》§ 5 的规定，认定 Pfizer (辉瑞制药公司) 对专利局 (the Patent Office) 实施了一项欺诈行为。北卡罗来纳州接着提出赔偿诉讼，指控 Pfizer 已经通过对专利局实施欺诈的方式获得了专利。一项问题是根据联邦贸易委员会决定的间接禁反言效力，Pfizer 是否应该被禁止再次起诉。第四巡回法院判定："该委员会实施的程序并未对在本案中就这一问题进行争讼而赋予 Pfizer 和 Cyanamid 以'程序、实体和证据上的公平机会'。"

在 Pfizer 案中第四巡回法院强调指出，联邦贸易委员会的程序是行政性质而非司法性质，并且复审法院只是认定有实质性证据支持联邦贸易委员会的事实认定。法院指出，争点在于不公平的竞争方法，并且联邦贸易委员会没有要求采用明确可信的证据，而是利用比司法审判中更为宽大的证据规则和程序规则证明所指控的对专利局的欺诈。"虽然我们

---

* 次级抵制，又称同情性罢工 (sympathy strike)，或是指为了支持其他独立的企业劳动者的罢工而进行的罢工。——译者注

① 570 F. 2d 1311, 1320-1323 (7th Cir. 1978).

② 603 F. 2d 590 (7th Cir. 1979).

③ 630 F. 2d 864 (1st Cir. 1980).

④ 602 F. 2d 494 (3d Cir. 1979)，在 444 U. S. 896 (1980) 中以其他理由被撤销。

⑤ 600 F. 2d 765, 768 (9th Cir.), *cert. denied*, 444 U. S. 979 (1979).

⑥ 537 F. 2d 67, 73 (4th Cir.), *cert. denied*, 429 U. S. 870 (1976).

并不愿意判定行政程序永远无法成为主张间接禁反言的依据，我们并不认为适合在本案中
1152 对联邦贸易委员会的（《联邦贸易委员会法》规定的）§5 程序赋予这样的效力……”从诉讼程序中证明欺诈所需要的更高的证明标准而言，Pfizer 案的判决是正确的。但是，就这一判决是根据程序性规则和证据性规则的一般区别而言，这一判决是高度令人怀疑的。

□ 非互惠的和侵犯性的间接禁反言适用于行政机关

司法情境中的间接禁反言规则的变化，几乎不可避免地造成在行政法情境发生类似的变化。间接禁反言一般规则的最重要变化，就是间接禁反言越来越多地用于不是第一起案件的当事人的人。《判决重述（一）》（1942 年）在 §93 中规定："非案件当事人……不受裁决的拘束，也无权享受裁决的优点。”非案件当事人不受裁决拘束的这一原则仍然有效，但是对于非当事人是否可以享受裁决的优点，这一问题则已经发生了变化。

《判决重述（二）》（1982 年）在 §29 中规定：“根据 §§27-28，根据争点排除规则不得与对方当事人就一项问题再次争讼的一位当事人，同样不得与其他人对这一问题进行争讼，除非他在第一次诉讼或者其他情形中缺乏充分公正的争讼机会，这一事实可以为赋予其对这一问题再次争讼的机会提供正当基础。”§28 中列举了五种此类“情形”，在 §29 中又列举了七种情形，以及第八种情形：“其他使得适合允许当事人对这一问题再次争讼的迫切情形。”

Blonder-Tongue Laboratories，Inc. v. University of Illinois Foundation① 案是朝着减少互惠规则方向发展的关键案例。该案的判决主旨限于这一问题，即：“当联邦法院已经宣布某专利无效而专利权人寻求对该专利的效力再次争讼时，禁反言规则的互惠性是否是可行的规则。”② 最高法院判定不需要适用互惠规则。自 Blonder-Tongue 案以来，判例法已经将判决的影响扩大到远远超过专利领域。Blonder-Tongue 案仅限于对间接禁反言，或者争点排除规则的防御性（defensive）适用，但是最高法院后来允许对该规则的攻击性适用，禁止被告对已经与别的原告有过诉讼并且败诉的问题再次进行争讼。③ 最高法院作了这样的总结，即不需要适用固定的规则，但是必须对每组事实进行充分分析以确定是否合适侵犯性地适用间接禁反言规则。

尽管 Blonder-Tongue 案和依据这一案例判决的大多数案例并不属于行政法范畴，但
1153 是其原理同样适用于行政法。例如，功绩制保障委员会就利用间接禁反言防止政府雇员否认其已经刑事定罪判决确定的行为。④ 法院作了这样的总结：“如果行政委员会行使了裁决机构的职能，与在司法程序中作为适用间接禁反言规则之基础相同的政策理由同样适用。”⑤ 尽管法院将案件发回行政委员会重新审查确定完全相同的问题是否已经经过争讼程序，法院依据的是 Emich Motors Corp. v. General Motors Corp. ⑥ 案和 Ashe v. Swenson⑦ 案，而这两起案件都对刑事定罪判决适用了间接禁反言规则。

---

① 402 U. S. 313 (1971).

② Id. at 327.

③ Parklane Hosiery Co. v. Shore, 439 U. S. 322 (1979).

④ Chisholm v. Defense Logistics Agency, 645 F. 2d 42 (3d Cir. 1981).

⑤ Id. at 46.

⑥ 340 U. S. 558 (1951).

⑦ 397 U. S. 436 (1970).

□ 政府行政机关的相对性

司法机关或者行政机关对一项问题作出的裁决只对该程序的当事人，以及与它们具有相对性关系（privity）的行政机关产生拘束力。其结果是，当试图对行政机关适用间接禁反言时，确定与该行政机关具有相对性关系的实体机构是什么，这常常成为一项重要问题。对于这一问题，自1992年以来的法律是稳定的。政府的官员或者行政机关是与同一政府的其他每位官员或者行政机关具有相对性关系的。Sunshine Anthracite Coal Co. v. Adkins[1]案中使用的文字非常宽泛，但是至今仍然具有权威：

> 当不同诉讼中的争点相同时，当事人不完全相同的事实并不必然是致命的差别……同一政府的官员之间存在相对性，因此一起在一位相对人与联邦政府的代表之间的诉讼的判决，对于该相对人与政府的其他官员之间对同一争点进行的再次争讼来说具有既判力……关键的问题是在之前的诉讼中联邦政府的代表是否在该争点的最终裁决程序中有权代表联邦政府的利益……本案中，国内税务局局长的职权是清楚的……他代表联邦政府以及被上诉人的利益。当一件诉讼约束联邦政府时，其判决也约束其下属的官员。[2]

在Lujan v. Defenders of Wildlife[3]案，四位大法官的复数意见让行政机关的相对性规则陷入混乱。复数意见判定，根据司法机关推翻行政规章并不能补偿相对人声称的损害，因此判定相对人不具有申请法院审查该行政规章的原告资格，在这一过程中，复数意见认为不能因为最高法院针对另一联邦行政机关作出的对这一问题的裁决而对这家联邦行政机关适用间接禁反言规则。[4] 这份复数意见并未引用了与Sunshine Anthracite案相反的一项长期的原则。[5]

在Walsh v. International Longshoremen's Ass'n[6]案中，国家劳动关系委员会的一名地区主任是与其他地区主任"完全一样"，两起案件中提起诉讼的不同当事人也被视为 1154
"完全一样"，因为该委员会"无论从形式上还是实体上来说"都是原告。

在六起案件中，最高法院的大法官们在针对收税官提起的诉讼是否对联邦政府具有拘束力的法律问题上陷入纠缠，最后判定联邦政府不受拘束。[7] 国会后来对法律作了修订，规定在针对收税官提起的诉讼中，必须将联邦政府视为已经是案件的当事人。[8]

在George H. Lee Co. v. FTC[9]案中，一项涉及联邦贸易委员会的判决可能是对食品药品管理局具有拘束力。但是，与美国邮政部（Post Office Department）* 达成的有关欺诈邮件认定（fraud-order）案件的和解协议并不能构成根据《食品、药品和化妆品法》没收（condemn）药品的障碍，因为"既不存在当事人之间的相对性关系……也不存在最终

---

* 1792年至1971年间是美国联邦政府的内阁组成部分，1971年根据国会制定的《邮政重组法》改组为美国邮政局（U. S. Postal Service）。——译者注

[1] 310 U. S. 381 (1940).

[2] Id. at 402-403.

[3] 504 U. S. 555 (1992).

[4] Id. at 569 n. 4.

[5] 有关Defenders of Wildlife案的详细讨论，参见第16章。

[6] 630 F. 2d 864, 870-872 (1st Cir. 1980).

[7] United States v. Nunnally Inv. Co., 316 U. S. 258, 264 (1942).

[8] 26 U. S. C. § 7422 (c).

[9] 113 F. 2d 583 (8th Cir. 1940); United States v. Willard Tablet Co., 141 F. 2d 583 (8th Cir. 1944).

的裁决”①。

§13.5 围绕法律争点的针对政府的间接禁反言原则

□ 非互惠的间接禁反言通常适用于法律争点

当政府是可能受之前的判决拘束的当事人时，间接禁反言的规则在一个重要方面存在差别。《判决重述（二）》（The Second Restatement of Judgements，1982）与《判决重述（一）》（The First Restatement of Judgements，1942）在两个方面存在重大差别。《判决重述（一）》将间接禁反言限于§68（1）所规定的“事实争点”，而《判决重述（二）》则在§27（适用§28中规定的例外）中规定，对于事实“或者法律”问题的判断可能是对当事人以后的诉讼中产生排他性效力。而且《判决重述（二）》没有将争点排除限定于当事人以及与之存在利害关系的相对人（privies），而是在§29中规定不得与对方当事人就一项问题再次争讼的当事人，也可能不能对该问题与其他人再次进行争讼。

如果综合分析《判决重述（二）》的上述两项修订，它允许对法律争点适用非互惠的间接禁反言规则，但是也适用一系列例外和条件限制。因此，假设在Jones v. Smith案中，如果法院或者行政机关针对公民Jones作出了法律争点的裁决，根据禁反言规则，Jones就不得在后来的案件——Jones v. Williams案中对相同的法律争点再次进行争讼。这两项修订在很多情况下都是非常可取的，它们有助于实现作为既判力规则和间接禁反言规则之
1155 基础的息讼（repose）和司法效率的利益。但是，当涉及寻求对政府适用间接禁反言规则时，这两项重大修订共同作用就可能导致不能接受的结果。

□ 与针对政府适用的互惠型间接禁反言有关的复杂的法律规则

间接禁反言规则至少在三种情况下可能对政府适用：首先，当联邦政府是以业主身份（proprietary capacity）作出行为，并且涉及的是事实争点，争点排除的理由就是最强的。最高法院已经在这种情况下作出了一份明确的判决，支持对联邦政府适用争点排除规则。② 类似的，在有关不动产所有权的法律和事实争点上，也对政府适用间接禁反言规则。③ 其次，即使是当政府在行使主权权力时，它也可以被排除对事实争点再次争讼。④ 最后，政府可以被排除与相同的相对人就法律争点再次进行争讼。⑤

□ 互惠防御型的（mutual defensive）间接禁反言可以就法律争点针对政府适用

Stauffer案中最高法院引用并遵循了《判决重述（二）》。环境保护局寻求在自身的全职雇员之外利用私人合约员工（private contractors）检查Stauffer的工厂，而Stauffer拒

---

① United States v. 42 Jars, 264 F. 2d 666 (3d Cir. 1959).

② Montana v. United States, 440 U. S. 147 (1979).

③ Carr v. District of Columbia, 646 F. 2d 599 (D. C. Cir. 1980).

④ Continental Can Co. v. Marshall, 603 F. 2d 590 (7th Cir. 1979).

⑤ United States v. Stauffer Chemical Co., 464 U. S. 165 (1984).

绝让私人合约员工进入工厂，除非他们能够签订保证不泄露商业秘密的协议；第十巡回法院在 1981 年对环境保护局作出了不利判决。然后，第六巡回法院在 1982 年判定，根据第十巡回法院的判决，政府需要适用间接禁反言原则，而最高法院也肯定了这一判决，指出："我们同意互惠防御型的间接禁反言原则可以针对政府适用，排除对在另外一起涉及几乎完全相同事实的案件中就争讼过的相同问题再次进行争讼。"① 最高法院指出，第六巡回法院判决"仍然给环境保护局保留了未来与其他诉讼当事人就相同问题进行争讼的自由"②。

□ 有关法律争点的非互惠间接禁反言不能对政府适用

更为常见的问题是联邦政府在基于业主身份之外的身份作出行为时，根据间接禁反言规则，不能对非第一次诉讼当事人就法律争点再次争讼。联邦政府扮演的角色众多，其中最主要的四项职能是：（1）业主或者承包商；（2）规制者；（3）征税或者收税者；（4）刑事执法者。就争点排除或者间接禁反言规则的目的而言，后三项职能与第一项职能存在重大差别。如果在政府规制、刑事或者税收案件中，联邦政府在自己或者其代理人参加诉讼并败诉时，联邦政府就不能再对法律争点进行争讼，而其他相对人只要在与联邦政府的诉讼中出现相同的法律争点时就会胜诉。《判决重述（二）》在 § 29 的第 i 项评论意见就是为 1156
了防止出现这种结果：

当案件争点系法律争点时，判决的稳定性可能会受争点排除规则或者更具弹性的遵循先例原则的影响。如果适用争点排除规则……法院就没有机会重新考虑可适用规则，因而失去发展法律规范的职能。当纠纷解决机构存在不同时，这一考量过程具有特别相关性……同样相关的是，适用排除规则的对象是负责继续实施可适用于类似情形下个人之某个法律规范群（body of law）的政府行政机关。当出现任何这种因素时，争点排除规则应该通常可以为较少限制性的遵循先例原则所取代。

直到 1984 年，有关非互惠间接禁反言规则能否就法律争点针对政府适用的问题，仍然未有定论。大多数联邦法院都判定不能就法律争点对政府适用非互惠间接禁反言规则③，但是在有的案件中联邦法院则判定可以适用。④

□ Mendoza 案

在 United States v. Mendoza⑤ 案中，最高法院确定性地裁决了这一问题。Mendoza 是一名菲律宾公民，申请加入美国籍。下级法院判定可以在一项正当程序问题上对政府适用间接禁反言规则，因为此前已有一项判决，也是由其他菲律宾国民针对美国政府提起的诉讼。最高法院推翻这一判决并不足为奇，因为如果肯定这一判决将会意味着只要政府在一项法律问题上败诉，它在以后涉及相同法律问题的案件中都会败诉。最高法院宣布："既

---

① 464 U. S. at 169.

② Id. at 173.

③ 例如，American Medical Intl., Inc. v. Secretary of HEW, 677 F. 2d 118 (D. C. Cir. 1981); Olegario v. United States, 629 F. 2d 204 (2d Cir. 1980), *cert. denied*, 450 U. S. 980 (1981); Western Oil & Gas Ass'n v. EPA, 633 F. 2d 803 (9th Cir. 1980); Divine v. Commissioner, 500 F. 2d 1041 (2d Cir. 1979)。

④ 例如，Mendoza v. United States, 672 F. 2d 1320 (9th Cir. 1982), *rev'd*, 464 U. S. 154 (1984); Starker v. United States, 602 F. 2d 1341 (9th Cir. 1979)。

⑤ 464 U. S. 154 (1984).

判力原则当然可以防止政府对之前诉讼的当事人就相同的诉因再行争讼，但是超出这一点，非互惠间接禁反言规则就需要让位了……”① 最高法院则担心：“这些对政府会产生特有影响的约束条件，特别是允许在多家纠纷裁决机构发展法律原则。”最高法院的解释是：“允许在此类案件中对政府适用非互惠的间接禁反言规则，将会因为冻结了对特定法律问
1157 题所作的第一次最终判决而阻碍了重要法律问题的发展。”② 最高法院并未明确“此类案件”，但是主要的先行词（antecedent）是“具有实质性公共意义的法律问题”，包括“众多宪法问题。”

□ 限制对政府适用间接禁反言规则的理由

最高法院的判决意味着，当政府与一位私方当事人进行诉讼，并且法院对法律争点作出了不利于政府的判决时，政府可以自由地与其他当事人就相同的法律问题进行争讼；政府不会因为间接禁反言规则而被排除与其他当事人就法律问题进行争讼。在 Mendoza 案中所宣布的针对政府的间接禁反言规则适用限制，从联邦司法机关的规模、结构和异质性角度来说是有必要的。联邦司法机关现有法官超过 800 名，他们持有各种不同意识形态，并且采用多种不同的法律解释方法。③ 这一裁判机构框架不可避免地会导致对法律争点得出相同冲突的解决方案。联邦司法机关规模和质疑性的增加，也已经相应地导致各巡回法院之间以及巡回法院内部的判决冲突的增加。④

联邦行政机关需要统一实施全国性的规制性项目和权益性项目（regulatory and benefit programs）。联邦法院对法律问题作出前后不一致的裁决，将会损害行政机关实现这一重要目标的能力。但是这一问题并不容易得到解决。针对行政机关就法律问题适用非互惠的间接禁反言规则，不是一项可行的解决方案，只要不同巡回法院能够自由采纳不同的法律解释。在 20 世纪的初期，各巡回法院经常将其他巡回法院的判决视为具有拘束力的先例。⑤ 但是各巡回法院很早以前就放弃了这一做法。今天，各巡回法院将各自的判决意见只是视为具有潜在说服力，并采取了如果不同意其他巡回法院的判决推理，就作出与之不同的判决的做法。

曾在伊利诺伊州最高法院担任大法官的 Walter Schaefer 就建议回归过去的惯例，赋
1158 予巡回法院判决意见以全国性先例的效力，并且各巡回法院只有经过全席审理的程序才能作出与其他巡回法院不同的判决，从而解决联邦法院判决不一致的问题。⑥ 但是，Schaefer 大法官所建议的这一方案并不符合最高法院的角色。在美国分权化的司法体系中，最高法院已经承担了维护全国性法律实施统一性的特殊职责。最高法院主要通过消除不同巡回法院之间的冲突来履行这一职能。因为允许不同巡回法院在最高法院审理相关疑难争点之前独立裁决这一争点，可以有助于提高最高法院的判决质量。最高法院可以从不

---

① Id. at 163.

② Id. at 160.

③ 参见 Pierce & Moglen，“Sunstein's New Canon's：Choosing the Fictions of Statutory Interpretation”，57 *U. Chi. L. Rev.* 1203（1990）。另可参见本书第 3 章。

④ 参见 Note，“The Politics of En banc Review”，102 *Harv. L. Rev.* 864（1989）；Pierce，“Two Problems in Administrative Law：Political Polarity on the D. C. Circuit and Judicial Deterrence of Agency Rulemaking”，1988 *Duke L. J.* 300。

⑤ 例可参见 Gill v. Austin，157 F. 2d 234（1st Cir. 1907），*cert. denied*，218 U. S. 677（1910）（我们“多次声明的做法是……要遵循其他巡回法院的判决，只要它们能够构成先例”）。

⑥ 参见 Schaefer，“Reducing Circuit Conflicts”，69 *A. B. A. J.* 452（1983）。

同巡回法院法官在最高法院裁决这一争点之前所发表的观点中受益。但是，最高法院并未裁决所有巡回法院间冲突的资源，甚至当它选择解决一项冲突时，在最高法院作出判决之前，各巡回法院相互冲突的判例法也已经存在多年了。

考虑到联邦法院的裁决机构框架，各行政机关不可能在所有其他案件中受法院对一项法律争点所作出的唯一判决的拘束。事实上，行政机关通过下列途径促进其系统目标：（1）拒绝在其他案件中遵守联邦法院的判决，如果行政机关相信这一判决是基于错误的法律解释；（2）在其他法院受理的案件中继续为其不同的法律解释进行辩护；（3）最后，一旦几家巡回法院已经对这一争点作出判决，则向最高法院申请调卷令。① 因此，最高法院在 Mendoza 案中的判决，从逻辑上是可以从联邦司法机关的结构和最高法院在这一结构中所扮演的独特角色中推导出来的。

在 Holland v. National Mining Ass'n② 案中，哥伦比亚特区巡回法院判定，美国矿工联合会（the United Mine Workers of America）福利基金的受托人不受此前第十一巡回法院所作判决的约束。第十一巡回法院曾经对行政机关所实施的法律作出了一项解释，而受托人希望哥伦比亚特区巡回法院对采纳该解释的行政决定进行审查时能够推翻这一解释。法院指出，受托人不需要受第十一巡回法院的判决约束，因为他们不是该案的当事人。法院也指出，第十一巡回法院的判决意见不能约束其他案件中的当事人，因为“不同的巡回法院可能会对同一部法律提出不同的解释，但是他们的不同解释是在不同的案件中提出的，而不是在同一起纠纷中提出的”。

在 National Organization of Veterans' Advocates v. Secretary of Veterans Affairs③ 案
中，联邦巡回区上诉法院判定，退伍军人事务部不需要遵守退伍军人求偿上诉法院先前所 1159
作的判决；在这些先前作出的判决中退伍军人求偿上诉法院对该法律作出了特别解释。联邦巡回区上诉法院指出，这些判决作为已决事项（res judicata）拘束具体争议的当事人，并且作为遵循先例（stare decisis）的事项约束法院；但是，“至少这一问题没有在最高层级上得到解决时”，这些判决并不能排除行政机关在之后的案件中对法律解释的问题再次
进行诉讼。 1160

---

① 参见 Estreicher & Revesz, “Nonacquiescence by Federal Agencies”, 98 *Yale L. J.* 679 (1989); Strauss, “One Hundred Fifty Cases Per Year: Some Implications of the Supreme Court's Limited Resources for Judicial Review of Agency Action”, 87 *Colum. L. Rev.* 1093 (1987)。参见 § 2.9。

② 309 F. 3d 808 (D. C. Cir. 2002)，参见 § 2.9 的讨论。

③ 260 F. 3d 1365 (Fed. Cir. 2001)，参见 § 2.9 的讨论。

14

首先管辖权

§14.1 首先管辖权的一般效力

□ 避免重叠和冲突

首先管辖权原则通常来说不是在行政机关的程序中提出的，而是在法院的诉讼程序中提出的。行政机关和法院裁决纠纷和争议的管辖权常常存在重叠，导致裁决争议和纠纷中存在潜在的冲突。首先管辖权就是当存在这种管辖权重叠和潜在冲突时，法院为了在行政机关和法院之间分配初步决定权的原则。司法机关与行政机关的职责边界常常模糊不清，并且经常取决于对事实模式的专家分析，因此法院常常适用首先管辖权原则分配行政机关的初步责任，即确定是否确实存在可能导致冲突的管辖权重叠。

□ 法院驳回诉讼或者推迟审理

如果法院认定自己所受理的纠纷属于行政机关的首先管辖权，它就会认为应当由行政机关受理该纠纷从而驳回该诉讼。类似的，如果法院认定自己受理的诉讼中所提出的争议属于行政机关的首先管辖权，法院就会推迟它所审理案件的判决，直到行政机关在其首先管辖权范围内解决了这一问题。法院保留对这一争议本身以及该争议所提出的所有其他争议的管辖权，但是法院需要在行政机关已经解决了属于其首先管辖权范围之内的争议之后，才能对该纠纷作出裁决。 1161

□ 与穷尽原则的类比

首先管辖权在概念上与穷尽行政救济原则具有可比性。[1] 这两项原则都是在法院和行政机关之间分配裁决争议和纠纷的初步责任时适用的一项审慎的原则，它承认了行政机关

① 参见§15.2。

和法院的不同职责和比较优势。对于如何确定行政机关是否对某一纠纷或者某一纠纷中提出的争议拥有首先管辖权，尚未有一定之规。在作出这类判断之前，法院会考虑下列因素：（1）行政机关的专业技能在多大程度上使其更适合于解决这一争议；（2）统一解决争议的需要；（3）争议的司法解决是否可能对行政机关履行其规制职责产生负面影响。但是，法院对各种考虑因素的权衡越来越倾向于将初步决定权配置给行政机关，而不是将首先管辖权原则的适用会让法院过分推迟纠纷的裁决。[①]

□ 首先管辖权与法定管辖权的区分

争议是否属于行政机关首先管辖权的问题，虽然不同于行政机关是否确实拥有解决争议的专属性法定管辖权的问题，但是两者存在密切联系。要确定有关行政机关法定管辖权的问题，必须详尽分析相关的法律条文，很多时候还需详尽分析引发争议的背景事实。相比之下，行政机关首先管辖权的确定涉及对允许行政机关首先裁决争议的优缺点的更实用主义的评估。如果这种判决部分取决于行政机关行使裁量权，或者对行政机关来说相比法院更容易获得和更容易理解的事实进行专业评估，法院往往会认定行政机关拥有确定争议是否属于法定管辖权范围的首先管辖权。在这种情况下，法院可以确定行政机关法定管辖权范围是否属于行政机关首先管辖权的争议，但是行政机关或者复审法院可能随后确定该纠纷是否属于行政机关的法定管辖权。[②]

□ 移交权力和推迟司法决定

行政机关对于司法程序中提出的争议拥有首先管辖权，这种判决会产生两项重要后果：首先，它将裁决这一争议的权力部分转移给了行政机关。裁决权转移的程度各有不同。在大多数情况下，复审法院仍然有权撤销行政机关对这一争议作出的初步裁决，但是
1162 行政机关的裁决会根据争点的性质不同而或多或少地得到复审法院的尊重。[③] 其次，如果行政机关所面对的问题属于其首先管辖权范围，对于司法机关裁决基础性争议具有关键意义，那么司法机关只能在行政机关已经对这些问题作出裁决之后才能继续审理案件。在很多情况下，将问题移送行政机关处理的法院也必须等待行政机关的裁决已经受另一家法院的支持或者撤销之后才能继续审理案件。这一过程可能会对司机关裁决基础性争议造成明显的延误。

□ 管辖权的剥夺：Abilene 案

最高法院观察到首先管辖权“在对规制计划完整性的保护使得有必要首先求助行政机关时，要求法院克制（abstention），”但是最高法院接着补充道：“法院管辖权并未因此而被剥夺，而只是被推迟。”[④] 这并不能等同于首先管辖权永远不会剥夺法院的管辖权。在 Texas & Pacific Railway v. Abilene Cotton Oil Co. [⑤] 案中，最高法院就判定下级法院被剥

---

① 参见§14.6。

② 参见§14.2。

③ 参见第3章、§7.4、§7.5和第11章。

④ United States v. Philadelphia National Bank, 374 U. S. 321, 353 (1963).

⑤ 204 U. S. 426 (1907).

夺了审理所收取的价格是否合理的普通法管辖权。

在 Abilene 案中，最高法院首次宣布和适用了首先管辖权原则。Abilene 起诉铁路公司要求返回所收取的超过正当合理部分的费用，也指控价格存在歧视和偏向性，违反了《州际商业法》的同线长短距运价限制条款（long-and-short-haul provision）[*]。最高法院承认，依据普通法，可以起诉要求返还超出合理部分的收费。《州际商业法》规定："本法规定内容不得减少或者改变现有根据普通法或者法律存在的救济方式，但是本法的规定可以构成对这些救济方式的补充。"问题在于，最高法院是否应该得出与上述文字相反的结论，最高法院的答案是它应该这么做。这部法律也规定："任何人……根据本法规定主张自己的利益遭受任何公共承运人损害的，可以或者向州际商业委员会投诉……或者直接在具有管辖权的任何地区法院或者巡回法院起诉，要求这些公共承运人赔偿依据本法应该负责的损害；但是这类个人……无权同时寻求上述两种救济方式……"最高法院作出了与这些字面意思相反的判决，判定："托运人以规定的运价不合理而主张返还的……首先应该通过州际商业委员会寻求救济，因为只有州际商业委员会一开始就被赋予对其所制定运价不合理时启动价格调整之程序的权力。"[1] 1163

□ 对一致性的需要

上述引用的法律条文与促进运价统一的根本性立法目的大相径庭：州际商业委员会可以促进运价统一，但是众多的法院却不能做到这一点。之所以让州际商业委员会拥有首先管辖权，就是因为只有州际商业委员会能够达到国会寻求的运价统一的要求，而这一理由足够强大可以推翻规定不取代普通法救济的这两项具体法律规定。在这种国会自相矛盾的情况下，它的更为根本性的宣示就具有优先效力。

Abilene 案相对不同寻常之处在于最高法院诉诸首先管辖权的效力：最高法院判定行政机关对该争议具有专属性管辖权，只需要接受司法审查，而最高法院丧失了对该争议的所有权力。更为常见的是，首先管辖权被判定为只适用于必须在司法裁决纠纷的过程中解决的一项或者两项问题。在此类案件中，法院保留了裁决这一纠纷的管辖权，包括对没有移送至行政机关的所有问题的初步裁决，但是法院推迟了自己的裁决程序，直到行政机关已经对所移送的问题作出裁决。如果最高法院在 Abilene 案中采取这一进路，它本来可以将首先管辖权的适用与法律条文加以调和。在 Reiter v. Cooper[2] 案中，最高法院就重申了一项原则，即法院保留裁决纠纷的权力，即使它将问题移送行政机关作出最后裁决。

□ 推迟法庭行动：Western Pacific 案

United States v. Western Pacific R. R. Co. [3] 案就说明了首先管辖权的典型效力。政府拒绝支付 Western Pacific 提交的运费账单，理由是 Western Pacific 已经根据其适用于"燃烧弹"的运价表收取了费用，而政府坚持认为所托运的没有引线的凝固汽油弹（napalm bombs）应该有资格享受适用于汽油的更低运价。Western Pacific 在联邦求偿法院起诉，

---

[*] 同线长短距运价限制条款，是指美国《州际商业法》§4 的规定，即在基本相同的条件下，在同一路线同一方向上运送旅客或货物时，如果运输业者索取的短途运费高于长途运费，即属于非法行为。——译者注

① 204 U. S. at 448.

② 507 U. S. 258, 268-269 (1993).

③ 352 U. S. 59 (1956).

双方当事人和法院都假定法院有权解释这一运价表和确定应该适用哪种价格。最高法院提出了首先管辖权问题，依职权（sua sponte）对 Western Pacific 的运价表作出了解释，判定这一问题属于州际商业委员会的首先管辖权范围。其结果是，尽管联邦求偿法院拥有对 Western Pacific 和政府间纠纷整体进行裁决的权力，但是它需要中止其判决程序，将运价表中哪条条款适用于政府托运货物的问题移送州际商业委员会裁决。

□ 在 Western Pacific 案中，最高法院解释了首先管辖权原则的效力：

> 诉求最初是法院可以识别，并且只有对案件争点作出裁决才能强制执行该诉求，而这
> 1164 些案件争点根据规制计划已经属于一家行政机关的特定管辖权范围，这时“首先管辖权”
> ……就发挥作用；在这种案件中，需要中止司法程序，而将这些问题移送行政机关作出
> 裁决。[①]

在判决意见中，最高法院接着全面强调了这一原则的意义：“首先管辖权原则因此‘不只是规定诉讼的程序性时间表。它是一项对商业联系的特定内容分配立法权的原则。’‘它将裁决’这类商业联系中的某些事件的工作‘移送给有权决定的行政机关处理’。”

□ 行政机关专业技能的相关性

最高法院在 Western Pacific 案中所作的判决主旨，主要依据是州际商业委员会对解释该案中的货物运价表具有更多的专业技能。[②] 在之前的案件中，最高法院已经判定法院拥有首先解释运价表的权力，因为运价表的解释是纯粹的法律问题，因而属于传统的司法职能。但是，最高法院认定，Western Pacific 案中所提出的解释性问题应该首先由州际商业委员会处理，因为该行政机关最初已经根据对不同类型货物的托运成本的详细评估，决定了运价表的分类和相应价格的合理性问题。行政机关因而对导致其需要在运价表中作出区分的因素具有专业的了解。最高法院并未判定所有运价表解释问题都属于批准该运价表的行政级机关的首先管辖权。它对 Western Pacific 案中提出的这类解释性问题和其他类型的解释性问题进行了区分：在 Western Pacific 案中行政机关对作为运价表基础的知识之了解非常有助于解释该运价表，而对于其他的解释性问题，“问题只是建构性解释”或者行政机关“已经对讼争的特定运价表进行了建构性解释，或者已经阐释了作为其基础的因素”。第一类解释问题属于行政机关的首先管辖权，而第二类解释问题则属于法院的初步决定权范围。[③]

□ 对于首先管辖权的适用并无一定之规

最高法院对 Western Pacific 案所作判决特别重要，理由有二。其一，它承认了行政机关的首先管辖权与行政机关的专业技能之间的联系。其二，它确立了适用首先管辖权原则的实用主义标准：

> 1165 对于首先管辖权的适用并无一定之规。在每起案件中问题都是存在这一原则的理由是

---

① Id. at 63-64.

② Id. at 64.

③ Id. at 67-69.

否明确，以及该原则在特定诉讼中的适用是否对于它所服务的目的有所帮助。[①]

□“可以说”属于行政机关管辖权的问题

在 Ricci v. Chicago Mercantile Exchange[②] 案中，五位大法官出具的多数意见为适用首先管辖权的情形提供了更多的指引。这份多数意见指出，作为法院诉讼对象的行为“……至少可以说是受……监管性立法……保护或者监管的……”时，适用首先管辖权。[③] 它接着指出，当行政机关对一项争点的裁决很可能会对司法机关裁决该争议具有“实质性帮助”时，适用首先管辖权是合适的。[④] 多数意见对文字的斟酌可以帮助解释这一原则的目的。当行政机关“可以说”对作为法院诉讼对象的行为的某些方面具有管辖权时，从而司法机关裁决这一纠纷存在干扰行政机关履行其法定职责的可能性时，法院应该在得到行政裁决的“实质性帮助”之后才能对这一纠纷作出裁决。

□ 影响包括复杂化和迟延

在 Ricci 案中四位持不同意见的大法官并未反对多数意见中所表述的标准，但是他们不同意对该案适用这些标准。在表达其不同意见的过程中，持不同意见的大法官引入了又一项在后来的岁月中日益重要的因素。他们担心适用首先管辖权将会使对该争议的司法裁决过度复杂化和迟延。[⑤]

□ 法定的首先管辖权

国会有时会特别要求法院对某类争议适用首先管辖权原则。例子之一就是《1964 年民权法》第 7 编[⑥]，规定了对诉求的非司法和非对抗式的裁决，并且规定在州或者地方政府向公平就业委员会投诉的，必须首先先向该委员会提出其诉求。该法第 7 编也设立了平等就业机会委员会。剥夺第 7 编所规定的权利，不能成为《1871 年民权法》[⑦] 规定之诉因的基础，因为这样会回避对诉求的非司法和非对抗式的裁决。[⑧] 最高法院判定《1871 年民权法》没有创设权利，而只是为其指定的权利提供了一种救济方式；三位持不同意见的大法官则声称该法创设了权利，不限于本来已经存在的权利救济方式。 1166

□ 国会目的的相关性

但是在大量的案件中，首先管辖权都是以法官造法方式形成的原则。司法推理确定了这一原则的范围和效力。但是，首先管辖权在一项重要方面是与大多数普通法原则不同的法官造法。当国会立法设立一家行政机关，并赋予其实施广泛的各种目标的职责，国会就

---

① 352 U. S. at 64.

② 409 U. S. 289 (1973)，§ 14.5 和 § 14.6 中有更为详细的讨论。

③ Id. at 299-300.

④ Id. at 302.

⑤ Id. at 231.

⑥ Title VII of the Civil Rights Act of 1964，42 U. S. C. § § 2000e et seq.

⑦ The Civil Rights Act of 1871，42 U. S. C. § 1985 (3).

⑧ Great American Federal Savings & Loan Ass'n v. Novotny，442 U. S. 366 (1979).

已经在法律体系中增加了一个兼具立法、政策制定和法律适用职权的新型机构。国会很少仔细处理有关新机构的职责和已有的法院职责之间联系的众多问题。但是，这家新机构不可避免地会影响部分已有的司法职责。有的机构必须决定如何将新机构纳入已有的法律框架。最高法院经常发现自己如果不要求法院为了行政机关的利益而放弃部分决定自主权，就无法让国会实现创设具有广泛法定职责的行政机关之目的。

□ 作为默示的首先管辖权原则之例证的案例

司法判决的两个序列可以说明首先管辖权原则具有的势不可挡的逻辑及其克服强大的对抗性因素的能力。在第一个序列中，最高法院逐渐减弱了一项在特定情形中拒绝适用首先管辖权原则的以一致意见作出的判决。最终，最高法院在 30 年后被迫承认先前的判决是错误的。在第二个序列中，联邦法院起初出于完全可以理解的理由，即行政机关不愿裁决某一问题，而拒绝将该问题移送行政机关处理。但是，第五巡回法院在 7 年后判定需要将问题移送给不愿意处理的行政机关，因为如果没有行政机关对这一问题进行裁决，就会导致在联邦立法的一致性至关重要的情形中造成司法机关对该联邦立法的问题所作裁决存在普遍的不一致。第五巡回法院认定，让具有专业技能的行政机关对这一问题进行一致的裁决，对于允许法院以更了解信息和前后一致的方式履行其职能来说是至关重要的。

第一个序列的开端是最高法院在 Moore v. Illinois Central R. Co.①案中所作判决。在 1926 年，国会制定了《铁路劳工法》(the Railway Labor Act)，设立了国家铁路调解委员会（the National Railroad Adjustment Board)，授权其裁决承运人与其雇员之间的争议。当雇员以不当解雇为由起诉铁路公司，并且未经该委员会的裁决程序时，最高法院判定："我们发现该法中并无条文是为了剥夺法院对错误解雇之纠纷作出裁决的管辖权，或者让行政机关的事实调查成为向法院起诉的前提条件。"② "地区法院和巡回法院正确地判定，
1167 原告不需要根据《铁路劳工法》对其与铁路公司的纠纷寻求裁决并以此作为对错误解雇行为起诉的前提条件。"③

Moore 案的判决主要依据是，首先管辖权并未被赋予该委员会。最高法院尚未承认，对于首先管辖权对行政机关履行其法定职责至关重要的情形，国会经常很少考虑这一原则。国会没有修订《铁路劳工法》，但是司法机关改变其在 1941 年所作的法律解释的为期三十年的过程很快就开始了。当两家工会之间的争议被认定属于国家铁路调解委员会的管辖范围之后，最高法院不是适用 Moore 原则，而是强调指出国会已经设立了特别合格的行政机关处理"棘手和技术性的问题"，并判定："因此，衡平法院应当在行使其裁量权时垂手无为（stay its hand)。"④ 这一结论完全来自最高法院而根本不是来自国会。

在 Slocum v. Delaware，L. & W. R. Co.⑤案中，当一家铁路公司向州法院申请确认判决，解释与两家工会的集体协议时，纽约上诉法院根据 Moore 案维持了州法院依据原告申请所作出的确认判决。最高法院推翻了这一判决，理由是《铁路劳工法》的目的是"为源自解释现有协议的铁路雇员纠纷的裁决，提供有效和可欲的行政救济"。最高法院对该案与 Moore 案进行了区分，但是削弱了这一原则的效力，指出联邦法院的解释"当然对国家

① 312 U. S. 630 (1941).
② Id. at 634.
③ Id. at 636.
④ Order of Railway Conductors v. Pitney，326 U. S. 561，567 (1946).
⑤ 339 U. S. 239 (1950).

铁路调解委员会未来作出的解释不具有任何拘束力"[①]。

Transcontinental & Western Air, Inc. v. Koppal[②]案再次削弱了 Moore 案的效力，这是一起以公民身份多样性（diversity of citizenship）为由在联邦法院对错误解雇申请损害赔偿的案件。最高法院适用了密苏里州的法律，判定雇员如果不首先穷尽行政救济，就不能提起损害赔偿诉讼，尽管 Moore 就是在未穷尽行政救济的情况获得判决的。

Moore 案的部分依据是该委员会的程序是选择性的而非强制性的，但是最高法院在 Walker v. Southern Railway Co. [③]案中判定该法强制当事人申请国家铁路调解委员会裁决争议。对于两家工会之间的争议，国家铁路调解委员会已经在一家承运人与一家工会之间的案件中作出裁决，但是因为另一家工会是必不可缺的当事人，最高法院拒绝强制执行该裁决，并且指出："我们坚持在 Pitney 案和 Slocum 案中的判决主旨，即国家铁路调解委员会确实具有审理和裁决类似纠纷的专属性管辖权。"[④] 在 Walker v. Southern Railway 1168
Co. [⑤]案中，三位持不同意见的大法官则倾向于明确推翻 Moore 案判决，但是最高法院最后继续沿袭了经 Slocum 案和 Koppal 案判决加以限定的 Moore 案判决。

□ 对专业技能和一致性的需要

在 Pennsylvania R. Co. v. Day[⑥]案中，最高法院明确提到了"专家型行政委员会"、"对经验和专业知识的需要"和"对解释一致性（uniformity）的需要"。但是，最高法院将该案与 Moore 案作了区分，理由是 Moore 案"从首先管辖权这一控制性的原则中分离出了雇员被错误解雇的特别情形"。

最后，在 Andrews v. Louisville & Nashville R. Co. [⑦]案中，最高法院推翻了 Moore 案。该案是在州法院对错误解雇行为申请损害赔偿。铁路公司则将案件转移（remove）* 至联邦法院，并提出动议，要求以该案未经国家铁路调解委员会的裁决而驳回起诉。地区法院批准了这一动议，巡回法院和最高法院先后维持了这一裁决。最高法院指出，尽管"穷尽行政救济"可能是合适的术语，"至少在某些情况下，该法使得联邦行政救济具有排他性效力……如果一个当事人已经在国家铁路调解委员会对某一争点在实质问题上进行过争讼，就不能在独立的司法程序中对这一争点再次进行争讼……他只能获得该法本身规定的国家铁路调解委员会程序中的司法审查"[⑧]。最高法院指出，因为雇员必须利用向该委员会寻求救济的机会，"我们有必要推翻了 Moore 案"[⑨]。只有一位大法官持不同意见。

Moore 案经历的三十年变迁给我们上了宝贵的一堂课：尽管大法官们一致意见作出了该案判决，但是国会没有发表意见，Moore 原则也没有机会长期存在，因为它在各方面都与一项无法抑制的观点——必须由专业性行政机关而非法院首先裁决属于行政机关管辖范

---

* 案件转移，是指原告在州法院提起诉讼，被告可以在特定情形下将该案转移至联邦法院。如果案件成功转移，案件审理将会照常继续，但是是在联邦司法体系之内，适用联邦程序规则，由联邦法官和/或者陪审团审理。——译者注

① Id. at 244.

② 345 U. S. 653 (1953).

③ 385 U. S. 196, 198 (1966).

④ Transport-Communication Employees Union v. Union Pacific R. Co. , 385 U. S. 157, 164 (1966).

⑤ 385 U. S. 196 (1966).

⑥ 360 U. S. 548, 551-552 (1959).

⑦ 406 U. S. 320 (1972).

⑧ Id. at 325.

⑨ Id. at 326.

围的问题——存在冲突。

第二个可以作为例证的判决序列源自《1978 年天然气政策法》的通过。该法对不同类型的天然气设定了最高限价，并赋予联邦能源监管委员会解释和适用最高现价的职责。在 20 世纪 80 年代初，出现了数以千计的诉讼，其中天然气销售商要求违背了对一定量天然气照付不议（take or pay）* 的买家赔偿损失。在这些案件中，不少买家提出了辩护意见，理由是对未购买的天然气支付价格的义务违反了最高现价，因为这一做法将天然气的
1169 有效单价提到超过最高现价的水平。

本书的作者曾经解释了为什么因为对一致性和适用专业技能的需要，要求根据首先管辖权原则将这一问题移送给联邦能源监管委员会。[①] 几家法院也同意这一观点并作出了这样的判决。[②] 在这一点上，行政机关令人费解地告诉法院，它并不愿意裁决移送给它处理的问题。我们可以理解的是，考虑到行政机关不愿意解释它是如何看待最高限价和买家拒绝购买的天然气按约支付之间的关系，这些法院撤回了将案件移送至行政机关的命令。

但是几年后，没有行政机关对这一问题所作的裁决，这导致了无法容忍的情形。在 Wagner & Brown v. ANR Pipeline Co. [③] 案中，第五巡回法院详细论述了纠纷的历史，列举了一些法院对最高限价问题所作出的存在冲突的裁决。[④] 第五巡回法院提到了联邦天然气市场规制需要实现全国统一，以及需要由对市场运行具有专业技能的行政机关确定合同和最高限价之间的合理联系。第五巡回法院判定联邦能源监管委员会必须根据首先管辖权原则裁决这一问题，尽管联邦能源监管委员会不愿意这么做。第五巡回法院要求行政机关在 180 天内对合同中的“照付不议条款”和最高限价的合法联系作出裁决。

□ 对首先管辖权原则的强烈的实践需要

第二个判决序列说明了与第一个序列相同的根本性问题。在很多情况下，对于适用首先管辖权之现实需要是如此强烈，以至于该原则不可避免地占据上风，即使是面对严重的障碍。在第一个序列中，这些障碍包括国会不愿意裁决这一问题，并且最高法院以一致意见作出的一项判决中拒绝在没有国会行动的情况适用首先管辖权；在第二个序列中，障碍则包括行政机关反复拒绝根据首先管辖权原则对移送案件进行裁决。

□ 行政机关通常可以拒绝裁决争议

第五巡回法院在 Wagner & Brown 案中作出的判决不同寻常。如果没有由行政机关裁决这一问题的迫切需要，行政机关通常可以拒绝裁决属于其首先管辖范围的问题。于是行政机关为了拒绝裁决一项问题，通常可以通过在一家司法程序中首次提出该问题，而不是在行政程序中初步裁决该问题。在 United States v. Any and All Radio Station Transmission Equipment[⑤] 案中，第六巡回法院判定在行政机关是原告的案件中从来都不适合让法

---

* 照付不议，是指某些天然气销售合同中采用的一种条款，规定不论买方是否提用天然气，一律按合约价格付款，弹性极低。其目的是保证供气方有一个长期稳定的市场并获得稳定的销售收入。——译者注

① 参见 Pierce, *Issues in Gas Contract Litigation*, *Thirty-Fifth Annual Institute on Oil & Gas Law & Taxation*, 61, 66-81 (1984)。

② 例如，Gulf Oil Corp. v. Tenneco, Inc., 608 F. Supp. 1493 (E. D. La. 1985)。

③ 837 F. 2d 199 (5th Cir. 1988).

④ Id. at 202.

⑤ 204 F. 3d 658 (6th Cir. 2000).

院援引首先管辖权原则。“行政机关决定寻求司法救济而非行政救济，充分说明了它对于行政专业技能的看法。”第六巡回法院指出，其他涉及这一问题的所有巡回法院都是这么判决的。 1170

类似的，如果法律赋予行政机关和法院裁决一类争议的共同管辖权（concurrent jurisdiction），行政机关拒绝受理这些争议，则法院必须裁决这些争议，除非国会已经强制要求行政裁决这些争议。①

□ 当事人可以放弃首先管辖权

在大多数情况下，一项争议的当事人可以不及时提出首先管辖权原则，而放弃首先管辖权的适用。在 Baltimore & Ohio Chicago R. R. Co. v. Wisconsin Central② 案中，两家铁路公司在地区法院就一份协议和价格表的含义、适用、合理性和法律效力，进行了长达 5 年的争讼。这两家铁路公司将这一争议提交仲裁庭裁决。该仲裁庭裁决了这一争议，命令一家铁路公司向另一家铁路公司支付损害赔偿金。地区法院确认了仲裁裁决，但是它也将价格表合理性的问题移送给地面运输委员会（STB）裁决。败诉的铁路公司接着向巡回法院主张，该仲裁庭并没有权力裁决基于《州际商业法》规定引发的争议，并且法官本该将其他问题——例如该协议是否属于申报价格（filed rate）原则的范围——移送地面运输委员会裁决。第七巡回法院驳回了这两项主张。

第七巡回法院首先指出，地区法院将运价表合理性的问题“移送”地面运输委员会裁决是“正确的”，因为这是首先管辖权原则“托付行政机关”的“核心问题”。但是，法院判定，当事人将其他问题提交裁决，已经放弃了对其他问题的首先管辖权。法院认定，首先管辖权原则是可以放弃的，因为：“该原则……尽管有管辖权之名，但它不是决定管辖权的。”但是，法院对其判决主旨补充了一项重要的限定：“如果这一问题对于《州际商业法》的实施具有至高的重要性，而且地面运输委员会提交的法庭之友意见书也提出这样的建议，我们将会解除当事人的放弃首先管辖权（relieve the parties of their waiver）……本案并不存在这种情况。”

类似的，在 Gross Common Carrier v. Baxter③ 案中，第七巡回法院判定它可以裁决有关当事人的共同承运人或者合同承运人地位的争议，即使此类争议是属于州际商业委员会的首先管辖权的范围，因为双方当事人都没有援引首先管辖权，并且因为调整该争议的行政规则和政策足够清楚，法院可以有信心能够理解和加以适用。④ 1171

□ 适用于州行政机关的原则

在大多数的案件中，联邦法院通过将一项问题或者争议移送给联邦行政机关而适用了首先管辖权原则。但是，这一原则也可以允许联邦法院将问题或争议移送给州行政机关。例如，在 MCI Telecommunications Corp. v. Teleconcepts, Inc. ⑤ 案中，第三巡回法院判定

---

① Owner-Operator Independent Drivers Ass'n v. New Prime 192 F. 3d 778 (8th Cir. 1999)，参见 § 18.5 的讨论。

② 154 F. 3d 404 (7th Cir. 1998).

③ 51 F. 3d 703 (7th Cir. 1995).

④ 另可参见 Northwest Airlines, Inc. v. County of Kent, 510 U. S. 355 (1994)（拒绝适用首先管辖权，因为当事人并没有提出这一问题），§ 14.3 有讨论。

⑤ 71 F. 3d 1086 (3d Cir. 1995).

地区法院无权裁决两位电信服务供应商有关向宾夕法尼亚电力和公用事业委员会（the Pennsylvania Power and Utility Commission）所申报的价格表的含义。持协同意见的法官主张，法院对这一争议具有标的管辖权（subject matter jurisdiction），但是基于审慎的理由，行政机关本该将这一争议移送宾夕法尼亚电力和公用事业委员会裁决。

□ 首先管辖权并不在行政机关之间适用

在 United Parcel Service v. NLRB[1] 案中，哥伦比亚特区巡回法院裁决了一项特别的首先管辖权争议。国家劳动关系委员会已经长期根据《国家劳动关系法》规制“联合包裹服务公司”（UPS）及其雇员之间的关系。但是，国家劳动关系委员会在 1993 年提起了针对 UPS 的诉讼，UPS 首次主张，根据《铁路劳工法》，这一争议应该属于国家调解委员会（the National Mediation Board）的专属性管辖权范围。UPS 主张，国家劳动关系委员会需要将管辖权问题移送国家调解委员会，因为国家调解委员会对于《铁路劳工法》的范围具有首先管辖权。法院驳回了这一主张。法院指出，首先管辖权原则的设计目的就是为了调和法院和作出政策决定的行政机关之间的关系。联邦法院必须尊重此类行政机关的政策选择。但是，如果两家行政机关的管辖权存在冲突，其他政策制定机关不需要尊重这些选择。

□ 首先管辖权和宪法争议

法院不得将纯粹的宪法问题移送行政机关进行初步裁决。但是有的时候，宪法问题和规制性法律问题是难以区分的。因此，举例来说，我们可以根据《联邦宪法》、《国家劳动关系法》或者同时依据这两者，指控一家工会违反“公平代表义务”（duty of fair representation）。在 Marquez v. Screen Actors Guild[2] 案中，最高法院裁决了一项这一类型的疑难的首先管辖权争议。国家劳动关系委员会对与［公平］代表和《国家劳动关系法》的适应有关的争议具有首先管辖权。对于认为工会违反宪法性质的“公平代表义务”的指控，也就是说，“对于谈判单位成员的行为是武断、歧视或者恶意的问题，法院是有管辖权
1172 的”。问题是如果不对《国家劳动关系法》进行解释，就无法对工会违反公正代表义务的许多指控进行裁决。最高法院认定，如果法定解释的问题是附属于公正代表义务的诉求，法院可以裁决与《国家劳动关系法》有关的纠纷。但是，当公正代表义务的诉求中只是指控违反《国家劳动关系法》，而并不包括“工会行为存在武断、歧视或者恶意问题”的指控，法院不能裁决此类法定解释问题。因为最高法院已经认定，原告的诉求只是因为指控被告违反《国家劳动关系法》，最高法院判定这属于国家劳动关系委员会的首先管辖权。

□ 作为例证的案件

接下来的案件可以说明产生首先管辖权争议的众多情形，以及法院在裁决这些争议的过程中所采取的一般方法。

在 Illinois Bell Telephone Co. v. Global NAPs[3] 案中，第七巡回法院在论理充分的判

---

① 92 F. 3d 1221 (D. C. Cir. 1996).

② 525 U. S. 33 (1998).

③ 551 F. 3d 587 (7th Cir. 2008).

决意见中解释了在一起要求强制执行州互联协议的联邦诉讼所提出的政策问题已经由国会分配给州行政机关处理时，联邦法院为什么必须将该案件移送至一家州行政机关处理。

在 Clark v. Time Warner Cable① 案中，第九巡回法院认为，该案提出的是新问题，行政机关已经指出这一问题的解决对于行政机关必须实施的一项政策来说至关重要，而且行政机关也在积极考虑这一问题时，地区法院根据首先管辖权原则将争议移送行政机关裁决的决定是正确的。

在 Ton Services v. Qwest Corp. ② 案中，第十巡回法院通过适用首先管辖权原则，将三项问题移送给联邦通信委员会来解决。它也作了如下理由解释：

在当事人不会遭受损害或者“处于不公平的不利地位”时，驳回诉讼而将一项决定根据首先管辖权移送行政机关解决，这是合适的。

…………

但是，当原告提出损害赔偿请求，并且相关的诉讼时效可能会排除救济时，中止审理可能是最可取的。

在 CSX Transportation Co. v. Novolog Bucks County③ 案中，第三巡回法院支持了地区法院所作出的拒绝根据首先管辖权将一项争议移送行政机关的判决。当事人要求将该问题移送行政机关，但是一直等待，直到法院已经对这一问题作出了不利的决定。巡回法院看不出有什么理由通过撤销地区法院的判决并且将案件移送行政机关，而向当事人提供“反悔”（second bite at the apple）的机会，特别是行政机关的“专业技能尽管很有帮助， 1173
但它不是判断这一问题的关键……”

在 Rhoades v. Avon Products④ 案中，第九巡回法院同意第一巡回法院和第二巡回法院的观点，即法院不应该将商标确认救济诉讼（trademark declaratory relief action）移送商标初审和上诉委员会（TTAB）处理，因为：

首先，商标初审和上诉委员会不是一家普通行政机关，即除非法院根据高度尊重标准进行审查之后被撤销，否则其事实认定具有决定性。该委员会的行政程序已经解决了商标有效性的问题，但是该委员会的事实认定可以因为通过在地区法院提出新的证据而受到起诉，并且至少在相当程度上这些问题是可以重新进行诉讼的。并且国会允许在民事诉讼中批准地区法院初步立案以质疑或者肯定联邦注册的商标，甚至之前从未诉诸该委员会。

其次，至少在涉及侵权请求权时——无论是在“所有者”直接宣称，还是在宣告诉讼中受到质疑之时——总是经常急迫的情形。很可能涉及持续的商业行为，以及可能会累积损害，甚至可能是无法补救的。不仅如此，[与联邦地区法院不同，] 该委员会不能对侵权索赔提供救济，无论是禁令还是损害赔偿金。在这些情况下，等待该委员会作出决定是不太具有吸引力的，并且怀疑是做不到这样的，因为（正如已经指出的）它的行政事实认定可以轻易地在法院进行重新诉讼。

在 Verizon New England v. Maine Public Utilities Commission⑤ 案中，第一巡回法院判定应该将企业必须向竞争者开放的通信网络元件的定义问题移送联邦通信委员会处理，因为缅因州公用事业委员会（Maine Public Utilities Commission）没有明确表达它对这一问题的看法，这些诉讼主张是复杂的和技术性的，这一问题需要在一致、全国性的基础上

① 523 F. 3d 1110 (9th Cir. 2008).
② 493 F. 3d 1225 (10th Cir. 2007).
③ 502 F. 3d 247 (3d Cir. 2007).
④ 504 F. 3d 1151 (9th Cir. 2007).
⑤ 509 F. 3d 1 (1st Cir. 2007).

加以解决。

第二巡回法院在 2006 年的同一个星期里判决的两起案件中很好地解释了法院何时应该或者不应该适用首先管辖权。在 FTC v. Verity International[1] 案中，第二巡回法院解决了一项有意思的首先管辖权争议。联邦贸易委员会（FTC）起诉指控 Verity 实施了违反《联邦贸易委员会法》的欺骗或者不公平的做法，对电话机主给黄色网站拨打的电话开出的账单就好像他们打到了马达加斯加。联邦贸易委员会申请禁令和其他衡平法上的救济。
1174 法院判决联邦贸易委员会胜诉，并批准了联邦贸易委员会所要求的衡平法上的救济。Verity 提起上诉，主张地区法院本来应该将此案件移送联邦通信委员会，因为该案提出了复杂的通信政策问题。第二巡回法院驳回了这一主张。它认定该案引发了一项涉及《通信法》的问题——Verity 所提供的服务是通信服务还是信息服务。法院接着认定，有众多的先例解释了这些术语，以至于对本案事实适用这些术语是在地区法院的权限范围之内。法院也指出，该案争讼的法定术语并不是和诸如“合理”、“公共利益”等更抽象的术语一样“需要联邦通信委员会的裁量”。

在 Ellis v. Tribune Television Co.[2] 案中，第二巡回法院得出了相反的结论。Ellis 在地区法院起诉，要求地区法院强制执行联邦通信委员会的规则和命令，将广播业务执照转让给其他人。联邦通信委员会的规则限制了一家报社可以持有的广播业务执照的数量，而联邦通信委员会的命令则赋予被告临时性的豁免适用该规则，不过该豁免在原告起诉时已经到期。这时被告提出的永久性豁免适用该规则的申请，联邦通信委员会尚未处理完毕。地区法院认定，被告违反了联邦通信委员会的规则和命令，并且发布了一项命令要求强制执行联邦通信委员会的规则和命令，强迫被告转让其执照。第二巡回法院认为，地区法院本来应该通过适用首先管辖权原则，将这一事务移送联邦通信委员会。法院为它的决定列出了多项有力的理由，包括：（1）联邦通信委员会已经在考虑是否给予被告永久性地放弃该案讼争的规则；（2）这一争议引发了属于联邦通信委员会的专业技能领域内的疑难的技术或者政策问题；（3）联邦通信委员会对于广播业务执照拥有专属管辖权；（4）联邦通信委员会享有决定是否批准豁免适用规则的裁量权；（5）联邦通信委员会享有在违反该规则的各种可能的救济方式之间进行选择的裁量权；（6）可适用的法定术语——公共利益、便利和需要——引发了只能由联邦通信委员会初步解决的复杂的政策考量；（7）地区法院若干存在争议的、属于联邦通信委员会专业技能领域内的事实争议；（8）地区法院如果行使管辖权，会产生判决之间相互不一致的明显的风险，这一点已经为联邦通信委员会后来的命令所证明，该命令批准被告额外的豁免适用的规则是地区法院本来试图强制执行的规则。但是，法院讨论考虑潜在迟延是否适合作为解决一项首先管辖权争议的决定性因素，
1175 这是令人困扰的。[3]

在 Schiller v. Tower Semiconductor[4] 案中，第二巡回法院驳回了原告的主张，即行政机关在发布规则时是否超越职权的问题应当移送给行政机关初步决定。法院认定“基于明显的理由”，这一问题“应当交给司法机关而非行政机关来处理”。

在 Davel Communications v. Qwest Corp.[5] 案中，第九巡回法院在其论理充分的判决意见中判定，首先管辖权要求，在行政机关命令的范围反映了政策关切，并且对于可适用

---

① 443 F. 3d 48 (2d Cir. 2006).

② 443 F. 3d 71 (2d Cir. 2006).

③ 参见 § 14.6 中的讨论。

④ 449 F. 3d 286 (2d Cir. 2006).

⑤ 460 F. 3d 1075 (9th Cir. 2006).

政策的判断是重要的时候，应当将行政机关命令的范围问题移送行政机关确定。

在 In re Starnet[1] 案中，第七巡回法院很好地阐释了 Chevron 原则和首先管辖权之间的关系。一家破产法院在解释一份涉及破产企业的合同时，对《1996 年通信法》（the Telecommunications Act of 1996）中所使用的“位置”（location）一词采纳了一项特定的解释。第七巡回法院认为，破产法院应当将“位置”这一模糊的术语含义的问题移送联邦通信委员会：“只有联邦通信委员会能够澄清‘位置’一词的模糊之处；我们所能做的是凭知识或者经验的猜测。虽然联邦通信委员会的立场需要接受司法机关的合理性审查，但是行政机关的观点是符合逻辑的起点。”

在 Baker v. IBP[2] 案中，第七巡回法院认为，在这起涉及《反有组织犯罪和腐败组织法》[*] 的案件中具有前提性的违法行为是联邦法规定的犯罪行为而不是违反联邦劳动法律的行为，不属于国家劳动关系委员会的首先管辖权范围。但是，第七巡回法院接着认定该案无论任何都违反了联邦劳动法律。原告是在抱怨他们的工资等级，而这些工资是由集体协商协议所确定的，按照劳动法，工会是他们的唯一代表。

在 Rymes Heating Oils v. Springfield Terminal Railway Co.[3] 案中，第一巡回法院对其决定将争议移送地面交通委员会（the Surface Transportation Board）提供了充分解释。法院首先确定它如何回答所面对的这一问题——承运人是否拥有对铁路运输经营者（rail carrier）提起损害赔偿诉讼的私法权利——取决于行政机关是否发布了根据可能作为依据的两部法律中的一部作出命令，以及该命令是否基于行政机关认定运输经营者已经实施了之前命令所禁止的行为或者拒绝采取之前命令所要求的行为。法院接着解释了它为什么需要将这些问题移送给行政机关处理：

> 是否需要适用首先管辖权，涉及三点因素：（1）行政机关的判断是否属于国会分配给行政机关的任务之核心内容；（2）是否需要借助行政机关的专业技能才能解决棘手的技术事实；（3）行政机关的判断，尽管可能不是确定性的，是否会对法院有实质性的帮助…… 1176
> 本案中同时存在上述三点因素。该案显然涉及地面交通委员会的专业技能，其判断也对法院有实质性的帮助。本案中所引发的问题主要集中在地面交通委员会及其前身，即州际商业委员会（ICC）所发布命令的解释……地面交通委员会是唯一适合于判断这些命令的目的，以及对交通政策的各种不同解释的可能效果。不仅如此，地面交通委员会作出初步裁决可以促进对轨道权利裁定（trackage rights orders）之解释的统一性。

在 Alpharma v. Pennfield Oil Co.[4] 案中，第八巡回法院认为，地区法院应当判决该药品是否已经获得食品药品管理局的批准，而不是将这一争议移送食品药品管理局。该企业指控另一家企业实施了虚假宣传的行为，声称它的药品已经获得了食品药品管理局的批准。地区法院法官将食品药品管理局的相关公告描述为“完全令人混淆的历史记录”，并判定食品药品管理局应当解决这些规制争议，以此作为法院裁决虚假宣传争议的前提。巡回法院不同意这一观点。它判定法院可以并且应当解释相关的食品药品管理局的文件，特别是因为将这一问题移送食品药品管理局，可能会导致增加成本和实质性的拖延。

---

[*] 1970 年 RICO 法案的立法目的是打击黑社会犯罪。这种犯罪的特点是有组织性、长期性、暴力或暴力胁迫性等，其具体表现包括：以暴力或暴力相威胁实施敲诈勒索，或组成黑社会组织以从事杀人、抢劫、诈骗、发放高利贷、非法赌博及卖淫等犯罪行为。——译者注

[1] 355 F. 3d 634 (7th Cir. 2004)，参见§14.1 的讨论。

[2] 357 F. 3d 685 (7th Cir. 2004).

[3] 358 F. 3d 91 (1st Cir. 2004).

[4] 411 F. 3d 934 (8th Cir. 2005).

在 Crystal Clear Communications v. Southwestern Bell Telephone Co.[1] 案中，第十巡回法院认为，地区法院为了允许行政机关实施首先管辖权解决属于专业技能范围之内的问题，而作出的中止审理裁定（stay order），不是一项可以直接上诉的间接性质的裁定，因为“地区法院是否适用首先管辖权的判断并不是足以与符合中间审查（interlocutory review）条件的诉因相互分立的”。

在 Southern Utah Wilderness Alliance v. Bureau of Land Management[2] 案中，第十巡回法院认为，对于判断一个县政府是否拥有在联邦土地上的通行权，内政部土地管理局并不拥有首先管辖权。法院指出，相关的法律并未授予土地管理局作出此类判断的任何行政决策权，并且土地管理局在一百多年里都坚持认为这类判断应该由法院专属管辖。

在 United States Public Interest Research Group v. Atlantic Salmon of Maine[3] 案中，第一巡回法院认为，地区法院在受理指控违反《清洁水法》的公民诉讼而不是将该纠纷移
1177 送缅因州环境保护委员会（the Maine Board of Environmental Protection），并不属于滥用裁量权的行为。法院认为：“［是否将案件移送行政机关的］决定通常取决于案件移送是否会促进法院受理案件的合理解决，以及未能移送案件是否会损害法定的计划或者损害本来应该移送的行政机关的利益。”法院在该案中对其理由总结如下：

> 首先，基础性的问题显然是技术性的——鼓励将案件移送行政机关的因素——但是法院审理案件过程中采用了专家证言。作出不移送案件的权衡，换句话来说，也就是对合理分派案件的需要——对应的是行政机关长达十年的迟延……
>
> …………
>
> 相反，因为地区法院的禁令不过是设定额外的限制，它并不能削弱缅因州一般许可制度的核心推力。

在 Marseilles Hydro Power v. Marseilles Land & Water[4] 案中，第七巡回法院很好地解决了一项疑难的首先管辖权问题。一家电力公司对一家运河公司提起了违约诉讼，并向法院申请禁令救济，要求运河公司疏浚运河。运河公司认为，是否疏浚运河，这属于联邦能源监管委员会的首先管辖权，因为除非联邦能源监管委员会向电力公司发放许可证允许其利用运河中的水力发电，否则这一运河将对任何人都没有价值。法院认为，只有在它确定了需要给予何种救济时，它才需要适用首先管辖权原则，因为“没有一项与合同项下权利义务有关的问题是属于联邦能源监管委员会的管辖权范围，无论是首先管辖权还是其他”。另一方面，法院认为：“中止诉讼，等待联邦能源监管委员会结案或者是个好办法，因为这一行政案件可能……要么使得诉讼没有必要……要么要求对所命令的衡平法上的救济进行重大变更……”

在 Tippetts v. United States[5] 案中，第十巡回法院认为，一名联邦政府雇员以侵犯隐私和诽谤为由根据《联邦侵权求偿法》提出的诉讼，属于劳工部长根据《联邦雇员赔偿法》（the Federal Employees Compensation Act）拥有的首先管辖权范围。法院认为，它
1178 注意到没有案件判决侵犯隐私或者诽谤是否受《联邦雇员赔偿法》调整。在这种情况下，法院判定：“谨慎的做法是将这些诉讼请求转移到劳工部长，由他来初步判断这些诉讼请求是否受《联邦雇员赔偿法》调整。”

---

① 415 F. 3d 1171 (10th Cir. 2005).

② 425 F. 3d 735 (10th Cir. 2005).

③ 339 F. 3d 23 (1st Cir. 2003).

④ 299 F. 3d 643 (7th Cir. 2002).

⑤ 308 F. 3d 1091 (10th Cir. 2002).

在 Brown v. MCI Worldcom Network Services① 案中，第九巡回法院对于价格执法（tariff enforcement）案件中首先管辖权原则的作用进行了精彩的描述。法院指出，《联邦通信法》（the Federal Communications Act）允许联邦通信委员会或者地区法院来强制执行价格。当价格执法案件被诉至法院时，法院将价格解释的问题移送行政机关可能是合适的，也可能是不合适的。法院对于是否合适启动首先管辖权的案件进行了精彩描述：

首先管辖权的存在不是仅仅因为考虑到单一价格的解释，该案提出了一项［行政机关］具有管辖权的问题。相反，首先管辖权的适用，是在案件提出了一项“要求专业技能或者管理中的一致性”的深远的问题……如果这一请求权的解决涉及对［被告］申报的价格的直截了当的解释，地区法院将有能力解决这一问题而不必求助于［行政机关］。

在 Arsberry v. Illinois② 案中，第七巡回法院判定首先管辖权原则不是纠纷的司法解决的障碍，该案中一组客户指控受规制的企业串通定价或者在这组客户相关的业务中停止竞争而违反了《谢尔曼法》（the Sherman Act）。法院指出，首先管辖权可以表现为两种形式：第一种形式可以被称为行政专属管辖权原则。当所出现的问题属于行政机关的专属管辖权时，就适用行政专属管辖权原则。“在出现这种问题时，法院应当停止诉讼，并且应当由行政机关解决该问题。”第二种形式“允许法院将争议问题移送对此问题了解更多的行政机关，即使行政机关对此问题并没有专属管辖权”。法院认定这两种形式的首先管辖权都不适用，因为联邦通信委员会并不拥有强制执行《谢尔曼法》的专属管辖权，也不具有“评估串通定价的赔偿金额时需要的”专业技能。③ 1179

在 Syntek Semiconductor v. Microchip Technology④ 案中，第九巡回法院认为，法院应当将版权登记是否有效的问题移送版权办公室主任（the Register of Copyrights），因为国会希望在版权法律的解释上能够实现全国统一，并且所需要裁决的这一问题第一印象上来看是一项复杂的问题。

在 Tassy v. Brunswick Hospital Center⑤ 案中，第二巡回法院存在分歧的合议庭解决了一项疑难的首先管辖权问题。一家医院取消了一名被指控对同事性骚扰的医生的特权。医生提起民事诉讼要求损害赔偿和恢复职务。他主张他没有实施性骚扰行为，他是基于种族或者原国籍等因素的歧视行为的受害者。医院申请驳回这一诉讼请求，理由是首先管辖权原则要求这名医生先到纽约州公共健康理事会（the New York Public Health Council）主张他的请求权。多数意见拒绝了驳回起诉的动议，认为该理事会并不拥有对此争议的首先管辖权。多数意见的理由是，这一争议并不涉及一致性和统一性具有重要性的宽泛问题，并且这一争议也并未引发需要借助该委员会的医学专业技能的技术资质或者医疗服务问题。持不同意见的法官认为应该批准这一动议，认为这属于该理事会的首先管辖权，因为该理事会具有更好的条件能够确定医院是否按照与对待其他被控性骚扰的医生一样的方式对待这名医生。

在 Access Telecommunications v. South-eastern Bell Telephone Co.⑥ 案中，第八巡回法院判定，对指控联邦通信委员会所规制的企业收费过高的集团诉讼，法院需要在裁决之

---

① 277 F. 3d 1166 (9th Cir. 2002).

② 244 F. 3d 558 (7th Cir. 2001).

③ 但是，不同意见参见 § 14.5 讨论的 Verizon Communications v. Law Offices of Curtis Trinko, 124 S. Ct. 872 (2004)（警告法院需要依据反垄断法律对已经需要遵守“为了吓阻和补救反竞争行为之损害而建立了规制框架的”市场采取司法干预时需要保持警惕）。

④ 285 F. 3d 857 (9th Cir. 2002).

⑤ 296 F. 3d 65 (2d Cir. 2002).

⑥ 137 F. 3d 605 (8th Cir. 1998).

前首先将价格表解释的问题移送联邦通信委员会处理；这一问题需要交给“卷入”技术问题之中的某些纠纷裁决机构，而联邦通信委员会要远比法院更有能力处理这些问题。

在 American Automobile Manufacturers Ass’n v. Massachusetts Department of Environmental Protection① 案中，第一巡回法院撰写了一份论理充分的判决。《清洁空气法》禁止各州制定控制新车排放的标准，但是该法对这一联邦优先适用条款规定了两项例外。第一项例外是允许加利福尼亚州单独制定更为严格的标准，只需要得到联邦政府环境保护局批准。第二项例外是允许任何其他州采纳加利福尼亚州的标准，“如果制定的标准与加利福尼亚州标准相同。”在 1990 年，加利福尼亚州制定了详尽的新标准，要求所有大型汽
1180 车制造商参与“低排放机动车项目”。“低排放机动车项目”要求汽车生产商自 1998 年开始生产规定比例的满足特定排放特征的汽车，并在之后的年份提高要求。环境保护局在 1993 年批准了加利福尼亚州的标准。但是在 1996 年，加利福尼亚州修订了其低排放机动车标准，消除了 2003 年以前的销售配额。加利福尼亚州向环境保护局提交这一修订，但是环境保护局直到该案判决之时都没有对此作出决定。在 1996 年末，加利福尼亚州与汽车制造商达成了一份协议备忘录，双方同意从 1998 年起销售一定比例的低排放机动车。协议备忘录也规定，如果违反该协议备忘录，汽车制造商将必须支付的损害赔偿金的金额。在此之后，马萨诸塞州设置了一项低排放机动车项目，其中包含了加利福尼亚州协议备忘录中的条款以及损害赔偿条款。汽车制造商于是起诉马萨诸塞州，指控加利福尼亚州的协议备忘录不属于“标准”，因此马萨诸塞州的低排放机动车项目中包含加利福尼亚州的协议备忘录，就违反了《清洁空气法》，因为马萨诸塞州的标准并不“等同于”加利福尼亚州的标准。地区法院判定协议备忘录不是“标准”，因而马萨诸塞州的标准违反了《清洁空气法》。

第一巡回法院推翻了这一判决，并且判定协议备忘录是否属于“标准”的问题属于环境保护局的首先管辖权。法院的理由是，这一争议要求某些机构确定加利福尼亚州的协议备忘录是否属于《清洁空气法》的规定——试图采纳加利福尼亚州标准的各州，需要通过与加利福尼亚州标准“相同”的标准——意义上的“标准”。法院接着指出，这一案情中的“标准”是模糊的，Chevron 原则要求法院尊重法律实施机关对模糊条文所作出的合理解释。法院接着承认行政机关对“标准”进行初步解释，具有两项重大的比较优势。首先，环境保护局“非常熟悉《清洁空气法》和作为这些法律条文之基础的公共政策考量因素。”其次，“对于协议备忘录中规定的控制排放方法是否需要遵守 § 209 (a) 规定的联邦优先适用条款，也非常有必要作出统一的解释，”并且“只有环境保护局（和最高法院）可以对这一问题提供全国适用的答案。”第一巡回法院的判决意见阐述清晰，堪称典范。

在 Ass’n of International Automobile Manufacturers v. Commissioner, Massachusetts Department of Environmental Protection② 案中，第一巡回法院撰写了第二份论理充分的
1181 判决。根据法院之前作出的命令，马萨诸塞州申请环境保护局确定《清洁空气法》优先于马萨诸塞州汽车排放规则。环境保护局认为答案是否定的。原告接着申请哥伦比亚特区巡回法院审查环境保护局的这一决定。原告也申请中止第一巡回法院的审理程序，直到哥伦比亚特区巡回法院在对环境保护局的决定进行审查后作出判决。第一巡回法院同意中止案件审理。它的结论是：“在没有特别迟延的情况时”，对于继续适用首先管辖权原则，以及

① 163 F. 3d 74 (1st Cir. 1998).

② 196 F. 3d 302 (1st Cir. 1999).

消除哥伦比亚特区巡回法院和第一巡回法院判决矛盾的风险来说，这种中止案件程序都是合适的。

在 United States v. Haun① 案中，第六巡回法院判定地区法院本来不该将有关违反《包装及储运法》（the Packers and Stockyards Act） § 303 规定有关的争议移送给农业部。政府在地区法院起诉要求未经注册的牲畜销售商（unregistered livestock dealer）支付行政罚款。地区法院指出，农业部裁决了多起有关指控违反 § 303 的争议。地区法院驳回了起诉，理由是这一争议属于农业部的首先管辖权范围。第六巡回法院推翻了这一判决。该巡回法院指出，农业部并不具有作出行政罚款决定的法定职权，它必须通过地区法院的程序获得这一救济。该巡回法院认为，首先求助于农业部对于这一类型的案件来说并无助益，因为该争议并未引发“复杂事实”、“裁量”或者“一致性”的问题。

在 Massachusetts v. Blackstone Valley Electric Co. ② 案中，第一巡回法院对于一项重要问题撰写了理由充分的判决意见。马萨诸塞州在地区法院起诉，要求按照《综合环境反应、赔偿和责任法》（CERCLA）支付清理费用。地区法院作出了部分同意马萨诸塞州意见的判决，Blackstone 对该判决申请上诉。第一巡回法院认定，该争议的实质问题取决于亚铁氰化铁（ferric ferrocyanide）是否构成《综合环境反应、赔偿和责任法》意义上的危险物质。第一巡回法院也认定，无论是《综合环境反应、赔偿和责任法》还是环境保护局的规章都没有涉及这一问题，并且科技界对于这一问题也存在分歧。在这种情况下，第一巡回法院判定地区法院应该适用首先管辖权，将这一问题移送环境保护局。法院以充分的理由支持了这一判决：

> 司法机制不适合于形成可行的规则，以判断亚铁氰化铁这种物质就其化学、结构、功能或者其他品质而言是否属于通常理解的“氰化物”。将这一判断留给环境保护局则要好得多……根据首先管辖权原则将案件移送环境保护局，有助于规章的全国统一实施。 1182

在 PHC, Inc. v. Pioneer Healthcare , Inc. ③ 案中，第一巡回法院判定当司法程序中对商标有效性进行争讼时，地区法院不应该适用首先管辖权以允许美国专利商标局（PTO）确定商标的有效性。第一巡回法院承认首先管辖权将会在某些案件中产生一些优势，例如更具有专业技能和促进统一实施。法院提到了拒绝适用首先管辖权的可以抵消上述优势的三点理由：（1）专利商标局的决定需要适用接近于重新审查的特别的司法审查形式；（2）专利商标局的程序将会让存在一定紧急性的程序出现迟延；（3）专利商标局既不能提供损害赔偿救济，也不能提供禁令救济。

在 Dahl v. HEM Pharmaceuticals Corp. ④ 案中，第九巡回法院努力处理了首先管辖权原则和合同法的关系。HEM 是一家药品制造商，它与新药双盲实验* 的参与者订立了合同。这一新药研究受食品药品管理局监督，分为多个阶段，目的是要确定是否允许实验新药用于治疗目的的销售。合同中规定，如果在双盲实验结束之后，“对结果的统计分析表明……与安慰药相比具有疗效”，HEM 将继续使用该药为双盲实验的参加者提供一年的治疗。HEM 向食品药品管理局提交了双盲实验的分析报告，申请食品药品管理局批准该药用于向未登记临床试验的患者提供治疗。食品药品管理局拒绝了这一申请。它认定，双盲

---

* 双盲试验，是指在试验过程中，测验者与被测验者都不知道被测者所属的组别（实验组或对照组），分析者在分析资料时，通常也不知道正在分析的资料属于哪一组。——译者注

① 124 F. 3d 745 (6th Cir. 1997).

② 67 F. 3d 981 (1st Cir. 1995).

③ 75 F. 3d 75 (1st Cir. 1996).

④ 7 F. 3d 1399 (9th Cir. 1993).

试验的数据不足以判断该药是否安全有效。相反，食品药品管理局批准 HEM 开始二期临床试验，即开放标签实验（open-label study）收集更多数据，以确定实验新药是否安全有效。

双盲试验的部分参加者要求 HEM 为他们在开放试验期间提供一年的免费治疗。HEM 拒绝了这一要求，理由是他们缺乏行使其合同权利的先决条件——治疗功效的统计证据。这些参加者于是向法院申请并获得了一项禁令，要求 HEM 继续使用该药为他们提供一年的治疗。HEM 在上诉时主张地区法院存在以下错误：（1）在没有满足行使合同权利的先决条件时强制执行该合同权利；（2）拒绝将该药品功效的统计证据是否存在之问题移送食品药品管理局。
1183 第九巡回法院驳回了这两项主张，并且肯定了禁令救济。

这一判决主旨及其推理是值得质疑的。第九巡回法院的理由是 HEM 本身并未主张不存在药品功效的统计证据。考虑到食品药品管理局认定没有充分统计证据证明药品的功效，HEM 对于这一问题的立场是有相关性。该法赋予了食品药品管理局，而不是药品制造商，决定研究是否提供了药品功效的统计证据的裁量权。法院也认为，法院可以强迫 HEM 以实验药品为这些病人提供治疗，尽管食品药品管理局认定并未充分证据证明药品是安全和有功效的，因为“本案中的禁令将会只向坚持要求得到该药品并注意其实验状态的人提供该药品”。这是一项可辩护的规制哲学，但是这不符合《食品、药品和化妆品法》以及食品药品管理局的规章和政策中所反映的更为家长主义的哲学。法院本来至少应该在对本案中引发的规制政策的重要问题征求食品药品管理局的意见后才能发布禁令。

在 Golden Hill Paugussett Tribe v. Wicker① 案中，第二巡回法院判定地区法院应该推迟裁决一个主张自己是印第安部落的个人团体提起的土地权利争议，直到印第安人事务管理局（BIA）确定该团体是否属于印第安部落。法院认定，确定一个团体是否具有部落的法律地位，属于印第安人事务管理局的首先管辖权，因为：（1）国会赋予印第安人事务管理局确定印第安人团体部落的法律地位的权力；（2）印第安人事务管理局已经颁布了调整认定部落法律地位的决定程度的规章；（3）印第安人事务管理局对于作出此类决定所需的人类学、地理学、政治学和文化学依据具有更高的专业技能。

在 Williams Pipeline Co. v. Empire Gas Corp. ② 案中，第十巡回法院判定地区法院本来应该将有关价格表（tariff）中包含的赔偿条款（indemnification）之效力有关的争议移送行政机关裁决，而不是自行裁决这一纠纷。地区法院以为它无须求助行政机关即可裁决这一争议，因为行政机关之前已经判定其他的赔偿条款无效。但是巡回法院认定，行政机关对于本案讼争的赔偿条款的观点不能从其之前的裁决中推导而得，因为可能会存在重要的区别性特征。

在 Puerto Rico Maritime Shipping Authority v. FMC③ 案中，第一巡回法院的判决意
1184 见说明了及时提出将案件争点移送行政级机关裁决可能具有的重要性。某承运人在地区法院寻求根据价格表支付所欠运费的诉讼中取得胜诉，托运人向行政机关提出投诉，指控这一价格表存在不合理。行政机关认定该价格表不合理，并命令承运人退还地区法院所判决的金钱。巡回法院支持了行政机关的判断，即该价格表是不合理的，但是它根据既判力原则，推翻了行政机关的退款命令。巡回法院指出，承运人如果及时向行政机关投诉，并及时向地区法院提出将该价格表合理性的争点移送行政机关处理，承运人本来是很可能取得胜诉的。

---

① 39 F. 3d 51 (2d Cir. 1994).

② 76 F. 3d 1491 (10th Cir. 1996).

③ 75 F. 3d 63 (1st Cir. 1996).

在 National Communications Ass'nv. AT&T[①] 案中，第二巡回法院判定地区法院本来不应该将有关价格表的解释之争议移送行政机关，因为：（1）该争议并未提出技术性或者政策性问题；（2）价格表中相关文字清晰，也消除了任何司法解释不一致的重大风险；（3）将该争议移送行政机关，很可能会让该争议的裁决出现迟延。

在 Bankruptcy Estate of United Shipping Co. v. General Mills[②] 案中，第八巡回法院支持了破产法院所作出的尊重州际商业委员会决定的判决，即托运人和承运人构成合同承运合同（contract-carriage）关系，而非共同承运（common carriage）关系。第八巡回法院根据以下三点因素作为依据，判定破产法院将该问题移送州际商业委员会并且尊重州际商业委员会对这一问题所作裁决，都是正确的：（1）共同承运和合同承运之区别，属于州际商业委员会规制技能的核心；（2）这一区别应该是在统一、全国性的基础上进行解释和适用；（3）州际商业委员会已经规定了适用这一区别的行政程序。

§14.2 与法定管辖权的关系

□ 裁决法定管辖权争议需要专业技能

行政机关只有在国会已经赋予其裁决某争议或者问题的法定管辖权的时候，才有权这么做。但是，当该问题最后被认定不属于行政机关的法定管辖权时，首先管辖权原则经常迫使法院将某一问题移送行政裁决。使得行政机关的法定管辖权常常是比其法定管辖权更为广泛，这一结果初看起来有些怪异。但是，这对于考察行政机关法定管辖权的性质，以及确定其范围常常遇到的困难来说具有重要意义。 1185

国会经常使用宽泛模糊的文字来描述行政机关的权力范围。在这种情况下，法律中使用的术语不太可能以抽象定义的方式解决行政行为可允许范围的所有相关问题。要确定法律中使用的宽泛术语是否授权行政机关规制特定形式的行为，常常要求某些机构仔细考量下面三者的关系：（1）讼争的行为；（2）行为的效力；（3）行政机关依照该法承担的职责。

最终来说，行政机关必须决定这些关系是否符合行政机关对其管辖权的主张。有的时候，这些关系对于通才型（generalist）法官来说足够明显，以至于法院可以很自信地裁决管辖权问题而无须首先了解行政机关对这些关系的分析。在这类案件中，法院裁决法定管辖权的问题而无须诉诸首先管辖权原则。但是，在其他一些案件中，作为诉讼争议对象的特定形式的行为、行为效力以及行政机关的法定职责三者之间的关系过于复杂和不确定，以至于通才型法官无法自信地作出裁决。法官会误解这些关系的某些方面，并以必然妨碍行政机关履行其法定职责的方式作出裁判，这样的风险如此之大，以至于无法允许法院未经让行政级机关对这些问题进行专业评估就直接裁决法定权力的问题。在大量的案件中，管辖权问题的最终解决都属于法院的分内工作，但是法院经常将这一问题的初步裁决之职责分配给行政机关，以便让法院对最终解决这一问题时少犯错误。

---

① 46 F. 3d 220 (2d Cir. 1995).

② 34 F. 3d 1383 (8th Cir. 1994).

在 Far East Conference v. United States[1] 案和 Federal Maritime Board v. Isbrandtsen[2] 案中，最高法院的判决就说明行政机关是否拥有考虑其规制职责和司法强制执行的法律相互关系的首先管辖权，以及对行政机关依据某部法律行使其规制职责与法院强制执行另一部法律之间合理关系的最终确定，这两者之间存在的重要区别。

□ Far East Conference 案

Far East Conference 案肇端于司法部指控远东公会（Far East Conference）的行为违反了《谢尔曼法》。远东公会是根据《1916 年航运法》（the Shipping Act of 1916）规定，部分受联邦海事委员会（the Federal Maritime Board）规制的从事国际贸易活动的若干班轮航运公司协会之一。远东公会对其成员公司船舶运输的货物实施双重运费（dual rate）
1186 制度。如果托运人同意将其所有货物交由远东公会成员的船舶运输，所需要支付的运费可以比未达成此类协议时更低。司法部主张这种双重运费制度违反了《谢尔曼法》。

远东公会提出动议，要求法院驳回这一反垄断诉讼，理由是联邦海事委员会拥有首先管辖权，可以根据作为《谢尔曼法》和《航运法》之基础的存在矛盾的政策，决定该双重运费结构是否合理。地区法院的判决拒绝了驳回这一诉讼的动议，但是最高法院推翻了这一判决。最高法院根据联邦海事委员会在解释和适用《航运法》方面具有更高的专业能力，对航运行业的行为规制需要实现统一这两项理由，判定联邦海事委员会具有决定司法部所指控的双重运费结构是否合法的首先管辖权：

> 通过借助行政机关初步确定和解释作为法律问题基础的情形，可以保证统一性和一致性，让司法机关可以更合理地行使其有限审查职能。这是因为行政机关相比法院更专业，有更多经验性的认识，也适用更灵活的程序，从而更适合处理上述问题。[3]

□ Isbrandtsen 案

在最高法院对 Far East Conference 案作出判决之后，联邦海事委员会认定远东公会成员所采纳的双重运费结构是抵消外部竞争的合理措施，也符合《航运法》的规定。最高法院在 Isbrandtsen 案中推翻联邦海事委员会的这一决定，判定维持双重运费既违反反垄断法律也违反《航运法》。Frankfurter 大法官撰写了一份针锋相对的不同意见，认为 Isbrandtsen 案中多数派的判决明显与 Far East Conference 案相抵触。

□ 两起案件的调和

Frankfurter 大法官的不同意见反映了对首先管辖权原则的性质和目的缺乏了解。在 Far East Conference 案中，最高法院判定只有联邦海事委员会有权初步处理双重运费问题。最高法院在命令驳回反垄断诉讼，等待联邦海事委员会对这一问题作出决定时，就已经明确承认司法机关保留了对这一问题作出裁判的最终权力，一旦行政机关已经首先处理了这一问题。最高法院判定联邦海事委员会拥有处理双重运费问题的首先管辖权，并且指出：“即使这些事实经过具有专业资格的机构的评估，作为司法机关确定法律后果的前提

---

① 342 U. S. 570 (1952).

② 356 U. S. 481 (1958).

③ 342 U. S. at 574-575.

条件，结论也仍是如此。”① 1187

因此，Fast East Conference 案和 Isbrandtsen 案是完全一致的，也为说明首先管辖权原则的潜在价值提供了绝佳的例证。通过将问题移送给具有航运行业的专业知识和职权的行政机关，最高法院能够在解决影响联邦海事委员会所规制之行业的重要争议之前，了解该行政机关有价值的观点。最高法院尽管已经给予行政机关对双重运费做法的分析以合理尊重，最后仍然推翻了行政机关的就决定，这一事实并未减损最高法院了解行政机关对双重运费及其根据《航运法》享有之职责的相互关系的分析的价值。

行政机关对自己具有专业技能的问题进行的分析，可能会强化法院的初步想法，或者可能会说明通才型法官初步想法中存在的缺陷而让复审法院满意。无论是哪种方式，当这一问题遭受严重质疑时，行政机关对于这一问题拥有专业技能，对这一问题的错误裁决会引发两部法律之目的出现意外冲突的风险，法院如果将问题移送行政机关初步裁决，就能实质性地减少这一风险。这也是 Ricci v. Chicago Mercantile Exchange② 案和 San Diego Building Trades Council v. Garmon③ 案的实质。

□ 其他作为例证的案件

各级法院已经作出了与 Far East Conference 案和 Isbrandtsen 案之效力类似的许多组判决。涉及法定管辖权问题的第二项意见必然是基于对这一问题更深的理解，因为法院已经根据首先管辖权原则先将这一问题移送行政机关。例如在 J. M. Jubber v. Denman④ 案中，第五巡回法院就将向矿权承租人支付矿产资源权利金（royalty）是否构成属于行政机关的规制权范围的用于转售目的的出售（sales for resale）问题移送联邦动力委员会（the Federal Power Commission）。这一决定使得哥伦比亚特区巡回法院在 Mobil Oil Corp. v. FPC⑤ 案中推翻联邦动力委员会的判断——它对此类支付拥有管辖权——的过程中，可以仔细分析管辖权问题。行政机关的结论常常区别于司法机关的初步结论，而行政机关对于管辖权问题进行的专业分析可以说服法院，让它们相信法院是错误的而行政机关是正确的。例如，在 FPC v. Louisiana Power & Light Co. ⑥ 案中，最高法院推翻了第五巡回法院的结论，即特定管道不属于联邦动力委员会的管辖范围，因为它并没有参与“州际商业”。最高法院判定该行政机关对于法定管辖权问题具有首先管辖权，但是需要接受司 1188
法审查。行政机关接着对管道的运行方法进行了详细分析，认定该管道属于联邦动力委员会的管辖范围。在复审时，第五巡回法院肯定了该行政机关对管辖权的结论，尽管该结论并不同于法院此前的结论。⑦

在 Tippetts v. United States⑧ 案中，第十巡回法院阐述了首先管辖权和法定管辖权之间的关系。第十巡回法院指出，它并未注意到有案件判定向法院提出的具体类型的诉讼请

---

① Id. at 574.（这句话的上文是，“最高法院适用了一项如今得到稳固确立的原则，即对于所引发事实问题不属于法官传统经验范围的案件，或者在要求行使行政裁量权的案件中，国会为了规制这一标的物而设立的行政机关是不能被忽略的。”——译者注）

② 409 U. S. 289 (1973)，参见 § 14. 5 的讨论。

③ 359 U. S. 236 (1959)，参见 § 14. 4 的讨论。

④ 367 F. 2d 104 (5th Cir. 1966).

⑤ 463 F. 2d 256 (D. C. Cir. 1971).

⑥ 406 U. S. 621 (1972).

⑦ Louisiana Power & Light Co. v. FPC, 483 F. 2d 623 (5th Cir. 1973), *cert. denied*, 406 U. S. 974 (1974).

⑧ 308 F. 3d 1091 (10th Cir. 2002)，参见 § 14. 1 的讨论。

求是或者不是属于行政机关实施的法律范围。在这种情况下，第十巡回法院认定，为了谨慎起见，应该将案件移送行政机关来判断该案是否属于行政机关的管辖权范围。

□ 法院无须求助行政机关即可处理管辖权问题的案件

当然，如果法院将所有行政机关管辖权范围有关的问题均移送行政机关作出初步裁决的话，将会是不合适的。如果法院认定只要对法律的文字和目的进行分析就可以有信心解决这一问题时，法院应该自行裁决这一问题。Gordon v. New York Stock Exchange[①] 案说明了最高法院同意这一进路，并且愿意在合适的情况下自己适用这一进路。

Gordon 案是一起质疑交易固定佣金费率的反垄断诉讼。最近的一部法律赋予证券交易委员会规制交易佣金费率的全部权力。最高法院面对的问题是证券交易所行使的规制权是否可以使交易佣金费率免受反垄断法调整。最高法院本来可以根据首先管辖权原则将《证券交易法》的解释移送证券交易委员会，但是，最高法院实际上反而经过对该法进行的艰难分析，判定《证券交易法》默示地将反垄断立法排除在可能适用于证券交易费率。这一判决主旨的结果是消除了规制此类费率的所有司法权力，并将所有此类权利付诸证券交易委员会，证券交易委员会的行为需要根据《证券交易法》的规定由法院审查。这并不是原告所要的结果，但是至少最高法院快速解决了法律解释问题，告诉原告以及处境类似的相对人他们所投诉的行为只能由行政机关加以控制。Gordon 案所代表的观点是如果法
1189 院能够自信自己可以回答这一问题，而无须行政机关提供可能的专业技能支持，法院可以不必将管辖权问题移送行政机关。

□ 如果行政机关已经解决了管辖权问题，则无须适用首先管辖权原则

类似的，如果行政机关已经以某种确定的方式表达了行政机关的观点，法院不需要援引首先管辖权原则来让行政机关裁决管辖权性质的问题。例如，在 Otter Tail Power Co. v. United States[②] 案这起反垄断案件中，最高法院判定，即使有联邦行政机关对电力输送行使重要的规制权，法院可以强制一家电力公用事业公司为第三方输送电力。最高法院判决的主要依据是行政机关无权命令为第三方输送电力。[③] 尽管管辖权问题不仅疑难而且复杂，最高法院认为没有必要将该问题移送行政机关，因为行政机关已经在最近的另外一起案件中得出了自己缺乏这一权力的确定性结论。

□ 共同管辖权

国会有时会对行政机关和法院赋予裁决某类争议的共同管辖权。这种情况下，法院显然可以裁决这些争议，但是如果案件争点要求适用专业技能，和/或者这些争点的裁决一致性非常重要时，它们会将案件争点移送行政机关。但是，如果行政机关拒绝裁决这些争议或者争点，法院必须在没有行政机关相助的情况下作出裁决，除非国会要求行政机关对这些争议或者争点行使管辖权。有两起案件可以说明此类管辖权情形的一些特征。

---

① 422 U. S. 659 (1975).

② 410 U. S. 366 (1973).

③ Id. at 374-377.

在 Owner-Operator Independent Drivers Ass'n v. New Prime① 案中，第八巡回法院撰写的一份论证充分的判决意见，有助于解释首先管辖权与共同管辖权之间的关系。《州际商业委员会终止法》（the ICC Termination Act of 1995）将某些规制职能转移至交通部。其中一项职能——"租赁真实性（Truth in Leasing）"规章的强制执行——转移至交通部内设的联邦公路管理局（FHWA）。一群卡车的车主—经营人向联邦地区法院起诉，指控两家汽车承运人违反了租赁真实性规章。地区法院驳回了起诉，理由是联邦公路管理局具有解释和适用这些规章的首先管辖权。卡车车主—经营人于是向联邦公路管理局申请作出宣告性裁决，联邦公路管理局拒绝了这项申请。联邦公路管理局对所引发的解释问题描述为"显然属于法院裁决能力范围之内的基本上明确的事项"，并且提到了一份公告，其中联邦公路管理局已经处理了类似问题。卡车车主—经营者接着对联邦公路管理局拒绝行使其首先管辖权的决定提出上诉。 1190

第八巡回法院判定自己不能责令联邦公路管理局行使首先管辖权，并且地区法院现在应该对卡车车主—经营者与汽车承运人之间对于租赁真实性规章的含义及其适用问题的争议进行裁决。第八巡回法院认定国会已经同时赋予联邦公路管理局和联邦法院以共同管辖权，对于租赁真实性规章的含义及其适用问题的争议进行裁决，并且国会已经赋予联邦公路管理局不将其稀缺的资源投入这一任务的裁量权。这也可以自然地得出，尽管地区法院起初将解释性问题移送联邦公路管理局的做法是正确的，但是考虑到联邦公路管理局拒绝行使其首先管辖权，地区法院现在必须直接对这一争议进行裁决。

在 Pejepscot Industrial Park v. Maine Central R. Co. ② 案中，第一巡回法院的判决意见说明了当行政机关与法院享有共同管辖权时，法院可以采取的不同进路：行政机关愿意处理法院所移送的问题；而法院认定将案件移送行政机关将对法院有所帮助。《州际商业委员会终止法》赋予法院和地面运输委员会（STB）共同管辖权，可以强制执行铁路承运人根据合理要求提供服务的法定义务。法院判定，即使法院拥有裁决铁路承运人拒绝提供服务之合理性争议的管辖权，它们应该通过适用首先管辖权将这些争议移送地面运输委员会。法院的理由是由行政机关对这些争议进行初步裁决，将提供地面运输委员会专业优势并且促进适用一致性，从而对地区法院"有实质性帮助"。

□ 专属管辖权

联邦法院有的时候会将首先管辖权与专属管辖权相互混淆。在 Nippon Steel Corp. v. United States③ 案中，联邦巡回区上诉法院的判决意见就说明了这一趋势。商务部一开始对 Nippon 发布的反倾销税令（anti-dumping duty order）适用于特定型号的钢材。后来商务部又立案调查 Nippon 是否通过"在次要方面……进行一些形式上的变化"试图违法规避反倾销税令。Nippon 向法院申请禁令，要求禁止商务部继续调查程序。法院拒绝颁发禁令。法院在其判决意见中有一处提及自己适用了首先管辖权原则。但是事实上，它只是判定国会已经赋予商务部专属管辖权，以确定相对人是否通过进口在某些次要方面作了改变的产品而规避这一反倾销税令。 1191

① 192 F. 3d 778 (8th Cir. 1999).

② 215 F. 3d 195 (1st Cir. 2000).

③ 219 F. 3d 1348 (Fed. Cir. 2000).

§14.3 与 Chevron 原则的关系

□ 行政机关可以在法律可允许的几种解释中进行选择

在 Chevron v. NRDC① 案这起标志性的案件中，最高法院判定法院必须支持行政机关对其实施的法律中的模糊文字所作的任何合理解释。② Chevron 案的众多效力之一是提高了法院依据首先管辖权原则将争点移送行政机关的案件的比例。在许多案件中，法院要正确裁决所面对的案件，这个过程中要解决的问题之一是赋予行政机关所实施法律的模糊文字以合理的含义。③ 在 Chevron 案之后，当具备下列条件时，联邦法院应该将所有此类问题移送行政机关：（1）法律条文能够包含一种以上合理解释；（2）不同解释之间的选择对于案件结果具有关键性意义；（3）行政机关之前还没有对讼争的法律文字作出过一种解释。

但是，有的时候，联邦法院拒绝将案件争点移送行政机关处理，因为它们担心案件移送会导致过度的迟延。当联邦法院采纳了行政机关对其所实施的法律的模糊规定所作的解释，它的判决并不能符合遵循先例原则（stare decisis）的要求。只有在法院判定行政机关所实施的法律只具有一种含义时才符合遵循先例的要求。如果法院采纳了行政机关对其所实施的法律的模糊规定作出的一种解释，行政机关仍然可以自由作出不同的解释，只要新的解释也是合理的。④

□ 说明允许行政机关解释法律之需要的案件

在 Verizon New England v. Maine Public Utilities Commission⑤ 案中，第一巡回法院认为行政机关对其实施的一部法律中条款的解释应当得到 Chevron 尊重，以此作为理由之一，根据首先管辖权原则将有关这样一部法律的解释问题移送行政机关解释。

在 In re Starnet⑥ 案中，第七巡回法院很好地阐释了 Chevron 原则和首先管辖权之间的关系。一家破产法院在解释一份涉及破产企业的合同时，对《1996 年通信法》（the Telecommunications Act of 1996）中所使用的“位置（location）”一词采纳了一项特定的解释。第七巡回法院认为，破产法院应当将“位置”这一模糊术语的含义问题移送联邦通
1192 信委员会处理：“只有联邦通信委员会能够澄清‘位置’一词的模糊之处；我们所能做的是凭知识或者经验的猜测。虽然联邦通信委员会的立场需要接受司法机关的合理性审查，但是联邦通信委员会的观点是符合逻辑的起点。”

---

① 467 U.S. 837 (1984).

② 参见第 3 章。

③ 例可参见 §14.2 讨论 Gordon v. New York Stock Exchange，422 U.S. 659 (1975) 和 §14.1 讨论的 Wagner & Brown v. ANR Pipeline Co.，837 F.2d 199 (5th Cir. 1988)。

④ 参见 National Cable and Telecommunications Ass'n v. Brand X Internet Services，545 U.S. 967 (2005)，第 3 章中有详细讨论。

⑤ 509 F.3d 1 (1st Cir. 2007).

⑥ 355 F.3d 634 (7th Cir. 2004)，参见 §14.1 的讨论。

在 New England Legal Foundation v. Massachusetts Port Authority[①] 案中，第一巡回法院的判决意见，说明了 Chevron 原则在决定是否适用首先管辖权原则时可能发挥的作用。Massachusetts Port Authority（Massport）对 Logan 机场制定了一份新的机场起降费表（schedule of landing fees）。Massport 根据国会在《联邦航空法》§105[②] 中授权地方行政机关制定有关机场使用的合理规则。Massport 的机场起降费诉讼发生在两家纠纷解决机构之间。New England Legal Foundation 在一家联邦地区法院起诉，它所依据的是若干制定法和法律理论，但是其诉求的实质是，机场起降费是无效的，因为它们是不合理的。在法院尚未审理结案时，交通部根据 Massport 的机场起降费“不合理”，开始立案调查其是否违反《机场和跑道改进法》§511[③] 的规定。

地区法院支持了机场起降费的效力，理由是它们是“合理的”。交通部则认定机场起降费无效，理由是它们是“不合理的”。第一巡回法院需要解决地区法院和交通部的命令之间存在的冲突。第一巡回法院认定两者在事实问题上并不存在冲突，地区法院和行政机关对事实认定及其所依据的证据是完全一致的。[④] 因此，两项命令之间的唯一区别便是法律问题。地区法院对于关键的法律术语“合理”赋予了与行政机关对其所赋予的不同的含义。

第一巡回法院推翻了地区法院的判决，支持了交通部的决定，判定地区法院本来应该根据首先管辖权，将 Massport 的机场起降费的合理性问题移送交通部处理。[⑤] Chevron 原则在第一巡回法院的判决过程中扮演了中心作用。它引用了 Chevron 案中的一个段落，即要求法院确认行政机关对其负责实施的法律所作出的合理解释，如果行政机关的解释不是“如果问题首先出现在司法程序中，法院本来会对其作出的解读”[⑥]。因此，Chevron 原则同时构成了第一巡回法院对案件实质问题的判决主旨，以及首先管辖权要求将法律解释问题移送行政机关的判决主旨的依据。 1193

最高法院也承认 Chevron 原则和首先管辖权原则之间存在密切联系。在 Northwest Airlines, Inc. v. County of Kent[⑦] 案中，七位大法官组成的多数派在法官附带意见中指出，法院本来可以适用首先管辖权原则，如果当事人提出这一问题的话。两部联邦法律授权州机场管理局对航空公司收取合理的“用户使用费”。几家航空公司在联邦地区法院提出诉讼，指控 Kent County 所收取的用户使用费违反了法律的规定。地区法院判定这两部法律中有一部赋予航空公司以私人诉权[⑧]，并且接着认定这些用户使用费是和不利的。巡回法院确认了这一判决。最高法院也确认了巡回法院的判决，但是多数意见的推理表明不同意这两家下级法院所采取的进路。

多数意见首先“仅仅出于本案目的”推定，法律创设了私人诉权。考虑到这份判决意见其余部分采用的推理，如果最高法院有权裁决这一问题，多数意见本来不可能会判定这部法律创设了私人诉权。但是，最高法院缺乏裁决这一问题的权力，因为被告并未提出申请调卷令的反诉。多数意见指出该法律并未对“合理的”作出界定。它承认：

如果没有规制机构的初步监督，法院……几乎没有能力监督运费结构和实践……交通

---

① 883 F. 2d 157 (1st Cir. 1989).

② 49 U. S. C. App. §1305.

③ 49 U. S. C. App. §2210.

④ 883 F. 2d at 167.

⑤ Id. at 167-173.

⑥ Id. at 168.

⑦ 510 U. S. 355, 366 (1994).

⑧ 参见§18.5。

部长……有能力调查全国的机场，并在全面了解相关事实和情况的基础上进行规制，而法院则没有这一能力。如果交通部长对本案中法律允许的收费作出理由充分的决定，并且我们也从中受益，我们就需要对这一决定给予实质性尊重。[①]

在一项脚注中，最高法院指出，也许本来可以通过适用首先管辖权原则而将这一问题移送行政机关，但是最高法院拒绝适用首先管辖权，因为这一问题并未出现在律师代理意见或者法庭陈述中。

多数意见接着驳回了航空公司的观点，即用户使用费是“不合理的”。多数意见反复强调，其结论与行政机关可能得出的任何相反结论之间并不存在内在矛盾。为了支持其观点，多数意见接着再次引用了 Chevron 原则，即如果行政机关对法律所作的解释是合理的，法院必须确认该解释。多数意见默示地指出了适用首先管辖权原则的替代方法：法院
1194 可以直接根据实质审查驳回起诉，而不影响对合适的行政机关重新投诉。Thomas 大法官持不同意见，理由是他相信该法律并未对用户使用费确立一般性的合理性标准。

在 American Automobile Manufactures Ass'n v. Massachusetts Department of Environmental Protection[②] 案中，第一巡回法院对 Chevron 尊重和首先管辖权原则之间的重要关系作了精彩描述。法院认定法律解释的问题属于环境保护局的首先管辖权范围，因为：(1) 该法律条文是模糊的；(2) 法院必须尊重行政机关对其实施的法律中模糊条文所作的解释；(3) 环境保护局比法院更有能力解决这一问题；(4) 对该法律作出全国统一的解释，具有重要的意义。

§14.4　与联邦制的关系

□ 联邦法院有时必须将争议移送州行政机关处理

有些联邦法律规定由州行政机关承担重要职责。因此，例如，《1996 年电信法》规定州行政机关承担审查和批准电信公司互联协议的职责。在 Illinois Bell Telephone Co. v. Global NAPs[③] 案中，第七巡回法院在论理充分的判决意见中解释了在一起要求强制执行州互联协议的联邦诉讼所提出的政策问题已经由国会分配给州行政机关处理时，联邦法院为什么必须将该案件移送至一家州行政机关处理。

□ 与联邦优先适用原则的关系

有关首先管辖权原则争议中有相当比例是源自法院所面对的这样一种实体性问题，即联邦行政机关所实施的规制性法律与根据州法律所采取的行为之间存在如此严重的冲突，以至于联邦法律需要优先于州行政机关的决定权。按照联邦至上条款，联邦法律和州法律之间的冲突，或者联邦法律与普通法原则之间的冲突，都必须以有利于联邦法律的方式加以解决。通过适用联邦至上条款，法院可以判定州法律或者州行政行为无效，理由是它与

---

① Id. at 863（引用了 Chevron v. Natural Resources Defense Council, Inc.，467 U.S. 837 (1984)）。

② 163 F.3d 74 (1st Cir. 1998)，参见 §14.1 和 §14.6 的讨论。

③ 551 F.3d 587 (7th Cir. 2008).

联邦法律存在冲突。[1] 法院也可以在特定的案件中，因为与联邦法律存在冲突而判定州不能实施普通法救济，例如违约损害赔偿。[2] 在有的情况下，联邦法律具有的效力——限制 1195
根据州普通法可以获得的救济，或者修改普通法上胜诉所需要满足的标准——更为轻微。例如，在 Arkansas Louisiana Gas Co. v. Hall[3] 案中，最高法院判定，当违约损害赔偿判决的范围和时机将会产生授权企业获得比当时已经申报并且有效（then on file and in effect）的规制机构定价（rate tariff）所允许的更多的收入时，依据一部联邦的规制性立法，州法院不得作出违约损害赔偿判决。在 United Gas Pipe Line Co. v. FERC[4] 案中，第五巡回法院判定一家联邦行政机关的命令具有禁止法院对轻微违约行为作出损害赔偿判决的效力，但是允许对因为疏忽（negligence）、恶意、过错（fault）或者故意的不当行为而导致的违约行为作出损害赔偿判决。

□ 裁决联邦优先适用争议需要专业技能

决定联邦法律或者联邦行政机关实施法律的行为与州行为冲突时，是否根据联邦至上条款优先于州行为，涉及 § 3.6 所详细讨论的宪法和法律解释的复杂问题。首先管辖权原则要求法院对另一项问题作出回答：法院在审理案件时遭遇联邦优先适用争议时，法院是否应该对这一问题进行初步裁决，或者法院应该将联邦优先适用问题移送行政机关进行初步裁决，再对行政机关的裁决进行司法审查？对于这一制度性问题的一般性的回答是取决于联邦优先适用问题的疑难程度以及行政机关的专业技能在多大程度上可以帮助法院解决联邦优先适用问题。但是，如果不先了解联邦优先适用问题的原理，我们就无法理解一般性的答案。

□ 联邦行政机关可以优先于州行为

出于首先管辖权的目的，对联邦优先适用规则进行概括的逻辑起点是最高法院在 City of New York v. FCC[5] 案的判决主旨，即在国会授权范围内行事时，联邦行政机关可以优先于州或者地方政府的行为。最高法院支持了联邦通信委员会优先于州和地方政府有关广播信号质量的规章，理由有三：（1）联邦通信委员会是在其管辖权范围内行事；（2）其行为代表了对法律中所反映的相互冲突的政策的合理调和；（3）联邦通信委员会实施的法律并无文字显示国会不同意行政机关对相互冲突的法定政策的调和方式。[6] 1196

□ 法律宽泛地授予规制权

对于体现目的的第二项重要原理是国会授予行政机关规制权的方式。有的时候国会详细地界定了联邦行政机关权力的可允许范围，包括该行政机关的权利与不同州权力的关

---

[1] 例可参见 Transcontinental Gas Pipe Line Corp. v. State Oil & Gas Board，474 U. S. 409 (1986)（认定州行政机关的命令无效，理由是它与州法律存在冲突）。

[2] 例如 Chicago & N. W. Transportation Co. v. Kalo Brick & Tile，450 U. S. 311 (1981)。

[3] 453 U. S. 571，579 (1981).

[4] 824 F. 2d 417 (5th Cir. 1987).

[5] 486 U. S. 57，64 (1988).

[6] 另可参见 Pierce，"Regulation，Deregulation，Federalism，and Administrative Law：Agency Power to Preempt State Regulation"，46 *U. Pitt. L. Rev.* 607 (1985)。

系。在这种案件中，法院经常可以自信地根据联邦法律的条文对联邦优先适用问题作出裁决，而无须首先由行政机关进行初步裁决。但是，国会常常是以宽泛和模糊的文字描述行政机关的权力，没有详细涉及行政权与可能与行政机关追求其法律目标相冲突的众多形式的州行为之间的相互关系。在这种情况下，法院很可能会认定联邦和州目标之间的许多可以说存在的冲突，应该由国会授权实现联邦目标的联邦行政机关进行初步裁决。

□ 尊重行政机关的事实认定和法律解释

对于在联邦制背景下理解首先管辖权来说具有重要意义的第三项原理是，复审法院必须对行政机关的事实认定以及对其实施的法律所作解释给予尊重。如果行政机关的事实认定得到足以支持理性人结论的证据支持，并且行政机关对其所实施的法律中的模糊文字所作解释是合理的，必须得到支持，那么复审法院必须支持该行政机关所作的行为。[1]

□ 偏向于适用首先管辖权原则的因素

如果将所有这三项原理加在一起，我们就很容易理解法院为什么常常判定联邦制问题——联邦行政机关所实施之法律的目标与州行为的效力之间可能存在的冲突——应该根据首先管辖权原则移送联邦行政机关初步裁决。如果存在下列情况，这种案件移送可能是合理的：（1）由于国会对这一问题所作规定不够详细，法院不足以自信地裁决这一问题；（2）对这一问题的裁决部分取决于行政机关对其所实施的法律所赋予的含义，以及行政机关从未对这一问题作过裁决；（3）对这一问题的裁决部分取决于州行为是否以及在多大程度上与联邦行政机关受命促进的目标相互冲突，联邦行政机关是否之前尚未对这一问题作出裁决，以及行政机关是否拥有专业技能，使其在裁决这一事实问题时具有相比通才型的
1197 法院更大的比较优势。

□ 首先管辖权的替代方式

但是，联邦法院常常在这种情况下拥有可行的首先管辖权的替代方式。如果法院可以合理地相信联邦法律不能优先于州行为，因为该法律迄今为止尚未得到行政机关的解释或者实施，所以法院可以判定联邦法律不能优先于州行为，但是行政机关以后仍有可能达成有效的结论，即未来此类州行为进入诉讼程序时，法院可以优先适用联邦法律。在本来完全可以成为将联邦优先适用问题移送行政机关的若干联邦优先适用案件中，最高法院已经对这一效力补充了法官附带意见。[2] 因为行政迟延问题[3]，法院可能会更多地使用首先管辖权的这种替代方式。

法院也可以通过不太正式的手段，例如提交法庭之友意见书（amicus brief）* 获得行

---

* “法庭之友”（amicus brief），是指对案件中的疑难法律问题陈述意见并善意提醒法院注意某些法律问题的临时法律顾问；协助法庭解决问题的人。——译者注

[1] 参见本书第 3 章、§7.4 和§7.5，以及第 11 章的讨论。

[2] 例可参见 Arkansas Electric Coop. Corp. v. Arkansas PSC，461 U. S. 375，383 n. 7 (1983)（判定州对受联邦资金支持的农村电气化合作社的规制，不能优先适用《农村电气化法》（the Rural Electrification Act）和《联邦动力法》(the Federal Power Act)，但是表明联邦能源监管委员会或者《农村电气化法》可能有权优先于此类州的规制。

[3] 参见第 13 章和§14.6 的讨论。

政机关的分析和意见。当最高法院需要裁决联邦行政机关所实施法律的联邦优先适用效力相关的争议时，它常常会受行政机关有关法律中联邦优先适用效力的程度相关观点的影响。例如在 Morales v. Trans World Airlines① 案中，最高法院判定《航空公司放松规制法》(the Airline Deregulation Act) 优先于全国司法部长联合会 (the National Association of Attorneys General) 所发布的旅游行业执法指南。最高法院指出，交通部和联邦贸易委员会都主张这一指南违反《航空公司放松规制法》的目标，并且联邦行政机关更有能力有效促进作为各州指南之基础的消费者保护目标。② 在 American Airlines v. Wolens③ 案中，最高法院采用类似的推理作为支持，判决《航空公司放松规制法》在对航空公司的适用问题上优先于《伊利诺伊州反消费欺诈法》(the Illinois Consumer Fraud Act)。但是在判决意见的第二部分，最高法院判定并不能优先适用《航空公司放松规制法》，而阻止州法院裁决有关航空公司的合同争议。最高法院反复提到一份法庭之友意见书，这份意见书指出联邦政府认为州法院执行合同法并不会影响联邦法定目标的实现，联邦行政机关也没有能力裁决因为航空公司服务而引发的合同争议。④ 1198

□ 作为例证的案件

这些在联邦制背景下涉及首先管辖权的案件，其数量不胜枚举，以至于无法全面讨论。接下来对某些重要案件所作的总结，可以说明法院所采取的进路，以及他们在裁决此类争议时所经历的困难。不仅如此，New England Legal Foundation 案⑤充分说明了将联邦制争议移送行政机关初步裁决常常是可欲的。

在 Pharmaceutical Research and Manufacturers of America v. Walsh⑥ 案中，六位大法官推翻了地区法院对州处方药报销项目 (rebate program) 发布的一项禁令。地区法院判定这一项目需要优先适用《联邦医疗补助法》(the Medicaid Act)，因为它构成了这部法律实施的障碍。多数意见认为，至少在卫生和社会服务部长尚未否决州项目的情况下，地区法院发布禁令构成了裁量权滥用。在协同意见中，Breyer 大法官敦促地区法院适用首先管辖权原则，将优先适用问题移送部长处理。

Nader v. Allegheny Airlines, Inc. ⑦ 案来源于欺诈之诉。Nader 因为 Allegheny Airlines 机票超售 (overbooking) 而“被挤下”原订班机，于是指控未披露的故意超售行为构成普通法上的欺诈行为。地区法院支持了这一意见，陪审团作出了赔偿 Nader 2.5 万美元的惩罚性赔偿判决。Allegheny 提出上诉，哥伦比亚特区巡回法院驳回了地区法院的判决，理由是民用航空委员会 (CAB) 对于未经披露的故意超售是否构成欺诈或者欺诈行为具有首先管辖权。哥伦比亚特区巡回法院表示其相信民用航空委员会依法有权通过认定其行为不构成欺诈或者欺骗，或者对不合理行为提供替代的专属性的规制救济而对承运人免除普通法上的欺诈责任。最高法院在分析联邦法律之后裁决了这一问题，而没有首先求助民用航空委员会。最高法院判定民用航空委员会并无免除欺诈行为之责任的法定权力。因

---

① 504 U. S. 374 (1992).

② Id. at 389-390.

③ 513 U. S. 219, 226-228, 821-824 (1995).

④ Id. at 229-231.

⑤ 参见§14.3 的讨论。

⑥ 123 S. Ct. 1855 (2003), 参见§3.6 的讨论。

⑦ 426 U. S. 290 (1976).

此，司法机关仍然有权受理对受规制的航空承运人提起的普通法上的欺诈之诉，无须将任何问题移送民用航空委员会作出初步裁决。

最高法院对 Nader 案中的特定的首先管辖权问题所作的判决是值得质疑的。在最高法院判决之时，民用航空委员会正在进行规则制定，考虑对航空公司的预订制度进行可能的修改。最高法院因为忽略这一点而默认采用普通法上的侵权救济手段，可能会导影响行政
1199 机关对这一问题寻找和实施优于惩罚性赔偿判决，并且与之存在冲突的其他救济方式。通常来说，最高法院会在这些情况下适用首先管辖权，即使它最后否定了行政机关的裁决。[1]

但是，如果考虑另外两项因素的话，Nader 案中所达成的结论是容易解释和辩护的：首先，航空公司仅仅在向乘客提供的免责声明中介绍超售的做法及其对待超售航班的方法就可以避免遭受欺诈之诉。我们难以想象规制机构会反对航空公司采取这种做法。其次，最高法院在 Nader 案中的判决并不必然排除行政机关对于不符合州普通法侵权诉讼的超售行为实施不同的处理方法。在协同意见中，White 大法官认为，民用航空委员会可以这种方式处理，但是他赞成了多数意见，因为民用航空委员会还没有这么做。

□ 国家劳动关系委员会背景下的首先管辖权与联邦优先适用原则之融合

涉及联邦制和国家劳动关系委员会的一系列案件特别好地说明了最高法院有时候在区分行政机关具有裁决联邦制问题的首先管辖权时的判决，和行政机关具有规制讼争行为的专属法定管辖权时的判决时所遭遇的困难。理论上讲，前一种判决主旨只需要法院尊重可能与联邦法律冲突的州法律的执行，直到联邦行政机关认定是否存在致命的冲突，以及复审法院是否已经支持或者否定这一行政机关的裁决。第二种判决主旨则优先于州，从而州不能对讼争的行为类型适用自己的法律。但是，出于若干实际考虑，这两种类型的判决主旨有时候具有等效作用，即使最高法院有的时候会混淆两者。

自 1959 年以来，San Diego Building Trades Council v. Garmon[2] 案中的一段判词已经成为主要的指南：

当明显或者基本可以假定州试图规制的活动是受《国家劳动关系法》§7 所保护，或者构成 §8 所规定的不正当劳动实践时，对于联邦立法的适当关注要求州管辖权必须作出让步……

有的时候，我们并不清楚州所规制的特定行为是否受《国家劳动关系法》§7 或者 §8 调整，或者也许是不受上述两节规定的调整……当该活动可以说（arguably）受该法 §7 或者 §8 调整时，如果需要警惕州干扰全国性政策的危险，州和联邦法院就都必须尊
1200 重国家劳动关系委员会的专属职权。

关键的字眼“可以说”意味着国家劳动关系委员会必须作出初步裁决，即该行为是否受该法 §7 或者 §8 所调整；和其他地方一样，复审法院可以作出该行为受 §7 或者 §8 调整的最终裁决。

Garmon 原则已经遇到了不少例外。Sears，Roebuck v. San Diego County District Council[3] 案这起重要的案件有助于说明 Garmon 原则中所内在的问题。工会在 Sears 公司的不动产上进行和平纠察行为，抗议由未加入工会的工人从事的木工。Sears 在州法院起诉，后者提供了暂时性的禁令救济，禁止继续非法侵害（trespass），但是加利福尼亚州最

---

① 例可参见 §14.2 中讨论的 Far East Conference v. United States，342 U.S. 570（1952）。

② 359 U.S. 236，244-245（1959）.

③ 436 U.S. 180（1978）.

高法院推翻了这一判决，理由是纠察行为可以说是 § 7 保护的，并且可以说是 § 8 所禁止的，从而可以根据 Garmon 标准适用联邦优先适用。

最高法院推翻了这一判决，因为“允许州法院裁决 Sears 提出的反侵害诉求，绝对不会影响国家劳动关系委员会强制执行法律上禁止不当劳动行为的规定”①。最高法院解释道：“需要了解的关键问题……是……向州法院所提出的争议是否与本来可以，但是没有向国家劳动关系委员会提出的争议相同。”② 只有在两者相同时，州法院行使管辖权，才可能妨碍国家劳动关系委员会对不当劳动行为的管辖权。

关于工会侵害性的纠察行为的“可以说受保护的”性质问题，最高法院发现有必要强调联邦优先适用原则与首先管辖权原则之间的区分：“除了‘首先管辖权’的概念，不存在反对州法院和国家劳动关系委员会对联邦法律所禁止行为行使共同管辖权。但是，宪法则反对州法院干涉实际上受该法保护的行为。”③ 在脚注 29 中，最高法院作了如下解释：

> 在本案的判决意见中，‘首先管辖权’是在 Garmon 案及其后续案件中所阐述的，对属于联邦劳动关系委员会不当劳动行为管辖权的活动，支持优先于州法院的管辖权的各项考虑因素。这一术语的使用不能与 Davis 教授以下描述的首先管辖权原则相互混淆：“……这一原则……并不必然在法院和行政机关之间分配权力，因为它只调整法院或者行政机关是否会初步裁决某一具体问题，而不是法院或者行政机关是否会最终裁决这一问题。”④ 尽管作为 Garmon 案基础的考量因素类似于作为首先管辖权原则的考量因素，这两 1201
> 项原则的后果却不同。除非联邦劳动关系委员会认定存在争议的行为既不受联邦法律的保护，也不受联邦法律的禁止，Garmon 原则在可以适用的情形中是完全优先于州法院的管辖权的。

这一脚注强化了最高法院在 Garmon 案的推理所留下的印象，即 Garmon 原则要求确定某一问题是否属于行政机关的首先管辖权的标准，与法院确定该案讼争的这类行为是属于行政机关的专属法定管辖权具有相同的效力。Garmon 案中宣布的这一标准，亦即这一行为是“可以说”属于行政机关的专属管辖权，通常只有允许行政机关初步确定该行为是否确实属于行政机关的专属管辖权的效力。这一决定可以是两者择一，州将有权规制这一行为，如果行政机关或者复审法院认定该行为不属于行政机关的专属法定管辖权。但是，正如最高法院在 Garmon 案中适用这一标准时，它可以产生更有力和更持久的优先于州对任何行为的规制的效力，这些行为甚至“可以说”属于国家劳动关系委员会的专属法定管辖范围。

□ 对两项原则融合的言之成理的解释

这种适用首先管辖权原则的特别结合，与判定专属法定管辖权具有相同效力，它是基于对劳动关系领域法律制度运作的实践的理解，更容易获得接受。首先，国家劳动关系委员会素来以不愿意通过发布一般性规则解决问题，以及坚持所有问题必须只能通过逐案裁决而闻名。考虑到这一规制进路，在国家劳动关系委员会在裁决具体案件时裁决相关问题之前，企业、工会或者法院几乎不可能了解国家劳动关系委员会对这一问题的态度。它也使得行政机关只有在回应某人实施了不当劳动行为的投诉时才能裁决这一问题。因此，

---

① Id. at 198.

② Id. at 197.

③ Id. at 199.

④ 3 K. Davis, *Administrative Law Treatise* § 19.01, p. 3 (1958).

Sears 可以查清楚，是否只有在工会向国家劳动关系委员会投诉 Sears 的行为构成不当劳动行为时，它才能适用州侵害法（trespass）。其次，在劳动争议情形下经常必须是要么尽快采取法律行为，要么就根本不采取法律行动。例如，Sears 案中这一理论上正确的结果，将会告诉 Sears 它是否可以根据州侵害法将工会成员驱逐出其不动产范围，并且它只能通过一个很可能需要数年时间的程序才能得到这一问题的答案。这一结论对于法律理论家来
1202 说或许是有吸引力的，但是这将会让当事人陷入绝望的境地。企业、工会和州行政机关需要快速知道问题的答案，即州侵害法对这些情形的适用是否可以符合联邦劳动法律的要求。

Sears 案的多数意见在解释其判决主旨时提到了这些实际因素。多数意见指出："若干考量因素说服我们相信，工会的侵害行为是可能受保护的，仅有这一事实不足以剥夺州法院对本案的管辖权。"① 多数意见发现，"本案中并不存在相互重叠的管辖权"②，因为对于工会的侵害是否受联邦法律保护的问题，Sears 不能得到委员会的裁决，但是 Sears 不得不（1）允许该侵害行为；（2）利用武力；或者（3）得到州法院禁令救济。三位大法官在长达 22 页篇幅的不同意见中声称："通过判定工会活动可能受保护的特征，将不再足以优先于州法院的管辖权，最高法院对至少已经施行 20 年的优先适用联邦劳动法的原则，创设了不确定维度的一项例外。"③

□ 国家劳动关系委员会背景下的司法机关从首先管辖权原则的退却

考虑到最高法院在劳动关系/联邦制背景下适用首先管辖权时遭遇的困难和挫折，我们就能容易理解为什么最高法院不太愿意利用这一原则，从而更愿意自己裁决这一问题，放弃先由行政机关初步裁决带来的好处。在 Kaiser Steel Corp. v. Mullins④ 案中，最高法院的判决意见就说明了这一进路上的变革。

Kaiser Steel Corporation 与工会签订了协议，部分根据从无工会的煤矿购买到的煤炭数量，为雇员健康和退休基金缴纳出资（热货条款）*。当公司违反了这一协议时，工会向法院起诉要求强制执行这一协议，主要的问题是这一公司是否可以以热货条款违法为由提出抗辩。法院再次指出，国家劳动关系委员会对于确定"是否构成不当劳动行为"拥有首先管辖权，并且联邦法院通常并不对可能受《国家劳动关系法》§7 和 §8 调整的行为具有管辖权。但是，它接着判定，"联邦法院有义务在决定是否强制执行一项合同之前确定该合同是否违反联邦法律"，并且它判定这一协议违反了《国家劳动关系法》§8（e）。⑤三位大法官所持不同意见在于违法性的问题，而不在于首先管辖权是否应该阻止最高法院处理违法性问题。

在 Belknap v. Hale⑥ 案中，最高法院继续采取这一进路。六位大法官出具的多数意见
1203 判定替补雇员被要求下岗以便腾出职位安排结束罢工者的，可以在州法院起诉雇主虚假陈述和违反合同，如果起诉至州法院的该诉讼与可以向国家劳动关系委员会提出的投诉不同

---

* 热货条款（hot cargo），又译"劳资争议货物条款"，是指集体劳动合同中的一项条款，根据该条款，工会成员有权拒绝经营对劳工不公平或有劳资争议的货物。——译者注

① Id. at 200.

② Id. at 201.

③ Id. at 215.

④ 455 U. S. 72 (1982).

⑤ Id. at 83-86.

⑥ 463 U. S. 491 (1983).

时，该诉讼并不会被要求优先适用《国家劳动关系法》。但是，三位持不同意见的大法官充分描述了最高法院这一新进路的缺点。他们主张允许被告在州法院提起违约和虚假陈述之诉，将会让雇主可能遇到州和联邦法律对其行为的规制存在的冲突，妨碍《国家劳动关系法》的正常实施，并且改变国会所建立的劳资双方的力量平衡。[①]

§14.5 与反垄断法的关系

□ 反垄断法与规制的内在冲突

有相当比例的首先管辖权争议，发生在法院需要根据反垄断法裁决案件以实现国会的目标，与行政机关需要适用规制性法律裁决案件以贯彻国会的目标这两者之间可能存在的冲突。反垄断法的存在前提是假定大多数的市场能够通过买卖双方不受规制的竞争发挥最佳功能。允许行政机关规制价格和数量的法律，其存在前提是假定在行政机关被赋予规制权的特定市场中，不受规制的竞争不太可能产生可以接受的结果。几乎所有的经济学家都同意，有的市场可以通过执行反垄断法在规制很少或者没有、竞争激烈的情况下实现最佳效能，但是其他市场在竞争很少和规制普遍存在的情况下能够发挥最佳效能。

□ 混合反垄断法与规制的需要

三种现象可以解释法院强制执行的反垄断法和行政机关实施的经济性规制之间存在的大量可能的冲突：首先，许多市场的结构如此复杂，以至于它们需要综合运用各种复杂的反垄断和规制控制手段。[②] 其次，我们却常常难以对特定市场确定反垄断和规制政策的正确组合，这种政策组合会可能产生不良结果。[③] 最后，国会很少明确和详细涉及反垄断和 1204
经济性规制的关系。《谢尔曼反垄断法》适用于所有市场，除非另有法律对特定市场的某些交易或者所有交易作出豁免规定。当国会立法要求行政机关对特定市场中的交易进行规制时，规制机构几乎势必要取代法院根据反垄断法所享有的权力。但是，国会很少涉及行政机关所行使的经济性规制权是否以及在多大程度上取代法院可能提供的反垄断救济。

□ 确定正确的搭配比例需要有专业技能

由于存在上述三种现象，有些机构经常需要确定在司法程序中寻求的特定的反垄断救济，是否与行政机关实施的政府规制制度相互一致或者冲突。有的时候，法院可以根据从国会已经授权的规制性质和范围中进行逻辑推导而以相对较高的自信度作出这一判决。但是，在许多案件中，有关反垄断和规制关系的国会意图是不明朗的，能够产生最佳效果的反垄断和规制的搭配比例就取决于对所讼争的特定市场进行仔细的经济分析。这种类型的

① Id. at 538.

② 例可参见 Pierce, "Using the Gas Industry as a Guide to Reconstituting the Electricity Industry", 13 *Res. L. & Econ.* 7 (1991); P. Joskow & R. Schmalensee, *Markets for Power* (1983)。

③ 例可参见 Kahn, "The Uneasy Marriage of Regulation and Competition", 1 *Telematics* 12 (1984); Pierce, "Reconsidering the Roles of Competition and Regulation in the National Gas Industry", 97 *Harv. L. Rev.* 345 (1983)。

案件就是适用首先管辖权的绝佳对象，因为承担规制特定市场之责的行政机关相比通才型法官更有能力分析市场的相关特征。

□ 行政机关的专业技能接受司法审查

Far East Conference 案和 Isbrandtsen 案的判决①，就说明对可能存在经济性规制和反垄断法之间的冲突的案件适用首先管辖权原则的潜在价值。大法官们可能一开始就怀疑在 Far East Conference 案中根据反垄断法被诉的行为不能因为行政机关根据《航运法》批准这一行为而得以豁免。但是，他们对自己独立地理解讼争行为和行政机关依据《航运法》需要促进的目标的相互关系缺乏信心。如果他们根据自己当初的看法作出判决，大法官们就需要冒着无意间造成反垄断案件复审法院的职责和行政机关职责之间冲突的风险。因此，在 Far East Conference 案中，中止审理反垄断案件而将这一问题移送行政机关是合适的。一旦大法官们了解了行政机关对被诉行为与《航运法》目标之间关系的初步分析，就
1205 可以在 Isbrandtsen 案中自信地判定被诉行为同时违反了这两部法律。

□ 法院可以裁决的明确案件

有的时候，最高法院对于反垄断法和行政机关的规制职能的相互关系之理解是如此具有信心，以至于它可以对这一问题直接作出裁决而无须求助于首先管辖权原则。例如在 Pan American World Airways v. United States② 案中，最高法院的多数意见就认定根据《谢尔曼法》被诉的行为准确地说是国会指示民用航空委员会（the civil Aeronautics Board）加以规制的行为。于是，在没有将这一问题移送民用航空委员会初步裁决的情况下，最高法院判定该规制性法律默示地排除了法院根据《谢尔曼法》审查该行为的合法性，因为规制性法律中明确指示由民用航空委员会规制这一行为。③

Pan American 案中提出的法定管辖权问题是如此容易裁决，以至于最高法院认为没有必要适用首先管辖权让行政机关作出分析。Pan American 案中涉及的是司法部长应民用航空委员会之要求而指控若干航空承运人违反《谢尔曼法》。最高法院判定这一诉讼本来应该撤销，因为所指控的行为是“正是民用航空委员会在发放、限制和否决向航空承运人发送许可证，修改、暂停或者撤销许可证，以及允许或者不允许共同承运人和航空承运人合并等方面的职权的组成要素”④。最高法院明确拒绝“判定不存在留给司法部长强制执行的反垄断违法行为”⑤。最高法院概括指出：“与辖区区分、航线分配，以及共同承运人与航空承运人的合并一样，这一问题也属于民用航空委员会的管辖范围时，国会必然已经试图赋予其充分的职权处理手头遇到的违法行为。”⑥

七位参与审理的大法官中有两位在不同意见中判定《民用航空法》（the Civil Aeronautics Act）“取代了《谢尔曼法》……事实上，可以料想至此为止（pro tanto）的废止

---

① 参见§14.2的讨论。

② 371 U.S. 296 (1963).

③ 另可参见 Gordon v. New York Stock Exchange, 422 U.S. 659 (1975)（证券交易委员会对交易佣金费率的规制，默示地排除了反垄断法院对这些费率的合法性进行审查）。

④ Id. at 305.

⑤ Id. at 305.

⑥ Id. at 312.

反垄断法……但是，在可能的调和矛盾的工具中，根据规制性法律的含义而至此为止地废止反垄断法律……显然是最后应该诉诸的手段”[1]。持不同意见的大法官声称：“最高法院并未告诉我们它为何偏离偏好更灵活的调和矛盾技术的通常模式，即首先管辖权原则所提供的技术。”[2] 1206

□ 政策必须整合时的行政机关的专业技能

但是，当法院认定反垄断政策和规制政策在特定背景下必须整合时，它要求行政机关对规制政策作出初步的决定，从而法院可以再对其进行整合。在 Carnation Co. v. Pacific Westbound Conference[3] 案中，最高法院以一致意见作出的判决意见说明了这种程序的方法。Carnation 是蒸馏奶的托运人，起诉要求三倍赔偿，理由是 Pacific Westbound Conference 固定运费没有经过联邦海事委员会的批准。上诉法院驳回了这一诉讼请求，理由是只有在联邦海事委员会已经对固定运费发表意见之后才能提起反垄断诉讼。最高法院驳回了上诉法院的判决，但是裁定发回重新审理并指示中止诉讼等待联邦海事委员会作出决定。在驳回《航运法》免除对航运行业适用反垄断法的主张之后，最高法院判定：“对根据《航运法》的规定是合法的运费制定活动创设反垄断法的豁免规定，这说明不合法的运费制定行为不能享受豁免待遇。”[4] 最高法院指出，除非联邦海事委员会明确作出具体的批准决定，否则适用反垄断法，因此撤销诉讼的判决是错误的。“根据 Far East Conference 原则和 Cunard 原则，只要法院不愿意采取可能妨碍联邦海事委员会行使其法定权力的行为的判决，法院是可以判定根据《航运法》明显属于违法的活动接受反垄断制裁。”[5] 但是，既然这些活动根据《航运法》可以说是合法的，最高法院于是裁定中止案件审理程序，“等待《航运法》规定程序的最终结果出现”。

在 MFS Securities Corp. v. New York Stock Exchange[6] 案中，第二巡回法院判定地区法院如果不首先获得行政复议程序的结论，则不能解决涉嫌违反《谢尔曼法》的集体抵制的纠纷。原告认为，纽约证券交易所（New York Stock Exchange）终止了原告的会员资格，实施了非法的抵制行为。第二巡回法院承认，纽约证券交易所的行为是否符合《谢尔曼法》，取决于纽约证券交易所在终止原告会员资格时是否采用了公正程序，以及证券交易委员会是否有权审查纽约证券交易所的决定以确定其是否采用了公正程序。由此可以推出，在证券交易委员会审查纽约证券交易所作出行为时是否采用了公正程序之前，地区法院不能判决纽约证券交易所是否违反了《谢尔曼法》。

□ 如果规制职能很有限，没有必要适用首先管辖权

如果行政机关的规制力度较弱，交通案件并不必然适用于行政机关的首先管辖权问题。在 United States v. Radio Corp. of America[7] 案中，联邦通信委员会批准了电视台转

---

① Id. at 319-320.

② Id. at 331.

③ 383 U. S. 213 (1966).

④ Id. at 216-217.

⑤ Id. at 222.

⑥ 277 F. 3d 613 (2d Cir. 2002).

⑦ 358 U. S. 334 (1959).

1207 让，也掌握了司法部后来提出反垄断公诉时所依据的所有信息。最高法院驳回了这样的主张，即："联邦通信委员会有权对所提出的反垄断问题发表意见，并且，在任何时候，《通信法》（the Communications Act）中规定的规制计划已经如此取代了《谢尔曼法》，以至于联邦通信委员会对转让交易发送许可证具有首先管辖权，其结果是出于反垄断的理由对转让交易提出的任何质疑，必须通过对许可证授予进行直接的审查。"① 通过考察法律及其历史，最高法院认定联邦通信委员会并未对此类问题是否构成反垄断违法发表意见的权力，并且法院保留了对反垄断违法的管辖权。最高法院详细讨论了首先管辖权原则，并且认定电视行业与交通行业不同，不受"广泛的规制计划调整……相应的，首先管辖权原则的正当基础也就不复存在了"②。最高法院对首先管辖权原则所作的所有评论，几乎都是法官附带意见，因为联邦通信委员会已经对所有需要判决的问题作出了裁决，最高法院可以根据《谢尔曼法》裁决这一诉讼，并考虑联邦通信委员会所作出的裁决。

类似的，在货币监理官已经批准银行合并之后，法院可以在联邦法院提起的诉讼中判定这构成了违反反垄断法的行为。在 United States v. Philadelphia National Bank③ 案中，最高法院正确地判定："本案并不适用'首先管辖权'原则"，因为"在反垄断诉讼开始之前，行政程序就已经结束了。"④

完全不取代（nondisplacement）反垄断法的一起案例是 National Gerimedical Hospital and Gerontology Center v. Blue Cross of Kansas City⑤ 案。Blue Cross 拒绝与 National Gerimedical Hospital 订立参与协议（participation agreement），理由是该医院并没有获得联邦法律所指定的负责本地区医疗规划的、私人性质的地方医疗系统代理机构（health system agency）的批准。该代理机构行使咨询和规划职能，但是并没有规制职能。在判定完全可以适用反垄断法时，最高法院将该案与涉及规制机构的案件进行了区分。最高法院总结道："当一项商业决定的反垄断意义尚未经过政府机构审查时，适用反垄断法而废止该商业决定是特别不可取的。"⑥

在 1973 年的两起案件，即 Ricci v. Chicago Mercantile Exchange⑦ 案和 Otter Tail Power Co. v. United States⑧ 案中，最高法院分别以 5∶4 和 4∶3 的票数作出了截然相反、难以调和的两项判决。它们都涉及同一项问题，即针对受规制企业的反垄断诉讼是否必须撤销或者中止审理，直到行政机关已经对争点发表意见；Ricci 案给出了肯定的答案，而
1208 Otter Tail 案则给出了否定的答案。

□ Otter Tail 案

在 Otter Tail 案中，最高法院判定，法院可以在未首先经过联邦动力委员会程序即以违反《谢尔曼法》为由禁止电力企业之间输送电力。最高法院认定，《联邦动力法》并未建立电力公司免受反垄断法调整的屏障，但是"揭示了在符合公共利益的最大限度内维护

---

① Id. at 338.
② Id. at 350.
③ 374 U. S. 321 (1963).
④ Id. at 353.
⑤ 452 U. S. 378 (1981)
⑥ Id. at 390.
⑦ 409 U. S. 289 (1973).
⑧ 410 U. S. 366 (1973).

竞争的最主要政策”①。持不同意见的大法官则认为电力公司并未违反反垄断法，并且认为：“根据‘首先管辖权’原则，正如某些受到普遍规制的行业的案件，电力公司并没有正当理由可以适用全面的反垄断豁免。”他们指出：“‘首先管辖权’案件的教义是支持将规制而不是将反垄断诉讼中敏感和专业程度必然更弱一些的程序问题留给联邦动力委员会处理。”② 但是，重要的是行政机关已经对一项重要问题行使了首先管辖权。多数意见所提供的判决理由是，法院可以在反垄断案件中责令电力公司向另一起案件中行政命令所规定的第三方输送电力——该案中行政机关否认了对反竞争行为提供这一救济的法定权力。③

□ Ricci 案

Ricci 案同样涉及规制与反垄断法之间的冲突。最高法院以 5：4 作出的判决中对首先管辖权原则的作用提供了特别有益的指引。这一案件的结果并不完全和大法官所强调的判决因素一样重要。总的来说，多数意见和不同意见确认了应当作为是否适用首先管辖权原则的任何判决之基础的所有重要的考量因素。

Ricci 起诉指控芝加哥商品交易所（Chicago Mercantile Exchange）及其一名成员实施了违反《谢尔曼法》的共谋行为，导致暂时停止了 Ricci 的交易所会员资格，并且增加了他的会员成本。第七巡回法院中止了对该案的审理，理由是该案所提出的商品交易所会员资格问题应该首先由交易所的规制机构——农业部和商品交易委员会（the Commodities Exchange Commission）裁决。最高法院的多数意见支持了第七巡回法院的判决。

□ 支持和反对首先管辖权的各项因素

多数意见的判决理由如下：

> 上诉法院所涉及的问题是反复发生的。当一项行为表面上看属于反垄断法的范畴，同时也至少可以说受到国会所制定的规制性法律的保护或者限制时，就会产生这样的问题…… 1209
>
> ……我们赞成上诉法院的判决，即考虑到根据规制计划和交易所规则审查 Ricci 与交易所之间争议的行政权，应当中止反垄断诉讼，直到行政机关已经得到作出决定的机会。这一判决基于三项相互关联的前提：（1）审理反垄断案件的法院确定《商品交易法》（the Commodity Exchange Act）或者其任何条款是否“与继续反垄断诉讼相冲突”，这将是关键性的；（2）Ricci 和芝加哥商品交易所之间的争议属于商品交易委员会的管辖范围；（3）商品交易委员会对这一争议进行裁决，有望对裁决反垄断豁免问题提供实质性帮助。④

多数意见的这段论述对于文字的选择是非常具有启发意义的。为了适用首先管辖权，争议中的问题必须只能是“可以说”属于行政机关的法定管辖权，法院必须只能认定行政机关对这一问题的裁决将会对这一争议的最终司法裁决提供“实质性帮助”。对于移送行政机关的问题的最终裁决，包括行政机关法定管辖权的实际范围，是留给法院在收到其期待的行政机关对这些问题所作初步裁决之形式提供的“实质性帮助”后作出裁决的。

不同意见并未显示反对多数意见中提出的“可以说受……保护或者禁止”标准或者相

---

① 410 U. S. at 374.

② Id. at 391.

③ Id. at 374-377.

④ 409 U. S. at 299-300，302.

关的“实质性帮助”标准。相反，持不同意见的大法官相信行政机关对于这些问题的裁决不会对法院提供实质性帮助，因为持不同意见的大法官自信地认为这些问题已经超出了法定管辖权的范畴。正如持不同意见的大法官对本案的看法：“应当调整本案的原则，只需一句话就可以充分说明：当行政机关很可能在一开始缺乏管辖权时，就不能对该争议拥有首先管辖权。”①

持不同意见的大法官接着描述了适用首先管辖权原则可能产生的不良后果——在行政机关审查法院所移送的问题时，会实质性地延误司法机关对争议的裁决。他们承认在某些情况下，这种不幸的结果是值得的：

但是，如果商品交易委员会或者农业部长很可能对该诉讼的解决具有有意义的帮助，
1210 这项法院裁定的所有内容可能是正当的……

因此，如果商品交易委员会对本案有些方面具有管辖权，并且在其管辖范围具有专业技能，就有理由等待其裁决。②

持不同意见的大法官相信这些问题不属于行政机关的法定管辖权，即使他们承认“商品交易委员会可能在其具有专业能力的领域内作出最高法院认为会有帮助的实施认定或者法律问题的说明”，他们认为并没有充分理由因为适用首先管辖权而导致重大迟延。总之，持不同意见的大法官主张对决定是否适用首先管辖权时所涉及的各种相互冲突的考量因素进行更仔细的权衡。

首先管辖权原则的广泛适用，使得有必要在利用行政程序而得到的效益与导致的复杂和迟延的成本之间进行仔细权衡。③

□ 促进竞争的规制降低了反垄断的需要

在 Verizon Communications v. Law Office of Curtis Trinko④ 案中，最高法院的判决意见并未直接解决任何首先管辖权的争议，但是该判决意见很可能会对涉及政府规制与反垄断法之间关系的任何纠纷产生重要的影响。在过去的几十年里，法官和学者们已经就反垄断法和为了促进反垄断而实施的政府规制之间的合理关系展开了持续的辩论。有些人认为，法院应该帮助行政机关以各种不同的方式促进反垄断和规制性法律的共同目标，例如将反垄断法解释为包括规制性法律中的促进竞争的条款，以及/或者对违反规制性法律和反垄断法的行为采用反垄断救济方式作为规制性救济方式的补充。其他人则认为，反垄断法院应该对接受促进竞争的政府规制的市场尽量减少干预，因为反垄断法院在这种情况下实施的干预，很可能会引发重要的出乎意料的损害。在 Verizon 案中，最高法院明确地支持了后一种观点。在提到反垄断法院具有发布具有意料之外的负面效果的判决之后，最高法院在一个重要段落中描述了反垄断法院的适度作用：

一项特别重要的因素是为了吓阻反竞争行为并为所产生的损害提供救济而设计的规制
1211 框架。当这样的规制框架存在时，反垄断执法竞争带来的额外收益往往不大，反垄断法试图采取这种额外的监督（scrutiny）时，看起来就不太合理了。相反，在竞争计划中不包含行使反垄断职能的内容时……尽管有时候会存在明显的劣势，但是由此获得的反垄断收益是值得的。

---

① Id. at 310.

② 409 U.S. at 312，313.

③ 409 U.S. at 321.

④ 124 S. Ct. 872 (2004).

□ 不能直接对有关首先管辖权的判决提起上诉

在 Crystal Clear Communications v. Southwestern Bell Telephone Co.①案中，第十巡回法院被要求对一起反垄断案件的判决进行审查，在该案中，地区法院以争点涉及行政机关的专业领域为由，将争议问题移送联邦通信委员会和俄克拉荷马公司委员会（Oklahoma Corporation Commission）。但是，第十巡回法院拒绝审查该判决，理由是它认定是否根据首先管辖权原则而将争点移送行政机关解决的裁决不是可以直接上诉的附带裁决（collateral orders）。

§ 14.6 与迟延的关系

本章前面五节的讨论大多数都集中在首先管辖权原则对法律制度有效运行的好处。在很多时候，将这一双方僵持的疑难问题移送行政机关初步裁决，（1）会更有可能提升裁决质量；（2）减少不同法律机构之间可能存在的冲突；（3）更有可能以对联邦和州政府不同机构分别承担的职责给予适当尊重的方式解决无法回避的冲突。

□ 联邦法院承认首先管辖权经常会导致迟延

但是，适用首先管辖权会有一项重大的缺点。它会不可避免地拖延法院对争议的裁决。法院已经日益担心决定将某一问题移送行政机关初步裁决导致的迟延。在 § 14.5 所讨论的 Ricci 案中，四位大法官出具的不同意见就说明了这一担心。持不同意见的大法官承认难以裁决 Ricci 案中的反垄断与规制政策的相互关系，行政机关可以在其专业能力范围内作出对法院界定这一关系有所帮助的事实认定和结论。持不同意见的大法官几乎本来肯定会加入多数意见，如果他们认为行政机关可以及时地对这一问题作出初步裁决。但 1212
是，他们之所以持不同意见，是因为担心将这一问题移送行政机关，将会增加“复杂和迟延的成本”②。

自 Ricci 案以来，各巡回法院几乎不可避免地通过对适用首先管辖权原则可能导致的迟延与适用该原则的优点之间进行权衡而裁决首先管辖权争议。③

在 Ellis v. Tribune Television Co.④案中，第二巡回法院在一份其他方面论理充分的判决意见中，指出它不再将导致迟延的可能性，作为解决首先管辖权争议的决定性因素，因为最高法院从未将迟延的可能性作为决定性的因素。该案的推理是值得质疑的。尽管最

---

① 443 F. 3d 71 (2d Cir. 2006)，参见 § 14.1 的讨论。

② 409 U. S. at 321.

③ 例可参见 Alpharma Pennfield Oil Co., 411 F. 3d 934 (8th Cir. 2005)；United States Public Interest Research Group v. Atlantic Salmon of Maine, 339 F. 3d 23 (1st Cir. 2003)；American Automobile Manufacturers Ass'n v. Massachusetts Department of Environmental Protection, 163 F. 3d 76 (1st Cir. 1998)；PHC, Inc. v. Pioneer Healthcare, Inc., 75 F. 3d 75 (1st Cir. 1996)；Golden Hill Paugusett Tribe v. Weicker, 39 F. 3d 51 (2d Cir. 1994)；National Communications Ass'n v. AT&T, 46 F. 3d 220 (2d Cir. 1995)；Wagner & Brown v. ANR Pipeline Co., 837 F. 2d 199, 201 (5th Cir. 1988)；Gulf States Utilities Co. v. Alabama Power Co., 824 F. 2d 1465, 1473 (5th Cir. 1987)。

④ 443 F. 3d 71 (2d Cir. 2006)，参见 § 14.1 的讨论。

高法院从未明确指出迟延的可能性是决定性因素，但它在众多案件中的判决意见明确指出，最高法院在解决首先管辖权争议时并未考虑迟延的可能。[①]

□ Coit 案：作为扭曲原则的迟延

在 Coit Independence Venture v. FSLIC[②] 案中，最高法院的判决意见很可能会扩大法院以可能导致迟延为由拒绝适用首先管辖权的趋势，即使行政机关及时对这一问题作出初步裁决，这将会给法律体系带来巨大的好处。Coit 案并未涉及首先管辖权，该案涉及的是对属于行政机关专属管辖权的争议进行司法审查之前必须穷尽行政救济。[③]

Coit 案中的争议首先提出的是联邦优先于州法的问题。当国会（1）授权联邦存贷款保险公司（FSLIC）对无偿付能力的存贷款进行破产管理，（2）授权联邦存贷款保险公司“和解、妥协或者豁免（settle，compromise or release）”所有针对破产管理提出的诉求，并且（3）禁止任何法院以任何形式作出影响联邦存贷款保险公司之裁判的权力或者职能时，对联邦存贷款保险公司所实施破产管理的无偿付能力的存贷款，国会立法是否可以优
1213 先于法院对依据州法提出的诉求所作的裁决？这一问题的答案无非是肯定或否定。如果答案是否定的，法院就可以对任何根据州法提出的诉求作出裁决。如果答案是肯定的，正如第五巡回法院所判决的，法院就无权对这种诉求作出裁决。法院可以审查联邦存贷款保险公司对一项诉求的裁决，但是原告必须首先穷尽了联邦存贷款公司可以提供的救济渠道。

□ 如果行政机关确立了“合理的期限限制”，则只能适用首先管辖权

但是，Coit 案的多数意见既没有提供肯定答案，也没有提供否定答案。相反，它判定，在联邦存贷款保险公司试图裁决根据州法针对无偿付能力的存贷款提出的诉求时，只有在联邦存贷款保险公司修改其规章对裁决这类诉求确立“合理的期限限制”时，法院才需要中止其审理程序。多数意见担心直接判定联邦存贷款保险公司有权裁决根据州法对无偿付能力的存贷款提出的诉求，将会导致对这些诉求的裁决出现无法接受的迟延，而明确以此为前提史无前例地将宪法和行政法原则加以整合。[④] 多数意见将联邦存贷款公司的诉求裁决程序描述为从未从中出现诉求的“黑洞”。Scalia 大法官的协同意见谴责多数意见扭曲了宪法和行政法原则，很可能会在未来的案件中导致严重的损害。[⑤] 他也指出，联邦存贷款保险公司不可能如多数意见所要求的那样，承诺在合理期限内裁决诉求，因为行政机关的资源有限，远远不足以快速地处理所有的诉求。Scalia 大法官认为，只有国会才有能力有效地解决导致多数意见扭曲重要的法律原则的严重的行政迟延问题。[⑥]

□ 延迟效应的其他例证

正如本书第 12 章所讨论的，行政决定的迟延是一项普遍的问题，只有结合政治上的

---

① 参见本书§14.4 和§14.6 中讨论的案件。

② 489 U.S. 561 (1989).

③ 参见§15.10。

④ Id. at 582-587.

⑤ Id. at 588-592.

⑥ Id. at 591-592.

艰难决断才可能有效解决。联邦法院已经在两起经历行政迟延的案例中根据首先管辖权原则将问题移送行政机关，这些案例可以帮助解释法院为何日益不愿适用这一原则，即使有的时候这一原则本来是非常合适的。在 J. M. Huber v. Denman[①] 案中，第五巡回法院中止审理了矿权承租人（mineral lessee）对矿权出租人（mineral lessor）提出的违约之诉，从而让行政机关能够裁决与其可能有权规制此类合同关系某些方面的管辖权相关的问题。这一争议的当事人，以及当时在各法院尚未结案的数以千计的类似争议的当事人，需要将诉讼中的所有行动推迟 5 年，让行政机关作出最终由法院审查的对所移送问题的命令。[②] 类 1214
似的，在 Mississippi Power & Light Co. v. United Gas Pipe Line Co. [③] 案中，第五巡回法院中止审理了一位天然气购买者对天然气供应商提出的违约之诉，以便让行政机关能够对其规制规章与合同争议的关系有关的一系列争议作出初步裁决。这一案件的当事人，以及其他法院类似案件的数以百计的当事人，在行政机关对所移送问题作出最终裁决并得到法院审查所需要的 11 年里，不能为了使其争议获得裁决的采取任何进一步的行动。[④]

□ 对适用首先管辖权的替代方式

可以理解的是，首先管辖权这一措施本来具有价值，但是采取该措施很可能会要求法院推迟十年甚至更长时间才能对争议作出裁决时，联邦法院日益不愿意适用首先管辖权。这一问题的最终解决方案是采取必要措施减少行政迟延。[⑤] 但是，除非对这一问题的解决已经取得了明显的进展，否则法院不得不寻找各种方式获得适用首先管辖权的众多好处而避免让司法争议的当事人承受令人无法容忍的迟延。迄今为止，联邦法院已经找到了三种很有希望的进路：其一，法院可以自行裁决所受理案件中的疑难问题，同时为行政机关留出未来对这一问题采取不同的、法律允许的解决方案，这些解决方案将会产生改变未来案件的结果。最高法院在 Arkansas Elec. Coop. v. Arkansas PSC[⑥] 案中采取了这一进路。其二，法院可以适用首先管辖权，将争点移送行政机关，但是在一段有限的时间内中止案件审理，以便行政机关裁决所移送的问题。第五巡回法院在 Wagner & Brown v. ANR Pipeline Co. [⑦] 案中采取了这一进路。[⑧] 其三，法院可以通过比初步裁决争点的行政命令或者规章更加非正式的手段，例如通过寻求行政机关提交法庭之友意见书，而获得行政机关对争点的分析。在 Belknap v. Hale[⑨] 案中，最高法院就采取了这一替代方式。考虑到行政迟延难以解决的特点，联邦法院应该仔细审查每起案件的案情以确定上述替代方式是否比适用首先管辖权原则更为合适。 1215

---

① 367 F. 2d 104 (5th Cir. 1966).

② 参见 Mobil Oil Corp. v. FPC，463 F. 2d 256 (D. C. Cir. 1971)。

③ 532 F. 2d 412 (5th Cir. 1976).

④ 参见 United Gas Pipe Line Co. v. FERC，824 F. 2d 417 (5th Cir. 1987)。

⑤ 参见第 12 章。

⑥ 461 U. S. 375，383-384 (1983)，参见 § 14. 4 的讨论。

⑦ 837 F. 2d 199 (5th Cir. 1988)，参见 § 14. 1 的讨论。

⑧ 另可参见本节上文讨论的 Coit Independence Joint Venture v. FSLIC，489 U. S. 561 (1989)。

⑨ 463 U. S. 491 (1982)，参见 § 14. 4 的讨论。

15

穷尽［行政救济］、最终性和成熟性

§15.1　三项原则的概述

□ 时机选择与程序状态（procedural posture）

联邦法院常常因为行政行为不具有最终性，不具有成熟性，或者原告没有穷尽可得的行政救济而拒绝对其进行审查。这里的每项原则都涉及时机选择的问题。如果审查申请中提出的争议是可以在一定时间和程序状态下接受司法审查的，那么该申请中提出的时机和程序状态是否是合理的？所有这三项原则都是建立在综合了各种法律用语和普通法推理的基础之上，并且合宪性的考量也在很多情况下加剧了这种综合性的复杂程度。 1217

□ 各项原则之间的重叠

在很多情况下，这三项原则之间是很难截然区分的。对于时机选择和程序状态的相同考量因素，也常常可以支持基于成熟性原则、最终性原则或者穷尽原则而作出的判决。在 Ticor Title Insurance Co. v. FTC① 案中，哥伦比亚特区巡回法院的判决意见就可以很好地证明这一点。合议庭的三位法官一直认为原告提出的争议从当时的时机和所体现的程序状态来看是不适合审查的，但是一位法官所根据的理由是穷尽原则，第二位法官依据的是最终性原则，第三位法官所依据的则是成熟性原则。Ticor 案的判决意见也说明了这些原则存在的缺乏清晰标准的问题。三位法官中每位法官都不同意其他两位的推理。

众多其他案件也可以说明这三项原则之间存在的重叠问题。在 American Airlines v. Herman② 案中，第五巡回法院根据相同的因素判定该行政行为不具有“最终性”或者

---

① 814 F. 2d 731 (D. C. Cir. 1987)，参见§15.17 的详细讨论。

② 176 F. 3d 283 (5th Cir. 1999)，参见§15.17 的讨论。

"成熟性"，并且原告并未穷尽行政救济。这些原则之间存在的重叠问题还会产生其他后果。例如，在 Air Espana v. Brien[1] 案中，第二巡回法院首先判定原告不需要穷尽一项选择性的行政机关内部的复议程序。法院接着采用了现实主义的推理方法，判定如果原告不提出行政机关内部的复议申请，并且行政机关还没有根据复议申请作出处理，则该行政行为不具有"最终性"。

在 Ass'n of Flight Attendants v. Chao[2] 案中，哥伦比亚特区巡回法院承认确定司法审查时机的三项原则之间的关系，并解释为什么它适用了其中一项原则而没有适用其他两项原则：

> 穷尽、成熟和对最终行政行为的要求是限制在联邦法院起诉行政行为的相互关联和存在重叠关系的原则。[3] 在本案中，地区法院认为，根据我们在根据穷尽行政救济的原则所讨论的同样的担心，这一协会的请求权的司法审查时机尚未成熟。根据本案的事实，我们认为穷尽行政救济是更为合适的方法。缺乏成熟性，意味着协会的请求权只是时机尚未成熟。相比之下，以穷尽行政救济而驳回起诉，强调了协会申请救济的合理场所（forum）。在本案中，协会向联邦法院起诉是不符合成熟性原则要求的。不仅如此，在根据未能穷尽行政救济的理由判定协会起诉联邦法院是时机不成熟时，我们不需要分别讨论联邦航空管理局（FAA）的作为——或者不作为是可以接受司法审查的最终行政行为，或者属于最终
> 1218 行政行为要求的例外范围。

最终性原则和穷尽行政救济原则之间尤其难以区分。大多数案件可以同样简单地通过适用这两项原则中的任何一项加以解决。如果原告还没有穷尽可得的行政救济，行政机关的行为就尚不具备最终性。因此，§15.2～§15.10 中所讨论的被定性为涉及穷尽行政机关原则问题的大量案件，都可以被定性为涉及最终行政行为原则问题的案件。

□ 未能穷尽不再可得的救济

还有一种类型的案件，判决拒绝审查该行政行为必须是特别地基于未能穷尽行政救济。如果原告曾经有机会在特定时间段内寻求当时可得的行政救济，但是原告没有在当时可得的时间段内寻求行政救济，该行政机关可能在法院判决是否审查该行为的时候具备了最终性。但是在这种情形中，法院仍然可能拒绝审查该行政行为，因为原告未能穷尽之前可得的行政救济。[4]

□ 法律、规则和非正式文件的成熟性

在直觉上看成熟性原则要比穷尽行政救济原则或者最终性原则更合适时，联邦法院通常会主要采用成熟性原则。联邦法院采用成熟性原则，以判断一部法律或者规则是否在强制实施之前可以接受司法审查，以及行政机关在相对非正式的文件，例如政策声明或者寄给监管对象的信件中所作的立场声明是否适合接受司法审查。这类行政行为通常是具备"最终性"的，因为在这种情况下行政机关并不打算采取进一步行动，受此行为影响的当事人也通常没有可得的行政救济。但是并不是所有的这种行为都适合于司法审查。根据成

---

① 165 F. 3d 148 (2d Cir. 1999)，参见§15.3 和§15.11 的讨论。

② 493 F. 3d 155 (D. C. Cir. 2007).

③ 参见 2 Richard J. Pierce，Jr.，*Administrative Law Treatise* §15.1 (4th ed. 2002)。

④ 例可参见 Woodford v. Ngo，S48 U. S. 81 (2006)；§15.2 讨论的 Yakus v. United States，321 U. S. 414 (1944)。

熟性原则，法院可以采用实用主义的标准判断行政行为是否具有充分的拘束力，并且在其适用范围和效力上足够清晰，从而允许根据其所呈现的形式对其进行司法评判。

§15.2 穷尽原则的主要内容

□ 普通法上的穷尽行政救济与制定法上的穷尽行政救济之间的区分

本节讨论的是法官确立的普通法上的穷尽行政救济义务，§15.3 则讨论了制定法上的穷尽行政救济义务。普通法义务是弹性和遵循实用主义原则的。它可以允许存在若干法官确立的例外情形。但是，如果制定法明确要求当事人穷尽特定的救济并以此作为对某类 1219
行政行为进行司法审查的前提条件，制定法设定的穷尽行政救济义务就会影响法院的管辖权。法官不能豁免原告遵守制定法上明确和详细规定的穷尽行政救济义务。

□ Myers 案中的言过其实

在 Myers v. Bethlehem Shipbuilding Corp. ① 案中，最高法院以断然的语气描述了穷尽行政救济原则的要求："这是一项确立已久的司法管理（judicial administration）规则，即任何人都无权要求司法机关对预期的或者存在威胁的损害提供救济，除非已经穷尽了所规定的行政救济。"正如本章后面各节中所讨论的案件所显示的，该"规则"既不是像广受引用的最高法院在 Myers 案中的判词所显示的那样无可争议，也不是确立已久的。对"规则"的更为精确的论述需要解释众多并未适用该原则的案件。这些案件体现的是更为弹性的"规则"：穷尽行政救济原则通常是需要遵守的，除非存在个案正义、效率或者明智的案件管理等考虑支持在未穷尽行政救济时司法审查的必要性。但是，正如这里所确定的标准，最高法院在 Myers 案中言过其实的该项"规则"在大多数案件中得到了适用。

□ 在管辖权争议问题上必须穷尽行政听证的救济

Myers 案的事实体现了法院通常要求将穷尽行政救济作为司法审查的前提条件。国家劳动关系委员会（NLRB）有权禁止从事州际或者国际商业活动的雇主采取不当劳动行为（unfair labor practices）。国家劳动关系委员会准备召开一次听证会以确定 Bethlehem 在它的一家工厂所推行的劳动行为是否存在不公平。Bethlehem 申请联邦法院对国家劳动关系委员会颁发禁令并且获得了批准，该禁令禁止国家劳动关系委员会召开听证会，理由是 Bethlehem 的劳动行为不属于国家劳动关系委员会的管辖范围。Bethlehem 主张，并且地区法院也发现，Bethlehem 的工厂并未实施州际或者国际商业活动。最高法院推翻了这一判决，认为地区法院无权阻止国家劳动关系委员会的听证会，因为 Bethlehem 并未穷尽国家劳动关系委员会提供的救济渠道。最高法院认定国会希望国家劳动关系委员会拥有判断是否在州际或者国际商业活动中采取了不当劳动行为的专属性权力，包括初步判断是否在州际或者国际商业活动中实施了不当劳动行为的权力。因此，Bethlehem 需要向国家劳动关系委员会主张，而非向法院主张其工厂并未实施州际商业活动的观点。如果它不服国家

---

① 303 U.S. 41, 50-51 (1938).

劳动关系委员会就这一管辖权争议所作的裁决，可以在穷尽国家劳动关系委员会提供的救济途径之后申请法院对这一争议进行审查。

□ 参与听证并非无法补救的损害

Bethlehem 认为，国家劳动关系委员会决定将其劳动行为提交听证会，导致了没有正
1220 当理由的无法补救的损害。这种无法补救的损害包括参与听证会需要付出的开支以及因为召开听证会可能导致劳工不满的可能性。Bethlehem 认为，这些损害是完全没有正当理由的，因为国家劳动关系委员会未来作出的任何事实认定，即 Bethlehem 的工厂实施了州际商业活动，都将是毫无根据的。最高法院对这一问题的回应是，诉讼的开支和产生的不便并不能构成足以作为限制其穷尽行政救济规则适用之充分理由的无法补救的损害。最高法院补充指出："诉讼也常常最后证明是毫无根据的，但是目前尚无办法让被告避免通过诉讼来证明这一事实。"[①]

尽管最高法院将其类比为诉讼是聪明的（apt），但是它认为毫无根据的诉讼在判决之前是无法中止的说法则是过度简化了对调整简易判决和对初审法官的中间裁定（interlocutory ruling）提出上诉的一系列复杂规则。[②] 与禁止对初审法官的中间裁定提起上诉规定存在的例外类似，行政法上的穷尽救济原则也存在基于实用主义之理由提出的例外。

在 FTC v. Standard Oil Co. 案[③]中，最高法院重申了 Myers 案所采用的基本进路。联邦贸易委员会（FTC）向标准石油公司（Standard Oil）和其他七家石油公司寄发指控书（complaint），认为该机构"有理由相信"这八家石油公司串谋提高汽油价格，违反了《联邦贸易委员会法》。"有理由相信"标准是法律规定的联邦贸易委员会签发指控书的前提条件。签发指控书的效力是要求 Standard Oil 在听证程序中对这些指控进行抗辩。Standard Oil 没有这么做，相反它向地区法院申请并获得了禁止联邦贸易委员会召开听证会的禁令。Standard Oil 声称：（1）联邦贸易委员会并不是"有理由相信"存在所指控的串谋行为；（2）联邦贸易委员会启动该程序完全是为了回应政治压力；（3）Standard Oil 将会因为需要花费数年精力和数百万美元在各场听证会上为其所受指控辩护而遭受无法补救的损害。第九巡回法院确认了这些主张，认为如果 Standard Oil 能够证明联邦贸易委员会并非"有理由相信"其指控书中所陈述的指控，并且指控书的签发完全是因为政治压力所迫，那么联邦贸易委员会就无权签发指控书并且召开听证会。最高法院推翻了这一判决，引用 Myers 案支持其以下主张：（1）原告必须穷尽行政救济；（2）对可能在听证会上证明毫无根据的主张进行辩护，并不足以构成沉重负担从而导致无法补救的损害以至于需要免除原告
1221 穷尽行政救济的义务。

□ McKart 案

在 McKart v. United States[④] 案中，最高法院的判决意见对穷尽行政救济原则进行了最全面的论述。McKart 案的判决意见之所以重要，理由有二：（1）它详尽列举了支持穷尽行政救济要求的理由；（2）它指出普通法上的穷尽行政救济原则要求可以存在法院确立

---

① Id. at 51-52.

② 参见 C. Wright, *Law of Federal Courts* § 102 (1983)。

③ 449 U. S. 232 (1980).

④ 395 U. S. 185 (1969).

的若干例外。McKart 主张自己作为家中唯一幸存的儿子，应该可以豁免入伍。McKart 所在地的征兵委员会（Selective Service Board）拒绝了他的主张，将他归入 1-A 类型（符合征兵要求）。按照美国兵役登记局（Selective Service System）制定的规章，McKart 有权向一家上诉委员会对其归类决定提出上诉申请。他拒绝在规定的时间内行使这一权利。McKart 被要求报到参加入伍前体检（pre-induction physical），但是他并未报到。在因未按要求报到而随后被提起的刑事指控中，McKart 试图提出抗辩，声称他是家中唯一幸存的儿子，而地方征兵委员会将其归类为符合征兵条件的决定是错误的。联邦政府认为 McKart 无权提出这一抗辩，因为他没有对其归类决定上诉至上诉委员会，从而没有穷尽先前可得的行政救济途径。

□ 穷尽行政救济要求的理由

在评估政府的主张时，最高法院整理了穷尽行政救济原则所具有的一系列重要功能。第一，也是最为重要的是，立法机关为了对特定的事实情形适用一项法定计划的目的而创设了一家行政机关。穷尽行政救济原则让行政机关能够行使其职能，运用其专业能力，行使立法机关所赋予的裁量权。第二，如果允许行政程序继续而不受中断，并且让行政程序的结论只有在程序终结后才接受司法审查，相比司法机关可以在行政程序的每一个阶段进行干预，效率会更高。第三，行政机关不是司法分支的组成部分，而是立法机关所创设，行使特定职能的功能自治的实体。穷尽行政救济原则可以保护行政机关的自治地位。第四，对行政行为的司法审查将会因为未穷尽行政救济而受到阻碍，因为行政机关可能没有充分的机会汇总和分析相关的事实并对其行为说明理由。第五，穷尽行政救济的要求可以因为给行政机关提供了额外的纠错机会而减少向法院起诉的数量。第六，允许某些当事人不首先穷尽行政救济而获得法院的审查，可能会鼓励其他当事人绕过行政程序而降低行政机关的实效，使得行政机关的执法行为更加复杂和成本高昂。① 1222

□ McKart 案中对未穷尽行政救济予以谅解的理由

尽管最高法院重述了要求穷尽行政救济的众多令人信服的理由，它最后还是对 McKart未穷尽行政救济的要求给予了谅解，认为对他的归类决定是错误的。其结果是判定 McKart 的相关刑事指控不能成立。最高法院作出的这一判决是基于下列五项因素：第一，没有一部准据法要求 McKart 穷尽行政救济，因此最高法院可以裁量决定是否适用普通法上的穷尽行政救济原则。第二，在刑事指控案件中适用穷尽行政救济原则，“可能会过于严厉”。第三，当未穷尽的行政救济不再可得，并且行政程序已经终结时，穷尽行政救济原则的某些理由就不再适用了。第四，在穷尽行政救济原则只要求法律解释而非对事实的专家评估或者裁量权行使时，这一原则所服务的某些目的就不存在了。第五，对 McKart 未遵守穷尽行政救济原则给予谅解，并不太可能鼓励他人放弃征兵体系中可得的救济渠道，因为“我们怀疑众多征兵登记者会冥顽不化到不给征兵体系纠正其自身错误的机会，而宁愿接受刑事指控和入狱五年的可能性”②。

---

① Id. at 193-195.

② Id. at 197-200.

□ McKart 案确立的例外是狭窄的

如果在一起案件中没有任何最高法院曾经依据的理由，而只根据最高法院在 McKart 案中的判决进行预测而成功规避穷尽行政救济原则，也会是“冥顽不化的”。尤其是 McKart案中的争议并不要求行政机关运用其专业能力或者行使其裁量权，也不要求对证据进行评价，这一事实可能对于最高法院的判决来说也是非常关键的。在判决的脚注中，最高法院仔细区分了根据未向行政机关提供正确的事实而导致的错误归类，以及根据行政机关运用其专业能力或者行使其裁量权时可能存在的错误而作出的错误归类。[①]

最高法院两年后在 McGee v. United States[②] 案中作出的判决说明了 McKart 案判决的适用范围是狭窄的。McGee 案的情形几乎与 McKart 案完全一致，不同之处仅仅在于 McGee 实际上是一名基于良心的反对入伍者，他声称自己遭到了错误归类。最高法院支持了对 McGee 因为未按照要求应征入伍而作出的有罪判决，并且拒绝谅解他未能穷尽一度可得的行政救济。最高法院的推理如下：

> McGee 豁免征兵要求的主张……取决于行政机关对各种基础性的事实争点运用其专业能力的结果……原告在两种意义上未能穷尽行政救济既没有本人亲自出席，也没有申请行
> 1223 政上诉——确定地涉及穷尽行政救济所服务的政策……当豁免征兵要求的主张最终取决于仔细收集和分析相关事实之时，在行政系统内部充分公布事实具有重要的意义……

□ 专业技能的重要性

在 James v. HHS[③] 案中，哥伦比亚特区巡回法院的判决意见，对允许行政机关在法院裁决一项争议之前运用其专业能力的重要性进行了特别精彩的说明。卫生和社会服务部（HHS）对据称是美国原住民部落的个人社团拨了一笔赠款。另一个美国原住民团体对这笔赠款申请司法审查，理由是它实际上是获得这笔赠款的社团所声称的部落。法院驳回了司法审查的请求，理由第二家团体尚未穷尽行政救济，它在该案中应当向内政部申请获得官方承认。法院指出，内政部经常通过其作为历史学家、人类学家和谱系学家的工作人员开展的专业调查，处理有关美国原住民部落的承认问题。[④] 如果未经国会创设并配备专业人员的专业行政机关裁决，就由一位非专业法官对声称美国原住民部落的主张之历史合法性争议作出裁决，这种做法将是极其愚蠢的。

□ 刑事案件中的穷尽行政救济

McKart 案判决提出的例外并不适用于所有下列情形的案件：（1）行政救济不再可得；（2）穷尽行政救济原则的适用将会对刑事定罪判决产生“极端严厉”的效果。最高法院已经在这种类型的其他案件中对未穷尽行政救济的做法给予谅解。[⑤] 但是，最高法院并非总

---

① Id. at 199 nn. 15，16.

② 402 U. S. 479（1971）.

③ 824 F. 2d 1132（D. C. Cir. 1987）.

④ Id. at 1138.

⑤ 例如，Moore v. City of East Cleveland，431 U. S. 494（1977）。

是这样判决。最高法院在 Yakus v. United States[①] 案中就适用了具有允许刑事惩罚效果的穷尽行政救济要求。因为行政机关已经向 Yakus 提供了对他被指控违反的价格管制规则之有效性提出质疑的机会，Yakus 没有利用这一机会，他并未在随后的刑事诉讼中对这些规则的有效性提出质疑。[②] 1224

□ 如果行政救济不充分，可以不遵守穷尽行政救济原则

在 McCarthy v. Madigan[③] 案中，最高法院以一致意见重申了可以基于现实主义的理由存在对普通法上的穷尽行政救济要求的例外。最高法院认为，违反联邦法律的犯人不需要穷尽监狱管理局（the Bureau of Prisons）提供的行政救济作为前提条件，而是可以根据 Bivens v. Six Unknown Named Agents of the Federal Bureau of Narcotics[④] 案，以指控侵犯宪法权利为由提出损害赔偿诉讼。六位大法官出具的多数意见陈述的判决理由是：（1）允许原告向法院起诉以救济侵犯其宪法权利的重要性；（2）原告很有可能会因为错过联邦监狱管理局的程序所设定的诸多期限很短的申请截止日期，而失去向法院起诉的机会；（3）行政救济程序中形成的案卷并不会对之后的 Bivens 诉讼中法院审理提供帮助。三位持协同意见的大法官则认为，应该只需要根据一项事实来裁决该案件，即行政裁决程序不能提供原告所寻求的唯一的救济——金钱损害赔偿。

□ 如果行政行为明显超越权限，原告可以不遵守穷尽行政救济原则

最高法院还有一项判决对于理解穷尽行政救济原则的基本内容至关重要。在 Leedom v. Kyne[⑤] 案中，最高法院谅解了原告没有遵守穷尽行政救济原则，理由是最高法院认定行政行为超越权限。国家劳动关系委员会指派了一个谈判小组（bargaining unit），其中明显包含了多位专业雇员（professional employees）。而法律明确规定禁止在谈判小组中包含有专业雇员。最高法院之前曾判决认为国家劳动关系委员会指派谈判小组的行为不是立即具备可司法性。相反，只有在受指派的谈判小组选择了一家工会作为谈判代理人，并且国家劳动关系委员会已经发布命令认定，根据它与该工会的接触，雇主已经实施了不公平劳动实践之时，国家劳动关系委员会指派谈判小组的行为才具有可司法性。[⑥] 但是，在 Kyne 案中，最高法院认为，AFL 案的判决并未排除地区法院阻止国家劳动关系委员会在该案中指派谈判小组的权力，因为这一指派决定显然违背了法律的明文禁止性规定，即赋予专业雇员不被包括在谈判小组中的法定权利。[⑦]

如果说 Myers 案、Standard Oil 案、McKart 案和 Kyne 案是最高法院界定和适用穷尽行政救济原则的仅有的一些案件，那么以三部制标准的形式描述这一原则及其范围将是相

---

① Yakus v. United States, 321 U. S. 414 (1944).

② 另可参见 § 15.14 讨论的 Adamo Wrecking Co. v. United States, 434 U. S. 275 (1978)（Adamo 不能在执法程序中对其被指控违反的规则寻求司法审查，因为 Adamo 并没有在该法律所规定的期限内寻求对该规则进行司法审查）。反对观点，参见 § 17.7 讨论的 United States v. Mendoza-Lopez, 481 U. S. 828 (1983)（禁止刑事诉讼被告质疑作为犯罪构成要件的行政命令的宪法有效性，这违反了正当程序原则）。

③ 507 U. S. 140 (1992).

④ 403 U. S. 388 (1971).

⑤ 358 U. S. 184 (1958).

⑥ AFL v. NLRB, 308 U. S. 401 (1940).

⑦ Id. at 188-189.

对容易的。1958 年出版的《行政法》* 提出了这样的标准，这一标准也已经在众多巡回法院的判决中得到了应用。但是在描述这一标准之前，重要的是要解释一下为什么这一标准
1225 不是有关穷尽行政救济原则的“法律规则”，尽管它已经在众多巡回法院的判决中得到了适用，并且在大多数有关穷尽行政救济原则的经过深思熟虑作出的判决中得到了一致适用。

□ 最高法院有时出于与穷尽行政救济原则无关的理由而裁决穷尽行政救济原则的争议

正如 § 15.7 中讨论的案例所显示的，最高法院有关穷尽行政救济原则的判决意见并未形成前后一致和逻辑连贯的模式。在有些案件中，最高法院认真对待了穷尽行政救济原则。但是，在另外一些案件中，最高法院又看起来如此急于要裁决针对行政行为的诉状中所提出的其他争议，以至于将穷尽行政救济原则看作不过是妨碍它满足对案件实质问题提供确定答案的迫切需要。在这种案件中，最高法院依据若干理由谅解了原告未能遵守穷尽行政救济原则的要求。最高法院如果不是因为要对案件实质问题进行裁决的强烈愿望，不太可能会找到谅解原告未能遵守穷尽行政救济的充分理由。

□ 最高法院经常拒绝讨论穷尽行政救济原则和实质审查原则之间的关系

最高法院有关穷尽行政救济原则的各项判决意见之间难以调和，还有另外一项原因。最高法院对穷尽行政救济原则的讨论，通常是完全独立于法院被要求裁决的实质审查问题的。包括最高法院在内的所有联邦法院，应当并且确实在决定是否适用穷尽行政救济要求时在一定程度上考虑了案件所涉及争议的实质问题。遗憾的是，联邦法院经常会悄悄地审查案件实质问题，而不去谈论案件争议的实质问题和法院对穷尽行政救济问题的裁决之间的关系。

□ 不存在可以解释所有判决的标准

这两种司法趋势使得我们对有关穷尽行政救济的法律问题进行的解释无法做到既有助于律师和法官，也符合最高法院众多有关穷尽行政救济原则的判决。1958 年出版的《行政法》所提出的三部制标准尽管存在这一局限，但是基于以下两点理由仍然是重要的：从描述层面上看，它相比其他任何替代的标准，可以解释更高比例的穷尽行政救济原则相关的判决；从规范层面上看，它比其他替代标准更好地抓住了影响普通法上的穷尽行政救济原则的所有司法适用的考量因素。

□ 三部制标准：难度、清晰程度和对专业能力的需要

1958 年版的《行政法》提出，法院在决定是否适用穷尽行政救济原则时需要考虑三项因素：寻求行政救济导致的损害程度，明确清晰的程度或者对行政管辖权的怀疑，以及对管辖权问题的专业化行政认知。

---

* 此处是指 Kenneth Culp Davis, *Administrative Law Treatise* (1958)。——译者注

□ 这些因素应当定量分析地进行权衡

因为所有这三项因素都是变量，所以法院在采用上述三项因素时难免需要运用其裁量权；这三项因素不过是规范司法裁量权的指南。当所有这三项因素的效果方向一致时，法 1226
院就容易对穷尽行政救济问题作出裁决。如果寻求行政救济导致的损害突出，行政机关可能缺乏管辖权，以及裁决管辖权问题并不需要行政机关的专业化认知，法院就不应适用穷尽行政救济的要求。如果除了程序性成本之外，寻求行政救济并不导致任何损害，行政管辖权的问题存疑，而行政机关的专业能力会对解决管辖权问题有明显贡献，法院就应当适用穷尽行政救济原则。当然，当这三项因素的效果相互冲突时，法院就需要有更大的司法裁量权来解决穷尽行政救济问题。但是，随着越来越多的先例表明所有这三项因素都是在不断变化的情形中进行评价的，法律会在某种程度上取代裁量权。

□ 司法机关对这一标准的采纳

许多巡回法院的判决已经明确采纳和适用了三部制标准。[①] 这种司法决策的模式明显地表明，许多其他法院，包括最高法院，是以对三项因素的考量为依据裁决大多数穷尽行政救济的争议，即使他们并未提到这一标准。

□ 这一标准的适用

最高法院为何在 Myers 案和 Standard Oil 案中要求适用穷尽行政救济原则，而在 Kyne 案中则谅解了未遵守穷尽行政救济原则的行为呢？这个问题可以用三部制标准加以解释。在 Myers 案和 Standard Oil 案中，因为要求穷尽行政救济而导致的唯一无法补救的损害就是参加行政听证的常规成本。Standard Oil 案中的管辖权争议如果不经过听证就无法得到解决，需要根据行政机关已经提议的听证才能解决。Myers 案中的管辖权问题很可能是容易解决的，最高法院最近解释了 NLRB v. Jones & Laughlin Steel Corp.[②] 案中扩张了的管辖权。但是，因为对管辖权问题最可能的答案是不会减轻原告参加行政听证的负担，最高法院要求原告穷尽行政救济的做法是明智的。这三项因素可以支持最高法院在 Kyne 案中判决谅解原告未能遵守穷尽行政救济原则。要求穷尽行政救济，将会对原告施加沉重的负担。企业及其专业雇员本来是需要参加工会选举，然后实施了可能被认为构成不当劳动行为的行为，才能对谈判小组指派的行为申请司法审查。在 Kyne 案中，管辖权
问题是容易裁决的，不需要运用行政机关的专业能力。国会明确地排除了专业雇员参加谈 1227
判小组。不仅如此，与 Myers 案不同，对这一简易问题的司法裁决将会减轻原告因为穷尽行政救济原则的要求而在这些情形下需要承受的沉重负担。

许多其他有关穷尽行政救济原则的判决也可以解释为暗中考量了这一标准中的三项因

---

① 例可参见 Rogers v. Bennett，865 F. 2d 415 (11th Cir. 1989)；Shawnee Coal Co. v. Andrus，661 F. 2d 1083 (6th Cir. 1981)；SEC v. G. C. George Securities，Inc.，637 F. 2d 685 (9th Cir. 1981)；Marshall v. Burlington Northern，595 F. 2d 511 (9th Cir. 1979)；California v. FTC，549 F. 2d 1321 (9th Cir. 1977)；Lone Star Cement Co. v. FTC，339 F. 2d 505 (9th Cir. 1964)。

② 301 U. S. 1 (1937).

素。在 AMP，Inc. v. Gardner[1] 案中，第二巡回法院审查了食品药品管理局（FDA）的一项判断，即在决定 AMP 是否可以销售某产品之前所作出的认定该产品属于"药品"而非"器械"的判断。AMP 案的判决表面上看与 Myers 案和 Standard Oil 案并不一致。但是，这些案件之间的矛盾是可以调和的，其依据就是对三项因素的考量。要求穷尽行政救济的负担在这些情形下将会是非常突出的——申请规制机构批准新药的程序可能耗时将近 10 年，耗资大约 1 亿美元。抽象地看，管辖权问题可能是难以解决的，但是法院已经可以从行政机关的初步决定，即该产品属于"药品"，以及行政机关的一名资深官员解释这一决定依据的宣誓书中受益。由于该案中行政机关已经运用宝贵的行政专业能力，法院就可以正当地确信它可以对管辖权问题作出裁决而不需要首先让原告在这一规制情境中穷尽可得的、通常负担沉重的行政救济。

□ 增加第四项因素：行政机关是否已经行使了相关的职能?

AMP 案、Standard Oil 案和 Myers 案的判决存在的显著差异，如果在 1958 年版的《行政法》提出的三项因素标准之外增加第四项因素，就可以作出满意的解释。如果法院被请求裁决的争议将会受益于行政机关的事实调查或者行政机关专业能力的应用，那么行政机关在多大程度上已经履行了这些重要的职能？在假定其他情形相同的情况下，如果法院对于所请求裁决的实质问题已经取得了有关行政机关通过事实调查或者应用专业能力得出的结论，法院应该更愿意原谅原告未能穷尽行政救济。为了确定钢铁公司是否参与州际商业，或者炼油厂是否参与了违法共谋（conspiracy），行政机关必须实施某种形式的听证。国家劳动关系委员会在 Myers 案和联邦贸易委员会在 Standard Oil 案中都没有履行这一程序。不过在 AMP 案中，食品药品管理局已经履行必要的程序，确定该产品属于药品，法院也已经可以获得该行政机关应用其专业技能得出的结论。

□ 对该标准的重述

当然，第四项因素应当具有与其他三项相同的效力；这四项因素中每一项都是要在适
1228 用普通法上穷尽行政救济原则的过程中引导司法裁量权的行使。在增加了第四项因素之后，并且进行概括以调整除了行政机关管辖权之外的事项之后，这一标准需要考虑的内容包括：（1）要求穷尽行政救济对于原告造成的损害程度；（2）法院需要解决实质问题的困难程度；（3）司法机关审查实质问题时得到行政机关的事实调查或者专业技能的协助的程度；以及（4）行政机关完成事实调查或者运用其专业技能的程度。对于这四项因素分别指向不同答案的案件，尽管考虑这四项因素并不能轻易得出答案，但是它可以明显地帮助对穷尽行政救济原则进行合理化和简化处理。

□ 该标准之适用的例证

这四项因素可以解释涉及穷尽行政救济原则的令人困惑的其他不同司法判决模式。哥伦比亚特区巡回法院所作出的两份判决书，涉及了行政机关的决策者是否可以因为指控其

---

① 389 F. 2d 825 (2d Cir.), *cert. denied*, 393 U. S. 825 (1968).

存在偏见而应当在行政案件中回避，就可以很好地说明这一点。在 SEC v. R. A. Holman &Co.[1] 案中，哥伦比亚特区巡回法院判决认为，在行政机关已经完成了在该案中的各种行为之前，下级法院无权决定回避的问题。在 Association of National Advertisers, Inc. v. FTC[2] 案中，同一家法院判决认为它可以在行政机关完成在该案中的行为之前解决回避的问题。该法院对该案和 Holman 案中这两份表面上看并不一致的判决进行了区分，区分的依据就是这两起案件中有关偏见指控的证据重要程度，以及原告申请行政审查时行政机关面对的案件争点所处的地位。在 Holman 案中，行政机关还没有解决回避的争议，法院的结论是深入的举证式听证足以让行政机关和复审法院解决这一争议。而在 Association of National Advertisers 案中，行政机关收到一份与回避决定有关的证据，并且行政机关根据这一证据驳回了回避的请求。因此在 Association of National Advertisers 案中，哥伦比亚特区巡回法院可以在更早的阶段就自信地对行政决策程序的偏见争议作出裁决。

□ 无用性例外

当穷尽行政救济将是徒劳无用的（futility）时，原告可以不需要遵守这一原则的要求。因此在 Skubel v. Fuoroli[3] 案中，第二巡回法院认为当事人试图质疑一项已有规则的效力，可以不必穷尽对规则制定程序起诉的救济，理由是行政机关在致原告的信函中已经表明提出这样的诉讼“将是无用的”。在 United States v. Williams[4] 案中，最高法院判定原告如果是否能够得到救济完全取决于行政机关的裁量，并且行政机关也没有提供该救济 1229
的激励，那么原告就不需要穷尽行政救济。

但是，无用性例外，其适用范围比较狭窄，在 Greene v. Meese[5] 案中，第七巡回法院对此提供了如下解释：

> 无疑拒绝救济是最可能的结果，但是这不是放弃穷尽救济原则的充分理由。凡事皆有可能；而且即使是在拒绝救济时没有放弃穷尽行政救济的要求，该行政机关可以提供说明其理由，这将帮助地区法院对诉讼请求的实质问题进行审查。

还有众多法院判决意见也强调只有在确定会发生不利决定时才能适用无用性例外规则。[6]

□ 穷尽行政救济的义务要求法院判决发回重新处理

在 INS v. Ventura[7] 案中，最高法院作出了一项少见的以全院意见作出的（per curiam）即决判决，推翻了巡回法院的判决。第九巡回法院推翻了移民上诉委员会的裁决，理由是移民上诉委员会的裁决缺乏实质性证据支持。移民上诉委员会并未讨论政府所主张

---

① 323 F. 2d 284 (D. C. Cir. 1963).

② 627 F. 2d 11 51 (D. C. cir. 1979).

③ 113 F. 3d 730 (2d Cir. 1997).

④ 514 U. S. 527 (1995).

⑤ 875 F. 2d 639, 641 (17th Cir. 1989).

⑥ 例可参见 Shawnee Trail v. Department of Agriculture, 222 F. 3d 383 (7th Cir. 2000); Marine Mammal Conservancy v. Department of Agriculture, 134 F. 3d 409 (D. C. Cir. 1998); UDC Chairs Chapter v. Board of Trustees of University of District of Columbia, 56 F. 3d 1469 (D. C. Cir. 1995); Communications Workers of America v. AT&T, 40 F. 3d 426, 433 (D. C. Cir. 1994); United States v. Camacho, 40 F. 3d 349 (11th Cir. 1994)。

⑦ 123 S. Ct. 353 (2002).

的另一项理由。第九巡回法院也驳回了这一理由，而不是将案件发回移民上诉委员会重新处理并允许它处理这一争议问题。第九巡回法院相信发回重新处理是不必要的，因为“如果移民上诉委员会的裁决是对申请人不利的，我们显然必须推翻移民上诉委员会的裁决”。最高法院批评第九巡回法院僭越了“国会完全委托给了行政机关的领地”。最高法院认为，“除了少数的情形，合理的做法是发回行政机关重新处理并要求补充调查或者说明理由”。最高法院论述了给行政机关提供发回重新处理并用别的理由为自己的决定辩护的机会所具有的重要意义：

> 行政机关可以在这一事务上运用其专业技能；它可以对证据进行评估；它可以作出初步判断；并且在这么做时，它可以通过在掌握信息的情况下进行讨论和分析，帮助法院判断自己的判决是否超越了法律所留下的余地。

□ 作为例证的判决意见

以下引用的判决意见可以用来说明法院在适用穷尽行政救济的普通法义务时所持有的
1230 一般态度。在 Mahon v. Department of Agriculture① 案中，第十一巡回法院认为，当原告的律师及时向行政机关提出听证的申请时，但是行政机关的规则规定必须是在规定时间内提交本人签名的申请，而原告并未在规定时间内提交所要求的本人签名的申请时，原告并未穷尽行政救济。

在 Association of Flight Attendants v. Chao② 案中，哥伦比亚特区巡回法院认为，一家航空乘客联盟不能起诉联邦航空管理局（FAA）、职业安全和健康管理局（OSHA）以强迫政府加强对机组人员工作条件的规制而不必要求首先要求联邦航空管理局、职业安全和健康管理局加强对机组人员工作条件的规制而穷尽行政救济。

在 Core Communication v. Verizon Pennsylvania③ 案中，第三巡回法院支持了联邦通信委员会的决定，即在一家州委员会批准了互联互通协议之后引发的解释和强制执行诉讼必须是首先在该委员会内进行争讼。

在 Nulankeyutmonen Nkihtaqmikon v. Impson④ 案中，第一巡回法院认为，原告不能寻求对印第安人事务上诉委员会批准一项租约的决定申请审查，因为它还没有就该批准决定向该委员会提起上诉。

在 Ace property and Casualty Ins. v. Federal Crop Insurance Crop. ⑤ 案中，第八巡回法院与第九巡回法院意见一致，而与第二巡回法院意见相左，它认为要求穷尽行政救济作为对联邦粮食保险公司（FCIC）提起违约诉讼的前提条件，不是涉及管辖权的。第二巡回法院在这场辩论中更具有说明力。法律上规定：“个人在向法院起诉之前……必须穷尽所有的行政上诉程序……”因为法院的结论是该法律并未创设涉及管辖权的穷尽行政救济要求，它可以原谅个人未能在某些情形中穷尽行政救济。但是，法院接着认定，在没有证明穷尽行政救济是徒劳无用的，或者是唯一需要解决的问题是行政机关并不拥有专业能力的法律问题时，个人没有穷尽行政救济是不能获得谅解的。

---

① 485 F. 3d 1247 (11th Cir. 2007).

② 493 F. 3d 155 (D. C. Cir. 2007).

③ 493 F. 3d 333 (3d Cir. 2007).

④ 503 F. 3d 18 (1st Cir. 2007).

⑤ 440 F. 3d F3d 992 (8th Cir. 2006).

在 Wilson v. MVM① 案中，第三巡回法院首先认定，法律规定认为自己遭遇违反《康复法》（the Rehabilitation Act）之歧视的雇员在向政府部门投诉之前必须向平等就业机会委员会提出主张，这是谨慎的要求而非管辖权的要求。法院认定，国会在将这一要求纳入 1231
法律时，只是希望将已有的谨慎性要求立法化。法院接着认定，原告没有履行穷尽行政救济的义务是不能被谅解的，因为他没有“提供清楚和正面的证据证明”穷尽行政救济将是徒劳的做法。

在 Shikes v. Sprint/United Management Co. ② 案中，第十巡回法院认为，这起年龄歧视案件中的原告有义务穷尽行政救济，除了向平等就业机会委员会提出投诉之外，还包括配合平等就业机会委员会的调查。第十巡回法院承认，该法律对于这一问题没有规定，但是法院认定联邦反年龄歧视的法律在结构上和其他联邦反歧视立法如此相似，以至于法院必须对这些法律进行一贯解释。由于第十巡回法院之前已经将其他联邦反歧视法律解释为要求法院认为反年龄歧视也要求这样的配合，第十巡回法院指出，平等就业机会委员会已经在一份法庭之友意见书中主张支持相反的解释，但是法院认定它不需要对仅仅是在一份法庭之友意见书中提出的没有说服力的行政解释给予尊重。③ 第十巡回法院接着认定原告未能穷尽行政救济，这导致法院不能行使管辖权。这一判决是模糊的。所有其他的巡回法院都认为，只有当穷尽行政救济是制定法所要求之时，原告未能穷尽行政救济才是涉及管辖问题的。④

在 United States v. White⑤ 案中，第五巡回法院在一起不同寻常的案件中适用了穷尽行政救济原则。政府向一家地区法院申请命令授权对被告适用强制戒毒措施，这使得被告有资格申请法院审理。第五巡回法院引用了一项规则，该规则规定联邦刑事犯人有权在被迫接受药物治疗（medicated）前申请行政听证。第五巡回法院接着判定，政府必须穷尽行政救济而非向地区法院申请一项将会限制行政救济的命令。

在 Phio v. Gonzales⑥ 案中，第三巡回法院撰写了一份富有争议的判决意见，其中讨论了移民案件中的穷尽行政救济问题。原告申请将其身份变更为永久居民，理由是他和一位美国公民结婚了。行政机关拒绝了这份申请，理由是他曾经因为毒品犯罪而被定罪，没有申请变更身份的资格。行政机关没有对这一决定提供审查机会，但是它确实允许外国人在 1232
被驱逐出境时提出这一问题。第五巡回法院和第七巡回法院认为，申请变更身份的原告只有在遭遇驱逐出境时，才能获得对不利行政决定的审查机会。第三巡回法院却认为，原告不需要以在驱逐出境案件中提出这一问题作为对这一决定申请司法审查的前提条件，因为原告并没有要求启动决定程序的手段，行政机关可能永远不会向原告提供提出这一问题的机会，因为它可能永远不会对原告启动驱逐出境的程序。

在 Avocados Plus v. Veneman⑦ 案中，哥伦比亚特区巡回法院推理充分的判决意见对涉及管辖问题的穷尽行政救济（jurisdictional exhaustion）和不涉及管辖问题的穷尽行政救济进行了区分。《鳄梨法》（the Avocados Act）是授权农业部对各种农产品种植企业收费以支持对这些农产品进行宣传的众多实际上内容相同的法律中的一部。该法允许任何收

① 475 F. 3d 166 (3d Cir. 2007).

② 426 F. 3d 1304 (10th Cir. 2005).

③ 有关法院尊重行政机关对其实施的法律所作解释的情形，相关讨论参见§3.5。

④ 参见§15.3 讨论的案件。

⑤ 431 F. 3d 431 (5th Cir. 2005).

⑥ 432 F. 3d 193 (3d Cir. 2005).

⑦ 370 F. 3d 1243 (D. C. Cir. 2004).

到费用评定命令（assessment order）的种植企业，如果认为该命令与法律不符合，可以向部长提出请愿。原告提出诉讼，在起诉书中主张该法律违反了第一修正案。地区法院驳回了这一起诉，理由是原告还没有穷尽向部长提出请愿的行政救济。哥伦比亚特区巡回法院首先解释了不涉及管辖问题的谨慎的（prudential）穷尽行政救济和法定的穷尽行政救济，前者可能存在法官提出的豁免情形，而后者是对行政行为进行司法管辖的前提。法院接着适用了这两种不同形式的穷尽管辖权的区分标准。哥伦比亚特区巡回法院认定，《鳄梨法》中所规定的向农业部长请愿的行政救济，是一种不涉及管辖问题的谨慎的穷尽行政救济，因为该法并未强制要求穷尽行政救济，也没有提及法院的管辖权问题。哥伦比亚特区巡回法院接着将该案发回地区法院重新审理，以便地区法院可以基于自己的裁量权决定是否不予追究原告未能穷尽该法律所提供但是没有强制要求的行政救济。

在 SEC v. Martha Stewart Living① 案中，第二巡回法院认为，寻求对行政机关不遵守传票的决定进行司法审查的当事人必须首先穷尽在法律或者行政规则中规定的司法审查前提之行政救济。因为证券交易委员会有一份规则要求任何试图对其总法律顾问拒绝遵守传票的决定提出起诉的个人，都必须向证券交易委员会申请对该决定进行审查，以此作为司
1233 法审查的前提条件，穷尽这一救济根据《行政程序法》§704 和最高法院在 Darby 案中的判决意见是强制性的。

在 MFS Securities Corp. v. SEC② 案中，第二巡回法院认为，在一家和纽约证券交易所一样实行自我规制的交易所作出惩戒决定之后，当事人如果不服而要提出起诉，必须穷尽交易所能够提供的救济方式，具有这一前提之后才能要求证券交易委员会对该交易所的决定进行审查。第二巡回法院认定，证券交易委员会的规则要求穷尽该交易所提供的救济方式以此作为证券交易委员会的审查前提条件，这是“防止规避［自我规制的］国会计划的明智方式”。

在 Huang v. Ashcroft③ 案中，第九巡回法院在论理充分的判决意见中判决一位根据《联合国禁止酷刑公约》（the UN Convention Against Torture）必须首先穷尽移民归化局提供的救济，包括要求重新审议遣送案件中所签发的命令，即使穷尽行政救济的要求是在所处的案件中是属于审慎考量的因素，而不是涉及管辖权的因素。第九巡回法院的理由是，移民归化局更适合于利用它具有的专业能力，确保裁决这些纠纷的过程中的一贯性和一致性，并且制作对于司法机关审查这些内在地具有事实特定性的纠纷时至关重要的行政案卷。

在 Ghebremedhin v. Ashcroft④ 案中，根据最高法院在 INS v. Ventura⑤ 案中的判决意见，第七巡回法院修改了它过去的判决意见。第七巡回法院之前曾经推翻了移民归化局的决定，并且发回重新处理并指令批准移民的庇护申请。第七巡回法院承认 Ventura 案则相反，即将案件发回重新处理并允许司法部长裁量决定是给予救济还是拒绝给予救济。

在 Martinez v. United States⑥ 案中，联邦巡回区上诉法院全席审理后判定，原告以军方错误遣散（discharge）为由依据《扩大联邦求偿法院管辖权法》（the Tucker Act）提出的金钱损害赔偿的请求，不需要向军事记录更正委员会（Corrections Board）提出申请以

① 374 F. 3d 184 (2d Cir. 2004).

② 380 F. 3d 611 (2d Cir. 2004).

③ 390 F. 3d 1118 (9th Cir. 2004).

④ 392 F. 3d 241 (7th Cir. 2004).

⑤ 123 S. Ct. 353 (2002).

⑥ 333 F. 3d 1295 (Fed. Cir. *en banc* 2003)，参见§11.7 的讨论。

穷尽行政救济。联邦巡回区上诉法院指出，向军事记录更正委员会提出申请是选择性的救济手段，而最高法院在 Darby v. Cisneros① 案中已经认定原告不需要对本来已属最终性的行政行为穷尽行政机关内部的上诉程序。

在 Gunderson v. Hvass② 案中，第八巡回法院认为，根据《美国残疾人法》（the Americans with Disabilities Act）主张自己受到非法歧视待遇的卡车司机，在卡车的医生和雇主的医生对该司机是否符合作为商业性卡车司机的条件存在不同意见时，必须首先穷尽交通部的裁决程序以确定该卡车司机是否符合资格，他才能主张诉因的存在。第八巡回法 1234
院指出如果没有判定该司机具有作为卡车司机的资格，他就不能证明这起案件的关键内容，并且法院的理由是："交通部获得授权，同时也更适合于裁决有关司机身体条件的医学判断纠纷，并且其专业能力比复审法院强得多。"

在 In re Sac & Fox Tribe of Mississippi③ 案中，第八巡回法院判决，因为国家印第安博彩委员会（the National Indian Gaming Commission）主席签发的临时关闭一家印第安人开设的赌场的命令而利益受损的当事人，不能在穷尽国家印第安博彩委员会全体委员会进行审查的救济之前申请法院的复审命令。第八巡回法院也认为，这种临时性的关闭命令不是最终行政行为。④ 这一判决意见可能对于该法院有关穷尽行政救济的义务的判决意见来说具有关键意义，因为最高法院在 Darby v. Cisneros⑤ 案的判决意见中认为，当原告起诉针对的行政行为构成最终行政行为时，就不需要穷尽行政救济才能提起行政机关内部的上诉程序。

在 Paralyzed Veterans v. Secretary of Veterans Affairs⑥ 案中，联邦巡回区上诉法院认为，根据退伍军人上诉委员会的要求，退伍军人事务部总法律顾问对法律条款所作的解释是只有在该委员会采纳了总法律顾问的解释并将其作为裁决纠纷之依据的时候才是可以审查的。

在 Detroit Newspaper Agency v. NLRB⑦ 案中，第六巡回法院推翻了地区法院签发的禁令，因为原告已经穷尽了行政救济。国家劳动关系委员会命令就一家企业实施了不当劳动行为问题举行听证。地区法院禁止国家劳动关系委员会举行该听证。地区法院的结论是它拥有禁止该行政行为的管辖权，并且通过适用 Leedom v. Kyne⑧ 案中所宣布的原则而允许原告不必穷尽行政救济。地区法院将 Leedom 案解释为，如果行政机关的行为显然超越了所获得的授权，并且因为讼争行为是在立案的 6 个月前所实施，地区法院认定国家劳动关系委员会无权判断该讼争行为是否属于不公平劳动实践，则可以立即对行政行为进行司法审查。巡回法院推翻了地区法院的意见。它将 Leedom 案解释为同时要求行政行为显然超越行政机关的管辖权，并且原告除了直接的司法干预之外再无其他手段可以保护自己的权利。巡回法院认定，该案中的原告是可以通过参与听证，然后再对行政机关最后作出的 1235
决定寻求司法审查等方式保护自己权利的。

在 Cavalier Telephone v. Virginia Electric and Power Co. ⑨ 案中，第四巡回法院推翻

① 509 U. S. 137 (1993).
② 339 F. 3d 639 (8th Cir. 2003).
③ 340 F. 3d 749 (8th Cir. 2003).
④ 参见 § 15. 11 的讨论。
⑤ 509 U. S. 137 (1993).
⑥ 308 F. 3d 1262 (Fed. Cir. 2002)，参见 § 6. 1 的讨论。
⑦ 286 F. 3d 391 (6th Cir. 2002).
⑧ 358 U. S. 184 (1958).
⑨ 303 F. 3d 316 (4th Cir. 2002).

了地区法院所作出的批准初步禁令的命令，因为原告未能穷尽行政救济。根据联邦通信委员会的授权，有线服务局（the Cable Service Bureau）发布命令，要求弗吉尼亚电力公司（Virginia Electric and Power Co.）采取各种行为允许 Cavalier 电话公司（Cavalier Telephone）将电话线路挂在自己电线杆上。弗吉尼亚电力公司向联邦通信委员会申请对有线服务局的命令进行审查。但是在这一申请还没有处理完毕时，Cavalier 就向法院申请禁令，要求强制执行有线服务局的命令。地区法院发布了一项禁令而没有要求 Cavalier 必须穷尽行政救济。第四巡回法院认为，要求穷尽行政救济将会和追求简单和快速的决定程序之目标一致，并且要求联邦通信委员会有机会适用自己的专业能力和裁量权。

在 EEOC v. Karuk Tribe Housing Authority① 案中，第九巡回法院指出了一个罕见的情形，其中法院可以判决行政机关是否在一起发布传票强制执行的案件中对一项事务是否拥有管辖权，在该案中，发送传票的对象还没有让行政机关作出有关管辖权的裁决，所以还没有穷尽行政救济。第九巡回法院阐述了在这类案件中适用的明智的标准：

> 只有在下列情形下，在行政机关对其管辖权作出初步判断之前进行司法干预，才是合理的：（1）有明显证据表明，穷尽行政救济将会导致无法补救的损害；（2）行政机关显然缺乏管辖权；（3）行政机关具有的特别专业能力在管辖权问题上并无帮助。

第九巡回法院接着认为，传票是不可强制执行的，因为平等就业机会委员会（EEOC）显然对于印第安部落及其成员之间的内部纠纷并无管辖权，而且强制执行传票将会对部落主权产生无法补救的损害。

在 Home Health v. Shalala② 案中，第八巡回法院强调了符合穷尽行政救济原则的无用性（futility）例外存在的难度。原告申请金融中介机构（financial intermediaries）退还
1236 超过指南规定收取的费用。这些中介机构拒绝了原告的主张。原告上诉到供应商报销委员会（the Provider Reimbursement Board）。该委员会支持了中介机构的决定，认为这些指南的公布和适用都是适当的。原告接着申请法院对该指南之有效性进行审查。行政机关认为，原告没有对指南的例外（exceptions from the guidelines）的申请穷尽行政救济。地区法院认为，原告可以以无用性例外为理由主张不用穷尽行政救济。地区法院认为，这种适用例外的申请本来应该是无用的做法，因为原告试图对指南的所有适用情形提出质疑，而不仅仅是在不同寻常的情形。巡回法院认为，无用性例外并不适用，并且原告需要寻找这些指南的一个例外作为申请对这些指南进行审查的前提条件。法院认定：“这一例外为纠正不充分的指导性成本限制（insufficient guideline cost limits）提供了充分的救济……由于未能要求对中介机构适用例外，[原告] 失去了整理足以申请司法审查的案卷的机会。”

在 Nippon Steel Corp. v. United States③ 案中，原告申请法院认定商务部的案件越权，联邦巡回区上诉法院则要求原告参与该案件并穷尽其救济。法院指出：“如果让法院介入正在进行的行政案件是不合适的，必须等商务部完成其决定。”法院认为，这一宗案件将会“涉及行使国会赋予该行政机关的裁量权，并且要求适用专业技能”。

在 Thermal Science v. Nuclear Regulatory Commission④ 案中，第八巡回法院支持了驳回原告的审查请求，因为原告并未穷尽行政救济。但是，第八巡回法院也表示有些遗憾自己不能迅速处理原告提出的案件争议。核能监管委员会对 Thermal Science 启动了行政处罚程序。Thermal Science 申请禁令，要求阻止其他立案程序，理由是：（1）既有行政案

---

① 260 F. 3d 1071 (9th Cir. 2001).

② 272 F. 3d 554 (8th Cir. 2001).

③ 219 F. 3d 1348 (Fed. Cir. 2000).

④ 184 F. 3d 803 (8th Cir. 1999).

件，又有尚未终结的刑事案件，违反了禁止双重危险原则；（2）行政机关对于该案讼争的行为缺乏法定的管辖权。法院指出，它“很希望”迅速地处理这些争议。但是，它的结论是自己不能这么做，因为还有另一个可能决定案件结果的争议是核能监管委员会从未处理过的。

在 Pension Benefit Guaranty Corp. v. Carter & Tillery Enterprises① 案中，第九巡回法院处理了有关行政机关内部复议程序和行政机关启动司法程序的权利之间关系的棘手的纠 1237
纷。联邦退休金担保公司（Pension Benefit Guaranty Corporation）认定有些人因为不同程度地拖延支付年金计划的费用而构成欠费。这些相对人对于美国联邦养老金担保公司的决定提出了内部复议程序。联邦退休金担保公司在作出复议处理决定之前也是赶在法律规定的通过司法程序追索欠费的时效终止之前两天，在地区法院起诉这些相对人。地区法院驳回了这一起诉申请，理由是美国联邦养老金担保公司还没有穷尽其自己的内部复议程序。巡回法院推翻了这一判决。巡回法院认为，考虑到诉讼时效即将结束的因素，地区法院作出驳回起诉而非中止诉讼（staying the action）的决定是滥用了自己的裁量权。

在 Swirsky v. National Ass'n of Securities Dealers② 案中，第一巡回法院解决了一起涉及穷尽行政救济原则的纠纷，这一纠纷的产生背景是一家自律规制的证券交易所所作出的决定。国家证券交易商协会（National Association of Securities Dealers）获得法律的授权可以对其成员的行为进行自律规制。国家证券交易商协会与其成员之间的纠纷需要经过四步骤构成的程序才能作出处理决定。一家国家证券交易商协会地区委员会实施了听证并作出了决定。这一决定还可能接受国家证券交易商协会全国委员会、证券交易委员会的审查，并且最后还可能接受巡回法院的审查。地区委员会与 Swirsky 达成了和解，这一决定后来得到了全国委员会的支持。Swirsky 接着向证券交易委员会提出了撤销该和解协议的动议，但是证券交易委员会认为这一动议是不及时的，作出了驳回决定。Swirsky 接着在地区法院起诉。地区法院作出了驳回起诉的决定，理由是 Swirsky 没有穷尽证券交易委员会的救济程序。这一决定也得到了巡回法院的支持。

在 Portela-Gonzalez v. Secretary of the Navy③ 案中，第一巡回法院的判决对穷尽行政救济原则提供了重要的说明。这一判决首先区分了法律规定的穷尽行政救济和法律没有明确规定的穷尽行政救济，前者是法院必须执行的，而对后者法院则拥有不执行的裁量权。该判决提到了四种允许不执行的情形：（1）存在实质性的迟延并且因为这种迟延可能存在无法补救的损害；（2）对于行政机关是否有权提供有意义的补救措施，存在实质性的质疑；（3）存在“明确、客观和可以验证的行政机关的不良记录（taint）”；（4）可以确定个人的诉求在行政机关内部的复议程序中会遭到拒绝。巡回法院不同意地区法院法官基于另外的理由作出的不执行穷尽行政救济原则的决定，这一理由是案件已经诉至法院，如果再要求执行穷尽行政救济原则就会导致资源的浪费。巡回法院指出，这一理由同样适用于在 1238
所有案件中谅解未遵守穷尽行政救济原则的行为，这反而会导致巨大的资源浪费。

在 Glisson v. Forest Service④ 案中，第七巡回法院支持了地区法院的判决，即驳回原告起诉，理由是原告没有及时地穷尽行政救济。行政机关的一项规则要求相对人反对国家森林销售木材的，可以在销售公告之日起 45 日内向 Regional Forester 提交反对意见书，包括理由说明。原告及时提交了反对意见书，但是直到规则中所规定的期限经过都没有说

① 133 F. 3d 1183 (9th Cir. 1098).

② 124 F. 3d 59 (1st Cir. 1997).

③ 109 F. 3d 74 (1st Cir. 1997).

④ 55 F. 3d 1325 (7th Cir. 1995).

明任何理由。正如将在 Darby v. Cisneros① 案中所要求的，该项规则明确要求以穷尽该程序作为司法审查的前提条件。

在 South Fork Broadcasting Corp. v. FCC② 案中，哥伦比亚特区巡回法院认为，它不能受理原告的申请，即审查行政机关实施某一法律条款的方法违反了另一法律条款中的禁止性规定，因为原告没有穷尽行政救济，从而没有为行政机关提供一个解释讼争法律条款的机会。巡回法院认为，当遇到一个全新的法律解释问题时，如果不先由行政机关作出解释而让法院直接解释行政机关实施的法律条款，这是不合适的。

在 General Atomics v. NRC③ 案中，第九巡回法院决定不审查行政机关声称对某一机构拥有管辖权的命令，理由是该行政机关通过听证程序获得了所需要的事实，从而可以作出有关对该机构的管辖权的最终决定。

在 Homeland Stores，Inc. v. RTC④ 案中，第十巡回法院认为，当原告证明违约事实是在 RTC 收购 S&L 之后发生时，与一家后来被清算信托公司（RTC）* 收购的存贷款机构订立合同的当事人不需要穷尽行政救济才能对 RTC 提出违约之诉。巡回法院认定，对于 RTC 的行为而非 S&L 在被 RTC 收购之前实施的行为所引发的权利请求，法律并未作出任何行政救济的规定。因此，巡回法院将这一法律解释为允许原告提出违约之诉而无须穷尽行政救济，因为如果作出相反的解释，将会导致严重的宪法争议，因为这将会使得原告没有机会寻求任何司法或者行政救济。但是，当违约行为是发生在联邦存款保险公司
1239 （FDIC）收购之前时，则需要遵守穷尽行政救济原则。⑤

在 Jersey Shore Broadcasting Corp. v. FCC⑥ 案中，哥伦比亚特区巡回法院谅解了原告在非常特殊的情况下没有遵守穷尽行政救济原则的行为。联邦通信委员会（FCC）实施了比较听证来决定 12 位存在竞争关系的申请人谁能够得到广播许可证。当事人达成了和解草案，并且得到了行政法官和联邦通信委员会的复议委员会的批准。联邦通信委员会推翻了行政法官和复议委员会的决定，它认定这一和解协议违反了该委员会的规则，并且决定将该案发回该行政法官进一步审理。和解协议草案的当事人中有两位对于联邦通信委员会否决和解协议的决定提出审查的请求。支持行政机关命令的诉讼介入人（intervener）认为，原告并未穷尽行政救济，因为他们并未向联邦通信委员会申请中止发回重新审理的程序。巡回法院认为，原告不需要以申请中止重新审理的程序作为对否决和解协议并发回重新审理的行政命令申请司法审查的前提条件。巡回法院的理由是穷尽行政救济原则的目的并不会因为要求原告申请中止审理程序而得到满足，因为行政机关已经对和解协议草案的实质问题进行了充分审查。不仅如此，巡回法院也认定要求穷尽申请中止程序的救济将会给行政机关增加不必要的负担，即："进行相互复议和大量的中止程序的请求，而其理由不过是为了满足穷尽行政救济原则的要求。"

---

* 清算信托公司（Resolution Trust Corporation），是取代联邦储蓄和贷款保险公司而于 1989 年设立的一家联邦机构，作为在由联邦储蓄和贷款保险公司承保期间破产的储蓄协会的监管机构或接收人。该机构的一项重要职能便是处置这些破产储蓄协会的资产。在联邦储蓄和贷款保险公司于 1989 年被撤销之后，这些储蓄协会都由联邦存款保险公司予以承保。——译者注

① 509 U. S. 137 (1993)，参见 § 15. 3 的讨论。

② 59 F. 3d 1249 (D. C. Cir. 1995).

③ 75 F. 3d 536 (9th Cir. 1996).

④ 17 F. 3d 1269 (10th Cir. 1994).

⑤ Tri-State Hotels，Inc. v. FDIC，79 F. 3d 707 (8th Cir. 1996).

⑥ 37 F. 3d 1531 (D. C. Cir. 1994).

在 Greater Slidell Auto Auction，Inc. v. American Bank & Trust Co. [①] 案中，第五巡回法院认为正当程序原则要求行政机关要么审查最后提交的行政上的请求（administrative claim），要么是在法院就权利请求进行诉讼，即使原告没有穷尽行政救济。巡回法院认为行政机关以原告没有穷尽行政救济为由提请法院驳回诉讼，但是并未向原告告知可能的行政复议程序，这是违反正当程序的。这一理由和结论是含糊其词的。[②]

在 Maxon Marine v. Director，OWCP[③] 案中，第七巡回法院认为，在劳工针对原告提出的赔偿请求尚未处理完毕，行政机关即作出拒绝适用豁免赔偿规定的决定时，原告需要为劳工赔偿（Workers' Compensation）的主张进行抗辩而穷尽可能的行政救济，只有满足了这一前提条件，原告才能就行政机关认定原告不能豁免适用劳工赔偿制度的决定申请法院进行审查。 1240

在 United States v. Guthrie[④] 案中，第十巡回法院认为，刑事案件的被告不能在法庭上提出旨在挑战他所被指控违反的规则的实际效力的证据，如果被告在规则制定阶段已经拒绝利用这一机会向行政机关提交证据的话。如果允许当事人提出这样的诉讼，“将会导致法院无法利用行政机关的专业能力”。

§15.3 法定的穷尽行政救济义务

□ 国会可以要求穷尽行政救济

穷尽行政救济原则是由法院所创设，以尊重行政机关独有的机构优势和法定职责的方式将行政机关纳入法律体系之中。这一原则在大多数情况下的应用也是基于普通法上的推理。但是，有的情况下，国会会就穷尽行政救济原则进行专门立法以限定或者引导司法裁量权的行使。在 McCarthy v. Madigan[⑤] 案中，最高法院明确区分了普通法上的穷尽行政救济原则与制定法上的穷尽行政救济原则。

□ 法定的穷尽行政救济义务是强制性的

普通法上的穷尽行政救济义务在适用上比较灵活，存在基于实用主义考虑的例外，而法定的穷尽行政救济义务则是强制性的。尽管法院可以在少数情况下“免除”合规的要求，但是法院并无裁量权去谅解原告未履行法定的穷尽行政救济义务的行为[⑥]，甚至在穷尽行政救济原则是徒劳无用的时候，法院也不能谅解原告未能穷尽行政救济的行为。[⑦] 国会在《行政程序法》中设定了最低限度的穷尽行政救济义务，并且在一些行政机关的组织法（Organic Acts）中设定了更为详细的穷尽行政救济义务。

最高法院的某些判决似乎对强制性法定穷尽行政救济义务这一一般类别作了进一步区

---

① 31 F. 3d939 (5th Cir. 1994).

② 有关说理更为充分但是得出相反结论的一份判决书，参见 Intercontinental Travel Marketing v. FDIC，45 F. 3d 1278 (9th Cir. 1994)。

③ 39 F. 3d 144 (7th Cir. 1994).

④ 50 F. 3d 936，944 (11th Cir. 1995).

⑤ 503 U. S. 140 (1992).

⑥ Shalala v. Illinois Council on Long-Term Care，529 U. S. 1，13-15 (2000).

⑦ Booth v. Churner，2 U. S. 731 (2001).

分。法定穷尽行政救济义务如果是表述为只有在原告已经穷尽特定救济之后才赋予法院以管辖权，则该穷尽行政救济义务就是涉及管辖权问题的要求。而穷尽行政救济要求如果涉及管辖权问题，则不能豁免，甚至不适用普通法上穷尽行政救济义务的最有限的例外，例
1241 如“明显不公”（manifest injustice）和“特有情形”（unique circumstances）等例外，而即使在穷尽行政救济义务是法定之时，某些巡回法院也是承认和适用这些例外的。[①]

□《行政程序法》规定的穷尽行政救济义务

《行政程序法》§704 规定了穷尽行政救济原则：

法律规定可以接受司法审查的行政行为和没有其他适当救济的行政机关的最终行为，应当接受司法审查。预备的、程序性的，或者中间性的行政行为或者裁决，不能接受审查，应在审查行政机关的最终行为时一起接受司法审查。除法律另有明文规定外，就本节规定的目的而言，不论当事人有否请求宣告性命令，或任何形式的复议（reconsideration），或向上级机关上诉（appeal），或者除非行政机关依照规章另有要求并且规定该行为当时未生效，行政行为在其他方面是最终确定的，就是最终行政行为。

根据上述表述，这一规定只是在法律或者行政规章要求时才需要穷尽“复议”或者“向上级行政机关上诉”等救济形式。

直到 1993 年，有关穷尽行政救济原则的法院判决都很少提及 §704。其结果是，法院常常费尽力气去解决疑难的穷尽行政救济的争议，而这些争议本来可以通过适用 §704 轻易地解决。在 Darby v. Cisneros[②] 案中，最高法院以一致意见明确了 §704 的本来含义。当行政机关实施了最终行为时，法院不能要求受该行为影响的当事人穷尽选择性的行政上诉程序。§704 规定，只有在法律或者行政规章将其规定为寻求司法审查的前提条件时，法院才能要求穷尽可能的行政上诉程序。最高法院意外地发现，在《行政程序法》通过 45 年之后，法院仍然没有解决这一问题。该案的判决书中引用了本书第一版和第二版中的有关敦促法院承认或者赋予过去常被忽略的 §704 的文字。

Darby 案是适用 §704 的理想对象。住房和城市发展部（HUD）的规则规定，听证官的决定经过 30 日成为最终行为，除非住房和城市发展部决定对该决定进行审查。住房和
1242 城市发展部的规则也允许当事人对听证官的决定提出复议申请。在 Darby 案中，听证官认定 Darby 实施了不当地规避住房和城市发展部规则的虚假交易，而对 Darby 作出了中止资格 18 个月的决定。Darby 没有对听证官的决定向住房和城市发展部申请复议，而住房和城市发展部也没有行使裁量权自行决定审查。但是，在听证官的决定成为最终行为后，Darby 向法院申请审查听证官的决定，住房和城市发展部主张法院驳回这一审查的请求，因为 Darby 本来可以向住房和城市发展部申请对听证官的决定提出复议申请，但是 Darby 没有提出。巡回法院同意了住房和城市发展部的意见而驳回了这一起诉。最高法院通过适用 §704 的平常含义以一致意见推翻了巡回法院的判决。

Darby 案的判决意见的积极意义在于迫使联邦行政机关在其规则中明确可以提供的行政机关内部上诉（intra-agency appeal）的性质和效力。许多行政机关都拥有一定的裁量

---

① 例可参见 Bowles v. Russell, 127 S. Ct. 2360 (2007)（最高法院有权对涉及管辖权问题的要求创设衡平法上的例外）；Grullon v. Mukasey, 509 F. 3d 107 (2d Cir. 2007)（推翻了巡回法院的先例，这些先例承认了法定穷尽行政救济要求的有限，理由是最高法院在 Bowles 案中的判决意见消除了所有法院在穷尽行政救济要求是涉及管辖权问题时承认任何例外的司法裁量权）。

② 509 U. S. 137 (1993).

权，可以提供各种行政机关内部的行政行为审查程序，而行政行为在没有经过此类审查后是或者会成为最终行为。这些程序可以是选择性的，也可以是强制性的。在 Darby 案之前，有的行政机关试图同时采取这两种方式，也就是说，将行政机关内部的审查程序描述为选择性，但是如果当事人拒绝利用这种被推定为选择性的行政上诉程序时，行政机关就会申请法院驳回对该行政行为的司法审查的请求。在 Darby 案之后，行政机关在受《行政程序法》调整的案件中就不再有这种选择了。行政机关只能在其规章中明确规定行政机关内部的审查，并且规定"与此同时"，正在处于行政机关内部审查程序的行为"不发生效力"，才能使之成为行政行为接受司法审查的前提。但是，如果行政机关只是提供了这种程序的可能性，当事人可以对最终行政行为申请司法审查而无须首先经过行政内部审查程序，除非在相对少见的情况下法律规定穷尽行政机关内部审查程序是申请司法审查的前提条件。在 Darby 案之后，行政案件的当事人需要能够仅仅通过解读法律和行政规则的相应条文而区分选择性和强制性行政机关内部审查程序。

□ 适用 Darby 原则的案件

在 Darby 案之后，联邦法院必须应对众多解释问题。首先，需要铭记的是行政行为即使满足 Darby 案确立的标准，即如果行政行为既不满足最终性标准，也不满足成熟性标准时，如何确定原告已经穷尽行政救济，它也可能不符合理解得到审查的资格。Air Espana v. Brien① 案说明了这一点。移民归化局（INS）对运送外国人非法入境的 12 家航空公司作出了罚款决定。移 1243
民归化局的规则规定了对移民归化局的罚款决定，在 15 日内向移民上诉委员会（BIA）提出上诉的权利。无论是法律还是规则都没有将穷尽这种救济作为司法审查的前提，但是这些规章规定如果当事人向移民上诉委员会提出上诉则自动中止罚款决定的执行。这些航空公司将罚款决定上诉至移民上诉委员会，但是他们在移民上诉委员会就上诉作出决定之前又向法院申请审查这些罚款决定。第二巡回法院依职权地提出了穷尽行政救济、最终性和成熟性等问题。法院认为，航空公司不需要穷尽对移民上诉委员会的上诉程序，但是法院也认为，考虑到移民上诉委员会的上诉程序还未终结，行政机关既不具有最终性，也不具备审查所需的成熟性，因此在当事人穷尽上诉权利或者放弃这些权利之前，移民归化局的罚款决定不具有可司法性。

Darby 案之后的大多数案件都要求法院对行政规则进行解释。例如在 Shawnee Trail v. Department of Agriculture② 案中，第七巡回法院驳回了对一项行政行为提出的审查请求，因为原告还没有穷尽行政机关内部的上诉程序，而行政规则将该程序规定为司法审查的前提条件。

在 Kleissler v. Forest Service③ 案中，第三巡回法院中处理了一项很有趣的争议。Kleissler 在录音会议中向作出行政行为的官员提出了若干争议问题。他试图在司法审查程序中提出这些争议问题，但是行政机关认为他无权这么做，因为他还没有以书面形式向行政机关提出这些问题，所以还没有穷尽行政救济。法院同意了行政机关的观点。法律规定当事人必须穷尽"部长确立的"所有行政程序。行政规则要求当事人在行政行为决定过程的每一个阶段都以书面形式提出争议问题。因此，法院判定，综合法律和行政规则的规定，对于没有以书面形式向行政机关提出的任何争议问题，法院并无进行审查的裁量权。

在 Young v. Reno④ 案中，第九巡回法院判定一项行政规章则并不符合 Darby 原则的

---

① 165 F. 3d 178 (2d Cir. 1999).

② 222 F. 3d 383 (7th Cir. 2000).

③ 183 F. 3d 196 (3d Cir. 1999).

④ 114 F. 3d 879 (9th Cir. 1997).

要求。这一规章规定了行政机关内部上诉程序，并且规定行政机关在上诉程序持续期间不会强制执行其命令，但是这一规章并不要求当事人提出行政机关内部上诉申请。

在 Howell v. INS① 案中，第二巡回法院存在意见分歧的合议庭判定两项行政规则综合起来符合 Darby 原则的要求。第一项规则允许申请变更地位（change of status）的申请
1244 人在驱逐出境案件中对于拒绝变更地位的决定申请复议；第二项规则则规定，驱逐出境案件的对象只能在驱逐出境案件中提出自己的变更地位申请。法院判定这两项规则符合 Darby 原则的要求，当行政机关在拒绝了变更地位的申请之后已经开始驱逐出境程序。多数意见承认了之前不同巡回法院业已存在的意见分歧，即对于行政机关在终止驱逐出境案件之前作出的拒绝地位变更的命令，法院是否有权进行审查。而持协同意见的法官的观点则是，这些规则并不能符合 Darby 原则的要求，但是尽管如此，他还是拒绝进行审查，因为拒绝变更地位的决定不具有司法审查所要求的成熟性，并且行政机关开始但尚未终结驱逐出境程序时并不能构成最终行政行为。

大多数的行政机关组织法并不涉及穷尽行政救济原则。但是，当这些法律确实作出规定时，法院就不能随意地适用普通法上的穷尽行政救济原则及其实用主义的、由法院确定的例外情形。法院当然必须适用法律条文。但是，这常常是困难的，因为国会很少能够预料到并且规定司法审查的请求中会提出的众多不同类型的争议，以及引发这些争议的众多不同的程序状态。

□ 构成法定的穷尽行政救济义务的条件

仅仅在行政机关组织法中提及穷尽行政救济的义务并不足以创设制定法上的穷尽特定行政救济的义务。各级法院将一般性地提及穷尽行政救济的义务解释为只是将普通法上的义务订入法律，对于这一义务存在通常的实用主义的、法官确定的例外情形。法律只有在包含以下内容时，才能创设独立的穷尽行政救济的义务："全面（sweeping）和直接的"法律用语，表明并不存在穷尽行政救济之前的联邦法院的管辖权，或者穷尽行政救济的要求是被视为作为基础的权利请求的构成要素之一。穷尽行政救济的要求只有在超越了将穷尽行政救济要求订入法律所必需的文字时，才能确立管辖权。②

例如《监狱诉讼改革法》（the Prison Litigation Reform Act）就规定："在穷尽可能的行政救济之前，不得提起诉讼。"每一家审理过这一问题的法院都认定法律条文只将普通法上的穷尽行政救济义务订入法律，并未设定独立的、确立管辖权的、制定法上的穷尽行
1245 政救济义务。③

□ 42 U. S. C. § 405（g）

最高法院在对卫生和社会服务部（HHS）的行为进行司法审查的众多案件中讨论了穷尽行政救济的问题。卫生和社会服务部负责实施几个复杂的公共福利项目，以至于每年裁决数以百万计的纠纷。考虑到这一任务的艰巨性，国会通过立法对法院审查卫生和社会

① 72 F. 3d 288 (2d Cir. 1995).

② Weinberger v. Salfi，422 U. S. 749，757 (1975).

③ Chelette v. Harris，229 F. 3d 684 (8th Cir. 2000)；Nyhuis v. Reno，204 F. 3d 65 (3d Cir. 2000)；Rumbles v. Hill，182 F. 3d 1064 (9th Cir. 1999)；Perez v. Wisconsin Department of Corrections，182 F. 3d 532 (7th Cir. 1999)；Underwood v. Wilson，151 F. 3d 292 (5th Cir. 1998).

服务部之福利决定的管辖范围作出了限制。42 U.S.C. §405（g）就规定，法院审查众多类型的卫生和社会服务部的福利决定的管辖权只有根据§405（g）的规定才是允许的。这一规定进而将司法审查的管辖权限定为“在经过听证之后作出的……最终行为……”最高法院在处理§405（g）规定下的穷尽行政救济问题时已经遇到了困难。

□ 行政机关可以放弃穷尽行政救济的要求

在§§15.5-15.7将会详细讨论的三起案件就反映了最高法院过去在处理这种情况下的穷尽行政救济问题时遭遇的困难。在 Weinberger v. Salfi[①] 案中，行政机关根据某项法律条款拒绝了 Salfi 的社会保障福利申请，尽管 Salfi 尚未穷尽行政救济，行政机关也没有举行听证，但是最高法院允许 Salfi 对这一法律条款的合宪性提出质疑。最高法院指出，卫生和社会服务部有责任确定何时构成§405（g）意义上的“最终决定”。最高法院认为，卫生和社会服务部拒绝主张 Salfi 尚未穷尽其行政救济而默示地放弃了“经过听证后”作出决定的法定要求。[②] 最高法院也指出，法律要求的听证程序将是“徒劳和浪费的”，因为卫生和社会服务部显然已经认定这起纠纷中的唯一争讼点是这一法律规定的合宪性，而这一争讼点是卫生和社会服务部所无权解决的。[③] 在 Mathews v. Diaz[④] 案中，最高法院再次认定卫生和社会服务部可以免除听证要求以及申请人穷尽其他行政救济的要求，而将拒绝福利的中间（interlocutory）决定视为§405（g）意义上的最终决定。[⑤]

□ **Eldridge 案**

这三起案件中最令人困惑的当推 Mathews v. Eldridge[⑥] 案。在 Eldridge 案中，最高法院对卫生和社会服务部处理社会保障福利纠纷之程序的合宪性作出了裁判，即使（1）法律规定穷尽行政救济是对福利决定进行司法审查的管辖权前提；（2）法律只允许在经过听证后进行审查；（3）法律只允许对最终决定进行审查；（4）Eldridge 绕开了可能的听证程序，拒绝穷尽其他行政救济，也不是最终决定的相对人；（5）卫生和社会服务部并未免除听证、最终行为或者穷尽行政救济的要求；（6）卫生和社会服务部有权通过 Eldridge 所绕开的听证程序批准 Eldridge 的请求；（7）最高法院可以通过要求 Eldridge 穷尽行政救济而 1246
回避裁决不必要的宪法争议。

有关§405（g）规定的穷尽行政救济的法律规则，因为 Salfi 案、Diaz 案和 Eldridge 案的三分法（trilogy）而处于令人混淆和沮丧的境地。尤其是 Eldridge 案，最好将其解释为最高法院急切解决一项重要的宪法争议，以至于为了处理和消除这一宪法争议，它愿意谅解原告未能穷尽行政救济的行为。[⑦] 最高法院试图通过再次裁判若干涉及这些争议的案件而澄清§405规定的穷尽行政救济的相关法律问题。

---

① 422 U.S. 749 (1975).

② Id. at 766-767.

③ Id. at 767.

④ 426 U.S. 67 (1976)

⑤ Id. at 72-73.

⑥ 424 U.S. 319 (1976).

⑦ 参见§15.7。

□ Ringer 案

Heckler v. Ringer[1] 案就是一起值得进一步讨论的重要判例。Ringer 案的发生背景是《联邦医疗保险法》（the Medicare Act）。与《社会保障法》（the Social Security Act）一样，法院只能根据 420 U. S. C. § 405（g）规定赋予的管辖权，审查基于《联邦医疗保险法》“提出的权利请求”。这一法律条款规定只能对“听证之后……作出的最终决定”赋予审查的管辖权。卫生和社会服务部在规章中规定，福利决定只有在申请人已经穷尽了若干指定层级的行政复议才能成为“最终行为”[2]。Ringer 案的事实复杂，但是对于理解所引发的穷尽行政救济问题具有重要意义。卫生和社会服务部认为，特定的外科治疗程序如果被用于缓解呼吸窘迫症（respiratory distress），则不属于《联邦医疗保险法》规定意义上的“合理和必要”[3]。卫生和社会服务部给财务中介（fiscal intermediaries）发送了一份通知，即根据该法规定作出了的初步福利决定，指示这些中介不要报销这一外科手术的费用。[4] 这一通知并不拘束有权推翻财务中介之决定的行政法官和上诉委员会（the Appeals Council）。在一开始被财务中介拒绝报销的案件中，行政法官和上诉委员会在较高比例的案件中开始准许外科手术的福利。[5] 卫生和社会服务部接着作出了正式的裁决，推定对行政法官和上诉委员会具有拘束力，禁止对在 1980 年 10 月 28 日实施的外科手术批准福利申请。[6]

四位保险受益人对卫生和社会服务部的裁决申请司法审查，指控该裁决中所宣布的推定具有拘束力的政策根据多项程序和实体理由都是无效的。其中三位原告都是在 1980 年 10 月 28 日前接受外科手术，财务中介也已经在初步决定中拒绝了他们的费用报销申请。九位大法官认为，根据 § 405（g）的规定，这三位原告都必须先穷尽可能的救济渠道才能
1247 获得司法审查的机会。[7] 既然这些原告是在 1980 年 10 月 28 日之前接受外科手术的，行政法官和上诉委员会就不需要对这些原告适用卫生和社会服务部的裁决，而这些原告本来也可能通过向行政法官和上诉委员会寻求行政救济而获准报销费用。[8] 该案的多数意见对 Salfi 案和 Diaz 案与卫生和社会服务部认为穷尽行政救济是徒劳并且免除穷尽行政救济要求的案件进行了区分。相比之下，卫生和社会服务部在 Ringer 案中主张穷尽行政救济并不会是无用的，而多数意见则是批评上诉法院是在这一问题上对卫生和社会服务部进行了“事后评论”[9]。多数意见将 Eldridge 案列为“特殊案件”，在该案中尊重卫生和社会服务部关于穷尽行政救济原则之效用的观点是不合适的。[10] 多数意见将 Eldridge 案描述为这样的一起案件，即：“原告声称……其权利请求是完全‘附随于’其对福利的主张，同时形象地说明了在穷尽行政救济之后溯及既往地支付福利，不能补救他所受的损害。”[11]

---

① 466 U. S. 602 (1984).
② Id. at 606.
③ Id. at 607.
④ Id. at 607.
⑤ Id. at 608.
⑥ Id. at 608.
⑦ Id. at 613-614, 628.
⑧ Id. at 613-614.
⑨ Id. at 618.
⑩ Id. at 618.
⑪ Id. at 618.

Eldridge案所确立标准其适用范围并不确定，Ringer案中也重述这一标准，除此之外，最高法院在Ringer案有关三位原告穷尽可能的行政救济的义务的判决也有助于阐释Salfi案、Diaz案和Eldridge案三分法中所确立的法律框架。不幸的是，在Ringer案中还有第四位原告提出了更为棘手的穷尽行政救济的问题。

□ 因为未穷尽行政救济，法院判定规则不具有可审查性

Ringer是该案中排在第四位的当事人，他所需要承担的穷尽行政救济义务让最高法院提出了存在分歧的，同时也是令人困惑的意见。Ringer从未接受过卫生和社会服务部裁决认为不合理和不必要的外科手术。Ringer声称自己需要接受手术，并且除非他能够获得报销费用的资格，自己无力承担手术费用。[1] Rehnquist大法官代表六位持多数意见的大法官所撰写的判决意见书中指出，任何一家联邦法院都无权审查Ringer的权利请求，因为§405（g）将穷尽行政救济的要求设定为管辖权的前提条件，而Ringer甚至还没有向卫生和社会服务部提出具体的权利请求。[2] 多数意见担心，如果作出相反的判决，将会造成向数以百万的民众敞开法院大门的效果，包括那些可能希望接受的手术会受到卫生和社会服务部的政策的影响的，以及那些愿意声称其决定取决于能否得到报销费用的保证。[3] 多数意见也认为，§405（g）对"最终行为"的要求可以证明国会认定某些个人需要忍受困难，以免司法过早介入每年处理数百万件申请量的行政计划之中。[4]

Stevens大法官代表三位大法官所撰写的不同意见书则是以另外一种视角看待Ringer所处的境遇。这些持不同意见的大法官认为，可以同意Ringer的诉讼请求，即立即对卫生和社会服务部的裁定进行审查，理由如下：（1）Ringer的诉讼请求是根据《行政程序 1248
法》而非《联邦医疗保险法》"提出的"，因此28 U.S.C. §1331所规定的管辖权并没有被42 U.S.C. §405排除[5]；（2）Ringer并未试图绕过§405（g）对穷尽行政救济的要求，因为他并未寻求行政救济的机会[6]；（3）Ringer已经收到了卫生和社会服务部部长的决定，即规定任何报销申请都会被拒绝的这一具有拘束力的规则[7]；（4）Ringer的权利请求与Eldridge一样属于"特殊案件"，并不需要适用"穷尽行政救济"[8]；（5）多数意见不符合行政行为可受审查性的推定，因为Ringer在没有报销的情况下无力承担手术的费用，他也就永远不可能对卫生和社会服务部的禁止报销规则提出司法审查的申请。[9]

□ 对Ringer案的批评

可以理解的是，Ringer案的多数意见试图澄清Salfi案、Diaz案和Eldridge案所造成的穷尽行政救济原则的混乱，但是它也犯下了另一种类型的错误。最高法院一直以来都认

---

① Id. at 609-610.
② Id. at 620-622.
③ Id. at 625.
④ Id. at 627.
⑤ Id. at 633.
⑥ Id. at 637.
⑦ Id. at 639-640.
⑧ Id. at 641.
⑨ Id. at 644-648.

为，如果争点具备司法审查的成熟性，行政规则构成可以立即审查的最终行政行为。① 卫生和社会服务部所作出的具有拘束力的裁决，即特定类型的手术不能报销费用，就是具备司法审查之成熟性的规则，完全无须对任何申请人适用这一规则。② 对于成熟性原则和穷尽行政救济原则的这种适用并不会造成向数百万的民众敞开诉讼的大门，因为只有卫生和社会服务部禁止特定手术费用报销的规则需要接受司法审查。Ringer 案判决的多数意见的依据可能是多数派大法官相信国会希望排斥对卫生和社会服务部根据《联邦医疗保险法》而制定的规则进行的执行前的审查，即最高法院在 Abbott Laboratories 案所留下的可能性。③ 但是这是不太可能，理由有二：其一，国会并未在 42 U. S. C. § 405 中涉及对规则执行前的司法审查。这一规定只是为了限制对卫生和社会服务部所作出的数以百万计的裁决决定进行的司法审查。其二，最高法院在 Bowen v. Michigan Academy of Family Physicians④ 案中以一致意见拒绝了对 § 405 采用这样的解释。

□ Michigan Academy 案：规则是可以接受司法审查的

在 Michigan Academy 案中，一家医生协会申请对卫生和社会服务部的一项规则进行司法审查，这项规则规定可以根据手术医生的类型而对相同类型的手术批准不同程度的报销。Michigan Academy 案中被质疑的规则所依据的《联邦医疗保险法》部分规定是与 Ringer 案受质疑的规章所依据的规定有所不同。但是，在 Michigan Academy 案中所讼争的《联邦医疗保险法》的这部分内容也规定了 42 U. S. C. § 405 中所包含的对司法审查的
1249 限制。卫生和社会服务部认为，法院不能对该项规则的有效性进行审查，因为医生们尚未提出报销的请求，根据 § 405 的规定，这属于需要由经听证程序作出的“最终行为”来决定。⑤

最高法院首先强调了“国会希望对行政行为进行司法审查的强的推定（strong presumption）”⑥。最高法院认为，42 U. S. C. § 405 以及该法相关条款所规定的司法审查的法定限制，并不适用于对卫生和社会服务部的规则提起的诉讼。⑦ 最高法院认为，国会只是希望限制法院审查卫生和社会服务部对根据《联邦医疗保险法》而提出的数百万件“小额”福利权利请求所作的决定。⑧ 最高法院认定，国会并未试图让无法由所要求的对福利申请听证程序决定的事项——包括规定确定福利额度之方法的卫生和社会服务部规则——免受司法审查。⑨

□ 区分 Ringer 案与 Michigan Academy 案的困难

最高法院将 Michigan Academy 案与 Ringer 案进行了区分。这两起案件存在区分的可能，因为在这两起案件中遭受质疑的规则分别是根据《联邦医疗保险法》的不同部分规定

---

① Abbott Laboratories v. Garner, 387 U. S. 136, 149 (1967).

② § 15. 14.

③ Id. at 142.

④ 476 U. S. 667 (1986).

⑤ Id. at 673.

⑥ Id. at 670.

⑦ Id. at 673.

⑧ Id. at 675.

⑨ Id. at 675-676.

颁布的。但是，这点区别可能并不重要，因为这部法律之两部规定的司法审查条款在目的和效力上都是完全一致的。Michigan Academy 案与 Ringer 案的多数意见并不一致，后者认为，卫生和社会服务部禁止某一手术费用之报销的规则，在没有提出报销申请、对该申请举行听证并穷尽其他行政救济的情况下是不能接受司法审查的。

□ New York 案：未公开的、违法的政策是可以接受司法审查的

在 Bowen v. City of New York[1] 案中，最高法院再次解决了一起穷尽行政救济的争议。卫生和社会服务部根据未经公开的一项违法的规章，拒绝了一类个人提出的福利申请，纽约市（New York）代表一些被拒绝的福利申请人对卫生和社会服务部提起了诉讼。联邦地区法院以命令的形式提供了救济，要求卫生和社会服务部重新受理这些个人的申请。卫生和社会服务部认为，地区法院无权审查这些个人的福利申请，因为根据 42 U. S. C. § 405 的管辖权前提规定，这些个人并未穷尽行政救济。[2]

□ 行政机关被要求重新受理申请

最高法院以一致意见否定了卫生和社会服务部关于穷尽行政救济原则的观点，Powell 大法官代表最高法院撰写了判决意见。最高法院认为并不需要适用穷尽行政救济原则，因为：（1）行政救济不再具有可得性；（2）福利申请人在未能穷尽行政救济之时，不可能注意到拒绝其福利申请的违法依据。[3] 最高法院也认为，在这些情况下，可以免除穷尽行政救济原则的适用。最高法院承认，通常来说，只有卫生和社会服务部可以免除穷尽行政救济原则的适用，但是它接着援引 Eldridge 案，认为该案明确了法院可以在具备下列条件时免除穷尽行政救济原则的适用：（1）所申请的救济是“完全附随于”福利申请；并且 1250
（2）申请人提出的表面正确的主张（colorable claim）表明如果要求穷尽行政救济原则，将会导致无法补救的损失。[4] 不仅如此，最高法院还认为，当行政救济系统性地适用未经公开的违法政策时，作为穷尽行政救济原则之基础的政策并不适用；允许扩大事实收集或者专业技能的运用并不能带来任何收益。[5] 不仅如此，地区法院所裁定的救济——责令卫生和社会服务部重新受理福利申请——是完全符合穷尽行政救济原则的。[6]

City of New York 案的结论无疑是正确的，其推理也大部分反映了对穷尽行政救济原则的合理、实用主义的适用。判决意见加深混乱的部分内容是援引了 Eldridge 案提出的对穷尽行政救济原则的例外。我们难以确定或者预测这一例外的范围。如果 Eldridge 提出的福利申请处理存在缺陷的程序的主张是“完全附随于”他的福利申请，并且如果因为适用穷尽行政救济原则而对 Eldridge 造成的损失可以构成有关无法补救的损失的“表面正确的主张”，那么 Eldridge 例外将使穷尽行政救济原则的法律规则基本化为乌有。最高法院可以坦白承认它在 Eldridge 案中对穷尽行政救济原则的处理主要是因为它希望受理该案并且处理该案的实质问题，从而消除穷尽行政救济原则这一疑难的法律问题中存在的某些不必

---

① 476 U. S. 467 (1986).
② Id. at 477.
③ Id. at 480-482.
④ Id. at 483.
⑤ Id. at 484-485.
⑥ Id. at 485.

要的混乱。[①]

最高法院部分根据其迅速、确定地解决实质问题的需要而处理某些穷尽行政救济问题，这一做法本无可厚非。但是，最高法院是根据这一因素作出判决而又没有明确指出，这就没有必要地增加了这一法律问题的混乱。

□ Haitian Refugee Center 案：最高法院判定违法程序可以接受司法审查

在 McNary v. Haitian Refugee Center[②] 案中，最高法院再次将该案与 Ringer 案进行了区分。一群不持有合法居留证件的外国人在申请特赦遭拒后在一家联邦地区法院提起集团诉讼，他们指控移民归化局所采纳的实施特殊农业工人（Special Agricultural Workers）特赦项目的程序同时违反了《1986 年移民改革和控制法》（the Immigration Reform and Control Act of 1986）和正当程序原则。联邦地区法院受理了这一案件，对案件事实的实质问题进行了听证，判定移民归化局违反了法律和正当程序原则。移民归化局援引最高法院在 Ringer 案中的推理为自己进行了辩护，即该法中规定的穷尽行政救济原则要求排除了联邦地区法院对移民归化局的程序进行审查的管辖权。该法只授权巡回法院对拒绝特殊农业工人地位申请的命令进行司法审查，并且必须是在移民归化局采取了发布驱逐出境或
1251 者拒绝入境（exclusion）的进一步措施之后。

七位大法官出具的多数意见认为，这家地区法院有权审查移民归化局程序是否符合法律和宪法的规定，即使原告并未满足法定的穷尽行政救济的要求。多数意见所依据的是下列几项因素：（1）法律的规定目的只是限制对特定行政裁决中发布的命令进行司法审查，而不是限制行政机关一般性的政策和程序[③]进行司法审查；（2）对法律进行相反的解释，将会让众多特殊农业工人特赦的申请人永远无法获得对移民归化局的程序是否完备进行司法审查，因为移民归化局可能永远不对申请特殊农业工人特赦未获成功的申请人启动驱逐出境的程序[④]；（3）申请人认为移民归化局“在处理特殊农业工人特赦申请时一直持续地违反宪法和法律的规定”，但是在该案诉至最高法院时，移民归化局不再对申请人的这项主张进行争吵。[⑤] 多数意见认为，该法中缺乏“国会明确的规定”，以至于无法认定国会试图将申请人置于这样的境地，即如果行政机关的做法否定了他们依据法律或者宪法所享有的权利，他们也无法获得有效的司法审查。[⑥] 两位持不同意见的大法官认为，除了巡回法院对驱逐出境命令的审查之外，国会已经清楚地排除了对该案被诉行政程序的司法审查。[⑦]

□ 区分 Ringer 案和 Haitian Refugee Center 案的困难

Haitian Refugee Center 的多数意见，可以说除了其中一个方面之外都是理由充分的。多数意见试图将该案与 Ringer 案相互区分，认为该案中原告对于 Ringer 案中受质疑的规则之合法性拥有其他获得有效司法审查的手段，这是不能让人信服的。Ringer 案和 Hai-

---

① 参见§15.7。
② 498 U.S. 479 (1991).
③ Id. at 489.
④ Id. at 486, 496.
⑤ Id. at 490.
⑥ Id. at 496-498.
⑦ Id. at 501-502.

tian Refugee Center 案是无法相互调和的，它们所依据的法律解释理论前后不一致，有关司法机关合理作用的观点也是截然对立的。

□ 行政机关可以免除穷尽行政救济原则的适用

最高法院在另外两起案件中简要讨论了§405规定的穷尽行政救济原则。在这两起案件中，最高法院都重申了Salfi案中所宣布的原则，即卫生和社会服务部可以免除适用§405规定的穷尽行政救济原则。在Bowen v. Owens①案中，最高法院默认了卫生和社会服务部免除“任何进一步的行政审查（review）”的协议。②在Heckler v. Day③案中，最高法院指出，除了福利申请中所提出的“不可免除适用的要求”之外，卫生和社会服务部可以免除§405规定法院确立管辖权所需的穷尽行政救济原则的任何要素。④

□ Illinois Council 案中所作的进一步阐释

在Shalala v. Illinois Council on Long Term Care⑤案中，最高法院以5∶4作出的判决中试图调和，并阐释这一系列复杂案件的含义。最高法院认为，根据《联邦医疗保险法》规定作为法院审查其权利请求之管辖权前提条件，任何申请人，包括寻求质疑行政机关规 1252
章有效性的原告，都必须穷尽行政程序。多数意见对这项争议所作的裁决是模棱两可的，但是对于最高法院作出过前后矛盾的不同判决意见的一个法律领域，这一多数意见至少提供了迫切需要的阐释。

一家疗养院（nursing homes）协会试图质疑几项医疗保险规章同时违反了《联邦宪法》和《联邦医疗保险法》。卫生和社会服务部认为，只能在原告遵守了《联邦医疗保险法》§405（g）规定之后提出这些争点时，法院才能进行审查。该节法律规定，任何人对“一项决定（determination）”不服的，只能对“经过……听证之后作出的最终决定”申请司法审查。该法§405（h）规定：“除了此处规定之外……不能对任何……决定……进行审查”。该法还进一步规定：“不得对根据本分章规定提出的任何权利请求……根据赋予针对联邦被告的诉讼管辖权的法律规定……提出针对［卫生和社会服务部］部长的诉讼。”多数意见认为，如果进行整体解读，这些法律规定可以理解为排除任何人未经首先申请获得经听证后作出的最终决定而直接起诉质疑医疗保险规章。多数意见的理由是，如果当事人申请法院认定一项规章无效，那么其行为的目的是“获得实现依据本法提出的权利请求”，从而属于法定的穷尽行政救济要求的范围。

在这篇长篇大论并且错综复杂的判决意见中，多数意见总结了最高法院先前作出的众多判决意见。它将Salfi案和Ringer案归纳为认定§405（h）禁止法院在经听证后的最终决定未穷尽行政救济的情况下进行审查。但是，多数意见也承认，Salfi案和Ringer案允许行政机关或者复审法院免除适用§405（g）规定的程序性要求，例如听证的要求，除非是不得免除适用的要求，即任何个人必须“在向法院起诉之前向行政机关提出权利请求”。

在判决意见的这节内容里，多数意见承认了法定穷尽行政救济要求与“普通的‘成熟

---

① 476 U.S. 340 (1986).

② Id. at 343.

③ 467 U.S. 104 (1984).

④ Id. at 110 n.14.

⑤ 529 U.S. 1 (2000).

性’和‘穷尽行政救济’的一般行政法原则”之间的重要差别。尽管后者是以法官造法方式确立的原则，存在法官确立的例外情形，前者则是对司法管辖权的法定前提条件，并不适用法官确立的例外情形。但是，这一讨论必须加以限定，即多数意见也承认法院可以在某些情形下“免除”某些法定程序的要求。

多数意见接着将该案与 Haitian Refugee Center 案作了区分，认为该案的结果“取决
1253 于不同法律的不同规定”。它进一步将该案与 Eldridge 案进行了区分，认为该案中最高法院所适用的原则是，无论是行政机关还是复审法院都可以免除适用“§405（g）规定的某些（但并非全部）程序要求”。多数意见指出，如果所提出的争点是“附随于”权利请求，并且要求原告穷尽某一程序要求将会给他带来无法补救的损失，那么免除的是一项程序要求，而非向行政机关提出权利请求的不可免除适用的义务，也许是合适的。

多数意见接着提到了一项先例，而这项先例是最难以与多数方的判决进行一致解释的。巡回法院将 Michigan Academy 案解释为判定§405（g）所规定的法定的穷尽行政救济要求只适用于“数额的确定”，而不适用于对行政机关规章的质疑。但是，多数意见认定，Michigan Academy 案只是判定，如果对于原告来说，适用法定穷尽行政救济要求的结果将是无法寻求法院审查他所提出的行政规章违宪的主张，那么原告就不需要遵守法定穷尽行政救济要求。多数意见认定 Illinois Council 案中的原告将会最终获得法院对其主张进行审查，但是只能是在他们遵守了法定穷尽行政救济要求之后，因此多数意见判定他们必须穷尽§405（g）所规定的程序。多数意见对其判决的效力作了如下总结：

> 以这种方式在行政机关进行的程序，为行政机关提供了根据这些质疑意见重新审查其政策、解释和规定的机会。这也不需要浪费时间，因为行政机关可以免除众多程序要求，法院也可以认为在特定情形下免除适用这些程序要求。

持不同意见的大法官们认为，Michigan Academy 案承认了以下两者的区别，即试图质疑与报销申请“相关的特定事实的决定”和试图质疑“部长的指令和规定的效力”。在持不同意见的大法官们看来，除非并且只有在原告穷尽了§405（g）规定的行政程序之后，法院不能审查前者，但是即使原告并未穷尽这些行政救济，法院也可以审查后者。持不同意见的大法官们认为，Michigan Academy 案将会给试图质疑行政机关规章效力的当事人提供更为有效和更为及时的司法救济。但是，他们也承认，他们对 Michigan Acade-
1254 my 案的解释并不符合最高法院在 Ringer 案中的判决。持不同意见的大法官中有三位部分是依据了他们定性为“我们长期以来更青睐执行前审查（pre-enforcement review）的假定”，但是六位大法官质疑是否存在这样的假定，并且即便有这样的假定，法院是否有这么大的权力。[1]

□ 未经穷尽州内救济，联邦政策也可以接受审查

最高法院还在将穷尽行政救济原则与联邦法院管辖权挂钩的法律规定的背景下讨论了穷尽行政救济问题。UAW v. Brock[2] 案的提出背景是质疑劳工部为了实施《1974 年贸易法》（the Trade Act of 1974）[3] 部分规定所制定政策的合法性。该法规定了一项由联邦提供资金支持，各州实施的向因为进口而导致失业的工人提供的补充性失业福利项目。该法授权劳工部与各州行政机关签订协议，由后者作出所有的个人资格审查决定。该法规定，

---

① 参见§15.12 和§15.14 的讨论。

② 477 U.S. 274 (1986)

③ 19 U.S.C. §2101.

劳工部在订立这类协议时，资格审查的决定只能是“与根据所适用的各州法律作出决定相同的方式……”作出。[1] 换句话来说，该项福利的申请人不能申请联邦法院对个人资格审查决定进行审查，并且必须在各州法律对穷尽行政救济的要求之范围内以穷尽所有州内行政救济作为寻求州法院进行司法审查的前提条件。

劳工部向与其订立协议的各州行政机关发布了一份政策手册，其中包含了美国汽车工会（UAW）认为违反《1974 年贸易法》的政策。[2] 劳工部主张，美国汽车工会不能在联邦法院对其政策提出起诉，因为该工会尚未穷尽州内行政程序。[3] Marshall 大法官代表七位大法官撰写的多数意见驳回了劳工部提出的穷尽行政救济/管辖权的主张。多数意见认为，§ 2311（d）并未排除（foreclose）联邦法院对任何与《1974 年贸易法》中福利资格规定有关的权利请求进行审查；它只是排除了联邦法院对州行政机关有关资格审查决定的审查。[4] 既然美国汽车工会所起诉的是联邦行政机关对该法所作的旨在控制州资格审查决定的解释，§ 2311（d）既没有排除联邦法院的司法审查，也没有要求穷尽州内行政救济。[5] 根据多数意见对 § 2311（d）的解释，每位失业福利的申请人仍然必须穷尽所有州内救济（state remedies）。[6]

White 大法官代表三位持不同意见的大法官出具了不同意见。[7] 持不同意见的大法官们将 § 2311（d）解释为赋予各州行政机关以裁决《贸易法》规定的福利决定相关的所有事实和法律争点的管辖权。[8] 这份不同意见书让该法规定的福利申请人没有任何针对劳工 1255
部根据该法事实的行为之合法性起诉的机制。既然各州行政机关在作出资格审查决定时需要适用劳工部的标准和政策，州行政机关和法院显然并不享有认定劳工部的推定具有拘束力的政策无效的权力。持不同意见的大法官一定是相信 § 2311（d）可以充分证明否定联邦行政机关行为可受审查之假定的立法意图。但是，国会试图通过在一部法律的一个条款中规定州行政机关的行为只能通过州程序接受审查这一模糊的做法让联邦行政机关的行为免受司法审查，这一点是值得怀疑的。

□ 未经穷尽联邦政府供应商提供的救济，规则可以接受司法审查

在 Bethesda Hospital Ass'n v. Bowen[9] 案中，最高法院需要解释和适用另一项法律中的穷尽行政救济条款。《联邦医疗保险法》允许符合资格的医疗服务供应商（providers）向卫生和社会服务部申请政府提供的费用报销。该案中供应商对卫生和社会服务部的一项规章提出了司法审查的请求，该项规章将其所产生的某些费用排除在可以报销的范围之外。该供应商必须向作为卫生和社会服务部代理人的财务中介（financial intermediary）——通常是保险公司——提供费用报告。如果供应商“不服……其财务中介的最终决定”，供应商可以对财务中介的行为向卫生部内设的一家委员会申请复议，并最终向部长

① 19 U.S.C. § 2311 (d).
② Id. at 278-279.
③ Id. at 284.
④ Id. at 284-285.
⑤ Id. at 287.
⑥ Id. at 287-288.
⑦ Powell 大法官只对原告资格问题出具了单独的不同意见书。
⑧ Id. at 294-295.
⑨ 485 U.S. 399 (1988).

申请复议，然后再起诉至复审法院。[1] 在向财务中介提交费用报告，并从财务中介得到了其不满意的费用报销决定后，Bethesda 医院协会（Bethesda Hospital Ass'n ）以使其无资格报销某些费用的行政规则无效为由，就财务中介的费用报销决定向卫生部的委员会申请复议。卫生部的委员会认为其无权审查 Bethesda 医院协会对规则的质疑，因为 Bethesda 医院协会并未提出对财务中介决定的质疑。该委员会认为，Bethesda 医院协会不可能对财务中介的行为“不满”，因为它已经从财务中介那里得到了一切。上诉法院认为，它不能审查该行政规则，因为 Bethesda Hospital Ass'n 未能穷尽行政救济，即根据法律的要求向财务中介提出该项规章无效的主张。巡回法院接受了卫生和社会服务部的主张，即供应商不可能对满足供应商所有要求的财务中介的决定“不满”。

最高法院以一致意见判定，供应商不需要向作为私人主体的财务中介提交其认为卫生和社会服务部的规则无效的主张，并以此作为申请行政机关复议以及最后其主张的司法审查的前提条件。最高法院作出这一判决的理由有二：首先，最高法院认定，法律的“平常
1256 含义”不符合要求供应商向财务中介主张行政规章无效的解释。[2] 考虑到巡回法院接受了卫生部对于法律中所使用的“不满”一词的解释，这一结论是令人怀疑的。其次，最高法院基于实用主义哲学提出了一项理由，即要求向财务中介提交这类主张毫无意义，因为私人性质的保险公司显然无权宣布行政规章无效。[3]

两组不同理由的存在使得我们很难对 Bethesda 案的判决意见进行解释。如果这部法律的“平常含义”确实要求得出最后的结论，那么法院就不需要再补充第二点理由。第二点理由更可能影响了最高法院希望赋予该法条文的含义。易言之，该法的条文可能是支持这两种解释的任何一种，但是最高法院拒绝采纳可能会要求当事人采取徒劳和多余的行为作为获得对行政规章的司法审查的前提条件的这样一种解释。如果这样解释的话，Bethesda 案代表了一项宽泛和有益的原则：法院不得将对行政规章的司法审查设置障碍视为国会的意图，如果国会的意图并不明确并且这种障碍并不能有助于实现明显的政策目标。这一原则应当在希望最高法院解释法定穷尽行政救济条款的所有案件中得以适用。令人遗憾的是，最高法院并未前后一致地采纳这一做法。[4]

□ 原告必须正确地穷尽行政救济

在 Woodford v. Ngo[5] 案中，大法官们对于解释法定的穷尽行政救济的规定之合理解释进行了重要的辩论。42 U. S. C. § 1997e（a）规定：“犯人……不得对监狱条件提起诉讼……除非可以获得的（available）行政救济已经穷尽。”最高法院所需要处理的问题是当犯人选择不利用在监狱管理机构允许的时间内寻求当时可以获得的行政救济，而是一直等到行政救济已经不能获得之后再提出起诉时，他是否能够对监狱条件提起诉讼要求。五位大法官出具的多数意见认为该法律要求“合理穷尽行政救济”（proper exhaustion），也就是说，在监狱管理机构规定的期限内穷尽行政救济。多数意见在引用本书之后，对合理的穷尽行政救济进行了描述，并且对在法律规定穷尽行政救济之时要求合理穷尽行政救济提供了充分的理由：

---

① 42 U. S. C. § 139500（a）.

② Id. at 404-405.

③ Id. at 406-407.

④ 例可参见本节上文讨论的 Heckler v. Ringer，466 U. S. 602（1984）。

⑤ 126 S. Ct. 2378（2006）.

> 合理的穷尽行政救济要求当事人遵守行政救济的期限要求和其他关键的程序规则，因为如果不对案件流程规定一些有序的框架，裁决制度就不能有效运行。 1257
>
> …………
>
> 穷尽行政救济的好处，只有在犯人申诉制度提供合理的考虑申诉要求的机会时才能够得以实现。

Woodford 案的多数意见驳回了原告的主张，即他的案件属于可以对主张宪法权利的原告适用的例外情形。多数意见发现这一主张是没有说服力的，因为法定的穷尽行政救济的义务并不存在适用于普通法义务的例外情形，而且对于在“绝大多数的”诉讼是基于宪法的情形中要求穷尽行政救济的法律条款而言，认为国会具有默示了宪法性的例外规定的意图也是没有实际意义的。

在一份单独的协同意见书中，Breyer 大法官也引用了本书，和多数意见一样认为国会要求的是“合理的穷尽行政救济”，但是他认为，下级法院应当在发回重新审理的时候确定原告的诉讼请求是否属于国会在该法律中对穷尽行政救济的义务默示的一项例外。

三位持不同意见的大法官提出了各种缺乏说服力的主张：（1）法律中规定“可以获得的”行政救济允许原告忽略任何行政救济，直到寻求行政救济的期间已经经过；（2）该法律规定了穷尽行政救济的义务，但是并未规定不履行义务的处理规则（default rule）；（3）穷尽行政救济不是必需的，因为对于监狱条件的起诉与对初审法院判决的上诉审查并不能类比；（4）宪法权利的例外适用于国会所规定的穷尽行政救济的法定义务。

□ 最高法院对法定穷尽行政救济适用平常含义进路

在 Porter v. Nussle① 案中，大法官们以一致意见解决了各巡回法院之间的一项分歧，并且将 42 U. S. C. § 1997e（a）解释为全面禁止法院审查犯人有关他的公民权利受到侵犯的主张，除非犯人已经穷尽了监狱内部的申诉程序。每年犯人们在联邦法院提起的诉讼主要是毫无意义的公民权利诉讼，国会将 42 U. S. C. § 1997e（a）作为《1995 年监狱诉讼改革法》（the Prison Litigation Reform Act of 1995）的一部分而制定，目的是要解决这一诉讼浪潮导致的严重问题。该条款采用了绝对的文字表述：“犯人……不得提起任何有关监狱条件的诉讼……除非可以获得的行政救济已经穷尽。”但是，有些巡回法院已经采用了 1258
对 § 1997e（a）的狭义解释，将下列案件排除在适用范围之外：（1）犯人所寻求的救济是监狱所不能提供的，例如，金钱损害赔偿；（2）有关侵犯犯人个人权利的案件，而不是质疑一般性的监狱条件的案件；（3）有关滥用武力的案件。最高法院在 Booth v. Churner② 案中以一致意见排除了例外情形（1）的适用，并且在 Porter 案中以一致意见排除了例外情形（2）和（3）的适用。最高法院认为国会的意图是在所有涉及犯人权利的案件中要求穷尽行政救济。最高法院也指出，国会可以规定在所有案件中穷尽行政救济都是强制性的，并且可以消除所有谅解原告未能穷尽行政救济之行为的司法裁量权，正如最高法院认定国会在制定 § 1997e（a）时所确实做的。

在 Jones v. Bock③ 案中，大法官们以一致意见驳回了各巡回法院为了落实 42 U. S. C. § 1997e（a）中规定的穷尽行政救济的要求而采纳的三项程序性规则。最高法院认为：（1）穷尽行政救济是积极（affirmative）抗辩，而不是主张性质的要求（pleading require-

① 122 S. Ct. 983 (2002).

② 532 U. S. 731 (2001).

③ 127 S. Ct. 910 (2007).

ment)；（2）犯人不需要指明每位他后来在向监狱管理机构首次起诉时的被告；（3）法院可以接着审议穷尽行政救济的主张，即使是相同的起诉也包括了未经穷尽行政救济的主张。除此之外，最高法院还敦促各巡回法院不需要在没有充分法律支持的情况下对法定的穷尽行政救济要求补充规定基于政策的程序性要求。

□ 作为例证的巡回法院判决意见

各巡回法院也在各种不同的案情背景中，遭遇解释若干法定穷尽行政救济条款的情形。在 Dawson Farms v. Farm Service Agency① 案中，第五巡回法院认为，要求在起诉之前穷尽行政救济的法律规定不是属于涉及管辖权的，但是原告因为没有提供有效理由，所以不能豁免该原则的适用。

在 Grullon v. Mukasey② 案中，第二巡回法院根据它对一项最高法院判决意见的解释而推翻了一项巡回法院的先例，判定即使存在明显不符合正义的情形，也不能豁免适用穷尽行政救济原则。

在 Ace Property and Casualty Ins. v. Federal Crop Insurance Corp. ③ 案中，第八巡回法院同意了第九巡回法院的意见，而反对第二巡回法院的意见，认定规定“个人在向法院起诉之前……应当穷尽所有行政上诉程序”的法律条款不是涉及管辖权的。

在 United States *ex rel*. Saint Regis Mohawk Tribe v. President R. C. -St. Regis Ma-
1259 nagement Co. ④ 案中，第二巡回法院认为《印第安博彩规制法》(the Indian Gaming Regulatory Act) 要求部落向法院起诉质疑有关印第安赌场的建筑合同之前先穷尽行政救济途径。法院的理由包括：没有一项条款授权在地区法院采取直接起诉，而有一些条款授权规制机构采取各种与合同有关的行为，并且还有一些条款授权对行政行为进行司法审查。

在 National Athletics Trainers Ass'n v. Department of Health & Human Services⑤ 案中，第五巡回法院认为，在 42 U. S. C. § 1395ii 中包含的细致的穷尽行政救济的要求，适用于职业运动教练（athletic trainers）申请对卫生和社会服务部一项规则进行审查，该规则排除医生收取利用职业运动教练提供政府报销费用的物理疗法的费用。职业运动教练们认为，他们的诉讼请求属于最高法院在 Bowen v. Michigan Academy of Family Physicians⑥ 案中所确立的穷尽行政救济要求规则的例外情形。在该案中，最高法院认为，如果穷尽行政救济原则的适用将会导致根本不会对行政行为进行审查时，则不能适用该原则。第五巡回法院认为，当职业运动教练不能通过寻求对拒绝报销决定进行审查而质疑该规则的有效性时，医生可以通过主张有权报销利用职业运动教练提供物理疗法的费用而质疑该规则的有效性。

在 Theodoropoulos v. INS⑦ 案中，第二巡回法院认为，当法律要求穷尽行政救济时，穷尽行政救济义务的无效性例外是不适用的。法院也认为，原告不能在法院主张行政机关所适用的法律是违宪的，因为原告并未给行政机关采用让该法律不能对他适用的解释

---

① 504 F. 3d 592 (5th Cir. 2007).

② 509 F. 3d 107 (2d Cir. 2007).

③ 440 F. 3d 992 (8th Cir. 2006)，参见 § 15. 2 的讨论。

④ 451 F. 3d 44 (2d Cir. 2006).

⑤ 455 F. 3d 500 (5th Cir. 2006).

⑥ 476 U. S. 667 (1986).

⑦ 358 F. 3d 162 (2d Cir. 2004).

的机会。正如第二巡回法院所解释的，“尽管对于法律的合宪性提出的质疑不需要对行政机关提出，对于行政机关解释法律所提出的合宪性质疑确实需要遵守穷尽行政救济的要求”。

在 Barron v. Ashcroft[①] 案中，第九巡回法院认为，要求穷尽行政救济的法律适用于排除对违反正当程序的指控的审查，该指控没有在行政程序中提出，而行政机关本来可以通过增加程序保障补救任何程序的缺陷。

在 Foster v. INS[②] 案和 Marrero Pichardo v. Ashcroft[③] 案中，第二巡回法院的两个合 1260
议庭作出了表面上看并不一致的两项判决。在 Foster 案中，法院判定：

诸如《移民与归化法》（the Immigration and Naturalization Act）§1252（d）（1）的法律要求是强制性的，法院不能随意放弃……因此，未能穷尽行政救济就会构成明显的管辖权的障碍。

相比之下，在 Marrero Pichardo 案中，第二巡回法院认为，原告未能遵守相同的强制性的法定的穷尽行政救济要求，这是可以谅解的，因为如果不给予谅解将会导致明显的非正义。Foster 案的判决是正确的；与之不一致的 Marrero Pichardo 案的判决则是错误的。

在 United States v. Sosa[④] 案中，第二巡回法院的判决体现的是更为接近的情形。第二巡回法院认为原告未能穷尽相同的穷尽行政救济的要求是可以谅解的，因为原告并未被告知他可以获得自己所未穷尽的行政救济，因此并未故意放弃利用这一程序性权利。第二巡回法院采用了最高法院在 United States v. Mendoza-Lopez[⑤] 案中的判决意见。

在 Shikles v. Sprint/United Management Co.[⑥] 案中，第十巡回法院指出普通法上的穷尽行政救济要求是涉及管辖权的。在 Kirkendall v. Department of Army[⑦] 案中，联邦巡回区上诉法院指出，法定的穷尽行政救济不是涉及管辖权的。实际的法律规则与上述两种说法正好相反。

在 Chandler v. Crosby[⑧] 案中，第十一巡回法院提供了论证充分的判决意见，认为作为一类犯人中的成员之一的犯人可以穷尽对质疑监狱条件合法性的经过批准的一类犯人所适用的替代性的穷尽行政救济要求。第十一巡回法院的理由是这种替代性的允许穷尽行政救济的要求可以通过让监狱管理机构内部处理有关监狱条件的纠纷而满足穷尽行政救济的要求目标，并且避免因为要求作为该类犯人成员的每位犯人都提出申诉而对犯人申诉程序施加沉重的负担。

各巡回法院依然对法定的穷尽行政救济的类似问题存在分歧。《残疾人教育法》（the Individual with Disabilities Education Act）在 20 U.S.C. §1415（1）中要求穷尽行政救济。随着 2002 年第一巡回法院新作出的一项判决，各巡回法院对于原告在寻求一项无法通过行政程序获得的救济，如金钱损害赔偿时，是否必须穷尽行政救济，已经形成了势均 1261
力敌的局面。三家巡回法院已经认定原告在寻求金钱损害赔偿时不需要穷尽行政救济。[⑨]

---

① 358 F. 3d 674 (2d Cir. 2004).

② 376 F. 3d 75 (2d Cir. 2004).

③ 374 F. 3d 46 (2d Cir. 2004).

④ 387 F. 3d 131 (2d Cir. 2004).

⑤ 481 U. S. 828 (1987).

⑥ 426 F. 3d 1304 (10th Cir. 2005).

⑦ 412 F. 3d 1273 (Fed. Cir. 2005).

⑧ 279 F. 3d 1278 (11th Cir. 2004).

⑨ Covington v. Knox County School System, 205 F. 3d 912 (6th Cir. 2000); Witte v. Clark County School District, 197 F. 3d 1271 (9th Cir. 1999); W. B. v. Matula, 67 F. 3d 484 (3d Cir. 1996).

另外三家巡回法院则认为，原告在寻求金钱损害赔偿时必须穷尽行政救济。①

在近年所作的 Frazier 案的判决意见中，第一巡回法院部分采用一系列优秀的政策和实用主义的理由来要求在所有案件都穷尽行政救济，包括原告寻求金钱损害赔偿金的案件：

> 面对这一问题，我们认为反思行政体制内穷尽行政救济要求的一般理由是有用的：
>
> 在行政国家中，一般要求穷尽行政救济。这一要求不只是形式问题。坚持穷尽行政救济的要求，能够迫使当事人认真对待行政过程，提供行政机关改正自己错误的机会，并且有可能完全避免司法介入的需要。
>
> ……《残疾人教育法》非常适合这一基本模式……穷尽行政救济“让［教育］机关能够制作事实记录，将其专业能力适用于问题，行使其裁量权，并且纠正其自身的错误，有助于促进精确性、充分性、行政机关的自治和司法的经济”。……
>
> 事实上，就《残疾人教育法》而言，具体的好处是与坚持穷尽行政救济的要求相互联系的。《残疾人教育法》的行政机制将具有专门知识的人——教育专家——置于决策程序的核心，委托他们对残疾学生是否获得免费、合适的公立教育进行初步评估。这些行政程序也确保教育行政机关有机会纠正残疾学生的个性化教育项目存在的不足。
>
> 联邦法院在根据正当程序要求举行的听证过程中形成的详细的证据案卷，进一步说明了《残疾人教育法》规定之行政程序的重要性。

但是，第一巡回法院也部分采用了最高法院在 Booth 案中的判决。第一巡回法院将
1262 42 U.S.C. §1997e（a）定性为“类似于”20 U.S.C. §1415（1）。但是，相似度很低。§1997（e）（a）对穷尽行政救济的要求，其文字表述是宽泛的和强制性的，而§1415（1）让穷尽行政救济的要求取决于所要求的救济的性质：“在……为了要求根据《残疾人教育法》同样可以获得救济方式而提起民事诉讼之前，应当穷尽本节规定的……程序……”［加着重号］。最高法院也应当通过解决这一疑难的解释争议消除各巡回法院之间的分歧。

在 McBride Cotton and Cattle Corp. v. Veneman② 案中，第九巡回法院作出了一项重要的区分。第九巡回法院指出，尽管非法定的穷尽行政救济存在法官确定的例外情形，法定的穷尽行政救济不存在法官确定的例外情形，因为它是涉及管辖权的。但是，第九巡回法院接着指出，法定的穷尽行政救济要求只有在“包含全面和直接的文字表述，超出要求只能提出已穷尽行政救济的请求”的时候才是涉及管辖权的。第九巡回法院判定，该案中涉及的法律条文——“个人应当穷尽部长所规定的所有行政上诉程序”——只是对法官确立的穷尽行政救济原则的立法化。如果这样的话，就不属于涉及管辖权的。法院接着判定，原告可以被谅解没有尽到穷尽行政救济的义务，因为它准备提出一项附随于其实体请求权的宪法请求权，并且穷尽行政救济是无用的。③

在 Eastern Bridge v. Chao④ 案中，第一巡回法院判定，职业安全和健康管理局的被规制者未经穷尽《职业安全和健康法》规定的行政程序——被规制者发生违反命令的行为，部长签发罚单，提供行政法官主持的听证，以及职业安全和健康审查委员会对行政法官的

---

① Frazier v. Fairhaven School Committee, 276 F.3d 52 (1st Cir. 2002); Charlie F. v. Board of Education, 98 F.3d 989 (7th Cir. 1996); N.B. v. Alachua County School Board, 84 F.3d 1376 (11th Cir. 1996).

② 290 F.3d 973 (9th Cir. 2002).

③ 另可参见 Avocados Plus v. Veneman, 370 F.3d 1243 (D.C. Cir. 2004)，参见§15.2 的讨论（法定的穷尽行政救济的要求不是涉及管辖权的，因为法律并没有强制使用救济途径，也没有提到法院的管辖权问题）。

④ 320 F.3d 84F.3d 84 (1st Cir. 2003).

决定进行审查——不能对该局要求对数据收集计划调查（Data Collection Initiative Survey）作出回应的命令申请司法审查。法院判定，原告并不符合例外规定的条件，即加以处罚的威胁如此之大以至于没有一位理性的个人将会对该行为的合法性提出质疑，或者合规成本如此之高，以至于构成了无法补救的损害。法院也判定，原告并不能符合 Leedom v. Kyne 案提出的例外情形，因为它完全不清楚职业安全和健康管理局的行为是没有法律依据的，并且原告将会有机会在穷尽行政救济之后质疑该行为的合法性。

法官不能谅解原告不履行法律强制要求的穷尽行政救济的规定，但是法定的穷尽行政
救济要求需要适用 Mathewas v. Eldridge① 案和 Bowen v. City of New York② 案中宣布的 1263
对穷尽行政救济义务的难以解释的例外情形。③ 正如第九巡回法院所解释的，当以下三点情形同时具备时，就可以适用例外：（1）当该请求权是附随于实体性的权利主张的；（2）拒绝救济很可能会构成无法补救的损害；（3）穷尽行政救济的目的将会实现。在 Kildare v. Saenz④ 案中，第九巡回法院应用了这一标准，并且判决一群未能成功获得社会保障福利的申请人不能继续进行集团诉讼，因为他们并不属于适用例外的情形。第九巡回法院认为，虽然这些人声称遭受到系统性的非法政策或者实践，他们所提出的只是在具体案件中的一系列不合规律性，并不附随于他们权利主张的实体性理由，并且可以通过正常的审查程序加以充分解决。

经过 1996 年修订的 42 U. S. C. § 1997（a）要求监狱犯人穷尽“可得的”行政救济，以此作为提起 Bivens 诉讼或者 § 1983 诉讼的前提条件。所有处理过这一问题的法院都判定犯人在申请非金钱救济和金钱救济时都必须穷尽行政救济。但是，对于在犯人只申请金钱性质的救济时，以及作为典型的案件，即当监狱系统不提供可能的金钱救济时，是否必须穷尽行政救济的问题，不同巡回法院存在着分歧。有的巡回法院认为犯人不需要在这种情形下穷尽行政救济，因为并不存在他所申请的这种类型的“可得的”行政救济。⑤ 犯人寻求损害赔偿而监狱系统排除了犯人利用行政救济时，所有的法院都作出了这样的判决。但是，有些巡回法院则判决，如果犯人只申请金钱损害赔偿金，必须穷尽行政救济，如果他被允许这么做，即使监狱系统并不允许支付金钱损害赔偿金。⑥ 这些法院的推理是：“当监狱系统会受理这类案件并且试图纠正合法的投诉时，即使监狱系统不会支付损害赔偿金，谅解未能穷尽行政救济的行为并未意义。”最高法院解决了这一分歧，以一致意见判
决申请损害赔偿金的原告必须穷尽行政救济。⑦ 1264

在 Equal Employment Opportunity Commission v. Lutheran Social Services⑧ 案中，哥伦比亚特区巡回法院的合议庭审理这起不同寻常的争议时产生了分歧，《民权法》（the Civil Rights Act）借鉴了《国家劳动关系法》（NLRA），规定接到传票者必须在传票送达之日起 5 日内“可以申请”行政机关撤销该传票。平等就业机会委员会（EEOC）的一项

---

① 424 U. S. 319 (1976).

② 476 U. S. 467 (1986).

③ 参见本书第 987-996 页的讨论。

④ 325 F. 3d 1078 (9th Cir. 2003).

⑤ 例可参见 Whitley v. Hunt，158 F. 3d 882（5th Cir. 1998）；Lunsford v. Jumao-As，155 F. 3d 1178（9th Cir. 1998）；Garrett v. Hawk，127 F. 3d 1263 (10th Cir. 1997)。

⑥ 例可参见 Nyhuis v. Reno，204 F. 3d 65 (3d Cir. 2000)；Lavista v. Beeler，195 F. 3d 254 (6th Cir. 1999)；Perez v. Wisconsin Department of Corrections，182 F. 3d 532（7th Cir. 1999）；Alexander v. Hawk，159 F. 3d 1321（11th Cir. 1998)。

⑦ Booth v. Churner，121 S. Ct. 1819 (2001).

⑧ 186 F. 3d 959 (D. C. Cir. 1999).

规章规定，任何反对传票者在送达之日起 5 日内“应当申请”行政机关撤销该传票。Lutheran Social Service 收到一份传票但是并未在 5 日内申请撤销。Lutheran Social Services 随后拒绝遵守该传票，理由是传票所要求的材料属于律师客户和/或工作产品特权的范围。当 Lutheran Social Service 试图在司法程序中主张这一抗辩时，平等就业机会委员会开始了强制执行该传票的程序，主张 Lutheran Social Service 未能在传票送达之日起 5 日内申请撤销该传票，就已经放弃了这一抗辩或者任何其他抗辩。地区法院的法官同意平等就业机会委员会的主张，但是巡回法院合议庭两位法官组成的多数意见推翻了这一判决。多数意见首先认定，《民权法》并未强制要求在 5 日内提出撤销申请，因为它使用的文字是允许性质的“可以”。多数意见接着认定，由于没有确定的穷尽行政救济的法定强制要求，法院拥有决定谅解未能穷尽行政救济的裁量权，即使一项行政规章要求穷尽行政救济。最后，多数意见认定，考虑到律师客户特权的重要以及 Lutheran Social Service 显然没有意识到根据行政规章的要求它需要在送达之日起 5 日内对传票提出反对，它应该行使裁量权决定谅解 Lutheran Social Service 未能穷尽行政救济的行为。

持不同意见的法官在所有上述三项问题上都不同意多数意见：首先，他认定法律规定 5 日内提出反对意见是强制性的。法律使用“可以”一词，是指不要求所有人提出反对意见，而不是指个人可以在 5 日期限届满之后提出反对意见。其次，他将 Darby 案解释为要求法院适用强制性的行政机关有关穷尽行政救济的规章，以及强制性的法定穷尽行政救济要求。最后，他认为，即使法院可以裁量决定谅解 Lutheran Social Service 未能穷尽行政救济的行为，它在某些情况下也不应该行使该裁量权。他嘲笑了 Lutheran Social Service 未能意识到时间限制的说法，指出：“任何合格的律师在收到此类传票后，都会花必要的 10 分钟时间确定相应的法律规定。”这位持不同意见的法官在所有这三项问题上的理由都更具有说服力。

在 American Coalition for Competitive Trade v. Clinton[1] 案中，哥伦比亚特区巡回法院的判决意见中夹杂了对穷尽行政救济和原告资格问题的讨论。该判决意见判定，当事人
1265 在没有首先满足司法审查的法定前提条件之前，不能质疑为了裁决有关《北美自由贸易协定》的纠纷而成立的两国联合裁决小组机制是否合宪，也就是说，当事人必须已经参与了在提出申请质疑两国联合裁决小组机制合宪性的申请之日起 30 日内结束的两国联合裁决小组程序。

在 Massieu v. Reno[2] 案中，第三巡回法院判定，法院并不具有中止驱逐出境程序的裁量权，因为国会已经要求驱逐出境程序针对的个人穷尽其行政救济，并且已经将司法管辖权限定为审查驱逐出境的最终命令。

在 Perot v. Federal Election Commission[3] 案中，哥伦比亚特区巡回法院判定，当原告指控存在违反《联邦竞选法》（the Federal Election Campaign Act）的行为时，法院并不具有谅解当事人未能穷尽行政救济行为的裁量权。法律规定将司法审查限定于联邦选举委员会驳回投诉的命令或者联邦选举委员会对收到这类投诉之日起超过 120 天仍然不作为的情形。

在 Pavano v. Shalala[4] 案中，第二巡回法院判定，国会已经将司法审查限定于有关医疗保险报销资格的最终决定，并且这类决定必须是在社会保障上诉委员会拒绝救济之后才

---

① 128 F. 3d 761 (D. C. Cir. 1997).

② 91 F. 3d 416 (3d Cir. 1996).

③ 97 F. 3d 553 (D. C. Cir. 1996).

④ 95 F. 3d 147 (2d Cir. 1996).

能成为最终决定。但是，让人惊奇的是，第二巡回法院接着指出："法院必须能够灵活地决定是否谅解未能穷尽行政救济的行为。"第二巡回法院接着认定地区法院以迟延、无法补救的损失和徒劳为由谅解未能穷尽行政救济的行为是错误的。

§15.4 与实质审查的关系

□ 法院应当在决定穷尽行政救济问题时考虑案件的实质问题

每起引发穷尽行政救济问题的案件也会涉及各种"实质问题"（merits），例如合宪性、法律解释或者程序的问题。穷尽行政救济问题的另一面就是法院是否可以决定案件实质问题。限于有限逻辑（narrow logic）的答案是，国家只有在确定穷尽行政救济的法律允许其决定案件实质问题之后才能审查案件的实质问题。但是，还存在一些有力的实践性理由，即法院为什么应当在决定穷尽行政救济问题时考虑有关案件实质问题的初步看法。

□ 法院审查案件实质问题的证据

最高法院经常并不承认其对案件实质问题的看法与其对穷尽行政救济问题的裁决之间的关系。但是，最高法院的判决意见可以在相当程度上证明，它对穷尽行政救济问题的裁决经常受到它对于案件实质问题的初步看法的影响。也许对于这一关系的最有力证据是最 1266
高法院在有些判决意见中首先裁决了实质问题，然后才决定原告未能穷尽行政救济的行为是否能够获得谅解。

□ 最高法院在裁决穷尽行政救济问题之前先裁决实质问题的若干案件

McKart v. United States① 案具有相当的典型意义。在这起刑事案件中，最高法院在判决意见的第一部分论述了事实争点，在第二部分则判定"原告作为家中唯一幸存的儿子可以被豁免服兵役"②，而在第三部分以 8 页篇幅讨论了穷尽行政救济问题，结论是："我们不相信原告应当因为未能对其归类（classification）决定提出复议申请而被剥夺所有司法审查的机会。"③ 在最高法院判定 McKart 可以豁免适用《选征兵役法》（the Selective Service Act）之后，最高法院不能判定 McKart 必须因为违反该法律而入狱服刑。但是，最高法院为何在自己依照穷尽行政救济的法律是否有权决定实质问题之前就对案件的实质问题作出了判决？最高法院对此未置一词。

类似的，在 Greene v. United States④ 案中，最高法院首先裁决了案件的实质问题。该案事实比较错综复杂，可以简化如下：行政机关拒绝了 X 提出赔偿请求，但是又说如果 X 能够证明特定事实，它会支付其赔偿金。X 没有试图去证明那些事实，而是寻求司法审查，声称即使没有特定事实的证据，行政机关也应该支付其赔偿金。最高法院首先判定即

---

① 395 U. S. 185 (1969).

② Id. at 189.

③ Id. at 200.

④ 376 U. S. 149 (1964).

使没有特定事实的证据，也应该支付这些赔偿金。在作出这样的判决之后，最高法院审查了穷尽行政救济问题，认定没有必要穷尽行政救济。在最高法院已经对实体问题作出判决之后，这么做显然是没有必要的。最高法院并未解释自己为何在确定穷尽行政救济的法律是否允许最高法院审理案件实质问题之前，就对案件实质问题作出了裁决。

□ 对实质问题的秘密审查

除非法院首先认定必须适用穷尽行政救济原则，否则有关穷尽行政救济原则的判决意见通常会对实质问题保持沉默。Myers v. Bethlehem Shipbuilding Corp. ① 案就是这样的典型案例。联邦地区法院责令国家劳动关系委员会就该公司是否实施了不当劳动行为* 举行听证。在基于未能穷尽行政救济的理由而推翻原判决的过程中，对于地区法院认为该委员会根据州际商业条款并不具有管辖权的看法，最高法院则未置一词。最高法院判决的唯一依据就是未能穷尽行政救济。但是，最高法院明白该委员会几乎肯定是有管辖权的；最高法院曾经在前一年对几乎毫无二致的事实作出过这样的判决。② 最高法院无疑意识到了这一判决，也受到这一判决的影响。最高法院本来应该更坦诚地承认这一联系。比如，它本来可以这么说，“我们拒绝审理案件的实质问题，因为原告未能穷尽可得的行政救济。要
1267 求原告穷尽行政救济，在这种情况下是不可能施加没有必要的难度，因为我们在 Jones & Laughlin 案所作判决已经明显表明原告无论如何都不会在案件实质问题上处于优势。因此，我们不可能在案件的一开始就通过裁决实质问题而解除原告穷尽行政救济的负担。”

□ 如果行政行为明显违法，可以谅解未能穷尽行政救济的行为

在 Leedom v. Kyne③ 案中，最高法院的判决意见证明了在审查穷尽行政救济问题的过程中，对实质问题进行初步审查作为其部分内容的需要。最高法院在 Kyne 案中认定穷尽行政救济是不必要的，因为行政机关受到质疑的行为显然是违法的。这一判决是，也应当是穷尽行政救济的判例法的一部分。它必然要求法院在裁决穷尽行政救济问题之前对实质问题实施初步分析。

当穷尽行政救济问题比较疑难而实质问题比较简单，法院裁决实质问题可以排除行政机关实施进一步的行为时，法院应当在裁决简单的实质问题时作出对原告更有利的判决，从而谅解原告未能穷尽其他救济的行为。这一进路深化了穷尽行政救济原则的实用主义目标。它为法院省却了裁决疑难的穷尽行政救济问题的麻烦。它也为原告和行政机关节约了采取进一步的行政程序的时间和开支。最高法院有时也采纳这一进路。它在 Kyne 案中的判决，如果不是利用这一进路，就会既无法解释也无法实施。

□ 如果实质问题不明或者疑难，则需要适用穷尽行政救济原则

当实质问题不够明确，或者其最可能的裁决结果同样是让行政机关采取原告所质疑的

---

* 不当劳动行为（unfair labor practice），又译为不公正劳动行为或不公正劳工措施。最初是指雇主凭借其经济上的优势地位，以违反劳动法律原则的手段来对抗工会的措施或行为。但在一些国家，不当劳动行为的内容也涵盖了工会和劳动者在劳资关系中以不法手段来对抗雇主的措施或行为，其不当劳动行为的主体包括劳资双方。——译者注

① 303 U. S. 41 (1938).

② 参见 NLRB v. Jones & Laughlin Steel Corp.，301 U. S. 1 (1937)。

③ 358 U. S. 184 (1958).

行为，那么最高法院就应当适用穷尽行政救济原则。在 Ticor Title Insurance Co. v. FTC[①]案中，哥伦比亚特区巡回法院的重要判决就考虑了实质问题与穷尽行政救济原则之间的关系。联邦贸易委员会（FTC）实施了一项针对 Ticor 的行政行为，指控其实施了不当贸易行为（unfair trade practice）。Ticor 没有在行政听证程序中对这些指控提出辩护，而是向法院申请宣告令，要求禁止联邦贸易委员会行使其公诉职能。Ticor 认为，公诉完全属于政府行政分支的职能，而联邦贸易委员会是一个“独立”于政府行政分支的行政机关。这一案件的发生时间是在最高法院在 Morrison v. Olson[②]案中认定“独立”官员可以行使公诉职能之前。因此，Ticor 案中的实质问题是悬而未决的，当时存在巨大的争议。哥伦比亚特区巡回法院拒绝裁决这一实质问题，理由是该案的程序状态尚未达到司法审查所需的成熟性要求。尽管合议庭三位法官的判决意见所依据的是不同的原则[③]，但是三位法官都很坦诚地解释了法院为何不愿意在行政案件的早期阶段裁决实质问题，以及法官对于案件实质问题的初步评估之间的关系。每位法官的结论都部分依据了 Ticor 所声称的宪法权利 1268
“绝不是明确的”。

□ 法院应该讨论与实质问题的联系

哥伦比亚特区巡回法院在 Ticor 案中的坦诚态度是值得赞赏的。其他法院，包括最高法院，在裁决穷尽行政救济问题时经常是以对实质问题的初步评估作为部分依据。对穷尽行政救济原则采取这一实用主义的态度本身无可厚非。这些法院唯一犯下的错误是常常拒绝承认这一判决时考虑因素的存在。如果所有的法院都能效仿哥伦比亚特区巡回法院在 Ticor 案中的做法，披露确实影响法院裁决穷尽行政救济纠纷的每项因素，穷尽行政救济原则的法律规则也会更加清晰、连贯和容易预测。

第九巡回法院在确定法院可以豁免原告适用穷尽行政救济原则要求的少数情形时所采用的一项很好的标准，部分是根据法院对处理案件合理性问题拥有多少信心。在 EEOC v. Karuk Tribe Housing Authority[④]案中，第九巡回法院是这样阐述并适用其标准的：

> 只有在以下情形中，在行政机关对属于其管辖权范围内的事项作出初步决定之前，法院进行干预才是合适的：（1）有充分证据表明穷尽行政救济的要求会导致无法补救的损害；（2）行政机关显然缺乏管辖权；（3）行政机关所拥有的特别专业能力对于解决管辖权问题并无帮助［标注强调］。

在 Detroit Newspaper Agency v. NLRB[⑤]案中，第六巡回法院认为，原告不能要求对自己适用最高法院在 Leedom v. Kyne 案中承认的穷尽行政救济原则的例外情形，即只要证明行政机关的行为超出其所获授权的范围。原告必须证明，除了豁免适用穷尽行政救济原则，它没有其他途径可以保护自己的权利。

---

① 814 F. 2d 731 (D. C. Cir. 1987).

② 487 U. S. 654 (1988)，参见§2.5 的讨论。

③ 参见§15.17.

④ 260 F. 3d 1071 (9th Cir. 2001)，参见§15.2 的讨论。

⑤ 286 F. 3d 391 (6th Cir. 2002)，参见§15.2 的讨论。

§15.5 宪法权利的例外

□ 为了裁决宪法争议而谅解未穷尽行政救济行为的案件

在不少案件中，当原告质疑行政决定程序的某些内容的合宪性时，最高法院谅解了原
1269 告未能穷尽行政救济的行为。[①] 我们要对这一系列案件作出解释是有困难的。最高法院有的时候是以宽泛的原则——宪法争议特别值得由法院作出裁决——作为判决的依据。例如在 Barchi 案和 Gibson 案中，最高法院指出，当“宪法救济是否充分的问题……从现实角度上看等同于实质问题”时，不需要遵守穷尽行政救济原则。[②] 类似的，在 Califano v. Sanders[③] 案中，最高法院援引了 Eldridge 案和 Salfi 案，认为两者体现了“一项众所公认的原则，即当宪法问题成为讼争对象时，推定可以提供司法审查……”最高法院也质疑行政机关解决宪法问题的能力，或者质疑行政机关无权认定法律条款违宪，以这些方法作为这类判决的正当性依据。

□ 有的案件需要适用穷尽行政救济原则以回避宪法争议

这些零散的建议，即实质问题涉及宪法争议时不需要适用穷尽行政救济原则，并不能为有些案件提供充分的解释，在这些案件中最高法院谅解了原告未能穷尽行政救济的行为，而对行政决定程序早期阶段的宪法问题进行裁决。这种解释是没有说服力的，因为在另外一些案件中，最高法院已经以原告未能穷尽行政救济为由而拒绝裁决宪法问题。[④] 不如仅此，那些案件是以重要的审慎性原则作为依据，也就是说，如果案件的裁决能够以其他依据作出裁决而回避裁决宪法争议的必要，法院就不应该裁决宪法争议。最高法院在每个司法年度里都会对一两起案件适用这一原则。Ashwander v. TVA[⑤] 案的判决意见对这一原则作了精彩表述：“如果能够以其他理由审结一起案件……最高法院就不会对宪法问题发表意见。”这一原则会迫使原告在法院处理任何宪法问题之前穷尽行政救济，因为行政机关完全可以通过以其他理由对这一争议作出有利于原告的裁决而消除处理宪法问题的
1270 必要。最高法院常常依据这一原则要求原告穷尽行政救济，以此作为法院审理对行政机关的合法性或者程序提出的合宪性质疑的前提条件。例如，最高法院在 PUC v. United States[⑥] 案中就判定：“如果行政上诉程序可能解决所有宪法问题，行政救济就是必经程序。”

---

① Barry v. Barchi，443 U. S. 55，63 n. 10（1979）；Mathews v. Diaz，426 U. S. 67（1976）；Mathews v. Eldridge，424 U. S. 319（1976）；Weinberger v. Salfi，422 U. S. 749，265-267（1975）；Gibson v. Berryhill，411 U. S. 564，575（1973）；Allen v. Grand Central Aircraft Co.，347 U. S. 535（1954）.

② 443 U. S. at 63 n. 10；411 U. S. at 575.

③ 430 U. S. 99，109（1977）.

④ 例如，W. E. B. Dubois Clubs v. Clark，389 U. S. 309（1967）；Beard v. Stahr，370 U. S. 41（1962）；PUC v. United States，355 U. S. 534（1958）；Jonco Aircraft Corp. v. Franklin，346 U. S. 868（1953）；Aircraft & Diesel Corp. v. Hirsch，331 U. S. 752（1947）；Myers v. Bethlehem Shipbuilding Corp.，303 U. S. 41（1938）。

⑤ 297 U. S. 288，347（1936）.

⑥ 355 U. S. 534，539-540（1958）.

□ 对不同案件的区分

仅仅是存在宪法争议，并不能解释为什么在众多案件中最高法院谅解未能穷尽行政救济的行为，并且通过审查行政上诉程序早期阶段的实质问题而裁决宪法问题，我们需要为这些案件寻找新的解释。我们不能根据单一的差别化特征区分两类案件。相反，我们有必要确认在有些（但是并非所有）提出宪法问题的案件中，究竟是哪些考虑因素促使最高法院谅解未能穷尽行政救济的行为。[①]

□ 对四部制标准的秘密适用

这两类案件中都有一些是可以部分解释为司法机关秘密地考虑 § 15.2 中所描述的四项因素：（1）要求穷尽行政救济对原告带来的损失；（2）要求法院裁决的争点的疑难程度；（3）法院裁决争点在多大程度上可以得到行政机关的事实调查或者运用专业技能的帮助；（4）行政机关在多大程度上已经完成了事实调查或者专业技能的运用。一般来说，考虑这四项因素应该会产生一种司法判决的模式，即法院会或多或少更愿意裁决宪法争议而不是首先要求原告穷尽行政救济。行政机关的事实调查和专业技能，通常来说对于法院裁决宪法问题所能提供的帮助不大（如果有的话）。例如，在 Salfi 案中，对于最高法院裁决法律推定是否违反正当程序原则来说，行政机关所能提供的帮助甚微。当宪法问题的性质表明，行政机关的事实调查或者专业技能很可能可以对法院裁决宪法问题提供重要的帮助，最高法院就会要求适用穷尽行政救济原则。例如，在 W. E. B. Dubois 案中，最高法院拒绝在原告穷尽行政救济之前裁决宪法问题，因为最高法院担心在充分了解案件事实背景以及行政机关试图如何解释和适用受合宪性质疑的法律条款之前，无法明智地裁决所提出的疑难的宪法问题。[②]

□ 秘密地考量实质问题的清晰程度

有的案件则是部分因为法院对宪法权利请求的实质问题秘密地进行考量。[③] 如果宪法问题是疑难的，或者如果宪法问题虽然不难但是其裁决结果很可能无法消除原告寻求行政 1271
救济的必要，最高法院会倾向于不谅解未能穷尽行政救济的行为。如果宪法问题是简单的，其裁决结果会避免了原告寻求行政救济的需要，最高法院就会倾向于谅解原告未能穷尽行政救济的行为并对宪法问题作出裁决，即使是在行政上诉程序的早期阶段。这正是 Leedom v. Kyne[④] 案中所宣告的原则，尽管 Kyne 案中的实质问题涉及的是法定管辖权而不是宪法合法性。

秘密考虑案件实质问题，也可以部分解释 Reno v. American Arab Anti-Discrimination Committee[⑤] 案中八位大法官的多数意见提出的判决主旨。多数意见将《1996 年非法移民改革和移民责任法》（the Illegal Immigration Reform and Immigrant Responsibility Act of

① 另可参见 § 15.6 和 § 15.7。

② 389 U. S. at 312.

③ 参见 § 15.4。

④ 358 U. S. 184 (1958).

⑤ 525 U. S. 471 (1999).

1996）解释为排除法院审查原告提出的一项诉讼请求，即司法部长在发布最终的驱逐出境命令之前，以政治信仰标准确定对外国人定居者列为驱逐出境对象，这一做法违反了《联邦宪法》第一修正案和第五修正案。五位大法官拒绝适用合宪性怀疑原则（doctrine of constitutional doubt），因为他们相信“在本国非法居留的外国人并不具有以选择性执法为由对抗驱逐出境决定的宪法权利”。两位大法官认为没有必要处理这个宪法问题。他们认为足以认定《联邦宪法》第一修正案并不要求对这一问题进行立即的司法审查。一位大法官则发表了协同意见，理由是该法禁止对所有尚未终结的驱逐出境案件提出附带的诉讼。一位大法官提出了不同意见。他认为应该适用合宪性怀疑原则以支持这样的法律解释，即允许法院立即审查有关《联邦宪法》第一修正案和第五修正案的诉讼请求的法律解释。

有的时候，我们难以区分法院裁决宪法问题的判决意见和法院因为原告未能穷尽行政救济而拒绝裁决宪法的判决意见。在 Harline v. DEA① 案中，原告认为行政机关决定由一名行政法官裁决他的纠纷违反了正当程序，并申请法院进行审查。行政机关认为，法院不应该审查这一问题，因为原告尚未穷尽行政救济。第十巡回法院同意了行政机关的主张，
1272 理由是原告还没有提出表面正确的主张（colorable claim）。当然，为了确定原告的主张是否表面上正当且理由充分，法院需要对案件的实质问题进行审查。法院为此而撰写的判决意见，无法与基于实质审查而裁决这一问题的判决意见相互区分。

□ 其他作为例证的巡回法院判决意见

在巡回法院审理的众多案件中，还有不少是原告试图在未经穷尽行政救济的情况下申请法院审查宪法问题。在 Molina de Massenet v. Gonzales② 案中，第一巡回法院认为，它不能审议原告的正当权利主张，因为原告没有向移民上诉委员会提出该主张。

在 Amerco v. NLRB③ 案中，第九巡回法院认为，当事人必须穷尽行政救济，在向法院起诉之前，让国家劳动关系委员会有机会考虑该当事人的主张，即国家劳动关系委员会所适用的程序违反了正当程序原则。第九巡回法院认为，只有在“如果不适用穷尽行政救济原则，当事人的法定或者宪法权利可能永远无法得到证明”之时，才能适用该原则的宪法权利例外。相比之下，在该案中，如果国家劳动关系委员会驳回当事人的主张，当事人可以向复审法院起诉。

在 Theodoropoulos v. INS④ 案中，第二巡回法院认为：“虽然并不需要在行政机关面前提出对法律合宪性的质疑，但是质疑行政机关的法律解释的合宪性则需要遵守穷尽行政救济原则的要求。”

在 Barron v. Ashcroft⑤ 案中，第九巡回法院认为，主张违反正当程序原则的诉讼请求，“只有在它们所涉及的不仅仅是行政裁决机构可以救济的程序错误时”，才不需要向行政机关提出。

在 Cochran v. Health Care Financing Administration⑥ 案中，原告未能成功实现其要

---

① 148 F. 3d 1199 (10th Cir. 1998).

② 485 F. 3d 661 (1st Cir. 2007).

③ 458 F. 3d 883 (9th Cir. 2006).

④ 358 F. 3d 162 (2d Cir. 2004).

⑤ 358 F. 3d 674 (9th Cir. 2004).

⑥ 291 F. 3d 775 (11th Cir. 2002).

求适用穷尽行政救济原则的宪法权利例外的意图。原告试图在没有首先遵守《联邦医疗保险法》中的法定的穷尽行政救济原则要求的情况下，在法庭上质疑《联邦医疗保险法》的代位（subrogation）条款的合宪性。第十一巡回法院基于以下两点理由驳回了原告的诉讼请求：其一，法官立法方式确立的宪法权利例外并不适用于法律要求的穷尽行政救济原则；其二，法院也驳回了原告根据对穷尽行政救济原则要求的并非徒劳（nonfutility）例外而提出的新的诉讼请求。原告表示确信，如果她要求行政机关在她的案件中放弃代位要求，她就可以胜诉。她担心她寻求行政救济很可能取得成功的结果，因为这会导致她不能在法庭上提出合宪性的质疑。第十一巡回法院指出："这位原告所担心的，是应当穷尽行政救济原则的其中一项主要的支持理由和优点……" 1273

在 McBride Cotton and Cattle Corp. v. Veneman① 案中，第九巡回法院第一次判定，要求穷尽行政救济的法律规定不是决定管辖权的，因为它只是将法官立法确立的穷尽行政救济原则订入法律之中。第九巡回法院接着认为，原告可以豁免适用法官立法确立的穷尽行政救济原则，因为反过来说，该原则提出了明显正确的主张，即行政决定程序违反了正当程序原则，该诉讼请求是附属于原告对该案合理性的诉讼请求的。

在 Perot v. Federal Election Commission② 案中，尽管原告并未通过等待联邦选举委员会对其投诉作出回应而穷尽行政救济，哥伦比亚特区巡回法院同意原告的意见，即它可以审查原告所提出的主张，即联邦选举委员会将规制性权利授予私人主体的做法违反了不授权原则。法院接着基于实质审查而驳回了原告的主张。③

在 Massieu v. Reno④ 案中，原告主张行政机关没有首先要求其穷尽行政救济而违反了正当程序原则，第三巡回法院判定地区法院审查原告的诉讼请求是错误的。巡回法院的判决理由是：（1）国会要求穷尽行政救济；（2）宪法问题并非"完全附随于"法律规定的审查条款；（3）原告可以在穷尽行政救济之后对其诉讼请求寻求有效的司法审查；以及（4）行政机关可以解决其他问题而使解决宪法问题失去必要性。⑤

在 South Fork Broadcasting Corp. v. FCC⑥ 案中，哥伦比亚特区巡回法院判定，因为广播内容"低俗"（indecent）而被联邦通信委员会（FCC）决定吊销许可证的广播业许可证持有人，在对实施禁止低俗内容广播的法律规定方法提出违宪质疑决定吊销许可证的广播业许可证持有人在对实施禁止低俗内容不雅广播的法律规定方法提出违宪质疑并申请司 1274
法审查时并不需要以穷尽行政救济作为前提条件。根据这一规制计划（regulatory scheme），穷尽行政救济包括拒绝遵守行政机关的命令，等待一段时间直到司法部在地区法院提出强制执行诉讼，并在该诉讼中对该命令提出抗辩。

在 Wang v. Reno⑦ 案中，第九巡回法院判定外国人不需要穷尽禁止入境的案件程序，

---

① 290 F. 3d 973 (9th Cir. 2002)，参见本书 § 15.3 的讨论。

② 97 F. 3d 553 (D. C. Cir. 1996).

③ 参见 § 2.7 的讨论。

④ 91 F. 3d 416 (3d Cir. 1996).

⑤ 有关其他要求原告穷尽行政救济作为申请法院审查其指控行政机关违反宪法的主张的案件判决意见，参见 Ledford v. West，36 F. 3d 776 (Fed. Cir. 1998)；Marine Mammal Conservancy v. Department of Agriculture，134 F. 3d 409 (D. C. Cir. 1998)；Crayton v. Callahan，120 F. 3d 1217 (11th Cir. 1997). 另可参见 Merritt v. Shuttle，187 F. 3d 263 (2d Cir. 1999)（描述了原告的 Bivens 诉讼，即指控行政机关吊销了他的许可证，违法地企图规避法律规定的申请司法审查的程序，从而违反了他根据正当程序原则拥有的权利，因为原告的正当程序要求是与对行政命令的审查"不可避免地相互交织的"）。

⑥ 59 F. 3d 1249 (D. C. Cir. 1995).

⑦ 81 F. 3d 808 (9th Cir. 1996).

以此作为作为申请法院审查其提出的行政机关行为违反正当程序之主张的前提条件。案件的事实不同寻常，因此其判决主旨能否可以推广（generalizability）是值得怀疑的。地区法院认定政府实施了严重的不当行为，即利用虚假陈述引诱外国人到美国参加刑事案件的作证，然后迫使其选择要么作伪证，要么陈述事实真相而面临几乎确定地需要返回本国。法院认为，没有一项要求穷尽行政救济的政策理由能够适用于这一特殊的案件。

在 Kreschollek v. Southern Stevedoring Co.[①] 案中，第三巡回法院撰写了一份分析透彻的判决意见。法院认为，劳工赔偿的受益人主张订制其福利的程序违反了正当程序，无须首先穷尽行政程序即可审查法院审查。法院认定，国会试图排除法院对涉及此类福利的大多数权利请求在穷尽行政救济之前进行审查，但是国会并未试图排除法院审查涉及质疑否认福利请求的合宪性的“完全附随性质的”权利请求，“如果这种排除将会阻止所有有效的审查”。法院认为，在受益人穷尽所有行政救济之后才开始审查，将会导致在几年内无法获得急需的收入，从而将会“给他带来的损失是溯及既往的支付也无法补救的给他带来的损失是溯及既往的支付也无法补救的损失”。

在 Ryan v. Bentsen[②] 案中，哥伦比亚特区巡回法院撰写了一份很有思想的判决，讨论了原告质疑法律合宪性时是否需要穷尽行政救济的问题。社会保障局（SSA）的一家地区办公室在 Ryan 被判犯有重罪并入狱服刑之后停止了他的社会保障退休福利。社会保障局是根据 42 U.S.C. § 402（x）作出这一决定的。Ryan 不是在社会保障局内部就这一决定提出行政上诉申请，而是在地区法院起诉并指控这一法律规定违宪。社会保障局申请法院裁定驳回 Ryan 起诉并获得了批准，其理由是 Ryan 尚未穷尽行政救济。巡回法院的判决意见一开始即指出，最高法院在若干判决意见中已经判定，除了为确定管辖权需要提出权
1275 利请求之外，社会保障局可以对“最终决定”这一法律术语作出免除所有穷尽行政救济要求的界定。巡回法院指出，这类案件和另外一类案件——最高法院基于要求行政机关认定法律规定违宪是“徒劳”的理由而谅解未能穷尽行政救济的行为——之间的功能联系。巡回法院最后认为可以谅解 Ryan 未能穷尽行政救济的行为，因为它发现即使行政机关拒绝免除穷尽行政救济的要求，这样的行为也是无用的。但是，巡回法院拒绝在有的情形下行使这一权力，因为社会保障局已经提供了加速行政复议程序，当事人可以明确该案中唯一的争点就是法律规定的合宪性，从而借此程序获得行政机关迅速认定穷尽行政救济将是无用的。巡回法院认为，加速复议程序的优点足以要求当事人穷尽这一救济程序。其他行政机关可能希望效仿社会保障局的做法，为确定和分离宪法问题从而加速司法审查而提供特定的内部程序。

§ 15.6　穷尽行政救济原则的豁免

□ 行政机关可以豁免穷尽行政救济要求

§ 15.2 中讨论的四项因素以及 § 15.4 对于实质审查的考量，都有助于解释为什么最高法院在有的案件中谅解了未能穷尽行政救济的行为并且在行政案件早期阶段裁决宪法问

① 78 F. 3d 868 (3d Cir. 1996).

② 12 F. 3d 245 (D. C. Cir. 1993).

题。但是，它们并不能解释所有的案件。另一类案件则是可以根据行政机关免除了穷尽行政救济要求作为解释的依据。最高法院在 Weinberger v. Salfi[1] 案中率先对穷尽行政救济原则适用了免除例外。Salfi 以已故工人配偶的身份申请社会保障福利。行政机关则未经听证即拒绝了她的福利申请，理由是法律规定已故工人配偶只有在婚姻关系存在至少 9 个月的情况下才符合申请资格。根据行政规则的规定，Salfi 对于拒绝福利的初步决定有权申请内部的行政上诉程序。Salfi 却转而在地区法院提起集团诉讼，根据 28 U. S. C. §1331 质疑行政机关据以拒绝其福利申请的法律规定违宪。

最高法院认为，地区法院不具有 28 U. S. C. §1331 规定的管辖权，因为 42 U. S. C.
§405（h）规定，社会管理局的拒绝福利申请的决定只有基于§405（g）的规定才是可以 1276
接受司法审查的。这一规定又吸收了一项法定的穷尽行政救济要求，即“只允许对经过听证作出的……任何最终决定”进行审查。从表面上看，Salfi 会被排除了寻求司法审查的机会，因为行政机关的决定不是“经过听证作出的”，而且该决定通常至少在她已经穷尽了内部的行政上诉程序之后才会被认为是“最终的”。

□ 行政机关可以界定“最终行为”

但是，最高法院谅解了 Salfi 未能穷尽行政救济的行为。最高法院承认该案并不存在事实争点或者法律争点，其中唯一的争点是法律条款的合宪性，而这一争点超出了行政机关的裁决权范围。最高法院指出：“一旦福利申请人已经以满足部长的行政管理需要的足够高的审查层级中提出他或她的权利请求，进一步的穷尽行政救济不仅对申请人来说是无用的，而且所消耗的行政资源也不能得到任何行政或者司法利益的支持。”[2] 最高法院宣布，§405（g）所要求的“最终决定”“不仅是本法未作界定的”，而且根据§405（a）的规定——“制定规则和规章，明确……必要或者合适的程序”，“其含义是留给部长通过规章的形式加以充实的。”

□ 行政机关可以确定穷尽行政救济将是无用的

最高法院接着指出，“我们相信，如果禁止部长在具体个案中决定为了让行政决定符合§405（g）意义上的‘最终（决定）’而要求完全穷尽内部的复议程序是不必要的。”[3] 对于法定的“经听证作出”决定的法定要求，最高法院指出：

> 不仅听证是徒劳浪费的，一旦部长已经确定唯一有待解决的争点是超越其权限的宪法问题，而且部长当然可以作出授予福利决定而无须穷尽听证程序。我们并不认为这一法律的规定是阻止部长类似地未经听证对于有关申请资格的所有问题作出有利于申请人的决定，除非他认为没有必要举行听证。[4]

最高法院在后来的几起案件中适用了免除例外。在 Mathews v. Diaz[5] 案中，一些外国人因为还没有获得永久居留权，也没有在美国居住期满五年，而被法律规定排除了申请医
疗保险福利的资格，他们试图对这一法律规定的合宪性提出质疑。最高法院在判决书中援 1277

---

① 422 U. S. 749 (1975).

② Id. at 765-766.

③ Id. at 766-767.

④ 422 U. S. at 767.

⑤ 426 U. S. 67 (1976).

引了免除概念谅解了他们未能穷尽行政救济的行为：

这些上诉人没有一位完全穷尽了可得的行政审查机会。不仅如此，部长也承认，Diaz和Clara的申请书中并不存在事实争议，因此直接拒绝其申请在本案中应该被视为具有最终性。这满足了42 U.S.C. §405（g）的管辖权要求……部长对Espinosa的申请并未作出同样清晰的让步，但是在与法院的对话过程中他承认Espinosa提交的是法律规定所不能接受的申请书。①

在Bowen v. Owens② 案中，最高法院再次以卫生和社会服务部免除“任何进一步的行政复议”的协议为由决定谅解未能穷尽行政救济的行为。③ 在Heckler v. Day④ 案中，最高法院指出，卫生和社会服务部可以免除穷尽任何行政救济的要求，除了“不能免除的要求”，即必须提出权利请求。⑤ 这一要求之所以不能免除，是因为法律明确要求以提出权利请求作为对行政机关拒绝权利请求的决定进行司法审查的前提条件。

□ 行政机关免除穷尽行政救济要求的权力是有意义的

行政机关可以有权免除任何行政救济要求，除非国会规定属于决定管辖权的救济，这一权力已经得到公认。这一权力也具有重要的意义。行政机关具有良好的条件适合于确定原告寻求行政机关提供的可能的进一步救济途径是否会让行政机关改变对这一问题的看法，或者允许行政机关提供事实背景或者基于专业技能而提供的洞见，这些将有助于帮助法院对实质问题作出裁决。原告为了减少损害行政机关、法定福利受益人、被规制者或者受行政行为影响的第三人之利益的法律上的不确定性，而在诉讼中提出并需要法院快速裁决的争点的，行政机关也很适合于对这些争点作出决定。如果行政机关因为上述的几项理由而免除穷尽行政救济的要求，法院应该默认行政机关的免除决定，而拒绝适用穷尽行政救济要求。当实质问题涉及宪法争议时，行政机关也会频繁地采取这一做法，因为对于许多宪法问题的司法裁决来说，行政机关能够发挥作用的空间有限，也无权认定法律违宪。⑥

1278 迄今为止，最高法院适用免除概念的案件中都涉及法定穷尽行政救济规定的适用。当然，司法机关适用免除概念的裁量权是受到法律条文用语限制的。⑦ 因此，例如，最高法院在Day案中就承认它不能默认卫生和社会服务部免除明确的法定要求，即当事人必须提交福利申请作为对拒绝福利申请的决定进行司法审查的前提条件。但是，当国会是和§405中“最终行政行为”的要求一样，以弹性的文字表述司法审查的法定前提条件时，法院可以默认行政机关有关一项行为是“最终的”决定，即使行政机关可以在理论上在行政机关案件的后面阶段改变纠纷的结果。行政机关具有条件适合于了解对于它改变这一问题的看法是否存在现实的尊重。最终法院在Salfi案和Diaz案中就采用了这一推理。

---

① 426 U.S. at 72-73.

② 476 U.S. 340 (1986).

③ Id. at 343.

④ 467 U.S. 104 (1984).

⑤ Id. at 110 n.4.

⑥ 参见§5.5。

⑦ 参见§15.3。

§ 15.7　未获承认的例外

□ 需要解释的疑难案件

即使是引入了 § 15.6 所讨论的免除概念，目前所讨论的这些因素也不足以解释 § 15.5 提到的最高法院谅解了未能穷尽行政救济行为并且在行政案件早期阶段裁决了宪法问题的所有案件。这里有两起案件是特别好的例子，可以说明已有解释的不足。

□ Eldridge 案

第一个可以作为例证的案件是 Mathews v. Eldridge① 案。穷尽行政救济的问题触及实质问题的关键。Eldridge 接受通知说残疾人福利已经被终止，并禁止他可以申请复议（reconsideration）。Eldridge 没有申请复议，而是对未经听证即作出终止福利的决定之合宪性提出质疑。最高法院认为，尽管没有通过复议穷尽行政救济，但是最高法院可以以免除穷尽行政救济要求作为理由对听证问题进行审查。最高法院注意到，“部长没有和在 Salfi 案中一样‘免除’最终性（行政行为）的要求”②。接着，最高法院在 5 个各自独立的方面偏离了制定法或者普通法上的穷尽行政救济原则：

□ 对 Eldridge 案的批评

（1）最高法院对制定法进行了解释，然后正如其解释的那样，违反了制定法的规定。42 U. S. C. § 405（g）规定对“部长在听证之后作出的任何最终决定”进行审查。最高法院宣布，这一法律规定是“司法审查的唯一依据”，并且最高法院“需要穷尽该法规定的行政救济才能符合管辖权的前提条件”③。即使最高法院指出该法是实施审查的唯一依据， 1279
并且该法要求穷尽行政救济作为管辖权的前提条件，最高法院还是在没有要求穷尽行政救济的条件下实施了审查。

（2）最高法院以第二种方式偏离了制定法的规定。该法是“实施审查的唯一依据”，并且只允许对“经听证后作出的决定”实施审查。但是，最高法院审查一项非经听证作出的决定。最高法院援引了法律条文“经听证后作出”，但是又悄无声息地未能排除在考虑范围之外。

（3）最高法院以第三种方式偏离了制定法的规定。该法规定对“任何最终决定”进行审查。最高法院所审查的决定不是最终的。与 Salfi 案和 Diaz 案的情况不同，行政机关并未认为其决定是“最终的”。行政机关告知 Eldridge 它将要终止残疾人福利，并且“告知了申请复议的权利”④。最高法院指出：“Eldridge 没有申请复议，而是提起了诉讼。”因为行政机关可能在复议程序中发现其决定需要有一份证据能够证明 Eldridge 仍然处于残疾状

---

① 424 U. S. 319（1976）

② Id. at 328.

③ 424 U. S. at 327.

④ Id. at 324.

态，终止决定就不是“最终的”。通过审查一项显然不是最终的命令，最高法院不仅违反了法律，也违反了最高法院在 Parisi v. Davidson[1] 案中所总结的普通法上的穷尽行政救济原则：“穷尽行政救济原则的基本目的是允许行政机关在其职权范围内行使职能——制作事实记录，运用专业技能，并纠正自身所犯的错误。”

（4）最高法院违反了具有深厚基础的传统，即行政机关而不是法院是行政程序的首要设计者。最高法院明确认定 Eldridge 未能向行政机关提出程序问题，这不是司法审查的障碍：

> Eldridge 未能向部长提出在决定前举行听证的请求，这一事实并不是决定性的……希望借助一个福利申请人在裁决过程中提出合宪性质疑而促使部长考虑对现行行政复议制度实施根本变革，这是不现实的。部长甚至没有义务考虑这样的质疑。[2]

最高法院所认为是“不现实的”，其实是常规的。在美国行政法的发展初期，法院就将自身的角色限定于只决定行政程序的外部边界，并且强调行政机关在设计行政程序方面负有首要责任。Stone 首席大法官在 1936 年提到了个人权利和司法的理想，指出：“行政
1280 实体所设计的程序已经基本上在不受法院强迫性干预的情况下实现了这一理想。”[3] Stone 首席大法官的论述无疑是正确的。行政机关一直都在设计自己的程序，并且在实践的过程中不断进行修正。在当事人要求改革程序时，代表行政机关的个人就需要作出回应。残疾人福利的管理也不能例外。国会在 42 U.S.C. §405（a）中赋予部长“制定规则和规章，以及确立程序所需的完全的权力和权威”。部长发布了程序性规则，并且进行了多次修订；我们也可以在《联邦规章汇编》中轻松地追溯其制定和修订的历史。

最高法院认为不能期待部长“因为一个援助福利申请人的要求”而对程序进行修订，但是这一解释不符合行政程序发展的基本历史。大多数的程序都来自于以特定方式实施的特定诉讼。行政程序就是官员与私人主体之间互动的产物。官员作出某一决定，而私人主体则对其程序提出反对意见，于是问题就出现了。在特定案件中对这一问题的判决，经常会导致行政程序产生一般性的变化。

（5）最高法院在 Eldridge 案中违反了长期以来的审慎性规则，即如果能够以非宪法性的理由作出有利于原告的判决，法院就不应该对宪法问题作出裁决。[4]

□ Grand Central 案

第二起可以作为例证的案件是说明 Allen v. Grand Central Aircraft Co.[5] 案。Grand Central 指控朝鲜战争工资稳定项目无效。基于这一理由，Grand Central 在没有首先穷尽行政救济的情况下，对工资冻结命令提出质疑。地区法院作出了有利于 Grand Central 的判决，阻止行政机关强制执行该命令。最高法院认为原告未能穷尽行政救济的行为已经获得谅解，对案件的实质问题作出了有利于行政机关的判决。

□ 对 Grand Central 案的批评

Grand Central 案可以部分通过援引 §15.2 和 §15.4 讨论的秘密考量因素作出解释。

---

① 405 U.S. 34，37 (1972).

② 422 U.S. at 329-330.

③ Stone，“The Common Law in the United States”，50 *Harv. L. Rev.* 4，17-18 (1936).

④ 这一原则及其与穷尽行政救济要求之间的关系，参见 §15.5 的讨论。

⑤ 347 U.S. 535 (1954).

实质问题是相对容易裁决的，行政机关在法院裁决这一问题时所能发挥的空间也有限。但是，这一解释是不足的，理由有二：首先，最高法院已经在前一司法年度因为原告未能穷尽行政救济而拒绝裁决相同的实质问题。[①] 其次，对于实质问题的回应并不能减轻原告穷尽行政救济的义务。最高法院本来可以按照其在 Myers 案和 Standard Oil 案中的做法对
Grand Central 案作出裁决。[②] 最高法院本来可以根据法院不得在未经要求原告穷尽行政救 1281
济的情况下对实质问题作出裁决的理由，推翻地区法院的禁令。

□ 基于最高法院的独特角色而提出的合理解释

接下来我们就遇到如何解释最高法院在诸如 Eldridge 案和 Grand Central 案之类的案件中作出谅解未能穷尽行政救济的行为的判决。这些案件是挑战任何基于合理的一般性的穷尽行政救济原理而提出的解释。但是，其解释是容易推导的。最高法院相信尽可能早地裁决这些案件中所提出的实质问题具有重要意义。基于这一目的而可以理解由最高法院裁决的案件，如果最高法院适用标准的穷尽行政救济原则，其所处的程序状态变得不再适合司法审查。最高法院不得不在对案件实质问题不作裁决，直到遇到更合适的案件，或者是为了理解裁决实质问题而对谅解行政救济原则加以变通之间进行抉择。最高法院在这两起案件中都选择了第二种选项，因为它相信存在立即裁决实质问题的关键性需求。

我们很难批评最高法院在类似 Eldridge 案和 Grand Central 案之类的案件中所作的判决。最高法院在我们的法律体系中负有独特的责任，它所管理的是一个每年裁决数以万计的案件的庞大而分散的联邦司法体系。[③] 最高法院必须努力扩大司法判决的一致性和连贯性。最高法院可以担心联邦法律中的不确定因素可能会对政府和国家造成损害。我们也可以理解，如果最高法院认为自己在过去的案件中犯下的严重错误正在导致明显损失，它也可以希望纠正这些错误。Eldridge 案和 Grand Central 案中的情形就是，最高法院表明，它具有充分的理由可以对案件的实质问题进行审查，而无须理会这两起案件的程序状态尚欠缺成熟性。

□ 解决不确定性问题的关键需要

在 Grand Central 案中，最高法院确认了朝鲜战争工资稳定项目的效力。有关这一项目效力的不确定性已经引发了明显的问题。战事紧急加上与之相伴的通胀压力，要求对这一问题作出迅速裁决。如果最高法院适用通常的穷尽行政救济要求，它就需要再等待一年、两年甚至三年才能判决一起在合理的程序阶段提出这一问题的案件。与此同时，国家的经济将会因为工资和价格管制项目的合法性存在不确定性而蒙受严重的损失。

□ 纠正先前错误的关键需要

在 Eldridge 案中，迅速裁决宪法问题的需要正是最高法院自己所制造的严重问题。最

---

① Franklin v. Jonco Aircraft Co., 346 U.S. 868 (1953).

② 参见§15.2。

③ 参见 Strauss, "One Hundred Fifty Cases Per Year: Some Implications of the Supreme Court's Limited Resources for Judicial Review of Agency Action", 87 *Colum. L. Rev.* 1093 (1987)。

1282 高法院之前在 Goldberg v. Kelly[1] 案的判决引发了“正当程序革命”[2]。Goldberg 案判决的宽泛用词使得众多法院和行政机关都相信，宪法要求行政机关在走出任何对于个人法定权利有不利影响的决定之前实施完全的审判式听证。在该案判决之后的几年里，最高法院意识到，Goldberg 案已经产生了这样的效力，并且意识到由此引发的程序泛滥可能会对众多政府项目产生灾难性的后果。最高法院利用这次机会纠正其过去的错误，大幅收缩 Goldberg 原则的适用范围。因此，这种穷尽行政救济原则的例外，能够最好地解释 Eldridge 案对于穷尽行政救济原则的处理，那就是最高法院迫切需要解决法律体系中存在的一项严重问题。

□ 最高法院应该更加坦诚

我们不能因为最高法院在类似 Grand Central 案和 Eldridge 案之类的案件谅解未能穷尽行政救济的行为而加以指责。它拥有充分的理由这么做。但是，我们可以指责最高法院没有坦诚披露它这么做的理由。特别是在 Eldridge 案中，最高法院声称它是基于至今无人能够解释的其他某种理由而谅解未能穷尽行政救济的行为，这已经使得下级法院在面对这一无法解释的例外所适用的通常情形（generic circumstances）时陷入没有必要的混乱。最高法院可以讲出真实的理由而避免这样的混乱。最高法院本来可以这么做：“我们在本案中谅解未能穷尽行政救济的行为，是因为我们相信理解裁决所提出的重要的实质问题，其意义重大。关于这一问题的混乱正在导致法律体系的众多方面蒙受明显损失。考虑到我们在美国法律体系中所负有的独特责任，我们感受迫切需要处理本案中的实质问题，尽管原告显然未能穷尽行政救济。”对于 Eldridge 案判决意见中涉及穷尽行政救济原则的部分，应当以这样的方式进行理解。除此之外再没有能够站得住脚的解释这一判决的方式。

§15.8 未向行政机关提出的争议

□ 原告不得提出未曾向行政机关提出的问题

许多案件都支持这样的观点：“复审法院如果根据未曾提出的理由而撤销行政决定，就是篡夺了行政机关的职能，剥夺了该委员会审议事项、作出裁定并说明其行为理由的
1283 机会。”[3]

同样的观点也体现在许多法律之中。《国家劳动关系法》（the National Labor Relations Act）规定：“未曾向国家劳动关系委员会及其委员、代理人或者行政机关提出的反对意见，法院不得对其进行审查，除非因为特别的情形可以谅解未能或者疏于提出此类反

---

① 397 U. S. 254 (1970).

② 参见§9. 3。

③ Unemployment Compensation Commission of Territory of Alaska v. Aragon, 329 U. S. 143, 155 (1946). 另可见 Kleissler v. Forest Service, 183 F. 3d 196 (3d Cir. 1999); Southwestern Pennsylvania Growth Alliance v. Browner, 121 F. 3d 106 (3d Cir. 1997); Bartholdi Cable Co. v. FCC, 114 F. 3d 106 (D. C. Cir. 1997); Osborne v. Babbitt, 67 F. 3d 810 (10th Cir. 1995)。

对意见的行为。”[①]《证券交易法》（the Securities Exchange Act）规定：“对于证券交易委员会的命令的反对意见，只有在已经向证券交易委员会提出之后，才能由法院进行审理。”FPC v. Colorado Interstate Gas Co. [②] 案适用了《天然气法》（the Natural Gas Act）中的一项类似规定。[③] 在 Hormel v. Helvering[④] 案中，最高法院承认了这一原则，但是以税收上诉委员会（the Board of Tax Appeals）作出决定之后法律发生变更为由对该原则提出了一项例外。

□ 争点穷尽规则不适用于社会保障残疾人福利案件

在 Sims v. Apfel[⑤] 中，五位大法官出具的多数意见认为，当社会保障残疾人福利申请人申请上诉委员会对行政法官所作的不利决定进行审查，这时并不存在穷尽争点的要求。换句话说，申请人可以对她没有向上诉委员会提出的问题申请司法审查。四位大法官出具的复数意见的推理则是：（1）当法律或者规章规定穷尽争点的要求时，总是需要穷尽争点；（2）类比对地区法院判决提起上诉需要适用的穷尽争点规则，即使是在没有法律或者规章的规定，穷尽争点通常是需要遵守的；（3）在本案的情形中，这一类比的联系是较弱的，因为残疾人福利的案件通常是纠问式而非对抗式的，行政机关有义务调查案件事实，而且大多数的申请人都没有律师代理；（4）行政机关的规则和表格表明，它并不要求穷尽争点，例如向上诉委员会提出上诉的表格，只留了三行空间用于描述审查的申请，并且说明只需要花 10 分钟时间完成该表格。[⑥] 复数意见还补充了可能具有重要意义的插入语：“尽管这一问题并未向我们提出，我们认为委员很可能可以采纳一项确实要求穷尽争点的规章。” O'Connor 大法官单独撰写了协同意见书，其中她主要根据的是缺乏要求穷尽争点的规则以及行政机关的表格表明并不要求当事人说明在上诉程序中提出的问题。 1284

四位大法官出具的不同意见书复述了一长串众所周知的要求穷尽争点的优点。这些大法官接着质疑诉讼的非对抗性质或者其非正式性损害了要求穷尽争点的需要。但是他们承认，行政机关的规章和表格可能会误导没有律师代理的申请人，使申请人相信自己不需要向上诉委员会提出每一项争点。他们注意到行政机关保证不会对没有律师代理的申请人强制要求穷尽争点。但是，他们最后注意到，最高法院受理的这一案件中申请人是有律师代理的，他们认为，她应该对其律师的明显过失负责。

在 Woodford v. Ngo[⑦] 案中，大法官们对要求穷尽行政救济的法定条款进行解释的合理方式进行了重要的辩论。在辩论时，对于穷尽行政救济的普通法义务的范围，大法官们也表达了不同意见。因此，例如，Woodford 案多数意见将 Sims v. Apfel[⑧] 案解释为承认穷尽行政救济的义务只有一个有限的例外，只适用那种只有纠问式程序而非对抗式程序的案件。三位持不同意见的大法官则认为应该将 Sims 案解释为在行政行为的司法审查与对

---

① 29 U. S. C. §160（e）.

② 348 U. S. 492（1955）.

③ 14 U. S. C. §7174.

④ 312 U. S. 552（1941）.

⑤ 530 U. S. 103（2000）.

⑥ 复数意见显然认为有一篇思考充分、研究深入的文章是有说服力的：Dubin，“Torquemada Meets Kafka：The Misapplication of the Issue Exhaustion Doctrine to Inquisitorial Administrative Proceedings，” 97 *Colum. L. Rev.* 1289（1997）。

⑦ 126 S. Ct. 2378（2006），参见§15.3 中的详细讨论。

⑧ 530 U. S. 103（2000）.

初审法院判决的上诉审查并不类似时的情形中取消穷尽行政救济的要求。

在 Coalition for Government Procurement v. Federal Prison Industries① 案中，第六巡回法院认为，对联邦狱犯生产公司* 董事会扩大公司经营范围的决定进行审查时并不能适用争点穷尽原则。第六巡回法院的理由是，该董事会的决议属于最高法院在 Sim 案中所确认的在行政机关提出争议的义务的豁免范围，因为该董事会的决议和社会保障局的一样，都属于纠问式而非对抗制的。Coalition for Government Procurement 案的推理和结论对 Sims 案确立的例外规则在范围和意义上存在重大误解。在社会保障局的裁决程序中，通常没有一方当事人是由律师代理的，行政机关承担的法定义务包括形成裁决案件所需要的案件事实，申请人如果不满意必须申请对不利的行政机关进行行政机关内部审查，这种形式甚至不能提供足够的空间以允许不满意的申请人提出其希望作为上诉理由的争议。相反，它们涉及的是该委员会审查反对其扩大活动范围之建议的当事人律师提供的评议和口
1285 头代理。这是与非正式规则制定过程中所采用的决策程序完全一致的。② 如果法院使用了第六巡回法院对非正式规则制定过程的判决意见中的推理，它们就会认定，争点穷尽原则并不适用于非正式规则制定。但是，所有法院，包括最高法院，都同意争点穷尽原则适用于非正式规则制定。

在 Delta Foundation v. United States③ 案中，第五巡回法院认为，卫生和社会服务部上诉委员会（the Departmental Appeal Board）在确定是否否决拨付开支（grant expenditures）时所适用的程序具有足够对抗性，以至于可以属于最高法院在 Sims v. Apfel④ 案中承认的争点穷尽原则（issue exhaustion doctrine）的例外。在审查了卫生和社会服务部上诉委员会采用的程序之后，第五巡回法院认定：

> 因此，在社会保障局的程序中，上诉委员会自身而不是申请人有责任提出请求和主张；而卫生和社会服务部上诉委员会的程序则不同，当事人处于对抗状态，指控的同时必须提出其权利主张及支持证人，通过交叉质证有效地让对方当事人失去可信度。

在 Forshey v. Gober⑤ 案中，联邦巡回区上诉法院根据 Sims 案中的推理支持了它的判决，即在退伍军人福利案件中并不要求穷尽争点。

□ 行政机关不需要考虑当事人没有提议的选择方案

在 Department of Transportation v. Public Citizen⑥ 案中，最高法院以一致意见判定不能接受原告的主张，即行政机关在对其行为进行环境影响评价时没有充分考虑其拟议决定的不同选择方案，因为原告并没有要求行政机关采取那些选择方案。最高法院也认为，联邦汽车运输安全管理局（the Federal Motor Carrier Safety Administration）不需要考虑美国公路上墨西哥卡车数量增加的环境影响，因为这些数量增加是因为总统的一项决定所导致的，而不是因为该行政机关发布调整这些卡车的安全规则而导致。最高法院认定，行政机关没有拒绝向符合美国安全标准的墨西哥卡车发放许可证的裁量权。

---

* 联邦狱犯生产公司（Federal Prison Industries），也称作 UNICOR，是联邦政府在 1934 年设立的全资所有的政府公司，利用联邦监狱管理局管理的狱犯生产商品和服务。——译者注

① 365 F. 3d 435 (6th Cir. 2004).

② 参见§7.2。

③ 303 F. 3d 551 (5th Cir. 2002).

④ 530 U. S. 103 (2000).

⑤ 226 F. 3d 1299 (Fed. Cir. 2000).

⑥ 124 S. Ct. 2204 (2004).

□ 争点穷尽规则的例外

有的说法非常普遍，例如“在不存在例外情形时，复审法院将会拒绝审理未曾在合适的时机［在福利审查委员会］的行政程序中提出的内容”①。这里提到的“例外情形”表明，该规则是存在若干例外的。最高法院在 McKart v. United States② 案中的判决意见也说明一种例外。McKart 因为没有报名参军而被定罪。地区法院判定其无权以“家中幸存独子”（sole surviving son）享受豁免作为抗辩理由，因为他之前未曾向选征兵役委员会（selective service board）提出这一抗辩。最高法院以详细论证的判决意见推翻了地区法院的判决。最高法院首先审查了豁免的问题，判定该征兵登记者可以享受豁免。然后，最高法院判定：“我们这里所面对的不是一项过早向诉讼起诉的问题——所有行政救济的大门都已经向原告关闭。而我们却被要求判定原告未能利用特定的行政程序——上诉程序，使其无法以本来可以在上诉程序中提出的理由对刑事指控提出抗辩。我们不认为穷尽争点原则可以适用于本案的情形。”③ 1286

但是，McKart 案提出的例外适用范围有限④，它并不适用于所有未能向行政机关提出争点而导致在没有任何行政机关或者法院审查该争点的有罪判决的案件。如果一个人是“处心积虑试图绕过行政程序，而在后来的法院审查时首次提出豁免适用的情形”，则刑事诉讼中法院不能审理本来可以向选征兵役委员会提出的争点。⑤

□ 争点不一定需要已由原告提出

在 NRDC v. EPA⑥ 案中，哥伦比亚特区巡回法院以一致意见作出的全席判决意见则说明了另一项例外。法院审查了自然资源保护协会（NRDC）对环境保护局的规章有效性提出的质疑，尽管自然资源保护协会并未向环境保护局提出过这一主张。事实上，自然资源保护协会根本没有参加过规则制定程序。考虑到其他当事人已经在行政程序中提出过相同的主张，并且环境保护局已经审查和解决了这些主张所提出的问题，法院根据这一事实作出了判决。其结果是，法院认定，尽管某个原告未能在行政复议程序中提出争点，但是普通法上的穷尽争点的目的已经完全实现。⑦

□ 以徒劳为由谅解未能穷尽争点的行为

在 Bethesda Hospital Ass’n v. Bowen⑧ 案中，最高法院的判决意见说明了另一项例外。⑨ 当保险覆盖的医疗服务供应商向政府申请报销时，行政程序的第一步便是向作为卫

---

① Duncanson-Harrelson Co. v. Director，Office of Workers’ Compensation Programs，644 F. 2d 827，832（9th Cir. 1981).

② 395 U. S. 185 (1969).

③ Id. at 196-197.

④ 参见§15. 2。

⑤ McGee v. United States，402 U. S. 479 (1971).

⑥ 824 F. 2d 1146 (D. C. Cir. 1987).

⑦ Id. at 1151. 另可见 American Forest and Paper Ass’n v. EPA，137 F. 3d 291 (5th Cir. 1998)。

⑧ 485 U. S. 399 (1988).

⑨ 参见§15. 3 中对 Bethesda 案的讨论。

生和社会服务部代理人的私人保险公司提交成本报告。如果对保险公司作出的不利决定不
1287 服，可以先向卫生和社会服务部内设的委员会申请复议，如对复议结果仍然不服，再向卫生和社会服务部长申请复议，并可最终起诉至法院。法律规定将司法审查限定于在行政决定程序各个阶段提出的争点。

一位医疗服务供应商针对限制报销额度的行政规则提出了司法审查请求。但是，该供应商并未在提交保险公司的成本报告中质疑该规则的有效性。卫生和社会服务部主张该供应商因为它的失误而无权对该规则有效性申请司法审查。最高法院拒绝了卫生和社会服务部的主张，理由是基于实用主义的考虑，即使向保险公司主张该规章无效，这一努力也是无用的。保险公司显然无权认定行政规章无效。[1]

但是，Bethesda 案中所承认的例外情形适用范围有限。最高法院接着在判决的附带意见中指出，医疗服务供应商需要在行政程序的下一个阶段，即将保险公司的决定上诉至卫生和社会服务部内设的委员会时，提出行政规则无效的主张。[2] 最高法院承认，该委员会与保险公司一样，缺乏认定规则无效的权力。但是，与保险公司不同，该委员会有权解释规章并确定供应商的主张是否确实被该规则所否定。因此，最高法院认定，国会要求将所有关于法律和规章的条文含义的问题提交到该委员会，因为该委员会可以在“形塑（shaping）需要接受司法审查的争议”中发挥作用。[3]

□ 作为例证的案件

下列案件可以作为例证说明巡回法院是如何适用争点穷尽的要求。在 Molina de Massenet v. Gonzales[4] 案中，第一巡回法院认为，它不能审理原告的正当程序主张，因为这一主张没有向移民上诉委员会提出过。

在 Mahon v. Department of Agriculture[5] 案中，第十一巡回法院认为，原告不能在上诉程序中提出一项他未曾向农业部国家行政上诉办公室（the National Appeal Division）提出过的争点，即使农业部国家行政上诉办公室的规则并不包含争点穷尽的要求，他们规定了一种对抗程序，要求当事人提出任何希望法院审理的争点。

在 Exxonmobil Oil Corp. v. FERC[6] 案中，哥伦比亚特区巡回法院适用争点穷尽要求，排除了一项争点的审理，并且对这一原则作了部分解释，即“毕竟，如果法院对行政行为进行审查而没有让这些争点在行政机关公开讨论，《行政程序法》所规定的司法审查的范
1288 围将会得到明显扩张”。

在 National Ass'n of Clean Air Agencies v. EPA[7] 案中，哥伦比亚特区巡回法院认为，原告没有向联邦环境保护局“足够明确地”提出三项争点，从而失去了要求法院审理这些问题的权利。

在 Forest Guardians v. Forest Service[8] 案中，第十巡回法院认为，原告将两项争点相互混淆，并且没有在行政上诉过程中充分地提出一项争点，从而失去了要求法院审理的

① Id. at 406-407.
② Id. at 406.
③ Id. at 407.
④ 485 F. 3d 661 (1st Cir. 2007).
⑤ 485 F. 3d 1247 (11th Cir. 2007).
⑥ 487 F. 3d 945 (D. C. Cir. 2007).
⑦ 489 F. 3d 1221 (D. C. Cir. 2007).
⑧ 493 F. 3d 1162 (10th Cir. 2007).

机会。

在 Ballenger v. Johanns[1] 案中，第八巡回法院适用了争点穷尽的要求，因为行政程序的对抗性使得这样的要求是合适的。

在 Portland General Electric v. Bonneville Power[2] 案中，第九巡回法院认定，一位当事人并未因为没有向行政机关提出某项争点而放弃了要求法院审理的权利，因为其他当事人已经在规制制定的评议意见中提出这一争点，因此，行政机关也有公平的机会对这一争点进行审议。

在 Corus Stall BV v. United States[3] 案中，联邦巡回区上诉法院支持了国际贸易法院的判决，即原告不能在法院审理时提出某项主张，因为他没有在案件法律意见书中按照商务部规则的要求提出这一争点。

在 Silverton Snowmobile Club v. Forest Service[4] 案中，第十巡回法院拒绝了在法院审查时首次提出的主张。第十巡回法院指出："按照一项众所周知的行政法公理，如果原告希望在向法院起诉时能审理某一争点，他必须首先在合适的行政机构（administrative forum）中提出。"

在 Magala v. Gonzales[5] 案中，当原告没有向行政机关主张律师的无效辩护构成特别重大情形，可以作为免除法律禁止规定的理由，而是主张律师的无效辩护违反了正当程序原则，第五巡回法院拒绝审理这项主张。[6]

在 Frango v. Gonzales[7] 案中，第八巡回法院拒绝审理原告的主张，即移民法官对他持有偏见，因为原告没有向行政机关提出这一主张。法院的观点是，最符合适用法官造法确立的穷尽行政救济要求的情形就是行政机关的审理过程非常接近法院审理。

在 Covard Communications Co. v. FCC[8] 案中，哥伦比亚特区巡回法院认为，它不能审理与规则合法性有关的主张，因为没有当事人在规则制定过程中提交的评议意见中提出 1289
这种主张。

在 BNSF Ry. Co. v. Surface Transportation Board[9] 案中，哥伦比亚特区巡回法院认为，即使是行政机关管辖权存在瑕疵，法院也不能审理，除非这一争点首先在行政机关提出，并且该瑕疵"关系到该行政机关的成员或者构成（composition or constitution）"。

在 Etchu-Njang v. Gonzales[10] 案中，第八巡回法院认为，重要的是对无效辩护（ineffective assistance of counsel）适用争点穷尽原则，因为这些诉讼请求通常具有大量的事实支持，行政机关最为适合提供与该诉讼请求相关的记录，而且行政机关也最为适合确定所指控的无效辩护是否会对案件结果产生影响。

在 NLRB v. Saint-Gobain Abrasives[11] 案中，第一巡回法院拒绝审理原告的主张，即行政机关所提供的救济不符合作为法律宗旨，该案中原告在向行政机关提出主张时对该救济

---

① 495 F. 3d 866 (8th Cir. 2007).
② 501 F. 3d 1009 (9th Cir. 2007).
③ 502 F. 3d 1370 (Fed. Cir. 2007).
④ 433 F. 3d 772 (10th Cir. 2006).
⑤ 434 F. 3d 523 (7th Cir. 2005).
⑥ 参见本书§9.5的讨论。
⑦ 437 F. 3d 729 (8th Cir. 2006).
⑧ 450 F. 3d 528 (D. C. Cir. 2006).
⑨ 453 F. 3d 473 (D. C. Cir. 2006).
⑩ 403 F. 3d 577 (8th Cir. 2005).
⑪ 426 F. 3d 455 (1st Cir. 2005).

表明一般性的反对意见。第一巡回法院确认了两种情形下，它可以原谅原告没有向行政机关提出主张，即特别重大的情形，或者行政机关明显违反法定边界，但是法院认为该案并不属于这两项情形。

在 Advocates for Highway and Auto Safety v. Federal Motor Carrier Safety Administration[1] 案中，哥伦比亚特区巡回法院拒绝审理三项争点，它们都是原告在对法院审理行政规则时首次提出的。法院指出，要求审查行政规则的原告通常不能提出在其提交给行政机关的评议意见中没有涉及的争点。

在 Save Our Sebasticook v. FERC[2] 案中，哥伦比亚特区巡回法院认为，它不能审理原告提出的三项主张，因为原告没有在申请重新审理行政机关命令的动议中提出这些争点，按照法律的要求，这是法院对这一争点进行审理的前提条件。

在 Theodoropoulos v. INS[3] 案中，第二巡回法院认为，原告不能在上诉时主张针对原告适用的法律是违反宪法的，除非原告从未赋予已经赋予行政机关采纳对该法律解释的机会以避免任何被指控的宪法效力。

在 Barron v. Ashcroft[4] 案中，第九巡回法院认为原告不能要求法院审查行政机关的程
1290 序选择违反了正当程序原则，而没有先向行政机关提出这一主张，因为如果那样，行政机关就有机会补救任何程序缺陷。

在 Universal Health Services v. Thompson[5] 案中，第九巡回法院认为原告不能在法院审查规则时提出一项争议，而没有在其对拟议规则的评议中提出这一争议。

在 Honeywell International v. EPA[6] 案中，哥伦比亚特区巡回法院认为，当事人剥夺了自己质疑行政机关将其地产列为受污染地块的机会，因为当事人没有就行政机关拟议规则制定通告中拟议将其地产列为受污染地块名单的决定提交意见。

在 Nuclear Energy Institute v. EPA[7] 案中，哥伦比亚特区巡回法院认为争点穷尽的义务是“植根于纯粹的公正原则的……一项不容更改的行政法规则”。它接着认为，该规则适用于没有引起行政机关注意的法律解释的诉讼请求。

在 Foster v. INS[8] 案中，第二巡回法院认为，一位外国人的基本主张，即他不应被递解出境，并不足以让他向移民归化局（INS）提出自己的权利诉求，即他持有强制的定罪判决并不构成重罪（aggravated felony）。

在 Socop-Gonzalez v. INS[9] 案中，第九巡回法院全席审理后认为，它可以考虑原告的主张，即原告有权要求对他提出的难民上诉程序重开动议的诉讼时效进行公平计算，即使他没有在行政机关面前提出公平计算诉讼时效的主张。原告在行政机关面前提出了衡平禁反言主张，而第九巡回法院则认定他提出的衡平禁反言“已经在行政机关面前充分提出了这一问题”，理由是这两项问题存在“重叠”，法院和当事人也往往会将这两项原则相互混淆。

---

① 429 F. 3d 1136 (D. C. Cir. 2005).

② 431 F. 3d 379 (D. C. Cir. 2005)

③ 358 F. 3d 162 (2d Cir. 2004).

④ 358 F. 3d 674 (9th Cir. 2004).

⑤ 363 F. 3d 1013 (9th Cir. 2004).

⑥ 372 F. 3d 441 (D. C. Cir. 2004)，参见本书 § 10. 4 讨论。

⑦ 373 F. 3d 1251 (D. C. Cir. 2004).

⑧ 376 F. 3d 75 (2d Cir. 2004)，参见本书 § 15. 3 的讨论。

⑨ 272 F. 3d 1176 (9th Cir. *En banc* 2001)，参见 § 13. 1 的讨论。

在 KPMG v. SEC[1] 案中，哥伦比亚特区巡回法院认为，在行政机关内部决策的每个层级都提出相关争议的义务是在法院中提出这一争议并适用“安全阀”机制的前提条件，如果所涉及的法律包含了这样的文字“或者未能这么做的合理理由”。但是，哥伦比亚特区巡回法院表示不愿意对安全阀进行宽泛解释，担心会导致被滥用的结果。法院也指出：

> 作为穷尽行政救济原则要求之基础的理由足够重要，以至于法院需要避免可能扩大“无用性”例外…… 1291

在 United States v. L. A. Tucker Truck Lines[2] 案中，当原告没有根据《行政程序法》向州际商业委员会提出有关听证审查官（examiner）的资质问题，而是在地区法院提出时，最高法院适用了其所谓的“一般规则”：“纯粹出于对实施行政管理的官员、诉讼当事人的公平起见，法院不得撤销行政决定，除非行政机关不仅犯有错误，而且是通常合适的时间犯下对反对意见不利的错误，这一点应该成为一般性规则。”[3] 最高法院接着对这一原则作了限定，指出：“听证官任命的缺陷……并不能成为剥夺州际商业委员会的权力或者裁决的理由，因此，即使是没有及时提出反对意见的情况下，其命令也应该认定无效而撤销。”[4] 一位持不同意见的大法官认为，联邦行政程序法有关听证官的规定“对于行政机关的权力创设了不能免除的限制”[5]。另一位持不同意见的大法官指出，在更早的一起案件中，尽管在听证时相对人并未提出反对意见，但是最高法院还是审查了听证官的资质问题。[6] 最高法院后来遵循了对于非管辖权性质问题采取的这种原则的限制，正如一份协同意见中所指出的，“管辖权问题……是留给原告决定的，即使没有在行政程序（agency proceeding）中首先提出”[7]。

在 Herrin Transp. Co. v. United States[8] 和 Magnet Cove Barium Corp. v. United States[9] 案中，最高法院判定，没有对剥夺官员资格的决定提出反对意见，这构成在复审法院提出反对意见的障碍。Woelke & Romero Framing, Inc. v. NLRB[10] 案适用了这一原则，认定上诉法院对于未曾向国家劳动关系委员会提出过的关键争点没有审理的管辖权。最高法院认为，这家公司本来可以“在申请复议或者重新听证的时候”提出这一问题，该公司“未能这么做，也就阻止了法院对这一问题进行审理”[11]。

最高法院通常情况下会遵守这一原则，但是也有例外。在 United States *ex rel*. Johnson v. Shaughnessy[12] 案中，最高法院就在没有讨论这一原则的情况下违反了这一原则，尽管有持不同意见的大法官指出：“允许在有的案件中根据未曾提请行政机关注意的争点推翻行政命令，这种做法不仅有违行政常规，而且如果成为法律规则，将使行政程序陷入混乱。”[13] 在 Pickering v. Board of Education[14] 案中态度暧昧，拒绝根据未曾向州教

---

① 289 F. 3d 109 (D. C. Cir. 2002).

② 344 U. S. 33 (1952).

③ Id. at 37.

④ Id. at 38.

⑤ Id. at 39.

⑥ Id. at 38, Citing Wong Yang Sung v. McGrath, 339 U. S. 33 (1950).

⑦ 370 U. S. 478, 499 n. 5 (1962).

⑧ 366 U. S. 419 (1961)

⑨ 361 U. S. 32 (1959).

⑩ 456 U. S. 645 (1982).

⑪ Id. at 665-666.

⑫ 336 U. S. 806 (1949).

⑬ Id. at 819.

⑭ 391 U. S. 563 (1968)

1292 育委员会或者州法院提出的主张作出判决，而是代之以自己的判断，因为“我们并不打算对事实调查程序中的明显缺陷视而不见……”①

在 Time Warner Entertainment Co. v. FCC② 案中，哥伦比亚特区巡回法院的合议庭在解决穷尽争点的纠纷时产生了分歧。原告提出了一项未曾向行政机关提出过的争点。令人惊奇的是，多数意见认为，法院可以审理这一争点。多数意见对以下两者进行了区分：一是对行政决定程序中的技术缺陷，它要求当事人必须向行政机关提出，才能满足司法审查的前提条件；二是实体性错误或者政策性错误。对于第二种争点，多数意见认为，只有在向行政机关提出的更广泛的主张已经表明，或者在本案中是将之前的行政机关发回重作的司法判决中的讨论所表明的，只有在这样的意义上才是必须向行政机关提出的。持不同意见的法官则认为并不存在技术性或者政策性的区分；行政机关必须有机会解决技术性争点的理由同样适用于政策性争点，法院应该直接拒绝审查未曾向行政机关提出的主张。在这一辩论中，不同意见更具有说服力。对于技术性争点和政策性争点的区分是没有依据的。要求当事人向行政机关提出政策性主张的情形，甚至要比要求当事人向行政机关提出技术性主张的情形更为迫切。毕竟，行政机关扮演的角色就是在法律确定的边界内作出政策决定。不仅如此，法院试图在许多案件中应用技术性/政策性的区分时也会遇到困难。

在 Singh-Batal v. INS③ 案中，第九巡回法院的合议庭试图裁决一项有趣的争点时产生了分歧。两位法官提供的多数意见认为，法院不能审理这一争点，因为它未曾向行政机关提出过。持不同意见的法官则认为，行政机关显然曾经有充足的机会考虑这一争点，因为委员会的一位成员曾以这一争点为基础撰写了一份不同意见。持不同意见的法官的观点更具有说服力。

在 Darby v. Cisneros④ 案中，最高法院将《行政程序法》§704 解释为法院不得要求当事人穷尽选择性的行政机关内部的上诉程序。在 United States v. Menendez⑤ 案中，第五巡回法院适用了 Darby 案中的判决主旨，将其解释为修改了下列原则——要求向行政机关内部的可能的最高层级提出争点，以此作为复审法院审理该争点的前提条件。因此，如
1293 果当事人在行政程序的某些步骤，如行政法官组织的听证程序，提出了争点，而且当事人没有对行政法官的裁决选择申请复议，这时复审法院可以，而且应当审理该争点。

在 Espinoza-Gutierrez v. Smith⑥ 案中，第九巡回法院认为，当事人在未曾向行政机关提出这一争点时，可以在司法审查阶段主张行政规则与法律相抵触。巡回法院认为不能接受这一主张，理由是行政机关需要遵守自己的规则。这一推理是有缺陷的。行政机关总是有权修改自己的规章，经常能够对自己制定的规则作出防止与法律相抵触的解释。行政机关也本来应该得到机会从上述两个选项作出选择。巡回法院本应判决原告未能向行政机关提出这一争点而放弃了提出这一主张。

在 South Pacific Transportation Co. v. ICC⑦ 案中，合议庭对一项有趣的争点产生了分歧。行政机关提出了两份规章草案，准备实施一个新项目。原告支持这一拟议的项目，但是规则制定程序中的其他参与者则反对这一项目。行政机关在最终发布的规则中采纳了这

① Id. at 579.

② 144 F. 3d 75 (D. C. Cir. 1998).

③ 170 F. 3d 943 (9th Cir. 1999).

④ 509 U. S. 137 (1993)，参见 §15. 3 的讨论。

⑤ 48 F. 3d 1401 (5th Cir. 1995).

⑥ 94 F. 3d 1270 (9th Cir. 1996).

⑦ 69 F. 3d 583 (D. C. Cir. 1995).

一项目，不过与原告所希望的内容有所差别。有一位反对该项目的相对人向法院起诉审查这一规章。South Pacific Transportation Co. 也参与了审查程序。当最初的原告撤回起诉后，后来 South Pacific Transportation Co. 则取而代之成为案件的原告。多数意见认为，该诉讼介入人（intervener）不能提出审查规章的诉讼，因为它并不是受该规则不利影响的当事人。多数意见承认，行政程序的当事人即使自己未曾提出某争点，但是如果该争点已经由其他当事人在该行政程序中提出，则他也可以将其作为依据申请法院审查行政行为。但是，多数意见认为，如果允许在行政程序中持支持态度的当事人在司法审查程序中改变立场，则又超过限度了。持不同意见的法官认为并不存在阻碍诉讼介入人取代原来的原告之地位的障碍，诉讼介入人已经受到了行政行为的不利影响，因为行政机关所采纳的项目与该诉讼介入人在行政程序中支持的项目之间存在明显的差别。

在 Gilbert v. National Transportation Safety Board① 案中，法院认为，原告可以在司法审查程序中对于行政决定程序的宪法有效性提出质疑，即使原告未曾向行政机关提出该质疑，因为行政机关并无权认定其程序违宪。这里的推理和判决主旨都是值得质疑的。作为案件讼争点的程序显然是行政规章规定的产物。行政机关如果认定该程序违宪，则有权修订其规章。 1294

各级法院常常判定未曾向行政机关提出的对法律相关条款的解释不能成为司法审查的依据。在 Director，Office of Workers' Compensation Programs v. North American Coal Corp. ② 案中，福利审查委员会（the Benefits Review Board）拒绝了尘肺病补偿申请，因为申请人在为该公司工作之前就已经是完全残疾的。在法院进行审查时，申请人首次提出，法律规定公司必须对完全残疾的加重负责。法院拒绝审查，因为这一新的法律主张“具有根本性和深远的意义……即使它从来未曾被提请福利审查委员会或者其听证官注意或者审查。”

§ 15.9　§ 1983 案件中的穷尽原则适用

□ 当事人在提起宪法侵权诉讼之前不需要穷尽行政救济

在绝大多数情形下，最高法院通过要求穷尽行政救济而处理穷尽性问题，除非它发现有一项或者多项不需要适用穷尽行政救济的理由。但是，当个人根据 28U. S. C. § 1983 对地方政府提起诉讼，指控政府行为剥夺了个人的公民权利时，最高法院就不会采取这一做法。③ 在这一情形中，最高法院判定个人不需要穷尽任何可得的州行政救济，即使这些救济的结果很可能是对该纠纷得出有利于个人的迅速和便宜的解决方法。

□ Patsy 案

最能说明最高法院在 § 1983 案件中拒绝要求穷尽任何州行政救济而导致不幸结果的

---

① 80 F. 3d 364 (9th Cir. 1996).

② 626 F. 2d 1137，1143 (3d Cir. 1980).

③ 对 § 1983 案件的一般性论述，参见 § 19.6。

最佳例证就是 Patsy v. Board of Regents of the State of Florida[1] 案。Patsy，一位黑人占多数的州立大学中的白人秘书，申请该大学的另一职位未获成功。她指控自己求职失败是因为遭到了种族歧视。佛罗里达州立大学设有申诉程序，Patsy 可以有权向上司（supervisor）投诉。Patsy 的投诉本来可能由大学的行政主管（administrator）进行一次会面而得到迅速和满意的答复。但是，我们永远不会知道是否会有这样的结果。Patsy 不是与大学的行政人员会面讨论其投诉，而是直接根据 § 1983 规定向联邦法院起诉州高等教育理事会（the State Board of Regents）。联邦第五巡回法院全席审判后由 17 位法官出具的多数
1295 意见判定，Patsy 不能在未经穷尽州行政救济的情况下在联邦法院提起诉讼。[2] 但是，最高法院多数意见推翻了第五巡回法院的判决，判定提起 § 1983 诉讼并不需要遵守穷尽州内救济的要求。最高法院没有讨论 Patsy 是否需要在向联邦法院起诉之前穷尽大学的申诉程序这一具体问题，而是主要根据之前有关 § 1983 案件的判决，判定不需要在提起 § 1983 诉讼之前穷尽某些司法性质的州救济途径。最高法院强调指出："本院已经明确地指出，穷尽州内救济不是提起 § 1983 诉讼的前提条件，自 McNeese 案以来的 19 年里我们都从未动摇过这一观点。"[3] 最高法院的讨论主要涉及"穷尽""州内救济"，而没有对州内司法救济和州内行政救济进行任何区分。

□ 法律对 Patsy 案判决的支持微弱

最高法院忽略了 Patsy 是否必须穷尽申诉程序的具体问题，这也是所提出的唯一问题，认为"是否需要穷尽州内救济的问题首先需要参考国会意图才能回答"，然后最高法院判决意见 III-A 部分集中分析了《联邦侵权求偿法》在 1871 年的立法史。最高法院发现了"三项经常出现的主题"：（1）国会将保护宪法权利的重任交给了联邦法院；（2）因为州政府当局不愿意保护宪法权利，国会"不可能想要设定穷尽州内救济的要求"；（3）"许多立法者"想要让原告能够"选择寻求救济的机构"。值得注意的是，最高法院对于法定问题的分析缺乏对法律条文的关注。法律在任何方面都没有涉及穷尽州内救济的问题。

在 III-B 部分，最高法院考察了《被拘禁者民权法》（the Civil Rights of Institutionalized Persons Act）在 1980 年的立法史，发现"国会明确表示确信要求特定 § 1983 诉讼穷尽救济，将会导致法律的变更。"它引用了立法听证会上的证人和议员，但不是"国会"的相关记录。它认定："司法机关设定的穷尽州内救济要求，将会与《1980 年被拘禁者民权法》所体现的特别详细的穷尽州内救济规定相抵触。"最高法院判定，国会在 1980 年希望对无穷尽州内救济规则（no-exhaustion rule）"切开一小口"，即适用范围有限的例外。

□ 政策对 Patsy 案的支持微弱

在驳回了政策主张之后，最高法院指出："仅仅是政策性考量不能证明司法机关设定穷尽州内救济要求的正当性，除非穷尽行政救济是符合国会意图的。"[4] 最高法院提到"穷尽州内救济要求的设计和适用范围有关的疑难问题"，并且指出："§ 1983 案件涉及的诉

---

[1] 457 U. S. 496 (1982).

[2] 634 F. 2d 900 (1981).

[3] Id. at 500-501.

[4] Id. at 513.

讼请求、原告和州行政机关如此众多，这就要求国会考量无数的政策因素。”① 1296

两名持协同意见的大法官直截了当地指出“对于正确政策的考虑表明，§1983 诉讼的原告应当在起诉之前穷尽充分的州行政救济”，但是屈服于最高法院先前的判决。② 一位大法官对多数意见 III-B 部分之外的内容表示赞成。Powell 大法官撰写了一份不同意见，首席大法官也加入了这份判决意见。

□ 对 Patsy 案的批评

最高法院的判决意见，两份协同意见和一份不同意见中都对其认为不需要穷尽的大学的申诉程序则只字未提。但是，第五巡回法院 Roney 法官代表 24 位法官中的 17 位法官所撰写的判决意见，③ 则列出了概述“州立大学体系内的行政申诉程序”的备忘录。④ 法院作出这样的总结：“根据这些规则，Patsy 女士本来可以在其申请被拒之后启动充分和完全可得的申诉程序。”⑤

Patsy 案判决的效力是，Patsy 可以在与其大学的主管讨论申诉要求之前在联邦法院起诉高等教育理事会要求损害赔偿。但是，最高法院并未意识到其判决的效力。只要确定了具体的问题，四份判决以及那中所提到的内容几乎都变成不相干了。最高法院的先例并未涉及雇员如有不满，是否必须在起诉前与其主管讨论的问题。在 1871 年没有一个人可能意识到，雇员必须可以在与主管讨论之前起诉，而 1980 年立法史也并未涉及这一问题。

在 Patsy 案中第五巡回法院持不同意见的一位法官提到了联邦官员的专业技能，明确指出“州行政机关并不具有这样的‘专业技能’”⑥。这一结论是很成问题的。即使这一结论可以成立，州立大学一位秘书的主管对于处理雇员的申诉很可能具有相应的技能，是与联邦法官在这样的问题上的技能不能相匹配的。在雇员与其雇主交涉之前，无论是联邦还是州法院所进行的审查都是不成熟的，其理由涉及更多的是实践意义而非法律意义。

在 Hawkins v. Town of Shaw 案这起涉及不同背景下相同问题的另一起案件中，Brown 法官单独撰写的判决意见通过如数家珍的描述，提出了最高法院在 Patsy 案中完全忽略的问题。他指出，对于§1983 诉讼来说，“有责任回复具体投诉的机构显然没有或者拒绝对相关的法律实体（legal entity）采取纠正措施。我们社区的路灯可能是不足的，也与邻近的另一社区数量不相等，但是除非我可以向联邦法官申请§1983 命令，否则我必 1297
须至少允许休斯敦市拒绝我的要求。这是明智的。这是健全的联邦制。这是优秀的‘1983 主义’（nineteen eighty-threeism）”⑦。

Patsy 案在穷尽州内救济问题上是论理不充分的。该案的判决主旨并未得到任何法律条文的支持，也不符合影响所有其他情况下穷尽救济的一般性法律规则的众多具有说服力的政策考量。正如 Monaghan 教授指出的，根据§1983 规定对州行政行为进行的司法审查，不仅是而且也应当相当于根据《行政程序法》对联邦行政行为进行的司法审查。⑧ 这一类比适用于原告首先穷尽行政救济的要求。

---

① Id. at 513-515.

② Id. at 516-517.

③ 634 F. 2d 900 (1981).

④ 634 F. 2d at 913.

⑤ 另可参见该案不同意见的注释 7，id. at 925。

⑥ 634 F. 2d at 925.

⑦ 461 F. 2d 1171, 1177 (5th Cir. 1972).

⑧ Monaghan, “Federal Statutory Review Under Section 1983 and the APA”, 91 *Colum. L. Rev.* 233 (1991).

□ 最高法院应当推翻 Patsy 原则

现在轮到最高法院承认本来无法得到解释的 Patsy 原则是美国历史上一段特别的、可怕的历史时期的产物。在 Brown v. Board of Education① 案中，最高法院的判决引发了大多数南方州大范围抵制种族融合的连锁反应。Brown 案之后的几十年里，都不能相信这些州内的行政决定程序能够快速和公平地审查涉及种族因素的纠纷。在这种环境下，最高法院在 McNeese 案中的判决及其延伸，即 Patsy 案中的判决主旨，大量公民可以迅速通过基本公平的诉讼法院裁决他们与具有系统性敌意的州和地方政府机构之间的纠纷。幸运的是，可怕的时代已经过去。如果这一切在未来以某种形式重演，法院或者国会可以对穷尽州内救济原则创设某种例外以适应当时的紧急情况。今天南方的州和地方政府机构与任何其他政府机构一样值得同样的信任。

□ Patsy 案鼓励回避行政救济

如果检视判决对于解决相关问题的间接影响，Patsy 案判决主旨的反常性质变得更加明显。在 Webb v. Board of Education of Dyer County② 案中，最高法院处理了对因为 Patsy 案判决的自然结果而引发的一个问题。在 § 1983 诉讼中胜诉的原告，其代理律师可以根据 28 U. S. C. § 1988 要求被告政府赔偿其律师费。在 Webb 案中，Dyer 县教育委员会（Board of Education of Dyer County）解雇了一位黑人教师。该教师声称自己是因为种族原因而被解雇。他的代理律师首先试图通过地方层级的行政救济解决这一纠纷，在这一努
1298 力失败之后，律师根据 § 1983 规定在联邦法院对教育委员会起诉。教育委员会与其达成了和解协议，同意重新聘用该教师，并且承认该教师在 § 1988 意义上已经“获胜”。该教师的代理律师于是要求原告支付其律师费，以补偿其在这一纠纷的行政阶段以及和解司法纠纷的过程中付出的大量时间。地区法院拒绝了律师提出的支付州行政复议程序中的代理费用的要求，理由是根据最高法院在 Patsy 案中的判决，该案是不需要寻求州行政救济的。

□ 利用行政救济不能赔偿律师费

最高法院六位大法官维持了地区法院的判决。多数意见判定，在 § 1983 案件中寻求行政救济，不能要求赔偿律师费，因为 § 1983 并未要求穷尽行政救济。多数意见承认，“合格的律师”会寻求可得的行政救济，但是它假定律师不会因为不能对这些努力要求赔偿律师费而停止这么做。③ 认为这种假定过于天真的说法是不过分的。两位持不同意见的大法官提出了很有说服力的观点：（1）之前的行政程序（administrative proceedings）经常会有助于联邦法院裁决民权案件；（2）Webb 案中的行政程序无疑有助于司法程序中作出快速和理想的解决；（3）多数意见判决的实际效力是要求原告绕过州行政程序。但是，持不同意见的大法官承认，Webb 案中多数意见之所以存在反常之处，就是因为 Patsy 案的判决主旨。

---

① 347 U. S. 483 (1954).

② 471 U. S. 234 (1985).

③ Id. at 241 n. 15.

在 North Carolina Department of Transportation v. Crest Street Community Council, Inc. ①案中，最高法院处理了在逻辑上可以从 Patsy 案和 Webb 案的判决主旨推导而来的一项问题。北卡罗来纳州交通部提议公路延伸至 Durham 的一个主要是黑人居住的社区，利用的是取代该社区的公园、教堂和许多住宅区的路线。这一社区指控该公路会违反《民权法》第六编的规定。该社区的代理律师说服联邦交通部发布了该公路违反《民权法》第六编的“初步判断”，又说服北卡罗来纳州交通部通过移民规划以避免违反《民权法》第六编，在这些过程中投入了 12 000 小时的时间。但是事后来看，该社区的律师也犯了一个重大错误，也就是成功地寻求可得的行政救济而不是向法院起诉。最高法院六位大法官的多数意见认为，该律师无权根据 § 1988 要求赔偿任何律师费，因为根据 Webb 案，行政 1299
程序不符合作为《民权法》第 6 编“实施的程序”的条件。② 多数意见重复了在 Webb 案中发表的天真的说法，即尽管合格的代理律师会寻求可得的行政救济，但是合格的代理律师不会仅仅因为没有收到寻求行政救济的律师费而放弃可得的救济机会。③

正如三位持不同意见的大法官所指出的，在 Webb 案和 Crest Street 案之后，§ 1983 诉讼中的代理律师不可能为了通过行政渠道让纠纷获得圆满解决而推迟到法院起诉。相反，州或者地方政府行政机关准备作出剥夺个人的公民权利的行为时，这种案件的第一步就是到联邦地区法院提起正式的诉讼。④ 所有后来的诉讼和协商都成为联邦法院案件的一部分。持有不同意见的大法官认为，Webb 案和 Crest Street 案导致不可避免地增加联邦法院的负担，这是没有意义的。⑤ 不过，持不同意见的大法官没有承认 Webb 案和 Crest Street 案的反常之处，就是原来在 Patsy 案中存在的反常之处的自然后果。

□ § 1983 诉讼中原告必须穷尽行政救济

§ 1983 诉讼中穷尽行政救济的法律要求，是与其他类型案件中的要求是相同的，在行政程序中有权主张的实施民权的律师费，也与司法程序相同。那么，合格的律师就会因为认识到行政救济能够提供快速有效的救济，而去寻求可得的行政救济。

□ 法律修改了 Patsy 原则

Patsy 案判决主旨的适用范围，因为国会立法要求在众多类型的 § 1983 诉讼中适用穷尽行政救济要求而有所收缩。在 Smith v. Robinson⑥ 案中，最高法院认为在一类民权诉讼中需要适用穷尽行政救济原则。国会在《残疾人教育法》（the Education of Handicapped Act）⑦ 中规定，残疾儿童只能通过 § 1983 诉讼主张接受公立教育的权利。Smith 根据《残疾人教育法》提出了若干问题，包括《残疾人教育法》是否完全取代 § 1983 成为残疾儿童主张接受公立教育之权利的程序。尽管三位大法官对于另一项问题存在不同意见，最高法院还是一致判决国会的目的是以《残疾人教育法》取代 § 1983 作为适用于残疾儿童

① 479 U. S. 6 (1986).

② Id. at 11-12.

③ Id. at 14-15.

④ Id. at 23.

⑤ Id. at 21.

⑥ 468 U. S. 992 (1984).

⑦ 20 U. S. C. §§ 1400 et seq.

主张教育权的排他性程序。由于《残疾人教育法》明确纳入了行政程序，与根据 § 1983
1300 提出申请者不同，根据《残疾人教育法》提出申请者必须穷尽行政救济。[①] 最高法院也承认，《残疾人教育法》规定的穷尽行政救济要求也存在例外。[②]

与 Heck v. Humphrey[③] 案不同，最高法院对原告没有义务在 § 1983 诉讼中穷尽行政救济这一普遍规则创设了一条例外。在同时存在 § 1983 诉讼救济和人身保护令救济（habeas corpus）时，§ 1983 诉讼的原告必须穷尽行政救济，因为人身保护令的立法明确要求穷尽行政救济。[④]

尽管联邦法院继续认为穷尽行政救济要求并不适用于 § 1983 诉讼，国会继续立法要求在多种 § 1983 诉讼中适用穷尽行政救济要求，并且联邦法院继续对这些法律进行宽泛解释和适用。因此，例如，最高法院曾经以一致意见判定，42 U. S. C. § 1997e（a）要求监狱犯人无论何种情形都应穷尽行政救济。[⑤]

类似的，第一巡回法院认为，20 U. S. C. § 1415（1）要求在原告指控残疾儿童被剥夺了公立教育机会的时候，无论何种情形都应穷尽行政救济。[⑥]

但是，当国会并未明确将穷尽行政救济要求作为根据 § 1983 起诉的前提条件时，法院继续认为并不存在这项义务。因此，例如，在 Roach v. Morse[⑦] 案中，第二巡回法院认为，个人可以基于州在实施联邦医疗保险计划过程中作出的决定而根据 § 1983 起诉，即使国会要求所有州为解决这些争议提供公平听证程序，并且即使各州已经提供了这样的行政程序。

在 Marsh v. Jones[⑧] 案中，第五巡回法院判定，当并且只有在监狱可以提供寻求金钱损害赔偿的行政程序时，《被拘禁者民权法》（the Civil Rights of Institutionalized Persons Act）[⑨] 才能要求以穷尽行政救济作为审查犯人寻求金钱损害赔偿的诉讼的前提条件。[⑩]

□ 征收案件要求穷尽行政救济

最令人欢欣鼓舞的判决则是 Williamson County Planning Commission v. Hamilton Bank[⑪] 案。在 Williamson 案中，最高法院要求在一类仍然需要遵守 § 1983 的民权诉讼中穷尽行政救济。Williamson 县规划委员会（Williamson County Planning Commission）拒
1301 绝了开发商提交的开发某地区的规划草案，认为该规划不符合若干新近通过的规章。而继承了该开发商权益的银行提起了 § 1983 诉讼，指控在开发商信赖原来的规章进行大量投资之后适用新通过的规章而否决该规划，构成未经正当补偿就征收了开发商的不动产，这也违反了《联邦宪法》第五修正案。最高法院本来可以引用 Patsy 案，允许银行未经任何

---

① Id. at 1011-1012，1024.

② Id. at 1013 n. 17.

③ 512 U. S. 777（1994），参见 § 19. 6 的讨论。

④ 另可参见 § 19. 6 讨论的 Edwards v. Balisok，520 U. S. 641（1997）。

⑤ Porter v. Nussle，122 S. Ct. 983（2002）；Booth v. Churner，532 U. S. 731（2001）.

⑥ Frazier v. Fairhaven School Committee，276 F. 3d 52（1st Cir. 2002）. 参见本书 § 15. 3 的讨论。

⑦ 440 F. 3d 53（2d Cir. 2006）.

⑧ 53 F. 3d 707（5th Cir. 1995）.

⑨ 42 U. S. C. § 1997 e（a）（1）.

⑩ 不同观点，参见 Lavista v. Beeler，195 F. 3d 254（6th Cir. 1999）；Perez v. Wisconsin Department of Corrections，182 F. 3d 532（7th Cir. 1999）；Alexander v. Hawk，159 F. 3d 1321（11th Cir. 1998）。参见 § 15. 3 的讨论。

⑪ 473 U. S. 172（1985）.

州行政救济而提起 § 1983 诉讼。相反，最高法院以一致意见（三位大法官在其他争点上存在不同意见）将该案与 Patsy 案作了区分，判定银行只有在其穷尽了可得的行政救济之后才能提起 § 1983 诉讼。

在 Williamson 案中可以寻求的州行政救济有两种：银行可以从新近颁布的规则中寻求变通①；它也可以通过州行政程序对所指控的征收寻求“正当补偿”②。最高法院基于下列两点理由将该案与 Patsy 案作了区分：首先，从本质上讲，只有在行政机关决定了如何规制不动产之后，才能评估征收的主张。③ 这是 Williamson 案判决主旨的狭义理由。其次，在当事人穷尽可得的行政救济之前，并不存在可以剥夺个人民权的“最终行政行为”④。

□ 最高法院应该判定只有最终行政行为可能违反 § 1983

最高法院在 Williamson 案中的判决，其第二点理由可能适用于在所有 § 1983 诉讼中要求穷尽可得的州行政救济。这一原则是宽泛、明智和容易说明的：地方政府只能通过最终行政行为剥夺个人的民权。事实上，最高法院在 Williamson 案中采用的推理也同样适用于 Patsy 案。佛罗里达州高等教育理事会并未仅仅因为某些下层员工基于种族原因拒绝考虑 Patsy 对更高职位的申请而侵犯她的权利。Patsy 甚至没有给高等教育理事会提供作出决定的机会。Williamson 案的推理则表明，Patsy 只有在先寻求高等教育理事会所提供的申诉程序，并且该理事会根据其种族援引而作出不利于她的决定时，Patsy 才可以提起 § 1983 诉讼。还有待分析的是 Williamson 案的“最终行政行为”要求是否被限定于基于第五修正案规定的征收案件或者会自然地延伸适用于所有 § 1983 诉讼。如果最高法院要求在所有 § 1983 诉讼中必须有最终行政行为，它就可能在事实上推翻了 Patsy 案。这样的判决反过来又意味着需要推翻 Webb 案和 Crest Street 案。一旦最高法院承认州行政救济是个人根据 § 1983 规定主张其民权之程序的必要内容，利用了这些行政程序的律师应当 1302
与假设利用了司法程序一样，有权根据 § 1988 获得赔偿。

§ 15.10 穷尽行政救济原则与行政迟延

□ 要求穷尽行政救济经常会导致迟延

原告在对行政行为申请司法审查之前必须穷尽行政救济，这一要求导致司法机关裁决与行政机关的纠纷出现迟延。许多行政机关存在的行政决定、行政机关内部的上诉，以及复议程序等多个层次，加上行政决定程序时常反应迟钝，可以导致司法机关裁决重要问题时出现明显的迟延。在有的情况下，司法机关可以强制实施的个人权利，也因为在申请司法强制执行其权利之前必须经过冗长的行政程序而受到损害。

---

① Id. at 186-191.

② Id. at 194-195.

③ Id. at 190-191.

④ Id. at 193-194.

□ 不当迟延能够成为谅解未能穷尽行政救济行为的理由吗？

在 20 世纪 20 年代，最高法院在几起案件中因为我们今日习以为常的行政决定程序中的迟延谅解了原告未能穷尽行政救济的行为。当行政机关已经迟延了两年时间之后，最高法院判定不需要适用穷尽行政救济原则：“长期持续和无理迟延结束近似于没收的不动产税率（rates），与明确确认这些税率一样，都可能有效地征收不动产。”①

到了 60 年代，最高法院已经更加习惯也更能容忍行政迟延。它在 Walker v. Southern R. Co. ② 案中因为迟延而谅解了原告未能穷尽救济的行为，但是该案中的迟延程度要严重得多——达到了 10 年之久。在 1966 年至 1989 年间，最高法院并未明确以迟延为由作为穷尽原告未能满足穷尽行政救济要求的正当化理由。今天联邦行政决定迟延的典型救济是根据《行政程序法》§706（1）的规定提起诉讼要求行政机关作出已经存在不合理迟延的行为。③

□ 作为例证的案件

许多巡回法院的判决明确地处理了要求穷尽救济的众多优点以及因为穷尽救济原则而导致的迟延之间的紧张关系。在 Iddir v. INS④ 案中，第七巡回法院认为，当行政机关承认
1303 自己在启动驱逐出境程序时并不知道何时会提供救济，原告可以被允许不必遵守穷尽行政救济的义务。

在 Southwestern Bell Telephone Co. v. FCC⑤ 案中，第八巡回法院谅解了原告没有在提请司法审查之前允许行政机关审查其有关法律解释的主张，理由是行政机关在行政程序中的迟延使得法院确信该行政机关在处理这一主张时也会产生不合理的迟延。裁决这一纠纷的法定期限是 5 个月，但是行政机关却已经花了 9 年时间。

在 Pension Benefit Guaranty Corp. v. Carter & Tillery Enterprises⑥ 案中，第九巡回法院判定，如果行政机关内部复议程序持续时间已经超过了行政机关适合法院裁决的诉因（judicial cause of action）可以适用的诉讼时效，地区法院应该中止案件审理，等待行政机关内部复议程序结束，而不是驳回行政机关提出的主张未能穷尽行政救济的诉讼请求。

在 Perot v. Federal Election Commission⑦ 案中，哥伦比亚特区巡回法院驳回了原告的主张，即他将会因为行政决定程序的迟延而蒙受无法弥补的损失，因此法院应该谅解其未能穷尽行政救济的行为。原告作为一名总统候选人，寻求法院阻止除他之外的其他总统候选人之间的辩论。他认为这一辩论的进行是违反《联邦竞选活动法》（the Federal Election Campaign Act）。他向联邦选举委员会（the Federal Election Commission）投诉，但是辩论时间将至，联邦选举委员会很可能无法在辩论进行之前作出决定。哥伦比亚特区巡回法院认为，它不能谅解原告未能穷尽法律规定的穷尽行政救济要求的做法。哥伦比亚特区巡

---

① Smith v. Illinois Bell Telephone Co.，270 U. S. 587，591 (1926). 类似案件，还有 Prendergast v. New York Telephone Co.，262 U. S. 43 (1923) 和 Banton v. Belt Line Ry.，268 U. S. 413 (1925)。

② 385 U. S. 196 (1966).

③ 参见§12.3。

④ 301 F. 3d 492 (7th Cir. 2002)，参见§12.3 和§17.8 的讨论。

⑤ 138 F. 3d 746 (8th Cir. 1998).

⑥ 133 F. 3d 1183 (9th Cir. 1998)，参见§15.2 的讨论。

⑦ 97 F. 3d 533 (D. C. Cir. 1996).

回法院也认定，行政机关的迟延既非无理亦非违法，因为原告向该行政机关投诉的时间也仅仅是辩论日之前的几天，而法律允许行政机关在 120 天内决定是否对投诉作出回应。

在 Pavano v. Shalala[1] 案中，地区法院的判决是谅解一组原告未能履行穷尽行政救济之义务的行为，而第二巡回法院则推翻了这一判决。原告申请医疗保险报销“麻醉强化剂”（anesthesia modifiers）的费用，但是遭到拒绝。他们上诉至社会保障局的上诉委员会。在上诉委员会作出决定之前，这些原告申请法院审查该拒绝撤销的决定，地区法院拒绝了政府提出的以未能穷尽行政救济为由驳回该诉讼的动议。地区法院法官认为原告未能穷尽行政救济的行为应该得到谅解，理由是行政决定过程中的迟延将会导致原告蒙受无法弥补的损失，因为他们是“健康状况欠佳的年迈的保险受益人，对他们来说时间是宝贵的 1304
财产”。巡回法院则否定了这名法官对于原告所提供的全方位的待遇。巡回法院指出，绝大多数讼争的权利请求都是代表麻醉医师提出的，而他们并不会因为迟延而蒙受无法弥补的损失。它认为这一迟延是“不幸的”，但是这“并不是行政不妥协（administrative intransigence）的问题”。第二巡回法院也驳回了原告的主张，即如果行政机关复议时间超过 6 个月，则法院免除穷尽行政救济的义务。

在 Rice v. Department of Alcohol，Tobacco and Firearms[2] 案中，第三巡回法院采取了不同寻常的步骤，即允许在穷尽行政救济之前对同时要求行政机关行使其裁量权和运用其专业技能作出的行政行为进行司法审查。法院认为自己这么做是有理由的，因为它已经综合考虑了以下两项因素：（1）行政机关不会说明如果可以的话，它何时会审查原告对解除武器持有禁止（a firearms disability）的申请；（2）法律授权复审法院在必要时接收独立证据以避免正义的落空。

在 Adler v. Epsy[3] 案和 Maxon Marine v. Director，OWCP[4] 案中，第七巡回法院以不同方式解决了两种情况下的穷尽行政救济与迟延之间的紧张关系。[5]

□ 对迟延的秘密考量?

许多其他谅解原告未能穷尽行政救济之行为的司法判决，很可能部分是因为法院私底下考量认为可能会导致迟延。在 Patsy 案[6]中，最高法院所作出的扑朔迷离的判决，很可能就是受到这一担心的影响。在 20 世纪 50 年代和 60 年代，联邦法院有充分的理由担心许多南方州的行政机关会策略地拖延行政决定过程以便让黑人公民无法寻求联邦法院强制执行其民权。但是，直到最近，我们只可能猜测某一特定的最高法院所作出的谅解未能穷尽行政救济行为的判决受到了可能出现行政迟延之担心的影响。在过去的几十年里，各级法院都很少在穷尽行政救济原则的案件中提到迟延是判决的考量因素。

在 Coit Independence Joint Venture v. FSLIC[7] 案中，这一局面发生了变化。Coit 只提出了一项涉及州法的联邦优先适用的疑难问题。当国会（1）授权联邦存贷款保险公司（FSLIC）对无偿付能力的存贷款实施破产管理，（2）授权联邦存贷款保险公司对所有针

---

① 95 F. 3d 147 (2d Cir. 1996).

② 68 F. 3d 702 (3d Cir. 1995).

③ 35 F. 3d 263 (7th Cir. 1994).

④ 39 F. 3d 144 (7th Cir. 1994).

⑤ 参见 § 12. 3 的讨论。

⑥ 参见 § 15. 9 的详细讨论。

⑦ 489 U. S. 561 (1989).

对此类破产管理的权利主张“作出和解、妥协或者放弃”的决定，并且（3）禁止任何法院作出任何影响联邦存贷款保险公司之权力或者职能的判决时，法院对依据州法针对联邦存贷款保险公司负责破产管理的破产存款和贷款提出的权利主张的裁决，国会是否可以优
1305 先？这一问题的答案只有“是”或者“不是”两个选项。如果答案是否定的，州或者联邦法院可以自由裁决任何依据州法提出的权利主张；如果答案是肯定时，正如第五巡回法院所判决的，法院没有权力裁决这样的权利主张。联邦法院可以审查联邦存贷款保险公司对此类权利主张的处置决定，但是只能是在原告已经穷尽了联邦存贷款保险公司可以提供的救济渠道。

□ 只有在行政机关规定合理期限时才能适用穷尽行政救济的要求

但是，Coit 案的多数意见既没有说“是”，也没有说“不是”。相反，它认为，当且只有当联邦存贷款保险公司发布规章，明确裁决依据州法针对失去偿付能力的存贷款提出的权利主张的“合理期限”（time limits）时，法院才需要在联邦存贷款保险公司试图解决此类权利主张时中止审理程序。由于不存在这样的规章，多数意见判定原告不需要穷尽行政救济，而法院也可以在联邦存贷款保险公司作出决定之前自由地作出裁决。① 多数意见本来可以将模棱两可的法律条文解释为排他性地授权行政机关初步裁决数十万件权利主张，并在穷尽行政救济之后接受司法审查。联邦行政机关可以有更好的条件确保裁决这类权利主张时保持一致性，并在避免支持没有依据或者过度的权利主张方面保护联邦纳税人的利益。但是，少数意见则拒绝对法律赋予具有如此直截了当的效力的解释。

多数意见之所以拒绝了政府的意见，很大程度上是因为担心穷尽行政救济要求会导致裁决原告之普通法上的权利出现不能接受的迟延。② 多数意见将联邦存贷款保险公司的权利主张裁决过程描述为从未出现权利主张的“黑洞”。Scalia 大法官的协同意见责备多数意见扭曲了宪法和行政法的原则，很可能会在今后的案件中导致严重的损失。③ 他也指出，联邦存贷款保险公司不可能如多数意见所要求的那样承诺在合理的期限内裁决权利主张，因为行政机关的资源如此有限以至于不可能及时地处理所有权利主张。Scalia 大法官认为，只有国会有能力有效地解决导致多数意见扭曲重要法律原则的行政迟延问题。④

□ 对 Coit 案的批评

Coit 案多数意见对于穷尽行政救济原则的适用方式是新颖的。最高法院已经反复强调，只要行政机关不违反法定的命令，各级法院应当允许行政机关确定自己的程序并更具
1306 行政机关的优先次序分配有限的资源。⑤ 最高法院也警告各级法院不要发布旨在要求行政级机关根据法院确定的时间表处理所有各类纠纷的裁定，干预行政机关的决定程序。⑥ 但是，在 Coit 案中，最高法院确实作了一件它曾经反复要求巡回法院不要去做的事。

---

① Id. at 569.

② Id. at 582-587.

③ Id. at 588-592.

④ Id. at 591-592.

⑤ 例可参见 Mobil Oil Exploration v. United Distribution Co.，498 U. S. 211，230 (1991)；Heckler v. Chaney，470 U. S. 821，831-832 (1985)；Vermont Yankee Nuclear Power Corp. v. NRDC，439 U. S. 519 (1978)。

⑥ Heckler v. Day，467 U. S. 104 (1984). 参见 § 12.3。

Coit 适用穷尽行政救济原则的方法——只有在行政机关在法院确定的期限内完成其决定，才需要适用穷尽行政救济原则——有可能让行政法产生根本性的变革。联邦存贷款保险公司只是存在严重迟延问题的数百家行政机关中的一家。但是，最高法院并不打算推广这个适用穷尽行政救济原则的新方法。为了做到这一点，它必须预料并解决由此引发的大量问题，其中主要的问题是：在行政机关的资源有限，并且国会或者法院要求行政机关采用繁琐和消耗资源的程序时，行政机关如何能够在规定的期限内完成大量的任务？当然，最高法院可以拒绝回答这一问题，理由是这更适合由政治上可问责的政府分支解决的问题。但是，最高法院不可能轻易地回避下一个无法回避的问题。如果行政机关未能按照法院确定的时间表完成决定过程，已经严重超负荷运行的法院如何应对在未成熟的阶段即送到法院的大量案件？最高法院不需要在审查 Coit 案的穷尽行政救济问题时考虑这一问题，因为其单独的（并且值得辩论的）判决主旨认为，不服行政机关对其权利主张之裁决的当事人，在任何情况下都有权要求法院重新审查其权利主张。[①]

最高法院不可能将 Coit 案中这一新颖但问题重重的穷尽行政救济的要求延伸适用于其他情形。但是，Coit 案也反映了法院更容易接受这样的主张，即特定的原告应该因为行政决定程序的迟钝而被谅解未能穷尽行政救济的行为。

§ 15. 11 最终行政行为

□《行政程序法》§ 704

各级法院长期以来都坚持认为只有“最终行政行为”才是可审查的。《行政程序法》§ 704 将司法审查限定于“最终”行为。许多行政机关的组织法也包含有对司法审查的类似限制。§ 704 对可以直接审查的“最终行为”区别于只有在审查行政机关最终行为的过程中才能审查的“初步、程序或者中间性质的行政行为”。 1307

□ 区分穷尽行政救济与最终性的困难

最高法院从未试图解释穷尽行政救济与最终行政行为要求之间的区分，下级法院尝试区分这两项原则的也是屈指可数。Leventhal 法官在 Association of National Advertisers v. FTC[②] 案中出具的判决意见就是对两者区分的最著名的努力。Leventhal 法官判定，联邦贸易委员会（FTC）的一名委员根据一项被认为不能接受的理由拒绝回避的决定是可以在行政案件的早期阶段接受审查的。Leventhal 法官解释道：“产生管辖权难题的原因是本案中同样发挥作用的一项相关原则，即最终性要求，它也与穷尽行政救济要求存在重合，但是加以分析是可以区分的。这两项原则中即使有一项不能适用，另一项也可能是可以适用的。”他接着指出《行政程序法》§ 704“不仅要求穷尽行政救济，也要求是最终行政行为”。

---

① 对 Coit 案中各项复杂争点的精彩分析，参见 Baxter，“Life in the Administrative Track：Administrative Adjudication of Claims Against Savings Institution Receiverships”，1988 *Duke L. J.* 422。

② 627 F. 2d 1151，1157 (D. C. Cir. 1979)，*cert. denied*，447 U. S. 421 (1980).

□ 联邦法院经常交替适用这两项原则

相比 Leventhal 法官所描述的两项原则的区分而言，我们更容易看到他所描述的两项原则重合的情景。关于重合的证据可谓比比皆是。在 Myers v. Bethlehem Shipbuilding① 案和 FTC v. Standard Oil Co. ② 案中，最高法院对此提供了很好的出发点。在这两起案件中，问题都是法院是否可以因为原告认为行政机关缺乏管辖权而发布禁令禁止行政机关组织听证。最高法院在两起案件中都认为法院不能发布禁令。在 Myers 案中，最高法院反复提到原告未能穷尽行政救济，而在 Standard Oil 案中反复提及不存在作为司法审查的必要前提条件的最终行政行为。但是，除了术语上的差别之外，这两起案件的理由看起来难以区分。每份判决意见都可以将“未能穷尽行政救济”替换为“缺乏最终性”，或者与之相反，而无须更换推理或者结论。不仅如此，Myers 案判决意见只是偶尔提到了最终性，Standard Oil 案判决意见也只是偶尔提及原告未能穷尽行政救济。在这里，也包括在其他情况下，这两项原则都是难以区分的。如果原告未能穷尽可得的行政救济，行政机关通常
1308 就尚未作出最终行政行为。③

□ 两项原则的适用范围可能是完全相同的

如果审视两项原则的适用范围，我们也会发现两者依然存在重合。在 Mathews v. Eldridge④ 案中，最高法院提到了最终行政行为的要求，认定诉讼中涉及的行政行为不是最终的，但是还是对之进行了审查。该案中，最高法院适用穷尽行政救济原则的一项或者多项例外而谅解了原告未能穷尽行政救济的行为，也同样适用最终行政行为要求的一项或者多项例外而免除了这一要求。并无明确的理由说明这两项原则需要存在适用范围的差别或者适用不同的例外。

□ Bennett 标准

在 Bennett v. Spear⑤ 案中，最高法院宣布了确定一项行为是否为“最终行政行为”的两部制标准。最高法院以一致意见判定，鱼类和野生生物管理局（the Fish & Wildlife Service）根据《濒危物种法》出具的一份生物意见书（biological opinion）构成最终行政行为。这份生物意见书认定，土地复垦管理局（the Bureau of Reclamation）管理的一项灌溉工程，即 Klamath 工程，危害了濒危物种的继续生存。这份生物意见书确定了可能会避免这些损害的“合理和谨慎的替代方案”。最高法院提及行政行为成为最终的所需满足的两项条件⑥：“首先，行为必须标明行政决定过程的‘终结点’（consummation）”，这是政府承认的一项条件。其次，“该行为必须是‘借以确定权利或者义务’，或者‘将会引发法律后果’的行为”。政府认为，这一生物意见书意见并不符合这一标准，因为它只是建

① 303 U. S. 41 (1938)，参见§15.2 的讨论。
② 449 U. S. 232 (1980)，参见§15.2 的讨论。
③ 不同观点，参见§15.3 讨论的 Darby v. Cisneros，509 U. S. 137 (1993)。
④ 424 U. S. 319 (1976)，参见§15.3～§15.7 的详细讨论。
⑤ 520 U. S. 154 (1997).
⑥ Id. at 177-178.

议性质的。最高法院驳回了这一主张。最高法院认为，这一生物意见书“改变了作出行政行为的行政机关需要遵守的法律制度”。政府承认：“行政机关在作出行政行为时很少会选择实施鱼类和野生生物管理局已经认定很可能损害濒危物种继续生存的行为。”最高法院指出，任何行政机关或者行政机关的雇员如果违反生物意见书，都很可能被处以行政罚款或者刑事罚金。

□ 国会可以确定哪些行为是最终行为

在 Department of Commerce v. United States House of Representatives① 案中，最高法院默示地承认国会拥有宣布行政行为是最终的和可审查的广泛权力。国会知道人口调查局（the Census Bureau）在开展 2000 年人口普查时准备采用采样法（sampling）之后立法规定《2000 年人口普查报告》和《2000 年人口普查实施规划》“必须被视为是十年一次的 2000 年人口普查中统计方法使用的最终行政行为”。《2000 年人口普查报告》和《2000 年人口普查实施规划》的发布是实施人口普查并确定普查的法律后果的整个过程的前期步 1309
骤。在没有一部法律宣布该报告和实施规划是最终行政行为的时候，这些行为是否符合最终性标准已经是一个封闭性和有趣的问题。但是，最高法院根本没有讨论最终性的问题，只是指出“国会已经消除了本案中的任何慎重的关切”，并且“地区法院正确地发现该案已经具备了审查所需的成熟程度……”

在 Stone v. INS② 案中，六位大法官出具的多数意见认为尽管及时提交复议申请仍然悬而未决，一项驱逐出境命令是最终的，并且能够立即接受审查。在 ICC v. Locomotive Engineers③ 案中，最高法院已将《行政程序法》和《反敲诈勒索法》（the Hobbs Act）解释为，在及时提交的复议申请悬而未决的期间，申请审查最终行政行为的时效中断。多数意见将该案与 Locomotive Engineers 案作了区分，理由是它认定国会希望通过对这些驱逐出境命令免受复议申请的时效中断效应（tolling effect）。多数意见发现有证据支持这一结论，即法律规定指示复审法院合并审查拒绝复议驱逐出境命令的程序。

最高法院认为没有必要讨论行政机关更宽泛的主张：受《行政程序法》司法审查条款和《反敲诈勒索法》约束的行政机关，可以发布规则有效地推翻 Locomotive Engineers 案中所宣布的时效中断规则。三位持不同意见的大法官批评多数意见中为了支持其结论，即国会试图在驱逐出境案件中推翻通常的时效中断规则，而引用的情形证据是缺乏说服力和模糊的。持不同意见的大法官认为，公正性、前后一致性、统一性原则和法律条文都支持将《移民与归化法》解释为确立了和《行政程序法》、《反敲诈勒索法》一样的时效中断规则。

□ 不具有直接后果的行为不是最终行为

在 Dalton v. Specter④ 案中，最高法院认为，军事基地关闭与重整委员会列举了它建议关闭的军事基地名单，这不属于最终行政行为，因为它“并不具有直接后果”。这一报告除非得到总统和国会的批准，否则并不产生效力。

---

① 525 U.S. 316 (1999).

② 514 U.S. 386 (1995).

③ 482 U.S. 270 (1987).

④ 511 U.S. 462 (1994)，参见§17.8 的讨论。

□ 两阶段决定程序的问题

在一个反复出现的情形中，最终行政行为的要求要比穷尽行政救济的要求更适合法院所面对的问题。有的法律要求采取两阶段决定程序。当问题是第一阶段结束时的决定是否
1310 可以接受审查时，法院通常会通过适用最终行为要求回答这一问题。Franklin v. Massachusetts① 案中的判决意见可以作为例证。对于商务部十年一次的人口普查报告是否是最终行政行为的问题，最高法院形成了 5∶4 的两派分歧。

□ Franklin 案

《联邦宪法》第 1 条第 2 款第 3 项要求根据十年一次的人口普查确定各州产生的众议员名额。国会为了实施《联邦宪法》的这一规定确立了两步骤的法定程序。商务部长必须“以其确定的形式和内容”开展人口普查，并向总统报告结果。② 然后，总统必须“向国会提交一份说明（statement），解释各州根据十年一次的人口普查所确定的……人口总数，以及各州……有权获得的众议员名额……”③

在开展 1990 年的十年一次的人口普查时，部长修改了向本州（home states）分配联邦政府雇员的方法。总统提交国会的说明中体现了这一分配方法的变化。其结果是，马萨诸塞州政府认为自己州的众议员名额中被划转了一个给华盛顿州，于是对商务部长的行为和总统的行为一并申请司法审查。马萨诸塞州政府认为，这一分配方法的修改既不符合《联邦宪法》的规定，也是按照《行政程序法》§706 的规定属于武断和恣意的。

□ 下级官员的裁定（ruling）不是最终行为

五位大法官出具的多数意见对马萨诸塞州政府提出的宪法主张进行了实质审查，判定商务部长修改分配方法并不违宪。④ 但是，多数意见也判定，部长呈送总统的人口普查报告不是《行政程序法》§704 规定意义上的“最终行政行为”，而且不能通过适用《行政程序法》§706 规定的武断和恣意标准进行审查。多数意见认定，部长呈送总统的人口普查报告是“类似于‘下级官员的裁定’……不具有最终性，从而不需要接受审查”⑤。多数意见对法律解释为允许总统作出进行人口普查的政策判断，允许总统提交国会的说明区别于部长呈送总统的报告。⑥ 既然总统不受部长报告的约束，并且只有总统向国会提交的说明对众议员名额的重新分配具有直接影响，多数意见认为总统的说明是唯一的可能根据《行政程序法》而接受审查的最终行为。但是，多数意见接着认定，总统的说明根据《行政程序法》的规定也是不能接受审查的，因为国会并未明确说明总统是《行政程序法》
1311 §551（1）意义上的“行政机关”⑦。

---

① 505 U.S. 788 (1992).

② 13U.S.C. §141.

③ 2U.S.C. §2a.

④ 505 U.S. at 806.

⑤ Id. at 798.

⑥ Id. at 796-800.

⑦ Id. at 800-801. 参见§1.2。

□ 上级官员实体裁量的相关性

四位大法官提出了不同意见，理由是他们将法律解释为并未赋予总统任何实体裁量权。根据他们对法律的理解，部长呈送总统的报告是“最终行政行为”，因为总统需要根据部长的报告向国会作出说明。①

□ 具有直接效力的临时性规制行为是最终行为吗?

许多规制体制也依赖双阶段的决定过程。在这个过程的每个阶段结束时，行政机关都可以依法采取不同的做法。通常来说，适用于每个阶段的实体标准都有所区别但是紧密相关。在第二阶段结束时，行政机关常常必须采用的法定程序要相比行政机关在第一阶段结束时采用的程序更为复杂。相比在第一阶段结束时作出的行为，行政机关在第二阶段结束时作出的行为往往会给原告带来更为严重或者更为持久的损害。不过，第一阶段行为的损害后果不是可有可无的。

在这种反复出现的情形中，法院经常在行政决定过程的第一阶段结束时就会收到司法审查的申请。于是，法院必须确定它是否能够直接审查该决定，或者它是否只有在行政机关在第二阶段结束作出行为之后才能够审查。法院通常会适用最终行政行为原则回答这一问题。就这些行为是分别完成的意义上而言，第一阶段结束时作出的行为是“最终行为”吗？或者尚未结束的第二阶段也是独立程序的一部分，从这一意义上来说它是中间行为？当然，在很多案件中，这两项问题的答案都可以是肯定的，法院必须选择其中一种方法对第一阶段结束时的行为进行定性。

即使是这种类型的问题，法院也可以通过适用穷尽行政救济原则解决。那么，问题是原告是否必须在第二阶段穷尽可得的行政救济，以此作为对第一阶段所作之行为申请司法审查的前提条件。但是，这一问题更适合以适用最终行政行为要求的方式解决，并且多数法院采用了这一术语。

□ 有关《联邦杀虫剂、杀菌剂和灭鼠剂法》的存在不一致的案件

杀虫剂规制领域有很好的例子可以说明这一反复出现的问题。《联邦杀虫剂、杀菌剂和灭鼠剂法》（the Federal Insecticide，Fungicide and Rodenticide Act）要求任何州际商业中运输的杀虫剂必须向环境保护局（EPA）登记。如果环境保护局发现某一杀虫剂并不安全，它必须取消登记。环境保护局在取消登记之前必须经过复杂的程序，首先是通知取消，然后是由咨询委员会进行审查和公开听证。在取消登记的程序尚未终结时，行政机关 1312
如果认为“为了防止对公众造成立即的危险”，可以暂停（suspension）已登记资格。

各级法院已经处理了涉及《联邦杀虫剂、杀菌剂和灭鼠剂法》的规制过程与最终行政行为关系的四个问题：（1）标志着冗长的取消登记程序开始的取消登记通知是否属于最终行政行为？（2）决定不发布取消登记通知，是否属于最终行政行为？（3）在取消登记程序尚未终结时，作出暂停已登记资格的决定是否属于最终行政行为？（4）在取消登记程序尚未终结时，作出不暂停已登记资格的决定是否属于最终行政行为？

---

① Id. at 807-829.

四项问题中最容易解决的是第一项。这也是唯一一项没有导致不同巡回法院产生意见分歧的问题。发布取消登记通知的决定不属于最终行政行为。它并未结束决定程序。相反，它是标志着程序的开始。[1]

□ 行政不作为不可审查性之推定的相关性

第二项问题则更为疑难。不发布取消登记通知的决定看起来更像是最终行政行为。行政机关可能从来都不会有机会再解决这一杀虫剂安全的问题。在 EDF v. Hardin[2] 案和 EDF v. Ruckelshaus[3] 案中，哥伦比亚特区巡回法院认为这一决定作为最终行政行为是可审查的。但是，将这种决定定性为最终行政行为是有问题的，理由至少有二：首先，我们难以知道这种决定实际上已经作出，因为行政机关没有义务宣布已经作出了消极作为的决定（negative decision）。在 EDF v. Hardin 案中，哥伦比亚特区巡回法院审查了这样一项未经宣布的决定，根据提交了大量数据证明某一杀虫剂存在健康和安全问题之后时间经过但是没有任何行政行为，从中推导出消极作为的决定的事实。在 EDF v. Hardin 案中不存在行政行为的事实，看起来更像是行政不作为而不是行政行为。如果在今天发生类似 EDF v. Hardin 案、Heckler v. Chaney[4] 案中宣布的一项假定，即行政不作为是不可接受审查的，几乎肯定会要求作出相反的判决。[5] 今天，EDF 可以寻求的救济将是根据《行政程序法》§706（1）的规定，向法院申请责令作出构成不合理迟延的行政行为。[6]

其次，在某种意义上，不发布取消登记通知的决定永远无法成为最终行政行为，因为行政机关总是可以自由地根据新数据，或者对已有数据进行的进一步研究而在将来发布取消登记通知。在 EDF v. Ruckelshaus[7] 案中，哥伦比亚特区巡回法院正是在这种情形中判
1313 定行政机关不发布取消登记通知是最终行政行为。环境保护局只是说它还没有准备好发布取消登记通知，因为它仍然在研究健康和安全的问题。最高法院在 Chaney 案中的中间（intervening）判决也使 EDF v. Ruckelshaus[8] 案判决主旨的活力存在严重的疑问。

□ 对临时暂停登记资格的命令的可审查性的不同判决

各级法院对第三项问题的答案产生了分歧。第九巡回法院已经判决，哥伦比亚特区巡回法院也在法官附带意见中说明，在取消登记程序进行时暂停杀虫剂登记资格的决定是可以直接接受审查的最终行政行为。[9] 这些法院的理由是：（1）暂停登记资格的命令对于杀虫剂生产商和用户都会产生直接的效力；（2）这种效力很可能会持续一段时间，因为取消登记程序需要经历相当长时间才能结束；（3）发布暂停登记资格的命令标志着适用“立即损害”标准之过程的结束。

---

① Nor-Am Agricultural Products，Inc. v. Hardin，435 F. 2d 1151（7th Cir. 1970）（*en banc*），*cert. dismissed*，402 U. S. 935（1971）.

② 428 F. 2d 1093（D. C. Cir. 1970）.

③ 439 F. 2d 584（D. C. Cir. 1971）.

④ 470 U. S. 821（1985）.

⑤ 参见§17.7。

⑥ 参见§12.3。

⑦ 439 F. 2d 584（D. C. Cir.，1971）.

⑧ 439 F. 2d 584（D. C. Cir.，1971）.

⑨ Love v. Thomas，858 F. 2d 1347（9th Cir. 1988）；EDF v. Ruckelshaus，439 F. 2d 584（D. C. Cir. 1971）.

第七、第八和第十巡回法院则判定暂停登记资格的命令不能构成最终行政行为。[1] 这些法院的理由是：（1）这一命令只是和有关产品安全的正在进行的程序中作出的中间行为；（2）生产商将有机会在正在进行的取消登记程序中对于行政机关有关安全的初步意见提出质疑；（3）可以适用于暂停登记资格的"立即损害"标准，与适用于取消登记的一般安全标准密切相关；（4）法院更适合于审查行政机关在结束取消登记程序对健康和安全问题的确定，因为那时候法院会得到完整的记录和对行政行为的详细解释。第七、第八和第十巡回法院的说法更具有说服力，但是最终行政行为要求在这种情况下难以适用。

最后，在 EDF v. Ruckelshaus[2] 案中，哥伦比亚特区巡回法院判定，行政机关在取消登记程序仍在进行时作出不发布暂停登记资格的命令之决定是可审查的最终行政行为。法院认为，不暂停登记资格的决定是最终行政行为，即使决定暂停登记资格的决定不是最终行政行为。法院提出这一值得质疑的主张，其依据是相信如果错误地作出不暂停登记资格的决定将会给公众带来无法弥补的损害，相比对于生产商和用户因为错误的暂停登记资格的决定而蒙受的无法弥补的损害，是一个更大的问题。

□ 因为开支禁止性规定而没有作出行为，不属于最终行为

在 United States v. Bean[3] 案中，最高法院以一致意见判定，行政机关因为法律对拨款资金的禁止性条款而拒绝作出行为，并不构成具有可审查性的行政行为。国会已经禁止 1314
任何重罪犯（felon）持有枪支，但是它也授权财政部长有权恢复重罪犯的持有枪支的权利，如果部长经过听证，确信某重罪犯不会"以危害公共安全的方式行事"，并且恢复该重罪犯的权利符合"公共利益"。财政部长已经将该权力转授烟酒枪支管理局（the Bureau of Alcohol，Tobacco，and Firearms）。但是，自 1992 年以来，国会在每部拨款法中规定了一项条款，禁止烟酒枪支管理局利用拨款资金召开审查是否恢复重罪犯持有枪支权利的听证会。有一位重罪犯，Bean，向烟酒枪支管理局申请恢复持有枪支的权利。烟酒枪支管理局书面回复该项申请，指出它不能审查这一申请，是因为拨款法中对于拨款资金使用的禁止性条款。Bean 申请对烟酒枪支管理局的不作为进行审查。地区法院指出，法律已经授权对"拒绝"申请的行为进行司法审查，而烟酒枪支管理局拒绝审查该项申请构成"推定性的拒绝"。法院接着举行了听证会，并作出了恢复该权利之前提的事实认定，并且批准了他提出的恢复持有枪支权利的申请。第五巡回法院支持了地区法院的判决。最高法院以一致意见推翻了这项判决。它认为，"拒绝"意味着一项从合理性角度考虑拒绝提供救济的决定，并不是指拒绝行为的决定。最高法院也指出，国会要求行政机关适用的标准由行政机关实施要远比法院实施更为合适，国会要求法院在审查行政决定时适用的标准，例如武断和恣意标准，不能在没有行政决定的时候基于合理性审查进行适用。

□ 只有独立行为是可审查的

在 Norton v. Southern Utah Wilderness Alliance[4] 案中，最高法院以一致意见判定，

---

① Pax Co. v. United States，454 F. 2d 93 (10th Cir. 1972)；Dow Chemical Co. v. Ruckelshaus，477 F. 2d 1312 (8th Cir. 1973)；Nor-Am Agricultural Products v. Hardin，435 F. 2d 1151 (7th Cir. 1970).

② 439 F. 2d 584 (D. C. Cir.，1971).

③ 123 S. Ct. 584 (2002)，参见§17.7 的讨论。

④ 124 S. Ct. 2373 (2004)，参见§12.3 和§17.7 的讨论。

《行政程序法》中所有允许法院干预行政程序的条款，“都是坚持‘行政行为’，要么是作为诉讼对象的行政行为（§702 和 §704），要么是法院将要责令作出的行政行为（§706（1））”。不仅如此，最高法院也认为，根据 §706（1），法院可以责令行政机关作出的唯一一类行为就是行政机关根据法律或者规则需要作出的独立行为（discrete action）。

□ 作为例证的巡回法院判决意见

接下来的一些案件判决意见则说明法院如何在众多不同情形下适用最终行政行为的要求。在 Long Term Care Partners v. United States① 案中，第四巡回法院判定原告并未满足 Leedom 案对尽管并非最终但仍可接受审查的行政行为所确立标准的两部分要求。该案也没有“清晰”表明行政机关的行为超出其权力范围，因为其有关其作出行为的权力相关的
1315 结论是言之成理的。不仅如此，法院可以审查行政机关可以采取的任何不利的最终行为。两位法官出具的多数意见也判定，法院可以在审查缺乏原告资格的主张之前审查缺乏最终性的主张，因为这两项主张都可能涉及法院的管辖权问题。持不同意见的法官认为，缺乏最终性并不是管辖权的前提条件，因此法院必须在审查缺乏最终性的主张之前审查缺乏原告资格的主张。

在 City of Dania Beach v. FAA② 案中，哥伦比亚特区巡回法院判定，当一封书信是行政决定过程的无条件的完成，并批准一条跑道的新用途时，该书信构成最终行政行为。

在 Sprint Nextel Corp. FCC③ 案中，哥伦比亚特区巡回法院判定当联邦通信委员会的委员们以 2∶2 作出批准一项申请（petition），并未作出任何可审查的行为，并且法律规定票数持平时具有批准申请的效力。在这种情况下，联邦通信委员会并未作出行为；相反，是国会批准了该申请。哥伦比亚特区巡回法院指出，它不能审查一项没有说明理由的行为，而票数持平时联邦通信委员会并未提供可供审查的理由。

在 Safe Extensions v. FAA④ 案中，哥伦比亚特区巡回法院判定一份咨询性质的通函（circular）构成最终行政行为，因为它禁止机场购买原告的产品。法院指出，该通函没有附具理由并不能排除审查，因为法院可以将该通函发回行政机关补充理由说明。

在 United States v. Corona-Verbena⑤ 案中，第九巡回法院判定，当国会为某项目指定了专用资金时，行政机关并未在《国家环境政策法》规定目的上作出与该项目相关的最终行政行为，直到它确实决定为该项目提供资金。

在 Sierra Club v. Army Corps of Engineers⑥ 案中，第八巡回法院判定行政机关决定发布一份没有明显影响的通告是最终行政行为，使一项有关《国家环境政策法》的争议具备审查成熟性。但是，法院接着指出，地区法院可以裁量决定中止其审查程序，因为行政机关在作出这一行为之后已经过了相当长的时间，并且行政机关在作出可能损害原告利益的行为之前必须再作出一些行政行为。

在 Yousuf v. Samantar⑦ 案中，哥伦比亚特区巡回法院赞成第四巡回法院的意见，即

① 516 F. 3d 225 (4th Cir. 2008).
② 485 F. 3d 1181 (D. C. Cir. 2007).
③ 508 F. 3d 1129 (D. C. Cir. 2007).
④ 509 F. 3d 593 (D. C. Cir. 2007).
⑤ 509 F. 3d 1105 (9th Cir. 2007).
⑥ 446 F. 3d 808 (8th Cir. 2006)，参见 §15.11 的讨论。
⑦ 451 F. 3d 248 (D. C. Cir. 2006).

行政机关拒绝遵守传票，构成最终行政行为。

在 Center for Auto Safety v. NHTSA[①] 案中，哥伦比亚特区巡回法院作出了论证充分的判决意见，判定描述行政机关可以启动区域性召回程序的情形，以及如何实施召回的政策指南并不能构成最终行政行为，因为它们并未"确定任何权利或异物，它们也没有任何 1316 其他法律后果……行政机关仍然在评估拟议的召回决定并强制执行该法规定上仍然可以自由行使裁量权"。持协同意见的法官强调指出，只有行政首长可以启动召回程序；他只能在听证程序之后这么做；可以对他的决定在法院提起诉讼。

在 Fund for Animals v. Bureau of Land Management[②] 案中，哥伦比亚特区巡回法院判定一项对国会提出的预算申请——其中行政机关描述了拟议的管理美洲驴（burros）和野马的方法——并不能构成最终行政行为。两位法官出具的多数意见也判定，随后发布的对行政机关工作人员作出有关管理美洲驴和野马的指示的备忘录使得诉因消失，因为它已经过期。在一份单独的判决意见中，合议庭的一名成员赞成第一项判决主旨，但是反对第二项判决主旨，理由是行政机关表示它将继续坚持已经过期的备忘录中的指示，并且这些指示包含了拘束行政机关工作人员的行为标准。

在 Oregon Natural Desert Ass'n v. Forest Service[③] 案中，第九巡回法院的合议庭中两位法官出具的多数意见判定向在联邦土地上放牧的许可证持有人发布的年度作业指南是最终行政行为，因为它们是行政机关对放牧条件提供的最终意见，它们常常与许可证条款不同，并且可以对许可证持有者强制执行。持不同意见的法官表达的观点是，只有许可证本身是最终行政行为，因为该许可证已经预期到随时变化的指南的发布。[④]

在 Manufactured Housing Institute v. EPA[⑤] 案中，第四巡回法院判定一份政策指南——环境保护局对未经遵守《安全饮用水法》的规定对公寓住房供水系统安装数位分表（submetering）的合法性发表意见——构成最终行政行为。环境保护局主张，这一指南只是一种暗示，但是法院指出该指南中明确规定适用于"每个州中的每个公共供水系统"，并且环境保护局已经威胁对违反该指南的两个州采取行动。

在 Animal Legal Defense Fund v. Veneman[⑥] 案中，第九巡回法院合议庭中两位法官出具的多数意见达成了完全无法成立的结论，即行政机关不发布拟议的无拘束力的政策声明构成最终行政行为。

在 National Association of Home Builders v. Army Corps of Engineers[⑦] 案中，哥伦比亚特区巡回法院判定全国性的许可证（the nationwide permits）——允许在特定条件下未经获得个别化的许可即可疏浚河道并充填材料——构成最终行政行为。该许可证不是试行 1317 性或者中间性的；它们标志着行政决定程序的完成。不仅如此，全国性许可证通过允许"未经任何具体的特定详细的审查……进行特定的疏浚工作"，"创设了法律权利，并设定了拘束性的义务"。

在 Pinho v. Gonzales[⑧] 案中，第三巡回法院判定移民归化局决定拒绝批准地位变更，构成最终行政行为，尽管行政机关如果启动驱逐出境程序，当事人可以再次提出这一问

---

① 452 F. 3d 798 (D. C. Cir. 2006).

② 460 F. 3d 13 (D. C. Cir. 2006).

③ 465 F. 3d 977 (9th Cir. 2006).

④ 与 Center for Native Ecosystems v. Cables, 509 F. 3d 1310 (10th Cir. 2007) 一致。

⑤ 467 F. 3d 391 (4th Cir, 2006).

⑥ 469 F. 3d 826 (9th Cir. 2006)，参见§6.3的讨论。

⑦ 417 F. 3d 1272 (D. C. Cir. 2005)，参见§6.1、§7.4、§15.12和§16.9的讨论。

⑧ 432 F. 3d 193 (3d Cir. 2005)，参见§15.2的讨论。

题。第五巡回法院和第七巡回法院得出了相反的结论。

在 Invention Submission Corp. v. Rogan[1] 案中，第四巡回法院判定行政机构在发明促进计划的广告宣传中利用原告企业的行为说明欺诈的危害，并不能构成最终行政行为。这一广告宣传并未指认原告，但是它包含的一些信息让记者能够将广告公开地与原告相互联系。法院拒绝在行政行为的定义中包含针对原告的虚假或者未经授权的广告宣传，至少是在该广告宣传并未指认原告。法院认定，该广告宣传活动并未“创设任何权利、义务或者后果”。对于原告的任何不利影响都是间接的，可以归结于第三方的行为。

在 Air Brake Systems v. Mineta[2] 案中，第六巡回法院判定在国家公路安全委员会（the National Highway Safety Commission）公布的来自该机构总法律顾问的书信——其中声明原告的刹车系统并不符合行政机关的标准——并不构成最终行政行为。这些书信中所陈述的结论是试验性的，基于假设事实而非事实认定，并不能拘束行政机关或者被规制者，也无权得到法院的尊重。法院假定地接受了原告的主张，即这些书信将对其生意产生破坏性的影响，但是法院指出许多非最终行政行为也能产生不利的经济影响。法院承认该书信中包含的法律解释不是试验性的，并且由于它们来自该机构的总法律顾问，代表了该机构的最终观点。但是，法院判定即使这些法律解释也不能构成最终行政行为，因为这些书信并未确定权利或者义务，也不具有法律后果。最后，法院判定在总法律顾问是否有权发布这些书信的问题上，这些书信是最终行政行为（法院接着判定总法律顾问确实具有这
1318 一权力）。法院判决意见的这部分内容充其量是令人困扰的。如果按照法院的认定，这些书信不具有法律后果，是否有权签发这些书信，也并不会产生法律后果。

在 People's National Bank v. Office of Comptroller[3] 案中，第五巡回法院判定限制对银行审查分级（bank examination rating）之范围的银行公告不是最终行政行为，因为银行尚未尝试利用该公告中所描述的上诉程序。

在 General Motors Corp. v. EPA[4] 案中，哥伦比亚特区巡回法院作出了一项令人混淆和具有内在矛盾的判决意见。原告申请法院审查环境保护局在一份书信中所宣布的法律解释，该书信中环境保护局通知原告，按照它的解释，原告已经违反了法律。法院首先判定原告的审查请求提出太晚了，因为行政机关早在 1997 年就在政策手册（Policy Compendium）宣布了遭受质疑的法律解释，并且法律只允许接受原告在 90 日内提出的审查申请。法院接着判定该解释不具备审查的成熟性，因为原告可以在行政听证和行政机关内部上诉程序中对该解释提出质疑。这份判决意见在这两个方面中至少有一处是错误的。这一判决意见既说审查申请太早，又说审查申请太晚，这是没有意义的。必须是有一定的时间是法院愿意审查行政机关的法律解释的。哥伦比亚特区巡回法院需要重新考虑其适用成熟性、穷尽行政救济和成熟性要求的方法，从而使这三项原则能够产生明智的、具有内在一致性的结论。

在 AT&T Corp. v. FCC[5] 案中，联邦通信委员会拒绝以自己选择的其他保障措施替换已经过期的法律保障措施，理由是它保留了判断是否需要此类保障措施的需要，法院判定联邦通信委员会尚未采取最终行政行为。

---

① 357 F. 3d 452 (4th Cir, 2004).

② 357 F. 3d 632 (6th Cir. 2004).

③ 362 F. 3d 333 (5th Cir. 2004).

④ 363 F. 3d 442 (D. C. Cir. 2004).

⑤ 369 F. 3d 554 (D. C. Cir. 2004).

在 SEC v. Martha Stewart Living[①] 案中，第二巡回法院判定行政机关拒绝遵守传票，并不能构成最终行政行为，直到原告已经穷尽行政机关规定强制性的所有行政救济。

在 National Association of Home Builders v. Norton[②] 案中，哥伦比亚特区巡回法院作出了一份论证特别充分的判决意见，判定内政部发布的协议，其中包含了如何进行土地调查以确定是否包含特定亚种的濒危蝴蝶的方法，并不能构成最终行政行为。法院指出，这些协议中的描述是建议性的而非强制性的。法院承认它有的时候会因为其“实际上具有拘束力”判定有些牵强的自愿行为是最终行政行为，但是法院指出，只有在行政行为的实际 1319
效力是当事人法律义务的特定变化时，才能适用实际拘束力标准。法院也承认，有的地方政府已经将这些协议采纳为强制性质，但是法院并未发现地方政府感到不得不这么做的任何证据。

在 Montana Wilderness Ass'n v. Forest Service[③] 案中，第九巡回法院认为，它不能审查一项诉讼请求，即步道维护和修缮工作违反了法律所规定的要求林业局（the Forest Service）保持林区自然生态的要求，因为步道维护和修缮工作不是最终行政行为。法院接着得出了一项模棱两可的结论，即它可以根据《行政程序法》§706（1）作为依据，命令林业局保持林区自然生态特征的要求而“责令行政机关违法停止的行为”的依据。就第九巡回法院发布其判决意见来看，这一结论是值得怀疑的。从最高法院后来在 Norton v. Southern Utah Wilderness Alliance[④] 案中所作的一致判决来说，第九巡回法院的结论更是站不住脚的。

在 Role Models America v. White[⑤] 案中，哥伦比亚特区巡回法院判定国防部发布的处分已关闭军事基地财产的“决定记录”（Record of Decision），对于为了特定目的寻求利用该财产的企业之权利来说是最终行政行为。法院认定该决定记录是最终行为，不仅是因为决定记录要求国防部转让该财产给原告之外的人，而且因为国防部所采取的观点，即公告中的期限适用于并且终止了原告的权利。

在 Gordon v. Norton[⑥] 案中，第十巡回法院判定无论是行政机关的书信还是其不作为都构成最终行政行为。一位牧场主向渔业和野生生物管理局（FWS）投诉其在落基山脉北部重新引入狼群的项目实施方式违法，并且正在对其饲养的狗群和牲畜造成损害。渔业和野生生物管理局对牧场主作出书信回复，但是未能满足后者要求。牧场主于是提起诉讼，对该书信、可以适用的渔业和野生生物管理局规章以及渔业和野生生物管理局的不作为提出指控。第十巡回法院认定这些都不能构成最终行政行为，因为渔业和野生生物管理局并未解释其可以适用的规章，而书信也明显表示其正在决定过程之中，行政机关还没有导致不合理的迟延，渔业和野生生物管理局未能认定特定的伤亡为狼群所造成（designate certain kills as wolf kills），本身并未对原告资格有立即的影响。法院也判定该争议不具备司 1320
法审查的成熟性。[⑦]

在 Reliable Automatic Sprinkler Co. v. Consumer Product Safety Commission[⑧] 案中，哥伦比亚特区巡回法院判定一封书信——通知产品制造商消费品安全委员会初步判定该

---

① 374 F. 3d 184 (2d Cir. 2004)，参见§15.2的讨论。

② 415 F. 3d 8 (D. C. Cir. 2005)，参见§6.3的讨论。

③ 314 F. 3d 1146 (9th Cir. 2003).

④ 124 S. Ct. 2373 (2004)，参见§12.3和§17.7的讨论。

⑤ 317 F. 3d 327 (D. C. Cir. 2003).

⑥ 322 F. 3d 1213 (10th Cir. 2003).

⑦ 参见§15.12的讨论。

⑧ 324 F. 3d 726 (D. C. Cir. 2003).

产品构成实质危险，并要求制造商自行采取措施消除危险——并不构成最终行政行为。法院认定行政机关目前为止所采取的行动——“对原告喷水头（sprinkler heads）的调查，行政机关试图初步认定喷水头存在实质危险的说明，以及自行采取整改措施的要求”——并不构成最终行政行为，并且只有在行政机关作出施加义务、否定权利或者确定法律关系的行为之后，制造商才能质疑行政机关的管辖权。

在 National Parks Conservation Ass'n v. Norton[1] 案中，第十一巡回法院判定，国家公园管理局没有停止占用 Biscayne 湾（bay）中称为 Stiltsville 的建筑，这并不能构成最终行政行为。第十一巡回法院指出，行政机关正在积极制定 Stiltsville 的管理规划，并且认定行政决定的迟延尚未达到不合理的程度。

在 Home Builders Ass'n of Greater Chicago v. Army Corps of Engineers[2] 案中，第七巡回法院判定行政机关间的协调协议不能构成最终行政行为。法院认定该协议中的三项条款满足 Bennett v. Spear[3] 案中宣布的标准——它们“构成对美国陆军工程兵团政策的明确宣告，而非仅仅是试验性或者中间性质的行政决定”。但是，法院认定它们并不符合第二项标准，因为该协议“只规定了美国陆军工程兵团准备实施的程序性框架……［并且］并未设定新的法律要求……或者以任何方式对法律制度进行修改……”法律也判定这一协议并不具备司法审查的成熟性。[4]

在 Center for Biological Diversity v. Veneman[5] 案中，第九巡回法院判定林业局的一份报告不能构成最终行政行为，但是行政机关在发布报告之后未能采取行动构成遭受不合理迟延的行政行为。该报告的内容包括林业局认定符合纳入自然风光河流系统（Wild and Scenic Rivers System）之条件的河流目录。法院认定，仅仅为这些河流纳入目录并不能代
1321 表行政决定过程的完成。法院接着认定行政机关已经不合理地拖延履行其审查这些河流是否可以纳入该系统的义务。[6]

在 Center for Biological Diversity v. Veneman[7] 案中，第九巡回法院修改并替换了它在 2003 年 Center for Biological Diversity[8] 案中所作出的判决意见。第九巡回法院判定，根据最高法院在 Norton v. Southern Utah Wilderness Alliance[9] 案中的判决，它需要其推翻其判决，即法院可以责令林业局将 57 条河流纳入自然风景河流系统，因为这并不涉及“独立的行政行为”，相反是对行政机关管理公共土地的方式提出的一种宽泛的针对项目的质疑，这已经为最高法院所禁止。在法官附带意见中，法院认为，行政机关决定在对具体工程制定规划时不审查具体河流，可能构成独立的行政行为。

在 TVA v. Whiteman[10] 案中，第十一巡回法院撰写了一份糊涂也令人混淆的判决意见，其中判定根据《清洁空气法》发布的行政合规命令（the Administrative Compliance Orders）不是最终行政行为。法院在结尾的段落总结了其冗长而复杂的判决意见：

只有遵守行政合规命令的条款可以成为设定严重的行政罚款和刑事罚金的唯一基础，

---

① 324 F. 3d 1229 (11th Cir. 2003).

② 335 F. 3d 607 (7th Cir. 2003).

③ 520 U. S. 154 (1997).

④ 参见§15.12 的讨论。

⑤ 335 F. 3d 849 (9th Cir. 2003).

⑥ 对于法院判决意见的这部分内容的批评意见，参见§12.3。

⑦ 394 F. 3d 1108 (9th Cir. 2005).

⑧ 参见§12.3 的讨论。

⑨ 124 S. Ct. 2373 (2004).

⑩ 336 F. 3d 1236 (11th Cir. 2003).

就这一范围而言，《清洁空气法》是违宪的。因此，行政合规命令不具备最终性，因为它们并不能满足 Bennett 标准的第二点。我们因此可以认定上诉法院缺乏审查行政合规命令效力的管辖权。

这段文字中的推理是完全与法律背道而驰的。首先，如果行政合规命令并不能构成最终行政行为，那么法院就不会拥有决定它们违宪的管辖权。法院显然已经行使了管辖权，并且对讼争的行政合规命令的效力进行了审查。其次，至少就该法律由法院审查而言，行政合规命令是违宪的，因为它们满足了 Bennett 标准的第二点——行政行为是“权利或者义务已经确定”，或者“将会产生法律后果”的行为。这份判决意见如此冗长和错综复杂，以至于我们难以确定法院是在何时误入歧途的。正如 § 9.5 所讨论的，法院开始是对法律条款作出了这样的解释，即允许环境保护局发布的行政合规命令与其之前采纳的解释不同，或者与之前裁决过这一问题的法院所作解释不同。根据第十一巡回法院所作的解释，该法律授权环境保护局发布具有法律效力的行政合规命令，而没有为行政合规命令的对象 1322
提供任何听证机会。不足为奇的是，法院判决这一法律，如果按照这样解释的话，违反了正当程序条款。法院也讨论了其他巡回法院所作的判定行政合规命令不能构成最终行政行为的若干判决。这些判决可能是有意义的，因为如果按照这些法院对法律所作的解释，仅有行政合规命令并不能影响行政合规命令对象的权利或者义务。相比之下，如果按照第十一巡回法院的解释是正确的话，行政合规命令将构成最终行政行为，因为他们是“将会产生法律后果”的行为。

在 In re Sac & Fox Tribe of Mississippi① 案中，第八巡回法院判定国家印第安博彩委员会（the National Indian Gaming Commission）以主席认定赌场经营人违反法律、该委员会的规章或者印第安部落规章而发布的要求临时关闭赌场的命令并不能构成最终行政行为。第八巡回法院的判决理由如下：

尽管主席的关闭赌场命令立即生效，而且对当事人产生影响，但是它只是临时性的。临时性的关闭命令内在地不能构成“行政决定程序的完成”，即使它可能会对短期内对印第安部落的资金状况产生立即的影响。《印第安博彩规制法》（IGRA）已经以条文形式明确规定主席发布……临时性的关闭赌场命令之行为是临时性和中间性的。

为了支持其判决，第八巡回法院援引了这一法律的若干重要特征：该法授权主席发布临时性的关闭赌场命令，该法规定委员会全体成员对该命令进行审查，并且该法还明确授权对该委员会的命令进行司法审查。第八巡回法院也判定原告并没有穷尽行政救济。②

在 Corus Group v. International Trade Commission③ 案中，联邦巡回区上诉法院很好地处理了疑难的最终性问题。《1974 年国际贸易法》（the International Trade Act of 1974）命令总统对进口货物征收关税，当且仅当国际贸易委员会（ITC）多数成员认定美国制造商正在遭受该进口货物的损害。该法赋予总统选择可以采取的贸易保护措施的广泛裁量权。由于国际贸易委员会的成员为 6 人，国会仔细地描述了票数持平时的后果。在这种情况下，法律授权总统可以根据任何一组委员的意见采取行为。而在本案中，总统认定委员 1323
出现票数持平，并且选择对该类货物征收关税。法院所面对的问题是，国际贸易委员会的行为在其是否确实构成票数持平方面是否是可以接受审查的。联邦巡回区上诉法院对国际贸易委员会的行为适用 Bennett 案的理由认定可以接受审查，而不是根据 Dalton

① 340 F. 3d 749 (8th Cir. 2003).

② 参见 § 15.2 的讨论。

③ 352 F. 3d 1351 (Fed. Cir. 2003).

v. Specter① 案中的判决理由不能接受审查。Bennett 案判定行政行为在具有“直接和可以察觉的后果”时是可以接受审查的，而 Dalton 案则判定当行为纯粹属于咨询性质，留给总统完全的裁量权时，该行为是不能接受审查的。联邦巡回区上诉法院认定，国际贸易委员会是否出现票数持平的问题是可以接受审查的，因为总统的行为只有在委员票数持平时才是合法的。

在 Fox Television Stations v. FCC② 案中，哥伦比亚特区巡回法院判定，联邦通信委员会决定不废止两项规则，这是最终行政行为，因为联邦通信委员会是在发布征求意见并收到评议意见之后作出这项决定的。联邦通信委员会认为，这项决定不是最终行政行为，因为联邦通信委员会准备继续考虑是否废止该规则，但是地区法院认为，这项决定“在法律意义上是最终性的”，因为这是“截至 1998 年，该委员会对于这些规则是否仍然‘对于公共利益所必需的’最终的意见”。

在 Sierra Club v. Whitman③ 案中，哥伦比亚特区巡回法院认为，联邦环境保护局在认定 St. Louis 没有达到所要求的“臭氧”标准时，没有作出最终行政行为。法院指出，联邦环境保护局正在“考虑是否重新认定 St. Louis 的不达标地位”，联邦环境保护局只是通过规则制定程序作出达标认定。

在 Exxon Chemicals America v. Chao④ 案中，劳工部行政复议委员会（ARB）经过实质审查应申请人的要求撤销了行政法官的裁决，并将案件发回行政法官进一步调查案件事实。第五巡回法院认为，这一行为不符合最终行政行为的标准，它既不是行政裁决程序结束时的产物（consummation），也没有对原告的权利产生不能为后续行为所变更的效力。

在 Neighbors of Cuddy Mountain v. Alexander⑤ 案中，第九巡回法院的合议庭存在意见分歧。原告试图质疑木材销售的合法性，理由是林业局（the Forest Service）未能实施充分的全范围的森林监测和管理。多数意见承认最高法院已经禁止对森林监测和管理的做
1324 法进行司法审查，因为它们都不属于最终行政行为。但是，多数意见认为，它在该案中可以审查这种做法，理由是它们与最终行政行为，即受质疑的木材销售具有“充分联系”。行政机关主张，该案是个模拟案件，因为受质疑的销售和木材砍伐已经发生。多数意见驳回了行政机关的主张，理由是法院仍然可以责令行政机关在森林的其他区域采取措施以缓解受质疑木材销售的负面影响。持不同意见的法官则令人信服地指出，考虑到法院所能给予的唯一救济的宽泛性质，多数意见正在有效地实施了对森林监测和管理做法的审查，尽管最高法院认为不能进行这样的审查。

在 Rhode Island Department of Environmental Management v. United States⑥ 案中，第一巡回法院认为，州可以以主权豁免作为申请在州雇员针对州行政机关提起的内部人举报案件中申请针对联邦行政机关的禁令，即使联邦行政机关显然还没有作出最终行政行为。法院认为，最高法院在 Leedom v. Kyne⑦ 案中所确认的非法定审查可以用于这种情形，因为联邦行政机关的行为“将会违反一项性质明显的宪法权利”，而禁止行政机关采取行动的禁令是维护这一权利的唯一手段。

---

① 511 U. S. 462 (1994).

② 280 F. 3d 1027 (D. C. Cir. 2002)，参见§6.10 的讨论。

③ 285 F. 3d 63 (D. C. Cir. 2002).

④ 298 F. 3d 484 (5th Cir. 2002).

⑤ 303 F. 3d 1059 (9th Cir. 2002).

⑥ 304 F. 3d (1st Cir. 2002)，参见本书§2.8 和§18.2～18.6 的讨论。

⑦ 358 U. S. 184 (1958).

在 Puget Sound Energy v. United States[①] 案中，第九巡回法院认为 Bonneville Power Authority（BPA）在写信拒绝了退款要求时，已经对价格制定争议作出了最终行为。法院指出，这场争议的双方当事人已经在描述有关合同争议的纠纷解决适用的程序时确定了这种行为将会是最终行为。

在 Flue-Cured Tobacco Cooperative Stabilization Corp. v. EPA[②] 案中，第四巡回法院推翻了地区法院的判决，该地区法院判决认为环境保护局（EPA）对于二手烟的报告是违法的。第四巡回法院认为，该报告不属于最终行为，因为它“并未创设法定权利或者不属于最终行政行为，因为它没有对于原告产生直接的规制效力”。第四巡回法院认为，该报告具有众多明显的间接效力，并不能使该报告成为最终行政行为，因为“这些决定可以归因于第三方的独立反应和选择”。

在 AT&T Corp. v. EEOC[③] 案中，哥伦比亚特区巡回法院判定，行政机关在一份手册和两份书信中认为原告的政策违反了只能由司法程序执行的联邦法律，这并不能构成最终 1325
行政行为，因为“平等就业机会委员会仅仅是表达了它的法律意见，这种意见仅仅具有劝说法院得出相同结论的效力，并未对 AT&T 造成任何损失”。法院将这些手册和书信区别于行政机关“官员必须适用的”行政指导性文件。

在 Verizon Telephone Cos. v. FCC[④] 案中，哥伦比亚特区巡回法院认为，行政机关的命令认定企业有不合理收费，有责任退款，但是并未确定企业应当支付的赔偿金额，这是最终行政行为。法院指出，这份行政命令在实行两步走的程序中并不是通常意义上的最终行政行为，直到行政机关确定应付的赔偿金。但是，法院认定，作为依据的法律已经改变了这一通常规则，规定对收费合法性调查的任何意见可以认为是最终命令，可以立即接受司法审查。

在 Pacific Coast Federation of Fishermen's Assns. v. National Marine Fisheries Service[⑤]案中，第九巡回法院认为，国家海洋渔业局发布的四项生物学意见认定计划进行的 23 宗木材交易不太可能会危害两种濒危物种的生存，这属于最终行政行为。这些意见代表了“行政机关裁决程序结束时的产物”，并且“实际上，赋予了其他行政机关拟议决定可以豁免在作出决定之前获取国家海洋渔业局的意见的要求……”而“修改了法律制度”。

在 Nippon Miniature Bearing Corp. v. Weisse[⑥] 案中，第九巡回法院认为，美国海关对罚款的评估不属于最终行政行为。这一行为并未设定任何义务，因为只有在国际贸易法院重新进行（de novo）审查确定是否应该罚款时，它才是可以强制执行的。

在 Elkins v. Gober[⑦] 案中，联邦巡回区上诉法院三位法官出具的多数意见认为，退伍军人法院对两位原告的残疾福利申请所作判决是最终行政行为并且可以立即审查，即使它并未解决第三项权利请求。多数意见指出，尽管所有这三项权利请求都源于相同的事故，但是它们提出了不同的法律争点。持不同意见的法官则反对这一观点，认为多数意见会导致上诉的各项请求碎片化的效果。

在 Barrick Goldstrike Mines v. Browner[⑧] 案中，哥伦比亚特区巡回法院认为，环境保

① 310 F. 3d 613 (9th Cir. 2002).
② 313 F. 3d 852 (4th Cir. 2002).
③ 270 F. 3d 923 (D. C. Cir. 2001).
④ 269 F. 3d 1098 (D. C. Cir. 2001).
⑤ 265 F. 3d 1028 (9th Cir. 2001).
⑥ 230 F. 3d 1131 (9th Cir. 2000).
⑦ 229 F. 3d 1369 (Fed. Cir. 2000).
⑧ 215 F. 3d 45 (D. C. Cir. 2000).

护局的一份指南的效力是对原告适用一部现有的规章，取消了最小数额（de minimus）例
1326 外，是最终行政行为。环境保护局承认其有关最小数额例外的立场是最终性的。法院指出，其结果是原告需要遵守该规章，或者是承受违反该规则的法律后果。

在 McHugh v. Rubin[1] 案中，第二巡回法院判定，烟酒枪械管理局（ATF）拒绝受理（act on application）原告要求恢复其拥有枪支的特权（firearms privileges）的申请不是最终行政行为。这一案件不同寻常。国会在其拨款法律中加入了一项条款，禁止烟酒枪械管理局利用任何资金来审查这类申请。最高法院认定，该行政机关在这种情况拒绝受理并不等于“拒绝”此类申请。

在 Sierra Club v. Peterson[2] 案中，第八巡回法院的八位法官出具的多数意见驳回了原告对于多项林业管理局的政策、程序和行为提出的质疑。多数意见认为，原告已经试图对整个行政项目提出质疑，而不是任何独立的行政行为。[3]

在 B. J. Carney Industries v. EPA[4] 案中，第九巡回法院的合议庭对违反《清洁水法》的行政罚款命令何时成为最终行为的问题产生了分歧。在行政法官作出行政罚款命令的 70 天后，Carney 申请法院审查行政法官的这一命令。环境保护局申请法院以超过诉讼时效为由驳回这一司法审查的申请，因为《清洁水法》规定审查行政罚款命令的申请必须是在该命令作出之日起 30 日内提出。Carney 的回应是该命令是在作出 45 天之后才具有最终性，因为行政法官的命令发布之日起最长 45 天内，环境上诉委员会（the Environmental Appeals Board）可以依职权进行审查。多数意见认为，行政法官的命令一经作出就是最终的，以超过诉讼时效为由驳回司法审查的申请。多数意见的理由是《清洁水法》规定可以在“发布”行政罚款命令之后 30 日内申请提起上诉，并且环境保护局已经授权行政法官发布行政罚款命令。持不同意见的法官认为，多数意见创设的这种审查制度是“惊人的”和“几乎史无前例的”，因为它要求对“尚未完成的行政事务”进行司法审查。持不同意见的法官的说法更具有说服力。正如他所指出的，环境保护局的规章将行政法官的决定描述为“初步决定”，并且明确规定这种决定在发布后 45 日内环境上诉委员会没有启动审查程序便成为最终决定。不仅如此，联邦法院通常会对法律条文解释为，允许审查“命令”
1327 仅指审查“最终命令”[5]。

在 Ecology Center v. Forest Service[6] 案中，第九巡回法院认为，所指控的对国家森林监测不足，并不能符合最终行政行为的要求。法院认定，监测不是行政决定程序的终结，因为这只是可能导致管理规划按其建议进行修改的一个步骤，然后才可能实现实际的修改。法院也认定：“法律后果并不必然是来自于［监测］，也不能从中产生权利或者义务。”

在 Meredith v. Federal Mine Safety and Health Review Commission[7] 案中，哥伦比亚特区巡回法院撰写了一份理由充分的判决意见，解决了一项疑难问题。美国矿工联合会（the United Mine Workers）向劳工部长投诉，指控矿山安全和健康管理局的某些官员违

---

① 220 F. 3d 53 (2d Cir. 2000).

② 228 F. 3d 559 (5th Cir. *en banc* 2000).

③ 对法院可审查的行政“行为”和法院不可审查的行政“项目”之间的区分，详细讨论可以参见§15.16。

④ 192 F. 3d 917 (9th Cir. 1999).

⑤ 例可参见 Meredith v. Federal Mine Safety and Health Review Commission，177 F. 3d 738，743-744（11th Cir. 1999)；Jim Walter Resources v. Federal Mine Safety and Health Review Commission，920 F. 2d 738，743-744（11th Cir. 1990)；Monterey Coal Co. v. Federal Mine Safety and Health Review Commission，635 F. 2d 291，292-293（4th Cir. 1980)。

⑥ 192 F. 3d 922 (9th Cir. 1999).

⑦ 177 F. 3d 1042 (D. C. Cir. 1999).

反了《联邦矿山安全和健康法》（the Federal Mine Safety and Health Act）的一项条文，即禁止任何"个人"歧视行使《联邦矿山安全和健康法》所保护之权利的人。劳工部长驳回了这一投诉，理由是法律条文并不适用于联邦矿山安全和健康管理局的官员。美国矿工联合会向矿山安全和健康审查委员会（MSHRC）申请复议。一位行政法官同意了部长的意见，驳回了这一投诉。在审查过程中，矿山安全和健康审查委员会推翻了行政法官的决定，认定法律条文确实适用于矿山安全和健康管理局的官员，并将案件发回行政法官重新审理以确定官员是否违反了这一规定。矿山安全和健康管理局的官员对矿山安全和健康审查委员会的决定申请司法审查，而后者则认为这一决定不是可以直接接受审查的最终行政行为。

哥伦比亚特区巡回法院同意这一决定不是最终行为，但是认为它属于一小类可以直接接受审查的附带裁决（collateral orders）*。哥伦比亚特区巡回法院首先指出，它需要解决一项"纯粹的法律争点"，是"独立于原告是否实施了被指控行为的实质问题……"哥伦比亚特区巡回法院接着与 Mitchell v. Forsyth① 案的推理与主旨进行了类比。在 Mitchell 案中，最高法院判定地区法院的判决——政府雇员的行为不能受有限豁免权（qualified immunity）** 的保护——是可以直接上诉的。最高法院认为有限豁免权原则的目的是要保护政府官员免于诉讼的负担，从而专注工作不受责任的限制，也不阻碍他们作出裁量性行为。因此，对于其行为不属于该原则适用范围的判决，政府雇员有权直接申请司法审查 1328
（immediate judicial review）。类似的，Meredith 案中哥伦比亚特区巡回法院认为矿山安全和健康管理局的雇员声称有权免于诉讼的负担，对于产生剥夺他们这一权利之效果的判决有权直接申请司法审查。哥伦比亚特区巡回法院接着判定，《联邦矿山安全和健康法》中禁止歧视的规定并不适用于矿山安全和健康管理局的官员。

在 HRI v. EPA② 案中，第十巡回法院成功地解决了两项疑难的最终行政行为争议。《安全饮用水法》（the Safe Drinking Water Act）为了确定首位执法权（primary enforcement authority）的归属对土地划分为三类：印第安人的土地接受部落政府管辖；非印第安人的土地接受州政府管辖；存在争议的土地归环境保护局管辖。在 1993 年，环境保护局在一份文书中确定了某一地块属于印第安人的土地。在诉讼时效经过之前，无人对这一决定申请司法审查。到了 1997 年，环境保护局在第二份文书中提到了同一地块。第二份文书指出，尽管环境保护局确信这一地块属于印第安人的土地，它还没有打算作出具有这一效力的最终决定。相反，它决定这一地块属于争议地块。法院判决首先认定 1997 年的文书是可审查的最终行为。这是决定过程——决定该地块属于争议地块的过程——的终结。这一决定产生了直接的法律效力，即赋予了环境保护局对于这一地块的管辖权。法院接着认定 1997 年的文书是一份独立的、可审查的行为而不是仅对环境保护局在 1993 年所作文书的重申。法院的理由是 1997 年的文书之所以不只是重申，是因为它采用不同的推理得出了与 1993 年的文书不同的结论。因此，这是一项独立的、最终行政行为，可以及时对其申请司法审查，即使按照诉讼时效的规定已经不能再审查 1993 年的文书。

---

* 附带裁决原则是最终决定规则的例外。根据该原则，如果某一中间裁决（interlocutory order）确定性地解决了某一与诉讼的实质问题完全无关的问题，并且在以后对终局判决所提起的上诉中又不能对该中间裁决予以有效的审理，则允许对该中间裁决提出上诉。——译者注

** 有限豁免权，是指如果公职人员的行为并不明显地触犯既定的宪法或其他法定的权利，其进行的自由裁量职责将得以保护并免除其民事赔偿责任，亦称 prima facie privilege。——译者注

① 472 U. S. 511（1985），参见§19.3 的讨论。

② 198 F. 3d 1224（10th Cir. 2000）.

在 Air Espana v. Brien① 案中，第二巡回法院认为该案中的行政行为不具有最终性，除非原告已经穷尽行政救济或者放弃了行政机关内部的上诉（appeal）程序，即该上诉程序并非强制性的，并且因此并不属于穷尽行政救济义务的范畴。

在 Aerosource v. Slater② 案中，第三巡回法院认为该案中的行政行为不具有最终性，尽管该行为对于原告具有“严重的不利影响”，而且该行为代表了行政机关对此问题的“最终立场”。原告经营一家联邦航空管理局（FAA）认证的维修站。联邦航空管理局向原告的客户及预期客户发送了服务困难报告（Service Difficulty Report）和通用航空适航性警示（General Aviation Airworthiness Alert），其中警告原告服务使用的某些部件“维护
1329 不当”。原告向联邦航空管理局申请撤回“服务困难报告”和“通用航空适航性警示”，在遭到联邦航空管理局拒绝之后又提交了复议申请。当联邦航空管理局拒绝这一申请之后，原告对这些行政行为申请司法审查。法院判定，这些行政行为都不符合最终行为的资格，因为它们都没有设定义务、拒绝权利或者确定法律关系。

在 Western Illinois Home Health Care v. Herman③ 案中，第七巡回法院认为该案中行政机关的地区主任助理（assistant District Director）发送的文书是最终和可接受审查的。劳工部调查了原告的企业。地区主任助理在调查结束时向原告发送了一份文书，告诉他劳工部没有发现违反《公平劳动基准法》（the Fair Labor Standard Act）的行为，但是认定原告是该法规定意义上的“联合雇主”。法院认定这一文书是最终行政行为，因为：（1）它“根本不是试验性的或者中间性质的”；（2）它确立了一项“法律义务”；（3）原告收到的这一文书会让原告以后有可能因为违反该法而遭受惩罚；（4）行政机关并没有对这一决定提供向行政机关内的上级申请复议的机制。

在 Florida Power & Light Co. v. EPA④ 案中，哥伦比亚特区巡回法院认定拟议规则的序言中包含的行政机关的法律解释并不构成最终行政行为。哥伦比亚特区巡回法院的理由是行政机关还没有完成规则制定程序，并且其解释也对原告不具有拘束力。

在 Sierra Club v. Slater⑤ 案中，一位当事人根据《行政程序法》起诉指控行政机关没有遵守《国家环境政策法》要求的所有程序，第六巡回法院认为最终环境影响报告的签发构成最终行政行为。

在 Arch Mineral Corp. v. Babbitt⑥ 案中，第四巡回法院判定一份行政文书在功能上相当于最终行政行为。在受到和处理了 Arch 的多项申请之后，地表采矿、复垦与执行办公室（Office of Surface Mining Reclamation and Enforcement）向 Arch 发送了一份文书，其中通知 Arch 它将认定 Arch 存在违法行为并且不符合任何许可证的资格，除非 Arch 在 30 日内对这一问题提交“新证据”。Arch 申请法院审查这一文书，认为其构成最终行政行为，因为 Arch 并没有可以提交的新证据。地表采矿、复垦与执行办公室则认为这一文书并不构成最终行政行为，因为该行政机关并未将 Arch 置于无权获得许可证的违法者名单之中。法院判定：“从立案之时起，将 Arch 置于这一名单已经是必然结果和单纯的形式
1330 问题。”

---

① 165 F. 3d 148 (2d Cir. 1999).

② 142 F. 3d 572 (3d Cir. 1998).

③ 150 F. 3d 650 (7th Cir. 1998).

④ 145 F. 3d 1414 (D. C. Cir. 1998).

⑤ 120 F. 3d 623 (6th Cir. 1997).

⑥ 104 F. 3d 660b (4th Cir. 1997).

在 Student Loan Marketing Ass'n v. Riley① 案中，哥伦比亚特区巡回法院也判定行政机关的一份文书构成最终行政行为。这份文书具备了最终性的所有指标：（1）它是由代理总法律顾问代表部长签发的；（2）它是由行政机关的最高层官员进行仔细审议作出的并且反映了行政机关对原告相反的观点的审议；（3）行政机关的观点也表达得很明确。

在 Kennecott Utah Copper Corp. v. Department of Interior② 案中，哥伦比亚特区巡回法院处理了一项重要的最终性原则的争议。在老布什政府任期届满当天，一家行政机关向联邦公报办公室（the Office of Federal Register）发送了一项规则，并说明要作为最终的规则发布。克林顿政府上台的第二天，在联邦公报办公室发布这一规则之前，该行政机关撤回了这项规则。法院认为这一规章从未发布过。法院支持了联邦公报办公室的一项规则的有效性，该规章规定该办公室在发布行政机关发来的规则之前需要经过 3 天的秘密处理期。

在 General Atomics v. NRC③ 案中，第九巡回法院判定，行政机关宣称对一家实体机构具有管辖权并且认定其需要承担清理费用的裁决令不属于最终裁决令，该行政机关已经开始为了确定是否对该实体机构具有管辖权而开始收集事实的听证。

在 DRG Funding Corp. v. Secretary of Housing and Urban Development④ 案中，哥伦比亚特区巡回法院认为，当行政机关还处于审查该实体机构是否负有争议债务的过程和该实体机构何时破产时，行政机关认为自己有权在需要向一家实体机构支付的债务额度内抵消其对政府的负债，这一决定不是最终行政行为。一位持协同意见的法官认为，如果该实体机构尚未破产，该行政决定可以构成可审查的附带裁决（collateral order）。

在 Brotherhood of Railway Carmen Division v. Pena⑤ 案中，哥伦比亚特区巡回法院判定，当复议申请没有处理完毕时，该案讼争的规则不能构成最终行政行为，即使行政机关的规则规定它需要在 4 个月内对复议申请作出处理决定，而行政机关在这段时间也没有作出决定。⑥

在 Burlington Northern Railroad v. Surface Transportation Board⑦ 案中，哥伦比亚特区巡回法院判定，要求运输商申报关税的裁决令是最终行为，即使行政机关尚未确定合理的关税税率。法院判定该裁决令对于运输商的法律权利具有直接效力，因为一经申报，申 1331
报方就需要缴纳关税。

在 Carolina Power & Light Co. v. Department of Labor⑧ 案中，第四巡回法院判定行政机关作出的拒绝一份和解协议并要求当事人重新协商的裁决令不是最终裁决令。法院指出，该案讼争的法律规定“裁决令”而非“最终裁决令”是可审查的，但是它认定这一不同寻常的用词本身并不足以推翻只能对最终裁决令进行审查的假定。法院也判定，该裁决令根据附带裁决原则 * 也不符合审查的资格，因为原告可以在遵守该裁决令的同时保留对

---

* 依该原则，如果某一中间裁决（interlocutory order）确定性地解决了某一与诉讼的实质问题（merits of action）完全无关的问题，并且在以后对终局判决所提起的上诉中又不能对该中间裁决予以有效的审理，则允许对该中间裁决提出上诉。——译者注

① 104 F. 3d 397 (D. C. Cir. 1997).

② 88 F. 3d 1191 (D. C. Cir. 1996).

③ 75 F. 3d 536 (9th Cir. 1996).

④ 76 F. 3d 1212 (D. C. Cir. 1996).

⑤ 64 F. 3d 702 (D. C. Cir. 1995).

⑥ 行政机关未能在法定或者规则确定的期限内作出决定的效力，相关讨论参见 § 12.3。

⑦ 75 F. 3d 685 (D. C. Cir. 1996).

⑧ 43 F. 3d 912 (4th Cir. 1995).

该裁决令的反对意见，以便复审法院对其进行最终的审理。

在 Atchison，Topeka & Santa Fe Ry. v. Pena[①] 案中，第七巡回法院判定一项解释性规则是最终和可审查的。法院认定行政机关已经结束了决定程序，并且其新作出的法律解释要求受规制者要么对其经营活动作出重大修改，要么面对违规的巨额罚款。

在 Orlando Helicopter Airways，Inc. v. Widnall[②] 案中，联邦巡回区上诉法院判定行政机关已经作出了涉及一项重要问题的最终的、可审查的行为，尽管它仍保留对该争议其他方面的管辖权。

在 Jobs，Training and Services，Inc. v. East Texas Council of Governments[③] 案中，第五巡回法院裁决了一项不同寻常的最终行政行为的争议。一家联邦行政机关向一家州行政机关提供了拨款资金，后者又将拨款资金的一部分给了两家非营利组织。联邦行政机关在进行审计之后认定最后接受拨款人以未经授权的方式使用了部分资金。联邦行政机关启动程序要求接受拨款人返还部分资金。但是，随着程序的推进，该联邦行政机关发现这需要面对明显的法律障碍。该行政机关是在该接受拨款人已经开始实施行为之后才发布规章明确禁止这一行为，并且也不能赋予该规章以溯及力。[④] 当联邦行政机关意识到在要求接受拨款人返回部分拨款资金会遭遇困难之后，它中止了这一程序并且没有作出最终行为。相反，它对直接的接受拨款人，即州行政机关施加压力，要求其采用州法律机制寻求追回部分拨款资金。联邦行政机关对州行政机关追回拨款资金的努力提供了支持。当州行政机关发布最终命令要求接受拨款人返回部分拨款资金时，接受拨款人向联邦法院申请审查联邦
1332 行政机关的“行为”以及州行政机关的命令。法院判定联邦行政机关尚未作出可审查的任何最终行为。它接着驳回了对于州行政机关的司法审查请求，因为这超出了法院的管辖权。法院指出，本案中州行政机关与联邦行政机关之间的合作“既没有不同寻常，也没有阴险狡诈”。

在 Public Citizen v. United States Trade Representative[⑤] 案中，哥伦比亚特区巡回法院判定美国贸易代表办公室（the Office of Trade Representative）向总统提交的北美自由贸易协定草案不是最终行政行为，因为这一行为并不具有直接效力，除非总统将该协定提交国会并且获得了国会的批准。

在 Amalgamated Clothing & Textile Workers v. SEC[⑥] 案中，第二巡回法院判定证券交易委员会（SEC）不采取行为的文书（no-action letters）并不构成最终行政行为，因为它们并未设定义务、否定权利或者确立法律关系。

在 Virginia Department of Education v. Riley[⑦] 案中，第四巡回法院讨论了一起疑难而且重要的联邦制争议。法院以《所有令状法》（the All Writs Act）为依据，就自己对联邦教育部（DOE）的非最终决定进行中间性审查进行了辩护，认为否则的话就会产生在裁决州与教育部之间争议的行政程序尚在进行之际，导致中止联邦对州残疾儿童教育项目资金补助的后果。在教育部对弗吉尼亚州调整残疾学生教育之提供的规章作出“附条件批准”的决定一年多后，教育部通知弗吉尼亚州，除非它修改自己的规章以使之符合教育部的新

---

① 44 F. 3d 437 (7th Cir. 1994).
② 51 F. 3d 258 (Fed. Cir. 1995).
③ 50 F. 3d 1318 (5th Cir. 1995).
④ 参见§6.7。
⑤ 5 F. 3d 549 (D. C. Cir. 1993).
⑥ 15 F. 3d 254 (2d Cir. 1994).
⑦ 23 F. 3d 80 (4th Cir. 1994).

政策，否则就不能得到联邦资金补助。

这项新政策禁止基于任何原因对残疾学生作出开除或者休学处理。州政府强烈反对教育部的政策，认为这一政策不符合法律规定。州政府要求教育部举行听证以解决法律和政策相关的问题。教育部的回应则是同意州政府的要求举行了一次行政听证，但是教育部指出州政府在这一纠纷终结之前不会得到联邦资金补助，除非州政府修改其规则以符合教育部的政策。

州政府申请法院对教育部的决定进行中间性审查。第四巡回法院承认，《所有令状法》很少允许对非最终行政行为进行司法审查。但是，法院认定，教育部的决定对州造成无法弥补的损失加上教育部侵犯了重要的法定权利，这证明了有必要在本案中适用《所有令状法》。法院认定，根据《残疾人教育法》（IDEA）的规定，在教育部可能对附条件批准的州项目中止资金补助之前，州政府有权有权要求举行听证。 1333

国会在创设的数百项复杂实验具有创新性质的联邦制特点，其中渗透了各种联邦强制任务要求（mandates），各州对此越来越为不满，因此 Virginia Department of Education 案中解决的这类争议很可能会更频繁地出现。在有的案件中，法院可以通过解释和适用法律条文的方式解决这些争议。作为一项正式事务，第四巡回法院只是通过解释和适用《所有令状法》和《残疾人教育法》，解决了 Virginia Department of Education 案中的争议。

但是，这一判决意见的语气却表明，影响法院的是它相信教育部的行为也与宪法规范相抵触。事实上，当教育部和弗吉尼亚州之间的争议再次被诉至第四巡回法院，法院全席审理了这一案件，以第十修正案作为部分依据，判定教育部的新政策是无效的。①

在 Appalachian Energy Group v. EPA② 案中，第四巡回法院认为，部门主管（branch chief）向地区办公室建议其需要实施特定活动需要许可的备忘录是不能接受审查的。法院判定这一备忘录不是最终行政行为，它只是表明了未来可能作出特定类型的行为。

§15.12 成熟性原则的主要内容

□ 要求成熟性的理由

成熟性原则可以满足两项基本目的：其一，它可以禁止法院审理抽象性、假设性或者近期不会发生的（remote）问题，从而保证司法资源用于真正和现存的或者立即的问题。其二，它要求法院只有在政府观点已经在一定程度上固定，以至于法院可以确定相对独立的争议时才能审查政府行为，从而限制了法院过度侵入政治上可问责的部门的政策制定领域。这里经常比较细微的是在告诉行政机关它不能采取违反法律或者宪法之行为的明确的司法权和义务，与法院对行政机关提供应当采取何种行为的不合理建议之间的差别。当然，第二项目标也是《联邦宪法》第 3 条对联邦管辖权的“案件或者争议”限制的基础。成熟性要求的核心是《联邦宪法》第 3 条规定的管辖权限制，但是这一限制总是弹性的。“案件”和“争议”都是很难自我界定的。为了确定能否根据《联邦宪法》第 3 条以特定方式裁决所收到的问题，最高法院不可避免地会受到下列因素的影响，即它是否应该这么 1334

① Virginia Department of Education v. Riley, 106 F. 3d 559 (4th Cir. *en banc* 1997).

② 33 F. 3d 319 (4th Cir. 1994).

做，以及法律条文是否意味着立法机关要求法院裁决以所提交的表格中描述的争点。

□ 与穷尽行政救济原则和成熟性原则的重叠

在很多情况下，法院提及成熟性原则要求，这是可以与穷尽最终救济原则和最终性要求交替使用的，有的时候确实如此。一项行政行为可以是最终的，对原来来说没有更多的行政救济，并且它可能仍然不具有司法审查所需的“成熟性”。这种情形的最佳例子就是，一项行政规则的用词如此宽泛，以至于法院无法确定它是否以及在何种程度上给原告带来损害，或者引发了原告已经要求法院解决的法律争点。成熟性在下列两种行政法的情境下尤其重要：（1）对规则的执行前审查①；（2）对在非正式文件（例如文书、说明手册、备忘录或者一般政策声明）中作出或者宣布的行政行为的审查。②

□ 与原告资格和可审查性要求的重叠

成熟性原则往往会与大量相邻法律规则，包括原告资格、可审查性、穷尽行政救济以及对州法院判决上诉的案件、弃权（abstention）的联邦制问题等存在重叠。在许多案件中，原告资格和成熟性原则的问题是相互融合的；当事人可能因为所遭遇的案情尚未完全发展而缺乏原告资格，但是发展程度不够可能是不成熟性的本质。类似的，不成熟的问题可以被称为无法接受审查的问题；成熟性与可接受审查性之间并无明确界限；这两者相互重叠以至于区分两者需要取决于重点是什么，而非区别在哪里。③

□ 1967 年前的成熟性原则

最高法院在 1967 年对成熟性原则作了显著的修改。其结果是，1967 年前根据成熟性原则判定行政行为不可接受审查的许多判决意见中的推理，如今已经意义有限了。在 1967 年之前，最高法院不愿意审查任何法律、规则或者行政机关观点的非正式说明，除了当事人在强制执行诉讼中试图对其行为进行抗辩的时候。最高法院的一般推理可以概括如下：（1）案件或者争议的限制，要求我们不得发布建议性质的判决意见；（2）抽象地宣布一部法律或者规章是无效的，属于建议性质的判决意见；（3）案件或者争议的限制，使我们不能裁决政府和个人之间的纠纷，除非政府的行为会对个人造成损害；（4）对“损害”进行
1335 了很狭义的界定，只包括直接和正式的行为，例如处以罚款或者监禁。

□ 对 1967 年之前的法律规则的批评

这种令人难以捉摸的方法造成了明显不必要的非正义。有的法律或者规则在适用于任何具体行为之前就会造成明显的损害，因为这些法律或者规则具有影响行为的强大效力。这一损害足以在政府与受损害的个人之间引发“案件”或者“争议”。如果法律或者规则的含义足够明确以至于法院可以确定所导致的损害和所引发的具体法律争点，法院应该裁决这一争议。

---

① §15.14.

② §15.15.

③ 参见第 17 章。

□ 对 1967 年前的法律规则的说明

United Public Workers v. Mitchell①案这一判例尽管已经失效，但是仍然可以作为例证说明这种过去的方法。12 名联邦雇员起诉文官委员会（Civil Service Commission）的委员，要求中止执行《Hatch 法》（the Hatch Act）* 以及根据该法制定的规章；他们也提出了确认判决的申请。该法禁止联邦雇员“积极参与政治管理或者政治宣传活动”。为了实施这部法律，文官委员会规定政府雇员可以表达政治观点，但是“不得相当于积极参与有组织的政治宣传”，“不得公开发表……任何信函或者文章”或者担任选举官员。起诉书声称这些政府雇员希望能从事一些被禁止的行为，并列举了具体的行为。最高法院判定这一案件尚不具有审查所需的成熟性，除了有一名雇员已经违反该法。

最高法院指出：

> 根据《联邦宪法》第 3 条设立的联邦法院不得提供建议性质的判决意见……这些原告显然是想要寻求建议性质的判决意见……他们对于自己民权的个人利益，如果原告实施了具体的行为，公务委员会根据其规章可能妨碍这些权利的一般性威胁，这些事实并不能构成可以司法审查的案件或者争议……作出这样的判决是超越法院权限的。②

最高法院并未提及每位原告在面对一种两难困境，要么不再从事所希望的政治活动，要么违反该法而冒着被处罚的危险，包括解除公职。最高法院并未解释为什么这种两难困境并不足以防止这样的判断成为建议性质的判决意见。但是，最高法院确实进一步指出：

> 各级法院，包括最终由最高法院宣布国会立法的合宪性的权力，只能出现在诉讼当事 1336
> 人要求利用司法权威保护他们免受实际妨碍之时。仅有假想性质的威胁是不够的。我们只能猜测原告希望从事的这种政治活动，或者他们准备的公开陈述的内容，或者是发表的具体情形。这并不能赋予裁决个人自由和公共秩序要求之间的合宪性问题的司法职责，除非一方出现具体的权利，而另一方也实施了具体的损害性的妨碍行为……

如果法院希望扩大自己的权力，从而将对于宪法问题的难以明确的争议纳入管辖权范围，他们就会变成政治理论的机关（the organ of political theories）。

□ 1967 年之前的法律规则导致不公正的效力

Mitchell 案中否定具备成熟性则更为极端，一位雇员声称他在上一次选举中已经获得在投票站担任观察员证书，然后给文官委员会打电话，“与自称 Harold Dunlap 的人通了话。Dunlap 先生说，如果我使用自己的观察员证书，文官委员会就会将我解除公职……于是，我没有和原来计划的那样使用观察员证书”③。这一雇员需要面对一个两难困境，要么立即放弃公民自由，要么冒着被解除公职的风险。

政府雇员在 Mitchell 案中面对的两难境地不是遥远、抽象和假想的，而是真实、立即、直接和具体的。原告并未寻求建议性质的判决意见。法律和规则的存在迫使他们需要在放弃政治上的积极角色或者丢掉工作之间作出选择，他们寻求法院解决这一具体的法律

---

* 该法有译为《哈契法》，制定于 1939 年，其实质内容是通过限制公务员的政治活动，避免公务员受到党派压迫，确保文官制度政治中立，进而保护功绩制度。——译者注

① 330 U. S. 75 (1947).

② 330 U. S. at 89.

③ Id. at 87-88 n. 18.

争议。政府可能有权迫使其雇员作出这一选择，但是当需要作出这一选择的原告提出了这一问题，最高法院就有责任裁决这一重要的问题。

□ 1967 年的 Abbott 标准

成熟性原则的重大转折是发生在 Abbott Laboratories v. Gardner[1] 案。最高法院首先询问的是该案讼争的法律，即《食品、药品和化妆品法》（the Food, Drug and Cosmetics Act），是否能够证明国会试图“排除审查”以目前状态出现的讼争行为。最高法院的理由是，成熟性争议所引发的法律解释问题应该以否定排除的方式（国会希望排除审查?）展开，而不是以肯定的形式（国会希望授权审查?）展开，因为最高法院之前采纳了支持行
1337 政行为可审查性的推定。Abbott 案中判决主旨的这一部分很重要。国会很少在法律中直接涉及成熟性问题，因此几乎总是找不到国会希望排除对一项行为的审查的证据。但是，反过来，在绝大多数的案件中也找不到国会希望授权审查的证据。因此，在许多案件中，最高法院提出法定问题的方式是以诉讼结果决定的。

最高法院接着确立了一项至今仍然适用的成熟性标准：

> 对于这个问题，最好是以双重的视角进行分析，我们既要评估这些争点是否适合于司法判决，也要评估在暂时停止法院审理时当事人遇到的困难。[2]

□ 对比 Abbott 标准与 1967 年之前的法律规则

最高法院的这一进路在 Mitchell 案和 Abbott 案形成了最大的差别。如果将 Abbott 标准适用于 Mitchell 案的事实，就可以说明这一差别。Mitchell 案的争点适合立即由法院裁决，都是纯粹的法律争点。法律和规则的相关含义和效力，在没有任何进一步的行政行为的时候也是清晰的。这些法律纠纷的裁决并不取决于任何特定类型的事实，并且法院不会从行政机关的任何事实认定、运用专业技能和行使裁量权的活动中受益。Mitchell 案原告能够轻松满足 Abbott 标准的第二部分。如果暂时停止法院的审理，他们将会遇到“困难”。这一困难表现为放弃政治活动或者冒着丢掉工作的风险这一艰难的选择。最高法院在 Abbott 案中明确地承认这种形式的困难足以证明立即审查的必要性。Abbott 案原告必须在以下选项中作出选择，即遵守一项他们相信是无效的规则而承受重大的成本，或者不遵守该规则而冒着被指控违反该规则的风险。

□《确认判决法》的影响

Abbott 案中最高法院受到了《确认判决法》（the Declaratory Judgment Act）的巨大影响。最高法院认为这项规则具有审查所需成熟性，体现了“正是《确认判决法》所要消除的两难困境”[3]。国会通过的《确认判决法》体现了最高法院之前否认的现实——有关法律和规则之有效性的不确定性，会给私方当事人（private parties）和政府造成严重的损害。在 Abbott 案中，最高法院最后接受了这一现实，也接受国会的期待在力所能及的范
1338 围内减少这些情况下的损害。

---

① 387 U. S. 136 (1967).

② 387 U. S. at 149.

③ Id. at 152.

□ Abbott 标准适用范围广泛

各级法院已经在涉及众多情形的数百起案件中适用了 Abbott 标准。事实证明，对于确定州与联邦法律、行政规则和众多不太正式的行政公告的有效性的质疑是否具备成熟性，这一标准同样有效。

最高法院改变了 Abbott 标准的一项构成要件。在 Abbott 案中，最高法院判定没有证据表明国会希望排除对讼争行为的审查，即使法律已经在之后规定了申请法院审查行为的替代手段。在 1994 年和 2000 年判决的两起案件中，最高法院以法律在后来明确规定了申请法院审查行政行为的替代手段为依据，证明国会希望排除对这些行为的立即审查。这一修改对规则之执行前审查的可得性①产生了明显的影响。

□ 作为例证的巡回法院的判决意见

在 America Bird Conservancy v. FCC② 案中，一项终止规则制定程序的命令是否已经解决了两项争点的问题，是否具备审查成熟性，哥伦比亚特区巡回法院的合议庭对这些问题产生了分歧。产生判决意见的不同点之原因，行政机关为了至少部分解决完成先前的规则制定程序的命令中所提出的问题，而在拟议规则制定通告中提出的不同解释。持不同意见的法官认为，原告对于完成先前的规则制定程序的命令所提出的争点中，无一具备审查成熟性，因为行政机关已经合法推迟了对后来规则制定程序的裁决，但是多数意见判定先前的规则制定程序中提出的两项争点具备审查成熟性，因为行政机关并未表示自己正在新的规则制定程序中审查这些争点。

在 Devia v. NRC③ 案中，哥伦比亚特区巡回法院判定颁发一项设施建设许可证的决定不具备审查成熟性，因为其他两家行政机关已经拒绝采取作为建设项目必要前提的行为。在这种情况下，法院认定许可决定合法性的审查具有“我们永远不需要作出的”决定的所有特征。法院也认定，当事人主张因为推迟审查而遭受的困难之诉求也不具有实质性。

在 Cement Kiln Recycling Coalition v. EPA④ 案中，哥伦比亚特区巡回法院判定原告对某规章提出的三项质疑——其中一项质疑是基于未能提供通告评议机会，而另外两项质疑则是基于抽象的法律问题——具备审查成熟性。法院认为，当案件适合司法审查并且国会已经表明希望通过规定只能在规章发布之日起 90 日内提出质疑而加快这些问题的裁决时，没有必要审查推迟审查是否会导致困难。 1339

在 City of Fall River v. FERC⑤ 案中，第一巡回法院判定，批准一座液化石油天然气接收站选址的附条件命令不具备审查成熟性，因为这些条件是否能够成就存在巨大疑问，该项目如果不能取得其他规制批准就不能推进，而要获得这些规制批准还需要面临众多障碍。

在 Sierra Club v. Army Corps of Engineers⑥ 案中，第八巡回法院判定，行政机关决定

---

① 参见§15.14 的讨论。

② 516 F. 3d 1027 (D. C. Cir. 2008).

③ 492 F. 3d 421 (D. C. Cir. 2007).

④ 493 F. 3d 207 (D. C. Cir. 2007).

⑤ 507 F. 3d 1 (1st Cir. 2007).

⑥ 446 F. 3d 808 (8th Cir. 2006)，参见§15.11 的讨论。

发布通告认定某项目对环境没有明显影响，这一通告属于最终行政行为，这使一项有关《国家环境政策法》的争议具备审查成熟性。但是，法院接着指出，地区法院可以裁量决定中止其审查程序，因为行政机关在作出该行为之后已经过了相当长的时间，并且行政机关在作出可能损害原告利益的行为之前必须再作出其他一些行政行为。

在 Manufactured Housing Institute v. EPA① 案中，第四巡回法院判定环境保护局颁布的一项正常的指南——拒绝在拖车公园（trailer parks）为供水服务安装总表（master metering of water service）而不接受《安全饮用水法》调整——具备审查成熟性。环境保护局认为这一指南并不具备审查成熟性，因为它只是一种建议，其效力取决于各州的介入行为。第四巡回法院驳回了这一主张，因为环境保护局已经对未遵守该指南的两个州发出威胁，并且原告也提交了拖车公园所有人的宣誓证言，表明其因为担心执法行动而推迟了在拖车公园安装总水表。

在 National Ass'n of Home Builders v. Army Corps of Engineers② 案中，哥伦比亚特区巡回法院判定允许在未获得具体化许可的情况下对特定河道进行疏浚并填充材料的全国性许可（nationwide permit）具备审查的成熟性。法院认定所提出的唯一问题是纯粹法律性质的——法律解释，武断和恣意标准——审查所需的所有事实已经存在于行政机关所制作的记录之中。法院接着认定，如果推迟审查，原告将会遭受困难，因为他们将要么不得不让他们的项目遵守全国性许可，要么是停止实施其项目直到获得个别许可。

在 Sabre v. Department of Transportation③ 案中，哥伦比亚特区巡回法院判定将“独立计算机预订服务机构”（independent computerized reservation services）归入票务代理机
1340 构（ticket agent）的规章具备执行前审查的成熟性。审查时提出的唯一问题是法律解释的问题——交通部是否可以将独立计算机预订服务机构归入票务代理机构——因此这一争议可以轻易满足成熟性标准的第一步要求。法院在其判决意见中包含了可以支持其结论——该争议满足成熟性标准第二步要求——的两点理由。法院指出，哥伦比亚特区巡回法院并不要求证明推迟审查导致的困难，除非法院认定存在推迟审查的某些制度化利益（institutional interest）。但是，法院也利用了三段论的推理过程支持其结论，即该规章将对原告产生立即的具体影响，并且会立即影响原告的第一行为（primary conduct）。首先，该规章明确宣称对作为票务代理机构的原告的管辖权。其次，适用于票务代理机构的该行政规章禁止票务代理机构销售“显示偏见（display bias）”——原告向法院披露的准备在行政机关发布该规章之前实施的一种做法。再次，行政机关有权在未经事先告知的情况下对违反该规章的行为处以高额罚款。有趣的是，法院只是在判决意见涉及原告资格的部分讨论了该规章对于原告的影响，④ 尽管根据最高法院的成熟性标准也适用同样的分析。

在 Venetian Casino Resorts v. FEOC⑤ 案中，哥伦比亚特区巡回法院判定行政机关将秘密向其提供的信息披露给第三方的政策具备审查成熟性。这一争议提出了容易受立即的司法审查影响的抽象的法律问题——行政政策是否符合《信息自由法》、《行政程序法》和《商业秘密法》。不仅如此，推迟审查也并无帮助，因为“剩下的唯一的事实发展就是未经告知 Venetian 的情况下披露 Venetian 的秘密材料，而这正是 Venetian 试图避免的”。

---

① 467 F. 3d 391 (4th Cir. 2006)，参见 § 7. 3 和 § 15. 11 的讨论。

② 417 F. 3d 1272 (D. C. Cir. 2005)，参见 § 6. 1、§ 7. 4、§ 15. 11 和 § 16. 9 的讨论。

③ 429 F. 3d 1113 (D. C. Cir. 2005).

④ 参见 § 16. 4。

⑤ 409 F. 3d 359 (D. C. Cir. 2005).

在 Williamson County Regional Planning Commission v. Hamilton Bank① 案中，最高法院宣布了一项标准可以用于确定州土地利用决定构成财产征收而没有正当补偿的诉求具备由联邦法院裁决的成熟性。最高法院判定在州土地争议满足联邦裁决的成熟性之前，土地利用机关必须被赋予机会“对特定土地如何适用该规则得出最终和确定的观点。”在 Sprint Spectrum v. City of Carmel，Indiana② 案中，第七巡回法院判定 Williamson County 案提出的标准也适用于电信供应商寻求联邦法院审查可能违反 47 U.S.C. §332（c）（7）（B）的地方土地利用决定的诉讼。原告主张，Williamson County 标准经常在地方土地利 1341
用争议具备联邦裁决的成熟性之前造成严重的迟延，并且《1996 年电信法》中有很多迹象表明国会希望推动联邦快速裁决妨碍竞争性电信服务的州际提供的地方土地利用争议，因此需要采纳能够允许此类争议得到联邦法院快速裁决的成熟性标准。但是，这一主张没有得到法院采纳。

在 Morris v. United States③ 案中，联邦巡回区上诉法院裁决了有关征收诉求的另一起有趣的争议。原告以 2 500 美元的价格购买了一幅地块，目的是要砍伐该土地上的一些树木。国家海洋渔业局的观点是砍伐这些树木将会因为妨碍相邻江河中的特定鱼类的行为模式而违反《濒危物种法》，并且原告除非申请并获得附带性征收许可证（the Incidental Take Permit），就不能砍伐这些树木。原告于是在联邦求偿法院起诉，指控政府征收了他的财产，主张他应当得到正当赔偿。原告主张 Williamson County 案标准不可能要求财产所有人穷尽行政救济，理由是行政程序的成本将会超过存在利害关系的财产价值。法院拒绝审查这一主张，因为它并不能确定试图获取附带性征收许可证的程序成本是否确实超过该财产的价值。联邦巡回区上诉法院提到了行政机关一本手册中的说明，即行政机关表明愿意帮助财产所有人申请这一许可证。

在 General Motors Corp. v. EPA④ 案中，哥伦比亚特区巡回法院作出了一项混乱而具有内在矛盾的判决意见。在原告申请法院审查的一封书信中，环境保护局宣布了法律解释，并告知原告已经违反了环境保护局所解释的法律。哥伦比亚特区巡回法院首先判定该审查申请提出时间过晚，因为环境保护局早在 1997 年的政策手册（Policy Compendium）中就宣布了这一解释，并且可以适用于审查这些解释的请求的诉讼时效也在几年前就已经过期。法院接着判定该解释尚不具备司法审查的成熟性，因为原告可以在行政听证、行政机关内部并最终的诉讼程序提出反对意见。这一判决意见是没有意义的。原告的审查申请既不能时机过早，也不能太晚。哥伦比亚特区巡回法院需要重新考虑其在解释和适用最终行政行为和成熟性原则时的方式，以确保其就行政机关对法律所作解释何时可以审查的时间问题可以作出明智、具有内在一致性的判决。 1342

在 AT&T Corp. v. FCC⑤ 案中，哥伦比亚特区巡回法院判定一项问题不具备审查的成熟性，理由是行政机关仍处在决定如何处理这一问题的决定过程之中。

在 Friends of Marolt Park v. Department of Transportation⑥ 案中，第十巡回法院判定交通部批准某公路的替代路线（alternate routes）的决定不具备审查成熟性，因为该项目在没有得到地方政府支持的情况下不可能继续。法院认为，推迟审查不会给原告造成损

① 473 U.S. 172 (1985).
② 361 F.3d 998 (7th Cir. 2004).
③ 392 F.3d 1372 (Fed. Cir. 2004).
④ 363 F.3d 442 (D.C. Cir. 2004).
⑤ 369 F.3d 554 (D.C. Cir. 2004)，参见§15.11 的讨论。
⑥ 382 F.3d 1088 (10th Cir. 2004).

害，因为如果该项目需要得到地方投票支持，原告可以在地方政府投票支持该项目后申请对该行政行为进行审查。

在 Khodora Environment v. Blakey[①] 案中，第三巡回法院判定，当行政机关已经认为某法律可以适用于土地所有人的拟议项目，并且适用该法律将会是阻碍土地所有人的拟议项目时，尽管还有一项州法律构成该项目的障碍，土地所有人提出的该法律并不适用于其拟议项目的确认判决的诉求，并不具备审查成熟性。法院认为，当对拟议项目存在两项独立的法律障碍时，土地所有人应当可以自由选择分别起诉，而不是被置于这样的境地，即两项法律障碍的存在导致土地所有人不可能对任何一项障碍提出起诉。

在 Natural Resources Defense Council v. Abraham[②] 案中，第九巡回法院判定对行政命令提出的质疑并不具备审查的成熟性，因为法院不能确定行政机关是否会以违反可以说适用于该命令对象的法律的形式解释和适用该命令。法院认定原告不会因为推迟审查而遭受困难，直到法院可以确定行政机关确实在解释和适用该命令的时候。

在 Sprint Corp. v. FCC[③] 案中，哥伦比亚特区巡回法院判定联邦通信委员会的命令不具备审查的成熟性，因为当且仅当行政机关实际上批准了特定的建议，法院不能确定行政机关在有的情况下作出允许被规制者启动新型的电话号码分配方法的决定是否是过度歧视性的。

在 Home Builders Ass'n of Greater Chicago v. Army Corp. of Engineers[④] 案中，第七巡回法院判定跨行政机关的协调协议不具备审查成熟性，因为该协议并未创设影响第一行
1343 为的权利或者义务，并且原告没有证明这会产生迟延的困难，并且增加规制成本。

在 Gordon v. Norton[⑤] 案中，第十巡回法院判定，渔业和野生生物管理局对于牧场主的投诉——该行政机关重新引入的狼群正在猎杀牧场主的狗和牲畜——不具备审查的成熟性。第十巡回法院认定，对于该书信中包含的回复之充分性的纠纷裁决，将会要求一些机构对行政机关的一些规章作出解释。第十巡回法院的理由是法院不能在行政机关亲自解释这些规章之前尝试这一解释性任务。法院也认定不清楚迟延是否会给原告带来困难，因为所讼争的狼群已经不复存在了。

在 AT&T Corp. FCC[⑥] 案中，哥伦比亚特区巡回法院撰写了另一项论证充分的判决。哥伦比亚特区巡回法院判定一项确认命令不具备审查的成熟性。法院在一开始描述了哥伦比亚特区巡回法院对于成熟性争议所采取的明智进路。哥伦比亚特区巡回法院首先考察是否适合 Abbott 标准的审查分支（review prong）。法院如果确定并不存在支持推迟审查的制度化利益，也就是说，这些问题适合立即接受司法审查，它就可以裁决这一争议而无须考察该标准的困难分支（hardship prong）。但是，法院如果认定存在支持推迟审查的强烈利益，它就需要对这些利益与原告因为推迟审查而遭受的困难进行权衡。哥伦比亚特区巡回法院判定，确认命令所引发的问题不适合立即接受司法审查，因为联邦行政机关只是重复了可以适用的法律原则，在州法院判定存在这样的合同之前，拒绝决定特定类型的合同是否优先适用联邦法律。哥伦比亚特区巡回法院也判定，原告不会因为推迟审查而遭受过度的困难，因为它只是需要承担参加额外的行政和司法程序的负担。

---

① 376 F. 3d 187 (3d Cir. 2004).

② 388 F. 3d 701 (9th Cir. 2004).

③ 331 F. 3d 952 (D. C. Cir. 2003).

④ 335 F. 3d 607 (7th Cir. 2003).

⑤ 322 F. 3d 1213 (10th Cir. 2003).

⑥ 349 F. 3d 692 (D. C. Cir. 2003).

在 Public Citizen v. Department of State[1] 案中，哥伦比亚特区巡回法院判定某程序规则具备一般性审查（generic review）的成熟性。该规则陈述了该行政机关拒绝寻找在根据《信息自由法》提出信息申请之日后所产生的任何信息。行政机关初步引用了政策作为限制对原告申请作出回复的依据。当原告反对这一政策时，行政机关放弃了该政策并且声称它并没有这样的一般性政策。但是，法院认定，行政机关拥有这样的政策，并且仅仅是为 1344
了避免司法审查而放弃了这一政策。

在 Interstate Natural Gas Ass'n. v. FERC[2] 案中，哥伦比亚特区巡回法院判定行政机关的政策声明揭示了行政机关对天然气管道实施峰谷价格政策的想法，并不具备司法审查的成熟性。法院指出，"有强烈的规范（strong norm）反对法院审查试验性的行政机关的观点"。行政机关并未承诺利用认定特定的方法，并且指出政策声明指示为了提供"指引"而发布的。法院指出，行政机关对一项宣告定性为政策声明"需要付出一定的代价……在适用该政策时，行政机关不能仅仅是停留于遵守其规章的义务"。

在 Natural Resource Defense Council v. FAA[3] 案中，哥伦比亚特区巡回法院判定三项书信并不具备审查的成熟性，因为它们包含了行政机关根据事实的细微差别可以产生不同解释的情形中的假设事实而对法律所作的解释。这些书信中所宣布的法律解释只对"既不受行政机关规制也不需要因为书信而被迫修改行为"的公共利益团体的成员产生不利影响，这一事实也对法院有所影响。

在 Fox Television Stations v. FCC[4] 案中，哥伦比亚特区巡回法院判定行政机关在发布调查和征求意见通告之后作出的不废除两项规则的决定具备司法审查的成熟性。这一争点是"纯粹法律性质的"，并且这一决定因为限制原告参与购买电视台之类的交易而损害了原告的利益。

在 EEOC v. Karuk Tribe Housing Authority[5] 案中，第九巡回法院判定行政裁决的问题在于强制执行传票的程序中具备司法裁决的成熟性。第九巡回法院承认法院应该在传票执行程序中审查管辖权问题。但是，它判定，该案属于管辖权问题具备成熟性的"有限范围"，因为行政机关通常缺乏对这一争点的管辖权，并且因为强制执行这一传票将会对传票对象造成无法补救的损失。

在 Tozzi v. Department of Health & Human Services[6] 案中，哥伦比亚特区巡回法院判定，卫生和社会服务部决定将某一物质列为明知的致癌物，这一行为属于可审查的最终行政行为，因为尽管卫生和适合服务部本身并未根据这一致癌物目录而作出什么行为，但是该目录引发了其他联邦和州行政机关的行为。[7] 1345

在 Coalition for Sustainable Resources v. Forest Service[8] 案中，第十巡回法院判定行政机关在还没有对于采取措施保护濒危物种的建议有关的任何行为时，它还没有作出最终行政行为。法院描述了可以审查此类行政不作为的情形。[9]

---

① 276 F. 3d 634 (D. C. Cir. 2002)，参见§5.2 和§6.5 的讨论。

② 285 F. 3d 18 (D. C. Cir. 2002).

③ 292 F. 3d 875 (D. C. Cir. 2002).

④ 280 F. 3d 1027 (D. C. Cir. 2002)，参见§6.10 的讨论。

⑤ 260 F. 3d 1071 (9th Cir. 2001)，参见§4.2 和§15.2 的讨论。

⑥ 271 F. 3d 301 (D. C. Cir. 2001).

⑦ 反对观点，参见§15.11 讨论的 Flue-Cured Tobacco Cooperative Stabilization Corp. v. EPA，313 F. 3d 852 (4th Cir. 2002)（将二手烟描述为致癌物的报告并不是具备审查成熟性的最终行为，因为它对原告并没有直接效力）。

⑧ 259 F. 3d 1244 (10th Cir. 2001).

⑨ 参见§12.3 的讨论。

在 Roe v. Ogden[1] 案中，第十巡回法院判定，法学院学生对科罗拉多州律师考试申请的合宪性提出的质疑具备审查的成熟性。法院认定，“律师考试申请以及相关调查的问题将会对学生产生直接和立即的影响”并且“学生不能毕业或者考试不能通过的可能性……并不足以推翻司法审查的成熟性”。

§15.13 对法律的执行前审查

□ 哪条法律条文导致困难，并且容易立即确定合宪性?

最高法院经常必须确定在州法律开始执行（enforce）之前，联邦政府对州法律的合宪性提出质疑是否具备司法裁决的成熟性。对于这种情形，成熟性原则问题会因为考虑联邦制以及存在复杂的弃权（abstention）原则而变得更加复杂。作为主张州法律违宪之依据的宪法权利，其实体内容也会对成熟性的确定产生重大影响。以下几个例子可以说明这一问题。

在 Babbitt v. United Farm Workers National Union[2] 案中，一家工会对一部州法律的合宪性提出质疑，这部法律是由多个部分组成，调整农业工人的劳动关系的诸多方面。最高法院判定其中三项条文具备审查成熟性，而后面两项条文则是不具备审查成熟性。

1. 选举程序。最高法院判定这部法律中对选举程序的规定具备诉讼成熟性。只有选举产生的代表可以迫使雇主进行协商。这家工会声称，这部法律规定的选举程序必然会导致延误，使得选举无法及时进行，参与短季作物生产的农业工人也将无法参与选择。工会
1346 决定拒绝利用这些程序，因为努力将是徒劳的，但是它已经在加利福尼亚州参加了将近400次根据其认为公平的程序进行的选举。最高法院驳回了需要等待“更好的事实记录”才能作出裁决的主张，理由是这“无助于我们解决启动要件问题，即选举程序是否需要根据《联邦宪法》第一修正案接受审查。我们认为这一问题是决定性的……我们认为推迟对选举的诉讼请求之裁决是没有正当理由的”[3]。

2. 消费宣传（Consumer Publicity）。这部法律规定“通过不诚实、不符合真相或者欺骗性的宣传”引诱消费者忍住不要（refrain from）购买或者消费农业产品的，构成犯罪。该工会认为，这一规定惩罚了无意间表达的不精确信息，并且正如 New York Times v. Sullivan[4] 案中所指出的，“错误的说明在自由辩论中是不可避免的”。工会认为，要避免刑事指控，它就必须减少消费者投诉。最高法院判定，“当事人的立场是足够不利的……可以构成案件或者争议”[5]。

工会还对另一项法律规定——禁止“宣传任何商标、商号或者通用名，包括拥有这些商标、商号或者通用名的生产商或者用户的农产品”——进行了解释，主张这一规定过度限制了言论。工会在过去利用了这种宣传。最高法院判定：“考虑到被上诉人对消费宣传条款第一方面提出的质疑是具有可司法性，我们认为现在可能也可以受理他们针对第二方

---

① 253 F. 3d 1225 (10th Cir. 2001).

② 442 U. S. 289 (1979).

③ Id. at 301.

④ 376 U. S. 254, 271 (1964).

⑤ Id. at 302.

面提出的诉讼请求。”①

3. 刑罚。该法规定可以对违反“任何条款”者处以刑罚。工会主张该法并未说明什么行为是犯罪，其规定之模糊是违宪的，工会将会继续“组织、抵制、纠察、罢工和集体协商……”最高法院支持了这一诉讼请求的成熟性：“如果这一规定确实模糊，不应该指望被告冒险寻求他们的集体活动。”②

4. 提供使用（access）条款。该法规定“雇主不需要……向工会组织提供各种设施……以便与雇员进行沟通”。最高法院指出，工会“将不可避免地寻求组织的条件”，但是“有关将会被拒绝使用的预期是猜测性质的”，并且“不可能了解被拒绝使用场所，是否满足被告的合宪性质疑……这份判决意见将会显然是建议性质的；这一裁决……必须等待一定的时机，即被告可以主张对寻求使用特定实施的利益以及相信会被拒绝使用的明确依据”③。 1347

5. 强制性仲裁。该法规定了“强制性仲裁”，尽管最高法院认为“对于这一条款的适用，存在不够真实和具体的纠纷”④，最高法院指出“被告从未质疑过仲裁条款的合宪性”。最高法院显然是根据这一依据，判定“对于强制性仲裁条款的任何裁定（ruling）都将是完全建议性质的”。

□ 弃权原则的相关性

6. 弃权（abstention）*。尽管存在可司法性和成熟性原则，刑罚和消费宣传条款需要首先提交亚利桑那法院。这两项条款在确定其合宪性之时需要解释。两位大法官对这一结论提出了反对意见。

□ 威胁言论的法律具备成熟性

在 Bantam Books v. Sullivan⑤ 案中，最高法院同意裁决一部创设罗得岛州青年道德促进委员会（the Rhode Island Commission to Encourage Morality in Youth）的法律的合宪性问题。该委员会的行政权范围不明，所行使的唯一权力是纯粹劝告性的。该委员会向本州的图书批发商发送建议。尽管并没有任何正式行为或者甚至是正式行为的威胁，最高法院同意裁决该法的合宪性。要理解最高法院关于成熟性的判决，只能首先理解《联邦宪法》第一修正案的目的以及法院在何种程度上可以保护第一修正案保护的利益。批发商服从了行政机关的“建议”。最高法院将有关成熟性的理由与其实体性理由联系起来。“该委员会经过深思熟虑准备禁止它认为‘可以反对的’出版材料，而且成功地实现了它的目标……非正式的检查可能足以禁止出版物的流通，可以作为禁令救济的正当理由”⑥。

---

* 弃权原则，是指法院基于各法院相互之间及各州之间的礼让而对某些涉及外国或其他州的法人或土地的案件放弃行使管辖权。这一原则也适用于联邦法院不干涉州行政机关对地方事务所作的决定的情况。——译者注

① Id. at 303.

② Id. at 303.

③ Id. at 304.

④ Id. at 305.

⑤ 372 U. S. 58 (1963).

⑥ Id. at 67.

□ 成熟性原则与宪法争议的性质之间的联系

宪法权利的实体范围和质疑可能威胁宪法权利的法律合宪性的诉讼成熟性之间存在的必然联系，在对比最高法院在涉及《联邦宪法》第一修正案的案件中的成熟性原则判决与涉及征收的案件中所作出的成熟性判决之后变得更加明显。因为证明侵犯宪法权利所需的实体调查的性质，如果指控法律违反《联邦宪法》规定的未经正当赔偿不得征收的条款，在没有具体适用法律的情况下很少会具备司法审查所需的成熟性。很多案件可以说明成熟性原则与《联邦宪法》中征收条款的实体法律争点之间的联系。例如，在 Williamson County Planning Commission v. Hamilton① 案中，最高法院认为根据分区条例而提出的涉
1348 及征收的权利请求不具备司法审查所需的成熟性。只有在发生下列两项事实之后，最高法院才能确定违法征收是否已经发生：（1）行政机关对分区条例适用于特定不动产的方式作出最终决定②；（2）原告穷尽了州政府提供的赔偿因适用分区条例而遭受损失的不动产所有人的行政程序。③ Williamson 案中关于成熟性原则的判决主旨是该案讼争的宪法权利性质所要求的。《联邦宪法》没有禁止征收财产，而是只禁止在没有“公平补偿”（just compensation）的情况下征收财产。因此，要适用这一条款，必须首先审查案件的具体事实，例如州政府在多大程度上“征收”了一项不动产权利，以及在多大程度上州政府对征收这一不动产权利而向所有权人作出了赔偿。

在 Suitum v. Tahoe Regional Planning Agency④ 案中，最高法院对规制性征收（regulatory taking）的诉讼请求有关的成熟性原则作了进一步补充限定。原告购买了一宗地块，该地块在交易时就已经满足居住用途的开发条件。但是，当她后来申请在该地块上进行建设时，土地利用管制机关认定不能在这一地块上进行任何建设。行政机关赋予该土地所有人“可转让开发权”（Transferable Development Rights），她可以将这一权利转让给这一地区的其他无权在自己土地上建设的当事人。原告根据 42 U. S. C. § 1983 的规定提起诉讼，主张根据《联邦宪法》第五修正案和第十四修正案的规定对征收其土地要求获得公平补偿。巡回法院同意了行政机关的主张，即这一管制性征收请求还不具备裁决所需的成熟性，因为原告还没有提出向第三方当事人转让“可转让开发权”。最高法院推翻了巡回法院的判决。最高法院判决，当行政机关作出了原告不能利用其土地的最终决定时，征收权利请求已经具备诉讼成熟性。正如三位持协同意见的大法官所强调的，可转让开发权与征收权利请求不相关。他们唯一的关联是有关征收的额外赔偿金额，即原告有权获得公平补偿，例如，如果行政行为让不动产贬值 10 万美元，可转让开发权拥有的市场价为 3 万美元，则政府还欠原告剩下的 7 万美元。

□ 征收权利请求和《联邦宪法》第三修正案的权利请求的成熟性

有若干案件可以很好地说明宪法权利的实体范围和指控法律侵权这一权利的诉讼的成熟性之间的联系。《联邦杀虫剂、杀菌剂和灭鼠剂法》（FIFRA）授权环境保护局允许企业利用在有些情况下他们的竞争对手根据规制要求提交的宝贵数据。其数据因此而被“征

① 473 U. S. 172 (1985).

② Id. at 186.

③ Id. at 194.

④ 520 U. S. 725 (1997).

收”的企业，根据法律规定有权要求因为行政机关批准使用这些数据而从中受益的企业向其作出补偿。该法要求环境保护局通过具有拘束力的仲裁程序作出补偿决定。最高法院被 1349
要求确定这两起案件中法律条款的合宪性。在 Ruckelshaus v. Monsanto[①] 案中，最高法院判定根据征收条款提出的合宪性质疑不具备司法审查所需的成熟性。但是，在 Thomas v. Union Carbide[②] 案中，最高法院判定指控违反《联邦宪法》第 3 条的诉讼请求并不具备司法审查所需的成熟性。

根据征收条款提出的权利请求需要依赖特定事实；根据《联邦宪法》第 3 条提出的权利请求不依

□ 赖特定事实

最高法院在 Union Carbide 案和 Monsanto 案中对成熟性原则所作的判决主旨是很容易进行调和的。当成熟性标准可以用于对该法律的合宪性提出的表面质疑时，对这两项判决主旨进行调和的过程，有助于理解成熟性标准的含义。根据《联邦宪法》第 3 条提出的合宪性质疑在 Union Carbide 案中不需要将法律条款适用于特定的事实，也能具备司法审查所需的成熟性，因为法院不需要多少事实才能裁决《联邦宪法》第 3 条相关的纠纷。“该案中的争点是纯粹属于法律争点，不会因为提出新的法律事实而更加清晰。”[③] 不仅如此，推迟裁决这一争点，因为“其赔偿依靠因为合宪性质疑而权威受损的程序而获得赔偿，这个过程中持续存在的不确定性和产生的费用”，将会给原告造成“明显的困难”[④]。因此，申请人有权要求法院立即裁决根据《联邦宪法》第 3 条提出的争点，而无须首先经过裁决程序。[⑤]

最高法院判定，在对具体案件适用仲裁条款之前，Monsanto 案中的争点不具备审查的成熟性，因为征收纠纷是高度依赖于案件事实的。为了确定仲裁裁决书是否构成违法的征收，或者相反是“公平补偿”，法院必须比较被征收的不动产权利的价值和竞争企业的赔偿金额。不仅如此，既然政府也规定了单独的法定程序，让申请人可以借此向政府本身申请补充赔偿，法院不能决定征收权利请求的实质问题，直到原告已经穷尽了法定的获得赔偿的程序。[⑥]

□ 成熟性纠纷可以反映对宪法权利范围的不同看法

在 Penell v. City of San Jose[⑦] 案中，从多数意见和不同意见的分析中可以明显地看出成熟性调查的性质及其与实体法律原则的关系。一部市镇条例允许行政机关实施租金管制制度，根据该制度的授权，行政机关在设定可以允许的租金水平过程中“给业主造成了困难”。七位大法官出具的多数意见判定，根据《联邦宪法》的征收条款和正当程序条款对于该条例提出的合宪性质疑，除了该条例的特定适用情形之外，不具备审查的成熟性。多 1350

① 467 U. S. 986 (1984).
② 473 U. S. 568 (1985).
③ 473 U. S. at 581.
④ Id.
⑤ Id. at 580.
⑥ 467 U. S. at 1013-1020.
⑦ 485 U. S. 1 (1988).

数意见的理由是它不能事先确定行政机关是否会适用“给业主造成困难的条款”（hardship to a tenant provision），导致最高租金水平过低以至于侵犯了原告的宪法权利。[1] 两位持不同意见的大法官认为，对该条例提出的表面的质疑（facial attack）已经具备司法审查所需的成熟性。但是，这些大法官对于成熟性的不同意见，完全是基于他们对《联邦宪法》征收条款和正当程序条款的不同理解，而不是对成熟性原则的不同观点。持不同意见的大法官相信，租金水平的决定永远不可能通过考虑特定业务的财务状况而获得正当性。他们希望以这一案件为契机宣布广泛的、新的实体法原则。这一案件提出了广泛的争点，但是持多数意见的大法官还没有准备好对宪法作出如此根本性的修改。

□ 作为例证的巡回法院的判决意见

巡回法院已经裁决了众多针对州和联邦法律所提质疑的成熟性有关的纠纷。在 National Taxpayers Union v. Social Security Administration[2] 案中，第四巡回法院判定，收到强制执行威胁的原告，不能维持对于行政机关提出该执法威胁所依据的法律提出的执行前的宪法诉讼。相反，原告必须等到行政机关确实对其启动执法行为，这时原告必须首先对其诉求寻求行政审查，以此作为寻求司法审查的前提条件。第四巡回法院采纳了最高法院在 Thunder Basin Coal Co. v. Reich[3] 案中的判决意见将该案解释为，如果该法律对质疑该规章或者法律效力规定了一种替代手段，则可以排除对法律或者规章的执行前审查。该判决意见适用了对 Thunder Basin 案的特别强的解释（extreme strong interpretation）。如果第四巡回法院的解释是正确的，Thunder Basin 案具有事实上推翻 Abbott Laboratories 标准的效力。

在 Rhode Island Ass’n of Realtors v. Whitehouse[4] 案中，第一巡回法院判定一部将特定公共记录用于商业招揽规定为犯罪的州法律，已经具备了执行前审查的成熟性。原告制定了具体计划，准备将法律规定范围内的公共记录用于招募新成员。它声称仅仅因为被指控的合理担心，它已经放弃了自己的计划。法院判定原告已经轻易地满足了证明法律所导致的困难的责任，并且对该法律合宪性的质疑所引发的问题是“界定清楚的，经得起全部和最终的裁决……”

在 National Rifle Ass’n v. Magaw[5] 案中，在裁定三组原告能否基于若干理论而对法律
1351 合宪性申请执行前审查的过程中，第六巡回法院混合适用了原告资格和成熟性原则。经过 1994 年修订的《1964 年枪支管制法》（the Gun Control Act of 1964）要求枪支制造商和分销商改变他们的行为，允许对违法行为处以行政处罚和刑罚。第六巡回法院判定制造商和分销商提出的主张，即这次修订违反了商业条款和平等保护条款，已经具备执行前审查的成熟性。法院的理由是：

> 制造商和枪械销售商在这里对于何时可以允许执行前的审查的问题提出了一个经典的例子。如果不能获得执行前审查，这些原告必须要么终止一部分业务范围，投入大量的开支以符合该法的要求，或者故意违反该法而冒着严厉刑罚的危险。

第六巡回法院还认为，自己对于商业条款和平等保护主张的分析不会得到新的事实发

---

① Id. at 8-11.

② 376 F. 3d 239 (4th Cir. 2004).

③ 510 U. S. 200 (1994)，参见§15.14 的讨论。

④ 199 F. 3d 26 (1st Cir. 1999).

⑤ 132 F. 3d 272 (6th Cir. 1997).

展的支持。但是，法院也认为，制造商和销售商根据模糊（条款）无效（void for vagueness）原则*提出的质疑不具备执行前裁决的成熟性。法院的理由是，自己有更好的条件可以确定，在行政机关已经对于法律中所使用的术语发布定义解释后，关键性的法律上的区分是否过度模糊。最后，法院判定枪支使用者所提出的质疑，无一具备执行前审查所需的成熟性，因为枪支使用者并不需要面对两难困境——要么改变行为，要么面对不可避免的刑事指控。

在 Freedom to Travel Campaign v. Newcomb① 案中，第九巡回法院的法官们讨论了法院何时可以审查限制政府福利可得性的法律。法官对于如何解释 Reno v. Catholic Social Services, Inc.② 案产生了分歧。在 Catholic Social Services 案中，五位大法官出具的多数意见判定，外国人不能申请法院审查限制外国人申请合法居民地位的规则，因为他们还没有申请居民身份，也没有被拒绝过。在 Freedom to Travel 案中，原告寻求质疑一部授权总统限制赴古巴旅游的法律。总统已经行使了这一职权。根据总统的指令，希望赴古巴旅游者可以申请豁免，但是豁免仅限于有限的情形，而这并不适用于原告。原告并未申请 1352
豁免。

持不同意见的法官解释了 Catholic Social Services 案的多数意见后得出结论这一纠纷并不具备司法审查所需的成熟性，因为原告没有申请过也就没有被拒绝赴古巴旅游的许可。他将这一判决解释为对于限制政府福利可得性的任何规则，禁止在相对人提出申请之前实施审查。他区分了对规制性规则（regulatory rule）的执行前（pre-enforcement）审查和对授益性规则（benefit rule）的申请前（pre-application）审查。受到规制性规则影响的当事人需要面对"Hobson 式的选择**，要么放弃受规制的活动，要么实施该行为而遭受处罚"。相比之下，受授益性规则影响的当事人则拥有第三项选择——申请该福利。多数意见采纳了 O'Connor 大法官在 Catholic Social Services 案中的协同意见。她提到了一种对授益性规则在申请之前进行审查可能具备成熟性的情形，即法院可以"肯定地预测"行政机关会适用该规则而拒绝该权益。多数意见认为，该法律已经具备司法审查所需的成熟性，因为它可以肯定地预测如果原告提出赴古巴申请将会被拒绝。这些问题都适合于申请前的审查③，多数意见认定原告蒙受推迟审查而导致的困难，因为未经批准赴古巴旅游将有可能遭受刑事处罚。

在 Riva v. Massachusetts④ 案中，第一巡回法院撰写了一份深刻的判决意见，分析了疑难的成熟性问题。一部新出台的州法律降低了某些市政府雇员在年满 65 岁之后的退休残疾福利。原告是一位 58 岁的该福利的受益人，他试图质疑这部州法律违反了联邦的《禁止就业年龄歧视法》（the Age Discrimination in Employment Act）并经《年长工人福利保护法》（the Older Workers Benefit Protection Act）修改的规定。法院判定这一纠纷已经具备了接受审查的成熟性：首先，它将这一纠纷定性为只涉及抽象的法律争点。其

---

* 模糊（条款）无效原则，是指如果立法确立了某项要求或某种刑罚，但其表述却如此模糊，以致一个理性的人不能从其文字规定中看出其明确地要求什么，或什么样的行为才应受处罚，那么该制定法将因违背正当程序原则而被法院宣布无效。——译者注

** 1631 年，英国剑桥商人 Hobson 贩马时，把马匹放出来供顾客挑选，但附加上一个条件，即只许挑最靠近门边的那匹马。显然，加上这个条件实际上就等于不让挑选。对这种无选择余地的所谓"选择"，后人讥讽为"霍布森选择效应"。——译者注

① 82 F. 3d 1431 (9th Cir. 1996).

② 509 U. S. 43 (1993)，参见§15.4 的讨论。

③ 参见§2.6 的讨论。

④ 61 F. 3d 1003 (1st Cir. 1995).

次，它认定了法律的正式不利影响，尽管 7 年以后不是遥远或者可能发生的。如果原告没有提前死亡或者法律被修订，这些正式的不利影响是不可避免的。第三，法院认定推迟审查将会给原告带来困难。一位 58 岁的残疾人需要为将来制订财务计划，而这部法律准备降低年满 65 岁之后的退休残疾福利，与其合宪性有关的不确定性使得他不能实施财务计划。

在 Kreschollek v. Southern Stevedoring Co. ① 案中，第三巡回法院判定，对终止支付
1353 工人补偿福利的法定程序之合宪性，在福利申请前提出的质疑已经具备了审查所需的成熟性。法院认定，国会试图排除对有关此类福利的其他权利请求在申请前的审查，但是对于该法规定的程序之合宪性，国会并未排除“完全附随性质的”在申请前的审查。这一纠纷只是提出了一项抽象的法律争点。推迟审查将会给受益人带来困难，让他将失去一段时间内大多数的收入。不仅如此，至少可以说，行政机关无权解决和补救法定决定程序中的违宪缺陷。

在 Presbytery of New Jersey v. Florio② 案中，第三巡回法院的一个存在分歧的合议庭判定，质疑某法律合宪性的一项依据已经具备执行前审查的成熟性，而质疑该法律合宪性的另一项依据则在没有试图强制执行该法律时不具备司法审查的成熟性。新泽西州通过了一部法律，禁止基于性取向的歧视，以及“鼓动”他人实施这种歧视。一家教会和该教会的一位牧师申请法院判决确认该法侵犯了《联邦宪法》第一修正案规定的言论自由和宗教实践自由，因为它可能适用于对受宗教激励的个人的言论中对同性恋作的批评。

多数意见判定，宗教机构提出的质疑不具备司法裁决的成熟性，因为还不足以确定州政府试图执行一部对宗教机构不利的法律。新泽西州司法部长提交了一份宣誓书，陈述了新泽西州的意见，即该法律并不适用于宗教机构，而且阐明新泽西州不会对宗教机构或者代表宗教机构演讲的个人执行该法律。但是，多数意见判定，牧师的质疑不具备司法裁决的成熟性。牧师表示他将继续出于反对同性恋的宗教信仰而批评同性恋，而州政府也拒绝向牧师保证它不会试图对他执行该法律。持不同意见的法官认为，这两项观点都不具备司法审查的成熟性，不仅是因为牧师尚未以其个人身份提起诉讼，也是因为还不足以确定州将对牧师执行该法律。

□ 联邦优先适用争议的成熟性

根据《联邦宪法》的联邦至上条款（Supremacy Clause）对州法律提出的表面的宪法诉讼，会产生甚至更为复杂的成熟性争议，因为法院也必须解释可能与州法律相冲突的联
1354 邦法律。在 Texas v. United States③ 案中，最高法院以一致意见判定，该州申请法院确认《选举权利法》（the Voting Rights Act）§ 5 的预检条款不能适用于有关新出台的州法律中所批准的学区的治理方法的条款，并不具备司法裁决的成熟性。最高法院的理由是：(1) 根本不清楚将会采用的新的治理方法；(2) 所引发的法律争点可能会根据不同背景的事实而不同；(3) 推迟对这些问题的司法裁决给法律带来的困难将是无足轻重的。

---

① 78 F. 3d 868 (3d Cir. 1996).

② 40 F. 3d 1454, *reh'g en banc denied*, 40 F. 3d 1473 (3d Cir. 1994).

③ 523 U. S. 296 (1998).

在 Pacific Gas & Electric Co. v. State Energy Resources Conservation & Development Commission① 案中，最高法院仔细分析了对一部州行政法律中的两项条款提起的宪法诉讼的成熟性问题。一项条文规定在州行政机关发现永久性的核废物处置的"示范技术"并且已经得到有关联邦行政机关的批准之前，永久冻结对加利福尼亚州新建核电站的认证。Pacific Gas & Electric 质疑这一规定与联邦法律相互抵触，因此根据联邦至上条款是违宪的。

最高法院判定，即使州行政机关还没有解释或者适用"示范技术"标准，州法律中规定的永久性处置条款也具备司法审查的成熟性。这一永久性处置条款的合宪性问题，在该条款适用之前就适合于司法裁决，因为州能否以联邦政府已经批准了核废物永久处置的"示范技术"作为对核电站的认证条件，这一问题"主要是法律争点"。推迟考虑这一问题将会给公用事业公司造成重大的困难，因为他们将被迫要么放弃新建核电站，要么进行重大投资而冒着州政府的冻结决定将会最终得到支持的风险。因此，最高法院适用了 Abbott Laboratories 标准，判定永久性处置条款具备宪法裁决的成熟性。② 它接着支持了这一条款的有效性。

□ 联邦优先适用的实质问题有时候取决于特定的州行为

这部州法律也包含了一个规定，要求州行政机关逐案处理确定具体的核电站在得到认证之前，是否有"足够能力"就地储存核废物。最高法院适用了 Abbott Laboratories 标准，判定临时储存条款的合宪性尚不具备判决的成熟性。在州行政机关适用这一条款之前，这一问题并不适合司法裁决，因为法院不能预测行政机关将会如何解释或者实施表面上看具有具体事实的"足够能力"标准。不仅如此，决定推迟确定临时储存条款的合宪性所导致的不确定性，不可能对任何人造成困难。考虑到州政府以缺乏永久性核废物处置的"示范技术"为依据而作出完全冻结新建核电站之认证（certification）决定的效力，公用事业公司不可能因为这一不确定性而遭受损害。③

1355

在 Ammex v. Cox④ 案中，第六巡回法院判定对一项州法律提出的宪法诉讼欠缺裁决的成熟性。原告和密歇根州对于该州的一项主张——它可以对原告位于美国和加拿大边境的免税店的汽油销售征收——进行了旷日持久的诉讼。密歇根州司法部长通知该店店主，他正在考虑根据《密歇根州消费者保护法》的规定对店主提起诉讼，因为该店正在宣传汽油销售免征州税。该店主提出了确认判决之诉，要求法院判定《密歇根州消费者保护法》对原告适用，同时违反了《联邦宪法》的联邦至上条款和商业条款。法院判定这些问题不具备裁决的成熟性，因为"对任何联邦优先适用或者商业条款的分析，都可以从了解《密歇根消费者保护法》禁止的事项以及州规制的效力中受益……"法院也认为它相信州仍然处于完善有关该法实施政策的过程之中。

□ 成熟性和宗教自由

在 Ohio Civil Rights Commission v. Dayton Christian Schools⑤ 案中，最高法院的判决

① 461 U.S. 190 (1983).

② Id. at 201.

③ Id. at 203.

④ 351 F.3d 697 (6th Cir. 2003).

⑤ 477 U.S. 619 (1986).

意见说明有必要考虑可能受行政行为影响的实体性宪法原则与让宪法诉讼具备成熟性所需的纠纷之程序状态（procedural posture）之间的复杂关系。为了确定 Dayton Christian Schools 是否已经基于性别因素采取了违法的就业歧视行为，州行政机关已经启动了正式的行政程序，并且如果确实存在违法的就业歧视行为，将提供合适的救济。Dayton 以侵犯第一修正案上的权利而申请法院终止这一程序，指控其可能已经侵犯州法律的行为是基于它自己的信仰，并且因此得到宪法的保护。地区法院判定这一纠纷尚不具备裁决的成熟性。第六巡回法院驳回了这一判决，判定这一纠纷已经具备成熟性，停止了行政程序，原
1356 因是启动这一程序将会让州政府陷入侵犯《联邦宪法》禁立国教条款的宗教纠纷，损害 Dayton 享有的宗教行使自由的权利。

□ 与弃权（abstention）原则的关系

五位大法官的多数意见判定地区法院本来应该根据 Younger v. Harris[①] 案作出放弃管辖的决定。多数意见也驳回了地区法院所作出的这一纠纷不具备成熟性的判决。多数意见援引了之前的一些判决，这些判决判定“对《联邦宪法》所保护的行为可能遭受指控的合理威胁，引发了具有充分成熟性的争议”。接下来，更不必说的是，“实际提起威胁制裁的行政行为”构成了具备裁决成熟性的纠纷。[②] 但是，多数意见根据下列两项相关的理由而拒绝停止行政程序：首先，仅仅对所指控违法的行为进行调查，并不违反《联邦宪法》第一修正案，表明行政机关可能发现这一行为不是基于 Dayton Christian Schools 的宗教信仰。其次，多数意见确信行政机关可以也会允许 Dayton 以《联邦宪法》第一修正案为自己的行为辩护。[③]

□ 对实质问题的裁决取决于法律规定的特定州行为的性质

Stevens 大法官代表四位持协同意见的大法官撰写了判决意见，分析了这两项不同的第一修正案的问题所存在细微但是重要的区别。遭受指控的威胁，或者对《联邦宪法》第一修正案所可能保护的行为为依据而实际启动的程序，足以使得有关实施该程序的合宪性有关的纠纷具备了裁决的成熟性。最高法院以实质审查裁决了这一纠纷，判定与该行为相关的调查和听证并不违反《联邦宪法》第一修正案。行政机关至少有权初步确定该行为是否基于宗教信仰。[④] 但是，这一程序的威胁和启动并不足以让可能的制裁的合宪性有关的纠纷已经具备成熟性，因为裁决这样的纠纷将要求法院评估这些制裁会对讼争的第一修正案所规定权利产生的影响。[⑤]

这条规定所描述的案件说明了，要确定对政府行为提起的宪法诉讼是否具备司法裁决所需的成熟性，常常是困难和复杂的。但是，之所以产生这一困难的根源不是成熟性原则。Abbott 案提出的两部制标准，与任何可以想象的替代选项一样能够发挥其作用。产生困难和复杂性的根源则是实体性宪法规范，包括经常需要确定州与联邦法院、立法机关
1357 和行政机关之间的合理边界。

---

① 401 U. S. 37 (1971).

② 477 U. S. at 626 n. 1.

③ Id. at 628.

④ Id. at 631-633.

⑤ Id. at 633 n. 4.

§15.14 对规则的执行前审查

□ 对 1967 前的判例法的批评

总的来说，早期有关行政规则效力之诉讼的成熟性的判例，经常反映了最高法院对成熟性原则所采用的狭义方法。Mitchell 案[1]就说明了这一方法。最高法院不愿意审理对行政规则有效性提出的质疑，除非也并且只有在行政机关试图在具体案件中执行一项规则，威胁给予一定的制裁，比如罚款或者其他形式的正式制裁。最高法院经常不愿意承认许多规则在适用于特定案件之前导致明显损失的两种相关方式。在这种执行前的背景中，许多规则会导致以两种方式造成的明显损害：（1）迫使个人或者企业在各种行为的重大改变中作出选择，以遵守他们相信无效的规则，或者因为违反该规则为而冒着被处罚的风险；（2）造成规则效力有关的不确定性。不确定性经常会给许多个人和机构，包括行政机关本身带来大量的成本。

直到 1967 年，最高法院仍然在对规则的执行前审查的成熟性采取狭义方法和广义方法之间左右摇摆。在 Columbia Broadcasting System，Inc. v. United States[2] 案中，多数意见和不同意见就说明了对成熟性原则所采用的不同方法。哥伦比亚广播公司（Columbia Broadcasting System）申请法院审查联邦通信委员会制定的一项规章，该规章对任何与他人签订合同播放一家网络提供的节目附加条件的广播电台，授权取消该广播电台的许可证，或者不再予以续期。哥伦比亚广播公司与其广播电台子公司（affiliates）之间订立的合同中许多条款就违反了联邦通信委员会的这项规章。因为担心联邦通信委员会根据受指控的规章撤销其许可证，哥伦比亚广播公司的广播电台子公司拒绝与哥伦比亚广播公司订立新合同，威胁取消或者废止它们之间已经订立的合同。

大法官出具的一份多数意见判定，联邦通信委员会的规章具备司法审查的成熟性，因为如果发生违反该规章的行为，将会惩罚联邦通信委员会颁发许可证的持有者，也间接包括了哥伦比亚广播公司。因为这一规章对所有许可证持有者具有拘束力，可以料想它们会让自己的行为符合该规章，而对哥伦比亚广播公司不可避免地带来不利后果。三位持不同意见的大法官则对成熟性原则问题具有完全不同的看法。因为联邦通信委员会的规章并未
正式确定哥伦比亚广播公司或者其广播电台子公司的权利，也没有要求哥伦比亚广播公司 1358
或者任何广播电台采取任何行为，持有不同意见的大法官认为司法干预是不合适的。他们可能本来只愿意审查一项通过取消许可证或者拒绝续期而实施该规章的命令。

□ 在 1967 年之前的法律规则经常让行政规则实际上不能接受审查

如果最高法院适用后来几起案件中多数意见的推理，Columbia Broadcasting System 案本来可能成为标志性的判例。但是相反，直到 1967 年，最高法院的多数意见时断时续地反映了在 Columbia Broadcasting System 案中持不同意见之大法官的形式主义（forma-

---

① 参见§15.12 的讨论。

② 316 U.S. 407 (1942).

listic）方法。[1] 自 1967 年以来，最高法院的判决再没有采纳狭义的方法——这有很好的理由。如果采纳 Columbia Broadcasting System 案中持不同意见的大法官的观点，许多重要的行政规章，其中几乎肯定包括该案中所质疑的规章，永远不会接受司法审查。要假定广播电台会通过拒绝遵守联邦通信委员会制定的规章，冒着失去最宝贵的资产（即经营许可证）的风险，这是完全不现实的。在没有任何广播电台违反规章的情况下，各级法院永远不会碰到满足持不同意见的大法官的成熟性标准的对于联邦通信委员会的行为提起的上诉。根据 Columbia Broadcasting System 案中持有不同意见的大法官提出的狭义方法，行政机关经常本来有权发布无效的规章，它们会对个人或者企业的行为产生重要影响，而法院宣布这些规章无效的风险很小。

成熟性原则的新时代是由同一天宣判的三起判决开启的。[2] 在这三起判决中，最高法院唯一关注的问题是成熟性原则。尽管 Abbott 案中三位大法官提出强有力的不同意见，多数意见的观点已经开始深入人心。

□ Abbott 案

Abbott Laboratories 案涉及的是试图对食品药品管理局（FDA）一项规章在其适用于任何相对人之前申请法院进行审查。这一规章要求处方药的制造商在所有的标签或者广告中，每次提及药品的商品名（proprietary name）时都必须包含药品的通用名（generic name）。Abbott 案声称食品药品管理局并没有设定这一要求的法定权力。食品药品管理局则反诉称其规章不适合司法审查，因为食品药品管理局还没有将该规章适用于强制执行程序中。

□ 两部制标准

1359 最高法院开始分析了适用于食品药品管理局的法律，以确定国会是否希望排除对食品药品管理局的规章的执行前审查。最高法院指出，国会已经明确规定了对此类规章的执行行为的审查。但是，最高法院认定，存在明确法定的其他审查手段并不足以支持一项推论，即国会希望排除执行前审查。最高法院以可审查性的推定支持了这一结论。没有找到国会希望排除执行前审查，最高法院认定它可以自由地审查遭到质疑的规章。[3] 这并未终结最高法院有关是否合适对该规章进行执行前审查的研究：

> 但是，还需要进一步进行研究。禁令和确认判决的救济是裁量性的，法院通常不愿意将它们适用于行政决定，除非这些行政决定是出现于具备司法裁决之“成熟性”的纠纷……这一问题最好是区分为两方面，即要求我们评估这些问题对于司法判决的适合程度，以及阻止法院审理给当事人造成的困难。[4]

---

① 例可参见 International Longshoremen's Union v. Boyd，347 U. S. 222 (1954)；Eccles v. People's Bank，333 U. S. 426 (1948)。

② Abbott Laboratories，Inc. v. Gardner，387 U. S. 136 (1967)；Toilet Goods Ass'n v. Gardner，387 U. S. 158 (1967)；Gardner v. Toilet Goods Ass'n，387 U. S. 158 (1967).

③ 387 U. S. at 142.

④ 387 U. S. at 148-149.

□ 适合抽象裁决的问题

在适用了这一标准的第一部分后，最高法院判定这些问题适合于执行前审查。Abbott和食品药品管理局同意，唯一的问题是国会是否希望授权食品药品管理局要求每次出现处方药的商品名的时候都出现处方药的通用名。食品药品管理局没有计划进行与法律争点相关的更多程序，不需要证据裁决这一问题。①

□ 推迟裁决的困难

最高法院也发现，如果最高法院拒绝在规章执行之前审查该规章，Abbott会遭受严重的困难。Abbott将会被迫作出选择，要么为了遵守该规章而支付巨额成本，要么冒着违反该规章而承担刑事和行政责任的风险。最高法院简要地总结了它的推理：

当所提出的法律争点适合于司法裁决，并且该规章以对违法行为设定的严厉处罚而要求原告的行为作出立即和明显的改变时，如果没有法定禁止事由或者其他异常的情形，正如在本案中两者都没有出现，那么就必须允许根据《行政程序法》和《确认判决法》向法院起诉。② 1360

在Gardner v. Toilet Goods Ass'n ③案中，最高法院的判决很大程度上是根据Abbott标准。法律要求食品药品管理局局长清除食品、药品和化妆品中的色素。局长制定了规章将稀释剂纳入色素的范围，几家公司针对该规章提起执行前诉讼，申请法院签发禁令和作出确认判决。该案唯一的问题是稀释剂是否属于“色素”。法院判定这些规章已经具备诉讼成熟性，指出它们是“自动执行的，具有直接和实质性的影响”④。最高法院特别地发现，通过违反规章而提出对规章的质疑将是“重大”负担，它支持了下级法院认定将发生无法弥补的损失的意见。持不同意见的大法官认为，“不应该抽象地裁决”这些问题。⑤ 最高法院的回应是这一判决的作出并不必然是因为强制执行的具体背景，但是如果在要求更多具体背景的新程序中提出了技术问题，那么就会出现不同的问题。⑥

□ Toilet Goods 案

在这一系列三案中的第三起案件，即Toilet Goods Ass'n v. Gardner⑦ 案中，最高法院认定缺乏成熟性。这部法律禁止在未经行政机关认证的情况下使用色素。受到质疑的规章规定，对于任何拒绝食品药品管理局的经过授权的员工自由接触（free access）生产设施、工艺或者配方，食品药品管理局局长“可以立即中止认证服务”。即使该案中涉及提出“纯粹的法律争点”的“最终行政行为”，最高法院仍然判定该规章的效力在确认判决或者禁令救济诉讼中“并不适合于司法裁决”。

---

① Id. at 151.
② 387 U. S. at 152.
③ 387 U. S. 167 (1967).
④ Id. at 171.
⑤ Id. at 197.
⑥ Id. at 171.
⑦ 387 U. S. 158 (1967).

□ 法律争点不适合抽象裁决

最高法院发现所提出的这一问题并不适合立即审查，即使它可以作为纯粹的法律争点——食品药品管理局是否拥有法定权力将生产商拒绝食品药品管理局的检查官员自由接触作为色素认证的条件。最高法院指出这一规章是允许性的而非强制性的。它并未强迫局长中止认证；它只是赋予了局长这么做的裁量权。因此，可以想象在众多不同的情形中出现法律争点，取决于局长之后确定何时构成自由接触，以及他所确定何种情形可以构成采用中止认证的制裁的正当理由。最高法院感觉，在具体地试图强制执行规章的情形中，最高法院充分解决法律争点的能力将会得到明显增强。最高法院接着将这些背景性事实视为
1361 检查的理由以及生产商限制检查官员接触生产设施、生产工艺或者配方的正当理由。考虑到这一规则的概括性，以及行政机关可能试图适用这一规则的各种不同的背景，最高法院本来可以直接通过撰写一份入门书，介绍根据法律和《联邦宪法》第四修正案可以允许的行政检查的范围而抽象地裁决这一纠纷。

□ 推迟审查不会造成困难的判断是值得质疑的

至于两部制标准的第二部分，在 Abbott Laboratories 案中，最高法院认定，因为决定拒绝执行前的审查而给色素生产商造成的困难，其严重程度要小于对药品生产商造成的困难。如果生产商拒绝食品药品管理局的检查官员接触，并且如果局长选择行使这一规章中所赋予的裁量权，这一制裁将“只”包括中止认证，而局长作出的实施该制裁的决定将会需要接受司法审查。最高法院在 Toilet Products 案中对“妥适性”的分析是言之有理的；它本来可以得到更好的建议，在这些情形中将其判决主旨完全寄托于这一标准的这个部分。最高法院对于“困难”问题的处理是不真诚的。正如三位持协同意见的大法官们所指出的，中止色素认证是严厉的制裁，因为它迫使生产商停止生产色素，直到法院审查局长行为的漫长程序终结。

□ 不适合审查，可能是确定性的

Abbott Laboratories 案和 Toilet Products 案体现了一种观点，即一旦当事人能够证明因为法院决定拒绝对规章进行执行前审查而遭受某些重大的困难，法院就会集中关注这些问题是否适合立即审查。如果法院认定该行政行为引发的问题能够以抽象审查方式得到圆满解决，法院就会这么做。如果法院认定对所引发的问题进行裁决，其事实并不适合，它就会推迟对这一问题的司法裁决，直到行政机关试图在具体案件中适用这一规章。

□ 持不同意见的大法官的实际担心

三位大法官在 Abbott Laboratories 案中持不同意见，主要依据是允许对规章的执行前审查将会损害行政机关保护公众的能力。正如持不同意见的大法官所看到的，执行前审查将会允许数百名地区法院法官在一段长时间内停止行政规则的效力，等待法院对其效力作

出裁决。[1] 多数意见以两个角度化解这一反对意见：首先，多数意见强调指出，申请法院中止行政行为的标准如此之高，以至于在司法审查过程中，行政机关能够继续强制执行大多数受到质疑的规章。其次，多数意见相信，在合适的案件中能够允许执行前审查，将会 1362
增强行政机关保护公众的效果："如果政府获得胜诉……企业就需要遵守该命令；如果政府败诉，企业可以更快地修改其规章。"[2]

□ 执行前审查的实际优点

多数意见对于允许对规章进行执行前审查之效力的观点至今仍占上风。自从 Abbott 案以来，没有一位大法官重述该案中不同意见中所表达的观点。当然，多数意见准确地说明了对规章快速进行执行前审查可以给行政机关带来的重大好处。规章的效力得到支持之后，其执行就可以是迅速、高效和低成本的。不仅如此，行政机关还可以更好地围绕该规则制定其余的规制性（或者授益性）政策。即使该规则被推翻了，行政机关也可以从快速裁决该争点中受益，立即开始寻求履行法定职责的其他手段。实际上，对于政府来说，快速对规则进行司法审查的益处如此之大，以至于国会经常要求，必须在规章颁布之后的特定期限内提出对行政规则的任何司法审查请求。例如《清洁空气法》规定，对于任何确立排放标准的规则提出的审查申请，都必须在该规则颁布之日起 30 日内提出。[3] 最高法院在 Adamo Wrecking Co. v. United States[4] 案中支持了法定的诉讼时效规定。

□ 与管辖权、管辖法院和中止执行之标准的关系

不过，Abbott 案中持不同意见的大法官所表达的实际担心绝不是微不足道的。他们表达了具体的担心，即法院对规则进行执行前审查，将会让任何对重大性的全国适用的规章心怀不满的任何相对人，通过在他们认为最为同情原告观点的地区法院提起诉讼，而让漫长的司法审查过程挫败行政机关对自己目的的追求。考虑到美国全境分散着观点各有不同的 800 名联邦地区法院的法官，这种担心是有道理的。例如，如果这一规则对烟草行业有不利影响，烟草企业可以在地处烟草种植区的地区法院寻求审查。其结果是，只需要一位也许是对这一问题持有异乎寻常见解的地区法院法官，就可以明显地拖延行政机关实现重大全国性的目标。

但是，这一问题的根源是在任何原告青睐的地区法院都可能同意对规则进行司法审查。为了减少当事人从最有利的几百个司法审查的管辖法院中作出选择的权力可能带来的不利影响，国会应该，并且通常会规定行政规章只能在联邦巡回区上诉法院接受司法审查。[5] 将对规则的司法审查限定于上诉法院，将会从以下两个方面减少 Abbott 案不同意见
提及的问题的范围。首先，巡回法院的法官数量比地区法院更少。原告能够找到特别具有 1363
异常同情心的法官的能力也就相应打些折扣。其次，巡回法院通常是从数量更大的法官总体中随机选择三位法官组成合议庭。因此找到由至少两位特别具有同情心的巡回法院法官组成合议庭的可能性也就相应小于找到一位持有这种观点的地区法院法官的可能性。不仅

---

① 387 U. S. at 176-177.
② Id. at 154.
③ 42 U. S. C. § 1857h-5 (b).
④ 434 U. S. 275 (1978)
⑤ 参见 § 18.2。

如此，国会经常会限制原告的选择权，甚至限制进行审查的巡回法院的选择权。[①]

让 Abbott 案中持不同意见的大法官所担心的实际问题确实存在，不过其表现的形式与大法官们原先设想的有所不同。巡回法院推翻了较高比例的行政规章，对行政机关施加了要求非常苛刻的义务，要求它们解释为什么在规则制定程序中对所解决的每项问题选择了特定的解决方式。其结果是，规则制定已经成为非常漫长和昂贵的程序，并且许多行政机关试图根据规则行事的努力也被推迟。[②]

□ Abbott 案的间接效力

这种令人烦恼的情景可以与 Abbott 案存在间接联系，后者允许对许多规章进行执行前审查。在 Abbott 案之前很少存在对规章的执行前审查。法院对于规章效力的审查几乎都是发生在强制执行诉讼的情境之中，在这种诉讼中被告会以规章无效作为抗辩理由。法院用以审查规章的“记录”包括行政机关试图强制执行该规章的具体案件中的记录。复审法院通常会认为这一记录对其目的来说是足够的，并且通常会根据该规章的适用是符合法定目的的判断而支持该规章。

□ 法院对规则制定记录和详细理由的需求

在 Abbott 案之后，在很多案件中规则的效力引发了一项或者更多在其适用之前容易受司法裁决之影响的问题，在这些案件中对于规则的执行前审查已经成为常规。在这种新的环境中，复审法院不能利用强制执行案件的记录作为审查规则效力的依据。正如 Paul Verkuil 在 1974 年所预测的，法院需要行政机关提供更多的全面的规则制定的记录以支持遭受执行前审查的规则之效力。[③] 这就是 § 7.4 所描述的演变如何发生的。复审法院逐渐强化了规则制定程序中武断和恣意的司法审查标准的严厉程度，并且相应地强化了《行政程序法》§ 553 的规定对行政机关所施加的要求，即行政机关在最终的规则文本中包含对
1364 规则制定依据和目的的说明。

□ 对于推翻 Abbott 案之建议的批评

Jerry Mashaw 和 David Harfst 在他们合著的优秀作品《为了汽车安全的斗争》[④] 一书中描述了复审法院对于行政机关在规则制定程序中所施加的不现实的要求，描述了因为广泛的司法实践所造成的严重损害，并将这一实践与 Abbott 案判决主旨相联系，以敦促最高法院推翻 Abbott 案。[⑤] 除了最后一个关键问题之外，他们的推理很有道理，也有充分的实证研究支持。直接通过限制巡回法院对行政机关的规则制定施加过度的举证和解释责任，让最高法院解决这一严重问题会具有更大的意义。这种措施可以消除 Mashaw 和 Harfst 所提出的问题而不会失去允许对规章进行执行前审查的众多优点。最高法院已经朝

---

① 参见 § 18.2。

② 参见第 7 章。

③ 参见 Verkuil, *Judicial Review of Informal Rulemaking*, 60 Va. L. Rev. 185 (1974)。

④ *The Struggle for Auto Safety* (1990).

⑤ Id. at 156-164, 245-247.

着这个方向发展。[①] 它只需要接着完成这一过程。

□ 对规则的尊重性审查是更好的选择方案

在 FCC v. WNCN Listeners Guild[②] 案中，最高法院的判决意见说明了两项原则的合理结合：一项原则是允许法院快速确定众多行政规章效力的成熟性原则，另一项则是合理尊重的审查标准，并未对行政机关设定让其惮于制定规章的不切实际的责任。联邦通信委员会颁布了一项规章，其中宣布了在过去采用的在重新续期和转让许可证的案件中审查许可证持有人的娱乐节目模式（entertainment formats）的做法。在过去，联邦通信委员会审查了娱乐格式，以确定例如乡村音乐或者摇滚音乐等是否会更好地满足"公共利益"。联邦通信委员会宣布准备改为依靠市场确定符合法定的公共利益标准的各种娱乐格式的组成。

最高法院毫不犹豫地同意审查联邦通信委员会的规则，即使它还没有在任何案件中适用这一规章。这项规则对于许可证持有人和听众团体都具有重要的影响。这些问题是纯粹的法律争点，不需要进一步调查案件事实才能裁决。最高法院愿意立即裁决这些问题，确保了任何个人或者团体都不会遭受无效规章的损害。如果该规章与法律或者宪法相抵触，或者如果它是如此违反法定标准或者可得的数据，以至于可以被认为武断和恣意的，最高法院本来可以立即判定该规章无效。但是，最高法院适用了合理尊重的审查标准，支持了该规则，认为它完全属于通过广泛的法定的"公共利益"标准赋予行政机关的裁量范围之内。

□ 对于授益性规则的执行前审查受到限制

最高法院在 Abbott 案中已经作了两项重要修改：它对确定政府授益申请资格的规章
进行执行前审查作了重要限制，并且判定，如果国会已经规定审查该规则的其他法定手段 1365
时，则排除对任何规章的执行前审查。

在 Reno v. Catholic Social Services, Inc.[③] 案中，五位大法官减少，甚至可能消除了对有关政府授益申请资格的规章进行执行前（或者申请前）审查的可得性。在《1986 年移民改革与控制法》[④] 中，国会规定了在美国非法居留的外国人在法定的 12 个月期限内可以申请合法居民身份的法定行政程序。法定的资格标准包括在美国"持续的实际居住（continuous physical presence)"和"持续的违法居住（continuous unlawful presence)"，"除了短暂、随意的离境（absences)"。移民归化局（INS）发表了两项规章，界定了将许多本来符合资格的外国人排除在项目范围之外的这些术语。这些规章从表面上看与该法律条文存在抵触。其中一项规章对"短暂、随意的离境"定义为只包括移民归化局所正式允许的离境，反过来它也排除了任何为了访问亲戚而越过墨西哥边境一次的人；另一项规章则将任何离开美国一段时间而重新持表面有效的证件（facial valid documentation）重新进入美国的外国人排除在审查范围之外。

---

① 参见§7.4 讨论的 Mobile Oil Exploration Co. v. United Distribution, 498 U. S. 211 (1991) 和 PBGC v. LTV Corp., 496 U. S. 633 (1990)。

② 450 U. S. 582 (1981)

③ 509 U. S. 43 (1993).

④ The Immigration Reform and Control Act of 1986, Pub. L. No. 99-603, 100 Stat. 3359.

这些规则的有效性在地区法院提起的两起集团诉讼中遭到质疑。在这些案件尚未终结的时候，移民归化局撤回了这两项遭受质疑的规则。当原先的 12 个月的申请期限仍然剩下 5 个月时，移民归化局撤回了“表面有效的证件”规则。在原先的 12 个月的申请期限仍然剩下 12 天时，移民归化局又撤回了“没有情无可原的离境”（no unexecused absences）规则。地区法院判定这两项规则无效，发布了禁令，要求移民归化局对于集团诉讼参加人（class member）延长申请期限，他们因为了解这些无效规则并且相信这些规则将使他们失去资格，而没有在法定的 12 个月期限内提出申请。第九巡回法院肯定了这一判决。移民归化局根据以下两点理由申请最高法院推翻这一判决：（1）地区法院并没有审查这一规则的管辖权，因为一项法律规定授权只有在对驱逐出境命令进行司法审查的案件中才能对移民归化局的身份调整决定进行司法审查；（2）地区法院无权延长身份变更申请的法定期限。

最高法院以一致意见驳回了行政机关的第一项主张[①]，只有四位大法官讨论了第二项
1366 问题。五位大法官出具的多数意见判定案卷并不足以证明该纠纷具备审查成熟性。调卷令并没有简要提到或者确认这一问题。

多数意见通过大段引用 Abbott-Toilet Goods 系列三案中的判决意见开始讨论成熟性原则。多数意见接着认定移民归化局的规则不具备审查的成熟性，因为推迟审查不会给这些规章所调整的相对人造成足够的困难。多数意见区分了规制性规则和规定权益申请资格的规则。“它们［这些规章］并未对违反任何新设定的限制规定任何处罚，但是限制获得《移民改革与控制法》创设但是没有自动赋予合格外国人的权益。”多数意见认定，调整权益资格的规则尚未具备审查的成熟性，在潜在的（prospective）申请人采取“在行政机关向其适用规章封锁其道路之前，他可以采取的主动性措施”。当然，通常来说，当行政机关以该规章规定其不符合资格为由正式拒绝申请时就会出现障碍。但是，对于移民归化局的规章，多数意见认定即使没有正式拒绝申请，行政行为也足以具备成熟性。移民归化局通过“前台”（front desking）程序实施受益资格规章（eligibility rules），即法律助理如果能够确定申请人不符合资格，可以直接作出拒绝申请的决定。多数意见认定，本来合格的申请人，其申请书在“前台程序”中被以申请人违反无效的受益资格规章为由拒绝，将会提出具备司法裁决成熟性的纠纷。“因为只有那些已经经过前台程序的集团诉讼参加人（如果有的话），具有符合成熟性的诉讼请求……我们……发回重新进行……确定哪些集团诉讼参加人已经经过前台程序的程序。”

O'Connor 大法官在该案判决中持协同意见，但是不同意多数意见对于成熟性原则的推理。她的观点是，至少在申请期限已经届满的时候这一纠纷已经具备成熟性，并且本来合格的个人也以规定资格的规章无效为由而申请延长申请期限。在这种情况下，她得出了这样的结论，即该申请人已经以被拒绝申请该权益机会的形式证明所受到的损害足以满足成熟性的要求。O'Connor 大法官在该判决中持协同意见，因为她断定在没有比发布无效的受益资格规章更严重的违法行为时，地区法院无权要求行政机关延长法定的权益申请期
1367 限。多数意见并未评论这一问题，因为多数意见判定这一纠纷并不具备成熟性。

三位大法官持不同意见。他们认为，行政机关一经发布现在承认无效的规章，这一纠纷就具备成熟性，并且地区法院对本来具备资格但是因为无效规章的缘故而没有及时提出申请的相对人延长申请权益的期限，也是在合理地行使其衡平法上的权力。持不同意见的大法官认为，集团诉讼参加人的利益因为规章的发布而受到损害，因为无效规章的存在使

① 参见§15.3 的讨论。

他们不敢及时提出申请。他们认为，地区法院延长集团诉讼参加人的申请期限是符合国会规定个人在12个月期限内提出申请的意图。因为发布这两项无效的规章，符合资格的个人因为一项只规定了5个月申请期限的规章而失去资格，并且合格的个人因为另一项规定只有12天的申请期限的规章而失去资格。持有不同意见的大法官们强调了在这些情形中，是哪些因素使得多数意见对于成熟性的判决主旨特别不合适和不正当。无效规章对于本来符合申请改变身份资格的外国人产生了强大的威慑效果，因为他们担心如果自己提出申请并被认定不符合资格，会得到驱逐出境或者其他不利行为。在这种情况下，多数意见对于成熟性的判决主旨，将会导致国会本来认为有资格申请的很多人会永久性地排除在外。具有讽刺意味的是，这种特别严厉的后果直接来自多数意见的结论，即这一集团诉讼的参加人并未遭受任何足以让纠纷具备成熟性的损害。

Catholic Social Services 案中的不同意见，其论理充分程度要远远优于多数意见。多数意见的推理宽泛之程度足以对描述申请任何形式的政府授益（例如社会保障、退伍军人福利、任何许可证或者免除任何管制义务）的资格的任何规则排除适用前的司法审查。即使是在 Catholic Social Services 案中，确定政府授益资格的规章应该按照在那些如果没有这规则本来可以符合资格的个人的要求接受适用前的司法审查，只要这些问题在适用之前的情形中是适合于司法裁决的。所有权益资格规则都具有让本来合格的个人不敢申请的效果。如果不考虑具体的案件事实，与权益资格规章有关的纠纷适合司法裁决的话，最高法院应该承认这种威慑效果是足以让这一纠纷具备审查成熟性的损害，如果这一纠纷可以在 1368
具体事实背景之外由法院裁决。在 Catholic Social Services 案中所讼争的规则是非常适合于适用前的司法审查的。只需要将每项规则的条文与和它相抵触的法律条文进行对比之后，法院就可以判定他们无效。在这种情形中下，在规则适用于特定个人之前推迟司法审查，并不能起到任何有益的作用，并且推迟审查很可能会损害大量相对人的利益，让他们因为规则的误导而相信自己不具备申请该权益的资格。

最高法院在 Abbott 案中的意见是正确的。司法审查制度允许法院在其机构能力范围之内尽早确定讼争规章的效力，无论是公众还是政府都可以从中得到巨大帮助。忽略了这一合理的理由，Catholic Social Services 案中的多数意见具有产生这样一种行政国家的风险，即让影响数百万人行为的众多重要规章的效力多年保持可疑的状态。

□ 当法律规定了其他审查方式时，不能进行执行前审查

在 Thunder Basin Coal Co. v. Reich① 案中，最高法院改变了 Abbott 标准中适用法定解释的部分内容。最高法院判定煤矿所有人不能对矿山安全和健康管理局规则获得执行前审查，根据矿山安全和健康管理局的解释，这一规则规定未加入工会的矿山所有人允许雇主指派工会代表陪同矿山安全和健康管理局的检查官员进行所有检查并且查阅矿山的健康和安全记录。矿山所有人认为这一规则违反了《国家劳动关系法》及其财产权利，不让这一规则接受执行前审查将会违反《联邦宪法》中的正当程序条款。

最高法院判定，该法中所规定的审查方式是充分的，国会对这一方法的规定默示了排除其他审查方式的意义。根据该法的规定，矿山所有人可以起诉质疑矿山安全和健康管理局的罚单（citation）和其他行政法官作出的罚款决定，将行政法官的决定上诉至矿山安全和健康审查委员会（MSHRC），并且对任何不满矿山安全和健康审查委员会所作的决定获

① 510 U.S. 200 (1994).

得上诉法院审查。最高法院引用了 Block v. Community Nutrition Institute[1] 案，主张法院应该“认定国会已经将初步审查权赋予行政机关，如果‘在法律规定中基本上可以察觉’这种目的”。最高法院认定这部法律的立法史确认了这一解释。最高法院也表达了这样的观点，即复审法院应当认定矿山安全和健康审查委员会对这一问题的评估是有益的，即使该委员会对于《国家劳动关系法》并不具有专业技能。最高法院驳回了矿山所有人的主
1369 张，即推迟审查将使其遭受严重和不可避免的损害，因为“无论是遵守该法，还是继续违反该法，这一法律将让原告遭受严重的听证前的权利剥夺（pre-hearing deprivation）”。

两位大法官的协同意见与最高法院判决意见的推理存在两方面的差别。首先，他们反对引用立法史以产生这样的幻觉，即法院确实为了严肃的目的而审查立法史。[2] 其次，他们也认为：“如果在对不遵守法律进行处罚之前提供司法审查……无论遵守法律是否会造成无法弥补的损害，排除执行前审查都是合宪的。”［着重号为原文所加］正如持协同意见的大法官所指出的，他们对允许执行前审查所设定的条件，将会使得执行前审查成为例外而非规则。

最高法院试图将该案与 Abbott 案进行区分，理由是 Abbott 案中涉及的法律——《食品、药品和化妆品法》证明了国会除了法律规定的审查程序外还允许执行前审查的意图。这一区分并不能奏效。Thunder Basin 案在一些重要方面与 Abbott 案并不一致。因此，必须将 Thunder Basin 案解释为对 Abbott 标准进行了一项重要修改。要说明 Thunder Basin 案所作改变的最简单方式就是，如果是和 Abbott 案一样，最高法院本来会如何处理 Thunder Basin 案中所提出的问题。

Abbott 案中最高法院本来会首先查找证据，说明国会试图排除执行前审查。它不会也没有将强制执行程序中存在的法定审查程序，解释为证明了国会希望排除执行前审查的默示意图。相反，即使是存在明确的审查程序时，Abbott 案中最高法院采用了《行政程序法》中的可审查性推定证明国会希望允许执行前审查，尽管没有对相反意图的“明确和有说服力的”证据。

相反，Thunder Basin 案中最高法院并未引用《行政程序法》，只将脚注 8 中的可审查性的假定定性为国会并未打算禁止所有审查的假定，以强制执行程序中的法定审查程序条款作为证据足以证明国会排除了执行前审查的默示意图。一旦在 Abbott 案中最高法院已经认定国会并未排除对矿山安全和健康管理局的规则进行执行前审查，它本来可以适用从《确认判决法》中推导出的两部制标准和衡平法原则以确定这一规则是否具有司法审查的
1370 成熟性：如果讼争的问题在强制执行前适合司法判决并且推迟审查将会造成困难，则应该同意进行执行前审查。Abbott 案中最高法院无疑本来可以认定 Thunder Basin 案中讼争的矿山安全和健康管理局的规则适合于执行前的司法审查。和 Abbott 案一样，Thunder Basin 案只是提出了抽象的法律争点（这一规章是否违反《国家劳动关系法》并侵犯了财产权），并且和 Abbott 案中的规则一样，Thunder Basin 案中的规则要求“在涉及对违法行为的严厉处罚的事情上，原告能够立即和明显地改变他们的行为”[3]。

Thunder Basin 案中，对于国会是否希望排除执行前审查，最高法院在确定方法上作了重要改变，回避了适用 Abbott 案中成熟性标准的需要。这种原则上的变化（doctrinal

---

[1] 467 U. S. 340 (1984)，参见§16.9 的讨论。

[2] 参见§3.6 的讨论。

[3] 387 U. S. at 152.

change）很可能会产生这种一种判决主旨的效果，即国会在很多案件中排除了执行前审查。[①]

□ 可审查性的推定有所弱化

在 National Park Hospital Ass'n v. Department of Interior[②] 案中，六位大法官出具的多数意见判定国家公园管理局所发布的一项规章不具备审查的成熟性。该规章规定国家公园管理局的特许合同不受《合同争议法》（the Contract Disputes Act）调整。多数意见开篇即进行了具有重要意义的概括：

在没有［规定直接的司法审查的法律条款］时，该规章不能在通常意义上被视为具有审查成熟性的行政行为……直到争议的范围已经化约为更可控的程度，以损害或者威胁损害原告利益的方式对原告的情形适用规章的某种程度具体的行为也已经填充了其事实要素。（当然，主要的例外是实际上要求原告立即调整其行为的实体性规则……）

多数意见接着适用了两步骤组成的 Abbott 标准，以第二步开始。多数意见认定原告还没有证明推迟审查会造成困难。首先，该规章并未创设"严格法律意义上的不利影响"，因为它只是政策声明而不是立法性规则，并且因为国家公园管理局甚至不实施《合同争议法》。其次，该规章"没有命令任何人做任何事，或者不要去做任何事；没有批准、拒绝或者修改任何许可证、权力或者职权；没有让任何人承担任何民事或者刑事责任；也没有创设任何法律权利或者义务"。再次，该规章"没有影响任何［原告的］第一行为（pri- 1371
mary conduct)"。多数意见也默示地承认该规章导致了可能会增加实施特许合同之成本的法律不确定性，但是它认为这种困难并不充分，因为，如果被认为是充分的困难，"法院将很快被对要求提供咨询性质的意见的申请所淹没"。

多数意见接着讨论了 Abbott 标准的第一步。多数意见认定，这里所提出的问题并不适合司法裁决，即使它属于"纯粹的法律问题"，并且构成"最终行政行为"。多数意见指出了该争议根据不同的特许合同类型进行不同处理的可能性，并且判定"对这里所提出的这一问题的司法裁决，需要等待有关特定特许合同的具体争议出现"。如果多数意见没有认定可以在未给任何人带来困难的情况下推迟审查的话，多数意见的这部分内容本来可以不包括这些虚弱、无足轻重的推理。

三位大法官不赞成多数意见对成熟性问题的观点。在协同意见中，Stevens 大法官雄辩地主张"这一法律解释的问题今天'适合于'司法裁决，今后也将是如此"。他接着承认，"对探究成熟性问题的第二个方面［如果推迟将会导致困难］较少明确和重要程度"。在主张该规则具备审查的成熟性后，Stevens 大法官认为原告缺乏起诉资格，因为原告并未因为规则的缘故遭受任何损失。[③] 我不理解 Stevens 大法官如何认定该规章并未导致对原告造成足以支持原告资格的损害，但是推迟对规章的审查将会对原告造成的困难足以使得规章具备适用前审查的成熟性。

Breyer 大法官在和 O'Connor 大法官共同出具的不同意见中指出，推迟对该规章的审查将会增加实施国家公园管理局的特许合同并进而提高未来的承包人和分包人的报价，从而造成困难。他也主张联邦法律证明了国会决定允许未来的承包人对于此类损害获得立即

---

① 对 Catholic Social Services 案和 Thunder Basin 案中所反映的成熟性原则之进路的批评，参见 Pierce，"Seven Ways to Deossify Agency Rulemaking"，47 *Admin. L. Rev.* 529 (1995)。

② 123 S. Ct. 2026 (2003).

③ 参见§16.4 的讨论。

的司法救济。

在 Shalala v. Illinois Council on Long Term Care① 案中，五位大法官的多数意见认定法院不会审理为了实施《联邦医疗保险法》（the Medicare Act）所颁布的行政规则之效力在适用前提出的质疑。多数意见更对最高法院在 Abbott 案中所宣布和适用的执行前审查的持续效力提出了疑问。多数意见认为，“任何这类推定都势必会比反对任何审查的推定
1372 要弱得多……”一位持不同意见的大法官指出：“执行前审查更适合描述为背景性的规则，即可以由来自法律的……任何合理蕴涵所取代。”其他三位持有不同意见的大法官提到了“我们长期坚持的支持执行前司法审查的假定”，但是即使是他们也承认“当问题是‘现在还是以后（now-or-later）’，而不是‘现在还是永远不（now-or-never）’的时候，［可审查性的］假定可能并不是同样有力的。”

最高法院不愿意允许对这些规则的执行前审查，这一明显态度变化具有许多重要的潜在蕴涵。其一可以通过 JEM Broadcasting Co. v. FCC② 案判决加以说明。法院判定，在针对当事人强制适用规则的案件中，当事人不能获得对指控规则制定过程中的程序缺陷进行的审查，因为法律将对该规则的审查限定于在颁布规则之后 60 日内提起的起诉申请。许多法律都将对规则的司法审查可得性作出了严格的时间限制。③ 如果最高法院继续对规则的执行前审查的可得性进行严格的限制，法院必须要么对规则审查可得性的众多诉讼时效限制创设更为宽泛的例外，要么默认很多规则在任何时候都不能接受审查的情形。不过，通过对所有对规则的司法审查设定诉讼时效限制的法律解释为体现了国会允许执行前审查的意图，最高法院就可以避免这一困境。

□ 作为例证的案件

自 1967 年以来，最高法院和各巡回法院已经在数百起涉及对规章的适用前的司法审查的案件适用了 Abbott 案提出的两部制标准。这一标准已经在众多不同的情境中产生良好效果。有些代表性案件足以说明这一标准多么适合于其所要促进的重要功能。当然，因为在 Catholic Social Services 案、Thunder Basin 案和 Illinois Council 案对 Abbott 标准所
1373 作的修改，这些案件中有的也许在今天可以作出不同的判决。

在 Cement Kiln Recycling Coalition v. EPA④ 案中，面对以没有提供通告评议程序机会对某规则提出的一项质疑和根据抽象法律问题而提出的两项质疑，哥伦比亚特区巡回法院判定该规则具备执行前审查的成熟性。法院认为，该争点适合司法审查，并且国会已经通过限定在规则发布 90 日内对其提出审查申请而表明希望快速裁决此类问题，因此没有必要审查推迟审查是否会导致困难的问题。

在 National Treasury Employees Union v. Chertoff⑤ 案中，哥伦比亚特区巡回法院判

---

① 529 U. S. 1 (2000).

② 22 F. 3d 320 (D. C. Cir. 1994).

③ 例可参见 Florilli Corp. v. Pena, 118 F. 3d 1212 (8th Cir. 1997)；（法院不能审查对于规章提出的程序性质疑，因为审查的申请不是在规章颁布之日起 80 日内提出的）. 不同观点参见 Leaf v. EPA, 118 F. 3d 1467 (11th Cir. 1997)（如果原告提出修改或者撤销规章的申请而行政机关拒绝了这一申请，法院可以在法定的诉讼时效经过之后审查对规章的实体性质疑）；Dunn-McCampbell Royalty Interest, Inc. v. National Park Service, 112 F. 3d 1283 (5th Cir. 1997)（如果行政机关在法定的行政行为审查的诉讼时效内对原告适用规章而作出了最终行为，法院可以在诉讼时效经过之后审理对规章的实体性质疑）。

④ 493 F. 3d 207 (D. C. Cir. 2007).

⑤ 452 F. 3d 839 (D. C. Cir. 2006).

决这些规章——限制国土安全部和代表雇员的工会之间的谈判范围，并且允许国土安全部废除集体谈判协议之条款——并不具备审查的成熟性，因为它们已经对集体谈判程序造成损害，并且因为审查申请中提出的法律解释问题容易接受立即裁决而无须首先了解国土安全部会如何行使该规则所赋予的裁量权。法院判定规定减轻处罚争议（penalty mitigation dispute）之裁决程序的规则不具备审查成熟性。法院认定，在特定规则的具体适用背景下，对规则适用"公平"程序的法定标准将会容易得多，并且没有人会因为推迟审查程序性规章直至其适用会遭受困难。

在 Coalition for Common Sense v. Secretary of Veterans Affairs① 案中，在一封书信试图首次对一类药品采购适用价格管制，并要求制造商退回数百万美元的资金时，联邦巡回区上诉法院判定该书信具备审查成熟性。法院的理由是这里所提出的问题，主要是法律解释的问题，可以在抽象的强制执行前背景中裁决，并且无论是政府还是制造商都会因为推迟审查所导致的不确定性而遭受损害。

在 Texas Independent Producers and Royalty Owners Ass'n v. EPA② 案中，第五巡回法院判定对小型石油天然气建设活动设定许可的规则并不具备直接接受执行前审查的成熟性。法院认定，司法审查时机不成熟，将会妨碍行政机关正在进行的决定过程，因为行政机关已经在考虑若干解释性规则的时候推迟了该规则的实施。法院认定其裁决争议的能力将会因为事实发展而受益，因为它还不明白哪些活动属于规则的适用范围。法院也认定原 1374
告不会因为推迟审查而遭受困难，因为行政机关已经推迟了该规则的实施，直至其解决了正在进行的解释性争议。

在 Sabre v. Department of Transportation③ 案中，哥伦比亚特区巡回法院判定一项将独立计算机预订服务系统归入票务代理机构的规章具备执行前审查的成熟性。审查时提出的唯一问题是容易进行直接司法裁决的抽象的法律问题，并且因为哥伦比亚特区巡回法院只有在认定存在推迟审查的制度化利益时才询问推迟审查的问题，法院判定它不需要确定推迟审查是否会导致困难。有趣的是，法院在其对原告资格的分析中包含了足以支持原告将会因为推迟审查而遭受困难之结论的理由。

在 Federal Express Corp. v. Mineta④ 中，哥伦比亚特区巡回法院判定确立了可辩驳假定的规则以及确立了索赔程序的规则并不具备执行前审查的成熟性，因为这些假定或者程序在实际适用之前是否会对原告产生不利影响，是并不确定的。

在 Atlantic States Legal Foundation v. EPA⑤ 案中，哥伦比亚特区巡回法院撰写了一份论证充分的判决意见，在其中判定环境保护局的规章在其实施之前不具备审查的成熟性。该规章允许纽约州批准示范项目，公用事业公司可以借此将遥远厂址产生的有毒废物汇集到中央集中处理设施。当事人没有提出成熟性问题，但是法院认定该争议不具备审查的成熟性。法院的理由是，除非纽约州决定采纳环境保护局所允许的进路，公用事业公司提出这种示范项目的草案，并且州和地方当局对所拟议的项目作出有利的回应，法院不可能了解太多所引发的法律问题或者背景事实。法院也认定，原告不会因为推迟审查而遭受任何困难，因为在示范项目得到批准之前还需要采取众多进一步的步骤。

---

① 464 F. 3d 1306 (Fed. Cir. 2006)，参见§6.4 的讨论。

② 413 F. 3d 479 (5th Cir. 2005).

③ 429 F. 3d 1113 (D. C. Cir. 2005)，参见§15.12 和 16.4 的讨论。

④ 373 F. 3d 112 (D. C. Cir. 2004).

⑤ 325 F. 3d 281 (D. C. Cir. 2003).

在 Atlantic States Legal Foundation v. EPA① 案中，哥伦比亚特区巡回法院判定对于一项规则提出的执行前审查申请不具备审查的成熟性。法院在分析过程中首先引用了最高法院在 Lujan v. National Wildlife Federation② 中的判决意见：

1375 在争议范围已经被减少到更为可控的程度，并且其事实要素已经通过以损害或者威胁损害原告利益的方式对其适用规章的某些具体行为而得以充实之前，规章通常并不能被视为根据《行政程序法》具备司法审查“成熟性”的行政行为类型。

在 National Mining Ass'n v. Department of Labor③ 案中，哥伦比亚特区巡回法院撰写了一份可能具有重要意义的判决意见。在 Thunder Basin Coal Co. v. Reich④ 案中，最高法院判定煤矿经营者不能对为了实施《联邦矿山安全和健康法》而发布的规则申请执行前审查，因为明确存在对此类规则申请审查的其他法定机制，默示地证明了国会意图排除对其执行前审查。在 National Mining Ass'n 案中，哥伦比亚特区巡回法院判定劳工部为了实施《尘肺病福利法》而发布的一系列规则可以接受执行前审查，即使国会明确规定了申请审查这些规则的替代法定机制。哥伦比亚特区巡回法院与 Thunder Basin 案进行了区分，理由是被确定接受执行前审查的规则是通过通告评议程序制定的。这一区分充其量是令人怀疑的。Thunder Basin 案中的用词和推理并未表明最高法院作出了这样的区分。事实上，我们不可能从最高法院的判决意见中辨别 Thunder Basin 案中的规则是否本身是通过通告评议程序制定的。

在 Clean Air Implementation Project v. EPA⑤ 案中，哥伦比亚特区巡回法院对于裁决疑难的成熟性争议作出了很好的处理。法院判定环境保护局的“可信证据”（credible evidence）规则并不具备执行前审查的成熟性。为了理解可信证据规则，首先有必要理解环境保护局是以何种形式颁布适用于各种排放源的 130 项标准。在每起案件中，环境保护局都规定了最高排放量限值和在确定排放源是否符合该排放量标准时使用的“参考测试标准”（reference test）。在一项“可信证据”（credible evidence）规则中，环境保护局规定它可以裁量采用众多其他方法以发现违反标准中规定的排放量限值，即使按照该标准的参考测试标准衡量，排放源是合规的。环境保护局描述了在不同情形中可能采用的众多方法，并且指出它还可以裁量决定采用其他方法以获得违法行为的“可信证据”。原告寻求质疑该规则的有效性，理由是该规则已经改变了一些标准，因此必须采用通告评议式的规则制定程序。⑥ 法院认为自己不能在强制执行前的情境中裁决该争议，因为它不能确定环境保护局会在强制执行程序中采用何种方法获取违法行为之“可信”证据，从而也不能确定环境保护局是否会选择一种具有改变标准之效力的衡量合规方法。

（1376 标于“则制定程序”一行页边）

在 American Forest and Paper Ass'n v. EPA⑦ 案中，一项规则要求州政府在根据《清洁水法》签发许可证时，在可能对濒危物种产生不利影响的问题上征求联邦行政机关的意见，第五巡回法院判定该规则具备接受执行前审查的成熟性。法院认为，该案所提出的唯一问题是抽象的法律问题，如果推迟审查将会“推迟许可程序，增加申请被拒绝的风险”，从而“对原告造成立即明显的负担”。

① 325 F. 3d 281 (D. C. Cir. 2003)，参见 § 15.12 的讨论。
② 497 U. S. 871 (1990).
③ 292 F. 3d 849 (D. C. Cir. 2002).
④ 510 U. S. 200 (1994).
⑤ 150 F. 3d 1200 (D. C. Cir. 1998).
⑥ 参见 § 6.3。
⑦ 137 F. 3d 291 (5th Cir. 1998).

在 Minnesota Citizens Concerned for Life v. Federal Election Commission[1] 案中，第八巡回法院判定该规则具有接受执行前审查的成熟性。该规则对“有权要求政治竞选活动中的‘独立开支’享受豁免的‘合法非营利组织’”作出了狭义解释。法院认为该规则要求原告“对其活动作出明显改变……或者冒着遭受刑事执法行为的风险……”不仅如此，该规则可能克减了《联邦宪法》第一修正案规定的权力，使得其特别适合于接受执行前审查。法院对规则的效力提出的表面质疑，与原告申请认定其符合法定豁免条件的确认判决作了区分，判定前者具备审查成熟性，而后者则过度依赖事实问题的解决而不具备接受执行前审查的成熟性。

在 Firemen's Fund Insurance Co. v. Quackenbush[2] 案中，第九巡回法院判定，一项详细规定保险公司收费标准的规章，对其提起的宪法诉讼具备成熟性。因为该规则规定了公司可以调整其收费的其他手段，法院判定自己不能对该规则是否产生违宪结果进行抽象的适用前审查。

在 Motor Vehicle Manufacturers Ass'n v. New York State Department of Environmental Conservation[3] 案中，第二巡回法院判定汽车生产商的主张——纽约州通过的新车排放标准违反了《清洁空气法》——不具备成熟性。原告主张，这些规则将会产生的效果是违反禁止“第三辆汽车”的规定和要求《清洁空气法》所禁止的测试和维护项目。法院断 1377
定，新规章的相关效力是过度投机的，特别是其效力取决于一系列未来的立法和制定规章的行为。

在 Pennsylvania v. Department of Health & Human Services[4] 案中，第三巡回法院判定原告不能获得对该规则的司法审查，因为这一规章在 8 年前并不具备审查的成熟性，并且对行政行为适用的诉讼时效是 6 年。这一规则提高了州政府需要对联邦行政机关支付的债务利息。州政府寻求法院对该行政机关用来颁布该规章的程序是否充分进行审查。法院判定这项规章一经颁布，这一程序问题就适合于司法裁决，而且州政府可以轻松地让法院确信州政府本来会因为推迟审查而遭受困难。

在 Chamber of Commerce v. Federal Election Commission[5] 案中，哥伦比亚特区巡回法院判定对一项联邦选举委员会（FEC）的规则的执行前审查具备成熟性，这项规则禁止会员组织（membership organizations）向个人传达政治信息，除非这些个人至少有权选举该组织的最高管理委员会中的一名委员。法院的理由如下：（1）“所出现的问题相对来说是纯粹法律性质的，之后的强制执行程序不会对其进行解释”；（2）可以说这一规则可能对《联邦宪法》第一修正案规定的权利具有寒蝉效应；（3）该法律允许私方当事人（private party）不是出于强制执行该规章的目的而对行政行为提出质疑，因此原告很可能会面对强制执行行为，即使该行政机关本来可以选择不去强制执行该规则。

在 Nationwide Mutual Insurance Co. v. Cisneros[6] 案中，原告寻求对住房与城市发展部（HUD）的规则进行审查，这一规章的目的是对提供住房所有人保险的企业适用《公平住房法》(the Fair Housing Act)。原告质疑该规则不仅违反《公平住房法》，而且违反了调整提供这类保险的州规则。(《McCarran-Ferguson 法》赋予州政府规制保险行业的专

① 113 F. 3d 129 (8th Cir. 1987).
② 87 F. 3d 290 (9th Cir. 1996).
③ 79 F. 3d 1298 (2d Cir. 1996).
④ 101 F. 3d 939 (3d Cir. 1996).
⑤ 69 F. 3d 600 (D. C. Cir. 1995).
⑥ 52 F. 3d 1351 (6th Cir. 1995).

属性权力。）法院首先判定这一规则是对《公平住房法》的合理解释[①]，接着判定原告的主张——该规则违反州保险法——不具备审查的成熟性。这一主张的依据是原告担心住房与城市发展部可能试图通过差别—影响（disparate-impact）分析适用该规则。既然住房与城市发展部尚未试图以这一方式适用该规则，法院认定，如果自己推迟审查，直到城市与住
1378 房发展部作出违反州保险的行为，原告并不会遭受不当的困难。法院也断定自己不能通过适用差别—影响分析而适用该规则确定是否违反州保险法，直到法院有机会考察行政机关适用这一分析的方式及其分析的结论。

第六巡回法院对无法调和的合规命令能否进行执行前审查，作出了两项判决意见。Southern Ohio Coal v. Office of Surface Mining[②]案涉及下列两方当事人的纠纷，即被规制者和州行政机关为一方，联邦行政机关为另一方。一家煤矿开采企业遭遇了煤矿透水事故。它设计了排水的应急计划，从而可以重新启用该煤矿。州行政机关批准了这一规章，其依据是调查发现这不会对公众和环境造成急迫的损害。后来地表采矿办公室（OSM）发布了一项命令，要求该公司不得实施该计划。地表采矿办公室断定这一计划将会损害公众和环境，并且将会违反《清洁水法》。一家地区法院发布了针对地表采矿办公室的临时性限制命令，理由是法院调查发现地表采矿办公室的命令是超越权限的，并且将会对地方经济造成灾难性的影响。巡回法院驳回了地区法院的判决。巡回法院对《清洁水法》进行了解释，排除了对合规命令进行执行前审查。为了获得对合规命令进行审查，该企业需要穷尽行政救济。法院认定，只有当企业拒绝遵守根据《清洁水法》发布的合规命令，而行政机关为了强制执行该命令而启动的民事诉讼时提出抗辩时，才能以此为依据对该命令进行司法审查。为了支持对《清洁水法》的解释，法院引用了解释《清洁空气法》的案件，并且指出《清洁水法》中的强制执行条款就是模仿了《清洁空气法》中的强制执行条款。

在 Allsteel v. EPA[③]案中，同一巡回法院判定，对于根据《清洁空气法》发布的合规命令，可以进行执行前审查。这两起案件的实施模式非常类似。州行政机关签发了一项许可证，允许企业建设具有特定排放控制设备的设施。州行政机关认定这一设施符合《清洁空气法》的规定。但是，环境保护局认定该设施违反了《清洁空气法》的规定。它发布了一项命令，要求企业停止该设施的一切施工。法院判定环境保护局的合规命令需要接受执行前审查，并且中止执行环境保护局的命令。法院之所以认为该命令可以立即接受审查，是因为以下理由：(1) 该命令要求企业采取立即行动；(2) 该命令代表了行政机关对于这一主题的最后决定；(3) 企业如果违反该命令将受到严厉的惩罚；(4) 申请审查，将会引
1379 出适合执行前审查的一项法律问题。一份协同意见认为，如果国会已经通过法律排除了对根据《清洁空气法》发布的合规命令进行执行前审查，该法违反了正当程序。Allsteel 案的判决意见试图与 Southern Ohio 案的判决意见进行区分，理由是《清洁水法》排除了执行前审查而《清洁空气法》则没有这么规定。这一区分并无意义，因为 Southern Oil 案中法院根据对《清洁空气法》的解释以及国会在《清洁水法》的规定效仿了《清洁空气法》的结论，认定《清洁水法》排除了对执行前审查。

California Bankers Ass'n v. Shultz[④]案中长达 78 页的判决意见，包含了对成熟性原则的各种观点。《1970 年银行秘密法》(the Bank Secrecy Act of 1970) 授权财政部长发布有关记录保存和报告的规章，包括文件复印件保留 6 年的规定。根据该法的规定，这些记录

---

① 参见§3.6。
② 20 F.3d 1418 (6th Cir. 1994).
③ 25 F.3d 312 (6th Cir. 1994).
④ 416 U.S. 21 (1974).

“在刑事、税收或者规制调查或者案件中非常有用”。Douglas 大法官在不同意见中指出“银行……每年为了监控其顾客需要大约花费超过 600 万美元”[1]。最高法院支持了对银行规定的记录保存和报告要求，但是法院发现有的不具有审查的成熟性。

美国公民自由联盟（the American Civil Liberties Union）认为，记录保存的要求违反了其成员的权利，“因为这些规定可能是用于获得申请成员的身份。”最高法院判定：“政府从来没有提出过披露这些信息的要求，而美国公民自由联盟的质疑也因而尚未具备成熟性”[2]。未声明进行 1 万美元的国内转账的存款人不得就这一主题对报告的规章提出质疑。[3] 尝试准备进行外汇转账的存款人，在诉讼中被判定尚未具备成熟性，因为他们尚未声称任何这类信息将会让他们入罪。[4] 因为没有存款人实施了 1 万美元的国内转账，而且该报告包含了可以定罪的信息，存款人对国内报告要求提出的质疑被判定不具有成熟性。[5] 美国公民自由联盟的主张，即侵犯其组织利益的报告要求被判定不具有成熟性：“只有在有证据表明报告要求……将会要求报告有关该组织的财务活动的信息时，才出现了具体的争议……”[6]

在 Joseph v. United States Civil Service Commission[7] 案中，尽管 United Public Workers v. Mitchell[8] 案存在相反的主张，但是哥伦比亚特区巡回法院判定文官委员会所作出豁免适用《Hatch 法》中禁止性规定的规章具备司法审查的成熟性。法院指出， 1380
Mitchell 案“对于可司法性的观点必须是根据之后的判例法发展进行评估，”并且引用了本书 1970 年增补本中的一段论述，即自 1958 年以来没有一项判决对于成熟性原则，采用了和 Mitchell 案一样的态度。法院拒绝再相信 Mitchell 案，也对该案进行了区分。

在 Continental Air Lines, Inc. v. CAB[9] 中，哥伦比亚特区巡回法院经过全席审理后由 McGowan 法官撰写的判决意见，弥合了新旧成熟性原则之间的鸿沟。该案基本的讼争问题是商业飞机座位配置标准的成熟性。合议庭驳回了该委员会的主张，即该标准不具有成熟性，因为“尚未颁布的标准只是对政策的表达”；合议庭认定成熟性的部分依据是该委员会已经在两起案件中实施这些标准。[10] 在承认了 Abbott laboratories 案“在这一领域具有的主导作用”之后，McGowan 法官系统性地考虑了这些问题是否适合司法判决的两项问题，以及当事人推迟法院审查的困难。尚未生效而仅仅是一纸宣言，即使是它永远不具有正式的法律效力，可能是可审查的，如果遭受质疑的行为对于寻求救济的人产生立即和实际的影响，但是行政机关试验性的观点可能不具有成熟性。法院认定该委员会的观点是“最终的”；法院采用了司法认知（judicial notice），认定该委员会已经在两起案件中适用了这一规章。它发现，遵守该政策的成本显然是高昂的，并且强调指出其结果导致的两难困境提供了成熟性的正当理由。法院认定：“我们并未假装评估该问题的成熟性的科学完全是一回事……无论法院多么倾向于在另外的时间和地点解决具体问题，他们本来应该有更好的理由满足于这一偏好；如果这么做，他们就是在拒绝原告要求消除过度的法律不确

---

① Id. at 86.

② Id. at 56.

③ Id. at 67-70.

④ Id. at 72-74.

⑤ Id. at 75.

⑥ Id. at 76.

⑦ 554 F. 2d 1140, 1149, 1151 (D. C. Cir. 1977).

⑧ 330 U. S. 75 (1947)，参见 § 15. 12 的讨论。

⑨ 522 F. 2d 107 (D. C. Cir. 1975).

⑩ Id. at 116.

定性。”①

在 Commonwealth Edison Co. v. Train② 案中，第七巡回法院判定对一项规章的质疑不具有成熟性，部分理由是“不存在强制性的命令”，这一规章是针对州政府制定的，提起质疑的相对人是公用事业公司，并且在公用事业公司受到影响之前，各州本来需要确定不同的问题。即使法院指出“不能满足……成熟性标准”③，判决主旨中混合了原告资格和
1381 缺乏最终性。问题在于如何划分界线（borderline），三位法官中有一位撰写了不同意见。

§15.15 非正式行为

□ 间接的不利影响是不充分的

除了裁决纠纷和发布规章之外，行政机关还实施了各种不同的不太正式的行为。行政机关经常以文书、指导手册、报告、解释性规则、政策声明、咨询意见、指南、口头会议、国会委员会作证和新闻稿等形式表达意见。对于成熟性原则的研究，在上述的部分情境中是特别有问题的。行政机关在这些情形中所宣布的意见，可以导致对个人和企业产生明显的间接损害，因为许多行政机关宣布的意见都具有强大的说服力。不过，法院不愿意审查大多数此类行政机关的说明。法院之所以不愿意，根据许多理由是可以理解的。其一，在非正式文件中所作出的观点和政策声明，其数量惊人，法院不可能审查所有的这类说明。其二，这些说明经常不能被定性为“最终行政行为”，要么是因为这一说明不能归因于具有最终决定权的个人，要么是因为这一说明本身所采用的语言表明了所采用的观点只是试验性的。其三，行政机关的说明经常在任何方面都不具有拘束力，它们只是通过间接的说服力对行为产生影响。

□ 可能具有说服力但是不具有拘束力的行政行为

这一问题可以通过据我所知尚未发生诉讼的情形进行很少的说明。疾病控制中心（CDC）对公共健康和医疗服务问题发布了很多咨询意见，例如采用医疗职业人员适用的各种类型的手套、儿童疫苗以及灭菌程序。它们并不对任何人具有拘束力。但是因为疾病控制中心的专业技能，并且也许是因为对侵权责任的担心，疾病控制中心的咨询意见经常被全国各州的卫生部门、教育部门、地方学区和医院采纳为具有拘束力的规则。

由于疾病控制中心的建议意见不对任何人具有拘束力，它们几乎不会产生任何具有司法审查成熟性的任何法律纠纷。它们经常对于个人或者团体产生明显的不利影响，但是这些影响是完全间接的，依赖对第三人的判决赋予这些建议意见以拘束力。如果无论什么时候这些说明具有明显的间接的不利影响，法院就开始审查不具有法律效力的政府说明，我们就难以想象法院是在哪里或者如何在这类说明中划分界限。例如，许多行政机关的调查
1382 报告属于这一范畴，政府官员所作的众多演讲、行政官员在国会听证会上所作说明，甚至是宣布开始行政调查的说明，也同样属于这一范畴。

---

① Id. at 128.

② 649 F. 2d 481 (7th Cir. 1980).

③ Id. at 484.

□ 行政行为是否具有拘束力？

联邦法院在非正式行为之于司法审查的成熟性问题上进行了很好的区分。同样，两部制的 Abbott 标准已经发挥了积极作用。但是，在这种情形下，审查成熟性问题的主要内容是确定行政行为是否在某种意义上具有拘束力。

□ 来自最高层的定义性的决定是成熟的

哥伦比亚特区巡回法院在三份论证充分的判决意见中说明了 Abbott 标准是如何适用于非正式行政行为成熟性的判断。第一，National Automatic Laundry and Cleaning Council v. Schultz[1] 案中，哥伦比亚特区巡回法院判定一项文书具有审查的成熟性。国家自动洗衣清洁理事会（NALCC）这家投币式洗衣和干洗行业的协会的代理律师，向劳工部工资工时管理司的司长（Wage-Hour Administrator）询问投币式洗衣店的雇员是否能够根据 1966 年的法律修正案而免除《公平劳动基准法》的适用。工资工时管理司司长回信指出其立法史已经明确这类雇员是受《公平劳动基准法》调整，并且也说明了他的分析。法院以长达 17 页篇幅的判决意见详细论证指出这一信件是符合审查的成熟性。这一判决对于众多类似问题都提供了很好的指引。

哥伦比亚特区巡回法院的判决意见在很多方面都采用了 Abbott 案，后者涉及的是一项规章而不是一份文书。不过，最高法院在 Abbott 案中所强调的两难困境，在 Laundry 案中本来会表现得更多明显，因为支付工资低于法律规定将会因为双重的缺陷而让雇主同时承担刑事责任和民事责任。这一问题显然适合于司法判断——对适用于投币式洗衣店的法律修正案的解释。该案并未提出事实调查的问题。

哥伦比亚特区巡回法院判定这一文书是《行政程序法》§704 条规定意义上的“最终行为”，该条规定“对于没有其他充分的司法救济的最终行政行为……”是可审查的。哥伦比亚特区巡回法院引用了 Abbott 案后得出最终性将“以实用主义的方式”作出认定的结论，并且引用最高法院判决的一些判例，这些案件中认定了“以各种宣示和沟通形式经过深思并产生‘所预期一致性的’可能后果的”最终行为。哥伦比亚特区巡回法院指出，Red Lion Broadcasting Co. v. FCC[2] 案“涉及联邦通信委员会在一份致一位许可证持有人的文书中所作的确认裁决（declaratory ruling）”[3]。哥伦比亚特区巡回法院指出，“最近一份裁定引用并赞成了” Frozen Food Express v. United States[4] 案的判决意见，即：“不能因为行政机关认为对法律的适用缺乏‘独立的强制效力’而否认最终性的成立。”[5] 1383

对于因为不能重新考虑这一问题而认为这一解释不具有最终性的主张，哥伦比亚特区巡回法院强调指出，这一裁定是由行政机关的首长签署的。哥伦比亚特区巡回法院还强调指出，每年下级行政官员对于咨询（inquiries）所提供的“数十万件”答复“不会适合于法院以确认判决的形式进行审查。但是，这并不能得出作为对行政机关最高层级对重要问

---

① 443 F. 2d 689 (D. C. Cir. 1971).

② 395 U. S. 367 (1969).

③ 443 F. 2d at 698.

④ 351 U. S. 40 (1956).

⑤ 443 F. 2d at 698，引用了 Port of Boston Marine Terminal Ass'n v. Rederiaktiebolaget Transatlantic，400 U. S. 62 (1970)。

题经过深思熟虑所作的判断，这些文书与大量解释性通信可以合在一起，作为仅仅是‘非正式’的表达……劳工部工资工时司对各种调查所作答复中只有1.25%是由司长亲自签署的”[1]。法院接着指出：

我们认为合理的做法是接受一个委员会（board or commission）或者行政首长的裁定，推定为具有最终性。如果它不是从表面上看显示只是试验性的，它很可能会被接受为权威性的……如果诉讼中所提出的不仅有法律顾问提出的法律抗辩，还有行政首长提供的宣誓书，它对法院提供的建议意见所讼争的裁定（ruling）是试验性的并且概括了申请复议的方法，那么法院可能会拒绝审理该案件。[2]

□ 适合裁决的问题

哥伦比亚特区巡回法院发现国会并未否定司法审查的意图。它发现所讼争的问题是纯粹的法律争点，“不要求研究或者作出‘记录’，因为这一问题涉及的唯一记录是法律及其立法史等材料证明的”[3]。“在我们的整个政府模式中，司法分支承担的职能是要求行政分支在立法分支所确定的边界内行事。”[4]

□ 推迟审查造成的困难

哥伦比亚特区巡回法院驳回了这样一项主张，即洗衣店为了保险起见可以什么也不做，然后，如果有这样的规定，则向雇员补发本来需要发放的额外工资。“有意义的惩罚和威慑”构成了双重危险。法院指出：“我们可以假定至少是在没有如此繁琐以至于会引发效力问题的惩罚规定时，按照合理的司法原则，需要驳回由尚未收到拒绝其权利请求之行政裁决的商人所提起的诉讼……但是，造成差别的是政府官员已经考虑并拒绝了商人提
1384 出的权利请求。”[5] 法院提到了 Abbott 案中的“两难困境”，并指出“政府无权放弃雇员对双重危险的惩罚起诉的权利”[6]。

法院根据 Abbott 案所提供的分析框架，对其推理进行了精彩的概括：

终极的问题是执行前审查所导致的问题，具有这样的性质，以至于如果加在一起，他们将会超过原告的困难和利益，并且证明应该推迟对解释性裁定的司法审查。就涉及权衡的范围而言……经过行政机关解释过程的反思性审查之后，行政首长签署的一般性、解释性的裁定已经定型，并且相应地，有权得到尊重的不仅包括来自预期会遵守的工作人员和公民的事实争点，也包括来自该问题之复审法院的法律争点，这时同时存在的不仅有多项权威性判断、最终性和成熟性等多项指标，也包括一些伴随性指标，即因此导致的指向迅速的司法审查将会解决了不确定性问题而没有导致无法容忍的负担或者中断，从而有利于整个行政过程。[7]

---

① 443 F. 2d at 701.

② 443 F. 2d at 701.

③ Id. at 695.

④ Id. at 695.

⑤ Id. at 696.

⑥ Id. at 697.

⑦ 443 F. 2d at 702.

□ 试验性或者不清楚的决定是不成熟的

在 Taylor-Calahan-Coleman Counties v. Dole[①] 案中，第五巡回法院拒绝审查来自同一行政机关的首长作出的信函裁定（letter ruling），在这一过程中对 Laundry 案进行了区分。第五巡回法院对这两起案件作了三点区分：（1）行政机关已经采纳了一项规则，规定咨询信函中阐述的所有观点可能会随时被重新考虑或者修改；（2）作为审查申请之对象的文书并不是发送给原告的；（3）信函中所采取的观点可能不适用于原告的情形。

在第二起可以作为例子的案件，即 New York Stock Exchange v. Bloom[②] 案中，哥伦比亚特区巡回法院认定一封信函不具备审查的成熟性。在审理的过程中，法院对 Laundry 案的推理补充了一项重要的条件。美国货币监理官针对自动股票购买服务是否违反《银行法》的问询，以简短的信函作出了回复，称这不会违反该法，但是没有提供任何可资佐证的分析。投资公司协会（the Investment Company Institute）是一家全国性的共同资金的协会，该协会及其投资顾问和主承销商们致信货币监理官申请重新考虑，并且提交了书面的材料。其他受影响的相对人受邀发表了意见。货币监理官随后撰写了一封非正式的信函，重申了此前的观点，并且正如法院所称的，“对基础性问题作出了更为深入的分析”，审查了法律条文和立法史，讨论了不同的观点。相对人于是提起了确认判决之诉。 1385

□ 依赖事实的纠纷是不成熟的

地区法院根据 Laundry 案和 Continental Airlines，Inc. v. CAB[③] 案，判决这两份文书已经具备审查的成熟性。哥伦比亚特区巡回法院则判定这两份文书不具备审查的成熟性，因为尽管它们是由行政首长签署的，并且第二份文书是基于对抗式的法律备忘录，但是它们都是试验性的。“货币监理官……明确保留了其观点……可能变化的可能性，如果当他遇到具体证据”证明拟议的服务“存在法律试图避免的风险”[④]。法院接着认定这一问题不是“纯粹的法律争点”，而是需要裁决事实争点。“考虑到这些问题不适合于司法裁决，相对人需要证明存在相当的困难才能说服我们相信货币监理官的行为已经具备审查的成熟性。但是，相对人没有提供这样的证明。”

□ 无拘束力的政策声明不具有成熟性

第三起可以作为例证的案件，即 Pacific Gas & Electric Co. v. FPC[⑤] 案，补充了另一项重要的条件。行政机关颁布了一项命令，指定为“一般性的政策声明”。这一说明描述了天然气供应短缺时如何分配的一系列优先事项。行政机关明确否认了这些优先事项对任何人具有的拘束力。但是，在政策声明的某些段落中，对于被规制者没有“遵守”非拘束性的政策声明的，行政机关所使用的文字似乎传递了某种隐藏在幕后的威胁，并且表明行政法官应该采用这份政策声明将证明责任转移给“不遵守”政策声明的各种优先事项的支

① 948 F. 2d 953 (5th Cir. 1991).

② 562 F. 2d 736 (D. C. Cir. 1977), *cert. denied*, 435 U. S. 942 (1978).

③ 522 F. 2d 107 (D. C. Cir. 1975).

④ Id. at 741.

⑤ 506 F. 2d 33 (D. C. Cir. 1974).

持者。

哥伦比亚特区巡回法院努力梳理了行政机关政策声明中相互矛盾的文字，最后决定采信行政机关对拘束力的公开否认，尽管该政策声明中某些段落的文字表明行政机关是有拘束的意图。但是，法院同时强调指出，行政机关不能以任何赋予其拘束力的方式使用这一政策声明。Pacific Gas & Electric 案中的判决意见准确地概括了“规章”和“政策声明”的区别，并且判定一般性的政策声明不具备审查的成熟性。“一般性政策声明既不是规则制定程序的产物，也不是裁决程序的产物；它既不是一项规章，也不是先例，而只是向公众宣示行政机关希望在以后的规则制定程序或者裁决程序中实施的政策。一般性政策声明，和新闻稿一样，预示未来将制定规章或者宣布行政机关在未来的行政裁决中将遵循的做法。”① 法院对实体性规则和一般性政策声明进行了区分：“通过正确程序制定的实体性
1386 规则，将确立具有法律效力的行为标准……一般性政策声明则并不确立‘拘束性规范’。”对于所针对问题或者权利，它也不具有最终的确定力。行政机关不能适用一般性政策声明或者以之作为法律依据，因为一般性政策声明只是宣布了行政机关希望确立为政策的内容。政策声明宣示的是行政机关对于未来的试验性意图。②

□ 行政机关意图的重要性

哥伦比亚特区巡回法院强调了行政机关对自己意图之定性的重要性：

很多时候，行政机关自己对于特定命令的定性可以揭示所宣示内容的性质。行政机关明确的目的可能是确立一项不在具体案件中遭受质疑的具有拘束力的法律规则。另一方面，行政机关可能只是希望颁布一项可以在未来案件中适用之前遭受充分质疑的政策指南。当行政机关说明在今后的程序中它将不仅深入考虑该政策对于特定案件事实的可适用性，还将深入考虑政策本身的基础性效力，那么行政机关就是希望将该命令作为一般性政策声明对待。③

Pacific Gas & Electric 案中法院判定行政机关的声明是不具有拘束力的一般性政策声明，这具有三点法律意义：（1）行政机关没有因为未遵循通告评议程序而犯下程序错误；（2）这一说明并不具备司法审查的成熟性；（3）行政机关不能在任何之后的程序中赋予这一说明以实体性效力。如果 Pacific Gas & Electric 案中法院选择相信该声明中表明行政机关希望以某种方式赋予其拘束力的表述，而不管该声明中否认具有赋予其拘束力的存在矛盾的段落，法院就可能会判定该声明具有司法审查的成熟性。这一结论也会导致法院判定该声明是或者希望成为“立法性规则”。这两种判决主旨反过来也会导致法院以程序性错误推翻该规则的效力，因为行政机关并未遵循通告评议程序。

既然“一般性政策声明”不具有拘束力，那么认定这类声明根本不具有任何效力的想法可能是吸引人的。但是，正如 Pacific Gas & Electric 案中法院所承认的，不具有拘束力的政策声明具有很多效力：

作为一种信息机制，一般性政策声明鼓励将行政机关的政策在实际适用于特定情形之
1387 前进行广泛传播。于是，行政机关的初步观点不再保持秘密，而是早在适用之前就已经披露。不仅如此，一般性政策声明的发布还会帮助受规制的行业进行长期归化，在具有全国

① Id. at 38.

② Id. at 38.

③ 506 F. 2d at 39.

性影响的领域促进协调。[①]

□ 仅有说服力是不够的

一般性政策声明也会具有 Pacific Gas & Electric 案中法院所未曾提及的其他值得质疑的效力。它们不被作为“规则”对待，不可能具有正式的拘束力，但是“仅仅是”一般性政策声明可能通过更为微妙而不太正式的手段产生强制力。就行政机关对于众多被规制者或者受益人具有重大的裁量权而言，很多人都可能会“自愿”“遵守”行政机关对其所青睐的政策作出的“不具有拘束力的”声明。联邦动力委员会（the Federal Power Commission）* 发布的说明在 Pacific Gas & Electric 案中遭到质疑之后的几个月内，大多数受规制的管道公司就起草和实施了反映其希望的优先事项的降价方案（curtailment of tariffs）。而这些价格申报又反过来对类似 Pacific Gas & Electric 之类的企业造成重大损失，因为这些企业在联邦动力委员会对所青睐的政策声明中被降至稍低的优先次序。

Pacific Gas & Electric 案中法院也许本来可以预计政策声明所具有的说服效力对于被规制者产生的间接损害，并以此为由判定“不具有拘束力的”政策声明具备审查的成熟性。但是，这样的判决将会产生两项不利的后果：首先，法院将再也无法区分众多其他以这种方式对相对人产生不利后果的非正式行为。法院不能审查行政官员的言论、行政官员出席国会委员会的作证，以及他们在重大的调查或者强制执行案件中所作的宣告。所有这些审查都有可能通过间接影响损害当事人的利益，而这种间接影响是无法与 Pacific Gas & Electric 案中作为诉讼对象的行政机关发布的非拘束性政策声明相区分的。其次，如果行政机关相信它们发布的对所偏好政策的非拘束性声明需要接受司法审查，它们就会不敢以任何方式向公众披露这些政策偏好。这种法律原则不鼓励行政机关在做好准备在拘束性规则或者命令中反映自己的政策偏好之前披露自己的政策偏好，也不能很好地满足公众的利益。

□ 对宪法权利产生间接影响之行为的例外

对于有一种情形，联邦法院愿意认定非正式行政行为具备直接审查的成熟性，即使这些行为不具有拘束力，并且只是间接地通过对行为产生非拘束性的说服力而对第三方造成损害。当非正式行政行为对言论、出版和结社的自由等基本权利产生不利影响时，最高法院已经显示其愿意进行干预以消除这些效力，即使这些效力只是行政机关通过接近于恐吓的劝说影响行为的不具有拘束性的努力所产生的间接产物。政治权利对于建立在民主原则基础之上的政府具有的活力和合法性所具有的重要性，可以充分证明成熟性原则的这一例外的正当性。[②] 在 Bantam Books v. Sullivan[③] 案中，最高法院经过审查判定行政机关在没有任何规则、命令、听证、公诉或者威胁提起公诉的情况下作出的非正式劝告（exhortations）是违宪的。行政机关对于罗得岛州能否销售的图书类型进行了有效规制，尽管只是采用了劝告的手段。罗得岛州青年道德促进委员会（the Rhode Island Commission to Encourage Morality in Youth）向分散在该州大多数区域的原告书籍的完全批发性的分销商

1388

* 联邦动力委员会是国会在 1920 年设立的，目的是协调联邦控制的水电项目。后来其职能经历了多次扩张。1977 年，国会将其改组为联邦能源监管委员会（the Federal Energy Regulatory Commission）。——译者注

① 506 F. 2d at 38.

② 参见 J. Ely, *Democracy and Distrust*（1980）。

③ 372 U. S. 58（1963）

发送建议，而该建议也得到了遵守。有关成熟性原则的判决主旨之关键在于最高法院的如下评论，即“该委员会有意地试图压制被视为‘可以反对的’出版物，并且成功达到了自己的目的……非正式的图书审查可能完全禁止出版物的流通，因此有权获得禁令救济”[1]。

□ 作为例证的案件

以下的一些案件可以说明法院如何在各种不同情形中对于众多非正式行政行为适用成熟性标准。在 Natural Resources Defense Council v. FAA[2] 案中，哥伦比亚特区巡回法院判定行政机关的三封书信不具备审查的成熟性。但是，这一判决并不是基于行政机关通信的非正式性质，而是基于这些书信中所采纳的法律解释的“试验性”和“假设性”性质。

在 Bowler v. Hawke[3] 案中，货币监理署向若干银行发送书信表明意见，即《1999 年金融服务业现代化法》（the Gramm-Leach-Bliley Act of 1999）优先于马萨诸塞州一部法律的三项规定，第一巡回法院判定这一行为并未引发具备司法审查成熟性的争议。法院认为货币监理署承认《金融现代化法》并未赋予其优先于州法适用，并且没有得到质疑，这一点“具有重要意义”。如果第一巡回法院所作出的《金融现代化法》不允许货币监理署优先于州法律的解释是正确的话，《金融现代化法》在这一方面是不同寻常的。正如§3.5
1389 和§6.6 讨论的案件所显示的，大多数行政机关实施的法律都赋予实施机关以作出优先于州法律的决定的权力。如果第一巡回法院在这方面对《金融现代化法》作出了错误解释，这一判决是非常值得质疑的。如果联邦行政机关有权作出联邦法律优先于州法律的判断，这一判断将会产生具备审查成熟性的争议。

在 New York Public Interest Research Group v. Whitman[4] 案中，第二巡回法院判定环境保护局根据州政府依据《清洁空气法》实施的许可项目中公认的缺陷而决定不发送整改告知书（Notice of Deficiency）构成具备审查成熟性的争议。法院判定该决定损害了原告的利益[5]，并且提出了纯粹的法律问题，也就是说，环境保护局是否有权在注意到存在缺陷的时候不发送整改告知书。

在 Aviators for Safe and Fairer Regulations v. FAA[6] 案中，第一巡回法院判定一项执法政策的一部分内容具备审查成熟性，而另一部分不具备成熟性。这两个部分的内容解释了行政机关如何执行飞行员最短休息时间的相关规则。该政策中一部分内容解释了行政机关将如何对待飞行员需要履行报告义务的时间，法院判定这些内容是具有审查成熟性的，因为从通知的文字中可以清楚了解行政机关的观点。该政策还有另一部分内容涉及行政机关将如何对待飞行员需要随时待命的时间，法院判定这些内容不具有审查成熟性，因为通知中的文字不够明确，无法确定行政机关将如何处理某种普通的情形。

在 Association of American Medical Colleges v. United States[7] 案中，卫生和社会服务部总法律顾问在一份文书中描述了行政机关正在实施的新的审计项目，第九巡回法院判定这份文书不具有成熟性。法院的理由是：

---

① Id. at 67. 另可参见 Joint Anti-Fascist Refugee Committee v. McGrath, 341 U. S. 123 (1951)（审查了行政机关将一家组织纳入颠覆组织名单）。

② 292 F. 3d 875 (D. C. Cir. 2002)，参见§15.12 的讨论。

③ 320 F. 3d 59 (1st Cir. 2003).

④ 321 F. 3d 316 (2d Cir. 2003).

⑤ 参见§16.4。

⑥ 221 F. 3d 227 (1st Cir. 2000).

⑦ 217 F. 3d 770 (9th Cir. 2000).

尽管原告目前正在面对以PATH审计……形式出现的具体行政行为，这些行政行为不具有最终性，其结果如何是不确定的，而这是法院不适合进行预测的。

在Commodity Futures Trading Commission v. Blitz[①]案中，第七巡回法院判定两项问题具备成熟性而另外一项问题不具有成熟性。商品期货交易委员会（CFTC）对一家金融出版企业启动调查，试图确定该企业是否违反了《商品交易法》中的反欺诈条款。商品期货交易委员会作出了正式的判断，即该反欺诈条款适用于金融出版企业，该企业提出了三项理由申请对这一判断法院审查。商品期货交易委员会主张，这三项争点中没有一项具备 1390
审查的成熟性。法院首先认定该企业满足了成熟性标准中的困难要求，因为商品期货交易委员会的管辖权判断使得企业要么限制其向订阅用户提供的信息和分析，要么冒着违反该法遭受惩罚的风险。法院接着判定企业的两项主张——该法并不适用于金融出版企业和对金融出版企业适用反欺诈条款将违反《联邦宪法》第一修正案——具备审查的成熟性。法院的理由是，这两项主张都是抽象的法律争点，不需要进一步提供案件事实。通过实质审查，法院判定该企业提出的一项主张——根据《联邦宪法》第一修正案的规定，商品期货交易委员会不得强迫金融出版企业发表特定的言论，例如披露商品期货交易委员会认为对于避免误导公众来说是关键的信息——不具备成熟性。法院的理由是自己不能在不了解行政机关强迫出版企业披露特定信息的理由之前对于这一问题提供答案。

在Barrick Goldstrike Mines v. Browner[②]案中，哥伦比亚特区巡回法院判定环境保护局的指南是具备审查的成熟性。这份指南只是提出了“纯粹法律性质的”问题，推迟审查将会对原告造成困难，迫使原告违反该指南并 在强制执行案件中为其行为进行辩护。

在HRI v. EPA[③]案中，环境保护局的一份文书确定某一地块属于“争议地块”，但是不能明确土地性质究竟是印第安人土地还是非印第安人的土地，第十巡回法院判定该文书具有审查的成熟性。这一文书的效力是将管辖权赋予环境保护局，而不是州政府或者印第安部落。法院采用与其过去判断该文书属于最终行政行为所使用的相同推理支持了对其成熟性的判断。[④]

在Hudson v. FAA[⑤]案中，哥伦比亚特区巡回法院判定行政机关的一项政策声明在首次发布时不具有审查的成熟性，但是在适用于两起具体案件之后具备审查的成熟性。这份政策声明揭示了联邦航空管理局（FAA）将会根据分析，而不是演习作为依据判断一种增加座位数量的机型能够在90秒内完成疏散，但是这一政策声明包含了一项限定条件，即联邦航空管理局只有“在可以获得充分数据的时候”才能采用分析。联邦航空管理局认为，对该政策声明提出的审查申请已经超过时效，因为法律规定必须在决定发布之日起60日内提出审查申请。法院判定该审查申请没有超过诉讼时效，因为政策声明在发布之时效力未定，不具有审查的成熟性。法院接着判定，在联邦航空管理局将该政策声明适用于两 1391
起案件之后，其效力已经足够明确，可以具备审查的成熟性。

在Student Loan Marketing Ass'n v. Riley[⑥]案中，哥伦比亚特区巡回法院判定行政机关的解释法律的一份文书具有审查的成熟性。这份文书告诉原告，行政机关已经认定原告需要对证券化贷款（securitized loans）支付0.3%的费用。原告申请法院审查这一文书，

① 233 F. 3d 981 (7th Cir. 2000).
② 215 F. 3d 45 (D. C. Cir. 2000).
③ 198 F. 3d 1224 (10th Cir. 2000).
④ 参见§15.11的讨论。
⑤ 192 F. 3d 1031 (D. C. Cir. 1999).
⑥ 104 F. 3d 397 (D. C. Cir. 1997).

理由是行政机关的观点是基于对法律的错误解释，并且对证券化贷款征收这笔费用将违反《联邦宪法》的征收条款。法院首先判定这一文书构成最终行政行为。[①] 行政机关明显承认这些问题是适合于司法裁决的。法院接着认定推迟审查将会造成困难，因为原告被迫要么放弃其贷款证券化的计划，要么实施这一计划而冒着支付这笔费用的风险。

在 American Portland Cement Alliance v. EPA[②] 案中，哥伦比亚特区巡回法院利用成熟性理由作为辅助裁决了管辖权争议。该行政机关发布了一份政策声明，其内容是不对水泥窑粉尘适用已有的规制制度，而是制定了可以适用于这一物质的“专门制定的标准”。法院判定这份政策声明不需要接受审查，因为法院不能在没有行政机关尚未颁布的“经过专门调整的标准”的情况下对原告的主张进行评估。

在 Von Eye v. United States[③] 案中，第八巡回法院判定行政机关的一项判断具备审查的成熟性。该行政机关通知原告如果采取特定的拟议行为（proposed action），将会丧失获得政府权益的资格。行政机关认为这一纠纷尚不具有成熟性，因为原告没有首先向镇政府申请许可证，就不可能采取拟议行为。法院判定这一因素与行政机关判断的合法性之间并无关联。法院指出，原告已经在没有获得许可证的情况下采取了类似行为，“并且我们没有任何理由假定原告不会再这么做”。

在 City of Houston v. HUD[④] 案中，哥伦比亚特区巡回法院撰写了一份理由充分的判决意见，判定行政行为欠缺审查的成熟性。住房和城市发展部（HUD）在未经听证的情况下削减了对该市的社区发展一揽子拨款金额，理由是它认定该市没有及时支出该拨款资金。该市政府申请法院责令住房和城市发展部恢复减少的拨款资金，[⑤] 同时申请法院以确
1392 认判决形式确认住房和城市发展部在未经听证的情况下减少拨款资金的行为违法。法院依据 Abbott Laboratories 标准，判定确认判决之申请所提出的问题欠缺审查的成熟性。法院指出，它既不能确定住房和城市发展部提供听证的做法的性质，也不能对其提供听证的义务之范围作出抽象的判决。法院认定，住房和城市发展部提供听证的义务取决于具体案情，并且就法院可以判断的程度而言，住房和城市发展部的做法也需要根据情况作出调整。

§ 15.16　行政项目

□ 只有独立“行为”是成熟的

行政机关经常在试图通过采取一系列相互关联的行为促进一项政策目标时，着手实施一个“项目”，在这里每项行为都是更广的项目的一部分。作为整体项目之一部分的行为，经常包括了发布政策声明、发布规章以及裁决各种纠纷。在 Lujan v. National Wildlife

---

① 参见 § 15.11 的讨论。
② 101 F. 3d 772 (D. C. Cir. 1996).
③ 92 F. 3d 681 (8th Cir. 1996).
④ 24 F. 3d 1421 (D. C. Cir. 1994).
⑤ 参见 § 18.6 的讨论。

Federation[①]案中，最高法院判定此类行政“项目”欠缺审查的成熟性。[②] National Wildlife Federation案的判决主旨是正确的，但是最高法院有关成熟性原则的某些法官附带意见却是令人迷茫的。

在超过一个世纪的时期内，政府行政分支根据国会授权的法定职责，将全国大约三分之一的土地回收，停止各种潜在用途。到了1976年，这些回收的公共土地（public lands）被设定了如此复杂的众多法律和规章规定的限制，以至于无人能够理解它们的适用范围和效力，国会于是通过了《1976年联邦土地政策和管理法》（the Federal Land Policy and Management Act of 1976）。[③] 这部法律废止了之前众多调整公共土地用途的法律，确立了约束内政部长的公共土地利用政策，并授权内政部长通过土地管理局（BLM）“制定、修改、延长或者撤销”当时适用于11个西部州公共土地的回收决定。

土地管理局开始通过各种行政行为实施这一法律指令。对数以千计的不同地块，土地管理局开始审查之前回收决定的合理性。在有的情形下，土地管理局向总统和国家提交建议；而在其他的情形下，土地管理局则是撤销或者修改了之前的土地回收决定的适用范围。土地管理局对于特定地块的已有回收决定所作出的行为，其效力常常是让这些地块可 1393
能用于不同的用途。但是，特定地块能否用于特定用途，也取决于土地的分类。一旦作出撤销回收土地的决定，土地管理局可以，有的时候也确实对这一地块进行重新分类以允许用于采矿等特定用途，例如采矿。一旦地块被重新分类，土地管理局就有权在特定情形下发放采矿许可证。

□ 一系列相关的行为不是一项可审查的行为

National Wildlife Federation申请法院审查土地管理局的整个“土地回收决定审查项目”，指控土地管理局实施这一项目的过程中在诸多方面违反了准据法。这些违法行为反过来又因为允许某种破坏公共土地上的自然风光的活动而损害了National Wildlife Federation成员的利益。最高法院以缺乏成熟性为由拒绝了审查的申请。对于National Wildlife Federation对该“项目”提出的审查申请，最高法院判定这一申请欠缺审查的成熟性，因为这一“项目”根本就不是行政行为。

最高法院为了支持其有关成熟性原则的判决主旨而提供的支持理由是充分的：

“土地回收决定审查项目”这一术语（就本院了解的情况而言，并不是出自任何权威性文本）并不是指任何土地管理局的命令或者规章，或者甚至是特定土地管理局命令和规章的整体。这只是原告有的时候用来指代土地管理局持续进行的（因而也是一直在进行修改的）工作，包括根据《联邦土地政策和管理法》的规定审查撤销土地回收决定的申请，对公共土地进行重新分类，制定土地利用规划。相比国防部的“武器采购项目”或者美国缉毒局（the Drug Enforcement Administration）的“禁毒项目”，这一项目并非更接近于可以辨认的“行政行为”——更不用说“最终行政行为”。正如地区法院所解释的，“土地回收决定审查项目”适用于，目前至少包括“大约1 250项的土地分类终止和回收决定撤销的行为”。

被告指控在该项目中违法行为普遍存在……也许情况确实如此。但是被告不能通过法

---

① 497 U.S. 871 (1990).

② 在National Wildlife Federation案中，最高法院对于原告资格问题所作出的具有高度关联的判决主旨，相关讨论参见§16.4。

③ 43 U.S.C. §§1701 et seq.

院命令，而不是通过内政部的各部门或者国会，寻求对这一项目进行整体性的改进，事实上后者才是改进项目的常规途径。根据《行政程序法》的规定，被告必须将诉讼对象调整为某些特定的导致损害发生的“行政行为”①。

□ 法官附带意见与 Abbott 标准不一致?

但是，最高法院接着补充了一项难以解释的法官附带意见：

有的法律允许宽泛的规章发挥“行政行为”的作用，并且因而直接成为司法审查的对
1394 象，即使通常来说在《行政程序法》所规定的审查需要的具体效力出现之前。但是，如果没有这样的规定，在这一争议的范围减小到更可控的程度，并且通过对原告造成损害或者威胁造成损害的方式适用规章的某些具体行为而充实其事实要素之前，规章通常不能被视为《行政程序法》规定意义上具有司法审查“成熟性”的行政行为。②

如果根据字面意思理解，这段文字意味着对规章的司法审查重新采用 Abboot 案之前的狭义进路。③ 但是，最高法院接着补充了一项插入语，重申了 Abbott 标准：

（重大的例外，当然是作为一项实践问题，要求原告立即改变其行为的实体性规则。这种行政行为立即具备司法审查的“成熟性”，无论是否提供了与《行政程序法》规定不同的法定审查。[引用了 Abbott 案]）④

但是，最高法院接着在这段插入语之后的其他法官附带意见中表明，即使是撤销回收某特定地块决定的规章，也可能不具备司法审查的成熟性。多数意见认为，只有颁发采矿许可证可能产生立即的损害，可以支持成熟性的判断。⑤ 我们难以明白所有这些法官附带意见究竟所指何意。

在 National Wildlife Federation 案之后，最高法院在另一起案件的判决意见中又阐释了不可审查的项目和可审查的行为之间的区分。在 Ohio Forestry Ass'n v. Sierra Club⑥ 案中，最高法院一致判定，林业局（Forest Service）的一项对某国家森林制定的资源管理规划并不具有审查的成熟性。最高法院指出，要砍伐该森林里的任何一棵树，林业局都必须再作出五项行政行为。最高法院认定，原告本来就有“充分的机会”参加这些程序。因此，它认定推迟审查不会给原告带来明显的困难。相反，推迟审查至林业局对于特定的伐木计划作出决定，将会允许法院审查更有重点和具体的行为，而不是卷入一般性政策的抽象争议。

□ 巡回法院的判决意见

几家巡回法院已经在若干案件中适用了对不可审查的项目和可审查的行为的区分。在 Sierra Club v. Peterson⑦ 案中，第五巡回法院全席审理后八位法官提供的多数意见认为原
1395 告试图对不可审查的“项目”，而非独立的行为申请司法审查。原告试图证明，被告在得

---

① 497 U. S. at 890-891.
② 497 U. S. at 891.
③ 参见 § 15. 14。
④ 497 U. S. at 891.
⑤ Id. at 892 n. 3.
⑥ 523 U. S. 726 (1998).
⑦ 228 F. 3d 559 (5th Cir. *en banc* 2000).

克萨斯州境内管辖的土地和林木资源进行管理的过程中所采取的多项独立行为存在不同形式的违法。但是，多数意见认定，原告试图利用行政机关的多起具体的违法行为作为证明，说明行政机关的一般性项目中存在缺陷，并申请法院给予禁令救济，从而可以广泛适用于整个项目："环境团体的权利主张范围和他们［在地区法院］所获得的救济远远超过了对于独立买卖行为提起的质疑。"多数意见驳回了审查申请，认为他们不能对整个行政项目申请审查。

五位法官则持不同意见。他们认为，原告是对若干独立的行政行为申请审查。他们将原告的进路描述为一种合法的企图，即利用一般性地指控其违法，强化原告要求法院审查的特定违法行政行为的存在感及其意义。

在 Wilderness Society v. Alcock[①] 案中，第十一巡回法院判定对林业局颁布的某国家森林土地和资源规划所提出的诉讼并不具有审查的成熟性。该规划使得损害原告利益的行为更可能在将来获得批准，但是该规划本身并未批准这类行为。因此，该案讼争的问题是可以归因于该规划的损害是否足够"迫切"，以至于可以证明审查该规划的正当性。法院指出，各巡回法院已经对这一问题进行了区分。它将迫切性原则描述为"最令人混淆的法律领域之一"。法院指出，可以"通过"原告资格或者成熟性的"角度"解决这一问题。[②] 法院表达了成熟性分析的偏好。它认定该规划不具备审查的成熟性，因为"如果没有第二阶段的决定，根据这一规划"并不能作出有害的行为。

行政行为提出的质疑是否具备司法裁决的成熟性，与原告是否具有对行政行为申请司法审查的资格，这两类判决的相关考量因素很多时候存在重合。Salmon River Concerned Citizens v. Robertson[③] 案中复杂的判决意见就可以说明这一重合的现象。一家公民团体申请法院审查林业局的造林项目，他们认为在这一项目计划使用的除草剂将会减少该团体成员从利用国家森林获得愉悦的能力。他们进一步指控林业局制作的环境影响报告（EIS）中存在的缺陷导致了计划大量使用除草剂。林业局则主张该团体并不具有对该造林项目申请审查的原告资格，并且该项目中计划使用除草剂也不具备司法审查的成熟性。行政机关 1396
以 Lujan v. National Wildlife Federation[④] 案为依据，主张与除草剂使用相关的纠纷，只有在林业局确实批准了一项除草剂的具体申请时才能具备司法审查的成熟性。第九巡回法院驳回了这一主张，因为如果接受这一主张，将会造成这样一种情形，即环境影响报告中有关除草剂使用指南的讨论将永远逃避法院的审查。法院对于这一问题的裁决也许是正确的，但是其分析是不完整的。在 National Wildlife Federation 案中，最高法院判定不能对行政"项目"申请司法审查，因为该案讼争的"项目"不是为了实施该"项目"而实施的独立的行政行为。这一理由听起来特别类似于第九巡回法院在 Salmon River 案中所拒绝采纳的理由。第九巡回法院没有试图将该案与 National Wildlife Federation 案进行区分。第九巡回法院本来可以指出将 Salmon River 案中讼争的造林项目作为独立的行政行为对待，而将该案与 National Wildlife Federation 案进行区分。

在 Sierra Club v. Marita[⑤] 案中，第七巡回法院以和第九巡回法院一样的方式裁决了一项非常类似的纠纷。第七巡回法院法院以下列四点理由将该案与 National Wildlife Federation 案进行了区分：（1）行政机关（林业局）特别批准了作为审查对象的"规划"；

---

① 83 F. 3d 386 (11th Cir. 1996).

② 参见§16.5和§16.6。

③ 32 F. 3d 1346 (9th Cir. 1994).

④ 497 U.S. (1990).

⑤ 46 F. 3d 606 (7th Cir. 1995).

（2）原告所引发的问题是和它们将来的一样“具体”；（3）该规划批准了将会损害原告的行为；（4）原告的不满针对的是该规划本身。

□ 依赖事实的纠纷，如果没有充分的事实就不具备成熟性

在 Sierra Club v. Yeutter[①] 案中，第十巡回法院判定针对行政机关拒绝启动某项目而提起的诉讼不具备审查的成熟性。原告质疑林业局未能在所有水权纠纷中主张联邦政府为了保护荒原（wilderness）的目的而保留水资源的权力。法院适用了两部制的 Abbott 标准，判定行政机关未能按照原告认为按照联邦法律所必需的方式行事，不具备司法审查的成熟性。

对 Abbott 标准的第一部分，即争点是否适合立即由司法裁决，第十巡回法院确认了两项不同的问题：第一项问题是纯粹的法律争点。《荒原法》（the Wilderness Act）是否已经创设或者允许行政机关创设联邦水权？但是，法院指出行政机关并未选择对这一问题进行争论。行政机关已经保留了在将来与 Sierra Club 共同支持对该法律如此解释的能力，如果它确
1397 定联邦水权对于保护荒原区域是必要的话。当然，行政机关和原告之间的真正争议在于第二项问题。如果主张联邦保留水权，是否对于保护当前的荒原价值是必需的或者更有利的？行政机关的观点是原告所要求的行为是“不必要的，并且可能适得其反”[②]。第二项问题很大程度上是事实性的，法院也认定其不适合于裁决这种宽泛和抽象的事实争点。[③]

□ 依赖事实的案件中难以确定因为推迟审查而导致的困难

对 Abbott 标准的第二部分，第十巡回法院认定推迟对这些问题的司法裁决不会对相对人造成过度的困难。“这种迟延可以让政府能够探索保护荒原价值的其他项目。”[④] 原告主张行政机关未能在所有水权纠纷中主张联邦保留的水权，这违背了行政机关保护荒原价值的法律使命，但是法院并不认为这一主张是有说服力的。但是，法院特别留下了可能性，即行政机关未能在特定的水权纠纷中主张这种权利，根据表明行政机关不作为与其保护荒原价值的法定义务之间矛盾的证据材料，可能所提出的纠纷是可以由司法裁决的。[⑤] 在这个更具体化的背景中，法院表明行政机关是否有权主张联邦保留的水权，这一问题是适合司法裁决的。

§ 15.17 三项原则的融合

□ 三项原则常常是功能等价的

在本章的大部分篇幅中，我将穷尽行政救济、最终性、成熟性作为三项独立的原则加

---

① 911 F. 2d 1405 (10th Cir. 1990)（这种情形下的成熟性问题与§17.7所讨论的行政不作为的可审查性存在重合之处）。

② Id. at 1418.

③ Id. at 1417-1418.

④ Id. at 1418.

⑤ Id. at 1418-1419.

以讨论。但是，需要记住的是，这三项原则常常是服务于相同的一般性功能，都是为了避免司法机关过早介入行政决定过程。这三项原则都是建立在综合下列要素的基础之上，即宪法对于政府机构之间决定职责的分配，对于国会体现在不同法律中的意图的尊重，对于法院能力和有限资源的审慎考量，承认对于重要法律争点的不必要的不确定性将会造成明显的损害，以及保护公民法定权利和宪法权利的司法职责等。这三项原则存在明显重合，甚至有时难以区分，也就不足为奇了。 1398

这三项原则的功能重合，最为突出的例子就是 Ticor Title Insurance Co. v. FTC[①] 案。联邦贸易委员会对 Ticor 提起诉讼，指控其实施了不当贸易行为。Ticor 没有对该诉讼进行抗辩，而是向哥伦比亚特区巡回法院申请宣告性裁决，要求确认联邦贸易委员会行使公诉职能是违宪的，因为公诉只能由政府行政分支提出，而联邦贸易委员会是一个“独立于”行政分支的行政机关。Ticor 案的判决是在最高法院判定“独立”行政机关也可以行使公诉职能之前。[②] 那时，学者和法官对这一问题存在严重的分歧。裁决 Ticor 案的三位法官认为，Ticor 提出的宪法诉讼在联邦贸易委员会结束决定程序之前不适合司法裁决，但是每位法官都是根据适用不同的原则支持了这一结论。

□ 穷尽行政救济原则的分析

Edwards 法官认定 Ticor 案并未穷尽行政救济，在该案中这一行为不能得到谅解。他确定了谅解相对人未能穷尽行政救济的两点可能的依据：（1）当行政机关对管辖权的主张侵犯了具体法律或者宪法条款中所赋予的明确的权利；（2）当推迟审查将会导致无法弥补的损害。他认为这两项例外都不能适用。[③]

□ 最终性原则的分析

Williams 法官认定不能准许审查的理由是该行政机关尚未作出“最终”行为。他声称最终性是实施审查的管辖权前提条件，而穷尽行政救济和成熟性原则是法官制定的审慎性原则。他承认，在行政机关的行为过程将会违反明确的法定权利或者宪法权利时，最终性要求也可以存在例外，但是他认定原告主张只能由行政分支提起公诉的权利“远不是明确的。”[④]

□ 成熟性原则的分析

最后，Green 法官认定此时不能对行政行为进行审查，因为 Ticor 尚未证明因为推迟审查造成的困难足以满足 Abbott 案中确立的成熟性标准。她反对 Edwards 法官和 Williams 法官的推理，因为她相信穷尽行政救济和最终性原则所具有的弹性足以允许在这种情形下对行政行为进行审查。[⑤]

---

① 814 F. 2d 731 (D. C. Cir. 1987).

② 参见§2.5 讨论的 Morrisson v. Olson，487 U. S. 654 (1988)。

③ 814 F. 2d at 738-741.

④ Id. at 745-750.

⑤ Id. at 750-757.

□ 每项原则通常会得出相同的结论

Ticor 案中的结论无疑是正确的。根据这三项原则中的任何一项，原告缺乏明确的回避参与听证的权利，使得司法机关在行政案件如此早的阶段参与是不合适的。本案唯一令
1399 人困惑的特征是这三位法官都花了如此长的篇幅对这三项原则进行了区分。每一位法官都不辞辛劳解释了这一问题当时为什么不适合法院适用其中一项原则进行审理，而适合法院适用另外两项原则进行审理。这一法律领域和其他众多法律领域一样，可以从较少关注棘手的分析细节，而更多强调实践性考量因素中受益。在大多数情形下导致一项问题在特定时间和特定的程序状态下是否适合法院裁决的因素，不会因为合理性问题是根据穷尽行政救济、最终性还是成熟性原则进行讨论而发生变化。在 American Airlines v. Herman① 案中，第五巡回法院的判决意见就可以很好地说明这一问题。法院采信相同的因素支持了它的判决主旨，即行政行为既不具有“最终性”，也不具有“成熟性”，而且原告尚未穷尽其行政救济。在 Home Builders Ass'n of Greater Chicago v. Army Corps of Engineers② 案中，第七巡回法院提到了最终性和成熟性原则，并且指出：“至少在本案中，因为作出这两项原则之基础的担心是如此类似，所以我们可以从中择一来分析 Home Builders 提出的
1400 诉求。”

---

① 176 F. 3d 283 (5th Cir. 1999).

② 335 F. 3d 607 (7th Cir. 2003)，参见§15.11和§15.12的讨论。

行 政 法

（第五版）

ADMINISTRATIVE
LAW TREATISE
Fifth Edition

（第三卷）

[美] 理查德·J·皮尔斯（Richard J. Pierce, Jr.）／著
苏苗罕／译

中国人民大学出版社
·北京·

目　录

第一卷

1　行政过程 …… 3
2　哲学和宪法基础 …… 39
3　法律解释与行政法 …… 127
4　调查 …… 215
5　《信息自由法》与其他开放政府立法 …… 261
6　规则 …… 315
7　规则制定程序 …… 431
8　裁决的法定要求 …… 543

第二卷

9　正当程序 …… 571
10　证据 …… 703
11　裁决的司法审查 …… 753
12　行政迟延 …… 813
13　禁反言、溯及既往、既判力和间接禁反言 …… 845
14　首先管辖权 …… 891
15　穷尽［行政救济］、最终性和成熟性 …… 933

第三卷

16　原告资格 …… 1075
17　裁量与可审查性 …… 1197
18　救济措施 …… 1283
19　政府及其雇员的侵权责任 …… 1351
附录 …… 1453
附录 A　美利坚合众国宪法 …… 1454
附录 B　［联邦］行政程序法 …… 1464
附录 C　联邦咨询委员会法 …… 1509
附录 D　司法平等法 …… 1515
附录 E　联邦侵权求偿法 …… 1520
附录 F　国家环境政策法 …… 1528
附录 G　文书工作削减法 …… 1532
案例 …… 1549
主要参考文献 …… 1647
术语索引 …… 1663
译者后记 …… 1707

细目 Contents

第一卷

1 行政过程 …… 3

§1.1 何为行政法 …… 3
§1.2 何为行政机关 …… 4
§1.3 行政行为的数量 …… 9
§1.4 到1946年的历史发展 …… 10
§1.5 1946—1970年间的历史发展 …… 18
§1.6 20世纪70年代的历史发展 …… 24
§1.7 20世纪80年代和90年代初的历史发展 …… 25
§1.8 21世纪的行政法 …… 32
§1.9 本书的主要观点 …… 36

2 哲学和宪法基础 …… 39

§2.1 分权的政治理论 …… 39
§2.2 什么不是权力分立 …… 41
§2.3 权力分立：某些现实 …… 42
§2.4 作为制衡捷径的权力分立 …… 44
§2.5 权力分立与独立行政机关 …… 64
§2.6 不授权原则 …… 82
§2.7 转授权问题 …… 102
§2.8 行政机关的裁决权 …… 108
§2.9 行政机关不默认巡回法院的判决 …… 119
§2.10 权力分立和分治政府 …… 123

3 法律解释与行政法 …… 127

§3.1 1984年以前的法律规则 …… 127

§ 3.2 Chevron 两步法 …… 129
§ 3.3 Chevron 原则的观念基础 …… 131
§ 3.4 Chevron 案、一致性和连贯性 …… 135
§ 3.5 Chevron 原则的范围 …… 139
§ 3.6 最高法院对 Chevron 原则的适用 …… 172

4 调查 …… 215

§ 4.1 行政调查权的历史概述 …… 215
§ 4.2 《联邦宪法》第四修正案对传票的限制 …… 221
§ 4.3 《联邦宪法》第四修正案对检查的限制 …… 226
§ 4.4 《联邦宪法》第四修正案对获取银行记录的限制 …… 238
§ 4.5 过度宽泛或者增加负担的要求 …… 241
§ 4.6 《联邦宪法》第五修正案的限制 …… 244
§ 4.7 组织的记录 …… 246
§ 4.8 由第三方保管的记录 …… 249
§ 4.9 “未被迫行事者”的个人记录 …… 250
§ 4.10 豁免之后的被迫作证 …… 253
§ 4.11 按照要求保留的记录 …… 255
§ 4.12 强制报告 …… 257

5 《信息自由法》与其他开放政府立法 …… 261

§ 5.1 开放政府立法概述 …… 261
§ 5.2 《信息自由法》概述 …… 263
§ 5.3 向任何人作出的披露 …… 265
§ 5.4 公开的时机 …… 268
§ 5.5 获取信息的成本 …… 271
§ 5.6 什么是行政记录? …… 273
§ 5.7 豁免条款一:国家安全 …… 276
§ 5.8 豁免条款二:内部人事规则 …… 278
§ 5.9 豁免条款三:其他法律规定免除公开的信息 …… 279
§ 5.10 豁免条款四:商业秘密 …… 282
§ 5.11 豁免条款五:行政机关间和行政机关内部的备忘录 …… 285
§ 5.12 豁免条款六:个人隐私 …… 291
§ 5.13 豁免条款七:执法记录 …… 295
§ 5.14 豁免条款八:金融机构的记录 …… 300
§ 5.15 豁免条款九:油井数据 …… 301
§ 5.16 反信息公开诉讼 …… 301
§ 5.17 《隐私法》 …… 303
§ 5.18 《阳光下的政府法》 …… 305
§ 5.19 《联邦咨询委员会法》 …… 308

6 规则 …… 315

§ 6.1 何为规则 …… 315

§6.2　行政机关发布规则的权力 …… 320
§6.3　规则与政策声明之间的区分 …… 328
§6.4　立法性规则与解释性规则之间的区分 …… 338
§6.5　实体性规则与程序性规则的区分 …… 364
§6.6　立法性规则的拘束力 …… 368
§6.7　溯及既往的规则 …… 375
§6.8　规则与规则制定的众多优点 …… 386
§6.9　何时行政机关需要按照规则行事? …… 391
§6.10　对规则制定的请愿 …… 402
§6.11　行政机关对规则的解释 …… 407

7　规则制定程序 …… 431

§7.1　概述 …… 431
§7.2　正式规则制定程序与非正式规则制定的区分 …… 434
§7.3　充分告知 …… 441
§7.4　评议、依据与目的的说明，与武断和恣意之间的关系 …… 457
§7.5　通过规则制定解决事实争议 …… 484
§7.6　规则制定中的单方沟通 …… 496
§7.7　国会有时提出额外的程序要求 …… 501
§7.8　法院可以要求额外的程序吗? …… 507
§7.9　规则制定的行政控制 …… 511
§7.10　规则制定程序的豁免事项 …… 516
§7.11　行政机关为何不愿意采用规则制定方式 …… 524
§7.12　如何鼓励行政机关采用规则制定 …… 527
§7.13　发回重新处理而不撤销，及重新处理时发布的临时性规则 …… 530
§7.14　协商式规则制定 …… 537
§7.15　司法审查的诉讼时效 …… 540

8　裁决的法定要求 …… 543

§8.1　什么是裁决? …… 543
§8.2　何时行政机关应当提供口头举证式听证? …… 544
§8.3　解决事实争议时才要求口头举证式听证 …… 553
§8.4　裁决程序中的单方沟通 …… 554
§8.5　何时行政机关必须提供事实认定和理由? …… 557
§8.6　机构决定对个人决定 …… 562

第二卷

9　正当程序 …… 571

§9.1　正当程序的意义 …… 571
§9.2　正当程序原则是适用于个体化决定 …… 572

§9.3 正当程序的简要历史概述 …… 577
§9.4 正当程序所保护的利益 …… 586
§9.5 什么是正当程序? …… 619
§9.6 暂时性的权利剥夺 …… 647
§9.7 改进正当程序的判决的方式 …… 652
§9.8 中立裁决者 …… 653
§9.9 职能分离 …… 680
§9.10 对司法型裁决模式的正当程序限制 …… 690
§9.11 正当程序和行政机关对传闻证据的使用 …… 698
§9.12 正当程序和律师费限制 …… 700

10 证据 …… 703

§10.1 两套证据法体系 …… 703
§10.2 《联邦证据规则》是为陪审团审理而设计 …… 704
§10.3 《行政程序法》为行政机关而设计 …… 708
§10.4 行政机关对传闻证据的依赖 …… 714
§10.5 立法性事实的证明 …… 724
§10.6 司法认知和行政认知 …… 730
§10.7 证明责任 …… 745

11 裁决的司法审查 …… 753

§11.1 概述 …… 753
§11.2 实质性证据标准 …… 754
§11.3 立法机关和司法机关偏离实质性证据标准 …… 779
§11.4 武断恣意标准 …… 785
§11.5 未作解释的偏离先例 …… 797
§11.6 案卷规则 …… 805
§11.7 司法审查的诉讼时效 …… 810

12 行政迟延 …… 813

§12.1 行政迟延概述 …… 813
§12.2 迟延的原因 …… 815
§12.3 行政迟延的法律救济 …… 818
§12.4 行政迟延的政治性补救 …… 841
§12.5 法院在减少行政迟延中的潜在作用 …… 842

13 禁反言、溯及既往、既判力和间接禁反言 …… 845

§13.1 衡平禁反言 …… 845
§13.2 溯及既往 …… 860
§13.3 既判力 …… 866
§13.4 间接禁反言 …… 878
§13.5 围绕法律争点的针对政府的间接禁反言原则 …… 886

14　首先管辖权 …… 891

§14.1　首先管辖权的一般效力 …… 891
§14.2　与法定管辖权的关系 …… 909
§14.3　与 Chevron 原则的关系 …… 914
§14.4　与联邦制的关系 …… 916
§14.5　与反垄断法的关系 …… 923
§14.6　与迟延的关系 …… 929

15　穷尽［行政救济］、最终性和成熟性 …… 933

§15.1　三项原则的概述 …… 933
§15.2　穷尽原则的主要内容 …… 935
§15.3　法定的穷尽行政救济义务 …… 951
§15.4　与实质审查的关系 …… 971
§15.5　宪法权利的例外 …… 974
§15.6　穷尽行政救济原则的豁免 …… 978
§15.7　未获承认的例外 …… 981
§15.8　未向行政机关提出的争议 …… 984
§15.9　§1983 案件中的穷尽原则适用 …… 993
§15.10　穷尽行政救济原则与行政迟延 …… 999
§15.11　最终行政行为 …… 1003
§15.12　成熟性原则的主要内容 …… 1023
§15.13　对法律的执行前审查 …… 1032
§15.14　对规则的执行前审查 …… 1041
§15.15　非正式行为 …… 1058
§15.16　行政项目 …… 1066
§15.17　三项原则的融合 …… 1070

第三卷

16　原告资格 …… 1075

§16.1　初步概览 …… 1075
§16.2　历史变迁 …… 1079
§16.3　现代的两部制标准 …… 1084
§16.4　损害的性质 …… 1087
§16.5　因果关系和可救济性（Redressability） …… 1127
§16.6　为了确定因果关系而举行的举证式听证 …… 1152
§16.7　普通法上的原告资格与法定的原告资格 …… 1156
§16.8　法律对于该标准所有两项内容具有的重要性 …… 1158
§16.9　解读法律的不同方式 …… 1162
§16.10　参与行政程序的当事人资格（standing） …… 1174

§16.11 行政法上广泛可得的原告资格的重要性 …… 1178
§16.12 团体主张其成员之利益的原告资格的重要性 …… 1181
§16.13 主张他人权利的原告资格 …… 1185
§16.14 原告资格与联邦制 …… 1187
§16.15 政府官员和行政机关的原告资格 …… 1189

17 裁量与可审查性 …… 1197

§17.1 裁量问题 …… 1197
§17.2 司法审查作为潜在的解决方案 …… 1202
§17.3 构成问题之一部分的司法审查 …… 1204
§17.4 其他解决方案 …… 1211
§17.5 可审查性的判例法之历史演变 …… 1215
§17.6 可审查性的推定 …… 1221
§17.7 这一推定的部分侵蚀（Partial Erosion） …… 1231
§17.8 可审查性推定 vs. 对司法审查的法定限制 …… 1263
§17.9 涉及宪法权利时的可审查性推定 …… 1273

18 救济措施 …… 1283

§18.1 对联邦行政行为的法定审查 …… 1283
§18.2 巡回上诉法院的审查 vs 地区法院的审查 …… 1287
§18.3 管辖地 …… 1301
§18.4 确认救济和禁令救济 …… 1303
§18.5 私人诉权 …… 1312
§18.6 主权豁免和对联邦政府的损害赔偿诉讼 …… 1338
§18.7 联邦法院对州行政行为的审查 …… 1343

19 政府及其雇员的侵权责任 …… 1351

§19.1 概述 …… 1351
§19.2 从政府雇员到政府的责任转移 …… 1353
§19.3 政府雇员的豁免范围 …… 1358
§19.4 《联邦侵权求偿法》 …… 1389
§19.5 Bivens 诉讼 …… 1419
§19.6 §1983 诉讼 …… 1428
§19.7 公共侵权法的过度混乱与复杂 …… 1446

附录 …… 1453

附录 A 美利坚合众国宪法 …… 1454
附录 B ［联邦］行政程序法 …… 1464
附录 C 联邦咨询委员会法 …… 1520
附录 D 司法平等法 …… 1526
附录 E 联邦侵权求偿法 …… 1531
附录 F 国家环境政策法 …… 1539

附录 G 文书工作削减法 …… 1543
案例 …… 1561
主要参考文献 …… 1659
术语索引 …… 1675
译者后记 …… 1719

第三卷

16

原告资格

§ 16.1 初步概览

□ 不一致性与复杂性

原告资格只涉及一个问题：对于一项本来具有可审查性的政府行为，谁可以获得司法审查？不过，原告资格的法律规范存在矛盾、不可靠和过度复杂等问题。最高法院裁决了超过 280 起原告资格争议，在此过程中作出了大约 600 份判决意见。要对最高法院宣布下级法院必须遵守的标准和判决标准而发表的所有多数意见进行协调处理是不可能的。其结果是，地区法院和巡回法院常常需要投入大量的时间和注意力用于裁决原告资格争议。在这一令人沮丧和浪费性的过程中，法院可以发现它仍然不能裁决这一争议，因为两组观点非常不同的法官可以援引最高法院近期的判决意见来支持各自的观点。在 Center of Auto Safety v. Thomas[1] 案中，哥伦比亚特区巡回法院经过全席审理作出的判决意见可以说明 1401
这一问题。十位法官用了长达 44 页的篇幅讨论原告资格问题，最后却形成了 5：5 的无定论的分歧意见。只要最高法院继续就原告资格问题作出复杂且前后矛盾的判决，巡回法院和地区法院就会始终对这一问题感到迷惑和过度困扰。

□ 为了无关目的而使用原告资格

有关原告资格的法律规范所存在的问题，很容易找到根源。在很多年里，最高法院利用原告资格以达到与谁可以获得审查的问题无关的、没有说明的目的。这些目的包括：(1) 因为最高法院并不愿意审理实质问题（merits issue），而否定原告资格的判决；(2) 因为最高法院确实希望审理实质问题，而批准原告资格的判决；(3) 因为最高法院希望通过《联邦宪法》或者行政机关实施的法律中经常变化不定的条文所引申出的具体命令，避免下级法院过度侵入政治上可以问责的政府分支的特权，而否定原告资格的判决；

---

[1] 847 F. 2d 843 (D.C. Cir. 1988).

（4）当最高法院不愿意裁决争议的真实理由是它相信该争议不可以由法院审理，或者该争议更适合由其他政府机构所裁决时，利用原告资格要求以避免裁决一项争议。只要最高法院继续利用原告资格要求实现各种无关的目的，其判决模式就会继续保持矛盾和难以预测的特点。明显的解决方法就是采取更为坦诚的态度。如果最高法院认为不适合由联邦司法体系卷入新类型的争议，因为例如，最高法院不能找到法院对这些争议适用的可以审理的标准，它就作出这样的判决。

□ 可以作为例证的案件

Warth v. Seldin[①]案就可以说明这一点。四组原告申请法院审查市政府的排他性分区规划实践。原告认为，诸如限制最小占地面积和最大人口密度等分区规划实践，因为歧视穷人而侵犯了《联邦宪法》第十四修正案。最高法院投入巨大精力解释为什么这四个原告无一具有原告资格。Warth 案中最高法院的判决意见简直像是出自弗朗茨·卡夫卡（Franz Kafka）[*] 之手。最高法院显然不愿意允许联邦法官接手审查全国每个地方政府的分区规划实践以决定其对低成本住房供应的影响。最高法院这种不愿意的态度是可以理解的。它可能已经在几句话中说明自己的真实理由："这项任务将是艰巨的。超过 10 万个地方政府单位作出分区规划和土地利用控制决定，会对低成本住房的供应产生负面影响。我们已经无法找到适合于这一任务的可以由法院审理的标准。要确定地方分区规划规则对于
1402 穷人具有不可接受的影响，需要某些机构权衡市政府保护其市民免于交通拥堵成本的愿望与州和联邦政府增加平价住房供应的可能性。这一困难的权衡过程，更适合由州立法机关、州长、国会和总统的某种组合来处理，而非由联邦法官来处理。如果国会制定了一部法律，创设可以由法院审理的、调整这一决定领域的标准，并赋予联邦法院以实施这一标准的职责，我们会履行我们的义务。如果没有这样的国会决定，我们基于机构性的理由拒绝介入这一领域。"

国会如果颁布法律就该裁决领域设定了具有可司法性的标准，并授权法院执行该标准，我们就应当恪尽职守。但考虑到国会没有作出此种立法的现实，我们只能拒绝介入这一领域。相反，最高法院撰写了多页令人混淆和缺乏说服力的意见，试图解释为什么无人具有对分区规划规则起诉的原告资格。

□ 法定的原告资格

在整个乱局中还是存在某些乐观的理由。自 1970 年以来，除了两项明显的例外，最高法院在依法对行政行为提起的诉讼中对原告资格问题作出的判决是现实主义的和一致的。从 1930 年—1970 年之间，最高法院通过适用"法定权利（legal right）"标准裁决了大多数原告资格争议：只有在法院认定行政机关已经违反了原告的"法定权利"时，原告才可以具有获得法院对行政行为进行司法审查的原告资格。正如 §16.2 所讨论的，这一标准是不适合于确定谁可以让法院回答某项行政行为是否违反法定权利的问题。在 1970

---

[*] 德语小说家，其代表作品《变形记》、《审判》和《城堡》有着鲜明的主题并以现实生活中人的孤立孤独异化、人心理和生理上的折磨的痛苦、亲子间的冲突、人物角色恐怖的追求、神奇的转换以及官僚机构内部的错综复杂为原型。——译者注

① 422 U.S. 490（1975），§16.5 有讨论。

年，最高法院宣布了一项更适合裁决法定原告资格争议的新的两部制标准。[①] 该标准的第一部分裁决的是一项宪法问题，即原告是否提出了属于《联邦宪法》第三条规定的"案件"或者"争议"。原告如果"主张被诉行为已经使他遭受事实上的损害（injury in fact），它可以是经济性或者其他性质的损害"，原告就满足这一要求。第二部分裁决的问题则是允许根据原告的请求进行司法审查，是否符合国会的意图。最高法院通过确定"起诉者寻求保护的利益，是否可以说属于法律或者宪法保障所要保护或者规范的利益区间（zone of interests）"，适用了该标准的第二部分。

□ 损害和因果关系

这项两部制标准有可能会让有关原告资格的法律规范更为合理、全面和可预测。但是，它还没有意识到这一可能性，因为在对政府行为提起宪法诉讼的情形，最高法院还没有努力区分它对法定原告资格案件采取的进路与它对原告资格争议所采取的复杂得多的进路。[②] 对于后面这种情形，最高法院在 1970 年之后作出的原告资格判决仍然在以下两点上 1403
存在矛盾：（1）满足第一步骤所需要的损害的性质[③]；（2）被诉政府行为与原告遭受损害之间所需要成立的因果关系的性质。[④]

□ 宪法问题的可司法性

但是，最高法院的判决对于这些问题存在的混淆，并不是如其初看起来的那样问题众多。最为令人费解的案件是发生在原告敦促最高法院对以前根据《联邦宪法》的规定而接受法院施加的限制的一项政府行为或者一类行为适用一项宽泛的宪法条文。如果最高法院不能确信自己有能力从讼争的宪法条款中引申出可以由法院审理的标准，我们可以理解为它是不愿意对该案件进行实质审查或者允许下级法院对类似案件进行实质审查。这就是最高法院可以对原告资格的法律规范进行变通以避免实质审查的情形。最为常见的是，这种变通是以没有原告能够通过的因果关系标准之形式出现的。Warth 案只是这一趋势的诸多案例之一。[⑤] 最高法院有的时候也会在其他两种情形中适用这一进路：（1）当实质审查的诉讼请求是基于一部如此宽泛的法律，以至于最高法院不相信自己有能力找到可以由法院审理的标准之时；（2）当原告寻求对行政机关的整个项目，或者广泛的行为模式申请司法审查之时。

□ 法定的原告资格与宪定的原告资格

当最高法院需要裁决一项具体的行政行为是否符合一部规定了可以由法院审理的标准的法律之时，它常常以更具有可预测性和通贯性的方式适用原告资格的法律规范。例如，在这种情形下，最高法院往往会认为，所指控的损害属于国会认为足以获得法院受理的损害，行政行为与原告将遭受行政行为损害之间存在符合逻辑的合理的因果关系，以及原告

---

① Association of Data Processing Service Organizations v. Camp，397 U.S. 150，152-154（1970）.

② 参见§16.7。

③ 参见§16.4。

④ 参见§16.5。

⑤ 更多的案例参见§16.5。

以所指控方式遭受行政行为损害的可能性，这三项事实认定是充分的。[①] 鉴于这是原告与行政法存在最紧密联系的情形，从事行政法的执业和学习者，相比宪法的执业和学习者，行政法领域的执业和研习者对最高法院的原告资格判决的混乱感到绝望的理由更少一点。

□ 法律的重要性

在典型的行政法案件里，最高法院会高度重视原告以法律作为依据提出实体诉讼请求和对原告资格提出的主张。法律与 Association of Data Processors 标准之第二部分之间的联系是明显的。最高法院考察原告据以支持其实体诉讼请求的法律，以及“告发人”——显然并未因为被诉被告行为而遭受事实上的损害者——以确定“寻求得到保护的利益是否……属于法律所保护的……利益区间”。

这些法律在适用第一步——确定原告是否因为被诉行为遭受事实上的损害——时也是
1404 具有重要意义的。即使第一步是《联邦宪法》第三条所要求的，国会可以对原告是否能够满足第一步发挥重要甚至是决定性的影响。国会可以立法创设一项权利，而侵犯该权利就构成法律上承认的损害。这一现象的最佳例子可能是 Havens Realty Corp. v. Coleman[②] 案。最高法院认定原告完全因为被告对事实的错误表述而遭受的损害，足以满足原告资格标准的第一步，因为最高法院认定国会已经对于争讼的这一情形创设了通信真实性（truthful communications）的法定权利。[③] 在 20 世纪 90 年代作出的一对判决意见中，最高法院指出它在裁决原告资格争议时将不再尊重国会。但是，正如 § 16.4、§ 16.5 和 § 16.7 所讨论的，最高法院现在又回到了过去尊重式的路径。

□ 确定国会意图的难度

原告资格标准第二步明确要求法院尊重国会意图。但是，我们常常难以根据国会意图而裁决原告资格争议。国会在立法将权力授予行政机关时，很少明确涉及原告资格。其结果是，法院经常必须通过根据与国会的立法理由有关的模糊证据而得出的推论，而适用利益区间标准。但是，在这里，同样存在乐观的理由。在 1970—1984 年间，对法院应当以何种方式适用利益区间标准以确定国会试图保护的利益，最高法院几乎没有提供任何指引。但是，自 1984 年以来，最高法院已经作出了若干判决，对这一标准进行了阐释。这一额外的指引已经帮助增强了裁决行政法上原告资格争议的一致性，也使得法院能够行使国会意图由它们承担的作用。[④]

□《联邦宪法》第三条规定意义上的原告资格是涉及管辖权的

原告资格标准的第一部分——要求原告遭受事实上的损害——是基于《联邦宪法》规定的案件或者争议要求。除非原告满足《联邦宪法》规定的原告资格的前提条件，否则法院就没有对案件进行实质审查的管辖权。在 Steel Co. v. Citizens for a Better Environ-

---

① 参见 § 16.4、§ 16.5 和 16.7。

② 455 U.S. 363 (1982).

③ 参见 § 16.4 和 § 16.8。

④ 参见 § 16.9。

ment[①]案中，五名大法官出具的多数意见判定法院并没有裁决实质问题（merit issue）的裁量权——无论裁决该实质问题是多么简单——除非它首先确定原告满足了《联邦宪法》第三条所规定的原告资格的标准。在 Ruhrgas AG v. Marathon Oil Co.[②]案中，最高法院阐释了这一判决主旨，判定法院对于裁决多项管辖权问题的顺序具有管辖权。[③]

Steel Co. 案和 Ruhrgas 案的同时存在已经导致联邦法院常常必须决定一项争议是否涉及管辖权问题。在 Long Term Care Partners v. United States[④]案中，第四巡回法院合议庭多数意见认定，行政决定是否根据 Leedom 原则是可审查的，这一问题是管辖权问题。因此，法院作出否定的裁决，从而回避了裁决有关原告资格争议的需要。持不同意见的法官认为，Leedom 原则问题不是涉及管辖权的，并且因此法院不能未经首先确定原告是否具有资格而对这一问题作出裁决。 1405

□ 介入的资格

对于当事人是否必须满足《联邦宪法》第三条规定之原告资格要求才能介入另一位当事人提起的审查程序，不同法院对这一问题存在分歧。哥伦比亚特区巡回法院和第六巡回法院判定当事人必须满足《联邦宪法》第三条的规定才具备介入的资格，但是两家法院都承认其他巡回法院的判决存在冲突。[⑤]

§16.2 历史变迁

□ 原告必须遭受“事实上的损害”

在 Association of Data Processors v. Camp[⑥]案中，最高法院判定只有在下列情形时，原告才可以具有获得审查行政行为的原告资格：（1）它因为行政行为而遭受了事实上的损害；（2）它主张的利益属于法律所保护之利益区间。最高法院认为事实上的损害要求之依据是《联邦宪法》第三条规定的案件或争议条款。自从 1970 年以来，最高法院已经在数十份判决意见中对待事实上的损害要求作出了处理，最高法院似乎早已将案件争议条款解释为要求原告遭受事实上的损害作为获得联邦法院受理的前提条件。

几名杰出的学者曾经试图搜寻证据证明案件或争议条款要求原告遭受事实上的损害，才能具备原告资格，但是徒劳无功。[⑦]

---

① 523 U. S. 83 (1998).

② 526 U. S. 574 (1999).

③ 另可参见 Ortiz v. Fibreboard Corp., 527 U. S. 815 (1999)。

④ 516 F. 3d 225 (4th Cir. 2008)，参见§15.11 的讨论。

⑤ Rio Grande Pipeline Co., v. FERC, 178 F. 3d 533 (D. C. Cir. 1999); Mausolf v. Babbitt, 85 F. 3d 1295 (8th Cir. 1996).

⑥ 397 U. S. 150 (1970).

⑦ Sunstein, "What's Standing after Lujan: Of Citizens Suits, 'Injuries' and Article III", 91 *Mich. L. Rev.* 163 (1992); Winter, "The Metaphor of Standing and the Problem of Self-Governance", 40 *Stan. L. Rev.* 1371 (1988); Berger, "Standing to Sue in Public Actions: Is It a Constitutional Requirement?" 78 *Yale LJ*. 816 (1969); Jaffe, "Standing to Secure Judicial Review: Public Actions", 74 *Harv. L. Rev.* 1265 (1961).

这种搜寻的结果确实发现大量证据与最高法院的论断——《联邦宪法》要求原告证明自己遭受事实上的损害——相矛盾。因此，例如，英格兰法院、殖民地法院和美国早期的法院常常裁决的公法争议是由“陌生人”和“举报人”提出的，这些人显然并未因为被诉的被告行为而遭受事实上的损害。Brandeis 大法官和 Fankfurter 大法官分别在三十年代和五十年代发表的一系列判决意见就预示了现代的“事实上的损害”标准。强有力的情况证
1406 据（circumstantial evidence）可以支持学者们普遍坚持的观点，即 Brandeis 大法官和 Frankfurter 大法官开始以《联邦宪法》第三条作为依据限制公法案件中的原告资格，以努力对政治上可以问责的政府机构采取措施，使其不受能动主义的、政治上不受问责的并且在新政时期对人民和民选代表表达的新偏好怀有敌意的法官的影响。[①] 最高法院接着在 1970 年为了实现这一目的直接确立了事实上的损害要求。事实上的损害标准尽管其来源具有模糊性，似乎已经如此深入最高法院的司法哲学，以至于最高法院很可能保留对这一标准的某种理解。今天，辩论的焦点主要是什么样的损害性质可以构成“事实上的损害”。§ 16.4 将对这一问题进行详细讨论。

□ 原告必须有利害关系

在成立之初的 140 年里，最高法院很少关注原告资格的问题。最高法院就原告资格问题作出的第一项判决可能是 Hayburn's Case[②] 案，该案否定了联邦政府司法部长有权获得执行职务令，责令州法院审查年金的申请。100 年后，最高法院判定不允许进行“友好诉讼（friendly suit）”；最高法院要求有“真实、急切和重要的争议”。Chicago & G. T. Ry. v. Wellman[③] 案就确立了这样一项原则，即原告必须具有利害关系——必须受到不利影响。后来的案件中，最高法院再也没有对这一原则提出过质疑。

□ 原告必须受到不利影响

在 Braxton County Court v. West Virginia[④] 案中，最高法院明确适用了这一原则，判定要成立原告资格，个人“必须是在行政决定中有利益，并且受决定的不利影响……并且该利益必须是个人利益，而不是官方性质的利益”。“受不利影响”这一观念最早是在 1908 年确立的，但是它的历史追溯起来可能长达数百年，因为早期的适用普通法的法院如果原告有利害关系，就会作出判决。当然，这一观念并不适用于法律明确规定诉讼理由的，因为国会有广泛的裁量权可以通过立法创设权利，从而以此确定个人受到单独的行政行为的不利影响。[⑤]

□ 纳税人的原告资格

早期，最高法院承认根据州法院已经在“众多案件”中所作的判决，一个市镇纳税人

---

① 例可参见 Pierce，“Is Standing Law or Politics?” 77 *N. C. L. Rev.* 1741，1767—1769（1999）。
② 2 Dall. 408（1792）.
③ 143 U. S. 339（1892）.
④ 208 U. S. 192，197（1908）.
⑤ 参见 § 16.7。

具有起诉违法开支的原告资格。[1] 最高法院后来指出，对原告产生的不利影响如此轻微和没有差别，以至于原告缺乏原告资格。在 Massachusetts（Frothingham）v. Mellon[2] 案中，最高法院判定无论是州政府还是联邦纳税人都无权起诉联邦政府对设立妇产医院的补助拨款决定；联邦纳税人的利益"是与其他数百万人共同享有的；相对轻微、难以确定； 1407
对未来税收的影响，对未来资金拨付的影响是如此间接、存在波动和不确定性，以至于不存在对具有预防性权力的衡平法院上诉的依据"[3]。

□ 原告资格替代可司法性（proxy）

但是，在 Flast v. Cohen[4] 案中，最高法院时隔 45 年后作出的判决指出对 Frothingham 案的判决主旨还可以作出不同的解释。在 Flast 案中，最高法院判定联邦纳税人可以起诉国会拨款决定的合宪性，如果这一起诉是基于《联邦宪法》的"特定条款"之一，在 Flast 案中，就是第一修正案确立的禁立国教条款和自由行使条款。[5] 最高法院对 Flast 案和 Frothingham 案进行了区分，认为 Frothingham 案中纳税人的起诉是基于主张国会超越了"一般性权力"，违反了第十四修正案的州和人民保留所有剩余性权利的规定。[6] 正如 Flast 案中所解释的，Frothingham 案本来可以成为最高法院最早借助原告资格要求实现与回答"谁可以让本来具有可审查性的政府行为接受司法审查"这一问题不同的目的。最高法院在 Frothingham 案中对原告资格所作判决，可以产生的实际影响是排除任何人以指控违反第十修正案为由获得法院审查拨款法律。最高法院很可能不愿意允许法院审查法律，因为它不能确信自己或者下级法院有能力根据第十修正案规定的联邦权力之限制的高度不确定的范围，推导出具有可司法性的（justiciable）标准。但是，如果这是最高法院对 Frothingham 案所作判决的依据，最高法院本来可以这么说明理由，而不是误导读者相信其判决是基于原告资格的要求。

□ "法定权利"标准

最高法院一直认为法律可能与原告资格争议的裁决有关，但是它在不同时期对法律的适用方式有所不同。在 20 世纪 30 年代，最高法院创造了一项严格的新的原告资格标准，其效果是让相当多的政府行为不受司法审查。最高法院判定，只有在原告证明被诉行为违反了它的"法定权利（legal right）"，也就是说法律中明确赋予的权利时，原告才具有原告资格。最高法院在许多案件中适用法定权利标准排除了司法审查。在 Tennessee Electric Power Co. v. TVA[7] 案中，一家电力公司指控田纳西流域管理局（TVA）为了限制电力公司可以收取的价格，而采用的价格结构是违法的，最高法院否定了电力公司的原告资格。在 Perkins v. Lukens Steel Co.[8] 案中，最高法院判定希望向政府出售钢铁的钢铁公司无权起诉质疑要求它们遵守工资决定（wage determination）中的违法行政要求；最高 1408

---

① Crampton v. Zabriskie, 101 U. S. 501, 609 (1879).

② 262 U. S. 447 (1923).

③ Id. at 487.

④ 392 U. S. 83 (1968).

⑤ Id. at 104.

⑥ Id. at 105.

⑦ 306 U. S. 118 (1939).

⑧ 310 U. S. 113 (1940).

法院明确要求“对它们自己的特定权利造成的损害或者存在的威胁”。在 Atlanta v. Ickes[①] 案中，最高法院判定的一位煤炭买家无权起诉要求其支付更高煤价的最低价格令。

□ 支持法定权利标准的政治理由

在美国历史上联邦政府干预市场进展最为迅猛的阶段，最高法院对许多起诉政府行为的案件关上大门，这是不足为奇的。最高法院充分意识到政府的政治上可以问责的政府分支为了努力让国家摆脱“大萧条”而尝试各种干预策略。最高法院也意识到许多保守的法官对激烈的改革实验怀有敌意。我们可以合理地推论最高法院部分采用了法定权利标准以减少联邦法官与政府的立法分支和行政分支持续冲突的可能性。

□ 作为例证的案件

Alexander Sprunt & Son, Inc. v. United States[②] 案，可以说明法定权利标准。根据承运人提出的投诉，州际商业委员会开始调查对运输至休斯敦市的棉花收取的运费。州际商业委员会发现，已有的运费关系存在过度歧视，因为船边交付的运费（ship-side rate）要低于到城市交付的运费（city-delivery rate）。它命令铁路公司通过等同处理两种运费而取消歧视性关系。铁路公司遵守了州际商业委员会的命令，拒绝寻求司法审查。Alexander Sprunt & Son 拥有一座船边交付的仓库。它寻求法院审查州际商业委员会的命令，主张该命令和由此导致的运费关系的改变，使得它失去业务，而且州际商业委员会错误认定已有的运费关系存在过度歧视性。

最高法院承认州际商业委员会的行为导致 Alexander Sprunt & Son 遭受经济损失，但是它判定 Alexander Sprunt & Son 无权起诉州际商业委员会的命令，理由有二：其一，最高法院认定根据这部法律的规定，承运人只是享受接受运费合理和无歧视提供的合理服务之法定权利。Alexander Sprunt & Son 不是在指控侵犯了这一权利。只有承运人对保持特定运费有效具有法定权利，承运人已经选择不在法院主张这一权利，Alexander Sprunt & Son 不能代表承运人主张这一权利。其二，最高法院认定法院推翻州际商业委员会的命令将是徒劳的行为，因为承运人仍然可以在自愿的基础上自由决定保持新的经等同处理的运费之效力，即使法院判定州际商业委员会不能强迫承运人保持此种运费关系。因此，最高
1409 法院认定 Alexander Sprunt & Son 的唯一可以寻求的救济就是起诉州际商业委员会，指控这些新运费不合理或者具有过度歧视性。

□ 对法定权利标准的批评

要理解 Alexander Sprunt & Son 案判决主旨的影响，以及法定权利标准的负面影响，就需要对费率规制的实体法有基本了解。该案讼争的法律只是禁止不合理或者过度歧视性的运费和运费关系。因此，州际商业委员会认为违法的运费和在州际商业委员会之命令之后生效的运费完全有可能都是法律允许的。如果该案发生的正是此种情形，损害了 Alexander Sprunt & Son 利益的州际商业委员会的命令本身就是违法的。但我们永远不会知

---

① 308 U.S. 517 (1939).

② 281 U.S. 249 (1930).

道，因为最高法院拒绝允许 Alexander Sprunt & Son 对该命令寻求司法审查。

在 Alexander Sprunt & Son 案中，最高法院提出的第二点是形式上准确但是无关的。铁路公司确实本来可以自愿选择损害 Alexander Sprunt & Son 利益的运费结构。但是，铁路公司并没有这么做。当它们相信已有的运费是允许的，铁路公司自愿地选择采用已有的运费结构。铁路公司采用了损害 Alexander Sprunt & Son 利益的运费，只是因为州际商业委员会决定不再允许采用过去的运费。因此，州际商业委员会的行为肯定导致 Alexander Sprunt & Son 遭受损害，也有充分理由期待如果法院裁定州际商业委员会的命令无效，就可以补救该损害，因为有充分理由相信铁路公司会重新采用过去的运费，如果它们相信可以这么做的话。

法定权利标准在很多方面遭到批评。[①] 也许最有说服力的批评是它混淆了是否可诉的问题与当事人在该争议的实体问题上是否可以胜诉的问题。根据法定权利标准，法院需要确定原告的权利请求中是否涉及州际商业委员会的命令的实质内容，才能确定原告是否有权要求法院审查这些实质问题。这种循环推理过程对确定获得司法审查的启动条件来说是不必要的，它可以强迫法院在早期，即法院并没有足够关注案件实质问题时，确定诉讼请求的实质内容。因此，在确定当事人是否有权主张这些权利请求之时需要审查当事人诉讼请求中的实质问题，会导致法院推理不充分、匆忙地决定权利请求的实质问题。Alexander Sprunt & Son 案就说明了这一经常发生的结果。

□ 不利影响标准

在 1940 年至 1970 年间，最高法院适用了两种存在明显差别的原告资格标准——狭义的法定权利标准和 FCC v. Sanders Brothers Radio Station[②] 案中所宣布的宽泛得多的“不利影响”标准。Sanders Brothers 在伊利诺伊州 East Dubuque 拥有一座广播台。另一位当事 1410
人向联邦通信委员会申请在爱荷华州 Dubuque 经营一座广播台。Sanders Brothers 以新的广播台开设会影响其市场份额和收入来源为由提出反对，而联邦通信委员会不顾这一反对意见作出了发放广播台执照的决定。Sanders Brothers 申请法院审查联邦通信委员会的命令，上诉法院同意了这一申请。上诉法院同意司法审查的理由是，联邦通信委员会在决定是否向新申请人颁发广播台执照时，需要考虑对竞争者产生经济损害的可能性。申请人要求最高法院推翻上诉法院的判决，因为法律并没有将对竞争者造成经济损害作为否定颁发执照的理由，并且联邦通信委员会颁发该执照并未否定 Sanders Brothers 拥有的任何法定权利。[③]

□ 不利影响标准的法律依据

最高法院维持了上诉法院的判决，但是依据的是完全不同的理由。最高法院同意申请人的意见，即对竞争者造成损害的可能性并不是联邦通信委员会是否颁发执照所需要考虑的因素。[④] 但是，最高法院判定，Sanders Brothers 有权要求法院审查联邦通信委员会的决定，尽管该决定并未违反 Sanders Brothers 的任何法定权利。[⑤] 国会对任何受联邦通信

---

① 例可参见 Davis，“The Liberalized Law of Standing”，37 *U. Chi. L. Rev.* 450（1970）。

② 309 U. S. 470（1940）.

③ Id. at 472-473.

④ Id. at 473-475.

⑤ Id. at 476.

委员会批准或者拒绝颁发广播业务执照的决定而遭受损害或者不利影响的个人明确赋予了获得司法审查的法定权利。① 最高法院认定，国会规定这一允许性的起诉标准，是因为认识到竞争者是唯一具有充分的激励，可以“提请上诉法院关注联邦通信委员会颁发许可的行为存在法律错误”的个人。② 因此，尽管 Sanders Brothers 不能在实质问题上主张颁发执照所致经济损失是违法的，它可以经济损失为依据主张原告资格，然后在案件实质问题上主张联邦通信委员会的行为基于其他原因是违法的。③

□ 支持广义原告资格的私人检察总长理论

最高法院在之后适用这一理论的判决意见中解释了 Sanders Brothers 案中的理论。最为明显的是，在 Associated Industries of New York State v. Ickes④ 案中，第二巡回法院的判决意见提供了更广的理由以支持 Sanders Brothers 案所采取的进路。第二巡回法院认为，因为国会有权授权司法部长申请法院审查任何行政行为以保护普通大众的利益，国会
1411 可以通过法律指定任何其他当事人作为“私人检察总长”以实现公众的利益。⑤ 通过对任何因为行政行为受到不利影响和损害的所有当事人明确赋予原告资格，国会所做的正是如此。⑥ 实际上，除非竞争者具有审查颁发执照的行政决定的原告资格，我们很难想象法院如何受理大多数的此类诉讼。因为国会规定法院审查行政机关颁发执照的行为，我们可以合理推定国会意图将原告资格赋予最有可能寻求司法审查的一类人。

后来在 Ickes in Association of Data Processing Service Organizations v. Camp⑦ 案中，最高法院采纳了这一推理：“当然，可能遭受经济损失的人……可以是在本案中对涉及公众利益的问题进行诉讼的可靠的私人检察总长。”但是，直到 1970 年，只有在国会明确对任何“受到不利影响或者损害的”的人赋予获得司法审查的权利时，最高法院才会适用这一推理。在没有这样的法律条文时，最高法院继续适用狭义的法定权利标准。

§16.3 现代的两部制标准

□ ADP 标准

在 Association of Data Processing（ADP）Service Organizations v. Camp⑧ 案中，最高法院明确抛弃了法定权利标准。数据处理服务组织协会（Association of Data Processing（ADP）Service Organizations）申请法院审查货币监理官允许国民银行向其他银行和银行消费者提供货币处理服务的决定。最高法院在判定该协会具有原告资格时，宣布和适用了两部制标准，第一部分是宪定的，而第二部分是法定的。

---

① Id. at 476-477.
② Id. at 477.
③ Id. at 477.
④ 134 F. 2d 694 (2d Cir. 1943), vacated as moot, 320 U. S. 707 (1943).
⑤ 134 F. 2d at 704.
⑥ Id. at 705.
⑦ 397 U. S. 150, 154 (1970).
⑧ 397 U. S. 150 (1970).

□“事实上的损害”标准

对于法院只裁决“案件”或者“争议”的宪法要求，最高法院指出：“原告资格的问题只涉及申请裁决的争议是否会出现在对抗性的情境之中，并且表现为历来被认为可以由法院裁决的形式。”① 如果“原告指控被诉行为已经使其遭受事实上的损害，无论经济性的或者其他性质的”，就能满足原告资格标准的这一构成要求。② 最高法院认定，该协会通过指控其成员可能会失去对银行的数据处理业务，就可以满足这一要求。因此，在ADP案中证明了所要求的事实上的损害是经济性的。但是，最高法院在法官附带意见中强调指出，为了满足这一标准之宪定要件所需的损害可以反映“审美性、保护性、休闲性和经济性的价值”③。最高法院明确否定了“法定利益”或者“法定权利”标准，认为这些标准是指向争议的实质问题，而不会对原告资格问题产生影响。④ 1412

□“利益区间”标准

最高法院接着讨论了原告资格的法定要件，强调指出“只要满足《联邦宪法》第三条的要求”，国会可以“以不同方式”解决原告资格的问题。⑤ 在解释国会意图时，最高法院首先指出“趋势是扩大起诉行政行为的原告的范围”⑥。根据这一精神，最高法院对相关法律的分析不是根据它们所特别创设的有限的权利，而是根据国会试图保护的利益的总体范围。因此，最高法院对法定问题的表述方式是：“原告所寻求保护的利益是否可以认为属于讼争的法律或者宪法保障条款所要保护和规范的利益区间。”⑦

□ 法律承认的利益

最高法院在适用法定要件标准时分析了三部法律：货币监理官作出被诉行为时所依据的《银行服务公司法》(the Bank Service Corporation Act)、《国民银行法》(the National Bank Act)，以及适用于大多数行政行为的《行政程序法》。《行政程序法》规定任何“因为相关 flavor 规定意义上的行政行为而受到不利影响和损害的”个人都具有原告资格。最高法院将《行政程序法》解释为要求审查所有适用于行政行为的其他法律所承认的利益，以确定当事人是否“遭受损害”。最高法院认定《银行服务公司法》、《国民银行法》都适用于货币监理官，两部法律都表明国会对于允许银行参与非银行业务有一定的担心。最高法院指出，这两部法律都不是为了保护特定团体而制定的，但是它判定这些法律的“一般性政策”将竞争者纳入可以受到保护的“利益区间”⑧。

---

① Id. at 151-152.
② Id. at 152.
③ Id. at 154.
④ Id. at 153.
⑤ Id. at 154.
⑥ Id.
⑦ Id. at 153.
⑧ Id. at 157.

□ Barlow 案

在 ADP 案判决的同一天，在 Barlow v. Collins[①] 案中，最高法院原有机会扩大其关于原告资格的两部制标准。Barlow 涉及的是一个租地农场主（tenant farmers）团体寻求法院审查农业部长颁布的一项规章，该规章允许土地所有人（landlords）要求租地农场主将未来从联邦农业援助项目获得的资金中指定一部分作为租金担保。租地农场主认为，这一规章使得土地所有人能够借助这一手段迫使租地农场主从土地所有人那里获得所有融资。第五巡回法院判定租地农场主不具有申请法院审查该规章的原告资格，因为：（1）该规章并没有侵犯租地农场主的任何得到法律保护的利益；（2）法律允许农业部长作出行为，并
1413 没有为租地农场主赋予原告资格。最高法院根据 ADP 标准推翻了第五巡回法院的判决：

> 首先，租地农场主，即本案的原告，无疑是有利害关系和利益的，体现了《联邦宪法》第三条要求的具体的不利影响。其次，租地农场主显然属于该法保护的利益区间。[②]

最高法院认定，根据这些调整农业部长行为的法律的条文和立法史，可以认为国会要求农业部长保护租地农场主的利益。[③] 因此，由于没有法律条款明确排除根据租地农场主的请求而进行司法审查，最高法院认定租地农场主满足了原告资格标准的法定要件。

□ 国会排除（foreclose）审查吗?

在 Barlow 案中，大法官们唯一存在分歧的是有关原告资格标准之法定要件应当使用何种合适的标签。多数意见将其作为原告资格标准的第二部分进行了分析，而两名持协同意见的大法官则认为原告资格问题应当只能根据《联邦宪法》第三条的要求证明“事实上的损害”而得以解决。[④] 持协同意见的大法官询问“国会是否……排除了由原告所属群体提出的审查申请”，是将法定解释问题视为可审查性要求的一项要素。[⑤]

□ 持续存在的混淆

两部制标准是相对法定权利标准作出的一项重大进步。它提出了两个正确的问题：（1）原告因为被诉行为而遭受损害了吗?（2）国会试图允许根据该原告的请求而进行司法审查吗? 不幸的是，这一标准没有实现其潜能，因为最高法院在回答这些问题的方法上并没有做到一以贯之。

□ 损害和因果关系

在回答第一个问题时，最高法院在下列三个方面遇到了困难：（1）确定所要求的损害的性质[⑥]；（2）确定所要求的被诉行为与所受损害之间的因果关系[⑦]；（3）确定原告是否

---

① 397 U. S. 159 (1970).
② 397 U. S. at 164.
③ Id. at 164.
④ Id. at 168-175.
⑤ Id. at 173.
⑥ 参见 § 16. 4。
⑦ 参见 § 16. 5。

有权主张第三方之利益的原告资格。①

§ 16.4 损害的性质

□ 本节的框架

从 1970 年开始，最高法院判定《联邦宪法》第三条要求原告遭受“事实上的损害”才能具有原告资格。但是，最高法院只承认某些类型的损害足以满足“事实上的损害”标 1414
准。本节首先是将事实上的损害标准置于原告资格标准的其他部分内容的背景中进行分析。然后，讨论最高法院如何对待不同类型的损害：经济性损害、对纳税人的损害、名誉性损害、环境损害、信息性损害（informational injuries）和程序性损害。最后，本节结束部分是讨论最高法院用于确定所指控的损害是否构成事实上的损害时所适用的更为一般化的标准。

□ 损害与因果关系的联系和可救济性

本节讨论最高法院可以何种方式确定哪种类型的损害构成足以赋予原告以原告资格的“事实上的损害”。为了具备原告资格，原告也必须证明其损害是所申请审查的行为所导致的，并且其损害是可以由法院提供救济的。最高法院适用因果关系和可救济性要求的方法将在 § 16.5 中描述。但是，重要的是，要承认这三项标准之间在功能上存在密切的联系。

最高法院如何界定损害，可以对证明被告的行为与所指控的损害之间的因果关系的难易程度产生影响。损害和因果关系之间存在的紧密的功能联系可以参考下列一起具体的案件而得到很好的说明。在 2000 年之前，大多数的法院都将环境损害界定为一种客观损害。因此，例如，原告主张因为特定的向河流违法排放污染物而遭受损害时，他需要证明他所受的损害，例如，不能捕捞鳟鱼，是由讼争的特定违法排放，如被告在 1996 年 12 月 17 日超量排放钠。要采用类似生物学、毒物学和水文学等学科证明特定排放产生具体的不利影响，是极其困难的，甚至常常不可能做到。在 Friends of the Earth v. Laidlaw Environmental Services② 案中，最高法院判定原告只需要证明他“有理由担心”鱼类受到特定违法排放的影响就能满足事实上的损害要求。最高法院改变确定原告是否遭受事实上的损害之方法后，原告证明被诉行为与原告损害之间的因果关系就比过去容易多了。要证明特定违法排放污染物导致捕捞鳟鱼者产生“合理担心”，即鳟鱼受到不利影响，要比证明特定排放确实对鳟鱼产生了不利影响容易得多。

□ 对竞争者造成的损害

在 Association of Data Processing Service Organizations（ADP）v. Camp③ 案中，最

① 参见 § 16.13。
② 528 U.S. 167（2000）.
③ 397 U.S. 150（1970）.

高法院宣布的标准之第一部分要求以原告遭受“事实上的损害，无论经济性的还是其他性
1415 质的”作为确立起诉行政行为之原告资格的必要前提。[①] 在 ADP 案中，损害是经济性的。独立的数据处理者很可能会因为货币监理官作出的被诉行为，即允许银行开始对其顾客提供货币处理服务，而蒙受收入损失。最高法院常常承认因为改变竞争条件的行政行为导致可能遭受经济性损失，足以满足原告资格标准的第一部分。[②]

□ 其他经济性损害

由此可以合乎逻辑地推出，任何其他因为行政行为而可能蒙受经济性损失的原告都能满足原告标准的这一部分。在 Vermont Agency of Natural Resources v. United States[③] 案中，最高法院以经济性损害作为依据，以一致意见决定支持公益代位诉讼（qui tam actions）的合宪性。《反欺骗政府法》（the False Claims Act）规定了公益代位诉讼，让告发人可以代表政府对欺骗政府者提起诉讼。告发人如果胜诉，有权从政府应当获得的损害赔偿金中分得一部分。被告主张，公益代位诉讼的告发人缺乏《联邦宪法》第三条规定的原告资格，因为他不是以自己遭受的损害为依据提起诉讼的。最高法院驳回了这一主张。最高法院首先指出：“也许我们可以说，这里的告发人只是法律指定的联邦政府代理人……”它接着指出，这一理论是不充分的，因为“这部法律赋予告发人以自己在诉讼中的利益……”法院接着在“权利请求的代理人（assignee）有权主张被代理人（assignor）所遭事实上的损害这一原则”中找到了充分的替代性理论。最高法院认定代理人理论可以发挥作用，部分原因是：“国会［可以］界定新的法定权利，而这又将赋予弥补权利请求人所受损害的原告资格。”最后，最高法院认定历史“验证了……这一理论”。它指出，公益代位诉讼自 13 世纪以来在英格兰、英国殖民地（the Colonies）就是普遍的，也得到了第一届国会制定的众多法律的授权。但是，最高法院并没有认为对《反欺骗政府法》的公益代位诉讼条款违反了《联邦宪法》的任命权条款或者维护条款（Take Care Clause）。迄今为止，所有已经讨论过这些问题的巡回法院都判定支持了公益代位诉讼条
1416 款的有效性。[④]

在 Sprint Communications v. APCC Services[⑤] 案中，最高法院以 5∶4 的票数作出的判决，表明了大法官们对于宪法意义上的原告资格（constitutional standing）之理解存在巨大的分歧。多数意见阐述了最高法院面对的问题，以及多数意见对此问题提出的解决方案：

> 我们所面对的问题是债权受让人具有在联邦法院提出债权之诉的原告资格，即使是债权受让人已经承诺将这一诉讼的所得发还债权转让人。因为历史和先例均表明，这种受让人长期以来都被允许提起诉讼，所以我们认定受让人具有原告资格。

多数意见接着分析了数十起英国法院、殖民地法院（colonial courts）、州法院和联邦

---

① 参见§16.3。

② 例如，Clarke v. Securities Industry Assn., 479 U.S. 388 (1987)；Investment Co. v. Camp, 401 U.S. 617 (1971)；Arnold Tours, Inc. v. Camp, 400 U.S. 45 (1971)；American Trucking Assn. v. United States, 364 U.S. 1 (1960)；Alton R. Co. v. United States, 315 U.S. 15 (1942)。

③ 529 U.S 765 (2000).

④ United States ex rel. Stone v. Rockwell International Corp., 282 F.3d 787 (10th Cir. 2002)；Riley v. St. Luke's Episcopal Hospital, 252 F.3d 749 (5th Cir. en banc 2001). 参见§2.4 的讨论。

⑤ 128 S.Ct. 2531 (2008).

法院的判决，这些判决的时间跨度是从 18 世纪早期一直到最高法院在 Vermont Agency of Natural Resources v. United States① 案中的判决，这些案件中法院都判定受让了他人损害赔偿债权的人都拥有起诉的原告资格。

四位大法官所提出的不同意见则是多数意见“选择尽量减少对现代原告资格的依赖，而退回到转让债权的历史传统所作的宽泛和一般化的解读”。[原文加注着重号] 多数意见所作的论述具有一些依据，但是其辩论过程很好地说明了 § 16.2 提出的问题。即使最高法院经常将原告资格原则称为“《联邦宪法》第三条的案件或争议要求的关键和不变的内容”，这一描述显然是错误的。整个宪法上的原告资格相关的法律是最高法院在过去几十年里形成的，但是并未依据《联邦宪法》的文本，起草和批准《联邦宪法》第三条的相关辩论，或者各级法院在《联邦宪法》生效前后的做法。

在 Davis v. FEC② 案中，最高法院以一致意见判定一名众议员候选人具有对联邦选举法律中的“百万富翁条款”提出宪法诉讼的原告资格。这一法律修正案要求竞选联邦公职的候选人如果准备自费投入超过 35 万美元用于竞选活动的，必须通知联邦选举委员会。这类候选人接下来就需要相比其他候选人承担更广泛的报告义务，而这类候选人的竞选对手的竞选捐款所受限制相比其他候选人更为宽松。Davis 报告了自己准备自费超过 35 万美元，并且也这么做了。但是，联邦选举委员会认为他并不具备对这一法律修正案提出宪法 1417
诉讼的原告资格，因为 Davis 的对手从来没有利用该法律修正案对其所赋予的竞选资金限制更宽松的优势。最高法院判定 Davis 具有原告资格，因为当他在法院中提起诉讼时，他已经按照法律要求报告了自费超过 35 万美元的计划；他已经需要遵守更严格的报告要求，并且他如果不能按照要求提交这些额外的报告，将面临联邦选举委员会对其提起强制执行诉讼的威胁（五位大法官出具的多数意见判定百万富翁条款违宪）。

在 Clinton v. New York③ 案中，最高法院采用经济性损害作为依据，判定两类原告具有起诉《逐项否决法》（the Line Item Veto Act）合宪性的原告资格。第一类原告是纽约州医疗服务提供商。在 1997 年，为了向纽约州的联邦医疗保险项目提供资金，纽约州与联邦卫生和社会服务部在特定的纽约州税、卫生和社会服务部的拨款金额之间的关系问题上发生了争议。卫生和社会服务部认为，纽约州需要向卫生和社会服务部返回之前拨付的 9.55 亿美元。在争议还在持续期间，国会制定了《1997 年平衡预算法》（the Balanced Budget Act of 1997）。该法中有一项条款对这一争议作出了支持纽约州的规定。总统“否决”了这一条款。一些纽约州医疗服务提供商起诉质疑这一否决的有效性，理由是它们因为这一否决而遭受了损害。最高法院一致判定，这些服务提供商具有原告资格。最高法院认为：

在总统否决这一条款时，纽约州遭受了直接、具体的损害。在否决之前，纽约州有权保留全部的 9.55 亿美元。在否决之后，纽约州保留这些货币的权利需要取决于诉讼程序的不确定的结果。因此，否决给州政府带来了“实质性的尚不确定的责任（contingent liability）”。

服务提供商也遭受了相同的损害，因为：

根据已经生效的纽约州法律，……州政府将对医疗服务提供商进行评估，以确定州政府需要向联邦政府返还的任何费用。

---

① 529 U.S. 765 (2000).

② 128 S. Ct. 2759 (2008).

③ 524 U.S 417 (1998).

第二类原告包括爱达荷州的一家农业合作社及其一名成员。在《1997 年纳税人救济
1418 法》（the Taxpayer Relief Act of 1997）中，国会规定食品加工设施的所有者可以将加工设施销售的资本收益（capital gains）递延给合作社。总统也"否决了"这一条款。合作社主张它因为这一否决而遭受损害，因为它丧失了在购买加工设施的谈判过程中采用"筹码"的益处。七名大法官出具的多数意见判定，否决特定税法条款"根据我们的先例，造成经济性损害的可能性足以证明原告资格的成立"。最高法院以明显赞成的态度引用了本书的下列这段话：

最高法院常常承认因为改变竞争性条件的［政府行为］而很可能发生的经济性损害，足以满足［《联邦宪法》第三条规定的"事实上的损害"要求］……由此可以合乎逻辑地推出任何……原告因为改变市场条件的［政府行为］而很可能导致经济性损害，满足了原告资格的这一部分。

两名大法官对于合作社的原告资格发表了不同意见。持不同意见的大法官将多数意见的判决主旨描述为是依据损失"筹码"或者"经济性损害的可能性"。在持不同意见的大法官们看来，"前者作为一项法律问题是错误的，而后者作为一项事实问题是错误的。"持不同意见的大法官引用先例指出，在他们看来，判定影响谈判立场并不足以构成损害。持不同意见的大法官接着援引了原告提出的专家宣誓书，这一专家宣誓书使他们相信原告的损害是"纯粹的猜测"。持不同意见的大法官承认，原告"可能实际上拥有充分的'利害关系'以确保不利性"，但是他们认为这一争议是不适合司法裁决的，因为原告没有证明因为总统的否决而导致的损害。持不同意见的大法官批评多数意见实际上以"合理的"（plausible）取代"很可能"（likely）作为描述满足原告资格要求的损害所必须使用的形容词。

多数意见和不同意见之间的差别至少部分可以归因于每位大法官在裁决原告资格争议时对于国会意图的重视程度的不同。多数意见在讨论原告资格问题时首先提及"国会快速
1419 和权威性地确定该法合宪性的国会利益"。承认这一利益，完全可以劝说持多数意见的大法官们对于原告资格采取更为允许性的态度。

在 National Park Hospitality Assn. v. Department of Interior[①] 案中，三位大法官讨论了原告资格问题。原告对国家公园管理局（NPS）的一项规则——认定《合同争议法》并不适用于国家公园管理局的特许合同——提出审查申请。六位大法官判定该规则并不具备适用前审查的成熟性。多数意见并未讨论原告资格的问题，但是三位对成熟性问题持不同意见的大法官则讨论了原告是否具备原告资格的问题。Stevens 大法官认为原告并未声称因为该规则的缘故遭受任何具体的损害。Breyer 大法官和 O'Connor 大法官认为，因为违约问题是否可以适用某些法定救济之问题上的法律不确定性，给原告造成了以成本增加形式表现的损失。

□ 作为例证的巡回法院判决意见

许多案件中被赋予原告资格的包括，因为可能提高物价的行政行为而遭受损害的消费者，因为可能影响雇主收入的行政行为而在工作和工资水平方面遭受损害的雇员，或者很

---

① 123 S. Ct. 2026 (2003)，参见 § 15.12 的详细讨论。

可能因为行政行为而遭受不利经济影响的任何其他个人或者团体。[①] 但是，当行政行为对原告只是产生可以想见的，但是高度猜测性的、不利经济影响的可能性时，国会否定了原告资格。[②]

下列一些案件表明，对经济性损害问题进行裁决的难度更大。Canadian Lumber 1420
Trade Alliance v. United States[③] 案中，联邦巡回区上诉法院审理了两项重大问题，作出了可能具有重要意义的判决意见。首先，联邦巡回区上诉法院判定某贸易协会具有原告资格，因为其成员很可能会因为该行政决定——将会向一家旨在减少原告市场份额的实体机构提供资助——而遭受竞争性损害。法院判定原告不需要提供实证材料证明事实上的损害，因为从“核心的经济假定”就可以推导出该损害。其次，法院判定外国政府并不具有最高法院在 Massachusetts v. EPA[④] 案中赋予各州的“主权者（sovereign）”原告资格，因为，与各州不同，主权国家并未因为加入美国组织的联合国而放弃自身的所有主权。

在 Public Citizen v. NHTSA[⑤] 案中，国家公路交通安全管理局（NHTSA）制定规章要求汽车生产商必须安装汽车胎压低于限值的警报装置，哥伦比亚特区巡回法院的合议庭判定轮胎生产商缺乏对该规则申请审查的原告资格，并命令 Public Citizen 补充提交宣誓书以允许法院确定其是否有权代表作为汽车消费者和驾驶员的成员提出审查申请。轮胎制造商主张，国家公路交通安全管理局发布严格程度过低的规则的决定，增加了它们因为胎压不足而在产品责任诉讼中败诉的风险。法院基于三点理由驳回了这一理论——该规则适用于汽车生产商而非轮胎生产商；规则规定了最低限度标准，汽车生产商可以自行决定超过该标准；没有证据表明汽车驾驶员或者乘客可以因为轮胎生产商所担心的理论而在产品责任诉讼中胜诉。合议庭对于 Public Citizen 的原告资格问题产生了分歧。多数意见承认汽车事故是具体和特定化的损害。但是，它认为任何个人因为国家公路交通安全管理局没有制定本来应该更严格的标准而遭受损害，这是“猜测性的”。不过，多数意见并未认为损害的猜测性质必然对于消费者的原告资格来说是致命的，因为巡回法院的先例判决行政行为“实质性地”增加原告风险的，可以足以支持原告资格的成立。多数意见命令 Public Citizen 提交宣誓书，并命令当事人提交补充的法律意见书，以确定因为国家公路交通安全管理局制定的规则不够严格而增加的风险足以构成原告风险的实质性增加。持不同意见的法官本来可以判定原告的成员所遭受的风险并不使其满足原告资格的要求，因为它与普通

① Penobscot Air Services v. FAA, 164 F. 3d 713 (1st Cir. 1999)（行政行为允许竞争者避免受规制企业必须承担的规制成本的，受规制的企业具有对此行为起诉的原告资格）；Louisiana Energy and Power Authority v. FERC, 141 F. 3d 3M (D. G Cir. 1998)（行政行为赋予受规制的竞争者实施掠夺性定价的弹性，受规制的企业具有起诉该行为的原告资格）；National Rifle Assn. v. Magaw, 132 F. 3d 272 (6th Cir. 1997)（对于会提高成本的行为，枪支制造者和交易者具有起诉的原告资格）；Bristol-Myers Squibb Co. v. Shalala, 91 F. 3d 1493 (D. C Cir. 1996)（药品公司对于允许另一家公司生产竞争性药品的行政行为，具有起诉的原告资格）；Pacific Gas & Electric Co v. FERC, 106 F. 3d 1190 (5th Cir. 1997)（受规制企业对于可能会提高企业成本的管辖权决定，具有起诉的原告资格）；Brotherhood of Locomotive Engineers v. Surface Transportation Board, 101 F. 3d 718 (D. C. Cir. 1996)（对于可能损害协会利益的管辖权决定，协会具有起诉的原告资格）；Lynchburg Gas Co. v. FPC, 336 F. 2d 942 (D. C. Cir. 1964)（消费者对于提高定价的行为具有起诉的原告资格）；National Coal Assn. v. FPC, 191 F. 2d 462 (D. C. Cir. 1951)（对于可能降低煤炭需求的批准建设天然气管道的决定，煤矿工人具有起诉的原告资格）。

② 例如，EI Paso Natural Gas Co. v. FERC, 50 F. 3d 23 (D. C. Cir. 1995)（因为管辖权决定而可能遭受经济性损害，是过于猜测性的）；Shell Oil Co. v. FERC, 47 F. 3d 1186 (D. C. Cir. 1995)（因为管辖权决定而遭受经济性损害，只是可想见的）。

③ 517 F. 3d 1319 (Fed. Cir. 2008)，参见§16.6、§16.9、§16.14 和§16.15 的讨论。

④ 127 S. Ct. 1438 (2007).

⑤ 489 F. 3d 1279 (D. C. Cir. 2007).

大众所遭受的风险并无区别。

在 DBSI/TRI IV v. United States① 案中，第九巡回法院判定，当行政机关作出变更政府补贴住房项目的法律地位的决定，减少了租户所受规制保护时，该租户遭受了司法上可以辨识的损害。

1421 在 Sabre v. Department of Transportation② 案中，哥伦比亚特区巡回法院判定一家企业具有申请审查一项规则的原告资格，该规章将该企业归入“票务代理机构”，其效果是禁止企业按照其在该规章颁布之前的计划变更其经营方法。

在 Hydro Investors v. FERC③ 案中，哥伦比亚特区巡回法院判定一家合营企业(joint venture) 的一名合营者并能证明所指控的行政机关对该合营企业的错误规制行为导致其遭受事实上的损害，因为合营企业现在一文不值，而且让合营企业未来增值的各项条件根本“不太可能发生”。法院承认，国会已经明确赋予原告启动行政程序和对行政程序之不利结果寻求审查的原告资格。但是，法院指出，尽管国会可以迫使行政机关对不能满足《联邦宪法》第三条之事实上的损害要求的争议进行裁决，但国会不能要求法院对未能满足这一标准的争议进行裁决。

在 U. S. Telecom Assn. v. FCC④ 案中，哥伦比亚特区巡回法院判定未得到补贴的竞争者受到损害，因为行政机关决定对某竞争者给予补贴的决定使得该竞争者能够降低价格。

在 Courtney v. Smith⑤ 案中，第六巡回法院合议庭的多数意见认定因为行政机关决定外包工作而丢失工作的一名联邦雇员确实遭受该决定所导致的损害，因为他除非接受离家700 英里的一项工作才能保留联邦职位。多数意见认为，当另外两名联邦雇员能够获得其他联邦职位而无须离开家庭时，并不必然能够认定他们遭受该决定所导致的损害，因为这三名联邦雇员都不属于任何构成其诉求的实质依据的法律所保护的利益区间之内。⑥

在 Central Delta Water Agency v. United States⑦ 案中，第九巡回法院的合议庭在裁
1422 决一项利益争议时产生了分歧。两名依赖联邦水库供水的农场主对复垦局制定的该水库供水管理的新计划提起诉讼。原告认为他们因为制订新计划的决定而遭受损失，因为它很可能会导致一定的盐度，使其中的水不能用于农业灌溉。政府认为原告所担心的损害是猜测的。多数意见判定原告已经满足了被诉行政行为导致损害威胁的要求，因为行政机关自己的计算机模型也预测新计划将会产生难以接受的盐度——“在今后 21 年里每年至少有一个月可以达到 41%”。持不同意见的法官认为任何对原告造成的损害都是猜想和假设的。多数意见的说法更具有说服力。因为行政行为导致原告未来遭受损害的可能性显著增加，这足以满足事实上损害的要求。

在 Gettman v. Drug Enforcement Administration⑧ 案中，哥伦比亚特区巡回法院判定原告并未仅仅因为满足了允许参加行政机关决定程序的法定标准而获得对行政行为申请司法审查的原告资格。哥伦比亚特区巡回法院也认定，无论是从事大麻研究的个人，还是《狂欢年代》杂志（High Times）都没有因为缉毒局决定不对大麻重新归类而遭受损害。

---

① 465 F. 3d 1031 (9th Cir. 2006).

② 429 F. 3d 1113 (D. C. Cir. 2005)，参见§15.12 和§15.14 的讨论。

③ 351 F. 3d 1192 (D. C. Cir. 2003).

④ 295 F. 3d 1326 (D. C. Cir. 2002).

⑤ 297 F. 3d 455 (6th Cir. 2002).

⑥ 参见§16.9 的讨论。

⑦ 306 F. 3d 938 (9th Cir. 2002).

⑧ 290 F. 3d 430 (D. C. Cir. 2002).

在 Save Our Heritage v. FAA① 案中，第一巡回法院很好地区分了原告资格和案件实质问题。若干公民团体对于联邦航空管理局批准某机场增加航班的决定申请法院审查。在案件实质问题上，原告试图质疑联邦航空管理局所作的事实认定，即增加航班并不会产生明显的不利影响。联邦航空管理局认为原告不具备原告资格，因为它们并未遭受损害。联邦航空管理局根据其所作出的增加航班不产生明显的不利影响之事实认定主张原告并未遭受损害。法院判定："最低限度的影响也足以证明原告资格，即使它不会引发义务。"法院接着转向实质审查，并支持了行政机关的事实认定，即该行政行为不会产生明显的不利影响。

在 Tozzi v. Department of Health & Human Services② 案中，哥伦比亚特区巡回法院判定某公司具有申请法院审查卫生和社会服务部之决定——将二恶英（dioxin）列为已知致癌物——的原告资格。法院认定，这一制作名单的决定导致该公司遭受损害，因为该公司 95％的销售都来自生产工艺会产生二恶英的产品，并且作为这些产品的销售对象的医疗服务公司将会受到州和地方政府的强大压力而中止购买原告的产品。 1423

在 Fair Housing of Marin v. Combs③ 案中，第九巡回法院判定某协会具有第一当事人（first-party）原告资格，而不是更普遍的主张其一名或者更多成员之利益的协会的原告资格。Fair Housing of Marin 起诉 Combs，要求其对多项违反《公平住房法》的行为提供损害赔偿。法院判定 Fair Housing of Marin 具备原告资格，因为它需要将自身稀缺的资源从咨询和转介服务转向调查和起诉被告的歧视行为。

□ 纳税人原告资格：Frothingham 案

纳税人的原告资格案件，说明最高法院对于所有公民或者所有纳税人遭受的经济性损害具有的某种不同的态度。在 Frothingham v. Mellon④ 案中，最高法院判定一位联邦纳税人没有起诉联邦开支决定的原告资格。该纳税人试图起诉质疑用于州建设妇产科医院的联邦援助款（federal grants in aid）项目的合宪性。最高法院指出，纳税人对于国库中这笔资金的利益"是相对轻微和不能确定的；动用这笔资金对于未来税收的影响是如此轻微、存在波动性和不确定，以至于没有理由行使衡平法院的预防性权力"⑤。要具备原告资格，最高法院指出，起诉人必须证明"因为执法行为的结果，他已经承受或者即将面临遭受某些直接损害的危险，而不只是以某种不确定的方式，与普通公众同样遭受的损害"⑥。

□ 市镇纳税人有原告资格

在同一份判决意见中，最高法院承认市镇纳税人可以起诉质疑市镇开支决定的效力："市镇纳税人对于使用市镇资金具有的利益是直接的，通过禁令救济预防资金滥用并无不妥。大量的州法院支持这一点，这也是最高法院的规则。"⑦

---

① 269 F. 3d 49 (1st Cir. 2001).
② 271 F. 3d 301 (D. C. Cir. 2001).
③ 285 F. 3d 899 (9th Cir. 2002).
④ 262 U. S. 447 (1923).
⑤ Id. at 487.
⑥ Id. at 488.
⑦ Id. at 486.

□ 对 Frothingham 案的解释

尽管最高法院提到了对纳税人的经济性损害是“相对轻微的”，但是 Frothingham 案中的判决主旨不能只是基于对纳税人造成损害的程度。它不符合 United States v. Students Challenging Regulatory Agency Procedures（SCRAP）[1] 案中的观点，即“不能确定的琐事（trifle）”是充分的。它也不符合 SCRAP 案中所引用的若干判决，其中最高法院判定＄1.50 和＄5.00 的损害是充分的。不仅如此，损害的程度不可能解释最高法院在纳税人原告资格案件中的态度，因为最高法院从未调查过损害的程度。纳税人起诉某些
1424 联邦开支而败诉，显然也给许多纳税人增加了大量的经济成本，例如涉及越南战争和中央情报局的秘密预算的案件。[2] 一位高收入的个人税或者企业税的纳税人可能会因为大型开支项目而遭受数百万美元的损失。在 Frothingham 案可以基于对原告造成的损害之某些特征进行解释的限度内，这一解释一定存在于最高法院的判决意见之中，即原告遭受的损害如果“是普通大众共同遭受的”，原告就不具有原告资格。这一解释也可能会符合最高法院一致性的结论，即地方税的纳税人可以具有起诉市镇开支决定的原告资格。地方税的纳税人是分散存在的、有限的个人群体。

□ Flast 案

但是，最高法院并没有前后一致地判定在所有人共同遭受经济性损害时，遭受经济性损害的个人不具有原告资格。事实上，联邦纳税人在某些情形中具有原告资格。在 Flast v. Cohen[3] 案中，最高法院判定联邦纳税人有资格起诉一部法律的合宪性，该法授权资助在宗教和世俗学校中开展特定形式的课程的法律具有合法性。纳税人寻求起诉该开支决定，认为其违反了《联邦宪法》第一修正案中的禁立国教条款。

最高法院首先驳回了一项主张，即“权力分立的宪政机制［以及司法机关对其他政府分支的尊重］构成了一项绝对性的限制，限制纳税人起诉质疑联邦支出项目的有效性”，从而“无论如何，都不能赋予联邦纳税人以起诉联邦税收和开支项目的原告资格”[4]。驳回这一主张的理由是，“问题在于原告资格受到质疑的人是否是合适的当事人……而不是问题本身是否具有可司法性”[5]，而且因为“原告资格问题的重点在于当事人是否……具有‘个人利害关系’，和争议是否触及……相反的法定利益。”[6]

□ 关联性要求

最高法院指出，在裁决原告资格问题时，它必须“确定所主张的原告资格与所需要裁决的权利请求之间是否存在符合逻辑的关联性”，并且指出，为了认定纳税人具有原告资格，

---

① 412 U.S. 699 (1973).

② 参见 United States v. Richardson, 418 U.S. 166 (1974); Schlesinger v. Reservists Committee to Stop the War, 418 U.S. 208 (1974)。

③ 392 U.S. 83 (1968).

④ Id. at 98.

⑤ Id. at 99-100.

⑥ Id. at 10l.

最高法院必须认定“原告资格和所指控的违宪行为的准确性质之间存在关联性”[①]。最高法院认定存在“关联性”，因为（1）“被诉的项目涉及联邦税收资金的大量支出”；（2）上诉人已经指控被诉支出决定侵犯了《联邦宪法》第一修正案规定的禁立国教条款和自由行使条款。[②]最高法院指出，禁立国教条款是“对国会行使征税和支出权力的具体的宪法限制”[③]。 1425

□ 与 Frothingham 案的区分

最高法院在 Flast 案中与 Frothingham 案进行了区分，认为 Frothingham 案中纳税人只是指控拨款超出了国会的“一般性权力”，违反了第十修正案：“在本质上，Frothingham 夫人是在主张各州对它们的立法特权享有的利益，而不是主张作为联邦纳税人对于免受征税和支出权影响的利益，违反了对国会税收和支出权设定的宪法限制。”[④] 当“对纳税人征收税款并进行支出，违反了反对此类立法权滥用的具体的宪法保障”时，纳税人就具有原告资格。[⑤] 最高法院后来在 Valley Forge Christian College v. Americans United for Separation of Church and State[⑥] 案中对 Flast 原则进行限制。它判定纳税人不具有起诉行政机关作出的将土地赠予宗教学校之决定的原告资格，因为禁立国教条款明确只限制法定的拨款决定。

□ 原告资格作为对可司法性的替代

Flast 案是重要的，因为最高法院区分了起诉违反《联邦宪法》“一般性”条款的国会立法时的纳税人原告资格与起诉违反“具体的”宪法禁止性规定的国会立法的纳税人原告资格。显然，最高法院在 Frothingham 案中是使用原告资格要求以实现与原告资格问题——谁可以申请法院审查具有可审查性的政府行为——无关的目的。最高法院使用原告资格替代了可司法性。最高法院的真实理由应该是：（1）我们不能确定我们可以创设具有可司法性的标准以约束国会，使其不超越对《联邦宪法》第一条或者第十修正案规定之权力的一般性限制。（2）我们不愿意承认存在对我们实施《联邦宪法》之能力的这种限制。（3）我们会以原告资格作为手段，排除任何人强迫我们完成我们不能完成的任务，或者承认我们没有能力完成这一任务。

这一推理在 Flast 案中发生了改变，因为最高法院认定它具有创设可司法性标准以防止违反禁立国教条款规定所体现的对国会权力的更为“具体性的”宪法限制。因此，只能通过考察另一项因素——实质问题的可司法性——才能理解和协调“损害性质（nature of the injury）”案件。这一因素与原告资格之间并不存在逻辑上的关系，但是最高法院常常采用原告资格以避免需要承认它认为一类争议不具有可司法性。我们不可能知道最高法院为什么有的时候会作出这一选择。但是，至少有一项合理的解释。最高法院可能不愿意承认自己没有能力找到调整一类宪法争议的可司法性标准，因为未来的事件可以说服最高法 1426
院相信已经有可司法性标准或者政府滥用该讼争的宪法限制是如此严重，以至于最高法院

① Id. at 102.
② Id. at 103.
③ Id. at 104.
④ Id. at 105.
⑤ Id. at 106.
⑥ 454 U.S. 464 (1982).

必须试图创设可司法性标准以限制滥用。[1]

□ Hein 案和 Daimler 案：Flast 原则和 Frothingham 原则的局限

在 Hein v. Freedom from Religion Foundation[2] 案中，大法官们对是否重申、推翻或者延伸适用 Flast v. Gohen[3] 案的判决意见进行了辩论。在 Flast 案中，最高法院对一项一般性规则提出了狭义的例外，即联邦纳税人的利害关系过于轻微，以至于不能支持对财政开支决定的合法性提出诉讼的原告资格。Flast 案提出的例外，适用于纳税人根据禁立国教条款（the Establishment Clause）赋予纳税人反对将财政资金用于促进宗教目的之用途的诉权。Hein 案中的问题是是否将 Flast 案确立的原则适用于联邦政府行政分支为了促进宗教目的而作出的任意性开支（discretionary expenditures），也就是说，白宫信仰倡议会议（White House conference on faith based initiatives）。

三位大法官提出的复数意见认定，应该重申 Flast 原则，但是不能延伸适用于政府的任意性开支。复数意见对于重申 Flast 原则进行辩护时主要援引了遵循先例原则的优点。复数意见之所以认为不应该将 Flast 原则延伸适用于政府的任意性开支，是综合了分权原则和实用主义的考虑；复数意见认为，如果这么延伸适用 Flast 原则将会让法院陷入对政府行为，例如言论的持续监督，才能确定哪些行为对于宗教的鼓励已经超出了允许的限度。另外六名大法官认为，复数意见划定的界限是无原则的，也是不能成立的。但是，复数意见是更有说服力的，因为两名持协同意见的大法官本来会推翻 Flast 原则，而四位持不同意见的大法官本来会将 Flast 原则延伸适用于政府的任意性支出。

在 Daimler Chrysler Corp. v. Cuno[4] 案中，最高法院以一致意见判定无论是州纳税人还是市纳税人（municipal taxpayers）对于吸引企业将设施设在本州而规定的州特许税豁免都具有根据《联邦宪法》第三条提出诉讼的原告资格。一家巡回法院受理了这一诉讼，并且判定税收豁免规定违反了《联邦宪法》的商业条款。最高法院认定，Frothingham v.
1427 Mellon[5] 案中的推理——该案中最高法院判定联邦纳税人对于联邦开支并不具有起诉的原告资格——也适用于试图对州开支决定提起诉讼的州纳税人以及试图对州开支决定提起诉讼的市纳税人。最高法院判定：

> 所指控的损害不是“具体和特定化”，相反，这是纳税人“以某种程度上不确定的方式与普通大众一样遭受的不公正待遇”。不仅如此，这一损害不是“现实和迫近的”，而是“猜想或者假设的”。作为一种初始问题，我们并不清楚所诉争的这种税收减免（tax breaks）是否会确实减少财政收入……原告所指控的损害取决于议员们如何对财政收入的减少作出反应，就这一点而言也是“猜想和假设的”。[引注省略]

原告也试图根据 Frothingham 案中法官附带意见——该案中最高法院认为市纳税人具有对市的开支起诉的原告资格——作为市纳税人起诉。最高法院否定了这一努力，因为他们所起诉的对象并不是市政府的开支而是州政府的开支。因此，他们作为市纳税人遭受的损害，甚至要比州纳税人遭受的损害，更具有猜想的成分，因为作为市纳税人遭受的损害

---

[1] 参见 Pierce, “Public Utility Regulatory Takings: Should the Judiciary Attempt to Police the Political Institutions?”, 77 *Georgetown LJ*. 2031 (1989)。

[2] 127 S. Ct. 2533 (2007).

[3] 392 U. S. 83 (1968).

[4] 126 S. Ct. 1854 (2006).

[5] 262 U. S. 447 (1923).

也在某种程度上取决于州议会是否会从市政府收入中填补州财政收入的不足。

原告也主张它们符合 Flast v. Cohen① 案的判决——在该案中，最高法院判定纳税人具有对违反《联邦宪法》禁立国教条款的政府开支提起诉讼的原告资格。最高法院驳回了这一主张，因为可以归因于违反禁立国教条款的政府开支的纳税人所遭受的损害，“正是为了帮助宗教的目的而征收和花费的税收资金……针对这一开支的禁令当然可以补救该损害，而无论议员们是否对所节约的税收资金作出对作为原告的纳税人个人有利的处分”。

□ 名誉性损害

最高法院也发现名誉性损害足以满意原告资格标准的宪定要件。在 Joint Anti-Fascist Refugee Committee v. McGrath② 案中，最高法院判定，因为行政机关将组织的名字列入颠覆组织名单对组织名誉造成的损害足以成立原告资格。在 Meese v. Keene③ 案中，最高法院再次承认了名誉性损害。Keene 是一名律师和政客，希望向公众放映三部加拿大的电影，而行政机关已经将这些电影正式认定为“政治宣传片”。他主张自己不敢这么做，因为他担心放映政治宣传片对其名誉产生损害。最高法院一致意见判定这一名誉性损害足以 1428
赋予 Keene 以原告资格，使其可以起诉质疑授权认定为“政治宣传片”的法律违反了《联邦宪法》第一修正案。

□ 环境性损害

最高法院也承认环境性或者审美性损害足以支持原告资格，但是在确定成立原告资格所要求的环境性损害或者审美性损害时遭遇了困难。当最高法院在 ADP 中首次提出事实上的损害标准时，最高法院在法官附带意见中强调指出，它会承认“具有经济性价值的损害，也会承认审美、环境保护和休闲意义上的损害”④。

□ 损害必须是对个人发生的

在 Sierra Club v. Morton⑤ 案中，最高法院再次强调了这一法官附带意见。Sierra Club 申请法院审查林业局（the Forest Service）批准在过去原始的国家公园建设大型滑雪场的决定。Sierra Club 主张作为致力于维护自然环境的组织而拥有原告资格。它指控林业局的行为“会破坏公园的风景、自然历史古迹和野生生物，或者对其产生负面影响，会影响未来世代享受公园的环境”⑥。最高法院承认这些形式的损害足以成立原告资格：

审美和环境意义的福祉，与经济福祉相似，是我们社会生活品质的重要元素；多数而非少人共享具体的环境利益，这一事实并不使得环境利益不再值得通过司法过程获得法律保护。⑦

---

① 392 U.S. 83 (1942).
② 341 U.S. 123 (1951).
③ 481 U.S. 465 (1987).
④ 397 U.S. at 154.
⑤ 405 U.S. 727 (1972).
⑥ Id. at 734.
⑦ 405 U.S. at 734.

但是，最高法院否认了 Sierra Club 具有原告资格，因为它没有主张自己或者其会员会因为被诉行为遭受特定的环境或者审美意义上的损害。最高法院指出："利用……［公园］的人能够感受到损害，对于他们来说，建设公路和滑雪场会减损这一地区的审美和休闲意义上的价值。"① 这一法官附带意见使得 Sierra Club 能够在案件发回重新处理时，通过确认该组织的一名会员利用了该公园并且会因为林业局批准建设滑雪场而导致其利用价值的减损，而获得原告资格。

□ SCRAP 案

在 United States v. Students Challenging Regulatory Agency Procedures（SCRAP）② 案中，对于成立原告资格所要求的环境损害性质，最高法院似乎采纳了特别随和的态度。
1429 在以 6：3 作出的判决中，对于州际商业委员会批准所有铁路运费上调 2.5%的决定，最高法院承认一组法科学生具有原告资格。这些学生主张遭受了损害，即空气污染和有碍观瞻的垃圾，例如丢弃的啤酒灌。这一案件是值得注意的，理由有两点。第一，最高法院认定这些损害是充分的，即使社团的每个成员都可能遭受同等程度的损害。最高法院解释道："仅仅因为其他许多人也遭受损害，就否定一个人的原告资格，这会意味着大多数最具有损害性和影响广泛的政府行为，任何人都不能起诉。这种结论是我们所不能接受的。"③ 第二，最高法院认定所指控的环境损害是充分的，即使行政行为和所指控的损害之间的因果关系是间接、脆弱和高度猜测性的。原告主张州际商业委员会拒绝将废金属排除在一般性的运费上调 2.5%的范围之外，将会减少废金属的循环，增加垃圾，并且因为增加原始金属生产商的活动而加剧空气污染。多数意见认定被指控的损害和被指控的行政行为之间的因果关系足以支持原告资格，即使因果关系链条很长而且是猜测性的。④

□ Duke Power 案

在 Duke Power Co. v. Carolina Environmental Study Group⑤ 案中，最高法院继续对环境损害体现出扩张性的态度。原告居住在一座核电座的场址附近，被判定具有起诉质疑《Price Anderson 法》之合宪性的原告资格，这部法律规定了核电站所有者在发生重大灾难时需要承担的侵权责任的限额。原告指控会引发一系列的损害。最高法院认定两类损害是具有充分性的：小量辐射的排放和对两座湖泊的热污染。在法官附带意见中，最高法院指出，有些其他形式的损害——未来发生核事故的可能性和现在对这种可能性的忧虑——过于具有猜测性以至于不能支持成立原告资格。在 Duke Power 案中，最高法院有关损害性质的判决主旨足以支持原告资格，似乎是相对没有争议的。核电站肯定会导致热污染，而且热污染会改变水体中的生物。地方居民很容易受到这一改变所带来的损害。但是，最高法院在认定《Price Anderson 法》和损害之间的因果关系⑥，以及对待所指控的损害和

---

① Id. at 735.
② 412 U.S. 669 (1973).
③ Id. at 687-688.
④ 参见§16.5。
⑤ 438 U.S. 59 (1978).
⑥ 参见§16.5。

案件实质问题之间存在的关联性的做法，使得这一判决意见更具有争议。[①]

□ Japan Whaling 案

Japan Whaling Assn. v. American Cetacean Society[②] 案延续了广泛承认环境损害的趋势。在一项脚注中，最高法院以一致意见判定因为原告作为鲸鱼观察者的能力遭受了损 1430
害，原告有权起诉政府行为违反保护鲸鱼的法律规定。[③]

□ NWF 案

在 Lujan v. National Wildlife Federation（NWF）[④] 案中，最高法院以 5∶4 作出的判决，降低了自己过去对于环境损害指控的接受能力。NWF 申请法院审查内政部的一个"项目"，即对数百个联邦土地地块进行审查和重新分类。NWF 提交了两名会员的宣誓书，其中载明他们是在与某些重新分类的土地的"相邻区域"使用土地，以此支持就环境损害提出的权利主张。这些提交宣誓书的人指控土地重新分类"项目"可能会让经过重新分类的土地被用于采矿活动，而损害了他们对继续"为了休闲目的的利用和享受审美价值"享有的利益。

□ 损害发生的地点应当邻近个人

多数意见首先驳回了原告起诉整个重新分类"项目"的努力。《行政程序法》§702 只允许对"行政行为"进行审查，而该"项目"不是单项行为而是由数千个单项行为所构成，包括对 1 250 个单独的公共土地地块进行重新分类。[⑤] 多数意见接着将司法审查申请（petition）重新解释为试图就重新分类决定中可能让原告遭受的损害获得法院审查。多数意见承认，在特定公共土地上对于原告"为了休闲目的的利用和享受审美价值"而造成的损害，是足以支持成立原告资格的。但是，它认定，原告并没有证明这种形式的损害。原告申请"在怀俄明州 South Pass-Green Mountain 的邻近区域"利用土地。这一区域面积高达 200 万英亩，而行政机关仅对其中 4 500 英亩进行了重新分类。因为原告只是申请利用广阔面积区域的邻近土地，而这一广阔区域中只有一小部分是被行政行为所重新分类的，多数意见判定，原告没有主张行政行为导致她"为了休闲目的的利用和享受审美价值而利用公共土地"遭受损害足以成立原告资格。我们可以推定，如果原告利用的是被重新分类的地块，或者甚至她利用的土地直接紧邻被重新分类的地块，原告就会具有原告资格。

□ NWF 案仍然是合理的判例吗?

NWF 案体现出，最高法院已经放弃坚持过去对于主张环境性损害的原告表现出的高度接受态度。NWF 案的多数意见强调指出，原告高度依赖最高法院 SCRAP 案的判决。

---

① 参见§16.13。

② 478 U.S. 221 (1986).

③ Id. at 238 n.4.

④ 497 U.S. 871 (1990).

⑤ 对于最高法院这一判决的更详细的讨论，可以参见§15.16。

1431 多数意见接着提到了这一判决，指出这一判决已经不再是合理的判例法：“SCRAP 案的判决意见，对于根据其特定事实而满足根据《行政程序法》§702 规定的审查所需的要求作了详细论述，这一判决意见此后再未被最高法院所仿效，在这里也是没有相关性的，因为它所涉及的不是根据《联邦民事诉讼规则》第 56 条提出的简易判决申请，而是根据该《规则》第 12 条（b）提出驳回起诉的申请。后者是推定一般性指控中包括了支持权利请求所必需的那些具体事实。”

□ 解释 NWF 案和 SCRAP 案

如果 SCRAP 案不再是合理的判例，重要的问题就是 SCRAP 案判决意见的哪一部分不再属于合理的判例法。SCRAP 的判决意见包括了两项截然不同的判决主旨。其一，最高法院认定对任何人造成环境损害的，任何人都可以起诉。① 其二，最高法院认定州际商业委员会因为允许所有铁路运费上涨 2.5%，“导致”任何人受到环境损害的，而没有作出对废金属免除运费上涨的规定。§16.5 所讨论的第二项结论似乎存在巨大的张力。最高法院值得赞扬之处只是指出，它不会在未来接受在所指控的损害与被诉行为之间存在如此脆弱的因果关系。但是，SCRAP 案的第一项结论似乎是完全明智的。例如，环境保护局（EPA）的一项规则提高了全国普通空气污染物的允许排放水平。不应该仅仅因为其他数百万人也会遭受相同的损害，而拒绝因为对原告的健康损害而起诉该规则的原告资格。最高法院在本节后文讨论的一起信息性损害案件中，阐释了它对这一重要问题的理解。②

□ 证明特定损害的难度

在 Center for Auto Safety v. Thomas③ 案中，哥伦比亚特区巡回法院在全席审理后以 5∶5 作出的判决，体现了确定环境性损害是否具备足够的具体性以支持成立原告资格时遭遇的困难。Center for Auto Safety 是一家协会，成员是对汽车安全和保养感兴趣的公民。该协会申请法院审查一项环境保护局的规则，这一规则规定了一项计算汽车燃油效率的新公式，以遵守《能源政策和节约法》（the Energy Policy and Conservation Act）中的“企业平均燃油经济性”条款。这些条款的目的是通过强迫汽车生产商改进新车的燃油效率而减少空气污染和对进口原油的依赖。哥伦比亚特区巡回法院的 10 名法官花费了 44 页篇幅，尝试确定 Center for Auto Safety 和其他几位原告是否有起诉该规则的原告资格。

五名法官撰写的判决意见认定 Center for Auto Safety 具有原告资格，理由是发生了两种形式的损害：（1）因为被诉规则的存在而使得高燃油效率的汽车供应可能会减少，对原告作为汽车消费者的身份造成损害；（2）对于原告造成的各种损害，包括因为被诉规则的
1432 存在，因为汽油节约量减少而导致空气污染增加。④

另外五名法官撰写的判决意见则认定原告缺乏原告资格，因为他们并没有证明存在充分的事实上的损害。他们认为，如果原告可以证明在被诉行为和所指控的损害之间存在明确的因果关系，第一类损害——高燃油效率的汽车供应减少——就是充分的；但是他们认

---

① 412 U. S. at 687-688.

② 参见 FEC v. Akins，524 U. S. 11（1998）。

③ 847 F. 2d 843（D. C. Cir. 1988）.

④ Id. at 849-854.

为原告的因果关系主张过于猜测性。① 他们认定第二类损害——对原告呼吸的空气质量因为汽油节能量减少而受到的负面影响——不够具体，以至于原告不能以此作为主张原告资格的依据。② 五名法官认定，这类损害是不充分的，因为它以相同方式影响所有公民，对于原告的影响并不存在独特性。③

□ 法院不得事后批评国会

五名法官作出的认定 Center for Auto Safety 不具有原告资格的判决意见在下列几个方面是令人不安的。首先，正如 § 16.5 所讨论的，对于比 Center for Auto Safety 案中所陈述的、猜测性更强的因果关系，最高法院经常视为是充分的而予以接受。其次，对原告来说并不具有独特性的损害，最高法院也常常承认是充分的而予以接受。例如，在 SCRAP 案中，最高法院的理由是："仅仅因为其他许多人也遭受损害，就否定一个人的原告资格，这会意味着大多数最具有损害性和影响广泛的政府行为，任何人都不能起诉。这种结论是我们所不能接受的。"④ 最后，Center for Auto Safety 案中作为起诉依据的法律允许因为依法制定的规则而"可能受到不利影响的任何人"的请求而进行司法审查。这部法律的目的是基于原告主张的因果关系而促进原告主张的利益。因此，这五名法官采纳了认定损害不充分和因果关系不充分的推理，以此为依据认定国会无权赋予原告以原告资格。⑤ 除了本节下文讨论的两份判决意见之外，国会已经确定原告遭受行政行为之损害的，最高法院从未判定国会无权允许根据原告的请求对行政行为进行司法审查。

□ Defenders of Wildlife

在 Lujan v. Defenders of Wildlife⑥ 案中，存在严重分歧的最高法院裁决了一项重要的环境原告资格争议。六名大法官出具的多数意见判定，Defenders of Wildlife 缺乏原告资格，不能申请法院审查内政部为了实施《濒危物种法》而制定的规章。该案引发了如此重大的重要问题，以至于它值得进行深入的讨论。由于大法官们发表的多份判决意见，以及相互存在的分歧，Defenders cf Wildlife 案引发的问题比它所裁决的问题更多。最高法院 1433
是以 6∶3 作出的判决，但是有迹象表明参与复数意见之一部分内容的六名大法官并不同意这份判决意见中所有的详细的推理。而参与复数意见之另一部分内容的两名大法官则明确拒绝参与基于可审查性的判决主旨撰写的复数意见的部分内容。不仅如此，这两名大法官还撰写了一份特别的协同意见，在其中对其他问题发表了观点，这些观点与复数意见中他们所参与的部分内容在推理上存在明显差别。其结果是，我们很难确定对于复数意见中包含的六种不同的推理，是否存在同意这些推理的多数派。持不同意见的大法官指控复数意见"是在环境原告诉讼的法律规范中间进行刀耕火种式的探险"⑦。

《濒危物种法》要求每家行政机关征求内政部的意见以——

---

① Id. at 869-875.
② Id. at 867-869.
③ Id. at 868.
④ 412 U.S. at 687-688.
⑤ 847, F.2d at 847-848, 874.
⑥ 504 U.S. 555 (1992).
⑦ Id. at 606.

确保此类行政机关所批准、资助或者实施的任何行为……不太可能会危害任何濒危物种或者受威胁物种的持续生存，或者对内政部长确定为……对此类物种具有关键意义的栖息地造成破坏或者改变。①

在围绕这一问题经过多年争议和反复之后，内政部制定了一部规则，规定《濒危物种法》并不适用于由联邦行政机关资助但是在外国实施的项目。该规则允许联邦行政机关资助这些项目而无须事先征求内政部的意见以确定这些项目会对濒危物种产生重要影响，以至于如果项目是在美国境内，它们将被禁止提供资助。

□ 法律允许代表“任何个人”实施审查

《濒危物种法》明确允许“任何人”申请法院审查其指控违反《濒危物种法》的行政行为。② Defenders of Wildlife 申请法院审查该规则。它主张自己拥有源自其两名会员之原告资格的派生性原告资格。③ 每位会员都提交了宣誓书，声称：（1）他们都对观察特定濒危物种（分别是尼罗河鳄鱼、亚洲豹）拥有个人和职业利益；（2）他们过去都曾考察过这一栖息地；（3）他们都计划将来再访问该栖息地以观察这些物种；（4）每位物种的栖息地都受到美国联邦政府行政机关同意资助的特定项目（分别是在埃及和斯里兰卡）的威胁；（5）每位宣誓证人（affiant）都因为该规则而遭受损害，因为该规则具有的效力是允许联
1434 邦行政机关资助对濒危物种之栖息地有威胁的项目，而该栖息地正是宣誓证人希望在未来观察这些濒危物种以推进自己的个人和职业利益。

□ 大法官之间存在的分歧

六名大法官的多数意见判定 Defenders of Wildlife 缺乏申请审查该规则的原告资格。但是，这些大法官中有两位拒绝参加复数意见中涉及可审查性的部分，并且撰写了在重要方面也与复数意见存在不同的单独的协同意见。大法官 Stevens 在判决中持协同意见是基于不符合复数意见之推理的理由。他认定 Defenders of Wildlife 具有申请审查该规则的原告资格，但是他在判决中持协同意见，理由是他认定该规则是有效的，并且符合《濒危物种法》。两名持不同意见的大法官对复数意见的推理之每个方面的内容都持不同意见。出于分析的目的，复数意见的推理可以分成六个部分：（1）认定原告提供的证据不足以证明存在紧迫的、司法上承认的、事实上的损害；（2）判定法律条款明确赋予“任何人”以原告资格，其适用时是违宪的（unconstitutional as applied）*；（3）驳回原告的主张是基于生态系统的关联性、动物的关联性和职业的关联性；（4）认定原告的损害不能通过法院裁判得到救济；（5）程序性损害的处理；（6）允许根据原告的请求进行司法审查会违反维护（Take Care）条款** 和权力分立原则。

---

* 适用上违宪（unconstitutional as applied），即法律在适用于特定情况时违宪。此外，如果仅从字面上审查法律，即可认定其违宪全部无效，无须审查该法具体适用情形，即“表面上违宪”（invalid on its face）。——译者注

** 《联邦宪法》第二条第三款规定总统必须“负责使法律切实执行”，这一宪法条款规定总统有执行和维护法律的义务因此被称为维护条款，也称“忠实执行条款”。这一条款旨在确保即使并不同意，总统也会忠实地执行法律。凭借其行政权，总统可以执法并管控其他执法者。但在维护条款制约下，总统必须用自己的行政权力来“负责使法律切实执行”。——译者注

① 16 U.S.C. §1536（a）（2）.

② 16 U.S.c. §1540（g）.

③ 参见§16.12。

□ 没有充分证明个人的损害

Defenders of Wildlife 案的复数意见陈述了六项理由以支持其判决主旨。但是，六项理由中仅有两项明确得到参加复数意见部分内容的六名大法官的全体支持。这些理由中有一项对该案作出了最狭义的解释——原告并没有提交充分证据以支持认定其成员之一会遭受立即的、司法上可以承认的事实上的损害。复数意见首先援引了先前的判决意见，指出损害的特征使得它成为法院可以承认的损害。损害必须是“具体和特定化的”，并且是“实际或者迫切的，不是推测或者假想性质的”。这份判决意见接着批评了两名宣誓证人的宣誓书并且认定宣誓书没有满足这些标准。证据的关键缺陷是时间上的。主要的（principal）判决意见认定，表达未来观察物种或者栖息地的愿望“完全不足以”满足“立即的”损害标准。

□ 法律的“适用上违宪”

复数意见中明确得到六名大法官支持的唯一其他部分是判定，允许“任何人”起诉违反了《濒危物种法》的行政行为的法律条款，是在适用上违宪（unconstitutional as applied）。最高法院很少判定联邦法律违宪，并且以前从未判定允许根据法定群体成员的请求而进行司法审查的法律条款违宪。 1435

复数意见将“具体和特定化的”和“实际或者立即的”损害作为适用“《联邦宪法》第三条的案件或者争议要求的根本性和恒定不变的部分”①。有趣的是，为了支持这一观点而引用的六起案件都是在 1975 年作出判决的，而且这些案件中没有一起是最高法院适用“根本性和恒定不变的”宪法要求作为判定法律违宪的依据。最高法院不能通过引用过去的案件而支持其论断（assertion），因为这一论断是错误的。最高法院不能引用任何案件而判定支持其论断，因为并不存在这样的案件。

□《联邦宪法》第三条对国会赋予原告资格之权力的限制

复数意见接着适用这些最近的案件中宣布的标准以支持其结论，即，有的人并没有满足国会之前为了限制允许原告资格的司法裁量而宣布的严格标准，《联邦宪法》第三条排除国会赋予他们以原告资格。复数意见承认，最高法院在之前判决的案件中已经判定“只有通过立法创设法定权利，如果违反这些法定权利就成立原告资格，《联邦宪法》第三条所要求的损害才能存在”②。但是，它认定公民诉讼条款并不属于这种类型，因为“[法律]扩大可以用于支持原告资格的损害的类型是区别于放弃‘寻求审查的当事人必须本人遭受损害’这一要求的事项”③。但是，这一陈述对于宪法问题是决定性的，只是因为主要判决意见驳回了原告的主张，即基于关联性理论原告遭受了三种更广形式的损害，这被认为是“完全不合理的”④。

---

① 504 U.S. at 560.

② Id. at 578.

③ Id. at 578.

④ Id. at 565-567.

□ 协同意见中的不同推理

在他们单独的协同意见中，Kennedy 大法官和 Souter 大法官讨论了法律对原告资格所作的广泛授权，以及事实上的损害要求之间的关系，这有助于确认他们在《濒危物种法》的公民诉讼条款中看到的宪法缺陷。他们同意复数意见的观点，即“国会赋予诉权的权力存在外部限制”，并且“如果根据国会的请求并且没有具体损害，我们受理公民诉讼……就会超出这些边界”[①]。但是，他们明确承认国会以若干方式通过立法赋予原告资格。首先，他们表示继续赞成最高法院之前的判决，即“多少个人因为被诉行为而遭受损
1436 害，这并不重要”[②]。其次，他们承认规制体制经常创设区别于传统普通法权利的法定权利：“我们必须对新的诉权的表述方式——并没有在我们的普通法传统中存在明确可类比物——保持敏感。”[③] 再次，他们重申国会有权通过立法界定损害和因果关系而创设诉讼理由：“在以前从未存在案件或者争议的情形……国会有权界定损害和可以产生案件或者争议的因果关系链……”[④] 最后，持协同意见的大法官在《濒危物种法》的公民诉讼条款中发现了一项狭义的缺陷，这可以解释他们的结论，即这一规定是违宪的：“国会必须……确定损害……将损害与有权提起诉讼的一类人相联系。”[⑤]

□ 否定更广泛形式的损害

原告以三种“关联性”理论为支持，主张它的宣誓证人兼会员将会因为联邦政府资助的项目对濒危物种产生的不利影响而遭受立即的损害。“生态系统关联性”推测任何人利用具有整体性的生态系统的任何部分的，都会因为破坏生态系统一部分的任何行为而遭受损害。“动物关联性”推测对于在任何地点，例如动物园，观察濒危物种有利益者，都会因为对物种生态有负面影响的行为而遭受损害。“职业关联性”推测任何对濒危物种有职业利益者，例如作为动物管理员或者生物学家，会因为对物种生存有不利影响的行为而遭受损害。这一主要的判决意见否定了这些理论，认为它们是“完全不合理的”。但是，三名大法官接受了这些理论，另外两名大法官表示他们“在其他情形下”可能会愿意接受这些理论。

□ 可救济性和程序性损害

这份复数意见也认定，原告缺乏原告资格，因为其会员可能遭受的任何损害都不会是法院可以提供救济的，而且它也没有遭受程序性损害。[⑥]

□“维护”条款限制原告资格

最后，复数意见以权力分立原则和维护条款支持其结论。复数意见援引了一些案件，

---

① Id. at 580-581.
② Id. at 581.
③ Id. at 580.
④ Id. at 580.
⑤ Id. at 580.
⑥ 本节下文会讨论复数意见对程序性损害的处理，而§16.5则会讨论对可救济性问题的处理。

其中在没有法律授权司法干预时，最高法院拒绝允许原告以宪法理由起诉政府行为。它接着将这些案件中的推理推广至新的情形——在国会已经立法明确允许对行政行为进行司法审查时：

诚然，我们所判决的一般化的申诉案件通常涉及政府违反《联邦宪法》而非国会可能要求的程序。但是，绝对不能以调查是否违反《联邦宪法》第三条规定作为确认权利的途径……允许国会将无差异的对于行政官员守法的公共利益转化为法院可以落实的“个人权 1437
利”，就是允许国会将政府首脑最重要的职责——“切实维护法律的实施”① ——从总统转移至法院。这将使得法院，经国会允许后，获得超越另一个同等重要的部门的实权地位……②

□ 对 Defenders of Wildlife 案的批评

复数意见的这部分推理既是不同寻常的，也是很有启示性的。在§16.7中，我批评了最高法院以对原告资格的选择作为原则工具（doctrinal vehicle）用于排除联邦法院试图通过解释和适用《联邦宪法》某些宽泛条文以限制政府行为。但是，我发现，最高法院有充分的理由限制法院通过某些合适的原则干预政府的范围。如果最高法院允许联邦法院审查国会制定的每部法律以确定它是否符合第十修正案的模糊条文，例如，Frothingham 案中的实质问题，司法机关将会带来严重的司法统治（government by judiciary）风险。考虑到立宪者在《联邦宪法》许多地方所使用的弹性的文字，法院试图在具体案件中对这些文字作出解释，很容易会演变为由政治上不受问责的法官取代在政治上可以问责的政府机构成为大量政策决定的源头。因此，在宪法性原告资格案件中，最高法院是在奉行司法克制（judicial restraint）原则以实现 Alexander Bickel 所称的“消极美德（passive virtues)”③。

在 Defenders of Wildlife 案中，最高法院首次指出，避免司法干预某些类型的争议的这种方法，应当转化为国会在哪些情形中已经通过立法限制行政行为，并且已经明确要求联邦法院对行政机关执行这些法定限制。最高法院在这份判决意见的这部分内容中所采用的推理，明确表明最高法院的目标不是只限制提起该案讼争的这类诉讼的原告范围，而是完全避免法院干预这类争议。这份判决意见的结尾指出，复数意见认为依据《联邦宪法》“维护条款”，国会不能通过立法对行政机关的裁量权设立法院可以强制执行的限制，将权利从总统转移至法院时，我们很难认真对待这份判决意见第一部分的观点，即只要有一名会员已经购买了去斯里兰卡的机票时，原告就具有原告资格。 1438

□ 法院应当承认国会创设的权利

最高法院将司法克制原则转变为由法院强制执行的国会克制（congressional restraint）原则的努力并未奏效。当国会向行政机关发布一项命令，并要求法院强制执行这一命令时，法院拒绝强制执行该命令，就不能再被描述为司法克制。更准确地说，这是放弃了一项司法职责——强制执行政治上可以问责的政府分支作出的政策决定。立法优位对于我们

---

① Art. II，§3.

② 504 U.S. at 576.

③ 参见 A. Bickel，*The Least Dangerous Branch*（1965）。

的政体来说是一项根本原则。[①] Defenders of Wildlife 案中基于维护条款而进行的推理，具有颠覆我们的宪政民主体制之核心原则的风险。

□ Bennett v. Spear

在接下来的一起环境原告资格案件中，最高法院一致意见判定某灌区（irrigation district）具有原告资格，可以起诉渔业和野生生物局（Fish & Wildlife Service）将某一区域指定为某濒危物种关键栖息地的决定。[②] 最高法院认定这一行政行为损害了该灌区的利益，因为减少了该灌区可以从一个灌溉项目获得的水量。该案的判决意见是论理充分的，判决主旨也得到充分的支持。这一案件是值得关注的，只是因为它与 Defenders of Wildlife 案之间存在的巨大差异。如果合并解读这两起案件的判决意见，我们不能不得出这样的结论，即某些大法官更为同情反对环境规制的当事人，而非支持环境规制的当事人。

□ Steel Co. 案

在接下来的又一起重要的环境原告资格案件中，最高法院又一次以《联邦宪法》为依据，对法律赋予的原告资格之范围进行了限制。在 Steel Co. v. Citizens for a Better Environment[③] 案中，六名大法官出具的多数意见判定，原告缺乏原告资格，不能起诉违反环境法律的企业以寻求损害赔偿。多数意见承认被告的行为导致原告遭受事实上的损害，但是它判定原告缺乏《联邦宪法》第三条规定的原告资格，因为法院不能通过要求被告向政府支付行政罚款（civil penalties）而救济被告对原告“任何过去犯下的过错”。

□ Laidlaw 案

Defenders of Wildlife 案和 Steel Co. 案中最高法院的判决意见对于大多数的观察家来说，表明它是在严重限制环境诉讼的原告向联邦法院起诉。但是，在 Friends of the Earth v. Laidlaw Environmental Services[④] 案中，让大多数观察家感到惊讶的是，最高法院在裁决一些问题时采取了支持放宽原告范围的方式。Friends of the Earth 对 Laidlaw 提起公民诉讼，指控 Laidlaw 除了其他行为之外，违反排放许可证的规定向 Tyger 河超量排放汞，违反了《清洁水法》。Friends of the Earth 提交了会员的宣誓书，其中指出它们已经减少了对 Laidlaw 排放点下游的 Tyger 河水的利用，因为它们相信 Laidlaw 的违法行为会对水质和渔业资源产生一些负面影响。在诉讼初期，地区法院以那些宣誓书作为依据认定 Friends of the Earth 因为 Laidlaw 的违法行为而遭受事实上的损害。在对案件实质问题进
1439 行初审之后，地区法院认定 Laidlaw 已经实施了持续性的违法行为，包括多次超量排放汞。但是，地区法院也认定 Laidlaw 的违法行为并没有对水质造成任何实际损害。地区法院对 Laidlaw 作出民事罚款的裁决，但是它拒绝提供禁令救济，因为它认定在诉讼进行的过程中，Laidlaw 已经实质性地遵守了法律的规定。第四巡回法院的合议庭中两名法官出

① 参见 Farber, “Statutory Interpretation and Legislative Supremacy”, 78 *Geo. LJ*. 281 (1989); Easterbrook, “Foreword, The Court and the Economic System”, 98 *Harv. L. Rev.* 4, 60 (1984)。

② Bennett v. Spear, 520 U.S. 154 (1997).

③ 523 U.S. 83 (1998)，参见§16.5 的讨论。

④ 528 U.S 167 (2000).

具的多数意见推翻了地区法院的判决，理由是它认定一旦地区法院拒绝批准禁令救济，这一案件就已经失去意义。

第四巡回法院采纳了两步骤的推理过程，判定该案诉因消失。首先，最高法院常常将失去意义视为“在一段时间内的原告资格原则”，从而表明原告资格的要求和诉因消失原则的要求是完全一致的。其次，最高法院在 Steel Co. 案中讨论了可救济性问题，指出向国库缴纳民事罚款从来都不能用于向公民个人提供救济，因此对于私方当事人只能申请作出行政罚款的案件，法院必须以诉因消失为由驳回诉讼。

□ 诉因消失原则与原告资格原则存在区别

七名大法官出具的多数意见推翻了第四巡回法院的判决——一旦地区法院拒绝准予禁令救济，该案的诉因就消失。多数意见认为，最高法院过去将诉因消失原则描述为“在一段时间内的原告资格原则”，是“不全面的”。多数意见认为诉因消失原则和原告资格原则“在对于合理裁决本案来说具有关键意义的一些方面存在差别”，即使这两项原则都是基于《联邦宪法》第三条。多数意见重申了以前的诉因消失原则，只有在“不能合理预测被诉的违法行为会重演”的时候，才允许法院以诉因消失为由驳回案件。

□ 对污染影响有关的“合理担心”是事实上的损害

多数意见也驳回了 Laidlaw 的主张，即 Friends of the Earth 不具有原告资格，因为其会员还没有因为 Laidlaw 的违法行为而遭受事实上的损害。Laidlaw 主张，既然地区法院 1440
认定 Laidlaw 的违法行为并没有对环境造成损害，Friends of the Earth 的任何会员不可能因为 Laidlaw 的违法行为而已经遭受损害。两位持不同意见的大法官同意这一主张，但是七名大法官的多数意见判定个人改变其对河流的休闲性质的利用，是基于他的“合理的”“担心”，即被告违反排放许可证是在降低这条河的水质，这就足以构成“事实上的损害”，即使最后的结果是被告的行为并没有对河流的水质造成实际损害。

□ **Laidlaw** 案代表了原告资格原则的突变

Laidlaw 案的判决将对环境诉讼原告提起公民诉讼的能力产生重大的现实影响。有些巡回法院判定环境诉讼的原告可以通过详细的、几乎难以完成的努力将特定的损害归因于特定的违反排放许可证的行为，才能证明事实上的损害。① Laidlaw 案明确推翻了这些案件。该案的不同意见对多数意见的影响作出了准确的描述：“如果存在违反许可证的行为，作为原告的环境组织的一名会员就住在违法的工厂附近，自然就能满足现在的宽松标准。”在 Laidlaw 案判决之后，在 Gaston Copper② 案中，第四巡回法院经过全席审理撰写了一份论理充分的判决意见，其中适用了 Laidlaw 案的判决主旨，推翻了以前的合议庭判决。持协同意见的法官准确地将 Laidlaw 案判决描述为“宪定的原告资格原则的一次突变”。

---

① 例可参见 Friends of the Earth v. Gaston Copper Recycling，179 F. 3d 107（4th Cir. 1999）；Public Interest Research Group v. Magnesium Elektron，123 F. 3d III（3d Cir. 1997）。

② 204 F. 3d 149（4th Cir. *en banc* 2000）。

□ 全球变暖案件

在 Massachusetts v. EPA[①] 案中，五位大法官出具的多数意见判定对于环境保护局决定不制定规章对机动车温室气体排放标准实施限制，马萨诸塞州（Massachusetts）具有申请法院审查的原告资格。最高法院在存在严重分歧之情况下出具的这些判决意见，可能会对未来的原告资格争议产生重要的影响，但是它们所提出的问题要远比它们已经解决的问题更多。

众多原告，包括环境保护组织、州、地方政府，向环境保护局提出规则制定请愿，要求对机动车温室气体（主要是二氧化碳）排放实施规制，在遭环境保护局拒绝后申请法院审查。环境保护局拒绝这一请愿的理由有二：它不具有规制温室气体排放的权力，即使它拥有实施原告请愿的规则制定行为的权力，它也是在行使裁量权而决定不这么做。环境保
1441 护局还对该司法审查申请作出回应，认为这些原告并不具有原告资格。对于所有这些问题，大法官们分成了 5：4 的两派。五位大法官出具的多数意见判定其中一位原告具有原告资格，环境保护局具有规制机动车温室气体排放的权力[②]，环境保护局拒绝启动规则制定程序以行使其规制权的决定是武断和恣意的。[③] 大法官们对于原告资格争议引发的问题分支（sub-issues）存在意见分歧，因此在本节，以及 § 16.5、§ 16.6、§ 16.7、§ 16.8 和 § 16.14 中都会涉及该案判决意见中对原告资格问题的广泛讨论。

即使众多原告主张许多不同类型的损害都可以归因于环境保护局的决定，多数意见完全集中在马萨诸塞州所指控的损害。多数意见相当重视原告作为一个州的地位。因此，多数意见指出："我们重视……马萨诸塞州的特殊地位和利益。本案中原告是拥有主权的州，还是和 Lujan 案中一样只是私人，是有相当的关联性的。"我们难以了解多数意见对于州作为原告的因素赋予多大的意义。相当可能的是，如果不具备这项因素，多数意见很可能会以相反的方式处理原告资格问题。最高法院的众多观察家都相信，州作为原告的因素，对于 Kennedy 决定参加多数意见具有关键意义，如果没有这项因素，他本来会加入不同意见方，从而产生否定其原告资格的判决意见。这一看法基于大量情况证据，包括（1）正如不同意见所记录的，最高法院从未对州作为原告因素对于原告资格问题赋予意义；（2）其他参加多数意见的大法官中无一人可能对这一因素赋予意义，因为在最高法院自 1995 年以来所裁决的增加州的权利的案件中，他们都属于持不同意见方；（3）其他加入多数意见方的大法官都没有对最高法院在 Lujan v. Defenders of Wildlife[④] 案中的判决意见进行区分的关键需要，因为四位大法官中有三位在该案中属于持不同意见方。

多数意见也指出了其他两项因素可能对于其结论具有重要意义。其一，多数意见指出从下列论述可以相信国会对原告资格的承认："国会也允许对环境保护局决定提出的这种类型的诉讼。这种允许对审查原告资格问题至关重要。"其二，它也提到了所指控的损害在性质上属于程序性的事实："对于诉讼当事人而言，如果国会已经赋予其保护具体利益
1442 的程序性权利……可以行使这一权利，而无须满足可补救性（redressability）和立即性（immediacy）的所有通常标准。"但是，多数意见中也有一段文字表明了多数方本来可能在不具备其认定具有特殊意义的三项因素时得出相同的结论。在讨论了这三项因素——州

---

① 127 S. Ct. 1438 (2007).

② 参见 § 3.6、§ 6.10 和 § 17.7。

③ 参见 § 3.6、§ 6.10 和 § 17.7。

④ 参见 § 7.4。

作为原告、法律允许和程序性损害——之后，多数意见指出："显然，其他原告的起诉材料，因为与马萨诸塞州相关，已经满足了对抗制程序的最高要求的标准。"

多数意见接着分析了马萨诸塞州所指控的损害，并且考虑到多数意见认为具有特殊意义的三项因素，认定存在充分的损害。多数意见分析了科学家认为可以归因于人为因素导致的全球变暖的众多类型的损害，然后指出："气候变化影响范围广泛，这并不能减少马萨诸塞州对于案件结果具有的利益。"多数意见接着认为有一类损害足以支持原告资格的成立："海平面的上升已经开始侵蚀马萨诸塞州的海岸……因为马萨诸塞州拥有相当比例的海岸资源……它已经指出作为土地所有人，其利益已经遭受具体的损害。这一损害的严重性在接下来的一个世纪里只会继续增加。"多数意见接着转而审查本书 § 16.5 所讨论的因果关系和可补救性问题。

不同意见首先比较具有说服力地指出，并不存在先例支持多数意见对州作为原告所赋予的特别地位。不同意见承认无法评估这一因素对于多数意见的意义，但是这一因素很可 1443
能是决定性的："我们根本不清楚最高法院在原告资格分析过程中是如何体现出对马萨诸塞州的特别关怀，特别是默示地承认原告不能以传统术语证明其原告资格。"持不同意见的大法官接着以下列两项理由质疑多数意见的结论，即马萨诸塞州已经证明了以海岸土地减少形式存在的具体损害，足以支持其原告资格：其一，该损害不够"特定化（particularized）"，因为这只是人为因素导致的全球变暖可能对"全人类"造成的一般化的损害。其二，这并不是"现实或者迫近的（actual or imminent）"、"真实和立即的"或者"确定会发生的"。相反，这是"纯粹的猜想"。不同意见批评科学家的宣誓书——将现有和将来的土地损害描述为"结论性的"——是基于不准确的模型分析。

□ Earth Island Institute 案证明了大法官之间继续存在分歧

在 Summers v. Earth Island Institute，129 S. Ct. 1142（2009）案中，大法官们在另一项环境性损害案件中形成了 5∶4 的分歧。林业局（the Forest Service）制定了一系列规则，其中对某些在国家森林中进行的小型伐树项目豁免了对其他土地管理决定适用的通告和评议程序。某些环境保护团体申请对这些规则进行审查。五名大法官的多数意见认为这些组织缺乏原告资格，因为没有成员声称自己本人已经因为任何适用这些规则的行为而遭受"即将发生的"（imminent）损害。政府承认根据一份宣誓书（affidavit）有一家组织一开始是有原告资格的作为依据而证明具有原告资格，该组织的一名成员在这份宣誓书中声称被排除了对自己过去访问过并且计划在"不久的"将来访问的地点适用的豁免决定所提交的评议意见的机会。但是，多数意见认为，根据这一宣誓书，该组织已经不再具有原告资格，因为政府已经解决了影响该地点之项目的有关争议。多数意见认定，组织成员提交的宣誓书中的其他指控都不是充分的，因为它们只是提到在将来访问受获得豁免的区域地点的"模糊"计划，而不是在"不久的"将来访问特定受影响地点的具体计划。多数意见也拒绝考虑在政府已经处理了特定争议之后该组织提交的其他成员的宣誓书，在这些争议中，政府承认个人宣誓书提出者遭受的这种即将发生的损害，将可以支持原告资格的成立。

Kennedy 大法官加入了多数意见，但是他也单独撰写了一份协同意见，其中指出："如果国会试图为某种之前并不存在的具体损害提供救济，本案会提出不同的考量因素。"

四名持不同意见的大法官在每项问题上都与多数方存在分歧。持不同意见的大法官认为，宣誓作证者（affiant）不必主张在"不久的"将来会去访问某个"特定的"地点，如果宣誓书可以支持认定某种获得豁免通告评议程序要求的工程具有对作为宣誓作证者的该组织成员使用的某一地点造成影响的“现实”威胁。持不同意见的大法官认为，既然作为原告的这些组织拥有数十万名使用众多国家森林的成员，而且林业局也已经适用这些规则对位于这些成员所使用的众多森林中的数千项伐木工程豁免法律的要求，这些组织就能够满足“现实威胁”标准。持不同意见的大法官们也认为，该案的多数意见与2007年在Massachusetts案中的多数意见也存在不一致。

□ 对环境领域的原告资格法律规范的总结

综合考虑许多环境原告资格案件的判决，以主张存在环境损害而获得原告资格的原
1444 告，必须证明因为“合理担心”，即被诉的行政行为或者污染者的行为对原告所使用的环境产生不利影响，导致原告遭受个人损害，包括改变了行为，或者减少了活动的乐趣。对不利环境影响的“合理担心”，必须在地理上邻近原告利用的区域，在时间上接近原告利用或者计划利用原告合理担心已经受到被告行为不利影响的区域的时间。

□ 作为例证的巡回法院判决

各巡回法院已经裁决了众多不同情形的环境原告资格争议。以下的案件说明了法官是以何种方式裁决，或者说更多时候是如何辩论环境原告资格争议之解决的。但是，重要的是要记住以下描述的每项判决都涉及巡回法院试图适用当前有效的最高法院的先例。这些案件中，有的案件如果是在最高法院后来作出的一项或者多项判决意见之后判决的，可能就会产生不同的结论和不同的推理。

在Sierra Club v. Franklin County Power[①]案中，第七巡回法院适用了一项特别自由的（permissive）原告资格标准。第七巡回法院判定一家协会具有原告资格，理由是该协会的一名成员出具宣誓书，声称如果行政机关允许在离开她湖上泛舟处三英里远的地方建设一座燃煤电厂，她将会停止在湖上划皮划艇，以后也将不会再在湖上划皮划艇。每年在众多燃煤发电厂旁泛舟的人数多达百万，这份宣誓书中的说法似乎有些牵强。即使宣誓作证者所言非虚，这份宣誓书并不能满足基于“合理担心”而作出行为改变的Laidlaw标准。因为在现代燃煤电厂旁边泛舟而担心遭受负面健康影响，这是没有合理依据的。

在Port of Seattle v. FERC[②]案中，第九巡回法院判定，尽管行政机关已经在其他问题上支持了原告，但是原告对于遭到行政机关否定的某一问题具备申请审查的原告资格。法院的理由是，既然诉求没有得到行政机关支持的相对人可以就被否定的问题提出上诉，如果他在上诉时胜诉，原来得到行政机关支持的相对人就可能遭受损害。在审查程序中遭受损害的这一可能，足以支持得到行政机关支持的当事人就其未获行政机关支持的附带问题具备原告资格。

在Nulankeyutmonen Nkihtaqmikon v. Impson[③]案中，第九巡回法院判定一家印第安
1445 部落的成员对于质疑行政机关未能遵守出租部落土地的法定程序具备原告资格。法院的理由是，印第安部落的这些成员已经因为行政机关未能遵守法定程序而遭受程序性损害，并且程序性损害也与他们作为出租土地的邻近居住者和使用人具有利害关系。但是，法院接

---

① 546 F. 3d 918 (7th Cir. 2008).
② 499 F. 3d 1016 (9th Cir. 2007).
③ 503 F. 3d 18 (1st Cir. 2007).

着判定原告尚未穷尽行政救济，因为他们还没有利用强制性的行政机关内部的上诉程序。①

在 Natural Resources Defense Council v. EPA② 案中，一项规则对“低风险”设施豁免危险空气污染物控制制度，哥伦比亚特区巡回法院判定一家协会具有申请审查该规则的原告资格，因为该协会的两名成员居住在此类“低风险设施”的附近，并且在高污染的时候减少了外出次数。

在 Public Citizen v. NHTSA③ 案中，哥伦比亚特区巡回法院的合议庭判定轮胎生产商缺乏原告资格，不能申请审查国家公路交通安全管理局（NHTSA）的规章，该规章对汽车生产商设定了安装胎压低于最低限值的警报装置，并命令 Public Citizen 补充提交宣誓书以允许法院确定其是否拥有代表其作为汽车消费者和驾驶员的成员而提出审查申请的原告资格。法院一致驳回了轮胎生产商的诉求，即它们因为该规章的发布而遭受损害。轮胎生产商主张，国家公路交通安全管理局发布的规章本来可以更加严格，这使得它们可能因为胎压不足而在产品责任诉讼中败诉的风险增加。法院以下列三点理由驳回了这一主张——该规章适用于汽车生产商而非轮胎生产商；该规章规定的是最低限度的标准，汽车生产商可以自行决定适用更严格的标准；并且没有证据表明驾驶员和乘客会以与轮胎生产商有关的理论为前提在产品责任诉讼中胜诉。合议庭对 Public Citizen 的原告资格问题产生了分歧。多数意见承认汽车事故是具体而特定化的损害。但是，它将任何个人可能因为国家公路交通安全管理局未能发布更为严格的规章而遭受损害的风险描述为“猜测性的”。但是，多数意见并未将该损害的猜测性质视为对于消费者原告资格成立的致命因素，因为巡回法院已有先例判定行政机关“实质性地”增加原告的风险，足以支持原告资格的成立。多数意见命令 Public Citizen 提交宣誓书，并命令当事人提交补充的法律意见书以确定国家公路交通安全管理局发布的规章不够严格所造成的风险增加，是否构成原告风险的实质性增加。持不同意见的法官本来会判定原告的成员所承担的风险并不满足原告资格的条件，因为它与普通大众所承担的风险相比并无二致。

在 City of Dania Beach v. FAA④ 案中，哥伦比亚特区巡回法院判定，居住在机场跑道附近的原告具有原告资格，可以主张联邦航空管理局（FAA）未经环境评估程序即发送书信批准增加跑道利用率，已经违反了《国家环境政策法》。法院认定，联邦航空管理局没有遵循《国家环境政策法》规定的程序致使原告遭受程序性损害，并且原告对于噪音污染的增加具有具体的利害关系。 1446

在 Natural Resources Defense Council v. EPA⑤ 案中，一项规则对“低风险”设施豁免危险空气污染物控制制度，哥伦比亚特区巡回法院判定一家协会具有申请审查该规则的原告资格，因为该协会的两名成员居住在此类“低风险设施”的附近，并且在高污染的时候减少了外出次数。

在 Grassroots Recycling Network v. EPA⑥ 案中，哥伦比亚特区巡回法院判定一家环境保护组织缺乏原告资格，不能申请审查环境保护局的一项规章，该规章允许各州在经环境保护局批准的情况下，批准垃圾填埋场的所有者将其改造为生物反应器。法院认定居住在本来可能具备改造资格的垃圾填埋场附近的宣誓证人/该组织的成员所宣称的环境保护

① 参见§15.2的讨论。

② 489 F. 3d 1364 (D. C. Cir. 2007).

③ 489 F. 3d 1279 (D. C. Cir. 2007).

④ 485 F. 3d 1181 (D. C. Cir. 2007)，参见§15.11的讨论。

⑤ 489 F. 3d 1364 (D. C. Cir. 2007).

⑥ 429 F. 3d 1109 (D. C. Cir. 2005)，参见§16.4的讨论。

局规章的发布与其财产价值的减少之间的因果关系过于间接和猜测性。在个人的财产价值将遭受任何潜在减少的情况下，州政府将需要制订环境保护局规章所批准的改造计划，垃圾填埋场的所有者将需要申请改造，并且州和环境保护局都将需要批准其申请。

在 National Parks Conservation Ass'n. v. Manson① 案中，哥伦比亚特区巡回法院很好地裁决了一起项棘手的争议。一家电力公用事业公司向蒙大拿州行政机关申请《清洁空气法》许可，允许其在邻近黄石（Yellowstone）国家公园和 UL Bend 国家野生动植物保护区地方建设一座设施。在这类案件中，如果“联邦土地管理人能够向州政府证明此类设施的排放将会对［公园］土地的空气质量相关价值（包括能见度）造成不利影响”，州政府不得签发许可证。这两座国家公园的土地管理人向州行政机关通报它们的认定结果，即该项目将对公园的空气质量产生不利影响。他们都向州行政机关发送报告，详细说明该行政项目将会对公园产生哪些不利影响。内政部空气资源委员会的工作人员于是实施一项调查，认定这一项目将会对两座公园产生比公园管理人所实施的研究预计的更为严重的不利影响。该工作人员起草了一份致蒙大拿州行政机关的书信，这一书信本来应该正式向蒙大拿州行政机关提出，通知内政部反对签发拟议的许可和经内政部研究，即该项目将会对两座公园的空气质量产生不利影响，以及内政部对于公园管理人的事实认定和结论所具有的共同管辖权。内政部助理部长（assistant secretary）接着抛弃了该员工的书信，转而向蒙大拿州发送一封信函，正式撤回由公园管理人所作出的不利影响的事实认定。原告——其众多成员使用这两座公园——申请审查该助理部长所发送的书信。它们认为该助理部长发
1447 送书信撤回这些事实认定而没有充分考虑该项目对两座公园的空气可能造成的不利影响，已经违反了《行政程序法》和《清洁空气法》。法院判定原告具有原告资格，因为它们被剥夺了程序性权利——充分考虑签发许可可能对空气质量造成的不利影响的权利。法院承认内政部并未签发或者否定该案讼争许可的权力，但是法院认为助理部长的行为显著改变了州行政机关所处的法律环境：

内政部撤回其不利影响事实认定的书信，几乎对州的许可程序来说是决定性的……如果内政部没有撤回其不利影响报告，蒙大拿州环境质量部（DEQ）本来需要在继续许可决定之前考虑这份报告，并且关键是，如果不同意联邦政府的报告，本来还需要以书面形式为其决定说明理由……当内政部代替联邦土地管理人作出决定时，内政部行使了针对蒙大拿州环境质量部的法律权力；在决定是否发布不利影响报告的过程中，内政部门具有影响许可机关的预期和目的。

在 Texas Independent Royalty Owner Ass'n v. EPA② 案中，第七巡回法院所作出的判决意见充斥着法律错误和逻辑错误，以至于我们无法了解应该从哪里开始对其进行描述和批评。自然资源保护协会（NRDC）对于环境保护局所作出的批准建设项目排放暴雨水（storm water）的一般许可（general permit）中的实体性和程序性条款都提出了审查申请。法院判定自然资源保护协会具有质疑程序性条款的原告资格，但是缺乏质疑实体性条款的原告资格。当然，这样将两项判决主旨结合在一起是不可能的，因为原告只有在对讼争程序的结果具有具体的利害关系时才可以具备基于程序性损害的原告资格。法院判定原告缺乏对该许可证的实体条款提出质疑的原告资格，当然是基于它认定原告对于程序的结果缺乏具体的利害关系。

这份判决还有许多其他的错误。自然资源保护协会主张拥有来自其三名成员的原告资

① 414 F. 3d 1 (D. C. Cir. 2005).

② 410 F. 3d 964 (7th Cir. 2005).

格所派生的原告资格。这些成员的宣誓书指出，因为建设项目排放的暴雨水导致水质下降，已经减少了他们从利用邻近水体中获得的收益。第七巡回法院发现宣誓书存在多处致命错误，包括没有明确认定作为导致损害的排放次数，没有明确认定水体哪些部分受到影 1448
响，也没有追踪这些排放如果从源头到达原告所利用的水体部分。第七巡回法院虽然表面承认最高法院 2000 年在 Laidlaw 案所作出的判决，但是其所适用的原告资格的规则明显来自 1992 年的 Defenders of Wildlife 案复数意见中如今已经被抛弃的法官附带意见所反映的进路，以及 Laidlaw 案中第四巡回法院所作出的已经被推翻的判决意见，而不是最高法院在 Laidlaw 案中所作出的判决意见。Laidlaw 案只要求被诉行政行为对于原告所利用的环境产生了不利影响。当原告试图质疑一项允许数以万计的减少项目向几乎所有的水体排放暴雨水的一般许可的合法性时，任何利用受暴雨水溢出不利影响的人，都可以合理地担心他所遭受的损害，即水体利用的收益减少，是可以归因于所指控的违法的一般许可所允许的暴雨水排放。基于对一般许可导致不利影响的合理担心，原告不需要投入高成本，但实则没有意义的努力，对原告所利用水体特定位置中的特定物质追溯至具体的项目场址，以及具体的暴雨，以此作为证明其损害的前提条件。Laidlaw 案最高法院的判决意见所提供的主要信号是在环境类案件中不需要实施这种特定化的追溯。第七巡回法院在本案中的判决意见可以说明，许多喜欢 Defenders of Wildlife 案的复数意见而不喜欢 Laidlaw 案中最高法院的多数意见的巡回法院的法官选择视最高法院在 Laidlaw 案中的判决为不存在的趋势。① 最高法院需要在另一起涉及原告资格的环境案件中签发调卷令，给所有法官传达明确的信号，即最高法院在 Laidlaw 案中所说的是当真的。在一长串法律和逻辑的错误之外，第七巡回法院还在其判决意见中包含了一段无意义的谬言，表明 Laidlaw 案只允许在排污可以归因于违反许可时才能够允许诉讼，而在排污可以归因于符合可能违反《清洁水法》的许可的行为时则不能够允许诉讼。

在 Baur v. Veneman② 案中，第二巡回法院合议庭的两位法官所出具的多数意见很好地解决了一项重要的纠纷。一位公民提起诉讼，申请法院发布命令要求农业部禁止使用倒牛（downed cattle）* 加工供人食用的食品。原告指控遭受以感染疯牛病风险增加的形式存在的损害。多数意见判定原告的指控足以挫败驳回诉讼的动议。多数意见的理由是，因为 1449
接触可能危险的食品而导致感染疾病风险增加，可以构成事实上的损害，并且原告指控风险增加在诉答阶段（pleading stage）也是充分的，因为他所指控的风险因素也是政府报告所确认的。持不同意见的法官则以两点理由对多数意见提出了批评。其一，持不同意见的法官认为，即使是原告已经证明有人会因为农业部批准使用倒牛的决定而遭受损害，他并未证明他个人也容易遭受这一损害。最高法院抛弃了 FEC v. Akins③ 案中判决主旨所采取的推理方法，即“大家普遍遭受的”损害可以足以支持原告资格的成立。其二，持不同意见的法官主张原告所指控的损害是完全猜测性质的，因为美国还没有发现感染［疯牛病］的牛。但是具有讽刺意味的是，在该案判决之后的一周，农业部就发布报告确认美国存在一例疯牛病感染案例。

在 Ocean Advocates v. Corps of Engineers④ 案中，第九巡回法院很好地裁决了一起环境领域的原告资格争议。该法院认为，起诉的原告组织的一名成员已经证明了，计划扩建

---

* 倒牛，是指因为疾病或者受伤而不能自行站立的牛。——译者注

① 参见本节前面讨论的 Sierra Club v. EPA, 292 F. 3d 895 (D. C. Cir. 2002)。

② 352 F. 3d 625 (2d Cir. 2003).

③ 524 U. S. 11 (1998).

④ 361 F. 3d 1108 (9th Cir. 2004).

炼油厂码头而导致油罐车运输增加，并进而导致石油泄漏风险增加的形式存在的损害，而该成员所拥有的水岸地产（waterfront property）正处于油罐车进出炼油厂的线路上，并且他喜欢拍摄海洋生物、钓鱼或者观察海洋生物。但是，法院对于案件实质问题的处置，也说明了为什么某些保守的法官和大法官为了限制环境案件中的原告资格而作出很大程度上不成功的努力。第九巡回法院要求美国陆军工程兵团对码头扩建计划进行进一步的研究，即使自1969年首次提出这一项目计划以来已经有许多研究。

在 Florida Public Interest Research Group v. EPA[①] 案中，第十一巡回法院判定一家环境保护团体因为其成员所指控的事实上的损害而具有替代（vicarious）原告资格。该环境团体的成员指控环境保护局未能审查一项州水质规章——该规章将一些重要水体排除在规制制度之外——因为让他们气馁而放弃在被环境保护局拒绝审查的州规章排除在规制范围之外的特定水体中划船、游泳或者钓鱼，而损害了他们的利益。这些成员指控他们担心
1450 这些水体遭受污染，并且不再作为降低污染水平的规制行动的对象。

在 American Canoe Assn. v. City of Louisa[②] 案中，第六巡回法院判定一家环保团体具备替代的原告资格，因为它的一名成员遭受了两种类型的损害。该成员声称他不再在某河流钓鱼、游泳或者划船，因为他担心被告违法排放污染物可能对健康和环境造成不利影响。他也声称他因为被告违法地未能提交强制习惯的报告，剥夺了他作出知情选择所需要的信息，使得他不能作出有关在该河流的不同支流可以安全从事的活动的知情决定。法院判决意见中有关环境损害部分是全体法官一致意见作出的，但是有一位法官不同意判决意见有关信息性损害部分的内容，理由是他相信多数意见已经过度扩张了满足原告资格所需的信息性损害的范围。

在 Biodiversity Legal Foundation v. Badgley[③] 案中，第九巡回法院采纳了对一部法律的令人质疑的解释而解决了系统性的行政迟延的问题。《濒危物种法》要求鱼类和野生生物管理局在90日内作出初步名录决定，并在1年内作出最终的名录决定。《濒危物种法》允许鱼类和野生生物管理局如果认为不可能在90日内发布的话，可以推迟初步名录决定，但是《濒危物种法》并未授权推迟最终决定。因为拥有的资源有限，鱼类和野生生物管理局不可能在90日内作出初步名录决定，它已经建立了优先级体系，按照这一体系，它作出的每项初步名录决定都远远超过了初步名录决定的90日期限和最终名录决定的1年期限。第十巡回法院在 Biodiversity Legal Foundation v. Babbitt[④] 案中支持了这种办案的方法，但是第九巡回法院认为作出最终名录决定的固定的1年期限也适用于初步名录决定。

在 New York Public Interest Research Group v. Whitman[⑤] 案中，第二巡回法院判定环境保护局根据州政府依据《清洁空气法》实施的许可项目中公认的缺陷而决定不发送整改告知书（Notice of Deficiency）构成具备审查成熟性的争议。法院判定该决定损害了原告的利益[⑥]，并且提出了纯粹的法律问题，也就是说，环境保护局是否有权在注意到存在缺陷的时候不发送整改告知书。

1451 在 Sierra Club v. EPA[⑦] 案中，哥伦比亚特区巡回法院作出了一份冗长复杂的判决意

① 386 F. 3d 1070 (11th Cir. 2004).
② 389 F. 3d 536 (6th Cir. 2004).
③ 309 F. 3d 1166 (9th Cir. 2002).
④ 146 F. 3d 1249 (10th Cir. 1998).
⑤ 321 F. 3d 316 (2d Cir. 2003).
⑥ 参见本书§16.4。
⑦ 参见本书§16.4。

见，其中充斥了模棱两可的说辞，而未能反映最高法院晚近所作的判决意见。Sierra Club试图质疑一项环境保护局的规则，该规则规定在特定情况下可以对特定废水处理污泥免于联邦规制。该案讼争的这类污泥是在路易斯安那州和得克萨斯州生产和储存的。环境保护局并未以缺乏原告资格为由申请驳回原告的起诉，但是它在初步法律意见（initial brief）中指出 Sierra Club 缺乏原告资格。Sierra Club 从三个方面对这一说法作出了回应。第一，它指出该组织有多名会员就生活在该污泥设施附近，并且这些会员中有的人具有“实质可能性”会因为该规章所允许的错误处置而遭受损害。第二，Sierra Club 提交了生活在污泥设施周边五英里范围内的会员以及因为担心有毒污泥错误处置导致的损害而放弃在污泥设施周边休闲活动的会员的名单。第三，Sierra Club 提交了一位地质学教授的宣誓书，该证言描述了这些设施导致地下水污染迁移的现象。

哥伦比亚特区巡回法院发现了 Sierra Club 提交的材料中存在的众多缺陷。首先，哥伦比亚特区巡回法院认定所有这些材料提交时间过晚，并且指出，当驳回起诉的动议中没有提出原告资格的问题时，原告必须在其初步法律意见中提交充分支持原告资格的证据。哥伦比亚特区巡回法院并未引用案件支持这一新颖的说法。实际上，只是在原告资格遭受质疑而原告决定讨论原告资格问题，援引了多起法院允许原告遵循这一符合逻辑的程序的案件之后，哥伦比亚特区巡回法院才说明了与原告这一决定相关的问题。其次，哥伦比亚特区巡回法院认定 Sierra Club 所提交的前两份材料——其答辩意见（reply brief）以及居住在所讼争设施场址附近的会员之姓名和地址的名单——在法律上是不充分的，因为它们并不符合证据的要求。哥伦比亚特区巡回法院认为，原告必须在其初始法律意见书中提交足以证明原告资格的“证据”，即使没有当事人对原告的原告资格提出质疑。最后，哥伦比亚特区巡回法院认定，Sierra Club 所提交的所有这三项材料，包括地质学教授的宣誓书，都是不充分的，因为它们并未具体地证明存在“实质可能性”因为有毒污泥的迁移给 Sierra Club 的会员造成“现实或者迫近的”损害。

在 Animal Legal Defense Fund v. Glickman① 案中，哥伦比亚特区巡回法院经过全席审理之后在裁决一项重要的原告资格争议时产生了分歧。《动物福利法》（the Animal Welfare Act）要求农业部“制定标准以调整经销商、研究设施和展览商处理、看管、治疗和运输（handling，care，treatment，and transportation）动物的活动”。该案的原告之一，即 Jurnove 先生，一生效力于人道组织工作。他多次访问了一家野生动物农场，观察到有动物的生存条件不符合人道要求。他向农业部投诉。农业部检查了这家农场，认定它已经遵守了农业部的标准。但是，Jurnove 先生没有看到条件改善，坚持认为这些条件是不符合人道要求的。他向法院起诉质疑农业部所颁布的标准之效力。七名法官出具的多数意见判定 Jurnove 先生具有原告资格。多数意见认定他因为观察到他认为处于不人道条件的动 1452
物，已经在个人审美情感上遭受损害。

四名持不同意见的法官则认为，观察在不人道条件下饲养的动物而遭受审美意义上的损害，太过于具有主观性以至于无法构成事实上的损害。他们将先例判决解释为承认只有在一项行为构成濒危物种灭绝或者数量减少的威胁时，才能承认审美意义上的损害。持不同意见的法官认为，多数意见承认的审美意义上的损害将会允许 Jurnove 先生要求在圈养这些动物时始终播放莫扎特的音乐。持不同意见的法官已经将原告资格与案件实质问题相互混淆。最高法院至少从 Sierra Club v. Morton② 案起就已经承认对于美学意义上的利益

① 154 F. 3d 426 (D. C. Cir. 1998).

② 405 U. S. 727 (1972).

造成的具有内在主观性的损害，构成事实上的损害。Jurnove 先生具有原告资格，可以主张《动物福利法》要求在所有圈笼内播放莫扎特的音乐，但是这样的主张不会得到支持。法院对于案件实质问题的职责是比较法定要求与行政机关的标准。如果行政机关制定的标准保证条件属于“人道的……对待”一词的语义范围，行政机关可以对标准所作的选择提供充分的解释，法院就应当支持这些标准。如果不能，法院应当判定标准不符合法律或者是武断和恣意的。[①]

在 Northwest Environmental Defense Center v. Bonneville Power Administration[②] 案中，第九巡回法院法院首先判定复审法院可以接受和审查与原告有关的证据，即使证据不是行政机关案卷的一部分。第九巡回法院认为，原告没有理由向行政机关提交与原告资格有关的证据，因为行政机关的管辖权不受《联邦宪法》第三条的限制。第九巡回法院接着判定，每位在哥伦比亚河（the Columbia River）钓鱼的人，都缺乏原告资格，不能起诉质疑协议的效力，因为原告有关这份协议会减少鱼群数量的说法太过于猜测性。但是，最高法院判定原告确实有主张一部法律要求为鱼类保留水量，因为接受这种主张的效力将会增加鱼群数量。

在 Florida Audubon Society v. Bentsen[③] 案中，哥伦比亚特区巡回法院经过全席审理后，以 7∶4 作出了否定原告资格的判决。多数意见判定原告缺乏申请法院审查一项规则
1453 的原告资格，该规则增加了农用地上杀虫剂和化肥的径流量而可能对野生生物和饮用水产生损害。多数意见认定，“在被诉政府行为不是发生在特定的地点……时，”法院必须以更精确的审查，适用“特定化的损害风险”要求。因此，原告需要证明该规则会增加“对他们……利用和享受的特定野生生物区域造成损害的风险……”持不同意见的法官批评道，多数意见所确立的原告资格标准会让任何人几乎不可能申请法院审查对环境有广泛不利影响的规则。

在 Mausolfv. Babbitt[④] 案中，有些雪地摩托车手起诉要求停止执行限制在国家公园经营雪地摩托车业务的规则，法院判定当事人具有原告资格，可以介入（intervene）这场诉讼。当事人提交了详细的宣誓书，描述了其会员使用国家公园的情况，并且如果限制在该公园使用雪地摩托车的规则没有得到强制执行，他们将会遭受的损害。

在 Virginia v. Browner[⑤] 案中，第四巡回法院裁决了一起不同寻常的原告资格争议。《清洁空气法》要求每个州向环境保护局提交“州实施计划”（state implementation plan）申请批准。根据《清洁空气法》§502（b）（6）的要求，每份“州实施计划”都允许州法院根据任何在审批过程中发表意见的人，以及任何其他可以根据可以适用的法律申请法院审查批准行为的人所提出的请求，审查任何最终批准行为。弗吉尼亚州（Virginia）制定的“州实施计划”规定只有因为计划得到批准而遭受“金钱”损害的个人才有权请求进行司法审查。环境保护局否决了这项“州实施计划”，理由是这一原告资格条款规定得过窄。环境保护局将《清洁空气法》解释为要求各州允许任何根据《联邦宪法》第三条具有原告资格的人申请司法审查。环境保护局援引了最高法院曾经作出的判决——判定某些形式的非金钱性质的损害（例如健康、美学和休闲意义上的损害）足以支持《联邦宪法》第三条规定的原告资格。法院支持了环境保护局对《清洁空气法》所作的解释，认为它是合

---

① 参见§3.6和§7.4。

② 117 F. 3d 1520 (9th Cir. 1997).

③ 94 F. 3d 658 (D. C. Cir. 1996).

④ 85 F. 3d 1295 (8th Cir. 1996).

⑤ 80 F. 3d 869 (4th Cir. 1996).

理的。

在 Friends of Boundary Waters Wilderness v. Thomas① 案中，法院判定原告具有原告资格，可以申请审查林业局为了增加某区域产出之木材的销售而制定的规则。法院提到了以“破坏树木物种和树龄多样性”形式存在的损害足以支持原告资格。正如法院所描述的，这些损害不足以支持原告资格，因为这些损害不是个人化的；例如，没有人主张原告中有成员会因为物种数量或者树龄多样性减少而遭受损害。

在 Idaho Farm Bureau Federation v. Babbitt② 案中，法院判定环境组织具有原告资格，可以对地区法院作出的撤销将某物种列入濒危物种目录的规则的判决提起上诉。法院 1454
认定个人会员访问发现该物种的区域，以及会员对该物种的研究所导致的损害是充分的。正如法院所重复指出的，这些损害的充分性在 Defenders of Wildlife 案所适用的“立即性”要求方面是值得怀疑的。这些人中是否有人主张或者证明他们有在不久的将来访问这一区域的具体计划？

在 Salmon River Concerned Citizens v. Robertson③ 案中，法院判定，原告主张因为林业局在国家森林利用除草剂的项目而导致的损害是法院可以承认的损害。原告主张他们经常在这片森林远足、垂钓和采集草药。而且，原告声称他对化学品高度敏感。

在 Humane Society v. Babbitt④ 案中，法院判定一家组织及其数名成员不具有原告资格，不能申请法院审查内政部批准对某濒危物种跨州运输的证书。法院认定，以不能继续观察到某一特定动物而主张受到“一般性情感损害”，并不足以成立原告资格。

□ 政治性损害

最高法院已经经常承认政治性损害可以成为支持原告资格的“事实上的损害”。最为常见的政治性损害表现为稀释了原告选票的权重。

在 Department of Commerce v. United States House of Representatives⑤ 案中，最高法院以一致意见判定一名印第安纳选民具有申请法院审查人口调查局（the Census Bureau）利用统计采样方法（statistical sampling）实施 2000 年度人口普查的计划。最高法院采纳了一位专家的宣誓书；该宣誓书认为“几乎可以肯定，印第安纳州会因为该计划……而失去一个席位”。而这又会构成“具体”和“现实或者立即的”损害。七名大法官也判定其他州的选民，根据这名专家的观点——这些选民“很有可能会”因为州内的选区重划而导致选票影响力遭受稀释。两名大法官拒绝讨论这一问题。最高法院指出，通过规定“任何受到损害的个人”可以起诉要求中止实施任何采用统计采样方法的任何计划，“国会已经消除了本案中的任何审慎考量的因素”。

在 United States v. Hays⑥ 案中，最高法院判定，原告指控国会选区重划存在基于种族因素的不公正因素，但是原告并没有住在该选区内，因此没有原告资格，不能指控该选区重划决定违反平等保护，除非他们可以证明自己因为种族因素而被排除在选区之外。如果没有这样的证明，原告所主张的就只是法院不能承认的“一般化的申诉”。最高法院对

---

① 53 F. 3d 881 (8th Cir. 1991).
② 58 F. 3d 1392 (9th Cir. 1995).
③ 32 F. 3d 1346 (9th Cir. 1994).
④ 46 F. 3d 93 (D. C. Cir. 1995).
⑤ 525 U. S. 316 (1999).
⑥ 515 U. S. 737 (1995).

1455 该案与 Shaw v. Reno[①] 相区分，在后者，最高法院判定，住在所指控的依种族因素不公正地重划了的选区的居民所遭受的损害足以支持成立原告资格。

在 Lance v. Coffman[②] 案中，最高法院一致判定公民并不具有援引《联邦宪法》的选举条款作为对州宪法中的选区重划条款之效力提出质疑的依据。最高法院判定原告主张的损害不够特定化，因为它们是所有公民普遍面对的。最高法院在面对原告所提出的诉求是被诉行为违反《联邦宪法》中并未赋予个人以权利的条款时常常采用这一进路。但是，当国会对所有公民赋予法定权利，并且受诉行为对某公民剥夺了这一权利时，正如 FEC v. Akins[③] 案的情形，最高法院就会支持原告资格的成立。但是，Lance 案中最高法院只是援引了其在宪法诉讼中的判决意见，并未提及涉及法律的诉讼中多数意见所作的区分。

在 Shays v. FEC[④] 案中，哥伦比亚特区巡回法院的合议庭对一项重要的争议进行了裁决。两名国会议员申请审查联邦选举委员会发布的若干规章，理由是这些规章批准了《两党竞选改革法》（the Bipartisan Campaign Reform Act）所禁止的竞选行为。两名法官提供的多数意见判定原告具有原告资格。多数意见的理由是，已有众多案件判定受规制市场中的参与主体，对于以违法方式划分市场结构的行政行为，让参与主体遭受可归因于该行政行为所允许的竞争者违法行为所造成损失之风险时，可以拥有对该行为起诉的原告资格，同理，这两名议员也可以适用同样的推理而具备原告资格。多数意见接着对允许竞选公职的候选人实施违法行为的行政规则进行全方位和详细的分析，解释了这些规则是如何让其他候选人因为这些规则所允许的违法行为而承担竞选失利的风险。一名持不同意见的法官认为这两名原告缺乏原告资格，因为《两党竞选改革法》的目的是保护选民的利益而非候选人的利益，并且没有哪位候选人会因为这些规则而利益受损，因为任何候选人都可以采取这些规则所批准的做法。多数意见相比不同意见要更具有说服力。即使持不同意见的法官正确地宣称《两党竞选改革法》只保护选民的利益，这两名原告仍然应具有原告资格，因为他们既是候选人，也是选民。持不同意见的法官的推理——没有什么人会因为允
1456 许违法行为的规则而处于不利地位，因为这一规则在批准违法行为问题上是一碗水端平的——是最为怪异的。这听起来好像是法官建议美国法律体系应该鼓励针锋相对地采用违法行为以保证公民的平等竞争，而不是诉诸法院裁决哪些行为是法律所允许的。这将是法院所传达的最令人感到不幸的信号。

在 Michel v. Anderson[⑤] 案中，法院判定住在任何州的选民都具有原告资格，可以申请审查一项众议院的规则之效力；该规则的效力是允许“不具有投票权的”代表（delegates）作为全院委员会（the Committee of the Whole House）的成员参加法律表决。法院认定每位选民都遭受了法院可以承认的损害——稀释了她在众议员选举中的选票权重，从而削弱了她的政治权利。法院否定了一项主张，即对每位选民造成的损害是过度抽象的，因为所有其他选民同样遭受了该损害。哥伦比亚特区巡回法院指出，最高法院已经说明，只要每个人都可以主张自己遭受了不同和具体的损害，即使是广泛存在的损害也可以支持原告资格。

---

① 507 U. S. 630 (1993).

② 127 S. Ct. 1194 (2007).

③ 524 U. S. 11 (1998).

④ 414 F. 3d 76 (D. C. Cir. 2005).

⑤ 14 F. 3d 623 (D. C. Cir. 1994).

□ 对《联邦宪法》第一修正案规定的权利产生的寒蝉效应构成事实上的损害

在 ACLU v. National Security Agency[①] 案中，第六巡回法院的合议庭判定无人具备质疑国家安全管理局（NSA）无证监听电话项目的合法性的原告资格，并出具了三份判决意见。多数意见认定，没有人具备原告资格，是因为无人知道（因为国家秘密原则）国家安全管理局是否监听了他或者她的通话。持不同意见的法官则认为，个人可以根据 Laidlaw 案的推理具有原告资格，即声称她因为担心谈话被监听而停止了某些通信。

在 South Fork Broadcasting Corp. v. FCC[②] 案中，法院判定原告具有原告资格，可以主张联邦通信委员会为了实施禁止内容不雅的广播的法律规定而适用的程序违反了《联邦宪法》第一修正案。联邦通信委员会以原告的广播内容不雅为由对其处以 6 000 元的没收令（forfeiture order），但是司法部还没有开始在地区法院的强制执行诉讼程序，让原告可以获得反对该命令的机会。法院认定，原告主张在没收令作出与在司法强制执行诉讼中获得反对该命令的机会之间相隔的漫长时间里，不敢行使《联邦宪法》第一修正案所赋予的权利，这种寒蝉效应已构成了充分的损害。

□ 信息性损害

法院经常必须判定原告主张的“信息性损害”是否构成事实上的损害。当行政机关拒绝向原告提供他有权获得的信息时，原告就遭受了信息性损害。最高法院已经判决了两起 1457
重大的信息性损害案件，其判决的方式可以充分说明影响最高法院裁决所有类型的原告资格争议的因素。

□ 原告以《联邦宪法》作为依据时，缺乏原告资格

在 United States v. Richardson[③] 案中，一些选民和纳税人试图要求中央情报局报告其支出。至少可以认为，中央情报局需要根据《联邦宪法》第一条 § 2 规定的“报告和账目（Statement and Accounts）”条款向公众提供该信息。最高法院判定原告缺乏原告资格，因为他们没有证明他们作为选民的地位和他们主张有权获得有关中央情报局支出的更详细信息之间存在“符合逻辑的关联性”。

□ 原告以制定法作为依据时，具备原告资格

在 Federal Election Commission v. Akins[④] 案中，六名大法官出具的多数意见判定选民因为联邦选举委员会判定一家组织不是“政治委员会（political committee）”而遭受了法院可以承认的信息性损害。如果一家组织是“政治委员会”，它必须向联邦选举委员会提供其活动信息，而联邦选举委员会必须向公众公开该信息。因此，原告作为选民的能力遭受的损害足以成立原告资格，因为他们无法获得必要信息而无法确认该组织的竞选活动

---

① 493 F. 3d 644 (6th Cir. 2007).

② 59 F. 3d 1249 (D. C. Cir. 1995).

③ 418 U. S. 166 (1976).

④ 524 U. S. 11 (1998).

所支持的候选人，从而无法帮助他们决定如何投票。

□ 许多案件所共同存在的损害可以支持具有原告资格

多数意见也提出了一项区分方法，可以帮助决定许多案件的结果。最高法院之前作出的许多相互冲突的先例描述了为了支持原告资格所要求的损害之性质，包括了不足以支持原告资格的各种损害的各项特征。最高法院将这些损害描述为“抽象的”、“一般化的”、“无差别的”及“所有或者一大类公民在非常同等的程度上共同遭受的”。在 Akins 案中，选民所遭受的损害显然是“无差别的”和“所有或者一大类公民在非常同等的程度上共同遭受的”。正如多数意见所承认的，所有选民都蒙受同样的损害。出于相同的理由，这一损害也可以描述为“一般化的”。但是，多数意见判定该损害是法院可以承认的，因为它不是“抽象的”。多数意见认为“对于看到法律得到遵守的利益造成的损害”可以说明“抽象的”损害。多数意见的理由如下：

> 利益是抽象的与利益是很多人所共有的，这两项事实常常是并存的。但是，它们的关联并不是不可改变的，并且尽管损害是很多人所共同遭受的，损害是“具有具体性”之时，最高法院认定构成“事实上的损害”。……因此，当损害是很多人所共同遭受之时，
> 1458 （在提出反对将法律解释为赋予原告资格的建议时）更适合通过政治平台得到救济，本身并不能自动否定该利益满足《联邦宪法》第三条规定的目的。此种利益，在足够具体时，可以视为“事实上的损害”。……我们认定，……本案所争讼的信息性损害，与投票——最基本的政治权利——存在直接联系，是足够具体和特定的，以至于很多人共同享有该权利这一事实并没有剥夺国会授权由法院实现这一权利的宪政权力。

正如§16.8所讨论的，多数意见显然高度重视国会已经立法创设了选民获得信息的权利，并且国会已经规定，因为联邦选举委员会拒绝将某组织归入“政治委员会”的命令而“遭受损害的任何当事人”，可以请求法院实现这一权利。这三名持不同意见的大法官认为，根据《联邦宪法》第二条和第三条的规定，公民在案件中所涉及的利益是“一般化的”、“很多人共同享有的”和“无差别的”时候，国会不得赋予法院作出责令行政机关遵守法律之判决的管辖权。与获得信息的权利有关的争议可以发生在许多情形之中。在 Lewis v. Casey 案中，大法官对原告资格的法律规范进行了深入和重要的辩论。八名大法官出具的多数意见判定，要求监狱系统允许犯人使用配备良好的设备和人员的图书馆，是过于宽泛、过度侵犯性和缺乏证据支持的。大法官们对于原告资格在裁决争议的过程中可以发挥的作用形成了5∶4的两派分歧。

五名大法官出具的多数意见以原告资格为依据，判定禁令无效。犯人因为监狱法律图书馆的不足而遭受的“实际损害”，是否足以赋予犯人就此在案件实质问题上进行争讼的原告资格，多数意见对此所需的证据进行了详细描述。多数意见指出，犯人将不得不证明“他提交的起诉书之所以被驳回，是因为没有满足某些技术要求，而这又是因为监狱的法律援助设施的不足，导致他无法得知这些技术要求。或者是他已经遭受了他希望向法院提出的某些具有可诉性的（actionable）* 损害，但是由于法律图书馆的不足导致他甚至不能提出起诉书”。

三名持协同意见的大法官认为（持不同意见的大法官在这个问题上也加入了该协同意
1459 见），不需要甚至不适合讨论原告资格问题。他们指出事实上在起诉、答辩和庭审时都没

* 可诉性的（actionable），是指有理由提起诉讼。——译者注

有涉及原告资格问题。事实上，州政府明确承认原告具有原告资格。不仅如此，即使是多数意见也承认一名犯人具有原告资格。“既然起诉的权利已经因此确立了，原告资格也就不能发挥进一步的作用……”持协同意见的大法官接着批评多数意见的要求——如果犯人已经获得充分的法律图书馆服务，他需要证明自己所提出的“不是无理取闹的权利请求”——是不必要的、无效率和增加过多负担的。之所以说这一要求是不必要的，是因为任何犯人本来会提起的诉讼，无论是否属于无理取闹，都是足以让犯人具有获得充分的法律图书馆服务的具体利益。之所以说这一要求是无效率和增加过多负担的，则是因为它“不过是确保在无中生有地进行大量初步性的诉讼。没有一个监狱系统是如此蒙福，以至于没有犯人提出重要的权利请求”。最后，持协同意见的大法官解释了为什么多数意见创设非常严格的原告资格要求对于促进多数意见的明显目的——“限制法院干预监狱管理……”——来说是不必要的。通过对犯人主张没有获得充分法律自愿的诉讼进行实质审查作出的判决可以，也正在促进实现这一目的。

在 Salt Institute v. Leavitt① 案中，第四巡回法院作出了一项重要的原告资格判决。在 2000 年，国会制定了《信息质量法》（the Information Quality Act），要求管理和预算局发布指南促进信息传播的质量，并要求联邦行政机关遵照执行。管理和预算局后来发布了这些指南。原告向行政机关提交了一份投诉，指控行政机关所传播的信息是不准确的，并且违反了管理和预算局的指南。原告要求行政机关更正其错误。当行政机关拒绝这么做时，原告申请审查该行政决定。法院判定原告并不具有申请审查行政决定的原告资格，因为国会并未打算赋予任何人强制行政机关只能传播准确信息的法律权利。

□ 程序性损害

Lujan v. Defenders of Wildlife② 案中的复数意见讨论了一项以前没有得到应有注意的问题：在何种情况下，当事人可以基于对“程序性权利”的损害而申请法院对行政行为进行审查。在通常情况下，当事人没有得到充分通知、听证或者理由说明的，基于行政机关提供强制性程序可能会影响案件的结果这一（通常是默示的）推定，会申请法院审查对他来说不利的行政行为。Defenders of Wildlife 案的复数意见否定了基于此种程序性损害而 1460
具有的原告资格，行政法领域的内容也会所剩无几。不仅如此，行政机关将拥有几乎不受限制的裁量权，因为对行政裁量权的大多数限制都是程序性的。

持不同意见的大法官对复数意见对程序性损害的处理提出了严厉批评，认为它几乎取消了基于程序性损害而取得原告资格的可能性。但是，这一批评似乎是错位的。复数意见认定个人不能只根据对“程序性权利”造成的损害而申请司法审查。③ 复数意见以若干重要的方式对这一结论进行了解释和限定：

本案中原告所寻求强制执行的程序性要求，并不是如果对其不予理会，将会损害原告单独的具体利益……“程序性权利”具有特殊性这一说法的真实成分很大：已经获得程序性权利以保护其具体利益的个人，可以主张这一权利而没有满足所有可救济性和即时性(immediacy）的正常标准。因此……一个人……具有原告资格，可以起诉……行政机关没有［遵循程序］的行为，即使他不能以一定的确定性证明［这一程序会改变该案的结果］……我们并不认为个人不能要求强制执行程序性权利；只要讼争的这一程序之目的是

① 440 F. 3d 156 (4th Cir. 2006).

② 504 U. S. 555 (1992).

③ Id. at 572-573.

保护他某些受到威胁的具体利益，这也是他的原告资格的最终依据，他肯定是可以要求法院强制执行该程序性权利的。①

考虑到这些用词谨慎的条件限定，复数意见对程序性损害的处理似乎是有着充分理由的。

□ 作为例证的巡回法院判决意见

正如下列案件所显示的，各巡回法院已经努力处理了众多程序性损害相关争议。在City of Dania Beach v. FAA②案中，哥伦比亚特区巡回法院判定，居住在机场跑道附近的原告具有原告资格，可以主张联邦航空管理局（FAA）未经环境评估程序即发送书信批准增加跑道利用率，已经违反了《国家环境政策法》。法院认定，联邦航空管理局没有遵循《国家环境政策法》规定的程序致使原告遭受程序性损害，并且原告对于噪音污染的增加具有具体的利害关系。

在Nulankeyutmonen Nkihtaqmikon v. Impson③案中，第九巡回法院判定一家印第安
1461 部落对于质疑行政机关违反出租部落土地的法定程序具备原告资格。法院的理由是，印第安部落的这些成员已经因为行政机关未能遵守法定程序而遭受程序性损害，并且程序性损害也与他们作为出租土地的邻近居住者和使用人的具体利害关系相关。但是，法院接着判定原告尚未穷尽行政救济，因为他们还没有利用强制性的行政机关内部的上诉程序。④

在Sierra Club v. Johnson⑤案中，第十一巡回法院巧妙地裁决了一起棘手的争议。原告申请审查环境保护局所作出的不反对州行政机关签发《清洁空气法》许可的决定。其中一名原告的成员声称，他过去使用邻近将获得批准排放地点的地块，并且因为担心这些排放的不利影响而减损其从这一土地利用中获得的收益。这使得他对程序结果具有具体的利益。原告申请质疑环境保护局不反对签发许可之决定的合法性，因为州并未遵守环境保护局的规定为强制性的程序，也就是未能向一系列利害关系人发送许可申请的通知。法院判定，环境保护局拒绝对州行政机关执行这一强制性的公众参与要求，已经导致原告遭受损害，因为这一程序的目的是影响是否签发许可的决定。

在Earth Island Institute v. Ruthenbeck⑥案中，第九巡回法院判定，当林业局的一项规章取消了对涉及森林管理的一类决定提出行政复议申请的权利，并且该规章可能违反了对森林管理争议当事人赋予程序性权利的法律时，一家环境保护组织具备申请审查该规则的原告资格。法院指出，该组织的一名成员已经提交了一份宣誓书，指出他所使用的特定的一片森林受到行政决定的不利影响，而如果没有他所质疑的规则，他本来可以对该行政决定提起行政复议申请。法院也判定其他八项程序性规则尚不具备审查成熟性，因为这些规则还没有适用于任何原告具有具体利害关系的案件。⑦法院为了支持决定成熟性所依据相同的因素表明，法院本来可以对原告起诉这些规则的原告资格问题得出相同的结论。在
1462 Summers v. Earth Island Institute⑧案中，五名大法官出具的多数意见判定，巡回法院已

① 504 U.S. at 572，572 n.7，573 n.8.

② 485 F.3d 1181 (D.C. Cir. 2007)，参见§15.11的讨论。

③ 503 F.3d 18 (1st Cir. 2007).

④ 参见§15.2的讨论。

⑤ 436 F.3d 1269 (11th Cir. 2006).

⑥ 459 F.3d 954 (9th Cir. 2006)，superceded and clarified in 490 F.3d 687 (9th Cir. 2007).

⑦ 参见§15.12和§15.14的讨论。

⑧ 129 S. Ct. 1142 (2009)，本节上文作了详细讨论。

经判定具有起诉某县程序性规则之原告资格的环境组织，一旦行政机关就与对特定地块具有具体利益的该组织成员之间的争议达成和解，该环境组织就不再具有原告资格，而且该环境组织也缺乏与其他程序性规则有关的原告资格，因为没有成员对任何受影响的地块提出了足够具体的利益主张。

在 Bensman v. Forest Service[①] 案中，第七巡回法院特别仔细地讨论了若干原告资格问题。两名原告寻求法院审查林业局所作出的两项项目决定。他们都主张该行政机关的决定是武断和恣意的，因为它拒绝受理对这些决定提出的复议申请。法院首先承认原告已经指控存在程序性损害，因为他们所提出的复议申请是一部法律中为了提供改变行政决定的额外机会而规定为权利事项的。法院指出，原告主张存在程序性损害，并不需要证明如果他被赋予他有权得到的程序权利，他本来可以成功地改变林业局的决定，但是他必须证明在林业局裁决的争议中存在具体的利害关系。法院接着讨论了利益可以符合具体利益之条件的若干争议。法院驳回了原告提出的自己已经遭受信息性损害的主张，因为该案讼争的法律，与《信息自由法》不同，并未创设对于任何信息的任何权利。法院接着认定，其中一位原告个人对于讼争的这两个项目不具有充分的利益，因为他并未证明与其中一个项目选址的联系，也没有解释另一个项目如何妨碍了他利用该项目所在位置的土地。法院认定，另一位原告个人已经证明了对于这些项目的具体利害关系，因为他过去访问讼争地区的次数和时间相近度，足以使人相信他所陈述的在未来数月内回到这一地区的计划，并且他已经解释了讼争的这些项目如何妨碍了他从受影响地区中受益（enjoyment）。

在 Paulsen v. Daniels[②] 案中，第九巡回法院判定，联邦监狱犯人因为某项规章而被排除了某提前释放项目的资格的，可以具有主张该规章无效的原告资格，因为该规则是在未经通告和评议程序的情况下发布的。犯人被剥夺了本来允许相对人影响该程序结果的程序性权利，在这一程序中，原告们显然具有具体的利害关系——他们的自由。 1463

在 Electric Power Supply Assn. v. FERC[③] 案（EPSA 案），以及 Center for Law and Education v. Department of Education[④] 案（CLE 案）中，哥伦比亚特区巡回法院裁决了两起疑难的程序性损害争议。这两份判决意见是复杂的，也可能具有重要意义。§16.5 将对它们进行更详细的讨论，因为这两份判决意见最为重要和疑难的部分是讨论原告所指控的程序错误和事实上的损害之间的因果关系。但是，这些判决意见中有关事实上的损害的讨论，也存在争议，并且可能具有重要意义。

在 EPSA 案中，哥伦比亚特区巡回法院判定一家能源营销者（energy markers）协会具备申请审查一项行政规则的原告资格，该行政规则允许在该协会成员很可能具有金钱上的利益关系的听证会上进行单方沟通。法院的理由是这项违法的规则具有剥夺 EPSA 的程序性保障的效力，而这些程序性保障的设计宗旨是保护其成员对于涉及金钱上的利害关系的听证会之结果具有具体利益。即使法院不知道是否会发生任何确实的违法单方沟通，或者如何发生了，这种沟通对于程序结果会产生怎样的效力，如果有的话，法院认定程序性损害足以证明原告资格的成立，因为该规则所允许的违法程序“将会导致原告的特定利益蒙受明显的风险”。

在 CLE 案中，哥伦比亚特区巡回法院判定若干教育倡导组织和某公立学校的一位家长不具有申请审查协商式规则制定委员会——该委员会是教育部为了参与实施《不让一个

① 408 F. 3d 945 (7th Cir. 2005).

② 413 F. 3d 999 (9th Cir. 2005).

③ 391 F. 3d 1255 (D.C. Cir. 2004)，参见§5.18 和§8.4 的讨论。

④ 396 F. 3d 1152 (D.C. Cir. 2005).

小孩掉队法》（the No Child Left Behind Act）所需某些行为而设立的——的违法组成结构的原告资格。该法要求教育部设立的委员会包括“体现来自所有地理区域的代表……其数量需要在家长、学生代表与教师和教育部门官员的代表之间保持公平的比例”。法院的理由是这些教育倡导组织缺乏原告资格，因为讼争的程序不是为了保护它们的理由而设置的，因为教育倡导组织不属于该法律规定需要在该委员会中得到代表的利益团体。该案中这名家长所提出的审查申请提出了相较之下疑难得多的问题，因为该法明确将家长列为该委员会需要公平代表的团体之一。法院认定并不存在充分的程序性损害，因为原告必须证
1464 明程序缺陷将会对于原告具有的司法上可以辨识的实体利益产生不利影响。但是，法院承认该讼争的程序是为了保护家长利益而进行具体设计的，而且家长具有具体的利害关系，因为她担心其女儿可能会遭受根据该法属于不合适的分类决定的损害。但是，法院认定，违反程序性权利与具体的利害关系之间的因果联系太过间接和薄弱。

在 Sugar Cane Growers Cooperative v. Veneman[1] 案中，哥伦比亚特区巡回法院的判决意见对程序性损害进行了富有帮助的讨论。原告试图主张，农业部未经规则制定的通告评议程序即设立了对白糖的实物支付（payment-in-kind）项目，违反了《行政程序法》。农业部认为原告缺少原告资格，因为原告并未证明农业部如果遵循了通告评议程序，本来会作出不同的行为。法院对于原告为了以程序性损害的理由获得原告资格必须满足的证明责任作了精彩的论述：

> 主张自己所享有的程序性保护被剥夺的原告，需要证明如果他已经得到程序性保护，实体结论会有所变化。所有有必要证明的就是程序性步骤是与实体结论相互联系的。

当然，原告也必须证明他已经遭受被诉的行政行为所导致的实体性损害。法院认定，原告已经通过提交一位专家的宣誓书——解释了为什么实物支付项目会降低作为项目对象的产品的价格——而满足了证明责任。[2]

哥伦比亚特区巡回法院间接引用和直接引用* 了 Lujan v. Defenders of Wildlife[3] 案中复数意见的法官附带意见，以支持其对原告所提出的众多特别高的要求。法院并未提及 Friends of Earth v. Laidlaw[4] 的判决主旨，即使这份判决意见使得 Defenders of Wildlife 案中复数意见的法官附带意见的相当部分内容不再具有相关性。在 Laidlaw 案中，最高法院判定原告只需要证明他具有“合理担心”，即被诉行为将会产生不利的环境影响。正如 Laidlaw 案中不同意见所承认的，如果“原告环境保护组织有一名成员居住在污染源附近，就很难不满足今天的宽松标准”。

□ 所有原告资格案件的普遍性问题

最高法院在有的案件对上述类型的损害判定为是否可以支持成立原告资格的事实上的
1465 损害，某些问题会反复出现在这些案件之中。它们包括合理对待抽象或者一般化的损害、法律的相关性，以及与案件实质问题可司法性的相关性。

---

* citation 是指引经据典以示证明或者凭据，而 quotation 则是不加剪裁地直接引用原文或者原话。这里分别译为“间接引用”和“直接引用”，以示区分。——译者注

[1] 289 F. 3d 89 (D. C. Cir. 2002).

[2] 参见§16.5 的讨论。

[3] 504 U. S. 555 (1992).

[4] 528 U. S. 167 (2000).

□ 抽象或者一般性损害是不够的

最高法院否定原告资格常常是基于原告所主张的损害是过于“抽象的”或者“一般化的”①。

□ 法院有的时候承认抽象或者一般性损害

这一系列案件存在两项问题。其一，如果最高法院一直否定原告资格，只要政府行为导致的损害是“抽象的”、“一般化的”，或者“普通大众所共同遭受的”，很多政府行为，包括“损害性最强的和最具有普遍性的”政府行为，将会被排除司法审查。正如最高法院 1466
在 SCRAP 案中所宣布的，“我们不能接受这一结论”②。其二，我们难以确定这一系列案件的重要性，因为在损害是“抽象的”、“一般化的”，或者“普通大众所共同遭受的”之时，最高法院并没有一直否定原告资格。最高法院已经判定此类损害足以在很多案件中支持成立原告资格。例如，在 Akins 案中，最高法院判定一项损害可以支持成立原告资格，尽管它是很多人所共同遭受的。

在 Heckler v. Mathews③ 案中，最高法院判定工资收入者的丈夫和鳏夫具有指控一部法律——对待工资收入者的妻子和寡妇更优于工资收入者的丈夫和鳏夫——违宪的原告资格……这部法律的条文表述方式是：如果最高法院判定这一法律违宪，原告不可能获得更有利的待遇；唯一可能的结果是更为优待妻子和寡妇。因此，原告遭受的损害是完全抽象的；他们要求的是两种性别的公民都得到同等程度的不利对待。不过，最高法院判定这一损害足以赋予原告以原告资格。最高法院以一致意见宣布“歧视本身……可以对仅仅因为属于被不利对待的团体的成员而被不能得到同等对待的这些人带来严重的非经济性损害”④。

□ 法律的重要性

在 Havens Realty Corp. v. Coleman⑤ 案中，最高法院判定申请公寓住房的黑人申请

---

① 例如，Diamond v. Charles，476 U. S. 54，65-67（1986）（具有反对堕胎之意识的医生并不具有对判定限制堕胎权的法律违宪的司法判决提出上诉的原告资格，因为医生所受的损害太过于“抽象”）；Allen v. Wright，468 U. S. 737，752-754（1984）（黑人儿童的父母不具有指控国内税务局允许向存在种族歧视行为的私立学校提供税收补贴的做法违宪的原告资格，因为违反“要求政府守法的权利”是过于抽象的损害）；Valley Forge Christian College v. Americans United for Separation of Church and State，454 U. S. 464，486（1982）（纳税人不具有指控行政机关将土地赠予宗教组织的行为违宪的原告资格，因为他们主张作为纳税人而遭受的经济性损害，在法律上是不具有充分性的）；Warth v. Seldin，422 U. S. 490，499（1975）（希望在城市中购买住房的低收入的个人不具有指控一项分区规划条例——其制定目的和实施效果是将低收入的个人排除在城市之外——违宪的原告资格，因为对他们的损害只是“一般化的委屈（grievance）”）；O'shea v. Littlejohn，414 U. S. 488，494-495（1974）（一个城市的黑人市民并不具有指控该市执法存在种族歧视而构成违宪的原告资格，因为他们遭受的损害是过于“抽象的”）；Schlesinger v. Reservists Committee to Stop the War，418 U. S. 208，220（1974）（公民和纳税人并不具有指控联邦议员同时在军队保留预备役职务之行为违宪的原告资格，因为他们所主张的损害是“抽象的”）；United States v. Richardson，418 U. S. 166，177（1974）（公民和纳税人并不具有指控中央情报局拒绝提供其开支的“报告和账目”违宪的原告资格，因为他们所主张的损害只是“一般化的委屈”）；Frothingham v. Mellon，262 U. S. 447，487-488（1923）（纳税人不具有指控联邦对州拨款用于建设妇产医院的行为违宪的原告资格，因为所主张的损害是“普通大众所共同遭受的”）。

② 412 U. S. at 687-688.

③ 465 U. S. 728（1987）.

④ Id. at 739-740.

⑤ 455 U. S. 363（1982）.

人有权起诉房地产公司，指控其违反《1968年公平住房法》（the Fair Housing Act of 1968）。原告指控被告在有公寓供应时，告诉原告公寓大楼中没有公寓出售。如果原告当初要求的是在该大楼中承租一套公寓的话，该案的判决将是很平常的。根据个人的种族因素而拒绝向其提供承租公寓的机会，这完全可以构成法律上可以承认的损害。但是，原告并不是想要承租公寓。原告是一家组织所雇佣的“测试员”，其目的只是确定违反该法的人并提起诉讼。因此，原告遭受的唯一损害是抽象的——有人对他撒谎。

在 Trafficante v. Metropolitan Life Insurance Co.① 案中，最高法院判定一座公寓大楼的白人居民有权起诉公寓大楼的所有人，指控其对有色人种采取歧视行为违反了《公平住房法》。最高法院认定在法律上具有充分性的损害，看起来是抽象的——失去了居住在种族融合的社区内的社会性益处（social benefits）。②

□ 实质问题之可司法性的相关性

在 Flast v. Cohen③ 案中，最高法院判定纳税人有权起诉指控一项拨款决定违反了
1467 《联邦宪法》第一修正案的禁立国教条款。最高法院认为，纳税人因为税收债务加重而遭受经济性损害。这一损害的金额不过是一小笔钱，而且显然是“与普通大众所共同遭受的”。最高法院几乎肯定意识到原告的动机是非经济性的——他们在理念上是反对政府向宗教组织提供补贴——但是这种损害形式是抽象的。

还有两份判决意见可以让我们完全了解这一问题。在 Engel v. Vitale④ 案和 School District of Abington，v. Schempp⑤ 案中，最高法院分别判定在学儿童的父母有权起诉指控在公立学校的祷告和读经活动违宪。在这两起案件中，这些学校允许父母们安排他们的子女缺席他们所反对的宗教活动。最高法院判定，因为持续行动简短的宗教活动，或者让自己缺席宗教活动而对儿童可能造成的心理性损害，足以支持成立原告资格。

□ 对抽象性损害案件的协调

我不打算描述基于“抽象的”损害而赋予原告资格的众多案件以批评其结果或者贬低原告所主张的损害的程度。我的目的只是表明，“抽象的……一般化的”损害和“普通大众所共同遭受的”损害有的时候足以支持成立原告资格，有的时候则不足以支持成立原告资格。Engel 案和 Vitale 案中的父母无疑是因为被诉行为而“遭受损害”，但是他们遭受的损害，似乎与 Allen 案中的父母或者 Diamond 案中的医生所遭受的损害是无法区分的。类似的，Warth 案和 O'shea 案中对于原告所造成的损害，似乎与 Havens 案和 Trafficante 案中对原告所造成的损害相比，是一样抽象的。纳税人案件就其损害的性质而言，是完全无法区分的。我们必然由此推论最高法院将损害定性为足以或者不足以支持成立原告资格，在相当程度上是受其他因素影响的。

---

① 409 U.S. 205 (1972).

② Id. at 208.

③ 392 U.S. 83 (1968).

④ 370 U.S. 421 (1962).

⑤ 374 U.S. 203 (1963).

□ 可司法性的相关性

几乎可以肯定能解释这些在学理上存在矛盾的判决主旨的一项因素是可司法性。最高法院对于所指控的损害是否具备充分性所持的态度，常常取决于最高法院是否相信司法分支有能力制定限制政府的具有可司法性的标准。以损害不具有充分性作出否定原告资格的案件，大多数都出自以下三种情形：（1）说服法院开始通过适用原则性表述的限制政府权力的宪法条款以限制政府的裁量权，例如 Frothingham 案中的《联邦宪法》第十修正案；（2）在存在极端的行政管理难度的情形中试图限制政府裁量权，例如 Allen 案中的执行税收法律，Warth 案中的地方分区规划决定，O'shea 案中的执法行为，或者 Valley Forge 案 1468
中行政机关向宗教组织赠送多余的房地产；或者（3）试图在对军事或者外交职能具有明显不利影响的情形中限制政府裁量权，例如 Richardson 案和 Schlesinger 案。在这些案件中，最高法院受到 Alexander Bickel 案所称的“消极美德”的高度影响。[①]

□ 法律的相关性

最高法院在意识到强烈需要法院限制政府裁量权之时，以及更为自信自己有能力确定具有可司法性的标准时，就会以更具有同情心地看待原告所遭受的损害，例如 Engel 案、Schempp 案和 Flast 案。当国会明确承认原告所指控的损害足以支持成立原告资格时，最高法院最能够接受这种损害。Trafficante 案和 Havens 案都很容易根据这一理由作出解释。在《公平住房法》（the Fair Housing Act）中，国会认定（1）取消住房领域的种族歧视是非常重要的；（2）法院应当在实现法定目标上扮演重要作用；（3）不属于住房领域种族歧视行为之直接受害者的人也因为其影响而遭受损害；以及（4）基于种族因素而对任何人就住房供应情况所作的不实陈述，是被明确禁止的。在 Havens 案和 Trafficante 案中，最高法院直接默认了立法机关对成立原告资格所需要的损害所作的定性。[②]

§ 16.5 因果关系和可救济性（Redressability）

□ 被诉行为必须造成所指控的损害

作为原告资格成立要件之核心要求——事实上的损害——必然包括被诉行为造成损害的要求。[③] 但是，正如所有学过侵权法的学生都知道的，要确定一项行为是否“导致了”特定的损害是困难的。每项重要的行为都会因为科学家和经济学们所论证的各种错综复杂的关系而产生几乎无限的系列后果。法院必须为了原告资格的目的而以某种方式对事实调查作出限制。在法律没有为了原告资格的目的而对因果关系作出规定时，法院很可能无法对它们长期以来用于解决侵权诉讼中的近因（proximate cause）问题而采用的标准加以改进。如果行为实质性地增加了损害的风险，因果链条是相对直接的，并且行为和损害的时

---

① See A Bickel, *The Least Dangerous Branch* (1965).

② 对于这一因素的更完整讨论，参见§16.9。

③ Linda R.S. v. Richard D., 410 U.S. 614 (1973).

间顺序（sequence of events）是基于符合逻辑的联系，那么行为与损害之间的因果关系对于侵权诉讼目的而言就是充分的。相反，如果它是非实质性的、间接的、微弱的（tenu-
1469 ous）或者猜测性的，因果关系就是不充分的。

□ 有关因果关系的前后不一致的判决

没有一项因果关系标准可能产生完全可以预测的和一致性的司法判决模式。不可避免地会存在某些无法预测和不一致的灰色地带。而且，数百年来侵权法领域的司法判决和学术著作已经证明了这一现实。但是，最高法院在原告资格领域对因果关系问题作出的判决所造成的灰色地带之大达到了令人无法容忍的地步。取决于下级法院选择最高法院的三种进路中的哪一种作为其参照系，任何因果关系都可以被判定足以或者不足以支持原告资格，这个说法或许有些夸张，但是并不算太离谱。

□ 有关因果关系之判决的调和

最高法院从未对其众多有关因果关系的判决中存在前后不一致之处作出解释。事实上，最高法院甚至并未意识到其判决中存在的冲突。但是，我们可以很容易地从最高法院的判决模式中推导出对不一致性的解释。最高法院首先要判断的是一项争议或者一类争议是否适合于司法干预。在其审理的这一阶段，大法官们会审查以下一系列问题：我们是否可以从适用的法律或者《联邦宪法》的文字中推导出适合于裁判此类争议的、具有可司法性的标准？这类争议的司法干预会对法院或者其他政府机构施加明显的负担吗？法院是否很可能会因为干预这类争议而犯下成本高昂的风险？这类争议是否接受充分的政治约束，以至于司法干预是不必要的？国会是否曾经明确表明希望法院干预这类政府活动的领域？不幸的是，大法官常常并不披露其对这些重要问题的推理过程。他们甚至不承认他们已经在许多案件中考虑过这些问题。相反，他们裁决了原告资格成立所需的因果关系问题，依据的是他们对逻辑上既与原告资格无关，也与因果关系无关的可司法性问题所作的低调处理（sub rosa resolution）。如果最高法院审理适合司法干预的一类争议，它就适用容易符合要求的因果关系标准并判定原告的损害是因为被诉行为所导致，从而允许司法干预所讼争的此类争议。如果最高法院审查的是不适合司法干预的一类争议，它就会适用不可能符合要求的因果关系标准，并判定原告的损害不是被诉行为所导致，从而排除司法干预所讼争的这类争议。

□ 对可救济性的解释

最高法院也在某些案件中认为原告的损害无法通过司法途径获得救济——也就是说，即使法院撤销了被诉行为，损害仍将发生——从而作出否定原告资格的裁判。在大多数案件中，因果关系和可救济性问题是难以区分的，也就是说，如果被诉行为导致了损害，法院作出撤销（invalidating）行为的命令将能够补救所造成的损害。但是，在有的案件会出现疑难的可救济性问题，并且独立于因果关系问题而存在。我会在本节结束部分详细讨论这些不同寻常的可救济性问题的相关判决意见。

我分成三个步骤分析对这一领域的判例法不尽如人意之处进行分析。首先，我会选择最高法院的一些有代表性的判决，以此说明最高法院对于因果关系所采取的前后矛盾的进路，这些判决分别采用了从高度允许性到高度限制性的不同进路。其次，我会分析最高法院对因果关系采取各种不同进路的真实理由。几乎每起最高法院根据非常严格的因果关系标准而拒绝了原告资格的案件，都会引发一项甚至更多的严重的可司法性问题，这对最高法院不愿意同意进行司法干预提供了更为言之成理的解释。最后，描述一些代表性的下级法院判决样本，它们说明了最高法院对因果关系所采取的既未能保持前后一致，也不够坦诚的进路所导致的损害。简而言之，因为最高法院拒绝披露其判决的真实理由，反而选择
依赖高度变化性的因果关系标准，下级法院将过多的资源用于原告资格争议，但并没有得 1470
到令人满意的结果。

□ 改变司法进路的建议

最后，在对这些案件进行讨论的过程中，我还会提供一个建议以求从最高法院所创造的卡夫卡式的（Kafkaesque）* 世界中获得解脱。最高法院应当采取两个步骤。其一，它应当在确定因果关系时候采取单独的一项实用主义的标准。在法律没有解决因果关系时，最高法院认为任何符合逻辑的指控，即被诉行政行为会明显增加原告遭受损害之可能性的，都应当被认为是充分的而得到接受。其二，如果最高法院通过独立于原告资格之外的可司法性考量，认定一类争议不适合司法干预，它应当坦诚地陈述其理由。

□ 间接导致损害的行为

在这些涉及行政行为间接导致损害——也就是行政行为导致第三方作出很可能损害原告的行为，或者是改变了第三方的激励而很可能导致原告遭受损害——的案件中，对于因果关系作出了前后不一致的判决。在这种情况下，对于因果关系的审查有必要基于概率（probability）的评估。行政行为可能导致所指控的损害吗？在这种情况下，任何要求确定性的因果关系标准都是不现实的，因为没有人能够确定地预测第三方会对行政行为如何作出反应。

□ 适用概率进路的案件

在有的案件中，最高法院所适用的因果关系标准是基于对行政行为可能后果的现实评
估。① 允许新企业进入受管制市场的行政行为，并不会对任何已经参与该市场的企业造成 1471
任何直接损害。对于在位企业（market incumbent）的损害，如果有的话，也是间接的。只有在一家或者更多的新企业确实进入了该市场，并且这些企业确实从在位企业处获得了业务，或者构成了如此可信的威胁，以至于迫使在位企业降低价格以维持其业务，市场在位企业才会遭受损害。一个甚至更多的在位企业很可能会以此种方式遭受损害，但是对于这一结果的预测并不具有确定性或者特定性。也许没有一家新企业会利用这一进入市场的机会，或者也许它们不能在市场中进行有效竞争。即使某些市场在位企业似乎很可能会遭受损害，我们也常常难以预测哪一家特定的市场在位企业遭受了损害。新企业往往会进入

---

* 卡夫卡式的，是指描述生活中像弗朗茨·卡夫卡（Franz Kafka）作品里那样离奇的现象。——译者注

① 例如，Clarke v. Securities Industry Assn.，479 U.S. 388（1987）；Investment Co. v. Camp，401 U.S. 617（1971）；Arnold Tours，Inc. v. Camp，400 U.S. 45（1971）；Association of Data Processing Servicing Organizations v. Camp，397 U.S. 150（1970）；American Trucking Assn. v. United States，364 U.S. 1（1960）；Alton R. Co. v. United States，315 U.S. 15（1942）。

某些而非所有地区的市场，而且它们很可能会与某些但并非所有的在位企业进行有效竞争。

□ 不要求确定性和特定性的理由

最高法院并不要求在位企业以实质性的确定性（particularity）证明它会因为允许新企业进入市场的行政行为遭受可以特定化的损害。在几乎所有的案件中，这都将是一项艰难和苛刻的任务，需要合格的经济学家提交详细的市场分析。在很多案件中，要以确定性和特定性证明损害将是不可能的。最高法院已经反复判定任何在位企业都具有原告资格，只要根据一家或者更多在位企业很可能会因为行政机关允许新企业进入受管制的行业的决定而遭受损害，就可以申请法院审查。

□ 程序性损害的案件

类似的，如果一个当事人指控其遭受的损害可以归因于行政机关拒绝适用法律规定或者《联邦宪法》所要求的程序，最高法院通常会赋予该当事人以原告资格。[①] 不过，任何因为未能适用法律规定或者《联邦宪法》要求的程序而对实体性权利造成的损害，都是间
1472 接而且猜测性的。

□ 不打断因果关系链条的中间发生的裁量行为（Intervening discretionary act）

在 FEC v. Akins[②] 案中，六名大法官出具的多数意见判定，一项行政行为导致了可以通过司法方式救济的损害，尽管行政机关保留了拒绝对该损害提供救济的裁量权。联邦选举委员会（FEC）发布了一项命令，其中判定某组织不是“政治委员会（political committee）”。* 而如果是相反的结论，该组织就需要依法承担向联邦选举委员会报告信息的义务。而联邦选举委员会则需要将这些信息向公众公开。多数意见认为，联邦选举委员会因为剥夺了原告获得信息的权利，而这些信息对于他们作为选民的能力又是有用的，因而给原告造成了损害。当然，这一组织可能并不遵守法律，并且会拒绝向联邦选举委员会提交法律要求的报告。在这种情况下，因为 Heckler v. Chaney[③] 案中所宣布的行政不作为之不可审查性推定，原告就不能迫使联邦选举委员会对该组织提起执法诉讼。因此，如果该组织拒绝遵守该法律，而行政机关拒绝对该组织提起执法诉讼，法院也无权对原告的损害提供救济。多数意见拒绝遵循这一猜测性的推理路径。用多数意见的话来说，就是：

我们不可能知道联邦选举委员会会以此种方式行使其公诉裁量权……如果复审法院同意认为，联邦选举委员会对法律作了错误解释，它会撤销联邦选举委员会的行为并将案件发回重新处理，即使行政机关……可能以后在行使法定裁量权时以不同理由得出了相同的

---

* 政治委员会是指在特定年份，为了影响任何联邦公职的竞选活动，并接受捐助或者支出超过 1 000 美元的任何委员会、俱乐部、协会或者个人团体。——译者注

① 例可参见 Lujan v. Defenders of Wildlife，504 U. S. 555，572-573（1992），参见§16.4的论述（描述了最高法院对程序性损害的处理进路）；Robertson v. Methow Valley Citizens Council，490 U. S. 332（1989）（reviewing agency's alleged failure to follow procedures required by National Environmental Policy Act）；Mathews v. Eldridge，424 U. S. 319（1976）（reviewing agency's alleged failure to follow procedures required by due process）。

② 524 U. S. 11（1998）.

③ 470 U. S. 821（1985），§17.7有讨论。

结论……因此，被告的“事实上的损害”是“基本上可以追溯至”联邦选举委员会决定不……［将该组织宣布为“政治委员会”］，即使联邦选举委员会在合法行使其裁量权之后也可能会得出相同的结论。出于类似的理由，本案中法院会“救济”被告的“事实上的损害”①。

□ Sierra Club 案

许多其他的判决明显反映了适用实用主义的、概率标准以确定损害的发生。例如，在 Sierra Club v. Morton② 案中，行政机关允许企业在过去的荒地上建设大型住宅区的决定并没有给之前享受该区域之荒原特征的任何人造成任何直接的损害。被诉行为甚至并不确定会造成间接损害。行政行为和所指控的损害之间存在大量的意外情况。也许该企业会发现这一许可的条件造成过重负担。也许该企业不能为该住宅区提供融资。最高法院［在法 1473
官附带意见中］认为，任何过去享受该区域的荒原特征的人能够证明该损害足以支持认定构成原告资格，似乎没有受预测第三方行为之需要所困扰。

□ Duke Power 案

类似的，在 Duke Power Co. v. Carolina Environmental Study Group③ 案中，最高法院判定根据被诉行为和所指控损害之间的间接、概率性的因果联系，足以判定支持原告资格的成立。原告住在 Duke Power 当时建设的核电站场址附近。他们指控因为这一核电站的完工和运营而造成了众多损害，例如湖泊的热污染和小剂量辐射的排放。但是，他们所寻求起诉的行为与所指控的损害之间距离几步之遥。他们指控了《Price-Anderson 法》的合宪性，该法将核电站所有人在发生灾难性事件时承担的责任限额规定为 5.6 亿美元。最高法院判定原告具有原告资格，因为“如果没有”《Price-Anderson 法》，这一核电站“具有实质性的可能性”不会完工和运营。④ 最高法院承认 Duke 可能会在没有这部法律的情况下承担完工和运营核电站的风险，或者如果该法被判无效，政府可能会设计其他方法以保持核电站的活力。但是，如果法律被判定违宪，Duke 会放弃该核电站并且政府会放弃其对民用核电的承诺，考虑到这一“实质性可能性”，这些不确定性不足以打破因果关系链条。

这一概率进路似乎也隐含于最高法院在 Northeastern Florida Contractors v. Jacksonville⑤ 案中的判决主旨。Jacksonville 设立了对政府合同的“为少数民族预留”的（minority set aside）项目。一家（多数成员不是少数民族）社团指控该项目，认为其违反了平等保护。一家巡回法院判定该协会缺乏原告资格，因为它没有指控任何其成员确实因为这一项目而丧失了政府合同。最高法院推翻了这一判决，判定对获取政府福利设立平等竞争的障碍，足以证明存在可以由法院审理的损害。原告并不需要指控称如果没有这一障碍，他本来可以获得这一福利。

---

① 524 U.S. at 25.

② 405 U.S. 727 (1972).

③ 438 U.S. 59 (1978).

④ Id. at 75-78.

⑤ 508 U.S. 656 (1993).

□ 承认微弱和间接的因果联系的案件

在有的案件中，最高法院根据间接、微弱和高度猜测性的因果联系而支持了原告资
1474 格。① 在 Bryant 案中被判定具有充分性的因果联系是如此微弱，甚至是难以理解的。原告是试图质疑行政机关适用 43 U. S. C. §423e 之方式的 Imperial Valley 居民。有一项法律条款将联邦政府补贴的灌溉水限定于属于共同所有的超过 160 英亩的地块。原告指控称，如果对这部法律的适用方式正确的话，他们能够以低于市场价值购买土地并以市场价值转售土地而从中获利。因此他们所称的损害包括本来需要政府促成的土地投机中有望获得的利润。最高法院在判决书脚注 17 中对因果关系进行了解释：

根据§46［43 U. S. C. §423e］的规定出让的多余土地，必须是以内政部长“根据其在评估日期的实际、善意的价值，而不考虑拟议建设的灌溉工程……”确定的价格出售。如果这些土地是以不同价格出售的，内政部长可以“取消附属于这块土地上的水权”。因为联邦土地复垦项目已经实质性地增加了这一区域的土地价值，多余的土地需要以低于当前公平市场价值的价格出售。既然这些土地的购买人将会在出售时获得明显的利润，那么有关被告（居民）的财务资源的详细信息缺失并不会挫败被告提出的有关原告资格的主张。

□ 对 Bryant 案的批评

因此，即使居民没有购买这块土地的资金实力，或者即使居民拥有资金实力，但是没有提出事实证明能够在面对几千甚至几十万个潜在买家时有机会以低于市场价值购买任何特定地块，仅仅是希望能够买卖土地并从中获利，这些居民利益就足以让他们在 Bryant 案中拥有原告资格。对于所有出现的买家，任何特定的居民能够以低于市场价值购买任何地块的概率接近于零，因为（1）他可能当时缺乏资金实力；（2）土地所有人可能更愿意继续持有土地而非以低于市场价值出售土地；（3）如果以低于市场价值的价格挂牌出让，该地块的意向买家数量可能是庞大的；（4）以低于市场价值出售的土地所有人会将其土地买卖限制在朋友或者提供回报的人之间；以及（5）在原告资格问题存在争议的这些居民的有生之年里可能都不会有土地出售。上诉列举的偶发因素可能还是没有穷尽。任何居民
1475 成功购买的概率似乎不大。

最高法院在 Bryant 案中允许居民拥有原告资格的唯一解释是在这句话中：“如果不适用§46，多余土地的 800 名所有人中任何人都不太可能会以低于市场价值的价格出售土地；如果适用§46，以低于市场价值的价格出售土地则是可能的。因此，上诉法院正确地认定，被告对于是否具有对地区法院判决提起上诉的原告资格这一争议的结果具有充分的利害关系。”②

□ 对 SCRAP 案的批评

在 SCRAP 案中，最高法院判定一项由多个偶发事件构成的因果链条是充分的。一群

---

① 例如，Bryant v. Yellen，447 U. S. 352（1980）；United States v. Students Challenging Regulatory Procedures (SCRAP)，412 U. S. 669（1973）；Barlow v. Collins，397 U. S. 159（1970）。

② 447 U. S. at 368.

法科学生申请法院审查州际商业委员会的一项命令，即授权对所有铁路货运价格上调 2.5%。原告指控遭受的损害包括他们呼吸的空气质量恶化。在 SCRAP 案中被判定具有充分性的因果关系如下：(1) 对货运价格全面上调 2.5%，将会对采用回收材料而非原始材料（virgin materials）的成本产生不成比例的负面影响；(2) 与将回收材料转化为终端产品相比，将原始材料转化为回收材料的过程需要消耗更多的能源；(3) 能源消费量的增加也会导致空气污染物排放的增加。如果最高法院经常将这种微弱和间接的因果联系判定为充分的，原告资格标准中的"事实上的损害"部分将不再能够对几乎任何政府行为可能提出的一系列诉讼施加任何限制。例如，行政机关作出的每项通过制定规则解决一般性政策问题而非通过个案裁决解决这一问题的决定，都给每位法学教授造成了损害。行政机关以规则取代个案裁决，将把对法律服务的需要减少到无法测量的程度。而这又将减少对法学教授的需求，进而降低所有法学教授对年度加薪的期待。瞧！我可以有原告资格去申请审查每项行政规则。

□ 对 Barlow 案的批评

在 Barlow[①] 案中，最高法院似乎甚至不承认其认定是充分的因果关系具有的微弱性。该案中，一项行政规则首次允许承租土地的农场主（tenant farmers）将未来有望获得的政府资金（government payments）转让给土地所有人作为贷款担保，这些承租土地的农场主起诉要求法院审查这一行政规则。这一规则增加了原告的自由。他们声称因为可以预期土地所有人会从得到新设担保保障的贷款中获得较高比例的利益。原告提出的行政机关因为增加了他们的自由而给他们造成损害的说法似乎充其量是可以辩论的。但是，在 Barlow 案中，最高法院未经辩论或者讨论即接受这种推理。

□ 要求因果关系确定和特定化的案件

在被诉行为似乎很可能会导致所指控的损害的众多案件中，最高法院也否定了原告资格。[②] 1476

□ Allen 案

依据《联邦宪法》和法律的规定，禁止对实施种族歧视的学校提供税收补贴。在 Allen 案中，黑人儿童的父母以国内税务局执法不力为由申请法院审查。原告指控因为国内税务局执法不力，许多实行种族歧视的私立学校仍在获得大量税收补贴。原告声称自己遭受两种形式的损害：(1) 因为政府违法补贴实施种族歧视的学校而造成的损害；(2) 对于儿童获得取消种族隔离的公立学校教育的机会带来的损害。五名大法官出具的多数意见判定第一项损害"过于抽象"，无法支持原告资格。[③] 多数意见承认儿童在实施种族融合的学校中获得公立教育的机会减少，这"无疑"是可以由法院审理的。[④] 但是，多数意见认定

---

① Barlow v. Collins, 397 U. S. 159 (1970).

② 例如，Allen v. Wright, 468 U. S. 737 (1984); Simon v. Eastern Kentucky Welfare Rights Organization, 426 U. S. 26 (1976); Warth v. Seldin, 422 U. S. 490 (1975); Linda R. S. v. Richard D., 410 U. S. 614 (1973)。

③ 参见 § 16.4。

④ 468 U. S. at 756.

这一损害并不能“合理追溯至”被诉政府行为。[①]“［国内税务局对实行种族歧视的私立学校赋予的税收豁免地位］与被告的学校存在的种族隔离之间的因果联系充其量是微弱的。”[②] 这是“某些第三方的独立行为”导致的结果。在判决意见的一个关键段落中，多数意见指出：

撤销特定学校的免税地位是否会导致学校改变其政策……以及任何特定的父母是否会因为任何私立学校因为面临丧失免税地位的威胁而改变教育或者财务策略……而决定将其孩子转至公立学校……这完全是猜测性的。[③]

□ 对 Allen 案的批评

这段表述是准确的，但是它与最高法院在众多其他案件中对因果关系所采用的实用主义的、概率进路是无关的。为了将原告遭受的损害追溯至实施种族歧视的私立学校的免税地位，我们没有必要证明任何“特定”学校或者“特定”父母会因为撤销或者威胁撤销免税地位而改变其行为。我们只需要承认以下明显的因果关系：许多学校会因为被威胁撤销免税地位而修改其政策，而且如果（1）私立学校面对取消免税地位的威胁而取消了种族
1477 歧视的政策，或者（2）私立学校因为丧失免税地位大幅提高学费，许多父母会将他们的孩子从实行种族歧视转至取消种族隔离的公立学校。

Allen 案持不同意见的大法官通过适用简单的微观经济学原理，表明了原告的损害与实行种族歧视行为的私立学校的免税地位之间存在无可争辩的因果关系。免税和减税长期被视为政府补贴形式，具有与现金拨款相同的效力。[④] 政府补贴，无论采取的是现金拨款，还是免税，都会提高受补贴的活动的水平，而撤销补贴会减少之前受补贴的活动的水平。[⑤] 因此，如果政府对实行种族歧视的私立学校给予免税地位，它就是对白人学校离开取消种族隔离的公立学校提供补贴，从而减少了原告的孩子在种族融合的公立学校接受教育的机会。[⑥]

□ Eastern Kentucky 案

最高法院在 Eastern Kentucky 案中所作的因果关系分析，几乎与其在 Allen 案中所作的分析一模一样。最高法院在这两起案件中都认为，税法对行为没有影响——这一观点会让所有的立法机构和大多数的公民吃惊。Eastern Kentucky 案中，有些医院满足国内税务局对税法规定的“慈善”组织赋予免税地位的新标准而获得了免税地位，拒绝对原告提供医疗服务。原告要求对 1969 年国内税务局作出的一项裁定（Ruling）进行审查，该裁定允许一些医院保持免税地位而无须向穷人提供非急诊医疗服务。在 1969 年之前，国内税务局和法院已经判定医院必须向穷人提供非急诊医疗服务，才能符合享受免税待遇的“慈善”组织资格。最高法院否定了起诉该裁定的原告资格，理由是“拒绝提供起诉书中所列举的服务，是否可以公平地追溯至该裁定，或者相反来自于医院在没有考虑其税法含义的

---

① Id. at 757.

② Id.

③ 468 U. S. at 758.

④ Id. at 785.

⑤ Id. at 786-788.

⑥ Id. at 784.

情况下作出的决定，这完全是猜测性的”①。

□ 对 Eastern Kentucky 案的批评

这一推理从许多理由来看是奇怪的。首先，免税地位是特别有价值的。任何医院、大学、基金会等都不太可能会“不顾税法之意义”而作出决定。其次，国会明显相信税法对行为具有明显的影响；国会已经根据这一认识而制定了篇幅数以百页计的法律。最后，如果最高法院常规性地适用 Eastern Kentucky 案中的推理，它将不得不在大多数间接损害的案件中否定原告资格。例如，在 Association of Data Processors 案中，最高法院本来可以指出：“这是完全猜测性的，降低原告利润是否可以合理归因于新企业进入市场或者相反， 1478
因为其他因素，例如管理不充分或者成本过高。”

□ 对 Linda R. S. 案的批评

最高法院在 Linda R. S. 案中否定原告资格，是出于更为模糊的观点，亦即行为不受监禁担心的影响。德克萨斯州法律规定对任何拒绝抚养子女的父亲，可以处以两年以下监禁；地区检察官拒绝对该父亲采取行动，而且地区检察官的行为作出依据则是他对该法所作出的错误或者违宪的法律解释，即将该法律解释为不能适用于非婚生子女。最高法院发现 Linda 已经遭受损害，但是认定公诉人拒绝提出公诉与发生的损害之间并不存在因果关系。“因此，如果上诉人获准得到所申请的救济，它只会导致子女的父亲遭受监禁。至少就公诉将来会促使该父亲支付抚养金，这种预测可以说只是猜测性的。”② 这一说法是与数百年来众所公认的观念——监禁的威胁会影响行为——相悖的。许多父亲不会选择监禁，而拒绝抚养其子女。

□ Warth 案

在最高法院以缺乏因果关系而拒绝原告资格的判决中，Warth③ 案不仅是推理最不充分的，也是被最频繁引用的。纽约州 Pennfield（地处 Rochester 的郊区）市制定的条例产生的效果将会使中低收入人群，包括大多数少数族群的人口无法在 Pennfield 居住。但是，六名大法官出具的多数意见判定，中低收入人群和试图为这些人群建造住房的建筑商不具有原告资格。

□ 对 Warth 案的批评

最高法院承认这项条例具有“将中低收入人权排挤出去的目的和效果”，并且如果影响了被排挤的个人的权利，此种排挤将是违宪的，但是它判定这些个人还没有证明“他们就是遭受损害的人”④。在 1969 年和 1971 年，两家建筑商已经寻求重新分区规划，以允许中等收入的个人可以购买得到补贴的合作联排住房（cooperative townhouses）。但是，最

---

① 426 U. S. at 4243.
② 410 U. S. at 618.
③ Warth v. Seldin, 422 U. S. 490 (1975).
④ Id. at 502.

高法院判定这并不充分，因为“记录中并没有表明这些项目……将会以原告能够承受的价格满足原告的需求，或者如果法院消除被告的阻碍因素，此类救济将会让原告受益”[1]。

一家建筑商提出了一项具体的申请，要求为中低收入的个人建造住房，Pennfield 否
1479 决了这项申请。最高法院经过仔细审查，确定该建筑商缺乏原告资格。它认定没有充分证据表明在起诉书提出之时，这一争议仍然“存在”而且这一项目仍然是“可行的”[2]。这一推理并不符合起诉书中的文字——认为建筑商仍在试图在 Pennfield 建设低成本的住房——以及《联邦民事诉讼规则》（the Federal Rules of Civil Procedure）第 8 条（a）的规定——该条款只要求“简短明白地陈述诉讼请求”。

最高法院承认，中低收入的原告都没有成功地在 Pennfield 找到价格可以承受的住房，并且分区规划条例无疑“造就了，也许是实质性地，Pennfield 的住房成本”[3]。但是，它认定，原告仍未证明如果不是因为条例的缘故，他们本来能够在 Pennfield 找到价格可以承受的住房。[4] 三名大法官在 Warth 案中撰写了一个措辞激烈的不同意见。他们提出了具有说服力的主张，即多数意见仅仅因为对诉讼请求的实质问题的敌视态度，而对原告资格确立了难以逾越的障碍。[5]

□ 对前后不一致的判例法的总结

我们简要概括这三类判决中宣布的法律原则。在大量的案件中，包括所有涉及竞争者原告资格的案件中，原告都有资格要求法院审查行政机关违反强制性程序的行为。在 Duke Power 案和 Sierra Club 案中，最高法院只要求原告证明被诉行为很可能会导致所指控的损害。最高法院适用了基于概率的实用主义的因果关系标准。在 Bryant 案、SCRAP 案和 Yellen 案中，最高法院适用特别允许性的因果关系标准，基于非实质性的、间接、微弱和猜测性的因果关系承认了原告资格。在 Allen 案、Eastern Kentucky 案、Linda R. S. 案和 Warth 案中，最高法院否定了因为被诉行为几乎肯定遭受损害的原告所具有的原告资格。在这些案件中，最高法院所适用的标准是如此严格，以至于它对于法院干预这些争议构成了难以逾越的障碍。

□ SCRAP 案仍然是好的判例吗？

在 Lujan v. National Wildlife Federation[6] 案中，最高法院采取了一项正确的做法，消除了其过去的判决模式中明显存在的矛盾。最高法院在法官附带意见中表明它不再愿意认为 SCRAP 案所说明的这种微弱的因果关系是充分的。“SCRAP 案的判决意见对于满足《行政程序法》§702 规定的审查要件进行的扩张解释此后从未得到本院的效仿，在本案中是不相关的。”因此，最高法院似乎已经放弃了其对因果关系所采取的三种相互不一致的不同进路中的一项。

---

① 422 U. S. at 506.
② Id. at 517.
③ Id. at 503-504.
④ Id. at 504-508.
⑤ Id. at 520.
⑥ 497 U. S. 871, 889 (1990).

□ 对要求因果关系确定和特定化的案件所作的解释

但是，最高法院从未否定 Warth 案、Allen 案、Eastern Kentucky 案和 Linda R. S. 案所代表的更有争议的一系列案件。这引发了重要的问题。最高法院为何有时采用了无法满足的因果关系标准？是什么让这些案件区别于最高法院采取了符合逻辑的、实用主义的 1480
方法以确定因果关系的案件？这些问题似乎是容易回答的，尽管问题的答案与原告资格并无符合逻辑的关系。最高法院利用原告资格，特别是频繁利用原告资格标准的因果关系要件，阻止联邦法院干预其认为不适宜由联邦法院干预的案件。

□ 可司法性（Justiciability）的考量

在上述四起案件中，最高法院适用了一项极其严格的因果关系标准，这些案件都涉及会同时对联邦法院和行政机关构成难题的一类争议。在 Eastern Kentucky 案中，原告申请审查国内税务局的一项涉及特定纳税人之税法地位的裁定，理由是该裁定对该纳税人之外的其他人产生了不利影响。不仅如此，原告要求最高法院对一项宽泛的法定术语“慈善(charitable)”赋予特定的含义。最高法院无疑担心承认其具有原告资格将会让其他第三方，例如主张国内税务局对于纳税人过度宽松的纳税人之竞争者，对所有国内税务局的裁定提起诉讼。这反过来会破坏国内税务局为了实施税法所实行的脆弱但是非常重要的机制。在 Allen 案中，原告指控国内税务局没有充分执行法定禁止规定。最高法院不愿意允许联邦法院介入对行政机关执法策略的调查和事后批评，这是可以理解的。在 Linda 案中，原告申请最高法院要求公诉人提起刑事诉讼。在过去几百年里，法院不愿干预公诉裁量权的行使。[①] 在 Warth 案中，原告申请联邦法院审查地方分区规划决定，以确定这些决定在多大程度上对穷人实施了违宪的歧视。考虑到由于各种合理的理由，数以千计的地方分区规划决定对住房价格的可承受性产生了不利影响，这一任务使联邦法院增加了巨大的负担。

□ 原告资格是不合适的原则

最高法院排除联邦法院介入这些疑难争议的决定是可辩护的。最高法院依靠虚伪地适用原告资格的判例法以实现这一结论，这一决定则是不可辩护的。最高法院可以通过放弃偶尔以结果为导向操纵原告资格的判例法，以及以诚实陈述拒绝允许联邦法院介入一类争议的真实理由，而完善法律体系的运行。这些理由无关于原告资格所要解决的唯一问题：谁可以获得法院审查本来可审查的政府行为？它们仅仅关系另一项问题：什么问题是适合于司法裁决的？ 1481

□ 可审查性是更合适的原则

我可以列举一些证据来证明最高法院正在往我所要求的方向发展。第一，除了 Lujan

① 参见§17.7。

v. Defenders of Wildlife[①] 案中复数意见之外，自从 1984 年在 Allen 案的判决以来，最高法院还没有以这种扭曲的方式利用过原告资格标准的因果关系要件。第二，最高法院已经在近年作出的几项判决中就因为所涉及争点的性质而明确拒绝允许联邦法院干预某些类型的争议。[②] 无论这些判决是对是错，它们都表明最高法院现在愿意更坦诚地陈述其判决的真实理由。这会消除，或者至少减轻一个诱惑，即对原告资格原则进行变通，以取得最高法院相信适合于原告资格之外之理由的结果。

□ Laidlaw 案

第三，也是最鼓舞人心的进展标志是在 Friends of the Earth v. Laidlaw Environmental Services[③] 案中七位大法官出具的多数意见。Laidlaw 案的判决意见对于损害的因果关系产生了两项重大影响。其一，最高法院判定“合理的担心”，即被告的行为对环境造成的不利影响符合“事实上的损害”的条件。在 Laidlaw 案之前，许多法院要求原告证明被告的行为，例如以特定方式向河道排放多余的汞，产生了特定不利的环境影响，例如鳟鱼数量减少 20%。这是几乎不可能的，但是要证明特定的排放导致对鱼类产生不利影响的“合理担心”。如果我们对第四巡回法院在最高法院的 Laidlaw 判决前后对相同因果关系争议所作的裁决进行对比研究，就能发现这两种进路之间存在明显的差别。[④]

□ 最高法院对本案与 Linda R. S. 案进行了区分

其二，Laidlaw 案中持多数意见和不同意见的大法官们对于 Linda R. S. v. Richard D.[⑤] 案中判决主旨的含义和范围进行了重要的辩论。Linda R. S. 案中多数意见在其作出之时是难以理解的。Linda R. S. 向法院申请禁令，以迫使地方公诉人对其孩子的父亲 Richard D. 提起刑事诉讼，指控其拒绝支付法院责令支付的儿童抚养费，因为这一行为是违反德克萨斯州法律的，构成犯罪。最高法院本来可以适用禁止法院干预公诉裁量权的行
1482 使的古老原则，即可轻松地驳回 Linda R. S. 案提起的诉讼。[⑥] 相反，五名大法官出具的多数意见令人费解地驳回了这一案件，其理由是 Linda R. S. 缺乏原告资格。具体来说，多数意见认定，Linda R. S. 没有证明公诉人不提起公诉的决定给她造成了损害，或者要求公诉人提起公诉的禁令可以为其遭受的损害提供救济。

Linda R. S. 案是最高法院首次在一起案件中宣布原告（plaintiff or petitioner）必须证明因果关系和可救济性以满足《联邦宪法》第三条规定的原告资格要求。但是，Linda R. S. 案的多数意见多处表明了该判决只适用于一小类案件。因此，例如，Linda R. S. 案的多数意见将该案区别于有法律“明确赋予原告资格”的案件，其中提到了“质疑刑事法律的独特案件”，“我们法律体系中刑事公诉的特殊地位”，“最高法院判定公民不具有质

---

① 504 U. S. 555 (1992)，参见§16.4 的讨论。

② 例如，Webster v. Doe, 486 U. S. 592 (1988); Heckler v. Chaney, 470 U. S. 821 (1985). §17.7 讨论了这些判决。

③ 528 U. S. 167 (2000)，参见§16.4 的讨论。

④ 对比 Friends of the Earth v. Gaston Copper Recycling Corp., 204 F. 3d 149 (4th Cir. *en banc* 2000) 和 Friends of the Earth v. Gaston Copper Recycling Corp., 179 F. 3d 107 (4th Cir. 1999)。

⑤ 410 U. S. 614 (1973).

⑥ 例可参见 United States v. Batchelder, 442 U. S. 114 (1979); United States v. Nixon, 418 U. S. 683 (1974); Confiscation Cases, 7 Wall. 454, 19 L. Ed. 196 (1869)。参见§17.7 的讨论。

疑公诉机构之政策的原告资格”，并且对这些判决概括为“公民个人在对他人提起公诉的问题上并不具有可以由法院审理的利益”。但是，在 Linda R. S. 案之后的几年里，最高法院在很多案件中频繁引用了这一案件，表明这一判决主旨大致可以适用于存在因果关系或者可救济性之争点的许多案件。

Laidlaw 案的不同意见依赖的是对 Linda R. S. 案所作的广义解释。多数意见认为不同意见对 Linda R. S. 案的依赖是严重错位的。它将 Linda R. S. 案的判决描述为特别适用于公民个人要求公诉人提起刑事诉讼的努力。Laidlaw 案的判决意见至少能够强烈表明最高法院不会将特别严格的因果关系标准适用于国会允许一类原告在法院起诉一类行为的情形。[①]

□ 全球变暖案件

在 Massachusetts v. EPA[②] 案中，五位大法官判定，对于环境保护局拒绝制定规章请愿——如果被接受的话，将制定规章对汽车的温室气体排放设定限制——的决定，马萨诸塞州具有申请审查的原告资格。在确定马萨诸塞州因为海岸土地的减少而遭受具有可司法性的损害时[③]，多数意见判定该损害是由行政行为导致的，可以通过否定该行政行为的司法判决加以补救。环境保护局没有争论汽车的温室气体排放与全球变暖之间的因果关系，但是环境保护局认为，它对新汽车的二氧化碳排放实施规制的任何行动，都不会产生明显的影响，因为新汽车的排放仅占美国温室气体排放的很小一部分，并且其他国家的温室气体排放可能会抵消美国温室气体减排的任何努力。多数意见基于下列理由驳回了这一 1483
主张：

［环境保护局的］主张是基于错误的假定，即微小的渐进步骤，因为是渐进的，永远不能在联邦法院中遭到起诉。但是，如果接受这一前提，将会使得对规制行动的绝大多数质疑注定败诉。和立法机关一样，行政机关通常并不对普遍存在的问题试图毕其功于一役……相反，它们会步步为营，与时俱进，对推进问题的解决提出更精细化的理解。

* * *

尽管规制机动车排放本身确实不会扭转全球变暖的趋势，但是绝对不能因此推出我们无权决定环境保护局是否有义务采取行动减缓或者减少温室气体排放的义务。

持不同意见的大法官认为，原告并未证明土地损失的损害与讼争的规制行为之间的因果联系，因为美国汽车的温室气体排放仅占全球温室气体排放总量的 4%。持不同意见的大法官认为：

最高法院认为，对国内机动车排放实施规制将会降低大气层中的二氧化碳，并因而补救马萨诸塞州所受的损害。但是，即使国内机动车排放规制确实在某种不确定的程度上降低了排放，考虑到世界其他地方的情况，最高法院从来没有解释为什么这很可能使得事实上的损害——土地的减少——得到补救。

□ 各巡回法院的混乱和冲突

最高法院需要明确否认在类似 Warth 案的案件中的推理，或者明确此类推理只适用于

---

① 参见§16.8。

② 127 S. Ct. 1438 (2007).

③ 参见§16.4 的讨论。

没有法律规定原告资格问题的案件。下级法院对于原告资格所形成的判例法，具有严重的冲突和混乱。在很多案件中，巡回法院的合议庭或者法院全席审理对原告资格问题形成了分歧。支持原告资格的法官高度依赖类似 SCRAP 案的案件，而反对原告资格的法官则高度依赖类似 Warth 案的案件。这些众多下级法院的判决的一起代表性样本可以说明判决混乱的性质和严重性。最高法院需要否认所有这两类极端的案件并宣布 Association of Data Processors 案中符合逻辑和实用主义的因果关系标准适用于所有原告资格的争议，或者至
1484 少是所有受《行政程序法》调整的案件。

□ 可以作为例证的巡回法院判决

在 Public Citizen v. NHTSA[①] 案中，国家公路交通安全管理局（NHTSA）制定规章要求汽车生产商必须安装汽车胎压低于限值的警报装置，哥伦比亚特区巡回法院的合议庭判定轮胎生产商缺乏对该规则申请审查的原告资格，并命令 Public Citizen 补充提交宣誓书以允许法院确定其是否有权代表作为汽车消费者和驾驶员的成员提出审查申请。轮胎制造商主张，国家公路交通安全管理局发布严格程度过低的规则的决定，增加了它们因为胎压不足而在产品责任诉讼中败诉的风险。法院基于三点理由驳回了这一理论——该规则适用于汽车生产商而非轮胎生产商；规则规定了最低限度标准，汽车生产商可以自行决定超过该标准；没有证据表明汽车驾驶员或者乘客可以因为轮胎生产商所担心的理论而在产品责任诉讼中胜诉。合议庭对于 Public Citizen 的原告资格问题产生了分歧。多数意见承认汽车事故是具体和特定化的损害。但是，它认为任何个人因为国家公路交通安全管理局没有制定本来应该更严格的标准而遭受损害，这是“猜测性的”。不过，多数意见并未认为损害的猜测性质必然对于消费者的原告资格来说是致命的，因为巡回法院的先例判决行政行为“实质性地”增加原告风险的，可以足以支持原告资格的成立。多数意见命令 Public Citizen 提交宣誓书，并命令当事人提交补充的法律意见书，以确定因为国家公路交通安全管理局制定的规则不够严格而增加的风险足以构成原告风险的实质性增加。持不同意见的法官本来可以判定原告的成员所遭受的风险并不使其满足原告资格的要求，因为它与普通大众所遭受的风险并无区别。

在 Transportation Workers Union v. Transportation Security Administration[②] 案中，哥伦比亚特区巡回法院判定原告缺乏原告资格，因为它不能证明他所质疑的行为与他所遭受的损害之间的因果联系。在“九一一”恐怖袭击事件发生之后，国会授权新设立的运输安全管理局（TSA）禁止机场雇佣曾遭刑事定罪判决的人员。该法并未对定罪判决作出界定。交通安全管理局在 2004 年发布了一项指南（解释性规则），其中规定定罪判决包括在
1485 辩诉交易之后推迟裁判的情形。运输工人工会（the Transportation Workers Union）试图质疑该指南，认为它违反了哥伦比亚特区巡回法院的一项原则，即禁止行政机关未经通告评议程序在解释性规则中改变对法律的解释。运输工人工会主张具有从其在雇主读到 2004 年版指南之后解雇的成员具有的原告资格派生的原告资格。法院判定该工会不具有原告资格，因为它未能证明被质疑的这份指南的发布给其成员带来了损害。法院认定 2004 年版的指南在所有相关的内容上都是与 2003 年版的指南完全一致的，因此即使运输安全管理局没有发布 2004 年版指南，其成员本来也可能会遭到解雇。[③]

---

① 489 F. 3d 1279 (D. C. Cir. 2007).

② 492 F. 3d 471 (D. C. Cir. 2007).

③ 参见§16.5 对法院对立法性规则和解释性规则之间区分所作的有趣的讨论。

在 Wilderness Society v. Norton[①] 案中，哥伦比亚特区巡回法院判定原告不具有原告资格，不能强迫国家公园管理局（NPS）采取最终可能引向设立自然区域的总统建议的各种措施。法院认定，宣誓证人/组织成员所指控的某些损害是无论如何都无法补救的。因此，法院指出，在讼争的大多数地区，使用非道路车辆（off-road vehicles）都是违法的，但是非道路车辆在这些地区的使用，与允许此类使用的地区相比是同样普遍的。法院认定，其他损害也许可以通过制定自然区域的方式加以补救，而无论国家公园管理局或者总统会采取何种行为。因此，法院不能提供这种形式的补救。法院判定原告具有申请审查国家公园管理局不采纳适用于讼争区域的管理计划的决定，但是法院接着认定它不能强迫国家公园管理局采取这一行动，因为原告认为属于强迫国家公园管理局制订管理计划之规章的行政机关的声明，只是不具有拘束力的政策声明。[②]

在 Animal Legal Defense Fund v. Veneman[③] 案中，第九巡回法院合议庭的两位法官出具的多数意见判定该动物福利组织具有原告资格，可以申请审查行政机关不发布裁量性的不具有拘束力的政策声明的决定。该决定是站不住脚的。正如 § 17.7 所讨论的，法院不可能采取任何行为补救因为这种行政行为所导致的任何损害。

在 American Chemistry Council v. Department of Transportation[④] 案中，哥伦比亚特区巡回法院的两名法官出具的多数意见依职权提出了一项原告资格的问题，并且判定一家危险材料的生产商、托运人和承运人的协会缺乏原告资格，不能申请审查调整危险材料运输的规章。原告主张因为该规章的适用范围有限可能导致两种类型的损害：（1）联邦规章的适用范围狭窄，会产生让它们相互冲突的州规章调整，但是宽泛的联邦规章可以优先于（pre-empted）相互冲突的州规章适用；（2）该规章的适用范围狭窄，让它们的货物、人员和设备遭受不必要和过度的风险，增加了它们的保费。多数意见认为并无充分证据证明该规章与所指控的损害之间的因果联系。持不同意见的法官则具有说服力地指出，在案卷中具有充分的证据可以支持因果联系，包括国家运输安全委员会（NTSB）提交的评议意见，也呼应和印证了原告所提出的担心。 1486

Texas Independent Producers & Royalty Owners Ass'n v. SPS[⑤] 案中，第七巡回法院判定一家环境保护组织缺乏原告资格，不能申请审查一项批准建设工地排放暴雨水的一般许可证。法院认定原告还没有证明签发一般许可证，与因为该一般许可证所批准的排放导致水质下降，降低对水体的收益等形式存在的对其成员的损害之间的因果关系。法院认定只有在个人实施了追溯研究，证明一般许可证所批准的建设工地的排放确实到达他们所利用的水体并且导致这些地方的水质恶化。

在 National Parks Conservation Ass'n v. Manson[⑥] 案中，哥伦比亚特区巡回法院判定一家环境保护组织具有原告资格，因为内政部所采取的行为，很可能会导致他的有些成员所使用的这两座国家公园中的空气质量恶化。内政部在一封书信中撤回了它之前曾经向州许可机关发送的对批准在这两座公园附近建设一座新的空气污染排放源的反对意见。之前表达反对意见的书信还附有一些认定拟议新排放源将会导致两座国家公园的空气质量明显恶化的研究报告。原告认为，内政部撤回这一书信违反了行政机关在决定是否反对签发州

① 434 F. 3d 584 (D. C. Cir. 2006).
② 参见 § 6. 2 和 § 6. 6 的讨论。
③ 469 F. 3d 826 (9th Cir. 2006)，参见 § 6. 3、§ 15. 11 和 § 17. 7 的讨论。
④ 468 F. 3d 810 (D. C. Cir. 2006).
⑤ 410 F. 3d 964 (7th Cir. 2005)，详细的批评参见 § 16. 4。
⑥ 414 F. 3d 1 (D. C. Cir. 2005)，参见 § 16. 4 的讨论。

许可之前考虑这些项目的空气质量影响的法定义务。法院认定对于此类“考虑”的权利是一种程序性权利，如果违反了该权利，将会增加内政部拒绝反对州行政机关签发许可证的可能性。相应地，内政部决定是否对签发州许可证表达反对意见，将会对州行政机关作出
1487 决定时所处的法律环境产生重要影响。作为一项实践问题，内政部没有提出反对意见（或者撤回之前的反对意见）很可能决定了州许可程序的结果，而州如果需要反驳内政部的反对意见或者事实认定——签发该许可会对国家公园的空气质量产生重要的不利影响——则不太可能会签发许可。

在 Center for Biological Diversity v. Lueckel① 案中，第六巡回法院已经判定环境保护组织缺乏原告资格，不能申请法院审查林业局未能确定适用于自然风景河流（wild and scenic rivers）的边界和管理计划，因为它们未能证明它们的成员所遭受的损害是因为这些行政机关的不作为所造成，或者可以由法院提供补救。法院承认，这些宣誓证人（affiant）或者该组织的成员已经证明它们因为林业局尚未采取行动的这些地区发生的伐木、洪水和排水活动而遭受损害。但是，法院认定原告尚未证明行政机关的不作为和这些损害之间的因果联系，因为临时性的边界已经包含了可以纳入最后边界的最大面积，并无证据表明林业局在制订管理计划之后会减少破坏性活动。②

在 Grassroots Recycling Network v. EPA③ 案中，哥伦比亚特区巡回法院判定一家环境保护组织缺乏原告资格，不能申请审查环境保护局的一项规章，该规章允许各州在经环境保护局批准的情况下，批准垃圾填埋场的所有者将其改造为生物反应器。法院认定居住在本来可能具备改造资格的垃圾填埋场附近的宣誓证人/该组织的成员所宣称的环境保护局规章的发布与其财产价值的减少之间的因果关系过于间接和猜测性。在个人的财产价值将遭受任何潜在减少的情况下，州政府将需要制定环境保护局规章所批准的改造计划，垃圾填埋场的所有者将需要申请改造，并且州和环境保护局都将需要批准其申请。

在 National Committee for the New River v. FERC④ 案中，哥伦比亚特区巡回法院判定原告缺乏原告资格，不能申请审查联邦能源规制委员会批准一条横穿 New River 的管道
1488 线路的命令。法院认定，宣誓证人/组织成员已经证明因为批准管道横穿该河流而导致的损害，但是这些宣誓证人无一人指控因为所质疑的命令所批准的线路变更所具体导致的损害。

在 National Wrestling Coaches Assn. v. Department of Education⑤ 案中，哥伦比亚特区巡回法院的合议庭在裁决因果关系和可补救性争议时产生了分歧。原告申请质疑在 1979 年制定的一份政策解释（Policy Interpretation），以及 1996 年对该行政机关为执行《民权法》第九编而制定的政策声明（Clarification）。对于行政机关执行大学在提供参加校际体育竞赛的机会时不得歧视妇女的要求，这两份文件强调了符合性别平等和合比例性的意义。原告指出这两份政策声明是 171 所大学决定取消校际摔跤项目的实质性因素，并且法院判定政策声明无效，将会增加大学重新考虑其决定和强化这些项目的可能性。多数意见驳回了原告的主张。它认定原告并未断言因为法院认定这两份政策声明无效，“任何具体

① 417 F. 3d 532 (6th Cir. 2005).

② 反对观点，参见下文讨论的 Wilderness Society v. Norton, 434 F. 3d 584 (D. C. Cir. 2006)（判定环境保护组织局有原告资格，可以申请审查行政机关不制订管理计划的决定，理由是可以合理地假定这些计划将包括会限制破坏性活动的规则）。

③ 429 F. 3d 1109 (D. C. Cir. 2005)，参见 § 16. 4 的讨论。

④ 433 F. 3d 830 (D. C. Cir. 2005).

⑤ 366 F. 3d 930 (D. C. Cir. 2004).

的院校必然”会保留或者加强其项目。多数意见认定原告只是宣称只有推翻该政策声明，可以让其“更有可能”说服大学保留或者加强其项目，并且提高了回避或者补救不足以满足因果关系和可补救性要求的损害的成功概率。

持不同意见的法官认为，原告已经提供充分证据证明了行政机关的宣告与它们所遭受的损害之间的因果关系，包括放弃摔跤项目的概率明显增加，在行政机关发布了遭受质疑的这些政策声明，以及政府问责局的研究报告——认定被取消的171个摔跤项目中有100个是因为大学担心行政机关可能会认定它们未能充分保障性别平等而停止联邦资金补助。持不同意见的法官也认为，会增加损害发生概率的行政行为，满足因果关系要求，而增加回避损害或者补救损害的概率的司法行为满足可补救性要求。持不同意见的法官提到了众多案件，其中判定行政行为只需要成为导致损害的“实质因素”，就可以满足原告资格的要求。持有不同意见的法官的观点更具有说服力。

在Khodora Environmental v. Blakey① 案中，第三巡回法院判定，对于作为土地所有人建设和运营垃圾填埋场计划之障碍的行政行为，如果该土地所有人已经克服了联邦法律 1489
上的障碍，他就具有对该行政行为起诉的原告资格，即使还有一项土地所有人不可能试图克服的、独立的、州法上的障碍。法院作了如下解释：

当［原告］面对的两项独立障碍可以清除但是不能在同一起诉讼中对其提出起诉时，我们相信《联邦宪法》第三条允许［原告］分别对每项障碍提出质疑。

在Florida Public Interest Research Group v. EPA② 案中，第十一巡回法院判定原告已经认为，当州政府制定的一项规章具有将某些水体排除在污染控制项目范围之外的效力时，环境保护局拒绝审查一项州规则的决定和个人成员决定停止在特定水体钓鱼、游泳和划船等活动之间存在充分的因果关系。

在Electric Power Supply Assn v. FERC③ 案（EPSA案），以及Center for Law and Education v. Department of Education④ 案（CLE案）中，哥伦比亚特区巡回法院裁决了涉及程序性损害背景的两项疑难的因果关系的争议。在EPSA案中，一家电力营销者组织寻求质疑一项规章的规定——批准在该组织的成员具有金钱上的利害关系的程序中进行违法的单方沟通。法院认定这项规章对该组织的成员造成损害，即使我们不可能预测单方沟通是否会因为该规章的规定而发生，或者如果发生了单方沟通的话，它们可能对于该程序的结果会产生怎样的影响。法院的理由是：

EPSA试图强制执行一些程序性要求，它们是为了保护EPSA作为听证程序当事人而对听证结果所具有的具体利害关系而设计的。既然如此，EPSA未能以一定的确定性证明它或者它的成员的金钱利益受［规章的］损害，并不会影响其原告资格。

“在涉及所指控的程序性错误的案件中，原告必须证明政府未经所讼争的程序而作出行为，将会给原告的特定利益带来明显的风险。”

在CLE案中，法院判定对于教育部为了制定实施《不让一个小孩掉队法》的规章中发挥作用而设立的一家委员会的人员组成，无论是教育倡导组织还是某公立学校的家长都不具有提出质疑的原告资格。该委员会的人员组织被指控违反了要求该委员会体现“在家 1490
长、学生代表与教师和教育部门官员的代表之间保持公平的平衡”的法律规定。法院认定这些教育倡导组织缺乏原告资格，因为讼争的程序不是为了保护它们的理由而设置的，并

① 376 F.3d 187 (3d Cir. 2004)，参见§15.12的讨论。

② 386 F.3d 1070 (11th Cir. 2004)，参见§16.4的讨论。

③ 391 F.3d 1255 (D.C. Cir. 2004)，参见§5.18、§8.4和§16.4的讨论。

④ 396 F.3d 1152 (D.C. Cir. 2005)，参见§16.4的讨论。

且它们所指控的程序性损害并未涉及具体的实体利益。但是，法院承认该诉争的程序是为了保护家长利益而进行具体设计的，家长与这一违法的委员会可以发挥作用的程序具有具体的利害关系。但是，法院认定，指控委员会人员组成违反了公平比例，与该规章的发布对原告女儿造成的不利影响之间的因果联系过于间接。

CLE 案的结论可能是可以成立的，但是法院的某些推理却肯定是错误的。法院指出："尽管我们放松了［基于程序性权利的原告资格必须满足的］迫近和可补救性要求，该原告仍然必须满足特定化的损害和因果关系的宪法标准的一般性要求。"法律不可能要求基于程序性权利的原告必须满足通常的因果关系标准才能质疑未能提供程序性权利。如果情况如此的话，法院将无法裁决数百年来在行政法领域出现的绝大多数争议。当行政机关未能依法提供听证，或者对拟议规则提供评议机会时，违法未能提供强制性程序是否会对程序结果产生不利影响，是纯粹猜测性质的。但是，法院在过去几百年里习惯性地，并且合理地裁决了此类程序性争议。哥伦比亚特区巡回法院需要重新思考行政机关未能提供法定程序和原告与该程序具有利害关系的具体损害之间必要的因果关系。

哥伦比亚特区巡回法院在 EPSA 案中所宣布和适用的标准要比 CLE 案中所适用的标准明智得多。在 EPSA 案中，法院指出"原告必须证明在没有经过诉争程序的情况下作出的行为，将会给原告的特定化利益带来明显的风险"。当行政机关违法地拒绝为原告提供
1491 听证机会，未能提供对拟议规则发表评议的权利，或者任何其他强制性的程序保障时，这是可以合理期待任何原告证明的所有内容。CLE 案中一位持协同意见的法官支持适用该标准，但是在该标准的适用问题上误入歧途。他认定 CLE 案中的原告缺乏原告资格，因为她只能证明人员组成被指控违法的委员会参与制定的规章"也许本来可以在定性分析上更好"和"也许本来已经对其孩子有利"，如果该委员会遵守了该法律规定的公平比例要求。但是，当然，当原告指控行政机关未能提供听证机会，或者对该规章提供评议机会时，这是她所能证明的全部内容。

在 Ranger Cellular v. FCC① 案中，哥伦比亚特区巡回法院判定申请广播业许可证被拒的申请人缺乏质疑向竞争申请人签发许可者之决定效力的原告资格。法院认定被拒的申请人因为所指控的向竞争申请人违法签发许可证的行为而遭受的损害不能由法院提供补救，因为在诉讼期间法律已经修订为要求联邦通信委员会向拍卖中出价最高者签发许可证，并且原告已经承认他在这种拍卖程序中不可能获得许可证。

在 Tozzi v. Department of Health & Human Services② 案中，原告已经证明，因为行政机关将其工艺流程中的一种副产品列为已知致癌物，很可能导致其利润减少。该企业认为，这种制作已知致癌物名单的行为将会导致州和地方政府对企业的客户施加压力，让它们减少购买该企业的产品。该法院适用了容易满足要求的实用主义标准。该法院指出：

我们从未对可追溯性的问题适用过"侵权"因果标准……与本案一样，当所指控的损害源自……第三方的独立行为时，我们只要求证明"该行政行为至少是引发第三方行为的实质性因素"……

还有一项因素可以强化我们有关损害和因果关系的结论：当政府给其产品贴上贬义的术语时，导致经济损失的概率就呈指数级增长了。

在 Sugar Cane Growers Cooperative v. Veneman③ 案中，哥伦比亚特区巡回法院判定一位专家的宣誓书对糖市场运行状况的分析足以证明农业部决定设立糖的实物支付项目将

① 348 F. 3d 1044 (D. C. Cir. 2003).

② 271 F. 3d 301 (D. C. Cir. 2001)，参见 § 16. 4 的讨论。

③ 289 F. 3d 89 (D. C. Cir. 2002).

会降低糖价，从而损害糖的生产商利益。 1492

在 Florida Audubon Society v. Bentsen[①] 案中，法官们对于一项复杂的因果关系争议形成了 7：4 的分歧。财政部长认定乙基叔丁基醚（ETBE）（一种汽油添加剂）可以获得一项高额的税收抵免。原告寻求法院对这项决定进行审查。他们提交了详细的宣誓书（affidavits）、专家证言和报告，以试图证明因为部长的决定可能导致的两类损害：对于野生生物栖息地的损害；对于饮用水的损害。有一位原告是明尼苏达州的居民。她提交了详细的书面证词，同时提交了多项研究报告，并有证人证言作为支持，以此试图证明下列因果关系：（1）税收抵免将会激励增加消费从玉米中提取的乙醇；（2）靠近明尼苏达州的农场主会针对乙醇需求的增加而提高玉米产量；（3）其结果是，她生活中享受的动物栖息地和使用的饮用水中杀虫剂和化肥的浓度会增加。

七名法官出具的多数意见判定这一因果关系链条太长，也太不确定，以至于不能支持认定部长的决定会对任何原告导致“特定化的损害”。多数意见提到了一些研究报告似乎与研究报告的结论和与某些因果关系有关的专家证言之间存在矛盾。多数意见也似乎对原告施加了几乎不可能实现的证明责任。因此，例如，多数意见判定原告没有证明充分的因果关系，因为他们“没有证明这些地区单独的玉米种植……农场主会对税收抵免制度作出积极回应以大幅提高产量”[②]。需要指出的是，哥伦比亚特区巡回法院并没有要求原告为了确立非环境案件中的原告资格，而证明单独个人的行为。因此，例如，它拒绝将此种要求作为其竞争性损害原则的部分内容。[③]

在 Florida Audubon Society 案中，四位持不同意见的法官所撰写的长篇意见描述了原告为了证明因果关系链条中的每项关联而提交的深入和详细的证据。持不同意见的法官认为，原告已经证明了行政行为和作为明尼苏达州居民的原告已造成两类特定化的损害。持不同意见的法官对于多数意见施加的沉重负担作出了有理有据的批评：

> 多数意见今天所宣布的规则之荒谬性在于它“在本质上……要求原告在其诉讼中强迫行政机关采取相同的环境调查”……这一判决意见……施加了如此沉重的举证责任……才 1493
> 能证明原告资格，以至于要对具有扩散性影响的规则制定，几乎不可能根据《国家环境政策法》的规定提起诉讼。

在 Center for Auto Safety v. Thomas[④] 案中，巡回法院全席审理之后，对于汽车消费者是否拥有原告资格，可以为了实施“企业平均燃料经济性标准”（Corporate Average Fuel Economy）的法定要求而改变计算英里数（mileage）之方法的规则提起诉讼。在这一过程中，法官们花费 44 页的篇幅，详细讨论了企业平均企业燃料经济性对于高英里数的汽车之可得性和价格产生的影响。

国会制定了企业平均燃料经济性标准，以刺激汽车生产商增加高能效的汽车的产量和销售量。它期待通过对任何未能满足法定的平均年度燃油经济性标准的汽车生产商处以高额的罚款，以达到这一目标。国会允许汽车生产商将在任何年度超过这一标准而赢得的积分用于折抵前后三年的罚款。国会之所以设计这一条款，不仅是为了增强生产商的灵活度，也是鼓励它们超过法律规定的标准。这部法律授权环境保护局设计测试标准和程序，以计算每家生产商的年度企业平均燃油经济性。

在 1985 年，环境保护局发布了一项规则，溯及既往地改变了 1980—1985 年的计算方

---

① 94 F. 3d 358 (D. C. Cir. *en banc* 1996).

② Id. at 667.

③ 例可参见 Bristoi-Meyers Squibb Co. v. Shalala, 91 F. 3d 1493 (D. C. Cir. 1996)。

④ 847 F. 2d 843 (D. C. Cir. 1988).

法。这一规则的效力是赋予汽车生产商以数亿美元的里程积分，以降低每家汽车生产商在未来年度需要满足的有效的法定标准。因为积分可以用于折抵前三年或者后三年，在 1984 年进行的具有追溯效力的调整改变了对于生产商在 1990 年之前的激励。

五名法官认定汽车消费者拥有要求审查该规则的原告资格。汽车生产商遭受了损害，因为这一规则对改变生产商激励所采取的方式“非常可能”降低高能效汽车品质和提高高能效汽车价格。这五名法官从以下两个方面论证了因果关系。其一，他们对该规则对于汽车生产商的激励所产生的经济影响进行了仔细的分析，认定通过“常识和初步的经济学原理……”可以证明因果关系。① 其二，他们表明国会已经采纳了原告主张的损害所依据的
1494 激励效应。② 实际上，国会立法的决定，包括积分折抵条款，完全基于原告所声称的激励效应。

五名法官认定消费者并不具有原告资格，因为他们所声称的因果关系是过度猜测性的。他们认定：（1）生产商将不能及时改变它们的产品结构或者设计，从而在该规则提供的积分的有效期内提高高能效汽车的产量③；（2）如果没有这些积分，生产商会降低高能效车的价格，这一预测是猜测性的④；（3）生产商很可能会提高低能效车的价格⑤；（4）生产商很可能会违反这部法律并且支付结果导致的罚款，而不是提高高能效车的产量和销量。⑥ 认定原告不具有原告资格的这五名法官适用了 Warth 案、Eastern Kentucky 案、Linda R. S. 案和 Allen 案中宣布的因果关系标准。

认定消费者具有原告资格的五名法官则强调了认定消费者不具有原告资格的五名法官所采用的推理具有的特别广泛性和效力。由于国会显然意图让汽车消费者拥有起诉企业平均燃油经济性规则的原告资格，这五名法官的判决意见产生的效力是排除了“作为宪法问题”的消费者原告资格（precluding consumer standing “as a matter of constitutional law”）。⑦ 这五名法官拒绝了国会作为该法所创设的规制制度基础而采纳的推理，认为它是过度猜测性的。⑧ 这五名法官的判决和推理将会使得所有为了实施该法的积分条款而颁布的规则不具有可审查性。⑨ 最高法院还从未利用因果关系的推理，在国会允许根据最高法院所否定的因果关系而进行司法审查时，使得一类争议不具有可司法性。⑩

在 Center for Auto Safety 案中判定消费者具有原告资格的五名法官在所有方面都是正确的。显然，得出相反结论的五名法官相信存在争议的规制制度是无效的并且/或者是适得其反的。这种确信可能是正确的，但是让法官以原告资格为手段而拒绝执行他们相信考虑不周的法定命令，这是完全不合适的。最高法院在 Warth 等案中所作出的判决并不能支持对国会职权进行的此种未经授权的司法干预。这些案件中没有一起涉及法院对国会决定进行事后批评。不过，最高法院的先例——采纳了非常严格的因果关系标准——尽管发生在非常不同的情况下，鼓励下级法院法官适用这一推理，使得他们认为没有实效或者适得
1495 其反的规制性法律不能施行。

① Id. at 849-855.
② Id. at 855-859.
③ Id. at 870-871.
④ Id. at 873.
⑤ Id.
⑥ Id.
⑦ Id. at 844.
⑧ Id. at 855.
⑨ Id. at 852.
⑩ Id. at 857.

巡回法院在法律之重要性问题上存在的冲突

Center for Auto Safety 案不是孤立存在的案件。各巡回法院已经在许多其他案件中对因果关系进行了类似的辩论，在这些案件中，国会建立规制制度的基础是一名甚至更多的法官认为不具有说服力的因果关系。[①] 这种混乱很可能会继续存在，直到最高法院要么完全否定在 Warth 等案中采用的虚伪的因果关系推理，要么至少明确判定法院不能随便否定国会作为设定法定义务之依据的因果关系推理。

尽管最高法院的判决意见中存在着混乱和矛盾，某些巡回法院有关原告资格和因果关系的判决意见是论理充分的。有两份判决意见可以很好地说明法官有能力建构和适用可以适合裁决原告资格问题的实用主义、概率性的因果关系标准。

非常优秀的巡回法院的判决

在 Wilderness Society v. Griles[②] 案中，阿拉斯加州公共土地的用户寻求对土地管理局（BLM）的规则进行审查，该规则可能增加阿拉斯加州和阿拉斯加原住民团体控制的土地数量，而相应减少联邦政府控制的阿拉斯加州土地的数量。在裁决原告资格争议时，法院区分了两种一般性情形。第一种情形是原告基于因为政府直接对原告适用规则而可能导致的损害，寻求对规则进行审查。在这种情形下，法院的任务是确定该规则是否适用于原告准备采取的行为。这种判断的作出常常具有高度的确定性。[③] 在第二种情形下，原告主张因为第三方可能会对该规则作出的回应，而可能导致的间接损害。在这种情况下，因果关系内在地具有概率性。只有在被诉行为“很可能”因为某些符合逻辑的因果顺序（causal sequence）导致一类损害时，最高法院才能承认原告资格。[④] 法院接着否定了原告资格。尽管被诉规则确定会在一定程度上减少联邦政府控制的阿拉斯加州土地的数量，但是要推定受此影响的未知土地包括任何原告使用的特定的地块，则是过度猜测性的。[⑤] 1496

在 City of St. Louis v. DOT[⑥] 案中，圣路易斯市（City of St. Louis）寻求审查交通部（DOT）作出的批准将外国航线从 TWA 转移至 American Airlines 的行政命令。该市主张遭受损害的依据是这种转移很可能会加深 TWA 的财务困难。由于 TWA 涉及该市机场服务的 80%，TWA 的经营困难会对该市造成明显损害。法院承认，该市宣称的因果关系是言之成理的，但是不够确定。它也承认，最高法院已经经常指出原告“必须证明因为被诉行政行为导致的损害”[⑦]。法院接着对适合作为原告资格之前提条件的情形施加了这一要求：

但是，这段表述中的“证明（show）”一词，必须以一种特别的方式进行理解。如果

---

① 例可参见 United Transportation Union v. ICC, 891 F. 2d 908, 912, 916 (D. C. Cir. 1989)（法院可以认为国会设定法定要求之依据的因果关系具有过度猜测性，而作出否定的判决）；Public Citizen v. FTC, 869 F. 2d 1541, 1549-1550 (D. C. Cir. 1989)（法院应当尊重国会对原因和效果所作的合理判断）；Dellums v. NRC, 863 F. 2d 968, 978-979 (D. C. Cir. 1988)（法院不需要接受国会对原因和效果所作的判断）。

② 824 F. 2d 4 (D. C. Cir. 1987).

③ Id. at 11.

④ Id. at 11-12.

⑤ Id. at 15-17.

⑥ 936 F. 2d 1528 (8th Cir. 1991).

⑦ Id. at 1532.

“证明”是指，在实质问题上，有充分的证据必须证明对原告造成的损害，否则必须以缺乏管辖权为由驳回起诉；是否符合门槛性质的管辖权要求，这一问题通常直到如同法院拥有管辖权时一样，经过调查和确定案件实质问题之后才能作出判断。作为一项规则，最好在一开始即判定是否满足管辖权要求，从而，如果不能满足管辖权要求，法院可以处理掉这一问题，而将注意力转至它有权处理的事项。因此，在原告资格领域，这是当事人的重要诉讼请求，是决定性的，而不是当事人可以在实质问题上通过证据维持其诉讼请求……如果起诉书（或者如本案中，审查申请书）作出一项重要或者表面正确的损害主张，即损害在很大程度上是归因于被诉的行政行为，而且如果法院作出支持原告的裁决，法院就可以救济损害，不再需要满足《联邦宪法》第三条。“因为胜诉可以获得的概率性收益足以构成‘事实上的损害’……可以赋予在要求不高的《联邦宪法》第三条意义上的原告资格。”[①]

□ 法院能否救济损害？

在大多数案件中，因果关系和可救济性的问题在功能上是难以区分的。如果被诉行为导致所声称的救济，法院通常可以通过判定该行为无效而救济该损害。但是，在有的情况下，即使被诉行为明显造成了损害，可救济性要求还是可能引发严重的问题。

□ Defenders of Wildlife 案中的两项可救济性问题

在 Lujan v. Defenders of Wildlife[②] 案中，四位大法官提供的复数意见部分以存在两项
1497 可救济性的担心为依据，判定原告缺乏原告资格。交通部认定《濒危物种法》并没有要求提供资金的行政机关在部分资助两项将会损害两种濒危物种的栖息地的海外项目时征求内政部的意见决定，原告起诉质疑交通部这一决定之效力。首先，复数意见认为，一项法院判决意见判定《濒危物种法》要求行政机关在资助可能对濒危物种产生不利影响的海外项目时征求内政部的意见，这一判决意见只对内政部有拘束力而不拘束其他行政机关，因为内政部是该案当事人中唯一的行政机关。因此，行政机关如果要让内政部的规则无效，可以随意忽略最高法院的判决。这一推论是与先例存在矛盾的。[③] 更为根本性的是，它忽略了这样一项现实，即所有联邦行政机关往往会遵守最高法院的判决。如果最高法院判定行政机关必须征求内政部的意见，它们就会这么做。最高法院至少本来应该认定行政机关“很可能”会遵守最高法院的判决。其次，复数意见认定该损害是不可救济的，因为美国政府只是对两项海外项目提供部分资助。因此，如果没有美国政府的资助，外国政府也会采取造成损害的行为。持不同意见的大法官推翻了这一推理，指出（1）美国提供部分资助的其中一个项目，资助金额达到 1.7 亿，而接受资助国的每年国民生产总值（GNP）只有 60 亿美元；（2）资助机关不需要对项目提供百分百的资助，就可以影响该项目的实施方式；（3）在内政部颁布被诉的规则，使得《濒危物种法》不能适用于这些项目以前，斯里兰卡和埃及政府都已经特别请求美国政府协助设计缓解这些项目对于濒危物种可能的不利影响的手段。

---

① North Shore Gas Co. v. EPA，930 F. 2d 1239，1242（7th Cir. 1991）.

② 504 U. S. 555（1992）.

③ 参见§13.4讨论的 Sunshine Anthracite Coal Co. v. Adkins，310 U. S. 381，402-403（1940）。

□ Steel Co. 案的判决

在 Steel Co. v. Citizens for a Better Environment① 案中，六名大法官的多数意见以缺乏可救济性为由，判定原告缺乏原告资格。与大多数联邦的环境法律一样，《1986 年应急规划和社区知情权法》允许“任何人”提起私人执法诉讼，Steel Co.（以下简称 Steel）在 1988—1995 年之间没有申报有害化学品目录表（hazardous chemical inventory forms）和有毒化学品泄漏表（toxic chemical release forms）而违反了《应急规划和社区知情权法》。当环境保护局在 1995 年发送了一份违法行为通知书，Steel 提交了所有超期的表格。环境保护局接着拒绝采取执法行动，但是原告提起了执法诉讼。原告要求对过去的违法行为处以民事罚款（civil penalties），并寻求确认和禁令救济，并补偿其调查和诉讼的成本。该案提出了两项问题：（1）《应急规划和社区知情权法》是否允许对完全过去发生的违法行 1498
为提起公民诉讼；（2）原告是否具有原告资格。持协同意见的大法官们本来应当对原告资格问题作出肯定性的答案。或者说，持协同意见的大法官们本来应当判定原告具有原告资格。持协同意见的大法官们本来应当对法律解释问题作出否定性的答案，也就是说《应急规划和社区知情权法》并没有允许对完全属于过去发生的违法行为提起公民诉讼。但是，五名大法官构成的多数方判定，法院必须首先判定当事人拥有《联邦宪法》第三条规定的原告资格②，才能对实质问题作出裁决，而且六名大法官构成的多数方判定原告并不具有《联邦宪法》第三条规定的原告资格，因为任何依据该法可以获得的救济方式都不能补救他们所遭受的任何损害。

□ 民事罚款不能救济完全属于过去发生的违法行为

原告在 Steel Co. 的设施附近工作生活，并且利用依据《应急规划和社区知情权法》公布的数据来了解这一区域中使用的有害物质和泄漏的有毒化学品相关的数据。他们接着采用这些信息制定了事故应急准备规划，并且试图减少他们所在区域的有毒化学品。因此，他们主张因为 Steel 过去违反了《应急规划和社区知情权法》的报告要求而造成了信息性的损害。多数意见推定，而没有判决，原告已经证明了 Steel 的违法行为导致的足够具体的损害。但是，多数意见接着判定原告缺乏《联邦宪法》第三条规定意义上的原告资格，因为他们推定法院是不能救济该损害的。原告申请法院作出确认 Steel 已经违法的判决，这是“完全没有意义的”，因为 Steel 已经承认自己的违法行为。原告申请禁令救济以阻止 Steel 未来实施违法行为“不能救济过去的过错，但是其目的是吓阻 Steel 将来违反《应急规划和社区知情权法》的行为”。禁令救济不能补救原告的损害，因为原告并没有认为存在“持续性的违法行为，或者未来的违法行为即将发生”。“如果民事罚款可以支付给原告，则民事罚款……可以被视为是一种……救济。但是，民事罚款并不能支付给原告。这些罚款是需要上交国库的。”最后，补偿调查和诉讼费用的申请不会补救该损害，因为“原告不能通过起诉要求补偿诉讼费用的方式而获得原告资格”。

三名持协同意见的大法官在几个方面不同意多数意见。首先，他们认为，可救济性不是获得《联邦宪法》第三条规定的原告资格的独立前提条件。根据持协同意见的大法官，

① 523 U. S. 83 (1998).

② 参见§16.1 的讨论。

最高法院在 25 年前首次将可救济性引入其原告资格的判例法理之中，而且它之前从未“判定遭受被告直接损害的原告因为缺乏可救济性，而缺乏原告资格”。其次，持协同意见
1499 的大法官批评多数意见“机械地”适用了可救济性要求：“最高法院没有明确为何向被上诉人（respondent）所作赔偿——即使只是一支花椒（peppercom）——能够补救原告的损害，而上交国库则不能补救原告的损害。”持协同意见的大法官并不认为《联邦宪法》第三条规定的问题应当取决于国会是否允许向原告赔付一支辣椒。再次，持协同意见的大法官批评多数意见忽略了历史教训，即“惩罚或者吓阻可以补救损害”。当对违法者实施制裁时，“我们可以正确地推定违法者不太可能会再次实施导致该诉讼的造成损害的行为。减少未来发生损害的风险也是一项具体的好处”。最后，持协同意见的大法官认为，如果（与持协同意见的大法官对这部法律的解释相反）该法允许对完全过去发生的违法行为提起诉讼，补偿“在提交原告起诉书之前开展调查的成本”可以构成对损害的救济。

□ Laidlaw 案

在 Friends of the Earth v. Laidlaw Environmental Services[①] 案中，七名大法官出具的多数意见阐释和限定了 Steel Co. 案的判决主旨。Laidlaw 案中多数意见的重要性是无论如何强调都不过分的。它明显降低了最高法院在 20 世纪 90 年代的众多判决中对于获得原告资格所确立的障碍。Laidlaw 使得原告（plaintiff or petitioner）更容易满足《联邦宪法》第三条规定的原告资格所要求的损害、因果关系和可救济性要求。Friends of the Earth 对 Laidlaw 提起了公民诉讼，指控 Laidlaw 因为对 Tyger 河超过排放许可证允许的数量排放汞而“持续性地违反了”《清洁水法》。Friends of the Earth 的一些成员声称他们已经因为担心 Laidlaw 的违法行为对水质和渔业资源存在不利影响而减少利用该河流；Friends of the Earth 提交这些成员的书面证词。在这起诉讼的初期，地区法院利用这些书面证词作为依据，认定 Friends of the Earth 具有原告资格。Friends of the Earth 同时寻求民事罚款和禁令救济。地区法院经过实质审查，认定 Laidlaw 已经数百次超量排放汞而“持续性地违反了”《清洁水法》，其中有几次是在 Friends of the Earth 起诉之后。地区法院对 Laidlaw 案判处了民事罚款。但是，地区法院拒绝了禁令救济的请求，因为它认定 Laidlaw 在诉讼过程中已经实质性地遵守了《清洁水法》。

第四巡回法院判定，一旦地区法院拒绝同意 Friends of the Earth 提出的对 Laidlaw 发
1500 布禁令的申请，这一案件诉因已经消失。第四巡回法院合理地解释了最高法院在几项判决中的法官附带意见，从而认为诉因消失原则与原告资格需要遵守相同的要求。第四巡回法院接着合理解释了 Steel Co. 案中多数意见的一段文字，认为上缴国库的民事罚款判决永远不能为私人原告的损害提供救济，因为赔偿款是交给政府而非私人原告。

□ 行政罚款可以救济正在继续的违法行为

七名大法官的多数意见推翻了第四巡回法院的判决，理由有二：其一，它判定原告资格原则和诉因消失原则的法律规范“在本案正确裁决具有关键意义的方面存在差别”。它接着重申了一些允许驳回诉讼的先例，即只有在“可以绝对明确所指控的违法行为不会重

---

① 528 U.S. 167 (2000).

演”的时候，被告自愿停止违法行为，才能认定案件失去意义。其二，最高法院将该案与Steel Co. 案中提出的可救济性原则可以适用的案件只能是原告起诉的理由是被告实施了“完全过去发生的”违反环境法律的行为，而不是原告指控被告实施了“持续性地违反”环境法律的行为。

□ 最高法院应当尊重国会

Laidlaw 案的多数意见也对可救济性原则进行了长篇的讨论，提出两点意见：第一，多数意见指出，“所有民事罚款都具有一定的吓阻效应”。这一说法是重要的，因为最高法院常常交换使用吓阻效应和可救济性，并且 Steel Co. 案的多数意见已经表明民事罚款并不具有可以构成救济公民个人之损害的特定吓阻效应。第二，多数意见承认难以确定具体救济方式的吓阻（或者可救济性）效应，并指出他们不愿事后批评这样一些立法判断，即具体救济方式可以补救特定类型的损害。这一讨论具有重要意义，因为它表明最高法院很可能会认定任何法律允许的救济方式可以构成对损害的救济。

□ Sprint 案的争议

最高法院在 2008 司法年度继续对原告资格标准的可补救性元素的意义进行辩论。在 Sprint Communication Co. v. APCC Services[①] 案中，五位大法官主要根据历史、传统和先例支持其判决主旨，即金钱债权的受让者具有起诉收取债务的原告资格。多数意见认定因为当事人拒绝偿付债款而导致受让人遭受失去债款的损害，通过法院命令支付债款是可以补救的。在分析的最后，多数意见作了如下补充： 1501

最后，我们注意到，作为一项实际问题，如果在裁决所面对这一问题时抛弃历史和先例，对我们来说是相当不明智的。如果我们同意原告的说法，即集合银行（aggregator）缺乏原告资格，那么我们的判决主旨就会被轻易推翻。例如，协议就可能被改写，赋予集合银行对所受让的债权享有一小部分权益，也许只是一两个美元。或者付费电话经营者可能将其所有债权转让给“绕拨赔偿信托基金（Dial-Around Compensation Trust）”，然后聘请信托人（也许就是集合银行）代表该信托基金起诉。相应地，更明智的做法就是遵守受让人的历史和传统，认定集合银行具备《联邦宪法》第三条规定意义上的原告资格。

四位持不同意见的大法官同意这一说法的准确性。他们的回应是：

最后，多数意见指出本来只需一美元——大多数读者乐意支付的价格——就能避免所有这些烦恼。在未来的原告资格案件中，这一价格将会更高。并且，当情况确实如此——原告资格确实重要——如果最高法院希望一起案件中价格并不提高就是令人奇怪的。

这种试图轻视多数意见中的一项重点（telling point）的努力在很多层面是失败的。正如 Cass Sunstein 所证明的，如果国会修订这些案件中讼争的法律，补充规定胜诉的原告可以从国库中获得一美元，在 Sprint 案中持不同意见的大法官主张国会无权赋予个人或者机构以原告资格的所有判决意见都会变得没有实际意义。[②]可以如此轻易规避的任何法律原则，其价值当然是不会超过持有不同意见的法官为了贬低多数意见认为的重要问题而给出的一美元标价的。

---

① 128 S. Ct. 2531 (2008)，参见 § 16.4 的讨论。

② 参见 Cass Sunstein, “What's Standing After Lujan? Of Citizens Suits, ‘Injuries,’ and Article III”, 91 *Mich. L. Rev.* 163 (1992)。

§16.6　为了确定因果关系而举行的举证式听证

□ 1978 年之前对 pleadings 的依赖

在 1978 年之前，最高法院根据诉讼请求而对所有原告资格争议进行裁决。因此，例如，在 Association of Data Processing Servicing Organizations v. Camp① 案这一标志性案件中，最高法院判定数据处理企业具有原告资格，可以起诉一项行政机关允许银行提供数
1502 据处理业务的裁定，而该判决的理由只是原告的诉讼请求——它很可能会因为该行政行为所允许的更多的竞争而遭受经济性损害——是言之成理的。最高法院没有要求原告实际地“证明”它会因为被诉行为而遭受损害。

□ 转变为要求证据证明

在 Duke Power Co. v. Carolina Environmental Study Group② 案中，最高法院首次表明它可能会要求提供证据证明损害，以支持认定具备原告资格。最高法院在维持地区法院基于举证式听证作出的事实认定时，强调指出了初审法院的事实认定应当得到的尊重，即“如果没有…… [被诉的行为]，[原告就不会遭受损害] ……这是具有相当大可能性的”③。但是，最高法院并没有判定在举证式听证时提供损害的证据。它只是维持了基于此种听证而作出的事实认定。

在 Lujan v. National Wildlife Federation④ 案中，最高法院朝着要求提供因果关系的证据的方向再迈出了一步。最高法院否定了原告试图根据 United States v. Students Challenging Regulatory Procedure（SCRAP）⑤ 案以支持其诉讼请求的努力。理由有二：第一，最高法院在 SCRAP 中对因果关系的推理表明，最高法院不再愿意将其在 SCRAP 中所允许的猜测性和微弱的因果关系认为是充分的。⑥ 第二，最高法院在程序问题上将该案与 SCRAP 案进行了区分：“SCRAP 案的判决意见……在这里是不相关的，因为它涉及的不是根据 Rule 56 提出的对诉讼请求作出简易判决的申请，而是根据 Rule 12（b）提出驳回这些诉讼请求的申请。而后者则是推定一般性指控包括支持诉讼请求所必需的具体事实。”⑦ 五名大法官出具的多数意见接着判定，除其他之外，原告提交的书面证言不够具体，不能反对作出简易判决的申请。

National Wildlife Federation 案的多数意见推理的程序部分表明（但是并没有判定）政府可以要求原告在举证式听证中“证明”它会因为被诉行为的原因而遭受损害。要求提供损害的证据作为原告资格成立的前提条件，在某些类型的案件中可能是合适的。下列类

---

① 397 U.S. 150 (1970).
② 438 U.S. 59 (1978)，参见§16.4 和§16.5 的讨论。
③ Id. at 75-77.
④ 497 U.S. 871 (1990).
⑤ 412 U.S. 669 (1973).
⑥ 参见§16.5 的讨论。
⑦ 497 U.S. at 889.

型的案件中将是特别合适的：（1）案件是在地区法院中提出的；（2）所声称的因果关系是有疑问的，而不是完全言之成理的；（3）争议在实质问题上很可能是难以裁决或者可能需要投入大量的司法资源；（4）因果关系争议特别容易以证据证明或者反驳。National Wildlife Federation 案完全与这种事实模式相吻合。

□ 巡回法院审查的问题

但是，在巡回法院提出审查申请的时候，为了确认原告资格的问题而要求提供证据证明因果关系，将是不合适的。正如 §18.2 所讨论的，大多数对国家具有广泛影响的行政行为只能在巡回法院接受审查。各巡回法院缺乏开展举证式听证的机构能力（institutional capacity）。不仅如此，许多可以在巡回法院直接接受审查的行政行为具有如此广泛的影响，以至于它们所提出的因果关系问题是不适合在举证式听证时裁决的。例如，Adirondacks 的居民以当地湖泊中的鳟鱼数量减少为依据声称遭受损害，申请审查环境保护局有关可允许的二氧化硫排放量的规则。我们可以轻易地认定：（1）二氧化硫排放可以导致下
风向发生酸雨；（2）Adirondacks 处于许多二氧化硫排放源的下风方向；（3）酸雨可以导 1503
致湖泊的 pH 值下降；（4）当 pH 值下降到一定水平后，鳟鱼数量会减少。不需要举行举证式听证就可以证明这一有大量资料可考的关系。但是，我们很可能无法证实或者证非一项主张，即调整二氧化硫排放的特定规则会对特定湖泊中的鳟鱼数量产生负面影响。为了裁决因果关系问题所需要的听证，将需要大量的时间和资源，而得出确定可靠之事实认定的希望确实比较渺茫。在这种情况下，法院应当承认言之成理的一般性因果关系足以认定原告资格的成立。

□ 行政机关应当对原告资格进行听证吗?

在原告申请巡回法院审查一项行政行为时，还有一项理由可以支持其不需要提供因果关系的证据以证明其具有原告资格。因为各巡回法院不具有组织举证式听证并作出事实认定的机构能力，巡回法院需要依靠行政机关本身履行这些职能。复审法院有充分的理由需要在审查行政行为的实质问题时对行政机关的事实认定给予明显的尊重。① 但是，认为法院应当尊重行政机关有关原告资格的事实认定的主张，其说服力是不强的。行政机关厌恶法院推翻其决定的风险，认为对其行为的司法审查是烦琐的。行政机关要回避在法院为自己的行为辩护的负担以及行政行为被推翻的风险，最简单的方法就是不让法院审查其行为的实质问题。司法机关采纳行政机关有关原告资格的事实认定，将为行政机关提供一个简
单的手段，使得它们作出的大多数行为不受司法审查。在这种情况下，法院对于行政机关 1504
的事实认定基于的尊重是不合适的，因为行政机关对于被诉行政行为很可能会导致原告遭受损害的事实认定怀有强烈、系统性的偏见根源。

□ 最高法院要求证据支持原告资格

最高法院接着在法官附带意见中指出“原告……必须最终以初审时……提供的证据支

---

① 参见 §7.5 和 §11.2。

持任何遭受质疑的［与原告资格调查相关］事实”[1]。但是，在 Friends of the Earth v. Laidlaw Environmental Services[2] 案中，最高法院对事实上的损害所作的定义将会消除在众多案件中举行举证式听证以确定原告资格的需要，并且在许多其他案件中也减少此类听证的范围。

□ 作为例证的巡回法院判决意见

在 Laidlaw 案之前，有些巡回法院对于原告资格原则中事实上的损害和因果关系要素所作的解释，其效力常常是要求环境诉讼的原告举出大量的证据以试图证明原告资格，而结果却是徒劳的。因此，在 Friends of the Earth v. Gaston Copper Recycling 案中第四巡回法院合议庭中两名法官出具的多数意见判定，环境诉讼的原告必须证明被告排放的污染物确实是往下游流至原告在该河流的取水点，以至于其浓度足以导致原告遭受具体的损害。[3] 不仅如此，Public Interest Research Group v. Magnesium Elektron 案中第三巡回法院合议庭两名法官出具的多数意见判定原告必须准备在案件任何阶段举行的举证式听证上证明损害和因果关系。[4] Laidlaw 案多数意见对损害和因果关系要求所作的解释，使得在大多数案件中不需要经过复杂的举证式听证就能够满足这些要求。原告不需要证明被告违反环境法律的行为导致他有“合理担心”，即被告的行为会对与原告活动相关的环境产生不利影响。

在 Sierra Club v. EPA[5] 案中，哥伦比亚特区巡回法院判定原告必须在提交初始法律意见书之时或者之前提供充分证据支持其原告资格的成立，即使没有当事人质疑其原告资格的问题。法院在 International Brotherhood of Teamsters v. Transportation Security Administration[6] 案中重申了这一要求，并宣布它已经建议在司法规则中补充这一要求。

在 Fund for Animals v. Norton[7] 案中，哥伦比亚特区巡回法院对该案与 Sierra Club 案进行了区分。一家环境保护团体寻求法院审查内政部将中亚盘羊（argali）列为受威胁
1505 物种而非濒危物种的决定。蒙古政府试图介入这一案件。法院首先判定介入者必须满足《联邦宪法》第三条对原告资格提出的要求，然后判定蒙古政府因为主张其通过收费允许猎杀该羊而获利，而如果将该羊列为濒危物种，将减少来自美国的捕猎者的收入。环境保护团体接着主张蒙古政府并不满足《联邦宪法》第三条的要求，因为它并未如 Sierra Club 案所要求的那样提供证据支持其主张。法院对该案 Sierra Club 案进行了区分，指出只有在当事人的原告资格并非不证自明的时候才能适用 Sierra Club 原则。法院认定蒙古政府的原告资格是不证自明的，因为，即使它不是行政行为的对象，但它的羊属于行政行为的对象。

在 Massachusetts v. EPA[8] 案中，哥伦比亚特区巡回法院对于举行举证式听证以裁决原告资格争议的问题作出了一项明智的判决意见。若干州和环境保护团体申请法院审查环境保护局不对汽车的温室气体，比如二氧化碳的排放实施规制的决定。宣誓证人/组织成

---

① Bennett v. Spear, 520 U.S. 154, 168 (1997).

② 528 U.S. 167 (2000).

③ 179 F.3d 107 (4th Cir. 1999), reversed, 204 F.3d 149 (4th Cir. *en banc* 2000).

④ 123 F.3d III (3d. Cir. 1997).

⑤ 292 F.3d 895 (D.C. Cir. 2002)，参见§16.4 的讨论。

⑥ 429 F.3d 1130 (D.C. Cir. 2005)，参见§16.4 的讨论。

⑦ 322 F.3d 728 (D.C. Cir. 2003).

⑧ 415 F.3d 50 (D.C. Cir. 2005)，参见§7.4、§7.5 和§16.4 的讨论。

员宣称全球变暖导致多种损害。法院指出，它可以在三种方法中选择一种以处理汽车的温室气体排放是否属于全球变暖的根源之一的关键问题。首先，它可以指派一名特别主事官(special master)* 以裁决这一争议。它认为这种选择是"愚蠢的"，特别是因为环境保护局刚刚完成成为诉讼对象的决定程序。其次，法院可以指派环境保护局完成解决因果关系问题的任务。法院认定"这同样是没有意义的"。环境保护局刚刚在作为诉讼对象的程序中表达了对于因果关系的怀疑，并且法院在任何情况下都有责任审理这一因果关系。法院选择了第三种选项，也就是在原告资格—因果关系问题与法院在实质审查时需要审理的一项问题是完全相同的时候，直接继续审理案件的实质问题。合议庭的多数意见接着至少部分支持了环境保护局的决定，因为它认为环境保护局的观点——汽车的温室气体排放与全球变暖问题之间的因果联系是不确定的——是合理的。在 Massachusetts v. EPA① 案中，最高法院也采用了与巡回法院相同的进路，尽管最高法院根本没有讨论对于原告资格问题所关联的事实争议，如何选择裁决方式所引发的疑难问题。正如 § 16.4 和 § 16.5 所讨论的，大法官们直接对于与原告资格所关联的关键性事实问题得出了不同的结论。 1506

在 Ouachita Watch League v. Jacobs② 案中，第十一巡回法院判定，在案件到达上诉程序前，行政机关没有质疑原告的原告资格，并且需要证据以允许法院裁决原告资格问题时，它可以也会接受在上诉程序中首次提交的案卷外的证据。

在 Public Citizen v. NHTSA③ 案中，哥伦比亚特区巡回法院存在分歧的合议庭判定原告需要补充证据，以允许法院裁决原告资格争议。国家公路交通安全管理局发布了一项规章，要求汽车生产商安装轮胎漏气的警报装置。在实质问题上，Public Citizen 主张这项规章过于宽容，也就是说，国家公路交通安全管理局本来应该要求这一装置在轮胎漏气程度低于该规章所调整的程序时向驾驶员发出警报。Public Citizen 主张，它具有从其成员的原告资格中派生的原告资格，它的每位成员都因为国家公路交通安全委员会所制定的规章不够严格而承担更高的风险。合议庭对于 Public Citizen 的原告资格问题产生了分歧。多数意见承认汽车事故是具体和特定化的损害。但是，法院将任何个人因为国家公路交通管理局未能制定更严格的规章而遭受损害的风险认定是"猜测性的"。但是，多数意见并未认为这一损害的猜测性质必然对于消费者的原告资格来说是致命的，因为已有巡回法院的先例判决认定"实质性地"增加原告风险的行政行为足以支持原告资格的成立。多数意见命令 Public Citizen 提交宣誓书，并命令当事人补充法律意见书以确定因为国家公路交通安全管理局决定发布不够严格的规章导致的风险增加是否构成原告风险的实质性增加。持不同意见的法官本来会判定原告的成员所承担的风险并不满足成立原告资格的要求，因为这一风险与普通大众所承担的风险相比并无二致。

在 Canadian Lumber Trade Alliance v. United States④ 案中，联邦巡回区上诉法院撰写了一份可能具有重要意义的判决意见，其中判定原告不需要提供实证证据以支持受诉行为与原告所遭受的损害之间的因果关系。法院判定一家行业协会 (trade association) 具有原告资格，理由是其成员很可能会遭受竞争性损害 (competitive injury)，因为行政机关将会对一家希望降低原告市场份额的法律实体提供资金支持。法院判定，当可以从"核心经 1507

---

* 受法院委托，对某事项进行审理并报告其对事实的认定和法律结论的人。——译者注

① 127 S. Ct. 1438 (2007).

② 463 F. 3d 1163 (11th Cir. 2006)，参见 § 11.6 的讨论。

③ 489 F. 3d 1279 (D. C. Cir. 2007).

④ 517 F. 3d 1319 (Fed. Cir. 2008)，参见 § 16.4、§ 16.9 和 § 16.14 和 § 16.15 的讨论。

济假设”中推导出损害时，就不需要为事实上的损害主张提供实证支持。法院对竞争性损害和其他类型的损害进行了区分，依据是在原告基于竞争性损害而主张具有原告资格时，仅仅根据经济理论就足以支持因果关系。

§ 16.7　普通法上的原告资格与法定的原告资格

在无法律规定时，法院可以裁量决定拒绝审查

在 § 16.4 和 § 16.5 讨论的几起案件中，最高法院拒绝允许联邦法院以结果导向地操纵原告资格的判例法之方式干预一类争议。属于这一类型的重要案件包括 Warth 案、Eastern Kentucky 案、Linda R. S. 案、Allen 案和若干纳税人原告资格案件。根据这些案件中的推理，加上最高法院拒绝干预的这些争议的性质，可以得出推论，即最高法院拒绝干预——可司法性——的真实理由与它所陈述的理由——原告资格——之间存在差别。有一项重要的数据可以支持这一推论。除了 Lujan v. Defenders of Wildlife① 案可能存在的例外，最高法院还从未对原告资格的法律规范进行扭曲，以拒绝干预有法律证明国会希望法院干预的一类争议。

法院决定拒绝审查的理由

最高法院对于原告资格确立难以逾越的障碍的案件，大多数是发生在对政府行为提起的宪法诉讼。事实上，多数涉及试图说服最高法院适用宽泛的宪法条文，而这些条文的含义在案件中是非常难以确定的。例如，在 Frothingham 案中，问题是：《联邦宪法》第十修正案对联邦政府为了不同社会福利目的而分配资金设定了什么限制，如果有的话？Warth 案也提出了类似难解的问题：《联邦宪法》中的平等保护条款对于地方政府规定居民房地产的最小占地面积（lot size）或者最大密度限制（density limits）设定了什么限制，如果有的话？

有的案件中要求最高法院审查行政行为以确定其是否违反了法律，而该法律涉及的宽泛的条文也是难以在具体案件中进行定义的。例如，Eastern Kentucky 案要求最高法院确
1508 定医院需要对穷人提供多少服务才能继续保持作为“慈善”组织的法定特征。不仅如此，最高法院基于变通适用原告资格原则而拒绝干预的少数适用法律的案件，是发生在司法干预明显可能妨碍行政机关履行重要职能的能力的情形中，例如在 Eastern Kentucky 案中允许第三方起诉国内税务局对纳税人责任所作决定。

缺乏法律赋予原告资格

这些案件还有一项共同的特征，可能对理解其意义更具有重要性。在这些案件中，除了 § 16.4 讨论的 Defenders of Wildlife 案这一例外以外，原告不能确定哪些法律可以证明国会希望法院受理诉讼并且干预争讼的这类争议。在大多数的案件中，根本没有联邦法律

---

① 504 U.S. 555 (1992)，参见 § 16.4 的讨论。

可以适用于被诉行为。在适用一部联邦法律时，该法律并没有包含任何条文说明国会意图让联邦法院受理该诉讼。例如，国会从未在制定的法律中表明自己希望联邦法院审查国内税务局根据第三方的申请而确定有关纳税人责任的决定。国会和最高法院一样都意识到这种司法干预会妨碍有效实现政府最重要的一项职能。

□ 在无法律规定时的司法裁量权

我将这类案件称为“普通法”原告资格案件。它们之所以是普通法案件，是因为最高法院的裁判裁量权根本不受法律的约束。在这类案件中，最高法院只关心自己对合理机构角色的理解。如果最高法院认为要求其适用的《联邦宪法》或者法律条文太具有易变性，或者遇见到联邦法院试图在该案中对政府裁量权进行的限制可能产生的重大问题，最高法院就可以裁量决定拒绝干预并且拒绝允许下级法院干预。[①] 最高法院可以完善在这一领域作出的判决，对其作出的拒绝干预判决说明真实的理由，而不是对原告资格原则进行歪曲理解，但是最高法院必须在这个普通法的裁判领域行使一定的裁量权。

以这种方式来看，最高法院有时候对原告资格原则进行解释以避免法院干预一类争议，而在另外的时候将原告资格原则解释为允许法院干预。最高法院显然认为联邦法院开始通过适用对拨款法适用禁立国教条款（the Establishment Clause），开始限制政府行为，
这是很重要的。[②] 类似的，最高法院明显意识到需要决定《Price-Anderson 法》是否 1509
违宪。[③]

□ 法律可以排除原告资格

最高法院承认自己的裁量权限度在于立法机关已经证明了它的意图，即联邦法院应具有特定类型利益的原告之要求而干预某类争议。当最高法院认定国会并没有要求法院限制特定领域的政府行为，或者根据特定类型的原告之要求限制政府行为时，通过拒绝干预或者在没有可信的诉讼请求表明政府行为违反了原告的宪法权利时否定原告资格，最高法院对国会的决定予以尊重。[④]

□ 法律可以创设原告资格

相反地，除了§16.4讨论的 Defenders of Wildlife 案——该案中最高法院认定国会意图让法院根据具有特定利益的原告的请求干预某类争议——之例外，最高法院判定这些原告聚会有原告资格。在此类案件中，最高法院并没有根据适用严格的因果关系标准或者根

---

① 参见 A Bickel, The Least Dangerous Branch (1965)。

② 参见§16.4讨论的 Flast v. Cohen, 392 U.S. 83 (1968)。

③ 参见§16.13讨论的 Duke Power Co. v. Carolina Environmental Study Group, 438 U.S. 59 (1978)。

④ 例可参见 Webster v. Doe, 486 U.S. 592 (1988)，§17.7有讨论（当国会已经将某类决定规定为行政机关裁量权时，法院只能审查可信的指控违反宪法权利的诉讼请求）；Block v. Community Nutrition Institute, 467 U.S. 340 (1984)，§16.8和§16.9的讨论（牛奶消费者不具有起诉行政机关提高牛奶价格之行为的原告资格，因为有证据表明国会意图限制他们参与行政程序）。

据法院认为所声称的损害过于“抽象”或者“一般化”而否定原告资格的享有。[①]

不幸的是，有的巡回法院并不承认法律和立法事实认定（legislative findings）在裁决原告资格争议时的重要性。[②] 我会在接下来两节讨论法律在裁决原告资格争议的过程中具
1510 有的意义。

§16.8　法律对于该标准所有两项内容具有的重要性

□ 法律和《联邦宪法》第三条之间的关系

Association of Data Processors 案中所宣布的标准，要求原告证明（1）它已经遭受，或者将会遭受因为被诉行为所导致的事实上的损害；（2）它所声称的利益属于作为诉讼实质性问题依据的法律或者《联邦宪法》的条款所保护的利益区间之内。适用这一标准的第二部分显然相当程度上取决于相关法律的存在和法院对其所作的解释。§16.9 讨论了利益区间标准。本节我会解释为什么法律的存在和解释对于适用第一步来说也是同等重要的，即使这一标准的基础是《联邦宪法》所规定的案件或者争议要求。

我首先从规范性的视角讨论这一问题。在确定被诉行为是否导致足以满足案件或争议要求的、可以在法律上进行审理的损害时，法院为什么应当对法律给予高度重视呢？我接着会从实证角度分析这一问题。法院在多大程度上依赖法律适用原告资格标准的第一步？对于判例法的分析表明，除了 Defenders of Wildlife 案之复数意见这一例外，最高法院总是尊重明确的立法要求，并且一直努力发现并且依据有时候不太明确的国会意图而作出裁判。相比之下，某些下级法院作出裁判的依据则是判定是否存在损害只是纯粹的司法职能，既无必要，也不合适让法院尊重国会立法中的文字和推理。

事实上的损害标准是基于对《联邦宪法》第三条对联邦法院权力所作的明确限制。联邦法院只拥有裁决“案件”或者“争议”的权力。由此可以得出，国会不能赋予联邦法院裁决案件或者争议之外的权力，而联邦法院有权力，也有义务确定什么是案件或者争议，什么不是。

□ 损害产生案件或者争议

但是，“案件”和“争议”这些用词绝不是可以准确地自我定义的。自从 1970 年以
1511 来，最高法院已经判定案件或者争议只存在于被诉行为导致原告遭受事实上的损害。对于案件或者争议条款所作的这种解释，其支持是微弱的，但是最高法院似乎肯定会继续适用

---

① 例可参见 Massachusetts v. EPA，127 S. Ct. 1438（2007），§16.4 和§16.5 有讨论（“国会已经允许对环境保护局的行为提起的此类诉讼。这种准许对于审查原告资格问题来说是至关重要的……”）；FEC v. Akins，524 U.S. 11（1998），§16.4 有讨论（即使是普遍遭受的“损害”也可以支持原告资格的成立，如果国会这么规定的话）；Havens Realty Corp. v. Coleman，455 U.S. 363（1982），§16.8 有讨论（原告可以指控侵犯他获得真实信息的法定权利为依据具有原告资格）；Trafficante v. Metropolitan Life Insurance Co.，409 U.S. 205（1972），§16.8 有讨论（白人承租人具有起诉对预期的黑人承租人实施种族歧视之行为的原告资格，因为国会认定如果没有黑人邻居，也对白人构成了社会性伤害）。

② 例可参见 Center for Auto Safety v. Thomas，847 F.2d 843，867-875（D.C. Cir. 1988），§16.5 有讨论（五名法官以行政行为不会导致所指控的损害为由，拒绝在否定原告资格的过程中接受该案中法律所依据的因果关系推理）。

某种版本的事实上的损害标准。[1]

□“损害”具有很多含义

但是，“事实上的损害”也不是可以准确自我定义的。正如§16.4所讨论的，最高法院已经对为了成立原告资格之目的而承认的法律上可以承认的（legally cognizable）损害，排除了某些形式的损害，理由是这些损害过于“抽象”或者“一般化”。但是，除了一项例外，最高法院已经行使裁量权决定拒绝允许联邦法院干预某些类型的争议，或者只有在法律没有对法律上可以承认的损害作出规定时，应某些类型的当事人的要求进行司法干预。

□侵犯法定权利可以是损害

通过立法，立法机关可以将最高法院过去认为过度抽象的损害规定为法律上可以识别的损害。[2] 这种现象的例子是大量存在的。例如，在《信息自由法》通过之前，我们无法想象法院会认定，当个人对于政府文件的唯一利益是想要了解其内容的抽象愿望，如果政府拒绝对个人提供一份政府文件时，这就足以构成法律上可以承认的损害。在《信息自由法》通过之后，如果不根据“任何人”的申请提供不享受豁免的文件，就构成了侵犯个人获得信息的权利，也对该个人构成了法律上可以承认的损害。受损害的个人可以在联邦法院寻求救济。[3]

□法律限制司法裁量权

一旦立法机关已经通过立法宣布某种形式的损害是法律上可以承认的，最高法院拒绝承认某种形式之损害的权力和权威就受到严重限制。最高法院在这一领域具有的权力完全等同于其判定任何立法无效的权力。只有在法律与《联邦宪法》存在冲突时，它才可以判定法律无效。这一观察结论对于行政法学者时常提出的一项假设问题提供了简单的答案：国会是否可以对所有蓝眼的人群赋予起诉某类政府行为的原告资格？答案显然是否定的，但是这一答案是基于《联邦宪法》第十四修正案的平等保护条款而不是《联邦宪法》第三条的案件或者争议条款。

□《联邦宪法》第三条限制国会赋予原告资格的权力吗？

当然，国会有权制定法律，规定某些形式的损害为法律上可以承认的损害，而《联邦宪法》上的案件或争议条款本身对于这一权力进行了某些限制。考虑到立宪者拒绝了设立立法咨询委员会（legislative Advisory Council）的建议，一项法律试图通过界定赋予国会广泛的原告资格以控制国会正在审议的法律之合宪性有关的不确定性，它本身就可能因为违反《联邦宪法》第三条而构成违宪。很可能会有一些损害形式如此具有抽象性，以至于

---

① 参见§16.2。

② 参见Sunstein，“What's Standing After Lujan? Of Citizens Suits，Injuries，and Article III”，91 *Mich. L. Rev.* 163（1992）。

③ 参见第5章。

1512 国会不能通过符合《联邦宪法》第三条的立法使其成为法律上可以承认的损害。但是，这将需要比大多数的法学教授更丰富的想象力更才能举出例子。国会只有在较高比例的公众认为一种情形会引发损害时才会通过立法承认该损害。如果没有公众认知的合理依据，这是很少会发生的。

最高法院已经作出的判决中，只有两份判决意见是以《联邦宪法》第三条作为依据，对国会可以通过立法赋予原告资格的情形进行了限制。在这两起案件中，法律都是支持对“任何人”赋予原告资格。在每起案件中，最高法院都判定《联邦宪法》第三条对国会通过立法赋予原告资格的权力进行了最温和的限制。在 Lujan v. Defenders of Wildlife① 案中，最高法院判定原告只有在被告的行为很可能会对原告计划不久去访问的区域产生不利影响时，才能在法院起诉被告的行为。在 Steel Co. v. Citizens for a Better Environment② 案中，最高法院判定原告不能起诉被告“完全属于过去发生的”行为，因为对于“完全属于过去发生的”被告的违法行为，法院完全无能为力，不能救济原告遭受的损害。

□ 国会可以界定可以由法院审理的因果关系

法院也应当尊重法律中对因果关系所作的规定。大多数对于裁决原告资格争议具有重要意义的因果关系问题都要求某些机构对立法性事实作出裁决。③ 例如，在 Duke Power Co. v. Carolina Environmental Study Group④ 案中，问题是限制侵权责任的法律是否“导致了”核电站的建设。在 Simon v. Eastern Kentucky Welfare Rights Organization，426 U. S. 26（1976）案中，问题在于国内税务局的裁定允许医院不向穷人提供非急诊医疗服务而保持免税地位，“导致”医院取消或者大幅减少了向穷人提供的非急诊医疗服务。

□ 损害和因果关系属于立法性事实的问题

法院并不具有裁决立法性事实问题的特别优势。立法机关则是因为下列因素而在裁决立法性事实问题上具有明显的机构优势：（1）它们可以优先接触相关的数据来源和专业能力；（2）它们能够利用各种非正式程序收集相关数据；（3）它们作为负责确认公众最为关
1513 心的损害形式的机构具有更高的政治问责度。法院应当给予立法机关作出的因果关系认定与所有其他立法机关所作出的事实认定以相同程度的尊重。除非立法机关所作的事实认定对基本权利或者可疑归类*有影响，只要有合理的依据，法院应当接受这些事实认定。⑤

□ 最高法院尊重国会

至于这一分析的实证主义部分，其判决意见的模式表明最高法院一直都是尊重立法机关的判断，即某种形式的损害足够具体和重要，可以作为法院承认的正当理由。最高法院

---

* 如果分类建立在一种自身似乎与既定宪法原则相悖的特征之上，如种族、性别等，以致有意使用这种分类都可被视为值得“怀疑”的，那么法院在确定这种分类的合法性时将依平等保护条款（Equal Protection Clause）适用严格审查（strict scrutiny）标准。——译者注

① 504 U. S. 555（1992），参见§16.4 的讨论。

② 523 U. S. 83（1998），参见§16.5 的讨论。

③ 参见§7.5 和§10.5 对立法性事实概念的深入讨论。

④ 438 U. S. 59（1978）.

⑤ 参见 United States v. Carolene Product Co.，304 U. S. 144（1938）。

一直以来也都尊重立法机关的事实认定，即某些形式的政府行为和某些形式的立法机关承认的损害之间存在因果关系。这一分析的起点是相反的事实。在面对有证据表明立法机关承认某种损害具有充分性的时候，最高法院从未判定某种损害不足以支持原告资格。对于立法机关已经认定存在的因果关系，最高法院也从未拒绝承认这一因果关系可以支持原告资格的成立。

□ 可以作为例证的案件

§16.4 和 §16.5 讨论的许多判决意见可以表明最高法院愿意尊重立法机关所作出的有关损害和因果关系的事实认定。在 Massachusetts v. EPA① 案中，五位大法官出具的多数意见提到一部法律对于其认定原告满足了宪法意义上的原告资格来说具有重要意义："国会还允许对环境保护局的行为提出这种类型的诉讼。这种准许对于原告资格的审查来说是至关重要的；如果以前没有的话，国会有权首次界定损害，并阐述引发案件或者争议的因果关系。"在 Havens Realty v. Coleman② 案中，最高法院尊重国会的判断，即任何人申请获取有关他所属民族的住房之真实信息而遭受拒绝时，他就遭受了损害。在 Trafficante v. Metropolitan Life Insurance Co. ③ 案中，最高法院尊重国会的判断，即第三方设置条件使得黑人不能成为他们的邻居时，白人遭受了损害。在 Duke Power v. Carolina Environmental Study Group④ 案中，最高法院在判断被诉法律"导致"原告所称损害时，就高度依赖该法律的立法史并以之作为依据。

在 FEC v. Akins⑤ 案中，六名大法官出具的多数意见以一部法律作为依据，判定原告符合《联邦宪法》第三条规定的原告资格的前提条件。多数意见判定因为行政机关作出决定拒绝向原告提供帮助他们决定如何投票的信息，原告作为选民遭受了法院可以审理的损害。持不同意见的大法官则认为，多数意见的判决主旨是与 United States v. Richardson⑥ 1514
案相矛盾的，在后者，最高法院判定对于政府没有提供中央情报局的开支这一可能违反《联邦宪法》之"报告和账目"条款的行为，纳税人/选民不具有起诉的原告资格。多数意见将该案与 Richardson 案进行了区分，在后者，纳税人缺乏原告资格，因为他作为纳税人的地位与国会没有要求中央情报局报告其开支之间并无"联系（nexus)"。多数意见接着指出：

> 但是，在本案中并无宪法条款要求证明存在"联系"……相反，有法律……确实寻求保护个人免遭他们声称自己所遭受的损害，也就是说没有获得有关竞选活动相关的特定信息。⑦

在 Friends of the Earth v. Laidlaw Environmental Services，528 U.S. 167（2000）案中，最高法院指出它会尊重立法机关对于这一问题——特定的救济方式是否会救济某种损害，或者换句话来说，特定救济能否吓阻他人违反该法律或者规章——的判断。在 Vermont Agency of Natural Resources v. United States，529 U.S. 765（2000）案中，最高法

---

① 127 S. Ct. 1438 (2007)，参见§16.4 和§16.5 的讨论。
② 455 U.S. 363 (1982).
③ 409 U.S. 205 (1972).
④ 438 U.S. 59 (1978).
⑤ 524 U.S. 11 (1998).
⑥ 418 U.S. 166 (1974).
⑦ 524 U.S. at 22.

院一致意见承认："国会［可以］界定新的法律权利，而新的法律权利又将赋予提出权利主张者证实自己所遭受损害的原告资格。"

但是，有些下级法院的判决意见拒绝承认立法机关的事实认定，并且根据与其存在矛盾的司法机关的事实认定而作出否定原告资格成立的判决。[①]

§16.9 解读法律的不同方式

Association of Data Processors 标准的第二部分要求法院在法律可以适用的案件中根据法律裁决原告资格争议。在讨论了支持原告的宪法性前提条件之后，最高法院指出国会可以"以这种方式或者另一种方式"裁决原告资格的问题，"除非《联邦宪法》第三条提出了不同的要求"[②]。

□《行政程序法》§702

由于 Association of Data Processors 案中的被诉行为受《行政程序法》调整，最高法
1515 院首先解释了《行政程序法》的相关条款。§702 规定"在相关法律规定的意义上遭受不利影响或者损害（aggrieved）的……个人"具有原告资格。最高法院将这一短语解释为要求参考其他法律——行政机关组织法（agency organic acts）——以决定原告是否具有原告资格以要求审查适用《行政程序法》的行为。因此，最高法院默示地认定"在相关法律的意义上"同时修改了"遭受不利影响"和"遭受损害"。最高法院同样可以轻易地依据标准的语法规则，将"在相关法律的意义上"接受为仅仅修改了"遭受损害"。根据这一言之成理的解释，在原告已经可信地主张自己遭受被诉行政行为的"不利影响"的大量案件中，完全不再需要援引其他法律。因为"遭受不利影响"的含义等同于"事实上的损害"，这一解释将在所有《行政程序法》调整的案件中把两部制标准缩减为一部制标准。最高法院明显意识到需要适用第二项过滤条件，将这类潜在的原告缩小至国会在制定这部法律，授权行政机关采取该被诉行为时所意图影响的人群。

□ 明确赋予或者排除原告资格

最高法院一旦将《行政程序法》解释为需要援引其他法律以裁决原告资格争议，就需要由法院裁决众多其他疑难的解释性问题。国会有的时候在立法对行政机关进行授权时，就已经明确提到了原告资格问题。例如，《联邦通信法》授权法院对根据"任何……遭受损害或者其利益遭受任何决定之不利影响的个人"进行审查。当最高法院一般来说并不同情基于这种利益而提出的原告资格主张时，最高法院高度依赖这一赋予宽泛的原告资格的明确的法律规定，判定已有的市场参与者具有原告资格，可以起诉允许竞争者进入市场的决定。[③] 相反，《1978 年天然气政策法》（the Natural Gas Policy Act of 1978）明确禁止法

---

① 例可参见 Center for Auto Safety v. Thomas，847 F. 2d 843（D. C. Cir. 1988），discussed in §§16. 4 and 16. 5。

② 397 U. S. 150，at 154.

③ 参见 FCC v. Sanders Brothers，309 U. S. 470（1940），discussed in §16. 2。

院根据天然气生产商以外的个人审查确定天然气生产商可以收取的最高价格之行政决定。①

□ 法律没有明确涉及原告资格时得出的推论

但是，明确涉及原告资格的法律是相对少见的。通常来说，当国会立法赋予行政机关以一项职权时，它完全没有涉及原告资格。当国会对这一问题未作规定时，法院要回答国会有关这一问题有何意图，就很大程度上取决于法院询问这一问题的方式。 1516

最高法院在 Association of Data Processors 案中对《行政程序法》§702 所作解释——个人如果"因为行政行为而遭受相关法律规定意义上的损害"，他就具有原告资格——要求最高法院提出一项一般性问题，以便判断在法律没有对原告资格作出规定时，判定国会希望哪些人具有起诉根据该法作出之行政行为的原告资格。最高法院在提出问题时本来可以采取的方式是只允许很少数的"遭受损害的"个人可以对大多数行政行为寻求司法审查。例如，最高法院本来可以判定，只有在法律明确赋予一类人群的成员以原告资格时，此人才是"遭受相关法律规定之意义上的……损害的"。这种原告资格的法定标准之表述方式，本来会询问国会是否明确赋予原告以原告资格。在很多案件中，对于这一问题的答案是否定的，因为国会很少明确涉及原告资格的问题。

□ 利益区间标准

在 Association of Data Processors 案中，最高法院选择对法定的原告资格问题采取了另外一种询问方式，按照这一询问方式，大多数遭受行政行为损害的原告都具有原告资格。最高法院指出，"总的趋势是扩大可以起诉行政行为的人群类型"②。相应地，它将法定原告资格的问题表述为"原告寻求保护的利益是否属于所争讼的法律或者宪法保障所要保护或者规范的利益区间"③。最高法院判定已有的数据处理服务提供商具有原告资格，可以对货币监理官允许银行提供与这些竞争者存在竞争关系的数据处理服务。最高法院作出这一判决主旨的依据是，有些证据可以证明国会在制定《银行服务公司法》（the Bank Service Corporation Act）和《国民银行法》（the National Bank Act）时限制银行的业务时，就担心可能对竞争者产生的影响。最高法院指出，这两部法律的制定目的都不是保护特定的团体；这些法律的首要目的是保护银行体系的稳健性。不过，最高法院判定这些法律的"一般性政策"将竞争者纳入了所要保护的"利益区间"④。

□ 在无证据表明法定排除时，原告拥有原告资格

而在相伴案件（companion case），即 Barlow v. Collins⑤ 案中，两位大法官出具的协同意见则敦促采取另外一种提出法定问题的方式，从而在更多的案件中得出肯定的答案。持协同意见的大法官认为，与《行政程序法》§702 规定有关的原告资格争议只能根据适

---

① 例可参见 Williston Basin Interstate Pipeline Co. v. FERC, 816 F. 2d 777 (D.C. Cir.), *cert. denied*, 484 U.S. 1825 (1987)。

② 397 U.S. at 154.

③ Id. at 153.

④ Id. at 157.

⑤ 397 U.S. 159, 168-175 (1970).

1517 用事实上的损害标准而加以裁决。为了确定“国会是否……阻止原告所属人群的审查”[①]。(foreclosed review by the class to which tile plaintiff belongs) 考虑到国会很少会在立法中涉及原告资格，这种提出法定问题的方式很少会得出否定的答案。

从 1970 年提出“利益区间”标准到 1984 年期间，最高法院忽略这一标准的次数多，而适用这一标准的次数少。下级法院以各种不同的方式适用“利益区间”标准。有的法院坚持认为要有特定证据证明国会意图保护原告所宣称的特定利益；而其他法院则满意于任何表明国会受到原告主张之一般类型的利益考量的部分影响的证据。从 1984 年开始，最高法院作出了一系列判决意见，阐释了“利益区间”标准的范围和含义。

□ Community Nutrition 案

在 Block v. Community Nutrition Institute[②] 案中，牛奶消费者申请法院审查农业部根据《1937 年农产品销售协议法》(Agricultural Marketing Agreement Act of 1937) 作出的牛奶销售令 (milk marketing order)。即使牛奶销售令明显因为提高牛奶价格而损害了消费者的利益，农业部主张消费者没有申请法院审查牛奶销售令的原告资格。最高法院以一致意见判定消费者不具有对牛奶销售令起诉的原告资格。具有讽刺意味的是，最高法院为了得出这一结论而采用的推理程序表明它对于利益区间标准采取了广义的进路，这将使得法院判决受损害的原告在较高比例的案件中具有原告资格。

“利益区间”标准似乎要求法院查找一定证据确定国会具有保护原告所主张之利益的肯定性意图。在 Community Nutrition 案中，最高法院则是寻找证据以证明国会意图排除原告群体中的一些当事人申请对行政行为进行司法审查。最高法院以明显支持的态度引用了 Brennan 大法官在 Association of Data Processors 案和 Barlow 案中的协同意见；在这些协同意见中，Brennan 大法官认为，只有在国会排除了根据原告群体中的当事人之请求而进行司法审查时，最高法院才能否定受损害的原告的原告资格。[③] 寻找证据证明国会意图保护原告利益和寻找证据证明国会意图排除原告获得司法审查的资格，这两者之间的差别在很多案件中可能是可以决定结果的 (outcome-determinative)，因为我们常常难以确定国会有关这些问题的意图。

□ 最高法院得出了立法排除的推论

《农产品销售协议法》是一部相对不太寻常的法律，其中包含的条款可以证明国会意图排除一类受行政行为损害的当事人申请法院审查该行为的资格。这部法律授权农业部为
1518 了提高牛奶价格而制定牛奶最低价格。[④] 该法规定了详细的程序，让生产商和加工商参与确定最低价格的行政过程；事实上，农业部必须在发布牛奶销售令之前获得半数的加工商或者三分之二的生产商的同意。相比之下，该法并没有规定消费者参与行政过程。[⑤] 简而言之，这部法律建立了典型的政府发起的卡特尔，它不可避免地会因为人为提高出厂价格 (producer prices) 而产生损害消费者利益的效果。我们可以公平得出以下推论，即生产卡

---

① Id. at 173.

② 467 U. S. 340 (1984).

③ Id. at 345-346.

④ Id. at 341-342.

⑤ Id. at 341-342, 346.

特尔的目的和效果与任何保护消费者利益的目的之间存在固有的矛盾，这一事实对最高法院产生了影响。

不仅如此，国会明确赋予牛奶加工商申请司法审查的权利，但是它对这一权利限定于穷尽各种行政救济途径之后。国会并没有规定消费者申请司法审查的权利，也没有为消费者提供行政救济途径。最高法院认为，国会没有提供任何需要消费穷尽的行政救济途径，因此如果判定消费者有权无须穷尽行政救济而获得司法审查，这将是具有讽刺意味的，也是与立法机关的意图相矛盾的。

□ Community Nutrition 案弱化了可审查性的推定吗？

最高法院认为，当法院试图确定国会是否已经排除了根据特定类型的原告之申请而进行的司法审查，可以适用支持司法审查的推定。① 最高法院指出，当“国会排除司法审查的意图是可以从法律细节中‘基本可以识别’时”，就需要传统的“明确可信（clear and convincing）”证据才能推翻这一推定。② 最高法院列举了可以推翻这一推定的五种方式：（1）具体的法律条文；（2）具体的立法史；（3）法院作出解释，而国会同时期对此予以默认的；（4）法律中集中吸收了立法史和司法史；（5）从法律机制（statutory scheme）整体中得出国会意图的推论。最高法院判定《农产品销售协议法》属于上述的第五种类型。③ 最高法院也指出，当法律明确赋予一个团体以原告资格，正如《农产品销售协议法》那样，“可能已经默示排除了根据其他人的请求……而进行的司法审查”④。但是，最高法院最后强调指出，当对于国会意图的内容存在“实质性的疑问”时，可审查性的推定“是决定性的”⑤。

□ Clarke 案中对“区间”采取了广义进路

在 Clarke v. Securities Industry Assn. ⑥ 案中，最高法院的多数意见更明确地对“利益区间”标准采纳了广义进路。一家证券经纪人组织申请法院审查货币监理官允许银行在 1519
其本州之外开设折扣经纪人（discount brokerage）* 办公室（discount brokerage offices）。这些证券经纪人认为根据《McFadden 法》§36，这些办公室构成了违法的银行分支办公室。货币监理官承认他的行为导致证券经纪人遭受事实上的损害，但是主张证券经纪人缺乏原告资格，因为它们寻求保护的利益并不属于国会试图以《McFadden 法》保护的利益区间。⑦ 五名大法官出具的多数意见判定这些证券经纪人具有原告资格。在这个过程中，多数意见阐释了“利益区间”标准。多数意见首先指出“利益区间标准”已经遭受大量学术著作，包括本书第二版的批评。⑧ 多数意见承认这一标准“尚未证明具有自我解释性

---

* 折扣经纪人，亦称为减佣经纪人，是指向投资者提供服务时收取较低或折扣佣金的证券公司，一般不提供投资咨询。——译者注

① Id. at 349. 有关这一推定的一般性讨论，参见第 17 章。

② Id. at 351.

③ Id. at 349.

④ Id. at 349.

⑤ Id. at 351.

⑥ 479 U.S. 388 (1987).

⑦ Id. at 394 .

⑧ Id. at 396 n. 11.

(self-explanatory)"[①]。为了明确利益区间标准的含义，多数意见强调指出它只希望排除"不是总是属于利益区间之内的原告……"[②]

□ 只有微弱联系的利益是在"区间"之外

这份多数意见认为最高法院在 Community Nutrition 案中以一致意见作出的判决是"理解利益区间标准的有用的参考点（reference point)"。多数意见提到在该案中可审查性的推定是得到承认的，只有一种可能性，即法院可以找到证据证明国会意图排除根据特定原告的请求而进行司法审查，才能推翻这一推定。[③] 在这份判决意见中，表述最为明确的是以下这段话：

> 当原告本身不是所讼争的规章之调整对象，如果原告的利益与立法目的之间只存在如此微弱的联系或者与立法目的存在矛盾，以至于不能推定国会试图允许该诉讼，利益区间标准即否定存在获得审查的权利。利益区间标准并不是成为特别严格的标准；特别是，并不需要有迹象表明国会有让可能的原告受益的意图。[④]

□ 如果没有国会意图排除的证据，原告拥有原告资格

Clarke 案的多数意见提到《行政程序法》"宽松的审查条款"，认为它对于自己对"利益区间"标准所采纳的进路具有重要意义，再次强调了法律对于裁决原告资格争议的重要性。[⑤] 多数意见认定法律的某些支持者表达的对于银行可能垄断信用和货币的担心，与原告的主张——行政行为损害了竞争活力（competitive viability)，这两者之间存在合乎逻辑的关系。[⑥] 多数意见似乎完全采纳了 Association of Data Processors 案和 Barlow 案所建议
1520 的标准：受损害的原告依据《行政程序法》具有原告资格，除非国会试图排除根据原告同类的当事人的请求进行司法审查。由于多数意见"没有发现有与 Community Nutrition Institute 案同类的迹象可以让人'合理地察觉'国会排除根据被告的请求进行审查的意图"，多数意见判定证券经纪人具有起诉货币监理官之行为的原告资格。[⑦]

□ 协同意见所要求的更为严格的标准

三名大法官在原告资格问题上发表了协同意见。他们反对多数意见"对'利益区间'所作的完全没有必要的详细解释（exegesis)"[⑧]。他们之所以持协同意见，是因为通过"直截了当地"适用"利益区间"标准，他们可以认定这些证券经纪人具有原告资格。[⑨] 这些持协同意见的大法官们接着对《McFadden 法》的条文和立法史进行了长篇的分析，以证

---

① Id. at 396.
② Id. at 397.
③ Id. at 399.
④ Id. at 399-400.
⑤ 479 U.S. at 400 n. 16.
⑥ Id. at 403.
⑦ Id. at 403.
⑧ Id. at 410.
⑨ Id. at 410.

明与银行存在竞争关系的非银行企业属于该法设想的受益人范围。[①] 持协同意见的大法官们认为，《McFadden 法》是在众多利益之间进行调和的复杂立法过程的产物。他们认为，相关当事人对于联邦银行金融权力可能集中的担心已经得到了“充分证明”[②]。

□ 法官附带意见中说明具有微弱利益的原告

在后来的 Lujan v. National Wildlife Federation[③] 案中作出的判决意见中，最高法院举了一项假设性的例子，证明原告之利益甚至可能不属于法律所保护之利益区间。在一起案件中，不举行举证式听证的行政决定会“损害”承包行政机关听证记录业务的速录企业的利益。但是，该企业不会具有申请审查行政决定的原告资格，因为国会在要求行政机关组织听证时甚至没有设想过要让速记员（stenographers）受益。

□ 支持对利益区间的广义理解

NCUA 案、Community Nutrition 案、Clarke 案和 National Wildlife Federation 案对利益区间标准进行了重要和可欲的阐释。在§16.11 中，我会解释为什么对行政法上的原告资格采取自由主义的进路，从公共政策视角来看是重要的。对于 Clarke 案和 NCUA 案所宣布的利益区间标准采取的包容性进路，也是最有可能产生符合国会真实意图的原告资格判决。要理解其原因，有必要对促成将决定权授予行政机关的法律出台的现代立法环境进行一番描述。

当国会开始考虑创设新的规制或者福利制度，几乎所有对于结果具有重要利益的团体都在立法过程中得到了代表。每家团体都对议员进行游说以寻求最有利于其利益的结果。出于对所有集体决定过程都具有的各项复杂的理由，立法机关不可能对不同利益团体内部 1521
的一些重要的实体性争议达成一致意见。[④] 国会将裁决这些争议的权力转授给了行政机关。这种授权通常伴随着详细的一套实体性和程序性要求，以形塑行政机关的决定过程。

任何利益团体要在这个过程中获得完全的胜利，这是很少发生的。即使最有影响的团体，也必须与其他团体作出妥协，才能获得必要的多数票，确保能够在相当程度上反映它所希望之结果的法律获得通过。任何利益团体在复杂的立法妥协过程中会被完全拒之门外的情况也是很少发生的。即使是一个完全没有机会在大多数重要问题上说服多数议员接受其观点的团体，也是具有谈判筹码的。它通常可以以自己的支持（或者甚至是减少反对的强度）交换实体或者程序性条文上的一些修改，以满足自己的利益。任何团体只要其成员很可能会受到国会正在起草的、由行政机关实施的制度之明显影响，国会很少会拒绝该团体的所有观点。

□ 对 Clark 案协同意见所要求的利益区间标准的批评

Clark 案所采取的进路完全与将大量决定权授予行政机关的立法过程之现实相一致。

---

① Id. at 410-413.

② Id. at 413.

③ 497 U. S. 871, 883 (1990).

④ 参见 Pierce, “The Role of the Judiciary in Implementing an Agency Theory of Government”, 64 *N.Y.U. L. Rev.* 1239, 1244-1247 (1989)。

如果没有具有说服力的相反证据，最高法院应当推定国会希望它所设计的决定过程是让所有的利益会受到明显影响的团体有权有效地参与。Clark 案中其他三名持协同意见的大法官所建议的另外一种进路，如果足够仔细地适用的话，在众多案件中也会产生相同的结果。这些持协同意见的大法官分析了所讼争的这部法律的立法史，发现有具体证据可以支持其结论，即国民银行的竞争者的利益在立法过程中“得到充分代表”，这导致所出台的这部复杂的法律就是妥协的产物。若干优秀的学术作品描述了这部法律的立法过程，其中进行的详尽分析对于持协同意见的大法官提供了重要的帮助。对于几乎任何其利益受到任何现代法律所规定的行政决定之重要影响的团体来说，类似仔细和详细的分析都可以得出相同的结果。因此，如果最高法院采纳了 Clarke 案中协同意见建议的进路，并且如果最
1522 高法院和下级法院仔细适用了这一进路，对于利益受任何现代法律所规定的行政决定重要影响的任何原告，利益区间标准很少会排除他们提起的司法审查申请。但是，Clarke 案中协同意见所建议的进路，相比多数意见中所采取的进路，具有两项缺点。其一，对于向行政机关授权的法律的制定过程进行详细分析，是一项艰巨的任务。在缺乏能够对 Clarke 案协同意见提供巨大帮助的那种严谨学术研究时，这一过程将会大量消耗稀缺的司法资源。由于仔细适用协同意见所建议的进路，其结果与适用 Clarke 案多数意见所采纳的更简单的进路，几乎在所有的案件中都是相同的，大量消耗稀缺的资源是浪费的。其二，由于适用协同意见所采纳的进路是困难的，也需要大量消耗资源，法院就会有巨大的风险，可能因为没有发现国会在立法过程中实际承认的利益而犯下错误。这一风险要远远大于法院适用多数意见的进路时的风险，即错将国会在立法过程中事实上并未承认的利益认定为属于“区间”的利益。

□ Clarke 案在下级法院的效力

大多数下级法院都接受和适用了 Clarke 案中多数意见的推理。例如，在 City of Milwaukee v. Block① 案中，第七巡回法院立即承认，Clarke 案中对“利益区间”标准所采纳的广义进路与该巡回法院在 Clarke 案之前所采用的狭义的“利益区间”标准存在矛盾。它判定，行政机关的决定会减少通过 City of Milwaukee 港口的货物运输量，由此给 City of Milwaukee 造成的损害属于《运输优先权法》（the Cargo Preference Act）保护的利益区间。尽管法院认定《运输优先权法》的主要目的是保护美国商船，法院认定有证据证明国会也关心该法对港口城市可能造成的影响。②

但是，其判决被 Clarke 案推翻的哥伦比亚特区巡回法院，并不愿意接受 Clarke 案的推理。例如，在 Hazardous Waste Treatment Council v. Thomas③ 案中，法院判定有害废弃物处理设施的所有者和运营者不在《固体废弃物处置法》（the Solid Waste Disposal Act）所要保护的利益区间。正如持不同意见的法官所表明的，被诉行政规则允许原告设
1523 施的用户将未经充分处理的有害物质送至原告设施，这提高了原告因为这些物质而接受各种行政处罚的风险，从而损害了原告作为土地所有人的权利。④

在 Grand Council of Crees v. FERC⑤ 案中，哥伦比亚特区巡回法院也对利益区间标准

① 823 F. 2d 1158, 1165 (7th Cir. 1987).

② Id. at 1167.

③ 885 F. 2d 918 (D. C. Cir. 1989).

④ Id. at 929.

⑤ 198 F. 3d 950 (D. C. Cir. 2000).

进行了特别狭义的解释。该法院判定原告不具有对价格制定行为起诉的原告资格，因为他们所主张的权利不属于他们起诉时所依据的两部法律所要保护的利益区间。原告指控行政机关的价格制定行为将会对环境产生不利影响。他们认为这一行为违反了《联邦电力法》中要求所有价格必须是公正合理（just and reasonable）的条款。法院判定环境利益不属于这一法律所要保护的利益区间，因为最高法院曾经判定这一条款要求行政机关和法院对消费者和投资者的经济利益进行平衡。原告也以行政机构违反《国家环境政策法》为理由起诉这一行为。法院承认环境利益属于《国家环境政策法》保护的利益区间。但是，法院判定，在本案中，原告的利益并不属于《国家环境政策法》保护的利益区间，因为行政机关并不需要在作出价格制定行为时考虑环境因素。这一推理是值得质疑的。显然，环境利益在任何案件中都属于《国家环境政策法》所保护的利益区间。价格制定的决定很可能并不引发《国家环境政策法》规定的义务，因为它们并没有对环境产生明显影响，但是这是一项涉及案件实体问题的决定，而不是否定原告资格的依据。

□ Air Courier 案

在 Air Courier Conference v. American Postal Workers Union① 案中，最高法院从另一个方面阐释了“利益区间”标准。“利益区间”标准要求原告证明他试图保护的利益是“属于案件讼争的……法律所保护或者规范的利益区间”。在 Air Courier 案之前，最高法院从未明确解释过“案件讼争的……法律”的含义。在 Air Courier 案中，最高法院判定与“利益区间”标准相关的唯一一部法律是原告起诉时作为实体问题之依据（或者依据之一）的法律。这项判决是以一致意见作出的，但是三名持有协同意见的大法官拒绝讨论原告资格问题，因为他们认为被诉行为是不能根据任何认定请求而进行审查的。

□ “有关实体问题的法律”与“有关原告资格的法律”必须是相同的

邮政雇员申请法院审查美国邮政局颁布的一项允许私人企业从事“国际邮件转寄（international remailing）”业务的规则。所谓国际邮件转寄，是指通过直接将寄至外国的邮件交给外国邮政机构，而绕开美国邮政系统的做法。邮政雇员遭受的损害是明显的；任何允许绕开美国邮政系统的决定，都会将邮政雇员的工作和/或者报酬水平置于危险的境地。 1524
邮政雇员起诉该规则，认为它侵犯了国会通过《私人快递公司法》（the Private Express Statute of 1792）赋予美国邮政局的邮政专营权。但是，他们主张另一部法律，即《1970 年邮政重组法》（the Postal Reorganization Act of 1970）承认了他们的利益。

□ 国会在 1792 年没有承认邮政雇员的利益

最高法院首先分析了是否“可以认为”国会在制定《私人快递公司法》时意图保护邮政雇员的利益。这是一项非常简单的任务。最高法院认定“1792 年对于私人快递公司的限制保护了政府在邮政铁路上的资本投入，而不是当前几乎并不存在的邮政雇员的工作”。最高法院接着分析了《私人快递公司法》历次修订的条文和立法史。它认定最近一次的修订，即 1845 年的修订完全不是出于保护邮政雇员的工作的动机。

---

① 498 U.S. 517 (1991).

□“有关原告资格的法律”并没有修改“有关实体问题的法律”

最后，最高法院接着分析了邮政雇员作为支持其原告资格之依据而提到的法律，即《1970 年邮政重组法》。这部法律对于美国邮政局及其雇员的关系作了详细规定。这无疑反映了国会对于邮政雇员之命运的关心。但是，最高法院判定，《邮政重组法》与《私人快递公司法》之间并不存在充分的联系，不足以允许原告依据《邮政重组法》以证明立法机关对其利益的承认以起诉该规则违反了《私人快递公司法》。《邮政重组法》并没有对《私人快递公司法》进行修改，而且最高法院也没有在《邮政重组法》的立法史中找到证据表明国会看到《私人快递公司法》与《邮政重组法》所规定的新的劳资关系之间存在的联系。[1]

□ Air Courier 案产生的问题

Air Courier 案的判决主旨的意义在于要求，有法律证明国会希望考虑一个团体的利益，与有法律可以作为该团体在实体问题上起诉的依据，这两者之间存在一定的联系。如果没有此类限制，考虑到联邦法律的层出不穷，原告资格的法定标准是没有多少意义的。这里可以举个假设的例子帮助说明对利益区间标准进行限定的需要。国会可以说已经通过由联邦政府资助向老人和穷人提供的某些牙医服务等措施，承认了医生过上体面生活的利
1525 益。我们很难由此得出牙医属于国会意图通过制定联邦法律允许在供水中加氟而试图保护的利益区间。牙医很显然会因为加氟的做法而遭受损害，但是国会允许加氟的决定完全不是出于对牙医财务健康的担心。

但是，各级法院很可能会在按照 Air Courier 案的要求划分界限时遭遇困难。要确定两部法律是否存在充分的联系，以至于允许原告根据一部法律获得原告资格，而以另一部法律作为实体问题的起诉依据，这在很多情况下都是困难的。国会在立法时总是相对于已有法律的背景。国会在制定《邮政重组法》时没有明确讨论《私人快递公司法》与邮政雇员的利益，对于国会是否看到此种联系的问题来说并不是决定性的。国会在制定《邮政重组法》之时以法典编纂的形式重新制定了《私人快递公司法》。我们似乎可以合理地推定，如果国会在制定《邮政重组法》时提出任何放松《私人快递公司法》规定的邮政专营权，邮政雇员会提出强烈反对意见。我们同样可以合理推定，同一届国会在制定《邮政重组法》的劳资关系条款时如果承认邮政雇员的利益，将会在对《私人快递公司法》进行任何修订时照顾这些利益。当然，邮政雇员没有理由在 1970 年主张对《私人快递公司法》规定的邮政专营权条款具有利益，因为国会只是重新编纂了《私人快递公司法》，但是没有作任何修改。

□ NCUA 案中所采纳的极为允许性的标准

在 National Credit Union Administration v. First National Bank & Trust Co.[2]（NCUA 案）中，五名大法官出具的多数意见对利益区间标准采纳了甚至更为允许性的解释。几家银行寻求法院审查国家信用社管理局（National Credit Union Administration）在批

---

① Id. at 921.

② 522 U. S. 479 (1998).

准修改一家信用社的章程时作出的命令。这份章程的修改授权信用社扩大其成员范围至受雇于同一家企业或者从事同类工作的个人之外。作出这份命令的依据是国家信用社管理局对于法律要求所作的解释，即“信用社的成员范围应当限制于拥有共同职业纽带的团体……”国家信用社管理局最初将该法解释为要求信用社的每位成员都必须具有相同职业的“共同纽带（common bond）”，但是被诉的这项命令则是适用了国家信用社管理局对“共同纽带”要求所作的新解释，即一家信用社可以包括多个不相关的职业团体的成员，每个职业团体拥有“共同纽带”。

五名大法官出具的多数意见判定这些银行具有原告资格，因为它们所主张的权利属于该法所保护的利益区间。多数意见首先指出，“我们过去的案件……确立了一项原则，即我们不应当调查国会是否存在让可能的原告受益的意图”。多数意见接着认为，既然该法通过限制信用社的成员范围而对信用社可以服务的市场进行限制，并且银行宣称在限制信用社可以服务的市场方面具有利益，那么银行所宣称的利益就属于该法保护的利益区间。多数意见认为不存在任何“证据能够证明国会……关心银行的竞争性利益，或者实际上是 1526
在关心竞争”，这是与该案无关的。

持不同意见的大法官抱怨多数意见“几乎抽空了利益区间的要求”。根据多数意见对这一标准的理解，当事人总是会有属于区间的利益，因为它不会有起诉以强制执行一部法律的激励，除非对这部法律的解释对它的利益有积极意义。持不同意见的大法官主张，所争讼的这部法律并不能证明国会具有限制竞争或者保护银行的意图。“共同纽带”要求“作为主要涉及对成员范围的界定以确保组织的财务稳健的内部组织原则”而规定在法律之中。

□ 作为例证的巡回法院判决意见

我们可以预期的是，如果最高法院不能或者不愿意在解释和适用一项原则时保持一致性，各巡回法院适用利益区间标准的判决意见所反映的进路机会存在广泛的差别。以下巡回法院的判决意见就证明了这一点。

在 Canadian Lumber Alliance v. United States[1] 案中，联邦巡回区上诉法院判定原告具有原告资格，可以援引《北美自由贸易区实施法》的一项条款——赋予加拿大生产商享受优惠关税待遇的权利——因为原告所主张的是享受该优惠待遇的权利。法院驳回了行政机关的主张——因为该法并未赋予外国生产商以诉权，所以原告并不拥有法院可以承认的利益。联邦巡回区上诉法院指出，最高法院已经判定原告并不需要以证明自己拥有法定的诉权作为前提确定其主张可由法院审查的利益。

在 Nulankeyutmonen Nkihtaqmik v. Impson[2] 案中，第九巡回法院判定某印第安部落的成员具有原告资格，可以质疑行政机关未能遵守法定的部落土地出租程序。法院判定这些部落成员在这些法律所保护的利益区间之内，原因是：

> 现在已经获批的土地租约，构成了可能危害环境和部落土地的历史保护以及该地区的受保护动物物种的“土地用途变更”。为了免受这些危险而设计的相关法律要求联邦行政机关，如印第安事务管理局在作出决定前考虑这些危险。 1527

在 Safe Extensions v. FAA[3] 案中，哥伦比亚特区巡回法院判定一家机场跑道灯座的

---

① 517 F. 3d 1319 (Fed. Cir. 2008)，参见§16.4、§16.6、§16.14和§16.15的讨论。

② 503 F. 3d 18 (1st Cir. 2007).

③ 509 F. 3d 593 (D. C. Cir. 2007).

生产商具有原告资格，可以申请审查一份咨询性质的通函，该通函只发送给机场所有权人和经营者，但是其效果是让这些受规制者不得购买原告的产品。联邦航空管理局认为原告主张的利益并不在该案讼争法律条款所保护或者规制的利益区间之内，因为该条款只适用于机场，而不适用于机场安装设备的生产商。法院认为这种主张是“荒谬的”，因为该通函通过禁止机场购买生产商的产品，“有效地规制着”生产商的产品。

在 High Country Citizens Alliance v. Clarke[1] 案中，第十巡回法院判定《1872 年一般矿业法》（the General Mining Act of 1872）默示地排除了对不存在竞争性产权关系的第三方对专有采矿权证（mining patent）提出司法审查的申请。法院的理由是该法律中明确包括了允许应竞争性产权人的申请进行审查的条款，并且该法的立法史也强调了国会希望对专有采矿权证赋予快速明确的产权。

在 National Athletic Trainers' Ass'n v. Department of Health & Human Services[2] 案
1528 中，第五巡回法院驳回了政府的主张，即体育教练员们（athletic trainers）在申请法院审查一项规则——将医生和其他医疗服务提供者排除在体育教练员提供的治疗成本回收范围之外——时，并未宣称属于《联邦医疗保险法》可能保护的利益区间之内的利益。法院认定《联邦医疗保险法》是保护医生提供高品质医疗服务的利益，并且体育教练员所声称的利益与这一利益是共通的。

在 National Ass'n of Home Builders v. Army Corps of Engineers[3] 案中，哥伦比亚特区巡回法院裁决一起疑难的利益区间争议。有几家组织——其成员建设住房和其他构筑物——申请审查陆军工程兵团的全国性许可，这种许可允许在未获得单独许可的情况下疏浚河道和填充材料。原告希望提出的一项问题是行政机关未能遵守《国家环境政策法》。行政机关主张原告缺乏原告资格，不能提出《国家环境政策法》的合规问题，因为它们的经济利益更可能会阻碍《国家环境政策法》目的的实现而不是促进那些利益。法院驳回了这一主张，理由是利益区间标准只要求利益一致，而不要求完全相同，并且符合利益要求的原告不能因为有不属于利益区间的其他利益而被剥夺原告资格。但是，法院认定，没有一位原告已经证明了它们具有任何符合资格要求的利益。其中一家组织提交了宣誓书，提出了巧妙的（或者也可能是不真诚的）主张，如果陆军工程兵团签发更宽松的许可，其成员本来可以设计出更多保护环境的项目。但是，法院认定该宣誓书不够充分，因为该组织并未提到一项陆军工程兵团签发更宽松的许可，其成员本来可能实施的项目。

在 Amgen v. Smith[4] 案中，哥伦比亚特区巡回法院与第四巡回法院形成了意见分歧。哥伦比亚特区巡回法院判定一家药品生产商因为其药品参加联邦医疗保险计划（Medicare）而获得更多收入，是受联邦医疗保险法律保护的利益。法院认为，这部法律是为了让消费者能够用得起药品而造福消费者，而药品生产商因为药品使用而获得充分补偿的利益是与消费者用得上药品的利益一致的。在 TAP Pharmaceuticals v. Department of Health[5] 案中，第四巡回法院得出了相反的结论，因为第四巡回法院要求当事人具有与该法律目标受益人相同的利益，而不是与其一致的利益。

在 City of Albuquerque v. Department of Interior[6] 案中，第十巡回法院判定，行政命

---

① 454 F. 3d 1177 (10th Cir. 2006).

② 455 F. 3d 500 (5th Cir. 2006).

③ 417 F. 3d 1272 (D. C. Cir. 2005)，参见 § 6. 1、§ 7. 4、§ 15. 11 和 § 15. 14 的讨论。

④ 357 F. 3d 103 (D. C. Cir. 2004).

⑤ 163 F. 3d 199 (4th Cir. 1998).

⑥ 379 F. 3d 901 (10th Cir. 2004).

令可以，并且在本案中确实创设了一个包括原告所宣称利益在内的利益区间。内政部为一座新设施选址在某城市中央商务区之外，尽管市政府要求内政部在其市内选址。市政府根据第 12072 号行政命令——要求总务局鼓励行政机关在中央商务区内选址——的规定，申请审查内政部的决定。法院判定行政命令可以支持原告资格的成立，如果（1）它是为了实施法律而制定的；（2）无论是行政命令还是所实施的法律均未排除司法审查；（3）行政命令直接或者间接地确立了可由法院裁决的（justiciable）标准。第十巡回法院判定第 12072 号行政命令满足这三项标准，但是，总务局已经根据该行政命令发布了大量规章，确立了法院对行政机关选址决定适用的客观标准。

在 Alto Dairy v. Veneman[①] 案中，第七巡回法院的判决加深了各巡回法院之间业已存在的分歧。该案中授权农业部发布牛奶销售命令的命令，其效力是人为地提高了牛奶价
格，这显然是赋予了牛奶加工企业对牛奶销售命令申请审查的权利，但是这部法律对于牛 1529
奶销售命令的其他相对人是否具有申请审查的权利则未置一词。最高法院部分以该法对此未作规定为由，在 Block v. Community Nutrition Institute[②] 案中判定国会默示地排除了消费者对牛奶销售命令提出上诉的权利。在 United Dairymen of Arizona v. Veneman[③] 案中，第九巡回法院对 Block 判决作出了道歉，判定牛奶生产商也不具有对牛奶销售命令申请审查的权利。在 Alto Diary 案中，第七巡回法院不同意第九巡回法院的判决，与其他三家巡回法院一样判定牛奶生产商具有申请审查牛奶销售命令的原告资格。第七巡回法院首先指出“从国会沉默的态度得出推论是心术不正的……”第七巡回法院认为，国会很可能并未明确规定生产商的上诉权利，因为国会“认为作为牛奶销售命令的目的受益人，奶牛农场主可以在法院对这些命令提起诉讼……”

在 Rosebud Sioux Tribe v. McDivitt[④] 案中，向某印第安部落租用土地建设猪肉加工设施的一家企业申请法院审查行政机关认定其租约无效的决定，该决定的理由是该租约最初的批准违反了《国家环境政策法》。第八巡回法院判定企业缺乏原告资格，因为就案件实质问题而言，它所声称的利益并不在企业的主张所依据的任何法律保护的区间之内。法院认定其中三部法律只是为了保护印第安人的利益。法院判定企业的经济利益也不受《国家历史保护法》（the National Historic Preservation Act）调整。法院承认《国家环境政策法》的若干条款是为了保护经济利益，但是法院认定这些利益“并不是该法所要调整的”。这一判决意见适用的是狭义的利益区间标准，这并不符合最高法院解释和适用这一标准的判决意见。

第六巡回法院也在 Courtney v. Smith[⑤] 案中适用了狭义的利益区间标准。联邦雇员因为行政机关决定将工作外包而失去工作，试图质疑外包决定的合法性，认为它违反了六部法律。法院认定，这些法律中没有一部可以被认为保护联邦雇员保留其工作的利益。

在 National Petrochemical & Refiners Assn. v. EPA[⑥] 案中，哥伦比亚特区巡回法院
判定一家卡车发动机生产商具有原告资格，可以申请审查环境保护局的一项规章，理由是 1530
该规章具有反竞争效力。因为行政机关正在实施的这部法律中被认为具有反竞争效力的条款与该案讼争的该法条款之间存在“整体性联系”，法院认定国会至少可以说是试图让行

① 336 F. 3d 560 (7th Cir. 2003).
② 467 U. S. 340 (1984).
③ 279 F. 3d 1160 (9th Cir. 2002).
④ 286 F. 3d 1031 (8th Cir. 2002).
⑤ 297 F. 3d 455 (6th Cir. 2002).
⑥ 287 F. 3d 1130 (D. C. Cir. 2002).

政机关在发布该案中受质疑的规章时考虑这些效力。

在 Cement Kiln Recycling Coalition v. EPA① 案中，法院判定受规制者（regulatee）的竞争对手不属于环境法律所保护的利益区间。法院的理由是：

原告的利益不在于环境洁净程度，而在于对竞争者增加规制负担。如果判定这符合谨慎的原告资格（prudential standing），将会造成“扭曲规制过程的大量司法干预的可能”。

在 Oxford Associates v. Waste System Authority② 案中，第三巡回法院在审议隐性商业条款（dormant Commerce Clause）* 所保护的利益区间范围问题产生分歧。几座建筑物的所有权人质疑对一家废品处理企业征收的收费结构，认为这将违法地迫使废品处理企业利用昂贵的本州设施，而不是更便宜的外州设施。多数意见判定建筑物的所有权人属于隐性商业条款保护的利益区间，因为他们所质疑的这一收费结构将迫使他们为使用本州的废品处理设施而支付更高的成本。持不同意见的法官认为：“［建筑物所有权人］遭受的任何损害是从运输业者的损害派生的，与需要支付费用的跨州交易或者决定仅有一步之遥。”

§16.10　参与行政程序的当事人资格（standing）

□ 行政程序的启动

个人可以在两种情形下参与行政程序。个人可以要求或者申请行政机关在作出某些行为时经过一定程序，或者个人可以要求参与行政机关已经有义务或者自己设定义务而启动
1531 程序。行政机关经常自行决定启动行政程序，例如立案调查个人或者企业是否违反了行政机关实施的法律。在此类法律中，行政机关常常将程序的相对人作为当事人。大多数行政机关实施的法律也规定私人当事人可以启动行政程序的机制，例如，通过提出许可或者法定福利的申请。

□《行政程序法》规定的制定规则的请愿权

不仅如此，《行政程序法》§553（e）要求“每家行政机关赋予利害关系人提出发布、修订或者废止一项规则的请愿的权利”。许多行政机关都颁布了一些规则，在其中详细规定提出规则制定请愿的程序，以及处理这些请愿的程序。③

---

* 隐性商业条款是美国法院对《联邦宪法》第 1 条第 8 项商业条款的反向解释。所谓“商业条款”指《联邦宪法》第 1 条第 8 项关于国会有权“规定合众国与外国，各州间及印第安种族间之贸易”之规定。该规定专门为了解决美建国初期严重的地方保护主义而制定。从文本上分析，该规定属于肯定性授权性规范，但长期以来，最高法院认为，商业条款具有否定性意义，即各州不得歧视州际商业，制定歧视州际商业的法律无效。美国法院与学术界将这种反向解释称为隐性商业条款。——译者注

① 255 F. 3d 855 (D. C. Cir. 2001).

② 271 F. 3d 170 (3d Cir. 2001).

③ 参见 Luneburg，“Petitioning Federal Agencies for Rulemaking：An Overview of Administrative and Judicial Practice and Some Recommendations for Improvement”，1988 *Wis. L. Rev.* 1 (1988)。

□《行政程序法》规定的参与权

一旦行政机关已经启动行政程序，除了答辩人（respondent）、申请人或者请愿人之外的个人参与行政程序的权利最初取决于行政程序的性质。《行政程序法》§553（c）要求每家行政机关赋予“利害关系人”“通过提供书面资料、书面意见、允许口头的或非口头的提出论证等方式”参与非正式的规则制定程序的机会。在非正式规则制定程序之外的任何行政程序，也就是说，裁决程序或者正式规则制定程序中，更难以概括相关的干预和参与的权利。《行政程序法》§555（b）的第三句规定如下：

在允许公务有秩序地进行的情况下，利害关系人可以对机关或其负责的雇员，就程序中的问题、申请，或争议提出陈述、调整或处理的意见，不论程序是中间性的、简易性的，或其他形式的，或是否和行政职能有联系。

《司法部长行政程序法手册》（1947）在第63页对此解释如下：

这句话预料利害关系人不仅可以参与有关规则制定、裁决和许可的事务，还可以参与其他行政职能。这一条款并不能解释为要求行政机关对其拟议行为发布通告……非正式参与的机会……是指任何人应当获得机会与行政机关负责的官员或者雇员会面或者讨论他具有合理利害关系的事务。这一机会应当与负责的官员或者雇员——可以决定这一事务的人或者承担对这些事务提供建议之职责的人，而不是承担机械性的或者正式的职责的官员或 1532
者雇员……除非与公务有秩序地进行存在矛盾，应当允许利害关系人的参与……

□ 难以解释《行政程序法》的规定

令人惊讶的是，法院很少以《行政程序法》§555（b）的条文作为判决当事人有权介入或者参与行政程序的依据。这一条款的文字是难以解释的，但是它设想了以某种方式参与的权利。国会的规定是“利害关系人可以出席（appear）……”“可以”是允许性的；它不是命令式的文字。但是，“可以”指向的是“利害关系人”的行为。国会采用“可以参加”，而非“应当参加”，显然只是说明“利害关系人”并没有参加的义务。因此，在这里，“可以参加”表明国会的意图是赋予“利害关系人”“参与行政程序”的权利，只是以介绍性的短语“在公务有秩序地进行允许的情况下”加以限定。

当然，即使是§555（b）的第三句话赋予参与权，法院必须决定谁是特定行政程序中的“利害关系人”，每位利害关系人具有的“参与行政程序”的法定权利包含哪些附带性的权利，以及行政机关在多大程度上可以妨碍“公务有秩序地进行”为由限制个人的参与。

□ 行政机关实施的法律所创设的参与权

大多数行政机关实施的法律也以某种方式规定介入和参与的权利。但是，这些法律使用的条文变化很大，而且法律很少具体规定这一问题。这些法律将有资格参与的个人所作的不同描述包括“基于已经证明的合理事由……任何个人”[①]、“存在利益的当事人”[②]、

---

① 15 U.S.C. §45（b）.

② 47 U.S.C. §309（d）（1）.

“受影响的个人”[1]。有的法律似乎规定了参与权，但是还有的法律则适用了允许性的文字，例如“可以（may be）”被允许介入。[2] 不仅如此，法律很少规定赋予介入者（intervenor）之参与权的范围。

□ 原告资格的判例法影响调整介入权的判例法

最高法院的判例法对于介入权并没有稳定的法律规范。许多下级法院对介入和参与非正式规则制定之外的行政程序的权利所作的判决，适用了最高法院有关申请法院审查行政决定的原告资格的判决中的推理，也得出了几乎完全相同的结论。因此，任何对于行政案
1533 件的结果具有经济和环境利益的个人，如果他是在法律所保护或者规范的利益区间内，他就被获准介入。[3] 各级法院一般认为，任何有权申请法院对行政程序结果进行司法审查的个人，应当有权以某种方式参与行政程序。

□ 区分审查权和参与权

但是，论理最为充分的判决意见都承认，参与行政程序的当事人资格，与申请法院审查行政机关作出被诉行为的行政程序，两者适用的法律规范并不相同。例如，在 Consolidated Edison Co. v. O'Leary[4] 案中，法院首次判定当事人缺乏申请法院审查行政机关不启动执法行为之决定的原告资格。法院接着对申请司法审查的原告资格与参与行政程序的当事人资格进行了区分：

> 但是，作为行政机关的干预实践（intervention practices）之基础的原则完全不同于本案适用的原则。行政机关可以自由地允许第三方参与其程序，从而获得这些当事人可能提供的此类协助，而不用赋予第三方对行政机关可能作出的不利决定申请审查的权利。

行政机关具有裁量权，可以允许当事人参与行政程序，即使该当事人缺乏《联邦宪法》第三条规定意义上的申请审查该行政程序中作出之行为的权利，因为行政机关并不仅限于处理“案件”或者“争议”。

类似的，在 Bensman v. Forest Service[5] 案中，第七巡回法院指出，既然行政机关不受《联邦宪法》第三条的约束，国会或者行政机关可以授权个人参与行政程序，即使该个人依据宪法并不拥有对该程序中的行政决定提请司法审查的原告资格。因此，仅仅是参与行政程序，并不足以具备宪法规定的原告资格的司法要求。

但是，在 ATX v. Department of Transportation[6] 案中，哥伦比亚特区巡回法院对试图允许“任何人”介入裁决程序的行政规则表达了担心。法院也表示不同意当国会议员对于行政程序并不具有比其他公民更多的利益时，行政法官所作出允许国会议员在裁决程序中作证的决定。法院提醒行政机关只能允许对于裁决程序之结果具有“合法利益”的个人参与此类程序。

---

[1] 29 U. S. C. § 160 (b).

[2] 16 U. S. C. § 825g (a).

[3] 例可参见 National Welfare Rights Organization v. Finch, 429 F. 2d 725 (D. C. Cir. 1970); Scenic Hudson Preservation Conference v. FPC, 354 F. 2d 608, 620 (2d Cir. 1965); Philco Corp. v. FCC, 257 F. 2d 656, 658-659 (D. C. Cir. 1958)。

[4] 131 F. 3d 1475 (Fed. Cir. 1997).

[5] 408 F. 3d 945 (7th Cir. 2005).

[6] 41 F. 3d 1522, 1529 (D. C. Cir. 1994).

在 Envirocare of Utah v. Nuclear Regulatory Commission[1] 案中，哥伦比亚特区巡回法院裁决了一项似乎已经成为新案（res nova）的重要问题。法院判定，具有对在行政程序中作出之行为申请审查之原告资格的当事人，行政机关可以拒绝其介入该行政程序。该案中，行政机关进行的程序是决定是否向两家企业发放放射性废弃物处置的许可。Envirocare 已经拥有此项许可，但是需要遵守严格的操作条件。行政机关正在考虑是否向其他两家企业发放操作要求相比 Envirocare 的限制更少的许可。Envirocare 申请参与该程序，以免反对向其竞争者发放操作要求相比 Envirocare 的限制更少的许可。行政机关拒绝了介入的申请，Envirocare 对该决定申请法院审查。法院支持了行政机关的决定。法院推定 Envirocare 完全具备对行政决定申请审查的原告资格的所有要求。但是，法院指出，该案讼争的法律要求行政机关对于“利益可能受行政程序影响的任何人”给予介入者的地位。行政机关将这一条款解释为排除了只是涉及作为竞争者的利益的个人。法院认为，“利益”一词是模糊的，通过适用 Chevron v. Natural Resources Defense Council[2] 案宣布的标准，支持了行政机关对这一术语所作的解释是合理的。在判决的一项脚注中，法院指出，Envirocare 本来可以根据《行政程序法》§555（b）的规定主张介入的权利。这一条款规定，“任何利害关系人可以参与行政程序（appear before an agency）……”但是，法院也指出，Envirocare 并没有以这一条款作为依据，因此法院不能裁决这一问题。我还没有注意到解释§555（b）在这种情况下之意义的判决，但是这一条款似乎赋予任何“有利害关系的”个人参与权。不仅如此，因为《行政程序法》不是由行政机关实施的法律，行政机关没有权力对《行政程序法》中所使用的“有利害关系的”一词进行解释。对《行政程序法》中的“有利害关系的”个人的解释，是法院需要解决的问题。我们似乎可以合乎逻辑地推论法院已经习惯性地承认竞争者的利益是足以支持原告资格成立的，也会将《行政程序法》§555（b）中的“利益”解释为包括竞争者的利益。 1534

□ 将参与权区别于参与权的范围

各级法院还不是特别愿意接受行政机关的主张，即对于行政程序之结局具有利益的个人不应当被允许参与，因为增加当事人可能会给行政机关的决策过程增加负担或者造成该过程迟延。各级法院对于此类主张的回应通常是让行政机关裁量决定限制介入者参与行政程序的方式。[3] 这一进路完全符合《行政程序法》的条文、《司法部长行政程序法手册》对《行政程序法》的解释以及常识。允许利害关系人提供书面的数据、观点和主张几乎不会 1535
给行政机关增加负担，也不太可能会导致过度迟延。书面程序对于裁决法律、程序和立法性事实来说是完全充分的。[4] 如果行政机关举行口头举证式听证，因为介入者参与而导致迟延的可能性会显著增加，但是这一问题可以通过只在行政程序的口头举证式听证部分对介入者的参与进行限制而得到解决。

在 Massachusetts v. United States[5] 案中，第一巡回法院发表了一份可能具有重要意义的判决意见。马萨诸塞州申请作为当事人参与核能监管委员会（NRC）决定是否对两座核电站——一座在马萨诸塞州境内，另一座靠近马萨诸塞州边境——重新发放许可的程

① 194 F. 3d 72 (D. C. Cir. 1999).
② 467 U. S. 837 (1984)，第 3 章有讨论。
③ 例可参见 Office of Communication of United Church of Christ v. FCC，359 F. 2d 994 (D. C. Cir. 1966)。
④ 参见第 8 章和第 10 章。
⑤ 522 F. 3d 115 (1st Cir. 2008).

序。马萨诸塞州提出了有关乏燃料就地储存的问题。核能监管委员会发布了一项命令否定了马萨诸塞州的当事人地位，但是向该州提供了及时申请考虑其关切的替代路径。核能监管委员会提出准许马萨诸塞州“具有利害关系的政府实体”之地位参加重新许可程序，准许马萨诸塞州申请制定规章，对其基于一般性、全国性的依据提出的燃料储存问题进行考虑，并且准许马萨诸塞州提出的推迟在重新许可案件中作出最终决定，直到规则制定程序结束。第一巡回法院支持核能监管委员会的命令，认为这是与核能监管委员会的规章一致的，但是认为核能监管委员会已经承诺会通过其所建议的替代路径及时地对马萨诸塞州的关切进行考虑。

□ 值得质疑的 NBC 案

唯一一项直接裁决有关介入权和参与权之争议的最高法院判决是 FCC v. NBC[①] 案。这项判决的总体意义在于其独特的背景，以及对于 1943 年以来有关行政决定的思考进行的众多改变。最高法院判定联邦通信委员会（FCC）需要允许广播台的所有者介入竞争者申请提高功率或者增加广播时间的行政程序。最高法院的判决理由是：（1）申请人提出的变更申请不可避免地会产生改变了提出质疑的广播业主的效力；（2）有一项法律条款要求
1536 行政机关提供“合理的机会以便证明为什么不得作出变更许可的决定”。这一判决意见的这部分内容完全符合最高法院在其他背景——例如更为晚近的涉及申请审查的原告资格案件——中所采取的推理。

四名大法官出具的多数意见接着判定行政机关需要允许介入者享有完全的参与权，包括发言和对口头证据进行交叉质证。两名大法官对这一问题发表了不同意见。他们认为行政机关的主张——介入者往往会延长交叉质证时间并使其陷入混淆而阻碍口头举证式听证——是有说服力的。考虑到在众多后来的判决意见中，最高法院已经承认多位当事人参与的口头举证式听证会给行政机关大量增加成本和时间负担，书面程序完全足以解决许多事实性争议，多数意见的这部分内容在今天是可以存疑的。[②]

§16.11 行政法上广泛可得的原告资格的重要性

□ 广义的原告资格的优势

在§16.8和§16.9中，我解释了为什么对损害、因果关系和利益区间标准采取广义解释是符合国会意图的，以及为什么应当以国会意图作为裁决几乎所有适用《行政程序法》的原告资格争议的依据。在本节中，我会解释对行政法上的当事人资格采取广义进路对于实现重要的政策目标具有的意义。允许任何可能受到影响的个人对行政决定申请司法审查，可以促进两项相关的目标：（1）减少行政机关实施违法行为的风险；（2）减少行政决定会受派系偏见影响的风险。

---

① 319 U.S. 239 (1943).

② 参见§7.5、§8.2、§9.5和§10.5。

□ 吓阻违法行为

在 FCC v. Sanders Brothers① 案中，最高法院承认了广泛可得的行政法上的原告资格具有的第一项优点。最高法院认定《通信法》并没有要求联邦通信委员会在决定是否向竞争者发放新执照时，考虑这一决定对已经获得执照者可能产生的不利影响；接着判定已经获得执照者具有申请法院审查颁发新执照之决定的原告资格。国会已经允许法院根据受联邦通信委员会之行为“不利影响”的任何人的请求进行审查，并且已经获得执照者很可能会因为向新的竞争者颁发执照而在经济上遭受损害。最高法院认为国会希望通过赋予“利益充分足以寻求法院审查的人”——很可能会因为行政行为而遭受经济损失的竞争者——以原告资格，向法院提供了纠正联邦通信委员会决定中的法律错误的机会。② 最高法院认 1537
定只要竞争者通过满足事实上的损害标准而符合《联邦宪法》第三条规定的案件或者争议要求，国会就有权出于这一目的而赋予竞争者以原告资格。

□ 私人检察总长理论

在 Associated Industries v. Ickes③ 案中，Jerome Frank 法官在其著名的判决意见中，给 Sanders Brothers 案中的推理取了一个很形象的名字。国会对于确保行政行为符合调整行政机关的法律之规定所拥有的利益，允许国会指派“私人检察总长（private attorney generals)”通过申请法院审查行政行为以协助执行这些法律。最高法院接着承认了私人检察总长理论。例如，在 Sierra Club v. Morton④ 案中，最高法院指出：“一旦确立了这一原告资格，当事人就可以声称普通公众的利益，以支持其提出的寻求衡平法上救济的主张。”

□ 集体行动问题的相关性

私人检察总长理论得到了集体行为问题的研究文献的有力支持。如果行政行为有可能给人数众多的一类群体——例如一个少数族群的所有成员，或者享受某公园美景的所有人——造成损害，很可能这类人群中会无一人有充分的激励寻求法院审查该行政行为。存在具有类似利益的其他人而导致的搭便车效应问题，会极大地降低该群体的任何成员花费精力去主张这类群体的利益。⑤ 私人检察总长理论至少通过鼓励以其他方式遭受行政行为之损害——例如因为新的竞争而遭受经济损失——的个人去主张个人的权利，而他们所遭受的损害对于人数众多的一类群体是共同的，这就对于搭便车效应这一问题提供了部分的解决方案。行政机关在所有案件中意识到这一可能性，就会有更强的激励在每起案件中遵守法律的所有要求。由此必然产生的结果就是增强了行政机关遵守法律的要求和禁止性规定，以实现国会保护因为集体行动问题而不太需求司法审查的群体之利益的目的。

---

① 309 U.S. 470 (1940).

② Id. at 477.

③ 134 F.2d 694, 704 (2d Cir. 1943).

④ 405 U.S. 727, 740n.15 (1972).

⑤ 参见 M. Olsen, *The Logic of Collective Action: Public Goods and the Theory of Groups* 53-65 (1965)。

□ 减少派系偏见

广泛可得的行政法上的原告资格，还可以回应民主制中存在的另一项严重问题——因为派系偏见而扭曲行政决定的可能性。立宪者特别担心不同派系主导政府决定过程的可能
1538 性。① 大量现代的学术成果也证明了一直存在属于少数的派系（minoritarian factions）（如今常称之为特殊利益团体）在特定情境中对政府决定过程施加过度影响的可能性。当小团体的每位成员对于争议结果具有重大利害关系，而人数大得多的团体的每位成员对于争议结果具有的利害关系相对轻微时，很有可能会出现派系主导决定过程的情形。②

□ 行政机关被俘获的可能性

许多行政机关所承担的决定职责，很可能会被具有与社会整体利益相悖的狭隘利益的派系所主导。众多行政决定的情境中发生的派系主导（或者“俘获”）现象也有大量的文献可以证明。③

□ 广义原告资格减少了俘获的可能性

但是，行政机关被俘获的问题在过去二十年里已经有所收敛。最高法院对于行政法上原告资格所采取的包容性的进路是取得这一可喜的趋势的重要理由。根绝任何可以想见的对于原告资格原则的解释，受规制企业总是具有申请审查影响他们利益的行政决定的原告资格。根据最高法院过去对于原告资格采取的狭义进路，受规制企业是唯一具有原告资格的当事人。对于许多行政机关来说，这为派系主导决定过程提供了特别肥沃的土壤。由于参与行政程序的当事人资格与申请法院审查行政决定的原告资格，两者相关的法律规范是并存的④，故只有受规制企业参与许多行政程序。其他受影响的团体，例如消费者，很少参与行政机关的决定过程。其结果是，行政机关经常不能同样程度地意识到受规制企业之外的群体之视角的存在，而且许多行政机关的决定系统性地偏袒它们所规制的行业之利益。

□ 广义原告资格抵消短视问题

这一存在问题的行政决定之环境在最高法院 1970 年放宽行政法上原告资格之后发生
1539 了根本性的改变。下级法院立即效仿最高法院，放宽了有关介入和参与行政决定程序的类

---

① 参见 The Federalist No. 10（J. Madison）。

② 参见 Peltzman，“Toward a More General Theory of Regulation”，19 *J.L. & Econ.* 211，213（1976）；Wilson，*The Politics of Regulation*，357，369-370（1980）；Stigler，“The Theory of Economic Regulation”，2 *Bell J. Econ. & Mgmt. Sci.* 3，11-12（1971）。

③ 参见 P. Quirk，*Industry Influence in Federal Regulatory Agencies* 3-21（1981）；Stewart，“The Reformation of American Administrative Law”，88 *Harv. L. Rev.* 1669，1684-1687（1975）；Boies，“Experiment in Mercantilism，Minimum Rate Regulation by the Interstate Commerce Commission”，68 *Colum. L. Rev.* 559，599-663（1968）；M. Bernstein，*Regulating Business by Independent Commission* 86-91（1955）。

④ 参见 § 16.10。

似法律规范。[①] 与受规制企业的利益存在冲突的利益团体的代表开始经常性地参与行政决定过程。行政机关开始意识到它们的行为对于消费者、种族关系、环境等所产生的广泛影响。简而言之，许多行政机关的决定过程中长期存在的派系偏见开始减少。如果最高法院改变其在 1970 年开始的这一转变趋势，回归对于行政法上原告资格的狭义解释，我们就有充分的理由可以预想接下来就会回到众多行政机关的决定过程受派系偏见影响的情形。

□ 广义原告资格产生的问题以及可能的解决方法

但是，广泛可得的行政法上的原告资格也可能会产生两项问题。其一，允许大量具有不同利益的当事人参与行政决定过程，可能会给行政机关施加过度的负担，并且迟延行政机关的决定过程。其二，允许法院根据任何受到不利影响的当事人之请求而审查行政决定，可能会让法官在行政过程中扮演过度侵犯性的角色，例如，对于法律条文赋予的特定含义，可能同样容易地具有行政机关所提供的含义。但是，所有这两项可能存在的问题可以找到远比采纳狭义的行政法上的原告资格原则具有合适性的解决方案。

□ 采用更少负担的程序

行政机关可以通过选择决定程序，而降低多个当事人参加的程序对行政机关施加过度负担和造成迟延的可能性。行政机关可以限制介入者参与权的范围。[②] 而更好的办法是，行政机关可以在所有多个当事人参与的决定程序中，以书面程序取代口头举证式听证。[③]

□ 可审查性与尊重

最高法院可以通过两种方式减少法官对行政过程产生过度侵犯性的作用。首先，最高法院可以判定根据并不包含可以由法院审理的标准的法律采取的行政行为是不可审查的。正如第 17 章所讨论的，最高法院已经开始朝这一方向发展。在很多案件中，判定一类行政行为不可审查，会产生与缩小可以申请法院审查同类行为的当事人的范围非常不同的效果。只允许被规制者申请法院审查行政行为，所形成的决定环境很可能会产生偏袒受规制者之利益的系统性偏私。判定行政行为不具有可审查性，并不会扭曲决定环境。没有当事人可以利用申请法院审查的起诉书作为砝码，要求行政机关作出对其有利的决定。其次，最高法院可以通过有关审查范围的判决，限制法官过度侵入行政机关的政策制定领域的裁 1540
量权。正如第 3 章和第 7 章所讨论的，最高法院也已经开始朝这一方向努力。

§ 16.12 团体主张其成员之利益的原告资格的重要性

□ 团体的特殊利益不足以证明成立原告资格

最高法院不愿只是以损害了团体试图促进的利益为由，而赋予实行成员制的团体

---

① 参见§16.10。
② 参见§16.10。
③ 参见第 7～11 章。

（membership associations）以原告资格。在 Sierra Club v. Morton[1] 案中，最高法院对此作了理由说明。Sierra Club 声称自己在“保护和合理维护本国的国家公园、动植物保护区和森林上具有的特殊利益”遭受了损害。[2] 最高法院拒绝以此承认原告资格，其理由很大程度上属于实用主义的依据：

Sierra Club 是一家规模庞大、历史悠久的组织，长期致力于保护我国自然遗产免受人类破坏的事业。但是，如果在这一领域的“特殊利益”足以让 Sierra Club 有权在本案中具备原告资格，那么就没有什么客观依据可以让我们否认任何其他真正的“特殊利益”组织起诉了，无论该组织规模多么小，存在时间多么短。[3]

因此，最高法院担心，如果以声称损害了特殊利益组织所属利益领域内的价值而赋予其原告资格，可能会允许任何人仅仅通过为了起诉某项行政行为而成立组织就可以规避原告资格的要求。如果不由法院对组织提出的作为合适的利益代表之主张的合法性进行仔细审查，那么法院就会没有能力回避这种规避案件或者争议要求的方法。最高法院不愿要求下级法院将解释和适用这一标准以确定特殊利益组织的合法性，这是可以理解的。

□ 与 Havens 案的区分

最高法院只是在一起案件中愿意以损害一家组织试图促进的利益为由赋予该组织以原告资格。在 Havens Realty v. Coleman[4] 案中，最高法院判定在反对住房歧视领域拥有特殊利益的组织具有原告资格，可以起诉一家房地产企业，指控其将客户“根据种族因素分流至”隔离的公寓楼。最高法院认定该组织的指控是充分的，因为被告的行为已经“扰乱了该组织的咨询和推荐服务，大量消耗组织拥有的资源”[5]。考虑到最高法院在其他案件中
1541 都是一直拒绝以损害该组织所促进的利益为由赋予该组织以原告资格，我们对 Havens 案判决主旨这部分内容加以一般化并不一定是正确的。在 Havens 案中，最高法院所适用的法律中，国会特别明确地指出非常希望法院受理各种以减少住房市场中的种族歧视为目的的法律诉讼。国会明确授权通过诉讼手段对歧视行为造成的不利影响索赔，与其在法定原告资格案件中尊重立法意图的一般模式相一致[6]，最高法院高度重视国会明确表达的对于 Havens 案中所允许的此类诉讼敞开法院大门的希望。[7]

在 Fair Housing of Marin v. Combs[8] 案中，第九巡回法院判定，一家协会仅具有第一当事人的原告资格，而不具有从其一名成员的原告资格派生而得的原告资格。协会对公寓大楼（apartment complex）的所有权人起诉要求赔偿因为其系统性违反《公平住房法》而导致的损失。法院认定，被告的行为已经违反了协会的利益，迫使其将资源从咨询和转介服务转而用于制止被告违法行为的努力。

---

① 405 U. S. 727 (1972).

② Id. at 730.

③ 405 U. S. at 739.

④ 455 U. S. 363 (1982).

⑤ Id. at 378-379.

⑥ 参见§16.7～§16.9。

⑦ Id. at 372-379.

⑧ 285 F. 3d 899 (9th Cir. 2009)，参见§16.14 的讨论。

□ 社团成员如果有原告资格，则社团具有原告资格

当根据传统的原告资格原则，实行成员制的组织的任何成员拥有原告资格时，最高法院经常赋予该组织以原告资格。① 在 Hunt v. Washington Apple Advertising Commission② 案中，最高法院确立了由成员之原告资格推导出协会的原告资格的标准：

存在下述情况时，协会可以具有代表其成员提起诉讼的原告资格：(a) 协会成员拥有基于自己的权利起诉的原告资格；(b) 协会试图保护的利益与组织的目的之间存在密切关系；(c) 无论是所提出的诉讼请求，还是所申请的救济都不要求成员个人参与诉讼。

□ Hunt 标准的部分内容是出于审慎考量

在 1996 年之前，最高法院还没有指出 Hunt 标准的哪一部分是宪法所要求的，哪一部分是出于审慎的考虑。在 United Food and Commercial Workers Union Local 751 v. Brown Group Inc. ③ 案中，最高法院以一致意见将第一项要素称为"《联邦宪法》第三条规定的必要条件"，而将第二项要素描述为"至少是对第一项要素起补充作用的"。最高法院认为只有第三项要素是出于审慎考量。它"最好是被视为集中在具有行政便利性和效率 1542
性的事务，而不是《联邦宪法》意义上的案件或者争议要素"。因此，国会在雇主违反《工人调整和再培训通知法》(the Worker Adjustment and Retraining Notification Act) 时，允许工会代表雇员起诉索要补发工资时，没有超越《联邦宪法》规定的边界。

在没有法律消除 Hunt 标准的第三项要素时，这一要素常常限制了协会在诉讼时可以寻求的救济方式。在 Lake Mohave Boat Owners Assn. v. National Park Service④ 案中，一家船舶所有人协会寻求法院审查允许上调码头锚位 (marina slip) 租金的决定。第九巡回法院判定该协会具有申请对未来发生效力的救济的原告资格，但是并不具有申请恢复原状 (restitution) 的原告资格，因为恢复原状的诉讼请求应该对每个成员来说都是不同的。

□ UAW 案

在 UAW v. Brock⑤ 案中，最高法院重申了协会具有派生性原告资格。UAW (汽车工人联合会) 申请法院审查劳工部对《1974 年贸易法》(the Trade Act of 1974) 所作的解释。劳工部的解释减少了有资格获得补充性失业福利者的人数。劳工部承认许多 UAW 的会员被拒绝获得福利，是因为 UAW 所起诉的行政行为。劳工部敦促最高法院拒绝 UAW 的原告资格，并且同时抛弃派生性原告资格原则。五名大法官出具的多数意见拒绝了劳工部的主张，维持了派生性原告资格原则，并且判定 UAW 具有原告资格。三名大法官基于其他理由提出了不同意见，但是没有讨论原告资格的问题。一名大法官对原告资格问题发表了不同意见。

---

① 例可参见 NAACP v. Alabama, 357 U.S. 449, 459 (1958); NAACP v. Button, 371 U.S. 415, 428 (1963); National Motor Freight Assn. v. U.S., 372 U.S. 246 (1963)。

② 432 U.S. 333, 343 (1977).

③ 517 U.S. 544 (1996).

④ 78 F.3d 1360 (9th Cir. 1996).

⑤ 477 U.S. 274 (1986).

□ Hunt 标准的适用

大量 UAW 的会员由于被诉行为而遭受了被拒绝获得福利的损害。[1] 多数意见陈述和适用了三部制的 Hunt 标准。UAW 的章程规定该组织的目标之一是“建立真正的社会保险和失业保险……”[2] 唯一申请的救济是宣布劳工部对法律所作的解释是不正确的，并不需要任何 UAW 的会员个人参与。[3]

多数意见否定了行政机关提出的两项支持抛弃派生性原告资格的主张：（1）没有什么可以确保协会会充分代表其会员的利益；（2）协会所表达的观点不能代表所有或者甚至说是多数会员的观点。[4] 多数意见承认，协会的会员有的时候对于协会决定起诉的问题持有不同观点，但是它认定行政机关没有提供证据证明 UAW 不是其会员有关该法律的解释之
1543 利益的合理代表。多数意见明显不愿意为了确定协会的观点在多大程度上与其会员的观点相吻合而调查协会的内部运行机制，这是合适的。最高法院在 Sierra Club 案中拒绝根据对会员的“特殊利益”造成损害而赋予协会以原告资格，上述推理就是由此符合逻辑地得出的结论。对于每家起诉行政行为的会员制协会（member association）都要求联邦法院调查它们的组织和决策结构，对法院来说将是非常繁重和不必要的负担。

UAW 案的多数意见接着陈述了一项支持保留派生性原告资格的强有力的肯定性理由：“协会原告资格原则承认，人们参与组织的主要理由常常是建立有效的机制以实现他们共同的利益。”[5]

□ 对 UAW 案不同意见的批评

持不同意见的大法官敦促抛弃或者严格限制协会原告资格，因为他相信（1）法院应当将原告资格限于“最为有效的维权者（advocates）”；（2）遭受行政行为损害的个人很可能是推翻行政行为的“最为有效的维权者”。这两点想法都是没有得到支持的，也是不能得到支持的。对于有效的维权来说，最为重要的决定因素是当事人是否愿意在维权过程中投入大量资源的意愿和能力。但是，最高法院从未试图确定当事人愿意而且能够投入多少资源用于维权，以确定当事人是否具有原告资格。此种调查是不合适的。即使是只有受损害的当事人拥有的资源有限不足以进行有效的维权活动，他也应当有权获得司法审查。不同意见之推理的第二步则近乎诡辩。有谁确实相信一个失业的汽车工人比 UAW 更有能力为大量的失业汽车工人利益进行维护？

协会代表其成员在行政程序或者审查行政行为的诉讼程序中代表其会员利益的能力，对于促进立宪者追求的尽量减少派系斗争对政府决定过程的影响来说具有重要意义。派生性原告资格原则对于集体决定的一项重大的系统性缺陷提供了最为有效的救济方式之一。在公法案件中，少数具有重大利害关系的个人相比大量具有轻微利害关系的个人具有重大
1544 的优势。[6] 派生性原告资格是少数可以用于减少明显的集体行为问题的工具之一。

---

① Id. at 282.
② Id. at 286.
③ Id. at 287-288.
④ Id. at 288-289.
⑤ Id. at 289.
⑥ J. Landis, *Report on the Regulatory Agencies to the President-Elect* 71, 75, 82 (1960).

如果最高法院接受UAW案中不同意见的推理，它会很难找到有原则的依据将这一推理适用于工会、商会、消费者团体、环境保护组织和民权组织。相同的推理对于公司和合伙企业的原告资格提出了质疑。美国的公司是否以及在多大程度上确实促进了他们股东的利益，在美国公司治理结构各项特征相关的辩论中得到了应有的关注。[①] 这一系列复杂的问题并不表明相比有关非营利组织的治理结构的类似问题，更适合于在申请对行政行为进行司法审查的原告资格有关的争议中得到解决。

§16.13 主张他人权利的原告资格

□ 关联性和第三方权利

最高法院多次提到“一般禁止对诉讼当事人提出另一个人的权利……”[②]，在许多案件中适用了这一禁止规则。[③] 最高法院也多次提到要求当事人证明“所主张的诉讼地位（status）和申请裁决的权利请求之间存在合乎逻辑的关联性（nexus）”[④]。这两项原则存在微妙差别，但是它们在功能上是相似的。它们都要求调查当事人支持其原告资格而声称遭受损害的利益，与当事人试图通过在实体问题上提出主张而试图维护之利益的性质这两者之间存在的关联性。在当事人寻求主张他人的利益时，这两组利益之间存在合乎逻辑的关联性的可能性就明显减少了。

□ 基于政策原因对原告资格的限制

最高法院多次指出，无论是反对主张第三方利益的一般性政策，还是关联性要求都不是建立在《联邦宪法》第三条规定的基础之上。[⑤] 最高法院作出的数百项有关原告资格的 1545
判决证明这一表述的准确性。最高法院经常承认原告资格，而没有要求证明为了支持原告资格而主张的利益与在实体问题上主张的利益之间存在关联性，而且它经常允许一个人主张他人的利益。

这两项原则都不具有合宪性。在没有法律规定的指引时，最高法院决定着是否根据政策性考量因素而适用这些原则。在个人试图依据对某类利益的损害，例如对纳税人造成的金钱损失，而在实体问题上确立主张具有不同宪法依据的利益的原告资格，例如排除联邦政府超越《联邦宪法》第十修正案对其权力所确立的宪法界限时，在众多这类案件中就产生了一种复杂的判决模式。

---

① 例可参见Roe，“A Political Theory of American Corporate Finance”，91 *Colum. L. Rev.* 10（1991）。

② 例如，Allen v. Wright，468 U.S. 737，751（1984）。

③ 例可参见Kowalski v. Tesmer，543 U.S. 125（2004）（律师不能主张行使某类客户的权利）；Elk Grove Unified School District v. Newdow，542 U.S. 1（2004）（当儿童的父母中行使监护权的一方对利益问题持不同观点时，没有行使监护权的一方不能主张行使儿童的权利）。

④ 例如，Flast v. Cohen，392 U.S. 83，102（1968）。

⑤ 例可参见Maryland v. Munson，467 U.S. 947，956（1984）（当存在实践性障碍阻碍个人主张自己的权利，而且可以预期向法院起诉的当事人会以必要的对抗性热情（adversarial zeal）主张第三方权利时，反对主张第三方权利的一般性政策并不适用）；Duke Power Co. v. Carolina Environmental Study Group，438 U.S. 59，78（1978）（关联性要求只适用于纳税人的原告资格案件）。

□ 与宪法诉讼相关的审慎考量

在对政府行为提起宪法诉讼时，最高法院有时候会以缺乏关联性，或者反对主张他人权利的相关政策为由否定原告资格。这类判决反映了各种审慎考量，例如最高法院希望避免对宪法争议作出没有必要或者时机过早的裁决，最高法院不相信自己能够推演出可以由法院执行的标准以实施用词宽泛的《联邦宪法》之条文，或者担心允许法院干预一类争议会允许法官僭越政治上可问责的机构所拥有的权力。例如，在 Warth v. Seldin① 案中，最高法院判定建造商因为限制性的土地分区规划条例（zoning ordinance）而遭受经济损失，并不具有主张因为该条例而不能买到价格可承受的住房的穷人依据《联邦宪法》第十四修正案而享有的原告资格。②

□ 基于政策原因放松对原告资格的限制

但是，最高法院也常常承认主张他人权利的原告资格和对于政府行为提起的宪法诉讼中不满足关联性要求时的原告资格。同样，这些判决也是明确基于政策性理由。如果最高法院认为迫切需要裁决一项宪法问题或者维护一项宪法权利，它就取消政策性障碍以实现
1546 这一目标。③ 最高法院允许生活在核电站周边的居民对一项法律提起宪法诉讼，该法规定了核电站在发生灾难性事件时所有者的侵权责任限额。原告遭受的损害——因为对湖泊遭受热污染而可能减少垂钓的乐趣——完全无关于他们基于实体问题宣称的利益——在未来发生灾难性事件导致超过法定侵权限额的损失时，可能构成违反《联邦宪法》第五修正案之规定的剥夺财产利益。最高法院有充分的理由可以消除裁决这一宪法性问题的政策性障碍。有关这部法律的合宪性的不确定性是在增加公用事业企业的资本投入成本，最终会损害所有消费者的利益。通过消除这一不确定性，最高法院消除了不必要的成本。通过选择性适用政策性的关联性要求和第三方权利要求的宪法争议，影响最高法院裁决或者拒绝裁决宪法争议，这些复杂的审慎考量已经超出了本书的范围。宪法学文献已经对此进行了全面的讨论。④

□ 当原告资格基于《行政程序法》的规定时，原告可以主张第三人的利益

最高法院从未适用关联性要求或者第三方要求以排除根据《行政程序法》§702 提出申请对行政行为进行司法审查的原告资格。最高法院经常允许个人具有原告资格，可以指控对一类利益造成的损害，从而可以通过主张包括第三方利益在内的一类利益，在此基础上质疑行政行为的实体问题。⑤

---

① 422 U.S. 490，499（1975）.

② §16.1、§16.5 和§16.7 讨论了 Warth 案中最高法院判决的政策性依据。

③ §16.4 和§16.5 讨论的 Duke Power Co. v. Carolina Environmental Study Group，438 U.S. 59（1978），就是很好的例子。

④ 例可参见 L. TIibe，"American Constitutional Law §3-19（2d ed. 1988）；Monaghan，Third Party Standing"，84 *Colum. L. Rev.* 277（1984）。

⑤ 例如，Sierra Club v. Morton，405 U.S. 727，740 n.15（1972）（个人可以主张对美学利益造成的损害为由获得原告资格，然后在实体问题上主张普通公众的利益）；FCC v. Sanders Bros.，309 U.S. 470，477（1940）（个人可以以经济利益遭受损害为由获得原告资格，然后主张普通公众的利益）。

□ 在《行政程序法》规定审查的案件中放松限制的政策原因

这种更简单也更为允许性的原告资格的法律规范在行政法领域是合适的，理由有二。其一，既然最高法院的关联性要求和第三方要求是建立在非宪法性的审慎考量基础之上，它们可以完全为法律规定所取代。最高法院有关行政法领域的原告资格判决建立在对《行政程序法》§702 和调整审查申请针对的特定行政行为的法律所作解读的基础之上。[1] 其二，在对联邦行政行为进行法定审查时，政策考量强烈支持允许任何受损害的当事人以任何理由要求法院审查一项行政行为，只要当事人所声称的利益是属于国会希望行政机关在决定过程中考虑的。[2] 1547

§16.14 原告资格与联邦制

□ 州具有作为主权者的原告资格

在 Massachusetts v. EPA[3] 案中，五位大法官的多数意见在判定一名原告具有原告资格时，相当重视它是州政府的事实："我们重视……马萨诸塞州特别的观点和利益。寻求审查的当事人是一个主权州，这是具有相当的关联性的……"但是，正如持不同意见的大法官所指出的，"最高法院对马萨诸塞州的特别照顾如何体现在原告资格分析过程中，这是完全不清楚的"。持不同意见的大法官雄辩地指出最高法院之前在原告资格问题上从未对原告是一个州的事实予以重视，并且也没有现在开始这么做的充分理由。

在 Canadian Lumber Alliance v. United States[4] 案中，联邦巡回区上诉法院发表了一份可能具有重要意义的判决意见。该法院判定外国政府并不具有最高法院在 Massachusetts v. EPA[5] 案中赋予马萨诸塞州的"主权者"原告地位，因为主权国家与州政府不同，并未在加入合众国政府时放弃其主权的任何一部分。

在 Citizens Against Ruining the Environmentv. EPA[6] 案中，第七巡回法院对最高法院在 Massachusetts 案中的判决意见作出了一项奇怪和非常模糊的解释。在该案中，伊利诺伊州司法部长试图质疑一家州行政机关的决定，最高法院判定伊利诺伊州司法部长不能主张行使与州利益有关的权利。第七巡回法院判定联邦环境保护局，而非州司法部长是州利益的合适代表。这显然是错误的，因为第七巡回法院已经在一项脚注中隐含地承认它注意到伊利诺伊州的法律赋予该州司法部长以代表州参与诉讼的排他性权利。第七巡回法院也指出，该州州长可以对州行政机关和州司法部长之间的争议作出裁决。这一表述反映了对于伊利诺伊州法律的相关条款的无知。州长并无权裁决本案中所提出的此类争议。

---

① 参见§16.7-§16.9。
② 参见§16.11-§16.12。
③ 127 S.Ct. 1438 (2007)，参见§16.4和§16.5的讨论。
④ 517 F.3d 1319 (Fed. Cir. 2008)，参见§16.4、§16.6、§16.9和§16.15的讨论。
⑤ 127 S.Ct. 1438 (2007).
⑥ 535 F. 3d 670 (7th Cir. 2008).

□ 州法院裁决某些联邦法院不会裁决的争议

根据美国实行的联邦制，在各州法院和联邦法院之间分配司法权具有复杂性，这有的时候产生了一种奇怪的情形，即州法院事实上可以强迫联邦最高法院裁决一项它通常并不裁决的争议，因为最初的原告并不具有原告资格。各州法院可以自由形成各自的原告资格的法律规则，而且对于联邦法院否定原告资格的情形，有的州法院则赋予原告资格。各州
1548 法院也与联邦法院一样，拥有裁决某些联邦法问题的共同管辖权。对于联邦法院以原告缺乏原告资格而拒绝裁决的一起案件，如果州法院适用联邦法作出裁决，联邦最高法院就需要在以下两种不具有吸引力的选项中作出抉择。它可以根据需要放松其原告资格的判例法规范，从而允许裁决这一争议并纠正州法院对联邦法院所作解释中存在的错误。联邦最高法院也以自己有关原告资格的判例法规范作为依据，作出拒绝审理案件实体问题的判决，从而可能让州法院对联邦法律所作的错误解释不受影响。

□ 最高法院的不一致的进路

最高法院对于此类情形还没有采取一致性的进路。在有的案件中，尽管根据本来可以适用的最高法院的先例判决，最初的原告缺乏原告资格，最高法院对实体问题作出裁决，使之忽视这一问题的存在。例如，在 Heim v. McCall① 案中，最高法院只是指出州法院已经推定原告具有原告资格，然后指出它打算不经过独立的调查而采用相同的推定。

在另外一些案件中，最高法院适用自己的有关原告资格的判例法规范作为依据，作出不涉及争议之实体问题的判决，从而不去触动州法院对联邦法问题所作的裁决，尽管州法院的裁决很可能是错误的。最为知名的体现这一进路的案例是 Doremus v. Board of Education② 案。新泽西州最高法院受理和裁决的这起案件涉及的是在公立学校读经活动的合宪性争议。联邦最高法院拒绝对这一争议的实体问题作出裁决，理由是原告缺乏原告资格，从而不去触动州法院对《联邦宪法》作出的可能错误的解释。

□ 作为例证的案件

在其他案件中，最高法院明确承认问题的存在，为了裁决有关联邦法的争议之实质问题，有意识地作出放宽本来适用的原告资格的联邦判例法规范的判决。通过仔细分析此种案件，可以让我们了解这个一般性问题并提出标准性的解决方案。在 City of Revere v. Massachusetts General Hospital③ 案中，马萨诸塞州最高法院允许一家医院主张一位病人根据《联邦宪法》第八修正案所拥有的利益。Revere 市（City of Revere）的警察在让疑犯受伤之后将他送至医院接受治疗。医院对疑犯进行治疗后向市政府寄送了一份账单。Revere 市政府拒绝支付该账单，该医院便向法院起诉。马萨诸塞州最高法院判定根据《联邦宪法》第八修正案的规定，市政府需要支付被市警察击伤的疑犯的医疗费用。市政府在
1549 联邦最高法院提出了审查请求。

---

① 239 U. S. 175，186-187（1915）.

② 342 U. S. 429（1952）.

③ 463 U. S. 239（1983）.

最高法院判定 Massachusetts General Hospital 具有《联邦宪法》第三条规定意义上的原告资格；该医院因为市政府拒绝支付医疗费用而遭受了经济损失。① 但是，如果最高法院接着适用其原告资格的判例法中的审慎考量要素，因为在宪法案件中反对主张第三方权利之原告资格的一般性政策，它几乎肯定会判定该医院不具有主张病人根据《联邦宪法》第八修正案而拥有之权利的原告资格。如果该案最初是在联邦法院提起的，此种判决主旨就具有撤销针对该市政府所作之不利判决的效力。但是，如果该判决是在州法院作出的，此种判决主旨的后果将是驳回令状申请（dismissal of the writ），而让州法院作出的对市政府不利的判决继续有效。因为这一负面影响，最高法院拒绝对医院主张病人之宪法权利的原告资格适用任何审慎考量的限制。② 最高法院接着在实质问题上推翻了州法院的判决，判定《联邦宪法》第八修正案并不要求市政府支付该医院对受市警察击伤的嫌犯提供的医疗服务。

□ 采取新进路的建议

最高法院在 City of Revere 案中所作判决并不存在技术性错误。该法院满足原告资格的宪法要求，而且最高法院可以裁量决定拒绝适用其有关原告资格的判例法中政策性要素。但是，最高法院的推理似乎是过度复杂的。最高法院接着选择根据州法院受理这一案件时的最初程序状态，分析了原告资格的问题。因此，最高法院分析了医院是否具有主张其病人的宪法权利的原告资格。最高法院本来可以通过承认一项现实，即州法院的判决已经将原来的被告转变为上诉人（petitioner），而对这一分析加以简化。在案件在联邦法院系统立案时，上诉人是市政府。因此，最高法院只需要裁决市政府是否具有申请联邦法院审查州法院判决的原告资格。这一问题是容易解决的。市政府因为州政府判决而遭受经济性损失。市政府是在主张自己的利益，而不是第三方的利益，因此反对赋予第三方以原告资格的政策与市政府的原告资格是不相关的。

§ 16.15 政府官员和行政机关的原告资格

□ 许多情形

当在联邦法院审理的诉讼中，原告不是政府官员或者行政机关时，在众多政府机构之间合理分配权力有关的更广泛的意义，常常让原告资格问题复杂化。可能会产生问题的有 1550
下列五种情形：（1） 当联邦行政机关提起诉讼以实现它的利益或者它受托保护的第三方的利益时；（2） 当州提起诉讼指控联邦行政行为损害了州政府的利益或者本州公民的利益时；（3） 当地方行政机关提起诉讼指控州政府行为违宪时；（4） 当联邦行政机关提起诉讼指控另一家联邦行政机关时；（5） 当国会议员针对联邦行政机关提起诉讼时。适用于其他情形的判例法规范是混乱和不一致的。

---

① Id. at 243.

② Id. at 243.

□ 行政机关可以主张自己的权利

只要对于一项利益来说，如果是私方当事人就具有原告资格，联邦行政机关可以具有主张自己利益的原告资格。当联邦政府以违反保密协议和宣誓为由试图阻止中央情报局的前雇员出版一部书稿时，第四巡回法院判定“因为政府保护国家安全的利益，而产生了原告资格”[1]。法院引用了 In re Debs[2] 案中的一段话，即“每个政府……都有权向自己的法院寻求任何合适的援助……这对于政府向对于这一事务并不具有金钱利益的一家法院……提起的上诉来说并不是充分的答案。”

□ 如果有法律的授权，行政机关可以主张第三方的利益

联邦行政机关也具有主张第三方利益的原告资格，如果国会已经授权该行政机关保护这些第三方的利益。1957 年颁布的一部法律规定司法部长可以为了合众国的利益，或者以合众国的名义提起民事诉讼，要求获得预防性的救济，以防止剥夺任何公民的选举权。地区法院判定这一规定是违宪的，但是最高法院推翻了这一判决，判定国会有权“授权合众国起诉以支持私人的宪法权利”[3]。

□ 州可以主张作为主权者的利益

在 Massachusetts v. EPA[4] 案中，五位大法官的多数意见判定一名原告具有原告资格时，相当重视它是州政府的事实：“我们重视……马萨诸塞州特别的观点和利益。寻求审查的当事人是一个主权州，这是具有相当的关联性的……”但是，正如持不同意见的大法官所指出的，“最高法院对于马萨诸塞州的特别照顾是如何体现在原告资格分析过程中，这是完全不清楚的。”持不同意见的大法官雄辩地指出最高法院之前在原告资格问题上从未对原告是一个州的事实予以重视，并且也没有现在开始这么做的充分理由。

在 Canadian Lumber Alliance v. United States[5] 案中，联邦巡回区上诉法院发表了一
1551 份可能具有重要意义的判决意见。该法院判定外国政府并不具有最高法院在 Massachusetts v. EPA[6] 案中赋予马萨诸塞州的“主权者”原告地位，因为州政府在加入合众国政府时放弃了其各种主权，主权国家则并非如此。

□ 州对于其行为有效性的利益

州政府具有质疑联邦政府之规章效力的原告资格，如果该规章与州的法律存在冲突，因为州政府具有“保证其法定项目不被改造”的利益。[7] 但是，在州政府试图主张其公民

---

[1] United States v. Marchetti, 466 F. 2d 1309, 1313 (4th Cir. 1972).

[2] 158 U. S. 564, 584 (1895).

[3] United States v. Raines, 362 U. S. 17, 27 (1960).

[4] 127 S. Ct. 1438 (2007)，参见 § 16. 4、§ 16. 5 和 § 16. 14 的讨论。

[5] 517 F. 3d 1319 (Fed. Cir. 2008)，参见 § 16. 4、§ 16. 6、§ 16. 9 和 § 16. 14 的讨论。

[6] 127 S. Ct. 1438 (2007).

[7] State of Florida v. Weinberger, 492 F. 2d 488, 494 (5th Cir. 1974).

的利益时，州政府是否具有起诉联邦行为的原告资格可能是有疑问的。

□ 州政府可以主张公民的利益吗?

未经讨论原告资格问题，最高法院允许州政府对联邦动力委员会决定提起诉讼，指控联邦动力委员会无权规制独立天然气生产商收取的价格。[1] 但是，在联邦动力委员会的行政程序中，州政府是一方当事人，并且法律也规定“行政程序的任何一方当事人……因为行政决定遭受损害的，可以获得法院审查”。不仅如此，州政府也几乎本身就是天然气的消费者，因此以消费者的身份也有原告资格。[2]

在 Hunt v. Washington Apple Advertising Commission[3] 案中，最高法院判定州行政机关具有主张某些本州公民之利益的原告资格。但是，该案的事实是如此特殊，以至于其判决主旨可能不具有可推广性。华盛顿州通过立法规定华盛顿州苹果广告委员会（the Washington State Apple Advertising Commission）使用比农业部相同或者更高的标准对苹果进行分级。一部北卡罗来纳州禁止以州划定等级展示苹果的规章（后来改为州法律），该委员会是否具有质疑该规章之合宪性的原告资格？最高法院判定商会本来应该具有代表其会员利益的原告资格，“要在华盛顿州苹果广告委员会与代表整体上作为其成员的各个种植者和经销商的传统商会之间进行区分，是形式重于实质的”。

在 Massachusetts v. Laird[4] 案中，最高法院拒绝了马萨诸塞州（Massachusetts）提出的质疑越南战争效力的诉状。最高法院没有发表判决意见，而且 Harlan 大法官和 Stewart 大法官持不同意见，也没有发表判决意见。Douglas 大法官在不同意见中指出，马萨诸塞州，作为国家监护人（parens partiae）[*]，可以代表其被征召赴中南半岛（Indo-China）
从事海外战斗的公民享有原告资格。当没有联邦法律授权州政府主张本州公民的利益，而 1552
州试图主张本州公民的利益时，最高法院经常否定各州具有质疑联邦法律之合宪性的原告资格。[5]

□ 州和地方政府官员可以起诉州行为吗?

最高法院一度能够接受地方政府针对州行为提起的联邦宪法诉讼，但是最高法院可能不再愿意受理此类诉讼。在 Board of Education v. Auen[6] 案中，官员的原告资格没有受到质疑，最高法院在一项脚注中指出了官员不得不要么违反州法，要么违反他们对联邦宪法性法律所作解释，这种两难困境使得官员在宪法争议中具有“个人利害关系”。

但是，在 City of South Lake Tahoe v. California Tahoe Regional Planning Agency[7] 案中第九巡回法院拒绝遵循 Allen 案，理由是之后的最高法院的案例“明显强化了原告资格要求”。White 大法官和 Marshall 对此持不同意见，White 大法官执笔撰写了反对拒绝

---

* 国家监护人，是指源于英格兰普通法，君主作为“国家监护人”对无行为能力需要保护的未成年人与精神病人行使监护人的职能。现代法律中指国家的此项职能。在美国，“国家监护人”职能由各州行使。——译者注

[1] Phillips Petroleum Co. v. Wisconsin, 347 U.S. 672 (1954).

[2] 参见 Maryland v. Louisiana, 451 U.S. 725, 736-737 (1981)。

[3] 432 U.S. 333 (1977).

[4] 400 U.S. 886 (1970).

[5] 参见 Frothingham. v. Mellon, 262 U.S. 447 (1923)。

[6] 392 U.S. 236, 241 n.5 (1968).

[7] 625 F.2d 231, 236 (9th Cir.), cert. denied, 447 U.S. 1039 (1980).

调卷令申请的判决意见。White 大法官指出："我不相信我们已经悄悄地推翻了 Allen 案。"他引用了不同巡回法院对这一问题所作的相互冲突的判决。第九巡回法院在 Tahoe 案中也判定一家市政府不具有原告资格，因为州的政治分支不能对州法律的效力提起宪法诉讼，但是 White 指出："此种本身违法规则（per se rule）是不符合 Allen 案的，在 Allen 案中一位上诉人是地方教育委员会"，"各巡回法院对此种规则的效力存在意见分歧。"

□ 联邦行政机关可以起诉其他联邦行政机关的行为?

各级法院有时候也会遇到在同一政府分支内部的不同联邦行政机关之间发生的争议。但是，这些争议提出了重要的涉及《联邦宪法》第三条规定的问题，而最高法院还没有清楚确定地对这一问题作出裁决。同一政府分支内部的争议如何产生适合于由另一政府分支裁决的"案件或者争议"？最高法院为什么没有直接驳回此种诉讼，而建议这些行政机关将争议提交总统或者其代表处理？如果对于这些问题有着令人满意的答案，它一定是存在于 § 2.5 所讨论的独立行政机关的复杂的争议性地位之中。

在 United States ex rel. Chapman v. FPC[①] 案中，最高法院曾经判定内政部长具有对联邦动力委员会批准建设水坝的许可证的决定提起诉讼的原告资格。内政部长已经在联邦
1553 动力委员会的决定程序中作为介入者参与，法律允许审查"任何受影响的当事人……"提出的请求。内政部长承担的一项法定职责是作为"公共水电项目"的多余电力的唯一销售代理人，以"鼓励根据稳健经营原则以对消费者收取最低的价格以鼓励最广泛地利用电力"。内政部长的意见是对私人公司颁发许可证扰乱了内政部长所实施的国会政策，内政部也具有与保护和利用水资源的一般性职责。最高法院指出："我们判定起诉人具有原告资格。"[②] 但是，由于内部存在的分歧，最高法院并没有解释这一判决原因。下级法院曾经判定法律"并没有赋予内政部长以任何项目或者开发的任何所有者权益，也没有赋予部长任何与之相关的职责"[③]。这种推翻判决应该意味着最高法院认定内政部长具有的特定利益足够构成原告资格，但是由于最高法院的判决意见中并没有任何推理，这也影响了任何解释或者适用这一判决主旨的努力。

在 Director, Office of Workers' Compensation Programs, U. S. Department of Labor v. Perini North River Associates[④] 案中，最高法院还有一次机会可以裁决这一棘手的原告资格问题。国会赋予由劳工赔偿项目办公室主任（Director）承担实施经过修订的《码头和港湾工人赔偿法》（the Longshore and Harbor Workers' Compensation Act）的职责，但是由福利审查委员会（the Benefits Review Board）负责裁决根据该法而产生的争议。福利审查委员会对一起赔偿案件作出了不利于个人的裁决，而且该裁决也不符合劳工赔偿项目办公室主任对该法所作的解释。第五巡回法院维持了委员会的裁决。该个人拒绝对第五巡回法院所作不利裁决向最高法院申请审查，但是劳工赔偿项目办公室主任提出了令状申请。Perini，作为一家在委员会的裁决中受益的一家公司，则主张该主任并没有因为委员会的裁决而遭受损害，因此并不具有向最高法院上诉的原告资格。最高法院认为没有必要裁决该主任的原告资格之问题。它判定持续存在因为委员会裁决而遭受损害的个人可以作为自动的应诉人（automatic respondent），"可以确保最高法院所面对的是可以由法院审

---

① 345 U.S. 153 (1953).
② Id. at 156.
③ 191 F.2d at 799.
④ 459 U.S. 297 (1983).

理的争议”[1]。

在 Director，OWCP v. Newport News Shipbuilding & Dry Dock Co. [2] 案中，最高法院判定承担实施法律之责的行政机关，对于负责裁决依据该法而产生之争议的行政机关所作出的裁决并不具有申请审查的原告资格。这一判决主旨的依据是有限的；最高法院认定国会并没有赋予该行政机关以原告资格。但是，这一判决意见中的某些推理是如此宽泛，以至于它可能预示在未来的案件中作出更宽泛的判决："要承认此种利益的总体充分性，将会让法院需要经常裁决同一政府分支内部和行政机关内部的政策性争议，这一职责是最不适合由法院承担的。”[3] 1554

在 Ingalls Shipbuilding，Inc. v. Director，OWCP[4] 案中，七名大法官出具的多数意见对该案与 Newport News 案进行了区分，并且判定，至少在作为应诉人的私方当事人之利益与作为上诉人的私方当事人之利益相反的时候，工人赔偿项目办公室主任（Director，OWCP）可以在私方当事人申请法院审查福利审查委员会裁决的诉讼中作为应诉人（respondent）。最高法院再次认定没有必要裁决任何宪法问题。相反，它完全依据《联邦上诉程序规则》（Federal Rule of Appellate Procedure）第 15 条（a）。这一规则规定，在任何审查行政决定的诉讼中，“行政机关必须是列名的应诉人”。多数意见将“行政机关”解释为可以指劳工部，因为无论是工人赔偿项目办公室主任还是福利审查委员会，都是劳工部的下属机构。多数意见接着援引了一项授权劳工部选择法律代理人（legal representative）的法律规定，以及指定工人赔偿项目办公室主任在涉及起诉福利审查委员会裁决的案件中作为劳工部长之代理人的劳工部规则。多数意见认为没有必要讨论工人赔偿项目办公室主任是否可以作为此类诉讼中唯一应诉人的问题。两名大法官发表了不同意见。他们指出被诉行政行为是福利审查委员会的裁决，而工人赔偿项目办公室主任则反对这一裁决。他们认为，《联邦上诉程序规则》15（a）中的“行政机关”是指福利审查委员会而非劳工部，工人赔偿项目办公室主任在起诉福利审查委员会裁决的案件中并不是合适的应诉人。

□ 与独立行政机关问题的关系

只要国会可以继续裁量决定将重要的政策制定权授予“独立于总统的”行政机关，“法院就需要裁决政府行政分支内的行政机关与独立行政机关之间产生的政策争议，因为没有别的机构可以裁决此类争议”。最高法院只有在准备同时判定总统有权制定可以拘束独立行政机关的政策时，才可以拒绝裁决此类争议。最高法院从未确定性地裁决这一问题。[5]

□ 议员拥有主张个人利益的原告资格

为了确定议员是否有起诉政府行为的原告资格，我们首先有必要确定议员所主张之利

---

① Id. at 305.
② 514 U.S. 122，(1995).
③ Id. at 129.
④ 519 U.S. 248 (1997).
⑤ 参见§2.5。

益的性质。在 Powell v. McCorrnack[1] 案中，最高法院判定一名议员具有起诉一项导致他遭受经济损失的行为的原告资格。通常可以推定，议员在主张个人利益遭受损害时，与任何其他的个人并无不同。

□ 议员在大多数情形中都不具有独特的利益

但是，相比任何其他个人，议员对于大多数行政行为并不具有更多的利益。因此，例如，Harrington v. Bush[2] 案中，哥伦比亚特区巡回法院判定国会议员并不具有申请法院
1555 作出判决确认中情局的特定活动违法的原告资格。法院详细分析了最高法院所作出的对这一问题有影响的判决，但是其动机可能是哥伦比亚特区巡回法院认识到，如果作出支持原告的判决，“其效果将是允许任何起诉行政行为的国会诉讼，议员个人将会在大多数的情况下承担寻求司法救济的‘巡回使团’”[3]。

□ 议员很少拥有以国会议员身份的原告资格

在 Raines v. Byrd[4] 案中，七名大法官出具的多数意见判定国会议员不具有申请法院审查《逐项否决法》（the Line Item Veto Act）合宪性的原告资格。该法授权总统“删除”国会两院通过并且总统签署公布的拨款和税收法律中的特定条款。六名大法官出具的多数意见提出下列理由：（1）当法院需要确定另一政府分支的行为是否合宪时，《联邦宪法》第三条规定的原告资格要求“特别严格”；（2）原告遭受的损害是机构性的而非个人性的；（3）他们遭受的损害是由所有国会议员共同承担的；（4）他们并不认为他们的投票并不因为这部法律而变得无效；（5）一旦总统通过删除某一法律条款而导致该法的受益人遭受损失时，私方当事人将具有对该法起诉的原告资格；（6）原告可以通过废除该法的形式获得救济。

两名大法官，包括一位在多数意见上签字的大法官，参与了协同意见。他们认定国会议员遭受的损害具备足够“个人性”和“具体性”，从而可以满足《联邦宪法》第三条的要求，这“至少是有疑问的”。但是，他们认为，当法院被要求裁决另外两大政府分支之间的争议时，法院应当根据权力分立的关切而对“可以合理辩论的”原告资格问题作出裁决。他们看到了推迟裁决这一争议，直至“政治压力的高峰”已经度过，至少是在法院未来明显有机会根据明显遭受损害的私方当事人提出的请求而裁决争议的机会之时，这一做法具有的一项优势。

两名大法官在一份单独的判决意见中发表了不同意见。Stevens 大法官的不同意见中将有关实质问题的推理与有关原告资格的推理合在了一起。他认定《逐项否决法》否定“每位参议院和众议员有机会投票支持或者反对经过删略而逃脱总统删除权限的规定”，这违反了《联邦宪法》第一条的平常含义。

Breyer 大法官没有对这一争议的实质问题发表意见，但是他认为议员具有原告资格。他的理由有如下几点：（1）《逐项否决法》中的这项条款明确允许任何议员质疑其合宪性，
1556 这一条款不仅消除了对原告资格的审慎考量的限制，也消除了法院会介入“与立法分支的

---

[1] 395 U.S. 486 (1969).

[2] 553 F.2d 190 (D.C. Cir. 1977).

[3] Id. at 214.

[4] 521 U.S. 811 (1997).

冲突”的担心；（2）这些当事人所主张的利益是“真实的和相对立的”；（3）该法导致的损害是“足够具体”和直接的；（4）所提出的这些问题是集中的，属于使得它们适合于由法院直接裁决的争议。

□ 议员无权起诉属于立法机关权力的行为

对于政府立法分支有权纠正的一项行为，议员不具有对该行为之效力起诉的原告资格。因此，例如，在 Melcher v. Federal Open Market Committee[1] 案中，对于一部联邦法律允许未经参议院批准而任命“合众国的官员”，哥伦比亚特区巡回法院判定一名议员不能对该法律的合宪性提起诉讼。最高法院认为，参议院可以通过说服多数同事修改该法律而消除该法存在的宪法缺陷。考虑到明显存在其他救济方式，最高法院基于衡平法上的理由而否定了原告资格。

□ 议员可以起诉指控篡夺立法权的行为吗？

但是，还有一小类诉讼，即政府行政分支采取的行为损害了其作为议员的能力时，议员应当被判定具有对该行为起诉的原告资格。最高法院还没有讨论过这一问题。在 Goldwater v. Carter[2] 案中，对总统未经参议院 2/3 多数票或者两院半数以上多数票即终止执行条约，哥伦比亚特区巡回法院支持了参议员和众议员对总统的这一决定起诉的原告资格，但是最高法院以成熟性和政治问题原则的理由撤销了这一判决。[3]

在 Barnes v. Kline[4] 案中，哥伦比亚特区巡回法院再次涉及了这一问题。Barnes 案的多数意见判定，如果议员证明政府行政分支的一项行为损害了立法分支的立法权，议员就具有对该行政行为提起诉讼的原告资格。[5] 一位法官撰写了长篇的不同意见，敦促法院“彻底放弃国会的原告资格的概念”[6]。持不同意见的法官认为，所有行政分支与立法分支之间的争议必须只能通过政治手段进行裁决，对于权力分立和民主政体的整个概念来说是必不可少的。[7] 相比之下，Barnes 案的多数意见认为由法院裁决政府的政治性分支之间的“宪制僵局（constitutional impasses）”，对于权力分立是必不可少的，也是 Marbury v. Madison[8] 案所要求的。最高法院一开始同意审查最高法院在 Barnes 案中所作的判决，但是后来以诉因消失为理由驳回了这一案件。[9] 1557

□ 建议的解决方案

未来由最高法院裁决国会原告资格争议，可以产生重要的意义。最高法院应当承认，在大多数的情形中，在因为违法的政府行为而遭受的个人损害方面，议员与其他公民之间

① 836 F. 2d 561 (D. C. Cir. 1987).
② 617 F. 2d 697 (D. C. Cir. 1979).
③ 444 U. S. 996 (1979).
④ 759 F. 2d 21 (D. C. Cir. 1985).
⑤ Id. at 26.
⑥ Id. at 41.
⑦ Id. at 55.
⑧ 5 U. S. (1 Cranch) 137 (1803). Id. at 27.
⑨ 479 U. S. 361 (1987).

并不存在差别。但是，在有的时候，行政分支采取的行为可能会让议员们作为议员的利益遭受特有形式的损害。Barnes 案可以很好地说明这种情形。一名参议员提起诉讼，认为总统的行为——通过搁置否决权，让立法分支的行为归于无效——是违宪的。对于这种特别的情形，议员们所具有的立法权遭受了损害。法院是能够裁决这类跨政府不同分支的争议
1558 的唯一机构。

17 裁量与可审查性

§ 17.1 裁量问题

□ 裁量是不可避免的

如果政府不能行使裁量权的权力，那么政府就将无法运作。这是历届国会和历任总统所承认的基本事实。首届国会即对若干行政机关赋予了广泛的裁量权。① 从那以后，历届国会都立法对行政机关赋予广泛的裁量权。对于各级政府的所有行政机关来说，裁量权都是不可或缺的。对限制裁量权的方法，选择合适的搭配，既是困难的，也是复杂的。②

□ 裁量权过度

法律体系对于裁量权问题的处理，至少可以引发三项问题。首先，对个人或者机构赋予过多的裁量权，可能会造成因为裁量权滥用而导致的损害。许多行政法原则就是为了应对这项众所周知的问题而提出的。还有其他两种类型问题没有得到它们本应该得到的充分 1559
的关注。

□ 意外的裁量权转移

其次，则是裁量权意外转移的问题。限制裁量权的各种努力，常常只是将裁量权从一

---

① 参见 § 1.4 和 § 2.3。

② 对于这一主题所作的最深入讨论，可以参见 K Davis, DiscretionaryJustice (1969) [中译本参见 [美] 肯尼斯·卡尔普·戴维斯：《裁量正义》，毕洪海译，北京，商务印书馆，2009——译者注]。另可参见 K Davis, Police Discretion (1975)。

个人或者机构转移至另一个人或者机构。而已有的裁量权配置常常更优于新的配置。① 通过限制行政机关发布限制雇员之裁量权的指南的裁量权，法院无意间将裁量权从行政首长转移至更低级别的行政雇员。

□ 裁量权不足

再次，则是裁量权不足的问题。行政机关和个人为了有效履行其承担的重要职责，必须拥有相当的裁量权。裁量权不足的问题可能比裁量权过度的问题更为严重。对于这一问题，我将首先讨论裁量权不足是如何妨碍行政机关有效履行其职责的。法律常常会对行政机关的裁量权设定了实体限制，或者要求行政机关以低效的方式行使其职能。② 以下仅举两例即足以说明问题。

□ 例一：Delaney 条款

《食品、药品与化妆品法》（the Food，Drug & Cosmetic Act）的 Delaney 条款* 充分说明了过度限制行政裁量权的法律条款所导致的不良后果。根据该法的规定，食品药品管理局（FDA）负责通过对食品、药品和化妆品实施规制，保护公众健康。环境保护局（EPA）在杀虫剂规制领域也承担类似的职责。Delaney 条款要求“任何食品添加剂，如果被认为被人体或者动物吸收后具有致癌作用……则不得被视为是安全的”。相同的法律禁止条款也适用于兽药和杀虫剂，如果食品表面或者内部残留有任何数量的此类药物或者杀虫剂。③

Delaney 条款在 1958 年被订入《食品、药品与化妆品法》。当时，该条款并没有发生多少效力，而具有的效力也可能是有益的。在 1958 年，仅有四种物质被证明对人体或者
1560 动物具有致癌作用。科学家对癌症的认知有限，使得我们可以合理推定任何对动物具有致癌作用的物质，对于人类也很可能具有致癌作用。不仅如此，对食品进行检测以确定是否包含特定物质（例如兽药或者杀虫剂）可以采用的方法有限，使得只能检测到很可能导致健康威胁的相对较大的数量。

Delaney 条款如今对于行政机关履行职责已经产生明显负面的影响。迫使食品药品管理局和环境保护局因为 Delaney 条款而不得不采取的行为加大了消费者因为食品摄入而导致的健康风险水平。食品药品管理局和环境保护局因为 Delaney 条款而被迫采取的行为实际上最终会害死大量的公民。

□ 形势变化的影响

自 1958 年以来，科学家对癌症的理解已经有了长足的进步。现在科学家对与癌症相

---

* 有关 Delany 条款的背景介绍，可以参见钟瑞华：《从绝对权利到风险管理：美国的德莱尼条款之争及其启示》，载《中外法学》，2009（4）。——译者注

① 哥伦比亚特区巡回法院在 McClouth Steel v. Thomas，838 F. zd 1317（D. C. Cir. 1988）和 Community Nutrition Institure v. Young，818 F. 2d 943（D. C. Cir. 1987）中所作判决，对裁量权的意外转移进行了精彩的说明；参见 § 17. 3。

② Pierce，“Political Accountability and Delegated Power：A Response to Professor Lowi”，36 *Am. U. L. Rev.* 39L，401-403，406-407（1987），这篇文章中描述了大量这类例子。

③ 参见 Merrill，“Regulating Carcinogens in Food：A Legislator's Guide to the Food Safety Provisions of the Federal Food，Drug and Cosmetic Act”，77 *Mich. L. Rev.* 171（1978）。

关的若干问题也已经达成了共识。数百种物质，如果摄入过量，将会对动物具有致癌作用。在这一意义上，接受检测的所有物质中大约50%具有致癌性，包括在大多数的水果和蔬菜中天然存在的众多物质。这些物质中仅有少量在人类日常饮食摄入的数量水平上会产生致癌作用。不同物质对于人类的致癌性上存在广泛差异。不仅如此，自1958年以来，检测食品中是否存在致癌物质的方法也有相当的进步，以至于我们现在可以检测到非常小数量的物质的存在。由于这些科学技术的发展，Delaney 条款现在要求食品药品管理局和环境保护局禁止使用对人类健康并不构成风险的某些食品添加剂、兽药和杀虫剂。

对 Delaney 条款的不合理性以及产生的负面影响进行论述的相关文献可谓卷帙浩繁。[①]

负责规制食品添加剂、兽药和杀虫剂的这些行政机关负责适用 Delaney 条款，常常会使它们作出的行为损害公共健康的目标。它们已经试图通过制定最低限度的例外条款而将 Delaney 条款的负面影响减少到最低程度。各级法院已经判定，如果适用该条款并不产生 1561
实际影响时，食品药品管理局和环境保护局并不拥有拒绝适用该条款的裁量权，因为国会清楚明确地禁止适用任何数量的已经被证明对动物具有致癌作用的物质，不论该物质是否构成公共健康的风险。[②] 法官们尽管表示不愿意强制执行对行政机关裁量权进行的有害的限制，但是认为法院承担的制度角色要求他们适用这一法律上明确规定的命令。

□ 本意为减少癌症而制定的法律，却导致癌症增加

第九巡回法院在 Les 案中所作判决在癌症研究者中引发了严重的关切。该判决意见判定 Delaney 条款要求环境保护局禁止使用四种杀虫剂。这份判决意见的推理显示，环境保护局最后会需要要求60种杀虫剂停止供应，包括水果蔬菜种植者使用的某些最为有效的杀虫剂。许多癌症研究者预测对所有杀虫剂适用 Delaney 条款，会明显提高美国癌症的发生率。他们的推理包括下列四个步骤：（1）要求停止供应某些最有效的杀虫剂，会减少蔬菜水果的供应量，从而提高它们的价格。（2）因为价格上升，消费者会减少蔬菜水果的消费量。（3）大量摄入蔬菜水果，对于减少癌症发生率来说，其好处仅次于戒烟。（4）对于当大量摄入时会导致啮齿类动物罹患癌症的杀虫剂来说，相比因为摄入微量杀虫剂而导致死于癌症的人群数量，更多的人会因为减少蔬菜水果的消费量而死于癌症。幸运的是，国会对杀虫剂的规制立法进行了修订，允许环境保护局在杀虫剂规制领域不再执行 Delaney 条款。不过，Delaney 条款仍然适用于食品药品管理局对兽药和食品的规制。

□ 例二：《食品券法》修正案

还有一类行政机关实施的项目可以作为例证说明法律对行政裁量权进行实体限制产生的有害影响。为了回应对福利欺诈行为的抱怨，国会对《食品券法》进行了修订，任何个人，其家庭成员在过去两年里曾申请受抚养者税收减免（tax dependent）的，实施该项目

---

① 例可参见 Ames & Gold, “Too Many Rodent Carcinogens: Mitogenesis Increases Mutagenesis”, 249 *Science* 970 (1990); Sunstein, “Interpreting Statutes in the Regulatory State”, 103 *Harv. L. Rev.* 405, 496-497 (1989); National Research Council, *Regulating Pesticides in Food: the Delaney Paradox* (1987); Gilhooley, *Plain Meaning*, “Absurd Results and the Legislative Purpose: The Interpretation of the Delaney Clause”, 40 *Admin. L. Rev.* 267 (1988); L. Lave, “The Strategy of Social Regulation” 9-26 (1981); Blank, “The Delaney Clause: Technical Naivete and Scientific Advocacy in the Formulation of Public Health Policies”, 62 *CalifL. Rev.* 1084 (1974)。

② Les v. Reilly, 968 F. 2d 985 (9th Cir. 1992); Public Citizen v. Young, 831 F. 2d 1108 (D. C. Cir. 1987).

的行政机关不得向该个人提供食品券。在 DOA v. Murry[①] 案中，6 位大法官出具的多数意见判定该法律条款违宪。Murry 案的判决意见指出宪法原则适用于这种类型的法律规
1562 定，这一论述并没有继续存在的价值，因为最高法院后来抛弃了其在 Murry 案中所采用的这种合宪性推理的方法。[②]

□ 在个案中，裁量权不足可能会导致不公

不过，作为对禁止行政机关行使所必需的裁量权之立法进行基于政策的批评，Murry 案中多数意见和协同意见中所采用的事实和推理却仍有存在的价值。Murry 是一名离异妇女，有两个未成年儿子和 10 个孙子女需要抚养。她唯一的收入来自每个月 57.50 美元的儿童抚养补助金。但是，农业部需要终止其按月发放的食品券，因为他的前夫已经在过去两年里以她的一个儿子作为受抚养人而申请税收减免。曾判定该法律违宪的 6 名大法官对于这部法律限制行政机关裁量权所导致的严重和不必要的不公现象表达了可以理解的愤怒。他们指出，如果国会允许行政机关行使更广泛的裁量权，行政机关就不可能作出这种可能会导致这名贫困境地的妇女及其抚养的 12 名未成年的孩子处于饿死的严重风险之中。

□ 所有限制裁量权的方法都具有某些负面影响

除了过度僵化的实体法律规定之外，还有一些原因也会引发行政机关裁量权不足的问题。实际上，每一个我们可以想到的限制行政机关裁量权的方法，如果这一限制条款的制定者在制定时没有经过深思熟虑的话，都具有严重限制行政机关效能的可能性。过度僵化的行政规则也具有与 Delaney 条款和食品券法修正案相同的影响。法律条款，要求行政机关采用特别昂贵和费时的程序的，例如在规则制定中采用口头举证式听证，可以限制行政机关的裁量权，但它们也会使得行政机关无法行使其法定职责。[③] 类似的，法律条款规定由不同行政机关分别承担政策制定和裁决职能的，可以限制行政机关裁量权，但是会在相当程度上牺牲了协调、一致性和效率的目标。[④]

□ 作为广泛裁量权之应对的行政法

一旦大家都承认，如果没有大量可以行使广泛裁量权的行政机关，政府将无法正常运作，那么法律体系就必须设计限制裁量权的合理方法，以避免出现已经成为立法机关和法院传统关注焦点的问题——行政机关裁量权滥用的可能性。行政法很大程度上就是对政府官员拥有的广泛裁量权所作出的回应。仅在联邦政府层面上，数以百计的
1563 行政机关和数以万计的行政机关雇员对所有公民认为重要的事务——例如社会保障福利、清洁空气和水，以及企业和行业的财务可行性——拥有裁量权。行政法，有一部分内

① DOA v. Murry, 413 U.S. 508 (1973).

② 参见 Michael H. and Victoria D. v. Gerald D., 491 U.S. 110 (1989); Mashaw, "Constitutional Delegation: Notes Toward a Public, Public Law", 54 *Tul. L. Rev.* 849, 863-864 (1980); Note, "The Irrebuttable Presumption Doctline in the Supreme Court", 87 *Harv. L. Rev.* 1534 (1974)。

③ 参见§7.2、§7.7、§7.11 和§7.12。

④ 参见§9.9。

容就是为了创设对这些在行政国家中拥有权势的机构或者个人主体的裁量权进行限制的方法。

□ 对广泛裁量权的担心理由

广泛裁量权的普遍存在，是引发担心的原因所在，其理由包括如下几点。首先，对非民选产生的官僚赋予广泛的政策制定权，引发了有关行政机关是否与我们民主政体的基本制度是否相容的严重担心。国会不能也不愿通过法律对行政机关的政策制定裁量权进行限制，或者法院不能也不愿强制执行对行政机关设定的法律限制，从这一意义上来说，总统是所剩下的，唯一符合宪法要求有权限制行政机关政策制定裁量权的主体。不过，总统与数百家联邦行政机关和数以万计的行政机关雇员之间的关系过于微弱，以至于不能允许总统对所有行政机关的政策制定实施控制。①

其次，不受限制的行政机关裁量权将会使得所有公民的宪法和法律规定的权利遭受威胁。法院不能也不愿通过要求行政机关不超越宪法或者法律规定的边界而对行政机关的裁量权进行限制，在这一意义上讲，所有宪法和法律规定的权利都是脆弱的。

最后，不受限制的行政机关裁量权也具有被滥用的可能性，其表现形式是根据不合法的动机或者因为机构管理或者机构不善而导致对类似案件进行差别对待。行政机关决定选择性地实施惩罚行为或者授予福利的行为，其选择基础可以是政治性或者个人性的偏好，政治性或者个人性的敌意，企图根据种族或者宗教进行歧视对待，或者公然腐败。这也可能是行政机关结构安排——决定权被授予多个成员，导致其裁量权没有得到充分限制——产生的意外后果。

□ 对行政机关工作的裁量权进行限制的需要

因为广泛裁量权的结果可能引发严重的问题，这种可能性存在于行政决定过程的各个层级。行政首长可以是产生问题的根源，但是问题的根源同样可能在行政机关常常设计精致的组织结构的任何一个较低层面，例如局长、行政法官、公诉人，或者甚至是实施调查或者检查的个人。对裁量权进行有意义的限制，这一需要也会因裁量权的来源不同而存在差异。行政首长的数量相对较少，并且每一名行政首长都身处曝光率较高的位置。裁量 1564
权的滥用，如果是来自于行政首长的，是最容易被发现和得到纠正的。众多不同的强势机构，如法院、国会、管理预算局、政府问责办公室（GAO）、媒体和代表受规制者和受益人的利益团体都在对行政行为进行监督。不仅如此，行政首长受命担任具有裁量权的职位，宪法制定者对其任命程序所作的设计，不仅对其政治合法性提供来源，而且是对两大政治上可问责的政府分支引入制衡机制——由总统提名，参议院批准。相比之下，层级较低的行政雇员，其数量众多，相对来说不太为人瞩目，获得具有裁量权的职位的方式并没有赋予多少政治合法性，也没有引入多少——如果有的话——制衡的机制。

所有行政机关面对的这些问题都是过于复杂和依赖具体事实的，以至于容易只能通过适用详细和僵化的一套规则进行处理。② 即使是级别最低的实施检查或者调查活动的官员，

---

① 我在本书第 2 章和第 3 章中讨论了这一疑难问题。

② 参见 Diver, "The Optimal Precision of Administrative Rules", 93 *Yale LJ*. 65 (1983)。

在其日常行使职责的过程中也会遇到各种不同的情形，也必须拥有一定的裁量幅度，可以对各种不同的回应方式进行选择。其挑战就在于平衡对裁量权的需要和对每个决策层级的裁量权进行制约的需要。

§17.2 司法审查作为潜在的解决方案

□ 宪法和法律的限制

对于行政裁量权问题的解决方案，至少部分存在于对行政行为的司法审查。宪法规定了可以司法审查的标准，在这一意义上，法院可以将行政机关限定于宪法允许的边界内。在美国的政府体系中，政策制定权是由民选产生的立法分支和行政分支分享的，司法分支也需要在法律允许的边界内将行政机关的裁量权限定于法律允许的边界之内。[1]

□ 通过司法审查发现裁量权的滥用

法院也可以减少行政机关及其雇员出于武断或者违法的目的而选择性行使裁量权的可
1565 能性。国会在法律中明确规定“复审法院应当……判定……存在武断、恣意、滥用裁量权的行政行为……违法”，已经要求法院发挥这一重要作用。[2]

但是，法院在试图限制行政裁量权时必须非常小心。复审法院所确立的法律框架，对于行政机关及其雇员滥用裁量权的可能性同时具有直接和间接的影响。对行政裁量的司法审查，其直接好处是很容易确认的。复审法院可以对行政行为进行仔细审查，认定该行为不能得到行政机关所取得证据或者陈述理由的支持，得出合法的推论，即行政行为实际上是受其他未说明并且可能是违法的考量因素的推动，判定该行为是武断的或者是滥用了裁量权，从而是违法的。通过这么做，法院降低了在该案中受武断或者违法因素推动而进行选择性决定的可能性，同时也向该行政机关发出了信号，从而减少在将来的案件中发生裁量权滥用的可能性。

□ 规则作为对裁量权的限制

正如§6.8 和§17.3 所讨论的，在所有案件中以相同方式解决一般性问题的立法性规则，常常是限制行政机关裁量权的好工具。行政机关不能或者不愿意利用立法性规则限制行政裁量权，而选择采用对纠纷进行的特别（ad hoc）裁决，在这一意义上讲，对于行政机关的裁量权进行司法限制，其必要性就增加了。在没有司法限制的情况下，采用特别的裁决程序的行政机关常常拥有大量的裁量权可以对当事人厚此薄彼，或者是追求违法的目的。例如，联邦通信委员会（FCC）就对与总统同属一个政党的申请人提出的广播业许可证申请偏待处理，而政府问责办公室已经认定某些社会保障管理局的行政法官部分是根据

---

① 参见本书第3章。

② 5 U.S.C. §706（2）（a）.

申请人的种族作出是否授予福利的裁决。[①]

□ 先例作为对裁量权的限制

在 Atchison，Topeka & Santa Fe Ry. v. Wichita Board of Trade[②] 案中，最高法院宣布了一项原则，可以很好地用于限制裁决案件中的行政裁量权。行政机关"有义务对其偏离先前的规范，作出理由解释"。因此，如果行政机关在适用一项政策或者一套裁决标准时，以一种方式对裁决案件 A 作出裁决，而适用另一项不同的政策或者裁决标准对裁决案件 B 作出裁决时，第二项裁决行为必须被视为武断、恣意和滥用裁量权而被推翻并发回重新处理，除非该行政机关明确承认并且解释了其政策变化的理由。

在 Atchison，Topeka & Santa Fe 案中宣布了这项重要原则的判决意见，仅有 4 名大法官署名支持。但是，在 MotorVehicle Manufacturers Assn. v. State Farm Mutual Insurance Co.[③] 案中，该案通过撤销了一项规则而实现了政策的变更，最高法院以一致意见重 1566
申了这项原则。最高法院在 INS v. Yang[④] 案中再次重申了这一原则并作出了如下解释：

> 尽管行政机关的裁量权在一开始并没有限制，如果它宣布并遵循——通过规则或者已经结案的裁量程序——调整其行使裁量权的一项规则，不合理地偏离这项政策（与公认的对该政策的变化正好相对），其行为就可能构成《行政程序法》规定意义上的"武断、恣意或者滥用裁量权"，从而必须被推翻……

所有的联邦巡回法院通常都采用 Atchison，Topeka & Santa Fe 原则。对于众多行政机关，其实施的先例制度与法院所采用的先例制度相类似，这一原则对其裁量权来说是一项重要的限制。对于并未建立先例制度的行政机关，在设计各种合理的制度限制其裁量权时就需要有更大的创造性。[⑤]

□ 限制裁量权导致的意外负面影响

司法审查对行政裁量产生的间接影响是不太明显，不太宽容，也是可能更强有力的。对行政行为的司法审查，导致行政机关决策产生明显的迟延，对行政机关增加了明显的成本。[⑥] 这显然会妨碍政府项目高效、及时实施的社会性目标。在有的时候，因为司法审查所导致的迟延和高昂成本也会影响行政机关的行为能力，减少了行政机关及其雇员的裁量权。法院对行政机关制定规则设置了障碍，在这一意义上，它们使得行政机关不敢根据规则作出行为。在缺乏规则时，行政机关及其雇员所拥有的裁量权只受到规定具有可司法性的标准（justiciable standards）之法律和宪法规定的约束。在大多数情况下，在没有规则时存在的裁量权的程度和范围会大到让人无法容忍的地步。正如本书 § 17.3 所讨论的，对行政行为的司法审查，既是这一问题的部分解决方案，也是产生这一问题的重要根源。

---

① GAO, *Racial Difference in Disability Decisions Warrants Further Investigation* (1992).

② 412 U. S. 800, 808 (1973).

③ 463 U. S. 29 (1983)，§ 7.4 有讨论。

④ 519 U. S. 26, 32 (1996).

⑤ 参见 § 11.5。

⑥ 参见第 7 章和第 12 章。

□ 法院不能排除所有的裁量权滥用行为

对行政行为的司法审查，不过是裁量权问题的部分解决方案。联邦行政机关每年都要作出数百万件行为。这些行为通常是具有良好意图的。在大多数时间，大多数行政机关和
1567 公共雇员都是非常诚恳地试图促进公共利益的实现。要期待法院确定或者阻止每起行政机关滥用裁量权的行为，是不现实的。行政机关可以各种不同的方式掩盖基于不合理动机作出的行为。它可以（1）声称其行为是基于某项合理理由，而不是其实际的、未说明的理由；（2）改变其事实调查程序，以获得与其未说明的真实动机相符的结果；（3）通过选择性检查、调查和强制执行程序以实现未说明和违法的目的；（4）为了选择性地使用其权力以实现违法目标，而对其用于调查、强制执行和裁决的稀缺资源进行分配。

为了发现和消除所有裁量权滥用的可能性，司法审查的范围将要对法院和行政机关提出远超其资源所能容许的限度。实际上，要发现任何逻辑结束点（logical stopping point）是困难的。如果法院审查行政机关为了支持其行为而提供的理由，但没有审查构成其行为基础的事实认定的支持性证据，行政机关就可以通过扭曲其事实认定程序而实现其违法目标。如果法院只审查行政机关不采取执法行为的决定，而没有根据行政机关执法资源的数量和质量以审查其决定，行政机关就可以通过分配效率低、工作负担过重或者经验不足的人员从事执法行为而实现违法目标。

§ 17.3 构成问题之一部分的司法审查

□ 裁量权意外转移的后果

司法审查既可以是限制裁量权的一种手段，也可以是造成裁量权过度的原因之一。法院可能会以下列两种方式造成意外的后果。第一，行政法原则可以将以不同方式裁决相同案件的裁量权授予复审法院，就这一效力而言，裁量权的问题只是从行政首长转移到了法官。第二，复审法院对行政机关利用规则限制自身及其雇员的裁量权设置了障碍，在这一意义上，复审法院会损害行政机关在机构和雇员个人层面上限制裁量权的能力。

□ 法官可能会拥有太多的裁量权

在制定《综合犯罪控制法》[①] 时，国会承认，联邦法院可能会成为导致裁量权过度的原因。国会认定联邦法官在对判犯有联邦罪行的个人进行量刑时拥有太多裁量权。对于犯
1568 有相同罪行的个人，最后确定的刑期长短，会取决于负责量刑的法官而存在明显差异。针对这一司法裁量权过度的问题，国会设置了一家行政机关，授权其制定量刑指南以限制法官的裁量权。在 Mistretta v. United States[②] 案中，最高法院支持了国会利用一家行政机关对法官裁量权予以限制的决定。

---

① The Comprehensive Crime Control Act of 1984，28 U. S. C. §§ 991-998.

② 488 U. S. 361（1989）.

□ 司法裁量权过度的负面影响

不少学者已经证明，联邦法院在审查行政行为时也存在类似的广泛的不一致性问题。[①] 这一问题的产生，有以下几种原因：（1）弹性的行政法原则，允许复审法院在判决是支持还是撤销行政行为时拥有高度裁量权；（2）联邦司法体系具有的庞大、分散和意识形态多元性的特点；（3）对最高法院和巡回法院全席审理以保持不同法官、合议庭和巡回法院之间判决一致性的能力施加的严重限制。

Peter Strauss 详尽描述了这一问题，并以此部分解释了最高法院转向可以减少复审法院撤销行政行为之裁量权的行政法原则。[②] 最高法院在 Chevron v. NRDC[③] 这一标志性案件中，对于这种原则的转变（doctrinal shift）进行了精彩的描述。通过要求复审法院必须维持行政机关对其实施的法律中模糊用语所作合理解释，最高法院明显减少了法官的裁量权，使其不能基于个人政策偏好而非国会表达其目的所选择采用的文字，对国会目的进行解释。

□ 最高法院利用原告资格条款限制司法裁量权

在其他案件中，最高法院则是以不太直接和明确的方式回应司法裁量权过度的问题。最高法院就原告资格问题所作的大多数极端和难以解释的判决意见，可以部分解释为减少司法裁量权——根据法官个人的政策偏好，对《联邦宪法》和众多行政机关实施的法律中 1569
的宽泛用语赋予特定含义——的手段。[④] 最高法院对原则性解决方案的选择是不幸的，因为司法裁量权过度的问题，与谁可以在法院起诉本来具有可审查性的行政行为的问题之间并无逻辑联系。正如 § 17.5 所讨论的，最高法院晚近所作的某些判决，表明它现在愿意通过适用更合适的原则，并且允许最高法院解释其拒绝允许联邦法院干预某些类型的行政决定的真实理由，也就是说，行政行为属于行政机关裁量的范围，以解决司法裁量权过度的问题。

□ 通过让行政机关不愿制定或者利用规则，法院导致了行政裁量权过度的问题

复审法院还可能以另外一种方式导致裁量权过度的问题。规则可以有效限制行政机关及其工作人员的裁量权。复审法院对行政机关制定或者利用规则设置了障碍，在这一意义上，复审法院创造了这样一种法律环境，即行政机关难以对其裁量权制定自愿性的限制，或者对它们众多雇员的裁量权予以限制。如果复审法院认为行政裁量权过度的问题是值得

---

① 例如，Revesz，"Environmental Regulation，Ideology，and the D. C. Circuit"，83 *Va. L. Rev.* 1717（1997）；M. Shapiro，"Who Guards the Guardians"? *Judicial Control of Administration* 25（1988）；Pierce，"Two Problems in Administrative Law：Political Polarity on the District of Columbia Circuit and Judicial Deterrence of Agency Rulemaking"，1988 *Duke L. J.* 300；Pierce & Shapiro，"Political and judicial Review of Agency Action"，59 *Tex. L. Rev.* 1175（1981）。

② 参见 Strauss，"One Hundred Fifty Cases per Year：Some Implications of the Supreme Court's Limited Resources for Judicial Review of Agency Action"，87 *Colum. L. Rev.* 1093（1987）。

③ 467 U. S. 837（1984），参见本书第 3 章的讨论。

④ See §§ 16. 4-16. 7. 另可参见 Pierce，"The Role of the Judiciary in Implementing an Agency Theory of Government"，64 *N. Y. U. L. Rev.* 1239（1989）。

解决的，它们应当采纳的原则是鼓励行政机关根据规则作出行为。不幸的是，许多司法判决却产生了截然相反的效果。

□ 规则的众多形式

规则可以表现为多种形式，相当多元化。某种形式的规则对裁量权的影响，可能与另外一种形式的规则对裁量权的影响完全不同。规则的表现形式包括：

（1）立法性规则；

（2）解释性规则；

（3）以裁决意见形式通过的规则；

（4）从行政机关的案例法（case law）中形成的规则；

（5）在《联邦公报》上刊登的员工工作指南；

（6）在《联邦公报》上刊登的正式的政策声明；

（7）不是以上述形式公布的不太正式的政策声明；

（8）在印刷的手册上刊载的员工工作指南；

（9）未公布的或者秘密的员工工作指南；

（10）得到充分理解和尊重的不成文规则；

（11）其他未成文规则；

（12）使官员自称“我的规则是……”的习惯。

这一目录还可以再增加。这一目录包括的项目，值得注意的一项特征就是非常多样化。某些项目以一种方式影响裁量权，而其他项目则以完全不同的方式影响裁量权。

□ 立法性规则的效力

立法性规则对于限制行政机关的裁量权具有最强的效力。如果立法性规则是有效的，
1570 它可以拘束法院，所有公众以及行政机关自身。[①] 但是，复审法院已经采纳了高要求的标准以确定立法性规则是否应当得到支持，以至于规则制定程序变得非常漫长和昂贵。其结果是，行政机关不愿通过制定立法性规则的方式作出行为。[②] 如果立法性规则有机会充分实现减少行政裁量权过度的可能性，复审法院必须改变它们对待立法性规则的进路。

□ 其他形式之规则的效力

上述列举的其他形式的规则具有的效力相对较弱。一般来说，这一目录列举的这些形式的规则，其限制裁量权的效力呈递减关系。但是，每种形式的规则都具有一定程度的限制裁量权的效力。[③] 效力究竟如何，取决于规则的形式。例如，只有在规则刊登在《联邦公报》上时，行政机关才可以要求公众“遵守”具有普遍适用性，或者“受该规则的不利影响”[④]。

---

① 参见本书第 6 章。

② 参见本书第 7 章。

③ 参见 Strauss，“The Rulemaking Continuum”，41 *Duke L. J.* 1463（1992）。

④ 参见 § 7.3 讨论的《行政程序法》§ 552（a）（1）。

行政机关对其员工发送的工作指南并不在技术或者正式意义上“拘束”行政机关，但是它们会以重要的方式限制行政机关的裁量权。第一，复审法院可以根据存在员工工作指南这一事实，质疑行政机关有关一项立法性规则之含义的说法。因此，例如，Standard Oil Co. v. DOE[①]案中，法院驳回了行政机关的主张，即它在1975年发布的一项立法性规则要求被规制者以特定的方式作出行为，因为行政机关对其执法人员制定的工作指南是与行政机关有关该规则的含义的说法直接矛盾的。在Kent County v. EPA[②]案中，法院部分根据行政机关的备忘录和员工指南，认定某项行政决定是武断和恣意的，从而予以撤销。类似的，行政机关有义务解释它为什么决定以与其先前政策不符的方式作出行为，即使是在行政机关先前是以并不拘束行政机关的方式制定该政策的，而法院是可以强制执行该义务的。[③]

□ 限制行政机关雇员之裁量权的行政规则

第二，行政机关的政策声明和员工工作指南可以限制行政机关雇员的裁量权。考虑到从事调查、执法和裁决工作的人员数量庞大，这些人本来拥有广泛的裁量权，其效力就显得极为重要了。不仅如此，这类形式上不具有拘束力的工作指南和指引是公众可以查阅的，从这一意义上来说，对于行政机关对被规制者和受益人的期待，它们提供了有益的指 1571
导。对于任何资深的行政雇员或者任何提供与联邦行政机关有关建议的私人律师来说，如果我们快速检查一下他们的办公室，就能发现在帮助理解行政机关的政策和预测行政机关的行为方面，这些不具有拘束力的行政指南和政策声明要远远超过立法性规则。环境保护局和核能监管委员会等行政机关所发布的不具有拘束力的“规则”，其页数是拘束性的立法性规则的数倍之多。行政机关的雇员常常适用这些“规则”以限制自身的裁量权，公众通常也根据这些“规则”作为预测行政机关行为的依据。

□ 规则的信息价值

第三，行政机关允许公众查阅这些非立法性规则，就这一点而言，受该规则影响的公众可以主张行政机关的规则和政策的内容。他们可以基于对该规则的了解，决定根据行政机关的政策作出行为或者试图改变这些政策。

第四，在政治上接受问责的官员，即总统和国会议员可以知晓以某种形式供查阅的行政机关政策的内容。他们可以基于这种了解，要求行政机关对总统或者国会议员反对的政策内容作出修改。

□ 使得行政机关不愿采用非立法性规则的法院判决意见

在晚近的一系列判决意见中，复审法院宣布了一项新的行政法原则，它将可能极大减少行政机关使用非立法性规则以限制裁量权和告知公众行政机关之政策内容和期待。过

① 596 F. 2d 1029 (Temp. Emer. Ct. App. 1978).

② 963 F. 2d 391 (D. C. Cir. 1992).

③ 例可参见 Atchison, Topeka & Santa Fe Ry. v. Wichita Board of Trade, 412 U. S. 800, 807-808 (1973); WLOS TV v. FCC, 932 F. 2d 993, 995 (D. C. Cir. 1991); Greater Boston Television Corp. v. FCC, 444 F. 2d 841, 852 (D. C. Cir. 1970), cert. denied, 403 U. S. 923 (1971)。

去，法院通过适用“拘束力”标准区分了两种类型的规则，一种是只能通过漫长和昂贵的通告评议的规制制定程序才能制定的规则，另一种则是可以无须经过这种程序而发布的规则。如果一项规则对公众具有法律上的拘束力，它就属于立法性规则，只能通过通告评议程序才能制定。[1] 但是，在最近的几起案件中，哥伦比亚特区巡回法院通过考察一项规则是否对公众具有“现实”拘束力，或者是一项功能上等价的问题，即规则是否对行政机关的雇员具有拘束力，而对这一标准作了重要改变。[2]

□ Community Nutrition 案

Community Nutrition 案涉及的是起诉食品药品管理局宣布“行动水平（action lev-
1572 els)”的做法，这一做法的目的是告诉食品生产商不可避免的污染物达到何种水平会引发以销售“掺加杂质”的食品为由采取的执法行动并且没收“掺加杂质”的产品。原告认为，这些行动水平的通知是颁布了立法性规则。因此，原告认为，食品药品管理局不能未经通告评议式的规则制定程序而宣布行动水平。食品药品管理局主张行动水平通知是一般性政策声明，不需要采纳通告评议式的规则制定程序。

多数意见判定行动水平属于立法性规则。多数意见承认“行动水平通知并不会与更经典的立法性规则一样……拘束食品生产商……”多数意见也承认，“在禁止运输受污染食品的诉讼中……食品药品管理局有义务证明该食品属于《食品、药品与化妆品法》法规定意义上的掺加杂质的食品，而不是证明不符合行动水平的要求”[3]。根据过去的法律，食品药品管理局的行动水平通知的这些特征本来已经支持法院的判决，即它们属于“一般性的政策声明”而不是“立法性规则”[4]。Community Nutrition 案中法院依据一项新的原则，判定“行动水平”通知属于立法性规则。多数意见指出，如果某食品生产商无意造成的食品污染低于行动水平通知中确定的水平，食品药品管理局试图以食品污染为由对其提起指控，就会在诉讼中遇到困难，而行动水平通知就会产生这样的效果，即鼓励行政机关的雇员不要对低于行动水平的污染提起指控。[5] 多数意见根据行政机关政策声明具有的这些特征，支持其得出的结论：（1）这些声明具有限制行政裁量权的实际效力；（2）任何限制行政裁量权的行政机关的声明都属于立法性规则，只能通过通告评议程序制定。[6]

□ McLouth 案

在 McLouth 案中，行政机关利用计算机模拟模型辅助决定以前被判定属于“危险”的废弃物是否可以从严格规制的类型中剔除而不会产生过度的健康和环境风险，法院适用了 Community Nutrition 案的推理，以此作为依据判定该行政行为无效。环境保护局曾发
1573 布了一项立法性规则，其中将 McLouth 的废弃物中某些成分列为“危险”，从而需要受

---

① 参见§6.3。

② 例可参见 Appalachian power v. EPA，208 F. 3d 1015（D. C. Cir. 2000）；McLouth Steel Products Corp. v，Thomas，838 F. 2d 1317（D. C. Cir. 1988）；Community Nutrition Institute v. Young，818 F. 2d 943（D. C. Cir. 1987）. Robert Anthony 对这一系列案件中适用的推理进行了描述，参见 Anthony，“‘Well You Want the Permit，Don't You?’ Agency Efforts to Make Nonlegislative Documents Bind the Public”，77 *Admin. L. Rev.* 31（1992）。

③ 818 F. 2d at 948.

④ 参见§6.3 讨论的 Pacific Gas & Electric Co. v. FPC，506 F. 2d 33（D. C. Cir. 1974）。

⑤ 818 F. 2d at 948.

⑥ Id. at 948-949.

《资源节约和恢复法》[①] 的调整。McLouth 提起了一项申请，要求行政机关将其废弃物剔除出列入规制的危险废弃物范围。McLouth 主张，其废弃物中的有毒成分已经被稀释到相当程度，以至于它们可以作为供水的一部分进行消费而不会产生健康风险。行政机关通过利用计算机模拟模型对 McLouth 的申请进行了评估，对有毒物质进入供水之前在含水土层中稀释的程度进行预测。根据这一模型的预测，McLouth 的废弃物未加处理而抛弃处理将会造成过高的健康影响。行政机关基于这一事实认定，拒绝了 McLouth 提出的豁免规制申请。

McLouth 认为，环境保护局利用计算机模型是违法的，因为这一模型构成了未经通告评议程序而通过的立法性规则。环境保护局认为，这一计算机模型是一般性政策声明。法院承认，行政机关已经表达的观点，即一般来说，“如果原告能够提出具有说服力的情形，与特定申请存在密切联系”，它愿意考虑该模型中所没有包含的因素，并且行政机关已经在对 100 起申请案中的 4 起决定不采纳该模型的预测结果。[②] 因此，法院承认行政机关采信该模型的政策“并不是一成不变的”[③]。尽管如此，行政机关一直采用这一模型，加上对原告就该模型的效力提出的质疑明显缺乏感受，让法院相信该模型是立法性规则，只能通过通告评议程序才能颁布。[④] 正如在 Community Nutrition 案中一样，法院采纳了一项宽泛的意见，即任何行政机关的政策声明，具有限制行政裁量权之效力的，都属于立法性规则，只能通过通告评议程序才能颁布。[⑤]

□ 对 Community Nutrition/McLouth 原则的批评

Community Nutrition/McLouth 原则有可能会导致产生一个与“但丁的《地狱篇》”(Dante's Inferno) 描述特征 * 类似的行政国家。如果行政机关只能通过昂贵和漫长的通告评议程序制定规则才能限制行政裁量权，它们就会只有三项选择。第一，它们可以拒绝限制行政裁量权，除非是在很小的一些方面：（1）这么做的价值超过了实施规则制定程序的 1574
高昂成本；（2）影响裁量权限制性质的因素不太可能随着事件发展而改变。重要立法性规则的颁布或者修订常常需要至少花费 5 年时间。[⑥] 一旦立法性规则生效，行政机关很少会对其重要内容进行修订，因为和颁布一项重要规则一样，重大修改通常需要花费成本并产生迟延。于是，立法性规则常常会以最初的方式继续生效，即使内容已经变得过时。如果，行政机关选择了这一选项，在这一意义上，数以万计的行政机关内从事检查、审计、公诉和裁决工作的人员就会具有非常广泛的裁量权。不仅如此，被规制者和受益人无法预测行政行为，也无法使自己的行为符合行政机关的期待。如今在资深的行政机关工作人员和向公众提供有关行政行为和政策的律师书架上占据大多数空间的各种员工工作指南、设计规格、决定标准的描述、非正式的建议信以及执法指南，就会消失。

---

* 《地狱篇》是意大利诗人但丁创作的《神曲》的其中一部（另两部是《炼狱篇》和《天堂篇》）。在这一部分，但丁将地狱描述为形似一个上宽下窄的漏斗，共 9 层。第一层是 Limbo，生于基督之前，未能接受洗礼的古代异教徒，在这里等候上帝的审判。在其余 8 层，罪人的灵魂按生前所犯的罪孽（贪色、饕餮、贪婪、愤怒、信奉邪教、强暴、欺诈、背叛），分别接受不同的严酷刑罚。——译者注

① The Resource Conservation and Recovery Act of 1976, 42 U. S. C. §§ 6901 et seq.

② 838 F. 2d at 1321.

③ Id.

④ Id. at 1320-1322.

⑤ Id. at 1322.

⑥ 参见 § 7. 11。

第二，行政机关可以对众多非立法性规则进行重写，从而使它们肯定不会限制行政裁量权。行政机关可以通过逐行编辑做到这一点，例如，以“检查官员可以，如果他选择……”取代“除了在特别的情况下，检查官员将……”或者，它可以对每一卷非立法性规则前加上一般性的免责声明：“本卷规定并未意图以任何方式对行政机关及其审计师、检查官、律师或者决定者的裁量权进行限制。”裁量权只受行政机关负责实施的法律中[常常是宽泛并且存在内在的不一致性的]条文，以及行政机关所颁布的[常常是篇幅短小]立法性规则的限制。无论行政机关选择什么样的规则起草技术，第二种选项的效力将与第一种选项的效力相同：数以万计的下级官僚将会拥有广泛的裁量权，受影响的公众将无法预测行政机关雇员将会采取何种方式行使这些裁量权。

第三，行政机关可以继续限制行政裁量权，但是转而采取更隐蔽的方式，从而逃避公开审查或者司法审查。员工工作指南、指引、政策和决定标准将只会出现于非正式、内部性的文件之中。如果行政机关认为这些文件泄露的风险太大，所有这类沟通都是以口头形式进行的。行政机关选择这么做，将会造成的只有少数律师和顾问能够获取行政机关政策相关高价值含量的内部信息，只有他们从中获益。政策制定将成为仅有少数受益的个人和利益团体参与的暗箱操作。

Richard Thomas 详细预测了 Community Nutrition /McLouth 原则适用的影响。[①] Michael Asimow 也对此作了进一步的分析。[②] 加州的法律规定，行政机关需要通过通告评议程序制定所有非立法性规则。试图遵守这一规定的行政机关都遭遇了明显的迟延，并且增
1575 加了成本。[③] 许多行政机关已经认定它们不能容忍伴随规则制定程序导致的迟延和成本。这些行政机关没有制定规则，对所有已有的“规则、手册、公告等”也不加修订，“即使它们已经过时”[④]。发布政策或者制定员工工作指南现在已经变得如此困难，以至于通过法律修正案都要比对员工工作手册中的一段文字进行修改来得容易。[⑤] 尚未进入强制性规则制定程序的非立法性规则的积压数量，将需要花费 1 000～3 000 年时间才能处理完毕。[⑥]

Community Nutrition /McLouth 原则至少有可能会在联邦层面造成这么大规模的问题。大多数的联邦行政机关都制定了数以千计的规则，与哥伦比亚特区巡回法院在这些判决中认定无效的规则一样的方式对行政裁量权加以限制。在 Community Nutrition 案之前，行政机关一直制定新的规则，修订已有的此类规则，以反映法律、判例法中的变化，规制或者福利分配领域相关的条件、技术，以及最为重要的，对它们履行职责所处事实背景的理解程度。类似 Community Nutrition 案和 McLouth 案的判决，尚未对行政行为产生明显的冲击。行政机关基本上可以假定这些判决是错误的，而忽视这些判断。如果法院开始常规性适用原则，它们就会成功营造这样一个法律环境，即广泛的不受限制的裁量权是不可避免的。幸运的是，最高法院将在该原则产生这种破坏性的效果之前，有机会明确抛弃这一原则。Community Nutrition 案中持不同意见的法官指出了多数意见推理中存在的缺陷：

> 立法性规则长期存在的特征是，它就是法律规则。它界定了行为标准，受规制的个人或者实体在面对可能的执法行为时如果忽略它，就需要自食其果。值得注意的是，在这种

---

① Thomas, “Prosecutorial Discretion and Agency Self-Regulation: CNI v. Young and the Aflatoxin Dance”, 44 *Admin. L. Rev.* 131 (1992).

② Asimow, “California Underground Regulations”, 44 *Admin. L. Rev.* 43 (1992).

③ Id. at 56-58.

④ Id. at 58.

⑤ Id. at 59-60.

⑥ Id. at 61.

案件中唯一的问题是规则是否适用于手头遇到的事实。规则中体现的作为基础的政策，总的来说是不受质疑的。[1]

他接着指出食品药品管理局的行动水平通知并不拥有这种强势的效力，并且认为昂贵费时的通告评议程序，只有在这些规则对公众具有正式拘束力时才是正当的。[2] 他认为巡回法院应当回归其以前在 Pacific Gas & Electric v. FPC[3] 案中宣布的法律拘束力标准。 1576
McLouth 案判决意见的事实和推理中并没有内容是可以削弱 Starr 法官在 Community Nutrition 案中发表的不同意见中所体现的智慧。McLouth 案合议庭指出，原告们在具体案件中对政策提出反对意见，为了说服行政机关不要适用其一般性政策——采用计算机模型预测将有毒物质豁免规制的健康影响——而采取的努力很少得到成功。这一观察结论既不会带来惊讶，也不会让人沮丧。这项政策反映了行政机关的技术人员所采取的大量分析以及最高层的决策者所作的考虑。行政首长仍然拥有修改政策或者拒绝在个案中适用该政策的裁量权，但是在并无资料论述政策中可以纠正的缺陷，或者该政策并不能适用于个案中的独特事实之时，要期待行政首长这么做是不现实的。McLouth 案中法院的判决意见并没有提到任何可能属于上述两种意见之一的问题。

§17.4 其他解决方案

□ 法院限制行政机关裁量权时存在的劣势

法院不仅是对行政裁量权实施限制的可能来源。实际上，法院所具有的机构特征，明显限制了它们作为对行政裁量权施加限制之有益来源的潜力。法院作为基于政策施加限制的来源，是缺乏政治合法性的。通才型的法官因为缺乏必要的专业知识，也无法理解各种行政行为所具有的众多蕴涵。八百多名联邦法官所构成的分权化的结构，很大程度上限制了法院提供一套一致和通贯的限制措施的能力。不同法官经常对同一家行政机关设定相互不一致的限制。任何特定法官介入任何特定的行政机关，都是过于片段式的，以至于无法让法官广泛了解行政机关的众多倡议计划以及分配资源以实现这些目标的方法。法院可以通过强制执行明确的法律和宪法规定的限制，要求行政机关直面偏离政策的或者先例的问题并解释原因等方式，在限制行政裁量权上发挥重要作用。但是，如果要充分合理地制约行政裁量权，其他机构也必须扮演重要作用。

□ 对行政裁量权的政治性限制

对行政裁量权的政治制约至少是与司法制约同等重要的。《联邦宪法》对若干机构分配了政策制定权，并且也因此对其分配了对行政裁量权设定基于政策的限制的权力。首先，国会当然有权通过立法程序作出限制行政裁量权的政策决定，只需要遵守宪法对立法 1577
权规定的限制。其次，总统有权作出约束行政机关的政策决定，同时遵守任何法律对其权力规定的限制。最后，《联邦宪法》也预见国会和总统可以授权“官员”和“下级官员”

---

① 818 F. 2d at 950.

② Id. at 950-953.

③ 506 F. 2d 33 (D. C. Cir. 1974).

在各自职责范围内作出具有拘束力的政策决定。尽管这些个人不是直接民选产生的，《联邦宪法》对其的任命方法所作的设计就是为了确保“官员”和“下级官员”反映他们各自职责范围内的选民的政策偏好。根据《联邦宪法》第 2 条第 2 款第 2 项的规定，官员的任命必须由总统征求参议院意见后提名并经参议院批准。下级官员可以由总统个人、部门首长或者如果法律有规定时由法院直接任命。

□ 对裁量权的司法限制与政治限制之间的关系

在某种意义上，所有非宪法规定的对行政裁量权的制约，其来源都是这些政治上接受问责的机构或者是个人中的一个或者多个。除了涉及宪法权利的情况之外，法院的作用就是强制执行和落实政治上可问责的政治分支对行政裁量权设定的限制，并且是在这些政府分支请求司法机关协助和司法机关能够理解和实施这些限制的限度内。法院以多种方式履行这一关键性的职能。当国会通过立法活动制定实体性的政策决定，复审法院对行政机关强制执行这一决定。[1] 类似的，当行政首长（必然是官员）根据国会的授权通过颁布立法性规则的形式作出一项实体性政策决定，复审法院对该行政机关甚至对总统适用该决定。[2] 当国会在《行政程序法》§706 中要求复审法院“撤销武断、恣意，滥用裁量权的行政行为”，法院合乎逻辑地得出推论，他们可以要求行政机关说明行为的理由，包括该行为所反映的任何政策变化，并且在符合法律或者立法性规则所反映的政策性决定的理由不能支
1578 持行为时撤销该行为。[3]

□ 强制性程序与对裁量权的实体限制之间的关系

法院可以通过强制执行以立法形式作出的程序性的政策决定，帮助政治上可问责的政府分支对行政裁量权进行限制。要求行政机关采用特定决定程序的法律决定，可以被用于实现众多不同的目的。它可以推进立法机关追求的公平利益或者与增强公平意识的相关利益，例如，在书面听证可以满足正当程序要求时，要求行政机关采用口头听证程序。法律上规定的强制性程序也可以让实体性政策决定效力更强，例如，通过要求行政机关提供证据支持行为的事实基础。

□ 程序可以形塑实体

但是，在有的情况下，法律规定强制性程序只是为了间接影响行政行为的一般模式，例如，通过要求行政机关考虑其行为的可能意义，而这本来是行政机关不会考虑的；或者要求行政机关征求利害关系人的观点，而这是行政机关本来可能不知道的。强制性程序也可以产生可能相比复审法院，对其他政府机构更有价值的信息。国会或者总统在决定是否增加、修改对行政机关所设定的基于政策的限制的过程中，可以利用这一信息。

---

① 参见本书第 3 章讨论的 Chevron v. NRDC，467 U.S. 837（1984）。

② 参见§6.6 讨论的 United States v. Nixon，418 U.S. 683（1974）。

③ 参见§7.4 讨论的 Motor Vehicle Manufacturers' Assn. v. State Farm Automobile Insurance Co.，463 U.S. 29（1983），以及§11.5 讨论的 Atchison，Topeka & Santa Fe Ry. v. Wichita Board of Trade，412 U.S. 800（1973）。

□ 强制性程序与对裁量权的政治控制之间的关系

在最近几年，对于政治上可问责的政府分支通过要求行政机关获取可能影响其实体决定的信息和观点，或者披露信息供它们作为依据对行政机关施加基于政策的限制等方式制约行政裁量权的潜力，不同学者和法院产生了更大兴趣。例如，有三位学者有力地指出，行政机关在制定立法性规则时必须采用的通告评议程序主要发挥上述功能。[①] 通过要求行政机关对其规则草案发布在先的通告，该程序使国会和总统可以在形塑规则最终成本上发挥作用。通过要求行政机关征求和考虑"任何利害关系人"的评议意见，这一程序让行政机关制定的规则能够反映对各种观点的考虑。这一程序也提供了大量的数据和观点，国会和总统可以在解决行政机关的规则草案之可欲性问题，以及确定是否对行政机关的裁量权施加额外的基于政策的限制时，对这些数据和观点加以考虑。 1579

□ 最高法院承认了强制性程序的间接效力

在 Robertson v. Methow Valley Citizens Council[②] 案中，最高法院对法律规定的强制性程序采纳了这样的分析视角。[③]《国家环境政策法》[④] 要求每家联邦行政机关对任何明显影响环境的联邦行为的环境影响进行考虑。为了实施该法而制定的规章，要求每家联邦行政机关向其他联邦行政机关、州和地方政府行政机关，以及普通公众征求意见。[⑤] 林业局在决定对联邦土地上经营的若干滑雪场发放特别许可证时就遵循了这一程序。一家巡回法院推翻了行政机关的行为，理由之一是该行为将会环境产生不利影响，除非行政机关对允许采取减缓措施的许可证设定条件。最高法院一致推翻了巡回法院的判决，维持了该行政行为，因为最高法院认为巡回法院已经错误解释了法律中的程序性要求，而将其上升为司法上可以强制执行的实体标准。

最高法院解释了《国家环境政策法》影响行政行为作出的若干方式：

> 它确保行政机关，在作出决定时，已经得到有关明显环境影响的详细信息并进行了仔细考虑；它也保证相关的信息提供给可能在决定程序和决定的实施过程中发挥作用的其他人。尽管这些程序几乎肯定会影响行政机关的实体决定……《国家环境政策法》本身并没有要求特定的结论，而只是规定了必要的程序……如果拟议行为产生的不利环境影响得到充分认定和评估，行政机关并不受《国家环境政策法》的约束而不能认定其他价值超过了环境成本。[⑥]

在巡回法院判决中隐含的对《国家环境政策法》的不同适用方式，本来会产生这样的效力，即增加了行政国家中不受约束的裁量权的范围。如果法官可以根据《国家环境政策法》中使用的这些宽泛的条文作为依据对行政行为施加实体性限制，政治上不受问责的法官就将拥有极为广泛的裁量权决定是否以及在多大程度上政府可以选择促进其他社会价值 1580

---

① McCubbins, Noll & Weingast, "Administrative Procedures as Instruments of Political Control", 3 *J. L. Econ. & Org.* 243 (1987).

② 490 U. S. 332 (1989).

③ 另可参见 Strycker's Bay Neighborhood Council v. Karlen, 444 U. S. 223 (1980)。

④ The National Environmental Policy Act (NEPA), 42 U. S. C. §§ 4321 et seq.

⑤ 40 C. F. R. § 1503. 1 (1987).

⑥ 490 U. S. at 349-350.

而牺牲某些环境成本。

□ 政治控制可以消除对司法控制的需要

在 NRDC v. Hodel① 案中，哥伦比亚特区巡回法院利用类似的推理拒绝审查行政机关向国会和总统提交的报告。第 99～591 号公法（Pub. L.）§3 允许内政部长接受加州州长或者国会中指定的来自加州的议员团体提出的在加州海岸线外进行原油租让（oil lease）的建议。如果内政部长决定拒绝此类建议，他必须向国会和总统提交报告，“详细”解释他为何拒绝采纳这一建议。内政部长拒绝了一项这样的建议，并向国会和总统提交了一份报告，对其行为说明了理由。自然资源保护协会（NRDC）对这份报告申请司法审查，指控其违反了“详细”说明理由的法定要求。法院拒绝审查这一报告，其依据是理由说明是否充分的问题是需要留给两大政治上可以问责的政府分支解决的事项。②

哥伦比亚特区巡回法院的判决意见，也在另一个方面承认了政治上可问责的政府分支作为对行政裁量权实施基于政策的限制的来源的重要性。自然资源保护协会指控内政部长遵循了一项有关将联邦土地出让用于石油天然气生产目的时最低可接受竞标价格的总统指令，是错误的行为。法院驳回了这一主张。法院区分了两种情形，一种是遵循与行政机关的法定使命（statutory mandate）不符的总统指令的“错误”行政行为，另一种是坚持遵循符合法定标准的总统政策的可以“允许甚至值得称赞的”行政行为。③ 众多法院判决认可由政治上可以问责的机构和官员对行政裁量权施加基于政策的限制，而 Hodel 案只是其中之一。④

□ 官僚制产生对个人裁量权的限制

在相当程度上，对行政裁量权的限制很可能是从联邦政府每位“官员”和“下级官员”管理庞大组织——大多数联邦行政机关都已经成为庞大的组织——的内在需要中自然发展出
1581 来的。Jerry Mashaw 已经详细解释了规则、政策、员工工作指南以及决定指南在任何官僚制度中发挥的关键性作用。⑤ 复审法院在增强行政机关限制自己及其雇员的裁量权这一非常可喜的趋势中可以扮演三项重要的角色。第一，在行政规则属于立法性规则的时候，法院可以对该行政机关适用这一规则。⑥ 第二，在行政机关的政策或者指南不具有正式拘束力时，法院可以要求行政机关对其在个案中没有遵守一般性政策的行为说明理由，而减少行政机关因为武断或者违法的理由而对不同个人进行歧视对待的风险。⑦ 第三，也是最为重要的，法院应当尽量小心，以避免无意间吓阻行政机关对自己及其雇员的裁量权进行限制。⑧

---

① 865 F. 2d 288 (D. C. Cir. 1988).

② Id. at 316-319.

③ Id. at 315.

④ 另可参见 Chevron v. NRDC，467 U. S. 837（1984），和§7.6. 中讨论的 Sierra Club v. Costle，657 F. 2d 298 (D. C. Cir. 1981)。

⑤ J. Mashaw，*Bureaucratic Justice：Managing Social Security Disability Claims*（1983）.

⑥ 例可参见 United States v. Nixon，418 U. S. 683（1974）。

⑦ 例可参见 Atchison，Topeka & Santa Fe Ry. v. Wichita Board of Trade，412 U. S. 800，808（1973）。

⑧ 参见§17.3。

§ 17.5 可审查性的判例法之历史演变

□ Marbury v. Madison 案

在 Marbury v. Madison[1] 案中，最高法院首次对可审查的行政行为与不可审查的行政行为划分了界限。该案的争点是最高法院是否可以强迫国务卿向已经经过总统提名和参议院批准程序被任命为治安法官的个人颁发委任状。法律明确规定国务卿必须向任何获得任命的个人颁发委任状。在判定最高法院有责任解释和强制执行该法律的时候，最高法院强调指出这部法律规定的这一义务具有清楚明白的特征："在法律规定了具体的义务时，……认为自己受到伤害的个人，有权诉诸自己国家的法律，这是很明白的。"[2] 在这里，最高法院提出一项著名的宣告："需要强调指出的是，说明何为法律，这是司法部门的范围和职责。"[3]

□ 诉诸裁量（committed to discretion）的行为

但是，在 Marbury 案冗长的判词中，最高法院也承认，某些行为是不可审查的，因为它们属于政府行政分支内的行政机关和官员的裁量范围："最高法院的职责范围仅仅是对个人的权利作出判决，而不是探究行政分支、行政官员在其拥有裁量权的事务上如何履行其职责的。这些问题，根据宪法和法律的规定，是交给政府分支决定的，而永远不能由最高法院作出判决。"[4]

□ 19 世纪时对不可审查性的推定

在整个 19 世纪，最高法院都是适用不可审查性的推定，对行政行为的可审查性作出裁决。最高法院在 1827 年作了这样的归纳："只要法律对任何人赋予裁量权，由其根据自 1582
己对特定事实的看法行使，我们就可以合理地解释为该法律让他作为这些事实是否存在的唯一和具有专属性权力的法官……这种权力被滥用，这种答案是不存在的，因为并不存在容易被滥用的权力。"[5]在涉及寡妇是否依法享有年金待遇时，最高法院认为自己无权对海军部长（the Secretary of the Navy）的决定进行审查，因为"联邦法院干预行政部门履行日常职责，只会徒增烦恼；我们也很满意于从来没有打算赋予联邦法院以这种权力"[6]。

Jerry Mashaw 对于 19 世纪美国行政法历史所作的全面论述，极大地增进了我们对于可审查性相关法律的早期演变的理解。直到最近，19 世纪的行政法对于学者来说很大程度上都是不可企及的。在 19 世纪，法院很少涉及行政决定，因此司法判决并不能作为观

---

① 5 U.S. (1 Cranch) 137 (1803).
② Id. at 166.
③ Id. at 177.
④ Id. at 170.
⑤ Martin v. Mott, 25 U.S. (12 Wheat.) 19, 29 (1827).
⑥ Decatur v. Paulding, 39 U.S. (14 Pet.) 497, 516 (1840).

察行政决定过程的窗口。大多数关键性的记录只以手写体的形式存在于国家档案局（the Archives）。在最近几年，国家档案局开始将手写体的记录转化为容易辨认的输入格式。在大量耶鲁法学院学生的帮助下，Mashaw 对这一新的数据来源进行了挖掘，为首次深入论述 19 世纪的行政法提供了材料。他已经在《耶鲁法律杂志》（Yale Law Journal）第 115—118 卷中发表了 4 篇论文。[*]

Mashaw 的著述要求我们对美国行政法历史的看法进行大幅修正。他发现国会在整个 19 世纪设立了众多行政机关，并赋予它们现代行政机关所采取的各种行为的权力，包括发布具有法律约束力的规章，将权力再授权给行政机关的雇员同时发布指导性文件，对这些雇员的裁量权进行限制，以及对涉及个人权利的争议进行裁决。他发现行政机关在政府中所处的位置也有很大不同——国会让某些行政机关成为政府内阁部门的组成部分，同时又设立了一些独立于任何内阁部门之外的行政机关。国会很少规定行政机关发布规章或者裁决争议所需要遵循的程序。行政机关对于决定程序的选择几乎拥有完全的裁量权。许多行政机关在裁决争议时选择了与我们现在称之为书面听证相类似的程序，同时在制定规章
1583 时则采用了非正式地征求外部人士观点的方式而不是请求公众进行评议。

19 世纪时的大多数行政决定是不受司法审查的。反对争议裁决中所作的决定或者行政规章的当事人，可以向法院申请执行职务令[**]，但是这种令状只能用于强制非裁量性的行政行为。裁量权的定义范围广泛，可以包括行政机关拥有任何程度的裁量权的任何决定，因此绝大多数的行政行为都受制于行政机关的不可审查的裁量权。

质疑行政行为的主要手段是通过普通法上的侵权之诉或者财产之诉，对行政机关雇员个人寻求损害赔偿金。这种类型的诉讼是在州法院提出，由陪审团进行审理。有的法律对于为行政机关履行某些职能的政府雇员提供了有限形式的豁免权，但是今天存在的以及在第 19 章中所描述的一般豁免权原则在 19 世纪并不存在。因此，在大多数案件中，政府雇员对于要求损害赔偿的普通法诉讼的唯一抗辩理由是他已经正确履行了法定职责。如果州法院的陪审团认定雇员的行为已经超越法定职责范围，就会对该雇员作出损害赔偿判决。

□ 1902 年废除了这一推定

最高法院继续适用不可审查性的推定，直到 1902 年，最高法院判定邮政总局局长签发欺诈邮件认定令（fraud order）是可以审查的。[①] 最高法院并没有从法律中提炼出这一答案，也没有宣布推翻不可审查性的推定；相反，最高法院只是说邮政总局局长的行为“显然存在法律错误……因此，法院必须有权在合适的程序中给予救济。否则，个人将只能接受公共和行政官员的绝对不受控制和武断的行为……并且是侵犯个人权利的”[②]。

在 American School 案之后，最高法院在许多案件中认定行政行为具有可审查性。[③]

---

* Jerry Mashaw 教授在这些论文的基础上出版了专著（Creating the Administrative Constitution：The Lost One Hundred Years of American Administrative Law，2012）。——译者注

** 上级法院对私人、公司、市政当局或者官员、行政司法官员或下级法院发布的命令，要求履行其职责的特定行为，或要求回复原告被非法剥夺的权利或特权。执行职务令只是在特殊情况下发布，以纠正下级法院滥用权力或拒绝履行职责，不同于正常诉讼情况下对下级法院错判的改判。——译者注

① American School of Magnetic Healing v. McAnnulty，187 U. S. 94（1902）.

② Id. at 110.

③ 例如 Dismuke v. United States，297 U. S. 167（1936）（主张退休福利）；Shields v. Utah Idaho Central R. Co.，305 U. S. 177（1938）（州际商业委员会对铁路之地位的认定，依法不具有可审查性）；Stark v. Wickard，321 U. S. 288（1944）（农业部长扣减了应当向牛奶生产商支付的资金）；以及 Board of Governors of Federal Reserve System v. Agnew，329 U. S. 441（1947）（联邦储备委员会认定一家合伙企业“主要从事”证券承销业务）。

□ 公诉裁量权传统上是不可审查的

沿袭英国普通法的传统，最高法院在19世纪特别不愿意允许对行使公诉裁量权的行为进行审查。最高法院在1968年的Confiscation Cases① 案判决中拒绝审查一位美国检察官自愿放弃对一艘用于支持针对美国的武断叛乱的船舶提起诽谤诉讼的决定，就说明了传统 1584
的公诉裁量权之不可审查性推定的强度。在“没收系列案件”（the Confiscation Cases）* 中涉及的这部法律，最初是1789年制定的《美国检察官法》（U. S. Attorney Statute）。② 这部法律规定，“每位合众国的检察官……应当（1）就所有针对合众国犯下的罪行提起公诉；……”③ 尽管法律条文规定了“应当对所有罪行提起公诉”的强制性和非裁量性的义务，最高法院遵循惯例——法院不愿意审查公共官员不起诉的决定——以此为依据判定公诉人可以自愿决定撤销诉讼。最高法院对这一推理的论述用词非常宽泛，显然同时包含了刑事诉讼和民事诉讼：

> 公诉，在进入法院的诉讼程序之前都是可以撤销的，这是地区检察官专属性决定的领域，即使是在进入法院的诉讼程序之后，公诉依然是处于地区检察官的控制之下，除国会在某些法律中有相反规定之外，地区检察官可以在组成案件初审的陪审团之前随时提出撤回起诉（a nolle prosequi）。
>
> 地区检察官也可以以合众国名义并为了合众国利益而提出民事诉讼，在没有收到司法部长发出的任何指令时，地区检察官掌握着在地区法院和巡回法院提出相同公诉的权力，如果他认为合适，可以允许原告终结诉讼或者同意中止诉讼。④

□ 公诉裁量权仍具不可审查性

《美国检察官法》中的推定强制性和非裁量性文字在过去两百年里一直有效。在此期间，最高法院一直判定公诉裁量权的行使是不可审查的。例如，在United States v. Nixon⑤ 案中，最高法院引用了没收系列案以支持其宽泛的观点，即“政府行政分支对于决定是否对一起案件提起公诉，拥有专属性的职权和绝对的裁量权……”⑥

□ 不愿审查拒绝公诉之决定的理由

当最高法院在过去两百年里以不符合法律相关文字的方式解决一项问题时，我们可以公平地推论最高法院认识到司法机关强制执行该法律的文字存在不可逾越的障碍。为什么最高法院一直拒绝允许联邦法院审查检察官拒绝提起诉讼的决定？可能的理由之目录一定 1585
相当冗长。首先，最高法院意识到没有一位检察官拥有在其职权范围内对所有违法行为提

---

* 1868年最高法院审理的有关国会制定的没收法（confiscation acts）的效力并对其进行解释的15起案件的总称。——译者注

① 74 U. S.（7 Wall）454（1868）.

② 1 Stat. 92.

③ 28 U. S. C. §549.

④ 74 U. S. at 457.

⑤ 418 U. S. 683，693（1974）.

⑥ 但是，本书第2章讨论的Morrison v. Olson，487 U. S. 654（1988），则是支持了法律将部分公诉裁量权赋予“独立”检察官的效力。

起公诉所需的所有调查和公诉的资源。随着立法机关增加了数以万计的法律命令或者禁止性规定，这一问题也随着时间的推移而加剧。每位公诉人都必须进行选择性的调查和公诉。

□ 缺乏具有可司法性标准

但是，最高法院意识到资源约束，并不能完全解释最高法院为何不愿意审查拒绝公诉的决定。最高法院当然知道，公诉人有时会滥用其公诉裁量权，通过选择性公诉实现违反目的，例如它们有时候将更多的资源投入于对另一政党成员提起公诉，而不是对自己所属政党的成员提起公诉。最高法院可以审查每项决定，以确定公诉人是否滥用了自己的裁量权。但是，如果要这么做，就需要确定在评估不提起公诉的决定时法官适合采用的标准。最高法院不愿意承担这项任务是可以理解的。影响公诉人的资源配置决定的完全合法的因素是复杂、难以评估和动态变化的。何种犯罪行为在什么时间点上对社会造成了最大的危害？考虑到已有的资源约束，何种案件可以最容易得到证明？轻度罪行的频繁定罪是否比重度罪行的不频繁定罪是更为有效的执法策略？如果因为资源约束而导致法不责众，提起一些高能见度的执法诉讼以努力吓阻该行为，是否仍然是值得的？仍然从事执法工作的人都可以在这一目录上再补充数十项合法考量因素。

最高法院不愿允许对行使公诉裁量权的行为进行司法审查，也是因为它意识到另外两点现实。其一，出于不合理考量因素的推动而意图实施选择性执法策略的执法官员可以采取不同的操作方式，例如对某些案件分派相对较少或者较低素质的人员。要期待法院发现和纠正所有此类滥用裁量权的行为是不切实际的。其二，法院也不是可以发现并且惩罚或者吓阻滥用公诉裁量权之行为的唯一机构。在这一过程中扮演关键性作用的其他机构包括政府行政分支内部更为资深的官员、议员、公诉人的政治对手和媒体。

□ Yick Wo 例外

对于公诉裁量权具有不可审查性的一般性规则，最高法院在 Yick Wo v. Hopkins[1] 案
1586 中创设了一项例外。Yick Wo 因为违反了旧金山市规制洗衣店的条例而被拘禁。他提出了人身保护令的申请，指控这一条例只是针对华裔人士执行的。两百名华裔人士已经被定罪而非华裔人士则无一人被认定违反了该条例。最高法院批准了 Yick Wo 提出的令状申请，并且判定旧金山完全根据种族和国籍的标准进行高度选择性的执法是违宪的。最高法院以具有相当广度和强度的文字谴责了这种做法：

当我们考虑政府机构的性质和理论时，以及它们据以成立的原则，并且审查它们发展的历史时，我们不得不得出的结论是它们绝不是要为纯粹个人性质和武断的权力留下“假跑真传”（the play and action）[*] 的空间……因为一个人可能被迫让自己的生命、生存手段，或者对于享受生活来说至关重要的权利完全取决于其他人的意志，这一观念是奴隶制的本质，在任何自由占主导地位的国度里都是不能容忍的。[2]

---

* 橄榄球运动中经常采用的一种假动作。——译者注

① 118 U. S. 356 (1886).

② 118 U. S. at 369-370.

□ Yick Wo 案的特殊性

Yick Wo 案提出了一项重要和永恒的原则。今天，最高法院无疑会将这一原则适用于类似的情形。但是，重要的是要承认，最高法院在 Yick Wo 案中判定选择性的执法和公诉模式违法时所涉及的情形具有不同寻常的特征。第一，原告因为所指控的选择性执法而身陷囹圄。原告申请的救济是释放出狱。Yick Wo 案在这方面与“没收系列案”存在明显差别，在后者，原告是要求最高法院强迫公诉人采取肯定性的行为，从而使原告有资格获得法律允许的宽大处理。第二，Yick Wo 案所指控的选择性执法模式是最具有社会破坏性的类型之一——基于种族和国籍的歧视。出于正当的理由，最高法院特别愿意接受对基于种族或者宗教理由采取的歧视行为提出的指控。[①] 第三，基于种族因素实施的选择性执法模 1587
式是非常明确的。两百名华裔人士遭到公诉，而没有一名非华裔人士遭到公诉。旧金山的华裔居民因为实施了与数以千计的非华裔居民一样的明显无害的行为而遭遇拘禁。幸运的是，各级联邦法院很少有机会解决 Yick Wo 案中法院判定违宪的模式一样明显和过分的选择性执法问题，因为公诉人很少是以如此明目张胆的方式做事的。如果证据没有这么清楚，最高法院对选择性公诉的指控所持有的同情心就会小得多。因此，在 United States v. Armstrong[②] 案中，最高法院判定原告声称自己是违宪的基于种族因素进行选择性公诉之受害者，甚至在明确证明情况类似的个人遭受不同对待的问题之前，不能获批进行证据开示。

□ Moog 案:“明显的裁量权滥用”

Yick Wo 案判决主旨的适用范围狭窄，在阅读最高法院后来拒绝审查行使公诉裁量权之行为的判决意见中可以清楚看到这一点。在 Moog Industries v. FTC[③] 案中，行政机关首先发布决定命令 Moog 停止实施违法的定价做法，而它的许多竞争对手也在实施这种做法，原告指控这种行为构成了违法的选择性执法。Moog 要求最高法院阻止该行政机关对 Moog 采取执法行为，除非该行政机关对 Moog 的竞争对象也采取执法行为。最高法院拒绝对 Moog 所指控的行为，干预行政机关行使公诉裁量权的行为。但是，最高法院也留下了一种可能性，即它可能愿意以某种未明确规定但是更为极端的情形中，干预或者授权下级法院干预。它判定在没有明确滥用裁量权时不应推翻行政机关有关公诉的“裁量决定”[④]。

□ Universal Rundle 案

在 Universal Rundle Corp. v. FTC[⑤] 案中，最高法院强调了“明显滥用裁量权”标准的范围有限性。联邦贸易委员会发布了一项停止终止令，要求 Universal Rundle 停止实施联邦贸易委员会认为违反《克莱顿法》(the Clayton Act) 的定价做法。Universal Rundle 向联邦贸易委员会提交了证明，试图证明这一定价做法是行业内通用的做法。它要求联邦贸易委员会在对该定价做法进行一次全行业范围的研究，并对所有实施这种违法做法的企

---

① 参见 United States v. Carolene Products Co., 304 U.S. 144, 152-153 n.4 (1938)。
② 517 U.S. 456 (1996).
③ 355 U.S. 411 (1958).
④ Id. at 414.
⑤ 387 U.S. 244 (1967).

业采取执法措施之前中止执行其停止终止令。联邦贸易委员会拒绝中止执行这项命令，因为（1）它已经认定 Universal Rundle 实施了违法的定价做法；（2）如果不首先详细分析每家企业的做法和这些做法的影响，它就无法对行业内其他企业的定价做法作出这种认定。Universal Rundle 针对联邦贸易委员会的停止终止令的执行，申请并成功获得禁令救济。巡回法院判定，在市场上大多数企业，包括更大的企业，都实施了相同的做法之时，联邦贸易委员会选择性地对市场上相对少数的参与者启动执法程序，构成了“明显滥用裁量权”。最高法院推翻了巡回法院的判决。它判定 Universal Rundle 的证据不足以满足
1588 “明显滥用裁量权”标准。最高法院强调指出允许行政机关适用专业能力，并对行政机关选择如何适用其专业能力给予尊重，这具有相当的重要性。与 Moog 案一样，最高法院还是留下一种可能性，即原告可能以某种方式证明存在“明显滥用裁量权”。最高法院在法官附带意见部分宣布“行政机关启动执法程序的裁量权并不是不受制约的，它不能在一个行业存在众多违法者的情况下，武断地打击其中一家违法者”①。

□ Ford 案

最高法院尚未对行政机关实施的选择性公诉行为，认定构成“明显滥用裁量权”，并以此为依据作出中止行政行为的判决，或者判决维持下级法院中止行政行为的判决。最高法院也没有对其在 Moog 案和 Universal Rundle 案的法官附带意见中承认的“明显滥用裁量权”标准之范围提供任何进一步的指引。第九巡回法院在 Ford Motor Co. v. FTC② 案中发表的判决意见，是自 Universal Rundle 案以来，下级法院以此为理由干预行政机关的公诉裁量权实践的少数案件之一。Ford 案中的总体事实模式与 Universal Rundle 案中的事实模式，从功能上看是难以区分的。联邦贸易委员会对一家汽车经营商启动执法程序，发布了停止终止令，要求经销商停止在买家出现付款违约时重新收回和转售汽车的做法。联邦贸易委员会认为，该经销商的做法是《联邦贸易委员会法》所禁止的“不当贸易行为”。该经销商没有试图为其做法的公平性辩护，而是指控联邦贸易委员会只对它一家企业，根据这一行业普遍的做法启动执法程序，认为这是不公平的。经销商申请并获得了对这一程序的禁令救济。法院认为，联邦贸易委员会选择对 Ford 进行执法，而 Ford 提供的证据表明所被指控违法的做法在该行业内是非常普遍的，因此这一执法行为构成了“明显滥用裁量权”。法院认为联邦贸易委员会要对此种行业普遍的做法采取执法措施，只能通过制定一项同时对所有企业的这一做法同时产生相同效力的规则。

□ 对 Ford 案的批评

第九巡回法院在 Ford 案中的判决表明，法院试图限制行政机关实施选择性执法活动的裁量权，与法院试图通过裁决程序而非规则制定程序限制行政机关的执法裁量权，这两者之间存在密切的功能联系。正如 § 6.9 所讨论的，最高法院不愿意允许法院干预行政机
1589 关通过裁决程序而非规则制定程序解决某一问题的决定。第九巡回法院在 Ford 案中的判决似乎与最高法院在 Moog 案和 Universal Rundle 案中的判决意见，以及本书 § 6.9 所讨论的观点都不一致。

---

① Id. at 250.

② 673 F. 2d 1008 (9th Cir. 1981), *cert. denied*, 459 U. S. 999 (1982).

□ 试图限制公诉裁量权的努力常常是有害的

Ford 案的判决也表明，好意的法院也可能会因为试图限制行政机关公诉裁量权的天真努力而导致明显的损害。联邦贸易委员会与第九巡回法院都相信，规则制定程序对于消除所讼争的全行业普遍的不当贸易行为（unfair trade practice）来说是更为可取的手段。如果联邦贸易委员会本来可以通过规则制定程序在合理时间内消除这一不当贸易行为，它可能就已经这么做了。不幸的是，国会和法院所提供的法律环境是，联邦贸易委员会几乎不可能采取规则制定的方式。[①] 其结果是，联邦贸易委员会的选择只剩下（1）允许不当贸易行为继续存在；（2）利用裁决程序作为手段阻止这种实践。通过裁决程序阻止广泛存在的不公平实践，这种努力势必会引发与导致第九巡回法院在 Ford 案中认为构成滥用裁量权而阻止行政行为的情形相同的问题。因此，第九巡回法院无意间造成了这样一种局面，使得行政机关缺乏任何显示可行的手段以阻止违法的实践。

□ 利用原告资格原则以避免审查公诉裁量权

在有的案件中，最高法院采用了以原告资格原则作为手段，表明其不愿意允许对行使公诉裁量权的行为实施司法审查。例如，在 O'shea v. Littleton[②] 案中，伊利诺伊州 Cairo 市的 17 名黑人居民指控执法官员，包括法官和地方法官（magistrates），选择性地对敢言的黑人居民开展调查和提起公诉，目的是吓阻他们对各种议题发表意见，最高法院判定这些黑人居民并不具有原告资格。多数意见判定这些原告都不具备原告资格，因为没有人"是以所指控的方式遭受损害"，并且"过去遭遇违法行为，如果没有伴随任何持续存在的不利影响……本身并不能构成需要禁令救济的现实案件或者争议"[③]。三名大法官持不同意见。多数意见和不同意见都对复杂的事实和存在争议的指控进行了大量的讨论。原告指控的歧视性执法模式，要比最高法院在 Yick Wo 案中判决所依据的执法模式更加微妙，并且州政府官员否认了这些指控的真实性。多数意见显然受到了除原告资格以外的众多考量因素的影响。这些其他因素包括：（1）难以确定是否存在所指控的根据种族和争议观点的表 1590
达而采取的歧视性执法；（2）联邦法官对州司法官员的活动进行调查会产生的敏感问题；（3）原告所要求的禁令救济可能会让联邦法官陷入尴尬的境地，即需要对州和地方的执法活动和司法官员之行为进行持续的监督。[④]

§17.6　可审查性的推定

□ Abbott 案

最高法院在 1967 年宣布了对调整行政行为审查的判例法进行的一次重大原则性的改

---

① 参见§7.4、§7.7 和§7.11。

② 414 U.S. 488 (1974).

③ Id. at 495-496.

④ 另可参见§16.5 讨论的 Linda R. S. v. Richard D., 410 U.S. 614 (1973)。

变。在 19 世纪，最高法院对行政行为适用了不可审查性的推定。在 1902 年至 1967 年间，最高法院既没有适用不可审查性的推定，也没有适用可审查性的推定。在 1967 年，最高法院在 Abbott Laboratories v. Gardner① 案中宣布了行政行为可审查性的推定。最高法院将其在 Abbott 案中宣布的可审查性的推定主要归功于《行政程序法》的规定：

> 《行政程序法》……体现了司法审查的基本推定……只要没有法律排除此类救济或者行政行为不是属于行政裁量权的……《行政程序法》不仅具体规定了对“法律规定可以审查的行政行为”进行的审查，也具体规定了对“在法院不能获得其他充分救济的最终行政行为”的审查……只有在提出“明确和令人信服的证据”证明存在相反的立法意图时，法院才能限制获得司法审查。

□ Overton Park 案

在 Citizens to Preserve Overton Park v. Volpe② 案中，最高法院重申了可审查性的推定，并对其强度和范围进行了进一步的描述。③《联邦援助公路法》（the Federal Aid to Highway Act）授权对州和地方当局选址和设计的公路网络提供联邦资金支持。该法规定了可以适用于所有此类项目的一套复杂的标准和考量因素。各级政府负责设计的工程师和政客需要考虑交通需要、对途径城镇的经济影响，在设计路线上或者附近的居民搬迁，对
1591 农地的影响，等等。该法要求在联邦政府、州政府和地方政府的不同部门之间进行合作，最后由交通部长对公路是否有资格获得联邦资金支持作出决定。

对于一条允许州际交通横穿田纳西州 Memphis 市的高速公路，州和地方围绕该高速公路的合理路线和设计经过 20 年激烈的政治冲突之后，田纳西州政府、Memphis 市议会和交通部长 Volpe 最后协商确定的线路将贯穿该市一处公园，即 Overton Park 的一部分。Citizens to Preserve Overton Park 对该决定申请司法审查，指控 Volpe 决定提供联邦资金支持的决定违反了这部联邦法律的规定，即在存在“可行和审慎”的不同路线时要求绕开公园。过去围绕公路的线路和设计进行了几十年的政治争论已经非常集中于绕开 Overton Park。所有各级政府的公路工程师和政客已经考虑了各种不同的线路和设计。实际上，每位州长和州长候选人，每位市议会的议员或者候选人，在过去 20 年里已经对合理的路线和设计发表了观点。这些观点对州和地方政府的多次选举结果产生了明显的影响。联邦政府交通部的高级官员，包括部长已经积极参与了与州和地方政府官员举行的多次会议，也参与了有关公路线路和设计的多次公开听证会。联邦政府的官员为了减少公路对公园土地的影响，而敦促对线路和设计进行了多项修改。

交通部认为，其作出的对公路提供资金支持的决定不应该接受司法审查。该法并没有规定司法审查的条款，也没有要求交通部长制作适合用于司法审查的案卷。交通部长并不需要作出任何事实认定或者对资金支持决定说明支持的理由，部长在 Overton Park 案中对这条公路既没有作事实认定也没有说明理由。但是，最高法院判定，部长所作的资金支持决定是可以审查的。最高法院根据它在四年前在 Abbott Laboratories 案宣布的、以《行政程序法》为依据的可审查性的推定，对其判决进行了辩护。

---

① 387 U.S. 136 (1967).

② 401 U.S. 402 (1971).

③ Peter Strauss 对这一案件进行了详细的描述和分析，参见 Strauss, “Revisiting Overton Park: Political and Judicial Controls Over Administrative Action Affecting the Community”, 39 *UCLA L. Rev.* 1251 (1992)。

□“无可适用的法律规范”标准

最高法院认定，《行政程序法》反映了国会的愿望，即所有的最终行政行为除非属于《行政程序法》§701（a）规定的两项例外之一，都应当是可审查的。第一项例外——“除了法律排除审查……的范围内”——是不能适用的，因为《联邦援助公路法》并不具有排除审查的目的。因此，最高法院关注第二项例外——“除了行政行为依法是诉诸裁量权……的范围内”。最高法院根据《行政程序法》的立法史，确定了这一例外的含义： 1592

《行政程序法》的立法史表明，它是可以适用的，除了少数的情况，即“法律规定的用词如此宽泛，以至于在特定的案件中没有可以适用的法律[①]”[②]。

最高法院认定，当存在“审慎可行的”不同线路时，规定绕开公园的法律条文提供了足够的可以适用的法律：“显然，存在‘可以适用的法律’，并且因此对‘属于行政裁量权’之行为的豁免规定是不能适用的。”[③]

□供审查的案卷

但是，最高法院接着面对一项重大的障碍。因为甚至不需要为其决定说明理由，行政机关并不存在适合审查的案卷。甚至没有对交通部资助该公路的理由说明，法院无法确定当存在审慎和可行的替代路线时，行政机关的行为是否符合绕开公园法律规定（最高法院显然没有意识到过去20年围绕公路对公园的影响，以及这一过程中所评估和辩论的众多不同路线的影响等进行的激烈争论。这一案件提交案情摘要和法庭辩论是采取加速程序，允许提交案情摘要和法庭辩论的时间很短，政府律师无法确定案件的来龙去脉）。最高法院建议地区法院在发回重新审理该案时允许原告对决定者进行对质以确定他批准资助该公路的理由。正如本书§8.3和§8.5所讨论的，Overton Park案判决意见的这部分内容明显偏离了最高法院在后来的案件中抛弃了的先例。在PBGC v. L1V Corp.[④]案中，最高法院强调指出，在这种案件中，合理的救济方式是由复审法院要求行政机关提交充分的理由说明，以允许法院实施审查。

□“无准据法规范”标准存在的问题

最高法院在Overton Park案中为了区分可审查的行为和“属于行政裁量权的行为”而采用的“无可适用的法律规范”标准本身就是难以适用的。我们至少可以说，在Overton Park案中讼争的这部法律“规定如此宽泛”，以至于最高法院本来应该拒绝审查公路选址和设计的问题。在Overton Park案中，最高法院本来可以发布一份可以得到辩护的判决意见，判定交通部的行为是不可审查的。概要来说，这样的判决意见应当包括以下内容： 1593

（1）对众多用词宽泛的法律条文的讨论，这些法律条文要求交通部长考虑数十项存在内在矛盾的标准；

（2）讨论国会要求交通部长实施的高度合作性的决策过程，以及在决策过程中确保从

---

① S. Rep. 752, 79th Cong., 1st Sess. 26 (1945).

② 401 U.S. at 410.

③ Id. at 413.

④ 496 U.S. 633, 654 (1990).

公民和三级政府的政治上可问责的官员的视角对所有法定标准进行考虑的具体方式；

（3）在对公路的各种替代路线和设计进行选择的过程中缺乏存在利害关系的任何个人权利；

（4）法院试图对 Memphis 市议会、田纳西州州长和交通部长在公路选址和设计决定中牵涉的法定相关社会价值之间必要权衡后联合作出的判断进行事后评判时，将会遭遇的巨大困难；

（5）法律中并无任何文字直接或者间接表明国会要求法院对这类决定进行审查。

但是，“无可适用的法律规范”标准也可能会导致对一类适合接受审查的行为作出不可审查性的判决。在 Overton Park 案中，最高法院只集中关注批准行政机关作出行为的法律，将其作为潜在的可以适用的法律渊源。立法性规则，尽管不是 Overton Park 案的争点，显然是另一个可能适用的法律渊源。

在《行政程序法》中还有另一个相关的可以适用的法律渊源。《行政程序法》对“裁量权”一词的处理是复杂的。§701（a）（2）对下列行政行为豁免司法审查——“在行政行为依法属于行政裁量权……的范围内”。§706（2）（A）规定“复审法院应当……判定……被认定构成滥用裁量权的行政行为无效并予以撤销……”总起来看，这两项条款承认，法律可以对行政机关赋予高度裁量权，而法院仍然有义务对行政机关行使裁量权的行为进行审查以避免裁量权被滥用。因此，如果行政机关被授权裁决一类涉及个人权利的争
1594 议，复审法院可以合理地要求行政机关说明其在裁决具体争议中偏离自身一般性政策或者以前的先例的具体理由，即使该法律是以如此宽泛的文字授权行政机关以书面形式裁决争议，以至于没有提供可以由法院执行的标准。在这种类型的情况下，正当程序条款可能会要求得出类似的结果。[①]

□ 诉诸裁量的行为“少见”吗？

最高法院在 Abbott 案中认为，规定如此宽泛以至于将一类行为归为属于行政裁量权的法律是“少见的”。但是，巡回法院已经找到了若干此类法律。这些法律以及适用的情形具有若干共同，或者至少是典型的特征：（1）宽泛的法律条文；（2）没有证据表明国会希望法院对行为进行审查；（3）涉及情形比较复杂，难以让通才型的法官理解；（4）在这些情形中，司法审查将可能造成严重的意料之外的问题，例如迟延，对行政机关或者复审法院施加沉重的负担，以及在审查程序中法院犯错的风险很高。[②] 因为可以适用的法律——明确允许司法审查和/或者提供法定标准使得法院更能处理这些争议——发生改变，这些判决有的已经不再能够代表好的判例法。但是，这些案件的一般性推理仍然具有预测性价值。

---

① 参见§6.9、§8.4、§9.2和§11.5。

② 例可参见 East Oakland Fruitvale Planning Council v. Rumsfeld，471 F. 2d 524（9th Cir. 1972）（经济机会办公室（Office of Economic Opportunity）主任拒绝推翻州长否决联邦资助其州内的法律服务项目的决定不可审查）；Ketschka v. Driver，411 F. 2d 436（2d Cir. 1969）（政府心脏专家取消弗吉尼亚州某医生的科研补助金，并将他调至其他地方的决定是不可审查的）；Curran v. Laird，420 F. 2d 122（D. C. Cir. *en banc* 1969）（国防部决定将军事物资通过其他国家的船舶运输，可能违反了法律的规定，即要求在美国船舶“可得”的情况下采用美国船舶，这一决定是不可审查的）；Ferry v. Udall，336 F. 2d 706（9th Cir. 1964），*cert. denied*，381 U. S. 904（1965）（内政部长有关某联邦土地区块的处置决定是不可审查的）。

□ 可以作为例证的适用《行政程序法》§701（a）（2）的案件

在 Hahn v. Gottlieb① 案中，第一巡回法院所作的判决意见，说明了这类推理可以让法院判定一类行政行为是属于行政裁量权的。一部法律允许低成本租赁住房的投资者可以获得补贴，如果他们愿意将他们对得到补贴的项目中的单元出租价格水平接受住房与城市发展部的规制。这种项目的所有人以成本上涨为由，要求住房与城市发展部提高租金。住房与城市发展部批准了租金上调的要求，一群租户对住房与城市发展部的行为申请司法审查，主张成本上涨并不能证明上调租金的合理性。法院判定批准上调租金的决定是不可审 1595
查的，因为这些行为是属于行政裁量权的。法院的判决是于以下四项因素。第一，法律中没有条文表明国会希望法院对批准租金上调的决定进行司法审查。第二，复审法院需要解决的问题很复杂，是通才型的法官难以分析的，例如运行成本上涨是否可以归因于设计不良或者建筑缺陷，行政机关对未来闲置率的估算是否合理，以及行政机关对资本成本的估算是否合理。第三，尽管获得司法审查的可能性可能会在某些具体案件中保护承租人，长期来看它也很可能会在总体上损害承租人的利益，或者是让房主利用司法审查的威胁作为工具要求行政机关批准继续更大幅度上调租金，或者吓阻私人投资者，使他们不敢参与补贴住房项目。第四，获得司法审查的可能性可能会要求行政机关采取更为正式的决定程序，而这会增加决定程序的成本和增加迟延，而可能损害行政机关的有效运行。

□ 可以作为例证的适用《行政程序法》§701（a）（1）的案件

在 Langevin v. Chenango Court，Inc. ② 案中，第二巡回法院也得出相同的结论，但是采用的是存在一定差别的推理过程。法院指出，调整租金上涨的法定标准和租金上涨争议中反复出现的问题，这两者从类似的情形——公用事业定价——来看是法院所熟悉的。事实上，租金上涨的法定标准——行政机关必须规定投资的合理回报率以保证项目的经济合理性，同时保证承租人只支付合理的租金——与法院对公用事业定价适用的标准完全一致。③ 第二巡回法院指出，尽管存在第一巡回法院在 Hahn 案中所描述的所有反对司法审查的政策理由，各级法院还是经常审查行政机关作出的批准公用事业定价上调的决定。因此，尽管第二巡回法院同意第一巡回法院的结论，即行政机关批准租金上涨的决定是不可审查的，它主要依据的是不存在任何授权司法审查的法律规定。国会明确规定公用事业定价决定接受司法审查。在这种情况下，法院有义务尽可能地行使国会要求的任务，即使它们严重怀疑自己对定价过程产生积极影响的能力。但是，如果对于这些存在争议的行政行为，不存在要求司法审查的明确法律规定，这些严重怀疑足以证明判定不可审查性的合理性。 1596

考虑到第二巡回法院认为是否存在授权对租金上涨决定进行司法审查之法律规定具有的重要性，法院以《行政程序法》§701（a）（1）而不是§701（a）（2）的规定为依据，作出了不可审查性的判决。§701（a）（1）规定，行政行为“在法律排除了司法审查……的范围上”属于例外而不受司法审查。因此，在该案的情形中，第二巡回法院认定不存在授权司法审查的法律规定，这就足以支持得出推论，即国会的目的是排除司法审查。

---

① 430 F. 2d 1243（lst Cir. 1970）.

② 447 F. 2d 296（2d Cir. 1971）.

③ 参见 FPC v. Hope Natural Gas Co.，320 U.S. 591（1944）。

□ 表明不可审查性的因素

上述的巡回法院所作判决表明，并非所有的法院都对最高法院在 Abbott Laboratories 和 Overton Park 案中所宣布的可审查性推定赋予其在 Overton Park 案法官附带意见中所表明的强大效力。至少有的法院判定行政机关在下列情形中是不可审查的：（1）适用于这些行为的法定标准，表述如此宽泛以至于是难以适用的；（2）行政行为的具体情形要求法院解决通才型法官难以理解的案件争议；（3）对行政行为的司法审查，可能会对行政机关施加过于沉重的负担，而这可能会降低其效能；（4）授权行政行为作出这些行为的法律规定并没有规定司法审查。

□ Bachowski 案：判定不作为是可审查的

在 1975 年，最高法院作出的一项判决意见，许多观察家将其解释为将可审查性推定扩张适用于行政机关不作为（agency decisions not to act）的情形。在 Bachowski v. Brennan[①] 案中，最高法院判定劳工部长的决定——不对被指控违反《劳工—管理报告和披露法》（the Labor-Management Reporting and Disclosure Act）的工会提起民事诉讼——是可审查的。该法赋予劳工部对工会选举实施规制的权力。Bachowski 在工会选举中失利后向劳工部投诉工会选举中存在的各种违规现象。劳工部拒绝对工会提起民事诉讼，并拒绝向 Bachowski 解释不提起民事诉讼的原因。Bachowski 对劳工部的决定申请复议，但是劳工部主张决定是否以违反《劳工—管理报告和披露法》为由提起民事诉讼，属于行政裁量权的范围。巡回法院判定该决定是可以审查的。[②] 法院进一步判定劳工部不仅需要对其拒绝采取行为说明理由，也需要举行听证以为其说明的任何依赖事实的理由提供事实支持。如果劳工部采用的理由是于法律存在矛盾或者尽管是法律允许的，但是不能得到事实的支持，复审法院可以推翻行政机关的决定。巡回法院认为，仅仅允许法院对行政机关说明的理由进行审查并不是有效的，因为行政机关可以轻易地提出一些不能得到事实支持的法律允许的理
1597 由，以掩盖事实上是基于不被法律允许的理由而作出的任何不作为的决定。

□ 审查限于已经说明的理由

最高法院维持了该巡回法院的判决，即行政机关不作为的决定需要接受审查，以确定行政机关说明的理由是否符合法律的规定。但是，巡回法院要求行政机关对其理由提供证据支持，并允许法院审查行政行为的事实基础，在这一限度内，最高法院推翻了巡回法院的判决。最高法院认为，允许对行政决定的事实基础进行审查将会导致迟延，妨碍实现国会的立法目的——“不允许个人阻碍或者拖延选举后争议的解决”[③]。国会制定了《劳工—管理报告和披露法》，以行政机关实施的法定救济方式取代过去的普通法救济，以避免因为寻求过去的普通法救济而导致工会官员身份存在长期不确定的问题。工会希望所有工会选举争议得到快速解决，在该法的许多条文中都可以明显看出这一点。例如，行政机关依法需要在收到指控选举违规的投诉之后 60 日内确定是否提出民事诉讼。最高法院并没有

① 421 U. S. 560 (1975).

② Bachowski v. Brennan, 502 F. 2d 79 (3d Cir. 1974).

③ 421 U. S. at 573.

提到巡回法院的担心，即对行政机关说明的理由进行的审查，在不对这些理由的事实依据进行任何审查时，将是徒劳的。

□ 可审查性的推定适用于不作为

最高法院采纳了巡回法院判定行政决定具备可审查性的理由，而没有对这些理由进行讨论。[①] 它提到了“强”的可审查性推定，并认定劳工部长“没有提出‘明确和有力的证据’证明国会意图禁止对其决定进行的所有司法审查”[②]。巡回法院对其判定可审查性的判决说明了几项理由。首先，它提到了它具有的一般性确信，就公诉裁量权应当仅限于刑事案件，不能扩张适用于民事案件。其次，它对旨在保护私人权利的法律与旨在保护公共权利（public rights）的法律进行了区分。它认定《劳工—管理报告和披露法》的主要目的是要保护工会成员和工会官员候选人的个人权利，而非促进政府利益或者社会利益。最后，它提到了法律中的推定性强制性文字，以及法院判定具有可以由法院执行的法定标准。该法规定劳工部长“应当”调查所有对违法行为的投诉，“并且如果他认为存在相信违法行为……已经发生的……他应当……提起民事诉讼”[③]。 1598

□ 对 Bachowski 案的批评

巡回法院给出的每项理由（并且由最高法院在判决的一项脚注中所采纳）都提出了严重的问题。首先，巡回法院对它持有的一项观点——公诉裁量权应当适用于刑事案件，而不能适用于民事案件——的依据作出解释。导致法院极端不愿意审查公诉人不提起刑事公诉之决定的考量因素，其效力似乎同样适用于行政机关不提起民事执行之诉的决定。如果可以发现任何区别，那可能是甚至更不愿意审查行政机关作出的不提起民事诉讼的决定。大多数行政机关都拥有足够的资源可以提起民事执行诉讼，在这些案件中只有很小的一部分是他们意识到存在违反法律或者规章的行为。为了取得成效，行政机关必须采用多项复杂的标准——例如争议行为的损害的程度和性质、证明民事违法行为的难度、民事诉讼的结果在多大程度上可能产生更宽泛的先例帮助行政机关对其他当事人执行规章确定的要求，以及会有多大的风险产生不利的先例影响行政机关执法努力等——在高度选择性的基础上对其资源进行配置。在很多情况下，行政机关可以通过采取提起民事诉讼之外的行为，更有效地促进实现其总体的执法目标，例如，向被规制者发送警告信，在其中列举行政机关认为违法的行为性质；开始一般性调查以确定存在争议的行为在多大程度上代表了普遍做法，以及在多大程度上产生不好（或者好）的效果，或者修改规则明确行政机关认为哪些行为形式不合法。

□ 个人权利对公共权利

其次，法院对旨在保护个人权利的法律和旨在保护公共权利的法律之间进行的区分是有问题的。第三巡回法院将《劳工—管理报告和披露法》描述为主要是保护选举失利的工会官员候选人和工会成员的利益。但是，正如最高法院详细描述的，国会制定这部法律，

---

① 421 U.S. at 567 n.7.

② Id. at 571.

③ 29 U.S.C. §482 (b).

至少在相当程度上是为了保护公众免受工会中腐败导致的不利影响。在这方面，《劳工—管理报告和披露法》是一部由行政机关实施的法律。它的立法目的也是同时保护普通公众，特别是公众的部分人群，以及个人。第三巡回法院所采取的这一区分，至少是难以得出的，而且可能是不存在的。

□“可以由法院执行的标准”问题

再次，法院的结论，即《劳工—管理报告和披露法》提供了对案情来说是合适的标准，这也是有问题的。该法规定行政机关在有相信存在违法行为的“近因”时，“应当”采取行动。法院对于“近因”标准是熟悉的。它们在诸如确定搜查或者逮捕之效力时长期
1599 适用该标准。但是，这一经验对于法院试图审查劳工部不根据《劳工—管理报告和披露法》采取行动的决定而言，并不能提供多少帮助，其理由有二。其一，传统的情形是只要求法院审查存在近因的行政（或者司法）决定。对于法院来说，相比确定证据如此可信以至于行政机关必须认定存在采取行动的近因，确定证据不足以支持近因认定，这一点要容易得多。其二，近因认定是高度依赖于具体事实的。因为审查仅限于劳工部对拒绝在特定案件中采取行动而陈述的理由，我们难以看出在限制行政机关的裁量权上，法院如何发挥有效和建设性的作用。巡回法院之推理的这部分内容似乎与最高法院有关法律允许的审查范围的判决是不一致的。不仅如此，国会似乎并非真正希望对行政机关设定只要存在“近因”就必须提起民事诉讼的义务。最高法院在“没收系列案”[①] 中就拒绝认为国会具有此种意图。在该案中解释的《美国检察官法》，其中包含的强制性文字与《劳工—管理报告和披露法》中的文字是难以区分的。不过，最高法院判定美国检察官拒绝提起刑事诉讼或者民事诉讼的决定是不可审查的。在“没收系列案”中，最高法院承认了一个现实，那就是行政机关从来都没有足够的资源可以对每起违法行为提起正式诉讼。它推定国会的立法目的不可能是要求行政机关完成不可能的任务。

□ 国会何时具有设定行为义务的目的

即使是在 Bachowski 案中，最高法院拒绝对法律的文字字面解释为排除行政机关拒绝作出行为的决定的所有其他合理理由。最高法院明确表示，如果劳工部长认定所指控的违法行为很可能不会改变选举的结果，则劳工部长可以拒绝对工会提起民事诉讼。[②] Bachowski 案中最高法院判决的这部分内容并不能得到任何法律条文的支持。相反，最高法院的理由是国会不能意图要求劳工部长根据并没有改变选举结果的违规行为而质疑选举的结果。Bachowski 案中最高法院本来可以更进一步承认这样一个现实，即行政机关本来可以具有许多合法的理由，以拒绝对一项它相信构成违法的行为提起民事诉讼。

□ **Bachowski** 案的不利影响

Bachowski 案的判决限制了劳工部的裁量权，具体方式是减少了劳工部实施有效的执
1600 法策略的能力，让劳工部有更强的激励不坦白陈述拒绝提起诉讼的理由。在 Shelley v.

---

① 参见本书 § 17.5 的讨论，74 U.S.（7 Wall）454（1868）。

② 421 U.S. at 570.

Brock[①]案中，哥伦比亚特区巡回法院适用 Bachowski 的结果就可以证明了这一效力。一位工会官员候选人选举失利后，向劳工部投诉，指控工会允许某些会员在选举前夕改变自己所属的地方工会而违法地改变了选举的结果。劳工部开展了调查，拒绝提起民事诉讼以质疑该选举的结果。它详细解释了自己的理由：(1) 工会多年推行这种存在争议的实践，之前从未有人质疑其合法性。(2) 在调查的过程中，劳工部首次认定这一实践太容易被滥用，以至于不能为《劳工—管理报告和披露法》所允许。(3) 劳工部告知工会这种做法是违法的，让工会作出了以后禁止这种实践的承诺。(4) 这次调查所提出的证据并不足以支持认定这一实践被用于操纵了被质疑的选举结果。(5) 试图在民事诉讼中证明工会的行为违反了该法的规定并且改变了选举的结果，将是困难的，并且要求使用劳工部的大量资源。(6) 行政机关用于强制执行该法的资源过于有限，以至于不能证明在这些情形中使用执法资源的合正当性。法院推翻了劳工部的决定，理由是根据 Bachowski 案确立的原则，只有在劳工部认定没有可以相信存在违法行为的近因或者所指控的违法行为并没有改变选举结果时，劳工部才能拒绝提起民事诉讼。[②]

Shelley 案中劳工部所采取的行为本来是应该得到赞赏的。它实施了调查，认定它之前容忍的实践不再是可以接受的。它公开宣布了这项结论，从而让所有工会得知它根据该法认为合法或者不合法的行为的范围。它让工会作出了以后停止这一实践的承诺。它接着认定通过将自己稀缺的资源，例如，用于对不会顽抗的工会采取的五起明显违法行为提起公诉，而不是对没有得到事先告知这是违法行为并且同意将来改正这一实践的工会所实施的处于边界的违法行为提起公诉，自己可以更有效地实现其法定使命。

在 Shelley 案中其行政决定被推翻之后，劳工部有几个选项，每个选项都会产生不幸的结果。行政机关可以提起民事诉讼，以回应 Shelley 案中的投诉。如果我们相信行政机关（也没有理由不相信行政机关），这一诉讼就会降低行政机关执法工作的整体效能。不 1601
过，行政机关可以说，受到质疑的这一实践并不构成违法或者并不存在可以相信工会实施了这一实践的近因，或者是它相信这一实践并没有改变选举的结果。这些说法中的任何一项都会导致司法机关维持其行为，但是只能通过牺牲诚实的品质，或者误导公众。我们不可能要求行政机关在一起案件中说明决定行为的理由，然后根据行政机关拥有无限的资源这一不受支持的推定对这些理由进行审查，而期待产生有利的结果。

□ 作为例证的巡回法院判决意见

在 Fox Television Stations v. FCC[③]案中，哥伦比亚特区巡回法院以可审查性的推定为依据，判定联邦通信委员会不废除规章的决定是可以审查的。《1996 年电信法》§202(h) 要求联邦通信委员会每两年"审查"特定规章，但是对于法院能够审查联邦通信委员会的审查结论则未置一词。联邦通信委员会主张该法的文本和结构默示地排除了司法审查，但是法院判定联邦通信委员会所依据的证据"缺乏证明国会意图所需要的'明确和具有说服力的'证据"，不能推翻"最终行政行为是可审查的推定"。

在 Rhode Island Department of Environmental Management v. United States[④]案中，第一巡回法院判定法院可以审查和责令联邦行政机关裁决私方当事人（private party）对

---

① 793 F. 2d 1368 (D. C. Cir. 1986).

② Id. at 1374.

③ 280 F. 3d 1027 (D. C. Cir. 2002)，参见§6.10 的讨论。

④ 304 F. 3d 31 (1st Cir. 2002)，参见§2.8、§15.11 和§18.2—18.7 的讨论。

州行政机关提出的投诉。法院认定 Leedom v. Kyne[1] 案中承认的非法定审查原则允许司法机关在早期介入行政决定过程，因为行政行为是明显越权的，并且早期介入也是允许各州保护其主权豁免权的关键。

在 South Dakota v. Ubbelohde[2] 案中，第八巡回法院判定《1990 年水资源开发法》（the Water Resources Development Act of 1990）并未授权陆军工程兵团不受司法审查的裁量决定大坝的有关流量。法院提及了可审查性推定，对其例外作了非常狭义的描述，并且认定，尽管该法赋予陆军工程兵团以广泛的裁量权，该法还是通过列举陆军工程兵团必须考虑的目的而对其加以限制。法院可以确定陆军工程兵团是否已经考虑了所有这些目的，从而对该行政机关执行该法律，尽管该法并未规定陆军工程兵团可以采用何种方法对这些目的进行权衡。第八巡回法院也认定法院可以对陆军工程兵团强制执行具体规定了管理密苏里河水流的操作手册（Master Manual）。但是，正如 § 6.3 所讨论的，这份判决意
1602 见的这部分内容在很多地方是混乱和错误的。

在 Raymond Proffitt Foundation v. Corps of Engineers[3] 案中，第三巡回法院也判定《1990 年水资源开发法》以法院可以强制执行的方式限制了陆军工程兵团的裁量权。该法中命令式文字与具有可司法性的标准是相互搭配的，也就是"国防部长可以在……中将环境保护作为首要使命之一"。因此，法院可以审查陆军工程兵团的决定，确定其是否在决定过程中充分考虑了环境保护。但是，一旦法院确信陆军工程兵团已经履行了这一职责，司法机关的作用就宣告终结：

但是，国会对于"环境保护"的含义并未作出界定……这就留给陆军工程兵团确定特定背景下何为合适的"环境保护"的裁量权。

在 Center for Biological Diversity v. Veneman[4] 案中，第九巡回法院判定《自然风光河流法》（the Wild and Scenic Rivers Act）对林业局设定了一项可以由司法机关执行的义务，即审查符合自然风光指定条件的河流的义务。法院的判决很多是站得住脚的，但是在认定该法设定了一项法院可以在行政机关作出可审查的行为之前法院对行政机关执行的独立的审查义务时已经误入歧途了。正如 § 15.11 所讨论的，该法规定的是只有在行政机关已经作出了该法认为是审查义务前提的行为之一时，法院可以对其执行审查符合条件的河流的义务。在 Center for Biological Diversity v. Veneman[5] 案中，法院修改和推翻了之前的判决意见。法院承认该法只是在行政机关已经采取了独立行为之时才设定审查河流的义务。

有两份判决意见可以说明法院采用可审查性推定支持其对 U. S. C. § 1252（a）（2）（B）（ii）作出狭义解释的趋势。该法规定，"任何……司法部长的决定行为，如果根据本分章的规定属于司法部长的裁量范围，法院就不具有审查……的管辖权"。在这两起案件中，法院提及可审查性的推定，以此支持判定"不得审查条款"（no review provision）并不适用于裁量决定范畴，因为它们都不属于"不得审查条款"中提及的该分章所规定的。[6]

在 Mistick PBT v. Chao[7] 案中，哥伦比亚特区巡回法院以可审查性推定作为部分依

---

① 358 U. S. 184 (1958).

② 330 F. 3d 1014 (8th Cir. 2003).

③ 343 F. 3d 199 (3d Cir. 2003).

④ 335 F. 3d 849 (9th Cir. 2003).

⑤ 394 F. 3d 1108 (9th Cir. 2005)，参见 § 12.3 和 15.11 的讨论。

⑥ Zafer v. Attorney General，426 F. 3d 1330 (11th Cir. 2005)；Obioha v. Gonzales，431 F. 3d 400 (4th Cir. 2005).

⑦ 440 F. 3d 503 (D. C. Cir. 2006).

据，判定劳工部对决定政府承包商支付工资是否符合优先工资（prevailing wage）之程序 1603
的规则的适用是可审查的。法院认定，这些规则并非宽泛以至于无法提供适用法律依据，而且没有明确和有力的证据说明国会希望排除对这类决定的审查。

在 High Country Citizens Alliance v. Clarke① 案中，第十巡回法院的合议庭对可审查性推定的强度进行了辩论。两名法官出具的多数意见判定《1872 年一般矿业法》默示地排除了应当事人而非竞争性产权人（claimants）申请对专有采矿权证书进行的审查。多数意见综合考虑了两项因素——存在限于竞争性产权人的提出审查申请的权利的明确法律条款，以及该法的立法史中强调了国会对于专有采矿权证书的所有权提供快速的确定性的目的。持不同意见的法官指控多数意见忽略了可审查性推定的传统。多数意见对此作出的回应是，引用了更晚近的一些案件判决意见，在这些判决意见中，最高法院提醒可审查性推定并不创设“僵化的证据标准，而不是[仅仅]提供了对法院有益的提示，即当对于国会意图存在实质性的疑问时，可审查性的一般推定是支配性的”。

在 Safe Extensions v. FAA② 案中，哥伦比亚特区巡回法院以“可审查性的强推定”作为部分依据判定一份咨询性通函构成可审查的最终行政行为，因为它禁止机场购买原告的产品。法院指出，该通函缺乏理由说明并不能排除审查，因为法院可以将通函发回行政机关要求补充理由说明。

在 Cody v. Cox③ 案中，哥伦比亚特区巡回法院以可审查性推定作为部分依据，判定年老的退伍军人可以起诉要求军人退休之家（the Armed Forces Retirement Home）提供法律所要求的“高品质、具有成本有效性的”医疗服务。法院判定该法律规定了“需要适用的法律规范”。作为一名年长的退伍军人，笔者很感激这份判决意见背后体现的情怀，但是其法律推理是无力的。最高法院曾经判定只有在法律命令行政机关作出一项“独立行为（discrete action）”时，法院才可以强迫行政机关作出决定，也就是说，法院不能强迫行政机关履行宽泛的法定义务，在这种情况下，我无法将本案与 Norton v. Southern Utah
Wilderness Alliance④ 案相区分。这部法律只是设定了无法由法院强制执行的一项宽泛的 1604
义务。

§ 17.7 这一推定的部分侵蚀（Partial Erosion）

□ Southern Railway 案

回望历史，我们可以发现 Overton Park 案和 Bachowski 案是最高法院可审查性推定的“高水位标志”。后来的判决不仅削弱了该推定继续存在的情形时所具有的效力，也缩小了这一推定的范围。Southern Railway Co. v. Seaboard Allied Milling Corp.⑤ 案中的判决意见，可以与 Overton Park 案和 Bachowski 案的判决意见相互调和，但是它似乎反映了不同的态度。州际商业委员会（ICC）有权暂停执行新备案的货运价格并且举行听证以审查在

---

① 454 F. 3d 1177 (10th Cir. 2006).

② 509 F. 3d 593 (D. C. Cir. 2007).

③ 509 F. 3d 606 (D. C. Cir. 2007).

④ 124 S. Ct. 2373 (2004).

⑤ 442 U. S. 444 (1979).

这些定价是否违法。Seaboard 公司指控 Southern 新备案的价格是违法的；它要求同时暂停执行该价格并且举行听证。州际商业委员会拒绝了这一要求，Seaboard 对该决定申请审查。最高法院判定州际商业委员会的决定不具有可审查性。最高法院强调指出，法律中使用了允许性的文字，“州际商业委员会可以……决定举行听证”，并且法律并未规定行政机关在决定是否暂停执行价格和举行听证时应当考虑的因素。最高法院认定，“从法律规定的表面来看，在判断该决定是否正确时完全‘没有可以适用的法律’”[①]。

□ Community Nutrition 案

下一个符合可审查性推定的判决意见是涉及获得审查的原告资格问题。在 Block v. Community Nutrition Institute[②] 案中，最高法院判定消费者缺乏获得对提高牛奶销售价格的牛奶销售令（a milk marketing order）申请审查的原告资格。最高法院重申了可审查性推定以及需要“明确可信的证据”才能推翻该推定。[③] 但是，最高法院强调指出，这一推定是可以推翻的，并且这一推翻并不需要严格的证据意义上的……“明确可信的证据”[④]。最高法院指出，当“国会要排除司法审查的目的是在立法计划的细节中‘基本上可以察觉’时”，就存在“明确可信的”证据。[⑤] 最高法院列举了可以推翻可审查性推定的五种因素：（1）具体的法律条文；（2）具体的立法史；（3）晚近的司法解释并得到国会默认；（4）法律的立法史和司法史的整体含义（collective import）；（5）从作为整体的立法计划中得出的立法意图的推论。它认定，在 Block 案中讼争的这部法律与第五类相互吻合。[⑥]

□ Chaney 案：推定行政不作为不具有可审查性

最高法院在这一领域所采取的下一个动作是更为引人注目的。在 Heckler v. Chaney[⑦] 案中，最高法院判定行政不作为适用不可审查性的推定。食品药品管理局依法需要保证所有“新药”根据药品的正式标签所规定或者建议的条件下使用是“安全和有效的”。但是，
1605 食品药品管理局并没有一般性地禁止未经批准使用已获批准的药品。事实上，所有处方中相当高的一部分是将已获批准的药品用于未经批准的用途。但是，在某些情况下，食品药品管理局已经要求药品生产商在其标签中增加警示语，即药品对某些用途来说不是“安全和有效的”，如果食品药品管理局对未经批准的药品使用作出了这样的判断。有的国家开始使用某些处方药用于采取注射方式执行死刑。食品药品管理局还没有批准药品的这种用途。Chaney 向食品药品管理局提交了申诉，理由是（1）争议的药品用于注射方式执行死刑时，罪犯在死亡之前经历极端严重的痛苦；（2）要求药品生产商在正式标签中添加警示语，反对将药品用于注射方式执行死刑；（3）采取其他执法方式消除这种未经批准的药品用途。

食品药品管理局拒绝根据其申请采取任何行动。对于拒绝采取行动，食品药品管理局

---

① Id. at 456.

② 467 U.S. 340 (1984)，参见 § 16.7 的讨论。

③ Id. at 349.

④ Id. at 350-351.

⑤ Id. at 351.

⑥ Id. at 349.

⑦ 470 U.S. 821 (1985).

说明了三点理由：（1）它不愿意阻碍州出于州法律明确授权的目的而使用药品。（2）对于经过批准的药品进行的未经批准的使用，相关的判例法也表明食品药品管理局禁止此类用途的权力范围是有疑问的。（3）作为一项政策问题，如果没有对公共健康构成严重危险，食品药品管理局并不对此类未经批准的用途启动执法行为。原告申请对食品药品管理局不作为的决定进行审查。

哥伦比亚特区巡回法院判定食品药品管理局的不作为是可审查的，并且以行政决定武断和恣意为由判决推翻。[①] 哥伦比亚特区巡回法院首先适用了可审查性的推定。接着，哥伦比亚特区巡回法院提及了最高法院在 Overton Park 案中将“属于行政裁量权”的例外描述为仅在“无可适用的法律规范”的“少数情形中”适用。巡回法院发现，行政机关以政策声明的形式描述了它对已经批准的药品的未经批准的用途所持的态度，这是“可以适用的法律”。这一政策声明中的某些段落表明，食品药品管理局考虑了所有违反《食品、药品与化妆品法》的所有未经批准的用途。法院认定食品药品管理局所作出的不采取行动的决定是武断和恣意的，因为原告所采取的证据表明药品对于注射方式执行死刑来说不是“安全和有效的”。

□ 判决的理由

最高法院以一致意见推翻了巡回法院所作的判决。最高法院首先重申了其在 Overton Park 案中所作的表述，即只有在“缺乏可适用的法律规范”之“少数情形”中，行为才 1606
属于行政裁量的范围。[②] 它将这一表述转述为是指这样一种情形，即“对于法官判定行政机关如何和何时行使其裁量权而言，并不存在司法上可以管理的（judicially manageable）标准”[③]。最高法院在有关对行政机关不作为的决定适用 Overton Park 标准的问题上与哥伦比亚特区巡回法院存在分歧。它说明了支持行政行为不可审查性推定的三点理由。第一，是否采取执法行为的行政决定通常基于对多项因素的复杂权衡，例如有限资源的有效配置、成功的可能性，于整体执法策略的联系，这些都是不适合由法院来评估的。最高法院承认这样的现实，即行政机关不可能对所有属于其管辖权范围的违法行为采取措施。第二，最高法院认为，相比涉及作为的案件，不作为案件中对司法审查的需要更小，因为行政机关在决定不作为时，并没有对个人权利行使压迫性的权力。第三，最高法院提到了行政机关不作为的决定与法院过去拒绝审查的行使公诉裁量权的行为之间存在高度相似性。[④]

□ 不作为还可审查性推定是可以推翻的

但是，最高法院强调指出不作为之不可审查性的推定是可以推翻的，它还描述了足以推翻该推定的情形。它在判决的脚注中提到了三种此类情形。第一，如果行政机关“完全”根据对它缺乏管辖权的确信而拒绝作为，最高法院认为法院可以审查行政机关的管辖权决定。[⑤] 第二，如果行政机关“有意识并且明确地”采纳一项政策，该政策如此极端以至于代表了放弃法定职责，最高法院认为法院可以支持这样的一项结论，即行政机关的决

---

① Chaney v. Heckler, 718 F. 2d 1174 (D. C. Cir. 1983).

② 470 U. S. at 830-831.

③ Id. at. 830.

④ Id. at 831-832.

⑤ Id. at 833 n. 4.

定不属于行政裁量权。[1] 第三，对于不可审查性推定是否适用于行政机关不发布规则的决定，最高法院并未表达意见。[2]

□ 与 Bachowski 案的区分

最高法院在判决意见中还提到了可以推翻该推定的其他可能方式。最为明显的情形是，在法律中对命令式文字，例如“行政机关应当”，还有可以由法院执行的标准相互配套。最高法院提到 Bachowski 案以说明这一情形。[3] 最高法院宣布的这一原则——命令式的法律文字配合可以由法院执行的标准，可以创设可以由法院执行的义务——似乎是不容置疑的。正如上文对 Bachowski 案的讨论所表明的，最高法院提到 Bachowski 案可以很好地说明这一原则的适用，这似乎是可以存疑的。[4] 无论如何，Chaney 案中所涉及的法律采用的是允许式的文字，而不是命令式文字，因此最高法院并没有回答法律是否提供了可以
1607 由法院执行的标准之问题。

□ 政策声明不是“准据法”

最高法院接着讨论了巡回法院作为“可以适用的法律”而采用的政策声明。最高法院认定该声明是“毫无助益的”，因为（1）它是没有约束力的一般性政策声明，而不是约束性的规则[5]；（2）它并没有要求行政机关在该案提出的情形中作出行为。最高法院拒绝决定行政规则是否“可能在特定情形中，向法院提供了充分的指引，以便对不采取执法行为的决定进行正确的司法审查”[6]。最后，最高法院指出，原告并没有指控行政机关的决定侵犯宪法权利。[7]

□ 协同意见

两位大法官在 Chaney 案中撰写了协同意见。两位大法官都强调了不作为的不可审查性推定之可推翻的特性，以及推翻这一推定的诸多可能的方式。Brennan 大法官同意认为，可以推翻的不可审查性的推定适用于行政机关不作为的决定，而 Marshall 大法官则认为不应当存在这样的推定。Marshall 大法官认为法律制度应当是（1）行政机关需要陈述其拒绝作为的理由；（2）法院可以推翻行政机关不作为的决定，如果这些决定是基于在违法的理由基础之上或者所提供的理由是虚假的；（3）不作为的决定应当得到支持，如果它们是建立在有效的资源配置的考量因素基础之上。[8] Marshall 大法官为了支持其观点，对《行政程序法》的文字和立法史进行了深入的分析。[9] 他的协同意见是建立在他的结论——食品药品管理局是因为有效的资源配置的考量因素而拒绝作出行为——基础之上。

---

① Id. at 833 n. 4.

② Id. at 825 n. 2.

③ Id. at 833.

④ 参见 § 17.5。

⑤ 参见 § 6.3。

⑥ Id. at 836.

⑦ Id. at 837. § 17.9 描述了调整这种情形的判例法。

⑧ Id. at 842-843.

⑨ Id. at 843-854.

Brennan 大法官和 Marshall 大法官都认为，行政机关可以通过发布规则，颁布可以由法院执行的标准适用于执法决定，而对其裁量权创设可以由法院强制执行的限制。

□ 有关 Chaney 原则范围继续存在的不确定性

许多巡回法院的判决意见适用了 Chaney 案中宣布的可以推翻的行政不作为之不可审查性推定，它们反映出对于该推定的范围和推翻该推定所需要的情形，仍然存在不确定性和分歧。[1] 这些不确定性存在五大主要领域：（1）法律在何时将命令式文字与司法上可以管理的标准相互配套？（2）行政规则在何时，如果有的话，提供了充分的“可以适用的法律”以允许对不作为进行审查？（3）拒绝发布规则或者拒绝启动规则制定程序的行政机关何时，如果有的话，需要接受司法审查？（4）除了行政机关对拒绝作为所陈述的理由之外，法院何时，如果有的话，可以审查行政机关拒绝作为的决定之事实基础？（5）法院何 1608
时，如果有的话，根据法院的判断——行政机关是有意而且系统性拒绝强制执行一部法律——对行政机关行使广泛的监督权？

□ 具有可司法性的标准何时适用于不作为？

由于最高法院认定 Chaney 案中讼争的法律并没有对行政机关设定任何作为的义务，当法律确实创设此种义务时，对创设适合于对行政不作为进行审查所需要的“法院可以管理的”标准所需的法律条文的性质，这份判决意见并没有提供多少指引。[2] Chaney 案中最高法院以明确支持的态度引用了 Bachowski 案，表明它仍然认为“近因”是法院可以管理的标准。在 Chaney 案后巡回法院对这一问题所作的各项判决中最有帮助的是 Sierra Club v. Hodel[3] 案。Sierra Club 指控内政部有义务阻止某县政府建设横穿“荒原区域”的两车道碎石路。内政部主张，根据 Chaney 案确立的原则，其决定不阻止修建这一公路属于其不可审查的裁量范围。第十巡回法院驳回了这一主张。《荒原法》（the Wilderness Act）规定：“管理每块被指定为荒原之区域的每家行政机关应当负责保护该区域的荒原特征……”第十巡回法院将“应当负责”解释为命令式文字。第十巡回法院接着认定在数项法律渊源中存在“法院可以管理的”标准。《荒原法》本身描述了荒原区域的一般特征和目的。《1976 年联邦土地政策和管理法》（the Federal Land Policy and Management Act of 1976）禁止荒原区域“不必要或者过度的退化”，并且对内政部施加了界定和保持荒原区域内“无路区域（roadless area）”的义务。不仅如此，内政部还在其制定的规则中以一定的详细程度界定了“无路”。综合来看，法院认定这些法律渊源对确定内政部是否需要阻止修建该路提供了“法院可以管理的”标准。

□ 与成熟性原则的关系

在 Sierra Club v. Hodel[4] 案中，第十巡回法院作出了一份论理充分的判决意见。该案

---

① 参见 Levin, Understanding Unreviewability in Administrative Law, 74 Minn. L. Rev. 689 (1990)。

② 另可参见 Lincoln v. Vigil, 508 U. S. 182 (1993)（行政机关决定终止由一次总付（lump-sum）的拨款提供资金支持的项目，属于行政裁量范围）。

③ 848 F. 2d 1068 (10th Cir. 1988).

④ 848 F. 2d 1068 (10th Cir. 1988).

中法律对命令式文字配合实体性标准——“无路”，这似乎与行政机关拒绝停止修建该路的决定之间存在冲突。如果实体性标准的精确程度更低一些，并且其对行政机关不作为的决定是否适用不太明确时，将会怎样？第十巡回法院在 Sierra Club v. Yeutter① 案中讨论
1609 了这一情形。Sierra Club 指控横穿这些荒原区域的水流减少的程度已经对许多区域的“荒原特征”构成威胁。它向法院申请确认判决，明确内政部需要通过实施特定的新的执法策略——在所有可能影响荒原区域的水权争议中主张由联邦保留的水权——以保护“荒原特征”这一方面的特点。巡回法院指出，相关的法律没有可以直接适用于水流的规定。因此，Yeutter 案可以轻易地与 Hodel 案相区分，在后者“无路”似乎与道路修建存在直接冲突。但是，法院认定内政部在拒绝采取作为以保护荒原区域的日渐减少的水流这一事项上并不具有不可审查的裁量权。可以说，对行政机关保护荒原区域的荒原特征这一宽泛的法律要求，构成了要求采取积极措施避免横穿荒原区域的水流减少的基础。但是，法院承认法律所提供的“可以适用的法律”之如此少，以至于法院应当只在极端的情形时限制行政机关的裁量权：“我们判定，除了行政行为不能与保护荒原区域的荒原特征之法定要求相互调和的情形之外，林业局利用或者不利用联邦保留的水权的决定……是‘依法属于行政裁量范围’的。”② 法院接着认定 Sierra Club 并没有证明该行政机关的法定义务与其拒绝以 Sierra Club 所要求的方式作出行为之间存在不可调和的冲突。法院以成熟性原则为由驳回了原告的请求。③ 各家巡回法院在众多其他的案件中已经处理了可以由法院执行的标准之问题。④

□ 规则可以规定“准据法规范”吗？

在 Chaney 案中，最高法院拒绝处理这一问题，即行政规则是否可以规定足以推翻行政不作为之不可审查性推定的“可以适用的法律规范”⑤。但是，这一问题似乎是容易回答的。最高法院长期以来判定立法性规则对行政机关具有拘束力。⑥ 巡回法院适用 Chaney 原则的判决意见，反映了这一公认的原则。因此，例如，行政规则规定行政机关有义务调查每起指控违法行为的投诉并且告知投诉人其拒绝根据投诉采取执法行为的决定说明理由，Greater Los Angeles Council on Deafness v. Baldridge⑦ 案中判定该规则规定了“可以适用的法律规范”⑧。当然，如果行政机关以书面形式在其规则中以此种形式保留其裁量
1610 权，该规则不能成为对行政裁量权施加可以由法院执行之限制的法律渊源。⑨

□ 对不同类型的规则的区分

对解释性规则和政策声明是否提供“可以适用的法律”，足以推翻 Chaney 案提出

---

① 911 F. 2d 1405 (10th Cir. 1990).

② 911 F. 2d at 1414.

③ 参见§15.16。

④ 本节的最后部分内容将对这些判决的内容进行摘要总结，以说明巡回法院是如何解决这一反复重演的问题。

⑤ 470 U. S. at 836.

⑥ 参见§6.6。

⑦ 827 F. 2d 1353 (9th Cir. 1987).

⑧ 另可参见 California Human Dev. Corp. v. Brock, 762 F. 2d 1044, 1048 n. 28, 1053 (D. C. Cir. 1985)（行政规则可以规定“可以适用的法律规范”）。

⑨ 例可参见 Slyper v. Attorney General, 827 F. 2d 821 (D. C. Cir. 1987)。

的推定的问题，不同巡回法院在 Chaney 案之后所作出的判决意见还没有达成明确的共识。第一巡回法院在 Massachusetts PIRG v. NRC[1] 案中表明其答案是否定的。哥伦比亚特区巡回法院则在 Padula v. Webster[2] 案中认为其答案是肯定的。但是，这两家巡回法院都没有确定性地解决这一问题，因为它们都认定行政机关并没有在事实上限制其裁量权。

既然无论是政策声明还是解释性规则都不具有拘束力，那么我们就可以推断它们并不能成为“可以适用的法律规范”的基础。[3] 众多在 Chaney 案之前作出的司法判决讨论了《联邦检察官手册》（the U. S. Attorney's Manual）中所陈述的政策之效力，可以支持这一符合逻辑的推论。这部手册描述了司法部对联邦检察官规定的各种政策，包括对已经根据州法提出的公诉所依据的行为，不得根据联邦法对该个人提起公诉。司法部的律师只能在特殊情形下，经过助理司法部长的批准才能采取此种行为。

□ Rinaldi 案

Rinaldi v. United States[4] 案，涉及司法部长试图在执行其政策时获得法院的支持。一位司法部的检察官对已经构成过去州公诉之依据的行为提起了联邦公诉。该检察官并没有首先获得助理司法部长的批准。这起公诉的结果是定罪判决。当司法部长了解到违反了这一政策时，它申请动议撤回该指控，并撤销该定罪判决。巡回法院确认了地区法院拒绝同意司法部长所寻求之救济的裁决。六位大法官出具的多数意见推翻了巡回法院的判决，判定地区法院拒绝帮助司法部执行其政策，构成了裁量权滥用。该判决意见的这一批评性段落的用词表明了最高法院对于行政机关的政策声明之法律特征具有的敏感性：“被告……应当获得该政策提供的好处，无论其适用是否是政府所敦促的。”[5] 如果多数意见相信政策对政府具有拘束力，“无论其适用是否是政府所敦促的”，这一短语是不必要的，也是不合适的。如果司法部将这一政策声明改为立法性规则，这一规则将对行政机关产生拘
束力，而最高法院强制执行该规则而作出对司法部不利的判决。[6] 相反，多数意见的作出 1611
所依据的观点是：（1）该政策只对司法部检察官具有拘束力；（2）执法政策属于司法部的裁量权范围；（3）地区法院本来应当通过批准政府提出的动议，帮助司法部对其雇员执行其政策。三名持不同意见的大法官对于第三点产生分歧。不同意见所使用的文字表明，持不同意见的大法官也承认，行政机关不是正式地受其一般性政策性声明的约束：“最高法院明显不能同意根据政府部门的申请强制执行其……政策的理由，表明这一案件是不适合于即决处理（summary disposition）的。”[7]

众多下级法院的判决将 Rinaldi 案解释为代表了这样的观点，即当司法部要求法院这么做时，《联邦检察官手册》规定的政策并不对司法部具有拘束力，而是应当对司法部的

---

① 852 F. 2d 9，17-18（1st Cir. 1988）.

② 822 F. 2d 97，100-101（D. C. Cir. 1987）.

③ 参见§6.3和§6.4。

④ 434 U. S. 22（1977）.

⑤ Id. at 31.

⑥ 参见 United States v. Nixon，418 U. S. 683，694-696（1974）。

⑦ 434 U. S. at 34. 另可参见 United States v. Caceres，440 U. S. 741（1979）（当司法部的规则只是解释性规则，并且只以由司法部强制执行为目的之时，对于本来具有可采性的证据，法院不能以该证据的取得方式违反司法部规则为由，而判决予以排除）。

律师具有拘束力。[1] 不仅如此，在各种不同案情下作出的判决可以支持一项宽泛的观点，即政策声明和解释性规则并不对政府具有拘束力。[2]

□ 是否可以审查不发布规则的决定？

Chaney 案多数意见也拒绝讨论行政机关不启动规则制定程序的决定，或者不在规则制定程序结束时发布规则的决定，是否属于行政不作为不可审查性推定的范围之内。[3] 下级法院对于这些问题延续了它们在 Chaney 案之前所采取的进路。[4] 行政机关决定不启动规则制定程序，或者不在规则制定程序结束时发布规则，是可以推定为可以审查的，但是需要适用高度尊重性的审查标准。[5]

在 Massachusetts v. EPA[6] 案中，五位大法官判定拒绝制定规则请愿的决定是可审查
1612 的，尽管适用了武断恣意标准的“高度尊重”的版本。多数意见同意哥伦比亚特区巡回法院的意见，即拒绝制定规则的请愿，是可以与不可审查的不采取执法行为的决定相互区分的，因为拒绝制定规则的请愿“发生次数更少，更可能涉及法律而非事实分析，需要遵守特别的手续，包括公开解释”。持不同意见的大法官不同意多数意见有关其他众多问题的观点，但是并未明确涉及拒绝制定规则之决定的可审查性。

□ 审查的范围

既然最高法院判定不作为之不可审查性的推定在 Chaney 案中并没有被推翻，它就没有在推定被推翻时所拥有的机会讨论行政机关拒绝作为的合理审查范围的问题。下级法院已经努力处理这一问题。Center for Auto Safety v. Dole[7] 案的判决意见对此展开了很好的辩论。[8] 国家公路交通安全管理局（NHTSA）拒绝了该中心的申请，即重新对所指控的一大类机动车存在的缺陷展开执法调查，该中心对这一拒绝决定申请司法审查。多数意见判定不作为的不可审查性推定是可以由行政规则推翻的。该规则指出行政机关将对要求执法行为的申请中所提供的信息进行技术性审查，以“确定是否有合理的可能在合适的程序结束后发布该申请所要求的命令”。该规则接着规定，“如果认定存在此种合理的可能性，就可以批准该申请”。多数意见判定，“合理可能性”提供了“可以适用的法律规范”，也就是说法院可以管理的强制性标准，可以借此判断行政机关不作为的决定。多数意见接着判定，“合理可能性”是内在地属于依赖具体事实的标准，可以允许复审法院超越行政机关对拒绝作为所陈述的理由，而对行政行为的事实基础进行审查。[9]

---

① 例可参见 In re Shain，978 F. 2d 850（4th Cir. 1992）；United States v. Hayes，589 F. 2d 811，818（5th Cir. 1979）；United States v. Thompson，579 F. 2d 1184，1188-1189（10th Cir. 1978）；United States v. Wallace，578 F. 2d 735，740（8th Cir. 1978）。另可参见 Sullivan v. United States，348 U. S. 170，173（1954）（司法部长的通函［circular letter］不是“规章”，不应当对司法部具有拘束力）。

② 参见§6.3 和§6.4。

③ 470 U. S. at 825 n. 2.

④ 参见§6.10。

⑤ 例可参见 Brown v. Secretary at Health & Human Services，4 F. 3d 102（1st Cir. 1995）；American Horse Protection Assn. v. Lyng，812 F. 2d 1（D. C. Cir. 1987）。

⑥ 127 S. Ct. 1438（2007），参见§3.6、§6.10、§7.4、§16.4、§16.7、§16.8 和§16.14 的讨论。

⑦ 828 F. 2d 799（1987），*rev'd on reh'g*，846 F. 2d 1532（D. C. Cir. 1988）.

⑧ 另可参见 Ward v. Parole Commission，804 F. 2d 64（7th Cir. 1986）。

⑨ 828 F. 2d at 815.

持不同意见的法官认为国会的目的是要排除对国家公路交通安全管理局的决定——拒绝重新开展调查——进行司法审查，并且这些决定依法是属于行政裁量权的。他接着认为，如果司法审查是可以允许的，对行政机关陈述的拒绝作为的理由进行审查也是有限的。① 因此，如果行政机关只是表述了自己的结论，即不存在它会准许所申请的救济的"合理可能性"，法院就将只能维持国家公路安全管理局不开展调查的决定。持不同意见的法官依据的是最高法院在 Bachowski 案中的判决主旨，即对劳工部决定——不根据《劳工—管理报告与披露法》的规定采取执法行为——进行的司法审查，仅限于对行政机关拒 1613
绝作为所陈述的理由进行审查。② 多数意见将本案与 Bachowski 案进行了区分，理由是 Bachowski 案中最高法院所采纳的证据是国会试图加快解决有关《劳工—管理报告与披露法》的争议，并且希望避免因为需要对不作为的决定提供证据支持而给行政机关及其被规制者增加负担。多数意见将 Bachowski 案有关审查范围的判决主旨只适用于涉及《劳工—管理报告与披露法》的案件。持不同意见的法官认为，Bachowski 案中审查范围的判决主旨是建立在更广泛的观点基础之上的，即国会并没有意图允许法院审查行政机关不作为决定的事实基础，除非国会已经要求行政机关对其决定制作事实依据的案卷。对于 Bachowski 案来说，这两种解释都是容易得出的。

在重审时，曾经参与最初的多数意见的一位法官在另一项争点上改变了观点，从而形成了新的多数派，以 2：1 推翻和撤销了原来的判决意见。新的多数意见认定该行政规则并没有提供"法院可以管理的"标准，因为法官难以事后评判在各种相互冲突的目标之间分配稀缺的执法资源的决定。③

Center for Auto Safety 案表明，是否存在对行政机关拒绝作为的决定进行审查的"法院可以管理的"标准，与对此类决定的审查范围之间存在密切的功能联系。几乎所有行政机关的执法决定内在地取决于具体事实。仅对行政机关就拒绝作为所作理由说明进行的司法审查，只有在行政机关就拒绝作为所陈述的唯一理由与不取决于具体事实的法律命令或者行政机关自身制定的规则中的强制性条款存在不一致时，才能约束行政裁量权。不过，允许对行政机关不作为之决定的事实基础进行司法审查，将会对行政机关及其规制对象施加严重的负担。这将要求法官承担他们并不适合的任务。

□ 行政机关宽泛地放弃职责是否是可审查的?

Chaney 案中最高法院也留下了一个可能性，即如果行政机关"有意并且明确地"采纳了一项如此极端的政策以至于它代表了放弃其法定职责，法院对行政机关不作为的审查将是正当的。④ 最高法院提到 Adams v. Richardson⑤ 案可能说明了这种情形。在 Adams 案中，哥伦比亚特区巡回法院全席审理后，以一致意见认定卫生、教育和福利部（HEW）"有意明确地通过了一项实际上构成放弃其法定职责的一般性政策"⑥。《1964 年民权法》第六编规定卫生、教育和福利部有义务结束接受联邦资金支持的公立教育机构的种族隔离。该法规定，行政机关在不能实现自愿合规的情况下，可以采取两种执法工具。最高法 1614

① 828 F. 2d at 822.

② 参见 § 17. 5。

③ 846 F. 2d at 1532，1535.

④ 470 U. S. at 833 n. 4.

⑤ 480 F. 2d 1159 (D. C. Cir. *en banc* 1973).

⑥ Id. at 1162.

院认定：(1) 许多州、公立大学、学区和各个学校已经在该法生效多年后仍然拒绝自愿遵守该法；(2) 它们都继续接受联邦资金支持；(3) 行政机关已经作出有意的决定拒绝对任何这类公立教育机构采取执法措施。在驳斥行政机关的主张，即其不作为“属于”不可审查的裁量范围时，法院在三个方面将本案区别于典型的不作为案件：(1) 法律设定了明确的义务，规定了详细的执法机制。(2) 原告并不是仅仅主张行政机关的执法努力在某些情形中是无效的；它证明了行政机关可以有意识地作出根本不强制执行该法律的决定。(3) 与典型的不作为案件不同，行政机关在继续作出行为，它仍然在允许利用联邦资金补贴实行种族隔离的公立学校。

Adams 案代表的事实情形是司法干预以责令作出行政行为是最具有正当性的。在经历多年之后，行政机关已经有意地决定不采取措施强制执行明确的法律命令。法院不应当即决驳回对此类行政机关明确和极端地拒绝履行法定职责的指控。

□ 难以察觉故意放弃职责

但是，申请审查的原告指控此种行政行为的模式也会提出严重的问题。法院如何能够确信自己正在处理的案件是行政机关正在故意逍遥法外，而非行政机关拥有资源有限，无法有效执行法律对它分配的所有职责？第二种情形比第一种情形普遍得多。在第二种情形中，行政机关必须进行选择性执法，采取与一系列优先事项名单一致的方式配置有限的资源。在这些情形下，在优先事项目录中接近底部的法定义务可能在很多年内都不会得到执行。除非法院自信有能力对行政机关的执法优先顺序进行事后评判，行政机关根据重要性程度高低进行资源配置。不仅如此，试图确定行政机关正在做什么，以及为什么，这一司法过程可能造成给行政机关施加如此沉重负担的意外效果，以至于它以有限资源实现的任务可能会更少。

1615 在救济层面，问题依然存在。法院只能通过在多年时间里以对行政机关的执法活动进行持续和详细的监督，而要求抗命不遵的行政机关履行法定义务。Adams 案中所责令的救济就可以作为说明。最高法院责令行政机关对 10 个州、201 个学区和所有公立职业学校启动执法行为。为了让这一命令取得实效，在很多年里，法院对行政机关在所有这些案件中的行为行使持续的管辖权。法官并不适合于承担这种类型的大范围的管理性任务。[①]

尽管司法机关试图发现和补救行政机关故意和系统性拒绝履行法定职责的情形引发了诸多问题，巡回法院在 Adams 案中法院所作判决是容易辩护的。这起案件，除了法院为了证明其行为正当性而确认的三点特征之外，还可以补充两点特征。其一，行政机关并没有对原告提出的有关完全缺乏执法行为的指控或者行政机关拒绝执行该法的理由进行辩论。其二，行政机关主张自己没有采取执法措施是因为需要将稀缺资源配置于更为重要的职责，这一说法也是不可信的；法院可以有信心地认定行政机关在这里并没有比在联邦资金支持的公立学校中消除种族隔离更为重要的职责。

□ Chaney 案之后作为例证的法院判决

事实模式与 Adams 案中一样清楚和极端的是很少见的，并且法院应当在责令行政机关在不太极端的情形中采取执法措施时采取更为谨慎的态度。但是，行政机关有时利用不

① 参见 § 18.4。

作为实施违法行为，这一事实证明了行政机关确实需要保留在极端案件中实施干预的权力。尽管对不作为存在一般性的不可审查性推定，下级法院已经将 Chaney 案中最高法院的判决引用 Adams 案解释为允许在此类情形中允许对不作为实施司法审查。最能说明在 Chaney 案之后适用这种审查权的案件是 NAACP v. HUD① 案。第一巡回法院在该案中认定：（1）波士顿市市长期鼓励在该市住房领域存在的种族隔离现象；（2）住房和城市发展部（HUD）根据《公平住房法》（the Fair Housing Act）承担“采取积极措施推进”住房对各种族开放之目标的法定义务；（3）住房和城市发展部可以对该市实施各种不同的手段，诱导其改变实践，例如对该市接受联邦住房援助规定和实施条件；（4）住房和城市发展部已经采取了一套作为和不作为的模式，表明其默认波士顿市持续违反法律和宪法上的禁止规定；（5）住房和城市发展部的行为模式足以证明它已经违反了“采取积极措施推进”开放住房的法定义务。

□ 拒绝重新考虑是不可审查的

在 Chaney 案之后，最高法院继续逐步减少可审查性推定的范围和强度，并且扩大“属于行政裁量权”之例外的范围。在 ICC v. Brotherhood of Locomotive Engineers② 案 1616
中，最高法院判定行政机关拒绝以某项决定反映了“重要错误”为由而重新考虑某项决定，这是不可审查的，因为“重要错误”标准不是“法院可以管理的”。最高法院也驳回了原告的主张，即行政机关拒绝重新考虑先前决定，这本来是不可审查的行为；如果行政机关以法院完全具备审查条件的一项理由作为其拒绝行为的前提，这一拒绝行为就变成可以审查的。③ 这第二项判决主旨可能会具有重要的意义，因为某些巡回法院已经将 Chaney 案解释为如果行政机关对其决定提供了可以审查的理由，例如对法律的解释，则允许法院审查该行政决定。④

□ Doe 案：属于裁量权范围的行为

在 Webster v. Doe⑤ 案中，最高法院进一步阐释了因为属于“法院可以管理的”标准调整的从而可审查的行为，与“没有可适用的法律规范”从而不可审查的行为之间的分界线。中央情报局局长终止了一位告知该局自己属于同性恋的工作人员的职务。该雇员寻求司法审查，理由是行政行为同时违反了《联邦宪法》和法律的规定。最高法院判定宪法诉求是可以审查的，但是判定法律将解除职务决定属于局长不可审查的裁量范围。该法允许局长“只要他认为终止职务对于保护美国利益来说是必要的或者明智（advisable）……根据其指示”终止雇员的职务。最高法院判定终止职务的决定是依法属于行政裁量权的范围，指出该法“适度体现了对局长的尊重”。但是，这一判决主旨是很容易进行狭义解释的。最高法院强调指出，在中央情报局的使命中到处都是涉及关键性国家安全关切。⑥ 不

---

① 817 F. 2d 149 (1st Cir. 1987).

② 482 U. S. 270 (1987).

③ Id. at 281-284.

④ 例可参见 Fannworker Justice Fund v. Brock，811 F. 2d 613，622，vacated as moot，817 F. 2d 890 (D. C. Cir. 1987)；UAWv. Brock，783 F. 2d 237 (D. C. Cir. 1986)。

⑤ 486 U. S. 592 (1988)，更详细的讨论参见 § 17. 9。

⑥ Id. at 599-601.

仅如此，（1）法律明确规定该决定是“根据他（局长）的指示”；（2）法定标准是非常宽泛的，即终止职务是否“明智”；（3）该法的用词体现了局长对该标准的适用是处分性的，即“只要他认为此类终止职务决定是明智的”①。

□ Franklin 案：有关 Chaney 原则和 Doe 原则适用范围的问题

Franklin v. Massachusetts② 案中四名大法官出具的协同意见体现了对 Chaney 原则和
1617 Doe 原则的狭义解释。由于其他五位大法官基于其他理由对该案作出了裁判，并没有讨论“属于行政裁量范围”的问题，我们难以了解这一协同意见具有多少意义。

商务部长认为，他对十年一次的人口普查之方法所作决定“依法属于行政裁量范围”。持协同意见的大法官通过适用四步走的推理过程推翻了这一主张。第一，他们援引了“一项较强效力的推定，即国会希望对行政行为进行司法审查”。第二，他们将本案与 Doe 案进行了区分，指出 Doe 案中所讼争的法律是以不同寻常的方式规定中央情报局局长的职权：“局长……可以作出指示，终止……只要他认为此种终止职务是必需的或者明智的……”持协同意见的大法官强调指出，人口普查立法中并没有与“认为……明智的”相当的文字，这表明商务部长只能根据他“自己的思考，而不是其他更为客观的因素，规定衡量商务部长行使裁量权之行为的标准”。第三，持协同意见的大法官将该案与 Chaney 案、Doe 案和 Egan 案进行了区分，认为它们体现了最高法院历来不愿允许司法干预涉及执法裁量权的行使或者国家安全的案件。第四，持协同意见的大法官们认为，法院可以通过适用法律规定的要求，即商务部提出包含“各州所有人数的”人口普查，以及分析部长为了保持一致性而作出的政策决定，而对司法部长在进行人口普查时行使裁量权的行为进行审查。

□ 总统不需要接受《行政程序法》规定的审查

Franklin 案中，五名大法官出具的多数意见判定，总统不需要接受《行政程序法》规定的审查，因为总统不是“行政机关”③。

□ 总统需要接受有限的非法定审查

在 Chamber of Commerce v. Reich④ 案中，哥伦比亚特区巡回法院对这一判决意见补充了一项重要的限定。总统根据《联邦财产和行政服务法》（the Federal Property and Administrative Services Act）⑤，亦即《政府采购法》（the Procurement Act）的规定颁布了一项行政命令，其中指示，企业永久性替换参与罢工的雇员的，企业行政机关不得与之缔结合同。劳工部长接着发布了实施这一行政命令的规则。商会寻求对该行政命令进行审

---

① 另可参见 Department of Navy v. Egan，484 U.S. 518（1988）（功绩制保障委员会无权审查行政机关撤回安全许可［security clearance］的决定）。

② 505 U.S. 788，814-823（1992）.

③ 参见本书§1.2和§15.11的讨论。最高法院在 Dalton v. Specter，511 U.S. 462（1994）中重申了这一判决主旨。

④ 74 F.3d 1322，*reh g en banc denied*，83 F.3d 442（D.C. Cir. 1996）.

⑤ 40 U.S.C. §§471 et seq.

查，理由之一是它与《国家劳动关系法》（NLRA）之间存在冲突，后者长期以来被解释为允许雇员永久性替换参加罢工的雇员。正如法院所指出的，如果商会寻求审查劳工部长的实施规则，而不是总统行政命令，法院审查行政行为的管辖权将会是清楚的。因为商会 1618
选择寻求审查的对象是总统行政命令，法院需要裁决与其管辖权有关的复杂争议。

总统并不属于《行政程序法》意义上的行政机关。[①] 因此，《行政程序法》并没有授权对总统行为进行司法审查。不仅如此，也没有其他法律允许对总统行政命令提起诉讼。但是，法院判定，总统的行为如果是越权的，并且或者违反了明确的法律禁止性条款，或者是剥夺了法律明示或者默示授予个人的权利，则该行为需要接受非法定审查。法院对最高法院相关判决[②]进行仔细分析后支持了这一判决主旨。经过实质审查，法院判定国会在《政府采购法》赋予总统以广泛的裁量权，允许总统在作出行为时剥夺法院过去判定《国家劳动关系法》所赋予的权利。

□ 不重新开始程序的决定是不可审查的

在 Your Home Visiting Nurse Services v. Shalala[③] 案中，最高法院以一致意见判定，财务中介（a fiscal intermediary）不重新开始报销确定程序的决定属于依法赋予行政裁量权的行为。唯一可以适用的法律是《医疗保险报销提供商手册》（the Medicare Reimbursement Provider Manual）中确定的三项因素：

> 财务中介是否会重新开始判断的程序，将取决于（1）是否提交了新的重要证据；（2）是否存在明确和明显的错误；或者（3）判断程序被认定违反法律、规章、裁定（rulings）或者一般性指南。

最高法院指出，"我们几乎忘记了列举这些分散的因素，其目的是将裁量性职能转变为强制性职能"。最高法院本来也可能会认为，这些列举的因素没有包含在立法性规则中，因此对行政机关不具有拘束力。[④]

□ 规则和先例可以限制裁量权

INS v. Yang[⑤] 案中以一致意见作出的判决意见阐释了可以由法院执行的对行政裁量权的约束的可能来源（the potential sources）及其具有的效力。司法部长拒绝批准 Yang 的豁免驱逐出境的申请，因为他在他妻子入境问题上存在欺诈。第九巡回法院推翻了司法部长的决定，理由是她以一项与 Yang 自己存在欺诈的入境行为有关的行为作为依据，这是不合适的。

政府根据一项推定——司法部长不能以申请人存在欺诈的入境为依据而拒绝豁免——为该案提出辩护。因此，政府只是主张，与申请人妻子的非法入境有关的欺诈行为，是可以区别于申请人自己存在欺诈的入境的。最高法院的判决意见首先纠正了司法部长对其裁 1619

---

① 参见§1.2。

② Leedom v. Kyne, 358 U.S. 184 (1958); Larson v. Domestic & Foreign Commerce Corp., 337 U.S. 682 (1949); Stark v. Wickard, 321 U.S. 288 (1944); American School of Magnetic Healing v. McAnnulty, 187 U.S. 94 (1902).

③ 525 U.S. 449 (1999).

④ 参见§6.6。

⑤ 519 U.S. 26 (1996).

量权初步范围存在的误解。最高法院认定，这部法律的条文赋予了司法部长在决定是否批准豁免驱逐出境的申请时考虑任何因素的完全的裁量权，包括申请人存在欺诈的入境。但是，最高法院接着指出，行政机关可以“通过规则或者已经结案的裁决程序”，宣布和适用“调整裁量权之使用的一般性政策……”一旦行政机关采取了此种行为，“不合理地偏离此项政策（与公开改变该政策不同）”将构成“武断、恣意，[或者] 裁量权滥用的行为而必须被推翻……”因此，尽管司法部长可以通过否认其拒绝考虑存在欺诈的入境的政策而在拒绝豁免驱逐出境申请的问题，恢复自己拥有不受限制之裁量权的法律环境，但是她不能保留该政策，同时在具体的个案中作出违反该政策的行为，而没有对其偏离政策提供充分的理由说明。但是，最高法院支持了司法部长拒绝 Yang 之申请的决定，理由是她已经对其政策作出了可以被允许的狭义解释：“‘存在欺诈的入境行为’例外作为……移民归化局自己发明的概念，移民归化局有权在合理的范围内，根据自己的意愿对该例外作出界定。”

□ 大法官围绕强制执行前可审查性（pre-enforcement reviewability）推定展开的辩论

在 Shalala v. Illinois Council On Long Term Care① 案中，最高法院延续了对可审查性推定降低强度和缩小范围的趋势。在 Abbott 案中，大法官们宣布和应用了行政规则接受执行前审查（pre-enforcement review）的推定。在 Illinois Council 案中，最高法院对此种推定的存在及其强度产生了分歧。五名大法官发表的多数意见指出，“任何此类推定必须在强度上远远弱于反对排除所有审查的推定”。一名持不同意见的大法官质疑存在这样的推定。他指出，“执行前审查是更合适描述为背景规则，可以被从法律中推导出的……任何合理含义所取代”。另外三名持不同意见的大法官本来可以对该案“遵循支持存在已久的执行前审查推定”而作出裁判，但是即使他们也承认“当问题是‘时间早晚（now-or-later）’而不是‘机不可失（now-or-never）’这一推定”。

□ 未能作出行为，不属于可审查的拒绝决定

在 United States v. Bean② 案中，最高法院以一致意见判定，法院不能“审查”行政机关拒绝审查相对人要求恢复拥枪权利之申请的决定，因为国会已经禁止行政机关使用国会拨款资金考虑这类诉愿。最高法院认定该法律只允许审查对此类申请的“拒绝决定”，
1620 并且只有在实质问题上构成否定（negative）决定的，才能符合“拒绝决定”的要求。

□ 最高法院不能责令行政机关作出一项宽泛的行为

在 Norton v. Southern Utah Wilderness Alliance③ 案中，最高法院以一致意见作出的判决意见阐述并扩大了行政不作为不可审查之推定的范围。最高法院判定根据 5 U.S.C.

---

① 529 U.S. 1 (2000).

② 123 S. Ct. 584 (2002)，参见 § 15.11 的讨论。

③ 124 S. Ct. 2373 (2004)，参见 § 12.3 和 § 15.11 的讨论。

§706（1）的规定，只有在法律或者规则要求行政机关作出一项独立行为时，法院才能强制行政机关作出被不合理拖延的行政行为。因此，一部法律如果只对行政机关设定宽泛义务或者给行政机关留下如何履行其职责的裁量权，就不能作为法院命令强制行政机关作出行为的依据。行政机关计划以某种方式作出行为，也不能成为此类法院命令的依据，除非该计划确实对行政机关设定了具有法律拘束力的承诺。

□ 强制性的法律没有创设刑事执法的权利

在 Town of Castle Rock v. Gonzales[①] 案中，七位大法官判定一部推定具有强制性的法律并未对在其适用范围内发布的命令的刑事执法创设可以强制执行的财产利益。多数意见非常依赖赋予执法机关不作为之裁量权的长期传统，即使是法律强制要求作出具体的执法行为（enforcement action），以及该长期传统的政策理由。Castle Rock 案的推理和判决主旨与 Dunlop v. Bachowski[②] 案的推理和判决主旨，以及 Heckler v. Chaney[③] 案的法官附带意见存在冲突。在 Chaney 案中，最高法院宣布推定行政机关不采取执法行为的决定是不可审查的。但是，最高法院在法官附带意见中指出，由命令性文字和可以司法机关执行的标准组成的法律，可以推翻这种不可审查性推定。最高法院提到了它在 Bachowski 案中所作判决意见来说明这一法官附带意见的含义。在 Bachowski 案中，最高法院判定，当法律强迫行政机关在存在“相当理由”相信已经存在违反该法的行为，并且有证据支持这一事实认定时，不采取执法行为的行政决定是可以审查的。Castle Rock 案所涉及的法律要求行政机关在有“相当理由”相信已经存在违法行为并且有完全明确的证据支持存在这一事实认定时采取执法行为，但是多数意见判定该法律必须被解释为赋予行政机关执法裁 1621
量权。也许存在一种方式可以将 Castle Rock 案的判决主旨与推理区别于 Bachowski 案的判决主旨和推理，以及 Chaney 案中的法官附带意见，但是最高法院必须努力对这些案件进行区分，当然还必须假定最高法院承认它们之间存在的冲突。

在第八巡回法院对 Tamenut v. Mukasey[④] 案全席审理作出判决之后，十一家巡回法院都已经判定，移民上诉委员会依职权作出的不重新开始递解出境程序（removal proceedings）的决定，属于行政机关的裁量范围。

在退休的最高法院大法官 O'Connor 撰写的判决意见中，第八巡回法院判定行政机关开展调查的方式依法属于行政机关的裁量范围。[⑤]

在 Association of Irritated Residents v. EPA[⑥] 案中，哥伦比亚特区巡回法院合议庭的两位法官出具的多数意见支持了环境保护局与众多动物饲养经营者（operators of animal feeding operations）之间订立的同意协议（consent agreement）属于不可审查的公诉裁量权的行使。在每份协议中，动物饲养经营者都同意支付一笔罚款而无须承认它违反了任何法律或者规则，以允许其排放受监控并且对动物饲养经营者的污染排放测量方式研究提供资金支持，作为交换，环境保护局同意不在两年内对动物饲养经营者提起公诉。该协议的产生动因是环境保护局在衡量对动物饲养经营者的污染排放进行测量以确定是否违反任何

① 125 S. Ct. 2796（2005），参见§9.4的讨论。
② 421 U.S. 560（1975）.
③ 470 U.S. 821（1985）.
④ 521 F. 3d 1000（8th Cir. *en banc* 2008）.
⑤ Greer v. Chao，492 F. 2d 962（8th Cir. 2007）.
⑥ 494 F. 3d 1027（D.C. Cir. 2007）.

三部环境法律时遇到了极大的困难。多数意见认为，环境保护局与所有动物饲养经营者订立完全相同的同意协议并不能构成未经通告评议程序的立法性规则，因为行政机关并未对任何设施豁免适用任何法律或者规制性规则，而只是同意推迟在同意协议的两年期间内对每位动物饲养经营者提起公诉。多数意见判定，每份同意协议都属于环境保护局的执法裁量范围，并且根据 Heckler v. Chaney[1] 案，每份同意协议都是不可审查的。持不同意见的法官认为，与每位动物饲养经营者订立完全相同的同意协议，属于颁布程序上无效的立法性规则，因为环境保护局已经事实上以未经法律授权对违法污染排放的征税，取代了法
1622 律授权的三部环境法的执法方式。

在 Port of Seattle v. FERC[2] 案中，第九巡回法院判定行政机关在对受规制的企业违法征收过高的价格的指控进行调查听证之后拒绝作出退款命令的决定，是可审查的。法院通过直接引用 Chaney 案的判决意见的若干段落，与 Chaney 案进行了区分：

> 我们并不具有审查“行政机关不提出公诉或者采取执法行为——无论是通过民事程序还是刑事程序的——决定”的管辖权。这是因为“行政机关不采取执法行为的决定，经常涉及对若干特别属于其专业能力范围之内的因素——例如如何充分利用行政机关资源的问题——进行复杂的权衡”。但是，最高法院已经提醒，司法审查的例外情形有限，仅限于缺乏有意义的标准可以用于判断行政机关不采取行动的决定……
>
> * * *
>
> [Chaney 案] 将不可审查性推定限于“行政机关拒绝启动调查执法程序”。当行政机关已经启动程序时，就存在有意义的标准可以用于审查行政机关已经作出的决定：“当行政机关确实采取执法行为时，仅就行政机关必须以某种方式行使其权力而言，该行为就成为司法审查的焦点。至少可以对该行为进行审查，以确定行政机关是否超越了其法定职权。”相应地，联邦能源监管委员会已经作出了裁决争议或者对违法行为采取执法行动的决定，其选择的结果就需要根据《行政程序法》所规定的审查标准接受司法审查。

在 Sprint Nextel Corp. v. FCC[3] 案中，哥伦比亚特区巡回法院判定联邦通信委员会在委员们以 2∶2 的票数批准申请，并且法律规定票数相同具有批准申请的效力时，联邦通信委员会并未作出任何可审查的行为。在这种情况下，联邦通信委员会还没有作出行为；相反是国会批准了申请。法院指出，它不能审查一项没有理由说明的行为，而此种票数相同并未提供可资审查的理由。

在 Motion Systems Corp. v. Bush[4] 案中，联邦巡回区上诉法院全席审理后，十位法官出具的多数意见判决在国际贸易委员会确定一家企业是“市场扰乱（market disruption）”的受害者，并且建议实施进口救济之后，是否给予进口救济的决定属于总统的不受
1623 审查的裁量范围。该案可适用的法律规定总统必须给予救济，除非他“发现采取这种行为将会对美国经济造成的不利影响明显大于此种行为的收益”。在该案诉至法院之前，总统已经根据这样的事实认定作出了拒绝救济的决定。多数意见首先指出《行政程序法》并未规定对总统行为申请审查的权利，因为总统不是行政机关。法院接着指出，对于总统的行为可以寻求非法定的审查，如果总统已经违反了明确的法律要求，但是法院认定对该案讼争的决定不能寻求非法定审查，因为原告只是指控总统滥用了他的裁量权。两名持协同意

---

① 470 U.S. 821 (1985).

② 499 F.3d 1016 (9th Cir. 2007).

③ 508 F.3d 1129 (D.C. Cir. 2007).

④ 437 F.3d 1356 (Fed. Cir. *en banc* 2006).

见的法官认为，总统的此类行为是可以由国际贸易委员会进行审查的，因为其管辖权包括“联邦政府的官员”，而总统就属于此类官员。但是，这两名法官之所以持协同意见，是因为“并未依据可以认定总统的决定是基于对准据性法律的明显误解，或者构成超出授权范围之外的行为”。

在 Secretary of Labor v. Twentymile Coal Co. ① 案中，哥伦比亚特区巡回法院判定矿山安全和健康管理局对某矿主以违反《矿山安全和健康法》为由作出的罚款决定既不能由法院审查，也不能由矿山安全和健康审查委员会（MSHRC）审查。法院认定矿山安全和健康管理局“所行使的裁量权，与司法部根据刑法典所行使的裁量一样不受限制”。法院驳回了矿山安全和健康审查委员会的意见，即试图认定矿山安全和健康管理局的执法指南中存在拘束性的、具有可司法性的标准，因为这些指南是不具有法律拘束力的，并且让矿山安全和健康管理局可以自由行使其裁量权。

在 Pacific Gas & Electric Co. v. FERC② 案中，第九巡回法院判定它不能审查联邦能源监管委员会的一项命令——其中限制了对违反《联邦动力法》的行为提起公诉的范围限于比原告认为合适的范围更大，因为“联邦能源监管委员会保留了几乎不受限制的裁量权可以启动调查对违反《联邦动力法》的行为提起公诉……”

在 McCarthy v. Middle Tennessee Electric Membership Corp. ③ 案中，第六巡回法院判定田纳西流域管理局（TVA）销售多余电力的价格、条款和条件属于田纳西流域管理局依据法律赋予的裁量权，即“根据其判断对于实现［《联邦动力法》］本章规定目的所必需或者可欲的判断”而按照此类价格、条款和条件实施此类电力销售。

在 Animal Legal Defense Fund v. Veneman④ 案中，第九巡回法院合议庭的两名法官出具的多数意见判定行政机关不发布拟议非拘束性政策声明的决定是可审查的。不同意见 1624
则有说服力地指出，多数意见在很多问题上是错误的，包括哥伦比亚特区巡回法院已经判定行政机关并无义务对已经由拟议政策声明解决的问题采取进一步行为。

在 Stanley v. Department of Justice⑤ 案中，联邦巡回区上诉法院判定撤换破产管理人（bankruptcy trustee）属于司法部长的不受审查的裁量范围。破产管理人最初是受指定的雇主，适用文官（civil service）撤换的限制。但是，在 1996 年，时任司法部长根据 5 U. S. C. § 581 (c) 赋予的权力，将破产管理人规定为秘密的政策制定官员，可以豁免文官规则的适用。2004 年，司法部长撤换了两位破产管理人。这两位破产管理人向功绩制保障委员会上诉，主张应该对他们适用文官撤换限制，因为他们是在 1996 年作出对破产管理人豁免适用文官规则之前被雇佣的。功绩制保障委员会驳回了他们的上诉，理由是因为这两位破产管理人不是雇主，所以该委员会并不具有管辖权。联邦巡回区上诉法院支持了功绩制保障委员会的决定，理由包括将破产管理人职位指定为秘密的、政策制定性质的、豁免适用文官规则的职位，以及撤换破产管理人的决定内在地属于司法部长不受审查的裁量范围的主观判断。因为在 1996 年司法部长作出决定之后，这两位破产管理人接受了重新任命，对他们适用的决定“就具有完全效力，而不论他们之前的地位为何”。

① 456 F. 3d 151 (D. C. Cir. 2006).

② 464 F. 3d 861 (9th Cir. 2006).

③ 466 F. 3d 399 (6th Cir. 2006).

④ 469 F. 3d 826 (9th Cir. 2006)，参见 § 6.3、§ 15.11 和 § 16.5 的讨论。

⑤ 423 F. 3d 1271 (Fed. Cir. 2005).

在 Fligiel v. Samson[1] 案中，第六巡回法院同意第一巡回法院的意见，判决退伍军人管理局（Veterans Administration）[*] 的雇员无权申请审查对其不利的雇佣行为。法院的理由是“当对不利行为存在全面的救济制度，并且国会已经明确表明不能提供司法审查时，个人不能选择其他联邦法定的审查渠道”。

在 Merida Delgado v. Gonzales[2] 案中，第十巡回法院判定司法部长因为“司法部长在确定个人对航空或者国家安全构成风险时”而作出不能对外国人提供飞行训练的决定，属于司法部长不受审查的裁量范围。法院认定并无准据法，也缺乏专业能力对此类决定进行审查。法院也指出，它是受到了司法部长作出决定所处的国家安全背景的影响。

在 Colorado Environmental Coalition v. Wenker[3] 案中，第十巡回法院判定对于一家
1625 咨询委员会的组成人员所提出的两项起诉是不能由司法机关受理的，但是有一项起诉是可以由司法机关受理的。首先，两位法官出具的多数意见判定要求每位咨询委员会的被提名人都需要有一份推荐信的行政规则是不能由法院强制执行的，因为如果提名机关发送此类信函有意义的话，该规则并未提及这些意义。其次，法院判定《联邦咨询委员会法》禁止提名机关受特别利益集团不合理影响的规定，是不能由司法机关执行的，因为法院无法区别何为合理影响，何为不合理影响。再次，法院判定《联邦咨询委员会法》的“合理均衡（fair balance）”要求和行政机关为了执行该要求而颁布的规则是可以由司法机关执行的。

在 International Union v. Department of Labor[4] 案中，哥伦比亚特区巡回法院判定，当它有权审查行政机关在该程序中发布的任何最终规则时，《所有令状法》赋予其对行政机关撤回拟议规则的决定进行审查的管辖权。法院接着认定这种撤回决定是武断和恣意的，因为行政机关并未充分解释自己为什么撤回这项拟议规则。

在 Heckler v. Chaney[5] 案中，最高法院宣布了行政机关不启动执法行为的决定之不可审查性推定。但是，在这份判决意见的脚注四中，最高法院则将以下问题——如果涉案的行政机关“已经有意识并且明确地采纳了一项如此极端以至于可以构成放弃其法定职责的政策”时，法院是否可以介入——留待以后判决。在 Riverkeeper v. Collins[6] 案中，第二巡回法院有机会决定这一假想的可能作为管辖权依据的范围。原告承认所适用的法律使用了允许性的文字“可以”，因此它不能通过证明该法律中同时使用了命令性文字和具有可司法性的标准而推翻这一推定，但是它主张核能监管委员会拒绝根据原告申请采取特定行为的决定，加上它已经拒绝采取的其他行为，构成了一种反映出放弃其法定职责的作为和不作为的模式。法院驳回了这一主张。它指出还没有一家法院发现一种事实模式符合 Chaney 案中所宣布的构成可审查性推定之例外的放弃职责的政策。法院发现并没有“明确的行政政策可以让我们与［法律］相对比，以确定［行政］政策是否符合该法所要求的
1626 职责或者放弃了该职责”。在缺乏此种政策的情况下，法院审查了“［行政机关的］这里所作出的行为，以确定我们是否可以从中发现放弃了［法律］赋予［行政机关］的职责”。法院并未发现这样的政策。相反，它提及行政机关作出的某些行为和说明，其中行政机关

---

* 退伍军人管理局成立于 1939 年，1989 年改组为退伍军人事务部。——译者注

① 428 F. 3d 621 (6th Cir. 2005).

② 428 F. 3d 916 (10th Cir. 2005).

③ 353 F. 3d 1221 (10th Cir. 2004).

④ 358 F. 3d 40 (D. C. Cir. 2004).

⑤ 470 U. S. 821 (1985).

⑥ 359 F. 3d 156 (2d Cir. 2004).

表示相信其他行政机关可以更好地处理原告所提出的风险。法院认定“依赖其他政府实体解决风险，并不等于忽略该风险”。法院也表达了关切，即采纳 Chaney 案判决意见脚注四中提到的对假设的管辖权基础进行扩张性解释，将会造成“行政机关每次拒绝命令所要求的行为时，构成基于‘弃权’的管辖权……”

在 2002 年，司法部长颁布了一些新规则，旨在简化移民法官（Immigration Judges）上诉裁决的程序。在规定的情形下，移民上诉委员会（the Board of Immigration Appeals）的委员可以支持移民法官的裁决而无须赞成移民法官的裁决理由。所有巡回法院已经判定这些简化程序的规则是符合正当程序的[①]，但是对于移民上诉委员会采用单一委员的简化审查程序的决定是否是可审查的问题，各巡回法院则存在分歧。这些新规则规定，被分配到案件的移民上诉委员会的单一委员如果确定移民法官所得出的结论是正确的，而所犯的错误要么是无害的要么是无关紧要的，所提出的争点是已有先例的并且不涉及对全新的事实情况适用先例，并且所提出的事实或者法律争点并非如此实质性以至于应该出具书面意见，该委员就应该确认移民法官的裁决而无须提供裁决意见。四家巡回法院已经或者判定，或者在法官附带意见中建议，决定采用单一委员裁决程序的决定是可审查的。[②] 两家巡回法院则判定此种决定属于行政裁量的范畴。[③]

已经判定采用简化程序的决定可审查的法院认为行政机关需要遵守自己颁布的规则，并且调整简化程序之适用的规则也包含了法院可以适用的标准。而判定采用简化程序的决定属于行政裁量范畴的法院则质疑法院是否能够在没有对这些决定进行法律所禁止的实质 1627
审查的情况下适用这些规则中所阐述的标准。这些法院也认定让采用简化程序的决定接受司法审查，将会让行政机关采用简化程序的目的落空。最后，它们也指出，最高法院长期以来认为旨在帮助行政机关履行职责的行政机关的程序规则，法院是不能针对行政机关强制执行的。[④] 判定采用简化程序的决定不可审查的法院的判决意见，相比判定采用简化程序的决定可审查的法院的判决意见更具有说服力。

在 AT&T Crop. v. FCC[⑤] 案中，哥伦比亚特区巡回法院判定联邦通信委员会的一项通知——告知一部法律中确立的保障措施自动到期——不具有可审查性，因为它不是一项行政行为而是对无须借助任何行政机关，法律即已完成的修订所作的公开声明。法院接着判定联邦通信委员会决定不以新的替代保障措施取代法定保障措施，不是最终行政行为，不具有审查成熟性。[⑥]

在 Dysart v. United States[⑦] 案中，联邦巡回区上诉法院判定《联邦宪法》将任命联邦政府官员的决定托付给总统不受审查的裁量权，并且没有法律可以修改总统裁量权的范围。

在 Ohio Public Interest Research Group v. Whitman[⑧] 案中，第六巡回法院同意第二巡回法院和第五巡回法院的意见，判定环境保护局不对被指控没有充分实施和强制执行运营许可证（operating permit）项目的州发送整改通知书的决定，是不可审查的，即使环境

---

① 参见§9.5。

② Smriko v. Ashcroft, 387 F. 3d 279 (3d Cir. 2004); Chen v. Ashcroft, 378 F. 3d 1081 (9th Cir. 2004); Denko v. INS, 351 F. 3d 717 (6th Cir. 2003); Haoud v. Ashcroft, 350 F. 3d 201 (1st Cir. 2003).

③ Tsegay v. Ashcroft, 386 F. 3d 201 (1st Cir. 2004); Ngure v. Ashcroft, 367 F. 3d 975 (8th Cir. 2004).

④ 参见§6.5。

⑤ 369 F. 3d 554 (D. C. Cir. 2004)，参见§15.11 和§15.12 的讨论。

⑥ 参见§15.11 和§15.12。

⑦ 368 F. 3d 1303 (Fed. Cir. 2004)，参见§2.4 和§2.7 的讨论。

⑧ 386 F. 3d 792 (6th Cir. 2004).

保护局已经确认了州实施该项目中存在的缺陷。法院认定环境保护局并不具有法院可以强制执行的发送整改通知书的义务，因为即使法律中使用了“应当”一词，它并未对命令式文字配以具有可司法性的标准。该法中现成的文字是：“在局长认定许可机关并未充分实施或者强制执行该项目的任何时候，……局长应该向州发送通知。”法院的结论是环境保护局承认州对该项目的实施存在缺陷，并不构成州没有充分实施该项目的“认定”，这一结论是值得质疑的。

在 ANA International v. Way[①] 案中，第九巡回法院合议庭的两名法官出具的多数意
1628 见判定司法部长撤销对任何移民签证申请之批文的决定并不属于司法部长的裁量范围。该法规定司法部长“可以，在任何时候，出于他认为正当和充分的事由（good and sufficient cause），撤销对任何［移民签证］申请之批文”。多数意见认为法院可以强制执行“正当和充分的事由”标准。这一结论是模糊的，因为该法律中对于这些文字还配有“他认为是（what he deems to be）”这一短语。这一短语几乎与最高法院在 Webster v. Doe[②] 案中以一致意见描述为“明确尊重”决定者个人的法律用语完全相同。第三巡回法院和第七巡回法院也判定撤销签证属于行政机关的裁量范围。[③]

在 Steenholdt v. FAA[④] 案中，哥伦比亚特区巡回法院判定不延续某相对人对维修飞行器提供适航性认证之权利的决定，属于行政机关不可审查的裁量权。该法授权联邦航空管理局“在局长认为合适的任何时候、任何理由”决定不延续该认证权。

在 New York Public Interest Research Group v. Whitman[⑤] 案中，第二巡回法院判定，是否对已经拥有完全得到批准的许可项目的州发送整改通知书（notice of deficiency）属于环境保护局不可审查的裁量权，即使环境保护局已经意识到该州的项目中存在的缺陷。法院认定该法中所使用的文字——“局长作出决定的任何时候”——赋予了环境保护局局长以裁量性的执法权。

某法律授权农业部签发会引发人为造成价格上涨之效果的牛奶销售命令，默示地赋予牛奶加工者申请对这些命令进行审查的权利，但是该法对于该行政决定程序中的其他参与者是否具有申请审查的权利则未置一词。在 Block v. Community Nutrition Institute[⑥] 案中，最高法院以法律未作规定作为部分依据，判定国会已经默示地排除了应消费者申请进行的审查。在 United Dairymen of Arizona v. Veneman[⑦] 案中，第九巡回法院将该案与 Block 案进行了类比，判定国会也默示地排除了应牛奶生产商申请进行的审查。但是，在 Alto Dairy v. Veneman[⑧] 案中，第七巡回法院不同意第九巡回法院，而同意其他三家巡回法院，判定国会并未默示地排除生产商提出的审查申请。第七巡回法院首先承认“从国会
1629 未作规定中进行推导是不可信的……”第七巡回法院接着认为，在本案中，国会未作规定很可能说明国会相信牛奶农场主显然有权申请对牛奶销售命令进行审查，因为他们是这些命令的目标受益人。

---

① 393 F. 3d 886 (9th Cir. 2004).

② 486 U. S. 592 (1988).

③ Jilin Pharmaceutical v. Chertoff, 447 F. 3d 196 (3d Cir. 2006); El-Khader v. Monica, 366 F. 3d 562 (7th Cir. 2004).

④ 314 F. 3d 633 (D. C. Cir. 2003).

⑤ 321 F. 3d 316 (2d Cir. 2003).

⑥ 467 U. S. 340 (1984).

⑦ 279 F. 3d 1160 (9th Cir. 2002).

⑧ 336 F. 3d 560 (7th Cir. 2003).

在 Schneider v. Feinberg[1] 案中，第二巡回法院判定为了实施“九一一”事件受害人赔偿基金而发布的规则中包含了法院在审查特别主事官（Special Master）对于受害者应得的赔偿所作决定的合法性时可以适用的强制标准，但是该法律本身“并未包含法官可以据以判断［特别主事官的］裁量权的有意义的标准”。

在 Drake v. FAA[2] 案中，哥伦比亚特区巡回法院判定联邦航空管理局未经听证驳回一项投诉的决定是不可审查的决定，因为它属于行政裁量范围。法院判定该行政决定“类似于” Heckler v. Chaney[3] 案中的“公诉裁量权的行使”。该案涉及的法律授权联邦航空管理局局长在“认为”不具有充分理由对相对人的投诉采取行动时，可以未经听证即驳回投诉。

在 Lundeen v. Mineta[4] 案中，第五巡回法院判定某联邦行政机关为公路翻新工程提供资助的决定是不可审查的。法院认定可审查性的“强推定”被法律规定——“任何法院不应该审查……未能考虑任何因素的行为……”——所推翻。

在 Lindsay v. United States[5] 案中，联邦巡回区上诉法院判定空军不予晋升一名军官的决定是可审查的。法院在属于行政机关不可审查的裁量范围的实体性军队人事决定，与原告申请审查的依据，即行政机关未能遵守强制性的程序规则之间进行了区分。

在 Milk Train v. Veneman[6] 案中，哥伦比亚特区巡回法院作出了一项有趣的判决意见，其中说明一项重要问题，即行政机关在有些方面可能属于行政机关不可审查的裁量权，而在另外有些方面又是可以审查的。法院判定授权农业部长“以合理方式”为奶牛农场主提供援助的某法律，并未为法院提供准据法依据。但是，相同法律所描述的对于“1999 年遭受的经济损失”提供的援助，为法院提供了一项标准，可以用于确定援助不是为了其他年份所遭受的损失而提供的。 1630

在 Friends of Cowlitz v. FERC[7] 案中，第九巡回法院说明了行政不作为之不可审查性推定的强度。原告向联邦能源监管委员会投诉，指控一位水电站许可证的持有人违反了其许可证中的条款。联邦能源监管委员会没有经过听证就直接驳回了这一投诉，理由是该许可证持有人并未违反该许可证中的条款。法院认定联邦规制机构的事实认定并未得到实质性证据的支持，其推理是不充分的，并且其决定“在法律问题上显然存在错误”。但是法院判定联邦能源监管委员会的不作为是不可审查的，因为可适用的法律或者规则“明确交给行政机关裁量决定”是否举行听证和是否强制执行水电站许可证的条款。哥伦比亚特区巡回法院采取类似推理作为依据，判定联邦能源监管委员会在 Baltimore Gas & Electric Co. v. FERC[8] 案作出的对案件进行和解的决定是不可审查的、对裁量权的行使。

在 Miami Nation of Indians v. Department of Interior[9] 案中，第七巡回法院发表了一份论证特别仔细和推理充分的判决意见，解释和说明了不可审查的对于政策问题的行政解决以及可审查的行政决定之间的界限。法院首先指出一项不承认印第安部落的行政决定可能基于以下两项理由是不可审查的对政治问题的解决：从机构上来说，法院并不具有审查

① 345 F. 3d 135 (2d Cir. 2003).
② 291 F. 3d 59 (D. C. Cir. 2002).
③ 420 U. S. 871 (1985).
④ 291 F. 3d 300 (5th Cir. 2002).
⑤ 295 F. 3d 1252 (Fed. Cir. 2002).
⑥ 310 F. 3d 747 (D. C. Cir. 2002).
⑦ 253 F. 3d 1161 (9th Cir. 2001).
⑧ 252 F. 3d 456 (D. C. Cir. 2001).
⑨ 255 F. 3d 342 (7th Cir. 2001).

此类决定的能力；法院并不具有可以适用于此类争议的具有可司法性的标准。但是，法院接着认定政府的行政分支可以，并且在这类案件中，已经发布具有拘束力的规则，通过规定复审法院可以适用的标准而限制行政裁量权。但是，法院并未发现行政机关在适用该规则中规定的标准时存在错误。作为一个选择方案，法院也认定任何此类错误是无害的，因为该案讼争的这一部落已经不复存在。

在 United States v. F. S. J.[1] 案中，第九巡回法院同意其他七家巡回法院的意见，判定在联邦法院对未成年人提起公诉的决定是不可审查的、对公诉裁量权的行使。法院认定法定标准——是否“在该案中存在实质性的联邦利益”——不容易由法院适用。只有第四巡回法院判定此类决定是可以审查的。

在 Hi-Tech Furnace Systems v. FCC[2] 案中，法院应用了可审查性推定以支持其作出的判决，即有关证据开示的行政决定（agency decisions regarding discovery）是可以审查的。但是，哥伦比亚特区巡回法院强调指出，它对这类决定的审查时给予了“极为高度的
1631 尊重”。

在 Cornejo-Barreto v. Seifert[3] 案中，法院判定国务卿作出引渡某人的决定是可审查的，如果此人声称他在被引渡后会遭受迫害。法院认定，法律对国务卿设定了一项明确强制性的义务，即不得将很可能会遭受迫害的个人实施引渡。

在 District No. 1 v. Maritime Administration[4] 案中，法院判定将船舶国籍从美国改为其他国家的决定属于行政裁量权的范围。行政机关承认它制定的规则规定了适用于此类决定的具体标准，但是法院认定这些标准并不适合法院适用，因为它们涉及“国防、商船的充分性和国家安全”。

在 Oil, Chemical and Atomic Workers Union v. Richardson[5] 案中，法院判定行政机关拒绝执行其合同中的一项条款，这是可以审查的，因为它属于 Chaney 案中宣布的行政不作为之不可审查性推定的范围。

在 Saavedra Bruno v. Albright[6] 案中，哥伦比亚特区巡回法院判定领事作出的拒签决定是不可审查的。该法院认定，国会对在美国境内的外国人提供的极为有限的救济，以及将是否将外国人排除在外的决定托付政府的政治分支“这一古老的国际法原则”，两者都部分推翻了可审查性推定。有趣的是，法院认定，《行政程序法》§701（a）（1）规定的“法律排除审查”，和《行政程序法》§702 规定的“本节规定不影响对司法审查所作的其他限制……”都可以支持其作出的判决。该法院引用的立法史表明，《行政程序法》§702 规定的这句话，其目的是允许法院继续拒绝“裁决与外交事务、军事政策和其他不适合法院裁判的主题有关的争议”。

在 Dew v. United States[7] 案中，法院判定情报机关（包括联邦调查局）的雇员，不能申请法院审查与其依据《军职人员就业和再就业权利法》（the Uniformed Services Employment and Reemployment Rights Act）享有之权利有关的行政决定。法院认定，这一立法的结构已经推翻了可审查性推定。法院指出，这部法律将雇员划分为三大类。私人雇

---

[1] 265 F. 3d 764 (9th Cir. 2001).

[2] 224 F. 3d 781 (D. C. Cir. Ll 2000).

[3] 218 F. 3d 1004 (9th Cir. 2000).

[4] 215 F. 3d 37 (D. C Cir. 2000).

[5] 214 F. 3d 1379 (D. C. Cir. 2000).

[6] 197 F. 3d 1153 (D. C. Cir. 1999).

[7] 192 F. 3d 366 (2d Cir. 1999).

主和州政府的雇员可以在联邦法院和州法院主张其权利。联邦雇员，除情报机关的雇员以外，可以在功绩制保障委员会主张其权利，接受巡回法院的司法审查。情报机关的雇员只 1632
能通过向其行政机关的总监察长（inspector general）提出权利请求，而总监察长需要“对相关指控作出裁决。”

在 Christopher Village v. Retsinas① 案中，第五巡回法院判定，尽管所有的巡回法院都曾判定住房和城市发展部批准或者拒绝租金上涨的决定是不可审查的，住房和城市发展部拒绝考虑获得联邦资金补贴的住房综合区（housing complex）提出的租金上涨申请，这是可以审查的。第五巡回法院判定，住房和城市发展部的规则及其与项目业主订立的合同要求住房和城市发展部考虑租金上涨的申请，从而为审查住房和城市发展部拒绝考虑此类租金上涨申请的决定提供了“可以适用的法律规范”。

在 Regional Management Corp. v. Legal Services Corp. ② 案中，获得法律服务公司（the Legal Services Corporation）* 补助者违反了该补助的法定条件，第四巡回法院判定法院不能审查法律服务公司拒绝对获得补助者采取惩戒措施的决定。《法律服务公司法》禁止任何获得补助者参与游说活动。原告向法律服务公司投诉，指控一名获得补助者实施了游说活动。法律服务公司认定该获得补助者没有实施游说活动，拒绝对获得补助者采取惩戒措施。原告申请法院审查该决定。法院一致意见判定这一决定是不可审查的，但是法院对于判决的依据产生了分歧。两名法官出具的多数意见认为该决定是不可审查的，因为法律服务公司法并没有规定对该案讼争的此类决定进行审查，并且法律服务公司不属于“行政机关”，因此不能接受《行政程序法》规定的审查。持协同意见的法官质疑仅有这两项因素是否足以推翻可审查性的推定。但是，他指出，原告确实试图申请对法律服务公司不采取执法措施的决定进行审查，从而引发了 Chaney 案中宣布的对行政不作为的不可审查性推定的适用。

在 People's Mojahedin Org. v. Department of State③ 案中，国务院认定某组织对美国或者美国国民的安全构成威胁，哥伦比亚特区巡回法院判定它不能审查该事实认定，因为这是超出法院可以胜任的能力范围之外的外交政策决定。

在 Ellison v. Connor④ 案中，法院判定美国陆军工程兵团批准或者拒绝批准使用陆军工程兵团的财产，这是属于行政裁量权范围的。法院认定，可以适用的法律中并没有规定标准，而可以适用的规则中规定的标准又过于宽泛以至于法院无法适用，也就是说，批准 1633
是否会妨碍美国的任何军事行动，以及该财产是否是公共利益所必需的。法院指出，它在判断一类决定是否依法属于行政裁量权范围的时候，会考虑“实际政策问题”以及可以适用的法律和规则中使用的文字。

在 Helgeson v. Bureau of Indian Affairs⑤ 案中，第九巡回法院判定批准或者拒绝印第安周转性基金贷款（Indian Revolving Fund Loan）的申请，依法属于印第安事务管理局的裁量权范围。该案适用的法律中规定：

只有根据部长的判断，可以合理预期贷款的偿还，并且部长认为申请人无法以合理条

---

* 法律服务公司是一家由美国政府建立的非营利企业。它是为低收入美国人提供民事法律援助的最大资助者。——译者注

① 190 F. 3d 310 (5th Cir. 1999).

② 186 F. 3d 457 (4th Cir. 1999).

③ 182 F. 3d 17 (D. C. Cir. 1999).

④ 153 F. 3d 247 (5th Cir. 1998).

⑤ 153 F. 3d 1000 (9th Cir. 1998).

款和条件从其他来源获得融资时，才能作出贷款的决定。

法院认定，“根据部长的判断”和“部长认为”这些短语体现了国会的目的是将这两项法定因素的适用由部长裁量决定。但是，它也指出，如果部长偏离了法定的标准，法院可以推翻拒绝贷款的决定。但是，法院认为，部长可以考虑“过度的风险”，因为风险与“合理预期贷款的偿还”之间存在密切联系。

在 Minnesota Milk Producers Assn. v. Glickman① 案中，法院似乎判定保持现行的牛奶价格确定公式之效力的决定部分属于农业部长的裁量权范围，当事人要挑战这一决定需要克服高强度的合法性推定。法院作出这一判决是基于三项因素：（1）现行的公式是法律规定的，而不是通过行政行为确立的；（2）法律规定了行政机关决定修改该公式时必须考虑的一系列标准，但是它并没有要求行政机关在保持法定公式之效力时需要考虑的任何因素；（3）不修改公式的决定是不作为，可以推定是不可审查的。尽管法院对于可审查性已有结论，法院接着对行政决定附加理由说明的义务进行了尊重的理解，判定行政机关保持已有公式之效力的决定不是武断和恣意的。

在 American Disabled for Attendant Programs Today v. Department of Housing and Urban Development② 案中，法院判定住房和城市发展部的决定——是否以及如何调查所指控的违反它所制定的残疾人住房规则的行为——依法属于行政裁量权范围。法院指出，
1634 每个相关的法律和规章的条款，除了一条之外，都使用了允许性的文字“可以”。这一例外是住房与城市发展部在其制定的一项规则中规定，“当有信息表明可能存在未能遵守该规则的情形时，它‘应当’进行调查”。法院认定“可能存在未能遵守的情形”标准过于缺乏精确性，以至于无法由法院执行。法院驳回了原告的主张，即该标准要求住房与城市发展部对每起投诉进行彻底的调查。法院指出，任何行政机关都不能拥有所需要的资源实施此类执法政策。

在 Consolidated Edison I③ 案和 Consolidated Edison II④ 案中，法院判定起诉要求对石油定价过高寻求公平补偿的决定，与在此类诉讼中所回收资金的分配有关的决定，属于能源部长不可审查的裁量权范围。

在 Kenney v. Glickman⑤ 案中，合议庭对于新一套员工执法指南——其中宣布降低肉制品加工缺陷的容忍水平——的可审查性存在分歧。多数意见判定新的执法指南是可以适用武断和恣意标准进行审查的。地区法院已经判定新的执法标准，根据 Chaney 原则是不可审查的，因为该法规定如此宽泛以至于并没有可以适用的法律规范。多数意见没有反对地区法院所得出的该法缺乏可以由法院执行的标准的结论。但是，它基于两点理由将该案与 Chaney 案进行了区分。首先，它将 Chaney 案解释为在推定为不可审查的单独的执法决定，与推定为可以审查的一般性执法政策之间进行区分。其次，它认定行政机关与加工禽类制品有关的更具容忍性的执法政策中存在“可以适用的法律规范”。多数意见认为肉制品加工和禽类制品的加工是受不同法律调整的，但是它认定这两部法律之间存在足够的类似性，以至于可以证明行政机关执行一部法律的标准可以作为评判执行另一部法律的标准之基准的正当性。多数意见接着判定新的肉制品加工执法指南是武断和恣意的，因为行政机关没有充分地解释为什么它对肉制品加工适用比禽类制品加工更为严格的执法标准。持

---

① 153 F. 3d 632 (8th Cir. 1998).

② 170 F. 3d 381 (3rd Cir. 1999).

③ Consolidated Edison Co. v. O'Leary, 117 F. 3d 538 (Fed. Cir. 1997).

④ Consolidated Edison Co. v. O'Leary, 131 F. 3d 1475 (Fed. Cir. 1997).

⑤ 96 F. 3d 1118 (8th Cir. 1996).

不同意见的法官认为，这一指南是不可审查的。

第九巡回法院的两家合议庭对于《预算撤销法》(the Rescissions Act of 1995) 的效果得出了存在某种差别的结论。在制定《预算撤销法》之前，所有联邦土地上出产之木材的销售，需要遵守多部法律的规定，这些法律规定了对这些销售适用的实体性标准，并要求将多项决策程序作为这些销售的前提条件。在《预算撤销法》中，国会规定某些类型的销售豁免遵守所有这些法律。在 Idaho Sporting Congress v. Forest Service① 案中，法院判 1635
定《预算撤销法》规定不能适用环境和自然资源立法，而排除了法院对木材销售的审查。但是，法院认定它可以对此类销售适用某种抽象的武断和恣意标准。法院接着支持了行政机关进行这些交易的决定，理由是当自己一方专家的观点和建议与其他专家的观点和建议存在冲突时，行政机关有权采用自己一方的专家提供的观点和建议。在 Oregon Natural Resources Council v. Thomas② 案中，法院判定《预算撤销法》具有使木材销售无法获得基于武断和恣意标准进行审查的效力。法院很有说服力地指出，如果没有一项或者更多的实体性标准 (substantive anchors)，就不能适用基于武断和恣意标准的审查。因此，在缺乏"可以适用的法律规范"时，法院在判断行政行为是得到充分推理的支持还是属于武断和恣意的行为之时，并没有可资采用的基准。

在 Railways Labor Executives' Association v. National Mediation Board③ 案时，哥伦比亚特区巡回法院经过全席审理在裁决一项复杂的可审查性争议时分成三派意见。《铁路劳工法》(The Railway Labor Act) 赋予国家调解委员会 (the National Mediation Board)"根据争议任何一方当事人的请求"，调查"运输商雇员之间的"争议。截至 1988 年，国家调解委员会已经将《铁路劳工法》解释为允许其仅在雇员要求时调查和裁决雇员工会代表争议 (a representation dispute)。但是，在 1989 年，国家调解委员会陈述了当运输商认为兼并或者收购引发雇员工会代表争议时，应运输商的要求实施此类调查的目的。铁路工会申请审查该规则，理由是该规则超出了国家调解委员会的职权。审查的申请书要求法院解释最高法院在 Leedom v. Kyne④ 案和 Switchmen's Union v. National Mediation Board⑤ 案中的判决意见。在 Switchmen's Union 案中，最高法院指出，国家调解委员会调查劳资争议的决定是不可审查的。在 Kyne⑥ 案中，最高法院指出，国家劳动关系委员会将某工会认证为谈判代表的决定是不可审查的。在这两起案件中，最高法院认为，国会没有要求法院卷入确定谈判代表的过程，因为在集体谈判程序中插入的司法审查可能会导致迟延和不确定性。但是，在这两起案件中，当行政机关的行为方式已经明显超越了法定权限，侵 1636
犯了明确赋予原告的权利时，最高法院承认了禁止司法审查存在一项有限的例外。Railway Labor 案的争点就是这一例外的范围。

多数意见判定，国家调解委员会的行为是可以审查的，因为它构成了"严重违反"《铁路劳工法》赋予国家调解委员会的管辖权。多数意见指出，对于行政机关明显违反了法律禁止性条款的情形，最高法院最初对不可审查性采纳了狭义的例外。但是，多数意见认定，例外的理由支持其适用于任何明显违反法律中管辖权条款之行为。多数意见认为，没有必要决定这一例外是否适用于明显违反不属于管辖性的法律条款。多数意见也提到要

① 92 F. 3d 922 (9th Cir. 1996).
② 92 F. 3d 922 (9th Cir. 1996).
③ 29 F. 3d 655 (D. C. Cir. 1994).
④ 358 U. S. 184 (1958).
⑤ 320 U. S. 297 (1943).
⑥ 参见 § 15. 2 和 § 15. 4。

区分管辖性的法律条款和非管辖性的法律条款是非常困难的。五名持协同意见的法官采用存在某种区别的推理程序。第一，它们将 Kyne 案和 Switchmen's Union 案解释为允许复审法院“实施实质审查”，并且只有在行政行为建立在“明显”和“严重”的错误解释基础之上时，才允许推翻行政行为。第二，它们认为，导致国会和最高法院禁止对选定工会代表的决定进行司法审查的考虑因素，并不适用于本案中讼争的行为类型——行政规则。第三，持协同意见的法官认为，《行政程序法》的可审查性推定以一定的强度适用于行政规则。第四，他们认为并不存在“明确可信”证据证明国会意图排除对为了实施《铁路劳工法》而制定的规则进行司法审查。

一名持不同意见的法官反对多数意见和协同意见中的大多数推理。这一不同意见提出了如下主张：（1）Kyne 案、Switchmen's Union 案和《行政程序法》并没有在规则和个案中采取的行为之间进行区分；（2）如果确立此种区分，会使行政机关不愿意采取制定规章的行为方式；（3）Kyne 案和 Switchmen's Union 案所承认的例外，只适用于违反特定的法律禁止性规定和侵犯法律赋予原告的特定权利；（4）对行政行为合法性提起的任何诉讼，都可以定性为涉及管辖权；（5）国家调解委员会的行为不会违反《铁路劳工法》，更不可能是“明确”和“严重”的违法行为。

在 America West Airlines v. National Mediation Board① 案中，法院对国家调解委员会确定工会谈判代表的决定进行的司法审查是“极为有限的”。它支持了被诉的决定，理由是它所进行的实质审查并没有披露该决定存在的任何问题。大多数现代的涉及可审查性问题的案件都引出了相同的一般性问题：对于创设了一个或者更多强制性、可以由法院管理的标准之行为，是否存在对其适用的法律条款或者立法性规则？如果答案是肯定的，则该行为在没有法定排除审查条款时是可以审查的。如果答案是否定的，该行为则属于行政裁量权的范围。当然，这一公式表明了比已判决案件的模式所凸显的更高的可预测性和客观性。所有法院在裁决可审查性争议时会考虑具体案情，并且法院在对可审查性推定所给
1637 予的强度上也存在差别。

大多数现代的可审查性案件引发的是相同的一般性问题：对行政行为适用的法律规定或者立法性规则是否创设了一项或者更多的强制性、可司法性的标准？如果答案是肯定的，则在没有法定排除规定时该行政行为是可审查的。如果答案是否定的，则该行为属于行政裁量权的范围。当然，与已判决案件模型所表现出来的情况相比，这种表述意味着更高程度的可预测性和客观性。所有的联邦法院都会在裁决可审查性争议时考虑案件背景情况，并且它们对可审查性推定所赋予的权重也存在差异。

在 United States v. Juvenile No. 1② 案中，第五巡回法院判定证明存在“实质性的联邦利益”的决定，可以支持在未成年人公诉案件中行使管辖权，由司法部长不可审查的裁量权来决定。法院认为，缺乏定义的“实质性联邦利益”并没有提供法院可以管理的标准。同一部法律明确要求另一类决定接受司法审查，同时提到了可以适用于这一领域决定程序的六项法定标准，这也对法院产生了影响。

在 McAlpine v. United States③ 案中，第十巡回法院不同意第十一巡回法院的判决意见，判定内政部拒绝为了印第安人的利益而收购土地。法院认定一项行政规则中指出行政机关“应当”考虑七项因素才能作出此类决定，这一规定提供了“可以适用的法律规范”。

---

① 119 F. 3d 772 (9th Cir. 1997).

② 118 F. 3d 298 (5th Cir. 1997).

③ 112 F. 3d 1429 (10th Cir. 1997).

在 Lalani v. Perryman[①]案中，第七巡回法院判定移民归化局对被发现属于可以驱逐出境的非法移民所作出的拒绝批准延长自愿离境*期限的决定，是不可审查的。并没有法律规定允许对被发现属于可以驱逐出境的非法移民延长自愿离境期限。此种延长期限是根据规则批准的，但是该规则并没有规定任何标准，并且指出所有此类决定都是不可审查的。法院认定移民归化局不需要对其决定提供任何理由，因为该决定属于行政裁量权的范围。

在 Legal Assistance for Vietnamese Asylum Seekers v. Department of State[②] 案中，哥伦比亚特区巡回法院判定国务卿对来自越南和老挝的庇护申请改变处理地（venue for processing）的决定是不可审查的。国务院在香港处理这些申请，但是在其他国家的要求下，国务院开始将所有庇护申请者遣返，并在他们的来源国处理他们提出的申请。法院根据三项因素支持其判决主旨，即申请处理地的决定属于国务院的裁量权范围。首先，法律条文规定宽泛表明了不可审查性："每个外国人……应当……在规章规定的地点提出申请。"其次，国会通过补充下列文字修订了调整庇护申请的法律条文："本段文字不得被解 1638
释为限制国务卿确定……处理此类申请之地点的权力。"再次，"该行政行为的性质不适合审查的"，也就是说，行政机关必须权衡"有关安全和外交、……资源和……相关的需求……各种复杂的问题（concerns）"。

在 Joelson v. United States[③] 案中，法院判定某美国破产财产管理人（U. S. Trustee in Bankruptcy）将某个人从破产诉讼中具备财产管理人资格的破产财产管理人地区小组（regional panel）除名，这一决定是不可审查的。法院认定没有证据表明国会意图排除对此类决定的审查，但是它也认定对此类决定并不存在"可以适用的法律规范"。可以适用的法律和规则都规定得比较宽泛，并没有提到任何可以适用于除名决定的具有可司法性的标准。

在 Madison-Hughes v. Shalala[④] 案中，第六巡回法院判定收集数据以确定联邦资金支持的医疗保险提供商是否实施了违法的歧视行为，这属于卫生和社会服务部的裁量权范围。法律禁止若干歧视的依据，并不要求收集数据以执行该禁止性规定。规则规定了数据收集，但是使用的文字是允许性的，也是裁量性的，亦即卫生和社会服务部"可以确定""在此时，和以此种形式"。

在 Marquez-Ramos v. Reno[⑤] 案中，第十巡回法院判定将墨西哥国民从美国监狱转移
至墨西哥监督，这属于司法部长的裁量权范围。可以适用的条约规定，"如果移送国认为 1639
移送罪犯是合适的"，可以启动罪犯移管程序。它接着规定，"司法部长应当谨记"若干因素。法院承认移送决定是在具有国际和政治影响的背景下作出的，这一观点影响了法院的结论，即这一系列相互冲突的因素并没有创设可以由法院执行的标准。

在 Chiles v. United States[⑥] 案中，第十一巡回法院驳回了佛罗里达州提出的指控，即联邦政府没有充分保卫其边界，申请确认和禁令救济，并且申请联邦政府补偿因为未能保卫其边界而导致佛罗里达州承担的成本。法院判定，"为移民而确立的所有立法计划表明，

---

* 自愿离境是指在进入递解程序后，法庭批准的一种结束递解程序的方法。当事人向移民法官提出 VD 要求，如批准，当事人须在规定的时间内自行离开美国。——译者注

① 105 F. 3d 334 (7th Cir. 1997).

② 104 F. 3d 1439 (D. C. Cir. 1997).

③ 86 F. 3d 1413 (6th Cir. 1996).

④ 80 F. 3d 1121 (6th Cir. 1996).

⑤ 69 F. 3d 477 (10th Cir. 1995).

⑥ 69 F. 3d 1094 (11th Cir. 1995).

国会的目的是司法部长是否充分保卫其边界……属于行政裁量权范围”。

在 Arent v. Shalala① 案中，对于食品药品管理局确定食品零售商是“实质性地遵守（substantial compliance）”了自愿标识指南，从而可以不必适用强制性的标识规则，哥伦比亚特区巡回法院判定，法律规定了对此适用的具有可司法性的标准。法律通过参考未遵守该指南的零售商的数目、规模和市场份额，界定了“实质性遵守”。法院提到了《行政程序法》中的“属于行政裁量权范围”条款作为可审查性的一般性推定的“非常有限的例外”。这一判决意见的这部分推理是值得质疑的。原告是对不作为提起诉讼。在这一背景下，必须推翻不可审查性的推定。但是，这一判决主旨是完全可以得到辩护的，因为法律在使用了强制性文字的同时创设了可以由法院执行的标准。这足以推翻不可审查性的推定。

在 Dickson v. Secretary of Defense② 案中，国防部长拒绝免除对提交更正军人档案（military records）的申请所适用的期限限制，法院判定这类决定是可以审查的。合议庭的一名成员撰写了一份协同兼不同意见。他不太情愿地承认，多数意见已经准确适用了巡回法院的先例，但是他批评这些先例说明了“行政法发展中存在的一项不幸的趋势——在自私自利的司法审查推定的基础上——让司法审查喧宾夺主，取代了行政（和法律）的主导地位（allowing the judicial review tail to wag the administrative (and statutory) dog)”。他也批评多数意见没有对行政决定给予充分的尊重。这份协同兼不同意见很能说明问题。法律规定国防部长“可以”“根据正义利益的要求”免除期限限制。在这些文字中，我们很难认定存在强制性的可以由法院执行的标准，能够推翻 Chaney 案中行政不作为之不可审查性推定。多数意见所依据的这些巡回法院的判例，似乎与最高法院自 1985 年以来的判决意见存在矛盾。

在 American Medical Association v. Reno③ 案中，哥伦比亚特区巡回法院对 Lincoln v. Vigil 案的判决主旨补充了一项有趣的限定条件。在 Lincoln 案中，最高法院判定，如果没有强制性的法律条文迫使行政机关为特定目的支出一定金额，资源配置和预算决定就属于行政裁量权范围。美国医学会（the American Medical Association）申请法院审查缉毒局（the Drug Enforcement Administration）对其“转向控制（diversion control）项目”
1640 的经费投入翻两番时所采用的程序。因为该项目的资金来源来自对医生、药师和其他可能会被滥用的处方药之供应商的收费，缉毒局的行为也使得对药品供应商的收费水平翻了两番。法院判定支持原告对缉毒局所采用的程序进行审查的申请，并且缉毒局因为未经通告评议程序即发布立法性规则而违反了《行政程序法》。④ 法院基于两点理由，将本案区别于 Lincolun 案。其一，原告申请审查的不是行政机关制定预算的决定，而是将其一定部分的预算归入以收费作为资金来源的项目。其二，即使这一归类决定（attribution decision）不需要接受实体性的审查，它也需要接受程序性的审查。法院指出，通告评议程序可以是在可能的司法审查之外限制行政裁量权的一种重要手段。通告评议程序可以产生对法院以外的机构（例如行政机关本身、国会、媒体和公众）来说有价值的信息。在 Ramah Navajo School Board v. Babbitt⑤ 案中，存在意见分歧的合议庭对该案与 Lincoln 案进行了区分，判定资源配置决定是可审查的。某法律规定了若干强制性标准，可以确定若干符合资

---

① 70 F. 3d 610 (D. C. Cir. 1995).

② 68 F. 3d 1396 (D. C. Cir. 1995).

③ 57 F. 3d 1129 (D. C. Cir. 1995).

④ 参见§7.3 和§7.4。

⑤ 87 F. 3d 1228 (D. C. Cir. 1996).

格的印第安部落各自可以获得多少资金用于支持某项目。但是，该法接着规定了资金支持的水平取决于拨款资金的数量，并且“部长不需要扣减”一家部落的资金以便“为另一家部落提供所需的资金……”国会并没有拨付充分资金以便为所有部落提供充分的资金支持。部长制定了一项规则，规定了在各部落资金分配可得资金的公式。任何没有在特定日期之前提交计算所需数据用于计算其有权获得的项目支持资金总额，其获得的资金将是上一年度有权获得资金额度的50%。满足截止期限要求的部落，将根据比例分享它们有资格获得的资金。46家部落错过了申报截止日期，获得了它们有权获得资金的一半。而满足截止期限要求的部落，获得了它们有权获得资金的92%。因为错过截止期限而被惩罚的这些部落提出了审查请求。多数意见认定，法律条文中有足够证据可以证明国会目的是要通过援引确定各部落有权获得的资金额度之若干强制性标准，而限制部长的裁量权。它得出了一项推论，部长需要在拨款资金不足时，对可得资金采取按比例分配的方法。持不同意见的法官认为，多数意见“试图自行梳理出法律规定，但是没有成功……”他将这部法律解释为在拨款额度使得不能对所有部落提供全额资金支持时，允许部长行使裁量权。 1641

在 Clifford v. Pena[①] 案中，交通部长决定豁免禁止利用外国建造的船舶用于特定目的，法院判定这一决定是可以审查的。法律规定，“在特定的情形中，基于所表明的合理事由，部长可以裁量决定豁免……”法院认为，如果不是因为部长创设了可以让法院适用以确定特定行为是否属于武断和恣意的先例体系，法律会赋予部长以不可审查的裁量权。[②]

在 Beno v. Shalala[③] 案中，第九巡回法院判定，卫生和社会服务部对州豁免各种联邦福利立法的决定是可以审查的。法律授权卫生和社会服务部对于各州实施“根据部长的判断可以帮助促进立法目的”的试验项目，“在部长认为必需的范围内”批准此种豁免决定。法院判定，尽管法律中提到了部长的判断，这些豁免决定并不属于行政机关的裁量权范围。法院接着判定，给予豁免的决定是武断和恣意的。持不同意见的法官提出了具有说服力的观点，即多数意见并没有对部长的判断给予法律条文所建议的，同时对于具有内在主观性的决定来说也是适宜的高度尊重。[④]

在 Crowley Caribbean Transport v. Pena[⑤] 案中，哥伦比亚特区巡回法院讨论了最高法院在 Chaney 案中保留判断的一项问题。哥伦比亚特区巡回法院判定，行政机关作出不提起公诉的决定之不可审查性的推定是适用的，即使行政机关是根据其对法律所作解释而作出了不提起公诉的决定。哥伦比亚特区巡回法院认为，巡回法院的判例法作出的这一改变，是为了回应该法院在 ICC v. Locomotive Engineers[⑥] 案中介入性判决意见（intervening opinion）的法官附带意见提出的要求。哥伦比亚特区巡回法院对可以审查的宽泛的执法政策声明与不可审查的个案中不采取执法行为的决定进行了区分。[⑦]

在 Friends of Crystal River v. EPA[⑧] 案中，环境保护局在最初反对发放许可证并将发放许可证的权利转移给一家联邦行政机关之后，将发放许可的权利重新转移给一家州行政机关，第六巡回法院判定环境保护局的决定是可以审查的。《联邦水污染控制法》（The

---

① 77 F. 3d 1414 (D. C. Cir. 1996).

② 参见§11.5。

③ 30 F. 3d 1057 (9th Cir. 1994).

④ 参见§7.4。

⑤ 37 F. 3d 671 (D. C. Cir. 1994).

⑥ 482 U. S. 270，283 (1987).

⑦ 另可参见 New York City Employees' Retirement Sys. v. SEC，45 F. 3d 7，11 (2d Cir. 1995)（尽管在具体个案中不作为的决定是不可审查的，改变这类决定之适用标准的规则是可以审查的）。

⑧ 35 F. 3d 1073 (6th Cir. 1994).

Federal Water Pollution Control Act）允许州政府建立自己的排污许可证发放制度。对于每份许可证申请书，该州政府必须向环境保护局发送一份复本。如果环保局反对发放该许
1642 可证，州政府和申请人必须遵守环保局的反对意见。如果州政府未能在 90 天内符合环保局提出的反对意见，环保局可以将发放许可证的权利转移给美国陆军工程兵团。

在 Friends of Crystal River 案中发生的正是上述情形，不过后来环境保护局撤回了对州政府发放许可证的反对意见，并提出将发放许可证的权力重新转移给州政府。法院指出：（1）环境保护局作出的不反对发放许可证的决定属于行政裁量权；（2）州政府作出的发放许可证的决定是可以由州法院审查的；（3）州法院需要在审查州行政行为时适用联邦法律。但是，第六巡回法院判定环境保护局试图将发放许可证的权力重新转移给州政府的决定是可以审查的。它接着将这部法律解释为，一旦环境保护局反对发放该许可证，州政府未能满足在 90 日内提出反对意见，以及环境保护局将许可权转移给美国陆军工程兵团，环境保护局就不再享有将许可权重新转移给州政府的权力。Friends of Crystal River 案的判决主旨是值得质疑的。国会很少禁止行政机关改变主意，而《联邦水污染控制法》并没有明确排除环境保护局将发放许可证的权力重新转移给州政府。不仅如此，该法律并没有对许可权转移决定规定具有可司法性的标准。

在 Beattie v. Boeing Co. ① 案中，空军基于国家安全的考虑而拒绝一名政府承包商的雇员访问"空军一号"，法院判定这一决定是不可审查的。法院引用了 Department of Navy v. Egan② 案，以支持其观点，即批准或者拒绝安全背景审查（security clearance），属于行政机关裁量权范围。

在 Kisser v. Cisneros③ 案中，哥伦比亚特区巡回法院判定，尽管行政机关作出的行业禁入（debarment）决定是可审查的，法院不能要求行政机关解释它为什么对这一名违法者而非对另一名违法者作出行业禁入决定。法院认定，批准行政机关制定行业禁入决定程序的总统行政命令，和行政机关制定的调整行业禁入决定程序的规则，都没有包含相关的标准引导行政机关行使其不作出行业禁入决定的裁量权。因此，该案并没有推翻不作为之不可审查性推定。

在 Ward v. Brown④ 案，行政机关以实施了不法行为为由解除了某雇员的职务，法院判定这一行为是武断和恣意的，因为行政机关并没有与其对在类似案件中所实施的惩罚进行对比以表明自己做到了对类似违法行为实施类似惩罚。法院认定在行政机关的规则中存在"可以适用的规则"。这些规则规定，在所有建议实施惩罚的案件中，适用"对类似违
1643 法行为实施类似惩罚的原则"。如果没有这一规定，行政机关对惩罚措施的选择很可能具有不可审查性。

在 Collins Music Co. v. United States⑤ 案中，第四巡回法院判定国内税务局决定不对一类资本资产适用规定更短的折旧期限，是属于行政机关不可审查的裁量权，因为国会利用"可以"一词而不是"应当"一词，以此显示行政机关获准利用其裁量权决定是否作出法律所授权的行为。

在 Monsanto v. EPA⑥ 案中，两位法官出具的多数意见认为，环境保护局拒绝批准延

---

① 43 F. 3d 559 (10th Cir. 1994).
② 484 U. S. 518 (1988).
③ 14 F. 3d 615 (D. C. Cir. 1994).
④ 22 F. 3d 516 (2d Cir. 1994).
⑤ 21 F. 3d 1330 (4th Cir. 1994).
⑥ 19 F. 3d 1201 (7th Cir. 1994).

长遵守《清洁空气法》规定之排放标准的合规期限，这一决定是可以审查的。多数意见接着认为行政行为是武断和恣意的，判决予以推翻。正如持不同意见的法官所指出的，环境保护局的行为行使了不可审查的裁量权。该法规定，环境保护局“可以批准豁免”①。无论是该法律还是可以适用的规则，都没有规定任何要求行政机关在任何情况下批准豁免的标准。当且仅当被告满足严格的启动条件要求时，不可审查的决定类型，与可能可以审查的决定类型之间，有时并不存在多少功能上的差别。主张公诉裁量权的行使方式存在歧视构成违宪，就说明了这种现象。在 United States v. Armstrong② 案中，八名大法官出具的多数意见判定，当事人主张自己是基于种族因素实施的违宪的选择性刑事公诉之受害者，他在没有首先“提出可信证据表明类似情况的个人受到不同待遇”时甚至不能获得证据开示机会以支持其诉求。多数意见解释了这一“严格的”启动条件标准是必需的，因为在这类案件中，证据开示程序会占用公诉人的资源，并且暴露政府的公诉策略。在 Armstrong 案中适用的这一高要求的标准，更是可以适用于对行政行为中的选择性公诉和对基于种族、宗教或者国籍之外的因素进行的选择性公诉提出的诉讼。

在 Futernick v. Sumpter Township 案中当原告只主张选择性执法是“恶意”或者“欺诈”的产物，而非基于种族、宗教、国籍或者行使《联邦宪法》第一修正案所规定之权利而进行的歧视的产物时，各巡回法院对于能否对选择性执法提起诉讼产生了分歧。在一起没有先例判决的案件中，第六巡回法院判定原告主张行政官员出于恶意或者欺诈而进行了选择性执法，并没有证明存在诉讼理由。(state case of a ctish)③ 第八巡回法院指出，第一巡回法院和第二巡回法院已经判定此种诉讼请求证明存在诉讼理由，但是这两家巡回法院都没有基于此种理论判决原告胜诉。④ 根据最高法院在 Armstrong 案中的判决主旨和推 1644
理，第六巡回法院对这一问题的观点可能会更为在理。第六巡回法院在 Futernick 案中的推理与最高法院在 Armstrong 案中的推理存在高度的相似性。

在不可审查的行为类型与接受高度尊重性审查的行为类型之间也只存在微妙的功能区分。在 Wisconsin v. New York⑤ 案中，最高法院以一致意见支持了商业部的决定，即在实施 1990 年的人口普查中采用特定统计方法和拒绝采用其他统计方法。最高法院将《联邦宪法》中的“人口普查条款”（the Census Clause）赋予国会的裁量权描述为“几乎不受限制”。最高法院未经裁判即推定，《人口普查法》授予商务部长的裁量权是“与国会享有的裁量权相当的”。最高法院判定，商务部长选择统计技术时“只需要与成功统计人口的实际数量之间存在合理联系，同时牢记《联邦宪法》规定的人口普查的目的”。

Sprague v. King⑥ 案说明了不可审查的行为和只能适用有限的标准进行审查的行为之间常常并不存在多少功能差别。在《1990 年联邦雇员工资可比性法》⑦ 中，国会大幅提高了所有行政法官的工资，并且对行政法官制定新的、经过压缩的工资等级，并且完全根据服务期限定期上调。国会对人事管理局如何进行调整以实施新的工资制度并没有作出多少规定。国会仅仅规定：“在进行初次工资调整时……任何此类法官所获基本工资的水平应

---

① 42 U.S.C. §7412 (C) (1) (B) (ii).

② 517 U.S. 456 (1996).

③ 78 F.3d 1051 (8th Cir. 1996).

④ 参见 Yerardi's Moody Street Restaurant and Lounge v. Board of Selectmen, 932 F.2d 89 (1st Cir. 1991); LeClair v. Saunders, 627 F.2d 606 (2d Cir. 1980)。

⑤ 517 U.S. 1 (1996).

⑥ 23 F.3d 185 (7th Cir. 1994).

⑦ The Federal Employees Pay Comparability Act of 1990, 104 Stat. 1477 (1990).

当……至少相当于调整工资制度之前向个人支付的工资水平。”人事管理局发布了一项规则，直接将每位行政法官确定为高于调整前工资水平的、最低一档工资等级。受到影响的行政法官申请法院对规则进行审查。法院判定这一规则是可以审查的，但是只能适用法律中规定的单一标准。由于这项规则是明显符合法定标准的，法院支持了这项规则。法院拒绝适用这部法律在会场辩论时某些国会议员所敦促采用的标准。

在 Mount Evans Co. v. Madigan[1] 案中，第十巡回法院判定林业局在建筑物遭火灾焚
1645 毁后获得理赔金时，作出不重建该建筑物的决定是可以审查的。法院将该案与 Lincoln v. Vigil 案和下级法院有关其他行政机关开支决定属于行政裁量权范围的判决意见进行了区分，其理由是调整给林业局受损害财产支付的理赔金的法律中规定的一项特别条文。这项法律条文，即 16 U. S. C. § 579c，授权行政机关将这些资金用于“为了安置所需的重建工作”。仅是该条文并不能导致行政行为具备可审查性，因为它是允许性的。但是，这部法律接着只允许行政机关将“超出在用于接收理赔金的行为所需工作的开支”的部分理赔金收益用于其他目的。因此，因为行政机关试图将其决定不用于重建建筑物的理赔金用于其他目的，因此法院通过适用必要性标准，判定行政机关不重建建筑物的决定是可以审查的。法院接着支持该行政决定，认为它是符合必要性标准的。

在 Head Start Family Education Program, Inc. v. Cooperative Educational Service Agency[2] 案中，行政机关选定了一名领先项目（Head Start）* 受补助者而非另一名与之存在竞争关系的补助申请人，第七巡回法院判定这一决定是可以审查的。法律规定行政机关在选择受补助者时“应当考虑”九项因素，法院认定这里存在“可以适用的法律规范”。

在 Block v. SEC[3] 案中，哥伦比亚特区巡回法院判定当听证的唯一目的是为行政机关的执法行为提供事实基础时，行政机关不需要举行听证。法院采纳了行政机关不采取执法行为的不可审查性推定。

在 Mullins v. Department of Energy[4] 案中，存在意见分歧的法院依据不可审查的执法决定和解决复杂案件的决定之间的类比，支持其对和解协议适用具有一定尊重程度的武断和恣意标准。

适用“属于行政裁量权范围”例外的下级法院判决常常依据行政机关作出行为的各种具体情形和调整该讼争行为的具体法律条文。American Bank v. Clarke[5] 案就体现了这一多面向的进路。货币监理官（the Comptroller of the Currency）认定一家联邦承保的银行资本金不足，通知该银行需要补充 550 万元的资本金，以避免被宣告破产或者实施破产管理（receiv-
1646 ership)。银行拒绝增加资本金。货币监理官对该银行实施了破产管理，银行则提出司法审查的申请。法院判定对银行实施破产管理的决定属于货币监理官的不可审查的裁量权范围。

在 American Bank 案中，第十巡回法院的判决在相当程度上依赖以下这一相关法律条款：“货币监理官只要相信一家全国性银行构成资不抵债，就可以在对其事务进行适当检查后，……任命破产管理人，由他接着关闭此类银行。”这一条文在一方面是不同寻常的。法律很少采用这样的短语——“应当相信（shall become satisfied of)”。这一短语可能表

---

* Head Start 项目，作为约翰逊总统提出的“向贫困宣战（War on Poverty)”计划之一部分，在 1965 年设立，由联邦政府提供资助，帮助贫困学生获得学前教育机会的项目。——译者注

① 14 F. 3d 1444 (10th Cir. 1994).

② 46 F. 3d 629 (7th Cir. 1995).

③ 50 F. 3d 1078 (D. C. Cir. 1995).

④ 50 F. 3d 990 (Fed. Cir. 1995).

⑤ 933 F. 2d 899 (10th Cir. 1991).

明比类似“应当确信”之类的更常见的短语具有更强的主观性。但是，这一区分是微妙的。实体性标准规定了行为必需的前提——“资不抵债”，看来和法院在审查行政行为时通常适用的众多其他标准一样客观和“法院可以管理的”。事实上，这一标准要远比法院长期以来对行政机关的定价决定适用的“公正合理”标准更为具体和客观可供验证。

第十巡回法院除了对可适用的法律条文进行分析之外，还采纳了两项情境性的因素。首先，法律明确对货币监理官的其他某些行为明确规定了司法审查。这表明国会没有明确对任命破产管理人之使命决定进行司法审查，这是有意而为之的。其次，法院强调指出该行为的性质，以及因为司法审查不可避免伴随的可能导致灾难的迟延和不确定性的后果。破产管理人必须能够获准立即接管联邦承保的银行以避免对保险资金造成明显的更大损失。

在有的情况下，可以适用的法律是如此缺乏标准，以至于法院不需要考虑任何详细的情境因素。Slyper v. Attorney General[①] 案就说明了这种情形。《移民归化法》（The Immigration and Naturalization Act）禁止向任何通过美国新闻署（U. S. Information Agency）的交换访问项目在美获得研究生医学教育的任何个人批准永久性居民地位，除非该个人回到本国至少两年时间。司法部长可以豁免这一禁止性规定，但是只能“基于美国新闻署署长提出的支持性建议”。Slyper 要求美国新闻署署长作出豁免禁止性规定的建议。署长拒绝了，Slyper 提出司法审查的申请。法院判定建议豁免禁止性规定的决定属于署长不可审查的裁量权范围。法律并没有规定可以适用于署长决定的标准。美国新闻署制定了可以适用于豁免决定的规则，但是法院判定该规则过于模糊，不能提供“可以适用的法律规范”。该规则只提及“署长会审查该案的政策、项目和外交关系相关的内容……”但是，即使在 Slyper 案中，最高法院很可能是受到至少两项情境因素的影响。并不存在肯定性证 1647
据可以证明国会希望法院审查署长的建议决定，并且规则中规定的标准包括了“外交关系”，这是法院不愿意干预的领域。

§ 17.8 可审查性推定 vs. 对司法审查的法定限制

□ 法律在何时排除审查?

《行政程序法》§ 701（a）（l）规定，“在法律排除审查的范围内”，是行政机关接受司法审查的例外。§ 17.6 和 § 17.7 讨论的众多案件援引了《行政程序法》§ 701（a）（l），宣布了可以直接适用于可审查性争议之解决的原则和标准。因此，举例而言，政府通过克服 Abbott Laboratories v. Gardner[②] 案和 Citizens to Preserve Overton Park[③] 案确立的“可审查性推定”，才能说服法院相信法律排除了对行政行为的司法审查。通过采纳 Block v. Community Nutrition Institute[④] 案中列举的五类证据的任何组合，可以推翻这一推定。这五类证据包括：（1）具体的法律条文；（2）具体的立法史；（3）晚近的司法解释并得到国会默认；（4）法律的立法史和司法史的整体意义；（5）从作为整体的立法计划中

① 827 F. 2d 821 (D. C. Cir. 1987).
② 387 U. S. 136 (1967).
③ 401 U. S. 402 (1971).
④ 467 U. S. 340, 349 (1984).

得出的立法意图的推论。

□《行政程序法》§ 701（a）（1）和 § 701（a）（2）之间的重叠

当国会还没有明确排除审查时，法院在《行政程序法》§ 701（a）（1）的意义上确定国会是否隐含地排除了审查，与法院在《行政程序法》§ 701（a）（2）的意义上确定行为是否依法属于行政裁量权范围，这两者是难以区分的。[①] 当法院试图确定一项行为是否依法属于行政裁量权范围时，它关注的是哪些法律条文可以适用于确定法律是否创设了可以由法院管理的审查标准之行为。但是，法院也考察行政行为所处的更广的背景，以寻找证据证明国会使该行为接受司法审查或者认为该行为属于行政机关的不可审查的裁量权范围。“当法院试图确定法律是否隐含地排除了对行政行为的司法审查，法院审查了所有可以表明国会要求行为接受司法审查或者排除审查的可能性的证据。”是否存在创设了法院
1648 可以管理的审查标准，这是有关国会意图最为重要的证据形式之一。因此，对于这两项问题所采取的司法进路之唯一区别即在于强调重点的不同。

□ 分析常常是难以区分的

很多时候，国会既然没有明确规定对行政行为的审查，也没有明确排除对行政行为的审查，根据《行政程序法》§ 701（a）（1）进行的分析与根据《行政程序法》§ 701（a）（2）进行的分析是难以区分的。法院可以通过寻找国会排除审查之意图的证据，包括用词宽泛、难以适用的法定标准，或者在所有其他证据与该意图相关时，通过关注表明国会的意图是将该行为纳入行政裁量权的范围、用词宽泛的法定标准，可以得出相同的结论。[②]

□ 明确排除审查的法律

但是，当问题是国会在多大程度上已经明确排除了对行政行为的司法审查，《行政程序法》§ 701（a）（1）是特别合适的。在这种情况下，可审查性推定具有某种不同的效力。它常常让法院对明确限制司法审查的法律条文进行狭义解释。如果法律明确排除了对行政行为的所有司法审查，并且提出司法审查申请的理由不是侵犯宪法权利[③]，最高法院就会落实法律的规定。Briscoe v. Bell[④] 案就说明了这一原则。《选举权法》（the Voting Rights Act）规定，司法部长或者人口普查局对于该法是否适用于特定州所作出的判断，“不应在任何法院受到审查”。但是，巡回法院判定，当行为从表面上看已经明显超出法定权限这一有限的情况时，此种判断是可以审查的。最高法院推翻了这一判决，指出：“从表面看，法律用语是绝对的，就不会承认例外。本法的目的和立法史都有力支持了这种明确的解释。”

---

① 参见 § 17.6 和 § 17.7。

② 对比 Hahn v. Gottlieb, 430 F. 2d 1243（1st Cir. 1970）（联邦住房管理局［FHA］批准提高联邦补助之住房的租金，这一决定依法属于行政裁量权的范围）和 Langevin v. Chenango Court, 447 F. 2d 296（2d Cir. 1971）（对联邦住房管理局允许提高联邦补助之住房的租金的决定，法律排除了司法审查），§ 17.6 有讨论。

③ 参见 § 17.9。

④ 432 U.S. 404（1977）.

□ 对排除审查条款进行狭义解释的趋势

但是，当法律明确限制司法审查的范围和效力明确程度较弱时，并且如果最高法院担心如果赋予法律限制以广泛的效力，将会产生明显的不公之风险，最高法院有时候努力对该法律限制进行狭义解释。Adamo Wrecking Co. v. United States① 案就说明了这一趋势。《清洁空气法》规定了对该法所确立的任何“排放标准”进行司法审查的权利，但是明确 1649
将这一权利限制为在标准发布之后的 30 日内行使。环境保护局发布了一项排放标准，调整因为建筑物拆除所导致的污染物排放。Adamo 违反了这一标准，环境保护局提起了执法诉讼。Adamo 在执法诉讼中申请对该排放标准进行司法审查。环境保护局主张法律已经排除了司法审查，因为 Adamo 是在法律规定的 30 天后提出司法审查申请的。八位大法官出具的多数意见判定 Adamo 不能基于任何传统的理由（例如行为是武断和恣意的）申请审查该标准的效力。但是，多数意见对明确的法律限制进行了狭义解释，判定国会并没有基于已经定义的理由排除此后对该标准提出的司法审查申请。因此，法院可以考虑 Adamo 的主张，即该推定性的标准规定的是减少污染物的程序而不是可以允许的排放水平，根本不是法律中所定义的“排放标准”。一名持协同意见的大法官怀疑 30 天的限制是合宪的，因为许多受该标准影响的当事人不太可能及时意识到该标准以便申请司法审查。多数意见并没有采纳这一推理，但是其对司法审查之法定限制所作狭义解释无疑同样受到了公平性关切的影响，而正是这一关切导致持协同意见的大法官认为这一限制是违宪的。

□ 明确排除对裁决的审查，不能适用于规则

在 Bowen v. Michigan Academy of Family Physicians② 案中，当对排除司法审查条款进行广义解释可能会引发公平性担忧时，最高法院再次表明了其对排除司法审查条款进行狭义解释的趋势。调整联邦医疗保险法的法律通过引用的方式吸收另一部法律中的规定，而后者对法院的一般性联邦问题管辖权确立了一项例外。相关的法律条文是这样规定的：“不得根据《美国法典》第 28 编 § 1331 或者 § 1346 的规定起诉联邦政府、部长或者任何官员或者雇员，以根据这一分章的规定进行索赔。”卫生和社会服务部发布了一项规章以实施联邦医疗保险项目。该规则对类似的医生服务规定了不同的收费水平。一群医生认为该规则违反了法律的规定，而以此为由申请审查该规则。

如果从字面上和抽象地加以解读，法律对联邦问题管辖权规定的例外，似乎排除了对规则的司法审查。行政机关提出了这样的主张，但是最高法院以一致意见否定了这一主 1650
张。它认为，法律只排除了对特定的医疗报销要求进行司法审查。最高法院根据以下考虑因素以支持其对这一用词宽泛的司法审查排除条款进行狭义解释：（1）可审查性的推定；（2）立法史表明国会只是希望对“轻微的”金钱争议排除司法审查；（3）国会通常要求法院对行政机关执行法律的命令；（4）宽泛解释会导致不合情理的结果，即数百万涉及“轻微”金钱争议的申请人可以获得适用复杂的法定行政审查程序，而指控一项重要规则违反法定命令的当事人却不能获得审查的机会。③

---

① 434 U.S. 275 (1978).

② 476 U.S. 667 (1986).

③ 不同意见，参见 § 15.3 讨论的 Heckler v. Ringer, 466 U.S. 602 (1984)，该案中最高法院判决的多数意见对同一部法律所作解释，其具有的实际效力是排除了对实施联邦医疗保险项目而制定的规则进行司法审查。另可参见 Reno v. Catholic Social Services, Inc., 509 U.S. 43 (1993)，否定了基于成熟性原则对福利资格规则进行审查，参见 § 15.14 的讨论。

□ Dalton v. Specter

在 Dalton v. Specter[1] 案中，最高法院以一致意见判定，在根据《1990 年军事基地关闭和重整法》（the Defense Base Closure and Realignment Act of 1990）（简称《军事基地关闭法》[Base Closing Act]）规定的程序，关闭军事基地的过程中所作出的行为，无一可以接受司法审查，但是法律明确规定接受有限审查的军事基地关闭后作出的行为除外。最高法院以一致意见认为下列理由可以支持这一判决主旨：（1）总统或者任何其他行政官员超越其法定权限所采取的行为，不能仅仅因为这一原因而构成违宪；（2）《军事基地关闭法》规定这些决定都属于总统不可审查的裁量权范围。

最高法院对于这一判决主旨的其他理由则分成了 5∶4 两派。五名大法官出具的多数意见认定，军事基地关闭委员会建议关闭特定基地的报告是不可审查的，因为它不是“最终行政行为”[2]。总统向国会提交同意该委员会报告的文件，根据《行政程序法》的规定是不受审查的，因为总统不是“行政机关”[3]。

四名持协同意见的大法官认为不需要决定该委员会的报告是否构成“最终行政行为”或者总统是否属于“行政机关”，因为该案中的诉讼请求并没有提出这些争议，而且法律也已经默示地排除了对关闭军事基地之决定的司法审查。持协同意见的大法官提到了各种情况证据（circumstantial evidence），证明国会排除司法审查的意图：短暂而固定的截止
1651 期限；强制性的快速实施；对所有列举的军事基地所适用的“全有全无（all-or-nothing）”特征：明确规定由总审计师、总统和国会进行审查的机会；对军事基地关闭后的特定行为规定了范围狭窄、时间有限的司法审查。复数意见认定，综合这些情况证据，足以推翻“一项强效力的推定，即国会并没有试图禁止所有司法审查”。

在 Chamber of Commerce v. Reich[4] 案中，哥伦比亚特区巡回法院对最高法院在 Dalton 案中的判决主旨增加了一项重要的限定。哥伦比亚特区巡回法院判定，如果法律没有默示地排除对总统所作出的行为进行审查，而原告指控总统的行为是越权的，并且它或者违反了特定的法律禁止性规定或者是剥夺了个人由法律明示或者默示授予的权利，总统的行为就需要接受非法定审查。

□ Lamagno 案

在 Gutierrez de Martinez v. Lamagno[5] 案中，存在意见分歧的最高法院裁决了一起某类行政行为之可审查性有关的复杂争议。《Westfall 法》（The Westfall Act）即 1988 年对《联邦侵权求偿法》所作修订，规定联邦法院必须驳回对政府雇员提起的侵权诉讼，而如果除其他条件之外，司法部长证明该雇员实施的侵权行为是在其雇佣范围内，应当由政府取代该雇员的诉讼地位。[6] 司法部长已经将她提供证明（certification）的权力授权联邦检

---

① 511 U.S. 462.

② 参见 § 15.11。

③ 参见 § 1.2。

④ 74 F.3d 1322 (D.C. Cir. 1996).

⑤ 515 U.S. 417 (1995).

⑥ 参见 § 19.4。

察官行使。[①] 在有的情况下，这种证明具有完全取消诉讼理由的效果，因为其行为属于《联邦侵权求偿法》规定的例外。Lamagna 案就属于此类案件，因为其行为发生在美国之外。联邦检察官证明雇员的行为属于雇佣范围。原告对联邦检察官的证明申请司法审查，联邦检察官主张法律已经完全排除了对其证明决定的审查。

五名大法官出具的多数意见判定，证明决定根据原告的申请需要接受司法审查。多数意见提到了法律中确定其是否排除对证明决定之司法审查相关的四项特征。第一，它没有明确排除对此类决定的审查。第二，它明确规定了对不作出证明之决定的审查。第三，它取代了一部规定证明决定之审查的法律。第四，其立法史表明，该法的目的是"让联邦雇员回到他们在[最高法院对一项无关的法律解释问题所作判决]之前所具有的法律地位"。多数意见承认仅仅是该法具有的第二项特征就能表明国会意图排除对证明决定的司法审 1652
查。但是，在与其他三项特征综合考虑后，多数意见认定第二项特征并不足以支持结论，即法律明确排除了审查。多数意见认定法律的规定在这方面是模糊不清的。

多数意见接着根据四项考量因素以支持其将法律解释为没有排除审查。第一，多数意见指出司法部长的立场证明决定是可以审查的。一类行政行为可以被主张为属于法律排除审查的，而一家行政机关主张支持对其进行司法审查，这是非常不同寻常的。第二，多数意见认定对证明决定的司法审查至少是高度可欲的，并且甚至是宪法要求的，因为联邦检察官具有支持证明的强大的制度性偏见（institutional bias）。[②] 第三，多数意见指出，如果联邦检察官作出一项证明决定，法律要求法院采取具体行为。多数意见不愿意赋予国会具有这样的意图，即国会强迫法院以特定方式应对行政行为时，要求法院仅仅扮演"橡皮图章"的角色。第四，多数意见提到了"一项强效力的推定，即国会意图对行政行为进行司法审查"。

四名持不同意见的大法官认为，该法默示地排除了对证明决定的司法审查。持不同意见的大法官质疑了对证明决定的可审查性推定的可适用性，并且认为"该推定并不能发挥作用"，因为"这里并不存在实质性的怀疑"。持不同意见的大法官认为联邦检察官支持证明的机关偏见是"过于微弱的"。他们本来可以适用这一原则，以要求法院的法律解释可以避免裁决严重宪法问题的需要。他们认为，正如多数意见所解释的，该法将会因为赋予联邦法院管辖权，使其裁决并不引发联邦问题的诉讼类型，而违反了《联邦宪法》第三条的规定。四名大法官出具的复数意见则认为，正如多数意见所解释的，该法并没有违反《联邦宪法》第三条。持协同意见的大法官认为，没有必要讨论这一问题，因为最高法院受理的这一案件（双方当事人是一名美国公民与另一国公民）并未引发涉及《联邦宪法》第三条的争议。

□ 作为例证的巡回法院判决

巡回法院判决中具有代表性的一份样本可以说明各法院在裁决法定排除审查规定之争议时所采取的一般性进路。

在 Natural Resources Defense Council v. Forest Service[③] 案中，第九巡回法院判定某 1653
国会拨款法律的一项条款排除了对"1997 年 Tongass 土地管理规划的 2003 年度补充性环境影响报告的决定记录"进行审查，让法院可以自由审查 1997 年的规划除了荒原部分之外的

---

① 参见§2.7。

② 参见§9.8 的讨论。

③ 421 F.3d 797 (9th Cir. 2005).

所有内容，因为 2003 年的环境影响评价报告似乎只针对 1997 年规划的荒原部分内容。

在 Fligiel v. Samson[1] 案中，第六巡回法院判定退伍军人管理局的雇员不能根据任何法律对不利雇佣行为申请司法审查，因为国会为了调整退伍军人管理局所作出的不利人事行为而制定的法律已经明确排除了司法审查。

在 Amgen v. Smith[2] 案中，哥伦比亚特区巡回法院对 42 U. S. C. §13951（t）(12)（A）的规定——排除对联邦医疗保险报销的"其他调整"进行司法审查——解释为仅禁止对部长根据法律有权作出的调整进行审查。

在 Graham v. Ashcroft[3] 案中，哥伦比亚特区巡回法院判定《文官改革法》（the Civil Service Reform Act）只授权对重大的不利人事决定进行审查，而排除了对次要不利认识决定的审查。

在 Aid Association for Lutherans v. Postal Service[4] 案中，哥伦比亚特区巡回法院判定原告可以对邮政局发布的被指控越权的规则申请审查，即使邮政局被豁免《行政程序法》所规定的审查。法院认为，根据 Leedom v. Kyne[5] 案和 American School of Healing v. McAnnulty[6] 案，对被指控越权的行政行为，是可以推定进行非法定审查的。

在 Spencer Enterprises v. United States[7] 案中，第九巡回法院的合议庭产生了分歧。1996 年对于移民法所作修订补充了 8 U. S. C. §1252（a）(2)（B）(ii)，其中规定"法院无权审查……司法部长根据［8 U. S. C. §1151－1378］规定属于其裁量权的权力而作出的……任何其他决定"。几家法院，包括第九巡回法院，之前判定这一条款排除了对若干类型的决定的审查。这些判决意见中所使用的推理表明它们适用于司法部长在移民案件中所作出的任何裁量性决定。但是，Spencer 案中两位法官出具的多数意见对于排除审查条
1654 款作了更狭义的解释。多数意见将其解释为仅仅适用于该法明确属于司法部长在没有指引的情况下运用裁量权的这类决定。因为该案讼争的决定——拒绝移民投资签证——不属于这些类型的决定，多数意见判定可以适用武断和恣意标准对其进行审查。持不同意见的法官批评多数意见"为了让我们以及其他巡回法院已经判定［该法律］排除了对司法部长裁量性决定之审查的事实产生模糊认识，而扭曲对［该法律］的平常含义解读"。持有不同意见的法官之说法更具有说服力，但是第九巡回法院继续以非常狭义的方式对排除审查条款进行解释。[8] 其他巡回法院对这一规定则赋予了更广的效力。[9]

在 Roberts v. Railroad Retirement Board[10] 案中，第五巡回法院加入了第四巡回法院、第六巡回法院、第七巡回法院和第十巡回法院的行列，判定铁路退休委员会拒绝重新处理之前的一项申请的决定是不可审查的。该法规定只有"部长在听证之后作出的任何最终决定……"可以接受审查。第五巡回法院认定不重新处理之前的申请的决定并不属于这一类

---

① 428 F. 3d 621 (6th Cir. 2005)，参见§17.7 的讨论。

② 357 F. 3d 103 (D. C. Cir. 2004).

③ 358 F. 3d 931 (D. C. Cir. 2004).

④ 321 F. 3d 1166 (D. C. Cir. 2003).

⑤ 358 U. S. 184 (1958).

⑥ 187 U. S. 94 (1902).

⑦ 345 F. 3d 683 (9th Cir. 2003).

⑧ 例可参见§17.7 讨论的 ANA International v. Way，393 F. 3d 886。

⑨ 例可参见 Urena－Tavarez v. Ashcroft，367 F. 3d 154 (3d Cir. 2004) (9th Cir. 2004)（规定适用于取消对外国人永久居民地位所附条件的决定）；Samirah v. O'Connell，335 F. 3d 545 (7th Cir. 2003)（规定适用于撤销假释）；CDI Information Services v. Reno，278 F. 3d 427 (10th Cir. 1999)（规定适用于拒绝延长非移民签证）；Van Dinh v. Reno，197 F. 3d 427 (10th Cir. 1999)（规定适用于不同设施之间的外国人的转移）。

⑩ 346 F. 3d 139 (5th Cir. 2003).

型。它也指出，相反解释将会使得对于在听证之后作出的最终决定在 60 日时效内提出上诉的规定没有意义。第五巡回法院承认第二巡回法院和第八巡回法院已经得出了相反结论。

在 Jordan Hospital v. Shalala[①] 案中，第一巡回法院判定 42 U. S. C. § 1395 ww（d）（10）（c）（iii）（II）排除了对医院出于联邦医疗保险目的而重新分类的申请有关的决定进 1655
行审查。该条法律规定“［医疗融资管理局（HCFA）］局长的决定应当是最终的，并且应当不受审查”。

在 Montero-Martinez v. Ashcroft[②] 案中，第九巡回法院判定禁止对“任何判断”进行司法审查的法律规定只适用于裁量权的行使，并且允许法院审查行政机关对其所实施的法律进行的解释。[③]

在 Iddir v. INS[④] 案中，第七巡回法院判定移民归化局（INS）的一封书信——通知签证申请人它将不再考虑其申请的书信，因为它没有及时开始考虑其申请——是可审查的，尽管法律禁止对移民归化局的“判断”进行司法审查。法院认为这里的“判断”仅指裁量权的运用。但是，在判定移民归化局的书信是可审查的之后，法院认定它无权提供任何救济，因为行政机关考虑该申请的法定权力已经过期。

在 Ismailov v. Reno[⑤] 案中，第八巡回法院判定国会通过规定“法院无权审查司法部长根据［期限及其例外之条款］而作出的任何决定”，排除了对所有解释和适用期限和“特别情形”标准的决定的审查。

国家首都规划委员会（the National Capital Planning Commission）作出了一系列决定，批准了在国家广场（the mall）建设二战纪念碑。几家组织对这些决定申请审查，依据是该委员会已经违反了法律。在地区法院还在审理案件的时候，国会制定了一部法律授权建设二战纪念碑，“无论其他法律如何规定”，并且指出每项被诉讼的行政行为“不应该接受司法审查”。在 National Coalition to Save Our Mall v. Norton[⑥] 案中，哥伦比亚特区巡回法院认定该法的文字和结构“说明了阻止法院审查所有被告行政机关有关二战纪念碑的决定的明显意图”。

在 McDougal-Saddler v. Herman[⑦] 案中，法院判定，某法律规定一类行政决定属于“对任何意义来说都是最终和结论性的”，“不受……法院的审查”，即使原告指控行政机关违反了明确的法律要求，它也是排除审查的。法院将两类案件进行了区分，一类是当法律根本没有讨论行为的可审查性时，法院可以审查行政行为以确定行政机关是否违反了明确的法律命令或者禁止性规定，另一类则是即使在法律似乎排除了所有审查之时，法院可以审议对行政行为提起的宪法诉讼。

在 Shook v. District of Columbia Financial Responsibility and Management Assistance Authority[⑧] 案中，哥伦比亚特区巡回法院判定一项法律条款——规定“［行政机关作出的］ 1656
发布命令的决定……不需要接受司法审查”——并没有排除对行政机关决定发布的任何命

① 276 F. 3d 72 (1st Cir. 2002).

② 277 F. 3d 1137 (9th Cir. 2001).

③ 另可见 Pinho v. Gonzales，432 F. 3d 193 (3d Cir. 2005)；U. S. v. Bradford，423 F. 3d 1149 (10th Cir. 2005)；Ortiz-Cornejo v. Gonzales，400 F. 3d 610 (8th Cir. 2005)；Santana-Albarran v. Ashcroft，393 F. 3d 699 (6th Cir. 2005)；Morales-Morales v. Ashcroft，384 F. 3d 418 (7th Cir. 2004)。

④ 301 F. 3d 492 (7th Cir. 2004)，参见 § 12.3 和 § 15.10 的讨论。

⑤ 263 F. 3d 851 (8th Cir. 2001).

⑥ 269 F. 3d 1092 (D. C. Cir. 2001).

⑦ 184 F. 3d 207 (3d Cir. 1999).

⑧ 132 F. 3d 775 (D. C. Cir. 1998).

令之合法性进行审查。

在 Kirby Corp. v. Pena[1] 案中，第五巡回法院判定，法律已经排除了法院审查海事管理局（the Maritime Administration）对公司建造船舶而作出贷款担保的决定。法院主要依据的是一项法律规定，该规定使得“任何担保……作为资格的结论性证据……并且……不可争辩”。它也认定，根据该法的立法史和结构，可以确定国会意图排除对贷款担保的审查。法院也否定了原告的主张，即根据 Leedom v. Kyne[2] 案，即使存在排除审查的条款，如果“从外表上看”，行政行为表明行政机关已经超越其所获授权，或者违反明确的法律要求，则该行为是可以获得审查的。原告认为，根据 Kyne 案，可以获得司法审查，因为该担保显然违反了禁止对美国的非公民提供贷款担保的规定。法院认为，根据 Kyne 案，并不能获得司法审查，其理由有二：（1）禁止性规定包含在规则之中，而非在法律之中；（2）无论对错，行政机关已经认定申请人是美国的公民。

在 American Portland Cement Alliance v. EPA[3] 案中，法院判定，环境保护局根据《资源节约和恢复法》（the Resource Conservation and Recovery Act）作出的判断——水泥窑灰并不值得作为完全的危险废弃物接受规制，而不是环境保护局将来会宣布的“经过剪裁的标准（tailored standards）”——是不受法院审查的。法院认定，《资源节约和恢复法》通过明确只审查发布最终规则、发布要求和否认规则制定的请愿，而默示地排除了对此类“判断”的审查。法院承认，它在过去已经根据《资源节约和恢复法》审查了其他“判断”，但是它认为自己过去这么做是错误的，并且其先前作出的判决对于管辖权问题并不具有先例效力，因为法院没有在其他案件中讨论管辖权。

在 Painter v. Shalala[4] 案中，法院判定它不能审查联邦医疗保险收费标准（Medicare fee schedule）。原告指控该收费标准是适用违反法定“预算中立性（budget neutrality）”条款的“换算因素”而进行计算的。但是，法律中规定了强势的排除审查条款，明确禁止
1657 “对换算因素之确定……的审查……”

在 Texas Municipal Power Agency v. EPA[5] 案中，哥伦比亚特区巡回法院裁决了一项疑难的法定排除审查条款争议。原告寻求对环境保护局所作可交易二氧化硫排放许可证分配决定进行审查。环境保护局主张法律已经对这一分配决定排除了司法审查。但是，法律只是排除了对某些事实判断的审查。法院勉强地认定它不能将与这些事实问题有关的争议与其他事实问题、法律问题和程序问题有关的可审查争议加以区分。因此，它不能实际地实行有限的法定排除审查条款。

在 James Madison Ltd. v. Ludwig[6] 案中，哥伦比亚特区巡回法院判定，对于行政机关作为银行破产管理人之身份而行使权力，法定的排除审查条款并没有排除对行政机关任命破产管理人之决定的审查。法院的判决依据是法律没有讨论这一问题，以及可审查性的推定。

在 Hanauer v. Reich[7] 案中，第四巡回法院判定，尽管法律中规定了明确的排除审查条款，法院可以对行政行为进行有限的审查。劳工部长拒绝以一次总付的形式对一个人提供他根据《联邦雇员补偿法》（the Federal Employees Compensation Act）有权获得的剩

---

① 109 F. 3d 258 (5th Cir. 1997).

② 358 U. S. 184 (1958).

③ 101 F. 3d 772 (D. C. Cir. 1996).

④ 97 F. 3d 1351 (10th Cir. 1996).

⑤ 89 F. 3d 858 (D. C. Cir. 1996).

⑥ 82 F. 3d 1085 (D. C. Cir. 1996).

⑦ 82 F. 3d 1304 (4th Cir. 1996).

余福利。劳工部长只是适用了一项规则，该规则禁止对计划移居他国的受益人进行一次总付的支付。受益人主张劳工部长对其申请所作的即决处理违反了对一次总付申请进行个别化裁决的要求。但是，劳工部长主张，法院不能审查其决定，因为法律中作出了一项无可争辩的、强势的排除审查条款。第四巡回法院认定，正如 Leedom v. Kyne① 案所允许的，它可以通过“粗略审查”以确定行政机关是否违反了“明确的法律要求”。法院接着对这一问题产生了意见分歧。多数意见判定劳工部长已经对这一模糊的法律条文采纳了合理的解释，而持不同意见的法官则相信劳工部长已经违反了明确的法律要求。

在 Skagit County Public Hospital District No. 2 v. Shalala② 案中，第九巡回法院判定联邦医疗保险的法律排除了对医疗融资管理局（the Health Care Finance Administration）为了确定医院分类而采用的程序和方法进行的司法审查。该法明确排除了对医疗融资管理局对医院进行重新分类的决定进行的审查：“部长的决定应当是最终性的，不应当接受司法审查。”法院否定了原告的主张，即法定排除审查条款并不能适用于医疗融资管理局使用特定程序和方法的“附带性”决定。法院指出，法律中包含了一项规定，要求医院重新分类决定必须具有预算中立性。对个别的医院再分类决定进行的司法审查，对于确保预算 1658
中立性来说是关键性的。

在 Anthony v. Office of Personnel Management③ 案中，联邦巡回区上诉法院判定，对依据文官退休制度（the Civil Service Retirement System）享有残疾退休福利资格有关的行政决定，法律排除了对“有关医学证据的事实认定和结论”进行的审查。但是，如果行政机关“实质性地偏离了重要的程序性权利，错误解释了准据法，或者属于行政判断之核心的类似错误”，法律则并未排除审查。法律规定“［行政机关］有关这些事务的决定是最终和结论性的，不接受司法审查”。

在 Laguna Gatuna，Inc. v. Browner④ 案中，第十巡回法院同意第四、第六和第七巡回法院的意见，判定《清洁水法》排除了在执行处罚决定的程序中，通过任何不违反处罚命令和审查的方式对合规命令的司法审查。

在 Fischer v. RTC⑤ 案中，法院判定，一项法律条款排除了对 RTC（the Resolution Trust Corporation）所作的判断——即一家企业具有阻止其与 RTC 订立合同的利益冲突——进行的司法审查。法律规定，“该公司根据这一条款作出的任何决定都应当只属于其独有的裁量权，不应接受审查”。

在 Department of Treasury v. Federal Labor Relations Authority⑥ 案中，哥伦比亚特区巡回法院裁决了一场棘手的争议。联邦劳动关系管理局（the Federal Labor Relations Authority）有权裁决联邦行政机关与其雇员之间的申诉（grievances）。在裁决此类争议的过程中，联邦劳动关系管理局可以解释任何“影响雇佣条件的法律、规则或者规章”。《联邦劳动—管理关系法》（the Federal Service Labor-Management Relations Statute）排除了法院审查联邦劳动关系管理局裁决申诉的决定。这一争讼的申诉之所以发生，是因为财政部实施《关税法》的方法发生了重大变化。新的实施方法具有大幅减少海关检查人员所获加班费的效果。雇员工会提交了一份申诉，指控财政部实施海关法律的新方法是违反上述法律的。

---

① 358 U.S. 184 (1958).
② 80 F.3d 379 (9th Cir. 1996).
③ 58 F.3d 620 (Fed. Cir. 1995).
④ 58 F.3d 564 (10th Cir. 1995).
⑤ 59 F.3d 1344 (D.C. Cir. 1995).
⑥ 43 F.3d 682 (D.C. Cir. 1994).

受理该案件的裁决人员驳回了该申诉，认为它超越了联邦劳动关系管理局的管辖权。他认定海关法律的目的不是为海关检查官造福，并且联邦劳动关系管理局缺乏解释海关法
1659 律的职权。联邦劳动关系管理局推翻了这一结论。它认为，财政部实施海关检查之新制度的规则是“影响雇佣条件的……规则”。联邦劳动关系管理局于是认为这些规则是违反海关法律的。它通过命令财政部停止实施新的海关检查制度而解决了这起申诉案件。财政部对联邦劳动关系管理局的裁决申请审查。联邦劳动关系管理局主张法院缺乏管辖权，因为法律条款排除了对联邦劳动关系管理局裁决的审查。法院判定排除审查条款之范围与对联邦劳动关系管理局赋予的职权范围是一样的。因此，法院可以审查联邦劳动关系管理局确定其是否属于行政机关管辖权之问题所作判断。法院判定联邦劳动关系管理局并不具有解释海关法律的管辖权。于是，联邦劳动关系管理局……的裁决是越权的。

在 National Treasury Employees Union v. Federal Labor Relations Authority① 案中，第九巡回法院不同意哥伦比亚特区巡回法院在 Department of Treasury 案中所作的判决，并且判定联邦劳动关系管理局的决定是不可审查的。第九巡回法院认为，哥伦比亚特区巡回法院已经误解了联邦劳动关系管理局决定的性质和效力。正如第九巡回法院所看到的，联邦劳动关系管理局不是试图告诉海关（the Customs Service）如何实施海关法律。相反，它是在其职权范围内行事，告知海关其实施海关法律的方法可能产生的人事成本。

在 Schneider v. United States② 案中，第八巡回法院判定《军事求偿法》（the Military Claims Act）对拒绝就军医过失导致伤害提起的索赔请求之决定排除了司法审查。

在 National Audubon Society v. Forest Service③ 案中，第九巡回法院判定，法院可以审查环境影响评价报告（EIS）是否足以支持行政机关就某区域是“无路还是有路”的判断，尽管国会明确排除审查环境影响评价报告是否足以支持同一行政机关就某区域是“荒原还是非荒原”的判断。

如果对法定排除审查条款进行广义解释会导致严重不公，各家巡回法院往往会倾向于对该条款进行狭义解释。Dart v. United States④ 案就可以说明这一点。《出口管理法》（the Export Administration Act）规定根据该法行使的“职能”和发布的“命令”（orders）是最终的和不可审查的。Dart 受到了行政处罚，即罚款 15 万元和禁止在 15 年内享有出口特权。该行政命令的依据是 Dart 已经违反了该法。尽管存在法定排除审查条款，哥
1660 伦比亚特区巡回法院还是经过审查，推翻了这一行政命令。该案的事实存在高度争议，而争议的裁决也高度依赖于对证人可信度的判断。行政机关的一名行政法官经过为期五天的举证式听证，认定 Dart 没有违反该法。行政机关推翻了行政法官的事实认定，作出了处罚命令。

哥伦比亚特区巡回法院认定行政机关的“命令”是明显越权的，法定排除审查条款的规定方式也将这一命令排除在法律规定不可审查的“命令”类型之外。Dart 案中的命令所依据的法律条款既规定了部长发布处罚命令的权限，也排除了对此类命令的审查：

部长应当以书面命令的形式确认、修改或者撤销行政法官的决定……部长的命令应当是最终性的，不接受司法审查。

哥伦比亚特区巡回法院认定，Dart 案中的命令是可以审查的，因为（1）部长发布命令，推翻行政法官的决定，已经超越了权限，因为法律只授权他“确认、修改或者撤销”行政法官的决定；（2）该法律条款第二句规定具有最终性并且不可审查的“命令”，与行

---

① 112 F. 3d 402 (9th Cir. 1997).

② 27 F. 3d 1327 (8th Cir. 1994).

③ 46 F. 3d 1437 (9th Cir. 1994).

④ 848 F. 2d 217 (D. C. Cir. 1988).

政级机关依照该条款第一句授权作出的“命令”相同。该争议对法院判决存在明显影响的其他几项特征，表明会引发严重不公：（1）行政机关所采用的策略似乎构成了陷阱；（2）行政法官比行政机关更适合裁决关键性的可信度问题；（3）该命令对个人自由构成严重影响；（4）所施加的处罚是严重的。

但是，下级法院也都效仿最高法院的做法，在排除审查条款规定明确并且没有引发严重不公的担心时，贯彻实施这一条款。在 Griffith v. NLRA[①] 案中，在 Dart 案中作出判决的同一家巡回法院中轻易地作出了判决，即行政机关拒绝根据《补发工资法》（the Back Pay Act）向联邦雇员溯及既往地支付工资上涨金额，这一命令是不可审查的。该法将这些命令排除在授权司法审查的条款之范围之外，除非“这些命令涉及不当劳动行为”[②]。 1661

8 U. S. C. §1158 赋予外国人居民申请庇护的权利，但是它对这一权利设定了必须在达到美国之后一年内提出的条件，除非该外国人“向司法部长成功证明……存在提交申请的迟延相关的特别情形”。

§17.9 涉及宪法权利时的可审查性推定

□ 宪法性事实原则

最高法院总是对以下两类案件进行区分：一类是以指控行政行为违法为由而进行的司法审查；另一类是以行为侵害原告的宪法权利为由而对行政行为进行的司法审查。在一段时间里，最高法院高度重视对宪法争议的司法裁决，并确立了“宪法性事实（constitutional fact）”原则。根据这一原则，复审法院需要对于任何与行政行为合宪性争议之裁决有关的事实进行重新（de novo）认定。[③]在一起案件中，最高法院将“宪法性事实”原则扩展至“管辖权事实”[④]。

□ 宪法性事实原则的消亡

许多行政机关都常常作出各种事实性认定，它们构成确定行政行为之合宪性的基础，在这种法律体系中，“宪法性事实”原则是不可能长期存在的。例如，在公用事业定价案件中，几乎所有存在争议的事实问题都是与行政机关定价是否构成违宪的没收这一判断有关的。[⑤] 经过一段时间，最高法院承认要求所有复审法院对所有“宪法性事实”重新进行

---

① 842 F. 2d 487 (D. C. Cir. 1988).

② 另可参见 Benton v. United States, 960 F. 2d 19, 22 (5th Cir. 1992)（国会有权通过“法律上的明确命令”，排除对政策决定，以及对符合政策决定的裁决决定进行的审查 Congress has the power, through a “clear command of the satute,” to preclude review of policy decisions and of adjudicatory decisions made in conformity with policy decisions)。

③ Ng Fung Ho v. White, 259 U. S. 276 (1922)（当责令驱逐出境的宪法权力取决于国籍时，法院必须独立判断被责令驱逐出境之个人的国籍）；Ohio Valley Water Co. v. Ben Avon Borough, 253 U. S. 287 (1920)（当公用事业定价命令的效力取决于价值评估时，法院必须独立判断公用事业财产的价值）。

④ Crowell v. Benson, 285 U. S. 22 (1932)（对于在美国可航行水道上发生的损害，如果行政机关是否有权作出赔偿的裁决取决于是否发生损害的事实时，法院必须对这一事实作出独立判断）。

⑤ 参见 Pierce, *Public Utility Regulatory Takings: Should the Judiciary Attempt to Police the Political Institutions?* 77 Geo. LJ. 2031 (1989)。

审查，将会严重影响效率，甚至达到荒谬的程度。最高法院从未正式推翻 Ben Avon 原则或者 Crowell 原则，但是其判决意见表明“宪法性事实”原则已经宣告终结。

早在 1946 年，Frankfurter 大法官就指出，“我们可能认为，这一原则已经归于平
1662 寂”①。在这之后，最高法院作出这样的观察结论：“Crowell 案对于在普通行政案件中产生的‘管辖权’事实和‘宪法性’事实进行审查而作出的准确的判决，已经为后来的判决所动摇……”② 最高法院判定根据适用实质性证据标准，只接受有限的司法审查的“宪法性事实”作出的众多行政行为，是合乎宪法的。③ 只有在特定表达是否受《联邦宪法》第一修正案保护的判断这种特定情形中，由司法机关独立判断宪法性事实的要求才继续存在。④

□ 国会可以排除对宪法诉讼（constitutional challenges）的审查吗？

尽管宪法性事实原则已经消亡，最高法院还是极力保护原告指控行政行为侵犯其宪法权利而能够得到司法审查的能力。最高法院对处于疑难和未决的宪法问题领域内的案件作出裁判。即使国会有权确定联邦法院的管辖权，我们至少可以认为国会并不能排除联邦法院裁决政府行为宪法有效性有关的争议。⑤ 最高法院一直通过解释法律，允许对指控行政行为违反原告宪法权利进行司法审查，以回避裁决这一问题的需要。

□ 基于宪法性理由的效力较强的可审查性推定

当法定排除审查条款构成剥夺原告指控行政行为违反原告宪法权利而获得司法审查的能力的威胁时，行政行为可审查性推定达到其最高点。最高法院从未将法律解释为具有此种效力。从整体上看，最高法院在这一领域所作判决似乎向国会传达了这样的信息：“我们并不寻求在对法院对国会行为或者授权行政机关实施行为的合宪性争议进行裁决的权力上产生宪法性对抗。我们对国会立法进行的解释将尽力回避此种对抗。如果国会希望明确自己是否有能力排除法院对宪法权利相关争议进行审查，国会就必须使用明确的法律条文，要求法院裁决这一问题，例如根据该法作出的行为不接受任何形式的司法审查，包括
1663 对此类行为之宪法有效性的审查。”

□ Robison 案

Johnson v. Robison⑥ 案表明最高法院极其不愿意对法定排除审查条款解释为排除对行政行为侵犯原告宪法权利的指控进行司法审查。Robison，是兵役的良心反对者（conscientious objector）*，他以其他方式为国家服役后，对于退伍军人管理局拒绝对其发放福利的决定申请司法审查。Robison 主张这一决定侵犯了宗教自由和法律平等保护的宪法权

---

* 良心反对者是指基于思想、良心和/或者宗教自由之理由而主张拒绝服兵役之权利的人。——译者注

① Estep v. United States, 327 U. S. 114, 142 (1946).

② Northern Pipeline Co. v. Marathon Pipeline Co., 458 U. S. 50, 82 n. 34 (1982).

③ 例可参见 Permian Basin Area Rate Cases, 390 U. S. 747 (1968)。

④ 参见 Monaghan, “Constitutional Fact Review”, 85 *Colum. L. Rev.* 229 (1985)。

⑤ 参见 Hart, “The Power of Congress to Limit the Jurisdiction of Federal Courts: An Exercise in Dialectic”, 66 *Harv. L. Rev.* 1362 (1953)。

⑥ 415 U. S. 361 (1974).

利。退伍军人管理局认为，38 U.S.C. §211（a）（后来被废除了）已经排除了司法审查。这一条款禁止法院审查“退伍军人管理局长根据任何由该局实施的法律而作出的有关法律问题或者事实问题的任何决定。”

最高法院基于以下三点理由判定表面看来宽泛的法定排除审查条款并不能适用于Robison案中提出的宪法诉讼：（1）受到质疑的行为不是“局长”根据他实施的“任何法律”而作出的决定，而是在他所实施的法律中体现的国会决定。（2）允许法院审查相对少见的就退伍军人管理局决定提出的相对少见的宪法诉讼，与法定排除审查条款的目的——避免因为审查退伍军人管理局的大量行为而给法院造成负担，以及避免法院可能破坏退伍军人管理局作出统一的福利决定而实行的复杂和技术性的制度——之间并不存在冲突。（3）将§211（a）解释为排除法院审查对法律提起的宪法诉讼，将会引发“§211（a）之合宪性的严重问题”，并且在这些案件中，最高法院需要遵循的基本原则是通过对该法的解释是否可以合理地避免［宪法性］问题。Robison案判决主旨的第三项原则可以适用的排除审查条款，也可以将其解释为排除对所有行政行为提起的宪法诉讼进行司法审查。最高法院继续采取Robison案中所体现的方法。在Traynor v. Turnage[①]案中，原告指控退伍军人管理局的规则侵犯了原告拥有的正当程序和平等保护权利，最高法院重申了对38 U.S.C. §211（a）所作的解释。

□ Mendoza-Lopez 案

在United States v. Mendoza-Lopez[②]案中，最高法院在不同的背景下讨论了法律排除对行政行为合宪性进行司法审查的问题。政府指控Mendoza-Lopez违反了一项将已被驱逐出境的外国人重新入境定为犯罪的法律。Mendoza-Lopez则辩称，驱逐出境听证程序存在如此根本性的缺陷，以至于可以认为驱逐出境令侵犯了他的正当程序权利。政府提出的抗 1664
辩则是法律条款并没有允许对驱逐出境令提出附带之诉。最高法院五名大法官出具的多数意见同意政府对该法所作的解释，但是判定通过采用存在根本性不公的程序，以行政命令为基础允许对个人提起刑事指控，这本身将会违反正当程序。三名持不同意见的大法官则主张，为了作出驱逐出境令而采取的程序存在的不公平程度并不足以判定随后的刑事公诉侵犯正当程序权利。而第四位持不同意见的大法官则认为，国会可以将被驱逐出境的外国人重新入境规定为罪行，即使对他发布的驱逐出境令是无效的。

□ Doe 案

在Webster v. Doe[③]案中，最高法院首先判定国会已经“规定行政机关依法享有裁量权作出”决定以国家安全考虑为由终止中央情报局雇员的职务。[④] 但是，七名大法官出具的多数意见判定，在原告的起诉是基于表面正确的对侵犯宪法权利的指控时，国会并没有意图对这些决定排除司法审查。多数意见的依据是其之前在Robison案中的推理，也就是说，将法律解释为排除对行政行为的宪法诉讼进行司法审查，将会引发严重的合宪性问题，而这是最高法院应当尽可能避免的。

---

① 485 U.S. 535 (1988).
② 481 U.S. 828 (1987).
③ 486 U.S. 592 (1988).
④ 参见§17.7。

但是，在 Doe 案中，多数意见适用这项“基本原则”，引出了两项不同意见。在持不同意见的大法官中，有一位以详尽的篇幅论述了他所持有的相反观点：（1）法律明确排除了基于任何理由，包括宪法诉讼，对中央情报局终止雇员职务决定进行司法审查；（2）国会可以排除联邦法院审查针对联邦行为提起的宪法诉讼；（3）允许对这类行为提起宪法诉讼将会导致的国会安全问题，正是促使国会决定禁止非宪法诉讼的国家安全问题。

□ Haitian Refugee 案

在 McNary v. Haitian Refugee Center[1] 案中，最高法院对《1986 年移民改革和控制法》（the Immigration Reform and Control Act of 1986）的一项条款进行了解释。除了之后对申请人作出的驱逐出境令进行的司法审查，该条款禁止法院审查对纳入特别赦免项目“申请有关的判断”。Refugee Center 指控移民归化局根据这一项目作出的所有判断，其采用的程序既违反法律的规定，也违反正当程序。

七名大法官出具的多数意见适用了可审查性推定，将排除审查条款解释为允许对指控
1665 的在作出判断的过程中实施的系统性违宪或者违法行为进行司法审查。多数意见认定，法律只是排除审查“有关申请的判断”，因而不能适用于对行政决定作出所有判断时所采用程序的合宪性和合法性提出的宽泛的质疑。多数意见也受到了以下因素的影响：（1）赦免申请遭拒绝，这对非法移民的自由利益产生严重不利影响；（2）国会预期在拒绝赦免决定之后会开始的驱逐出境程序，在这种情况下，国会特别授权对拒绝赦免的决定进行审查；（3）与国会的预期不同，审查的形式不太可能是有效的，因为大多数遭拒的申请人永远不会收到驱逐出境令，并且原告所质疑的相同的程序不足，会导致每起案件的行政案卷不具有进行有效司法审查所需的充分性；（4）对排除审查条款所作的宽泛解释，其产生的实际效力将是阻止法院审查对政府行为提出的表面正确的宪法诉讼；（5）这一效力会引发法院审查排除条款之合宪性问题有关的严重问题。

两位大法官坚持不同意见，则是基于以下依据：（1）可审查性推定是不能适用的，因为除驱逐出境令的情形之外，法律明确排除了审查。（2）在这种情况下的审查足以允许申请人对程序合法性提出质疑。（3）对于非法移民来说，他们只拥有国会提供的程序性保障，对司法审查排除条款根据其明确的条文相符的方式进行解释，并不会引发严重的合宪性问题。

最高法院接着适用了可审查性推定，允许原告对表面正确的诉讼请求——行政行为侵犯了原告的宪法权利——获得司法审查。但是，两位大法官对于这一进路表达了不同意见。不仅如此，产生这一问题的各种不同情形，能够对于原告是否提出了表面正确的宪法诉讼产生不同意见。涉及非公民之权利的案件，对于在有关宪法权利是否存在和范围大小的问题产生不同意见提供了特别肥沃的土壤。

□ 外国人拥有有限的宪法权利

在 Reno v. American-Arab Anti-Discrimination Committee[2] 案中，原告的诉讼请求是司法部长因为他们的政治观点而将他们列为选择性驱逐出境的对象，违反了《联邦宪法》

---

① 498 U. S. 479 (1991).

② 525 U. S. 471 (1999).

第一修正案和第五修正案。八名大法官出具的多数意见判定，法律排除了对原告的诉讼请 1666
求——司法部长因为他们的政治观点而将他们列为选择性驱逐出境的对象，违反了《联邦宪法》第一修正案和第五修正案——立即进行审查。相关的法律条款是令人混淆和似乎相互冲突的。多数意见拒绝适用合宪性怀疑原则（the doctrine of constitutional doubt），但是持多数意见的大法官们对于拒绝适用这一原则的理由则存在分歧。六名大法官拒绝适用这一原则，因为他们认为，“在本国的非法移民不具有以选择性执法作为反对对其驱逐出境的抗辩理由”。两名持协同意见的大法官认为，“第一修正案并不要求对他们提出的反对选择性执法诉求进行直接司法审查”。持不同意见的大法官则认为应该适用合宪性怀疑原则以支持判定原告有权就其指控选择性执法的主张立即获得司法审查。

但是，外国人确实拥有某些宪法权利，最高法院在涉及这些宪法权利的案件中适用了合宪性怀疑原则。在 Demore v. Hyung Joon Kim① 案中，六位大法官提供的多数意见使用了强推定，即国会并未试图排除对宪法诉求的司法审查，并且审查了一项认为尽管存在强的排除审查条款，该法已经违反正当程序的主张。原告对 8 U. S. C. §1226（c）——指示司法部长对任何因为实施了某组罪名之一的行为而可以驱逐出境的外国人实施拘押——的合宪性提出质疑。一份法庭之友意见书主张法院不得审查该诉讼请求，因为 8 U. S. C. §1226（e）规定：

司法部长有关本节规定适用的裁量性判断不受司法审查。法院不得撤销司法部长根据本节有关拘押或者释放任何外国人，或者批准、撤销或者否定任何保释或者假释的规定作出的任何行为或者决定。

多数意见驳回了这一主张，理由是：

最高法院已经判定“当国会试图排除对宪法性诉讼请求进行司法审查时，国会的意图必须是明确的”……不仅如此，在主张排除审查的条款禁止人身保护令审查时，最高法院已经要求必须特别明确地说明这是国会的意图。

* * *

§1226（e）并未明确禁止人身保护令审查，并且我们认为这一条文明显并未禁止被告质疑法律授权对其采取的不得保释的拘押决定。 1667

（不同的五位大法官所出具的多数意见在经过实质审查后驳回了被告的宪法诉讼请求。）

三位大法官对于管辖权问题提出了不同意见。这些大法官的理由如下：

我承认“支持对行政行为进行司法审查的强推定”，也承认“我们长期以来的规则要求明确说明国会废除人事保护令审查权的意图……”但是，在这里，国会传递的信息……已经再明确不过了：“**没有法院**可以撤销有关拘押或者释放外国人的……**任何行为或者决定**［着重号为原文所加］。”

□ 推定国会并没有中止人身保护令

在 INS v. St. Cyr② 案和 Caleano-Martinez v. INS③ 案这对姊妹案件中，五名大法官出具的多数意见判定，《反恐怖主义和有效死刑法》（the Antiterrorism and Effective Death Penalty Act）和《非法移民改革和移民责任法》（the Illegal Immigration Reform and Immigrant Responsibility Act）都没有停止外国人通过提交人身保护令申请对驱逐出境令寻

① 123 S. Ct. 1708 (2003).

② S. Ct. (2001).

③ S. Ct. (2001).

求审查的权利。移民归化局主张，两部法律中的四项条款排除了所有对该案讼争的这类驱逐出境令进行的司法审查。这些法律条款采用了宽泛和似乎明确的文字，例如，“即使法律存在其他规定，法院不得拥有审查任何最终性的递解出境令的管辖权……”多数意见承认国会已经明确排除了对这类命令根据《行政程序法》对这类命令进行审查，但是它判定国会并没有排除通过对只提出“纯粹的法律问题”的人身保护令进行审查。多数意见依据的理由包括：（1）“支持对行政行为进行司法审查的强推定”；（2）“长期存在的规则，要求明确说明取消人身保护令管辖权的国会意图”；（3）回避宪法问题原则，要求法院对法律所作解释时不“引发严重的合宪性问题”，如果此种解释是“合理可能的”。持不同意见的大法官批评多数意见认定“在法律原本非常明确的条文中存在模糊性，禁止……所有……法院受理诸如原告的外国人的诉讼主张……”并且“捏造了一项特别明确之说明……要求……这是在法律上缺乏正当基础的，在我们的其他法学领域中亦无先例”。

为了对关押在关塔那摩监狱（Guantanomo Bay）的囚犯进行审判，美国总统设立了特别军事法庭（the Military Tribunals），围绕该法庭之合法性所产生的争议，使得大法官们也产生了类似的分歧。在 Hamdan v. Rumsfeld 案中，五名大法官出具的多数意见遵循
1668 和适用了 St. Cyrand Calcano－Ivlartinez 案中的推理，以此作为依据判定特别军事法庭是违法的。

□ 越权行为不是违宪的

在 Dalton v. Specter[1] 案中，最高法院判定一项超越法定授权的行为，按照事实本身，不是违宪的。因此，指控越权行为并不能归入接受非法定司法审查的宪法诉讼请求的范畴。

□ 作为例证的巡回法院之判决意见

在 Biodiversity Associates v. Cables[2] 案中，第十巡回法院解释了某国会拨款法律的实体追加条款（rider）中附加的排除审查条款。该法律条款规定：“本节授权的任何行为都不应接受任何联邦法院的司法审查。”法院判定并不能适用这一条款排除法院审理对于该追加条款本身合宪性提出的质疑，因为该追加条款不是其本身所授权的行为。法院接着支持了该追加条款的效力。[3]

在 Jordon Hospital v. Shalala[4] 案中，原告试图通过指控行政机关剥夺了它所享有的正当程序的权利而回避受明确的排除审查条款的影响。法院驳斥了这一企图，认定原告并未提出“任何貌似说得通的诉讼请求”，因为行政机关为原告提供了“充分的程序保障”。

在 Lepre v. Department of Labor[5] 案中，哥伦比亚特区巡回法院撰写了一份非常深刻的判决意见，讨论了在哪些情况下法院可以审查对行政决定提出的宪法质疑，尽管存在强的排除审查条款。原告试图对《联邦雇员补偿法》（the Federal Employees Compensations Act）中行政机关用来对医疗检查提供通知的方法在宪法上是否充分提出质疑，认为其违反了正当程序条款。该法，5 U. S. C. §128（b）作了如下规定：

---

① 511 U.S. 462 (1994).

② 357 F. 3d 1152 (10th Cir. 2004).

③ 参见§2.2 的讨论。

④ 276 F. 3d 72 (1st Cir. 2002)，参见§17.8 的讨论。

⑤ 275 F. 3d 59 (D. C. Cir. 2001).

部长本人或者指定的代表根据本章规定所作出的允许或者否定支付的行为——

（1）在所有目的，以及所有法律和事实的问题上来说都是最终和结论性的；

（2）不接受其他联邦政府雇员或者法院通过执行职务令或者其他方式进行的审查。

法院仔细讨论了最高法院在宪法诉讼中对于排除审查条款的解释的判决意见。法院认定最高法院要求“国会意图必须特别清楚，才能禁止联邦法院对宪法诉讼的实质问题进行审查”。法院承认不同巡回法院对于在存在用词宽泛的排除审查条款时是否所有的合宪性质疑都是可以审查的，或者是否只有对于某类行政决定的宪法效力提出系统性的质疑在这 1669
种情况下才是可审查的。但是，法院认为没有必要对此进行辩论，因为原告提出的质疑“既是宪法性的，也是系统性的”。因此，法院判定：“§128（b）并不禁止法院审查 Lepre 根据《联邦宪法》正当程序条款对该项规则提出的质疑。”

在 McBryde v. Committee to Review Circuit Council Conduct and Disability Orders of the Judicial Conference of the United States① 案中，存在分歧的合议庭发表了复杂的判决意见，对众多疑难问题作出了裁决。根据《1980 年司法行为和剥夺资格法》（the Judicial Conduct and Disability Act of 1980），司法会议（Judicial Conference）的一个特别委员会认为某联邦法官违反了伦理规范，并且对该法官实施了处罚。该法官向美国司法会议（the Judicial Conference of the United States）巡回区司法委员会法官行为和剥夺资格命令审查委员会（the Committee to Review Circuit Council Conduct and Disability Orders）（下称该委员会）提出了审查申请。该审查委员会在实质审理后驳回了法官的某些主张，但是认定它并无权审查对于制裁命令提出的合宪性质疑。法官接着向巡回法院申请审查对于该制裁命令基于表面及其适用（facial and as—applied）提出的质疑。法院指出该法允许由司法会议的审查委员会而非法院进行审查。在规定了由该审查委员会提供审查之后，该法规定：

除了本款所明确规定的之外，所有的命令或者决定，包括拒绝审查申请，应当是最终和结论性的，不得在上诉或者其他情况下由法院进行审查。

但是，哥伦比亚特区巡回法院指出，当政府主张某法律排除法院对行政机关行为之宪法诉讼进行审理时，无论是该法院之前的判决，还是最高法院的判断，都已经明确“特别高的障碍”。

哥伦比亚特区巡回法院以一致意见认定法律并未排除司法机关对该法律的合宪性提出的质疑的司法审查，很大程度上是因为该审查委员会，作为一家行政机关，缺乏判定该法律是否违宪的权力。但是，对于其是否具有审理对于该法律之适用的合宪性提出的质疑，合议庭则存在分歧。

多数意见认为，该法的立法史可以提供充分证据证明国会试图排除对该法之适用提出质疑的司法审查：“在《联邦宪法》第三条规定的‘法院’进行的审查和司法会议从自身成员中选择的《联邦宪法》第三条规定的法官组成的委员会进行的审查之间进行的终极选择中，国会选择了后者。”多数意见指出，该审查委员会已经放弃了解决对法官所作惩罚 1670
的任何合宪性质疑的任何权力，但是多数意见认定该审查委员会低估了其权力的范围。尽管该委员会作为一家行政机关，缺乏“裁决……国会立法的合宪性”的权力，但它“有义务处理正确提出的宪法诉讼请求，该宪法诉讼请求并未质疑国会所要求的行政行为”。持不同意见的法官认为，该法并未排除法院初审法官所提出的法律适用的宪法诉讼请求。因为该法律中并未包含明确禁止宪法诉讼的文字，她会将其解释为未禁止法院审理对根据该

① 264 F. 3d 52 (D. C. Cir. 2001).

法所采取的任何行为提出的任何宪法质疑。

在 Nyeholt v. Secretary of Veterans Affairs① 案中，联邦巡回区上诉法院根据 Johnson v. Robison② 案的解释，支持了其结论，即它可以审理退伍军人事务部规则中的定级表（schedule of ratings）违反了正当程序条款，尽管该法中规定了明确排除审查条款。

在 Abdullah v. INS③ 案中，第二巡回法院判定禁止对行政机关的“判断”进行审查的法律，并没有禁止审查原告的主张，即行政机关作出这些判断时采用的方法违宪。

在 Ellison v. Connor④ 案中，第五巡回法院判定它可以审查原告的主张，即行政行为违反了正当程序，即使法院认定该行为依法属于行政机关的裁量权范围。法院将最高法院的判决意见解释为允许对宪法性的诉讼请求进行司法审查，除非国会明确排除对宪法性的诉讼请求进行审查。

在 Chow v. INS⑤ 案中，第七巡回法院同意其他一些巡回法院的意见，判定《1996 年反恐怖主义和有效死刑法》的条款，即排除法院审查对被判定犯有特定罪行的外国人所作出的最终性的驱逐出境令。但是，法院判定，该法并没有排除法院审查此类外国人提出的宪法性诉讼请求，如果这些诉讼请求是在人身保护令诉讼程序中提出的。

在 Doty v. United States⑥ 案中，联邦巡回区上诉法院判定，对于农产品价格支持项目（agricultural price support programs）有关的决定，排除司法审查的法律条款并没有排除司法审查指控此种决定采用的程序违反正当程序的诉讼请求。

在 Riggin v. Office of Senate Fair Employment Practices⑦ 案中，联邦巡回区上诉法院讨论了一项不同寻常的问题。《1991 年政府雇员权利法》（The Government Employee
1671 Rights Act of 1991）将对其他政府雇员适用的法律保障，包括《反就业年龄歧视法》（the Age Discrimination in Employment Act），扩张适用于政府立法分支的雇员。雇员中相信自己已经成为违反《反就业年龄歧视法》之行为的受害者，可以向参议院公平雇佣实践办公室（the Office of Senate Fair Employment Practices）投诉。对该办公室处理结果不服的雇员，可以申请参议院伦理委员会进行审查。对伦理委员会审查结果不服的，可以在联邦巡回区上诉法院提起诉讼。联邦巡回区上诉法院可以只审查法律问题，包括法律解释的问题和宪法性问题。Riggin 和国会警察局的其他成员向参议院公平雇佣实践办公室投诉，指控他们遭受了违反《反就业年龄歧视法》的年龄歧视。《1990 年国会警察退休法》（the Capitol Police Retirement Act of 1990）要求国会警察局的成员在年满 55 岁时退休。这些投诉提出了两项主张：《政府雇员权利法》隐含地废除了《国会警察退休法》中的强制性的退休条款；《国会警察退休法》的强制性退休条款违反《联邦宪法》第五修正案中的正当程序条款。参议院公平雇佣实践办公室和伦理委员会对这些投诉作出了对投诉人不利的处理。投诉人于是向联邦巡回区上诉法院起诉。法院在法律解释问题上支持了参议院公平雇佣实践办公室的处理决定。法院接着认为参议院公平雇佣实践办公室本该对宪法性问题作出处理。法院提到了规制体系具有的以下若干特征，以支持其结论，即国会意图让参议院公平雇佣实践办公室负责处理在裁决法定歧视争议的过程中引发的宪法性问题：

① 298 F. 3d 1350 (Fed. Cir. 2002).

② 415 U. S. 361 (1974).

③ 184 F. 3d 158 (2d Cir. 1999).

④ 153 F. 3d 247 (5th Cir. 1998).

⑤ 113 F. 3d 659 (7th Cir. 1997).

⑥ 53 F. 3d 1244 (Fed. Cir. 1995).

⑦ 61 F. 3d 1563 (Fed. Cir. 1995).

(1)《政府雇员权利法》授权参议院公平雇佣实践办公室裁决所有法定的针对歧视行为提出的诉求；(2) 参议院公平雇佣实践办公室要解决投诉人的诉求，就必须讨论《国会警察退休法》的合宪性问题；(3)《政府雇员权利法》授权联邦巡回区上诉法院审查《政府雇员权利法》相关案件中提出的宪法性问题；(4)《政府雇员权利法》禁止其他法院裁决这些问题；(5) 参议院公平雇佣实践办公室的决定接受参议院伦理委员会的审查。

在 Czerkies v. Department of Labor[①] 案中，第七巡回法院全席审理后对于这样一项解释原则——即使在对行政行为排除司法审查的法律条款用词强烈时，也允许对某些宪法性诉求进行司法审查——的范围产生了分歧。联邦雇员的工作权利受到侵害的，可以向工人赔偿项目办公室（the Office of Workers Compensation Programs）申请工人赔偿福利。工人赔偿项目办公室的决定是“在所有目的上，以及对于所有法律问题或者事实问题，都是具有最终性的和结论性的；不接受其他联邦政府雇员的审查，也不接受法院通过执行职务令（mandamus）或者其他方式进行的审查”。在工人赔偿项目办公室拒绝其申请之后， 1672
Czerkies 向法院起诉，主张拒绝其申请的决定所适用的程序违反了正当程序。八名法官出具的多数意见判定，即使在立法中规定了用词明确的排除司法审查条款，并且即使宪法性诉讼请求只与原告的案件相关时，如果原告寻求的是非金钱性质的救济措施，法院有权审查对行政决定提出的宪法诉讼。多数意见接着判定 Czerkies 提出的宪法性诉讼请求不是实质性的。三位持协同意见的法官认为，如果法律规定了用词明确的排除司法审查条款，只有在原告对法律或者行政机关的决定程序之合宪性提出的系统性质疑时，法院才有权审查对行政行为提出的宪法诉讼请求。

在 Beattie v. Boeing Co.[②] 案，第十巡回法院判定拒绝安全背景审查（security clearance）的决定属于行政机关不可审查的裁量权范围，即使原告指控这一决定侵犯了其依据《联邦宪法》第一修正案得到保障的权利。

在 Schneider v. United States[③] 案中，第八巡回法院持不同意见的法官认为，拒绝根据《军事求偿法》（the Military Claims Act）提供赔偿的决定是可以审查的，尽管有一项法律条款排除了对此类拒绝决定的审查，因为行政机关违反了原告的正当程序权利。多数意见判定行政行为并没有剥夺原告得到正当程序保护的权利。

Fischer v. RTC[④] 案中，哥伦比亚特区巡回法院的判决意见说明了另一种处理非实质性的宪法诉讼请求的方式。法院认定它不需要讨论排除司法审查条款是否排除了对宪法性问题的司法审查，因为这一宪法性问题所引发的争议是非实质性的。[⑤]

许多判决意见则体现了讨论非实质性的宪法诉讼请求而采取的第三种实用主义方法。法院可以直接对诉讼请求进行实质审查，并迅速和轻易地作出对原告不利的裁判。[⑥] 1673

① 73 F. 3d 1435 (7th Cir. 1996).

② 43 F. 3d 559 (10th Cir. 1994).

③ 27 F. 3d 1327 (8th Cir. 1994).

④ 59 F. 3d 1344 (D. C. Cir. 1995).

⑤ 另可参见 Laguna Gatuna, Inc. v. Browner, 58 F. 3d 564 (10th Cir. 1995)（拒绝认为排除法院审查《清洁水法》之合规命令构成了“宪法上无法容忍的”情形，理由是如果允许法院审查合规命令会动摇行政机关的执法权）。

⑥ 另可参见 Anwar v. INS, 107 F. 3d 339 (5th Cir. 1997)（行政机关在拒绝延长提交答辩状的实践时并没有否定正当程序的权利）; Painter v. Shalala, 97 F. 3d 1351 (lOth Cir. 1996)（对于接受根据法定指南计算的联邦医疗保险的费用支付，医生并不享有财产利益）; Joelson v. United States, 86 F. 3d 1413 (6th Cir. 1996)（私人性质的破产管理人对于其名列符合资格的破产管理人名单，并不拥有财产利益）。

18

救济措施

§18.1 对联邦行政行为的法定审查

□ 法定审查的救济措施通常是撤销（set aside）和发回重新处理（remand）

对于违法的联邦行政行为来说，最为常见的救济是根据赋予地方法院以联邦问题管辖权的一般性法律条款（28 U.S.C. §1331）而提出的审查申请，或者是根据行政机关据以作为采取被诉行为之职权依据的法律，而在巡回法院中提出的审查申请。有的时候，司法审查程序的结果是由法院直接推翻了行政行为，例如社会保障管理局拒绝残疾福利申请的决定，并且复审法院命令社会保障管理局发放福利。[①] 但是，复审法院很少有权实施此种救济。[②] 在大多数案件中，司法审查程序的结果是法院判决撤销行政行为并发回行政机关重新作出与被诉行政行为不同的行政行为。

只有在特殊的情形中，复审法院认定作为依据的法律和事实使得行政机关并不具有以任何其他方式作出行为的裁量权，并且只有在法院认定发回行政机关重新处理会导致原告 1675
明显有权获得的行为发生迟延而造成实质性的非正义之时，法院才可以责令行政机关提供其拒绝的救济。[③]

□ 最高法院很少可以责令行政机关提供其拒绝提供的救济

在 INS v. Ventura[④] 案中，最高法院作出了一份少见的以全体法官一致意见作出的简

---

① 例可参见 Rivera v. Sullivan, 923 F. 2d 964, 970 (2d Cir. 1991)。

② 例可参见 Boyd v. Heckler, 704 F. 2d 1207 (5th Cir. 1983); Saltares v. Bowen, 711 F. Supp. 162 (S. D. N. Y. 1989)。

③ Faucher v. Secretary of Health & Human Services, 17 F. 3d 171, 176 (6th Cir. 1994); Cissell Mfg. Co. v. Department of Labor, 101 F. 3d 1132 (6th Cir. 1996); Ward v. Brown, 22 F. 3d 516, 522-523 (2d Cir. 1994); 法院极其不愿意责令行政机关提供其先前拒绝的实体性救济，它所依据的考量因素与第 14 章和第 15 章讨论的首先管辖权原则、穷尽行政救济原则、成熟性原则和最终性原则所依据的考量因素相同。

④ 123 S. Ct. 353 (2002)，参见 §15.2 的讨论。

易判决。第九巡回法院驳回了移民归化局对决定所附的理由并以此为依据推翻了移民归化局的决定。第九巡回法院接着考虑和驳回了移民归化局尚未考虑过的其他理由。最高法院推翻了第九巡回法院的判决。最高法院判定第九巡回法院本来应该将该案发回行政机关，让行政机关能够考虑该决定可能的其他依据。最高法院责备第九巡回法院僭越了“国会托付给行政机关的专有领域”。最高法院指出“正确的做法，除了少数情形，是发回行政机关进行进一步调查和解释”。

显然，第九巡回法院并未领会这一信息。在 Gonzales v. Thomas[1] 案中，最高法院再次作出全体法官一致意见的简易判决，再次责备第九巡回法院僭越了行政机关的管辖权。第九巡回法院推翻了行政机关的决定，并且命令行政机关根据法院裁决而行政机关未曾解决的问题，批准所申请的救济。最高法院认为第九巡回法院没有将案件发回行政机关的错误“根据 Ventura 案的判决，是非常明显的”。

第九巡回法院依然没有领会这一信息。在 National Ass'n of Home Builders v. Defenders of Wildlife[2] 案中，在第九巡回法院判定行政行为武断和恣意之后，最高法院再次责备第九巡回法院对法律作出了自己的解释并且自行对案件争议的实质问题作出裁决，而不是将案件发回行政机关进一步处理。

在 Nebraska v. Department of Health and Human Services[3] 案中，哥伦比亚特区巡回
1676 法院推翻了地区法院的命令，即要求卫生和社会服务部批准州行政行为的命令。卫生和社会服务部已经否定了州行政行为，但是州法院认定卫生和社会服务部已经在否定该州行政行为的过程中适用了程序上无效的规则。地区法院认定发回卫生和社会服务部重新处理是不必要的，因为案卷表明州行政行为本来可以通过适用已有的卫生和社会服务部规则得到批准。哥伦比亚特区巡回法院对此持不同意见。它判定必须通过发回重新处理向卫生与社会服务提供机会让后者能够首先确定州行政行为是否符合已有的标准。

在 Ghebremedhin v. Ashcroft[4] 案中，第七巡回法院作出了一项有趣的判决意见，试图对最高法院在 Ventura 案中判决意见的适用范围和意义加以限制。第九巡回法院在判决中将移民归化局的决定发回并指示作出批准庇护申请的命令，司法部长申请变更这一判决。他主张 Ventura 案的判决意见代表了广泛的意见（broad disposition），即上诉法院一旦发现行政机关的决定中存在错误，必须将案件发回并要求进一步调查或者解释。法院否认 Ventura 案代表了这一广泛的意见，指出法院可以命令行政机关以特定方式作出行为，如果案卷证明有必要得出这样的结论。但是，法院确实修改了之前作出的判决意见，承认司法部长拥有拒绝提供庇护救济的裁量权，即使该外国人本来符合庇护申请的资格。

在 Leia v. Ashcroft[5] 案中，第三巡回法院引用了 Ventura 案并认定一旦法院认定行政机关本来不应该考虑某份具体证据，即使行政机关可以在没有这份证据的情况下也能以充分证据支持其事实认定，这时法院就需要将案件发回行政机关进行进一步考虑：“在这种情况下，我们必须将案件发回行政机关重新考虑，并对事实进行重新权衡，而不是试图自行承担这一任务。”

在 Briscoe *ex rel*. Taylor v. Barnhart[6] 案中，第七巡回法院判定，当法院认定行政法

---

① 126 S. Ct. 1613 (2006).

② 127 S. Ct. 2518 (2007)，参见§3.6、§6.11 和§11.4 的讨论。

③ 435 F. 3d 326 (D. C. Cir. 2006).

④ 392 F. 3d 241 (7th Cir. 2004)，参见§15.2 的讨论。

⑤ 393 F. 3d 427 (3d Cir. 2005)，参见§11.2 的讨论。

⑥ 425 F. 3d 345 (7th Cir. 2005).

官所作出的某个人不是残疾的事实认定并无实质性证据的支持，因为行政法官并未充分解释他为什么不考虑某些证言并且没有提出其他证据。法院判定一份要求行政机关提供残疾福利的命令是不合适的，因为所有的事实问题还没有得到裁决。法院指出“顽固（obduracy）不是提供福利的理由”。 1677

在 Palisades General Hospital v. Leavitt[①] 案中，哥伦比亚特区巡回法院驳回了原告的主张——原告有权申请法院要求行政机关对其用于确定原告报销水平的工资数据，只要法院能确定行政机关犯有法律错误，并且其对工资数据的初步计算是武断和恣意的。法院判定在这种情况下唯一可以允许的救济方式就是撤销行政行为，并且发回行政机关作出符合法院判决意见的进一步的行为。

在 Middle Rio Grande Conservancy District v. Norton[②] 案中，第十巡回法院认为它是在处理一种“非常少见的情形”。在判定行政机关对某濒危物种指定关键栖息地的环境影响评价是不充分的之后，法院拒绝将案件发回行政机关重新进行环境影响评估。对于这一值得质疑的判决，法院的理由是行政机关存在“普遍的迟延，决定也不充分”。

在 Seavey v. Barnhart[③] 案中，第一巡回法院推翻了地区法院的一份命令，该命令要求社会保障局向申请人提供福利。第一巡回法院认为，对于行政行为中存在错误的通常救济方式是发回行政机关重新处理。法院指出，“通常来说，法院可以命令行政机关提供它只在特殊案件中拒绝的救济，在这种特殊案件中作为其基础的事实和法律是如此特别，以至于行政机关除了批准或者拒绝福利之外没有作出其他行为的裁量权”。

□ 审查尚未结束时的禁令救济

作为审查申请之对象的行政行为，在审查程序仍在进行时通常仍然是有效的。如果要在审查期间中止执行该行政行为，原告必须证明实质问题很可能成就无法补救的损害，以及对其他当事人或者公众造成过度不便。[④]

正如 § 18.4 所讨论的，联邦法院很少会裁定中止执行行政行为，等待审查程序的结局。第八巡回法院在 Iowa Utilities Board v. FCC[⑤] 案中发表的判决意见，就说明了法院愿意中止执行行政行为这种少见的情形，以及法院不愿意决定中止行政行为的理由。法院裁定中止执行联邦通信委员会一项试图创设竞争性电信市场的规则。法院认定，从案件实质审查来看，原告很可能会胜诉，而如果不中止执行该行政行为，将会导致无法弥补的损失。不幸的是，第八巡回法院对这一争议实质问题的裁决所作的预测，被证明是不着边际的。在第八巡回法院中止执行该规则的三年之后，最高法院支持了这一规则的基本要素。[⑥] 1678
因此，第八巡回法院中止执行行政规则的唯一效力是推迟了竞争性电信市场的建设，并使这一过程复杂化。

□ 发回重新处理的裁判是可以上诉的

当地区法院将行政行为发回重新处理时，地区法院发回重新处理之裁定通常是可以作

① 426 F. 3d 400 (D. C. Cir. 2005).

② 294 F. 3d 1220 (10th Cir. 2002)，参见 § 12. 3 的讨论。

③ 276 F. 3d 1 (1st Cir. 2001)。

④ 参见 Fund for Animals v. Frizzell，530 F. 2d 982，986 (D. C. Cir. 197. 5)。

⑤ 109 F. 3d 418 (8th Cir. 1996).

⑥ AT&T Corp. v. Iowa Utilities Board，525 U. S. 366 (1999).

为 28 U. S. C. §1291 规定意义上的“正式判决”而立即上诉至上诉法院的。[①] 但是，正如最高法院所承认的，“因为上诉就意味着迟延，获得推翻判决的几率很小，以及上诉……可能需要冒着完全败诉的风险，”所以对裁定发回重新处理提出的上诉是很少见的。

□ 重新处理后作出的行政行为

当法院撤销一项行政行为并将案件发回行政机关，要求重新作出与被诉行为不同的行为时，行政机关通常只拥有若干选项。如果对于依照原告申请，给予实体性救济的行政行为，没有其他当事人有权申请法院审查，行政机关可以直接选择批准原告所申请的救济。但是，如果该行为会对其他当事人造成不利影响，行政机关可能就不能直接根据原告的申请而批准救济，因为受该行政行为不利影响的当事人可能会接着向法院申请裁定撤销行政机关在重新处理过程中作出的行为。

□ 根据撤销依据之不同而具有的选项

行政机关在发回重新处理的过程中可以拥有的选项范围取决于撤销行政机关原行政行为的依据。如果判决的意见是行政机关没有遵守强制性程序，行政机关可以重新开始案件（reopen the record），遵守程序，并发布新的规则或者命令。如果司法判决所依据的结论是行政行为的一个或者更多的事实基础不能得到充分证据的支持，行政机关可以重新开始案件，获取与事实问题相关的新证据。如果司法判决的依据是行政机关对该行为所提供的理由是不充分的，行政机关可以对其理由说明作出补充，重新开始或者不用重新开始案件以接受新的证据。最后，如果司法判决的依据是行政行为是基于适用法律的误解，行政机关经常可以在重新处理的过程中以符合复审法院所宣布的法律依据一致的理由或者事实认定，为相同的行为提供支持。

□ 预测在重新处理过程中作出之行为的难度

在大多数情形中，对于复审法院将行政行为发回重新处理的案件，我们无法百分百预测案件的最终结果，行政机关常常需要经年累月才能完成其行为。研究 1984—1985 年在重新处理后作出的行政行为，我们可以发现行政机关在 20%～25%的案件中重申了先前作出的决定，在 10%的案件中对先前的决定进行了细微的修改，在 10%的案件中以调解结案，而在 35%～40%的案件中对先前的决定作了重大改变。[②] 行政机关在重新处理过程时
1679 的选项也取决于法院是否撤销了行政行为或者在重新过程后让行政行为继续有效。法院常常将行政规则发回重新处理而没有撤销该规则。[③]

□ 其他救济

有的时候，已经受到违法的联邦行政行为，或者联邦行政机关的不作为之不利影响的

---

① Forney v. Apfel, 524 U. S. 266 (1998).

② Schuck & Elliott, “To the Chevron Station: An Empirical Study of Federal Administrative Law”, 1990 *Duke LJ*. 984, 1044-1054.

③ §7.13 详细讨论了存在争议的这种实践。

当事人，有可能在传统的法定审查之外或者代替传统的法定审查而获得司法救济。这些救济可以包括：（1）对通过违反行政机关实施的法律而损害原告利益的个人行使私人诉权[1]；（2）针对行政机关寻求确认或者禁令救济[2]；（3）对联邦政府提起损害赔偿的诉讼；（4）对政府雇员提起损害赔偿的诉讼。[3]

哥伦比亚特区巡回法院在 Chamber of Commerce v. Reich[4] 案中所作的重要判决，可以给我们提供有益的提醒，即在有的情形下可以寻求对行政行为的非法定审查。法院判定，如果行政行为是越权的，并且或者违反了法定的禁止规定，或者取消了法律明示或者默示赋予的权利时，行政行为就需要接受非法定审查。

□ 对州行为适用的联邦救济

大多数州都对州行政行为规定在州法院接受法定审查，其方式类似于对联邦行政行为的法定审查。只在有限的情况下，联邦法院才能对州行政行为进行审查。但是，有的时候，已经受违法的州或者地方行政行为损害的当事人，可以基于主张州、地方政府或者政府雇员剥夺了原告依法享有的联邦公民权利而寻求禁令救济或者提起损害赔偿诉讼，或者是当联邦的法律创设了直接上诉权利时向联邦法院直接上诉，从而在联邦法院获得救济。[5]

§18.2 巡回上诉法院的审查 vs 地区法院的审查

□ 如无相反法律规定，由地区法院审查

在没有法律作出相反规定时，28 U.S.C. §1331 赋予地区法院对联邦行政机关所作出的可以审查的行为拥有专属管辖权。许多授权行政机关作出行为的法律都规定至少某些类型的行政行为由巡回上诉法院进行审查。如果法律规定由巡回法院对行政行为进行司法审查，则该管辖权的授予就是专属性的。[6] 如果法律规定对行政行为的行政审查之后直接接受巡回法院的审查，则该规定默示排除了地区法院对行政行为的审查。[7] 1680

□ 复杂的判例法

但是，确定行政行为审查的管辖权属于地区法院还是巡回法院的一般性法律框架所具有的简洁特点具有欺骗性。适用这一框架的判例法是复杂和令人混淆的。这一问题更多应该归咎于国会而非法院。调整审查管辖权的法律条款之起草常常是质量低下、模糊、不完整或者是没有充分考虑巡回法院和地区法院的比较优势。不仅如此，许多过去的法律对于

---

① 参见§18.5。
② 参见§18.4。
③ 参见§19.5和§19.6。
④ 74 F.3d 1322, *reh'g en banc denied*, 83 F.3d 442 (D.C. Cir. 1996)，§1.2、§17.7和§17.8有讨论。
⑤ 参见§18.7、§19.3和19.5。
⑥ Whitney National Bank v. Bank of New Orleans, 379 U.S. 411 (1965).
⑦ Thunder Basin Coal Co. v. Reich, 51, U.S. 200 (1994).

审查管辖权的配置已经不再具有意义，因为行政机关的行为方式和对某些行政行为的司法审查方法都已经有所变化。

地区法院和巡回法院的比较优势

良好的司法审查体系将会由巡回法院审查所有可能引发重要的法律或者政策问题的行政行为，并且该司法审查只能根据行政机关制作的案卷进行审查。所有行政机关的立法性规则都能满足这些标准，而行政机关，例如核能监管委员会和联邦能源监管委员会，对数量相对较少的重大争议进行裁决后作出的命令同样能够满足这些标准。巡回法院很适合于审查此类行为，理由有三：首先，巡回法院法官数量较少，并且巡回法院由三名法官组成合议庭的做法，使得对重大的法律或者政策问题进行的司法审查不容易出现反常或者巨大差别。其次，巡回法院还可以利用全席审理的程序减少巡回法院内部的冲突。再次，巡回法院的判决是直接受最高法院审查的，最高法院负责消除巡回法院之间存在的冲突。

良好的司法审查体系会让地区法院审查所有数量众多的行政行为，也就是由行政机关每年对数以千计的裁决案件进行裁决时作出的命令。所有这些行为中具体的事实争议往往比法律或者政策争议更具主导地位，并且所有行为都要求复审法院做好收集证据的准备。社会保障残疾福利的决定可以很好地说明这些特别适合由地区法院审查的行为类型（假定它们是适合由任何具有一般管辖权的法院进行审查的）。

社会保障管理局每年裁决数十万起残疾福利案件。福利申请未获批准的申请人每年会对这些裁决中的 5 000 至 10 000 起申请司法审查。在司法审查时最常见的问题是对裁决性事实的认定是否得到实质性证据的支持。仅仅是这些案件的数量就会给各巡回法院带来难以承受的负担。不仅如此，社会保障管理局的残疾福利裁决是相对少数的几种不是根据行政机关制作的案卷作为排他性依据进行司法审查的行政行为类型。最高法院已经强调指
1681 出，在少数情况下，复审法院才应当接受行政案卷之外的证据。[①] 但是，《社会保障法》的一项条款明确要求复审法院允许原告提交新证据，以便说服法院应当将行政行为发回重新处理。[②]

法律经常规定不明确或者过时

总的来说，法律对审查管辖权的配置是能够合理对应巡回法院和地区法院的比较优势的。这一问题的主要原因是国会在起草有关司法审查的法律条款时不够注意，在法律和实践发生变化，使得一部法律最初对审查管辖权的配置过时时，也没有对法律进行修订。

“规则”是“命令”吗？

假定国会允许行政机关发布“规则”和“命令”，然后规定巡回法院只审查“命令”。如果法院要适用标准的法律解释原则，它可以认定行政“规则”根据 28 U. S. C. § 1331 接受地区法院的审查。但是，这一结论的意义并不大，因为相比解决裁决性事实的命令，规则更适合由巡回法院审查。法院应当推定国会通过将规则排除在司法审查条款的范围之

---

① 例可参见 PBGC v. LTV Corp.，496 U. S. 633（1990）；Florida Power & Light Co. v. Lorion，470 U. S. 729，744（1985）；Camp v. Pitts，411 U. S. 138，142（1973）. 参见 § 10. 6 的讨论。

② 42 U. S. C. § 205（g）.

外，是有意让地区法院对规则进行司法审查？或者法院应当推定在允许司法审查的条款对规则略而不提是无心之失？后面这种推定似乎更为言之有理。如果法院作出这种推定，它是否应当判定命令和规则都属于专属巡回法院审查，即使法律所用文字可以支持得出相反结论，以此弥补法律起草过程中无意造成的错误？

□ 司法进路的变更

数十项法院判决审理的审查管辖权涉及的情形是，法律条文规定地区法院对行政规则拥有专属审查权，而规定巡回法院对同一行政机关作出的不太可能引发重大法律或者政策问题的行为拥有专属审查权。早期的判决主要依据的是法律规定的文字。因此，在 1950 年，哥伦比亚特区巡回法院判定依据法律制定的规则，只能在地区法院接受审查，因为法律只规定巡回法院对"命令"进行审查。[①] 在 1977 年，哥伦比亚特区巡回法院推翻了 United 原则，判定规定巡回法院对行政命令拥有专属审查权的法律，也赋予巡回法院对行 1682
政规则的专属审查权。[②]

□ 变更的理由：规则制定案卷的存在

我们很容易会将这种立场的转变归因于法院对于法律解释所采取的字面意义、形式主义的进路转变为更为现实的、功能主义的进路。但是，此种解释将是不完整的。哥伦比亚特区巡回法院在 1950 年对 United 案所作判决与其在 1977 年对 Investment Co. 案所作判决，对行政规则审查所采取的进路发生了根本性的转变。

正如§7.4 和§15.14 所作讨论，法院在 1967 年之前很少对行政规则实施执行前审查。相反，通常而言，当事人只是在执行规则的行政过程中对行政规则的效力提出质疑。执行程序被诉至法院时，其案卷过于简略以至于无法允许对讼争之规则效力进行有意义的司法审查。因此，在 1967 年之前，哥伦比亚特区巡回法院在 United 案中的判决部分是基于功能主义的考虑。法院判定，地区法院是审查规则的合适法院，部分理由是"除非下级法院已经围绕案件争点制作了完整的案卷，上诉法院将缺乏判决的依据"[③]。哥伦比亚特区巡回法院推定，根据当时主流的做法，审查规则的法院经常需要收集证据以弥补法院可以提供的简陋案卷。

□ 与成熟性原则和 Abbott 案之间的关系

最高法院在 Abbott Laboratories v. Gardner[④] 案中所作判决，改变了法院审查行政规则的进路，让众多规则接受执行前审查。这反过来要求行政机关制作支持其规则的案卷。在 1977 年哥伦比亚特区巡回法院对 Investment Co. 案作出判决之前，行政机关往往会整理详细的规则制定案卷，它构成了对每项规则进行司法审查的排他性依据。哥伦比亚特区巡回法院在判定规则接受巡回法院的专属审查时，提到了法院审查规则的新环境："在我们看来，如果将'命令'解释为能够根据行政案卷加以审查的任何行政行为，是最能够实

---

① United Gas Pipeline. Co. v. FPC, 181 F. 2d 796 (D. C. Cir.), cert. denied, 340 U. S. 827 (1950).

② Investment Co. Institute v. Board of Governors of Federal Reserve System, 551 F. 2d 1270 (D. C. Cir. 1977).

③ 181 F. 2d at 799.

④ 387 U. S. 136 (1967).

现构成［司法审查条款］之基础的目的。”① 在 1977 年之前，所有立法性规则都属于这一范畴。

□ 规则通常需要接受巡回法院的审查

现代的判例法，是当法律授予巡回法院审查某些行政行为的管辖权，但是并没有明确讨论审查规则的管辖权之问题时，法院采纳了 Investment Co. 案的立场。第八巡回法院在 Northwest Airlines v. Goldschmidt② 案中讨论了有关这一问题的众多判决。法院判定，当
1683 规则制定基于“充分和完整的举证式案卷”时，可以根据适用于“命令”的同一部法律，直接对这些规则进行审查。③ 上诉法院没有提到证据案卷，判定它可以审查在规则制定程序中发布的“命令”④。当案件争点涉及法律而非事实时，未经听证程序而发布的规则是可以由上诉法院进行审查的。⑤

□ 巡回法院的审查是专属性的

一旦法院认定行政行为应接受巡回法院的审查，它几乎不可避免地会判定巡回法院的管辖权是专属性的，以避免可能导致混淆、冲突和重复努力。例如，《清洁空气法》规定“在上诉法院……审查……颁布任何标准的……行为……”，因此，地区法院无权审查拒绝修改根据《清洁空气法》制定的标准。⑥ 当一部法律规定，行政机关的“命令”可以由上诉法院审查，并且行政案卷可以充分满足此类审查的要求，上诉法院“如果没有特别情形”，就具有专属管辖权，并且因此地区法院是不具有管辖权的。⑦ 后来的一份判决意见在汇集权威意见，提出了这样的命题——“赋予特定法院以管辖权的具体法律，剥夺其他法院根据更一般性的法律可能拥有的管辖权，这是众所公认的。”⑧ 法定审查程序“通常”是专属性的，因此可以获得上诉法院审查，就剥夺了地区法院的审查管辖权。⑨

□ 功能性进路

“假定行政机关已经制作了充分的行政案卷”，并且“如果司法审查是以行政案卷为依据，地区法院法官组织的事实性听证不是必需的”，规定由上诉法院审查“命令”的法律
1684 就排除了地区法院审查行政规则的管辖权。⑩ 法院在将“命令”解释为“规则”时并没有

---

① 551 F. 2d at 1278.

② 645 F. 2d 1390，1313-1314（8th Cir. 1981）.

③ City of Chicago v. FPC，458 F. 2d 731，740-741（D. C. Cir. 1971），*cert. denied*，405 U. S. 1074（1972）.

④ Public Service Commission v. FPC，463 F. 2d 883，885（D. C. Cir. 1972）.

⑤ Pan American World Airlines，Inc. v. CAB，517 F. 2d 734，740（2d Cir. 1975）.

⑥ Oljato Chapter of the Navajo Tribe v. Train，515 F. 2d 654（D. C. Cir. 1975）.

⑦ City of Rochester v. Bond，603 F. 2d 927，934（D. C. Cir. 1979）.

⑧ Assure Competitive Transportation，Inc. v. United States，629 F. 2d 467，471（7th Cir. 1980），*cert. denied*，449 U. S. 1124（1981）.

⑨ Compensation Department v. Marshall，667 F. 2d 336，340（3d Cir. 1981）. 另可见 American Coal Co. v. United States Department of Labor，639 F. 2d 659（10th Cir. 1981）；Amusement and Musical Operators Assn. v. Copyright Royalty Tribunal，636 F. 2d 531（D. C. Cir. 1980）。

⑩ Sima Products Corp. v. McLucas，612 F. 2d 309，312，313（7th Cir.）*cert. denied*，446 U. S. 908（1980）.

提到法律条文或者立法史作为支持，它甚至间接指出这一判决的依据是其他的材料："如果联邦航空管理局的案卷不够充分，不足以在上诉法院直接进行审查，我们就会倾向于认定行政行为尽管是最终的，但不是法律规定意义上的'命令'。"①

□ 根据规则作出的命令

一部法律允许对联邦储备委员会的"命令"进行审查。当事人根据一项规章提出了审查命令的申请。法院判定，命令和规章都可以由上诉法院进行审查。② 法院引用了一些判决仅有规章可以由上诉法院审查的案件，包括 National Courier Assn. v. Board of Governors of Federal Reserve System③ 案。法院补充指出，"考虑到规章对颁布这些命令时涉及的某些问题具有决定性效力，如果仅仅审查命令而不同时审查规章，将是'空洞无用的'"。《国家公路交通和机动车安全法》(the National Highway Traffic and Motor Vehicle Safety Act) 授权局长制定标准，而某规章则允许任何人请愿修改或者废除一项标准。原告向地区法院申请审查拒绝此种请愿的决定。该法规定了上诉法院对"任何命令"的审查，并且规定"在本分节中规定的救济应当是补充而非取代法律规定的任何其他救济"。尽管存在后面这项条款，法院判定仅有上诉法院有权进行审查。④

□ 全国统一性的重要意义

在 NRDC v. EPA⑤ 案中，哥伦比亚特区巡回法院的判决意见特别能够说明一项明显的趋势，即法院将模糊、令人混淆或者文字隐晦的法律解释为赋予巡回法院审查规则的专属管辖权。法院对相关法律条文的讨论，只能达到有限的目的，即让读者相信该法律(《清洁空气法》) 对审查管辖权的处理方式是如此复杂，以至于没有法官可以合理地注意到与审查讼争规则之管辖权有关的国会目的。该案判决中的一项脚注中有一句话可以很好地说明法院对这部法律的解释："由上诉法院进行初审，是最能够促进适用宽泛规章时实现'适用的全国统一性 (national uniformity)'这一重要目标。"⑥ 1685

□ 行政案卷的重要性

以下两种趋势之间存在密切的联系：一项趋势是现代法院以行政机关制作的案卷作为排他性依据进行司法审查⑦；另一项趋势则是现代法院将规定模糊的法律解释为赋予巡回

---

① Id. at 314.

② Alabama Assn. of Insurance Agents v. Board of Governors of the Federal Reserve System, 533 F. 2d 224, 234 (5th Cir. 1976), cert. denied, 435 U. S. 904 (1978).

③ 516 F. 2d 1229 (D. C. Cir. 1975).

④ Standard Forge and Axle Company, Inc. v. Coleman, 551 F. 2d 1268 (D. C. Cir.), cert. denied, 434 U. S. 823 (1977). Accord: 另可参见 Independent Cosmetic and Distributors v. HEW, 574 F. 2d 553 (D. C. Cir.), cert. denied, 439 U. S. 893 (1978) (食品药品管理局的规则只能接受巡回法院的审查，尽管该法条文规定法定救济"应当是补充而非取代法律规定的任何其他救济")。

⑤ 673 F. 2d 400 (D. C. Cir. 1982).

⑥ Id. at 40. 5 n. 15.

⑦ 参见§10. 6。

法院对引发重大法律或政策问题的行政行为拥有审查的专属管辖权。在 Harrison v. PPG Industries① 案中，最高法院的判决就体现了这种联系，尽管这一判决也可以只根据法律的文义进行解释。最高法院判定，环境保护局的一位地区办公室主任（Administrator）根据与一家公司的书信来往所作的决定，是可以审查的，其依据是某法律条款规定上诉法院可以审查（1）根据该法另一项明确列举的条款规定的办公室主任的行为；（2）“办公室主任根据在地方或者地区适用的法律作出的任何其他最终行为”。

当事人同意该行为是“最终性的”，问题在于该行为是否是“任何其他最终行为”。认为不属于“任何其他最终行为”的主要主张是，根据同类规则（ejusdem generis）*，只有类似于明确列举条款的最终行为可以包含在“任何其他最终行为”之中，因此这些文字“必须只涉及在至少反映通知和听证机会的行政案卷之基础上作出的最终行为”②。最高法院认定这一主张的“缺陷”是至少有一项明确列举条款并没有要求提供听证机会。它也判定同类规则只是用于裁决不确定性，而且“我们认为‘任何其他最终行为’的含义并不存在不确定性”③。最高法院因此对“任何”一词进行了字面解释（literal interpretation）。最高法院指出，地区法院是更适合的法院，因为“地区法院可以采用证据开示的工具扩充案卷”，这种主张是“对国会而非法院发表的主张”。最高法院接着指出，“对于案卷不充分的案件，因为上诉法院将案件发回环境保护局重新处理而损失的时间，是否会超过让每起案件由地区法院进行初审而节省的时间，这也是很成问题的”④。我们可以合理地预测最高法院对这部法律的解释是受到了它在 20 世纪 70 年代的判决主旨——只根据行政机关制作的书面案卷进行司法审查——的影响。环境保护局制定的一项规章，确定了一些未能满足空气质量标准的区域，被判定具有 PPG Industries 案中所标注的“任何其他最终行为”之含义上的“最终”性质，并且相应地，是可以由上诉法院审查的。⑤ 环境保护局指定悬浮颗粒物水平未达标区域，这一行为是可以在上诉法院审查的，因为“它是建立在大量记录基础之上的”⑥。

在 Environmental Defense Fund，Inc. v. Costle⑦ 案中，哥伦比亚特区巡回法院将“环境保护局局长在公开听证会之后作出的命令”解释为包括行政法官在收到有关法律问题的书面案情摘要（written briefs）之后作出的决定。因此，该决定由巡回法院专属审查。这份精心撰写的判决意见讨论了其他判例法，认为其判决“符合”“强调案卷可供审查”这一合理的司法政策。⑧“国会在设计审查条款时牢记着可审查案卷之管辖权基石。”⑨

□ 避免冲突和重复努力

各级法院付出了巨大努力，采纳了可以避免地区法院和巡回法院之间重复努力和冲突

---

* 同类规则，是指当法律条文先列举了一些特定的事项，其后再用概括性用词附加一般事项时，后者解释只能局限于与前面列明同类性质的事项。——译者注

① 446 U. S. 578（1980）.

② 446 U. S. at 588.

③ Id. at 588.

④ Id. at 593-594.

⑤ Western Oil & Gas Assn. v. EPA，633 F. 2d 803（9th Cir. 1980）.

⑥ United States Steel Corp. v. EPA，595 F. 2d 207，212（5th Cir. 1979）.

⑦ 631 F. 2d 922（D. C. Cir. 1980），cert. denied，449 U. S. 1112（1981）.

⑧ Id. at 931.

⑨ Id. at 932.

的法律解释。如果法律明确赋予巡回法院审查某类行政行为的管辖权，法院常常将法律解释为对功能上相关的行为也规定了专属巡回法院审查。在 Natural Resources Defense Council（NRDC）v. NRC 案中根据一部法律的规定，上诉法院可以审查在“批准……任 1686
何许可证”的“程序中作出的”命令，地区法院无权对核废物罐是否属于核能监管委员会之许可权限范围之内的问题作出确认判决。[①] 主要的理由是“上诉法院对此类命令的专属管辖权，将会消除不必要的重复审查、迟延并节约因此带来的开支”[②]。由于法院接着判定这些核废物罐不属于核能监管委员会的许可权限，将该命令视为颁布许可的过程中所作出的命令，要求法院对法律条文进行扩展解释。这一结论是高度实践性的；与行政机关行使许可权相关的所有争议都接受巡回法院的审查。Rockford League of Women Voters v. NRC[③] 案遵循了 NRDC 案中宣布的判例法，并且可能对其进行了扩张解释。

□ Crown Simpson 案

在 Crown Simpson Pulp Co. v. Costle[④] 案中最高法院体现了以全院一致作出的判决意见对管辖权条款进行解释以获得实践性结论的趋势。《联邦水污染控制法》（the Federal Water Pollution Control Act）规定了由上诉法院审查环境保护局“批准或者拒绝许可的行为……”加州实施自己的许可项目，环境保护局否决了加州当局建议的许可。上诉法院判定环境保护局并没有作出“批准或者拒绝许可的行为”。最高法院判定其效力是“拒绝” 1687
一项许可，并且“根据上诉法院的相反解释，拒绝……许可将是可以在不同层次上接受审查的，并且很可能会导致裁决争议出现迟延……如果国会意图没有更明确的表达，我们不愿将这部法律解读为创设了表面上看不合理的此种两分制。”

□ TRAC 案：作为对最终行为之审查的中间审查

对于为了实现实践性的目标而对司法审查管辖权条款加以解释的趋势，在哥伦比亚特区巡回法院在 Telecommunications Research and Action Center（TRAG）v. FCC[⑤] 案中的判决中得到了特别宽泛和重要的体现。与众多法律相同，《联邦通信法》（the Federal Communications Act）赋予巡回法院对根据该法所采取的特定行为拥有专属的审查管辖权。但是，TRAC 案的起诉申请并没有寻求审查任何行政行为。相反，起诉申请寻求的是根据《行政程序法》§706（1）的规定，发布命令以“责令作出……存在不合理迟延的……行政行为”。原告主张，地区法院根据 28 U. S. C. §1331 拥有发布此种命令的管辖权，因为该法规定了巡回法院只对行政行为进行审查，并且原告显然不是寻求对行为的审查。法院拒绝了这一主张，宽泛地判定所有责令作出存在不合理迟延的行政行为之诉讼请求，都是属于法院审查讼争行政行为的专属性审查管辖权。

□ TRAC 案中的推理

TRAC 案中法院判决的一部分依据是形式推理，另一方面依据则是基于政策的推理。

---

① 606 F. 2d 1261（D. C. Cir. 1979）.

② Id. at 1265.

③ 679 F. 2d 1218（7th Cir. 1982）.

④ 445 U. S. 193（1980）.

⑤ 750 F. 2d 70（D. C. Cir. 1984）.

在形式推理方面，法院依据的是《所有令状法》（the All Writs Act）。[①] 该法授权任何法院签发“所有对辅助它们的……管辖权而言必需或者合适的所有令状”。法院认定《所有令状法》赋予其专属管辖权，可以审查根据《行政程序法》§706（1）提出的责令行政机关作出行为的诉讼请求，因为行政行为一经作出，即需要接受巡回法院专属的审查管辖权。TRAC 案中，法院以政策分析增强了这种形式推理。法院认定，拥有审查行政行为之专属管辖权的巡回法院，因为其承担的审查角色而对行政机关更为熟悉。对于行政机关职责的在先了解，将有助于巡回法院评估诉讼请求，即行政机关在具体案件中“不合理地推迟了”行为的作出。具体来说，巡回法院对于地区法院拥有比较优势，因为法律将专属审查管辖权分配给巡回法院审查，地区法院对于行政机关并无事先的了解。

□ 美国行政会议的建议

1688 美国行政会议（the Administrative Conference of the United States）曾建议法院推翻TRAC 的判决主旨，并且改为判定地区法院对所有依据《行政程序法》§706（a）进行的诉讼拥有专属管辖权。[②] 大多数美国行政会议的建议案都是经过深思熟虑的，提出有益的修改建议。但是，在本案中，美国行政会议误解了它所研究的现象性质，其建议案也是思虑欠周的。美国行政会议根据下列理由建议赋予地区法院专属性管辖权：（1）根据《行政程序法》§706（1）作出的批准或者拒绝救济的命令，应当基于对行政机关在导致行政行为迟延的具体案件中所采取的处理方式进行的详细考察。（2）此种考察要求举行举证式听证。（3）相比巡回法院，地区法院更有能力举行举证式听证。[③] 美国行政会议的研究顾问显然在上述第二和第三项的推理上是正确的，但是第一项则是不着边际的。

□ 对 TRAC 的辩护和对美国行政会议之建议的批评

当法院被要求责令行政机关在特定日期之前对特定事务作出行为，法院实际上是在重新确定行政机关的事务优先次序并重新配置其资源。[④] 行政机关通常无法做到在加速一项事务的决定过程的同时，不占用处理其他事务的资源以至延缓其他事务的决定过程。因此，在决定是否根据《行政程序法》§706（1）提供救济时，法院必须关注的不是行政机关处理具体事务之方法的细节，而是对比行政机关拥有决定职责的数十、数百甚至数千项其他事务的时间紧迫性，宽泛地评估这一事务的时间紧迫性。频繁卷入对行政机关其他事务之行为审查的巡回法院，相比地区法院更有能力进行此种宽泛的比较评估，因为地区法院很可能之前并未接触过该行政机关。

□ TRAC 案较宽的适用范围

哥伦比亚特区巡回法院在 TRAC 案中的判决推理已经得到了宽泛的应用，涵盖对行

---

① 28 U. S. C. §1651（a）.

② 1987 ACUS Recommendations.

③ 参见 Sargentich, “The Jurisdiction of Federal Courts in Administrative Cases: Developments”, 41 *Admin. L. Rev.* 201（1989）。

④ 参见第 12 章。

政机关依法享有的作出行为的权力提起的初步起诉[①]，对行政机关需要在作出行为前举行听证这一决定作出前的诉求（pre-decisional claims）[②]，以及以偏私和偏见为由申请行政官员回避。[③]

□ 功能性进路有时让步于地区法院

当法律似乎要求的是由巡回法院审查时，法院有时会对法律条文进行扩张解释，对地区法院赋予审查管辖权。在下列情形，这种趋势是强烈的：（1）法律明确赋予地区法院对存在功能联系的行为进行审查的管辖权，从而可能产生重复努力或者结论冲突；或者 1689
（2）复审法院必须能够收集证据以制作足以供审查的案卷。对《煤矿健康和安全法》（the Coal Mine Health & Safety Act）进行解释的司法判决就体现了这一趋势。该法规定了由地区法院受理行政机关提出的强制执行行政处罚的申请，但是规定由巡回法院对其他行政行为进行审查。[④] 法律规定，除了先前的行政行为中巡回法院已经审查或者本来可以审查的问题之外，在强制执行程序中提出的所有问题由法院重新判断。

地区法院受理了一起诉讼，其诉讼请求是对部长是否应当"对煤炭公司所雇佣的建筑公司违反联邦健康和安全标准的行为作出罚款"这一问题作出确认判决。这一诉讼涉及了处罚，但是它并没有涉及对评定行政处罚的命令进行审查。尽管法律似乎将管辖权赋予巡回法院，法院判定地区法院拥有管辖权："虽然对§816（a）的字面解读可以支持部长[声称只有上诉法院可以审查]，上诉法院进行的审查，……显然处理的是检查官员签发并由煤矿经营上诉委员会进行裁决的罚单之过程。但是，在这起案件中，处理的是执行前审查，§816（a）规定的程序是不合适的，因为行政案卷尚未形成。"[⑤]

在地区法院还是上诉法院对评定罚款的决定进行审查这一问题上，法律也似乎要求由巡回法院审查，因为地区法院的管辖权仅限于审查评定罚款的命令。但是，哥伦比亚特区巡回法院判定地区法院可以审查，即使没有评定罚款："该法中规定的具体的上诉条款并不适用于对部长未能处罚煤矿经营者提出的审查申请。"因此，我们判定地区法院拥有受理本案的管辖权。"[⑥]

当立即提供救济具有紧迫性时，即使最终命令是可以由上诉法院审查的，地区法院也有权对临时性行为进行审查。[⑦] 当然，地区法院对临时性行为进行审查的问题，可能会需要适用复杂的成熟性、最终性和穷尽行政救济的法律规范。[⑧] 1690

□ 法院采用功能性进路的趋势

综合来看，上述讨论的案件证明了一项强烈的趋势，即法院将法律条文解释为配置审

---

① Independent Bankers Association of America v. Conover, 603 F. Supp. 948 (D. D. C. 1985).

② Community Nutrition Institute v. Young, 773 F. 2d 1356 (D. C. Cir. 1985), *cert. denied*, 475 U. S. 1123 (1986).

③ Air Line Pilots Association v. CAB, 750 F. 2d 81 (D. C. Cir. 1984).

④ 30 U. S. C. §§ 816, 819.

⑤ Bituminous Coal Operators' Assn. v. Secretary of the Interior, 547 F. 2d 240, 243 (4th Cir. 1977).

⑥ Association of Bituminous Contractors, Inc. v. Andrus, 581 F. 2d 853, 858 (D. C. Cir. 1978).

⑦ Utah Fuel Co. v. National Bituminous Coal Commission, 306 U. S. 56 (1939); Leedom v. Kyne, 358 U. S. 184 (1958).

⑧ 参见第 15 章。

查权以避免重复努力和职能重叠，并合理匹配地区法院和巡回法院的制度特征。但是，当法院确定国会已经有意和明确地采纳了特定的审查管辖权配置方案时，法院就会遵行该决定，即使其结论是令人混淆或者是思虑不周的。许多案件说明了法院承认立法至上（legislative supremacy）原则。

□ 法院尊重明确的法律规定

一家公司向上诉法院申请审查环境保护局对于规章可适用性问题所作的决定。《清洁空气法》（the Clean Air Act）§307（b）（1）赋予上诉法院以"受理对于批准或者颁布任何实施计划的行为提出的诉讼"的管辖权。法院判定："§307（b）（l）的文字和作为该条文之基础的政策考量因素，迫使得出这样的结论，即对于特定行政规章之效力提出的诉讼，是可以直接由上诉法院审查的，而对于这些规章的解释所提出的诉讼则不能直接由上诉法院审查。"法院认定该案中的行政行为属于对规章的解释。[①]"上诉法院不是具有一般管辖权的法院；它们只拥有国会特别赋予它们的管辖权。"[②]允许司法审查的法律并没有赋予上诉法院以管辖权。《行政程序法》中也没有任何条文授予上诉法院审查权，因为"上诉法院不是拥有适格管辖权的法院，除非通过法律赋予权力的形式作出了特别授权"[③]。因此，在上诉法院提出的对住房和城市发展部区域主任之判断进行审查的请求，在 Dillard 案中被驳回。[④]

在 AMVAC Chemical Corp. v. EPA[⑤]案中，法院判定不进行公开听证的决定，不能依法由上诉法院审查，因为法律规定的是对"在进行公开听证后……发布的任何命令"进行的审查。一名持不同意见的法官认为，唯一的问题是法律问题，不需要额外的记录，行政法官在听取口头辩论后作出该决定的，并且当根据满足上诉审查需要的充分案卷作出决定时，公开听证已经发生。

□ 损害赔偿诉讼

大多数针对联邦政府提起的损害赔偿诉讼属于联邦求偿法院的专属管辖权。[⑥]联邦雇员起诉要求补发工资，基本上是针对联邦政府的损害赔偿诉讼，属于联邦求偿法院的专属
1691 管辖权范围。[⑦]一家生产商在地区法院起诉卫生、教育和福利部（HEW）寻求损害赔偿，以及确认判决和禁令救济，指控卫生、教育和福利部违约和违反了自己制定的规章和正当程序原则。法院判定求偿法院拥有专属管辖权。[⑧]

□ 作为例证的巡回法院判决意见

对有关巡回法院和地区法院的审查之间选择的判例法，过去采取的合理化努力表明在

---

① Utah Power & Light Co. v. EPA，553 F. 2d 215，218（D. C. Cir. 1977）.

② Dillard v. HUD，548 F. 2d 1142，1143（4th Cir. 1977）.

③ Id. at 1143.

④ Accord：Noland v. United States Civil Service Commission，544 F. 2d 333（8th Cir. 1976）.

⑤ 653 F. 2d 1260（9th Cir. 1981）.

⑥ 参见§18. 6。

⑦ Polos v. United States，556 F. 2d 903（8th Cir. 1977）.

⑧ American Science & Engineering，Inc. v. Califano，571 F. 2d 58（lst Cir. 1978）.

清晰简洁的限度上可能是令人误解的。用词粗糙的法律加上引发这一问题的各种不同的情形，最终形成了凌乱的法律体系，以下的案例可以说明这一点。

在 Natural Resources Defense Council v. Johnson① 案中，第二巡回法院判定原告对环境保护局作出的杀虫剂残留物容许量（pesticide tolerance）* 继续有效的决定提出的诉讼属于巡回法院的专属管辖范围，因为原告的起诉相当于申请修改或者撤销杀虫剂残留物容许量的决定，而这显然属于巡回法院审查的对象。

在 Westinghouse v. Department of Labor② 案中，第九巡回法院所作出的论证充分的判决意见中，与其他几家巡回法院意见一致，判定：当一项行为根据两部法律的规定是可审查——一部法律规定受地区法院审查，而另一部法律规定受巡回法院审查——的时候，其决定整体是可以受巡回法院审查的。第九巡回法院的理由是，由单独的一家法院对案件进行裁判是有意义的；当司法审查完全是基于行政机关作出行政行为时的案卷（record made before the agency），地区法院的审查并不能提供任何优势；而且当地区法院拥有一审管辖权时，巡回法院明显具有对该争议的上诉管辖权。

在 Rhode Island Department of Environmental Management v. United States③ 案中，第一巡回法院判定地区法院可以禁止某联邦行政机关裁决公民个人针对州行政机关提出的投诉，尽管有一项法律条款赋予巡回法院在该案讼争的这类争议中作出的行政决定具有专属管辖权。第一巡回法院认定地区法院提供此类禁令救济是州能够保护其主权豁免权的关键。

在 Merritt v. Shuttle④（Merritt II）案中，第二巡回法院可能（也可能不是）给一系列案件画上了句号。国家运输安全委员会（NTSB）的行政法官发现一位飞行员在恶劣天气条件下起飞时存在错误判断。行政法官也发现联邦航空管理局因为没有向该飞行员通报最新的天气状况，而导致其作出错误判断，但是行政法官命令暂扣该飞行员的执照，因为 1692
他承担在危险天气条件下起飞的最终责任。该飞行员没有向国家运输安全委员会和巡回法院申请审查该行政法官的决定，而是在地区法院对联邦航空管理局的官员提起了 Bivens 诉讼，指控他们侵犯了正当程序权利。第二巡回法院判定地区法院不具有对该 Bivens 诉讼的管辖权，因为该飞行员提出的正当权利诉讼请求“不可避免地涉及”对行政机关在导致国家运输安全委员会行政法官作出决定的过程中所使用的程序进行的审查，而国家运输安全委员会的决定属于巡回法院专属管辖范围。⑤飞行员于是根据《联邦侵权求偿法》（FTCA）对联邦航空管理局提起诉讼，指控联邦航空管理局未能向其通报最新天气状况的过错给他造成了损害。地区法院驳回了这一诉讼，理由是这一诉讼请求同样“不可避免地涉及”与对国家运输安全委员会行政法官的决定的审查，并且因此属于巡回法院的专属管辖范围。在 Merritt II 案中，第二巡回法院推翻了地区法院的判决。第二巡回法院认定根据《联邦侵权求偿法》提出的诉讼属于地区法院的管辖权，因为它并不是“不可避免地涉及”对国家运输安全委员会行政法官决定所裁决的案件的审查。法院判定根据《联邦侵权求偿法》提出的诉讼请求，只有在该诉讼请求质疑行政命令所决定的事项时，才是“不

---

* 在环境保护局对用于初级农产品的杀虫剂进行登记之前，它需要作出杀虫剂残留物的容许或者豁免决定（tolerance or exemption）。容许决定，是指杀虫剂在初级农产品残留但仍被视为安全的最大限量。——译者注

① 461 F. 3d 164 (2d Cir. 2006).

② 347 F. 3d 1086 (9th Cir. 2003).

③ 304 F. 3d 31 (1st Cir. 2002)，参见 § 2.8、§ 15.11、§ 18.4、§ 18.6 和 § 18.7 的讨论。

④ 245 F. 3d 182 (2d Cir. 2001).

⑤ Merritt v. Shuttle (Merritt I), 187 F. 3d 263 (2d Cir. 1999).

可避免地涉及”对行政过程的审查。因为行政法官并未确定联邦航空管理局没有向飞行员通报最新天气状况的行为并未给该飞行员造成损害，该飞行员根据《联邦侵权求偿法》提出的诉讼请求并不是对行政法官的决定提出的附带之诉。

在 United States v. Dunifer[1] 案中，尽管《通信法》的一项条款明确赋予地区法院受理要求发布禁令的此类联邦通信委员会的诉讼，第九巡回法院判定地区法院缺乏是否判决禁止未获许可证的个人从事广播活动。该法的另一项条款规定巡回法院对审查联邦通信委员会的所有“最终性命令”拥有专属管辖权。被告认为不能禁止他从事广播活动，因为所依据的联邦通信委员会的规则是无效的，法院如果不审查联邦通信委员会作为发布这些规则之载体的命令，就不能解决禁令申请有关的争议。

在 Chamber of Commerce v. Department of Labor[2] 案中，哥伦比亚特区巡回法院判定职业安全和健康管理局宣布的新规制项目是由巡回法院专属管辖进行审查的“标准”，
1693 而不是接受地区法院审查的“规章”。哥伦比亚特区巡回法院适用了许多法院从法律对“标准”所下定义推导出的区分。规定“一般性执行或者检查程序”的规则属于“规章”；而“旨在纠正而非仅仅是调查可能危险”的规则属于“标准”。

在 Clark v. Commodity Futures Trading Commission[3] 案中，法院判定巡回法院拥有审查期货交易委员会惩戒经纪人之命令的管辖权。法院认定，法定的司法审查条款是模糊的。它对这一规定模糊的问题作出了支持巡回法院审查的解决方案，因为审查并不要求事实认定并且巡回法院拥有审查大多数其他商品期货交易委员会之行为的管辖权。

在 Beamon v. Brown[4] 案中，法院判定《1988 年退伍军人司法审查法》（the Veterans Judicial Review Act of 1988）赋予退伍军人上诉法院和联邦巡回区上诉法院以专属管辖权，可以审查所有退伍军人管理局的福利决定，包括此类决定提出的宪法问题。

在 Swirsky v. National Assn. of Securities Dealers[5] 案中，法院判定，自律规制的证券交易所所采取的行为是只能接受证券交易委员会和巡回法院的审查。

在 New York State Electric & Gas Corp. v. FERC[6] 案和 Niagara Mohawk Power Corp. v. FERC[7] 案中，法院判定联邦能源监管委员会解释《公用事业规制政策法》而作出的命令，只能在地区法院通过执行程序接受审查。

在 Arch Mineral Corp. v. Babbitt[8] 案中，法院区分了对规则的审查和对规则适用的审查。地表采矿办公室（OSM）将 Arch 列入不符合许可资格的企业名单，Arch 申请法院审查地表采矿办公室的这一决定，因为 Arch 指控该决定违反了《地表采矿控制和复垦法》（the Surface Mining Control and Reclamation Act）的实施规则。Arch 主张地表采矿办公室不能因为其违反该规则而对其作出处罚，因为处罚时效已经经过。Arch 向西弗吉尼亚州南区联邦地区法院提出审查申请。地表采矿办公室主张只能向哥伦比亚特区联邦地区法院申请审查，因为《地表采矿控制和复垦法》规定，为了实施该法而制定的全国性规则只能由该法院审查。但是，巡回法院判定西弗吉尼亚州南区联邦地区法院可以审查 Arch 的主张，因为 Arch 起诉的对象不是规则而只是规则的适用。法院认定国会对质疑《地表采

① 219 F. 3d 1004 (9th Cir. 2000).
② 174 F. 3d 206 (D. C. Cir. 1999).
③ 170 F. 3d 110 (2d Cir. 1999).
④ 125 F. 3d (6th Cir. 1997).
⑤ 124 F. 3d 59 (1st Cir. 1997).
⑥ 117 F. 3d 1473 (D. C. Cir. 1997).
⑦ 117 F. 3d 1485 (D. C. Cir. 1997).
⑧ 104 F. 3d 660 (4th Cir. 1997).

矿控制和复垦法》的规则只规定了一个管辖地（venue），“以防止不同法院对采矿规章作出相互冲突的判决”。它认为，对规则适用提出的质疑，“并不对规章执行构成威胁”。对于规则适用可能提出的众多质疑，如果适用这一推理将是令人不安的。在众多此类情形中
（尽管不是 Arch 案），法院必须解释规则和在裁决有关规则适用的争议过程中批准该规则 1694
的法律。允许多家法院裁决此种类型的争议，可能会妨碍国会维持解释和执行法律的一致性和统一性。

《清洁水法》规定地区法院有权审查任何行政机关未能履行非裁量性义务的行政行为，但是它规定巡回法院有权审查颁布排水限制和其他限制的任何行为。在 Maier v. EPA① 案中，法院判定拒绝启动规则制定以扩大限制之范围，需要接受巡回法院的审查。第二巡回法院在 Dougherty v. Carver Federal Savings Bank② 案中解决了一项疑难的管辖权争议。地区法院有权解决证券欺诈争议，但是储蓄机构监管办公室（the Office of Thrift Supervision）批准将存贷款机构从互助制改为股份制度，这属于巡回法院的专属审查管辖权。对于在存贷款机构转制为股份制的过程中所采取行为而引发的证券欺诈诉讼，哪家法院拥有管辖权？第二巡回法院认为，这一问题的答案取决于证券欺诈案件中所提出的争议。如果争议是由储蓄机构监管办公室裁决的，并且储蓄机构监管办公室对这一争议的裁决对储蓄机构监管办公室之决定来说是关键性的，地区法院缺乏在证券欺诈案件中裁决该争议的管辖权。但是，地区法院对所有其他争议都拥有管辖权。法院判定地区法院有权解决有关“发行材料中的错误陈述或者遗漏的争议……因为储蓄机构监管办公室并没有对证券发行材料的充分性或者准确性发表意见……”

有法院认为联邦通信委员会的确认命令是可以审查的，第十一巡回法院和第九巡回法院得出了与该法院相反的结论。在 Miller v. FCC③ 案中，第十一巡回法院判定联邦通信委员会的宣告性判决（declaratory orders）可以接受地区法院的审查，因为法律只是规定巡回法院对在裁决和规则制定过程中作出的命令拥有专属性管辖权。在 Wilson v. AH. Belo Corp. ④ 案中，第九巡回法院判定联邦通信委员会的宣告性判决属于巡回法院审查的专属管辖。第九巡回法院的判决意见是正确的。《通信法》规定巡回法院拥有审查联邦通信委员会发布的“最终性命令”之专属性管辖权，并且宣告性判决显然可以是“最终性命令”⑤。

在 Kreschollek v. Southern Stevedoring Co. ⑥ 案中，第三巡回法院判定，即使是在法
律规定巡回法院对所有福利决定拥有专属管辖权，存在下列情形时，地区法院可以审查对 1695
行政机关终止福利程序的本身合宪性提出的质疑（facial challenge）：（1）行政机关缺乏对宪法诉讼请求进行裁决的权利；（2）宪法诉讼请求“完全附随于”福利决定；（3）对宪法性诉讼请求推迟处理，直到行政机关已经作出了接受巡回法院审查的最终决定，这一做法“给［受益人］造成的损失无法通过溯及既往的支付予以补偿”。

在 Workplace Health and Safety Council v. Reich⑦ 案中，法院判定要求雇主立即报告特定事故的规则是可以由地区法院审查的。《职业安全和健康法》规定由巡回法院专属审

① 114 F. 3d 1032 (10th Cir. 1997).

② 112 F. 3d 613 (2d Cir. 1997).

③ 66 F. 3d 1140 (11th Cir. 1995).

④ 87 F. 3d 393 (9th Cir. 1996).

⑤ 参见§15.11。

⑥ 78 F. 3d 868 (3d Cir. 1996).

⑦ 56 F. 3d 1465 (D.C. Cir. 1995).

查宣布标准的规则。通常来说，所有其他职业安全和健康管理局制定的规则是接受地区法院的审查。哥伦比亚特区巡回法院适用了第五巡回法院在确定宣布了标准的规则时提出的标准：

标准是对于具体和已经确认的违宪采取的补救性措施，不是为了发现违法行为和发现未知危险而设计的纯粹行政性的努力。简而言之，标准应当是有助于纠正而非仅仅是探究可能的危险。

在 Virginia v. United States① 案中，法院判定州政府对于《清洁空气法》特定调控之效力提出的宪法诉讼，是接受巡回法院的专属审查。法院认定，“起诉的现实目标是宣布环境保护局的最终行为无效”。因此，这一起诉需要遵守《清洁空气法》规定环境保护局最终行为接受巡回法院专属审查的条款。

在 General Atomics v. NRC② 案中，法院判定《霍布斯法》（the Hobbs Act）规定核能监管委员会的所有最终性决定中“属于初步许可或者附随于许可的”，接受巡回法院专属审查，“不管是否曾经采取了正式听证”。

在 International Brotherhood of Teamsters v. Pena③ 案和 Shell Oil Co. v. FERC④ 案中，哥伦比亚特区巡回法院的判决表明，如果一项行为是根据两部法律作出的，其中一部授权地区法院审查，而另一部则授权巡回法院审查，这时巡回法院可以审查行政行为。⑤哥伦比亚特区巡回法院认为没有必要确定地区法院是否对此种行为拥有共同管辖权（concurrent jurisdiction）。

在 Northwest Resource Information Center v. National Marine Fisheries Service⑥ 案中，Bonneville 电力管理局（the Bonneville Power Administration）采取的所有行为，都
1696 只接受第九巡回法院的审查，即使原告指控被诉行为违反了授权由地区法院裁决的法律。⑦
原告在地区法院提取诉讼，指控 Bonneville 电力管理局采取的特定作为和不作为违反了《濒危物种法》。《濒危物种法》授权任何人在地区法院提起诉讼以强制执行该法的规定。但是，巡回法院判定，《西北电力法》（the Northwest Power Act）优先于《濒危物种法》，排除了地区法院对任何 Bonneville 电力管理局之行为的合法性进行裁决。《西北电力法》明确赋予第九巡回法院对 Bonneville 电力管理局的行为进行审查的专属管辖权。法院的理由是，Bonneville 电力管理局需要为了追求其经常相互冲突的各项法定职责时而采取各种努力，而国会寻求推进有关增强对这些努力进行司法审查的一致性的目标。允许多家地区法院确定 Bonneville 电力管理局之行为合法性，将会妨碍这一目标的实现。

在 Callejos v. RTC⑧ 案中，哥伦比亚特区巡回法院判定，除非 RTC* 发布规则，规定投保争议的行政裁决程序，RTC 对存款是否投保之地位所作判断将接受巡回法院的尊重

---

* RTC（全名为 Resolution Trust Corporation，即重组信托公司）是美国政府为解决 20 世纪 80 年代发生的存贷机构危机而专门成立的资产处置机构。从 1989 年 8 月成立到 1995 年 12 月解散的 6 年多内，RTC 成功重组 747 家问题储贷机构，涉及资产约 4 206 亿美元，估计重组成本约 875 亿美元。——译者注

① 74 F. 3d 517 (4th Cir. 1996).

② 75 F. 3d 536 (9th Cir. 1996).

③ 17 F. 3d 1478 (D. C. Cir. 1994).

④ 47 F. 3d 1186 (D. C. Cir. 1995).

⑤ International Brotherhood of Teamsters v. Pena, 17 F. 3d 1478 (D. C. Cir. 1994); Shell Oil Co. v. FERC, 47 F. 3d 1186 (D. C. Cir. 1995).

⑥ 25 F. 3d 872 (9th Cir. 1994).

⑦ Northwest Resource Information Center'1. National Marine Fisheries Service, 25 F. 3d 872 (9th Cir. 1994).

⑧ 17 F. 3d 1497 (D. C. Cir. 1994).

性审查，否则这些判断接受地区法院重新进行的审查。[①] 正如哥伦比亚特区巡回法院和第一巡回法院所指出的，它们的判决主旨与第二巡回法院和第五巡回法院的判决主旨——即使 RTC 没有制定规则颁布投保争议的行政裁决程序，RTC 有关存款投保地位的判断仍需接受巡回法院的尊重性审查——存在冲突。但是，在 Pennsylvania Department of Environmental Resources v. FDIC[②] 案中，第二巡回法院推翻了巡回法院的先例判决，采纳了哥伦比亚特区巡回法院和第一巡回法院的观点。哥伦比亚特区巡回法院和第一巡回法院这两家法院的观点，部分根据法律的条文，部分根据功能主义的考虑，亦即在没有行政规则规定事实争议之裁决程序时，适合由地区法院审查，因为地区法院具有裁决事实争议的机构能力。哥伦比亚特区巡回法院同样根据这两项事实，判定只能在地区法院提起诉讼以执行《公用事业监管政策法》§210。[③]

在 Jaunich v. Commodity Futures Trading Commission[④] 案中，法院判定某些类型的 1697
行政惩戒命令应当接受地区法院的审查，即使其他类型的行政惩戒命令接受巡回法院的审查。法院承认，其判决违反了功能上类似的命令应当以类似方式接受审查的原则，但是它认定国会的目的是要求得出与该原则不同的结论。

在 Dougan v. FCC[⑤] 案中，法院判定，地区法院有权受理质疑联邦通信委员会没收通告之效力的诉讼。《联邦通信法》规定了联邦通信委员会的大多数行为由巡回法院专属审查。法院认为，国会的意图是让地区法院审查所有没收命令，无论该审查诉讼是由联邦通信委员会提出的执行诉讼，还是私方当事人提出的审查诉讼。

在 Sprague v. King[⑥] 案中，法院判定尽管有法律规定赋予联邦巡回区上诉法院以专属审查权，地区法院仍可审查人事管理局（OPM）发布的规则，因为行政机关并没有在地区法院提出管辖地（Venue）的问题。

§18.3 管辖地

□ 管辖地常常属于多家法院

有的时候，国会规定由特定地区法院或者特定巡回法院享有专属审查权。例如，环境保护局根据《清洁空气法》作出的行为，只在哥伦比亚特区巡回法院接受审查。但是，在大多数法律中，国会赋予所有巡回法院和所有地区法院拥有审查管辖权，而只是以概括性用词的管辖地条款解决哪家地区法院或者巡回法院应当审查某项行为的问题。

□ 法定标准各有不同

管辖地条款在不同法律中存在巨大差别。法定标准包括原告居住地、作为行政行为对

---

① 另可见 Massachusetts v. FDIC，47 F. 3d 456（1st Cir. 1995）。

② 78 F. 3d 97（2d Cir. 1996）.

③ Industrial Cogenerators v. FERC，47 F. 3d 1231（D. C. Cir. 1995）.

④ 50 F. 3d 518（8th Cir. 1995）.

⑤ 21 F. 3d 1488（9th Cir. 1994）.

⑥ 23 F. 3d 185（7th Cir. 1994）.

象的活动发生地、原告主要营业地、原告营业地、行政行为效力发生地、行政机关驻地、受行政行为影响的不动产所在地，或者原告公司成立地。在很多时候，单一的原告可以在多家复审法院中进行选择。在多方当事人参与的案件中，不同潜在的原告可以在不同的复审法院中进行选择。例如，如果管辖地条款允许可以在行政行为效力发生地的任何巡回法院接受审查，在全国适用的行政规则是可能在任何地区法院审查的。

□ 管辖法院的选择

多家法院可以作为管辖法院，提供了管辖法院的选择（Forum shopping）机会。现在的管辖地规则常常允许当事人利用或者回避特定巡回法院的先例，相信特定巡回法院的法
1698 官比其他巡回法院的法官更具有同情心从而根据这一确信作出选择，或者为了让问题得到最高法院的最终解决而试图创造不同巡回法院之间的判决冲突。

批评者认为，此种管辖法院的选择不合理地威胁了司法礼让原则（judicial comity）* 威胁行政机关在全国统一适用政策的努力，对资金紧张的公益团体存在偏见，并且使得商业规划因为对问题的最终结果存在不确定性而更加艰难。他们也认为，当若干拥有管辖权的法院中哪一家会受理案件关系到诉讼的结果时，管辖法院的选择加大了司法上诉的成本。

□ “立案竞争”

如果是在不同巡回法院提起上诉，国会最初规定由最先收到上诉状的法院管辖。但是，在若干突出的案件中，法院发现上诉状是同时提出的。事实上，当事人如此急切要获得它们选择的巡回法院审查，他们经常会在收到最终决定之后的几秒钟内即采用无线电和电话的方式提出上诉。这一技术即所谓的“立案竞争（race to the courthouse）”。第三巡回法院和第五巡回法院在 United Steelworkers v. Marshall① 案中就卷入了一场立案竞争。铅工业协会（the Lead Industries Association）和美国钢铁工人联合会（the United Steelworkers of America）对职业安全和健康管理局颁布的一项工作场所铅暴露规则提起上诉。铅工业协会在东部时间上午 8：45 向第三巡回法院提交诉状，而美国钢铁工人联合会是与之同时（中部时区上午 7：45）向第五巡回法院提交诉状的。第三巡回法院宣布这场立案竞争是一场“胜负不分的赛跑”，并且指出“与赛道不同，法院并没有配备光电定时器，我们拒绝猜测谁最先越过终点线”。

□ 不方便审理地（Forum non conveniens）

为了确定哪家法院会立案，如果有利于“当事人的便利”和“正义利益”，第三巡回法院根据其法定职权，就可以将案件移送至另一家巡回法院。法院裁定将该案移送至哥伦比亚特区巡回法院，因为这家巡回法院已经在审理一起提出了类似争议的案件，并且因为这家巡回法院对于当事人来说是便利的。法院驳回了这两家当事人提出的由他们提交诉状的法院受理的主张，理由是这些主张都是不重要的。

---

* 司法礼让，是指一州或司法区的法院出于尊重而非义务承认另一州或司法区的法律和法院判决的效力的原则。——译者注

① 592 F. 2d 693（3d Cir. 1979）.

□ 法定抽签机制

如果上诉限于特定法院，就可能完全取消了管辖法院的选择，但是最高法院会失去观察若干巡回法院如何裁决疑难问题的机会，并且某些诉讼当事人会被迫在不方便法院提起诉讼。一项更为温和的改革只是取消了立案竞争相关的问题。国会采纳了 McGarity 教授 1699
所建议的解决方案，强制采用抽签机制（lottery solution）。① 如果诉状是在多所符合管辖地要求的法院提出，就需要采取抽签机制确定哪家法院来审理该案。抽签机制具有与首先提交诉状规则一样的简洁优势而不具有其劣势。当多家法院收到诉状时，采用抽签机制消除了裁量性移送审理带来的诉累。抽签机制还取消了哪份诉状最先提交的争议。不仅如此，这是确定哪家巡回法院审理案件的更好的方法，因为要制定合理的移送案件之标准是困难的。最后，它也不太可能给任何当事人增加负担，因为他们的参与仅限于提交案情摘要和参加口头辩论。

§18.4 确认救济和禁令救济

□ 确认判决常常是可以获得的

确认判决和禁令已经成为对违法行政行为适用最普遍的非法定救济方式。在 Noble v. Union River Logging Co. ② 案中，在法律没有规定审查方法时，最高法院承认衡平法上的禁令（equity injunction）是对行政行为的一种审查方法，维持了对内政部长和土地总局（the General Land Office）* 发布的禁令。典型的一起案件是 American School of Magnetic Healing v. McAnnulty③ 案，该案牢固确立了在质疑行政行为缺乏法定审查时诉诸衡平法诉状（bill in equity）** 的做法。通过推翻对衡平法诉状的一项妨诉抗辩（demurrer），最高法院维持了一项停止执行邮政总局局长发布的欺诈邮件认定令（fraud order）的禁令。最高法院认定存在“无法弥补的损害”和“法律上缺乏充分的救济”，它批准“禁止继续扣留原告发送邮件的禁令……”④。最高法院在 Degge v. Hitchcock⑤ 案中判定调卷令不能用于审查行政行为之后，禁令成为挑战联邦行政行为的“弹药库”中的主要“武器”。

大多数的联邦行政行为今天都接受法定审查，某些州和地方行政行为也根据 42 U. S. C. §1983 接受联邦法院的审查。⑥ 但是，确认救济和禁令救济为对联邦行政行为的

---

* 土地总局，是原依据 1812 年国会立法组建，系内政部的一个部门，主管与公共土地有关的一切行政活动，包括对土地的测量、出售或其他处置、特许使用等。根据 1946 年的《重组计划》〔Reorganization Plan〕，土地总局和美国草原局〔U. S. Grazing Service〕并入内政部下属的国家土地管理局〔Bureau of Land Management〕。——译者注

** 衡平法诉状，是指按照衡平法提交的诉状。——译者注

① 28 U. S. C. §2112. See McGarity, “Multi-Party Forum Shopping for Judicial Review of Administrative Actions: A New Approach”, 93 *Harv. L. Rev.* 1735 (1980).

② 147 U. S. 165 (1893).

③ 187 U. S. 94 (1902).

④ Id. at 110.

⑤ 229 U. S. 162 (1913).

⑥ 参见§18.7。

1700 法定审查提供了重要的补充，而且确认和禁令救济在根据 § 1983 对州和地方行政行为提起的诉讼中也是经常可以采用的救济方式。

□《确认判决法》

《确认判决法》① 授权任何联邦法院“在其管辖权范围内的具有实际争议的案件中［除了税法案件之外］”，“根据任何利害关系当事人的申请，确认权利和其他法律关系”。对于最高法院判决允许在具体审查成熟性要求时，对行政规则进行执行前审查，该法发挥了重要作用。②

□ 获得衡平法上的救济的资格

确认和禁令救济是衡平法上的救济（equitable remedies）。因此，法院可以裁量提供确认和禁令救济，并且只有在法律救济（legal remedies）（例如法定审查）不可得或者不充分之时，才是法院可以提供的。③ 获得禁令的难度，要难于确认禁令。只有在原告证明无法弥补的损害时，并且只有当法院确定如果没有禁令，过去的违法行政行为将继续存在时，禁令救济才是可得的。④ 当然，在多数情况下，确认救济是与禁令一样有效的，因为行政机关和政府官员通常会让自己的行为符合确认判决的内容。

□ 获得强制性禁令的困难

总的来说，获得强制性禁令的难度要高于获得禁止性禁令的难度，其理由如下：首先，法院有时会在强制性禁令的申请和执行职务令的令状之间进行类比，从而激发了所有调整基本上已经过时的救济的专门技术。⑤ 其次，相比在这些文件中发现采取特定积极行为的明确义务，我们更容易推导出对根据宪法或者法律条文采取行为的行政权适用的具体、可以由法院执行的限制。⑥ 再次，法院迫使行政机关以特定方式采取行为，相比以某种方式限制行政机关的裁量权范围，更具有侵犯性，在宪法意义上也更不合适。强制性禁令往往会引发司法机关表达对政府的担心，以及对政府政策之民主控制的威胁。

□ 功能相当的救济常常是可得的

1701 当事人常常可以通过申请法院认为争议程度稍弱的救济，而获得在功能上与强制性禁令无法区分的救济。例如，在 American School of Magnetic Healing v. MacAnnulty⑦ 案，最高法院签发了一项禁令，禁止美国邮政总局局长扣留邮件。这一禁止性禁令与要求递送

① The Declaratory Judgment Act，28 U. S. C. § 2201.

② Abbott Laboratories v. Gardner，387 U. S. 136，153（1967），参见 § 15.16 的讨论。

③ 例可参见 Katzenbach v. McClung，379 U. S. 294，296（1964）；Mechling Barge Lines v. United States，324，331（1961）；Eccles v. People's Bank，333 U. S. 426，431（1978）；Brillhart v. Excess Ins. Co.，316 U. S. 491，494（1942）。

④ 例可参见 Wooley v. Maynard，430 U. S. 705，712（1977）；Steffel v. Thompson，415 U. S. 452，462-466（1974）；Powell v. McCormack，395 U. S. 486，499（1969）。

⑤ 例可参见 Miguel v. McCarl，291 U. S. 442，452（1934）。

⑥ 参见 § 17.7。

⑦ 187 U. S. 94（1902）.

邮件的强制性禁令相同，但是强制性禁令更容易获得批准。确认判决和在法定审查程序中作出的判决意见常常产生要求行政机关采取具体行为的实际效力。① 只要有可能，原告应当避免采用“执行职务令”或者“强制性禁令”这些术语以申请救济。

□ 有关结构性禁令的争议

最具争议的救济形式是所谓的结构性禁令（structural injunctions）。当法院认定行政机关是在系统性地拒绝守法，它可以发布强制性禁令，要求行政机关采取特定行为。法院通常保留针对行政机关的持续性管辖权，以确保其遵守该禁令，为期有时长达数年甚至数十年。在有的情况下，最初禁令规定一个很长的目录，详尽列举各项义务。而在另外一些情况下，最初禁令会用词宽泛，但是在法院采取措施要求行政机关遵守最初禁令而遇到挫折时，会演变为一系列详尽的指令。

法院已经在很多情况下签发了结构性禁令，包括学校解除种族隔离②、学校精神病治疗机构的条件③、监狱的条件④、住房的种族歧视⑤，以及要求无效药品下架⑥等。

□ 结构性禁令的负面影响

近年来，最高法院对联邦法官签发结构性禁令的权力增加了限制。Heckler v. Chaney⑦ 案所讨论的可审查性推定，很多时候具有这样的效力。考虑结构性禁令之用途的最著名例子——最高法院在 Brown v. Board of Education⑧ 案中要求“以十分谨慎的速度”结束公立学校中的种族隔离——是最容易理解最高法院往这一方向发展的理由。数百个学区和州立大学系统在几十年里都一直接受联邦法院的监督。在 Brown 案作出几乎四十年后，法院开始逐步放弃对某些学区的司法控制。⑨ 在某些案件中，联邦法院高度介入州和 1702
地方政府有关学校管理和财政有关的决策。例如，在 Missouri v. Jenkins⑩ 案中，五名大法官出具的多数意见维持了地区法院的一项命令，即要求 Kansas 市违反密苏里州宪法的一项有效条款而多征数亿美元的税收，以便提供改造资金以吸引更多的白人学生入读黑人居多的公立学校。法院的要求列举了众多详细和奢侈的改造措施，包括“2 000 平方英尺的天文台；温室和动植物园；25 英亩的农场并配建可容纳 104 人的会议室，建有语言翻译系统的模拟联合国；配有编辑动画制作实验室的广播电视演播室；设有温控功能的艺术馆；电影剪辑和放映室”和数百件其他设备设施，其中许多都是世界上任何其他学校不可得的。如果发现 Kansas 市会有多少不同种族的市民自愿同意加税以便为这些改造提供资金，以非常投机性的努力试图增加公立学校白人学生入学人数，将是有趣的。大量的市

---

① 例可参见 Health Systems Agency v. Norman, 589 F. 2d 486, 489, 491 (10th Cir. 1978) (reversing agency decision declining to consider application and instructing agency to act in manner consistent with opinion on remand)。

② Adams v. Richardson, 480 F. 2d 1159 (D.C. Cir. 1973).

③ New York State Assn. for Retarded Children v. Carey, 706 F. 2d 956 (2d Cir.) cert. denied, 464 U.S. 915 (1983).

④ Inmates of Suffolk County Jail v. Eisenstadt, 360 F. Supp. 676 (D. Mass. 1973).

⑤ NAACP v. HUD, 817 F. 2d 149 (1st Cir. 1987).

⑥ American Public Health Assn. v. Veneman, 349 F. Supp. 1311 (D.D.C. 1972).

⑦ 470 U.S. 821 (1985)，参见 § 17.7 的讨论。

⑧ 347 U.S. 483 (1954).

⑨ 例可参见 Freeman v. Pitts, 503 U.S. 467 (1992)（地区法院可以开始逐步放弃对学区的控制）。

⑩ 495 U.S. 33 (1990).

民，包括所有最高法院现任成员，似乎都不对最高法院在 Brown 案中所作判决表示遗憾。种族隔离是（至今仍是，但程度稍弱）危害整个社会的癌症。为了消除法律上的隔离而采取非常措施是正当的。但是，Brown 案的实施历史表明，通过使用结构性禁令解决系统性社会问题的努力，成本很高而实效有限。即使经过多年甚至数十年的司法监督，其效果都很有限。这就使得法官不得不取代政治性机构而作出众多政策性决定。这给法院增加了诸多负担。它要求法官试图管理大量复杂的机构。它也导致公众对法院产生不满。

□ 可审查性和成熟性原则限制了结构性禁令的可得性

结构性禁令成本高昂而实效有限，但是对于众多社会和制度性问题（institutional problems）也存在政治性补救方式，已经使得最高法院开始限制法官在此领域拥有的裁量
1703 权。最高法院通过间接根据与救济方式无关的原则（包括可审查性原则①和成熟性原则②）而创设众多新限制。但是，在一系列重要的案件中，最高法院直接限制了联邦法官签发结构性禁令的权力。

□ Day 案：设定宽泛的判决时限的权力

在 Heckler v. Day③ 案中，争议焦点在于卫生和社会服务部为了裁决每年两百起社会保障残疾福利申请而采用之程序的及时性。这一行政裁决程序包括四个步骤：（1）州行政机关作出初步决定；（2）重新进行的复议（reconsideration），通常包括由州行政机关进行的举证式听证；（3）重新进行的审查，包括由卫生和社会服务部行政法官进行的举证式听证；（4）向卫生和社会服务部的上诉委员会（the Appeals Council）提起上诉。

在 Day 案中，原告代表佛蒙特州的所有现在和将来的残疾福利申请人提起了一项集体诉讼，指控上述裁决程序中第二步和第三步频繁出现的迟延，侵犯了集体成员在合理时间内获得听证的法定权利。地区法院在佛蒙特州残疾案件中审查了卫生和社会服务部的裁决案卷，认定在相当数量的案件中存在不明原因迟延的证据。它认定，通过消除这些不明原因迟延的证据，卫生和社会服务部在 90 日内完成了州级政府的复议程序，并在 90 日完成了卫生和社会服务部行政法官的听证程序。它通过发布禁令，要求卫生和社会服务部这么做，并对任何福利申请人未在 180 日内得到复议听证，或者未在 90 日内得在行政法官审查听证的，支付临时性福利。④

□ 默示的法定排除救济条款

五名大法官的多数意见判定，地区法院无权以程序截止期限时间表（a schedule of procedural deadlines）的形式提供州级的（statewide）衡平法上的救济。多数意见主要依据的是法律的立法史。国会经过审议，最终拒绝对残疾福利案件设定法定的截止期限。多数意见认为国会作出这一决定，是因为国会认为为了促进及时性的目标而设定强制性截止

① 参见 Heckler v. Chaney，470 U. S. 821（1985），discussed in § 17. 7。

② 参见 Lujan v. National Wildlife Federation，497 U. S. 871（1990），discussed in § 15. 16，and Reno v. Catholic Social Services，Inc.，509 U. S. 43（1993），discussed in § 1. 5. 14。

③ 467 U. S. 104（1984）.

④ Id. at 109-110.

期限要求，将牺牲该裁决程序的准确性和一致性，达到令人无法接受的程度。[①] 多数意见引用了额外的证据，证明了国会对相互冲突的这些目标进行权衡的方式：（1）对法律进行修改，让国会对卫生和社会服务部设定额外的负担，以强化准确性和一致性，尽管不可避免地会牺牲及时性；（2）对法律进行修改，由国会对另一类权利请求设定法定截止期限，但是没有对残疾福利申请设定截止期限。[②] 多数意见判定，因为国会一直都拒绝设定法定期限，司法裁决设定在一州境内适用的截止期限，将构成对行政程序缺乏正当理由的干预。 1704

四名持不同意见的大法官首先提出了一项原则——除非《联邦宪法》或者法律禁止，联邦法院有权提供衡平法上的救济，只要该救济并不构成滥用裁量权。[③] 持不同意见的大法官认定，国会没有默示地禁止联邦法院设定在州境内适用的程序时间表。不同意见指出，国会反复重新立法条款，赋予福利申请人在合理时间内获得听证的权利，并且充分意识到法院提供宽泛的禁令救济以便在有证据表明存在系统性违反法律的案件中强制执行这一权利。不仅如此，地区法院裁决提供的衡平法上的救济不构成裁量权滥用，因为大量无可争辩的证据表明存在广泛的不合理的迟延，并且根据导致迟延的原因而仔细对地区法院的裁决进行调整，而确保不牺牲裁决的质量和一致性，并且不需要卫生和社会服务部重新配置其资源。

□ 判决时限的效力

对于由法院规定的对一州境内适用的残疾福利裁决的截止期限，有一份实证性研究支持了 Day 案中多数意见派所持的确信，并且驳斥了持不同意见的大法官们的说法。卫生和社会服务部对于这些截止期限要求作出了回应，将行政法官从一个州调至另一个州，从而重新调整迟延发生的地理布局，并且在受截止期限调整的州内，要求行政法官平均每天处理 40 起案件，从而牺牲了裁决的准确性。[④]

□ Lyons 案：原告资格要求作为对发布禁令权的限制

在 City of Los Angeles v. Lyons[⑤] 案中，对于地区法院是否有权通过衡平法上的救济以解决在各种案件中的行政裁量权行使存在的系统性问题，大法官们形成了 5∶4 的分歧。一名洛杉矶警察因为 Lyons 违反交通法规而对其实施拦截之后采取扼喉（Chokehold）动作；Lyons 也没有以任何方式进行反抗。[⑥] Lyons 根据 42 U. S. C. § 1983 的规定对洛杉矶市政府提起诉讼，指控市政府侵犯了他的民权。Lyons 指控洛杉矶警察经常采取扼喉执法。[⑦] 他同时提出申请损害赔偿和衡平法上的救济。地区法院签发了初步性的禁令，禁止"在不构成死亡或者重伤之威胁的情况下"采用扼喉。[⑧]

五名大法官出具的多数意见判定地区法院无权发布初步性禁令或者考虑 Lyons 提出的

---

① Id. at 111-112.

② Id. at 117-118.

③ Id. at 120，124.

④ 参见 J. Mashaw，*Bureaucratic Justice*：*Managing Social Security Disability Claims* 188（1983）。

⑤ 461 U. S. 95（1983）.

⑥ Id. at 97.

⑦ Id. at 98.

⑧ Id. at 99-100.

1705 签发永久性禁令的申请。多数意见作出的判决依据是综合考虑原告资格和救济方式相关判例法，得出了一项结论，即 Lyons 不具有申请衡平法上救济的原告资格，即使他拥有寻求损害赔偿的原告资格。多数意见的分析路径使得我们难以单独分析有关救济问题的理由。多数意见根据三项因素，判定即使 Lyons 拥有申请损害赔偿的原告资格，他也不能获得衡平法上的救济：（1）联邦法院需要承认“联邦法院基于衡平法拥有的权利和州政府实施其自己的法律之间需要保持平衡的特别微妙之处”；（2）Lyons 无法证明会有多大可能性造成实质性和立即发生的无法补救的损害，因为他不太可能会在将来成为洛杉矶警察局的受害者；（3）Lyons 可以通过损害赔偿诉讼获得充分的法律救济。① 正如四名持不同意见的大法官所作的观察，Lyons 案判决的效力是在众多案件类型中，剥夺了联邦法院提供衡平法上救济以取消违宪的州和地方政策的所有权力。

□ 对 Day 案和 Lyons 案所作的言之成理的解释

Day 案和 Lyons 案之间存在众多明确的差别。这两起案件可以并且应当引出最高法院的不同反应。这两起案件多数派的判决意见所说明的依据存在明显的差别。在 Day 案中，最高法院判定地区法院无权对卫生和社会服务部适用宽泛的衡平法上的救济方式，这是基于绝对的命题，即国会可以限制联邦法院基于衡平法拥有的权力。多数意见和不同意见只在一项狭窄的问题上存在差别，即国会是否已经拒绝对卫生和社会服务部的案件适用法定截止期限要求而限制联邦法院基于衡平法拥有的权力。相比之下，Lyons 案的多数意见特别宽泛——联邦法院无权对州或者地方行政机关适用衡平法上的救济，除非原告可以证明很少会存在的事实模式。

但是，如果换个层面来看，Lyons 案和 Day 案所涉及的问题，很可能会在多年时间里引发最高法院对此产生持续的争议。最高法院的多数意见显然相信联邦法院对各级政府的行政机关实施的控制已经超越界限。考虑到这一确信，将联邦法院的权力限定于适用宽泛的衡平法上的救济是一个符合逻辑的出发点。以 Lyons 案中的事实为例，洛杉矶市政府对警察扼喉行为采取的政策违宪，基于这一判决意见作出的损害赔偿判决，相比要求市政府制定规范扼喉动作使用的具体政策，要更少具有侵犯性。

多数意见还有两种方式可以推进其明显目标，即降低联邦法院通过采用宽泛的衡平法上的救济控制行政裁量权的程度。最高法院可以通过逐案分析特定情形，逐步削减适用这
1706 些救济方式的司法权力。Day 案似乎是朝这一方向迈出的一步。但是，考虑到最高法院管理联邦司法体系的能力有限，这一发展过程是困难和漫长的。②

□ 对 Lyons 案的批评

Lyons 案中多数意见说明了最高法院为了减少联邦法院对行政机关实施监督的程度时可以采取的不同手段。根据类似原告资格等司法审查启动条件而作出的一些影响广泛的判决意见，最高法院可以快速有效地消除联邦法院控制行政裁量权的衡平法上的权力。但是，这是一条违宪的发展道路。因为滥用行政裁量权而对个人和社会造成损害，其可能性过大，以至于不能对这一损害取消最为重要的司法保护。

---

① Id. at 111-112.

② 参见 Strauss，“One Hundred Fifty Cases Per Year：Some Implications of the Supreme Court's Limited Resources for Judicial Review of Agency Action”，87 *Colum. L. Rev.* 1093（1987）。

通过分析 Lyons 案事实的一种变型可以属于 Lyons 案宣布的禁止衡平法上的救济的范畴，我们可以说明 Lyons 案之类影响广泛的判决内在具有的危险。地区法院先签发了一项初步禁令，要求洛杉矶市政府将扼喉动作仅适用于范围有限的情形，然后才决定洛杉矶市政策之具体内容或者其制定的原因。我们很容易接受多数意见所作出的判断，即地区法院适用衡平法上的救济是时机过早的和过度侵犯性的，而没有接受多数意见的判决主旨，即无论 Lyonds 能够证明哪些事实，联邦法院无权对他提供任何形式的衡平法上的救济。如果 Lyons 能够证明洛杉矶市政府批准其警察对没有任何反抗动作的交通违规者适用可能致命的扼喉动作，联邦法院签发的禁令——限制洛杉矶使用扼喉的裁量权——可以代表为了保护宪法权利而行使的受到合理限制的衡平法上的权利。最高法院应当注意到 Lyons 案不同意见的劝诫："诉讼的一开始，是不容易以一定的确定性判定，对于为了支持他的权利请求而证明的任何可能的事实，任何衡平法上的救济都是不合适适用的。"[1] 以结构性禁令的形式提供的救济应当是偶尔并且仅在极端的情形时提供，但是它不能被彻底排除。

□最高法院严重限制了针对军队的禁令

在 Winter v. Natural Resources Defense Council[2] 案中，五名大法官出具的多数意见严重限制了针对军队的禁令的可得性。第九巡回法院在一起案件中支持了地区法院签发的临时性禁令，在该案中作为原告的环境保护组织主张海军在各种情况下使用声呐的行为因为对鲸鱼造成的不利影响而违反了若干环境法律。地区法院签发了一项临时性禁令，禁止在某些情形下使用声呐，理由是法院认定原告"可能"有能力证明对鲸鱼造成无法弥补的 1707
损害。海军则主张这一禁令将会影响海军有效进行反潜水艇军事训练。

最高法院的多数意见基于下列若干理由推翻了巡回法院的判决。第一，多数意见判定签发临时性禁令必须证明很可能，而非仅仅是可能发生无法弥补的损害。第二，多数意见判定即使原告已经证明"声呐的使用"造成了无法弥补的损害，公共利益和海军对其水手进行有效、切实的训练所具有的利益都要大于这些损害。第三，多数意见强调指出，法院需要"对军事当局有关特定军事利益之相对重要性的专业判断给予高度尊重"。第四，多数意见认为，本案中对这些相互竞争的利益进行的权衡"留给我们的并不是一项封闭性问题（close question）"。第五，在法官附带意见中，多数方指出本案中有关申请临时性禁令之标准的讨论，使得我们能够明白，即使原告在案件实质问题上更为在理，法院如果签发了反对海军使用声呐的永久性禁令，法院就会滥用其裁量权，因为禁令属于衡平法上的救济手段，只有在对衡平利益进行的权衡倾向于支持签发禁令时，法院才能签发禁令。两名大法官发表了一份判决意见，其中在某些问题上持协同意见，而在其他问题上持反对意见，还有两名大法官发表了反对意见。

□ 最高法院严重限制了结构性禁令

最高法院继续限制法院适用结构性禁令的权力。在 1995 年作出的两项判决意见中，五名大法官出具的多数意见表明了最高法院极为不愿默认采用结构性禁令。在 Missouri v. Jenkins[3] 案中，多数意见推翻了联邦地区法院的判决，理由是联邦地区法院责令州政府

---

[1] 461 U. S. at 131.

[2] 129 S. Ct. 365 (2008).

[3] 515 U. S. 70 (1995).

花费巨资以改造黑人学生占多数的学区以便从白人学生占多数的学区吸引学生，这超出了提供救济的权限。多数意见劝告法官牢记职责，包括限制救济方式，限制对各种机构的司法监督，允许对这些机构恢复政治控制。类似的，在 Sandin v. Conner[①] 案中，多数意见大幅减少了法院参与“监狱的日常管理”的裁量权。因此，指控虐待犯人的行为，只有在它们“对犯人增加了典型和明显的困苦”时，才能可能构成法院可以确认违反宪法的行为。

1708 在 Lewis v. Casey[②] 案中，八名大法官出具的多数意见强化了这样一项信息，即最高法院不愿意支持采用结构性禁令。地区法院签发了一项详细的禁令，要求监狱系统建立设备良好、人员精良的图书馆，并为所有犯人提供接触这些资源的大量机会。法院认为这一禁令是正当程序要求的提供“获得法院救济”机会之义务所必需的。八名大法官出具的多数意见撤销了这一禁令，认为它过度宽泛、过度侵犯性，也没有得到所需证据的支持。大法官们也对原告资格在这一案件乃至更宽泛地来说，在美国法律体系中所发挥的合理作用进行了重要和详尽的辩论。这些大法官在原告资格问题上形成了 5：4 的两派分歧。[③]

在 Blessing v. Freestone[④] 案中，最高法院以一致意见作出的判决意见再次证明了其不愿默认宽泛的禁令。《社会保障法》第 4 编 D 部分要求每个州实施详细的计划以强制执行儿童支持义务。这一计划必须符合数十项联邦政府确定的要求。符合接受州儿童支付资格的儿童母亲起诉亚利桑那州，指控在很多方面其没有遵守第 4 编 D 部分的规定，并申请确认和禁令救济。第九巡回法院判定法院可以签发禁令，要求亚利桑那州“实质性遵守”第 4 编 D 部分的规定。最高法院以一致意见推翻了第九巡回法院的判决。最高法院承认“亚利桑那州强制执行儿童支持义务的记录并不是主要的……”但是，最高法院判定，第 4 编 D 部分并没有允许法院根据本法的受益人的要求而提供宽泛的确认和禁令救济。最高法院批评第九巡回法院的判决“使用了笼统的用词”，并且指出第九巡回法院的判决意见“用词过于宽泛”[⑤]。

□ 有时可以获得针对行政机关的限制性禁令

各级联邦法院愿意在合适的情形中签发更具限定性的禁令。

在 Rhode Island Department of Environmental Management v. United States[⑥] 案中，第一巡回法院支持了一项禁令，该禁令禁止某联邦行政机关裁决公民个人对某州行政机关提出的投诉。法院认为这样的禁令对州保护其主权豁免权利来说是必要的。

在 Middle Rio Grande Conservancy District v. Norton[⑦] 案中，第十巡回法院在一份不
1709 同寻常并且非常模糊的判决意见中支持了一项禁令，该禁令要求行政机关在 120 天内发布环境影响报告，即使行政机关还没有决定是否需要制作环境影响报告，并且行政机关已经表明不可能遵守该禁令。

在 American Bioscience v. Thompson[⑧] 案中，哥伦比亚特区巡回法院解释了申请法院

---

① 515 U. S. 472 (1995).

② 518 U. S. 343 (1996).

③ 参见 § 16.4 的讨论。

④ 520 U. S. 329 (1997).

⑤ 另可参见 People Who Care v. Rockford Board of Education, 111 F. 3d 528 (7th Cir. 1997)（推翻了一项综合性救济令［comprehensive remedial decree］的绝大多数内容，批评地区法院超越了自己的职权）。

⑥ 304 F. 3d 31 (1st Cir. 2002)，参见 § 2.8、§ 15.11、§ 17.6、§ 18.2、§ 18.6 和 § 18.7 的讨论。

⑦ 294 F. 3d 1220 (10th Cir. 2002)，参见 § 12.3 和 § 18.1 的讨论。

⑧ 269 F. 3d 1077 (D. C. Cir. 2001).

对行政机关作出初步禁令的诉讼，与在审查行政行为时通常可以提供的救济之间的区别。原告在地区法院对某行政机关起诉，申请法院提供初步禁令救济，禁止行政机关强制执行一项命令。地区法院拒绝了禁令救济的申请，原告提出上诉。巡回法院判定该行政行为是武断和恣意的。法院接着转向合理救济的问题。巡回法院指出，法院不能发布初步禁令救济，除非法院认定如果不发布禁令，原告将会遭受无法补救的损害，并且如果进行实质审查的话很可能会胜诉。但是，因为审查行政行为的诉讼并不要求法院在全面审理之后才能作出判决，申请初步禁令救济的标准并不适用。法院责备原告“申请禁令的行为带来了严重的混乱……”法院接着承认审查行政行为之案件的胜诉原告有权得到一些救济。它认定，该原告在这些情况下有权得到的救济是撤销行政行为。[1]法院在判决意见的脚注中指出，地区法院很少应该对行政机关发布初步禁令，而批准或者拒绝初步禁令的命令应该适用快速上诉程序。

在 United States v. Hanover Insurance Co.[2] 案中，法院支持了一项由国家贸易法院针对海关签发的禁令。法院禁止海关实施制裁，或者继续威胁实施制裁被指控拖欠海关关税的企业。法院之前曾经判定海关对于关税提出的主张已经超过诉讼时效，但是海关继续威胁不为该企业办理业务，除非这家企业缴纳了关税。

在 Alabama-Tombigbee Rivers Coalition v. Department of Interior[3] 案中，法院禁止行政机关采用经过违反《联邦咨询委员会法》的程序而制作的报告。在 California Forestry Assn. v. Forest Service[4] 案中，哥伦比亚特区巡回法院拒绝适用此种苛刻的救济。法院的理由是，当行政机关已经投入数百万美元进行最初的研究之后，要求它委托重复进行 1710
一次研究，这违背了《联邦咨询委员会法》“减少浪费性支出”的目标。但是，法院承认，“如果不能获得禁令救济，将会使得《联邦咨询委员会法》失去作用……那么，禁令在某些案件中是合适的”。

□ 行政机关可以申请禁令

当然，法院也会在合适的情形中向行政机关提供禁令救济。在 ICC v. Transcon Lines[5] 案中，最高法院一致判定在运输企业违反州际商业委员会的规则时，州际商业委员会（ICC）可以禁止运输企业的破产管理人向托运人寻求损害赔偿。最高法院强调指出，行政机关在对违反规则之行为的救济方式上拥有实质性的裁量权。最高法院补充指出，禁令救济在这一情形中是特别合适的，原因包括：（1）运输企业的破产地位使得其他救济不再有效；（2）禁令救济可以保护被违反的规则本来要保护的受益人的利益。

在 Clean Ocean Action v. York[6] 案中，法院支持了一项地区法院的判决，即拒绝签发初步性禁令以禁止将纽约港疏浚的材料倾倒入海。法院认定，陆军工程兵团并不具有允许倾倒的裁量权，而这一倾倒行为违反了环境保护局的规则。但是，它也认定，根据申请签发禁令将会给纽约港带来“灾难性的损害”，这超过了“因为违法倾倒行为而导致的最小的甚至根本不存在的损害”。

---

① 269 F.3d 1077 (D.C. Cir. 2001).

② 82 F.3d 1052 (Fed. Cir. 1996).

③ 26 F.3d 1103 (11th Cir. 1994)，参见§5.19的讨论。

④ 102 F.3d 609 (D.C. Cir. 1996)，参见§5.19的讨论。

⑤ 513 U.S. 138 (1995).

⑥ 57 F.3d 328 (3d Cir. 1995).

§ 18.5　私人诉权

□ 明示的诉权对默示的诉权

规定行政机关承担规制责任的联邦法律，有时也明确允许个人因为行政机关行使规制权作出的行为而遭受损害的，可以选择对因为违反行政机关实施的法律而损害其个人利益者行使私人诉权。例如，在 Hallstrom v. Tillamook County[①] 案中，最高法院列举了 14 项联邦环境立法，其中规定了此类私人诉权。即使没有明确允许私人诉权的法律条款，法
1711 院有时也认定国会默示地试图允许对违反行政机关实施之法律的行为行使私人诉权。最高法院指出，行政机关实施的法律中存在私人诉权的趋势在 J. I. Case v. Borak[②] 案中达到顶点，并且在过去四十年里明显陷入低谷。

□ 对明示诉权的宪法限制

直到 1988 年，法院都推定规制性立法所明确创设的私人诉权是有效的，只是提出了解释问题。因此，例如，对于依赖环境立法中起诉违法企业的“公民诉讼”条款的私方当事人，法院常常提供救济。最高法院在 Steel Co. v. Citizens for a Better Environment[③] 案中的判决意见改变了这种情形。六名大法官的多数意见以《联邦宪法》第三条对原告资格的限制作为判决意见，对可以提起公民诉讼的情形进行明显的限制。多数意见判定，对于违反《应急规划和社区知情权法》之行为可以获得救济方式，无一能够补救原告因为“完全过去的”违法行为而遭受的损害。这份判决意见中的理由似乎足够宽泛，可以适用于在发生“完全过去的”违法行为时为了强制执行环境立法而适用的私人诉权。[④] 根据这份判决意见，私方当事人在“持续存在违法状态或者即将发生违法行为”时仍然具备原告资格，可以提起执法诉讼。

在 Friends of the Earth v. Laidlaw Environmental Services[⑤] 案中，最高法院解决了这一问题，判定因为“持续违反”环境立法的行为而遭受损害的公民可以继续对违法行为提起公民诉讼。最高法院也对违反公共法律（public laws）的行为提起公民诉讼，大幅减少了以原告资格为基础的障碍。[⑥]

□ 私人诉权的积极影响

对违反行政机关实施之法律的行为行使私人诉权，至少具有两点积极效力。其一，通过允许私方当事人为行政机关执法补充所需的资源，私人诉权可以让行政机关实施的法律

① 493 U. S. 20，23 n. 1 (1989).

② 377 U. S. 426 (1964).

③ 523 U. S. 83 (1998)，在 § 16. 1、§ 16. 5、§ 16. 8 和 § 16. 12 中有讨论。

④ 参见 § 16. 5 的讨论。

⑤ 528 U. S. 167 (2000)，在 § 16. 4、§ 16. 5、§ 16. 6 和 § 16. 8 有讨论。

⑥ 参见第 16 章。

更为有效。其二，私人诉权可以限制行政机关出于违法理由（例如对被规制者的政治性或者私人偏袒）而拒绝采取执法诉讼的趋势。[①] 如果因为被规制者的行为遭受损害的个人相信行政机关拒绝出于违法理由而对被规制者采取行动，他可以有的时候通过威胁对被规制者提起私人诉讼，令行政机关感到尴尬而采取行动。如果这一努力失败，他经常可以通过 1712
私人诉讼直接从法院获得救济。

□ 私人诉权的不利影响

但是，同时存在针对违反同一部法律的行政救济和司法救济，不可避免地会引发一系列协调问题。复审法院高度尊重行政机关对它们所实施的法律提供的咨询意见，行政机关对这些法律所引发的政策问题所作的处理，行政机关对无法客观验证的科学问题所作的处理、行政机关对不同行为规则的未来效力所作的预测，以及行政机关所作的事实认定。[②] 司法尊重可以促进多项重要目的的实现。它（1）确保全国性的规制和福利项目的实施更加具有统一性和一致性；（2）承认行政机关的自主性；（3）允许行政机关适用它们的裁量权和专业技能；（4）承认行政机关裁决纠纷常常比法院更为高效、更具有经济性，也更为迅捷。对于通常属于行政机关专属管辖权的众多问题，司法机关重新作出决定的权力，将使得对行政行为的尊重式审查所促进的价值受到明显威胁。数百名联邦地区法院的法官不太可能一致性地解释和实施规制项目或者福利项目。不过，赋予数百名法官以行政机关所实施的相当的权力，将明显损害行政机关促进这一目标的能力。

□ 作为不利影响之例证的案件

New England Legal Foundation v. Massachusetts Port Auth.[③] 案可以说明赋予行政机关和法院的管辖权存在重叠可能产生的结果。交通部和一家联邦地区法院裁决了一项有关新制定的 Logan 机场起降费的复杂争议。尽管这两家裁决解决机构适用相同的法律条文，并依据相同的事实认定，但是它们得出了截然相反的结论。第一巡回法院支持了行政机关的决定，并推翻了地区法院的判决。第一巡回法院批评地区法院试图自己裁决这项争议而不是将这一争议移送交通部裁决。巡回法院判决的宽泛依据，在其判决意见的两段相关文字中表现得非常明显："保持国家空域控制政策的连贯性和一致性，这一需要显然是最重要的。"[④] "司法机关根据首先管辖权原则，'如果存在一致连贯的政策'，有必要将这一争议移送行政机关裁决。"[⑤]

□ 通常对明示诉权仔细进行条件限定

当国会对违反行政机关实施的法律明确创设了对违法行为的私人诉权，它通常会仔细界定这一权利的范围，以努力实现权利效益的最大化和潜在负面影响的最小化。The citi- 1713

---

① 参见§17.1。
② 参见§3.4、§7.4、§7.5、§10.5、§10.6、§11.2和§11.4。
③ 883 F.2d 157 (1st Cir. 1989), discussed in §14.3.
④ Id. at 175.
⑤ Id. at 171.

zen suitprovision of，interpreted in Hallstrom v. Tillamook County[1] 案中所解释的《资源节约与恢复法》（the Resource Conservation and Recovery Act）[2] 的公民诉讼条款，可以说明这一点。最高法院承认，讼争的这一法律条款与创设私人诉权的其他 14 项法律条款几乎完全相同。[3]《资源节约与恢复法》的公民诉讼条款只允许对违反根据法律颁布的行政规则之行为行使私人诉权，而不是对违反法律本身的行为行使私人诉权。颁布立法性规则，使得行政机关能够界定法律条款，解决事实问题和科技不确定性的问题，并且行使其裁量权和运用其专业知识。[4] 因此，允许对违反行政规则的行为行使私人诉权，相比允许对违反行政机关实施的法律之行为行使私人诉权，其造成不一致的可能性更小。不仅如此，国会通过要求未来的原告在起诉之前至少提前 60 日告知其将要指控的违法行为人以及负有执法职责的州和联邦行政机关，明确限制了行使私人诉权的可能性。最高法院判定必须严格适用 60 日的通知期要求，以实现国会的目标，即“赋予环境行政机关，而非法院以执行《资源节约与恢复法》的首要职责”。

□ 私人诉权不适用法定限制

相比之下，当法院表明对违反行政机关实施法律的行为可以行使私人诉权，法院就不可能执行国会经过仔细设计对权利范围所作的任何限制。当对于违反行政机关实施的法律的行为，国会没有规定私人诉权，它也没有界定任何此类权利的范围。在 Franklin v. Gwinnett County Public Schools[5] 案中，最高法院承认了法院指出的私人诉权存在的问题。该案的争点是，指控公立学校存在性别歧视行为违反《1972 年教育法律修正案》（the Education Amendments of 1972）第 9 编而行使私人诉权时是否可以寻求损害赔偿。通常来说，最高法院会通过解释创设私人诉权的法律条款，而裁决违反联邦法律之行为的私人诉权的范围问题。但是，这部法律中并无文字可供解释，因为国会并没有对违反第 9 编的行为创设私人诉权。相反，最高法院此前曾经在 Cannon v. University of Chicago[6] 案中指出可以行使此种私人权利。在没有任何法律条文描述法院表明的权利之范围时，最高法院通过采用法律解释的原则而确定其范围：“除非国会另有明确规定，我们推定可以获得所有合适的救济。”[7] 根据多数意见试图在法律上寻找国会意图限制权利范围的证据，但是这一权利本身并没有法律条文的依据，三名持协同意见的大法官基于多数意见所采取的这一
1714 努力存在的荒谬性，再次主张最高法院应当“完全放弃隐含诉因（implied causes of action）的概念”[8]。国会创设的私人诉权受到仔细的限制，而并非国会所创设的私人诉权却似乎不受限制，我们至少可以说这一点是颇有讽刺意味的。[9]

---

① 493 U. S. 20（1989）.

② 43 U. S. C. §6972.

③ Id. at 23 n. 1.

④ 参见第 6 章和第 7 章。

⑤ 503 U. S. 60（1992）.

⑥ 441 U. S. 677（1979）.

⑦ 503 U. S. at 66.

⑧ Id. at 77.

⑨ 另可参见 Musick，Peeler & Garrett v. Employers Insurance，508 U. S. 286（1993）（依据规则 10b-5 而提起的诉讼中，被告拥有联邦法规定的责任分担请求权（federal right of contribution），因为法院只承认作为基础的责任而不承认此种权利，将是不公平的）。

□ Borak 案

Franklin 案所涉及的问题，正是反映了最高法院在 J. I. Case v. Borak[①] 案中承认私人诉权时所采用的较为单纯的进路所导致的诸多问题。《1934 年证券交易法》§14（a）禁止在股东委托书（proxy statements）使用虚假或者误导性陈述。证券交易委员会负有执行该法的职责。Borak 向 Case 寻求损害赔偿，理由是指控其违反了 §14（a）。该法并没有规定任何私人诉权。但是，最高法院承认存在私人诉权，理由是（1）国会要求该法能够有效保护投资者的利益；（2）私人诉权能够允许私人诉讼当事人为行政机关的执法努力提供补充，从而增强该法的实效性。

□ 对 Borak 的批评

Borak 案所采用的推理，就其本身而言是正确的，但是它也存在严重的不完整的问题。最高法院并不承认，对违反行政机关实施的法律之行为规定私人诉权，也可能造成诉讼泛滥，而让行政机关负责实施法律的优势丧失殆尽。不仅如此，对于 Borak 案争讼的具体情境，即公司治理，最高法院承认存在默示的私人诉权，其产生的效果将是取代已有的州法律所规定的私人诉权，而后者在范围上与新的最高法院所承认的联邦法上的私人诉权存在根本性差别。国会似乎不太可能会想要完全取代它在制定《证券交易法》之前各州早已建立的公司治理和救济相关的详尽制度。

□ 从 Borak 原则后退

最高法院已经从 Borak 原则后退，试图避免这一原则在过去四十年里所造成的损害。但是，因为法律解释和法律制定的过程是动态和互动的，最高法院还不能完全消除这一损害。在 1964—1975 年间，Borak 原则仍然有效之时，国会制定的若干法律，就依据了这样的一项推定，即最高法院会承认对违反行政机关实施的法律存在私人诉权，如果国会没有 1715
在法律中提及此类诉权。这使得最高法院陷于困境，即如果不改变具有正当理由的国会期待——最高法院会将国会在法律中不作规定，解释为表明国会意图创设私人诉权——就无法改变其承认所有法律中存在私人诉权的进路。

□ National Railroad Passenger 案

最高法院首次明显从 Borak 原则后退是发生在 National Railroad Passenger Corp. v. National Assn. of Railroad Passengers[②] 案。《1970 年铁路乘客服务法》（The Rail Passenger Service Act of 1970）设立了美国全国铁路客运公司（Amtrak），授权其承担对私人铁路的规制职责，以维持已有的客运服务，并且授权其在某些情况下停止此类客运服务。当美国全国铁路客运公司试图根据该法中断某些服务时，国家铁路乘客协会（National Assn. of Railroad Passengers）向地区法院申请禁令，指控中断服务违反了法律。美国全

---

① 377 U.S. 426 (1964).

② 414 U.S. 453 (1974).

国铁路客运公司主张地区法院不能受理这一诉讼，因为法律并未创设私人诉权。该法允许地区法院根据违反该法行为的指控，对美国全国铁路客运公司采取措施，但是似乎对司法管辖权作了限定，即“根据司法部长的申请”。八名大法官出具的多数意见判定明确赋予司法部长以公共诉权，默示地表明了国会不愿创设私人诉权。National Railroad Passenger Corp. 案中所采用的推理是对 Borak 案中采用的简单化推理的一次改进。最高法院并没有简单推定国会只要立法试图造福某类人群，就会意图创设私人诉权。相反，国会仔细分析法律的条文、目的和立法史，以确定国会是否确实意图创设私人诉权。

□ Cort 案中宣布的标准

最高法院再次从 Borak 原则后退的动作则更为明显。在 Cort v. Ash[①] 案中，最高法院提出了一项四部制标准以确定法律是否创设了私人诉权：

> 首先，法律是否是为了原告所属人群的特殊利益而制定的——也就是说该法是否创设了让原告受益的联邦法上的权利？其次，是否有说明立法意图的，无论明示还是默示的，创设此种救济还是拒绝此种救济？再次，承认原告可以获得此种救济，是否符合作为基础的立法目的？最后，这一诉因基本属于州关心的领域，传统上由州法规定，从而我们只根
> 1716 据联邦法律而推论存在诉因是不合适的？[②]

□ Cort 标准的适用

最高法院接着适用四部制标准以支持其结论，即禁止公司资助总统和副总统候选人的刑事法律，并没有为违反法律的公司之股东创设私人诉权。这部法律并没有明确创设此种权利。不仅如此，最高法院认定，股东利益的保护是这部法律的第二位目标，并且联邦法上的私人诉权将会在过去属于各州管理的法律领域取代已有的州法上的救济。

Cort 标准体现了对 Borak 案中简单化的推理所作的明显改变。但是，Cort 案的标准是难以理解和适用的。对于许多法律来说，适用上述这四项因素都可能产生两方面的决定。四项因素的累积效应增加了这一标准的不确定性。最高法院常常说明自己在适用 Cort 案所宣布的四部制标准，但是其适用这一标准的方式表明，这一标准从 1975 年以来经历了重大的变化。

例如，在 Suter v. Artist M[③] 案中，七名大法官的多数意见指出它所适用的是“Cort v. Ash 案提出的人们所熟悉的标准”[④]。但是，多数意见这么做时的强调之处，与 Cort 案中所采用的推理过程存在明显差别。多数意见指出，“被告有责任证明，国会意图提供私法救济（private remedy）……这里最为重要的问题是……国会是否创设原告所寻求的私法救济”[⑤]。这似乎是唯一需要调查的问题，因为 Artist M 案中多数意见甚至并未讨论 Cort 标准的其他要素。多数意见宁愿认定这部法律并没有创设私人诉权，因为没有充分证据能够证明国会意图创设此项权利。在得出这一结论的过程中，多数意见强调了（1）联邦法院在界定和适用法定标准——州应当作出“合理努力”以确保被虐待或者忽视的儿童

---

① 422 U. S. 66 (1975).

② 422 U. S. at 78.

③ 503 U. S. 347 (1992).

④ Id. at 363.

⑤ Id. at 364.

待在其家中——时遇到的困难；（2）联邦行政机关是否可以为了确保法律得到遵守，而以不同诉讼的形式对违法行为采取其他明确的法定救济。[1]

□ Cannon 案

在 Cannon v. University of Chicago[2] 案中，大法官们在四份判决意见中所表达的观点，有助于解释最高法院为什么以及在多大程度上修改了适用 Cort 标准的方法。《1972 年教育修正法》（the Education Amendments of 1972）第 9 编明确禁止联邦资助的机构实施性别歧视行为，并且明确允许行政机关执行这一禁止性规则。Cannon 案的问题是该法是否也默示地允许因为违反该法的行为而遭受损害的个人行使私人私权。 1717

□ 要求国会意图明确的趋势

五名大法官出具的多数意见判定《1972 年教育修正法》第 9 编创设了私人诉权。多数意见详细而仔细地适用了四项因素组成的 Cort 标准。它认定所有这四项因素都支持一项结论，即该法创设了私人诉权。[3] 多数意见强调了这部法律的几项特征及其所处的背景。这部法律的主要目的是帮助性别歧视的受害人。[4] 自内战之后，联邦政府已经在禁止不公平的歧视方面发挥了主要作用。[5] 最高法院并不担心司法机关执行这部法律会妨碍行政机关执行该法，因为行政机关也提出了支持存在私人诉权的主张。[6] 行政机关可以获得的有限救济方式在大多数案件中不太可能发挥实效。[7] 该法的立法史表明，国会具有创设私人诉权的明确意图。[8] 多数意见也强调指出它所面对的是“非典型的情形”，其中所有相关的因素表明国会意图创设私人诉权，尽管国会并没有在法律条文中明确创设此种权利。[9] 它敦促国会未来在法律中明确其创设此种权利的意图。[10]

□ 法院区分和批评了 Borak 案

两名大法官在协同意见中发表了四点意见：（1）多数意见的分析与 Borak 案的推理“相当不同”。（2）多数意见承认“私人诉权的存在问题，基本上属于法律解释的问题”。（3）多数意见愿意以立法史作为依据认定该法创设了私人诉权，这是可以成立的，因为国会在 1972 年合理地以 Borak 案作为依据支持其确信，即最高法院会在法律条文没有明确创设此种权利时承认私人诉权。（4）“最高法院未来会极其不愿意承认私人诉权的存在，如果立法机关没有明确这一问题。”[11] 三名大法官撰写了长篇的不同意见，主张（1）只有

---

① Id. at 359.
② 441 U.S. 677 (1979).
③ Id. at 709.
④ Id. at 689-690.
⑤ Id. at 708-709.
⑥ Id. at 688, 706-707.
⑦ Id. at 704-704.
⑧ Id. at 694-701.
⑨ Id. at 717.
⑩ Id. at 717.
⑪ Id. at 717-718.

国会可以对违反法律的行为创设私人诉权；（2）国会在《1972 年教育修正法》第 9 编中并没有这么做。

□ 对 Cannon 案之后判例法的摘要

综合考虑 Cannon 案中两名大法官的协同意见和三名大法官的不同意见，它们表明最高法院的多数意见不会再承认对违反联邦法律的行为可以行使私人诉权，除非（1）法律是在 1964 年至 1975 年间制定的，当时国会合理地相信最高法院会继续适用 Borak 原则；
1718 （2）该法的立法史明确表明了国会创设私人诉权的意图；以及（3）根据 Cort 标准，其他相关因素是与私人诉权相一致的。Cannon 案之后发生的案件，至少表明最高法院不愿在缺乏所有这三项因素时承认私人诉权的存在。[①]

□ 与 § 1983 案件的区分

但是，Cannon 案之后发生的判例并不是保持一致性的典范。在有的案件中，最高法院似乎只考察国会明确意图的证据。[②] 在其他案件中，最高法院似乎适用的是复杂的 Cort 标准。[③] 有的时候，当法律不是在国会可以合理相信最高法院会适用 Borak 原则的年代制定的时候，最高法院仍然承认可以行使私人诉权。最能说明这一问题的例子是 Wilder v. Virginia Hospital Assn.[④] 案，在该案中，五名大法官出具的多数意见判定医院可以对州政府提起诉讼，指控其违反了 1982 年制定的一部法律，该法要求各州报销医院提供联邦医疗补助（Medicaid）服务的费用。但是，Wilder 案所产生的背景使得该案可以区别于大多数承认私人诉权的案件。该案中医院以 42 U. S. C. § 1983 作为依据对州政府行使私人诉权。最高法院之前已经判定，在联邦法律的制定目的是原告所属人群的利益时，§ 1983 为州违反联邦法律的行为提供了私人诉因。[⑤] 因为先前存在的这项判决，Wilder 案的多数意见认定它所需要解决的问题只是联邦医疗补助立法的目的是否是让医疗服务提供商受益，以及确立法定标准是否属于法院能力范围之内。[⑥]

□ 有关默示诉权继续存在的争议

在整个 20 世纪 90 年代，大法官们仍在继续辩论法院是否，以及在何种情形下会承认在行政机关实施的法律中存在私人诉权。这些判决意见的总趋势是更加不愿意承认私人诉权。但是，这些案件大多数都提出了多份判决意见，这也表明了大法官内部仍然存在分歧，这也使得我们难以解释和难以适用这些判决主旨。在 Alexander v. Sandoval[⑦] 案中，最高法院似乎，至少暂时结束了这场辩论。五名大法官出具的多数意见似乎判定法院不能
1719 承认私人诉权，只有国会可以创设此种权利，并且国会必须明确表明其这么做的意图。我

---

① 例可参见 California v. Sierra Club，451 U. S. 287（1981）；Transamerica Mortgage Advisors v. Lewis，444 U. S. 1（1979）；Touche Ross & Co. v. Reddington，442 US. 560（1979）。

② 例如，Suter v. Artist M.，503 U. S. 347（1992）。

③ 例如，California v. Sierra Club，451 U. S. 287（1981）。

④ 496 U. S. 498（1990）.

⑤ Maine v. Thiboutot，448 U. S. 1（1980）.

⑥ 参见 § 18.7 和 § 19.5。

⑦ 121 S. Ct. 1511（2001）.

会先讨论 Alexander 案之前的一些判例，然后再详细讨论 Alexander 案中的判决意见。

□ 最高法院对默示权利的解释采纳了狭义解释

在 Central Bank v. First Interstate Bank[①] 案中，五名大法官出具的多数意见对违反《1934 年证券交易法》§10（b）（5）的行为可以行使的默示私人诉权之范围进行了狭义解释。多数意见判定，§10（b）（5）并未允许对协助或者教唆他人从事操纵或者欺骗行为的个人或者机构行使私人诉权。多数意见认为§10（b）（5）的条文与协助或者教唆的责任并不一致，尽管自 1966 年以来，数百项证券交易委员会的决定和所有巡回法院作出的司法判决已经对§10（b）（5）前后一致地解释为包括协助和教唆行为。多数意见认定，对“直接或者间接”实施操纵或者欺骗行为作出的法定禁止规定不够宽泛，不能包括协助和教唆行为。多数意见拒绝了国会明显默认的之前长期存在的法律解释，以及政府所要求的各种政策考量因素，认为它们不足以推翻多数意见对法律条文的解释。四名持不同意见的大法官强调了多数意见所作的法律解释，对于国会、行政机关和私方当事人所产生的负面影响。持不同意见的大法官指出，如果他们是在解释新近制定的法律，他们可能会同意多数意见的推理，但是他们认为最高法院不适合改变长期确立的对重要法律所作的解释：

虽然我们现在不愿在没有国会指令的情况下承认私人诉权，但是我们也应当不愿取消过去数十年里所承认的私人诉权，即使产生这一私人诉权的司法方法现在已经不再受欢迎。

在 United States v. O'Hagan 案中，最高法院明确表示其在 Central Bank 案中的判决主旨是基于对于私人诉权所独有的“政策考量因素”。最高法院强调指出，证券交易委员会只能根据《10b-5 规则》（Rule 10b-5）对协助和教唆行为提起诉讼，尽管私方当事人不能提起此类诉讼。在 Sandin v Conner[②] 案中，五名大法官拒绝根据监狱规则作为依据，允许犯人起诉指控监狱剥夺其自由利益而没有提供正当程序保护。最高法院的理由是“此类规章的制定目的不是对犯人赋予权利”。

在 Northwest Airlines，Inc. v. County of Kent[③] 案中，最高法院在辩论过程中接受了下级法院的判决主旨，即《反人头税法》（the Anti-Head Tax Act）默示地允许航空公司对机场管理局征收人头税的行为行使私人诉权。但是，最高法院强调指出，它不是在解决 1720
这一争点，并且它推定下级法院的判决主旨只是对于裁决该案其他争点的目的来说是有效的。最高法院对于其他争点所采用的推理表明，如果它需要裁决这一争点，它很可能不会判定该法创设了默示的私人诉权。[④]

□ 最高法院对明示权利采纳了狭义解释

在 Key Tronic Corp. v. United States[⑤] 案中，六名大法官出具的多数意见对于明确的私人诉权条款之范围作出了狭义解释。《综合性环境反应、补偿和责任法》（the Comprehensive Environmental Response，Compensation，and Liability Act）明确允许需要清理有毒废弃物场地的当事人要求其他有责任的当事人分摊一部分“必需的应对成本”，其定义

---

① 511 U.S. 164（1994）.

② 515 U.S. 472（1995）.

③ 510 U.S. 355（1994）.

④ 参见§14.3 的讨论。

⑤ 511 U.S. 809（1994）.

包括了“与之相关的执法活动”的成本。Key Tronic 寻求收回作为其应对成本之一部分的法律费用。多数意见提到了其之前审理的案件，判定承认法律费用属于可以收回的损害赔偿金，要求证明国会意图偏离有关法律费用的传统的“美国法则（American rule）[*]”。在没有发现存在此类证据的情况下，多数意见认定 Key Tronic 只能收回“与实际清理活动存在紧密联系”的法律费用，例如在查找可能需要承担责任的当事人时所采取的法律工作。三名持不同意见的大法官认为，这部法律条文采用的简明语言允许收回法律费用，因为唯一可能寻求的“执法活动”的各种费用显然包括了法律费用。

□最高法院对明示权利采纳了广义解释

但是，最高法院有时也对明示私人诉权采取广义解释。在 Global Crossing Telecommunications v. Metro phones Telecommunications[1] 案中，最高法院大法官们对于一项明示私人诉权条款（express private right of action）的范围产生了分歧。《通信法》（the Communications Act）§ 207 对于因为该法所规定的不正当或者不合理行为或者实践（practice）而导致的损害规定了私人诉权。七名大法官支持了联邦通信委员会对 § 207 的解释，即允许付费电话经营者从通信运营商获得利用其付费电话的补偿。对于联邦通信委员会对法律中规定的术语“不合理的实践”解释为包括通信运营商没有按照联邦通信委员会在一项规则中所要求的对付费电话经营者提供补偿，多数意见认为是合理的。一位大法官持不同意见，理由是 § 207 只规定了对违反该法的行为，而没有对违反根据该法颁布的规则的行为，提供私人损害赔偿诉讼的权利。另一名大法官持不同意见的理由则是联邦通
1721 信委员会对该法所作的解释是不合理的，因为未能补偿付费电话经营者不属于实践。

□大法官们在 Stoneridge 案中的辩论

在 Stoneridge Investment Partners v. Scientific-Atlanta[2] 案中，六位大法官的多数意见判定，最高法院在 1964 年指出，用于强制执行 § 10b—5 的私人诉权，并不延伸适用于针对可能存在共谋欺诈行为的卖家或者客户提起的诉讼。多数意见并不是特别值得注意的。它只是最高法院从 1964 年开始逐步采取的限制或者可能完全消除法院而非国会创设或者扩大在行政机关实施的法律中的私人诉权的步骤之一。但是，三位大法官所出具的不同意见在一个可能具有重要意义的方面确实令人惊奇。在几十年间，第一次有最高法院的大法官有力反击最高法院限制法院创设私人诉权的努力。在不同意见的第三部分所包含的长篇论述中，对于各级法院在长达两百年里经常性地判决公共法律中存在默示私人诉权，直到 1975 年最高法院减少了这一做法，持不同意见的大法官认为法院之前的做法是正确的。持不同意见的大法官认为，最高法院应该回归传统的做法。

□最高法院对默示权利采纳了广义解释

在 Gomez-Perez v. Potter[3] 案中，六名大法官出具的多数意见判定《禁止雇佣中的年

---

* 美国法则，是指诉讼当事人一般承担各自的法律费用，包括律师费。——译者注

① 127 S. Ct. 1513 (2007).

② 128 S. Ct. 761 (2008).

③ 128 S. Ct. 1931 (2008).

龄歧视法》允许因为举报年龄歧视而遭受报复的联邦雇员行使私人诉权，即使该法并未明确调整报复行为，并且私人诉权是默示而非明示的。多数意见首先根据遵循先例原则支持其结论，即该法禁止此类报复，并且包含了默示私人诉权。多数意见依据遵循先例原则进行的推理类似于它在相伴案件（companion case）——CBOCS West v. Humphries① 案中所采用的推理。多数意见接着判定默示私人诉权的范围与明示私人诉权的范围相同。不同意见则认为应该将该法解释为并不禁止对联邦雇员的报复，因为相同法律包括了明确禁止对私人雇员的报复，而适用于联邦雇员的条款并未包括这样的规定。持有不同意见的大法官认为，国会在适用于联邦雇员的法律条款中省略这一规定，是承认联邦雇员已经得到《民权法》禁止报复条款的保护。

□ 最高法院拒绝认为可以通过 § 1983 诉讼实施权利

哪些情况下对州政府设定义务的联邦法律创设了根据 42 U. S. C. § 1983 提起私人诉讼加以执行的私人权利，相关的判例法是令人混淆的，而 Blessing v. Freestone② 案中一致作出的判决意见对此提供了急需的澄清。《社会保障法》第四编 D 部分要求各州实施详细的规划以强制执行儿童支持的义务。这一规划必须得到联邦政府的儿童支持执行办公室（Office of Child Support Enforcement）的批准，而儿童支持执行办公室至少每三年审查一次各州的实施效果。如果儿童支持执行办公室认定各州没有遵守联邦政府制定的无数、特别详细的指南，它可以将各州的福利拨款最多减少 5%。符合接受儿童支持服务资格的儿童母亲根据 § 1983 起诉亚利桑那州，指控亚利桑那州没有遵守《社会保障法》第四编 D 部分的规定，并申请确认和禁令救济。第九巡回法院判定原告可以行使私人诉权以强制执行《社会保障法》第四编 D 部分，并且他们有权获得禁令，要求亚利桑那州实现并且保持"实质性遵守"《社会保障法》第四编 D 部分的规定。最高法院承认亚利桑那州实施规划的效果"并不是主要的"，但是它推翻了第九巡回法院的判决，并且批评在判断对州设定义务的联邦法律是否创设了可以对州政府起诉的私人诉权时，第九巡回法院误解了所需要进行审查的性质。 1722

最高法院描述了与此项判断相关的四项因素：（1）国会的意图是否是该案讼争的法律条款让原告受益；（2）所声称的权利是否足够具体，可以由法院强制执行；（3）法律条款是否对州政府明确设定了拘束性的义务；（4）国会是否明示或者默示排除了由法院强制执行这项法律条款。最高法院接着批评了第九巡回法院适用这些因素时采用的方法。总的来说，第九巡回法院的判决理由过于宽泛。第九巡回法院试图参引整个《社会保障法》第四编 D 部分回答上述四项问题。最高法院提到了许多理由说明《社会保障法》第四编 D 部分为什么不可能创设宽泛的、可以由法院执行的、获得充分的州儿童支持服务的个人权利。《社会保障法》第四编 D 部分的许多条款设定了无法转化为个人权利的义务。因此，例如，《社会保障法》第四编 D 部分要求各州遵守大量的数据处理标准。不过，认为个人有从具有特定特征的计算机系统中受益的权利，这是没有意义的。不仅如此，《社会保障法》第四编 D 部分包括的一些条款，在其他一些方面是与认为它们创设了私人权利的结论不符的。因此，例如，这部法律要求各州在 75%～90%的案件中遵守某些义务。对于法院在 100%的案件中强制执行相应的个人权利，这些条款显然是与之存在冲突的。

---

① 128 S. Ct. 1951 (2008)，参见增补本 § 19.6 的讨论。

② 520 U. S. 329 (1997).

在法官附带意见中，最高法院保留了一种可能性，即《社会保障法》第四编 D 部分的
1723 一个或者更多的具体条款可能创设通过 § 1983 诉讼加以执行的个人权利。它也在一项重要问题上同意巡回法院的意见。它认定行政机关为了执行《社会保障法》第四编 D 部分而制定的实施计划不够全面，无法证明国会默示排除了由法院根据私人申请强制执行《社会保障法》第四编 D 部分的任何条款。最高法院判决意见中的这一法官附带意见引发了两名持协同意见的大法官的回应，他们批评，州政府对联邦政府负有义务，而最高法院“允许这一义务的第三方受益人起诉［州政府］”，“大幅扩张了” § 1983 的范围。持协同意见的大法官认为，“第三方受益人的诉讼完全是不存在的”。

□ 最高法院有时认定存在默示权利

但是，1995—1996 司法年度作出的两项判决意见表明，多数大法官愿意至少在某些情形下认定存在私人诉权。在 Morse v. Republican Party of Virginia① 案中，五名大法官出具的多数意见判定，《选举权法》（the Voting Rights Act） § 5 创设了默示的私人诉权。多数意见作出上述判决主旨，是依据所有以下四项因素：（1） 立法史证明国会意图创设私人诉权；（2） 这部法律是在 1965 年制定的，当时最高法院判决的先例让国会相信最高法院很可能会承认执行该法律的私人诉权；（3） 如果没有私人诉权就不太可能实现这部法律的目标；以及（4） 负责执行这部法律的行政机关，即司法部，要求承认私人诉权。四位持不同意见的大法官主张，这部法律条文的平常含义赋予了司法部长以执法权，排除了有关国会意图允许私人诉权的推论。

在 Varity Corp. v. Howe② 案中，六名大法官出具的多数意见将《1974 年雇员退休收入保障法》（the Employee Retirement Income Security Act of 1974） § 502 （a） （3） 解释为，在某项规划违反《雇员退休收入保障法》的规定或者该法的实施规划时，允许受益者个人起诉以获得个人救济（恢复该法实施计划的受益人的地位）。这一条款显然允许个人作为受益人代表起诉，根据规划本身获得救济。它没有直接或者明确讨论大法官们在 Varity 案中产生分歧的个人救济问题。在 Massachusetts Mutual Life Insurance Co. v. Russell③ 案中，法院判定《雇员退休收入保障法》 § 502 （a） （2） 并没有允许起诉以获得个人救济。多数意见对这两节规定的文字进行了区分，判定 § 502 （a） （3） 允许起诉寻求个人救济。三名持不同意见的大法官指控多数意见扭曲了 Russell 案的推理，忽略了大量证据表明国会并没有意图允许通过私人诉权寻求个人救济。

1724 在 LaRue v. DeWolff, Boberg & Associates④ 案中，最高法院对该案与 Russell 案进行了区分，在该案讼争的计划包括个人退休账户并且行政主管因为没有遵守受益人的指令而给个人账户造成损失时，判定 § 502 （a） （2） 确实允许主张为个人提供救济的私人诉权。

□ 最高法院拒绝承认存在默示私人权利

在 Alexander v. Sandoval⑤ 案中，五名大法官出具的多数意见接近于判定法院永远不

---

① 517 U. S. 186 (1996).
② 516 U. S. 489 (1996).
③ 473 U. S. 134 (1985).
④ 128 U. S. 1026 (2008).
⑤ 121 S. Ct. 1511. (2001).

能认定存在默示的诉权。多数意见判定并不存在私人诉权可以执行根据《1964 年民权法》(the Civil Rights Act of 1964) § 602 制定的规则。《民权法》§ 601 禁止在联邦政府资助的项目中存在种族歧视行为。§ 602 允许联邦行政机关制定规则以"落实"§ 601 的规定。在 Cannon v. University of Chicago① 案中，最高法院认定存在执行 § 601 以及根据 § 601 制定的任何规则的私人诉权。直到 Alexander 案，法院都推定 Cannon 案的推理和结论也适用于根据 § 602 为了"落实"§ 601 而制定的规则。多数意见对这两节规定与根据这两节规定而制定的规则进行了区分。多数意见判定法院不能受理私人诉权以执行长期存在的司法部的规则，该规则禁止利用"具有让个人因为种族……的原因遭受歧视之效果的管理标准或者方法"。

多数意见首先指出，§ 601 禁止任何故意的歧视行为，而该案讼争的规则也禁止无意识的歧视行为。多数意见推定，§ 602 允许行政机关制定的规则超越了 § 601 的内容，也禁止无意识的歧视行为，但是它认定没有证据表明立法意图允许私方当事人执行根据 § 602 发布、超出 § 601 禁止的故意歧视行为之范围的规则。

多数意见的多段文字强调了寻找私人诉权证据时国会意图具有的决定性效力，以及法律用语作为存在此种立法意图的相关证据具有的准决定性效力。

必须由国会创设执行联邦法律的私人诉权……在这一点上，立法意图是决定性的……如果没有立法意图，就不存在诉因；无论作为一项政策问题，创设诉因是多么可取的，或者无论与法律多么相互兼容，法院都不得创设诉因。

多数意见严厉批评了最高法院先前采用的，更为允许性的进路。它同时谴责了"40 1725
年前盛行的"这一进路，以及更为晚近的趋势，即"对国会'在当代的法律背景下'形成的'期待'赋予决定性的权重"。多数强调指出其不愿继续采用任何从法律中寻找立法意图之证据以外的进路："在戒掉超越国会意图的习惯之后，我们不会接受被告的要求而重施故伎。"

多数意见指出，它"只会在阐述法律文本的限度内"对"法律背景"进行审查。就《民权法》§ 602 而言，多数意见认定其文本是如此明确，以至于所处的法律背景是不相关的："我们因而开始在《民权法》第 6 编的文本和结构中（并且最后尽可能发现）考察国会意图。"多数意见接着指出，§ 602 并没有包括任何"创设权利的文字"。相反，这是"对联邦行政机关发出的指令……"不仅如此，对于根据 § 602 制定的规则，第 6 编规定了行政机关可以采取的受法律限制的执行方法，它默示地否定了国会具有创设私人诉权的意图。最后，多数意见否定了行政规则可以创设私人诉权的主张。规则只能"激活"法律已经创设的权利。持不同意见的大法官认为多数意见"缺乏最高法院先例的支持，而且敌视数十年里公认的期待……多数意见认为，多数意见对 § 601 和 § 602 所划定的界限并不存在；§ 602 只是允许行政机关发布规则以实施 § 601"。不同意见也认为国会批准的众多司法判决承认了以私人诉权执行根据 § 602 制定的规则，批评多数意见无视"体现国会意图的这些证据"，也批评多数意见抛弃了最高法院在 Cort v. Ash② 案中所采用的进路。

□ 最高法院对默示权利采纳了广义解释

但是，最高法院在有的情况下愿意对过去默示性的权利采纳广义解释。在 Jackson v.

① 441 U. S. 677 (1979).

② 422 U. S. 66 (1975).

Birmingham Board of Education[①] 案中，五位大法官的多数意见判定《民权法》第九编允许对报复举报性别歧视者的私人诉权。最高法院之前曾经判定《民权法》第九编包含了默示私人诉权的规定，因此最高法院所需要面对的唯一问题就是这一诉权的范围。多数意见认定宽泛的禁止性别歧视也包含了禁止报复，而持不同意见的大法官主张针对举报歧视者采取的报复措施不是歧视本身。

□ 最高法院阐述清楚了§ 1983 与默示权利之间的关系

在 Gonzaga University v. Doe[②] 案中，最高法院试图阐明默示私人诉权案件与§1983 案件的联系。最高法院以 7：2 的票数判定《1974 年家庭教育权利和隐私法》（the Family
1726 Educational Rights and Privacy Act of 1974）并未创设可以在§1983 诉讼中强制执行的权利。五位大法官出具的多数意见非常明确地指出，最高法院作出的判决使得非常难以在行政机关实施的法律中发现默示私人诉权，它在同样适用于法院确定行政机关实施的法律是否可以在§1983 诉讼中强制执行的情形。两位大法官出具了单独的协同意见，但是在该意见中它们并不认同多数意见中的宽泛的推理。多数意见指出，《家庭教育权利和隐私法》是根据《联邦宪法》中的支出条款（the Spending Clause）制定的。多数意见也指出，最高法院之前已经判定根据支出条款制定的两部法律创设了可以在§1983 诉讼中强制执行的权利。但是，多数意见对这些案件进行了区分，理由是“毫无疑问，国会的意图是由私人强制执行”存在争议的权利。多数意见也指出，最高法院在其“更晚近的判决”中已经“驳回了从依据支出条款制定的法律中推导出可以强制执行的权利的企图”。多数意见指出，依据支出条款制定的法律必须“表明赋予”可以在§1983 诉讼中强制执行的“个人权利的明确意图”。

多数意见对最高法院的默示私人诉权案件与§1983 诉讼案件之间的联系进行了长篇和重要的讨论：

我们的这些判决意见中有的用词可以解读为意味着存在一定模糊性的所赋予的权利是可以在§1983 诉讼中强制执行的。例如，Blessing 案中就提出了三项“因素”，以引导法院调查法律是否赋予一项权利……这一混乱已经导致某些法院将 Blessing 案解释为允许原告在§1983 诉讼中强制执行一部法律，只要原告属于该法试图保护利益的一般区间内；比法律创设可以基于默示私人诉权直接依据该法本身得到强制执行的权利少几分的权利。加剧这种不确定性的是这样的观念，即默示私人诉权案件，并不影响审查法律是否创设可以在§1983 诉讼中强制执行的权利的标准。

我们现在反对这样的观念，即我们所判决任何比法律明确授予以支持§1983 诉讼的权利少几分的权利。§1983 只对剥夺了美国宪法和法律所保障的“权利、特权或者豁免”提供救济。相应地，可以根据§1983 得到强制执行的是“权利”，而非更宽泛或者更模糊的“福利”、“利益”。既然这样，我们进一步反对的观念是我们所判决的默示诉权案件独立和区别于我们所判决的§1983 案件。相反，我们所判决的默示诉权案件应该对确定法
1727 律是否赋予可以在§1983 诉讼中强制执行的权利提供指引。

我们已经承认违反法律的行为是否可以通过§1983 诉讼得以强制执行，“是与确定特定法律中是否暗含了默示私人诉权相区别的探究”……但是，这两种司法探究在一个有意

① 125 S. Ct. 1497 (2005).

② 122 S. Ct. 2268 (2002).

义的方面上是存在重叠的——在这两种案件中我们都必须首先确定国会是否意图创设一项联邦法上的权利（federal right）。

> 法院在探究§1983诉讼中是否存在个人权利时的作用应该……不能区别于它在探究在隐私私人诉权案件中是否存在个人权利时的作用……这两种探究都只是要求确定国会是否意图对某类受益人赋予个人权利……相应地，当法律的文本和结构都并未显示国会试图创设新的个人权利时，就不存在私人诉讼的基础，无论是基于§1983还是基于默示的私人诉权。

多数意见接着认定《家庭教育权利和隐私法》并未创设可以由私人执法的权利，因为它并未包含创设权利的文字。该法只是指示行政机关不得对制订被禁止的政策的学校提供联邦资金。而要创设权利，法律必须包含与《民权法》中第六编和第九编中相类似的文字：“任何人不得遭受歧视……”

多数意见承认§1983诉讼在一个可能具有重要意义的方面区别于默示诉权案件：

> 根据§1983提起诉讼的原告并不具有证明创设私人救济方式之意图的义务，因为§1983一般来说对于侵害联邦法律所保障的权利提供救济……一旦原告证明法律赋予一项个人权利的时候，该权利就推定是可以通过§1983诉讼强制执行的。

在判决意见的脚注7中，多数意见认为可以通过“来自法律本身的特定证据”推翻可强制执行的推定，或者如果国会创设了“与§1983诉讼的私人执法不能兼容的全面的强制执行计划”而默示地推翻可强制执行的推定。最高法院认为没有必要解决可强制执行的推定是否被推翻的问题，因为它已经认定《家庭教育权利和隐私法》根本没有创设权利。但是，多数意见确实将行政机关实施的执行《家庭教育权利和隐私法》的手段视为“支持”最高法院之结论——《家庭教育权利和隐私法》并未创设私人执法的权利——的因素。

两名大法官在协同意见中则对最高法院§1983诉讼判决和默示私人诉权判决之间的
关系作了非常不同的理解。持协同意见的大法官认为，“国会的意图问题”和“最高法院 1728
在§1983案件判决中提出的因素”中的“终极问题”“可以帮助说明工会的意图”。在确定国会意图时，持协同意见的大法官不会使用“任何单一的法律公式（legal formula）”或者任何“推定——类似最高法院的推定，即只有在法律的‘文本或者结构’中‘明确’规定时，才是赋予了权利”。易言之，持协同意见的大法官将会采用最高法院有关§1983案件的判决来修改其默示私人诉权案件，而不是相反。

两名大法官持不同意见。他们首先宣称《家庭教育权利和隐私法》创设了权利。他们主张，《家庭教育权利隐私》“显然符合我们在Blessing案所提出的标准”。他们也批评多数意见创设了“新的二级法定权利类型……”持不同意见的大法官认为，§1983案件不应该适用“更准确的标准”和“加强证明”法院之前已经在默示私人诉权案件中所要求的内容。持不同意见的大法官也指责多数意见因为合并了证明存在可以强制执行的权利的要求，加重了可以通过§1983诉讼强制执行该权利的证明责任。

□ 大法官之间继续存在的争议

在Stoneridge Investment Partners v. Scientific-Atlanta[①]案中，六位大法官的多数意见判定，最高法院在1964年指出，用于强制执行§10b—5的私人诉权，并不延伸适用于

---

① 128 S. Ct. 761 (2008).

针对可能存在共谋欺诈行为的卖家或者客户提起的诉讼。多数意见并不是特别值得注意的。它只是最高法院从 1964 年开始逐步采取的限制或者可能完全消除法院而非国会创设或者扩大在行政机关实施的法律中的私人诉权的步骤之一。但是，三位大法官所出具的不同意见在一个可能具有重要意义的方面确实令人惊奇。在几十年间，第一次有最高法院的大法官有力反击最高法院限制法院创设私人诉权的努力。在不同意见的第三部分所包含的长篇论述中，对于各级法院在长达两百年里经常性地判决公共法律中存在默示私人诉权，直到 1975 年最高法院减少了这一做法，持不同意见的大法官认为法院之前的做法是正确的。持不同意见的大法官认为，最高法院应该回归传统的做法。

□ 作为例证的巡回法院判决意见

接下来的案件表明，对于最高法院为了确定法律是否创设私人诉权时所采用的各种不同进路，各巡回法院在解释和适用时遭遇了巨大困难。如果我们来分析 Alexander 案的多数意见是否会促进巡回法院对此类争议所作裁决提高一致性和可预测性，将是有趣的。在 Alexander 案之前，巡回法院有时会适用四部制的 Cort 标准，有时会只考察立法意图的证据。Alexander 案的多数意见似乎传达了两项明确的信息。其一，法院应当只考察立法意图的证据。其二，只有法律使用的文字和结构可以成为立法意图的证据。
1729

在 Orkin v. Taylor[1] 案中，第五巡回法院判决《大屠杀幸存者补救法》（the Holocaust Victims Redress Act）并没有创设允许大屠杀幸存者的后裔对大屠杀期间其祖先被盗艺术品起诉追索的私人诉权。法院指出，该法中使用的文字是请求性而不是强制性的。

在 Wright v. Allstate Insurance Co.[2] 案中，第五巡回法院判定《国家洪灾保险法》（the National Flood Insurance Act）并未对保险公司创设超出合同性质的私人诉权。法院认定该法律中提到“联邦普通法”只是要求法院在裁决保险范围争议时适用标准的保险法原则。法院也认定该法的首要目的不是造福洪灾受害人，而是减少洪灾保险对于财政资金的压力。

在 Williams v. United States Airlines[3] 案中，第九巡回法院判定《航空业放松规制法》中包含的举报人保护项目规定并未创设私人诉权。法院同意原告的意见，即该法律条款的目的是保护举报人的特别利益，但是它并未发现证据证明国会企图创设一种司法救济方式。相反，该法设立了一种行政救济方式。

在 Pittman v. Oregon Employment Department[4] 案中，第九巡回法院判决 42 U. S. C. §1981 并未允许对州政府行使私人诉权。法院的这一判决部分根据最高法院在类似的§1983 诉讼中所作出的判决，另一部分则是根据最高法院现在在判决法律是否创设了私人诉权时所采取的有所变化的进路。

在 State Employees Bargaining Agent v. Rowland[5] 案中，第二巡回法院判定联邦法院应该根据 42 U. S. C. §1983 受理申请禁令救济的诉讼，其中州雇员主张他们因为实施的政治活动而被违宪地终止雇佣关系。

---

[1] 487 F. 3d 734 (9th Cir. 2007).

[2] 500 F. 3d 390 (5th Cir. 2007).

[3] 500 F. 3d 1019 (9th Cir. 2007).

[4] 509 F. 3d 1065 (9th Cir. 2007).

[5] 494 F. 3d 71 (2d Cir. 2007)，参见§19.3 的讨论。

在 George v. New York City Department of City Planning[①] 案中，第二巡回法院同意所有其他已经裁决过这一问题的巡回法院的意见，判定《海岸区域管理法》（the Coastal Zone Managament Act）并未对声称因为州或者市政府违反该法的行为而遭受损害的人赋予私人诉权。法院认定并没有证据表明国会试图创设此类私人权利。法院也受到了这一事实的影响，即国会已经针对州和市政府创设了执行该法的行政机制。

在 Johnson v. Housing Authority of Jefferson Parish[②] 案中，第五巡回法院判定《联邦住房法》（the Federal Housing Act）§8 的受益人可以对公共住房机构依法需要向其提供的公用事业支出补贴（utility allowances）的计算提出质疑。第五巡回法院指出，“在这起［§1983］诉讼所需要调查的问题几乎与涉及联邦法律直接默示的私人诉权时的情形完全相同”。在这两种案件中，联邦法律都必须“明确提出可以私人执行的、实体性的权利”。第五巡回法院承认最高法院对于这些问题所采取的进路“限制越来越多；最后，很少会有法律会被判定赋予可以［由私人］执行的权利”。第五巡回法院认定《联邦住房法》§8 的规定，即对公共住房机构设定计算公用事业支出补贴的义务，是少数可以由私人执行的法律条款之一。在采取更为严格的进路之前，最高法院作出的一份判决意见中判定几乎完全相同的法律条款是可以私人执行的，第五巡回法院也受到了这一事实的影响。第五巡回法院认为，最高法院如果想要对这一问题适用更为严格的现代的进路，本来应该得出相同的结论。 1730

在 American Trucking Ass'n v. Delaware Toll Bridge Commission[③] 案中，第三巡回法院判定一部要求所有路桥收费机构（toll authorities）收取正当合理费用的法律并不意味着创设了私人诉权，以允许卡车司机对收取通行费违反正当合理要求的路桥收费机构提起诉讼。法院认定该法的文字或者立法史中并无证据证明国会试图创设此类私人权利。它驳回了原告的主张，即当国会取消了对路桥收费机构的通行费申请司法审查的权利时，它就意味着企图以私人诉权取代这一审查权。

在 Venkatraman v. REI Systems[④] 案中，第四巡回法院判定一部移民法律的条款——要求雇主证明没有充分的美国公民完成特定的工作，以此作为雇佣 H1-B 签证的海外公民完成这些工作——并未对声称因为雇主提供虚假的证明而失去工作的美国公民提供私人诉权。法院指出“这一调查的关键是立法意图”。法院接着指出对于违反该案讼争法律条款的行为可以提供行政机关实施的救济，并且声明当法律明确规定一种救济方式时，“法院特别不愿意规定额外的”救济方式。

在 APCC Services, INC. v. Sprint Communications Co.[⑤] 案中，哥伦比亚特区巡回法院合议庭的两位法官出具的多数意见判定，付费电话服务提供商并不具有向被控违反联邦通信委员会规则的交换运营商（interchange carrier）寻求损害赔偿以赔偿绕拨费用（dial-around）的私人诉权。首先，多数意见同意第九巡回法院的意见，即法律条款指示联邦通信委员会发布规定此种赔偿的规则，并未创设私人诉权，因为它并未赋予付费电话服务供应商以任何权利。其次，多数意见也认定赋予“不正当或者不合理的”实践之受害人以私人诉权的法律条款，在这些情形中并不适用，因为联邦通信委员会还没有确定该案讼争的实践是不正当和不合理的。这是一位法官持有不同意见的问题之一。他表示相信该案讼争 1731

① 436 F. 3d 102 (2d Cir. 2006).

② 442 F. 3d 356 (5th Cir. 2006)，参见§19.6 的讨论。

③ 458 F. 3d 291 (3d Cir. 2006).

④ 417 F. 3d 418 (4th Cir. 2005).

⑤ 418 F. 3d 1238 (D. C. Cir. 2005).

的实践显然是不正当和不合理的，因为联邦通信委员会已经解释这一法定标准。最后，多数意见认定付费电话服务提供商不能基于赋予违反联邦通信委员会命令之行为的受害者以私人诉权的法律条款而提起诉讼，因为这一条款只适用于在裁决过程中作出的命令，而不适用于规则。在 Sprint Communications v. APCC Services[1] 案中，最高法院首先撤销了哥伦比亚特区巡回法院的判决，并且将其发回重新处理，然后支持了相反的判决意见。

在 Metrophones v. Global Crossing[2] 案中，第九巡回法院与 APCC 案中的哥伦比亚特区巡回法院一样讨论了相同的三项理论。第九巡回法院在第一项理论上同意哥伦比亚特区巡回法院的意见，并且重申了其之前作出的抛弃这一理论的判决。它也同意哥伦比亚特区巡回法院抛弃第三项理论的意见。但是，第九巡回法院在第二项理论与哥伦比亚特区巡回法院存在不同意见。第九巡回法院指出，联邦通信委员会已将该案讼争的实践解释为是不正当和不合理的。法院接着对联邦通信委员会对法律术语“不正当和不合理”的解释适用了 Chevron 原则。它认定联邦通信委员会对这一术语的解释必须得到支持，因为该解释是合理的。第九巡回法院通过适用最高法院在 Brand X 案中的判决——法院对行政机关实施的法律所作的解释，只有在法院认定法院的解释是对这一法律来说是唯一可以允许的解释时，才能优先于行政机关的解释——推翻了对不正当和不合理作出相反解释的巡回法院的
1732 先例判决。[3] 在本节开头讨论的 Global Crossing Telecommunications v. Metro phones Telecommunications[4] 案中，最高法院的七名大法官出具的多数意见支持了第九巡回法院的意见。

在 Rymes Healing Oils v. Springfield Terminal R. [5] 案中，第一巡回法院认定一项命令是否具有赋予投诉人寻求损害赔偿的私人诉权，取决于两部可能的法律中哪一部作为命令的依据，以及被告是否违反了任何先前的行政命令。它接着将这些问题通过适用首先管辖权原则移送行政机关处理。

在 Boswell v. Skywest Airlines[6] 案中，第十巡回法院同意第十一巡回法院的意见，而不同意第五巡回法院和第八巡回法院的意见，判定《航空器无障碍法》禁止航空公司歧视残疾人士的规定并未创设私人诉权。第十巡回法院指出，第五巡回法院和第八巡回法院所作出的相反判决是在最高法院作出的判决——强调指出法律必须包含创设私人诉权的文字，以及国会决定将法律的执法权授予行政机关，可以支持得出国会并未试图批准由司法机关执行该法律的推论。

在 Long Term Care Pharmacy Alliance v. Ferguson[7] 案中，第一巡回法院推翻了一项巡回法院的先例判决，并判定《联邦医疗保险法》§ 30（A）并未创设私人诉权。第一巡回法院指出，最高法院的判决已经认定，一部法律只有在包含了创设权利的文字，并且能够以国会并未试图在授予行政机关以执法权时批准私人执行的推论取代支持对监管性法律的私人执行的推论时，该法律才创设了私人诉权。第一巡回法院认定可适用的原则的这两项变化已经排除了执行 § 30（A）的私人诉权。

在 Price v. City of Stockton[8] 案中，第九巡回法院判定《住房与社区发展法》（the

---

① 128 S. Ct. 2531 (2008)，参见 § 16.4 和 § 16.5 的讨论。
② 423 F. 3d 1056 (9th Cir. 2005).
③ 参见 § 3.5 和 § 3.6 对于 Chevron 案和 Brand X 案判决框架的讨论。
④ 127 S. Ct. 1513 (2007).
⑤ 358 F. 3d 82 (1st Cir. 2004)，参见 § 14.1 的讨论。
⑥ 361 F. 3d 1263 (10th Cir. 2004).
⑦ 362 F. 3d 50 (1st Cir. 2004).
⑧ 390 F. 3d 1105 (9th Cir. 2004).

Housing and Community Development Act）§104（k）创设了可以在§1983 诉讼中强制执行的权利。该节规定社会发展项目综合拨款的接受拨款人“应当向……［因为该项目］需要搬迁的任何人提供合理的补偿（reasonable benefits）”。法院认为，这条规定的文字通过要求向特定个人提供补偿“表明了创设联邦法上权利的明确意图”。法院承认仅有获得“合理补偿”的权利并不足以由司法机关执行，因为其规定过于模糊，但是法院认定该法 1733
及其实施性规则对于必须提供的补偿提供了“充分和具体的指引”。最后，法院认定，尽管负责实施该法的联邦和州行政机关已经规定了一些行政手段，让受益人能够执行§104（k），但是这些替代机制并未提供与私人执法并不相容的全面的救济机制。法院指出，不可能以行政机关所设立的行政机制为理由得出国会试图让受益人只能求诸行政救济方式的结论。法院也指出，该法的其他规定并未创设通过§1983 诉讼执行的私人权利，因为它们都缺乏§104（k）中创设权利的文字以及司法执行所需的具体性。

在 Bonano v. East Carribbean Airline Corp.① 案中，第一巡回法院依职权提出了管辖权问题，即《联邦航空法》（the Federal Aviation Act）或者其实施性规则并不创设私人诉权。法院判定它们并未创设私人诉权，理由很多——行政规则不能创设私人诉权，法律中并未规定创设权利的文字，并且法律是为了由行政机关实施而设计的。

在 Currier v. Potter② 案中，第九巡回法院判定 39 U.S.C. §403（c）包含了默示私人诉权。该条法律规定美国邮政局“不得……对邮件用户进行任何不适当或者不合理的歧视……”法院在作出这一判决时几乎没有提供任何推理，并且也没有什么意义。每部规制性法律都会包括类似§403 的规定。出于合理的原因，这些规定不可避免地是由行政机关执行，而非法院执行。确定服务提供商是否实施了不恰当的歧视行为，这需要对网络产业的复杂经济理论和行政机关已经采纳的基础性的费率设计理论有着详细的了解。③ 法院完全没有能力以通贯一致的方式强制执行对不恰当歧视的禁止规定。这也就是当事人试图在司法程序中提出不恰当歧视的主张时，法院合理地适用首先管辖权，将首先决定职责分配给合适的行政机关的原因所在。④ 法院本来可以，也本来应该判定§403 并未创设私人诉权，原因之一是其要求过于模糊，以至于法院无法实施，而且国会已经将其实施权配置给了邮政资费委员会（the Postal Rate Commission）。* 1734

在 Three Rivers Center v. Housing Authority of Pittsburgh⑤ 案中，第三巡回法院所作出的特别详细和论证充分的判决意见认为住房与城市开发部为了实施《康复法》（the Rehabilitation Act）§504 而制定的规章不能通过默示的私人诉权或者§1983 诉讼执行。§504 禁止在公共住房提供时对残疾人士进行歧视。该条款长期被解释为可以通过私人诉权执行。但是，法院认定，讼争的这些规章不能通过私人诉权执行，因为这些规章并未解释或者界定§504 所创设个人权利的内容。相反，它们提到了机构性、统计性质和整体目标，例如它们规定公共住房项目中必须有特定比例的单元不存在对于残疾人士的障碍。不仅如此，公共住房管理机构可以遵守§504 的法律规定，而无须遵守该案讼争的规章。由此可见，这些规章只能由住房与城市开发部执行，而不能由法院在私人诉权中

---

* 该委员会系《1970 年邮政重组法》（the Postal Reorganization Act）设立，2007 年更名为邮政监管委员会（the Postal Regulatory Commission）。——译者注

① 365 F.3d 81 (1st Cir. 2004).

② 379 F.3d 716 (9th Cir. 2004).

③ 参见 Richard J. Pierce, Jr. & Ernest Gellhorn, *Regulated Industries* 165-187 (4th ed. 1999)。

④ 参见本书第 14 章。

⑤ 382 F.3d 412 (3d Cir. 2004).

执行。

在 Ability Center of Greater Toledo v. City of Sanusky① 案中，第六巡回法院撰写了一份仔细论证的判决意见，其中对可以在私人诉讼中执行的规则和不能在私人诉讼中执行的规则进行了区分。《美国残疾人法》第二编禁止市政当局歧视残疾人士。第二编的规定长期以来被解释为可以在私人诉讼中执行。法院判定这些规章对市政当局设定了具体的建筑要求，例如步行道必须设计为对残疾人士无障碍，是可以在私人诉讼中执行的，因为要求市政当局在修改城市道路或者步行道时制定公共交通规划（transit plan）的规则不能在私人诉讼中执行，因为它们创设了并非法律本身所要求的义务。

在 Frison v. Zebro② 案中，第八巡回法院判定 18 U. S. C. §912 并未创设可以在 §1983 诉讼中强制执行的权利。§912 规定“任何故意声称或者假定是联邦政府官员或者根据代表联邦政府行事的雇员……应当处以罚金……或者监禁……”法院认定该法并未明确授予一项权利；其用词表明该法的执行可以通过处以刑事罚金，并且刑事法律很少能够通过 §1983［相关诉权理论］的分析。

在 Green v. Sprint Communications Co. ③ 案中，第九巡回法院判定 47 U. S. C. §276
1735 不可在私人诉讼中执行，即使该案涉及的法律创设了针对违反该法的行为的私人诉权。§276 指示联邦通信委员会制订补偿付费电话服务提供商的计划，但是该节规定本身并未创设获得补偿的权利。法院也指出在行政机关实施法律的背景下默示私人诉权，将会“将对仔细处理的规制计划的解释任务完全交给寻求损害赔偿的私人主体和大约 800 名联邦法官，而不是交给联邦通信委员会”。

在 Westside Mothers v. Haveman④ 案中，第六巡回法院的判决意见是在 Gonzaga 案之前作出，但是很可能不能在 Gonzaga 案后继续有效。法院适用了四部制的 Blessing 标准，以此为依据判定《联邦医疗保险法》中要求州提供某种类型服务的条款创设了受益人可以在 §1983 诉讼中强制执行的权利。法院很好地适用了 Blessing 标准，但是并未努力地寻找 Gonzaga 案中多数意见所强调的创设权利的法律文字。该案所涉及的《联邦医疗保险法》的条款是根据《联邦宪法》的支出条款（Spending Clause）制定的。Gonzaga 案多数意见指出，最高法院在其“更为晚近的判决”中“驳回了从依据支出条款制定的法律中推导出可强制执行的权利的努力”，并且法院应该将此类法律解释为创设可以强制执行的个人权利，除非法律“表明国会明确的创设权利的意图”。

在 Hallwood Realty Partners v. Gotham Partners⑤ 案中，第二巡回法院判定《威廉姆斯法》（the Williams Act）* 并未创设禁令救济的私人诉权。《威廉姆斯法》禁止团体为了影响收购的目的而大量购买公司的股票而不披露该团体、其活动以及目的的信息。与其他三家巡回法院一样，第二巡回法院在很久以前就判定《威廉姆斯法》可以通过由证券发行人申请禁令救济的诉讼进行执法。法院认为，证券发行人提起的禁令诉讼可以促进国会的确保投资者了解大宗交易信息的目的，因为发行人“无疑最适合强制执行”该法所设定之义务。但是，法院对损害赔偿的私人诉讼进行了区分，依据是它不会促进国会目的的实

---

* 《威廉姆斯法》是对 1934 年《证券法》的修正案。其立法的目的首先是规范要约收购，明确收购的程序和信息披露的要求，使股东有充分的时间来了解收购方的背景、收购意图和对目标公司的影响，以便作出正确的决策。——译者注

① 385 F. 3d 901 (6th Cir. 2004).

② 339 F. 3d 994 (8th Cir. 2003).

③ 340 F. 3d 1047 (9th Cir. 2003).

④ 289 F. 3d 852 (6th Cir. 2002).

⑤ 286 F. 3d 613 (2d Cir. 2002).

现，并且它可能会因为赋予在位的管理层对有收购意向的团体或者实体拥有意料之外的优势而挫败国会的意图。

在 McDonald v. Southern Farm Bureau Life Insurance Co.[1] 案中，第十一巡回法院判定雇员并不具有强迫雇主代表雇员支付合理的联邦社会保障税（FICA contribution）的私人诉权。法院指出，确定法律是否创设了私人诉权的“中心问题”是国会的意图，并且 1736
“证明立法意图的门槛很高”。它认定在《联邦保险税法》（FICA）的文字或者立法史中并没有体现此类意图的证据。

在 Lundeen v. Mineta[2] 案中，第五巡回法院判定《二十一世纪运输公平法》（the Transportation Equity Act for the 21st Century）要求在资助公路项目前考虑众多因素的条款是不能通过私人诉讼的方式执行的。法院首先指出“国会并未试图创设私人诉权的推定”。法院也认定并不存在证明国会创设此类权利的证据。

在 Howard v. Coventry Health Care[3] 案中，第八巡回法院判定《妇女健康和癌症权利法》（the Women's Health and Cancer Rights Act） §1185b 不能以私人诉权的形式强制执行。法院的结论是，尽管该法律满足若干项 Cort 案提出的因素，无论是该法的文字还是该法的立法史中都并没有证明创设私人诉权的证据。

在 Casas v. American Airlines[4] 案中，第五巡回法院判定无论是《航空业放松规制法》（the Airline Deregulation Act）还是为了实施这部法律而制定的规则都不能以私人诉权的形式强制执行。法院指出：“根据 Sandoval 原则，明确必须提供国会意图的正面证据支持而非反对默示的救济。”法院认定在《航空业放松规制法》中并没有这样的证据。法院也指出，尽管规则可能适用私人诉权，但是只有国会能够创设此类权利。

在 Love v. Delta Airlines[5] 案中，第十一巡回法院判定《航空器无障碍法》（the Air Carrier Access Act）并未创设私人诉权。法院指出“立法意图……是确定性的”。法院接着将 Sandoval 案解释为创设了此种意图的不同等级的渊源（a hierarchy of sources）：

首先也是最为首要的，我们从法律文本中寻找“创设权利的文字……其次，我们分析该条款所处的法律结构……再次，如果——并且只有当——法律文本和结构并未确定性地解决是否默示权利的问题时，我们转向法律通过所处的立法史和背景……最后，……Sandoval 案指出为了解释和执行目的而颁布的规章……不能创设此类权利［不能自行创设此类权利］”。

在 Solomon v. Interior Regional Housing Authority[6] 案中，第九巡回法院合议庭的多数意见判定《美国原住民住房援助与自决法》（the Native American Housing Assistance and Self-Determination Act）印第安人优先条款并不能通过私人诉讼执行。无论是多数意见还是不同意见都适用最高法院几十年前抛弃了的标准与原则。多数意见适用了四项因素 1737
的 Cort 标准，认定这些因素指向相反的方向，然后认定不存在默示私人诉权，因为其中三项因素都支持这一结论。持有不同意见的法官则不同意多数意见评估 Cort 标准中这四项因素的方式。她认为，这一法律应该被解释为创设了私人诉权，因为“法律未作规定本身并不足以支持反对规定私人诉权的推论”。这两种判决意见都忽略了最高法院在过去三

---

① 291 F. 3d 718 (11th Cir. 2002).
② 291 F. 3d 300 (5th Cir. 2002).
③ 293 F. 3d 442 (8th Cir. 2002).
④ 304 F. 3d 517 (5th Cir. 2002).
⑤ 310 F. 3d 1347 (11th Cir. 2002).
⑥ 313 F. 3d 1194 (9th Cir. 2002).

十年里的判决意见已经抛弃了 Cort 标准，确立了反对将法律解释为创设私人诉权的推定，并且判定立法意图是决定性的，反对法律创设私人诉权之主张的，需要提出正面证据证明国会试图创设此类权利。

South Camden 案的多数意见将 Alexander 案解释为修正了 Blessing 标准，并且判定只有国会可以创设私人诉权，并且因此，仅有行政规则并不能创设私人诉权，无论原告是基于默示的私人诉权理论，还是基于规则创设了可以在 § 1983 诉讼中强制执行的权利的主张。持不同意见的法官指出，Alexander 案的多数意见从未提到 § 1983。他主张通过适用最高法院在 Blessing 案中宣布的标准，§ 602 和“差别性影响规则”创设了可以在 § 1983 诉讼中强制执行的权利。

与第三巡回法院不同，第十巡回法院将最高法院有关默示私人诉权的判决意见，以及
1738 有关在 § 1983 诉讼中可以强制执行的权利的判决意见解释为创设了两套截然不同的标准以确定违反行政机关实施的法律的行为之受害者在何时可以在法院对实施该违法行为的相对人提起诉讼。《禁征人头税法》（the Anti-Head Tax Act）禁止任何州或者地方当局对飞机航班征收人头税，也就是根据乘客人数征收的税。在 Southwest Air Ambulance v. City of Las Cruces[①] 案中，法院判定《禁征人头税法》并未创设默示的私人诉权，但是它确实创设了可以在 § 1983 诉讼中强制执行的权利。第十巡回法院适用了最高法院可以适用于默示私人诉权的先例判决，并认定：

> 违反《禁征人头税法》的行为，国会规定了“可以通过一般性的规制计划充分执法”的手段，这一事实……表明国会并不赞成在《禁征人头税法》创设私人诉权。

第十巡回法院承认，在这一问题上，它并不同意第一巡回法院和第六巡回法院的意见，但是它指出，在最高法院最近作出大幅限制法院可以在行政机关实施的法律中发现私人诉权的情形的判决之前，那些法院已经解决了这一问题。[②]

第十巡回法院在认定《禁征人头税法》并未创设默示私人诉权之后，接着讨论了《禁征人头税法》是否创设了可以在 § 1983 诉讼中强制执行的权利。法院认定其答案是肯定的，因为它能够满足最高法院在 Blessing 案中宣布的标准：

> 国会是否想让讼争的这一条款对原告这一类人有利；被认为受该法律保护的权利……是否不是如此“模糊”，以至于强制执行该权利将会超出司法权限；以及该法是否明确对州设定了拘束性的义务……

即使法院以存在行政机关实施的法律规定的执法体制为依据得出国会并未试图创设私人诉权，法院仍然认定行政机关实施的执法体制并不是“如此全面以至于体现了国会放弃强制执行手段的意图”。因此，法院认定，行政机关的强制执行体制并不符合私人诉权，
1739 但是符合通过 § 1983 诉讼强制执行其权利。

第五巡回法院也认为这两项问题是独立、相互分离的。在 Banks v. Dallas Housing Authority[③] 案中，第五巡回法院判定 42 U. S. C. § 1437 f（e）既没有创设私人诉权，也没有创设可以在 § 1983 诉讼中强制执行的权利。但是，法院适用了不同的标准为每项判决主旨提供依据。[④]

其他案件也说明了最高法院在 Alexander 案中的判决意见已经使得法院极其难以认定

---

① 268 F. 3d 1162 (10th Cir. 2001).

② 另可见 Miller Aviation v. Milwaukee Country Board of Supervisors，273 F. 3d 722 (7th Cir. 2001)。

③ 271 F. 3d 605 (5th Cir. 2001).

④ 另可见 Dewakuku v. Martinez，271 F. 3d 1031 (Fed. Cir. 2001)。

法律创设了默示私人诉权。[1]

在 Bellsouth Telecommunications v. Town of Palm Beach[2] 案中，第十一巡回法院裁决了一起疑难的争议。《1996 年电信法》（the Telecommunications Act of 1996）§ 253（a）禁止州或者地方政府采取妨碍电信服务提供的行为。§ 253（b）规定对于满足特定标准，并且对“保持和推进普遍服务，保护公共安全和福利，确保电信服务质量，并保障消费者权利所必需的”行为豁免适用。§ 253（c）规定对于满足特定标准并且允许州和地方政府“管理公共路权……”的行为豁免适用。§ 253（d）允许联邦通信委员会裁决涉及 § 253（a）和 § 253（b）的争议，但是对涉及 § 253（c）的争议则未置一词。借助某些直接相关的立法史，法院从该法律中根本没有提及 § 253（c）和 § 253（d）的事实推导出国会试图创设私人诉权，让电信企业在相信州或者地方政府规制公共路权的方式违反 § 253（a）时，可以在本地的联邦地区法院起诉州和地方政府。

在 Endsley v. City of Chicago[3] 案中，法院判定某部明确收费高速公路运营条件的联邦运输立法的一项条款并没有创设私人诉权以允许收费高速公路的用户起诉市政府适用道路收费之收入的方式违反了这部法律。第七巡回法院指出，“最高法院已经从 Cort 案中所 1740
确立的四部制标准后退……”第七巡回法院认定没有证据表明国会意图创设私人诉权以强制执行该案讼争的法律条款。

《联邦存款保险法》（the Federal Deposit Insurance Act）的一项条款要求联邦存款保险公司（FDIC）保存它所实施破产管理的银行有关的特定账户和记录。这一条款是否创设了可以由银行股东行使的私人诉权，各巡回法院对这一问题产生了分歧。在 Hindes v. FDIC[4] 案中，第三巡回法院并没有找到国会意图创设此种私人诉权的任何证据，于是判定并不存在此种权利。在 First Pacific Bancorp v. Helfer[5] 案中，第九巡回法院适用 Cort 标准，判定尽管并不存在国会创设此种权利的证据，此种私人诉权仍然存在。第三巡回法院的结论显然是正确的，特别是考虑到 Alexander 案的判决。

在 Burgert v. Lokelani Bernice Pauahi Bishop Trust[6] 案中，法院判定为了促进夏威夷原住民的教育和健康而设立并资助不同项目的两部法律并没有创设默示的私人诉权。法院适用了四部制的 Cort 标准，但是它指出“中心问题是国会的意图”。

在 Owner-Operator Independent Drivers Assn. v. New Prime[7] 案中，法院判定《州际商业委员会终止法》（the ICC Termination Act）允许私方当事人对违反联邦公路交通管理局（FHWA）租赁真实性（Truth-in-Leasing）规章的行为起诉寻求禁令救济和损害赔偿。法院在审理该案时因为这部法律的立法质量低下而遇到不少困难，但是法院很好地破解了国会采用的奇怪代码。它首先认定一项法律条款允许法院执行联邦公路交通管理局的命令，但是并没有允许对违反联邦公路交通管理局规则的行为提起诉讼。它接着认定允许对违反该法的行为起诉寻求禁令救济的另一项法律条款，也允许对违反规章的行为提起此

---

① 例如，Walls v. Wells Fargo Bank，276 F. 3d 502（9th Cir. 2002）（11 U. S. C.）§ 523 并没有创设默示私人诉权，因为没有证据显示国会试图创设这样的权利；Erazier v. Fairhaven School Committee，276 F. 3d 52（1st Cir. 2001）（《家庭教育权利和隐私法》并没有创设默示私人诉权；“我们首先推定反对对法律作出规定默示私人诉权的解读——只有通过相反国会意图的压倒性证据才能推翻这种推定。”）。

② 252 F. 3d 1169（11th Cir. 2001）.

③ 230 F. 3d 276（7th Cir. 2000）.

④ 137 F. 3d 148（3d Cir. 1998）.

⑤ 224 F. 3d 1117（9th Cir. 2000）.

⑥ 200 F. 3d 661（9th Cir. 2000）.

⑦ 192 F. 3d 778（8th Cir. 1999）.

类诉讼。它指出，否则，这一条款将是无意义的，因为这部法律只是赋予行政机关制定规则的权力。最后，它认定一项规定承运人“对因为承运人违反本部分规定的……作为或者不作为导致的损失承担责任”的法律条款允许私人提起损害赔偿之诉。法院对这项用词怪异的法律条款所作的解释得到了立法史的支持，该立法史明确表明了国会意图允许对违反规章的行为行使私人诉权。

在 Florida v. Seminole Tribe of Florida① 案中，第十一巡回法院判定《印第安博彩规
1741 制法》(the Indian Gaming Regulatory Act) 并没有创设私人诉权以允许州政府对印第安部落或者其领导人违反本法的行为提起诉讼。第十一巡回法院适用了 Cort 标准包括的各项因素，但是它特别重视寻找证据证明国会意图创设此项权利。该法院认定在这部法律的文字、结构和立法史中都存在大量的证据可以证明国会意图将州政府的职能限定于该法所规定的范围之内。国会对违反本法的行为规定了大量明确的救济手段，但是其中并不包括由州政府起诉的救济手段。②

在 TCG Detroit v. City of Dearborn③ 案中，法院判定存在可以用于执行 47 U. S. C. § 253 (c) 的默示诉权。该节规定禁止州政府或者地方政府对公共道路通行权 (access to public nights fo way) 的管理，在对待电信市场的竞争者时采取违反“竞争性中立和非歧视性”的方式。法院认定，它适用四部制的 Cort 标准是合适的，即使它承认最高法院“日益不愿认定存在默示的诉权”。第六巡回法院的判决依据主要是：(1) 立法史表明国会意图创设私人诉权；(2)“此项权利显然有助于实现立法计划的目的”；(3) § 253 (d) 赋予联邦通信委员会执行 § 253 (a) 和 § 253 (b) 的权力，但不包括执行 § 253 (c) 的权力；(4) 该法明确否认创设强制执行 § 255 的私人诉权，但是并未涉及是否存在可以用于执行 § 253 (c) 的私人诉权的问题。

在 Koppel v. 4987 Corp. ④ 案中，第二巡回法院判定存在根据《证券交易法》§ 14 (a) 的规定，对违反证券交易委员会制定 Rule 14a-1 (a) (3) 和 Rule 14a-4 (b) (1) 的行为提起私人诉讼的权利。第二巡回法院承认最高法院已经对默示私人诉权采取了这样一种进路，即只有在确定国会意图创设私人诉权时，法院才能承认此项权利。但是，第二巡回法院也指出，如果已经有法院承认私人权利的存在，最高法院会更愿意默认法院承认私人诉权的存在。因为最高法院在 1964 年承认对违反另一项根据《证券交易法》§ 14 (a)
1742 制定的规则的行为存在私人诉权，并且既然本案讼争的规则制定也是为了促进类似的目的，法院判定也存在执行这些规则的默示诉权。

在 McClellan v. Cablevision of Connecticut⑤ 案中，法院判定存在执行 47 U. S. C. § 531 (e) 的默示私人诉权以执行《有线通信政策法》(the Cable Communications Policy Act) 中的一项法律条款，该条款禁止有线网络运营商对公共接入项目 (public access program) 实施编辑控制的权利。该案的推理和判决主旨都是值得质疑的。第二巡回法院强调了在 Cort v. Ash⑥ 中所宣布的四部制标准，并且只是提到了说服力较弱的情况证据以证明国会意图创设私人诉权。

---

① 181 F. 3d 1237 (11 th Cir. 1999).

② 另可参见 Hein v. Captain Grande Band of Diegueno Mission Indians, 201 F. 3d 1256 (9th Cir. 2000)(《印第安博彩规制法》并未创设默示诉权，使印第安人可以用于起诉部落要求获得博彩收益份额)。

③ 206 F. 3d 618 (6th Cir. 2000).

④ 167 F. 3d 125 (2d Cir. 1999).

⑤ 149 F. 3d 161 (2d Cir. 1998).

⑥ 422 U. S. 66 (1975).

在 Chester Residents v. Seif① 案中，法院判定《1964 年民权法》第 6 编创设了针对州环境官员的私人诉权，以执行环境保护局为了实施本法 § 602 规定（禁止采取具有歧视效力的环境规制行为）而制定的规则。第三巡回法院首先适用了最高法院的先例以及该法院自身的先例。但是，它认定这些先例并不是决定性的。它接着适用了巡回法院的标准：

(1) 行政规则是否正确地处于授权性法律规定的范围之内；(2) 这项规则之颁布所依据的法律是否正确地允许承认私人诉权；(3) 承认私人诉权是否会促进实现授权法律的目的。

Chester Residents 案的推理和判决主旨与最高法院 2001 年对 Lexander 案所作判决并不一致。

在 Chair King v. Houston Cellular Corp. ② 案中，法院判定，《1991 年电话消费者保护法》规定未经同意禁止对传真机发送广告，这一规定使得可以通过在州法院提起私人诉讼，而非在州法院提起私人诉讼得到执行。③ 这部法律明确创设了在州法院提起私人诉讼的权利，但是没有规定可以在州法院提起此类诉讼。

在 Harris v. James④ 案中，合议庭在裁决一项重要和疑难的争议时产生了分歧，这一争议涉及的是在何种情形中原告可以对州政府雇员提起 § 1983 诉讼，指控其违反了联邦行政机关的规则，即要求州政府的联邦医疗补助项目为受益人提供就医时的往来交通。组成合议庭的三名法官在解释这一领域存在的令人混淆的最高法院和各巡回法院的先例时遭遇巨大的困难。在综合考虑这部法律和这项规则是否可以认定创设了可以通过 § 1983 诉讼执行的联邦法上的权利时，多数意见和不同意见采取了完全不同的分析技术。多数意见判定，尽管对于界定这一权利的范围、对这一权利加以具体化以满足通过 § 1983 诉讼执 1743
行的需要来说，这项规则可以发挥重要作用，但是只有法律可以创设此项权利。多数意见判定这部法律并非创设获得交通服务的权利。因此，根据多数意见所采用的分析方法，仅有行政规则不足以创设提起 § 1983 诉讼的权利。持不同意见的法官则判定这项规则创设了可以通过 § 1983 诉讼执行的权利。持不同意见的法官所采取的分析方法提出的问题是，这部法律和这项规则合在一起，是否创设了可以由法院执行的权利。

在 Florida Department of Business Regulation v. Zachy's Wine and Liquor⑤ 案中，《Webb-Kenyon 法》(Webb-Kenyon Act) 禁止为了违反州法规定之使用目的而将烈性酒输入该州境内，法院判定该法并未赋予州政府以默示诉权。法院认为没有证据表明国会意图创设私人诉权——法院将此描述为判断法律是否创设了默示诉权的“最重要”因素。

在 Davis v. Philadelphia Housing Authority⑥ 案中，两位法官出具的多数意见判定原告具有对违反《铅基涂料中毒防治法》(the Lead-Based Paint Poisoning Prevention Act) 的行为提起私人诉讼的原告资格，尽管该法只适用于 § 8 规定的公共住房承租人，而原告并非 § 8 规定的公共住房承租人。正如持不同意见的法官所指出的，多数意见错误地采用了可以适用于法定原告资格的允许性的利益区间标准，而不是更为限制性的标准，以确定行政机关实施的法律是否创设了默示的私人诉权。

---

① 132 F. 3d 925 (3d Cir. 1997).

② 131 F. 3d 507 (5th Cir. 1997).

③ 另可见 Erienet v. Velocity Net, 156 F. 3d 513 (3d Cir. 1998); Nicholson v. Hooters of Augu. sta, 136 F. 3d 1287 (11th Cir. 1998); International Science & Technology Institute v. Inacom Communications, 106 F. 3d 1146 (4th Cir. 1997)。

④ 127 F. 3d 993 (11th Cir. 1997).

⑤ 125 F. 3d 1399 (11th Cir. 1997).

⑥ 121 F. 3d 92 (3d Cir. 1997).

在 Baggett v. First National Bank of Gainesville[1] 案中，法院判定限制“内幕”活动的《银行控股公司法》（the Bank Holding Company Act）并未创设私人诉权。法院指出，在判定法律是否创设了默示的私人诉权时，“国会意图是决定性的考察因素”。与《银行控股公司法》的其他一些条款不同，法院认定并无证据表明国会意图对违反限制内幕活动的法律规定之行为创设私人诉权。[2]

在 Federation of Mrican American Contractors v. City of Oakland[3] 案中，法院需要确定《1991 年民权法》对于两项已有的司法原则产生的影响。法院判定，《1991 年民权法》
1744 推翻了 Jett v. Dallas Independent School District[4] 案的判决主旨，即 42 U.S.C. §1981 并不允许针对市政府行使私人诉权；但是它并没有推翻 Monell v. New York City Department of Social Services[5] 案的判决主旨，即只有通过证明因为市政府官方“政策或者惯例”而产生的权利受到侵犯，原告才能在私人的民权诉讼中胜诉。

在 Visiting Nurses Assn. of North Shore v. Bullen[6] 案中，第一巡回法院很好地整合了对违反行政机关实施的法律之行为行使私人诉权的可得性所需要遵守的法律规范，与调整尊重行政机关对法律和规章的模糊条文所作解释的法律规范。要理解这些关系，这里需要对背景作一些介绍。在 Wright v. Roanoke Redevelopment & Housing Authority[7] 案中，最高法院的多数意见判定，对州政府设定义务的、由行政机关实施的联邦法律，如果除其他外，该法对这一权利所作的描述足够具体以至于可以允许法院执行该权利，则该法可以创设由法院执行的私人诉权。在 Wilder v. Virginia Hospital Assn.[8] 案中，最高法院的多数意见判定，一部要求州政府采取“合理”行为的法律满足 Wright 案中所宣布的标准。但是，在 Suter v. Artist M[9] 案中，不同大法官出具的多数意见则是判定一部要求州政府实施“合理”行为的法律并不满足 Wright 案中所宣布的标准，这似乎与 Wilder 案的判决相矛盾。但是，在 1996 年，国会制定了 42 U.S.C. §1320a-2；在联邦医疗补助领域，Suter 案推翻 Wilder 案或者对 Wilder 案进行限定，而在这一限度内，Bullen 案中法院则是将 42 U.S.C. §1320a-2 解释为推翻了 Suter 案。因此，法院现在必须努力界定和执行范围和含义模糊不清的私人权利。Bullen 案中法院适用这一法律以适用其判决主旨，即《联邦医疗补助法》（the Medicaid Act）的一项模糊条款赋予医疗服务提供商以私人诉权，以迫使州政府规定可以确保“平等获得”联邦医疗补助服务的报销方法和程序。但是，医疗服务融资管理局（HCFA）发布的大量规则和对规则的解释，对于法院完成界定和适用这一模糊权利的艰难任务提供了巨大的帮助。法院只是对医疗服务融资管理局解释法律和规章给予了合理的尊重[10]，并以这些解释用于支持其判决主旨，即州政府并未侵犯该法中的“平等获得”条款所创设的私人权利。

---

① 117 F.3d 1342 (11th Cir. 1997).

② 有关判定国会意图具有决定性的其他案件，例可参见 Hindes v. FDIC，137 F.3d (3d Cir. 1998)；Maldonado v. Dominguez，137 F.3d 1 (1st Cir. 1998)；Shmeling v. Nordham，97 F.3d 1336 (10th Cir. 1996)。

③ 96 F.3d 1204 (9th Cir. 1996)，discussed in §19.6.

④ 491 U.S. 701 (1989).

⑤ 436 U.S. 658 (1978).

⑥ 93 F.3d 997 (1st Cir. 1996).

⑦ 479 U.S. 418 (1987).

⑧ 496 U.S. 498 (1990).

⑨ 503 U.S. 347 (1992).

⑩ 参见§3.2 和§6.10。

在 Methodist Hospitals v. Sullivan[①] 案中，第七巡回法院裁决了一起类似的争议。与第一巡回法院一样，第七巡回法院判定《联邦医疗补助法》中的“平等获得”条款创设了私 1745
人诉权。但是，与第一巡回法院不同，第七巡回法院不能以行政规则和解释界定这项权利的内容。这是因为这项争议的焦点是界定“平等获得”条款中的特定术语——地理区域，而行政机关尚未对这一术语作过界定或者解释。地区法院认为法院不能确定地理区域在这一领域所具有的含义，第七巡回法院发现这一结论是有吸引力的。不过，它认定法院必须“坚持不懈”，因为“Wilder 案的判决主旨仍然对我们具有拘束力。”法院接着认定，印第安纳州没有侵犯在不同“地理区域”的个人所享有的“平等获得”联邦医疗补助服务的权利。

在 Knapp v. Eagle Property Management Corp. [②] 案中，42 U. S. C. §1437（t）（1）（B）禁止业主对联邦住房券持有人采取歧视行为，法院承认了执行这一法律条款的私人诉权。第七巡回法院适用了 Cort v. Ash[③] 案中宣布的四部制标准，尽管它承认最高法院后来的判决表明默示诉权是不受欢迎的，并且法院应当在判断默示诉权是否存在时强调国会意图。法院认为制定该法时法案的众议院报告有证据可以证明所要求的国会意图。

在 Zhang v. Slattery[④] 案中，法院判定，一项对行政官员设定义务的总统行政命令并没有创设私人诉权。法院的理由是，只有在得到法律的批准并且当它们证明了创设私人诉权的意图时，此类总统行政命令才是创设了私人诉权。

在 Northwest Environmental Advocates v. Portland[⑤] 案中，法院在再审时推翻了之前的判决，判定《清洁水法》允许对违反任何排放许可证之条件，而非仅仅是排放污水之数量限制的行为行使私人诉权。法院认为，对于违反排放许可证条件的行为可以行使的私人诉权之范围作出更宽泛的解释，是最高法院在 PUD No. 1 v. Washington Department of Ecology[⑥] 案的判决所要求的。

在 United States v. American Production Industries[⑦] 案中，法院判定行政机关的解释性规则没有也不可能创设私人诉权。

在 Mallenbaum v. Adelphia Communications Corp. [⑧] 案中，法院判定一项联邦通信委员会的规则不能通过私人诉权执行。《联邦通信法》的一项条款，即 47 U. S. C. §401（b）授权私方当事人执行联邦通信委员会的“命令”。但是，法院认定，联邦通信委员会的规则并不能构成可以由私人执行的命令，除非它要求被规制者采取特定行为。因此，该案讼争的这一规则不属于此种“命令”，因为它的适用对象是对有线运营商（cable opera- 1746
tors）批准特许经营权的地方当局而非有线运营商。

在 Service Employees International Union v. County of San Diego[⑨] 案中，法院判定一项行政规则不能通过私人诉讼执行，尽管法律明确允许通过私人诉讼执行行政规则，并且行政机关明确指出该规则仍然可以通过私人诉讼执行。这一案件具有的一些不同寻常的特征，严重限制了判决主旨的普适性。法院批评，法律规定使得行政规则适用于其并不适合的新情况时，行政机关没有重新考虑这一规则。行政机关承认旧规则与新情况之间存在不

---

① 91 F. 3d 1026（7th Cir. 1996）.
② 54 F. 3d 1272（7th Cir. 1995）.
③ 422 U. S. 66（1975）.
④ 55 F. 3d 732（2d Cir. 1995）.
⑤ 56 F. 3d 979（9th Cir. 1995）.
⑥ 511 U. S. 700（1994）.
⑦ 58 F. 3d 404（9th Cir. 1995）.
⑧ 74 F. 3d 465（3d Cir. 1996）.
⑨ 60 F. 3d 1346（9th Cir. 1995）.

适应，宣布了拒绝执行该规则的政策。但是，行政机关指出这一规则仍然可以通过私人诉讼加以执行，这是无法解释的，也是有矛盾的。

在 Reschini v. First Federal Savings & Loan Association[1] 案中，法院判定某部规制性法律的一项条款和为了实施这一条款而制定的一项规则并没有创设默示的私人诉权。法院承认，这部法律和这项规则所采用的文字，与构成最高法院在 J. I. Case v. Borak[2] 案判决主旨之依据的文字相类似。但是，法院表达了一项受到普遍支持的观点，即 Borak 案如果在今天不会得出同样的判决。最高法院认定没有证据表明国会意图创设针对违反该案讼争的规制性法律的行为的私人诉权。

在 Parks School of Business v. Symington[3] 案中，法院判定《高等教育法》（the Higher Education Act）并没有赋予教育机构针对联邦政府资助的贷款担保人提起私人诉讼的权利。法院指出，在 Cort v. Ash[4] 案宣布了四项因素之后，后来的案件表明法院并没有对所有这四项因素赋予相同的权重。相反，"国会意图是需要调查的关键性因素"。法院接着认定没有证据表明国会意图创设针对贷款担保人的私人诉权。法院强调了"各种各样执行机制"的存在，表明国会并未意图创设私人诉权。[5]

在 Hernandez-Avales v. INS[6] 案中，法院区分了确定当事人是否有权起诉为了实施法
1747 律而采取行政行为时所适用的相对允许性的标准，以及判断法律是否创设默示私人诉权时所适用的更为严格的标准。

在 Myers v. United States[7] 案中，法院判定，《联邦矿山安全和健康法》并没有创设代表矿山工人对联邦矿山安全和健康管理局的检查官员起诉的私人诉权。

在 Kelley v. EPA[8] 案中，法院判定环境保护局无权为了《综合环境反应、赔偿和责任法》允许的明示私人诉权之目的而颁布行政规则对法律术语进行界定。[9]

§ 18.6 主权豁免和对联邦政府的损害赔偿诉讼[10]

□ 法定的放弃豁免

美利坚合众国从英国继承了主权豁免的权利。[11] 在过去两百多年里，国会已经通过立法在一定限度内对各种情形放弃了主权豁免。这些法律中每一部都引发了有关放弃主权豁免之范围的问题。法院必须解释各项放弃主权豁免的法律规定。其结果是，潜在的政府责

① 46 F. 3d 246 (3d Cir. 1995).

② 377 U. S. 426 (1964).

③ 51 F. 3d 1480 (9th Cir. 1995).

④ 422 U. S. 66 (1975).

⑤ 另可见 Labickas v. Arkansas State Univ., 78 F. 3d 333 (8th Cir. 1996)。

⑥ 50 F. 3d 842 (10th Cir. 1995).

⑦ 17 F. 3d 890 (6th Cir. 1994).

⑧ 15 F. 3d 1100 (D. C. Cir. 1994).

⑨ 不同意见，参见 Massachusetts v. Blackstone Valley Electric Co., 67 F. 3d 981 (lst Cir. 1995)。

⑩ 本节讨论联邦政府的主权豁免，而 § 19. 7 则是讨论州政府的主权豁免。

⑪ 参见 Gibbons v. United States, 75 U. S. (8 Wall) 269 (1868); Borchard, *Government Liability in Tort*, 34 Yale LJ. 1 (1924)。

任的范围，在一定程度上取决于法官和大法官们对于主权豁免原则所持有的态度。一位大法官如果相信主权豁免原则无论在一般意义上还是在特定的情形中都是属于好的办法，就很可能会对放弃主权豁免的法律条款进行狭义解释。而持有相反观点的大法官很可能会对此种放弃主权豁免的法律条款进行广义解释。

□ 司法机关对法定豁免所采用的进路存在摇摆

最高法院对于主权豁免原则的态度曾经随着时间的推移而发生变化。有的时候，最高法院热情支持这一原则，甚至认为这一原则扎根于《联邦宪法》之中。[①] 而在另外一些时候，最高法院又对这一原则持有强烈敌意。[②] 1748

□ Ohio 案："狭义解释规则"

到了 1992 年，多数大法官似乎支持主权豁免原则。至少在 DOE v. Ohio[③] 案中，从多数意见和不同意见中都可以符合逻辑地得出这一推论。[④] Ohio 案的问题是国会是否授权州政府对联邦行政机关过去违反两部由州政府实施的联邦环境法律之行为处以行政罚款。联邦行政机关承认国会允许州政府作出惩罚性的罚款，也就是说促进未来守法而处以的罚款，在这一限度内已经放弃了主权豁免。但是，联邦行政机关认为，这一放弃并不扩展适用于对过去行为的惩罚性罚款。六名大法官出具的多数意见采纳了联邦行政机关的观点。多数意见承认这一放弃主权豁免的范围是不明确的，但是它通过"狭义解释规则"，只对"无可争议"和"明确"的放弃赋予效力，从而解决了不确定性的问题。三名持不同意见的大法官指责多数意见是"费尽心机制造模糊"，并且对放弃主权豁免采纳了"过度限制性的解释"。

□ 损害赔偿诉讼

对于联邦主权豁免的当下范围，唯一存在疑问的领域是在金钱性损害赔偿诉讼之中。在 1976 年，国会修订了《行政程序法》§702 和§703，废除了"寻求金钱性损害赔偿之外救济"的诉讼中的主权豁免。一开始，有的法院误解了 1976 年的法律，继续（常常是在法官附带意见中）认为基于主权豁免原则，法院无权受理根据 28 U.S.C. §1331 对联邦政府提起的诉讼。[⑤] 但是，最后，所有法院对这项放弃主权豁免的法律规定赋予广义的效力。[⑥]

---

① 例可参见 Kennecott Copper Corp. v. State Tax Commission, 327 U.S. 573, 580 (1946); The Siren, 7 U.S. (7 Wall) 152, 154 (1868); Cohens v. Virginia, 19 U.S. (6 Wheat) 264, 411-412 (1821)。

② 例可参见 United States v. Lee, 106 U.S. 196, 207 (1882); Chisholm v. Georgia, 2 U.S. (2 Dall.) 419 (1793)。

③ 503 U.S. 607 (1992).

④ 不同意见，参见 Bowen v. Massachusetts, 487 U.S. 879 (1988)（五名大法官对放弃主权豁免进行了广义解释）。

⑤ 例可参见 Lee v. Blumenthal, 588 F.2d 1281 (9th Cir. 1979); Watson v. Blumenthal, 586 F.2d 925, 932 (2d Cir. 1978)。

⑥ 例可参见 Warin v. Department of Treasury, 672 F.2d 590, 592 (6th Cir. 1982); Johnsrud v. Carter, 620 F.2d 29 (3d Cir. 1980); Rowe v. United States, 633 F.2d 799, 801 (9th Cir. 1980), *cert. denied*, 451 U.S. 970 (1981); White & Prentiss v. EPA, 641 F.2d 1061, 1065 (2d Cir. 1981)。

□什么是金钱损害赔偿诉讼?

联邦法院还必须确定《行政程序法》§702 所指的“金钱性损害赔偿”诉讼的具体含义。最高法院在 Bowen v. Massachusetts① 案中陈述了这一问题。五名大法官出具的多数意见判定，对于行政机关拒绝补偿州政府实施联邦医疗补助项目的费用的决定，地区法院拥有审查并确认违法的权力。即使这一争议显然涉及金钱，而且地区法院的判决具有要求政府支付金钱的实际效果，多数意见仍然判定该诉讼不是《行政程序法》§702 意义上的
1749 “金钱性损害赔偿”。多数意见作出这一判决主旨，其依据有二。首先，原告只申请确认救济和禁令救济。尽管地区法院确认行政机关的命令是违法的，州政府和最高法院也据此当然地期待联邦政府支付金钱，但是州政府并没有申请法院责令联邦政府支付金钱。其次，这一诉讼并非寻求“金钱性损害赔偿”的诉讼，因为只能对造成损害的行为作出损害赔偿判决。相反，这一诉讼是对合法拖欠的金钱债务寻求衡平法上的救济。② 持协同意见的大法官同意多数意见的第一项判决理由，但是不同意第二项判决理由。三名持不同意见的大法官认为，这一诉讼是寻求“金钱性损害赔偿”，因此只能根据《Tucker 法》在联邦求偿法院提起诉讼。

Bowen 案的多数意见依据的是在另外一起案件中最高法院解释“损害赔偿”时一致作出的判决意见。在 School Committee v. Department of Education of Massachusetts③ 案中，最高法院判定，地区法院可以依据一部联邦法律的规定，责令学区补偿学生家长支出的费用。这部法律授权地区法院批准“合适的救济”。学区主张，支付金钱的判决是不合适的救济，因为它构成了“损害赔偿”的判决。最高法院认定寻求金钱补偿的诉讼请求不是寻求“损害赔偿”的诉讼请求。④

在 Department of the Army v. Blue Fox⑤ 案中，政府对根据主合同完成的工程扣留了资金，最高法院一致判决《行政程序法》§702 规定的放弃主权豁免并不允许分承包商寻求对这笔资金行使衡平法上的留置权（equitable lien）。最高法院认定这一留置权“只是满足收回资金之请求的一种手段”，从而属于《行政程序法》放弃主权豁免的“金钱性损害赔偿”例外。最高法院认为原告并没有寻求金钱性损害赔偿，而只是寻求“具体救济”，也就是说通过执行法定要求而有权获得的金钱，而将本案与 Bowen v. Massachusetts⑥ 案加以区分。

□ 平等就业机会委员会可以责令行政机关赔偿损失

在 West v. Gibson⑦ 案中，最高法院裁决主权豁免问题时形成了 5∶4 的分歧。五名大法官出具的多数意见判定，在联邦行政机关实施了歧视行为并且违反《1964 年民权法》（the Civil Rights Act of 1964）第 7 编时，平等就业机会委员会（EEOC）有权要求联邦行

① 487 U.S. 879 (1988).
② Id. at 891-901.
③ 471 U.S. 359 (1985).
④ Id. at 370-371.
⑤ 525 U.S. 255 (1999).
⑥ 487 U.S. 879 (1988).
⑦ 527 U.S. 212 (1999).

政机关对雇员支付补偿性损害赔偿金。在 1972 年，国会修订了这部法律，授权平等就业机会委员会“通过合理救济”针对联邦行政机关执行这部法律。当时，任何机构都无权要求联邦行政机关对违反本法的行为支付补偿性损害赔偿金。在 1991 年，国会修订了这部法律，允许“遭受故意就业歧视的受害人……从联邦行政机关获得补偿性损害赔偿”。这项法律修正案明确允许法院作出补偿性损害赔偿判决。多数意见判定它也可以允许平等就 1750
业机会委员会作出补偿性损害赔偿的裁决，从而在平等就业机会委员会可以提供的“合理救济方式”名单上增加了补偿性损害赔偿。四名持不同意见的大法官指责多数意见没有遵守这些解释原则，即要求法院对放弃主权豁免进行狭义解释，禁止法院认定默示的放弃主权豁免。持不同意见的大法官也确认了两项情况证据，表明国会只允许法院作出补偿性损害赔偿判决。首先，允许平等就业机会委员会提供“合理救济”的法律条款只列举了衡平法上的救济作为例子。其次，1991 年通过的法律修正案讨论了在哪些情形下可以提供陪审团审理。

□ 豁免情形受到严格解释

在 Lane v. Pena[①] 案中，七名大法官出具的多数意见说明了两项要求——法律必须包含“明确表达”放弃主权豁免的国会意图，并且任何此类放弃都必须“就其范围而言，必须进行对主权有利的严格解释”——的严格性。《1973 年康复法》（the Rehabilitation Act of 1973）§ 504（a）禁止“在任何行政机关实施的任何项目或者活动中”以残疾为由采取歧视行为。该法 § 505（a）（2）规定，“任何联邦援助的对象或者此类援助的联邦提供者采取的作为或者不作为而遭受损害的个人都应当获得《1964 年民权法》第 6 编规定的……救济”。《1964 年民权法》第 6 编允许作出金钱性损害赔偿的判决。多数意见判定在美国商船学院（the U. S. Merchant Marine Academy）违反本法而以残疾为由开除一名学生时，并不能根据《康复法》而对政府作出金钱性损害赔偿的判决。多数意见承认“Lane 案对这部法律的分析，表面上看具有吸引力”。但是，通过适用不支持放弃主权豁免的解释原则，多数意见认定这一放弃并不适用于美国商船学院，因为它既非“联邦援助的对象”，亦非“此类援助的联邦提供者”。相反，美国商船学院是实施项目和活动的一家联邦行政机关，国会曾明确将美国商船学院列入放弃主权豁免的其他法律规定的范围之内，但是国会在《康复法》的救济部分却没有提到美国商船学院。持不同意见的大法官批评多数意见过度依赖法官确立的法律解释规则，忽视或者低估了证明力强的证据，这些证据证明国会意图放弃主权豁免，允许对任何违反《康复法》的任何行政机关作出金钱性质 1751
的判决。

□“起诉或被诉”条款可以允许寻求金钱损害赔偿

在 FDIC v. Meyer[②] 案中，最高法院判定，联邦存贷款保险公司（FSLIC）的组织法中所规定的“起诉或被诉”条款构成了放弃主权豁免，使得存贷款机构的执行官员可以指控未经法律的正当程序剥夺财产权为由，起诉联邦存款保险公司（FDIC）寻求损害赔偿。但是，最高法院认定，原告缺乏诉因，因为（1）作为被告的政府雇员个人得到了有限豁

---

① 518 U. S. 187 (1996).

② 510 U. S. 471 (1994).

免权的保护；（2）《联邦侵权求偿法》并没有规定政府对宪法侵权行为负责；（3）Bivens v. Six Unknown Named Agents of the Federal Bureau of Narcotics[1]案的推理，并不能为创设 Bivens 式的针对联邦行政机关的救济方式提供正当理由。[2]

□ 税法放弃了豁免

在 United States v. Williams[3]案中，个人尽管没有经过税收评估，在抗议要求解除对其财产设定的联邦税收留置权（federal tax lien）的同时缴纳了税金；六名大法官出具的多数意见将税法解释为放弃了主权豁免。三名持不同意见的大法官批评这一判决主旨“特别偏离了一项基本原则，即放弃主权豁免必须是明确表达的”。在协同意见中，Scalia 大法官承认了不同意见中的原则，但是他认为这部法律的条文构成了明确的放弃主权豁免。

□ 作为例证的巡回法院的判决意见

在 Marceau v. Blackfeet Housing Authority[4]案中，第九巡回法院判定声称因为联邦行政机关批准其房子以低于标准的方式建设而导致利益损害的美国原住民，不能根据《行政程序法》向联邦行政机关申请损害赔偿，因为所提出的申请损害赔偿的诉求是被禁止的。

在 City of Houston v. HUD[5]案中，法院判定休斯敦市（City of Houston）申请确认和禁令救济，要求阻止联邦行政机关决定减少对该市拨付的联邦拨款金额，这不属于《行政程序法》放弃主权豁免的范围，因为它不是金钱性损害赔偿的诉讼。

在 Katz v. Cisneros[6]案中，合议庭中两名法官出具的多数意见判定《行政程序法》对主权豁免的放弃，使得法官能够受理这样一起诉讼，即与住房和城市发展部（HUD）订有合同的当事人请求法院要求住房和城市发展部根据法律和规章的要求重新计算应当支付的租金。多数意见将这一争议与 Bowen v. Massachusetts[7]案进行了类比，在后者，最高法院判定，原告根据联邦法律和规章赋予的权利，提出获得支付资金的救济申请，这不
1752 是补偿所获损失的金钱性损害赔偿诉讼。持不同意见的法官认为，这一诉讼只能作为违约行为之损害赔偿诉讼，而根据《Tucker 法》进行审理。

在 Ward v. Brown[8]案中，法院判定《行政程序法》并没有放弃在申请支付拖欠工资的诉讼有关的主权豁免，但是《反拖欠工资法》（the Back Pay Act）作出了放弃主权豁免的规定。

---

① 403 U.S. 388 (1971).

② 参见§19.2、§19.4和§19.5的讨论。

③ 514 U.S. 527 (1995).

④ 455 F.3d 974 (9th Cir. 2006).

⑤ 24 F.3d 1421 (D.C. Cir. 1994).

⑥ 16 F.3d 1204 (Fed. Cir. 1994).

⑦ 487 U.S. 879 (1988).

⑧ 22 F.3d 516 (2d Cir. 1994).

□ 在金钱损害赔偿情形中的法定放弃

即使是“金钱损害赔偿”的诉讼也是常常可以对联邦政府提起的。联邦政府已经在适用于特定领域的数十部法律中放弃了有关金钱性损害赔偿的主权豁免。① 不仅如此，联邦政府还在两部适用范围广泛的法律中放弃了主权豁免。《联邦侵权求偿法》② 对众多侵权行为案件放弃了主权豁免。③《Tucker 法》④ 对非因侵权行为而提起的损害赔偿之诉放弃了主权豁免。联邦求偿法院对根据《Tucker 法》提起的诉讼拥有管辖权；它对根据《联邦侵权求偿法》提起的诉讼与地区法院行使共同管辖权。

□ 征收的损害赔偿

根据《Tucker 法》的规定，各种非侵权行为的案件可以在联邦求偿法院寻求救济，其中大多数都与行政法关系不大。但是，近年来，联邦求偿法院在一个领域表现得特别活跃，那就是可能会对行政法产生间接但是重要影响的诉讼。在 Whitney Benefits v. United States⑤ 案中，联邦巡回区上诉法院维持了联邦求偿法院作出的赔偿 6 000 万美元的判决。这一判决的依据是联邦求偿法院认定某部联邦规制性法律的制定产生的效力是“征收”了原告价值达 6 000 万美元的财产权，违反了《联邦宪法》第五修正案。联邦求偿法院继续受理了许多此类诉讼。如果法院开始基于管制性征收而频繁作出高额的损害赔偿判决，国会就会日益不愿制定某些形式的规制性法律，而行政机关也会日益不愿积极地行使其规制性权力。

§ 18.7 联邦法院对州行政行为的审查

□ 州法院必须适用联邦法律

各州常常会允许州法院审查大多数州行政机关作出的决定，而州法院也需要对州行政行为适用相关的联邦法律。⑥ 但是，当一项州行政行为违反了联邦法律或者《联邦宪法》
时，联邦法院有时可以为了有限的目的——确定是否违反联邦法律——而审查州行政行 1753
为。但是，调整联邦法院审查州行政行为之管辖权的法律是非常复杂的。我将对这一主题进行全面论述的任务留给研究联邦法院的专论（treatises）来完成，而在本书中，我只对相关法律框架进行总体的概述。《联邦宪法》第十一修正案、不同的联邦法律以及三项法院创设的弃权（abstention）原则对联邦法院审查州行政行为的管辖权进行了限制。但是，在 20 世纪 90 年代，国会制定了几部法律，明确指示联邦法院审查某些州和地方政府制定

---

① 例可参见 33 U. S. c. § 1342 (b) and 42 U. S. C. § 6926, interpreted in DOE v. Ohio, 503 U. S. 607 (1992)。

② 28 U. S. C. § 1346 (b).

③ 参见 § 19.2。

④ 28 U. S. C. §§ 1436 (a), 1491.

⑤ 926 F. 2d 1169 (Fed. Cir.), *cert. denied*, 502 U. S. 952 (1991).

⑥ 例可参见 Howlett v. Rose, 496 U. S. 356 (1990)。

规章的行为，以确保这些规章的制定不会影响国家目标的实现。

□《联邦宪法》第十一修正案

在 Seminole Tribe v. Florida[1] 案和 Alden v. Maine[2] 案中，最高法院扩大了《联邦宪法》第十一修正案规定的州政府豁免的范围。《联邦宪法》第十一修正案并没有阻止联邦法院作出可以禁止州行政机关将来违反联邦法律的判决。诉讼必须针对政府官员提出，而该官员可能被视为“剥夺了他的官方或者代表性的特征”。Ex parte Young[3] 案就是一起具有奠基性意义的案件。在该案中，最高法院首先判定一部明尼苏达州的法律违反《联邦宪法》，这部法律规定了价格固定（rate fixing）制度，并且对违反价格固定制度的行为实施处罚；最高法院接着审查了《联邦宪法》第十一修正案是否阻止这起诉讼的问题。最高法院宣布“适用衡平法的联邦法院（Federal court of equity）可以要求……作为州政府的官员的……个人……”[4]“如果州司法部长所寻求执行的法律违反了《联邦宪法》，那么根据此种法律，他在案件中就与《联邦宪法》的高级权威产生了冲突，因此在该案中他就被剥夺了官方或者代表性的特征，需要以个人身份承受其个人行为的后果。”[5]

最高法院充分意识到禁令实际上针对州政府的现实。Harlan 大法官也在不同意见中作出过这样的表述，但是最高法院更愿意认为这是虚构的原则而非现实。这一原则的明确含义是可以对州执法官员提出要求，即使其目的和产生的效果是对州政府提出的要求。这一虚构的原则得到牢固确立。[6] 这一原则也适用于联邦政府官员。[7] 但是，针对州政府，或者针对州政府雇员的公务行为而提起的损害赔偿诉讼，《联邦宪法》第十一修正案构成
1754 了明显的障碍。[8]

□ 联邦行政机关必须尊重《联邦宪法》第十一修正案规定的州政府豁免

在 Federal Maritime Commission v. South Carolina State Ports Authority[9] 案中，五位大法官的多数意见通过判定州主权豁免原则禁止联邦行政机关裁决行政当事人针对州政府所提出的诉讼，将 Seminole Tribe v. Florida[10] 案和 Alden v. Maine[11] 案中的判决主旨延伸适用于行政机关。但是，在 Verizon v. Public Service Commission for Maryland[12] 案中，最高法院一致判定，联邦法院可以裁决私方当事人针对州官员的职务行为提起的诉讼，也

---

① 517 U. S. 44 (1996).

② 527 U. S. 708 (1999).

③ 209 U. S. 123 (1908).

④ Id. at 155-156.

⑤ Id. at 159-160.

⑥ Georgia R. R. & Banking Co. v. Redwine, 342 U. s. 299 (1952).

⑦ Youngstown Sheet & Tube Co. v. Sawyer, 343 U. S. 579 (1952); Joint Anti-Fascist Refugee Committee v. McGrath, 341 U. S. 123 (1951).

⑧ 参见 Green v. Mansour, 474 U. S. 64 (1985); Atascadero State Hospital v. Scanlon, 473 U. S. 234 (1985); Quem v. Jordan, 440 U. S. 332 (1979)。我会在§19.6 中更详细地讨论《联邦宪法》第十一修正案的效力。

⑨ 122 S. Ct. 1864 (2002)，参见§2.8 的讨论。

⑩ 517 U. S. 44 (1996).

⑪ 527 U. S. 708 (1999).

⑫ 122 S. Ct. 1573 (2002).

可以签发禁令要求官员遵守联邦法律。最高法院在 Ex Parte Young 案[1]重申了政府行政机关与政府官员之间的虚拟性区分。如果对这两项案件综合解读，显然联邦行政机关或者联邦法院可以裁决私方当事人针对州政府提出的诉讼，如果该诉讼是针对州行政机关的首长提出的。

在 Rhode Island Department of Environmental Management v. United States[2] 案中，第五巡回法院判定法院可以为了保护州的主权豁免权利而禁止联邦行政机关裁决私方当事人针对州行政机关提起的诉讼。

在 Tennessee v. Department of Transportation[3] 案中，第六巡回法院区分了最高法院在 Federal Maritime Commission 案中的判决，并且判定交通部决定自己所实施的联邦法律是否优先于州行政行为的程序不会被州主权豁免原则所禁止。交通部采用非正式规则，而非裁决程序作出联邦优先适用的决定。[4] 第六巡回法院认定最高法院已经强调了决定程序的性质——行政裁决类似于司法裁决——和决定者的性质——行政法官类似于《联邦宪法》第三条所规定的法官——是在 Federal Maritime Commission 案中说服最高法院判定行政机关的决定程序违宪的重要因素。交通部所采用的决定程序迥异于那种程序，"并不类似于联邦民事诉讼"。法院也认定交通部的程序所提供的救济——只对未来宣布准据法而不是可能导致提供金钱损害赔偿的命令——是区分这两起案件的又一项重要因素。

在 Lightfoot v. District of Columbia[5] 案中，哥伦比亚特区巡回法院谴责地区法院将州行政机关视为接受《行政程序法》规定之审查的联邦行政机关。法院指出，联邦法院并 1755
不具有对于州行政机关的一般性上诉管辖权。

□ 对联邦法院审查的法定限制

有些联邦法律严重限制了联邦法院对于有关某些州行政行为的管辖权。例如，在 Fair Assessment of Real Estate v. McNary[6] 案中适用的《税收禁令法》（Tax Injunction Act）[7]；《1934 年 Johnson 法》。[8]

□ 与弃权的联系

最后，由法院创设的三项不同的弃权原则（abstention doctrines），限制了联邦法院审查州行政行为的裁量权。[9]

---

① 209 U. S. 123 (1908).

② 304 F. 3d (1st Cir. 2002)，参见§2.8、§15.11、§17.6、§18.2和§18.7的讨论。

③ 326 F. 3d 729 (6th Cir. 2003).

④ 参见本书§7.2对于非正式规则制定程序的描述。

⑤ 448 F. 3d 392 (D.C. Cir. 2006).

⑥ 454 U. S. 100 (1981).

⑦ 28 U. S. C. §1341.

⑧ Johnson Act of 1934，28 U. S. C. §1342（限制了联邦法院对州公用事业价格制定的审查）。

⑨ 参见 Younger v. Harris，401 U. S. 37 (1971)；Burford v. Sun Oil Co.，319 U. S. 315 (1943)；Railroad Commission of Texas v. Pullman Co.，312 U. S. 496 (1941)。对于使用弃权原则的难度，晚近的例子参见 New Orleans Public Service，Inc. v. City Council of New Orleans，491 U. S. 350 (1989)。

□ 与§1983的联系

《1871年民权法》（the Civil Rights Act of 1871）① 被解释为允许联邦法院审查任何违反《联邦宪法》或者联邦法律的州行为。②

最高法院在City of Chicago v. International College of Surgeons③ 案中裁决一项以前未曾处理过的重要问题时形成了7∶2的两派。国际外科医师学会（International College of Surgeons）向芝加哥市（City of Chicago）历史地标委员会申请改建若干历史性建筑物的许可。该委员会拒绝了这一申请。国际外科医师学会向一家州法院提出了审查申请。在起诉书中，国际外科医师学会指控芝加哥市的决定违反了州法律，也违反了《联邦宪法》。芝加哥市申请案件移转至联邦法院。七名大法官出具的多数意见判定，如果地区法院对于依据联邦法律提出的诉讼请求拥有最初的管辖权，而依据州法提出的诉讼请求构成了依据联邦法律提出的诉讼请求的“相同案件或者争议的一部分”，可以根据28 U.S.C. §1367(a)决定案件移转，从而允许地区法院对依据州法律提出的诉讼请求行使补充性管辖权。大法官之间的辩论主要集中在联邦地区法院是否可以对州行政机关的决定实施尊重性的审查。多数意见并不认为此种做法存在任何问题：

1756 毕竟，地区法院根据它们原来拥有的联邦问题管辖权，每天都在行使尊重性的审查，包括对联邦行政行为的案卷审查……§1367(a)并没有否定地区法院对于寻求审查州行政行为的诉讼请求拥有补充性管辖权。

但是，多数意见指出，“取决于一系列因素……”，联邦地区法院可以拒绝行使此项管辖权。不仅如此，如果诉讼请求属于其中一项弃权原则之范围，地区法院需要拒绝行使其管辖权。持不同意见的大法官认定，多数意见在涉及对州行政行为的尊重性审查的案件中“允许跨体系的上诉（cross-system appeals）”与“州在形成和发展州行政法的过程中具有的关键性利益”存在矛盾。

□ 联邦环境保护局可以审查某些州行政行为

在Alaska Department of Environmental Conservation v. EPA④ 案中，五位大法官出具的多数意见判定《清洁空气法》授权环境保护局审查州许可机关对于申请人根据法律要求提出的技术是否构成最佳可得技术所作的认定（determination）。正如多数意见所解释的，环境保护局可以审查州行政机关的认定，以判断其是否构成武断和恣意，然后联邦巡回区上诉法院可以审查环境保护局有关其是否构成武断和恣意的决定。四位持不同意见的大法官主张，只有州法院可以审查州行政机关作出的所批准技术是否符合法律要求的认定。持不同意见的大法官批评了多数意见，理由是：

多数意见的推理既违反《清洁空气法》明确规定的文字……违反基本的行政法准则，也违反保护州在联邦体系内之完整性的原则。

---

① 42 U.S.C. §1983.

② Maine v. Thiboutot, 448 U.S. 1 (1980). 考虑到§1983更频繁地被作为针对州或者地方政府提起侵权诉讼的依据，我会在§19.6中更详细地讨论解释§1983的判例法。

③ 522 U.S. 156 (1997).

④ 124 S.Ct. 983 (2004)，参见§3.5和§11.4的讨论。

□ 联邦通信委员会可以审查许多州行政行为

对于联邦法院或者联邦行政机关审查州行政行为的问题，准据法正在变得更加重要。国会为了促进电信服务提供的竞争，而制定了《1996 年电信法》。国会非常清楚许多州和地方规制机构要么对于这一目标持有非常强的敌意，要么是将其置于众多相互冲突的州和地方的目标之下。但是，国会并未打算剥夺州或者地方机构对电信公司长期行使的所有规制权。因此，国会寻求一种方法可以减少州或者地方机构可以对联邦目标设置的障碍的效力，而让州和地方机构可以自由地以不与联邦目的相互冲突的方式规制电信企业。出于这一目的，国会在《1996 年电信法》中规定了多项条款授权电信企业在联邦通信委员会或者联邦地区法院针对州和地方政府提起诉讼。联邦通信委员会或者法院如果认定州的行为 1757
或者法律是违反联邦法律的，有权宣布联邦法律优先于该行为。例如，该法 § 253 允许相对人对一类案件在联邦法院对州提起诉讼，而对另一类案件由联邦通信委员会起诉州政府。[①] 类似的，在 Southwestern Bell Mobile Systems v. Todd[②] 案中，第一巡回法院在审查违反该法 § 332 规定的地方分权决定时，也描述了联邦法院必须适用的标准。

在 Core Communications v. Verizon Pennsylvania[③] 案中，第三巡回法院判决州的一家委员会对于州行政机关批准的互联互通协议相关的解释性争议具有专属管辖权，裁决结果接受联邦法院的审查。法院认定该法律对于这一问题并未作出规定；联邦通信委员会的决定证明了各州的委员会本来应该具有此类专属管辖权；并且“具备对称和通贯性的规制计划，要求考虑计划制订问题的机构也同时解决解释上的难题”。

在 Bellsouth Telecommunications v. Sanford[④] 案中，第四巡回法院判定州委员会对联邦法律的解释，在接受联邦法院审查时有权获得 Skidmore 尊重。

在 USCOC of Greater Iowa v. Zoning Board[⑤] 案中，第八巡回法院赞成许多其他巡回法院的意见，判定当州法律规定对州和地方行政机关的事实认定接受联邦法院的实质性证据审查时，州和地方政府的事实认定是以与适用于联邦行政机关的事实认定相同的方式作出的，实质性证据标准同样适用于联邦法院对州和地方政府的事实认定。

在 Bellsouth Telecommunications v. Southeast Telephone[⑥] 案中，第六巡回法院判定联邦法院必须重新审查（de novo）州行政机关对联邦法律的解释，并且州行政机关必须适用其行为当时有效的联邦规则，除非联邦规则具有不被允许的溯及力。法院接着判定联邦规则并没有不被允许的溯及力。[⑦]

在 Metropics v. City and Country of San Francisco[⑧] 案中，第九巡回法院提到了一些案件，在这些案件中，地区法院已经对《1996 年电信法》的规定——土地分区委员会“以书面形式”拒绝建设无线设施的申请——作出了三种解释：（1）任何书面形式都是符 1758
合法律要求的，例如在申请书上写下“不予批准（denied）”；（2）书面形式必须包含充分的解释，让法院能够评估其理由以及支持理由的证据；（3）书面形式必须有段落，行政机

---

① 参见 § 18.5 讨论的 Bellsouth Telecommunications v. Town of Palm Beach，252 F. 3d 1169 (11th Cir. 2001)。
② 244 F. 3d 51 (1st Cir. 2001).
③ 493 F. 3d 333 (3d Cir. 2007).
④ 494 F. 3d 439 (4th Cir. 2007).
⑤ 465 F. 3d 817 (8th Cir. 2006)
⑥ 462 F. 3d 650 (6th Cir. 2006).
⑦ 参见 § 6.7 的讨论。
⑧ 400 F. 3d 715 (9st Cir. 2005).

关将其理由与案卷中的特定证据相互联系。第九巡回法院认定第二种解释达到了正确的平衡。

在 Sprint Spectrum v. City of Carmel，Indiana[1] 案中，第七巡回法院判定最高法院在 William Country Regional Planning Commission v. Hamilton Bank[2] 案中所宣布的针对地方土地利用决定所引发的联邦征收索赔的联邦裁决的成熟性标准，也适用于确定地方土地利用争议是否具备基于《1996 年电信法》进行联邦裁决所需的成熟性。原告主张适用于征收权利主张的成熟性标准使得向联邦法院提出的审查申请出现明显的迟延，因此并不符合国会的意图——让联邦法院快速裁决被指控妨碍联邦政府鼓励电信市场竞争之政策的地方土地利用决定。

在 Ace Telephone Ass'n v. Koppendrayer[3] 案中，第八巡回法院支持了州行政机关对提供呼入（call termination）服务的费率确定为零的决定。竞争性本地交换运营商（Competitive local exchange carriers）认为这一决定是武断和恣意的。法院首先将在联邦法院中起诉州行政机关的事实认定情况下的武断和恣意标准等同于实质性证据标准。法院接着认定州行政机关的实施认定——竞争性本地交换运营商并未承认呼入服务成本，因为有实质性证据证明其他资费构成已经补偿了呼入服务成本。法院也认定，州行政机关可以以在竞争性本地交换运营商是当事人的另一案件中的事实认定作为本案中的事实认定和结论的部分依据。

在 MCImetro Access Transmission Services[4] 案中，第四巡回法院推翻了州行政机关的一项决定，即批准电信互联互通协议。法院认定应该尊重联邦行政机关分支机构对联邦行政规则所作的解释，而不是州行政机关所作的相反解释。

在 National Tower v. Plainville Zoning Board of Appeals[5] 案中，第一巡回法院解释了
1759 在联邦法院审查有关电信塔建设申请的土地分区决定的案件日益普遍的情况下，地区法院应当如何对土地分区决定适用行政法原则。第一巡回法院指出，除了两项例外，基层法院应当以行政法原则适用于行政机关的传统方式适用行政法原则：（1）地方土地分区委员会不需要作出正式的事实认定和结论，只要其书面的理由说明足以允许法院确定证据是否能够支持这些理由；（2）如果该委员会的决定没有得到充分理由或者证据的支持，地区法院应该撤销该委员会的决定并指示该委员会批准申请，而不是将案件重新发回该委员会。

在《1996 年电信法》（the Telecommunications Act of 1996）中，国会指示联邦法院审查拒绝或者推迟建设个人无线服务设施的地方分区规划决定。在 Cellular Telephone Co. v. Town of Oyster Bay[6] 案中，法院将这一新的法律条款进行了解释，对此类地方分区规划决定提出了司法审查的框架。[7] 这部法律排除了地方当局根据“无线射频排放（radio frequency emissions）的环境影响”作出拒绝许可的权力，但是指示联邦法院支持一项不利决定，如果地方当局用“实质性证据”可以支持拒绝发放许可证的其他理由。这造成一项困境。一般来说，本地居民会反对蜂窝电话天线和信号发射器，理由是无线射频的排放会产生各种不利的环境影响，并且会降低房地产价值，破坏美观。而反对者对于这些问

---

① 361 F. 3d 998 (7th Cir. 2004)，参见 § 15. 12 的讨论。

② 473 U. S. 172 (1985).

③ 432 F. 3d 876 (8th Cir. 2005).

④ 352 F. 3d 872 (4th Cir. 2003)，参见 § 6. 11 的讨论。

⑤ 297 F. 3d 14 (1st Cir. 2002)，参见 § 11. 2、§ 11. 4 和 § 12. 3 的讨论。

⑥ 166 F. 3d 490 (2d Cir. 1999).

⑦ 另可参见 AT&T Wireless PCS v. City Council，155 F. 3d 423 (4th Cir. 1998)。

题提交的“证据”往往包括没有得到支持的、非常概括性的造成损害的主张。法院指出，反对者的证据大多数都是基于信号传输的环境和安全影响之理由，而这是法律所不允许的。有的证人提出反对的依据是对房地产的价值造成的不利影响以及破坏了美观，但是法院认定这些证言缺乏具体性，也缺乏构成实质性证据所需的支持。法院认为根据房地产价值降低而作出不予许可的主张也是法律所不允许的，因为如果真的话，房地产价值降低很可能会发生，因为未来的买家会相信信号传输会产生不利的环境和健康影响，但是法院认为没有必要裁决这一问题。第六巡回法院在一起没有先例判决的案件，即 Union CATV v. City of Sturgis① 案中描述了联邦法院审查对有线电视运营商的特许经营权不予续期的决定时，可以获得的审查的范围。《1984 年有线通信法》（the Cable Communications Act of 1984）规定了可以适用于有线特许经营权续期的标准，并赋予特许经营权人指控自己遭受的不予续期特许经营权的决定不公平时行使司法审查的权利。《1984 年有线通信法》规 1760
定，各州并没有规定由州法院审查时，联邦法院可以实施审查。法院认定，联邦法院的审查“是非常有限的”。法院“在确认市政府的需要和利益时”不得试图“对市政府进行事后批评”。但是，法院可以对市政府的事实认定（例如与采取各种行为的成本有关的事实认定）进行合理的尊重性审查。在这种情况下，法院对批准特许经营的机构给予的尊重程度［应当］与陪审团所拥有的具有可比性。

在 Natural Resources Defense Council v. Califonia Department of Transportation② 案中，法院判定，州政府官员违反根据《清洁水法》颁发的许可证中规定的条件，联邦法院可以对州政府官员签发对未来发生效力的禁令救济。但是，法院也判定，《联邦宪法》第十一修正案排除了法院受理针对州行政机关违反《清洁水法》而提起的诉讼，并且排除法院作出要求州行政机关或者官员因为过去违反《清洁水法》的行为而承担损害赔偿的判决。法院适用了 Seminole Tribe v. Florida③ 案中宣布的新的分析框架。

在 Clark v. Alexander④ 案中，地方住房管理机构采用符合正当程序原则的程序，认定联邦公共住房项目的受益人有一名家庭成员犯有毒品犯罪，因此可以终止其从这一住房项目获得的利益，并且这一事实认定得到实质性证据的支持，第四巡回法院判定联邦法院 1761
必须尊重地方住房管理机构作出的事实认定。

① 107 F. 3d 434 (6th Cir. 1997).

② 96 F. 3d 420 (9th Cir. 1996).

③ 517 U. S 44 (1996)，参见 § 19. 6 的讨论。

④ 85 F. 3d 146 (4th Cir. 1996).

19

政府及其雇员的侵权责任

§ 19.1 概述

□ 众多领域的复杂混合体

政府及其雇员的侵权责任是一个非常广泛的领域，以至于无法在本书中进行全面的论述。这一领域也是对以下诸多领域问题的复杂混合体：联邦法律、司法机关对这些法律的解释、宪法性法律、州侵权法、联邦制、行政法、法律冲突、主权豁免、《联邦宪法》第十一修正案对联邦法院受理对州诉讼的权力所作限制、第十四修正案赋予国会强制执行该修正案的实体性禁止规定的权力，以及司法、立法和行政部门和执法人员的豁免范围。本章总结了这一广阔的法律领域的主要元素，并特别将重点放在与行政机关存在最为直接关联的规则和原则。

本节概述将总结和对比分析对政府或者政府雇员进行联邦侵权诉讼的三种主要手段。§19.2 解释了为什么所有的侵权责任应当从政府雇员转移至政府。§19.3 描述了可以对 1763
不同类型的政府雇员适用的侵权责任豁免的范围。§19.7 对一起具体案件进行剖析，以说明在这一法律领域遍布的极端复杂和混乱问题。

□ 对三种法律制度的对比

实际上，联邦法院可以通过受理针对行政机关或者其雇员的侵权诉讼而对行政机关及其雇员的行为进行审查和限制。对于这一目的，除了无数范围狭窄的法律条款之外，联邦法律提供了三种广义上可得的机制。首先，《联邦侵权求偿法》[①] 将联邦政府置于与私人主体类似的地位，授权地区法院或者求偿法院受理基于联邦行政机关及其代理人的行为而针对联邦政府的侵权诉讼。[②] 其次，在 Bivens v. Six Un-known Named Agents of the Federal

---

① 28 U.S.C. §§ 1346，2671-2680，重印于本书附录 E。

② 参见§19.4 的讨论。

Bureau of Narcotics① 案中，最高法院创设了针对联邦雇员实施违宪行为损害相对人利益的行为而提起的侵权诉讼。② 最后，《1871 年民权法》③（以下简称 § 1983）允许对剥夺任何公民“《联邦宪法》和法律所保障的权利、特权和豁免”的州或地方政府官员提起侵权诉讼。

这三种政府侵权法律体制在很多方面存在差别。考虑到它们适用的复杂环境，除了少数例外，《联邦侵权求偿法》规定的责任规则是明智的，并且是尽可能确定和可预测的。相反，§ 1983 和 Bivens 原则体现的法律体制则非常复杂、不可预测，而且常常产生了相反的影响。《联邦侵权求偿法》规定的体制与其他两种体制，即 § 1983 和 Bivens 诉讼之间的重大差别可以说明为什么《联邦侵权求偿法》取得了成功而另外两种体制则是弊大于利。首先，这三种法律体制有着不同的来源。其次，《联邦侵权求偿法》对政府设定了责任，而 Bivens 原则和 § 1983 则是让政府雇员可能承担侵权责任。

□《联邦侵权求偿法》

《联邦侵权求偿法》是一部经过精心制定的法律。国会在制定这部法律之前已经考虑了各种不同的政府责任范围可能产生的效力。《联邦侵权求偿法》中规定了对政府责任的具体限制，这些规定都是经过精心设计，以尽量减小承担侵权责任的风险可能导致行政机关及其雇员作出损害政府效能的行为。裁量性职能例外就是其中最为重要的一项限制。

□ Bivens 原则

Bivens 原则体现的法律规则完全属于法官造法。最高法院在一起具体的案件中创设了 Bivens 救济时无意间提出了难以适用于众多其他案件，也不适合适用于众多其他案件的规
1764 则和原则。最高法院于是试图纠正错误，对其之前宣布的规则和原则以合理的方式限定于以后案件的具体的事实和情形。最高法院还继续在超过 30 年的时间里继续这一反复试错的过程。也许最高法院能够创设一个明智、稳定和通贯的法律体制，如果它继续进行一两个世纪的努力。但是，迄今为止，最高法院所带来的只有混乱、冲突、不确定和各种对联邦雇员的激励来说意想不到的负面影响。

□ § 1983

尽管 § 1983 是一项法律规定，而根据 § 1983 发展出来的庞大的法律规则却是法官造法。国会制定《1871 年民权法》，就是为了促进重要但是有限的目的，即为不可能得到南方州（states of the former Confederacy）法律制度之同情待遇的新解放的前农奴提供保护其民权的联邦纠纷解决机制。在 1961 年，最高法院开始将 § 1983 的适用范围扩大到这样一个程度，即任何指控州或者地方政府雇员可能侵犯《联邦宪法》或者联邦法律的行为所造成的损害，提供诉讼的依据。尽管 § 1983 无疑在 20 世纪 60 年代，即南方州大规模地抵制种族隔离的不幸年代产生了有益的影响，但基于 § 1983 的法律规则变得如此混乱和不可预测，以至于今天在很多情况下成了引发重大损害的根源。这部法律简短模糊的文字需

---

① 403 U. S. 388 (1971).

② 参见 § 19.5 的讨论。

③ The Civil Rights Act of 1871, 42 U. S. C. § 1983.

要作出修订以便在众多方面对现有的法律规则进行修改，并且让潜在的责任范围更加确定和可以预测。但是，国会已经不愿意承担这一重要的任务，因为政治家们担心它们如果缩小《民权法》的范围会被贴上法西斯主义者的标签。

§19.2 从政府雇员到政府的责任转移

□ 对比《联邦侵权求偿法》、Bivens 原则和 §1983

这三种侵权制度的第二项区别性特征是至少和第一项区别性特征同等重要的。《联邦侵权求偿法》让政府可能承担因为其雇员的行为而导致的损害赔偿责任。Bivens 原则只让政府雇员承担可能的损害赔偿责任。而 §1983 让州和地方政府在有效的情形下可能承担责任，但是其主要的效力是让州和地方政府雇员个人可能承担责任。对责任范围进行适度限制，让政府对自己及其雇员所实施的违法行为所导致的损害承担赔偿责任的风险，对于政府的决定者的行为激励可以具有积极影响。相比之下，要建立一种让政府雇员个人承担 1765
可能的责任而不会无意间导致对其带来负面的行为激励，这是相当困难的。

□ 侵权责任可能会产生意料之外的负面影响

侵权法的目的是吓阻不良行为。但是，侵权责任的风险是可能也会吓阻对社会有利的行为。就调整某一活动的合法行为规则不明确或者适用这些规则的结论不确定而言，需要面对可能承担责任之风险的个人就会有强烈的激励避免所有任何未来法官或者陪审团可能认为违反规则的行为。① 例如，对妇产科医生作出的损害赔偿判决，常常更多的是让医生不愿意接生而不是鼓励医生在接生过程中提高注意程度。②

□ 在涉及政府雇员的情形中产生不利影响的高风险

侵权法将会产生吓阻对社会有益之行为的风险，在行政机关及其决定者实施行为的情况下是特别高的。限制行政机关权力的法律，包括许多宪法性法律，是不确定的、动态的，难以预测和难以适用的。任何怀疑这一说法之真实性的人，只需阅读本书第九章有关确定行政机关对决定程序的选择何时会违反正当程序的法律框架存在的高度主观性和持续变动性所作的描述。在最低限度上，必须仔细地对政府可能承担的侵权责任范围进行限制，以反映某些政府职能的性质以及作为对政府决策之合理限制的法官和陪审团的制度边界（institutional limits）。

让政府雇员个人承担可能的侵权责任之风险，很可能会产生对社会不利的决定激励。例如，我们可以考虑下对社会保障管理局的八百名行政法官如何能够维持残疾认定程序的一致性和准确性负责的行政官员。美国行政会议（ACUS）的一个法律顾问团队和六名学者组成的跨学科团队都敦促社会保障管理局为了这一目的采纳推定性的裁决配额制度

---

① 参见 P. Huber，*Liability* 153-189（1988）；Henderson，“Expanding the Negligence Concept：Retreat from the Rule of Law”，51 *Ind. LJ*. 467，468-482（1976）。

② 参见 Priest，“The Current Insurance Crisis and Modem Tort Law”，96 *Yale LJ*. 1521，1568，1585（1987）。

(*presumptive decisional quotas*)。[1] 但是，联邦法院对于类似控制体系的合宪性问题产生
1766 了分歧。第二巡回法院支持了这一制度的合宪性，承认它将促进对福利申请人的公平目的，而在另外两个巡回区的地区法院则将此种控制体系描述为公然违反了正当程序。[2]

假设你是社会保障局的雇员，负责确定是否采纳这一控制体系。你根据实证研究确信这将加强行政机关以更高的准确性、一致性和公正性裁决每年数十万起争议的能力。你相信这一体系更有可能在司法审查时得到支持。但是，你也设想到一些风险，即这一体系可能会被判定违反正当程序，你也确定这一体系会以这一理由遭到质疑。如果你在被判决违反正当程序时可能需要承担侵权责任，你就很可能不会愿意承担实施这一体系的风险。如果你在侵权诉讼中败诉，你个人需要承担的损害赔偿金可能会超过你的年工资百倍甚至更多。如即使是你取得胜诉，在法庭上进行辩护的成本也可能会让你破产。幸运的是，最高法院在 Schweiker v. Chillicky[3] 案中，至少消除了政府雇员的潜在侵权责任的这一荒谬的影响。但是，同样的一般性问题继续存在于许多其他领域，因为众多政府雇员日常工作所处的法律约束就是动态而且含糊的。

法律体系中最臭名昭著的不公之一就发生在对有责任心的政府雇员作出的重大判决。例子之一就是 Carlson v. Green[4] 案。Carlson 是联邦监狱管理局的局长；他被判对印第安纳州一名监狱护士的过失负责。[5] 如果是在公正的体系中，支持原告的判决本来应该是针对联邦政府而非 Carlson 作出的。

允许对政府雇员而非政府提起侵权诉讼，会产生三种负面影响。首先，对于政府雇员之困境的同情，常常会促使法院对宪法权利和法定权利作出过度狭义的解释。例如，对于正当程序条款所作出的最不应得到支持的狭义解释，就是在 § 1983 诉讼中作出的，在这些案件中最高法院知道更广义的解释将会让政府雇员可能承担灾难性的侵权责任。[6] 其次，对政府雇员被告所处的困境的同情经常会让陪审团对激励的事实争议作出有利于被告的裁
1767 决，并作出金额更低的损害赔偿判决。再次，受违法的政府行为损害的原告很少可以从作为被告的政府雇员那里得到充分的损害赔偿，因为政府雇员很少拥有足以满足重大判决的大量资产。[7]

□ 责任转移至政府的优点

如果承担侵权责任的风险全部从政府雇员转移到政府，侵权法将会对政府行为提供更为合理的约束，政府行为的受害者也能确保得到更有保障的损害赔偿。实现这一点可以采取以下若干手段中的任何一种。首先，国会可以制定一部法律（1）取消针对联邦雇员的

---

① 参见 P. Verkuil，D. Gifford，C. Koch，R. Pierce & J. Lubbers，*The Federal Administrative Judiciary* 150-152（1991）；J. Mashaw，C. Goetz，F. Goodman，W. Schwartz，P. Verkuil & M. Carrow，*Social Security Hearings and Appeals* 3，21（1978）。

② 参见 § 9.10。

③ 487 U.S. 412（1988），参见 § 19.5 的讨论。

④ 446 U.S. 14（1980）.

⑤ 参见 § 19.5 对本案的全面论述。

⑥ 例可参见 § 9.4 讨论的 Ingraham v. Wright，430 U.S. 651（1977）（公立学校可以在没有任何前置程序的情况下实施体罚）。

⑦ 学者们已经论述了让政府雇员承担侵权责任风险的众多负面影响所作的论述。例可参见 P. Schuck，*Suing Government*（1983）；Cass，"Damage Suits Against Public Officers"，129 *U. Pa. L. Rev.* 1110（1981）。

Bivens 诉讼[1]；（2）对《联邦侵权求偿法》进行修订，对 28 U.S.C. §2680（h）所规定的某些故意侵权行为取消豁免[2]；（3）取消针对州和地方政府雇员的 §1983 诉讼[3]；以及（4）根据《联邦宪法》第十四修正案 §5 赋予的职权，让州和地方政府根据 §1983 作为侵权诉讼的对象，而无论其雇员之前是否需要承担责任。[4]

□ 迄今为止法律规定的部分责任转移

国会还不愿意制定如此广泛的责任转移立法。但是，国会已经通过立法将责任从联邦政府雇员转移至联邦政府。[5] 在 1988 年，国会更是通过修订《联邦侵权求偿法》，对普通法上的侵权责任，但是并非宪法侵权责任，从联邦政府雇员转移到联邦政府。[6] 国会只需要承认，这些责任转移立法的理由同样适用于所有基于政府雇员在其职责范围内实施的行为而提起的侵权诉讼。

□ 通过规则实现责任转移

其次，至少有相当比例的政府雇员的责任可以通过制定州法律、颁布州行政规章，制定地方政府条例，以及发布联邦行政规则或者政策声明的方式转移至政府。例如，联邦政府司法部已经有一套详细的政策允许司法部对遭遇民事诉讼的雇员提供法律顾问服务，并对雇员在基于其职责范围内实施的行为而引发的民事诉讼中支付的损害赔偿金提供补偿。[7] 1768
司法部在 51 F.R. 27021-22（1986）中对其政策的制定依据作了如下说明：

不利判决显然会对联邦政府雇员产生负面后果，包括金钱方面或者其他方面。但是，对联邦政府来说更大的后果是担心承担个人责任，以及哪些行为可能会导致对雇员个人提起的诉讼等存在的不确定性阻碍创新，扼杀首创精神和决断力。正如 Kenneth Culp Davis 教授所指出的，“无论何时，只要政府雇员对于问题的裁决是为了保护其自己的钱包而不是为了保护公共利益，那么利益受损的总是公众。政府雇员勇敢的行为常至关重要，不能因为对政府雇员个人的诉讼威胁而使其气馁”[8]。司法部相信针对联邦雇员职务行为的诉讼现在已经成为公共事业有效实施和法律执行的重大障碍。

其他联邦行政机关，以及州和地方政府行政机关的规则、政策和做法则变化万千。[9]所有行政机关应当事先确保其雇员如果因为职务行为而被起诉，能够得到辩护，如果必要能够得到补偿。

---

① 参见 §19.5。

② 参见 §19.4。

③ 参见 §19.6。

④ 参见 §19.6。

⑤ 例可参见 28 U.S.C. §2679（a）（机动车诉讼）；10 U.S.c. §1089（中央情报局或者武装部队雇佣的医生的职业过失）；22 U.S.c. §2702（国务院或者驻外人员雇佣的医生的职业过失）；28 U.S.C. §4116（退伍军人事务部的医生的职业过失）；42 U.S.c. §233（公共卫生署（PHS）之医生的职业过失）。

⑥ 参见 Federal Employees Liability Reform and Tort Compensation Act, Pub. L. No. 100-699, 1988 U.S. Cong. & Admin. News 5945。

⑦ 参见 28 C.F.R. §50.15。

⑧ K. Davis, *Constitutional Torts* at 25, 26（1984）.

⑨ 参见 Yudof, “Liabilities for Constitutional Torts and the Risk-Averse Public School Official”, 49 *U.S.C. L. Rev.* 1322（1976）。

□ 通过司法判决可能实现的责任转移

再次，最高法院可以将大多数的责任从政府雇员转移至政府。最高法院可以废除 Bivens 案中宣布的法官造法的原则，将《联邦侵权求偿法》解释为允许对大多数之前根据 Bivens 原则引发雇员责任的行为，针对政府提起诉讼，并希望国会完成《联邦侵权求偿法》的修订过程以消除对某些故意行为的豁免。[1] 类似的，最高法院可以将 § 1983 模糊的文字进行解释，尽量让州和地方政府承担风险而减少雇员承担责任的可能。[2]

□ 说明转移豁免之需要的案件

若干最近作出的判决说明了判定政府雇员个人承担因为适用模糊而且常常变动的宪法性法律的规则而承担损害赔偿责任存在的不公平性。在 Elder v. Holloway[3] 案中，最高法院一致判定，当巡回法院发现地区法院忽略了其曾经作出的决定性的先例判决时，巡回法
1769 院必须推翻地区法院的判决，即警察作出的逮捕行为属于其有限豁免权范围。考虑到根据 § 1983 确定责任的现行法律框架，这一判决是明显正确的。确定有限豁免权范围是一项法律问题，巡回法院被认为可以纠正地区法院所犯下的法律错误。

但是，该案产生了一项对被告警察来说明显不公的结论。他们显然相信考虑到该案的复杂情形，自己可以实施无证逮捕而不会违反《联邦宪法》第四修正案。联邦地区法院同意了这一观点。警察的确信是错误的。在搜查的时候，第九巡回法院刚刚对一起案件作出判决，判定在类似情形下实施的无证逮捕行为是违宪的。警察们在实施逮捕行为时并未意识到这一判决。即使在该案判决之后过了一段时间，参加该案的律师和审理该案的联邦地区法院法官也没有意识到第九巡回法院的判决。但是，警察们因为犯下宪法性错误——两名初审律师和一名联邦地区法院的法官也重复了这一错误——可能需要承担毁灭性的赔偿责任。因此，如果认定在 Elder 案中导致违宪的逮捕的错误是可以归因于这些警察的过错行为，将是非常荒谬的。警察不应被要求对于宪法的了解遵守比律师和法官更高的标准，并对在具体案件中因为未能满足这一标准而承担可能的毁灭性的赔偿责任。导致违宪逮捕的错误是出于制度性的原因。警察局本来应该实施一项培训和监督体系，在复杂和不断变化的《联邦宪法》第四修正案的法律规则领域，为警察提供更及时的指引。对于此类制度性缺失导致的损害，合理的救济是政府责任而非个人责任。

第六巡回法院在两起案件中的判决意见，也说明了法院基于 42 U. S. C § 1983 的模糊文字所解释的个人责任体系中，普遍存在的不公和不切实际的预期。在相邻两个月内判决的两起 § 1983 案件中，第六巡回法院的两组合议庭对于有关正当程序要求之程序的相同问题得出了相互矛盾的结论。[4] 在这两起案件中，建筑检查官认定一座建筑物如此缺乏物理完整性（physical integrity），以至于对使用者和邻居构成了急迫的危险。在这两起案件中，建筑检查官都紧急扣押了该建筑物而没有提供剥夺权利前或者剥夺权利后的听证。在
1770 这两起案件中，合议庭判定情况紧急可以证明未能提供剥夺权利前听证机会的正当性。但

① 参见 § 19.4、§ 19.5。

② 参见 § 19.6。

③ 510 U. S. 510（1994).

④ 参见 § 9.5 讨论的 Compare Harris v. Akron，20 F. 3d 1396（6th Cir. 1994）和 Flatford v. City of Monroe，17 F. 3d 162（6th Cir. 1994）。

是，合议庭不认为从宪法意义上有必要提供剥夺权利后的听证。Harris 案的合议庭判定建筑检查官不需要提供剥夺权利后的听证，因为可以进行剥夺权利后的损害赔偿诉讼，已经足以满足正当程序的要求。而 Flatford 案的合议庭则判定尽管可以获得剥夺权利后损害赔偿的救济，建筑检查官根据宪法仍然需要提供剥夺权利后的听证。换句话来说，巡回法院的一个合议庭判定建筑检查官可能对行为导致的损害承担损害赔偿责任，而同一巡回法院的另一个合议庭则在不足两月之后支持了建筑检查官的行为。政府雇员可能承担毁灭性的个人责任，不应取决于案件分配法官的抽签运气。这常常是现行的政府雇员个人责任体系导致的结果。

在 Gilles v. Davis[①] 案中的事实和判决意见能够很好地说明将侵犯民权的责任从个人转移至政府机构的好处。Gilles 是一名福音牧师（evangelical minister），在各大学校园巡回发表经过精心设计以激发大学生情绪反应的演讲。Gilles 经常谴责大学生的婚外性行为以及实施同性性行为。他总是刺激某些学生作出强烈的负面反应，然后让他们进行激烈的辩论。Gilles 在 Indiana University of Pennsylvania 进行他的巡回演讲时，同样造成了所期待的结果——激烈的辩论，包括相互的攻击。但是，这次大学的警察以扰乱治安为由逮捕了 Gilles，而 Gilles 则起诉该警察官员侵犯了他的言论自由权。

第三巡回法院合议庭的两名法官出具的多数意见对《联邦宪法》作出了超出承认范围的解释，判定该警察并未侵犯 Gilles 根据第一修正案享有的权利。多数意见认定 Gilles 在将一名自称基督徒和同性恋者的女学生称为"为了耶稣的同性恋者（lesbian for Jesus）"时使用了不受《联邦宪法》保护的攻击性语言。如果这些语言是不受宪法保护的攻击性语言，那么《联邦宪法》第一修正案还能保留的空间就非常有限了。正如持不同意见的法官所指出的，Gilles 所做的正是我们希望大家在公立学校做的——发表演讲，激发公众对重要的议题进行热烈的辩论。不仅如此，Gilles 的语言也正好引发了人们所期待和对社会有益的结果——它们激发了热烈但是非暴力的辩论。

像多数意见所做的，判定 Gilles 的行为超出《联邦宪法》第一修正案之保护范围，这是非常愚蠢的。但是，我们能够容易理解多数意见为何对《联邦宪法》作出如此过分扭曲
的解释。如果多数意见采纳持不同意见法官的观点，其结论将会明显不正当。一位只领取 1771
微薄薪水而且没有接受过法律培训的校园警察必须支付损害赔偿金，而很可能会破产，而这一切仅仅是因为试图在疑难和令人混淆的情形中履行自己的本职工作。

如果政府机构，而不是雇员个人需要对侵犯民权的行为承担损害赔偿责任，法官就不会再需要被迫对《联邦宪法》作出扭曲的理解以便保护善意的公务员不会遭遇破产。因此，举例来说，我就非常怀疑第三巡回法院的合议庭会以一致意见判定大学侵犯了 Gilles 的宪法权利，如果它所作出的将是针对大学而非作出逮捕决定的警察个人。此种损害赔偿判决只会产生引导大学改进其对员工的培训的有益后果。如果最高法院相信其缺乏将责任从个人转移给机构的权利，它需要至少重新审视和扩大限制豁免原则的范围，从而让下级法院无须在扭曲宪法原则的结论和对政府雇员个人明显不公的结论之间作出选择。[②]

在 Farmer v. Brennan[③] 案中，法院裁决了一起政府雇员的宪法侵权案件，可以说明当前判定政府雇员个人而非政府本身对于侵犯宪法权利导致的损害承担赔偿责任可能具有的另一项明显的缺点。Farmer 是在一座联邦监狱服刑的 18 岁的同性恋犯人，遭到同一监狱的犯人殴打和强奸。他对监狱长和联邦监狱管理局的地区主任起诉，声称他有权根据

① 427 F. 3d 197 (3d Cir. 2005).

② 参见 § 19.3。

③ 511 U. S. 825 (1994).

Bivens v. Six Unknown Named Agents of the Federal Bureau of Narcotics[①]案，对可以归因于监狱官员侵犯其《联邦宪法》第八修正案所规定之权利而要求损害赔偿。最高法院之前曾判决监狱官员"故意漠视（deliberate indifference）"犯人可能遭受严重损害的实质性风险侵犯了其根据《联邦宪法》第八修正案所享有的权利，但是最高法院先前并未对"故意不关心"标准作出界定。在 Farmer 案中，最高法院判决故意不关心标准要求证明官员已经在主观上意识到该风险的存在。最高法院指出，它之前已经在一起 § 1983 诉讼——该案中犯人指控市政府侵犯其根据《联邦宪法》第八修正案享有的权利——中判定一项客
1772 观标准可以适用于市政府的行为。但是，在 Farmer 案中，多数意见认为客观性标准不适合于确定政府雇员个人是否侵犯了个人的宪法权利。

如果考虑到最高法院在 Bivens 案中对于侵犯宪法权利导致的损害所创设的个人责任制度，Farmer 案中的推理是可以成立的。但是，该法说明了这种法律制度不合理的性质。正如大法官 Stevens 和 Blackmun 在其协同意见中指出的，侵犯宪法权利所导致的损害很少会来源于政府雇员个人的过错行为。相反，此类违法通常是系统性的制度缺陷，例如立法机关的拨款不足，或者行政机关的高级官员的人手不够和培训不足。如果我们想要用侵权法来解决这类问题，合理的救济就是政府责任而非政府雇员个人的责任。正如最高法院过去所判决的，对于机构性主体（institutional actors）的合理行为标准是客观性的而非主观性的。

□ 最高法院拒绝移转豁免权

在 FDIC v. Meyer[②]案中，在联邦行政机关侵犯宪法权利的背景下，最高法院以一致意见拒绝了从政府雇员个人责任制度转向政府责任制度的提议。Meyer 是一家破产的存款机构的官员，联邦存款保险公司（FDIC）接管该存款机构以简易程序开除了 Meyer，这一开除决定是由联邦存款保险公司雇员 Pattullo 作出的。Meyer 对 Pattullo 和联邦存款保险公司提起诉讼，指控他们未经正当程序剥夺了自己的财产利益。陪审团作出了对联邦存款保险公司不利的判决，但是认定 Pattullo 受有限豁免权的保护。最高法院推翻了对联邦存款保险公司不利的判决。最高法院拒绝对联邦存款保险公司延伸适用 Bivens 诉讼救济。它提到了 Bivens 案中的模糊和不可信的推理，即针对政府雇员个人的侵权救济相比针对政府机关的侵权救济是更为有效的保障宪法权利的手段。最高法院也以更为实质性的制度性考虑作为其判决的部分依据。它认为，国会应该作出是否从个人责任制度转向政府责任制度的政策决定。但是，这一推理因为现行的个人责任制度不是国会，而是最高法院所创设的事实而明显被弱化。至少可以说，一个机构有权也有义务纠正其自己造成的系统性缺陷。

§ 19.3　政府雇员的豁免范围

□ 豁免的目的

有的政府雇员对于其在雇佣范围内所作出的部分或者所有行为可能产生的责任，可以

① 403 U.S. 388 (1971).
② 510 U.S. 471 (1994).

享有普通法上的豁免。政府雇员的豁免范围，是与§19.5讨论的针对联邦雇员的Bivens诉讼，以及§19.6讨论的针对州和地方政府雇员的§1983诉讼的范围完全一致的。[①] 之所 1773
以对政府雇员赋予豁免，是为了促进两项目的：（1）避免让所有官员承担可能的责任，或者是在责任诉讼中为自己行为辩护的成本和负担，因为此种风险“将会浇灭勇敢履行其职责中几乎最为坚决，或者是最不负责的热情……”[②]；（2）通过避免“让原告承担没有理由的责任，以及通常对漫长诉讼的被告人所设定的没有理由的要求”而避免政府雇员承担不公平的负担。[③]

□ 豁免的效力有限

但是，出于五项相关的理由，豁免制度并不能有效地促进上述目的。第一，可以享受豁免的范围通常是不明确的，特别是在宪法侵权案件之中。第二，在有的案件中，豁免范围过于狭窄。第三，合法行为和违法行为之间的界限常常是不明确的。第四，基于豁免而获得法院驳回起诉或者指示判决（directed verdict）* 的成本和负担都很高。第五，即使是在雇员作出行为的方式已经以被确定为既不合法，也不受特权保护之时，允许基于雇主责任原则（respondeat superior）对政府提起侵权诉讼，也可以更好地实现侵权法的目的。这一救济很可能要更为有效，不仅在于确保对受害人的赔偿，也在于引导政府通过诸如雇员选择、监督、培训和训诫等标准管理技术减少雇员违法行为的发生率。

□ 本节的内容组织

本节内容将首先对适用于履行司法和立法职能的绝对豁免权而适用于履行行政职能的有限豁免权进行区分。然后，本节将介绍界定有限豁免权范围的复杂的判例法。在此之后描述与何时被告试图适用豁免有关的详尽的程序性规则。最后，我对国会或者法院如何改进这一领域法律规则提出了一些建议。

□ 绝对豁免权与有限豁免权

被诉职务侵权的官员或者雇员具有（1）绝对豁免权；（2）有限豁免权；（3）无豁免权。宽泛地讲，绝对豁免权意味着实施了宪法侵权或者非宪法侵权行为的个人不需要承担责任，甚至对恶意行为也不需要承担责任；有限豁免权意味着对于基于善意的合理行为可以不承担责任。

□ 裁量性职能豁免

自19世纪起，履行“执行性”（ministerial）或者非裁量性职能的政府雇员已经因为

---

* 直接依据案件承审法官的命令而对案件作出判决。在这种情况下，法官取代了陪审团作为事实认定者的角色，因为案件的证据非常具有说服力，据此只能合理地得出唯一的结论，或者案件的证据未能确立表面案件的成立［establish a prima facie case］——译者注。

① 参见Butz v. Economou，438 U.S. 478（1978）。

② Gregoire v. Biddle，177 F.2d 579，580-581（2d Cir. 1949），*cert. denied*，339 U.S. 949（1950）.

③ Siegert v. Gilley，500 U.S. 226，232（1991）.

过失或者其他过错而承担责任。具有这一效力的法律在 20 世纪非常普遍。① 同样在 19 世
1774 纪出现的是允许行使裁量性职能的政府雇员对于在其职务范围内行使的行为享有侵权责任
的绝对豁免权。② 这一判例法至今仍然是重要的，即使它并不适用于宪法侵权。

□ 高级官员更有可能得到豁免权

职务豁免权法最为奇特的特征或许是对高级（high-level）政府官员和低级（low-level）政府官员的区分方式。通常来说，高级政府官员可以享有绝对豁免权而雇员则至多享有有限豁免权。考虑到它们有更大的能力损害公众利益，对公众负有更大的职责，以及更有能力确定对其行为适用的规则，我们也许可以期待公务豁免（official immunity）的规则对于高级官员相比低级雇员提供更少的保护。但是，在 Malleyv. Briggs③ 案中宣布的规则，是体现职责级别与豁免范围关系的典型。法官对于有关法律的任何错误的后果可以享有绝对豁免权，或者即使是恶意地适用明确的法律。相比之下，未经法律培训的执法官员对于疑难法律问题所作判断存在的错误可能需要承担责任。

□ 对法官、公诉人和议员的绝对豁免权

一直以来，法官、议员和公诉人都对侵权责任享有绝对豁免权。即使他们恶意或者故意造成损害，也不需要承担损害赔偿责任。“这是对于正确的司法管理（proper administration of justice）来说最为重要的一般原则，即司法官员在行使法律授予的权力时，应当能够自由地根据自己的确信行事，无须顾及对其自己的个人后果……这一原则在存在有序的法理体系的所有国家中都得到承认。”④ 最高法院还从未偏离 1871 年所作的这一声明。在 Mireles v. Waco⑤ 案中，最高法院重申并宽泛地适用了这一声明。法官不对没有管辖权或者违反明确法律的行为承担责任。法官不会被剥夺因为他所作出的行为是错误的、恶意的或者超越其权限而被剥夺豁免地位；相反，他只对于“明显没有管辖权”的时候作出的行为才需要承担责任。在 Stump v. Sparkman⑥ 案中，八名大法官中有三名在不同意见中
1775 声称，批准对“存在某种智力障碍的”15 岁的女孩实施绝育手术“不属于司法行为”。

□ 司法豁免

在 Pierson v. Ray⑦ 案中，最高法院判定某市治安法官（police justice）享有绝对豁免权：“即使法官被指控是恶意或者贪腐（corruptly）之时作出的行为，这种豁免依然适用……对法官施加负担，不会帮助实现有原则和无畏的决定，而不是加剧恐吓。”在 Fanale v. Sheehy⑧ 案中，第二巡回法院判定治安法官在错误决定自己的管辖权问题时可以享

---

① Restatement of Agency § 401, Comment c (1933); Restate-ment of Agency (Second) § 343 (1958); A & M Records, Inc. v. M. v. C. Distributing Corp., 574 F. 2d 312 (6th Cir. 1978).

② Kendall v. Stokes, 44 U. S. 87 (1845).

③ 475 U. S. 335 (1986).

④ Bradley v. Fisher, 80 U. S. (13 Wall.) 335, 347 (1871).

⑤ 502 U. S. 9 (1991).

⑥ 435 U. S. 349, 356-357 (1978).

⑦ 386 U. S. 547 (1967).

⑧ 385 F. 2d 866 (2d Cir. 1967).

有豁免。一名州法官尽管被指控涉及贿赂的贪腐共谋行为，也仍然享有豁免，即使参与共谋的私方当事人不能享受豁免。[1]

□ 公诉豁免

在司法过程中扮演各种角色的许多其他人员也享有绝对豁免权。在 Imbler v. Pachtman[2] 中，最高法院坚决地为公诉人确立了绝对豁免权。Imbler 在州法院中被判一级杀人罪并判处死刑。后来其判刑被减为终身监禁。他在狱中服刑九年，因为“公诉可能采用了误导或者虚假的作证”而被释放。他对公诉人 Pachtman 起诉要求损害赔偿，指控 Pachtman“有意”允许证人发表不利于 Imbler 的虚假证言。最高法院一致判决 Pachtman“根据 § 1983 享有与公诉人在普通法上享有的相同的绝对豁免权”，因为“对公诉人的豁免进行限制将会背离更广泛的公共利益”。这将阻碍积极无畏地履行公诉人的职责，而这是刑事司法体系正常运作的关键。[3] 最高法院对其判决主旨作了这样的限定：“我们没有必要考虑类似的理由是否要求对公诉人职责的这些方面——将其置于行政主管（administrator）或者调查官员而非辩护律师之角色——给予豁免。我们只判定提起公诉和在代理本州的案件时，公诉人对 § 1983 所规定的民事损害赔偿诉讼享有豁免。”[4]

□ Imbler 说明需要责任转移

Imbler 案的事实充分说明了需要将可能的侵权责任从政府雇员转移至政府。Imbler 案本来应当提供针对政府的侵权救济。对公诉人的不当行为已经造成严重损害的情形允许提起损害赔偿之诉，将会激励州和地方政府在公诉人的选择、培训、监督和训诫等方面提高注意程度。

□ 公诉豁免的范围

在 Ferri v. Ackerman[5] 案中，最高法院判定，根据联邦法官委任而在一起刑事案件中为一名原住民居民提供代理的律师，在州不当执业诉讼中享有绝对豁免权，因为其核心的职责接近于私人律师。他的主要职责是服务其客户的整体利益。他与公诉人或者法官不同，因为他是代表了整个社会的利益。类似的，在 Tower v. Glover[6] 案中，最高法院判 1776
定，州公共辩护人（public defender）对其故意的不当行为不享有豁免。在 Forrester v. White[7] 案中，最高法院判定，尽管一位州法院的法官对于司法权的行使享有绝对豁免权，绝对豁免权并不适用于对缓刑监督官（probation officer）作出解除职务或者降级的决定。

在 Mitchell v. Forsyth[8] 案中，最高法院否定了司法部长在批准对可能威胁国家安全的活动实施未经法院批准的电话监听的问题上具有绝对豁免权。最高法院宣布“权力分立

---

① Dennis v. Sparks, 449 U. S. 24 (1980).
② 424 U. S. 409 (1976)
③ 424 U. S. at 427-428.
④ Id. at 430-431.
⑤ 444 U. S. 193 (1979).
⑥ 467 U. S. 914 (1984).
⑦ 404 U. S. 219 (1988).
⑧ 467 U. S. 914 (1984).

的考量要求对于州和联邦议员和美国总统赋予绝对豁免权，但是它并不要求对内阁官员和其他高级行政官员赋予类似的豁免……Mitchell 并未行使公诉职能……Mitchell 没有行使对于国家安全来说关键性的任务的官员赋予绝对豁免权的类似的历史或者普通法依据”。最高法院允许其享有有限豁免权。

在 Burns v. Reed[1] 案中，最高法院判定，公诉人在向警察提供法律建议时不能享有绝对豁免权，因为这一行为与司法过程并不存在密切联系。类似的，在 Buckley v. Fitzsimmons[2] 案中，最高法院判定，公诉人在法庭外对媒体发表的声明，或者在形成对某人实施逮捕的近因（probable cause）之前进行收集和评估证据等调查职能时，也不享有绝对豁免权。三名大法官对于第二项争点持不同意见。持不同意见的大法官批评多数意见对决定逮捕的近因存在之前的证据评估与决定逮捕的近因存在之后的证据评估进行的区分。

在 Kalina v. Fletcher[3] 案中，最高法院以一致意见判定，公诉人提交宣誓书——其中支持逮捕令的事实理由存在虚假陈述——不属于公诉行为绝对豁免权的范围。最高法院适用了“职能进路（functional approach）”，也就是说它对涉及行使公诉判断的职能与不涉及此种判断的职能进行了区分。最高法院区分了提交信息或者逮捕令申请的公诉职能与提高宣誓书的职能，后者被定性为证人的职能而非公诉人的职能。在协同意见中，两位大法官指出职能进路不符合在制定 § 1983 时对于豁免的普通法进路，而且在该案中采用这一
1777 职能进路所产生的结论刚好与采取普通法进路得出的结论“截然相反”。但是，协同意见认为：“职能进路在我们的 § 1983 法理中植根如此之深，以至于基于遵循先例，我现在不会抛弃这一进路。”

在 1979 年至 2008 年间，最高法院发表的几项判决意见对公诉豁免的范围采纳了狭义解释。但是，在 Van de Camp v. Goldstein[4] 案中，最高法院以一致意见对一些重要类型的案件中的公诉豁免作出了广义的解释。最高法院判定：

> 豁免权延伸适用于以下诉讼请求，即因为下列原因，公诉行为没有披露弹劾材料：(1) 没有正确培训公诉人；(2) 没有正确监督公诉人；或者 (3) 没有建立包含有关告发人的可能弹劾材料在内的信息系统。

最高法院在作出有关豁免权范围的判决时重申和适用了其职能性进路。它判定即使所讼争的职能是行政性质的，它们也属于“与审理行为存在直接联系的”类型。

某市政府律师（city attorney）——有权对违反该市条例而非州法律的行为提起刑事指控——对违反州法的行为提起公诉，从治安法官（Justice of the Peace）——并未遵循州法律规定的程序——那里获得了搜查证，并且在地方法官（magistrate）面前支持收取较高的保释金。法院判定应当驳回对其提起的 § 1983 诉讼，因为根据 Imbler 案他可以享有绝对豁免权。[5] 法院指出，该市政府律师引用了错误的州法律，但是：“可能因为引用了错误的法律或者怕因为履行职责导致惹上官司而放弃部分职责的最诚实的公诉人，要求通过 § 1983 诉讼之外的方式处理恶意履行其职责的公诉人……”[6]

---

① 500 U. S. 478 (1991).

② 509 U. S. 259 (1983).

③ 522 U. S. 118 (1997).

④ 129 S. Ct. 855 (2009).

⑤ Lerwill v. Joslin, 712 F. 2d 435 (10th Cir. 1983).

⑥ Id. at 440.

□ 豁免并不禁止禁令救济或者律师费

在 Pulliam v. Allen① 案中，绝对的司法豁免被打破。最高法院判定可以批准针对行使司法职能的司法官员的禁令救济。“对于面向未来的救济，从来不存在绝对的司法豁免的规则，并且也没有证据表明不存在这种豁免将会对司法独立造成寒蝉效应（chilling effect）。”② 最高法院也判定可以评定向司法官员收取的律师费。四名大法官持不同意见。他们在脚注 17 中指出，已有禁令和确认判决的诉讼中对州法官判处支付 17 412 美元和 5 075 美元的律师费。 1778

弗吉尼亚最高法院及其首席法官在颁布对律师进行规制和训诫的《弗吉尼亚职业责任行为规范》（the Virginia Code of Professional Responsibility）时是在行使立法职能，可以豁免 § 1983 诉讼，但是在他们“行使执法职能”时并不享有豁免权。③ 但是，弗吉尼亚最高法院的法官“在确认和禁令救济中是适格的被告”④。

□ 证人豁免

司法程序中的证人享受不受追究作伪证之民事责任的绝对豁免权，包括免于承担基于 § 1983 之责任。⑤ 三位大法官持不同意见。一位曾被作出定罪判决的个人针对一名警察提起诉讼，指控的部分依据是该警察作了伪证。最高法院作了这样的概括：“普通法对作为司法程序有机组成部分的所有人——政府或者其他主体——提供了豁免权，使他们免于承担后续的损害赔偿责任。”⑥ 对于政策问题，最高法院指出：“让政府官员，例如警察对其作证根据 § 1983 承担损害赔偿责任，可能不仅损失了对司法程序的帮助，还可能会影响他们有效履行其他公共职责。”⑦

□ 对准司法职能的豁免

一位法官任命的破产管理人（receiver）至少在执行法官的命令时可以分享法官的绝对豁免权。⑧ 离婚案件的代理律师也对其准司法职能享有绝对豁免权。⑨

□ 对行政裁决适用的豁免

参加正式裁决程序的行政官员也享有绝对豁免权。在这一问题上，有一起重大案件就是 Butz v. Economou⑩ 案：

我们认为在行政机关内部实施的裁决同样具有足够多的司法程序的特征，以至于此类

---

① 466 U. S. 522 (1984).

② Id. at 536.

③ Supreme Court of Virginia v. Consumers Union, 446 U. S. 719 (1980).

④ Id. at 763.

⑤ Briscoe v. LaHue, 460 U. S. 325 (1983).

⑥ Id. at 335.

⑦ Id. at 343.

⑧ T & W Investment Co., Inc. v. Kurtz, 588 F. 2d 801 (10th Cir. 1978).

⑨ Ashbrook v. Hoffman, 617 F. 2d 474 (7th Cir. 1980).

⑩ 438 U. S. 478, 512-517 (1978).

> 裁决程序的参与人也应当享有针对损害赔偿诉讼的豁免……在这一框架内的现代的联邦听证审查官或者行政法官所扮演的角色无疑就是“在职能上相当于”法官的角色。①

最高法院对行政法官的角色作了描述，并认定：

> 我们……判定遵守这些约束并且在联邦行政机关内部行使裁决职能的人有权享有绝对
> 1779 豁免权，对其司法行为免于承担损害赔偿责任。②

最高法院接着将这一豁免延伸适用于行政机关的初审律师（trial attorneys）以及批准执法程序的行政官员：

> 我们也相信履行与公诉人类似的特定职能的行政官员应当能够对此类行为主张绝对豁免权……我们相信行政官员必须让推进行政案件程序的决定不受恐吓或者骚扰。因为此类程序中被告能够获得的法律救济对行政机关的野心提供了足够的制约，我们可以判定这些负责立案或者继续处理案件的决定的官员有权对他们在决定中扮演的角色而获得绝对豁免权，免于承担损害赔偿责任。③

最高法院接着判定“行政机关律师在实施初审并向事实裁判者提供证据时”，也与行使司法或者公诉职能的官员一样享有绝对豁免权。

□ 与 Economou 案不一致的下级法院判决

与 Economou 案中最高法院的判决主旨相反，下级法院审理的有些案件则否认行使司法职能的行政官员可以享有绝对豁免权。例子之一是 Fowler v. Cross④ 案，判定假释（parole commission）的成员个人承担责任，尽管他们并非出于恶意而未能向犯人提供听证机会。法院指出他们“本应该知道”听证的权利，从而忽略了绝对豁免权和有限豁免权的区别。对于同一问题更稳健的立场则是在 Sellars v. Procurrier⑤ 案。在监狱惩戒听证会上的一名主持官员享有绝对豁免权。⑥ 联邦官员在考核下属时享有绝对豁免权。⑦ 州许可委员会的成员在通过正式裁决程序实施准司法性质的撤销或者中止许可证的行为时享有绝对豁免权。⑧

□ 谁是司法官员？

1780 但是，对于实施裁决职能的行政官员，其绝对豁免权的范围之准确边界是难以预测的。在 Cleavinger v. Saxon⑨ 案中，六名大法官出具的多数意见判定监狱惩戒委员会（prison's disciplinary committee）的委员，只与行政官员（executive officers）一样享有有限豁免权而非绝对豁免权。最高法院指出：“联邦听证审查官和行政法官已经被赋予绝对豁免权”，而联邦和州公诉人、证人和在司法程序中作证的警官则享有“完全豁免权”。

---

① 438 U.S. at 512-513.

② 438 U.S. at 514.

③ 438 U.S. at 515，516.

④ 635 F.2d 476（5th Cir. 1981).

⑤ 641 F.2d 1295（9th Cir.），*cert. denied*，454 U.S. 1102（1981).

⑥ Ward v. Johnson，690 F.2d 1098（4th Cir. 1982).

⑦ Lawrence v. Acree，665 F.2d 1319（D.C. Cir. 1981).

⑧ Watts v. Burkhart，978 F.2d 269（6th Cir. en banc 1992).

⑨ 474 U.S. 193（1985).

“证人是‘司法过程的不可分割的组成部分’，并且相应地得到绝对豁免权的保护。”[1] 最高法院指出，总统对于公务行为享有绝对豁免权，但是对于“行政长官整体”而言的规范是有限豁免权。最高法院对判例法作了有益的总结，承认“绝对豁免权和有限豁免权之间的界限是并不容易理解和建构的”[2]。三名持不同意见的大法官颇具说服力地主张该委员会的成员有权享有绝对豁免权。

□ 巡回法院有关司法豁免的判决意见

巡回法院有许多案件的判决意见在涉及个人在决定过程中扮演了准司法角色的案件中，裁决了绝对豁免权和有限豁免权的界限有关的争议。这些争议的裁决过程是首先分析决定程序以确定行政裁决机构是否提供了足够的程序保障以支持将其程序认定为准司法性。在有的案件中，法院也会分析个人的作用，以确定他在准司法的决定过程中所扮演的角色，或者他是否作出了一项不属于准司法决定过程的行政决定。

在 Stein v. Disciplinary Board of Supreme Court of New Mexico[3] 案中，第十巡回法院判定州律师协会的首席惩戒法律顾问（chief disciplinary counsel）在其行使特定职能时享有有限豁免权而非绝对豁免权，因为这些职能属于行政职能而非辩护律师的职能，而且它们也不是可以由刑事案件公诉人行使的这类职能。

在 Disraeli v. Rotunda[4] 案中，第五巡回法院在判定州证券委员会的执法部门的法律顾问（enforcement attorney）、该委员会执法部门的主任以及该委员会的代理委员针对个人签发紧急的停止终止令（cease and desist order）而被指控侵犯个人的正当程序权利时，他们作为准司法官员享有绝对豁免权。

在 Diblasio v. Novello[5] 案中，第二巡回法院判定纽约州卫生部部长（Commissioner of the New York Department of Health）在吊销医生的执照时并不享有绝对豁免权。法院的理由是该部长与法官并不存在足够相似，因为她集中了调查官、公诉人和法官的角色。法院也判定该部的反医疗欺诈组主任不享有绝对豁免权。法院的理由是该主任的角色与公诉人并不具有足够的相似性，因为存在争议的程序与司法程序之间并不具有足够的相似性。[6] 1781

在 Hughes v. Long[7] 案中，法院判定帮助法院对儿童收养争议的当事人评估其是否适合作为父母的个人可以享受绝对的诉讼豁免。法院认定此类个人“享受司法豁免，因为他们是‘作为法院的助手（arms of court）’”[8]。

在 Smith v. Shook[9] 案中，法院判定州行政法官和联邦行政法官一样，有权享受绝对的司法豁免。

---

① Id. at 200.

② Id. at 206.

③ 520 F. 3d 1183 (10th Cir. 2008).

④ 489 F. 3d 628 (5th Cir. 2007).

⑤ 344 F. 3d 292 (2d Cir. 2003).

⑥ Buser v. Raymond, 476 F. 3d 565 (8th Cir. 2007); Ostrzenski v. Siegel, 177 F. 3d 245 (4th Cir. 1999); O'neal v. Miss. Board of Nursing, 113 F. 3d 62 (5th Cir. 1997); Wang v. New Hampshire Bd. of Registration in Med., 55 F. 3d 698 (1st Cir. 1995); Watts v. Burkhart, 978 F. 2d 269 (6th Cir. *en banc* 1992).

⑦ 242 F. 3d 121 (3d Cir. 2001).

⑧ 另可见 Miller v. Gammie, 292 F. 3d 982 (9th Cir. 2002)。

⑨ 237 F. 3d 1322 (11th Cir. 2001).

在 O'Neal v. Mississippi Board of Nursing[①] 案中，第五巡回法院判定州疗养委员会（state nursing board）的委员在撤销疗养许可证时，属于准司法行为的绝对豁免权之范围。法院以存在与在司法诉讼时类似的程序保障为由支持其判决主旨。

在 Wang v. New Hampshire Board of Registration in Medicine[②] 案中，第一巡回法院判定撤销了医生执照的新罕布什尔州药物注册委员会的委员，以及在该案对这一案件提出公诉的该委员会的法律顾问，都作为准司法程序的参与人而享有绝对豁免权，尽管原告主张这些个人的行为是基于恶意的。

在一份不同寻常的判决意见中，哥伦比亚特区巡回法院判定公诉人行为的某些方面不属于绝对豁免权的范围。在 Moore v. Valder[③] 案中，原告声称：（1）他对邮件欺诈提起的公诉完全是受他对美国邮政局的公开批评所推动；（2）公诉人知道他没有犯下所指控的罪行；（3）公诉人对大陪审团隐瞒了无罪证据（exculpatory evidence）；（4）公诉人在申请提起公诉时，对证人进行恐吓，使得证人改变证言；以及（5）公诉人将大陪审团的证言披露给未经准许的第三方当事人。法院判定公诉人对于前三类行为享有绝对豁免权，但不能针对后面两类行为。它将对证人的恐吓定性为调查过程的一部分，而非司法过程的一部分，并且将未经批准的披露描述为“没有对该行政案件提供实质性帮助”的行为。这些
1782 法院将“恐吓证人”排除在公诉人的绝对豁免权之外，是值得怀疑，也是危险的。公诉人常规性并且合法地实施可能被定性为“恐吓证人”的行为（例如，除非你同意提供对被告不利的真实证言，你将会因为在这一事情上扮演的角色而被提起公诉）。

在 Purisch v. Tennessee Technological University[④] 案中，第六巡回法院判定，大学申诉委员会（university grievance committee）的委员在拒绝受理一位教授因为拒绝提供教职（tenure）的决定提出上诉时，是无权享受绝对豁免权的。法院认定该裁决机构并未提供充分的程序保障以满足将其认定为准司法的要求。该委员会负责收集证据、作出事实认定、撰写裁决意见，但是它并不具有足够的独立于大学的地位，而且还没有为交叉质证提供获得律师代理的权利。但是，法院接着支持了地区法院基于有限豁免权的依据对被告作出简易判决。

在 Prince v. Endell[⑤] 案中，第八巡回法院判定在推迟一名犯人获得假释的决定中扮演不同作用的六个人有权享有绝对豁免权。这些个人的角色包括最终决定者、初步决定者和向决定者准备报告的人。

在 Walrath v. United States[⑥] 案中，第七巡回法院判定卷入撤销原告的假释的决定程序的几名官员可以享有绝对豁免权，因为他们的行为是裁决过程的一部分。这些官员包括一名签署逮捕令的，两名参与准备指控的，以及一名推翻了听证小组所作出不要撤销假释的建议的个人。

在 Krueger v. Lyng[⑦] 案中，第八巡回法院判定，考虑到农业部几名官员在被指控违宪地停止一名雇员的职务中扮演的角色，他们无权享有绝对豁免权。这些官员主张，在为了确定是否需要中止该雇员的职务而进行的听证中，他们是在行使裁决的职能，但是法院认定他们是在行使行政的职能。法院强调指出，这一听证并不具有对抗制的性质，并且雇

---

① 113 F. 3d 62 (5th Cir. 1997).

② 55 F. 3d 698 (lst Cir. 1995).

③ 65 F. 3d 189 (D. C. Cir. 1995).

④ 76 F. 3d 1414 (6th Cir. 1996).

⑤ 78 F. 3d 393 (8th Cir. 1996).

⑥ 35 F. 3d 277 (7th Cir. 1994).

⑦ 4 F. 3d 653 (8th Cir. 1993).

员未获准提出证据证明其被解职是因为他发表了宪法保护的言论。法院也判定该官员不受有限豁免权的保护，因为该雇员向陪审团提出了充分证据证明其被解职是因为自己所发表的宪法保护的言论。法院判定另一名政府官员可以享有绝对豁免权，因为他的唯一职责是 1783
任命一名听证审查官审理该雇员的上诉。①

在 Tulloch v. Coughlin② 案中，第二巡回法院判定一名监狱惩戒听证官（disciplinary-hearing officer）享有有限豁免权，而不是绝对豁免权，因为所提供的程序保障不足以将听证官的职能认定为裁决性。所提供的程序包括出席听证会的权利，提交证言，传唤证人等，但是被排除了获得律师代理的权利、交叉质证的权利，以及申请传票的权利。不仅如此，监狱当局对于听证官的雇佣条件也有一定程度的控制。

下级法院就司法职能的绝对豁免权范围所作的有关判决，有的难以理解，有的则不符合绝对豁免权的概念。例如，在 Harper v. Merckle③ 案中，法院指出："当法院是出于个人的动机而采取的行为，并且利用其司法职权作为有力武器维护个人目标时……那么法官的行为就不是'司法行为'。这些非司法行为……受司法豁免的保护而免于§1983 诉讼。"

某人同时兼任市议员（alderman）和法官，作出了一项逮捕决定，并签署了逮捕令。他作为法官身份实施的行为享有绝对豁免权，而作为市议员身份实施的行为享有有限豁免权；但是他所实施的限制究竟是基于何种权利?④

决定或者拒绝假释可能会被视为是司法性质的，但是假释委员会成员只享有有限豁免权。⑤ 1784

公诉人在明知没有依据的情况下提起刑事指控以实现民事诉讼的目的时，并不享有绝对豁免权，因为他"超越了其职权的范围"⑥。这一案件可能与 Imbler v. Pachtman⑦ 案相反，因为在后者，Pachtman 不可能具有提交明知虚假的证言的权力。当公诉人在其"准司法职能之外"发表诽谤性言论时，他只享有有限豁免权。⑧

公诉人的绝对豁免权仅限于其准司法职能，并不适用于公诉人被指控故意隐瞒凶手的行为。⑨ 法院也判定被指控故意伪造死亡证明可能成为因为剥夺死者父母的宪法权利而承担责任的基础。

联邦调查局的一名前代理局长起诉联邦政府和某些官员对他进行调查和指控而后又同意自愿撤诉的行为承担损害赔偿责任。法院判定这些雇员受有限豁免权的保护，以《联邦侵权求偿法》的裁量性职能例外为由判定联邦政府不需要承担责任。⑩ 该判决意见第二部分，第 495～506 页对于公诉人的绝对豁免权之限度进行了很有价值的讨论。法院指出"绝对的公诉豁免只延伸适用于辩护行为（advocatory conduct）"⑪。在大陪审团前的所有

---

① 另可见 Ramirez v. Oklahoma Dept. of Mental Health，41 F. 3d 584（10th Cir. 1994）（为了对雇员实施惩戒而举行的行政听证，没有提供充分的程序保障，不足以将这些雇员定性为履行裁决职能）。

② 50 F. 3d 114（2d Cir. 1995）.

③ 638 F. 2d 848，859（5th Cir. ），*cert. denied*，454 U. S. 816（1981）.

④ 参见 Crowe v. Lucas，595 F. 2d 985（5th Cir. 1979）。

⑤ Fowler V. Cross，635 F. 2d 476（5th Cir. 1981）. *Contra*：Sellars v. Procunier，641 F. 2d 1295（9th Cir. ），*cert. denied*，456 U. S. 1102（1981）.

⑥ Beard v. Udall，648 F. 2d 1264，1271（9th Cir. 1981）.

⑦ 424 U. S. 409（1976）.

⑧ Marrero V. City of Hialeah，625 F. 2d 499，509（5th Cir. 1980），*cert. denied*，Rashkind v. Marrero，450 U. S. 913（1981）.

⑨ Ryland v. Shapiro，708 F. 2d 967（5th Cir. 1983）.

⑩ Gray v. Bell，712 F. 2d 490（D. C. Cir. 1983）.

⑪ Id. at 501.

行为被认定是辩护性质的。Goodwin 是一名联邦检察官（U. S. Attorney），因为明知地在地区法院提供虚假的宣誓证词而遭到起诉。Goodwin 被否定享有绝对豁免权，因为他是在行使调查的职能。[①] 法院进一步判定他享有有限豁免权。地区法院接着对 Goodwin 作出了简易判决，但是该判决在 Briggs II 案中被推翻。[②] 最高法院后来判定一名证人对于以证人身份提供的说明享有绝对的民事豁免。[③] 在重新审理 Briggs III[④] 案时，法院判定 Goodwin 享有绝对豁免权："作为下级法院，我们需要受所达成的平衡的约束。"[⑤] 法院在判决意见的脚注 36 中指出："我们发现，我们的司法制度——如此严重地依赖受调整对象的同意，对于官员侵犯个人的宪法权利提供的救济如此不足——正在陷入困境。"一位法官不同意在脚注 36 所表达的这一观点。

□ 立法豁免权

议员享有绝对豁免权，即使他们是在行使其调查权。[⑥]"主张的目的没有价值，并不会取消这一特权。议员可以享受豁免而不受限制地履行其立法职责，不是为了私人放纵而是为了公共福祉的需要。"[⑦] 某委员会的主席享有绝对豁免权，即使被指控实施了侵权共谋行
1785 为，但是最高法院要求对该委员会的法律顾问的初审，将该豁免原则改为"对立法机构的官员或者雇员而非议员本人，尽管可以适用，但是不太绝对"[⑧]。

国会议员的助理在履行立法职能时享有绝对豁免权。[⑨] 但是总统的助理并不享有绝对豁免权，他们只享有有限豁免权。[⑩] Burger 首席大法官在 Harlow 案中持不同意见，认定 Gravel 和 Harlow 案的判决存在矛盾。

□ 立法豁免的范围

在 Bogan v. Scott-Harris[⑪] 案中，最高法院以一致意见从两个方面对立法行为的绝对豁免权范围进行了阐述。这一阐述的效果是产生了宽泛和强有力的豁免类型。最高法院首先判定无论基于历史还是理论都支持对地方的议员适用绝对豁免权。最高法院接着判定，在确定行为是否属于绝对豁免权的范围时，动机和意图是不相关的。如果存在争议的行为在形式上是立法行为，例如市长提出了一份取消一人部门（one-person department）的预算草案，或者市议会的议员投票支持该预算，这一行为"属于绝对豁免权的范围，无论行为动机是什么"。因此，例如，陪审团认定市长和市议员的行为是出于对该个人行使《联邦宪法》第一修正案规定之权利而希望通过中止预算对该个人实施报复的动机。

---

① Briggs v. Goodwin,（Briggs I），569 F. 2d 10（D. C. Cir. 1977），*cert. denied*，437 U. S. 904（1978）.

② 698 F. 2d 486（D. C. Cir. 1983）.

③ Briscoe v. LaHue，460 U. S. 325（1983）.

④ 712 F. 2d 1444（D. C. Cir. 1983），*cert. denied*，464 U. S. 1040（1984）.

⑤ 712 F. 2d at 1449.

⑥ Tenney v. Brandhove，341 U. S. 367（1951）.

⑦ Id. at 377.

⑧ Dombrowsky v. Eastland，387 U. S. 82，85（1967）.

⑨ Gravel v. United States，408 U. S. 606（1972）.

⑩ Harlow v. Fitzgerald，4. 57 U. S. 800（1982）.

⑪ 523 U. S. 44（1988）.

□ 豁免适用于准立法性的行政行为

行政官员在履行准立法性的职能时也享有绝对豁免权。一家两州共同设立的行政机关的委员在行使立法职能时享有绝对豁免权。① 消费品安全委员会对于规则制定中的损害性或者违法性程序享有绝对豁免权。法院充分支持了其结论，即“当行政机关行使准立法性的规则制定权时，对行政机关成员提起的损害赔偿诉讼显然就不能成立”②。

□ 巡回法院有关立法豁免权的判决意见

巡回法院已经在众多案件中被要求决定立法行为之绝对豁免权的范围。因此，例如，在 In Re Montgomery County③ 案中，法院判定县议员的议员在决定终止一名雇员职务时并不享有绝对豁免权。法院区分了立法职能（终止某一项刚好是由特定个人占据的职位）与行政职能（终止特定个人的职务）。

在 State Employees Bargaining Agent v. Rowland④ 案中，第二巡回法院裁决了一起疑难的豁免争议。3 000 名被终止职务的州雇员指控前州长和前管理与预算局局长因为根 1786
据他们的政治身份（political affiliations）而终止他们的职务而侵犯了他们基于《联邦宪法》第一修正案享有的权利。被告主张他们享有绝对豁免权，因为他们当时是在行使立法职能（capacities）。法院明确判定对被告豁免金钱损害赔偿的诉讼，但是对于被告是否可以免于某种形式的禁令救济的问题则颇为踌躇。法院认定原告是否可以获得某种形式的向将来发生效力的禁令救济，取决于被告所采取的行为是否在形式和实质上属于立法行为，并且原告所申请的特定救济（恢复原职）是否会禁止被告行使他们本来并不享有绝对豁免权的立法职能或者其他职能。第二巡回法院否定了地区法院依据动机裁决争议，理由是这是不被允许的，也是不相关的。第二巡回法院将案件发回重新审理，以允许证据开示确定停止职务是否在实体上属于立法行为（例如被告取消了原告们所占据的职位），或者实体上属于行政行为（例如被告终止了原告作为个人雇员的地位）。无论在何种情况下，法院都判定应该至少命令原告恢复担任原任职位之外的职位，因为这种救济不会禁止被告行使其立法职能。

在 Woods v. Gamel⑤ 案中，第十一巡回法院判定亚拉巴马州 Marshall 县委员会的委员们（county commissioners）* 投票支持县监狱的被指控不充分的预算行为，属于立法行为的绝对豁免权的范围。

在 Chappell v. Robbins⑥ 案中，第九巡回法院判定，即使原告证明某议员受贿之后提出的法案在成为法律之后造成其利益受损，这时议员仍然能够享有针对立法行为的绝对的民事豁免。法院也认定国会在制定《反勒索及受贿组织法》（the Racketeering Influenced and Corrupt Organization Act）时有权取消立法豁免，但是它没有这么做。

---

* 该案中，Marshall 县委员会是该县的主要治理机构，由一名主席和四名委员组成。主席由全县范围内选举产生，委员则由不同选区的选民分别选举产生。——译者注

① Lake Country Estates, Inc. v. Tahoe Regional Planning Agency, 440 U.S. 391, 402-406 (1979).

② Jayvee Brand, Inc. v. United States, 721 F. 2d 385 (D.C. Cir. 1983).

③ 215 F. 3d 367 (3d Cir. 2000).

④ 494 F. 3d 71 (2d Cir. 2007).

⑤ 132 F. 3d 1417 (11th Cir. 1998).

⑥ 73 F. 3d 918 (9th Cir. 1996).

在 Acierno v. Cloutier① 案中，第三巡回法院判定某县议员在对原告的地产降低区划规模（downzoned）时享有绝对豁免权。法院的理由是如果重新进行分区规划在实体和程序上都是属于立法性质的话，重新进行分区规划就属于立法行为，即使其效力只影响一个人。法院认定重新进行分区规划在程序上是立法性质的，即使县议会没有遵守重新进行分
1787 区规划之程序的技术要求。法院认定，重新进行分区规划在实体上立法性质的，因为它是建立在广泛的政策性考量基础之上。

法院也判定，当市议会在行使废止先前批准的开发规划的职权时，也只享有有限豁免权。法院将这一行为定性为行政行为而非立法行为或者裁决行为。最后，法院判定官员的有限豁免权要求驳回原告的诉因，即使原告拥有既有的权利，可以根据之前批准的规划而对其地产进行开发，但是这一权利不是“明确确立的”。

在 Redwood Village Partnership v. Graham② 案中，法院判定某州行政机关的参与规则颁布过程的六名雇员享有绝对豁免权。法院将规则制定定性为立法活动，而非行政活动。

在 Trevino ex rel. Cruz v. Gates③ 案中，法院判定市议员在批准市政府履行在一起侵权诉讼中针对警察作出的惩罚性损害赔偿判决，并不享有绝对豁免权。法院认定这些市议员是在行使行政职能，而非立法职能，因为市议员可以在逐案处理的基础上作出此类决定。这一结论是值得质疑的。法院试图根据自己对立法机构处理不同问题的方式——例如权宜性的（ad hoc）还是系统性的——的理解，而对立法机构的行为进行区分，这将是困难和危险的。

□ 裁量性职能的绝对豁免权

履行司法或者立法职能的政府雇员可以享有的豁免，如果有的话，其性质取决于对其职能的其他描述。行政官员在履行裁量性职能时享有绝对豁免权。最高法院在 1845 年对拒绝向原告付款的邮政局长（the Postmaster General）赋予豁免权：

> 如果政府官员要作出的行为不只是执行性质的，还是与其行使判断或者裁量的职责相关的，在这种情况下政府官员不需要对其错误实施的行为负责；即使个人可能会因为他的错误而遭受损失。相反的原则实际上蕴藏着最大的损害。④

半个世纪后，最高法院判定邮政局长对诽谤责任享有豁免权，并且确定了一项对于非宪法侵权来说仍然基本上有效的原则：

> 具有高级管辖权（superior jurisdiction）的法院之法官对履行其司法职能的过程中实
> 1788 施的行为享有民事诉讼豁免，这里所要求的公共政策和便利的整体考量，在很大程度上同样适用于内阁组成部门的行政首长在依法履行职责时所进行的公务沟通（official communications）。⑤

□ 总统享有的豁免权

五名大法官出具的多数意见判定一位前总统“对基于其职务行为的损害赔偿责任享有

---

① 40 F. 3d 597 (3d Cir. 1994).

② 26 F. 3d 839 (8th Cir. 1994).

③ 17 F. 3d 1189 (9th Cir. 1994).

④ Kendall v. Stokes, 44 U. S. 87 (1845).

⑤ Spalding v. Vilas, 161 U. S. 483 (1896).

绝对豁免权”[1]。但是，总统助理只享有有限豁免权。[2]

在 Clinton v. Jones[3] 案中，最高法院一致判定，在联邦法院提起的民事诉讼是源于总统就职之前发生的行为，总统不是在其任职期间对该诉讼享有临时性的豁免权。但是，最高法院强调指出，“对于总统给予的高度尊重……应当告知整个案件中的行为”。最高法院也指出“对总统可能造成的负担……是地区法院对该案进行评估时适合考虑的问题”。

□ 对非裁量性职能的有限豁免权

实施了非裁量性或者执行性质任务的政府雇员，只享有有限豁免权。最高法院在 Westfall v. Erwin[4] 案中重申了对裁量行为的绝对豁免权和对执行行为的有限豁免权之间的区分。这种区分在有的时候是有问题的。尽管警察的工作很多是裁量性的，法院长期以来将警察行为归入执行性行为；这意味着警察通常只享有有限豁免权而非绝对豁免权，即使是他所作出的行为显然是裁量性的。[5] 对于警察工作来说，这一区分的效力可能确实会让人匪夷所思。一位未经法律培训的警察，可能会因为在对复杂事实适用复杂法律的过程中作出的错误判断而承担责任，而法官则对于所作出的同样错误的法律判断却享有豁免权。[6] 第二巡回法院已经明确承认警察在实施搜查和逮捕的行为不存在裁量的观点属于一种“拟制（fiction）”[7]。

□ 对行政官员宪法侵权的有限豁免权

最高法院存在严重分歧的大法官们对于两起案件所作的判决，对于非宪法侵权的豁免与宪法侵权的豁免之间增加了一种区分。在 Barr v. Matteo[8] 案中，四名大法官提供的复数意见判定租金稳定化办公室（the Office of Rent Stabilization）的代理主任对以新闻稿中存在诽谤材料为由提出的普通法上的诽谤诉讼享有绝对豁免权。三名持不同意见的大法官 1789
主张该官员只享有有限豁免权。主要的职能区别是通过证明恶意或者过失推翻有限豁免权的能力。一位大法官基于其他理由持协同意见，而一位大法官则是基于其他理由持不同意见，因此最后是以 4∶3 判定对在履行裁量性职能同时实施的普通法上的侵权行为适用绝对豁免权。

但是，在 Butz v. Economou[9] 案中，五名大法官出具的多数意见缩小了 Barr 案中判决主旨的适用范围，判定履行裁量性职能的官员对于宪法侵权只享有有限豁免权。多数意见既没有解释其所作出的判例法的重大改变，也没有回应四名持不同意见的大法官提出的要点。Rehnquist 大法官代表四名持不同意见的大法官指出：

我最大的担心……不是今天的判决所存在的不合逻辑或者不切实际的问题，而在于它

---

① Nixon v. Fitzgerald, 457 U.S. 731, 749 (1982).

② Harlow v. Fitzgerald, 457 U.S. 800 (1982).

③ 520 U.S. 681 (1997).

④ 484 U.S. 292 (1988).

⑤ 例可参见 Pierson v. Ray, 386 U.S. 547, 555 (1967)。

⑥ 参见 Malleyv. Briggs, 475 U.S. 335 (1986)。

⑦ Bivens v. Six Unknown Named Agents of the Federal Bureau of Narcotics, 456 F.2d 1339, 1346 (2d Cir. 1972).

⑧ 360 U.S. 564 (1959).

⑨ 38 U.S. 478 (1978).

可能导致……对政府运行的破坏。因为内阁官员也是凡人，我们就不能对他们每一位的准确的判决平衡（judgmental balance）都满意，并且正是因为这些人性的弱点，Spalding 原则……要求一旦法院认定高级行政官员“履行了法律所赋予的职责”就赋予绝对豁免权。①

Economou 案中持不同意见的大法官的观点是符合逻辑和实用主义的。宪法的众多领域是不清晰、动态变化并依赖于难以证成或者辩驳的详细的事实背景。正如让政府雇员承担普通法侵权责任时的相同的成本和风险时一样，让政府雇员承担损害赔偿责任的风险，以及几乎肯定会导致在侵权诉讼中为其行为的合宪性进行辩护的明显的负担和成本，会造成政府雇员过度谨小慎微。

□ 哪些普通法侵权属于宪法侵权？

不仅如此，宪法侵权与非宪法侵权之间的界限在很多情况下是难以适用的。例如，在 Economou 案中，原告声称众多政府雇员参与实施了包括恶意起诉、非法侵入和恶意诽谤等在内的一系列行为。我们很难轻易确定这些普通法侵权中哪些属于宪法侵权。正如
1790 §9.4 所讨论的，最高法院已经在故意性质的官员诽谤是否属于正当程序条款调整范围的问题上出现摇摆。目前，名誉本身不受“自由”利益保护，但是如果诽谤言论是在同时剥夺了个人某些有利利益的政府行为中作出的，官员对名誉权的剥夺可能构成违反正当程序，即使其他利益本身并不受正当程序条款的保护。②

□ 法官、议员、公诉人和证人的宪法侵权享有绝对豁免权

不仅如此，假定在类似 Economou 案的案件中，法院认定行政机关受指控的行为中有一项或者多项属于宪法侵权，法院接着就必须对该案中众多的政府雇员被告进行区分。这些被告中，有的被告，例如行政法官、公诉人和证人，享有针对宪法侵权的绝对豁免，因为他们是在履行司法职能。其他被告，例如对原告进行调查但是没有出庭作证的审计人员（auditors）只享有有限豁免权。但是，举例来说，对于从事调查并作证的资深审计人员与只进行了调查工作的资浅的助理之间的区分，没有明显的理由。Economou 所要求的进行区分的难度可以在 Schlegel v. Bebout③ 案中得到说明。该案中巡回法院以 2∶1 判定俄勒冈公用事业委员会（the Oregon Public Utilities Commission）的一名委员（Deputy Commissioner）在卡车线路案件（truck route proceeding）中命令进行审计并准备财务数据，只能享有有限豁免权，因为他被指控侵犯了正当程序，而且其职能是规制性质而非司法性质。

□ 划分界限的困难

Economou 案提出了在众多情况下进行疑难而且很大程度上不可靠的区分的需要。例如，下列情形是否构成违反《联邦宪法》：官员持枪对准患有心脏病的人；官员通过虚假陈述赢得了政府合同；官员获准为了作为证据使用而取走某财物，并准备归还；官员杀死

---

① 483 U.S. at 526-528.

② 参见§9.4 讨论的 Siegert v. Gilley，500 U.S. 226（1991）。

③ 841 F.2d 937（9th Cir. 1988）.

印第安人的马匹①；官员故意制造情绪抑郁（emotional distress）；或者官员鲁莽行为造成人身伤害或者财产损失。这些问题在现行法律中并无明确答案，而对这些问题进行争讼将是非常消耗金钱和精力的。如果官员的豁免对于所有侵权能够一体适用，这类诉讼就没有必要进行了。

□ 有限豁免权的界定：Harlow 案

对有限豁免权最可靠的定义是在 Harlow v. Fitzpatrick② 案：

> 行使裁量性职能的政府官员，通常来说只要其行为没有侵犯明确确立的、理性人已经知道的法定或者宪法权利，就可以得到保护，免于承担民事损害赔偿责任。 1791

但是，最高法院已经采用了其他表述对有限豁免权进行定义，而且定义并不容易适用。它要求适用同时具有主观性要素和客观性要素的标准。如果政府雇员的行为侵犯了宪法权利，该权利在行为当时是否是“明确确立的”？如果是的话，“理性人”如果在雇员的职位上是否已经知晓行为当时已经明确确立的权利？如果是的话，处于雇员的情况下的“理性人”是否也已经知道他行为当时所处的详细的事实背景使得他的具体行为违反了这种明确的宪法权利？换句话来说，在多大程度上，我们可以设想“理性的”政府雇员不仅知道宪法权利的存在，还知道可以决定相同的行为构成违法还是违宪的微妙的事实背景？

□ Pierson 案

最高法院已经在多份判决意见中试图对这些问题作出回答。在 Pierson v. Ray③ 案中，最高法院判定警察对因为违反一项他们“合理确信属于有效但是后来被判定违宪的”法律的行为而实施逮捕，可以受有限豁免权的保护。最高法院提到了“善意（good faith）”的有效保护。④“善意”以及官员“合理确信”的标准至少部分是主观性的，尽管什么确信内容是“合理的”这一问题是客观性的。

□ Scheuer 案

在 Scheuer v. Rhodes⑤ 中，最高法院被要求在一个不同的背景中适用有限豁免权。尽管案件的事实是独特的，最高法院解决的一般性问题却是经常出现的。起诉书指控州长、副官（Adjutant General）*、国民卫队（the national guard）的官员、肯特州立大学（Kent State University）的校长“有意、鲁莽、故意和肆意地”动用国民卫队，导致学生的死亡。起诉书指控武断的行为超越了职权范围，构成了对法定职权的滥用。最高法院宣布：

> 政府行政分支中的官员可以享有的有限豁免权范围一直变动不居，而这种变化取决于其裁量和职责，以及在行为当时合理出现可以作为追究责任之基础的所有情形（all the

---

* 副官是各州的高级军官，是包括国民卫队在内的州所属军队，事实上的指挥官，但是受州长领导。——译者注

① 参见 Hatahley v. United States, 351 U. S. 173 (1956) 的案件事实。

② 457 U. S. 800, 818 (1982).

③ 386 U. S. 547, 555 (1967).

④ Id. at 557.

⑤ 416 U. S. 232 (1974).

circumstances）。正是在行为当时根据所有这些情形而形成的确信的合理基础，加上善意
1792 确信，可以为行政官员对其公务行为享有有限豁免权提供依据。[①]

□ 对案情的合理确信

Scheuer 案没有涉及法律是否是“明确确立”的问题。其核心问题是最高法院所称的“善意确信”，并且该“确信”涉及是否应该以及如何动用国民卫队。这些官员不是在解释和适用法律，他们是在评估事实和行使裁量。该判决是这样一项原则——有限豁免权涉及事实评估、裁量权运用以及法律解释——的权威依据。该案还提出了一项重要的观点，有限豁免权根据“裁量权范围、职责和行为当时出现的所有情形”而有所不同。[②] 我们常常难以确定对某一情形应该适用的法律。但是，在许多情形下，甚至更难确定或者预测的是对特定事实情形适用法律的结论。Scheuer 案承认了这一困难，允许政府雇员在善意的情况下可以在评估事实上存在一定误差。对于这种误差的容忍度会随着官员的职责范围增加而增加。

□ Wood 案

五位大法官在 Wood v. Strickland[③] 案中重申了有限豁免权的定义。教育委员会（school board）作出了开除学生的决定，此时距学期结束尚有 3 个月时间，被开除学生根据 § 1983 对教育委员会成员起诉。最高法院宣布：

> 官员本人在作出行为时必须是真诚的，并确信其行为是正确的，但是不能以实际恶意的存在证明侵犯学生宪法权利之行为的合理性，同样也不能通过忽略或者无视公认无可争议的，承担监督学生日常生活之责的人应当遵守的法律而证明侵犯学生宪法权利之行为的合理性。[④]

Powell 大法官代表四位持不同意见的大法官指出，最高法院正在设定——

> 比迄今为止所要求的……更高的注意义务标准……［因为最高法院的标准］所依据的不仅是善意，“还依据对其所管理的学生拥有的根本性、不受质疑的宪法权利”。……不仅如此，忽略法律明显就等于“实际恶意”……这一严厉的标准……几乎掏空了有限豁免权原则……这些官员现在的行为会导致的风险是某些法官或者陪审团之后认定对可适用法律的善意确信可能存在错误，从而是可诉的。[⑤]

持不同意见的大法官指出，最高法院刚刚在同一司法年度判决的另一起案件中以 5∶4
1793 判定学生享有在被开除之前获得听证的权利。[⑥] 持不同意见的大法官委婉地问道，校长或者教育委员会的成员是否需要冒着风险预测最高法院的微弱多数会认定存在此种“根本性、不受质疑的宪法权利”。Wood 案的多数意见确实可能会让政府官员因为未能预测到一位最高法院大法官的意见而承担责任，尽管这种可能性取决于下级法院是如何试图将一般的宪法权利区别于“根本性、未受质疑的”宪法权利的。Wood 案中九位大法官都同

---

① 416 U. S. at 247-248.

② Id. at 247.

③ 420 U. S. 308 (1975).

④ 420 U. S. at 321.

⑤ 420 U. S. at 328.

⑥ 参见本书第 9 章讨论的 Goss v. Lopez，419 U. S. 565 (1975)。

意，对于有限豁免权的任何合理界定都包括客观要素和主观要素。

□ O'Connor 案

在 O'Connor v. Donaldson[1] 案中，最高法院对于其之前在 Pierson 案中所提观点——州雇员可以为其强制执行某法律的行为进行辩护，即使该法律后来被判定违宪——的范围和持续效力提出了一些疑问。一家医生的院长（superintendent）在一场 § 1983 诉讼中对约束精神病人但未作治疗的行为以善意遵守州法为由进行辩护。最高法院判定："州法也许已经授权对不存在违宪的精神病人进行约束，这一事实本身并不能证明存在对于约束行为而言在宪法上充分的目的。"[2] 最高法院将案件发回，要求重新审查一项指示，即善意确信所遵守的州法是充分的，是否存在错误。最高法院指出，"官员当然没有义务预测无法预见的宪法发展"[3]。这里的引文可以被解释为意味着官员必须预测可以遇见的宪法发展，但是最高法院可能并不是这么想的。对于政府官员设定预测宪法的未来发展之义务过于严厉，以至于不切实际。

□ Procunier 案

但是，最高法院在 Procunier v. Navarette[4] 案中降低了预测宪法发展的要求。最高法院作出了支持一位拒绝寄送某犯人的信件的监狱官员的判决，因为在当时，犯人寄送信件的宪法权利尚未"明确确立"。这些官员能够基于有限豁免权进行辩护，因为"不可能合理地预期他们注意到尚未被确认的宪法权利"[5]。

□ Harlow 案

现在对于有限豁免权的法律规则来说最为重要的判决，可能是 Harlow v. Fitzgerald[6] 案。最高法院使得有限豁免权规则朝着更客观的标准发展，但是并没有让其变得完全客观化。最高法院并未说"善意"不再是标准的一部分，但是它对新标准的表述中并不包括"善意"，而且最高法院肯定地指出它是在"主要以客观术语对有限豁免权进行界定"[7]。最
高法院在判决意见的第一句就指出："本案的争点是总统高级助理和顾问……对于因为他 1794
们的公务行为而提起的损害赔偿诉讼中享有的豁免权的范围。"总统助理被指控共谋侵犯宪法和法定权利。最高法院首先否定了绝对豁免权："总统助理，与内阁成员一样，通常只享有有限豁免权。"[8]

在指出官员承担主张善意以作为积极抗辩的责任后，最高法院作了如下论述：

"善意"抗辩同时具有"客观"和"主观"的方面。客观要素包括推定了解"根本性、未受质疑的宪法权利"。……主观要素则是指出"可以允许的意图"。……最高法院已经通

① 422 U. S. 563 (1975).
② Id. at 574.
③ Id. at 577.
④ 434 U. S. 555 (1978).
⑤ Id. at 565.
⑥ 457 U. S. 800 (1982).
⑦ Id. at 819.
⑧ Id. at 809.

过确认不能享有有限豁免权的情形而确认了这些情形。通过同时提及客观要素和主观要素，我们已经判定，如果官员“知道或者应当知道他在职责范围内采取的行为将会侵犯原告的宪法权利，或者如果他恶意采取这一行为导致剥夺宪法权利或者其他损失……”将会导致不再享有有限豁免权。[①]

□ 明确确立的、理性人应当已经知道的权利

最高法院接着强调指出在对“善意抗辩的主观要素”进行争讼时的“实质性成本”，包括“让官员承担诉讼风险”，以及“对有效政府具有破坏性”的“涉及面广的证据开示（discovery）”[②]。在认定“仅仅指控存在恶意并不足以让政府官员承担诉讼成本或者广泛的证据开示的负担”[③]，最高法院对其主要观点陈述如下：

因此，我们判定行使裁量性职能的政府官员通常得到保护，在其行为并未侵犯明确确立的、理性人应当已经知道的、法定或者宪法权利时，免于承担民事损害赔偿责任。[④]

□例证适用该标准之难度的案件

法律应当如何明确才能构成“明确确立的”，这一问题当然是相当棘手的。涉及这一问题的相同案件四次被诉至哥伦比亚特区巡回法院，并最后在 Zweibon v. Mitchell[⑤] 案中作出最终判决。前司法部长 Mitchell 已经批准“出于合理的国家安全目的”实施的无证电
1795 子监听。这些监听活动对于国内目的来说是违法的，最高法院已经出于国家安全的考虑决定对这些监听活动合法性延期作出裁决（reserved ruling）。[⑥] 监听活动发生在 1970—1971 年，而这一问题一直被延期到 1971 年之后才作出判决。根据自己曾经作出的一项判决，哥伦比亚特区巡回法院在 Zweibon 系列案的第四起案件中判定 Mitchell 可以合理确信其行为的合法性。三名法官在不同意见书中指出：“在 1970-1971 年没有明确确立的是例外而不是规则。”[⑦]

□ Davis 案

最高法院在 Davis v. Scherer[⑧] 案中解释、深化和修改了 Harlow 原则。州行政官员未经听证终止了上诉人在佛罗里达州公路巡逻队（Florida Highway Patrol）的工作，上诉人根据 § 1983 指控这些官员违反了程序性的正当程序。地区法院否认这些官员享有有限豁免权，理由是听证程序的权利是明确确立的。五天后，巡回法院在另一起案件中判定这种未经听证的解雇决定并未侵犯明确确立的正当程序权利。地区法院在重新审查该案件后维持了损害赔偿判决，因为这些官员已经违反了行政部门的规章；地区法院在修改其判决时并未讨论这些官员是否违反《联邦宪法》的问题。上诉法院确认了这一判决。最高法院在

---

① 457 U. S. at 815.
② Id. at 815-817.
③ Id. at 817-818.
④ 457 U. S. at 818.
⑤ 720 F. 2d 162 (D. C. Cir. 1983).
⑥ Katz y. United States, 389 U. S. 347, 358 n. 23 (1967).
⑦ 720 F. 2d at 175.
⑧ 460 U. S. 183 (1984).

推翻原判决时指出：

> 地区法院对于上诉人的有限豁免权的分析，是在我们对 Harlow 案作出判决之前……是基于有关上诉人离开其工作的“各种情形的总和”。本院（最高法院）在 Scheuer v. Rhodes[①] 案中适用了这一标准……Harlow 原则抛弃了对心理状态的调查而偏向于完全客观的标准……官员是否能够成功行使有限豁免权抗辩，取决于“对照明确确立的法律，其行为是否具有客观合理性。”[②] 没有其他“情形”是与有限豁免权的问题有关的。[③]

□ 什么是“明确确立的权利”?

Davis 案对于未来法律的最为重要的影响之处在于确定宪法权利和“明确确立的宪法权利”之间的界限。最高法院在为自己确定了划定这一界限的任务时，可能是在试图完成不可能的任务。能够以抽象形式明确表述的法律，通常在适用于多变而无法完美理解的事 1796
实时会变得不再明确。当官员决定作出某项行为时，他需要面对的不仅是抽象的合法性问题，还需要面对法律如何适用于事实集合（factual complex）的问题。通常来说，即使是最明确的法律，在如何适用于特定的事实集合时也不再是明确确立的。即使是最优秀的法律人在处理最明确的法律，他们在将法律适用于各种独特的事实时也会遭遇疑问。

□ 许多宪法问题取决于事实

Davis 案恰好说明了这一点。抽象法律的问题是容易回答的：雇员在被终止职务之前获得听证的正当程序权利是否明确确立？四名大法官在不同意见书中部分表明了肯定的答案。最高法院并没有不同意这一意见。但是，最高法院没有同意对抽象法律的适用。最高法院在脚注 10 中声称“最高法院还没有确定必须提供何种类型的听证……不同意见中并未提到哪起案件是能够证明上诉人有权得到更具体的通知，或者更正式的回应机会，而不是他实际上所得到的”。

因此，为了推翻有限豁免权的抗辩，原告必须证明，法律要求在具体的事实情境中提供特定的被忽略的程序保障，这一点是“明确确立的”。当诉讼是基于违反正当程序条款而提出时，在 § 9.5 中描述的正当程序调查的复杂性质将会使得这一任务难以完成。指控侵犯其他宪法权利也会提出类似的问题，例如，无证搜查是否在具体的情形中是显然违宪的。

□ Malley 案

在 Malley v. Briggs[④] 案中，最高法院的判决意见用词怪异，既可以解释为扩大了有限豁免权的范围，也可以解释为限缩了有限豁免权的范围。Malley 是一名州骑警（trooper），从法院批准的电话监听中了解到前一天晚上的一次大麻派对。他提出了要求逮捕的重罪起诉书（felony complaints），法官签署了这些重罪起诉书。主要参加者被逮捕并指控

---

① 416 U. S. , at 247-248.

② Id.

③ 460 U. S. at 191.

④ 475 U. S. 335 (1986).

持有毒品。报纸披露了这一事实，但是在大陪审团没有呈交公诉书（return an indictment）。* 大麻派对的主要参加者于是根据§1983起诉Malley。陪审团在审理之后对Malley作出了指示裁决（directed verdict）**，因为中立的地方法官（magistrate）已经签发了逮捕证。第一巡回法院推翻了该判决，而最高法院维持了第一巡回法院的判决。

□ 法官可以对法律错误享有豁免权而警察可能需要承担责任

最高法院特别驳回了这样的主张，即官员“有权依据司法官员在认定存在近因时所作的判断”。最高法院指出：“确实，在一个理想的制度中，不合理的搜查/逮捕证申请不会造成损害，因为没有哪位法官会批准申请。”但是我们的并不是理想的制度。① 这部分的判决意见表明最高法院限缩了有限豁免权的范围，并且让警察因为未能发现法官行为中存在的法律错
1797 误而可能承担责任。Malley案说明，如果司法官员犯了法律错误或者对案件事实适用法律错误，警察根据司法官员所作出的错误命令作出行为，警察就可能需要承担损害赔偿责任。

□ 只有“显然不称职的（plainly incompetent）”雇员才需要承担责任？

但是，这份判决意见还包含了可能反映扩大有限豁免权范围的表述。最高法院指出：“随着有限豁免权抗辩的演变，它对所有政府雇员提供充分的保障，但是明显不称职的或者明知违反法律的除外。”② 这一表述并非精确地反映了Malley案之前的判例法，而且Malley案在多大程度改变了判例法也是不明确的。在Malley案之前，许多未经法律培训的称职的政府雇员已经被判定对所犯的法律错误或者对案件事实的法律适用错误负责。在很多情况下，这一责任是基于许多称职的法律人会犯的法律错误。Malley案判决意见中提到的“明显不称职”是特别令人困惑的，因为这份判决意见同时表明警察可能对未能发现法官所作出的法律错误负责。警察未能察觉法官所犯的法律错误，属于“明显不称职”吗？

□ Anderson案

最高法院在Anderson v. Creighton③ 案中重复了对有限豁免权范围的不准确描述：“有限豁免权保护所有政府雇员，但是明显不称职的或者明知违反法律的除外。”但是，这份判决意见的平衡表明，最高法院不是在通常的具有侮辱性质的形容意义上使用“显然不称职”这一短语的。相反，最高法院宣布了一项简单的过失标准。最高法院判定，当且仅当理性的官员可以相信搜查是合法的时候，联邦调查局的特工对于其因为“紧急情况”认为合法的搜查证导致的损害豁免赔偿责任。④ 这一事实问题是应该由陪审团裁决的。如果我们将其行为偶尔偏离理性人标准的任何人贴上“显然不称职”的标签，整个社会每个人都将“显然不称职”。没有人能够一直符合假想的理性人范式。

---

* 呈交公诉书，是指将公诉书呈交给正由法官主持进行的公开法庭。——译者注

** 陪审团的裁决称为verdict，而法官的判决称为judgment。指示裁决，是指法官通常在案件的其中一方当事人无法对案件履行证明责任时，下令陪审团作出的特别裁决。——译者注

① Id. at 345.

② Id. at 341.

③ 483 U.S. 635, 638 (1987).

④ Id. at 641.

□ Elder 案

在 Elder v. Holloway① 案中，最高法院发现了地区法院忽略了一项决定性的巡回法院判决，判定巡回法院必须推翻地区法院所作的判决——判定一位政府雇员的行为属于有限豁免权的范围。因此，具有讽刺意味的是，未经法律培训的政府雇员需要因为没有意识到在法官判决该案时近期作出的司法判决而承担侵权责任。巡回法院判决的效力是创设了“明显确立的”宪法权利，而且这一宪法权利是在联邦雇员侵犯该权利时联邦地区法院法官所不知道的。 1798

□ Ryder 案：有限豁免权只免除损害赔偿责任

在 Ryder v. United States② 案中，最高法院判定，尽管有限豁免权保护政府官员，使其不需要在损害赔偿诉讼中为自己辩护，但是它并未保护政府官员，阻止原告寻求其他救济，例如撤销政府官员所作出的行为。

□ Lanier 案：什么权利是“明确确立的”?

在 United States v. Lanier③ 案中，最高法院以一致意见作出的判决意见对于确定被告是否侵犯了“明确确立的”权利的标准提供了有益的指引。最高法院指出，它先前已经要求权利必须是法律文本或者公认的解释所“明确确立的”，可以为起诉政府雇员侵犯该权利提供基础。最高法院批评一家巡回法院“对具有一定警示性的具体化标准（the made-specific standard of fair warning）”补充了“两项注释（glosses）”。巡回法院判定只有在下列情况下，权利才是“被具体化的”：(1) 最高法院已经宣布的；(2) 在具有与讼争事实“根本类似的（fundamentally similar）”事实的案件之中。最高法院判定，这两项注释都是法院判定权利已经“被具体化”的前提条件。最高法院判定巡回法院的判决可以构成确定某权利已经“被明确”的依据，但是授权法院在判决权利是否是“明确确立的”时候，将“不同巡回法院中的分散的判决”纳入“考虑范围”。最高法院也批评巡回法院的“根本类似的”事实标准提出了“过高的确定性要求”。最高法院指出，“具有一定警示性的标准［并不是］指向在所有案件中都足够的单一的具体化水平”。最高法院特别指出，“一定警示性标准”在民事案件和刑事案件中是相同的。

□ 最高法院经常忽略自己确立的原则

有限豁免权原则（qualified immunity doctrine）与最高法院对于这一原则的描述并不相同。最高法院已经多次将这一原则描述为保护“除了明显不适格的之外”的政府雇员免于承担个人责任。这一描述显然是错误的。这一原则的本意是在政府雇员因为指控其侵犯个人的宪法权利而被起诉要求损害赔偿的所有案件中，通过双阶段的司法决定过程，保护在试图理解错误、不确定和动态的宪法领域而作出善意的错误的适格的政府雇员。首先，

---

① 510 U.S. 510 (1994)，参见 § 19.2 的讨论。

② 515 U.S. 177 (1995).

③ 520 U.S. 259 (1997).

法院需要确定雇员是否侵犯了个人的宪法权利。然后，如果答案是肯定的话，法院需要确定被侵犯的权利是否在雇员作出行为时是“明确确立的”。如果雇员的行为并未侵犯“明
1799 确确立的权利”，他的行为是受有限豁免的保护，即使法院确定其行为已经侵犯了宪法权利。

实际的司法决定过程与这一明智的双阶段过程常常存在明显差别。法官和大法官们经常投入大量精力对雇员的行为是否侵犯个人的权利进行激烈的辩论，然后直接认定被侵犯的权利是“明确确立的”，即使其他法官或者大法官们依旧认为这些权利并不存在。换句话说，许多法官和大法官常常描述为未经法律培训的“明显不适格的”政府雇员，因为他们错误地相信法律与众多其他法官和大法官的观点一致，而不是与一家法院的多数意见在之后的案件中所表达的观点一致。在 2002—2003 司法年度判决的两起案件说明了限制豁免原则的深不可测。

□ Chavez 案

在 Chavez v. Martinez[1] 案中，大法官们在裁判一项重要和疑难的问题时形成了六种不同意见：在何种情形下，如果有的话，在疑犯正在因为痛苦的伤害而正在接受治疗时对其进行的信问是否违反了《联邦宪法》反对自我归罪条款（Self-Incrimination Clause）或者正当程序条款？在对几乎所有问题或者分问题存在不同意见之后，五位大法官出具的多数意见将该案发回重新审理，并指示地区法院决定询问的行为是否违反了实体性正当程序。大法官们分成六派意见的辩论很精彩，但是对于询问行为是否在将来被判定违宪并未达成一致意见。在这种情况下，判定信问者个人对侵犯任何原告的“明确确立的”权利承担责任是完全不公平的。无论原告在信问时拥有什么权利，都不能被公平地描述为在当时具有“明确确立的”权利。

□ Hope 案

在 Hope v. Pelzer[2] 案中，大法官们对于解释和适用限制豁免原则产生分歧。六名大法官出具的多数意见判定三名狱警将犯人铐在拴马柱（hitching post）时无权获得有限豁免，因为他们侵犯了犯人在行为当时“明确确立的……理性人本来应该知道的权利”。多数意见否定了巡回法院“僵化的”要求，即先前案件的事实必须是“实质性类似”才能以此作为前提判定现有案件中的行为侵犯了原告“明确确立的”权利。多数意见认为，根据
1800 1974 年巡回法院的先例判决的判决主旨和推理，1987 年巡回法院先例判决的推理但非判决主旨，阿拉巴马州矫正部（Department of Correction）的规则，以及司法部的规则，原告的权利是明确确立的。三名大法官撰写了很有说服力的不同意见，解释了为什么多数意见援引的这些法律渊源都不足以告知狱警将犯人铐在拴马柱上的行为会侵犯犯人的权利。持不同意见的大法官提到了七项最近的联邦地区法院判决，判定这一做法并不违反《联邦宪法》第八修正案。持不同意见的大法官问道：“如果适用最高法院这一法理……是与最高法院的主张一样明显的……人们就会好奇联邦地区法院如何能够屡次得出相反的结论……”判定狱警因为犯下与联邦地区法官一样的错误而承担责任，在法律领域也有一些

[1] 123 S. Ct. 1994 (2003).

[2] 122 S. Ct. 2508 (2002).

根本性的错误。

□ Groh 案

在 Groh v. Ramirez① 案中，大法官在裁决另一起有限豁免争议时形成了 5∶4 的分歧。被告进行了搜查，但是搜查证上并未写明扣押人员或者财物。七名大法官出具的多数意见判定被告违反了《联邦宪法》第四修正案。两名大法官持不同意见，依据是他们相信尽管搜查证无效，搜查仍然是合理的，因此在宪法上也是有效的。五名大法官出具的多数意见判定被告的行为不受有限豁免的保护，理由是没有一位有理性的官员会相信搜查证没有写明要扣押的人员或者财物而仍然有效。四位大法官在有限豁免问题上持不同意见。他们主张，考虑到本案的事实，多数意见的结论是不相关的。被告知道，搜查证必须包含对要扣押的人员或者财务的描述。他相信搜查证中包含了这样的描述。这并不是因为被告犯下了书写错误。他在其宣誓书和搜查证申请书中都包含了要扣押的人员和财物的描述。但是，当他输入搜查证时，他为图省事而重复了对所要搜查的场所的描述，而不是在搜查证的适当地方输入要扣押的财物。没有人，包括签发搜查证的治安法官（magistrate judge）在实施搜查行动之前察觉这一错误。持不同意见的大法官表达的观点是"官员……可以因为没有意识到填写拟议搜查证时犯下书写错误而获得谅解"。持不同意见的大法官更具有说服力。一名官员因为填写拟议搜查证时犯下错误而未发觉而被认为是"显然不适格"，这种结论是不可能成立的。如果这是确定明显不适格的标准，每位现任大法官都是明显不 1801
适格的。我个人就已经注意到最高法院大法官在他们发表的判决意见中存在的两项重要的书写错误。即使是最有能力的作家有的时候也会犯下他未能及时察觉和纠正的错误。

□ 在特定情形中确定权利的边界：Brosseau 案

在 Brosseau v. Haugen② 案中，大法官们对有限豁免原则应以何种形式实施的问题形成了三派意见。被告警察击毙了一名在逃重罪犯，当时她担心这名重罪犯鲁莽驾车让第三方的生命处于严重危险之中。第九巡回法院判定该官员的行为违反了《联邦宪法》第四修正案，她所侵犯的权利是在其行为时明确确立的。最高法院八名大法官出具的多数意见推翻了原判决。多数意见判定无论官员的行为是否违反《联邦宪法》第四修正案，该权利的边界不是以特定化的方式如此明确确立的，以至于无法判定该官员得到通知其行为是违宪的。

最高法院已经区分了当重罪犯没有对官员或者第三方造成风险时违宪地射击在逃重罪犯的情形和当重罪犯产生故意有可能危害官员或者第三方时合宪地射击在逃重罪犯的情形。但是，最高法院以前还没有处理过本案中出现的这一问题——在什么情形下，如果有的话，合宪地射击对构成鲁莽但并非故意地伤害第三方的风险的在逃重罪犯。最高法院发现巡回法院在三起案件中已经裁决过这一问题。这种行为在其中一起案件被判违宪而在另外两起案件被判合宪。多数意见认定这三起案件没有一起可以与最高法院所审理的这起案件进行对照，并且准据法是如此模糊和取决于事实，以至于被告的行为不能被认为已经侵犯了明确确立的权利。

---

① 124 S. Ct. 1284 (2008).

② 125 S. Ct. 596 (2004).

持不同意见的大法官认为，官员侵犯了明确确立的权利，而且本来应该指示陪审团回答合理地经过法律培训的雇员是否本来已经知道她在采取行为的时候侵犯了在逃重罪犯的权利。

Brossean 案中多数派对于另一项问题分成了 5∶3。在脚注 3 中，五位大法官出具的多数意见指出其不是在重新考虑最高法院在 Saucier v. Katz[①] 案中指示下级法院遵守的双阶
1802 段进路——首先确定被告是否侵犯个人的宪法权利；其次确定所侵犯的权利是否是在被告行为当时明确确立的权利。三位持协同意见的大法官敦促最高法院放弃这一进路，因为：

现有的规则僵化地要求法院在具备更简单的判决依据（例如限制豁免）能够让人满意地裁决法院所受理的案件时，没有必要去决定疑难的宪法问题。

□ Pearson 案推翻了 Saucier 案

在 Pearson v. Callahan[②] 案中，最高法院以一致意见推翻了 Saucier 案。最高法院指出，下级法院可以适用最高法院先前所强制要求的双阶段进路，如果它们经过裁量认定在具体案情中是有意义的，但是这一双阶段进路已经不再是强制性的要求。最高法院指出，Saucier 案的进路已经在若干方面受到持续的严厉批评，例如，它经常浪费司法资源和当事人的资源，它经常产生的是质量不佳的有关宪法问题的判决意见，它也不符合一般性规则，即如果能够采用另外的判决理由，法院应当避免以宪法作为案件判决依据。

□ Richardson 案：承包商的雇员不享有豁免权

在 Richardson v. McKnight[③] 案中，最高法院裁决一项重要问题时形成了 5∶4 两派。多数意见判定根据州法采取行动的私人承包商无权在 § 1983 案件中享有有限豁免权。多数意见依据的是历史和政策。多数意见认定所讼争的政府职能——管理一座监狱——在过去已经在很多地方和时候是由私人公司履行的。但是，多数意见并未发现对此类公司或者
1803 其雇员赋予有限豁免权的案件。

多数意见指出了对政府雇员赋予有限豁免权的三项政策理由：（1）避免在履行其职能时“无根据的谨小慎微”；（2）避免吓退人才，让他们不敢去当政府雇员；（3）避免因为需要在法院为其行为辩护而“分心”。多数意见承认，第三项理由也适用于私人企业的雇员，但是它认定仅有避免分心的理由并不足以证明有限豁免权的正当性。它认定私人企业的雇员并不需要有限豁免权以避免过度谨小慎微的问题。因为私人企业不受文官规则的限制，它们实施的薪酬和人事政策可以比政府雇员更好地平衡对其雇员的激励。类似的，多数意见认定私人承包商的雇员并不需要有限豁免权以回避吓退人才从事私人承包商的工作，因为，在没有文官规则的情况下，承包商可以制定能够吸引人才加盟的薪酬结构。但是，多数意见也补充了一项重要的提醒。它明确拒绝对私人承包商的雇员是否有权提出“善意”抗辩作出裁判。

持不同意见的大法官认为，这一争议只能通过援引立法史得以裁决。他们主张，19 世纪对民营监狱的狱警（prison guards）赋予豁免权的案件很少，并不能说明什么问题，因为在 19 世纪对公立监狱的狱警赋予豁免权的案件也很少。持不同意见的大法官认定最

---

① 533 U.S. 194 (2001).

② 129 S. Ct. 808 (2009).

③ 521 U.S. 399 (1997).

高法院利用职能进路所作出的决定个人是否以及在多大程度上享有豁免权的判决意见存在一定的关联性。这些案件对公民个人，例如大陪审团的成员，或者案件裁决的证人，赋予豁免权，如果他们行使的职能与政府雇员所行使的职能类似。因为民营监狱的狱警所行使的职能与公立监狱的狱警相同，持不同意见的大法官认为，利用职能进路的历史可以支持作出对民营监狱的狱警赋予豁免权的判决。持不同意见的大法官发现，多数意见利用文官规则区分政府雇员和私人部门雇员会存在两项具有讽刺意味的问题。其一，国会制定§1983时，文官规则尚不存在，因此这些规则显然不能影响制定§1983的议员，或者承认有限豁免权案的大法官。其二，多数意见依据文官规则的不足之处，作出增加了政府职能民营化之成本，使其难以避免这些不足的负面影响的判决，这也是具有讽刺意味的。持不同意见的大法官也指出，各州应当有权消除文官规则内在具有的不足，从而取消了支持 1804
多数判决意见中的判决主旨的依据。

□ Wilson 案

在 Wilson v. Layne[①] 案中，最高法院一致判定允许译者陪同警察进行搜查，违反了《联邦宪法》第四修正案的规定。但是，八名大法官接着判定，作出侵犯宪法权利行为的警察可以享有有限豁免权。多数意见判定，被侵犯的权利在当时不是“明确确立的”。多数意见提到各巡回法院在这一问题上存在的分歧，并且指出：“如果法官不同意一项宪法问题。让警察因为选择了与一场纠纷中的败诉方站在一起而承担金钱损害赔偿责任，这是不公平的。”持不同意见的大法官认为这一权利的范围是在该警察的行为之前所作出的判决“明确确立的”。

□ 有关有限豁免权的巡回法院判决意见

各巡回法院已经裁决了各种情形中产生的众多限制豁免争议。在 Lawrence v. Reed[②] 案中，第十巡回法院存在分歧的合议庭就一个重要问题进行了辩论。在 Harlow v. Fitzgerald[③] 案中，最高法院指出，政府官员的行为如果侵犯了原告的明确确立的权利，则除非是在“非常特殊的情形”，该行为不属于限制豁免的范围。当政府官员是基于其管辖权内最高级的法律提供的错误建议而作出的行为，该官员的行为是否属于非常特殊的情形？不同意见认为，这确实是非常特殊的情形；多数意见则不这么认为。相比之下，不同意见更具有说服力。政府官员如果是按照这样的建议作出的行为，当然不可能属于过失（negligent）。

在 Baird v. Board of Education for Warren Community Unit School District No. 205[④] 案中，第七巡回法院首次判定，如果本来后续有充分的决定作出后的（post-determination）听证可以满足正当程序要求的 pre-termination，则该听证是不充分的，因为决定作出后的违约诉讼并不能提供潜在的快速恢复原职的救济。法院接着判定被告所侵犯的正当程序权利显然是该讼争行为作出的当时明确确立了的，并且因此被告无权适用限制豁免。这一判决主旨并没有充分的支持。仅就我可以从法院对宪法问题的实质审查进行的长篇讨

---

① 526 U.S. 603 (1999).

② 406 F.3d 1224 (10th Cir. 2005).

③ 457 U.S. 800 (1982).

④ 389 F.3d 685 (7th Cir. 2004)，参见§9.5的讨论。

论而言，之前还没有一家法院解决了所提出的问题，并且法院将这种情形下的违宪和合宪
1805 行为之间的界限描述为“细微的”和“模糊的”。

在 Grayden v. Boyd[①] 案中，第十一巡回法院合议庭的多数意见判定建筑检查官未能在腾空房子前告知在腾空房子后可以有快速机会对紧急腾空房子的命令提出质疑，这属于限制豁免的范围。多数意见的理由是此时所侵犯的权利不是明确确立的，因为这是被 1999 年最高法院的判决——第十一巡回法院认定是可以区分的——所否定的。多数意见认定理性的检查官本来可以合理地相信最高法院的判决免除他提供第十一巡回法院认定他有义务提供的告知。持不同意见的法官认为检查官的行为不属于限制豁免的范围，因为 1999 年最高法院的判决是“非主流的和反常的”。

在 Connecticut*ex rel*. Blumenthal v. Crotty[②] 案，第二巡回法院撰写了一份论证特别充分的判决意见。法院判定纽约官员因为强制执行禁止非居民从指定州水域中捕捉龙虾的纽约法律而违反了特权和豁免条款。但是，法院接着判定，官员的行为属于限制豁免的范围。法院“主要依据一项特别有说服力的因素：被诉行为涉及强制执行一部推定有效的法律”。法院的理由是它“将会要求太多的政府官员”期待他们进行“立法机关在立法时被推定需要进行的那种类型的利益权衡……”在 Midland Psychiatric Associates v. United States[③] 案中，法院判定一家保险公司，作为卫生和社会服务部实施联邦医疗保险项目的财务中介（fiscal intermediary），享有普通法上的公务豁免权（official immunity），因为它是在代表政府机关履行裁量性职能。令人惊奇的是，这份判决意见并未提及本节上文讨论的、最高法院在 Richardson v. McKnight[④] 案中的判决。Richardson 案至少与 Midland 案中裁决的争点相关。实际上，Midland 案与 Richardson 案并不一致。

在 Harris v. Akron[⑤] 案以及 Flatford v. City of Monroe[⑥] 案中，对于建筑检查官员接
1806 管存在严重结构缺陷的建筑物而没有提供剥夺权利后的听证（post-deprivation hearing），其行为是否属于有限豁免权的范围，第六巡回法院的两个合议庭得出了不同的结论。

在 Hopkins v. Saunders[⑦] 案中，第八巡回法院判定州政府官员并未因为终止个人的职务而侵犯个人“明确确立的”正当程序权利。该个人主张依据州法和州行政规则的规定，他对其工作拥有财产利益。但是，第八巡回法院指出，州法院对于州的法律和行政规则都还没有作出过解释。法院的分析使得我们不能确定州的法律或者规则是否已经创设了财产利益。

在 Hughes v. City of North Olmsted[⑧] 案中，第六巡回法院判定原告没有满足证明责任，即证明警察对他们婚姻关系的调查侵犯了他们“明显确立的”隐私权以及结社自由。法院承认，这两项权利都是“明确确立的”，但是它判定最高法院或者州法院并无案件“明确确立了”在这些情形中被侵犯的权利的“边界”。法院对于当州雇员的婚姻关系与其工作表现无关时，对州雇员的婚姻关系所进行的不被允许的调查，与存在此种联系时可以被允许的调查之间的差别进行区分。这里所讼争的调查之所以开展，是因为警察在履行职务时实施了不当的性行为（sexual misconduct）。

---

① 345 F. 3d 1225 (11th Cir. 2003)，参见§9.5 的讨论。
② 346 F. 3d 84 (2d Cir. 2003).
③ 145 F. 3d 1000 (8th Cir. 1998).
④ 521 U. S. 399 (1997).
⑤ 20 F. 3d 1396 (6th Cir. 1994)，参见§9.5 的讨论。
⑥ 17 F. 3d 162 (6th Cir. 1994)，参见§19.2 的讨论。
⑦ 93 F. 3d 522 (8th Cir. 1996).
⑧ 93 F. 3d 238 (6th Cir. 1996).

在 Sinaloa Lake Owners Assn. v. City of Simi Valley[1] 案中，法院判定，未经听证即命令开堤泄洪的州政府官员享有有限豁免权的保护。法院承认，这里存在“明确确立的”在政府剥夺个人财产利益之前获得某种听证的一般性权利。但是，法院没有接着得出被告在具体情形中侵犯了“明确确立的”权利。被告相信他们面对紧急情况，根据法律的规定采取了“对于保护生命和财产所必需的任何措施”。法院判定，在这些情形中并不存在“明确确立的”获得事前听证的权利。

第九巡回法院在 Stivers v. Pierce[2] 案裁决了两项有限豁免权的问题。首先，它判定对作为裁决程序对象的个人怀有实际偏见的决定者，在其参与决定程序时侵犯了一项明确确 1807
立的权利。法院接着讨论了另一项疑难问题，即这家合议制机构在一名成员对个人抱有偏见时，其他成员是否已经通过对该个人作出裁决而侵犯了一项明确确立的权利。法院根据对同事的偏见是否了解而进行了区分。其他成员没有义务“查找”同事的偏见，但是如果他们与存在偏见的同事一起作出不合适的行为，他们就侵犯了“明确确立的权利”。

在 Dahm v. Flynn[3] 案中，两名法官出具的多数意见判定原告提出的证据足以让事实的审查者确定，被告为了报复原告所作出的受《联邦宪法》第一修正案保护的公开言论而降低原告的工作职责水平（level of job responsibility）时已经侵犯了一项明确确立的权利。持不同意见的法官认为，这一行为不可能侵犯明确确立的权利，理由有二。其一，政府雇员并未保持其之前的工作职责水平的明确确立的权利。其二，政府雇员依据《联邦宪法》第一修正案所享有的批评上级的权利之范围是如此模糊，以至于不能支持认定上级对雇员的批评言论所作惩戒显然侵犯了这一权利，以至于影响士气、妨碍政府职责的履行。

在 Cotnoir v. University of Maine Systems[4] 案中，法院判定大学中参与作出终止某具有固定教职的教授职务之决定过程的官员可以享有有限豁免权。但是，它接着判定这些雇员需要对侵犯被告的正当程序权利而负责，因为他们没有告知该教授对其不利的证据，或者在进行终止职务前的听证过程中将终止职务作为处罚选项之一的事实。法院判定需要遵守复杂的程序保障的终止职务后的听证，并不足以消除终止职务前听证的不足。这一判决主旨是值得质疑的。与终止职务前的听证和终止职务后的听证相互关系的法律规则是混乱和不确定的。[5] 一位大学的官员可以合理地确信所提供的一系列程序符合正当程序的要求。[6]

在 Trust & Investment Advisers, Inc. v. Hogsett[7] 案中，第七巡回法院对于这一问题撰写了论理充分的判决意见。法院首先将案件发回重新审理，要求地区法院确定在裁决该案件时所适用的程序是否违反正当程序。但是，法院接着判定，裁决者受有限豁免权的 1808
保护，即使地区法院认定其程序违反了正当程序原则。法院指出，为了推翻个人的有限豁免权抗辩，必须证明存在“明显的”违宪性。它对“勤奋的律师（industrious attorneys）”和政府雇员的特点进行了区分，前者必须对有关宪法权利范围发表意见，但是我们不能期待后者预料到在宪法权利范围并不“明显”的领域发生的诉讼之结果。

---

① 70 F. 3d 1095 (9th Cir. 1995).

② 71 F. 3d 732 (9th Cir. 1995).

③ 60 F. 3d 253 (7th Cir. 1995).

④ 35 F. 3d 6 (1st Cir. 1994).

⑤ 参见 § 9.5 和 § 9.6。

⑥ 另可参见 § 9.2 和 § 9.5 讨论的 Garraghty v. Virginia Dept. of Corrections, 52 F. 3d 1274 (4th Cir. 1995)。

⑦ 43 F. 3d 290 (7th Cir. 1994).

第十一巡回法院已经发表了一系列判决意见，强调宪法权利的范围必须是“明确确立的”，并且已有的判例法必须是“确实要求”认定被告侵犯了原告的宪法权利，才能推翻有限豁免权的抗辩。[①]

□ 对豁免权主张可以适用的程序

最高法院已经创设了一套细致的程序性规则，在政府雇员主张其被指控的侵权行为属于豁免权范围时可以适用。

□ 简易判决：Siegert 案

在 Siegert v. Gilley[②] 案中，最高法院对于一项重要的程序问题作出了有助于降低政府雇员抗辩成本的裁决。五名大法官出具的多数意见判定地区法院必须首先确定指控被告侵犯原告的宪法权利，是否在任何证据开示要求获得准许之前构成了侵犯“明确确立的”权利。[③]

□ 豁免权区别于辩护

在 Swint v. Chambers County Commission[④] 案中，最高法院在豁免权和抗辩之间划定了一项重要的程序性区分。地区法院签发了一项命令，对主张享有有限豁免权的政府雇员和认为讼争行为不符合其制定的政策的县政府作出了简易判决。巡回法院审查并推翻了这一命令的两部分内容。最高法院以一致意见判定巡回法院拥有通过适用附带裁决原则（the collateral order doctrine）审查豁免权确定的管辖权，但是巡回法院无权审查地区法院拒绝对“纯粹的抗辩”（mere defense）——县政府不在法律上对并非其制定的政策之产物的行为负责——作出简易判决的裁定。

□ 法律问题区别于事实问题

类似的，Johnson v. Jones[⑤] 案中，最高法院判定地区法院的一份裁定——以案卷证明确实存在有关有限豁免权的事实争议为由，拒绝了被告提出的作出简易判决的动议——
1809 并非可以直接上诉的附带裁决。最高法院区分了两类否定简易判决的裁定：一类是对根据法院对抽象法律问题的审理而作出否定有关有限豁免权的简易判决的裁定；另一类则是基于法院对案卷进行评估确定是否存在可裁判的事实问题，而作出的否定简易判决的裁决。

---

① 例可参见 Rodgers v. Horsley, 39 F. 3d 308 (11th Cir. 1994); Alexander v. University of N. Florida, 39 F. 3d 290 (11th Cir. 1994); Jordan v. Doe, 38 F. 3d (11th Cir. 1994); Lassiter v. Alabama A&M University, 28 F. 3d 1146 (11th Cir. 1994)。

② 500 U. S. 226, 232 (1991).

③ 另可参见 Mitchell v. Forsyth, 472 U. S. 511 (1985)（可以对地区法院的判决——被告的行为不能享受豁免权——直接上诉）。

④ 517 U. S. 35 (1995).

⑤ 515 U. S. 304 (1995).

□ 第二类中间上诉得到允许

在 Behrens v. Pelletier① 案中，最高法院表明了希望保护政府雇员免于针对无价值的（non-meritorious）诉讼请求进行抗辩的负担。七名大法官出具的多数意见判定，尽管被告之前对于地区法院的裁定——拒绝了被告基于有限豁免权驳回起诉的动议——获准立即审查，政府雇员可以对地区法院的简易判决裁定——否定了被告对有限豁免权的主张——直接上诉。多数意见基于以下两点理由对其判决意见作出了解释：（1）与裁决有限豁免权主张有关的因素，在简易判决时与作出驳回起诉的动议时是不同的，因为在简易判决的情形下，原告不能只依据其起诉书中的指控。（2）有限豁免权是指"赋予政府官员……回避诸如证据开示之类审前事务之负担的权利，……因为这类事务对于有效型政府会有特别的破坏性"。两名持不同意见的大法官则认为，第二类直接上诉可能具有的纠错功效抵不上此类上诉所伴随而来的成本和迟延。

□ 各州不受联邦程序的约束

在 Johnson v. Fankell② 案中，最高法院一致判定一名州政府雇员对州法院在 § 1983 诉讼中否定其有限豁免权，并不享有提出中间上诉（interlocutory appeal）的联邦法上的权利。最高法院认为，因为在 § 1983 案件中有限豁免权原则的目的是要保护州及其官员免受过度执行联邦法上权利而产生的负面影响，各州可以裁量制定程序性规则赋予州政府官员比在联邦法院可以得到的更少的保护。

□ 原告不需要证明动机以反对简易判决

在 Crawford-EI v. Britton③ 案中，五位大法官判定，§ 1983 案件中，在原告诉因成立需要官员存在不当动机这一要素时，原告不需要提交"明确可信的"证据证明政府官员存在不当动机，以此推翻官员申请简易判决的动议。

□ 1988 年对《联邦侵权求偿法》进行的修订转移了一些责任

在 § 19.2 中，我敦促将所有政府雇员的侵权责任从雇员个人转移至政府。国会在 1988 年朝这一方向走出了重要一步。在《联邦雇员责任改革和侵权赔偿法》（the Federal Employees Liability Reform and Tort Compensation Act）④ 中，国会对《联邦侵权求偿法》进行了修订：（1）允许基于政府司法或者立法分支的雇员实施的过失或者错误行为或者疏忽，对政府提起诉讼；（2）让政府单独对任何雇员在职权或者工作范围内事实的非宪法侵权承担责任。这一责任的转移还远未完结，因为联邦雇员仍然可能对宪法侵权承担责 1810
任，而某些故意侵权的受害者仍然无法针对政府寻求救济。⑤

---

① 516 U. S. 299 (1996).
② 520 U. S. 911 (1997).
③ 923 U. S. 574 (1998).
④ Pub. L. No. 100-694, 102 Stat. 4564 (1988).
⑤ 参见 § 19.4。

1988 年这次责任转移存在严重的缺陷，还因为它在转移了政府雇员可能承担的责任之同时，也转移了政府雇员享有的豁免权。经过修订，§ 2674 允许政府“评估任何基于本来属于政府雇员的司法或者立法豁免权而提出的抗辩”。政府雇员的豁免权不应该与其可能承担的责任同时转移。支持政府雇员的绝对豁免权和有限豁免权的政策考量，与确定政府责任范围的政策考量之间存在巨大的差异。如果政府雇员继续可能对公务行为中的错误承担损害赔偿责任，就可以很好地证明扩大现有豁免权范围的理由。让政府雇员面临毁灭性的损害赔偿诉讼，或者在法院对其行为进行抗辩的成本，是不公平的，并且很可能会诱发不必要的谨小慎微。但是，如果政府对其雇员的错误负责，应该可明显缩小其雇员的豁免权范围。[1]

□ 对没有转移宪法侵权责任的批评

一起 § 1983 诉讼的事实在《联邦侵权求偿法》在 1988 年修订之后没有受到影响，这一事实可以说明政府雇员的豁免权与政府的豁免权之间的区别。假定本节前面讨论的 Malley v. Briggs[2] 案中，州骑警在缺乏近因的情况下实施逮捕的行为侵犯了原告的宪法权利。假定该逮捕决定导致原告蒙受数十万美元的损失。更进一步假定骑警的行为是基于对相关判例法及其适用于详细事实的善意但是错误的理解。原告提交了一份专家证言，可信地证明了可以适用的法律在逮捕实施的 6 个月前发生了重要改变，并且理性的警察本来应该了解这一变化，即使法官在签发逮捕证时并未意识到这一变化或者该变化对于具体案情的意义。根据现行的法律，假如骑警在为自己行为辩护时的支出还没有让他破产的话，这一证言也足以让陪审团作出具有让骑警破产之影响的裁决。

在这种情况下，针对骑警的诉讼中法官和陪审团需要面对艰难的抉择。如果法院正确适用宪法规范，他可能会让收入相对较低的公务员因为履行公务时作出的一次善意的错误而蒙受破产的风险。法官只有对调整逮捕行为的宪法规范进行变通理解，才可能避免这一明显不公的结局。

1811 法院有时候会在 Bivens 诉讼和 § 1983 诉讼中屈服于这一诱惑，这是可以理解的但这会有损宪法原则。陪审团同样处于困难的境地。如果陪审团相信原告提供的证人证言，从理论讲，它就需要作出对公务员明显不公的裁决。而它要想避免这一结果，就只能违背法庭的指示或者违背陪审团自己对证据的真实评估。许多陪审团无疑作出了这一选择，但是这一裁决对因为政府雇员侵犯其宪法权利的过失行为而遭受明显损失的原告来说又是非正义的。

如果是发生在政府承担责任的情况下，案件就会显得相当不同。政府应该对原告遭受的损害负责。很少有法官或者陪审员会认为这样的结果不公平或者过于严厉，因此无论是法官还是陪审团都不会有为了避免这一结果而扭曲裁决程序的愿望。管理正常的政府机关不会因为对其雇员偶尔过失侵犯相对人的宪法权利而支付的损害赔偿金而面临财政破产。相反，可能需要承担的责任会鼓励行政机关进行管理改革，降低承担损害赔偿责任的风险，从而减少每位公民的宪法权利遭受侵害的风险。

□ 由政府承担责任将会产生的有益的激励

举例来说，州警察部门如果需要对 Malley 案中的骑警行为支付损害赔偿金，它就会

---

① 我在 § 19.4 中讨论了政府对行政机关及其代理人的违法行为承担责任的合理范围。

② 475 U.S. 335 (1986).

有对大量可能的诉讼进行考虑的动机。也许事故是因为骑警无法纠正的缺点所造成的。如果是这样的话，解除其职务并修改警察部门的招聘条件可能是合理的应对措施。但是，这些决定不会仅仅基于一次事故。对骑警作出的最合理处理的决定，将基于对骑警在众多情形下的行为以及未来是否适合承担行政机关分配的不同任务所作的整体评估而定。类似的，修改警察部门招聘条件的任何决定将会基于更广泛的评估。这一“存在缺点的”骑警是因为存在系统缺陷的招聘条件的结果，或者他是在合理的招聘程序中所发生的无法避免、很少发生的错误？警察部门可能认定缺点不在于该骑警个人，而在于该机关的其他地方。也许行政机关的培训项目存在不足。对于有关逮捕之法律规定进行更频繁或者彻底的培训，可能是合理的应对措施。 1812

如果政府也可能对 Mailey 案中签发逮捕证的法官的明显过失行为承担责任，政府的司法分支也会有同样的激励，设法减少非故意的侵犯宪法权利的行为。但是，如果政府可以宣称法官的绝对豁免权，它就不会承担责任，即使法官故意、明知或者恶意地侵犯原告的权利。

让政府机关可能承担其雇员的违法行为导致的侵权责任，但适用 § 19.4 所敦促的例外规定和抗辩，将会给行政机关提供强大和健康的激励，让它们能够确认和实施管理手段减少个人因为违法的行政行为而遭受的损失。将适用于政府雇员的广泛的豁免权授予行政机关，将会损失这一目标的实现。

§ 19.4 《联邦侵权求偿法》

□ 不要忽略具体、适用范围有限的法律

尽管有四十多部法律对联邦政府设定了侵权责任，唯一一部可以适用的一般性法律是 1946 年颁布并历经多次修订的《联邦侵权求偿法》。[①] 其他的法律通常都是附着于各种具体的主题：战争纪念碑、猪流感、巴拿马运河、牡蛎养殖户、印第安人、日裔美国人遣送（American-Japanese evacuation）。要对联邦政府可能提起的侵权求偿主张进行仔细研究，应该包括对调整具体活动的法律的查找。接下来将对《联邦侵权求偿法》进行宽泛的概述，特别重点论述 1988 年对该法进行的修订，该法对故意侵权进行的复杂处理，以及司法机关对裁量性职能例外的解释。

□ 州法的调整

§ 1346（b）规定，针对联邦政府提起的下列诉讼请求，地区法院拥有管辖权：

因为政府雇员在其职权或者雇佣范围内的过失、不法行为* 或者不作为导致的财产损失和人身伤亡而……寻求损害赔偿金的诉讼，如果联邦政府被视为私人个人，根据作为或者不作为的发生地之法律将需要对原告承担责任时。

---

* 不法行为，是指违反法定义务的行为，或指侵犯他人权利并导致损害的行为，行使平等权利或优位权利［equal or superior right］的行为不在此列。有时它与过失［negligent］一词同义，但它一般具有更广泛的含义，包括犯罪行为和各种恶意的、疏忽大意的行为。——译者注

① 该法被编入 28 U. S. C. §§ 1346（b）and 2671-2680。

“根据作为或者不作为的发生地之法律”这一表述是相当重要的，因为联邦政府的责任
1813 更多地取决于州法而非联邦法。这一表述也要求联邦法院裁决众多有关法律冲突的疑难问题。在 FDIC v. Meyer[1] 案中，最高法院判定一起宪法侵权诉讼，依据《联邦侵权求偿法》是不受认可的，因为《联邦侵权求偿法》整合了州侵权法，而宪法侵权诉讼的法律渊源是联邦法。在 United States v. Olson[2] 案中，最高法院一致推翻了第九巡回法院的一系列判决意见。《联邦侵权求偿法》在地方法律规定“私人”承担侵权责任的“有的情况下”放弃了主权豁免。在最高法院作出推翻判决的案件中，第九巡回法院已经将这一短语解释为包括地方法律将会规定政府机构承担侵权责任的情形。

在 Johnson v. Sawyer[3] 案中，第五巡回法院经过全席审判，十二位法官出具的一份篇幅很长而且复杂多数意见判定，《联邦侵权求偿法》并未允许对侵犯联邦法律规定的权利提起诉讼，除非州法允许此种诉因。多数意见也判定，违反一部禁止披露纳税申报表（tax return）信息的联邦法律的行为，在所披露的唯一让人尴尬的信息是公共记录（public records）* 的事务，也就是说，原告已经因为税收欺诈行为而被定罪时，并不属于得克萨斯州侵犯隐私权的侵权行为的范围。[4]

□ 过失或者不法行为

“过失、不法行为或者不作为”这一表述，表面看来是防止对联邦政府不属于过失或者不法行为的行为追究责任。但是，§2674 规定，“与个人在类似情况下承担的侵权责任相同方式或者在同等程度”的侵权责任，而且个人常常需要对“不存在过失、不法行为或者不作为”的侵权行为承担责任。最高法院已经两次适用“过失、不法行为或者不作为”判定不能严格地要求政府对特别危险的活动（ultra hazardous activities）导致的损害承担责任。[5] 但是，一家巡回法院已经在 United States v. Praylou[6] 案中对 Dalehite 案的判决主旨进行了限缩解释。

□ 无惩罚性损害赔偿

§2674 排除了政府承担惩罚性损害赔偿的责任。在 Molzof v. United States[7] 案中，最高法院将§2674 解释为“允许对联邦政府判处州法规定旨在弥补侵权行为所致损失的损害赔偿责任，并且排除了对联邦政府判处州法规定旨在惩罚极端恶劣行为的损害赔偿责
1814 任”。最高法院驳回了政府的主张，即“任何对原告判处实际损失——政府对其进行狭义解释为排除了过度、重复或者内在地无法赔偿的损失——之外的损害赔偿责任……是‘惩罚性损害赔偿’，因为它们在效力上具有惩罚性”。

---

* 公共记录，是指不被认为是秘密的文件或者信息。——译者注

① 510 U. S. 471 (1994)，参见§19.2 的讨论。

② 126 S. Ct. 510 (2005).

③ 47 F. 3d 716 (5th Cir. 1995).

④ Johnson v. Sawyer, 47 F. 3d 716 (5th Cir. 1995).

⑤ Laird v. Nelms, 406 U. S. 797, 802-803 (1972); Dalehite v. United States, 346 U. S. 15, 44-45 (1953).

⑥ 208 F. 2d 291 (4th Cir. 1953), *cert. denied*, 347 U. S. 934 (1954)（可以判定政府对过失行为承担责任，即使可以适用的州法将会对政府活动导致的损害适用绝对责任）。

⑦ 502 U. S. 301, 305-306 (1992).

□ 要求穷尽行政救济

根据§2675，向行政机关提出权利请求并遭到行政机关拒绝，是对联邦政府提起诉讼的前提条件。提出权利请求的人可以将行政机关未能在6个月内对权利请求作出最终的处理视为拒绝。在没有新开示的证据或者介入性事实（intervening facts）时，诉讼中不能提出比权利请求已经提出的金额更高的损害赔偿请求。在 McNeil v. United States[1] 案中，最高法院对这一文字依据字面含义进行了解释。它肯定了地区法院所作出的驳回在行政机关拒绝权利请求之前提起的诉讼，即使行政机关后来拒绝了这一权利请求。

□ 裁量性职能例外和根据法律或者规则实施之行为的例外

§2680所规定的政府责任的例外是极为重要的。讼争最主要集中在§2680（a）规定的"裁量性职能"例外，即规定《联邦侵权求偿法》并不适用于"基于联邦行政机关或者政府雇员行使或者履行，或者未能行使或者履行裁量性职能或者职责，无论所涉及的裁量是否被滥用"。在这一分节中规定的另一项例外规定则是，根据"政府雇员行使适当注意义务，在履行法律或者规章的过程中发生的作为或者不作为，无论此类法律或者规章是否有效"而提出的权利请求。

□ 故意侵权行为的例外

根据§2680（h），政府不对"任何因为暴力威胁（assault）、人身伤害（battery）[*]、错误监禁、错误逮捕、恶意公诉、滥用程序、书面诽谤（libel）、口头诽谤（slander）[**]、虚假陈述欺骗、妨碍合同权利"等行为承担责任，除了1974年所作的法律修正案中规定政府需要对"调查或者执法官员所实施的五种此类侵权行为需要承担责任之外"。

□ 各种例外

§2680的其他11项分节通过下列规定保护政府免于承担责任：

本章［§§2671-2680］以及§1346（b）之规定不得适用于……

（b）任何因为信函或者邮件的遗失、误投或者过失传输（negligent transmission）而提出的赔偿请求。

（c）任何因为评估税收或者关税的征收，海关或者其他执法官员扣押的商品（goods or merchandise）而提出的赔偿请求。

（d）任何对第46编§§741-752，781-790规定了救济方式的事项而提出的，与针对联邦政府的海事诉讼中的权利请求或者诉讼有关的赔偿请求。 1815

---

* "assault"并非真的有肢体冲突，而是指"威胁或者其他暴力行为，使得他人合理地认为极有可能立即发生伤害性或侵犯性身体接触"。因此，这种行为强调"造成被害人心理上的恐惧（reasonable fear or apprehension of an immediate battery）"。故此，"assault"根本不具有"殴打"、"攻击"的汉语意思，而相当于汉语世界的"暴力威胁"。"battery"才是指真正的肢体接触意义上的"人身伤害"。——译者注

** libel，slander 都是诽谤行为，但前者主要指书面诽谤，后者则为口头诽谤，其统称为 defamation。——译者注

① 508 U.S. 106 (1993).

（e）任何因为联邦政府雇员在实施第 50 编 §§ 1-31 和附录［《1971 年对敌贸易法》（the Trading with the Enemy Act of 1917）］的过程中之作为或者不作为而引发的赔偿请求。

（f）任何对因为联邦政府设定或者确立的检疫制度而导致的损害提出的赔偿请求。

（i）任何因为财政部的财政运作或者根据货币体系的规制而导致的损害提出的赔偿请求。

（j）任何因为陆军、海军（the military or naval forces）、或者海岸警卫队在战时的战斗行为（combatant activities）而提出的赔偿请求。

（k）任何在外国提出的赔偿请求。

（l）任何因为田纳西流域管理局的活动提出的赔偿请求。

（m）任何因为巴拿马运河公司的活动提出的赔偿请求。

（n）任何因为联邦土地银行（Federal land bank）*、联邦中介信贷银行（Federal intermediate credit bank）** 或者合作社银行（bank for cooperatives）*** 的行为而提出的赔偿请求。

□ 扣押货物的例外（Detention of goods exception）

Kosak v. United States① 案对 § 2680（c）的含义进行了解释。法院解释的文字是“任何因海关官员……扣押任何货物而导致的赔偿请求”。问题是这些文字是否仅对扣押行为本身导致的损害豁免了责任，或者也包括对在海关官员扣押期间因过失导致财物的损毁的赔偿责任。最高法院指出：“我们认为，对于这一条款的关键部分所作的最公平的解释是我们头脑中首先想到的一种解释：‘任何因为扣押货物而提出的赔偿请求，并且包括了因为过失处置或者储存所扣押的财物而提出的损害赔偿’。”② 因为国会未曾明确表达其意图，最高法院本来可以容易涉及联邦政府是否需要对海关官员扣押相对人的财物时因过失行为导致损害承担赔偿责任的问题。显然，这一问题的答案是：当然需要承担责任。

□ 无陪审团的审理

在《联邦侵权求偿法》之外于 1948 年制定的一部法律禁止在联邦侵权求偿案件中采取陪审团审理的方式——28 U. S. C. § 2402：“任何根据 § 1346 针对联邦政府提起的诉讼应当由法院直接审理而不适用陪审团审理方式。”诉讼时效（statute of limitations）规定在 28 U. S. C. § 2401（b）。

---

* 联邦土地银行是根据《1916 年联邦农业信贷法》建立的，其主要任务是通过向本地区农业有关借款人提供长期不动产抵押产品帮助借款人融资，促进本地区农业发展。—— 译者注

** 联邦中期信贷银行（Federal Intermediate Credit Banks）是依据《1923 年农业信贷法》建立的，建立的初衷和主要金融产品是为商业银行及其他金融机构所持有的农业生产者的短期、中期票据办理贴现，从而拓宽农业生产者的融资渠道。——译者注

*** 合作社银行（Banks for Cooperatives）是根据《1933 年农业信贷法》建立的，全国 12 个农业信贷区各设有一家合作社银行，中央合作社银行设在科罗拉多州。各区合作社银行的主要任务是向本地区农业合作社提供贷款和咨询服务，促进地区农业合作社发展。中央合作社银行的职能是通过资金投入支持各地区合作社银行大额信贷发放，或直接办理跨地区大额信贷，同时为各农业信贷区合作社银行提供清算服务。——译者注

① 465 U. S. 848 (1984).

② Id. at 854.

诉讼时效

针对联邦政府提出的侵权赔偿请求应当永远被禁止，除非它是在该赔偿请求产生的 2 年内以书面方式向合适的联邦行政机关提出，或者除非是在行政机关以挂号信的形式向赔偿请求人通知最终的拒绝赔偿请求的决定时，在邮件寄送之后起的 6 个月内开始诉讼的。 1816

1988 年的法律修订

国会通过《1988 年联邦雇员责任改革与侵权赔偿法》[①] 对《联邦侵权求偿法》在一些重要方面进行了修订，允许对政府立法和司法分支的雇员实施的侵权行为提起诉讼。但是，这次修订也允许政府宣称这些雇员享有的豁免权作为抗辩理由。因为立法和司法官员在实施立法或者司法职能时享有绝对豁免权[②]，这部分的修订内容效力有限。

责任的部分转移

1988 年修订的最重要效力是将普通法上的侵权责任从联邦雇员转移至政府。只要雇员是在"其职权或者雇佣范围内"实施的侵权行为，雇员可以享有绝对豁免，原告唯一可能的选择就是起诉政府。[③] 如果政府因为《联邦侵权求偿法》规定的例外而不承担责任，原告就无法获得救济。[④]

国会对这一责任转移的规定提供了雄辩的理由说明：

> 此种［雇员］责任的前景将会严重影响联邦政府雇员的士气和福利，阻碍行政机关履行其职责的能力，并且减少《联邦侵权求偿法》对联邦雇员侵权行为提供合理救济的活力。

但是，国会没有在转移责任这一问题作出足够的努力。它明确拒绝将联邦雇员在其职责范围内实施的宪法侵权行为之责任进行转移。从公共政策的角度来看，因为过失而违反了基于宪法的行为规则与因为过失而违反普通法上的行为规则之间是无法区分的。在很多情况下，基于宪法的行为规则，相比普通法上的侵权规则更难以预测、理解和适用。例如，要比管理政府福利的官员了解和适用程序性正当程序规则或者执法官员了解和适用调整无证搜查的规则，政府卡车司机了解和适用道路规则要容易得多。[⑤] 正如我在 § 19.2 中主张的，所有侵权责任都应该从政府雇员转移至政府。

认证决定是可以审查的

1988 年对《联邦侵权求偿法》进行的修订，允许司法部长为政府雇员实施非宪法侵权时是在其雇佣范围内行事提供证明。这一认证的效力是由政府取代雇员作为案件的被 1817

---

① The Federal Employees Liability Reform & Tort Compensation Act of 1988, Pub. L. No. 100-694, 102 Stat. 4564.

② 参见 § 19.3。

③ 28 U.S.C. § 2679.

④ United States v. Smith, 499 U.S. 160 (1991).

⑤ 参见第 9 章。

告。这一认证经常还有更进一步的效力，即排除原告取得胜诉，因为《联邦侵权求偿法》赋予政府的一系列抗辩事由要比赋予政府雇员的更为宽泛。

在§17.8讨论的Gutierrez de Martinez v. Lamagno①案中，最高法院消除了不同巡回法院之间的分歧，裁定法官可以审查司法部长的证明问题，即确定雇员在发生所指控的事件之时是否确实是在其雇佣范围之内行事。在Kimbro v. Velton②案中，法院的判决又导致产生新的分歧，该案判定对雇员是否实施了所指控的侵权行为时，如果司法部长不仅证明雇员在发生所指控的事件之时是在其雇佣范围内行事，还证明了所指控的事件并未发生时，原告无权要求陪审团进行审理。③ 第一巡回法院和第二巡回法院之前已经判定原告对这种情况下存在争议的事实问题要求陪审团审理。④

□ 军队的责任

有关《联邦侵权求偿法》的判例法，许多是涉及军人的行为导致对政府起诉的情形。最高法院已经多次判定军人并不能因为服役相关的受伤依据《联邦侵权求偿法》提起诉讼；他只有权向退伍军人管理局（the Veterans Administration）申请残疾福利。⑤ 但是，在Taber v. Maine⑥案中，在一篇复杂的判决意见中，法院质疑了Feres v. United States⑦案以及其他几起案件中最高法院的判决意见之判决主旨和推理的有效性。军人对于非附随于他的服役行为，而可以归因于政府文职雇员之过失的伤害，确实具有起诉理由。⑧ 不仅如此，退伍军人对在其退役之后，因为服役相关的残疾治疗在退伍军人管理局的医院因为医疗事故而遭受的伤害，同样具有起诉理由。⑨

□ 裁量性职能例外

裁量性职能例外，是《联邦侵权求偿法》中与行政机关联系最为直接的条款。§2680规定：

本章的规定……应当适用于（a）基于联邦行政机关或者政府雇员行使或者履行，或者
1818 未能行使或者履行裁量性职能或者职责而提起的赔偿请求，无论所涉及的裁量是否被滥用。

政府治理的过程总是难免出现厚此薄彼，而在这个过程利益受损的相对人并不必然有权向政府寻求损害赔偿。几乎国会颁布的每部法律都会让某些人利益受损，但是联邦政府并不对所导致的损害负责。联邦政府并不对通过立法造成的损害承担侵权责任，即使该立法被判定违宪。在20世纪30年代，全国几乎所有的企业和每位消费者都在某种方式上因

---

① 515U. S. 417（1995）.

② 30 F. 3d 1501（D. C. Cir. 1994）.

③ 另可见 Accord：Henton v. Anderson，75 F. 3d 35（8th Cir. 1996）。

④ 参见 Wood v. United States，995 F. 2d 1122（1st Cir. 1993）；McHugh v. University of Vermont，966 F. 2d 67（2d Cir. 1992）。

⑤ United States v. Stanley，483 U. S. 669（1987）；United States v. Johnson，481 U. S. 681（1987）；United States v. Shearer，473 U. S. 52（1985）；Chap-pell v. Wallace，462 U. S. 296（1983）；Feres v. United States，340 U. S. 135（1950）.

⑥ 45 F. 3d 598（2d Cir. 1995）.

⑦ 340 U. S. 135（1950）（军队的人员不能根据《联邦侵权求偿法》寻求赔偿）。

⑧ Sheridan v. United States，487 U. S. 392（1988）；Brooks v. United States，337 U. S. 49（1949）.

⑨ United States v. Brown，348 U. S. 110（1954）.

为《国家工业复兴法》（the National Industrial Recovery Act）而利益受损，但是政府并不对该法承担损害赔偿责任，即使最高法院判定该法违宪。[①]

□ 例外规定的理由

类似的，负责政策制定，接受总统监督和获得国会授权的行政机关，通常会损害某些群体的成员，同时又对其他群体的成员有利。几乎政府的每项重大行为都会对总的社会福利和财富分配产生影响。政治上可以问责的政府机构一直都在试图对政策的政策性决策影响的利弊进行衡量和权衡。

审理侵权案件时，法院也在从各自的职责范围内行使类似的职能。Learned Hand 法官曾经提出了用于确定过失的著名公式，要求法官或者陪审团衡量和权衡替代行为的成本和效益。[②] 但是，从制度上看，审理侵权案件的法官对政策性机构的政策决定进行事后评估并不合适，其理由至少有三。首先，相比法院，立法机构和行政机关更有能力确定替代性政策的成本和效益。其次，也是更重要的，在我们的民主政体中，政治上可以问责的机构而非政治上不接受问责的法官，拥有制定政策的权威和职责。[③] 再次，因为行使政策制定之裁量权的宪法和法律边界常常是不确定，而且难以预测的，要求政府对每次错误跨越边界的行为承担损害赔偿责任，将会扭曲政策制定。[④]

□ 裁量性职能例外的范围

裁量性职能例外的理由，为确定这一例外的范围提供了框架。在边界的两侧都存在众
多简易案例。例如，国会和总统在 1970 年决定实施工资和价格管制，显然就是一项政策 1819
决定。在为了控制通货膨胀而实施的阻碍生产力的努力中，这一决定给数百万公民造成了数十亿美元的损失，但是它显然属于裁量性职能例外。相比之下，联邦雇佣的卡车司机闯红灯的行为就不太可能是基于联邦政策决定。这就不属于裁量性职能例外。但是，在边界上，裁量性职能例外是难以适用的，正如最高法院已经作了很多努力，试图界定并为这一例外适用一项标准。

□ Dalehite 案

最高法院首先对裁量性职能例外进行解释是在 Dalehite v. United States[⑤] 案。Dalehite 案中法院判定政府不对 Texas 市所发生的灾难——560 人死亡，3 000 人受伤，以及数百万美元财产损失——负责。一艘满载化肥等级的硝酸铵在港口发生爆炸，原告主张为了用于对外援助项目目的的“该材料生产的整个项目”中涉及的“联邦官员和雇员体系存在严重的”过失。[⑥] 地区法院认定政府在规划、生产、监督、储存以及消防等环节存在过失。最高法院判定，几乎上述事实认定是正确的，“我们的判决是根据本法并不要求政府承担

---

① 参见 Schechter Poultry Corp. v. United States, 295 U.S. 495 (1935)，参见§2.6 的讨论。

② 参见 United States v. Carroll Towing Co., 159 F.2d 169 (2d Cir. 1947)。

③ 参见第 2 章、第 3 章，以及§7.5、§7.9、§9.2 和§17.3。

④ 参见§19.3。

⑤ 346 U.S. 15 (1953).

⑥ Id. at 18.

责任”[1]。

□ 专属政府行使的职能

在讨论规划环节，也就是起草和通过化肥出口项目过程中的过失时，最高法院考察了《联邦侵权求偿法》的立法史，然后作出非常宽泛的概括，即“不能设想政府承担因为具有政府性质或者职能的行为而引发的责任”[2]。这一说法并不能得到法律的支持，而且过于宽泛。例如，只有政府递送邮件，但是并不能由此得出因超速行为导致损害的邮车司机正在行使裁量性职能。最高法院后来放弃了这种对所有专属政府行使的职能同等视为裁量性职能的尝试。[3]

□ 规划层级和操作层级的决定之间的区分?

Dalehite 案中地区法院已经认定套袋温度（bagging temperature）（袋内冷却过于缓慢）、套袋类型（纸质）、标识（无爆炸特征的警示）以及 PRP 覆膜（每个小颗粒外覆盖石蜡、松香和凡士林以防止吸水）等方面存在过失。最高法院对于这四项事实认定作出了处理，指出这些行为是“依据联邦内阁部门直接授予的规划制定权而在较高层级起草的规
1820 划之指示下”作出的行为。[4]

最高法院对于本案这一方面所陈述的不承担责任的理由是：“这些具有可责难性的决定都是根据规划层级而非操作层级的职责作出的，或多或少涉及对于联邦政府的化肥项目之可操作性来说具有重要性的考量因素。”[5] 即使是在 Dalehite 案中持不通过意见的大法官也同意政府在较高的规划层级作出的裁量性决定享受豁免权。他们与多数意见的分歧仅在于政府是否需要对规划实施环节的过失承担责任：

这一问题的常识是，在通过行使享有豁免权的裁量而制定的政策是由那些负责具体细节的人粗心大意地实施的。我们并非同意所有注意对成本（care against cost）、安全对生产率、警示对沉默的权衡始终都是享有豁免权的。[6]

最高法院也曾利用裁量性职能例外对待一项事实认定，即海岸警卫队和其他行政机关未能通过规制化肥的储存或者装载而预防火灾发生，存在过失。最高法院将“规制储存或者装载”等同于“制定规章的权力”，并认定：“传统上，法院已经拒绝质疑它们［这些规章］所依据的判断。”[7]

□ 消防工作中的过失

最高法院在 Dalehite 案根据之前对政府职能所作的过于宽泛的解释，对消防过失的事实认定作出处理。它援引了普通法上的原则，让公共机构对消防过失承担豁免权。[8] 这些

---

① Id. at 24.

② Id. at 28.

③ 参见 Indian Towing Co. v. United States，350 U. S. 1（1955）。

④ 346 U. S. at 39-40.

⑤ Id. at 42.

⑥ 346 U. S. at 58.

⑦ Id. at 43.

⑧ Id. at 43-44.

推理存在严重的缺陷，理由有三。首先，《联邦侵权求偿法》的目的是对普通法上的主权豁免原则进行修正。其次，该法只对裁量性职能规定了豁免权，而不是对所有政府职能规定了豁免权。最后，私人雇员和政府雇员都参与消防。当私人企业的雇员在实施灭火工作时，企业对其在雇佣范围内的过失承担责任。最高法院在 Rayonier v. United States[1] 案中推翻了有关消防的这一判决主旨。

□ Indian towing 案

在 Indian Towing Co. v. United States[2] 案中，最高法院缩小了 Dalehite 原则的范围。这一诉讼是因为海岸警卫队对灯塔的维护存在过失而到导致的损害而对政府提起的诉讼。最高法院引用了 Dalehite 案，指出："这一问题属于最高法院曾经描述为操作层级的政府活动的过失责任。"[3] 如果对 Dalehite 案与 Indian Towing 案一起进行解读，最高法院似乎对可以豁免适用过失责任的规划决定与不能豁免过失责任的操作层级的行为之间进行了区分。 1821

□ 抛弃了专属于政府行使的政府职能标准

最高法院在 Dalehite 案作出了偏向于区分政府职能与经济职能（governmental-proprietary distinction）* 的处理，但是最高法院在 Indian Towing 案中提到，"'非政府'—'政府'职能划分的困境"，并且指出"当法院试图适用一项内在不完善的规则时，在每个州所作出的判决是如此不协调，显示出不可避免的混乱"[4]。最高法院指出，如果设置了私人的灯塔，对政府的职能进行区分处理的依据将不复存在，并且指出，"这类职能过去一段时间不是，或者不能想象是由私人行使的，在这一意义上，我们很难想象有什么'操作层级'的政府职能是属于我们现在关心的，即'专属政府行使的'职能"[5]。最高法院判定：

海岸警卫队不需要承担灯塔的服务。但是，一旦它行使了经营灯塔的裁量权……并且让对该灯塔所提供指引的信赖处于危险之中，海岸警卫队就有履行合理注意的义务，确保灯塔处于正常运行状态；并且如果灯光确实熄灭了，那么海岸警卫队就仍有义务履行合理注意的义务，查明事实和维修灯塔，或者发出灯塔故障的警报。如果海岸警卫队没有履行其职责，并因此对原告造成了损害，联邦政府就需要根据《联邦侵权求偿法》承担赔偿责任。[6]

□ 例外规定只适用于政府裁量权的行使

在 United States v. Muniz[7] 案中，因为监狱医生对犯人的疾病所提供的诊疗存在过

---

* 政府职能，是指市政当局为公众的利益而行使的职责，这种职责在某种程度上与国家主权有关。宪法制定者要求每个联邦成员履行此项职责，以便在宪法保证的体制下充分发挥政府的作用。而经济职能，是指市、镇当局为市民的利益而行使的职能。与政府职能不同，行使"经济职能"的目的，是为提高市民的生活水平，改善市民的生活质量。——译者注

[1] 352 U.S. 375 (1957).

[2] 350 U.S. 61 (1955).

[3] Id. at 64.

[4] Id. at 65.

[5] Id. at 68.

[6] 350 U.S. at 69.

[7] 374 U.S. 150 (1963).

失，联邦政府被判依据《联邦侵权求偿法》承担责任。Muniz 案说明了一项重要问题：医生在进行诊疗时行使了裁量权。但是，这里所行使的医学裁量权，而非政府裁量权，后者才是裁量性职能例外的适用对象。后来，一位联邦监狱的犯人被禁止根据《联邦侵权求偿法》寻求赔偿，因为 18 U.S.C. §4126 已经对联邦监狱的犯人规定了一种赔偿制度。[①]

□ Hatahley 案

在 Hatahley v. United States[②] 案中，当联邦政府的代理人错误认为他们是根据犹他州已经废弃的马匹立法扑杀了属于 Navajo 印第安人的马匹，联邦政府被判定承担损害赔偿责任。最高法院判定这些代理人是在其职权范围内行事，并且根据 28 U.S.C. §1346 (b)，政府需要对"不法"行为（"wrongful" acts）负责。最高法院只作出如下论述，神秘地（cryptically）对裁量性职能的抗辩理由作出处理：

我们这里所关切的并不是本法中所规定的"裁量性职能"……这些行为并不涉及这些代理人所享有的裁量权的故意僭越（trespasses），并且他们确实引发了可以根据《联邦侵
1822 权求偿法》获得赔偿的请求。

Hatahley 案的事实特别好地说明了在确定政府责任合理范围而不是确定政府雇员责任之合理范围时需要适用不同的考量因素。Hatahley 案中讼争的雇员行为是根据对一部犹他州法律的解释作出的。巡回法院一致采纳了这一解释。最高法院不同意代理人和巡回法院的意见，判定政府对代理人所导致的损害承担责任。其结论是完全可以成立的。但是，如果让代理人个人承担责任，将是非常不公平的。因为该代理人对法律的解释是与联邦巡回法院的解释相同的。

□ Varig Airlines 案

在 United States v. S.A. Empresa de Viacao Aerea Rio Grandense[③]（Varig Airlines）案中，法院对两起航空器起火事故的案件进行合并审理并作出判决。在这两起案件中，第九巡回法院适用了加利福尼亚州的"好撒玛利亚人（Good Samaritan）"原则，根据该原则，私人以及政府需要对存在过失的检查负责。但是，最高法院一致认定政府的任何一位代表都没有实施存在过失的检查行为。根据一部法律授权交通部长将特定的检查和认证职责授予符合适当条件的个人，包括航空器制造商的雇员，联邦航空管理局已经在规章中规定认证的申请人负责检查和测试。最高法院指出：

没有迹象表明波音 777 的垃圾箱或者 DeHavilland Dove 座舱加热器（cabin heater）确实经过联邦航空管理局的检查人员或者代表进行的检查或者测试……联邦航空管理局的认证过程建立在相对简单的概念基础之上：确保航空器遵守联邦航空管理局的安全规章的义务属于制造商和经营者，而联邦航空管理局保留监督合规的职责……联邦航空管理局……为了合规目的而对制造商的工作进行"抽检（spot check）"，对数据进行检查。[④]

---

① United States v. Demko, 385 U.S. 149 (1966).

② 351 U.S. 173 (1956).

③ 467 U.S. 797 (1984).

④ 467 U.S. at 814-817.

最高法院引用了民用航空机构（CAA）* 手册：

确保制造商实施合规性检查，并且正确记录和报告检查结果，这是民用航空机构检查人员的职责。①

最高法院还引用了该手册的下述文字并作出斜体字处理：

对数据进行全面细致的检查显然是不可能的。相反，应当采用一项优先的检查方法……采用充分的抽检以确认设计符合最低限度的适航性要求。② 1823

□ 合规审查显然是裁量性的

最高法院接着通过下列论述证明了裁量性职能例外的相关性：

被告主张联邦航空管理局没有检查航空器设计的特定内容，存在过失……必然会对认证程序的两个方面提出质疑：联邦航空管理局关于实施合规性审查的“抽检”的决定以及在这些案件中对于特定航空器适用“抽检”制度。在我们看来，被告主张的这两项内容都因为裁量性职能例外原则而不能适用本法。③

最高法院接着指出合规审查机制的实施“显然是裁量性活动……”：

司法机关通过私人侵权诉讼介入此种决定，将会要求法院对行政机关行使其规制职能时的政治、社会和经济判断进行“事后评论”。这正是裁量性职能例外原则所要防止的对政策制定的司法干预。④

□ Berkovitz 案

Varig 案的判决意见是论理充分的。它非常具有价值，因为它强调了避免司法机关对政治、社会和经济判断进行事后评论。在 Berkovitz by Berkovitz v. United States⑤ 案中，最高法院作出的很有价值的判决意见继续讨论了这一主题。食品药品管理局向 Lederle-Laboratories 颁发了生产小儿脊髓灰质炎疫苗（Orimune）的许可证，生物标准司（the Division of Biologic Standards）对某批次的小儿脊髓灰质炎疫苗实施了批签发（lot release）** 。Berkovitz 的孩子在注射该疫苗后，几乎全身瘫痪。最高法院的主要焦点是裁量性职能例外。最高法院将案件发回重审，“要求该判决意见采取进一步的程序”，并且该判决意见对众多有关裁量性职能的例外属于有意义的论述。

□ 司法机关不对政策性决定进行事后评论

最高法院应用了 Varig 案，并宣称：裁量性职能例外规定的依据是国会希望——

防止司法机关通过侵权诉讼的手段对立法机关或者行政机关基于社会、经济和政治政策作出的决定进行“事后评论”……这一例外，对其进行合理解释，只保护基于对公共政 1824

---

* 民用航空机构（Civil Aeronautics Authority），是指联邦政府根据《1938 年民用航空法》设立的机构，系联邦航空管理局的前身。——译者注

** 批签发制度，是指对疫苗类制品，每批制品出厂上市或者进口时进行强制性检验、审核的制度。——译者注

① 467 U.S. at 818.

② 467 U.S. at 818.

③ 467 U.S. at 819.

④ 467 U.S. at 820.

⑤ 486 U.S. 531 (1988).

> 策之考量的政府行为和决定……总之，如果其行为在涉及可以允许的政策判断的案件中遭受质疑，裁量性职能例外让政府免于承担责任。[①]

最高法院接着宣称：

> 具体而言，我们希望驳回政府的主张……即这一例外原则排除了在联邦行政机关的监管项目中出现的任何和所有行为的责任……裁量性职能例外只适用于可以允许的政策判断。本案涉及的问题是原告所质疑的政府活动是否具有裁量性质。[②]

□ 法律或者规章确定的强制性义务不属于例外的范围

最高法院指出疫苗不需要规制性的安全标准这一说法，“可以理解为以下三种可能性”——生物标准司并未确定疫苗是否符合规制标准，生物标准司认为疫苗不符合规制标准但是颁发了许可证，或者生物标准司错误认定疫苗合规。最高法院指出，裁量性职能例外并未禁止根据前面两种理解而提出的赔偿请求，因为行政机关行使裁量权时也必须遵守这些要求。该法律明确要求行政机关对产品进行检查，并确定其是否符合所有规制要求，方可对疫苗实施批签发。[③] 因此，行政机关对于疫苗许可程序的这些方面并不享有裁量权。法律本身也对行政机关设定了明确的义务。

□ 基于政策选择作出的行为属于例外的范围

最高法院集中分析了第三种解释——生物标准司错误认定符合了规制标准。最高法院指出，“问题取决于该案中确定符合安全标准的方式和方法是否涉及行政机关受裁量性职能例外保护这种类型的判断”[④]。对于这一问题，最高法院作出了如下关键的论述：

> 对于错误认定合规的主张，能否适用裁量性职能例外取决于作出这一认定的行政官员是否合法地行使了政策选择。[⑤]

最高法院指出，“我们不愿意根据我们面对的不充分的案卷对这一问题作出判断”，并且认为地区法院应当确定“行政官员在认定疫苗制品是否符合相关的安全标准时，是否合理地行使了政策判断”[⑥]。地区法院需要判断的问题不是政策判断是否值得同意；其问题只
1825 是行政行为是否基于政策判断。如果行政行为是基于政策判断的，裁量性职能例外就可以保护政府免于承担责任。

□ 行政规则和政策的相关性

最高法院接着讨论了原告的诉讼请求，即政府应当对批签发一批含有杂质的疫苗而承担责任。最高法院认为，调整疫苗批签发的“规制计划”与 Varig 案中的计划类似，并且“裁量性职能例外禁止对有关疫苗批签发政策提出质疑的诉讼请求”。尽管如此，最高法院接着指出：

---

① 486 U. S. at 536-537.
② 486 U. S. at 536-538.
③ Id. at 543-544.
④ Id. at 545.
⑤ 486 U. S. at 545.
⑥ Id.

但是，诉讼针对的行为并不涉及可以允许的政策裁量，则并不适用裁量性职能例外。因此，如果该局的政策并未给官员实施特定的行为时行使政策判断的空间，或者如果该行为并不涉及此类判断，裁量性职能例外并不能禁止认为该行为构成过失或者属于不法行为的诉讼请求。①

最高法院将有关争议——行政机关的疫苗批签发政策是否允许行使裁量权或者设定了非裁量性的义务——发回巡回法院重新审理。根据 Berkovitz 案，一项决定如果涉及政策制定的裁量权，则该决定属于裁量性职能例外的范围。政府不需要对政策判断过程中的任何错误承担责任。但是，如果一部法律或者一项行政规则并未留下政策判断的空间，而是要求行政机关采取特定的行为，政府就有可能需要对行政机关因为未能采取该行为或者未能在采取该行为时履行适当注意义务而导致的损害承担责任。

□ Gaubert 案

但是，United States v. Gaubert② 案的判决，表明 Berkovitz 案中争议的规制背景是相对不常见的，并且裁量性职能例外适用于大量规制行为。一家存贷款机构的前董事会主席兼最大股东（primary shareholder）指控联邦住房贷款银行委员会（the Federal Home Loan Bank Board）的雇员过失行为造成其 1 亿美元损失，而起诉联邦政府寻求赔偿。联邦住房贷款银行委员会对该存贷款机构施加了强大的非正式压力，要求其采取大量的行为，包括将高管和董事全面替换为联邦住房贷款银行委员会中意的人选。一旦这些新高管 1826
或者董事已经就位，联邦住房贷款银行委员会就对新的管理层施加非正式压力，要求其采取更多措施，例如，是否以及何时让下属机构进入破产程序，如何解决薪酬争议，以及是否和如何进行诉讼。

□ 抛弃规划层级与操作层级的区分

巡回法院判定某些行政行为属于裁量性职能例外，而许多其他的行政行为则不属于该例外。巡回法院对最高法院在 Dalehite 案和 Indian Towing 案中的判决意见解释为区分了可以豁免的“规划”层级的行为和不能豁免的“操作”层级的行为。最高法院以一致意见推翻了巡回法院的判决。最高法院解释了（或者更准确地说，是重新解释了）Dalehite 案和 Indian Towing 的判决意见，认为它们并未确立这种区分，并且判定对于适用裁量性职能例外的目的而言，并不存在规划层级和操作层级的区分。③ 相反，最高法院宣示，任何层级的政府代理人的行为，“在确立法律、规章、行政指南所明示或者默示的政府政策，允许政府代理人行使基于政策的裁量权……之时”，都属于该豁免适用的范围。④

最高法院认定，以下两项问题的答案对于是否适用豁免规定是决定性的：（1）代理人对于受质疑的行为是否具有裁量权？（2）该裁量权的行使是否涉及政策判断？最高法院给这两项问题提供的答案都是肯定性的：

我们首先需要调查受质疑的行为是否是裁量性的，或者相反，它们是否受强制性的法律或者规章的调整……双方当事人都没有确认调整争议行为的正式规章……地区法院和上

---

① 486 U.S. at 546-547.

② 499 U.S. 315 (1991).

③ Id. at 324.

④ Id. at 323.

诉法院都承认，该行政机关拥有广泛的监督金融机构的法定权力。相关的法律规定不是强制性的，但是留给行政机关判断决定何时对金融机构立案以及利用何种机制……这里，行政机关不需要以特定方式行事；其职权的行使涉及大量的“判断或者选择的要素”……

1827 我们也相信讼争的每项规制行为都涉及规制性职能例外所要保护的某种政策判断……这种日常的“操作性”决定，是为了规制机构首要关心的政策理由而实施的。[1]

□ 例外适用于某些常规行为

最高法院明确否定了原告的主张，即这些行为不属于裁量性职能例外，因为它们是操作层面发生的常规、日常的规制行为：

如果一项行为具有常规性或者频繁发生的性质，足以将本来的裁量性的行为剔除出裁量性职能例外范围，那么规制者在日常规制活动中作出的无数政策性决定将是可诉的。这并不是我们案件的规则。[2]

□《联邦侵权求偿法》的例外规定适用于政府承包商

在 Boyle v. United Technologies Corp. [3] 案中，五位大法官的多数意见部分根据裁量性职能例外，作出了一项争议性的判决。多数意见判定，在当事人指控存在设计缺陷而起诉联邦政府承包商时，如果满足下列要求，则联邦法优先于州侵权法：（1）政府提供了详细的设计规格，其中包含了所指控的设计缺陷；（2）承包商遵守了与该特征有关的规格；以及（3）供应商将自己已知而政府未知的任何相关危险告知政府。[4] 多数意见将其判决与裁量性职能例外相联系：“我们认为，对于我们的军队采用的军事装备选择合理的设计，无疑属于本节规定含义之内的裁量性职能。”[5] 四名大法官持不同意见，理由是多数意见已经不合理地行使了立法职能，将裁量性职能例外扩展至政府供应商责任的情形。

□ 有关裁量性职能例外的可以作为例证的巡回法院判决

正如接下来的 28 起案件所显示的，裁量性职能例外的范围依然充满了争讼和不确定性。法官 Henry 在 Domme v. United States[6] 案中发表的协同意见，描述了有关例外范围的不确定性和意见分歧。其中一组判决在导致行政机关作为或者不作为纳入例外范围的众多政策考量因素中包含了稀缺资源的分配。与此相对的一组判决则将稀缺资源的分配排除在考量因素之外。法官 Henry 对前一组案件进行了批评，认为“它们可能会掏空”《联邦侵权求偿法》。另一方面，因为稀缺资源是行政机关所处的世界中日益重要的一项特征，
1828 我们很难看到，对行政机关因为资源稀缺而实施的行为进行处罚能够带来任何效益。[7]

---

① 499 U. S. at 331-332.

② Id. at 334.

③ 487 U. S. (1988).

④ Id. at 512.

⑤ Id. at 511.

⑥ 61 F. 3d 787 (10th Cir. 1995).

⑦ 参见 Pierce，“Judicial Review of Agency Actions in a Period of Diminishing Agency Resources”，49 *Admin. L. Rev.* (1997)。

在 Terbush v. United States① 案中，第九巡回法院判定废水处理系统的设计安全和有关违宪的警示之充足性属于裁量性职能例外。国家公园管理局行使的是与其两项职能有关的各种法律和规章确定的裁量权，并且这两项职能都涉及在使用（access）、保护（conservation）和安全的目标之间进行政策权衡。第九巡回法院将有关系统维护工作的决定是否属于裁量性职能例外的问题发回地区法院。第九巡回法院指出，它之前已经判定“日常维护”的问题并不涉及政策制定，而且因此并不属于裁量性职能例外。但是，法院承认，有些维护的决定确实默示着政策考量，因此它将案件发回地区法院重新审理，以允许地区法院对讼争的维护决定作出更详细的事实认定。

在 Walters v. United States② 案中，第八巡回法院判定有关印第安保留地道路养护的决定属于裁量性职能例外，即使此类决定在许多其他背景下都不属于裁量性职能例外。法院区分了印第安保留地的道路养护，是因为印第安事务局已经颁布了一项规则，明确授权其在作出此类决定时考虑可得的资金。这一决定并不具有很多意义，因为所有行政机关都必须在作出有关支出的决定时考虑可得的资金。

在 Oberson v. Forest Service③ 案中，第九巡回法院判定林业局不在雪地摩托车道（snowmobile trail）的危险路段设置警示标识的决定并不属于裁量性职能例外。法院承认林业局在这一问题上具有裁量权，但是它认定这一决定不属于裁量性职能例外，因为“林业局没有提供证据表明其未能设置警示标识是政策决定的结果”。这一判决意见对准据法作了错误的说明。关键的问题不是这一决定是否是政策决定的产物，而是其是否“容易受政策分析的影响”。在国家公园不设置警示标识的决定显然是容易受政策分析的影响。

在 Suter v. United States④ 案中，第四巡回法院认定联邦调查局在进行秘密调查（undercover investigation）时参与犯罪行为的决定属于裁量性职能例外。法院认定联邦调查局可以适用于此类调查的指南对其赋予了广泛的裁量权，并且讼争的这些决定容易受政策分析的影响，也就是联邦调查局必须在拟议的秘密调查的好处和个人可能会因为联邦调 1829
查局特工实施秘密行为中涉及的违法行为而导致的金钱损失之间进行权衡。

在 Soldano v. United States⑤ 案中，第九巡回法院判定，与在国家公园设置警示标识有关的决定属于裁量性职能例外，因为它们要求国家公园管理局在安全和最低侵害之间进行权衡，但是有关限速的决定不具有裁量性，因为它们涉及适用行政机关标准中阐述的客观指标。

在 Demery v. Department of Interior⑥ 案中，第八巡回法院判定印第安事务局可能导致溺水的决定并不属于裁量性职能例外。首先，原告未能确认违反了任何“具体或者明确的”政策声明。其次，存在争议的两项决定容易受政策分析的影响。决定对一个湖泊进行曝气处理（aeration）的决定是出于环境政策方面的理由，而有关如何对因为曝气处理产生的外露水体进行警示的决定则需要在安全与美学价值、金钱支出之间进行权衡。

在 McMellon v. United States⑦ 案中，第四巡回法院全席审理后形成了 8：5 的两派意见。多数派撰写了一份精彩和雄辩的判决意见，其中判定权力分立原则要求法院对《海

---

① 516 F. 3d 1125 (9th Cir. 2008).
② 474 F. 3d 1137 (8th Cir. 2007).
③ 441 F. 3d 710 (9th Cir. 2006).
④ 441 F. 3d 306 (4th Cir. 2006).
⑤ 453 F. 3d 1140 (9th Cir. 2006).
⑥ 357 F. 3d 830 (8th Cir. 2004).
⑦ 387 F. 3d 329 (4th Cir. 2004).

事诉讼法》（the Suits in Admiralty Act）适用裁量性职能例外，并且推定地适用于国会试图放弃主权豁免的任何其他法律。多数意见的理由是国会如果使总统和政府行政分支的其他成员的裁量性行为接受民事损害赔偿诉讼，将会损害总统“保护法律得到忠实履行”的能力。

在 Loughlin v. United States[1] 案中，哥伦比亚特区巡回法院判定战争部（the Department of War）在第一次世界大战期间没有对居民警示在该区域存有弹药，可能构成污染土壤的风险，这属于裁量性职能例外。法院认定当时没有法律、规章或者政策要求此类警示，并且该种决定要求政府权衡“相互冲突的有关保密与安全（safety）、国家安全（national security）和公共健康”。法院也认定政府在 1999 年作出了不同决定的事实是不相关的，因为政府可以自由地在不同时间基于可得信息的变化而以不同方式裁决政策
1830 争议。

在 Macharia v. United States[2] 案中，哥伦比亚特区巡回法院判定可能导致美国驻肯尼亚大使馆被炸的各种决定和行为属于裁量性职能例外。这一诉讼不能满足 Gaubert 标准的两部分内容：它未能确认违反了任何“联邦法律、规章或者政策”，而且有关驻外大使馆的决定要求官员考虑政策目标。

在 GATA/Airlog Co. v. United States[3] 案中，第九巡回法院判定联邦航空管理局批准航空器设计的决定属于裁量性职能例外。首先，可以适用的法律、规则和政策并未批准航空器设计的决定对行政机关或者其雇员明确规定强制性的行为过程。其次，批准设计的过程容易受政策分析的影响，即使行政机关转而选择完全依靠适用客观的科学标准。

在 Miles v. Naval Aviation Museum Foundation[4] 案中，第十一巡回法院判定裁量性职能例外并不适用于陆军决定利用未经培训和认证的机师对准备出售给私人的政府拥有的飞机进行检查。航空管理局和国防部的规章都要求航空器的所有人使用经过培训和认证的机师对飞机进行售前的特定检查。陆军最近出售的一架飞机，其前起落架损坏，导致飞机的新所有人受伤。法院认定，陆军使用未经培训和认证的机师对飞机进行检查，同时违反了联邦航空管理局和国防部的强制性规则。

在 O'toole v. United States[5] 案中，第九巡回法院判定裁量性职能例外并不适用于印第安事务局允许灌溉系统破损但不予以维修的决定。法院承认印第安事务局的决定符合裁量性职能例外的第一项标准，因为没有法律或者规则设定维护这一系统的义务。但是，法院判定，决定不拨付资金进行必需的维修，并不能满足第二项标准。法院承认，各级法院对于行政机关因为预算限制而决定不拨付资金的决定是否属于裁量性职能例外，是存在意见分歧的。第九巡回法院拒绝将资金限制作为属于裁量性职能例外之范围的政策考量：

> 我们判定行政机关因为财政原因而决定放弃对其财产的日常维护——可以期待任何其
> 1831 他土地所有人进行的维护——并不属于裁量性职能例外所保护的政策性决定的类型。

在 Elder v. United States[6] 案中，第十巡回法院判定裁量性职能例外并不适用于国家公园管理局不在存在水藻危险的自然水池周边设置额外的警示标识或者保护性路障。法院查阅了行政机关的众多政策声明、指南和规划，但是认定它们都没有对行政机关设定有关

---

① 393 F. 3d 155 (D. C. Cir. 2004).

② 334 F. 3d 61 (D. C. Cir. 2003).

③ 286 F. 3d 1168 (9th Cir. 2003).

④ 289 F. 3d 715 (11th Cir. 2002).

⑤ 295 F. 3d 1029 (9th Cir. 2002).

⑥ 312 F. 3d 1172 (10th Cir. 2002).

对讼争的自然灾害设置警示标识或者保护性路障的具体的强制性义务。对于裁量性职能例外标准的第二部分，法院认定有关标识和路障的决定容易受政策分析的影响，国家公园管理局在进行政策分析时会在公共安全和成本、美学价值、对自然资源的破坏等之间进行权衡。

在 Kelly v. United States① 案中，法院判定林业局不要求其合约飞行员（contract pilot）接受特定类型的培训的决定属于裁量权职能例外。首先，法院认定不包含这种培训的决定是裁量性的，因为行政规则只规定了有关培训的宽泛的要求，并不要求存在争议的这类培训。其次，法院认定这种裁量权的运用容易受政策分析的影响，因为它“涉及相互冲突的政策考量，例如雇员和公共安全、经济资源……对行政机关与承包商之间关系的影响，以及行政机关的目标和义务”。

在 Sloan v. Department of Housing and Urban Development② 案中，法院判定因为严重的不合标准（irregularity）而决定中止承包商从事所有行政机关外包的工作，属于裁量性职能例外。首先，“可适用的规章明确地……规定”中止的决定是裁量性的。其次，住房与城市开发部的“规章将公共政策置于决定的显著位置……［住房与城市开发部］官员必须确定，例如，承包商的违法行为是否‘如此严重，以至于影响了行政项目的严正性(integrity)’”。再次，“这里存在争议的行为是否由调查和审计人员而非助理部长作出”并不重要，因为裁量性职能例外“延伸适用于……在操作层面作出的决定”。

在 Edwards v. Tennessee Valley Authority③ 案中，法院判定，田纳西流域管理局(Tennessee Valley Authority）对在其大坝周边水域限制公众接近的合理安全措施，属于裁量性职能例外。首先，田纳西流域管理局的规则只是规定了一般化的义务，并未要求具体的限制接近。其次，巡回法院的先例判定“合适的危险应对”和“是否以及如何让联邦土地对访客来说是安全的”容易受政策分析的影响。 1832

在 Audio Odyssey v. United States④ 案中，法院判定小企业管理局（the Small Business Administration）清算贷款的行为有的属于裁量性职能例外，有的则不属于。法院判定是否决定对某笔贷款进行清算是裁量性的，但是对于清算中贷款所采取的有些步骤则是小企业管理局的一份操作手册中强制要求的。就原告可以证明它因为小企业管理局没有采取其操作手册所要求的一项步骤而遭受损失而言，裁量性职能例外并不适用。但是，就原告指控因为“强制程序实施中的过失”而导致损害而言，如果行政机关对该程序的实施容易受政策分析的影响，其诉求属于裁量性职能例外的范围。法院指出，“当政府的规章允许政府雇员行使裁量权时，‘必须推定政府雇员在行使其裁量权时的行为是基于该政策’”。因为原告并未推翻该推定，法院认定该政府雇员的行为属于裁量性职能例外。

在 Orthopedic Bone Screw Product Liability Litigation⑤ 案中，法院判定，食品药品管理局批准医疗器械上市销售的行为属于裁量性职能豁免。食品药品管理局已经根据其认定该器械“实质性地相当于”已经在市面上销售的一款器械而作出了批准销售该器械的决定。首先，法院判定可以适用的法律条款和规则赋予食品药品管理局裁量权，以决定可以利用哪些信息以及如何评估信息以作出实质性相当的认定。其次，法院认定这一裁量权的行使容易受政策分析的影响，因为它要求“对诸如安全和成本等价值进行权衡”。法院区

① 241 F. 3d 755 (9th Cir. 2001).

② 236 F. 3d 756 (D. C. Cir. 2001).

③ 255 F. 3d 318 (6th Cir. 2001).

④ 255 F. 3d 512 (8th Cir. 2001).

⑤ 264 F. 3d 344 (3d Cir. 2001).

分了判定这些科学认定并不要求行使基于政策的裁量权的巡回法院的先例判决。从法院质疑在之后的最高法院判决来看，这一先例判决是否仍然是良法值得讨论，并且指出该先例不可能适用于任何情形下的所有科学认定。

在 Bear Medicine v. United States[①] 案中，法院判定，印第安事务局（the Bureau of Indian Affairs）作出的一项决定属于裁量性职能例外，而该局所作行为的其他方面则不是。一名黑脚族人（Blackfoot）死于木材加工工地的一场事故。其母亲主张，印第安事务局允许不合格的黑脚族人在该工地工作而没有确保其采用合适的安全注意措施，是存在过
1833 失的。法院认定允许特定的黑脚族人，即 Lone Bear 在该工地上工作属于裁量性职能例外，因为印第安事务局具有与该决定有关的裁量权，并且因为该决定要求考虑诸如“环境关切，部落对可在保留地内工作的人员的限制，以及印第安事务局对 Lone Bear 之前工作的评估”等政策因素。但是，它认定印第安事务局未能确保 Lone Bear 在该工地安全作业不属于裁量性职能例外。法院的理由是：

> 一旦政府已经承担了项目安全的职责，履行这一职责就不属于裁量性职能例外。采纳安全注意措施的决定可能是基于政策考量，但是实施这些安全注意措施则不基于政策考虑。

法院也驳回了政府的主张，即印第安事务局决定将安全之责托付 Lone Bear，是其促进印第安部落独立性政策，以及因为资源不足而决定不监督 Lone Bear 的结果。法院在该判决意见这一部分的推理是高度值得怀疑的。它并不符合最高法院在 Gaubert 和 Berkowitz 案中的推理。它也明显不符合其他巡回法院在诸如 Edward 案、Audio Odyssey 案和 Orthopedic Bone Screw 案中通常采用的推理。

在 GATX/Airlog Co. v. Onited States[②] 案中，法院判定联邦航空管理局签发某款飞行器的适航性证书的决定属于裁量性职能例外。法院认定这一决定具有裁量性，因为没有法律或者规则描述了行为的具体过程。一项规则要求联邦航空管理局采用一种方法确定某设计是否具有足够的结构严密性，可以提供这一问题的“相关技术数据”。法院认定，“即使是什么构成‘相关技术数据’的问题通常也涉及主观判断（judgment call）”。法院接着认定，这一决定“涉及社会、经济或者政治政策的权衡”。法院也认定任何“在与联邦航空管理局的决定相关的工程判断……都属于”其基于政策的裁量性判断行使的“不可缺少的一部分”。

在 Reed v. Department of Interior[③] 案中，法院判定土地管理局（BLM）决定签发公共通行许可，选择对这些许可规定哪些条件，以及选择是否设置警示标识，都属于裁量性职能例外的范围。法院认定，没有一部法律或者规则要求土地管理局采取具体的行为，并
1834 且认定在所有三项决定中：“土地管理局，在行使裁量权时权衡了相互竞争的公共政策考量，包括有关公共通行、安全、资源分配和环境。”第九巡回法院指出，对于是否设置警示标识的决定是否属于公共政策决定，各巡回法院存在着分歧。

在 Irving v. United States[④] 案中，第一巡回法院全席审理后五名法官出具的多数意见判定职业安全与健康管理局实施的工作场所检查属于裁量性职能例外。五名法官组成的多数派与两名持不同意见的法官之间进行的长篇辩论，集中在一项重要的问题：主管（supervisor）的口头指示，其效力是什么？一名证人作证称，职业安全与健康管理局的主管

---

① 241 F. 3d 1208 (9th Cir. 2001).

② 234 F. 3d 1089 (9th Cir. 2000).

③ 231 F. 3d 501 (9th Cir. 2000).

④ 162 F. 3d 154 (1st Cir. 1998).

指示检查人员对工作场所实施全面检查。持不同意见的法官将该指示解释为取消了检查人员的裁量权，并要求它们对设备的每一部分进行检查。五位法官出具的多数意见认定，在法律、规则和行政机关的现场操作手册（field operations manual）都赋予检查人员在实施检查的方式以裁量权时，此种口头指示并不足以作为将裁量性职能转化为非裁量性职能的法律事项。

在 Shansky v. United States[1] 案中，法院判定国家公园管理局拒绝在一处国家历史遗址的古式木制门槛处设置扶手或者警示标识，属于裁量性职能。法院认定行政机关的操作手册中强调安全的说明过于原则和雄心勃勃，以至于不能消除该手册其他部分内容所赋予的裁量权。法院接着认定，行政机关所涉及的问题是容易受政策分析的影响，也就是说，行政机关可以在美学价值和安全之间进行权衡。

在 Appley Brothers v. United States[2] 案中，法院判定农业部对一座粮仓进行的检查不属于裁量性职能例外。行政机关的检查人员手册中描述了四种类型的检查。对该案中所采取的检查，手册中的描述包含了要求检查人员“对之前报告品质不佳的粮食的状态进行检查”。法院认定检查人员没有遵守这一要求，使得其行为超出裁量性职能例外的范围。

在 Aragon v. United States[3] 案中，法院判定一座空军基地所采用的处理有毒溶剂的方法属于裁量性职能例外。法院认定检查人员未能遵守一项行政命令，并未限制行政机关的裁量权，因为它只是要求行政机关采取“切实可行的行为”以安全的方式处置废物。法 1835
院认定，行政机关的手册并未消除行政机关的裁量权，因为该手册说明了它“目的只是指引性”，而且该手册也没有对该案存在争议的行为规定具体、前执行的要求。法院接着认定行政机关的裁量权容易受政策分析的影响，也就是说，行政机关可以在防卫和安全考量因素，与卫生和环境考量因素之间进行权衡。

在 Rich v. United States[4] 案中，法院判定陆军工程兵团决定将一座大坝上的防护栏替换为一种同种设计的防护栏，这一决定属于裁量性职能例外。该行政机关的设计指南不是强制性的，而且这一决定具有“政策意味（overtones）”，因为“至今这一决定涉及如何实现资源最佳配置的问题”。

在 Rosebush v. United States[5] 案中，两名法官的多数意见判定林业局不在营地的火坑处设置防护性栅栏，以及不设置火坑设置危险警示标识的决定属于裁量性职能例外。首先，可以适用的指南并不要求“以任何特定方式维护或者设计火炕”。其次，“是否以及如何让游客安全访问联邦土地，这需要作出政策判断……”持不同意见的法官指责多数意见允许裁量性职能例外“吞噬”《联邦侵权求偿法》的其余部分。他不同意多数意见的第二项主张：“我没有看到，是否在火坑周围设置栅栏或者标识，以便让其对公众更具有安全性的决定背后存在社会、经济或者政治政策考量。”

在 Ochran v. United States[6] 案中，法院判定除了一项例外，执法官员未能尽到合理注意义务保护证人免受罪犯的暴力伤害，这一行为属于裁量性职能例外。法院认定，即使可以适用的指南采用了“应当”一词，它们还是“充满了裁量性文字”。法院也认定如何保护证人的决定“容易受政策分析的影响”，包括“对有限的政府资源进行配置”。但是，

---

[1] 164 F. 3d 688 (1st Cir. 1999).
[2] 164 F. 3d 1164 (8th Cir. 1999).
[3] 146 F. 3d 819 (lOth Cir. 1998).
[4] 119 F. 3d 447 (6th Cir. 1997).
[5] 119 F. 3d 438 (6th Cir. 1997).
[6] 117 F. 3d 495 (11th Cir. 1997).

法院也认为，决定不及时告知证人有关救济渠道，不属于裁量性职能例外。法院认定，“告知义务并不涉及公共政策的考量”。

在 National Union Fire Insurance v. United States① 案中，法院认定陆军工程兵团为了研究更大的改进而决定推迟提高防波堤的高度，属于裁量性职能例外。法院认定，“这
1836 一决定……涉及对工程兵团决定时需要知道的五项法定因素的权衡”。法院也试图调和与先前的决定之间可能存在的矛盾：“政府是否可以将成本纳入考量范围，取决于可以适用的法律、规章和政策。”

在 Tippett v. United States② 案中，法院判定一位护林员（Forest Ranger）指示雪地摩托车以特定方式经过麋鹿的行为属于裁量性职能例外。麋鹿攻击了雪地摩托车手并致其受伤。法院首先认定国家林业局的一项指令——“保护人的生命优先于所有其他管理活动”——“过于原则不能消除裁量权”。法院指出林业局必须权衡“保护野生生物与保障公共通行的机会……”最后，法院将原告的诉讼请求——护林员行使裁量权时存在过失——描述为与案件“无关”。即使裁量权的行使存在过失，裁量性职能例外仍然可以适用，保护政府免于承担责任。

在 Chantal v. United States③ 案中，法院判定，国家公园管理局拒绝在原告跌倒的圣路易斯大拱门（the Gateway Arch in St. Louis）设置残疾人坡道或者警示标识的决定属于裁量行为。法院判定国家公园管理局的一项规则——规定有关残疾人通行的政策——没有要求其采取任何行为。这一规则在已有的未变更的设施（unaltered facilities）和历史性财产（historic properties）方面赋予国家公园管理局以广泛的裁量权。法院也判定在安全和美学价值之间进行的权衡，是经典的政策决定。

在 Sabow v. United States④ 案中，法院判定海军调查处（the Naval Investigative Service）* 的雇员和军法署署长（the Judge Advocate General）在调查一位海军陆战队（Marine Corps）上校之死的行为属于裁量性职能例外。法院认定这些调查活动的手册中没有描述具体的行为过程，而是规定了一般性的指引，并赋予调查人员以宽泛的裁量权。但是，法院也认为，这一起诉书支持对涉及该项调查的海军陆战队将军故意施加精神折磨（infliction of emotional distress）的行为进行起诉的理由。这名将军被指控在与死者的亲属会面时大发雷霆，叫着死者的名字并严厉责骂其亲属。第九巡回法院推翻了地区法院所作出的似乎得到充分证据支持的结论，即该将军的行为属于《联邦侵权求偿法》的诽谤罪除外（defamation exclusion）范围。

1837 在 Valdez v. United States⑤ 案和 Faber v. United States⑥ 案中，第九巡回法院的合议庭对于非常类似的事实得出了不同的结论。在这两起案件中，国家公园或者国家森林的用户声称自己因为政府未能对明知的严重危险提供警示的过失而受伤。在 Valdez 案中，法院判定政府没有提供警示，属于裁量性职能例外。法院认定可以适用的行政规则只是“规定了有关访客安全有关的一般性政策目标”，而让行政机关裁量决定如何实现这些目标。不仅如此，法院还认定行政机关“为了行使这一裁量权，需要进行公共政策判断”：

---

* 该机构设在海军情报局（the Office of Naval Intelligence），负责犯罪侦查和反间谍工作。1992 年更名为海军刑事调查处。——译者注

① 115 F. 3d 1415 (9th Cir. 1997).

② 108 F. 3d 1194 (10th Cir. 1997).

③ 104 F. 3d 207 (8th Cir. 1997).

④ 93 F. 3d 1445 (9th Cir. 1996).

⑤ 56 F. 3d 1177 (9th Cir. 1995).

⑥ 56 F. 3d 1122 (9th Cir. 1995).

"面对有限的资源和无限的自然风险，……国家公园管理局必须在公共安全目标与相互冲突的财政考量之间进行权衡……"但是，在 Faber 案中，法院认定行政机关未能提供危险警示的行为不属于裁量性职能例外。法院认定行政机关已经发布了一项管理规则，对自己设定了在存在该讼争危险时设置警示标识的义务。

在§5.2 和§5.16 讨论的 Crumpton v. Stone[①] 案中，法院判定裁量性职能例外适用于行政机关向公众披露属于《信息自由法》的豁免事由 6 和豁免事由 7（c）和《隐私法》规定的信息的决定。法院认定豁免事由 6 和豁免事由 7（c）要求行政机关作出裁量性公共政策判断，"在信息披露的公共利益与保留信息的个人利益之间进行权衡"。

在 Domme v. United States[②] 案中，法院判定行政机关对独立承包商进行的安全检查之范围受裁量性职能例外调整。法院认定可以适用的规则并未"规定能源部可以实施安全评估的准确的方式"，并且行政机关的裁量是"受若干政策考量因素——例如如何实现能源部现有资源的最佳配置——的影响"。

在 Tunelli v. United States[③] 案中，第八巡回法院对两类职能进行了区分。邮政用户声称他们是邮政雇员的盗窃行为的受害者，并且这些盗窃行为可以归结于聘用雇员时的过失以及在被告知发生盗窃时未能作出反应。法院判定裁量性职能例外适用于雇员招聘、留用和监督的大多数事项，但是它并不适用于行政机关在得到其雇员违法行为的告知后未能 1838
作出反应的情形。

在 Baldassaro v. United States[④] 案中，法院判定联邦海事管理局（the Federal Maritime Administration）批准一艘船舶编入预备役部队（Ready Reserve Force），尽管该船舶设计中可能存在安全缺陷，这一决定属于裁量性职能例外。法院认定，可以适用的法律和规则并不要求抛弃这一船舶，并且行政机关的裁量权是受"诸如费用、外表、安全、可操作性和功能等政策考量因素"的影响。

在 In re Glacier Bay[⑤] 案中，第九巡回法院对制作和发表海图的过程中涉及的若干职能进行了区分。法院判定其中一项职能（也就是，确定测深线的分离）不属于裁量性职能例外的范围，因为强制性的行政规则对裁量权进行了严格限制，而且任何剩余的裁量权是通过适用科学判断而非政策判断行使的。法院判定其他职能（也就是探测和标注礁石的位置，说明测量的不足，并且决定不对一个地区进行重新测量）属于裁量性职能例外。可以适用的行政规则赋予了裁量权，要求行政机关的雇员"考虑一项决定的经济、政治和社会的成本和效益"。

在 Hines v. United States[⑥] 案中，第九巡回法院划分了另一项结果决定的界限。美国邮政局的一家独立承包商的醉酒雇员导致原告受伤。法院承认《联邦侵权求偿法》并不能让政府对独立承包商的行为承担责任，并且独立承包商的选择和监督的大多数事项都属于裁量性职能例外。但是，法院判定这一例外并不适用于行政机关未能检查司机是否犯有特定罪行的记录（例如醉酒驾车），因为行政机关的管理规定（Management Instruction）规定对所有独立承包商雇用的司机是否犯有此类违法行为进行强制性筛查。

---

① 59 F. 3d 1400 (D.C. Cir. 1995).
② 61 F. 3d 787 (10th Cir. 1995).
③ 60 F. 3d 492 (8th Cir. 1995).
④ 64 F. 3d 206 (5th Cir. 1995).
⑤ 71 F. 3d 1447 (9th Cir. 1995).
⑥ 60 F. 3d 1442 (9th Cir. 1995).

在 Fisher Brothers Sales, Inc. v. United States①案中，第三巡回法院全席审理后以7：6裁决了一起重要的争议。这一争议是食品药品管理局在 1989 年所作出的禁止进口所有智利水果并销毁当时在美国境内的所有智利水果的决定是否属于裁量性职能例外。其基础性事实并不存在争议。因此检测存在的错误，食品药品管理局错误地认定两种智利产的
1839 葡萄含有氰化物。食品药品管理局立即发布了禁止进口和销毁已有产品的命令而没有采取新的检测，从而导致对相对人以及智利经济造成了严重的损害。原告主张，他们是因为食品药品管理局雇员的过失行为而遭受的损失。因为这些雇员需要（但实际上没有）遵循食品药品管理局的《规制程序手册》所规定的程序，他们的行为并不属于裁量性职能例外的范围。六名持不同意见的法官采纳了这一理论。但是，七名法官出具的多数意见体现了对这一案件的另一种观察视角。对于他们来说，导致损失的援引是禁止进口和销售已有产品的命令。签发命令的决定行使了裁量权。多数意见对于政策决定及其所依据的数据质检单关系进行了非常精彩的解释：

当我们明白几乎所有的政策制定都涉及可得数据可靠性的判断，我们就不难预测对几乎没有限制的责任的担心，以及与原告的责任理论相关的几乎无休止的诉讼前景，将会对政策制定者造成怎样的影响。从决策者个人角度来说，“最安全的”的做法就是等待更具有结论性的数据。但是，这一做法将会带来非常高的社会成本。②

在 Myers v. United States③ 案中，两位法官出具的多数意见判定矿山安全与健康管理局检查人员的行为并不属于裁量性职能例外，因为矿山安全与健康管理局的检查人员未获授权根据社会、经济或者政治政策实施检查。相反，他们的行为是受该行业的专业判断和知识调整的。但是，多数意见认为，原告还没有根据《联邦侵权求偿法》说明诉讼理由，因为田纳西州的法律并未允许对仅仅因为未能发现违反安全规章的行为而导致的损害提起侵权诉讼。持协同意见的法官认为，检查人员的行为属于裁量性职能例外，因为政府的检查人员必须对何为不法行为以及如何纠正等问题行使判断权。

在 Lesoeurv. United States④ 案中，法院判定内政部决定对印第安部落的江河旅游豁免适用本来适用于科罗拉多河旅游的安全规章，属于裁量性职能例外。法院认定内政部对
1840 于颁布和执行有关国家公园土地利用的规则拥有广泛的裁量权，并且内政部已经作出明确的政策决定，要减少对印第安部落活动的规制。

在 Cassens v. St. Louis River Cruise Lines⑤ 案中，法院判定海岸警卫队未能发现一艘客轮的一组台阶没有安装扶手，属于裁量性职能例外，因为没有法律或者规则具体规定检查船舶以确定是否所有台阶均已安装扶手的方法。

在 Cope v. Scott⑥ 案中，法院判定公园管理局有关合适路面的决定属于裁量性职能例外，但是有关设置警示标识的决定并不属于裁量性职能例外。

在 Baylor v. Salvation Army⑦ 案中，法院判定监狱管理局将犯人转移至中途之家（half-way house）* 的决定属于裁量性职能例外，因为（1）可以适用的法律和规则赋予监

---

* 该词又译作“重返社会训练所”，是为出监后返家困难或无家可归的罪犯提供的暂时性安置处所，协助其建立社会生活及适应能力，顺利复归社会。——译者注

① 46 F. 3d 279 (3d Cir. 1995)（全席审理）。

② Id. at 287.

③ 17 F. 3d 890 (6th Cir. 1994).

④ 21 F. 3d 965 (9th Cir. 1994).

⑤ 44 F. 3d 508 (7th Cir. 1995).

⑥ 45 F. 3d 445 (D. C. Cir. 1995).

⑦ 51 F. 3d 678 (7th Cir. 1995).

狱的官员以裁量权；(2) 这一裁量权的行使中包含了政策考量因素。

□ 故意侵权的例外

《联邦侵权求偿法》对故意侵权的处理是复杂、不现实和需要修订的。§2680 (h) 规定 11 种故意侵权豁免适用主权豁免权的法定放弃：暴力威胁、人身伤害、非法拘禁 (false imprisonment)、非法逮捕 (false arrest) 和恶意起诉 (malicious prosecution)、滥用程序、书面诽谤、口头诽谤、虚假陈述、欺骗和妨碍合同权利。这一目录绝对不是完整的。它并不包括诸如不法侵入 (trespass) 和侵占 (conversion) 等重要的侵权行为。在 Hatahley v. United States[1] 案中，政府需要对扑杀美国原住民的马匹承担故意侵权的责任。当联邦调查局的特工在一家酒店的墙上安装了麦克风并监听谈话时，联邦政府实施了所谓的“非法监听”或者“侵犯隐私”的侵权行为，并且《联邦侵权求偿法》并未对此类侵权行为作出例外规定。[2] 法院在 Gross v. United States[3] 案中针对“故意施加精神折磨”作出要求联邦政府支付损害赔偿金的判决，尽管有一位持不同意见的法官发表了不同的见解。

在 Truman v. United States[4] 案中，法院判定政府已经对性骚扰行为的赔偿请求放弃了主权豁免权。法院认定被指控的事实引发了对故意施加精神损害——《联邦侵权求偿法》并未将其列入适用例外的具体故意侵权行为类型，而不是被列入适用例外范围的暴力威胁或者人身伤害——的起诉理由。 1841

□ 1974 年的修订

《联邦侵权求偿法》在 1974 年进行了修订，目的是让政府对“调查或者执法官员的作为或者不作为有关”的前五种列举的侵权行为承担责任。自 1974 年以来，调查或者执法官员实施的侵权行为之受害人，至少有两种救济渠道：根据《联邦宪法》的规定对官员提起的 Bivens 诉讼和起诉联邦政府。最高法院已经明确判定两种诉因是“互补的”：

> 在国会没有相反表述时，§2680 (h) 因此预期本案起诉指控的故意侵权行为之受害者本来应该在对指控侵犯他们的宪法权利的官员个人提起 Bivens 诉讼的同时根据《联邦侵权求偿法》起诉联邦政府。[5]

□ 需要注意欺骗性的责任理论

对若干故意侵权行为排除在《联邦侵权求偿法》的适用范围之外，常常要求律师在对其案件选择合适的责任理论时尽到注意义务并发挥创造力。许多行为在逻辑上看属于某一类型的豁免适用该法的侵权行为，可以基于其他的理论构成政府责任的依据。政府甚至需要对政府医生诱奸女病人的行为承担责任，如果原告能够证明医生的主管存在过失。[6] 类

---

① 351 U.S. 173 (1956).

② Black v. Sheraton Corp., 564 F.2d 531, 540-541 (D.C. Cir. 1977).

③ 676 F.2d 295 (8th Cir. 1982).

④ 26 F.3d 592 (5th Cir. 1994).

⑤ Carlson v. Green, 446 U.S. 14, 20 (1980).

⑥ 参见 Andrews v. United States, 732 F.2d 366 (4th Cir. 1984)。

似地，在 Brock v. United States① 案中，法院判定一名声称遭上级强奸的受害人可以以聘用过程存在过失为由根据《联邦侵权求偿法》提出赔偿请求，从而规避了《联邦侵权求偿法》对许多故意侵权行为所作的例外规定。

□ 对某些故意侵权之例外的批评

《联邦侵权求偿法》排除具体的故意侵权行为，其前提是在故意侵权行为和明确属于该法调整范围的“过失或者不法（wrongful）行为”之间进行的简化的、很大程度上是虚假的两分法。在很多情形中，个人需要对“故意侵权行为”承担责任，是因为行为之所以是“不法的”，原因在于其存在过失。例如，因为医生未能告知病人治疗可能存在的风险而提起的侵权诉讼，可以被描述为过失行为，或者是人身伤害的行为（battery）。② 政府雇员在其职责范围内实施的“故意”侵权行为有相当比例属于这一类型。举例来说，如果一位联邦调查局的特工根据其认为自己行为合法的善意但是存在过失的错误确信，而实施了逮捕或者搜查。其行为可能同时符合构成“宪法侵权”和若干普通法上的故意侵权，例
1842 如暴力威胁、人身伤害、故意侵害和侵犯隐私等侵权类型中的任何一种。但是，他唯一的不法行为是因为对有关逮捕和搜查的复杂法律规定的误解。

对部分而非所有故意侵权行为排除在《联邦侵权求偿法》适用范围之外，这导致了众多令人混淆的法院判决，并且对政府雇员的不法行为受害者以及因为错误判断实施了“故意”侵权行为的政府雇员来说都是明显不公的。国会应该修订《联邦侵权求偿法》，消除对指定故意侵权行为的例外规定。政府应当保留的充分抗辩是雇员不是在其职责范围内行事，或者不是在履行裁量性职能。法院经常判定雇主对其雇员在职责范围内实施的故意侵权行为承担替代责任。③ 除非并且直到国会采取这一行动前，法院应当接受原告的主张，即特定的不法行为属于《联邦侵权求偿法》的范围，因为它可以归因于政府雇员的过失。

□ 政府可以主张雇员的豁免权吗？

如果官员实施了它们具有有限豁免权的侵权行为，政府是否有权享有该豁免权？一家巡回法院在 Norton v. United States④ 案中以 2∶1 判定政府具有该豁免权。多数意见的主要依据是立法史，而这被认为是不清楚的。持不同意见的法官强调了“允许政府基于其官员享有的个人豁免权逃避责任的不合理性”⑤。联邦调查局特工接到匿名电话称逃犯正在一所公寓内，并且是“持有武器和危险的”。原告作为公寓内的唯一一位女性，拒绝特工进入。这些特工破门而入，但是没有发现逃犯。多数意见在脚注 13 中指出，《判决重述》（the Restatement）认为，基于传统的雇主责任原则，雇主可以主张其雇员可得的抗辩理由，但是持不同意见的法官则认为《代理法判决重述（二）》（Restatement（second）of Agency）§217（b）（ii）（1958）的具体规定：“因为……代理人对于该行为享有豁免权的事实，雇主不具有抗辩理由。”持有不同意见的法官引用了一起接受该原则的弗吉尼亚

---

① 64 F. 3d 1421（9th Cir. 1995）

② 对比 Mink v. University of Chicago，460 F. Supp. 793（N. D. Ill. 1978）和 Canterbury v. Spence，464 F. 2d 772（D. G Cir. 1972）。

③ 例可参见 Lancaster v. Norfolk & Western Ry.，773 F. 2d 807（7th Cir. 1985）。

④ 581 F. 2d 390（4th Cir.），*cert. denied*，439 U. S. 1003（1978）.

⑤ Id. at 397.

州的案例，并且多数意见并未对弗吉尼亚州法律的可适用性作出回应。因此，Norton 案对于代理人的豁免权转移至政府的观点来说，并不具有很强的权威。正如 § 19.2 所讨论 1843
的，政府不应依赖其雇员的豁免权。①

关于 Norton 案的事实，如果豁免权没有转移至政府，法院将需要决定两项可疑的问题：是否实施了 28 U. S. C. § 1346（b）规定的不法行为；是否适用 § 2680（a）规定的裁量性职能例外。作出强制进入的决定要优于让“危险”人物逃走，这并不必然是“不法行为”；《联邦侵权求偿法》“确实要求存在一定程度的违法或者渎职（of misfeasance or non-feasance）……”② 该法“规定如果不存在过失或者其他形式的违法或者渎职，则排除……责任”③。

政府不需要对 § 2680（h）列举的 11 种侵权行为负责，除了它需要对“调查或者执法官员”实施的“暴力威胁、人身伤害、非法拘禁、非法逮捕、滥用程序或者恶意起诉”。政府从来不需要承担责任的 5 种侵权行为是书面诽谤、口头诽谤、虚假陈述、欺诈和妨碍合同权利。

□ 虚假陈述案件

在所列举的故意侵权行为中，发生诉讼最多的是虚假陈述。在很多情况下，过失和虚假陈述是几乎无法区分的。在 United States v. Neustadt④ 案中，最高法院判定，虚假陈述的例外防止了政府对依赖不准确的房屋检查和评估报告而作出决定的购房人承担责任。最高法院推翻了下级法院的明智意见，即政府负有具体的职责，需要作出仔细的评估，并对存在履行职责过程中的过失行为承担责任。关于 Neustadt 原则的依据，政府已经在多起针对值得帮助的原告的诉讼中获得胜诉。适用 Neustadt 原则的典型例子就是 De Lange v. United States⑤ 案，该案判定政府需要对医生发给病人的错误诊疗意见承担责任。法院指出“不正确的陈述就是‘虚假陈述’，无论在表达事实时是出于故意还是出于过失”。因为检查官员没有注意到烟囱的缺陷，导致该房子的客人一氧化碳中毒的，法院判定政府不需要承担责任。⑥ 当食品药品管理局错误地认定原告的菠菜存在污染而发出警示时，政府因为虚假陈述例外的规定而免于承担责任。⑦ 1844

在 Block v. Neal⑧ 案中，最高法院似乎取消了 Neustadt 原则，该案判定虚假陈述的例外并不能在针对农场主住宅管理局（Farmers Home Administration）* 的检查官员未能

* 农场主住宅管理局是美国农业部下设机构，主要职能是为生活在农村地区的家庭和社区提供信贷和技术支持。——译者注

① 有关认定国会意图对 Norton 案的事实适用政府责任的具有说服力的立法史分析，参见 Comment，47 *Ceo. Wash. L. Rev.* 651（1979）。另可参见 Boger，Citenstein & Verkuil，“The Federal Tort Claims Act Intentional Torts Amendment：An Interpretative Analysis”，54 *N. C. L. Rev.* 497（1976）。第五巡回法院认为 Norton 案的一部分内容“不再站得住脚”。Brown v. United States，653 F. 2d 196，201 n. 4（5th Cir. 1981），*cert. denied*，456 U. S. 925（1982）。一家地区法院通过解释为什么“只有第四巡回法院现在遵循 Norton 原则”而对 Norton 原则提出了批评。Arnsberg v. United States，549 F. Supp. 55，58（D. Or. 1982）。

② Dalehite v. United States，346 U. S. 15，45（1953）.

③ Laird v. Nelms 406 U. S. 797，799（1972）.

④ 366 U. S. 696（1961）.

⑤ 372 F. 2d 134（9th Cir. 1967）.

⑥ Reynolds v. United States，643 F. 2d 707（10th Cir.），*cert. denied*，454 U. S. 817（1981）.

⑦ Mizokami v. United States，414 F. 2d 1375（Ct. Cl. 1969）.

⑧ 460 U. S. 289（1983）.

发现报告在检查建筑物时本应该发现的缺陷，而对政府提起的诉讼中为政府提供抗辩理由。最高法院是在与 Neustadt 原则进行区分，而不是推翻了 Neustadt 原则：

在本案中，与 Neustadt 案，政府的错误陈述并非对原告主张存在过失来说是关键性的……尽管在本案中农场主住宅管理局可能已经监督住宅的建造，并向 Neal 提供建造的进展相关信息。Neal 的诉讼只是基于之前的行为。①

□ 对虚假陈述案件的批评

最高法院试图在 Neal 案中所作的区分是难以理解和适用的。在 Neal 案的判决两周后，最高法院在 Baroni v. United States② 案决定拒绝调卷令（denied certiorari）*。这是根据虚假陈述条款作出的对原告不利的决定。Baroni 等人是“小区房子（subdivision houses）的联系并不密切的买家”，对他们来说，联邦住房管理局（Federal Housing Administration）或者其他行政机关都没有作过陈述。联邦住房管理局批准了这一小区，但附加的条件之一是房子必须建在高于五十年一次的洪水水位的位置。原告主张后来因为洪水遭受损失，法院指出：“联邦住房管理局规定的洪水水位要求是不正确的”③。原告指控“联邦住房管理局因为过失而未能确定正确的洪水水位线”和“未能发送警报”。巡回法院维持了地区法院的判决，即“在没有向原告作出明确的表述时，根据 § 2680（h）的规定，默示虚假陈述的主张和 Neustadt 案调整的直接的虚假陈述之主张都作为例外，不能适用《联邦侵权求偿法》的放弃主权豁免权规定……”④ 巡回法院指出：

［Neustadt 案］表明了《国家住房法》（the National Housing Act）并未创设任何联邦法上的义务，……国会并未意图“赋予这些买家以任何在出现错误评估时向政府寻求赔偿的可诉性权利……”⑤ 假定根据州法规定，政府的工作产生了无过失地确定洪水水位的义务，政府向相信其计算结果的开发商发送其错误计算结果的事实……仍然可能导致原告遭
1845 受损失。⑥

Baroni 案看起来与 Neal 案并不一致。最高法院为什么没有直接推翻原判决，并将案件发回重新审理，并指示根据 Neal 案对 Baroni 进行重新审理。也许最高法院承认，因为裁量性职能例外规定，其结论是同样独立于虚假陈述例外规定。重要的是要记住，取消《联邦侵权求偿法》中若干故意侵权行为的例外规定并不能自动导致政府在所有已经成功援引这些抗辩理由的案件中承担责任。政府在很多此类案件中仍然可以依据其行为不存在过失，其行为属于裁量性行为例外，或者其行为不属于雇员的职责范围等理由而取得胜诉。

□ 暴力威胁和人身伤害案件

《联邦侵权求偿法》也将“任何因为暴力威胁、人身伤害提出的赔偿请求”规定为政

---

* 在美国，调卷令（certiorari）是上诉法院签发给下级法院要求其将某一案件的诉讼记录移交给其审查的一种特别令状。最高法院将调卷令用作其选择复审案件的工具。拒绝调卷令，即意味着拒绝受理该案件。——译者注

① 460 U. S. at 297-299.

② 662 F. 2d 287（5th Cir. 1981），*cert. denied*，460 U. S. 1036（1983）.

③ Id. at 288.

④ Id. at 288.

⑤ ［366 U. S.］at 709.

⑥ 662 F. 2d at 289.

府责任的例外。[①] 一起关键的案件是 Panella v. United States[②] 案。联邦医院的一位病人，被另一位病人扎伤，起诉联邦政府没有尽到对暴力病人的监督义务的行为存在过失。法院判定，暴力威胁和人身伤害的例外仅适用于政府雇员的行为，在过失是“赔偿请求的核心时”，政府需要对非雇员的暴力威胁行为直接导致的伤害承担责任。[③] 如果暴力威胁和人身伤害行为不是政府雇员作出的，并且如果其赔偿请求所依据的理论是政府未能保护其免受侵害行为影响的过失，政府也因此需要对“暴力威胁和人身伤害的行为导致的赔偿请求”承担责任。

关于故意侵权的政府责任问题，起诉书的表述方式常常要比对法律依据的分析更为重要。政府雇用的医生以“治疗”为名诱奸女病人时，政府是否需要承担责任，取决于采用哪种侵权行为理论。原告如果以诱奸、暴力威胁和人身伤害，或者虚假陈述为理由，都会败诉。但是，在 Andrews v. United States[④] 案中，原告以该医生的主管存在过失为由起诉时则获得胜诉。

在 Naisbitt v. United States[⑤] 案中，法院判定，尽管起诉书指控联邦政府存在未能尽到监督义务的过失，政府不需要对军人在非值勤时间实施的强奸和杀人行为承担责任。巡回法院判定，在实施袭击行为者是政府雇员时，Panella 原则并不适用。“在雇员故意伤害他人的任何案件中，侵权责任都需要政府承担，无论它是否被称为过失，实则是可以归因于政府的故意侵权。”[⑥] 但是，Naisbitt 案的判决可能与 Sheriqan v. United States[⑦] 案存在 1846
矛盾。如同在政府援引故意侵权例外的其他许多案件，政府因为一项独立的抗辩理由，显然不需要在 Naisbitt 案中承担责任。在非值班时间强奸杀人的军人不可能是在其职责范围行事。

过失与故意之间的界限在 Woods v. United States[⑧] 案中再次成为问题。该案中，一名医生采用了“电击疗法”，原告对联邦政府起诉；法院并未提及医生与联邦政府之间的联系。地方法官（magistrate）认定存在暴力威胁和人身伤害，根据 § 2680（h）的规定，不能起诉联邦政府，但是法院提到医生对其他医生采用了“电击疗法”，在医生看来他所做的是一种诊疗方式，因此“并不存在故意的不法行为，因此不能适用 § 2680（h）”。这一案件凸显了《联邦侵权求偿法》的一项不能让人满意的特征：联邦政府对于轻微性的存在过失的治疗行为承担责任，但是对于更严重的“施加故意伤害”的不法行为则不需要承担责任。因此，原告的最佳策略常常是证明政府只是存在过失，而政府的最佳策略则常常是证明自己存在比过失更为严重的问题。

政府不需要对留用一名猥亵儿童的邮递员的过失承担责任，即使其主观明知邮递员之前曾经实施过这类侵权行为；法院认定“该赔偿请求，尽管采用了过失的表述，实际上是基于暴力威胁和人身伤害”[⑨]。但是，Hughes 案的判决可能与 Sheridan v. United States[⑩] 案的判决存在矛盾。

---

① 在 1974 年以后，这一例外并不适用于调查或者执法官员的行为。

② 216 F. 2d 622（2d Cir. 1954）.

③ Id. at 614.

④ 732 F. 2d 366（4th Cir. 1984）.

⑤ 611 F. 2d 1350（10th Cir.），*cert. denied*，449 U. S. 885（1980）.

⑥ Id. at 1356.

⑦ 487 U. S. 392（1988）.

⑧ 720 F. 2d 1451（9th Cir. 1983）.

⑨ Hughes v. United States，662 F. 2d 219，220（4th Cir. 1981）.

⑩ 487 U. S. 392（1988）.

在 Liuzzo v. Onited States 案中，一群三 K 党人（Ku Klux Klansmen）[*]（包括一名正在履行职务的联邦调查局线人）在 1965 年从 Selma 到 Montgomery 的游行中枪杀了一名民权工作者。在判定联邦政府不对杀人凶手承担替代责任之后，法院支持了基于政府雇员过失和不法行为提出的赔偿请求。法院指出，“原告的赔偿请求之核心……并未仅仅因为政府雇员实施了袭击人身行为而发生改变”[1]。法院也宣布，“因为联邦调查局招聘、培训不可靠和不稳定的线人，安排其采取行动，并对线人进行全面控制，以政府的代理人未能防止他们知道或者本来应该知道会给 Liuzzo 女士带来的损害为由主张联邦政府承担责任是可以允许的”[2]。

在 Hosten v. Silbert[3]案中联邦法警（United States Marshals）造成一人受伤并且后来死亡，法院对起诉书按照字面进行了解释，支持了对联邦政府提出的赔偿请求，尽管持不
1847 同意见的法官认为，“这不属于过失行为”。

一名在军事监狱工作的军人负责被作为测试辅助审讯的 LSD[**] 的对象。Feres v. United States[4] 案的原则已经明确阻止了他对这一侵权行为寻求损害赔偿，但是他也指控军队在他离职后隐瞒了事实并且没有提供治疗。法院判定，后来发生的过失是他可以寻求赔偿的单独的不法行为。[5] 但是，这一判决在 Laswell v. Brown[6] 案中被推翻，后者否定军人家属对于暴露在核试验环境下并且在其退役之后没有提供警示的行为，具有寻求损害赔偿的权利。

政府因为在护送一名女性之后未能保护其在西点军校校区不被强奸，需要对其过失承担责任。[7]

□ 非法拘禁案件

一名依法需要在密苏里州一家医疗机构接受治疗的审前被羁押者，被超过 24 天通过“各种不同的联邦机构”从明尼苏达州通过巴士转运到该医疗机构。法院作出了因为非法拘禁行为赔偿 4 000 美元的判决。[8]

在 Sami v. United States[9] 案中，一名应财政部官员的要求在德国被拘留了 4 天的相对人，基于非法拘禁和其他侵权行为起诉被驳回后又成功赢得上诉法院推翻该判决。法院判定该官员属于“执法官员”，并且裁量性职能抗辩理由被驳回。

在 Mundt v. United States[10] 案中，当下级法院判决在上诉时被推翻后，超出判决书规定的刑期多羁押了 78 天是否属于非法拘禁，法院根据亚利桑那州法律作出了判决。

---

* 三 K 党，是指美国奉行白人至上主义运动和基督教恐怖主义的民间仇恨团体，也是美国种族主义的代表性组织。——译者注

** LSD，即麦角酸二乙基酰胺，作为一种致幻剂，人服用后会产生放松警惕现象。——译者注

① 508 F. Supp. 923，929 (E. D. Mich. 1981).

② Id. at 934.

③ 681 F. 2d 876，881 (D. C. Cir. 1982).

④ 340 U. S. 135 (1950).

⑤ Thornwell v. United States，471 F. Supp. 344 (D. D. C. 1979).

⑥ 683 F. 2d 261，267 (8th Cir. 1982) *cert. denied*，459 U. S. 1210 (1983).

⑦ Loritts v. United States，489 F. Supp. 1030 (D. Mass. 1980).

⑧ Occhino v. United States，686 F. 2d 1302 (8th Cir. 1982).

⑨ 617 F. 2d 755 (D. C. Cir. 1979).

⑩ 611 F. 2d 1257 (9th Cir. 1980).

□ 恶意公诉案件

在 Brown v. United States[1] 案中，一位被宣判无罪的银行行长起诉联邦政府存在恶意公诉的行为，但是因为未能证明存在主观恶意而败诉；联邦调查局的探员被判定属于 1974 年国会对 § 2680（h）所作修订之意义上的"调查官员"。

一名被指控存在税收欺诈行为但被法院驳回起诉的相对人，起诉联邦政府及其代理人（agent）存在恶意公诉行为。根据经过 1974 年修订的 § 2680（h）之规定，联邦政府不需要对恶意起诉行为承担责任，除非是"由调查或者执法的代理人实施的"，而本案中联邦政府代理人正是这样的代理人。法院后来判定需要承担责任，并且法院接着判定（1）政府不能享有豁免权，因为这是依据州法作出的；（2）该代理人的行为不属于裁量性职能例外；（3）联邦政府根据 § 2680（c）的规定，即允许对"任何因为税收的评定或者征收引 1848
起的赔偿请求"具有豁免权，联邦政府并不具有豁免权。[2]

联邦政府的公诉人并不属于经过 1974 年修订的 § 2680（h）意义上的"调查或者执法官员"。公诉人职能的核心当然是执法法律，但是该法本身规定"调查或者执法官员"是指获得法律授权可以对违反联邦法律的案件采取搜查、扣押证据、实施逮捕的……任何官员"，而且联邦政府的公诉人也没有获得授权行使这些职能。[3]

□ 妨碍合同权利案件

《联邦侵权求偿法》豁免适用于"妨碍合同权利"。但是，法院在 Goodman Group, Inc. v. Dishroom[4] 案中判定该法适用于"侵权式的妨碍合同权利"。这一判决是值得质疑的。

一位自辩的（pro se）的原告寻求联邦政府对"侵占其财产（conversion）"提供赔偿，声称政府已经获取和披露秘密信息的行为已经构成不法行为。地区法院将这一起诉解释为"故意妨碍合同权利"，而这是 § 2680（h）所规定阻止对联邦政府索赔的。上诉法院判定这一赔偿请求是针对纽约法律所承认的侵占商业秘密（misappropriation of a trade secret），因此根据《联邦侵权求偿法》属于地区法院的管辖权。法院驳回该赔偿请求是针对"虚假陈述"或者"欺骗"的主张，指出"指控欺诈……并不能是其赔偿请求的构成要件"[5]。

□ 诽谤案件

一名土木工程师（civilian engineer），遭海军解除职务后又恢复原职，对联邦政府起诉，指控其在进行和报告心理检查时存在过失。法院以所指控的侵权行为"可以合理描述

① 653 F. 2d 196 (5th Cir. 1981), *cert. denied*, 456 U. S. 925 (1982).

② Wright v. United States, 719 F. 2d 1032 (9th Cir. 1983).

③ Gray v. Bell, 542 F. Supp. 927, 933 (D. D. C. 1982), aff'd on other grounds, 712 F. 2d 490 (D. C. Cir. 1983), *cert. denied*, 465 U. S. HOD (1984).

④ 679 F. 2d 182, 187 (9th Cir. 1982).

⑤ Kramer v. Secretary, United States Department of the Army, 653 F. 2d 726, 730 (2d Cir. 1980).

为诽谤”而肯定了驳回起诉。[1] 这一判决主旨与 Neustadt 案的判决（关于虚假陈述）相似，在后面这一案件中最高法院对 Block v. Neal[2] 案的判决作了修正。

□ 故意侵害（trespass）案件？

故意制造声爆（sonic boom）* ——可能，也可能不会伤害人身或者损害财产——构成故意侵权行为吗？空军有一项规章，规定了可能属于“故意制造”声爆的五种情形。在 Laird v. Nelms[3] 案中，一座价值 1.6 万美元的房子因为声爆遭受无法修复之损坏，其所有人起诉索赔被拒。

□ 暴力威胁和人身伤害案件

一名陆军大兵（private）被另一名军人从军事基地绑架和杀害，赔偿请求是陆军的过
1849 失导致大兵的死亡。上诉法院判定该责任的依据可以是政府未能行使合理注意义务导致的暴力威胁和人身伤害行为。最高法院推翻了这一判决。[4] 最高法院适用了 28 U.S.C. §2680（h），即主权豁免权的放弃并不适用于因为暴力威胁和人身伤害导致的赔偿请求。然后，最高法院判定可以适用 Feres 原则，即使杀人凶手不在军事基地，受害者不在值勤，因为“凶手的位置，与该位置是否要求非军事法院（civilian court）事后评论军事决定，并不完全一样重要”[5]。八名大法官一致认为应该适用 Feres 原则，但是三名大法官并未同意人身伤害是赔偿请求的基础，从而属于该法规定的人身伤害例外的条款之适用范围；三名大法官并未解释对于人身伤害行为的意见。

《联邦侵权求偿法》规定的故意侵权例外条款，即 28 U.S.C. §2680（h），使得政府不需要对“出自暴力威胁或者人身伤害”的赔偿请求承担责任，并不能阻止政府对其他雇员未能防止明显醉酒的军人在公共场所开枪伤害原告并致其车辆受损而存在的过失承担责任。[6] 最高法院指出，责任理论“类似于个人对凶猛动物，或者爆炸性装置实施控制时的情形”，并且无论是军人的雇佣状态还是其精神状态都对赔偿请求没有影响。三名持不同意见的大法官强调了“出自暴力威胁或者人身伤害”的任何赔偿请求的例外。

□ 侵犯隐私

在 Tippetts v. United States[7] 案中，一名联邦雇员根据《联邦侵权求偿法》起诉，指控其雇主美国邮政局侵犯了其隐私，故意造成其精神损害。政府主张该案讼争的侵权行为不属于《联邦侵权求偿法》调整的范围，而是属于《联邦雇员赔偿法》（the Federal Employees Compensation Act）的调整范围。第十巡回法院判定侵犯隐私和故意造成精神损

---

* 声爆，是在空气中运动的物体速度突破音障时产生冲击波所引起的巨大响声。——译者注

① Hoesl v. United States, 629 F. 2d 586 (9th Cir. 1980).

② 460 U.S. 289 (1983).

③ 406 U.S. 797 (1972).

④ United States v. Shearer, 473 U.S. 52 (1985).

⑤ Id. at 57.

⑥ Sheridan v. United States, 487 U.S. 392 (1988).

⑦ 308 F. 3d 1091 (10th Cir. 2002).

害受《联邦雇员赔偿法》还是《联邦侵权求偿法》调整，这一问题属于劳工部——负责实施《联邦雇员赔偿法》的行政机关——的首先管辖权范围。[1]

□ 对《联邦侵权求偿法》的修改建议

从多个方面来看，《联邦侵权求偿法》是一部很好的法律。但是，如果对《联邦侵权求偿法》加以修订，以使政府对其雇员的所有侵权行为，包括宪法侵权和故意侵权负责，条件是其雇员是在履行公务，并且不属于军事事务和裁量性职能例外条款，联邦政府及其雇员之间的有关责任规则就可以得到明显改善。在相当程度上，各级法院已经拥有实现改 1850
变这些法律规则之效力的裁量权：（1）消除或者减少 Bivens 诉讼的可得性[2]；（2）判定政府对可以归因于某些过失成分的“故意”侵权承担责任。

§ 19.5 Bivens 诉讼

□ 最高法院创设了基于宪法侵权的诉因

在 Bivens v. Six Unknown Named Agents of the Federal Bureau of Narcotics[3] 案中，最高法院创设了一个全新的侵权诉讼类型。最高法院判定联邦政府负责缉毒工作的特工（narcotics agents）可能需要对没有近因的情况下违反《联邦宪法》第四修正案，无证进入一所公寓导致的损害承担责任。非法进入公寓的行为显然属于非法侵害（trespass），尽管最高法院可能并未意识到此类责任，联邦政府需要根据《联邦侵权求偿法》承担责任。《联邦侵权求偿法》豁免政府承担若干故意侵权引发的责任，但是并未豁免非法侵害引发的责任。[4] 正如最高法院所明确承认的，非法进入公寓也是根据州法规定的普通法侵权行为。

Bivens 案的问题是《联邦宪法》是否创设了寻求损害赔偿的权利，即使没有联邦法律创设此类权利。最高法院判定《联邦宪法》创设了此种诉因：

> 当然，第四修正案在其这么多的文字中并未规定对违反该修正案的行为通过判决金钱损害赔偿进行强制执行。但是，“众所公认的是，当法律权利被侵犯，并且联邦法律规定了对此类侵权行为起诉的一般性权利时，联邦法院可以利用任何可得的救济方式纠正不法行为”。[引用] 本案并不涉及在缺乏国会的积极行动的情况下需要犹豫的特殊因素……问题只是原告如果能够证明因为联邦特工侵犯第四修正案赋予其的权利而导致的损害，是否可以通过在联邦法院通常可得的特定救济机制对其损害获得赔偿……我们认为原告有权对其因为特工违反该修正案而导致的损害寻求金钱损害赔偿。[5]

大法官 Harlan 撰写了一份长篇的协同意见。他认为，免于无理搜查（unreasonable search）的自由是“联邦保护的利益”[6]，是否允许损害赔偿不是“由宪法本身完全交给国

---

① 参见§14.1的讨论。
② 参见§19.5。
③ 403 U.S. 388 (1971).
④ 参见§19.4。
⑤ 463 U.S. at 396-397.
⑥ Id. at 400.

会决定的”[1]，而且“如果认定联邦法院……无权批准通过损害赔偿救济证明社会政策的正
1851 确性，将是反常的；之所以将这些社会政策规定在《联邦宪法》中，其主要目的是限制联邦政府成为大众意志的工具”[2]。他进一步指出，“公平的救济性裁量的范围，需要根据作为制度的公平所具有的独特历史传统确定”[3]，“国会对联邦法院管辖权的一般性授权……足以让联邦法院有权提供传统的法律救济”[4]，并且“司法机关负有具体的责任，以确保宪法利益的实现”[5]。

三名大法官分别撰写了不同意见。首席大法官 Burger 指出：“我不同意今天的判决，它通过司法的方式创设了《联邦宪法》未曾规定，国会也未曾立法规定的一种损害赔偿救济。”[6] 大法官 Black 在不同意见中指出：“国会可以对无理搜查规定联邦法上的损害赔偿诉因……国会当然可以创设一种针对联邦官员的救济……但是……最高法院判决的致命缺点是国会和纽约州都未曾通过立法创设此种诉讼权利。如果我们要这么做，在我看来，就是行使了《联邦宪法》并未赋予我们的权利。”[7] 大法官 Blackmun 在不同意见中指出并不存在充分的救济，“应该采取行动的是国会而非最高法院”[8]。大法官 Rehnquist 在 Carlson v. Green[9] 案中对与 Bivens 原则不同的意见作了最充分的论述。Bivens 案本身是在大法官 Rehnquist 任职最高法院之前作出的。

最高法院将 Bivens 案发回重新审理，并指示确定豁免权问题。[10] 第二巡回法院判定这些特工“并不享有豁免权”，但是其含义是并不享有绝对豁免权，因为法院指出这些特工具有“有效的抗辩理由……如果他们是基于善意或者合理确信逮捕和搜查的有效性而采取了行动的”，事实上允许了有限豁免权。[11]

□ Bivens 原则宽泛地适用于 Passman 案

在 Bivens 案判决之后，对于 Bivens 原则是否适用于违反《联邦宪法》除了第四修正案之外的内容，不同的下级法院产生了分歧。在 Davis v. Passman[12] 案中，五名大法官判定该原则适用于所有违宪行为。具体的判决主旨是在解雇一名女性雇员时存在性别歧视的一名议员需要承担损害赔偿责任，除非其享有豁免权。根据 Bivens 原则，最高法院判定，除了国会议员的演讲和辩论条款（the Speech and Debate Clause）* 外，“首先，原告声称
1852 一项宪法保护的权利；其次，原告已经陈述了宣称这一权利的诉因；再次，损害赔偿救济

---

* 演讲和辩论条款，即《联邦宪法》对议员言论免责权所作的规定——国会议员“不得因在各自议院发表的演说或辩论而在任何其他地方受到质问”（Article I, Section 6, Clause 1）。——译者注

① Id. at 402.

② Id. at 403-404.

③ Id. at 404.

④ Id. at 405.

⑤ Id, at 407.

⑥ Id. at 411.

⑦ Id. at 427-428.

⑧ Id. at 430.

⑨ 446 U. S. 14, 31-54 (1980).

⑩ 参见§19.3。

⑪ 456 F. 2d 1339, 1346 (2d Cir. 1972).（后来当事人达成了一项和解协议，根据该协议每位特工向 Webster Bivens 赔偿 100 美元。Hernandez v. Lattimore, 454 F. Supp. 763, 767 n. 2 (S. D. N. Y. 1978)）。

⑫ 442 U. S. 228 (1979).

是一种合理的救济形式"[1]。最高法院明确指出，被解除职务的雇员"拥有基于《联邦宪法》第五修正案的诉因"[2]。但是，在 Passman 案中，多数意见提出了一种可能性，即法律规定的替代救济形式可能取代法院创设的 Bivens 诉讼救济形式："当然，如果国会创设同样有效的替代救济形式，或许就不再需要损害赔偿救济了。"[3]

四位大法官在三份判决意见中发表了不同意见。第一份判决意见是关于"非常严重的权力分立问题"；第二份判决意见敦促应该首先解决演讲或辩论条款的问题；而第三份判决意见则强调了"最高法院之前没有一份判决可能证明今天僭越国会议员们的权力的合理性"。第三份判决意见在论述中夹杂了一些 Bivens 原则的考量因素。

□ Carlson 案：法定救济并不能消除 Bivens 救济

最高法院介入立法事务的野心在 Carlson v. Green[4] 案中达到顶点。在该案中，一名母亲代表其已去世的儿子，起诉被告监狱官员侵犯了其儿子的宪法权利——包括未能给予其儿子合理的医疗照看，而《联邦宪法》第八修正案规定的权利——寻求补偿性和惩罚性损害赔偿。最高法院指出："需要判决的问题有两项：（1）考虑到被告的陈述也可以支持根据《联邦侵权求偿法》起诉联邦政府，是否可以直接根据《联邦宪法》寻求救济？以及（2）如果是的话，主张这一诉因的遗属（survival）是否受联邦普通法或者州法的调整？"[5]最高法院判定第一项问题的答案是肯定的，第二项问题的答案是遗属受联邦法的调整。

在 Bivens 案中，最高法院显然没有意识到，根据《联邦侵权求偿法》的规定，原告拥有另一种法律允许的针对政府的救济方式。在 Carlson 案中，多数意见承认存在基于《联邦侵权求偿法》的救济方式。多数意见的判决依据部分基于 Bivens 案之后制定的一部法律的立法史，部分基于政策考量因素。Carlson 的多数意见承认国会可以规定 Bivens 救济的替代救济方式，但是它认定国会并未这么做。国会已经在 1974 年对《联邦侵权求偿法》作了修订，允许对执法官员的特定行为寻求赔偿，而政府在之前对此是享有豁免权的。[6] 多数意见在这次修订的立法史中发现证据表明国会意图让《联邦侵权求偿法》诉讼与 Bivens 诉讼成为"并列、互补的诉因"[7]。 1853

□ 对 Carlson 案的批评

Carlson 案多数意见也受到了政策考量因素的影响。它认定 Bivens 诉讼"相比《联邦侵权求偿法》提供的救济更为有效"[8]。多数意见为了支持这一结论而提供的推理与最近侵权行为法的一般性研究和涉及公共雇员的侵权行为法研究并不一致。今天，最高法院的多数意见将不太可能会再采用 Carlson 案中的推理。例如，在 Carlson 案中，多数意见强调了惩罚性损害赔偿与陪审团审理程序结合的价值。[9] 在 1989 年之前，最高法院却试图减少

---

① Id. at 234.
② Id. at 244.
③ Id. at 248.
④ 446 U.S. 14 (1980).
⑤ Id. at 16-17.
⑥ 参见 § 19.4。
⑦ Id. at 20.
⑧ Id. at 21.
⑨ Id. at 22.

这种侵权法特征的结合导致的损害。[1] 正如§19.2所显示的，政府对政府雇员在其职责范围内实施的侵权行为所承担的责任，远远优于基于任何可以预见的威慑性、公平性、合理的宪法决定和有效的公共管理等标准而规定的政府雇员的个人责任。

Carlson案多数意见在没有支持性分析的情况下认定，让政府雇员承担个人责任，不会“抑制其履行职责的努力”，［因为］根据Butz v. Economou[2]案赋予它们的有限豁免权，为他们提供了充分的保障。[3] 最高法院在自Kendall v. Stokes[4]以来长达103年里都是根据相反的结论作出判决。[5] 不仅如此，即使是在Economou案之后，最高法院仍然继续根据有关非宪法侵权的相反结论作出判决。[6] 正如§19.1至§19.3所显示的，个人责任结合有限豁免权，将会给政府雇员广泛的不公平性，并且对他们产生威慑而不愿积极履行职责。

Carlson案的事实说明了判决政府雇员个人承担责任的不公平性，以及有限豁免权的不充分性。该案的被告包括联邦监狱管理局的局长Carlson，一名美国助理卫生局长（Assistant Surgeon General of the United States）、印第安纳州的联邦监狱首席医疗官员和在监狱医院工作的“无证护士”。诉讼请求包括150万美元的实际损害赔偿金和50万美元的惩罚性损害赔偿金。最高法院指出，有限豁免权为这些雇员提供了“充分保障”，但是对这些雇员及其所处情况未置一词；它只是称他们为“上诉人，联邦监狱官员”。

该诉讼指控监狱的医疗设施和工作人员存在不足，护士“一段时间没有照顾Jones，而去医生的其他地方处理配药事宜”。如果这些指控在初审时被证实，Jones的母亲本来有很好的理由对政府提出赔偿请求。这接下来很少会发生她能够让明显工作负荷过重和训练不足的护士或者其主管——他们很可能没有多少能力为监狱医院增加员工和设备——遭受
1854 破产的结果。需要谴责的行为更可能发生在申请管理预算局（OMB）拨款支持监狱医院或者是国会处理该申请的某个环节。让四名政府雇员破产，不可能改善监狱医生的资金和人手的问题。要求政府为资金不足或者人手不足承担后果，可能要有效得多。

□ 最高法院拒绝对行政机关适用Bivens救济

尽管对政府雇员个人而非政府本身适用Bivens救济明显存在不公，最高法院还是拒绝将责任从政府雇员转移至政府。在FDIC v. Meyer[7]案中，最高法院拒绝将Bivens救济适用于侵犯宪法权利的联邦行政机关。

最高法院也继续以有意义的方式对Bivens诉因的适用范围以及可得的抗辩理由进行界定，只是因为这一诉因适用于个人，而这给因为违宪的政府行为遭受损害的个人带来明显的不公平。在Fanner v. Brennan[8]案中，最高法院判定一名监狱官员不能对侵犯犯人基于《联邦宪法》第八修正案的权利而承担责任，除非官员“知道而不顾对犯人的健康或者安全造成的过度风险”，这是一项主观性的标准。最高法院指出它之前曾在一起案件中适用了客观性标准——故意忽视对于市政府来说应当是“明显的”实质性风险——的§1983

---

① 参见Brown-ing-Ferris Industries v. Kelco Disposal, Inc., 492 U.S. 257 (1989)。

② 438 U.S. 478 (1978).

③ 446 U.S. at 19.

④ 44 U.S. 87 (1875).

⑤ 参见§19.3。

⑥ 参见§19.3。

⑦ 510 U.S. 471 (1994)，§19.2有讨论。

⑧ 511 U.S. 825 (1994)，参见§19.2的讨论。

诉讼中，判定一家市政府需要对侵犯犯人基于《联邦宪法》第八修正案的权利而承担责任。

□ Carlson 案之后的案件表明法院不愿意扩展适用 Bivens 原则：Bush 案

在 Carlson 案之后的三起主要案件的判决意见反映了法院适用 Bivens 原则的热情正在减退，而日益希望认定在具体的情况下以可得的替代救济方式取代 Bivens 救济。在 Bush v. Lucas① 案中，最高法院判定法律允许的一种替代救济方式取代了 Bivens 救济，尽管这种替代救济方式不如 Bivens 救济有效，并且国会并未明确取代 Bivens 救济。一位被降级的政府雇员向其工作的中心主任寻求损害赔偿，声称该主任侵犯了他基于《联邦宪法》第一修正案的权利。最高法院肯定了对该雇员不利的判决。最高法院并不认为“应当通过对讼争的违宪行为创设新的司法救济方式，扩大是否已经逐步建立完善的救济体系，并且注意到相互冲突的政策考量因素的问题”②。最高法院指出，“我们假定，一项联邦法上的权利遭受侵犯，国会并未对不法行为规定了完全的救济”③。但是，最高法院否定雇员具有损 1855
害赔偿的诉因，因为：“联邦公务员现在受到完善、全面的、包含禁止主管实施武断行为的实体法律规定的保护，并且通过行政和司法性质的程序可以纠正不适当的行为。”④

最高法院在 Bush 案中的推理与 Carlson 案存在明显差别。它并未讨论陪审团审理或者惩罚性赔偿的问题。但是，它提到了法律规定的“行政和司法”程序的问题，并且指出：“对行政行为提起的宪法诉讼，例如原告基于第一修正案提出的诉讼请求，在这一制度中是完全可以识别的。”⑤

□ Chappell 案

最高法院在对 Bush 案作出判决的同一天，也对 Chappell v. Wallace⑥ 案作出了判决。在 Chappell 案中，最高法院判定军事人员不能对其上级官员的违宪行为提起 Bivens 诉讼。Chappell 案的推理将 Bush 案的推理与 Feres v. United States⑦ 案中基于军事的特殊性而进行的推理进行了结合。在 Chappell 案中，最高法院指出，“考虑到规定军队结构的特殊模式，国会……已经对军人事务（military life）建立了全面的内部司法体系”⑧。最高法院也指出，“国会已经建立了两种司法体系……一种是对文职人员，一种是对军事人员”⑨。

□ Chillicky 案

最高法院越来越愿意同意替代性救济默示地取代了 Bivens 救济，这一点在 Schweiker

---

① 462 U. S. 367 (1983).
② Id. at 388.
③ Id. at 373.
④ Id. at 385.
⑤ Id.
⑥ 462 U. S. 296 (1983).
⑦ 340 U. S. 135 (1950)，参见 § 19.4 的讨论。
⑧ 462 U. S. at 302.
⑨ Id. at 303-304.

v. Chillicky[①] 案中六名大法官出具的多数意见可以作为最好的证明。原告是之前已经被确定残疾从而可以享受社会保障福利的个人。他们指控社会保障管理局的雇员终止其福利的程序违反了他们的宪法权利。在 1980 年，国会制定了一部法律，要求社会保障管理对所有之前确定为残疾的个人的状况进行复查，并对任何其确定为不再为残疾状态的个人终止福利。这一法律，以及社会保障管理局实施这一法律的行为，引发了几家法院与社会保障局之间的激烈冲突。例如，在 Lopez v. Heckler[②] 案中，一家巡回法院判定社会保障局实施该法律的方法违反宪法。该巡回法院裁定社会保障局对几千名相对人恢复福利。但是，大法官 Rehnquist 要求暂停执行巡回法院的裁定，理由是他认为，法院而不是行政机关已经违反宪法。[③] 但是，最高法院全体法官从来没有机会解决这一争议，因为国会紧急制定
1856 的立法，使得这一案件“诉因消失”[④]。

Chillicky 案的原告充分利用了紧急立法所提供的程序，获准追溯性地恢复他们的残疾福利。他们接着提出了 Bivens 诉讼，以指控行政机关之前的终止福利程序侵犯其程序性正当程序权利为由寻求损害赔偿。他们也起诉两位联邦政府官员和一位州政府官员，这些官员在确定用于实施对法定的对之前确定为残疾的个人之状态进行复查的程序时扮演了决策作用。我在 § 9.5 和 § 9.10 中讨论了与调整社会保障福利的正当程序权利有关的复杂法律问题。最高法院假定，但是没有判决，州政府官员是 Bivens 诉讼中的合适被告，因为他是以联邦法律的名义作出行为的。[⑤]

□ 替代法定救济方式可以取代 Bivens 救济

> Chillicky 案的多数意见总结了最高法院在 Bush 案和 Chappell 案的判决。当政府项目的设计表明，国会已经规定了它认为对于可能发生在行政管理过程中的宪法侵权来说是充分的救济机制，我们还没有创设额外的 Bivens 救济。[⑥]

多数意见接着认定国会在紧急立法中所规定的复杂的程序机制，与国会认为足够充分，可以取代 Bush 案中的 Bivens 救济之间很难区分，即使“国会未能规定充分的救济……”[⑦]

□ 承认 Bivens 原则导致的损害

多数意见提到了一项重要的考量因素以支持其在 Chillicky 案的判决：

> 对公务行为承担个人责任之预期，无疑将导致招募国会设立之项目的行政主管产生新的困难和费用。[⑧]

最高法院本来可以补充对一项相关问题的讨论。个人责任的预期将无疑会导致实施国会委任（mandates）时存在过度的谨小慎微。[⑨] 正如 § 9.10 所讨论的，在社会保障的残疾

---

① 487 U. S. 412 (1988).

② 713 F. 2d 1432 (9th Cir. 1983).

③ Heckler v. Lopez, 463 U. S. 1328 (1983).

④ 我在 § 2.8 中讨论了 Lopez 案提出但是没有解决的重要问题。

⑤ 487 U. S. at 418 n. 1.

⑥ 487 U. S. at 423.

⑦ 487 U. S. at 425.

⑧ 487 U. S. at 425.

⑨ 参见 § 19.1 和 § 19.2。

福利决定领域，一位法官描述为公然违反正当程序的行为，其他法官则常常描述为保护根本的公正性来说是核心的步骤。基于被分配到案件的法官身份的不确定性，让政府雇员对这一重要项目设计程序的行为承担可能的个人责任将是荒谬的。 1857

□ Bivens 原则在原来的情形下得到承认

尽管已经存在 Bush-Chappell-Chillicky 的三分法，最高法院也不愿意对以前适用 Bivens 原则的情形抛弃适用 Bivens 原则。在 McCarthy v. Madigan① 案中，最高法院一致判定一名联邦犯人不需要以投诉程序（grievance procedure）穷尽行政救济，以此作为提起 Bivens 诉讼的前提条件，因为投诉程序并不会给犯人带来他所寻求的金钱损害赔偿结果。最高法院得出结论，即使是犯人也可以根据《联邦侵权求偿法》拥有替代救济方式。没有一位大法官质疑 Bivens 救济的可得性。最高法院直接适用了其在 Carlson 案中的判决主旨。国会后来立法推翻了 McCarthy 原则，最高法院在 Booth v. Chumer② 案中也承认了这一点。

□ 最高法院继续不愿意延伸适用 Bivens 原则

最高法院依旧不愿意将 Bivens 救济延伸适用于最高法院在 1971 年至 1980 年判决可以适用 Bivens 救济的三种情形。在 Correctional Services Corp. v. Malesko③ 案中，五位大法官的多数意见拒绝将 Bivens 诉讼适用于行使过去属于政府行政机关和雇员履行的职能的公司。多数意见强调指出，Bivens 救济的目的是影响政府雇员个人的行为，而不是行政机关或者公司的行为。但是，似乎明确的是，多数意见的产生动因主要是对任何情况下 Biverns 救济的不满。多数意见指出，最高法院自 1980 年以来已经“持续地拒绝将 Bivens 责任延伸适用于任何新的背景或者新类型的被告”。四位持不同意见的大法官主张 Bivens 诉讼应该可以适用于政府的公司代理人（corporate agent）——如果从事相同的违宪行为，将使自然人代理人（human agent）承担 Bivens 责任。持不同意见的大法官在不同意见最后一段中确认了与多数意见之间的争议核心：“最高法院判决的驱动力是不同意 Bivens 案本身的判决主旨。”

在 Wilkie v. Robbins④ 案中，七位大法官的多数意见拒绝将 Bivens 诉讼延伸适用于个人因为行使阻止政府进入其私人地产的宪法权利而遭受恶意报复性质的骚扰的情形。大法官们描述了土地管理局的雇员必须被解读为可信的行为过程。不同雇员在超过七年的时间里实施了数十次总是不合理甚至有时违法的行为，试图强迫该个人赋予政府以地役权（easement）并对其拒绝这么做进行报复。这些大法官将这种结局称为“千刀万剐”。但 1858
是，多数意见拒绝将 Bivens 诉讼延伸适用于此种情形。

多数意见指出，政府雇员所采取的行为绝大多数都是可能通过州侵权诉讼、行政上诉和司法审查等方式得到救济的。多数意见接着表达了这样的担心，即法院将不能划分合理的界限，将政府雇员的顽固但合法的行为区别于政府雇员的如此过度以至于需要支付损害赔偿金的行为。多数意见也担心，将 Bivens 救济适用于最高法院审理的这类案件，“将会吸引来自所有影响财产利益的合法政府行为领域的诉求，……”两名持不同意见的大法官

① 503 U. S. 140 (1992).
② 69 121 S. Ct. 1819 (2001).
③ 122 S. Ct. 515 (2001).
④ 127 S. Ct. 2588 (2007).

本来应该将 Bivens 救济延伸适用于调整政府官员为了惩罚相对人实施的宪法保护的行为而进行的恶意骚扰行为。持不同意见的大法官们认为，对于众多类型的骚扰行为，分散地适用不同救济无法有效“阻止‘千刀万剐’的现象”，并且多数意见夸大了它们所依据的划分界限和诉讼泛滥的担心。

□ 作为例证的巡回法院的判决

各巡回法院已经效仿最高法院的做法，拒绝在存在替代救济方式时将 Bivens 救济扩展适用于新的情形。例如，在 Spagnola v. Mathis① 案中，哥伦比亚特区巡回法院全席审理后判定无论是联邦政府雇员还是未来的联邦政府雇员都不能以功绩制保障委员会所管辖的人事行为中第一修正案规定的权利遭到侵犯为由，提起 Bivens 诉讼。

在 Assar v. Crescent Counties Foundation for Medical Care② 案中，法院拒绝将 Bivens 救济扩展适用于国会已经规定了替代救济制度的一种新情形。Assar 指控一家同行评价组织（peer-review organization）限制 Assar 接受可以由联邦医疗保险的手术的程序，侵犯了他的正当程序权利。法院认定，国会为了发现和纠正联邦医疗保险的同行评价决定过程中出现的错误而规定的行政和司法审查制度默示地排除了法院对相同类型的错误提供 Bivens 救济。

在 Bricker v. Rockwell International Corp. ③ 案中，第九巡回法院拒绝将 Bivens 救济扩展适用于新的情形。该法院认定，国会已经立法规定一种全面的救济制度可以适用于该
1859 案争议的情形，但是由于这一立法只对未来发生效力，从而原告不能寻求这一救济方式时，国会的这一决定已经默示地排除了 Bivens 救济。法院也认定，原告可以利用各种充分的替代救济方式，即使这些救济方式是行政性质而非司法性质的。

在 Robbins v. Bentsen 案中，第七巡回法院拒绝对一位被降级的政府雇员适用 Bivens 救济，因为国会已经在《文官改革法》（the Civil Service Reform Act）中规定了行政救济制度。④

在 Moore v. Glickman⑤ 案中，法院判定农业稳定和保护局（the Agricultural Stabilization and Conservation Service）被终止职务的雇员不能获得 Bivens 救济，即使她不符合《文官改革法》所规定的全面的救济体系的适用条件。她依据《行政程序法》享有的对其被终止职务获得审查的权利是充分的，尽管这一救济是“不完整的，但是可以排除 Bivens 救济”⑥。

在 Beattie v. Boeing Co. ⑦ 案中，政府承包商的一位雇员没有通过安全调查（security clearance），第十巡回法院拒绝对其适用 Bivens 救济。第十巡回法院将最高法院的判决意见解释为在涉及国家安全问题时，“建议不要”承认 Bivens 诉讼的请求。

在 Merritt v. Shuttle⑧ 案中，第二巡回法院判定，当正当程序的权利请求与在对利用

---

① 859 F. 2d 223（D. C. Cir. 1988）.

② 13 F. 3d 215（7th Cir. 1993）.

③ 22 F. 3d 871（9th Cir. 1994）.

④ 41 F. 3d 1195（7th Cir. 1994）. 另可见 Lee v. Hughes，145 F. 3d 1272（11th Cir. 1998）（《文官改革法》默示地排除了对被终止职务的雇员适用 Bivens 救济）。

⑤ 113 F. 3d 988（9th Cir. 1997）.

⑥ 另可见 Miller v. Department of Agriculture，143 F. 3d 1413（11th Cir. 1998）。

⑦ 43 F. 3d 559（10th Cir. 1994）.

⑧ 187 F. 3d 263（2d Cir. 1999）.

违宪程序作出的行政命令进行的审查“不可避免地相互交织”时，原告不能以行政机关侵犯其正当程序权利为由提起 Bivens 诉讼。

在 Sinclair v. Hawke① 案中，第八巡回法院判定被货币监理官置于破产管理状态的一家银行的所有人，并不能以货币监理官和其他八名规制人员在宣布银行破产并决定实施破产管理而违反了《联邦宪法》第一修正案和第八修正案赋予的权利为理由，提起 Bivens 诉讼。法院将对推理概要如下：

> 当国会已经创设了全面的规制体制时，存在根据《行政程序法》拥有的司法审查权就足以排除 Bivens 诉讼。

在 Nebraska Beef v. Greening② 案中，第八巡回法院提到了最高法院不愿意将 Bivens 诉讼延伸适用于新的情形，并且判定一家肉类加工企业并不能对一位检查官员提起 Bivens 1860
诉讼，因为国会并未明确确立这样的权利；肉类加工企业可以行使其他司法审查的救济方式；国会已经对起诉检察官规定了严格的穷尽行政救济要求。第八巡回法院也判定，因为被告的行为不受合格特权保护的决定需要接受中间性审查（interlocutory review），基于同样理由，地区法院承认 Bivens 救济的判决需要接受中间性审查。

但是，有的时候，巡回法院仍然会将 Bivens 救济适用于新的情形。第九巡回法院的合议庭在一篇长而复杂的判决意见中，判定抗议公共住房项目的公民可以对住房与城市发展部阻碍他们行使《联邦宪法》第一修正案之权利的雇员提起 Bivens 诉讼。③

□ 对 Bivens 案的批评

Bivens 案的判决意见是一项错误，而 Bush-Chappell-Chillicky 三部曲显然说明最高法院的多数派现在承认这一事实。因为 Bivens 原则完全是由最高法院一家确立的，并无宪法或者法律的依据，最高法院可以随时废除这一原则。如果 Bivens 原则并不存在，国会无疑已经会修订《联邦侵权求偿法》对联邦雇员履行职责时实施的宪法侵权行为规定由政府承担损害赔偿责任的救济。相反，Bivens 救济的可得性则诱使国会在 1988 年对《联邦侵权求偿法》以不全面也不能让人满意的方式进行了修订。④ 国会拒绝删除《联邦侵权求偿法》对六种故意侵权行为所作的例外规定，拒绝只让政府对另外五种故意侵权行为承担责任，并且对宪法侵权行为作出了例外规定。

最高法院如今面临一项问题。它可以通过推翻 Bivens 原则而大幅改进相关法律规则。但是，因为遵循先例原则的威慑，它没有采取这一做法。在国会已经采纳了这些先例判决会继续有效的推定时，最高法院不愿意推翻先例，即使先例存在明显错误。但是，Bivens 原则是如此缺乏宪法合法性（constitutional legitimacy），以至于最高法院应该考虑推翻 Bivens 原则。如果国会确实希望创设针对联邦雇员的赔偿诉讼，它是完全可以轻易做到的。相反，国会修订《联邦侵权求偿法》，允许在公民之前已经获得 Bivens 救济的情形下只针对政府提起损害赔偿诉讼，这一可能性要高得多。这将明显改善这一法律规则的现状。⑤ 1861

---

① 314 F. 3d 934 (8th Cir. 2003).

② 398 F. 3d 1080 (8th Cir. 2005).

③ White v. Lee, 227 F. 3d 1214 (9th Cir. 2000).

④ 参见 § 19.4。

⑤ 参见 § 19.2。

§ 19.6 § 1983 诉讼

□《1871 年民权法》

《1871 年民权法》（the Civil Rights Act of 1871）是作为“重建运动”* ——包括通过《联邦宪法》第十三、十四和十五修正案——一部分而制定的。§ 1983 现在与其他法律条款一起编入《美国法典》。① § 1981 规定了权利平等；§ 1982 则赋予与“白人公民……所享有的”相同的财产权利；§ 1985 涉及的是妨碍民权的共谋行为；§ 1986 规定防止违法行为发生的诉讼，§ 1987 涉及对违反特定法律的公诉；以及 § 1988 规定了程序和律师费的问题。

除了 § 1983 和 § 1988 之外的其他条款基本上不在本书的讨论范围，尽管它们有的时候会与 § 1983 在适用于政府雇员和州与地方政府的可能性上存在重叠。例子之一是 Jett v. Dallas Ind. School Dist. ② 案，该案判定 § 1981 并未对市政府提供比 § 1983 规定的诉因更宽泛的独立诉因。

§ 1983 规定：

任何以州、领地或者哥伦比亚特区的法律、条例（ordinance）、规章、惯例（custom, or usage）的名义要求或者迫使美国的公民或者其他属于美国领地的个人被剥夺任何《联邦宪法》和法律保障的权利、特权或者豁免权的，应当在法律诉讼、衡平诉讼或者其他救济程序中对于遭受损害的当事人承担责任。基于本节规定的目的，国会所制定的任何只适用于哥伦比亚特区的法律应当被视为哥伦比亚特区的法律。

□ 最初的目的

重建运动时期所采取的各项措施，其首要目的是授权联邦法院强制执行新获得解放的奴隶的民权，保护他们的利益免受以前南方邦联州持敌意的政府机构的损害。§ 1983 是《反 3K 党法》（the Ku Klux Klan Act）内容的一部分，该法的制定目的是保护以前的奴隶之利益免受一家组织（即 3K 党）——当时在前南方邦联州的许多地方，正在系统性地采取措施剥夺他们的权利，并与政府雇员和机构相互勾结——的威胁。

□ 今天宽泛的适用范围

最高法院在 Slaughter-House 系列案③中大幅限制了重建措施对于它们最初目的而言的实效。但是，自 1961 年以来，最高法院对 1983 所作的解释已经远远超出了其最

---

* 重建运动（reconstruction movement）在美国历史上指 1865 年—1877 年，当南方邦联与奴隶制度一并被摧毁时，试图解决南北战争遗留问题的尝试。——译者注

① 42 U. S. C. §§ 1981-1988（排除 § 1984，现在被认为过时了）。

② 491 U. S. 701（1989）.

③ 83 U. S.（16 Wall.）36（1873）.

初的目的。§1983 已经成了非常宽泛、满足多重目的的工具。它现在允许对州与地方政府的雇员以宪法侵权为由提起损害赔偿诉讼，也允许对地方政府以实施法律或者 1862
官方政策时存在的宪法侵权行为而提起损害赔偿诉讼，还允许对州与地方政府以其违反了《联邦宪法》或者任何被解释为创设了可以由司法机关执行的个人权利的联邦法律为由，寻求确认判决或者禁令救济。不仅如此，因为§1983 诉讼的原告不需要穷尽州或者地方的司法或者行政救济，并且常常有权根据§1988 主张赔偿律师费，§1983 已经成为基于指控州或者地方政府雇员或者机构违反联邦法律时寻求救济的理想工具。在可以提起§1983 诉讼的很多时候，当事人很少选择寻求可得的州或者地方的救济方式。

□ 对《联邦侵权求偿法》的众多不同的利用

§1983 诉讼如今已经在联邦法院裁决的案件总数中占据相当高的比重。例如，在 1989 年，仅州监狱的犯人就在联邦法院提起了 2.5 万件§1983 诉讼。① 但是，最高法院在 Sandin v. Conner② 案中大幅减少了对于监狱犯人提起§1983 诉讼的可得性。§1983 案件的提出现在几乎涉及所有可以想到的情形。大多数已经与重建措施的最初目的没有联系。例如，医疗服务提供商可以利用§1983 获得对根据联邦医疗补助（Medicaid）计划中州报销费用的更好的方案（formula）。③ 受规制的企业可以因为州规制者指示对其记录进行审计的方式而依据§1983 对州规制者提起损害赔偿诉讼。④ 高中橄榄球队教练可以利用§1983 作为工具质疑合同纠纷裁决的程序，并且如果教育委员会在裁决合同纠纷时利用了不正确的程序，可以向教育委员会寻求损害赔偿。⑤

□ 现代适用范围宽泛的理由

1871 年时的国会议员也会惊讶于§1983 如今具有广泛的适用范围。§1983 如今具有广泛的适用范围，可以归因于四项因素。首先，尽管国会试图解决的是一项具体的问题，即保护前南方邦联州新解放的奴隶的民权，但它在解决这一问题时采用了宽泛的文字："任何人"对于"任何……受《联邦宪法》或者法律保障的权利"被剥夺具有诉因，如果这种权利剥夺是由任何"人"以法律的名义作出的。其次，自 1961 年开始，最高法院对 1863
§1983 采纳了日益宽泛的解释。再次，因为§1983 被打上了"《民权法》"的标签，国会议员极为不愿意表明任何缩小其适用范围的意图。最后，从 1871 年至 20 世纪 90 年代，法律环境已经发生了显著变化。

第四项因素是理解§1983 在今天的适用范围的关键。在 1871 年，一部法律规定由联邦法院保护联邦法上的权利，它只在某些情形下对州与地方政府产生最轻微的影响。相同的法律在 90 年代则几乎影响所有州与地方政府的行为，有的时候甚至对可以允许的州与地方政府的行为作出详细的规定。联邦宪法和法律所发生的变化，已经产生了以下效力：

---

① Report of the Federal Courts Study Committee 49 (1990).

② 515 U.S. 472 (1995)，参见§9.4 的讨论。

③ Wilder v. Virginia Hospital Assn., 496 U.S. 498 (1990).

④ Schlegel v. Bebout, 841 F.2d 937 (9th Cir. 1988).

⑤ Vail v. Board of Education, 706 F.2d 1435 (7th Cir. 1983), *aff'd by equally divided Court*, 466 U.S. 377 (1984).

(1) 调整执法和刑事诉讼的法律的宪法化；(2) 监狱犯人依据《联邦宪法》第八修正案所拥有的权利得到激活；(3) 联邦规制拓展至数以千计的活动；(4) 创设了数以百计的，要求联邦与州行政机关“合作”的规制项目和福利项目；(5) 程序性正当程序的权利被拓展至基于法律或者合同的政府福利。[①]

□ 以法律名义实施的违实行为

司法机关对于§1983所作的第一次拓展是在Monroe v. Pape[②]案。一名芝加哥警察被判定对实施违宪的搜查承担损害赔偿责任。最高法院判定这些官员是以州法的“名义”作出行为，并且不需要在联邦法院起诉之前先寻求州内的救济方式。Monroe案开辟了在联邦法院对违反《联邦宪法》的行为起诉的渠道，即使州法院已经提供了充分的救济渠道。

□ 没有穷尽州救济之义务

在Patsy v. Board of Regents[③]案中，最高法院扩展了可得的州救济方式的不相关性的判决。最高法院判定，主张州或者地方政府雇员侵犯了其宪法权利的个人，不需要穷尽可得的行政救济，即使所指控的侵犯其宪法权利的行为发生在决定不晋升一位秘书的职务之时，或者是在行政程序开始于与主管进行的一次简单会面。

□ 并不适用于普通法上的非宪法侵权

§1983对于州或者地方政府雇员侵犯宪法权利的行为，但不是对于普通法上的侵权行为，提起联邦侵权诉讼。其结果是，联邦法官必须继续区分宪法侵权和非宪法侵权。不仅如此，州与地方政府雇员的许多违反宪法的行为需要遵守复杂的豁免权原则。[④] 但是，
1864 市政府不能在§1983诉讼中主张善意抗辩理由。这一法律制度的适用结果在很多案件中既对政府雇员和地方政府不公，也对政府雇员行为的受害者不公。例如，在Owen v. City of Independence[⑤]案和Monell v. Department of Social Services of the City of New York[⑥]案中，市政府被判对侵犯宪法权利的行为承担责任，尽管在行为当时市政府并不清楚是否存在该宪法权利。相比之下，在Briscoe v. LaHue[⑦]案中，因为警察所作伪证而受害的人被判不能对任何人寻求救济。

□ 什么是宪法侵权?

一项行为是否是宪法侵权，常常是难以确定的。在DeShaney v. Winnebago Cty.

---

① 参见第9章。

② 365 U.S. 167 (1961).

③ 457 U.S. 496 (1982)，参见§15.9的讨论。

④ 参见§19.3。

⑤ 445 U.S. 622 (1980).

⑥ 436 U.S. 658 (1978).

⑦ 460 U.S. 325 (1983).

Dept. of Soc. Serv.[1] 案中，最高法院以 6∶3 的票数，判定一名社会工作者拒绝将一名儿童解除其存在虐待行为的父亲的监护，并未侵犯该儿童的正当程序权利，并且该儿童不能对后来被殴打导致的永久性脑损伤寻求损害赔偿。多数意见的推理可以广泛地适用于大多数形式的政府不作为，并且大致与 Heckler v. Chaney[2] 案的判决意见相似，尽管多数意见并未提及 Chaney 案的判决意见。多数意见认定只有在政府已经违背个人意愿将其置于监护状态时，政府负有采取积极行动以保护该个人的义务。最高法院基于这一理由，对该案与 Carlson v. Green[3] 案作了区分。

□ 适用于违反《联邦宪法》商业条款的行为

在 Dennis v. Higgins[4] 案中，七名大法官出具的多数意见判定，对被确定违反了隐性商业条款（the dormant Commerce Clause）的汽车承运人征收一项税收的州政府官员，需要对侵犯汽车承运人参与州际商业的宪法权利的行为承担责任。多数意见提到了最高法院将商业条款描述为创设了个人的宪法权利的诸多案件。两名持不同意见的大法官认为，商业条款在联邦政府和州政府之间进行了权力分配，但是并未赋予任何个人以宪法权利。

□ 短暂适用于存在过失的剥夺权利案件

在五年时间里，最高法院将 § 1983 解释为对非故意的、存在过失的剥夺财产权而没有遵守正当程序的行为设定了责任。在 Parratt v. Taylor[5] 案中，最高法院判定监狱官员可以被判定对一名犯人丢失价值 23.50 美元的航模（hobby kit）承担责任。但是，最高法院一经承认 Parratt 案引发了以州和地方政府雇员过失行为在联邦法院提起诉讼的浪潮之后，它在 Daniels v. Williams[6] 案中推翻了 Parratt 案。它认定政府雇员的非故意行为并未涉及正当程序条款。 1865

□ 有关故意的持续不确定

在 Board of Commissioners of Bryan County v. Brown[7] 案中，六名大法官出具的多数意见判定某市政府不参与政策制定的政府雇员实施的侵犯其联邦法上的权利之行为，只有在市政府实施了“有意的”（deliberate）行为导致这一违法行为时，市政府才需要根据 § 1983 承担责任。多数意见认定，在招聘一名雇员未来可能让第三方的权利处于可见的危险之中，证明其中存在“一般过失或者甚至严重的过失”并不充分。相反，原告必须证明政策制定者的行为模式表明“故意漠视”（deliberate indifference）联邦法上的权利。三名持不同意见的大法官认为，这样一项行为就可以支持认定构成“故意漠视”。

在 Village of Willowbrook v. Olech[8] 案中，最高法院一致意见作出简短的判决意见认

---

① 489 U.S. 189 (1989).

② 470 U.S. 821 (1985)，参见 § 17.7 的讨论。

③ 446 U.S. 14 (1980).

④ 498 U.S. 439 (1991).

⑤ 451 U.S. 527 (1981).

⑥ 474 U.S. 327 (1986).

⑦ 520 U.S. 397 (1997).

⑧ 528 U.S. 562 (2000).

定，“故意”侵犯一项联邦法上的权利的，可以成为 § 1983 诉讼的对象。在一起土地分区规划决定的案件中，最高法院判定，如果市民指控“与其他处于类型境地的人相比，她已经受到了故意的不同处理，并且对这种处理上的差别并不存在合理的依据”，根据《联邦宪法》的平等保护条款，该市民可以作为“一个人构成的集团”（class of one）而提起集团诉讼。持协同意见的大法官敦促最高法院再增加一项因素，即原告必须证明存在“报复行为”、“不合法的仇恨”或者“恶意”，但是这一全体一致的判决意见驳回以动机作为诉因之必要要素的做法。大法官们不太可能耐心审理完众多土地分区利用规划案件。我耐心读完了这些案件。事实上每年都会有数万起土地利用规划争议，其中当事人指控最高法院已经创设的新的宪法侵权的要素。如果不补充持协同意见的大法官所敦促的强版本的恶意要素，最高法院的判决意见有可能将大多数存在争议的土地利用分区规划案件、众多其他类型的州与地方政府的决定，转变为联邦宪法诉讼。通过这一判决，不满此类判决的个人通常可以在州或者地方法院申请根据“武断和恣意标准”进行审查。在这一判决之后，大多数此类个人将可以选择在联邦法院主张所指控的武断处理构成了违反《联邦宪法》的行为，它们对此可以有权申请损害赔偿金和赔偿律师费。

在 Engquist v. Oregon Department of Agriculture① 案中，六名大法官拒绝将“一人组成的集团”理论适用于由一名政府雇员根据 § 1981 提出声称其遭受不合理的人事决定影响的诉讼。多数意见担心，将作为一人组成的集团理论延伸适用于政府雇员，“可能会
1866 损害政府业已在政府雇员的权利和政府促进公务履行的效率和严正性的合法目的之间达成的平衡……”

在 Jean v. Collins② 案中，第四巡回法院进行全席审理后对如何描述基于 § 1983 的诉因所需的故意（scienter）的问题形成了票数相等的两派。六名法官出具的多数意见认为，§ 1983 诉讼的原告必须证明警察恶意剥夺了原告联邦法上的权利。六名持不同意见的法官则认为，原告只需要证明官员侵犯了原告明确确立的联邦法上的权利。这两种判决意见都是长篇而复杂的。

□ 区分宪法侵权和非宪法侵权的判例法令人混淆

有的侵权行为会违反宪法，而有的侵权行为则并未违反宪法。简单的人身伤害行为违反了宪法。在 Rochin v. California③ 案中，提取原告胃液成分被判定违反了正当程序。最高法院判定，当中学生遭到体罚时，“除非是根据法律上的正当程序，州政府不能控制或者体罚个人，这是关键”④。但是，Ingraham 案的多数意见接着通过指出不愿意要求学校的官员提供任何程序保障而继续否定了这种判决主旨的效力。⑤

在 Williams v. Kelley 案中，第五巡回法院判定，对一名监狱犯人非故意地使用窒息固定（choke hold）导致其死亡的，并不属于违宪行为。⑥ 但是，逮捕小孩的监护人并让小孩在一个寒冷的夜晚留在一条八车道的公路上停靠的车内无人照看，需要根据 § 1983

---

① 128 S. Ct. 2146 (2008).

② 221 F. 3d 656 (4th Cir. *en banc* 2000).

③ 342 U. S. 165 (1952).

④ Ingraham v. Wright, 430 U. S. 651, 674 (1977).

⑤ 参见 § 9.4。

⑥ 624 F. 2d 695 (5th Cir. 1980), *cert. denied*, 451 U. S. 1019 (1981).

承担责任，因为“身体或者情感上的福利是实体性正当程序保障所要保护的”[1]。持不同意见者坚持认定这些官员没有侵犯宪法权利。

在 Lessman v. McCormick[2] 案中，出于不合理目的实施逮捕行为的警察被判定违反了 § 1983。侵权行为的规模和损害的数量不是衡量标准。在 Lessman 案中，因为没有支付超时停车费而被逮捕，并随后遭受羁押和罚款，违反了 § 1983。在 McBride v. Soos[3] 案中，被指控未经引渡程序（extradition）实施跨州逮捕行为的警察没有违反 § 1983。

在 Beker Phosphate Corp. v. Muirhead 案中，第五巡回法院判定，“§ 1983 并未对单纯的普通法侵权行为提供救济”，而且“仅仅是误用法律程序的普通法侵权，并不会达到需要 § 1983 提供救济的宪法侵权的水平”[4]。

在 Baker v. McCollan 案中，最高法院判定，因为身份误认的原因将人羁押八天时间，这被认为是侵权行为，但是不属于否定正当程序，因为最高法院指出：“我们并不认为执 1867
行逮捕证的警长需要根据《联邦宪法》对每项无罪的主张进行独立调查，无论这种主张是基于身份误认，或者是诸如缺乏必要意图的抗辩理由。”[5] 因此，即使一项行为构成非法拘禁，剥夺了个人自由权，它如果是基于善意的错误而作出的，就不构成否定正当程序。三名持不同意见的法官认为缺乏充分的身份验证程序，构成否定了正当程序。

名誉本身并不受正当程序的保护，因此政府雇员进行的书面诽谤并不能导致基于 § 1983 承担责任。[6] 但是，官方的书面诽谤加上剥夺更有形的利益确实违反了正当程序，即使更有形的利益本身并不属于正当程序保护的范围。[7]

尽管“故意漠视犯人对医疗的迫切需要”违反了《联邦宪法》第八修正案，但“出于疏忽而未能提供充分的医疗服务”并不违宪。[8] 在 Smith v. Wade[9] 中，最高法院将关注焦点放在惩罚性损害赔偿，推定一名犯人遭受两名同室狱友的性侵犯，受 § 1983 规定的保护，可以针对“粗心而无情的漠视……”

解除雇员职务时存在性别歧视，违反了《联邦宪法》。[10] 联邦政府小企业局局长，因为种族歧视的理由而取消商业贷款的决定，也构成了违宪；对此行为除了可能适用的豁免权外，公司和声称因为该歧视行为而感染溃疡的个人可以要求损害赔偿。[11]

一名狱警对犯人使用了“严重过度的武力”，违反了《联邦宪法》第八修正案，根据 § 1983 是可诉的。[12] 行为即使并未导致严重的损害，仍是可诉的。[13]

在 Board of Commissioners v. Umbehr[14] 案和 O'Hare Truck Service v. City of Northlake[15] 案中，七名大法官组成的多数判定州与地方政府侵犯了《联邦宪法》第一修正案规

---

① White v. Rochford, 592 F. 2d 381 (7th Cir. 1979).
② 591 F. 2d 605 (10th Cir. 1979).
③ 594F. 2d 610 (7th Cir. 1979).
④ 581 F. 2d 1187, 1189 (5th Cir. 1978).
⑤ 443 U. S. 137, 145-l46 (1979).
⑥ Paul v. Davis, 424 U. S. 693 (1976).
⑦ 参见 § 9.4。
⑧ Estelle v. Gamble, 429 U. S. 97, 104, 105-106 (1976).
⑨ 461 U. S. 30 (1983).
⑩ Davis v. Passman, 442 U. S. 228 (1979).
⑪ Marshall v. Kleppe, 637 F. 2d 1217 (9th Cir. 1980).
⑫ Williams v. Mussomelli, 722 F. 2d 1130 (3rd Cir. 1983).
⑬ Hudson v. McMillan, 503 U. S. 1 (1992).
⑭ 518 U. S. 668 (1996).
⑮ 518 U. S. 712 (1996).

定的权利，如果它们是对一家独立承包商公开批评政府或者拒绝支持某公职的候选人而实施报复，对其采取了不利行为的话，这些行为是可以作为 § 1983 诉讼的对象的。[1]

在 Waters v. Churchill[2] 案中，最高法院复数意见认为，行政机关终止一名雇员的职
1868 务，该雇员声称之所以被终止职务，是因为自己行使了《联邦宪法》第一修正案保障的权利，这种情况下行政机关必须采取将会产生有关案件事实的“合理”结论的程序以查找裁决宪法争议所必需的事实。

在 Livadas v. Bradshaw[3] 案中，最高法院一致判定，加利福尼亚州劳工专员（the California Commissioner of Labor）在制定了一项实施州工资法的政策时，接受了不受集体协商合同调整的雇员的请求，而拒绝了集体协商合同调整的雇员的请求而制定一项实施州工资法的政策，这一行为违反了 § 1983 以及联邦劳工立法。

在 Albright v. Oliver[4] 案中，七名大法官出具的多数意见判定，在不具有确信其实施了犯罪的近因的情况下遭到逮捕和公诉的个人，不具有对侵犯其实体性正当程序权利的行为提起 § 1983 诉讼的诉因。

□ 什么是“以州法的名义”？

对于剥夺他人受《联邦宪法》保障的权利，以及“以任何州或者美国领地的法律、条例、规章、惯例（custom，or usage）的名义”保障的权利的，§ 1983 的规定设定了责任。引号中的这些文字相当于“以州法的名义”，因为惯例必须具有法律效力才能符合条件。[5] 当一名雇员或者雇员代表州或者地方政府作出行为时，即使他所作出的行为超出了授权范围，他也是以州法的名义作出行为的。[6] 一项基本的观点是：“误用根据州法拥有的权利，并且行为人只有在主张州法授权之名义才有可能误用的时候，属于‘以州法的名义’采取的行为。”[7]

在 1982 年的同一天时间里，最高法院裁决了三起案件都涉及有关行为是否以州法的名义作出的问题。[8] 最高法院重申了之前的判决主旨，即为了 § 1983 诉讼目的的“以州法的名义”，与为了《联邦宪法》第十四修正案目的的“州行为”具有相同的含义。[9] 这一论述是有意义的，它提及了一个内容广泛的、现有的法律体系。但是，它又是有点让人气馁的，因为调整“州行为”的法律也是复杂和难以适用的。[10] 最高法院在其 Edmondson-Rendell-Blum 三部曲（trilogy）* 中并未对这一领域的问题进行阐释。最高法院的大法官们总共出具了九份判决意见，但是没有一种明确的多数意见。

---

* Edmondson-Rendell-Blum 三部曲，即 Logan v. Edmondson Oil Co.，457 U. S. 922（1982）；Rendell-Baker v. Kohn，457 U. S. 830（1982）；Blum v. Yaretsky，457 U. S. 991（1982）。——译者注

① 参见 § 9.4 的讨论。

② 511 U. S. 661（1994），参见 § 9.5 的讨论。

③ 512 U. S. 107（1994）.

④ 510 U. S. 266（1994）.

⑤ Adickes v. S. H. Kress & Co.，398 U. S. 144（1970）.

⑥ Ex Parte Virginia，100 U. S. 339，346-347（1880）.

⑦ United States v. Classic，313 U. S. 299，326（1941）.

⑧ Logan v. Edmondson Oil Co.，457 U. S. 922（1982）；Rendell-Baker v. Kohn，457 U. S. 830（1982）；Blum v. Yaretsky，457 U. S. 991（1982）.

⑨ 457 U. S. at 932.

⑩ 参见 L. Tribe，*American Constitutional Law* 1688—1720（2d ed. 1988）。

□ 私人个人不具有豁免权

在有的情况下，私人个人可以采用后来被判定违宪的法律所允许的特定的州内救济而作出“州行为”。在 Wyatt v. Cole[1] 案中，六名大法官判定此种私人个人对其行为既不能享有绝对豁免权，也不能享有有限豁免权。[2] 但是，所有九位大法官都在法官附带意见中 1869
指出，私人个人可以主张善意抗辩理由，例如该个人合理地确信允许该救济方式的法律是合宪的。这些判决意见表明有限豁免权在一个重要方面区别于善意抗辩理由。豁免权提出了法官需要裁决的法律问题，而善意抗辩理由则提出了陪审团需要裁决的事实理由。这一区别，可以对简易判决和中间上诉的可得性产生重要的实际影响。

□ 可得的损害赔偿责任的范围

政府雇员可能需要根据 § 1983 承担补偿性和惩罚性损害赔偿责任。[3] 基于抽象的宪法权利之价值而提出的损害赔偿要求是不被允许的[4]，但是原告可以对此类违法行为“获得不超过 1 美元的名义性损害赔偿金”[5]。当侵犯宪法权利的行为包括程序的缺陷，原告必须证明程序的缺陷导致了损害。[6] 一家市政府可能需要承担补偿性损害赔偿责任，但不需要承担惩罚性损害赔偿责任。[7]

□ 律师费转移的法律

在 1976 年，国会制定了《民权律师费判给法》（the Civil Rights Attorney's Fees Award Act）。[8] 该法授权法院对在 § 1983 诉讼中胜诉的原告判给“合理”的律师费。[9] § 1988 对于 § 1983 诉讼具有三点重要影响。首先，获得律师费的可能性已经导致案件数量大量增加。根据 § 1988 判给的律师费有的时候超过了根据 § 1983 判决的损害赔偿金。其次，§ 1983 诉讼中获得律师费的可能性已经诱使原告避免使用其他可得的州内司法和行政救济方式。因为最高法院所作的判决，即使州已经提供了替代性司法救济方式[10]，规避州内救济方式可以容易实现，并且在未穷尽行政救济的情况下仍然可以提起 § 1983 诉讼。[11] 再次，§ 1988 已经引发了大量的诉讼，在这些诉讼中判给律师费是合适的，并且律
师费水平是“合理的”。§ 1988 诉讼相比其提出所依据的 § 1983 诉讼，一般要求法院投入 1870
更多精力和注意力，这一点不足为奇。有关根据 § 1988 规定判给律师费的法律问题，已

---

① 504 U. S. 158 (1992).
② 参见 § 19.3 对政府雇员的豁免权进行的讨论。
③ Smith v. Wade, 461 U. S. 30 (1983); Carey v. Piphus, 435 U. S. 247 (1978).
④ Memphis Commu-nity School District v. Stachura, 477 U. S. 299 (1986).
⑤ Carey v. Piphus, 435 U. S. 247, 267 (1978).
⑥ Id. at 263.
⑦ City of Newport v. Fact Concerts, Inc., 453 U. S. 247 (1981).
⑧ 42 U. S. C. § 1988.
⑨ 另可参见 5 U. S. C. 1504（允许在某些联邦行政裁决案件中裁定支付律师费）。
⑩ Monroe v. Pape, 365 U. S. 167 (1961).
⑪ 参见 § 15.9 讨论的 Patsy v. Board of Regents, 457 U. S. 496 (1982)。

有多部著作。[1]

□ 如果行为是根据政策实施的，地方政府可能需要承担责任

在 Monell v. Department of Social Services of the City of New York[2] 案中，最高法院在另一个重要方面扩大了 § 1983 的适用范围。最高法院推翻了过去一个世纪里的相关先例判决，首次判定地方政府的单位可能需要根据 § 1983 承担责任。但是，调整地方政府责任的法律在若干方面不太寻常。首先，最高法院在 Monell 案中特别地否定了对地方政府适用雇主责任。最高法院多次重申了这一判决主旨，尽管总是存在激烈的不同意见。[3] 不同意见相比多数意见更有说服力。假定既然国会在 1871 年试图让市政府可能承担责任，那它不在法律中规定雇主责任就是不能自圆其说的。雇主责任原则在英美法中确立已久，国会也已在《联邦侵权求偿法》对联邦政府责任的规定中吸收了这一原则。各级政府更具有能力通过合理的人事和培训政策，控制其雇员侵犯宪法权利的行为。[4]

其次，如果也只有当雇员的宪法侵权行为是根据市政府制定的政策而实施时，市政府需要对雇员实施的宪法侵权行为承担责任。[5] 在一种情况下，这一要求是很容易适用的。如果行为是根据法律或者条例而实施的，而这些法律或者条例后来被判定违宪，这一行为就需要市政府来承担责任。但是，自从《联邦侵权求偿法》 § 2680（a）特别地豁免联邦政府对实施法律或者规章的行为承担责任，“无论此类法律或者规章是否有效”之后，判定市政府对实施后来被判定违宪的法律或者条例的行为看起来不太正常。国会作出这一适用除外规定，是基于充分的政策考虑的。为什么这些政策考量不能适用于市政府的责任，这是一个谜团。

□ 难以确定地方政策

在绝大多数的其他情形下，雇员的行为是为了推进市政府的政策而作出的，这一要求特别难以适用。许多政策是不成文的，并且在特定情境中常常难以确定在一个市政府内谁
1871 拥有制定政策的权力。在特定领域，政策制定权常常是以复杂、相互冲突和模糊的方式分配给众多个人。在这一问题上各级法院作出的数十份判决意见并不能提供多少具有通贯性的指引，很多甚至是无法解释的。[6]

在 McMillian v. Monroe County[7] 案中，五名大法官组成的多数意见判定阿拉巴马的县警长代表了该州。因此，不能根据 § 1983 判定县政府对警长的行为承担责任。四名持不同意见的大法官则认为，阿拉巴马的县警长是县政府的政策制定者。大法官们同意属于州法上的问题，同时这一问题的解决对于根据 § 1983 确定责任的问题具有决定性意义。

---

① 参见 Larson, *Federal Court Awards of Attorney's Fees*（1981）。

② 436 U. S. 658（1978）.

③ 例如 Jett v. Dallas Ind. Sch. Dist., 491 U. S. 701（1989）；St. Louis v. Praprotnik, 485 U. S. 112（1988）；Pembroke v. Cincinnati, 475 U. S. 469（1986）；Oklahoma City v. Tuttle, 471 U. S. 808（1985）。

④ 参见 § 19.2。

⑤ 例可参见 Jett v. Dallas Ind. Sch. Dist., 491 U. S. 701（1989）；Monell v. Department of Social Services, 436 U. S. 658（1978）。

⑥ 例如，对比 Hays v. Jeffer-son County, 668 F. 2d 869（6th Cir.）, *cert. denied*, 459 U. S. 833（1982），与 Avery v. County of Burke, 660 F. 2d 111（4th Cir. 1981）。

⑦ 520 U. S. 781（1997）.

□ 地方政府不具有豁免权

再次，市政府不能主张享有其雇员的任何豁免权。[1] 最高法院再次不可理解地认为国会具有与其决定联邦政府根据《联邦侵权求偿法》承担责任相反的意图。[2] 不仅如此，让市政府对所有由后来被判违宪的法律、条例或者政策所导致的损害承担严格责任，确实很不合情理。称职、守法的法律人和政府官员常常对司法机关对宪法争议的裁决感到惊讶。最高法院相当频繁地宣布新的法律规则，修改之前已经确定的法律规则。Owen 案本身就是一件绝佳的例子。多数意见同时改变了已经确定的法律规则，判定市政府对没有预期到这一改变而承担严格责任。市政府至少应该能够通过证明他们合理地确信他们制定的法律、条例或者政策在其行为当时是合宪的，以此对侵权责任提出抗辩理由。

□ 可以基于违反联邦法律而提起 § 1983 诉讼

在 Maine v. Thiboutot[3] 案中，最高法院从另外一个方面扩大了 § 1983 的适用范围。六名大法官出具的多数意见判定 § 1983 调整侵犯联邦法律和宪法规定的权利的行为。多数意见采纳了“宪法和法律”这一法律术语的平常含义。州政府官员根据被确定违反《社会保障法》的州规章作出了拒绝社会保障福利的决定，最高法院判定 § 1983 提供了针对州政府官员的救济。三名持不同意见的大法官指出，多数意见的判决使得所有州与地方政府的雇员都可能因为任何行为被确定违反了众多设立联邦与州合作项目的联邦法律中的复杂规定而需要承担责任。

□ 可以基于违反联邦行政规则而提起 § 1983 诉讼吗?

在 Wright v. Roanoke Redevelopment & Housing Authority[4] 案中，五名大法官出具的多数意见可以被解释为，§ 1983 的适用范围除了联邦法律外，还扩展至联邦行政规则。但是，这一结论对于多数意见对该案的裁决而言并不是关键性的，因为多数意见认定法律 1872
本身创设了可以通过 § 1983 诉讼强制执行的法律。不过，多数意见至少采纳了行政规则以支持其结论，即法定权利具有可司法性。[5] 在没有行政规则对法定权利的范围作出界定时，多数意见本来应该判定法定权利过于宽泛，不能作为司法机关应受益人个人申请而强制执行该权利的依据。因此，在很多情况下，联邦行政机关可以通过确定是否可以，以及在怎样的具体程度上在行政规则中界定该法定权利，决定是否可以在 § 1983 诉讼中针对州或者地方政府雇员强制执行某联邦法定权利。最高法院已经继续在这一方面遵循 Wright 案的判决。[6]

但是，Alexander v. Sandoval[7] 案中，五名大法官的多数意见提出了一项严肃的问题，

---

① Owen v. City of Independence, 445 U. S. 622 (1980).

② 参见 § 19.4。

③ 448 U. S. 1 (1980).

④ 479 U. S. 418 (1987).

⑤ Id. at 432.

⑥ 例可参见 Suter v. Artist M, 503 U. S. 347 (1992); Wilder v. Virginia Hospital Assn., 496 U. S. 498, 519 n. 17 (1990)。

⑦ 121 S. Ct. 1511 (2001), 参见 § 18.5 的讨论。

即行政规则是否可以创设在§1983诉讼中强制执行的权利。多数意见试图采纳通过私人诉讼强制执行某权利的一项规则，而否定这一观点：

政府和被告都主张这些规章中包含了创设权利的文字，并且因此必须是通过私人诉讼强制执行的，……但是，这一主张忽略了一项分析步骤。规章的文字可以援引国会通过法律条文所规定的私人诉权，但是它不能创设国会并未创设的权利。

还有待观察的是最高法院是否会在有一定不同的§1983诉讼情境中适用 Alexander 案中的推理和判决主旨。

□ 哪些法律和规则支持诉因

确定一部联邦法律是否创设了可以根据受益人的申请在§1983诉讼中针对州或者地方政府官员强制执行的权利，需要解决若干问题。首先，法院必须确定法律是否确实创设了受益人的权利。最高法院有时认定一部法律中的特定文字“只是反映了国会的偏好”，或者“其意图只是劝告性而非强制性”[①]，或者国会明示或者默示地排除了该条文的司法机
1873 关强制执行。[②] 其次，法院必须确定法律条文是否意图“让假定的原告受益”[③]。再次，最高法院必须确定国会的意图是否是由联邦行政机关而非联邦法院强制执行该法律条文。[④] 最后，法院必须确定法律条文或者任何界定法律条文含义的行政规则，是否设定了足够具体，可以具有可司法性的义务。[⑤]

□ 难以对不同法律进行区分

要确定上述问题并非易事。譬如说，最高法院对法律中所使用的相同的形容词“合理的”作出了具有不同效力的解释。在 Wright 案和 Wilder 案，多数意见判定这一法律条文已经创设了可以在§1983诉讼中由法院强制执行的权利，而在 Suter 案中，多数意见判定这一法律文字并没有创设这样的权利。Suter 案中多数意见试图根据具体情境的各种微妙差别与 Wright 案和 Wilder 案进行区分。但是，Suter 案中两名持不同意见的大法官雄辩地指出，多数意见已经改变了 Wilder 案中多数意见所采纳的分析进路，而采纳了 Wilder 案中不同意见所采纳的推理。

在 Blessing v. Freestone[⑥] 案中，最高法院判定一名有资格接受州儿童支持服务的儿童母亲并不拥有根据§1983，要求对州强制执行《社会保障法》第4编D部分之规定的私人诉权。最高法院警告指出，试图确定整部法律是否创设了可以在§1983诉讼中强制执行的各种宽泛的权利，这是错误的。相反，法院必须研究一部法律的某项具体条文是否创设了更严格限定的私人权利的问题。

□ 与《行政程序法》规定之审查问题类似的问题

Henry Monaghan 已经雄辩地指出，根据§1983规定进行的联邦法定审查（federal

---

① Pernhurst State School and Hospital v. Halderman, 451 U.S. 1, 19, 24 (1981).

② Smith v. Robinson, 486 U. S. 992, 1012 (1984).

③ Golden State Transit Corp. v. Los Angeles, 493 U.S. 103, 106 (1989).

④ Alexander v. Sandoval 121 S. Ct. 1511 (2001)，参见§18.5的讨论；Suter v. Artist M, 503 U.S. 347 (1992); Middlesex County Sewerage Authority v. National Sea Clammers Assn., 453 U.S. 1 (1981)。

⑤ Suter v. Artist M, 503 U.S. 347 (1992).

⑥ 520 U.S. 329 (1997)，参见§18.4和§18.5的讨论。

statutory review）所适用的标准必须与《行政程序法》§702 规定的司法审查适用的标准相同。[①] 根据这一推理，在 Suter 案和 Blessing 案中表明的，最高法院持续不愿意允许司法介入州政府对联邦法律的实施，可能类似于最高法院在最近作出的根据《行政程序法》进行的司法审查中有关法律解释[②]、成熟性[③]、原告资格[④]和可审查性[⑤]的判决意见。

□ 对州与其雇员的部分隔离

州在两种不同方式下受到保护，可以免受§1983 诉讼的影响。首先，"《联邦宪法》第十一修正案阻止'私方当事人为了追究需要使用州财政资金赔付的责任'而在联邦法院进行的诉讼"[⑥]。其次，无论是州还是在其权限内行事的雇员都不是容易受§1983 诉讼影响的个人。[⑦] 但是，这两种保护州政府不受§1983 诉讼影响的方式都是片面的。 1874

□《联邦宪法》第十一修正案

《联邦宪法》第十一修正案规定："合众国的司法权，不得被解释为可以扩展到受理由他州公民或任何外国公民或臣民对合众国一州提出的或起诉的任何普通法或衡平法的诉讼。"基于对这一修正案的平义解释，它并不能适用于绝大多数它实际上已经适用了该修正案的案件，因为它们涉及一州公民对同一州提起的诉讼。但是，在 1890 年，最高法院扩大了这一修正案的适用范围，判定"他州公民"的含义也包括同一州的公民。[⑧] 最高法院的一份多数意见多次拒绝对第十一修正案的含义恢复至原先的范围。[⑨]

□ Ex parte Young 案

在 Ex parte Young[⑩] 案中，最高法院判定《联邦宪法》第十一修正案并不能禁止联邦法院对州政府雇员签发禁止令，阻止其违反联邦法律的行为。起诉州政府雇员，是让州政府遵守联邦法律的非常规的路数。但是，如果没有 Ex parte Young 案中宣布的这一原则，最高法院在 Hans 案中对于《联邦宪法》第十一修正案本来会解释为具有更奇怪的效力，将排除联邦法院采取任何积极行动针对州政府强制执行《联邦宪法》的联邦至上条款（the Supremacy Clause）。

在 Seminole Tribe v. Florida[⑪] 案中的标志性的判决意见中，五位大法官出具的多数意见判定国会并无权根据商业条款通过其他途径取消州政府根据《联邦宪法》第十一修正案

---

① Monaghan, "Federal Statutory Review Under Section 1983 and the APA", 91 *Colum. L. Rev.* 233 (1991).

② 参见§3.3。

③ 参见§15.15。

④ 参见§16.4。

⑤ 参见§17.7。

⑥ Hafer v. Melo, 502 U.S. 21 (1991)，引用 Edelman v. Jordan, 415 U.S. 651, 653 (1974)。

⑦ Will v. Michigan Dept. of State Police, 491 U.S. 58, 71 (1989).

⑧ Hans v. Louisiana, 134 U.S. 1 (1890).

⑨ 例可参见 Florida Department of Health & Rehabilitative Services v. Florida Nursing Home Assn., 450 U.S. 147 (1981)。

⑩ 209 U.S. 123 (1908).

⑪ 517 U.S. 44 (1996).

所具有的豁免权。[①]

在 Alden v. Maine[②] 案的标志性的判决意见中，五名大法官出具的多数意见扩大了 Seminole Tribe 原则的适用范围，推翻了 Chisholm v. Georgia[③] 案，并且改变了其在 Seminole Tribe 案和 Hans 案中的判决主旨。多数意见判定州主权豁免权排除了个人以州政府违反了联邦法律而在州法院对州政府起诉。因此，例如，Alden 不能起诉缅因州违反《公平劳动基准法》。多数意见所作判决主旨的依据是《联邦宪法》的“结构”和“历史”，而
1875 非第十一修正案。

1995 年之后，最高法院更加强调联邦制和州主权豁免，对公民个人起诉州政府增加了宪法障碍。最高法院在 2001—2002 司法年度所判决的一对判决表明，公民个人既不能在联邦法院起诉州政府，也不能在联邦行政机关起诉州政府，除非州政府放弃了其主权豁免，但是公民个人可以在联邦法院或者联邦行政机关对履行职务的州政府官员寻求禁令救济。[④]

□ 州政府不属于 § 1983 所规定的“个人”

最高法院已经在对 § 1983 的解释中对公务行为和个人行为进行了区分。州政府不是 § 1983 规定意义上的“个人”，因此州政府不能成为 § 1983 诉讼的被告。不仅如此，如果是损害赔偿诉讼，针对官员的公务行为提起的诉讼和对州政府提起的诉讼是想他能够的，因此 § 1983 并未允许对州政府雇员的公务行为提起损害赔偿诉讼。[⑤] 但是，对于州政府官员的个人行为，可以根据 § 1983 提起损害赔偿诉讼，因为他是在个人身份意义上的“个人”[⑥]。不仅如此，可以根据 § 1983 对州政府雇员的公务行为寻求禁令救济，因为最高法院并未将行使公务行为的州政府雇员与禁令救济诉讼中的州政府相互等同。[⑦]

□ 衡平法上的救济与损害赔偿诉讼

确认与禁令救济的诉讼，与损害赔偿诉讼之间的区别，不仅对于确定针对州政府官员的公务行为根据 § 1983 的起诉来说是重要的，对于确定《联邦宪法》第十一修正案的规定是否排除了联邦法院受理针对州或者实施公务行为的州政府官员的起诉来说也是非常重要的。正如 Will 案和 Hafer 案中所解释的，§ 1983 并未允许对州政府官员提起损害赔偿诉讼，即使《联邦宪法》第十一修正案并未阻止该诉讼，因为该诉讼是在州法院而非联邦法院提起的。州法院可以，也必须受理 § 1983 诉讼。[⑧]

---

① 参见 Siegel, “The Hidden Source of Congress's Power to Abrogate State Sovereign Immunity”, 73 *Tex. L. Rev.* 539 (1995)。

② 527 U.S. 706 (1999).

③ 2 Dall. 419, 1 L. Ed. 440 (1793), reaffirmed Hans v. Louisiana, 134 U.S. 1 (1890).

④ 参见 § 18.7 对 Federal Maritime Commission v. South Carolina State Ports Authority, 122 S. Ct. 1864 (2002) 和 Verizon v. Public Service Commission for Maryland, 122 S. Ct. 1573 (2002) 的讨论。

⑤ Will v. Michigan Dept. of State Police, 491 U.S. 58, 71 (1989).

⑥ Hafer v. Melo, 502 U.S. 21 (1991).

⑦ Will v. Michigan Dept. of State Police, 491 U.S. at 71 n.10.

⑧ Howlett v. Rose, 496 U.S. 356 (1990).

□ 何为损害赔偿诉讼?

《联邦宪法》第十一修正案阻止在联邦法院对州政府或者执行公务的州政府官员提起损害赔偿诉讼，而对违反联邦法律规定作出的拒绝福利决定起诉，寻求溯及既往地发放福利，就属于损害赔偿诉讼。[①] 类似的，如果联邦法院要求州行政机关通知州过去违反联邦法律之行为的受害人，而该通知只具有追溯效力时，《联邦宪法》第十一修正案也会阻止 1876
该要求。[②]

□ 规避《联邦宪法》第十一修正案之要求的方式

最高法院已经承认有两种可能的方式，可以规避《联邦宪法》第十一修正案禁止联邦法院作出针对州政府的溯及既往救济的判决。首先，州可以通过制定州法或者同意参加以州接受联邦设定的义务的联邦项目，放弃《联邦宪法》第十一修正案赋予的豁免权。但是，只有在州政府的放弃是清楚明确的时候，最高法院才会认定州政府已经放弃了其豁免权。[③] 其次，国会可以在行使《联邦宪法》第十四修正案第五节赋予的权力时，通过立法的形式取消州政府依据《联邦宪法》第十一修正案享有的豁免权。[④] 但是，除非国会已经明确无误地表明了自己的意图，最高法院不会认定国会已经取消了《联邦宪法》第十一修正案所赋予的豁免权。[⑤]

□ 与对未来发生效力的救济之间的区分

《联邦宪法》第十一修正案并不禁止联邦法院批准对实施公务行为的州政府官员给予对未来发生效力的禁令救济（prospective injunctive relief）。[⑥] 因此，例如，一家联邦法院可以作出裁定，要求弗吉尼亚州州长对医疗服务提供商报销联邦医疗补助开支的方案（formula），如果法院确定现有的方案违反了联邦法律。[⑦] 不仅如此，《联邦宪法》第十一修正案并未禁止联邦法院在原告根据 § 1983 的规定成功申请对州政府官员的公务行为提供对未来发生效力的禁令救济时，要求州政府根据 § 1988 的规定支付原告律师费。[⑧]

□ § 1983 作为强制执行联邦至上条款的手段

在根据 § 1983 的规定对州法进行评估时，重要的是区分损害赔偿诉讼和确认与禁令救济的诉讼。在 § 1983 被用于迫使州政府遵守联邦法之目的而言，这应当是允许联邦法院强制执行联邦至上条款的一种合乎逻辑的手段。当以这种方式适用 § 1983 时，法院常常必须解决有关可司法性、联邦法律或者宪法条款的目标受益人，以及国会是否希望联邦

---

① Edelman v. Jordan, 415 U.S. 651 (1974).
② Green v. Mansour, 474 U.S. 64 (1985).
③ Atascadero State Hos-pital v. Scanlon, 473 U.S. 234 (1985).
④ Fitzpatrick v. Bitzen, 427 U.S. 445, 456 (1975).
⑤ Atascadero State Hospital v. Scanlon, 473 U.S. 234 (1985).
⑥ Ex parte Young, 209 U.S. 123 (1908).
⑦ Wilder v. Virginia Hospital Assn., 496 U.S. 498 (1990).
⑧ Hutto v. Finney, 437 U.S. 678, 693-700 (1978).

行政机关或者联邦法院强制执行法定权利等相关的疑难问题。但是，正如 Henry Monaghan 案所表明的，这些问题类似于联邦法院根据《行政程序法》规定审查联邦行政机关
1877 是否遵守了联邦法律时提出的问题。① 有关§1983之适用的法律发展演变基本上是让人满意的。

□ 调整损害赔偿判决的法律规则不尽如人意

相比之下，调整根据§1983提出的损害赔偿诉讼的法律，在很多方面是不尽如人意的。让州与地方政府雇员个人承担违反联邦法律的责任，对于政府雇员的公平性和违法政府行为的受害人的公平性会产生不必要的负面影响，对州与地方政府雇员的激励以及联邦宪法的发展都会产生不利的影响。② 地方政府可能承担的责任范围既过于狭窄，也过于宽泛：说过于狭窄，是因为最高法院判定市政府只对实施“官方政策”的行为承担责任；而说过于宽泛，则是因为最高法院拒绝允许地方政府基于善意，以及合理确信其法律或者政策符合联邦法律而进行任何抗辩。③ 不仅如此，保护州不受因为州行政机关或者雇员违反联邦法律的行为而承担损害赔偿责任，也是没有什么意义的。

□ 关于修改法律规则的建议

理想情况下，国会应当通过修订法律的方式纠正错误并简化调整根据§1983提出的损害赔偿诉讼的相关法律规则。但是，对于全面和积极的法律改革来说，存在的政治障碍是不可逾越的。作为次优的选择，最高法院开始在解释§1983和第十一修正案的过程中纠正众多之前存在的错误。最高法院的许多判决主旨显然与其所解释的法律条文平常含义并不相符。④ 许多其他判决主旨是在认定§1983的起草者具有非常难以置信的意图之基础上作出的。⑤ 但是，这将是一项艰巨的工作，需要最高法院在作为遵循先例原则之基础的各项价值之间进行重要的调和。

最高法院可以采取一项简单、容易辩护的举措而让调整§1983的法律规范得到明显
1878 改进。最高法院只需要判定只有在无法获得有效的州内救济时，才可以提起§1983诉讼。
在 Monroe v. Pape⑥ 案中，最高法院判定充分的州内救济并不禁止根据§1983寻求救济。这一判决主旨的依据并不是有力的。这一法律的文字根本没有涉及这一问题。最高法院提及立法史证明国会的意图是“联邦救济是对州内救济的补充，……”它接着指出：“并不是必须先寻求州内救济并在州内救济得到拒绝之后才能适用联邦救济。”⑦ 国会制定§1983时所处的情境非常支持最高法院的结论，即联邦救济是对任何州内救济的补充。如果州并未对州或者地方政府行政机关或者政府雇员侵犯联邦法上权利的行为提供救济，或者如果

---

① Monaghan, “Federal Statutory Review under Section 1983 and the APA”, 91 *Colum. L. Rev.* 233 (1991).

② 参见§19.2。

③ 参见 Schuck, “Municipal Liability under §1983: Some Lessons from Tort Law and Organizational Theory”, 77 *Geo. L. J.* 1753 (1989)。

④ 例可参见 Hans v. Louisiana, 134 U.S. 1 (1890)（其他州的公民包括了本州公民）。

⑤ 例可参见 Owen v. City of Independence, 445 U.S. 622, 638 (1980)（市政府不能基于善意，或者合理确信其条例或者政策符合联邦法为由提出抗辩）；Monell v. Department of Social Services of the City of New York, 436 U.S. 658, 694 (1978)（只有在其雇员的行为是根据官方政策作出的时候，市政府才承担责任）。

⑥ 365 U.S. 167 (1961).

⑦ Id. at 183.

有理由相信州内救济不太可能是有效的，应该可以根据§1983在联邦法院进行诉讼。但是，并不能由此得出，当存在有效的州内救济时和原告穷尽州内救济之前，可以根据§1983在联邦法院提起诉讼。

□ 最高法院应当要求穷尽行政救济

在Patsy v. Board of Regents of Florida① 案中，最高法院扩展适用了Monroe案中的判决主旨。在Monroe案中，可得的州内救济是司法性质的。在Patsy案中，最高法院偏离了穷尽行政救济的通常要求，判定即使原告没有穷尽可得的行政救济，也可以提起§1983诉讼。Patsy案的事实，说明了最高法院对§1983进行解释的方式已经将数以千计的轻微、容易裁决的地方性争议转化为重大的联邦案件。Patsy是一位黑人占多数的州立大学中的白人秘书。她指控主管因为种族的原因拒绝提升其职务。该州对受理个人行为有关的投诉规定了严密的行政程序。Patsy的投诉本来可以通过与大学的行政主管（administrator）进行一次非正式的会议而得到非常令人满意的解决。相反，最高法院允许她提起联邦民事诉讼，而甚至没有费力讨论她对主管提出的投诉。

大量的§1983诉讼本来很可能通过采用州或者地方的行政或者司法救济得到迅速、经济和有效的裁决。但是，因为原告可以随意忽略可得的州内救济，有权在§1983诉讼中获得判给律师费，原告很少会寻求可得的有效的州内救济。②

如果最高法院判定只有在不存在有效的州内救济时，才能提起§1983诉讼，州与地方政府本来可以拥有强大的激励去设立有效的州内救济。例如，州本来完全可以认定，州应当放弃主权豁免权，让自己对被认为违反联邦法的雇员行为承担责任。有关政府和政府 1879
雇员之责任的法律规则发生的此种变化，将会对州政府及其雇员、州公民产生明显的益处。③

迄今为止，最高法院已经拒绝推翻Patsy案，但是它已经通过在原告可以提起§1983诉讼或者选择其他联邦法律规定的救济方式时，对其他要求穷尽行政救济的联邦法律进行解释，而缩小了无穷尽救济义务（no-duty-to-exhasust）之规则的适用范围。④

因此，例如，在Heck v. Humphrey⑤ 案中，最高法院一致判定，一名指控宪法权利受到侵犯，认为对其定罪或者监禁的判决无效的相对人不能在没有首先穷尽州内救济的情况下对侵犯宪法权利的行为提起§1983诉讼。最高法院认定对这类§1983诉讼适用无穷尽救济之义务原则将会与国会对人身保护令立法中明确规定的穷尽救济义务存在冲突。

在Edwards v. Balisok⑥ 案中，最高法院将Heck案中的判决主旨扩展适用于监狱犯人主张惩戒听证中采用的程序侵犯了其正当程序，根据§1983寻求损害赔偿的案件。最高法院拒绝讨论Heck案是否适用于禁令救济的申请。

虽然联邦法院继续判定在§1983诉讼中不需要遵循穷尽行政救济原则，国会继续制定法律要求在许多类型的§1983诉讼中穷尽行政救济，并且法院继续对这些法律宽泛地

---

① 457 U.S. 496 (1982)，参见§15.9的讨论。

② 参见Dennis v. Higgins, 798 U.S. 439, 463-464 (1991)（Kennedy大法官和Rehnquist首席大法官的不同意见）。

③ 参见§19.2。

④ 参见§15.9的讨论。

⑤ 512 U.S. 477 (1994).

⑥ 520 U.S. 641 (1997).

进行解释和适用。因此，最高法院已经以一致意见判定 42 U. S. C. §1997e（a）要求犯人在所有情形中都穷尽行政救济。[1] 类似的，第一巡回法院判定 20 U. S. C. §1415（1）要求在所有原告指控残疾儿童被剥夺政府资助的教育机会的案件中穷尽行政救济。[2]

□ 报复行为的受害者享有 §1981 规定的权利

在 CBOCS West v. Humphries[3] 案中，七名大法官出具的多数意见判定对侵犯他人根据 §1982 享有的权利的举报者实施报复的，42 U. S. C. §1981 允许受害人行使私人诉权，即使 §1981 并未明确对此种报复行为赋予这种权利。多数意见依据的是遵循先例原则。
1880 在 1969 年，最高法院判定对侵犯他人根据 §1982 享有的权利的举报者实施报复的，42 U. S. C. §1982 允许受害人行使私人诉权。多数意见指出，最高法院长期以来将根据 §1982 作出判决的先例解释为同样适用于 §1981。多数意见驳回了这样一种主张，即因为 §1981 并未明确调整报复行为或者因为最高法院对法律进行解释的方法在 1969 年的案件之后已经发生变化，所以不应适用遵循先例原则。持不同意见的大法官们则认为，该法文字的平常含义应该是具有决定性的。

□ 州法院命令或者联邦法律的受益人不享有提起 §1983 诉讼的权利

在 Town of Castle Rock v. Gonzales[4] 案中，最高法院判定一位家事保护令（domestic relations restraining order）的受益人不能对拒绝执行该命令的警察提起 §1983 诉讼，因为受益人对于此类命令并不具有财产利益，尽管州法律试图规定执行该命令是强制性的。其判决意见中有的推理如此宽泛，以至于可以影响对违反表面上对具体、可以确定的个人有利的法律提起 §1983 诉讼的实际可能性。多数意见驳回了原告的诉求，部分原因是该法并未对家事保护令的受益人赋予明确的权利，部分原因是其认定法律和法院的命令只对受家事保护令保护的个人赋予附带的利益。

□ 明示规定的替代救济方式默示地排除了提起 §1983 诉讼的权利

在 Rancho Palos Verdes v. Abrams[5] 案中，最高法院裁决了一项重要的问题，即当存在法律明确的替代救济，默示地排除了 §1983 诉讼的可能性。最高法院一致判定，尽管地方的土地利用分区委员会作出了相反的决定，《1996 年电信法》中对寻求安装电信设施的个人赋予附条件的权利的规定，不能在 §1983 诉讼中强制执行，因为国会通过在该法中明确规定了比 §1983 诉讼有所限定的替代救济方式，也就是由联邦法院对可能违反本法所赋予权利的土地利用分区委员会的决定进行快速审查而默示地排除了利用这种救济方式。多数意见明确拒绝了政府的建议，即法院应当总是判定国会在法律中规定替代性私人诉讼救济时即默示地排除了 §1983 诉讼的救济方式。多数意见指出，尽管私人诉讼的救济方式的存在体现了排除 §1983 救济方式的意图，“完全可以通过无论明示或者默示的文

---

① Porter v. v. Nussle，122 S. Ct. 983（2002）；Booth v. Churner，532 U. S. 731（2001）.

② Frazier v. Fairhaven School Committee，276 F. 3d 52（1st Cir. 2002）. 参见 §15. 3 的讨论。

③ 128 S. Ct. 1951（2008）.

④ 125 S. Ct. 1796（2005），参见 §9. 4 的讨论。

⑤ 125 S. Ct. 1435（2005）.

本含义（textual indication），即这一救济是补充而不是替代 § 1983 诉讼而推翻”这一推论。四位大法官发表的协同意见，认为让法院了解特定法律之国会意图的是案情背景，而非法律文本。有一位大法官在其判决意见中批评多数意见不承认国会试图在规定另一项可 1881
得的救济时保留 § 1983 诉讼之推定，也不承认其立法史可以支持法院得出国会试图保留 § 1983 救济方式的结论。

□ 只有“特别详尽规定的”（unusually elaborate）法定救济才能排除 § 1983 诉讼

在 Fitzgerald v. Barnstable School Committee[1] 案中，原告主张自己是学校中发生的违宪性别歧视行为的受害者，最高法院以一致意见判定原告可以寻求的替代救济措施不是“足够全面的”，不能排除原告提起 § 1983 诉讼。最高法院判定这些替代救济措施，即对被告学校收回联邦资金补助以及默示的私人诉权，并不属于最高法院以前判定可以证明国会排除 § 1983 诉讼之意图的“特别详尽规定的”、“经过仔细调整的”（carefully tailored）和“限制性的”替代法定救济类型。

□ 作为例证的巡回法院判决

最高法院已将判定个人可以对州政府官员侵犯联邦法律的行为提起 § 1983 诉讼，如果该法律能够满足最高法院在 Blessing v. Freestone[2] 案中宣布的标准。但是，在具有一定相似性的默示私人诉权背景下，最高法院已经使得公民个人几乎不可能基于侵犯联邦法律成功提起私人诉讼，除非国会明确对违反该法的行为规定了私人诉权。[3] 各巡回法院艰难应对最高法院对 § 1983 进行解释的判决和有关默示私人诉权的判决之间明显矛盾。最高法院在 Gonzaga University v. Doe[4] 案中阐释了有关 § 1983 的判决和默示私人诉权的判决之间的关系。[5] 但是，正如下列案件所显示的，巡回法院还在继续艰难地适用最高法院的判决意见。

在 Westside Mothers v. Haveman[6] 案中，第六巡回法院作出了一项 Gonzaga 案前（pre-*Gonzaga*）的判决意见，其中判定要求各州提供具体福利的《联邦医疗保险法》，创设了可以通过 § 1983 诉讼强制执行的权利。尽管法律确实在适用 Blessing 标准时做得很好，但其推理和判决主旨并不符合最高法院在 Gonzaga 案中的推理。

在 Rolland v. Romney[7] 案中，第一巡回法院判定《疗养院改革法律修正案》（the Nursing Home Reform Amendments）所规定的各州提供专业化服务的要求可以通过 1882
§ 1983 诉讼强制执行，因为（1）《疗养院改革法律修正案》包含了“创设权利”的文字；（2）所赋予的权利并非过于模糊和无定形以至于无法通过法院强制执行；以及（3）《疗养院改革法律修正案》明确对各州具有拘束力。

---

① 129 S. Ct. 788 (2009).

② 520 U. S. 329 (1997).

③ 参见 Alexander v. Sandoval，532 U. S. 275 (2001)。

④ 122 S. Ct. 2268 (2002).

⑤ 参见 § 18.5 有关各巡回法院的近期判决以及最高法院在 Gonzaga University 案中所作出的重要判决意见。

⑥ 289 F. 3d 852 (6th Cir. 2002)，参见 § 18.5 的讨论。

⑦ 318 F. 3d 42 (1st Cir. 2003).

在 31 Foster Children v. Bush[1] 案中，第十一巡回法院判定《1980 年收养援助与儿童福利法》（the Adoption Assistance and Child Welfare Act of 1980）不能通过 § 1983 诉讼强制执行，因为“这些法律条文的文字带给他们的是一个集合或者全系统的焦点（system wide focus），而不是体现是否满足任何具体儿童之需要的关切”。

在 Frison v. Zebro[2] 案中，第八巡回法院判定禁止任何人假冒联邦官员的法律是不能通过 § 1983 诉讼强制执行的，因为该法并未明确创设一项联邦法上的权利。法院指出，刑事法律很少能够通过 § 1983 诉讼强制执行。

在 Three Rivers Center for Independent Living v. Housing Authority of Pittsburgh[3]
1883 案中，第三巡回法院判定为了实施一项能够通过 § 1983 诉讼强制执行的法律规定而制定的行政规则，本身并不能通过 § 1983 诉讼强制执行，因为这些行政规则并没有界定或者充实个人权利的内容，而只是涉及机构性、统计性和集合性目标。

在 Price v. City of Stockton[4] 案中，第九巡回法院判定为了实施某部法律而制定的有些行政规则可以通过 § 1983 诉讼强制执行，因为它们对该法所赋予的个人权利进行了界定，而其他行政规则则不能通过 § 1983 诉讼强制执行，因为它们并未对该法所赋予的个人权利进行界定。

在 Johnson v. Housing Authority of Jefferson Parish[5] 案中，第五巡回法院判定《联邦住房法》（the Federal Housing Act）§ 8 的规定——要求公共住房机构根据“在同一区域……所支付公用事业和服务的通常开支”提供公用事业支出补贴，并且要求公共住房机构“自上次补贴……调整以来公用事业费率出现 10% 甚至更多的变化时对补贴进行调整”——是可以通过 § 1983 诉讼强制执行的。第五巡回法院承认最高法院已经大幅限制了可以在 § 1983 诉讼中强制执行的法律范围，但是它认定该条法律规定属于这一小部分法律范围，因为它明确设定法院可以解释和适用的强制性义务，并且因为国会并未规定全面的替代性的补救体制。

在 Sprint Telephony v. County of San Diego[6] 案中，第九巡回法院禁止某县政府对一家电信企业强制执行某条例，依据是该法院认定某联邦法的条文优先于该条例。法院接着判定联邦法律条文并未创设可以在寻求损害赔偿的 § 1983 诉讼中强制执行的权利，因为该法律条文的用词是对具体当事人的行为进行的限制，而不是对类似原告的当事人赋予权利。

在 Cuvillier v. Taylor[7] 案中，第五巡回法院同意第六巡回法院的意见，判定某联邦法律的条文——对各州设定强制执行儿童支持命令——并未创设可以在 § 1983 诉讼中强制执行的个人权利，因为这些条文并未集中关注个人的福利，并且是规定在支出性法律之中的。

§ 19.7 公共侵权法的过度混乱与复杂

联邦地区法院每年需要裁决数以万计的针对政府及其雇员提起的侵权诉讼，大多数的

---

① 329 F. 3d 1255 (11th Cir. 2003).

② 339 F. 3d 994 (8th Cir. 2003)，参见 § 18.5 的讨论。

③ 382 F. 3d 412 (3d Cir. 2004)，参见 § 18.5 的讨论。

④ 390 F. 3d 1105 (9th Cir. 2004)，参见 § 18.5 的讨论。

⑤ 442 F. 3d 356 (5th Cir. 2006)，参见 § 18.5 的讨论。

⑥ 490 F. 3d 700 (9th Cir. 2007).

⑦ 503 F. 3d 397 (5th Cir. 2007).

案件都没有发布公开发表的判决意见。各巡回法院每年审查地区法院所作判决，并撰写数百份判决意见。我不能指望描述其结果形成的法律体系，其中很多都是不容易进行准确概括的。这一领域的法律规则如此复杂和不确定，以至于没有法官或者律师能够以反映所有相关法律或者判例法的方式对一起案件进行裁决。

□ 仅仅一起作为例证的案件就引发了十二项棘手的问题

为了努力说明复杂和混乱的程度，我应该考虑仅在一起涉及 1 500 美元的补偿性损害赔偿金的轻微案件中存在的十二项单独问题。这十二项问题，每一项都涉及复杂和存在混乱的法律规则。这起案件就是 Ellis v. Blum[1] 案。我应该只考虑这起涉及补偿性损害赔偿的案件中相对简单的部分内容，而不是最为疑难的部分——法官 Friendly 因此将该案评论为“体现了管辖权和诉因消失问题的真正噩梦”[2]。

Ellis 每月领取根据《社会保障法》发放的 385. 50 美元残疾福利金。Blum 是纽约州社会服务部残障审定局（the Bureau of Disability Determinations）的局长。这家州行政机关负责定期评估每位受益人是否具备继续领取福利的资格。Ellis 是针对 Blum、两家其他州 1884
政府雇员，以及卫生、教育与服务部（现卫生和社会服务部）部长 Patricia Harris 提起诉讼的。Ellis 在 1978 年 11 月接到电话称其残疾福利将被终止，因为她已经不再属于残疾人。“因为这一电话导致的焦虑，Ellis 患上了癫痫。”[3] 她在 1979 年 1 月正式收到终止残疾福利的书面通知，4 月接受恢复残疾福利的通知，之后在四月份又收到第二份终止残疾福利的预通知，五月终止残疾福利的预通知被撤销，在八月再次收到终止残疾福利的预通知。投诉人指控，四月和八月收到的终止残疾福利的预通知导致其“精神抑郁、焦虑和了解到其社会保障福利将在不明确理由的情况下被终止的痛苦……”

法院指出：“投诉的产生原因是被告采用的书面的终止福利预通知中并未包含违反正当程序条款……《社会保障法》的理由和社会保障管理局的手册的理由和证据摘要说明，以及该手册中允许电话通知的条款也类似的违反了《联邦宪法》。”[4] 原告的诉求是“明显为了补偿其精神抑郁的、1 500 美元的补偿性损害赔偿金”，以及“费用、开支和律师费”[5]。Ellis 是否有权获得补偿性损害赔偿，这一问题是如此复杂，以至于需要先回答十二项其他问题，而与之相关的法律问题又都是复杂和混乱的。我接下来会逐一分析这十二项问题。

□ 实施联邦法律的州政府官员是以州法的名义作出行为吗?

1. 当州政府官员，在另一名州政府官员的监督之下，实施联邦的《社会保障法》，他们属于 § 1983 所规定的以州法的名义作出行为吗?[6] 法院判定他们不是以州法的名义作出行为：“联邦政府的代理人刚好是州政府官员，仅有这一事实，并不能让每一项故意的违反联邦法律的行为变成以州法的名义作出的行为。”[7] 这一判决可与后来在 Lugar v. Ed-

---

① 643 F. 2d 68 (2d Cir. 1981).
② Id. at 70.
③ Id. at 71-72.
④ Id. at 72.
⑤ Id. at 73.
⑥ 参见 § 19. 6。
⑦ Id. at 83 n. 17.

mondson Oil Co. [1] 案中的判决主旨形成对比，后者判定即使是私方当事人向州法院提出申请，而法院的官员作出财产保全裁定（sequestration order），他属于以州法名义作出行为。如果向州政府官员提出申请的私方个人，以州法的名义作出行为，则州政府官员是否也属于以州法名义作出行为？对于这一问题给出肯定的答案可能要比给出否定的答案更容易一些，但是给出的任何答案在现行法律下都将是不确定的。

□ 此类官员需要遵守 Bivens 原则吗？

2. 实施联邦项目的州政府官员是否需要遵守 Bivens 原则？[2] 最高法院在 Bivens 案中判定联邦政府负责缉毒工作的特工需要对非法进入公寓的行为违反《联邦宪法》第四修正
1885 案而承担损害赔偿责任。该案判决则判定《联邦宪法》本身允许对联邦官员提起损害赔偿。后来，各种案件将这一原则进一步扩展，使其可以适用于《联邦宪法》的各部分内容。Carlson 案、Davis 案和 Bivens 案三起案件都涉及联邦政府官员。州政府官员是否属于该原则调整范围？从逻辑上讲，答案应该是根据《联邦宪法》，州政府官员与联邦政府雇员一样属于该原则调整范围，但是最高法院从来未曾对州政府雇员适用过 Bivens 原则。在 Schweiker v. Chillicky[3] 案中，最高法院未经判决，假定实施联邦法律的州政府官员需要遵守 Bivens 原则。Ellis 案中巡回法院判定可以适用 Bivens 原则。有的法院已经拒绝将 Bivens 原则适用于以州法名义作出的行为。[4] 也许，尽管不是很清晰，第二巡回法院对于这一法律规则的理解，与第五巡回法院和第九巡回法院并不相同，但是，如果是这样的话，这一法律规则可能会受到后来 Lugar v. Edmondson Oil Co. [5] 案的判决影响。另一项答案可能是最高法院是 Bivens 原则的提出者，除非最高法院已经对州政府官员或者以州法名义作出行为的人适用 Bivens 原则，这一原则并不如此适用或者其可适用性至少是不确定的。但是，这一答案显然与 Bivens 案判决意见的法理不合，《联邦宪法》创设了针对任何违反其规定的人提起诉讼的诉因。如果 Bivens 案的推理是正确的，它也能同样适用于实施联邦项目的州政府官员。

□ § 1983 诉讼的判例法是否适用于 Bivens 诉讼？

3. 在 § 1983 诉讼中形成的判例法是否基本适用于 Bivens 诉讼？最高法院的判例法并未回答这一问题。Ellis 案中法院判定根据 § 1983 作出判决的 Carey v. Piphus[6] 案适用于属于 Bivens 诉讼的 Ellis 案。法院提到了“上诉法院具有将 § 1983 相关的法律规则整合到 Bivens 诉讼之中的一般性趋势”[7]。但是，这一趋势只是“一般性的”，并不是前后一致或者可靠的。根据 Butz v. Economou[8] 案，有限豁免权在 Bivens 案件中与 § 1983 案件中是相同的。但是，并不能必然由此得出其他问题在这两类案件中也应该以相同方式作出回

---

① 457 U. S. 922 (1982).

② 参见 § 19.5。

③ 487 U. S. 412，418 n. 1 (1988).

④ Ward v. Chaulk，650 F. 2d 1144 (9th Cir. 1981)；Hearth，Inc. v. Department of Public Welfare，617 F. 2d 381，383-383 (5th Cir. 1980).

⑤ 457 U. S. 922 (1982).

⑥ 435 U. S. 247 (1978).

⑦ 643 F. 2d at 84.

⑧ 438 U. S. 478 (1978)，参见 § 19.3 的讨论。

答。§1983案件的结论经常取决于对§1983立法史的分析。而这一立法史分析是否应该迁移到并非由国会在1871年制定而是由最高法院在1971年提出的Bivens原则？也许其答案需要逐案确定，即使对于发展此类法律规则来说，这是成本高昂的方式——对于当事人、政府和社会来说都是成本高昂的。 1886

□ 政府官员总是对拒绝正当程序承担责任吗？

4. Ellis案中法院推定在终止社会保障福利的案件中拒绝程序性正当程序，意味着官员需要承担损害赔偿责任。拒绝程序性正当程序的官员总是，还是仅仅有时需要承担损害赔偿责任？例如，如果官员非常谨慎地遵循了法律或者正式的规章中所规定的详细程序，他们需要承担损害赔偿责任吗？答案可能是（a）他们需要承担责任；（b）除非他们具有豁免权；或者（c）除非法院对Bivens诉讼发明出对应28 U. S. c. §2680（a）的第一条款——当官员因为遵守了违法的法律而实施了侵权行为时，保护政府免受侵权责任——的例外；（d）除非法院能够确定作为被告的官员不可能已经知道法律或者规章是违宪的[1]；或者（e）除非法院充分了解到对非常谨慎地遵循法律或者正式规章所规定的详细程序的官员追究个人责任存在的不公。这一问题基本上是无解的。当然，法院面对的问题各有不同；官员可能是出于善意但是错误地遵循了规定的程序，所规定的程序可能是一般性的而不是详细的。官员是否，以及何时对遵循规定程序承担责任，这个问题涉及复杂和混乱的法律规则。因为Ellis案中的官员本来可以享有有限豁免权，也许法院本来不应该推定官员应对终止社会保障福利的决定承担损害赔偿责任。

□ 法院必须调查可能的豁免权吗？

5. 如果起诉书认为被告官员除非享有豁免权，需要根据Bivens原则对一项行为承担责任，法律要求上诉法院不调查该官员是否具有豁免权，即撤销驳回起诉的裁定吗？Ellis案中法院默示对这一问题提供了肯定的答案，因为它没有提及豁免权问题，即推翻了驳回起诉的裁定。但是，该案对于提供肯定的答案而言并不具有较强的权威，因为法院并未提及豁免权问题。

6. 如果起诉书所指控的事实，从表面上看证明了这些官员具有有限豁免权，上诉法院应该推翻驳回起诉的裁定，或者上诉法院应该根据有限豁免权肯定驳回起诉的裁定？Ellis案中法院推翻了驳回起诉的裁定而没有考虑有限豁免权的问题。

□ 官员违反了正当程序吗？

7. 在Ellis案中，第二巡回法院本来应该以官员具有有限豁免权为由判决维持驳回起诉吗？法院并未根据这一理由维持原审裁定；它推翻了原审裁定……但是，维持原审裁定的理由非常充分。这些官员具有豁免权，除非他们知道或者应当知道他们所采用的程序违反了程序性正当程序。但是，这一程序违反了程序性正当程序吗？§9.5对这一判例法进行了讨论。假定正当程序要求在终止福利决定之前说明理由，它是否禁止行政机关初步通知受益人而没有说明理由，然后再说明理由，最后再作出实际的终止福利决定。如果不是的话，行政机关违反正当程序是以何种方式损害了原告的利益？如果是的话，理性的行政 1887

① 参见§19.3。

长官是否能够预期到正当程序法律规则中出现的微妙改变？

□ 违反正当程序造成损害了吗？

8. 在 Ellis 案中，第二巡回法院本来应该根据对起诉书的合理解释——癫痫病是因为终止福利的实体性决定威胁所造成的，而非所宣称的拒绝程序性正当程序——作出维持驳回起诉的判决？法院并未基于这一理由维持原审裁定。

□ 官员应当知道自己已经违反了正当程序？

9. 实施联邦《社会保障法》的州政府雇员必须自负风险对程序性正当程序进行解释，并对错误的解释承担个人责任？该案中指控违宪之处是没有说明理由；最高法院在 Dunlop v. Bachowski① 案中指出正当程序要求说明理由，但是它并未在之后的案件中坚持这一说法。② 政府雇员应当对与某些判例不符合而与其他判例符合的行为承担责任吗？

□《联邦宪法》第十一修正案要求驳回起诉吗？

10. Blum 是以“作为个人和作为局长……”的双重身份被起诉的。法院本来应该将“作为局长”解释为就这一点而言，真正的被告是纽约州？法院本来应该因为《联邦宪法》第十一修正案而驳回这部分诉讼请求？③ Ellis 案中法院没有基于这一理由而驳回这部分诉讼请求；与众多其他法院一样，它根本就没有注意到这一问题。但是，最高法院已经注意到“公务身份的诉讼通常只代表在官员作为代理人时对其所属机构提起诉讼的方式……”④ 尽管法律规则复杂而混乱，但是它很可能就是 Blum“作为局长”不承担责任。法院并未这样作出判决。

□《联邦侵权求偿法》及其例外规定适用于该案吗？

11. 另一名被告是“作为部长的 Harris……”根据最高法院在 Monell 案中的评论，联邦政府是真正的被告。相应地，也许第二巡回法院本来应该调查联邦政府是否需要根据《联邦侵权求偿法》承担责任。⑤ 如果法院已经作了这项调查，它可能已经以是否需要说明理由和证据概述的决定属于 28 U. S. C. §2680（a）规定的裁量性职能例外为由，驳回了针对“作为部长的 Harris”提起的诉讼。具有这一效力的法律规则显然没有得到第二巡回
1888 法院的注意和考虑。这一法律规则可能是如此复杂和混乱，以至于律师和法院都不能理解。

□ 个人雇员应当对造成的损害承担责任吗？

12. 如果在发回重审的过程中，地区法院会作出 1 500 美元的判断，谁来支持这笔赔

---

① 421 U. S. 560（1975）.

② 参见§8.5。

③ 参见§19.6。

④ Monell v. Department of Social Services of the City of New York, 436 U. S. 658, 690 n. 55（1978）.

⑤ 参见§19.4。

偿金？不承担赔偿责任的是“作为局长的Blum”、“作为部长的Harris”、纽约州和联邦政府。唯一可能需要支持这笔赔偿金的是“Blum个人”。但是，这样的判决会不会明显不公正？在没有证据表明她个人存在过错的时候，她应当自掏腰包支付所要求的赔偿金吗？她是州政府的一个部门首长，领导着数百名雇员。她可能对单独的案件并不知情。如果法院作出了对其不利的判决，显然由纽约州来支付这笔赔偿金才是合乎正义的，但是这份判决意见中甚至没有提及州政府承担费用的可能性。当联邦政府被判对一起汽车事故承担责任，支付判决要求的赔偿金并且向驾驶员（或者其保险人）寻求报销费用之时，最高法院撰写了一份非常精彩的判决意见，认为政府而非驾驶员应当承担最终的损失。[①] 让Blum承担最终的损失，将违背Gliman案中的原则。但是在Ellis案中，“作为被告的州政府及其官员（state defendants）”的是Blum和她的两名同事，并且法院明确判定：“Ellis针对这些州被告提起了尚存争议的损害赔偿请求……”[②] 如果说，这是第二巡回法院提出的法律规则，那么其他巡回法院提出的法律规则是什么，它会与最高法院在Gilman案中宣布的原则相反吗？让联邦政府决定在联邦政府雇员不承担责任时由州政府雇员承担个人责任，这会有意义吗？如果在州行政程序中，是州行政官员的下属违反了联邦法律，让州行政官员个人而非州政府承担责任，可以减少联邦干预吗？

□ 修改法律规则的建议

尽管有些案件并未引发与Ellis案如此之多的混乱和不确定的问题，但是Ellis案基本体现了这一领域法律规则的复杂和混乱程度。国会可以通过立法，将政府雇员承担的责任转移至政府，简化这一领域法律规则，并让政府侵权法律规则更加公平和有效。但是，对此类法律的需要可能永远不足以克服政治障碍。在没有法律改革之前，最高法院可以行使其广泛的裁量权，扩大政府雇员享有的豁免权的范围[③]，缩小Bivens原则的适用范围[④]，并且限制针对州与地方政府雇员根据§1983提起侵权诉讼的可得性。[⑤] 这些法官造法的修改，合在一起，就能增加政治压力，让国会立法扩大可能的政府责任适用范围。[⑥] 1889

---

① United States v. Gilman, 347 U.S. 507 (1954).

② 643 F.2d at 84.

③ 参见§19.3。

④ 参见§19.5。

⑤ 参见§19.6。

⑥ 参见§19.2和§19.4。

附录

按：在附录 A《美利坚合众国宪法》中，“Article”译为“条”，“Section”可以译为“款”，现用 § 符号标识，“Clause”可以译为“项”，但在正文就其内容进行单独论述时，也译作“条款”（如“禁立国教条款”）。附录其余部分收录的其他法律则是采用了收入《美国法典》的文本，以下是译者整理的条文序号中英文对照表。但是为了便于检索法条原文，译文中尽量保持原有编号。

《美国法典》条文序号中英文对照表

英文	中文	符号
Title	编	Title 1、Title 2 等 例如 U.S. C. Title 5-GOVERNMENT ORGANIZATION AND EMPLOYEES
Subtitle	分编	Subtitle A、Subtitle B 等 例如 26 U.S. C. Subtitle A-Income Taxes
Part	部	Part I、Part II 等 例如 18 U.S. C. Part I-CRIMES
Subpart	分部	Subpart A、Subpart B 等 例如 26 U.S. C. Part III，Subpart F-Controlled Foreign Corporations
Chapter	章	Chapter 1、Chapter 2 等 例如 5 U.S. C. Chapter 1-ORGANIZATION
Subchapter	分章	Subchapter A、Subchapter B 等 例如 26 U.S. C. Chapter 1，Subchapter B-Computation of Taxable Income
Section	节	Section 1、Section 2 等 缩写为 Sec. 或者 § 例如 5 U.S.C. § 551-Definitions
Subsection	分节	(a)、(b) 等 例如 21 U.S.C. § 841 (a)
Paragraph	款	(1)、(2) 等 例如 21 U.S.C. § 960 (b) (1)
Subparagraph	分款	(A)、(B) 等 例如 31 U.S.C. § 1341 (a) (1) (A)
Clause	项	(i)、(ii) 等 例如 35 U.S.C. § 122 (b) (2) (B) (i)
Subclause	分项	(I)、(II) 等 例如 21 U.S.C. § 355 (j) (2) (A) (vii) (IV)

附录 A

美利坚合众国宪法*

我们合众国人民，为建立更完善的联邦，树立正义，保障国内安宁，提供共同防务，促进公共福利，并使我们自己和后代得享自由的幸福，特为美利坚合众国制定本宪法。

第一条

§1 本宪法授予的全部立法权，属于由参议院和众议院组成的合众国国会。

§2 众议院由各州人民每两年选举产生的众议员组成。每个州的选举人须具备该州州议会人数最多一院选举人所必需的资格。

凡年龄不满二十五岁，成为合众国公民不满七年，在一州当选时不是该州居民者，不得担任众议员。

众议员名额和直接税税额，在本联邦可包括的各州中，按照各自人口比例进行分配。各州人口数，按自由民总数加上所有其他人口的五分之三予以确定。自由民总数包括必须服一定年限劳役（Service）的人，但不包括未被征税的印第安人。人口的实际统计在合众国国会第一次会议后三年内和此后每十年内，依法律规定的方式进行。每三万人选出的众议员人数不得超过一名，但每州至少须有一名众议员；在进行上述人口统计以前，新罕布什尔州有权选出三名，马萨诸塞州八名，罗得岛州和普罗维登斯种植地（Providence Plantations）一名，康涅狄格州五名，纽约州六名，新泽西州四名，宾夕法尼亚州八名，特拉华州一名，马里兰州六名，弗吉尼亚州十名，北卡罗来纳州五名，南卡罗来纳州五名，佐治亚州三名。

任何一州代表出现缺额时，该州行政当局应发布选举令，以填补此项缺额。

众议院选举本院议长和其他官员，并独自拥有弹劾权。

§3 合众国参议院由每州州议会选举的两名参议员组成，任期六年；每名参议员有一票表决权。

参议员在第一次选举后集会时，立即分为人数尽可能相等的三个组。第一组参议员席位在第二年年终空出，第二组参议员席位在第四年年终空出，第三组参议员席位在第六年年终空出，以便三分之一的参议员得每二年改选一次。在任何一州州议会休会期间，如因辞职或其他原因而出现缺额时，该州行政长官在州议会下次集会填补此项缺额前，得任命临时参议员。

---

* 本译文参考了李道揆教授的译本，略有修改。参见李道揆：《美国宪法和美国政治》，775～787 页，北京，商务印书馆，2004 年版。——译者注

凡年龄不满三十岁，成为合众国公民不满九年，在一州当选时不是该州居民者，不得担任参议员。

合众国副总统任参议院议长，但除非参议员投票时赞成票和反对票相等，无表决权。

参议院选举本院其他官员，并在副总统缺席或行使合众国总统职权时，选举一名临时议长。

参议院独自拥有审判一切弹劾案的权力。为此目的而开庭时，全体参议员须宣誓或作代誓宣言。合众国总统受审时，最高法院首席大法官主持审判。无论何人，非经出席参议员三分之二的同意，不得被定罪。

弹劾案的判决，不得超出免职和剥夺担任和享有合众国属下有荣誉、有责任或有薪金的任何职务的资格。但被定罪的人，仍可依法起诉、审判、判决和惩罚。

§4 举行参议员和众议员选举的时间、地点和方式，在每个州由该州议会规定。但除选举参议员的地点外，国会得随时以法律制定或改变这类规定。

国会每年至少开会一次，除非国会以法律另订日期外，此会议在十二月第一个星期一举行。

§5 每院是本院议员的选举、选举结果报告和资格的裁判者。每院议员过半数，即构成议事的法定人数；但不足法定人数时，得逐日休会，并有权按每院规定的方式和罚则，强迫缺席议员出席会议。

每院得规定本院议事规则，惩罚本院议员扰乱秩序的行为，并经三分之二议员的同意开除议员。

每院应有本院会议记录，并不时予以公布，但它认为需要保密的部分除外。每院议员对于任何问题的赞成票和反对票，在出席议员五分之一的请求下，应载入会议记录。

在国会开会期间，任何一院，未经另一院同意，不得休会三日以上，也不得到非两院开会的任何地方休会。

§6 参议员和众议员应得到服务的报酬，此项报酬由法律确定并由合众国国库支付。他们除犯叛国罪、重罪和妨害治安罪外，在一切情况下都享有在出席各自议院会议期间和往返于各自议院途中不受逮捕的特权。他们不得因在各自议院发表的演说或辩论而在任何其他地方受到质问。

参议员或众议员在当选任期内，不得被任命担任在此期间设置或增薪的合众国管辖下的任何文官职务。凡在合众国属下任职者，在继续任职期间不得担任任何一院议员。

§7 所有征税议案应首先在众议院提出，但参议院得像对其他议案一样，提出或同意修正案。

众议院和参议院通过的每一议案，在成为法律前须送交合众国总统。总统如批准该议案，即应签署；如不批准，则应将该议案同其反对意见退回最初提出该议案的议院。该院应将此项反对意见载入本院会议记录并进行复议。如经复议后，该院三分之二议员同意通过该议案，该议案连同反对意见应一起送交另一议院，并同样由该院进行复议，如经该院三分之二议员赞同，该议案即成为法律。但在所有这类情况下，两院表决都由赞成票和反对票决定；对该议案投赞成票和反对票的议员姓名应分别载入每一议院会议记录。如任何议案在送交总统后十天内（星期日除外）未经总统退回，该议案如同总统已签署一样，即成为法律，除非因国会休会而使该议案不能退回，在此种情况下，该议案不能成为法律。

凡须由参议院和众议院一致同意的每项命令、决议或表决（关于休会问题除外），须送交合众国总统，该项命令、决议或表决在生效前，须由总统批准，如总统不批准，则按照关于议案所规定的规则和限制，由参议院和众议院三分之二议员重新通过。

§8 国会有权——

规定和征收直接税、进口税、捐税和其他税，以偿付国债、提供合众国共同防务和公共福利，但一切进口税、捐税和其他税应全国统一；

以合众国的信用借款；

规制同外国的、各州之间的和同印第安部落的商业；

制定合众国全国统一的归化条例和破产法；

铸造货币，厘定本国货币和外国货币的价值，并确定度量衡的标准；

规定有关伪造合众国证券和通用货币的罚则；

设立邮政局和修建邮路（post Roads）；

保障作者和发明人对各自著作和发明在限定期限内的专有权利，以促进科学和工艺的进步；

设立低于最高法院的法院；

界定和惩罚在公海上所犯的海盗罪和重罪以及违反国际法的犯罪行为；

宣战，颁发掳获敌船许可状，制定关于陆上和水上捕获的条例；

招募陆军和供给军需，但此项用途的拨款期限不得超过两年；

建立和维持海军；

制定治理和管理陆海军的条例；

规定征召民兵，以执行联邦法律、镇压叛乱和击退入侵；

规定民兵的组织、装备和训练，规定用来为合众国服役的那些民兵的管理，但民兵军官的任命和按国会规定的条例训练民兵的权力，由各州保留；

对于由某些州让与合众国、经国会接受而成为合众国政府所在地的地区（不得超过十平方英里），在任何情况下都行使专属的立法权；对于经州议会同意、由合众国在该州购买的用于建造要塞、弹药库、兵工厂、船坞和其他必要建筑物的一切地方，行使同样的权力；

以及制定为行使上述各项权力和由本宪法授予合众国政府或其任何部门或官员的一切其他权力所必要和适当的所有法律。

§9 现有任何一州认为得准予入境之人的迁移或入境，在 1808 年以前，国会不得加以禁止，但对此种人的入境，每人可征不超过十美元的税。不得中止人身保护状的特权，除非发生叛乱或入侵时公共安全要求中止这项特权。

不得通过剥夺公权法案（Bill of Attainder）或追溯既往的（ex post facto）法律。

除依本宪法上文规定的人口普查或统计的比例，不得征收人头税或其他直接税。

对于从任何一州输出的货物，不得征税。

任何商业或税收条例，都不得给予一州港口以优惠于他州港口的待遇；开往或开出一州的船舶，不得被强迫在他州入港、出港或纳税。

除根据法律规定的拨款外，不得从国库提取款项。一切公款收支的定期报告书和账目，应不时予以公布。

合众国不得授予贵族爵位。凡在合众国属下担任任何有薪金或有责任的职务的人，未经国会同意，不得从任何国王、君主或外国接受任何礼物、俸禄、官职或任何一种爵位。

§10 任何一州都不得：缔结任何条约，参加任何同盟或邦联；颁发捕获敌船许可状；铸造货币；发行纸币；使用金银币以外的任何物品作为偿还债务的货币；通过任何公民权利剥夺法案、追溯既往的法律或损害契约义务的法律；或授予任何贵族爵位。

任何一州，未经国会同意，不得对进口货或出口货征收任何税款，但为执行本州检查法所绝对必需者除外。任何一州对进口货或出口货所征全部税款的纯收益供合众国国库使用；所有这类法律得由国会加以修正和控制。

任何一州，未经国会同意，不得征收任何船舶吨位税，不得在和平时期保持军队或战舰，不得与他州或外国缔结协定或盟约，除非实际遭到入侵或遇刻不容缓的紧迫危险时不得进行战争。

第二条

§1 行政权属于美利坚合众国总统。总统任期四年，副总统的任期相同。总统和副总统按以下方法选举；每个州依照该州议会所定方式选派选举人若干人，其数目同该州在国会应有的参议员和众议员总人数相等。但参议员或众议员，或在合众国属下担任有责任或有薪金职务的人，不得被选派为选举人。

选举人在各自州内集会，投票选举两人，其中至少有一人不是选举人本州的居民。选举人须开列名单，写明所有被选人和每人所得票数；在该名单上签名作证，将封印后的名单送合众国政府所在地，交参议院议长收。参议院议长在参议院和众议院全体议员面前开拆所有证明书，然后计算票数。得票最多的人，如所得票数超过所选派选举人总数的半数，即为总统。如获得此种过半数票的人不止一人，且得票相等，众议院应立即投票选举其中一人为总统。如无人获得过半数票；该院应以同样方式从名单上得票最多的五人中选举一人为总统。但选举总统时，以州为单位计票，每州代表有一票表决权；三分之二的州各有一名或多名众议员出席，即构成选举总统的法定人数，选出总统需要所有州的过半数票。在每种情况下，总统选出后，得选举人票最多的人，即为副总统。但如果有两人或两人以上得票相等，参议院应投票选举其中一人为副总统。

国会得确定选出选举人的时间和选举人投票日期，该日期在全合众国应为同一天。

无论何人，除生为合众国公民或在本宪法采用时已是合众国公民者外，不得当选为总统；凡年龄不满三十五岁、在合众国境内居住不满十四年者，也不得当选为总统。

如遇总统被免职、死亡、辞职或丧失履行总统权力和责任的能力时，总统职务应移交副总统。国会得以法律规定在总统和副总统两人被免职、死亡、辞职或丧失任职能力时，宣布应代理总统的官员。该官员应代理总统直到总统恢复任职能力或新总统选出为止。

总统在规定的时间，应得到服务报酬，此项报酬在其当选担任总统任期内不得增加或减少。总统在任期内不得接受合众国或任何一州的任何其他俸禄。

总统在开始执行职务前，应作如下宣誓或代誓宣言："我庄严宣誓（或宣言）我一定忠实执行合众国总统职务，竭尽全力维护、保护和捍卫合众国宪法。"

§2 总统是合众国陆军、海军和征调为合众国服役的各州民兵的总司令。他得要求每个行政部门长官就他们各自职责有关的任何事项提出书面意见。他有权对危害合众国的犯罪行为发布缓刑令和赦免令，但弹劾案除外。

总统经咨询参议院和取得其同意，有权缔结条约，但须经出席参议员三分之二的批准。他提名，并经咨询参议院和取得其同意，任命大使、公使和领事、最高法院法官和任命手续未由本宪法另行规定而应由法律规定的合众国所有其他官员。但国会认为适当时，得以法律将这类次级官员的任命权授予总统一人、法院或各部部长。

总统有权委任人员填补在参议院休会期间可能出现的官员缺额，此项委任在参议院下期会议结束时满期。

§3 总统应不时向国会报告联邦情况，并向国会提出他认为必要和妥善的措施供国会审议。在非常情况下，他得召集两院或任何一院开会。如遇两院对休会时间有意见分歧时，他可使两院休会到他认为适当的时间。他应接见大使和公使。他应负责使法律切实执行，并委任合众国的所有官员。

§4 总统、副总统和合众国的所有文职官员，因叛国、贿赂或其他重罪和轻罪而受弹劾并被定罪时，应予免职。

第三条

§1 合众国的司法权，属于最高法院和国会不时规定和设立的下级法院。最高法院和下级法院的法官如行为端正，得继续任职，并应在规定的时间得到服务报酬，此项报酬在他们继续任职期间不得减少。

§2 司法权的适用范围包括：由于本宪法、合众国法律和根据合众国权力已缔结或将缔结的条约而产生的一切普通法的和衡平法的案件；涉及大使、公使和领事的一切案件；关于海事法和海事管辖权的一切案件；合众国为一方当事人的诉讼；两个或两个以上州之间的诉讼；一州和他州公民之间的诉讼；不同州公民之间的诉讼；同州公民之间对不同州让与土地的所有权的诉讼；一州或其公民同外国或外国公民或国民之间的诉讼。

涉及大使、公使和领事以及一州为一方当事人的一切案件，最高法院具有第一审管辖权。对上述所有其他案件，不论法律方面还是事实方面，最高法院具有上诉审管辖权，但须依照国会所规定的例外和规章。

除弹劾案外，一切犯罪由陪审团审判；此种审判应在犯罪发生的州内举行；但如犯罪不发生在任何一州之内，审判应在国会以法律规定的一个或几个地点举行。

§3 对合众国的叛国罪只限于同合众国作战，或依附其敌人，给予其敌人以帮助和鼓励。无论何人，除根据两个证人对同一明显行为的作证或本人在公开法庭上的供认，不得被定为叛国罪。

国会有权宣告对叛国罪的惩罚，但因叛国罪而被剥夺公民权，除在被剥夺者存活期间外，不得污损其血统（corruption of blood）*，也不得没收其财产。

第四条

§1 每个州对于他州的公共法律、案卷和司法程序，应给予充分信任和尊重。国会得以一般法律规定这类法律、案卷和司法程序如何证明和具有的效力。

§2 每个州的公民享有各州公民的一切特权和豁免权。

在任何一州被控告犯有叛国罪、重罪或其他罪行的人，逃脱法网而在他州被寻获时，应根据他所逃出之州行政当局的要求将他交出，以便解送到对犯罪行为有管辖权的州。

根据一州法律须在该州服劳役（Service）或劳动（Labour）的人，如逃往他州，不得因他州的法律或规章而免除此种劳役或者劳动，而应根据有权得到此兵役或者劳役之当事人的要求将他交出。

§3 新州得由国会接纳加入本联邦；但不得在任何其他州的管辖范围内组成或建立新州；未经有关州议会和国会的同意，也不得合并两个或两个以上的州或几个州的一部分组成新州。

国会对于属于合众国的领土或其他财产，有权处置和制定一切必要的条例和规章。对本宪法条文不得作有损于合众国或任何一州的任何权利的解释。

§4 合众国保证本联邦各州实行共和政体，保护每州免遭入侵，并应州议会或州行政长官（在州议会不能召开时）的请求平定内乱。

第五条

国会在两院三分之二议员认为必要时，应提出本宪法的修正案，或根据各州三分之二州议会的请求，召开制宪会议提出修正案。不论哪种方式提出的修正案，经各州四分之三

---

* 所谓血统污损，是指犯叛国罪或其他重罪者及其后裔，对于财产、地位，或爵位之继承权及遗赠权之丧失。此系英国法律，美国1789年立宪，仍采用当时英国法律，惟加但书。英国已于1870年废除此法。——译者注

州议会或四分之三州制宪会议的批准，即实际成为本宪法的一部分而发生效力；采用哪种批准方式，得由国会提出建议。但在1808年以前制定的修正案，不得以任何形式影响本宪法第一条第九节第一项和第四项；任何一州，不经其同意，不得被剥夺它在参议院的平等投票权。

第六条

本宪法采用前订立的一切债务和承担的一切义务，对于实行本宪法的合众国同邦联时期一样有效。

本宪法和依本宪法所制定的合众国法律，以及根据合众国的权力已缔结或将缔结的一切条约，都是全国的最高法律；每个州的法官都应受其约束，即使州的宪法和法律中有与之相抵触的内容。

上述参议员和众议员，各州州议会议员，以及合众国和各州所有行政和司法官员，应宣誓或作代誓宣言拥护本宪法；但绝不得以宗教信仰作为担任合众国属下任何官职或公职的必要资格。

第七条

经九个州制宪会议的批准，即足以使本宪法在各批准州成立。

本宪法于耶稣纪元1789年，即美利坚合众国独立后第12年的9月17日，经出席各州在制宪会议上一致同意后制定。我们谨在此签名作证。

证人：William Jackson，秘书

按照原宪法第五条、由国会提出并经各州批准、增添和修改《美利坚合众国宪法》的条款

第一条修正案［1791年］

国会不得制定关于下列事项的法律：确立国教或禁止信教自由；剥夺言论自由或出版自由；或剥夺人民和平集会和向政府请愿申冤的权利。

第二条修正案［1791年］

管理良好的民兵是保障自由州的安全所必需的，因此人民持有和携带武器的权利不得侵犯。

第三条修正案［1791年］

未经房主同意，士兵在和平时期不得驻扎在任何住宅；除依法律规定的方式，战时也不得驻扎。

第四条修正案［1791年］

人民的人身、住宅、文件和财产不受无理搜查和扣押的权利，不得侵犯。除依据可能成立的理由，以宣誓或代誓宣言保证，并详细说明搜查地点和扣押的人或物，不得发出搜查和扣押状。

第五条修正案［1791年］

无论何人，除非根据大陪审团的报告或起诉书，不受死罪或其他重罪的审判，但发生在陆军、海军中或发生在战时或出现公共危险时服役的民兵中的案件除外。任何人不得因同一犯罪行为而两次遭受生命或身体的危害；不得在任何刑事案件中被迫自证其罪；未经正当法律程序，不得被剥夺生命、自由或财产。不给予公平赔偿，私有财产不得充作公用。

第六条修正案［1791年］

在一切刑事诉讼中，被告有权由犯罪行为发生地的州和地区的公正陪审团予以迅速和公开的审判，该地区应事先已由法律确定；得知控告的性质和理由；同原告证人对质；以强制程序取得对其有利的证人；并取得律师帮助为其辩护。

第七条修正案［1791 年］

在普通法的诉讼中，其争议金额超过二十美元时，由陪审团审判的权利应受到保护。由陪审团裁决的事实，合众国的任何法院除非按照普通法规则，不得重新审查。

第八条修正案［1791 年］

不得要求过多的保释金，不得处以过重的罚金，不得施加残酷和非常的惩罚。

第九条修正案［1791 年］

本宪法对某些权利的列举，不得被解释为否定或轻视由人民保留的其他权利。

第十条修正案［1791 年］

本宪法未授予合众国、也未禁止各州行使的权力，由各州各自保留，或由人民保留。

第十一条修正案［1795 年］

合众国的司法权，不得被解释为适用于由他州公民或任何外国公民或国民对合众国一州提出的或起诉的任何普通法或衡平法的诉讼。

第十二条修正案［1804 年］

选举人在各自州内集会，投票选举总统和副总统，其中至少应有一人不是选举人本州的居民。选举人须在选票上写明被选为总统之人的姓名，并在另一选票上写明被选为副总统之人的姓名。选举人须将所有被选为总统之人和所有被选为副总统之人分别开列名单，写明每人所得票数；在该名单上签名作证，将封印后的名单送合众国政府所在地，交参议院议长收。参议院议长在参议院和众议院全体议员面前开拆所有证明书，然后计算票数。获得总统选票最多的人，如所得票数超过所选派选举人总数的半数，即为总统。如无人获得这种过半数票，众议院应立即从被选为总统之人名单中得票最多的但不超过三人中间，投票选举总统。但选举总统时，以州为单位计票，每州代表有一票表决权。三分之二的州各有一名或多名众议员出席，即构成选举总统的法定人数，选出总统需要所有州的过半数票。当选举总统的权力转移到众议院时，如该院在次年三月四日前尚未选出总统，则由副总统代理总统，如同总统死亡或宪法规定的其他丧失任职能力的情况一样。得副总统选票最多的人，如所得票数超过所选派选举人总数的半数，即为副总统。如无人得过半数票，参议院应从名单上得票最多的两人中选举副总统。选举副总统的法定人数由参议员总数的三分之二构成，选出副总统需要参议员总数的过半数票。但依宪法无资格担任总统的人，也无资格担任合众国副总统。

第十三条修正案［1865 年］

§1 在合众国境内受合众国管辖的任何地方，奴隶制和强制劳役都不得存在，但作为对于依法判罪的人的犯罪的惩罚除外。

§2 国会有权以适当立法实施本条。

第十四条修正案［1868 年］

§1 所有在合众国出生或归化合众国并受其管辖的人，都是合众国的和他们居住州的公民。任何一州，都不得制定或实施限制合众国公民的特权或豁免权的任何法律；不经正当法律程序，不得剥夺任何人的生命、自由或财产；在州管辖范围内，也不得拒绝给予任何人以平等法律保护。

§2 众议员名额，应按各州人口比例进行分配，此人口数包括一州的全部人口数，但不包括未被征税的印第安人。但在选举合众国总统和副总统选举人、国会众议员、州行政和司法官员或州议会议员的任何选举中，一州的年满二十一岁并且是合众国公民的任何男性居民，除因参加叛乱或其他犯罪外，如其选举权遭到拒绝或受到任何方式的限制，则该州代表权的基础，应按以上男性公民的人数同该州年满二十一岁男性公民总人数的比例予以削减。

§3 无论何人，凡先前曾以国会议员、或合众国官员、或任何州议会议员、或任何州行政或司法官员的身份宣誓维护合众国宪法，以后又对合众国作乱或反叛，或给予合众国敌人帮助或鼓励，都不得担任国会参议员或众议员、或总统和副总统选举人，或担任合众国或任何州属下的任何文职或军职官员。但国会得以两院各三分之二的票数取消此种限制。

§4 对于法律批准的合众国公共债务，包括因支付平定作乱或反叛有功人员的年金和奖金而产生的债务，其效力不得有所怀疑。但无论合众国或任何一州，都不得承担或偿付因援助对合众国的作乱或反叛而产生的任何债务或义务，或因丧失或解放任何奴隶而提出的任何赔偿要求；所有这类债务、义务和要求，都应被认为是非法和无效的。

§5 国会有权以适当立法实施本条规定。

第十五条修正案［1870 年］

§1 合众国公民的选举权，不得因种族、肤色或以前是奴隶而被合众国或任何一州加以拒绝或限制。

§2 国会有权以适当立法实施本条。

第十六条修正案［1913 年］

国会有权对任何来源的收入规定和征收所得税，无须在各州按比例进行分配，也无须考虑任何人口普查或人口统计。

第十七条修正案［1913 年］

合众国参议院由每州人民选举的两名参议员组成，任期六年；每名参议员有一票表决权。每个州的选举人应具备该州州议会人数最多一院选举人所必需的资格。

任何一州在参议院的代表出现缺额时，该州行政当局应发布选举令，以填补此项缺额。但任何一州的议会，在人民依该议会指示举行选举填补缺额以前，得授权本州行政长官任命临时参议员。

本条修正案不得作如此解释，以致影响在本条修正案作为宪法的一部分生效以前当选的任何参议员的选举或任期。

第十八条修正案［1919 年］

§1 本条批准一年后，禁止在合众国及其管辖下的一切领土内酿造、出售和运送作为饮料的致醉酒类；禁止此类酒类输入或输出合众国及其管辖下的一切领土。

§2 国会和各州都有权以适当立法实施本条。

§3 本条除非在国会将其提交各州之日起七年以内，由各州议会按本宪法规定批准为宪法修正案，不得发生效力。

第十九条修正案［1920 年］

合众国公民的选举权，不得因性别而遭到合众国或任何一州加以拒绝或限制。

国会有权以适当立法实施本条。

第二十条修正案［1933 年］

§1 总统和副总统的任期应在本条未获批准前原定任期届满之年的一月二十日正午结束，参议员和众议员的任期在本条未获批准前原定任期届满之年的一月三日正午结束，他们继任人的任期在同时开始。

§2 国会每年至少应开会一次，除国会以法律另订日期外，此会议在一月三日正午开始。

§3 如当选总统在规定总统任期开始的时间已经死亡，当选副总统应成为总统。如在规定总统任期开始的时间以前，总统尚未选出，或当选总统不符合资格，则当选副总统应代理总统直到一名总统已符合资格时为止。在当选总统和当选副总统都不符合资格时，国会得以法律规定代理总统之人，或宣布选出代理总统的办法。此人应代理总统直到一名总统或副总统符合资格时为止。

§4 国会得以法律对以下情况作出规定：在选举总统的权利转移到众议院时，而可被该院选为总统的人中有人死亡；在选举副总统的权利转移到参议院时，而可被该院选为副总统的人中有人死亡。

§5 §1 和§2 应在本条批准以后的十月十五日生效。

§6 本条除非在其提交各州之日起七年以内，自四分之三州议会批准为宪法修正案，不得发生效力。

第二十一条修正案［1933 年］

§1《美利坚合众国宪法》第十八条修正案现予废除。

§2 在合众国任何州、领地或属地内，凡违反当地法律为在当地交付或使用而运送或输入致醉酒类，均予以禁止。

§3 本条除非在国会将其提交各州之日起七年以内，由各州制宪会议依本宪法规定批准为宪法修正案，不得发生效力。

第二十二条修正案［1951 年］

§1 无论何人，当选担任总统职务不得超过两次；无论何人，在他人当选总统任期内担任总统职务或代理总统两年以上，不得当选担任总统职务一次以上。但本条不适用于在国会提出本条时正在担任总统职务的任何人；也不妨碍本条在一届总统任期内生效时正在担任总统职务或代理总统的任何人，在此届任期结束前继续担任总统职务或代理总统。

§2 本条除非在国会将其提交各州之日起七年以内，由四分之三州议会批准为宪法修正案，不得发生效力。

第二十三条修正案［1961 年］

§1 合众国政府所在的特区，应依国会规定方式选派：

一定数目的总统和副总统选举人，其人数如同特区是一个州一样，等于它在国会有权拥有的参议员和众议员人数的总和，但不得超过人口最少之州的选举人人数。他们是在各州所选派的选举人以外增添的人，但为了选举总统和副总统的目的，应被视为一个州选派的选举人；他们在特区集会，履行第十二条修正案所规定的职责。

§2 国会有权以适当立法实施本条。

第二十四条修正案［1964 年］

§1 合众国公民在总统或副总统、总统或副总统选举人、或国会参议员或众议员的任何预选或其他选举中的选举权，不得因未交纳任何人头税或其他税而被合众国或任何一州加以拒绝或限制。

§2 国会有权以适当立法实施本条。

第二十五条修正案［1967 年］

§1 如遇总统被免职、死亡或辞职，副总统应成为总统。

§2 凡当副总统职位出缺时，总统应提名一名副总统，经国会两院都以过半数票批准后就职。

§3 凡当总统向参议院临时议长和众议院议长提交书面声明，声称他不能够履行其职务的权力和责任，直至他向他们提交一份相反的声明为止，其权力和责任应由副总统作为代理总统履行。

§4 凡当副总统和行政各部长官的多数或国会以法律设立的其他机构成员的多数，向参议院临时议长和众议院议长提交书面声明，声称总统不能够履行总统职务的权力和责任时，副总统应立即作为代理总统承担总统职务的权力和责任。

此后，当总统向参议院临时议长和众议院议长提交书面声明，声称丧失能力的情况不存在时，他应恢复总统职务的权力和责任，除非副总统和行政各部长官的多数或国会以法律设立的其他机构成员的多数在四天之内向参议院临时议长和众议院议长提交书面声明，声称总统不能够履行总统职务的权力和责任。在此种情况下，国会应决定这一问题，如在休会期间，应为此目的在四十八小时以内集会。如国会在收到后一书面声明后的二十一天以内，或如适逢休会期间，则在国会按照要求集会以后的二十一天以内，以两院的三分之二的票数决定总统不能够履行总统职务的权力和责任，副总统应继续作为代理总统履行总统职务的权力和责任；否则总统应恢复总统职务的权力和责任。

第二十六条修正案［1971年］

§1 年满十八岁和十八岁以上的合众国公民的选举权，不得因为年龄而被合众国或任何一州加以拒绝或限制。

§2 国会有权以适当立法实施本条。

第二十七条修正案［1992年］

改变参议员和众议员服务报酬的法律，在众议员选举举行之前不得生效。

附录 B

[联邦] 行政程序法

《美国法典》第 5 编　政府组织和雇员

第五章　行政程序*

§551. 定义①

就本节的目的而言，

(1)"行政机关"，是指美国联邦政府机构，不论其是否设在另一行政机关内部或者接受另一行政机关的监督，但是不包括：

(A) 国会。

(B) 联邦法院。

(C) 美国领地或属地的政府。

(D) 哥伦比亚特区政府。

除适用本编 §552 的规定以外，不包括

(E) 由纠纷各方当事人的代表或其组织的代表所组成的、以解决纠纷的行政机关。

(F) 军事法庭 (courts martial) 和军事委员会 (military commissions)。

(G) 战争时期在战区或占领地行使权力的军事当局。

(H) 根据《美国法典》第 12 编 §§1738，1739，1743 和 1744；第 49 编第 471 章第 2 分章；第 50 编附录 §1884、§§1891－1902，以及原 §1641 (b) (2) 规定行使职权的行政机关。

(2)"人"，包括个人、合伙、公司、社团、行政机关以外的公私组织。

(3)"当事人"(party)，包括在机关裁决的程序中，被列名为或被承认为当事人的人或行政机关。或者以正当方式提出请求并且有权被承认为当事人的人或行政机关，以及为了特定的目的被行政机关承认为当事人的人或行政机关。

---

* 此处参考了王名扬先生的译文，参见王名扬：《美国行政法》，1099～1122 页，北京，中国法制出版社，2005。为行文统一，译者在原译文基础上作了适当修改和格式处理，同时根据法律修订情况进行了更新。

① Pub. L. 89－554, Sept. 6, 1966, 80 Stat. 381; Pub. L. 94－409, §4 (b), Sept. 13, 1976, 90 Stat. 1247; Pub. L. 103－272, §5 (a), July 5, 1994, 108 Stat. 1373; Pub. L. 111－350, §5 (a) (2), Jan. 4, 2011, 124 Stat. 3841.

（4）“规则”（rule），是指行政机关发布的具有普遍适用性或特殊适用性，并对将来生效的文件的全部或一部分目的在于实施、解释、规定法律或政策，或规定行政机关的组织、程序或实践的规则。包括批准或规定将来的收费标准、工资、法人或财务结构及其重组、价格、设备、器具及其服务或分配，还包括批准或规定和上述各项有关的估价、费用、会计或手续。

（5）“规则制定”（rule making），是指行政机关制定、修改或废除规则的行为。

（6）“裁决令/命令（order）”，是指行政机关除规则制定以外所作出的最后决定的全部或一部，可以采取肯定的、否定的、禁止的、确认的形式、包括批准许可证在内。

（7）“裁决（adjudication）”，是指行政机关作出裁决令（order）的行为。

（8）“许可证（license）”，包括行政机关给予的执照、证书、批准、登记、特许状、成员资格、法定豁免或其他形式的许可的全部或一部。

（9）“审批许可证”（licensing），包括行政机关对许可证的允许、延长、拒绝、撤销、暂停、废除、撤回、限制、修改、变更、附加条件等行为。

（10）“制裁”（sanction），包括行政机关下列行为的全部或一部：

（A）禁止、命令、限制、或其他影响个人自由的措施；

（B）拒绝给予救济；

（C）罚款或罚金；

（D）财产的销毁、没收、扣押、留置；

（E）科处损害赔偿金、偿还、恢复原状、补偿、收费、负担、费用（cost，changes，or fees）；

（F）撤销、暂停许可证或规定条件；

（G）采取其他强制性的或限制性的措施。

（11）“救济”，包括行政机关下列行为的全部或一部：

（A）给予金钱、帮助、许可证、权限、免除、例外、特权、补救。

（B）承认请求、权利、特免、特权、免除、例外。

（C）根据个人的申请或请求采取其他对他有利的措施。

（12）“行政程序”（agency proceeding），是指行政机关从事本节第（5）、（7）、（9）款规定的程序。

（13）“行政行为”（agency action），包括行政机关的规则、裁定、许可、制裁、救济或与其相等的行为；以及对它们的拒绝或不行为的全部或一部分。

（14）“单方面接触”，是指未记载在公开的记录中的接触。对这种接触没有在合理的时间以前通知各方当事人。但单方面接触不包括要求对本分章规定的任何事项或程序提出的情况报告。

§552. 公共信息、行政规则、裁决理由、裁定、记录、程序*

（a）每个行政机关必须使公众能够得到下列信息：

* 该节条文也常被称为《信息自由法》（the Freedom of Information Act），1966年制定，后经过多次修订，最近一次修订是《2016年信息自由法改进法》（FOIA Improvement Act of 2016）。Pub. L. 89-554，Sept. 6，1966，80 Stat. 383；Pub. L. 90-23，§1，June 5，1967，81 Stat. 54；Pub. L. 93-502，§§1-3，Nov. 21，1974，88 Stat. 1561-1564；Pub. L. 94-409，§5（b），Sept. 13，1976，90 Stat. 1247；Pub. L. 95-454，title IX，§906（a）（10），Oct. 13，1978，92 Stat. 1225；Pub. L. 98-620，title IV，§402（2），Nov. 8，1984，98 Stat. 3357；Pub. L. 99-570，title I，§§1802，1803，Oct. 27，1986，100 Stat. 3207-48，3207-49；Pub. L. 104-231，§§3-11，Oct. 2，1996，110 Stat. 3049-3054；Pub. L. 107-306，title III，§312，Nov. 27，2002，116 Stat. 2390；Pub. L. 110-175，§§3，4（a），5，6（a）（1），（b）（1），7（a），8-10（a），12，Dec. 31，2007，121 Stat. 2525-2530；Pub. L. 111-83，title V，§564（b），Oct. 28，2009，123 Stat. 2184；Pub. L. 114-185，§2，June 30，2016，130 Stat. 538.

（1）为了指导公众，每个行政机关对下列事项必须在《联邦公报》上及时公布并分别说明：

（A）描述该行政机关的总部和地方机构，以及公众可以在哪些地点，从该行政机关的哪些雇员那里（如果是军职部门［uniformed service］，则为其成员），以何种方式获得信息、对其提出申请，或者获得决定。

（B）各行政机关履行职务和作出决定的一般过程和方法，包括一切正式的和非正式的程序的性质和要求。

（C）程序规则、通用的表格，可以取得表格的地点，并说明各种文书、报告、检查的范围和内容。

（D）行政机关根据法律授权制定的具有普遍适用性的实体性规则，以及行政机关制定和采纳的一般性政策说明和具有普遍适用性的解释。

（E）上述各项的修正、修改和废除。

应在《联邦公报》上公布而未公布的文件，不得以任何方式要求任何人遵守或受到不利的影响，除非该人就文件的内容实际上已及时得到通知。就本款的目的而言，如果经联邦公报办公室主任批准，文件以引用其他文件的方式编入（incorporated reference）《联邦公报》而受该文件影响的人可以合理方式获得时，视为已在《联邦公报》上公布。

（2）每个行政机关必须按照自己制定的规则，以电子化格式提供下列材料供公众查阅：

（A）裁决案件的最终理由，包括附议的意见和反对意见在内，以及裁决令；

（B）该行政机关所采取的未在《联邦公报》上公布的政策声明和解释；

（C）职员手册（staff manuals）和对职员的指示，其中影响公众的部分；

（D）所有记录的副本，而无论该记录属于什么形式或者格式

（i）已经根据本节第（3）款已经向任何人披露的记录；

（ii）（I）因为内容的性质，行政机关已经认定该记录成为或者将会成为众多具有实质相同内容的记录公开申请的对象；或者

（II）已有3次及以上的公开申请将该记录作为对象；以及

（E）分款（D）所述之记录的一般性索引。

上述材料，如果已及时出版并已公开出售时属于例外。对于行政机关在1996年11月1日及之后生成的记录，行政机关应当在记录生成之日起一年内公开，公开方式包括计算机通信，或者，如果行政机关还没有采用计算机通信方式，则采用其他电子方式。为了防止明显地不正当地侵犯个人的隐私权，行政机关在向公众提供记录或出版裁决理由、政策声明、解释、职员手册或指示时，可以在必要的范围内，删除可以用于识别身份的细节。但是行政机关对每项删除，必须以书面详细说明理由，并且在所公开或者出版的记录中说明删除的范围，除非这种说明会损害分节（b）的豁免规定所保护的利益。如果技术上具有可行性，行政机关应当在记录中删除详细身份识别细节之处说明删除的范围。每个行政机关还必须备有一份现行的索引，以电子化格式供公众查阅。该索引应为公众标明自1967年7月4日以后发布的、通过的或颁布的、根据本款规定应对公众提供利用，或必须公开发行的全部文件。每一行政机关应按每季度或在更短的周期内，迅速出版并通过出售或其他方式散布每期的索引及其补编，除非行政机关通过在《联邦公报》上刊登的命令确定没有出版索引的必要性和可能性。在这种情况下，该行政机关仍然应当根据公众的请求，提供该项索引的副本，收取不超过复制该索引的直接成本费。只有在下述情况下，最终的裁决令、裁决的理由、解释、对公众有影响的职员手册或指示，才可以作为行政机关的依据，作为先例援引、使用、以对抗非行政机关的当事人：

（i）上述文件已被编入索引，并按本款的规定提供公众使用或出版。

（ii）或者当事人已就文件的内容得到实际、及时的通知。

(3) 除按本分节第 (1) 和 (2) 两款规定提供公众利用的记录以外，每一行政机关在收到要求提供记录的申请时，必须对任何人迅速提供他所需要的记录，但公众的申请必须：

(A) 合理的说明所需要的记录。

(B) 符合行政机关公布的规则中规定的时间、地点、费用（如果有的话）和应当遵守的程序。

(4) (A) (i) 为了执行本节的规定，每一行政机关应按照通知和收集公众评论程序颁布规则，具体规定处理本节规定的申请的收费表。并且建立程序和指导原则以决定在何时应当减免该项收费。收费的标准必须符合管理和预算局局长按照通告和公众评议程序制定的指南。该指南必须规定适用于所有行政机关的统一收费标准。

(ii) 行政机关制定的此类规章中应当规定：

(I) 当申请记录是用于商业目的时，收费限于文件的检索、复制和审查的合理费用标准。

(II) 当申请记录是由教育性质的，或以科研或学术为目的的非商业性科学机构提出时，或者由新闻媒体的代表 (a representative of the new media) 提出时，收费应限于文件复制的合理费用标准。

(III) 任何申请记录不属于上述第 (I) 分项或者第 (II) 分项的情况时，收费限于文件的检索和复制的合理费用标准。

在本项规定中，“新闻媒体的代表”，是指收集可能与一部分公众有关之信息的个人或者实体，利用其编辑技能将原始材料变成独特作品，并将该作品分发给听众。在本项中，“新闻”(news)，是指有关当下发生的事件或者公众当下关心的事件之信息。新闻媒体的例子包括向一般公众播放的电视或者广播台、期刊的出版者（但是只有在这些实体满足“新闻”传播者之条件时）将其产品公开出售或者供民众订阅或者免费发放。这些例子是不穷尽的。而且，随着新闻投放 (news delivery) 方式（例如通过电信服务传播电子版的报纸）的发展，此类新的媒体应当被视为新闻媒体实体。自由记者应当被视为服务于新闻媒体实体，无论该记者是否实际由该实体雇用。出版合同可以构成此种期待的坚实依据；政府在作出此类决定时也可以考虑申请人过去的发表记录。

(iii) 如果信息的公开是为了公共的利益，因为它可能明显促进公众对政府运行或活动的了解，而不是为了申请者的商业利益时，文件的提供应不收任何费用，或者减少到低于第 (ii) 项中规定的费用。

(iv) 收费表应规定只收检索、复制或审查的直接费用。审查费用只能包括最初阶段审查某一文件所产生的费用。该项审查的目的是决定根据本节的规定，某一文件是否必须公开，以及决定根据本节的规定可以不发表的任何免除公开的部分。审查费用不能包括在处理依本节规定提出的申请过程中，解决可能出现的法律问题或政策问题所引起的费用。在本节的规定下，任何行政机关在下述情况下，不得收取费用：

(I) 如果按常规的方法收款或得到该款的手续，所花的费用等于甚至超过应收的金额，或者

(II) 依第 (ii) 项 (II) 或者 (III) 分项规定提出的申请，最初2小时检索费和最初100页的复制费。

(v) 任何行政机关不能预先收取任何费用，除非申请人以前曾有不按时缴费的记录，或者行政机关决定的费用可能超过250美元。

(vi) 本分款的规定不能代替某一法律对特定类型的记录，按特别规定的收费标准而可以收取的费用。

(vii) 法院对申请人关于本节规定的放弃收费所提起的任何诉讼，应重新审理。但法院对案件的审查应仅限于行政机关的记录。

(viii) (I) 除分项 (II) 规定情形之外，如果行政机关未能遵守第 (6) 款所规定的期限规定，则行政机关不得根据本分款收取任何检索费 (或者根据本分款第 (ii) 项第 (II) 分项规定的复制费)。

(II) (aa) 如果行政机关认定存在特殊情形 (unusual circumstances) (正如第 (6) 款第 (B) 分款所定义的)，并且行政机关已经根据第 (6) 款第 (B) 分款的规定向申请人及时提供书面告知，则分项 (I) 所规定的违反法律规定情形可以宽限 10 日而不予追究。如果行政机关没有遵守所延长的 10 日期限，行政机关不得收取任何检索费 (或者根据本分款第 (ii) 项第 (II) 分项规定的复制费)。

(bb) 如果行政机关认定存在特殊情形，对信息公开申请作出回应涉及信息超过 5 000 页，行政机关可以收取检索费 (或者在本分款第 (ii) 项第 (II) 分项规定的情形下，向申请人收取复制费)，条件是行政机关已经根据第 6 款第 (B) 分款的规定向申请人及时提供书面告知，并且行政机关已经通过书面邮件或者电话 (或者不少于 3 次出于善意而试图) 与申请人讨论申请人如何可以根据第 6 款第 (B) 分款第 (ii) 项的规定限制申请的范围。

(cc) 如果法院认定存在 (如第 6 款第 (C) 分款所作定义的) 例外情形 (exceptional circumstances)，第 (I) 分项的违法行为可以在法院裁定所确定的期限内不予追究。

(B) 原告起诉时，原告居住地、或其主营业所所在地、或行政机关记录所在地的地区法院、或哥伦比亚特区的地区法院有管辖权。法院有权禁止行政机关封锁行政机关的记录，并可责令提供任何不正当地对原告封锁的行政机关的记录。对这类案件，法院应当重新审理，可以对该行政机关记录的内容进行密室审查，以决定该记录或其中任何部分，是否属于本节下面 (b) 分节中规定的任何免除公开的事项，因而可以拒绝公开。行政机关对其行动的正当性应负证明责任。

(C) 不论法律有任何其他规定，被告在收到原告根据本分节提出的任何控诉后 30 天内，必须提出答复或答辩。除非法院基于正当理由，另有其他指示时例外。

(D) (废止，Pub. L. 98-620，title IV，Sec. 402 (2)，Nov. 8，1984，98 Stat. 3357)

(E) 根据本节规定提起的诉讼案件，如果原告已经取得实质性胜诉，法院可以判决联邦政府负担合理的律师费用，以及由案件产生的其他合理的诉讼费用。

(F) 当法院命令对原告提交任何不适当地封锁的行政记录 (agency records)，并判决联邦政府负担合理的律师费和其他诉讼费用时，如果法院另外又作出书面的裁定，指出封锁记录的情况产生行政机关工作人员的封锁行为是否属于武断或者恣意的行为的问题时，特别检察官 (the Special Counsel)* 必须迅速采取行动，以确定对拒绝提供文件负主要责任的官员或职员，是否需要采取纪律制裁，特别检察官在调查和考虑提交的证据以后，必须向有关行政机关的行政当局提出自己的结论和建议，并将该结论和建议的副本送交应负责任的官员或雇员或其代理人。行政当局应采取特别律师建议的整改措施。

(G) 如果发生不服从法院命令的情况，地区法院对负责任的雇员可以科处藐视法庭罪，如果是军职部门，则处罚其负责的成员。

---

* 联邦特别检察官办公室是一家独立行使调查和公诉职能的联邦行政机关，其职能主要来自以下四部法律的授权：《公务员改革法》(the Civil Service Reform Act)、《内部举报人保护法》(the Whistleblower Protection Act)、《Hatch 法》和《军人雇佣和再雇佣权利法》(the Uniformed Services Employment & Reemployment Rights Act)。——译者注

(5) 每个由多名成员组成的行政机关，必须在该行政机关的每次会议中，对每个成员的最后表决制作记录，以供公众查阅。

(6) (A) 每个行政机关收到根据本分节第 (1)、(2)、(3) 款的规定要求提供记录的任何申请时，必须：

(i) 在收到这样申请的20日内（星期六、星期日和法定的节假日除外）决定是否同意这项申请。并应立即通知申请人：

(I) 决定内容及其理由；

(II) 申请人向该行政机关的信息公开联络员（FOIA Public Liaisons）寻求援助的权利；

(III) 当行政机关作出的是对申请人不利的决定时，

(aa) 在行政首长确定的，该不利决定作出之日起不少于90日内的期限之内，申请人向行政机关首长申请复议的权利；

(bb) 申请人向该行政机关的信息公开联络员或者政府信息服务办公室（Office of Government Information Services）寻求纠纷解决服务的权利。

(ii) 行政机关收到这样的复议申请以后，必须在20日内（星期六、星期日和法定的节假日除外）作出决定。在复议时，如果原来拒绝提供记录的决定得到全部或部分的维持，行政机关必须通知复议申请人对该决定可依本分节第 (4) 款的规定申请司法审查。

第 (i) 项所规定的20日期限应当自行政机关的相关机构（the appropriate component）最先收到申请之时起算，但是无论如何不得晚于行政机关根据本节规定以规章指定接收信息公开申请的任何机构首先收到申请之日起10日。行政机关不得中止20日期限的计算，除非——

(I) 行政机关可以向信息公开申请人提出要求，并且在等待此类根据本节规定可以向信息公开申请人合理要求的信息之时中止20日期限的计算；或者

(II) 为了厘清与收费相关的申请人问题的需要。无论属于上述哪种情形，行政机关收到信息公开申请人就行政机关关于提供信息或者说明的要求所作回复后，期限继续计算。

(B) (i) 在本分款规定的特殊情况下，行政机关可以通过向信息公开申请人发送书面通知，延长 (A) (i) 或者 (A) (ii) 规定的期限，说明作为延期理由的特殊情况，以及行政机关的决定预计作出的日期。除了本分款第 (ii) 项所规定情形之外，延长期限的通知书中规定的延长期间不得超过10个工作日，

(ii) 关于根据第 (i) 项发出书面通知以延长根据第 (A) 分款第 (i) 项规定之期限的要求，行政机关应当告知信息公开申请人，它在该项规定的期限内无法处理其信息公开申请，并且为申请人提供机会限制申请范围从而让其申请可以在该期限内得到处理，或者提供机会与行政机关协调处理其申请的其他时间范围或者修改其申请。为了向申请人提供协助，每家行政机关应当向其信息公开联络员，后者应当协助解决申请人与行政机关之间的任何争议，并且告知申请人有权向政府信息服务办公室申请纠纷解决服务。申请人拒绝对其申请进行合理修改或者安排其他时间范围，在确定是否存在第 (C) 分款所规定之特殊情形时应被视为考量因素。

(iii) 如本分款所规定，“特殊情形”限于在适当处理特定申请所合理需要的范围内，即：

(I) 从远离处理该申请的行政机关的地方设施（field facilities）或者其他机构（establishments）处检索和搜集所申请的记录之需要；

(II) 检索、收集和合理检查单一申请中所要求的大量分散和不同的记录；或者

(III) 需要征求与信息公开申请答复之间存在实质利益的其他行政机关之意见，或者该行政机关两个或者两个以上的内设机构与信息公开申请答复存在实质性的事务（subject—matter）利益，需要征求意见。这种协商应当尽快进行。

(iv) 每家行政机关可以通过通告评议程序制定规章，规定对同一申请人提出的若干申请进行合并处理，或者是对共同行动的一组申请人进行合并，如果行政机关有理由相信这些申请事实上构成单一申请，否则将满足本分款所规定的特殊情形，并且这些申请明显涉及相互关联的事项。对于所涉事务不相互关联的多项申请不得合并处理。

(C) (i) 根据本分节第（1）、（2）或（3）款向任何行政机关要求记录的人，在行政机关不遵守本款规定的时间时，视为已经穷尽行政救济。如果行政机关能够证明存在特殊情况，而且正在作出应有的努力以满足申请人的要求，则法院可以保留管辖权，允许行政机关延长时间以完成记录的检查，一旦行政机关决定提供所申请的记录，应将该记录迅速提供给申请人。本分节中拒绝提供记录的任何通知书，必须指明各负责作出决定的人的姓名、职称或职位。

(ii) 就本分款规定而言，“例外情形”（exceptional circumstances）并不包括行政机关因为可以预见的处理本节规定之申请的工作量而造成的迟延，除非行政机关证明在减少所积压的待处理申请数量方面已经取得合理进展。

(iii) 在行政机关向申请人提供合理修改申请范围或者安排其他时间段以处理申请（或经过修改的申请）的机会之后，该申请人拒绝根据第（ii）项规定合理修改申请范围或者安排其他时间段的，在判断是否存在构成本分款规定目的意义的例外情形时，应当将此作为考虑因素。

(D) (i) 每家行政机关可以经过通告评议程序制定规章，规定根据信息公开申请处理涉及的工作和/或者时间，对信息公开申请实施并联处理（multitrack processing）。

(ii) 根据本分款制定的规章可以规定，可以向不符合最快速的多轨处理之条件的信息公开申请人提供限制信息公开申请范围以便满足加快处理速度之条件的机会。

(iii) 本分款不得被视为影响根据第（C）分款规定之尽谨慎义务的要求。

(E) (i) 每家行政机关应当经过通告评议程序制定规章，规定对下列情形加速信息公开申请：

(I) 信息公开申请人证明存在迫切需要时；

(II) 行政机关认定的其他情形。

(ii) 尽管存在第（i）项之规定，根据本分款制定的规章应当确保：

(I) 是否提供加速处理的决定应当在收到信息公开申请之日起 10 日内作出并向申请人提供该决定的通知；

(II) 对于是否提供加速处理之类的决定提出的行政复议申请进行加速审查。

(iii) 行政机关应当尽快处理该行政机关已经根据本分款规定纳入加速处理范围的任何信息公开申请。行政机关根据本分款规定作出拒绝或者重申拒绝加速处理之申请的行为，以及行政机关未能及时对此类申请作出答复的，应当根据第（4）款的规定接受司法审查，但是该司法审查应当基于行政机关作出决定之时的记录。

(iv) 行政机关已经对信息公开申请提供完整答复的，联邦地区法院无权审查行政机关拒绝加速处理信息公开申请的决定。

(v) 根据本分款的制定目的，“迫切需要”（compelling need）是指：

（I）未能根据本款规定以加速程度取得所申请之记录的，可以有理由相信对个人的生命或者人身安全构成紧迫的威胁；或者

（II）关于主要从事信息传播的个人所提出的信息公开申请，迫切需要告知公众联邦政府已经实际作出的或者被指称的行为。

（vi）申请加速处理的个人要证明存在迫切需要，应当由其提供一份声明，证明尽其所知和所信确实存在迫切需要。

（F）在完全或者部分拒绝信息公开申请时，行政机关应当采取合理努力评估所拒绝提供的信息公开涉及事务的数量，并且向申请人提供评估结果，除非此种评估将会损害该拒绝决定所依据的分节（b）之豁免规定所保护的利益。

（7）每家行政机关应当：

（A）建立系统，对需要耗时10日以上处理的每份信息公开申请分配个性化跟踪码（individualized tracking number），为每位信息公开申请人提供其申请所获分配的跟踪码；

（B）建立电话线或者网络服务，供信息公开申请人使用所获分配的跟踪码查询其信息公开申请之处理状态信息，包括——

（i）行政机关最初收到申请的日期；

（ii）行政机关预计对该申请完成处理的日期。

（8）（A）行政机关应当：

（i）只有在下列情形，才能根据本节规定拒绝提供信息

（I）行政机关可以有理由预见披露信息将会损害分节（b）所描述之豁免事项所保护的利益；或者

（II）法律规定禁止披露信息；并且

（ii）（I）行政机关认定不可能全面披露所申请的信息时，都要考虑是否可以部分披露信息；并且

（II）采取必要的合理合并处理和发布非豁免披露的信息；并且

（B）本款内容不要求公开本来法律禁止披露的信息，或者根据分节（b）（3）属于豁免披露的信息。

（b）本节不适用于下述文件：

（1）（A）为了国防或外交政策的利益，根据总统行政命令规定的标准，特别授权保密的文件。并且（B）根据总统行政命令实际上已经定密的文件。

（2）纯属行政机关内部人事规则和习惯的文件。

（3）法律（不包括本编§552b在内）明文规定免除公开的文件。但该项法律必须：

（A）（i）规定文件对公众保密的方式如此严格，以致行政机关对此问题没有裁量权；或者（ii）对应予保密的文件规定特定的标准，或列举应予保密的文件的特定的种类；

（B）如果是在《2009年开放信息自由法》（the Open FOIA Act of 2009）之后制定的，明确引用本款规定。

（4）贸易秘密和从私人处得到的、享受特权保护的或者秘密性的商业或金融信息。

（5）行政机关以外的当事人和行政机关进行诉讼时，在法律上不能向该当事人提供的行政机关内部或行政机关之间的备忘录或函件，但是该审议程序特权（deliberative process privilege）不得适用于生成日期距离该信息公开申请之日25年及以上的记录。

（6）在其公开可能明显地侵犯个人的隐私权的人事的、医疗的和类似的档案。

（7）为执法目的而编制的记录或信息。但只在下述情况之下才可以不公开这类执法的记录或信息：

（A）可以合理预期会干扰执法的程序；

(B) 可能剥夺一个人的公正的审判或公平的裁决；

(C) 可以合理预期构成不正当地侵犯个人的隐私权；

(D) 可以合理预期会暴露秘密的保密来源（confidential source）*，包括州、地方政府、外国的行政机关或者当局，或任何私人组织在秘密的基础上提供信息的情况在内；以及在刑事侦查中，刑事执法机关根据秘密来源编制的记录或信息，或者合法地执行国家安全情报调查的机构由秘密来源所提供的信息；

(E) 可能泄露执法的调查或追诉技术和程序，或者在这项公开可以合理地预期会发生逃避法律的风险时，泄露执法的调查或追诉的行动指南；

(F) 可以合理预期会危害任何人的生命或人身安全。

(8) 负责规制或监督金融机构的行政机关所编制的，代表其编制，或者为了供其使用而编制的检查、业务、或情况的报告。

(9) 关于油井的地质的和地球物理的信息和资料，包括地图在内。

在删除根据本分节规定的豁免公开的部分以后，任何记录的可以合理的分割的部分，应对任何申请人提供。所删除信息的数量，以及删除行为所依据的豁免类型，应当在向申请人提供的该记录的披露部分内容中说明，除非在披露记录时包含该说明将会损害该删除行为依据的本分节之豁免规定所保护的利益。如果技术上可行，所删除信息之数量，删除行为所依据的豁免规定，应当在该记录中删除之处加以标注。

(c) (1) 当一项申请涉及取得本节 (b) (7) (A) 的记录，而且：

(A) 调查（investigation）或处理程序（proceeding）可能涉及违反刑法的行为，以及

(B) 有理由相信：(i) 调查或程序的对象不知道程序正在进行之中，(ii) 有理由预料披露记录的存在会干扰执法的程序。在这种情况存在的期间，而且只能在此期间，行政机关可以认为这些记录不适用本节的规定。

(2) 刑事执法机关用线人（informant）的姓名或个人特征制作的告密记录，被第三者根据线人的姓名或个人特征申请得到这项记录时，行政机关可以认为这些记录不适用本节的规定，除非线人的身份已经被正式承认为线人。

(3) 当被申请的文件涉及联邦调查局保持的关于外国间谍、反间谍或国际恐怖主义的记录，而且这类记录的存在已经按照本节 (b) (1) 的规定属于定密信息（classified information）时，在这项文件仍然属于定密信息期间，联邦调查局可以认为这些记录不适用本节的规定。

(d) 除本节有特别的规定外，本节不允许拒绝或限制对公众提供记录，也不允许对国会拒绝提供信息。

(e) (1) 每年 2 月 1 日或以前，每个行政机关应当向司法部长和政府信息服务办公室（the Office of Government Information Services）主任提交报告，该报告应当涵盖前一财政年度，内容应当包括：

(A) 该行政机关对根据本节 (a) 申请记录，作出拒绝的次数，每次拒绝的理由。

(B) (i) 根据本节 (a) (6) 提出复议申请的人提出复议申请的总次数。复议的结果如何，每次复议中拒绝提供信息的理由。

(ii) 行政机关所依据的授权其根据分节 (b) (3) 拒绝提供信息的所有法律的清单，每项法律被适用的次数，有关行政机关依据各项法律作出拒绝提供信息的决

* 保密来源，是指在得到明示或默示保证匿名情况下向执法机关或媒体提供信息的人。——译者注

定是否得到法院支持的描述，以及对拒绝提供之任何信息的范围所作的准确描述；

（C）前一年度9月30日之前行政机关未处理完毕的信息公开申请数量，以及截至当日，行政机关未处理完毕的此类信息公开申请的处理所用天数的中位数和平均数；

（D）行政机关收到的信息公开申请数量和行政机关已经处理的信息公开申请数量；

（E）根据行政机关收到申请的日期计算，行政机关处理不同类型申请所用天数的中位数；

（F）行政机关从收到申请之日起至作出答复所用天数的平均值，行政机关对这些申请作出答复所用天数的中位数，以及行政机关对这些申请作出答复所用天数的区间；

（G）根据行政机关最初收到每份申请之后已经经过的工作日（business days）的天数——

（i）在20日以内，依次增加20日，直至200日以内，得到行政机关答复的信息公开申请数量；

（ii）在大于200日，小于301日的时间范围内，得到行政机关答复的信息公开申请数量；

（iii）在大于300日，小于401日的时间范围内，得到行政机关答复的信息公开申请数量；

（iv）在大于400日的时间范围内，得到行政机关答复的信息公开申请数量。

（H）自信息公开申请最初提交之日起算至行政机关提供所准许信息经过的天数之平均数、中位数和区间；

（I）自行政机关最初收到复议申请之日起至行政机关对行政复议作出答复所用天数的中位数和平均数，行政机关对行政复议作出答复所用的最长天数和最短天数；

（J）每个行政机关未处理完毕的信息公开申请中，提交日期最早的10项申请有关的数据，包括每项申请自行政机关最初收到之日起经过的天数；

（K）截至前一年度9月30日，每个行政机关未处理完毕的行政复议申请中，提交日期最早的10项申请有关的数据，包括自行政机关最初收到这些申请之日起经过的工作日天数；

（L）行政机关同意或者拒绝的加速审查申请的数量，对加速审查申请作出裁决所用天数的平均数和中位数，以及在所要求的10日内作出裁决的加速审查申请的数量；

（M）行政机关同意或者拒绝的费用免除申请的数量，以及对费用免除决定作出裁决所用天数的平均数和中位数；

（N）行政机关因为处理这些申请而收取的费用总数；

（O）行政机关负责处理根据本节规定提出的信息公开申请的全职工作人员的数量，行政机关因为处理这些申请而耗费的开支总数；

（P）行政机关根据分节（c）的规定拒绝信息公开申请的次数；

（Q）根据分节（a）（2）的规定以电子化格式提供公众查阅的记录的数量。

（2）根据第（1）款提交的每份报告，其中的信息应当分别以行政机关主要组成单位和行政机关整体表示。

（3）每个行政机关应当以电子化格式将每份此类报告开放公众查阅。此外，每个行政机关应当以电子化格式及时将每份报告中所使用的原始统计数据开放公众查阅，并且满足下列要求：

（A）不附加收费、许可或者登记要求；

（B）采用合并、可检索的格式；

（C）采用可以批量下载的格式。

（4）司法部长应当允许公众在一个电子查阅点（electronic access point）以电子化手

段查阅每份报告。司法部长应当在报告发布当年不晚于3月1日将这些报告已经以电子化手段提供查阅的情况告知众议院监督与政府改革委员会（the Committee on Oversight and Government Reform of the House of Representatives）主席和少数党首席议员（ranking minority member）和参议院国土安全和政府事务委员会（the Committee on Homeland Security and Governmental Affairs）、司法委员会（the Committee on the Judiciary）的主席和少数党首席议员。

（5）司法部长应当在1997年10月1日之前，经征求管理和预算局局长意见，制定与本分节所要求的报告有关的报告和履行指南，并且可以针对这些报告制定司法部长认为有用的其他要求。

（6）

（A）司法部长应当在每年3月1日或者之前向众议院监督和政府改革委员会、参议院司法委员会和总统报告，该报告涵盖前一日历年度，应当包括以下内容：

（i）因为本节规定发生的案件数量的目录；

（ii）涉及下列内容的目录——

（I）在因为本节规定发生的每起案件中涉及的每项分节规定，以及如果适用的话，任何豁免规定；

（II）因为本节规定发生的每起案件的处理结果；

（III）根据分节（a）（4）之分款（E），（F）和（G）的规定而核定的费用、收费和罚款；

（iii）司法部为鼓励行政机关遵守本节规定所采取工作的描述。

（B）司法部长应当——

（i）以电子化格式向公众开放查阅行政机关根据分款（A）提交的每份报告；

（ii）向公众开放查阅行政机关根据分款（A）提交的每份报告中所使用的原始统计数据，并且满足下列要求——

（I）不附加收费、许可或者登记要求；

（II）采用合并、可检索的格式；

（III）采用可以批量下载的格式。

（f）就本节的目的而言，

（1）本编§551所界定的“行政机关”一词，包括行政各部、军事部门、政府公司、政府控制的公司、政府行政部门所属的其他机构（包括总统办公机构），以及任何独立规制机关。

（2）本节所使用的“记录”（record）和任何其他与信息有关的术语包括——

（A）由行政机关以包括电子化格式在内的任何格式保存的，需要遵守本节规定之要求，将会构成行政记录（agency record）的任何信息；以及

（B）分款（A）所描述的，由一实体机构根据政府合同，为了记录管理（records management）的目的而为行政机关保存的任何信息。

（g）每家行政机关的首长应当以电子化格式制作和开放公众查阅向行政机关申请提供记录或者信息的参考资料或者指南，但是需要遵守分节（b）的豁免规定，这些参考资料和指南包括——

（1）行政机关所有重要信息系统的目录；

（2）对行政机关所维护的重要信息和记录查询系统（locator systems）的描述；

（3）根据《美国法典》第44编第35章以及本节之规定，从行政机关获取不同类型信息的手册。

(h)

(1) 在国家档案和记录管理局(the National Archives and Records Administration)内设立政府信息服务办公室。该办公室的首长为主任。

(2) 政府信息服务办公室应当:

(A) 审查行政机关根据本节规定制定的政策和程序;

(B) 审查行政机关遵守本节规定的情况;

(C) 确定改进本节规定之合规的程序和方法。

(3) 政府信息服务办公室应当提供调解服务(mediation services),解决根据本节提出信息公开申请的个人和行政机关之间的争议,将此作为诉讼的非排他性的替代方式,并且可以自行裁量决定或者根据争议任何一方的申请发布咨询意见。

(4)(A) 政府信息服务办公室主任应当每年至少一次向众议院监督和政府改革委员会、参议院司法委员会和总统提交——

(i) 根据第(2)款规定审查和确定的信息的事实认定的报告;

(ii) 根据第(3)款对政府信息服务办公室的活动所作的总结,包括——

(I) 所发布的任何咨询意见;

(II) 每个行政机关在政府信息服务办公室或者信息公开联络员的协助下实施争议解决的次数;

(iii) 如果有的话,为了改进本节实施而提出的立法或者规章制定建议。

(B) 政府信息服务办公室主任应当以电子化格式将根据分款(A)提交的每份报告开放公众查阅。

(C) 政府信息服务办公室主任在向国会及其任何委员会或者小组委员会提交任何报告、建议、证言或者评议意见之前,如果提交的这些材料中包含一份说明,表明其中包含的是主任的观点,并不必然代表总统的观点,并不需要获得联邦政府任何官员或者行政机关,包括司法部、国家档案和记录管理局局长、管理和预算局局长的事先批准,或者接受评论或者审查。

(5) 政府信息服务办公室主任可以直接向国会和总统提交他认为合适的其他信息。

(6) 政府信息服务办公室主任应当至少每年一次就该办公室所作的审查和报告举行向公众开放的会议,并且应当允许利害关系人出席会议、发表口头或者书面陈述。

(i) 政府问责局(the Government Accountability Office)应当对行政机关实施本节规定的情况进行审计,并且发布报告详细说明审计的结果。

(j)(1) 每个行政机关应当指定一位首席信息公开官员(Chief FOIA Officer),担任此职者应当是该行政机关的高级官员(助理部长或者与之相当的水平)。

(2) 每个行政机关的首席信息公开官应当,按照行政机关首长的授权——

(A) 负责确保整个行政机关有效和合理遵守本节的规定;

(B) 监督整个行政机关实施本节的规定,确保行政首长、行政机关的首席法律官员和司法部长合理知晓行政机关实施本节规定的绩效;

(C) 在改进实施本节规定所需要时,向行政首长就行政实践、政策、人事和资金筹集提出调整建议;

(D) 根据司法部长要求的时间和格式,就行政机关实施本节规定的情况进行审查并且通过行政首长向司法部长报告;

(E) 通过在行政机关根据分节(g)发布的手册和行政机关有关本节规定的年度报告中加入对豁免规定的准确描述,以及在必要时,对适用这些豁免规定的特定的一般类型的行政机关的记录提供一份概述,促进公众理解本节之法定豁免的目的;

(F) 向行政机关的工作人员就本节规定的职责提供培训;

(G) 作为行政机关主要联络员,与(国家档案和记录管理局)政府信息服务办公室和(司法部)信息政策办公室(Office of Information Policy)联系工作;

(H) 指定一位或者多位信息公开联络员。

(3) 每个行政机关的首席信息公开官员应当每年至少一次审查行政机关实施本节规定的各个方面的情况,包括下列情况,以确保行政机关符合本节规定的要求——

(A) 行政机关的规章;

(B) 根据分节(a)第(2)和(8)款的规定披露相关记录;

(C) 费用的核算和免收费用的资格认定;

(D) 根据本节规定及时处理信息公开申请;

(E) 分节(b)规定豁免条款的适用;

(F) 在政府信息服务办公室或者信息公开联络员的协助下提供的纠纷解决服务。

(k)(1) 在政府行政分支内设立首席信息公开官员委员会(the Chief FOIA Officers Council)。

(2) 首席信息公开官员委员会由下列成员构成:

(A) 管理和预算局分管管理(management)的常务副局长。

(B) 司法部信息政策办公室主任。

(C) 政府信息服务办公室主任。

(D) 每个行政机关的首席信息公开官员(Chief FOIA Officer)。

(E) 由联席主席指定的联邦政府任何其他官员或雇员。

(3) 司法部信息政策办公室主任、政府信息服务办公室主任应当担任首席信息公开官员委员会的联席主席。

(4) 总务局局长应当为首席信息公开官员委员会提供行政等支持。

(5)(A) 首席信息公开官员委员会应当承担下列职责:

(i) 提出建议,改进本节的合规和效率情况。

(ii) 传播行政机关经验、观念、最佳实践和与本节规定有关的创新路径等信息。

(iii) 查找、制定和协调改进透明度和本节规定之合规情况的计划。

(iv) 促进制定行政机关共同适用的、促进符合本节规定的绩效措施(common performance measures),并加以运用。

(B) 在履行分款(A)所描述的各项职责时,首席信息公开官员委员会应当定期征求根据本节规定提出申请的公众的意见。

(6)

(A) 首席信息公开官员委员会应当定期举行会议,此类会议应当向公众开放,除非该委员会认为基于国家安全理由需要或者为了讨论根据分节(b)豁免公开的信息的需要而决定举行闭门会议。

(B) 首席信息公开官员委员会应当每年至少一次举行向公众开放的会议,允许利害关系人参加、向该委员会发表口头或者书面陈述。

(C) 首席信息公开官员委员会召开会议之前,应当提前至少 10 日在《联邦公报》上刊登会议通知。

(D) 除分节(b)规定情形之外,向首席信息公开官员委员会公开的,为该委员会制作或者由该委员会制作的记录(records)、报告(reports)、会议记录(transcripts)、会议纪要(minutes)、附录(appendices)、工作文件(working papers)、草稿(drafts)、研究报告(studies)、议程或者其他文档,应当向公众公开。

(E) 首席信息公开官员委员会每次会议应当保存详细的会议纪要,其中应当包含出席人员的记录，对讨论事项、达成结论的详细和准确描述，以及由该委员会收到、发布或者批准的所有报告的复本。如有必要，应对会议纪要进行编辑并对外公开。

(l) 信息公开联络员应当向所在行政机关的首席信息公开官员报告工作，并且应当作为监督官员，根据本节规定提出信息公开申请者可以在收到信息公开申请人服务中心（the FOIA Requester Center）的初步回复之后，向信息公开联络员提出自己从信息公开申请人服务中心获得的服务有关的关切。信息公开联络员应当负责协助减少迟延，提高透明度和申请人对其申请所处状态的了解程度，协助纠纷的解决。

(m)（1）管理和预算局局长，经征求司法部长的意见，应当确保一个综合的在线申请门户网站的运行，该网站应当允许公众在一个网站上根据分节（a）的规定向任何行政机关提出获取记录的申请。该门户网站可以包括管理和预算局局长认为可以改进本节实施的任何其他工具。

(2) 本分节之规定不得被解释为改变任何其他行政机关创建或者维护一个独立的在线提交获取记录之申请的门户网站的权力。管理和预算局局长应当制定适用于第（1）款规定要求的门户网站和行政机关根据本节规定所使用的其他申请之处理软件的互操作性（interoperability）标准。

§552a. 行政机关保留的有关个人的记录*

(a) 定义

本节所称——

(1) 行政机关，是指本编§552（e）所规定的行政机关。

(2) 个人，是指合众国的公民或合法获准永久居留的外国人。

(3) 保管，是包括保管、收集、使用或传播。

(4) 档案（record)，是指由某行政机关保管的有关个人情况的单项、集合或组合，包括但不限于其教育背景、金融交易、医疗病史、犯罪前科、工作履历及其姓名、身份号码、代号或其他特属于该个人的身份标记，如指纹、声纹或照片。

(5) 档案系统，是指由任何机关控制的档案组合，根据某人的姓名、身份号码、代号或其他特属于该个人的身份标记，便可从该组合中查到有关的信息。

(6) 统计档案，是指仅为统计研究或报告之目的建立的档案系统中的档案，其整体或部分均不得用于确定个人身份，但《美国法典》第13编§8规定的情况除外。

(7) 常规用途，是在涉及提供档案材料时指使用该档案的目的与收集该档案的目的相一致。

(8) 匹配程序（matching program)，是指——

(A) 计算机化的有关下列内容的匹配：

(i) 两个以上的自动化档案系统的匹配，或者一个档案系统与非联邦档案的匹配，其目的是——

(I) 确认或核实依据联邦福利项目而提供服务或支付现金或实物等福利项目的申请人、领受人、受益人或参加人的合格性或者符合法律或规章要求的持续性，或

(II) 根据这种联邦福利项目而扣除的应付款和欠款；

(ii) 两个以上自动化联邦人事或薪金档案系统的匹配，或者一个联邦人事或薪金档案系统与非联邦档案的匹配。

---

* 该节也常被称为《1974年隐私法》(the Privacy Act of 1974)，后经多次修订。此处译文参考了周汉华主编：《域外个人数据保护法汇编》，北京，法律出版社，2006。原译者不详。为行文统一，译者在原译文基础上作了适当修改，并根据法律修订情况进行了必要更新。

(B) 但是不包括——

(i) 为得出无任何人身识别标记 (personal identifiers) 的集合性统计数据而进行的匹配;

(ii) 为支持任何其所获数据不会用于特定个人的权利、福利或特权 (privileges) 之裁定的研究或统计项目而进行的匹配;

(iii) 由一个主要职能与刑事执法有关的机关 (或其下级部门), 在开展刑事或民事执法调查之后为收集针对某人或某些人的证据而进行的匹配;

(iv) 有关税务信息的匹配——

(I) 依据《1986 年国内税收法典》§6103 (d) 之规定的;

(II) 为了该法 §6103 (b) (4) 所规定之税务管理的;

(III) 为了依据《社会保障法》§404 (e)、§464 或 §1137 所赋予的权利而截留应返还某个人之税金的;

(IV) 为了依据其他法律授权之税金返还截留程序而截留应返还某个人之税金的, 而且这种法定程序已由管理和预算局局长确认包含有在实质上相似于《社会保障法》§1137 规定之程序中的核查、通知和听证等要求。

(v) 下列匹配:

(I) 使用主要涉及联邦政府工作人员之档案而进行的, 而且这种使用是为了日常行政管理之目的 (要遵守管理和预算局局长依据分节 (v) 制定的指导方针);

(II) 由行政机关使用本行政机关保管的档案系统中的材料而进行的; 如果这匹配的目的不是为了采取任何不利于联邦政府工作人员的财政性、人事性、纪律性或其他对抗性行动的话; 或

(vi) 为对外反间谍目的而进行的匹配, 或者为联邦政府或联邦政府承包商的工作人员的安全背景审查 (security clearance) 而进行的匹配。

(vii) 为了实施《1986 年国内税收法典》(the Internal Revenue Code of 1986) 6103 (k) (8) 所描述的征收 (levy) 而附随进行的匹配;

(viii) 根据《社会保障法》§202 (x) (3) 或者 §1611 (e) (1) (42 U. S. C. 402 (x) (3), 1382 (e) (1)) 的规定而实施的匹配;

(ix) 卫生和社会服务部部长或者该部总监察长为了调查可能存在的欺诈、浪费或者滥用而实施的匹配, 包括将档案系统 (system of records) 与非联邦政府的档案 (non—Federal records) 进行匹配;

(x) 根据《2014 年获得更佳生活体验法》(the Achieving a Better Life Experience Act of 2014) §3 (d) (4) 而实施的匹配。

(9) "接受行政机关" (recipient agency) 指为在匹配程序中使用而从来源行政机关的档案系统中获得档案材料的行政机关或其承包商。

(10) "非联邦行政机关" (non-Fedral agency) 指为在匹配程序中使用而从来源行政机关的档案系统中获得档案材料的州政府或地方政府及其所属的行政机关。

(11) "来源行政机关" (source agency) 指为在匹配程序中使用而提供档案材料的联邦行政机关, 或者州或地方政府及其所属的行政机关。

(12) "联邦福利项目" (Fedral benefit program) 指由联邦政府或代表联邦政府的行政机关或州政府管理或出资的, 以向个人发放钱款、补助、贷款或贷款担保等形式提供金钱或实物援助的项目。

(13) "联邦政府工作人员 (Federal personnel)" 指联邦政府的官员和雇员, 军职部

门的成员（包括预备役部队的成员），以及根据联邦政府的任何退休计划有权得到一次性或分期性退休津贴（包括遗属津贴）的人。

（b）披露的条件

任何行政机关都不得以任何方式向任何个人或其他机关披露其档案系统中的任何材料，除非有该档案内容相关者的书面申请或事前的书面同意为根据，但以下情况除外：

（1）档案材料的提供对象就是保管该档案之行政机关的官员或雇员，而且其需要在行使职责过程中使用该档案材料。

（2）根据本编§552所提出的查档要求。

（3）提供档案材料的目的是用于本节（a）（7）界定并由本节（e）（4）（D）规定的日常工作。

（4）提供档案材料是供人口普查局计划或实施人口普查或调查，或者第13编所规定的其他有关活动。

（5）档案材料的提供对象已事先恰当地以书面形式向该机关保证，这些材料将完全用作统计研究或报告的根据，而且这些材料在使用中将转化为无法确认个人身份的形式。

（6）档案材料是因其具有很高历史价值或其他价值，有必要由联邦政府继续保存而提供给国家档案和记录管理局保存的，或者是送交国家档案馆馆长或其指定的人进行鉴定，以确定其是否具有上述价值的。

（7）档案材料是提供给其他行政机关或者联邦政府控制下或管辖内的政府司法机构，以便其完成一项有法律授权的民事或刑事执法活动，而且该行政机关或机构的首长应事先以书面形式向保管其执法活动所需之档案材料的行政机关提出申请。

（8）档案材料是根据对某个人的健康或安全有影响的紧急情况的证明而提供给某人的，如果告知可以通过此提供行为转达该个人最后的已知地址的话。

（9）档案材料是提供给参议院或众议院，或者根据管辖权范围提供给其委员会或下属小组，或国会两院的联合委员会或下属小组。

（10）档案材料是提供给总审计长或其授权的代表以便行使审计总局（General Accounting Office）* 的职责。

（11）档案材料的提供是遵照具有管辖权之法院所发布的命令。

（12）档案材料是依照第31编§3711（e）的规定提供给某个消费者征信机构（consumer reporting agency）。

（c）提供档案材料的记录

每个行政机关都应根据其管理之档案系统的情况而——

（1）准确记录下列情况，但依据本节（b）（1）或（b）（2）之规定提供的档案材料除外：

（A）每次依据本节（b）规定向任何人或其他机关提供档案材料的日期、性质和目的；

（B）授受档案材料的人或行政机关的名称和地址。

（2）依本分节第（1）款所作的记录应在提供该档案材料后保存至少5年，或者按该档案的有效年限保存，如果后者长于5年的话。

（3）除根据本节（b）（7）项规定提供档案材料外，都应在档案所涉个人要求时允许其得到按本款第（1）项规定制作的记录。

---

* 2004年更名为政府问责局（Government Accountability Office）。——译者注

(4) 如果已就提供给某人或其他行政机关的档案制作了记录，则应将本行政机关按本节第 4 款规定就该档案中争议问题所作的更正或注释通知该个人或行政机关。

(d) 查阅档案材料的权利

每个保管档案系统的行政机关都应——

(1) 根据任何人提出的使用档案或档案系统中与其有关之材料的要求，允许其查阅该档案并获得以其能理解之形式制作的该档案材料的全部或部分的副本，而且应根据其要求允许其选定 1 人作为陪同，但该行政机关可以要求该个人提供 1 份书面声明，允许在该陪同人在场时讨论其档案内容。

(2) 允许该个人要求修改与其有关的档案内容，并且——

(A) 在收到这种要求之后的 10 天（不包括星期六、星期日和法定假日）内以书面形式告知已收到；

(B) 立即采取下列两种行动之一：

(i) 对档案中该个人认为不准确、不相关、不适时或不完全的部分进行修改；或

(ii) 将不能按其要求修改档案内容的决定及其理由通知该个人，并告知本行政机关所规定的由当事人要求行政机关首长或其指定的官员对此决定进行审查的程序，以及该被指定官员的姓名和办公地址。

(3) 对行政机关拒绝就其要求修改档案内容的决定，允许持异议的个人审查该决定，而且应在收到这种要求之后的 30 天（不包括星期六、星期日和法定假日）内完成审查并作出最终裁定，只有存在正当理由时该行政机关首长才可以延长这 30 天的期限；如果审查官员在审查后仍拒绝按要求修改档案内容，应允许该个人向行政机关提交 1 份简要陈述其不同意行政决定理由的声明，并通知该个人依据本节（g）（1）（A）对行政复议决定进行司法审查的有关规定。

(4) 在该个人已依据本分节第（3）款规定向行政机关提交陈述其异议的声明之后，该行政机关在向任何个人或其他行政机关提供包含该个人持异议内容的档案时，应注明此争议之处并提供该个人声明之副本，如该行政机关认为合适还可以提供其未按当事人要求修改之简要理由陈述的副本。

(5) 本节规定并不给予个人使用那些为合理预见之民事诉讼而收集的信息材料的权利。

(e) 行政机关的要求

每个保管档案系统的行政机关都应——

(1) 仅在其档案中保存那些与完成由法律或总统行政命令要求其完成的任务有关而且必需的信息材料。

(2) 在收集的信息材料可能导致有关个人依联邦计划所获的权利、救济和特许权受到不利决定影响时，在实际情况允许的最大限度内直接向该个人了解情况。

(3) 在其用于收集信息的表格或其他可以由个人保存的表格上向每个被其要求提供信息的人通知下列情况：

(A) 收集这种信息和决定是否提供这种信息的权力（由法律或总统行政命令所授予的）是强制性的还是自愿性的；

(B) 准备使用这些信息的主要目的；

(C) 如依照本分节（4）（D）所公布的，这些信息的可能性常规用途；

(D) 不按要求提供全部或部分信息会给其带来的后果，如果有的话。

(4) 按照本分节第（11）款的规定在《联邦公报》上公布确定或修改有关档案系统的存在和性质的通知，该通知应包括——

(A) 该系统的名称和地点；

(B) 该系统中档案所涉及的人的种类；

(C) 该系统所保存的档案材料的种类；

(D) 该系统中档案的各种常规用途，包括使用者的种类和使用的目的；

(E) 与该档案的储存、可修改性、使用权控制、保留和处理等有关的行政机关的政策和做法；

(F) 行政机关中负责该档案系统的官员的职务和办公地址；

(G) 个人可据以要求获知该档案系统是否包括有关他的档案材料的行政程序；

(H) 个人可据以要求获知他如何才能查阅该档案系统中与其有关的档案材料及对档案内容提出异议的行政程序；

(I) 该系统中档案材料来源的种类。

(5) 保存该行政机关在作出有关任何个人的决定时使用的档案材料，而且要符合保证决定公正所合理需要的准确性、相关性、适时性和完整性。

(6) 除依照本节 (b) (2) 规定之传播外，在将任何有关个人的档案材料传播给非本行政机关的对象之前，应尽合理之努力保证这些档案材料对行政机关的目的来说是准确的、完全的、适时的和相关的。

(7) 除非有法律或与该档案有关者的明确授权，或者属于授权性执法活动的适当范围之内，不得保存任何记述个人如何行使《联邦宪法》第一修正案所保障之权利的档案材料。

(8) 在依据强制性法律程序而且这种程序成为公共档案问题的情况下，向任何人提供有关某人的档案材料时，应尽合理之努力通知与该档案相关的个人。

(9) 制定有关设计、开发、运转、保管档案系统，或者保管档案材料的人的行为规则，并指导他们了解这些规则及本节的规定，包括其他任何依照本节规定适用的规则、程序及对违反者的罚则。

(10) 制定适当的管理性、技术性和物理性防护措施，以保证档案材料的安全和机密性，并防范任何对档案材料的安全或完整的可预见的威胁或危险，而且这种威胁或危险可能使与该档案材料有关的个人受到实际伤害或感到窘迫、不便或不公正。

(11) 在本分节 (4) (D) 所规定之通告前至少 30 天，在《联邦公报》上公布有关本系统中档案材料的新用途或预定用途的通知，而且应给利害关系人向该行政机关提交书面的资料、观点或不同意见的机会。

(12) 如果该行政机关是与非联邦行政机关组成之匹配程序中的接受行政机关或提供行政机关，而且所涉及的是一项匹配程序的制定或修改问题，则应在此程序开始运转之前的至少 30 天，在《联邦公报》上公布有关该制定或修改的通知。

(f) 行政规则

为实施本节之规定，每个保管档案系统的行政机关都应颁布符合本编 § 553 所要求 (包括一般性通告) 的规则，它应——

(1) 确立个人可据以要求获知该档案系统中是否包括与其有关之档案材料的程序。

(2) 限定该行政机关在向申请人提供其档案或与其有关的档案材料之前，确认其身份的合理时间、地点和要求。

(3) 确立向申请人提供其档案或与其有关的档案材料的程序，包括在必要时向个人提供其医疗档案及与其有关的心理学档案的特别程序。

(4) 确立对个人提出的修改其档案或与其有关的档案材料的要求进行审查的程序、就上述要求作出决定的程序、对拒绝修改的决定在行政机关内提出申诉的程序，以及为保障个人充分行使其依本节规定所应具有的权利而采取其他措施的程序。

(5) 确定向个人收取复制档案材料费的标准，如果需要收费的话，但不包括检索和审查档案材料的费用。

联邦公报办公室应当每两年汇编并公布依本款颁布的规则和依本分节（e）（4）公布的行政通告，其形式可使公众以较低的费用获得。

(g)（1）民事救济

每当任何行政机关——

(A) 依据本节（d）（3）决定不按个人要求修改其档案内容或未能依照该款规定进行审查时；

(B) 拒绝满足个人依据本节（d）（1）提出的要求时；

(C) 未能在根据与个人有关之档案内容决定该个人的资格、身份、权利、机会或救济等问题上确保公正所必须的准确性、相关性、适时性和完整性，而且导致了对该个人不利的决定时；

(D) 未能遵循本节的其他规定及据此制定的任何规章并对个人产生不利影响时；

该个人可以对该行政机关提起民事诉讼，而联邦地区法院应有权审理与本款规定有关的案件。

(2)（A）在依据本节（g）（1）（A）提起之诉讼中，法院可以命令该行政机关按该个人的要求或法院指示的其他方式修改其档案。在此类案件中，法院应重新审理。

(B) 在申诉人依本项规定获得实质性胜诉的案件中，法院可以要求联邦政府支付合理的律师费及其他诉讼费用。

(3)（A）在依据本节（g）（1）（B）提起之诉讼中，法院可以命令该行政机关停止对档案材料的封锁，并命令其将不正当封锁之档案材料提供给申诉人。在此类案件中，法院应重新审理，并得秘密检查该行政档案的内容，以确定该档案或其中任何部分是否属于本节（k）中规定的可不予公开的情况，而且该机关具有支持其诉讼主张的举证责任。

(B) 在申诉人依本项规定获得实质性胜诉的案件中，法院可以要求联邦政府支付合理的律师费及其他诉讼费用。

(4) 在依据本节（g）（1）（C）或（D）提起之诉讼中，如法院裁定该行政机关的行为是有意的或故意的，则联邦政府应负责向该个人支付相当于下列数额的款项：

(A) 由该个人证明的作为该行政机关拒绝或未能提供档案材料之后果的实际损失数额，但在任何案件中，有权获得赔偿者收到的金额不得少于 1 000 美元；

(B) 由法院确认的合理的律师费及其他诉讼费用之和。

(5) 要求执行依本节所确定的赔偿责任之诉讼可以在起诉人居住地或主要办公地、或该行政机关档案所在地、或哥伦比亚特区的联邦地区法院提起；无论争议数额大小，起诉人应在该诉讼事由产生之日后的 2 年内提起诉讼；但是在该行政机关实际上故意向依本节申请的个人提供错误的档案材料，而且这错误足以确立该行政机关依本节应对该个人承担赔偿责任的情况下，该个人则可以在其发现此错误后的 2 年内提起诉讼。本节之规定均不授权个人就 1975 年 9 月 27 日以前的提供档案材料行为所造成之损害提起民事诉讼。

(h) 合法监护人的权利

为实现本节之目的，任何未成年人的父母或者任何因其身体残疾或精神疾患或年龄而被具有管辖权的法院宣布为无行为能力之个人的合法监护人，可以代表该个人行事。

(i)（1）刑事处罚

任何由其工作或职务性质所决定，可以掌握或使用那些被本节或依据本节制定之规则或规章禁止泄露的包括个人识别信息之行政档案，而且明知泄露这种档案材料乃被禁止之行为的行政机关官员或雇员，如以任何方式向任何无权获得之个人或行政机关泄露上述材料，则应被判为轻罪并处以5 000美元以下的罚金。

（2）任何行政机关的官员或雇员如故意不按本节（e）（4）规定之通知要求保管档案系统，则应被判为轻罪并处以5 000美元以下的罚金。

（3）任何人明知且故意以虚假身份向某行政机关申请得到或得到有关个人的档案材料，应被判为轻罪并处以5 000美元以下的罚金。

（j）一般例外

任何行政机关的首长可以按照本编§553（b）（1）—（3），（c）和（e）的规定（包括一般通告）颁布规章，使该行政机关的档案系统免受本节中除（b），（c）（1）—（2），（e）（4）（A）—（F），（e）（6）、（7）、（9）、（10）、（11）和（i）以外任何规定的调整；如果该档案系统是——

（1）由中央情报局保管的，或

（2）由主要职能与实施刑事法律有关的行政机关或其下属部门保管的，这种职能活动包括警察预防、控制、减少犯罪及逮捕罪犯活动，检察官、法官、矫正官员、缓刑官员、特赦官员及假释官员的活动，以及与下述信息有关的活动：

（A）为认定刑事犯罪人或被控犯罪人而收集的信息，或者仅由用于缉捕的人身识别标记和资料、犯罪指控的性质和处理、判刑、监禁、释放、假释和缓刑身份等构成的信息；

（B）为刑事调查而收集的信息，包括线人和侦查员的报告，而且这些信息都可以确认个人身份；

（C）在从逮捕或起诉至释放的刑事司法过程的任何阶段上收集的，而且可以确认个人身份的报告。

行政机关在按本款规定颁布规则时，应在依本编§553（c）规定公布之声明中包括该档案系统免受本节规定调整的理由。

（k）特定豁免

任何行政机关的首长可以按照本编§553（b）（1）、（2）、（3），（c）和（e）的规定（包括一般通告）颁布规章，使该行政机关的档案系统免受本节（c）（3），（d），（e）（1），（e）（4）（G）、（H）、（I）和（f）之规定的调整，如果该档案系统是——

（1）属于本编§552（b）（1）规定范围之内的。

（2）为执法目的收集的而且不属于本节（j）（2）规定范围之内的调查材料，但是，如果保存这种材料的结果使任何个人被剥夺了他本来依联邦法律有权获得或在其他情况下有资格获得的权利、特许权或救济，则应向该个人提供这些材料，除非提供这种材料会暴露向政府提供信息者的身份，而且政府曾明确许诺将为提供信息者保密，或者在本节生效之日以前，政府曾表示将为提供信息者保密。

（3）与向美国总统或者第18编§3056规定的其他个人提供保安服务相关联的。

（4）由法律规定完全作为统计资料而保存和使用的。

（5）完全属于为联邦雇用职员、军队服役、联邦合同或使用已定密信息（classified information）等确定合适性、适宜性或合格性而收集的调查材料，但其条件是提供这种材料会暴露向政府提供信息者的身份，而且政府曾明确许诺将为提供信息者保密，或者在本节生效之日以前，政府曾表示将为提供信息者保密。

（6）完全属于为联邦机构的任命或晋升确认个人资格而使用的考试材料，而且这种材料的泄露会危及该考试过程的客观性或公正性。

（7）为武装部队中人员晋升确认可能性的评价材料，但其条件是提供这种材料会暴露向政府提供信息者的身份，而且政府曾明确许诺将为提供信息者保密，或者在本节生效之日以前，政府曾表示将为提供信息者保密。

行政机关在按本款规定颁布规则时，应在依本编 § 553（c）规定公布之声明中包括该档案系统免受本节规定调整的理由。

（l）档案馆的档案

（1）凡是由国家档案馆馆长为按照第 44 编 § 3103 规定进行存放、处理和维修而接受的行政档案，在本节所涉范围内均应视为由该送存机关保管的档案，并应受本节规定的调整。该国家档案馆馆长不得泄露该档案的内容，除非对象是保管该档案的行政机关或者是该行政机关的规则所允许的，而且该规则不违背本节规定之原则。

（2）凡是在本节生效之日以前，因其具有很高的历史价值或其他价值而有必要由合众国政府继续保存并移送国家档案馆的，涉及可确认身份之个人的行政档案，在本节所涉范围内均应视为由国家档案馆保管的档案，而且不受本节规定之调整，但是应在《联邦公报》上公布有关该档案的一般描述性声明［参照本节（e）（4）（A）—（G）所规定的档案有关的要求］。

（3）凡是在本节生效之日或之后，因其具有很高的历史价值或其他价值而有必要由合众国政府继续保存并移送国家档案馆的，涉及可确认身份之个人的行政档案，在本节所涉范围内均应视为由国家档案馆保管的档案，而且应免受本节除（e）（4）（A）—（G）和（e）（9）以外任何规定的调整。

（m）政府承包商

（1）当行政机关通过合同委托他人管理或代管该行政机关的档案系统以行使该机关的职责时，该行政机关应在其职权范围内促使本节之规定适用于该系统。在本节第（i）分节所涉范围内，如这种合同是在本节生效之日或之后签订的，则该承包商及其雇员都应视为该行政机关的雇员。

（2）依据第 31 编 § 3711（f）接受档案材料的消费者征信机构，不得被视为本节所称之承包商。

（n）通信名单（mailing lists）

除法律特别授权外，行政机关不得出售或出租个人的姓名和地址。本规定不得被解释为禁止透露在其他情况下允许公开的姓名和地址。

（o）匹配协议

（1）档案系统中的任何材料均不得提供给接受行政机关或非联邦行政机关用于计算机匹配程序，除非来源行政机关和接受行政机关或非联邦行政机关之间以书面协议确定——

（A）实施该程序的目的与合法权力；

（B）该程序的正当理由和预计后果，包括对节约金额的具体估算；

（C）将用于该匹配程序的档案材料的描述，包括将使用的各种数据单元、将用于匹配程序的档案材料的大体数量，以及该匹配程序预定的起止日期；

（D）在接到申请时个别通知的手续及此后按该行政机关数据完整性*委员会（the Data Integrity Board）的指导（服从管理和预算局局长提供的指导原则）定期通知的手续，通知对象为——

(i) 根据联邦福利计划申请和接受财政扶助或款项的人；

---

* 数据完整性，是指数据的准确性和可靠性。——译者注

（ii）联邦工作职位的申请人和占有人。

通知内容为这些申请人、接受人、占有人和个人提供的任何信息都可能要经过匹配程序的审核；

（E）对此类如分节（p）规定之匹配程序得出的信息进行审核的手续；

（F）保留和及时销毁由此种匹配程序中的接受行政机关或非联邦行政机关提供的可确认个人身份之档案材料的手续；

（G）保障进行匹配之档案材料及这种程序之结果的管理性、技术性和物质性安全措施；

（H）禁止在该接受行政机关或非联邦行政机关之内或之外，复制和再次披露由来源行政机关提供的档案材料，除非法律有此要求或者其为该匹配程序实施之基础；

（I）由接受行政机关或非联邦行政机关对使用来源行政机关在匹配程序中提供之档案材料进行管理的措施，包括管理向来源行政机关归还档案材料或销毁用于这种程序之档案材料的手续；

（J）有关评价对将用于这种匹配程序之档案材料的准确性的信息；

（K）总审计长可以在其认为必要时查阅接受行政机关或非联邦行政机关的全部档案，以便监督或审核对该协议的遵守情况。

（2）（A）每个依据第（1）款规定达成之协议的副本应——

（i）送交参议院政府事务委员会和众议院政府运行委员会；

（ii）根据要求向公众提供。

（B）这种协议在按本款（A）（i）的规定送达副本之日的30天后才能生效；

（C）这种协议的有效期应由该机关的数据完整性委员会根据该匹配程序的目的和实施所需的时间来确定，但不得超过18个月；

（D）在依照分款（C）签订的这种协议期满之前的3个月内，该行政机关的数据完整性委员会可以在不经额外审查的情况下将原匹配协议的期限延长不超过1年，如果——

（i）这一程序的实施无须任何费用；

（ii）协议各方以书面形式向该委员会证明该程序是按协议实施的。

（p）审核及对事实认定的抗辩机会

（1）为了保护其档案材料用于匹配程序的个人，任何接受行政机关、非联邦行政机关和来源行政机关均不得把暂停、终止、减少或最终否决任何个人依联邦福利计划所得之财政扶助或款项及其他不利于该个人的措施，作为这种匹配程序所得信息的直接结果，除非：

（A）（i）行政机关已经对这种匹配程序所得信息进行独立审核；

（ii）行政机关的数据完整性委员会，或者在涉及非联邦行政机关时，为来源行政机关的数据真实委员会，根据管理和预算局局长的指示确定——

（I）信息仅限于来源行政机关根据联邦福利项目支付的福利的身份确认和金额；以及

（II）可以高度相信向接受行政机关提供的信息是准确的；

（B）个人得到行政机关的通知中包含了对其事实认定的说明，并且告知个人有对这些事实认定进行抗辩的机会；以及

（C）（i）法律或者规章所规定的个人回应该通知的任何期限届满；或者

（ii）当涉及的项目没有规定期限时，则是分款（B）规定的通知邮寄或者以其他方式提供给个人的日期起算30日期限期满。

（2）第（1）项所称之独立审核要求对不利于某个人之措施所依据的信息进行独立的

调查与核实，它可根据情况包括——

(A) 所涉及的财产或收入的数额；

(B) 该个人是否确实为自己使用而能够或曾经得到这些财产或收入；

(C) 该个人实际拥有这些财产或收入的时期。

(3) 尽管有第 (1) 项之规定，行政机关在确信按该项规定进行通知期间，公众健康或公共安全可能受到不利影响或重大威胁的情况下，也可以采取该项所禁止的措施。

(q) 限制

(1) 即使法律有其他规定，来源行政机关在有理由相信接受行政机关或非联邦行政机关没有达到分节 (p) 的要求或根据 (o) 订立的匹配协议之要求，或二者均未达到的情况下，也不得向此类接受机关提供其档案系统中的材料，用于匹配程序。

(2) 来源行政机关不得延长一项匹配协议的限期，除非——

(A) 该接受机关或非联邦行政机关已证明其一直遵守该协议的规定；

(B) 该来源行政机关没有理由不相信这证明的准确性。

(r) 新系统和匹配程序的报告

每个提议建立新的档案系统或匹配程序、或者对现有的档案系统或匹配程序进行重大修改的机关，都应向众议院的政府运转委员会、参议院的政府事务委员会及管理和预算局提供这种建议的合理的事先通知（一式两份），以便后者能评价这提议对个人的隐私权及其他权利的可能性或潜在性影响。

(s) 双年度报告

总统应每两年向众议院议长和参议院当任主席提交 1 份报告——

(1) 说明管理和预算局局长在过去 2 年内按照《1974 年隐私法》§6 规定进行活动的情况。

(2) 说明在过去 2 年内个人行使本节规定之使用和修改档案权的情况。

(3) 认定档案系统的正常收费或额外收费。

(4) 包括有关实施本节规定的其他信息，如可能对国会审查本节在实现《1974 年隐私法》之目的的实效来说是有价值的或有必要的信息。

(t) (1) 其他法律的影响

任何机关都不得根据本编 §552 的免除规定拒绝向个人提供其根据本节规定有权使用之档案材料。

(2) 任何机关都不得根据本节中的免除规定拒绝向个人提供其根据本编 §552 规定有权使用之档案材料。

(u) 数据完整性委员会

(1) 每个参加匹配程序的行政机关都应成立数据完整性委员会，监督并协调本行政机关内各部门执行本节规定的活动。

(2) 每个数据完整性委员会应由该机关首长指定的高级官员组成，其中包括该行政机关首长指定负责执行本节规定的高级官员；如该机关设有总监察长 (inspector general)，则亦应包括之。总监察长不得担任数据完整性委员会的主席。

(3) 每个数据完整性委员会——

(A) 应当审查、批准并保存有关为匹配程序提供接受机关档案材料而签署的所有书面协议，以保证其遵守分节 (o) 及所有相关法律、规章和准则的规定。

(B) 应当审查该机关在本年度参加的所有匹配程序，无论其是作为来源行政机关还是接受机关参加的，以确定其是否遵守了有关的法律、规章、准则和机关协议，并评估这些程序的成本和效益。

（C）应当审查该行政机关在本年度参加的所有重新设立的匹配程序，无论其是作为来源行政机关还是接受行政机关参加的，以查明这种提供档案活动的持续性理由。

（D）应当编制年度报告，该报告应送交本行政机关首长及管理和预算局，并根据要求向公众提供，该报告应说明本行政机关的匹配活动，包括——

（i）作为来源方或接受方的行政机关参加的匹配程序；

（ii）依据分节（o）提出但未获该委员会批准的匹配协议；

（iii）该委员会在前1年的组织或成员费用；

（iv）任何取消本节（4）款有关在批准一项匹配程序前应完成并提交一份成本—效益分析报告之要求的理由；

（v）任何被指控或认定的违反匹配协议的行为以及采取的改正措施；

（vi）管理和预算局局长要求在此种报告中包括的其他信息。

（E）应当成立接收和提供有关匹配程序中档案材料之准确性、完整性和可靠性信息的交换中心。

（F）应当根据本节规定向本行政机关下属部门及工作人员提供有关匹配程序的解释和指南。

（G）应当审查本行政机关服务于匹配程序之记录的保存和处理的政策与实务，以保证执行本节的规定。

（H）可以审查并报告本行政机关未加入匹配程序的匹配活动。

（4）（A）除分款（B）和（C）规定之情况外，数据完整性委员会在批准匹配程序的书面协议之前，应收到该行政机关已完成并提交的有关该程序的成本—效益分析报告，而且这分析能证明该程序可能具有较好的成本—效益。

（B）该委员会可以取消本项分款（A）之要求，如果它根据管理和预算局局长发布的准则以书面形式决定不要求机关提供成本—效益分析报告。

（C）在批准由法律特别规定之匹配程序的初步书面协议之前，不得按分款（A）规定要求提交成本—效益分析报告。但数据完整性委员会在批准该程序的后续书面协议之前，应要求该机关提交按照先前批准所实施之程序的成本—效益分析报告。

（5）（A）如果一项匹配协议未获数据完整性委员会的批准，该协议任何一方均可向管理和预算局局长提出申诉。该局长应及时把这些申诉的备案情况通知参议院政府事务委员会和众议院政府运行委员会。

（B）管理和预算局局长可以批准已由数据完整性委员会否决的匹配协议，如果该局长确认——

（i）该匹配程序符合所有应适用该法律、规章和政策的规定；

（ii）有充分证据证明该匹配协议将具有较好的成本—效益；

（iii）该匹配程序符合公众利益。

（C）该局长批准匹配协议的决定在其向分款（A）所提之两个委员会报告的30天后生效。

（D）如果数据完整性委员会与管理和预算局局长均未批准由某行政机关的总监察长提议的匹配程序，该总监察长则可以将此情况报告该机关的首长和国会。

（6）管理和预算局局长应在本款规定实施的前3年内每年1次，3年以后每2年1次，将各数据完整性委员会按本分节（3）（D）规定提交的报告中的情况合成一份报告呈交国会。这种报告应包括有关上述期限内实施的各项匹配程序的具体成本—效益情况，而且应审定由数据完整性委员会作出的每一次取消完成和提交成本—效益分析报告之要求的决定及其理由。

(7) 如果某行政机关未列入匹配程序之匹配活动，属于保护正在进行的执法调查或反间谍调查所必需，则也可以汇总在本分节 (3) (D) 和 (6) 所规定的报告中。

(v) 管理和预算局的职责

管理和预算局局长应当——

(1) 在提出并在发布通告和向公众提供评议机会之后，制定在实施本节规定中发挥行政机关作用的准则和规章。

(2) 持续地协助并监督行政机关执行本节的规定。

(w) 对消费者金融保护局的适用

除《2010年消费者金融保护法》(the Consumer Financial Protection Act of 2010) 规定之外，本节规定应当适用于消费者金融保护局 (the Bureau of Consumer Financial Protection) 的各项业务。

§ 552b. 会议公开 *

(a) 根据本节的目的——

(1) "行政机关"，包括任何行政机关，根据本编 § 552 (e) 的定义，是要由两个或两个以上的独立成员组成的合议制机构领导，大多数成员是通过总统提名和参议院批准的程序任命的，以及获得授权代表该行政机关的下设机构。

(2) "会议"，是指为了共同实施或者处置正式的行政公务所需的，由至少若干数量的行政机关的个人成员进行的审议活动，但不包括请求或批准分节 (d) 和 (e) 中的审议。

(3) "成员"，是指领导行政机关的合议制机构所属的个人。

(b) 成员在共同实施或处置行政公务时不得违反本法的规定。除了在分节 (c) 规定的例外情况，任何行政机关的会议的每个部分都应当向公众公开。

(c) 除非行政机关认定公共利益提出其他需要的，分节 (b) 第二句不适用于该行政机关会议的任何部分；在行政机关正确决定应当公开的会议的相应部分或信息，包括以下情况时，分节 (d) 和 (e) 中的要求不得适用于本来根据本节需要向公众公开的会议有关的任何信息——

(1) 披露下列事务，即 (A) 根据总统行政命令所规定之标准特别授权、为了国防和外交政策的利益而保密的；(B) 经过根据此种行政命令而正确定密的事实。

(2) 只涉及行政机关的内部人事规则和实践。

(3) 对依据法律规定特别免除披露义务的事务进行披露 (除本编 § 552 外)，如果法律 (A) 以没有保留裁量权的方式，明确要求这些事务不向公众公开；(B) 规定不公开的特定标准或者将特定类型的事务列为需要不公开的事务。

(4) 披露商业秘密、从一个人获得的商业性或者财务性信息，并且是得到特权保护的或者是保密的。

(5) 涉及控告任何人的犯罪行为，或者正式谴责某人。

(6) 披露个人性质的信息，并且披露行为构成明显没有理由地侵犯个人隐私。

(7) 披露为了执法目的而整理的调查案卷，或者如果是书面的，将被收入调查案卷的信息，但是仅限于这些案卷或者信息的制作会导致下列情形的限度——

(A) 妨碍执法程序；

(B) 剥夺了某人获得公正听证或者公平裁决的权利；

---

* 该节也被称为《阳光下的政府法》(the Government in the Sunshine Act)。Added Pub. L. 94 - 409, § 3 (a), Sept. 13, 1976, 90 Stat. 1241; amended Pub. L. 104 - 66, title III, § 3002, Dec. 21, 1995, 109 Stat. 734.

（C） 构成了无根据的侵犯个人隐私；

（D） 在案卷是由刑事执法机构在进行刑事执法过程中整理的时候，或者是由实施合法的国家安全情报调查的行政机关整理的，只有保密来源提供保密信息的时候，披露了保密来源的身份；

（E） 泄露调查技术和程序；

（F） 威胁执法人员的生命和人身安全。

（8） 披露包含负责规制或者监督金融机构的行政机关制作或者委托制作，或者是为了供其使用而制作的检查、运营情况或者业务状况报告中所包含的或者与其相关的信息。

（9） 当过早披露信息会导致下列情形时，披露信息——

（A） 涉及负责规制货币、证券、商品期货或金融机构的行政机关时，可能（i）导致在货币、证券或商品期货领域的重大金融投机或者（ii）严重威胁任何金融机构的稳定或

（B） 涉及任何行政机关时，很可能会阻碍任何拟议行政行为的实施，但是分项（B）不得适用于行政机关已经向公众披露了拟议行为的内容或者性质的情形，或者行政机关依法需要在自己在对此类计划作出最终行政行为之前，对自己的计划作出的此类披露；或者

（10） 特别涉及行政机关签发传票，或者行政机关参与民事诉讼，在外国法院或者国际法庭进行的诉讼，或者仲裁，或者是根据本编§554的规定的程序由行政机关启动、进行或者处置特定的正式行政裁决案件，或者是在提供听证机会后基于案卷作出决定。

（d）（1） 基于分节（c）所采取的行为只能在行政机关全体成员的多数（根据分节（a）（1）的规定）投票支持时决定作出。在行政机关的会议相关部分根据分节（c）拟议不向公众公开，或者涉及任何根据分节（c）拟议不对公众公开的任何信息时，行政机关的成员需要对上述会议或者信息进行单独的投票。对于一个或者多个部分拟议不对公众公开的一系列会议，只要在此类系列会议中每次会议涉及相同的特定事务并且是拟议在系列会议的第一次会议召开之内召开，可以对上述的系列会议或者与上述系列会议有关的信息进行单独的投票。行政机关的每位成员参加此类投票的情况，都应当记录在案并且不得由他人代理。

（2） 任何人，只要其利益受会议的一部分内容直接影响的，出于分节（c）的第（5）、（6）和（7）款提到的理由而申请行政机关将会议的这部分内容不向公众公开的，行政机关应当根据其成员提出的要求，根据记录在案的投票，投票决定是否对此类会议不向公众公开。

（3） 在根据第（1）或者（2）款进行投票之后的一日内，行政机关应当允许公众查阅反映每位成员对该问题的投票情况的书面投票记录。如果会议的一部分将不向公众开放，行政机关应当在本分节第（1）或者（2）款规定而进行投票后的一日内，向公众开放查阅决定对这部分会议不予公开的决定的全面、书面的解释，以及准备参加会议的人员及其任职单位的名单。

（4） 任何行政机关，根据分节（c）第（4）、（8）、（9）（A）或者（10）款的一款或者多款规定，多数会议不对公众开放的，可以制定规章，规定在行政会议多数成员在会议开始时经记录在案的投票决定对此类会议或者会议部分不对外公开时，对豁免公开义务的会议的一个或者多个部分不予公开，并且向公众开放查阅可以反映每位成员就这一问题的投票情况的投票记录。本分节第（1）、（2）、（3）款和分节（e）的规定不得适用于此类规章适用的会议的任何一部分：如果除了此类信息豁免根据分节（c）的规定的公开义务的范围之外，行政机关应当向公众尽早公开宣布会议及其部分的时间、地点和主题。

（e）（1） 在每次举行会议时，行政机关应当在会议举行之前，至少提前一周公布会议的时间、地点和主题，无论会议是否向公众公开，以及行政机关指定回复有关会议信息申

请的官员的姓名和电话号码。行政机关应当作出此类通告，除非行政机关多数成员通过记录在案的投票决定行政机关的事务要求此类会议提前举行，在此种情况下，行政机关应当尽早向公众公布会议的时间、地点和主题，无论会议是否向公众公开。

(2) 行政机关可以在根据第 (1) 款要求进行通告后变更会议的时间或者地点，只要行政机关尽早公布这些事项变更。一次会议的主题，或者行政机关决定是否向公众开放一次会议或者会议的部分，可以在根据本分节规定的通告之后作出变更，只要 (A) 行政机关的多数成员通过记录在案的投票决定行政机关的事务提出此种要求，并且不可能更早作出变更通告；(B) 行政机关尽早公开宣布此类变更以及每位成员对此类变更的投票记录。

(3) 在根据本分节所要求的每项通告之后，还应当提交下列信息以便在《联邦公报》上刊登：有关会议时间、地点和主题，会议是否公开等问题的通告，及上述事项的变更，以及行政机关指定回复有关会议信息申请的官员的姓名和电话号码。

(f) (1) 对于根据分节 (c) 第 (1) 至 (10) 款的规定，不对公众开放的每次会议，行政机关的总法律顾问或者首席法律顾问应当公开以自己的意见，证明会议可能不对公众开放，并且说明相关的豁免会议公开的法律条款。行政机关应当保存此种证明书 (certification) 的复本，以及主持会议的官员就确定会议的时间和地点所作的说明，以及出席会议的人员名单。行政机关应当保存完整的会议记录或者足以完全记录不向公众开放的每次会议或者部分会议之程序的电子录音录像 (recording)，但是对于根据分节 (c) 第 (8)、(9) (A) 或者 (10) 款不向公众开放的会议或者部分会议，行政机关应当保存此种会议文字记录、或者录音录像或者一套会议纪要。此种会议纪要应当充分明确地描述所有讨论的事务，并且充分和准确概括所采取的任何行为及其理由，包括对每项事务表达的观点，以及对任何点名投票的录音录像 (反映每位成员对问题进行的投票)。此种会议纪要中应当确认与任何行为有关的所有文件。

(2) 行政机关应当尽快在方便公众查阅的场所向公众公开会议记录、电子录音录像或者会议纪要 (根据第 (1) 款的要求)，内容涉及各项议程上事项的讨论，会议上收到的任何证人证言，除非行政机关认定所讨论的事项或者证人证言包含了可以根据分节 (c) 保密的信息。此种会议记录或者会议纪要的复本，或者披露每位发言人身份的录音录像的文字稿，应当以复制或者誊录的实际成本向任何人提供。对于不向公众公开的会议或者部分会议，行政机关应当保存完整的逐字记录的记录稿、一份完整的会议纪要，或者完整的电子录音录像，至少在会议结束之后保存两年时间，或者至少在行政机关与举行该会议或者部分会议有关的行政程序结束之后的一年之内，以较晚发生的为准。

(g) 根据本节的要求，每个行政机关应当在本节颁布之后的 180 日内，经征求美国行政会议主席办公室的意见，至少提前 30 日在《联邦公报》上刊登通告，并向任何人提供书面评议意见的机会之后，颁布规章以实施本节 (b) 至 (f) 的要求。如果行政机关还没有根据这里规定的期限要求颁布此类规章，任何人可以在哥伦比亚特区联邦地区法院起诉要求此类行政机关颁布此类规章。根据法律规定的任何期限要求，任何人可以在哥伦比亚特区巡回法院起诉要求撤销根据本节规定颁布的，但是不符合本节 (b) 至 (f) 之要求的行政规章，并要求颁布符合这些分节规定的规章。

(h) (1) 联邦地区法院应当有权通过确认判决、禁令救济或者其他可能合适的救济方式，强制执行本节 (b) 至 (f) 之要求。任何人可以在存在违反本节规定之行为的会议之前或者之后 60 日内对行政机关提起诉讼，但是此种会议的通告不是最初由行政机关根据本节的要求而提供的，应当在此类会议通告之后的 60 日内根据本节规定提起诉讼。此种诉讼可以在行政机关举行会议的所在地或者行政机关的总部机关所在地之联邦地区法院，或者在哥伦比亚特区巡回法院提起。在此种诉讼中，被告应当在起诉书送达之后30日内作出答辩。被告有义务证明其行为的合法性。在对这些案件进行判决时，法院可以通过密室审查（examine in camera）不向公众开放的会议之会议记录（transcripts）、录音录像（recordings）或者会议纪要（minutes），并且可以提交它认为必要的其他证据。除了本节（c）授权不对外公开的会议之外，法院在合理考虑行政秩序和公共利益，以及当事人的利益之后，可以同意给予它认为合理的衡平法上的救济，包括发布禁令以防止再次违反本节规定，或者责令行政机关向公众公开会议记录、录音录像或者会议纪要。

（2）任何受法律授权对行政行为进行审查的联邦法院，可以应任何可以合理参与该会议的个人根据其他可以适用的法律而提出的申请，调查行政机关违反本节要求的情况并且给予它认为合适的救济。对于违反本节规定而举行的会议中作出或者讨论的行政行为，本节不授权任何联邦法院仅根据第（1）款的规定而作出撤销、阻止该行政行为或者认定其无效（除了根据本节决定会议或者信息不对外公开以外）的判决。

（i）在根据本节（g）或者（h）的规定而提起的任何诉讼中，法院可以判决任何当事人向其他当事人支付合理的律师费和所发生的其他诉讼费用，但是只有在法院认定原告主要出于无理取闹或者拖延目的而提起诉讼时，法院才能要求原告承担这些费用。在判决行政机关承担费用时，法院所评估的费用可以要求联邦政府承担。

（j）每个需要遵守本节要求的行政机关应当每年向国会报告其遵守这些要求的情况，包括以图表的形式罗列向公众开会的行政机关会议总数、不向公众开放的会议总数，会议不对公众开放的理由，以及根据本节对行政机关提起的诉讼情况，包括在这些诉讼中法院判定行政机关需要承担的成本（不论行政机关是否支付了这些成本）。

（k）本节规定不得扩大或者限制任何人根据本编§552享有的权利，但是本节（c）规定的豁免情形应当适用于根据§552提出的任何复制或者检查本节（f）所描述的会议记录、录音录像或者会议纪要的情形的请求。《美国法典》第44编第33章不得适用于本节（f）所描述的会议记录、录音录像或者会议纪要。

（l）本节并不构成不向国会提供任何信息的依据，也不授权对任何其他法律规定要求对公众开放的任何会议或者部分会议作出不向公众开放的决定。

（m）本节规定并不授权任何行政机关拒绝向任何个人提供任何案卷，包括本节要求的、根据本编§552a规定本来允许个人查阅的会议记录、录音录像，或者会议纪要。

§553. 规则制定[①]

（a）本节的适用按条文的规定，但涉及下述事项时不适用：

（1）联邦政府的军事或外交职能。

（2）行政机关内部的管理或人事、或者公共财产、信贷、补助金、福利、合同等事务。

（b）制定规则的建议必须刊登在《联邦公报》上。除非受建议中规则调整的人的姓名已经指明，并且已经个别的通知，或者依照法律的规定事实上已经通知时例外。通告必须包括下列内容：

（1）说明公开制定规则程序的时间、地点和性质；

（2）指出建议制定规则的权力的法律根据；

（3）建议制定的规则的全文或主要内容，或者说明规则涉及的主题和问题。

除非法律规定必须发布通告或举行听证以外，本分节不适用于下列事项：

① Pub. L. 89-554, Sept. 6, 1966, 80 Stat. 383.

(A) 解释性规则、一般性政策说明，关于行政机关的组织、程序或手续的规则。或者

(B) 行政机关有正当的理由认定（并将此认定和简要的理由说明载入所发布的规则之中），关于该项规则的通告和公共程序是不能实行的，没有必要的，或者违反公共利益的。

(c) 在发布本节规定的通告以后，行政机关应当对有利害关系的人提供机会，通过提供书面资料、书面意见、允许口头的或非口头的提出论证等方式参加制定规则程序。

在考虑了提出的有关的意见以后，行政机关应在其所采取的规则中，简单说明其所制定的规则的根据和目的。法律规定必须根据听证的记录而制定的规则，则不适用本分节的规定，而适用本编§556和§557。

(d) 实体规则的生效日期必须在其依规定公布或送达以后的30天开始。但下述规则例外：

(1) 给予或承认免除法律适用的实体规则，或者取消限制的实体规则；

(2) 解释性的规则和政策的说明；或者

(3) 行政机关有正当的理由作出其他的规定，而且该理由已和规则同时公布。

(e) 各行政机关必须给予利害关系人申请发布、修改、或废除规则的权利。

§554. 裁决①

(a) 本节适用于依法律规定必须根据行政听证记录作出裁决的案件。除非案件涉及下列事项时不适用：

(1) 以后由法院就法律问题和事实问题重新审理的事项；

(2) 除根据本编§3105任命的行政法官以外，职员的录用和任期；

(3) 完全根据检查（inspections）、检测（tests）或选举而作决定的程序；

(4) 执行军事或外交事务的职能；

(5) 行政机关充当法院代理人的案件；或者

(6) 劳工代表资格的证明。

(b) 有权得到行政机关听证通知的人，应就下列事项及时得到通知：

(1) 听证的时间、地点和性质；

(2) 举行听证的法律根据和管辖权限；以及

(3) 听证涉及的法律问题和事实问题。

举行听证是基于私人的申请时，听证的对方当事人对有争论的事实问题和法律问题应当迅速发出通知。在其他情况下，行政机关可以制定规则要求提出答辩。在确定听证的时间和地点时，必须适当地考虑当事人或其代理人的需要和方便。

(c) 行政机关应对一切有利害关系的当事人提供机会；

(1) 使他们在时间、听证程序的法律性质和公共利益允许时，能够提出和考虑问题、论点、和解的建议和调整的方案；

(2) 在当事人之间不能依协商解决争端时，根据通知和本编§556及§557的规定，举行听证和裁决。

(d) 根据本编§556的规定主持接收证据的雇员，除非他不能履行行政职务，否则必须作出§557所要求的建议性的或初步性的决定。除了依法律的授权为处理单方面事项所必要以外，该职员不得：

---

① Pub. L. 89-554, Sept. 6, 1966, 80 Stat. 384; Pub. L. 95—251, §2 (a) (1), Mar. 27, 1978, 92 Stat. 183.

(1) 向任何人或任何当事人就所争执的事实征求意见；除非已经通知，使所有的当事人都有机会参加。

(2) 对任何为行政机关履行调查或追诉的雇员或其代理人负责，或受其监督或指示。

为行政机关履行调查或追诉的职员或其代理人，不得参与该案或与该案有实际联系的案件的决定；对这类案件的裁决不得提出咨询性意见，或提出建议性的决定；也不得参加行政机关根据本编 § 557 规定的复议，除非他们作为证人或律师参加公开的程序不在此限。本分节的规定不适用于：

(A) 申请原始许可证的决定；

(B) 关于公用事业或运输商收取的价格、设施、经营活动的申请或效力的裁决的程序；或者

(C) 行政机关或构成行政机关的团体的成员。

(e) 行政机关可以根据健全的裁量行为，发布确认性裁决，以结束争端或排除疑义。该裁决的效力和其他裁决的效力相同。

§ 555. 附属事项[①]

(a) 本节适用于除本分章另有规定以外的情形

(b) 被行政机关或其代表传唤出席的人，有权由律师陪同、代表、作顾问。如果行政机关允许，也有权由其他合格的代表陪同、代表、作顾问。在行政裁决的程序中，任何当事人有权亲自参加，或由律师或其他合格和代表陪同或代表参加。在公共职务有秩序地进行允许的情况下，利害关系人可以对行政机关或其负责的雇员，就程序中的问题、申请或争议提出陈述、调整或处理的意见，不论程序是中间性的、简易性的或其他形式的，或是否和行政机关的职权有联系。每个行政机关对向它提出的事项应作出结论，并应适当地注意当事人或其代表的方便和需要，在合理的期间内作出决定。本分节不赋予也不否认不是律师的人为他人或代理他人出席行政机关办事或参加行政程序的权利。

(c) 没有法律的授权，不得发出、执行或强制执行传票、要求提出报告、进行检查或其他调查的行为或要求。必须提交资料或证据的人，有权保留或在交付法定的费用以后得到该资料或证据的复制件或翻录件。但是在非公开的调查程序中，如有正当的理由，可以限制证人只能查阅他所提供的证言的官方记录。

(d) 法律授权行政机关签发的传票，依其申请必须发给当事人。行政机关在其制定的程序规则中，可以规定当事人必须说明或证明传票所要调查的证据的一般关联性和合理的范围。发生争议时，法院对符合法律规定的传票或类似的通知或要求，应当承认。在请求强制执行传票的程序中，法院应当发出命令，要求证人在合理的期间内出庭作证或提交证据或资料。若顽固地不执行法院的命令，则按藐视法庭罪论处。

(e) 利害关系人在任何行政程序中提出的书面申请、请求或其他的书面要求，遭到全部或部分拒绝时，必须迅速地通知。除非是维持原先已经作出的拒绝，或者拒绝的理由不言而喻的以外，在发出的通知中必须同时简单地说明拒绝的根据。

§ 556. 听证、听证主持人、权力和责任、举证责任、证据、记录作为裁决的根据[②]

(a) 本节适用于依本编 § 553、§ 554 要求依本节规定举行的听证。

(b) 主持接收证据的应是：

---

① Pub. L. 89 - 554, Sept. 6, 1966, 80 Stat. 385.

② Pub. L. 89 - 554, Sept. 6, 1966, 80 Stat. 386; Pub. L. 94 - 409, § 4 (c), Sept. 13, 1976, 90 Stat. 1247; Pub. L. 95 - 251, § 2 (a) (1), Mar. 27, 1978, 92 Stat. 183; Pub. L. 101 - 552, § 4 (a), Nov. 15, 1990, 104 Stat. 2737.

(1) 行政机关;

(2) 构成行政机关的一个或几个成员;或者

(3) 依本编§3105任命的一名或多名行政法官。

本分章的规定不代替由法律特别规定或指定的委员会或其他雇员进行的特定类型的程序的全部或一部分。主持听证的雇员和依本编§557规定参加决定的雇员,必须不偏不倚地执行职务。主持人或参加人在任何时候可以主动地回避。对诚实地、及时地、用宣誓书充分说明主持人或参加人存有个人偏见或其他回避事由,行政机关应将其作为本案的记录和决定的一部分而予以裁定。

(c) 按照行政机关制定的规则,并且在行政机关的权限范围以内,主持听证的雇员可以:

(1) 主持宣誓或誓言;

(2) 根据法律的授权签发传票;

(3) 裁决一方当事人可否拒绝回答对方提出的问题,和接受有关联性的证据;

(4) 在有助于案件的解决时,进行法庭外证言的记录,或命令制作上述证言的记录;

(5) 规定听证的过程;

(6) 主持由当事人协商解决或简化争端的会议;

(7) 处理程序上的请求或类似的问题;

(8) 根据本编§557的规定作出决定或建议性的决定;以及

(9) 采取符合本分章规定的由行政机关规则授权的其他行动。

(d) 除法律另有规定外,规则或裁定的提议人应负举证的责任。任何口头的或书面的证据都可接受,但作为一种政策,行政机关应规定不接受和案件无关联性的、不重要的或过于重复的证据。除非考虑了全部案卷或其中为当事人所引用的部分,并且符合和得到可靠的、有证明力的、和实质性证据的支持,否则不得科处制裁、发布规则或作出裁定。在符合司法利益和行政机关实施之重要法律政策范围内,行政机关可以认为违反本编§557(d)的规定构成充分的理由,可以对故意违反或促使这种违反的人,作出对其不利的决定。当事人有权以口头的或书面的证据提出他的案件或进行辩护,也有权提出反证,并且为了弄清全部事实的真相,也可以进行质证。行政机关在制定规则、决定金钱或福利请求、或原始许可证的请求时,只要无损于任何当事人的利益,可以采用书面程序提交全部或一部分证据。

(e) 证言的记录、物证以及程序进行中提出的一切文书和申请书,构成按照本编§557规定作出决定的唯一案卷,并且当事人缴纳法定的费用以后,有权得到副本。当行政裁决取决于对证据案卷之外的重要事实的行政认知时,当事人有权通过及时提出申请,获得证明相反事实的机会。

§557. 初步决定、结论、行政复议、当事人的意见、决定的内容、案卷①

(a) 本节的规定适用于应按§556规定举行的听证。

(b) 如果行政机关没有主持接收证据,主持听证的雇员,或者对不适用§554(d)的案件,依本编§556规定有资格主持听证的职员,应对案件作出初步决定,除非行政机关在特定的案件中,或者在普遍性的规则中,要求将全部案卷送交该行政机关作决定时例外。主持听证的雇员作出初步决定后,在规定的时间内,如果无人向该行政机关上诉,而且该行政机关亦未主动要求审查时,则该初步决定无须经过进一步的程序,即成为该行政机关的决定。

---

① Pub. L. 89-554, Sept. 6, 1966, 80 Stat. 387; Pub. L. 94-409, § 4 (a), Sept. 13, 1976, 90 Stat. 1246.

行政机关在受理对初步决定提起的行政上诉或对初步决定进行审查时，具有作出初步决定的所有权力，但是行政机关在通知或在规则中限制可受理的争议问题时例外。如果作决定的行政机关没有主持接收证据，主持听证的雇员，或依本编§556规定有资格主持听证的雇员，应先提出一个建议性的决定。但在制定规则，或者初次申请许可证时：

（1）行政机关可以不适用上述程序而作出临时性的决定，或者由其负责任的雇员中的一人，提出建议性的决定；或者

（2）行政机关根据案卷认为在某一案件中，正当及时地执行职务，势必需要省略上述程序时，可以省略上述程序。

（c）在作出建议性的、初步的、临时的决定之前，以及行政机关对下级雇员的决定进行复议作出决定之前，当事人有权得到合理的机会提供下述意见，以供参与作出决定的雇员参考：

（1）拟议事实认定和结论；或者

（2）对下级雇员的决定或建议性的决定或行政机关的临时性决定的异议；以及

（3）适用上述例外规定的理由，或者拟议事实认定和结论的支持理由。

案卷中应记载行政机关对事实裁定、结论和提出的适用例外问题作出的裁决。所有决定，包括初步的、建议性的和临时的决定在内，都是案卷的组成部分，而且应当包括下列事项的记载：

（A）对案卷中所记载的事实、法律或裁量权的实质性争议所作的事实认定、结论及其理由或根据；以及

（B）有关的规则、裁定、制裁、救济或对它们的拒绝。

（d）（1）一切受本节（a）规定的行政裁决，除非法律规定单方面处理的事项外：

（A）行政机关以外的任何利害关系人，不得对行政机关的任何成员、行政法官或其他参与或有理由预料可能参与案件决定程序的雇员、就案件的实质问题，单独表示意见，或故意促成这种意见的表示；

（B）行政机关的任何成员、行政法官或其他参与或有理由预料可能参与案件决定程序的雇员，不得对机关以外的任何利害关系人，就案件的实质问题单独表示意见或故意促成这种意见的表示；

（C）行政机关的任何成员、任何行政法官或其他参与或有理由预料可能参与案件决定程序的雇员，如果收到或者作出、或者故意促成本分节所禁止的单方面的意思表示，应在案件的公开记录中记载：

（i）所有的这种书面的表示；

（ii）所有的这种口头表示的内容的备忘录；

（iii）对前两项中所述事实的书面答复，以及口头答复的内容的备忘录。

（D）在收到任何当事人违反本分节的规定，故意作出或故意促使作出单方面的表示时，行政机关、行政法官、或其他主持听证的雇员，可以在符合司法的利益和重要的法律政策的前提下，要求该当事人说明理由，为何他在本案件中的要求或利益，不应由于这种违反而被驳回、否认、忽视或其他方式的不利的影响。

（E）本分节规定的各项禁止的开始的日期由机关规定，无论如何，不得迟于案件听证的通知发出之时。如果应对单方面表示意见负责的人，已经知道将要发出听证的通知时，这项禁止从其得知之时开始适用。

(2) 本分节的规定不构成授权对国会封锁信息。

§ 558. 科处制裁、许可证的申请、中止、撤销和终止①

(a) 本分节适用于权力或权限的行使

(b) 除非在法律授予的管辖范围以内而且按照法律规定的权力，行政机关不得科处制裁，发布实体性规则或裁决令。

(c) 当事人依据法律的规定申请许可证时，行政机关必须合理考虑一切利害关系人或受到不利影响的人的权利和特权，在合理的期间以内，开始并完成本编 § 556 和 § 557 规定的程序，或法律规定的其他程序，并且作出决定。除由于当事人的故意，或者公共卫生、公共利益、公共安全另有其他要求以外，行政机关在开始撤回、中止、撤销、废除许可证以前，必须：

(1) 书面通知许可证持有人，导致行政机关作出该项行政行为的事实或行为；并且

(2) 给予许可证持有人证明完全符合法律要求的机会，或者完成法律的各项要求的机会。许可证持有人按照机关制定的规则，及时地而且符合要求地申请许可证的更新，或领取新许可证时，在行政机关对申请作出最后决定以前，具有连续性活动的许可证继续有效。

§ 559. 本法对其他法律的效力，对今后法律的效力②

本分章、第 7 章，以及本编 §§ 1305，3105，3344，4301 (2) (E)，5372，7521，和 5335 (a) (B) 各节关于行政法官的规定，不限制或废除其他法律规定增加的要求，或承认的其他要求。以后制定的法律除有明文规定以外，不得被理解为代替或修改本分章、第 7 章，以及本编 §§ 1305，3105，3344，4301 (2) (E)，5372，7521，或 5335 (a) (B) 关于行政法官的规定。

第三分章　协商式规则制定程序*

§ 561. 目的③

本分章的目的与本编 § 533 的目的一致，旨在为协商式规则制定的行为建构一个基本框架，鼓励行政机关使用非正式规则制定程序。本节任何规定都不能被理解为试图用协商式规则制定程序或法律规定的其他创新性规则制定程序来限制程序的创新或实验。

§ 562. 定义④

就本法目的而言，下列术语：

(1)“行政机关”，与本编 § 551 (1) 的含义相同。

(2)“一致意见”(consensus)，是指按照本节成立、代表各方利益的规则制定委员会的观点完全一致，除非该委员会：

---

* 本分章也被称为《协商式规则制定法》(the Negotiated Rulemaking Act)。此处采用了薛刚凌、王霁霞译的译本(薛刚凌、王霁霞译，李琦校：《美国规章协商制定程序法》，载《公法研究》，第 2 卷，517～524 页，北京，商务印书馆，2004)。为了全书行文统一，译者在原译文基础上作了适当修改和格式处理。

① Pub. L. 89 - 554, Sept. 6, 1966, 80 Stat. 388.

② Pub. L. 89 - 554, Sept. 6, 1966, 80 Stat. 388; Pub. L. 90 - 623, § 1 (1), Oct. 22, 1968, 82 Stat. 1312; Pub. L. 95 - 251, § 2 (a) (1), Mar. 27, 1978, 92 Stat. 183; Pub. L. 95 - 454, title VIII, § 801 (a) (3) (B) (iii), Oct. 13, 1978, 92 Stat. 1221.

③ Added Pub. L. 101 - 648, § 3 (a), Nov. 29, 1990, 104 Stat. 4970, § 581; renumbered § 561, Pub. L. 102 - 354, § 3 (a) (2), Aug. 26, 1992, 106 Stat. 944.

④ Added Pub. L. 101 - 648, § 3 (a), Nov. 29, 1990, 104 Stat. 4970, § 582; renumbered § 562, Pub. L. 102 - 354, § 3 (a) (2), Aug. 26, 1992, 106 Stat. 944.

（A）同意将一致意见定义为大体利益一致而不是完全一致；或者

（B）同意其他特定的含义。

（3）“召集人（convener）”，是指在制定具体规则时，公正地协助行政机关决定协商式规则制定委员会的成立是否可行、合适的人。

（4）“促进人（facilitator）”，是指公正地促进协商式规则制定委员会的成员进行讨论和协商，以形成规则草案的人。

（5）“利害关系人”，是指对一个问题或某一事项观点相似，或利益受到同样影响的多方当事人。

（6）“协商式规则制定”，是指通过利用协商式规则制定委员会来制定规则。

（7）“协商式规则制定委员会”，或“委员会”，是指根据本节和《联邦咨询委员会法》的规定，由行政机关组建的咨询委员会，其目的是为达成一致意见并形成草案而就某些问题进行考虑和讨论。

（8）“当事人”，与本编§551（3）的含义相同。

（9）“人”，与本编§551（2）的含义相同。

（10）“规则”，与本编§551（4）的含义相同。

（11）“规则制定”（rulemaking），即制定规则（rule making），与本编§551（5）的含义相同。

§563. 确定是否需要组建协商式规则制定委员会

（a）行政机关确定是否需要组建协商式规则制定委员。如果行政首长认为利用协商式规则制定委员会符合公共利益，行政机关可以组建协商式规则制定委员会来协商并起草规则草案。在作出该决定时，行政首长应当考虑：

（1）有无制定规则的必要。

（2）有无特定利害关系人明显地受此规则影响。

（3）有无召集代表各方利益的委员会的可能性，其代表必须具备以下条件：

（A）能够充分代表上述第（2）款提及的利害关系人；

（B）愿意真诚协商，以达成对规则草案的一致意见。

（4）在确定期限内，该委员会有无对规则草案达成一致意见的可能性。

（5）协商式规则制定程序是否会不合理地延误规则草案的通告以及最终规则的发布。

（6）行政机关有无足够的资源并愿意将这些资源提供给委员会，包括技术支持。

（7）在符合法定义务的最大范围内，行政机关是否会用委员会就草案达成的一致意见作为最终规则的依据，来进行通告和评论。

（b）召集人的作用

（1）召集人的目的。召集人可对行政机关提供以下帮助：

（A）确定受待定规则实质影响的人的范围，包括农村地区的居民；并

（B）与上述人讨论，以确定与他们相关的问题，并且确定在规则制定中成立协商式规则制定委员会是否合理与可行。

（2）召集人的职责。召集人应当向行政机关报告他所了解的情况并提出参考建议。在行政机关要求下，召集人应确定有意愿和能力代表受待定规则实质影响的利害关系人的个人，包括农村地区的居民。召集人的报告和建议，可以根据公众的要求提供查询。

§564. 通告的刊登；申请成为协商式规则制定委员会成员[①]

（a）通告公示。在考虑召集人的报告或自行判断后，如果决定建立协商式规则制定委员会，行政机关应当在《联邦公报》上刊登该通告，如果合适，还可以在行业性或其他专门的出版物上刊登。该通告应包括以下内容：

（1）行政机关意图组建协商式规则制定委员会，以协商形成规则草案的声明；

（2）对规则主题、范围和需要考虑问题的描述；

（3）可能受规则实质影响的利害关系人的名单；

（4）建议的利害关系人的代表和行政机关的代表的名单；

（5）委员会完成工作的日程安排，包括行政机关刊登规则草案以遵循通告和评议程序要求的目标日期；

（6）对行政机关对委员会提供行政帮助，包括技术支持的描述；

（7）请求对建立协商式规则制定委员会的建议予以评价，并提名委员会成员；

（8）解释如何根据分节（b）的规定，申请成为协商式规则制定委员会成员以及提名其他人成为委员会成员。

（b）申请成为委员会成员。将受规则实质影响的人，以及那些确信（a）（4）规定的通告所列举的人无法代表他们利益的，可以申请或提名其他人为协商式规则制定委员会成员。每份申请书和提名书应当包括以下内容：

（1）申请人或被提名人的名字，以及对他们所代表的利害关系人的描述：

（2）申请人或被提名人获得与利害关系人相关的当事人授权作为他们代表的证据；

（3）申请人或被提名人愿意积极、真诚地参加制定规则的书面保证；并

（4）在（a）（4）所规定的通告中列举的人不足以代表提交申请的人的理由。

（c）提交申请和提名的期限。行政机关应提供至少30天的时间用于提交本节规定的评论和申请。

§565. 委员会的组建[②]

（a）组建。

（1）组建委员会的决定。对按§564提交的评议或申请进行考虑后，如果行政机关认为组建协商式规则制定委员会能够充分代表将受规则实质影响的人的利益，并且在具体规则制定程序中是可行和合理的，可组建协商式规则制定委员会。在组建与管理该委员会的过程中，除了符合本节的其他规定外，行政机关还应当遵循《联邦咨询委员会法》的规定；

（2）不组建委员会的决定。在考虑了所提交的评议或申请后，如果决定不组建协商式规则制定委员会，行政机关应立即在《联邦公报》上刊登该决定，如果合适，还应在行业性或其他专门出版物上发布，并将决定副本送达申请或提名其他人为委员会成员、以代表其在规则中相关利益的人。

（b）成员资格。行政机关应将协商式规则制定委员会成员限制在25人以内，但行政首长认为为了委员会的运行，或者平衡成员结构而需要扩大委员会规模的除外。每个委员会至少应当包括一名行政机关的代表人。

（c）行政支持。行政机关对协商式规则制定委员会应提供适当的行政支持，包括技术

---

① Added Pub. L. 101-648, §3 (a), Nov. 29, 1990, 104 Stat. 4971, §584; renumbered §564, Pub. L. 102-354, §3 (a) (2), Aug. 26, 1992, 106 Stat. 944.

② Added Pub. L. 101-648, §3 (a), Nov. 29, 1990, 104 Stat. 4972, §585; renumbered §565 and amended Pub. L. 102-354, §3 (a) (2), (3), Aug. 26, 1992, 106 Stat. 944.

协助。

§566. 委员会的活动①

(a) 委员会职责。根据本分章建立的协商式规则制定委员会应当考虑行政机关提出的问题，并应努力就这些问题以及委员会认为与规则相关的其他问题达成一致意见；

(b) 委员会中行政机关代表。协商式规则制定委员会的行政机关代表，在参加委员会活动时享有与委员会其他成员同等的权利，负担同等的义务，并在委员会的讨论和协商中全权代表行政机关；

(c) 选择协调人。除符合《联邦咨询委员会法》§10 (e) 规定外，在委员会成员一致同意的情况下，行政机关也可从联邦政府内部或外部提名一人作委员会的协调人。如果委员会不同意行政机关对协调人的提名，行政机关应作出替代人选的提名。如果委员会对行政机关的任何提名都不同意，委员会应当以一致意见选择一个协调人。被指派在实体问题上代表行政机关的人，不能作为协调人，也不能主持委员会的工作。

(d) 协调人职责。协商式规则制定委员会同意或选择的人必须：

(1) 公正地主持委员会的会议；

(2) 公正地协助委员会成员进行讨论和协商；

(3) 按照《联邦咨询委员会法》§10 (b) 和 (c) 的要求保管好会议记录，但不属于本编§552规定的协调人或委员会成员的个人笔记和材料除外。

(e) 委员会程序。根据本节组建的协商式规则制定委员会可以规定委员会的运作程序，本编§553的任何条款都不适用于协商式规则制定程序。

(f) 委员会报告。如果委员会已就建议制定的规则达成一致意见，在作出协商结论时，委员会应向行政机关提交含有规则草案的报告；如果委员会不能就规则草案达成一致同意，也应向行政机关提交报告，说明在哪些方面委员会达成了一致意见。委员会可在报告中附加其认为适当的其他信息、建议或材料。委员会的任何成员都可以补充信息、建议或材料，作为报告的附件。

(g) 除了 (f) 所要求的报告之外，委员会应当向行政机关提交根据《联邦咨询委员会法》§10 (b) - (c) 所要求的记录。

§567. 委员会的终止②

除非委员会的章程规定了更早终止的日期，或者行政机关征求委员会意见后或委员会自身规定了更早终止的日期，协商式规则制定委员会应在最后通过的规则颁布时终止。

§568. 服务、便利设施和委员会成员费用的支付③

(a) 召集人和协调人的服务。

(1) 一般规定。行政机关可以雇用，或通过与个人或组织签订合同的方式雇用规则制定协商委员会的召集人、协调人或者用政府雇员作为该委员会的召集人或协调人。

(2) 利益冲突的确定。行政机关有权确定上述第 (1) 款委员会召集人或协调人是否会受财政或其他利益的影响，而妨碍其公正独立地服务。

(b) 其他实体机构提供的服务和便利。尽管有《美国法典》第31编§1342的规定，

① Added Pub. L. 101 - 648, §3 (a), Nov. 29, 1990, 104 Stat. 4973, §586; renumbered §566, Pub. L. 102 - 354, §3 (a) (2), Aug. 26, 1992, 106 Stat. 944.

② Added Pub. L. 101 - 648, §3 (a), Nov. 29, 1990, 104 Stat. 4974, §587; renumbered §567, Pub. L. 102 - 354, §3 (a) (2), Aug. 26, 1992, 106 Stat. 944.

③ Added Pub. L. 101 - 648, §3 (a), Nov. 29, 1990, 104 Stat. 4974, §588; renumbered §568 and amended Pub. L. 102 - 354, §3 (a) (2), (4), Aug. 26, 1992, 106 Stat. 944.

但是为了达到本节所规定的目的，行政机关在获得允许后，可以有偿或无偿使用其他联邦行政机关、公共或私人的行政机关和执行机构（instrumentalities）提供的服务，也可以接受自愿和无偿的服务。联邦调解和解局（the Federal Mediation and Conciliation Service）可以根据本分节的规定提供有偿或无偿的服务和便利设施，以对本节的行政机关提供服务，包括提供召集人和协调人以及提供协商式规则制定方面的培训。

（c）委员会成员的支出。协商式规则制定委员会委员参加委员会活动的费用由自己承担，但是行政机关可以根据《联邦咨询委员会法》§7（d）款的规定，支付成员的合理旅费支出、日津贴、寻求技术帮助的开支，以及在下列情况时，提供合理的补偿：

（1）该成员被证明缺乏足够的资金来源以参加委员会的活动；并

（2）行政机关认为该成员必须参加委员会以确保某些人的利益得到充分的代表。

（d）联邦雇员作为委员会成员的地位。成员根据本节或§569规定收到的资金，不能依据《美国法典》第18编§§202－209，作为决定该成员是否为联邦政府雇员的最终依据。

§569. 鼓励采用协商式规则制定程序①

（a）总统应当指定一个行政机关，或指定或建立一个跨机关的委员会，以促进和鼓励行政机关使用协商式规则制定程序。正在考虑、计划或使用协商式规则制定程序的行政机关，可以向前述的行政机关或委员会征求意见，以获取信息和帮助。

（b）为了实现本分章的目的，正在计划或使用协商式规则制定程序的行政机关可以接受、持有、管理和使用捐赠、设备、不动产和动产的遗赠，只要接受和使用上述财产不会引起利益冲突。捐赠和遗赠的钱财，以及从捐赠和遗赠的不动产和动产中拍卖所得的钱财一律存入国库，然后根据行政首长的命令支付。依据本节所接受的财产，以及由此所得的钱财，应尽量按捐赠或者遗赠（gifts，devises，or bequests）的条款使用。

§570. 司法审查②

根据本节规定与组建、支持、终止协商式规则制定委员会有关的任何行政行为均不受司法审查。但是如果法律对司法审查另有规定，本分章则不能排除对规则的司法审查。法院对按协商式程序制定并受司法审查的规则不得比按其他程序制定的规则给予更多的尊重。

第四分章 行政程序中的替代纠纷解决*

§571. 定义③

本节所称

（1）“行政机关”，与本编§551（1）的含义相同。

---

* 该分章也被称为《行政纠纷解决法》(Administrative Dispute Resolution Act)。该法于1990年首次制定，并于1996年修订，现编入《美国法典》第5编§§571—583。此处采用了薛刚凌、王霁霞译的译本（薛刚凌、王霁霞译，李琦校：《美国争议解决程序替代法》，载《公法研究》，第2卷，525～533页，北京，商务印书馆，2004)。为了全书行文统一，译者在原译文基础上进行了适当修改和格式处理。

① Added Pub. L. 101－648，§3（a），Nov. 29，1990，104 Stat. 4975，§589；renumbered §569 and amended Pub. L. 102－354，§3（a）（2），（5），Aug. 26，1992，106 Stat. 944；Pub. L. 104－320，§11（b）（1），Oct. 19，1996，110 Stat. 3873.

② Added Pub. L. 101－648，§3（a），Nov. 29，1990，104 Stat. 4976，§590；renumbered §570，Pub. L. 102－354，§3（a）（2），Aug. 26，1992，106 Stat. 944.

③ Added Pub. L. 101－552，§4（b），Nov. 15，1990，104 Stat. 2738，§581；renumbered §571 and amended Pub. L. 102－354，§§3（b）（2），5（b）（1），（2），Aug. 26，1992，106 Stat. 944，946；Pub. L. 104－320，§2，Oct. 19，1996，110 Stat. 3870.

（2）“行政项目（program）”，是指联邦政府职能的履行，即通过规则制定、行政裁决、行政许可和行政调查来保护公共利益，决定私人的权利、特权和义务。规则制定、行政裁决、行政许可和行政调查的含义与本章第2分章的含义相同。

（3）“解决争议的替代程序”，是指用以解决争议的各种程序，包括（但不限于）：和解（conciliation）、调停（faciliation）、调解（mediation）、事实认定（factfinding）、小型审判（minitrials）、仲裁、使用调查专员（ombuds），或者同时采用上述方式中的几种。

（4）“裁决”，是指解决争议的裁判者作出的所有决定。

（5）“解决争议的交换材料（communication）”，是指为解决争议准备的所有口头或书面材料，包括中间人、当事人或当事人以外的参加者所提供的所有备忘录、记录和工作结果。但进入争议解决程序的书面协议、争议解决程序结束时的最终书面协议和裁判结果不属于该交换材料的范围。

（6）“争议解决程序”（dispute resolution proceeding），是指用以解决争议的所有替代程序，在该程序中必须有指定的中间人以及具体的当事人参加。

（7）“保密”（in confidence），是针对通过以下方式获得的材料而言：

（A）材料提供者明确表明不愿将其公开；或

（B）在当时的情形下可以合理推测材料提供者不愿意将其公开。

（8）争议问题（issues in controversy），是指对行政机关所作涉及行政项目的决定有重大影响，并且在以下两种情况存有分歧的问题：

（A）行政机关与将受此决定实质影响的相对人之间；

（B）将受此决定实质影响的相对人之间。

（9）中间人（neutral），是指帮助当事人解决争议的个人。

（10）当事人，是指——

（A）以自己名义参加争议解决程序的人，与本编§551（3）的含义相同；

（B）不以自己名义参加，但由于行政决定会严重影响其利益而参加到争议解决程序中去的人。

（11）人，与本编§551（2）的含义相同；

（12）候选名单（roster），是指具备作中间人条件的人员名单。

§572. 一般权力[①]

（a）经当事人同意，行政机关可以采用一种争议解决程序来解决与行政项目相关的争议。

（b）在下列情况下，行政机关应考虑放弃使用争议解决程序：

（1）由于遵循先例的需要必须采用某种既定的、权威的解决争议方式，而且此种争议解决程序不太可能构成权威性先例而得到普遍接受；

（2）争议的内容涉及重要的政府政策，要求在争议最终裁决前诉诸某种特别程序，而采用争议解决程序难以形成供行政机关采用的建议性政策；

（3）由于维持既定政策具有特殊重要性，因而不能出现个人的不同意见，而争议解决程序难以使众人意见达成一致；

（4）争议事项对于并非解决争议当事人的个人或者组织具有重大影响；

（5）完全公开争议解决程序的记录非常必要，但争议解决程序不能提供这样的记录；

---

① Added Pub. L. 101－552，§4（b），Nov. 15，1990，104 Stat. 2739，§582；renumbered §572，Pub. L. 102－354，§3（b）（2），Aug. 26，1992，106 Stat. 944.

(6) 行政机关必须始终保持对该事务的管辖权，并且根据情势变化的需要改变对该事务的处理，而争议解决程序会妨碍行政机关满足该要求。

(c) 本分章规定的解决争议的替代方式，是自愿性程序，补充而非限制行政机关采用其他可得的争议解决方式。

§ 573. 中间人①

(a) 中间人可以是联邦政府中正式或临时官员或雇员，也可以由争议解决程序当事人指定的人担任。中间人必须与争议的问题没有任何官方的、财政的或私人的利益冲突，除非该利益冲突以书面形式对当事人完全公开，并且当事人一致同意仍由此人担任中间人。

(b) 作为和解人、主持人、调解人（conciliator，facilitator，or mediator）时，中间人应当根据当事人的意愿提供服务。

(c) 总统应当指定一个行政机关，或指定或建立跨机关的委员会，以促进和鼓励行政机关使用本分章所规定的争议解决程序。这些行政机关或跨机关的委员会，在征求争议解决方面拥有丰富经验的联邦行政机关和专业组织的意见后，应当：

(1) 鼓励和促进行政机关采用争议解决替代程序；

(2) 建立一套快速程序，以便行政机关获得中间人的服务。

(d) 行政机关可以使用其他行政机关的雇员作为争议解决程序的中间人。行政机关间可以签订协议，规定接受中间人服务的行政机关或当事人补偿该中间人的全部或部分成本。

(e) 行政机关可以与任何人订立提供中间人服务的协议，或者与争议解决替代程序相关培训的协议。争议解决程序的当事人应当根据对政府来说是公正合理的原则，达成对中间人进行全部或者部分费用补偿的协议。

§ 574. 保密②

(a) 除本编§573（d）-（e）的规定外，争议解决程序的中间人不应主动披露，或根据要求，通过证据开示程序或者强制性程序披露争议解决的交换材料，或以秘密方式提供给中间人的交换材料，除非有下列情形发生：

(1) 争议解决程序的所有当事人及中间人都书面同意公开；如果该交换材料由非当事人的参加人提供，该参加人也同意公开；

(2) 争议解决的交换材料已经公开；

(3) 争议解决的交换材料依法应当公开，如果没人将其公开，中间人可将其公开；

(4) 法院认为，为了下列目的，此种证言或材料披露是必要的：

(A) 防止发生明显的不公；

(B) 帮助证明违法；或者

(C) 防止对公共健康和安全的损害，在具体案件中，不公开对公共健康和安全的损害程度超过公开对争议解决程序的完整性所带来的损害。

(b) 争议解决程序当事人不得自愿披露、或采取强制性程序来披露争议解决中的任何交换材料，除非发生下列情形：

---

① Added Pub. L. 101 - 552，§4（b），Nov. 15，1990，104 Stat. 2739，§583；renumbered §573，Pub. L. 102 - 354，§3（b）（2），Aug. 26，1992，106 Stat. 944；amended Pub. L. 104 - 320，§7（b），Oct. 19，1996，110 Stat. 3872.）

② Added Pub. L. 101 - 552，§4（b），Nov. 15，1990，104 Stat. 2740，§584；renumbered §574，Pub. L. 102 - 354，§3（b）（2），Aug. 26，1992，106 Stat. 944；amended Pub. L. 104 - 320，§3，Oct. 19，1996，110 Stat. 3870.

（1）交换材料由当事人提供，而当事人愿意公开的；

（2）所有当事人书面同意公开的；

（3）争议解决的交换材料已经公开；

（4）争议解决的交换材料依法应当公开；

（5）法院认为，为了下列目的，证言或证据开示是必要的：

（A）防止显失公正；

（B）帮助证明违法；或者

（C）止损害公共健康和安全，在具体案件中，不公开对公共健康和安全的损害程度超过公开对争议解决程序的完整性所带来的损害。

（6）争议解决的交换材料与争议解决程序的产生协议或裁决有关，直接决定该协议或裁决是否存在或是否有意义，或涉及该协议或裁决的执行；或者

（7）除由中间人产生的争议解决交换材料外，其他交换材料已对当事人公开，或可对当事人公开。

（c）违反分节（a）或者（b）规定被泄露的争议解决的交换材料，不能在与该材料有关的争议解决程序中被采纳。

（d）（1）当事人可以通过协议为中间人选择其他的保密程序，对分节（a）规定的核心内容进行修改。但在适用此修改程序之前，当事人必须通知中间人，否则，仍然适用分节（a）的规定；

（2）为了确保分节（j）规定的例外情况的适用，替代性保密程序公开的程度不应小于本分章规定的保密程度；

（e）如果由于证据开示或其他法定程序要求争议解决的中间人披露某项交换材料，中间人应尽力将该要求通知当事人或受此影响的非当事人的参加人。当事人或非当事人的参加人接到通知后15天内对此没有提出反对意见的，则视为放弃反对此种披露。

（f）不能仅因证据需要在争议解决程序中提交，而将本节的任何规定解释为阻止本来可以开示的证据进行开示或认定证据的可采性。

（g）分节（a）、（b）的规定不适用于根据争议解决程序达成的协议或发布的命令所需要的信息或数据；

（h）分节（a）、（b）规定并不能禁止因科研、教学目的，与其他行政机关或政府组织合作，或争议解决项目所进行的信息收集，只要当事人和具体争议不能从中识别出来即可。

（i）分节（a）、（b）的规定不能阻止采用争议解决交换材料来解决中间人与当事人之间的争议，但不得超出解决争议的必要范围。

（j）中间人与当事人之间，以及本节规定免于公开的争议解决交换材料，同样属于§552（b）（3）规定的可以不公开的范围。

§575. 仲裁权①

（a）（1）只要当事人同意，即可采用仲裁作为争议解决的替代程序。同意可在争议发生前或发生后作出。当事人可同意：

（A）将特定的争议问题提交仲裁；或者

（B）当裁决结果必须属于一定范围之内时才将争议提交仲裁。

---

① Added Pub. L. 101－552，§4（b），Nov. 15，1990，104 Stat. 2742，§585；renumbered §575，Pub. L. 102－354，§3（b）（2），Aug. 26，1992，106 Stat. 944；amended Pub. L. 104－320，§8（c），Oct. 19，1996，110 Stat. 3872.

(2) 载明仲裁事项的仲裁协议应以书面形式提交仲裁人。每份协议还应写明仲裁人作出裁决的最大范围以及限制裁决范围的其他条件。

(3) 行政机关不得以要求当事人同意采用仲裁程序，作为签订合同或领受福利的条件。

(b) 行政机关的官员或雇员不得提出以仲裁作为争议裁决方式，除非发生下列情况：

(1) 行政机关的官员或雇员另有授权，可以解决该争议的；或者

(2) 行政机关特别授权其采用仲裁程序的。

(c) 在使用本分章规定的有约束力的仲裁程序之前，行政首长需征求司法部长意见，并充分考虑§512 (b) 的列举因素后，制定仲裁指南，载明如何合理适用拘束性仲裁程序，以及在何种情况下行政机关的官员或雇员有权采用拘束性仲裁程序解决争议。

§576. 仲裁协议的执行①

根据《美国法典》第9编§4的规定，解决争议的仲裁协议具有执行力。不能因为该协议对联邦政府不利，或联邦政府是其中不可缺少的一方当事人，而取消或否定对该协议的执行。

§577. 仲裁人②

(a) 仲裁程序中的当事人有权参与仲裁人的选择；

(b) 仲裁人应具备本编§573规定的中间人的资格。

§578. 仲裁人的权力③

本分章规定的仲裁人在解决争议时，有以下权力：

(1) 主持仲裁和进行仲裁听证；

(2) 主持宣誓和接受保证书；

(3) 在法律对行政机关有特别授权时，根据《美国法典》第9编§7规定，在听证程序中强制证人出庭作证和提交证据；

(4) 作出裁决。

§579. 仲裁程序④

(a) 仲裁人应当确定听证会的时间、地点，并至少提前5日通知各方当事人。

(b) 要求得到听证记录的当事方应做到：

(1) 做好记录准备；

(2) 通知其他当事人和仲裁人其准备记录；

(3) 给所有确定身份的当事人和仲裁人提供记录副本；并且

(4) 负责此记录所有的支出，除非当事人另行同意或仲裁人决定费用分摊。

(c) (1) 仲裁当事人有权要求听证，提供与争议有关的证据材料，也有权对听证中出现的证人进行交叉询问；

(2) 仲裁人经当事人同意，可以在当事人有机会参与的情况下采用电话、电视、计算机及其他电子方式进行全部或部分听证；

---

① Added Pub. L. 101－552, §4 (b), Nov. 15, 1990, 104 Stat. 2742, §586; renumbered §576, Pub. L. 102－354, §3 (b) (2), Aug. 26, 1992, 106 Stat. 944.

② Added Pub. L. 101－552, §4 (b), Nov. 15, 1990, 104 Stat. 2742, §587; renumbered §577 and amended Pub. L. 102－354, §3 (b) (2), (3), Aug. 26, 1992, 106 Stat. 944, 945.

③ Added Pub. L. 101－552, §4 (b), Nov. 15, 1990, 104 Stat. 2742, §588; renumbered §578, Pub. L. 102－354, §3 (b) (2), Aug. 26, 1992, 106 Stat. 944.

④ Added Pub. L. 101－552, §4 (b), Nov. 15, 1990, 104 Stat. 2742, §589; renumbered §579, Pub. L. 102－354, §3 (b) (2), Aug. 26, 1992, 106 Stat. 944.

（3）听证应以非正式的形式迅速举行；

（4）仲裁人可接受任何口头或书面的证据，但是不相关、不重要、过分重复的证据以及仲裁人可以排除的特权证据除外；

（5）仲裁人有权解释和运用法律或规则规定的要求、法律判例和政策命令。

（d）未经当事人同意，任何利害关系人都不能就案件的实质问题对仲裁人作单方沟通。如果发生违反本分节规定的单方沟通行为，仲裁人应将其记录在案，且允许对其提出反驳。在听取违反本节规定而所的单方沟通时，仲裁人可以根据司法正义和作为本分章基础的政策含义，要求违反规定的当事人解释因为此种不当方式而不能作出对其权利诉求作出对其不利的裁决的原因。

（e）仲裁人应在听证结束后或案卷摘要归档后30日内作出裁决，除非：

（1）当事人同意其他时限；或者

（2）行政机关通过规则规定了其他时限。

§580. 仲裁裁决①

（a）（1）除非行政机关在其规则中另有规定，本分章所说的仲裁裁决应包括简短的、非正式的有关裁决事实根据和法律依据的讨论，但不要求正式的事实认定和法律结论；

（2）胜诉方当事人应将裁决及各方当事人送达的证据向相关行政机关备案。

（b）仲裁裁决在送达各方当事人之日起30天后成为最终裁决。作为仲裁一方当事人的行政机关可以在30天结束前通知所有其他当事人，决定再延长30天。

（c）最终裁决对参与仲裁程序的所有当事人都有约束力，并根据《美国法典》第9编§§ 9－13的规定可以强制执行。不能因为该裁决与联邦政府不利，或联邦政府是其中不可缺少的一方当事人，而取消或否定对该裁决的执行。

（d）根据本分章的规定，在仲裁程序中作出的裁决，对某个问题的解决，在其他程序中不能作为禁反言事由适用。此种裁决不能被用作先例，也不能在其他没有事实联系的程序中被考虑，无论该程序是行政机关根据本分章实施的，还是法院，或者其他仲裁程序。

§581. 司法审查②

（a）无论法律有无其他规定，受根据本分章作出的仲裁裁决之不利影响的人或受害人，有权根据《美国法典》第9编§§9－13的规定对此裁决提起司法审查。

（b）是否采用本分章规定的争议解决替代程序属于行政机关的自由裁量权，不受司法审查，但按照《美国法典》第9编§10（b）规定受司法审查的仲裁除外。

§582 信息的汇编（已经废除）③

§583. 支持服务④

为了实现本分章目的，行政机关经同意，可以（有偿或无偿）使用其他联邦、州、地方或部落政府、公共或私人的组织和机关以及个人提供的服务。尽管有《美国法典》第31编

---

① Added Pub. L. 101－552, §4 (b), Nov. 15, 1990, 104 Stat. 2743, §590; renumbered §580 and amended Pub. L. 102－354, §§3 (b) (2), 5 (b) (3), Aug. 26, 1992, 106 Stat. 944, 946; Pub. L. 104－320, §8 (a), Oct. 19, 1996, 110 Stat. 3872.

② Added Pub. L. 101－552, §4 (b), Nov. 15, 1990, 104 Stat. 2744, §591; renumbered §581 and amended Pub. L. 102－354, §3 (b) (2), (4), Aug. 26, 1992, 106 Stat. 944, 945; Pub. L. 104－320, §8 (b), Oct. 19, 1996, 110 Stat. 3872.

③ Pub. L. 104－320, §4 (b) (1), Oct. 19, 1996, 110 Stat. 3871.

④ Added Pub. L. 101－552, §4 (b), Nov. 15, 1990, 104 Stat. 2745, §593; renumbered §583, Pub. L. 102－354, §3 (b) (2), Aug. 26, 1992, 106 Stat. 944; amended Pub. L. 104－320, §5, Oct. 19, 1996, 110 Stat. 3871.

§1342 的规定，但是为了实现本分章规定的目的，行政机关可以接受自愿和无偿的服务。

§584. 拨款的批准①

为了实现本分章的目的，应当批准必要的拨款。

第六章　规制职能的分析*

§601. 定义②

为了本章规定的目的——

(1)“行政机关”，是指本编§551（1）所定义的行政机关。

(2)“规则”，是指行政机关根据本编§553（b），或者任何其他法律颁布拟议规则制定的一般性通告而要制定的规则，包括调整联邦政府向州和地方政府提供的拨款，行政机关在制定时提供了通告和公众评议机会的具有一般适用性的规则，但是“规则”一词并不包括涉及收费标准、工资、企业或者财务结构及其重组、价格、设备、器具、服务或者津贴，或者和上述各项有关的估价、费用、会计或者手续。

(3)“小企业”，与《小企业法》（the Small Business Act）§3 规定的“小企业(small business concern)”具有相同的含义，除非行政机关在征询小企业管理局倡议声援办公室（Office of Advocacy）的意见以及经过征求公众评议，对这一术语确立了对于行政机关的活动来说合适的一项或者更多项的定义，并且在《联邦公报》上刊登这些定义。

(4)“小组织”，是指任何非营利企业，独立所有和运营，在其领域内不具有主导地位，除非行政机关经过征求公众评议，对这一术语确立了对于行政机关的活动来说合适的一项或者更多项的定义，并且在《联邦公报》上刊登这些定义。

(5)“小政府辖区（small governmental jurisdiction)”，是指人口少于5万的，市、县、镇、村、学区或者特别区的政府，除非行政机关经过征求公众评议，对这一术语确立了对于行政机关的活动来说合适的，并且基于地处农村或者人口稀少的区域，或者因为辖区人口原因而财政收入有限的、一项或者更多项的定义，并且在《联邦公报》上刊登这些定义。

(6)“小型实体”，与本节第（3)，(4）和（5）款界定的“小企业”、“小组织”或者“小政府辖区”具有相同含义；并且

(7)“信息收集”——

(A）是指获取，或者被获取，咨询或者要求向第三方或者公众披露行政机关的事实或者意见，或者行政机关要求的事实或者意见，不论其形式或者格式如何，要求——

(i）对于10人或者更多的个人提出的相同问题，或者要求相同的报告或者记录保存要求，但是不包括对联邦政府的行政机关、机构或者雇员提出的上述问题和要求；或者

(ii）回答对行政机关、机构或者雇员提出的、用于一般性统计目的的问题；以及

(B）不得包括《美国法典》第44编§3518（c）（1）所描述的信息收集活动。

---

* 本章也被称为《规制灵活度法》（the Regulatory Flexibility Act），制定于1980年，后经修订，5 U.S.C. §§601-612。——译者注

① Added Pub. L. 104-320，§10（a)，Oct. 19，1996，110 Stat. 3873.

② Added Pub. L. 96-354，§3（a)，Sept. 19，1980，94 Stat. 1165；amended Pub. L. 104-121，title II，§241（a)（2)，Mar. 29，1996，110 Stat. 864.

（8）记录保存要求。“记录保存要求”，是指行政机关对个人设定的保存特定记录的要求。

§602. 规制议程[①]

（a）每年10月和4月，每家行政机关应当在《联邦公报》上刊登规制灵活性议程，其中应当包含——

（1）简要描述行政机关希望拟议或者颁布的任何可能对大量小型实体产生明显经济影响的规则之主题；

（2）简要概括支持根据第（1）款制定的规制灵活性议程中所列举的每项主题而审议的任何此类规则之性质、发布规则的目标和法律依据，以及完成行政机关已经发布规则制定的一般性通告的任何规则的完成制定的大概时间表，并且

（3）了解有关第（1）款所列举事项的行政机关官员的姓名和电话号码。

（b）每项规制灵活性议程应当抄送小企业管理局倡议声援办公室主任（Chief Counsel for Advocacy），以征求其意见。

（c）每家行政机关应当努力对小企业或者其代表通过直接通知或者在这些小型实体容易获得的出版物中刊登规制灵活性议程的通告，并且邀请小企业对议程上列举的每项主题发表评议意见。

（d）本节规定不得排除行政机关考虑任何不包括在规制灵活性议程上的事项或者采取行动，或者要求行政机关对该议程上列举的任何事实进行考虑或者采取行动。

§603. 初步规制灵活性分析[②]

（a）当行政机关根据本编§553或者任何其他法律的要求，刊登任何拟议规则制定的一般性通告，或者刊登涉及联邦政府国内税务法律的解释性规则制定的通告，行政机关应当制作初步的规制灵活性分析并供公众发表意见。此种分析应当描述拟议规则对小型实体的影响。在初步规制灵活性分析或者摘要应当与拟议规则制定的一般性通告同时刊登在《联邦公报》上。行政机关应当向小企业局倡议声援办公室主任抄送一份初步规制灵活性分析。对于涉及联邦政府国内税务法律的解释性规则，本章适用于为了订入《联邦规章汇编》而在《联邦公报》上刊登的解释性规则，但是仅限于这些解释性规则对小型实体设定了信息收集要求之时。

（b）本节要求的初步规制灵活性分析，应当包括——

（1）描述行政机关考虑采取行动的理由；

（2）简要描述拟议规则的目标和法律依据；

（3）描述并在可能的情况下估算拟议规则将适用的小型实体的数量；

（4）描述拟议规则将要提出的报告、记录保存和其他合规要求，包括未来需要遵守这一要求的小型实体的类型，以及为了制作报告或者记录所需要的职能技能的类型；

（5）尽可能地查清可能与拟议规则存在重复、重叠或者冲突的所有相关联邦规则。

（c）每份初步规制灵活性分析，也应当包含描述拟议规则的任何重要替代方案，以实现实现准据法说明的目标和减少拟议规则对小型实体的任何明显的经济影响。与准据性法律明确说明的目标一致，这一分析应当讨论如下重要的替代方案——

（1）根据小型实体拥有的资源，规定不同的合规或者报告要求和时间表；

---

① Added Pub. L. 96－354，§3（a），Sept. 19，1980，94 Stat. 1166.

② Added Pub. L. 96－354，§3（a），Sept. 19，1980，94 Stat. 1166；amended Pub. L. 104－121，title II，§241（a）（1），Mar. 29，1996，110 Stat. 864；Pub. L. 111－203，title X，§1100G（b），July 21，2010，124 Stat. 2112.

（2）阐释、整合或者简化该规则对此类小型实体提出的合规和报告要求；

（3）采用绩效标准而非设计标准；以及

（4）豁免此类小型实体遵守该规则的全部或者部分内容。

（d）（1）对§609（d）（2）所定义的、本法所调整的行政机关（covered agency），每份初步规制灵活度分析应当包括对下列内容的描述：

（A）小型实体信贷成本的任何预期增加情况；

（B）对拟议规制的任何明显的替代方案，它们可以实现可以适用的法律所规定的目的，并且尽量降低小型实体信贷成本的任何增加情况；

（C）与分款（A）、（B）和（C）和分节（b）所描述之问题相关的小型实体之代表的建议。

（2）对§609（d）（2）所定义的、本法所调整的行政机关，为了遵守第（1）（C）款之规定的目的，应当：

（A）经征求小企业局倡议声援办公室主任的意见，确定小型实体的代表人员；

（B）向根据分款（A）规定确定的小型实体的代表人员收集与第（1）款第（A）和（B）分款和分节（b）所描述之问题有关的建议。

§604. 最终规制灵活性分析①

（a）当行政机关根据本编§553颁布最终规则时，在根据该节规定或者任何其他法律规定颁布拟议规则制定的一般性通告，或者颁布涉及§603（a）描述的、联邦政府国内税务法律的最终解释性规则时，行政机关应当制作最终规制灵活性分析。每份最终规制灵活性分析，应当包含——

（1）说明制定规则的需要和目标；

（2）说明公众对初步规制灵活性分析发表的评议意见所提出的重要问题，说明行政机关对此类问题的评估，以及根据评议意见对拟议规则所作的修改；

（3）对于小企业局倡议声援办公室主任对拟议规则所提出的任何意见进行回应，以及详细说明最终规则根据这些评议意见对拟议规则所作的修改；

（4）对规则将会适用的小型实体的数量进行的描述和评估，或者解释无法作出评估的原因；

（5）描述该规则设想的报告、记录保存和其他合规要求，包括对将要遵守这些要求的小型实体的类型，以及为了制作这些报告或者记录需要的专业技能的类型；

（6）描述行政机关为了减少对小型实体的明显经济影响而采取的、符合可适用法律规定的目标的措施，包括最终规则中选择的替代方案之事实、政策和法律理由，以及行政机关为什么拒绝采纳其他影响小型实体的重要替代方案；以及

（7）对于§609（d）（2）所界定的、本法所调整的行政机关，描述行政机关为了减少对小型实体的任何额外的信贷成本而采取的措施。

（b）行政机关应当允许公众查阅最终规制灵活性分析的复本，并且在《联邦公报》上刊登该分析及其摘要。

§605. 避免重复或者不必要的分析②

---

① Added Pub. L. 96－354，§3（a），Sept. 19，1980，94 Stat. 1167；amended Pub. L. 104－121，title II，§241（b），Mar. 29，1996，110 Stat. 864；Pub. L. 111－203，title X，§1100G（c），July 21，2010，124 Stat. 2113；Pub. L. 111－240，title I，§1601，Sept. 27，2010，124 Stat. 2551.

② Added Pub. L. 96－354，§3（a），Sept. 19，1980，94 Stat. 1167；amended Pub. L. 104－121，title II，§243（a），Mar. 29，1996，110 Stat. 866.

（a）任何联邦行政机关可以实施本编§602、§603和§604所要求的分析，配合或者作为任何其他法律所要求的任何其他议程或者分析的一部分，如果任何其他分析满足上述条文的规定。

（b）本编§603和§604不得适用于任何拟议或者最终规则，如果行政首长认证该规则之颁布不会对大量的小型实体产生明显经济影响。如果行政首长根据上一句规定作出认证，行政机关将在《联邦公报》上刊登拟议规则制定的一般性通知时，同时在《联邦公报上》刊登此种认证，或者在刊登最终规则时同时提供支持此种认证的事实依据之说明。行政机关应当向小企业管理局倡议声援办公室主任抄送此种认证和说明。

（c）为了避免重复行动，行政机关可以将一系列联系密切的规则视为本编§602、§603、§604和§610规定意义上的一项规则。

§606. 对其他法律的影响①

本编§603和§604的要求并不以任何方式改变本来依法对行政机关适用的标准。

§607. 分析报告的制作②

根据本编§603和§604的规定，行政机关可以对拟议规则或者其替代方案之效力提供可量化或者数值型描述，或者如果定量分析不可行或者不可靠时提供更为一般化的描述性说明。

§608. 对于放弃或者推迟完成相关要求的程序③

（a）行政首长可以在最晚不迟于在最终规则的刊登之日，在《联邦公报》上刊登书面的事实认定，并且说明最终规则是为了应对紧急情况而发布，使得不可能遵守或者及时遵守本编§603的规定，从而放弃或者推迟完成本编§603规定的部分或者全部要求。

（b）除了§605（b）所作规定之外，行政首长不得豁免本编604的要求。行政首长可以推迟履行本编§604的要求至最晚不迟于在《联邦公报》上刊登最终规则之日后180日，不迟于在《联邦公报》上刊登书面事实认定及其理由，即最终规则的颁布是为了应对紧急情况而发布，使得不可能及时遵守本编§604的规定。如果行政机关还没有在最终规则刊登之日起180日内制作最终规制分析报告，此种规则将过期失效。除非行政机关已经完成最终规制灵活性分析，否则不得再次公布此种规则。

§609. 搜集评议意见的程序④

（a）当所颁布的任何规则对大量小型实体会有明显的经济性影响时，颁布该规则的行政机关之首长或者负责颁布该规则的行政机关的官员应当确保小型实体通过下列技术，获得参与规则制定的机会——

（1）在拟议规则制定的预先通告中包括一项说明，即拟议规则会对大量小型实体产生明显的经济影响；

（2）在小型实体容易获取的出版物上刊登拟议规则制定的一般性通告；

（3）直接通知存在利害关系的小型实体；

（4）为小企业召开开放会议或者公开听证会，通过计算机网络征求和接收评议意见；

（5）采纳或者修改行政程序规则以减少小型实体参与规则制定的成本或者复杂性。

（b）在本法所调整的行政机关（covered agency）刊登根据本章所要求的初步规制灵

① Added Pub. L. 96－354，§3（a），Sept. 19，1980，94 Stat. 1168.

② Added Pub. L. 96－354，§3（a），Sept. 19，1980，94 Stat. 1168.

③ Added Pub. L. 96－354，§3（a），Sept. 19，1980，94 Stat. 1168.

④ Added Pub. L. 96－354，§3（a），Sept. 19，1980，94 Stat. 1168；amended Pub. L. 104－121，title II，§244（a），Mar. 29，1996，110 Stat. 867；Pub. L. 111－203，title X，§1100G（a），July 21，2010，124 Stat. 2112.

活性分析之前——

（1）本法所调整的行政机关应当通知小企业管理局倡议声援办公室主任，向其提供拟议规则对小型实体可能产生的影响以及可能会受到影响的小型实体类型等信息；

（2）在收到第（1）款规定的材料之日起15日内，小企业管理局倡议声援办公室主任应当确定受影响小型实体的个人代表，向他们征求有关拟议规则可能影响的意见和建议；

（3）行政机关应当召集完全由负责实施该规则的内部所属办公室、管理和预算局信息与规制事务办公室的全职联邦雇员，以及小企业管理局倡议声援办公室主任组成的审查小组对此种规则进行审查；

（4）审查小组应当审查行政机关已经制作的与本章规定有关的任何材料，包括任何起草的拟议规则，向行政机关征询小企业管理局倡议声援办公室主任意见后确定的每个小型实体个人代表收集§603（b）第（3）、（4）、（5）款和§603（c）的有关意见和建议；

（5）本法所调整的行政机关根据第（3）款召集审查小组之后60日内，审查小组应当就小企业代表的意见及其有关§603（b）第（3）、（4）、（5）款和§603（c）之问题的事实认定等发表报告，并且此种报告应当作为规则制定的案卷之一部分向公众公开；

（6）在合适的时候，行政机关应当修改拟议规则，初步规制灵活性分析或者是否要求提供初步规制灵活性分析的决定。

（c）对于一项规则，如果行政机关试图根据§605（b）作出认证的规则，但是行政机关相信可能会对大量小型实体产生超过最低限度的影响时，行政机关可以根据自己的裁量权决定是否适用§609（b）。

（d）出于本节规定的目的，“本法所调整的行政机关”，是指

（1）环境保护局；

（2）联邦储备系统消费者金融保护局；

（3）劳工部职业安全和健康管理局。

（e）小企业管理局倡议声援办公室主任在征求§609（b）（2）所认定的个人，以及管理和预算局信息与规制事务办公室主任的意见之后，可以通过在规则制定案卷中包括书面事实认定及其理由，说明§609（b）（3）、§609（b）（4）和§609（b）（5）规定的要求不会促进小型实体有效参与规则制定程序，从而豁免这些规定的要求。出于本分节规定的目的，在作出此种事实认定时需要考虑下列因素：

（1）在起草拟议规则时，本法所调整的行政机关在征求受影响的小型实体之个人代表有关规则之可能影响的意见的限度内考虑这些关切的问题；

（2）要求尽快制定规则的特殊情形；

（3）§609（b）的要求是否为§609（b）（2）中所确认的个人提供了相对于其他小型实体的竞争优势。

§610. 规则的定期审查①

（a）在本章规定生效后的180日内，每家行政机关应当在《联邦公报》上刊登对行政机关制定的对大量小型实体产生明显经济性影响的规则进行定期审查的计划。行政机关可以随时在《联邦公报》上刊登修订内容而对该计划进行修改。这一审查的目的应当是确定此种规则是否不作修改而继续制定，或者应当根据可适用的法律所规定的目的对规则进行修订或者撤销，以减小这些规则对大量的此类小型实体产生的任何明显的经济性影响。定期审查计划应当规定在本章生效之日之后，对所有现行的此类行政规则，在其作为最终规

---

① Added Pub. L. 96-354，§3（a），Sept. 19，1980，94 Stat. 1169.

则而刊登之日起10年内进行审查。如果行政首长认定不可能在既定的日期前完成对所有现行的规则的审查，他也可以在《联邦公报》上刊登认证书，作出上述认证，并且可以将完成审查的日期一次延长一年，但是最长不得超过5年。

（b）在按照可适用的法律所规定的方式，审查规则以减小规则对大量小型实体产生的明显经济性影响时，行政机关应当考虑下列因素——

（1）对规则的持续性需要；

（2）公众围绕规则提出的投诉或者评议意见的性质；

（3）规则的复杂性；

（4）规则与其他联邦行政规则，以及在可能的限度内与州和地方政府的规则之间存在重叠、重复或者冲突的程度；以及

（5）规则已经得到评估的持续时间长短，和在该规则所影响的领域技术、经济状况或者其他因素发生改变的程度。

（c）每个行政机关应当每年在《联邦公报》上刊登对大量小型实体产生明显经济性影响的规则和需要根据本节规定在接下来的12个月内接受审查的规则之目录。这一目录应当包括对每项规则的简要描述，以及对此种规则的需要和法律依据，并且应当要求公众对这一规则发表评议意见。

§611. 司法审查①

（a）（1）对于需要遵守本章规定的任何规则，受到最终行政行为之不利影响或者损害的小型实体，有权根据第7章的规定，要求法院审查行政机关遵守§601、§604、§605（b）、§608（b），和§610的情况。在与对§604的司法审查相关时，行政机关遵守§607和§609（a）的情况，应当是可以由法院审查的。

（2）有权审查此类规则遵守§553或者任何其他法律规定的情况的每个法院，应当有权根据第7章的规定，审查违反§601、§604、§605（b）、§608（b）和§610的诉讼请求。与对§604的司法审查相关时，行政机关遵守§607和§609（a）的情况应当是可以由法院审查的。

（3）（A）小型实体可以在最终行政行为作出之日起一年内寻求司法审查，但是法律规定要求起诉最终行政行为必须在一年时间到期之前提出的，这一更短的期限应当适用于根据本节对一项行为提出的司法审查之诉。

（B）当行政机关根据本章§608（b）的规定推迟发布最终规制灵活性分析时，根据本节提出的司法审查之诉应当在不迟于下述日期前提出——

（i）最终规制灵活性分析向公众公开之后一年内；或者

（ii）当法律条款要求质疑最终行政规则的诉讼在一年期限到期前提出时，此种法律条款所规定的日期数是在最终规制灵活性分析向公众公开之后。

（4）在本节提出的诉讼中批准任何救济时，法院应当责令行政机关根据本章和第7章的规定采取措施纠正错误，包括，但不限于——

（A）将规则发回行政机关重新处理；

（B）推迟对小型实体强制执行该规则，除非法院认定持续强制执行该规则是符合公共利益需要的。

（5）本分节不得被解释为限制任何法院根据任何其他法律条款暂停任何规则或者条款

① Added Pub. L. 96-354, §3 (a), Sept. 19, 1980, 94 Stat. 1169; amended Pub. L. 104-121, title II, §242, Mar. 29, 1996, 110 Stat. 865.

的生效，或者在本节规定的要求之外给予任何其他的救济。

(b) 在申请法院审查一项规则的诉讼中，对此类规则的规制灵活性分析，包括根据第(a)(4)款而制作或者修改的分析，应当构成与此种审查有关的行政行为完整案卷的一部分。

(c) 行政机关是否遵守本章的规定，只能根据本节的规定接受司法审查。

(d) 本节规定不得阻止法院审查任何其他法律要求的任何其他影响说明或者类似分析，如果对此类说明或者分析的司法审查是本来可以得到法律允许的。

§612. 报告和介入权①

(a) 小企业管理局倡议声援办公室主任应当监督行政机关遵守本章规定的情况，并且至少每年就此向总统、参议院和众议院的司法和小企业委员会报告。

(b) 小企业管理局倡议声援办公室主任有权在联邦法院提出审查一项规则的诉讼中作为法庭之友出席。在任何此类诉讼中，小企业管理局倡议声援办公室主任有权对本章合规情况，规则制定案卷有关小型实体的内容之充分性以及规则对小型实体的影响等发表自己的观点。

(c) 联邦法院应当批准小企业管理局倡议声援办公室主任提出的出席任何为了分节(b)规定之目的而进行的任何诉讼的申请。

第七章 司法审查

§701. 适用的范围、定义②

(a) 本章的适用按条文的规定，但不适用于：

(1) 法律排除司法审查的行为；或者

(2) 法律赋予行政机关自由裁量的行为。

(b)(1)"行政机关"，是指联邦政府的每一家机构(authority)，无论其是否受另一家行政机关的审查，但是并不包括：

(A) 国会；

(B) 联邦法院；

(C) 美国领地或属地的政府；

(D) 哥伦比亚特区政府；

(E) 由纠纷各方当事人的代表或其组织的代表所组成的、以解决纠纷的行政机关。

(F) 军事法庭和各军事委员会；

(G) 战争时期在战区或占领地行使权力的军事当局；

(H) 根据《美国法典》第12编§§1738，1739，1743和1744；第49编第471章第2分章；第50编附录§1884、§§1891—1902，以及原§1641(b)(2)规定行使职权的行政机关。

(2)"人"、"规则"、"裁定"、"许可证"、"制裁"、"救济"和"行政行为"[机关行为]的定义的本编§551的规定相同。

---

① Added Pub. L. 96－354，§3(a)，Sept. 19，1980，94 Stat. 1170；amended Pub. L. 104－121，title II，§243(b)，Mar. 29，1996，110 Stat. 866.

② Pub. L. 89－554，Sept. 6，1966，80 Stat. 392；Pub. L. 103－272，§5(a)，July 5，1994，108 Stat. 1373；Pub. L. 111－350，§5(a)(3)，Jan. 4，2011，124 Stat. 3841.

§ 702. 申请司法审查的权利①

任何人由于行政行为而受到不法的侵害，或者在某一有关法律意义内的不利影响或侵害时，有权对该行为请求司法审查。联邦法院受理的诉讼不是寻求金钱赔偿，而是控告行政机关或其官员或雇员，以公务身份或者在法定职权掩饰下的作为或不作为时，不得以该诉讼反对联邦政府或联邦政府是必不可少的当事人为理由而驳回或拒绝给予救济。联邦政府在这类诉讼中可以被指名作为被告，也可以针对联邦政府作出判决或命令。但是任何执行令或禁令（mandatony or injunctive decree）必须指明联邦官员（称其姓名或职衔）或其继任人对其执行负有责任。本节的规定并不：

（1）影响对司法审查的其他限制，或者法院根据任何其他有关的法律的或衡平法的理由，驳回或拒绝救济的权力或义务；或者

（2）在任何其他允许起诉的法律明示地或默示地禁止当事人所寻求的救济时，授权给予救济。

§ 703. 诉讼的形式和地点②

司法审查的形式是在法律指定的法院中，法律对审查对象所特别规定的法定的审查程序，在没有法律规定的形式，或者法律的规定不适当时，有管辖权的法院可以适用任何能够适用的法律诉讼形式，包括申请确认判决、命令性的制止状、人身保护状等诉讼形式在内。如果没有能够适用的特定的法定的审查形式时，司法审查的诉讼可以对联邦政府、对行政机关以行政机关的名称或者对有关的官员提起。除法律规定有事先的、适当的、而且唯一的司法审查的机会以外，行政行为在民事的或刑事的司法强制执行程序中，应当受到法院的审查。

§ 704. 可受审查的行为③

法律规定可受审查的行政行为，和没有其他适当的法院救济的最终行政行为，应受司法审查。预备性、程序性或中间阶段的行政行为或裁决，不能直接受审查，应在审查最终行政行为时受审查。除法律另有其他的规定外，行政行为依其他的方式是最终时，就本节的目的而言就是最终的，不论对该行为是否已经申请确认判决、任何形式的再考虑或向上级行政机关上诉。但是行政机关可以制定规则作出不同的要求，规定在向上级行政机关申诉时，该行为暂时不发生效力。

§ 705. 司法审查期间的救济④

行政机关为了公正的需要，可以在司法审查期间推迟它所采取的决定的生效日期。审查法院，包括案件上诉的法院和根据申请向审查法院发出提审状或其他令状的法院在内，为了防止不可弥补的损害的发生，在其必要的条件和限度以内，可以发出一切必要的和适当的命令，在司法审查程序结束以前，推迟行政行为生效的日期，或者保持原状或权利。

§ 706. 司法审查的范围⑤

对当事人提出的主张，在判决所必要的范围内，审查法院应决定全部有关的法律问题，解释宪法和法律条文的规定，并且决定行政行为的词句所表示的意义或适用。审查法院应

（1）责令执行被违法拒绝的或不合理迟延的行政行为，并且

---

① Pub. L. 89-554, Sept. 6, 1966, 80 Stat. 392; Pub. L. 94-574, §1, Oct. 21, 1976, 90 Stat. 2721.

② Pub. L. 89-554, Sept. 6, 1966, 80 Stat. 392; Pub. L. 94-574, §1, Oct. 21, 1976, 90 Stat. 2721.

③ Pub. L. 89-554, Sept. 6, 1966, 80 Stat. 392.

④ Pub. L. 89-554, Sept. 6, 1966, 80 Stat. 393.

⑤ Pub. L. 89-554, Sept. 6, 1966, 80 Stat. 393.

(2) 认为出现下列情况的行政行为、裁定和结论不合法，并撤销之：

(A) 武断、恣意、滥用裁量权或其他的不合法的行为；

(B) 违反宪法上的权利、权力、特权或特免；

(C) 超越法定的管辖权限、权力、或限制，或者没有法律上的权利；

(D) 没有遵守法律规定的程序；

(E) 适用本编§556和§557的规定的案件，或者法律规定的其他依行政机关的听证记录而审查的案件，没有实质性证据支持；或者

(F) 没有事实的根据，达到事实必须由法院重新审理的程度。

在作上述决定的时候，法院应审查全部记录，或记录中为一方当事人所引用的部分；并且应充分注意法律对产生不正确的结果的错误所作出的规定。

第八章 行政规则制定的国会审查*

§801. 国会审查①

(a)(1)(A) 在一项规则生效之前，颁布该规则的联邦行政机关应当向国会参众两院和总审计长提交一份报告，报告内容包括：

(i) 一份规则的复本；

(ii) 对简要介绍规则内容的一般性说明，包括该规则是否属于重要规则；以及

(iii) 规则的计划生效日期。

(B) 在根据分款(A)提交报告时，制定规则的联邦行政机关应当向总审计长提交，并允许国会两院查阅——

(i) 对该规则的完整的成本效益分析，如果有的话；

(ii) 行政机关作出的与§603、§604、§605、§607和§609有关的行为；

(iii) 行政机关作出的与《1995年无资金保障施令改革法》(the Unfunded Mandates Reform Act of 1995) §202、§203、§204、§205有关的行为；以及

(iv) 任何其他法律或者任何相关总统行政命令规定的任何其他相关信息或者要求。

(C) 在收到根据分款(A)提交的报告后，国会两院应当将报告复本抄送每个根据参众两院规则，负责在规则制定后提出修改法律条款的法案的常设委员会之主席和副主席(ranking member)。

(2)(A) 总审计长应当在§802(b)(2)规定的提交或者刊登之日起15日内就每项重要规则向国会两院分管委员会提供报告。总审计长的报告应当包括对分款(1)(B)所要求的行政机关遵守程序性步骤情况的评估。

(B) 联邦行政机关应当与总审计长合作提供与分款(A)规定的总审计长的报告有关的信息。

(3) 与根据第(1)款提交的报告有关的重要规则，应当在以下日期的最后者生效——

(A) 在以下情形中较晚发生者，发生之后60日后——

(i) 国会收到根据第(1)款规定提交的报告；或者

---

* 本章也被称为《国会审查法》(the Congressional Review Act)，5 U.S.C. §§801-808。

① Added Pub. L. 104-121, title II, §251, Mar. 29, 1996, 110 Stat. 868.

(ii) 规则刊登在《联邦公报》上，如果以此方式公布的话；

(B) 如果国会联合通过§802所规定的与规则有关的反对决议，并且总统签署了此种反对决议的否决决定，发生以下事实之日期中较早者——

(i) 国会的任何一院投票而未能推翻总统否决决定的；或者

(ii) 国会收到总统的否决决定和反对意见之日起30个会期日（session days）后；

(C) 规则本来会生效的日期，如果不是因为本节规定（除非国会通过了§802所规定的反对规则的联合决议）。

(4) 除了重要规则以外，规则应当按照法律的规定在根据第(1)款提交给国会之后生效。

(5) 尽管存在第(3)款的规定，规则生效日期不得因为本章的规定而推迟至超出国会任何一院投票放弃§802所规定的反对规则的联合决议的日期。

(b) (1) 如果国会通过了§802所规定的反对规则的联合决议，规则不得生效（或者继续有效）。

(2) 根据第(1)款规定没有生效（或者没有继续有效）的规则，不得以实质性相同的形式重新发布，不得发布与此种规则实质性相同的新规则，除非这是重新发布的规则或者新规则是在反对原先规则的联合决议通过之后，国会通过的法律所特别要求的。

(c) (1) 尽管存在本节的任何其他规定（但是不包括遵守第(3)款），因为分节(a)(3)的原因而不能生效的规则可以生效，如果总统根据第(2)款作出决定并将该决定书面通知提交国会。

(2) 第(1)款适用于总统以行政命令的形式作出的决定，即因为此种规则具有下列特征，规则应当生效——

(A) 因为对健康、安全的急迫威胁或者其他紧急情况而必需的；

(B) 对于强制执行刑事法律所必需的；

(C) 对于国家安全所必需的；或者

(D) 根据任何实施国际贸易协定的法律而发布的。

(3) 总统根据本分节行使职权，不得对§802所规定的程序产生影响，也不得对根据本节规定作出反对规则的联合决议产生影响。

(d) (1) 除了本章规定的审查的机会之外，任何规则，是在国会休会之前(A)涉及参议院时，60个会期日，或者(B)涉及众议院时，60个立法日（legislative days），直至同届或者下届国会下一次会期开幕日，根据本节(a)(1)(A)提交报告的，§802应当适用于在国会下一个会期适用于此类规则。

(2) (A) 在为了此类额外审查之目的而适用§802时，应将本节(d)(1)所规定的规则视为

(i) 在国会新会期开幕日之后

(I) 涉及参议院时，第15个会期日，或者

(II) 涉及众议院时，第15个立法日

在《联邦公报》(作为应当生效的规则) 刊登此类规则。

(ii) 有关该规则的报告将在该日根据本节(a)(1)提交国会。

(B) 本款不得被解释为影响本节(a)(1)规定的要求，即应当在规则可以生效之前向国会提交报告。

(3) 本节(d)(1)规定的规则应当按照法律规定（包括本节其他分节）生效。

(e) (1) 为了本分节制定的目的，§802应当同样适用于在1996年3月1日至本章立法之日之间颁布的任何重大规则。

（2）在为了国会审查的目的而适用§802时，根据第（1）款规定的规则应当被视为——

（A）此类规则是本章法律通过之日刊登在《联邦公报》上；以及

（B）有关此类规则的报告是在此日期根据本节（a）（1）提交国会的。

（3）第（1）款规定的规则之效力应当与法律规定的相同，除非根据§802，该规则不具有强制力或者效力。

（f）任何已经生效的规则，后来因为§802规定的联合决议的通过而失去强制力或者效力的，应当视为此类规则从未发生效力。

（g）如果国会并未通过§802所规定的反对一项规则的联合决议，法院或者行政机关不得从国会的作为或者不作为中推导出任何国会有关此类规则、相关法律或者反对规则的联合决议的意图。

§802. 国会否决审查①

（a）出于本节规定的目的，"联合决议"一词，仅指国会收到§801（a）（1）（A）中所提到的报告之日起60日内提出的联合决议（排除国会任何一院在会期内休会超过三天者），其中裁决条款后的事项如下："国会反对由＿＿＿＿提交的有关＿＿＿＿的规则，此规则不得具有强制力或者效力"（空白处可以填入合理内容）。

（b）（1）§802（a）所述联合决议应当转送国会两院有管辖权的相关委员会。

（2）对于本节之规定，"提交报告或者规则公布之日"，是指以下两项事实的发生日期，以发生在后者为准——

（A）国会收到根据§801（a）（1）提交的报告；或者

（B）规则公布在《联邦公报》上。

（c）在参议院中，如果§802（a）所述联合决议提交给一个委员会，而该委员会在根据§802（b）（2）所定义的提交报告或者规则公布之日起20日后还没有报告该联合决议的（或者内容完全相同的联合决议），该委员会可以根据30名参议员书面请求免除进一步审议该联合决议的义务，并且该联合决议将纳入议事日程。

（d）（1）在参议院，当联合决议提交给相关委员会，而该委员会已经作出报告后，或者当委员会（根据§801（c））不再进一步审议§801（a）所述的联合决议时，在此后随时动议继续审议联合决议是合乎程序的（即使具有相同效力的前一项动议已经被否决），并且所有对反对联合决议（以及反对审议联合决议）的议程限制已经消除。不得修改该动议，也不得动议推迟，或者动议继续审议其他事务。对于动议重新考虑投票以同意或者反对该动议的，应当是不合程序的。如果动议继续审议联合决议而得到同意，该联合决议应当继续列为参议院未尽事务直到最后得到处理。

（2）在参议院，有关联合决议，以及与之相关的所有可以辩论的动议和裁决，应当限于不超过10小时，这10小时应当在支持和反对联合决议的人之间平等分配。申请进一步限制辩论的动议是合乎程序的和不可辩论的。修改或者动议推迟，或者动议继续审议其他事务，或者动议重新提出联合决议的，是不合程序的。

（3）在参议院对§802（a）所述的联合决议结束辩论之后，如果根据参议院规则申请在辩论结束时进行一次点名，就可以对联合决议付诸最后表决。

（4）对于是否可以将参议院规则适用于§802（a）所述的联合决议相关程序，主席所作裁决应当以不付诸辩论的方式作出裁决。

---

① Added Pub. L. 104－121，title II，§251，Mar. 29，1996，110 Stat. 871.

(e) 在参议院，在下列情形时，§802 (c) 和§802 (d) 规定的程序不得适用于对有关一项规则的联合决议的审议——

(1) 在可以适用的提交报告或者规则公布之日起60个会期日到期之后，或者

(2) 如果§801 (a) (1) (A) 规定之报告是在§801 (d) (1) 提及的期间内提交的，在国会下一个会期开幕之后的第15个会期日开始的60个会期日到期之后。

(f) 如果在国会一院通过§802 (a) 所述之联合决议之前收到另一院移送的§802 (a) 所述之联合决议，则应适用下列程序：

(1) 另一院通过的联合决议不得移送至委员会。

(2) 关于收到联合决议的一院的§802 (a) 所述之联合决议——

(A) 该院适用的程序应当与该院没有收到另一院的联合决议时适用的程序相同，但是

(B) 最后投票表决应当是关于另一院的联合决议。

(g) 国会制定本节规定——

(1) 作为国会参众两院分别行使规则制定权，以及作为视为两院各自规则的一部分，但是只是在参众两院在作出本节 (a) 所规定的联合决议时所遵循的程序相关时，才是可以适用的，并且在其他规则违反这些规则的限度内取代其他规则；并且

(2) 充分承认国会两院在任何时候，以相同方式，并且在与本院任何其他规则相同的限度内修改规则的宪法权利（只要涉及两院各自的规则）。

§803. 有关法律、规则和法院确定的截止期限的特别规则①

(a) 对于任何因为国会通过§802规定的反对规则的联合决议而没有生效（或者效力中止）的任何规则相关的或者涉及的任何截止期限，该截止期限延长至联合决议通过之日起一年之后。本分节之规定不得被解释为影响仅仅以根据§801 (a) 规定而推迟规则之生效日期为由而影响一项截止期限。

(b) "截止期限"一词，是指根据联邦法律或者规则的规定，或者实施任何联邦法律或者规则的法院裁决，履行任何义务或者行使任何权力的任何特定日期。

§804. 定义②

出于本章规定的目的——

(1) "联邦行政机关"，是指§551 (1) 所定义的任何行政机关。

(2) "重要规则"，是指管理和预算局信息与规制事务办公室主任认定已经导致或者很可能会导致——

(A) 每年对经济产生的影响达到1亿美元或者更多；

(B) 导致消费者、各个行业、联邦、州、或者地方政府行政机关，或者地理区域的成本或者物价重大增加；或者

(C) 对于竞争、就业、投资、生产效率、创新，或者美国境内企业 (United States-based enterprises) 与外国企业在国内和出口市场上的竞争力等产生明显的不利影响。

这一术语并不包括任何根据《1996年电信法》及该法的修正案而制定的任何规则。

(3) "规则"一词具有§551赋予该词的含义，但是该词并不包括——

(A) 具有特定适用性的任何规则，包括批准或者规定未来收费标准、工资、价格、服务或者其津贴，法人或者财务结构，或者对其进行的重组、兼并，或者收购，或者对上

① Added Pub. L. 104-121, title II, §251, Mar. 29, 1996, 110 Stat. 873.

② Added Pub. L. 104-121, title II, §251, Mar. 29, 1996, 110 Stat. 873.

述各项相关的会计惯例或者披露等事项的规则；

(B) 任何与行政机关内部管理或者人事关系有关的规则；或者

(C) 规定行政机关组织、程序的行政规则，或者并不对非行政机关的当事人的权利或者义务产生实质性影响的任何行政规则。

§ 805. 司法审查①

根据本章规定作出的判断、事实认定、作为或者不作为不接受司法审查。

§ 806. 可适用性；可分割性②

(a) 尽管存在任何其他法律条款，本章应当适用。

(b) 如果本章的任何条款，或者本章任何条款适用于任何人或者情境，被判定无效，此类条款适用于其他人或者情境，以及本章其余条款，不得因此而受影响。

§ 807. 货币政策的豁免③

本章规定不得适用于涉及联邦储备委员会或者联邦公开市场委员会（the Federal Open Market Committee）提议或者实施的涉及货币政策的规则。

§ 808. 特定规则的生效日期④

尽管有 § 801 之规定——

(1) 为了与打猎、捕鱼或者露营有关的商业、休闲或者生存之目的而设立、修改、开始、结束或者实施一项规制项目的任何规则；或者

(2) 行政机关出于合理事由认定（并且在所制定的规则中整合了事实认定和简要的理由说明）通告和公开程序是不可行、不必要或者违背公共利益的，

应当在联邦行政机关颁布规则时确定的时间生效。

行政法官

§ 1305. 行政法官⑤

根据本编 §§ 3105、3344、4301（2）（D）和 § 5372 以及本编 § 5335（a）（B）与行政法官有关之规定的目的，人事管理局可以，以及根据本编 § 7521 的目的，功绩制保障委员会可以调查，要求行政机关报告、发布报告，包括每年向国会报告，制定规则，任命必要的咨询委员会，建议立法、传唤证人和要求提供案卷，并且支付联邦法院所规定的作证费用。

§ 3105. 行政法官的任命⑥

每个行政机关任命行政法官的数目，应当满足实施本编 §§ 556 - 557 规定的程序的需要，行政法官应当尽可能地实行轮流分配案件。行政法官不得执行和行政法官的职务和责任不符的职务。

---

① Added Pub. L. 104 - 121, title II, § 251, Mar. 29, 1996, 110 Stat. 873.

② Added Pub. L. 104 - 121, title II, § 251, Mar. 29, 1996, 110 Stat. 873.

③ Added Pub. L. 104 - 121, title II, § 251, Mar. 29, 1996, 110 Stat. 874.

④ Added Pub. L. 104 - 121, title II, § 251, Mar. 29, 1996, 110 Stat. 874.

⑤ Pub. L. 89 - 554, Sept. 6, 1966, 80 Stat. 402; Pub. L. 90 - 83, § 1 (3), Sept. 11, 1967, 81 Stat. 196; Pub. L. 95 - 251, § 2 (a) (1), (b) (1), Mar. 27, 1978, 92 Stat. 183; Pub. L. 95 - 454, title VIII, § 801 (a) (3) (B) (iii), title IX, § 906 (a) (12), Oct. 13, 1978, 92 Stat. 1221, 1225; Pub. L. 102 - 378, § 2 (4), Oct. 2, 1992, 106 Stat. 1346; Pub. L. 105 - 362, title XIII, § 1302 (a), Nov. 10, 1998, 112 Stat. 3293.

⑥ Pub. L. 89 - 554, Sept. 6, 1966, 80 Stat. 415; Pub. L. 95 - 251, § 2 (a) (1), (b) (2), (d) (1), Mar. 27, 1978, 92 Stat. 183, 184.

§3344. 选调（details）；行政法官[①]

本编551节所指的机关，偶尔或者临时缺少依本编§3105规定的行政法官时，可以使用人事管理局经其他机关同意，从其他机关挑选的行政法官。

§5372. 行政法官[②]

（a）对于本节规定的目的，“行政法官”是指根据§3105的规定任命的行政法官。

（b）（1）（A）行政法官的基本工资（basic pay）设三等（分别是AL—1，AL—2和AL—3），应当按照上述等级之一，以及本节的规定向每位行政法官支付基本工资。

（B）AL—3，设6个基本工资等级（rates of basic pay），分别定为AL—3 A至AL—3 F。AL—2和AL—1各设1个基本工资等级。

（C）AL—3，A级，基本工资不得低于行政首长工资序列（the Executive Schedule）第四等基本工资的65%，AL—1的基本工资不得超过行政首长工资序列第四等基本工资。

（2）人事管理局应当根据该局自行通过规则规定的程序，确定每位行政法官应当所处的等级，以及分配至相应等级需要具备的资质。

（3）（A）在分配至AL—3的职务后，行政法官应当享受AL—3，A级的工资标准，并且每完成52周的任职时间可以逐级升至B、C和D级，每完成104周的任职时间后可以逐级升至E和F级。

（B）人事管理局可以在该局认为合适的情形下指定一名AL—3等的行政法官享受高等的工资标准。

（4）根据第（1）款的规定，适用于行政法官的每个基本工资等级应当根据总统认为合适的金额进行调整，自第一个适用的工资周期（pay period）开始生效，时间是根据§5303生效的联邦一般工资表（General Schedule）基本工资调整生效当月的首日或者之后。

（c）人事管理局应当制定必要的规则以实施本节的规定。

§7521. 对行政法官的处分[③]

（a）对由机关依本编§3105规定任命并在该机关任职的行政法官采取制裁，只能根据功绩制保障委员会基于听证的记录所认定的正当理由。

（b）本节规定的制裁措施是：

（1）免职；

（2）停职；

（3）降级；

（4）减薪；

（5）暂时停职（furlough）30天以下。

但是不包括：

（A）根据本编§7532的规定［由于国家安全利益］被停职或免职；

（B）根据本编§3502的规定实行的大批裁员的措施；或者

（C）根据本编§1215的规定［由功绩制保障委员会］建议的任何处分。

---

① Pub. L. 89－554，Sept. 6，1966，80 Stat. 425；Pub. L. 95－251，§2（a）（1），（b）（2），Mar. 27，1978，92 Stat. 183；Pub. L. 95－454，title IX，§906（a）（2），Oct. 13，1978，92 Stat. 1224.

② Pub. L. 89－554，Sept. 6，1966，80 Stat. 473，§5362；Pub. L. 95－251，§2（a）（1），（b）（1），Mar. 27，1978，92 Stat. 183；renumbered §5372 and amended Pub. L. 95－454，title VIII，§801（a）（3）（A）（ii），title IX，§906（a）（2），Oct. 13，1978，92 Stat. 1221，1224；Pub. L. 101－509，title V，§529［title I，§104（a）（1）］，Nov. 5，1990，104 Stat. 1427，1445；Pub. L. 102－378，§2（32），Oct. 2，1992，106 Stat. 1350；Pub. L. 106－97，§1，Nov. 12，1999，113 Stat. 1322.

③ Added Pub. L. 95－454，title II，§204（a），Oct. 13，1978，92 Stat. 1137；amended Pub. L. 101－12，§9（a）（2），Apr. 10，1989，103 Stat. 35.

附录C

联邦咨询委员会法*

§1. 短标题

本法可引作“联邦咨询委员会法”。

§2. 问题与立法目的

(a) 国会发现，联邦政府已经设立了诸多委员会**以及类似团体，以便为行政官员和行政机关提供建议，这已经成为对联邦政府吸收专家建议、想法和多元观点的有用的和有益的方式。

(b) 国会并进一步认定和宣告——

(1) 现有的众多咨询委员会是否有必要继续存在尚未经过充分评估；

(2) 新的咨询委员会应当只在确定起关键性作用，并且其数目保持在最小限度的必要时才能设立；

(3) 如果不能继续实施其设立时所要达到的目的，咨询委员会即应被终止；

(4) 咨询委员会的设立、运作、管理和延续都应遵循相应的标准和统一的程序；

(5) 国会和公众应当有权知悉咨询委员会的数目、目的、成员、活动和运作成本；以及

(6) 咨询委员会的功能仅限于咨询性质，所有其审议的事项都应由有关官员和机关依据法律规定作出决定。

§3. 定义

基于本法的目的——

(1)“局长(Administrator)”一词是指总务局的局长。

(2) 咨询委员会一词是指任何委员会、理事会、会议、专家组、工作小组和其他类似团体，或任何其分委员会或其他分团体(以下简作“委员会”)

(A) 由法律或重组计划所设立的，或

(B) 由总统设立和利用的，或

(C) 为使总统或联邦政府的一个或多个行政机关或官员得到建议或推荐而由一个或多个行政机关设立或利用，但是该词排除适用于(i)有关政府间关系的咨询委员会，

---

* 5 U.S.C. app. §§ 1-15 (1994). 原译文由苏苗罕翻译，载《行政法学研究》，2006 (6)。为了全书行文统一，译者在原译文基础上作了适当修改和格式处理。——译者注

** 此处的“委员会”，原文包括 committees，boards，commissions 和 councils。这些词本身并无实际区别，国会在立法时之所以详细罗列上述用词，是希望能够全面涵盖相关的委员会。——译者注

(ii) 有关政府采购的委员会，和 (iii) 任何其成员均为联邦政府的全职官员或雇员的委员会。

(3)“机关”一词与第5编§551 (1) 中的规定相同。

(4)“总统咨询委员会”系指为总统提供建议的咨询委员会。

§4. 适用与限制

(a) 本法或任何规则、命令或规则中的规定都应适用于任一咨询委员会，除非国会立法设立这些咨询委员会时另有规定。

(b) 本法不得被解释为适用于任何由下列机构设立或利用的咨询委员会——

(1) 中央情报局，或

(2) 联邦储备系统。

(c) 本法不得被解释为适用于其主要职能在于提供与联邦计划有关的公众服务的任何地方性民众团体，或任何其设立旨在为州或地方官员或机关提供咨询的州或地方委员会或类似组织。

§5. 国会委员会的职责；评审；指南

(a) 国会的参议院和众议院在实施立法性审查职能时，应当对其管辖范围内的任何咨询委员会进行经常性的评审，以决定每个咨询委员会是否应当继续存在，是否应当和其他咨询委员会合并，这些咨询委员会的任务是否需要变更，是否由这些咨询委员会执行其还没有执行的任务。每个常设委员会可以采取必要的立法措施以达到本款所规定的目的。

(b) 在考虑立法设立或授权设立任何咨询委员会时，任何参议院和众议院的常设委员会都应当作出决定，并将该决定报告参议院或众议院，如有可能，(还包括) 这些拟设立的咨询委员会将履行的职能是否正在或可能由一个或多个机关或已有的咨询委员会来履行。任何该类立法均应——

(1) 包含对咨询委员会设立目的的明确规定；

(2) 对咨询委员会的成员构成，需要根据其表达的观点和咨询委员会所要履行的职能而进行合理地平衡；

(3) 包含合适的规定，以保证咨询委员会所提出的建议不会受到提名机构或特殊利益团体的不合适的影响，而是出于咨询委员会的自身独立判断；

(4) 包含有关拨款权限、提交报告 (如有) 的日期、咨询委员会的延续期间、报告和其他材料的发表、常务委员会认为本法§10规定的不充分的程度；和

(5) 包含可以保证咨询委员会可以得到充足的人员配备 (由行政机关提供或招募)，充足的职位和满足其他必要开支的资助的规定。

(c) 在其适用范围内，设立咨询委员会的总统、行政机关首长或其他联邦官员应当遵守在 (b) 中规定的有关指南。

§6. 总统的职责；对国会的报告；对国会的年度报告；除外事项

(a) 总统有权根据由总统咨询委员会向其提供的所有公众建议作出进行评估和采取相应措施的授权。

(b) 总统或其代表应当在总统咨询委员会向总统提交公开报告后一年内，根据其中所提出的建议向国会作出报告，阐述采取行动的建议或者说明不采取行动的理由。

(c) 总统应当在每年12月31日前向国会提交有关上一财政年度内现有的咨询委员会的活动、状况、变化和人员组成的年度报告。该报告应当包含每一咨询委员会的名称、其设立日期及权限、其终止日期或其提交报告的日期、其职能、所提交报告的索引、阐明其是否为临时性的或连续性的机构、其举行会议的日期、现有成员的名字及其职位以及预计合众国资助、服务、供应和维持这些咨询委员会所需的费用。这些报告应当包括已经被总

统取消的咨询委员会的名单——如果该咨询委员会是由法律所设立的，还应当包括总统建议取消的咨询委员会的名单及其理由。总统也可以根据其判断出于国家安全的理由而保留任何信息，并应在该报告中包含对所排除信息的说明。

§7. 总务局局长的责任；委员会管理秘书处，设立；审查；对总统和国会提供的建议；行政机关合作；绩效指南；统一薪酬指南；差旅开支；开支建议

(a) 局长应当在总务局内设立和维持委员会管理秘书处，对与咨询委员会相关的所有事项负责。

(b) 局长应当在 1972 年 10 月 6 日之后立即全面审查每一咨询委员会的活动和职责进，以便确定——

(1) 这些委员会是否正在实现其目的；

(2) 咨询委员会所承担的职责是否应当进行修改以符合准据法的规定；

(3) 是否需要与其他咨询委员会合并；或者

(4) 是否需要撤销。

根据本分节的规定，局长可以不时地要求提供这些信息，只要其认为履行职责所必需。局长在完成其审查时，应当向总统、行政首长或者国会就其认为应当采取的措施提供建议。因此，局长应当履行每年实施一个类似的审查。行政机关首长应当与局长进行合作实施该分节中所实施的审查。

(c) 局长应当制定适用于咨询委员会的行政指南和管理控制机制，在最大的可能限度内为咨询委员会提供建议、辅助和指导以提高其绩效。在实施其在该分节中规定的职能时，局长对其提高咨询委员会绩效的手段，应当考虑与其职责相关的每一行政机关首长的建议。

(d) (1) 局长在研究和咨询人事管理局的局长后，应当采取对咨询委员会的责任、品质和其他相关因素给予适当承认的合理方式，制定统一的有关咨询委员会的成员、职员和顾问可比服务的费用支付标准的指南。这些规则应当规定：

(A) 任何咨询委员会的成员或职员获得的补偿不能超过根据《美国法典》第 5 编 §5332 规定的一般行政工资级别表 GS-18 所规定的标准；

(B) 这些成员如系在其住所地或营业地之外履行其职责时，有权得到差旅费用，包括由《美国法典》第 5 编 §5703 赋予非连续性地受雇从事政府服务的公民所享有的计日津贴；及

(C) 符合下列条件的成员——

(i) 盲人、聋人或其他残疾人（《1973 年康复法》[Rehabilitation Act, 29 U.S.C. 794] §501 所规定的范围）及

(ii) 因为系行政机关雇员根据《美国法典》第 5 编 §3102 规定而不符合受补助条件者（《美国法典》第 5 编 §3102 (a) (1) 的规定），在履行咨询委员会的职责时可以根据该第 5 编 §3102 的规定获得服务。

(2) 本分节之规定不得阻止——

(A) 联邦政府全职雇员（不考虑其在咨询委员会的服务）之任何个人，或者

(B) 在为咨询委员会服务之前系联邦政府全职雇员者，得到相当于联邦政府全职雇员所应（或已）获得的报酬。

(e) 局长应当在预算建议中包括其认为对于咨询委员会所必要的费用的简要说明，包括公布必要的报告的费用。

§8. 行政首长的责任；咨询委员会的管理官员，任命

(a) 每一行政机关均应为其所设立的咨询委员会制定统一的行政指南和管理控制体

系，并应与根据§7和§10所规定的局长的指令相一致。每一行政机关均应妥善保管有关其管辖范围内的咨询委员会的性质、功能和运作的系统信息。

(b) 每一设立咨询委员会的行政机关的首长都均应任命一位咨询委员会管理官员，其应符合——

(1) 对该行政机关所设立的咨询委员会行使控制和监督其设立、程序和工作成效之责；

(2) 汇总和保管任何此类咨询委员会存续期间的报告、记录和其他文件，以及

(3) 代表该行政机关对这些报告、记录和其他文件实施《美国法典》第5编§552的规定。

§9. 咨询委员会的设立及其目的；《联邦公报》上的公布；委任状；申报；内容；复制

(a) 除非符合下列条件，否则不得设立咨询委员会——

(1) 经法律或总统的特别授权；或者

(2) 由该行政机关首长与管理和预算局局长协商后经及时通知后公布在《联邦公报》上而确定为正式记录事项，涉及由法律授权该行政机关实施的职责有关的公共利益。

(b) 除非由法律或总统命令作出特别规定，咨询委员会应仅被利用于提供咨询职能。鉴于咨询委员会的报告或提供的建议而要决定采取的措施和表达的政策仅能由总统或联邦政府的官员作出。

(c) 除非咨询委员会的委任状已向下列人员申报，咨询委员会不得举行会议或采取任何行为：

(1) 局长，如为总统咨询委员会；或

(2) 听取咨询委员会报告的行政机关首长以及对该行政机关享有立法性管辖权的参议院及众议院中的常务委员会。上述委任状应当包含以下信息：

(A) 对委员会的正式任命；

(B) 委员会的目标和活动范围；

(C) 委员会实现其目的所需时间；

(D) 委员会需要向其报告的行政机关或官员；

(E) 负责为委员会提供必要辅助的行政机关；

(F) 对咨询委员会所应承担职责的说明，以及，如果这些职责不仅限于咨询，则应包含对这些职能的规定；

(G) 对这些委员会的每年预期运作成本以“美元·人·年”表示；

(H) 委员会会议的预期召开次数及频度；

(I) 如果存续期从设立该委员会之日起不足两年的，则应注明委员会的终止日期；

(J) 签发委任状的日期。

任何此类委任状均应在国会图书馆保存一份。

§10. 咨询委员会程序；会议；通告和《联邦公报》上公布；规则；会议纪要；证明；年度报告；联邦官员或雇员；出席

(a) (1) 每一咨询委员会的会议均应公开。

(2) 除非总统出于国家安全的考虑所作的决定，此类会议的事先通告均应在《联邦公报》上公开，局长应当制定规则规定其他类型的公共通告方式以确保利害关系人能在该会议之前得到通知。

(3) 根据局长所制定的此类合理的规则或规则，利害关系人应当被允许参加，出席或向咨询委员会提交声明。

(b) 根据《美国法典》第5编§552的规定，咨询委员会可以获取的、为咨询委员会而准备的或由咨询委员会所准备的记录、报告、副本、会议纪要、附件、工作论文、草案、研究报告、日程表或其他文件均应使公众有权在咨询委员会或其所负责提供报告的行政机关的单一办公场所处查阅并复制。

(c) 每一咨询委员会的历次会议的详细纪要均应保存，并需包含出席人员、会议讨论事项的完整和详细记录及达成的结论，委员会所收到、出具或批准的所有报告。会议纪要的准确性需要经咨询委员会主席证明。

(d) 本节 (a) (1) 和 (a) (3) 等规定在任何此类会议，即由总统或行政机关的首长听取咨询委员会的报告，决定会议根据《美国法典》第5编§552b (c) 的规定而不对外公开。任何此类决定应当以书面的形式作出，并包含作出这类决定的理由。如果作出这类决定，咨询委员会应当每年至少提出一次报告，列明活动的简要情况，以及根据《美国法典》第5编§552 (b) 的政策应当让公众知晓的相关事务。

(e) 应当任命一名联邦官员或雇员担任主席或参加每一咨询委员会的历次会议。受委任的官员或雇员有权根据公众利益的需要随时决定推迟任何会议。任何咨询委员会都不得在该官员或雇员缺席的情形下举行会议。

(f) 除非应联邦政府所任命的官员或雇员的要求或预先批准，咨询委员会不得举行任何会议。

§11. 副本的可得性；“行政程序”

(a) 除非在本法生效日之前达成的协议所禁止，行政机关和咨询委员会应当使任何人可以根据实际的复印成本得到咨询委员会的行政程序 (agency proceedings) 副本的复印件。

(b) 本节中规定的“行政程序”一词系指由《美国法典》第5编§551 (12) 中所定义的行政程序。

§12. 财政和行政规定；记录保存；审计；行政辅助性服务

(a) 每一机关均应保留可充分披露咨询委员会资金使用及其活动的性质和范围的记录。总务局，或其他总统任命的机关应保留有关总统咨询委员会的财务记录。合众国总审计署，或任何其授权的代表，应当有权基于审计和检查的目的得到这些记录。

(b) 每一机关均有责任为每一由其设立或向其报告的咨询委员会提供辅助性服务，除非设立机关有另外规定。在咨询委员会向多个机关报告时，则应每次只由一家机关提供。如为总统咨询委员会，则由总务局提供该类服务。

§13. 国会图书馆的职责；报告及背景资料；保管

根据《美国法典》第5编§552的规定，局长应当规定咨询委员会所作的报告应每份至少向国会图书馆存档八份；如果合适，还应包括由顾问提供的背景资料。国会图书馆的管理员应当对此类报告和文件安排保管场所，以便公众查阅和使用。

§14. 咨询委员会的终止；续期；延续

(a) (1) 每一在本法生效之日仍存在的咨询委员会均应在该生效日期之后两年之内取消，除非——

(A) 当该咨询委员会系由总统或联邦政府的官员所设立时，该咨询委员会在该两年期限届满前已由总统或该官员采取合理措施加以续期；或

(B) 当咨询委员会系由国会的立法设立的，其持续期间是由国会以法律作出另行规定的。

(2) 在本法生效之后设立的咨询委员会都必须在设立之日起两年之内终止，除非——

(A) 当咨询委员会系由总统或联邦政府的官员所设立时，该咨询委员会必须由总统

或联邦官员在其截止之日前采取合适的措施进行续期；或者

(B) 当咨询委员会系由国会立法设立时，其持续期间由法律另行规定的。

(b) (1) 一旦咨询委员会进行了续期，该咨询委员会必须申报一份§9 (c) 所规定的委任状。

(2) 任何由国会立法设立的咨询委员会在设立该咨询委员会的法律制定之日起的两年期间到期即应根据该节的规定申报委任状。

(3) 根据本分节的规定需要申报任命状的咨询委员会，不得在该任命状申报之日前采取任何行动（对该任命状的准备和申报工作除外）。

(c) 任何由总统或联邦政府其他官员续期的咨询委员会均只能延续两年的任期，并且须在其预定任期结束日前由总统或其他官员采取合适的措施。

§15. 生效日期

除本法§7 (b) 中的规定之外，本法自1972年10月6日起满90日开始生效。

附录 D

司法平等法

《美国法典》第 5 编

§ 504. 当事人的成本和费用

(a) (1) 实施对抗式裁决程序的行政机关应当裁决由胜诉的当事人，而非联邦政府承担该当事人在这一程序中发生的费用和其他开支，除非行政机关的裁决官员认定行政机关的观点是具有实质性的正当理由，或者使得这一裁决不公正的特殊情形。行政机关的观点是否具有实质性的正当理由，应当根据行政案卷整体确定，而且这一行政案卷是在主张赔偿这些费用和其他开支的对抗式裁决程序中制作的。

(2) 主张赔偿费用和其他开支的当事人应当，在对抗式裁决最终裁决作出的 30 日内，向行政机关提交申请，证明该当事人是获胜一方，有资格根据本节规定获得赔偿，以及索赔的金额，包括对代表该当事人代理或者参加程序的任何律师、代理人或者专家证人的分项说明，说明所花费的时间、费用和其他开支的计算标准。当事人也应当说明行政机关的观点并不是具有实质性的正当理由。当联邦政府对于对抗性裁决的基础性实质问题提起上诉时，不得根据本节规定对该对抗性裁决有关的费用和其他开支的申请作出判决，直到法院在上诉程序中作出最终和终局的判决，或者直到案件的基础性实质问题已经在上诉程序中得到了最终的判决。

(3) 在当事人在行政裁决程序中实施了过度和不合理的行为导致拖延了最终裁决存在争议的事务的限度内，行政机关的裁决官员可以减少裁决的金额，或者拒绝裁决赔偿。行政机关的裁决官员根据本节规定作出的决定应当是包含行政机关的最终决定在内的案卷的一部分，并且应当包含书面的事实认定和结论，及其理由或者依据。根据本节规定，行政机关对有关费用或者其他开支的申请所作的决定应当是最终行政决定。

(4) 如果对抗式裁决出自从行政机关要求当事人遵守法定或者规则规定的要求而采取的执法行为，行政机关的要求实质性地超出了裁决官员的决定，并且与此类决定相比，根据该案的事实和情境，行政机关的要求是不合理的时候，裁决官员应当裁决赔偿当事人与反对过度要求有关的费用和其他开支，除非当事人故意违法或者出于恶意作出行为，或者情况特殊使得此种裁决具有不正当性。根据本项规定裁决赔偿的费用和开支应当只能从事先规定的拨款中支付。

(b)(1)基于本节规定的目的——

(A)“费用和其他开支”包括行政机关认为当事人为应对案件所必需的专家证人的合理开支，任何研究、分析、工程报告、监测或者项目的合理成本，以及合理的律师费或者代理费（根据本节规定裁决的费用应当是基于所提供之服务的类型和品质对应的市场价格而确定，但是

(i) 专家证人费用的赔偿不得超过行政机关所支付的专家证人的最高赔偿标准；

(ii) 裁决确定的律师费和代理费不得超过每小时125美元，除非行政机关通过规则确定生活成本或者特殊因素，例如合格律师或者代理人的数量有限，可以证明收取更高费用的正当性)。

(B)“当事人”是指本编§551(3)所界定的当事人，可以是

(i) 个人，在对抗式裁决程序启动时净资产不超过200万美元；或者

(ii) 任何非公司企业，或者任何合伙企业、公司、协会、地方政府的单位或者组织，在对抗式裁决程序启动时净资产不超过其净资产700万美元，并且雇员人数不超过500人；除了《1986年国内税务法典》(the Internal Revenue Code of 1986) §501(c)(3)[①] 中描述的豁免该法典§501(a)所规定之税收的组织，或者《农产品销售法》(the Agricultural Marketing Act) §15(a)[②] 中所界定的合作社，可以是当事人，而无论此类组织或者合作社的净资产为多少。

(C)“对抗式裁决”，是指

(i) 本编§554规定的裁决，其中联邦政府由法律顾问或者其他人代理发表意见，但是不包括为了规定或者确定的政府定价或者颁发、续期许可证的目的而进行的裁决；

(ii) 根据第41编§7103的规定作出对一项裁决向第41编§7105规定的行政机关合同上诉委员会提出的上诉；

(iii) 任何根据第31编第38章的规定而实施的任何听证；(iv)《1993年宗教自由恢复法》(the Religious Freedom Restoration Act of 1993)。

(D)“裁决官员”是指作决定的官员，无论该官员是被指定为行政法官，听证官或者听证检查官，或者其他主持对抗式裁决程序的官员。

(E)“行政机关的观点”，是指除了在对抗式裁决程序中行政机关所持的观点，即行政机关在行政裁决程序中采取作为或者不作为时所依据的观点；但是对于行政裁决中任何因为当事人的原因而导致不合理拖延的部分，不能裁决赔偿当事人对这部分的费用和其他开支。

(F)“要求”是指行政机关提出的导致对抗式裁决程序的明确要求，但是不应当包括

(i) 在行政申诉书中，或者

(ii) 在同时明确要求降低罚款金额的其他情形中，重复详述最高法定的罚款金额。

(2) 除了第(1)项所作不同规定之外，本编§551所规定的定义适用于本节规定。

(c)(1) 经征询美国行政会议主席的意见，每家行政机关应当通过规则统一规定提交或者审查费用和其他开支的裁决的程序。如果法院审查对抗式裁决的基础性决定，费用和

---

① 26 U.S.C. 501(c)(3).

② 12 U.S.C. 1141j(a).

其他开支的裁决只能根据《美国法典》§2412（d）（3）作出。

（2）如果联邦政府之外的当事人不服根据分节（a）作出的费用和其他开支的裁决，该当事人可以在决定作出之后的30日内，对这一决定上诉至有权审查行政机关的对抗式裁决的基础性决定的实质问题的法院。根据本项规定，法院在听审任何上诉申请之后作出的决定应当是只能基于行政机关所制作的事实案卷。只有在法院认定没有作出费用和其他开支的裁决时，或者裁决的金额计算存在错误，不能得到实质性证据的支持时，法院才能修改对费用和其他开支的决定。

（d）根据本节而裁决赔偿的费用和其他开支，应当由行政机关使用通过拨款等方式而获得的资金中拨款给胜诉当事人。

（e）美国行政会议主席，应当经征询小企业管理局的首席辩护法律顾问的意见，每年向国会报告前一财政年度根据本节规定裁决的费用和其他开支的金额。这一报告应当描述裁决的数量、性质和金额，在争议中涉及的权利请求，以及任何其他可能帮助国会评估此类裁决的范围和影响的相关信息。每家行政机关应当向美国行政会议主席提供必要的信息，以使主席确定能否符合本节的规定。

（f）根据本节对成本、费用或者其他开支所作的裁决，可以根据《1986年国内税收法典》§7430作出。

《美国法典》第28编

§2412. 成本和收费

（a）（1）除非法律另有规定，在由联邦政府提出或者针对联邦政府，或者联邦政府的任何行政机关，或者从事公务的任何官员提出的任何民事诉讼中，在任何对此类诉讼具有管辖权的法院，可以对胜诉的当事人作出成本的判决，如本编§1920所列举的，但是不包括律师的收费（fees）和开支。对联邦政府评定的成本判决，根据法律、法院规则或者法院命令规定的金额，全部或者部分补偿诉讼中此类当事人所发生的成本。

（2）当在联邦政府提起的诉讼中，判给联邦政府的成本判决，可以包括与本编§1914（a）规定的案件受理费（filing fee）相等的金额。上句不得被解释为要求联邦政府支付任何案件受理费。

（b）除非法律有明确禁止，除了可以根据分节（a）而判给的收费之外，在针对联邦政府，或者任何行政机关和从事公务行为的任何联邦政府官员提起的任何民事诉讼中，任何有管辖权的法院可以对胜诉的当事人判给合理的律师费用和开支。联邦政府应当在与任何其他当事人根据普通法，或者根据任何对此类判决作出特别规定的法律条文应当负责的同样范围内，对此类费用和开支负责。

（c）（1）任何要求联邦政府，或者任何行政机关和任何从事公务行为的联邦政府官员支付的根据分节（a）确定的成本判决，应当根据本编§2414和§2517的规定进行支付，并且应当是对判决规定的任何救济之外的补充。

（2）任何判决要求联邦政府，或者任何官员和任何从事公务的联邦政府官员根据分节（b）支付律师的费用和开支，应当根据本编§2414和§2517的规定进行支付，除非这一判决的依据是认定联邦政府的行为是出于恶意，则该判决应当是由被认定出于恶意行事的任何行政机关支付，并且应当是判决规定的任何救济之外的补充。

（d）（1）（A）除非法律另有特定规定，在任何联邦政府提起或者是针对联邦政府提起的民事诉讼（非基于侵权行为提起的诉讼）中，除了（a）规定而判给的任何成本之外，任何具有管辖权的法院应当向联邦政府之外的胜诉当事人判给该当事人发生的费用和其他开支，除非法院认定联邦政府的观点是具有实质性的正当理由或者有特定情形使得成本判决失去公正性。

(B) 寻求判给费用和其他开支的当事人，应当在诉讼最终判决作出的30日内，向法院申请判给费用和其他开支，在申请书中证明当事人是胜诉方，有资格根据本分节获得判给费用和其他开支，以及主张的金额，包括来自任何代理或者代表当事人出席的律师或者专家证人分项说明，说明花费的实际时间、费用和其他开支的计算标准。当事人也应当说明联邦政府并不具有实质性的正当性。联邦政府的观点是否具有实质性的正当性，应当是在申请费用和其他开支的民事诉讼中基于案卷作出的判断（包括与该民事诉讼所依据的行政机关的作为或者不作为有关的案卷）。

(C) 法院，可以裁量决定，在胜诉方实施的行为过度和不合理拖延争讼事务的最终裁决的范围内减少根据本分节判给的金额，或者拒绝判给。

(D) 如果，在联邦政府提起的民事诉讼中，或者在第5编§504 (a) (4) 描述的对抗式裁决进行司法审查的程序中，联邦政府提出的要求实质性地超过联邦政府最后获得的判决，而且根据案件的事实和情形，与此类判决相比是不合理的，法院应当向当事人判给与针对过度要求进行抗辩有关的费用和其他开支，除非当事人已经故意实施了违法行为或者出于恶意实施的行为，或者有特殊情形使得此种费用和其他开支的判给失去公正性。根据本分款判给的费用和其他开支，只能从事先规定的拨款中支付。

(2) 出于本分节规定的目的——

(A)“收费和其他开支”，包括法院认为当事人为应对案件所必需的专家证人的开支，任何研究、分析、工程报告、检测或者项目的合理成本，以及合理的律师费或者代理费（根据本节规定裁决的费用，应当是基于所提供之服务的类型和品质对应的市场价格而确定，但是

(i) 专家证人费用的赔偿不得超过联邦政府所支付的专家证人的最高赔偿标准；

(ii) 裁决确定的律师费和代理费不得超过每小时125美元，除非法院确定生活成本或者特殊因素，例如合格律师或者代理人的数量有限，可以证明收取更高费用的正当性）。

(B)“当事人”是指本编§551 (3) 所界定的当事人，可以是

(i) 个人，在民事诉讼起诉时净资产不超过200万美元；或者

(ii) 任何非公司企业，或者任何合伙企业、公司、协会、地方政府的单位或者组织，在民事诉讼起诉时净资产不超过其净资产700万美元，并且雇员人数不超过500人；除了《1986年国内税务法典》(the Internal Revenue Code of 1986) §501 (c) (3)[①] 中描述的豁免该法典§501 (a) 所规定之税收的组织，或者《农产品销售法》(the Agricultural Marketing Act) §15 (a)[②] 中所界定的合作社，可以是当事人，而无论此类组织或者合作社的净资产为多少，或者出于 (d) (1) (D) 的目的，第5编§601界定的小型实体。

(C)“联邦政府”，包括任何行政机关和联邦政府从事公务行为的任何官员。

(D)“行政机关的观点”，是指除了在民事诉讼中行政机关所持的观点，即行政机关在民事诉讼中采取作为或者不作为时所依据的观点；但是对于诉讼中任何因为当事人的原因而导致不合理拖延的部分，不能裁决赔偿当事人对这部分的费用和其他开支。

---

① 26 U.S.C. 501 (c) (3).

② 12 U.S.C. 1141j (a).

（E）“联邦政府提起的或者针对联邦政府提起的民事诉讼”，包括联邦政府以外的当事人对于采购官员在根据第 41 编第 71 章与联邦政府订立的合同之争议条款作出的决定而提起的上诉。

（F）“法院”包括联邦求偿法院和退伍军人求偿上诉法院。

（G）“最终判决”，是指该判决是最终的并且不可上诉，包括和解令（order of settlement）。

（H）“胜诉方”，在国家征用权（eminent domain）诉讼中，是指当事人中获得最终判决（而非通过和解结案）者，除利息外，判决的金额是与代表财产所有人在初审时的最高估价，与代表联邦政府在初审时对财产的最高估价至少是同等接近的。

（I）“要求”，是指联邦政府所提出的导致对抗式裁决的明确需求，但是不应当包括

（i）在行政申诉书中，或者

（ii）在同时明确要求降低罚款金额的其他情形中，重复详述最高法定的惩罚金额。

（3）对《美国法典》§504（b）（1）（C）界定的对抗式裁决，或者在第 41 编第 71 章调整的对抗式裁决，在对其进行司法审查的任何诉讼中，法院根据本节规定判给胜诉方费用和其他开支时，应当在本节（a）所规定的相同范围内判给，除非法院认定在对抗式裁决程序中联邦政府的观点具有充分的正当性，或者特殊情形使得判给费用和其他开支的判决失去正当性。

（4）根据本分节对当事人判给的费用和其他开支，应当由败诉的任何行政机关从通过拨款获得的任何资金中支付。

（e）在适用《1986 年国内税务法典》§7430（不考虑本节（b）和（f）而确定）的任何程序中，本节的规定不得适用于与这些程序有关的任何成本、费用和其他开支。上句不得防止根据《美国法典》第 28 编 §2412（a）的规定作出判给该编 §1920（自 1981 年 10 月 1 日起生效）所列举的各项成本。

（f）如果联邦政府对根据本节要求联邦政府支付费用和其他开支的判决提起上诉，并且判决得到全部或者部分维持的，应当根据所维持的判决金额支付利益。此种利益应当根据本编 §1961（a）确定的标准计算，并且应当从判决作出之日起算至维持判决之日的前一日止。

附录 E

联邦侵权求偿法*

《美国法典》第 28 编

§ 1291. 地区法院的终审判决

上诉法院（除联邦巡回区上诉法院外），在联邦最高法院没有直接受理复审时，对下列法院的所有终审判决拥有上诉管辖权：联邦地区法院、巴拿马运河区**的联邦地区法院、关岛联邦地区法院、维尔京群岛联邦地区法院。联邦巡回区上诉法院的管辖权限定于本编 § 1292（c）-（d）和 § 1295 规定的范围。

§ 1346. 作为被告的联邦政府

（a）地区法院与联邦求偿法院共同行使对以下诉讼的初审管辖权：

（1）为以下各项对联邦政府提起的任何民事诉讼：被控错误地和非法地估算和征收的任何国内税的返还，被控没有管辖权而收取的罚款的返还，被控根据国内税收法超额或以任何错误方式收缴的任何款项的返还。

（2）除地区法院没有管辖权的，数额不超过 10 000 美元的，基于以下根据的其他民事诉讼或请求：依据《联邦宪法》或国会的任何法律，行政机关的任何规则，与联邦政府的任何明示的或默示的契约，以及为了取得未得宣告为侵权的已清偿或尚未清偿的损害赔偿。地区法院对根据属于《1978 年合同纠纷法》§ 8（g）（1）节和 § 10（a）（1）规定范围的与联邦政府缔结的明示的或默示的契约和未宣告为侵权的已清偿或尚未清偿的损害赔偿所提起的诉联邦政府的任何民事诉讼或请求没有管辖权。为了本款规定的目的，同陆军和空军交易部门、海军交易部门、海军陆战队交易部门、海岸警卫队交易部门，或国家航空和航天管理局交易理事会缔结的明示的或默示契约，应被视为同联邦政府缔结的明示的或默示的契约。

（b）（1）根据本编第 171 章的规定，各地区法院以及巴拿马运河区联邦地区法院和维尔京群岛联邦地区法院对以下各项对联邦政府提起的民事诉讼请求享有专属管辖权：自 1945 年 1 月 1 日当日起，按利息自然增长计算的金钱损害赔偿；由政府雇员在他的职务或

---

* 该法的翻译部分采用了清华大学公共管理学院于安教授的译本（于安译，邓正来校：《美国联邦侵权求偿法》，载《国外法学》，1988（6）。）。为了全书行文统一，译者在原译文基础上进行了文字和格式处理，并根据法律修订情况进行了补充翻译。——译者注

** 巴拿马运河区（the Canal Zone），在 1903—1979 年间属于美国领地，1979—1999 年间由美国和巴拿马共和国共同管辖，1999 年后已经完全移交巴拿马共和国管辖。——译者注

工作范围内活动时的疏忽或错误的作为或不作为所引起的财产的破坏或损失，人身的伤害或死亡。在上述情况下，如果受害者是私人的话，联邦政府将根据作为或不作为发生地的法律对申请人承担责任。

(2) 被判犯有重罪者在收押等待判决或者服刑期间可以对联邦政府或者其行政机关、官员，或者联邦政府雇员提起民事诉讼，要求赔偿监禁期间遭受的精神或者情绪性损害，而无须首先证明身体遭受损害。

(c) 根据本节规定获得的管辖权包括对联邦政府一方对根据本节提起诉讼的原告的任何抵消诉讼、反诉或者其他的申请或要求的管辖。

(d) 地区法院根据本节规定对为抚恤金提起的诉讼或请求没有管辖权。

(e) 地区法院对1954年《国内税法典》以下各节规定的诉联邦政府的民事诉讼有初审管辖权：§6226、§6228 (a)、§7426或§7428（涉及哥伦比亚特区联邦地区法院时）或§7429。

(f) 地区法院对由联邦政府根据§2409a提起的确定不动产权属或者房地产利益归属提起的民事诉讼享有初审专属管辖权。

(g) 联邦地区法院应当对本编第5章规定调整的联邦政府雇员根据第3编§453 (2) 提起的任何民事诉讼享有专属管辖权，同时要遵守本编179章的规定。

§1402. 作为被告的联邦政府

(a) 任何根据本编§1346 (a) 在地区法院诉联邦政府的民事诉讼只能依下列条件提起：

(1) 除了在本分节 (2) 规定的情况外，在原告居住的司法区；

(2) 由法人根据§1346 (a) (1) 提起的民事诉讼，在该法人主要营业地、主要办公地或法人机关所属地的司法区；如果它在任何司法区内都没有主要的营业地、办公地或机关，那么，第一，在该法人所指向的要求其返还税款的政府机关所在的司法区内提起；第二，如果没有提起税款返还，则在哥伦比亚特区所属的司法区内提起。尽管有本项的上述规定，考虑到各当事人和证明人的方便和司法审判的需要，有关地区法院可以将这些诉讼案件移送其他地区法院或法庭。

(b) 根据本编§1346 (b) 对联邦政府的侵权求偿民事诉讼只能在原告居住地或被控的作为或不作为发生地所属的司法区内提起。

(c) 根据本编§1346 (e) 对联邦政府提起的民事诉讼只能在发生扣押时财产所在地所属司法区提起；如果不存在财产扣押，则在导致诉讼原因的事件发生地所属的司法区内提起。

(d) 根据§2409a由联邦政府为了主张不动产产权或者利益而提出的民事诉讼，必须向财产所在地的地区法院起诉，如果财产分别在不同的地区，则可以在这些地区选择任意一家地区法院起诉。

§2401. 诉联邦政府的诉讼开始时间

(a) 除《1978年合同纠纷法》规定的情况外，如果在诉讼权开始累计计算6年内不提出申请的话，每个诉联邦政府的民事诉讼都不得允许开始诉讼程序。不具法律资格的人或申请权始累计计算时在海外的人的诉讼，可以在恢复法律资格后的3年内开始。

(b) 对联邦政府的侵权求偿诉讼，应当在请求权开始累计计算后的两年内，或者被申请侵权赔偿的行政机关最后拒绝以证明或登记邮寄通知日以后的6个月内提起。否则，该诉讼永远不得开始。

§2402. 诉联邦政府的诉讼中的陪审团

任何根据§1346诉联邦政府的诉讼由法院进行无陪审团审理。除非根据§1346 (a)

(1) 提起的对合众国的诉讼，在参加该诉讼的双方当事人的任何一方要求下，由法院进行陪审团参加的审理。

§2411. 利息

在任何法院作出的任何关于超额缴纳的国内税的判决中（不论是诉联邦政府，征税员或是国内税助理征税员，前征税员或助理征税员或是死亡时的私人代表），应允许以《1954 年国内税法典》§6621 规定的超付数额的年率计算利息，起止时间是从缴纳或征收日到返还支票签发日前的 30 天内，确切日期由国内税务局局长确定。局长被授权在判决生效时。依据上述关于利息的规定，以支票偿付执行关于返还的判决。不论对该偿付的请求是否已正式提出，对返还清偿的判决的执行都将终止利息的继续计算，无论判决债权人是否接受该返还支票。

§2412. 成本和收费

(a) (1) 除非法律另有规定，在由联邦政府提出或者针对联邦政府，或者联邦政府的任何行政机关，或者从事公务的任何官员提出的任何民事诉讼中，在任何对此类诉讼具有管辖权的法院，可以对胜诉的当事人作出成本的判决，如本编§1920 所列举的，但是不包括律师的收费（fees）和开支。对联邦政府评定的成本判决，根据法律、法院规则或者法院命令规定的金额，全部或者部分补偿诉讼中此类当事人所发生的成本。

(2) 当在联邦政府提起的诉讼中，判给联邦政府的成本判决，可以包括与本编§1914 (a) 规定的案件受理费相等的金额。上句不得被解释为要求联邦政府支付任何案件受理费。

(b) 除非法律有明确禁止，除了可以根据本节 (a) 而判给的收费之外，在针对联邦政府，或者任何行政机关和从事公务行为的任何联邦政府官员提起的任何民事诉讼中，任何有管辖权的法院可以对胜诉的当事人判给合理的律师费用和开支。联邦政府应当在与任何其他当事人根据普通法，或者根据任何对此类判决作出特别规定的法律条文应当负责的同样范围内，对此类费用和开支负责。

(c) (1) 任何要求联邦政府，或者任何行政机关和任何从事公务行为的联邦政府官员支付的根据分节 (a) 确定的成本判决，应当根据本编§2414 和§2517 的规定进行支付，并且应当是对判决规定的任何救济之外的补充。

(2) 任何判决要求联邦政府，或者任何官员和任何从事公务的联邦政府官员根据分节 (b) 支付律师的费用和开支，应当根据本编§2414 和§2517 的规定进行支付，除非这一判决的依据是认定联邦政府的行为是出于恶意，则该判决应当是由被认定出于恶意行事的任何行政机关支付，并且应当是判决规定的任何救济之外的补充。

(d) (1) (A) 除非法律另有特定规定，在任何联邦政府提起或者是针对联邦政府提起的民事诉讼（非基于侵权行为提起的诉讼）中，除了本节 (a) 规定而判给的任何成本之外，任何具有管辖权的法院应当向联邦政府之外的胜诉当事人判给该当事人发生的费用和其他开支，除非法院认定联邦政府的观点是具有实质性的正当理由或者有特定情形使得成本判决失去公正性。

(B) 寻求判给费用和其他开支的当事人，应当在诉讼最终判决作出的 30 日内，向法院申请判给费用和其他开支，在申请书中证明当事人是胜诉方，有资格根据本分节获得判给费用和其他开支，以及主张的金额，包括来自任何代理或者代表当事人出席的律师或者专家证人分项说明，说明花费的实际时间、费用和其他开支的计算标准。当事人也应当说明联邦政府并不具有实质性的正当性。联邦政府的观点是否具有实质性的正当性，应当是在申请费用和其他开支的民事诉讼中基于案卷作出的判断（包括与该民事诉讼所依据的行政机关的作为或者不作为有关的案卷）。

(C) 法院，可以裁量决定，在胜诉方实施的行为过度和不合理地拖延争讼事务的最终裁决的范围内减少根据本分节判给的金额，或者拒绝判给。

(D) 如果，在联邦政府提起的民事诉讼中，或者在第 5 编 § 504 (a) (4) 描述的对抗式裁决进行司法审查的程序中，联邦政府提出的要求实质性地超过联邦政府最后获得的判决，而且根据案件的事实和情形，与此类判决相比是不合理的，法院应当判给当事人与针对过度要求进行抗辩有关的费用和其他开支，除非当事人已经故意实施了违法行为或者出于恶意实施的行为，或者有特殊情形使得此种费用和其他开支的判给失去公正性。根据本分款判给的费用和其他开支，只能从事先规定的拨款中支付。

(2) 出于本分节规定的目的——

(A)“收费和其他开支”，包括法院认为当事人为应对案件所必需的专家证人的开支，任何研究、分析、工程报告、检测或者项目的合理成本，以及合理的律师费或者代理费(根据本节规定裁决的费用，应当是基于所提供之服务的类型和品质对应的市场价格而确定，但是 (i) 专家证人费用的赔偿不得超过联邦政府所支付的专家证人的最高赔偿标准；(ii) 裁决确定的律师费和代理费不得超过每小时 125 美元，除非法院确定生活成本或者特殊因素，例如合格律师或者代理人的数量有限，可以证明收取更高费用的正当性)；

(B)“当事人”是指本编 § 551 (3) 所界定的当事人，可以是 (i) 个人，在民事诉讼起诉时净资产不超过 200 万美元；或者 (ii) 任何非公司企业，或者任何合伙企业、公司、协会、地方政府的单位或者组织，在民事诉讼起诉时净资产不超过其净资产 700 万美元，并且雇员人数不超过 500 人；除了《1986 年国内税务法典》(the Internal Revenue Code of 1986) § 501 (c) (3)① 中描述的豁免该法典 § 501 (a) 所规定之税收的组织，或者《农产品销售法》(the Agricultural Marketing Act) § 15 (a)② 中所界定的合作社，可以是当事人，而无论此类组织或者合作社的净资产为多少，或者出于本节 (d) (1) (D) 的目的，第 5 编 § 601 界定的小型实体；

(C)“联邦政府”，包括任何行政机关和联邦政府从事公务行为的任何官员；

(D)“行政机关的观点”，是指除了在民事诉讼中行政机关所持的观点，即行政机关在民事诉讼中采取作为或者不作为时所依据的观点；但是对于诉讼中任何因为当事人的原因而导致不合理拖延的部分，不能裁决赔偿当事人对这部分的费用和其他开支；

(E)“联邦政府提起的或者针对联邦政府提起的民事诉讼”，包括联邦政府以外的当事人对于采购官员在根据第 41 编第 71 章与联邦政府订立的合同之争议条款作出的决定而提起的上诉；

(F)“法院”包括联邦求偿法院和退伍军人求偿上诉法院；

(G)“最终判决”，是指该判决是最终的并且不可上诉，包括和解令 (order of settlement)；

(H)“胜诉方”，在国家征用权 (eminent domain) 诉讼中，是指当事人中获得最终判决 (而非通过和解结案) 者，除利息外，判决的金额是与代表财产所有人在初审时的最高估价，与代表联邦政府在初审时对财产的最高估价至少是同等接近的；

(I)“要求”，是指联邦政府所提出的导致对抗式裁决的明确需求，但是不应当包括

(i) 在行政申诉书中，或者

(ii) 在同时明确要求降低罚款金额的其他情形中，列举最高法定的罚款金额。

---

① 26 U.S.C. 501 (c) (3).

② 12 U.S.C. 1141j (a).

(3) 对《美国法典》§504 (b) (1) (C) 界定的对抗式裁决，或者在第41编第71章调整的对抗式裁决，在对其进行司法审查的任何诉讼中，法院根据本节规定判给胜诉方费用和其他开支时，应当与本节 (a) 所规定的相同范围内判给，除非法院认定在对抗式裁决程序中联邦政府的观点具有充分的正当性，或者特殊情形使得判给费用和其他开支的判决失去正当性。

(4) 根据本分节对当事人判给的费用和其他开支，应当由败诉的任何行政机关从通过拨款获得的任何资金中支付。

(e) 在《1986年国内税务法典》§7430适用的任何程序适用的（不考虑本节分节 (b) 和 (f) 而确定的）任何程序中，本节的规定不得适用于有关的任何成本、费用和其他开支。上句不得防止根据《美国法典》第28编§2412 (a) 的规定作出判给该编§1920（自1981年10月1日起生效）所列举的各项成本。

(f) 如果联邦政府对根据本节要求联邦政府支付费用和其他开支的判决提起上诉，并且判决得到全部或者部分维持的，应当根据所维持的判决金额支付利益。此种利益应当根据本编§1961 (a) 确定的标准计算，并且应当从判决作出之日起算至维持判决之日的前一日止。

第171章　侵权求偿程序

§2671. 定义

本章和本编§1346 (b)、§2401 (b) 使用的“联邦行政机关”一词，包括各行政部门，各军事部门，美国各独立机关、主要为实现联邦政府目的服务或作为联邦政府机关活动的各种公司，但是不包括与联邦政府进行交易的承包商 (contractor)。

“政府雇员”，包括任何联邦行政机关的官员或雇员，联邦政府陆军或海军官兵，根据第32编§316，§502，§503，§504或§505正从事训练或执勤的国民警卫队成员，和以联邦行政机关的名义，暂时地或永久地在联邦政府的工作部门中根据官方职权活动的人员，而不考虑其领取还是不领取报偿。

“在其职务或雇用范围内活动”，对于联邦政府陆军或海军官兵和第32编§101 (3) 规定的国民警卫队成员，是指进行不超出职责界限的活动。

§2672. 权利请求的行政裁定

联邦行政机关的负责人或他指定的人员，依据司法部长颁发的规则，应当考虑、查明、评定、确认、和解和解决诉联邦政府的金钱赔偿的请求。该请求是由机关雇员在其职务或雇佣范围内活动时的疏忽或错误的作为与不作为造成财产的破坏或损失、人身伤害或死亡所引起的。在上述情况中，如果受害者是非官方的私人，联邦政府将依照该作为或不作为发生地的法律向申请人承担责任。如果任何给付裁决、和解或者解决决定超出25 000美元，它只能在首先得到司法部长或他的代表的书面批准方能生效。尽管存在上句的但书规定，任何给付裁决、和解或者解决决定可能会在没有得到司法部长或者他的代表的书面同意时，在司法部长授权该行政机关首长作出此种给付裁决、和解或者解决决定的限度内会受到影响。此种授权不得超越司法部长授权联邦检察官就诉联邦政府的金钱赔偿请求进行和解的范围。每家联邦行政机关对此类请求作出给付裁决、和解或者解决决定的权限没有得到司法部长或者他指定的个人书面同意时，可以利用仲裁或者其他第5编第5章第4分章规定的替代解决机制，解决起诉联邦政府的任何侵权赔偿请求。

任何根据本编关于诉联邦政府的侵权求偿的民事诉讼条款作出的给付裁决、调解、决定或确认，对整个政府部门都具有最终和确定性质，除非它们是通过欺诈手段达成的。任何根据本节作出的数额在 2 500 美元或低于此数的给付裁决、调解或决定，应当由有关联邦行政机关负责人从给予该机关的拨款中支付。

任何对根据本节作出的超过 2 500 美元数额的给付裁决、调解或解决，或对司法部长根据本编 § 2677 作出的任何数额的给付裁决、调解或决定的支付，都应当以与相同原因形成的裁决和调解的相同方式执行。用于支付该裁决和调解的拨款或基金，以与根据本章用于支付给付裁决、调解和决定的拨款和基金的相同方式取得。

权利申请人对该给付裁决、调解或决定的接受，对他来讲都是最终的和确定的，并将构成对以相同问题的理由提起对联邦政府或对以其作为或不作为引起赔偿请求的政府雇员追诉的完全免除。

§ 2673. 致国会的报告

每一联邦行政机关首长应当就根据本编 § 2672 支付的赔偿请求向国会提供年度报告。报告应陈述每一申请人的姓名、申请的数额、判给的数额和对申请的简要介绍。

§ 2674. 联邦政府的责任

在本编关于侵权求偿的规定方面，联邦政府应当同非官方的私人在相同条件下一样，以相同的方式和在相同的范围内承担责任。但是不承担判决前的利息，也不承担惩罚性损害赔偿责任。

不过，如果在导致人身死亡的案件中，被控的作为或不作为发生地的法律规定或已经被解释为只支持惩罚性损害赔偿时，联邦政府则应当承担实际损害赔偿或补偿性的赔偿责任，赔偿金额的计算是根据人身死亡导致的金钱利益损失，仅对在诉讼中提出的死者利益负责。

关于根据本章提出的任何赔偿请求，联邦政府雇员的作为或者不作为引发该权利请求的，除了联邦政府根据本章本来有权提出的抗辩外，联邦政府还应当有权提出基于该政府雇员本来可以根据司法或者立法豁免而提出的任何抗辩。

关于本节适用的任何权利请求，田纳西流域管理局的雇员之作为或者不作为引发该权利请求的，除了田纳西流域管理局本来有权提出的任何抗辩外，田纳西流域管理局还应当有权提出其雇员本来可以根据司法或者立法豁免而提出的任何抗辩。

§ 2675. 作为前提条件的联邦行政机关的处理；证据

（a）起诉联邦政府的，因政府雇员在其职务或雇用范围内活动时的疏忽或错误的作为与不作为，引起的财产的破坏和损失或人身的伤害或死亡而提起的金钱赔偿请求，只有首先向适当的联邦行政机关提起并被该机关以书面形式最终拒绝，该拒绝以证明或挂号邮件送达时，法院才可以受理。有关机关在申请提出后 6 个月内未作出最终处理，那么在那以后申请人选择的任何时间都可以被视为在本节意义上的对申请的最终拒绝。本款规定不适用于依据《联邦民事诉讼规则》由第三方控告、交叉申请或反申请提出的债权主张。

（b）依据本节提起的诉讼，如果超出在联邦行政机关申请中提出的数额将不被受理。但是如果发现了新的证据，而不是当时推理性的发现或向联邦行政机关提出申请时的证据，或者根据关于申请数额的辩解和有关事实的证据，其数额才可以提高。

（c）司法部长或其他联邦行政机关首长对申请的处理都不构成关于赔偿责任或赔偿数额的适格证据。

§ 2676. 作为阻止申请的判决

对于依据本编 § 1346（b）所提出的诉讼中的判决，将构成对申请人以相同内容的理由，对因其作为或不作为而引起该申请的政府雇员提起任何诉讼的完全阻止。

§ 2677. 调解

司法部长或他指定的代表在对申请的诉讼开始后，可以根据本编 § 1346（b）的规定，对可由他处理的申请进行仲裁、调解或者作出决定。

§2678. 律师收费；处罚

律师不得索价、要求、接受或收取本节规定的对他提供的服务支付的收费的限额。在根据本编§1346（b）作出的判决，或根据本编§2677作出的决定中所取收费不得超过25%；根据本编§2672作出的给付判决、调解或决定中所取收费不得超过20%。

任何律师对他提供的服务的索价、要求、接受或收取的收费，如果高于本节对与他提供服务相联系的那种申请的允许限额，在被发现后，将被处以2 000美元以下的罚款或1年以下的监禁，或者同时给予这两种处罚。

§2679. 救济的排他性

（a）任何联邦行政机关以它自己的名义起诉或应诉的权限，不应被认为是对本编§1346节第2款规定可以进行审理的权利请求中的联邦行政机关提起诉讼的授权。本编对此类案件所提供的救济是排他性的。

（b）（1）对于本编§1346（b）和本编§2672规定的因政府雇员，在其职务或雇用范围内活动时使用机动车辆造成财产的破坏或损失和人身的伤害或死亡，提起对联邦政府的诉讼给予的救济，将排除以后以相同事件的理由对引起该权利请求的作为或不作为的雇员或他的同行提起任何其他民事诉讼。因为相同事项引发的，或者与之相关的，针对雇主或者雇主的不动产提起的任何其他民事诉讼或者损害赔偿诉讼，都是排除在外的，而无论作为或者不作为是在何时发生。

（2）第（1）款不能延伸至或者适用于下列针对联邦政府雇员提起的民事诉讼——

（A）以行为违反《联邦宪法》为由提起的；或者

（B）以行为违反联邦法律为由提起的，而根据该法，这种行为本来是被允许的。

（c）司法部长应对因这种损坏或伤害，而在任何法院对政府雇员或其他的同行提起的控告和诉讼程序进行答辩。受到民事指控或被诉的雇员应当在得到司法部长对传票送达日期和传票送达的内容确认后的时间内，将对他发出的全部传票或经证明的传票真实文本复件呈交给他的直接上级或他所在部门的首长指定接受该文件的任何人，文件接受人应当尽快将答辩状若干副本连同传票提交给包括诉讼提起地在内的联邦政府地区律师，司法部长以及他供职的联邦行政机关首长。

（d）（1）根据司法部长提供的关于引起诉讼的事件发生时，被告政府雇员正在他的工作范围内活动的证明，任何基于此类权利请求而在联邦地区法院提起的任何民事诉讼或者程序应当被视为根据本编规定及其援引的规定而起诉联邦政府的诉讼，并且联邦政府应当取代该被告的政府雇员成为被告。

（2）一经司法部长证明在引发该诉讼请求的事件发生时，作为被告的雇员是在其职务或者雇佣范围之内行事，任何基于此种诉讼请求而在州法院提起的民事诉讼或者程序，应当由司法部长在初审之前转移至该诉讼或者程序正在进行之地所属司法分区的联邦地区法院，而无须提供诉讼费担保（bond）。此种诉讼或者程序应当视为是根据本编规定及其援引的所有规定，针对联邦政府而提起的，联邦政府应当取代雇员成为被告。司法部长的证明应当结论性地证明为了案件转移之目的的职务或者雇佣范围。

（3）当司法部长拒绝根据本节规定提供职务或者雇佣范围之证明时，雇员可以在初审之前申请法院调查和证明该雇员是在其职务或者雇佣范围之内行事。一旦法院作出此类证明，此类诉讼或者程序应当被视为是根据本编规定及其援引的所有规定，针对联邦政府提起的，并且联邦政府应当取代雇员成为被告。起诉书副本应当根据《联邦民事诉讼规则》Rule 4（d）（4）的规定送达联邦政府。当民事诉讼或者程序的申请是在州法院提起并尚未结案时，司法部长可以将这一诉讼或者程序转移至该诉讼或者程序正在进行之地所属司法分区的联邦地区法院，而无须提供诉讼费担保。如果，在审查起诉书时，地区法院认定雇员不是在自己的职务或者雇佣范围之内行事，该诉讼或者程序应当退回州法院。

（4）上述第（1）、（2）和（3）款规定的任何诉讼或者程序，一经司法部长的证明，应当以根据本编§1346（b）针对联邦政府提起的诉讼相同方式处理，并且遵守对这些诉讼适用的限制和例外规定。

（5）根据本节规定，联邦政府取代作为被告的任何诉讼或者程序，因为没有首先根据本编§2675（a）提出赔偿请求而被驳回时，在下列情形时，此种赔偿请求应当被视为是及时提出的——

（A）在作为基础的民事诉讼开始之日提交赔偿请求；以及

（B）民事诉讼被驳回之后，在60日内向合适的联邦行政机关提出赔偿请求。

（e）对于在以§2677规定的方式提起的民事指控或诉讼中主张的赔偿请求，司法部长可以进行调解或处理解决，并具有同等效力。

§2680. 例外

本章的条款和本编§1346（b）不适用以下各项：

（a）基于政府雇员以应有的谨慎实施法律或规则的作为或不作为提起的权利请求，无论该法律或规则是否有效；或者基于联邦行政机关或政府雇员行使或执行、未能行使和执行裁量权或职责提起的权利请求，无论该裁量权是否被滥用。

（b）对于因信件或邮件的丢失、误投或疏漏传递提起的赔偿请求。

（c）对于因任何税或海关税的评估或征收，或者因海关官员或其他执法官员对任何私人财产或商品货物的扣押而引起的赔偿请求。

（d）依照本编§§741－752、781－790规定提供救济的，有关在海事法庭针对联邦政府提出的请求或诉讼。

（e）对于因政府雇员实施第50编§§1－31的条款及其附录的作为或不作为而引起的赔偿请求。

（f）对于因联邦政府实施检疫或强制检疫行为而引起的损害赔偿请求。

[（g）已被废除，Sept. 26，1950，ch. 1049，§13（5），64 Stat. 1043.]

（h）对于因威胁、殴打、错误拘禁、错误逮捕、恶意控告、滥用传票、诽谤、中伤、歪曲、欺骗或干涉契约权利引起的权利请求，如果涉及联邦政府政府的调查和执法官员的作为或不作为，本章和本编§1346（b）的规定在本限制规定生效日或该日以后，将适用于因威胁、殴打、错误拘禁、错误逮捕、滥用或恶意控告引起的权利请求。为本款之目的，所谓“调查官员或执法官员”是指法律授权执行搜查、收集证据或对违反联邦法律的人执行逮捕的任何联邦政府官员。

（i）对于因财政部的财政措施或金融系统的规则而引起的损害赔偿权利请求。

（j）对于因陆军或海军以及海岸警卫队在战争时期的战斗活动而引起的赔偿请求。

（k）对于发生在外国的事项而引起的赔偿请求。

（l）对于因田纳西流域管理局的活动而引起的赔偿请求。

（m）对于因巴拿马运河公司的活动而引起的赔偿请求。

（n）对于因联邦土地银行、联邦中间信贷银行或合作社银行的行为而引起的赔偿请求。

附录 F

国家环境政策法

《美国法典》第 42 编

§ 4321. 国会的立法目的

本法的制定目的在于：宣示国家政策，促进人类与环境之间实现促进生产力并且令人愉悦的和谐；努力提倡防止或减少对环境与生物圈的伤害，增进人类的健康与福祉；充分了解生态系统及自然资源对国家的重要意义；设置环境质量委员会。

第一分章　政策与目的

§ 4331. 国会宣示国家环境政策

(a) 国会认识到人类活动对于自然环境一切构成因素的内在关系具有深远影响，尤其是人口增长、高度集中的都市化、工业发展、资源开发以及就技术日益进步带来的深远影响，并鉴于恢复及维持环境质量，对于全体人类的福祉与发展意义重大。特此宣布：联邦政府将与各州及地方政府以及有关的公共与私人团体合作，采取所有切实可行的手段与措施，包括在财政及技术上提供援助，发展并增进共同福祉，创造并维持人类与自然得以积极、和谐共处的各种生存条件，以满足当代人民及其子孙后代对于社会、经济及其他方面的需要。

(b) 为了执行本法规定的政策，联邦政府负有责任，采取所有一切可行，且与国家政策的其他基本考虑相一致的措施，改进并协调联邦的计划、职能、方案与资源，以达到如下目的，即国家应：

(1) 履行每一世代均应为其后代子孙的环境尽保管人的责任。

(2) 保证为我国全体国人创造安全、健康、富生命力，并合乎美学及文化上优美的环境。

(3) 在最广泛限度内合理使用环境，但是防止环境恶化、危害健康与安全，或引起其他不良与不应有的恶果。

(4) 维护我国历史、文化及自然的重要遗产，并尽可能维持足以提供各个人以多样选择机会的环境。

(5) 力求人口与资源利用达到平衡，使得国人享有高度生活水平及广泛舒适的生活。

(6) 提高可再生资源的质量，使易枯竭资源的循环最大化。

(c) 国会认为，人人有权享受健康的环境，同时人人也有责任参与环境的维护与改善。

§4332. 行政机关的合作；报告；信息的可得性；建议；国际与国内的协调努力

国会授权并命令政府应尽一切可能实现下列事项：

(1) 联邦政府各项政策、法律及公法（public laws）的解释与执行均应与本法规定相一致。

(2) 联邦政府所有行政机关均应（执行下列事务）：

(A) 在进行可能对人类环境产生影响的规划及决定时，采取系统性科技整合方法，确保综合利用自然科学、社会科学及环境设计工业技术。

(B) 向依据本章第二分章而设立的环境质量委员会征求意见，确定和制定各种方法与程序，对于目前尚未符合规定的环境优适与环境价值，在决定时也能与经济和技术问题一起予以合理考虑。

(C) 对于人类环境质量具有重大影响的各项法律草案和主要联邦行为，每项建议或者报道均应由主管官员提出包括下列事项的详细说明书：

(i) 拟议行为对环境的影响。

(ii) 拟议行为付诸实施时对环境所产生不可避免的不良影响。

(iii) 拟议行为的各种替代方案。

(iv) 人类环境的地区性短期使用与维持及加强长期生命力间的关系。

(v) 拟议行为付诸实施时会产生的无法复原或无从补救的资源耗损。

在制作详细说明之前，主管的联邦官员应向依法享有管辖权或者具有特殊专业知识的任何联邦行政机关征求意见，并取得其对有关任何环境影响的评估。该说明评论与负责发展并执行环境标准的相当联邦、州及地方机关所作的意见书复印件，应当一并交付总统与环境质量委员会，并依《美国法典》第 5 编 §552 的规定，向公众公开。此等文件，应当与提案一起依现行行政机关审查办法审查核准。

(D) 1970 年 1 月 1 日以后，在州补助金计划资助下的任何联邦重要行为，因有下列情形而由州机关或其官员准备执行者，亦应依分款（C）规定提出详细说明书：

(i) 州机关或其官员对此等行为享有全州的管辖权与责任者。

(ii) 主管的联邦官员提供指导并参与此准备工作者；

(iii) 在核准与实行前，由主管的联邦官员独立评估说明书。及

(iv) 在 1976 年 1 月 1 日以后，主管的联邦官员对其他州或联邦土地管理的实际行为或可能对州或联邦土地管理产生重大影响的替代方案，应提出初步通知书并要求其意见。对此行为的影响有不同意者，则应准备书面的影响评估与意见，编入详细说明书内。

本段所述程序并不减轻联邦官员对整个说明书范围、目标及内容或本章内的任何责任；亦即本段并不影响由州政府机关制定的欠缺全州性管辖权的说明的合法性。

(E) 对任何提案中涉及有关可得资源不同利用方式的冲突尚未解决的，对其中建议的行动方针，研究、制定并说明适当的替代方案。

(F) 确认环境问题具有世界性及长久性的特性，并在符合我国外交政策时，对于为了预防人类世界环境质量的恶化，加强国际合作而通过的倡议、决议和项目给予适当支持。

(G) 对各州、县、市、机关团体与个人，提供关于有益回复、维持及改善环境质量的建议及信息。

(H) 在计划与发展资源开发项目过程中，提倡及利用生态学的信息。

(I) 协助依本章第二分章设立的环境质量委员会开展工作。

§4333. 行政程序的符合国家环境政策

所有联邦政府机关均应当对其现有的法定职权，行政规章及各项现行政策及程序，进行一次审查，以确定是否存在妨害充分执行本法宗旨及规定的任何缺陷与矛盾，并应就其审查结果，在1971年7月1日之前向总统提出，使其职权与政策符合本法规定之目的、宗旨及程序。

§4334. 联邦行政机关的其他法定义务

§4332或§4333之规定，不得以任何方式影响联邦行政机关的下列具体法定义务：(1) 遵守环境质量的规范或标准；(2) 与其他联邦或州行政机关进行协调或者征求其意见；或(3) 依其他联邦或州行政机关的建议或证明，采取或不采取行为。

§4335. 现行职权的补充

本法所规定的政策目标，性质上是联邦政府各行政机关现行职权的补充。

第二分章　环境质量委员会

§4341. 向国会提交的报告；立法建议

自1970年7月1日起，总统应当每年向国会提出环境质量报告（以下简称报告），其中载明下列事项：(1) 国家各种主要的自然、人为或改造环境的状态与情况，包括但不限于空气、水（包括海域、海湾及淡水）及陆地环境（包括但不限于森林、干地、湿地、山脉、城市、郊区及乡村环境）；(2) 此种环境的质量、管理及利用之现状与趋势，以及此种趋势对国家社会、经济与其他需要的影响；(3) 根据预期人口压力，说明可得的自然资源能否满足国人生活与经济需要；(4) 对于联邦政府、州与地方政府以及非政府实体或个人的项目与活动（包括规制活动）的评估、特别着重说明其对环境以及自然资源的保护、发展与利用的影响；(5) 对各种现有项目与活动的缺点，提出补救方案及立法建议。

§4342. 设置；成员；主席；任命

在总统办公机构内设置环境质量委员会（以下简称“委员会”）。该委员会由三人组成。其人选由总统提名，经参议院批准后任命，服从总统的指挥。总统应指定其中一人担任委员会主席。委员应当具相当训练、经验及成就，且有能力分析并解释各种环境发展趋势与信息；依本章第一分章之规定的政策，对联邦政府的项目与活动进行评估；对国家的科学、经济、社会、美学及文化等方面的需要及利益具有清晰的意识和责任感；并能制定与建言各种可以提升并改善环境质量的国家政策。

§4343 工作人员、专家与顾问的聘用

(a) 委员会可聘用履行本法规定职责所需要的官员与雇员。此外，委员会可以根据《美国法典》第5章§3109的规定（但该节最后一句不适用），聘用履行本法规定职责所需的专家与顾问，并制定其报酬领取办法。

(b) 尽管有《美国法典》第31章§1342的规定，但是为了实现委员会的目的，委员会可以接受自愿无偿提供的服务。

§4344. 义务与职能

委员会履行的义务和承担的职能如下：

(1) 在总统依本章§4341规定制作环境质量报告时，提供支持与建议。

(2) 适时收集当前与未来环境质量状况及发展趋势的正确信息，并对该信息进行分析与解释，以确定此等状况及发展趋势是否妨碍或可能妨碍本章第一分章所定政策的贯彻执行，进而编辑有关此等状况及发展趋势的研究报告，并呈送总统。

(3) 依本章第一分章所定政策，对联邦政府的各项项目与活动进行审查及评估，以确定项目与活动有助于政策的贯彻执行，并向总统提出建议。

(4) 研究增进环境质量改善的问题，并向总统提出国家政策的建议，以达到环境保护及国家的社会、经济、健康及其他方面的需要及目的。

(5) 对生态系统与环境质量进行调查、研究、考察、探讨及分析。

(6) 记录确定自然环境的变化（包括植物系统及动物系统的变化），并积累必要数据及其他信息，以便对此等变化及发展趋势，进行持续性的分析研究，并解释其基本原因。

(7) 每年至少向总统汇报环境状态及情况一次。

(8) 应总统的要求，提供有关政策与立法等事项的研究、报告与建议。

§4345. 征求公民环境质量咨询委员会及其代表的意见

委员会依本法规定行使权力、职能及履行义务时，应：

(1) 征求依 1969 年 5 月 29 日颁布第 11，472 号行政命令而设置的公民环境质量咨询委员会的意见，并征求其认为有能力提供意见的科学、工业、农业、劳工、自然保护组织，州及地方政府，及其他团体的代表的意见。

(2) 充分利用公共与私人机构、组织以及个人提供的服务、设施及数据（包括统计数据），以避免造成措施与开支的重复，确保委员会的活动与已有行政机关依法律规定进行的类似活动，不会发生不必要的重复或冲突。

§4346. 委员任期与津贴

委员会委员均为全职工作人员；委员会主席的工资按行政首长工资序列（Executive Schedule Pay Rates）第二级规定核发（5 U. S. C. 5313）；委员会其他委员的工资按行政首长工资序列第四级规定核发（5 U. S. C. 5315）。

§4346a. 私人机构、联邦、州及地方政府的差旅费报销

委员会可以应任何私人性质的非营利机构或联邦、州或地方政府的任何组成部门、行政机关或执行单位的邀请，指定委员会的官员或雇员，出席为委员会的利益而召开的任何座谈会、研讨会或其他类似会议，并报销其产生的合理的差旅费。

§4346b. 援助国际活动经费

委员会可以使用经费，支持（1）国际差旅；（2）履行国际协议的活动；及（3）支持美国国内及国外的交流计划等国际活动。

§4347. 授权拨款

为执行本法各项规定，授权拨款如下：1970 年财政年度，不得超过 30 万美元；1971 年财政年度，不得超过 70 万美元；其后各财政年度不得超过 100 万美元。

附录 G

文书工作削减法*

《美国法典》第 44 编

第 35 章　联邦信息政策的协调

§ 3501. 目的

本章的目的是：

（1）使联邦政府实施或者为了联邦政府利益而实施的信息收集工作对个人、小企业、教育和非营利机构、联邦政府供应商、州、地方和部落政府和其他人造成的文书负担最小化；

（2）尽可能地保证公众利益，使联邦政府生成、收集、保存、使用、共享和传播的信息的效用最大化；

（3）协调、整合以及切实可行地使联邦信息资源管理政策和措施统一，使之能够成为提高生产力、效率和政府计划效果的方式，包括减轻对公众信息收集的负担，改进公众服务的提供；

（4）改进联邦信息的质量和利用，以强化政府与社会中的决策制定；

（5）使联邦政府信息的制作、收集、保存、利用、传播和处置的成本最小化；

（6）强化联邦政府与州、地方和部落政府之间的伙伴关系，以使它们之间在联邦政府的信息生成、维护、使用、传播和保存之间的信息负担最小化，信息效用最大化；

（7）使公共信息的传播建立在及时且平等基础之上，促进信息对公众的效用，有效使用信息技术；

（8）确保（或者为了）联邦政府在信息的生成、收集、保存、使用、传播和处置时适用下列相关的法律：

---

* 译者根据《美国法典》2013 年版译出，翻译时参考了吉林大学于立深教授的译本（载《行政法学研究》，2008(1)）。为行文统一，译者在原译文基础上作了文字和格式处理，并根据法律修订情况进行了补充翻译。——译者注

（A）隐私和保密，包括《美国法典》第 5 编 § 552a；

（B）信息安全，包括《1987 年计算机安全法》；

（C）信息的获取，包括《美国法典》第 5 编 § 552；

（9）保证联邦统计系统的完整性、质量和效用；

（10）保证信息技术的采购、利用和控制能够促进行政使命的履行，包括减轻对公众的信息收集负担；

（11）增进管理和预算局以及所有向国会负责任的其他行政机关的责任和义务，促使它们对公众执行信息收集审查程序、信息资源管理以及依据本法制定的相关政策和指导方针。

§ 3502. 定义

（1）“行政机关”，是指任何行政部门、军队部门、政府公司、政府控制的公司或者政府行政分支中的其他机构（包括总统办公机构），或者任何独立规制机构，但是不包括下列机关：

（A）政府问责局；

（B）联邦选举委员会；

（C）哥伦比亚特区政府以及美国托管和领地内的政府及其各种属地政府；

（D）政府所有、承包人运营的（Government-owned contractor-operated）设施，包括从事国家安全研究和生产活动的实验室。

（2）“负担”，是指为了向联邦行政机关或者为联邦行政机关的利益而提供信息，个人生成、保存或者提供信息而付出的时间、努力或者消耗的财政资源，包括用于下列事务的资源：

（A）审查指令；

（B）采购、安装和利用技术及其系统；

（C）调整适用于旧指令和要求的方式；

（D）查找数据源；

（E）完成和审查信息收集；

（F）传播或者披露信息。

（3）“信息收集”，是指：

（A）获得、促成获得、请求或者要求行政机关向第三方或者公众披露，或者根据行政机关的要求向第三方或者公众披露事实或者意见，无论形式或者格式如何，要求其：

（i）除了联邦政府行政机关、执行单位和雇员以外，对十人以上进行的同一问题、同一报告或者记录保持的回答要求；

（ii）为了统计目的，对行政机关、机构或美国雇员进行的问题回答要求；

（B）不包括 § 3518（c）（1）所描述的信息收集。

（4）“局长”，是指管理和预算局局长。

（5）“独立规制机关”，是指联邦储备系统、期货交易委员会、消费者产品安全委员会、联邦通信委员会、联邦存款保险公司、联邦能源监管委员会、联邦住房融资管理局、联邦海事局、联邦贸易委员会、州际商业委员会、矿山安全和健康管理局、国家劳动关系委员会、核能监管委员会、职业安全和健康审查委员会、邮资委员会、证券交易委员会，以及由法律设定的其他联邦规制机关或者委员会。

（6）“信息资源”，是指信息及相关资源，诸如人员、设备、资金以及信息技术。

（7）“信息资源管理”，是指为了完成行政机关的使命或者为了促进行政机关履行职责而进行的信息资源的处理过程，包括对公众信息收集负担的减轻等。

(8)“信息系统”，是指为了信息的收集、处理、维护、使用、分享、传播或者配置而进行的一系列非连续性的信息资源的组织化。

(9)“信息技术”，与《1996年Clinger-Cohen法》§5002(《美国法典》第40编§1401)的定义相同，但是不包括该法§5142(《美国法典》第40编§1452)定义的国家安全系统。

(10)“人”，是指个人、合伙、联合、公司、商业信托，或者法定代理人、个人的组织体，州、领地、部落或地方政府或其分支(branch)，或者州、领地、部落或者地方政府的政治性内设机构(subdivision)，或者上述政治性内设机构的分支。

(11)“实际效用”，是指行政机关应用信息的能力，特别是采取及时、有效的方式处理信息的能力。

(12)“公共信息”，是指行政机关披露、传播或者公众可以利用的任何信息，无论其形式或者格式如何。

(13)“记录保存请求”，是指行政机关对个人施加的，或者为了行政机关的利益而对个人施加的特定记录保存的请求，包括下列要求：

(A)保存记录；

(B)将存在的记录样本通报第三方、联邦政府或者申请的公众；

(C)将记录披露给第三方、联邦政府或者公众；

(D)将有关记录报告给第三方、联邦政府或者公众。

(14)“惩罚”，包括行政机关或者法院施加的罚金或其他处罚；金钱赔偿或者公平救济判决；或者是对许可证、特权、权利、补贴或利益的撤销、中止、减免、拒绝等。

§3503. 信息与规制事务办公室

(a)在管理和预算局设立信息与规制事务办公室。

(b)信息与规制事务办公室主任由总统任命，需要征求参议院的意见并经参议院的批准。管理和预算局局长应该授权信息与规制事务办公室主任全权履行本法的所有职能，但是此授权并不减轻局长的管理责任。在联邦信息资源管理政策方面，信息与规制事务办公室主任应当作为管理和预算局局长的主要顾问。

§3504. 局长的职权与职能

(a)(1)局长应当监督信息资源的利用，包括减轻公众的负担和为其提供服务，以便为实现行政使命而提高政府运行的效能。在进行这种监督时，局长应当：

(A)规划、协调和监督联邦信息管理资源方面的政策、原则、标准和指导方针的执行；

(B)指导和监督：

(i)信息收集的审查和批准，以及信息收集负担的减轻；

(ii)行政机关传播信息及公众获得信息；

(iii)统计行为；

(iv)记录管理行为；

(v)隐私、机密、安全、披露和信息共享；

(vi)信息技术的获得和运用，包括用以替代纸张和电子签名的电子传输、维护或信息披露的交换信息技术。

(2)局长行使本章的职权应当依据相关的法律。

(b)关于一般的信息资源管理政策，局长应该：

(1)规划和监督统一信息资源管理政策、原则、标准和指导方针的执行；

(2)鼓励更多的公共信息共享、传播和获得，包括通过下列方式：

(A) 使用政府信息查询服务系统;

(B) 开发和利用信息收集、存储、处理和交流的普遍标准(包括安全、互联性和兼容性);

(3) 为改进信息资源管理措施,起草和审查修改有关立法、规章和行政程序的建议;

(4) 监督信息资源管理(包括培训)之最优方法的提出和执行;

(5) 监督与信息资源管理职能相关的行政项目和职能的整合。

(c) 关于信息收集和文书工作控制,局长应当:

(1) 审查和批准行政机关拟议的信息收集;

(2) 协调信息与规制事务办公室与联邦采购政策办公室之间有关联邦采购的信息收集审查,特别是强调运用信息技术以提高联邦采购的效率和实效,减轻信息收集对公众的负担;

(3) 尽量减少联邦信息收集负担,特别是受到最多不利影响的个人和实体;

(4) 尽量扩大联邦信息收集工作的实际效用和公共效益;

(5) 制定和监督行政机关用于评估拟议信息收集之负担的标准和指南。

(d) 在信息传播方面,局长应当制定和监督政策、原则、标准和指南的实施,以:

(1) 适用于联邦行政机关的公共信息传播,无论所传播的此类信息是何种形式或格式存在的;

(2) 促进公众获得公共信息和实现本章所规定之目的,包括对信息技术的有效利用,实现本章规定的目的。

(e) 关于统计政策及其协调,局长应该:

(1) 协调联邦统计系统的活动,以确保:

(A) 统计系统的效率和实效;

(B) 为统计目的所收集信息的完整性、客观性、公正性、效用性和机密性;

(2) 保证行政机关的预算建议与维持、提高联邦统计质量的系统性优先事项相一致,并且编制有关统计项目资金来源的年度报告;

(3) 制定和监督政府范围内有关下列事项的政策、原则、标准和指南的执行:

(A) 统计数据收集的程序和方法;

(B) 统计数据的分类;

(C) 统计信息的表达和传播;

(D) 统计数据的及时发布;

(E) 可能为联邦项目管理所必需的其他统计数据源;

(4) 评估统计项目的执行与行政机关对政府范围内的政策、原则、标准和指导方针的遵守;

(5) 促进与私人权利和保密权利相适应的、为统计目的所收集的信息的共享;

(6) 协调美国参与国际统计活动,包括进行比较统计;

(7) 任命训练有素和经验丰富的专职统计师担任首席统计师,以实现本款所界定的职能;

(8) 建立跨部门的统计政策理事会,为管理和预算局局长履行本分节所规定的职能提供咨询和协助——

(A) 由首席统计师领导;

(B) 包括

(i) 重要统计项目的负责人;

(ii) 其他统计机关轮换选派的代表;

(9) 在统计政策职能培训中，为联邦政府雇员提供机会：

(A) 每个培训员应由管理和预算局局长根据行政机关的请求而选择，至少为首席统计师服务6个月或者不少于1年；

(B) 训练的全部费用应该由请求培训的行政机关支付。

(f) 关于记录管理，管理和预算局局长应该：

(1) 为国家档案馆馆长和总务局局长提供建议和帮助，以便促进《美国法典》第44编第29、31、33章管理职能的协调，按照本章规定制定信息资源管理的政策、原则、标准和指南；

(2) 审查行政机关是否遵守：

(A)《美国法典》第44编第29、31、33章的要求；

(B) 国家档案馆馆长和总务局局长发布的规章；

(3) 监督记录管理（records management）政策、原则、标准和指南的适用，包括以电子格式保存的信息之归档、信息系统的规划和设计的要求。

(g) 关于隐私和安全，管理和预算局局长应当：

(1) 制定和监督实施行政机关所收集或者保存信息的隐私、保密、安全、披露和共享相关政策、原则、标准和指南，进行规划和监督；

(2) 监督和协调履行《美国法典》第5编§§552，552a、《国家标准和技术研究院法》§§20－21（《美国法典》第15编§278g－3和§278g－4)、《1996年Clinger－Cohen法》§5131（《美国法典》第40编§1441)，以及《1987年计算机安全法》§§5－6（《美国法典》第40编§759)，《美国法典》第40编§11331条和本章第二分章，以及相关的信息管理法；

(h) 关于联邦信息技术，管理和预算局局长应该：

(1) 就下列事项征求国家标准和科技研究院院长、总务局局长的意见：

(A) 制定和监督实施联邦政府的信息科技职能和活动的政策、原则、标准和指南，包括对重要信息系统的定期评估；

(B) 监督按照《1996年Clinger-Cohen法》§11331制定和实施标准。

(2) 对依据《美国法典》40编第III分编和第40编§322制定的指令，监督其实效和合规情况；

(3) 协调由信息与规制事务办公室和联邦采购政策办公室制定和审查联邦信息技术采购政策。

(4) 通过审查行政机关预算草案、信息资源管理计划等方式，确保：

(A) 行政机关整合信息资源管理计划、项目计划和信息技术采购和利用的预算；

(B) 为了改进行政绩效和实现行政使命而提出的跨部门信息技术行动倡议的效率和实效；

(5) 促进联邦政府利用信息技术，以提高联邦项目的生产力、效率和实效，包括通过公共信息的传播和公众信息收集负担的减少。

§3505. 任务分配和截止期限

(a) 在履行本章确立的职能时，管理和预算局局长应当：

(1) 征求各行政机关首长的意见，制定减轻信息收集负担的年度政府目标，1996和1997这两个财政年度至少每年降低10%，1998、1999、2000和2001等财政年度每年至少降低5%。行政机关制定年度目标的目的是：

(A) 减少对公众施加的信息收集负担——

(i) 代表了每个行政机关的最切实可行的机会；

(ii) 与§3506（c）确立的改进信息收集审查程序的行政管理相一致。

(B) 改进信息资源管理的方式，以增进联邦项目的生产力、效率和实效，包括对公众提供服务。

(2) 与特定行政机关和非联邦实体在自愿基础上，实施示范项目以测试不同政策、做法、规章和程序，以便实现本章规定的目的，特别是使联邦信息收集负担最小化。

(3) 在征求总务局局长、国家标准和技术研究院院长、国家档案馆馆长以及人事管理局局长的意见后，管理和预算局局长应该在以下方面制定和维护整个政府范围的信息资源管理战略计划，包括：

(A) 联邦政府运用信息资源改进行政机关和项目绩效之目标和方式的描述；

(B) 为了下列目的制定的计划——

(i) 减少公众承受的信息负担，包括通过取消重复收集信息和以共享资源满足数据共享的需要；

(ii) 利用电子和其他格式，促进公众获取信息和信息传播；

(iii) 按照本章规定的目的，满足联邦政府对信息技术的需要；

(C) 对利用信息资源管理提高行政绩效和完成使命的进展描述。

(b) 为了根据本节（a）(2) 而采取的示范项目之目的，管理和预算局局长在征求行政机关首长的意见后，在向公众和国会及时通报后，可以免除实施实施示范项目的行政机关所发布的任何行政指令，包括任何要求信息收集的指令。

(c) 重要信息系统目录：

(1) 每个行政机关的首长应该规划和保存一份由自己操控的重要信息系统的目录，包括重要的国家安全系统的目录；

(2) 在确定目录中的信息系统时应该包括明确各个系统与其他系统或者网络（包括那些不由该行政机关运行或者控制的系统）之间的接口；

(3) 此种系统目录应该是：

(A) 至少每年更新；

(B) 总审计长可以得到的；

(C) 用来支持信息资源管理的，包括：

(i) § 3506（b）(4) 中的信息资源目录的制作和维护；

(ii) § 3506（h）、《美国法典》第40编第三分编及相关法律和指导文件中的信息技术的计划、预算、采购和管理；

(iii) 根据《美国法典》第40编第二分编，对信息安全控制进行的监控、测试和评估；

(iv) 起草《美国法典》第5编§552（g）所要求的重要信息系统索引；以及

(v) 起草第21、29、31和33章规定的记录管理所需的信息系统目录；

(4) 管理和预算局局长应该为本项规定的实施而发布指导方针，监督本分节要求的执行。

§3506. 联邦行政机关的责任

(a) (1) 每个行政机关首长对下列事项负有责任：

(A) 为提高行政机关的生产力、效率和实效而开展的信息资源管理活动；

(B) 遵守本分章的要求以及管理和预算局局长制定的相关政策。

(2) (A) 除了本节（a）(1)（B）之外，行政机关首长应该指定一名首席信息官，由其直接向行政首长汇报本分章所规定之行政责任的履行情况。

(B) 国防部长及各军种的部长可以分别指定首席信息官，由其直接向部长们报告本章规定之责任的履行情况。如果指定多名首席信息官，应该明确划分他们各自的义务。

(3) 根据第 (2) 款之规定指定的首席信息官有责任保证行政机关及时、高效和切实履行根据本章确定的信息政策和信息资源管理责任，包括减少公众的信息负担。在遴选首席信息官及其雇员时，应该特别关注实施本章所规定之信息资源管理所需的特殊职业资质。

(4) 每个行政机关的项目官员应该对所配置的信息资源或者支持的计划，负有责任或进行说明。在征求根据第 (2) 款指定的首席信息官、首席财务官（或者类似官员）的意见后，行政机关的项目官员应该界定项目的信息需求，并制定战略、建立制度和进行能力建设以满足这些需求。

(b) 关于一般信息资源管理，每个行政机关应当：

(1) 管理信息资源，以求：

(A) 减少对公众的信息收集负担；

(B) 增进项目的效率和实效；

(C) 提高信息之于所有行政机关内部和外部的用户的真实性、质量和效用，包括保证传播公共信息的、公众获得政府信息以及保护隐私和安全的能力；

(2) 按照管理和预算局局长的指导，制定和维护战略信息资源管理计划，该计划应当描述信息资源管理行为如何帮助完成行政使命。

(3) 制定和维护正在进行的程序，以求：

(A) 保证信息资源管理的运作和决定与组织计划、预算、财政管理、人力资源管理以及项目决定保持一致性；

(B) 与行政机关首席财务官（或者类似的官员）合作，对信息技术开支、相关费用支出和结果进行完整、准确的核算说明；

(C) 确立改进信息资源管理效能的目标，使信息资源管理有助于提高项目的生产力、效率和实效；建立测量这些目标改进的措施；明确实现这些目标的责任。

(4) 在征求管理和预算局局长、总务局局长和国家档案馆馆长意见之后，保存一份行政信息资源的最新和完整的目录，包括履行§3511之要求所需要的目录。

(5) 在征求管理和预算局局长和人事管理局局长的意见后，实施正式培训项目，为信息资源管理有关的行政项目官员和管理官员 (management officials) 提供培训。

(c) 关于信息收集和文书工作的控制，每个行政机关应该：

(1) 在根据分节 (a) 指定的首席信息官领导的办公室内设立充分独立于项目责任的程序，以公正评估是否应当根据本章批准拟议的信息收集。

(A) 根据本章规定，在呈送管理和预算局局长审查之前，审查每项信息收集，包括：

(i) 评估信息收集的必要性；

(ii) 对所收集信息的功能描述；

(iii) 信息收集的计划；

(iv) 详细、客观的负担评估；

(v) 适当时通过示范项目所进行的信息收集测试；以及

(vi) 对拟收集信息进行高效、有效地管理和利用的计划，包括必要资源在内。

(B) 保证每次信息收集：

(i) 被详细列出目录，列出控制编号，以及合适时列出失效日期；

(ii) 表明该收集是按照本章§3507的信息收集审查 (clearance) 要求进行的；

(iii) 将下列事项告知接受信息收集的当事人：

(I) 信息收集的理由；

(II) 信息利用的方式;

(III) 在可能的范围内,对信息负担进行的评估;

(IV) 信息收集的反馈是自愿性的、获得福利所需,还是强制性的;

(V) 行政机关不得采取或组织信息收集的事实,当事人不需要回应信息收集的事实,除非行政机关列出了控制编号;

(C) 评估影响行政机关的拟议立法产生的信息收集的负担。

(2)(A) 除了依据分款(B)或者§3507(j)规定之外,在《联邦公报》上进行为期60天的通告,并就每项信息收集征求公众和存在利害关系的行政机关有关下列事项的评议意见:

(i) 评估拟议的信息收集是否是合理履行行政职能所需要的,包括信息是否具有实际效用;

(ii) 评估行政机关对拟议信息收集所作负担评估的准确性;

(iii) 增强所收集信息的质量、效用和清晰度;

(iv) 减少需要反馈信息者对信息收集的负担,包括采用自动化的信息收集技术或其他形式的信息技术;

(B) 对拟议规则中(根据§3507(d)规定,由管理和预算局局长审查)所包含的任何拟议信息收集,通过对拟议规则制定程序发布通告征求评议意见,此类通告应当拥有与按分款(A)(i)-(iv)所列举的目的相同。

(3) 证明(和提供支持此类证明的记录,包括行政机关收到的公众评议意见)按§3507呈送管理和预算局局长审查的每项信息收集:

(A) 对合理行使行政职能来说是必要的,包括信息具有实际效用;

(B) 保证行政机关本来可以获得的信息不存在不必要的重复;

(C) 在可行和合理的限度内,减少向行政机关提供信息,或者为行政机关之利益而提供信息的当事人的负担,包括对于按照《美国法典》第5编§601(6)所定义之小型实体的负担,利用信息技术,以实现——

(i) 制定不同的合规或者汇报要求或者时间表,考虑信息收集对象可以获得的资源;

(ii) 澄清,整合或者简化了合规和报告要求;

(iii) 免除信息收集的范围或者其中的任何部分;

(D) 表述的条文清楚、连贯和没有含糊,是信息收集对象来说是可以理解的;

(E) 通过已存的报告和信息收集对象的实际记录,用前后一致和可以兼容的方式,尽可能地贯彻执行;

(F) 对每项记录保存要求,说明当事人需要保持特定记录的时间跨度;

(G) 包含本节(c)(1)(B)(iii)所要求的说明;

(H) 提出信息收集的官员规划和配置资源,以促进有效使用和管理所收集信息,包括信息处理的方式应当有助于提高信息之于行政机关和公众的效用;

(I) 使用适合于信息收集目的、高效、有效的统计调查方法;

(J) 最切实可行地利用信息技术来减少负担,提高数据质量、行政效率和对公众的回应性。

(d) 关于信息传播,每个行政机关应该:

(1) 保证公众及时而公平地获得公共信息,包括保证通过如下方式获得信息:

(A) 鼓励在政府公共信息基础上的公共和私人信息源的多样性;

(B) 行政机关提供以电子格式保存的公共信息时,及时而平等地提供原始数据(全部

或者部分)；以及

(C) 行政机关采取高效、有效和经济的方式传播公共信息；

(2) 经常就行政机关的信息传播行为征求和考虑公众的意见；

(3) 在形成、实质性修改或者终止重要信息的产物时，应当进行充分的告知；

(4) 除非得到法律的特别授权外，否则不得：

(A) 采取排他性的、受限的信息发布方式，或者其他阻碍公众及时而平等地获得公共信息的信息发布方式；

(B) 限制或者规制公众对公共信息的利用、转售或者再传播；

(C) 对公共信息的转售或再传播征缴费用或者版税；

(D) 对公共信息传播超出成本的部分，征收用户费。

(e) 关于统计政策及协调，每个行政机关应该：

(1) 保证为了统计目的而收集或者制作的信息具有相关性、准确性、及时性、完整性和客观性；

(2) 将统计调查和研究的发起人、目的和用途完整而准确地告知信息收集对象；

(3) 保护信息收集对象的隐私和确保披露政策完全践行保密的承诺；

(4) 遵守数据收集、分析、记录、共享和信息传播的联邦标准和措施；

(5) 保证统计调查和研究结果的及时公布，包括与调查和研究的质量及其局限性相关的信息；

(6) 保证统计机关和公众能够获得数据。

(f) 关于记录管理，每个行政机关应该贯彻实施和强制执行可以适用的政策和程序，包括采用电子格式之信息的归档要求，特别是信息系统的规划、设计和运转。

(g) 关于隐私和安全，每个行政机关应当：

(1) 对于所收集信息，或者行政机关保存，或者为了行政机关之利益而保存的信息，在隐私、保密、安全、披露和共享方面，贯彻和执行可以适用的政策、程序、标准和指南；

(2) 承担起遵守和协调按照《美国法典》第5编§552和§552a、《美国法典》第40编第11章第2分章，以及相关信息管理法规定之管理的责任和义务。

(h) 关于联邦信息技术，每个行政机关应该：

(1) 贯彻执行切实可行的政府和行政机关的信息技术管理政策、原则、标准和指南；

(2) 承担信息技术投资的责任和说明义务；

(3) 促进行政机关利用信息技术以提高行政项目的生产力、效率和实效，包括减少公众的信息收集负担以及改进公共信息的传播；

(4) 提议修改立法、规章、行政程序以改进有关信息技术的做法，包括可以减轻信息收集对公众造成的负担的修改建议；

(5) 通过如下程序，承担促进主要信息系统行动计划的价值最大化、评估和管理其风险的责任：

(A) 与预算、财政和项目管理决策一致化；

(B) 用于选择、控制和评估主要信息系统行动计划的结果。

§3507. 公共信息收集行为；向局长提交材料；批准和授权

(a) 行政机关不得实施或者组织信息收集行动，除非在信息收集的采纳和修订之前：

(1) 行政机关已经：

(A) 依据§3506 (c) (1) 采取审查行动；

(B) 评估依据§3506 (c) (2) 收到的公众评议意见；

（C）依据§3506（c）（3）的要求的证明，拟议的信息收集、相关法律授权的副本、规章以及管理和预算局局长指定的其他相关材料，送交给管理和预算局局长；

（D）在《联邦公报》上发布通告：

（i）声明行政机关已经完成了材料的提交；

（ii）记载

（I）信息收集的题目；

（II）信息收集的摘要；

（III）信息必要性和信息拟议用途的简要描述；

（IV）信息收集的可能收集对象和拟议信息反馈频率的描述；

（V）信息收集导致的负担的评估；

（VI）可以向行政机关、管理和预算局局长提交评议意见的通告。

（2）按照本节规定，管理和预算局局长已经批准了拟议的信息收集或者推定已经批准。

（3）行政机关已经从管理和预算局局长那里获得了收集信息时标识的控制编号。

（b）按照分节（c）和（d）的规定，在作出决定之前，管理和预算局局长应该至少提供30天时间供公众评议。

（c）（1）对任何没有规定在拟议规则中的拟议信息收集，管理和预算局局长应该将是否批准拟议信息收集的有关决定通报给行政机关。

（2）按照本节（a）（1）（D），管理和预算局局长应当在收到通告或者通告发布的60天内，发出通知书（notification），以发生在后者为准。

（3）按照本分节（2），如果管理和预算局局长在60天内没有告知行政机关是否批准或者否决，则：

（A）可以推断已经获得批准；

（B）应当立即发放控制编号；

（C）行政机关可以在不超过一年的时间里收集信息。

（d）（1）对于拟议规则中规定的信息收集：

（A）每个行政机关应当，尽可能地快，但是不晚于《联邦公报》上的拟议规则制定通告发布日期，向管理和预算局局长呈送一份拟议规则的副本，包含信息收集以及管理和预算局局长决定要求的任何必要的信息请求；

（B）在《联邦公报》公布拟议规则后的60天之内，管理和预算局局长应该按照§3508确立的标准整理公众评议；

（2）当最终规则在《联邦公报》上公布后，行政机关应该解释：

（A）在最终规则中包含的信息收集是如何反馈管理和预算局局长整理的公众意见；

（B）此类评议被拒绝的理由。

（3）如果在拟议规则制定通告发布后的60天之内，管理和预算局局长已经收到通告但没有对行政规则发表意见，那么管理和预算局局长不得否决任何信息收集请求，特别是行政规则中规定的信息收集请求。

（4）本节中的规定不应该被解释为阻止管理和预算局局长裁量决定：

（A）否决行政规则非特别请求的任何信息收集；

（B）否决行政规则中规定的任何信息收集，如果行政机关未能遵守本分节第（1）款之规定；

（C）否决最终规则中规定的任何信息收集，如果在最终规则公布后的60天内，管理和预算局局长发现行政机关根据本分节第（2）款反馈给他的评议意见存在不合理之处；

(D) 如果出现下列情况，管理和预算局局长有权否决最终规则中规定的信息收集：

(i) 管理和预算局局长断定行政机关在最终规则中已经实质性修改了拟议规则中的信息收集；

(ii) 在最终规则颁布至少60天之前，行政机关没有向管理和预算局局长提供有关已经修改的信息收集请求的本分节第(1)款所要求的信息。

(5) 本分节仅适用于行政机关发布拟议规则制定通告和征求公众评议意见的通告。

(6) 管理和预算局局长是否批准行政规则中包含的信息收集的决定，不接受司法审查。

(e) (1) 按照分节(c)和(d)之规定，管理和预算局局长否决任何信息收集的决定，或者指示行政机关对信息收集进行实质性或者重大改变的决定，都应允许公众了解，包括这些决定的理由解释。

(2) 信息与规制事务办公室主任，或者其任何一名雇员，与行政机关(或其未被联邦政府雇用的雇员)之间的任何书面沟通，凡是涉及拟议信息收集的，都应该允许公众了解。

(3) 本分节不得要求披露如下事项：

(A) 为了国防利益和外交政策的利益，按照保密有关的总统行政命令或者国会立法制定的标准而具体授权的信息收集程序所保护的任何信息；

(B) 没有按照本节得到批准的有关信息收集有关的任何沟通，其披露将导致信息沟通者遭到报复或者歧视。

(f) (1) 受委员会或类似组织的两名以上成员管辖的独立规制机构，可以通过多数票决的方式宣布下列事项无效：

(A) 管理和预算局局长全部或者部分否决行政机关的拟议信息收集；

(B) 依据§3507(d)，行使相关行政机关的职权；

(2) 行政机关应当证明每张投票以使管理和预算局局长的否决或者其他决定无效，并解释此类投票的理由。管理和预算局局长应当立即向每项信息收集分配控制编号，投票让否决或者其他决定无效，应当在3年内是有效的。

(g) 管理和预算局局长不得批准超过3年期限的信息收集。

(h) (1) 如果行政机关决定寻求延长管理和预算局局长对信息收集的批准期限，那么行政机关应该：

(A) 进行§3506(c)规定的审查，包括就信息收集的持续需要和负担，征求公众意见；

(B) 在采取合理措施寻求公众评议之后，但是不得晚于管理和预算局局长对已批准信息收集所分配的控制编号有效期届满前的60日，行政机关应按本节规定将信息收集提交管理和预算局局长审查和批准，其中包括对行政机关如何利用已收集信息作出解释。

(2) 如果依据本节规定，管理和预算局局长否决现行规则中规定的信息收集，或者建议或者指示行政机关对现行规则中规定的信息收集作出实质性的或者重大的修改时，管理和预算局局长应在：

(A) 在《联邦公报》上刊登对此的解释；

(B) 指示行政机关在合理时间内开始规则制定程序，仅限于考虑对规则中规定的信息收集进行的修改，然后根据本章规定提请审查批准或者否决信息收集。

(3) 在管理和预算局局长批准信息收集后，行政机关不得再对信息收集作出实质性或者重大的修改，除非按照本章要求，该修订已经呈送管理和预算局局长审查和批准。

(i) (1) 如果管理和预算局局长认定按照§3506(a)所指定的行政机关高级官员充

分独立于履行项目的职责，可以公平地评估是否应当批准所拟议的信息，并且具有有效履行职责所需的充足资源，管理和预算局局长就可以依据《美国法典》第5编第5章之通告评议程序的规定，授权该高级官员在特定项目领域、为特定目的或者为了所有行政机关的目的，批准拟议的信息收集。

（2）管理和预算局局长按照本节作出的授权，不得排除其视情况所进行的审查个别信息收集的权力。管理和预算局局长可以基于整体和特殊事项的考量，保留撤回授权的权力。获得管理和预算局局长授权负责批准信息收集的官员，在实施代理行为时，应该完全遵守管理和预算局局长发布的规则和规则。

（j）（1）行政机关首长确定存在下列情形时，可以请求管理和预算局局长授权进行信息收集：

（A）信息收集：

（i）在根据本章确立的期限届满之前进行是必要的；

（ii）是行政机关履行使命的关键；

（B）行政机关不能合理地遵守本章规定，因为：

（i）如果遵循正常的信息收集审查程序，将很可能导致公共损害；

（ii）发生了意料之外的事件；

（iii）正常审查程序的利用很可能会阻止或者中断信息收集，或者很可能会导致错过法定或者法院裁定的截止期限。

（2）在行政机关首长请求的时限内，管理和预算局局长应该批准或者否决该信息收集的授权请求，并且一经批准，即应分配信息收集的控制编号。按照本节进行的任何信息收集，可以不遵守在管理和预算局局长收到授权信息收集请求之日后最多180天的期限限制。

§ 3508. 信息必要性的判断；听证

在批准拟议信息收集方案之前，管理和预算局局长应当判断行政机关的信息收集是否是适当履行行政职能所必需的，包括该信息是否有实际效用。在作出判断之前，管理和预算局局长可以向行政机关和其他利害人提供听证或者发表书面声明的机会。如果管理和预算局局长认为行政机关的信息收集完全没有必要，行政机关不得进行信息收集。

§ 3509. 中央信息收集机关的指定

管理和预算局局长如果认为需要由单一的信息收集机关能够充分满足多个行政机关对信息的需要，并且数据共享并不违反相关法律规定的话，则可以指定一家中央信息收集机关为两个或者更多机关获取信息。在这种情况下，管理和预算局局长应当规定所指定的收集机关（关于信息收集）的义务和职能，以及作为代理人的行政机关的义务和权能（包括对成本的偿付）。当指定中央信息收集机关的决定生效时，指定决定涉及的行政机关不得自行收集属于中央信息收集机关负责获取的信息。管理和预算局局长可以根据情况需要随时修改指定决定。根据本节规定指定信息收集机关的权力，需要受本分章§3507（f）的调整。

§ 3510. 信息提供中的行政机关之合作

（a）管理和预算局局长可以指示一家行政机关向另一家行政机关提供信息，或者行政机关可以自行决定向另一家行政机关提供通过信息收集所获得的信息，只要信息披露与可以适用的法律之间不存在矛盾。

（b）（1）如果一个行政机关获得的信息被另一个行政机关披露给其他机关了，那么与信息非法披露相关的所有法律规定（包括惩罚）适用于作为信息披露之对象的行政机关的官员和雇员时，在程度和方式上与适用于最初获得这些信息的行政机关的官员和雇员时相同。

（2）此外，如果信息是由某个行政机关直接获得的，那么，作为信息披露对象的行政机关的官员和雇员应该与该信息是由该行政机关直接收集时一样，接受相同法律条款的约束，包括接受非法披露信息相关的惩罚。

§3511. 联邦信息查询系统的建立和运作

（a）为了帮助行政机关和公众确定信息存储的位置，提高信息的共享和公众对信息的平等获得，管理和预算局局长应当：

（1）组织建立和维护一个分布式、以行政机关为基础、电子化的“政府信息定位服务系统”（Government Information Locator Service），该系统应当明确各个行政机关的主要信息系统、持有信息和信息传播产品；

（2）要求每个行政机关建立和维护自己的信息查询服务系统，作为“政府信息定位服务系统”的有机组成部分，并支持“政府信息定位服务系统”的建立和运行；

（3）与国家档案馆馆长、总务局局长、政府印务局局长（the Public Printer）、国会图书馆馆长合作，建立一个跨行政机关的委员会，为商业部长制定“政府信息定位服务系统”所需的技术标准提供咨询，确保系统的兼容性，促进信息共享和公众对信息的统一查询；

（4）在建立和运行“政府信息定位服务系统”时，考虑公众查询信息和其他用户的需要；

（5）保证“政府信息定位服务系统”的安全性和完整性，包括采取措施保证该系统只披露希望向公众披露的信息；

（6）定期审查“政府信息定位服务系统”的发展和实效，并提出改进建议，包括采用其他机制改进公众查询联邦行政机关的公共信息。

（b）本节不适用于由《中央情报局信息法》（the Central Intelligence Agency Information Act，《美国法典》第50编§431以下）定义的“行动文件”（operational file）。

§3512. 公共保护

（a）尽管法律有其他的规定，但是如果存在下列情形，任何人不得因为未能遵守本章所规定之信息收集而受到惩罚：

（1）信息收集时没有标明管理和预算局局长根据本章分配的有效控制编号；

（2）行政机关没有告知信息收集对象他不需要回应信息收集要求，除非行政机关出示了有效的控制编号；

（b）本节所规定的保护可以在行政程序或者司法行为时，通过完全的抵御、阻止或者其他方式提出。

§3513. 局长对行政活动的审查；报告；行政机关的回应

（a）经征求总务局局长、国家档案馆馆长、国家标准和技术研究院院长、人事管理局局长的意见后，管理和预算局局长应该定期审查特定行政机关的信息资源管理活动，以便确定信息资源管理活动在提高行政绩效和实现行政使命时的效率和实效。

（b）按照分节（a）的规定，每个进行信息资源管理行为审查的行政机关应该在收到审查报告的60天之内，提交一份书面计划给管理和预算局局长，该计划应该描述相关措施（包括重要事件）：

（1）以解决报告中认定的信息资源管理问题；

（2）以改进行政绩效和完成行政使命。

§3514. 对国会的回应性

（a）（1）管理和预算局局长应当——

(A) 根据本章的规定，保证国会和国会各委员会充分而且及时地知悉重要活动；

(B) 每年一次，以及管理和预算局局长认为必要时，将重要活动报告呈交参议院议长和众议院议长。

(2) 管理和预算局局长应当在任何此类报告里尽可能地描述行政机关在多大程度上：

(A) 减少对公众的信息收集负担，包括——

(i) 总结减少信息收集负担的成就和已经规划的行动倡议；

(ii) 所有违反本章之行为的清单，以及依据本章发布的规则、指南、政策和程序的清单；

(iii) 信息收集负担增长的所有清单，包括每项此类信息收集的授权；

(iv) 在前一年度内没有根据§3505 (a) (1) 减少信息收集负担的行政机关的清单；导致这些行政机关未能减少信息收集负担的项目和法定责任的清单，以及帮助这些行政机关减少信息收集负担的建议的清单；

(B) 提高了统计信息的质量和效用；

(C) 促进公众查询政府信息；

(D) 通过信息资源管理，改进项目绩效和实现行政使命。

(b) 按照本节要求制作的任何报告，都应当以行政机关汇报的执行结果为基础，不得给联邦政府之外的人增加信息收集的负担。

§3515. 行政权

每个行政机关（除了独立规制机关之外）应当应管理和预算局局长的请求，尽可能地为局长履行本章规定的职能而提供服务、人员和可以利用的设施。

§3516. 规则与规章

管理和预算局局长应当颁布必要的规则、规章或程序，以行使本章所规定的职权。

§3517. 征求其他行政机关及公众的意见

(a) 在制定信息资源管理政策、计划、规则、规章、程序和指南时，以及在审查信息收集时，管理和预算局局长应当给存在利害关系的行政机关和个人提供及时、有意义的评议机会。

(b) 任何人可以请求管理和预算局局长审查由行政机关实施的信息收集或者为了行政机关的利益而实施的信息收集，以确定根据本章的规定，个人是否应当保存、提供或者披露信息给行政机关或者满足行政机关的利益。除非审查请求无关紧要，否则管理和预算局局长应当与行政机关承担信息收集职责的行政机关进行协调，以便：

(1) 在收到请求后的60天内作出回应，除非管理和预算局局长将这一期限延长至某一指定日期，并且提出审查请求的个人也得到了延期通知；

(2) 如果必要，采取适当的补救行为。

§3518. 对法律和规章的影响

(a) 除非本章另有规定，否则行政机关依据其他法律授权所具有的制定联邦信息资源管理行为政策、规则、规章和程序的职权，根据本章规定，受管理和预算局局长职权的调整。

(b) 本章的规定不能被认为影响或者削弱商业部长或者管理和预算局局长依据《1977年第1号改组计划》（经修订）和总统行政命令确立的涉及通信和信息政策、通信和信息系统的采购和管理、频谱利用以及相关事务的职权。

(c) (1) 除第2款的规定之外，本章不适用于以下情形的信息收集：

(A) 在联邦刑事调查或起诉行为期间进行的信息收集，或者在处置特殊刑事事务时进行的信息收集；

(B) 在实施下列行为时的信息收集——

(i) 联邦政府或者任何官员或行政机关作为当事人的民事行为；

(ii) 涉及行政机关对抗特定个人或者实体的行政行为或行政调查；

(C) 依据《反垄断民事程序法》(the Antitrust Civil Process Act) 和 1980 年《联邦贸易委员会改进法》(the Federal Trade Commission Improvement Act of 1980) §13 规定的强制程序；

(D) 1981 年 12 月 4 日发布的 12，333 号行政命令之§3.4 (e)，或者后续行政命令所界定的情报行为，或者是涉及通信安全的加密行为。

(2) 本章适用于实施有关一类个人或者实体（例如一类许可证持有人或整个产业）的一般调查行为（除了按照本分节 (1)(C) 执行的反垄断调查之外）中进行的信息收集。

(d) 本章不得被解释为增加或者减少商务部长或者管理和预算局局长依据《1996 年 Clinger-Cohen 法》§5131 和《1987 年计算机安全法》所拥有的职权。

(e) 本章不能被解释为增加或者减少总统、管理和预算局或其局长依据联邦政府政府部门、行政机关和办公室的实体性政策和项目的相关法律授予的权力，包括任何联邦行政机关实施民权法的实体性权力。

§3519. 信息的查阅

依据《美国法典》第 31 篇§716 规定的条件和程序，管理和预算局局长以及信息与规制事务办公室的主任和工作人员，应当向总审计长提供职责范围内的信息。为了获得此类信息，总审计长或其代表有权查阅信息与规制事务办公室的所有书籍、文件、文书和记录，不管其形式或格式如何。

§3520. 设置信息收集和传播的任务小组

(a) 兹设立任务小组研究简化小企业有关信息收集和强化信息传播之要求的可行性（在本节中简称“任务小组”）。

(b)(1) 管理和预算局局长应当确定——

(A) 根据第 (2) 款的最小要求，根据本款规定的每个分款所指定的代表数量；以及

(B) 根据 (2)(K) 选派代表的行政机关。

(2) 在根据第 (1) 款作出的所有决定之后，任务小组的成员应当由每个相关的政府部门、行政机关的首长指定，包括——

(A) 管理和预算局局长指定的一名代表，负责召集和主持任务小组的工作；

(B) 劳工部的不少于两名的代表，包括一名代表劳工统计局的代表，以及一名代表职业安全和健康管理局的代表；

(C) 环境保护局的代表，不少于一名；

(D) 交通部的代表，不少于一名；

(E) 小企业管理局倡议声援办公室的代表，不少于一名；

(F) 国内税务局的代表，不少于一名；

(G) 卫生和社会服务部的代表，不少于两名，包括联邦医疗保险和联邦医疗补助中心的代表一名；

(H) 农业部的代表，不少于一人；

(I) 内政部的代表，不少于一人；

(J) 总务局的代表，不少于一人；以及

(K) 除了分款 (A) 和 (J) 所描述的代表之外，其他的行政机关每两家选派的代表不少于一名。

(c) 任务小组应当——

（1）查找不同方式，以整合不同联邦行政机关和项目的信息收集工作，并审查要求每家行政机关整合有关行政机关内部和行政机关之间小企业相关的信息收集要求之可行性和可欲性，而不对此类信息收集有关的法律和规章产生负面影响，以求小企业可以提交行政机关所要求的所有信息——

（A）行政机关内的联系点（point of contact）；

（B）以单一格式存在，例如与行政机关有关的、单一的电子报告系统；以及

（C）以相同频率（例如每季度、每半年和每年报告日期）提交的信息同步化的报告；

（2）检查发布由管理和预算局按照下列组织原则所编制适用于小企业的信息收集目录，对于小企业造成的可行性和好处（正如《小企业法》（15 U. S. C. 632）§3 的定义），

（A）根据《北美工业分类系统代码》（North American Industry Classification System code）；

（B）根据工业部门的描述；或者

（C）采取的方式可以让小企业更轻易地确定要求小企业遵守的要求；

（3）检查各种节约，包括成本节约，提出建议方案，以实施——

（A）以电子方式提交联邦政府信息的系统；以及

（B）互动式的报告系统，包括提供立即反馈意见以确保所提交的数据——

（i）满足格式的要求；以及

（ii）属于每项数据字段（data field）之可接受的范围之内；

（4）提出建议，以改进以电子化的方式传播根据联邦要求收集的信息；

（5）提出开发互动式、整个政府范围的系统的计划建议，通过互联网，允许小企业——

（A）更好地理解有关信息收集的哪项联邦要求（以及可能时，哪些其他联邦规章要求）适用于特定企业；以及

（B）更容易遵守联邦要求；以及

（6）在实施本节规定时，考虑协调的机会——

（A）联邦和州报告要求；以及

（B）在 3506（i）规定的结合点之中，例如要求行政机关对小企业提供其他行政机关的信息收集要求的联系点。

（d）任务小组应当——

（1）通过在《联邦公报》上刊登通告，提供对草稿形式的每份报告征求公众意见的机会；以及

（2）在每份报告中规定包含——

（A）任务小组成员的额外或者不同意见；以及

（B）简要总结重要的公共意见。

（e）在《2002 年小企业文书工作缓解法》（the Small Business Paperwork Relief Act of 2002）出台之后一年内，任务小组应当根据分节（c）（1），（2）和（3）编制事实认定的报告，提交给——

（1）管理和预算局局长；

（2）以下机构的主席和副主席（ranking minority members）——

（A）参议院政府事务委员会和小企业委员会；以及

（B）众议院政府改革委员会和小企业委员会；

（3）根据《小企业法》（the Small Business Act 15 U. S. C. 657（b））§30（b）指定的小企业和农业规制执法专员（the Small Business and Agriculture Regulatory Enforcement Ombudsman)。

(f) 在《2002年小企业文书工作减轻法》(the Small Business Paperwork Relief Act of 2002) 出台后两年内，任务小组应当提交根据分节 (c) (4) 和 (5) 编制的事实认定的报告，提交给——

(1) 管理和预算局局长；

(2) 以下机构的主席和少数党主席——

(A) 参议院政府事务委员会和小企业委员会；

(B) 众议院政府改革委员会和小企业委员会；

(3) 根据《小企业法》(the Small Business Act 15 U.S.C. 657 (b)) §30 (b) 指定的小企业和农业规制执法专员。

(g) 任务小组的使命完成后应当终止活动。

(h) 在本节中，"小企业"这一术语的含义与《小企业法》(15 U.S.C. 632) §3 相同。

§3521. 拨款授权

为实施本章规定之目的，不包括其他目的，批准在1996、1997、1998、1999、2000及2001财政年度，向信息与规制事务办公室每年拨款800万美元。

案例

引用案例与对应的章节

A & M Records, Inc. v. M. v. C. Distrib. Corp. 574 F. 2d 312 (6th Cir. 1978), 19. 3

Aaron Bros. Corp. ; NLRB v. , 563 F. 2d 409 (9th Cir. 1977), 9. 9

Abbott Labs. , Inc. v. Gardner, 387 U. S. 136 (1967), 7. 4, 11. 4, 15. 3, 15. 12, 15. 14, 17. 6, 17. 8, 18. 2, 18. 4

Abbott Labs. , Inc. v. NLRB, 540 F. 2d 662 (4th Cir. 1976), 9. 8, 11. 2

ABC Rentals of San Antonio v. Commissioner, 142 F. 3d 1200 (10th Cir. 1998), 3. 5

Abdullah v. INS, 184 F. 3d 158 (2d Cir. 1999), 17. 9

Abilene & S. R; United States v. 265 U. S. 274 (1924), 10. 6

Ability Center of Greater Toledo v. City of Sandusky, 385 F. 3d 901 (6th Cir. 2004), 18. 5

Abrams v. United States, 250 U. S. 616 (1919), 9. 8

Access Telecomm. v. Southeastern Bell Tel. Co. , 137 F. 3d 605 (8th Cir. 1998), 14. 1

Ace Property and Casualty Ins. v. Federal Crop Insurance Corp. , 440 F. 3d 992 (8th Cir. 2006), 15. 2, 15. 3, 18. 7

Ace Telephone Ass'n v. Koppendrayer, 432 F. 3d 876 (8th Cir. 2005), 18. 7

Achustequi v. Department of Agriculture, 257 F. 3d 1124 (9th Cir. 2001), 9. 4, 9. 5

Acierno v. Cloutier, 40 F. 3d 597 (3d Cir. 1994), 19. 3

Ackerley v. Ley, 420 F. 2d 1336 (D. C. Cir. 1969), 5. 10

ACLU v. FCC, 823 F. 2d 1554 (D. C. Cir. 1987), 3. 6

ACLU v. National Security Agency, 493 F. 3d 644 (6th Cir. 2007), 16. 4

Action on Smoking & Health v. Department of Labor, 100 F. 3d 991 (D. C. Cir. 1996), 12. 3

A. D. Transport Express v. United States, 290 F. 3d 761 (6th Cir. 2002), 6. 11

Adamo Wrecking Co. v. United States, 434 U. S. 275 (1978), 7. 15, 11. 7, 15. 2, 15. 14, 17. 8

Adams v. FTC, 296 F. 2d 861 (8th Cir. 1961), *cert. denied*, 369 U. S. 864 (1962), 4. 5

Adams v. Richardson, 480 F. 2d 1159 (D. C. Cir. 1973), 17. 7, 18. 4

Adams Fruit Co. v. Barrett, 494 U. S. 638 (1990), 6. 2

Addison v. Holly Hill Fruit Prods. , Inc. , 322 U. S. 607 (1944), 6. 7

Addison Shoe Corp. ; NLRB v. , 450 F. 2d 115 (8th Cir. 1971), 10. 3

Adefemi v. Ashcroft, 386 F. 3d 1022 (11th Cir. en banc 2004), 11. 2
Adickes v. S. H. Kress & Co. , 398 U. S. 144 (1970), 19. 6
Adler v. Espy, 35 F. 3d. . 263 (7th Cir. 1994), 12. 3, 15. 10
Adolph Coors Co. v. FTC, 497 F. 2d 1178 (10th Cir. 1974), *cert. denied*, 419 U. S. 1105 (1975), 11. 2
Adorno v. Shalala, 40 F. 3d 43 (3d Cir. 1994), 11. 2
Advanta USA v. Chao, 350 F. 3d 726 (8th Cir. 2003), 6. 11
Advocates for Highway and Auto Safety v. Federal Motor Carrier Safety Administration, 429 F. 3d 1136 (D. C. Cir. 2005), 7. 4, 7. 13, 15. 8
A. E. Burgess Leather Co. v. Occupational Safety and Health Review Comm'n, 576 F. 2d 948 (1st Cir. 1978), 10. 7
Aeronautical Repair Station Assn. v. FAA, 494 F. 3d 161 (D. C. Cir. 2007), 7. 4
Aerosource v. Slater, 142 F. 3d 572 (3d Cir. 1998), 15. 11
Aetna Ins. Co. v. Lavoie, 475 U. S. 813 (1986), 9. 8
AFGE, Local 2152 v. Principi, 464 F. 3d 1049 (9th Cir. 2006), 3. 5
AFL v. NLRB, 308 U. S. 401 (1940), 15. 2
AFL-CIO v. FEC, 333 F. 3d 168 (D. C. Cir. 2003), 3. 6
AFL-CIO v. OSHA, 965 F. 2d 962 (11th Cir. 1992), 7. 4, 7. 5
Mshar v. Department of State, 702 F. 2d 1125 (D. C. Cir. 1983), 5. 7
Agrusa; United States v. , 520 F. 2d 370 (8th Cir. 1975), 2. 7
Agubata; United States v. , 60 F. 3d 1081 (4th Cir. 1995), 13. 1
Aguirre v. INS, 79 F. 3d 315 (2d Cir. 1996), 3. 4, 3. 6
Aid Assn. for Lutherans v. Postal Service, 321 F. 3d 1166 (D. C. Cir. 2003), 17. 8
Air Brake Systems v. Mineta, 357 F. 3d 632 (6th Cir. 2004), 15. 11
Air Contaminants Standard, 54 Fed. Reg. 2332 (1989), 7. 5
Air Courier Conference v. American Postal Workers Union, 498 U. S. 517 (1991), 16. 9
Aircraft & Diesel Corp. v. Hirsch, 331 U. S. 752 (1947), 15. 5
Air Espana v. Brien, 165 F. 3d 148 (2d Cir. 1999), 15. 1, 15. 3, 15. 11
Air Force v. Rose, 423 U. S. 352 (1976), 5. 8, 5. 12
Air Line Pilots Assn. v. CAB, 750 F. 2d 81 (D. C. Cir. 1984), 18. 2
Air Line Pilots' Assn. v. Quesada, 276 F. 2d 892 (2d Cir. 1960), *cert. denied*, 366 U. S. 962 (1961), 9. 2
Air Pollution Control Dist. v. EPA, 739 F. 2d 1071 (6th Cir. 1984), 7. 3
Air Pollution Variance Bd. v. Western Alfalfa Corp. , 416 U. S. 861 (1974), 4. 3
Airport Comm'n v. CAB, 300 F. 2d 185 (4th Cir. 1962), 6. 3
Air Transport Assn. v. FAA, 291 F. 3d 49 (D. C. Cir. 2002), 6. 4, 6. 11
Air Transp. Assn. v. CAB, 732 F. 2d 219 (D. G Cir. 1984), 7. 3
Air Transp. Assn. v. DOT, 900 F. 2d 369 (D. G Cir. 1990), 6. 5, 7. 10
AJA Assocs. v. Corps of Eng'rs, 817 F. 2d 1070 (3d Cir. 1987), 8. 2
Akins v. FEC, 101 F. 3d 771 (D. C. Cir. 1996), 3. 5
Alabama Assn. of Ins. Agents v. Board of Governors of the Fed. Reserve Sys. , 533 F. 2d 224 (5th Cir. 1976), *cert. denied*, 435 U. S. 904 (1978), 11. 2, 18. 2

Alabama-Tombigbee Rivers Coalition v. Department of Interior, 26 F. 3d 1103 (11 th Cir. 1994), 5. 18, 18. 4

Alabama Tombigbee Rivers Coalition v. Kempthorne, 477 F. 3d 1250 (11th Cir. 2007), 11. 6, 12. 3

Alameda Gateway, Ltd. ; United States v. , 213 F. 3d 1161 (9thCir. 2000), 6. 3

Alaska v. Babbitt, 72 F. 3d 698 (9th Cir. 1995), 3. 5

Alaska Department of Environmental Conservation v. EPA, 124 S. Ct. 983 (2004), 3. 5, 11. 4, 18. 7

Alaska Department of Environmental Conservationv. EPA, 542 U. S. 983 (2004), 3. 5

Alaska Department of Environmental Conservationv. EPA, 540 U. S. 461 (2004), 11. 4, 18. 7

Alaska Department of Health and Social Services Center for Medicare and Medicaid Services, 424 F. 3d 931 (9th Cir. 2005), 3. 5

Alaska Professional Hunter Assn. v. FAA, 177 F. 3d 1030 (D. C. Cir. 1999), 6. 4

Alaska Trojan Partnership v. Guierrez, 425 F. 3d 620 (9th Cir. 2005). 6. 11

Albathani v. INS, 318 F. 3d 365 (1st Cir. 2003), 9. 5

Albemarle Corp. v. Herman, 221 F. 3d 782 (5th Cir. 2000), 6. 11

Albertson v. Subversive Activities Control Bd. , 382 U. S. 70 (1965), 4. 12

Albright v. Oliver, 510 U. S. 266 (1994), 19. 6

Alcaraz v. Block, 746 F. 2d 593 (9th Cir. 1984), 7. 10

Alden v. Maine, 527 U. S. 706 (1999), 19. 6

Alden v. Maine, 527 U. S. 708 (1999), 18. 7

Alenco Communciations v. FCC, 201 F. 3d 608 (5th Cir. 2000), 7. 4

Alexander v. Gardner-Denver Co. , 415 U. S. 36 (1974), 13. 3

Alexander v. Hawk, 159 F. 3d 1321 (11th Cir. 1998), 15. 3, 15. 9

Alexander v. Sandoval, 121 S. Ct. 1511 (2001), 18. 5, 19. 6

Alexander v. University of N. Fla. , 39 F. 3d 290 (11th Cir. 1994), 19. 3

Alexander Sprunt & Son, Inc. v. United States, 281 U. S. 249 (1930), 16. 2

Alfaro v. Commissioner, 349 F. 3d 225 (5th Cir. 2003), 3. 5

Al-Fayed v. CIA, 254 F. 3d 300 (D. C. Cir. 2001), 5. 4

Allegheny-Ludlum Steel Corp. ; United States v. , 406 U. S. 742 (1972), 7. 2, 10. 6

Allen v. CIA, 636 F. 2d 1287 (D. G Cir. 1980), 5. 7

Allen v. Grand Central Aircraft Co. , 347 U. S. 535 (1954), 15. 5, 15. 7

Allen v. Wright, 468 U. S. 737 (1984), 16. 4, 16. 5, 16. 13

Allentown Mack Sales and Servo v. NLRB, 522 U. S. 359 (1998), 6. 8, 6. 9, 11. 2-11. 4

Alliance Against IFQs v. Brown, 84 F. 3d 343 (9th Cir. 1996), 7. 4

Allied Local & Reg'l Mfrs. Caucau v. EPA, 215 F. 3d 61 (D. C. Cir. 2000), 7. 4, 7. 5

AlIied Signal, Inc. v. NRC, 988 F. 2d 146 (D. G Cir. 1993), 7. 4, 7. 13

Allied Stores v. Bowers, 358 U. S. 522 (1959), 7. 4.

Allsteel v. EPA, 25 F. 3d 312 (6th Cir. 1994), 15. 14

Alpha Epsilon Phi Tau Chapter Hous. Assn. v. City of Berkeley, 114 F. 3d 840 (9th

Cir. 1997), 9.8
Alpharma v. Pennfield Oil Co., 411 F.3d 934 (8th Cir. 2005), 14.1, 14.6
Alto Dairy v. Veneman, 336 F.3d 560 (7th Cir. 2003), 7.3, 16.9
Alton R. Co. v. United States, 315 U.S. 15 (1942), 16.4, 16.5
Aluminum Co. of Am. v. National Marine Fisheries Serv., 92 F.3d 902 (9th Cir. 1996), 5.18
Amalgamated Clothing & Textile Workers v. SEC, 15 F.3d 254 (2d Cir. 1994), 15.11
Amalgamated Meat Cutters v. Connally, 357 F. Supp. 737 (D.D.C. 1971), 2.6
Aman v. FAA, 856 F.2d 946 (7th Cir. 1988), 7.5, 11.4
Amanfi v. Ashcroft, 328 F.3d 719 (3d Cir. 2003). 11.5
Amax Land Co. v. Quartermin, 181 F.3d 1356 (D.C. Cir. 1999), 6.4
AMC Entertainment; United States v., 549 F. 3d 760 (9th Cir. 2008), 6.7, 6.11, 13.1
Amerada Hess Pipeline Corp. v. FERC, 117 F.3d 596 (D.C. Cir. 1997), 6.11
Amerco v. NLRB, 458 F.3d 883 (9th Cir. 2006), 15.5
American Airlines v. CAV, 359 F.2d 624 (D.C. Cir.), *cert. denied*, 385 U.S. 843 (1966), 10.5
American Airlines v. Herman, 176 F.3d 283 (5th Cir. 1999), 15.1, 15.16
American Airlines v. National Mediation Bd., 588 F.2d 863 (2d Cir. 1978), 5.10
American Airlines v. Wolens, 513 U.S. 219 (1995), 14.4
American Auto. Mfrs. Assn. v. Massachusetts Dep't of Envtl. Protection, 163 F.3d 74 (1st Cir. 1998), 14.1, 14.3, 14.6
Arnerican Bancorporation v. Board of Governors, 509 F.2d 29 (8th Cir. 1974), 7.2
American Bank v. Clarke, 933 F.2d 899 (10thCir. 1991), 17.7
American Bar Ass'n v. FTC, 430 F.3d 457 (D. C. Cir. 2005), 3.5
American Bioscience v. Thompson, 269 F.3d 1077 (D.C. Cir. 2001), 7.13, 8.5, 11.6, 18.4
American Bird Conservancy v. FCC, 516 F.3d 1027 (D.C. Cir. 2008), 15.12
American Broadcasting Cos. v. Writers Guild, 437 U.S. 411 (1978), 11.2
American Canoe Assn. v. City of Louisa, 389 F.3d 536 (6th Cir. 2004), 16.4
American Chemistry Council v. Department of Transportation, 468 F.3d 810 (D.C. Cir. 2006), 16.5
American Coal Co. v. Department of Labor, 639 F.2d 659 (10th Cir. 1981), 18.2
American Coalition for Competitive Trade v. Clinton, 128 F.3d 761 (D.C. Cir. 1997), 15.3
American Coke and Coal Chemicals Institute, 452 F.3d 930 (D.C. Cir. 2006), 7.3
American Cyanamid Co. v. FTC, 363 F.2d 757 (6th Cir. 1966), 9.8
American Disabled for Attendant Programs Today v. HUD, 170 F.3d 381 (3d Cir. 1999), 17.7
American Federation of Government Employees v. Nicholson, 475 F.3d 341 (D.C. Cir. 2007), 3.5
American Federation of State, Country, Municipal Employees v. FLRA, 395 F.3d

443 (D. C. Cir. 2005), 11. 5

American Farm Lines v. Black Ball Freight Serv. , 397 U. S. 532 (1970), 6. 5, 6. 6

American Fed'n of Labor v. Donovan, 757 F. 2d 330 (D. C. Cir. 1985), 7. 3

American Forest and Paper Assn. v. EPA, 137 F. 3d 291 (5th Cir. 1998), 15. 8, 15. 14

American Frozen Food Inst. v. Train, 539 F. 2d 107 (D. C. Cir. 1976), 7. 3

American Gas Assn. v. FERC, 888 F. 2d 136 (D. C. Cir. 1989), 7. 4

American Gas Assn. v. FERC, 912 F. 2d 149 (D. C. Cir. 1990), 12. 2

American Gen. Ins. Co. v. FTC, 589 F. 2d (9th Cir. 1979), 9. 8

American Grain Trimmers v. Office of Workers Compensation Programs, 181 F. 3d 810 (7th Cir. 1999), 11. 2

American Horse Protection Assn. v. Lyng, 812 F. 2d 1 (D. C. Cir. 1987), 6. 10, 17. 7

American Hosp. Assn. v. Bowen, 834 F. 2d 1037 (D. C: Cir. 1987), 6. 4

American Hosp. Assn. v. NLRB, 499 U. S. 606 (1991), 11. 5

American Iran & Steel Indus. v. EPA, 115 F. 3d 979 (D. C. Cir. 1997), 7. 5

American Jewish Congress v. Kreps, 574 F. 2d 624 (D. C. Cir. 1978), 5. 9

American Lung Assn. v. EPA, 134 F. 3d 388 (D. C. Cir. 1998), 6. 10

American Med. Assn. v. Reno, 57 F. 3d 1129 (D. C. Cir. 1995), 7. 3, 7. 13, 17. 7

American Med. Int'l Inc. v. HEW, 677 F. 2d 118 (D. C. Cir. 1981), 13. 5

American Mfrs. Mut. Ins. Co. v. Sullivan, 526 U. S. 40 (1999), 9. 4

American Mining Congress v. Mine Safety & Health Admin. , 995 F. 2d 1106 (D. C. Cir. 1993), 6. 4

American Paper Inst. v. American Elec. Power Servo Corp. , 461 U. S. 402 (1983), 7. 5, 11. 4.

American Portland Cement Alliance v. EPA, 101 F. 3d 772 (D. C. Cir. 1996), 6. 3, 15. 15, 17. 8

American Production Indus. ; United States v. , 58 F. 3d 404 (9th Cir. 1995), 6. 6, 18. 5

American Pub. Communications Council v. FCC, 215 F. 3d 51 (D. C. Cir. 2000), 7. 5

American Pub. Gas Assn. v. FPC, 567 F. 2d 1016 (D. C. Cir.), *cert. denied*, 435 U. S. 907 (1977), 6. 7, 7. 2

American Pub. Heal. thAssn. v. Veneman, 349 F. Supp. 1311 (D. D. C. 1972), 18. 4

American Radio Relay League v. FCC, 524F. 3D 227 (D. C. Cir. 2008), 7. 3, 7. 4

American Sch. of Magnetic Healing v. McAnnulty, 187 U. S. 94 (1902), 17. 5, 17. 7, 18. 4

American School of Healing v. McAnnulty, 187 U. S. 94 (1902), 17. 8

American Science & Eng'g, Inc. v. Califano, 571 F. 2d 58 (1st Cir. 1978), 18. 2

American Tel. & Tel. Co. v. United States, 299 U. S. 232 (1936), 6. 4

American Textile Mfrs. Inst v. Donovan, 452 U. S. 490 (1981), 1. 7, 2. 3, 2. 5, 2. 6, 11. 5

American Tower v. City of Huntsville, 295 F. 3d 1203 (11th Cir. 2002), 11. 2

American Trucking Assn v. Delaware Toll Bridge Commission, 458 F. 3d 291 (3d Cir. 2006), 18. 5

American Trucking Assn. v. United States, 344 U. S. 298 (1953), 10. 7

American Trucking Assn. v. United States, 364 U. S. 1 (1960), 16. 4, 16. 5

American Water Works Assn. v. EPA, 40 F. 3d 1266 (D. C. Cir. 1994), 7. 3

America W. Airlines v. National Mediation Bd. , 119 F. 3d 772 (9th Cir. 1997), 17. 7

Amgen v. Smith, 357. F. 3d 103 (D. C. Cir. 2004), 16. 9, 17. 8

A. Michael's Piano, Inc. v. FTC, 18 F. 3d 138 (2d Cir. 1994), 5. 9, 5. 11

Ammex v. Cox, 351 F. 3d 697 (6th Cir. 2003), 15. 13

Amoco Oil Co. v. EPA, 501 F. 2d 722 (D. C. Cir. 1974), 7. 5

Amos Treat & Co. v. SEC, 306 F. 2d 260 (D. C. Cir. 1962), 9. 8, 9. 9

AMP, Inc. v. Gardner, 389 F. 2d 825 (2d Cir.), *cert. denied*, 393 U. S. 825 (l968), 15. 2

Amrep Corp. v. FTC, 768 F. 2d 1171 (10th Cir. 1985), *cert. denied*, 475 U. S. 1034 (1986), 6. 3

Amundsen v. Chicago Park Dist. , 218 F. 3d 712 (7th Cir. 2000), 9. 8

AMVAC Chern. Corp. v. EPA, 653 F. 2d 1260 (9th Cir. 1981), 18. 2

ANA International v. Way, 393 F. 3d 886 (9th Cir. 2004), 17. 8

Anaconda Co. v. Ruckelshaus, 482 F. 2d 1301 (10th Cir. 1973), 6. 1, 7. 2, 9. 2

Anchor Rome Mills, Inc. ; NLRB v. , 197 F. 2d 447 (5th Cir. 1952), 2. 7

Anderson v. Creighton, 483 U. S. 635 (1987), 19. 3

Anderson v. Edwards, 514 U. S. 143 (1995), 6. 11

Anderson; United States v. , 15 F. 3d 278 (2d Cir. 1994), 6. 3

Anderson, Clayton & Co. v. United States, 562 F. 2d 972 (5th Cir. 1977), *cert. denied*, 436 U. S. 944 (1978), 6. 7, 13. 2

Andrade v. Gonzales, 459 F. 3d 538 (5th Cir. 2006), 13. 1, 13. 3

Andresen v. Maryland, 427 U. S. 463 (1976), 4. 1, 4. 6, 4. 7, 4. 9

Andrews v. United States, 732 F. 2d 366 (4th Cir. 1984), 19. 4

Animal Legal Defense Fund v. Glickman, 154 F. 3d 426 (D. C. Cir. 1998), 16. 4

Animal Legal Defense Fund v. Glickman, 204 F. 3d 229 (D. C. Cir. 2000), 3. 6, 7. 4

Animal Legal Defense Fund v. Shalala, 104 F. 3d 424 (D. C. Cir. 1997), 5. 18

Animal Legal Defense Fund v. Veneman, 469 F. 3d 826 (9th cir. 2006), 6. 5, 15. 11, 16. 1 \ 5, 17. 7

ANR Pipelane Co. v. FERC, 205 F. 3d 403 (D. C. Cir. 2000), 6. 4

Anthony v. Office of Personnel Mgmt. , 58 F. 3d 620 (Fed. Cir. 1995), 17. 8

Antoniu v. SEC, 877 F. 2d 721 (8th Cir. 1989), 9. 8

Anwar v. INS, 107 F. 3d 339 (5th Cir. 1997), 17. 9

Any and All Radio Station Transmission Equip. ; United States v. , 204 F. 3d 658 (6th Cir. 2000), 14. 1

APCC Services v. Sprint Communications 418 F. 3d 1238 (D. C. Cir. 2005), 16. 4, 18. 5

Apex Oil Co. ; United States v. , 132 F. 3d 1287 (9th Cir. 1997), 6. 11

Aponte v. Calderon, 284 F. 3d 184 (1st Cir. 2002), 9. 4

Appalachian Energy Group v. EPA, 33 F. 3d 319 (4th Cir. 1994), 15. 11
Appalachian Power v. EPA, 208 F. 3d 1015 (D. C. Cir. 2000), 6. 3, 17. 3.
Appalachian States Low-Level Radioactive Waste Comm'n v. O'leary, 93 F. 3d 103 (3d Cir. 1996), 3. 5, 6. 4, 6. 7
Appalachian States Low-Level Radioactive Waste Comm'n v. Pena, 126 F. 3d 193 (3d Cir. 1997), 3. 5
AppleyBros. v. United States, 164 F. 3d 1164 (8th Cir. 1999), 19. 4
Aqua Slide "N" Dive Corp. v. Consumer Product Safety Comm'n, 569 F. 2d 831 (5th Cir. 1978), 7. 3
Aragon v. United States, 146 F. 3d 819 (10th Cir. 1998), 19. 4
Arcadia v. Ohio Power, 498 U. S. 73 (1990), 7. 9
Arch Mineral Corp. v. Babbitt, 104 F. 3d 660 (4th Cir. 1997), 15. 11 , 18. 2
Arentv. Shalala, 70 F. 3d 610 (D. C. Cir. 1995), 7. 4, 17. 7
Arizona Grocery Co. v. Atchison, Topeka & Santa Fe Ry. Co. , 284 U. S. 370 (1932), 2. 8
Arizona v. Thompson, 281 F. 3d 248 (D. C. Cir. 2002), 3. 5
Arkansas Elec. Coop. Corp. v. Arkansas PSC, 461 U. S. 375 (1983), 14. 4, 14. 6
Arkansas Louisiana Gas Co. v. Hall, 453 U. S. 571 (1981), 14. 4
Arkansas Power & Light Co. v. FPC, 503 F. 2d 844 (5th Cir. 1975), 6. 3
Arkansas Power & Light Co. v. ICC, 725 F. 2d 716 (D. C. Cir. 1982), 6. 10
Arlington Heights, Village ofv. Metropolitan Hous. Dev. Corp. , 429 U. S. 252 (1977), 8. 6
Armstrong v. Executive Office of the President, 1 F. 3d 1274 (D. C. Cir. 1993), 5. 6
Armstrong v. Executive Office of the President, 90 F. 3d 553 (D. C. Cir. 1996), 1. 2
Armstrong; United States v. , 517U. S. 456 (1996), 17. 5, 17. 7
Arnett v. Kennedy, 416 U. S. 134 (1974), 9. 4, 9. 5, 9. 8
Arnold Tours, Inc. v. Camp, 400 U. S. 45 (1971), 16. 4, 16. 5
Arnsberg v. United States, 549 F. Supp. 55 (D. Or. 1982), 19. 4
Arrington v. Daniels, 516 F. 3d 1106 (9th Cir. 2008), 6. 2
Arroyo v. HHS, 932 F. 2d 82 (1st Cir. 1991), 11. 3
Arsberry v. Illinois, 244 F. 3d 558 (7th Cir. 2001), 14. 1
Arver v. United States, 245 U. S. 366 (1918), 2. 8
Ashbrook v. Hoffman, 617 F. 2u 474 (7th Cir. 1980), 19. 3
Ashwanderv. TVA, 297 U. S. 288 (1936), 15. 5
Asiana Airlines v. FAA, 134 F. 3d 393 (D. C. Cir. 1998), 7. 10
Asmar; United States v. , 827 F. 2d 907 (3d Cir. 1987), 13. 1
Assar v. Crescent Cmmties Found. for Med. Care, 13 F. 3d 215 (7th Cir. 1993), 19. 5
Assn of Flight Attendants v. Chao, 493 F. 3d 155 (D. C. Cir. 2007), 15. 1, 15. 2
Associated Elec. Coop. v. Morton, 507 F. 2d 1167 (D. C. Cir. 1974), *cert. denied*, 423 U. S. 830 (1975), 7. 10
Associated Fisheries of Me. v. Daley, 127 F. 3d 104 (lst Cir. 1997), 7. 4, 7. 5
Associated Gas Distribs. v. FERC, 824 F. 2d 981 (D. C. Cir. 1987), 2. 6, 10. 6

Associated Indus. v. Department of Labor, 487 F. 2d 342 (2d Cir. 1973), 7. 5, 11. 4
Associated Indus. of N. Y. State v. Ickes, 134 F. 2d 694 (2d Cir. 1943), 16. 2, 16. 11
Association of ALJs v. Heckler, 594 F. Supp. 1132 (D. D. C. 1984), 9. 10
Association of Am. Med. Colls. v. United States, 217 F. 3d 770 (9th Cir. 2000), 15. 15
Association of Am. Physicians & Surgeons, Inc. v. Hillary Clinton, 997 F. 2d 898 (D. C. Cir. 1993), 5. 18
Association of Am. Railroads v. Costle, 562 F. 2d 1310 (D. C. Cir. 1977), 12. 3
Association of Am. Railroads v. Department of Transp. , 38 F. 3d 582 (D. C. Cir. 1994), 7. 3
Association of Bituminous Contractors, Inc. v. Andrus, 581 F. 2d 853 (D. C. Cir. 1978), 18. 2
Association of Civilian Technicians v. FLRA, 200 F. 3d 590 (9th Cir. 2000), 3. 5
Association of Civilian Technicians v. FLRA, 269 F. 3d 1112 (D. C. Cir. 2001), 8. 5
Association of Data Processing Serv. Org. v. Board of Governors, 745 F. 2d 677 (D. C. Cir. 1984), 7. 5, 1l. 4
Association of Data Processing Servo Org. v. Camp, 397 U. S. 150 (1970), 16. 1-16. 6
Association of Int'l Auto. Mfrs. v. Massachusetts Dep't of Envtl. Protection, 196 F. 3d 302 (1st Cir. 1999), 14. 1.
Association of Nat'l Advertisers v. FTC, 627 F. 2d 1151 (D. C. Cir. 1979), 9. 8, 10. 5, 15. 2, 15. 11
Association of Irritated Residents v. EPA, 494 (D. C. Cir. 2007), 6. 1, 17. 7
Association of Physicians & Surgeons v. Clinton, 997 F. 2d 898 (D. C. Cir. 1993), 5. 19
Association of Public-Safety Communications Officials v. FCC, 76 F. 3d 395 (D. C. Cir. 1996), 7. 4
Assure Competitive Transp. , Inc. v. United States, 629 F. 2d 467 (7th Cir. 1980), 18. 2
Astoria Fed. S&L v. Solimino, 501 U. S. 104 (1991), 13. 3
AT&T v. EEOC, 270 F. 3d 923 (D. C. Cir. 2001), 15. 9
AT&T v. FCC, 454 F. 3d 329 (D. C. Cir. 2003), 6. 7
AT&T Corp. v. FCC, 349 F. 3d 692 (D. C. Cir. 2003), 15. 12
AT&T Corp. v. FCC, 369 F. 3d 554 (D. C. Cir. 2004), 15. 11, 15. 12, 17. 7
AT&T Corp. v. Iowa Util. Ed. , 525 U. S. 366 (1999), 7. 4, 18. 1
AT&T Wireless PCS v. City Council, 155 F. 3d 423 (4th Cir. 1998), 18. 7
Atascadero State Hosp. v. Scanlon, 473 U. S. 234 (1985), 18. 7, 19. 6
Atchison, Topeka & Sante Fe Ry. v. Pena, 44 F. 3d 437 (7th Cir. 1994), *aff'd*, 516 U. S. 152 (1996), 2. 9, 3. 5, 15. 11
Atchison, Topeka & Sante Fe Ry. v. Wichita Bd. of Trade, 412 U. S. 800 (1973), 3. 3, 6. 6, 6. 9, 8. 5, 1l. 5, 17. 2-17. 4
Atlanta v. Ickes, 308 U. S. 517 (1939), 16. 2
Atlantic Mut. Ins. Co. v. Commissioner, 523 U. S. 382 (1998), 3. 5
Atlantic Refining Co. v. New York, 360 U. S. 378 (1959), 7. 2

Atlantic States Legal Foundation v. EPA, 325 F.3d 281 (D.C. Cir. 2003), 15.12, 15.14

Atlas Roofing Co. v. Occupational Safety and Health Review Comm'n, 430 U.S. 442 (1977), 2.8

Atwell v. Lisle Park District, 286 F.3d 987 (7th Cir. 2002), 9.4

ATX v. Department of Transp., 41 F.3d 1522 (D.C. Cir. 1994), 9.8, 16.10

Aucielo Iron Works v. NRLB, 517 U.S. 81 (1996), 3.5

Audubon Soc'y v. Fon: st Serv., 104 F.3d 1201 (10th Cir. 1997), 5.3

Auer v. Robbins, 519 U.S. 452 (1997), 3.5, 6.10, 6.11, 7.4, 7.15, 11.4

Aulenback v. Federal Highway Admin., 103 F.3d 156 (D.C. Cir. 1997), 6.4

Au Rust-proofing Ctr., Inc. v. Gulf Oil Corp., 755 F.2d 1231 (7th Cir. 1985), 10.2

Automotive Parts & Accessories v. Boyd, 407 F.2d 330 (D.C. Cir. 1968), 7.13

Automotive Parts Assn. v. Boyd, 407 F.2d 330 (D.C. Cir. 1968), 7.4

Avery v. County of Burke, 660 F.2d III (4th Cir. 1981), 19.6

Aviators for Safe and Fairer Regulations v. FAA, 221 F.3d 227 (1st Cir. 2000), 15.15

Avocados Plus v. Veneman, 370 F.3d 1243 (D.C. Cir. 2004), 15.2, 15.3

Aylett v. HUD, 54 F.3d 1560 (10th Cir. 1995), 11.2

Babbitt v. United Farm Workers Nat'l Union, 442 U.S. 289 (1979), 15.13

Bachowski v. Brennan, 421 U.S. 560 (1975), 17.6

Bachowski v. Brennan, 502 F.2d 79 (3d Cir. 1974), 17.6

Bagan; . Doe v., 41 F.3d 571 (10th Cir. 1994), 9.4

Bagdonas v. Department of Treasury, 93 F.3d 422 (7th Cir. 1996), 8.5, 11.4

Baggett v. First Nat'l Bank of Gainesville, 117 F.3d 1342 (11 th Cir. 1997), 18.5

Bailey v. West, 160 F. 3d 1360 (Fed. Cir. 1998), 13.1

Baird v. Board of Education for Warren Community Unit School District No. 205, 389 F.3d 685 (7th Cir. 2004), 9.5

Bak v. Postal Serv., 52 F.3d 241 (9th Cir. 1995), 12.3

Baker v. IBP, 357 F.3d 685 (7th Cir. 2004), 14.1

Baker v. McCoHan, 443 U.S. 137 (1979), 19.6

Baker-Chaput v. Cammett, 406 F. Supp. 1134 (D.N.H. 1976), 6.9

Baldassaro v. United States, 64 F.3d 206 (5th Cir. 1995), 19.4

Baldwin Locomotive Works; NLRB v., 128 F.2d 39 (3d Cir. 1942), 9.8

Ballard v. Commissioner of Internal Revenue, 125 S. Ct. 1270 (2005), 6.5, 6.11

Ballenger v. Johanns, 495 F.3d 866 (8th Cir. 2007), 15.8

Ballewv. Georgia, 435 U.S. 223 (1978), 9.5, 10.5

Baltimore & Ohio Chicago R.R Co. v. Wisconsin Central, 154 F.3d 404 (7th Cir. 1998), 14.1

Baltimore & Ohio RR v. Goodman, 275 U.S. 66 (1927), 6.9

Baltimore & Susquehanna R v. Nesbitt, 51 U.S. 395 (1851), 6.7

Baltimore Gas & Elec. Co. v. NRDC, 462 U.S. 87 (1983), 7.5, 11.2

Baltimore Gas & Electric Co. v. FERC, 252 F.3d 456 (D.C. Cir. 2001), 17.7

BK Constr. Co. v. NLRB, 133 F.3d 1372 (lth Cir. 1997), 11.2

Bangor & Aroostook R Co. v. ICC, 574 F. 2d 1096 (1st Cir), *cert. denied*, 439 U. S. 837 (1978), 11. 2

Bangor Hydro-Elec. Co. v. FERC, 78 F. 3d 659 (D. C. Cir. 1996), 11. 4

Bank of American v. FDIC, 244 F. 3d 1309 (11th Cir. 2001), 3. 6

Bank v. Dallas Housing Authority, 271 F. 3d 605 (5th Cir. 2001), 18. 5

Bankers Assn. of Ga. v. Board of Governors of the Fed. Reserve. Sys. , 516 F. 2d 1206 (D. C. Cir. 1975), 7. 2

Bankers Life and Cas. Co. v. United States, 142 F. 3d 973 (7th Cir. 1998), 3. 5

Bank One v. Midwest Bank and Trust Co. , 516 U. S. 264 (1996), 2. 8

Bankruptcy Estate of United Shipping Co. v. General Mills, 34 F. 3d 1383 (8thCir. 1994), 14. 1

Bantam Books v. Sullivan, 372 U. S. 58 (1963), 15. 13, 15. 15

Banton v. Belt Line Ry. , 268 U. S. 413 (1925), 15. 10

Baptist Health v. Thompson, 458 F. 3d 768 (8th Cir. 2006), 11. 5

Barlow v. Collins, 397 U. S. 159 (1970), 16. 3, 16. 5, 16. 9

Barlow's, Inc. v. Usery, 424 F. Supp. 437 (D. Idaho 1976), 4. 3

Barnes v. Kline, 759 F. 2d 21 (D. C. Cir. 1985), 16. 15

Barnhart v. Peabody Coal, 123 S. Ct. 748 (2003), 12. 3

Barnhart v. Peabody Coal, 537 U. S. 149 (2003), 12. 3

Barnhart v. Sigmon Coal Co. , 122 S. Ct. 941 (2002), 3. 6

Barnhart v. Thomas, 124 S. Ct. 376 (2003), 3. 6, 7. 12

Barnhart v. Walton, 122 S. Ct. 1265 (2002), 3. 5, 3. 6, 6. 4

Baroni v. United States, 662 F. 2d 287 (5th Cir. 1981), 19. 4

Barrick Goldstrike Mines v. Browner, 215 F. 3d 45 (D. C. Cir. 2000), 15. 11, 15. 15

Barron v. Ashcroft, 358 F. 3d 674 (9th Cir. 2004), 15. 3, 15. 5, 15. 8

Barry v. Barchi, 443 U. S. 55 (1979), 9. 3, 9. 4, 9. 5, 12. 1, 15. 5

Barry v. Bowen, 825 F. 2d 1324 (9th Cir. 1987), 9. 10, 11. 5

Bartholdi Cable Co. v. FCC, 114 F. 3d 106 (D. C. Cir. 1997), 15. 8

Bartholdi Cable Co. v. FCC, 114 F. 3d 274 (D. C. Cir. 1997), 5. 10, 5. 16

BASF Wyandotte Corp. v. Costle, 598 F. 2d 637 (1st Cir. 1979), *cert. denied sub nom*. Eli Lilly and Co. v. Costle, 444 U. S. 1096 (1980), 7. 3

Bassiouni v. CIA, 392 F. 3d 244 (7th Cir. 2004), 5. 9

Bastien v. Califano, 572 F. 2d 908 (2d Cir. 1978), 11. 3

Batchelder; United States v. , 442 U. S. 114 (1979), 16. 5

Bates v. Dow Agrosciences, 125 S. Ct. 1788 (2005), 3. 6

Batra v. Board of Regents of Univ. of Neb. , 79 F. 3d 717 (8th Cir. 1996), 9. 4

Batteron v. Francis, 432 U. S. 416 (1977), 6. 4

Batterton v. Marshall, 648 F. 2d 694 (D. C. Cir. 1980), 6. 1

Battle v. FAA, 393 F. 3d 1330 (D. C. Cir. 2005), 6. 5

Baur v. Veneman, 352 F. 3d 625 (2d Cir. 2003), 16. 4

Bausch & Lomb Optical Co. ; United States v. , 321 U. s. 707 (1944), 4. 7

Baylor v. Salvation Army, 51 F. 3d 678 (7th Cir. 1995), 19. 4

Baylor Univ. v. Heckler, 758 F. 2d 1052 (5tll Cir. 1985), 7. 10

Beaman v. Brown, 125 F. 3d 965 (6th Cir 1997), 11. 3, 12. 3, 18. 2
Bear Medicine v. United States, 241 F. 3d 1208 (9th Cir. 2001), 19. 3
Beard v. Stahr, 370 U. S. 41 (1962), 15. 5
Beard v. Udall, 648 F. 2d 1264 (9th Cir. 1981), 19. 3
Beattie v. Boeing Co. , 43 F. 3d 559 (10th Cir. 1994), 17. 7, 17. 9, 19. 5
Beaver Plant Operations v. Herman, 223 F. 3d 25 (1st Cir. 2000), 6. 11
Bechtel Constr. Co. v. Secretary of Labor, 50 F. 3d 926 (11th Cir. 1995), 11. 2
Beck v. Pace International Union, 127 S. Ct. 2310 (2007), 3. 5
Behrensv. Pelletier, 516 U. S. 299 (1996), 19. 3
Beker Phosphate Corp. v. Muirhead, 581 F. 2d 1187 (5th Cir. 1978), 19. 6
Belknapv. Hale, 463 U. S 491 (1983), 14. 4, 14. 6
Bell Aerospace Co. v. NLRB, 475 F. 2d 485 (2d Cir. 1973), 6. 9
Bell Aerospace; NLRB v. , 416 U. S. 267 (1974), 3. 1, 6. 9
Bellis v. United States, 417 U. S. 85 (1974), 4. 7
Bellsouth Corp. v. FCC, 162 F. 3d 1215 (D. C. Cir. 1999), 6. 6
BellSouth Telecommunications v. Southeast Telephone, 462 F. 3d 650 (6th Cir. 2006), 6. 7, 18. 7
Bellsouth Telecommunications v. Sanford, 494 F. 3d 439 (4th Cir. 2007), 18. 5
Bellsouth Telecommunications v. Town of Palm Beach, 252 F. 3d 1169 (11th Cir. 2001), 18. 5, 18. 7
Bell Tel. Co. of Pennsylvania v. FCC, 503 F. 2d 1250 (3d Cir. 1974), *cert. denied*, 422 U. S. 1026 (1975), 7. 2
Be-Lo Stores v. NLRB, 126 F. 3d 268 (4th Cir. 1997), 11. 2
Benderv. Clark, 744F. 2d 1424 (10thCir. 1984), 10. 7
Benjamin v. Fraser, 264 F. 3d 175 (2d Cir. 2001), 9. 8
Bennett v. NTSB, 55 F. 3d 495 (10th Cir. 1995), 10. 4
Bennett v. Spear, 520 U. S. 154 (1997), 15. 11, 16. 6
Bennis v. Michigan, 516 U. S. 442 (1996), 9. 5
Beno v. Shalala, 30 F. 3d 1057 (9th Cir. 1994), 17. 7
Bensman v. Forest Service, 408 F. 3d 945 (7th Cir. 2005), 13. 1, 16. 9, 16. 10
Bentex Pharmaceuticals, Inc. v. Richardson, 463 F. 2d 263 (4th Cir. 1972), 6. 2
Benton v. United States, 960 F. 2d 19 (5th Cir. 1992), 17. 8
Ber v. Celebrezze, 332 F. 2d 293 (2d Cir. 1964), 9. 10
Berahmand v. INS, 549 F. 2d 1343 (9th Cir. 1977), 10. 7
Bergerv. United States, 255 U. S. 22 (1921), 9. 8
Berkovitz v. United States, 486 U. S. 531 (1988), 19. 4
Bethesda Hosp. Assn. v. Bowen, 485 U. S. 399 (1988), 15. 3, 15. 8
Beth Israel Hosp. v. NLRB, 437 U. S. 483 (1978), 11. 2
Bethlehem Steel Corp. v. Clayton, 578 F. 2d 113 (5th Cir. 1978), 10. 4
Biddle v. Commissioner, 302 U. S. 573 (1938), 6. 4
Bieber v. Department of the Army, 287 F. 3d 1358 (Fed. Cir. 2002), 9. 8
Bigelow v. Department of Defense, 217 F. 3d 875 (D. C. Cir. 2000), 6. 11
Biggerstaff v. FCC, 511 F. 3d 178 (D. C. Cir. 2007), 7. 15

Bilokumsky v. Tou, 263 U. S. 149 (1923), 6. 6
Bi-Metallic Inv. Co. v. State Bd. of Equalization, 239 U. S. 441 (1915), 1. 8, 2. 5, 6. 1, 7. 2, 7. 6, 9. 2, 10. 5
Biodiversity Associates v. Cables, 357 F. 3d 1152 (10th Cir. 2004), 2. 2, 17. 9
Biodiversity Foundation v. Babbitt, 146 F. 3d 1249 (10th Cir. 1998), 12. 3
Biodiversity Legal Foundation v. Badgley, 309 F. 3d 1166 (9th Cir. 2002), 12. 3, 16. 4
Birt v. Surface Transp. Bd. , 90 F. 3d 580 (D. C. Cir. 1996), 6. 11
Bisceglia; United States v. , 420 U. S. 141 (1975), 4. 4
Bisceglia; United States v. , 486 F. 2d 706 (6th Cir. 1973), 4. 4
Bishop v. Wood, 426 U. S. 341 (1976), 9. 4
Biswell; United States v. , 406 U. S. 311 (1972), 4. 3
Bituminous Coal Operators' Assn. v. Secretary of the Interior, 547 F. 2d 240 (4th Cir. 1977), 18. 2
Bivens v. Six Unknown Named Agents of the Fed. Bureau of Narcotics, 403 U. S. 388 (1971), 15. 2, 18. 6, 19. 1, 19. 2, 19. 5
BJ. Carney Indus. v. EPA, 192 F. 3d 917 (9th Cir. 1999), 15. 11
Black & Decker Disability Plan v. Nord, 123 S. Ct. 1965 (2003), 11. 2
Black v. Sheraton Corp. , 564 F. 2d 531 (D. C. Cir. 1977), 19. 4
Blackburn v. Reich, 79 F. 3d 1375 (4th Cir. 1996), 3. 5
Blackwell Coll. of Business v. Attorney Gen. , 454 F. 2d 928 (D. C. Cir. 1971), 1. 2, 10. 4
Blessing v. Freestone, 520 U. S. 329 (1997), 18. 4, 18. 5, 19. 6
Blinder, Robinson & Co. v. SEC, 837 F. 2d 1099 (D. C. Cir. 1988), 9. 8, 9. 9
Bloch v. Powell, 348 F. 3d 1060 (D. C. Cir. 2003), 9. 4
Block v. Community Nutrition Inst. , 467 U. S. 340 (1984), 15. 14, 16. 7, 16. 9, 17. 7, 17. 8
Block v. Neal, 460 U. S. 289 (1983), 19. 4
Block v. SEC, 50 F. 3d 1078 (D. C. Cir. 1995), 8. 2, 17. 7
Blonder-Tongue Labs. , Inc. v. University of Ill. Found. , 402 U. S. 313 (1971), 13. 4
Blum v. Yaretsky, 457 U. S. 991 (1982), 19. 6
Blunt; United States v. , 558 F. 2d 1245 (5th Cir. 1977), 10. 6
Bluvband v. Heckler, 730 F. 2d 886 (2d Cir. 1984), 11. 3
BNA v. Department of Justice, 742 F. 2d 1484 (D. C. Cir. 1984), 5. 6
BNSF Ry. Co v. Surface Transportation Board, 453 F. 3d 473 (D. C. Cir. 2006), 10. 6, 15. 8
Board of Commissioners v. Umbehr, 518 U. S. 668 (1996), 19. 6
Board of Commissioners of Bryan Countyv. Brown, 520 U. S. 397 (1997), 19. 6
Board of Educ. v. Allen, 392 U. S. 236 (1968), 16. 15
Board of Regents v. Roth, 408 U. S. 564 (1972), 9. 3, 9. 4
Board of Water, Light & Sinking Fund v. FERC. 294 F. 3d 1317 (11th Cir. 2002), 8. 2

Bob Evans Farm v. NLRB, 163 F. 3d 1012 (7th Cir. 1998), 3. 5

Bogan v. Scott-Harris, 523 U. S. 44 (1988), 19. 3

Bolding; United States v. , 876 F. 2d 21 (4th Cir. 1989), 9. 10

Bonanno Linen Servo v. NLRB, 454 U. S. 404 (1982), 3. 1

Bonano v. East Caribbean Airline Corp. , 365 F. 3d 81 (1st Cir. 2004), 18. 5

Bonham's Case, 8 Coke 114a, 77 Eng. Rep. 646 (1610), 9. 8

Bonnichsen v. United States, 367 F. 3d 864 (9th Cir. 2004), 11. 2, 11. 4

Booth v. Churner, 121 S. Ct. 1819 (2001), 15. 3, 19. 5

Booth v. Churner, 532 U. S. 731 (2001), 15. 3 15. 9, 19. 6

Borg-Johnson Electronics, Inc. v. Christenberry, 169 F. Supp. 746 (S. D. N. Y. 1959), 2. 7

Boston Edison Co. v. FERC, 441 F. 3d 10 (1st Cir. 2006), 3. 5

Boswell v. Skywest Airlines, 361 F. 3d 1263 (10th Cir. 2004), 18. 5

Bowen v. Georgetown Univ. Hosp. , 488 U. S. 204 (1988), 6. 7, 7. 4, 7. 10, 13. 2

Bowen v. Gilliard, 483 US. 587 (1987), 9. 5

Bowen v. Massachusetts, 487 U. S. 879 (1988), 18. 6

Bowen v. Michigan Acad. of Family Physicians, 476 U. S. 667 (1986), 15. 3, 17. 8

Bowen v. New York City, 476 US. 467 (1986), 15. 3

Bowen v. Owens, 476 U. S. 340 (1986), 15. 3, 15. 6

Bowen v. United States, 570 F. 2d 1311 (7th Cir. 1978), 13. 4

Bowen v. Yuckert, 482 U. S. 137 (1987), 7. 12, 11. 5

Bowler v. Hawke, 320 F. 3d 59 (1st Cir. 2003), 15. 15

Boyd v. Criminal Division of Department of Justice, 475 F. 3d 381 (D. C. Cir. 2007), 5. 13

Bowles v. Seminole Rock Co. , 325 U. S. 410 (1945), 6. 11

Bowman Transp. , Inc. v. Arkansas-Best Freight Sys. , Inc. 419 U. S. 281 (1974), 11. 4

Bowsherv. Synar, 478 U. S. 714 (1986), 1. 7, 2. 2-2. 5, 2. 8

Boyd v. Heckler, 704 F. 2d 1207 (5th Cir. 1983), 18. 1

Boyd v. United States, 116 US. 616 (1886), 4. 1, 4. 6, 4. 8, 4. 9

Boyle v. United Technologies Corp. , 487 U. S. 500 (1988), 19. 4

Bradberry v. Office of Workers' Compensation, 117 F. 3d 1366 {11th Cir. 1997), 6. 11

Bradley v. Fisher, 80 U. S. (13 Wall) 335 (1871), 19. 3

Brannan v. United Student Aid Funds, 94 F. 3d 1260 (9th Cir. 1996), 3. 5

Bratton Corp. v. Occupational Safety and Health Review Comm'n, 500 F. 2d 273 (8th Cir. 1979), 10. 7

Braxton CountyCt. v. West Va. , 208 US. 192 (1908), 16. 2

Brehmer v. FAA, 294 F. 3d 1344 (Fed. Cir. 2002), 6. 3

Brennan v. Occupational Safety and Health Review Comm'n, 511 F. 2d 1139 (9th Cir. 1975), 10. 7

Brewsterv. Gage, 280 U. S. 327 (1930), 6. 4

Brickerv. Rockwell Int'l Corp. 22 F. 3d 871 (9th Cir. 1994), 19. 5

Bridges v. United States, 199 F. 2d 811 (9th Cir. 1952), 13. 3

Bridges v. United States, 346 U. S. 209 (1953), 13. 3
Bridges v. Wixon, 326 U. s. 135 (1945), 6. 6
Brig Aurora, 11 US. 382 (1813), 2. 6
Briggs v. Goodwin, 569 F. 2d 10 (D. C. Cir. 1977), *cert. denied*, 437 U. S. 904 (1978), 19. 3
Brillhart v. Excess Ins. Co. , 316 US. 491 (1942), 18. 4
Briscoe v. Bell, 432 US. 404 (1977), 17. 8
Briscoe*ex rel.* Taylor v. Barhart, 425 F. 3d 345 (7th Cir. 2005), 11. 2, 18. 1
Briscoe v. LaHue, 460 U. S. 325 (1983), 19. 3, 19. 6
Bristol Myers v. FTC, 598 F. 2d 18 (D. C. Cir. 1978), 5. 11
Bristol-Myers Squibb Co. v. Shalala, 91 F. 3d 1493 (D. C. Cir. 1996), 16. 4, 16. 5
British Steel v. United States, 127 F. 3d 1471 (Fed. Cir. 1997), 11. 5
Brock v. Pierce County, 476 U. S. 253 (1986), 6. 9, 12. 3
Brock v. Roadway Express, Inc. , 481 U. S. 252 (1987), 9. 3-9. 5
Brock v. United States, 64 F. 3d 1421 (9th Cir. 1995), 19. 4
Brockman v. Haugen, 125 S. Ct. 596 (2004), 19. 3
Brockway v. Department of Air Force, 518 F. 2d 1184 (8th Cir. 1975), 5. 10
Brogan v. United States, 522 U. S. 398 (1998), 4. 6
Brooks v. United States, 337 U. S. 49 (1949), 19. 4
Bro-Tech Corp. v. NLRB, 105 F. 3d 890 (3d Cir. 1997), 2. 6, 11. 4
Brotherhood of. *See specific union name (e. g. , Locomotive Eng'rs)*
Brougham v. Blanton Mfg. Co. , 249 U. S. 495 (1919), 13. 3
Brower v. Evans, 257 F. 3d 1058 (9th Cir. 2001), 7. 4, 7. 5, 12. 3
Brown v. Board of Educ. , 347 U. S. 483 (1954), 5. 18, 9. 2, 9. 5, 15. 9, 18. 4
Brown v. HHS, 4 F. 3d 102 (1StCir. 1995), 17. 7
Brown v. Housing Auth. of City of Milwaukee, 471 F. 2d 63 (7th Cir. 1972), 7. 10
Brown v. Pro Football, Inc. , 518 U. S. 231 (1996), 3. 4
Brown; United States v. , 348 U. S. no (1954), 19. 4
Brown v. United States, 653 F. 2d 196 (5th Cir. 1981), 19. 4
Brown v. Walker, 161 U. S. 591 (1896), 4. 10
Browning-Ferris Indus. v. Kelco Disposal, Inc. , 492 U. S. 257 (1989), 19. 5
Brownlee v. Dyncorp. , 349 F. 3d 1343 (Fed. Cir. 2003), 3. 5
Broz v. Schweiker, 677 F. 2d 1351 (llth Cir. 1982), 10. 6
Brvant v. Yellen, 447 U. S. 352 (1980), 16. 5
Buckeye Power, Inc. v. EPA, 481 F. 2d 162 (6th Cir. 1973). *cert. denied*, 425 U. S. 934 (1976), 7. 2
Buckley v. Fitzsimmons, 509 U. S. 259 (1993), 19. 3
Buckley v. Valeo, 424 U. S. 1 (1976), 2. 4
Buffalino v. Kennedy, 322 F. 2d 1016 (D. C. Cir. 1963), 9. 8
Buford v. Sun Oil Co. , 319 U. S. 315 (1943), 18. 7
Builders Steel Co. v. Commissioner, 179 F. 2d 377 (8th Cir. 1950), 10. 2
Building & Construction Trades Dept. v. Allbaugh, 295 F. 3d 28 (D. C. Cir. 2002), 2. 5

Building Industry Assn. of Superior California v. Norton, 247 F. 3d 1271 (D. C. Cir. 2001), 7. 3
Bunnell v. Barnhart, 336 F. 3d 1112 (9th Cir. 2003), 9. 8
Buntion v. Quarterman, 534 F. 3d 664 (5th Cir. 2008), 9. 8
Burger; United States v. , 964 F. 2d 1065 (10th Cir. 1992), 9. 9
Burgert v. Lokelani Bernice Pauahi Bishop Trust, 200 F. 3d 661 (9th Cir. 2000), 18. 5
Burgin v. Nix, 899 F. 2d 733 (8th Cir. 1990), 9. 4
Burlington N. RR v. Surface Transp. Bd. , 75 F. 3d 685 (D. C. Cir. 1996), 15. 11
Burlington Northern & Santa Fe Ry. v. Surface Transportation Board, 403 F. 3d 771 (D. C. Cir. 2005), 11. 5
Burlington Northern & Santa Fe Ry Co. v. White, 126 S. Ct. 2405 (2006), 3. 6
Burnet v. Coronado Oil & Gas Co. , 285 U. S. 393 (1932),] 3. 2
Burnley v. Thompson, 524 F. 2d 1233 (5th Cir. 1975), 9. 9
Burnsv. OWCP, 41 F. 3d 1555 (D. C. Cir. 1994), 11. 3
Burns v. Reed, 500 U. S. 478 (1991), 19. 3
Bush v. Lucas, 462 U. S. 367 (1983), 19. 5
Buser v. Raymond, 476 F. 3d 565 (8th Cir. 2007), 9. 5, 19. 3
Butera v. Apfel, 173 F. 3d 1049 (7th Cir. 1999), 9. 11, 11. 3
Butler-Johnson Corp. v. NLRB, 608 F. 2d 1303 (9th Cir. 1979), 11. 2
Butterbaugh v. Department of Justice, 336 F. 3d 1332 (Fed. Cir. 2003), 3. 5
Buttfield v. Stranahan, 192 U. S. 470 (1904), 2. 6
Butts v. Barnhart, 416 F. 3d 101 (2d Cir. 2005), 12. 3
Butz v. Economou, 438 U. S. 478 (1978). 19. 3, 19. 5
Byers v. California, 402 U. S. 424 (1971), 4. 12
Byrd v. EPA, 174 F. 3d 239 (D. C. Cir. 1999), 5. 18
CAB v. Air Transport Assn. , 201 F. Supp. 318 (D. D. C. 1961), 10. 1
CAB v. Herrnann, 353 U. S. 322 (1957), 4. 5
CAB v. United Airlines, Inc. , 542 F. 2d 394 (7th Cir. 1976), 4. 5
Cabais v. Egger, 690 F. 2d 234 (D. C. Cir. 1982), 7. 10
Cabral-Avila v. INS, 589 F. 2d 957 (9dl Cir. 1968), 10. 7
Caceres; United States v. , 440 U. S. 741 (1979), 6. 6, 17. 7
CAE v. Clean Air Engineering, 267 F. 3d 660 (7th Cir. 2001), 11. 2
C&E Services v. District of Colunbia, 310 F. 3d 197 (D. C. Cir. 2002), 9. 4
Cafeteria & Restaurant Workers Union v. McElroy, 367 U. S. 886 (1961), 9. 4
Cajun Elec. Power Coop. v. FERC, 28 F. 3d 173 (D. C. Cir. 1994), 8. 2
Caleano-Martinez v. INS, _ S. Ct. _ (2001), 17. 9
Calder v. Bull, 3U. S. 386 (1798), 6. 7
Califano v. Sanders, 430 U. S. 99 (1977), 15. 5
Califano v. Yamasaki, 442 U. S. 682 (1979), 8. 2
California v. Byers, 402 U. S. 424 (1971), 4. 12
California v. Ciraolo, 476 U. S. 207 (1986), 4. 3
California v. FERC, 9. 66 F. 2d 1541 (9ill Cir. 1992), 9. 8

California v. FTC, 549 F. 2d 1321 (9th Cir. 1977), 15. 2
California v. Lo-Vaca Gathering Co. , 379 U. S. 366 (1965), 6. 8
California v. Sierra Club, 451 U. S. 287 (1981), 18. 5
California Bankers Assn. v. Shultz, 416 U. S. 21 (1974), 4. 4, 15. 14
California Co. v. FPC, 426 U. S. 941 (1976), 7. 2
California Forestry Assn. v. Forest Serv. , 102 F. 3d 609 (D. C. Cir. 1996), 5. 18, 18. 4
California Human Dev. Corp. v. Brock, 762 F. 2d 1044 (D. C. Cir. 1985), 17. 7
Callejos v. RTC, 17 F. 3d 1497 (D. C. Cir. 1994), 18. 2
Calvin v. Chater, 73 F. 3d 87 (6th Cir. 1996), 9. 11, 10. 4
Camacho; United States v. , 40 F. 3d 349 (11th Cir. 1994), 15. 2
Camara v. Municipal Ct. of the City and County of San Francisco, 387 U. S. 523 (1967), 4. 3
Campaign for FamilyFarms v. Glickman, 200 F. 3d 1180 (8th Cir. 2000), 5. 12, 5. 16
Camp v. Pitts, 411 U. S. 138 (1973), 7. 4, 7. 5, 8. 5, 8. 6, 11. 4, 18; 2
Canadian Lumber Trade Alliance v. United States, 517 F. 3d 1319 (Fed. Cir 2008), 16. 4, 16. 6, 16. 9 , 16. 14, 16. 15
Cannon v. University of Chicago, 441 U. S. 677 (1979), 18. 5
Canterbury v. Spence, 464 F. 2d 772 (D. C. Cir. 1972), 19. 4
Caperton v. A. T. Massey Coal Co. , 129 S. Ct. (2009), 9. 8
Capitol Mortgage Bankers v. Cuomo, 222 F. 3d 151 (4th Cir. 2000), 9. 3, 9. 5
Cardillo v. Liberty Mut. Co. , 330 U. S. 469 (1947), 11. 2
Career ColI. Assn. v. Riley, 74 F. 3d 1265 (D. C. Cir. 1996), 7. 3, 12. 3
Careyv. Piphus, 435 U. S. · 247 (1978), 19. 6
Carlson v. Green, 446 U. S. 14 (1980), 19. 2, 19. 4-19. 6
Carlton; United States v. , 512 U. S. 26 (1994), 6. 7
Carmel-by-the-Sea v. Department ofTransp. , 123 F. 3d 1142 (9th Cir. 1997), 11. 4, 12. 2
Carnation Co. v. Pacific Westbound Conference, 383 U. S. 21 3 (1966), 14. 5
Carolene Product Co. ; United States v. , 304 U. S. 144 (1938), 16. 8, 17. 5
Carolina Power & Light Co. v. Department of Labor, 43 F. 3d 912 (4th Cir. 1995), 15. 11
Carpenter v. Department of Justice, 470 F. 3d 434 (1st Cir. 2006), 5. 13
Carpenter v. United States, 495 F. 2d 175 (5th Cir. 1974), 6. 6
Carradine v. Barnhart, 360 F. 3d 751 (7th Cir. 2004), 11. 2
Carriche v. Ashcroft, 350 F. 3d 845 (9th Cir. 2001), 9. 5
Carr v. District of Columbia, 646 F. 2d 599 (D. C. Cir. 1980), 13. 5
Carroll v. Knickerbocker Ice Co. , 218 N. Y. 435, 113 N. E. 507 (1916), 10. 4
Carroll Towing Co. ; United States v. , 159 F. 2d 169 (2d Cir. 1947), 9. 5, 19. 4
Carter v. Carter Coal, 298 U. S. 238 (1936), 2. 6.
Caruso v. Blockbuster-Sony Music Entertainment Ctr. , 174 F. 3d 166, *vacated*, 193 F. 3d 730 (3d Cir. 1999), 6. 4, 6. 11
Casad Department of Health & Human Services, 301 F. 3d 1247 (10th Cir.

2002), 5. 11
Casas v. American Airlines, 304 F. 3d 517 (5th Cir. 2002), 18. 5
Cascade Natural Gas Corp. v. FERC, 955 F. 2d 1412 (10th Cir. 1992), 8. 2
Cassens v. St. Louis River Cruise Lines, 44 F. 3ci 508 (7th Cir. 1995), 19. 4
Castillo-Villagra v. INS, 972 F. 2d 1017 (9th Cir. 1992), 10. 6
Catanzaro v. Weiden, 188 F. 3d 56 (2d Cir. 1999), 9. 5
Caterpillar Tractor Co. v. United States, 589 F. 2d 1040 (Ct. Cl. 1978), 6. 6
Cates v. Haderlein, 342 U. S. 804 (1951), 8. 2
Catholic Social Servs. v. Shalala, 12 F. 3d 1123 (D. C. Cir. 1994), 6. 7
Cato v. Collins, 539 F. 2d 656 (8th Cir. 1976), 9. 9
Cavalier Telephone v. Virginia Electric & Power Co. , 303 F. 3d 316 (4th Cir. 2002), 15. 2
Cavert Acquisition Co. v. NLRB, 83 F. 3d 598 (3d Cir. 1996), 3. 5, 11. 5
CBOCS West v. Humphries, 128 S. Ct. 1951 (2008), 18. 5, 19. 6
CDI Information Services v. Reno, 278 F. 3d 616 (6th Cir. 2002), 17. 8
Cell Assocs. , Inc. v. National Insts. of Health, 579 F. 2d 1155 (9th Cir. 1978), 5. 17
Cellnet Communications v. FCC, 149 F. 3d 429 (6th Cir. 1998), 7. 5
Celltronix Telenetry v. FCC, 272 F. 3d 585 (D. C. Cir. 2001), 6. 7
Cellular Tel. Co. v. Town of Oyster Bay, 166 F. 3d 490 (2d Cir. 1999), 18. 7
Cement Kiln Recycling Coalition v. EPA, 255F. 3d 855 (D. C. Cir. 2001), 7. 4, 16. 9
Cement Kiln Recycling Coalition v. EPA, 493F. 3d 207 (D. C. Cir. 2007), 15. 12, 15. 14
Centeno Super Markets, Inc. ; NLRB v. , 555 F. 2d 442 (5th Cir. 1977), *cert. denied*, 434 U. S. 1064 (1978), 9. 8
Center for Auto Safety v. Dole, 828 F. 2d 799 (1987), 17. 7
Center for Auto Safety v. FTC, 586 F. Supp. 1245 (D. D. C. 1984), 9. 8
Center for Auto Safety v. NHTSA, 452F. 3d 144 (D. C. Cir. 2001), 5. 10
Center for Auto Safety v. NHTSA, 452F. 3d 798 (D. C. Cir. 2006), 6. 3, 15. 11
Center for Auto Safety v. NHTSA, 710 F. 2d 842 (D. C. Cir. 1983), 6. 1
Center for Auto Safety v. Thomas, 847 F. 2d 843 (D. C. Cir. 1988), 16. 1, 16. 4, 16. 5, 16. 7, 16. 8
Center for Biological Diversity v. Fish & Wildlife Service, 450F. 3d 930 (9th Cir. 2006), 11. 6
Center for Biological Diversity v. Lueckel, 417F. 3d 532 (6th Cir. 2005), 16. 5
Center for Biological Diversity v. NHTSA, 508F. 3d 508 (9th Cir. 2007), 7. 4, 7. 13
Center for Biological Diversity v. Veneman, 335 F. 3d 849 (9th Cir. 2003), 12. 3, 15. 11, 17. 6
Center for Biological Diversity v. Veneman, 394F. 3d 1108 (9th Cir. 2005), 12. 3, 15. 11, 17. 6
Center for Law and Education v. Department of Education, 396F. 3d 1152 (D. C. Cir. 2005), 16. 4, 16. 5
Center for National Security Studies v. Department of Justice, 331F. 3d 918 (D. C.

Cir. 2003), 5.13
Center for NativeEcosystems v. Cables, 509 F.3d 1310 (10th Cir. 2007), 11.5
Central Bank of Denver v. First Interstate Bank, 511 U.S. 164 (1994), 3.6, 18.5
Central Delta Walter Agency v. United States, 306F.3d 938 (9th Cir. 2002), 16.4
Central Laborers' Pension Fund v. Heinz, 124S. Ct. 2230 (2004), 6.6
Central Laborers' Pension Fund v. Heinz, 541 U.S. 739 (2004), 6.6
Central Midwest Interstate Low-Level Radioactive Waste Comm'n v. Pena, 113 F.3d 1468 (7th Cir. 1997), 3.5
Central States Enter. Inc. v. ICC, 780 F.2d 664 (7th Cir. 1985), 7.5
Central Texas Telephone Cooperative v. FCC, 402F.3d 205 (D.C. Cir. 2005), 6.4
Cerecedo Hermanos; United States v., 209 U.S. 337 (1908), 6.4
Chadha v. INS, 462 U.S. 919 (1983), 1.7
Chair King v. Houston Cellular Corp., 131 F.3d 507 (5th Cir. 1997), 18.5
Chamber of Commerce v. Department of Labor, 174 F.3d 206 (D.C. Cir. 1999), 6.5, 18.2
Chamber of Commerce v. Federal Election Comm'n, 69 F.3d 600 (D.C. Cir. 1995), 3.6, 15.14
Chamber of Commerce v. Reich, 74 F.3d 1322, *reh' g en banc denied*, 83 F.3d 442 (D.C.
Cir. 1996), 1.2, 3.6, 17.7, 17.8, 18.1
Chamber of Commerce v. SEC, 412F.3d 133 (D.C. Cir. 2006), 7.5
Chamber of Commerce v. SEC, 443 F.3d 890 (D.C. Cir. 2006), 7.3, 7.4, 7.13
Chambers v. Department of Interior, 515 F.3d 1362 (Fed. Cir 2008), 9.4
Chandler v. Crosby, 379F.3d 1278 (11th Cir. 2004), 15.3
Chandler v. Roudebush, 425 U.S. 840 (1976), 13.3
Chaney v. Heckler, 718 F.2d 1174 (D.C. Cir. 1983), 17.7
Chantal v. United States, 104 F.3d 207 (8th Cir. 1997), 19.4
Chao v. Gunite Crop, 442F.3d 550 (7th Cir. 2006), 10.3, 11.2
Chao v. Mallard Bay Drilling, 122 S. Ct. 738 (2002), 3.5
Chao v. Mallard Bay Drilling, 534 U.S. 235 (2002), 3.5
Chao v. Rothermel, 327F.3d 223 (3d Cir. 2003), 6.4
Chao v. Russell P. LeFrois Builder, 291F.3d 219 (2d Cir. 2003), 3.5
Chapman v. Sheridan-Wyoming Coal Co., 338 U.S. 621 (1950), 6.6
Chappell v. Robbins, 73 F.3d 918 (9th Cir. 1996), 19.3
Chappell v. Wallace, 462 U.S. 296 (1983), 19.4
Charge of Judicial Misconduct or Disability, In re, 39 F.3d 374 (D.C. Cir. 1994), 2.4
Charlie F. v. Board of Educ., 98F.3d 989 (7th Cir. 1996), 15.3
Chastleton Corp. v. Sinclair, 264 U.S. 543 (1924), 10.5, 10.6
Chauffers, Teamsters, & Helpers. *See* Teamsters
Chauffeur's Training School v. Spellings, 478 F.3d 117 (2d Cir. 2007), 7.15, 13.4
Chauvin v. Department of Navy, 38 F.3d 563 (Fed. Cir. 1994), 11.2
Chavez v. Martinez, 123 S. Ct. 1994 (2003), 19.3

Checkosky v. SEC, 23 F. 3d 452 (D. C. Cir. 1994), 7. 13

Chelette v. Harris, 229 F. 3d 684 (8th Cir. 2000), 15. 3

Chemical Found. ; United States v. , 272 U. S. 1 (1926), 2. 7, 8. 6

Chemical Mfrs. Assn. v. EPA, 28 F. 3d 1259 (D. C. Cir. 1994), 7. 13

Chemical Mfrs. Assn. v. NRDC, 470 U. S. 116 (1985), 3. 6

Chemical Waste Mgmt. v. EPA, 873 F. 2d 1477 (D. C. Cir. 1989), 3. 6, 8. 2, 9. 3

Chemical Waste Management v. EPA, 873 F. 2d 1477 (D. C. Cir. 1989), 8. 2

Chen v. Ashcroft, 378F. 3d 1081 (9th Cir. 2004), 17. 7

Chen v. Mukasey, 510F. 3d 797 (8th Cir. 2007), 11. 2

Chen Zhou Chai v. Carroll, 48 F. 3d 1331 (4th Cir. 1995), 2. 5, 6. 4

Cheney v. United States District Court for the District of Columbia, 124 S. Ct. 1391 (2004), 9. 8

Cheney v. United States Disuict Court for the District of Columbia, 542 U. S. 367 (2004), 2. 4, 5. 1l, 5. 19.

Cheney v. United States District Court for the District of Columbia, 541 U. S. 913 (2004), 9. 8

Chester Residents v. Seif, 132 F. 3d 925 (3d Cir. 1997), 18. 5

Chevron U. S. A. v. NRDC, Inc. , 467 U. S. 837 (1984), l. 7, 2. 5, 2. 6, 2. 9, 3. 2, 6. 4, 7. 4, 7. 6, 7. 9, 7. 12, 8. 2, 13. 1, 13. 2, 14. 3, 16. 10, 17. 3, 17. 4

Chevron v. Echazabal, 122 S. Ct. 2045 (2002), 3. 6, 7. 4

Chevron v. Natural Resources Defense Council, 467 U. S. 837 (1984), 7. 4

Chicago v. FPC, 458 F. 2d 731 (D. C. Cir. 1971), 18. 2

Chicago v. International ColI. of Surgeons, 522 U. S. 156 (1997), 18. 7

Chicago; United States v. , 400 U. S: 810 (1970), 6. 11

Chicago & G. T. Ry. v. Wellman, 143 U. S. 339 (1892), 16. 2

Chicago & N. W. Transp. Co. v. Kalo Brick & Tile, 4450 U. S. 311 (1981), 14. 4

Chicago, B. & Q. Ry. v. Babcock, 204 U. S. 585 (1907), 8. 6, 10. 6

Chicago, N. S. & M. R. Co. , In re, 131 F. 2d 458 (7th Cir.), *cert. denied*, 318 U. S. 768 (1942), 13. 3

Chicago, N. S. & M. R. Co. ; United States v. , 288 U. S. (1933), 13. 3

Chicago Sch. of Automotive Transmissions v. Accreditation Alliance of Career Sch. & Colls. , 44 F. 3d 447 (7th Cir. 1994), l. 2

Children's Television (ACT) v. FCC, 564 F. 2d 458 (D. C. Cir. 1977), 7. 6

Chiles v. United States, 69 F. 3d 1094 (11th Cir. 1995), 17. 7

Chisholm v. Defense Logistics Agency, 645 F. 2d 42 (3d Cir. 1981), 13. 4

Chisholm v. FCC, 538 F. 2d 341 (D. C. Cir. 1976), 6. 4

Chisholm v. Georgia, 2 U. S. (2 Dall) 419 (1793), 18. 6, 19. 6

Chisom v. Roemer, 501 U. S. 380 (1991), 13. 2

Chowv. INS, 113 F. 3d 659 (7th Cir. 1997), 17. 9

Christensen v. Harris County, 529 U. S. 576 (2000), 3. 5, 6. 3, 6. 4

Christopher v. Kukulinski, 61F. 3d 479 (6th Cir. 1995), 9. 4

Christopher Village v. Retsinas, 190 F. 3d 310 (5th Cir. 1999), 17. 7

Chrysler Corp. v. Brown, 441 U. S. 281 (1979), 5. 1, 5. 16

Chrysler Corp; United States v. , 158 F. 3d 1350 (D. C. Cir. 1998), 6. 11
Church of Scientology v. IRS, 484 U. S. 9 (1987), 5. 9
CIA v. Sims, 471 U. S. 159 (1985), 5. 7, 5. 9
Ciambriello v. Country of Nassau, 292F. 3d 307 (2d Cir. 2002), 9. 4, 9. 5
Cifarrelli v. Village of Babylon, 93 F. 3d 47 (2d Cir. 1996), 9. 2
Cincinnati Bell Tel. Co. v. FCC, 69 F. 3d 752 (6th Cir. 1995), 3. 6, 12. 3
Cinderella Career and Finishing Sch. , Inc. v. FTC, 425 F. 2d 583 (D. C. Cir. 1970), 9. 8, 11. 2
Circu v. Gonzales, 450F. 3d 990 (9th Cir. en banc 2006), 9. 5, 10. 6
Cissell Mfg. Co. v. Department of Labor, 101 F. 3d 1132 (6th Cir. 1996), 18. 1
CITA-Wireless Ass'n v. FCC, 466 F. 3d 105 (D. C. Cir. 2006), 7. 15, 11. 7
CItizens Against Ruining the Environment v. EPA, 535 F. 3d 670 (7th Cir. 2008), 16. 14
Citizens Awareness Council v. United States, 391 F. 3d 338 (1st Cir. 2004), 7. 4, 8. 2
Citizens for Alternatives to Radioactive Dumping v. Department of Energy, 485 F. 1091 (10th Cir. 2007), 11. 6
Citizens to Preserve Overton Park v. Volpe, 401 U. S. 402 (1971), 6. 11, 8. 5, 8. 6, 11. 4, 11. 6, 17. 6
Citizens to Save Spencer Cty. v. EPA, 600 F. 2d 844 (D. C. Cir. 1979), 6. 7, 13. 2
City of. *See name of specific city*
City of Albuquerque v. Department of Interior, 379F. 3d 901 (10th Cir. 2004), 16. 9
City of Chicago v. Department of Treasury, 384F. 3d 429 (7th Cir. 2004), 5. 9
City of Dania Beach v. FAA, 485 F. 3d 1181 (D. C. Cir. 2007), 15. 11, 16. 4
City of Fall River v. FERC, 507F. 3d 1 (1st Cir. 2007), 15. 12
City of Los Angeles v David, 123 S. Ct. 1895 (2003), 9. 5, 12. 3
City of New York v. Minetta, 262 F. 3d 169 (2d Cir. 2001), 12. 3
C. K v. New Jersey Dept. of Health & Human Servs. , 92 F. 3d 171 (3d Cir. 1996), 11. 5
Clackamas Gasteoenterology Associates v. Wells, 123 S. Ct. 1673 (2003), 3. 5
Clackamas Gastroenterology Associates v. Wells, 538 U. S. 440 (2003), 3. 5
Clardy v. Levi, 545 F. 2d 1241 (9th Cir. 1976), l. 2
Clark v. Alexander, 85 F. 3d 146 (4th Cir. 1996), 13. 3, 18. 7
Clark v. Commodity Futures Trading Comm'n, 170 F. 3d 110 (2d Cir. 1999), 18. 2
Clark-Cowlitz Joint Operating Agency v. FERC, 798 F. 2d 499 (D. C. Cir. 1986), 5. 18
Clark v. Time Warner Cable, 523F. 3d 1110 (9th Cir. 2008), 14. 1
Clarke v. Securities Indus. Assn. , 479 U. S. 388 (1987), 16. 4, 16. 5, 16. 9
Classic; United States v. , 313 U. S. 299 (1941), 19. 6
Clay Bwadcasting Corp. ofTexas v. United States, 464 F. 2d 1313 (5th Cir. 1972), rev'd, 415 U. S. 336 (1974), 7. 10
Clay v. Joghson, 264F. 3d 744 (7th Cir. 2001), 6. 7
Clean Air Implementation Project v. EPA, 150 F. 3d 1200 (D. C. Cir. 1998), 15. 14
Clean Ocean Action v. York, 57 F. 3d328 (3d Cir. 1995), 6. 11, 18. 4

Cleavinger v. Saxon, 474 U. S. 193 (1985), 19. 3

Cleveland v. Cleveland Elec. 1. Co. , 734 F. 2d 1157 (6th Cir.), *cert. denied*, 469 U. S. 884 (1984), 13. 4

Cleveland Bd. of Education v. Loudermill, 470 U. S. 532 (1985), 9. 3-9. 5

Clevekland National Air Show v. Department ofTransportation, 430 F. 3d 757 (6th Cir. 2005), 3. 5, 11. 5

Clifford v. Pena, 77 F. 3d 1414 (D. C. Cir. 1996), 17. 7

Clinton v. Jones, 520 U. S. 681 (1997), 2. 2, 2. 4, 19. 3

Clinton v. New York, 524 U. S. 417 (1998), 2. 4, 2. 6, 16. 4

Clouser v. Espy, 42 F. 3d 1522 (9th Cir. 1994), 9. 5

Club Misty v. Laski, 208 F. 3d 615 (7th Cir. 2000), 9. 2

CMC Elec. , Inc. v. OSHA, 221 F. 3d 861 (6th Cir. 2000), 6. 11

CNA Financial Corp. v. Donovan, 830 F. 2d 1132 (D. C. Cir. 1987), *cert. denied*, 485 U. S. 977 (1988), 5. 16

Coalition for Common Sense in Government Procurement v. Secretary of Veterans Affairs, 464 F. 3d 1306 (Fed. Cir 2006), 6. 4, 15. 14

Coalition for Government Procurement v. Federal Prison Industries, 365F. 3d 435 (6th Cir. 2004), 15. 8

Coalition for Sustainable Resources v. Forest Service, 259 F. 3d 1244 (10th Cir. 2001), 12. 3, 15. 12

Cochran v. Health Care FinancingAdministration, 291 F. 3d 775 (11th Cir. 2002), 15. 4

Cody v. Cox, 509F. 3d 606 (D. C. Cir. 2007), 17. 6

Coeur Alaska v. Southeast Alaska Conservation Council, 129 S. Ct. 2458 (U. S. 2009), 6. 11

Coffin v. Sullivan, 895 F. 3d 1206 (8th Cir. 1990), 9. 4, 9. 5, 9. 11

Cohens v. Virginia, 19 U. S. (6 Wheat) 264 (1821), 18. 6

Coit Independence Joint Venture v. FSLIC, 489 U. s. 561 (1989), 2. 8, 12. 1, 14. 6, 15. 10

Coke v. Long Island Care at Home, 376F. 3d 118 (2d Cir. 2004), 3. 5, 6. 4

Cole v. Department of Agric. , 33 F. 3d 1263 (11th Cir. 1994), 10. 7

Cole v. Department of Agric. , 133 F. 3d 803 (11th Cir. 1998), 2. 8

Collins Music Co. v. United States, 21 F. 3d 1330 (4th Cir. 1994), 17. 7

Collins v. National Transportation Safety Board, 351F. 3d 1246 (D. C. Cir. 2003), 3. 5

Collins v. Pond Creek Mining Co. , 469F. 3d 213 (4th Cir. 2006), 13. 4

Collins Security Corp. v. SEC, 562 F. 2d 820 (D. C. Cir. 1977), 10. 7

Colonnade Catering Corp. v. United States, 397 u. S. 72 (1970), 4. 3

Colorado Environmental Coalition v. Wenker, 353F. 3d 1221 (10th Cir. 2004, 5. 19, 6. 5, 6. 6), 17. 7

Colorado Wild; Heartwood v. Forest Service, 435F. 3d 1204 (10th Cir. 2006), 7. 5

Colson *ex rel.* Colson v. Sillman, 35 F. 3d 106 (2d Cir. 1994), 9. 4

Columbia Broadcasting Sys. , Inc. v. United States, 316 U. S. 407 (1942), 15. 14

Columbia Falls Aluminum Co. v. EPA, 139 F. 3d 914 (D. C. Cir. 1998), 6. 10
Columbian E. &S. Co. ; NLRB v. , 306 U. S. 292 (1939), 11. 2
Columbia Packing Co. v. Department ofAgric. , 563 F. 2d 495 (lst Cir. 1977), 5. 12
Columbia Univ. ; NLRB v. , 541 F. 2d 922 (2d Cir. 1976), 11. 2
Colwell v. Gardner, 386 F. 2d 56 (6th Cir. 1967), 10. 6
Combs v. Commissioner of Social Security, 400F. 3d 353 (6th Cir. 2005), 6. 7
Combs v. Commissioner of Social Security, 459 F. 3d 640 (6th Cir. en banc 2006), 6. 5, 6. 7
Commercial Drapery Contractors v. United States, 133 F. 3d 1 (D. C. Cir. 1998), 9. 6
Commissionerv. Flowers, 326 U. S. 465 (1946), 6. 4
Commissionerv. Sunnen, 333 U. S. 591 (1948), 13. 3
Commodity Futures Trading Comm'n v. Blitz, 233 F. 3d 981 (7th Cir. 2000), 15. 15
Commodity Futures Trading Comm'n v. Schor, 478 U. S. 833 (1986), 1. 7, 2. 8
Commonwealth Edison Co. v. Train, 649 F. 2d 481 (7th Cir. 1980), 15. 14
Commonwealth of Puerto Rico v. United States, 490F. 3d 50 (1st Cir. 2007), 5. 13
Communications and Control v. FCC, 374F. 3d 13 29 (D. C. Cir. 2004), 11. 5
Communications Workers of Am. v. AT&T, 40 F. 3d 426 (D. C. Cir. 1994), 15. 2
Community Health Center v. Wilson-Coker, 311F. 3d 132 (2d Cir. 2002), 3. 5
Community Hospital of Monterey Peninsula v. Thompson, 323F. 3d 782 (9th Cir. 2003), 6. 11
Community Nutrition Inst. v. Block, 749 F. 2d 50 (D. C. Cir. 1984), 7. 3
Community Nutrition Inst v. Young, 773 F. 2d 1356 (D. C. Cir. 1985), 18. 2
Community Nutrition Inst. v. Young, 818 F. 2d 943 (D. C. Cir. 1987), 6. 3, 6. 4, 17. 1, 17. 3
Compensation Dep't v. Marshall, 667 F. 2d 336 (3d Cir. 1981), 18. 2
Conagra, Inc. v. NLRB, 117 F. 3d 1435 (D. C. Cir. 1997), 11. 2
Concerned Citizens of S. Ohio, Inc. v. Pine Creek Conservancy Dist. , 429 U. S. 651 (1977), 9. 8, 10. 5
Concrete Pipe and Prods. v. Constr. Laborers Pension Trust, 508 U. S. 602 (1993), 9. 8
Confiscation Cases, 7 Wall. 454, 19 L. Ed. 196 (1869), 16. 5
Conlan v. Department of Labor, 76 F. 3d 271 (9th Cir. 1996), 3. 6
Conley v. NLRB, 520F. 3d 629 (6th Cir. 2008), 10. 2
Connally v. Georgia, 429 U. S. 245 (1977), 9. 8
Connecticut Department of Public Safety v. Doe, 123 S. Ct. 1160 (2003), 9. 2, 9. 4
Connecticut*ex rel*. Blumenthal v. Crotty, 346 F. 3d 84 (2d Cir. 2003), 19. 3
Connecticut Light and Power Co. v. NRC, 673 F. 2d 525 (D. C. Cir.), *cert. denied*, 459 U. S. 835 (1982), 7. 3
Connick v. Myers, 461 U. S. 138 (1983), 9. 5, 13. 4
Consarc Corp. v. Treasury Dept. , 71 F. 3d 909 (D. C. Cir. 1995), 6. 11
Consolidated Edison Co. v. NLRB, 305 U. S. 197 (1938), 10. 4, 11. 2
Consolidated Edison Co. v. O'leary, 117 F. 3d 538 (Fed. Cir. 1997), 17. 7
Consolidated Edison Co. v. O'leary, 131 F. 3d 1475 (Fed. Cir. 1997), 16. 10, 17. 7

Consolidated Edison Co. of New York v. FERC, 315F. 3d 316 (D. C. Cir. 2003), 6. 3, 6. 7, 11. 5

Condolidation Coal Co. v. Williams, 453F. 3d 609 (4th Cir. 2006), 9. 8

Consolidated Express, Inc. v. New York Shipping Assn. , 602 F. 2d 494 (3d Cir. 1979),

Consolo v. Federal Malitime Comm'n, 383 U. S. 607 (1966), 11. 2

Construction Projects Research, Inc. ; United States v. , 73 F. 3d 464 (2d Cir. 1996), 4. 2

Consumer Fed'n v. Consumer Product Safety Comm'n, 990 F. 2d 1298 (D. C. Cir. 1993), 6. 10

Consumer Fed'n of Am. v. HHS, 83 F. 3d 1497 (D. C. Cir. 1996), 3. 6

Consumer Federation of America v. Department of Agriculture, 455F. 3d 283 (D. C. Cir. 2006), 5. 6

Consumer Product Safety Comm'n v. GTE Sylvania, Inc. , 447 U. S. 102 (1980), 5. 9

Consumers Union v. Heimann, 589 F. 2d 531 (D. C. 1978), 5. 14

Continental Air Lines, Inc. v. CAB, 522 F. 2d l07 (D. C. Cir. 1975), 15. 14, 15. 15

Continental Can Co. v. Marshall, 603 F. 2d 590 (7th Cir. 1979), 13. 4, 13. 5

Continental Stock Transfer and Trust Co. v. SEC, 566 F. 2d 373 (2d Cir. 1977), 5. 10

Contractor's Sand & Gravel v. Federal Mine Safety & Health Review Comm'n, 199 F. 3d 1335 (D. C. Cir. 2000), 3. 5

Contractors Transp. Corp. v. United States, 537 F. 2d 1160 (4th Cir. 1976), 11. 5

Coopers & Lybrand; United States v. , 500 F. 2d 615 (10th Cir. 1977), 4. 5

Cope v. Scott, 45 F. 3d 445 (D. C. Cir. 1995), 19. 4

Core Communications v. Verizon Pennsylvania, 493F. 3d 333 (3d Cir. 2007), 15. 2, 18. 5

Cornejo-Barreto v. Seifert, 218 F. 3d1004 (9th Cir. 2000), 17. 7

Corn Prods. Co. v. FDA, 427 F. 2d 511 (3d Cir.), *cert. denied*, 100 U. S. 957 (1970), 7. 2

Correctional Services Crop. v. Malesko, 122 S. Ct. 515 (2001), 19. 5

Correctional Services Corp. v. Malesko, 534 U. S. 61 (2001), 19. 5

Corn Prods. Refining Co. v. Commissioner, 350 U. S. 46 (1955), 6. 4

Corrosion Proof Fittings v. EPA, 947 F. 2d 1201 (5th Cir. 1991), 7. 5, 7. 7, 7. 11

Corus Group PLC v. International Trade Commission, 352F. 3d 1351 (Fed. Cir 2003), 1. 2, 15. 11

Corus Stall BV v. United States, 502F. 3d 1370 (Fed. Cir 2007), 15. 8

Cort v. Ash, 422 U. S. 66 (1975), 18. 5

Costle v. Pacific Legal Found. , 445 U. S. 198 (1980), 8. 2

Cotnoir v. University of Me. Sys. , 35 F. 3d 6 (1st Cir. 1994), 9. 5, 19. 3

Couch v. United States, 409 U. S. 322 (1973), 4. 8

Council of Commuter Organizations v. Gorsuch, 683 F. 2d 648 (2d Cir. 1982), 7. 3

Counselman v. Hitchcock, 142 U. S. 547 (1892), 4. 10

Courtney v. Smith, 297F. 3d 455 (6th Cir. 2002), 16. 4, 16. 9

Couth Terminal Corp. v. EPA, 504 F. 2d 646 (lst Cir. 1974), 7. 3
Covad Communications Co. v. FCC, 450F. 3d 528 (D. C. Cir. 2006), 7. 3, 7. 9, 15. 8
Covington v. Knox County School System, 205F. 3d 912 (6th Cir. 2000), 15. 3
Cowen v. Bank United of Tex. , 70 F. 3d 937 (7th Cir. 1995), 6. 7
Crampton v. Zabriskie, 101 U. S. 601 (1879), 16. 2
Cravero; United States v. , 545 F. 2d 406 (5th Cir. 1976), *cert. denied*, 430 U. S. 983 (1977), 2. 7
Crawford v. Department of Agric. , 50 F. 3d 46 (D. C. Cir. 1995), 10. 4
Crdwford-El v. Britton, 923 U. S. 574 (1998), 19. 3
Crayton v. Callahan, 120 F. 3d 1217 (11th Cir. 1997), 15. 5
Critical Mass Energy Project v. NRC, 830 F. 2d 278 (D. C. Cir. 1987), 5. 10
Critical Mass Energy Project v. NRC, 975 F. 2d 871 (D. C. Cir. 1992), 5. 10
Critical Mass Energy Project v. Nuclear Regulatory Commission, 975 F. 2d 871 (D. C. Cir. en banc 1992), 5. 10
Cromwell v. County of Sac, 94 U. S. 351 (l876), 13. 4
Cronin v. Department of Agric. , 919 F. 2d 439 (7th Cir. 1990), 11. 6
Crooker v. BATF, 670 F. 2d 1051 (D. C. Cir. 1981), 5. 8, 5. 13
Crowe v. Lucas, 595 F. 2d 985 (5th Cir. 1979), 19. 3
Crowell v. Benson, 285 U. S. 22 (1932), 2. 8, 17. 9
Crowley Caribbean Transp. v. Pena, 37 F. 3d 671 (D. C. Cir. 1994), 17. 7
Crown Simpson Pulp Co. v. Costle, 445 U. S. 193 (1980), 18. 2
Crumpton v. Stone, 59 F. 3d 1400 (D. C. Cir. 1995), 5. 16, 19. 4
Cruz v. Gates, 17 F. 3d 1189 (9th Cir. 1994), 19. 3
Crystal Clear Communications v. Southwestern Bell Telephone Co. 415 F. 3d 1171 (10th Cir. 2005), 14. 1, 14. 5
CSX Transportation Co. v. Novolog Bucks County, 502F. 3d 247 (3d Cir. 2007), 14. 1
CTIA Wireless Ass'n v. FCC, 466 F. 3d 105 (D. C. Cir. 2006), 7. 15
Cudahy Packing Co. v. Holland, 315 U. S. 357 (1942), 2. 7
Culbertson v. Department of Agric. , 69 F. 3d 465 (10th Cir. 1995), 6. 1-1
Culpepper v. Inland Nortgage Corp. , 132F. 3d 692, *reh' g denied*, 144 F. 3d 717 (11th Cir. 1998), 3. 5
Cuomo; United States v. , 525 F. 2d 1285 (5th Cir. 1976), 2. 7
Curran v. Laird, 420 F. 2d 122 (D. C. Cir. 1969), 17. 6
Currier v. Potter, 379F. 3d 716 (9th Cir. 2004), 18. 5
Curry v. Block, 738 F. 2d 1556 (11th Cir. 1984), 6. 9
Curther v. Califano, 584 F. 2d 1389 (8th Cir. 1978), 10. 4
Curtis v. Loether, 415 U. S. 189 (1974), 2. 8
Curtiss-Wright Export Co. ; United Statesv. , 299 U. S. 304 (1936), 2. 5
Cutler v. Haves, 818 F. 2d 879 (D. C. Cir. 1987), 12. 3
Cutting, Inc: ; NLRB v. , 701 F. 2d 659 (7th Cir. 1983), 11. 2
Cuviller v. Taylor, 503F. 3d 397 (5th Cir. 2007), 19. 6
Czerkies v. Department of Labor, 73 F. 3d 1435 (7th Cir. 1996), 17. 9

Dabrota v. INS, 195F. 3d 970 (7th Cir. 1999), 10. 6

Dada v. Mukasey, 128 S. Ct. _ _ _ (2008), 3. 6

Dahl v. HEM Pharmaceuticals Corp. , mCi 1399 (9th Cir. 1993), 14. 1

Dahm v. Flynn, 60 F. 3d 253 (7th Cir: l995), 19. 3

Daimler Chrysler Corp. v. Cuno, 126 S. Ct. 1854 (2006), 16. 4

Dakota Montana Oil Co. ; United States v. , 288 U. S. 459 (1933), 6. 4

Dalehite v. United States, 346 U. S. 15 (1953), 19. 4

Dalton v. Specter, 511 U. S. 462 (1994), 1. 2, 15. 11, 17. 7-17. 9

Daniels v. Williams, 474 U. S. 327 (1986), 19. 6

Darby v. Cisneros, 509 U. S. 137 (1993), 15. 2, 15. 3, 15. 8, 15. 11

Darr v. Town of Telluride, 495 F. 3d 1243 (10th Cir. 2007), 9. 4

Darrell Andrews Trucking v. FMCSA, 296F. 3d 1120 (D. C. Cir. 2002), 6. 11

Dart v. United States, 848 F. 2d 217 (D. C. Cir. 1988), 17. 8

Daubert v. Merrell Dow Pharmaceuticals, Inc. , 509 U. S. 579 (1993), 10. 2, 10. 3

Davel Communications v. Qwest Corp. , 460 F. 3d 1075 (9th Cir. 2006), 14. 1

Davies Warehouse Co. v. Bowles, 321 U. S. 144 (1944), 3. 1

Davis v. EPA, 348F. 3d 772 (9th Cir. 2003), 3. 5

Davis v. FEC, 128 S. Ct. _ _ (2008, 16. 4), 16. 4

Davis v. OWPC, 936 F. 2d 1111 (10th Cir. 1991), 1l. 3

Davis v. Passman, 442 U. S. 228 (1979), 19. 5, 19. 6

Davis v. Philadelphia Hous. Auth. , 121 F. 3d 92 (3d Cir. 1997), 18. 5

Davis v. Scherer, 460 U. S. 183 (1984), 19. 3

Davis v. Southern Energy Homes, 305F. 3d 1268 (11th Cir. 2002), 3. 6

Davis County Solid Waste Mgmt. v. EPA, 108 F. 3d 1454 (D. C. Cir. 1997), 7. 13

Dawkins v. Witt, 318 F. 3d 606 (4th Cir. 2003), 13. 1

Dawkins Farms v. Farm Service Agency, 504F. 3d 592 (5th Cir. 2007), 15. 3

Day v. Weinberger, 522 F. 2d 1154 (9th Cir. 1975), 9. 10

DBSI/TRI IV v. Unites States, 465F. 3d 1031 (9th Cir. 2006), 16. 4

D. C. Circuit in Renegotiation Bd. v. Grumman Aircraft Eng'g Corp. , 421 U. S. 168 (1975), l. 2

D. C. Fed'n of Civic Assn. v. Volpe, 459 F. 2d 1231 (D. C. Cir. 1971), 9. 8

DCP Farms v. Yeutter, 957 F. 2d 1183 (5th Cir. 1992), 9. 8

De Bartolo Corp. v. Florida Gulf Coast Building & Constr. Trades Council, 485 U. S. 568 (1988), 3. 5

Debs, In re, 158 U. S. 564 (1895), 16. 15

De Cambra v. Rogers, 189 U. S. 119 (1903), 8. 6

Decatur v. Paulding, 39 U. S. (14 Pet.) 497 (1840), 17. 5

Deerfield, Town of v. FCC, 992 F. 2d 420 (2d Cir. 1993), 2. 4

Degge v. Hitchcock, 229 U. S. 162 (1913), 18. 4

Dehainaut v. Pena, 32 F. 3d 1066 (7th Cir. 1994), 2. 5, 9. 2

de la Llana-Castellon v. INS, 16 F. 3d 1093 (10th Cir. 1994), 9. 5, 10. 6

De Lange v. United States, 372 F. 2d 134 (9th Cir. 1967), 19. 4

Dellums v. NRC, 863 F. 2d 968 (D. C. Cir. 1988), 16. 5

Delta Foundation v. United States, 303 F. 3d 551 (5th Cir. 2002), 15. 8
Demenech v. HHS, 913 F. 2d 882 (11th Cir. 1990), 9. 11, 10. 4
Demery v. Department of Interior, 357F. 3d 830 (8th Cir. 2004), 19. 4
Demko; United States • v. , 385 U. S. 149 (1966), 19. 4
Demore v. Hyung Joon Kim, 123 S. Ct. 1708 (2003), 17. 9
Demore v. Hyung Joon Kim, 538 U. S. 510 (2003), 17. 9
Denko v. INS, 351 F. 3d 717 (6th Cir. 2003), 9. 5, 17. 6, 17. 7
Dennis v. Higgins, 498 U. S. 439 (1991), 19. 6
Dennison Mamufacturing Co. ; NLRB v. , 419 F. 2d 1080 (1st Cir. 1965), 9. 8
Dennis v. Sparks, 449 U. S. 24 (1980), 19. 3
Department of Commerce v. United States House of Representatives, 525 U. S. 316 (1999), 15. 11, 16. 4
Department of Defense v. FLRA, 510 U. S. 487 (1994), 5. 3, 5. 12, 5. 13
Department of Housing and Urban Development v. Rucker, 122 S. Ct. 1230 (2002), 3. 6
Department of Interior v. Klamath Water Users Protective Assn. , 69 USLW 4166 (2001), 5. 11
Department of Justice; Doe v. , 753 F. 2d 1092 (D. C. Cir. 1985), 6. 6
Department of Justice v. Landano, 508 U. S. 165 (1993), 5. 13
Department of Justice v. Reporters Committee for Freedom of Press, 489 U. S. 749 (1989), 5. 3, 5. 12, 5. 13
Department of Justice v. Tax Analysts, 492 U. S. 136 (1989), 5. 3, 5. 6
Department of Labor v. Triplett, 494 U. S. 715 (1990), 9. 12
Department of Navy v. Egan, 484 U. S. 518 (1988), 2. 5, 17. 7
Department of State v. Ray, 502 U. S. 64 (1991), 5. 12
Department of State v. Washington Post Co. , 456 U. S. 595 (1982), 5. 12
Department of Transportation v. Public Citizen, 124 S. Ct. 2204 (2004)
Department of the Almy v. Blue Fox, 525 U. S. 255 (1999), 18. 6
Department of Treasury v. Federal Labor Relations Auth. , 43 F. 3d 682 (D. C. Cir. 1994), 17. 8
DeRieux v. Five Smiths, Inc. , 499 F. 2d 1321 (TECA), *cert. denied*, 419 U. S. 896 (1974), 7. 10
DeShaney v. Winnebago Cty. Dept. of Soc. Serv. , 489 U. S. 189 (1989), 19. 6
DesPlaines, City of, v. Metropolitan S: mitary Dist. of Chicago, 552 F. 2d 736 (7th Cir. 1977), 8. 6, 11. 6
Detroit Newspaper Agency v. NLRB, 286F. 3d 391 (6th Cir. 2002), 15. 2, 15. 4
Detroit & Cleveland Navigation Co. ; United States v. , 326 U. S. 236 (1945), 10. 6
Detroit/Wayne County Port Auth. v. ICC, 59 F. 3d 1314 (D. C. Cir. 1995), 3. 6
Devia v. NRC, 492F. 3d 421 (D. C. Cir. 2007), 15. 12
Dew v. United States, 192 F. 3d 366 (2d Cir. 1999), 17. 7
Dewakuku v. Martinez, 271F. 3d 1031 (Fed. Cir 2001), 18. 5
Dia v. Ashcroft, 353F. 3d 228 (3d Cir. 2003), 8. 5, 9. 5, 11. 2
Diamond v. Charles, 476 U. S. 54 (1986), 16. 4

Diamond Ring Ranch, Inc. v. Morton, 531 F. 2d 1397 (10th Cir. 1976), 11. 2

DiBlasio v. Novello, 344 F. 3d 292 (2d Cir. 2003), 9. 4, 9. 5, 9. 6, 19. 3

Dicenso v. Cisneros, 96 F. 3d 1004 (7th Cir. 1996), 3. 5

Dickinson v. United States, 346 U. S. 389 (1953), 11. 2

Dickinsonv. Zurko, 527 U. S. 150 (1999), 3. 5, 11. 2, 11. 4

Dickson v. Secretary of Defense, 68 F. 3d 1396 (D. C. Cir. 1995), 11. 4, 17. 7

DiGiriomov. United States, 520 F. 2d 372 (8th Cir.), *cert. denied*, 423 U. S. 1033 (1975), 2. 7

Dillardv. HUD, 548 F. 2d 1112 (4th Cir. 1977), 18. 2

Dimenski v. INS, 275F. 3d 574 (7th Cir. 2001), 9. 5

Dinion Coil Co. ; NLRB v. , 201 F. 2d 484 (2d Cir. 1952), 11. 2

Dionnev. Mayor & City Council, 40 F. 3d 677 (4th Cir. 1994), 13. 3

Director of. *See name of agency or organization*

Dirksv. SEC, 463 U. S. 646 (1983), 3. 1

Disabled Americans v. Secretary of Veterans Affairs, 327F. 3d 1339 (Fed. Cir 2003), 6. 7

Dismas Charities v. Department of Justice, 401 F. 3d 636 (6th Cir. 2005), 6. 4

Dismuke v. United States, 297 U. S. 167 (1936), 17. 5

Disraeli v. Rotunda, 489F. 3d 628 (5th Cir. 2007), 19. 3

District Memorial Hospital of Southwestern North Carolina v. Thompson, 364F. 3d 513 (4th Cir. 2004), 6. 11

District No. 1 v. Maritime Admin. , 215 F. 3d 37 (D. C. Cir. 2000), 17. 7

District of Columbia v. Pace, 320 U. S. 698 (1944), 1l. 2

District of Columbia v. Train, 521 F. 2d 971 (D. G Cir. 1975), 7. 3

Divinev. Commissioner, 500 F. 2d 1041 (2d Cir. 1979), 13. 5

Di Vosta Rentals, Inc. v. Lee, 488 F. 2d 674 (5th Cir. 1973), 10. 4

Dixie Fuel Co. v. Commissioner of Social Security, 171 F. 3d 1052 (6th Cir. 1999), 12. 3

Dixon v. United States, 381 U. S. 68 (1965), 6. 6

DOA v. Murry, 413 U. S. 508 (l973), 17. 1

Doe v. *See name of opposing party*

Doe v. Chao, 124 S. Ct. 1204 (2004), 5. 17

Doe v. United States, 253F. 3d 256 (6th Cir. 2001), 4. 2

Dolan; United States v. , 544F. 2d 1219 (4th Cir. 1976), 10. 6

Dolev. United Steelworkers, 494 U. S. 26 (1990), 3. 6

Dombrowsky v. Eastland, 387 U. S. 82 (1967), 19. 3

Dominion Energy Brayton Point v. Johnson, 443F. 3d 12 (1st Cir. 2006), 3. 5, 8. 2

Dominiquev. Weld, 73 F. 3d 1156 (lst Cir. 1996), 9. 4

Domme v. United States, 61 F. 3d 787 (10th Cir. 1995), 19. 4

Donato v. Plainview-Old Bethpage Central Sch. Dist. , 96 F. 3d 623 (2d Cir. 1996), 9. 4

Dongv. Smithonian Institution, 125 F. 3d 877 (D. C. Cir. 1997), 1. 2

Donnelly Garment Co. v. NLRB, 123 F. 2d 215 (8th Cir. 1942), 10. 2

Donnelly Garment Co. v. NLRB v. , 330 U. S. 219 (1947), 9. 8
Donovanv. Dewey, 452 U. S. 594 (1981), 4. 3
Doolin Security Bankv. FDIC, 53 F. 3d 1395 (4th Cir. 1995), 8. 2, 8. 3, 9. 5, 9. 8
Doraiswamy v. Secretary of Labor, 555 F. 2d 832 (D. G Cir. 1976), 8. 6
Doremus v. Board of Educ. , 342 U. S. 429 (1952), 16. 14
Doty v. United States, 53 F. 3d 1244 (Fed. Cir. 1995), 10. 4, 17. 9
Douganv. FCC, 21 F. 3d 1488 (9th Cir. 1994), 18. 2
Dougherty v. Carver Fed. Say. Bank, 112 F. 3d 613 (2d Cir. 1997), 18. 2
Dow Chern. Co. v. Ruckelshaus, 477F. ~d-l312 (8th Cir. 1973), 15. 11
Dow Chern. Co. v. United States, 476 U. S. 227 (1986), 4. 3
Doyle v. Department of Justice, 668 F. 2d 1365 (D. C. Cir. 1981), *cert. denied*, 455 U. S. 1002 (1982), 5. 3
Drake v. FAA, 291 F. 3d 59 (D. C. Cir. 2002), 17. 7
Dray v. Railroad Ret. Bd. , 10 F. 3d 1306 (7th Cir. 1993), 11. 3
Dresser Indus. , Inc. v. United States, 596 J. 2d1231 (5d. Cir. 1979), *cert. denied*, 444 U. S. 1044 (1980), 5. 17
DRG Funding Corp. v. HUD, 76 F. 3d 1212 (D. C. Cir. 1996), 15. 11
Drivers Assn. v. New Prime, 192 F. 3d 778 (8th Cir. 1999), 18. 5
Drummond v. Commissionel of Social Security, 126 F. 3d 837 (6th Cir. 1997), 13. 3
Duffin v. Carlson, 636 F. 2d 709 (D. C. Cir. 1980), 5. 1
Duke v. North Texas State Univ. , 469 F. 2d 829 (5th Cir.), *cert. denied*, 41 2 U. S. 932 (1973), 9. 8
Duke Power Co. v. Carolina Envtl. Study Group, 438 U. S. 59 (1978), 16. 4-16. 8, 16. 13
Duncan v. Poythress, 777 F. 2d 1508 (11th Cir. 1985), 5. 5
Duncan Energy Co. v. Forest Serv. , 109 F. 3d 497 (8th Cir. 1997), 12. 3
Duncanson-Harrelson Co. v. OWCP, 644 F. 2d 827 (9th Cir. 1981), 15. 8
Dunifer; United States v. , 219 F. 3d 1004 (9th Cir. 2000), 18. 2
Dunlop v. Bachowski, 421 U. S. 560 (1975), 8. 5, 19. 6
Dunn; United States v. , 480 U. S. 294 (1987), 4. 3
Dupuy v. Samuels, 397 F. 3d 493 (7th Cir. 2005), 9. 4, 9. 5, 9. 8
Dusenbery v. United States, 122 S. Ct. 694 (2002), 9. 5
Duquesne Light Co. v. EPA, 481 F. 2d 1 (3d Cir. 1973), 7. 2
Duval Jewelry Co. ; NLRB v. , 357 U. S. 1 (1958), 2. 7
Duvall v. Attorney General, 436F. 3d 382 (3d Cir. 2006), 13. 4
Dysart v. United States, 369F. 3d 1303 (Fed. Cir 2004), 2. 4, 2. 7, 17. 7
Earle Indus. v. NLRB, 75 F. 3d400 (8th Cir. 1996), 11. 2
Earth Island Institute v. Ruthenbeck, 459F. 3d 954 (9th Cir. 2006), 15. 12, 15. 14, 16. 4
Eastern Bridge v. Chao, 320 F. 3d 84 (1st Cir. 2003), 15. 3
Eastern Gas & Fuel Assocs. Trustees v. United States, 377 U. S. 235 (1964), 6. 4
East Oakland-Fruitvale Plaiming Council v. Rumsfeld, 471 F. 2d 524 (9th Cir. 1972), 17. 6

Eastover Mining Co. v. Williams, 338 F. 3d 501 (6th Cir. 2003), 11. 2

Eccles v. People's Bank, 333 U. S. 426 (1978), 18. 4

Echostar Communications Corp. v. FCC, 292F. 3d 749 (D. C. Cir. 2002), 8. 2 10. 2, 11. 2

Ecology Center v. Austion, 430F. 3d 1057 (9th Cir. 2005), 11. 4

Ecology Ctr. v. Forest Serv. , 192 F. 3d 922 (9th Cir. 1999), 15. 11

Eddings v. City of Hot Springs, 323F. 3d 596 (8th Cir. 2003), 9. 4

Edelman v. Jordan, 415 U. S. 651 (1974), 19. 6

Edelman v. Lynchburg College, 122 S. Ct. 1145 (2002), 3. 5, 3. 6, 6. 4

EDF v. Hardin, 428 F. 2d 1093 (D. C. Cir. 1970), 15. 11

EDF v. Ruckelshaus, 439 F. 2d 584 (D. C. Cir. 1971), 15. 11

EDF v. Thomas, 627 F. Supp. 566 (D. D. C. 1986), 7. 9

Edmond v. United States, 520 U. S. 651 (1997), 2. 4

Edwards v. Balisok, 520 U. S. 641 (1997), 15. 9, 19. 6

Edwards v. Tennessee Valley Authority, 255F. 3d 318 (6th Cir. 2001), 19. 4

Edwards' Lessee v. Darby, 25 U. S. (12 Wheat.) 206 (1827), 6. 4

EEOC v. Delta Air Lines, 485 F. Supp. 1004 (N. D. Ga. 1980), 10. 6

EEOC v. Dillon Cos. , 310F. 3d 1271 (10th Cir. 2002), 4. 2

EEOC v. Karuk Tribe Housing Authority, 260F. 3d 1071 (9th Cir. 2001), 4. 2m 15. 2, 15. 4, 15. 12

EEOC v. Laclede Gas Co. , 530 F. 2d 281 (8th Cir. 1976), 2. 7

EEOC v. Lutheran Social Servs. , 186 F. 3d 959 (D. C. Cir. 1999), 4. 2, 15. 3

EEOC v. Raymond Metal Prods. Co. , 530 F. 2d 590 (4th Cir. 1976), 2. 7

EEOC v. University of N. M. , 504 F. 2d 1296 (10th Cir. 1974), 4. 5

Ehm v. National R. R Passenger Cerp. , 732 F. 2d 1250 (5th Cir.), *cert. denied*, 469 U. S. 982 (1984), 1. 2

El-Khader v. Monica, 366F. 3d 562 (7th Cir. 2004), 17. 7

Eldeco, Inc. v. NLRB, 132 F. 3d 1007 (4th Cir. 1997), 9. 8, 11. 2

Elder v. Holloway, 510 U. S. 510 (1994), 19. 2, 19. 3

Elder v. United States, 312F. 3d 1172 (10th Cir. 2002), 19. 4

Electric Power Supply Assn. v. FERC, 391F. 3d 1255 (D. C. Cir. 2004), 5. 18, 8. 4, 16. 4, 16. 5

Electrical Workers, Local No. 441 v. NLRB, 510 F. 2d 1274 (D. C. Cir. 1975), 11. 2

Eli Lilly & Co. v. Costle, 441 U. S. 1096 (1980), 7. 3

Elizabeth Blackwell Health Ctr. v. Knoll, 61 F. 3d 170 (3d Cir. 1995), 6. 6

Elk Grove Unified School District v. Newdow, 124 S. Ct. 2301 (2004), 16. 13

Elkins v. Gober, 229 F. 3d 1369 (Fed. Cir. 2000), 15. 11

Elliott v. Commodity Futures Trading Comm'n, 202 F. 3d 926 (7th Cir. 2000), 10. 3, 11. 2

Elliott Coal Mining Co. v. OWCP, 17 F. 3d 616 (3d Cir. 1994), 3. 5

Ellis v. Blum, 643 F. 2d 68 (2d Cir. 1981), 19. 6

Ellis v. Tribune Television Co. , 433F. 3d 71 (2d Cir. 2006), 14. 1

Ellison v. Connor, 153 F. 3d 247 (5th Cir. 1998), 17. 7, 17. 9
EI Paso Natural Gas Co. v. FERC, 50 F. 3d 23 (D. C. Cir. 1995), 16. 4
Elrod v. Burns, 427 U. S. 347 (1976), 2. 5
Elting v. North German Lloyd, 287 U. S. 324 (1932), 2. 8
Ely v. Postal Serv. , 753 F. 2d 163 (D. C. Cir. 1985), 5. 5
Emich Motors Corp. v. General Motors Corp. 340 U. S. 558 (1951), 13. 4
EMR Network v. FCC, 391F. 3d 269 (D. C. Cir. 2004), 6. 10
Endicott Johnson Corp. v. Perkins, 317 U. S. 501 (1943), 4. 1, 4. 2
Endsley v. City of Chicago, 230 F. 3d 276 (7th Cir. 2000), 18. 5
Energy Reserves Group v. DOE, 589 F. 2d 1082 (TECA 1978), 7. 10
Energy W. Mining Co. v. MSHRC, 40 F. 3d 457 (D. C. Cir. 1994), 3. 5
Engel v. Vitale, 370 U. S. 421 (1962), 16. 4
Engquist v. Oregon Department of Agriculture, 128 S. Ct. 2146 (2008), 19. 6
EnticK v. Carrington, 19 Howell's State Trials 1029 (1765), 4. 3
Envirocare of Utah v. NuclearRegulatoryComm'n, 194F. 3d 72 (D. C. Cir. 1999), 16. 10
Environmental Defense v. Duke Energy Corp. , 127 S. Ct. 1423 (2007), 3. 6, 6. 11, 7. 15
Environmental Defense v. EPA, 467F. 3d 1329 (D. C. Cir. 2006), 7. 15
Environmental Defense Ctr. v. Babbitt, 73 F. 3d 867 (9th Cir. 1995), 12. 3
Environmental Defense Center v. EPA, 344F. 3d 832 (9th Cir. 2003), 7. 3
Environmental Defense Fund v. Costle, 631 F. 2d 922 (D. C. Cir 1980), 18. 2
Environmental Defense Fund v. EPA, 82 F. 3d 451 (D. C. Cir. 1996), 3. 6
Environmental Defense Fund v. EPA, 548 F. 2d 998 (D. C. Cir. 1976), 10. 7
Environmental Integrity Project v. EPA, 425 F. 3d 992 (D. C. Cir. 2005), 6. 4, 7. 3
EPA v. Mink, 410 U. S. 73 (1973), 5. 7, 5. 11
Epstein, In re, 32 F. 3d 1559 (Fed. Cir. 1994), 10. 4, 10. 7
Erickson v. Ribicoff, 305 F. 2d 638 (6th Cir. 1962), 10. 7
Erickson v. United States, 67 F. 3d 858 (9th Cir. 1995), 9. 4, 9. 6
Erienet v. Velocity Net, 156 F. 3d 513 (3d Cir. 1998), 18. 5
Erie R. R. v. Tompkins, 304 U. S. 64 (1938), 6. 5
Erringer v. Thompson, 371F. 3d 625 (9th Cir. 2004), 6. 4
Ervine's Appeal, 16 Pa. 256 (1851), 9. 2
Espinoza v. Farah Mfg. Co. , 414 U. S. 86 (1973), 6. 4
Espinoza-Gutierrez v. Smith, 94 F. 3d 1270 (9th Cir. 1996), 15. 8
Essgee Co. of China v. United States, 262 U. S. 151 (1923), 4. 7
Esso Standard Oil Co. v. Lopez-Freytes, 522F. 3d 136 (1st Cir. 2008), 9. 4, 9. 8
Estelle v. Gamble, 429 U. S. 97 (1976), 19. 6
Estep v. United States, 327 U. S. 114 (1946), 17. 9
Etchu-Njang v. Gonzales, 403F. 3d 577 (8th Cir. 2005), 15. 8
Ethyl Corp. v. EPA, 541 F. 2d 1 (D. C. Cir.), *cert. denied*, 426 U. S. 941 (1976), 7. 5, 11. 2, 11. 4
Ewing v. Mytinger & Casselberry, 339 U. S. 594 (1950), 9. 1, 9. 6

Excel Corp. v. Department of Agriculture, 397F. 3d 1285 (10th Cir. 2005), 6. 11

Exnerv. FBI, 542 F. 2d 1121 (9th Cir. 1976), 5. 4

Exnerv. FBI, 612 F. 2d 1202 (9th Cir. 1980), 5. 5

Ex parte. *See name of party*

Ex Parte Young, 209 U. S. 123 (1908), 18. 7

Exxon Chemicals America v. Chao, 298F. 3d 484 (5th Cir. 2002), 15. 11

Exxon Corp. v. FEA, 398 F. Supp. 865 (D. D. C. 1975), 7. 3

Exxon Corp. ; United States v. , 628 F. 2d 70 (D. C. Cir. 1980), 4. 2

Exxonmobil Oil Corp. v. FERC, 487F. 3d 945 (D. C. Cir. 2007), 11. 5, 15. 8

EZ Loader Boat Trailers v. Cox Trailers, 746 F. 2d 375 (7th Cir. 1984), 13. 4

FAA v. Robertson, 422 U. S. 255 (1975), 5. 9, 5. 18

Faber v. United States, 56F. 3d1122 (9thCir. 1995), 19. 4

Fahey v. Mallonee, 332 U. S. 245 (1947), 2. 6, 9. 6

Fair Assessment of Real Estate v. McNary, 454 U. S. 100 (1981), 18. 7

Fair Housing of Martin v. Combs, 285F. 3d 899 (9th Cir. 2002), 16. 5, 16. 12

Fairbank v. Hardin, 429 F. 2d 264 (9th Cir. 1970), 10. 4

Fairfax Hosp. Assn. v. Califano, 5S5 F. 2d 602 (4th Cir. 1978), 10. 7

Falcone v. IRS, 466 U. S. 908 (1984), 5. 5

Fanale v. Sheehy, 385 F. 2d 866 (2d Cir. 1967), 19. 3

Far E. Conference v. United States, 342 U. S. 570 (1952), 14. 2, 14. 4

Farmer v. Brennan, 511 U. s. 825 (1994), 19. 2, 19. 5

Farmers Tel. Co. v. FCC, 184 F. 3d 1241 (10th Cir. 1999), 6. 7

FarmworkerJustice Fund v. Brock, 811 F. 2d 613, *vacated as moot*, 817 F. 2d 890 (D. C. Cir. 1987), 17. 7

Farrell v. Department of Interior, 314F. 3d 584 (Fed. Cir 2002), 6. 3, 6. 6

Faucher v. HHS, 17 F. 3d 171 (6th Cir. 1994), 18. 1

Fawcus Mach. Co. v. United States, 282 U. S. 375 (1931), 6. 4

FBI v. Apramson, 465 U. S. 615 (1982), 5. 13

FCC v. Allentown Broadcasting Corp/ 349 U. S. 358 (1955), 11. 2

FCC v. ITT World communication7 Inc. , 466 U. S. 463 (1984), 5. 18

FCC v. National Citizens Committee for Broadcasting, 436 U. S. 775 (1978), 10. 6

FCC v. NBC, 319 U. S. 239 (1943), 16. 10

FCC v. Pottsville Broadcasting Co. , 309 U. S. I. 4 (1940), 2. 9

FCC v. Sanders Bros. Radio Station, 309 U. S. 470 (1940), 16. 2, 16. 9, 16. 11, 16. 13

FCC v. WNCN Listeners Guild, 450 U. S. 582 (1981), 6. 6, 7. 5, 15. 14

FDA v. Brown & Williamson Tobacco Corp. , 529 U. S. 120 (2000), 3. 5

FDIC v. Bank of Coushatta, 930 F. 2d 1122 (5th Cir. 1991), 9. 3

FDIC v. Meyer, 510 U. S. 471 (1994), 18. 6, 19. 2-19. 5

FEC v. Akins, 524 U. S. 11 (1998), 1. 7, 16. 4, 16. 5, 16. 7, 16. 8

FEC v. National Rifle Assn. , 254F. 3d 173 (D. C. Cir. 2001), 3. 5

FEC v. NRA Political Victory Fund, 6 F. 3d 821 (D. C. Cir. 1993), *cert. dismissed*, 513 U. S. 88 (1994), 2. 4, 2. 5

Federal Crop Ins. Corp. v. Merrill, 332 U. S. 380, 68 S. Ct. 1, 92 L. Ed. 10 (1947), 13. 1
Federal Express Corp. v. Holowecki, 128 S. Ct. 1147 (2008), 3. 6, 6. 11
Federal Express Corp. v. Mineta, 373F. 3d 112 (D. C. Cir. 2004), 15. 14
Federal Maritime Bd. v. Isbrandtsen, 356 U. S. 481 (1958), 14. 2
Federal Maritime Comm'n v. New York Terminal Conference, 373 F. 2d 424 (2d Cir. 1967), 4. 2
Federal Maritime Commission v. South Carolina State Ports Authority, 122 S. Ct. 1864 (2002), 2. 8, 18. 7, 19. 6
Federal Open Market Committee v. Merrill, 443 U. S. 340 (1979), 5. 11
Federal Reserve Sys. Bd. of Governors v. Agnew, 329 U. S. 441 (1947), 17. 5
Federation of African Am. Contractors v. City of Oakland, 96 F. 3d 1204 (9th Cir. 1996), 18. 5
Felzcerek v. INS, 75 F. 3d 112 (2d Cir. 1996), 10. 4
Fenje v. Feld, 398F. 3d 620 (7th Cir. 2005), 9. 5
Fenster v. Brown, 617 F. 2d 740 (D. G Cir. 1979), 5. 5
Feres v. United States, 340 U. S. 135 (1950), 19. 4
Ferguson v. Moore-McCormack Lines, 352 U. S. 521 (1957), 10. 5
Ferran v. Flemming, 293 F. 2d 568 (5th Cir. 1961), 10. 7
Ferri v. Ackerman, 444 U. S. 193 (1979), 19. 3
Ferry v. Udall, 336 F. 2d 706 (9th Cir. 1964), 17. 6
Fertilizer Inst. v. EPA, 935 F. 2d 1303 (D. C. Cir. 1991), 7. 3
Fiduccia v. Department of Justice, 185 F. 3d 1035 (9th Cir. 1999), 5. 4, 12. 3
Field v. Clark, 143 U. S. 649 (1892), 2. 4, 2. 6
Field Eng'g & Equip. , Inc. v. Cargill, Inc. , 651 F. 2d 589 (8th Cir. 1981), 10. 2
Finnegan v. Matthews, 641 F. 2d 1340 (9th Cir. 1981), 2. 9
Firemen's Fund Ins. Co. v. Quackenbush, 87 F. 3d 290 (9th Cir. 1996), 15. 14
First Am. Discount Corp. v. CITC, 222 F. 3d 1008 (D. C. Cir. 2000), 7. 3
First Bancorporation v. Board of Governors, 728 F. 2d 434 (10th Cir. 1984), 6. 9
First Jersey Securities, Inc. v. Bergen, 605 F. 2d 690 (3d Cir. 1979), 9. 8
First Pac. Bancorp v. Helfer, 224 F. 3d 1117 (9th Cir. 2000), 18. 5
Fischer v. RTC, 59 F. 3d 1344 (D. C. Cir. 1995), 17. 8, 17. 9
Fisher v. Commissioner, 45 F. 3d 396 (10th Cir. 1995), 8. 5
Fisher v. HEW, 522 F. 2d493 (7th Cir. 1975), 10. 7
Fisher v. INS, 61 F. 3d 1366 (9th Cir. 1994), 10. 6
Fisher v. United States, 425 U. S. 391 (1976), 4. 9
Fisher Bros. Sales, Inc. v. United States, 46 F. 3d 279 (3d Cir. 1995), 19. 4
Fisherman's Dock Coop. , Inc. v. Brown, 75 F. 3d 164 (4th Cir. 1996), 7. 4, 7. 5, 11. 4
Fishing Fleet, Inc. v. Trident Ins. Co. , 598 F. 2d 925 (5th Cir. 1979), 10. 2
Fitch Oil Co. ; United States v. , 676 F. 2d 673 (TECA 1982), 6. 6
Fitzpatrick v. Bitzen, 427 U. S. 445 (l975), 19. 6
Flaim v. Medical College of Ohi, 418F. 3d 629 (6th Cir. 2005), 9. 5
Flast v. Cohen, 392 U. S. 83 (1968), 16. 2, 16. 4, 16. 7, 16. 13

Flaten v. HHS, 44 F. 3d 1453 (9th Cir. 1995), 11. 2

Flatford v. Chater, 93 F. 3d 1296 (6th Cir. 1996), 9. 4, 9. 11

Flatford v. City of Monroe, 17 F. 3d 162 (6th Cir. 1994), 9. 5, 19. 2, 19. 3

Fleetwood Trailer Co. ; NLRBv. , 389 U. S. 375 (1967), 13. 2

Fleming v. Mohawk Wrecking & Lumber Co. , 331 U. S. III (1947), 2. 7

Fleming v. MonrgomeryWard & Co. , 114 F. 2d 384 (7th Cir.), *cert. denied*, 311 U. S. 690 (1940), 4. 1

Flemmi; United States v. , 225 F. 3d 78 (1st Cir. 2000), 13. 1

Fligiel v. Samson, 428F. 3d 621 (6th Cir. 2005), 17. 7, 17. 8

Florida v. Riley, 488 U. S. 4, 55 (1989), 4. 3

Florida v. Seminole Tribe of Florida, 181 F. 3d 1237 (11th Cir. 1999), 18. 5

Florida v. Weinberger, 492 F. 2d 488 (5Th Cir. 1974), 16. 15

Florida Audubon Soc'y v. Bentsen, 94 F. 3d 358 (D. C. Cir. 1996), 16. 4, 16. 5

Florida Dep't of Business Regulation v. Zachy's Wine and Liquor, 125 F. 3d 1399 (11th Cir. 1997), 18. 5

Florida Dep't of Health & Rehabilitative Servs. v. Florida Nursing Home Assn. , 450 U. S. 147 (l981), 19. 6

Flurida E. Coast Ry. ; United States v. , 410 U. S. 224 (1973), 1. 6, 6. 1, 7. 2, 7. 12, 8. 2, 9. 1, 9. 2, 9. 5, 10. 5

Florida Manufactured Hous. Assn. v. Cisneros, 53 F. 3d 1565 (11th Cir. 1995), 7. 4

Florida Power & Light Co. v. EPA, 145 F. 3d 1414 (D. C. Cir. 1998), 15. 11

Florida Power & Light Co. v. Lotion, 470 U. S. 729 (1985), 8. 5, 8. 6, 11. 6, 18. 2

Florida Public Interest Research Group v. EPA, 386F. 3d 1070 (11th Cir. 2004), 16. 4, 16. 5

Florilli Corp v. Pena, 118 F. 3d 1212 (8th Cir. 1997), 15. 14

Flue-Cured Tobacco Cooperative Stabilization Corp. v. EPA, 313F. 3d 852 (4th Cir. 2004), 15. 11, 15. 12

Flynn v. R. C. Tile, 353F. 3d 953 (D. C. Cir. 2004), 3. 6

The Floyd Acceptances, 7 Wall. 666, 19 L. Ed. 169 (1869), 13. 1

FMC Corp. v. Train, 539 F. 2d 973 (4th Cir. 1976), 7. 3

Ford Motor Co. v. FIC, 673 F. 2d 1008 (9th Cir. 1981), *cert. denied*, 459 U. S. 999 (1982), 6. 9, 17. 5

Ford Motor Co. v. Milhollin, 444 U. S. 555 (1980), 6. 11

Ford Motor Co. v. NRLB, 441 U. S. 488 (1979), 3. 1

Forester v. Consumer Product Safety Comm'n, 559 F. 2d 774 (D. C. Cir. 1977), 7. 3

Forest Guardians v. Babbitt, 164 F. 3d 1261 (10th Cir. 1998), 12. 3

Forest Guardians v. FEMA, 410F. 3d 1214 (10th Cir. 2005), 5. 12

Forest Guardians v. Forest Service, 495F. 3d 1162 (10th Cir. 2007), 15. 8

Forest v. INS, 376F. 3d 75 (2d Cir. 2004), 15. 3, 15. 8

Forney v. Apfel, 524 U. S. 266 (1998), 18. 1

Forresterv. White, 404 U. S. 219 (1988), 19. 3

Forsham v. Harris, 445 U. S. 169 (1980), 5. 6

Forshey v. Gober, 226 F. 3d 1299 (Fed. Cir. 2000), 10. 7, 15

Fort Morgan v. FERC, 181 F. 3d 1155 (10th Cir. 1999), 11. 5
42 Jars; United States v. , 264 F. 2d 666 (3dCir. 1959), 13. 4
Foster v. Ripley, 645 F. 2d 1142 (D. C. Cir. 1981), 9. 3
Fowler v. Cross, 635 F. 2d 476 (5th Cir. 1981), 19. 3
Fox v. Kane-Miller Corp. , 398 F. Supp 609 (D. Md. 1975), 10. 6
Fox Television Stations v. FCC, 280F. 3d 1027 (D. C. Cir. 2002), 6. 10, 7. 4, 7. 13, 15. 11, 15. 12, 17. 6
Foxy Lady v. City of Atlanta, 347F. 3d 1232 (11th Cir. 2003), 9. 5
FPC v. Colorado Interstate Gas Co. , 348 U. S. 492 (1955), 15. 8
FPC v. Hope Natural Gas Co. , 320 U. S. 591 (1944), 2. 6, 17. 6
FPC v. Louisiana Power & Light Co. , 406 U. S. 621 (1972), 12. 1, 14. 2
FPC v. Natural Gas Pipeline Co. , 315 U. S. 575 (1942), 7. 2
FPC v. Texaco, Inc. , 377 U. S. 33 (1964), 6. 6, 8. 3
FPC v. Transcontinental Gas Pipe Line Corp. , 365 U. S. 1 (1961), 10. 6
Frango v. Gonzales, 437F. 3d 729 (8th Cir. 2006), 15. 8
Frank v. Maryland, 359 U. S. 360 (1959), 4. 3
Franklin v. Gwinnett County Pub. Sch. , 503. S. 60 (1992), 18. 5
Franklin v. Jonco Aircraft Co. , 346 U. S. 868 (1953), 15. 7
Franklin v. Massachusetts, 505 U. S. 788 (l992), l. 2, 15. 11, 17. 7
Franklin v. Shields, 569 F. 2d 784 (4th Cir. 1977), *cert. denied*, 435 U. S. 1003 (1978), 6. 9
Frazier v. Fairhaven SchoolCommittee, 276 F. 3d 52 (1st Cir. 2002), 15. 3, 16 \ 5. 9, 18. 5, 19. 6
Fredericks v. Commissioner of Internal Revenue, 126 F. 3d 433 (3d Cir. 1997), 13. 1
Freedom to Travel Campaign v. Newcomb, 82 F. 3d 1431 (9th Cir. 1996), 2. 6, 15. 13
Freed; United States v. , 401 U. S. 601 (1971), 4. 12
Freeman v. Brown Bros. Harriman & Co. , 250 F. Supp. 32 (S. D. N. Y.), *aff'd*, 357 F. 2d 741, *cert. denied*, 384 U. S. 933 (1966), 2. 7
Freeman v. Pitts, 503 U. S. 467 (1992), 18. 4
French v. Weeks; United States*ex rel.* v. , 259 U. S. 326 (l922), 2. 7
Freytag v. Commissioner of Internal Revenue, 501 U. S. 868 (1991), 2. 4, 2. 5
Friedman v. Rogers, 440 U. S. 1 (1979), 9. 8
Friedrich v. HHS, 894 F. 2d 829 (6th Cir. 1990), 6. 4
Friends of Boundary Waters Wilderness v. Thomas, 53 F. 3d 881 (8th Cir. 1995), 16. 4
Friends of Cowlitz v. FERC, 253F. 3d 1161 (9th Cir. 2001), 17. 7
Friends of Crystal River v. EPA, 35 F. 3d 1073 (6th Cir. 1994), 17. 7
Friends of Earth v. Laidlaw, 528 U. A. 167 (2000), 16. 4
Friends of Marolt Park v. Department of Transportation, 382F. 3d 1088 (10th Cir. 2004), 15. 12
Friends of the Bow v. Thompson, 124 F. 3d 1210 (10th Cir. 1997), 8. 5
Friends of the Earth v. Gaston Copper Recycling, 179 F. 3d 107 (4th Cir. 1999),

16. 4, 16. 6

Friends of the Earth v. Gaston Copper Recycling, 204 F. 3d 149 (4th Cir. 2000), 16. 5

Friends of the Earth v. Laidlaw Envtl. Servs. , 528 U. S. 167 (2000), 1. 7, 16. 4-16. 6, 16. 8, 18. 5

Friends of the Earth v. Reilly, 966 F. 2d 690 (D. C. Cir. 1992), 10. 5

Frison v. Zebro, 339 F. 3d 994 (8th Cir. 2003), 18. 5, 19. 6

Fristoe v. Thompson, 144 F. 3d 627 (10th Cir. 1998), 3. 5

Frothingham v. Mellon, 262 U. S. 447 (1923), 16. 4, 16. 15

Frozen Food Express v. United States, 351 U. S. 40 (1956), 15. 15

Frozen Food Express v. United States, 535 F. 2d 877 (5th Cir. 1976), 11. 5

Frumkin v. Kent State Univ. , 626 F. 2d 19 (6th Cir. 1980), 9. 3

FTC v. American Tobacco Co. , 264 U. S. 298 (1924), 4. 1, 4. 5, 4. 11

FTC v. Baltimore Grain Co. , 284 F. 886 (D. Md. 1922), aff'd, 267 U. S. 586 (1924), 4. 1

FTC v. Cement lnst. , 333 U. S. 683 (1948), 9. 8, 10. 4

FTC v. Cinderella Career and Finishing Sch. , 404 F. 2d 1308 (D. C. Cir. 1968), 9. 9

FTC v. Claire Furnace Co. , 285 F. 936 (D. C. Cir. 1923), 4. 1

FTC v. Crafts, 355 U. S. 9 (1957), 4. 5

FTC v. Gibson, 460 F. 2d 605 (5th Cir. 1972), 2. 7 FTC v. Grolier, 462 U. S. 19 (1983), 5. 11

FTC v. Invention Submission Corp. , 965 F. 2d 1086 (D. C. Cir. 1992), *cert. denied*, 507 U. S. 910 (1993), 4. 2

FTC v. Ken Roberts Co. , 276F. 3d 583 (D. C. Cir. 2001), 4. 2

FTC v. Motion Picture Advertising Servo Co. , 344 U. S. 392 (1952), 13. 3

FTC v. Pacific States Paper Trade Assn. , 273 U. S. 52 (1927), 11. 2

FTC v. Raladam Co. , 316 U. S. 149 (1942), 13. 3

FTC v. Standard Oil Co. , 449 U. S. 232 (1980), 15. 2, 15. 11

FTC v. Texaco, Inc. , 555 F. 2d 862 (D. C. Cir.), *cert. denied*, 431 U. S. 974 (1977), 4. 2

FTC v. Verity International, 443F. 3d 48 (2d Cir. 2006), 14. 1

Fuentes v. Rohrer, 519 F. 2d 379 (2d Cir. 1975), 9. 8

Fults v. Sanders, 442F. 3d 1088 (8th Cir. 2006), 6. 2

Fund for Animals v. Bureau of Land Management, 460F. 3d 13 (D. C. Cir. 2006), 15. 11

Fund for Animals v. Frizzell, 530 F. 2d 982 (D. C. Cir. 1975), 18. 1

Fund for Animals v. Kempthorne, 538 F. 3d 124 (D. C. Cir. 2008), 2. 7

Fund for Animals v. Norton, 322F. 3d 728 (D. C. Cir. 2003), 16. 6

Futernick v. Sumpter Township, 78 F. 3d 1051 (8th Cir. 1996), 17. 7

Gagnon v. Scarpelli, 411 U. S. 778 (1973), 9. 4

Gamboa v. Rubin, 80 F. 3d 1338 (9th Cir. 1996), 6. 10, 7. 4

G. &C. Merriam CO. v. Syndicate Pub. Co. , 207 F. 515 (2d Cir. 1913), 10. 4

Gardner v. Toilet Goods Assn. , 387 U. S. 167 (1967), 15. l4

Garland, Ex parte, 71 U. S. (4 Wall) 333 (1866), 9. 3
Garner v. United States, 424 U. S. 648 (1976), 4. 12
Garraghty v. Virginia Dept. of Corrections, 52 F. 3d 1274 (4th Cir. 1995), 19. 3
Garrett v. Hawk, 127 F. 3d 1263 (10th Cir. 1997), 15. 3
Gartside, In re, 203 F. 3d 1305 (Fed. Cir. 2000), 11. 2
GATX/ Airlog Co. v. United States, 234 F. 3d 1089 (9th Cir. 2000), 19. 4
GATX/Airlog Co. v. United States, 286 F. 3d 1168 (9th Cir. 2002), 19. 4
Gaubert; United States v. , 499 U. S. 315 (1991), 19. 4
Gault, In re, 387 U. S. 1 (1967), 4. 6
Gavrilovic; United States v. , 551 F. 2d 1099 (8th Cir. 1977), 7. 10
Geierv. American Honda Motor Co. , 529 U. S. 861 (2000), 3. 5
General Atomicsv. NRC, 75 F. 3d 536 (9th Cir. (1996), 15. 2, 15. 11, 18. 2
General Dynamics Corp. v. Occupational Safety and Health Review Comm'n, 599 F. 2d 453 (1st Cir. 1979), 11. 2
General Dynamics Land System v. Cline, 124 S. Ct. 1236 (2004), 3. 5, 3. 6
General Dynamics Land System v. Cline, 540 U. S. 581 (2004), 3. 5, 3. 6
General Electric v. EPA, 290F. 3d 377 (D. C. Cir. 2002), 6. 3
General Elec. Co. v. Gilbert, 429 U. S. 125 (1976), 6. 4
General Elec. Corp. v. EPA, 53 F. 3d 1324 (D. C. Cir. 1995), 6. 11
General Elec. Corp. v. NRC, 750 F. 2d 1394 (7th Cir. 1984), 5. 16
General Motoes Corp. v. EPA, 363F. 3d 442 (D. C. Cir. 2004), 15. 11, 15. 12
General Motors Corp. v. Romein, 503 U. S. 181 (1992), 6. 7
General Motors Corp. v. Ruckleshaus, 742 F. 2d 1561 (D. C. Cir. 1984), *cert. denied*, 471 U. S. 1074 (1985), 6. 4
General Motorsv. Marshall, 654 F. 2d 294 (4th Cir. 1981), 5. 16
General Motors v. Ruckelshaus, 724 F. 2d 979 (D. C. Cir. 1983), 3. 5
Generella v. Weinberger, 388 F. Supp. 1986 (E. D. Pa. 1974), 10. 4
George H. Lee Co. v. FTC, 113 F. 2d 583 (8th Cir. 1940), 13. 4
Georgia R. R. & Banking Co. v. Redwine, 342 U. S. 299 (1952), 18. 7
George v. New York City Dep't of City Planning, 436 F. 3d 102 (2d Cir. 2006), 18. 5
Georgis v. Ashcroft , 328F. 3d 962 (7th Cir. 2003), 9. 5
Gettman v. Drug Enforcement Administration, 290F. 3d 430 (D. C. Cir. 2002), 16. 4
Getman v. NLRB, 450 F. 2d 670 (D. C. Cir. 1971), 5. 3, 5. 10, 5. 12
G&G Fire Sprinklers v. Bradshaw, 156 F. 3d 893 (9th Cir. 1998), 9. 4
Ghebremedhin v. Ashcroft, 392F. 3d 241 (7th Cir. 2004), 15. 2, 18. 1
Gibbons v. United States, 75 U. S. (8 Wall) 269 (1868), 18. 6
Gibson v. Berryhill, 411 U. S. 564 (1973), 9. 8, 15. 5
Gibson v. Caruthersville School District, 336F. 3d 768 (8th Cir. 2003), 9. 4
Gibson v. RTC, 51 F. 3d 1016 (11th Cir. 1995), 13. 1
Gikas v. Washington School District, 328F. 3d 731 (3d Cir. 2003), 9. 4
Gilbert v. Homar, 520 U. S. 924 (1997), 9. 6
Gilbert v. National Transp. Safety Bd. , 80 F. 3d 364 (9th Cir. 1996), 15. 8

Gill v. Austin, 157 F. 2d 234 (1st Cir. 1907), 13. 5
Gilles v. Davia, 427F. 3d 197 (3d Cir. 2005), 19. 2
Gines-Perez v. Kelly, 333 F. 3d 313 (1st Cir. 2003), 9. 5
Giordano; United States v. , 416 U. S. 505 (1974), 2. 7
Glacier Bay, In re, 71 F. 3d 1447 (9th Cir. 1995), 19. 4
Glenroy Constr. Co. v. NLRB, 527 F. 2d 465 (7th Cir. 1975), 11. 2
Glisson v. Forest Serv. , 55 F. 3d 1325 (7th Cir. 1995), 15. 2
Global Crossing Telecommunications v. Metrophones Communication, 127 S. Ct. 1513 (2007), 3. 6, 18. 5
Global NAPs v. Verizon New England, 396F. 3d 16 (1st Cir. 2005), 6. 7
Global Relief Foundation v. D'neill, 315 F. 3d 748 (7th Cir. 2002), 9. 5, 9. 6
Global Van Lines v. ICC, 714 F. 2d 1290 (5th Cir. 1983), 7. 3
Global v. Standard Federal Bank, 283F. 3d 953 (8th Cir. 2002), 3. 5
GM Leasing Corp. v. United States, 429 U. S. 388 (1977), 4. 3
Go-Bart Co. v. United States, 282 U. S. 298 (1921), 4. 3
Goland v. CIA, 607 F. 2d 339 (D. C. Cir. 1978), 5. 6
Goldberg v. Kelly, 397 U. S. 254 (1970), 8. 2, 9. 3-9. 5, 13. 3, 15. 7
Golden Hill Paugusett Tribe v. Weicker, 39 F. 3d 51 (2d Cir. 1994), 12. 3, 14. 1, 14. 6
Golden State Transit Corp. v. Los Angeles, 493 U. S. 103 (1989), 3. 6, 19. 6
Goldwater v. Carter, 617 F. 2d 697 (D. C. Cir. 1979), 16. 15
Gomez-Perez v. Potter, 128 S. Ct. 1931 (2008), 18. 5
Gonzaga University v. Doe, 122 S. Ct. 2268 (2002), 18. 5, 19. 6
Gonzalez v. INS, 77 F. 3d 1015 (7th Cir. 1996), 10. 6
Gonzalez v. INS, 82 F. 3d 903 (9th Cir. 1996), 10. 6
Gonzales v. Oregon, 126 S. Ct. 904 (2006), 3. 5, 3. 6, 6. 11
Gonzales v. Thomas, 126 S, Ct. 1613 (2006), 18. 1
Gonzales v. Thomas, 547 U. S. 183 (2006), 18. 1
Goodman v. Highlands Ins. Co. , 607 F. 2d 665 (5th Cir. 1979), 10. 2
Goodman v. Stalfort, Inc. , 411 F. Supp. 889 (D. I'U. 1976), 10. 6
Goodman Group, Inc. v. Dishroom, 679 F. 2d 182 (9th Cir. 1982), 19. 4
Gordon v. New York Stock Exchange, 422 U. S. 659 (1975), 14. 2, 14. 3, 14. 5
Gordon v. Norton, 322F. 3d 1213 (10th Cir. 2003), 15. 11, 15. 12
Gosnell v. Califano, 625 F. 2d 744 (6th Cir. 1980), 13. 3
Goss v. Lopez, 419 U. S. 565 (1975), 9. 3-9. 5, 9. 8, 9. 9, 19. 3
Gould; United States v. , 536 F. 2d 216 (8th Cir. 1976), 10. 6
Grachow v. Customs Serv. , 504 F. Supp. 632 (D. D. C. 1980), 5. 17
Graham & Ashcroft, 358F. 3d 931 (D. C. Cir. 2004), 17. 8
Graham v. City of Philadelphia, 402F. 3d 139 (3d Cir. 2005), 9. 5
Graham v. Goodcell, 282 U. S. 409 (1931), 6. 7
Grand Canyon Air Tour Coalition v. FAA, 154 F. 3d 455 (D. C. Cir. 1998), 7. 4, 12. 3
Grand River Enterprises Six Nations v. Pryor, 425F. 3d 158 (2d Cir. 2005), 9. 2

Grand Council of Crees v. FERC, 198 F. 3d 950 (D. C. Cir. 2000), 16. 9

Granfinanciera v. Nordberg, 492 U. S. 33 (1989), 2. 8

Grant v. Shalala, 989 F. 2d 1332 (3d Cir. 1993), 9. 8

Grassroot Recycling Network v. WPA, 429F. 3d 1109 (D. C. Cir. 2005), 16. 4, 16. 5

Gravel v. United States, 408 U. S. 606 (1972), 19. 3

Gray v. Bell, 542 F. Supp. 927 (D. D. C. 1982), 19. 4

Gray v. Bell, 712 F. 2d 490 (D. C. Cir. 1983), 19. 3

Gray v. Department of Agric. , 39 F. 3d 670 (6th Cir. 1994), 10. 4

Grayv. Powell, 314 U. S. 402 (1941), 3. 1

Grayden v Boyd, 345F. 3d 1225 (11th Cir. 2003), 19. 3

Grayden v. Rhodes, 345F. 3d 1225 (11th Cir. 2003), 9. 4, 9. 5

Grayson v. Lynch, 163 U. S. 468 (1896), 10. 4

Great Am. Fed. Say. & Loan Assn. v. Novomy, 442 U. S. 366 (1979), 14. 1

Great Ad. and Pac. Tea Co. ; United States v. , 342 F. Supp. 272 (D. Md. 1972), 7. 10

Greater Boston Television Corp. v. FCC, 444 F. 2d 841 (D. C. Cir. 1970), *cert. denied*, 403 U. S. 923 (1971), 8. 6, 11. 2, 11. 5, 17. 3

Greater Los Angeles Council on Deafness v. Baldridge, 827 F. 2d 1353 (9th Cir. 1987), 17. 7

Greater Slidell Auto Auction, Inc. v. American Bank & Trust Co. , 31 F. 3d 939 (5th Cir. 1994), 15. 2

Great Northern R. Co. v. Sunburst Oil & R. Co. , 287 U. S. 358 (1932), 13. 2

Green v. Mansour, 474 U. S. 64 (1985), 18. 7, 19. 6

Green v. Shalala, 51 F. 3d 96 (7th Cir. 1995), 11. 2

Green v. Sprint Communications Co. , 340F. 3d 1047 (9th Cir. 2003), 18. 5

Greene v. Babbitt, 64 F. 3d 1266 (9th Cir. 1995), 13. 4

Greene v. McElroy, 360 U. S. 474 (1959), 9. 5

Greene v. Meese, 875 F. 2d 639 (7th Cir. 1989), 15. 2

Greene v. United States, 376 U. S. 149 (1964), 15. 4

Greenspan v. Shalala, 38 F. 3d 232 (5th Cir. 1994), 1l. 3

Greentree v. Customs Serv. , 674 F. 2d 74 (D. C. Cir. 1982), 5. 17

Greenwood Util. Commn v. Mississippi Power Co. , 751 F2d 1484 (5th Cir. 1985), 10. 2

Greer v. Chao, 492F. 3d 962 (8th Cir. 2007), 17. 7

Greer v. OWPC, 940 F. 2d 88 (4th Cir. 1991), 11. 3

Gregoire v. Biddle, 177 F. 2d 579 (2d Cir. 1949), 19. 3

Gregory v. Ashcroft, 501 U. S. 452 (1991), 13. 2

Gregory v. FDIC, 631 F. 2d 896 (D. C. Cir. 1980), 5. 14

Greyhound Corp. v. ICC, 551 F. 2d 414 (D. C. Cir. 1977), 11. 5

Griffith v. NLRA, 842 F. 2d 487 (D. C. Cir. 1988), 17. 8

Griggs v. Duke Power Co. , 401 U. S. 424 (1971), 6. 4

Grijalva v. Shalala, 152 F. 3d 1l15 (9th Cir. 1998), 9. 4, 9. 5

Grimaud; United States v. , 220 U. S. 506 (1911), 2. 6, 2. 8

Grimes v. United States, 423 U. S. 996 (1975), 2. 7
Grinnell Corp. ; United States v. , 384 U. S. 563 (1966), 9. 8
Groh v. Ramirez, 124 S. Ct. 1284 (2004), 19. 3
Gross v. United States, 26 F. 3d 592 (5th Cir. 1994), 19. 4
Gross Common Carrier v. Baxter, 51 F. 3d 703 (7th Cir. 1995), 14. 1
Grosso v. United States, 390 U. S. 62 (1968), 4. 12
Grubb v. FDIC, 34 F. 3d 956 (10th Cir. 1994), 11. 2
Grullon v. Mukasey, 509F. 3d 107 (2d Cir. 2007), 15. 3
Grumman Aircraft Eng'g Corp. v. Renegotiation Bd. , 425 F. 2d 578 (D. C. Cir. 1970), 5. 10
Grumman Aircraft Eng'g Corp. v. Renegotiation Bd. , 482 F. 2d 710 (D. C. Cir. 1973), l. 2
GTE S. v. Morrison, 199 F. 3d 733 (4th Cir. 1999), 3. 5
Gulf Oil Corp. v. Tenneco, Inc. , 608 F. Supp. 1493 (E. D. La. 1985), 14. 1
Gulf States Mfrs. , Inc. , v. NLRB, 579 F. 2d 1298 (5th Cir. 1978), 6. 6
Gulf States Util. Co. v. Alabama Power Co. , 824 F. 2d 1465 (5th Cir. 1987), 14. 6
Gunderson v. Hood, 268F. 3d 1149 (9th Cir. 2001), 6. 4
Gunderson v. Hvass, 339F. 3d 639 (8th Cir. 2003), 15. 2
Gunning v. Cooley, 281 U. S. 90 (1930), 1l. 2
Guo v. Ashcroft, 386F. 3d 556 (3d Cir. 2004), 11. 5
Gurley v. Hunt, 287F. 3d 728 (8th Cir. 2002), 13. 3
Guthrie; United States v. , 50 F. 3d 936 (llth Cir. 1995), 6. 6, 7. 4, 15. 2.
Gutierrez de Martinezv. Lamagno, 515 U. S. 417 (1995), 9. 8, 17. 8, 19. 4
Guy F. Atkinson Co. ; NLRBv. , 195 F. 2d 141 (9th Cir. 1952), 6. 7
Haebe v. Department of Justice, 288F. 3d 1288 (Fed. Cir 2002), 11. 2
Hafer v. Melo, 502 U. S. 21 (1991), 19. 6.
Hagopian & Sons, Inc. v. NLRB, 395 F. 2d 947 (6th Cir. 1968), 9. 8
Hahn v. Gottlieb, 430 F. 2d 1243 (1st Cir. 1970), 7. 10, 17. 6, 17. 8
Hale v. Henkel, 201 U. S. 43 (1906), 4. 1, 4. 6
Hall v. Marion Sch. Dist. , 31 F. 3d 183 (4th Cir. 1994), 9. 8, 13. 3
Hallstrom v. Tillamook County, 493 U. S. 20 (1989), 18. 5
Hallwood Realty Partners v. Gotham Partners, 286F. 3d 613 (2d Cir. 2002), 18. 5
Halper; United States v. , 490 U. S. 435 (1989), 2. 8
Halperin v. CIA, 629 F. 2d 144 (D. C. Cir. 1980), 5. 7
Halverson v. Slater, 129 F. 3d 180 (D. C. Cir. 1997), 2. 7, 3. 6
Hampton; Doe v. , 566 F. 2d 265 (D. C. Cir. 1977), 6. 6
Hanauerv. Reich, 82 F. 3d 1304 (4th Cir. 1996), 17. 8
Hannav. Plumer, 380 U. S. 460 (1965), 6. 5
Hanover Ins. Co. 82 F. 3d 1052; United States v. (Fed. Cir. 1996), 12. 3, 18. 4
Hans v. Louisiana, 134 U. S. 1 (1890), 19. 6
Haoud v. Ashcroft, 350F. 3d 201 (1st Cir. 2003), 11. 5, 17. 7
Hardy v. BATF, 631 F. 2d 653 (9th Cir. 1980), 5. 8
Harlinev. DEA, 148 F. 3d 1199 (10th Cir. 1998), 15. 5

Harlow v. Fitzgerald, 457 U. S. 800 (1982), 19. 3

Harper v. Merckle, 638 F. 2d 848 (5th Cir.), *cert. denied*, 454 U. S. 816 (1981), 19. 3

Harriman v. ICC, 211 U. S. 407 (1908), 4. 1

Harrington v. Bush, 553 F. 2d 190 (D. C. Cir. 1977), 16. 15

Harris v. Akron, 20 F. 3d 1396 (6th Cir. 1994), 9. 5, 19. 2, 19. 3

Harris v. H&W Contracting Co. , 102 F. 3d 516 (11th Cir. 1996), 3. 5

Harris v. James, 127 F. 3d 993 (11th Cir. 1997), 18. 5

Harrison v. PPG Industries Inc. , 446 U. S. 578 (1980), 18. 2

Hatahley v. United States, 351 U. S. 173 (1956), 19. 3, 19. 4

Haun; United States v. , 124 F. 3d 745 (6th Cir. 1997), 14. 1

Havens Realty Corp. v. Coleman, 455 U. S. 363 (l982), 16. 1, 16. 4, 16. 7, 16. 8, 16. 12

Hawaii Helicopter Operators Assn. v. FAA, 51 F. 3d 212 (9th Cir. 1995), 7. 4, 7. 10

Hawkins v. Leslie's Pool Mart, 184 F. 3d 244 (3d Cir. 1999), 3. 5

Hawkins v. Town of Shaw, 461 F. 2d 1171 (5th Cir. 1972), 15. 9

Hayburn's Case, 2 Dall. 408 (1792), 16. 2

Hayes; United States v. , 589 F. 2d 81 1 (5th Cir. 1979), 17. 7

Haynes v. United States, 390 U. S. 85 (1968), 4. 12

Hays v. Jefferson County, 668 F. 2d 869 (6th Cir.), *cert. denied*, 459 U. S. 833 (1982), 19. 6

Hays; United States v. , 515 U. S. 737 (1995), 16. 4

Hazardous Waste Treatment Council v. Thomas, 885 F. 2d 918 (D. C. Cir. 1989), 16. 9

Head v. Chicago Sch. Reform Bd. of Trustees, 225 F. 3d 794 (7th Cir. 2000), 9. 4

Head Start Family Educ. Program, Inc. v, Cooperative Educ. Serv. Agency, 46 F. 3d 629 (7th Cir. 1995), 17. 7

Health Ins. Assn. of Am. , Inc. v. Shalala, 23 F. 3d 412 (D. C. Cir. 1994), 6. 4, 6. 7

Health Sys. Agency v. Norman, 589 F. 2d 486 (10th Cir. 1978), 18. 4

Hearst Publ'ns; NLRB v. , 322 U. S. 111 (1944), 3. 1

Heartland Reginal Medical Center v. Leavitt, 415F. 3d 24 (D. C. Cir. 2005), 7. 4, 7. 13, 11. 4

Heck v. Humphrey, 512 U. S. 777 (1994), 15. 9, 19. 6

Heckler v. Campbell, 461 U. S. 458 (983), 6. 6, 6. 9, 7. 12, 8. 3, 10. 6, 11. 5

Heckler v. Chaney, 470 U. S. 821 (1985), 12. 3, 15. 10, 15. 11, 16. 5, 17. 7, 18. 4, 19. 6

Heckler v. Community Servs. of Crawford County, 467U. S. 51 (1984), 13. 1

Hecklerv. Day, 467 U. S. 104 (1984), 9. 10, 12. 1, 12. 3, 15. 3, 15. 6, 15. 10, 18. 4

Heckler v. Lopez, 463 U. S. 1328 (1983), 19. 5

Heckler v. Mathews, 465 U. S. 728 (1987), 16. 4

Heckler v. Ringer, 466 U. S. 602 (l984), 15. 3, 17. 8

Hedrich v. Board of Regents of University of Wisconsun System, 274F. 3d 1174 (7th

Cir. 2001), 9.4
Heffner; United States v., 420 F. 2d 809 (4th Cir. 1969), 6.6
Heike v. United States, 227 U. S. 131 (1912), 4.10
Heim v. McCall, 239 U. S. 175 (1915), 16.14
Heimmermann v. First Union Mortgage Corp., 305F. 3d 1257 (11th Cir. 2002), 3.5
Hein v. Captain Grande Band of Diegueno Mission Indians, 201 F. 3d 1256 (9th Cir. 2000), 18.5
Hein v. Freedom from Religion Foundation, 127 S. Ct. 2553 (2007), 16.4
Helena Labs. Corp. v. NLRB, 557 F. 2d 1183 (5th Cir. 1977), 10.3
Helgeson v. Bureau of Indian Affairs, 153 F. 3d 1000 (9th Cir. 1998), 17.7
Helveringv. Griffiths, 318 U. S. 371 (1943), 6.4
Helvering v. Mitchell, 303 U. S. 391 (1938), 2.8
Hemmen; United States v., 51 F. 3d 883 (9th Cir. 19 (5), 13.1
Hemp Industries Assn. v. Drug Enforcement Administration, 333F. 3d 1082 (9th Cir. 2003), 6.4
Hendrickson v. FDIC, 113 F. 3d 98 (7th Cir. 1997), 12.3
Hengan v. INS, 79 F. 3d 60 (1996), 11.4
Henton v. Anderson, 75 F. 3d 35 (8th Cir. 1996), 19.4
Hepp v. Astrue, 511F. 3d 798 (8th Cir. 2008), 9.4, 9.11
Hercules, Inc. v. EPA, 598 F. 2d 91 (D. C. Cir. 1978), 7.2, 9.5
Herman v. Nationsbank Trust Co., 126 F. 3d 1354 (11th Cir. 1997), 3.5
Hernandez v. Lattimore, 454 F. Supp. 763 (S. D. N. Y. 1978), 19.5
Hernandez v. National Transp. Safety Bd., 15 F. 3d 157 (10th Cir. 1994), 11.2
Hernandez v. Weinberger, 493 F. 2d 1120 (lst Cir. 1974), 10.6
Hernandez-Avales v. INS, 50 F. 3d 842 (10th Cir. 1995), 18.5
Herrin Transp. Co. v. United States, 366 U. S. 419 (1961), 15.8.
Hi-Craft Clothing Co. v. NLRB, 660 F. 2d 910 (3d Cir. 1981), 3.1
High Country Citizens Alliance v. Clarke, 454F. 3d 1177 (10th Cir. 2006), 16.9, 17.6
Hill; United Statesv., 48 F. 3d 228 (7th Cir. 1995), 6.3
Hill v. Borough of Kutztown, 455F. 3d 225 (3d Cir. 2006), 9.4
Hill v. Norton, 275F. 3d 98 (D. C. Cir. 2001), 3.6
Hillier v. SSA, 486F. 3d 359 (8th Cir. 2007), 13.3
Hindes v. FDIC, 137 F. 3d 148 (3d Cir. 1998), 18.5
Hines v. United States, 60 F. 3d 1442 (9th Cir. 1995), 6.6, 19.4
Hi-Tech Furnace Sys. v. FCC, 224 F. 3d 781 (D. C. Cir. 2000), 17.7
Hoctor v. Department of Agric., 82 F. 3d 165 (7th Cir. 1996), 6.4
Hoechst Celanese Corp.; United States v., 128 F. 3d 216 (4th Cir. 1997), 6.11
Hoesl v. United States, 629 F. 2d 586 (9th Cir. 1980), 19.4
Hoffman v. United States, 341 U. S. 479 (1951), 4.6
HoffmanPlastic Compounds v. NLRB, 122 S. Ct. 1275 (2002), 3.5
HoffmanPlastic Compounds v. NLRB, 535 U. S. 137 (2002), 3.5
Holland v. National Mining Assn., 309F. 3d 808 (D. C. Cir. 2002), 2.9, 3.5, 13.3, 13.4, 13.5

Holland v. Pardee Coal Co. , 269F. 3d 424 (4th Cir. 2001), 12. 3
Holly Hill Far Corp. v. U. S. , 447F. 3d 258 (4th Cir. 2006), 8. 4, 9. 8
Holmes v. New York Hous. Auth. , 398 F. 2d 265 (2d Cir. 1968), 6. 9
Holy Land Foundation v. Ashcroft, 333F. 3d 156 (D. C. Cir. 2003), 9. 5, 10. 4
Home Box Office, Inc. v. FCC, 567 F. 2d 9 (D. C. Cir. 1977), 7. 6
Home Builders Assn. of Greater Chicago v. Army Corps of Engineers, 335F. 3d 607 (7th Cir. 2003), 15. 7, 15. 11, 15. 12
Home Health v. Shalala, 272F. 3d 554 (8th Cir. 2001), 15. 2
Homeland Stores, Ine. v, RTC, 17 F. 3d 1269 (10th Cir. 1994), 15. 2
Home Visiting Nurse Servs. v. Shalala, 525 U. S. 449 (1999), 17. 7
Honrywell International v. EPA, 372F. 3d 441 (D. C. Cir. 2004), 7. 13, 10. 4, 15. 8
Hooker; United States v. , 993 F. 2d 898 (D. C. Cir. 1993), 6. 3
Hoonsilapa v. INS, 575 F. 2d 735 (9th Cir. 1978), 10. 4
Hope v. Pelzer, 122 S. Ct. 2508 (003), 19. 3
Hope v. Pelzer, 536 U. S. 730 (2002), 19. 3
Hopkins v. Saunders, 93 F. 3d 522 (8th Cir. 1996), 19. 3
Hormel v. Helvering, 312 U. S. 552 (1941), 15. 8
Horn v. Thoratec Corp. , 376F. 3d 163 (3d Cir. 2004), 3. 6
Horowitz v. Peace Corps, 428F. 3d 271 (D. C. Cir. 2005), 5. 11, 5. 12, 5. 17
Hospital Corp. of America v. Commissioner, 348F. 3d 136 (6th Cir. 2003), 3. 5
Horsehead Resource Dev. Co. v. Browner, 16 F. 3d 1246 (D. C. Cir. 1994), 7. 3
Hortonville Joint Sch. Dist. v. Hortonville Edue. Assn. , 426 U. S. 482 (1976), 9. 8, 9. 9
Hosten v. Silbert, 681 F. 2d 876 (D. C. Cir. 1982), 19. 4
Hotel & Motel Assn. v. City of Oakland, 344F. 3d 959 (9th Cir. 2003), 9. 2
Household Credit Services v. Pfennig, 124 S. Ct. 1741 (2004), 3. 6
Housing Auth. of Omaha v. United States Housing Auth. , 468 F. 2d 1 (8th Cir. 1972), *cert. denied*, 410 U. S. 927 (1973), 7. 10
Houston, City of v. HUD, 24 F. 3d 1421 (D. C. Cir. 1994), 15. 15, 18. 6
Howard v. Coventry Health Care, 293F. 3d 442 (8th Cir. 2002), 18. 5
Howellv. INS, 72 F. 3d 288 (2d Cir. 1995), 15. 3
Howlettv. Rose, 496 U. S. 356 (1990), 18. 7, 19. 6
HRI v. EPA, 198 F. 3d 1224 (10th Cir. 2000), 13. 4, 15. 11, 15. 15
Huang v. Ashcroft, 390F. 3d 1118 (9th Cir. 2004), 15. 2
Hubbell; United Statesv. , 530 U. S. 27 (2000), 4. 9, 4. 10
Huddleston v. United States, 485 U. S. 681 (1988), 10. 7
Hudsonv. FAA, 192 F. 3d 1031 (D. C. Cir. 1999), 11. 7, 15. 15
Hudsonv. McMillan, 503 U. S. 1 (1992), 19. 6
Hudsonv. United States, 522 U. S. 93 (1997), 2. 8
Hughes v. Long, 242F. 3d 121 (3d Cir. 2001), 19. 3
Hughes v. North Olmsted, 93 F. 3d 238 (6th Cir. 1996), 19. 3
Hughes v. United States, 662 F. 2d 219 (4th Cir. 1981), 19. 4
Hughey v. JMS Dev. Corp. , 78 F. 3d 1523 (11th Cir. 1996), 1 2. 3

Huls Am. v. Browner, 83 F. 3d 445 (D. C. Cir. 1996), 7. 4

Humana of S. C. v. Mathews, 419 F. Supp. 253 (D. D. C. 1976), 7. 10

Humane Soc'yv. Babbitt, 46 F. 3d 93 (D. C. Cir. 1995), 16. 4

Humanoids Group v. Rogan, 375F. 3d 301 (4th Cir. 2004), 6. 11

Humphrey's Executorv. United States, 295 U. S. 602 (1935), 1. 7, 2. 2, 2. 5

Hunt v. Washington Apple Advertising Comm'n, 432 U. S. 333 (1977), 16. 12, 16. 15

Hunt v. Weinberger, 527F. 2d 544 (6th Cir. 1975), 13. 3

Hunter v. Underwood, 362F. 3d 468 (8th Cir. 2004), 9. 5

Huntington Hospital v. Thompson, 319F. 3d 74 (2d Cir. 2003), 11. 5

Hutchinson v. CIA, 393 F. 3d 226 (D. C. Cir. 2004), 5. 1, 9. 4

Hutto v. Finney, 437 U. S. 678 (1978), 19. 6

Hydro Investors v. FERC, 351F. 3d 1192 (D. C. Cir. 2003), 16. 4

Hynson, Westcott & Dunning, Inc. v. Richardson, 461 F. 2d 215 (4th Cir. 1972), 6. 2

ICC v. Brimson, 154 U. S. 485 (1894), 4. 2

ICC v. Locomotive Eng'rs, 482 U. S. 270 (1987), 11. 7, 17. 7

ICC v. Louisville & Nashville RR. , 227 U. S. 88 (1913), 7. 2, 9. 3, 10. 3, 11. 2

ICC v. Transcon Lines, 513 U. S. 138 (1995), 18. 4

Idaho Farm Bureau Fed'n v. Babbitt, 58 F. 3d 1392 (9th Cir. 1995); 7. 3, 7. 13, 16. 4

Idaho Sporting Congress v. Forest Serv. , 92 F. 3d 792 (9th Cir. 1996), 17. 7

Iddir v. INS, 301F. 3d 492 (7th Cir. 2002), 12. 3, 15. 10, 17. 8

Illinois Bell Telephone Co. v. Global NAPs, 551 F. 3d 587 (7th Cir. 2008), 14. 1, 14. 4

Illinois Central RR v. Norfolk & w. R. R. , 385 U. S. 57 (1966), 11. 2

Illinois Inst. for Continuing Legal Edue. v. Department of Labor, 545 F. Supp. 1229 (N. D. III. 1982), 1. 2

Imbler v. Pachtman, 424 U. S. 409 (1976), 19. 3

Impresa Construzioni Geom. Domerico Garufi v. United States, 238F. 3d 1324 (Fed. Cir 2001), 8. 5, 11. 6

Independence Mining CO. v. Babbitt, 105 F. 3d 502 (9th Cir. 1997), 12. 3

Independent Bankers Assn. of Am. v. Conover, 603 F. Supp. 948 (D. D. C. 1985), 18. 2

Independent Broker-Dealers Trade Assn. v. SEC, 442 F. 2d (D. C. Cir.), *cert. denied*, 404 U. S. 828 (1971), 7. 10

Independent Cosmetic and Distrib. v. HEW, 574 F. 2d 553 (D. C. Cir.), *cert. denied*, 439 U. S. 893 (1978), 18. 2

Independent Guard Assn. v. O 'leary, 57 F. 3d 766 (9th Cif. 1995), 7. 10

Independent Petroleum Assn. v. Dewitt, 279F. 3d 1036 (D. C. Cir. 2002), 3. 5

In re American Rivers and Idaho Rivers United, 372F. 3d 413 (D. C. Cir. 2004), 12. 3

In re Bogese, 303F. 3d 1362 (Fed. Cir 2002), 9. 5

In re Cheney, 406F. 3d 723 (D. C. Cir. en banc 2005), 5. 19

In re Gartside, 203F. 3d 1305 (Fed. Cir 2000), 11. 2

In reSac & Fox Tribe of Mississppi, 340 F. 3d 749 (8th Cir. 2003), 15. 2, 15. 11

In reSang-Su LEE, 277 F. 3d 1338 (Fed. Cir 2002), 11. 4

In reStarnet, 355 F. 3d 634 (7th Cir. 2004), 14. 1, 14. 3

In reUAL Corp. (Pilots Pension Plan Termination), 468 F. 3d 444 (7th Cir. 2006), 3. 5

Indian Coffee Corp. v. Procter & Gamble Co. , 752 F. 2d 891 (3d Cir. 1985), 10. 2

Indian Towing Co. v. United States, 350 U. S. 1 (1955), 19. 4

Indiana Bell Tel. Co. v. McCarty, 362F. 3d 378 (7th Cir. 2004), 2. 7, 3. 5

Industrial Cogenerators v. FERC, 47 F. 3d 1231 (D. C. Cir. 1995), 18. 2

Industrial Truck Assn. v. Henry, 125 F. 3d 1305 (9th Cir. 1997), 3. 5

Industrial Union Dep't v. American Petroleum Inst. , 448 U. S. 607 (1980), 1. 7, 2. 5, 2. 6, 7. 5

Ingalls Shipbuilding, Inc. v. OWCP, 519 U. S. 248 (1997), 16. 15

Ingraham v. Wright, 430 U. S. 651 (1977), 9. 3-9. 6, 19. 2, 19. 6

Inmates of Suffolk County Jail v. Eisenstadt, 360 F. Supp. 676 (D. Mass. 1973), 18. 4

Inner City Press v. Board of Governors of Federal Reserve System, 463 F. 3d 239 (2d Cir. 2006), 5. 10

In re. *See name of party*

Inner City Press v. Board of Governors of Federal Reserve System, 463F. 3d 239 (2d Cir. 2006), 5. 10

INS v. Aguirre-Aguirre, 526 U. S. 415 (1999), 3. 6

INS v. Alvarez, 129 F. 3d 618 (D. C. Cir. 1997), 11. 6

INS v. Cardoza-Fonseca, 480 U. S. 421 (1987), 1. 7, 3. 6

INS v. Chadha, 462 U. S. 919 (1983), 2. 4

INS v. Hibi, 414 U. S. 5, 94 S. Ct. 19, 38 L. Ed. 2d 7 (1973), 13. 1

INS v. Miranda, 459 U. S. 14, 103 S. Ct. 281, 74 L. Ed. 2d 12 (1982), 13. 1

INS v. St. Cyr, 533 S. Ct. 289 (2001), 17. 9

INS v. Stanisic, 395 U. S. 62 (1969), 6. 11

INS v. Ventura, 123 S. Ct. 353 (2002), 15. 2, 18. 1

INS v. Ventura, 537 U. S. 12 (2002), 15. 2, 18. 1

INS v. Wang, 450 U. S. 139 (1981), 3. 1

INS v. Yang, 519 U. S. 26 (1996), 11. 5, 17. 7

Intermountain Rate Cases, 234 U. S. 476 (1914), 2. 6

International Assn. of Machinists v. NLRB, 110 F. 3d 29 (D. C. Cif. 1939), aff'd, 311 U. S. 72 (1940), 10. 4

International Brotherhood. *See specific union* (*e. g.* , *Teamsters*)

International Brotherhood of Teamsters v. Transportation Security Administration, 429F. 3d 1130 (D. C. Cir. 2005), 16. 4, 16. 6

International Chern. Workers Union, In re, 958 F. 2d 1144 (D. C. Cir. 1992), 12. 3

International Harvester Co. v. Ruckelshaus, 478 F. 2d 615 (D. C. Cir. 1973), 7. 8

International Ladies Garment Workers Union v. Donovan, 722 F. 2d 795 (D. C. Cir.

1983), *cert. denied*, 469 U. S. 820 (1984), 7. 4, 7. 5

International Longshoremen's Union v. Boyd, 347 U. S. 222 (1954), 15. 14

International Paper Co. v. FPC, 438 F. 2d 1349 (2d Cif. 1971), 1. 2

International Science & Technology Inst. v. Inacom Communications, 106 F. 3d 1146 (4th Cir. 1997), 18. 5

International Union v. Department of Labor, 358F. 3d 40 (D. C. Cir. 2004), 17. 7

International Union, United Mine Workers of America v. Mine Safety and Health Administration, 407F. 3d 1250 (D. C. Cir. 2005), 7. 3

Interport Pilots Agency v. Sammis, 14 F. 3d 133 (2d Cir. 1994), 9. 2

Interstate Natural Gas Assn. v. FERC, 285F. 3d 18 (D. C. Cir. 2002), 6. 3, 15. 12

Invention Submission Corporation v. Rogan, 357F. 3d 452 (4th Cir. 2004), 15. 11

Investment Co. v. Board of Governors of Fed. Reserve Sys. , 551 F. 2d 1270 (D. C. Cif. 1977), 18. 2

Investment Co. v. Camp, 401 U. S. 617 (1971), 16. 4, 16. 5

Iowa Util. Bd. v. FCC, 109 F. 3d 418 (8th Cif. 1996), 18. 1

Irons v. Bell, 596 F. 2d 468 (1st Cif. 1979), 5. 13

Irons v. Gottschalk, 548 F. 2d 992 (D. C. Gif. 1976), 5. 9

Irving v. United States, 162 F. 3d 154 (1st Cif. 1998), 19. 4

Ismailow v. Reno, 263F. 3d 851 (8th Cir. 2001), 17. 8

ITT Continental Baking Co. v. FTC, 532 F. 2d 207 (2d Cir. 1976), 11. 2

Ivezaj v. INS, 84 F. 3d 215 (6th Cir. 1996), 9. 8, 10. 6

Jacks v. Crabtree, 114 F. 3d 983 (9th Cir. 1997), 3. 5

Jackson v. Birmingham Board of Education, 309F. 3d 1333 (11th Cir. 2002), 18. 5

Jackson v. Birmingham Board of Education, 125 S. Ct. 1497 (2005), 18. 5

Jackson v. Birmingham Board of Education, 544 U. S. 144 (2005), 18. 5

Jackson v. Culinary Sch. Of Washington , 27 F. 3d 573 (D. C. Gir. 1994), 6. 6

Jacobs; United States v. , 877 F. 2d 460 (6th Cif. 1989), 9. 10

Jacobs v. National Drug Intelligence Center, 423F. 3d 512 (5th Cir. 2005), 5. 17

James v. HHS, 824 F. 2d 1132 (D. C. Cif. 1987), 15. 2

James v. Hurson Assocs. v. Glickman, 229 F. 3d 277 (D. C. Cir. 2000), 6. 5

James v. United States, 366U. S. 213 (1961), 13. 2

James Daniel Good Real Prop. ; United States v. , 510 U. S. 43 (1993), 9. 5

James Madison Ltd. v. Ludwig, 82 F. 3d 1085 (D. C. Cir. 1996), 9. 5, 11. 6, 17. 8

Japan Whaling Assn. v. American Cetacean Soc'y, 478 U. S. 221 (1986), 16. 4

Jaunich v. Commodity Futures Trading Comm'n, 50 F. 3d 518 (8th Cir. 1995), 18. 2

Jay v. Boyd, 351 U. S. 345 (1956), 2. 7

Jay Bums Baking Co. v. Bryan, 264 U. S. 504 (1924), 10. 5

Jay Nonis, Inc. v. FTC, 598 F. 2d 1244 (2d Cir.), *cert. denied*, 444 U. S. 980 (1979), 10. 7

Jay's Foods, Inc. v. NLRB, 573 F. 2d 438 (7th Cir.), *cert. denied*, 439 U. S. 859 (1978), 9. 8

Jayvee Brand, Inc. v. United States, 721 F. 2d 385 (D. C. Cir. 1983), 19. 3

JB. Williams Co. ; United States v. , 498 F. 2d 414 (2d Cir. 1974), 2. 8

Jean v. Collins, 221 F. 3d 656 (4th Cir. in banc 2000), 19. 6

Jean Alexander Cosmetics v. L' Oreal, 458 F. 3d 244 (3d Cir. 2006), 13. 4

Jefferson v. Department of Justice, 284 F. 3d 172 (D. C. Cir. 2002), 5. 13

JEM Broadcasting Co. v. FCC, 22 F. 3d 320 (D. C. Cir. 1994), 6. 5, 15. 14

Jenkins v. INS, 32 F. 3d 11 (2d Cir. 1994), 3. 4

Jersey Shore Broadcasting Corp. v. FCC, 37 F. 3d 1531 (D. C. Cir: 1994), 15. 2

Jet Investment, Inc. v. Department of the Army, 84 F. 3d 1137 (9th Cir. 1996), 11. 4

Jett v. Dallas Independent Sch. Dist. , 491 U. S. 701 (1989), 18. 5, 19. 6

Jicarrilo Apache Tribe v. FERC, 578 F. 2d 289 (10th Cir. 1978), 6. 11

J. I. Case v. Borak, 377 U. S. 426 (1964), 18. 5

Jifry v. FAA, 370F. 3d 1174 (D. C. Cir. 2004), 7. 4, 9. 5, 11. 2

Jilin Pharmaceutical v. Chertoff, 447F. 3d 196 (3d Cir. 2006), 17. 7

JimWalter Resources v. Federal Mine Safety and Health Review Comm'n, 920 F. 2d 738 (11 th Cir. 1990), 15. 11

JM. Huber v. Denman, 367 F. 2d 104 (5th Cir. 1966), 14. 2, 14. 6

Jobs, Training, & Servs. , Inc. v. East Texas Council of Govts. , 50 F. 3d 1318 (5th Cir. 1995), 12. 3, 15. 11

Joelson v. United States, 86 F. 3d 1413 (6th Cir. 1996), 17. 7, 17. 9

Johansen; United States v. , 93 F. 3d 459 (8th Cir. 1996), 13. 1

John S. Barnes Corp. ; NLRB v. , 178 F. 2d 156 (7th Cir. 1949), 2. 7

John v. 1-800-Flowers. com, 284F. 3d 807 (7th Cir. 2002), 6. 7

Johnson v. Ashcroft, 286F. 3d 696 (3d Cir. 2002), 11. 5

Johnson v. Fankell, 520 U. S. 911 (1997), 19. 3

Johnson v. Housing Authority of Jefferson Parish, 442 F. 3d 356 (5th Cir. 2006), 18. 5, 19. 6

Johnson v. Jones, 515 U. S. 304 (1995), 19. 3

Johnson v. Robison, 415 U. S. 361 (1974), 17. 9

Johnston v. Office of Personnel Management, 413 F. 3d 1339 (Fed. Cir 2005), 13. 1

Johnson v. Sawyer, 47 F. 3d 716 (5th Cir. 1995), 19. 4

Johnson v. United States, 628 F. 2d 187 (D. C. Cir. 1980), 10. 4

Johnson; United States v. , 481 U. S. 681 (1987), 19. 4

Johnson; United States v. , 935 F. 2d 47 (4th Cir. 1991), 9. 9

Johnsrud v. Carter, 620 F. 2d 29 (3d Cir. 1980), 18. 6

Joint Anti-Fascist Refugee Committee v. McGrath, 341 U. S. 123 (1951), 9. 3, 9. 4, 15. 15, 16. 4, 18. 7

Jonal Corp. v. District of Columbia, 533 F. 2d 1192 (D. C. Cir.), *cert. denied*, 429 U. S. 825 (1976), 9. 9

Jonco Aircraft Corp. v. Franklin, 346 U. S. 868 (1953), 15. 5

Jones v. Bock, 127 S. Ct. 910 (2007), 15. 3

Jones v. SEC, 298 U. S. 1 (1936), 4. 1

Jones & Laughlin Steel Corp. ; NLRB v. , 301 U. S. 1 (1937), 15. 2, 15. 4

Jordan v. Department of Justice, 591 F. 2d 753 (D. C. Cir. 1978), 5. 1, 5. 8

Jordan v. Doe, 38 F. 3d (11th Cir. 1994), 19. 3
Jordan Hospital v. Shalala, 276F. 3d 72 (1st Cir. 2002), 13. 1, 17. 8, 17. 9
Jordan; United States v. , 508 F. 2d 750 (7th Cir.), *cert. denied*, 423 U. S. 842 (1975), 4. 12
Joseph v. United States Civil Servo Comm'n, 554 F. 2d 1140 (D. C. Cir. 1977), 15. 14
JSG Trading Corp. v. Department of Agric. , 176 F. 3d 536 (D. C. Cir. 1999), 11. 5
Judicial watch v. Department of Energy, 412F. 3d 125 (D. C. Cir. 2005), 5. 6, 5. 11
Judicial Watch v. Department of Justice, 365F. 3d 1108 (D. C. Cir. 2004), 5. 11, 5. 12
Judicial Watchv. Hillary Rodham Clinton, 76 F. 3d 1232 (D. C. Cir. 1996), 5. 18
Judicial Watch v. Rossotti, 326F. 3d 1309 (D. C. Cir. 2003), 5. 5
Julian v. Department of Justice, 486 U. S. 108 (1988), 5. 11
Justice v. Julian, 486 U. S. 108 (1980), 5. 1
Juvenile No. 1; United States v. , 118 F. 3d 298 (5th Cir. 1997), 17. 7
J. W. Hampton v. United States, 276 U. S. 394 (1928), 2. 6
Kaczmarczyk v. INS, 933 F. 2d 588 (7th Cir. 1991), 10. 6
Kaczmarczyk v. INS, 933 F. 2d 588 (7th Cir. 1991), *cert. denied*, 502 U. S. 981 (1991). 10. 6
Kaganove v. EPA, 856 F. 2d 884 (7th Cir. 1988), 5. 8
Kaiser Steel Corp. v. Mullins, 455 U. S. 72 (1982), 14. 4
Kalina v. Fktcher, 522 U. S. 118 (1997), 19. 3
Ka Makani' O Kohala Ohana v. Water Supply, 295 F. 3d 955 (9th Cir. 2002), 11. 4
Kankamalage v. INS, 335F. 3d 858 (9th Cir. 2003), 6. 7
Kapcia v. INS, 944 F. 2d 702 (10th Cir. 1991), 10. 6
Kapps v. Wing, 404F. 3d 105 (2d Cir. 2005), 9. 4, 9. 5
Karpova v. Snow, 497F. 3d 262 (2d Cir. 2007), 9. 4, 9. 8
Kartseva v. Department of State, 37 F. 3d 1524 (D. C. Cir. 1994), 9. 4
Kastigar v. United States, 406 U. S. 441 (1972), 4. 6, 4. 10, 13. 1
Katz v. Cisneros, 16 F. 3d 1204 (Fed. Cir. 1994), 18. 6
Katz v. United States, 389 U. S. 347 (1967), 19. 3
Katzenbach v. McClung, 379 U. S. 294 (1964), 18. 4
Kay v. FCC, 396F. 3d 1184 (D. C. Cir. 2005), 11. 2
Keating v. Office of Thrift Supervision, 45 F. 3d 322 (9th Cir. 1995), 9. 8, 9. 9
Kelley v. EPA, 15 F. 3d 1100 (D. C. Cir. 1994), 6. 2, 18. 5
Kelly v. United States, 241F. 3d 755 (9th Cir. 2001), 19. 3
Kendall v. Stokes, 44 U. S. 87 (1845), 19. 3
Kendall v. United States*ex rel.* Stokes, 37 U. S. (12 Pet) 524, 9 L. Ed. 1181 (1838), 13. 1
Kennecott Copper v. EPA, 684 F. 2d 1007 (D. C. Cir. 1982), 7. 2
Kennecott Copper v. State Tax Comm'n, 327 U. S. 573 (1946), 18. 6
Kennecott Utah Copper Corp: v. Department of Interior, 88 F. 3d 1191 (D. C. Cir. 1996), 5. 2, 15. 11

Kennedy v. Mendoza-Martinez, 372 U. S. 144 (1963), 2. 8
Kenney v. Glickman, 96 F. 3d 1118 (8th Cir. 1996), 11. 4, 17. 7
Kent v. Dulles, 357 U. S. 116 (1958), 2. 6
Kent Cty. v. EPA, 963 F. 2d 391 (D. C. Cir. 1992), 7. 3, 17. 3
Kentucky Dept. of Corrections v. Thompson, 490 U. S. 454 (1989), 9. 4
Kentucky Retirement Systems v. EEOC, 128 S. Ct. _ _ _ (2008), 3. 6
Kern County Farm Bureau v. Allen, 450F. 3d 1072 (9th Cir. 2006), 7. 3
Kerner v. Flemming, 283 F. 2d 916 (2d Cir. 1960), 10. 7
Kessler v. Strecker, 307 U. S. 22 (1939), 11. 2
Ketschka v. Driver, 411 F. 2d 436 (2d Cir. 1969), 17. 6
Kewanee Oil Co. v. Bicron Corp. , 416 U. S. 470 (1974), 5. 10
Keys v. Department of Justice, 830 F. 2d 337 (D. C. Cir. 1987), 5. 13
Key Tronic Corp. v. United States, 511 U. S. 809 (1994), 18. 5
Khodora Environmental v. Blakey, 376F. 3d 187 (3d Cir. 2004), 15. 12, 16. 5
Kidd Communications v. FCC, 427F. 3d 1 (D. C. Cir. 2005), 11. 5
Kilbourn v. Thompson, 103 U. S. 168 (1881), 2. 2, 4. 1
Kildare v. Saenz, 325F. 3d 1078 (9th Cir. 2003), 15. 3
Kimbro v. Velton, 30 F. 3d 1501 (D. C. Cir. 1994), 19. 4
Kimm v. Department of Treasury, 61 F. 3d 888 (Fed. Cir. 1995), 11. 2
King v. Department of Justice, 830 F. 2d 210 (D. C. Cir. 1987), 5. 13
Kirby Corp. v. Pena, 109 F. 3d 258 (5th Cir. 1997), 17. 8
Kirkendall v. Department of Army, 412 F. 3d 1273 (Fed. Cir 2005), 11. 7
Kisser v. Cisneros, 14 F. 3d 615 (D. C. Cir. 1994), 17. 7
Kissinger v. Reporters Committee for Freedom of Press, 445 U. S. 136 (1980), 5. 6
Kleenwell Biohazard Waste v. Nelson, 48 F. 3d 391 (9th Cir. 1995), 13. 3
Kleissler v. Forest Serv. , 183 F. 3d 196 (3d Cir. 1999), 15. 3, 15. 8
Kleppe v. Delta Mining, Inc. , 423 U. S. 403 (1976), 8. 5
Klinedinst v. Swift Investments, 260F. 3d 1251 (11th Cir. 2001), 3. 5
K Mart Corp. v. Cprtier, Inc. , 486 U. S. 281 (1988), 1. 7, 3. 6
Knapp v. Eagle Prop. Mgmt. Corp. , 54 F. 3d 1272 (7th Cir. 1995), 18. 5
Knox v. Department of Labor, 434 F. 3d 721 (4th Cir. 2006), 11. 4
Kooritzky v. Reich, 17 F. 3d 1509 (D. C. Cir. 1994), 7. 3
Koppel v. 4987 Corp. , 167 F. 3d 125 (2d Cir. 1999), 18. 5
Kosak v. United States, 465 U. s. 848 (1984), 19. 4
Kosakow v. New Rochelle Radiology Associates, 274F. 3d 706 (2d Cir. 2001), 13. 4
Kowalczyk v. INS, 245F. 3d 1143 (10th Cir. 2001), 10. 6, 12. 3, 13. 1
Kowalski v. Tesmer, 125 S. Ct. 564 (2004), 16. 13
Kowalski v. Tesmer, 543 U. S. 125 (2004), 16. 13
KPMG v. SEC, 289F. 3d 109 (D. C. Cir. 2002), 6. 11, 9. 5, 15. 8
Kraebel v. Department of Hous. Pres. & Dev. , 959 F. 2d 395 (2d Cir. 1992), 12. 1
Kramer v. Department of Army, 653 F. 2d 726 (2d Cir. 1980), 19. 4
Kremer v. Chern. Constr. Corp. , 456 U. S. 461 (1982), 13. 3
Kreschollek v. Southern Stevedoring Co. , 78 F. 3d 868 (3d Cir. 1996), 15. 5, 15. 13,

18.2

Krueger v. Lyng, 4 F. 3d 653 (8th Cir. 1993), 19.3

Kruse v. Wells Fargo HOMEMortgage, 383 F. 3d 49 (2d Cir. 2004), 3.5

Krzalic v. Republic Title Co., 314F. 3d 875 (7th Cir. 2002), 3.5

Kuehnert v. FBI, 620 F. 2d 662 (8th Cir. 1980), 5.13

Kumho Tire Co. v. Carmichael, 526 U. S. 137 (1999), 10.3

Kyle v. Morton High Sch., 144F. 3d 448 (7th Cir. 1998), 9.4

Labelle Processing Co. v. Swarrow, 72 F. 3d 308 (3d Cir. 1995), 13.3

Labickas v. Arkansas State Univ, 78 F. 3d 333 (8th Cir. 1996), 18.5

LaChance v. Erikson, 522 U. S. 262 (1998), 4.6

Laguna Gatuna, Inc. v. Browner, 58 F. 3d 564 (10th Cir. 1995), 17.9

Laidlaw Corp. v. NLRB, 414 F. 2d 99 (7th Cir. 1969), *cert. denied*, 397 U. S. 920 (1970), 13.2

Laird v. Nelms, 406 U. S. 797 (1972), 19.4

Laird v. Tatum, 409 U. S. 824 (1972), 9.8

Lake Country Estates, Inc. v. Tahoe Reg'l Planning Agency, 440 U. S. 391 (1979), 19.3

Lake Mohave Boat Owners Assn. v. National Park Serv., 78 F. 3d 1360 (9th Cir. 1996), 16.12

Lakin Law Firm v. Federal Trade Commission, 352F. 3d 1122 (7th Cir. 2003), 5.12

Lal v. INS, 255F. 3d 998 (9th Cir. 2001), 6.11, 11.5

Lalani v. Perryman, 105 F. 3d 334 (7th Cir. 1997), 17.7

Lancaster v. Norfolk & Western R, 773 F. 2d 807 (7th Cir. 1985), 19.4

Lance v. Coffiman, 127 S. Ct. 1194 (2007), 16.4

Lands Council v. Powell, 395 F. 3d 1224 (10th Cir. 2005), 11.6

Landgraf v. USI Film Prods., 511 U. S. 244 (1994), 6.7

Landry v. FDIC, 204 F. 3d 1125 (D. C. Cir. 2000), 2.4

Lane v. Pena, 518 U. S. 187 (1996), 18.6

Langevin v. Chenango Ct., Inc., 447 F. 2d 296 (2d Cir. 1971), 7.10, 17.6, 17.8

Lanier; United States v., 520 U. S. 259 (1997), 6.11, 19.3

Larionoff; United States v., 431 U. S. 864 (1977), 6.11

Larson v. Domestic & Foreign Commerce Corp., 377 U. S. 682 (1949), 17.7

Lasky; United States v., 600 F. 2d 765 (9th Cir.), *cert. denied*, 444 U. S. 979 (1979), 13.4

Lassiter v. AlabamaA&M Univ., 28 F. 3d 1146 (11th Cir. 1994), 19.3

Laswell v. Brown, 683 F. 2d 261 (8th Cir. 1982), 19.4.

Latecoere Int'l v. Department of Navy, 19 F. 3d 1342 (11th Cir. 1994), 8.6, 11.6

L. A. Tucker Truck Lines; United States v., 344 U. S. 33 (1952), 15.8

Lavista v. Beeler, 195 F. 3d 254 (6th Cir. 1999), 15.3, 15.9

Lawrence v. Acree, 665 F. 2d 1319 (D. C. Cir. 1981), 19.3

Lawrence v. Reed, 406 F. 3d 1224 (10th Cir. 2005), 19.3

Lead Indus. Assn., Inc. v. OSHA, 610 F. 2d 70 (2d Cir. 1979), 5.11

Leaf v. EPA, 118 F. 3d 1467 (11th Cir. 1997), 15.14

Leahey; United States v. , 434 F. 2d 7 (1st Cir. 1970), 6. 6
Lebron v. National R. R. Passenger Corp. , 513 U. S. 574 (1995), 1. 2
Lechmere v. NLRB, 502 U. S. 527 (1992), 3. 6
Ledford v. West, 36 F. 3d 776 (Fed. Cir. 1998), 15. 5
Lee v. Blumenthal, 588 F. 2d 1281 (9th Cir. 1979), 18. 6
Lee v. Hughes, 145 F. 3d 1272 (11th Cir. 1998), 19. 5
Lee v. Munroe & Th. ornton, 7 Cranch 366, 3 L. Ed. 373 (1813), 13. 1
Lee; United States v. , 106 U. S. 196 (1882), 18. 6
Leedom v. Electrical Workers, 278 F. 2d 237 (D. C. Cir. 1960), 6. 7
Leedom v. Kyne, 358 U. S. 184 (1958), 15. 2, 15. 4, 15. 5, 15. 11, 17. 6, 17. 7, 17. 8, 18. 2
Lee Lumber & Building Material Corp. v. NLRB, 117 F. 3d 1454 (D. C. Cir. 1997), 11. 2
Legal Assistance for Vietnamese Asylum Seekers v. Department of State, 104 F. 3d 1439 (D. C. Cir. 1997), 17. 7
Legal Envtl. Assistance Found. v. EPA, 118 F. 3d 1467 (11th Cir. 1997), 6. 10
Legal Environmental Assistance Foundation v. EPA, 276 F. 3d 1253 (11th Cir. 20021), 6. 11
Leia v. Ashcroft, 393 F. 3d 427 (3d Cir. 2005), 11. 2, 11. 6, 18. 1
Leis v. Flynt, 439. S. 438 (1979), 9. 4
LeMoyne Owen College v. NLRB, 357 F. 3d 55 (D. C. Cir. 2004), 11. 5
Leon; United States v. , 468 U. S. 897 (1984), 9. 5, 10. 5
Lepre v. Department of Labor, 275 F. 3d 59 (D. C. Cir. 2001), 17. 9
Lerwill v. Joslin, 712 F. 2d 435 (10th Cir. 1983), 19. 3
Lesarv. Department of Justice , 636 F. 2d 472 (D. C. Cir. 1980), 5. 7
Leslie Salt Co. ; United States v. , 350 U. S. 383 (1956), 6. 4
Lesoeur v. United States, 21 F. 3d 965 (9th Cir. 1994), 19. 4
Lesv. Reilly, 968 F. 2d 985 (9th Cir. 1992), 17. 1
Lessman v. McCormick, 591 F. 2d 605 (10th Cir. 1979), 19. 6
Lesterv. Chater, 69 F. 3d 1453 (9th Cir. 1995), 11. 3
Levesque v. Block, 723F. 2d 175 (lstCir. 1983), 7. 10
Levi; United States v. , 2 F. 3d 842 (8th Cir. 1993), 6. 3
Levine v. Apker, 455 F. 3d 71 (2d Cir. 2006), 6. 2
Lewis v. Casey, 518 U. S. 343 (1996), 16. 4, 18. 4
Lewis v. NLRB, 357 U. S. 10 (1958), 2. 7
Lewis v. Rucker, 97 Eng. Rep. 769 (K. B. 176]), 10. 5, 10. 6
Lewis v. United States, 423 U. S. 996 (1975), 2. 7
Lewis-Mota v. Secretary of Labor, 469 F. 2d 478 (2d Cir. 1972), 6. 4
Lidy v. Sullivan, 911 F. 2d 1075 (5th Cir. 1990), 9. 11, 10. 4
Lightfoot v. District of Columbia, 4448 F. 3d 392 (D. C. Cir. 2006), 6. 9, 9. 5, 18. 7
Lin v. Department of Justice, 416 F. 3d 184 (2d Cir. 2005), 3. 5
Linahan, In re, 138 F. 2d 650 (2d Cir. 1943), 9. 8
Lincoln v. Vigil, 508 U. S. 182 (1993), 17. 7

Linda R. S. v. Richard D. , 410 U. S. 614 (1973), 16. 5, 17. 5

Lindsay v. United States, 295 F. 3d 1252 (Fed. Cir 2002), 6. 6, 17. 7

Lindsay, In re, 158 F. 3d 1263 (D. C. 1998), 5. 11

Linkletter v. Walker, 381 U. S. 618 (1965), 6. 7, 6. 9, 13. 2

Lising v. INS, 124 F. 3d 996 (9th Cir. 1997), 10. 6

Liteky v. United States, 510 U. S. 540 (1994), 9. 8

Littlejogh v. United States, 321 F. 3d 915 (9th Cir. 2003), 13. 4

Litton Indus. , Inc. ; United States v. , 462 F. 2d 14 (9th Cir. 1972), 9. 9

Liuzzo v. United States, 508 F. Supp. 923 (E. E. Mich. 1981), 19. 4

Livadas v. Bradshaw, 512 U. S. 107 (1994), 19. 6

Local No. 3 v. NLRB, 210 F. 2d 325 (8th Cir.), *cert. denied*, 348 U. S. 822 (1954), 9. 8

Local Union 103, Int'l Assn. ; NLRB v. , 434 U. S. 335 (1978), 11. 2

Locke; United States v. , 529 U. S. 89 (2000), 3. 5, 6. 6

Locomotive Eng'rs v. Surface Transp. Bd. , 101 F. 3d 718 (D. C. Cir. 1996), 16. 4

LoDuca v. United States, 93 F. 3d 1100 (2d Cir. 1996), 2. 4

Logan v. Edmondson Oil Co. , 457 U. S. 922 (1982), 19. 6

Logansport Broadcasting Corp. v. United States, 210 F. 2d 24 (D. C. Cir. 1954), 7. 3

Londoner v. Denver, 210 U. S. 373 (1908), 1. 8, 2. 5, 6. 1, 7. 2, 9. 2, 9. 3, 10. 5

Lone Star Cement Co. v. FTC, 339 F. 2d 505 (9th Cir. 1964), 15. 2

Long Island Care at Home v. Coke, 127 S. Ct. 2339 (2007), 3. 5, 3. 6, 6. 4, 6. 11, 7. 3

Long Term Care Partners v. United States, 516 F. 3d 225 (4th Cir. 2008), 15. 11, 16. 1

Long Term Care Pharmacy Alliance v. Ferguson, 362 F. 3d 50 (1st Cir. 2004), 18. 5

Lonzollo v. Weinberger, 534 F. 2d 712 (7th Cir. 1976), 10. 6

Loomis Courier Serv. , Inc. v. NLRB, 595 F. 2d 491 (9th Cir. 1979), 11. 2

Lopez v. Dacis, 513 U. S. 230 (2001), 6. 2

Lopez v. Department of Justice, 393 F. 3d 1345 (D. C. Cir. 2005), 5. 9

Lopez v. Heckler, 463 U. S. 1328 (1983), 2. 9

Lopez v. Heckler, 572 F. Supp. 26 (S. D. Cal. 1983), 2. 9

Lopez v. Heckler, 713 F. 2d 1432 (9th Cir. 1983), 2. 9, 19. 5

Lopez v. Henry Phipps Plaza South, Inc. , 498 F. 2d 937 (2d Cir. 1974), 9. 8

Loritts v. United States, 489 F. Supp. 1030 (D. Mass. 1980), 19. 4

Los Angeles, City of v. Lyons, 461 U. S. 95 (1983), 18. 4

Loughlin v. United Stated, 393 F. 3d 155 (D. C. Cir. 2004), 19. 4

Louisiana Assn. of Indep. Producers v. FERC, 958 F. 2d 1101 (D. C. Cir. 1992), 8. 4, 9. 5, 10. 5

Louisiana Energy and Power Auth. v. FERC, 141 F. 3d 364 (D. C. Cir. 1998), 8. 2, 16. 4

Louisiana Federal Land Bank v. Farm Credit Administration, 336 F. 3d 1075 (D. C. Cir. 2003), 7. 3, 7. 4, 7. 13

Louisiana Power & Light Co. v. FPC, 483 F. 2d 623 (5th Cir. 1973), 14. 2

Louisville & N. R. Co. v. Ohio Valley Tie Co. , 242 U. S. 288 (1916), 13. 3

Love v. Delta Airlines, 310 F. 3d 1347 (11th Cir. 2002), 18. 5

Love v. Thomas, 858F. 2d 1347 (9th Cir. 1988), 15. 11
Loving v. United States, 517 U. S. 748 (1996), 2. 6, 6. 8
Lowry v. Barnhart, 329 F. 3d 1019 (9th Cir. 2003), 6. 5, 6. 6
LTV Corp. v. PBGC, 496 U. S. 633, 647-52 (1990), 7. 4
Lugar v. Edmondson Oil Co. , 457 U. S. 922 (1982), 19. 6
Lujan v. Defenders of Wildlife, 497 U. S. 871 (1992), 1. 7
Lujan v. Defenders of Wildlife , 504 U. S. 555 (1992), 2. 1, 13. 4, 16. 4, 16. 5, 16. 7, 16. 8
Lujan v. G&G Fire Sprinklers, 121 S. Ct. 1446 (2001), 9. 4
Lujan v. National Wildlife Fed'n, 497 U. S. 871 (1990), 12. 3, 15. 14, 15. 16, 16. 4-16. 6, 16. 9, 17. 7, 18. 4
Lundeen v. Mineta, 291 F. 3d 300 (5th Cir. 2002), 17. 7, 18. 5
Lunsford v. Jumao-As, 155 F. 3d 1178 (9th Cir. 1998), 15. 3
Lybarger v. Cardwell, 577 F. 2d 764 (1st Cir. 1978), 5. 5
Lynchburg Gas Co. v. FPC, 336 F. 2d 942 (D. C. Cir. 1964), 16. 4
Macharia v. United States, 334 F. 3d 61 61 (D. C. Cir. 2003), 19. 4
Macrrero Pichardo v. Ashcroft, 374 F. 3d 46 (2d Cir. 2004), 15. 3
Madison-Hughes v. Shalala, 80 F. 3d 1121 (6th Cir. 1996), 17. 7
Magala v. Gonzales, 434 F. 3d 523 (7th Cir. 2005), 9. 5, 15. 8
Magnet Cove Barium Corp. v. United States, 361 U. S. 32 (1959), 15. 8
Mahlerv. Eby, 264 U. S. 32 (1924), 2. 6
Mahon v. Department of Agriculture, 485 F. 3d 1247 (11th Cir. 2007), 15. 2, 15. 8
Maier v. EPA, 114 F. 3d 1032 (10th Cir. 1997), 6. 10, 18. 2
Maine v. Thiboutot, 448 U. S. 1 (1980), 18. 5, 18. 7, 19. 6
Mainline Investment Corp. v. Gaines, 407 F. Supp. 423 (N. D. Tex. 1976), 10. 6
Maislin Indus. v. Primary Steel, 497 U. S. 116 (1990), 3. 6
Majestic Weaving Co. ; NLRB v. , 355 F. 2d 854 (2d Cir. 1966), 6. 7, 13. 2
Majjar v. Ashcroft, 257 F. 3d 1262 (11th Cir. 2001), 11. 6
Maldonado v. Dominguez, 137 F. 3d 1 (1st Cir. 1998), 18. 5
Mallenbaum v. Adelphia Communications Corp. , 74 F. 3d 465 (3d Cir. 1996), 18. 5
Mallette v. Arlington County, 91 F. 3d 630 (4th Cir. 1996), 9. 4
Malley v. Briggs, 475 U. S. 335 (1986), 19. 3
Mallonee v. Fahey, 68 F. Supp. 418 (S. D. Calif. 1946), 2. 6
Man v. INS, 69 F. 3d 835 (7th Cir. 1995), 10. 6
Manessv Meyers, 419 U. S. 449 (1975), 4. 6
Mango; United StaLes v. , 199 F. 3d 85 (2d Cir. 1999), 2. 7
Manual Enterprises v. Day, 370 U. S. 478 (1962), 15. 8
Manufactured Housing Institute v. EPA, 467 F. 3d 391 (4th Cir. 2006), 7. 3, 15. 11, 15. 12
Mapp v. Ohio, 367 U. S. 643 (1961), 13. 2
Marathon Oil CO. v. EPA, 564 F. 2d 1253 (9th Cir. 1977), 8. 2
Marbury v. Madison, 5 U. S. (1 Cranch) 137 (1803), 2. 9, 3. 3, 16. 15, 17. 5
Marceau v. Blackfeet Housing Authority, 455 F. 3d 974 (9th Cir. 2006), 18. 6

Marcello v. Bonds, 349 U. S. 302 (1955), 8. 2, 9. 9
Marchetti v. United States, 390 U. S. 39 (1968), 4. 12
Marchetti; United States v. , 466 F. 2d 1309 (4th Cir. 1972), 16. 15
Mareno; United States v. , 579 F. 2d 371 (5th Cir. 1978), 10. 6
Margoli-Olivera v. INS, 43 F. 3d 345 (8th Cir. 1994), 13. 1
Maricopa Audubon Soc'y v. Forest Serv. , 108 F. 3d 1082 (9th Cir. 1997), 5. 3
Marine Mammal Conservancyv. Department of Agric. , 134 F. 3d 409 (D. C. Cir. 1998), 15. 2, 15. 5
Marine Power & Equip. v. Department of Labor, 203 F. 3d 644 (9th Cir. 2000), 2. 4
Marine Shale Processors; United States v. , 81 F. 3d 1329 (5th Cir. 1996), 13. 1
MarketStreetRy. v. R. R. Comm'n, 324 U. S. 548 (1945), 10. 6
Marlboro Corp. v. Assn. of Independent Coli. & Sch. , Inc. , 556 F. 2d 78 (1st Cir. 1977), 9. 8
Marmon v. Califano, 459 F. Supp. 369 (D. Mont. 1978), 10. 6
Marnese v. Academy of Orthopaedic Surgeons, 470 U. S. 373 (1985), 13. 3
Marquez v. Screen Actors Guild, 525 U. S. 33 (1998), 14. 1
Marquez-Ramosv. Reno, 69 F. 3d 477 (10th Cir. 1995), 17. 7
Marrero v. City of Hialeah, 625 F. 2d 499 (5th Cir. 1980), 19. 3
Marrie v. SEC, 374 F. 3d 1196 (D. C. Cir. 2004), 6. 7, 6. 11
Marseilles Hysro Power v. Maeseilles Land & Water, 299 F. 3d 643 (7th Cir. 2002), 14. 1
Marsh v. Jones, 53 F. 3d 707 (5th Cir. 1995), 15. 9
Marshall v. Barlow's, Inc. , 436 U. S. 307 (1978), 4. 3
Marshall v. Burlington N. , 595 F. 2d 511 (9th Cir. 1979), 15. 2
Marshall v. Jerrico, Inc. , 446 U. S. 238 (1980), 9. 8
Marshall v. Kleppe, 637 F. 2d 1217 (9th Cir. 1980), 19. 6
Marshall Durbin & Co. ; United States v. , 363 F. 2d (5th Cir. 1966), 2. 7
Martin v. Mott, 25 U. S. (12 Wheat) 19 (1827), 17. 5
Martin v. Occupational Safety and Health Review Comm'n, 499 U. S. 144 (1991), 3. 5, 9. 9
Martin-Mendoza v. INS, 499 F. 2d 918 (9th Cir. 1974), 10. 4
Martin Trigona v. Underwood, 529 F. 2d 33 (7th Cir. 1975), 9. 9
Martinez v. United States, 333 F. 3d 1295 (Fed. Cir. 2003), 11. 7, 15. 3
Maryland v. Louisiana, 451 U. S. 725 (1981), 16. 15
Maryland v. Munson, 467 U. S. 947 (1984), 16. 13
Maryland Cas. Co. v. United States, 251 U. S. 342 (1920), 6. 4
Maryland General Hospital v. Thompson, 308 F. 3d 340 (4th Cir. 2002), 6. 11
Maryland People's Counsel v. FERC, 768 F. 2d 450 (D. C. Cir. 1985), 7. 4
Mashpee Wampanoag Tribal Council v. Norton, 336 F. 3d 1094 (D. C. Cir. 2003), 12. 3
Masieu v. Reno, 91 F. 3d 416 (3d Cir. 1996), 15. 3
Massachusetts v. Blackstone Valley Elec. Co. , 67 F. 3d 981 (1st Cir. 1995), 6. 2, 14. 1, 18. 5

Massachusrtts v. EPA , 415 F. 3d 50 (D. C. Cir. 2005), 6. 10, 7. 4, 7. 5, 16. 5, 16. 6

Massachusrtts v. EPA , 127 S. Ct. 1458 (2007), 3. 6, 7. 4, 16. 4, 16. 5, 16. 7, 16. 8, 16. 14, 17. 7

Massachusetts v. U. S. , 522 F. 3d 115 (1st Cir. 2008), 16. 10

Massachusetts v. FDIC, 47 F. 3d 456 (1st Cir. 1995), 18. 2

Massachusetts v. FDIC, 102 F. 3d 615 (lst Cir. 1996), 3. 5

Massachusetts v. Mellon, 262 U. S. 447 (1923), 16. 2

Massachusetts v. Westcott, 431 U. S. 322 (1977), 10. 6

Massachusetts MUL Life Ins. CO. v. Russell, 473 U. S. 134 (1985), 18. 5

Massachusetts PIRG v. NRC, 852 F. 2d 9 (1st Cir. 1988), 17. 7

Massieu v. Reno, 91 F. 3d 416 (3d Cir. 1996), 15. 5

Mathena; United States v. , 23 F. 3d 1099 (6th Cir. 1994), 6. 3

Mathews v. Diaz, 426 U. S. 67 (1976), 15. 3, 15. 5, 15. 6

Mathews v. Eldridge, 424 U. S. 319 (1976), 7. 2, 8. 2, 9. 3-9. 5, 9. 10, 13. 3, 15. 3, 15. 5, 15. 7, 15. 11

Matsushita Elee. Indus. Co. v. Zenith Radio Corp. 475 U. S. 574 (1986), 10. 5

Matz v. Household International Tax Reduction Investment Plan, 265 F. 3d 572 (7th Cir. 2001), 3. 5, 6. 4

Matzke v. Block, 732 F. 2d 799 (10th Cir. 1984), 6. 9

Mausolf v. Babbitt, 85 F. 3d1295 (8th Cir. 1996), 16. 1

Maximum Home Health Care v. Shalla, 272 F. 3d 318 (6th Cir. 2001), 6. 4

Maxon Marine v. OWCP, 39 F. 3d144 (7th Cir. 1994), 12. 3, 15. 2, 15. 10

Mazaleski v. Treusdell, 562 F. 2d 701 (D. C. Cir. 1977), 6. 6

Mazerv. Stein, 347 U. S. 201 (1954), 6. 4

McAlpine v. United States, 112 F. 3d1429 (10th Cir. 1997), 17. 7

McAuliffe v. Mayor of New Bedford, 29 N. E. 517 (1892), 9. 3, 9. 4

McBride v Soos, 594 F. 2d 610 (7th Cir. 1979), 19. 6

McBridge Cotton & Cattle Corp. v. Veneman, 290 F. 3d 973 (9th Cir. 2002), 15. 3, 15. 4

McBryde v. Committee to Review Circuit Council Conduct and Disability Orders of the Judicial Conference of the United States, 264 F. 3d 53 (D. C. Cir. 2001), 17. 9

McCarthy v. Arndstein, 266 U. S. 34 (1924), 4. 10

McCarthy v. Industrial Comm'n, 194 Wis. 198 (1927), 10. 6

McCarthy v. Madigan, 503 U. S. l40 (1992), 15. 2, 15. 3, 19. 5

McCarthy v. Middle Tennessee Electric Membership Corp. , 466 F. 3d 399 (6th Cir. 2006), 17. 7

McClellan v. Cablevision of Connecticut, 149 F. 3d 161 (2d Cir. 1998), 18. 5

McClelland v. Andrus, 606 F. 2d 1278 (D. C. Cir. 1979), 5. 3

McClouth Steel v. Thomas, 838 F. 2d 1317 (D. C. Cir. 1988), 17. 1

McCoy; United States v. , 539 F. 2d 1050 (5th Cir. 1976), *cert. denied*, 431 U. S. 919 (1977), 2. 7

McCready v. Nicholson, 465 F. 3d 1 (D. C. Cir. 2006), 5. 17

McDabiel v. United States, 300 F. 3d 407 (4th Cir. 2002), 7. 4

McDaniel v. Celebrezze, 331 F. 2d 426 (4th Cir. 1964), 10. 6
McDaniels v. Flick, 59 F. 2d 446 (3d Cir. 1995), 9. 5
McDonald v. Southern Farm Bureau Life Insurance Co. , 291 F. 3d 718 (11th Cir. 2002), 18. 5
McDonald v. Watt, 653 F. 2d 1035 (5th Cir. 1981), 13. 2
McDougal-Saddler v. Herman, 184 F. 3d 207 (3d Cir. 1999), 17. 8
McGee v. United States, 402 U. S. 479 (1971), 15. 2, 15. 8
McGowen v. Harris, 666 F. 2d 60 (4th Cir. 1981), 13. 3
McGrain v. Daugherty, 273 U. S. 134 (1927), 2. 2, 4. 1
McHugh v. Rubin, 220 F. 3d 53 (2d Cir. 2000), 15. 11
McHugh v. University of Vt. , 966 F. 2d 67 (2d Cir. 1992), 19. 4
MCImetro Access Transmission Services v. Bellsouth Telecommunications, 352 F. 3d 872 (4th Cir. 2003), 6. 11, 18. 7
MCI Telecomm. Corp. v. AT&T Corp. , 512 U. S. 218 (1994), 3. 6
MCI Telecomm. Corp. v. FCC, 143 F. 3d 606 (D. C. Cir. 1998), 7. 13
MCI Telecomm. Corp. v. Teleconcepts, Inc. , 71 F. 3d 1086 (3d Cir. 1995), 14. 1
McKart v. United States, 395 U. S. 185 (1969), 15. 2, 15. 4
McKee v. United States, 500 F. 2d 525 (Ct. Cl. 1974), 10. 4
McKinley v. United States, 249 U. S. 397 (1919), 2. 6
McLamore v. Weinberger, 538 F. 2d 572 (4th Cir. 1976), 10. 6
McLouth Steel Prods. Corp. v. Thomas, 838 F. 2d 1317 (D. C. Cir. 1988), 17. 3
McMellon v. United States, 387 F. 3d 329 (4th Cir. en banc 2004), 19. 4
McMillan v. Monroe County, 520 U. S. 781 (1997), 19. 6
McMurtray v. Holladay, 11 F. 3d 499 (5th Cir. 1993), 9. 2
McNabb v. United States, 318 U. S. 332 (1943), 9. 4
McNamee v. Department of Treasury, 488 F. 3d 100 (2d Cir. 2007), 3. 6
McNary v. Haitian Refugee Ctr. , 498 U. S. 479 (1991), 15. 3, 17. 9
McNeil v. United States, 508 U. S. 106 (1993), 19. 4
McVane, In re, 44 F. 3d 1127 (2d Cir. 1995), 4. 2
MDI Commercial Servs. ; NLRB v. , 175 F. 3d621 (8th Cir. 1997), 11. 2
Meacham v. Knolls Atomic Power Laboratory, 128 S. Ct. 2395 (2008), 3. 6
Meachum v. Fano, 427 U. S. 215 (1976), 9. 4
Mead Corp. ; United States v. , 121 S. Ct. 2164 (2001), 3. 5
Mead Data Central, Inc. v. Air Force, 566 F. 2d 242 (D. C. Cir. 1977), 5. 11
Mechling Barge Lines v. United States (1961), 18. 4
Medtronic, Inc. v. Lohr, 518 U. S. 470 (1996), 3. 5
Mejia-Perez v. Gonzales, 490 F. 3d 1011 (8th Cir. 2007), 12. 3, 13. 1
Meese v. Keene, 481 U. S. 123 (1951), 16. 4
Melcher. v. Federal Open Market Committee, 836 F. 2d 561 (D. C. Cir. 1987), 16. 15
Memphis Community Sch. Dist. v. Stachura, 477 U. S. 299 (1986), 19. 6
Memphis Lights, Gas & Water Div. v. Craft, 436 U. S. 1 (1978), 9. 3-9. 5
Mendez-Reyes v. Attorney General, 428 F. 3d 187 (3d Cir. 2005), 11. 5
Mendoza v. Attorney General, 327 F. 3d 1283 (11th Cir. 2003), 9. 5

Mendoza v. United States, 672 F. 2d 1320 (9th Cir. 1982), *rev'd*, 464 U. S. 154 (1984), 13. 5

Mendoza-Lopez; United States v. , 481 U. S. 828 (1987), 15. 2, 17. 9

Menendez; United States. v. , 48 F. 3d 1401 (5th Cir. 1995), 11. 2, 11. 6, 15. 8

Meneses v. HEW, 442 F. 2d 803 (D. C. Cir. 1971), 10. 7

Meredith v. Federal Mine Safety and Health Review Comm'n, 177 F. 3d 1042 (D. C. Cir. 1999), 15. 11

Merida Delgado v. Gonzales, 428 F. 3d 916 (10th Cir. 2005), 17. 7

Merritt v. Shuttle, 187 F. 3d 263 (2d Cir. 1999), 15. 5, 18. 2, 19. 5

Merritt v. Shuttle, 245 F. 3d 182 (2d Cir. 2001), 18. 2

Methodist Hosp. v. Sacramento, 38 F. 3d 1225 (D. C. Cir. 1994), 7. 10

Methodist Hosps. v. Sullivan, 91 F. 3d 1026 (7th Cir. 1996), 18. 5

Metrophones v. Global Crossing, 423 F. 3d 1056 (9th Cir. 2005), 3. 5, 18. 5

Metropics v. City and County of San Francisco, 400 F. 3d 715 (9th Cir. 2005), 18. 7

Metropolitan Council of NAACP Branches v. FCC, 46 F. 3d 1154 (D. C. Cir. 1995), 8. 2

Metropolitan Edison Co. v. NLRB, 460 U. S. 693 (1983), 1l. 2

Metropolitan Sch. Dist. of Wayne v. Davila, 969 F. 2d 485 (7th Cir. 1992), 6. 4

Metropolitan Washington Airports Auth. v. Citizens for the Abatement of Aircraft Noise, 501 U. S. 252 (1991), 2. 4

Meyer v. Hooley, 123 S. Ct. 824 (2003), 3. 5, 3. 6

Meyer v. Bush, 981 F. 2d 1288 (D. C. 1993), l. 2, 7. 9

Meyer v. Nebraska, 262 U. S. 390 (1923), 9. 4

MFS Securities Corp. v. New York Stock Exchange, 277 F. 3d 613 (2d Cir. 2002), 14. 5

MFS Securities Corp. v. sec, 380 F. 3d 611 (2d Cir. 2004), 9. 8, 15. 2

Miami Nation of Indians v. Department of Interior, 255 F. 3d 342 (7th Cir. 2001), 17. 7

Miami CocaCola Bottling Co. ; NLRB v. , 222 F. 2d 341 (5th Cir. 1955), 9. 8

Miccosukee Tribe of Indians of Florida v. Southern Everglades Restoration Alliance, 304 F. 3d 1076 (11th Cir. 2002), 5. 19

Michael H. and Victoria D. v. Geralq D. , 491 U. S. 110 (1989), 17. 1

Michel v. Anderson, 14 F. 3d 623 (D. C. Cir. 1994), 16. 4

Michigan v. EPA, 213 F. 3d 1161 (D. C. Cir. 2000), 7. 4

Michigan v. EPA, 268 F. 3d 1075 (D. C. Cir. 2001), 3. 6

Michigan Express v. United States, 374 F. 3d 424 (6th Cir. 2004), 13. 2

Microcomputer Technology Inst. v. Riley, 139 F. 3d 1044 (5th Cir. 1998), 1l. 4, 13. 1

Middle Rio Grande Conservancy District v. Norton, 294 F. 3d 1220 (10th Cir. 2002), 12. 3, 18. 1, 18. 4

Middlesex County Sewerage Auth. v. National Sea Clammers Assn. , 453 U. S. 1 (1981), 19. 6

Middlesex County Sewerage Auth. v. National Sea Clammers Assn. 453 U. S. 1

(1981), 19.6
Midland Psychiatric Assocs. v. United States, 145 F. 3d 1000 (8th Cir. 1998), 19.3
Mid-Tex Elec. Coop. v. FERC, 773 F. 2d 327 (D. C. Cir. 1985), 7.13
Mid-Tex Elec. Coop. v. FERC, 822 F. 2d 1123 (D. C. Cir. 1987), 7.13
Midwater Trawlers Co-op v. Department of Commerce, 282 F. 3d 710 (9th Cir. 2002), 11.4
Miguel v. McCart, 291 U. S. 442 (1934), 18.4
Miles v. Chater, 84 F. 3d 1397 (11th Cir. 1996), 9.8
Miles v. Naval Aviation Museum Foundation, 289 F. 3d 715 (11th Cir. 2002), 19.4
Military Audit Project v. Casey, 656 F. 2d 724 (D. C. Cir. 1981), 5.7
Milk Indus. Found. v. Glickman, 132 F. 3d 1467 (D. C. Cir. 1998), 2.6
Milk Train v. Veneman, 310 F. 3d 747 (D. C. Cir. 2002), 7.13, 17.7
Miller v. County of Santa Cruz, 39F. 3d 1030 (9th Cir. 1994), 13.4
Miller v. Crystal Lake Park Dist., 47 F. 3d 865 (7th Cir. 1995), 9.4
Miller v. Department of Agric., 143 F. 3d 1413 (11th Cir. 1998), 19.5
Miller v. FCC, 66 F. 3d 1140 (11th Cir. 1995), 18.2
Miller Aviation v. Milwaukee Country Board of Supervisors, 273 F. 3d 722 (7th Cir. 2001), 18.5
Miller v. Gamie, 292 F. 3d 982 (9th Cir. 2002), 19.3
Miller; United States v., 425 U. S. 435 (1976), 4.4
Milwaukee v. Block, 823 F. 2d 1158 (7th Cir. 1987), 16.9
Mink v. University of Chicago, 460 F. Supp. 793 (N. D. Ill. 1978), 19.4
Minnesota v. Centers for Medicare and Medicaid Services, 495 F. 3d 991 (8th Cir. 2007), 6.9, 6.11
Minnesota Bd. of Community Coils. v. Knight, 465 U. S. 271 (1985), 2.5, 6.1, 9.2, 9.4
Minnesota Citizens Concerned for Life v. Federal Election Comm'n, 113 F. 3d 129 (8th Cir. 1997), 15.14
Minnesota Milk Producers Assn. v. Glickman, 153 F. 3d 632 (8th Cir. 1998), 17.7
Miranda Alvarado v. Gonzales, 441 F. 3d 750 (9th Cir. 2006), 3.5
Miranda Alvarado v. Gonzales, 449 F. 3d 915 (9th Cir. 2006), 3.5
Mireles v. Waco, 502 U. S. 9 (1991), 19.3
Misischia v. Pirie, 60 F. 3d 626 (9th Cir. 1995), 13.3
Mission Group v. Riley, 146 F. 3d 775 (10th Cir. 1998), 6.11
Mission Group Kansas v. Riley, 146 F. 3d 775 (10th Cir. 1998), 3.5, 6.4, 6.11
Mississippi Poultry Assn. v. Madigan, 31 F. 3d 293 (5th Cir. 1994), 3.6
Mississippi Power & Light Co. v. Mississippi, 487 U. S. 357 (1988), 3.5, 3.6
Mississippi Power & Light Co. v. United Gas Pipe Line Co., 532 F. 2d 412 (5th Cir. 1976), 14.6
Missouri*ex rel*, Garstang v. Department of Interior, 297 F. 3d 745 (8th Cir. 2002), 1.2, 5.4
Missouri Coalition for the Env't v. Corps of Eng'rs, 866 F. 2d 1025 (8th Cir. 1989), 11.6 Missouri v. Jenkins, 495 U. S. 33 (1990), 18.4

Missouri v. Jenkins, 515 U. S. 70 (1995), 18. 4
Mistick PBT v. Chao, 440 F. 3d 503 (D. C. Cir. 2006), 17. 6
Mistretta v. United States, 488 U. S. 361 (1989), 2. 5, 2. 6, 9. 10, 17. 3
Mitchell v. Dupnick, 75 F. 3d 517 (3d Cir. 1996), 9. 4
Mitchell v. Forsyth, 469 U. S. 929 (1985), 19. 3
Mitchell v. Forsyth, 472 U. S. 511 (1985), 15. 11, 19. 3
Mitchell; United States v. , 39 F. 3d 465 (4th Cir. 1994), 6. 6
Mitchell; United States v. , 445 U. S. 535, 100 S. Ct. 1349, 63 L. Ed. 2d 607 (1980), 13. 1
Mizokami v. United States, 414 F. 2d 1375 (Ct. Cl. 1969), 19. 4
Mobile Communications Corp. of America v. FCC, 77 F. 3d 1399 (D. C. Cir. 1996), 11. 4
Mobil Oil Co. v. DOE, 610 F. 2d 796 (TECA 1979), *cert. denied*, 446 U. S. 937 (1980), 7. 4
Mobil Oil Corp. v. FPC, 463 F. 2d 256 (D. C. Cir. 1971), 14. 2, 14. 6
Mobil Oil Corp. v. FPC, 483 F. 2d 1238 (D. C. Cir. 1973), 7. 8
Mobil Oil Exploration v. United Distribution Co. , 498 U. S. 211 (1991), 7. 4, 7. 12, 11. 4, 15. 10, 15. 14
Modern Plastics Corp. v. McCulloch, 400 F. 2d 14 (6th Cir. 1968), 6. 6
Molina de Massenet v. Gonzales, 485 F. 3d 661 (1st Cir. 2007), 15. 5, 15. 8
Molton, Allen & Williams v. Harris, 613 F. 2d 1176 (D. C. Cir. 1980), 13. 1
Molzof v. United States, 502 U. S. 301 (1992), 19. 4
Monell v. New York City Dep't of Social Servs. , 436 U. S. 658 (1978), 18. 5, 19. 6
Money Station v. Board of Governors of Fed. Reserve Sys. , 81 F. 3d 1128 (D. C. Cir. 1996), 8. 2
Monongahela Bridge Co. v. United States, 216 U. S. 177 (1910), 2. 8
Monroe v. Pape, 365 U. S. 167 (1961), 13. 3, 19. 6
Monsanto Chern. Co. ; NLRB v. , 205 F. 2d 763 (8th Cir. 1953), 6. 6
Monsanto v. EPA, 19 F. 3d 1201 (7th Cir. 1994), 17. 7
Montana v. Kwnedy, 366 U. S. 308, 81 S. Ct. 1336, 6 L. Ed. 2d 313 (1961), 13. 1
Montanav. United States, 440 U. S. 147 (1979), 13. 5
Montana Wildermess Assn. v. Forest Service, 314 F. 3d 1146 (9th Cir. 2003), 12. 3, 15. 11
Monterey Coal Co. v. Federal Mine Safety and Health Review Comm'n, 635 F. 2d 291 (4th Cir. 1980), 15. 11
Monterro-Martinez v. Ashcroft, 277 F. 3d 1137 (9th Cir. 2001), 17. 8
Montgomery County, In re, 215 F. 3d 367 (3d Cir. 2000), 19. 3
Moog Indus. v. FTC, 355 U. S. 411 (1958), 6. 8, 17. 5
Moore v. East Cleveland, 431 U. S. 494 (1977), 15. 2
Moore v. Glickman, 113 F. 3d 988 (9th Cir. 1997), 19. 5
Moore v. Illinois Central R. Co. , 312 U. S. 630 (1941), 14. 1
Moore v. Muncie Police & Fire Merit Commission, 312 F. 3d 322 (7th Cir. 2002), 9. 4

Morales-Izquierdo v. Gonzales, 477 F. 3d 691 (9th Cir. *en banc* 2007), 9. 5
Moore v. Valder, 65 F. 3d 189 (D. C. Cir. 1995), 19. 3
Morales v. Schmidt, 489 F. 2d 1335 (7th Cir. 1973) and 434 F. 2d 85 (7th Cir. *en banc* 1974), 6. 9
Morales v. Trans World Airlines, 504 U. S. 374 (1992), 14. 4
Morales-Morales v. Ashcroft, 384 F. 3d 418 (7th Cir. 2004), 17. 8
Morgan v. Department of Energy, 424 F. 3d 1271 (Fed. Cir. 2005), 8. 5
Morgan Stanley Capital Group v. Public Utility District, 128 S. Ct. 2733 (2008), 3. 6
Morris v. United States, 393 F. 3d 1372 (Fed. Cir. 2004), 15. 12
Morgan v. United States, 298 U. S. 468 (1936), 8. 6, 11. 6
Morgan v. United States, 304 U. S. 1 (1938), 7. 2, 8. 6, 9. 8
Morgan; United States v. , 313 U. S. 409 (1941), 8. 5, 8. 6, 9. 8
Morrisey v. Brewer, 408 U. S. 471 (1972), 9. 4, 9. 8
Morrison v. Olson, 487 U. S. 654 (1988), 1. 7, 2. 4, 2. 5, 9. 10, 15. 4, 17. 5
Morrissey v. Commissioner, 296 U. S. 344 (1935), 6. 4
Morse v. Republican Perty of Virginia, 517 U. S. 186 (1996), 18. 5
Morton v. Ruiz, 415 U. S. 199 (1974), 6. 6, 6. 9
Morton Salt Co. ; United States v. , 338 U. S. 632 (1950), 4. 1, 4. 5
Moser v. United States, 341 U. S. 41 (1951), 13. 1
Motion Picture Assn. v. Oman, 969 F. 2d 1154 (D. C. Cir. 1992), 6. 7
Motion Systems Corp. v. Bush, 437 F. 3d 1356 (Fed. Cir. *en banc* 2006), 17. 7
Motor Vehicle Mfrs. Assn. v. New York State Dep't of Envtl. Conservation, 79 F. 3d 1298 (2d Cir. 1996), 15. 14
Motor Vehicle Mfrs. Assn. v. States Farm Mutual Automobile Insurance Co. , 463 U. S. 29 (1987), 3. 5, 3. 6, 7. 4
Motor Vehicle Mfrs. Assn. v. State Fann Mut. Auto. Ins. Co. , 463 U. S. 29 (1983), 1. 7, 3. 3, 3. 6, 7. 4, 7. 5, 7. 8, 7. 9, 7. 12. 8. 5, 11. 4, 11. 6, 17. 2, 17. 4
Mouelle v. Gonzals, 416 F. 3d 923 (8th Cir. 2005), 3. 6
Mount v. Postal Serv. , 29 F. 3d 531 (6th Cir. 1996), 5. 17
Mount Evans Co. v. Madigan, 14F. 3d 1444 (10th Cir. 1994), 17. 7
Mt. Mansfield Television, Inc. v. FCC, 442 F. 2d 470 (2d Cir. 1971), 7. 3
Mullane v. Cntral Hanover Bank & Trust Co. , 339 U. S. 306 (1950), 9. 5
Mullins v. Department of Energy, 50 F. 3d 990 (Fed. Cir. 1995), 11. 4, 17. 7
Multi AG Media v. Department of Agriculture, 515 F. 3d 1224 (D. C. Cir. 2008), 5. 12
Multi-Med. Convalescent and Nursing Ctr. v. NLRB, 550 F. 3d 974 (4th Cir. 1977), 10. 2.
Muncy v. City of Dallsa, 335 F. 3d 394 (5th Cir. 2003), 9. 4
Mundt v. United States, 611 F. 2d 1257 (9th Cir. 1980), 19. 4
Muniz v. Sabol, 517 F. 2d 29 (1st Cir. 2008), 6. 2
Muniz; United States v. , 374 U. S. 150 (1963), 19. 4
Murchison, In re, 349 U. S. 133 (1955), 9. 8
Murphy v. Commissioner, 469 F. 3d 27 (1st Cir. 2006), 11. 6

Murphy v. Waterfront Comm'n, 378 U. S. 52 (1964), 4. 6, 4. 10
Murphy Exploration v. Department of Interior, 252 F. 3d 472 (D. C. Cir. 2001), 12. 3
Musick, Peeler & Garrett v. Employers Ins. , 508 U. S. 286 (1993), 185
Mustang Energy Corp. v. FERC, 859 F. 2d 1447 (10th Cir. 1988), 2. 6
Myers v. Bethlehem Shipbuilding Corp. , 303 U. S. 41 (1938), 15. 2, 15. 4, 15. 5, 15. 11
Myers v. United States, 17 F. 3d 890 (6th Cir. 1994), 18. 5, 19. 4
Myers v. United States, 272 U. S. 52 (1926), 2. 3, 2. 5
Mylan Laboratories v. Thompson, 389 F. 3d 1272 (D. C. Cir. 2004), 3. 5
NAACP v. Alabama, 357 U. S. 449 (1958), 16. 12
NAACP v. Button, 371 U. S. 415 (1963), 16. 12
NAACP v. HUD, 817 F. 2d 149 (1st Cir. 1987), 17. 7, 18. 4
Nader v. Allegheny Airlines, Inc. , 426 U. S. 290 (1976), 14. 4
Nader v. FAA, 440 F. 2d 292 (D. C. Cir. 1971), 6. 10
Nader v. Sawhill, 514 F. 2d 1064 (D. C. Cir. 1975), 7. 10
Naisbitt v. United States, 611 F. 2d 1350 (10th Cir.), *cert. denied*, 449 U, S (1980), 19. 4
Najjar v. Ashcroft, 257 F. 3d 1261 (11th Cir. 2001), 10. 6
Nash v. Bowen, 869 F. 2d 675 (2d Cir.), *cert. denied sub nom.*
Nation v. Department of Heath & Human Services, 285 F. 3d 864 (9th Cir. 2002), 3. 5, 3. 6
National Archives and Records Administration v. Favish, 124 S. Ct. 1570 (2004), 5. 13
National Ass'n of Clean Air Agencies v. EPA, 489 F. 3d 1221 (D. C. Cir. 2007), 11. 5, 15. 8
National Assn. of Home Builders v. Army Corp of Engineers, 417 F. 3d 1272 (D. C. Cir. 2005), 6. 1, 15. 11, 16. 9
National Assn. of Home Builders v. Defenders of Wildlife, 127 S. Ct. 2518 (2007), 3. 6, 6. 11, 11. 4, 18. 1
National Assn. of Home Builders v. Norton, 309 F. 3d 26 (D. C. Cir. 2002), 5. 12
National Athletic Trainers' Assn v. Department of Health & Human Devices, 455 F. 3d 500 (5th Cir. 2006). 15. 3, 16. 9
National Cable & Telecommunications Assn. v. Brand X Internet Services, 125 S. Ct. 2688 (2005), 3. 5, 3. 6, 6. 11, 7. 4, 11. 5
National Assn. of Independent Television Producers and Distribs. v. FCC, 502 F. 2d 249 (2d Cir. 1974), 7. 3
National Audubon Soc'y v. Forest Serv. , 46 F. 3d 1437 (9th Cir. 1994), 17. 8
National Audubon Soc'y v. Hoffman, 132 F. 3d 7 (2d Cir. 1997), 11. 6
National Automatic Laundry and Cleaning Council v. Schultz, 443 F. 2d 689 (D. C. Cir. 1971), 15. 15
National Bank of Commerce v. New Bedford, 175 Mass. 257, 56 N. E. 288 (1900), 10. 4
National Broadcasting Co. v. United States, 319 U. S. 190 (1943), 2. 6, 6. 2, 6. 4

National Cable & Telecommunications Assn. v. Gulf Power Co., 122 S. Ct. 782 (20022), 3.6, 7.4

National City Bank of Indiana v. Turnbaugh, 463 F. 3d 325 (4th Cir. 2006), 3.5

National Coal Assn. v. FPC, 191 F. 2d 462 lD. C. Cir. 1951), 16.4

National Coalition to Save Our Mall v. Norton, 269 F. 3d 1092 (D. C. Cir. 2001), 17.8

National Communications Assn. v. AT&T, 46 F. 3d 220 (2d Cir. 1995), 12.3, 14.1, 14.6

National Committee for the New River v. FERC, 433 F. 3d 830 (D. C. Cir. 2005), 16.5

National Council of La Raza v. DOJ, 411 F. 3d 350 (2d Cir. 2005), 5.11

National Council of Resistance of Iran v. Department of State, 251 F. 3d 192 (D. C. Cir. 2001), 9.4, 9.5

National Courier Assn. v. Board of Governors of Fed. Reserve Sys., 516 F. 2d 1229 (D. C. Cir. 1975), 18.2

National Credit Union Admin. v. First National Bank & Trust Co., 522 U. S. 479 (1998), 16.9

National Customs Brokers and Forwarders Assn. v. United States, 59 F. 3d 1219 (Fed Cir. 1995), 7.10

National Elec. Mfrs. Assn. v. EPA, 99 F. 3d 1170 (D. C. Cir. 1996), 7.3

National Federation of Federal Employees v. FLRA, 412 F. 3d 119 (D. C. Cir. 2005), 11.5

National Gerimedical Hosp. and Gerontology Ctr. v. Blue Cross of Kansas City, 452 U. S. 378 (1981), 14.5

National Independent Coal Operators' Assn. v. Kleppe, 423 U. S. 388 (1976), 8.5

National Mining Assn. v. Department of Labor, 292 F. 3d 849 (D. C. Cir. 2002), 6.7, 15.14

National Mining Assn. v. EPA, 59 F. 3d 1351 (D. C. Cir. 1995), 3.6

National Mining Ass'n v. Kempthorne, 512 F. 3d 702 (D. C. Cir. 2008), 3.6, 7.4

National Mining Assn. v. Mine Safety & Health Admin., 116 F. 3d 520 (D. C. Cir. 1997), 7.3, 7.4.

National Motor Freight Assn. v. United States, 372 U. S. 246 (1963), 16.12

National Motor Freight Traffic Assn. v. United States, 286 F. Supp. 90 (D. D. C. 1967), aff'd, 393 U. S. 18 (1968), 6.5, 7.10

National Nutritional Foods Assn. v. FDA, 491 F. 2d 1141 (2d Cir. 1974), 8.6

National Nutritional Foods Assn. v. Mathews, 557 F. 2d 325 (2d Cir. 1977), 7.5, 8.6

National Nutritional Foods Assn. v. Weinberger, 512 F. 2d 688 (2d Cir.), *cert. denied*, 423 U. S. 827 (1975), 8.6

National Organization for the Reform of Marijuana Laws v. Ingersoll, 497 F. 2d 854 (D. C. Cir. 1974), 6.10.

National Organization of Veterans Advocates v. Secretary of Veterans Affairs, 260 F. 3d 1365 (Fed. Cir. 2001), 2.9, 3.6, 6.4, 7.13, 11.5, 13.5

National Park Hospitality Assn. v. Department of Interior, 123 S. Ct. 2026 (2003), 15.12, 15.14, 16.4

National Parks and Conservation Assn. v. Kleppe, 547 F. 2d 673 (D. C. Cir. 1976), 5.12

National Park Conservation Assn. v. Manson, 414 F. 3d 1 (D. C. Cir. 2005), 16.4, 16.5

National Parks and Conservation Assn. v. Morton, 478 F. 2d 765 (D. C. Cir. 1974), 5.10

National Park Conservation Assn. v. Norton, 324 F. 3d 1220 (11th Cir. 2003), 15.11

National Petrochemical & Refiners Assn. v. EPA, 287 F. 3d 1130 (D. C. Cir. 2002), 16.9

National Petroleum Refiners Assn. v. FTC, 482 F. 2d 672, *cert. denied*, 415 U. S. 951 (1974), 6.2, 6.4, 6.8

National Rifle Assn. v. Magaw, 132 F. 3d 272 (6th Cir. 1997), 15.13, 16.4

National R. R. Passenger Corp. v. Boston & Maine Corp., 503 U. S. 407 (1992), 3.6

National R. R. Passenger Corp. v. National Assn. ofRR. Passengers, 414 U. S. 453 (1974), 18.5

National Taxpayers Union v. Social Security Administration, 376 F. 3d 239 (4th Cir. 2004), 15.3

National Tire Dealers & Retreaders v. Brinegar, 491 F. 2d 31 (D. C. Cir. 1974), 7.4

National Tower v. Plainville Zoning Board of Appeals, 297 F. 3d 14 (1st Cir. 2002), 11.2, 11.4, 12.3, 18.7

National Treasury Employees Union v. Chertoff, 452 F. 3d 839 (D. C. Cir. 2006), 15.14

National Treasury Employees Union v. Customs Serv., 802 F. 2d 525 (D. C. Cir. 1986), 5.8

National Treasury Employees Union v. Federal Labor Relations Auth., 112 F. 3d 402 (9 th Cir. 1997), 17.8

National Union Fire Ins. v. United States, 115 F. 3d 1415 (9th Cir. 1997), 19.4

National Welfare Rights Organization v. Finch, 429 F. 2d 725 (D. C. Cir. 1970), 16.10

National Welfare Rights Organization v. Mathews, 533 F. 2d 637 (D. C. Cir. 1976), 7.5

National Whistleblower Ctr. v. NRC, 208 F. 3d 256 (D. C. Cir. 2000), 6.5

National Wildlife Federation v. EPA, 286 F. 3d 554 (D. C. Cir. 2002), 7.5

National Wildlife Fed'n v. Browner, 127 F. 3d 1126 (D. C. Cir. 1997), 3.5, 6.11

National Wildlife Found. v. Snow, 561 F. 2d 227 (D. C. Cir. 1976), 7.10

National Wrestling Coaches Assn. v. Department of Education, 366 F. 3d 930 (D. C. Cir. 2004), 16.5

Nationsbank v. Variable Annuity Life Insurance Co., 513 U. S. 251 (1995), 3.5

Nationwide Building Maintenance, Inc. v. Sampson, 559 F. 2d 704 (D. C. Cir. 1977), 5.5

Nationwide Mut. Ins. Co. v. Cisneros, 52 F. 3d 1351 (6th Cir. 1995), 15.14

Natural Resources Defense Council. *See NRDC*

Natural Resources Defense Council v. Abraham, 388 F. 3d 701 (9th Cir. 2004), 15.12

Natural Resources Defense Council v. EPA, 279 F. 3d 1180 (9th Cir. 2002), 7.3

Natural Resources Defense Council v. EPA, 464 F. 3d 1 (D. C. Cir. 2006), 2. 6, 16. 4

Natural Resources Defense Council v. EPA, 489 F. 3d 1364 (D. C. Cir. 2007), 7. 13, 16. 4

Natural Resources Defense Council v. Evans, 316 F. 3d 904 (9th Cir. 2003), 7. 10, 12. 3, 15. 12, 15. 15

Natural Resources Defense Council v. FAA, 292 F. 3d 875 (D. C. Cir. 2002), 17. 9

National Resources Defense Council v. Forest Service, 421 F. 3d 797 (9th Cir. 2005), 17. 8

Natural Resources Defense Council v. Johnson, 461 F. 3d 164 (2d Cir. 2006), 18. 2

Navarro v. Pfizer Corp. , 261 F. 3d 90 (1st Cir. 2001), 3. 5

Navarro-Aispura v. INS, 53 F. 3d 233 (9th Cir. 1995), 9. 5

N. B. v. Alachua County School Board, 84 F. 3d 1376 (11th Cir. 1996), 15. 3

Neal v. United States, 516 U. S. 284 (1996), 3. 6

Nebraska v. Department of Health and Human Services, 435 F. 3d 326 (D. C. Cir. 2006), 18. 1

Nebraska Beef v. Greening, 398 F. 3d 1080 (8th Cir. 2005), 19. 5

Negrete-Rodriguez v. Mukasey, 518 F. 3d 497 (7th Cir. 2008), 6. 7

Negusie v. Holder, 129 S. Ct. 1159 (2009), 3. 6

Neighbors of Cuddy Mountail v. Alexander, 303 F. 3d 1059 (9th Cir. 2002), 15. 11

Neustadt; United Staten. , 366 U. S. 696 (1961), 19. 4

Nevada Consol. Copper Corp. ; NLRB v. , 316 U. S. 105 (1942), 11. 2

Newark Morning Ledger Co. v. United States, 416 F. Supp. 689 (D. N] . 1975), 10. 6

New England Legal Found. v. Massachusetts Port Auth. , 883 F. 2d 157 (1st Cir. 1989), 14. 3, 18. 5

New Jersey v. EPA, 517 F. 3d 574 (D. C. Cir. 2008), 7. 13

New Mexico v. EPA, 114 F. 3d 290 (D. C. Cir. 1997), 7. 3, 7. 6

New Mexico Ranchers Assn. v. ICC, 702 F. 2d 227 (D. C. Cir. 19B3), 6. 6

New Orleans Pub. Serv. , Inc. v. City Council of New Orleans, 491 U. S. 350 (1989), 18. 7

Newport, City of v. Fact Concerts, Inc. , 453 U: S. 247 (19Bl), 19. 6

Newport News Shipbuilding Co. v. OWCP, 592 F. 2d 762 (4th Cir. 1979), 10. 7

Newton County Wildlife Assn. v. Rogers, 141 F. 3d 803 (8th Cir. 199B), 11. 6

New York v. Burger, 482 U. S. 691 (1987), 4. 3

New York v. EPA, 413 F. 3d 3 (D. C. Cir. 2005), 7. 5

New York v. FCC, 267 F. 3d 91 (2d Cir. 2001), 6. 6

New York v. FERC, 122 S. Ct. 1012 (2002), 3. 6, 7. 4

New York City v. Diamond, 379 F. Supp. 503 (S. D. N. Y. 1974), 7. 10

New York City v. FCC, 486 U. S. 57 (198B), 3. 5, 6. 6, 14. 4

New York City Employees' Ret. Sys. v. SEC, 45F. 3d 7 (2dCir. 1995), 6. 4, 17. 7

New York Cross Harbor P. R. v. Surface Transportation Board, 374 F. 3d 1177 (D. C. Cir. 2004), 11. 5

New York New York LLC v. NLRB, 313 F. 3d 585 (D. C. Cir. 2002), 3. 5

New York Public Interest Research Group v. Whitman, 321 F. 3d 316 (2d Cir. 2003), 15. 15, 16. 4, 17. 7

New York State Assn. for Retarded Children v. Carey, 706 F. 2d 956 (2d Cir.), *cert. denied*, 464 U. S. 915 (1983), 18. 4

New York State Elec. & Gas Corp. v. FERC, 117 F. 3d 1473 (D. C. Cir. 1997), 1B. 2

New York Stock Exchange v. Bloom, 562 F. 2d 736 (D. C. Cir. 1977), *cert. denied*, 435 U. S. 942 (197B), 15. 15

New York Times v. Sullivan, 376 U. S. 254 (1964), 15. 13

News-Press v. Department of Homeland Security, 489 F. 3d 1173 (11th Cir. 2007), 5. 12

Ng Fung Ho v. White, 259 U. S. 276 (1922), 17. 9

Ngure v. Ashcroft, 367 F. 3d 975 (8th Cir. 2004), 17. 7

Niagara Mohawk Power Corp. v. FERC, 117 F. 3d 1485 (D. C. Cir. 1997), 18. 2

Nichols v. Cohen, 290 F. Supp. 207 (S. D. 1968), 11. 2

Nicholson v. Hooters of Augusta, 136 F. 3d 12B7 (11th Cir. 199B), 18. 5

9 to 5 Organization for Women Office Workers v. Board of Governors of Fed. Reserve Sys. , 721 F. 2d 1 (1st Cir. 1983), 5. 10, 5. 16

Nippon Miniature Bearing Corp. v. Weisse, 230 F. 3d 1131 (9th Cir. 2000), 15. 11

Nippon Steel Corp. v. United States, 219 F. 3d 1348 (Fed. Cir. 2000), 14. 2, 15. 2

Nixon v. Fitzgerald, 457 U. S. 731 (1982), 19. 3

Nixon; United States v. , 418V. S. 683 (1974), 5. 18, 6. 6, 16. 5, 17. 4, 17. 5, 17. 7

NLRB v. *See name of opposing party*

NLRB v. American Medical Response, 438 F. 3d 188 (2d Cir. 2007), 4. 2

NLRB v. Chapa de Indian Health Progeam, Inc. , 316 F. 3d 995 (9th Cir. 2003), 4. 2

NLRB v. Saint-Gobain Abrasives, 426 F. 3d 455 (1st Cir. 2005), 15. 8

Noble v. Union River Logging Co. , 147 U. S. 165 (1893), 18. 4

Noel v. Chapman, 508 F. 2d 1023 (2d Cir. 1975), 6. 4

Noland v. United States Civil Servo Comm'n, 544 F. 2d 333 (8th Cil'. 1976), 18. 2

Nor-Am. Agric. Prods. , Inc. v. Hardin, 435 F. 2d 1151 (7th Cir. 1970), 15. 11

Norfolk S. Ry. v. Shanklin, 529 U. S. 347 (2000), 3. 5, 6. 11

North Am. Cold Storage Co. v. Chicago, 211 U. S. 306 (1908), 9. 1, 9. 6

North Carolinav. Chas. Pfizer & Co. , 537 F. 2d 67 (4th Cir.), *cert. denied*, 429 U. S. 870 (1976), 13. 4

North Carolinav. FERC, 584 F. 2d 1003 (D. C. Cir. 1978), 2. 9

North Carolina Dep't of Transp. v. Crest Street Community Council, Inc. , 479 U. S. 6 (1986), 15. 9

North Dakota; United Statesv. , 460 U. S. 300 (1983), 13. 1

Northeastern Florida Contractors v. Jacksonville, 508 U. S. 656 (1993), 16. 5

Northeast Marine Terminal v. Caputo, 432 U. S. 249 (1977), 3. 1

Northeast Maryland Waste Disposal Authority v. EPA, 358 F. 3d 936 (D. C. Cir. 2004), 7. 3

Northern Pipeline Constr. Co. v. Marathon Pipeline Co. , 458 U. S. 50 (1982), 1. 7,

2. 8，17. 9

Northern Steel Supply Co. v. Secretary of Labor，294 F. 3d 844 (7th Cir. 2002)，3. 5

North Haven Bd. of Educ. v. Bell，456 U. S. 512 (1982)，6. 11

North Shore Gas Co. v. EPA，930 F. 2d 1239 (7th Cir. 1991)，16. 5

Northwest Airlines v. County of Kent，510 U. S. 355 (1994)，14. 1，14. 3，18. 5

Northwest Airlines v. Goldschmidt，645 F. 2d 1390 (8th Cir. 1981)，18. 2

Northwest Ecosystem Alliance v. Fish & Wildlife Service，475 F. 3d 1136 (9th Cir. 2007)，3. 5

Northwest Environmental Defense Center v. Bonneville Power Administration，477 F. 3d 668 (9th Cir. 2007)，11. 5

Northwest Envtl. Advocates v. Portland，56 F. 3d 979 (9th Cir. 1995)，18. 5

Northwest Envtl. Defense Ctr. v. Bonneville Power Admin.，11'1 F. 3d 1520 (9th Cir. 1997)，16. 4

Northwestern Nat'l Cas. CO. v. Global Moving & Storage，Inc.，533 F. 2d 320 (6th Cir. 1976)，10. 2

Northwest Resource Info. Ctr. v. National Marine Fisheries Serv.，25 F. 3d 872 (9th Cir. 1994)，18. 2

Norton v. Southern Utah Wilderness Alliance，124 S. Ct. 2373 (2004)，12. 3，15. 11，17. 7

Norton v. United States，581 F. 2d 390 (4th Cir.)，*cert. denied*，439 U. S. 1003 (1978)，19. 4

Norwegian Nitrogen Co. v. United States，288 U. S. 294 (1933)，6. 4

Nova Scotia Food Prods. Corp.；United States v.，568 F. 2d 240 (2d Cir. 1977)，7. 3

NRDC v. California Dep't of Transp.，96 F. 3d 420 (9th Cir. 1996)，18. 7

NRDC v. Defense Nuclear Facilities Bd.，969 F. 2d 1248 (D. C. Cir. 1992)，5. 9

NRDC v. EPA，8 24 F. 2d 1258 (lst Cir. 1987)，7. 3

NRDC v. EPA，16 F. 3d 1395 (4th Cir. 1993)，7. 5

NRDC v. EPA，22 F. 3d 1125 (D. C. Cir. 1994)，12. 3

RDC v. EPA，673 F. 2d 400 (D. C. Cir. 1982)，18. 2

NRDC v. EPA，824 F. 2d 1146 (D. C. Cir. 1987)，15. 8

NRDC v. EPA，859 F. 2d 156 (1988)，7. 14

NRDC v. Hodel，865 F. 2d 288 (D. C. Cir. 1988)，9. 8，17. 4

NRDC，Inc. v. SEC，389 F. Supp. 689 (D. D. C. 1974)，7. 3

NRDC v. NRC，606 F. 2d 1261 (D. C. Cir. 1979)，18. 2

NRDC v. SEC，606 F. 2d 1031 (D. C. Cir. 1979)，6. 10

NRDC v. Thomas，838 F. 2d 1224 (D. C. Cir. 1988)，7. 3

NRDC v. Train，510 F. 2d 692 (D. C. Cir. 1975)，12. 3

Nuclear Energy Institute v. EPA，373 F. 3d 1251 (D. C. Cir. 2004)，15. 8

Nuclear Information and Resource Service v. NRC，500 F. 3d 562 (D. C. Cir. 2007)，9. 8

Nulankeyutonen Nkihtaqmikon v. Impson，503 F. 3d 18 (1st Cir. 2007)，15. 2，16. 4，16. 9

Nunley；United States v.，873 F. 2d 182 (8th Cir. 1989)，9. 10

Nunnally Inv. Co. ; United States v. , 316 U. S. 258 (1942), 13. 4

NVE Inc v. Department of Health and Human Services, 436 F. 3d 182 (3d Cir. 2006), 11. 5

Nyeholt v. Secretary of Veterans Affairs, 298 F. 3d 1350 (Fed. Cir. 2002), 6. 11, 9. 5, 17. 9

Nyhuis v. Reno, 204 F. 3d 65 (3d Cir. 2000), 15. 3

O'Bannan v. Town Ct. Nursing Ctr. , 447 U. S. 773 (1980), 9. 3, 9. 4

Ober v. EPA, 84 F. 3d 304 (9th Cir. 1996), 7. 3

Oberson v. Forest Service, 441 F. 3d 710 (9th Cir. 2006), 19. 4

Oblioha v. Gonzales, 431 F. 3d 400 (4th Cir. 2005), 17. 6

O'Brien v. DiGrazia, 544 F. 2d 543 (1st Cir. 1975), *cert. denied*, 431 U. S. 914 (1977), 9. 9

Occhino v. United States, 686 F. 2d 1302 (8th Cir. 1982), 19. 4

Ocean Advocates v. Corp of Engineers, 361 F. 3d 1108 (9th Cir. 2004), 16. 4

Ochran v. United States, 117 F. 3d 495 (11th Cir. 1997), 19. 4

O'Connor v. Donaldson, 422 U. S. 563 (1975), 19. 3

Office Employees v. NLRB, 353 U. S. 313 (1957), 3. 1

Office of Communication of the Church of Christ v. FCC, 560 F. 2d 529 (2d Cir. 1077), 11. 5

Office of Communication of the United Church of Christ v. FCC, 35g F. 2d 994 (D. C. Cir. 1966), 16. 10

Office of Consumers' Counsel v. FERC, 783 F. 2d 206 (D. C. Cir. 1986), 11. 2

Office of Personnel Mgmt. v. Richmond, 496 U. S. 414 (1990), 6. 6, 13. 1

Office of the Capital Collateral Counsel v. Department of Justice, 331 F. 3d 799 (11th Cir. 2003), 5. 12

Office of Workers' Compensation Programs. *See* OWCP

O'Hagan; United States v. , 521 U. S. 642 (1997), 18. 5

O'Hare Truck Servo v. City of Northlake, 518 U. S. 712 (1996), 19. 6

Ohio Bell Tel. CO. v. PUC, 301 U. S. 292 (1936), 7. 2, 10. 6

Ohio Civil Rights Comm'n v. Dayton Christian Sch. , 477 U. S. 619 (1986), 15. 13

Ohio; Department of Energy v. , 503 U. S. 607 (1992), 18. 6

Ohio Forestry Assn. v. Sierra Club, 523 U. S. 726 (1998), 15. 16

Ohio Public Interest Research Group v. Whitman, 286 F. 3d 792 (6th Cir. 2004), 17. 7

Ohio Valley Water CO. v. Ben Avon Borough, 253 U. S. 287 (1920), 17. 9

Oil, Chem. & Atomic Workers Int'l Union v. NLRB, 547 F. 2d 598 (D. C. Cir. 1976), *cert. denied*, 429 U. S. 1078 (1977), 11. 5

Oil, Chem. & Atomic Workers Int'l Union v. NLRB, 76 F. 3d 82 (D. C. Cir. 1995), 8. 6

Oil, Chem. & Atomic Workers Union v. OSHA, 145 F. 3d 120 (3d Cir. 1998), 12. 3

Oil, Chem. & Atomic Workers Union v. Richardson, 214 F. 3d 1379 (D. C. Cir. 2000), 17. 7

O'Keefe's Inc. v. Consumer Product Safety Comm'n, 92 F. 3d 940 (9th Cir.

1996)，6.10
Oklahoma City v. Tuttle，471 U.S. 808 (1985)，19.6
Oklahoma Press Publishing CO. v. Walling，327 U.S. 186 (1946)，4.1，4.2，4.5
Olberding v. Department of Defense，709 F.2d 621 (8th Cir. 1983)，5.17
Old Ben Coal Corp. v. Interior Bd. of Mine Operations Appeals，523 F.2d 25 (7th Cir. 1975)，10.7
Old Dominion Electricity Co-op v. FERC，518 F.3d 43 (D.C. Cir. 2008)，3.5
Olegario v. United States，629 F.2d 204 (2d Cir. 1980)，13.5
Olenhouse v. Commodity Credit Corp.，42 F.3d 1560 (10th Cir. 1994)，8.5，11.4
Oljato Chapter of the Navajo Tribe v. Train，515 F.2d 654 (D.C. Cir. 1975)，18.2
Olsen v. U.S.，414 F.3d 144 (1st Cir. 2005)，11.5
Olson v Federal Mine Safety and Health Review Commission，381 F.3d 1007 (10th Cir. 2005)，3.5
Olson v. Morris，188 F.3d 1083 (D.C. Cir. 1999)，13.3
Omni Int'l Hotels，Inc. v. NLRB，606 F.2d 570 (5th Cir. 1979)，11.2
Omnipoint Corp. v. FCC，78 F.3d 620 (D.C. Cir. 1996)，7.3
O'neal v. Miss. Board of Nursing，113 F.3d 62 (5th Cir. 1997)，19.3
O'Neal v. Mississippi Bd. of Nursing，113 F.3d 62 (5th Cir. 1997)，19.3
O'Neil；United States v.，11 F.3d 292 (1st Cir. 1993)，6.3
On-Line Careline v. AERICA Online，229 F.3d 2080 (Fed. Cir. 2000)，11.2
Opelika Nursing Home Inc. v. Richardson，356 F. Supp. 1338 (M.D. Ala. 1973)，aff'd，480 F.2d 841 (5th Cir. 1974)，7.10
Open America v. Watergate Special Prosecution Force，547 F.2d 605 (D.C. Cir. 1976)，5.4，12.3
Opp Cotton Mills v. Administrator，312 U.S. 126 (1941)，10.3
Order of Ry. Conductors v. Pitney，326 U.S. 561 (1946)，14.1
Oregon Natural Desert Assn. v. Bibles，83 F.3d 1168 (9th Cir. 1996)，5.3，5.12
Oregon Natural Desert Assn v. Forest Service，465 F.3d 977 (9th Cir. 2006)，15.11
Oregon Natural Resources Council v. Thomas，92 F.3d 792 (9th Cir. 1996)，11.4，17.7
Oregon-Trollers Ass'n v. Gutierrez，452 F.3d 1104 (9th Cir. 2006)，7.10，12.3
Orkin v. Taylor，487 F.3d 734 (9th Cir. 2007)，18.5
Orlando HelicopterAirways，Inc. v. Widnall，51 F.3d 258 (Fed. Cir. 1995)，15.11
Orthopedic Bone Screw Product Liability Litigation，264 F.3d 344 (3d Cir. 2001)，19.3
Orthopaedic Hosp. v. Belshe，103 F.3d 1491 (9th Cir.. 1997)，3.5
Ortiz v. Fibreboard Corp.，527 U.S. 815 (1999)，16.1
Ortiz v. Principi，274 F.3d 1361 (Fed. Cir. 2001)，10.7
Ortiz-Cornejo v. Gonzales，400 F.3d 610 (8th Cir. 2005)，17.8
Osborne v. Babbitt，67 F.3d 810 (10th Cir. 1995)，15.8
OSHA Data v. Departnlent of Labor，220 F.3d 153 (3d Cir. 2000)，5.5
Ostrenski v. Siegel，177 F.3d 245 (4th Cir. 1999)，19.3
O'Shea v. Littlejohn，414 U.S. 488 (1974)，16.4，17.5

O'toole v. United States, 295 F. 3d 1029 (9th Cir. 2002), 19. 4
Otter Tail Power Co. v. United States, 410 U. S. 366 (1973), 14. 2, 14. 5
Ouachita Watch League v. Jacobs, 463 F. 3d 1163 (11th Cir. 2006), 11. 6, 16. 6
Overlook Nursing Home, Inc. v. United States, 556 F. 2d 500 (Cl. Cl. 1977), 9. 8
OWCP v. Eastern Coal Corp. , 54 F. 3d 141 (3d Cir. 1995), 6. 11
OWCP v. General Dynamics Corp. , 982 F. 2d 790 (2d Cir. 1992), 3. 5
OWCP v. Greenwich Collieries, 512 U. S. 267 (1994), 6. 11, 10. 7
OWCP v. Newport News Shipbuilding & Dry Dock Co. , 514 U. S. 122 (1995), 2. 5, 16. 15
OWCP v. North Am. Coal Corp. , 626 F. 2d 1137 (3d Cir. 1980), 15. 8
OWCP v. Perini N. River Assocs. , 459 U. S. 297 (1983), 16. 15
Owen v. City of Independence, 445 U. S. 622 (1980), 9. 4, 19. 6
Owner-Operator Independent Driver's Ass'n v. FMCSA, 494 F. 3d 188 (D. C. Cir. 2007), 7. 3, 15. 2, 16. 4, 16. 9
Owner-Operator Independent Drivers Assn. v. New Prime, 192 F. 3d 778 (8th Cir. 1999), 14. 1, 14. 2
Oxford Associates v. Waste System Authority, 271 F. 3d 170 (3d Cir. 2001), 16. 9
Oyv. United States, 61 F. 3d 866 (Fed. Cir. 1995), 12. 3
Pacheco v. FBI, 470 F. Supp. 1091 (D. Puerto Rico 1979), 5. 7
Pacific Coast Federation of Fishermen's Assn. v. National Marine Fisheries Service, 265 F. 3d 1028 (9th Cir. 2001), 15. 11
Pacific Gas & Elec. Co. v. FERC, 106 F. 3d 1190 (5th Cir. 1997), 16. 4
Pacific Gas & Elec. Co. v. FPC, 506 F. 2d 33 (D. C. Cir. 1974), 3. 5, 6. 3, 15. 15, 17. 3
Pacific Gas & Electric Co. v. FERC, 464 F. 3d 861 (9th Cir. 2006), 17. 7
Pacific Gas & Elec. Co. v. State Energy Resources Conservation & Dev. Comm'n, 461 U. S. 190 (1983), 15. 13
Pacific Legal Found. v. Costle, 586 F. 2d 650 (9th Cir. 1978), rev'd, 455 U. S. 198 (1980), 8. 2
Pacific Legal Found. v. DOT, 593 F. 2d 1338 (D. C. Cir.), *cert. denied*, 444 U. S. 830 (1979), 7. 5, 11. 4
Pacific Ry. Comm'n, In re, 32 F. 2d 241 (C. C. N. D. Cal. 1887), 4. 1
Pacific Seafarers v. Pacific Far E. Line, 404 F. 2d 804 (D. C. Cir.), *cert. denied*, 393 U. S. 1093 (1969), 13. 3.
Pacific States Box & Basket Co. v. White, 296 U. S. 176 (1935), 7. 1, 7. 4, 7. 5, 11. 4
Padilla-Agustin v. INS, 21 F. 3d 970 (9th Cir. 1994), 9. 5
Padula v. Webster, 822 F. 2d 97 (D. C. Cir. 1987), 17. 7
Page; United States v. , 137 U. S. 673 (1891), 2. 7
Pagel, Inc. v. SEC, 803 F. 2d 942 (1986), 10. 3
Painter v. FBI, 615 F. 2d 689 (5th Cir. 1980), 5. 17
Painter v. Shalala, 97 F. 3d 1351 (10th Cir. 1996), 17. 9
Painting Indus. of Hawaii Market Recovery Fund v. Department of Air Force, 26

F. 3d 1479 (9th Cir. 1994), 5. 12
Paisley v. CIA, 712 F. 2d 686 (D. C. Cif. 1983), *modified*, 724 F. 2d 201 (1984), 5. 6
Palavra v. INS, 287 F. 3d 690 (8th Cir. 2002), 11. 2
Palisades General Hospital v. Leavitt, 426 F. 3d 400 (D. C. Cir. 2005), 18. 1
P & V Enterprises v. Corps of Engineers, 516 F. 3d 1021 (D. C. Cir. 2008), 15. 12
Panama Refining Co. v. Ryan, 293 U. S. 388 (1935), 2. 6
Pan Am. World Airways v. CAB, 517 F. 2d 734 (2d Cif. 1975), 18. 2
Pan Am. World Airways v. United States, 371 U. S. 296 (1963), 14. 5
Pancake v. Amax Coal Co. 858 F. 2d 1250 (7th Cif. 1988), 11. 3
Panella v. United States, 216 F. 2d 622 (2d Cir. 1954), 19. 4
Pangburn v. CAB, 311 F. 2d 349 (1st Cif. 1962), 9. 9
Papachristou v. City ofJacksonville, 405 U. S. 156 (1972), 6. 9
Paragon Health Network v. Thompson, 251 F. 3d 1141 (7th Cir. 2001), 6. 11
Paralyzed Veterans of America v. D. C. Arena, 117 F. 3d 579 (D. C. Cir. 1997), 6. 4
Paralyzed Veterans of America v. Secretary of Veterans Affairs, 308 F. 3d 1262 (Fed. Cir. 2002), 6. 1, 15. 2
Paralyzed Veterans of America v. Secretary of Veterans Affairs, 345 F. 3d 1334 (Fed. Cir. 2003), 3. 6, 11. 5
Parisi v. Davidson, 405 U. S. 34 (1972), 15. 7
Parker v. Summerfield, 265 F. 2d 359 (D. C. Cif. 1959), 2. 7
Parkland Hosiery Co. v. Shore, 439 U. S. 322 (1979), 13. 4
Parks Sch. of Business v. Symington, 51 F. 3d 1480 (9th Cir. 1995), 18. 5
Parratt v. Taylor, 451 U. S. 527 (1981), 19. 6
Pascal v. United States, 543 F. 2d 1284 (CtC \ . 1976), 10. 4
Pasha v. Gonzales, 433 F. 3d 530 (7th Cir. 2005), 10. 3
Passavant v. United States, 148 U. S. 214 (1893), 2. 8
Patel v. Reno, 134 F. 3d 929 (9th Cif. 1997), 12. 3
Patients for Customized Care v. Shalala, 56 F. 3d 592 (5th Cif. 1995), 6. 3
Patsy v. Board of Regents of the State of Florida, 457 U. S. 496 (1982), 15. 9, 19. 6
Patterson v. City of Utica, 370 F. 3d 322 (2d Cir. 2004), 9. 4, 9. 5
Patti v. Schweiker, 669 F. 2d 582 (9th Cif. 1982), 2. 9
Paul v. Davis, 424 U. S. 693 (1976), 9. 4, 19. 6
Paulsen v. Daniels, 413 F. 3d 999 (9th Cir. 2005), 16. 4
Pauly v. Department of Agriculture, 348 F. 3d 1143 (9th Cir. 2003), 13. 1
PBGG v. LTV Corp, 496 U. S. 633 (1990), 6. 4, 7. 4
Pauly v. Bethenergy Mines, Ine. , 501 U. S. 680 (1991), 3. 3
Pavano v. Shalala, 95 F. 3d 147 (2d Cif. 1996), 12. 3, 15. 3, 15. 10
Pax Co. v. United States, 454 F. 2d 93 (10th Cif. 1972), 15. 11
Payne Enterprises, Inc. v. United States, 837 F. 2d 486 (D. C. Cif. 1988), 5. 4
PDK Laboratories v. DEA, 362 F. 3d 786 (D. C. Cir. 2004), 3. 6
PDK Laboratories v. DEA, 438 F. 3d 1184 (D. C. Cir. 2006), 3. 6
Peabody Coal Co. v. Groves, 277 F. 3d 836 (6th Cir. 2002), 11. 2

Peabody Coal Co. v. Groves, 342 F. 3d 486 (6th Cir. 2003), 11. 2
Peabody Coal Ce. v. OWCP, 165 F. 3d 1126 (7th Cif. 1999), 10. 3
Pearson v. Shalala, 164 F. 3d 650 (D. C. Cir. 1999), 6. 4, 6. 11
Pearson v. Williams, 202 U. S. 281 (1906), 13. 3
Pejepscot Industrial Park v. Maine Central R Co. , 215 F. 3d 195 (1st Cir. 20 (0), H. 2
Peltier; United States v. , 422 U. S. 531 (1975), 6. 9
Pembroke v. Cincinnatti, 475 U. S. 469 (1986), 19. 6
Penasquitos Village, Inc. v. NLRB, 565 F. 2d 1074 (9th Cir. 1977), 11. 2
Penell v. City of San Jose, 485 U. S. 1 (1988), 15. 13
Pennaco Energy v. Department of Interior, 377 F. 3d 1147 (10th Cir. 2004), 11. 4
Pennsylvania v. Deparnnent of Health and Human Servs. , 80 F. 3d 796 (3d Cir. 1996), 2. 4
Pennsylvania v. Deparnnent of Health & Human Servs. , 101 F. 3d 939 (3d Cir. 1996), 11. 7, 15. 14
Pennsylvania v. Riley, 84 F. 3d 125 (3d Cir. 1995), 8. 2
Pennsylvania v. United States, 361 F. Supp. 208 (M. D. Pa.), *aff'd*, 414 U. S. 1017 (1973), 6. 5
Pennsylvania Dep't of Envtl. Resources v. FDIC, 78 F. 3d 97 (2d Cir. 1996), 18. 2
Pennsylvania Industrial Chem. Corp. ; United States v. , 411 U. S. 655, 93 S. Ct. 1804, 36 L. Ed. 2d 567 (1973), 13. 1
Pennsylvania R. R. Co. v. Day, 360 U. S. 548 (1959), 14. 1
Pennzoil Co. v. FPC, 534 F. 2d 627 (5th Cir. 1976), 5. 15
Penobscot Air Servs. v. FAA, 164 F. 3d 713 (lst Cir. 1999), 8. 2, 16. 4
Pension Benefit Guaranty Corp. v. Carter & Tillery Enterprises, 133 F. 3d 1183 (9th Cir. 1998), 15. 2, 15. 10
Pension Benefit Guaranty Corp. v. LTV Corp. , 496 U. S. 633 (1990), 3. 6, 7. 4, 7. 8, 7. 12, 8. 2, 8. 5, 8. 6, 9. 1, 11. 4-11. 6, 15. 14, 17. 6, 18. 2
Pension Benefit Guaranty Corp. v. RA. Gray & Co. , 497 U. S. 717 (1984), 6. 7
People's Mojahedin Organization of Iran v. Department of State, 182 F. 3d 12 (D. C. Cir. 1999), 9. 4
People's Mujahedin Organization v. Department of State, 182 F. 3d 17 (D. C. Cir. 1999), 10. 4, 17. 7
People's National Bank v. Office of Comptroller, 362 F. 3d 333 (5th Cir. 2004), 15. 11
People Who Care v. Rockford Bd. of Educ. , 111 F. 3d 528 (7th Cir. 1997), 18. 4
Perez; United States v. , 769 F. 2d 1336 (9th Cir. 1985), 10. 6
Perez v. Wisconsin Dep't of Corrections, 182 F. 3d 532 (7th Cir. 1999), 15. 3, 15. 9
Perkins v. Lukens Steel Co. , 310 U. S. 113 (1940), 16. 2
Perlman v. Department of Justice, 312 F. 3d 100 (2d Cir. 2002), 5. 12, 5. 13
The Permian Basin Rate Cases, 390 U. S. 747 (1968), 2. 6
Pernhurst State Sch. and Hosp. v. Halderman, 451 U. S. 1 (1981), 19. 6
Perot v. Federal Election Comm'n, 97 F. 3d 553 (D. C. Cir. 1996), 2. 7, 12. 3, 15. 3, 15. 5, 15. 10

Perry v. Sindermann, 408 U. S. 593 (1972), 9. 4, 9. 5

Persico, In re, 522 F. 2d 41 (2d Cir. 1975), 2. 7

Personal Watercraft Indus. Assn. v. Department of Commerce, 48 F. 3d 540 (D. C. Cir. 1995), 7. 3, 7. 4

Pesquera Mares Australes Ltda. v. Unites States, 266 F. 3d 1372 (Fed. Cir. 2001), 3. 5

Petal Gas Storage v. FERC, 496 F. 3d 695 (D. C. Cir. 2007), 11. 2

Petkas v. Staats, 501 F. 2d 887 (D. C. Cir. 1974), 5. 10

Petroleum Assn. v. Babbitt, 92 F. 3d 1248 (D. C. Cir. 1996), 2. 9

Pfaff v. HUD, 88 F. 3d 739 (9th Cir. 1996), 11. 4

Pharmaceutical Research and Manufacturers of America v. Walsh, 123 S. Ct. 1855 (2003), 3. 6, 14. 4

PHC, Inc. v. Pioneer Healthcare, Inc. , 75 F. 3d 75 (1st Cir. 1996), 14. 1, 14. 6

Philadelphia Nat'l Bank; United States v. , 374 U. S. 321 (1963), 14. 1, 14. 5

Philco Corp. v. FCC, 257 F. 2d 656 (D. C. Cir. 1958), 16. 10

Phillips Petroleum Co. v. Wisconsin, 347 U. S. 672 (1954), 16. 15

Phillips Petroleum Corp. v. FPC, 475 F. 2d 842 (10th Cir. 1973), *cert. denied*, 414 U. S. 1146 (1974), 7. 2

P. I. A Michigan City v. Thompson, 292 F. 3d 820 (D. C. Cir. 2002), 11. 3

Piccotto; United States v. , 875 F. 3d 345 (D. C. Cir. 1989), 6. 4

Pickering v. Board of Edue. , 391 U. S. 563 (1968), 15. 8

Pickus v. United States Bd. of Parole, 507 F. 2d 1107 (D. C. Cir. 1974), 6. 5

Pierson v. Ray, 386 U. S. 547 (1967), 19. 3

Pievsky v. Ridge, 98 F. 3d 730 (3d Cir. 1996), 2. 5

Pillsbury v. FTC, 354 F. 2d 952 (5th Cir. 1966), 9. 8

Pinho v. Gonzale, 432 F. 3d 193 (3d Cir. 2005), 15. 2, 15. 11, 17. 8

Pittman v. Chicago Bd. of Educ. , 64 F. 3d 1098 (7th Cir. 1995), 9. 4

Pittman v. Oregon Employment Department, 509 F. 3d 1065 (9th Cir. 2007), 18. 5

Pittsburgh S. S. Co. ; NLRB v. , 337 U. S. 656 (1949), 9. 8

Pittston Stevedoring Corp. v. Dellaventura, 544 F. 2d 35 (2d Cir. 1976), 3. 1

Pittston Co. , v. Unites States, 368 F. 3d 385 (4th Cir. 2004), 2. 6

Plateau Mining Corp. v. Federal Mine Safety and Health Review Commission, 519 F. 3d 1176 (10th Cir. 2008), 6. 11, 11. 2

Plaut v. Spendthrift Farm, 514 U. S. 211 (1995), 2. 4

Poindexter; United States v. , 951 F. 2d 369 (D. C. Gir. 1991), 4. 10

Pokora v. Wabash Ry. , 282 U. S. 98 (1934), 6. 9

Polos v. United States, 556 F. 2d 903 (8th Cir. 1977), 18. 2

Pope v. United States, 599 F. 2d 1383 (5th Cir. 1979), 5. 13

Portela-Gonzalez v. Navy, 109 F. 3d 74 (1st Cir. 1997), 15. 2

Porter v. DeparUnent ofJustice, 718 F. 2d 787 (3d Cir. 1983), 5. 17

Portland Cement Assn. v. Ruckelshaus, 486 F. 2d 375 (D. C. Cir. 1973), 7. 3, 7. 6-7. 9

Port of Boston Marine Terminal Assn. v. Rederiaktiebolaget Transatlantic, 400 U. S. 62 (1970), 15. 15

Port of Seattle v. FERC, 499 F. 3d 1016 (9th Cir. 2007), 16. 4, 17. 7
Port Terminal R. R Assn. v. United States, 551 F. 2d 1336 (5th Cir. 1977), 6. 9
Porter v. Ascension Parish School Board, 393 F. 3d 608 (5th Cir. 2004), 9. 5
Porter v. Nussle, 122 S. Ct. 983 (2002), 15. 3, 15. 9, 19. 6
Portland General Electric, 501 F. 3d 1009 (9th Cir. 2007), 15. 8
Postal Service v. Gregory, 122 S. Ct. 431 (2001), 11. 4
Potomac Elec. Power Co. v. OWCP, 449 U. S. 268 (1980), 3. 5
Poulin v. Bowen, 817 F. 2d 865 (D. C. Cir. 1987), 11. 7, 13. 3
Powell v. McCormack, 395 U. S. 486 (1969), 16. 15, 18. 4
Powell v. Texas, 392 U. S. 514 (1968), 10. 5
Powell; United States v. , 379 U. S. 48 (1964), 4. 2
Powell v. Ward, 542 F. 2d 101 (2d Cir. 1976), 9. 8
Power Co. of America v. FERC, 245 F. 3d 839 (D. C. Cir. 2001), 6. 7
Powers v. Schwartz, 448 F. Supp. 54 (S. D. Fla. 1978), 10. 6
Praylou; United States v. , 208 F. 2d 291 (4th Cir. 1953), 19. 4
Prendergast v. Newh'ork Tel. Co. , 262 U. S. 43 (1923), 15. 10
Prentis v. Atlantic Coast Line Co. 211 U. S. 210 (1908), 10. 6
Presbytery of New Jerseyv. Florio, 40 F. 3d 1454, *reh'g en banc denied*, 40F. 3d 1473 (3d Cir. 1994), 15. 13
Press Broadcasting Co. v. FCC, 59 F. 3d 1365 (D. C. Cir. 1995), 8. 4
Price v. City of Stockton, 390 F. 3d 1105 (9th Cir. 2004), 18. 5, 19. 6
Prince v. Endell, 78 F. 3d 393 (8th Cir. 1996), 19. 3
Process & Pollution Control Co. ; NLRB v. , 588 F. 2d 786 (10th Cir. 1978), 10. 3, 10. 4
Process Gas Consumers Group v. Consumers Energy Council, 463 U. S. 1216 (1983), 2. 4
Procunier v. Navarette, 434 U. S. 555 (1978), 19. 3
Production Tool v. Employment and Training Admin. , 688 F. 2d 1161 (7th Cir. 1982), 6. 4
Professional Pilots Fed'n v. FAA, 118 F. 3d 758 (D. C. Cir. 1997), 6. 10
Professionals and Patients for Customized Care v. Shalala, 56 F. 3d 592 (5th Cir. 1995), 6. 3
Prometheus Radio Project v. FCC, 373 F. 3d 372 (3d Cir. 2004), 7. 4
Public Citizen v. DeparUnent ofJustice, 185 F. 3d 898 (D. C. Cir. 1999), 5. 10
Public Citizen v. DeparUnent ofJustice, 491 U. S. 440 (1989), 2. 4, 3. 6, 5. 18
Public Citizen v. Department of State, 270 F. 3d 634 (D. C. Cir. 2003), 5. 2, 6. 5, 15. 12
Putnam v. Keller, 332 F. 3d 541 (8th Cir. 2003), 9. 4
Public Citizen v. FTC, 869 F. 2d 1541 (D. C. Cir. 1989), 16. 5
Public Citizen v. NHTSA, 489 F. 3d 1279 (D. C. Cir. 2007), 16. 4, 16. 5, 16. 6
Public Citizen v. United States Trade Representative, 5 F. 3d 549 (D. C. Cir. 1993), 15. 11
Public Citizen v. Young, 831 F. 2d 1108 (D. C. Cir. 1987), 7. 9

Public Citizen Health Research Group v. Auchter, 702 F. 2d 1150 (D. C. Cir. 1983), 12. 3
Public Citizen Health Research Group v. Brock, 823 F. 2d 626 (D. C. Cir. 1987), 12. 3
Public Citizen Health Research Group v. FDA, 704 F. 2d 1280 (D. C. Cir. 1983), 5. 10
Public Citizen Health Research Group v. Tyson, 796 F. 2d 1479 (D. C. Cir. 1986), 12. 3
Public Citizen v. Young, 831 F. 2d 1108 (D. C. Cir. 1987), 17. 1
Public Citizen Research Group v. Cha, 314 F. 3d 143 (3d Cir. 2002), 12. 3
Public Interest Research Group v. FCC, 522 F. 2d 1060 (1st Cir. 1975), *cert. denied*, 424 U. S. 965 (1976), 11. 5
Public Interest Research Group v. Magnesium Elektron, 123 F. 3d III (3d Cir. 1997), 16. 4, 16. 6
Public Serice Commission of Kentucky v. FERC, 397 F. 3d 1004 (D. C. Cir. 2005), 9. 5
Public Serv. Comm'n v. FPC, 463 F. 2d 883 (D. C. Cir. 1972), 18. 2
Public Serv Co. of Colorado v. FERC, 91 F. 3d 1478 (D. C. Cir. 1996), 11. 4
PUC v. United States, 355 U. S. 534 (1958), 15. 5
PUD No. 1 v. Washington Dep't of Ecoiogy, 511 U. S. 700 (1994), 18. 5
Puerto Rico Aqueduct & Sewer Auth. v. EPA, 35 F. 3d 600 (lst Cir. 1994), 8. 3
Puerto Rico Maritime Shipping Auth. v. Federal Maritime Comm'n, 75 F. 3d 63 (1st Cir. 1996), 13. 3, 14. 1
Puget Sound Energy v. United States, 310 F. 3d 613 (9th Cir. 2002), 15. 11
Pulliam v. Allen, 466 U. S. 522 (1984), 19. 3
Purisch v. Tennessee Technological Univ. , 76 F. 3d 1414 (6th Ci r. 1996), 9. 4, 19. 3
Purter v. Heckler, 771 F. 2d 682 (3d Cir. 1985), 13. 3
Qualley v. Clo-Tex Infl, 212 F. 3d 1123 (8th Cir. 2000), 10. 6
Quern v. Jordan, 440 U. S. 332 (1979), 18. 7
Quest Communications International v. FCC, 398 F. 3d 1222 (10th Cir. 2005), 12. 3
Quinn v. United States, 349 U. S. 155 (1955), 4. 6
Quivira Mining Co. v. NRC, 866 F. 2d 1246 (10th Cir. 1986), 7. 2, 9. 3, 9. 5
Qwest Services Corp. v. FCC, 509 F. 3d 531 (D. C. Cir. 2007), 6. 1, 6. 7, 6. 9, 8. 1
Radio Assn. v. Department of Transp. , 47 F. 3d 794 (6th Cir. 1995), 7. 4, 7. 6
Radio Corp. of America; United States v. , 358 U. S. 334 (1959), 14. 5
Radio Officers' Union v. NLRB, 347 U. S. 17 (1954), 10. 6, 11. 2
Radio-Television News Directors Assn. v. FCC, 184 F. 3d 872 (D. C. Cir. 1999), 6. 10, 12. 3.
Radio-Television News Directors Assn. v. FCC, 229 F. 3d 269 (D. C. Cir. 2000), 12. 3
Ragsdale v. Wolverine World Wide, 122 S. Ct. 1155 (2002), 3. 6, 7. 4
Railroad Comm'n of Tex. v. Pullman Co. , 312 U. S. 496 (1941), 18. 7
Railway Carmen Dlv. v. Pena, 64 F. 3d 702 (D. C. Cir. 1995), 15. 11
Railway Labor Executives Assn. v. Consolidated Rail Corp. , 580 F. Supp. 777 (D. D. C. 1984), 1. 2
Railways Labor Executives' Assn. v. National Mediation Bd. , 29 F. 3d 655 (D. C.

Cir. 1994), 17.7

Rain & Hail Insurance Service v. Federal Crop Ins. Corp., 426 F.3d 976 (8th Cir. 2005), 6.11

Rainbow Valley Citrus Corp. v. Federal Crop Ins. Corp., 506 F.2d 467 (9th Cir. 1974), 7.10

Raines v. Byrd, 521 U.S. 811 (1997), 2.4, 16.15

Raines; United States v., 362 U.S. 17 (1960), 16.15

Ramah Navajo Sch. Bd. v. Babbitt, 87 F.3d 1228 (D.C. Cir. 1996), 17.7

Ramaprakash v. FAA, 346 F.3d 1121 (D.C. Cir. 2003), 11.5

Ramer v. Saxbe, 522 F.2d 695 (D.C. Cir. 1975), 1.2

Ramey v. Stevedoring Servs. of America, 134 F.3d 954 (9th Cir. 1998), 12.3

Ramirez v. Oklahoma Dept. of Mental Health, 41 F.3d 584 (10th Cir. 1994), 19.3

Ranchers Cattlemen Action Legal Fund United Stockgrowers of America v. DOA, 415 F.3d 1078 (9th Cir. 2005), 7.4, 7.5

Rancho Palos Verdes v. Abrams, 125 S.Ct. 1435 (2005), 19.6

Randi W. v. MurocJoint Unified Sch. Dist., 60 Cal. Rptr. 2d 263 (1997), 9.4

Ranger Cellular v. FCC, 348 F.3d 1044 (D.C. Cir. 2003), 16.5

Rapanos v. U.S., 126 S.Ct. 2208 (2006), 3.6

Rapaport v. Department ofTreasury, 59 F.3d 212 (D.C. Cir. 1995), 3.5

Rapp v. Office of Thrift Supervision, 52 F.3d 1510 (10th Cir. 1995), 6.3

Rashkind v. Marrero, 450 U.S. 913 (1981), 19.3

Rauenhorst v. Department of Transp., 95 F.3d 715 (8th Cir. 1996), 6.6, 11.4

Ray v. Celebrezze, 34QF.2d556 (4th Cir. 1965), 10.7

Raymond Proffitt Foundation v. Corps of Engineers, 343 F.3d 199 (3d Cir. 2003), 17.6

Rayonier v. United States, 352 U.S. 375 (1957), 19.4

Ray Smith Transp. Co.; NLRB v., 193 F2d 142 (5th Cir. 1951), 9.8

RCA Global Communications, Inc. v. FCC, 559 F.2d 881 (2d Cir. 1977), 7.2

Rea v. Matteuchi, 121 F.3d 483 (9th Cir. 1997), 9.2

Redlark v. Commissioner, 141 F.3d 936 (9th Cir. 1998), 3.5

Redondo-Borges v. HUD, 421 F.3d 1 (1st Cir. 2005), 9.4

Red Lion Broadcasting Co. v. FCC, 395 U.S. 367 (1969), 15.15

Redmond v. United States, 507 F.2d 1007 (5th Cir. 1975), 10.7

Redwood Village Partnership v. Graham, 26 F.3d 839 (8th Cir. 1994), 19.3

Reed v. Amax Coal, 971 F.2d 1295 (7th Cir. 1992), 13.3

Reed v. Department of Interior, 231 F.3d 501 (9th Cir. 2000), 19.4

Reeves v. Hopkins, 76 F.3d 1424 (8th Cir. 1996), 9.5

Regents v. Roth, 408 U.S. 564 (1972), 9.4

Regional Mgmt. Corp. v. Legal Servs. Corp. 186F.3d 457 (4th Cir. 1999), 17.7

Regions Hosp. v. Shalala, 522 U.S. 448 (1998), 6.7, 12.3

Reich v. Wildwood Indus., 61 F.3d 1313 (7th Cir. 1995), 13.4

Reich v. Youghiogheny and Ohio Coal Co., 66 F.3d 111 (6th Cir. 1995), 13.1, 13.3

Reil v. United States, 456 F.2d 777 (Ct. C!. 1972), 10.4

Reisman v. Caplin, 375 U. S. 440 (1964), 4. 2

Reiter v. Cooper, 507 U. S. 258 (1993), 14. 1

Reliable Automatic Sprinkler Co. v. Consumer Product Safety Commission, 324 F. 3d 726 (D. C. Cir. 2003), 15. 11

Rendell-Baker v. Kohn, 457 U. S. 830 (1982), 19. 6

Renegotiation Bd. v. Bannercraft Clothing Co. , 418 U. S. 1 (1974), 1. 2, 5. 3

Renegotiation Bd. v. Grumman Aircraft Eng'g Corp. , 421 U. S. 168 (1975), 5. 11, 8. 5

Reno v. American-Arab Anti-Discrimination Committee, 525 U. S. 471 (1999), 15. 5, 17. 9

Reno v. Catholic Social Servs. , Inc. , 509 U. S. 43 (1993), 13. 1, 15. 13, 15. 14, 17. 8, 18. 4

Reno v. Koray, 515 U. S. 50 (1995), 3. 5

Reno-Sparks Indian Colony v. EPA, 336 F. 3d 899 (9th Cir. 2003), 6. 4

Republican Nat'l Committee v. FEC, 76 F. 3d 400 (D. C. Cir. 1996), 3. 6

Republican Party of Minnesota v. White, 122 S. Ct. 2528 (2002), 9. 8

Republic Aviation Corp. v. NLRB, 324 U. S. 793 (1945), 10. 6, 11. 2

Reschini v. First Fed. Say. & Loan Assn. , 46 F. 3d 246 (3d Cir. 1995), 18. 5

Ressegiue v. HEW, 425 F. Supp. 160 (F. . D. N. Y. 1977), 10. 4

Retail, Wholesale and Dep'tStore Union v. NLRB, 466 F. 2d 380 (D. C. Cir. 1972), 6. 7, 13. 2

Retail, Wholesale and Dep't Store Union v. NLRB, 821 F. 2d 750 (D. C. Cir. 1987), 6. 7

Revere v. Massachusetts Gen. Hosp. , 463 U. S. 239 (1983), 16. 14

Reynolds v. United States, 643 F. 2d 707 (10th Cir.), *cert. denied*, 454 U. S. 817 (1981), 19. 4

RFC v. Bankers Trust Co. , 318 U. S. 163 (1943), 2. 8

Rhoades v. Avon Products, 504 F. 3d 1151 (9th Cir. 2007), 14. 1

Rhode Island Dept. of Environmental Management v United States, 304 F. 3d 31 (1st Cir. 2002), 2. 6, 15. 11, 17. 6, 18. 2, 18. 4, 18. 7

Rhode Islarld Assn. of Realtors v. Whitehouse, 199 F. 3d 26 (1st Cir. 1999), 15. 13

Ricardo v. Kinker, 73 F. 3d 612 (5th Cir. 1996), 9. 4

Ricci v. Chicago Mercantile Exchange, 409 U. S. 289 (1973), 14. 1, 14. 2, 14. 5

Rice v. Department ofAlcohol, Tobacco and Firearms, 68 F. 3d 702 (3d Cir. 1995), 12. 3, 15. 10

Richardson v. McKnight, 521 U. S. 399 (1997), 19. 3

Richardson v. Perales, 402 U. S. 389 (1971), 9. 9, 9. 11, 10. 4, 11. 2

Richardson; United States v. , 418 U. S. 166 (1974), 16. 4, 16. 8

Rich v. United States, 119 F. 3d 447 (6th Cir. 1997), 19. 4

Riegel v. Medtronic, 128 S. Ct. 999 (2008), 3. 6, 6. 11

Riggin v. Office of Senate Fair Employment Practices, 61 F. 3d 1563 (Fed. Cir. 1995), 17. 9

Riley v. St. Luke's Episcopal Hospital, 252 F. 3d 749 (5th Cir. en banc 2001), 2. 4,

16. 4

Rinaldi v. United States, 434 U. S. 22 (1977), 6. 3, 6. 4, 17. 7

Rio Grande Pipeline Co. v. FERC, 178 F. 3d 533 (D. C. Cir. 1999), 16. 1

Riss & Co. v. United States, 341 U. S. 907 (1951), 8. 2

Riva v. Massachusetts, 61 F. 3d 1003 (lstCir. 1995), 15. 13

Rivera v. Sullivan, 923 F. 2d 964 (2d Cir. 1991), 18. 1

Riverdale Mills Corp. v. Pimpare, 392 F. 3d 55 (1st Cir. 2004), 4. 3

Riverkeeper v. Collins, 359 F. 3d 156 (2d Cir. 2004), 17. 7

Riverkeeper v. EPA, 475 F. 3d 83 (2d Cir. 2006), 15. 9

Rivers v. Roadway Express, 511 U. S. 298 (1994), 6. 7

Riverside Bayview Homes; United States v. , 474 U. S. 121 (1985), 3. 5, 3. 6

Roanoke Redevelopment Hous. Auth. , 479 U. S. 418 (1987), 6. 2

Robbins v. Bentsen, 41 F. 3d 1195 (7th Cir. 1994), 19. 5

Robbins Tire & Rubber Co. ; NLRB v. , 437 U. S. 214 (1978), 5. 3, 5. 13

Roberts v. Railroad Retirement Board, 346 F. 3d 139 (5th Cir. 2003), 17. 8

Robertson v. Methow Valley Citizens Council, 490 U. S. 332 (1989), 16. 5, 17. 4

Robinette v. Commissioner of Internal Revenue, 439 F. 3d 455 (8th Cir. 2006), 11. 5

Rocap v. Indiek, 539 F. 2d 174 (D. C. Cir. 1976), 1. 2

Rochester, City ofv. Bond, 603 F. 2d 927 (D. C. Cir. 1979), 18. 2

Rochin v. California, 342 U. S. 165 (1952), 19. 6

Rockford League of Women Voters v. NRC, 679 F. 2d 1218 (7th Cir. 1982), 18. 2

Rock Island Motor Transit Co. ; United States v. , 340 U. S. 419 (1951), 13. 3

Rock of Ages Corp. , v. Secretary of Labor, 170 F. 3d 148 (2d Cir. 1999), 6. 11

Rock Royal Co-operative; United States v. , 307 U. S. 533 (1939), 2. 6

Rodgers v. Horsley, 39 F. 3d 308 (11 th Cir. 1994), 19. 3

Rodriguez v. Peake, 511 F. 3d 1147 (Fed. Cir. 2008), 6. 7

Rodriguez v. Swank, 318F. Supp. 289 (N. D. Ill. 1970), *aff'd*, 403 U. S. 901 (1971), 7. 10

Rodway v. DOA, 514 F. 2d 809 (D. C. Cir. 1975), 7. 10

Roe v. Ogden, 253 F. 3d 1225 (10th Cir. 2001), 15. 12

Roe v. Wade, 410 U. S. 113 (1973), 9. 5, 10. 5

Rogers v. Bennett, 865 F. 2d 415 (1Ith Cir. 1989), 15. 2

Rogers v. United States, 340 U. S. 367 (1951), 4. 7

Role Models America v. White, 317 F. 3d 327 (D. C. Cir. 2003), 15. 11

Rolland v. Romney, 318 F. 3d 42 (1st Cir. 2003), 19. 6

Rosebud Sioux Tribe v. McDivitt, 286 F. 3d 1031 (8th Cir. 2002), 16. 9

Rosebush v. United States, 119 F. 3d 438 (6th Cir. 1997), 19. 4

Rosenstein v. City of Dallas, 876 F. 2d 392 (5th Cir. 1989), 9. 4

Ross v. Gardner, 365 F. 2d 554 (6th Cir. 1966), 10. 6

Roth v. King, 449 F. 3d 1272 (D. C. Cir. 2006), 9. 4

Rowe v. United States, 633 F. 2d 799 (9th Cir. 1980), *cert. denied*, 451 U. S. 970 (1981), 18. 6

Rowland v. Department of Agric. , 43 F. 3d 1112 (6th Cir. 1995), 11. 2

RSR Corp. v. EPA, 102 F. 3d 1266 (D. C. Cir. 1997), 6. lO
RTC v. Thornton, 41 F. 3d 1545 (D. C. Cir. 1994), 4. 2
RTC v. Walde, 18 F. 3d 943 (D. C. Cir. 1994), 4. 2
Rubie's Costume Company v. United States, 337 F. 3d 1350 (Fed. Cir. 2003), 3. 5
Ruckelshaus v. Monsanto Co. , 467 U. S. 986 (1984), 5. 16, 15. 13
Ruhrgas AG v. Marathon Oil Co. , 526 U. S. 574 (1999), 16. 1
Rumbles v. Hill, 182 F. 3d 1064 (9th Cir. 1999), 15. 3
Runkle v. United States, 122 U. S. 543 (1887), 2. 7
Rural Hous. Alliance v. Department of Agric. , 498 F. 2d 73 (D. C. Cir. 1974), 5. 12
Rushforth v. Council of Economic Advisors, 762 F. 2d 1038 (D. C. Cir. 1985), 1. 2
Russell v. HEW, 540 F. 2d 353 (8th Cir. 1976), 10. 4
Rust v. Sullivan, 500 U. S. 173 (1991), 3. 6
Rutan v. Republican Party of Illnois, 497 U. S. 62 (1990), 2. 5
Ryan v. Bentsen, 12 F. 3d 245 (D. C. Cir. 1993), 15. 5
Ryder v. United States, i515 U. S. 177 (1995), 2. 4, 19. 3
Ryland v. Shapiro, 708 F. 2d 967 (5th Cir. 1983), 19. 3
Rymes Heating Oils v. Springfield Terminal R. , 358 F. 3d 82 (1st Cir. 2004), 14. 1, 18. 5
Saavedra Bruno v. Albright, 197 F. 3d 1153 (D. C. Cir. 1999), 17. 7
Sabaudo SocietaAnonima Per Asioni v. Elting, 287 U. S. 329 (1932), 2. 8
Sabow v. United States, 93 F. 3d 1445 (9th Cir. 1996), 19. 4
Sabre v. Department of Transportation, 429 F. 3d 1113 (D. C. Cir. 2005), 15. 12, 15. 14, 16. 4
Sacks v. Office of Foreign Assets Control, 466 F. 3d 764 (9th Cir. 2006), 6. 11
Saco River Cellular v. FCC, 133 F. 3d 25 (D. C. Cir. 1998), 2. 4
Saelee v. Chater, 94 F. 3d 520 (9th Cir. 1996), 11. 3
S. A. Empresa de Viacao Aerea Rio Grandense; United States v. , 467 U. S. 797 (1984), 19. 4
Safari Aviation v. Garvey, 300 F. 3d 1144 (9th Cir. 2002), 6. 4, 7. 4
Safarik v. Udall, 304 F. 2d 944 (D. C. Cir.), *cert. denied*, 371 U. S. 901 (1962), 13. 2
Safe Air for Everyone v. EPA, 475 F. 3d 1096 (9th Cir. 2007), 6. 11, 7. 4
Safe Extensions v. FAA, 509 F. 3d 593 (D. C. Cir. 2007), 11. 7, 15. 11, 16. 9, 17. 6
Sahara Coal Co. v. Fitts, 39 F. 3d 781 (7th Cir. 1994), 11. 2
St. Louis v. DOT, 936 F. 2d 1528 (8th Cir. 1991), 16. 5
St. Louis v. Praprotnik, 485 U. S. 112 (1988), 19. 6
St. Louis I. M. & S. R. Co. v. Taylor, 210 U. S. 281 (1908), 2. 6
Sako v. Gonzales, 434 F. 3d 857 (6th Cir. 2006), 9. 5
Salameda v. INS, 70 F. 3d 447 (7th Cir. 1995), 11. 4
Salgado-Diaz v. Ashcroft, 395 F. 3d 1158 (9th Cir. 2005), 9. 5, 13. 2
Salguero v. City of Clovis, 366 F. 3d 1168 (10th Cir. 2004), 13. 4
Saline Bank; United. States v. , 26 U. S. (Pet.) 100 (1828), 4. 6
Salleh v. Christopher, 85 F. 3d 689 (D. C. 1996), 3. 5

Sallingv. Bowen, 641 F. Supp. 1046 (W. D. Va 1986), 9.10, 11.5
Salmon River Concerned Citizens v. Robertson, 32 F.3d 1346 (9th Cir. 1994), 15.16, 16.4
Salt Institute v. Leavitt, 440 F.3d 156 (4th Cir. 2006), 16.4
Sami v. United States, 617 F.2d 755 (D. C. Cir. 1979), 19.4
Samirah v. O' Connell, 335 F.3d 545 (7th Cir. 2003), 17.8
Samuel H. Moss, Inc. v. FTC, 148 F.2d 378 (2d Cir.), *cert. denied*, U. S. 734 (1945), 10.2
San Bernardino Physicians Servo v. County of San Bernardino, 825 F.2d 1404 (9th Cir. 1987), 9.4
Sanchet v. Chater, 78 F.3d 305 (7th Cir. 1996), 11.2
S & D Maintenance Co. v. Goldin, 844 F.2d 962 (2d Cir. 1988), 9.3, 9.4
San Diego Bldg. Trades Council v. Garmon, 359 U. S. 236 (1959), 14.2, 14.4
Sandin v. Conner, 515 U. S. 472 (1995), 6.8, 9.3, 9.4, 18.4, 18.5, 19.6
Sangamon Valley Television Corp. v. United States, 269 F.2d 221 (D. C. Cir. 1959), 7.6, 8.4, 9.8
San Pedro v. United States, 79 F.3d 1065 (11th Cir. 1996), 13.1
Santa Clara Countyv. Southern Pac. R. Co., 118 U. S. 394 (1886), 4.7
Santana-Albarran v. Ashcroft, 393 F.3d 699 (6th Cir. 2005), 17.8
Santobello v. New York, 404 U. S. 257 (1971), 13.1
Sass v. California Board of Prison Terms, 461 F.3d 1123 (9th Cir. 2002), 9.4
Satellite Broadcasting & Communications Assn. v. Oman, 17 F.3d 344 (11 th Cir. 1994), 3.5
Satterlee v. IVlathewson, 27 U. S. 380 (1829), 6.7
Saucier v. Katz, 533 U. S. 194 (2001), 19.3
Save Our Heritage v. FAA, 269 F.3d 49 (1st Cir. 2001), 16.4
Save Our Sebasticook v. FERC, 431 F.3d 379 (D. C. Cir. 2005), 15.8
Sax v. NLRB, 171 F.2d 769 (7th Cir. 1948), 13.2
Saxbe v. Bustos, 419 U. S. 65 (1974), 6.4
SBC Communications v. FCC, 56 F.3d 1484 (D. C. Cir. 1995), 8.2
SBC v. FCC, 414 F.3d 486 (3d Cir. 2005), 6.4
Scenic Hudson Preservation Conference v. FPC, 354 F.2d 608 (2d Cir. 1965), *cert. denied*, 394 U. S. 941 (1966), 7.4, 16.10
Schaffer v. Weast, 126 S. Ct. 528 (2005), 10.7
Schechter Poultry Corp. v. United States, 295 U. S. 495 (1935), 2.5, 2.6, 19.4
Scheuer v. Rhodes, 416 U. S. 232 (1974), 19.3
Schiller v. Tower Semiconductor, 449 F.3d 286 (2d Cir. 2006), 14.1
Schisler v. Sullivan, 3 F.3d 563 (2d Cir. 1993), 3.5, 3.6, 11.3
Schism v. United States, 316 F.3d 1259 (Fed. Cir. 2002), 17.7
Schlegel v. Bebout, 841 F.2d 937 (9th Cir. 1988), 19.3, 19.6
Schlesinger v. Reservists Committee to Stop the War, 418 U. S. 208 (1974), 16.4
Schneider v. California Dep't of Corrections, 151 F.3d 1194 (9th Cir. 1998), 9.4
Schneider v. United States, 27 F.3d 1327 (8th Cir. 1994), 17.9

School Bd. of Broward County, Florida v. Department of HEW, 525 F. 2d 900 (5th Cir. 1976), 10. 4

School Committee v. Department of Educ. of Massachusetts, 471 U. S. 359 (1985), 18. 6

School Dist. of Abington v. Schempp, 374 U. S. 203 (1963), 16. 4

School District of Wisconsin Dells v. Z. S. Littlegorge, 295 F. 3d 671 (7th Cir. 2002), 11. 2

Schrecker v. Department of Justice, 349 F. 3d 657 (D. C. Cir. 2003), 5. 13

Schucker v. FDIC, 401 F. 3d 1347 (Fed. Cir. 2005), 11. 5

Schultz v. Banc One Mortgage Corp. , 292 F. 3d 1004 (9th Cir. 2002), 3. 5

Schware v. Board of Bar Examiners, 353 U. S. 232 (1957), 9. 3, 9. 4

Schweiker v. Chillicky, 487 U. S. 412 (1988), 19. 2

Schweiker v. Hansen, 450 U. S. 785, 101 S. Ct. 1486, 67 L. Ed. 2d 685 (1981), 13. 1

Schweiker v. McClure, 456 U. S. 188 (1982), 9. 8

S. D. Warren Co. v. Maine Board of Environmental Protection, 126 S. Ct. 1849 (2006), 3. 6

Seacoast Anti-Pollution League v. Castle, 572 F. 2d 872 (1st Cir.), *cert. denied*, 439 U. S. 924 (1978), 8. 2

Seacoast Anti-Pollution League v. Costle, 572 F. 2d 872 (1st Cir. 1978), 3. 5, 8. 2

Sealed Case, In re, 42 F. 3d 1412 (D. C. Cir. 1994), 4. 2

Sealed Case, In re, 116 F. 3d 550 (D. C. Cir. 1997), 2. 4, 4. 2, 5. 11

Sealed Case, In re, 121 F. 3d 729 (D. C. Cir. 1997), 2. 4, 4. 2

Sears, Roebuck & Co. ; NLRB v. , 421 U. S. 132 (1975), 5. 3, 5. 11, 5. 13

Sears, Roebuck & Co. v. San Diego County Dist. Council, 436 U. S. 180 (1978), 14. 4

Sears v. Principi, 349 F. 3d 1326 (Fed. Cir. 2003), 3. 5

Seatrain Lines; United States v. , 329 U. S. 424 (1947), 13. 3

Seattle, City of v. See, 67 Wash. 2d 475, 408 P. 2d 262 (1966), 4. 3

Seavey v. Barnhart, 276 F. 3d 1 (1st Cir. 2001), 18. 1

SEC v. Capital Gains Research Bureau, 375 U. S. 180 (1963), 10. 5

SEC v. Chenery, 318 U. S. 80 (1943), 6. 11, 7. 4

SEC v. Chenery Corp. , 318 U. S. 80 (1943), 3. 6, 8. 5

SEC v. Chenery, 318 U. S. 80 (1943), 8. 5

SEC v. Chenery, 332 U. S. 194 (1947), 3. 1, 3. 6, 6. 7, 6. 9, 8. 5, 11. 2, 13. 2

SEC v. Edwards, 124 S. Ct. 892 (2004), 3. 6

SEC v. G. C. George Securities, Inc. , 637 F. 2d 685 (9th Cir. 1981), 15. 2

SEC v. Jeny T. O'Brien, Inc. , 467 U. S. 735 (1984), 4. 8

SEC v. Landford, 122 S. Ct. 1899 (2002), 3. 6

SEC v. Martha Stewart Living, 374 F. 3d 184 (2d Cir. 2004), 15. 2, 15. 11

SEC v. Monarch Funding-Corp. , 192 F. 3d 295 (2d Cir. 1999), 13. 4

SEC v. R. A. Holman & Co. , 323 F. 2d 284 (D. C. Cir. 1963), 15. 2

SEC v. Sloan, 436 U. S. 103 (1978), 3. 1

See v. City of Seattle, 387 U. S. 541 (1967), 4. 3

Secretary of Labor v. National Cement Co. , 494 F. 3d 1066 (D. C. Cir. 2007), 3. 6
Secretary of Labor v. Twentymile Coal Co. , 456 F. 3d 151 (D. C. Cir. 2006), 17. 7
Segal v. City of New York, 459 F. 3d 207 (2d Cir. 2006), 9. 4, 9. 5
Sellars v. Procunier, 641 F. 2d 1295 (9th Cir.), *cert. denied*, 454 U. S. 1102 (1981), 19. 3
Seluk; United States v. , 873 F. 2d 15 (1st Cir. 1989), 9. 10
Seminole Tribe v. Florida, 517 U. S. 44 (1996), 18. 7, 19. 6
Sendra Corp. v. Magaw, 111 F. 3d 162 (D. C. Cir. 1977), 11. 7
Service v. Dulles, 354 U. S. 363' (1957), 6. 6, 9. 1
Service Employees Int'l Union v. County of San Diego, 60 F. 3d 1346 (9th Cir. 1995), 7. 10, 18. 5
Seven-Up Bottling Co. ; NLRB v. , 344 U. S. 344 (1953), 10. 6
Seventy-five Acres v. Miami-Dade County, 338 F. 3d 1288 (11th Cir. 2003), 9. 2
S. G. Loewendick & Sons v. Reich, 70 F. 3d 1291 (D. C. Cir. 1995), 6. 11
Shain, In re, 978 F. 2d 850 (4th Cir. 1992), 17. 7
Shalala v. Guernsey Memorial Hospital, 514 U. S. 87 (1995), 6. 11
Shalala v. Guernsey Memorial Hosp. , 514 U. S. 87 (1995), 6. 1, 6. 4, 6. 9, 6. 11
Shalala. v. Illinois Council on Long-Term Care, 529 U. S. 1 (2000), 15. 3, 15. 14, 17. 7
Shansky v. United States, 164 F. 3d 688 (1st Cir. 1999), 19. 4
Shapiro v. United States, 335 U. S. 1 (1948), 4. 11
Sharyland Water Supply Corp. v. Block, 755 F. 2d 397 (5th Cir.), *cert. denied*, 471 U. S. 1137 (1985), 5. 10
Shaughnessy v. United States*ex rel.* Accardi, 349 U. S. 280 (1955), 9. 9
Shaughnessy v. United States*ex rel.* Mexei, 345 U. S. 206 (1953), 9. 4
Shaw v. Reno, 507 U. S. 630 (1993), 16. 4
Shawnee Coal Co. v. Andrus, 661 F. 2d 1083 (6th Cir. 1981), 15. 2
Shawnee Trail v. Department of Agric. , ? 22 F. 3d 383 (7th Cir. 2000), 15. 2, 15. 3
Shays v. FEC, 414 F. 3d 76 (D. C. Cir. 2005), 16. 4
Shearer; United Statesv. , 473 U. S. 52 (1985), 19. 4
Sheet Metal Workers Int'l Assn. v. Department of Veteran Affairs, 135 F. 3d 891 (3d Cir. 1998), 5. 12, 5. 13
Sheldon v. SEC. , 45 F. 3d 1515 (11th Cir. 1995), 9. 9
Shelley v. Brock, 793 F. 2d 1368 (D. C. Cir. 1986), 17. 6
Shell Offshore v. Babbitt, 238 F. 3d 622 (5th Cir. 2001), 6. 4, 6. 11
Shell Oil Co. v. EPA, 950 F. 2d 741 (D. C. Cir. 1991), 7. 3
Shell Oil Co. v. FEA, 527 F. 2d 1243 (TECA 1975), 7. 10
Shell Oil Co. v. FERC, 47 F. 3d 1186 (D. C. Cir. 1995), 16. 4, 18. 2
Shell Oil Co. v. FPC, 520 F. 2d 1061 (5th Cir. 1975), *cert. denied*, 426 U. S. 941 (1976), 6. 7, 6. 9, 7. 2
Sheridan v. United States, 487 U. S. 392 (1988), 19. 4
Shields v. Utah Idaho Cent. R. R. , 305 U. S. 177 (1938), 2. 8, 17. 5
Shikles v. Sprint/United Management Co. , 426 F. 3d 1304 (10th Cir. 2005), 3. 5,

15. 2, 15. 3

Shkabari v. Gonzales, 427 F. 3d 324 (6th Cir. 2005), 8. 5

Shmeling v. Nordham, 97 F. 3d 1336 (10th Cir. 1996), 18. 5

Shook v. District of Columbia Financial Responsibility and Mgmt. Assistance Auth. , 132 F. 3d 775 (D. C. Cir. 1998), 2. 7, 17. 8

Shrader v. Harris, 631 F. 2d 296 (4th Cir. 1980), 13. 3

Shreveport Grain & Elevator Co. ; United States v. , 287 U. S. 77 (1932), 2. 6

Siebert v. Severino, 256 F. 3d 648 (7th Cir. 2001), 9. 5

Siegertv. Gilley, 500 U. S. 226 (1991), 9. 4, 19. 3

Sierra Club v. Army Corps of Engineers, 446 F. 3d 808 (8th Cir. 2006), 15. 11, 15. 12

Sierra Club v. Costle, 657 F. 2d 298 (D. C. Cir. 1981), 1. 7, 2. 5, 2. 6, 7. 3, 7. 6, 7. 9, 8. 4, 9. 8, 17. 4

Sierra Club v. EPA, 167 F. 3d 658 (D. C. Cir. 1999), 7. 5

Sierra Club v. EPA, 292 F. 3d 895 (D. C. Cir. 2002), 16. 4, 16. 6

Sierra Club v. Glickman, 67 F. 3d 90 (1996), 11. 4

Sierra Club v. Johnson, 436 F. 3d 1269 (11th Cir. 2006), 16. 4

Sierra Club v. Hodel, 848 F. 2d 1068 (10th Cir. 1988), 17. 7

Sierra Club v. Marita, 46 F. 3d 606 (7th Cir. 1995), 15. 16

Sierra Club v. Morton, 405 U. S. 727 (1972), 16. 4, 16. 5, 16. 11-16. 13

Sierra Club v. Peterson, 185 F. 3d 349 (5th Cir. 1999), 11. 6

Sierra Club v. Peterson, 228 F. 3d 559 (5th Cir. 2000), 15. 11, 15. 16

Sierra Club v. Slater, 120 F. 3d 623 (6th Cir. 1997), 11. 6, 15. 11

Sierra Club v. Thomas, 828 F. 2d 783 (D. C. Cir. 1987), 12. 3

Sierra Club v. Whitman, 285 F. 3d 63 (D. C. Cir. 2002), 15. 11

Sierra Club v. Yeutter, 911 F. 2rl1405 (10th Cir. 1990), 17. 7

Sierra Club-Black Hills Grove v. Forest Service, 259 F. 3d 1281 (10th Cir. 2001), 3. 5

Silvernail v. Country of Kent, 385 F. 3d 601 (6th Cir. 2004), 9. 5

Silverthorne Lumber Co. v. United States, 251 U. S. 385 (1920), 4. 3

Silverton Snowmobile Club v. Forest Service, 433 F. 3d 772 (10th Cir. 2006), 15. 8

Sima v. United States, 69 F. Supp. 932 (Ct. Cl. 1951), 2. 7

Sima Prods. Corp. v. McLucas, 612 F. 2d 309 (7th Cir.), *cert. denied*, 446 U. S. 908 (1980), 18. 2

Simard v. Board of Educ. , 473 F. 2d 988 (2d Cir. 1973), 9. 8

Simms v. NHTSA, 45 F. 3d 999 (6th Cir. 1995), 7. 3, 7. 4

Simon v. Eastern Kentucky Welfare Rights Organization, 426 U. S. 26 (1976), 16. 5, 16. 8

Simpsonv. Office of Thrift Supervision, 29 F. 3d 1418 (9th Cir. 1994), 9. 9

Simpson v. Vance, 648 F. 2d 10 (7th Cir. 1980), 5. 12

Sims v. Apfel, 530 U. S. 103 (2000), 9. 9, 15. 8

Sims v. CIA, 642 F. 2d 562 (D. C. Cir. 1980), 5. 12

Sinaloa Lake Owners Assn. v. City of Simi Valley, 70 F. 3d 1095 (9th Cir. 1995), 19. 3

Sinclair v. Hawke, 314 F. 3d 934 (8th Cir. 2003), 19. 5

Sinclair Broadcasting Group v. FCC, 284 F. 3d 148 (D. C. Cir. 2002), 7. 4

Singh v. Ashcroft, 393 F. 3d 903 (9th Cir. 2004), 10. 6

Singh-Batalv. INS, 170 F. 3d 943 (9th Cir. 1999), 15. 8

The Siren, 7 U. S. (7 Wall) 152 (1868), 18. 6

Sixth Circuit in Union CATV v. City of Sturgis, 107 F. 3d 434 (6th Cir. 1997), 18. 7

Skagit County Pub. Hosp. Dist. No. 2 v. Shalala, 80 F. 3d 379 (9th Cir. 1996), 17. 8

Skidmore v. Swift & Co. , 323 U. S. 134 (1944), 3. 5, 6. 2, 6. 4

Skinner v. Mid-America Pipeline Co. , 490 U. S. 212 (1989), 2. 6

Skubel v. Fuoroli, ll3 F. 3d 330 (2d Cir. 1997), 6. 10, 15. 2

Sloan v. Department of Housing and Urban Development, 236 F. 3d 756 (D. C. Cir. 2001), 19. 4

Slochower v. Board of Educ. , 350 U. S. 551 (1956), 9. 4

Slocum v. Delaware, L. & w. R. Co. , 339 U. S. 239 (1950), 14. 1

Slyper v. Attorney Gen. , 827 F. 2d 821 (D. C. 1987), 17. 7

Smiley v. Citibank, 517 U. S. 735 (1996), 3. 3, 3. 5, 36, 6. 7

Smith v. Babcock, 19 F. 3d 257 (6th Cir. 1994), 3. 5

Smith v. City of Jackson, 125 S. Ct. 1536 (2005), 3. 5, 3. 6

Smith v. ICC, 245 U. S. 33 (1917), 4. 1, 4. 11

Smith v. Illinois Bell Tel. Co. , 270 U. S. 587 (1926), 15. 10

Smith v. Nicholson, 451 F. 3d 1344 (Fed. Cir. 2006), 6. 11

Smith v. Office of Civilian Health and Med. Program of the Uniformed Servs. , 97 F. 3d 950 (7th Cir. 1996), 11. 4

Smith v. Robinson, 468 U. S. 992 (1984), 15. 9, 19. 6

Smith v. Russellville Production Credit Assn. , 777 F. 2d 1544 (11th Cir. 1985), 6. 3

Smith v. Shook, 237 F. 3d 1322 (11th Cir. 2001), 19. 3

Smith; United States v. , 499 U. S. 160 (1991), 19. 4

Smith v. Wade, 461 U. S. 30 (1983), 19. 6

Smriko v. Ashcroft, 387 F. 3d 279 (3d Cir. 2004), 17. 7

Soadjede v. Ashcroft, 324 F. 3d 830 (5th Cir. 2003), 9. 5

Social Security Bd. v. Nierotko, 327 U. S. 358 (1946), 6. 4

Socop-Gonzalez v. INS, 208 F. 3d 838 (9th Cir. 2000), 13. 1

Socop-Gonzalez v. INS, 272 F. 3d 1176 (9th Cir. en banc 2001), 13. 1, 15. 2

Soldano v. U. S. 453 F. 3d 1140 (9th Cir. 2006), 19. 4

Soglin v. Kauffman, 418 F. 2d 163 (7th Cir. 1969), 6. 9

Solid Waste Agency of N. Cook County v. Army Corps of Eng'rs, 121 S. Ct. 675 (2001), 3. 6

Solite Corp. v. EPA, 952 F. 3d 473 (D. C. Cir. 1991), 7. 3

Solomon v. Interior Regional Housing Authority, 313F. 3d 1194 (9th Cir. 2002), 18. 5

Souci v. David, 448 F. 2d 1067 (D. C. Cir. 1971), l. 2, 5. 11

South Camden Citizens in Action v. New Jersey Department of Environmental Protection, 274 F. 3d 771 (3d Cir. 2001), 18. 5

South Dakota v. Department of Interior, 423 F. 3d 790 (8th Cir. 2005), 2. 6
South Dakota v. Department of Interior, 69 F. 3d 878 (8th Cir. 1995), 2. 6
South Dakota v. Ubbelohde, 330 F. 3d 1014 (8th Cir. 2003), 6. 3, 17. 6
Southern Ohio Coal v. Office of Surface Mining, 20 F. 3d 1418 (6th Cir. 1994), 15. 14
Southern Pac. Co. v. Jensen, 244 U. S. 205 (1917), 13. 2
Southern Pac. Transp. Co. v. Public Util. Comm'n, 716 F. 2d 1285 (9th Cir. 1983), 13. 4
Southern Ry. Co. v. Seaboard Allied Milling Corp. , 442 U. S. 444 (1979), 17. 7
Southern Utah Wilderness Alliance v. Bureau of Land Management, 425 F. 3d 735 (10th Cir. 2005), 3. 5, 14. 1
Southern Utah Wilderness Alliance v. Norton, 301 F. 3d 1217 (10th Cir. 2002), 12. 3, 17. 7
Southern Ute Indian Tribe v. Amoco Production Co. , 119 F. 3d 816 (10th Cir. 1997), 3. 5.
South Fork Broadcasting Corp. v. FCC, 59 F. 3d 1249 (D. C. Cir. 1995), 12. 1, 15. 2, 15. 5, 16. 4
South Lake Tahoe v. California Tahoe Reg'l Planning Agency, 625 F. 2d 231 (9th Cir.), *cert. denied*, 447 U. S. 1039 (1980), 16. 15
South Pac. Transp. Co. v. ICC, 69 F. 3d 583 (D. C. Cir. 1995), 15. 8
South Shore Hospital v. Thompson, 308 F. 3d 91 (1st Cir. 2002), 6. 11
South Terminal Corp. v. EPA, 504 F. 2d646 (lstCir. 1974), 8. 6, 11. 6
Southwest Air Ambulance v. City of Las Cruces, 268 F. 3d 1162 (10th Cir. 2001), 18. 5
Southwest Ctr. for Biological Diversity v. Forest Serv. , 100 F. 3d 1443 (9th Cir. 1996), 11. 6
Southwestern Bell Mobile Systems v. Todd, 244 F. 3d 51 (1st Cir. 2001), 18. 7
S. P. A & JCM v. United States, 463 F. 3d 1345 (Fed. Cir. 2006), 6. 5
Southwestern Bell Tel. Co. v. FCC, 138 F. 3d 746 (8th Cir. 1998), 6. 9, 12. 3, 15. 10
Southwestern Pa. Growth Alliance v. Browner, 121 F. 3d 106 (3d Cir. 1997), 7. 4, 12. 3, 15. 8
Spagnola v. Mathis, 859 F. 2d 223 (D. C. Cir. 1988), 19. 5
Spalding v. Vilas, 161 U. S. 483 (1896), 19. 3
Spencer Enterprises v. United States, 345 F. 3d 683 (9th Cir. 2003), 17. 8
Spiller v. Atchison, Topeka & Santa Fe R. , 253 U. S. (1920), 10. 3
Sprague v. King, 23 F. 3d 185 (7th Cir. 1994), 17. 7, 18. 2
Sprague v. Woll, 122 F. 2d 128 (7th Cir.), *cert. denied*, 314 U. S. 669 (1941), 13. 3
Sprietsma v. Mercury Marine, 123 S. Ct. 518 (2002), 3. 5, 6. 6
Springer; United States v. , 491 F. 2d 239 (9th Cir.), l0. 7
Springfield v. Buckles, 292 F. 3d 813 (D. C. Cir. 2002), 11. 5
Sprint Communications Co. v. APCC Services, 128 S. Ct. _ _ _ _ (2008), 16. 4, 16. 5

Sprint Corp. v. FCC, 315 F. 3d 369 (D. C. Cir. 2003), 6. 4, 7. 3

Sprint Corp. v. FCC, 331 F. 3d 952 (D. C. Cir. 2003), 15. 12

Sprint Nextel Corp. v. FCC, 508 F. 3d 1129 (D. C. Cir. 2007), 15. 11, 17. 7

Sprint Spectrum v. City of Carmel, Indiana, 361 F. 3d 998 (7th Cir. 2004), 15. 12, 18. 7

Sprint Telephony v. Country of San Diego, 490 F. 3d 700 (9th Cir. 2007), 19. 6

SSA v. Goodman, 58 Admin. L 2d 780 (1984), 9. 10

SSM Rehabilitation Inst. v. Shalala, 68 F. 3d 266 (8th Cir. 1995), 6. 11

Standard Forge and Axle Co. v. Coleman, 551 F. 2d 1268 (D. C. Cir.), *cert. denied*, 434 U. S. 823 (1977), 18. 2

Standard Oil Co. v. DOE, 453 F. Supp. 203, aff'd, 596 F. 2d 1029 (TECA 1978), 6. 11, 17. 3

Stanley v. Department of Justice, 423 F. 3d 1271 (Fed. Cir. 2005), 17. 7

Stanley; United States v. , 483 U. S. 669 (1987), 19. 4

Star Wireless v. FCC, 522 F. 3d 469 (D. C. Cir. 2008), 6. 11

Stark; NLRB v. , 525 F. 2d 422 (2d Cir. 1975), *cert. denied*, 424 U. S. 967 (1976), 11. 2

Stark v. Weinberger, 497 F. 2d 1092 (7th Cir. 1974), 10. 7

Stark v. Wickard, 321 U. S. 288 (1944), 17. 5, 17. 7

Starker v. United States, 602 F. 2d 1341 (9th Cir. 1979), 13. 5

State Employees Bargaining Agent v. Rowland, 494 F. 3d 71 (2d Cir. 2007), 18. 5, 19. 3

State Oil Co. v. Khan, 522 U. S. 3 (1997), 3. 3

Staton v. Mayes, 552 F. 2d 908 (10th Cir.), *cert. denied*, 434 U. S. 907 (1977), 9. 8

Stauch v. City of Columbia Heights, 212 F. 3d 425 (8th Cir. 2000), 9. 4

Stauffer Chern. Co. ; United States v. , 464 U. S. 165 (1984), 13. 5

Steadman v. SEC, 450 U. S. 91 (1981), 10. 7

Steel Co. v. Citizens for a Better Environment, 523 U. S. 83 (1998), 1. 7, 16. 1, 16. 4, 16. 5, 16. 8, 18. 5

Steenholdt v. FAA, 314 F. 3d 633 (D. C. Cir. 2003), 17. 7

Steffel v. Thompson, 415 U. S. 452 (1974), 18. 4

Stein v. Disciplinary Board of Supreme Court of New Mexico, 520 F. 3d 1183 (10th Cir. 2008), 19. 3

Steinhardt Partners, In re, 9 F. 3d 230 (2d Cir. 1993), 5. 9, 5. 10

Stephens v. MSPB, 986 F. 2d 493 (Fed Cir. 1993), 9. 10

Stieberger v. Bowen, 801 F. 2d 29 (2d Cir. 1986), 9. 10, 11. 3

Stillwater Mining Co. v. MSHRC, 142 F. 3d 1179 (9th Cir. 1998), 6. 11

Stinson v. United States, 508 U. S. 36 (1993), 6. 3, 6. 4, 6. 11

Stiversv. Pierce, 71 F. 3d 732 (9th Cir. 1995), 9. 8, 19. 3.

Stodghill v. Wellston School District, 512 F. 3d 472 (8th Cir. 2008), 9. 4

Stone v. Export-Import Bank, 552 F. 2d 132 (5th Cir. 1977), *cert. denied*, 434 U. S. 1012 (1978), 5. 10

Stone v. Hamilton, 308 F. 3d 751 (7th Cir. 2002), 6. 7, 12. 3, 13. 1
Stone v. INS, 514 U. S. 386 (1995), 15. 11
Stone & Downer Co. ; United States v. , 274 U. S. 225 (1927), 13. 3
Stoneridge Investment Partners v. Scientific-Atlanta, 128 S. Ct. 761 (2008), 18. 5
Storer Broadcasting Co. ; United States v. , 351 U. S. 192 (1956), 3. 5, 6. 2, 6. 4, 6. 6, 6. 9, 8. 3
Stoughton, City of v. EPA, 858 F. 2d 747 (D. C. Cir. 1988), 7. 3
Stovall v. Denno, 388 U. S. 293 (1967), 13. 2
Strickland v. Commissioner, Maine Dep't of Hurnan Servs. , 48 F. 3d 12 (1st Cir. 1995), 7. 4, 7. 6
Strycker's Bay Neighborhood Council v. Karlen, 444 U. S. 223 (1980), 7. 7, 17. 4
Student Loan Marketing Assn. v. Riley, 104 F. 3d 397 (D. C. Cir. 1997), 15. 11, 15. 15
Students Challenging Regulatory Agency Procedures; United States v. , 412 U. S. 699 (1973), 16. 4-16. 6
Stump v. Sparkman, 435 U. S. 349 (1978), 19. 3
Sturm, Ruger & Co. ; United States y. , 84 F. 3d 1 (1st Cir. 1996), 4. 2
Stutson v. United States, 516 U. S. 193 (1996), 3. 5
Succar v. Ashcroft, 394 F. 3d 8 (1st Cir. 2005), 3. 6
Sugar Cane Growers Cooperative v. Veneman, 289 F. 3d 89 (D. C. Cir. 2002), 6. 1, 7. 13, 8. 1, 16. 4, 16, 5
Suitum v. Tahoe Reg'l Planning Agency, 520 U. S. 725 (1997), 15. 13
Sullivan v. Stroop, 496 U. S. 478 (1990), 3. 6
Sullivan; United States v. , 274 U. S. 259 (1927), 4. 12
Sullivan v. United States, 348 U. S. 170 (1954), 6. 6, 17. 7
Sullivan v. Zebley, 493 U. S. 521 (1990), 7. 12, 11. 5
Sun First Nat'l Bank; United States v. , 510 F. 2d 1107 (5th Cir. 1975), 4. 5
Sun Ray Drive-In Diary, Inc. v. Oregon Liquor Control Comm'n, 16 Or. App. 63, 517 P. 2d 289 (1973), 6. 9
Sunshine Anthracite Coal Co. v. Adkins, 310 U. S. 381 (1940), 2. 8, 13. 3, 13. 4, 16. 5
Superior Oil Co. v. FERC, 563 F. 2d 191 (5th Cir. 1977), 5. 15
Supreme Ct. ofVirginia v. Consumers Union, 446 U. S. 719 (1980), 19. 3
Suter v. Artist M, 503 U. S. 347 (1992), 18. 5, 19. 6
Suter v. U. S. , 441 F. 3d 306 (4th Cir. 2006), 19. 4
Sutton v. United Air Lines, 527 U. S. 471 (1999), 3. 6
Swallows Holding v. Commissioner of Internal Revenue, 515 F. 3d 162 (3d Cir. 2008), 3. 5
Swan v. Clinton, 100 F. 3d 973 (D. C. Cir. 1996), 2. 5
Swan Creek Communications v. FCC, 39 F. 3d 1217 (D. C. Cir. 1994), 11. 2
Sweetland v. Walters, 60 F. 3d 852 (D. C. Cir. 1995), 1. 2
Swineford v. Snyder County, 15 F. 3d 1258 (3d Cir. 1994), 13. 4
Swint v. Chambers County Comm'n, 517 U. S. 35 (1995), 19. 3

Swirsky v. National Assn. of Securities Dealers, 124 F. 3d 59 (1st Cir. 1997), 15. 2, 18. 2

Switchmen's Union v. National Mediation Bd. , 320 U. S. 297 (1943), 17. 7

Sykesv. City of Gentry, 114F. 3d 829 (8th Cir. 1997), 9. 2

Synar v. United States, 626 F. Supp. 1374 (D. D. C. 1986), *aff'd sub nom*. Bowsher v. Synar, 478 U. S. 714 (1986), 2. 5

Syncor Int'l Corp. v. Shalala, 127 F. 3d 90 (D. C. Cir. 1997), 6. 4

Syntek Semiconductor v. Microchip Technology, 285 F. 3d 857 (9th Cir. 2002), 14. 1

Synthetic Organic Chern. Mfrs. Assn. v. Brennan, 506 F. 2d 385 (3d Cir. 1974), *cert. denied*, 420 U. S. 973 (1975), 7. 3

Taber v. Maine, 45 F. 3d 598 (2d Cir. 1995), 19. 4

Tail v. Western Maryland Ry. , 289 U. S. 620 (1933), 13. 3

Taiwan Semiconductor Industry Assn. v. International Trade Commission, 266 F. 3d 1339 (Fed. Cir. 2001), 11. 4

Tamenut v. Mukasey, 521 F. 3d 1000 (8th Cir. en banc 2008), 17. 7

Tamper, Inc. ; NLRB v. , 522 F. 2d 781 (4th Cir. 1975), 9. 8

TAP Pharmaceuticals v. Department of Health, 163 F. 3d 199 (4th Cir. 1998), 16. 9

T & W Investment Co. v. Kurtz, 588 F. 2d 801 (10th Cir. 1978), 19. 3

Tassy v. Brunswick Hospital Center, 296 F. 3d 65 (2d Cir. 2002), 14. 1

Tasty Baking Co. v. Cost of Living Council, 395 F. Supp. 1367 (E. D. Penn 1975), 7. 10

Tate & Lyle v. Commissioner, 87 F. 3d 99 (3d Cir. 1996), 3. 5

Tax Analysts v. Internal Revenue Service, 294 F. 3d 71 (D. C. Cir. 2002), 5. 11

Tax Analysts v. IRS, 117 F. 3d 607 (D. C. Cir. 1997), 5. 9, 5. 11

Taylor v. Corps of Eng'rs, 567 F. 2d 1332 (5th Cir. 1978), 8. 2

Taylor v. Treasury Dept. , 127 F. 3d 470 (5th Gir. 1997), 5. 17

Taylor; United States v. , 487 U. S. 326 (1988), 3. 6

Taylor v. Weinberger, 512 F. 2d 664 (4th Cir. 1975), 10. 6

Taylor-Calahan-Coleman Counties v. Dole, 948 F. 2d 953 (5th Cir. 1991), 15. 15

TCG Detroit v. City of Dearborn, 206 F. 3d 618 (6th Cir. 2000), 18. 5

Teambank v. McClure, 279 F. 3d 614 (8th Cir. 2006), 3. 5

Teamsters v. National Mediation Bd. , 712 F. 2d 1495 (D. C. Cir. 1983), 5. 6

Teamsters v. NLRB, 587 F. 2d 1176 (D. C. Cir. 1978), 11. 2

Tearnsters v. Pen a, 17 F. 3d 1478 (D. C. Gir. 1994), 7. 10, 18. 2

Teamsters v. Terry, 494 U. S. 558 (1990), 2. 8

Teamsters Local Union 759 v. NLRB, 532 F. 2d 1385 (D. C. Cir. 1976), 10. 4

Teigen v. Renfrow, 511 F. 3d 1072 (10th Cir. 2007), 9. 4

Telecommunications Research and Action Ctr. v. FCC, 750 F. 2d 70 (D. C. Cir. 1984), 12. 3, 18. 2

Tennessee v. Department of Transportation, 326 F. 3d 729 (6th Cir. 2003), 18. 7

Tennessee Elec. Power Co. v. TVA, 306 U. S. 118 (1939), 16. 2

Tenney v. Brandhove, 341 U. S. 367 (1951), 19. 3

Terbush v. U. S. 516 F. 3d 1125 (9th Cir. 2008), 19. 4

Terkel v. Kelly, 599 F. 2d 214 (7th Cir. 1979), *cert. denied*, 444 U. S. 1013 (1980), 5. 17

Terraciano v. Montanye, 493 F. 2d 682 (2d Gir.), *cert. denied*, 419 U. S. 875 (1974), 4. 3

Teva Pharmaceuticals v. FDA, 441 F. 3d 1 (D. C. Cir. 2006), 3. 6

Texaco, Inc. v. 1717C, 336F. 2d 754 (D. C. Gir. 1964), *vacated*, 381 U. S. 739 (1965), 9. 8

Texaco, Inc. v. FEA, 531 F. 2d 1071 (TECA), *cert. denied*, 426 U. S. 941 (1976), 7. 3, 7. 10 Texaco, Inc. v. FPC, 412 F. 2d 740 (3d Cir. 1969), 6. 3, 7. 10

Texas v. United States, 523 U. S. 296 (1998), 15. 13

Texas v. United States, 497 F. 3d 491 (5th Cir. 2007), 3. 6

Texas & Pac. Ry. v. Abilene Cotton Oil Co. , 204 U. S. 426 (1907), 14. 1

Texas Independent Producers and Royalty Owners Assn'v. EPA, 410 F. 3d 964 (7th Cir. 2005), 16. 4

Texas Independent Producers and Royalty Owners Assn'v. EPA, 413 F. 3d 479 (5th Cir. 2005), 15. 14, 16. 5

Texas Instruments, Inc. v. Cypress Semiconductor Corp. , 90 F. 3d 1558 (Fed. Cir. 1996), 13. 3

Texas Municipal Power Agency v. EPA, 89 F. 3d 858 (D. C. Cir. 1996), 17. 8

Tex-O-Kan Flour Mills; NLRB, v. , 122 F. 2d 433 (5th Cir. 1941), 11. 2

Theberge v. United States, 87 F. 2d 697 (2d Cir. 1937), 9. 10

Theodore; United States v. , 479 F. 2d 749 (4th Cir. 1973), 4. 2

Theodoropoulos v. INS, 358 F. 3d 162 (2d Cir. 2004), 15. 3, 15. 5, 15. 8

Thermal Science v. Nuclear Regulatory Comm'n, 184 F. 3d 803 (8th Cir. 1999), 15. 2

Thirty-one Foster Children v. Bush, 329 F. 3d 1255 (11th Cir. 2003), 19. 6

Thomas v. Town of Hammonton, 351 F. 3d 108 (3d Cir. 2003), 9. 4

Thomas v. Union Carbide Agric. Prods. Co. , 473 U. S. 568 (1985), 1. 7, 2. 8, 5. 16

Thomas Jefferson Univ. v. Shalala, 512 U. S. 504 (1994), 6. 4, 6. 11

Thomas Jefferson University v. Shalala, 512 U. S. 504 (1994), 6. 11

Thompson v. Schweiker, 665 F. 2d 936 (9th Cir. 1982), 13. 3

Thompson; United States v. , 579 F. 2d 1184 (10th Gir. 1978), 17. 7

Thornwell v. United States, 471 F. Supp. 344 (D. D. C. 1979), 19. 4

Thorpe v. Housing Auth. , 393 U. S. 268 (1969), 6. 11

300 Gramatan Ave. Assocs. v. State Div. of Human Rights, 45 N. Y. 2d 176, 379 N. E. 2d 1183 (1978), 10. 4

37712, Inc. v. Ohio Dep't of Liquor Control, 113 F. 3d 614 (6th Cir. 1997), 9. 2

Three Rivers Center for Independent Living v. Housing Authority of Pittsburgh, 382 F. 3d 412 (3d Cir. 2004), 18. 5, 19. 6

Thunder Basin Coal Co. v. Reich, 510 U. S. 200 (1994) , 15. 13, 15. 14, 18. 2

TIC, Inc. v. NLRB, 126 F. 3d 334 (D. C. Cir. 1997), 11. 2

Ticor Title Ins. Co. v. FTC, 814 F. 2d 731 (D. C. Cir. 1987), 15. 1, 15. 4

Tieniber v. Heckler, 720 F. 2d 1251 (11th Cir. 1983), 11. 2

Tierdael Construction Co. v. OSHRC, 340 F. 3d 1110 (10th Cir. 2003), 6. 11
Time Warner Entertainment Co. v. FCC, 144 F. 3d 75 (D. C. Cir. 1998), 15. S
Timken U. S. Corp. v. United States, 421 F. 3d 1350 (Fed. Cir. 2005), 7. 4
Tippett v. United States, 108 F. 3d 1194 (10th Cir. 1997), 19. 4
Tippetts v. United States, 308 F. 3d 1091 (10th Cir. 2002), 14. 1, 14. 2, 19. 4
Title Guarantee Co. v. NLRB, 534 F. 2d 484 (2d Cir. 1976), 5. 13
T-Mobile v. Unified Government of Wyandotte County, 546 F. 3d 1299 (10th Cir. 2008), 11. 2
TNS v. NLRB, 296 F. 3d 384 (6th Cir. 2002), 12. 3
Toilet Goods Assn. v. Gardner, 387 U. S. 158 (1967), 15. 14
Ton Services v. Qwest Corp. , 493 F. 3d 1225 (10th Cir. 2007), 14. 1
Torres v. Celebrezze, 349 F. 2d 342 (1st Cir. 1965), 10. 7
Torres-Rosado v. Rotger-Sabat, 335 F. 3d 1 (1st Cir. 2003), 9. 4, 9. 5
Touby v. United States, 500 U. S. 160 (1991), 2. 6, 2. S
Touche Ross & Co. v. Reddington, 442 U. S. 560 (1979), 11; 1. 5
Tourus Records v. DEA, 259 F. 3d 731 (D. C. Cir. 2001), 8. 5
Tovar-Alvarez v. Attorney General, 427 F. 3d 1350 (11th Cir. 2005), 13. 1
Tower v. Glover, 467 U. S. 914 (1984), 19. 3
Town of Castle Rock v. Gonzales, 125 S. Ct. 2796 (2005), 9. 4, 17. 7, 19. 6
Town of Norwood v. FERC, 476 F. 3d 18 (1st Cir. 2007), 13. 3
Town & Country Elec. ; NLRB v. , 516 U. S. 85 (1995), 3. 5
Town of. *See name of town*
Tozzi v. Department of Health & Human Services, 271 F. 3d 301 (D. C. Cir. 2001), 6. 11, 15. 12, 16. 4, 16. 5
Trafficante v. Metropolitan Life Ins. Co. , 409 U. S. 205 (1972), 16. 4, 16. 7, 16. 8
Transamerica Mortgage Advisors v. Lewis, 444 U. S. 1 (1979), 18. 5
Transcon Lines, In re, 89 F. 3d 559 (9th Cir. 1996), 6. 11
Transcontinental & W. Air, Inc. v. Koppal, 345 U. S. 653 (953), 14. 1
Transcontinental Gas Pipe Line Corp. v. State Oil & Gas Bd. , 474 U. S. 409 (1986), 14. 4
Transport-Communication Employees Union v. Union Pac. R. Co. , 385 U. S. 157 (1966), 14. 1
Transportation Workers Union v. Transportation Security Administration, 492 F. 3d 471 (D. C. Cir. 2007), 6. 4, 16. 5, 16. 6
Travel Marketing v. FDIC, 45 F. 3d 1278 (9th Cir. 1994), 15. 2
Travers v. Jones, 323 F. 3d 1294 (11th Cir. 2001), 13. 3
Traynor v. Turnage, 485 U. S. 535 (1988), 17. 9
Trevan v. Office of Personnel MgmL, 69 F. 3d 520 (Fed. Cir. 1995), 13. 3, 13. 4
Tribune Co. v. FCC, 133 F. 3d 61 (D. C. Cir. 1998), 6. 6
Trident Seafoods; United Statesv. , 60 F. 3d 556 (3d GiL 1995), 6. 11
Trifax Corp. v. District of Columbia, 314 F. 3d 641 (D. C. Cir. 2003), 9. 4
Trinity Broadcasting v. FCC, 211 F. 3d 618 (D. C. Gir. 2000), 6. 11
Trinity Marine Nahville v. Occupational Safety and Health Review Commission, 275

F. 3d 423 (5th Cir. 2006), 6. 11

Tri-State Hotels, Inc. v. FDIC, 79 F. 3d 707 (8th Gir. 1996), 15. 2

Troy Corp. v. Browner, 120 F. 3d 277 (D. C. Gir. 1997), 6. 3, 7. 4, 7. 5

Truckers United for Safetyv. Federal Highway Admin. , 139 F. 3d 934 (D. C. Cir. 1998), 6. 4

Truman v. United States, 26 F. 3d 592 (5th GiT. 1994), 19. 4

Trust & Investment Advisers v. Hogsett, 43 F. 3d 290 (7th GiL. 1994), 9. 8

Trust & Investment Advisers, Inc. v. Hogsett, 43 F. 3d 290 (7th Cir. 1994), 19. 3

Trustees of. *See name of organization*

Tsegay v. Ashcroft, 386 F. 3d 1347 (10th Cir. 2004), 17. 7

Tulloch v. Coughlin, 50 F. 3d 114 (2d Cir. 1995), 19. 3

Tumey v. Ohio, 273 U. S. 510 (1927), 9. 8

Tunelli v. United States, 60 F. 3d 492 (8th Cir. 1995), 19. 4

Tunik v. Merit Systems Protection Board, 407 F. 3d 1326 (Fed. Cir. 2005), 3. 5, 6. 4, 6. 6, 7. 11, 9. 8

Turner; United States v. , 528 F. 2d 143 (9th Cir.), *cert. denied suh nom.* Grimes v. United States, 423 U. S. 996 (1975), 2. 7

Turner v. Williams, 194 U. S. 279 (1904), 2. 8

TVA v. Whitman, 336 F. 3d 1236 (11th Cir. 2003), 9. 5, 15. 11

UAW v. Brock, 477 U. S. 274 (1986), 15. 3, 16. 12

UAW v. Brock, 783 F. 2d 237 (D. C. Cir. 1986), 17. 7

Udall v. Tallman, 380 U. S. 1 (1965), 6. 11

UDC Chairs Chapter v. Board of Trustees of Univ. of D. C. , 56 F. 3d 1469 (D. C. Cir. 1995), 15. 2

Ullmann v. United States, 350 U. S. 422 (1956), 4. 10

Underwood v. Wilson, 151 F. 3d 292 (5th Cir. 21998), 15. 3

Unemployment Compensation Comm'n of Territory ofAlaska v. Aragon, 329 U. S. 143 (1946), 15. 8

Union Dep't v. American Petroleum Inst, 448 U. S. 607 (1980), 11. 4

Union Mfg. Co. v. Han Baek Trading Co. , 763 F. 2d 42 (2d Cir. 1985), 13. 4

Union of Concerned Scientists v. Atomic Energy Comm'n, 499 F. 2d 1069 (D. C. Cir. 1974), 7. 10

Union of Concerned Scientists v. NRC, 824 F. 2d 108 (D. C. Cir. 1987), 3. 6

Union Oil Co. v. FPC, 542 F. 2d 1036 (9th Cir. 1976), 5. 10

Union Oil Co. v. Morton, 512 F. 2d 743 (9th Cir. 1975), 8. 6

Union Pac. Fuels v. FERC, 129 F. 3d 157 (D. C. Cir. 1997), 8. 2

United Airlines v. CAB, 766 F. 2d 1109 (7th Cir. 1985), 7. 2, 9. 5

United Autoworkers Int'l Union v. NLRB, 459 F. 2d 1329 (D. C. Cir. 1972), 11. 2

United Dairymen of Arizona v. Veneman, 279 F. 3d 1160 (9th Cir. 2002), 16. 9, 17. 7

United Food and Commercial Workers Union Local 751 v. Brown Group Inc. , 17 U. S. 544 (1996), 16. 12

United Food and Commercial Workers Union; NLRB v. , 484 U. S. 112 (1987), 1. 7, 3. 6

United Gas Pipe Line Co. v. FERC, 824 F. 2d 417 (5th Cir. 1987), 14. 4, 14. 6

United Gas Pipeline Co. v. FPC, 181 F. 2d 796 (D. C. Cir.), *cert. denied*, 340 U. S. 827 (1950), 18. 2

United Mine Workers, In re, 190 F. 3d 545 (D. C. Cir. 1999), 12. 3

United Mine Workers v. FMSHA, 920 F. 2d 960 (D. C. Cir. 1990), 7. 4

United Parcel Servo v. NLRB, 41 F. 3d 1068 (6th Cir. 1994), 11. 2

United Parcel Servo v. NLRB, 92 F. 3d 1221 (D. C. Cir. 1996), 3. 5, 14. 1

United Pub. Workers v. Mitchell, 330 U. S. 75 (1947), 15. 12, 15. 14

United Shoe Mach. Corp. ; United States v. , 89 F. Supp. 349 (D. Mass. 1950), 10. 2

United States v. *See name of opposing party*

United States Dep't of Probation and Parole; United States v. , 536 F. 2d 179 (7th Cir. 1976), 2. 7

United States v. American Target Advertising, 257 F. 3d 348 (4th Cir. 2001), 4. 2

United States v. Bean, 123 S. Ct. 584 (2002), 15. 11, 17. 7

United States v. Bradford, 423 F. 3d 1149 (10th Cir. 2005), 17. 8

United States v. Cinemark USA, 348 F. 3d 569 (6th Cir. 2003), 6. 7, 6. 11, 13. 1

United States v. Corona-Verbena, 509 F. 3d 1105 (9th Cir. 2007), 15. 11

United States v. F. S. J. , 265 F. 3d 764 (9th Cir. 2001), 17. 7

United States v. Gaubert, 499 U. S. 315 (1991), 19. 4

United States v. Hoyts Cinemas Corp. , 380 F. 3d 558 (1st Cir. 2004), 6. 7, 6. 11, 13. 2

United States v. Lachman, 387 F. 3d 42 (1st Cir. 2004), 6. 11

United States v. Lee, 274 F. 3d 485 (8th Cir. 2001), 6. 4, 6. 6

United States v. Mead Corp. , 533 U. S. 218 (2001), 3. 5, 6. 4

United States v. Morgan, 313 U. S. 409 (1941), 8. 5

United States v. Olson, 126 S. Ct. 510 (2005), 19. 4

United States v. Roberts, 185 F. 3d 1125 (10th Cir. 1999), 2. 6

United States v. Sosa, 387 F. 3d 131 (2d Cir. 2004), 15. 3

United States v. Ventura-Melendez, 321 F. 3d 230 (1st Cir. 2003), 7. 3, 7. 10

United States v. White, 431 F. 3d 431 (5th Cir. 2005), 15. 2

United States Cellular Corp. v. City of Wichita Fall, 364 F. 3d 250 (5th Cir. 2004), 11. 2

United States *ex rel*. Saint Regis Mohawk Tribe v. President R. C. St. Regis Management Co. , 451 F. 3d 44 (2d Cir. 2006), 15. 3

United States*ex rel*. Stone v. Rockwell International Corp. , 282 F. 3d 787 (10th Cir. 2002), 2. 4, 16. 4

United States*ex rel*. Accardi v. Shaughnessy, 347 U. S. 260 (1954), 6. 6, 9. 1

United States*ex rel*. Chapman v. FPC, 345 U. S. 153 (1953), 16. 15

United States*ex rel*. Johnson v. Shaughnessy, 336 U. S. 806 (1949), 15. 8

United States*ex rel*. Knauffv. Shaughnessy, 338 U. S. 537 (1950), 9. 4

United States*ex rel*. Placek v. State of lllinois, 546 F. 2d 1298 (7th Cir. 1976), 10. 2

United States Health Club v. Major, 292 F. 2d 665 (3d Cir.), *cert. denied*, 368

U. S. 896 (1961), 2. 7
United States Public Interior Research Group v. Atlantic Salmon of Maine, 339 F. 3d 23 (1st Cir. 2003), 14. 1, 14. 6
United States Steel Corp. v. EPA, 595 F. 2d 207 (5th Cir. 1979), 18. 2
United States Steel Corp. v. Train, 556 F. 2d 822 (7th Cir. 1977), 7. 2, 8. 2, 10. 7
United States Steel Mining Co. v. OWCP, 187 F. 3d 384 (4th Cir. 1999), 10. 3
United States Tel. Assn. v. FCC, 28 F. 3d 1232 (D. C. Cir. 1994), 6. 3
United States Telecom Assn. v. FCC, 359 F. 3d 554 (D. C. Cir. 2004), 2. 7
United States Telecom Assn. v. FCC, 295 F. 3d 1326 (D. C. Cir. 2002), 16. 4
United States Transp. Union v. Surface Transp. Bd. , 183 F. 3d 606 (7th Cir. 1999), 3. 5
United States Via-Genies Corp. v. Christenberry, 173 F. Supp. 645 (S. D. N. Y.), aff'd, 278 F. 2d 561 (2d Cir. 1960), 2. 7
United Steelworkers v. Marshall, 592 F. 2d 693 (3d Cir. 1979), 18. 3
United Steelworkers v. Marshall, 647 F. 2d 1189 (D. C. Cir. 1980), *cert. denied*, 435 U. S. 913 (1981), 7. 3
United Steelworkers v. Schuylkill Metals Corp. , 828 F. 2d 314 (5th Cir. 1987), 3. 5
United Technologies Corp. v. EPA, 821 F. 2d 714 (D. C. Gir. 1987), 6. 4
United Transp. Unionv. ICC, 891 F. 2d 908 (D. C. Cir. 1989), 16. 5
United We Stand v. IRS, 359 (D. C. Cir. 2004), 5. 6
Universal Camera Corp. v. NLRB, 340 U. S. 474 (1951), 11. 2
Universal Health Services v. Thompson, 363F. 3d 554 (D. C. Cir. 2004), 2. 7
Urena-Tavarez v. Ashcroft, 367 (3d Cir. 2004), 17. 8
Universal Rundle Corp. v. FTC, 387 U. S. 244 (1967), 17. 5
University of Mo. v. Horowitz, 435 U. S. 78 (1978), 9. 3, 9. 7
University of Pa. v. Equal Employment Opportunity Comm'n, 493 U. S. 182 (1990), 4. 2, 4. 5
University of Tenn. v. Elliott, 478 U. S. 788 (1986), 13. 3
Unt v. Aerospace Corp. , 765 F. 2d 1440 (9th Cir. 1985), 1. 2
Updegraff v. Talbott, 221 F. 2d 342 (4th Cir. 1955), 2. 7
Upton v. SEC, 75 F. 3d 92 (2d Cir. 1996), 6. 11
Ursery; United States v. , 518 U. S. 267 (1996), 9. 5
USA Group Loan Servs. v. Riley, 82 F. 3d 708 (7th Cir. 1996), 7. 4, 7. 14
U. S. Air Tour Assn. v. Commissioner of Internal Revenue, 270 (D. C. Cir. 2002), 3. 6, 7. 4
U. S. Airwaves v. FCC, 232 F. 3d 227 (D. C. Cir. 2000), 6. 7
U. S. Freightways Corp. v. Commissioner of Internal Revenue, 270F. 3d 1137 (7th Cir. 2001), 3. 5, 6. 4, 6. 11
U. S. Telecom Assn. v. FCC, 295F. 3d 1326 (D. C. Cir. 2002), 16. 4
USCOC of Greater Iowa v. Zoning Board, 465F. 3d 817 (8th Cir. 2006), 11. 2, 18. 7
Usery v. Tamiami Trail Tours, Inc. , 531 F. 2d 224 (5th Cir. 1976), 10. 5
USV Pharmaceutical Corp. v. Richardson, 461 F. 2d 223 (4th Cir. 1972), 6. 2
USV Phannaceutical Corp. v. Weinberger, 412 U. S. 655 (1973), 6. 2

USX Corp. v. Barnhart, 395F. 3d 161 (3d Cir. 2004), 10. 7
Utah Canstr. & Mining Co. ; United States v. , 384 U, S. 394 (1966), 13. 3
Utah Environmental Congress v. Bosworth, 421F. 3d 1105 (10th Cir. 2005), 6. 11
Utah Fuel Co. v. National Bituminous Coal Comm'n, 306 U. S, 56 (1989), 18. 2
Utility Solid Waste Activities Group v. EPA, 236F. 3d 749 (D. C. Cir. 2001), 7. 10

Van de Camp v. Goldstein, 129 S. Ct. 855 (2009), 19. 3
Van Dinh v. Reno, 197 F. 3d 427 (10th Cir. 1999), 17. 8
Utah Power & Light Co. v. EPA, 553 F. 2d 215 (D. C. Cir. 1977), 18. 2
Utah Power & Light Co. v. United States, 243 U. S. 389, 37 S. Ct. 387, 61 L. Ed. 791 (1917), 13. 1

Vail v. Board of Educ. , 706 F. 2d 1435 (7th Cir. 1983), 9. 4, 19. 6
Valdez v. United States, 56 F. 3d 1177 (9th Cir. 1995), 19. 4
Valley v. Rapides Parish Sch. Bd. , 118 F. 3d 1047 (5th Cir. 1997), 9. 8
Valley Forge Christian Call. v. Americans United for Separation of Church and State, 454 U. S. 464 (1982), 16. 4
Vance v. Terrazas, 444 U. S. 252 (1980), 10. 7
Van Harken v. Chicago, 103 F. 3d 1346 (7th Cir. 1997), 9. 5, 9. 8
Varity Corp. v. Howe, 516 U. S. 489 (1996), 18. 5
Vaughn v. Rosen, 484 F. 2d 820 (D. C. Cir. 1973), *cert. denied*, 415 U. S. 977 (1974), 5. 11
Velez v. Levy, 401F. 3d 75 (2d Cir. 2005), 9. 4, 9. 5
Vemco, Inc. v. NLRB, 79 F. 3d 526 (6th Cir. 1996), 11. 2
Venegas v. Henman, 126 F. 3d 760 (5th Cir. 1997), 3. 5
Venetian Casino Resorts v. EEOC, 409F. 3d 359 (D. C. Cir. 2005), 15. 12
Venkatraman v. REI Systems, 417F. 3d 418 (4th Cir. 2002), 18. 5
Ventura v. Shalala, 55 F. 3d 900 (3d Cir. 1995), 9. 8
Verizon v. Public Service Commission of Maryland, 122S. Ct. 1753 (2002), 18. 7, 19. 6
Verizon Communications v. FCC, 122S. Ct. 1646 (2002), 3. 6, 7. 4
Verizon Communications v. Law Offices of Curtis Trinko, 124S. Ct. 872 (2004), 14. 1, 14. 5
Verizon New England v. Marine Public Utilities Commission, 509F. 3d 1 (1st Cir. 2007), 14. 1
Verizon Telephone Co. v. FCC, 269F. 3d 1098 (D. C. Cir. 2001), 6. 7, 11. 4, 15. 11
Vermont Agency of Natural Resources v. United States, 529 U. S. 765 (2000), 16. 4, 16. 8
Vermont Yankee Nuclear Power Corp. v. NRDC, 439 U. S. 519 (1978), 1. 6, 2. 5, 6. 1, 7. 1, 7. 3, 7. 4, 7. 6, 7. 8, 7. 10, 7. 12, 8. 2, 8. 5, 9. 2, 15. 10
Via Christi Regional Medical Center v. Leavitt, 509F. 3d 1259 (10th Cir. 2007), 6. 11
Vietnanl War in Mass. v. Laird, 400 U. S. 886 (1970), 16. 15
Village of. *See name of village*

Viola Indus. Elevator Div. , Inc. ; NLRB v. , 979 F. 2d 1384 (10th Cir. 1992), 3. 6
Virginia, Ex parte, 100 U. S. 339 (1880), 19. 6
Virginia v. Browner, 80 F. 3d 869 (4th Cir. 1996), 16. 4
Virginia v. United States, 74 F. 3d 517 (4th Cir. 1996), 18. 2
Virginia Beach, In re, 42 F. 3d 881 (4th Cir. 1994), 12. 3
Virginia Dep't of Educ. v. Riley, 23 F. 3d 80 (4th Cir. 1994), 15. 11
Virginia Dep't of Educ. v. Riley, 106 F. 3d 559 (4th Cir. 1997), 3. 5, 15. 11
Virginia Society for Human Lift v. FEC, 263F. 3d 379 (4th Cir. 2001), 2. 9
Visiting Nurse Ass'n Gregoria Auffant v. Thompson, 447F. 3d 68 (1st Cir. 2006), 6. 4
Visiting Nurses Assn. v. Bullen, 93 F. 3d 997 (1st Cir. 1996), 6. 11
Visiting Nurses Assn. of N. Shore v. Bullen, 93 F. 3d 997 (1st Cir. 1996), 18. 5
Vitarelli v. Seaton, 359 U. S. 535 (1959), 6. 6, 9. 1
VoiceStream Minneapolis v. St. Crook County, 342F. 3d 818 (7th Cir. 2003), 11. 2
Volvo Trucks of Norton America v. United States, 367F. 3d 204 (4th Cir. 2004), 13. 2
Von Eye v. United States, 92 F. 3d 681 (8th Cir. 1996), 15. 15
Voyageurs National Park Assn. v. Norton, 381F. 3d 759 (2004), 11. 6
Wachovia Bank v. Burke, 414F. 3d 305 (2d Cir. 2005), 3. 5
Wachovia Bank v. Watters, 431F. 3d 556 (6th Cir. 2005), 3. 5
Wagner & Brown v. ANR Pipeline Co. , 837 F. 2d 199 (5th Cir. 1988), 14. 1, 14. 3, 14. 6
Wagner Elec. Corp. v. Volpe, 466 F. 2d 1013 (3d Cir. 1972), 7. 3
Wainscott v. Henry, 315F. 3d 844 (7th Cir. 2002),
Walker v. Southern Ry. Co. , 385 U. S. 196 (1966), 14. 1, 15. 10
Walker Stone Co. v. Secretary of Labor, 156 F. 3d 1076 (10th Cir. 1998), 6. 11
Wallace v. Bowen, 869 F. 2d 187 (3d Cir. 1989), 9. 11
Wallace; United States v. , 578 F. 2d 735 (8th Cir. 1978), 17. 7
Walls v. Wells Fargo Bank, 276F. 3d 502 (9th Cir. 2002), 18. 5
Walrath v. United States, 35 F. 3d 277 (7th Cir. 1994), 19. 3
Walsh v. International Longshoremen's Assn. , 630 F. 2d 864 (1st Cir. 1980), 13. 4
Walter Holm & Co. v. Hardin, 449 F. 2d 1009 (D. C. Cir. 1971), 7. 8
Walters v. U. S. , 474F. 3d 1137 (8th Cir. 2007), 19. 4
Walters v. National Assn. of Radiation Survivors, 473 U. S. 305 (1985), 9. 12, 11. 3
Walton Mfg. Co. ; NLRB v. , 369 U. S. 404 (1962), 11. 2, 11. 3
Walton v. Greenbrier Ford, Inc. , 370F. 3d 446 (4th Cir. 2004), 6. 4
Wang v. New Hampshire Bd. of Registration in Medicine, 55 F. 3d 698 (1st Cir. 1995), 19. 3
Wang v. Reno, 81 F. 3d 808 (9th Cir. 1996), 15. 5
Ward v. Brown, 22 F. 3d 516 (2d Gir. 1994), 17. 7, 18. 1 , 18. 6
Ward v. Chaulk, 650 F. 2d 1144 (9th Cir. 1981), 19. 6
Ward v. Johnson, 690 F. 2d 1098 (4th Cir. 1982), 19. 3
Ward v. NLRB, 462 F. 2d 8 (5th Cir. 1972), 11. 2

Ward v. Parole Commision, 804 F. 2d 64 (7th Cir. 1986), 17. 7
Ward; United States v. , 448 U. S. 242 (1980), 4. 12
Ward v. Village of Monroeville, Ohio, 409 U. S. 57 (972), 9. 8
Warder v. Shalala, 149 F. 3d 73 Ost Cir. 1998), 6. 4
Warin v. Departtnent of Treasury, 672 F. 2d 590 (6th Cir. 1982), 18. 6
Warren v. EPA, 159 F. 3d 616 (D. C. Cir. 1998), 7. 4
Warren L. Rose Castings, Inc. ; NLRB v. , 587 F. 2d 1005 (9th Cir. 1978), 11. 2
Warth v. Department ofJustice , 595 F. 2d 521 (9th Cir. 1979), 5. 6
Warth v. Seldin, 422 U. S. 490 (975), 16. 1, 16. 4, 16. 5, 16. 13
Washington Dept. of Social Services v. Kefeller, 123S. Ct. 1017 (2003), 3. 5, 3. 6
Washington Legal Found. v. United States Sentencing Comm'n, 17 F. 3d 1446 (D. C. Cir. 1994), 1. 2, 5. 6
Washington Legal Found. v. United States Sentencing Comm'n, 89 F. 3d 897 (D. C. Cir. 1996), 5. 2, 5. 6
Washington Post Co. v. Departtnent of State, 647 F. 2d 197 (D. C. Cir. 1981), 5. 12
Washington Research Project, Inc. v. Departtnent of HEW, 504 F. 2d 238 (D. C. Cir. 1974), *cert. denied*, 421 U. S. 963 (1975), 1. 2, 5. 10
Wasson v. Trowbridge, 382 F. 2d 807 (2d Cir. 1967), 9. 9
Waters v. Churchill, 511 U. S. 661 (1994), 9. 5, 10. 4, 11. 2, 19. 6
Wathen v. United States, 527 F. 2d 1191 (Fed. Cir. 1975), 10. 4
Watson v. Blumenthal, 586 F. 2d 925 (2d Cir. 1978), 18. 6
Watters v. Wachovia Bank, 127S. Ct. 1559 (2007), 3. 5, 3. 6
Watts v. Burkhart, 978F. 2d 269 (6th Cir. en banc 1992), 19. 3
Watts v. Burkhart, 978 F. 2d 269 (6th Cir. 1992), 19. 3
W. B. v. Matula, 67F. 3d 484 (3d Cir. 1996), 15. 3
WBEN v. United States, 396 F. 2d 601 (2d Cir.), *cert. denied*, 393 U. S. 914 (1968), 10. 5
W. C. v. Heckler, 807 F. 2d 1502 (9th Cir.), *amended*, 819 F. 2d 237 (987), 9. 10
Wearly v. FTC, 462 F. Supp. 589D. N. (1978), 10. 1
Webb v. Board of Educ. of Dyer County, 471 U. S. 234 (1985), 15. 9
W. E. B. Dubois Clubs v. Clark, 389 U. S. 309 (1967), 15. 5
Weber Aircraft Corp. ; United States v. , 465 U. S. 792 (1984), 5. 11
Websterv. Doe, 486 U. S. 592 (1988), 2. 5, 16. 5, 16. 7, 17. 7, 17. 9
Wedelstedt v. Wiley, 477F. 3d 1160 (10th Cir. 2007), 6. 2
Wedgewood Village Pharmacy v. United States, 421F. 3d 263 (3d Cir. 2005), 4. 3, 4. 7
Wehrli v. County of Orange, 175 F. 3d 692 (9th Cir. 1999), 13. 3
Weinberger v. Bentex Pharmaceuticals, Inc. , 412 U. S. 645 (1973), 6. 2
Weinberger v. Catholic Action of Hawaii, 454 U. S. 139 (1981), 5. 7
Weinberger v. Hynson, Westcott & Dunning, Inc. , 412 U. S. 609 (1973), 6. 2, 6. 6, 6. 9, 7. 12, 8. 3
Weinberger v. Salfi, 422 U. S. 749 (1975), 15. 3, 15. 5, 15. 6
Weinstein v. Albright, 261 F. 3d 127 (2d Cir. 2001), 9. 5

Weirton Steel Co. ; NLRB v. , 135 F. 2d 494 (3d Cir. 1943), 9. 8

Weiss v. United States, 510 U. S. 163 (1994), 2. 4

Welch v. Henry, 305 U. S. 134 (1938), 6. 7

Wells Fargo Bank v. Boutris, 419 F. 3d 949 (9th Cir. 2005), 3. 5

Wells Fargo Bank v. FDIV, 310 F. 3d 202 (D. C. Cir. 2002), 3. 5

Wells Fargo Bank v. James, 321 F. 3d 488 (5th Cir. 2003), 6. 6, 6. 11

West v. Gibson, 527 U. S. 212 (1999), 18. 6

West Virginia v. Thompson, 475 F. 3d 204 (4th Cir. 2007), 6. 9

Westar Energy v. FERC, 473 F. 3d 1239 (D. C. Cir. 2007), 11. 5

Western Coal Traffic League v; Surface Transp. Bd. , 216 F. 3d 1168 (D. C. Cir. 2000), 12. 3

Western Illinois Home Health Care v. Herman, 150 F. 3d 650 (7th Cir. 1998), 15. 11

Western Oil & Gas Assn. v. EPA, 633 F. 2d 803 (9th Cir. 1980), 13. 5, 18. 2

Western Pac. RR Co. ; United States v. , 352 U. S. 59 (1956), 14. 1

Western Radio Sen'S. Co. v. Espy, 79 F. 3d 896 (9th Cir. 1996), 6. 6

Western States Petroleum Assn. v. EPA, 87 F. 3d 280 (9th Cir. 1996), 6. 11

Westfall v. Erwin, 484 U. S. 292 (1988), 19. 3

Westinghouse v. Department of Labor, 347 F. 3d 1086 (9th Cir. 2003), 18. 2

Westside Mothers v. Haveman, 289 F. 3d 852 (69th Cir. 2002), 18. 5, 19. 6

Whelan v. United States, 529 F. 2d 1000 (Ct Cl. 1976), 6. 6

White v. Henman, 977 F. 2d 291 (7th Cir. 1992), 1. 2

White v. Indiana Parole Board, 266 F. 3d 759 (7th Cir. 2001), 9. 5

White v. Roughton, 530 F. 2d 750 (7th Cir. 1976), 6. 9

White v. Lee, 227 F. 3d 1214 (9th Cir. 2000), 19. 5

White v. Mathews, 559 F. 2d 852 (2d Cir. 1977), 9. 10, 12. 3

White v. Rochford, 592 F. 2d 381 (7th Cir. 1979), 19. 6

White v. Roughton, 530 F. 2d 750 (7th Cir. 1976), 6, 9

White; United States v. , 322 U. S. 694 (1944), 4. 7

White & Prentiss v. EPA, 641 F. 2dl061 (2d Cir. 1981), 18. 6

White Glove Building Maintenance, Inc. v. Brennan, 518 F. 2d 1271 (9th Cir. 1975), 11. 2

Whiting v. University of Southern Mississippi, 451 F. 3d 339 (5th Cir. 2006), 9. 4

Whitley v. Hunt, 158 F. 3d 882 (5th Cir. 1998), 15. 3

Whitman v. American Trucking Assn. s, 121 S. Ct. 903 (2001), 2. 6, 7. 4

Whimey Benefits v. United Slates, 926 F. 2d 1169 (Fed. Cir.), *cert. denied*, 502 U. S. 952 (1991), 18. 6

Whimey Nat'l Bank v. Bank of New Orleans, 379 U. S. 411 (1965), 18. 2

Whitt v. Gardner, 389 F. 2d 9. 6 (6th Cir. 1968), 9. 10

Wiener v. United States, 357 U. S. 349 (1958), 2. 5

Wiess v. United States, 510 U. S. 163 (1994), 9. 9

Wilder v. Virginia Hosp. Assn. , 496 U. S. 498 (1990), 18. 5

Wilderness Soc' y v. Alcock, 83 F. 3d 386 (11th Cir. 1996), 15. 16

Wilderness Society v. Fish & Wildlife Service, 316 F. 3d 339 (9th Cir. 2003), 3. 5

Wilderness Society v. Fish & Wildlife Service, 353 F. 3d 1051 (9th Cir. 2003), 3. 5

Wilderness Soc' y v. Griles, 824 F. 2d 4 (D. C. Cir. 1987), 16. 5

Wilderness Society v. Norton, 434 F. 3d 584 (D. C. Cir. 2006), 6. 3, 6. 6, 16. 5

Wilkie v. Robbins, 127 S. Ct. 2588 (2007), 19. 5

Wilkinson v. Austin, 125 S. Ct. 2384 (2005), 9. 4, . 9. 5

Will v. Michigan Dept. of State Police, 491 U. S. 58 (1989), 19. 6

Willamette Indus. v. NLRB, 144 F. 3d 877 (D. C. Cir. 1998), 11. 5

Willard Tablet Co. ; United States v. , 141 F. 2d 583 (8th Cir. 1944), 13. 4

William G. Tadlock Constr. v. Department of Defense, 91 F. 3d 1335 (9th Cir. 1996), 12. 3

Williams v. Kelley, 624 F. 2d 695 (5th Cir. 1980), 19. 6

Williams v. Mussomelli, 722 F. 2d 1130 (3d Cir. 1983), 19. 6

Williams v. United Airlines, 500 F. 3d 1019 (9th Cir. 2007), 18. 5

Williams v. United States, 503 U. S. 193 (1992), 6. 3, 6. 11

Williams *ex rel.* Allen v. Cambridge Board of Education, 370 F. 3d 630 (6th Cir. 2004), 9. 5

Williams Gas Processing-Gulf Coast Co. v. FERC, 475 F. 3d 319 (D. C. Cir. 2006), 11. 5

Williams; United States v. , 504 U. S. 36 (1992), 2. 5

Williams; United States v. , 514 U. S. 527 (1995), 15. 2, 18. 6

Williamson County Regional Planning Commission v. Hamilton Bank, 473 U. S. 172 (1985), 15. 12, 18. 7

Williamson County Planning Comm'n v. Hamilton Bank, 473 U. S. 172 (1985), 15. 9, 15. 13

Williams Pipeline Co. v. Empire Gas Corp. , 76 F. 3d 1491 (10th Cir. 1996), 14. 1

Williston Basin Interstate Pipeline Co. v. FERC, 816 F. 2d 777 (D. C. Cir.), *cert. denied*, 484 U. S. 1825 (1987), 16. 9

Willowbrook, Village of v. Olech, 528 U. S. 562 (2000), 19. 6

Willy v. Administrative Review Board, 423 F. 3d 483 (5th Cir. 2005), 2. 4, 2. 7

Wilson v. A. H. Belo Corp. , 87 F. 3d 1140 (11th Cir. 1995), 18. 2

Wilson v. Califano, 580 F. 2d 208 (6th Cir. 1987), 13. 3

Wilson v. Layne, 526 U. S. 603 (1999), 19. 3

Wilson v. MVM, 475 F. 3d 166 (3d Cir. 2007), 9. 4, 9. 5, 15. 2

Wilson v. Redevelopment Corp. , 488 F. 2d 339 (8th Cir. 1973), 9. 8

Wilson v. United States, 221 U. S. 361 (-1911), 4. 7, 4. 11

Wilson & Co. v. United States, 335 F. 2d 788 (&th cir. 1964), 7. 3

Winegar v. Des Moines Independent Community Sch. Dist. , 20 F. 3d 895 (8th Cir. 1994), 9. 5

Wine Hobby USA v. IRS, 502 F. 2d 133 (3d Cir. 1974), 5. 3

Winstar; United States v. , 518 U. S. 839 (1996), 13. 1

Wirtz v. Baldor Elec. , 337 F. 2d 518 (D. C. Cir. 1964), 7. 2

Wisconsin Department of Health & Family Services v. Blumer, 122 S. Ct. 962 (2002), 3. 6

Wisconsin v. Constantineau, 400 U. S. 433 (1971), 9. 4
Wisconsin v. FERC, 104 F. 3d 462 (D. C. Cir. 1997), 8. 2
Wisconsin v. New York, 517 U. S. 1 (1996), 17. 7
Wisconsin Dept. of Health & Human Servs. v. Bowen, 799 F. 2d 391 (7th Cir. 1986), 6. 4
Withrow v. Larkin, 421 U. S. 35 (1975), 9. 8, 9. 9
Witte v. Clark County Sch. Dist. , 197 F. 3d 1271 (9th Cir. 1999), 15. 3
WLOS TV, Inc. v. FCC, 932 F. 2d 993 (D. C. Cir. 1991), 1l. 5, 17. 3
Woelke & Romero Framing, Inc. v. NLRB, 456 U. S. 645 (1982), 15. 8
Woldemeskel v. INS, 257 F. 3d 1185 (10th Cir. 2001), 10. 6
Wolf v. Colorado, 338 U. S. 25 (1949), 13. 2
Wolfe v. HHS, 839 F. 2d 768 (D. C. Cir. 1988), 5. 11
Wolff v. McDonnell, 418 U. S. 539 (1974), 9. 4, 9. 8
Wong Yang Sung v. McGrath, 339 U. S. 33 (1950), *modified*, 339 U. S. 908 (1950), 8. 2, 9. 9, 15. 8
Wood v. FBI, 432 F. 3d 78 (2d Cir. 2005), 5. 11, 5. 12
Wood v. Strickland, 420 U. s. 308 (1975), 19. 3

Wood v. United States, 995 F. 2d 1122 (1st Cir. 1993), 19. 4
Woodall v. Bureau of Prisons, 432 F. 3d 235 (3d Cir. 2005), 6. 2
Woodby v. INS, 385 U. S. 276 (1966), 10. 7
Woodford v. Ngo, 126 S. Ct. 2378 (2006), 15. 2, 15. 3
Woods v. Garnel, 132 F. 3d 1417 (lIth Cir. 1998), 19. 3
Woods v. United States, 720 F. 2d 1451 (9th Cir. 1983), 19. 4
Worldcom v. FCC, 238 F. 3d 449 (D. C. Cir. 2001), 7. 4, 7. 5
Wright v. Allstate Ins. Co. , 500 F. 3d 390 (5th Cir. 2007), 18. 5
Wyatt v. United State, 271 F. 3d 1090 (Fed. Cir. 2001), 12. 3
Wooley v. Maynard, 430 U. S. 705 (1977), 18. 4
Workplace Health and Safety Council v. Reich, 56 F. 3d 1465 (D. C. Cir. 1995), 18. 2
Wright v. Roanoke Redevelopment & Hous. Auth. , 479 U. S. 418 (1987), 18. 5, 19. 6
Wright v. Southwest Bank, 554 F. 2d 661 (5th Cir. 1977), 10. 2
Wright v. Tatham, 7 A. &E. 389 (1838), 10. 2
Wright v. United States, 719 F. 2d 1032 (9th Cir. 1983), 19. 4
Wrigley; United States v. , 520 F. 2d 362 (8th Cir.), *cert. denied*, 423 U. S. 987 (1975), 2. 7
Wu v. National Endowment of Humanities, 460 F. 2d 1030 (5th Cir.), *cert. denied*, 410 U. S. 926 (1972), 5. 11
WWHT v. FCC, 656F. 2d 807 (D. C. Cir. 1981), 6. 10
Wyatt v. Cole, 504 U. S. 158 (1992), 19. 6
Wyman-Gordon Co. ; NLRB v. , 394 U. S. 759 (1969), 6. 8, 6. 9
Wyman v. James, 400 U. S. 309 (1971), 4. 3

Yakus v. United Sti'tes, 321 U. S. 414 (1944), 2. 6, 15. 1, 15. 2

Yale-New Haven Hospital v. Leavitt, 470 F. 3d 71 (2d Cir. 2006), 6. 4, 7. 4

Yamaha Motor Corp. v. Riney, 21 F. 3d 793 (8th Cir. 1994), 9. 8

Yancey v. Apfel, 145 F. 3d 106 (2d Cir. 1998), 9. 11

Yates v. United States, 354 U. S. 298 (1957), 13. 4

Yellin v. United States, 374 U. S. 109 (1963), 6. 6

Yellow Transportation v. Michigan, 123 S. Ct. 371 (2002), 3. 6

Yerardi's Moody St. Rest. and Lounge v. Board of Selectmen, 932 F. 2d 89 (1st Cir. 1991), 17. 7

Yessler Terrace Community Council v. Cisneros, 37 F. 3d 442 (9th Cir. 1994), 7. 10

Yick Wo v. Hopkins, 118 U. S. 356 (1886), 11. 5, 17. 5

Young, Ex parte, 209 U. S. 123 (1908), 18. 7, 19. 6

Young v. Reno, 114 F. 3d 879 (9th Cir. 1997), 15. 3

Younger v. Harris, 401 U. S. 37 (1971), 15. 13, 18. 7

Youngstown Sheet & Tube Co. v. Sawyer, 343 U. S. 579 (1952), 2. 5, 18. 7

Yousuf v. Samantar, 451 F. 3d 248 (D. C. Cir. 2006), 15. 11

Your Home Visiting Nurse Servs. v. HHS, 132 F. 3d 1135 (6th Cir. 1997), 3. 5

Yusupov v. Attorney General, 518 F. 3d 185 (3D Cir. 2008), 10. 3

Yuzary v. United States, 55 F. 3d 47 (2d Cir. 1995), 6. 11

Zafar v. Attorney General, 426 F. 3d 1330 (11th Cir. 2002), 17. 6

Zamora v. INS, 534 F. 2d 1055 (2d Cir. 1976), 10. 5

Zannino v. Arnold, 531 F. 2d 687 (3d Cir. 1976), 10. 4

Zemel v. Rusk, 381 U. S. 1 (1965), 2. 6

Zhang v. Slattery, 55 F. 3d 732 (2d Cir. 1995), 7. 10, 18. 5

Zheng v. Gonzales, 415 F. 3d 955 (8th Cir. 2005), 11. 2

Zheng v. Gonzales, 422 F. 3d 98 (3d Cir. 2005), 3. 6

Zicarelli v. New Jersey State Comm'n of Investigation, 406 U. S. 472 (1972), 4. 10

Zokonaite v. Wolf, 226 U. S. 272 (1912), 2. 8

Zuber v. Allen, 396 U. S. 168 (1969), 6. 4

Zuni Public School District No. 89 v. Department of Education, 127 S. Ct. 1534 (2007), 3. 5

Zurich American Insurance v. Whittier Properties, 356 F. 3d 1132 (9th Cir. 2004), 6. 11

Zweibon v. Mitchell, 720 F. 2d 162 (D. C. Cir. 1983), 19. 3

主要参考文献

参考文献与对应章节

Abbott, *Case Studies on the Costs of Federal Statutory and Judiciai Deadlines*, 39 Admin. L. Rev. 467 (1987), 12.3

Acton & Dixon, *Superfund and Transaction Costs* (1992), 6.2

Adler, *Business Jurisprudence*, 28 Harv. L. Rev. 135 (1914), 2.8

American Bar Association, *Professional Responsibility*, A Guide for Attorneys (1978), 9.8

American Bar Association, *Report of Special Committee on Administrative Law*, 41 A.B.A.R. 355 (1916), l.4

American Bar Association, *Report of Special Committee on Administrative Law*, 59 A.B.A.R. 539 (1934), 1.4

American Bar Association, *Report of Special Committee on Administrative Law*, 61 A.B.A.R. 720 (1936), 1.4

American Bar Association, *Report of Special Committee on Administrative Law*, 63 A.B.A.R. 331 (1938), l.4

Ames & Gold, *Too Many Rodent Carcinogens: Mitogenesis Increases Mutagenesis*, 249 Science 970 (1990), 7.5, 17.1

Anthony, *Interpretative Rules, Policy Statements, Guidances, Manuals, and the Like -Should Federal Agencies Use Them to Bind the Public?*, 41 Duke LJ. 1311 (1992), 6.3

Anthony, *"Well You Want the Permit, Don't You?" Agency Efforts to Make Non-legislative Documents Bind the Public*, 77 Admin. L. Rev. 31 (1992), 17.3

Anthony, *Which Agency Interpretations Should Bind Citizens and Courts?* 7 Yale J. Reg. 1 (1990), 1.7, 3.5, 6.4

Aranson, Gellhom & Robinson, *A Theory of Legislative Delegation*, 68 Cornell L. Rev. 1 (1982), 2.6

Arrow, *Social Choice and Individual Values* (1951), 2.6

Ash Council, *Report on Selected Independent Regulatory Agencies* (1971), 1.6, 9.9

Asimow, *California Underground Regulations*, 44 Admin. L. Rev. 43 (1992), 17.3

Attorney General's Committee on Administrative Procedure, *Administrative Proce-*

dure in GovemmentAgencies, Sen. Doc. No. 8, 77th Cong. , 1st Sess. (1941), 1. 4, 6. 4, 9. 1

Attorney General's Manual of the APA (1947), 6. 4, 7. 3, 7. 4, 9. 9

Auerbach, *Some Thoughts on the Hector Memorandum*, 1960 Wis. L. Rev. 183, 1. 5

Baker, *The Prices of Rights: Toward a Positive Theory of Unconstitutional Conditions*, 73 Cornell L. Rev. 1185 (1990), 9. 4

Baxter, *Life in the Administrative Track: Administrative Adjudication of Claims Against Savings Institution Receiverships*, 1988 Duke LJ. 422, 2. 8, 15. 10

Beatson, *Legislative Control of Administrative Rulemaking: Lessons from the British Experience?* 12 Cornell Ind. LJ. 199 (1979), 7. 1

Beck, *Elections and the i ed: Is There a Political Monetary Cycle?*, 31 Am. J. Pol. Sci. 194 (1987), 2. 5

Beck, *Our Wonderland of Bureaucracy* (1932), 1. 4

Becker & Gellman, *Leaving No Tracks*, *Washington Post*, June 27 2007, p. 1, 7. 9

Beerman & Lawson, *Reprocessing Vermont Yankee*, 75 Geo. Wash. L. Rev. 856 (2007), 7. 3

Berger, *Standing to Sue in Public Actions: Is It a Constitutional Requirement?*, 78 Yale LJ. 816 (1969), 16. 2

Bernstein, *The NLRB's Adjudication-Rule Making Dilemma Under the Administrative Procedure Act*, 79 Yale LJ. 571 (1970), 6. 8, 6. 9

Bernstein, *Regulating Business by Independent Commission* (1955), 16. 11

Bickel, *The Least Dangerous Branch* (1965), 16. 4, 16. 7

Black, *The Theory of Committees and Elections* (1958), 2. 6

Blank, *The Delaney Clause: Technical Naivete and Scientific Advocacy in the Formulation of Public Health Policies*, 62 Calif. L. Rev. 1084 (1974), 17. 1

Boger, Gitenstein & Verkuil, *The Federal Tort Claims Act Intentional Torts Amendment: An Interpretative Analysis*, 54 N. C. L. Rev. 497 (1976), 19. 4

Boies, *Experiment in Mercantilism, Minimum Rate Regulation by the Interstate Commerce Commission*, 68 Colum. L. Rev. 559 (1968), 16. 11

Bonfield, *Military and Foreign Affairs Function Rulemaking under the APA*, 71 Mich. L. Rev. 221 (1972), 7. 10

Bonfield, *Public Participation in Federal Rulemaking Relating to Public Property, Loans, Grants, Benefits, or Contracts*, 118 U. Pa. L. Rev. 118 (1970), 7. 10

Borchard, *Government Liability in Tort*, 34 Yale LJ. 1 (1924), 18. 6

Boyer, *Report of the Trade Regulation Rulemaking Procedures of the Federal Trade Commission*, 1979 ACUS Ann. Rep. 41, 7. 7

Bressman, *How Mead Has Muddled Judicial Review of Agency Action*, 58 Vanderbilt Law Review 1443 (2005), 3. 5

Breyer, *Judicial Review of Questions of Law and Policy*, 38 Admin. L. Rev. 363 (1986), 1. 7, 3. 3, 7. 4, 7. 12

Breyer, *The Legislative Veto After Chadha*, 72 Geo. LJ. 785 (1984), 2. 4

Breyer, *On the Uses of Legislative History in Interpreting Statutes*, 65 U. S. C. L.

Rev. 845 (1992), 3.6

Breyer & MacAvoy, *Energy Regulation by the Federal Power Commission* (1974), 12.1 Brownell, 23 ICC Prac. J. (1955), 1.5

Bruff & Gellhorn, *Congressional Control of Administrative Regulations: A Study of Legislative Vetoes*, 90 Harv. L. Rev. 1369 (1977), 2.4

Calabresi & Bobbitt, *Tragic Choices* (1978), 10.3

Carnegie Commission on Science, Technology, and Government, *Risk and the Environment: Improving Regulatory Decisionmaking* (1993), 7.4, 12.3

Cary, *Why I Oppose the Divorce of the Judicial Function from Federal Regulatory Agencies* (1967), 1.5

Casper, *An Essay in Separation of Powers: Some Early Versions and Practices*, 30 Wm. & Mary L. Rev. 211 (1989), 2.1, 2.3, 2.5

Cass, *Damage Suits Against Public Officers*, 129 U. Pa. L. Rev. 1110 (1981), 19.2

Chubb & Peterson, *Can the Government Govern?* (1989), 2.6

Coglianese, *Assessing Consensus: The Promise and Performance of Negotiated Rulemaking*, 66 Duke LJ. 1255 (1997), 7.14

Cohen, S. 981, *the Regulatory Improvement Act of* 1998: *The Most Recent Attempt to Develop a Solution in Search! of a Problem*, 50 Admin. L. Rev. 699 (1998), 1.7

Cohen & Spitzer, *Solving the Chevron Puzzle*, Law & Contemp. Probs., Spring 1994, 3.6

Comment, *Disqualification of Federal Judges for Bias or Pnjudice*, 46 U. Chi. L. Rev. 236 (1978), 9.8

Commission on Organization of the Executive Branch of the Government, *Report on Legal Services and Procedure* (1955), 1.5

Commission on Organization of the Executive Branch of the Government, *Task Force Report on Regulatory Commissions* (1949), l.5

Committee on the Constitutional System, *A Bicentennial Analysis of the American Political Structure* (1987), 2.10

Condorcet, *Essai sur L'Application de L'Analyse ala Probilite des Decision Residues a la Pluralite des Voix* (1785), 2.6

Cooper, *Administrative Law: The Substantial Evidence Rule*, 44 A.B.A.J. 945 (1958), 11.2

Costle, *Brave New Chemical: The Future Regulatory History of Phlogiston*, 33 Admin L. Rev. 195 (1981), 7.4

Coverdale, *Court Review of Tax Regulations and Revenue Rulings in the Chevron Era*, 64 Geo. Wash. L. Rev. 35 (1995), 3.5

Cross, *Political Science and the Other Legal Realism: A Case of Unfortunate Interdisciplinary Ignorance*, 92 Nw. U.L. Rev. 251 (1997), 3.6

Cutler, *Party Government Under the American Constitution*, 134 U. Pa. L. Rev. 25 (1985), 2.10

Davis, *Administrative Law* (1951), l.5, 9.8

Davis, *Administrative Law Treatise* (1958), 14.4

Davis, *An Approach to Problems of Evidence in the Administrative Process*, 55 Harv. L. Rev. 364 (1942), 7.2, 10.6

Davis, *Constitutional Torts* (1984), 19.2

Davis, *Discretionary Justice* (1969), 17.1

Davis, *The Future of Judge-Made Law in England: A Problem of Practical Jurisprudence*, 61 Colum. L. Rev. 201 (1961), 11.5

Davis, *Judicial Notice*, 55 Col. L. Rev. 945 (1955), 10.6

Davis, *The Liberalized Law of Standing*, 37 U. Chi. L. Rev. 450 (1970), 16.2

Davis, *Police Discretion* (1975), 1.1, 17.1

Dickinson, *Administrative Justice and the Supremacy of Law* (1927), 6.1

Diver, *The Optimal Precision of Administrative Rules*, 93 Yale L] . 65 (1983), 17.1

Dodd, *Administration of Workmen's Compensation* (1936), 1.4

Douglas, *Stare Decisis*, 49 Colum. L. Rev. 735 (1949), 13.2

Dubin, *Torquemada Meets Kafka: The Misapplication of the Issue Exhaustion Doctrine to Inquisitorial Administrative Proceedings*, 97 Colum. L. Rev. 1289 (1997), 15.8

Easterbrook, Foreword, *The Court and the Economic System*, 98 Harv. L. Rev. 4 (1984), 16.4

Eiliott, *Superfund: EPA Success, National Debacle*, 6 Nat. Res. & Env't 11 (Winter 1992), 6.2

Ely, *Democracy and Distrust* (1980), 1.8, 2.5, 2.6, 9.2-9.4, 11.5, 15.15

Environmental & Energy Study Institute and Environmental Law Institute, *Statutory Deadlines in Environmental Legislation* (1985), 12.3

Eskridge, *Overriding Supreme Court Statutory Interpretation Decisions*, 101 Yale LJ. 331 (1991), 6.4

Estreicher & Revesz, *Nonacquiescence by Federal Agencies*, 98 Yale LJ. 679 (1989), 13.5

Fallon, *On Legislative Courts, Administrative Agencies and Article III*, 101 Harv. L. RGv. 915 (1988), 2.8

Farber, *Statutory Interpretation and Legislative Supremacy*, 78 Geo. LJ. 281 (1989), 16.4

Farina, *Statutory Interpretation and the Balance of Power in the Administrative State*, 89 Colum. L. Rev. 452 (1989), 3.3

Federal Court Study Committee, 1990 *Report*, 1.3, 2.8

Federalist Papers, 2.1, 2.4, 2.5

Fisher, *Presidential Spending Power* (1975), 2.2, 2.4

Frank, *Disqualification of Judges*, 56 Yale LJ. 605 (1970), 9.8

Frank, *Disqualification of Judges: In Support of the Bayh Bill*, 35 Law & Contemp. Probs. 43 (1970), 9.8

Frank, *Words and Music: Some Remarks on Statutory Interpretation*, 47 Colum. L. Rev. 1259 (1947), 3.6

Frankfurter, *The Task of Administrative Law*, 75 U. Pa. L. Rev. 614 (1927), 1.4

Freedman, *Administrative Procedure and the Control of Foreign Direct Investment*,

119 U. Pa. L. Rev. 1, 419 (1970), 1.2

Freedman, *Crisis and Legitimacy: The Administrative Process and American Government* (1978), 2.6, 11.5

French, *Judicial Review of the Administrative Record in NEPA Litigation*, 81 CaL L. Rev. 929 (1993), 11.6

Friendly, *New Trends in Administrative Law*, 6 Md. BarJ., No. 3 (1974), 1.1

Friendly, *Some Kind of Hearing*, 123 U. Pa. L. Rev. 1267 (1975), 9.5, 9.6, 9.S

Frye, *A Survey of Non-ALJ Hearing Programs in the Federal Government*, 44 Admin. L. Rev. 261 (1992), 9.9

Fuchs, *Procedure in Administrative Rulemaking*, 52 Harv. L. Rev. 259 (1938), 6.1

Funk, *Bargaining Toward the New Millennium: Regulatory Negotiation and the Subversion of the Public Interest*, 46 Duke LJ. 1351 (1997), 7.14

Funk, *When Is a "Rule" a Regulation? Making a Clear Line Between Nonlegislative Rules and Legislative Rules*, 54 Admin. L. Rev. 659 (2002).

GAO, *Racial Difference in Disability Decisions Warrants Further Investigation* (1992), 9.10

Gellhorn, *Administrative Prescription and Imposition of Penalties*, 1970 Wash. U. L. Q. 265, 2.8

Gellhorn & Robinson, *Summary Judgment in Administrative Adjudication*, 84 Harv. L. Rev. 612 (1971), 8.3, 9.5

Gersen & O' Connell, *Deadlines in Administrative Law*, 156 U. Penn. L. Rev. 923 (2008), 12.3

Gilhooley, *Executive Oversight of Administrative Rulemaking, Disclosing the Impact*, 25 Ind. L. Rev. 299 (1991), 7.9

Gilhooley, *Plain Meaning, Absurd Results end the Legislative Purpose: The Interpretation of the Delaney Clause*, 40 Admin. L. Rev. 267 (1988), 17.1

Goodnow, *Comparative Administrative Law* (1893), 1.4

Groot, *Probability and Statistics* (2d ed. 1986), 9.10

Gwyn, *The Meaning of Separation of Powers* (1965), 2.1

Hamilton, *Procedures for Adoption of Rules of General Applicability: The Need for Procedural Innovation in Administrative Rulemaking*, 60 Cal. L. Rev. 1276 (1972), 6.8, 7.2, 7.7

Hamilton, *Rulemaking on a Record by the Food and Drug Administration*, 50 Tex. L. Rev. 1132 (1972), 7.2, 12.1

Hart, *The Power of Congress to Limit the Jurisdiction of Federal Courts: An Exercise in Dialectic*, 66 Harv. L. Rev. 1362 (1953), 17.9

Hart & Sacks, *The Legal Process* (tent. ed. 1958), 3.6

Harter, *Fear of Commitment: An Affliction of Adolescents*, 46 Duke LJ. 1389 (1997), 7.14

Harter, *First Judicial Review of Reg-Neg a Disappointment, Administrative & Regulatory Law News* (Fall 1996), 7.14

Hector, *Problems of the CAB and the Independent Regulatory Commissions*, 69 Yale

LJ. 931 (1960), 1.5

Henderson, *Expanding the Negligence Concept: Retreat from. the Rule of Law*, 51 Ind. LJ. 467 (1976), 19.2

Henderson, *The Federal Trade Commission* (1924), 1.4

Herz, *Judicial Textualism Meets Congressional Micromanagement: A Potential Collision in Clean Air Act Interpretation*, 16 Harv. Env. L. Rev. 175 (1992), 3.6

Hewart, *The New Despotism* (1929), 1.4

Hickman & Krueger, *In Search of the Modern Skidmore Standard*, 107 Colum. L. Rev. 1235 (2007), 6.4

Hobson & Rutland, *The Papers of James Madison* (1989), 2.8

Hochman, *The Supreme Court and the Constitutionality of Retroactive Legislation*, 73 Harv. L. Rev. 692 (1960), 6.7

Holmes, *The Common Law* (1881), 6.9

House of Representatives, *Hearing on H.R.* 4732, *before House Committee on Interstate and Foreign Commerce*, 72d Cong., 2d Sess. (1933), 2.7

House of Representatives, *H.R. Conf. Rep. No.* 944, 96th Cong., 2d Sess. (1980), 9.10

House Ways and Means Committee, *House Rep. No.* 2, 70th Cong., 1st Sess. (1928), 6.4

House Ways and Means Committee, *House Rep.*, *Revenue Code of* 1954, 3 U.S. Code & Admin. News 4113 (1954), 6.4

Howard & Gerard, *Lender Liability Under CERCLA: Sorting Out the Mixed Signals*, 64 S. Cal. L. Rev. 1181 (1991), 6.2

Huber, *Liability* (1988), 19.2

Hurst, *Law and Social Order in the United States* (1977), 1.4

Jaffe, *Invective and Investigation in Administrative Law*, 52 Harv. L. Rev. 1201 (1939), 1.4

Jaffe, *Standing to Secure Judicial Review: Public Actions*, 74 Harv. L. Rev. 1265 (1961), 16.2

Johnson, *The Split Enforcement Model: Some Conclusions from the OSHA and MSHA Experiences*, 39 Admin. L. Rev. 315 (1987), 3.5, 9.9

Joint Committee Board, *Government in the Sunshine Act*, S. 5, 94th Cong., 2d Sess. (1976), 12.4

Jordan, *The Administrative Procedure Act's "Good Cause" Exemption*, 36 Admin. L. Rev. 113 (1984), 7.10

Joskow & Schmalensee, *Markets for Power* (1983), 14.5

Judicial Conference Urges Reform of Asbestos Litigation, *The Third Branch* (Apr. 1991), 9.11

Kahn, *The Uneasy Marriage of Regulation and Competition*, 1 Telematics 12 (1984), 14.5.

Kakalik & Pace, *Costs and Compensation Paid in Tort Litigation* (1986), 2.8, 9.11

Kannan, *The Logical Outgrowth Doctrine in Rulemaking*, 48 Admin. L. Rev. 213 (1996), 7.3

Katzmann, *Judges and Legislators: Toward Institutional Comity* (1988), 3.6

Kintner, *The Current Ordeal of the Administrative Process: In Reply to Mr. Hector*, 69 Yale LJ. 965 (1960), 1.5

Koch & Kaplow, *The Fourth Bite at the Apple: A Study of the Operation and Utility of the Social Security Administration's Appeals Council*, 17 Fla. St. L. Rev. 190 (1990), 11.5

Landis, *Constitutional Limitations on the Congressional Power of Investigation*, 40 Harv. L. Rev. 153 (1926), 4.1

Landis, *Crucial Issues in Administrative Law*, 53 Harv. L. Rev. 1077 (1940), 1.4

Landis, *Report on Regulatory Agencies to the President-Elect* (1960), 1.5, 7.2, 7.9, 12.1, 16.12

Larson, *Federal Court Awards of Attorney's Fees* (1981), 19.6

Lave, *The Strategy of Social Regulation* (1981), 17.1

Levin, *Understanding Unreviewability in Administrative Law*, 74 Minn. L. Rev. 689 (1990), 17.7

Levin, *Vacation at Sea: Judicial Remedies and Equitable Discretion in Administrative Law*, 53 Duke L.J. 291 (2003), 7.13

Llewellyn, *Remarks on the Theory of Appellate Decision and tile Rules or Canons About How Statutes Are to Be Construed*, 3 Vand. L. Rev. 395 (1950), 3.6

Lowi, *The End of Liberalism: The Second Republic of the United States* (1969), 2.6, 11.5

Lowi, *Two Roads to Serfdom: Liberalism, Conservatism and Administrative Power*, 36 Am U. L. Rev. 295 (1987), 11.5

Luneburg, *Petitioning Federal Agencies for Rulemaking: An Overview of Administrative and Judicial Practice and Some Recommendations for Improvement*, 1988 Wis. L. Rev. 1 (1988), 16.10

Mabin, *Unelected Representatives* (1980), 2.6

MacDonald, *Novos Ordo Sedorum: The Intellectual Origins of the Constitution* (1985), 2.1

Macey, *Promoting Public Regarding Legislation Through Statutory Interpretation: An Interest Group Model*, 86 Colum. L. Rev. 223 (1986), 2.6

Maitland, *Constitutional History of England* (1908), 1.4

Mandelker, *NEPA Law and Litigation* (1984), 7.7

Manning, *Constitutional Structure and Judicial Deference to Agency Interpretations of Agency Rules*, 96 Colum. L. Rev. 612 (1996), 6.11

Mansfield, *The Albertson Case: Conflict Between the Privilege Against Self-Incrimination and the Government's Need for Information*, 1966 S. Ct. Rev. 103, 4.12

Mashaw, *Bureaucratic Justice: Managing Social Security Disability Claims* (1983), 1.4, 2.8, 7.12, 9.10, 11.5, 12.3, 17.4, 18.4

Mashaw, *Constitutional Delegation: Notes Toward a Public, Public Law*, 54 Tul. L. Rev. 849 (1980), 17.1

Mashaw, *Dignitary Process: A Political Psychology of Liberal Democratic Citizenship*, 39 U. Fla. L. Rev. 433 (1987), 9.4

Mashaw, *The Economics of Politics and the Understanding of Public Law*, 65 Chi. KentL. Rev. 123 (1989), 2.6

Mashaw, *The Management Side of Due Process: Accuracy, Fairness and Timeliness in Adjudication of Social Welfare Claims*, 59 Cornell L. Rev. 772 (1974), 9.5

Mashaw, *Prodelegation: Why Administrators Should Make Political Decisions*, 1J. L. Econ. & Org. 81 (1985), l.7

Mashaw, *The Supreme Court's Due Process Calculus for Administrative Adjudication in* Mathews v. Eldridge: *Three Factors in Search of a Theory of Value*, 49 U. Chi. L. Rev. 28 (1976), 9.5

Mashaw, Testimony Before tile House Committee on Veteran Affairs, Sen. No. 99-54, 99til Cong., 2d Sess. (1986), 1l.3

Mashaw & Harfst, *Inside the National Highway Traffic Safety Administration: Legal Determinants of Bureaucratic Organization and Performance*, 57 U. Chi. L. Rev. 443 (1990), 7.11

Mashaw & Harfst, *Regulation and Legal Culture: The Case of Motor Vehicle Safety*, 4 Yale J. Reg. 257 (1987), 7.4, 7.13

Mashaw & Harfst, *The Struggle for Auto Safety* (1990), 1.4, 7.4

Mashaw & Merrill, *Administrative Law: The American Public Law System* (2d ed. 1985), 7.11, 12.3

Mashaw, Goetz, Goodman, Schwartz, Verkuil & Carrow, *Social Security Hearings and Appeals* (1978), 7.12, 9.10, 1l.3, 12.1, 19.2

McCormack, 5 Encyc. Soc. Sci. 637 (1931), 10.2

McCormick, *Evidence* (1954), 10.4, 10.5

McCormick, *Evidence* (2d ed. 1972), 10.2, 10.4

McCormick, *Evidence* (3d ed. 1984), 10.7

McCubbins, Noll & Weingast, *Administrative Procedures as Instruments of Political Control*, 3 J. L. Econ. & Org. 243 (1987), 6.8, 17.4

McFarland, *Landis' Report: Tne Voice of One Crying in the Wilderness*, 47 Va. L. Rev. 373 (1961), 1.5

McGarity, *Multi-Party Forum Shopping for Judicial Review of Administrative Actions: A New Approach*, 93 Harv. L. Rev. 1735 (1980), 18.3

McGarity, *Regulatory Analysis and Reform*, 65 Tex. L. Rev. 1243 (1987), 7.9

McGarity, *Reinventing Rationality: The Role of Regulatory Analysis in the Federal Bureaucracy* (1991), 7.5

McGarity, *Some Thoughts on Deossifying the Rulemaking Process*, 1992 Duke LJ. 1385, 7.12, 7.14

McGarity & Shapiro, *The Trade Secret Status of Health and Safety Information: Reforming Agency Disclosure Policies*, 93 Harv. L. Rev. 837 (1980), 5.10

McGeary, *The Developments of Congressional Investigative Power* (1940), 4.1

McGowan, *Congress, Court, and Control of Delegated Power*, 77 Colum. L. Rev. 1119 (1977), 2.6, 11.5

Melnick, *Administrative Law and Bureaucratic Reality*, 44 Admin. L. Rev. 245 (1992), 12.3

Mendeloff, *The Dilemma ofToxic Substance Regulation* (1988), 7.4, 7.11

Merrill, *Judicial Deference to Agency Precedent*, 101 Yale LJ. 969 (1992), 3.6

Merrill, *Regulating Carcinogens in Food: A Legislator's Guide to the Food Safety Provisions of the Federal Food, Drug and Cosmetic Act*, 77 Mich. L. Rev. 171 (1978), 17.1

Merrill, *Textualism and the Future of the Cheuron Doctrine*, 72 Wash. U. L. Q. 351 (1994), 3.6

Merrill & Collier, "*Like Mother Used to Make*," *An Analysis of FDA Food Standards of Identity*, 74 Colum. L. Rev. 561 (1974), 7.2

Meuller, *Public Choice* (1979), 2.6

Miles & Sunstein, *Do Judges Make Regulatory Policy? An Empirical Investigation of Chevron*, 73 Chicago Law Review 823 (2006), 3.4

Moglen & Pierce, *Sunstein's New Canons: Choosing the Fictions of Statutory Interpretation*, 57 U. Chi. L. Rev. 1203 (1990), 3.4

Monaghan, *Constitutional Fact Review*, 85 Colum. L. Rev. 229 (1985), 2.8, 17.9

Monaghan, *Federal Statutory Review Under Section* 1983 *and the APA*, 91 Colum. L. Rev. 233 (1991), 15.9, 19.6

Monaghan, Marbury *and the Administrative State*, 83 Colum. L. Rev. 1 (1983), 2.8

Monaghan, *Of "Liberty" and "Property,"* 62 Cornell L. Rev. 409 (1977), 9.3, 9.4

Monaghan, *The Protective Power of the Presidency*, 93 Colum. L. Rev. 1 (1993), 2.5

Monaghan, *Third Party Standing*, 84 Colum. L. Rev. 277 (1984), 16.13

Moore, *Federal Practice* (2d ed. 1951), 1.5

Nathanson, *Book Review*, 70 Yale LJ. 1210 (1961), 10.5

Nathanson, *Looking Backward*, 2000-1963: *A Personal View ofthe Administrative Conference*, 1961-1962, 16 Admin L. Rev. 33 (1963), 1.5

National Academy of Public Administration, *Presidential Management of Rulemaking in Regulatory Agencies* (1987), 7.9

National Research Council, *Regulating Pesticides in Food: The Delaney Paradox* (1987), 17.1

Note, 35 Colum L. Rev. 578 (1935), 4.2

Note, *Breach of Contract as a Due Process Violation: Can the Constitution Be a Font of Contract Law*, 90 Colum. L. Rev. 1098 (1990), 9.3, 9.4

Note, *The Irrebuttable Presumption Doctrine in the Supreme Court*, 87 Harv. L. Rev. 1534 (1974), 17.1

Note, *Is Prosecution a Core Executive Function?* 99 Yale LJ. 1069 (1990), 2.5

Note, *The Politics of En Banc Review*, 102 Harv. L. Rev. 864 (1989), 3.4, 13.5

Olsen, *The Logic of Collective Action: Public Goods and the Theory of Groups* (1965), 7.14, 16.11

O'Reilly, *Federal Information Disclosure*, 5.1

Patterson, *The Insurance Commissioner in the United States* (1927), 1.4

Pedersen, *Formal Records and Informal Rulemaking*, 85 Yale L. J. 38 (1975), 7.4

Ptltzman, *Toward a More General Theory of Regulation*, 19 J. L. & Econ. 211 (1976), 16.11

Pierce, *Administrative Law Treatise* (4th ed. 2002), 15.1

Pierce, *Admission of Expert Testimony in Hearsay Form*, 17 Forum 500 (1981), 10.5

Pierce, *Agency Authority to Define the Scope of Private Rights of Action*, 48 Admin. L. Rev. 1 (1996), 6.2

Pierce, *The Choice Between Adjudicating and Rulemaking for Formulating and Implementing Energy Policy*, 31 Hastings LJ. 1 (1979), 6.8, 7.2, 9.6, 12.1

Pierce, *Democratizing the Administrative State*, 48 William & Mary L. Rev. 559 (2006), 6.4

Pierce, *Distinguishing Legislative Rules from Interpretative Rules*, 52 Admin. L. Rev. 547 (2000), 6.4

Pierce, *How Will the California Debacle Affect Energy Deregulation?*, 54 Admin. L. Rev. 389 (2002), 3.6

Pierce, *The Due Process Counterrevolution of the* 1990's?, 96 Colum. L. Rev. 1973 (1996), 9.3, 9.4

Pierce, *The Inherent Limits on Judicial Control of Agency Discretion. The D. C. Circuit and the Nondelegation Doctrine*, 52 Admin. L. Rev. 63 (2000), 7.4

Pierce, *Is Standing Law or Politics?*, 77 N. C. L. Rev. 1741 (1999), 16.2

Pierce, *Issues in Gas Contract Litigation*, *Thirty-Fifth Annual Institute on Oil & Gas Law & Taxation* (1984), 14.1

Pierce, *Judicial Review of Agency Actions in a Period of Diminishing Agency Resources*, 49 Admin. L. Rev. 61 (1997), 1.3, 11.4, 12.2, 19.4

Pierce, Lujan v. Defenders of Wildlife: *Standing as a Judicially Imposed Limit on Legislative Power*, 42 Duke LJ. 1170 (1993), 1.7

Pierce, Morrison v. Olson, *Separation of Powers, and the Structure of Government*, 1988 Sup. Ct. Rev. 1, 2.5

Pierce, *Political Accountability and Delegated Power: A Response to Professor Lowi*, 36 Am. U. L. Rev. 391 (1987), 2.4, 2.6, 17.1

Pierce, *Political Control Versus Impermissible Bias in Agency Decisionmaking: Lessons from* Chevron *and* Mistretta, 57 U. Chi. L. Rev. 481 (1990), 7.12, 9.8, 9.10, 11.5

Pierce, *Public Utility Regulatory Takings: Should the Judiciary Attempt to Police the Political Institutions?*, 77 Geo. LJ. 2031 (1989), 16.4, 17.9

Pierce, *Reconciling Chevron and Stare Decisis*, 85 Geo. LJ. 2225 (1997), 3.6

Pierce, Reconsidering the Roles of Competition and Regulation in the Natural Gas Industry, 97 Harv. L. Rev. 345 (1983), 14.5

Pierce, *Regulation, Deregulation, Federalism, and Administrative Law: Agency Power to Preempt State Regulation*, 46 U. Pitt. L. Rev. 607 (1985), 14.4

Pierce, *The Role of Constitutional and Political Theory in Administrative Law*, 64 Tex. L. Rev. 469 (1985), 1.7, 2.4, 2.6

Pierce, *The Role of the Judiciary in Implementing an Agency Theory of Govern-*

ment, 64 N. Y. U. L. Rev. 1239 (1989), 7.4, 16.9, 17.3

Pierce, *Saving the Unitary Executive Theory from Those Who Would Distort and Abuse It*, University of Pennsylvania Journal of Constitutional Law (2009), 2.5

Pierce, *Seven Ways to Deossiry Agency Rulemaking*, 47 Admin. L. Rev. 59 (1995), 7.4, 7.12, 15.14

Pierce, *Small is Not Beautiful: The Case Against Special Regulatory Treatment of Small Firms*, 50 Admin. L. Rev. 537 (1997), 7.1

Pierce, *The Supreme Court's New Hypertexrualism: A Prescription for Cacophony and Incoherence in the Administrative State*, 95 Colum. L. Rev. 749 (l995), 3.6

Pierce, *Two Problems in Administrative Law: Political Polarity on the D. C. Circuit and Judicial Deterrence of Agency Rulemaking*, 1988 Duke LJ. 300, 3.4, 7.8, 13.5, 17.3

Pierce, *The Unintended Effects of Judicial Review of Agency Rules: How Federal Courts Have Contributed to the Electricity Crisis of the* 1990*s*, 43 Admin. L. Rev. 7 (1990), 7.4, 7.13

Pierce, *The Unintended Effects of Judicial Review of Agency Rules: How the Federal Courts Have Contributed to the Electricity Crisis of the* 1990*'s*, 43 Admin. L. Rev. 7 (1991), 12.1

Pierce, *Use of the Federal Rules of Evidence in Federal Agency Adjudications*, 39 Admin. L. Rev. 1 (1987), 10.3

Pierce, *Using the Gas Industry as a Guide to Reconstituting the Electricity Industry*, 13 Res. L. & Econ. 7 (1991), 14.5

Pierce, *Waiting for Vermont Yankee III, IV and V: A Response to Beerman and Lawson*, 75 Geo. Wash. L. Rev. 902 (2007), 7.3

Pierce, *What Factors Can an Agency Consider in Making a Decision?*, 2009 Michigan State 1. Rev. 67 (2009), 7.4

Pierce & Gellhorn, *Regulated Industries* (4th ed. 1999), 18.5

Pierce & Moglen, *Sunstein's New Canons: Choosing the Fictions of Statutory Interpretation*, 57 U. Chi. L. Rev. 1203 (1990), 13.5

Pierce & Shapiro, *Political and Judicial Review of Agency Action*, 59 Tex. L. Rev. 1175 (1981), 17.3

Pildes & Sunstein, *Reinventing the Regulatory State*, 62 U. Chi. L. Rev. 1 (1995), 7.9

Posner & Vermeule, *Interring the Nondelegation Doctrine*, 69 U. Chi. L. Rev. 1721 (2002), 2.6

President's Committee on Administrative Management (1937), 9.9

Priest, *The Current Insurance Crisis and Modern Tort Law*, 96 Yale LJ. 1521 (1987), 19.2

Quirk, *Industry Influence in Federal Regulatory Agencies* (1981), 16.11

Raven-Hansen, *Regulatory Estoppel: When Agencies Break Their Own Law*, 64 Tex. L. Rev. (1985), 13.1

Recommendations and Reports of the Administrative Conference (1973-1974), 1.5

Reich, *Individual Rights and Social Welfare: The Emerging Legal Issues*, 74 Yale

LJ. 1245 (1965), 9.3, 9.4

Reich, *The New Property*, 73 Yale LJ. 733 (1964), 9.3, 9.4

Report of President's Committee on Administrative Management (1937), 7.9

Revesz, *Environmental Regulation, Ideology, and the D.C. Circuit*, 83 Va. L. Rev. 1717 (1997), 1.8, 3.4, 3.6, 7.4, 17.3

Robinson, *The Making of Administrative Policy*, 118 U. Pa. L. Rev., 485 (1970), 10.5

Roe, *A Political Theory of American Corporate Finance*, 91 Colum. L. Rev. 10 (1991), 16.12

Rothstein, *OSHA Inspections After* Marshall v. Barlow's, Inc., 1979 Duke LJ. 63, 4.3

Sargentich, *The Jurisdiction of Federal Courts in Administrative Cases: Developments*, 41 Admin. L Rev. 201 (1989), 12.3, 18.2

Sargentich, *The Small Business Regulatory Enforcement Fairness Act*, 49 Admin. L. Rev. 123 (1997), 7.1

Schaefer, *Reducing Circuit Conflicts*, 69 A.B.AJ. 452 (1983), 13.5

Schauer, *A Brief Note on the Logic of Rules, with Special Reference to* Bowen v. Georgetown University Hospital, 42 Admin. L. Rev. 447 (1990), 6.1

Schauer, *Statutory Construction and the Coordinating Function of Plain Meaning*, 1991 Sup. Ct Rev. 231, 3.6

Schrag, *Working Papers as Federal Records: The Need For New Legislation to Preserve the History of National Policy*, 46 Admin. L. Rev. 95 (1994), 5.6

Schuck, *Municipal Liability Under § 1983: Some Lessons from Tort Law and Organizational Theory*, 77 Geo. LJ 1753 (1989), 19.6

Schuck, *Suing Government* (1983), 19.2

Schlick & Elliott, *To the Chevron Station: An Empirical Study of Federal Administrative Law*, 1990 Duke LJ. 984, 3.4, 7.11, 18.1

Schwartz, *An Administrative Law "Might Have Been" -Chief Justice Burger's* Bowsher v. Synar *Draft*, 42 Admin. L. Rev. 221 (1990), 2.5

Schwartz, *Estoppel Remedies for an Agency's Violation of Its Own Regulations or Other Misconduct*, 47 Admin. L. Rev. 653 (1992), 13.1

Sen, *Collective Choice and Social Welfare* (1970), 2.6

Senate, Subcommittee on Administrative Practice and Procedure, Committee on the Judiciary, 88th Cong. 2d Sess. on S. 1663 (1964), 1.5

Senate Committee on Governmental Affairs, *Study on Government Regulation Vol. IV, Delay in the Regulatory Process*, S. Doc. No. 95-72 (1977), 9.6, 12.1

Senate Doc. No. 248, 79th Cong., 2d Sess. (1946), 7.3, 7.4.

Senate Finance Committee, Sen. Rep. No. 960, 70th Cong., Ist Sess. (1928), 6.4

Senate Judiciary Committee Print of 1945, Sen. Doc. No. 248, 79th Cong., 2d Sess. (1946), 9.9

Senate Rep. No. 813, 89th Cong., 1st Sess. (1965), 5.11

Senate Rep. No. 91-1282, 91st Cong., 1970 U.S. Code Cong. Serv. & Admin. News, 4.3

Senate Rep. No. 93-419, 93d Cong., 1st Sess. (1973), 9.8

Senate Rep. No. 408, 96th Cong., 1st Sess. (1979), 5.11

Shapiro, *APA: Past, Present, Future*, 72 Va. L. Rev. 447 (1986), 7.4, 7.12

Shapiro, *The Choice of Rulemaking and Adjudication in the Development of Administrative Policy*, 78 Harv. L. Rev. 921 (1965), 6.8

Shapiro, *Who Guards the Guardians? Judicial Control of Administration* (1988), 17.3

Shapiro & Levy, *Heightened Scrutiny of the Fourth Branch: Separation of Powers and the Requirement of Adequate Reasons for Agency Decisions*, 1987 Duke LJ 387 (1987), 1.7, 2.1, 7.4, 7.8

Shapiro & Levy, *Judicial Incentives and Indeterminacy in Substantive Review of Administrative Decisions*, 44 Duke LJ. 1051 (1995), 3.6, 7.4

Shapiro & McGarity, *Reorienting OSHA: Regulatory Alternatives and Legislative Reform*, 6 Yale J. Reg. I (1989), 9.9

Sharfman, *The Interstate Commerce Commission* (1931—1937), 1.4

Shepherd, *Fierce Compromise: The Administrative Procedure Act Emerges from New Deal Politics*, 90 Nw. U. L. Rev. 1557 (1996), 1.4

Siegel, *The Hidden Source of Congress's Power to Abrogate State Sovereign Immunity*, 73 Tex. L. Rev. 539 (1995), 19.6

Siegel, *Suing the President: Nonstatutory Review Revisited*, 97 Colum. L. Rev. 1612 (1997), 1.2

Siegler, *Regulatory Negotiations and Other Rulemaking Processes: Strengths and Weaknesses from an Industry Viewpoint*, 46 Duke LJ. 1429 (1997), 7.14

Starr, *Judicial Review in the Post-*Chevron*Era*, 3 YaleJ. Reg. 283 (1986), 1.7

Stem, *Review of Findings of Administrators, Judges and Juries: A Comparative Analysis*, 58 Harv. L. Rev. 70 (1944), 11.2

Stewart, *The Reformation of American Administrative Law*, 88 Harv. L. Rev. 1660 (1975), 16.11

Stichman, *The Veterans Judicial Review Act of* 1988: *Congress Introduces Courts and Attorneys to Veterans' Benefits Proceedings*, 41 Admin. L. Rev. 365 (1989), 11.3

Stigler, *The Theory of Economic Regulation*, 2 Bell J. Econ. & Mgmt. Sci. 3 (1971), 2.6, 16.11

Stone, *The Common Law in the United States*, 50 Harv. L. Rev. 4 (1936), 1.4, 15.7

Strauss, *Disqualifications of Decisional Officials in Rulemaking*, 80 Colum. L. Rev. 990 (1980), 9.8

Strauss, *Formal and Functional Approaches to Separation of Powers Questions-A Foolish Inconsistency?*, 72 Cornell L. Rev. 488 (1987), 2.4

Strauss, *Legislative Theory and the Rule ofLaw: Some Comments on Rubin*, 89 Colum. L. Rev. 427 (1989), 1.4

Strauss, *One Hundred Fifty Cases Per Year: Some Implications of the Supreme Court's Limited Resources for Judicial Review of Agency Action*, 87 Colum. L. Rev. 1093 (1987), 1.3, 1.7, 2.9, 3.4, 13.5, 17.3, 18.4

Strauss, *The Place of Agencies in Government: Separation of Power and the Fourth Branch*, 84 Colum. L. Rev. 573 (1984), 2.5

Strauss, *Revisiting Overton Park: Political and Judicial Controls Over Administrative Action Affecting the Community*, 39 UCLA L. Rev. 1251 (1992), 17.6

Strauss, *The Rulemaking Continuum*, 41 Duke LJ. 1463 (1992), 6.1, 17.3

Strauss & Sunstein, *The Role of the President and OMB in Infonnal Rulemaking*, 38 Admin L. Rev. 181 (1986), 1.7, 2.6, 7.9

Sundquist, *The Question Is Clear, and Party Government Is the Answer*, 30 Wm. & Mary L. Rev. 425 (1989), 2.10

Sunstein, Schkade, and Ellman, *Ideological Voting on Federal Courts of Appeals: A Preliminary Investigation*, 90 Virginia Law Review 301 (2004), 3.4

Sunstein, *Constitutionalism After the New Deal*, 101 Harv. L. Rev. 421 (1987), 1.7, 2.4

Sunstein, *Interpreting Statutes in the Regulatory State*, 103 Harv. L. Rev. 405 (1989), 17.1

Sunstein, *Judicial Review Of Administrative Action in a Conservative Era*, 39 Admin. L. Rev. 353 (1987), 3.3

Sunstein, *What's Standing After* Lujan: *Of Citizens Suits, "Injuries" and Article III*, 91 Mich. L. Rev. 163 (1992), 16.2, 16.8

Swain, *The Constitutionality of International Delegations*, 104 Colum. L. Rev. 1492. (2004), 2.6

Thayer, *A Preliminary Treatise on Evidence* (1898), 10.2, 10.5

Thomas, *Prosecutorial Discretion and Agency Self-Regulation: CNI v. Young and the Aflatoxin Dance*, 44 Admin. L. Rev. 131 (1992), 6.3, 17.3

Tribe, *American Constitutional Law* (2d ed. 1988), 9.4, 11.4, 16.13, 19.6

U. S. Department of Justice, *Memorandurn for Hon. David Stockman* (Feb. 12, 1981), 2.6

Van Alstyne, *Cracks in the New Property: Adjudicative Due Process in the Administrative State*, 62 Cornell L. Rev. 445 (1977), 9.3, 9.4

Van Alstyne, *The Recrudescence of Property Rights as the Foremost Principle of Civil Liberties: The First Decade of the Burger Court*, 43 Law & Contemp. Probs. 66 (1980), 9.4

Verkuil, *A Critical Guide to the Regulatory Flexibility Act*, 1982 Duke LJ. 213, 7.1, 7.7

Verkuil, *A Study of Informal Adjudication Procedures*, 43 U. Chi. L. Rev. 739 (1976), 9.1, 9.6, 9.8, 11.5

Verkuil, *An Outcome Analysis of Scope of Review Standards*, 44 Wm. & Mary L. Rev. 679 (2002), 11.2

Verkuil, *Jawboning Administrative Agencies: Ex Parte Contacts by the White House*, 80 Colum. L. Rev. 943 (1980), 2.6, 7.6

Verkuil, *Judicial Review of Informal Rulemaking*, 6 Q Va. L. Rev. 185 (1974), 7.4, 15.14

Verkuil, *Separation of Powers, The Rule of Law, and the Idea of Independence*,

30 Wm. Mary L. Rev. 301 (1988), 2.8

Verkuil, *Waiting for Vennont Yankee II*, 55 Tul. L. Rev. 418 (1981), 7.8

Verkuil, Gifford, Koch, Pierce & Lubbers, *The Federal Administrative Judiciary* (1991), 9.9, 19.2

Venneule, *Interpretive Choice*, 75 N. Y. U. L. Rev. 74 (2000), 3.6

Venneule, *Legislative History and the Limits of Judicial Competence: The Untold Story of* Holy Trinity Church, 50 Stan. L. Rev. 1833 (1998), 3.6

Wald, *ADR and the Courts: An Update*, 46 Duke LJ. 1445 (1997), 7.14

Wald, *The Contribution of the D. C. Circuit to Administrative Law*, 40 Admin. L. Rev. 507 (1988), 7.4

Wald, *The Sizzling Sleeper: The Use of Legislative History in Construing Statutes in the* 1988-89 *Term of the Supreme Court*, 39 Am. U. L. Rev. 277 (1990), 3.6

Weinstein, *In Morgan's Basic Problems of State and Federal Evidence* (1976), 10.2

Wellborn, *Demeanor*, 76 Cornell L. Rev. 1075 (1991), 11.2

White House Press Statement (June 15, 1990), 7.9

Wigmore, *Evidence* (3d ed. 1940), 1.5, 10.2, 10.4-10.6

Williams, *Liberty and Property: The Problem of Government Benefits*, 12J. Legal Stud. (1983), 9.4

Wilson, *The Politics of Regulation* (1980), 16.11

Wilson, *The Study of Administration*, 2 Pol. Sci. Q. 197 (1897), 2.6

Winter, *The Metaphor of Standing and the Problem of Self-Governance*, 40 Stan. L. Rev. 1371 (1988), 16.2

Woodward & Levin, *In Defense of Deference: Judicial Review of Agency Action*, 31 Admin. L. Rev. 329 (1979), 3.1

Wright, *Law of Federal Courts* (1983), 15.2

Yudof, *Liabilities for Constitutional Torts and the Risk-Averse Public School Official*, 49 U. S. C. L. Rev. 1322 (1976), 19.2

术语索引

术语索引与对应章节

Abstention 弃权
federal court review of statecourt decision, effect on, 联邦法院对州法院判决的审查，影响 18.7
ripeness, relationship, 成熟性，关系 15.12, 15.12
Abuse of discretion. 裁量权的滥用 *See* Discretion
Access to courts, historical overview of, 接近法院，历史概述 1.7
ADA (Americas with Disabilities Act), ADA《美国残疾人法》6.4
Adjudications, 裁决 Ch. 8
administrative adjudications, criminal adjudications distinguished, 行政裁决，与刑事裁判的区分 9.9
administrative law judges, independence of, 行政法官，独立性 9.9
agency authority, 行政机关的权力 2.8
arbitrary and capricious test, applicable to informal adjudication, 武断和恣意标准，可适用于非正式裁决 11.4
bankruptcy, agency authority to adjudicate, 破产，行政机关的裁决权 2.8
collateral estoppel, applicability of, 间接禁反言规则，可适用性 13.4
criminaladjudications, administrative adjudications distinguished, 刑事裁判，行政裁决的区别 9.9
defined, 界定 8.1
delay. 迟延 *See* Delay
Double Jeopardy Clause, applicability, 禁止双重危险原则，可适用性 2.8
due process considerations, 正当程序的考量 8.2
ex parte communications in, 单方沟通 8.4
findings of fact, when requires, 事实认定，何时需要 8.5
immigration cases, agency authority, 移民案件，行政机关的权力 2.8
informal adjudication 非正式裁决
departures from precedent in, 脱离先例 11.5
reasons for decisions not required, 不要求裁决的理由 11.6
res judicata, applicability, 既判力原则，可适用性 13.3
institutional decisions versus individual decision, 机构决定对应个人决定 8.6
judicial review. 司法审查 *See* judicial review
jury trials, right to, 陪审团审理，权利 2.8
knowledge of decisionmaker, considerations. 决定者的知识，考量 8.6
oral evidentiary hearings, when required, 口头举证式听证，何时要求 8.2
factual disputes, 事实争议 8.3
privatization, 民营化 9.8
reasons for decisions, when required, 决定的理由，何时要求 8.5, 11.2
res judicata, applicability of, 既判力，可适用性 13.3
retroactive rulemakig through, 溯及既往的规则制定 6.7
rulemaking, distinguished, 规则制定，区分 7.13, 8.1
due process illustration, 正当程序阐释 9.2
rules 规则
distinguished, 区分 6.1
issuing through adjudications. 通过裁决发布 6.9
separation offunctions, 职能分离 9.9
separation of powers. considerations, 权力分立，考

量 2.3，2.8
Seventh Amendment，applicability，第七修正案，可适用性 2.8
Sixth Amendment，applicability，第六修正案，可适用性 2.8
statutoryrequirements，法定要求 81-8.6
tort liability of government，scope of immunity，政府的侵权责任，豁免范围 19.3
written record only satisfying hearing requirement，只满足听证要求的书面记录 8.2
Adjudicative facts 裁决性事实
administrative law judges，difficulty in distinguishing from legislative facts，行政法官，与立法性事实相互区分的难度 7.7
asylum cases，in，庇护案件，在……中 10.6
judicialnotice under Federal Rules of Evidence only applicable to，《联邦证据规则》规定的司法认知只适用于 10.6
legislative facts distinguished，立法性事实的区分 10.5，10.6
due process illustration，正当程序的阐释 9.2，9.5
rules of evidence，necessity，证据规则，必要性 10.5
Administrative Conference Act，《行政会议法》1.5
Administrative Conference of the United States，美国行政会议 12.3
Administrative law judges 行政法官
adjudicative facts and legislative facts，difficulty in distinguishing，裁决性事实和立法性事实，区分的难度 7.7
agency findings，relationship，行政机关的事实认定，关系 11.2
bias in decisionmakers，决定者的偏见 9.8
deference to findings，对事实认定的尊重 11.2，11.3
criticisms，批评 11.3
rather than to agencies，problems with，而不是对行政机关，问题 112
independence of，独立性 9.9
separation of powers，considerations，权力分立，考量 2.4
Administrative Procedure Act《[联邦] 行政程序法》
注：该法收录在附录 B 中
Adjudications 裁决
Defined in，界定 8.1
Separation of functions under，职能分离 9.9
agency defines in，行政机关的界定 1.2
agency delay，compelling action under，行政迟延，迫切的行为 12.3 15.10，18.2
burden of proof under，举证责任 10.7
disqualification of judges under，法官的回避 9.8
due process，requirements under contrasted，正当程序，要求的对比 9.1
enactment，立法 1.4
evidence rules under，证据规则 10.3
ex partecommunication defined under，单方沟通的界定 8.4
exhaustion of administrative remedies under，穷尽行政救济 15.3，15.8
finality under，最终性 15.11
legislative rules 立法性规则
notice requirement under，通告要求 6.4
public comment requirements under，公众评议要求 6.4
official notice under，官方通告 10.6
policy statements，rules distinguished，政策声明，规则的区分 6.3
political history，政治史 1.4
presumption of reviewability under，可审查性的推定 17.6
procedural rules，substantive rules distinguished under，程序性规则，实体性规则的区分 6.5
ripeness under，成熟性 15.14
rulemaking under，规则制定 7.1
arbitrary and capricious standard，applicability，武断和恣意标准，可适用性 6.9
petitions for under，请愿 6.10
rules 规则
defined under，界定 6.1
policy statements，distinguished，政策声明，区分 6.3
sovereign immunity，statutory waiver under，主权豁免，法定弃权 18.6
standing under，原告资格 16.3，16.9
agency proceedings，participation in，行政程序，参与 16.10

third party rights, standing to assert, 第三方权利，主张的资格 16.13
substantial evidence test under, 实质性证据标准 11.2
substantive rules, procedural rules distinguished under, 实体性规则，程序性规则的区分 6.5
AFDC. 抚养儿童家庭援助 *See* Aid to Families with Department Children
Age Discrimination in Employment Act《反就业年龄歧视法》
legislative facts, proving under, 立法性事实，证明 10.5
presumption of reviewability under, 可审查性的推定 17.9
ripeness under, 成熟性 15.13
rulemaking, petition for under, 规则制定，请愿 6.10
Agencies 行政机关
adjudications. 裁决 *See* Adjudications
adjudicatory power, historical overview, 裁决权，历史性概述 1.7
administrative law judge findings, relationship, 行政法官的事实认定，关系 11.2
agencies within agencies, 行政机关内部的行政机关 1.2
authority to takebinding action, 采取拘束性行为的权力 1.2
collateral estoppel, privity for purposes of, 间接禁反言规则，目的的相对性 13.4
Congressional agencies prohibited, 禁止国会内设立行政机关 2.4
Congressional appointments prohibited, 禁止国会任命 2.4
deference to findings, 对事实认定的尊重 11.2
defined, 界定 1.2
delay. 迟延 *See* Delay
departures fro precedent, reasons required, 偏离先例，要求说明理由 11.5
disbelief of testimony, reasons required, 对证言的不信任，要求说明理由 11.2
encouraging agencies to use rulemaking, 鼓励行政机关使用规则制定程序 7.12
equitable estoppel against, 衡平禁反言 13.1
exhaustion of administrative remedies, waiver, 穷尽行政救济，弃权 15.6
government-controlled corporations as, 政府控制的公司 1.2
independent agencies. 独立行政机关 *See* Independent agencies
inferences, drawing, 推论，得出 11.2
internal personnel rules, Freedom of Information Act exemption, 内部人事规则，《信息自由法》规定的豁免 5.8
investigations. 调查 *See* Investigations
judgments, ability to change limited, 判决，改变的能力受限制 2.4
legislative facts 立法性事实
  advantages over courts in proving, 在证明问题上对于法院的优势 10.5
  deference to agency findings, 尊重行政机关的事实认定 11.2
legislative rules, authority to issue, 立法性规则，发布权 6.2
litigating position, deference to, 诉讼立场，尊重 6.11
memoranda, Freedom of Information Act exemption, 备忘录，《信息自由法》规定的豁免 5.11
nonacquiescence to court decisions, 不默认法院判决 2.9
primary jurisdiction. 首先管辖权 *See* Primary jurisdiction
programs, applicability of ripeness doctrine, 项目，成熟原则的可适用性 15.16
reasoned decisiomaking, 附理由说明的决定 11.4
  State Farm case, under, State Farm 案 1.7, 3.6
recordkeeping, requirements, 保存记录，要求 4.11
records, defined, 记录，界定 5.6
remanding of actions, duties upon, 将行为发回重新处理，义务 18, 1
remedies review of actions, 对行为的救济 18.1
rulemaking 规则制定. *See* Rulemaking
rules 规则
  authority to issue, 发布的权力 6.2
  interpretations of, 解释 6.11
separation of powers under, 权力分立 2.3
standing, 原告资格 16.15

third party rights, standing to assert, 第三方权利，主张的资格 16.15
statutory construction underChevron 根据 Chevron 原则进行的法律解释
historical overview, 历史概述 1.7
tort liability of government, scope of immunity, 政府侵权责任，豁免范围 19.3
waiver of rulemaking exemptions, 规则制定豁免的弃权 7.10
Agricultural Marketing Agreement Act of 1937,《1937 年农业销售协议法》16.9
Agriculture Department 农业部
burden of proof and, 举证责任 10.6
discretion, problems, 裁量权，问题 17.1
due process, bias in decisionmakers, 正当程序，决定者的偏见 9.8
exhaustion of administrative remedies and, 穷尽行政救济 15.3
Freedom of Information Act, exemptions,《信息自由法》，豁免 5.12
presumption of reviewability, 可审查性的推定 17.7
standing and, 原告资格 16.4, 16.9
tort liability of government 政府侵权责任
Federal Tort Claims Act, under,《联邦侵权求偿法》，19.4
Scope of immunity, 豁免范围 19.3
Aid to Families with Dependent Children (AFDC) 抚养儿童家庭援助项目
deprivations, hearing requirement, 剥夺，听证要求 .4
due process deprivations 正当程序的剥夺
hearing requirement, 听证要求 9.3
pre-termination hearing requirement, 终止决定前的听证要求 9.4
inspections under, 检查 4.3
Air Force 空军
Freedom of Information Act, exemption,《信息自由法》，豁免 5.8, 5.12
presumption of reviewability, 可审查性的推定 17.7
Airline Deregulation Act,《航空业放松规制法》14.4
Airport and Airway Improvement Act,《机场和航线改进法》14.3
Alcohol, Tobacco and Firearms Bureau 美国烟酒枪械管理局
exhaustion of administrative remedies and, 穷尽行政救济 15.10
finality and, 最终性 15.11
All Writs Act《所有令状法》
agency delay, compelling agency action under, 行政迟延，迫切性的行政行为 18.2
finality under, 最终性 15.11
Alternative Dispute Resolution Act《替代纠纷解决法》
该法收录在本书附录 B 中。
America Bar Association 美国律师协会
Early recognition of administrative law, 早期对行政法的承认 1.4
Standing Committee on Federal Judiciary, Federal Advisory Committee Act and, 联邦司法机关常设委员会，《联邦咨询委员会法》5.19
Americans with Disabilities Act (ADA),《美国残疾人法》6.4
25Amtrak, 美国国家铁路客运公司 1.2
Animal Welfare Act,《动物福利法》16.4
27Anti-Head Tax Act,《反人头税法》16.4
Antiterrorism and Effective Death Penalty Act,《反恐怖主义和有效死刑法》17.9
Antitrust law, and primary jurisdiction, 反垄断法，首先管辖权 14.5
30APA. 行政程序法 *See* Administrative Procedure Act
31Appointments 任命
Congressional appointments to agencies prohibited, 禁止国会对行政机关作出任命 2.4
separation of powers and, 权力分立 2.4
Appropriations Cause 拨款条款 13.1
Arbitrary and capricious standard 武断和恣意标准
departures from precedent under, 偏离先例 11.5
judicial review of adjudications, 对裁决的司法审查 11.4
retroactiveapplication of policies under, 对政策的溯及既往适用 13.2
rulemaking, applicability to, 规则，可适用性 6.9, 7.1, 7.5, 7.11
pubic comment, relationship, 公众评议，关系 7.4
Armed forces 武装力量
Tort liability of government 政府侵权责任

Bivens actions, Bivens 诉讼 19.5
Federal Tort Claims Act, under,《联邦侵权求偿法》,根据 19.4
Army 陆军
hearsay evidence, reliance on, 传闻证据,依赖 10.4
judicial review of adjudications, arbitrary and capricious standard, 对裁决的司法审查,武断和恣意标准 11.4
residuum rule, applicability, 剩余规则,可适用性 10.4
Assault and battery, 袭击和殴打 19.4
Attorney-client privilege, 律师-客户特权 5.11
Attorney fees 律师费
due process, limitations, 正当程序,限制 9.12
Freedom of Information Act, withholding information,《信息自由法》,保留信息 5.5
tort liability of government, in, 政府侵权责任,在 19.6
Section 1983 action 第 1983 节诉讼
Attorney General 司法部长
independent counsels, removal powers, 独立检察官,免职权 2.5
legislative rules adopted by, binding effect, 所采纳的立法性规则,拘束力 6.6
nondelegationdoctrine and, 不授权原则 2.6
presumption of reviewability, 可审查性的推定 17.7
separation of power and 权力分立
nondelegation doctrine and, 不授权原则 2.6
subdelegation and, 转授权 2.7
subdelegation and, 转授权 2.7
tort liability of government, scope of immunity, 政府侵权责任,豁免范围 19.3

Back Pay Act《反拖欠工资法》
Reviewability precluded under, 根据……排除可审查性 17.8
Sovereign immunity, statutory waiver under, 主权豁免 18.6
Balanced Budget Act of 1997,《1977 年平衡预算法》16.4
Bank Holding Company Act,《银行控股公司法》18.5
Bank records, Fourth Amendment restrictions on access to, 银行记录,《联邦宪法》第四修正案对查阅的限制 4.4
44Bank Secrecy Act,《银行秘密法》4.4
45Bank Service Corporation Act,《银行服务公司法》16.3
Bankruptcy 破产
agency authority to adjudicate, 行政机关的裁决权 2.8
separation of powers and, 权力分立 2.8
Bankruptcy Act,《破产法》13.3
Benefits Review Board 福利审查委员会
agency delay, remedies, 行政迟延,救济 12.3
judicial review of adjudications, substantial evidence test, 对裁决的司法审查,实质性证据标准 11.3
standing and, 原告资格 16.15
***Bivens* actions Bivens 诉讼**
Section 1983, applicability, 第 1983 节,可适用性 19.7
state officials, applicability, 州官员,可适用性 19.7
tort liability of government, 政府侵权责任 19.1, 19.5
employees, scope of immunities, 雇员,豁免范围 19.3
transferring liability from employees to government, 将责任从雇员转移到政府 19.2
Black Lung Benefits Act,《尘肺病福利法》11.3
Board of Equalization, 平税委员会 8.8
Burden of proof 证明责任
Administration Procedure Act, under, 行政程序法 10.7
citizenship cases, in, 公民权案件 10.7
clear and convincing evidence standard, 明确可信证据标准 10.7
preponderance standard, 优势证据 10.7
variation by statute, 法定的变化 10.7
Bureau of Indian Affairs 印第安人事务管理局
interpretative rules adopted by, binding effect, 采纳的解释性规则,拘束力 6.6
judicial notice and, 司法认知 10.6
presumption of reviewability, 可审查性的推定 17.7
rulemaking required of, 要求的规则制定 6.9
Bureau of Prisons 监狱管理局

not deemed agency，不被认为是行政机关 1.2
tort liability of government，政府的侵权责任 19.4
Business records 商业记录
investigations，调查 4.7
records in custody of third party，第三方保管的记录 4.8
records of individuals protected by Fifth Amendment，第五修正案保护的个人记录 4.9
records required to be kept by law，依法保存的记录 4.11

Cable Communications Act of 1984，《1984 年有线通信法》18.7
Cable Communications Policy Act，《有线通信政策法》18.5
Capitol Police Retirement Act of 1990，《1990 年国会山警察退休法》17.9
Census，人口普查 15.11
Centers for Disease Control，疾病控制中心 15.15
Central Intelligence Agency 中央情报局
actions committed to agency discretion，unreviewability，属于行政机关裁量权的行为，不可审查性 17.7
Freedom of Information Act，exemption，《信息自由法》，豁免 5.8
presumption of reviewability，可审查型的推定 17.9
CERCLA.《综合环境反应、补偿和责任法》*See* Comprehensive Environmental Response，Compensation，and Liability Act
CFR（Code of Federal Regulations），联邦规章汇编 6.4
CFTC. 商品期货交易委员会 *See* Commodity Futures Trading Commission
Circuit courts 巡回法院
evidentiary record，not limited by，证据记录，不受……限制 10.6
exclusivity of review，审查的排他性 18.2
legislative facts，taking notice of，立法性事实，收到告知 10.6
remedies，District Courts contrasted，救济，巡回法院的对比 18.2
venue，judicial review，管辖地，司法审查 18.3
Citizenship cases 公民权案件
burden of proof in，证明责任 10.7
collateral estoppel in，间接禁反言 13.5
equitable estoppel in，衡平禁反言 13.1
Civil Aeronautics Act，《民用航空法》14.5
Civil Aeronautics Board 民用航空委员会
adjudications，separation of functions，裁决，职能分离 9.9
"fishing expeditions" by，"蓄意盘查" 4.5
information，reviewability，信息，可审查性 15.15
Civil Rights Act of 1871《1871 年民权法》
res judicata under，既判力 13.3
Section 1983 action. 第 1983 节诉讼 *See* Section 1983 actions
Civil Right Act of 1964《1964 年民权法》
exhaustion of administrative remedies under，穷尽行政救济 15.3 15.9
interpretative rulesunder，解释性规则 6.4
primary jurisdiction under，首先管辖权 14.1
private rights of action under，私人诉权 18.5
res judicata under，既判力 13.3
sovereign immunity，statutory waiver under，主权豁免，法定弃权 18.6
Civil Rights Act of 1991，《1991 年民权法》18.5
Civil Rights of Institutionalized Persons Act，《被拘禁者民权法》15.9
Civil Rights Commission 民权委员会
ripeness and，成熟性 15.12，15.14
Civil Service Reform Act，《文官改革法》19.5
75Clayton Act《克莱顿法》
abuse of discretion under，裁量权的滥用 17.5
selective enforcement under，选择性执法 17.5
Clean Air Act《清洁空气法》
judicial review of agency actions under，行政行为的司法审查 18.2
nondelegation doctrine and，不授权原则 2.6
primary jurisdiction under，首先管辖权 14.1
reviewability precluded under，可审查性的排除 17.8
ripeness under，成熟性 15.14
rulemaking required under，要求规则制定 6.9，7.2
separation of powers under，权力分立 2.6
standing under，原告资格 16.4
venue，judicial review，管辖地，司法审查 18.3
Clean Air Act Amendments of 1977《1977 年清洁空

气法修正案》
rulemaking under，规则制定 7.7
statutory construction under，法律解释 3.1
Clean Water Act《清洁水法》
agency delay under，行政迟延 10.7
burden of proof under，证明责任 10.7
federal court review of state court decisions under，联邦法院对州法院判决的审查 18.7
finality under，最终性 15.11
hearings，requirements under，听证，要求 8.2
judicial review of agency actions under，对行政行为的司法审查 18.2
presumption of reviewability under，可审查性的推定 17，7，17.9
private rights of action under，私人诉权 18.5
ripeness under，成熟性 15.14
separation of powers，under，权力分立 2.7
standing under，原告资格 16.4，16.5
subdelegation and，转授权 2.7
Clearly erroneous standard，明显错误标准 11.2
judicial review，on，司法审查 11.3
Coal Industry Retirement Benefit Act of 1992，《1992年煤炭行业退休福利法》12.3
Coal Mine Health and Safety Act of 1992，《1992年煤矿健康和安全法》12.3
Coast Guard 海岸警卫队
judges，appointments，separation of powers，法官，任命，权力分立 2.4
separation of powers and，权力分立 2.7
subdelegation and，转授权 2.7
tort liability of government，政府侵权责任 19.4
Code of Federal Regulations (CFR)，《联邦规章汇编》6.4
Collateral estoppels 间接禁反言
adjudications，applicability to，裁决，可适用性 13.4
citizenship cases，in，公民权案件 13.5
government，against，政府 13.5
identical party requirement，同一当事人要求 13.4
issues of law，availability against government，法律问题，针对政府的可得性 13.5
judicial affirmance of agency decisions as，司法机关对行政决定的维持 13.4
limits on，reasons for，限制，理由 13.5
mediate facts，inapplicability to，不可适用性 13.4
mutual collateral estoppels，availability against government，共同的间接禁反言，针对政府的可得性 13.5
privity among agencies for purposes of，为了……目的的行政机关相对性 13.4
res judicata，relationship，既判力，关系 13.4，13.5
Commerce Clause 商业条款
ripeness and，成熟性 15.13
tort liability of government for violations，Section 1983 actions，政府对违法行为承担的侵权责任，第1983节诉讼 19.6
Commerce Department rulemaking，商务部规则制定 7.4
Commodity Exchange Act，《商品交易法》14.3
Commodity Futures Trading Commission (CFTC) 商品期货交易委员会
Administrative Procedure Act，applicability of rules of evidence under，行政程序法，证据规则的适用性 10.3
agency authority to adjudicate，行政机关的裁决权 2.3
historical overview，历史性概述 1.7
informal action，reviewability，非正式行为，可审查性 15.15
judicial review of adjudications，裁决的司法审查 18.2
substantial evidencetest，实质性证据标准 11.2
separation of powers and，权力分立 2.8
Common law 普通法
access to public records under，公共记录的查阅 5.6
exhaustion of administrative remedies，statutory exhaustion distinguished，穷尽行政救济，法定的穷尽的区分 15.1
standing，common law standing andstatutory standing distinguished，原告资格，普通法上的原告资格与法律上的原告资格的区分 16.7
Communications Act《通信法》
primary jurisdiction under，首先管辖权 14.5
rulemaking under，规则制定 7.2，7.6
Comprehensive Environmental Response，Compensation，and Liability Act《综合环境反应、补偿和

责任法》
agency authority to issue rules under，行政机关发布规则的权力 6.2
primary jurisdiction under，首先管辖权 14.1
private rights of action under，私人诉权 18.5
rulemaking，petitions for under，规则制定，请愿 6.10
Comptroller General，总审计长 2.4
Comptroller of Currency，货币监理官 8.8
Compulsory Testimony Act of 1893《1893 年强制作证法》
compelled testimony after immunity under，豁免后的强制作证 4.10
recordkeeping under，记录保存 4.11
Congress 国会
agency delay，powers to remedy 行政迟延，救济的权力
  political pressure，政治压力 12.4
  statutory deadlines，imposition of，法定期限，设定 12.3
appointments to agencies prohibited，禁止对行政机关的任命 2.4
bicameralism requirement，两院制的要求 2.4
Congressional agencies prohibited，禁止国会中设立行政机关 2.4
judgments，ability to change limited，判决，限制改变的能力 2.4
legislative rules，grant of authority required，立法性规则，要求授予权力 6.4
nondelegation doctrine，不授权原则 2.6
presentment requirement，呈送要求 2，4
retroactive legislation，authority，溯及既往的立法，权力 6.7
rulemaking 规则制定
  additional procedures，requiring，额外的程序，要求 7.7
  communications with，沟通 7.6
  Congressional veto，国会否决 7.1
standing，原告资格 16.15
  deference to，尊重 16.8
  power to confer，授予的权力 16.4，16.7
tort liability of government，scope of immunity，政府的侵权责任，豁免的范围 19.3
Congressional Review Act，《国会审查法》2.4
Constitutional law. 宪法性法律，亦可见具体的修正案（例如，第八修正案）
《联邦宪法》全文收录在本书附录 A。
attempts to harmonize with administrative law，与行政法协调的努力 1.7
constitutional torts 宪法性的侵权
  Bivens actions，Bivens 诉讼 19.5
  common law torts，distinguished，普通法侵权，区分 19.6
  Section 1983 actions，第 1983 节诉讼 19.6
due process. 正当程序 *See* Due process
equal protection. 平等保护 *See* Equal protection
exhaustion of administrative remedies and，穷尽行政救济 15.5
independent agencies，独立行政机关 2.5
legislative vetoes，立法否决 2.4
presumption of reviewability，可审查性的推定 17.9
ripeness and，成熟性 15.13
standing，原告资格 16.1
Consumer Fraud Act，《商业欺诈法》14.4
Consumer Product Safety Act《消费品安全法》
disclosure of information exempted by，……豁免的信息披露 5.9
historical overview，历史性概述 1.6
rulemaking under，规则制定 7.7
Consumer Product Safety Commission，消费者产品安全委员会 6.10
Contagious Cattle Disease Act，《传染性牛类疾病法》6.11
Contract law，and due process，合同法，正当程序 9.4
Contractors and tort liability of government，供应商和政府的侵权责任 19.4
Cooperative Educational Service Agency，合作教育服务机构 17.7
Cooperation，exclusion from Fifth Amendment protection，合作，排除第五修正案的保护 4.7
Corps of Engineers，工程兵团 17.7
Council of Economic Advisors，经济顾问委员会 1.2
Council of Claims，索赔委员会 18.2
Court of Appeals. 上诉法院 *See* Circuit Courts
Credibility，可信度 11.2

Criminal cases 刑事案件
equitable estoppels in，衡平禁反言 13.1
exhaustion of administrative remedies in，穷尽行政救济 15.2，15.8
judicial notice，applicability，司法认知，可适用性 10.6
Cross examination 交叉质证
hearsay evidence，of，传闻证据 10.4
rulemaking，requirement，规则制定，要求 7.2
statutory limits，法定限制 7.11
Customs Service 海关
finality and，最终性 15.11
injunctive relief against，禁令救济 18.4
statutoryconstruction and，法律解释 3.5

Damages 损害赔偿
tort liability of government，Section 1983 actions，政府侵权责任，第 1983 节诉讼 19.6
Declaratory Judgment Act 宣告性判决法
remedies under，救济 18.4
ripeness under，成熟性 15.12，15.14
Declaratory relief，as remedies，宣告性救济，救济 18.1，18.2，18.4
Defamation，诽谤 19.4
Defense Base Closure and Realignment Act of 1990，《1990 年军事基地关闭和调整法》17.8
Defense Base Closure and Realignment Commission，军事基地关闭和调整委员会 15.11
Defense Department 国防部
Freedom of Information Act，exemption，《信息自由法》，豁免 5.12
judicial review of adjudication，arbitrary and capricious standard，裁决的司法审查，武断和恣意标准 11.4
presumption of reviewability，可审查性的推定 17.7
Defenses and tort liability of government，国防和政府侵权责任 19.3
Definitions 定义
adjudication，裁决 8.1
administrative，行政的 1.1
agency，行政机关 1.2
agency records，行政记录 5.6
arbitrary and capricious，武断和恣意 7.4
ex parte communication，单方沟通 8.4
legislative facts，立法性事实 7.5
public record，公共记录 5.2
qualifies immunity，符合豁免的条件 19.3
on the record，基于记录的 7.2
rule，规则 6.1
trade secret，商业秘密 5.10
Delay，迟延 Ch. 12
Administrative Procedure Act，compelling action under，《行政程序法》，迫切性的行为 12.3，15.10，18.2
Congressional powers to remedy 国会提供救济的权力
political pressure，政治压力 12.4
statutory deadlines，imposition of，法定期限，设定 12.3
costs to individuals，society and legal system，对个人的成本，社会和法律体系 12.1
courts，powers to remedy，法院，救济的权力 12.5
determinations of unreasonable delay，不合理迟延的确定 12.3
difficulty of issues as cause of，作为……原因的问题的难度 12.2
exhaustion of administrative remedies，relationship，穷尽行政救济，关系 15.10
expedition of cases through political pressure，通过政治压力的案件加速处理 12.4
Freedom of Information Act，remedies under，《信息自由法》，救济 12.3
intentional delay，故意迟延 12.2
judicial review as cause of ，作为……原因的司法审查 12.2
large workload as cause of ，作为……原因的大工作量 12.2
legal remedies，法律救济 12.4
primary jurisdiction，relationship，首先管辖权，关系 14.6
remedies，救济 12.3－12.5
scope of problem，问题的范围 12.1
statutory deadlines，imposition of ，法定期限，设定 12.3
strategic delay，策略性的迟延 12.2
structural problems as cause of，作为……原因的结

构性问题 12.2
time-consuming procedures as cause of 作为……原因的费时的程序 12.2
courts, powers to remedy, 法院，救济的权力 12.5
Department of Energy Organization Act of 1977, 《1977年能源部组织法》7.7
Discretion, 裁量权 Ch. 17
abuse of discretion, 裁量权的滥用 17.2, 17.5
actions committed to agency discretion, unreviewability, 属于行政机关裁量权的行为，不可审查性 17.6
alternative solutions to problems, 问题的替代解决方案 17.4
broad discretion, problem, 广泛裁量权，问题 17.1
bureaucratic limits on, 官僚制的限制 17.4
changed circumstances, effect, 改变后的情形，影响 17.1
equitable estoppel against agencies, effect on, 反对行政机关的衡平禁反言，影响 13.1
excessive discretion, 过度的裁量权 17.1, 17.3
historical development of focus on, 关注点的历史性发展 1.6
inadequate discretion, 不充分的裁量权 17.1
judicial review 司法审查
problems, 问题 17.3
as solution to problems, 作为问题的解决方案 17.2
limitations, necessity for, 限制，……的必要性 11.5
unintended effects, 意外的影响 17.2
mandatory procedures as limits on, 作为对……的限制的强制程序 17.4
necessity of , 必要性 17.1
political limits, 政治局限 17.4
precedents as limits on, 作为……限制的先例 17.2
problems, 问题 17.1
procedural discretion, unreviewability, 程序性裁量权，不可审查性 17.5
rulemaking as decreasing, 作为减少……的规则制定 6.8
rules 规则
limits on, as, 限制，作为 17.2, 17.3
standards set by, ……制定的标准 11.5
selective enforcement, reviewability, 选择性执法，可审查性 17.5
Standing 原告资格
absence of statutes conferring, 缺乏授予……的法律 16.7
limits on, as, 对……的限制，作为 17.3
statutory standards, 法定标准 11.5
unintended transfers, 意外的转移 17.1, 17.3
Dismissal of actions, 诉讼的驳回 14.1
District courts 地区法院
jurisdiction to review agency decision, 审查行政机关行为的管辖权 18.2
remedies, Circuit Courts contrasted, 救济，与巡回法院的对比 18.2
venue, judicial review, 管辖地，司法审查 18.3
DOL. 劳工部 *See* Labor Department
DOT. 交通部 *See* Transportation Department
130Double Jeopardy Clause, 禁止双重危险条款 2.8
131Drug Enforcement Administration 缉毒局
nondelegation doctrine and, 不授权原则 2.6
presumption of reviewability, 可审查性的推定 17.7
rulemaking, 规则制定 7.3
exemption, 豁免 7.10
separation of powers and, 权力分立 2.6
Due process, 正当程序 Ch. 9
Adjudications 裁决
considerations in, 考虑 8.2
rulemaking distinguished, 规则制定的区分 9.2
adjudicative facts, legislative facts distinguished, 裁决性事实，立法性事实的区分 9.2, 9.5
adjudicatory functions, legislative functions distinguished, 裁决性职能，立法性职能的区分 9.8
administrative law judges, bias in decisionmakers, 行政法官，决定者的偏见 9.8
Administrative Procedure Act requirements, contrasted, 《行政程序法》的要求，对比 9.1
attorney fees, limitations, 律师费，限制 9.12
bias in decisionmaker, 决定者的偏见 9.8
"bitter with the sweet" theory, 苦尽甘来 9.4
building condemnation cases, requirement in, 宣布建筑不安全的案件，要求 9.5
contract law, applicability, 合同法，可审查性 9.4
corporalpunishment as affecting liberty interest. 影响自由利益的体罚 9.4

decisionmaking 决定
improvements to，改进 9.7
individualized decisionmaker，applicability to 个体化的决定者，可适用性 9.2
judicial model，limits on，司法模式，对……限制 9.10
policy decisionmaking，inapplicability to，政策决定，不可适用性 9.2
deprivations，determinations，剥夺，决定 9.4
entitlementsnecessary to establish property interests，确立财产利益的权利 9.4
ex parte procedures，单方程序 9.5
exhaustion of administrative remedies and，穷尽行政救济 15.5
Fifth Amendment，under，第五修正案 9.4
First Amendment，considerations，第五修正案，考虑 9.4，9.5
forfeiture cases，requirements in，没收案件，要求 9.5
government contracts，property interests，政府合同，财产利益 9.4
government jobs，property interests，政府工作，财产利益 9.4
government monopoly power，considerations，政府垄断性权力，考量 9.4
grievous loss of any kindtheory. 任何类型的重大损失 9.4
hearings，requirements，听证，要求 9.5
costs，成本 9.5
hearsay evidence，use of，传闻证据，利用 9.11
historical overview，历史性概述 9.3
immutable principles doctrine，不可改变的原则 9.5
improvements to decisionmaking，对决定的改进 9.7
inadequate notice，不充分的告知 9.5
indirect economic interest of decisionmaker，决定者的间接经济利益 9.8
individualized decisionmaking，applicability to，个体化的决定，可适用性 9.2
institutional bias in decisionmakers，决定者中的机关偏见 9.8
judicial process，political process distinguished，司法程序，政治程序的区分 9.2
legislative facts，adjudicative facts distinguished，立法性事实，裁决性事实的区分 9.2，9.5
legislative functions，adjudicatory functions distinguished，立法性职能，裁决性职能的区分 9.8
liberty as protected interest，作为受保护利益的自由 9.4
life as protected interest，作为受保护利益的生命 9.4
Mathews v. Eldridges，requirements under，根据……的要求 9.3
analysis，分析 9.5
applications，适用 9.5
criticisms，批评 9.5
neutral decisionmakers，requirements 中立的决定者，要求 9.8
policy decisionmaking，inapplicability to，政策决定，可适用性 9.2
political process，judicial process distinguished，政治程序，司法程序的区分 9.2
post-deprivation hearings，requirements，剥夺[利益]后的听证，要求 9.3，9.6
pre-deprivation hearings，requirements，剥夺[利益]前的听证，要求 9.4，9.5
prisoners' rights cases，liberty interest，犯人权利的案件，自由利益 9.4
private interests，私人利益 9.3
privileges，deprivation of，特权，剥夺 9.3
procedural liberty，程序性自由 9.4
procedural safeguards，程序性保障 9.5
property as protected interest，作为受保护利益的财产 9.4
prosecutors，bias in decisionmakers，公诉人，决定者中的偏见 9.8
protected interests，受保护的利益 9.4
purposes，目的 9.4
quasi-judicial decisionmakers，bias，准司法性的决定者，偏见 9.8
reputational liberty，名誉性的自由 9.4
rights，deprivation of，权力，剥夺 9.3
ripeness and，成熟性 15.13，15.14
Rulemaking 规则制定
adjudications distinguished，裁决的区分 9.2
considerations，考量 6.9，7.2，7.9
scope，范围 9.3

limits，限制 9.4
separation of functions，职能分离 9.9
separation of power，considerations，权力分立，考量 2.5
sexual harassment cases，requirements in，性骚扰案件，要求 9.5
significance，重要性 9.1
state action，determinations，州行为，决定 9.4
statutes as source of property interests，作为财产利益渊源的法律 9.4
statutory construction，considerations，法律解释，考量 9.1
temporary deprivations，applicability to，临时性剥夺，可适用性 9.6
tort liability of government for violations 政府违法的侵权责任
Bivens actions，Bivens 诉讼 19.5
liability，责任 19.7
scope of immunity，豁免的范围 19.3
transferring liability from employees to government，将责任从雇员转移到政府 19.2
transfer trauma as liberty interest，作为自由利益的转移创伤 9.4
unconstitutional condition doctrine，违宪条件原则 9.4
what process is due，什么程序是正当的 9.5
scope，relationship，范围，关系 9.3

E-mail，电子邮件 5.6
Economic injuries，经济损害 16.4
Economic Stabilization Act of 1970《1970 年经济稳定法》
nondelegation doctrine and，不授权原则 2.6
separation of powers under，权力分立 2.6
Education Amendments of 1972，《1972 年教育修正法》18.5
Education Department 教育部
equitable estoppels and，衡平禁反言 13.1
finality and，最终性 15.11
negotiated rulemaking，协商式规则制定 7.14
rulemaking，规则制定 7.4
Education of the Handicapped Act，《残疾人教育法》15.9
Eighth Amendment 第八修正案
tort liability of government for violations 政府违法的侵权责任
Bivens actions，Bivens 诉讼 19.5
considerations，考量 19.2
Section 1983 actions，第 1983 节诉讼 19.6
Electronic records，电子记录 5.6
Eleventh Amendment 第十一修正案
federal court review of state court decisions，effort on，联邦法院对州法院判决的审查，努力 18.7
tort liability of government，considerations，政府侵权责任，考量 19.1，19.7
Section 1983 actions，第 1983 节诉讼 19.6
Emergency Petroleum Allocation Act of 1973《1973 年应急石油分配法》
nondelegation doctrine and，不授权原则 2.6
sepatation of powers under，权力分立 2.6
Emergency Planning and Community Right-to-Know Act of 1986《1986 年应急规划和社区知情权法》
private rights of action under，私人诉权 18.5
rulemaking under，规则制定 7.4
standing under，原告资格 16.5
Employee Retirement Income Security Act（ERISA）《雇员退休收入保障法》
private rights of action under，私人诉权 18.5
rulemaking under，规则制定 7.4
Endangered Species Act《濒危物种法》
agency delay under，remedies，行政迟延，救济 12.3
finality under，最终性 15.11
judicial review of adjudications under，对裁决的司法审查 18.2
arbitrary and capricious standard，武断和恣意标准 11.4
standing under，原告资格 16.4，16.5
Energy Department 能源部
deference to interpretation of rules，对规则解释的尊重 6.11
judicial review of adjudications，arbitrary and capricious standard，对裁决的司法审查，武断和恣意标准 11.4
presumption of reviewability，可审查性的推定 17.7
Energy Policy and Conservation Act，《能源政策和节

约法》16.4
Environment Protection Agency (EPA) 环境保护局
agency delay，行政迟延 12.1
causes，原因 12.2
remedies，救济 12.3
collateral estoppels and，间接禁反言 13.4，13.5
deference to interpretations of rules，对规则解释的尊重 6.11
discretion 裁量
problems，问题 17.1
rules limiting，规则限制 17.3
exhaustion of administrative remedies and，穷尽行政救济 15.8
finality and，最终性 15.11
Freedom of Information Act，exemption，《信息自由法》，豁免 5.7
hearings，requirements，听证，要求 8.2
informal action，reviewability，非正式行为，可审查性 15.15
injunctive relief against，禁令救济 18.4
inspections by，检查 4.3
judicial review of adjudications，对裁决的司法审查 18.2
arbitrary and capricious standard，武断和恣意标准 11.4
statutes of limitations，时效 11.7
nondelegation doctrine and，不授权原则 2.6
presumption of reviewability，可审查性质的推定 17.7
reviewability precluded，可审查性的排除 17.8
ripeness and，成熟性 15.13，15.14
rulemaking，规则制定 7.1-7.6
due process considerations，正当程序条款 9.2
petitions for，请愿 6.10
required of，要求 6.9
rules，authority to issue，规则，发布的权力 6.2
separation of powers and，权力分立 2.6
standing and，原告资格 16.4，16.5
statutory construction and，法律解释 3.2，3.6
venue，judicial review，管辖地，司法审查 18.3
Equal Employment Opportunity Commission (EEOC) 平等就业机会委员会
"fishing expeditions" by，"蓄意盘查" 6.4
interpretative rules adopted by，所采纳的解释性规则 6.4
judicial notice and，司法认知 10.6
res judicata and，既判力 13.3
separation of powers and，权力分立 2.7
subdelegation and，转授权 2.7
subpoenas，传票 4.2
Equal protection 平等保护
ripeness and，成熟性 15.13
tort liability of government，Section 1983 actions，政府侵权责任，第 1983 节诉讼 19.6
Equitable estoppels 衡平禁反言
alternatives to，……的替代 13.1
Appropriations Clause，considerations，拨款条款，考量 13.1
*Chevron*case，under，Chevon 案件 13.1
citizenship casesand，公民权案件 13.1
criminal cases，in，刑事案件 13.1
government，applicability against，政府，可适用性 13.1
Equitable relief，衡平法上的救济 18.4
ERISA.《雇员退休收入保障法》*See* Employee Retirement Income Security Act
Estoppel 禁反言
collateral estoppel. 间接禁反言 *See* Collteral estoppels
equitable estoppels. 衡平禁反言 *See* Equitable estoppels.
Ethics in Government Act《政府伦理法》
independent counsels under，独立检察官 2.5
separation of powersunder，权力分立 2.5
Evidence，证据 Ch. 10
adjudicative facts. 裁决性事实 *See* Adjudicative facts
Administrative Procedure Act，rules under，《行政程序法》，规则 10.3
burden of proof. 证明责任 *See* Burden of proof
erroneous exclusion，risk of，错误排除，风险 10.3
exclusionary rulesunnecessary in administrative proceedings，行政程序中不必要的排除规则 10.3
Federal Rules of Evidence.《联邦证据规则》*See* Federal Rules of Evidence
hearsay evidence. 传闻证据 *See* Hearsay evidence
judgmental facts，proving，判决性事实，证明 10.6

legislative facts. 立法性事实 *See* Legislative facts
predictive facts, proving, 预测性实施, 证明 10.6
privileges inadministrative proceedings, 行政程序中的特权 10.1
relevant evidence, admissibility in administrative proceedings, 关联证据, 行政诉讼中的可采性 10.2
repetitious evidence, exclusion, 重复性证据, 排除 10.3
residuum rule, 剩余规则 10.4
so far aspracticable standard, "在可行的范围内"标准 10.3
Ex parte communications 单方沟通
adjudications, in, 裁决 8.4
rulemaking, in, 规则制定 7.6
Executive branch rulemaking 政府行政分支的规则制定
communications with, 沟通 7.6
control over, 控制 7.9
Exhaustion of administrative remedies 穷尽行政救济
adequacy of remedies, 救济的充分性 15.2
Administrative Procedure Act, under, 《行政程序法》15.3, 15.8
availability of remedies, 救济的可得性 15.2
common law exhaustion and statutory exhaustion, distinguished, 普通法上的穷尽行政救济和制定法上的穷尽行政救济, 区分 15.1
constitutional right exception, 宪法权利的例外 15.5
criminal cases, in, 刑事案件 15.2, 15.8
delay, relationship, 迟延, 关系 15.10
due process and, 正当程序 15.5
elements, 要件 15.2
Fifth Amendment and, 第五修正案 15.5
finality, relationship, 最终性, 关系 15.1, 15.17
First Amendment and, 第一修正案 15.5
futility exception, 无用性例外 15.2, 15.3
issues not raised before agency, 被提到行政机关面前的问题 15.8
Mathews v. Eldridge, under, 15.7
merits, consideration of, 15.4, 实质问题, 考量 15.7
overview, 概述 15.1
policy statements, rules distinguished, 政策声明, 规则的区分 6.3
primary jurisdiction, compared, 首先管辖权, 比较 14.1
reopening cases, 程序重开的案件 15.3
ripeness, relationship, 成熟性, 关系 15.1, 15.12, 15.17
rules, policy statements distinguished, 规则, 政策声明的区分 6.3
Section 1983 action, 第 1983 节诉讼 15.9
statutory exhaustion, 法律上的穷尽 15.3
　common law exhaustion, distinguished, 普通法上的穷尽行政救济, 区分 15.1
taking cases, in, 征用案件 15.9
three-part test, 三部制标准 15.2
tort liability of government, applicability 政府侵权责任, 可适用性
　Bivens actions, Bivens 诉讼 19.5
　Federal Tort Claims Act, under, 《联邦侵权求偿法》19.4
　Section 1983 action, 第 1983 节诉讼 19.6
ultra vires agency actions, 越权行政行为 15.2
unacknowledged exception, 不被承认的例外 15.7
waiver, 弃权 15.6
Expedites Funds Availability Act 《加速资金可得性法》
agency authority to adjudicate under, 行政机关的裁决权 2.8
separation of powers and, 权力分立 2.8
Expert opinion, 专家意见 10.2
Export Administration Act 《出口管理法》
disclosure of information exempted by, ……豁免的信息披露 5.9
reviewability precluded under, ……排除的可审查性 17.8
Extradition, 引渡 2.4
FAA. 联邦航空管理局 *See* Federal Aviation Administration
FACA. 《联邦咨询委员会法》 *See* Federal Advisory Committee Act
Factual disputes 事实证据
adjudications, oral evidentiary hearings required, 裁决, 口头举证式听证 8.3
ex parte communications, use in resolving, 单方沟通, 在解决……中的利用 8.4

rulemaking, resolution through, 规则制定，通过……的解决 7.5
Fair Housing Act,《公平住房法》15.14
Fair Labor Standards Act (FLSA)《公平劳动基准法》
finality under, 最终性 15.11
informal action, reviewability under, 非正式行为，可审查性 15.15
investigations under, 调查 4.1
legislative rules under, 立法性规则 6.4
rulemaking, petitions for under, 规则制定，请愿 6.10
tort liability of government for violations, Section 1983 action, 政府对违法行为承担的侵权责任，第 1983 节诉讼 19.6
False Claims Act,《反欺骗政府法》16.4
False imprisonment, 错误监禁 19.4
Farmers Home Administration, 农场主住房管理局 19.4
FBI. 联邦调查局 *See* Federal Bureau of Investigation
FDA. 食品药品管理局 *See* Food and Drug Administration
FDIC. 联邦存款保险公司 See Federal Deposit Insurance Corporation
Federal Advisory Committee Act《联邦咨询委员会法》
该法已收入在本书附录 C。
disclosure of information under, 信息披露 5.19
injunctive relief under, 禁令救济 18.4
statutory construction under, 法律解释 3.6
Federal Aid to Highway Act,《联邦公路援助法》17.6
Federal Aviation Act《联邦航空法》
finality under, 最终性 15.11
primary jurisdiction under, 首先管辖权 14.3
Federal AviationAdministration (FAA) 联邦航空管理局
agency delay, remedies, 行政迟延，救济 12.3
Freedom of Information Act, exemptions,《信息自由法》，豁免 5.8, 5.9
informal action, reviewability, 非正式行为，可审查性 15.15
judicial review of adjudications, statutes of limitations, 裁决的司法审查，时效 11.7
rulemaking, 规则制定 7.4
due processconsiderations, 正当程序的考量 9.2
exemptions, 豁免 7.10
petitions for, 请愿 6.10
tort liability of government, 政府侵权责任 19.4
Federal Aviation Administration Reauthorization Act of 1996,《1996 年联邦航空管理局重新授权法》7.10
Federal Bureau of Investigation (FBI) 联邦调查局
Freedom of Information Act, and,《信息自由法》5.4
exemptions, 豁免 5.13
hearsay evidence, reliance on, 传闻证据，依赖 10.4
presumption of reviewability, 可审查性的推定 17.7
residuum rule, applicability, 剩余规则，可适用性 10.4
tort liability of government, 政府侵权责任 19.4
Federal Communications Act《联邦通信法》
injunctive relief under, 禁令救济 18.2
judicial review of agency actions under, 行政行为的司法审查 18.2
Federal Communications Commission (FCC) 联邦通信委员会
agency delay, 行政迟延 12.1
remedies, 救济 12.3
discretion, problems, 裁量，问题 17.2
ex parte communications, 单方沟通 8.4
exhaustion of administrative remedies and, 穷尽行政救济 15.2, 15.5
Freedom of Information Act, exemptions,《信息自由法》，豁免 5.10
informal action, reviewability, 非正式行为，可审查性 15.15
injunctive relief against, 禁令救济 18.2
judicial review of adjudications, 裁决的司法审查 18.2
arbitrary and capricious standard, 武断和恣意标准 11.4
departure from precedent, 偏离先例 11.5
record rule, 记录规则 11.6
substantial evidence test, 实质性证据标准 11.2
legislative rules adopted by, ……所采纳的立法性规

则 6.4
binding effect，拘束力 6.6
procedural rules adopted by，……所采纳的程序性规则 6.5
ripeness and，成熟性 15.14
rulemaking，规则制定 7.3 - 7.6
petitions for，请愿 6.10，7.2
separation of powers and，权力分立 2.4
standing and，原告资格 16.2，16.4
statutory construction and，法律解释 3.6
Federal courts 联邦法院
abstention，effect on federal court review of state court decisions，弃权，联邦法院审查州法院判决的效力 18.7
Circuit courts. 巡回法院 *See* Circuit courts
Court of Claims，求赔法院 18.2
District courts. 地区法院 *See* District courts
Eleventh Amendment，effect of federal court review of state court decisions，第十一修正案，联邦法院审查州法院判决的效力 18.7
increase in caseload，案件量的增加 1.3
Section 1983，effect on federal court review of state court decisions，第 1983 节，联邦法院审查州法院判决的效力 18.7
state court actions，review，州法院行为，审查 13.1
Federal Crop Insurance Corporation，联邦粮食保险公司 13.1
Federal Deposit Insurance Act，《联邦存款保险法》18.5
Federal Deposit Insurance Corporation（FDIC）联邦存款保险公司
due process，bias in decisionmakers，正当程序，决定者的偏见 9.8
exhaustion of administrative remedies and，穷尽行政救济 15.2
tort liability of government，transferring liability from employees to government，政府侵权责任，将责任从雇员转移到政府 19.2
Federal Election Campaign Act《联邦竞选法》
exhaustion of administrative remedies under，穷尽行政救济 15.3，15.10
188Federal Election Commission 联邦选举委员会
exhaustion of administrative remedies and，穷尽行政救济 15.5
independent agency，as，独立行政机关 2.4
ripeness and，成熟性 15.14
separation of powers and 权力分立
appointments，任命 2.4
subdelegation and，转授权 2.7
standing and，原告资格 16.4，16.5，16.8
statutoryconstruction and，法律解释 3.6
subdelegation and，转授权 2.7
Federal Employees Compensation Act，《联邦雇员赔偿法》17.8
Federal Employees Liability Reform and Tort Compensation Act《联邦雇员责任改革和侵权赔偿法》
tort liability of government under，政府侵权责任 19.3，19.4
Federal Employees Retirement System Act《联邦雇员退休制度法》
collateral estoppels under，间接禁反言 13.4
res judicata under，既判力 13.3
Federal Energy Regulatory Commission（FERC）联邦能源监管委员会
agency delay 行政迟延
causes，事由 12.2
remedies，救济 12.3
deference to interpretations of rules，尊重规则的解释 6.11
ex parte communications，单方沟通 8.4
hearings，requirements，听证，要求 8.2
judicial review of adjudications 对裁决的司法审查
arbitrary and capricious standard，武断和恣意标准 11.4
substantial evidence and，实质性证据 2.6
nondelegationdoctrine and，不授权原则 2.6
remedies，救济 18.2
rulemaking，规则制定 7.3，7.13
separation of powers，consideration，权力分立 2.3
standing and，原告资格 16.9
Federal government 联邦政府
remedies，actions against，救济，针对……的诉讼 18.2，18.6
sovereign immunity，statutory waiver，主权豁免，法定弃权 18.6
Federal Highway Administration 联邦公路管理局

extreme urgency exemptions，极端紧急的豁免 7.10
good cause exemptions，合理事由豁免 7.10
rulemaking，exemptions，规则制定，豁免 7.10
Truth-in-Leasing regulations，private right of action under，租赁真实性规章，私人诉权 18.5
Federal Home Loan Bank Board，联邦住房贷款银行委员会 19.4
Federal Housing Administration，联邦住房管理局 19.4
Federal Insecticide，Fungicide and Rodenticide Act《联邦杀虫剂、杀菌剂和灭鼠剂法》
finality under，最终性 15.11
ripeness under，成熟性 15.13
Federal Labor Relations Authority，联邦劳动关系管理局 17.8
Federal Land Policy and Management Act of 1976，《1976 年联邦土地政策和管理法》17.7
Federal Maritime Administration，联邦海事管理局 19.4
Federal Mine Safety and Health Act《联邦矿山安全和健康法》
finality under，最终性 15.11
inspections under，检查 4.3
private rights of action under，私人诉权 18.5
Federal Power Act，《联邦动力法》14.5
Federal Power Commission 联邦动力委员会
informal action，reviewability，非正式行为，可审查性 15.15
judicial notice and，司法认知 10.6
rulemaking，规则制定 7.2
rules，binding effect of，规则，拘束力 6.3
standing and，原告资格 16.15
Federal Records Act，《联邦记录法》5.6
Federal Reserve Board 联邦储备委员会
agency authority to adjudicate，行政机关的裁决权 2.8
independent agency，as，独立行政机关 2.5
separation of powers and，权力分立 2.8
Federal Rules of Evidence《联邦证据规则》
adjudicative facts，judicial notice only applicable to，裁决性事实，司法认知只能适用于 10.6
Administrative Procedure Act rules of evidence，contrasted，《行政程序法》规定的证据规则，对比 10.3
arguments for use in administrative law，在行政法中运用的主张 1.5
inappropriateness in administrative proceedings，在行政程序中的不合理性 10.1，10.2
judge-tried cases，relaxation of rules in，法官审理的案件，规则的放松 10.2
jury trials，appropriate for，陪审团审理，对……是合理的 10.2
legislative facts 立法性事实
inapplicability，不可适用性 16.5
judicial notice inapplicable to，司法认知不可适用于 10.6
Federal Savings and Loan Insurance Corporation（FSLIC）联邦存款贷款保险公司
agency authority to adjudicate，行政机关的裁决权 2.8
equitable estoppels and，衡平禁反言 13.1
exhaustion of administrative remedies and，穷尽行政救济 15.10
separation of powers and，权力分立 2.8
Federal Tort Claim Act《联邦侵权求偿法》
注：该法收入本书附录 C。
collateral estoppelunder，间接禁反言 13.4
legislative rules adopted under，binding effect，根据……采纳的立法性规则，拘束力 6.6
reviewability precluded under，根据……排除的可审查性 17.8
sovereign immunity，statutory waiver under，主权豁免，法定弃权 18.6
tort liability of government under，政府侵权责任 17.8
transferring liability from employees to government，将责任从雇员转移到政府 19.2
Federal Trade Commission Act《联邦贸易委员会法》
exhaustion of administrative remediesunder，穷尽行政救济 15.2
finality under，最终性 15.11
investigations under，调查 4.1
Federal Trade Commission（FTC）联邦贸易委员会
abuse of discretion，裁量权的滥用 17.5
adjudications，separation of functions，裁决，职能分离 9.9

collateral estoppels and，间接禁反言 13.4
due process，bias in decisionmakers，正当程序，决定者的偏见 9.8
“fishing expeditions” by，“蓄意盘查” 4.5
Freedom of Information Act，exemptions，《信息自由法》，豁免 5.9，5.11
hearsay evidence，reliance on，传闻证据，依赖 10.4
investigations by，调查 4.1
judicial review of adjudications，substantial evidence test，裁决的司法审查，实质性证据标准 11.2
legislative facts，proving，立法性事实，证明 10.5
legislative rules adopted by，……所采纳的立法性事实 6.8
presumption of reviewability，可审查性的推定 17.7
removal powers of President，总统的免职权 2.5
res judicata and，既判力 13.3
residuum rule，applicability，剩余规则，可适用性 10.4
rulemaking required of，……要求的规则制定 6.9
Rules of Evidence，applicability，《证据规则》，可适用性 10.2
separation of powers and 权力分立
  independent agency，as，独立行政机关 2.5
  subdelegation and，转授权 2.7
subpoenas，传票 4.2
Federal Trade Commission Improvement Act of 1974《1974 年联邦贸易委员会改进法》
historical overview，历史性概述 1.6
rulemaking under，规则制定 7.7，7.11
Federal Water Pollution Control Act.《联邦水污染控制法》*See* Clean Water Act
Federalism 联邦制
equitable estoppels，consideration，衡平禁反言 13.1
primary jurisdiction，relationship，首先管辖权，关系 13.4
ripeness，relationship，成熟性，关系 15.12
standing，relationship，原告资格，关系 16.14
FERC. 联邦能源监管委员会 *See* Federal Energy Regulatory Commission
FIFRA.《联邦杀虫剂、杀菌剂和灭鼠剂法》*See* Federal Insecticide, Fungicide and Rodenticide Act
Fifth Amendment 第五修正案
corporations and organizations excluded from protection，排除保护的公司和组织 4.7
due process under，正当程序，9.4
exhaustion of administrative remedies and，穷尽行政救济 15.5
investigations，restrictions on，调查，限制 4.1，4.6
testimony compelled after grant of immunity，在赋予豁免后强制的作证 4.10
Finality 最终性
exhaustion of administrative remedies，relationship，穷尽行政救济，关系 15.1，15.17
informal action as，非正式行为 15.15
interim regulatory actions，临时性规制行为 15.11
Mathews v. Eldridge，under，15.11
overview，概述 15.1
policy statements，rules distinguished，政策声明，规则的区分 6.3
ripeness，relationship，成熟性，关系 15.1，15.12，15.17
rules，policy statements distinguished，规则，政策声明的区分 6.3
Section 1983 action，第 1983 节诉讼 15.9
Financial institution records，金融机构记录 5.14
Findings of fact 事实认定
adjudications，when required in，裁决，当……要求时 8.5
agency findings and administrative law judge findings，relationship，行政机关的事实认定和行政法官的事实认定，关系 11.2
legislative facts，deference to agency findings，立法性事实，对行政机关事实认定的尊重 11.2
rulemakings，requirements，规则制定，要求 7.7
Firefighting，消防 19.4
First Amendment《联邦宪法》第一修正案
due processconsiderations，正当程序的考量 9.4，9.5
exhaustion of administrative remedies and，穷尽行政救济 15.5
judicial review of adjudications，substantial evidence test，对裁决的司法审查，实质性证据标准 11.2
ripeness and，成熟性 15.13，15.14
separation of powers，consideration，权力分立，考量 2.5
standing and，原告资格 16.4

tort liability of government for violations 政府违法的侵权责任
Bivens actions，Bivens 诉讼 19.5
scope of immunity，豁免的范围 19.3
Section 1983 action，第 1983 节诉讼 19.6
FLSA.《公平劳动基准法》*See* Fair Labor Standard Act
FOIA.《信息自由法》*See* Freedom of Information Act
Food，Drug and Cosmetic Act《食品、药品和化妆品法》
agency authority to issue rule under，行政机关根据……发布规则的权力 6.2
discretion，problems under，裁量权，问题 17.1
primary jurisdiction under，首先管辖权 14.1
ripeness under，成熟性 15.12，15.14
statutory construction under，法律解释 3.5
Food and Drug Administration（FDA）食品药品管理局
agency delay，remedies，行政迟延 12.3
agency inaction，reviewability，行政机关的不作为，可审查性 17.7
discretion，rules limiting，材料，限制……的规则 17.3
exhaustion of administrative remedies and，穷尽行政救济 15.2
Freedom of Information Act，and，《信息自由法》5.5
exemptions，豁免 5.10，5.11
presumption of reviewability，可审查性的推定 17.7
ripeness and，成熟性 15.14
rulemaking，规则制定 7.3，7.5
rules 规则
authority to issue，发布……的权力 6.2
binding effect of，拘束力 6.3
statutory construction and，法律解释 3.5
tort liability of government，政府侵权责任 19.4
Food Stamp Act，《食品券法》17.1
Forest Service 林业局
agency delay，remedies，行政迟延，救济 12.3
exhaustion of administrative remedies and，穷尽行政救济 15.3
finality and，最终性 15.11
findings of fact，requirements，事实认定，要求 8.5
Freedom of Information Act，and，《信息自由法》5.3
injunctive relief against，反对……的禁令救济 18.4
presumption of reviewability，可审查性的推定 17.7
programs，applicability of ripeness doctrine，项目，成熟性原则的可审查性 15.16
reviewability precluded，可审查性的排除 17.8
tort liability of government，政府侵权责任 19.4
Forfeitures，and due，process，没收，正当，程序 9.5
Forum non conveniens，不方便审理的法院 18.3
Fourth Amendment 第四修正案
bank records，restrictions on access to，银行记录，限制查阅 4.4
inspections，restrictions on，检查，限制 4.3
investigations，restrictions on，调查，限制 4.1
subpoenas，restrictions on，传票，限制 4.2
tort liability of government for violations 政府违法的侵权责任
considerations，调查 19.2
scope of immunity，豁免的范围 19.3
Section 1983 action，第 1983 节诉讼 19.6
Freedom of Information Act（FOIA），《信息自由法》Ch.5
该法第 552 节收入本书附录 B。
adjudications，public access requirement，裁决，公众查阅要求 5.2
agency delay，remedies under，行政迟延，救济 12.3
agency records defined in，……中定义的行政机关记录 5.6
any person standard，任何个人标准 5.3
attorney-client privilege exemption，律师-客户特权的豁免 5.11
attorney fees for withholding information，阻止信息披露的律师费 5.5
burden on agencies，行政机关承担的负担 5.4
costs of obtaining information，获取信息的成本 5.5
deliberative process privilege exemption，审议程序特权豁免 5.11
enactments，立法 1.5
fees imposed on requesting parties，对申请人规定的费用 5.5
financial institution records exemption，金融机构记录豁免 5.14
inter-agency and intra-agency memoranda exemption，行政机关间和行政机关内部备忘录的豁免 5.11

internal personnel rules exemption，内部人事规则豁免 5. 8
law enforcement records exemption，执法记录豁免 5. 13
motives of requesting party，considerations，申请人的动机，考量 5. 3
national security exemption by，基于国家安全的豁免 5. 9
oil well data exemption，油井数据豁免 5. 15
other statutes，information exemption by，其他法律，……豁免的信息 5. 9
overview，概述 5. 2
personal privacy exemption，个人隐私豁免 5. 12
persons entitled to disclosure，有权披露的个人 5. 3
Presidentialcommunications exemption，总统沟通的豁免 5. 11
reverse FOIA litigation，反信息自由法诉讼 5. 16
rules，publication requirement，规则，公开要求 5. 2
timing of disclosure，披露的时机 5. 4
tort liability of government under，政府侵权责任 19. 4
trade secretsexemption，商业秘密豁免 5. 10
unreported judicial decisions and，未经报道的司法判决 5. 3

FSLIC. 联邦存款贷款保险公司 *See* Federal Savings and Loan Insurance Corporation

Government Employee Right Act of 1991，《1991 年政府雇员权利法》 17. 9

Government in the Sunshine Act《阳光下的政府法》
该法已收录在本书附录 B。
disclosure of information under，根据……的信息披露 5. 18
Freedom of Information Act，relationship，《信息自由法》，关系 5. 18

Great Lakers Pilotage Act of 1960《1960 年五大湖区导航法》
separation of powers under，权力分立 2. 7
subdelegation and，再授权 2. 7

GSA.《阳光下的政府法》 *See* Government in the Sunshine Act

Gun Control Act of 1964，《1964 年枪支管制法》 15. 13

Hatch Act，15. 12

HCFA. 医疗财务管理局 *See* Health Care Financing Administration

Health，Education and Welfare Department 卫生、教育与服务部
agency inaction，reviewability，行政机关不作为，可审查性 17. 7
hearsay evidence，reliance on，传闻证据，依赖 10. 4
legislative rules adopted by，……采纳的立法性规则 6. 4
residuum rule，applicability，剩余规则，可适用性 10. 4
rulemaking，规则制定 7. 5

Health and Human Services Department（HHS）卫生和社会服务部
agency delay，remedies，行政迟延，救济 12. 3
Appeals Board，separation of powers，considerations，上诉委员会，权力分立，考量 2. 4
criticisms of retroactive rulemaking，对溯及既往的规则制定的批评 6. 7
deference to interpretations of rules，对规则解释的尊重 6. 11
due process deprivations，正当程序的剥夺 9. 4
exhaustion of administrative remedies and，穷尽行政救济 15. 3，15. 6，15. 8
hearsay evidence，reliance on，传闻证据，依赖 10. 4
injunctive relief against，反对……的禁令救济 18. 4
judicial notice and，司法认知 10. 6
presumption of reviewability，可审查性的推定 17. 7
residuum rule，applicability，剩余规则 10. 4
retroactive rulemaking by，溯及既往的规则，可适用性 6. 7
reviewability precluded 可审查性的排除 17. 8
rulemaking 规则制定
  petition for，请愿 6. 10
  requirements，要求 6. 9
separation of powers，considerations，权力分立，考量 2. 3
statutory construction and，法律解释 3. 6
tort liability of government，scope of immunity，政府侵权责任，豁免范围 19. 3

Health Care Financing Administration（HCFA）医疗

融资管理局
damage actions as substitute for pre-deprivation hearings，替代剥夺权利前听证的损害赔偿之诉 9.6
due process，temporary deprivation，正当程序，临时性剥夺 9.6
historical overview，历史概述 1.6
reviewability precluded，可审查性的排除 17.8
Hearings 听证
adjudications，when oral evidentiary hearing required，裁决，当要求口头举证式听证时 8.2
factual disputes，事实争议 8.3
advantages of agencies over courts in proving，行政机关比法院更能够证明 10.5
due process requirements，正当程序要求 9.3，9.5
costs，成本 9.5
post-deprivation hearings，剥夺权利之后的听证 9.3，9.5
pre-deprivation hearings，剥夺权利之前的听证 9.4，9.5
informal hearings，res judicata，applicability，非正式听证，既判力，可适用性 12.3
legislative facts，necessity for proving，立法性事实，证明需要 7.2，10.5
res judicata，applicability to decisions after，既判力，对于……之后决定的可适用性 13.3
standing，to determine，原告资格，决定 16.6
written record only satisfying hearing requirements，只有书面案卷，可以满足听证要求 8.2
Hearsay evidence 传闻证据
admissibility in administrative proceedings，在行政程序中的可采纳性 10.2
agency reliance on hearsay evidence，行政机关采用传闻证据 10.4
cross examination，right to，交叉质证，权利 10.4
due process considerations，正当程序考量 9.11
residuum rule，剩余规则 10.4
substantial evidence，as，实质性证据 10.4
test allowing decisions based on，允许基于……决定的标准 11.2
HHS. 卫生和社会服务部 *See* Health and Human Services Department
Historical overview 历史概述
access to courts，到法院起诉 1.7
Administrative Conference Act，enactment，《行政会议法》，立法 1.5
Administrative Procedure Act，enactment，《行政程序法》，立法 1.4
American Bar Association，early recognition of administrative law，美国律师协会，早期对行政法的承认 1.4
anti-bureaucracy movement，反官僚主义运动 1.4
attempts to judicialize administrative law，行政法司法化的努力 1.5
Chevron case，Chevron 案 1.7
Commodity Futures Trading Commission，商品期货交易委员会 1.7
due process，正当程序 9.3
Environmental Protection Agency，环境保护局 1.6
equitable estoppel，衡平禁反言 13.1
executive branch powers，行政分支的权力 1.5
failure to recognize administrative law，未能承认行政法 1.4
federal court caseload，increase in，联邦法院的案件数量，增加 1.3
Federal Trade Commission Improvement Act of 1974，《1974 年联邦贸易委员会改进法》1.6
first federal agencies，第一批联邦行政机关 1.4
Freedom of Information Act，enactment，《信息自由法》，立法 1.5
Health Care Financing Administration，医疗融资管理局 1.6
Hoover Commission reports，胡佛委员会研究报告 1.5
independent agencies，opposition to，独立行政机关，反对 1.5，1.6，2.5
investigations，调查 4.1
Landis report，Landis 报告 1.5
legitimacy of administrative law，attacks on，行政法的合法性，攻击 1.7
level of administration action，increase in，行政行为的水平，增长 1.3
National Labor Relations Board，国家劳动关系委员会 1.4
New Deal，新政 1.4
nondelegation doctrine，不授权原则 2.6
Occupational Safety and Health Act of 1970，《1970

年职业安全和健康法》1.6
procedural discretion, unreviewability, 程序性裁量权，不可接受审查性 17.5
res judicata, 既判力 13, 3
retroactivity, 溯及既往 13.2
rulemaking, 规则制定 6.7
reviewability, 可审查性 17.5
ripeness, 成熟性 15.12, 15.14
rulemaking, emergence of, 规则制定，出现 1.6
Section 1983 actions, 第 1983 节诉讼 1.6
Securities and Exchange Commission, 证券交易委员会 1.4
separation of powers, 权力分立 19.6
standing, 原告资格 16.2
subdelegation, 转授权 2.7
warrantless inspections, 无证检查 4.3

Hobbs Act, 《Hobbs 法》 15.11

Housing and Urban Development Department (HUD) 住房和城市发展部

actions committed to agency discretion, unreviewability, 属于行政机关裁量范围的行为，可审查性 17.6
agency inaction, reviewability, 行政不作为，可审查性 17.7
exhaustion of administrative remedies and, 穷尽行政救济 15.3
finality and, 最终性 15.11
informal action, reviewability, 非正式决定，可审查性 15.15
judicial review of adjudications, arbitrary and capricious standard, 裁决的司法审查，武断和恣意标准 11.4
presumption of reviewability, 可审查性的推定 17.7
ripeness and, 成熟性 15.14
rulemaking, 规则制定 7.4
tort liability of government, *Bivens* actions, 政府侵权责任，Bivens 诉讼 19.5

ICC. 州际商业委员会 *See* Interstate Commerce Commission

ICC Termination Act《州际商业委员会终止法》

primary jurisdiction and statutory jurisdiction, relationship under, 首先管辖权和法定管辖权，关系 14.2
private rights of action under, 私人诉权 18.5

Illegal Immigration Reform and Immigrant Responsibility Act of 1996《1996 年非法移民改革和移民责任法》

exhaustion of administrative remedies under, 1 穷尽行政救济 5.5
presumption of reviewability under, 可审查性的推定 17.9

Immigration and Naturalization Act, 《移民归化法》 15.11

Immigration and Naturalization Services (INS) 移民归化局

agency delay, remedies, 行政迟延，救济 12.3
burden of proof and, 证明责任 10.7
deemed, agency, 认为，行政机关 1.2
discretion, limits on, 裁量权，限制 17.7
due process bias in decisionmakers, 决定者的正当程序偏见 9.8
equitable estoppels and, 衡平禁反言 13.1
exhaustion of administrative remedies and, 穷尽行政救济 15.3
hearings, requirements, 听证，要求 8.2
hearsay evidence, reliance on, 传闻证据，采纳 10.4
judicial notice and, 司法认知 10.6
arbitrary and capricious standards, 武断和恣意标准 11.4
departure from precedents, 偏离先例 11.5
presumption of reviewability, 可审查性的推定 17.7, 17.9
residuum rule, applicability, 剩余规则，可适用性 10.4
ripeness and, 成熟性 15.14
statutory construction and, 法律解释 3.6

Immigration cases 移民案件

agency authority to adjudicate, 行政机关的裁决权 2.8
collateral estoppel in, 间接禁反言 13.5
due process requirements, 正当程序要求 9.4
equitable estoppels in, 衡平禁反言 13.1
separation of powers in, 权力分立 2.8

Immigration Reform and Control Act of 1986, 《1986 年移民改革与控制法》 15.14

Immunities 豁免
testimony compelled after grant of ，在……之后的强制作证 4.10
tort liability of government，employees，政府侵权责任，雇员 19.3. *See also* Tort liability of government
use immunity，transaction immunity distinguished，利用豁免，追诉豁免的区分 4.10
Independent agencies 独立行政机关
historical overview，历史概述 1.5，1.6，2.5
nondelegation doctrine and，不授权原则 2.6
President，removal powers，总统，免职权 2.5
rulemaking，executive branch control over，规则制定，行政分支对……的控制 7.9
separation of powers and，权力分立 2.5
Independent counsel appointments，独立检察官的任命 2.4
Indian Gaming Regulatory Act，《印第安博彩规制法》18.5
Individual decisionmakers，单个决定者 8.6
Individuals with Disabilities Education Act《残疾人教育法》
finality under，最终性 15.11
statutory construction under，法律解释 3.5
Inferences 推论
agencies drawing，行政机关推导 11.2
primary and secondary inferences，distinguished，直接推论和间接推论的区别 11.2
Informal action 非正式行为
historical development of focus on，以……为焦点的历史发展 1.6
reviewability，可审查性 15.15
Injunctive relief 禁令救济
functionally equivalent relief，功能等价的救济 18.4
remedies，as，救济 18.4
pending review，正在进行的审查 18.1
reviewability limiting availability，限制（禁令救济）可得性的可审查性 18.4
ripeness limiting availability，限制（禁令救济）可得性 18.4
standing limiting availability，限制（禁令）可得性的原告资格 18.4
structural injunctions，结构性禁令 18.4
tort liability of government，政府侵权责任 19.3
INS. *See* Immigration and Naturalization Service 移民归化局
Inspections 检查
area inspections，区域检查 4.3
commercial remises，商业场所 4.3
Fourth Amendment restrictions on，第四修正案的限制 4.3
warrantless，historical overview，无证，历史概述 4.3
Institutional decisionmakers，机构性质的决定者 8.6
Interference with contract，对合同的干预 19.4
Interior Department 内政部
agency inaction，reviewability，行政不作为，可审查性 17.7
burden of proof and，证明责任 10.7
discretion，political limits on，裁量权，政治限制 17.4
presumption of reviewability，可审查性的推定 17，7
tort liability of government，政府侵权责任 19.4
Internal Revenue Code《国内税收法典》
compulsory reporting under，强制申报 4.12
disclosure of information exemptions，信息披露的豁免 5.9，5.11
Internal Revenue Service（IRS）国内税务局
equitable estoppels and，衡平禁反言 13.1
Freedom of Information Act，exemptions，《信息自由法》，豁免 5.9，5.11
inspections by，检查 4.3
interpretative rules adopted by ，no binding effect，所采纳的解释性规则，没有拘束效力 6.6
presumption of reviewability，可审查性的推定 17.7
res judicata and，既判力 13.3
rulemaking，规则制定 7.1
standing and，原告资格 16.5
statutory construction and，法律解释 3.5
subpoenas，传票 4.2
summons，传唤 4.4
International Trade Commission，国际贸易委员会 13.3
Interstate Commerce Act《州际商业法》
nondelegation doctrine and，不授权原则 2.6

primary jurisdiction under，首先管辖权 14.1
separation of powers under，权力分立 2.6

Interstate Commerce Commission（ICC）州际商业委员会
agency inaction，reviewability，行政不作为，可审查性 17.7
exhaustion of administrative remedies and，穷尽行政救济 15.8
injunctive reliefs against，禁令救济 18.4
investigation by，调查 4.1
judicial review of adjudications 对裁决的司法审查
  statutes of limitations，时效 11.7
  substantial evidence test，实质性证据标准 11.2
legislative rules adopted by，binding effect，采纳的立法性规则，拘束效力 6.6
nondelegation doctrine and，不授权原则 2.6
res judicata and，既判力 13.3
reviewability，"no law to apply" test，可审查性，"无准据法"标准 17.7
rulemaking，规则制定 7.2
  due process considerations，正当程序考虑 9.2
Rules of Evidence，applicability，《证据规则》，可适用性 10.3
separation of powers and 权力分立
  nondelegation doctrine and，不授权原则 2.6
  subdelegation and，转授权 2.7
standing and，原告资格 16.2，16.4
statutory construction and，法律解释 3.6
subdelegation and，转授权 2.7
Intervention，干预 16.1
Investigation，调查 Ch. 4
business records，商业案卷 4.7
  records on custody of third party，第三方保管的案卷 4.8
  records of individuals protected by Fifth Amendment，受第五修正案保护的个人案卷 4.9
Fifth Amendment restrictions，第一修正案限制 4.1，4.6
"fishing expeditions，" 蓄意盘查 4.5
Fourth Amendment restrictions，第四修正案的限制 4.1
historical overview，历史概述 4.1
inspections. 检查 *See* Inspections
overly broad or burdensome，过于宽泛或者负担过重 4.5
records required to be kept by law，需要法律保护的记录 4.11
self-incrimination，applicability of prohibition against compelling，自我入罪，禁止强迫自我入罪的可适用性 4.6
statutory powers，法定权力 4.1
subpoenas，Fourth Amendment restriction on，传票，第四修正案的限制 4.2
testimony compelled after grant of immunity，给予豁免权之后的作证 4.10
IRS. 国内税务局 *See* Internal Revenue Service
Issue of fact，事实问题 19.3
Issue of law 法律问题
collateral estoppels，availability against government，间接禁反言，针对政府适用……可得性 13.5
issue of fact distinguished，事实问题的区分 19.3

Judge-tried cases，法院审理的案件 10.2
Judges 法官
Administrative Procedure Act，disqualification under，行政程序法，回避 9.8
extradition，powers，引渡，权力 2.4
tort liability of government，scope of immunity，政府侵权责任，豁免范围 19.3
Judgments 判决
agencies，ability to change limited，行政机关，变更权限的限制 2.4
Congress，ability to change limited，国会，变更权的限制 2.4
Judicial notice 司法认知
adjudicative facts，Federal Rules of Evidence only applicable to，裁决性事实，只适用于（司法认知）的《联邦证据规则》10.6
asylum cases，in，庇护案件 10.6
criminal cases，applicability，刑事案件，可适用性 10.6
difficulty in applying correctly，正确申请的难度 10.6
findings of fact by，事实认定 10.6
historical overview，历史概述 10.6

legislative facts 立法性事实
Federal Rules of Evidence inapplicable to，不能适用于立法性事实的《联邦证据规则》10.6
proving by，证明 10.5
Judicial review，司法审查 Ch. 11. *See also* Remedies 救济
administrative law judge findings，weight on appeal，行政法官的事实认定，在上诉时的权重 11.2
agency delay，as cause of，行政迟延，作为（司法审查）原因的 12.2
agency findings，weight on appeal，行政机关的事实认定，在上诉时的权重 11.2
arbitrary and capricious test，武断和恣意标准 11.4
arguments in favor of universal judicial review，有利于普遍性的司法审查的主张 1.5
Circuit Courts，exclusivity of review，巡回法院，审查的排他性 18.2
clearly erroneous standard，显然错误的标准 11.2
collateral estoppels，judicial affirmance of agency decisions as，间接禁反言，作为行政决定的司法确认 13.4
departures from precedent，偏离先例 11.5
discretion 裁量权
problems，问题 17.3
as solution to problem，作为问题的解决方案 17.2
First Amendment，substantial evidence test，第一修正案，实质性证据标准 11.2
historical overview，历史概述 1.7
jurisdictional limits，elimination，管辖的限制，消除 1.6
jury verdicts，compared，陪审团的裁决，比较 11.2
orders，rules as for purposes of，命令，作为（司法审查）目的的规则 18.2
overview，概述 11.1
record appeal 书面上诉
consideration limited to，限于（司法审查）的考量 11.6
consideration of ，（司法审查的）考量 11.2
record rule，案卷规则 11.6
remanding of actions，of，将决定发回重新处理 18.1
reopening cases，程序重新开始的案件 11.7
res judicata，judicial affirmance of agency decision as，既判力，作为对行政决定的司法确认 13.3
retroactive application of policies，政策的追溯适用 13.2
rulemaking，of，规则制定 7.11
statutes of limitations，时效 7.15
rule as orders for purposes of，作为（司法审查）目的的规则 18.2
statutes of limitations，时效 11.7
substantial evidence test，实质性证据标准 11.2
arbitrary and capricious test，contrasted，武断和恣意标准，比较 11.4
departure from，偏离 11.2，11.3
legislative facts，applicability to，立法性事实，可适用性 11.2
statutory alteration of standard，法律上对标准的修改 11.3
treating physician rule，Social Security proceedings，主治医生规则 11.3
Jurisdiction 管辖权
Court of Claims，actions against federal government，求偿法院，针对联邦政府的诉讼 18.2
District Courts，review of agency decisions，地区法院，对行政决定的审查 18.2
Federal Tort Claims Act，under，《联邦侵权求偿法》19.4
primary jurisdictions. 首先管辖权 *See* Primary jurisdiction
statutory jurisdiction. 法定管辖权 *See* Statutory jurisdiction
Jury verdicts，陪审团裁决 11.2
Justice Department，司法部 19.2
Justiciability 可司法性
constitutional issues，宪法争议 16.1
proxy for，替代 16.2，16.4
relevance，相关性 16.4，16.5

Labor Department (DOL) 劳工部
deference to interpretations of rules，对规则解释的尊重 6.11
finality and，最终性 15.11
reviewability precluded，可审查性的排除 17.8
Labor Management Reporting and Disclosure Act，《劳工管理报告和披露法》17.6

Labor unions，工会 4. 7
Land Management Bureau 土地管理局
programs，applicability of ripeness doctrine，项目，成熟性原则的可适用性 15. 16
standing and，原告资格 16. 5
tort liability of government，政府侵权责任 5. 13
Law enforcement records，法律实施记录 5. 13
Lead Based Paint Poisoning Prevention Act，《含铅油漆毒害防止法》18. 5
Legal Services Corporation，法律服务公司 17. 7
Legislative facts 立法性事实
adjudicative facts，distinguished，裁决性事实，区分 10. 5，10. 6
due process illustration，正当程序的说明 9. 2，9. 3
administrative law judges，difficulty in distinguishing from adjudicative facts，行政法官，与裁决性事实相互区分的难度 7. 7
appellate courts taking notices of，注意到（立法性事实的）上诉法院 10. 6
asylum cases，in，庇护案件 10. 6
deference to agency findings，对行政机关事实认定的尊重 11. 2
evidentiary hearings，necessity for proving，证据式听证，证明的需要 10. 5
evidentiary record，agency not limits to，证据式记录，不限于……的行政机关 10. 5，10. 6
Federal Rules of Evidence，inapplicability，《联邦证据规则》，不可适用性 10. 5
judicial notice 司法认知
Federal Rules of Evidence inapplicable to，《联邦证据规则》不适用于 10. 6
proving by，证明 10. 5
oral hearings not required，不需要口头听证 7. 2
proving，证明 10. 5
rulemaking，proving in，规则制定，证明 7. 5，10. 6
standing，issues of injury and causation，原告资格，伤害和原因的问题 16. 8
substantial evidence test，applicability to，实质性证据标准，适用性 11. 2
Legislative intent 立法意图
primary jurisdiction，considerations，首先管辖权，考量 14. 1
standing，determination，原告资格，决定 16. 1
Legislative vetoes，立法否决 2. 4
Line Item Veto Act《逐项否决法》
nondelegation doctrine and，不授权原则 2. 6
separation of powers under 权力分立
checks and balances，as，制约与平衡 2. 4
nondelegation doctrine and，不授权原则 2. 6
Local government tort liability，地方政府侵权责任 19. 6
Locomotive Inspection Act，《机车检查法》13. 3
Longshore and Harbor Workers' Compensation Act《码头和港湾工人赔偿法》
hearsay review of adjudications under，对裁决的传闻审查 10. 4
judicial review of adjudications under，substantial evidence test，对裁决的司法审查，实质性证据标准 11. 2，11. 3
residuum rule，applicability，剩余规则，可适用性 10. 4
standing under，原告资格 16. 15

Malicious prosecution，恶意指控 19. 4
Mandamus，执行职务令 12. 3
Maritime Administration 海事管理局
presumption of reviewability，可审查性的推定 17. 7
reviewability precluded，可审查性的排除 17. 8
Maritime Commission 海事委员会
judicial review of adjudications，substantial evidence test，裁决的司法审查，实质性证据标准 11. 2
res judicata and，既判力 13. 3
MaFadden Act，《MaFadden 法》16. 9
Mediate facts，中间事实 13. 4
Medicaid 联邦医疗补助
due process property interests，正当程序财产利益 9. 4
tort liability of government，Section 1983 actions，政府侵权责任，第 1983 节诉讼 19. 6
Medicaid Act，《联邦医疗补助法》18. 5
Medicare 联邦医疗保险
due process property interests，正当程序财产利益 9. 4
refusal to reopen case，unreviewability，拒绝案件程序重开，不可审查性 17. 7
reviewability precluded under，可审查性的排

除 17.8
Medicare Act《联邦医疗保险法》
exhaustion of administrative remedies under，穷尽行政救济 15.3
retroactive rulemaking under，溯及既往的规则制定 6.7
ripeness under，成熟性 15.14
rulemaking required under，要求的规则制定 6.9
Migrant and Seasonal Agricultural Worker Protection Act，《移民和季节性农业工人保护法》6.2
Military Claim Act《军事求偿法》
presumption of reviewability under，可审查性的推定 17.9
reviewability precluded under，可审查性的排除 17.8
Military judges，军事法官 2.4
Mine Safety and Health Administration 矿山安全和健康管理局
agency delay，remedies，行政迟延，救济 12.3
deference to interpretation of rules，对规则解释的尊重 6.11
legislative rules adopted by，采纳的立法性规则 6.4
ripeness and，成熟性 15.14
tort liability of government，政府侵权责任 19.4
Mine Safety and Health Regulatory Commission，矿山安全和健康监管委员会 2.4
Mineral Lands Leasing Act，《矿山土地租赁法》13.2
Misconduct，不当行为 13.1
Misrepresentation，错误表述 19.4
Mootness，诉因消失 16.4

NAFTA.《北美自由贸易协定》*See* North American Free Trade Agreement
National Academy of Sciences，国家科学院 5.19
National Bank Act《国民银行法》
retroactive rulemaking under，溯及既往的规则制定 6.7
standing under，原告资格 16.3
National Bituminous Coal Commission，国家烟煤协会 13.4
National Credit Union Administration 国家信用社管理局
removal powers of President，总统的免职权 2.5
separation of powers and，权力分立 2.5
standing and，原告资格 16.9
National Environmental Policy Act《国家环境政策法》
该法收入本书附录 F。
discretion，mandatory procedures as limits on，裁量权，作为限制（裁量权的）强制性程序 17.4
finality under，最终性 15.11
findings of fact under，事实认定 8.5
judicial review of adjudications under，record rule，对裁决的司法审查，案卷规则 11.6
rulemaking under，规则制定 7.7
standing under，原告资格 16.9
National Firearms Act，《国家枪支法》4.12
National Health Care Reform Task Force，国家医疗改革任务小组 5.19
National Highway Traffic and Motor Vehicle Safety Act，《国家公路交通和机动车安全法》18.2
National Highway Traffic Safety Administration，国家公路交通安全管理局 3.5
National Industrial Recovery Act《国家工业复兴法》
nondelegation doctrine and，不授权原则 2.6
separation of powers under，权力分立 2.6
National Institute of Occupational Safety and Health 国家职业安全和健康研究院
adjudications，separation of functions，裁决，职能分离 9.9
agency delay，causes，行政迟延，原因 12.2
National Labor Relation Act《国家劳动关系法》
exhaustion of administrative remedies under，穷尽行政救济 15.2，15.8
primary jurisdiction under，首先管辖权 14.4
ripeness under，成熟性 15.14
statutory construction under，法律解释 14.4
National Labor Relations Board (NLRB) 国家劳动关系委员会
adjudications，separation of functions，裁决，职能分离 9.9
collateral estoppels and，间接禁反言 13.4
due process，bias in decisionmaker，正当程序，决定者的偏见 9.8
Freedom of Information Act，exemptions，《信息自由法》，豁免 5.11，5.13

hearsay evidence, reliance on, 传闻证据，采用 10.4
historical overview, 历史概述 1.4
institutional decisionmaking and individual decision-making, contrasted, 机构性的决定和个人性的决定，对比 8.8
interpretative rules adopted by, no binding effect, 采纳的解释性规则，不具有拘束力 6.6
judicial notice and, 司法认知 10.6
arbitrary and capricious standard, 武断和恣意标准 11.4
departure from precedent, 偏离先例 11.5
substantial evidence test, 实质性证据标准 11.2, 11.5
residuum rule, applicability, 剩余规则，可适用性 10.4
retroactivity and, 溯及既往 13.2
rulemaking authority, reluctance to use, 规则制定权，不愿意动用（规则制定权）6.9
Rules of Evidence, applicability, 证据规则，可适用性 10.2, 10.3
statutory construction and, 法律解释 3.6
National Marine Fisheries Service, 国家海洋渔业局 5.19
National Park Service, 国家公园管理局 19.4
National Pollutant Discharge Elimination System (NP-DES), 国家污染物排放消除系统 12.3
National security, and FOIA exemption, 国家安全，《信息自由法》的豁免 5. 7
National Security Act,《国家安全法》5.9
National Security Agency, 国家安全局 1.2
National Transportation Safety Board 国家交通安全委员会
agency inaction, reviewability, 行政不作为，可审查性 17.7
collateral estoppels and, 间接禁反言 13.4
deference to interpretations of rules, 对规则解释的尊重 6.11
exhaustion of administrations of rules, 穷尽对规则的管理 6.11
judicial review of adjudications, substantial evidence test, 对裁决的司法审查，实质性证据标准 11.2
Natural Gas Act of 1933《1933 年国家天然气法》
exhaustion of administrative remedies under, 穷尽行政救济 15.8
nondelegation doctrine and, 不授权原则 2.6
rulemaking under, 规则制定 7.2
separation of powers under, 权力分立 2.6
Natural Gas Policy Act of 1978《1978 年天然气政策法》
nondelegation doctrine and, 不授权原则 2.6
primary jurisdiction under, 首先管辖权 14.1
standing under, 原告资格 16.9
Navy 海军
equitable estoppels and, 衡平禁反言 13.1
judicial review of adjudications, record rule, 对裁决的司法审查，案卷规则 11.6
Necessity of administrative law, 行政法的需要 1.4
Negligence 过失
Federal Tort Claims Act,《联邦侵权求偿法》19.4
Section 1983 actions, 第 1983 节诉讼 19.6
Negotiated Rulemaking Act《协商式规则制定法》
该法已收入本书附录 B。
NLRA.《国家劳动关系法》*See* National Labor Relations Act
NLRB. 国家劳动关系委员会 *See* National Labor Relations Board
Nondelegation doctrine 不授权原则
separation of powers and, 权力分立 2.6
subdelegation, 转授权 2.7
North American Free Trade Agreement (NAFTA)《北美自由贸易协定》
exhaustion of administrative remedies under, 穷尽行政救济 15.3
finality and, 最终性 15.11
Northwest Power Act《西北电力法》18.2
Notice 通告
data and studies, rulemaking, 数据和研究，规则制定 7.3
due process, inadequate notice, 正当程序，不充分的通告 9.5
legislative rules, requirements, 立法性规则，要求 6.4
proposal rules, 拟议规则 7.3
rulemaking, 规则制定 6.8
expanded notice doctrine, 扩大化的通告原则 7.8

harm caused by as justification for exemptions，作为豁免理由的损害 7.10
requirements，要求 7.1，7.3
technical information，rulemaking，技术信息，规则制定 7.3
NPDES（National Pollutant Discharge Elimination System），国家污染物排放消除系统 12.3
NRC 核能监管委员会．*See* Nuclear Regulatory Commission
Nuclear Facilities Safety Board Act《核能设施安全委员会法》5.9
exhaustion of administrative remedies and，穷尽行政救济 15.2
finality and，最终性 15.11
Freedom of Information Act，exemption，《信息自由法》，豁免 5.10
judicial review of agency actions，行政行为的司法审查 18.2
remedies，救济 18.2
rulemaking，规则制定 7.5，7.8
statutory construction and，法律解释 3.6
subpoenas，传票 4.2

Occupational Safety and Health Act of 1970《职业安全和健康法》
historical overview，历史概述 1.6
inspections under，检查 4.3
nondelegation doctrine and，不授权原则 2.6
rulemaking under，规则制定 7.7
separation of powers under，权力分立 2.6
statutory construction under，法律解释 3.5
Occupational Safety and Health Administration（OSHA）职业安全和健康管理局
adjudications，separation of functions，裁决，职能分离 9.9
agency delay 行政迟延
causes，原因 12.2
remedies，救济 12.3
deference to interpretations of rules，规则解释的尊重 6.11
inspections，检查 4.3
judicial review of agency decisions，行政决定的司法审查 18.2
separation of powers，considerations，权力分立，考量 2.5
subpoenas，传票 4.2
substantive rules adopted by，实体规则 6.5
tort liability of government，政府侵权责任 19.4
venue，judicial review，管辖地，司法审查 18.3
Occupational Safety and Health Review Commission 职业安全和健康审查委员会
adjudications，separation of functions，裁决，职能分离 9.9
agency delay，causes，行政迟延，原因 12.2
burden of proof and，证明责任 10.7
collateral estoppels and，间接禁反言 13.4
judicial review of adjudication，substantial evidence test，裁决的司法审查，实质性证据标准 11.2
separation of powers，considerations，权力分立，考量 2.4
Office of Federal Register 联邦公报办公室 5.2
Office of Management and Budget 管理和预算局
agency delay，review by as cause of，行政迟延，导致（行政迟延）的管理和预算局的审查 12.2
nondelegation doctrine and，不授权原则 2.6
recordkeeping requirements，案卷保存要求 4.1
rulemaking review，对规则制定的审查 7.9
separation of powers and，权力分立 2.6
Office of Personnel Management 人事管理局
judicial review of agency decisions，行政决定的司法审查 18.2
presumption of reviewability，可审查性的推定 17.7
reviewability precluded，可审查性的排除 17.8
Office of Price Administration 物价管理办公室 4.11
Office of Rent Stabilization 稳定租金办公室 19.3
Office of Surface Mining 地表采矿办公室
finality and，最终性 15.11
judicial review of agency decisions，对行政决定的司法审查 18.2
ripeness and，成熟性 15.14
Office of Thrift Supervision（OTS）储蓄机构监管办公室
adjudications，separation of functions，裁决，职能分离 9.9
due process，bias in decisionmakers，正当程序，决定者的偏见 9.8

judicial review of agency decisions，对行政决定的司法审查 18.2
Office of Workers' Compensation Programs 工人赔偿项目办公室
judicial review of adjudications，substantial evidence test，裁决的司法审查，实质性证据标准 11.3
presumption of reviewability，可审查性的推定 17.9
Office notice 行政认知
Administrative Procedure Act，under，《行政程序法》10.6
asylum cases，in，庇护案件 10.6
opportunity to show contrary，提出相反证明的机会 10.6
Oil well data，油井数据 5.15
Older Workers Benefit Protection Act，《老年工人福利保护法》15.13
Omnibus Crime Control and Safe Streets Act of 1968《1968 年综合犯罪控制和街道安全法》
separation of powers under，权力分立 2.7
subdelegation and，转授权 2.7
Open government acts，开放政府立法 Ch. 5
Freedom of Information Act. *See* Freedom of Information Act《信息自由法》
overview，概述 5.1
relationship with other statutes，与其他法律之间的关系 5.1
Orders，命令 18.2
Organized Crime Control Act，《有组织犯罪控制法》4.10
OSHA. 职业安全和健康管理局 *See* Occupational Safety and Health Administration
OTS. 储蓄机构监管办公室 *See* Office of Thrift Supervision
Overview，概述 Ch，1

Packers and Stockyards Act，《包装和仓储法》14.1
Paperwork Reduction Act《文书工作削减法》
该法已收入本书附录 G。
recordkeeping requirements under，记录保存要求 4.1
separation of powers under，权力分立 2.4
statutory construction under，法律解释 3.6
Patent act，《专利法》5.9
Patent and Trademark Office（PTO），专利商标局 11.2
Pension Benefit Guaranty Corporation（PBGC）联邦退休金担保公司
exhaustion of administrative remedies and，穷尽行政救济 15.2
findings of fact，requirements，事实认定，要求 8.5
hearings，requirements，听证，要求 8.2
institutional decisionmaking and individual decision-making，contrasted，机构性的决定和个人性的决定，对比 8.8
judicial review of adjudications 裁决的司法审查
departure from precedent，偏离先例 11.5
record rule，案卷规则 11.6
rulemaking，规则制定 7.4
statutory construction and，法律解释 3.6
Personal privacy 个人隐私
Freedom of Information Act exemption，《信息自由法》豁免 5.12
law enforcement records exemption，relationship，执法案卷豁免，关系 5.13
Petitions for rulemaking，规则制定的请愿 6.10
Physicians 医生
treating physician rule，judicial review in Social Security proceedings，主治医生规则，社会保障案件的司法审查 9.10，11.3
Policy statements 政策声明
binding policy statements as rules，作为规则的具有拘束力的政策声明 6.3
rules，distinguished，规则，区别 63，17.7
Postal Reorganization Act of 1970，《1970 年邮政重组法》16.9
Postal Service，邮政局 19.4
Preemption 优先适用
legislative rules，by，立法性规则 6.6
primary jurisdiction，relationship，首先管辖权，关系 14.4
ripeness，relationship，成熟性，关系 15.13
President 总统
agency，not deemed，行政机关，不被视为 1.2，17.7
civil actions，subject to，民事诉讼 2.4
communications privilege，沟通特权 2.4

Federal Trade Commission，removal powers，联邦贸易委员会，免职权 2.5
Independent agencies，removal powers，独立行政机关，免职权 2.5
National Credit Union Administration，removal powers，国家信用社管理局，免职权 2.5
privileged communications，Freedom of Information Act exemptions，特权保障的沟通，《信息自由法》豁免 5.11
rulemakings，role in，规则制定，作用 1.7
tort liability of government，scope of immunity，政府侵权责任，豁免范围
War Claims Commission，removal powers，战争求偿委员会，免职权 2.5
Price Anderson Act，《Price Anderson 法》16.4，16.5
Price Commission，物价委员会 7.10
Primary jurisdictions，首先管辖权 Ch. 14
agency declining to exercise，拒绝行使（首先管辖权）的行政机关 14.1
alternatives，替代方案 14.4，14.6
antitrust law，relationship，反垄断法，关系 14.5
Chevron case，relationship，Chevron 案，关系 14.3
constitutional disputes，applicability，宪法争议，可适用性 14.1
delay，relationship，迟延，关系 14.6
effect，效果 14.1
exhaustion of administrative remedies，compared，穷尽行政救济 14.1
expertise of agencies as justification，作为正当化理由的行政机关的专业能力 14.1
preemption issues，优先适用问题 14.4
federalism，relationship，联邦主义，关系 14.4
inter-agency disputes，inapplicability，行政机关之间的争议，不可适用性 14.1
issues arguably in agency jurisdictions，applicability to，属于行政机关管辖权的问题，可适用性 14.1
legislative intent，considerations，立法意图，考量 14.1
preemption，relationship，优先适用，关系 14.4
res judicata under，既判力 13.3
state agencies applicability，州行政机关的可适用性 14.1
statutory jurisdiction 法定管辖权
distinguished，区分 14.1
relationship，关系 14.2
uniformity of decisions，need for as justifications，决定的一致性，作为正当性理由的需要 14.1
waiver by parties，当事人的放弃权利 14.1
Prison Litigation Reform Act，《监狱诉讼改革法》15.3
Prisoners' rights cases，囚犯权利案件 9.4【1804】
Privacy Act《隐私法》
该法 § 552a 已收入本书附录 B。
disclosure of information under，信息披露 5.17
Freedom of Information Act，relationship，《信息自由法》，关系 5.17
tort liability of government，scope of immunity，政府侵权责任 19.4
Private Express Statute of 1972，《1972 年私人快递公司法》16.9
Private rights of action 私人诉权
agency authority to issue rules governing，行政机关发布调整（私人诉权的）规则的权力 5.2
remedies，救济 18.5
Privity，and collateral estoppels，相对性，间接禁反言 13.4
Prosecutors 公诉人
bias in decisionmakers，决定者的偏见 9.8
tort liability of government，scope of immunity，政府侵权责任 19.3
PTO（Patent and Trademark Office），专利商标局 11.2
Public comment 公众评议
legislative rules，requirements，立法性规则，要求 6.4
rulemaking requirement，规则制定要求 7.1
arbitrary and capricious standard，relationship，武断和恣意标准，关系 7.4
notice，relationship，通告，关系 7.3
statement of basis and purpose，relationship 依据和目的的说明，关系，7.4
Public employees 政府雇员
discretionary function immunity，裁量性职能豁免 19.3，19.4
transferring liability to government，责任转移至政府 19.2，19.4

Public officials' standing，公共官员的原告资格 16.15
Public records 公共记录
common law access to，基于普通法查阅公共记录 5.6
defined，定义 5.2
disclosure of exempt information，rules prohibiting，豁免信息的披露，禁止（披露豁免信息的）规则 5.16
Public Utility Regulatory Policies Act，《公用事业规制政策法》18.2
Punitive damages 惩罚性赔偿
Federal Tort Claims Act，under，《联邦侵权求偿法》19.4
Section 1983，under，第 1983 节 19.6

Racketeering Influences and Corrupt Organization Act (RICO)，《反受勒索影响和腐败组织法》19.3
Rail Passenger Service Act of 1970，《1970 年铁路乘客服务法》18.5
Railroad Retirement Board，铁路退休委员会 11.3
Railway Commission，铁路委员会 10.6
Railway Labor Act，《铁路劳工法》17.7
RCRA《资源保护和恢复法》. *See* Resource Conservation and Recovery Act
Record on appeal 上诉的案卷
judicial review 司法审查
　consideration in 在……中的考量，11.2
　consideration limited to 限于……的考量，11.6
reviewability and，可审查性 17.6
rules，importance in judicial review of ，规则，在司法审查上的重要性 18.2
Records rule，案卷规则 11.6
Recordkeeping 记录保存
agencies，requirements，行政机关，要求 4.11
rulemakings，requirements，规则制定，要求 7.4，7.7
Regulatory Flexibility Act《规制灵活度法》
rulemaking under，规则制定 7.1，7.4，7.7
Rehabilitation Act of 1973，《1973 年康复法》18.6
Religious Freedom Restoration Act，《宗教自由恢复法》13.3
Remand 发回重新处理
judicial review of，司法审查 18.1
remedies，救济 18.1
rules，remand，without vacation，规则，发回重新处理，没有撤销 7.12，7.13
Remedies，救济 Ch. 18. *See* also Judicial review
agency actions，review of，行政行为，审查 18.1
Circuit Courts，District Courts contrasted，联邦巡回法院与联邦地区法院的对比 18.2
declaratory relief，宣告式救济 18.1，18.2，18.4
federal government，actions against，联邦政府，针对（联邦政府）的诉讼 18.2，18.6
federal remedies，applicability to state actions，联邦救济，对于州行为的可适用性 18.1
injunctive relief，禁令救济 18.4
　pending review，尚未终结的审查 18.1
judicial review of rules，relationship to ripeness，对规则的司法审查，与成熟性原则之间的关系 18.2
private rights of action，私人诉权 18.1，18.5
remanding actions，要求行政行为发回重新处理 18.1
setting aside actions，撤销行为 18.1
sovereign immunity，considerations，主权豁免，考量 18.6
venue，管辖地 18.3
Removal 免职
Federal Trade Commission，removal powers of President，联邦贸易委员会，总统免职权 2.5
independent agencies，removal power of President，独立行政机关，总统免职权 2.5
independent counsels，removal power of Attorney General，独立检察官，司法部长免职权 2.5
National Credit Union Administration，removal powers of President，国家信用社管理局，总统免职权 2.5
reasons required，要求提供理由 2.5
War Claims Commission，removal of President，战争求偿委员会，总统免职权 2.5
Reopening cases，程序重开的案件 15.3
Reputational injuries，名誉性质的损害 16.4
Res judicata 既判力
adjudications，applicability to，裁决，可适用性 13.3

collateral estoppels, relationship, 间接禁反言, 关系 13.4, 13.5
hearings, applicability to decisions after, 听证, 对于（听证）后决定的可适用性 13.3
identical claim requirement, 完全相同的请求权要求 13.3
informal proceedings, applicability to, 非正式程序, 可适用性 13.3
judicial affirmance of agency decisions as, 对行政决定的司法确认 13.3
primary jurisdiction, under, 首先管辖权 13.3
Section 1983 actions, in, 第 1983 节诉讼 13.3
statutory prohibition, 法律的禁止 13.3

Resolution Trust Corporation 清算信托公司

exhaustion of administrative remedies and, 穷尽行政救济 15.2
judicial review of agency decisions, 对行政决定的司法审查 18.2
presumption of reviewability, 可审查性的推定 17.9
reviewability precluded, 可审查性的排除 17.8
subpoenas, 传票 4.2

Resource Conservation and Recovery Act《资源保护和恢复法》

private rights of action under, 私人诉权 18.5
reviewability precluded under, 可审查性 17.8
rulemaking under, 规则制定 7.3

Retroactivity 溯及既往

arbitrary and capricious standard, 武断和恣意标准 13.2
balancing test, 平衡标准 13.2
change in law, clarification of law distinguished, 法律变化, 与法律的阐释之间的区分 13.2
determinations when rules retroactive, 规则是否溯及既往的判断 6.7
judicial principles, application to agencies, 司法原则, 适用于行政机关 13.2
presumption against, 反对……的推定 13.2
rules, 规则 6.7
  exemptions, relationship, 豁免, 关系 7.10
statutes, Congressional authority, 法律, 国会的权力 6.7

Reviewability. 可审查性 Ch. 17

actions committed to agency discretion, unreviewability, 属于行政裁量权的行为, 不可审查性 17.6
Administrative Procedure Act, presumption of reviewability under, 《行政程序法》, 可审查性的推定 17.6
agency declining to issue rule, 拒绝发布规则的行政机关 6.10
erosion of presumption, 推定的侵蚀 17.7
historical overview, 历史概述 17.5
injunctive relief, limiting availability, 禁令救济, 限制可得性 18.4
“no law to apply” test, “无准据法” 标准 17.6
policy statements, rules distinguished, 政策声明, 规则的区别 6.3, 17.7
pre-enforcement reviewability, 执行前的可审查性 17.7
presumption of reviewability, 可审查性的推定 17.6
  Constitutional issues, 宪法争议 17.9
  Statutory limits on judicial review, compared, 法律对司法审查的限制, 对比 17.8
record on appeal and, 上诉时的记录 17.6
ripeness, relationship, 成熟性, 关系 17.7
rulemaking, agency inaction, 规则制定, 行政不作为 17.7
rules, policy statement distinguished, 规则, 政策声明之间的区分 6.3, 17.7
selective enforcement, 选择性执法 17.5

RICO (Racketeering Influenced and Corrupt Organization Act),《反受勒索影响和腐败组织法》19.3

Ripeness 成熟性

Abbott Laboratories case, Abbott Laboratories 案 15.12 - 15.14
abstention, relationship, 投弃权票, 关系 15.12, 15.13
Administrative Procedure Act, under, 《行政程序法》15.14
agency programs, applicability, 行政机关的项目, 可适用性 15.16
constitutional law and, 宪法 15.13
due process and, 正当程序 15.13, 15.14
elements, 要素 15.12
equal protection and, 平等保护 15.13
exhaustion of administrative remedies, relationship,

穷尽行政救济 15.1，15.12，15.17
federalism，relationship，联邦主义，关系 15.12
finality，relationship，最终性，关系 15.1，15.12，15.17
First Amendment and，第一修正案 15.13，15.14
historical overview，历史概述 15.12，15.14
informal action as，非正式行为 15.15
injunctive relief，limiting availability，禁令救济，限制可得性 18.4
judicial review of rules，relationship to remedies，规则的司法审查，与救济的关系 18.2
merits，consideration of ，实质问题，考量 15.13
overview，概述 15.1
policy statement，rules distinguished，政策声明，与规则的区分 6.3
preemption，relationship，优先适用，关系 15.13
reviewability，relationship，可审查性，关系 17.7
rules 规则
policy statement distinguished，与政策声明的区分 6.3
pre-enforcement review，执行前的审查 15.12
standing relationship，原告资格关系 15.12
statutes，pre-enforcement review，法律，执行前的审查 15.13
takings cases，in，征收案件 15.13
Toilet Products cases，under，Toilet Products 系列案件 15.14
two-part test，两部制标准 15.14
Rulemaking，规则制定 Ch. 7. *See also* Rules
absence of statutory mandate，reluctance of courts to require，缺乏法律强制要求，法院不愿要求 6.9
additional procedures 额外的程序
Congress requiring，国会要求 7.7
courts requiring，法院要求 7.8
adjudication，distinguished，裁决，区分 7.13，8.1
due process illustration，正当程序的说明 9.2
Administrative Procedure Act，under，《行政程序法》7.1
arbitrary and capricious standard，applicability，武断和恣意标准 6.9
petitions for under，请愿 6.10
advantages of，优势 6.8
agencies required to act by，when，行政机关需要根据……作出决定，当……的时候 6.9
agency inaction，reviewability，行政不作为，可审查性 17.7
arbitrary and capricious standard in，武断和恣意标准 7.1，7.5，7.11
informal rulemaking，applicability to，非正式规则制定，可适用性 11.4
public comment，relationship，公众评议，关系 7.4
Chevron case，under，Chevron 案件 7.4
Congress 国会
additional procedures，requiring，额外程序，要求 7.7
communications with，沟通 7.6
Congressional veto，国会否决 7.1
consistency of，一致性 6.8
coordination of policies as justification for executive branch control over，作为行政分支对……控制之理由的政策协调 7.9
court enforcement of mandates，法院强制执行义务性要求 6.9
cross examination，requirement，交叉质证，要求 7.2
statutory limits，法律的限制 7.11
data and studies，notice，数据和研究，通告 7.3
declining to issue rule，reviewability，拒绝发布规则，可审查性 6.10
delay. 迟延 *See* Delay
discretion，as decreasing，裁量权，减少（规则制定）6.8
due process considerations，正当程序考量 6.9，7.2，7.9
efficiency of，效率 6.8
encouraging agencies to use，鼓励行政机关利用 7.12
ex parte communications in，单方沟通 7.6
Executive branch 行政分支
communications with，沟通 7.6
control over，控制 7.9
exemptions，豁免 7.10
expanded notice doctrine，扩大的告知原则 7.8
factual disputes，resolution through，事实争议，通过（规则制定）解决 7.5
findings of fact，requirement，事实认定，要求 7.7
formal rulemaking，requirements，正式规则制定，

要求 7.2
historical emergence，历史上的出现 1.6
improvement of adjudicatory process，裁决程序的优化 7.12
independent agencies，executive branch control over，独立行政机关，行政分支对……的控制 7.9
informal rulemaking，非正式规则制定 7.1
ex parte communications in，单方沟通 7.6
formal rulemaking，distinguished，正式规则制定，区分 7.2
interim rules on remand，发回重新处理过程中的临时性规则 7.13
issuance，发布 7.1
judicial review of，司法审查 7.11
statutes of limitations，时效 7.15
legislation，compared，立法，对比 7.15
legislative facts，proving in，立法性事实，证明 7.5，10.6
negotiated rulemaking，协商式规则制定 7.14
notice requirement，告知要求 6.8，7.1，7.3
expanded notice doctrine，扩大的告知原则 7.8
harm caused by as justification for exemptions，作为豁免理由的损害 7.10
oral testimony，requirement，口头证言，要求 7.2
overview，概述 7.1
petitions for，请愿 6.10
political accountability of，政治责任 6.8
reasons for reluctance to use，不愿意采用……的理由 7.11
pre-enforcement review，执行前的审查 7.4
President，role of，总统，作用 1.7
procedures，程序 7.1
proposed rules，notice，拟议规则，通告 7.3
public comment requirement，公众评议要求 7.1
arbitrary and capricious standard，relationship，武断和恣意标准，关系 7.4
notice，relationship，通告，关系 7.3
statement of basis and purpose，relationship，制定依据和目的的说明，关系 7.4
public participation in，公众参与 6.8
publication requirement，公布要求 7.3
quality of rulemaking，规则制定的质量 6.8
reasoned decisionmaking，problems with，附理由说明的决定，问题 7.12
on the record，defined，基于案卷，定义 7.2
recordkeeping requirements，案卷保存的要求 7.4，7.7
reg-neg，协商式规则制定 7.14
reluctance to use，不愿意采用……7.11
remand without vacation，发回重新处理同时不撤销 7.12，7.13
retroactivity. 溯及既往 *See* Retroactivity
scientific judgment，deference to，科学判断，尊重 7.5
separation of powers，considerations，权力分立，考量 2.2
settlements，negotiated rulemaking compared，和解，协商式规则制定的对比 7.14
State Farm cases，under，State Farm 系列案件 7.4
statement of basis and purpose，relationship to public comment requirement，制定依据和目的的说明，与公众评议要求的关系 7.4
statutes，relationship to procedures，法律，与程序的关系 7.7
statutory exemptions，法律的豁免 7.10
substantial impact test，exemptions，实质影响标准，豁免 7.10
technical information，notice，技术信息 7.3
temporary rules，exemptions，临时性规则，豁免 7.10
vacating rule，adverse effects，撤销规则，负面影响 7.4，7.12
Rules，规则 Ch. 6. *See also* Rulemaking
adjudications 裁决
distinguished，区分 6.1
issuing rules through，通过……发布规则 6.1，6.9
Administrative Procedure Act，defined under，行政程序法，定义 6.1
agency authority to issue，行政机关发布……的权力 6.2
agency interpretations of，行政机关对……的解释 6.11
alternatives to，作为……的替代 6.9
binding effect test，拘束性效力标准 6.3
consistency of，一致性 6.8

declining to issue rule, reviewability, 拒绝发布规则，可审查性 6.10

deference to agency interpretations, 尊重行政机关的解释 6.11

defined, 定义 6.1

disclosure of exempt information, prohibiting, 披露豁免信息，禁止 5.16

discretion of agencies 行政机关的裁量权

limits on, as, 限制，作为……17.2, 17.3

standards set by, ……制定的标准 11.5

enforceability advantages, 可强制执行的优势 6.8

exempt rules, 豁免规则 6.1

fairness advantages, 公正性优势 6.8

force of law, when having, 法律效力，具有……之时 6.4

Freedom of Information Act, publication requirement,《信息自由法》，公布要求 5.2

interim rules on remand, 发回重新处理时的临时性规则 7.13

amending legislative rules prohibited, 禁止修订立法性规则 6.4

binding, effect, 拘束性，效力 6.4

Chevron case, inapplicability of , Chevron 案，不可适用性 6.4

interpretation of legislative rules, binding effect, 立法性规则的解释，拘束力 6.4

persuasive power of, 说服力 6.4

legislative rules 立法性规则

agency authority to issue, 行政机关发布（立法性规则）的权力 6.2

amendment by interpretative rules prohibited, 禁止通过立法性规则进行修订 6.4

binding effect, 拘束力 6.4, 6.6

Chevron case, applicability of, Chevron 案，可适用性 6.4

Congressional grant of authority required, 需要国会的授权 6.4

deference to, 尊重 6.4

enforceability advantages, 可强制执行性的优势 6.8

fairness advantages, 公正性优势 6.8

interpretation by interpretative rules, binding effect, 解释性规则的解释，拘束力 6.4

interpretative rules distinguished, 解释性规则的区分 6.4

preemption of state law, 州法的优先适用 6.6

statutes, compared, 法律，对比 6.4

litigating positions, deference to, 诉讼立场，尊重 6.11

obsolete rules, problems, 过时规则，问题 6.10

orders, as, judicial review, 命令，作为……司法审查 18.2

overview, 概述 6.1

policy statement, distinguished, 政策声明，区分 6.3, 17.7

private rights of actions, agency authority to issue rules governing, 私人诉权，行政机关发布调整……的规则的权力 6.2

procedural rules, substantive rules distinguished, 程序性规则，实体性规则的区分 6.5

quality of rules, 规则的质量 6.8

record on appeal, importance in judicial review of, 上诉的案卷，司法审查的重要性 18.2

retroactive rules, 溯及既往的规则 6.7

ripeness, pre-enforcement review, 成熟性，执行前的审查 15.14

simultaneous application, 同步适用 6.8

substantive rules, procedural rules distinguished, 实体性规则，程序性规则的区分 6.5

temporary rules, exemptions from rulemaking requirements, 临时性规则，豁免规则制定的要求 7.10

tort liability of government, Section 1983 actions, 政府侵权责任，第 1983 节诉讼 19.6

types of rules, 规则类型 6.1

vacating rules, adverse effects, 撤销规则，不利影响 7.4, 7.12

waiver of, 弃权 6.6

Safe Drinking Water Act《安全饮用水法》

finality under, 最终性 15.11

rulemaking under, 规则制定 7.3

petitions for, 请愿 6.10

Saint Lawrence Seaway Development Corporation

separation of powers and, 权力分立 2.7

subdelegation and, 转授权 2.7

SBA (Small Business Administration), 小企业管理局 19.6

SCRAP case, 16.4
SEC. 证券交易委员会 *See* Securities and Exchange Commission
Section 1983 actions 第1983节诉讼
exhaustion of administrative remedies, 穷尽行政救济 15.9
federal court review of state court decisions, effect on, 联邦法院对州法院判决的审查, 效力 18.7
finality in, 最终性 15.9
res judicata in, 既判力 13.3
tort liability of government, 政府侵权责任 19.1, 19.6
employees, scope of immunities, 雇员, 豁免范围 19.3
transferring liability from employees to government, 将责任从雇员转移到政府 19.2
Securities and Exchange Act of 1934《1934年证券交易法》
exhaustion of administrative remedies under, 穷尽行政救济 15.8
primary jurisdiction and statutory jurisdiction, relationship under, 首先管辖权和法定管辖权, 关系 14.2
private rights of action under, 私人诉权 18.5
Securities and Exchange Commission (SEC) 证券交易委员会
Administrative Procedure Act, applicability of rules of evidence under, 《行政程序法》, 证据规则的可适用性 10.3
burden of proof and, 证明责任 13.4
collateral estoppels and, 间接禁反言 13.4
deference to interpretations of rule, 规则解释的尊重 6.11
due process, bias in decisionmakers, 正当程序, 决定者的偏见 9.8
exhaustion of administrative remedies and, 穷尽行政救济 15.2
findings of fact, requirements, 事实认定 8.5
Freedom of Information Act, exemptions, 《信息自由法》, 豁免 5.10
historical overview, 历史概述 1.4
investigations by, 调查 4.1
presumption of reviewability, 可审查性的推定 17.7
records in custody of third party, access to, 第三方保管的案卷, 查阅 4.8
rulemaking, 规则制定 7.3
Selective Service Act《选征兵役法》
equitable estoppels under, 衡平禁反言 13.1
exhaustion of administrative remedies under, 穷尽行政救济 15.2, 15.4
Self- incrimination 自我入罪
corporations and organizations excluded from protections, 排除在保护范围之外的公司和组织 4.7
investigations, restrictions, 调查, 限制 4.6
testimony compelled after grant of immunity, 赋予豁免权后的强制作证 4.10
Sentencing Commission 量刑委员会
discretion, problem, 裁量权, 问题 17.3
Freedom of Information Act and, 《信息自由法》 5.2, 5.6
independent agency, as, 独立行政机关 2.5
nondelegation doctrine and, 不授权原则 2.6
not deemed agency, 不被视为行政机关 1.2
separation of powers and, 权力分立 9.10
independent agency, as, 独立行政机关 2.5
nondelegation doctrine and, 不授权原则 2.6
Separation of powers 权力分立
administrative law judges, considerations, 行政法官, 考量 2.4
agency authority to adjudicate, 行政机关的裁决权 2.8
agency nonacquiescence to court decisions, 行政机关不默认法院判决 2.9
agency powers under, 行政机关的权力 2.3
appointment powers and, 任命权 2.4
bankruptcy and, 破产 2.8
checks and balances, as, 制约与平衡 2.4
Chevron case, under, Chevron 案 2.5
Congressional agencies prohibited, 禁止国会内设立行政机关 2.4
Congressional appointments to agencies prohibited, 禁止国会任命行政机关官员 2.4
divided government, considerations, 分治政府, 考量 2.10
Double Jeopardy Clause, considerations, 双重危险条款, 考量 2.8
due process, consideration, 正当程序, 考量 2.5

equitable estoppels, considerations, 衡平禁反言, 考量 13.1
extradition and, 引渡 2.4
First Amendment, considerations, 第一修正案, 考量 2.5
historical overview, 历史概述 2.1
immigration cases, in, 移民案件 2.8
independent agencies and, 独立行政机关 2.5
nondelegation doctrine, 不授权原则 2.6
removal powers of President, 总统免职权 2.5
independent counsels, appointment, 独立检察官, 任命 2.4
legislative vetoes, considerations, 立法否决, 考量 2.4
limitations of doctrine, 原则的限制 2.2
military judges, appointment, 军事法官, 任命 2.1
nondelegation doctrine, 不授权原则 2.6
subdelegation, 转授权 2.7
political theory, 政治理论 2.1
special trial judges, appointments, 特别初审法官 2.4
subdelegations, 转授权 2.7
Settlements, 和解 7.14
Seventh Amendment, 第七修正案 2.8
Sex discrimination, 性别歧视 19.5
Sexual harassment, 性骚扰 9.5
Sherman Act《谢尔曼法》
judicial notice under, 司法认知 10.6
primary jurisdiction, relationship, 首先管辖权, 关系 14.2
statutory jurisdiction, relationship, 法定管辖权, 关系 14.2
res judicata under, 既判力 13.3
retroactive changes, 溯及既往的变更 6.7
Shipping Act《航运法》
primary jurisdiction under, 首先管辖权 14.5
statutory jurisdiction, relationship, 法定管辖权 14.2
res judicata under, 既判力 13.3
Sierra Nevada Ecosystem Project, Sierra Nevada 生态系统项目 5.19
Sixth Amendment, 第六修正案 2.8
Small Business Administration (SBA), 小企业管理局 19.6
Smithsonian Institution, 史密森尼学会 1.2
Social Security 社会保障
agency authority to adjudicate, 行政机关的裁决权 2.8
agency nonacquiescence to court decisions, 行政机关不默认法院判决 2.9
cross examination, right to 交叉质证, 权利 9.11
exhaustion of administrative remedies and, 穷尽行政救济 15.5, 15.6, 15.8, 15.10
private rights of actions, 私人诉权 18.5
remedies, 救济 18.1, 18.2
res judicata, applicability to decisions, 既判力 13.3
separation of powers and, 权力分立 2.8
treating physician rule, judicial review, 主治医生规则, 司法审查 9.10, 11.3
Social Security Act《社会保障法》
burden of proof under, 证明责任 10.7
hearings, requirements under, 听证, 要求 8.2
rulemaking under, 规则制定 7.12
statutory construction under, 法律解释 3.6
tort liability of government 政府侵权责任
confusion in law, 法律上的混乱 19.7
Section 1983 actions, 第 1983 节诉讼 19.6
Social Security Administration 社会保障局
adjudications, separation of functions, 裁决, 职能分离 9.9
agency delay 行政迟延
causes, 原因 12.2
remedies, 救济 12.3
deprivations, hearings requirement, 剥夺, 听证要求 9.3, 9.5
discretion, problems, 裁量权, 问题 17.2
due process, procedural safeguards, 正当程序, 程序保障 9.10
hearings, requirements, 听证, 要求 8.2
judicial evidence, reliance on, 司法证据, 采用 9.11, 10.4
judicial review of adjudications 对裁决的司法审查
departure from precedent, 偏离先例 11.5
substantial evidences test, 实质性证据标准 11.3
res judicata and, 既判力 13.3
residuum rule, applicability, 剩余规则, 可适用

性 10.4
tort liability of government 政府侵权责任
Bivens actions，Bivens 诉讼 19.5
transferring liability from employees to government，将责任从雇员转移到政府 19.2
Solid Waste Disposal Act，《固体废弃物处置法》16.9
Sovereign immunity 主权豁免
Administrative Procedure Act，statutory waiver under，《行政程序法》，法定弃权 18.6
remedies，considerations，救济，考量 18.6
statutory waiver，法定弃权 18.6
takings cases，statutory waiver in，征收案件，法定弃权 18.6
tax laws，statutory waiver under，税收法律，法定弃权 18.6
Special trial judges，特别初审法官 2.4
SSA. 社会保障局 *See* Social Security Administration
Standing，原告资格 Ch. 16
absence of statutes conferring，缺乏赋予（原告资格）的法律 16.7
abstract injuries，抽象的损害 16.4
Administrative Procedure Act，under，《行政程序法》16.3，16.9
agency proceedings，participation in，行政程序，参与 16.10
third party rights，standing to assert，第三方权利，宣称（第三方权利）的原告资格 16.13
adverse affect on petitioner，requirement，对原告的不利影响，要求 16.2
agencies，行政机关 16.15
agency proceedings，participation in，行政程序，参与 16.10
associational standing，团体的原告资格 16.12
causality requirement，因果关系的要求 16.1，16.3，16.5
nature of injury，relationship，损害的性质，关系 16.4
statutes，importance of，法律，重要性 16.8
common law standing，statutory standing distinguished，普通法上的原告资格，法定的原告资格的区分 16.7
Congress，国会 16.15
power to confer，授予……的权力 16.4
constitutional issues，justiciability，宪法争议，可司法性 16.1
constitutional standing，statutory standing，distinguished，宪定的原告资格、法定原告资格的区分 16.1
creation by statute，法律的创设 16.7
deference to Congress，对国会的尊重 16.8
discretion，as limits on，裁量权，限制 17.3
economic injuries，经济损害 16.4
environmental injuries，环境损害 16.4
evidence to support，支持证据 16.6
evidentiary hearings to determine，确定……的证据式听证 16.6
federalism，relationship，联邦主义，关系 16.14
First Amendment and，《联邦宪法》第一修正案 16.4
Flast v. Cohen，under，16.4
Frothingham case，under，Frothingham 案 16.4
generalized injuries，一般化的损害 16.4
historical overview，历史概述 16.2
individual injury requirement，个人损害要求 16.4
associational standing，effect on，团体的原告资格，影响 16.12
informational injuries，信息性损害 16.4
injunctive relief，limiting，availability，禁令救济，限制，可得性 18.4
injury-in-fact requirement，事实上的损害要求 16.2-16.4
statutes，importance of，法律，重要性 16.8
interest of petitioner，requirement，原告利益，要求 16.2
justiciability 可司法性
proxy for，替代 15.2，16.4
relevance，相关性 16.4，16.5
legal right test，法律权利标准 16.2
legislative facts，issues of injury and causation，立法性事实，损害争议和因果关系 16.8
legislative intent，determination，立法意图，决定 16.1
mootness，distinguished，诉因消失，区分 16.4
nature of injury，损害的性质 16.1，16.4
nexus requirement，关联性要求 16.4
third party rights，standing to assert，第三方权

利，宣称……的原告资格 16.13
overview，概述 16.1
policy based limitations on，基于对……限制的政策 16.13
political injuries，政治性损害 16.4
preclusion by statute，法律规定的排除 16.7
private attorney general theory，私人检察总长理论 16.2，16.11
procedural injuries，程序性损害 16.4，16.5
public officials，公共官员 16.15
purposes，目的 16.1
reasonable concern as injury-in-fact，作为事实损害的合理担心 16.4
redressability requirement，可补救性的要求 16.5
nature of injury，relationship，损害的性质，关系 16.4
reputational injuries，名誉损害 16.4
ripeness，relationship，成熟性，关系 15.12
SCRAP case，under，*SCRAP* 案 16.4
selective enforcement，avoiding review of，选择性执法，避免对（选择性执法的）审查 17.5
site of injury，损害地点 16.4
specificity of injury，损害的具体性 16.4
Statutes 法律、制定法
alternative construction，替代解释 16.9
creation of standing by，创设原告资格 16.7
importance，重要性 16.1，16.4，16.8
preclusion of standing by，原告资格的排除 16.7
two-part test，importance to，两部制标准，重要性 16.8
statutory standing 法定原告资格
common law standing distinguished，普通法上的原告资格的区分 16.7
constitutional standing distinguished，宪法上的原告资格的区分 16.1
overview，概述 16.1
taxpayer standing，纳税人的原告资格 16.2，16.4
third party rights，standing to assert，第三方权利，宣称（第三方权利）的与原告资格 16.13
agencies by，行政机关 16.15
two-part test，两部制标准 16.3
statutes，importance，法律，重要性 16.11
wide availability importance，广泛可行性的重要性 16.11
zone of interest test，利益区间标准 16.3，16.9
Stare decisis，遵循先例 3.6
State agency primary jurisdiction，州行政机关的首先管辖权 14.1
State courts 州法院
abstention，effect on federal court review of state court decisions，弃权，对联邦法院审查州法院判决的影响 18.7
Eleventh Amendment，effect on federal court review of state court decisions，第十一修正案，对联邦法院审查州法院判决的影响 18.7
federal court review，联邦法院审查 18.7
federal law，application required，联邦法律，需要适用 18.7
Section 1983，effect on federal court review of state court decision，第 1983 节，对联邦法院审查州法院判决的影响 18.7
State Department 国务院
hearsay evidence，reliance on，传闻证据，采用 10.4
presumption of reviewability，可审查性的推定 17.7
residuum rule，applicability，剩余规则，可适用性 10.4
State tort liability，州侵权责任 19.6
Statutes of limitations 时效
judicial review of adjudications，对裁决的司法审查 11.7
rulemaking，judicial review of，规则制定，司法审查 7.15
Statutory constructions，法律解释 Ch. 3
canons of construction，解释原则 3.6
Congressional purpose，国会目的 3.6
deference to agency interpretation，尊重行政机关的解释 3.1
due process considerations，正当程序的考量 9.1
issues of law distinguished from policy disputes，法律问题区别于政策争议 3.3
legislative history，立法史 3.6
plain meaning，平常含义 3.6
policy decisions left to agencies rather than courts，政策决定留给行政机关而非法院 3.2
pre-Chevron law，Chevron 案之前的法律 3.1

Skidmore deference，Skidmore 尊重 3.5
substitution of court's judgment，替代法院的判决 3.1
Statutory jurisdiction vs. primary jurisdiction，法定管辖权 vs. 首先管辖权 14.1，14.2
Student Loan Marketing Association 学生贷款营销协会
finality and，最终性 15.11
informal action，reviewability，非正式决定，可审查性 15.15
Subpoenas，传票 4.2
Substantial evidence test 实质性证据标准
judicial review of adjudications，对裁决的司法审查 11.2
departure，偏离 11.3
Subversive Activities Control Act，《颠覆活动控制法》4.12
Summary judgments，简易判决/即决判决 19.3
Summons by IRS，国内税务局的传唤 4.4
Sunshine Act.《阳光法》*See* Government in the Sunshine Act
Supremacy Clause，联邦至上条款 19.6
Surface Mining Control and Reclamation Act，《地表采矿控制和复垦法》18.2
Surface Transportation Assistance Act of 1982《1982 年地面交通援助法》
due process 正当程序
hearing requirement under，听证要求 9.5
property interests under，财产利益 9.4
Surface Transportation Board 地面交通委员会
agency delay，remedies，行政迟延，救济 12.3
finality and，最终性 15.11

Taking cases 征收案件
exhaustion of administrative remedies in，穷尽行政救济 15.9
ripeness，成熟性 15.13
sovereign immunity，statutory waiver in，主权豁免，法定弃权 18.6
Tax Court，税收法院 2.4
Taxpayer Relief Act of 1997，《1997 年纳税人税务免除法》16.4
Telecommunications Act of 1996《1996 年电信法》
federal court review of state court decisions under，联邦法院对州法院判决的审查 18.7
judicial review of adjudications under，record rule，对裁决的司法审查，案卷规则 11.6
rulemaking under，规则制定 7.4
Telephone Consumer Protection Act of 1991，《1991 年电话消费者保护法》18.5
Testimony，and immunity，证言，豁免权 4.10
tort liability of government，政府侵权责任 Ch. 19.3
absolute immunity of employees，雇员的绝对豁免权 19.3
agency adjudications，scope of immunity，行政裁决，豁免权范围 19.3
assault and battery cases，袭击和伤害案件 19.4
attorney fees，律师费 19.3
Section 1983 actions，in，第 1983 节诉讼 19.6
Bivens actions，Bivens 诉讼 19.1，19.5
Sections 1983 actions，applicability，第 1983 节诉讼，可适用性 19.7
state officials，applicability，州官员，可适用性 19.7
common law torts，constitutional torts distinguished，普通法上的侵权，宪法侵权的区分 19.6
confusion of law，法律的混乱 19.7
Congress，Sections 1983 actions，国会，第 1983 节诉讼 19.6
congress ，scope of immunity，国会，豁免权范围 19.3
constitutional torts，common law torts distinguished，宪法侵权，普通法侵权的区分 19.6
contractors，applicability，供应商，可适用性 19.4
damages，Section 1983 actions，损害赔偿，第 1983 节诉讼 19.6
defamation cases，诽谤案件 19.4
defenses，immunities distinguished，抗辩，豁免权的区分 19.3
detention of goods exception，扣押物品的例外 19.4
discretionary function immunity of employees，雇员的裁量性职能豁免 19.3
Federal Tort Claims Act，under，《联邦侵权求偿法》19.4
due process violations 违反正当程序
Bivens actions，Bivens 诉讼 19.5

liability，责任 19.7
scope of immunity，豁免权范围 19.3
transferring liability from employees to government，将责任从雇员转移至政府 19.2
Eighth Amendment violations 违反第八修正案
Bivens actions，Bivens 诉讼 19.5
considerations，考量 19.2
Section 1983 actions，第 1983 节诉讼 19.6
Eleventh Amendment considerations，第十一修正案的考量 19.1，19.4
Section 1983 actions，第 1983 节诉讼 19.6
employees 雇员
immunities，豁免权 19.3
transferring liability to government，责任转移至政府 19.2，19.4
equal protection，Section 1983 actions，平等保护，第 1983 节诉讼 19.6
exhaustion of administrative remedies，applicability 穷尽行政救济，可适用性
Bivens actions，Bivens 诉讼 19.5
Federal Tort Claims Act，under，《联邦侵权求偿法》19.4
Sections 1983 actions，in，第 1983 节诉讼 19.6
false imprisonment cases，《错误监禁法》19.4
Federal Tort Claims Act，under，《联邦侵权求偿法》19.1，19.4
firefighting，消防 19.4
First Amendment violations 违反第一修正案
Bivens actions，Bivens 诉讼 19.5
scope of immunity，豁免权范围 19.3
Section 1983 actions，第 1983 节诉讼 19.6
Fourteenth Amendment violations，considerations，违反第十四修正案，考量 19.1
Fourth Amendment violations 违反第四修正案
consideration，考量 19.2
scope of immunity，豁免权范围 19.3
Sections 1983 actions，第 1983 节诉讼 19.6
Freedom of Information Act under，《信息自由法》19.4
immunities 豁免权
duty of courts to inquire into，法院调查的义务 19.7
public employees，公共雇员 19.3
incentive effects，激励效应 19.3
injunctive relief，禁令救济 19.3
intentional torts exception，故意侵权的例外 19.4
interference with contrast cases，对存在差别的案件的干预 19.4
issues of law and issues of fact，distinguished，法律问题和事实问题，区分 19.3
judges，scope of immunity，法官，豁免权范围 19.3
jurisdiction，管辖权 19.4
jury trials，right to，陪审团审理，权利 19.4
local governments，Section 1983，地方政府，第 1983 节 19.6
malicious prosecution cases，恶意公诉案件 19.4
misrepresentation cases，错误表述案件 19.4
negligence 过失
Federal Tort Claims Act，under，《联邦侵权求偿法》19.4
Section 1983 actions，in，第 1983 节诉讼 19.6
overview 概述，19.1
planning level and operating level distinguished，discretionary function 规划水平和操作水平的区分，裁量性职能
immunity，豁免权 19.4
President，scope of immunity，总统，豁免权范围 19.3
prosecutors，scope of immunity，检察官，豁免权范围 19.3
punitive damages 惩罚性赔偿
Federal Tort Claims Act，under，《联邦侵权求偿法》19.4
Section 1983 actions，in，第 1983 节诉讼 19.3
qualified immunity of employees，雇员的有限豁免权 19.3
quasi-judicial function immunity，准司法性职能豁免 19.3
quasi-legislative functions of agencies，scope of immunity，行政机关的准立法性职能，豁免权范围 19.3
rules，Sections 1983 cases，规则，第 1983 节诉讼案件 19.6
Sections 1983，actions，第 1983 节，诉讼 19.1，19.5
Bivens actions，applicability to，Bivens 诉讼，可适用性 19.7
sex discrimination，*Bivens* actions，性别歧视，Biv-

ens 诉讼 19.5
state officials, applicability of *Bivens*, 州官员, Bivens 原则的可适用性 19.7
state, Section 1983 actions, 州, 第 1983 节诉讼 19.6
summary judgment on issue of immunity, 对豁免权问题的简易判决 19.3
trespass cases, 非法入侵案件 19.4
witnesses, scope of immunity, 证人, 豁免权范围 19.3
Toxic Substances Control Act of 1976《1976 年有毒物质控制法》
rulemaking under, 规则制定 7.7, 7.11
Trade Act of 1974《1974 年贸易法》
exhaustion of administrative remedies under, 穷尽行政救济 15.13
standing under, 原告资格 16.12
Trade secrets 商业秘密
defined, 定义 5.10
Freedom of Information Act, exemption, 《信息自由法》, 豁免 5.10
Trade Secrets Act, 《商业秘密法》5.16
Transportation Department (DOT) 交通部
due process, bias in decionmakers, 正当程序, 决定者的偏见 9.8
judicial review of adjudications, arbitrary and capricious standard, 对裁决的司法审查, 武断和恣意标准 11.4
presumption of reviewability, 可审查性的推定 17.7
private rights of actions against, 私人诉权 18.5
rulemaking, 规则制定 7.3, 7.6
Trespass, 非法入侵 19.4
Tucker Act, 《Tucker 法》18.6

Ultra vires, 越权 15.2
Unfunded Mandates Reform Act of 1995, 《1995 年无资金保障施令改革法》7.7
Unions, 联合 4.7

Venue 管辖地
forum non conveniens, 不方便审理的法院 18.3
forum shopping, 诉讼地选择 18.3
race to the courthouse, 立案竞争 18.3
remedies, 救济 18.3
statutory lottery, 法定抽签 18.3
Veterans Administration (VA), 退伍军人管理局 17.9
Veterans Affairs Department, 退伍军人事务部 13.1
Veteran Appeals Board, 退伍军人上诉委员会 11.3
Veteran Court 退伍军人法院
finality and, 最终性 15.11
judicial review of agency decisions in, 对行政决定的司法审查 18.2
Veterans Judicial Review Act of 1988《1988 年退伍军人司法审查法》
clearly erroneous standard, under, 显然错误标准 11.3
judicial review of agency decisions under, 对行政决定的司法审查 18.2
Voting Rights Act《投票权法》
private rights of action under, 私人诉权 18.5
reviewability precluded under, 可审查性的排除 17.8
ripeness under, 成熟性 15.13

Wage-Hour Administrator 工资工时局局长
separation of powers and, 权力分立 2.7
subdelegation and, 转授权 2.7
Waiver 弃权
exhaustion of administrative remedies, 穷尽行政救济 15.6
primary jurisdiction, parties waiving, 首先管辖权, 弃权的当事人 14.1
rulemaking, exemptions, 规则制定, 豁免 7.10
rules, of, 规则 6.6
sovereign immunity, statutory waiver, 主权豁免, 法定弃权 18.6
Walsh-Healey Act《Walsh-Healey 法》
investigations under, 调查 4.1
rulemaking under, 规则制定 7.2
War Claims Commission 战争求偿委员会
removal powers of President, 总统免职权 2.5
separation of powers and, 权力分立 2.5
WARN Act. 《工人调整和再培训通知法》*See* Worker Adjustment and Retraining Notification (WARN) Act

Webb-Kenyon Act，《Webb-Kenyon 法》18.5
Westfall Act，《Westfall 法》17.7
Wilderness Act，《荒原法》17.7
Witnesses，证人 19.3
Worker Adjustment and Retraining Notification (WARN) Act，《工人调整和再培训通知法》16.12

译者后记

一、本书作者的简介

《行政法》第一版和第二版是由 Kenneth Culp Davis 教授独著的。如果我们对美国行政法学者进行一个简单的代际划分，Frank J. Goodnow、Ernest Freund① 和 Felix Frankfurter 是美国行政法学的先驱，而 James Landis、Walter Gellhorn②、Louis L. Jaffe 等人则是在 1946 年之前就已经为设置证券交易委员会之类的新政府机关提供理论支撑，或者为《行政程序法》的起草贡献心力。③ 《行政程序法》通过之后，Clark Byse、Bernard Schwartz 等大批学者加入行政法研究队伍，Davis 教授则是凭借其在 1958 年出版的《行政法》而成为第三代行政法学者中无可争议的领军人物。

Davis 教授生于 1909 年，逝于 2003 年，享年 94 岁。④ Davis 教授在哈佛大学法学院求学期间曾任《哈佛法律评论》的案例编辑，1934 年毕业之后在西弗吉尼亚大学法学院历任助理教授和副教授。1939 年，他加入由 Dean Acheson 领导的司法部长行政程序委员会（the Attorney General's Committee on Administrative Procedure），作为研究人员，在 Walter Gellhorn 教授的直接领导之下参与撰写《1941 年司法部长行政程序委员会报告》。⑤ 1940 年起，他开始在得克萨斯大学法学院执教。1941 年起，他开始系统地撰写一系列论

① 参见宋华琳：《恩斯特·弗罗因德与美国早期行政法学》，载《华东政法大学学报》，2012（5）。

② Walter Gellhorn（1906—1995），曾任哥伦比亚大学法学院教授、美国法学院协会（the Association of American Law Schools）主席、美国行政会议执委会委员等职。他在 1940—1941 年间作为司法部长行政程序委员会的研究主管（director）而组织的研究，成为美国《1946 年联邦行政程序法》的重要基础。著有 *Administrative Law: Cases and Comments*（1941）等。

③ Henry J. Friendly, "Administrative Law Treatise（2d ed. Volumes1&2）". By Kenneth Culp Davis, 8 *HOFSTRA LAW REVIEW* 471（1980）.

④ 有关 Davis 教授生平及其对美国行政法发展所作贡献的系统介绍，可以参见 Ronald M. Levin, "The Administrative Law Legacy of Kenneth Culp Davis", 42 *San Diego L. Rev.* 315（2005）；George W. Liebmann, *The Common Law Tradition: A Collective Portrait of Five Legal Scholars* 251－304（2006）。

⑤ 这份报告为《1946 年联邦行政程序法》的通过奠定了基础。参见 Final Report of the Attorney General's Committee on Administrative Procedure（1941）。

述行政法主要问题的文章[①]，直到 1951 年在此基础上合并成为教材出版，即《行政法》，其过程可谓十年磨一剑。[②] 1948 年至 1994 年期间，Davis 教授又先后在哈佛大学法学院、明尼苏达大学法学院、芝加哥大学法学院、圣地亚哥大学法学院执掌教鞭。在其学术生涯中，除了编写广受赞誉的《行政法》等教材之外，他还出版了《裁量正义》、《欧美的裁量正义》和《警察裁量》等专著，并且发表了一百余篇论文。[③] 可以说，其研究的广度和深度是常人难以匹及的。[④]

Davis 教授 1994 年退休之后，Richard J. Pierce，Jr. 教授接过了《行政法》修订的接力棒，在该书第二版的基础上进行续写和修订，至 2010 年已经出版至第五版，并且每年根据最新的发展出版增补本。Pierce 教授与 Antonin Scalia、Richard B. Stewart、Jerry L. Mashaw、Paul R. Verkuil、Stephen G. Breyer 等属于美国第四代行政法学者的杰出代表。他出生于 1943 年，1972 年毕业于弗吉尼亚大学法学院，1977 年起先后在堪萨斯大学法学院、弗吉尼亚大学法学院、杜兰大学法学院、匹兹堡大学法学院、南卫理公会大学法学院和哥伦比亚大学法学院任教。[⑤] 1995 年起在乔治·华盛顿大学法学院任教至今。[⑥] Pierce 教授也是一位高产学者，出版专著十余部，发表论文超过 120 篇。[⑦] Pierce 教授能够获得 Davis 教授的信任而继续《行政法》的写作，与其在规则制定、行政解释、司法审查标准等传统行政法领域多年深耕细作不无关系。Pierce 教授也承认："我与 Kenneth Culp Davis 教授在学术观点上几乎不谋而合，这一点不足为奇。本人的观点正是来源于对 Davis 教授作品的长期学习。"不仅如此，Pierce 教授也在政府规制与反垄断研究，特别是能源规制领域取得了丰硕的成果，例如他的《受规制产业要论》、《经济性规制》、《天然气

---

① 这些论文包括："Requirement of Opportunity to Be Heard in the Administrative Process"，51 *Yale L. J.* 1093 (1942)；"An Approach to Problems of Evidence in the Administrative Process"，55 *Harv. L. Rev.* 364 (1942)；"Res Judicata in Administrative Law"，25 *Texas L. Rev.* 199 (1947)；"The Administrative Power of Investigation"，56 *Yale L. J.* 1111 (1947)；"Separation of Functions in Administrative Agencies"，61 *Harv. L. Rev.* 389 (1948)；"Nonreviewable Administrative Action"，96 *U. Pa. L. Rev.* 749 (1948)；"Institutional Administrative Decisions"，48 *Colum. L. Rev.* 173 (1948)；"Bias of Administrative Officers"，32 *Minn. L. Rev.* 199 (1948)；"Administrative Rules-Interpretative，Legislative，and Retroactive"，57 *Yale L. J.* 919 (1948)； "Official Notice"，62 *Harv. L. Rev.* 537 (1949)；"Standing to Challenge and to Enforce Administrative Action"，49 *Colum. L. Rev.* 759 (1949)；"Forms of Proceeding for Judicial Review of Administrative Action"，44 *Ill. L. Rev.* 565 (1949)；"Scope of Review of Federal Administrative Action"，50 *Colum. L. Rev.* 559 (1950)；"Evidence Reform：Administrative Process Leads the Way"，34 *Minn. L. Rev.* 581 (1950)；"Administrative Law Doctrines of Exhaustion of Remedies，Ripeness for Review，and Primary Jurisdiction" (pts. 1-2)，28 *Texas L. Rev.* 168，376 (1950)；"Administrative Findings，Reasons，and Stare Decisis"，38 *Calif. L. Rev.* 218 (1950)；"Standing，Ripeness and Civil Liberties：A Critique of Adler v. Board of Education"，38 *A. B. A. J.* 924 (1952)。

② Kenneth Culp Davis，*Administrative Law* (St. Paul：West Publishing Co.，1951)，pp. xvi，1025.

③ "Writings of Kenneth Culp Davis"，44 *University of Chicago Law Review* 3 (1976).

④ Richard J. Pierce，Jr.，*Administrative Law Treatise* xv (4th ed.，2010).

⑤ 值得一提的是，王名扬教授赴美从事《美国行政法》一书的研究写作时，也曾得到当时在哥伦比亚大学法学院任教的 Pierce 教授的帮助。参见王名扬：《美国行政法》，序言 2 页，北京，中国法制出版社，1995。

⑥ Richard J. Pierce，Jr.，*Administrative Law Treatise* (5th ed.，2010)；Richard J. Pierce，Jr.，*Administrative Law Treatise* (4th ed. 2002)；Kenneth Culp Davis & Richard J. Pierce，Jr.，*Administrative Law Treatise* (3d ed.，1994).

⑦ 其中译成中文的有［美］理查德·皮尔斯：《立法性规则和解释性规则的区别》，宋华琳译，载《公法研究》第 2 辑，北京，商务印书馆，2003；［美］理查德·J·小皮尔斯：《规则制定与行政程序法》，高秦伟、王芳蕾摘译，载《国家行政学院学报》，2006 (2)。

配送中的规制与竞争》等著作。[①]

二、《行政法》的特色与贡献

Davis教授在1951年出版了《行政法》，首次将行政法非常零乱的各部分内容整合成为一个有机整体。[②] 他也因此书在同年获得了哈佛法学院颁发的、代表行政法学界最高荣誉的亨德森纪念奖（Henderson Memorial Prize）。到了1958年，他又将其扩充为四卷本的《行政法》。此书的出版使得几乎所有从事行政法研究、学习和实践的法律人都从中受益。众多律师、法官等在处理行政案件时都以该书作为指南。这些著作也为Davis赢得了“美国行政法之父”的美誉。联邦最高法院不仅经常引用Davis的这部著作，而且似乎也借助Davis教授的名望以支持其观点。其他各级联邦法院每年需要处理大量的案件，更是自然而然地以此书作为案头参考书。迄今为止，该书获得联邦法院判决引用的次数已经超过4 000次。

《1946年行政程序法》的通过，标志着美国行政法的发展开始进入一个形式主义的时代。1946—1965年间，Davis教授与同时代的Louis Jaffe等人都将注意力集中在两项问题上——对联邦行政程序法的考察，以及通过分析司法审查的范围考察法院和行政机关的相互关系。《行政法》一书最有力的竞争对手就是Jaffe教授在1965年所出版的《行政行为的司法控制》（Judicial Control of Administrative Action）。[③] Jaffe的著作主要讨论的是法院和行政机关之间复杂的互动关系，而Davis的《行政法》篇幅更长，还讨论裁决和规则制定等行政程序问题，而这些是Jaffe的书里很少涉及的。

Jaffe的作品更多的是对许多年来行政法领域的分散讨论进行深度整合，而Davis的作品则更多的是向前看，以改进行政过程为导向。为了实现这一目的，Davis自己也承认这本书很多地方的表述是比较主观的。[④] Davis教授这么做当然是需要冒一定风险的，毕竟人无完人，他的论述可能是睿智的、有创见的、有说服力的，但也可能是固执己见的、不可行的，甚至是——至少在少数情况下——是错误的。[⑤] 不过，如果换个角度来看，观点鲜明也不失为本书的一项优点。他常常会指出哪些案件的判决是论理充分的，或者对已有的问题提出了良好的解决方案，从而鼓励积极的变化。对于他认为存在错误的判决，他也会直言不讳。可以说，《行政法》的一项重要价值就在于披露行政法判例在许多问题上存在的混乱和相互矛盾的程度。通过这种方式，他的作品无疑在无数细节，特别是在以下四个方面影响着行政法的发展。

（一）行政裁决

回顾美国行政法的发展，如果说有什么概念是与Davis的名字紧紧联系在一起的，那就是“裁决性事实”与“立法性事实”的区分。他最早在1942年发表的一篇开创性的论文中提出了这一对概念。[⑥]

---

① Richard J. Pierce, Jr. and Ernest Gellhorn, *Regulated Industries In A Nutshell* (4th ed., 1999); Richard J. Pierce, Jr., *Economic Regulation* (1994); Richard J. Pierce, Jr., *Regulation and Competition In Natural Gas Distribution* (1990).

② See Ralph F. Fuchs, “Davis on Administrative Law: The Treatise and the Casebook”, 36 *Minn. L. Rev.* 823 (1952).

③ 有关Jaffe教授对行政法学的贡献，参见Daniel B. Rodriguez, “Jaffe's Law: An Essay on the Intellectual Underpinnings of Modern Administrative Law Theory”, 72 *Chi.-Kent L. Rev.* 1159 (1997)。

④ Kenneth Culp Davis, *Administrative Law Treatise*, Vol. 1, at x (1951).

⑤ Robert W. Hamilton, “Book Review: Administrative Law Review”, 127 *University of Pennsylvania Law Review* 857 (1979).

⑥ Kenneth Culp Davis, “An Approach to Problems of Evidence in the Administrative Process”, 55 *Harv. L. Rev.* 364, 402-16 (1942).

裁决性事实通常回答的是谁做了什么，何时、何地，如何、为何发生，以及有何动机或者企图；裁决性事实通常是在有陪审团审理的案件中由陪审团负责裁判的那类事实。立法性事实通常并不关注直接当事人，而是关注可以帮助裁判机构决定法律、政策和裁量权问题的一般性事实。①

Davis 提出的这一区分，可以有很多用途，其中最突出的就是在司法认知和行政认知领域。在一项事实尚未在审判案卷中得到证实时，如果该事实属于立法性事实而非裁决性事实，那么法院或者行政机关就可以更为容易地对该事实作出认知决定。这一分析也在《联邦证据规则》（the Federal Rules of Evidence）中得到了承认。② 这一区分也推动了行政过程中减少审判型程序应用的发展趋势。他指出，如果不存在事实争议，或者唯一的争议是涉及宽泛的立法性事实时，审判型听证程序是没有必要的。这一倡议也促进了联邦政府在制定规则时对程序加以简化而提高了通告评议程序的利用率。

（二）规则制定

Davis 教授针对规则制定行为所作的一句评论，也是人们所常常引用的——“行政规则制定程序是现代政府最伟大的发明之一。”③ 他也提醒行政机关注意规则制定在实践中带来的好处，包括为公众参与提供广泛的机会，通常可以避免产生溯及既往的效力，而且可以满足政治监督的需要。联邦政府在 20 世纪六七十年代的规则制定活动出现大幅增加，而 Davis 教授提供的立法性事实和裁决性事实的区分框架为规则制定革命的到来提供了便利。一方面，他提出的裁决性事实和立法性事实的分析框架为行政机关采用通告评议程序这一非正式程序提供了理论支持；另一方面，《联邦行政程序法》中所规定的规制制定的正式程序则越来越不受欢迎，这一部分也完全符合 Davis 教授的主张，即不应鼓励采用审判型程序解决立法性事实的确定问题。

（三）裁量权控制

裁量权的控制堪称“行政法学的哥德巴赫猜想”。对裁量权控制问题的研究，也被公认为 Davis 教授的标志性成就。Davis 教授对裁量权问题进行了非常深入的研究，出版了《裁量正义》、《欧美的裁量正义》和《警察裁量》等书。④ 他既看到了裁量权滥用可能带来的非正义，也看到裁量权的运用对于正义的实现来说是不可或缺的，因而呼吁对法律制度进行改革以确保裁量权得到“合理限定、建构和制约”⑤。他尤其担心公诉裁量权、警察裁量权过于宽泛的问题，而针对这些裁量权制定的指导文件也通常是非强制性的，而且是以一般性术语进行表述的。但是，需要指出的是，Pierce 教授在接替 Davis 对《行政法》一书进行修订之后，对有关裁量权控制的篇幅进行了大幅压缩。在《行政法》第二版中，Davis 曾经吸收了他在《裁量正义》中论述的内容，而使裁量权相关的篇幅达到了 148 页之多。而 Pierce 教授则将这部分内容删减至 23 页。这一变化既反映了两位学者之间的学术志趣有所不同，也可能反映了这一领域的法律发展并没有达到 Davis 教授当初所期望的程度。⑥

Davis 提出了一系列裁量权控制的方法，而其中引发最多讨论的或许是对“不授权原

---

① Richard J. Pierce, Jr., *Administrative Law Treatise* 40 (5th ed. 2010).

② Fed. R. Evid. 201 advisory committee's note.

③ *Administrative Law Treatise* § 6.15, at 283 (1 st ed. Supp. 1970).

④ K. Davis, *Discetionary Justice: A Preliminary Inquiry* (1969); K. Davis, *Discretionary Justice in Europe and America* (1976); K. Davis, *Police Disretion* (1975).

⑤ ［美］肯尼斯·卡尔普·戴维斯：《裁量正义：一个初步的考察》，毕洪海译，27 页，北京，商务印书馆，2009。

⑥ See Ronald M. Levin, "The Administrative Law Legacy of Kenneth Culp Davis", 42 *San Diego L. Rev.* 332 (2005).

则”（non-delegation doctrine）的修正。[1] 在他看来，传统的不授权原则几乎已经彻底失败。该原则虽然要求每部法律在对行政官员授权时必须包含富有意义的（meaningful）标准，但是法院实际上并不强制执行这一要求。而在 Davis 看来，法院这么做在理由上是充分的，因为议员们常常既没有时间，也没有专业技能，更没有制订富有意义的标准所需要的共识。因此，需要对该原则进行重新解释，将阐释清楚标准之含义的任务交给行政机关而非法院。行政机关也需要尽可能地通过标准、原则和规则等方式对裁量权施加必要限制并对外公布。

（四）司法审查

Davis 教授并不一味追求扩大司法审查的机会，而是认为有些类型的行政行为并不适合接受司法审查。但是，他也支持大幅减少获得司法审查的障碍，并且为此施加了重要的影响。例子之一是他在推动立法取消特定救济之诉（suits for specific relief）中的主权豁免这一过程中起到的作用。他曾经领导了美国律师协会的一个委员会为此提供建议。国会在立法时除了采纳该委员会的意见之外，也直接以他作为立法记录而提交的一份书信为依据。

在原告资格问题上，Davis 教授的研究也产生了重要影响。他在《行政法》第二版中指出，原告资格问题的基础应当是原告是否“在事实上受到不利影响”（adversly affected in fact）。而在此之前，受到政府行为损害的个人就因为不能主张被侵犯了前提性的“法定权利”（legal right），而常常被法院判定不具有原告资格。在 Davis 看来，更公平也更简单的解决办法就是承认“一项基本的司法原则，即因为违法行为而在事实上遭受损害的个人应当有权获得救济”。后来，在 1970 年的 Ass'n of Data Processing Service Organizations v. Camp[2] 案中，联邦最高法院基本上接受了 Davis 的立场，通过《联邦行政程序法》第 702 节的法律解释，确立了“事实上的损害”（injury in fact）标准。[3]

在对行政行为的司法审查时机（timing）问题上，Davis 教授也发挥了他个人的影响力。事实上，据学者研究，最早就是由 Davis 教授在 20 世纪 50 年代将成熟性（ripeness）一词引入行政法学，而在此前联邦法院的判决中只是在描述水果时才使用这一单词。[4] 当然，司法审查的成熟性原则也不是 Davis 教授凭空捏造出来的。他观察到很多案件中法院认为原告过早起诉，或者等到行政过程的下一阶段才能起诉。他发现有的时候原告向法院提出的问题还不够明确，或者事实尚未确定，或者法院推迟审查并不会给原告造成困难。同时，他也观察到法院常常因为过度关注司法自制而不愿受理原告的起诉，以至于某项法律或者规章已经给原告造成困难时常常也会以其尚未以强制执行令的方式被适用于原告而作出不必要的驳回起诉判决。

在 1967 年的 Abbott Laboratories v. Gardne[5] 案中，联邦最高法院允许制药商对新近颁布的药品标识规章提出起诉，尽管行政机关尚未依据该规章对这些药品公司提起执法程序。该案明确，应当以功能标准来确定是否满足司法审查成熟性要求，也就是说，要分析案件讼争问题是否适合立即接受法院审查，以及推迟审查是否会给原告造成困难。联邦最高法院提出这一原则时，也是主要受到 Jaffe 和 Davis 的作品的启发。例如，Davis 教授在《行政法》第一版中就提出，如果原告不是已经或者即将遭受实质性的不利影响，那么法

---

① Kenneth Culp Davis, “A New Approach to Delegation”, 36 *U. Chi. L. Rev.* 713 (1969).

② 397 U. S. 150 (1970).

③ 在该案中，联邦最高法院还要求原告寻求保护的利益必须属于法律或者宪法保护的利益区间之内。

④ John F. Duffy, “Administrative Common Law in Judicial Review”, 77 *Tex. L. Rev.* 113, 166 - 67 & nn. 264 - 65 (1998).

⑤ 387 U. S. 136 (1967).

院在决定是否进行审查时应当拥有裁量权。①

三、功能分化：专论教材与案例教材

美国法学教育有相当长一段时期是实行讲座式教学方法（lecturer system），学生主要依靠教师讲授和专论教材（treatise/text-book）记忆来进行学习。当然，由于行政法的产生历史较短，当时并没有专论性质的行政法教材。到了 1870 年，哈佛大学法学院 Christopher Columbus Langdell 教授在进行合同法教学时打破了传统的以讲座为主的教学模式，要求学生在课堂上对案例进行分析和讨论。这种新的教学法后来被称为案例教学法（case method）。案例教学法具有的优势是法科学生需要首先掌握解决问题的能力，但这需要让学生看到法律实践中发生的真实问题而非虚拟的案例。但是，Landell 教授也意识到，要求每位学生去图书馆查找案例是不现实的，为此他在从法院判例集中编选部分案例的基础上出版了美国第一本案例教材（casebook）。②

随着案例教学法的推广，特别是借助于 West Publishing Company 等出版社在教材标准化和市场推广上所做的努力，案例教材的使用在美国法学院中已经成为主流。Davis 教授在 1951 年出版《行政法》一书的同时编写了一本案例教材——《行政法案例》。③ 相应的，接替《行政法》修订工作的 Pierce 教授，也同样编写了案例教材。④ 美国虽然也有教育部，但是并不负责设置课程、制订课程标准、编制教科书等微观事项。通过市场竞争，案例教材现在主要集中在四大出版社：Aspen Publishers⑤、Foundation Press⑥、West Academic Publishing 和 LexisNexis。

近年出版的行政法案例教材

<table>
<tr><th>出版社</th><th>丛书</th><th>书目</th></tr>
<tr><td rowspan="5">West Academic</td><td rowspan="4">American Casebook Series</td><td>1. Gary Lawson, Federal Administrative Law (7th ed. 2015), 1 270pp.</td></tr>
<tr><td>2. Jerry L. Mashaw, Richard A. Merrill, Peter M. Shane, Elizabeth Magill, Mariano-Florentino Cuellar and Nicholas R. Parrillo, Administrative Law, The American Public Law System, Cases and Materials (7th ed. 2014), 1 475pp.</td></tr>
<tr><td>3. Michael Asimow and Ronald M. Levin, State and Federal Administrative Law (4th ed. 2014), 907pp.</td></tr>
<tr><td>4. William F. Funk, Sidney A. Shapiro and Russell Weaver, Administrative Procedure and Practice: Problems and Cases (5th ed. 2014), 800pp.</td></tr>
<tr><td>Interactive Casebook Series</td><td>5. Andrew F. Popper, Gwendolyn M. McKee, Anthony E. Varona and Philip J. Harter, Administrative Law: A Contemporary Approach (2nd ed. 2010), 1 270pp.</td></tr>
</table>

① 3 *Administrative Law Treatise* § 21.10, at 206 (1st ed. 1958).

② Christopher Columbus Langdell, *A Selection of Cases on the Law of Contracts* (1871).

③ Kenneth Culp Davis, *Cases on Administrative Law* (Little, Brown & Co., 1951).

④ Kristin Hickman and Richard J. Pierce Jr., *Federal Administrative Law: Cases and Materials* (2nd ed. 2014).

⑤ 前身为 Little, Brown and Company，1996 年 Wolters Kluwers 收购该出版社的法律部门后将其并入 Aspen Publishers。

⑥ Foundation Press 于 1940 年被 West Publishing 收购，2013 年与 West Academic 脱离 Thomson Reuters 集团。

续前表

出版社	丛书	书目
Foundation Press	University Casebook Series	1. Kristin Hickman and Richard J. Pierce Jr., *Federal Administrative Law*, *Cases and Materials* (2nd ed. 2014), 1 078pp. 2. Peter L. Strauss, Todd D. Rakoff, Cynthia R. Farina and Gillian E. Metzger, *Gellhorn and Byse's Administrative Law*: *Cases and Comments* (11th ed. 2011), 1 598pp. 3. Robert Glicksman and Richard Levy, *Administrative Law*: *Agency Action in Legal Context* (2nd ed. 2014), 1 115pp.
Aspen Publishers (母公司为 Wolters Kluwers)	Aspen Casebooks Series	1. Bernard Schwartz, Roberto L. Corrada and J. Robert Brown, Jr., *Administrative Law*: *A Casebook* (8th ed. 2014), 840pp. 2. John M. Rogers, Michael P. Healy and Ronald J. Krotoszynsk, *Administrative Law* (3rd ed. 2012), 864pp. 3. Ronald A. Cass, Colin S. Diver, Jack M. Beermann and Jody Freeman, *Administrative Law*: *Cases and Materials* (7th ed. 2015), 1 080pp. 4. Stephen G. Breyer, Richard B. Stewart, Cass R. Sunstein, Adrian Vermeule and Michael Herz, *Administrative Law and Regulatory Policy*: *Problems Text*, *and Cases* (7th ed. 2011), 1 120pp.
Matthew Bender & Company, Inc. (母公司为 LexisNexis)	Law School Casebook Series	1. Alfred C. Aman, Jr., *Administrative Law and Process*: *Cases and Materials* (3rd ed. 2014). 2. Charles H. Koch, Jr., William S. Jordan, III, Jr., Richard W. Murphy, and Louis J. Virelli III, *Administrative Law*: *Cases and Materials* (7th ed. 2015). 3. Daniel J. Gifford, *Administrative Law*: *Cases and Materials* (2nd ed. 2010).

注：作者根据上述出版社官方网站资料整理，2015 年 11 月 15 日。

但是，与案例教材配套的案例教学法模式也有其局限。首先，推行案例法教学方法，需要采用苏格拉底的启发式教学。但是，这一方法的采用对授课教师的提问、控制课堂进度的能力提出了更高的要求。其次，案例教材大段引用案例，对学生阅读和归纳能力也同样提出了较高的要求。最后，案例教学方法重在归纳，学生对整个学科知识体系常有只见树木不见森林之感。

针对上述问题，出版案例教材的各大出版社也作出了积极回应：一是出版与案例教材相配套的教师手册（Teacher's Manual），为选用案例教材的教师提供便利，进而也有助于扩大案例教材的市场；二是开发入门书（hornbook）、案例摘要等各种教辅材料（study aids），对行政法的知识点和案例内容进行提炼，帮助学生减轻阅读案例、课堂笔记和复习备考的压力。

近年出版的行政法教辅材料

出版社	丛书	书目
West Academic Publishing	Concise Hornbook Series	Keith Werhan, *Principles of Administrative Law* (2nd ed. 2014), 440pp.
	Black Letter Outline	Russell L. Weaver and William Araiza, *Black Letter Outline on Administrative Law* (2nd ed. 2013), 188pp.
	Nutshell Series	Ernest Gellhorn and Ronald Levin, *Administrative Law and Process in a Nutshell* (5th ed. 2006), 534pp.
	Gilbert Law Summaries	Michael Asimow and Richard Murphy, *Gilbert Law Summaries on Administrative Law* (15th ed. 2014), 335pp.

续前表

出版社	丛书	书目
Foundation Press	Concepts and Insights-Series	Richard J. Pierce, Jr., *Administrative Law* (*Concepts and Insights*) (2nd ed. 2012), 195pp.
	Law Stories Series	*Administrative Law Stories* (Peter L. Strauss ed. 2005), 492pp.
Aspen Publishers	Inside Series	Jack M. Beerman, *Inside Administrative Law: What Matters and Why* (2011), 448pp.
	Emanuel Law Outlines Series	Jack M. Beermann, *Emanuel Law Outlines: Administrative Law* (3rd ed. 2010), 336pp.
	CrunchTime Series	Jack M. Beermann, *Crunchtime: Administrative Law* (2nd ed. 2010), 176pp.
	Examples & Explanations Series	William Funk and Richard H. Seamon, *Examples & Explanations: Administrative Law* (4th 2011), 448pp.
LexisNexis	Foundation of Law Series	Peter H. Schuck, *Foundations of Administrative Law* (2nd ed. 2004), 458pp.
	UnderstandingSeries	William F. Fox, *Understanding Administrative Law* (6th ed. 2014), 556pp.
	Questions & AnswersSeries	Linda D. Jellum and Karen A. Jordan, *Questions & Answers: Administrative Law* (3rd ed. 2015).
	Skills & ValuesSeries	Alfred C. Aman Jr. and William Penniman, *Skills & Values: Administrative Law* (2012), 171pp.

来源：作者根据上述出版社官方网站整理，2015 年 11 月 15 日。

案例教学方法对于培养实务人才来说具有明显的优点。但是，法律教育的目标是多元的，行政法教学也需要培养学生对法学方法的批评与应用，这就要求我们不能纯粹采用案例教学方法，仍需结合学术论文、行政规章等资料。事实上，对于重要的行政法制度、原则与学说、理论，教授往往也会兼采传统讲授（instruction）和研讨课（seminar）的教学方法。

与教学方法的多元相对应，教材写法的多元化也是自然之理。专论教材（treatise/textbook）就是此种需求的产物。① 上述出版社在出版案例教材系列的同时，也往往组织出版专论教材系列，供师生选用，例如 West Academic Publishing 出版的 Hornbook Series②，以及 Foundation Press 出版的 University Textbook Series。③ 而在现有的专论教材中，Davis 教授开创并由 Pierce 教授发扬光大的《行政法》无疑是其中的翘楚。

专论教材的基本功能在于体系性、客观地描述法律的实然状态。《行政法》正如国人所熟悉的“行政法总论”教材，它全面涉及行政法的各个方面，而不仅仅限于某个行政机关或者某种行政活动，系统讨论了普遍适用于各种行政机关的程序、原则和规则。但是，《行政法》又远不止是力求简洁明快、深入浅出的入门书。该书作者讨论了如此众多尚无定论的问题，以至于无法依据通说进行系统阐述。对于这些问题，作者就会在批判式分析

① A. W. B. Simpsont, “The Rise and Fall of the Legal Treatise: Legal Principles and the Forms of Legal Literature”, 48 *University of Chicago Law Review* 632 (1981).

② 例如 Alfred C. Aman, Jr. and William T. Mayton, *Administrative Law* (3rd ed. 2014), 863pp。

③ 其中就有 Richard J. Pierce 与他人合著的《行政法与行政过程》。参见 Richard J. Pierce, Jr., Sidney A. Shapiro and Paul R. Verkuil, *Administrative Law and Process* (6th ed., 2014), 493pp。

的基础上直抒己见，指出“法律应当是什么”。这些新的观点不仅对执业律师来说很有帮助，而且对于法官来说同样有启发，这也是该书得到联邦法院频繁引用并且推动行政法发展的重要原因。

上述教学方法之间并非相互割裂甚至对立的关系，而是相辅相成、互为补充的关系，案例教材与专论教材之间的关系也是如此。事实上，Davis 教授就曾在 1951 年同时出版《行政法》（Administrative Law）和《行政法案例》（Cases on Administrative Law），两书章、节目录完全一致，在授课过程时可以配合使用，相得益彰。1958 年，Davis 教授又在此基础上将《行政法》作了扩充。

四、学科定位：行政法学与规制研究

从行政法的传统来看，本书的内容基本上是一半涉及宪法问题（权力分立和正当程序），一半涉及司法审查。本书的研究视角是司法本位的，即通过分析司法审查的范围来考察法院和行政机关的相互关系，即使是对联邦行政程序的问题作了大量分析，也是主要采取法官的视角。为此，本书论述时频繁引用联邦行政程序法的条文，也收集了几乎所有相关判例和立法材料，但是很少引用实践中的规章和行政裁决。考虑到相对于规章的海洋，法律不过是几座孤岛，要全面介绍规章和行政裁决的内容，恐怕也会让包括 Davis、Pierce 在内的所有行政法教授望而生畏。

正如作者在前言里所承认的，该书基本上不讨论政策决策的实体问题。但是，真实世界中出现的行政法问题常常是实体性质的，例如什么是合理的价格（reasonable rate），什么是公共便利和必要（public convenience and necessity）。面对这些问题，传统行政法学往往无能为力，以至于被学者断言“正在走向终结”①。当然，这不是说传统行政法学研究已经不再有用，而是说如果我们要对现代国家有更全面的理解，特别是对于与规制型国家的实体范围和本质有关的问题，传统行政法学已经不敷所需，需要求助于政府规制研究。②

为了实现传统行政法学与规制研究的有机融合，美国的行政法教授进行了多种探索。有的学者尝试在教材中对两者加以整合。著有《规制及其改革》这一被誉为规制研究之“圣经级读物”的 Stephen G. Breyer 大法官，在 1979 年与 Richard B. Stewart 教授合著《行政法与规制政策》③ 这一案例教材时，就在保留传统行政法体例的基础上，对判例和法律文本添加了强调有关诉讼争点的实体维度的评注。还有的学者则是另外编写与规制研究相关的教材。本书作者 Pierce 教授在 1994 年独立出版了《经济性规制：案例与材料》。④ Sideny A. Shapiro 与 Joseph P. Tomain 也合作出版了《规制性法律和政策》。⑤⑥ 还有一

---

① ［美］约瑟夫·P·托梅恩、西德尼·A·夏皮罗：《分析政府规制》，苏苗罕译，载方流芳主编：《法大评论》，228 页，北京，中国政法大学出版社，2004。

② 有关政府规制的经典之作，参见［美］史蒂芬·布雷耶：《规制及其改革》，李洪雷、宋华琳、苏苗罕、钟瑞华译，北京，北京大学出版社，2008；［美］安东尼·奥格斯：《规制：法律形式与经济学理论》，骆梅英译，苏苗罕校，北京，中国人民大学出版社，2008。

③ Stephen G. Breyer and Richard B. Stewart，*Administrative Law and Regulatory Policy*（Little，Brown & Co.，1979）.

④ Richard J. Pierce，Jr.，*Economic Regulation*：*Cases and Materials*（1994）.

⑤ Sidney A. Shapiro & Joseph P. Tomain，*Regulatory Law and Policy*：*Cases and Materials*（3rd ed. 2003）. 其他值得注意的案例教材或者教辅材料还有 Barak Orbach，*Regulation*：*Why and How the State Regulates*（2012）；Lisa Schultz Bressman and Edward L. Rubin，*The Regulatory State*（2nd ed. 2013）；以及 Richard J. Pierce，Jr. and Ernest Gellhorn，*Regulated Industries in a Nutshell*（Nutshell Series）（4th ed. 1999）。

⑥ Barak Orbach，*Regulation*：*Why and How the State Regulates*（2012）.

些学者尝试对课程设置进行改革。Sideny A. Shapiro 教授提出将行政法分成两学期的课程，第一学期是对政府的实体问题进行概要性考察的课程，这一阶段可以使用他与 Joseph P. Tomain 合著的《规制性法律和政策》之类的案例教材；而在第二学期则是进行涉及程序问题的传统课程。① 而 Stewart 教授在纽约大学法学院发起一项类似的改革，开设一门名为"行政国家与规制性国家"的课程，多位教授共同参与，但是分别选择讲授特定实体领域的行政法问题。②

五、结语

1995 年，王名扬先生在耄耋之年独立完成的《美国行政法》，为中国学者研习美国行政法的案头必备入门书和体系书。这本书连同《法国行政法》、《英国行政法》，被誉为"外国行政法三部曲"，共同开启了中国比较行政法的"王名扬时代"。此外，过去 30 年里，若干美国行政法教材被译成中文③，或者在中国影印出版。④ 近年来，有关美国行政法的专题性质的论文、译著和专著也在不断涌现，显示相关研究已经开始向纵深发展，中国的行政法学人们正在慢慢走出"王名扬时代"⑤。

《行政法》集中了 Kenneth Culp Davis 和 Richard J. Pierce，Jr. 两位教授的智慧，对美国行政法的理论和实践发展也有突出贡献，但是我们也要看到，它更多的还是一本受到法科学生普遍欢迎的专论教材。法学教材的功能自然是为法学教育服务。中国的法学教育中，教师板书和讲授（chalk and talk）仍然是主流的教学方法，与此相配套的法学教材的内容也以法律原理和制度梗概为主。尽管随着法律体系的完善，行政法教科书也开始更多地结合《行政处罚法》、《行政许可法》等法律条文传授释义学的方法，但是与实践相脱节的问题比较突出。沈岿、何海波、章剑生等教授对教材的编写进行了积极的尝试。⑥《行政法》作为美国法学院使用率最高的专论教材，最突出的贡献在于建构了一套逻辑严密的原理体系，将法律规范和司法判例加以有机整合，实现了美国行政法学的体系化。这也可以为我们继续探索中国行政法教材的写法提供有益的借鉴。当然，法学教学方法是多元的，指望以一本教材包打天下的想法是不切实际的。专论教材和案例教材相互补充，才能最好

---

① Sidney A. Shapiro，"The Top Ten Reasons That Law Students Dislike Administrative Law And What Can (Or Should) Be Done About Them"?，38 *Brandeis Law Journal* 351 (2000)。

② Richard B. Stewart，"On the 'Administrative and Regulatory State' Course at N. Y. U. Law"，7 *Legislation And Public Policy* 39 (2003).

③ 其中专论教材有：［美］伯纳德·施瓦茨：《行政法》，徐炳译，北京，群众出版社，1985；教辅材料有：［美］奥内斯特·吉尔霍恩、巴瑞·B·鲍叶：《美国行政法和行政程序》，崔卓兰、赵光明、陈万鑫译，长春，吉林大学出版社；［美］欧内斯特·盖尔霍恩、罗纳德·M·利文：《行政法和行政程序概要》，黄列译，北京，中国社会科学出版社，1996。此外，还有供公共行政专业使用的专论教材：［美］肯尼思·F·沃伦：《政治体制中的行政法（第 3 版）》，王丛虎等译，北京，中国人民大学出版社，2005；［美］史蒂文·J·卡恩：《行政法：原理与案例》，张梦中、曾二秀、蔡立辉译，广州，中山大学出版社，2004；［美］彼得·H·舒克编著：《行政法基础》，王诚等译，北京，法律出版社，2009。

④ ［美］恩斯特·盖尔霍恩、罗纳德·M·欧文：《行政法》（美国法精要·影印本），北京，法律出版社，2001；［美］威廉·F·芬克、理查德·H·西蒙：《行政法：案例与解析》，北京，中信出版社，2003；［美］斯蒂芬·G·布雷耶、理查德·B·斯图尔特、卡斯·R·森斯特恩、马斯·L·斯皮策：《行政法：难点与案例》（案例教程影印系列），北京，中信出版社，2003。

⑤ 相关研究成果的综述，参见宋华琳：《中国的美国行政法研究：一个学术史的概观》，载《浙江学刊》，2005 (6)；何海波：《中国行政法学的外国法渊源》，载《比较法研究》，2007 (6)。

⑥ 参见沈岿：《国家赔偿法：原理与案例》，北京，北京大学出版社，2011；何海波：《行政诉讼法》，北京，法律出版社，2011；章剑生：《行政法总论》，北京，法律出版社，2014。

地满足行政法教学的需要。《行政法》前后两位作者均另外编写过案例教材，也充分说明了这一点。

当然，我们阅读《行政法》时，所领略到的只是美国行政法学的若干侧面而非全貌。与其他法学分支相比，行政法学是一个后发的学科。但是，行政国家疆域的每一次扩张和收缩，都可能要求行政法学作出及时的回应。考虑到教材篇幅的限制和知识体系的稳定性要求，《行政法》在内容上主要关注程序和机构，而基本不涉及政府决策的实体问题。真实世界中存在的各类实体问题，当然也十分重要，甚至成为律师执业活动中所主要处理的问题。为了对规制型国家存在的规制目标、规制工具等有更深刻的理解，我们就需要在传统的法律释义学、案例研究方法之外引入规制研究方法。美国一些主要法学院已经开始尝试在课程设置和教材编写中将规制研究引入行政法教学。可喜的是，国内已经有部分学者开始开设部门行政法的课程，并引入规制研究的理论视角。[①] 这也可以成为传统行政法学的重要补充。

六、致谢

我第一次见到《行政法》这本恢弘巨著，是 2003 年年初在浙江大学法学院朱新力教授的书架上。当时我正在浙大攻读硕士学位，开始寻找一些英文文献来读。在朱老师大力推荐之下，我借来复印并开始阅读。当然，限于自己的学识，最初的阅读更多地停留在一知半解，只是在写作论文时会挑相关章节进行精读。而对我深入理解起到巨大帮助的则是后来开始尝试的翻译，这要特别感谢宋华琳师兄的牵头组织，以及胡敏洁、凌维慈、高春燕、骆梅英、唐明良等学友组成的外国行政法读译会给予的帮助，感谢他们在求学路上的一路同行。

2005 年秋，我考入中国社会科学院研究生院，师从周汉华教授攻读博士学位。周老师精通外国行政法，特别是美国行政法和政府规制理论，又十分熟悉中国的实践和问题，往往能够在研究成果中将理论与实务、国际视野与中国实践有机衔接，这种境界我虽不能至，然心向往之，并且丝毫不敢懈怠。读博期间，我还有幸与李洪雷、宋华琳、钟瑞华合作翻译了《规制及其改革》[②] 这部经典著作，校对了骆梅英翻译的《规制：法律形式与经济学理论》[③]，这些经历既使我有机会进一步深入学习了政府规制的理论，也锻炼了翻译的能力。

到了博士三年级，我从李洪雷博士手里接下了这一翻译任务时，我为有机会参与翻译这部名著而倍感荣幸。当时引进的是《行政法》第四版的翻译版权，全书分三卷，而我负责的是第一卷（558 页），当时自信能够在一两年的时间之内完成翻译，甚至在为了应聘面试而制作的简历中也写上这本译著“即将出版”的字样。孰料计划赶不上变化，后来因为各种原因，我在完成自己承担的翻译任务之后又先后接手了其他两位合作者承担的翻译任务，不过此时原书版权引进合同规定的出版期限已经过期，而且作者也在 2010 年修订出版了本书第五版，内容作了大量更新，篇幅也从 1 818 页增加至 2 241 页。为了使读者能够读到时效性更强的译著，中国人民大学出版社在与外方续签版权引进合同时改为引进

---

① 例如南开大学法学院宋华琳教授开设的“部门行政法研究专题”课程。

② 参见［美］史蒂芬·布雷耶：《规制及其改革》，李洪雷、宋华琳、苏苗罕、钟瑞华译，北京，北京大学出版社，2008。

③ 参见［美］安东尼·奥格斯：《规制：法律形式与经济学理论》，骆梅英译，苏苗罕校，北京，中国人民大学出版社，2008。

本书第五版的版权，我又根据新版的增删情况对原来的译稿进行了大幅修改。在过去的几年时间里，这本书的翻译任务就像一块沉甸甸的石头压在我心头，而今即将面对读者的检阅，我虽如释重负，感觉到久违的轻松，但更多的仍是诚惶诚恐。

这本书的翻译能够得以完成，有太多的人需要感谢。我要特别感谢这本书的作者 Richard J. Pierce，Jr. 教授。事实上，早在 2004 年，我就曾和他电邮来往联系一篇论文的翻译授权，他慷慨惠允，并且很快将论文单行本寄给我。2011 年，我来到美国之后不久，就在信息与规制事务办公室设立 30 周年纪念的研讨会上见到了 Pierce 教授本人，后来在美国行政会议从事访问研究期间又多次聆听了他的会议发言，也得以近距离请教这本书涉及的相关问题。我还应当感谢王名扬先生，他所留下的"比较行政法三部曲"，特别是《美国行政法》这部巨著，是我翻译时案头必备的工具书。先生已经仙逝多年，我想我努力做好本书的翻译工作，也是对他最好的纪念。

值此译著付梓之际，我要感谢在我研习公法的十余年时间里给予我教诲和帮助的老师们，特别是浙江大学法学院的胡建淼、章剑生、朱新力、费善诚、金伟峰等教授，中国社会科学院法学研究所的周汉华老师、张明杰、冯军、陈云生、吴新平等教授，上海交通大学法学院朱芒教授和中国人民大学杨建顺教授等。我还要感谢美国行政会议 Paul R. Verkuil 主席和美利坚大学 Jeffery S. Lubbers 教授，正是他们的帮助为我提供了从事访问研究的机会，也为我近距离了解美国行政法提供了最佳窗口。在翻译过程中，美国行政会议研究主管 Reeve Bull 就不少美国法的问题为我答疑释惑，而对于很多专业术语的译法，高秦伟、李洪雷、何海波、叶荣泗、康彦荣、宋华琳等诸多师友也提供了宝贵的意见。本书附录中收录的《美利坚合众国宪法》、《行政程序法》、《联邦咨询委员会法》、《司法平等法》、《联邦侵权求偿法》、《国家环境政策法》和《文书工作削减法》都采用或者参考了国内已经出版的或者在公开刊物上发表的译文，在此特别感谢王名扬、徐炳、薛刚凌、王霁霞、于安、于立深等译者以及其他无法确认名字的译者。中国人民大学出版社的编辑们花费大量的心血审校书稿，为译稿的质量提供了重要的保证。

译著的完成还要归功于家人，特别是我的父母、岳父母和妻子，他们的理解和关爱是支持我工作的强大动力。感谢此书的"第一读者"——小儿苏家扬，我接受翻译任务时，他尚在娘胎之中，如今却是靠他在身旁加油鼓劲催生了这本译著。最后，译事维艰，译者虽在翻译过程时刻以"信、达、雅"为追求目标，但是自忖译文中仍难免存在错误和疏漏，还要敬请读者诸君批评指正！

苏苗罕

2016 年 4 月

图书在版编目（CIP）数据

行政法/（美）皮尔斯著；苏苗罕译．—北京：中国人民大学出版社，2015.12
ISBN 978-7-300-21880-9

Ⅰ.①行… Ⅱ.①皮…②苏… Ⅲ.①行政法-研究-美国 Ⅳ.①D971.221

中国版本图书馆 CIP 数据核字（2015）第 208523 号

行政法（第五版）
［美］理查德·J·皮尔斯（Richard J. Pierce，Jr.）著
苏苗罕　译
Xingzhengfa

出版发行	中国人民大学出版社		
社　　址	北京中关村大街 31 号	**邮政编码**	100080
电　　话	010－62511242（总编室）		010－62511770（质管部）
	010－82501766（邮购部）		010－62514148（门市部）
	010－62515195（发行公司）		010－62515275（盗版举报）
网　　址	http://www.crup.com.cn		
经　　销	新华书店		
印　　刷	涿州市星河印刷有限公司		
规　　格	185 mm×260 mm　16 开本	**版　　次**	2016 年 4 月第 1 版
印　　张	110.75 插页 6	**印　　次**	2022 年 2 月第 2 次印刷
字　　数	2 893 000	**定　　价**	680.00 元
